KB042295

제4판

지적재산
소송실무

특허법원 지적재산소송 실무연구회

박영사

제4판 발간사

　특허법원이 지적재산의 적정한 보호를 기치로 1998년 3월 1일 개원한 이래 올해로 20주년이 되었습니다. 개원 이래 특허법원은 지적재산 소송의 합리적 해결을 위하여 끊임없이 노력해 왔습니다. 그 과정에서 지적재산 분야의 법리도 발전되어 왔고, 보다 효율적이면서도 객관적인 소송절차도 정립되어 가고 있습니다. 특허법원은 그동안 효율적인 심리절차를 객관화한 소송절차안내(구: 심리매뉴얼)를 발간·공표하였고, 개원 10주년 및 20주년에 맞추어 법리발전 및 연구성과를 집대성한 기념논문집을 발간·배포하였으며, 매년 지적재산소송실무연구회의 정례 세미나에서 발표된 논문들을 모은 논문집인 「특허소송연구」를 발간해 오고 있습니다.

　특허법원 개원 이래 우리나라의 산업이 눈부시게 발전한 만큼, 법원의 조직과 지적 창작물인 발명 등에 관한 법률관계를 규율하는 특허법 등의 개별법 및 판례도 많은 변화의 과정을 겪어 왔습니다. 2016년에는 민사소송법과 법원조직법이 개정되어 민사소송 중 특허권 등에 관한 사건이 고등법원이 소재한 5개 지방법원의 전속관할에 속하게 되었고, 특허법원이 위 사건의 항소사건에 대한 심판권을 가지게 되어 특허법원은 명실상부한 지재분야 전문법원이 되었습니다. 또한 특허법 개정으로 법원이 침해 여부와 손해액 산정에 필요한 자료제출을 명할 수 있게 되었고, 감정인에 대한 당사자의 설명의무가 부과되었으며, 2019년에 시행될 개정 특허법에서는 고의로 특허권을 침해한 경우 3배까지 손해배상을 명할 수 있는 규정을 두고 있습니다. 상표법은 2016년에 전면 개정되어 종전에 상표와 서비스표로 구분되던 체계가 일원적으로 규율되기에 이르렀습니다. 판례 쪽에서도 제법한정물건발명, 용법용량발명의 등록요건, 지리적 명칭이 포함된 표장의 등록요건 등 주요 판례들이 끊임없이 축적되어 왔습니다.

「지적재산소송실무」는 특허법원 소속 법관들의 연구모임인 지적재산소송실무연구회가 지재소송 실무에 필수적인 법률, 법리 및 판례를 정리 및 해설한 실무서로서, 2006년 6월에 처음 발간된 이래 지재분야에서 가장 권위 있는 책자 중 하나로 활용되어 왔습니다. 이번에 발간하게 된 제4판은 전면 개정판에 해당하는 것입니다. 2010년 1월에 전면 개정판을 발간한 이래 제3판까지 법 개정 사항 및 최신 판례를 추가하는 방식으로 내용을 보완하다 보니, 책 전체의 체계가 일목요연하지 않고 앞뒤 내용의 정합성이 떨어지는 문제점도 발견되었습니다. 또한 제3판이 발간된 2014년 2월 이후에 위와 같은 관할 집중이 시행되면서 민사항소사건에 관한 내용도 포함시켜야 하는 과제를 안고 있었고, 추가하여야 할 주요 판례도 많아졌습니다. 그러던 중 2017년에 특허법원 소속 법관 전원이 집필자로 참여하여 내용을 전면적으로 수정한 초고를 마련하였고, 2018년에 특허법원 재판장들을 중심으로 강독 및 감수 작업을 진행하여 오류를 수정한 끝에 이번에 제4판을 발간하게 되었습니다.

아무쪼록 이 책이 지재소송을 다루는 법관, 소송대리인이나 특허청, 특허심판원 관계자 등 실무가들에게는 실제 지재소송의 절차 및 판단기준을 파악할 수 있는 실무서로서, 학자들 및 학생들에게는 지재소송실무에 대한 지식을 얻을 수 있는 학습서로서 잘 활용되기를 기대합니다. 아울러 이 책의 발간을 위해 바쁜 업무 가운데서도 노고를 아끼지 않으신 집필자 여러분께 깊이 감사드립니다.

2019. 1.

특허법원장 조 경 란

제3판 발간사

오늘날 국내외 산업분야의 경쟁이 매우 치열해지면서 기술개발과 그 활용 범위에 따라 기업의 성패가 극명하게 갈리고 있습니다. 이러한 환경 속에서 공정하고 객관적인 판단기준에 따라 예측가능한 결론을 도출할 수 있는 지적재산소송 시스템이 더욱 절실하다고 생각합니다. 이에 따라 소송당사자가 소송 절차와 판단기준을 미리 숙지할 수 있게 함으로써 소송의 결과에 대한 신뢰도를 높이는 한편, 일관되고 합리적인 판례를 축적할 필요성이 더욱 커지고 있습니다.

뿐만 아니라 지식재산 분쟁의 국제적 성격으로 말미암아 주요국들의 관련 법률이 비교·평가되고 그 과정에서 서로 간의 사법체계에 대한 오해로 말미암아 불필요한 불신을 야기하는 경우도 있을 수 있습니다. 2013년 10월 서울에서 개최된 '한미지재컨퍼런스'에서 확인할 수 있었듯이, 각국의 지적재산에 관한 법률체계와 소송절차를 서로에게 보여주고 상대방의 이해를 구함으로써 사법시스템에 대한 상호 간의 신뢰를 쌓아나가는 노력은 무엇보다도 중요합니다.

바야흐로 지적재산소송에서도 '소통과 공감'이 필요한 시대라고 할 수 있습니다.

특허법원은 1998년 3월 1일 개원한 이래, 지적재산 분야의 법리 발전에 크게 기여하였을 뿐만 아니라 효율적이고 충실한 소송절차를 정립하기 위하여 꾸준히 노력하였습니다. 특히, 2010년 4월부터 전국 법원 최초로 전자소송제도를 시행해 오고 있는데, 소송대리인 및 특허청 소송수행자들의 전폭적인 협조에 힘입어 현재 대부분의 사건에 전자소송제도를 적용하고 있습니다. 특허법원은 소송절차에서 당사자들이 자신의 입장을 효과적으로 설명하고 재판부 및 상대방과 충분한 의견교환이 이루어질 수 있도록 지속적으로 실무를 개선해 나가고 있습니다.

아울러, 국내 유일의 지적재산권 전문법원으로서 사회적 역할을 다해야 한다는 의견에도 주목하여, 2013년 6월에는 KAIST에서 '찾아가는 특허교실'을 개최하였는데, 기술개발의 주체로서 과학기술인들이 기술개발과 관련하여 마주치는 특허법 관련 문제들이나 다소 오해하고 있었던 법률적 사안들을 알기 쉽게 설명하고 질의응답 시간을 가짐으로써 애써 이룬 기술개발이 제대로 보호받아 국가발전의 동력이 될 수 있도록 지원하기 위한 것이었습니다.

이번에 특허법원 지적재산소송실무연구회에서 발간하게 된 「지적재산소송실무」제3판은 최근까지의 특허법원과 대법원의 판례를 중심으로 소송절차와 판단기준을 일목요연하게 정리함으로써, 지적재산소송의 소송대리인이나 특허청 관계자 등 실무가들에게 특허법원의 소송절차와 판단기준을 미리 알 수 있도록 제시하여 재판의 준비과정에 매우 유용하고 판결 결과의 예측가능성을 높이는 데 많은 기여를 할 것입니다.

이 책자의 발간을 위해 바쁜 업무 가운데서도 노고를 아끼지 않은 집필자 여러분의 노고에 감사드리고, 이 책자가 지적재산소송 분야에서 '소통과 공감'을 위해 작으나마 충실한 역할을 하기를 기대합니다.

2014. 2.

특허법원장 박 삼 봉

전면개정판 발간사

1998년 3월 1일 특허법원이 개원하여 특허·실용신안·상표·디자인 등과 관련한 심결취소소송을 처리하여 온 것이 어느덧 12년째가 되었고, 2006년 6월 23일 특허법원 지적재산소송실무연구회에서 지적재산소송의 실무지침서로 세상에 선보였던 「지적재산소송실무」가 발간된 지도 3년이 넘었습니다. 그동안 우리나라는 세계 4위의 특허출원국이 되었고, 특히 정보통신, 생명공학 등 첨단기술에 관하여 많은 특허를 보유한 지식강국이 되었습니다. 이와 더불어 특허 등에 관한 국내외의 분쟁도 훨씬 많아졌고, 그것에 비례하여 학계와 실무계에서 지적재산권에 관하여 연구성과들이 축적되어 왔으며, 새롭게 개발된 법리도 적지 않습니다.

다른 한편으로, 현재 우리나라는 지적재산소송제도와 관련하여서도 많은 변화를 앞두고 있습니다. 국회에서는 변리사의 소송대리권과 관련한 변리사법의 개정이 논의되고 있고, 법원에서도 침해소송의 관할 집중에 관한 논의가 활발히 이루어지고 있습니다. 게다가 올해 특허법원은 전국의 어느 법원보다 먼저 전자소송제도를 시범적으로 실시할 예정에 있습니다.

이와 같은 때에 특허법원의 지적재산실무소송연구회에서 「지적재산소송실무」의 전면개정판을 발간하게 된 것은 지적재산권 분야에 관한 우리나라 소송실무의 발전을 위하여 매우 시의적절할 뿐 아니라 커다란 의미를 갖는다고 생각합니다. 전면개정판은 최근까지의 특허법원과 대법원의 판례 외에 학계의 연구성과와 국내외의 각종 자료를 두루 참고하여 이를 모두 반영하였습니다. 여러 면에서 아쉬움을 가질 수밖에 없었던 초판에 비하여 양적으로는 거의 2배에 상당하고, 질적으로도 그에 못지않은 진전을 이루었다고 스스로 평가해 보기도 합니다.

끝으로, 바쁜 업무 가운데서도 전면개정판의 발간을 위하여 노고를 아끼지 않은 집필자와 편집위원 여러분께 큰 감사를 드립니다. 아울러 이 책이 지적재산 관련 소송을 처리하는 법관과 소송대리인 및 특허청 관계자 등 실무자들에게 실무지침서로서 더욱더 유용하게 쓰이기를 바랍니다. 학계에 계신 분들에게도 좋은 참고가 될 것으로 기대합니다.

2010. 1.

특허법원장 손 용 근

초판 발간사

오늘날 국가나 기업 간의 기술개발 경쟁이 치열해지고 산업기술의 수명이 짧아짐에 따라 국내외적으로 과학기술 분쟁을 신속하면서도 예측가능하게 해결해 주기를 바라는 산업계의 요구는 점차 더 커지고 있습니다. 특허법원은 이와 같은 요구에 부응하기 위하여 1998년 3월 1일 특허·실용신안·상표·디자인 등 지적재산권에 관한 심결취소소송을 전속적으로 관할하는 전문법원으로 출발한 이래, 지적재산 분쟁의 신속·공정한 해결뿐만 아니라, 지적재산권법 분야 전반에 걸친 법리의 발전과 지적재산소송제도의 개선 등을 위해서도 다각적인 노력을 기울여 왔습니다.

특히, 올해 들어 특허법원은 급증하는 특허·실용신안 분쟁에 효율적으로 대응하기 위하여 4인씩으로 구성된 5개 재판부로 직제를 대폭 확충하는 한편, 분쟁 당사자에게 재판다운 재판을 받았다는 만족감을 주고 심리를 보다 충실하게 하기 위하여 모든 사건에 대하여 전면적인 구술심리를 실시하고 있습니다.

개원 9년째를 맞아 특허법원 지적재산소송실무연구회에서 이번에 발간하는 「지적재산소송실무」는 기존의 「특허재판실무편람」을 바탕으로 그동안 연간 천여 건의 사건을 처리하면서 축적된 다양한 사실심의 재판자료와 특허소송연구 논문집에 집약된 연구성과 및 최근에 이르기까지의 대법원 판례 등을 종합적으로 반영한 책자로서, 국내외 지적재산 관련 소송실무의 정립은 물론 이 분야의 이론적 발전에도 커다란 기여가 될 것으로 확신합니다.

이 책자의 발간을 위해 애쓰신 책임집필자 및 편집위원 여러분들의 노고에 감사
드리며, 이 책자가 지적재산소송의 재판을 담당하는 법관뿐만 아니라, 소송을 준비하
고 수행하는 변호사, 변리사 및 특허청 관계자 등 모든 실무가들에게 크게 도움이 되
기를 바랍니다.

2006. 6.

특허법원장 이 홍 복

제4판 머리말

특허법원 소속 법관들로 구성된 연구모임인 지적재산소송실무연구회에서는 전면개정판인 「지적재산소송실무」 제4판을 발간하게 되었습니다. 「지적재산소송실무」는 지적재산소송에 대한 실무해설서로서 2006년 초판이 발간되어 2010년 제2판(전면개정판), 2014년 제3판이 발간되어 오는 동안 지재소송 실무분야에서 가장 권위있는 책들 중 하나로 평가되고 널리 활용되고 있습니다.

제3판이 발간된 이래 4년여의 시간이 흐르는 동안 주목할 만한 대법원과 특허법원의 판례들이 많이 쌓였고, 실무계와 학계에서도 의미 있는 연구성과들이 축적되어 왔습니다. 또한 특허법 등 개별법도 많이 개정되었으며, 2016년 이루어진 법원조직법과 민사소송법의 개정으로 특허법원이 심결취소사건 뿐만 아니라 민사항소사건도 심리하게 됨에 따라 민사판례 및 법리도 발전되었습니다.

이러한 상황의 변화 때문에 이 책의 개정발간에 대한 요청이 대내외적으로 많이 제기되어 왔습니다. 이에 더하여 이 책이 과거 2회의 개정을 거치면서 집필자별로 기존 내용에 주요 판례들을 추가하거나 설명부분을 수정 · 추가하는 과정을 거치다보니, 책의 전체 체계가 부자연스럽거나 앞뒤 내용 사이에 간극이 있는 부분도 일부 발견되었습니다. 그리하여 2017년 특허법원 법관들 사이에서 이 책을 개정하면서 이러한 부분을 세밀히 가다듬을 필요가 있다는 공감대가 형성되어, 특허법원 법관 전원이 집필자로 참여하고 상호 감수작업을 진행한 끝에 개정판 초고가 마련되었습니다. 그 후 2018년 특허법원에 부임한 재판장 전원이 초고에 대한 강독과 보완작업을 진행하여 최종 원고가 만들어졌습니다. 이 기간 동안 김동규 고등법원판사가 집필자 겸 책임편집위원으로서 집필과정과 감수과정 전반을 챙기는 등 많은 노력을 하였습니다.

　제4판은 전면개정판으로서, 기존 제3판까지와 마찬가지로 집필자의 사견을 가급적 배제하고 통설이나 실무로 확립된 부분을 중심으로 기술하였습니다. 아울러 특허침해소송 등 민사소송실무에 관한 내용을 새로이 추가하였고, 대법원 판결 및 특허법원 판결들 중 선례적 가치가 있는 판례들을 엄선하여 소개하였습니다. 또한 특허법원에서는 지재사건에 대한 효율적인 심리절차를 연구하여 이를 모델화한 「소송절차안내(구: 심리매뉴얼)」을 제정·공표하였는데 그 내용 역시 소개하였습니다. 제4판은 2017, 2018년도 특허법원에서 근무하던 소속 법관들이 집필작업을 담당하였지만, 초판부터 제3판까지의 원고를 토대와 자양분으로 하였으므로, 결국 특허법원 소속 전현직 법관 전원의 협업에 의해 만들어졌다고 할 수 있습니다.

　이 책의 기획단계에서부터 발간에 이르기까지 지원과 격려를 아끼지 않으신 이대경 전 특허법원장님과 조경란 특허법원장님께 감사의 말씀을 올리며, 집필자분들의 노고에 감사드립니다. 아울러 이 책의 자양분과 토대를 제공해 주신 초판, 제2판(전면개정판), 제3판의 집필자들께도 깊은 존경과 감사의 말씀을 드립니다. 아울러 출판과정에서 실무적으로 애써 주신 박영사의 관계자 여러분에게도 깊이 감사드립니다.

　이 책이 지적재산소송의 이론과 실무를 알리는데 조금이나마 도움이 되기를 바라며, 이를 밑거름으로 하여 더욱 충실하고 체계적인 소송실무가 정립되고, 더 나은 연구성과로 이어지기를 기대합니다.

2019. 1.

특허법원 지적재산소송실무연구회 회장　김 경 란

제3판 머리말

특허법원 지적재산소송실무연구회는 이번에「지적재산소송실무」제3판을 발간하게 되었습니다. 위 실무연구회는 특허법원 소속 법관들로 구성되어 있고, 재판실무에서 접하게 되는 여러 가지 법률적 쟁점을 연구하고 토론하기 위해 매년 8회 이상의 연구발표회를 개최하고 있으며,「특허소송연구」,「지적재산소송실무」등 연구성과물들을 발간해오고 있습니다.

「지적재산소송실무」는 지적재산소송실무에 관한 체계적인 지침서로서 2006년 초판을 발간한 이래 2010년 전면개정판을 거쳐 이번에 제3판을 발간하게 된 것입니다. 전면개정판 발간 이후 4년 정도가 지나는 동안, 주목할 만한 대법원 및 특허법원의 판결례가 많이 쌓였고 학계와 실무계에서도 의미 있는 연구성과들이 축적되어 왔습니다. 이러한 변화를 충분히 반영함과 아울러 지침서의 내용을 좀 더 체계적으로 정리할 필요가 있다는 공감대가 형성됨에 따라 2013년 3월 특허법원 법관 전원과 특허법원에 근무하다가 2013년 2월 대전지방법원으로 전보된 김승곤 판사를 집필자 겸 편집위원으로 하여 책임집필 부분과 책임감수 부분을 분담하여 꾸준히 개정작업을 해왔습니다.

「지적재산소송실무」는 지침서로서의 성격상 가급적 통설이나 실무적으로 정착된 부분을 위주로 설명하는 데 주안점을 두었습니다. 대법원 판결 중에서도 선례적 가치가 있는 판례들을 엄선하여 인용하였고, 특허법원 판결은 그 확정여부나 상고결과를 표시하여 참고가 되도록 하였습니다. 아울러, 필요한 부분을 찾기 위하여 시간을 들여 주석서나 관련 논문을 찾지 않더라도 독자들이 소송실무의 판단기준을 쉽게 확인할 수 있도록 하기 위하여 적절한 사례를 들어 간결하고도 구체적으로 설명함으로써 실무지침서로서의 기능을 다 할 수 있도록 하였습니다.

특히, 특허청구범위 해석 부분에서는 종전의 서술 방식을 대폭 수정하여, 대법원 판례를 중심으로 특허요건 판단과 특허침해 판단에서의 특허청구범위에 기재된 문언의 바람직한 해석방법, 특허청구범위에 기재된 문언의 해석과 특허발명의 보호범위를 제한하는 다양한 이론과의 관계 등을 체계적으로 서술하였고, 디자인의 창작성과 관련해서도 대법원 판결이 제시한 판단기준을 상세히 설명하고 구체적인 사례들을 적절히 보충하였으며, 상표 분야에서는 개정 상표법의 내용을 반영하고, 대법원의 전원합의체 판결을 비롯하여 전면 개정판 이후 집적된 대법원과 특허법원의 판례들을 보충하여 정리하였습니다.

이 책의 기획단계에서부터 발간에 이르기까지 지원과 격려를 아끼지 않으신 박삼봉 특허법원장님께 감사의 말씀을 올리며, 이 책의 토대가 된 종전 「지적재산소송실무」 집필자들의 노고 또한 이 자리를 빌어 다시금 기억하고자 합니다. 아울러 출판과정에서 실무적으로 애써 주신 박영사의 조성호 팀장님을 비롯한 박영사 관계자 여러분에게도 깊이 감사드립니다.

이 책이 지적재산소송에 관심을 가진 분들에게 조금이나마 도움이 되기를 바라며, 이를 밑거름으로 하여 더욱 충실하고 체계적인 실무지침서가 계속 이어져 나오기를 기대합니다.

2014. 2.

특허법원 지적재산소송실무연구회 회장 배 광 국

전면개정판 머리말

특허법원 지적재산실무연구회에서는 2006. 6. 그동안의 연구결과를 종합하여 특허·실용신안·디자인·상표 분야에 관한 체계적인 소송실무지침서로서 「지적재산소송실무」를 발간하였습니다. 그로부터 3년 6개월 정도의 기간이 지나는 동안 특허법원의 처리사건 수도 크게 증가하여 다양한 쟁점에 관한 판례가 형성되었습니다. 또한 그 사이 특허법 등 관련 법률이 여러 차례에 걸쳐 개정되었고, 절차에 관한 민사소송법의 개정도 일부 있었습니다.

그리하여 그동안 축적된 특허법원의 실무지식을 보충하고, 개정된 법률들의 내용에 맞추기 위하여 이번에 전면개정판을 출간하게 되었습니다.

이번 전면개정판을 출간함에 있어서는 그동안 축적된 이론과 실무에 관한 내용들을 보충하는 이외에 특히 소송절차에 관한 부분을 새로 내용에 넣었습니다. 즉, 종전 책에서는 최초의 실무지침서라는 측면에서 주로 이론적 부분을 중심으로 설명하였습니다만, 이번 책에서는 그러한 이론이 실제 구체적으로 전개되는 소송절차 부분까지 대상으로 삼아 적지 않은 부분을 할애하여 설명하고자 하였습니다. 그래서 대부분의 경우 소송절차에 관한 일반적인 지침서인 법원실무제요의 해당 부분을 찾지 않더라도 이 책의 내용만으로 의문점을 해결할 수 있도록 노력하였습니다.

이 책은 그동안 지적재산소송실무연구회의 연구결과물, 특히 초판의 내용에 큰 도움을 받았고, 전면개정판을 만들기 위하여 각 분야별로 집필자를 정하여 원고를 집필하도록 하였으나 원고가 완성된 이후에는 편집위원회에서 그 내용의 일부를 수정·보완하였음을 밝혀둡니다.

이번 전면개정판을 출간함에 있어서도 많은 분들의 도움을 받았습니다. 특히 2009. 2. 부임 당시부터 전면개정판의 필요성을 강조하시고, 원고 집필작업을 독려해 주시는 한편 직접 원고 일부분, 특히 심결 및 판결의 효력 부분의 보충, 개고와 교정 작업까지 기꺼이 맡아 주신 손용근 특허법원장님께 감사를 드립니다. 또한 인사이동 으로 특허법원을 떠났음에도 원고 집필을 기꺼이 승낙해 주신 여러 판사님들, 그중에 서도 출간에 관한 기본적인 준비를 모두 마쳐 주셨을 뿐 아니라 원고 집필까지 하여 주신 원유석 전 수석부장님, 그리고 바쁜 업무 가운데 해당 부분의 집필과 원고의 수 정 등 편집작업에 열성적으로 참여하신 특허법원 근무 판사님들께도 감사드립니다. 그리고 이 기회에 이번 전면개정판의 출발점이 되었던 종전 초판의 집필자와 편집위 원 여러분들의 노력도 기억하고자 합니다. 끝으로 출판과정에서 까다로운 실무작업 을 모두 맡아 처리해 주신 박영사의 조성호 부장님과 홍석태 차장님에게도 감사를 드립니다.

이번 전면개정판이 초판과 마찬가지로 지적재산소송실무의 발전에 큰 도움이 되 기를 바랍니다.

2010. 1.

특허법원 지적재산소송실무연구회 회장 김 명 수

초판 머리말

특허법원 지적재산소송실무연구회에서는 이번에 지적재산권 중 특허법원의 관할에 속하는 특허·실용신안·디자인·상표 분야에 관한 체계적인 소송실무 지침서인 「지적재산소송실무」를 발간하게 되었습니다.

특허법원 지적재산소송실무연구회는 재판실무상 부딪치게 되는 다양한 쟁점들을 연구·토론하기 위해 특허법원 소속 법관들로 구성된 연구회로서, 특허법원의 개원 초기인 1998년 3월경 결성된 이래 오늘에 이르기까지 매년 8회 이상의 연구발표회를 꾸준히 개최해 오고 있습니다. 그동안 위와 같은 연구노력의 성과물을 모아 논문집인 「특허소송연구」 제 1 집(1999년), 제 2 집(2001년), 제 3 집(2005년)을 차례로 발간하였고, 회원들의 축적된 실무경험과 지식을 바탕으로 「특허재판실무편람」(2002년)을 발간하기도 하였습니다. 그러나 「특허소송연구」와 「특허재판실무편람」은 법원 내부용 비매품 도서로 제작됨으로써 지적재산권에 관심이 있는 외부의 많은 이들에게 널리 전파되지 못하는 아쉬움이 있었습니다.

이번에 대내외적으로 발간·배포되는 「지적재산소송실무」는 기존의 「특허재판실무편람」을 모태로 하면서도 그 내용을 대폭 보완함으로써 「특허재판실무편람」을 뛰어넘는 체계적인 지적재산소송실무 지침서로 거듭나게 되었습니다. 특허·실용신안 분야에서는 명세서의 보정·정정, 신규성·진보성 판단, 특허침해유형, 권리범위확인심판 등을 비롯한 대부분의 논점이 그동안 집적된 대법원 및 특허법원 판례를 중심으로 하여 대폭 보강되었고, 2006. 3. 3. 공포된 개정 특허법·실용신안법의 내용까지 해당 부분에 충실히 반영하였습니다. 디자인 분야에서는 2005. 7. 1.부터 시행되는 개정 디자인보호법의 내용을 반영하였고, 상표 분야에서는 그 동안 집적된 방대한 양의 대법원 판례와 특허법원 판결을 사례별로 체계적으로 정리하였으며, 아울러 특허청이 2006년 4월 현재 추진중인 상표법 개정안의 내용까지 해당 부분에서 언급하였습니다. 또한 지적재산소송의 실무지침서를 지향하는 이 책의 성격상 가급적 통설이나 실무적으로 정착된 부분을 위주로 설명하면서, 판례번호는 각주로 표시하지 않고 본문의 괄호 안에 표시하여 독자들이 읽기 쉽게 하였으며, 그중 특허법원 판결은 그 확정 여부나 상고결과도 아울러 표시하여 참고가 되도록 하였습니다.

이 책이 발간되기에 이르기까지 많은 분들이 애써 주시고 지원과 격려를 아끼지 않으셨습니다. 특허법원 재판실무경험이 많은 법관들 중에서 2005년 8월경 선정된 분야별 책임집필자들은 바쁜 업무 중에도 시간을 쪼개어 법원정기인사 이전인 2006년 2월 중순경까지 1차 원고를 완성해 주셨으며, 책임집필자 중 5명으로 구성된 편집위원들은 그 후 2개월여 동안 여러 차례의 검토회의를 통해 제출된 원고들 사이에 모순되거나 상충되는 부분을 찾아 일일이 정리하고, 2006. 3. 3. 공포된 개정 특허법·실용신안법의 내용과 현재 추진중인 상표법 개정안의 내용까지 해당 부분에 충실히 반영하는 등의 수고를 하여 주셨습니다. 이 책의 기획단계에서부터 발간에 이르기까지 지원과 격려를 아끼지 않으셨던 곽동효 전 특허법원장님과 이흥복 현 특허법원장님께도 감사의 말씀을 올리며, 이 책의 토대가 된 종전「특허재판실무편람」집필자들의 노고 또한 이 자리를 빌어 다시금 기억하고자 합니다. 아울러 출판과정에서 실무적으로 애써 주신 박영사 조성호 차장님을 비롯한 관계자 여러분에게도 깊이 감사드립니다.

이 책이 지적재산소송실무의 발전에 커다란 도움이 되기를 바라며, 이를 또 다른 밑거름으로 하여 앞으로 더욱 충실하고 체계적인「지적재산소송실무」개정판이 계속 이어져 나오기를 기대합니다.

2006. 6.

특허법원 지적재산소송실무연구회 회장   이 성 호

제4판 편집위원 및 집필자 명단

편집위원
김경란(특허법원 수석부장판사)   이제정(특허법원 부장판사) 이규홍(특허법원 부장판사)   윤성식(특허법원 부장판사)   서승렬(특허법원 부장판사) 김동규(특허법원 고등법원판사)   김기수(특허법원 판사)   김병국(특허법원 기획법관) 진유나(김&장 변호사)   정지백(특허법원 재판구원)   김수연(특허법원 재판연구원)

집필자(편집위원)	집필부분
김환수(대법원장 비서실장)	제1장 제1절, 제2절
진현섭(특허법원 판사)	제1장 제3절
이정석(서울고등법원 부장판사)	제2장 제3절
윤주탁(서울중앙지방법원 판사)	제2장 제1절
이호산(서울중앙지방법원 판사)	제2장 제2절
박형준(서울고등법원 부장판사)	제2장 제4절
장현진(서울중앙지방법원 판사)	제2장 제5절 앞부분(처음~침해금지청구)
권동주(법무법인 화우 변호사)	제2장 제5절 중간부분(방어수단~가처분)
김동규(특허법원 고등법원판사)	제2장 제5절 뒷부분(손해배상청구)
김부한(대구지방법원 부장판사)	제2장 제6절, 제7절
김우수(서울고등법원 부장판사)	제3장
나상훈(특허법원 판사)	제4장 제1절, 제2절
김기수(특허법원 판사)	제4장 제3절
오영준(서울고등법원 부장판사)	제4장 제5절, 제6절 일부(처음~취소심판 중 취소사유 119조 1항 3호)
이진희(특허법원 판사)	제4장 제4절 일부, 제6절 일부 (취소사유 119조 1항 4호 이하)
김병국(특허법원 판사)	제4장 제4절 일부, 제7절

제3판 편집위원 및 집필자 명단

집필자(편집위원)	집필부분
손천우(특허법원 판사)	제 1 장 제 1 절, 제 2 절, 제 3 절
김우진(특허법원 부장판사)	제 1 장 제 4 절, 제 5 절
김형두(특허법원 부장판사)	제 1 장 제 6 절
배준현(특허법원 부장판사)	제 1 장 제 7 절
이다우(특허법원 판사)	제 2 장 제 1 절
한규현(특허법원 부장판사)	제 2 장 제 2 절
최종선(특허법원 판사)	제 2 장 제 3 절
염호준(특허법원 판사)	제 2 장 제 4 절
박정훈(특허법원 판사)	제 2 장 제 5 절
곽부규(특허법원 판사)	제 3 장
이혜진(특허법원 판사)	제 4 장 제 1 절
배광국(특허법원 수석부장판사)	제 4 장 제 2 절
김 신(특허법원 판사)	제 4 장 제 3 절
정택수(특허법원 판사)	제 4 장 제 4 절
김승곤(대전지방법원 판사)	제 4 장 제 5 절
이 헌(특허법원 판사)	제 4 장 제 6 절

전면개정판 편집위원 및 집필자 명단

편집위원
김명수(특허법원 수석부장판사)　　김용섭(특허법원 부장판사) 심준보(특허법원 판사)　　노갑식(특허법원 판사)　　이상균(특허법원 판사) 곽민섭(특허법원 판사)　　유영선(특허법원 판사)

집 필 자	집필부분
성기문(서울고등법원 부장판사)	제 1 장 제 1 절 내지 제 4 절, 제 7 절
원유석(서울고등법원 부장판사)	
김명수(특허법원 수석부장판사)	제 1 장 제 5 절, 제 6 절
한동수(대법원 재판연구관)	제 2 장 제 1 절
윤태식(대법원 재판연구관)	제 2 장 제 2 절
노갑식(특허법원 판사)	제 2 장 제 3 절
김태현(대구지방법원 판사)	제 2 장 제 4 절
곽민섭(특허법원 판사)	제 2 장 제 5 절
김종석(특허법원 판사)	제 3 장
심준보(특허법원 판사)	제 3 장, 제 4 장 제 3 절
박원규(서울중앙지방법원 판사)	제 4 장 제 1 절, 제 2 절
유영선(특허법원 판사)	제 4 장 제 4 절
이상균(특허법원 판사)	제 4 장 제 5 절
이종우(특허법원 판사)	제 4 장 제 6 절

초판 편집위원 및 집필자 명단

편집위원
이성호(특허법원 수석부장판사)   설범식(특허법원 판사)   조영선(특허법원 판사) 한동수(특허법원 판사)   심준보(특허법원 판사)

집 필 자	집필부분
이재환(서울고등법원 부장판사)	제 1 장 제 1 절, 제 2 절 Ⅰ · Ⅱ
주기동(서울고등법원 부장판사)	제 1 장 제 3 절, 제 2 장 제 4 절 Ⅰ
이성호(특허법원 수석부장판사)	제 1 장 제 4 절
최성준(특허법원 부장판사)	제 1 장 제 2 절 Ⅲ
조영선(특허법원 판사)	제 2 장 제 1 절
설범식(특허법원 판사)	제 2 장 제 2 절
이회기(대법원 재판연구관)	제 2 장 제 3 절
김철환(특허법원 판사)	제 2 장 제 4 절 Ⅱ, 제 3 장 제 1 절 Ⅲ, 제 2 절
김기영(특허법원 판사)	제 3 장 제 1 절 Ⅰ · Ⅱ
한동수(특허법원 판사)	제 4 장 제 1 절, 제 2 절
심준보(특허법원 판사)	제 4 장 제 3 절, 제 4 절
박정희(대법원 재판연구관)	제 4 장 제 5 절, 제 6 절

일러두기

1. 이 책에서 인용된 특허법원 판결의 확정 여부는 다음과 같은 방법으로 표기하였다.
   확정 : 상고되지 않고 확정된 경우
   상고 : 상고되었으나 상고심 판결이 선고되지 않은 경우
   상고기각 : 상고되었으나 상고기각되어 확정된 경우
   심리불속행기각 : 상고되었으나 심리불속행기각으로 확정된 경우
   상고각하 : 상고되었으나 상고각하로 확정된 경우

2. 법령의 표기
   가. 법령명을 본문이나 각주에서 인용할 때에는 전체 명칭을 기재하였고, 괄호 안
       에서는 가능한 한 약칭을 사용하였으며, 조문의 '제'는 생략하였다.
   나. 자주 쓰이는 법령은 다음과 같이 약칭하였다.
       특허법 → 특허, 상표법 → 상표, 실용신안법 → 실용신안, 디자인보호법 →
       디자인, 민사소송법 → 민소, 행정소송법 → 행소

3. 자주 쓰이는 긴 용어는 다음과 같이 약어를 사용하는 것을 원칙으로 하였다.
   당해 기술 분야에서 통상의 지식을 가진 자 → 통상의 기술자
   미국연방항소법원(United States Court of Appeals for Federal Circuit) → CAFC

4. 구 법령 또는 종래의 실무상 관행적으로 사용된 용어 중 현재의 법령 또는 실무상
   변경되어 사용되는 것은 다음과 같이 변경 후의 것으로 표기하였다.
   거절사정 → 거절결정, 등록사정 → 등록결정, (가)호 발명 → 확인대상발명, (나)
   호 발명 → 실시주장발명, 인용발명 → 선행발명 또는 비교대상발명

차 례

제1장 총 론

제2장 특허·실용신안에 관한 소송

제3장 디자인에 관한 소송

제1장   총 론

특허법원

Ⅰ. 특허법원의 설치

특허법원은 1994. 7. 27. 법률 4765호로 개정된 법원조직법, 1994. 7. 27. 법률 4766호로 개정된 "각급법원의 설치와 관할구역에 관한 법률", 1995. 1. 5. 법률 4892호 내지 법률 4895호로 개정된 특허법, 실용신안법, 의장법, 상표법에 의하여 1998. 3. 1. 서울에서 개원하였다.

종전의 특허심판제도는 특허청 내의 심판소와 항고심판소에서 1심과 2심을 다루고 상고심만 대법원에서 다루도록 하였는데, 이는 쟁송절차로서 부적절하고 위헌의 소지가 있다는 논란이 있었다. 이를 시정하기 위하여 특허청 내의 심판소와 항고심판소를 통합하여 특허심판원을 설치하여 행정부 내에서의 2단계 심판을 1단계로 줄이는 한편, 고등법원급인 특허법원을 설치하고 특허심판원의 심결 또는 결정에 대한 불복의 소를 특허법원의 전속관할로 하고 이에 대한 불복은 대법원에 제기할 수 있도록 함으로써 사실관계 및 법률관계를 법원에서 충분히 심리할 수 있도록 하였다.

그 후 1997. 12. 13. 법률 5432호로 개정된 "각급법원의 설치와 관할구역에 관한 법률"에서 특허법원 소재지를 대전으로 정함에 따라 특허법원 청사를 2000. 3. 1. 대전법원종합청사로 이전하였다가, 2003. 9. 1. 현재 특허법원 청사로 이전하였다.

한편 오랜 논란을 거쳐 2015. 12. 1. 법률 13521호 및 13522호로 각각 개정된 민사소송법 및 법원조직법에 의하여 2016. 1. 1.부터 '특허권 등의 지식재산권'에 관한 민사 본안사건의 항소심 관할이 특허법원으로 집중되었다. 법률 13522호로 개정된 법원조직법 28조의4 2호는 "특허법원은 민사소송법 24조 2항 및 3항에 따른 사건의 항소사건을 심판한다."라고 규정하고, 법률 13521호로 개정된 민사소송법 24조 2항 및 3

항은 "특허권 등의 지식재산권에 관한 소를 제기하는 경우에는 2조부터 23조까지의 규정에 따른 관할법원 소재지를 관할하는 고등법원이 있는 곳의 지방법원의 전속관할로 한다. 다만, 서울고등법원이 있는 곳의 지방법원은 서울중앙지방법원으로 한정한다. 2항에도 불구하고 당사자는 서울중앙지방법원에 특허권 등의 지식재산권에 관한 소를 제기할 수 있다."라고 규정한다. 그런데 개정 민사소송법 24조 2항에서 사용하는 "특허권 등의 지식재산권에 관한 소"라는 용어의 의의와 범위에 대해서는 다소 논란이 있는바, 이에 대하여는 뒤에서 따로 논의하기로 한다.

이처럼 2016. 1. 1.부터 특허법원이 특허권 등의 지식재산권에 관한 민사 본안사건의 항소심을 전속관할하게 됨에 따라 특허권 등의 지식재산권에 관한 민사 본안사건은 고등법원 소재지 5개 지방법원(서울중앙, 부산, 대구, 광주, 대전지방법원) → 특허법원(항소심) → 대법원으로 이어지는 형태로 심급이 운영된다.

이와 같은 관할의 변화를 그림으로 표시하면 아래와 같다.

Ⅱ. 특허법원의 구성

1. 법 원 장

판사인 특허법원장은 특허법원의 사법행정사무를 관장하며, 그 소속공무원을 지휘·감독한다(법조 28조의2 1항~3항). 특허법원장이 궐위되거나 사고로 인하여 직무를 수행할 수 없을 때에는 수석부장판사·선임부장판사의 순서로 그 권한을 대행한다(법조 28조의2 4항, 26조 4항).

2. 재 판 부

특허법원은 일반 고등법원과 마찬가지로 판사 3명으로 구성된 합의부에서 심판권을 행사하는데(법조 7조 3항), 부에는 부장판사를 두고, 부장판사는 그 부의 재판에서 재판장이 되며, 특허법원장의 지휘에 의하여 그 부의 사무를 감독한다(법조 28조의3 2항, 27조 2항, 3항).

한편, 특허법원은 법원장이 재판장이 되어 재배당 전의 재판장을 비롯한 부장판사 2인과 함께 합의부를 구성하는 특별부를 설치·운영하고 있다. 특별부는 ① 선례적 의미가 크거나 연구가치가 큰 사건, ② 사안이 중대하여 사회에 미치는 영향이 클 것으로 예상되는 사건, ③ 동종 유사한 사건이 여러 재판부에 배당되어 있고 선례가 부족한 사건을 일반 재판부에서 재배당받아 심리할 수 있다(특허법원 사건배당에 관한 내규 6조).[1]

3. 기술심리관 및 기술조사관

특허법원에는 기술분야에 대한 전문성을 보좌하기 위한 기술심리관이 있다. 법원조직법 54조의2 2항, 3항은 "법원은 필요하다고 인정하는 경우 결정으로 기술심리

---

[1] 특허법원 2017. 3. 16. 선고 2016허4498, 2016허4504(병합), 2016허4511(병합), 2016허5620(병합) 판결(상고기각) 및 같은 날 선고 2016허21, 2016허45(병합) 판결(상고기각)이 특허법원 특별부의 최초 판결이다.

관을 특허법 186조 1항, 실용신안법 33조 및 디자인보호법 166조의 규정에 따른 소송의 심리에 참여하게 할 수 있다. 2항에 따라 소송의 심리에 참여하는 기술심리관은 재판장의 허가를 얻어 기술적인 사항에 관하여 소송관계인에게 질문을 할 수 있고, 재판의 합의에서 의견을 진술할 수 있다."라고 규정한다.

특허법원 실무상 기술심리관은 특허·실용신안사건의 심리에는 참여하되, 재판의 합의에는 참여하지 않고 서면으로 의견을 밝히고 있다. 기술심리관 제도는 일본의 재판소조사관 제도와 독일의 기술판사 제도를 절충한 것으로, 재판의 심리에 참여할 수 있다는 점에서 독일의 기술판사와 유사하지만, 사건의 결정권한을 가지지 않는다는 점에서는 일본의 재판소조사관 제도와 유사하다.

또한, 특허법원에는 법원조직법 54조의3에 근거한 기술조사관도 있다. 기술조사관도 기술심리관과 마찬가지로 기술분야에 대한 전문성을 보좌하며, 법관의 명을 받아 심판에 필요한 자료를 수집·조사하고, 그 밖에 필요한 업무를 담당한다.

4. 직   원

특허법원에는 사무국(총무과, 특허과)을 두고, 국과장과 사무관 등 일반직 법원공무원이 직원으로 근무한다.

5. 국제지식재산권법 연구센터

특허법원은 특허법원의 국제적 교류 및 위상 강화, 전문성 강화 등을 위하여 2017. 5. 23. 그 산하에 '국제지식재산권법 연구센터'를 개원하였다. 국제지식재산권법 연구센터는 단위 법원 산하의 연구센터로는 전국 법원 중 최초이다. 국제지식재산권법 연구센터는 연구위원 및 연구원이 있으며, 연구보고서 발간, 국제저널 발간, 영문 판례집 발간, 국제재판부 및 국제특허법원컨퍼런스 지원 등의 업무를 담당한다.

Ⅲ. 특허법원의 관할

1. 심급관할

특허심판원, 지리적표시심판위원회, 품종보호심판위원회 등의 심결 등에 대한 소는 특허법원이 1심으로 전속관할하고(특허 186조 1항, 실용신안 33조, 상표 162조 1항, 디자인보호 166조 1항, 농수산물품질관리법 54조 1항, 식물신품종보호법 103조 1항, 법원조직법 28조의4), 특허법원의 판결에 대한 불복은 대법원으로의 상고에 의한다(특허 186조 8항, 실용신안 33조, 상표 162조 7항, 디자인보호 166조 8항, 농수산물품질관리법 54조 6항, 식물신품종보호법 103조 7항). 그런데 특허심판원 등의 심결 등은 재판이 아닐 뿐만 아니라 특허심판원 등의 심판절차와 특허법원의 소송절차 사이에 1심과 2심과 같은 심급관계가 있는 것도 아니므로, 특허심판원 등의 심결 등에 대한 소는 특허법원이 1심이 되고, 대법원이 2심 겸 상고심이 되는 2심제이다.

한편 앞서 본 바와 같이 특허법원이 2016. 1. 1.부터는 특허권 등의 지식재산권에 관한 민사 본안사건의 항소사건[2]을 전속관할하게 됨에 따라[3] 특허권 등의 지식재산권에 관한 민사 본안사건은 일반 민사사건과 마찬가지로 5개 지방법원이 1심을 담당하고, 특허법원이 항소심을 담당하며, 대법원이 상고심을 담당하는 3심제이다.

2. 토지관할

특허법원은 "각급법원의 설치와 관할구역에 관한 법률" 4조에 의하여 고등법원과 지방법원 중 유일하게 전국을 관할한다.

---

2) 특허권 등의 지식재산권에 관한 민사가처분사건의 1심을 본안의 관할이 있는 5개 지방법원 또는 다툼의 대상이 있는 곳을 관할하는 지방법원이 담당하는 경우에(민집 330조), 그 항고심은 일반 민사가처분사건과 마찬가지로 1심 법원의 소재지를 관할하는 고등법원이 담당한다.

3) 2016. 1. 1. 이전에 소가 1심에 계속 중이었더라도 그 이후에 1심 판결이 선고되는 경우에 그 항소사건은 특허법원의 전속관할이다(대법원 2017. 12. 22. 선고 2017다259988 판결).

3. 전속관할

법원조직법 28조의4는 특허법원이 ① 특허법 186조 1항, 실용신안법 33조, 디자인보호법 166조 1항, 상표법 162조 1항에서 정하는 1심 사건 및 ② 민사소송법 24조 2항 및 3항에 따른 사건의 항소사건 ③ 다른 법률에 따라 특허법원의 권한에 속하는 사건을 담당한다고 규정한다. 또한, 특허법 186조 1항, 실용신안법 33조, 상표법 162조 1항, 디자인보호법 166조 1항, 농수산물품질관리법 54조 1항, 식물신품종보호법 103조 1항은 특허취소결정 또는 심결에 대한 소 및 특허취소신청서·심판청구서·재심청구서의 각하결정에 대한 소를 특허법원의 전속관할로 규정한다. 따라서 위와 같은 소 및 특허권 등의 지식재산권에 관한 민사본안사건의 항소사건에 대한 특허법원의 관할은 전속관할이다.

전속관할이란 재판의 적정·공정 등 고도의 공익적 요구에 의하여 특정 법원만이 배타적으로 관할을 가지게 하는 경우를 말하며, 이에 대해서는 민사소송법상 합의관할이나 변론관할에 관한 규정이 적용되지 아니한다(민소 31조). 따라서 이에 위반되는 관할합의의 약정은 무효이고, 관할이 없는 법원에 소가 제기된 경우 피고가 관할위반의 항변을 하지 아니하고 본안에 대하여 변론을 하더라도 변론관할이 성립하지 않는다. 전속관할을 위반한 판결에 대해서는 상소심에서 다툴 수 있으며(민소 411조 단서, 424조 1항 3호), 상소심의 직권심리사항이기도 하다.4)

4. 사건의 이송

특허취소결정 또는 심결에 대한 소 및 특허취소신청서·심판청구서·재심청구서의 각하결정에 대한 소에 대한 관할은 특허법원에 전속한다(특허 186조 1항). 여기서 특허법원에 제기하여야 할 소장을 잘못하여 대법원 또는 서울고등법원 등에 제출한 경우의 처리가 문제 된다. 이 경우 소장을 각하할 수도 있겠으나, 비교적 짧은 제소기간5)을 고려할 때 소장을 접수한 법원으로서는 바로 각하하기보다는 행정소송법 7조 또는 민사소송법 34조 1항을 준용하여 이를 관할법원인 특허법원에 이송함이 바

---

4) 대법원 2017. 12. 22. 선고 2017다259988 판결
5) 일반 행정소송은 제소기간이 90일이나(행소 20조), 특허소송은 30일이다(특허 186조 3항).

람직하다. 이 경우 제소기간의 준수 여부에 대하여 심결취소소송은 특허법원 전속관할이므로 이송 등에 의하여 소장이 특허법원에 접수된 날이 기준이 되고, 대법원이나 서울고등법원 등에 소장이 접수된 날이 기준이 되는 것은 아니라는 견해[6]와 민사소송법 40조 1항에 따라 이송결정이 확정된 때에는 소송은 처음부터 특허법원에 계속된 것으로 보게 되므로 제소기간 준수 여부는 소장이 대법원이나 서울고등법원 등에 접수된 날을 기준으로 한다는 견해가 있다.

특허심판원과 특허법원 사이에는 민사소송법의 규정이 준용되지 아니하므로 소장을 특허심판원에 제출한 경우에는 특허법원에 이송할 수 없다.

한편 특허법원이 전속관할하는 특허권 등의 지식재산권에 관한 민사본안 항소사건의 이송은 일반 민사사건의 항소사건의 경우와 동일하다. 따라서 항소장은 제1심법원에 제출하여야 하고(민소 397조 1항), 당사자의 착오로 항소장을 특허법원에 제출한 경우에 본인이 직접 이를 지참한 때는 제1심법원에 제출하도록 종용하면서 이를 돌려주고, 항소장이 우송되어 온 때는 지체 없이 제1심법원으로 송부함이 바람직하다. 항소장을 제출받은 제1심법원의 법원사무관 등이 제1심 소송기록을 특허법원에 송부하지 아니하고 다른 일반법원에 송부하여 그 법원에 사건이 접수된 경우, 소송기록을 송부받은 법원은 사건을 특허법원으로 이송하여야 한다. 이러한 절차에 따라 사건이 특허법원으로 이송된 이상, 이송된 사건이 특허권 등의 지식재산권에 관한 사건이 아니라고 하더라도 민사소송법 38조 2항에 규정된 이송결정의 기속력에 의하여 다시 일반법원으로 재이송할 수는 없다. 대법원은 특허권 등의 지식재산권에 관한 사건을 일반 고등법원에서 심리·판결하여 상고된 사건에서 전속관할 위반을 이유로 고등법원의 판결을 직권으로 파기하고 사건을 특허법원으로 이송하였다.[7]

그러나 항소장을 접수받은 제1심법원이 특허권 등의 지식재산권에 관한 사건이 아님에도 특허법원으로 기록을 송부(민소 400조 1항)한 경우에는 이송결정의 기속력이 적용되지 아니하므로, 접수단계에서 발견한 경우에는 착오 송부를 이유로 제1심법원으로 하여금 송부를 취소하고 관할이 있는 항소법원으로 기록을 송부하도록 하여야 하고, 그 이후에 발견한다면 특허법원에서 직접 관할 항소법원으로 이송결정을 하여야 한다.

---

6) 대법원 1969. 3. 18. 선고 64누51 판결 참조
7) 대법원 2017. 12. 22. 선고 2017다259988 판결.

민사소송법 36조 3항은 "24조 2항 또는 3항에 따라 특허권 등의 지식재산권에 관한 소를 관할하는 법원은 현저한 손해 또는 지연을 피하기 위하여 필요한 때에는 직권 또는 당사자의 신청에 따른 결정으로 소송의 전부 또는 일부를 2조부터 23조까지의 규정에 따른 지방법원으로 이송할 수 있다."라고 규정하나, "지방법원으로 이송할 수 있다."라는 규정의 반대해석상 위 조항이 특허법원에 접수된 항소사건에는 적용되지 않는다고 할 것이다.

심결취소소송 총론

I. 심결취소소송의 의의

1. 의   의

일반적으로 지식재산권 소송이라 함은 특허법, 실용신안법, 디자인보호법, 상표법뿐만 아니라 저작권법, 부정경쟁방지 및 영업비밀보호에 관한 법률('부정경쟁방지법') 등에서 보호하는 지식재산권에 관한 분쟁을 해결하기 위한 소송을 말한다. 그리고 특허법이나 민사소송법 등에서의 법률상 용어는 아니나, 실무상 또는 강학상 특허소송이라는 용어가 자주 사용된다.

광의의 특허소송이라고 하면 특허권, 실용신안권, 상표권, 디자인권 등의 소위 산업재산권에 관한 소송 전부를 말하는데, 이에는 법원조직법에 따라 특허법원의 전속관할로 되어 있는 ① 특허법 186조 1항, 실용신안법 33조, 디자인보호법 166조 1항, 상표법 162조 1항에서 정하는 제1심 사건(법조 28조의4 1호) 및 다른 법률에 따라 특허법원의 권한에 속하는 사건(법조 28조의4 3호)에 관한 소송1)뿐만 아니라, ② 특허법 190조의 보상금 또는 대가에 관한 불복의 소, ③ 심결(심판청구서나 재심청구서의 각하결정 포함) 이외의 정부 또는 특허청장이 한 행정처분에 관한 행정소송, ④ 소위 특허침해소송이라 불리는 특허법 126조의 금지청구소송, 민법 750조, 특허법 128조의 손해배상청구소송, 특허법 131조의 신용회복조치청구소송과, ⑤ 특허권 등의 귀속(주로

---

1) 식물신품종 보호법상의 품종보호권에 대한 심결에 대한 불복의 소(심판청구서 또는 재심청구서의 보정각하결정에 대한 불복의 소 포함, 같은 법 103조) 및 농수산물 품질관리법에 따른 지리적표시심판위원회의 심결에 대한 불복의 소(같은 법 54조 1항)는 특허법원의 전속관할이다.

발명자의 특정이나 양도, 상속 등 승계 여부가 문제 된다)을 둘러싼 소송 등이 모두 포함된다.

협의의 특허소송은 그중 위 ①의 소송, 특히 특허법 186조 1항 소정의 심결 등에 대한 취소의 소를 말한다.

광의의 특허소송 중 위 ④ 특허침해소송은 일반 민사소송이고, 위 ③의 행정처분 취소소송[2]은 행정소송법의 절차를 따르는 일반 행정소송이다. 위 ② 특허법 190조의 보상금 또는 대가에 관한 불복의 소 중 특허법 41조 3항 및 4항, 106조 3항의 특허권 수용 시의 보상금에 관한 소는 행정소송이고, 특허법 110조 2항 2호 및 138조 4항의 통상실시권 설정의 재정(裁定) 및 허여 시의 대가에 관한 소는 민사소송이다.[3] 이에 대하여 위 각 소송은 모두 형식적 당사자 소송으로서 그 실질은 일종의 취소소송(항고소송)이므로 행정법원의 관할이라는 주장이 있다.[4]

위 ⑤ 특허권 등의 귀속을 둘러싼 소송은 일반적으로 민사소송이지만, 특허법 33조 1항 본문에 위배된 모인출원이 문제 되는 경우에는 특허법 133조 1항 2호의 규정에 의한 특허무효심판의 대상이 되고, 그 심결취소소송은 특허법원의 전속관할에 속한다.

이하에서는 심결취소소송에 한정하여 설명한다.

2. 성질 및 적용법조

심결취소소송은 기본적으로 행정소송의 일종으로 보는 것이 통설·판례의 입장이다. 심결취소소송 중 특허청장을 피고로 하는 결정계 사건이 행정소송법 3조 1호 소정의 항고소송이라는 데는 다툼이 없으나, 특허권자 또는 이해관계인을 상대로 하는 당사자계 사건에 관하여는 결정계 사건과 마찬가지로 항고소송이라고 보는 견해

---

2) 특허권의 수용(특허 41조 2항, 106조 1항), 통상실시권 설정의 재정(특허 107조 1항)에 관한 불복 등에 관하여는 특허법에 특별한 불복규정은 없으나(특허법 115조는 "재정에 대하여 행정심판법에 의하여 행정심판을 제기하거나 행정소송법에 의하여 취소소송을 제기하는 경우에는 그 재정으로 정한 대가를 불복이유로 할 수 없다."라고 규정하는데, 이는 재정에 대하여 행정소송법에 의한 취소소송이 허용됨을 전제로 한 것으로 이해된다), 불복을 금지하는 규정이 없는 이상 당연히 행정소송의 대상이 된다.

3) 이시윤·이상정, "특허법원의 신설과 특허심판구조의 개편", 사법행정 422호(1996), 13 참조. 이에 대해 모두 행정소송이라는 견해로는 김원준, 특허법원론, 박영사(2009), 683 참조.

4) 정상조, 박성수 공편, 특허법 주해Ⅱ, 박영사(2010), 896.

와 당사자소송에 속한다고 보는 견해로 나뉜다.[5] 다만 당사자소송으로 보는 견해도 심결취소소송을 항고소송의 실질을 가지는 형식적 당사자소송이라고 한다.[6]

당사자계 사건은 소송의 외양을 보면 양 당사자가 서로 대립하는 민사소송의 구조와 다를 바가 없으나 당사자대립의 구조는 편의상의 것에 불과하며, 그 실질을 보면 특허심판원의 심결에 대한 불복절차인 것이고, 직권증거조사 등 심리에 있어서 민사소송과 다른 특수성을 인정할 필요가 있다.[7]

대법원은 당사자계 사건에 대해서도 심판은 특허심판원의 행정절차이고 심결은 행정처분에 해당하므로, 그에 대한 불복의 소송인 심결취소소송은 항고소송에 해당한다고 판시하여 모두 항고소송으로 보고 있다.[8]

따라서 심결취소소송에는 우선 특허법이 적용되고, 특허법에 규정이 없는 사항에 대해서는 심결취소소송이 기본적으로 행정소송의 성질을 가지므로 행정소송법이 준용되며, 다시 행정소송법에 특별한 규정이 없는 사항에 대해서는 행정소송법 8조 2항의 규정에 따라 민사소송법이 준용된다.

3. 종   류

심결취소소송은 분쟁이 계속 중인 지식재산권의 종류에 따라 특허권, 실용신안권, 디자인권, 상표권, 품종보호권에 대한 심결취소소송으로 분류될 수 있고, 또 심결의 당사자에 따라 아래와 같이 결정계 심결취소소송과 당사자계 심결취소소송으로 구분된다. 설명의 편의를 위해 특허법을 중심으로 설명한다.

가. 특허청장을 피고로 하는 결정계 심결취소소송

특허청 심사관의 특허거절결정 또는 특허법 91조의 규정에 의한 특허권의 존속

---

5) 상세한 설명은 송영식·이상정·황종환·이대희·김병일·박영규·신재호 공저, 송영식 지적소유권법 (상)(제2판), 육법사(2013), 874~875 참조.
6) 조영선, 특허법(제5판), 박영사(2015), 647 참조.
7) 특허 무효심결은 당사자뿐만 아니라 제3자에게도 효력이 미치는 점에서 당사자 사이의 법률관계의 확인 또는 형성만을 목적으로 하는 당사자소송과는 다르다.
8) 대법원 2009. 5. 28. 선고 2007후4410 판결, 2005. 7. 28. 선고 2003후922 판결, 2004. 7. 22. 선고 2004후356 판결, 2003. 10. 24. 선고 2002후1102 판결, 2002. 6. 25. 선고 2000후1290 판결, 2002. 6. 25. 선고 2000후1306 판결.

기간의 연장등록거절결정에 대한 심판(특허 132조의17), 정정심판(특허 136조), 특허취소결정(특허 132조의2) 등에 대한 취소의 소가 이에 속한다.

나. 심결의 일방 당사자(특허권자 또는 이해관계인)를 피고로 하는 당사자계 심결취소소송

특허의 무효심판(특허 133조)·특허권 존속기간의 연장등록의 무효심판(특허 134조)·권리범위확인심판(특허 135조)·정정의 무효심판(특허 137조)·통상실시권 허여의 심판(특허 138조 1항 및 3항)의 심결 등에 대한 취소소송이 이에 속한다.

4. 심결취소소송과 특허심판의 관계

가. 심결전치주의

특허법 132조의16은 특허·실용신안에 관한 취소신청, 특허·실용신안·디자인 또는 상표에 관한 심판을 특허심판원의 관장사무로, 특허법 186조 1항은 특허취소 결정 또는 심결에 대한 소 및 특허취소신청서·심판청구서·재심청구서의 각하결정에 대한 소를 특허법원의 전속관할로 각각 규정하는 한편, 같은 조 6항은 "특허취소를 신청할 수 있는 사항 또는 심판을 청구할 수 있는 사항에 관한 소는 특허취소결정이나 심결에 대한 것이 아니면 이를 제기할 수 없다."라고 규정하는데, 이는 특허법원에 소를 제기할 수 있는 심결취소소송의 대상을 특허심판원이 관장하는 심판 중 심결사항 및 특허취소신청서·심판청구서나 재심청구서 각하결정으로 명확히 하고 아울러 특허법원에 소를 제기하기에 앞서 반드시 특허심판원의 심결을 거쳐야 한다는 필수적 심결전치주의의 취지를 밝힌 것으로 이해된다.

나. 소송과 행정심판의 구조적 차이

심결취소소송은 사법부에 속하는 특허법원이 기본적으로 당사자주의와 변론주의에 입각하여 진행하는 사법절차인 반면, 특허심판은 직권심리주의가 적용되며 행정부에 속하는 특허심판원이 진행하는 행정심판절차라는 점에서 본질적인 차이가 있다.

행정소송법 19조는 "취소소송은 처분 등을 대상으로 한다. 다만, 재결취소소송의 경우에는 재결 자체에 고유한 위법이 있음을 이유로 하는 경우에 한한다."라고 규정함으로써, 행정소송법이 원칙적으로는 원처분에 대해서만 제소를 허용하고(이른바 '원처분주의'), 재결에 대해서는 예외적으로 재결 자체에 고유한 위법이 있는 경우에 한하여 제소를 허용한다(예외적 '재결주의')는 점을 명백히 하였다. 이에 반하여 특허법은 186조 6항은 "특허취소를 신청할 수 있는 사항 또는 심판을 청구할 수 있는 사항에 관한 소는 특허취소결정이나 심결에 대한 것이 아니면 이를 제기할 수 없다."라고 규정하고, 같은 조 1항은 특허취소 결정 또는 심결에 대한 소 및 특허취소신청서·심판청구서나 재심청구서의 각하결정에 대해서만 소를 제기할 수 있다고 규정함으로써, 특허거절결정 또는 특허등록결정 자체를 소의 대상으로 삼을 수 없고, 이러한 결정에 대하여 불복이 있을 경우 반드시 특허심판원의 심판을 거쳐 그 심결에 대해서만 소를 제기할 수 있도록 하는 '재결주의'를 취하였다. 원처분과 행정심판의 재결 중 어느 것을 소의 대상으로 할 것인지는 입법정책의 문제이나, 어느 것이 효율적인 권리구제와 판결의 적정성에 적합한 것인지를 고려하여 결정하여야 할 것이다.

특허심판과 심결취소소송은 법원의 제1심과 제2심처럼 심급적으로 연계된 것이 아니므로, 특허심판절차에서 한 주장이나 제출한 자료를 심결취소소송에서 원용할 수 없고, 소송절차에서 별도의 주장과 자료제출이 필요하다.

특허법원이 제2심이 제1심 판결을 취소하는 것처럼 특허심판원의 심결을 취소한다는 점에서 심결취소소송은 항소심 재판과 유사하나, 심결취소소송은 심결 취소의 전·후를 불문하고 속심의 성격을 갖지 않으며, 특허법원이 특허거절결정 또는 특허등록결정을 직접 변경할 수 없다는 점에서 통상의 항소심 재판과는 구조적으로나 본질적으로 큰 차이가 있다.

다. 절차진행의 조정

특허심판사건과 다른 심판사건, 또는 특허심판사건과 심결취소소송사건 사이에 밀접한 관계가 있으므로 이들 심리절차의 진행을 조정할 필요가 있을 수가 있다. 예컨대 특허무효심판과 정정심판, 특허무효심판과 권리범위확인심판 또는 무효심결에 대한 심결취소소송과 정정심판이나 권리범위확인심판이 각각 계속된 경우, 일방의 절차를 먼저 진행하고, 다른 절차를 중지하는 것이 소송경제나 통일적 판단을 위해 적절한 경우가 있으므로 양 절차의 절차진행을 조정할 필요가 있다.

이에 심사관은 특허출원의 심사에 필요한 경우에는 특허취소신청에 대한 결정이나 심결이 확정될 때까지 또는 소송절차가 완결될 때까지 그 심사절차를 중지할 수 있고(특허 78조 1항), 법원은 소송에 필요한 경우에는 특허출원에 대한 특허여부결정이 확정될 때까지 그 소송절차를 중지할 수 있다(같은 조 2항). 이러한 중지 여부는 합리적 재량에 의하여 직권으로 정하는 것이므로 항고 또는 재항고에 의하여 불복할 수 없다.[9] 또한, 이는 임의규정이므로 절차를 중지하지 않고 심리하더라도 이로 인한 절차진행이 위법한 것도 아니다.[10]

Ⅱ. 당 사 자

1. 총   설

심결취소소송 절차에서 당사자라 함은 자기 이름으로 판결을 요구하는 사람 및 그 상대방을 말한다. 따라서 미성년자의 친권자, 법인의 대표이사 등 법정대리인이나 대표자는 다른 사람의 이름으로 판결을 요구하거나 요구받는 사람이기 때문에 당사자가 아니다. 보조참가인은 비록 자기 이름으로 소송에 관여하지만 자기 이름으로 판결을 요구하거나 요구받는 사람이 아니기 때문에 당사자일 수 없으며, 다만 당사자의 승소보조를 위해 자기 이름으로 소송을 수행한다는 점에서 종된 당사자로 불릴 뿐이다.

심결취소소송에서 당사자가 되기 위해서는 소송의 주체가 될 수 있는 일반적 능력인 당사자능력이 있어야 하고, 유효한 소송행위를 하기 위하여 소송능력이 있어야 한다. 아울러 특정 소송사건에 있어서 당사자로서 소송을 수행하고 본안판결을 받기에 적합한 당사자적격을 갖추어야 한다.

당사자능력, 당사자적격은 본안판결을 받기 위한 소송요건이므로 이것이 결여되면 소를 각하하여야 한다. 특허법에서는 특허출원의 주체가 될 수 있는 자나 당사자능력에 관하여 따로 규정하지 아니하므로, 특허권과 특허법의 성질에 비추어 민법과

---

9) 대법원 1992. 1. 15.자 91마612 결정. 소송절차 중지결정에 대한 재항고는 부적법하고, 민사소송법 449조 1항의 특별항고로 보아 처리할 수 있는 여지는 있으나, 특별항고 제기기간은 결정을 고지받은 날로부터 1주 이내로 되어 있는데, 재항고인이 1991. 9. 14. 결정을 송달받은 후 같은 달 24. 항고장을 제출하여 그 특별항고 제기기간을 도과하였음이 역수상 명백하므로 이 사건 재항고를 특별항고로 보더라도 그 제기기관이 도과한 것으로서 역시 부적법하다.

10) 대법원 1990. 3. 23. 선고 89후2168 판결.

민사소송법에서 정한 권리능력과 당사자능력이 있는 사람이어야 특허출원인이나 그 심판·소송의 당사자가 될 수 있다.[11]

소송능력은 개개 소송행위의 유효요건이므로 제한능력자(미성년자, 피한정후견인, 피성년후견인)의 소송행위나 이에 대한 상대방의 소송행위는 무효이다. 소송능력이 없는 자는 법정대리인에 의하여 대리되어야 한다.

2. 당사자능력

심결취소소송절차에 있어서도 민사소송에서와 같이 민법 기타 법률에 의하여 권리능력을 가지는 자, 즉 자연인(내국인, 외국인을 포함)과 법인은 물론 법인격 없는 사단이나 재단이라도 대표자나 관리인이 있는 경우에는 당사자능력을 가진다. 당사자능력 및 대표권에 관한 소명자료로는 법인등기부등본, 법인국적과 법적 대표권에 대한 인증서 등을 제출하는 것이 일반적이다.[12]

국내에 주소 또는 영업소를 가지지 아니하는 자 중 외국인은 특허법 25조에 의하여 상호주의가 인정되는 경우 등 일정한 경우에만 특허권 또는 특허에 관한 권리를 향유할 수 있다.

3. 당사자적격

가. 원고적격

(1) 원고적격의 제한

일반적으로 행정소송에서는 처분 등의 취소를 구할 법률상의 이익이 있는 자가 원고적격을 가지므로 행정처분의 직접 상대방 이외의 제3자라도 당해 행정처분에 의하여 법률상의 이익이 침해되는 경우에는 그 처분의 취소를 청구할 수 있지만, 심결

---

11) 대법원 1997. 9. 26. 선고 96후825 판결(경북대학교는 국립대학으로서 민사법상의 권리능력이나 당사자 능력이 없음이 명백하고, 심판청구서에 표시된 당사자에게 민사법상의 권리능력이나 당사자능력이 인정되지 않은 경우에는 보정을 명하여 당사자표시를 바로잡도록 하여야 하며, 만일 보정을 거부한다면 심판청구가 부적법하다 하여 각하하여야 한다).

12) 특허심판 단계에서는 규제완화 차원에서 법인의 대표자 표시를 생략하는 경우가 많으나, 대표권의 잘못이 있는 경우 재심사유가 되므로(민소 451조 1항 3호), 심결취소소송에서는 반드시 법인의 대표자를 표시하여야 하고, 그에 대한 증명자료도 제출하여야 한다.

취소소송에서는 일반 행정소송과 달리 원고적격을 가지는 자가 '특허취소결정·심판·재심사건의 당사자, 참가인 또는 해당 특허취소신청의 심리, 심판 또는 재심에 참가신청을 하였으나 그 신청이 거부된 자'로 한정되며(특허 186조 2항), 심결에 의하여 자기의 법률상 이익이 침해되는 자에게 모두 원고적격이 인정되는 것은 아니다.

(2) 원고가 될 수 있는 '당사자'

(가) 특허법 186조 2항에서 규정한, 심결취소소송의 원고가 될 수 있는 당사자란 심판절차에서의 당사자로 심결의 명의인으로 된 자이다. 이와 관련하여 대법원은 "상표등록취소심판의 대상이 된 등록상표의 상표권자라 하더라도 심결의 당사자 등이 아니라면 그 심결에 대한 소를 제기할 수 없다."라고 판시하였다.13) 또한, 심판청구인 또는 피심판청구인이라도 그중 불이익한 심결을 받은 자만이 원고적격이 있고, 자신에게 유리한 심결을 받은 자는 소의 이익이 없으므로 심결취소소송을 제기할 수 없다. 즉, 심판청구 기각심결이나 각하심결의 경우 심판청구인이 심결취소소송의 원고가 되고, 당사자계 사건에서는 특허 또는 정정을 무효로 하는 인용심결이 있는 경우 특허권자인 피심판청구인이 심결취소소송의 원고가 된다. 다만, 특허취소신청 기각 결정에 대하여는 불복할 수 없고(특허 132조의13 5항), 인용결정 즉, 특허취소 결정에 대하여만 불복할 수 있으므로, 특허취소 결정에 대한 불복 소송에서는 특허권자만이 원고가 된다.

(나) 심판절차가 진행 중에 피심판청구인인 A회사가 합병으로 B회사(원고 회사)에 흡수합병되었는데, 특허심판원이 그대로 심판절차를 진행하여 위 심판청구를 인용하면서 심결문에 합병에 의하여 소멸된 A회사를 피청구인으로 표시하였고, 원고 회사가 위 심결에 불복하여 A회사 명의로 심결취소의 소를 제기하였다면 특허법원에서 어떤 조치를 취해야 할 것인지 문제된다. 이 경우에는 당사자표시정정을 신청하는 취지인지 석명할 필요가 있고, 그러한 취지가 포함되어 있다면 비록 심판절차 중에 소멸된 A회사 명의로 소가 제기되었다고 하더라도 실제 그 소를 제기한 것은 B회사(원고 회사)이고 다만 그 표시를 잘못한 것에 불과하다고 보아야 할 것이므로 본안심리를 하여야 할 것이다.14)

---

13) 대법원 2014. 1. 16. 선고 2013후2309 판결.

14) 만일 B회사(원고 회사)가 특허법원에서의 심리 도중 당사자표시정정신청을 명시적으로 하지 않았더라도 A회사의 흡수합병과정 등에 대해 상세히 주장하면서 이를 입증하기 위한 자료로 법인등기부등본 등

(3) 권리가 공유인 경우

(가) 특허권의 공동소유관계의 법적 성질

특허권 또는 특허를 받을 수 있는 권리(이하 '특허권 등')의 공동소유관계의 법적 성질에 관하여 견해의 대립이 있다. 특허법 139조는 '특허권 등의 공유자가 그 공유인 권리에 관하여 심판을 청구하는 때에는 공유자 전원이 공동으로 청구하여야 하고 (3항), 공유인 특허권의 특허권자에 대하여 심판을 청구하는 때에는 공유자 전원을 피청구인으로 청구하여야 한다(2항)'고 규정하였을 뿐 심결취소소송절차에 대해서는 아무런 규정을 두지 아니하였다. 따라서 공유자에 대한 심결취소소송이 공동으로 제기해야만 하는 고유필수적 공동소송인지, 공유자 1인이 보존행위로서 심결취소의 소를 제기할 수 있는지 문제된다.

① **합유설**　　　특허권 등의 공유자 중 1인이 지분을 처분하려면 다른 공유자의 동의를 얻어야 하고(특허 37조 3항, 99조 2항, 4항), 공유인 특허권에 관한 심판을 고유필수적 공동심판이라고 규정하였으므로(특허 139조 3항, 4항), 특허권 등의 공유는 민법상의 공유와 다르고 합유 또는 합유에 준하는 성질을 갖는다는 입장이다.[15]

② **공유설**　　　특허권 등의 공유자 중 1인이 지분을 처분할 때 위와 같은 제한은 공유자 사이에 공동 목적이 있거나 단체적 제약이 있기 때문이 아니고 무체재산권의 특수성에서 유래하는 것이어서 민법상의 공유와 차이가 없다는 입장이다. 공동발명을 통하여 원시적으로 특허권을 공동 취득하였다는 사정만으로 공동발명자 사이에 조합 혹은 이와 유사한 신뢰관계나 인적 결합이 성립한다고 볼 수 없으며, 하물며 공동발명이 아닌 지분의 양도나 강제집행, 상속, 회사의 합병 등에 의하여 특허권의 공동소유관계에 놓인 당사자 사이에 그러한 인적 결합을 의제하기 어렵다고 한다.[16]

③ **판 례**　　　대법원은 종래 "특허의 공유관계는 민법 273조에 규정된 합유에 준하는 것이라 할 것이므로 특허권이 공유인 때에는 그 특허권에 관한 심판사건에 있어서는 공유자 전원이 심판의 청구인 또는 피청구인이 되어야 하고, 그 심판절차는 공유자 전원에게 합일적으로 확정되어야 할 필요에서 이른바 필수적 공동소송관계에

을 제출하였다면, B회사의 주장에는 A회사로부터 B회사로의 당사자표시정정을 신청하는 취지도 포함되었다고 할 것이다(대법원 2009. 3. 12. 선고 2008후5106 판결).

15) 윤선희, 특허법(제5판), 법문사(2012), 1018.

16) 조영선, "특허권 공유의 법률관계", 법조 통권 654호(2011. 3.), 법조협회, 66.

있다."라고 판시하여 합유에 준하는 성질을 가진다고 판시하여 왔으나,[17] 2004. 12. 9. 선고 2002후567 판결(상표권) 및 2014. 8. 20. 선고 2013다41578 판결(특허권)에서 '상표권이나 특허권이 공유인 경우에 각 공유자는 … 권리의 행사에 일정한 제약을 받아 그 범위에서 합유와 유사한 성질을 가지지만, 이러한 제약은 그 권리가 무체재산권인 특수성에서 유래한 것으로 보일 뿐이고, 그 권리의 공유자들이 반드시 공동 목적이나 동업관계를 기초로 조합체를 형성하여 그 권리를 보유한다고 볼 수 없을 뿐 아니라 상표법이나 특허법에 그 권리의 공유를 합유관계로 본다는 명문의 규정도 없는 이상, 그 권리의 공유에도 상표법이나 특허법의 다른 규정이나 그 본질에 반하지 아니하는 범위 내에서는 민법상의 공유의 규정이 적용될 수 있다'고 판시하여 입장을 사실상 변경한 것으로 보인다.

(나) 공유자 중 1인의 심판청구와 소제기

1) 심판의 경우: 고유필수적 공동심판

특허법 139조 3항은 "특허권 또는 특허를 받을 수 있는 권리의 공유자가 그 공유인 권리에 관하여 심판을 청구하는 때에는 공유자 전원이 공동으로 청구하여야 한다."라고, 같은 조 4항은 '위 청구인 중 1인에 관하여 심판절차의 중단 또는 중지의 원인이 있는 때에는 전원에 대하여 그 효력이 발생한다'고 각각 규정하여 그 심판형태가 고유필수적 공동심판임을 분명히 하였다.

따라서 공유자 중 일부 당사자에 대하여 분리하여 심결하는 것은 허용되지 않고,[18] 공유자 중 일부만이 거절결정에 대한 불복심판을 청구하는 것은 부적법하다. 이러한 경우에 아직 불복심판 청구기간이 도과하기 전이라면 나머지 공유자를 추가하는 심판청구서 보정이 가능하나,[19] 다른 공유자의 불복심판 청구기간이 이미 도과하였다면 보정이 불가능하고, 불복기간이 이미 도과한 공유자가 그 공유지분을 포기하더라도 포기의 효력은 그 권리포기 접수일로부터 장래를 향하여 발생할 뿐이므로 이로 인하여 부적법한 심판청구의 흠이 치유되는 것도 아니라고 판시한 하급심 사례가 있다.[20] 이에 따르면 공유자 중 1인만 불복심판청구를 하였을 뿐 다른 공유자가

---

17) 대법원 1999. 3. 26. 선고 97다41295 판결, 1987. 12. 8. 선고 87후111 판결, 1982. 6. 22. 선고 81후43 판결.

18) 특허법원 2005. 4. 22. 선고 2004허4693 판결(확정, 경정의 대상도 아니라고 판시하였다). 또 공동발명자 중 1인으로부터만 권리를 양수받아 특허출원을 하고 등록을 받은 특허발명은 무효라고 한대특허법원 2008. 7. 10. 선고 2007허9040 판결(확정)].

19) 대법원 2007. 4. 26. 선고 2005후2861 판결, 2005. 5. 27. 선고 2003후182 판결.

20) 특허법원 2007. 7. 11. 선고 2007허852 판결(확정). 이에 대해서는 거절결정 불복기간이 경과하기 전에

심판청구기간 내에 불복심판청구를 하지 않은 경우, 그 심판청구의 적법성 흠결은 보정할 수 없는 때에 해당하므로 특허법 142조에 따라 피청구인에게 답변서 제출의 기회를 주지 아니하고 심결로써 그 청구를 각하할 수 있다.

2) 특허권이 공유인 경우의 심결취소소송

특허권 또는 특허를 받을 수 있는 권리가 공유인 경우, 그 심결취소소송의 제기에 대해서는 특허법에 아무런 규정이 없으며, 심판절차와 마찬가지로 심결취소소송도 고유필수적 공동소송으로 심결의 당사자인 공유자 전원이 제기하여야 하는 것인지 아니면 공유자 중 1인이 단독으로 제기할 수 있는 것인지에 관하여 논란이 있다.

① **고유필수적 공동소송설**　　심결에서 패소한 특허권 등의 공유자가 제기하는 심결취소소송은 고유필수적 공동소송이며 공유자 중 1인이 제기한 소는 부적법하므로 각하하여야 한다는 견해이다. 그 근거로 특허권 등의 대상인 발명은 1개의 기술적 사상의 창작이므로 이것이 2인 이상의 공유에 속하는 경우에도 그것의 유·무효 여부는 항상 공유자 전원에게 획일적으로 확정되어야 한다는 점을 들고 있다.

② **보존행위설 또는 유사필수적 공동소송설**　　위 심결취소소송은 유사필수적 공동소송이며 공유자 중 1인이 단독으로 소송을 제기하는 것은 일종의 방해배제청구소송이므로 공유지분권에 기한 보존행위로서 허용된다는 견해이다. 그 근거로 특허권 등의 공유는 본질적으로 민법상 공유이고, 공유자 중 1인의 단독제소를 허용하더라도 다른 공유자에게 부당한 결과를 가져오지 않고 합일확정의 결론에도 반하지 아니하며, ①설을 취할 경우 다른 공유자의 협력을 얻을 수 없는 경우 자기 권리까지 소멸하여 버리는 부당한 결과를 가져온다는 점을 들고 있다.

③ **민사소송법 67조 1항 유추적용설**　　위 심결취소소송이 고유필수적 공동소송이기는 하나, 심판과 소송의 실질적 연속성이 인정된다는 전제에서 민사소송법 67조 1항을 유추적용하여 한 사람의 소송행위가 전원의 이익으로 되면 효력이 있으므로 공유자 중 1인의 단독제소도 적법하다는 견해이다. ③설은 심판과 심결취소소송의 관계를 1심과 항소심의 관계에 유사한 전심과 속심의 관계를 인정하는 것을 전제로 하는 것인데, 현행 특허법상 심판과 소송은 양자 간에 심급적으로 연결되지 않고 별도의 독립된 절차로 보아야 하므로 해석론상으로는 무리라는 비판이 있다.

불복심판청구를 하지 않은 다른 공유자의 권리포기신고가 접수된 경우 하자는 치유되고 적법한 심판청구로 전환된다는 견해가 있다[노갑식, "특허를 받을 권리의 공유자 중 1인의 거절불복심판청구", 특허판례연구, 박영사(2009), 598 참조].

④ 대법원 판례: 보존행위설 또는 유사필수적 공동소송설　　대법원 2004. 12. 9. 선고 2002후567 판결은 앞서 본 바와 같이 특허권 등의 공동소유관계에 관한 입장에 변화를 보이면서, "상표권의 공유자가 그 상표권의 효력에 관한 심판에서 패소한 경우에 제기할 심결취소소송은 공유자 전원이 공동으로 제기하여야만 하는 고유필수적 공동소송이라고 할 수 없고, 공유자의 1인이라도 당해 상표등록을 무효로 하거나 권리행사를 제한·방해하는 심결이 있는 때에는 그 권리의 소멸을 방지하거나 그 권리행사방해배제를 위하여 단독으로 그 심결의 취소를 구할 수 있다."라고 판시하였는데,21) 이는 ②설을 취한 것으로 해석된다. 특허법원 판결도 '공유인 특허권에 대한 특허무효심결이 공유자 중 1인인 원고에게는 2007. 8. 3., 다른 공유자에게는 2008. 5. 23. 각각 송달되었고, 원고는 2008. 6. 20. 심결취소소송을 제기하고, 다른 공유자는 2008. 10. 11. 공동소송참가신청을 한 사안'에서, 특허권이 공유인 경우 그 심결취소소송은 고유필수적 공동소송이라는 원고와 공동소송참가인의 주장을 배척하면서 이는 유사필수적 공동소송으로 원고와 공동소송참가인의 제소기간은 각 심결문을 송달받은 날로부터 각자 진행하는 것인데, 각 제소기간 30일이 도과하였음을 이유로 소 및 참가신청을 모두 각하함으로써 같은 입장을 취하였다.22)

⑤ 판례의 태도에 따른 소송절차　　심결에서 패소한 특허권 등의 공유자가 제기하는 심결취소의 소를 유사필수적 공동소송이라고 하면, 공유자 중 1인만이 제소기간 내에 심결취소의 소를 제기하고 다른 공유자는 제소기간을 도과한 경우, 이로 인하여 공유자 1인이 제기한 소가 부적법하게 되는 것은 아니고, 소를 제기하지 않은 다른 공유자는 제소기간이 도과한 이상 새로이 심결취소의 소를 제기하거나 원고로 추가될 수도 없게 되나,23) 공유자 중 1인이 제기한 소송에서 심결을 취소하는 청구인

21) 이 사건은 상표권리범위확인 심결에 대하여 공유자 중 1인이 심결취소소송을 제기한 사안으로, 특허 권리범위확인 심결에 대한 것으로는 특허법원 2007. 11. 23. 선고 2007허4816 판결(확정)이 있는데, 무효심결에 대하여 공유자 중 1인이 심결취소소송을 제기한 경우에도 같은 입장이 유지될 것이다.
22) 특허법원 2008. 11. 13. 선고 2008허7690 판결(상고기각). 일본 최고재판소도 보존행위설(유사필수적 공동소송설)에 입각하여 공유자 중 1인의 심결취소소송 제기를 허용하였다. 일본 최고재판소 2002. 2. 22. 판결(民集 56권 2호 348), 2002. 2. 28. 판결(判例時報 1779호, 87), 2002. 3. 25. 판결(民集56권 3호 574). 이에 대한 평석으로는 君嶋祐子(비교특허판례연구회 역), "공유자의 1인이 제기한 무효심결취소소송의 허부", 특허판례백선(3판), 박영사(2005), 339 이하 참조.
23) 대법원 2009. 5. 28. 선고 2007후1510 판결 참조. 다만, 제소기간이 경과하지 않았다면 심결취소의 소를 제기하지 않은 공유자가 공동소송참가를 할 수 있을 것이다.

용의 판결이 확정되면 다시 심판이 계속되고 행정소송법 29조 1항[24])에 의하여 위 판
결의 효력이 공유자 전원에게 미치므로 심결취소의 소를 제기하지 아니한 다른 공유
자도 심판청구인의 지위를 유지하게 되며, 반대로 그 소송에서 청구기각의 판결이 확
정되면[25]) 심결취소의 소를 제기하지 아니한 다른 공유자는 제소기간의 만료에 의하
여 심결이 확정되게 된다. 따라서 어떠한 경우에도 합일확정의 요청에 반하는 상황이
발생하지는 아니한다.

3) 특허를 받을 수 있는 권리가 공유인 경우의 심결취소소송

이에 대하여는 당사자계 심결취소소송과 달리 결정계 심결취소소송은 고유필수
적 공동소송으로 보존행위이론을 적용할 수 없다는 견해[26])와 결정계의 심결취소소송
에서도 당사자계의 심결취소소송에서처럼 공유자 중 1인이 소를 제기하더라도 합일
확정의 요청에 반하지 아니하고, 다른 공유자의 협력을 얻을 수 없다면 특허를 받을
수 있는 권리가 일방적으로 소멸하여 버리는 것은 특허권과 마찬가지이며, 공유자 사
이의 합일확정의 요청과 이익형량이라는 관점에서 보더라도 특허를 받을 수 있는 권
리와 특허권 사이에 차이가 있을 수 없고, 특허법 139조 3항도 양 권리에 대하여 동
일하게 필수적 공동심판을 요구하고 있으므로, 심결취소소송단계에서 굳이 결정계
와 당사자계를 분리하여 별개로 볼 필요가 없다며, 결정계의 심결취소소송의 경
우에도 공유자 중 1인에게 원고적격을 인정하여야 한다는 견해[27])가 있다.

하급심 판결 중에는 공동출원인 중 1인이 거절결정에 대한 심결취소의 소를 단
독으로 제기한 사안에서 2002후567 판결의 법리를 원용하여 그 1인의 원고적격을 인
정한 사례가 있다.[28])

이와 관련하여 일본 최고재판소는 미등록된 특허를 받을 권리에 대한 결정계의
심결취소소송의 경우에는 고유필수적 공동소송설을, 이미 등록된 당사자계의 심결취
소소송의 경우에는 보존행위설을 취하는 것으로 이해된다. 그 근거는 출원에서 심판

---

24) 처분 및 행정심판에 대한 재결을 취소하는 확정판결은 제3자에 대하여도 효력이 있다고 규정하고 있다.
25) 유사필수적 공동소송관계에 있으므로 공유자 중 1인이 제기한 심결취소소송이 확정되기 전에는 다른
    공유자에 대한 관계에서도 심결이 확정되지 않는다(대법원 2009. 5. 28. 선고 2007후1510 판결 참고).
26) 최영덕, "특허권의 공동소유에 관한 법률관계", 비교사법 14권 3호 상(통권38호), 한국비교사법학회
    (2007. 9), 659~660.
27) 박정화, "특허권의 공유자 1인의 심결취소소송에서의 원고적격", 특허소송연구 제3집, 특허법원(2005),
    197~198, 200~201.
28) 특허법원 2017. 1. 26. 선고 2016허4160 판결(확정).

절차에 이르기까지 법이 일관하여 공유자 전원이 공동하여 청구할 것을 요구하는 것
은 권리의 취득에 대하여 출원자들 의사의 합치를 요구하기 때문이므로, 특허등록을
받을 권리에 대하여는 공유자 간의 견제가 강하고 특허청에서의 절차도 전원 공동으
로 할 것이 법률상 요구되지만,[29] 일단 권리가 부여된 후에는 특허권의 각 공유자는
지분의 양도 등의 경우에 다른 공유자의 동의가 필요하나 특허발명의 실시는 자유로
이 또한 배타적으로 할 수 있는데, 특허권 공유자가 특허무효심결을 방치하면 그 배
타적 사용권이 소멸되므로, 특허무효심결에 대한 취소의 소의 제기는 이미 권리로서
설정등록된 특허권을 소멸시키지 않도록 보존하는 행위라는 것이다.

(다) 공유자가 공동심판청구를 하지 않은 채 심결취소소송만 제기한 경우 처리 문제

공동발명 등으로 특허를 받을 권리가 공유인 경우 그 출원 및 심판청구는 공유자
전원이 공동으로 하여야 하므로 그 공동출원인(공유자) 중 1인만이 심판청구를 한 것
은 부적법하여 각하된다.[30]

공동출원인(공유자) 중 1인만이 심판청구를 한 경우의 각하심결에 대한 심결취소
소송의 원고는 심결을 받은 공유자 중 1인에 한정되는가, 그렇지 않으면 기간 내에
심판청구를 하지 않았던 다른 공유자도 심결의 당사자와 공동으로 원고로 될 수 있
는가에 관하여는 견해의 대립이 있다.

특허법원 판결은 거절결정에 대한 심판청구를 하지 않은 공유자 중 1인은 심결
취소소송을 제기할 수 있는 자를 한정하고 있는 특허법 186조 2항 소정의 "당사자,
참가인, 참가의 신청이 거부된 자"에 해당하지 않으므로 원고적격이 인정되지 않는다
(당사자에 준하여 원고적격을 가진다고 해석할 수 없다)고 판시하여 원고적격을 인정하지
않았다.[31] 이는 처음부터 공동으로 심판을 제기하지 않았다는 점에서 공유자가 공동

---

29) 특허등록이 되기 전에 특허출원을 일체로 취급하는 것은, 복수의 청구항에 대한 특허출원의 경우도 마
   찬가지이다. 즉 등록무효사건에서는 청구항별로 무효 여부를 판단하지만, 거절결정사건에서는 하나의
   청구항에 거절사유가 있으면 특허출원이 전부 거절된다.
30) 특허법 44조, 139조 3항, 140조.
31) 특허법원 1999. 7. 15. 선고 99허4705 판결(확정). 반면 일본 동경고등재판소 1977. 2. 23. 판결은 그 심
   판절차에서 공동심판청구인으로의 지위를 가진다고 주장하면서 심결의 당사자와 공동으로 심결취소소
   송을 제기하는 때에는 특허법 186조 2항에서 말하는 당사자에 준하여 원고적격을 가지는 것으로 적극
   적으로 해석하였으며(特許と企業 100호, 49), 동경고등재판소 1977. 6. 8. 판결(無体集 9권 1호, 514), 동
   경고등재판소 1977. 7. 27. 판결(判例タイムズ 359호, 295) 등도 같은 입장을 취하였다. 박길채, "특허
   관련 심판과 소송에서의 대상물 및 당사자 적격에 관한 소고", 지식재산21 87호(2004. 11.), 127~128도,
   참가인 또는 참가가 거부된 자와 같이 실질적이고 직접적인 이해관계가 있는 제3자에게도 심결취소소
   송의 당사자로서의 지위를 부여하고 있는 점을 감안할 때 공동으로 제기하는 것을 허용함이 현실적으로

으로 심판을 청구한 후 공유자 중 1인만이 소송을 제기한 특허법원 2016허4160 사건과는 사안이 다르다.

(4) 특허법 139조 1항의 공동심판 심결에 대한 소제기

(가) 특허법 139조 1항의 공동심판 및 그 심결취소소송의 법적 성질

특허법 139조 1항에서는 '동일한 특허권에 관하여 무효심판, 권리범위확인심판을 청구하는 자가 2인 이상이 있는 때에는 그 전원이 공동으로 심판을 청구할 수 있다'고 규정한다. 공동심판에 의하여 이루어진 1개의 심결에 대한 심결취소소송이 고유필수적 공동소송이 아니라는 데는 이론이 없으므로 공동심판인 중 1인이 제기한 소나 1인에 대하여 제기한 소 자체가 부적법한 것은 아니다.[32] 다만 공동심판 심결에 대한 취소소송을 유사필수적 공동소송으로 볼 것인지, 통상공동소송으로 볼 것인지에 따라서 심결취소의 소를 제기하지 않은 공동심판인에 대한 관계에서 무효심결이 확정됨으로써 계속 중인 심결취소의 소가 소의 이익이 소멸하는지 또는 심결취소의 소를 제기하지 않은 공동심판인에 대한 관계에서 심결이 확정됨으로써 계속 중인 심결취소의 소가 '심결이 확정된 경우 동일사실과 동일증거에 의해 다시 심판청구를 할 수 없다'는 일사부재리의 원칙(특허 163조, 상표 77조의26)에 저촉되는지의 결론이 달라진다.

① **유사필수적 공동소송설** 　　　위 규정에 의한 공동심판은 유사필수적 공동심판이고, 그 심결취소소송도 유사필수적 공동소송의 성격을 가진다고 보아, 심결이 있었던 후 공동심판청구인 전원에 대하여 출소기간이 경과하여야 심결이 확정되므로 1인이라도 심결취소소송을 제기하면 심결은 확정되지 않고, 출소기간을 경과한 공동심판청구인은 스스로 심결취소의 소를 제기할 수는 없지만(공동소송참가에 의한 신소의 제기도 할 수 없고 다만, 보조참가를 할 수 있을 뿐이다) 심결이 확정되지는 않았으므로 승소의 확정판결에 의하여 다시 심판이 계속되면 그 심판에서 심결취소의 소를 제기하지 않은 공동심판청구인도 심판청구인으로서의 지위를 유지하게 된다고 하는 견해이다.[33]

보다 합리적이라고 주장한다.

32) 대법원 2009. 5. 28. 선고 2007후1510 판결 및 일본 최고재판소 2000. 2. 18. 선고 판결. 이에 대한 해설로는 永井紀昭(비교특허판례연구회 역), "공동무효심판청구인의 일부의 자가 제기한 심결취소소송의 허부", 특허판례백선(3판), 박영사(2005), 351~356 참조.

33) 송영식 외 6인(주 5), 845; 이상경, "공동심판과 심결취소소송의 당사자적격", 인권과 정의, 277호(1999. 9.), 102~105; 박길채(주 31), 119; 中山信弘, 註解 特許法(第3版) 下卷, 靑林書院(2000), 石川義雄 집필

② **통상공동소송설**   위 규정에 의한 공동심판은 심판관의 재량으로 언제든지 분리심결이 가능하고, 반드시 합일확정이 필요한 것도 아니므로 통상공동심판이고, 그 심결취소소송도 통상공동소송으로 보아, 심결 후 공동심판청구인별로 심결이 분리확정될 수 있다는 견해이다.[34]

③ **대법원 판례**   대법원 2009. 5. 28. 선고 2007후1510 판결은 "동일한 특허권에 관하여 2인 이상의 자가 공동으로 특허의 무효심판을 청구하여 승소한 경우에 그 특허권자가 제기할 심결취소소송은 심판청구인 전원을 상대로 제기하여야만 하는 고유필수적 공동소송이라고 할 수 없으므로, 고유필수적 공동소송이 아닌 이 사건에서 당사자의 변경을 가져오는 당사자 추가신청은 명목이 어떻든 간에 부적법하여 허용될 수 없다. … 특허를 무효로 한다는 심결이 확정된 때에는 당해 특허는 제3자와의 관계에서도 무효로 되는 것이므로, 동일한 특허권에 관하여 2인 이상의 자가 공동으로 특허의 무효심판을 청구하는 경우 그 심판은 심판청구인들 사이에 합일확정을 필요로 하는 이른바 유사필수적 공동심판에 해당한다 할 것이다."라고 하여 명시적으로 유사필수적 공동소송설을 취하였다.

(나) 공동심판청구인 중 1인이 소를 제기한 경우

공동심판청구에 대하여 하나의 기각심결이 내려지고, 이에 대하여 공동심판청구인 중 1인만이 제소기간 내에 심결취소소송을 제기한 경우, 즉 원고가 공동심판청구인 중 1인인 경우이다.

유사필수적 공동소송설에 의하면, 전체 심결의 확정이 차단되므로 확정심결에 인정되는 일사부재리는 문제되지 않고, 심결취소소송에서 원고의 패소가 확정되면 그때 비로소 심결이 확정된다.

반면 통상공동소송설에 의하면, 심결취소의 소를 제기하지 않은 공동심판청구인에 대한 관계에서는 심결이 분리확정된다.

부분, 1408 등. 이러한 유사필수적 공동소송설에 대하여는, 피심판청구인이 공동심판청구인 중 우호적인 자만을 피고로 하여 심결취소소송을 제기할 수 있고 그 결과 다른 공동심판청구인은 제소사실을 알지 못하여 소송에 참가할 수 있는 기회를 잃게 될 우려가 있고, 한편, 이러한 공동심판은 심판관의 재량에 따라 병합되어 1개의 심결을 하거나 절차를 분리하여 별개의 심결을 할 수도 있는데, 심판관의 재량적 취급에 따라 유사필수적 공동소송이 되기도 하고 통상공동소송이 되기도 하는 것은 불합리하다는 비판이 있다.

34) 김태현, "공동심판청구인의 상호관계와 심결의 분리확정 여부", 특허소송연구 제4집, 특허법원(2008), 484~490. 다만 공동심판의 경우 특허법이 규정하고 있는 심판절차의 중단·중지규정의 적용이나 직권주의적 진행에 있어 필요한 범위 내에서만 유사필수적 공동심판의 성격이 가미되어 있을 뿐이라고 한다.

거절결정에 대한 심결취소소송의 경우이기는 하나 "특허발명의 공동 출원인이 특허거절결정에 대한 취소심판청구에서 패소한 경우 제기하는 심결취소소송은 심판청구인인 공동 출원인 전원이 공동으로 제기하여야 하는 고유필수적 공동소송이라고 할 수 없으므로, 특허거절결정에 대한 심판에서 패소한 원고는 단독으로 심결의 취소를 구하는 소송을 제기할 수 있다."라고 판시한 특허법원 사례가 있다.[35]

(다) 공동심판청구인 중 1인에 대하여 소를 제기한 경우

공동심판청구에 대하여 1개의 인용심결이 내려지고, 이에 대하여 상대방(피심판청구인)이 공동심판청구인 중 1인을 피고로 하여 제소기간 내에 심결취소의 소를 제기한 경우, 즉 피고가 공동심판청구인 중 1인인 경우이다.

유사필수적 공동소송설에 의하면, 제소기간이 경과한 이상 탈루된 공동소송인의 추가 등의 방법으로도 이를 보정할 수 없지만, 전체 심결의 확정이 차단되므로, 다른 공동심판청구인에 대한 관계에서 심결이 확정된다거나 이로 인해 제기된 소의 이익 상실 문제도 발생하지 않고, 심결이 취소되는 경우 심결취소의 소를 제기하지 않은 공동심판청구인은 다시 심리가 속행되는 심판절차에 당사자로서 참여할 수 있으며, 만일 심결취소소송에서 원고가 패소하는 것이 확정되면 그때 비로소 심결이 확정되게 된다.

반면 통상공동소송설에 의하면, 심결취소소송을 제기하지 않은 공동심판청구인에 대한 관계에서는 심결이 분리확정되고, 그 심결이 특허무효심결인 경우 이로 인하여 특허권은 확정적으로 무효로 되므로, 이에 대하여 별도의 무효심판을 속행할 필요가 없어져 결국 일부 공동심판청구인에 대한 관계에서 그 심결의 취소를 구할 법률상 이익도 없어지므로, 그 심결취소의 소는 부적법하여 각하된다.

앞서 본 바와 같이 대법원 2009. 5. 28. 선고 2007후1510 판결은 유사필수적 공동소송설을 취하였음을 분명히 하였다.

(라) 다른 공동심판청구인이 별도로 소를 제기한 경우

공동심판에 의한 심결에 대하여 일단 공동심판청구인 중 1인만이 심결취소의 소를 제기하였는데 그 후 다른 공동심판청구인도 심결취소의 소를 제기하려는 경우 제소기간 내라면, 공동소송참가(민소 83조)를 하면 되고, 이렇게 하지 아니하고 별도로 소를 제기하면 특허법원은 변론을 병합하여 공동소송으로 심리하게 된다. 그러나 제

---

35) 특허법원 2017. 1. 26. 선고 2016허4160 판결(확정).

소기간이 경과된 경우에는 다른 공동심판청구인은 공동소송참가도 할 수 없고 보조참가를 할 수 있을 뿐이다.[36]

이는 공유인 특허권에 관한 심결에 대하여 공유자 중 1인만이 심결취소의 소를 제기한 후에 다른 공유자가 심결취소의 소를 제기하거나 소송참가를 하려는 경우에도 마찬가지이다.

(5) 원고가 될 수 있는 '참가인'

특허법 186조 2항에서 심결취소의 소를 제기할 수 있는 참가인이란 심판절차상의 참가인으로서 당사자 이외의 제3자가 타인의 심판절차 계속 중 그 심판 당사자의 일방에 들어가 그 심판절차를 수행하는 자를 말한다. 심판절차상 참가에는 특허법 155조 1항의 규정에 의한 경우와 같은 조 3항에 의한 경우가 있다.

동일한 특허권에 관하여 특허의 무효심판, 특허권 존속기간 연장등록무효심판, 정정의 무효심판 또는 권리범위확인심판을 청구하는 자가 2인 이상이 있는 때에는 그 전원이 공동으로 심판을 청구할 수 있지만(특허 139조 1항), 공동으로 심판청구를 하지 아니하고 타인의 청구에 의하여 계속 중인 심판절차에 참가할 수도 있는데, 이것이 특허법 155조 1항의 참가이다.[37] 이러한 자는 물론 타인의 심판절차에 참가하지 아니하고 별도로 심판청구를 할 수도 있다. 공동으로 심판을 청구한 경우와 단독으로 심판을 청구한 경우에는 당사자로서, 타인의 심판절차에 참가한 경우에는 참가인으로서 심결취소소송의 원고적격을 가지게 된다.

심판의 당사자가 될 수 없는 자라도 심판의 결과에 대하여 법률상 이해관계를 가지는 자, 예를 들어 무효심판이 청구된 특허권의 전용실시권, 통상실시권 또는 질권자 등은 특허권자를 보조하기 위하여 심판에 참가할 수 있는데, 이것이 특허법 155조 3항의 참가이다. 이러한 참가인은 일체의 심판절차를 행할 수 있고(특허 155조 4항), 피참가인이 심결취소의 소를 제기하지 않은 경우에도 참가인으로서 독자적으로 심결취소의 소를 제기할 수 있다.[38]

---

36) 이상경(주 33), 103~104 및 특허법원 2008. 11. 13. 선고 2008허7690 판결(상고기각) 참조.

37) 이러한 참가는 공동소송참가와 유사한 것으로 이해된다.

38) 이러한 점에서 피참가인의 소송행위에 어긋나는 소송행위를 할 수 없는 민사소송법 71조의 보조참가인과 차이가 있고, 공동소송적 보조참가인과 유사한 것으로 이해된다. 竹田稔·永井紀昭 編, 特許審決取消訴訟の實務と法理, 發明協會(2003), 16 참고.

참가가 인정된 후에 참가인에게 중단 또는 중지사유가 있으면 피참가인에게도 효력이 있다(특허 155조 5항).

(6) 심판 또는 재심에 참가신청을 하였으나 그 신청이 거부된 자

참가신청에 대한 참가 여부의 결정에 대해서는 불복할 수 없고(특허 156조 5항), 다만 참가신청이 거부된 자가 심결에 대하여 불만이 있는 경우에 특허법 186조 2항에 따라 그 심결의 취소를 구하는 소를 제기할 수 있다. 따라서 전용실시권자, 통상실시권자 또는 질권자는 참가신청을 하여 참가가 허락되었다면 참가인으로서 심결취소의 소를 제기할 수 있고, 참가신청이 거부되더라도 특허법 186조 2항에 따라 심결취소의 소를 제기할 수 있다.[39] 이와 관련하여 참가신청이 거부된 자가 제기한 심결취소의 소에서 심리·판단대상은 그 심결 자체의 위법 여부일 뿐이고 참가신청에 대한 거부결정의 위법 여부는 아니라고 판시한 하급심사례가 있다[특허법원 2016. 6. 10. 선고 2015허8424 판결(확정)].

나. 피고적격

(1) 피고적격의 법정(法定)

상대방이 없는 결정계 사건에서는 특허청장이 피고적격을 갖지만, 상대방이 있는 당사자계 사건에서는 그 심판 또는 재심의 청구인이나 피청구인이 피고적격을 가진다(특허 187조).

(가) 특허청장

거절결정불복심판 등 이른바 결정계 심판의 심결 및 심판청구서나 재심청구서의 각하결정에 대한 취소를 구하는 심결취소의 소의 피고는 특허청장이다(특허 187조 본문).

심결의 취소를 구하는 소는 특허심판원의 심판관 합의체가 행한 심결이라는 행정처분의 취소를 구하는 것이고, 심판청구서 또는 재심청구서의 각하결정의 취소를 구하는 소는 심판장이 행한 각하결정이라는 행정처분의 취소를 구하는 것인데, 심판관은 독립된 기관으로 해석되기 때문에, 행정소송법의 일반원칙에 따르면 심결취소소송의 피고는 심판관 합의체 또는 심판장이 되어야 하나, 심결취소소송의 적정하고

---

39) 특허법 162조 6항은 심결등본을 참가신청이 거부된 자에게도 송달하여야 한다고 규정한다.

도 능률적인 운영을 위한 합목적적인 고려에서 특허청이라는 관서의 대표자인 특허청장을 피고로 정한 것이다.

(나) 심판(재심)의 청구인 내지 피청구인

당사자계 심판(특허의 무효심판, 정정의 무효심판, 상표등록취소심판, 권리범위확인심판 등)의 심결 또는 그 재심심판의 심결에 대한 심결취소소송의 피고는 심판 또는 재심의 청구인 또는 피청구인이다(특허 187조 단서). 즉, 당사자계의 심판에서는 불이익한 심결을 받은 측이 원고가 되고, 그 상대방이 피고가 된다는 취지를 정한 것으로, 심판청구를 인용한 심결에 대한 심결취소소송의 피고는 심판청구인이고, 반대로 심판청구를 기각한 심결에 대한 심결취소소송의 피고는 피심판청구인이다. 예를 들어 무효심판청구가 인용된 경우에 심결취소소송의 피고는 심판청구인이고, 심판청구를 기각한 경우에 심결취소소송의 피고는 특허권자인 피심판청구인이다.

이처럼 당사자계 심판의 심결의 취소를 구하는 소의 피고를 특허청장이나 심판관 합의체가 아니라 심판의 청구인 또는 피청구인으로 정한 이유는, 이해가 상반하는 당사자 사이의 문제로서 다투게 하는 것이 실정에 부합하고, 입증활동의 적정하고 효율적인 운영을 기대할 수 있을 뿐 아니라, 심결의 결과가 직접 해당 당사자의 이해와 관계되어 있는 점 등을 종합적으로 고려한 입법정책에 따른 것이다.

부적법한 심판청구로서 그 흠결을 보정할 수 없다는 이유로 피청구인에게 답변서 제출의 기회를 주지 아니하고 심판청구인의 심판청구를 심결로 각하한 경우(특허 142조)에도 심결취소소송의 피고는 특허청장이 아니라 심판의 상대방인 피청구인이다.

(다) 심판(재심)의 당사자참가인

특허법 187조가 당사자계 사건의 피고적격을 "청구인 또는 피청구인"으로만 규정하고 있어 심판의 참가인이 심결취소소송의 피고적격이 있는지가 문제 된다.

이에 관해서는 "특허법 155조는 당사자참가인은 피참가인이 그 심판의 청구를 취하한 후에도 심판절차를 속행할 수 있고(제2항), 당사자참가인에 대하여 심판절차의 중단 또는 중지의 원인이 있는 때에는 그 중단 또는 중지는 피참가인에 대하여도 그 효력이 발생하는 것으로(제5항) 각 규정하고 있는바, 위와 같이 특허법이 당사자참가인에게는 보조참가인과는 달리 당사자에 준하는 지위를 부여하고 있는 점에 비추어 보면, 특허법 187조의 '청구인 또는 피청구인'에는 당사자참가인도 포함되는 것으로 해석하여야 한다."고 판시하여 이를 인정한 특허법원 판례가 있다[특허법원 2008. 1.

18. 선고 2006허6303, 8330 판결(상고기각)].

(2) 특허법 139조 2항의 공동심판의 심결에 대한 소의 피고적격

특허권이 수인의 공유인 경우에는 이에 대한 심판청구는 공유자 전원을 피청구인으로 하는 고유필수적 공동심판이다(특허 139조 2항). 특허법 139조 2항에 의한 공유자 전원을 상대로 한 공동심판에서 청구기각심결이 내려진 경우 그 심결취소소송도 공유자 전원을 피고로 하여야 하는 고유필수적 공동소송인지가 문제 된다. 특허권의 공유자가 원고인 경우 심결취소소송은 고유필수적 공동소송이 아니라 유사필수적 공동소송이므로 공유자 중 1인이 제기한 심결취소소송도 적법하다는 대법원 2004. 12. 9. 선고 2002후567 판결을 공유자가 피고인 경우에도 그대로 유지하는 것이 이론적 일관성은 있으나, 공유자가 피고인 경우에 원고로서는 공유자의 비협조로 인하여 특허권을 보존하지 못하게 되는 불합리가 없고 공유자 전원을 상대로 심결취소소송을 제기함에 아무런 장애가 없으므로 공유자가 원고인 경우와 달리 고유필수적 공동소송으로 취급하더라도 무방하다는 견해[40]도 가능하다. 후자의 견해(고유필수적 공동소송설)에 의할 경우, 원고가 공유자 중 일부를 피고에서 누락하였더라도 민사소송법 68조 1항에 의하여 특허법원의 판결선고 시까지 누락된 피고를 추가할 수 있다고 보게 될 터인데, 그러한 경우에는 추가된 피고와의 소도 처음 소가 제기된 때 제기된 것으로 보게 된다(민소 68조 3항).

(3) 피고 경정

(가) 개 설

원고가 피고적격이 없는 자를 피고로 표시하여 제기한 소는 소송요건을 갖추지 못하여 부적법한 소로 각하된다. 심결취소의 소는 제소기간이 정하여져 있으므로 피고를 잘못 지정하여 제소한 경우에 피고적격을 그르친 부적법한 소로서 각하되면, 원고가 나중에 피고적격이 있는 정당한 피고를 상대로 다시 소를 제기하려고 하여도 이미 제소기간이 경과하게 되어 권리구제를 받을 수 없게 된다. 이러한 불이익을 구제하기 위하여 행정소송법 14조는 피고 경정에 관하여 규정하였는데, 이 규정은 심결취소소송에도 적용된다.

---

40) 竹田稔·永井紀昭 編(주 38), 22, 113 참조.

(나) 피고 경정의 요건

1) 심결취소소송이 사실심 계속 중일 것

심결취소의 소가 적법한 것에 한정되지 않지만, 본조의 취지가 제소기간을 준수하지 못하게 되는 불이익을 구제하기 위한 것이므로, 계속 중인 소송이 이미 제소기간을 도과하여 제기된 경우라면 피고 경정의 이익이 없다.

경정시기에 대하여 행정소송법에 명시적 규정은 없으나, 사실심인 특허법원의 변론종결시까지만 가능하고[41] 법률심인 상고심에서는 허용되지 아니한다.[42]

2) 피고를 잘못 지정하였을 것

원고에 의하여 피고로 지정된 자가 정당한 피고적격을 가지지 않는다는 것이 객관적으로 인식되는 경우를 말한다. 피고를 잘못 지정하였는지는 법원이 객관적으로 판단할 사항이고, 피고 경정은 원고를 구제하기 위한 제도이므로, 당사자가 피고를 잘못 지정하였다는 이유로 피고 경정신청을 하더라도 원래의 피고가 정당하면 피고 경정신청을 배척하여야 한다는 것이 다수설이다.[43]

당사자계 사건에서 특허청장을 피고로 한 것을 피심판청구인으로 경정한 예가 있다.[44] 그러나 소장에는 '을'을 피고로 표시하였으나 심판청구의 내용을 종합하여 보면 '갑'을 피고로 하는 것으로 이해되는 경우에 이는 단순히 당사자표시를 잘못한 것에 불과하므로 '갑'으로 피고의 표시를 정정하면 되고, 본조에서 규정한 피고를 잘못 지정한 때에 해당하지 아니한다(대법원 2016. 12. 29. 선고 2014후713 판결 참조).

3) 새로운 피고의 정당성 여부

신청에 의한 피고 경정의 경우에 새로운 피고는 정당한 피고여야 하는지, 그에 관하여 법원에 심사 권한이 있는지에 대해서는 견해의 대립이 있으나, 피고를 정하는 것은 원칙적으로 원고의 권한 및 책임이므로 새로운 피고가 정당한 피고적격을 가졌는지에 관계없이 법원이 피고 경정을 허가할 수 있다는 것이 다수설이다.[45]

4) 원고의 고의·과실이 없을 것을 필요로 하지 아니함

피고를 잘못 지정한 것이 원고의 고의나 중과실에 의한 경우에도 피고 경정이 허

---

41) 대법원 2006. 2. 23. 자 2005부4 결정.
42) 대법원 1996. 1. 23.자 95누1378 결정.
43) 법원실무제요 행정(2016), 79.
44) 특허법원 2009. 4. 14.자 2009허2531 결정.
45) 법원실무제요 행정(2016), 79~80.

용된다. 다만 소송지연 등을 목적으로 피고를 다르게 지정하는 경우 등에는 피고 경정을 허가하지 않을 수도 있을 것이다.[46)

5) 신·구 피고의 동의가 필요하지 아니함

피고 경정은 종전 피고에 대한 소취하의 성질을 가지나(행소 14조 5항), 민사소송과 달리 심결취소소송에서는 종전 피고가 본안에서 준비서면을 제출하거나 변론준비기일에서 진술하거나 변론을 하더라도, 종전 피고의 동의 없이 피고 경정이 가능하다. 새로운 피고의 동의도 불필요하다.

(다) 피고 경정의 절차

1) 원고의 신청

원고의 피고 경정신청이 있어야 한다. 피고 경정신청은 서면에 의하여야 한다.[47) 법원은 신청에 기하여 피고 경정의 허부를 재판하는 것이고, 신청이 없는 경우에 직권으로 피고를 경정할 수 없다. 피고 지정이 잘못된 경우에 법원은 석명권을 행사하여 피고를 경정하게 하고 소송을 진행하여야 한다.[48) 이 신청은 1회로 제한되는 것이 아니므로, 소송절차에서 피고 경정이 되었더라도 새로운 피고 역시 당해 소송의 피고 적격을 가지지 않은 경우에 원고는 다시 피고 경정신청을 할 수 있다.

2) 피고 경정 허부의 재판

피고 경정신청이 있는 경우에 법원은 직권으로 피고 경정요건의 유무를 조사한 다음에 반드시 결정으로 그 허부를 결정하여야 한다. 법원은 피고 경정의 요건을 갖추고 있다고 판단한다면 이를 허가하는 취지의 결정을 한다. 이는 반드시 서면으로 하고 그 정본을 새로운 피고에게 송달하여야 한다(행소 14조 2항).

피고 경정을 허가하는 결정은 새로운 피고에 대하여는 중간적 재판의 성질을 갖는 것으로서 특별항고의 대상이 되는 '불복을 신청할 수 없는 결정'에 해당하지 않으므로 그에 대하여 특별항고를 할 수 없다.[49) 그러나 종전 피고에 대하여는 불복을 신청할 수 없는 결정에 해당하므로 종전 피고는 그에 대하여 특별항고를 할 수 있다.[50) 반면, 법원이 피고 경정의 요건을 갖추지 못하였다고 판단하여 신청을 각하하는 결정

---

46) 법원실무제요 행정(2016), 80.
47) 행정소송법 8조 2항, 민사소송법 260조 2항 참조.
48) 대법원 1997. 2. 28. 선고 96누1757 판결, 1990. 1. 12. 선고 89누1032 판결 참고.
49) 대법원 1994. 6. 29.자 93프3 결정.
50) 대법원 1994. 6. 29.자 93두48 결정.

에 대하여는 신청인이 즉시항고를 할 수 있다(행소 14조 3항).

(라) 피고 경정의 효과

1) 새로운 피고에 대한 소의 제기

피고의 경정을 허가하는 결정이 송달에 의하여 그 효력이 발생하면 그 시점부터 새로운 피고에 대하여 소가 제기된 것으로 되나, 그 소의 제기 시점은 처음에 소를 제기한 때로 간주된다(행소 14조 4항). 따라서 처음 소를 제기한 때에 제소기간이 경과하지 아니한 경우에는 피고 경정의 허가결정 시를 기준으로 하면 제소기간이 경과하였더라도 제소기간을 준수한 것이 된다. 경정허가를 한 법원은 새로운 피고에 대하여 경정허가결정의 정본 외에 소장의 부본, 기일소환장 등을 함께 송달하여야 한다. 피고 경정은 소송물의 변경을 초래하는 것은 아니므로 새로운 피고에 대한 소에 관하여 다시 인지를 붙일 필요는 없고, 또한 청구를 변경하지 않고 잘못된 피고를 변경하여 소송을 수행하는 것은 당초의 소송대리권 위임의 취지에 합치하므로 원고 소송대리인은 다시 소송위임장을 제출할 필요는 없다.

2) 종전 피고에 대한 소의 취하

피고 경정을 허가하는 결정이 있으면 종전의 피고에 대한 소는 취하된 것으로 간주되며(행소 14조 5항), 종전 피고가 본안에 관하여 준비서면을 제출하거나 준비절차에서 진술하거나 변론을 한 경우에도 그의 동의는 필요하지 아니하다.

다. 회생회사와 당사자적격

채무자 회생 및 파산에 관한 법률에 의한 회생절차개시결정이 있는 때에는 채무자의 업무의 수행과 재산의 관리 및 처분을 하는 권리는 관리인에게 전속하고(56조 1항), 채무자의 재산에 관한 소송에서는 관리인이 당사자가 되며(78조), 이 조항의 '재산에 관한 소'에는 회생회사와 관련된 특허의 등록무효를 구하는 심판도 포함되므로, 그러한 심판이나 심결취소소송에서 회생회사는 당사자적격이 없고 관리인만 당사자적격이 있다.

따라서 심판청구인이 당사자적격이 없는 회생회사를 당사자로 표시하였다면 특허심판원은 심판청구서의 당사자 표시만에 의할 것이 아니고 심판청구의 내용을 종합하여 당사자를 확정하여야 한다. 그리하여 확정된 당사자가 관리인이라면 당사자의 표시를 관리인으로 보정하게 한 다음 심리·판단하여야 하고, 확정된 당사자가 회생회사라면 당사자적격이 없으므로 심판청구를 각하하여야 한다.[51] 또한, 특허심판원이 이와 같은 조치를 취하지 아니한 채 만연히 회생회사를 당사자로 하여 심결을 함으로써 심결상의 당사자가 심결취소의 소를 제기한 경우에 심결취소소송의 사실심리를 담당하는 특허법원으로서는 소장의 당사자 표시만에 의할 것이 아니고 청구의 내용을 종합하여 당사자를 확정하여야 한다. 그리하여 확정된 당사자가 관리인이라면 당사자의 표시를 관리인으로 정정하게 한 다음 심리·판단하여야 하고, 확정된 당사자가 회생회사라면 당사자적격이 없어 심결이 위법하다고 판단하여야 한다.[52]

라. 권리승계와 당사자적격

(1) 일반승계와 특정승계

특허를 받을 권리 또는 특허권의 제3자 이전(移轉)에는 상속, 법인의 합병 등에 의하여 상속인이나 합병 후 존속회사가 피상속인이나 합병 전 회사의 권리의무를 포괄하여 승계하는 일반승계와 특허권 등의 양도 등에 의한 특정승계가 있다. 특허권 등이 일반승계된 경우에는 그 사유의 발생에 의하여 당연히 승계의 효력이 생기고, 일반승계인은 지체없이 그 취지를 특허청장에게 신고할 의무를 부담하지만(특허 38조 5항, 101조 2항), 신고나 등록의 유무에 의하여 승계의 효력이 영향을 받지는 않는다. 그러나 특정승계의 경우에는 특허청장에 대한 신고 또는 이전등록이 효력발생요건이므로 특허출원인이 특허청장에게 명의변경신고를 하지 아니하거나 특허권의 이전등록이 없으면 승계의 효력이 발생하지 아니한다(특허 38조 4항, 101조 1항 1호).[53]

한편 무효심판청구인의 지위나 특허법 155조 1항의 참가인의 지위는 일반승계될 수는 있지만,[54] 특정승계의 경우는 상정하기 어렵다.[55][56]

---

51) 대법원 2013. 8. 22. 선고 2012다68279 판결, 1999. 1. 26. 선고 97후3371 판결, 1995. 1. 12. 선고 93후1414 판결 등 참조.

52) 대법원 2016. 12. 29. 선고 2014후713 판결.

53) 특허출원인으로부터 특허를 받을 수 있는 권리를 양수한 특정승계인은 특허출원인변경신고를 하지 않은 상태에서는 그 양수의 효력이 발생하지 않아서 특허심판원의 거절결정 불복심판 심결에 대하여 취소의 소를 제기할 수 있는 당사자 등에 해당하지 아니하므로, 그가 제기한 취소의 소는 부적법하다. 특정승계인이 취소의 소를 제기한 후 특허출원인변경신고를 하였더라도, 그 변경신고 시기가 취소의 소 제기기간이 지난 후라면 제기기간 내에 적법한 취소의 소 제기는 없었던 것이므로, 취소의 소가 부적법하기는 마찬가지이다(대법원 2017. 11. 23. 선고 2015후321 판결).

54) 일본 최고재판소 1980. 12. 18. 선고 판결(判例時報 991호 79).

55) 竹田稔·永井紀昭 編(주 38), 114. 특허법원 1999. 5. 14. 선고 98허10758 판결(확정)도, 갑이 오인대상상표의 상표권자로서 상표법 73조 1항 2호(부정사용취소)의 상표등록취소심판을 청구하였다가 청구기각

(2) 심결 전의 승계

(가) 일반승계

심판절차 중 상속 또는 회사의 합병으로 일반승계가 이루어진 경우 심판절차는 중단되고 상속인 또는 합병으로 설립된 회사 내지는 합병 후 존속하는 회사가 절차를 수계하게 되는데(특허 20조~22조), 이 경우 수계한 상속인 등이 당사자가 되고 피상속인, 합병 후 소멸한 회사는 더는 존재하지 않으므로 당사자가 될 수 없다.[57]

심판절차 중 종전 권리자가 사망함으로써 당사자로서 자격을 상실한 때에는 그 때부터 그 당사자의 지위를 당연히 승계하는 상속인과 사이에 심판절차가 존속하는 것이고, 다만 상속인이 심판수계절차를 밟을 때까지 심판절차가 중단될 뿐이다. 한편 심판관이 이러한 중단사유를 알지 못하고 구 권리자를 당사자로 하여 심결한 경우에 그 심결은 심판절차에 관여할 수 있는 적법한 수계인의 권한을 배제한 결과가 되는 절차상의 위법은 있으나 당연무효라고 할 수는 없으므로, 상속인이 수계신청을 하여 심결등본을 송달받고 심결취소의 소를 제기할 수 있을 뿐 아니라 상속인이 사실상 심결등본을 송달받고 심결취소의 소를 제기한 다음에 그 소송절차에서 수계절차를 밟은 경우에도 그 수계와 소제기는 적법한 것이라고 보아야 할 것이다.[58] 다만 이미 사망한 종전 권리자에게 심결이 송달된 경우에 송달의 효력이 발생하지 않으므로 제소기간이 진행하지 않는다고 볼 여지도 있는데, 이와 관련하여 적법한 송달이 되기 전에 제기된 심결취소의 소에 대하여 부적법하다고 판시한 일본 하급심 판례가 있다.[59]

심판절차 중에 일반승계가 이루어진 경우 심판절차는 원칙적으로 중단되지만, 대리인이 있는 경우에는 중단되지 않는다(특허 20조 단서). 이 경우, 신고·등록이 없

심결을 받았는데, 을이 갑으로부터 위 오인대상상표를 양수하여 이전등록을 마친 후 심결취소소송을 제기한 사안에서, 등록취소심판청구의 대상인 이 사건 등록상표가 아닌 오인대상상표에 대한 권리를 양수하였다는 사정만으로 당사자 또는 그 승계인이 될 수 없음을 이유로 소를 각하하였다.

56) 반면, 특허법 155조 3항에 의한 참가인(실시권자 등)의 경우 일반승계는 물론 특정승계의 경우도 가능할 것으로 생각된다.

57) 무효심판의 청구인이나 소극적 권리범위확인심판의 청구인이 원고인 심결취소소송에서 소송 중에 원고가 사망하였고, 그 상속인에게는 이해관계가 인정되지 아니하는 경우에 소를 각하하여야 한다는 견해[법원행정처, 특허소송실무(1998), 51]와 당사자지위의 승계가 있다고 할 수 없으므로 소송종료선언을 하는 것으로 충분하다는 견해[이상경, 지적재산권소송법, 육법사(1998), 61, 대법원 1994. 10. 28. 선고 94므246, 253 판결 등을 참고할 수 있다고 한다]가 있다.

58) 대법원 1995. 5. 23. 선고 94다28444 전원합의체 판결 참조.

59) 동경고등재판소 2001. 1. 31. 선고 판결(判例時報 1,743호 124).

는 등의 사정으로 심결에서 피승계인을 당사자로 표시하였어도 심결의 당사자는 승계인이고, 대리인은 승계인의 대리인이다. 다만 심판절차의 대리인이 심결취소소송 대리권을 위임받지 않은 경우에는 심결송달과 동시에 대리권은 종료되고 심판절차가 중단된다.[60] 심결송달 후에 절차가 중단된 경우에도 수계절차가 이루어지는데, 심판관이 수계신청에 대한 허부를 결정한다(특허 22조 4항). 수계가 허가된 경우 승계인이 심결취소소송의 당사자적격을 가진다.

(나) 특정승계[61]

특허법 19조는 "특허청장 또는 심판장은 특허에 관한 절차가 특허청 또는 특허심판원에 계속 중일 때 특허권 또는 특허에 관한 권리가 이전되면 그 특허권 또는 특허에 관한 권리의 승계인에 대하여 그 절차를 속행하게 할 수 있다."라고 규정하는데, 이러한 속행명령이 심판장의 재량사항인지 또는 의무사항인지와 심판장이 속행명령을 발하지 않고 원권리자를 당사자로 하여 심결이 내려진 경우에 심결취소의 소에서 당사자적격을 가지는 자가 원권리자인지, 양수인인지에 대해서는 견해의 대립이 있다.

1) 원고의 경우

① **원권리자만 원고적격이 있고 양수인은 원고적격이 없다는 견해[62]**   양수인에 대하여 절차를 속행할 것인지, 원권리자에 대하여 절차를 계속할 것인지는 심판장의 자유재량에 맡겨져 있고, 원권리자에 대하여 절차를 계속하여도 그 효력은 권리승계인에게 미친다는 일본 판례[63]를 전제로, 심판장이 양수인에 대하여 절차를 속행하지 아니한 이상 심결의 당사자는 원권리자이므로, 특허법 186조 2항의 문리해석상 심결취소소송의 원고가 될 수 있는 것은 원권리자뿐이라는 견해이다. 양수인은 원권리자가 소를 제기한 후에 승계참가신청에 의하여 소송의 당사자가 될 수 있을 뿐이라고 한다. 이 견해는 소제기단계에서 소송당사자를 심결의 명의인으로 항정(恒定)한 다음, 절차의 승계로 문제를 해결하기 때문에 행정절차의 명확성을 관철할 수 있는 장점이 있다.

---

60) 대법원 1994. 3. 8. 선고 93다52105 판결 참조.
61) 이에 대하여는 瀧川叡一, 特許訴訟手續論考, 信山社(1991), 18 이하 참조.
62) 竹田稔 編, 特許審決等取消訴訟の實務, 發明協會(1993), 30.
63) 일본 대심원 1929. 1. 30. 판결(民集 8권 32), 동경고등재판소 1987. 5. 7. 판결(判例時報 1,253호, 126).

② 원권리자와 양수인 모두에게 원고적격이 있다는 견해[64]   이 견해는 심판장은 양수인에 대해서 속행명령을 발할 의무가 있으나, 그 의무를 위반하여 원권리자에 대해서 심결을 하더라도, 특허법 18조[65]에 의하여 특허권 등에 관하여 밟은 절차의 효력은 특허권 등의 승계인에게 미치므로 심결이 위법하게 되는 것은 아니고, 심결의 당사자로 표시된 원권리자도 당사자적격이 있으며, 심판절차 중의 권리승계인은 특허법 186조 2항의 '당사자'에 포함되므로 그 역시 심결취소의 소를 제기할 수 있다고 한다.[66]

③ 검 토   ①의 견해는 속행명령이 없는 이상 원권리자만 당사자적격이 인정되므로 양수인은 직접 심결취소의 소를 제기할 수 없고, 원권리자가 심결취소의 소를 제기한 경우에 비로소 승계참가신청을 할 수 있다는 것이다. 이에 의하면 원권리자가 양도 후에 특허권 등에 관심을 두지 않아 심결취소의 소를 제기하지 않은 경우에 양수인은 심결에 대하여 불복할 수단이 없어 가혹하다. 따라서 속행명령을 발할 것인지는 심판장의 재량에 속한다고 하더라도 특정승계인도 원고로서 단독으로 심결취소의 소를 제기할 수 있다고 보는 ②의 견해가 타당하고,[67] 특허법원의 실무도 ②의 견해를 채택하여 심판절차 진행 중의 특정승계인이 당사자로서 단독으로 심결취소의 소를 제기한 경우에 이를 적법한 것으로 인정한다.[68]

한편 상표법 34조 1항 7호의 선출원에 의한 등록서비스표의 권리자인 甲이 그 후에 등록된 서비스표의 권리자인 乙을 상대로 등록무효심판청구를 한 후 자기 등록서비스표를 丙에게 양도한 경우 甲에게 乙의 서비스표의 등록무효를 구할 이해관계가 있는지가 문제 된 사안에서 특허법원은 "무효심판청구에 있어서의 이해관계인이라 함은 그 등록상표(또는 서비스표)와 동일 또는 유사한 상표를 사용한 바 있거나 현재 사용하고 있음으로써 등록상표의 소멸에 직접적인 이해관계가 있는 자를 말하며 이해관계인이 무효심판청구를 한 후 그 선행상표의 상표권을 타에 양도하고 그 이전등

---

64) 瀧川叡一(주 61), 20.
65) 특허권 등에 관하여 밟은 절차의 효력이 특허권 등의 승계인에게 미친다고 규정한다.
66) 다만 심결의 당사자로 표시된 원권리자는 양수인이 소를 제기하거나 승계참가를 신청한 때에는 권리의 이전이 유효한 이상 당사자의 지위를 상실하고 당사자적격도 상실한다고 한다.
67) 竹田稔·永井紀昭 編(주 38), 116.
68) 특허법원 2003. 8. 21. 선고 2002허7346 판결(상고기각). 아울러 심결 전에 특정승계가 이루어졌다 하더라도 심판장이 속행명령을 발하지 않은 이상 원권리자를 피심판청구인으로 표시하더라도 취소사유가 되지 않는다고 판시하였는데, 대법원 1967. 6. 27. 선고 67후1 판결도 같은 취지로 이해된다.

록까지 마쳤더라도 이는 이해관계의 유무를 판단하는 데 기준이 될 수 없는 것이므로, 피고가 이 건 심판청구를 할 당시에 이 건 등록서비스표와의 유사 여부가 다투어지는 선행서비스표의 권리자인 이상 이 건 등록서비스표의 소멸에 대하여 직접적인 이해관계가 있는 자라고 할 것이고, 그 후 이 건 심결이 있기 전에 선행서비스표를 타에 양도하였다고 하여 심판청구를 할 수 있는 이해관계가 소멸한다고 할 수 없다."라고 판시하여[69] 원권리자의 원고적격을 인정하였다.

2) 피고의 경우

심판 중에 특허권 등이 양도되었음에도 속행명령이 없이 원권리자를 피청구인으로 하여 청구기각심결이 이루어진 경우에 그 심결에 대한 취소의 소는 원권리자를 피고로 하여야 하므로, 원권리자를 피고로 한 경우에 피고를 잘못 지정한 것이라고 할 수 없어 승계인으로의 피고 경정은 허용되지 않고 승계참가나 인수참가를 통하여 승계인이 피고 지위를 승계하는 것을 허용하여야 한다는 견해[70]가 있다. 원고 측에 특정승계가 이루어진 경우와 달리 이로 인하여 원고에게 아무런 불이익이 없기 때문이다. 다만 심결에서 당사자로 표시된 사람이 아닌 승계인을 피고로 하여 소가 제기된 경우에 대해서는 피고가 될 자를 잘못 지정한 것이므로 원권리자로 피고 경정을 한 후 승계참가나 인수참가를 인정하여야 한다는 견해도 있고, 이러한 피고 경정 및 참가와 같은 절차를 반복하는 것은 소송경제에 반하고 결과에 차이가 없으므로 이러한 절차가 당사자 및 법원 사이에 묵시적으로 승인된 것으로 보아 승계인에게 피고적격을 인정하여도 무방하다는 견해[71]도 있다.

(3) 심결 후 소제기 전의 승계

(가) 일반승계

심결 후에 일반승계가 이루어진 경우에는 승계인은 심판사건의 당사자 등의 지위를 당연히 승계하므로, 원고적격·피고적격을 갖는 자는 승계인이다. 일반승계가 있었다는 사실을 주장하는 자는 그 사실을 증명하여야 하나, 소송의 변론종결시까지 추완할 수 있다.

---

69) 특허법원 1999. 9. 10. 선고 98허9277 판결.
70) 瀧川叡一(주 61), 37; 竹田稔·永井紀昭 編(주 38), 116~117. 경정의 경우와 달리 인수참가의 경우 당사자와 참가인을 심문할 수 있으므로(민소 82조 2항), 오히려 적절하다고 한다.
71) 이상경(주 57), 68~69; 竹田稔·永井紀昭 編(주 38), 117.

피고 측에 일반승계가 있었음에도 소장의 피고 표시를 피승계인으로 하여 소를 제기한 경우에는 행정소송법 14조에 의한 피고 경정의 대상이 된다.

(나) 특정승계

심결 후에 특허권 등의 특정승계가 있고 출소기간 내에 권리이전에 대하여 신고ㆍ등록이 된 경우,[72] 소를 제기할 수 있는 당사자가 원권리자인지, 승계인도 소를 제기할 수 있는지가 문제된다.

이에 대해서는 ① 심리종결통지 전에 신고ㆍ등록이 이루어진 양수인에 대하여 절차가 속행되지 않았던 경우에 해당하므로 양수인은 소를 제기할 수 없다는 견해,[73] ② 권리의 양도에 의하여 당사자의 지위가 승계되어, 원권리자는 원고적격을 상실한다는 견해,[74] ③ 원권리자는 심결의 명의인인 당사자이므로 소를 제기할 수 있고, 심결의 효력은 특정승계인에게 미치므로 양수인도 원고적격을 갖는다는 견해[75]가 있는데, 심결 중에 특정승계가 이루어진 경우와 마찬가지 이유로 ③의 견해가 타당하다.

특정승계가 있었다는 것을 모르고 원권리자를 피고로 하여 심결취소의 소를 제기한 경우에 그 소는 부적법하지만 피고 경정의 대상이 된다는 견해[76]와 심문을 통하여 당사자와 승계인의 의견을 참고할 수 있는 참가절차를 통하여 해결하여야 한다는 견해[77]가 있다. 승계인을 피고로 하여 제기된 심결취소의 소의 적부에 대해서는 심결 전에 특정승계가 이루어진 경우와 마찬가지로 보면 될 것이다.

(4) 소제기 후의 승계

(가) 일반승계

소제기 후에 일반승계가 이루어진 경우[78] 소송대리인이 없는 때에는 소송절차가

---

72) 특허권 등의 특정승계는 신고ㆍ등록이 없으면 효력이 생기지 않으므로 양수인이 소송제기 내지 신고ㆍ등록의 쌍방을 모두 출소기간 내에 하지 않으면 부적법한 소가 되고, 출소기간 경과 후에 신고ㆍ등록이 이루어져도 그 하자가 치유되지는 않는다고 한다[동경고등재판소 1983. 11. 17. 선고 판결(判例時報 1108호 128), 1997. 6. 19. 판결(判例工業所有權法 二, 13권 3821의 80)].

73) 竹田稔 編(주 62), 30.

74) 瀧川叡一(주 61), 23.

75) 竹田稔ㆍ永井紀昭 編(주 38), 118.

76) 瀧川叡一(주 61), 37.

77) 竹田稔ㆍ永井紀昭 編(주 38), 118~119.

78) 원고가 소장을 법원에 제출한 후 피고에게 송달되기 전에 피고에 대하여 일반승계가 이루어진 경우에도 민사소송법 233조 내지 240조의 규정을 준용하여 수계절차가 이루어져야 할 것이다. 菊井維大 = 村松俊夫, 全訂 民事訴訟法 I (補正版), 日本評論社(1993), 243 참고.

중단되고, 승계인이 수계하게 된다. 수계는 승계인 내지 상대방이 신청할 수 있고, 법원이 직권으로 속행명령을 발할 수도 있다(민소 244조). 일반승계가 있으면 절차진행이 정지되고, 그 후 법원이 상속인 등 소송을 속행할 자에 의한 소송의 수계를 인정하면 그때부터 다시 절차가 진행된다.

(나) 특정승계

소제기 후에 특정승계가 이루어진 때에는 양수인의 승계참가 또는 양도인 또는 상대방에 의한 소송인수의 신청에 의해 승계가 이루어지고, 양도인은 상대방의 승낙을 얻어 소송에서 탈퇴할 수 있다.

마. 소송참가

(1) 총 설

소송참가라 함은 타인 간에 계속 중인 소송에 제3자가 당사자로서 또는 당사자에 준하는 지위에서 관여하는 것을 말한다.

심결취소소송의 참가에 관하여 특허법상 명문의 규정이 없으나, 심결취소소송에는 행정소송법이 적용되고, 행정소송법은 제3자의 소송참가(행소 16조)와 행정청의 소송참가(행소 17조)에 관하여 규정한다. 다만 실무상 심결취소소송에서 행정소송법에 근거한 소송참가가 이루어진 예는 없는 것 같다.

심결취소소송의 참가에는 행정소송법에 의한 참가 외에도 행정소송법 8조 2항에 의하여 민사소송법의 소송참가에 관한 규정이 준용된다. 민사소송법상 소송참가의 태양에는 당사자로서 관여하는 것과 당사자에 준하는 지위로서 관여하는 것이 있는데, 전자에는 독립당사자참가(민소 79조),[79] 공동소송참가(민소 83조), 승계참가(민소 81조), 인수참가(민소 82조)가 있고, 후자에는 보조참가(민소 71조), 공동소송적 보조참가(민소 78조)가 있다.

당사자로서 관여하는 것은 신소제기의 실질을 가지므로 상고심에서는 허용되지 않지만, 보조참가는 상고심에서도 가능하다.[80]

---

79) 양도인과 참가인(양수인) 사이에 특허권 양도의 효력에 관한 다툼이 있는 경우 독립당사자참가를 통해 양도 효력의 확인을 구할 수 있는지에 대해서 민사소송으로 다투어야 함을 이유로 부정적으로 보는 견해로는 竹田稔・永井紀昭 編(주 38), 120 참조.

80) 1998년 상표법 개정 전의 판결이기는 하나 대법원 1997. 3. 25. 선고 96후313, 320 판결은 상표등록무효 심결에 대한 상고사건에서 상고심에서도 보조참가가 허용됨을 전제로 상표관리인이 보조참가의 요건을 갖추지 못하였다고 판단하였다.

(2) 공동소송참가

공동소송참가라 함은 소송의 목적이 한 쪽 당사자와 제3자에게 합일적으로 확정되어야 할 경우에 그 제3자가 계속 중의 소에 공동소송인으로서 참가하는 것을 말하는데,[81] 이 경우 참가인과 피참가인 간에는 필수적 공동소송관계가 형성된다.

여기서 '합일적으로 확정될 경우'라 함은 원래부터 참가인과 피참가인이 필수적 공동소송인의 관계에 있어야 하였던 경우를 가리킨다. 다만 여기의 필수적 공동소송이 유사필수적 공동소송인 경우에 한정되는가, 아니면 고유필수적 공동소송인 경우도 포함하는가에 대해서는 견해의 대립이 있으나, 유사필수적 공동소송뿐만 아니라 고유필수적 공동소송도 포함된다는 것이 통설이다.[82]

공동소송참가는 신소제기의 실질을 가지므로, 상고심에서는 불가능하고, 제소기간이 도과한 원고 측 공동소송참가신청은 부적법하여 각하된다.[83]

(3) 보조참가

민사소송법 71조는 보조참가에 관하여 "소송결과에 이해관계가 있는 제3자는 한 쪽 당사자를 돕기 위하여 법원에 계속 중인 소송에 참가할 수 있다. 다만, 소송절차를 현저하게 지연시키는 경우에는 그러하지 아니하다."라고 규정한다. 참가신청은 참가의 취지와 이유를 밝혀 참가하고자 하는 소송이 계속된 법원에 제기하여야 한다.[84]

여기서 보조참가의 요건인 이해관계란 소송의 결과, 즉 당해 소송의 본안판결인 주문에 표시된 소송물의 존부를 전제로 참가인의 법률상의 지위가 직접 또는 간접으로 결정되는 관계를 말하는 것으로, 단지 판결이유 중의 법률상 및 사실상의 판단에 대하여 이해관계가 있는 것만으로는 부족하고, 법률상 이해관계 아닌 사실상, 경제상 또는 감정상 이해관계만으로는 참가할 수 없다.[85]

특허권 또는 특허를 받을 권리의 실시권자는 법률상 이해관계가 있는 자의 대표적인 예에 해당한다. 그 외에 이해관계가 긍정된 예로는 특허무효심판청구의 기각심결에 대한 취소의 소의 경우에 해당 특허에 관한 종전 적극적 권리범위확인심

---

81) 민사소송법 83조, 대법원 2001. 7. 13. 선고 2001다13013 판결.
82) 법원실무제요 민사소송 [I](2017), 410.
83) 서울고등법원 1998. 9. 24. 선고 97구12015 판결 및 특허법원 2008. 11. 13. 선고 2008허7690 판결(상고기각).
84) 민사소송법 72조 1항.
85) 대법원 1999. 7. 9. 선고 99다12796 판결 등 참조.

판에서 패소하고도 심결취소의 소를 제기하지 않은 피심판청구인(원고측),[86] 거절결정불복심판취소소송에서 특허결정이 될 경우 무효심판을 제기할 수 있는 이해관계인(피고측),[87] 정정심판청구 기각심결에 대한 취소의 소에서 그 특허권의 무효심판청구인(피고측)[88] 등이 있다.

반면 상표관리인은 재외자를 대리하는 포괄적인 대리권을 가지는 자(상표법 6조)로서 형식적으로는 임의대리인이지만 실질적으로는 법정대리인과 같은 기능을 하는 관계로 당사자 본인에 준하여 취급된다고 볼 수 있으므로 위 보조참가인이 무효심판이 청구된 등록상표들의 상표관리인이라는 사정만으로는 이 사건 소송의 결과에 제3자로서 법률상 이해관계가 있다고 할 수 없어 그 재외자를 위한 보조참가를 할 수 없다.[89]

보조참가인은 원칙적으로 모든 소송행위를 할 수 있다. 사실을 주장하거나 다툴 수 있고 증거신청, 상소제기, 이의신청 등에 제한이 없는 것이 원칙이다. 다만 소송진행의 정도에 따라 피참가인도 할 수 없는 행위, 피참가인의 행위와 어긋나는 행위, 피참가인에게 불이익한 행위 등은 할 수 없다.[90] 보조참가가 있는 경우에 판결은 특별한 경우를 제외하고는 참가인에게도 효력이 미치는데, 여기서 판결의 효력이란 기판력이 아니라 피참가인이 패소한 경우에 보조참가인과 피참가인 사이에 서로 그 판결이 부당하다고 주장할 수 없는 구속을 받게 되는 구속력(판결의 참가적 효력)으로 이해된다.[91]

(4) 공동소송적 보조참가

민사소송법 78조는 공동소송적 보조참가에 관하여 "재판의 효력이 참가인에게도 미치는 경우에는 그 참가인과 피참가인에 대하여 67조 및 69조를 준용한다."라고 규정한다. 공동소송적 보조참가인은 독립된 당사자가 아니라는 점에서 민사소송법 83

---

86) 특허법원 2008. 8. 22. 선고 2007허4649 판결(심리불속행 기각).
87) 동경고등재판소 1962. 2. 13.자 결정(判例工業所有權法 244조 14항). 특허권자로부터 침해소송을 제기받을 개연성이 있는 자로서 별도로 특허무효심판을 청구한 사람에게 그 이전에 제기된 다른 무효심판사건에 대한 심결취소소송에 있어 보조참가의 이익을 인정한 사례로, 특허법원 2009. 7. 16. 선고 2008허13022 판결이 있다.
88) 동경고등재판소 1955. 12. 6.자 결정(判例工業所有權法 519의3 3항).
89) 대법원 1997. 3. 25. 선고 96후313, 320 판결.
90) 민사소송법 76조.
91) 민사소송법 77조. 대법원 1988. 12. 13. 선고 86다카2289 판결, 1979. 6. 12. 선고 79다487 판결.

조의 공동소송참가와 구별된다.

보통의 보조참가와 구별하여 공동소송적 보조참가제도를 인정하는 이유는 판결의 효력을 받는 제3자를 위해서는 보통의 보조참가보다 훨씬 강한(필수적 공동소송인에 준하는) 소송수행권을 부여할 필요가 있기 때문인데, 이러한 관점에서 볼 때 통상실시권자는 별론으로 하더라도 특허권의 전용실시권자는 특허무효심결에 대한 취소소송에서 원고 측에 공동소송적 보조참가를 할 수 있을 것으로 해석된다.92)93)

원래 공동소송참가를 할 수 있었는데도 제소기간이 도과하는 등의 이유로 공동소송참가가 불가능하게 된 자가 보조참가를 한 경우 이를 공동소송적 보조참가로 볼 것인지 아니면 단순한 보조참가로 볼 것인지에 대하여 보조참가의 효력만이 인정된다는 견해94)와 기간경과 유무에 의하여 보조참가의 효력을 구별할 근거가 없다는 반대 견해95)가 있다. 동경고등재판소 1976. 9. 21. 판결96)은 특허무효심결에 대한 취소소송에서 별개로 무효심판을 청구한 제3자가 피고인 심판청구인을 보조하기 위하여 참가신청을 한 사안에서, 심판관이 특허무효청구에 대하여 내린 무효심결이 판결에 의하여 취소되는 경우에 위 판결은 그 사건에 관하여 심판관을 구속하고, 그 구속력을 받는 심판관이 한 특허무효심판청구를 기각하는 심결의 효력은 제3자에 대하여도 효력이 생겨 제3자는 그 확정심결이 등록되면 동일한 사실 및 동일한 증거에 의하여 다시 무효심판을 청구할 수 없게 됨을 이유로, 위 심결의 효력을 받는 참가인에게 단순히 보조참가인의 지위를 인정하는 것으로는 불충분하고 이른바 공동소송적 보조참가인의 지위를 인정하여 그 소송행위에 관하여는 민사소송법 76조 2항의 적용을 배제함이 상당하다고 판시한 바 있다.

공동소송적 보조참가인의 지위라든가 그가 할 수 있는 소송행위 등도 대체로 통상의 보조참가의 경우와 동일하나, 공동소송적 보조참가인은 판결의 효력을 받는 지위에 있다는 점에서 필수적 공동소송에 관한 민사소송법 67조 및 69조가 준

---

92) 대법원 1973. 10. 23. 선고 71후14 판결은 특허무효심결에 대하여 전용실시권자가 불복기간 내에 보조참가신청을 하면서 제기한 항고심판에 대하여, 이를 공동소송참가신청을 하면서 항고심판을 제기한 것으로 보아 적법하다고 판시한 바 있는데, 참고가 된다.

93) 물론 특허법 155조 3항에 의하여 실시권자가 심판단계에서 참가인으로 참가한 경우에는 당사자로서 직접 심결취소소송을 제기할 수도 있다.

94) 瀧川叡一(주 61), 47; 竹田稔·永井紀昭 編(주 38), 47.

95) 高林克已, 特許訴訟, 發明協會(1991), 69.

96) 特許と企業, 95호, 26.

용된다(민소 78조).

　따라서 참가인이나 피참가인 가운데 한 사람이 한 유리한 소송행위는 모두를 위하여 효력이 생기나, 불리한 소송행위는 모두 함께 하지 아니하면 효력이 생기지 아니하고, 상대방의 소송행위는 참가인에게 하더라도 피참가인에 대하여 효력이 있으며, 참가인에게 소송절차의 중단 또는 중지의 사유가 생기면 소송절차는 정지된다. 또한 참가인이나 피참가인 가운데 한 사람이 상소를 제기한 경우에 다른 참가인이나 피참가인이 그 상소심에서 하는 소송행위에는 민사소송법 56조 1항의 규정을 준용하며, 참가인은 피참가인의 행위와 저촉되는 행위를 할 수 있다. 예컨대, 참가인이 상소를 할 경우에 피참가인이 상소취하를 할 수는 없다.[97] 참가인의 상소기간은 참가인에 대한 판결송달시로부터 독립하여 계산된다.

(5) 승계참가와 인수참가

(가) 의　의

　당사자적격의 승계에는 상속 등에 의한 일반승계와 소송물의 양도에 의한 특정승계가 있고, 일반승계의 경우에는 중단과 수계절차를 통해 승계인이 당사자의 지위를 이어받게 되지만, 특정승계의 경우에는 승계참가나 인수참가에 의하여 승계인이 당사자의 지위를 승계하게 된다.

　소송물의 양도가 있는 경우에 양수인이 스스로 소송에 참가하는 것이 민사소송법 81조의 승계참가이고, 양수인을 당사자가 강제로 소송에 참가시키는 것이 민사소송법 82조의 인수참가이다.

(나) 절　차

1) 승계참가의 경우

　승계참가신청은 독립당사자참가 신청방식에 의한다. 따라서 반드시 서면에 의하여야 하며, 그 서면에는 참가의 취지와 이유를 명시하고, 소장의 필수적 기재사항을 기재하여야 한다.[98]

　승계참가에 대하여, 피참가인이 양도승계 사실을 다투지 않으면 권리승계참가인이 피참가인에 대하여 아무런 청구를 할 필요가 없으므로 3면소송관계가 성립하지

---

97) 대법원 1967. 4. 25. 선고 66누96 판결.
98) 민사소송법 81조, 79조 2항, 72조 1항, 249조 참조.

않고,[99] 공동소송에 준하여 심리한다. 그러나 피참가인과 참가인 간에 양도의 유무나 효력에 관한 다툼이 있는 경우에는 3면소송관계가 성립하므로 구체적인 심리방식은 독립당사자참가소송에 준하여 처리한다.

참가신청은 소제기에 해당하고 참가요건은 소송요건에 해당하므로, 이 신청에 대하여는 피참가인과 그 상대방은 이의를 제기하지 못하며 참가요건에 흠이 있는 때에는 변론을 거쳐 판결로 이를 각하하여야 한다. 상고심에서는 승계참가가 허용되지 않는다.[100]

2) 인수참가의 경우

당사자 쪽에서 승계인을 강제적으로 소송에 끌어들이는 제도이기 때문에 당사자가 소송인수의 신청을 하여야 한다. 여기서 당사자란 피참가인의 상대방만을 의미하는지, 아니면 피참가인 자신도 포함하는지에 대해서는 견해의 대립이 있으나, 통설은 피참가인에게도 신청권을 인정한다.

인수신청의 방식에 대해서는 특별한 제한이 없으므로 서면 또는 말로 할 수 있다. 법원은 허부의 결정 전에 양쪽 당사자와 피인수신청인(제3자)을 심문하여야 한다 (민소 82조 2항).

인수를 명하는 결정에 대해서는 독립하여 항고할 수 없고, 종국판결에 대한 상소로 다툴 수 있을 뿐이다.[101] 다만 인수신청을 기각하는 결정에 대해서는 민사소송법 439조에 의하여 통상의 항고를 할 수 있다.

(다) 종전 당사자의 지위와 소송탈퇴

승계참가나 인수참가를 묻지 않고 소송물의 양도가 있는 경우에 ① 피참가인이 승계의 효력을 다투거나, ② 소송물의 일부에 관하여서만 승계가 있거나, ③ 인수참가에 있어 추가적 인수의 경우에는 종전 당사자는 계속해서 그 소송에 남아 있을 필요가 있다. 위의 경우 중 ②·③의 경우에는 종전 당사자와 새로운 당사자가 공동소송인의 관계에 서게 되고, ①의 경우에는 승계참가에 있어서는 3면소송관계가 성립하며 인수참가에 있어서는 2개의 소송이 병존하게 된다.

그러나 그 밖의 경우, 즉 소송물의 전부에 관하여 승계가 있고 승계에 관한 다툼이 없는 경우에는 종전 당사자는 그 소송에 남아 있을 필요가 없게 되므로 상대방의

---

99) 대법원 1975. 11. 25. 선고 75다1257 판결.
100) 대법원 2001. 3. 9. 선고 98다51169 판결, 1998. 12. 22. 선고 97후2934 판결(상표등록취소 사건).
101) 대법원 1990. 9. 26.자 90그30 결정, 민사소송법 392조.

승낙을 얻어 소송에서 탈퇴할 수 있다.

바. 대 리 인

(1) 의의와 종류

'소송대리인'이라 함은 당사자의 이름으로 소송행위를 하거나 소송행위의 상대방이 될 수 있는 권한이 부여되어 있는 제3자를 말한다. 대리인의 행위는 본인인 당사자에게만 효과가 미치고 대리인 자신에게는 미치지 않는다.

소송상의 대리인에는 미성년자의 친권자 또는 이에 준하는 법인의 대표자와 같이 본인의 의사와 관계없이 법률의 규정에 의하여 또는 법원이나 총회의 선임결정에 의하여 대리인이 된 법정대리인과 변호사나 변리사 또는 지배인[102]과 같이 본인과의 위임계약체결이나 본인의 선임을 통해 대리인이 된 임의대리인의 두 종류가 있는데, 보통 소송대리인이라 함은 변호사 또는 변리사인 임의대리인을 말한다.

(2) 대리권의 조사와 증명

소송대리인의 대리권의 유무는 법원의 직권조사사항이고(그러나 조사대상 사실과 자료까지 직권으로 탐지하여야 하는 것은 아니다), 대리권은 서면으로 증명하여야 한다(민소 58조 1항, 89조 1항).

(3) 소송대리인의 자격

소송위임에 의한 소송대리인은 변호사가 아니면 안 되는데, 이를 '변호사대리의 원칙'이라 한다.[103] 이에 대한 예외로 변리사법 2조는 "변리사는 특허청 또는 법원에 대하여 특허, 실용신안, 디자인 또는 상표에 관한 사항을 대리하고 그 사항에 관한 감정과 그 밖의 사무를 수행하는 것을 업으로 한다."라고 규정하고, 8조는 "변리사는 특허, 실용신안, 디자인 또는 상표에 관한 사항의 소송대리인이 될 수 있다."라고 규정하여 변리사의 소송대리권을 제한적으로 허용한다. 따라서 변리사는 위에서 열거된 것 이외의 사항, 예컨대, 식물신품종 보호법상 품종보호권에 대한 심결의 취소를

---

[102] 특허청장이 피고인 경우 "국가를 당사자로 하는 법률"에 의하여 선임된 피고소송수행자도 지배인과 마찬가지로 법령상의 임의대리인으로서 심결취소소송을 수행할 수 있다.

[103] 특허법원의 심결취소소송은 합의사건이기 때문에, 민사소송법 88조 1항에 의한 비변호사 소송대리허가의 예외가 인정되지 않는다.

구하는 소송에서는 소송대리인이 될 수 없다.

(4) 소송대리인의 권한

(가) 소송위임에 의한 소송대리인은 원칙적으로 위임받은 사건에 관하여 일체의 소송행위와 그 소송에 관계된 행위 및 소송비용확정신청과 같은 부수적 절차의 신청 등을 할 수 있다. 다만 실무상으로는 따로 위임장을 제출받는 경우가 많다.

그러나 다음과 같이 본인에게 중대한 결과를 미치는 사항에 대하여는 본인으로 부터 개별적인 특별수권이 있어야만 대리권이 있다(민소 90조 2항)는 점에 유의하여야 한다.

① 반소의 제기

② 소의 취하, 화해, 청구의 포기 · 인낙, 소송탈퇴

③ 상소의 제기[104] 또는 취하

④ 복대리인의 선임

심급대리의 원칙상 소송대리인의 소송대리권은 특별한 의사표시가 없는 한 당해 심급에 한하여 미치지만,[105] 당해 소송이 상급심에서 파기환송되어 원심법원에 계속 하게 된 때는 환송 전 원심에서의 소송대리인의 대리권이 부활하는데,[106] 이러한 법 리는 취소확정판결에 의하여 특허심판원에서 다시 사건을 심리하게 되는 경우에도 적용된다는 특허법원의 판결[107]이 있다.

(나) 한편, 쌍방대리와 관련하여 특원출원사건에서 권리자 측을 대리하였더라도 그 사건이 종료한 후에 같은 특허에 대한 권리범위확인사건에서 상대방을 대리하는 것은 쌍방대리에 해당하지 않는다는 특허법원 판결[108]이 있다.

---

104) 소송대리인이 당사자의 의사를 확인하지 않은 상태에서 상고기간이 도과될 것을 우려하여 상고를 제 기하였으나, 그 후 당사자가 상고를 제기하지 않겠다는 의사를 밝힌 경우 상고는 무권대리인에 의하여 제기된 것으로 부적법하다(대법원 2006. 11. 9. 선고 2006후1841 판결).

105) 대법원 1994. 3. 8. 선고 93다52105 판결.

106) 대법원 1963. 1. 31. 선고 62다792 판결. 소송대리인(甲)이 대법원의 파기환송 전 항고심의 소송대리인 이었고, 대법원의 파기환송판결에 의하여 사건이 동 항고심에 다시 계속하게 되었다면 위 甲에게 한 특허청장 명의의 환송번호 및 심판관지정통지서의 송달은 적법하다는 취지의 대법원 판결로는 대법원 1985. 5. 28. 선고 84후102 판결 참조.

107) 특허법원 2006. 4. 13. 선고 2006허978 판결(확정). 심결등본을 종전 심판절차에서의 대리인에게 송달 한 경우 유효하고, 그 날부터 제소기간이 진행한다고 판시하였다.

108) 특허법원 2007. 11. 23. 선고 2007허4816 판결(확정).

(다) 소송대리인이 선임된 경우에 당사자가 절차를 밟을 능력을 상실한 경우에도 특허청 또는 특허심판원에 계속 중인 절차는 중단되지 않는다(특허 20조 3호). 다만 파산선고 당시 파산자의 심판청구가 특허심판원에 계속 중인 경우에 파산자의 대리인이 선임되어 있는지와 무관하게 그 심판절차는 파산관재인 또는 상대방이 이를 수계하거나 파산절차가 종료할 때까지 중단된다.[109]

Ⅲ. 심결취소소송의 소송요건과 소송물

1. 심결취소소송의 소송요건

심결취소소송은 원고의 소제기에 의하여 시작하는데, 소장의 방식이 적법하고, 소가 적법해야만 심결의 당부에 대하여 판단을 받을 수 있다.

이처럼 소가 본안판단을 받기 위한 전제로서 적법한 취급을 받기 위하여 구비해야 할 사항을 소송요건이라 한다.

소송요건은 (ⅰ) 법원에 관한 요건(재판권 및 관할권), (ⅱ) 당사자에 관한 요건(당자자능력, 당사자적격 및 소송능력), (ⅲ) 소송물에 관한 요건(소의 이익과 중복제소나 기판력 등 소송장애사유의 부재), (ⅳ) 기타(제소기간 등)로 분류되는데, 법원과 당사자에 대해서는 제1절 및 제2절 Ⅱ항에서 다루었으므로, 여기서는 소송물에 관한 요건에 대하여 다룬다.

---

109) 특허법원 2011. 12. 30. 선고 2011허378 판결. ① 여기에서 말하는 '당사자가 절차를 밟을 능력을 상실한 경우'란 당사자가 행위능력을 상실한 경우를 의미하는 것으로서, 이와 구별되는 당사자적격을 상실한 경우까지를 포함하는 것으로 해석하기에는 무리라고 보이고, ② 특허법 20조에는 민사소송법 239조에서 규정하고 있는 바와 같은 당사자의 파산으로 말미암은 소송중단에 관한 규정이 따로 없으며, ③ 민사소송법 238조에서 특허법 20조 1호 내지 6호와 유사한 민사소송법 233조 1항, 234조 내지 237조 소정의 사유가 있다고 하더라도 소송대리인이 있는 경우에는 소송절차가 중단되지 않는다는 예외를 규정하고 있으나, 당사자의 파산으로 인하여 중단되는 경우에는 이 같은 예외규정의 적용이 없는 점(민사소송법 239조 참조) 등을 이유로 한다(확정).

2. 심결취소소송의 소송물

가. 민사소송법상의 소송물

민사소송에서 소송의 객체를 소송물이라 한다. 소송물은 절차의 개시단계에서(i) 토지관할 및 사물관할의 기준, (ii) 청구의 특정과 범위의 결정기준이 되고, 절차 진행과정에서 (i) 소의 병합, (ii) 소의 변경, (iii) 중복소송, (iv) 처분권주의 위배를 판단하는 기준이 되며, 절차 종결 후에도 (i) 기판력의 범위, (ii) 재소금지의 범위를 정하는 기준이 된다.

나. 행정소송(항고소송)의 소송물

행정소송에서도 민사소송과 같이 소송물을 대상으로 심리가 진행된다. 행정소송 중 항고소송의 소송물에 관하여는 항고소송의 성질을 어떻게 파악하느냐에 따라 여러 가지 견해가 있으나, 통설·판례110)는 항고소송의 소송물은 행정처분의 위법성 일반(행정처분의 주체, 내용, 절차, 형식의 모든 면에서 위법)이라고 한다. 따라서 행정처분을 위법하게 하는 개개의 위법사유는 공격방어방법에 불과하여 전심절차에서 주장하지 아니한 처분의 위법사유도 소송에서 새롭게 주장할 수 있다.

다. 특허심판단계에서 심판물의 개념

(1) 의 의

민사소송이나 행정소송에서 소송의 객체를 소송물이라고 하는 것과 같이 특허심 판단계에서 심판의 대상을 심판물이라고 부를 수 있다. 심판물의 개념은 심판절차에서 ① 청구의 변경인지, 단순한 공격방어방법의 변경인지 여부, ② 동일심판이 이중으로 제기된 것인지 여부,111) ③ 특허법 160조에 기한 심리, 심결의 병합분리의 대상,

---

110) 박정훈, "취소소송의 소송물에 관한 연구", 법조 49권 7호(통권 526호), 법조협회(20000. 7.), 102; 대법원 1990. 11. 27. 선고 90누4938 판결, 1996. 6. 14. 선고 96누754 판결, 1999. 11. 26. 선고 99두9407 판결 등 참조.

111) 특허법 154조 8항은 중복된 소제기의 금지에 관한 민사소송법 259조(법원에 계속되어 있는 사건에 대하여 당사자는 다시 소를 제기하지 못한다)를 준용함으로써 중복심판금지를 분명히 규정하였다. 이는 심판실무상 중복된 심판청구의 경우에 소권의 남용에 관한 법리 및 중복제소금지에 관한 일반 법리에 따라 심판각하를 하여 오던 관행을 입법적으로 뒷받침하기 위한 것이라고 한다.
　이와 관련하여 전심판의 계속 중이란 '전심판에서 내려진 심결이 확정되지 아니한 경우'를 의미하므로 전 심판절차에서 내려진 심결의 취소를 구하는 소의 계속 중 동일한 심판청구를 한 경우에 중복심

④ 심결의 효력범위, ⑤ 심결취소소송의 소송물을 결정하는 기준 등을 정함에 있어 도움이 된다.

(2) 특　정

심판을 청구하는 자는 청구의 취지 및 이유를 기재한 심판청구서를 특허심판원장에 제출하여야 한다(특허 140조 1항 4호). 그런데 ① 청구의 취지는 요지를 변경하지 않는 범위 내에서만 보정이 가능하나, 청구의 이유는 제한이 없이 보정이 가능한 점(특허 140조 2항), ② 당사자가 신청하지 아니한 청구의 취지에 대해서는 직권으로 심리할 수 없으나 당사자가 신청하지 아니한 이유에 대해서는 직권으로 심리할 수 있는 점(특허 159조), ③ 심판청구는 상대방의 동의를 얻어 심결이 확정될 때까지 취하할 수 있는데, 2 이상의 청구항에 대하여 무효심판 또는 권리범위확인심판을 청구한 때에는 청구항마다 취하할 수 있는 점(특허 161조) 등에 비추어 보면, 무효심판이나 권리범위확인심판 등에 있어서 심판물은 심판청구의 취지만으로 결정되고 심판청구의 이유에 기재된 개개의 무효나 취소사유는 공격방법에 불과하다고 할 것이다.

(3) 심판물의 구체적 기준

(가) 청구항이 여러 항인 경우(특허 · 실용신안)

1) 특허무효심판 · 권리범위확인심판사건

특허무효심판은 청구항이 2 이상인 경우 청구항마다 무효심판을 청구할 수 있고

판청구에 해당하다는 특허법원 판결이 있다[특허법원 1999. 7. 15. 선고 99허833 판결(확정), 2014. 7. 10. 선고 2013허9805 (확정)]. 특허심판원도 같은 취지로 해석한다[특허심판원, 심판편람 제12판 (2017), 155]. 다만 이에 대해서는 특허심판원과 특허법원은 속심 또는 사후심의 관계가 아니므로 중복심판금지와 관련하여 민사소송법 259조의 '법원에 계속되어 있는'의 의미를 특허심판원에 계속되어 있는 경우로 좁게 해석하여야 한다는 전제에서 선행사건이 법원에 계속 중인 동안에 동일한 당사자 사이에 종전의 심판청구와 동일한 내용의 심판이 청구되더라도 중복심판에 해당하지 않는다는 견해도 있다. 또한, 민사소송법 259조의 중복제소금지는 기판력의 객관적 범위 및 시적 범위와 관련된 소송물이론을 제소단계에서도 관철하여 모순되는 판결을 방지하기 위한 것인 반면, 특허심판에서는 청구취지가 동일하더라도 청구의 이유가 다른 경우에는 일사부재리나 기속력(특허심결에는 기판력이 인정되지 않고 일사부재리나 기속력이 문제될 뿐이다)에 저촉되지 않으므로, 청구의 이유가 다르더라도 청구취지만 동일하면 모두 동일한 심판물로 보는 심판물 이론을 그대로 적용하여, 중복심판금지에 저촉되는 것으로 볼 수 있을지 의문이라는 견해도 있다.

한편 중복심판청구의 판단기준시는 후심판의 심결시이므로, 후심판의 청구 당시에 동일한 전심판이 계속 중이었더라도, 후심판의 심결시에 전심판의 계속이 소멸되었으면 후심판은 중복심판에 해당하지 아니한다는 특허법원 판결이 있다[특허법원 2016. 9. 30. 선고 2016허4405 판결(상고)].

(특허 133조 1항), 2 이상의 청구항에 대하여 무효심판을 청구한 경우에는 청구항마다 취하할 수 있으므로(특허 161조 2항), 청구항마다 별개의 심판물로 보아야 하고, 권리범위확인심판의 경우에도 같은 규정이 있으므로 마찬가지이다(특허 135조 2항, 161조 2항).[112] 따라서 특허무효심판이 청구된 복수의 청구항 중 일부 청구항에 대해서만 무효사유가 있는 경우에는 일부 인용의 심결을 하여야 한다.[113]

2) 거절결정불복심판사건

그러나 거절결정불복심판에 관하여는 별도의 규정이 없을 뿐 아니라 일부 청구항에 거절이유가 있는 경우에는 출원 전부를 거절하여야 한다는 대법원판례[114]에 비추어 보면, 출원발명 전체가 1개의 심판물이 되고, 청구항마다 별개의 심판물을 구성하는 것은 아니다.

3) 정정심판청구 · 정정청구사건

정정의 일부 인용을 인정하지 않고 있는 것이 특허법원의 실무례인바, 이에 따르면 정정심판청구의 경우 거절결정불복심판사건과 마찬가지로 정정사항 전체가 하나의 심판물을 구성하는 것이고, 개개의 청구항 또는 정정사항마다 별개의 심판물이 된다고 할 수 없다.[115]

---

112) 복수의 청구항으로 이루어진 발명 전부에 대한 권리범위확인을 구함에 대하여 심결에서 일부 청구항에 대한 판단만 이루어진 경우에 판단유탈 내지는 이유불비의 위법이 있다고 한 것으로는 특허법원 2004. 3. 5. 선고 2003허1284 판결(확정) 및 2004. 7. 2. 선고 2003허6043 판결(확정)이 있다.

113) 한편 복수의 청구항을 인용하는 종속항(예컨대, '제1항 내지 제4항에 있어, …'라는 형식의 종속항)에서 피인용청구항 중 일부 및 종속항에 추가된 구성은 진보성이 부정되고, 나머지 피인용청구항은 심판대상이 아니어서 무효 여부가 불명인 경우에 그 종속항이 전부 무효로 되는지에 관하여, 특허법원 2009. 7. 10. 선고 2008허13367 판결(확정)은 '무효부분(무효인 피인용청구항 및 종속항에 추가된 구성부분)과 다른 부분(다른 피인용청구항) 양자가 유기적으로 결합된 것이라고 인정되지 아니하는 한, 다른 부분의 무효사유 유무와 상관없이 무효부분에 존재하는 무효사유로 인하여 그 종속항 전부가 무효가 되고, 그 종속항 중 무효인 피인용청구항의 종속항 부분에 대해서만 일부 무효의 판단을 할 수 없다'고 판시하였다. 특허법원 2009. 10. 9. 선고 2009허306 판결(심리불속행 기각)도 같은 취지이다. 이는 "1개의 특허청구범위의 항의 일부가 공지기술의 범위에 속하여 특허무효의 사유가 있는 경우 그 공지기술이 다른 진보성이 인정되는 부분과 유기적으로 결합된 것이라고 볼 수 없는 한 그 항의 발명은 전부가 무효로 되는 것이다."라고 판시한 대법원판결(대법원 1998. 9. 18. 선고 96후2395 판결 등)의 법리에 기초한 것으로 보인다.

114) 대법원 2009. 12. 10. 선고 2007후3820 판결, 2001. 12. 24. 선고 99후2181 판결, 1993. 9. 14. 선고 92후1615 판결 등.

115) 다만 복수의 청구항에 대한 정정심판청구사건이 계속되던 중 일부 청구항에 대한 등록무효심결이 확정된 경우, 무효로 확정된 청구항 외에 정정심판청구 또는 그 심결취소소송이 전체로서 부적법하게 되는지에 대해서 대법원이 명시적으로 판단한 바는 없으나, 대법원 2007. 4. 27. 선고 2006후2660 판결은, 정정 불인정 심결의 취소를 구하는 사건의 상고심 계속 중 그 특허발명의 특허무효심판에서 청구

특허무효심판절차에서의 정정청구에 대해서는 "특별한 사정이 없는 한 불가분의 관계에 있어 일체로서 허용 여부를 판단하여야 한다."라는 것이 대법원판례이다.[116]

(나) 상표의 지정상품이 여러 개인 경우의 소송물

1) 등록무효심판 사건

등록상표의 지정상품이 2 이상인 경우 지정상품마다 무효심판을 청구할 수 있고, 무효심판이 청구된 지정상품 중 일부에 대한 심판청구취하가 허용되는 점에 비추어 보면,[117] 복수의 지정상품에 대하여 제기된 상표등록무효심판청구는 지정상품마다 별개의 심판물이 된다고 할 것이다.[118] 따라서 무효심판이 청구된 지정상품 중 일부 지정상품에 대해서만 무효사유가 있는 경우에는 일부 인용심결을 하여야 한다.[119]

2) 권리범위확인심판·거절결정불복심판 사건

그러나 거절결정불복심판은 등록무효심판의 경우와 같이 일부 청구 또는 일부 취하를 허용하는 별도의 규정이 없고, 일부 지정상품에 대해서 거절이유가 있는 경우에도 출원 전부를 거절하여야 하므로, 출원서에 기재된 지정상품 전체가 하나의 심판물을 구성하는 것이고, 지정상품마다 별개의 심판물이 된다고 볼 수 없다. 권리범위확인심판의 경우에도 특허나 실용신안과 달리 일부 청구 또는 일부 취하를 허용하는 별도의 규정이 없으므로 지정상품마다 심판물을 달리한다고 보기 어렵다.

항 1에 대한 특허를 무효로 하는 심결이 이루어지고 그 심결이 확정된 사안에서, 청구항 1이 특허무효로 확정되었음에도 정정심판 전체를 1개의 심판물로 보는 전제에서, "정정 후 제1항 발명은 이 사건 특허발명에 대한 우선권주장일 이전에 공지된 비교대상발명 1에 주지기술인 비교대상발명 2를 단순 결합함으로써 용이하게 도출해 낼 수 있는 것이어서 출원 당시에 진보성이 없다는 취지로 판단한 것은 옳고, 거기에 상고이유로 주장하는 바와 같은 기술적 요지 인정에 관한 사실오인 또는 진보성 판단 및 정정에 관한 법리오해 등의 위법은 없다."라는 이유로 상고기각 판결을 선고하였다. 반면 '특허발명의 일부 항이 등록무효로 되어 그 무효로 된 청구범위의 정정가능 여부에 관하여는 실체 판단에 나아갈 필요가 없어진 것일 뿐, 일부에 대하여는 정정을 허용하고 일부에 대하여는 정정을 불허하는 문제가 발생하는 경우가 아님을 이유로, 정정심판청구 전체가 부적법해지는 것은 아니다'라는 취지로 판결한 특허법원 사례도 있다[특허법원 2003. 8. 29. 선고 2002허4989 판결(상고기각)]. 이 판결에 대해서는 그동안 특허법원이 취해왔던 입장과 모순되고 특허심판원의 실무와도 맞지 않는다는 비판이 있다[전지원, "무효심판절차에서의 정정청구에 관한 실무상 몇 가지 문제점", 특허소송연구 제5집, 특허법원 (2010), 244~245].

116) 대법원 2011. 2. 10. 선고 2010후2698 판결, 2009. 1. 15. 선고 2007후1053 판결.
117) 상표법 117조 1항, 148조 2항.
118) 이두형, "심결취소소송의 소송물과 심리범위", 특허소송연구 제2집, 특허법원(2002), 17 참조.
119) 대법원 1994. 5. 24. 선고 92후2274 전원합의체 판결.

3) 등록취소심판 사건

① 1설　　일부의 지정상품에 대하여 등록취소심판을 청구할 수 있음(상표 119조 2항)을 이유로 등록취소심판사건에서도 등록무효심판사건과 마찬가지로 지정상품마다 별개의 심판물 및 소송물을 구성한다고 보는 견해120)이다.

② 2설　　등록무효사건과 달리 상표법 119조 1항 3호의 불사용취소를 제외한 나머지 등록취소심판청구는 등록상표별로 하나의 심판물을 구성하는 것이고, 3호의 청구 또한 동시에 청구된 지정상품 전체가 불가분적으로 결합하여 하나의 심판물을 구성할 뿐 지정상품별로 별개의 심판물 또는 소송물을 구성하지 않는다는 견해121)이다.

③ 검 토　　특허나 디자인, 상표에 관한 심판청구사건의 심판물과 소송물의 구성을 어떻게 볼 것인지는 일부 인용, 일부 기각의 가분적 판단이 가능한지, 일부 청구나 일부 취하가 허용되는지에 따라 결정하여야 할 것이다. 즉, 특허무효사건, 특허권에 관한 권리범위확인사건 또는 상표등록무효사건에서 청구항 또는 지정상품마다 별개의 심판물을 구성한다고 보는 것은 청구항이나 지정상품마다 무효심판 또는 권리범위확인심판을 청구할 수 있고, 청구항이나 지정상품마다 취하할 수 있으며, 심판이 청구된 청구항이나 지정상품별로 인용심결과 기각심결을 할 수 있기 때문이다. 반면 특허출원이나 상표출원에 대한 거절결정사건의 경우 일부 청구항 또는 일부 지정상품에 대해서 거절사유가 있으면 출원 전체에 대하여 거절결정을 하여야 하고 거절사유가 없는 나머지 청구항 또는 지정상품에 대하여 특허등록이나 상표등록을 할 수 없으므로, 청구항 또는 지정상품별로 소송물을 달리하는 것이 아니라 출원 전체로서 하나의 소송물을 구성하는 것으로 보아야 할 것이며, 이는 등록상표권에 관한 권리범위확인사건의 경우도 마찬가지이다.

상표법 119조 1항 3호를 제외한 상표등록취소사건의 경우 일부 지정상품에 대한 심판청구를 허용하는 규정이 없는 점,122) 상표법 148조 2항에서 심판청구의 일부 취

---

120) 이두형(주 118), 17 참조.

121) 小野昌延 編, 註解 商標法(新版) 下卷, 靑林書院(2005), 後藤晴男＝有阪正昭 집필 부분 1124~1125.

122) 대법원 2000. 9. 8. 선고 98후3057, 3064, 3071, 3088, 3095, 3101, 3118 판결은, 상표법 119조 1항 1호에 관하여 등록상표의 지정상품 중 어느 하나에라도 같은 호에 정한 취소사유가 발생한 경우에는 그 상표등록 자체를 취소하여야 하는 것이고, 문제된 일부 지정상품이나 그와 유사한 상품에 대하여만 상표등록을 취소하여야 하는 것이 아니라고 판시한 바 있다. 특허법원 2008. 6. 19. 선고 2007허12756 판결(확정)도 상표법 119조 1항 7호에 관하여 같은 법리를 설시하면서, 심판청구서의 청구취지에는 지정

하가 하용되는 대상을 상표등록무효심판, 존속기간갱신등록무효심판, 상품분류전환
등록무효심판으로 한정하고[123] 상표법 119조의 등록취소심판을 제외함으로써 무효심
판과 달리 취소심판이 청구된 지정상품 중 일부에 대한 심판청구취하가 허용되지 않
는 점을 감안하면, 상표법 119조 1항 3호 외의 등록상표취소심판 사건은 등록상표별
로 1개의 심판물을 구성한다고 할 것이다.

상표법 119조 1항 3호의 불사용취소사건의 경우에 지정상품 중 일부에 대한 청
구가 허용된다. 그러나 등록상표의 지정상품 중 일부에 대한 심판청구가 허용된다고
하더라도 상표법 119조 3항의 반대해석상 심판청구된 일부 지정상품을 다시 나누어
일부 심판청구를 인용하고, 나머지 심판청구를 기각할 수 있는 것은 아니다. 이처럼
일부 인용과 일부 기각의 가분적 판단이 불가능한 이상 동시에 청구된 지정상품 전
체가 하나의 심판물 또는 소송물을 구성한다고 보아야 할 것이다.[124] 또한, 앞서 기
술한 바와 같이 취소심판청구의 일부 취하가 허용되지 않는 점 역시 심판청구된 지
정상품 전체가 불가분적으로 하나의 소송물임을 뒷받침하고 있다.

라. 심결취소소송의 소송물

(1) 의   의

항고소송의 일종인 심결취소소송의 소송물은 심결의 실체적 · 절차적 위법 여부
이므로 심결의 실질적 판단의 위법뿐 아니라 심판의 절차상 위법 등 위법성 일반이
소송물이고, 개개의 위법사유는 공격방어방법에 불과하다는 것이 대법원판례이다.[125]

상품 중 일부에 대한 취소를 구하고 청구이유에는 등록상표의 취소를 구하는 것으로 기재된 경우, 등
록상표의 취소를 구하는 것으로 심판청구취지를 선해할 수 있다고 판단하였다.
123) 2001. 2. 3. 법률 제6414호로 개정된 상표법 77조에서는 상표등록취소심판에 대해서도 심판청구의 일
부 취하를 허용하였으나, 2007. 1. 3. 개정된 상표법 77조부터는 심판청구의 일부 취하가 허용되는 대
상을 무효심판으로 한정하였다.
124) 대법원 1993. 12. 28. 선고 93후718, 725, 732, 749 판결, 2013. 2. 15. 선고 2012후3220 판결도 '동시에
수 개의 지정상품에 대하여 상표등록취소심판청구를 한 경우에는 심판청구의 대상인 지정상품을 불가
분 일체로 취급하여 전체를 하나의 청구로 간주하여'라고 판시하여 같은 취지로 이해된다. 이에 대하
여 상표법 119조 3항을 순수하게 증명책임에 관한 규정으로 보고 상표법 119조 1항 3호의 불사용취소
심판이 청구된 지정상품이 복수이고 그중 일부에 대하여만 상표사용이 입증된 경우 나머지 지정상품
은 취소의 대상이 된다는 견해로는 田村善之, 商標法槪說(제2판), 弘文堂(2000), 32; 송영식 · 이상정 ·
황종환 · 이대희 · 김병일 · 박영규 · 신재호, 송영식지적소유권법(하), 육법사(2008), 197 각주 221 참조.
125) 대법원 2003. 10. 24. 선고 2002후1102 판결, 2004. 7. 22. 선고 2004후356 판결, 2009. 5. 28. 선고 2007
후4410 판결 등.

(2) 심판물과 소송물의 관계

1개의 심판절차에서 수 개의 심판물에 대하여 심결을 하였을 경우(처음부터 하나의 심판으로 제기한 경우와 별도로 제기한 심판이 병합된 경우 모두), 소송물의 개수에 관하여 다음과 같은 두 가지 견해가 있을 수 있다.

즉, (i) 하나의 심결에 하나의 소송물을 인정하는 견해와 (ii) 심판물의 수에 따라 수 개의 소송물을 인정하는 견해이다.

동일한 소송물에 대하여 동일한 당사자가 이중으로 소송을 제기한 경우에는 민사소송법 259조의 중복제소금지규정에 따라 후소를 각하하여야 한다. 그런데 심판단계에서 복수의 심판물(예를 들면 수 개의 청구항으로 이루어진 특허에 대한 무효심판의 경우)이 병합청구되어 하나의 심결로 판단되고 각 심판물에 대하여 별도로 심결취소소송이 제기된 경우에 그 처리에 관하여 위 견해들에 따라 차이가 생긴다.

예를 들어 청구범위 제1항과 제2항에 대한 무효심판청구 전부에 대하여 무효심결이 있고, 피심판청구인이 제1항과 제2항에 관하여 독립하여 심결취소소송을 제기한 경우 (ii)의 견해에 따라 소송물이 심판물에 따라 별개라고 하면 중복제소가 되지 아니할 것이나, (i)의 견해에 따라 하나의 소송물이라고 하면, 후소는 중복제소에 해당하여 각하를 면할 수 없고, 전소의 원고는 청구취지를 확장하여 심결 전부의 취소를 구할 수 있을 것이다.

또한 (ii)의 견해에 따르는 경우 청구범위 제1항, 제2항에 대한 무효심결이 있음에도, 제1항에 대해서만 소 제기를 한 경우에 제2항에 대해서는 심결이 확정되는 것인지, 아니면 심결 전체에 확정차단의 효력이 생기는 것인지, 제소기간은 각각 계산하여야 할 것인지 등의 문제가 발생한다.

민사소송법상 항소의 경우에는 항소불가분의 원칙에 따라 병합된 수 개의 청구 중 불복의 대상으로 되지 않은 청구도 항소심으로 이심되나, 심결취소소송의 제기는 항소가 아니라 신소의 제기로서 민사소송법상 항소불가분의 원칙이 적용되지 아니하므로, 무효심판과 같이 청구항마다 심판물을 달리하는 사건의 경우에 적법한 제소기간 내에 불복하지 아니한 청구항에 대해서는 소송단계에서 그에 대해서까지 불복범위를 확장할 수 없다.

특허법원의 실무도 대체로 (ii)의 견해에 따라, 청구범위 제1항과 제2항 전부에 대하여 무효의 심결이 있고, 제1항에 대해서만 소 제기가 있는 경우에는 제2항에 대해서는 심결이 확정되며, 청구범위 제1항에 대해서만 무효심결이 내려져, 심판청구인은 제2항에 대해서, 피심판청구인(권리자)은 제1항에 대해서 각각 심결취소의 소를 제기한 경우에 제소기간 등 소송요건은 청구항 및 당사자별로 판단하여 청구항별로 분리확정되는 것으로 처리한다.[126) 다만 후자의 경우에 두 개의 심결취소의 소가 모두 소송요건을 구비하였다면, 나중에 접수된 심결취소소송을 먼저 접수된 심결취소소송에 반소로 병합하는 사례[127)도 있다.

3. 소의 이익

가. 의   의

심결취소소송은 원고의 권리·이익을 구제하기 위한 제도이므로 당사자적격이 있더라도 소의 이익, 즉 심결을 취소할 이익이 원고에게 없다면 그 소는 부적법하다.

일반적으로 심결의 효력이 존속하는 한 그 취소를 구할 소의 이익이 있다고 할 것이나, 예외적으로 심결의 효력이 그대로 존속하기는 하지만 다른 사정에 의하여 심결 자체가 무의미하게 되거나 심결을 취소하지 않고 그냥 두더라도 법률상 불이익이 없게 된 경우, 심결을 취소하더라도 더는 유리한 심결을 받을 가능성이 없게 된 경우 등에는 심결취소소송으로 심결의 취소를 구할 법률상의 이익이 없다.

나. 소의 이익의 특수성

심결취소소송은 그 취소를 구하는 대상이 일반적인 행정처분이 아니라 심결이라고 하는 준사법적 판단이라는 점에서 소의 이익이 일반 행정소송과 다른 면이 있다. 즉, 심결취소소송이 실질적으로는 특허심판원의 심결에 대한 항소심의 역할을 한다고도 볼 수 있으므로 심결취소소송에서의 소의 이익은 민사소송법상의 일반적인 소의 이익보다는 항소의 이익이라는 측면이 강하다. 예컨대, 특허무효심판 등의 당사자계 사건에서 심판청구인이 이해관계인인지는 심결취소소송 이전의 특허심판 단계에서의 심판의 이익의 문제로 다루어진다. 따라서 이해관계인인지는 심결 시를 기준으로 판단하고,[128) 심결 이후에 이해관계를 상실하더라도 심결이 위법하게 되거나 당연

---

126) 특허법원 2008. 7. 3. 선고 2007허8283(본소), 2007허13308(반소) 판결(확정), 2008. 4. 17. 선고 2007허7136(본소), 2007허11647(반소) 판결(확정).

127) 특허법원 2008. 6. 5. 선고 2007허5802(본소), 2007허5826(반소) 판결(확정).

128) 대법원 2006. 9. 14. 선고 2005후3291 판결은, 원심이 이 사건 심판청구의 이해관계인에 해당하는 여부

히 심결의 취소를 구할 법률상 이익이 없어진다고 할 수 없다.

다. 소의 이익 유무의 판단 시점

소의 이익의 유무는 변론종결시를 기준으로 판단한다. 따라서 소제기 시에는 소의 이익이 있더라도 변론종결 시에 소의 이익이 소멸하였다면 그 소는 부적법한 것이어서 각하된다. 다만 상고심 계속 중에 발생한 사유로 심판의 이익이 소급적으로 상실함에 따라 그와 함께 소의 이익도 소멸하는 것으로 볼 수 있는 경우에는 후자의 사정을 고려하여 소의 이익이 없다고 판단하는 것이 대법원 판례의 일반적인 경향이다.

대법원 2001. 5. 8. 선고 98후1921 판결은, 특허를 무효로 한 심결에 대한 취소소송의 1심에서 원고의 청구가 기각되어 사건이 상고심에 계속하는 중에 제3자가 청구한 특허무효심판에서 당해 특허를 무효로 하는 심결이 확정된 때는 그 특허권은 처음부터 없었던 것으로 보게 되므로, 결과적으로 존재하지 않는 특허를 대상으로 판단한 심결은 위법하게 되나, 특허가 무효로 확정된 이상 그 심결의 취소를 구할 법률상 이익도 없어졌다고 봄이 상당하므로, 결국 원고가 제기한 소는 부적법하게 되었다는 이유로 원심판결을 파기하고, 직접 소를 각하하는 판결을 하였다.

라. 심판유형별 소의 이익이 문제되는 경우

(1) 거절결정불복심판

거절결정불복심판의 심결취소소송 중에 특허출원이 취하된 경우에 그 출원절차는 소급적으로 종료하므로 거절결정을 유지한 심결은 결과적으로 위법하게 되나, 그 심결 자체가 무의미하게 되었으므로 그 취소를 구할 소의 이익도 없다.[129] 또한, 출원이 포기된 경우에도 출원절차가 종료되었으므로 심결을 취소할 소의 이익이 없다.[130]

를 사실심 변론종결 당시를 기준으로 판단하여야 한다고 설시한 것은 잘못이라고 판단하였다.

[129] 상표등록의 출원이 취하된 경우에는 출원이 처음부터 없었던 것으로 보게 되므로, 비록 출원에 대한 거절결정을 유지하는 심결이 있더라도 심결의 취소를 구할 이익이 없고 심결취소의 소는 부적법하게 된다(대법원 2016. 8. 18. 선고 2015후789 판결).

[130] 일본 최고재판소 1985. 3. 28. 선고 판결(判例時報 1151호 125).

(2) 특허무효심판

(가) 권리가 소급하여 소멸한 경우

특허법 133조 2항(실용 31조 2항, 디자인 121조 2항, 상표 117조 2항)은 특허무효심판은 특허권 등의 소멸 후에도 청구할 수 있다고 규정하지만, 무효를 구하는 대상인 특허권 등이 이미 소급적으로 소멸한 경우에는 또 다시 나아가 특허무효심결을 할 필요가 없으므로, 위 법문상의 특허권 등의 소멸은 특허권 등이 소급효 없이 소멸한 경우만을 의미한다고 보아야 한다.

따라서 특허권 등이 무효 확정 등으로 소급하여 소멸하는 경우[예컨대, 등록무효심결의 확정(특허 132조의13 3항, 133조 3항, 실용 31조 3항, 디자인 121조 3항, 상표 117조 3항)], 특별한 사정이 없는 한 계속 중인 무효심판에 대한 심결취소소송은 소의 이익이 소멸하므로 당해 소를 각하하여야 한다.[131]

(나) 권리가 소급효 없이 소멸한 경우

반면 등록된 권리가 소급효 없이 소멸한 경우[예컨대, 특허료 등의 불납(특허 81조 3항, 실용 20조, 디자인 79조, 상표 75조), 존속기간의 만료(특허 88조, 실용 22조, 디자인 91조, 상표 83조 1항), 상표등록취소심결의 확정(상표 119조 6항), 권리의 포기(특허 120조, 실용 28조, 디자인 88조, 상표 101조),[132] 상속인의 부존재로 인한 특허권 등의 소멸(특허 124조, 실용 28조, 디자인 111조, 상표 106조) 등]에는 위 특허법 133조 2항 등에 따라 특허무효심판 또는 등록무효심판을 청구할 수 있고, 따라서 그 심결에 대한 불복의 취소소송도 소의 이익이 있다. 이는 권리가 장래에 향하여 소멸한 경우에는 유효한 권리존속기간 중의 행위로 인한 손해배상책임이나 형사책임의 문제가 여전히 남기 때문이다.

(3) 정정심판 및 정정무효심판

특허법 136조 7항은, '정정심판은 특허권이 소멸된 후에도 청구할 수 있으나, 특허취소결정이 확정되거나 심결에 의하여 특허가 무효로 된 후에는 정정심판을 청구할 수 없다'고 규정하므로, 정정심판 또는 정정무효심판의 심결에 대한 취소소송 계

---

131) 대법원 2001. 5. 8. 선고 98후1921 판결.

132) 다만 실용신안과 특허가 이중출원되어 실용신안이 먼저 등록되고 이에 대한 무효심판청구가 기각된 후 그 심결취소소송이 계속 중에 특허가 등록되자 실용신안권이 포기됨에 따라, 당사자 사이에 실용신안에 대한 법적 다툼은 없어지고 특허권에 대한 분쟁만이 존재하게 된 사정을 이유로, 실용신안에 대한 심결취소소송의 소의 이익이 소멸하였다고 판단한 예로는 특허법원 2007. 8. 22. 선고 2006허10135 판결(확정) 참조.

속 중 존속기간의 경과, 특허료불납 등의 사유로 권리가 소급효 없이 소멸한 경우에는 소의 이익이 없다고 할 수 없고, 당해 특허권이 소급적으로 소멸한 경우에만 소의 이익이 없게 된다.[133]

(4) 권리범위확인심판

권리범위확인심판에서 그 대상인 권리가 등록무효심판확정 등으로 소급적으로 소멸하는 경우에는 당연히 소의 이익이 없게 된다.[134] 다만 권리범위확인심판에 관하여는 특허무효심판에서의 특허법 133조 2항과 같은 내용의 규정이 없으므로 권리가 소급효 없이 소멸한 경우에 소의 이익이 있는지에 관하여 견해가 나뉠 수 있으나, 대법원 판례는 일관하여 권리범위확인심판의 청구는 현존하는 특허권의 범위를 확정하는 것을 목적으로 하는 것이므로, 일단 적법하게 발생한 특허권이라 할지라도 그 권리가 소멸하는 경우 소급효 유무에 무관하게 권리범위확인의 이익이 없어진다고 하여 소의 이익을 부정한다.[135]

한편 권리범위확인심판의 심판의 이익 또는 그 심결취소소송의 소의 이익과 관련하여, 권리 대 권리 간의 심판청구, 확인대상발명 등의 실시 여부 및 침해소송과의 관계 등이 문제되는데, 이에 대하여는 권리범위확인심판에 관한 부분에서 상세하게 검토한다.

---

133) 특허법원 2008. 10. 8. 선고 2007허11586 판결(확정), 2003. 8. 29. 선고 2002허4989 판결(상고기각) 등.

134) 대법원 2000. 7. 6. 선고 99후161 판결 및 특허법원 2006. 1. 26. 선고 2003허564 판결(확정). 두 사건 모두 소극적 권리범위확인심판청구 인용심결에 대한 심결취소소송이 대법원 또는 특허법원에 계속 중에 그 대상인 등록권리가 별도의 등록무효심판절차에서 무효로 확정된 사안에서 소의 이익의 흠결을 이유로 직권으로 소를 각하하였다.

135) 대법원 2001. 6. 15. 선고 99후1706 판결, 2000. 9. 29. 선고 2000후75 판결(소극적 권리범위확인심판청구의 인용 또는 기각심결에 대한 심결취소소송 계속 중 권리가 등록료미납으로 소멸한 경우), 2002. 4. 23. 선고 2000후2439 판결, 2002. 2. 22. 선고 2001후2474 판결, 1996. 9. 10. 선고 94후2223 판결(각 상고심 계속 중 특허권 또는 실용신안권이 존속기간 만료로 소멸한 경우), 2007. 3. 29. 선고 2006후3595 판결(소극적 권리범위확인심판청구의 기각심결에 대한 심결취소소송 계속 중 포기로 소멸한 경우). 이 경우 실효되는 특허법원의 판결이나 특허심판원의 심결은 관련 민사사건이나 형사사건에서 유력한 증거로 참고될 수는 있으나, 법적 구속력은 인정되지 않는다. 이에 대한 상세한 논의는 강동세, "심결취소소송에 있어서 등록된 권리가 소멸한 경우의 심결취소의 이익", 특별법연구 7권(2005. 12.), 박영사, 632~633 참조. 반면 '상표등록취소심판은 소급효가 인정되지 않으므로 등록취소심판이 확정되기 이전에 상표권이 존속하는 기간 동안의 권리범위에 대한 확인심판을 구할 법률상의 이익까지 없다고 할 수 없다'고 판시한 판결(대법원 1994. 3. 22. 선고 93후1117 판결)도 있으나, 이는 사실상 폐기된 것으로 보인다.

(5) 상표등록취소심판

상표등록의 취소는 유효하게 상표등록이 된 후에 취소사유에 해당함을 이유로 그 효력을 장래에 대하여 소멸시키는 행위이다(상표 119조 6항 본문). 이러한 상표등록 취소심판에 관한 심결취소소송 중 상표권이 다른 사유(등록무효심결의 확정, 상표권의 포기, 다른 사유에 의한 등록취소심결의 확정 등)로 소멸한 경우에는 등록취소의 대상이 되는 상표등록 자체가 존재하지 않아 더 이상 심결취소소송을 유지할 법률상 이익이 없으므로 소의 이익이 부정된다.[136]

(6) 소취하 합의

심결취소소송 계속 중 당사자 간의 합의로 이해관계가 소멸한 경우에도 소의 이익이 없게 되므로 소를 각하하여야 한다.[137] 당사자 사이에 심판을 취하하기로 한다는 내용의 합의가 이루어졌다면 그 취하서를 제출하지 않더라도[138] 특별한 사정이 없는 한 심판이나 소송을 계속 유지할 법률상의 이익은 소멸되었다고 할 수 있다.[139]

여기서 유의할 점은 합의 내용에 심판이나 소송의 처리에 관하여 명시적 언급이 없는 경우에는 그 합의의 경위와 내용을 잘 살펴서 이해관계의 소멸 여부를 판단하여야 한다는 점이다.[140]

---

136) 대법원 1989. 7. 11. 선고 87후43 판결, 1996. 12. 10. 선고 95후1906 판결, 2000. 11. 10. 선고 98후2696 판결 등.

137) 대법원 1990. 10. 23. 선고 89후2151 판결, 2000. 1. 21. 선고 99후2198 판결 등.

138) 물론 취하서를 제출하였다면 심판청구취하로 인하여 사건이 종결되었을 것이다.

139) 대법원 2007. 5. 11. 선고 2005후1202 판결(다만 이 사건은 환송판결 전에 소취하 합의가 있었지만 환송 후 원심의 변론기일에서 이를 주장하지 않은 채 본안에 관하여 변론하는 등 계속 응소한 피고가 환송 후 판결에 대한 상고심에 이르러서야 소취하 합의 사실을 주장한 것과 관련하여 소취하 합의 후 소송과정을 통해 소취하 합의가 묵시적으로 합의해제되었다고 판시한 사례이다), 1997. 9. 5. 선고 96 후1743 판결 등.

140) 대법원 2002. 4. 12. 선고 99후2853 판결(등록고안의 침해가 되는 물품을 생산하지 않겠다는 약속을 한 것만으로는 등록고안의 침해가 되는 물품을 생산하지 않겠다는 약속을 한 것에 불과할 뿐, 등록고안이 공지공용의 고안으로서 권리범위를 인정할 수 없거나 확인대상고안이 공지공용의 고안이어서 등록고안의 침해로 되지 아니하는 경우에까지 확인대상고안을 생산하지 않겠다는 약속을 한 것으로 볼 수는 없다고 하여 권리범위확인심판을 청구할 이해관계가 소멸하지 않는다고 한 사례), 2001. 6. 29. 선고 99후1331 판결(디자인권자와 사이에 작성된 합의서에 디자인등록제품을 제작한 것에 대하여 사과하고, 추후 디자인등록제품을 제작하지 않겠으며, 기존 디자인 등록제품을 폐기하겠다는 내용만 포함되어 있을 뿐 당시 계속 중이던 디자인등록 무효심판청구사건의 처리에 관하여는 아무런 기재가 없는 경우, 무효심판을 유지할 이해관계가 소멸하였다고 단정할 수 없다고 한 사례), 1996. 12. 6. 선고 95후 1050 판결(실용신안권자와 사이에 그 권리에 위반되는 행위를 하지 않기로 합의한 사정만으로는 권리

마. 심판의 이익과 소의 이익과의 관계

(1) 원칙: 개별적 판단

특허법원의 심결취소소송은 특허심판원의 심판과 소송법상 심급적 연계가 없고, 심판의 이익과 소의 이익은 판단 시점도 심결 시와 사실심 변론종결 시로 다를 뿐 아니라 그 이익을 흠결하게 하는 사유도 다를 수 있으므로, 심판단계에서의 심판의 이익과 심결취소소송에서의 소의 이익은 이를 구분하여 살펴보아야 한다.

따라서 어떤 사유가 발생한 시점이 언제인지, 그 사유가 심판의 이익 또는 소의 이익 중의 하나만을 흠결시키는 것인지, 아니면 양자를 모두 흠결시키는 것인지에 따라 그 효과가 달라지는데, 심결 시에 심판의 이익이 없음에도 심결을 한 경우 소의 이익이 인정되는 때에는 심판의 이익이 없어 심판청구를 각하하여야 함에도 본안판단을 하였다는 절차적 위법을 이유로 심결을 취소하게 되나, 심결취소소송단계에서 소의 이익만을 흠결하게 하는 사유가 발생한 때 또는 어떤 사유가 심판의 이익뿐 아니라 소의 이익도 흠결하게 하는 경우에는 소의 이익이 없다는 이유를 들어 소를 각하하게 된다.

예컨대, 당사자간 부제소 합의가 심결 이후에 있으면 소의 이익이 없으므로 소를 각하하여야 하나, 심판단계에서 당사자간 취하 합의가 이루어진 경우에는 심판의 이익이 없으므로 실체판단을 한 심결을 취소하여야 함이 원칙이다.

(2) 심판의 이익의 결여가 소의 이익의 결여로 이어지는지 여부

다만 심결 당시에 심판청구인에게 이미 심판을 청구할 이해관계가 없었음이 심결취소소송 단계에서 밝혀진 경우, 예컨대, 적극적 권리범위확인심판의 경우에 심판단계에서 이미 그 권리가 소멸하였음에도 심판청구를 각하하지 않고 실체판단을 한 심결은 위법하지만, 그 권리가 소멸한 이상 동시에 소의 이익도 없게 되므로, 이 경우 심결을 취소할 것인지 아니면 소를 각하할 것인지가 문제된다.

소를 각하하여 심결이 확정되더라도 문제가 없는 때에는 굳이 취소 후 심판청구를 각하하는 심판절차를 다시 거칠 필요가 없이 바로 소를 각하하는 것이 소송경제에 도움이 될 수 있다. 이러한 취지에서 실용신안권에 관한 소극적 권리범위확인심판

범위확인심판의 이해관계가 소멸하지 않았다고 본 사례) 등.

청구를 기각한 심결에 대한 심결취소소송에서 등록고안이 등록료 불납을 원인으로 이미 심판단계에서 소멸등록되었음이 밝혀진 경우 원고로서는 권리범위확인심판을 청구할 확인의 이익이 없고 그 심판청구를 기각한 심결의 취소를 구할 소의 이익도 없음을 이유로 소를 각하한 사례[141]와 상표등록취소심판청구를 기각한 심결에 대한 심결취소소송에서 심판청구인인 원고가 상표법 119조 5항 단서의 이해관계인이 아님이 밝혀진 경우 기각심결의 취소를 구할 소의 이익도 없는 자임을 이유로 소를 각하한 사례[142]가 있다.

반면 특허무효심판청구 기각심결에 대하여 취소소송을 제기한 원고가 특허법 133조 1항의 이해관계인이 아님이 심결취소소송단계에서 밝혀진 경우와 같이 소각하 판결을 하면 심결이 확정되어 부당하게 일사부재리의 효력이 생길 우려가 있는 사안에서 본안판단을 한 위법을 이유로 심결을 취소한 사례[143]가 있고, 적극적 권리범위확인심판청구 기각심결에 대한 심결취소소송에서 확인대상디자인에 대하여 피심판청구인이 디자인등록을 받은 사실이 밝혀진 경우,[144] 적극적 권리범위확인심판청구 기각심결에 대한 심결취소소송에서 피고인 피심판청구인이 확인대상발명을 실시하지 않는 사실이 밝혀진 경우[145]에 소를 각하하지 않고 심결을 취소한 사례도 있다.[146]

결국, 이러한 문제는 사안과 각하사유에 따라 소각하 판결의 타당성 및 확정심결의 효력 등을 개별적으로 살펴서 판단하여야 할 것이다.

---

141) 특허법원 1999. 12. 17. 선고 99허1706 판결 및 이에 대한 상고기각판결인 대법원 2000. 9. 29. 선고 2000후75 판결.

142) 특허법원 1999. 7. 1. 선고 99허1379 판결(확정), 1998. 9. 24. 선고 98허171 판결(확정).

143) 특허법원 2004. 10. 15. 선고 2003허6524 판결(상고기각). 이 사건은 특허무효심판사건인 반면, 위 특허법원 99허1379 사건의 사안은 상표등록취소심판사건인 점에서 차이가 있지만, 위 두 판결을 어떻게 조화롭게 이해할 것인지 심도 있는 검토가 필요할 것이다.

144) 특허법원 2004. 12. 23. 선고 2004허3430 판결(확정).

145) 특허법원 2007. 6. 13. 선고 2006허8705 판결(심결을 취소한 판결에 대해 원고가 상고하였으나 대법원 2009. 6. 23. 선고 2007후2773 판결은 원고의 청구를 그대로 받아들인 판결에 대해 판결이유에 나타난 심결취소원인을 다투면서 상고를 제기한 것은 상고의 이익이 없어 부적법하다고 보아 원고의 상고를 각하하였다).

146) 이렇게 소를 각하하지 않고 심결을 취소한 사안은, 모두 등록권리의 소멸이 문제되지 않는 사례라는 점에 공통점이 있다.

4. 제소기간

가. 의   의

협의의 특허소송인 심결취소의 소는 심결 또는 결정의 등본을 송달받은 날부터 30일 이내에 제기하여야 하는데(특허 186조 3항), 이를 심결취소소송의 제소기간이라 한다. 위 제소기간은 통상의 기간과 달리 법원이 기간을 늘리거나 줄일 수 없는 불변 기간이다(같은 조 4항).

나. 부가기간의 허여

다만 심판장은 원격 또는 불편한 지역에 있는 자를 위하여 직권으로 위 제소기간에 대하여 부가기간을 정할 수 있는데(특허 186조 5항), 실무상 외국인을 위하여 20~30일간의 부가기간을 정하는 경우가 많다.

부가기간을 정할 수 있는 기관은 특허심판원의 심판장이지 특허법원이 아니다.[147]

제소기간이 경과한 후에 특허심판원의 심판장이 부가기간을 지정한 경우, 특허심판원에 대한 부가기간지정신청이 제소기간 경과 전에 있었다고 할지라도 제소기간이 경과하기 전에 부가기간지정이 이루어지지 아니한 이상, 제소기간의 경과가 차단되지 아니하므로 제소기간이 경과한 것이 되어 심결은 확정된다.[148]

다. 기간의 계산

기간의 계산에서 기간이 오전 0시부터 시작하는 때를 제외하고는 기간의 첫날은 계산에 넣지 아니한다(특허 14조 1호). 제소기간은 30일 이내이고, 부가기간의 지정도 일 단위로 이루어지므로, 제소기간과 관련하여 월 또는 연 단위의 기간 계산은 문제되지 않는다.

특허법 14조 4호는 "특허에 관한 절차에 있어서 기간의 말일이 공휴일(근로자의 날 제정에 관한 법률에 의한 근로자의 날 및 토요일을 포함한다)에 해당하는 때에는 기간은

---

147) 특허법 186조 5항이 부가기간의 지정을 심판장의 권한으로 규정한 입법취지는, 소가 제기된 이후에 특허법원이 부가기간을 정하게 되면 제소기간을 도과한 다음에 제기되어 흠결이 있는 소에 대하여 사후적으로 또 선별적으로 그 흠결을 구제해 주는 결과가 되어 형평의 원칙에 어긋나기 때문이다.

148) 특허법원 2007. 4. 25. 선고 2006허11572 판결(상고기각).

그 다음날로 만료한다."라고 규정하는데, 이 규정은 특허에 관한 절차에만 적용될 뿐, 특허법원에 대한 제소기간이나 특허법원의 판결에 대한 상고기간에는 적용되지 않는다. 따라서 특허법원에 대한 제소기간 및 상고기간에 대하여는 행정소송법 8조에 의하여 준용되는 민사소송법이 적용되고, 민사소송법 170조는 기간의 계산을 민법에 따르도록 규정하므로, 결국 민법의 규정이 적용된다.[149] 그런데 2007. 12. 21. 법률 제8720호로 개정된 현행 민법 161조는 "기간의 말일이 토요일 또는 공휴일에 해당한 때에는 기간은 그 익일로 만료한다."라고 규정하므로 개정 민법이 적용되는 사건에서는 토요일에 제소기간이 만료되는 경우는 상정할 수 없다. 한편 특허법 14조 4호는 특허에 관한 절차에만 적용되므로 제소기간에 관하여는 특허법 14조 4호에 규정된 근로자의 날에 관한 예외가 적용되지 아니한다.[150]

라. 추 완

민사소송법 173조 1항은 '당사자가 책임질 수 없는 사유로 말미암아 불변기간을 지킬 수 없었던 경우에는 그 사유가 없어진 날부터 2주(외국에 있던 당사자에 대하여는 30일) 이내에 게을리 한 소송행위를 보완할 수 있다'고 규정하는바, 이는 특허소송의 제소기간에도 준용된다.

당사자가 책임질 수 없는 사유로서는 천재지변 등 때문에 소장의 제출이 늦어졌다든가, 우송의 경우에 우체국 측의 사고에 의해 통상의 예측을 넘어서 배달이 지연되었기 때문에 기간을 준수할 수 없었던 경우 등이 예상된다.[151] 그러나 소송대리인 또는 그 보조자의 과실에 의해 소장의 제출이 지연된 경우는 원고 본인의 과실과 동일시되어 추완은 허용되지 않음을 주의해야 한다.[152]

---

149) 특허법원 2007. 10. 19. 선고 2006허9425 판결(확정) 및 대법원 2008. 11. 13.자 2008후3155 명령.

150) 대법원 2014. 2. 13. 선고 2013후1573 판결. 특허법원 2017. 7. 20. 선고 2017허3058 판결(확정).

151) 특허법원 2007. 12. 13. 선고 2007허3257 판결(확정)은, 심판청구서 부본 등을 송달받지 못하여 심판청구가 계속된 사실 자체를 피심판청구인이 알지 못하고 있는 상태에서, 재외자에 대한 발송송달규정인 구 상표법(2011. 12. 2. 법률 11113호로 개정되기 전의 것) 92조, 특허법 220조에 의하여 심결이 항공등기우편으로 발송처리되었다가 반송된 사안에서, 송달일로 간주되는 발송일로부터 30일이 경과한 후에 피심판청구인인 원고가 제기한 심결취소의 소에 대하여 책임질 수 없는 사유로 인해 불변기간을 준수하지 못한 경우라고 인정하였다.

152) 특허법원 2006. 4. 13. 선고 2006허978 판결(확정)은, 취소확정 판결에 따라 다시 진행된 심판절차에서 심결등본을 종전 심판절차에서의 대리인에게 송달한 경우, 비록 당사자가 심결취소소송에서 다른 소송대리인을 선임하였고, 다시 진행된 심판절차에서는 직접 자신의 명의로 의견서를 제출하고 심판진행경과를 문의하였다고 하더라도 종전 대리인에 대한 송달은 유효하고, 그 날부터 제소기간을 준수하지

Ⅳ. 심결취소소송의 제기

1. 총 설

심결취소소송은 소의 제기에 의하여 개시된다. 소는 원고가 피고를 상대로 법원에 대하여 특정한 청구(소송물)에 관한 판결을 구하는 소송행위이다.

심결취소소송에서 소제기의 방식에 관하여 특허법에 특별한 규정이 없고, 행정소송법에서도 특별히 정한 바가 없으므로, 민사소송법에서 정한 바에 따른다(행소 8조). 따라서 심결취소소송의 제기는 일반 민사소송과 같이 소장을 작성하여 법원에 제출하는 방법에 의한다(민소 248조).

2. 소 장

소장은 소송서류의 하나이므로 간결한 문장으로 분명하게 작성하여야 하고, 다른 소송서류와 마찬가지로 특별한 사정이 없으면 A4(가로 210㎜×세로 297㎜) 크기 용지에 위로부터 45㎜, 왼쪽 및 오른쪽으로부터 각각 20㎜, 아래로부터 30㎜(장수 표시 제외)의 여백을 두고, 글자 크기는 12포인트(가로 4.2㎜×세로 4.2㎜) 이상으로 하며, 줄 간격은 200% 또는 1.5줄 이상으로 하여 세워서 적어야 한다(민소규 4조 1항, 2항).

소장은 특허법원에 직접 제출하는 것이 바람직하나, 우송(郵送)의 방법으로 제출하여도 무방하다. 또한, 전자소송시스템을 이용하여 전자문서 형식으로 제출할 수도 있는데(민전 5조, 민전규 11조, 12조), 심결취소소송은 대부분 전자문서 형식으로 소장을 제출한다.

소장에 기재할 사항은, 법규에 의하여 반드시 기재하여야 하는 '필수적 기재사항'과 기재할 경우 준비서면으로의 효력을 가지는 '임의적 기재사항' 및 그 밖에 입증방법의 표시 등 관례적으로 기재하는 사항으로 나눌 수 있다.

소장의 맨 끝에는 당사자 또는 대리인이 기명날인 또는 서명하여야 한다(민소 249조 2항, 274조 1항). 그리고 서명으로 충분하므로 간인하는 것이 반드시 요구되지는 않

못한 것이 당사자의 책임질 수 없는 사유로 인한 경우라고 인정할 수 없다고 판시하였다.

지만, 간인이 없는 경우에는 문서 전체에 쪽 번호를 적어서 일련의 문서임을 확인할 수 있도록 하는 것이 바람직하다.

가. 소장의 필수적 기재사항

소장에 필수적으로 기재하여야 할 사항은 당사자 · 법정대리인 · 청구취지 및 청구원인 등 네 가지이다(민소 249조 1항).

(1) 당 사 자

(가) 당사자의 표시

소장에는 원고 및 피고가 누구인가를 다른 사람과 구별할 수 있을 정도로 표시하여야 한다. 당사자의 표시방법으로는 원고 · 피고 등 당사자의 지위를 기재한 다음 자연인의 경우에는 이름과 주소를, 법인 등의 경우에는 명칭과 주된 사무소의 소재지를 기재하는 것이 일반적이다.

(나) 구체적인 경우

결정계 사건에서는 특허심판원이 거절결정을 유지하는 심결을 하였을 때 심판청구인이 이에 불복하여 심결취소소송을 제기하게 되므로, 심판청구인을 원고로 하고, 피고는 특허청장으로 한다(특허 187조 본문). 이때 피고 표시는 '특허청장'으로만 표시하면 되고, 그 직을 담당하고 있는 자연인의 성명을 기재할 필요는 없다.

당사자계 사건에서는 심결의 취소를 구하는 적극적 당사자를 원고로 하고, 이에 대하여 방어적 입장에 있는 소극적 당사자를 피고로 하여야 한다(특허 187조 단서). 즉, 당사자계 사건에서는 특허심판원에서 기각심결을 받거나 불이익한 심결을 받은 자가 심결취소소송의 원고가 되고, 인용심결을 받은 자가 심결취소소송의 피고가 된다. 따라서 당사자계 사건에서는 특허심판원의 심판단계에서 정해지는 심판청구인 · 피심판청구인과 심결취소소송의 원고 · 피고가 언제나 동일한 것은 아니다. 예를 들어 기각심결의 경우에 이에 불복하여 심결취소소송을 제기한다면 심판청구인이 '원고'가 될 것이고(이 경우 피심판청구인이 '피고'가 된다), 인용심결의 경우에 피심판청구인이 이에 불복하여 심결취소소송을 제기한다면 심판청구인은 '피고'가 될 것이다(이 경우 피심판청구인이 '원고'가 된다).

심판청구인, 피심판청구인 등의 용어는 심판단계에서 사용하는 것이고, 심결취소소송단계에서의 당사자 지위를 특정하기 위하여 사용하지는 아니한다.

(다) 피고의 경정

당사자계 사건에서 원고와 피고는 심판단계의 심판청구인 또는 피심판청구인이 되어야 함은 앞서 본 바와 같다. 그런데 원고가 착오로 당사자계 사건에서 피고를 '특허청장'으로 잘못 표시하거나 결정계 사건에서 '특허청장'이 아닌 이해관계인 등 다른 사람을 피고로 잘못 표시하였을 경우가 있을 수 있다. 이런 경우에는 행정소송법 14조가 정하는 바에 따라 피고 경정절차에 의하여 이를 바로 잡을 수 있다.

(2) 법정대리인

(가) 총 설

당사자가 미성년자·피성년후견인·피한정후견인 등 제한능력자인 때에는 친권자나 후견인 등 법정대리인을, 당사자가 법인·국가·지방자치단체인 때에는 대표자를, 당사자가 민사소송법 52조의 법인 아닌 사단이나 재단인 때에는 대표자나 관리인을 각각 기재하여야 한다. 민사소송법 249조 1항에서의 필수적 기재사항에 대표자에 관한 규정이 없지만, 법인이나 법인 아닌 사단·재단의 대표자 또는 관리인은 법정대리인과 같이 취급되므로(민소 64조), 소장에 대표자 또는 관리인을 기재하여야 한다.

회사의 대표자가 여러 명인 경우에 공동대표의 정함이 있을 때(상법 208조, 389조 2항)에는 공동대표자 전원을 기재하여야 하나, 그렇지 않을 때는 현실적으로 소송을 수행할 1인을 기재하면 된다.

심결취소소송에서 국가를 당사자로 하는 경우에는 법률상 대표자는 법무부장관(국가를 당사자로 하는 소송에 관한 법률 2조)이 되고, 지방자치단체는 독립된 법인격을 가지므로 그 장이 대표자가 된다(지방자치법 3조 1항, 101조). 다만 지방자치단체의 교육·학예에 관한 사무로 인한 소송에 대하여는 특별시·광역시 및 도의 교육감이 그 대표자가 된다(지방자치법 121조, 지방교육자치에 관한 법률 18조 2항). 1개 또는 2개 이상의 시·군 및 자치구를 관할구역으로 하는 하급교육행정기관을 둔 경우에는 교육장이 조례로 정하는 바에 의하여 교육감으로부터 위임받은 사무에 관하여 대표자가 될 수 있다(지방교육 자치에 관한 법률 34조, 35조).

(나) 법정대리인 및 대표자의 표시

법정대리인이나 대표자 등의 기재방식은 당사자의 표시 아래에 소송법상 및 실체법상의 대리 또는 대표자격을 표시하고 이름과 주소를 함께 기재한다.

다만 법정대리인의 주소를 기재하는 것은 당사자가 소송무능력자인 경우에 그에 대한 송달을 위한 것이므로, 그 주소가 본인의 주소와 같을 때나 소송대리인으로 변호사가 선임된 때는 따로 기재하지 않는다. 법정대리인의 표시는 당사자의 특정을 위한 것이라기보다는 소송이 소송수행권이 있는 대리인에 의하여 적법하게 이루어짐을 명백하게 나타냄과 아울러 송달을 쉽게 하기 위한 것이다.

법인이 당사자인 경우 송달받을 사람은 법인의 대표자이고 그 대표자의 주소지로 송달함이 원칙이므로[민소 183조 1항, 대법원 1997. 5. 19.자 97마600 결정 등, 송달사무처리의 효율화와 업무상 유의사항에 관한 예규(재일 2003-9) 8조 1항], 대표자의 주소지를 기재한다. 다만 법인의 주소지(본점 소재지)도 대표이사의 영업소로서 적법한 송달장소가 되므로, 법인의 주소지도 함께 기재하는 것이 바람직하다. 실무상으로는 오히려 법인등기부상 법인의 주소지만 기재하는 것이 보통이고, 대표자의 주소지를 기재할 경우에는 이를 '송달장소'로 기재하는 것이 관행이다.

특허법 140조는 심판청구서에 당사자에 관한 사항으로 당사자의 성명 및 주소를 기재하도록 하면서 법인의 경우에는 그 명칭 및 영업소의 소재지를 기재하도록 하고 있어(1항 1호), 법인의 경우 심판청구서에 그 명칭과 주소만 적고 대표자의 이름을 적지 않는 예가 많다. 그러나 위에서 본 바와 같이 심결취소소송에서는 법인이 당사자인 경우 반드시 법인의 대표자에게 송달하여야 하므로 법인의 명칭 및 주소와 함께 대표자의 이름도 반드시 기재하여야 한다.

(다) 특허관리인

국내에 주소 또는 영업소를 가지지 아니하는 자(이하 '재외자'라 한다)는 재외자가 국내에 체재하는 경우를 제외하고는 그 재외자의 특허에 관한 대리인으로서 국내에 주소 또는 영업소를 가지는 자(이하 '특허관리인')에 의하지 아니하면 특허에 관한 절차를 밟거나 특허법 또는 특허법에 의한 명령에 의하여 행정청이 한 처분에 대하여 소를 제기할 수 없고(특허 5조 1항), 특허관리인은 수여된 범위 안에서 특허에 관한 모든 절차 및 특허법 또는 특허법에 의한 명령에 의하여 행정청이 한 처분에 관한 소송에 대하여 본인을 대리한다(특허 5조 2항). 위 조항에 비추어 재외자의 특허관리인은 일종의 법정대리인으로 볼 수 있다.

(3) 청구취지

청구취지는 원고가 심결취소소송에서 소로써 청구하는 판결의 내용을 말하는 것으로서 소의 결론 부분에 해당한다. 그런데 심결취소소송의 결론 부분, 즉 판결의 주문에 관하여 특허법 189조 1항은 "법원은 186조 1항의 규정에 의하여 소가 제기된 경우에 그 청구가 이유 있다고 인정한 때에는 판결로써 해당 심결 또는 결정을 취소하여야 한다."라고 규정한다. 따라서 심결취소의 소의 청구취지는 "특허심판원이 20○○. ○. ○. 2018당○○○호 사건에 관하여 한 심결을 취소한다."라는 식으로 기재하면 된다.

그 이외에 "소송비용은 피고가 부담한다."라는 취지의 소송비용의 부담에 관한 사항을 적을 수도 있으나, 이는 법원의 직권 판단을 촉구하는 정도에 불과한 것이므로 적지 않아도 무방하다.

(4) 청구의 원인

청구의 원인이라 함은 소송상 청구로서 원고가 주장하는 권리 또는 법률관계(소송물)의 성립원인인 사실을 말한다. 심결취소소송은 심결을 대상으로 하는 것이므로 심판절차의 경위에 관한 설명이 전제되어야 할 것이고, 본안에 들어가서 먼저 당해 발명과 선행발명 등에 관한 사실관계를 소개한 다음, 특허심판원의 심결이유의 요지를 기재하고, 이어서 위 심결을 취소하여야 할 사유에 관한 원고의 주장을 기재하여야 할 것이다.

2018. 9. 1. 개정된 "특허법원 심결취소 소송절차안내(이하 '심결취소 소송절차안내')"[153]에 의하면, 소장에 다음과 같은 사항을 구체적으로 기재할 것을 요구한다(심결취소 소송절차안내 Ⅱ. 1. 가.항).

① 특허심판원의 심판 절차의 경위
② 심결의 요지(심판 단계에서 당사자의 주장과 그에 관한 특허심판원의 판단)
③ 심결의 이유 중 인정하는 부분과 인정하지 않는 부분
④ 심결을 취소하여야 하는 사유에 관한 모든 주장
⑤ 관련 사건(동일한 특허권 등에 관한 심판·소송이 계속 중인 사건)의 표시
⑥ 증거신청 계획 등을 비롯한 소송 진행 전반에 관한 의견

---

153) 2016. 9. 1. 제정된 "특허법원 심결취소소송 심리 매뉴얼"이 2018. 8. 30. 개정되면서 명칭이 위와 같이 변경되었다.

나. 소장의 임의적 기재사항

소장에는 준비서면에 관한 규정이 준용되므로(민소 249조 2항), 앞에서 설명한 네 가지 필수적 기재사항 이외에도 준비서면의 기재사항으로 규정된 사항(민소 274조)을 기재하는 것이 바람직하다. 따라서 소장에는 다음과 같은 사항들을 기재할 수 있다.

① 소송대리인의 성명과 주소　　소송대리인이 변호사 또는 변리사인 경우 소송 수행상 법원으로부터 송달과 연락의 편의를 위하여 주소뿐만 아니라 전화번호·팩시밀리번호·전자우편주소 등의 연락처를 함께 적어야 한다. 당사자가 직접 소장을 제출하는 경우에도 같은 이유로 전화번호 등의 연락처를 적어야 할 것이다(민소규 2조 1항 2호).

② 사건의 표시

③ 공격 또는 방어의 방법

④ 덧붙인 서류의 표시　　실무상 소장에는 '입증방법'이라고 표시한 다음 청구원인과 관련된 증거서류를 표시하면서 이를 덧붙이는 것이 일반적이다. 서증 가운데 적어도 청구원인에서 언급한 기본적인 사실관계를 입증함에 필요한 '기본적 서증'이나 소제기 당시 예상되는 상대방의 방어방법과 관련하여 필요한 서증은 미리 소장에 붙여 제출하는 것이 좋다. 그렇게 함으로써 상대방의 불필요한 항쟁을 피할 수 있게 됨은 물론 원고 측은 입증의 수고를 덜게 되어 결국 소송촉진에 이바지하게 된다.

⑤ 작성한 날짜　　소장의 맨 끝에 소를 제기하는 연, 월, 일을 기재한다. 당사자가 작성하는 소송서류는 법원에 제출하여 접수되지 않는 한 의미가 없으므로 법원에 접수하는 날을 작성일로 기재하여야 할 것이다.

⑥ 법원의 표시

다. 첨부서류

소장에는 위에서 본 입증방법으로 표시하는 서증의 사본 외에도 소제기와 관련하여 필요한 여러 가지 다른 서류들을 붙이게 된다. 통상 소장에는 '첨부서류'라고 표시하여 소장에 덧붙이거나 함께 제출하는 서류의 이름과 그 통수를 기재하게 된다.

(1) 소송수행권을 증명하는 서면

당사자가 소송능력이 없는 때에는 법정대리인, 법인인 때에는 대표자, 법인 아닌 사단이나 재단인 때에는 그 대표자 또는 관리인의 자격을, 선정당사자를 선정하고 바꾸거나 또는 소송대리권을 수여한 경우에는 그 사실을 각 서면으로 증명하여야 하며 (민소 58조 1항, 64조, 89조), 이러한 서면은 소송기록에 붙여야 한다(민소 58조 2항). 따라서 이러한 당사자가 원고가 되어 소를 제기하는 경우에는 위와 같은 증명서면을 소장에 붙여서 제출하여야 함은 물론, 소제기의 상대방인 피고가 그러한 당사자인 경우에도 원고가 피고의 법정대리인, 대표자 또는 관리인의 자격을 증명하는 서면까지 소장에 붙여서 제출해야 한다(민소규 63조 1항).

심판절차에서 위와 같은 서면들을 제출하였다고 하더라도 심결취소소송의 소장에 다시 그와 같은 서면들을 붙여야 한다.

이상의 증명서면을 구체적으로 보면 다음과 같다.

① 제한능력자(미성년자·피성년후견인·피한정후견인)의 법정대리인(친권자 또는 후견인)에 관하여는 그 법정대리권을 증명하는 가족관계등록사항증명서, 후견인지정서(민법 931조), 후견인선임심판서(민법 932조, 936조) 등의 서면 및 후견감독인이 있는 경우에는 후견감독인의 동의서(민법 950조)

② 법인의 대표자에 관하여는 그 대표권을 증명하는 법인등기사항증명서(또는 초본)

③ 법인이 아닌 사단이나 재단(민소 52조)의 대표자 또는 관리인에 관하여는 그 대표권이나 관리권을 증명하는 서면(정관·규약·선임결의서·재직증명서 등)

④ 제3자의 소송담당의 경우에는 그 제3자의 소제기자격을 증명하는 서면(등기사항증명서 또는 채무자회생 및 파산에 관한 법률 357조의 자격증명서 등)

⑤ 선정당사자에 관하여는 당사자를 선정하거나 바꾸었음을 증명하는 서면(선정서)

⑥ 소송대리인에 의하여 소가 제기된 경우에는 위임장(민소 89조)

⑦ 국가가 당사자인 경우에 국가를 대표하는 법무부장관이 소관부처의 직원으로 하여금 소송수행자로 소송을 수행하게 하여 그가 소장을 제출한 때에는 그 지정서(국가를 당사자로 하는 소송에 관한 법률 3조)

(2) 기본적 서증 및 그 사본

기본적 서증은 피고가 답변 방향을 결정하는 데 중요한 단서가 되므로 가능한 한 소장제출 단계에서 그 사본 등을 붙일 필요가 있다. 원고가 소장에서 서증을 인용한 때에는 그 서증의 등본 또는 사본을 붙여서 제출함이 바람직하다(민소 254조 4항 참조). 또한, 쟁점이 일찍 부각되고 쟁점정리가 효율적으로 이루어지기 위해서는 원고가 소장을 접수할 때부터 청구원인을 명확히 하고 그에 대한 입증자료를 함께 제출하는 것이 바람직하다.

입증방법의 표시방식은 소장에 서증의 번호와 서증명을 표시함이 보통이며, 서증이 많고 이에 따라 입증취지의 기재가 필요할 때에는 증거설명서를 작성하여 제출함이 좋다. 서증의 번호는 통상 기본적 서증을 최우선으로 하고, 그 다음으로 소장의 청구원인 기재순서에 따라 번호를 붙이되 중요한 서증을 앞번호로 하며, 같은 종류의 증거서류가 여러 개 있을 때는 날짜, 번지 등 일정한 기준에 따라 차례로 가지번호를 붙여 중복되지 않도록 하여야 소송의 진행에 편리하다.

증거로 제출된 문서의 원본은 증거조사가 끝나면 이를 반환하여야 하므로(다만 법원이 필요하다고 인정하는 때에는 맡아 둘 수 있다. 민소 353조 참조) 실무상으로는 당사자에게 그 서증의 사본을 제출하게 하여 이를 기록에 가철한다.

심결취소 소송절차안내에 의하면, 원고는 앞서 본 소장 기재사항에 대응하는 증거와 그 증명취지를 기재한 증거설명서를 제출할 것을 요구하는 한편, 특히 다음과 같은 기본적 서증과 소송위임장, 법인등기부등본 또는 법인국적증명서(당사자가 외국법인인 경우), 심결문등본 송달증명원 등의 필수 첨부서류로 반드시 제출할 것을 요구한다(심결취소 소송절차안내 Ⅱ. 1. 나.항).

① 거절결정성 사건: 심결문, 출원서, 의견제출통지서, 보정서, 의견서, 거절결정서
② 등록무효 사건: 심결문, 등록원부, 등록공보, 선행발명(선행고안, 선등록상표, 선사용상표, 선행디자인)에 관한 증거
③ 권리범위확인 사건: 심결문, 등록원부, 등록공보, 확인대상발명(확인대상고안, 확인대상상표, 확인대상디자인 등)의 설명서 및 도면

(3) 송달료납부서

소를 제기하고자 할 때에는 대법원장이 각 법원별로 지정한 은행(송달료 수납은행)에 일정액의 현금을 납부하고 그 은행으로부터 송달료납부서를 교부받은 다음 이를 소장에 붙여서 법원에 제출하여야 한다(송달료규칙의 시행에 따른 업무처리요령(재일 87-4) 8조 1~3항, 13조).

송달료는 특허 제1심 사건의 경우 10회를 기준으로 하여 당사자의 수를 곱한 액을 예납하도록 되어 있다(송달료규칙의 시행에 따른 업무처리요령(재일 87-4) 7조, 별표 1). 참고로 위 기준에 따르면 2017. 6. 30. 기준 1회당 특별송달요금(25~50g 기준)은

3,700원이므로 특허 제1심 사건에서 원·피고가 각 1인인 경우 예납하여야 할 송달료는 74,000원(3,700원 × 10회분 ×2인)이 된다. 심결취소소송은 민사소송 등에서의 전자문서이용 등에 관한 법률의 적용을 받게 되어 있어(같은 법 3조 4호) 전자소송시스템을 이용한 문서의 전자적 송달이 가능하지만, 우편송달이 전적으로 배제되는 것은 아니므로 송달료의 예납이 필요하다. 다만 전자소송시스템을 이용한 소송의 진행에 동의한 등록사용자가 송달료규칙 2조의 송달료 납부의무자인 경우 송달료규칙 및 송달료규칙의 시행에 따른 업무처리요령(재일 87-4)에서 정한 사건별 당사자 1인당 송달료가 6회분을 초과하는 때에는 자신에 대한 송달료에 해당하는 금액을 납부하지 아니한다[민사소송 등에서의 전자문서이용 등에 관한 업무처리지침(재일 2012-1) 89조 1항].

(4) 소장의 부본

소가 제기되면 법원은 상대방인 피고에게 소장 부본을 송달하여야 하므로 원고는 피고의 수에 상응한 통수의 부본을 덧붙여 제출하여야 한다(민소규 48조 1항).[154] 또한 법원은 필요하다고 인정하는 때에는 소송서류를 제출한 사람에게 그 문서의 전자파일을 전자우편이나 그 밖에 적당한 방법으로 법원에 보내도록 요청할 수 있다(민소규 48조 2항).

(5) 인지액을 현금으로 납부한 경우 영수필확인서

원고는 소장 제출 시 소장에 소가에 따른 소정의 인지를 붙이거나 이에 갈음하여 당해 인지액 상당의 금액을 현금 또는 신용카드 등으로 납부할 수 있고(인지 1조), 소장에 첨부하거나 보정하여야 할 인지액(이미 납부한 인지액이 있는 경우에는 그 합산액)이 1만 원 이상인 때에는 그 인지의 첨부 또는 보정에 갈음하여 인지액 상당의 금액 전액을 현금으로 납부하여야 하며, 인지액이 1만 원 미만인 경우에도 인지의 첨부에 갈음하여 인지액 상당의 금액을 현금으로 납부할 수 있다(인지규 27조). 인지액 상당의 금액을 현금으로 납부할 수 있는 경우 이를 수납은행 또는 인지납부대행기관의

---

154) 종래 특허법원에서는 특허·실용신안 사건에서는 피고의 수에 상응하는 통수의 부본 외에 기술심리관용으로 1부의 부본을 더 제출받았으나, 현재는 대부분의 소장이 전자소송시스템으로 제출되고, 만약 종이 소장이 제출되더라도 당사자의 동의를 받아 전자소송으로 진행하기 때문에 따로 부본을 제출받지 않으며, 전자적으로 제출된 소장이나 스캔한 종이 소장을 출력하여 피고에게 송달하고 있다. 다만, 소장이 150쪽을 초과하는 경우 부본을 제출받고 있다.

인터넷 홈페이지에서 인지납부대행기관을 통하여 신용카드등으로도 납부할 수 있다 (인지규 28조의2). 원고가 인지액을 현금이나 신용카드로 납부한 경우에는 수납은행이 나 인지납부대행기관으로부터 교부받거나 출력한 영수필확인서도 소장에 첨부하여 야 한다(인지규 29조 1항, 2항).

(6) 심결문 송달증명원

제소기간의 준수 여부를 확인할 수 있도록 심결문의 송달일자가 기재된 심결문 송달증명원을 첨부하여야 하고, 만약 특허법 186조 5항에 의하여 부가기간을 지정받 은 경우에는 부가기간지정서도 함께 첨부하여야 한다.

라. 부착할 인지액

민사소송 등 인지법 1조는 "민사소송절차, 행정소송절차, 그 밖에 법원에서의 소 송절차 또는 비송사건절차에서 소장이나 신청서 또는 신청의 취지를 적은 조서에는 다른 법률에 특별한 규정이 있는 경우가 아니면 이 법에서 정하는 인지를 붙여야 한 다."라고 규정하므로, 심결취소소송도 민사소송 등 인지법의 적용을 받는다.

그런데 같은 법 2조 3항은 "소송목적의 값은 민사소송법 26조 1항 및 27조에 따 라 산정하되, 대법원규칙으로 소송목적의 값을 산정하는 기준을 정할 수 있다."라고 규정하고, 같은 법 2조 4항은 "재산권에 관한 소로서 그 소송목적의 값을 계산할 수 없는 것과 비재산권을 목적으로 하는 소송의 소송목적의 값은 대법원규칙으로 정한 다."라고 규정하며, 그에 따른 민사소송 등 인지규칙에서는 "특허법원의 전속관할에 속하는 소송의 소송목적의 값은 '재산권에 관한 소로서 그 소송목적의 값을 계산할 수 없는 것'으로 보되, 이러한 경우 소송목적의 값은 1억 원으로 한다고 규정한다(인 지규 17조의2, 18조의2 단서).

따라서 민사소송 등 인지법 2조 1항 3호에 따라 심결취소소송의 소장에 붙여야 할 인지 액을 계산하면 455,000원[(100,000,000원 × 40/10,000) + 55,000원]이다. 특허법원의 판결에 대하여 불복하여 상고하는 경우 상고장에 붙여야 할 인지액은 910,000원(455,000원 × 2)이다(인지 3조).

전자소송의 경우에는 인지액에 관해 특례가 마련되어 있다. 즉 '민사소송 등에서 의 전자문서이용 등에 관한 법률' 8조에 따라 등록사용자로서 전산정보처리시스템을 이용한 소송 진행에 동의한 자가 전자문서로 제출하는 소장에는 원래 인지액의 9/10

에 해당하는 인지를 붙이면 되므로(인지 16조 1항), 전자소송으로 진행하는 심결취소소송의 경우에 소장에 붙여야 할 인지액은 409,500원(455,000원 × 9/10)이다.

3. 소 제기의 효과

가. 의   의

민사소송에서는 소가 제기되면 실체법상 시효중단 및 제척기간 준수 등의 효과가 생긴다. 그러나 심결취소소송에서는 민사소송과는 달리 실체법적 효과는 큰 의미가 없고, 단지 소송절차상 효과가 논의될 뿐이다.

나. 상소와 유사한 효과

(1) 특   성

특허법 186조 6항에 의하면 특허취소를 신청할 수 있는 사항 또는 심판을 청구할 수 있는 사항에 관한 소는 특허취소결정이나 심결에 대한 것이 아니면 제기할 수 없으므로, 특허심판원 등의 심결을 거친 사건에 대해서만 심결취소의 소를 제기할 수 있으며, 같은 조 2항은 심결취소소송의 원고적격[155]을 정해 놓고 있다. 이러한 점에서 심결취소의 소는 민사소송에서의 항소 제기와 유사한 모습과 성격을 가진다.

민사소송에서는 상소의 효력으로 일반적으로 확정차단의 효력과 이심(移審)의 효력을 들고 있다. 이러한 민사소송에서의 상소의 효력이 심결취소소송에서는 그 특성상 다소 다른 모습으로 나타난다.

(2) 확정차단효

민사소송에서 상소가 제기되면 그에 의하여 하급심 판결의 확정이 차단되고 상소기간이 경과하여도 판결이 확정되지 아니한다(민소 498조). 이것을 확정차단의 효력이라고 한다. 이 점은 심결취소소송에서도 마찬가지이다. 즉, 심결취소소송이 제기되면 특허심판원에서 내려진 심결의 확정이 차단되고 제소기간이 경과하여도 심결은 확정되지 아니한다. 예를 들어 특허무효의 심결이 났다고 하더라도 특허권자인 당사

---

155) 심결에 대한 소 및 심판청구서나 재심청구서의 각하결정에 대한 소는 당사자, 참가인 또는 당해 심판이나 재심에 참가신청을 하였으나 그 신청이 거부된 자에 한하여 제기할 수 있다.

자가 이에 대하여 심결취소의 소를 제기하면 당해 특허는 무효로 확정되지 아니한다.

(3) 이심(移審)의 효력과 관련하여

민사소송에서는 상소가 제기되면 사건 전부가 하급심을 떠나 상급심에 계속된다. 이것이 이른바 이심의 효력이고, 민사소송에서 관련 청구가 여러 개일 경우 이심의 효력과 범위가 논란의 대상이 된다. 그러나 심결취소소송에서는 소송물이 단일한 경우가 대부분이므로 특히 이심의 효력을 논의할 실익은 없다.

또한, 절차상으로도 특허심판원이 특허법원의 하급심이 아니므로 특허심판원은 기록을 특허법원에 이관할 법률상 의무가 없다. 특허법원은 제1심으로서 다른 민사소송이나 행정소송과 마찬가지로 당사자들로부터 소송자료를 제출받을 수 있을 뿐이다. 그러므로 당사자로서는 심결문은 물론이고 비록 심판절차과정에서 이미 제출한 자료도 이를 다시 특허법원에 제출하여야 한다. 이러한 점에서 일반 민사소송에서의 이심의 효력과는 차이가 있다.

4. 소 제기 후 법원의 조치

가. 소장의 심사

(1) 의   의

소장의 심사는 재판장의 권한이지만, 소장 접수 단계의 소장심사는 접수사무관 등과 참여사무관에게 위임하여 처리한다. 이 단계에서 형식적 사항의 심사는 재판장의 포괄적 위임에 따라 참여사무관이 정형적으로 처리하고 실질적 사항은 재판장에게 개별적으로 보고하여 그 지시에 따라 처리하며, 그 후 재판장의 최초 기록심사시기인 답변서 심사단계에서 재판장이 소장을 다시 심사하는 것이 보통이다. 이와 관련하여, 민사소송규칙 5조 3항은 "법원사무관등은 접수된 소송서류의 보완을 위하여 필요한 사항을 지적하고 보정을 권고할 수 있다."고 규정하고, 민사소송법 254조 1항 후단은 "재판장은 법원사무관등으로 하여금 위 보정명령을 하게 할 수 있다."고 규정함으로써 위와 같은 업무방식을 뒷받침한다.156)

---

156) 항소장 심사와 관련하여서 민사소송법 399조 1항은 원심재판장이 법원사무관 등에게 보정명령을 위임할 수 있도록 하였고, 민사소송법 402조 1항은 항소심 재판장이 법원사무관 등에게 보정명령을 위임할 수 있도록 하였다.

또한, 소장의 부본을 송달할 수 없는 경우에 주소 보정등과 관련하여서도 법원사무관등에게 권한을 위임할 수 있다(민소 255조 2항). 특히 민사소송법 194조[157]는 "당사자의 주소등 또는 근무장소를 알 수 없는 경우 또는 외국에서 하여야 할 송달에 관하여 191조의 규정에 따를 수 없거나 이에 따라도 효력이 없을 것으로 인정되는 경우에는 법원사무관등은 직권으로 또는 당사자의 신청에 따라 공시송달을 할 수 있다."라고 규정하여 법원사무관등이 공시송달처분을 할 수 있는 근거도 마련하였다.

(2) 접수사무관 등에 의한 심사

소장도 소송서류의 일종이므로 소장이 접수된 때에는 접수사무관 등이 일차적으로 심사하게 된다. 그러나 소장의 적법 여부를 판단할 정식의 권한을 가지는 것은 어디까지나 재판장 내지 법원이므로, 접수사무관 등이 하는 심사는 재판장 내지 법원을 보조하는 의미에서의 사실상의 조사에 그친다.

따라서 접수사무관 등은 소장 접수 시 필수적 기재사항의 기재(특히 연락가능한 전화번호·휴대전화번호·팩시밀리번호·전자우편주소 등), 기본적 서증 및 그 사본의 첨부 여부에 유의하여 소장을 심사하여야 한다(사건관리예규 3항).

접수사무관 등이 소장을 접수하면서 흠을 발견하였다 하더라도 접수를 거부하여서는 안 되며(민소규 5조 1항), 제출자에게 그 흠의 보완을 위하여 필요한 사항을 지적하고 보정을 권고함이 바람직하다(민소규 5조 3항). 위와 같은 권고에도 불구하고 제출자가 흠을 보정하지 않은 경우 또는 우편제출이나 당직접수로 인하여 그러한 권고를 하지 못한 경우 등에는 소장 중 그 흠이 있는 위치에 흠의 내용을 간명하게 기술한 부전지를 붙이고, 접수처리를 한 다음 재판부로 기록을 넘겨야 한다.

(3) 참여사무관의 심사와 보정권고

(가) 심사의 대상

참여사무관은 사건이 배당되면 바로 접수사무관 등이 심사한 형식적 기재사항의 구비 여부 등을 다시 심사한다. 심사한 결과 소장에 흠이 있으면 바로 보정권고를 하거나 참여사무관 등 또는 재판장의 명의로 보정명령을 하여야 한다.

참여사무관은 위와 같은 사항 외에 소장의 청구취지와 청구원인의 부합 여부, 별

---

157) 2016. 9. 30.부터 시행되었다.

지, 기본적 서증의 첨부 여부 등 실질적인 사항에 대하여도 심사하여야 한다(사건관리
예규 4-2의 가항).

(나) 보정권고

소장심사권은 재판장에게 속하므로 소장에 소장각하의 대상이 되는 형식적 기재
사항에 관한 흠이 있는 경우나 법률의 규정에 따른 인지가 붙어 있지 아니한 경우에
도 이에 대한 보정명령은 재판장의 권한에 속한다.

그러나 참여사무관이 재판장의 위임을 받아 접수된 소장의 심사업무를 처리하는
것이 보통이므로, 소장에 흠이 있는 경우의 보정절차에서 참여사무관이 보정권고를
하는 경우가 많다. 민사소송규칙 5조 3항도 "법원사무관등은 접수된 소송서류의 보완
을 위하여 필요한 사항을 지적하고 보정을 권고할 수 있다."라고 규정하여 참여사무
관에 의한 보정권고에 명확한 법적 근거를 부여하였다.

(다) 보정권고 등의 고지

보정권고 또는 뒤에서 설명하는 보정명령을 당사자 또는 대리인에게 고지하는
때에는 우편에 의한 송달방식 외에도 전화나 팩시밀리, 전자우편 등 다양한 수단이
활용된다. 특히 보정권고의 경우에는 더욱 그러하다.

(4) 전자소송에서의 소장 심사

'민사소송 등에서의 전자문서 이용 등에 관한 법률' 시행에 따라 전자문서로 제출
되는 소장은 제출 시에 법원의 접수담당자를 거치지 않고 전자소송시스템에 전자적
으로 접수되어 기본적 기재사항이나 첨부서류 등의 오류에 대한 접수창구에서의 최
초 보정기회가 없으므로 흠이 발생할 가능성이 크고, 따라서 소장 심사의 필요성도
더욱 높다. 접수사무관 등은 전자적으로 제출된 소장에 대하여 관할 위반여부, 정확
한 인지의 납입 여부, 당사자의 표시, 법정대리인이나 대표자의 기재 여부와 대표자,
관리인의 자격을 증명하는 서면의 첨부 여부, 기본적 서증의 첨부 여부 등의 사항을
심사한 후 그 심사결과를 전자소송시스템의 소장심사체크리스트에 전자적으로 표시
하여 담당재판부에 인계한다(민전예규 18조 1항).

사건이 배당되면 법원사무관 등은 접수사무관 등이 심사한 사항을 재심사하고,
그 외에 청구취지의 흠결 여부, 별지 목록·도면의 누락 여부, 청구취지와 청구원인
의 부합 여부, 인용된 서증과 첨부서류의 첨부 여부 등을 심사하여 심사결과를 '소장
심사체크리스트'에 전자적으로 표시하고, 흠결사항이 있는 경우 제출자에게 보정을

권고한다.

한편 전자적으로 제출된 소장에서는 서증 첨부에 오류가 발생하는 사례가 빈번하므로, 법원사무관 등은 서증명과 그에 대한 서증이 제대로 연결되어 있는지, 서증번호가 적절하게 기재되었는지, 중복된 서증이 제출되었는지 등을 점검하고 오류가 있으면 서증수정 작업을 실시한다. 다만 사건의 특성 및 수정대상인 서증의 분량 등 여러 가지 사정으로 인하여 서증수정 작업에 상당한 노력이 필요한 경우에는 제출자에게 다시 방식에 맞게 제출하도록 보정을 권고할 수 있다(민전예규 18조 5항).

(5) 재판장에 의한 심사와 보정명령

(가) 심사의 대상

소장심사권은 궁극적으로 재판장에게 속한다(민소 254조 1항, 2항). 따라서 접수사무관등이나 참여사무관의 보정권고에도 불구하고 소장각하의 대상이 되는 형식적 기재사항에 관한 흠이 보정되지 않았거나 또는 법률의 규정에 따른 인지가 붙어 있지 아니한 경우에는, 재판장이 보정명령을 한다.

소장의 인지확인은 접수담당 직원이 하지만(인지규 2조 1항), 소송목적의 값의 산정을 위한 자료의 미비, 그 밖의 사유로 인하여 소송목적의 값을 산정하기 어려운 때에는 재판장이 소송목적의 값을 인정한다(인지규 3조).

재판장이 소장심사 단계에서 소가 소송요건을 구비한 적법한 것인가 또는 청구가 이유 있는가 등의 실질적 심사는 할 수 없다. 이러한 사항은 소장의 송달에 의하여 소송계속이 이루어진 이후에 법원에 의하여 판결로써 가려져야 할 사항이기 때문이다. 다만 재판장이 소장의 형식적 사항에 대한 심사(이는 재판장 단독의 권한임)와 함께 그 밖의 실질적 사항(법원에 의한 심사대상에 속하는 사항)에 대하여 법원의 한 구성원으로서의 심사할 수는 있다.

(나) 소장의 충실화를 위한 조치

재판장은 소장을 심사하면서 필요하다고 인정하는 경우에는 원고에게 청구하는 이유에 대응하는 증거방법을 구체적으로 적어 내도록 명할 수 있으며, 원고가 소장에 인용한 서증의 등본 또는 사본을 붙이지 아니한 경우에는 이를 제출하도록 명할 수 있다(민소 254조 4항). 그 밖에도 재판장은 심리를 개시하기 전에 청구원인의 요건사실을 염두에 두면서 소장의 기재를 검토하여 청구취지나 청구원인이 불분명하거나 미비점이 있는 경우에는 적극적으로 석명권을 행사하여 원고에게 그 주장을 정정·보충하도록 촉구할 수 있다.

(다) 보정명령

앞에서 설명한 형식적 사항의 흠이 있는 경우, 즉 필수적 기재사항이 누락되었거나 법정의 인지가 첨부되지 않은 경우에는 재판장은 지체없이 원고에게 상당한 기간을 정하여 그 보정을 명하여야 한다(민소 254조 1항, 인지규 4조). 또 주소의 기재가 없거나 불분명하여 소장을 피고에게 송달할 수 없음이 소장 자체에 의하여 명백한 경우에도 마찬가지로 그 보정을 명하여야 한다(민소 255조 2항). 한편 민사소송법은 위와 같은 형식적 보정명령을 일차적으로 법원사무관 등에게 담당하게 하고 재판장이 사후 교정 역할을 수행함으로써 절차적 적정성을 확보함과 동시에, 재판장이 실체적 판단에 관한 심리에 집중할 수 있는 여건을 조성하려는 취지에서 254조 1항 후단을 두어 재판장이 법원사무관 등으로 하여금 위 보정명령을 하게 할 수 있도록 규정하였고, 민사소송등 인지규칙도 4조 후단에서 같은 내용을 규정하였다. 이에 따라 재판장의 포괄적 위임 등이 있는 경우 법원사무관 등이 직접 보정명령을 발할 수 있게 되었다. 나아가 재판장의 보정명령에는 시기적인 제한이 없으므로, 변론이 개시된 뒤라도 소장에 흠이 발견되면 그 보정을 명할 수 있다.[158] 보정명령은 보정할 사항, 예컨대 흠의 내용, 부족인지의 액수를 명시하여야 한다. 실무상 보정기간은 통상 5일 내지 7일로 하고 있다. 보정기간은 불변기간이 아니므로[159] 원고는 보정기간 내에 보정이 어려우면 그 연장신청을 할 수 있으나 이에 대한 허부는 재판장의 재량에 속한다.[160] 재판장 등의 보정명령에 대하여는 이의신청이나 항고 등으로 독립하여 불복할 수 없다.[161] 따라서 재판장의 인지보정명령에 대하여 이의신청 등 불복이 있더라도 이는 소송법상의 권리에 터잡은 신청으로 볼 수 없고 법원의 직권에 의한 시정을 촉구하는 것에 불과하다 할 것이어서 소장각하명령에 이에 대한 판단을 명시할 필요도 없다.[162]

---

158) 대법원 1969. 12. 26. 선고 67다1744, 1745, 1746 판결 참조.
159) 대법원 1978. 9. 5.자 78마233 결정.
160) 대법원 1969. 12. 19.자 69마500 결정.
161) 대법원 1995. 6. 30.자 94다39086 결정.
162) 대법원 1993. 8. 19.자 93재수13 결정.

(라) 소장각하명령

1) 소장각하명령의 성격

원고가 보정명령에서 정해진 기간 내에 소장의 흠을 보정하지 아니할 때에는 재판장은 명령으로 소장을 각하한다(민소 254조 2항). 그러나 기간 경과 후라도 각하명령 전에 보정되면 각하명령을 할 수 없다.

피고에게 소장을 송달한 후에는 소송계속이 이루어져 당사자 쌍방 대립관계의 절차가 개시되기 때문에 명령에 의한 소장각하를 할 수 없고, 종국판결로 소를 부적법 각하하여야 한다. 즉, 소장심사단계에서 흠이 간과된 채 소장부본이 피고에게 송달되어 버린 때에는 이로써 재판장의 소장각하명령권은 소멸하고 그 후에는 법원이 판결로 소를 각하하여야 한다.

소장각하명령 또는 소각하판결이 확정되는 경우에 그때는 이미 심결취소의 소의 제소기간이 도과하는 것이 보통이므로 심결이 확정된다.

2) 주소보정명령 불이행으로 인한 소장각하명령

재판장이 원고에게 주소보정명령을 발한 경우에 원고가 정해진 기간이 지나도록 보정을 하지 않으면 재판장은 소장각하명령을 하여야 한다(민소 255조 2항, 254조 2항).

3) 인지보정명령 불이행으로 인한 소장각하명령

부족인지의 보정명령을 받고 소송관계인이 민사소송 등 인지규칙에 따라 수납은행에 인지액을 현금으로 납부했다면 수납은행에 현금을 납부한 때에 인지보정의 효과가 발생되고, 이 납부에 따라 발부받은 영수필확인서를 보정서 등 소송서류에 첨부하여 접수사무관등에게 제출하고 또 그 접수사무관등이 이를 소장 등 소송서류에 첨부하여 소인하는 등의 행위는 소송기록상 그 납부사실을 확인하게 하기 위한 절차에 불과하므로,163) 소송관계인이 수납은행에 인지액을 납부하기만 하고 그 수납은행으로부터 받은 영수필확인서를 보정기간 내에 법원에 제출하지 아니하였다고 하여, 제1심 재판장이 소장각하명령을 내리는 것은 잘못이다.164) 따라서 영수필확인서가 보정기간 내에 제출되지 아니하였더라도 바로 소장각하명령을 하기 보다는 관리은행 또는 수납은행에 전화 기타 방법으로 보정 여부를 확인한 다음 소장각하 여부를 판단하는 것이 바람직하다.

---

163) 대법원 2007. 3. 30.자 2007마80 결정, 2000. 5. 22.자 2000마2434 결정 등 참고.
164) 대법원 2000. 5. 22.자 2000마2434 결정.

민사소송법에 의한 소송구조신청이 있는 경우는 민사소송 등 인지법 1조 본문의 '다른 법률에 특별한 규정이 있는 경우'에 해당되므로 그에 대한 기각결정이 확정될 때까지는 인지첨부의무의 발생이 저지되어 그 의무의 이행이 정지 또는 유예된다 할 것이어서, 재판장은 소장 등에 인지가 첨부되어 있지 아니함을 이유로 인지보정명령을 발하거나 같은 이유로 소장 등을 각하할 수 없다.[165]

4) 송달료예납명령 불이행으로 인한 소장각하명령

원고가 송달료를 예납하지 않은 경우에는 송달료의 예납을 명하여야 한다. 원고가 예납명령에 응하지 아니할 경우에는, 일단 소송계속이 이루어진 후 개개의 절차진행에 필요한 비용이 예납되지 않은 경우와 달리, 소송계속 자체를 위한 최초의 소송절차인 소장의 송달에 필요한 비용이 예납되지 않은 것으로서 이를 소장의 송달불능의 한 형태로 보아 소장각하명령을 할 수 있다.[166] 따라서 위 송달료의 예납명령 자체를 보정명령의 형식으로 발령해야 할 것이다. 항소장이나 상고장의 송달에 필요한 비용을 예납하지 아니한 경우에도 마찬가지이다.

5) 소장각하명령에 대한 즉시항고

소장에 관한 재판장의 보정명령에 대하여는 독립하여 이의신청이나 항고를 할 수 없으며, 보정명령 불이행을 이유로 한 소장각하명령에 대하여는 즉시항고에 의하여만 불복할 수 있다(민소 254조 3항).[167]

소장의 적법 여부는 각하명령을 한 때를 기준으로 판단하여야 한다. 따라서 즉시항고를 제기하고 동시에 부족한 인지를 추가로 붙였다 하여도 그 흠은 보정되지 아니한다.[168] 또한 재판장이 소장상의 흠을 이유로 소장각하명령을 한 경우 원고가 즉시항고와 더불어 그 흠을 보정하였을 경우라도 소장각하명령을 민사소송법 446조에 의한 경정결정에 의하여 취소할 수 없다.[169]

나. 특허심판원장에 대한 통지

특허법 188조 1항은, 특허법 186조 1항에 따른 소, 즉 심결에 대한 소 및 특허취

---

165) 대법원 2002. 9. 27.자 2002마3411 결정.
166) 대법원 1995. 10. 5.자 94마2452 결정 참조.
167) 대법원 1995. 6. 30.자 94다39086 결정, 1987. 2. 4.자 86그157 결정.
168) 대법원 1996. 1. 12.자 95두61 결정.
169) 대법원 1968. 7. 29.자 68사49 전원합의체 결정.

소신청서 · 심판청구서나 재심청구서 각하결정에 대한 소가 제기되었을 때 또는 같은 조 8항에 의한 상고, 즉 특허법원의 판결에 대한 상고가 제기되었을 때에는 법원은 지체 없이 그 취지를 특허심판원장에게 통지하여야 한다고 규정한다. 따라서 심결취 소의 소의 소장이 접수되면 법원은 지체 없이 특허심판원장에게 그 취지를 통지하여 야 한다.

심결취소의 소가 제기되면 심결의 확정이 차단되므로, 심결취소의 소가 제기된 경우 법원이 그 취지를 특허심판원장에게 통지함으로써 특허청이 심결의 확정 · 등록 절차를 진행하는 것을 중지하기 위한 것이다.

다. 소장부본의 송달

법원에 심결취소의 소가 제기되면 법원은 소장 부본을 상대방에게 송달하여야 한다(민소 255조 1항).

피고에 대한 소장부본이 송달불능된 경우에는 송달불능사유에 따라 재송달을 실 시하거나 주소보정명령을 하는 등으로 처리한다. 자세한 내용은 법원실무제요 민사 소송 [Ⅱ](2017), 651 이하 참조.

Ⅴ. 심결취소소송의 심리

1. 총   설

심결취소소송의 심리내용과 절차에 관하여는 특허법은 186조, 188조 내지 190조 에서 관할, 제소기간, 소제기 통지, 기술심리관의 제척과 기피 · 회피, 심결취소방법에 관한 규정을 둔 것 이외에 아무런 규정을 두지 아니하였다. 그러나 행정청인 특허심 판원이 한 심결의 당부를 판단하는 심결취소소송은 행정소송의 일종이고, 행정소송 법 8조 1항, 2항에서 "행정소송에 대하여는 다른 법률에 특별한 규정이 있는 경우를 제외하고는 이 법이 정하는 바에 의한다. 행정소송에 관하여 이 법에 특별한 규정이 없는 사항에 대하여는 법원조직법과 민사소송법 및 민사집행법의 규정을 준용한다." 라고 규정하므로, 결국 심결취소소송의 심리절차에 적용되는 법은 ① 특허법 ② 행정 소송법 ③ 법원조직법, 민사소송법 및 민사집행법의 순서가 된다.

그러나 행정소송법에도 심리의 내용과 절차에 관하여 심결취소소송에 의미 있는 규정이 없으므로 결국 심결취소소송의 심리는 일반 민사소송법의 법리에 따라 진행될 것이다.

따라서 소장부본이 피고에게 송달되어 소송이 법원에 계속(係屬)되면, 일반 민사소송과 같이 법원은 변론기일 또는 변론준비기일을 지정하여 당사자를 소환하고, 그 기일에서 당사자들의 공격방어방법에 관한 변론을 듣고 필요할 경우 증거조사를 시행한 다음 변론을 마치고 선고기일을 지정하여 판결을 선고함으로써 절차를 마치게 되는 것이다. 즉, 심결취소소송의 심리내용과 절차에 관하여는 특별한 사정이 없는 한 일반 민사소송의 절차가 그대로 적용될 것이고, 따라서 그 구체적 내용은 법원실무제요 민사소송의 해당 부분을 참조하면 된다.

다음에서는 심결취소소송의 특성상 그와 같은 일반 민사소송과 다르거나 보충될 몇 가지 논점에 대해서만 적기로 한다.

2. 심결취소소송의 변론

가. 총 설

(1) 심결취소소송의 특성과 관련하여

심결취소소송은 특허권, 실용신안권, 상표권, 디자인권 등의 산업재산권을 둘러싼 분쟁을 해결하려는 것으로, 그 내용이 전문적이고 복잡한 경우가 많으므로, 당사자가 변론하는 데 상당한 시간이 필요한 경우가 많다. 다만 일반 사건과 달리 사실관계에 대해서는 큰 다툼이 없는 경우가 대부분이다. 즉, 당해 발명과 선행발명의 내용이나 기술적 구성 등에 대해서는 이미 공지된 공보나 간행물 등에 나와 있어 그 사실 자체를 다투는 경우는 드물다. 따라서 심결취소소송의 변론기일에서의 변론내용은 주로 사실관계 확정의 당부보다는 서로 다툼이 없는 사실관계를 기초로 당사자가 평가하는 신규성이나 진보성, 상표의 유사 여부에 관한 주장이 많다.

(2) 전자소송제도의 도입

2010. 4. 26. 이후 특허법원에 접수되는 모든 특허본안사건은 전자소송방식으로 진행되고 있다. 대법원 전자소송홈페이지를 통해 소장이 제출되든 법원 방문에 의하여 소장이 제출되든 특허법원의 모든 기록은 전자화되어 전자적으로 관리되고 보존

된다.[170]

전자소송에 대한 동의는 당해 사건이 확정될 때까지 효력이 있다. 다만 소송대리인의 전자소송동의는 심급대리의 원칙상 당해 심급에만 효력이 있다. 그러나 원심과 상소심의 소송대리인이 동일인일 때에는 예외적으로 상소심에서도 효력이 있다. 그리고 전자소송동의를 한 등록사용자는 재판장의 허가를 받아 동의를 철회하거나 그 철회를 취소할 수 있다.

◈ 특허전자소송 흐름개요도 ◈

사용자등록	△사용자등록을 하여야 전자소송이 가능함 △국가, 지방자치단체, 공공기관 등은 의무적으로 사용자등록
소장 작성·제출	△등록사용자는 소장을 전자문서로 제출할 수 있음 △전자소송방식의 절차진행에 동의한 경우에는 원칙적으로 종이서류를 제출할 수 없고, 전자문서로 변환하여 제출하여야 함
소장 접수·배당	△시스템에 전자적으로 기록되면 접수한 것으로 보며, 접수사실을 전자우편과 문자메시지로 통지
소장부본 송달	△종이기록이 조제되지 않으며, 배당 재판부에 전자적으로 이관됨 △전자소송에 의한 절차진행에 미리 동의한 등록사용자에게는 전자적 송달 (송달함 등재 후 전자우편·문자메시지로 통보)
답변서 제출	△기타의 경우에는 출력서면을 송달 △피고가 사용자등록을 하면 전자문서로 제출 가능 △전자문서로 제출하는 경우 파일형식이 PDF, HWP, DOC, TXT, XLS 등으로 한정되어 있고, 1파일당 용량은 10MB(멀티미디어 자료는 50MB) 이하여야 함(전자문서 1건에 첨부하여 제출하는 경우에도 전체 용량은 50MB 이하여야 함)
기록검토·사건분류	△스캔으로 판독이 불가능한 경우 보완을 명할 수 있음
전자적 구술변론	△재판장의 허가를 얻어 준비서면에 멀티미디어 자료를 포함시킬 수 있음 △증인·감정인·전문심리위원·피촉탁기관도 사용자등록 가능
전자적 증거조사	△전자문서를 시스템에 등재하여 제출하는 방법으로 증거신청 △문자, 도면 등을 담은 전자문서는 화면에 재생하는 방법으로, 음향·영상 등을 담은 전자문서는 청취·시청하는 방법으로 조사
판결선고	△전자문서로 작성하거나 종이문서로 작성한 후 전자문서로 변환한 후 사법전자서명
전자적 기록관리	△전자적으로 송달된 판결정본을 출력하면 정본의 효력 △법원 외의 컴퓨터 등을 이용한 열람·출력·복제는 무료, 법원 내의 컴퓨터인 경우에도 열람은 무료 △전자파일로 보존하되, 보안조치를 함

170) 다만 2010. 4. 26. 전에 접수된 사건에 대하여 재심이 제기되거나 사건이 병합된 경우에는 예외적으로 기존의 종이소송절차를 따른다.

나. 답변서 및 준비서면의 제출

(1) 답변서 제출 의무

피고가 원고의 청구를 다투는 경우에는 소장의 부본을 송달받은 날부터 30일 이내에 답변서를 제출하여야 한다(민소 256조 1항). 특허법원은 피고에게, 원고로부터 구체적 청구원인이 기재된 소장 또는 준비서면을 송달받은 때로부터 3주 이내에 다음의 사항이 포함된 답변서와 함께, 답변서에서 인용하고 있는 증거 및 증거설명서를 제출하라는 준비명령을 한다(심결취소 소송절차안내 Ⅱ. 2. 가. 항).

① 원고의 청구취지에 대한 답변
② 원고의 주장 중 인정하는 부분과 인정하지 않는 부분
③ 원고의 주장 중 인정하지 않는 부분에 대한 구체적인 반박
④ 기타 심결의 결론을 유지하는데 필요한 사유에 관한 주장
⑤ 관련 사건의 표시
⑥ 원고가 제출한 서증에 대한 인부
⑦ 증거신청 계획 등을 비롯한 소송 진행 전반에 관한 의견

변론기일에 피고가 출석하지 아니하더라도 답변서를 미리 제출하여 두면, 출석한 원고에게 변론을 명할 때 그 답변서는 진술한 것으로 간주된다. 피고가 답변서 기타의 준비서면을 제출하지 아니하고 변론기일에 출석하지도 아니하면 자백간주로 처리된다(민소 150조).

본안에 관한 답변서나 준비서면이 제출된 후 원고가 소를 취하하고자 하는 때에는 피고의 동의를 얻어야 한다.

(2) 준비서면의 제출

준비서면은 그것에 적힌 사항에 대하여 상대방이 준비하는 데 필요한 기간을 두고 제출하여야 하며, 법원은 상대방에게 그 부본을 송달하여야 한다.

준비서면에는 공격 또는 방어의 방법, 상대방의 청구와 공격 또는 방어의 방법에 대한 진술, 덧붙인 서류의 표시, 작성한 날짜, 법원의 표시를 적고, 당사자 또는 대리인이 기명날인 또는 서명한다(민소 274조 1항). 이때는 사실상 주장을 증명하기 위한 증거방법과 상대방의 증거방법에 대한 의견을 함께 적어야 한다(민소 274조 2항). 또한, 당사자가 가지고 있는 문서로서 준비서면에 인용한 것은 그 등본 또는 사본을 붙

여야 하고, 문서의 일부가 필요한 때에는 그 부분에 대한 초본을 붙이고, 문서가 많을 때에는 그 문서를 표시한다. 위 문서는 상대방이 요구하면 그 원본을 보여주어야 한다(민소 275조 1, 2항). 준비서면에 적지 아니한 사실은 상대방이 출석하지 아니한 때에는 변론에서 주장하지 못한다(민소 276조).

준비서면의 분량은 재판장 등과 당사자 사이에 민사소송규칙 70조 4항에 의한 합의가 이루어진 경우를 제외하고는 30쪽을 넘어서는 안 되고, 재판장 등은 이를 어긴 당사자에게 해당 준비서면을 30쪽 이내로 줄여 제출하도록 명할 수 있다(민소규 69조의4 1항, 2항). 또한, 준비서면에는 소장, 답변서, 앞서 제출한 준비서면과 중복·유사한 내용을 불필요하게 반복 기재하여서는 아니 된다(민소규 69조의4 3항). 분량제한 규정을 위반하거나 내용이 정리되지 아니한 준비서면은 당사자나 대리인과 협의하여 반환 또는 폐기하고 간결한 준비서면을 제출하도록 유도할 수 있다. 같은 일자에 30쪽씩 분리한 두 개 이상의 준비서면을 제출할 경우에도 30쪽을 넘어서는 준비서면을 제출한 것으로 취급하여야 할 것이다.

심결취소 소송절차안내는 심결취소 소송의 특수성을 고려하여 준비서면의 형식과 기재 내용에 관하여 아래와 같이 규정한다(심결취소 소송절차안내 Ⅵ. 1.항).

가. 일반적 작성방식

1) 글자 크기는 12PT, 줄 간격은 250%로 한다.

2) 준비서면의 분량은 민사소송규칙에 따라 30쪽을 넘을 수 없는 것이 원칙이다. 다만 부득이하게 분량을 초과하거나 2개 이상으로 나누어 준비서면을 제출하여야 하는 경우 그 사유를 기재한 절차협의신청서를 제출하여야 하고, 이 경우 법원은 분량을 초과한 준비서면의 제출 등을 허가할 수 있다.

3) 주장을 뒷받침하는 증거가 제출된 경우 해당 부분에 증거번호를 표시한다.

4) 기술용어에 대해서는 필요에 따라 용어의 정의를 기재하고 그 출처를 알 수 있는 자료를 제출한다.

5) 요약쟁점정리서면에는 [첨부 7]의 별지와 같이 심결취소 사유의 요지, 다툼 없는 사항, 쟁점 정리표, 증거설명, 추가 제출 증거, 서증에 대한 인부, 석명사항, 소송 진행에 대한 의견 등을 간명하게 기재한다.

6) 종합준비서면은 서두에 모든 공격·방어방법과 주요 증거(선행발명 포함)의 내용을 요약하여 기재한다.

7) 종합준비서면을 제외한 나머지 준비서면에는 이미 주장한 내용을 반복하여 기재하지 않고 동일한 내용이 기재된 기 제출된 준비서면의 해당 부분을 인용하여야 한다.

8) 국제사건의 경우 외국어 변론을 허가받은 당사자는 허가받은 외국어로 작성된 준비서면을

제출할 수 있다. 또한 국제사건의 양 당사자는 재판장의 명에 따라 종합준비서면을 제출하여야 한다.

나. 유의사항

1) 대상 특허·실용신안·상표·디자인 등의 권리관계가 변경된 경우 변경 내역과 최종 권리자를 기재한다.

2) 거절결정에 대한 심결취소소송의 경우, 피고는 특허청 심사관의 의견제출통지, 거절결정, 특허심판원의 의견제출통지, 심결에 나타난 거절이유를 정리하여 기재하고, 소송에서 다투는 거절이유가 그중 무엇인지를 명시한다.

3) 특허·실용신안의 청구범위 등 명세서의 기재 내용이 보정 또는 정정청구, 정정심결 등에 의하여 변경된 경우, 그 변경 내역을 변경전과 변경후로 구분하여 기재하고 판단 기준시점의 청구범위 등 명세서의 기재 내용을 명시한다.

4) 청구범위의 해석에 관한 심리가 선행될 필요가 있는 경우 그 이유를 밝히고, 해석이 필요한 문언, 해당 문언에 관련된 명세서 기재 내용, 당사자가 주장하는 청구범위 문언의 해석 내용 및 구체적인 근거를 제시한다.

5) 선행발명의 구성요소를 구체적으로 특정하여 특허발명과 선행발명의 대응되는 구성요소를 대비한 대비표를 제출한다. 주지관용기술도 그 대비대상이 되는 부분을 특정한다.

6) 선행발명들의 결합에 의하여 진보성이 부정된다는 주장을 하는 경우 주선행발명을 정하고 선행발명들 사이의 구체적인 결합관계와 그러한 결합이 쉬운 이유를 명시한다.

   (예시) 선행발명 1 내지 3에 의하여 진보성이 부정된다.(X)

   　　　 주선행발명인 선행발명 1에 선행발명 2의 OO 구성요소를 부가(또는 선행발명 1의 구성요소 2를 대신하여 선행발명 2의 OO 구성요소를 결합)하면 특허발명이 도출되고, ...의 점에 비추어 보면 그와 같은 결합에 대한 교시, 시사, 동기 등이 있어 통상의 기술자가 그러한 결합을 쉽게 생각해낼 수 있으므로 특허발명의 진보성이 부정된다.(O)

7) 통상의 기술자가 법률요건 판단의 기준이 되는 경우(예: 진보성, 균등범위, 자유실시기술 등) 통상의 기술자의 기술수준(학력, 자격, 종사분야 및 기간 등)을 구체적으로 기재한다.

8) 명세서 기재불비에 관한 주장은 먼저 그 주장취지에 따른 적용조항을 명시한 다음, 이에 대한 근거를 제시하는 방식으로 기재한다.

다. 변론절차

(1) 변론기일

심결취소소송의 변론기일 이전에 재판부는 제출된 서면 등을 통하여 당해 사건의 쟁점을 파악하고 제출된 증거를 검토한다. 담당 기술심리관도 마찬가지로 사건의 내용을 파악한다. 기술심리관은 변론기일 이전에 기술설명회를 통하여 재판부에 당해 발명·선행발명의 내용과 구성, 심결문의 내용 등 전문적 지식과 관련된 사항에 관하여 구두 및 서면으로 설명한다. 기술설명회는 기술심리관의 설명, 재판부의 질문 및 이에 대한 답변 등으로 진행된다.

변론기일은 통상의 소송절차와 마찬가지로 먼저 사건번호와 당사자를 호명한 다음 출석한 당사자를 확인하고 진행한다.

심결취소 소송절차안내에 의하면, 원고, 피고의 순서로 각 20분 이내의 범위에서 구술로 변론하며, 수인의 소송대리인이 선임된 경우에도 위 시간 내에 변론하여야 한다. 다만 변론시간은 재판장이 필요하다고 판단하는 경우 늘이거나 줄일 수 있다. 구술변론을 위한 변론자료 등은 변론기일 2 근무일 전까지 제출하여야 한다. 당사자는 필요한 경우 사건과 관련된 제품(등록특허·등록디자인, 선행특허, 확인대상발명·확인대상디자인의 실시제품 등)을 지참하고 재판장의 허가에 따라 위 제품에 관한 설명 또는 시연을 할 수 있다(심결취소 소송절차안내 Ⅳ. 1.항).

법원은 여러 개의 청구가 병합되어 있거나 쟁점이 여러 개여서 청구별·쟁점별로 집중심리를 할 필요가 있는 경우 당사자와 협의하여 변론기일을 쟁점별로 운영할 수 있다. 특히 당사자 사이에 청구항 등의 해석에 관하여 다툼이 있고, 그에 따라 나머지 쟁점에 대한 주장이나 증거관계가 달라질 수 있어, 청구항 등의 해석에 관한 심리가 선행되어야 하는 사건의 경우, 재판부는 당사자와 협의하여 청구항 등의 해석에 관한 변론을 다른 쟁점에 앞서 진행할 수 있다. 이때 당사자는 다툼의 대상이 되는 청구항 등에 관하여 정정심판 및 정정청구 등이 진행되고 있는 경우 그 진행 상황을 재판부에 알려야 하고, 향후 정정심판 및 정정청구 등을 예정하고 있는 경우 그에 관한 계획 및 의견을 구체적으로 밝혀야 한다(심결취소 소송절차안내 Ⅳ. 2.항).

(2) 전자소송에서의 변론

특허법원의 모든 법정에는 전자소송시스템이 잘 갖추어져 있으므로 전자문서를 현출한 화면을 보고 필요한 사항을 지적하면서 변론을 할 수 있다. 재판장의 허가를 얻어 음성·영상·애니메이션 등 멀티미디어 방식의 자료를 소장·준비서면·답변서 그 밖에 이에 준하는 소송서류에 포함시킨 경우에는, 위와 같은 방식과 함께 정보처리능력을 갖춘 장치에 의하여 재생되는 음성이나 영상을 청취 또는 시청하는 방법으로도 할 수 있다. 또한 원·피고석에는 노트북 컴퓨터가 설치되어 있으므로, 원·피고는 설치된 노트북 컴퓨터로 대법원의 홈페이지에 접속하여 전자소송기록 뷰어화면을 노트북 컴퓨터 화면에 띄울 수도 있다. 그리고 참여사무관과 재판장의 각 컴퓨터에는 프로젝터 스크린에 띄울 영상을 선택할 수 있는 프로그램이 탑재되어 있으므로,

원·피고가 자신의 좌석에 설치된 노트북 컴퓨터 화면의 영상을 프로젝터 스크린으로 띄우기를 원하는 경우에는 이를 요청하면 되고, 원·피고는 이를 지적하면서 변론을 할 수 있다.

한편 전자소송 진행에 동의를 한 등록사용자가 변론기일 당일 법정에서 준비서면이나 서증을 바로 제출하는 경우가 종종 있다. 이러한 경우 결코 바람직한 모습은 아니지만, 부본을 즉석에서 상대방에게 교부하고 영수증을 받은 후 진술하게 하거나 증거 제출을 허용하는 재판부도 있는 반면, "민사소송 등에서의 전자문서 이용 등에 관한 법률" 8조 및 "민사소송 등에서의 전자문서 이용 등에 관한 규칙" 12조 등의 취지를 종합하면 전자소송 동의를 한 등록사용자는 서류를 법원에 제출할 때에는 전자문서로 변환하여 제출하여야 하고, 이를 따르지 아니한 경우에 그 서류는 제출되지 아니한 것으로 보아야 한다는 이유로 이를 불허하는 재판부도 있다. 제출할 문서를 USB 메모리 등 저장매체에 담아 와서 제출하려고 하는 경우도 가끔 있는데, 전자소송동의를 한 등록사용자는 변론기일 또는 변론준비기일에 재판장의 허가가 있는 경우에만 전자문서인 소송서류를 자기디스크 등을 이용하여 제출할 수 있음을 유의하여야 한다(민전규 16조).

(3) 외국어 변론

(가) 지식재산권 등에 관한 소에서 외국어 변론의 허용 및 국제재판부의 신설
2017. 12. 12. 법률 15152호로 개정된 법원조직법은 62조의 2(2018. 6. 13. 시행)를 신설하여 지식재산권 등에 관한 소에서 당사자의 동의 및 법원의 허가라는 요건 하에 외국어 변론을 허용하는 한편 이러한 국제사건을 전담할 국제재판부를 둘 수 있도록 하였다. 즉, 특허법원이 심판권을 가지는 사건 및 민사소송법 24조 2항 및 3항에 따른 소의 제1심사건을 담당하는 법원은 62조에도 불구하고 당사자의 동의를 받아 당사자가 법정에서 외국어로 변론하는 것을 허가할 수 있으며, 이 경우 민사소송법 143조 1항 및 277조가 적용되지 않으므로(법조 62조의2 1항) 변론에서 외국어로 하는 진술을 반드시 통역인에게 통역하게 할 필요가 없고, 외국어로 된 문서의 번역문도 제출할 필요가 없다. 특허법원장 및 민사소송법 24조 2항에서 정한 지방법원의 장은 1항에 따른 허가가 있는 사건(국제사건)을 특정한 재판부(국제재판부)로 하여금 전담하게 할 수 있다(법조 62조의2 2항).

(나) 국제재판부 설치 법원

법원조직법 62조의2 3항의 위임에 따라 2018. 5. 29. 대법원규칙 제2789호로 제정된 "국제재판부의 설치 및 운영에 관한 규칙(이하 '국제재판부 규칙')" 2조 1항은 국제재판부를 설치할 법원으로 특허법원 및 서울중앙지방법원을 지정하였고, 그에 따라 특허법원과 서울중앙지방법원에 국제재판부가 설치되었다. 또한, 위 규칙 2조 2항은 대전지방법원, 대구지방법원, 부산지방법원, 광주지방법원에도 국제사건의 수 등을 고려하여 필요한 경우 국제재판부를 설치할 수 있도록 하였다.

(다) 외국어 변론의 허가 요건 및 신청 절차

법원은 법원조직법 62조의2 1항에 따른 지식재산권 등에 관한 사건 중 '당사자가 외국인인 사건'이거나 '주요 증거조사가 외국어로 이루어질 필요가 있는 사건'이거나 '그 밖에 이에 준하는 국제적 관련성이 있는 사건'에 대하여 당사자의 동의를 받아 당사자가 법정에서 외국어로 변론하는 것을 허가할 수 있되, 다만 재판을 현저히 지연시키는 경우에는 그러하지 아니하다(국제재판부 규칙 5조).

외국어 변론의 신청 및 동의는 제1심과 항소심의 각 제1회 변론기일 전에 서면으로 하여야 하며, 다만 법원은 제1회 변론기일 이후의 신청 및 동의에 대해서도 그 필요성이 현저하다고 인정하는 경우 외국어 변론을 허가할 수 있다(국제재판부 규칙 6조). 외국어 변론의 허가는 당해 심급에만 효력이 있다(국제재판부 규칙 7조). 법원은 '당사자가 모두 외국어 변론의 신청 및 동의를 철회하는 경우'나 '외국어 변론으로 인하여 재판 진행에 현저한 지장이 있는 경우' 외국어 변론 허가를 취소할 수 있으며, 허가 취소는 이미 진행된 재판에 영향을 미치지 아니한다(국제재판부 규칙 8조 1항 및 2항). 국제사건에서 허용되는 외국어는 영어로 하되, 당사자의 신청에 따라 영어 외에 다른 외국어를 허용할 수 있다(국제재판부 규칙 9조).

심결취소 소송절차안내에 의하면, 외국어 변론을 신청하는 당사자는 아래와 같은 양식의 외국어 변론 신청서를 제출하여야 한다. 이러한 신청서가 접수된 경우 법원은 상대방 당사자에게 신청서 부본과 함께 아래와 같은 의견서 양식을 송달하며, 상대방 당사자는 이를 송달받은 날부터 2주 이내에 외국어 변론 신청에 대한 동의 여부를 기재한 의견서를 제출하여야 한다. 이러한 외국어 변론의 신청 및 동의는 원칙적으로 제1회 변론기일 전에 이루어져야 한다(심결취소 소송절차안내 II. 3.항).

특허법원에서는 특정 사건에 관하여 당사자의 외국어 변론허가 신청 및 상대방의 동의가 있는 경우 그 사건이 계속 중인 재판부에서 외국어변론 허가 여부의 결정을 하되, 허가 결정을 한 재판부가 국제재판부가 아닌 경우에 그 사건을 국제재판부에 재배당하며, 다만 국제재판부에서 그 사건을 재판할 수 없는 경우에 대리재판부에 재배당한다(특허법원 사건배당에 관한 내규 7조).

(라) 국제사건의 변론 및 판결

국제사건이라고 하더라도 재판장은 소송의 지휘에 국어를 사용하며(국제재판부 규칙 10조), 법원은 국제사건의 변론기일에 재판부의 말과 변론에 참여하는 사람의 말을 통역인에게 통역하게 하여야 하고, 통역인의 통역은 동시통역을 원칙으로 하며, 변론에 참여하는 사람이 허가된 외국어 또는 국어를 듣거나 말하는 데 어려움이 있으면 통역인에게 허가된 외국어 또는 국어로 통역하게 하여야 한다(국제재판부 규칙 11조 1~3항). 국제사건에서 허가된 외국어로 작성된 문서에는 번역문을 붙이지 아니할 수 있으나, 법원은 소송절차의 원활한 진행을 위해 현저히 필요한 경우 번역문 제출을 명할 수 있으며, 당사자는 허가된 외국어가 아닌 외국어로 작성된 문서에 대하여는 국어 또는 허가된 외국어 번역문을 붙여야 한다(국제재판부 규칙 12조, 심결취소 소송절차안내 Ⅳ. 3. 라.항).

국제사건의 경우, 외국어 변론을 허가받은 당사자는 허가받은 외국어로 작성된

준비서면을 제출할 수 있다. 또한, 국제사건의 양 당사자는 재판장의 명에 따라 종합
준비서면을 제출하여야 한다(심결취소 소송절차안내 Ⅵ. 1. 가. 8)항).

국제사건에서의 결정 및 명령은 국어로 하며, 결정서, 명령서도 국어로 작성하고
당사자에게 허가된 외국어 번역문을 송부할 수 있다(국제재판부 규칙 13조). 국제사건
에서 변론조서는 민사소송법 159조 1항 및 2항에 따라 녹음테이프 또는 속기록을 조
서의 일부로 삼는 방식을 원칙으로 한다(국제재판부 규칙 14조).

국제사건의 판결은 국어로 작성하여 선고하되(국제재판부 규칙 15조), 법원사무관
등은 판결서 정본 송달 후 당사자에게 판결서에 대한 허가된 외국어 번역문을 송부
한다(위 규칙 17조). 상소기간의 기산 및 판결의 효력은 국어로 작성된 판결서를 기준
으로 한다(위 규칙 16조). 국제사건에 대하여 항소 또는 상고하는 경우 당사자는 허가
된 외국어로 작성된 항소장 또는 상고장을 제출할 수 있다(국제재판부 규칙 18조 1항, 2
항).

(4) 침해소송과의 병행심리(심결취소 소송절차안내 Ⅳ. 3.항)

동일한 당사자 사이의 동일한 특허권 등에 관한 침해소송과 심결취소소송이 동
일한 재판부에 계속되고 그 필요성이 인정되는 경우, 원칙적으로 양 사건을 병행하여
심리한다. 침해소송과 심결취소소송에서의 관련 주장을 정리할 필요가 있는 등의 경
우에는 변론준비절차를 병행하여 진행할 수 있다.

① 지적재산권의 등록번호가 동일한 관련 사건은 동일한 재판부에 배당되는 것
이 원칙이고, ② 당사자가 동일하고 출원된 지적재산권 또는 등록된 지적재산권의 내
용이 동일·유사한 관련 사건이 서로 다른 재판부에 배당된 경우 재배당절차를 통해
동일한 재판부에 배당될 수 있다. 당사자는 관련 사건이 서로 다른 재판부에 배당되
거나 계속 중인 경우 그러한 사정을 재판부에 알려야 한다.

라. 심결취소소송과 변론준비절차

심결취소소송에서도 사건의 특성상 효율적이고 집중적인 변론진행을 위하여 필
요한 경우에 변론준비절차가 이용된다. 예를 들면, 쟁점이 매우 전문적인 사항에 관
한 것이고 그 내용이 복잡하며 많은 양의 서증이 제출되어 그 정리를 위해서는 변론
준비절차를 활용하는 것이 적절한 방법이라고 판단되는 경우 등이다.

또한, 심리의 대상이 되는 특허 등이 첨단기술정보에 관한 것으로 그 비밀의 보

호가 매우 필요한 사건도 있을 수 있는데 그러한 사건의 경우에는 공개된 장소에서 불특정 다수인의 관여 아래 이루어지는 변론기일보다는 원칙적으로 비공개로 진행되고 그 관여자도 제한되는 변론준비기일에서 증거조사 등을 진행하는 것이 필요할 것이다.

특허법원의 실무상 변론준비기일은 대부분 법정이 아니라 별도의 소법정에서 진행된다. 변론준비기일은 원칙적으로 비공개로 진행되며, 당사자와 대리인 이외의 제3자는 재판장의 허가를 받아야 변론준비기일에 출석할 수 있다(민소 282조 3항). 재판부는 수명법관 또는 재판장과 수명법관이 참여하고 기술심리관이 함께 출석하는 경우도 있다.

변론준비기일을 마치면 그 뒤 이루어지는 변론기일에서 변론준비기일의 결과를 진술하여야 한다(민소 287조 2항). 그러한 변론준비기일 결과의 진술은 형식적으로 해서는 안 된다. 당사자로 하여금 변론준비기일에서 정리된 주장과 증거의 내용을 요약하여 진술하도록 하거나 재판장이 그러한 결과를 요약하여 설명하는 것이 바람직하다.

특허법원은 변론준비기일과는 별도로 '사건관리를 위한 화상회의'를 실시할 수 있는 근거를 심결취소 소송절차안내에 아래와 같이 마련하였는데(심결취소 소송절차안내 Ⅲ. 3.), 소송관계인들이 법원에 출석하지 않고도 편리하게 변론절차를 협의할 수 있는 장점이 있다.

---

3. 절차 협의가 필요한 사건 – 사건관리를 위한 화상회의

가. 재판장은 당사자의 의견을 들어 양쪽 당사자와 영상·음성의 송수신에 의하여 동시에 통화를 할 수 있는 방법으로 절차 진행에 관한 사항을 협의할 수 있다(이하 '사건관리 화상회의'라 함). 재판장은 수명법관을 지정하여 위 절차를 담당하게 할 수 있다.

나. 사건관리 화상회의를 개최하기로 한 사건에 대하여는 원고와 피고에게 화상회의의 일정을 통지하고, 그 준비를 위하여 [첨부 9]의 준비명령을 할 수 있다.

다. 사건관리 화상회의에서는 다음과 같은 사항 등을 협의할 수 있다.
  1) 변론기일 횟수 및 일자, 각 기일별 진행사항
  2) 주장 및 증거의 제출기간(종합준비서면의 제출기간, 전문가 진술서 제출기간, 준비서면의 제출횟수 및 분량 포함)
  3) 검증·감정이나 전문가증인 등 시일을 요하는 증거방법의 신청 여부 및 기간
  4) 전문심리위원 지정 여부

5) 당사자에 의한 기술설명회의 실시 여부

6) 청구범위 해석에 관한 심리를 선행하여 진행할 것인지 여부

7) 정정심판 또는 정정청구가 있는 경우 진행방안

8) 무효, 권리범위확인, 침해소송 등 관련 사건이 계속 중인 경우 병행심리를 진행할 것인지 여부

9) 쟁점의 확인 및 정리

라. 사건관리 화상회의에서 협의된 내용에 대해서는 [첨부 10]의 절차에 관한 준비명령을 할 수 있다.

마. 전항의 준비명령에서 종합준비서면의 제출을 명한 경우, 원고는 사건관리 화상회의 후 3주 이내(또는 준비명령에서 정한 기간)에, 피고는 원고의 종합준비서면이 제출된 날로부터 3주 이내(또는 준비명령에서 정한 기간)에 각 종합준비서면을 제출하여야 한다.

바. 준비명령에서 정한 주장·증거의 제출·신청 기간 이후 주장을 추가·변경[예를 들어, 신규성·진보성에 관한 주장의 근거가 되는 가장 가까운 선행발명(이하 '주선행발명'이라 함)을 변경하거나, 선행발명이나 그 결합관계를 추가·변경하는 경우 등]하거나 새로운 증거를 신청하기 위해서는 고의 또는 중대한 과실로 소송완결을 지연시킨 것이 아님을 소명하여야 한다. 그러한 사유가 소명되지 아니한 경우 법원은 해당 주장·증거신청을 민사소송법 제149조에 의하여 각하할 수 있다.

마. 심결취소소송에서의 증거

(1) 의 의

변론주의 아래에서 증명책임의 부담자는 진위 불명의 경우에 불이익한 판단을 받을 위험을 면하기 위하여 증명활동을 하여야 하는데, 그러한 증명활동이 바로 법원에 대한 증거조사의 신청 및 증거제출 등이다. 특허법원에서의 소송은 특허심판원의 심판과 심급적 연계가 없으므로,171) 심판절차에서 제출한 증거도 특허법원에 다시 제출하여야 한다.

심결취소소송에서의 증거의 종류나 신청 및 그 증거조사는 원칙적으로 일반 민사소송의 그것과 크게 다를 것 없다. 다만 행정소송인 심결취소소송에서 법원은 필요하다고 인정할 때에는 언제라도 직권으로 증거조사를 할 수 있다는 차이가 있을 뿐이다(행소 26조 전단). 그렇다고 하여 직권으로 증거를 수집할 수 있는 이른바 직권탐지주의를 채용한 것은 아니고, 어디까지나 변론주의를 원칙으로 하면서 보충적으로 기록상 현출된 범위 내에서 직권으로 증거조사 및 사실인정을 허용하는 직권조사주

---

171) 따라서 특허심판원의 심판기록이 특허법원에 이관되지도 아니한다.

의를 채용한 것에 불과하다.[172] 즉, 법원은 ① 필요하다고 인정되는 경우에 한하여 ② 당사자가 청구한 범위 내에서 ③ 기록에 나타난 사항에 관해서만 직권으로 증거 조사를 하고 이를 기초로 하여 판단할 수 있을 뿐이다. 다만 소송요건은 변론주의가 적용되지 아니하고 직권탐지사항 내지 직권조사사항에 해당한다.

심결취소소송의 증거에는 일반 민사소송의 경우와 마찬가지로 서증, 증인신문, 감정, 사실조회(조사의 촉탁), 검증, 당사자신문 등이 있다.

심사 및 심판단계에서 제출된 자료는 법원으로 송부되지 않으며, 이러한 자료들이 소송절차에서 증거로 제출되지 않는 한 판단자료로 삼을 수 없으므로, 심사 및 심판절차에서 제출된 자료들 중 필요한 자료들은 법원에 증거로 제출하여야 한다. 특히 심결문, 출원서 및 최초 명세서, 의견제출통지서, 보정서 및 의견서, 재심사청구서, 거절결정서, 정정청구서, 확인대상발명의 설명서 및 도면, 확인대상발명의 보정서, 선행기술문헌 등은 소송절차에서도 중요한 판단자료가 되므로 누락되지 않도록 주의하여야 한다. 다만 상대방이 이미 제출한 자료와 동일한 자료의 경우에는 중복하여 제출하기보다는 준비서면 등에서 이를 원용하는 것이 바람직하다(심결취소 소송절차안내 Ⅵ. 3. 나.항 참조).

서증을 제출하거나, 증인, 사실조회, 문서인증등본 송부촉탁, 문서제출명령, 검증 및 감정 등을 신청하는 경우에는 그 증거방법에 의하여 증명하고자 하는 내용을 구체적으로 밝혀야 한다. 증거조사절차의 협의를 위해 필요한 경우 변론준비절차에 회부할 수 있으며, 재판장은 당사자의 의견을 들어 사건관리 화상회의를 통해 절차 진행에 관한 사항을 협의할 수 있다(심결취소 소송절차안내 Ⅴ. 1항).

(2) 서   증

(가) 서증의 종류와 제출방법

심결취소소송에서 당사자가 일반적으로 제출하는 서증은, 심결문 이외에 출원명세서 또는 특허명세서 및 심결에서 인용된 증거서류 그리고 일반 서적(기술문헌), 시

---

172) 행정소송의 일종인 심결취소소송에서 법원이 필요하다고 인정할 때에는 당사자가 명백하게 주장하지 않는 것도 기록에 나타난 자료를 기초로 하여 직권으로 조사하고 이를 토대로 판단할 수 있는바, 설사 피고들이 원심 판시의 비교대상발명 1을 선행기술 중의 하나로 주장하지 아니하였다 하더라도, 원심이 기록에 나타난 비교대상발명 1을 기초로 이 사건 특허발명 특허청구범위 제1, 2항의 진보성 유무를 판단한 것이 잘못이라고 할 수 없다(대법원 2010. 1. 28. 선고 2007후3752 판결).

판되는 간행물, 특허등록공보 또는 특허공개공보, 특허등록원부등본 등이다. 특허·실용신안 등의 기술적 내용이나 디자인의 구체적 형상을 이해하는 데 도움이 되는 실시제품이나 모형, 사진, 동영상 자료 등이 있는 경우 이를 증거로 제출할 수 있다. 상표·디자인 사건의 경우 색상이 있는 서증은 사본의 제출도 색상이 있는 것으로 하여야 한다(심결취소 소송절차안내 Ⅵ. 3. 사.항 참조).

서증은 소장·답변서 등 주장서면에 그 사본을 첨부하여 제출하는 것이 원칙이다. 그래야 제출된 서증의 사본을 그 주장서면과 함께 상대방에게 송부할 수 있고, 상대방에 이를 미리 검토할 수 있으므로, 기일에서 증거의 정리가 효율적으로 이루어질 수 있다.

서증의 신청은 당사자가 변론기일에 출석하여 현실적으로 제출하는 방법으로 하여야 한다. 서증이 첨부된 소장 또는 준비서면 등이 진술되는 경우에도 마찬가지이다. 이미 서증 사본이 제출되어 있더라도 신청한 당사자가 기일에 출석하여 서증 원본을 제출하는 방법으로 신청하여야 한다.

전자화문서인 경우에는 전자문서로 변환하여 제출된 증거에 대하여 원본의 존재나 내용에 대하여 이의가 있는 때에는 변환 전의 원본을 열람하게 하여야 한다(민전규 32조 2항). 따라서 당사자는 전자문서로 제출한 서증이 있는 경우 그 원본을 지참하고 법정에 출석하는 것이 바람직하다.

전자문서 등에 대한 증거조사는 화면을 통해 열람하거나 재생되는 음성이나 영상을 청취 또는 시청하는 방법으로 하여야 한다. 통상 두 개 이상의 증거가 제출되므로, 원칙적으로 모든 증거를 법정에서 화면을 통해 열람하거나 재생장치를 통해 청취 또는 시청하여야 한다. 그런데 전자문서를 처음부터 끝까지 읽어나가거나 음성 및 영상을 처음부터 끝까지 청취, 시청하는 방식은 지나치게 많은 시간을 소비할 수 있어 문제가 있다. 그래서 민사소송 등에서의 전자문서이용 등에 관한 규칙에서는, 전자문서 등에 대한 증거조사는 주요 변론내용과 관련된 부분에 한정하여 할 수 있게 하는 특칙을 두는 한편, 증거신청인의 상대방이 사전에 증거인 전자문서를 열람·청취·시청할 수 있었던 경우 또는 법원이나 증거신청인이 기일에서 전자문서의 주요 내용을 설명한 경우에는 증거신청인과 상대방에게 그에 관한 의견을 진술하게 하고 위와 같은 정식의 증거조사절차의 전부 또는 일부를 생략할 수 있다고 규정하며(민전규 34조), 실무상으로도 대개 증거의 대체적 내용을 열람하거나 쟁점에 관한 주요 부분을 청취, 시청하는 방식에 의한다.

(나) 서증의 형식

서증의 제출은 원본으로 하는 것이 원칙이나, 원본이 없거나 원본 제출이 불가능할 경우에는 정본 또는 인증등본으로 할 수 있다(민소 355조 1항). 만약 원본이 없어서 사본만을 제출하였을 경우에는 사본을 서증으로 받고, 서증명란에는 '계약서사본' 등으로 기재하고 인부요지란에는 '부지, 원본존재 부인' 또는 '원본존재 및 성립인정' 등으로 원본의 존재 여부에 관한 인부까지 함께 기재한다.

상대방이 원본의 존재를 부인하는 경우에는 다른 증거에 의하여 사본과 같은 원본이 존재하고 또 그 원본이 진정하게 성립되었음이 인정되어야 증거로 채택될 수 있다. 이와 달리 상대방이 원본의 존재나 성립을 인정하고 사본으로써 원본에 갈음하여 제출하는 것에 대하여 이의가 없는 경우에는 그 원본이 제출된 경우와 동일한 효과가 있으며, 이 경우 서증명란에는 '사본'의 표시를 할 필요 없이 '계약서' 등으로 기재하고 인부요지란에도 '성립인정'으로 기재하면 된다.

문서를 제출하여 서증의 신청을 하는 때에는 문서의 기재상 명백한 경우(예: 등기부등본·호적등본 등)를 제외하고 문서의 제목·작성자 및 작성일을 밝혀야 한다(민소규 105조 1항).

(다) 외국어로 작성한 문서와 번역문

심결취소소송에서 제출되는 서증 중에는 외국의 특허공보, 명세서, 기술문헌 등 외국어로 작성된 문서인 경우가 자주 있다. 외국어로 작성된 문서는 번역문을 붙여야 하는데(민소 277조), 특허소송 실무상 대리인들이 이를 간과하는 경우가 자주 있다. 번역문은 전문(全文) 번역문을 제출하여야 하고, 번역문에 원문의 각 페이지를 기재하는 것이 바람직하다(민소규 106조 2항). 다만 외국어로 된 문서의 내용이 너무 방대하다든지, 전혀 쟁점과 관련 없는 것이든지 등의 부득이한 경우에는 재판부에 따라서 발췌 번역문의 제출을 허가하는 경우도 있다.

번역문이 첨부되어 있지 아니한 경우에 법원은 번역문 제출을 명하여야 한다. 번역문을 붙이지 아니하거나 재판장의 번역문 제출명령을 따르지 아니한 때에는 그 서증을 채택하지 않거나 채택결정을 취소할 수 있다(민소규 109조 3호). 나아가 번역이 부실하다고 인정되면 법원은 그 서증제출자의 비용부담으로 전문번역인에게 번역을 의뢰할 수도 있다.

다만 앞서 본 바와 같이 국제사건의 경우에는 허가된 외국어로 작성된 문서에는 번역문을 붙이지 아니할 수 있다.

번역문이 제출되더라도 증거로 되는 것은 어디까지나 외국어로 작성된 문서 자체이지 번역문은 아니고, 번역문은 외국어 문서의 첨부서류에 불과하다. 그러므로 번역문에 증거번호를 따로 붙일 필요는 없고, '갑(또는 을) ○○호증의 번역문'이라고 표시하면 되고, 이에 대하여 별도의 서증인부를 할 필요도 없다.

(라) 사본의 제출의무

제출된 문서의 원본·정본 또는 등본은 증거조사가 끝나면 이를 반환하여야 하고, 다만 법원이 필요하다고 인정하는 때에는 맡아둘 수 있다(민소 353조).

서증을 제출하는 때에는 상대방의 수에 1을 더한 통수의 사본을 제출하여야 하고, 그 제출 시기는 서증 신청을 함과 동시에 제출함을 원칙으로 하되, 상당한 이유가 있는 때에는 법원은 기간을 정하여 사후에 제출하게 할 수 있다(민소규 105조 2항).

제출된 사본 중 1통은 기록에 편철하고 나머지는 상대방 당사자에게 교부한다. 다만 피고의 수가 많거나 문서의 분량이 방대한 경우 등에는 사본을 제출할 기간을 따로 정하는 것도 가능하다. 서증제출자가 상대방에게 교부할 사본을 준비하지 아니한 경우에는 법원용 사본을 우선 제출받고 그 기일을 마친 후 즉시 상대방에게 사본을 교부하도록 조치한다.

당사자가 법원에 제출할 사본을 작성하는 때에는 서증내용의 전부를 복사하여야 한다. 이 경우 재판장이 필요하다고 인정하는 때에는 서증사본에 원본과 틀림이 없다는 취지를 적고 기명날인 또는 서명하여야 한다(민소규 107조 1항).

사본은 판독하기 곤란하거나 잘못 판독할 우려가 없도록 명확하여야 하고, 불명확한 때에는 재판장이 사본을 다시 제출하도록 명할 수 있다(민소규 105조 3항).

(마) 서증부호의 부여[민사 등 증거목록에 관한 예규(재민 2004-6)]

서증에는 이를 제출하는 당사자에 따라 원고가 제출하는 것에는 "갑", 피고가 제출하는 것에는 "을", 독립당사자참가인이 제출하는 것에는 "병"이라는 부호를 붙인다(민소규 107조 2항). 보조참가인은 당사자가 아니므로 피참가인의 부호를 그대로 따른다. 재판장은 같은 서증부호를 사용할 당사자가 여러 사람인 때에는 당사자 전부 또는 일부에 대하여 기본부호에 "가", "나", "다" 등의 가지부호를 붙여 사용하게 할 수 있다(민소규 107조 3항). 가지부호는 공동당사자의 이해가 대립된다든지 그 밖의 사정으로 제출자를 구별할 필요가 있는 경우에 효율적으로 이용될 수 있고, 보조참가인이 있는 경우 그가 제출한 서증을 피참가인이 제출한 서증으로부터 구별할 필요가 있는 경우에도 이용될 수 있다.

다만 이미 서증번호가 부여되어 서증목록에 기재된 서증의 서증부호는 변경할
수 없으며, 가지부호를 붙이는 경우에는 가지부호별로 별도의 용지를 사용하고 각 용
지의 첫 머리에 "피고 ○○○ 제출, 을가"의 식으로 제출자의 이름 및 가지부호를 특
정하여 기재한다.

서증은 제출순서에 따라 번호를 붙이되, 봉투와 내용물, 어음 앞면과 뒷면 등과
같이 서로 연관된 문서로 별개의 문서로 구분하기도 적당하지 않고, 전부를 하나의
문서로 취급하기도 곤란한 경우에는 가지번호를 붙여 이를 나타낸다[예: 갑 제1호증의
1(약속어음 앞면), 갑 제1호증의 2(약속어음 뒷면)]. 환송사건, 재심사건의 서증번호는 환
송전사건, 재심대상사건의 서증번호에 이어서 붙인다(민소규 140조 1항). 가지부호를
붙이는 경우의 서증번호는 이미 부여된 서증번호에 이어 붙이는 것이 아니라 가지부
호별로 새롭게 붙여야 한다. 심결취소소송에서 새롭게 선행발명을 제출하는 경우 혼
동을 피하기 위하여 심판단계에서 제출하였던 선행발명의 번호 다음에 이어서 선행
발명의 번호를 붙인다. 예를 들어 심판단계에서 선행발명 1, 2, 3이 제출되었는데, 심
결취소소송에서 선행발명 1은 그대로 제출하되 선행발명 2, 3은 제출하지 않고 새로
선행발명들을 제출하는 경우 이들에 선행발명 4 이하의 번호를 붙인다(심결취소 소송
절차안내 Ⅵ. 3. 가.항 참조).

한 개의 서증에는 한 개의 증거만이 포함되어야 하므로, 예를 들어 상표사건에서
수개의 블로그 게시글은 각각 별개의 서증으로 제출하여야 한다. 다만 관련되는 내용
인 경우에는 '갑 제2호증의 1, 갑 제2호증의 2' 등과 같이 가지번호로 표시한다(심결취
소 소송절차안내 Ⅵ. 3. 바.항 참조).

(바) 서증명의 기재

서증명은 문서의 제목이 있는 경우에는 그 제목을 표시하고, 제목이 없는 경우에
는 예를 들어 "○○회사의 상품 카탈로그(2006. 1. 2. 발행)"와 같이 문서의 내용을 요약
하여 기재한다. 선행발명으로 제출하는 증거는 예를 들어 "(선행발명 1) 등록특허공보
제0012345호"와 같이 서증명에 이를 명시한다(심결취소 소송절차안내 Ⅵ. 3. 마.항 참조).

서증이 선행발명(고안)을 지칭하는 경우에 '비교대상발명(고안)'이라는 용어를 대
신하여 '선행발명(고안)'이라는 용어를 사용한다(심결취소 소송절차안내 Ⅵ. 3. 가.항 참
조).

(사) 증거설명서의 제출

재판장은 서증의 내용을 이해하기 어렵거나 서증의 수가 방대한 경우 또는 서증

의 입증취지가 불명확한 경우에는 당사자에게 서증과 증명할 사실의 관계를 구체적으로 밝힌 설명서를 제출할 것을 명할 수 있다(민소규 106조 1항).

증거설명서에는 문서의 제목, 작성연월일, 작성자 및 입증취지 외에 원본의 소지 여부 등을 기재하여야 한다. 입증취지는 입증의 대상인 주요 사실을 기재하는 외에 사안에 따라서는 작성 경위나 당해 서증으로 구체적으로 입증하려는 간접사실을 함께 기재하여야 한다.

심결취소소송에서 선행발명에 관한 증거를 제출하는 경우, 선행발명으로 제출하는 것인지 또는 주지관용기술의 증거로 제출하는 것인지 및 하나의 문헌에 수개의 발명이 포함된 경우 그중 어떤 것을 선행발명으로 주장하는 것인지를 증거설명서에서 명확하게 밝혀야 한다(심결취소 소송절차안내 Ⅵ. 2. 나.항).

(아) 서증에 대한 인부

서증이 제출된 경우에는 법원은 그 형식적 증거력의 조사를 위하여 출석한 상대방에게 그것의 진정성립을 인정하는지를 물어보고 그 결과를 서증목록의 인부요지란에 기재한다. 이때 상대방의 답변을 "성립의 인부"라고 한다.

성립의 인부절차에서 상대방의 태도는 3가지, 즉 ① 성립인정 ② 부인 ③ 부지이다. 성립인정은 문서가 작성명의인의 의사에 의하여 작성되었음을 인정하는 것이다. 부인은 문서가 적성명의인의 의사에 의하여 작성되지 않았다는 것, 즉 문서가 위조되었음을 주장하는 것이다. 부지는 문서가 작성명의인의 의사에 의하여 작성되었는지 여부를 알지 못한다고 진술하는 것이다.

서증의 인부에서 문서의 진정성립을 부인하는 때에는 당사자는 그 이유를 구체적으로 밝혀야 하며(민소규 116조), 그렇지 않은 경우에는 법원은 구체적인 이유를 밝히도록 석명하여야 한다.

상대방이 적극적·명시적으로 서증의 진정성립을 다투지 아니하는 때에는 법원은 굳이 인부의 진술을 촉구하지 아니하며 서증목록의 인부요지란도 공란으로 두면 된다. 사본 그 자체가 원본으로 제출된 경우 원본 존재의 인정 여부 등도 마찬가지이다. 다만, 당해 문서의 성립이나 내용에 관하여 다툼이 있고 이것이 그 사건의 쟁점과 관련이 있는 경우와 같이 인부가 반드시 필요하다고 판단되는 문서에 대해서는 인부의 의견을 진술하게 하여야 한다.

실무상 심결취소소송에서 당사자가 증거로 제출하는 서증은 심결문등본, 출원명세서 또는 특허명세서 및 심결에서 인용된 증거서류, 일반 서적, 시판되는 간행물, 특허공보, 특허등록원부등본 등이 대부분이다. 따라서 실험보고서 등 일부 서증을 제외하고는 진정성립 여부가 문제되는 경우는 많지 않다.

(자) 서증의 채부결정

서증의 채택절차에 관하여는 민사소송법 290조의 증거조사 일반에 관한 규정 이외에 다른 특별한 규정은 없으므로, 그 결정에 특별한 형식이 필요한 것은 아니다. 제출된 서증에 대한 채부결정은 쟁점정리기일 이전에 미리 검토하여 두었다가 그 결과를 고지하는 방식으로 시행한다. 경우에 따라서는 당사자에게 증거설명서를 미리 제출하도록 하여 서증채부결정의 판단자료로 활용할 수 있다.

서증에 대한 채부결정 시에는 개별적인 서증의 내용과 형식을 확인하여 그 서증이 필요하지 아니하다고 인정되거나 서증신청과 관련된 재판장의 명령에 불응한 경우 등에는 당해 서증을 채택하지 아니하여야 한다.

구체적으로 다음 각호 중 어느 하나에 해당하는 사유가 있는 때에는 법원은 그 서증을 채택하지 아니하거나 채택결정을 취소할 수 있다(민소규 109조).

① 서증과 증명할 사실 사이에 관련성이 인정되지 아니하는 때
② 이미 제출된 증거와 같거나 비슷한 취지의 문서로서 별도의 증거가치가 있음을 당사자가 밝히지 못한 때
③ 국어 아닌 문자 또는 부호로 되어 있는 문서로서 그 번역문을 붙이지 아니하거나 재판장의 번역문 제출명령에 따르지 아니한 때
④ 민사소송규칙 106조 1항에 따른 재판장의 증거설명서 제출명령에 따르지 아니한 때
⑤ 문서의 작성자 또는 그 작성일이 분명하지 아니한 경우로서 이를 밝히도록 한 재판장의 명령에 따르지 아니한 때

(차) 서증을 채택하지 아니하는 경우의 처리절차

실무상 서증을 채택하지 아니하고자 하는 때는, 대리인 등 문서의 제출자에게 서증신청의 취하·철회를 권유하여 사실상 반환하는 방법으로 처리한다. 이와 같은 권유에도 불구하고 제출을 고집하는 경우에는 서증신청을 기각하는 수밖에 없다.

문서가 증거로 채택되지 아니한 때에는 법원은 당사자의 의견을 들어 제출된 문서의 원본·정본·등본·초본 등을 돌려주거나 폐기하여야 한다(민소 355조 4항).

(카) 문서송부촉탁

문서송부촉탁을 받은 기관 등이 그 촉탁사항이나 송부대상인 문서를 전자데이터

또는 전자문서로 가지고 있는 경우에는 전자소송시스템을 이용하여 이를 전송하여야
하고, 촉탁사항이나 송부대상인 문서가 전자데이터 또는 전자문서가 아닌 경우에도
법원은 이를 전자문서로 변환하여 전송하여 줄 것을 요청할 수 있다(민전규 37조).

이와 관련하여 특허심판원에서는 이미 전자소송형태의 심판절차가 진행되고 있
어서 모든 서류들이 전자문서화되어서 제출·보관되고 있다. 따라서 소송의 심리를
위해서 필요한 경우에는 당사자의 문서송부촉탁신청을 통해서 특허심판원으로부터
심판단계에서 제출된 증거 등 관련 서류를 간편하게 전자문서로 제출받을 수 있다.

문서송부촉탁결과가 도착한 경우 참여사무관 등은 이를 신청인에게 통지한다.

신청인이 전자소송 진행에 동의를 한 등록사용자인 경우에는 다음과 같이 처리
한다. 우선 문서송부촉탁결과가 전자문서가 아닌 문서로 도착한 경우에는 신청인으
로 하여금 송부문서를 열람·복사하여 그중 서증으로 제출하고자 하는 문서를 지정
하고 증거번호를 표시한 후 전자문서로 변환하여 전자문서로 등재하도록 한다. 문서
송부촉탁결과가 전자문서로 도착한 경우에는 신청인으로 하여금 특허전자소송시스
템을 통하여 송부문서를 내려 받아 그중 서증으로 제출하고자 하는 문서를 지정하고
증거번호를 표시한 후 전자소송 홈페이지를 통하여 증거서류로 등재하도록 한다.

(타) 심판기록 제출명령

심판절차와 심결취소소송절차 사이에는 절차의 연속성이 없으므로 심결문은 물
론 심판절차에서 제출된 일체의 서류는 심결취소소송이 제기되더라도 특허청 또는
특허심판원으로부터 특허법원으로 송부되지 아니한다. 따라서 당사자로서는 비록 심
판절차에서 제출한 서류라도 필요한 경우에는 다시 이를 서증으로 법원에 제출하여
야 한다.

다만 심결취소소송에 준용되는 행정소송법에 의하면, 법원은 당사자의 신청이
있는 때에는 결정으로서 재결을 행한 행정청에 대하여 행정심판에 관한 기록의 제출
을 명할 수 있고(행소 25조 1항), 그와 같은 제출명령을 받은 행정청은 지체 없이 당해
행정심판에 관한 기록을 법원에 제출하여야 하므로(행소 25조 2항), 심결취소소송에서
도 특허법원은 당사자의 신청에 따라 결정으로 특허심판원장 등 심판기관에게 심판
기록의 제출을 명할 수 있고, 제출명령을 받은 특허심판원장 등은 지체 없이 그 기록
을 특허법원에 제출하여야 한다.

(3) 증인신문

심결취소소송에서 서증이 중요한 입증방법이기는 하나, 사실관계를 입증하기 위하여 증인신문이 행하여지는 경우가 점점 증가하고 있다. 증인신문절차는 일반 민사소송과 동일하다. 따라서 자세한 내용은 법원실무제요 민사소송[Ⅲ](2017), 1335 이하를 참고하면 된다. 다만 심결취소소송에서는 증인이 과거에 직접 개인적으로 경험하지는 않았으나 특정 기술분야에서 전문성을 인정받은 사람을 '전문가증인'으로 신문하는 경우가 많은데, 이에 관하여 심결취소 소송절차안내는 다음과 같은 별도의 규정을 두고 있다(심결취소 소송절차안내 Ⅴ. 3.항).

① 전문가증인을 신청할 때에는 증인의 전문성과 객관성을 확인할 수 있는 아래와 같은 양식의 '전문가증인 기본사항 확인서'를 첨부하여야 한다.

② 전문가증인에 대한 증인신문을 위해 필요한 사항(전문가증인 진술서 및 증인신문사항의 제출기간, 증인신문시간의 제한, 전문가증인의 증언의 신빙성을 탄핵하는 주장 및 증거의 제출기간 등)의 준비를 위해 아래와 같은 양식의 '변론준비명령'을 할 수 있다.

③ 주신문은 전문가증인 진술서의 범위 내에서 하여야 한다. 주신문에서 전문가증인에게 제시하거나 인용하는 모든 자료는 전문가증인 진술서 및 증인신문사항의 제출기간 전에 증거로 제출되어야 한다.

④ 전문가증인이 외국인인 경우 당사자는 각 주신문과 반대신문을 위한 통역인을 대동할 수 있다(다만, 국제사건에서 전문가증인이 허가된 외국어로 증언하는 경우에 당사자는 통역인을 대동할 필요가 없다). 통역인을 대동하는 경우 원활한 통역을 위해 당사자는 사전에 통역인에게 기술적 내용 등에 관한 자료를 제공할 수 있다. 통역인을 대동하지 못하는 경우 증인신문기일 4주 전까지 재판부에 이를 알리고 통역인 지정신청을 하여야 한다. 특허권 등에 관한 심결취소소송의 경우에 상당히 전문적인 통역인이 필요하므로, 실무상으로는 당사자들에게 통역인 후보자들의 명단을 법원에 제출하게 하고, 법원이 당사자들의 의견을 들어 그 후보자들 중 한 명을 통역인으로 지정한다.

⑤ 필요한 경우 관련 법률의 허용범위 내에서 전문가증인을 비디오 등 중계장치에 의한 원격영상신문의 방식으로 신문할 수 있다.

전문가증인 기본사항 확인서

인적 사항	이름		생년월일	
	주소			

중립성

1	원·피고(회사인 경우 대표이사 및 임직원, 이하 같음)와 친인척관계에 있습니까?	예	아니오
2	원·피고와 채권·채무관계에 있습니까?	예	아니오
3	원·피고와 업무를 같이 하거나, 계약관계, 고용관계 기타 이에 준하는 관계에 있거나, 과거에 있었습니까?	예	아니오
4	원·피고가 관여한 소송 또는 이 사건 특허/제품 등에 관한 소송에서 증인으로 증언한 바 있습니까?	예	아니오
5	본건 소송과 관련하여 원·피고에게 자문을 한 바 있습니까?	예	아니오

전문성

1	증인의 전문 분야를 구체적으로 기재해주십시오.	
2	전문 분야에 관하여, (1) 현재 및 과거의 직업(재직기간, 직위/직책, 담당업무 포함)을 밝히고, (2) 학위/자격증, 논문/보고서, 기타 전문성을 확인할 수 있는 자료가 있다면, 그 내용을 구체적으로 기재해주십시오. ※ 아래 칸이 부족한 경우 별지로 첨부 가능	

전문가증인의 의무

전문가증인은 당사자 일방에 편향되지 않게 사실과 전문지식에 근거하여 진술하여야 합니다. 전문가증인은 해당 분야의 전문가로서 객관적으로 검증되고 해당 분야에서 널리 인정되는 사실/이론에 기초하여 진술하여야 하며, 자신의 주관적인 이론/해석에 기초하여 진술하여서는 안 됩니다.

위 기재사항은 모두 사실임을 진술합니다.

일 자   20 . .
서 명

특 허 법 원
제 ○ 부
변론준비명령(전문가증인)

사 건   2018허0000 등록무효(특)
[원고 000 / 피고 000]

2018. ○. ○. 00:00 변론기일에서의 전문가증인에 대한 증인신문과 관련하여 충실한 심리를 위하여 원고와 피고에게 다음 사항에 대한 준비를 명합니다.

다 음

1. 전문가증인의 진술서 등의 제출
   가. 원고는 2018. ○. ○.까지 전문가증인 진술서 및 증인신문사항을 제출하여야 합니다. 주신문은 전문가증인 진술서의 범위 내에서 하여야 합니다.
   나. 증인에게 주신문에서 제시하거나 인용하는 모든 자료(관련 특허, 번역문, 실물사진, 참고자료 포함)는 2018. ○. ○.까지 증거로 제출되어야 합니다.
2. 전문가증인에 대한 주신문과 반대신문은 각 20분 이내로 하여야 합니다.
3. 각 당사자는 주신문과 반대신문을 위한 통역인을 대동할 수 있습니다. 통역인을 대동하지 못하는 경우 2018. ○. ○.까지 재판부에 이를 알리고 통역인 지정신청을 하여야 합니다(다만, 국제사건에서 전문가증인이 허가된 외국어로 증언하는 경우에 당사자는 통역인을 대동할 필요가 없습니다).
4. 전문가증인의 증언의 신빙성을 탄핵할 주장 및 증거는 2018. ○. ○.까지 제출하여야 합니다.

2018. ○. ○.

재판장   판사

(4) 당사자신문

당사자신문이란 원고나 피고 본인을 증거방법으로 하여 그가 경험한 사실에 대하여 진술하게 하여 증거자료를 얻는 증거조사방법이다. 당사자신문의 절차에 관하여는 증인신문절차의 규정이 대부분 준용된다. 그러나 선서하고 허위진술을 하여도 형법상의 위증죄가 되지 않고, 거짓진술에 대한 제재가 따를 뿐이다(민소 370조). 당사자신문의 내용에 상대방의 주장사실과 일치되는 부분이 있다고 하여도 이를 자백이라고 할 수 없다. 심결취소소송에서는 간혹 특허의 발명자가 당사자가 되는 경우가 있는데, 발명자에 대하여 당사자신문을 실시함으로써 유용한 증거자료를 취득하는 경우도 종종 있다.

(5) 검 증

검증이라 함은 법관이 시각, 청각 등 오관의 작용에 의하여 직접적으로 사물의 성상, 현상을 검사하여 그 결과를 증거자료로 하는 증거조사방법을 말한다.

심결취소사건에서는 기술적, 이론적인 다툼이 쟁점이 되기 때문에 실무상 어떤 물건의 존재 및 그 상태를 조사할 필요는 많지 않다. 이와 관련하여, 정식 검증은 아니지만 당해 발명 등의 기술내용 등을 이해하기 쉽게 하기 위하여 변론준비기일 또는 변론기일에서 당사자가 미리 대상물건을 준비하여 설명하는 경우도 있다.

　검증신청의 방식에 관하여는 서증의 신청에 관한 규정이 준용된다. 검증의 대상은 증거물로 제출되기 어려운 크고 무거운 물건이나, 현장에서 직접 법관이 보아야만 의의가 있는 물건인 경우가 많다.

　현장검증 기타 법원이 검증목적물의 소재지로 출장을 가서 검증을 실시하는 경우 외에는 검증을 실시하기 위해서는 검증목적물이 법원에 제출되어야 하는데 그 방법에 관해서는 서증에 관한 규정이 적용된다(민소 366조). 신청인이 소지하고 있는 물건은 이를 직접 제출하고, 타인이 소지하는 물건은 제출명령신청 또는 송부촉탁신청에 의한다.

　음성, 영상정보에 해당하는 전자문서를 검증할 때는 기일에 법정에서 컴퓨터 기타 장치를 이용하여 음성이나 영상을 출력하여 청취, 시청하는 방법으로 실시한다. 전자적으로 제출된 서증의 경우에 필적이나 인영의 검증을 하는 경우에는 전자문서만으로도 검증이 가능하면 스크린을 통해서 검증절차를 밟아 검증조서를 작성하여 전자화하고 변론조서에 첨부하는 절차를 밟는다. 그러나 실제의 문서를 보아야 하는 경우에는 서증원본의 제출이 필요하다.

　전자소송에서는 현장검증의 사진이나 동영상을 PDF나 기타 형식으로 전자파일화하여 검증조서에 첨부할 수 있으므로 현장검증의 모습을 생생하게 기록에 현출할 수 있어 상당히 효과적이다.

(6) 사실조회 및 감정

　민사소송법 294조의 조사촉탁, 즉 사실조회를 받은 기관 및 감정인이나 감정을 촉탁 받은 기관 등도 전자문서를 제출할 수 있으므로, 전자소송에서 사실조회회신이나 감정서도 전자문서의 형태로 받아볼 수가 있다(민전규 3조 7호, 8호).

　사실조회나 감정의 촉탁을 받은 기관에 대해서는 우편송달에 의해 촉탁을 실시한다. 촉탁 받은 기관이 등록사용자이면 전자적 송달에 의한 촉탁도 가능하다. 사실조회서, 감정서가 도착하면 참여사무관 등은 즉시 적당한 방법으로 당사자들에게 통지하고 재판장에게도 알린다.

　사실조회서나 감정서가 종이서류로서 스캔이 가능한 경우 스캔을 하여 등재하고 전자문서인 경우에는 그대로 시스템에 등재한다.

　감정에 관한 기타 절차는 일반 민사소송에서의 감정절차와 같으므로 세부적인 사항은 법원행정처, 법원실무제요 민사소송[Ⅲ](2017), 1468 이하를 참조하면 된다.

(7) 전문심리위원

법원은 소송관계를 분명하게 하거나 소송절차(증거조사·화해 등을 포함)를 원활하게 진행하기 위하여 직권 또는 당사자의 신청에 따른 결정으로 전문심리위원을 지정하여 소송절차에 참여하게 할 수 있다(민소 164조의2 1항).

법원은 민사소송법 164조의2 1항에 따라 전문심리위원을 소송절차에 참여시키는 경우 당사자의 의견을 들어 각 사건마다 1인 이상의 전문심리위원을 지정하여야 한다(민소 164조의4 1항). 법원은 상당하다고 인정하는 때에는 직권이나 당사자의 신청으로 전문심리위원 참여결정을 취소할 수 있으며, 당사자가 합의로 전문심리위원 참여결정을 취소할 것을 신청하는 때에는 법원은 그 결정을 취소하여야 한다(민소 164조의3 1항, 2항).

전문심리위원이 증거방식은 아니지만, 실무상 특허 사건 중 해당 기술 분야에 정통한 특허법원 기술심리관이나 기술조사관이 없는 경우나 기술내용이 어려운 경우 등에는 직권이나 당사자의 신청에 따라 전문심리위원이 종종 활용된다.

전문심리위원은 전문적인 지식을 필요로 하는 소송절차에서 설명 또는 의견을 기재한 서면을 제출하거나 기일에 출석하여 설명이나 의견을 진술할 수 있으며, 재판장의 허가를 받아 당사자, 증인 또는 감정인 등 소송관계인에게 직접 질문할 수 있으나, 재판의 합의에는 참여할 수 없다(민소 164조의2 2항, 3항). 법원은 전문심리위원이 제출한 서면이나 전문심리위원의 설명 또는 의견의 진술에 관하여 당사자에게 구술 또는 서면에 의한 의견진술의 기회를 주어야 한다(민소 164조의2 4항).

심결취소 소송절차안내에서도 법원은 필요하다고 인정되는 경우 당사자의 의견을 들어 1인 또는 수인의 전문심리위원을 지정하며, 전문심리위원의 사건 파악 등을 위해 필요한 경우 변론준비기일을 열 수 있고, 전문심리위원은 기일에 재판장의 허가를 받아 당사자 등에게 직접 질문할 수 있으며, 당사자는 전문심리위원의 질문에 대해 추가로 답변할 필요가 있는 경우 재판장이 정한 기간까지 법원에 서면으로 제출하여야 한다고 규정한다(심결취소 소송절차안내 V. 4.항).

현재 특허법원은 이공계 대학교수나 공공 연구기관의 연구원 중에서 선발된 다수의 전문심리위원 명단을 보유하고 있다.

3. 심결취소소송에서 위법 판단의 기준시점

가. 의   의

심결취소소송의 본안심리에서 특허심판원이 행한 심결처분의 위법성 여부에 대한 판단기준 시점을 어느 때로 할 것인지가 문제된다. 예컨대, 심결이 행하여진 후에 당해 심결의 근거가 된 법규가 개폐되었거나 법규상의 처분요건인 사실 상태에 변동이 있는 경우에 어느 때를 위법 판단의 기준시점으로 할 것인지에 따라 판결의 주문이 달라질 수도 있다.

나. 심결 시 기준

항고소송에서 소송의 대상인 처분의 위법성을 어느 시점의 법규와 사실 상태를 기준으로 할 것인지에 관하여 종래 처분시설과 변론종결시설이 있으나 통설과 대법원 판례[173])는 처분시설을 취한다. 변론종결시설에 의하면 행위시에 위법하였던 행위가 후에 법령의 개정에 의하여 적법한 행위가 될 수도 있어 법치주의의 원리에 반하고 판결의 지연 등에 따라 결론이 달라지는 등 불합리한 점이 예상되므로 처분시설이 타당하다. 따라서 심결취소소송에서도 위법 여부의 판단은 원칙적으로 처분시설에 따라 심결 시를 기준으로 하여야 한다. 즉, 특허심판원 심결의 취소소송에서 심결의 위법 여부는 심결 당시의 법령과 사실 상태를 기준으로 판단하여야 하고, 원칙적으로 심결이 있은 이후 비로소 발생한 사실을 고려하여 판단의 근거로 삼을 수는 없다.[174])

다만 여기서 '심결 시'라고 하는 의미는 심결이 있을 때의 법령과 사실 상태를 기준으로 하여 심결의 위법 여부를 판단하여야 하고 처분 후의 법령의 개폐나 사실상태의 변동에 영향을 받지 않는다는 뜻일 뿐이고, 처분 당시의 사실 상태 등에 대한 입증은 심결취소소송의 변론종결 당시까지 할 수 있으며, 법원은 심결 시까지 제출된 자료뿐만 아니라 변론종결 당시까지 제출된 모든 자료를 종합하여 심결 당시 존재하였던 객관적 사실을 확정하고, 그 사실에 기초하여 처분의 위법 여부를 판단할 수 있다.

---

173) 대법원 2002. 10. 25. 선고 2002두4464 판결, 1996. 12. 20. 선고 96누9799 판결, 1987. 8. 18. 선고 87누235 판결 등 참조.
174) 대법원 2004. 11. 12. 선고 2003후1420 판결, 2002. 4. 12. 선고 99후2211 판결.

다. 소급효와의 구별

대법원은 "특허의 무효심판사건이 상고심에 계속 중 당해 특허의 정정심결이 확정된 경우, 그 특허발명은 구 특허법(1997. 4. 10. 법률 제5329호로 개정되기 전의 것) 136조 9항에 의하여 정정 후의 명세서대로 특허출원이 되고 특허권의 설정등록이 된 것이므로, 정정 전의 특허발명을 대상으로 하여 무효 여부를 판단한 원심판결에는 민사소송법 422조 1항 8호 소정의 재심사유가 있어 판결에 영향을 끼친 법령위반이 있다."라고 판시하여 정정의 소급효를 인정하였다.175)

또한, 대법원은 상표등록거절결정 불복사건에서도 "인용상표가 후출원에 대한 거절사정불복심판의 심결시에 무효로 확정되지 않았다고 하더라도 그 후 무효로 확정되면 그 등록은 처음부터 없었던 것으로 보는 것이므로 결국 인용상표의 등록은 심결시에 없었던 것이 된다."라고 판단한 원심판결을 지지하여, 심결의 위법성 판단의 기준시점과 무효의 소급효 문제를 구별하였다.176)

4. 심결취소소송의 심리범위

가. 의   의

행정처분의 취소를 구하는 소송의 소송물은 처분의 위법성 일반으로 보는 것이 통설·판례이다. 그러므로 행정처분의 절차·내용 등의 모든 요건에 대하여 처분시에 객관적으로 존재하는 위법성이 소송물로 된다.

심결취소소송도 특허심판원의 심결에 대하여 실체면 및 절차면에 걸쳐 위법성 심사를 한다는 점에서 일반 행정처분의 취소소송과 같다. 예컨대, 거절결정불복의 심판청구에 대한 심결의 취소소송(결정계)에서는 거절이유의 존부에 대한 심결판단의 당부가 심리의 대상(소송물)이 된다. 특허무효심판청구에 대한 심결의 취소소송(당사자계)에서는 심판청구인이 주장한 무효사유의 존부에 대한 심결판단의 당부가 심리대상이 된다.

다만 이에 대하여 일반 행정소송과 달리 심결취소소송에서는 당사자의 주장사유

---

175) 대법원 2001. 10. 12. 선고 99후598 판결. 대법원 2005. 9. 30. 선고 2004후3089 판결, 2009. 4. 9. 선고 2008후2169 판결도 같은 취지이다.
176) 대법원 2002. 1. 8. 선고 99후925 판결.

및 특허법원의 심리범위가 특허심판원의 심판절차에서 심리·판단된 위법사유로 제한되어야 한다는 주장도 일부 제기된다. 이 문제는 결국 심결취소소송에서 심판단계에서 주장된 거절이유 또는 무효사유와 다른 사유가 주장되고 그 주장을 입증하기 위한 새로운 증거가 제출되는 경우에 이를 어떻게 취급할 것인가 하는 문제이다.

나. 학   설

(1) 무제한설[177]

이는 심결취소소송의 소송물을 심결에 존재하는 위법성 일반으로 파악하여 행정처분에 대한 항고소송과 마찬가지로 법원의 사실심리 범위에 대한 제한이 없고, 당사자는 심결에 포함되지 않았던 일체의 위법사유를 주장·입증할 수 있을 뿐만 아니라 새로운 증거를 제출할 수도 있으며, 법원도 이를 채택하여 판결의 기초로 할 수 있다는 견해이다.

(2) 제한설

이는 심결취소소송에서 심판전치주의를 취하는 점에 특별한 의미를 두어 심리판단의 대상을 제한하려는 견해이다.[178] 다만 예외적으로 보완적 증거로서 새로운 증거를 제출하거나, 출원 당시의 기술수준이나 주지의 기술임을 입증하기 위하여 특허청의 심판단계에서 제출되지 아니한 증거를 취소소송단계에서 새로 제출하는 것은 새로운 무효원인을 주장하는 것이 아니라 공격방어방법에 불과하다고 하여 이를 허용하여야 한다는 견해도 있다.[179]

이에 대해서는 심판에서 심리·판단되지 않은 새로운 무효사유에 대하여 법원이 새롭게 판단하는 것을 회피하기 위하여 심판으로 환송하여 새로운 무효사유에 대하여 심판단계에서 심리·판단하게 한 후 그 판단에 대하여 심결취소소송에서 다시 심

---

177) 이두형(주 118), 11 이하 참조.
178) 일본 최고재판소 1976. 3. 10. 대법정 판결은 제한설을 취하였다. 즉, "법이 정한 특허에 관한 처분에 대한 불복제도 및 심판절차의 구조와 성격에 비추어 볼 때에, 특허무효의 항고심판의 심결에 대한 취소소송에 있어서 그 판단의 위법이 다투어지는 경우에는, 오로지 당해 심판절차에서 현실적으로 다투어지고 또한 심리판단된 특정한 무효원인에 관한 것만이 심리의 대상으로 되어야 한다. 그 이외의 무효원인을 심결의 위법사유로 주장하여, 법원의 판단을 구하는 것은 허용되지 않는다."라고 판시하였다. 이후 일본 최고재판소는 모두 위 판결을 따르고 있다.
179) 中山信弘 編(주 33), 田倉整 = 仁木弘明 집필 부분, 1699면 이하 참조.

리하는 것은 통상적인 행정처분의 취소판결과 완전히 상이한 것으로 법적 근거가 없고, 무용한 심판·소송의 왕복 현상이 발생하여 심각한 절차 지연의 폐해가 있으며 분쟁 전체의 일체적인 처리를 방해한다는 비판적 견해가 주장된다.[180)

(3) 개별적 고찰설

모든 심결에 대하여 심결취소소송의 심리범위를 일률적으로 정할 것이 아니라 심결의 종류에 따른 성질상의 차이점에 따라 개별적으로 고찰하자는 견해이다. 이에 의하면, 당사자계 사건의 심판 중 모인(冒認)이나 조약위반을 이유로 하는 무효심판의 경우는 일반 민사사건과 유사하여 소송에서 새로운 증거를 제출하지 못하게 할 합리적인 근거가 없고, 재판에 앞서 심판을 경유시켜야만 할 실질적 이유도 없다. 이에 반하여 신규성이나 진보성이 부정됨을 사유로 하는 무효심판의 경우는 다툼의 대상이 특허청의 행정처분의 위법성이고 심결의 효과가 제3자에게도 미치기 때문에 법원의 사실심리를 제한할 필요성이 크다.

한편 결정계 사건의 경우는 피고가 특허청장이기 때문에 심결취소소송에서 원고가 새로운 주장을 하거나 새로운 증거를 제출하더라도 전문관청으로서 충분히 대응할 수 있어 전심 경유의 이익을 박탈당할 염려가 없고, 원고 측도 피고 특허청이 새로운 증거를 제출하더라도 심판에서와 마찬가지로 공격방어를 할 수 있으므로 전심 경유의 이익을 박탈당할 염려가 없다고 한다.

다. 대법원 판례

(1) 당사자계 사건의 경우(무제한설)

대법원은 "행정처분인 특허심판원의 심결에 대한 불복의 소송인 심결취소소송은 항고소송에 해당하여 그 소송물은 심결의 실체적·절차적 위법성 여부라 할 것이므로, 당사자는 심결이 판단하지 아니한 것이라도 그 심결을 위법하게 하는 사유를 심결취소소송절차에서 새로이 주장·입증할 수 있고 심결취소소송의 법원은 특별한 사정이 없는 한 제한 없이 이를 심리·판단하여 판결의 기초로 삼을 수 있다."라고 판시하여 당사자계 사건에 대해서 무제한설을 취하였다.[181)

---

180) 大淵哲野, "審決取消訴訟の審理範圍", ジュリスト 別冊(特許判例百選), No. 209, 有斐閣(2012), 98~99.
181) 대법원 2003. 10. 24. 선고 2002후1102 판결. 대법원 2002. 6. 25. 선고 2000후1290 판결, 2009. 5. 28. 선고 2007후4410 판결 등은, "심판은 특허심판원에서의 행정절차이며 심결은 행정처분에 해당하고,

무제한설은 당사자계 사건의 심결취소소송이 항고소송의 일종이라는 본질적 특징 외에 어차피 무효로 될 특허라면 제한설에 따라 무효시기를 늦출 것이 아니라 조속하게 결론을 내릴 수 있도록 하여 소송경제와 국민 편익에 기여한다는 점에서도 타당하다.

또한, 침해소송에서는 진보성 부정을 이유로 권리남용 항변을 할 수 있고,[182] 이에 따라 침해소송의 피고는 시기에 제한 없이 언제든지 선행기술에 관한 증거를 제출할 수 있는데도, 심결취소소송에서 증거제출 시기를 제한하게 되면, 침해소송과 심결취소소송 사이의 결론이 달라질 수 있는 문제가 발생한다는 점도 그 근거가 된다.

다만 무제한설이라고 하더라도 아무런 제한 없이 새로운 주장이나 청구를 할 수 있는 것은 아니다. 즉, 동일한 소송물의 범위 내에서 새로운 공격방어방법만을 추가할 수 있을 뿐이고 그 범위를 넘어 특허무효심판 단계에서 주장하지 않았던 새로운 청구항에 대한 무효를 주장하거나 상표등록무효심판 단계에서 주장하지 않았던 다른 지정상품에 대한 등록무효를 주장하는 것 등은 허용되지 않는다.

(2) 결정계 사건의 경우(일방 제한설)

이에 반하여 대법원은 "특허출원에 대한 심사단계에서 거절결정을 하려면 그에 앞서 출원인에게 거절이유를 통지하여 의견제출의 기회를 주어야 하고, 거절결정에 대한 특허심판원의 심판절차에서 그와 다른 사유로 거절결정이 정당하다고 하려면 먼저 그 사유에 대해 의견제출의 기회를 주어야만 이를 심결의 이유로 할 수 있다(특허 62조, 63조, 170조 참조). 위와 같은 절차적 권리를 보장하는 특허법의 규정은 강행규정이므로 의견제출의 기회를 부여한 바 없는 새로운 거절이유를 들어서 거절결정이 결과에 있어 정당하다는 이유로 거절결정불복심판청구를 기각한 심결은 위법하다. 같은 취지에서 거절결정불복심판청구 기각 심결의 취소소송절차에서도 특허청장은 심사 또는 심판 단계에서 의견제출의 기회를 부여한 바 없는 새로운 거절이유를 주장할 수 없다고 보아야 한다. 다만 거절결정불복심판청구 기각 심결의 취소소송절차

그에 대한 불복의 소송인 심결취소소송은 항고소송에 해당하여 그 소송물은 심결의 실체적·절차적 위법 여부이므로, 당사자는 심결에서 판단되지 않은 처분의 위법사유도 심결취소소송단계에서 주장·입증할 수 있다. 심결취소소송의 법원은 특별한 사정이 없는 한 제한 없이 이를 심리·판단하여 판결의 기초로 삼을 수 있으며, 이와 같이 본다고 하여 심급의 이익을 해한다거나 당사자에게 예측하지 못한 불의의 손해를 입히는 것이 아니다."라고 판시하였다.

182) 대법원 2012. 1. 19. 선고 2010다95390 전원합의체 판결 참조.

에서 특허청장이 비로소 주장하는 사유라고 하더라도 심사 또는 심판 단계에서 의견
제출의 기회를 부여한 거절이유와 주요한 취지가 부합하여 이미 통지된 거절이유를
보충하는 데 지나지 아니하는 것이면 이를 심결의 당부를 판단하는 근거로 할 수 있
다 할 것이다."라고 판시하였다.[183] 이러한 대법원판결을 두고 대법원이 결정계 사건
에서 제한설을 취한 것이라고 평가하는 견해도 있으나, 결정계 사건에서 새로운 주
장·증거의 제출이 제한되는 것은 특허청장이고, 원고인 출원인 측은 심판절차에서
주장하지 아니한 새로운 사유나 증거를 제출할 수 있다는 점에서 대법원이 제한설을
취하였다기보다는 출원인의 절차적 권리를 보장하기 위하여 특허청장의 주장, 입증
을 제한한 것이라고 봄이 타당하다.[184]

따라서 거절결정에서와 다른 별개의 새로운 이유로 심결을 한 것이 아니고, 거절
결정에서의 거절이유와 실질적으로 동일한 사유로 심결을 하는 경우에는 특허출원인
에게 그 거절이유를 통지하여 그에 대한 의견서 제출의 기회를 주어야 하는 것은 아
니다.[185] 또한, 거절결정 불복심판청구를 기각하는 심결의 취소소송단계에서 특허청
장은 심결에서 판단되지 않은 것이라고 하더라도 거절결정의 이유와 다른 새로운 거
절이유에 해당하지 않는 한, 심결의 결론을 정당하게 하는 사유를 주장·입증할 수
있고, 심결취소소송의 법원은 달리 볼 만한 특별한 사정이 없는 한, 제한 없이 이를
심리 판단하여 판결의 기초로 삼을 수 있다.[186]

정정청구의 적법 여부를 판단하는 특허무효심판이나 심결취소소송에서 정정의견

---

183) 대법원 2013. 9. 26. 선고 2013후1054 판결. 대법원 2016. 3. 24. 선고 2015후1997 판결, 2003. 10. 10.
선고 2001후2757 판결, 2003. 2. 26. 선고 2001후1617 판결 등도 같은 취지이다. 2013후1054 판결은
"이미 통지된 거절이유가 선행발명에 의하여 출원발명의 진보성이 부정된다는 취지인 경우에, 위 선행
발명을 보충하여 특허출원 당시 그 기술분야에 널리 알려진 주지관용기술의 존재를 증명하기 위한 자
료는 새로운 공지기술에 관한 것에 해당하지 아니하므로, 심결취소소송의 법원이 이를 진보성을 부정
하는 판단의 근거로 채택하였다고 하더라도 이미 통지된 거절이유와 주요한 취지가 부합하지 아니하
는 새로운 거절이유를 판결의 기초로 삼은 것이라고 할 수 없다."라고 판시하였다. 대법원 2013. 2.
15. 선고 2012후1439 판결도 같은 취지이다.
184) 대법원은 일반 항고소송의 경우에도 " 행정처분의 취소를 구하는 항고소송에 있어서 처분청은 당초 처
분의 근거로 삼은 사유와 기본적 사실관계가 동일성이 있다고 인정되는 한도 내에서만 다른 사유를 추
가하거나 변경할 수 있을 뿐, 기본적 사실관계와 동일성이 인정되지 않는 별개의 사실을 들어 처분사
유로서 주장함은 허용되지 아니한다."라고 하여(대법원 1992. 2. 14. 선고 91누3895 판결) 처분청의 처
분사유의 추가·변경을 당초 처분사유와 기본적 사실관계의 동일성이 인정되는 범위로 제한한다. 대
법원 2011. 11. 24. 선고 2009두19021 판결 등도 같은 취지이다.
185) 대법원 2003. 12. 26. 선고 2001후2702 판결.
186) 대법원 2003. 2. 26. 선고 2001후1617 판결.

제출통지서에 기재된 사유와 다른 별개의 사유가 아니고 주된 취지에서 정정의견제
출통지서에 기재된 사유와 실질적으로 동일한 사유로 정정청구를 받아들이지 않는
심결을 하거나 심결에 대한 취소청구를 기각하는 것은 허용되지만, 정정의견제출통
지서를 통하여 특허권자에게 의견서 제출 기회를 부여한 바 없는 별개의 사유를 들
어 정정청구를 받아들이지 않는 심결을 하거나 심결에 대한 취소청구를 기각하는 것
은 위법하다.[187]

5. 주장·증명책임

가. 의   의

민사소송은 소송절차의 개시, 심판의 범위 및 절차의 종결에 관하여 처분의 자유
를 인정하는 이른바 처분권주의(민소 203조) 아래 진행되고, 행정소송에서도 이 원칙
이 준용되어 원칙적으로 처분권주의가 적용된다(행소 8조 2항). 그러나 행정소송은 행
정청의 위법한 처분 그 밖에 공권력의 행사·불행사 등으로 인한 국민의 권리 또는
이익의 침해를 구제하고, 공법상의 권리관계 또는 법적용에 관한 다툼을 적정하게 해
결하는 것을 목적으로 하는 것이다. 이에 행정소송법 26조는 "법원은 필요하다고 인
정할 때에는 직권으로 증거조사를 할 수 있고, 당사자가 주장하지 아니한 사실에 대
하여도 판단할 수 있다."라고 하여 직권심리주의를 보충적으로 채택하였다. 심결취소
소송도 행정소송의 일종이므로 이러한 관점을 고려하여 주장·증명책임을 검토하여
야 한다.

나. 주장책임과 직권심리의 범위

먼저 당사자능력·적격, 소송대리권의 흠결 여부, 제소기간, 심결의 존재 등 소송
요건은 공익적 성질을 가지는 것으로서 변론주의가 적용되지 않고 직권탐지사항 내
지 직권조사사항에 속한다.

한편 행정소송법 26조는 행정소송의 특수성에 연유하는 당사자주의, 변론주의에
대한 예외규정일 뿐 법원이 아무런 제한 없이 당사자가 주장하지 아니한 사실을 판
단할 수 있다는 것은 아니다. 법원은 소송기록에 나타나 있는 사항에 관하여만 직권

---

187) 대법원 2012. 7. 12. 선고 2011후934 판결.

으로 증거조사를 하고 이를 기초로 하여 판단할 수 있다. 또한, 법원은 필요하다고 인정할 때에 한하여 청구의 범위 내에서 증거조사를 하고 판단할 수 있을 뿐이다.[188]

대법원은 심결취소소송에서도 법원이 필요하다고 인정할 때에는 당사자가 명백하게 주장하지 않는 것도 기록에 나타난 자료를 기초로 하여 직권으로 조사하고 이를 토대로 판단할 수 있다고 판시하였다.[189]

다. 주장책임의 정도

일반 행정소송에서 행정처분의 위법을 들어 그 취소를 구하는 경우에 직권조사사항을 제외하고는 그 취소를 구하는 원고가 위법사유에 해당하는 구체적 사실을 먼저 주장하여야 한다.[190] 이러한 법리는 심결취소소송에서도 마찬가지이다.[191] 따라서 법원이 당사자가 주장하지도 아니한 법률요건에 대하여 판단하는 것은 변론주의원칙에 위반된다.[192]

심결취소소송에서는 심결을 취소하는 것에서 나아가 특허권 등을 부여하는 재판이나 심판청구를 기각한다는 자판(自判)을 할 수 없다. 특허심판원의 심판기록은 특허법원에 송부되지도 아니하고, 확정된 심결취소소송기록이 특허심판원에 송부되지도 아니한다. 따라서 심결취소를 구하는 자는 심결의 최종결론에 이르기까지의 과정,

---

188) 대법원 1995. 2. 24. 선고 94누9146 판결 등.

189) 대법원 2010. 1. 28. 선고 2007후3752 판결, 2008. 5. 15. 선고 2007후2759 판결. 2007후3752 판결에서 대법원은 '설사 피고들이 원심판시의 선행발명 1을 선행기술 중의 하나로 주장하지 아니하였다 하더라도, 원심이 기록에 나타난 선행발명 1을 기초로 이 사건 특허발명 청구범위 제1, 2항의 진보성 유무를 판단한 것이 잘못이라고 할 수 없다'고 판시하였다.

190) 대법원 2000. 3. 23. 선고 98두2768 판결.

191) 대법원 2011. 3. 24. 선고 2010후3509 판결, 2003. 8. 19. 선고 2001후1655 판결 등 참조.

192) 대법원 2011. 3. 24. 선고 2010후3509 판결. '화장용 팩 마스크'에 관한 등록디자인이 그 출원 전에 국내에서 공지된 선행디자인 등으로부터 용이하게 창작할 수 있는 디자인에 해당하여 디자인보호법 33조 2항에 의하여 디자인등록을 받을 수 없다는 이유로 그 등록을 무효로 한다는 심결에 대한 심결취소소송에서, 원고가 심결의 위법사유로서 등록디자인이 선행디자인 등으로부터 용이하게 창작할 수 있는 디자인에 해당하지 않으므로 같은 법 33조 2항에서 정한 등록무효사유가 존재하지 않는다는 주장만을 하였을 뿐이고, 피고 역시 심결의 결론을 정당하게 하는 사유로서 같은 법 33조 2항 소정의 등록무효사유가 존재한다고 다투었을 뿐 등록디자인이 선행디자인과 유사한 디자인에 해당하여 같은 법 33조 1항 3호 소정의 등록무효사유가 존재한다는 점을 주장한 바 없음이 명백함에도, 원심이 등록디자인이 선행디자인 등으로부터 용이하게 창작할 수 있는 디자인에 해당하는지에 대하여는 아무런 판단도 하지 아니한 채 당사자가 주장하지도 아니한 사유에 기초하여 등록디자인이 선행디자인과 유사한 디자인에 해당하여 같은 법 33조 1항 3호 소정의 등록무효사유가 있다고 판단한 것은 변론주의 원칙을 위반하여 판결에 영향을 미친 위법이 있다고 판시한 사례이다.

즉 특허청에서의 절차진행경위, 해당 발명 및 이와 대비되는 선행발명 등에 관한 사실관계, 심결이유 등을 기재한 뒤, 그 심결을 취소하여야 하는 사유에 관하여 구체적인 위법사유를 주장하여야 한다.

라. 증명책임의 분배원칙

행정소송에서의 증명책임에 관하여 통설은 민사소송에서와 같은 법률요건분류설의 입장을 취한다. 이 견해는 실체법규를 ① 일정한 권리발생을 규정한 권리근거규정, ② 그 권리의 발생을 방해하는 사유를 규정한 권리장애규정, ③ 권리의 소멸사유를 규정한 권리소멸규정으로 나눈 다음, 권리의 존재를 주장하는 자는 권리근거규정의 요건사실을, 그 부존재를 주장하는 자는 권리장애규정과 권리소멸규정의 요건사실을 입증하여야 한다고 한다.

대법원은 "민사소송법의 규정이 준용되는 행정소송에 있어서 증명책임은 원칙적으로 민사소송의 일반원칙에 따라 당사자 간에 분배되고, 항고소송의 성질에 따라 당해 처분의 적법을 주장하는 피고에게 그 적법사유에 대한 증명책임이 있다."라고 판시하여[193] 법률요건 분류설을 채택하였다.

마. 증명책임 분배에 관한 구체적인 검토

(1) 특허요건

행정법규가 '어떠한 때에는 어떠한 처분을 한다'라는 형식으로 행정청의 권한행사를 정한 경우에는 그 규정의 적용을 구하는 피고 행정청이 행정처분의 요건사실(적법사유)에 대하여 주장증명책임을 지고, '어떠한 때에는 어떠한 처분을 하지 아니한다.'라는 형식으로 행정청의 권한행사를 정한 경우에는 그 행정처분의 취소를 구하는 원고가 그 전제요건인 사실이 존재한다는 점에 대하여 주장증명책임을 진다.

(가) 특허발생요건 및 특허장애요건

1) 특허발생요건

① 산업상 이용할 수 있는 발명을 하였다는 사실(특허 29조 1항 본문, 2조 1호)

② 출원서가 특허법 42조 3항 내지 6항의 요건(특허출원서에 첨부된 명세서의 기재방법)을 구비하고 있는 사실

---

193) 대법원 1984. 7. 24. 선고 84누124 판결 등.

③ 1 발명 1 출원이라는 사실(특허 45조)

④ 국내에 주소 또는 영업소를 가지지 아니한 외국인인 때에는 특허법 5조 1항, 2항에 따른 특허관리인이 선임되어 있다는 사실

⑤ 출원인이 발명자가 아닐 때에는 그 발명에 대하여 특허를 받을 권리를 승계한 사실(특허 33조, 38조)

⑥ 특허를 받을 권리가 공유인 때에는 다른 공유자 전원과 공동으로 출원한 사실 (특허 44조)

⑦ 신규성 결여사유(특허 29조 1항 각 호)가 있는 때에는 이에 대한 예외사유(특허 30조 1항 각 호)가 존재하는 사실 등

2) 특허장애요건

ⓐ 특허출원 전에 국내 또는 국외에서 공지된 발명이라는 사실(특허 29조 1항 1호 전단)

ⓑ 특허출원 전에 국내 또는 국외에서 공연히 실시된 발명이라는 사실(특허 29조 1항 1호 후단)

ⓒ 특허출원 전에 국내 또는 국외에서 반포된 간행물에 게재되거나 전기통신회선을 통하여 공중이 이용할 수 있는 발명이라는 사실(특허 29조 1항 2호)

ⓓ 특허출원 전에 그 발명이 속하는 기술분야에서 통상의 지식을 가진 자가 위 ⓐ 내지 ⓒ항의 어느 하나에 해당하는 발명에 의하여 쉽게 발명할 수 있는 것이라는 사실(특허 29조 2항)

ⓔ 당해 특허출원을 한 날 전에 특허출원 또는 실용신안등록출원을 하여 당해 특허출원을 한 후에 출원공개되거나 등록공고된 타특허출원 또는 실용신안등록출원의 출원서에 최초로 첨부된 명세서 또는 도면에 기재된 발명 또는 고안과 동일한 발명이라는 사실(특허 29조 3항 본문)

ⓕ 선출원발명과 동일한 사실(특허 36조 1항 내지 3항)

ⓖ 당해 특허가 공공의 질서 또는 선량한 풍속을 문란하게 하거나 공중의 위생을 해할 염려가 있는 발명이라는 사실(특허 32조) 등

(나) 결정계 심결취소소송의 주장·증명책임

결정계 심결취소소송에서, 심결의 거절이유가 위 ① 내지 ⑥항의 사유(특허발생요건)가 없음을 그 이유로 하는 경우에는 이러한 사유가 있다는 점에 대하여 원고가 주장·증명책임을 진다. 거절이유가 위 ⓐ 내지 ⓖ항의 사유(특허장애요건)가 있음을 이

유로 하는 경우에는 그 사유에 대하여 피고 특허청장이 주장·증명책임을 진다(예를 들어 심결이 어떠한 사실을 주지기술 또는 기술상식이라고 보아 출원발명(또는 특허발명)과 선행발명을 비교·대조하면서 판단의 자료로 사용하였으면서도, 그 주지기술, 기술상식이라는 사실에 대한 증거를 적시하지 아니한 경우가 있다. 이러한 경우에는 피고 특허청장이 이를 입증하여야 한다). 위 ⑦항의 신규성 결여사유에 대한 예외사유의 존재에 대해서는 원고가 주장·증명책임을 진다.

(다) 당사자계 심결취소소송의 주장·증명책임

당사자계 심결취소소송에서는 취소를 구하는 행정처분이 무효심판인용심결인 경우와 무효심판기각심결인 경우로 나누어 살펴볼 필요가 있다.

먼저, 무효심판 인용심결의 경우에는 위 ⓐ 내지 ⓖ항의 특허장애요건은 피고(무효심판 청구인)가 주장·증명책임을 부담하고, 위 ① 내지 ⑦항의 특허발생요건은 원고(무효심판 피청구인, 특허권자)가 주장·증명책임을 부담한다.

다음으로, 무효심판 기각심결의 경우에는 위 ⓐ 내지 ⓖ항의 특허장애요건은 그 심결의 취소를 구하는 원고(무효심판 청구인)가 주장·증명책임을 지고, 위 ① 내지 ⑦항의 특허발생요건은 피고(무효심판 피청구인)가 주장·증명책임을 부담한다.

(2) 거절이유통지 등의 결여

결정계 사건에서 심사관이 거절이유의 통지(특허 63조)를 하지 않은 경우나 당사자계 사건에서 심판관이 직권으로 심리한 사항에 대하여 의견을 진술할 수 있는 기회(특허 159조 1항)를 주지 않은 경우에는 심결취소사유가 된다. 위와 같은 통지 또는 의견진술기회 등이 있었다는 점에 관한 주장·증명책임은 심결이 적법하다고 주장하는 측에 있다.

6. 심결취소소송에서의 자백과 자백간주[194]

가. 심결취소소송에 민사소송법의 자백 또는 자백간주 규정의 준용 여부

통설·판례는 일반 행정소송에서도 일반 민사소송과 마찬가지로 자백의 구속력

---

[194] 자세한 것은 이명규, "심결취소소송에 있어서 자백과 의제자백", 특허소송연구 제2집, 특허법원(2002), 89 이하; 전병서, "심결취소소송에 있어서 변론주의", 인권과 정의(1996. 3.) 235호 참조.

을 인정한다.195) 대법원은 "행정소송에서도 원칙적으로 변론주의가 적용되고, 행정소
송법 8조 2항에 의하여 민사소송법 288조가 규정하는 자백에 관한 법칙이 적용된다
고 함은 당원의 확고한 판례이다."라고 판시하여 직권조사사항을 제외하고는 자백에
관한 법칙이 행정소송에 적용됨을 분명히 하였다.196) 대법원은 "행정소송법 26조가
규정하는 바는 행정소송의 특수성에서 연유하는 당사자주의, 변론주의에 대한 일부
예외규정일 뿐 법원이 아무런 제한 없이 당사자가 주장하지 아니한 사실을 판단할
수 있는 것은 아니고, 기록상 현출되어 있는 사항에 관하여서만 직권으로 증거조사를
하고 이를 기초로 하여 판단할 수 있을 따름이다."라고 판시하여,197) 위 규정이 직권
탐지주의를 채택한 것은 아니라 직권증거조사를 보충적으로만 인정한 것임을 밝혔
다.

나. 자백의 대상

심결취소소송에도 원칙적으로 변론주의가 적용되므로 자백이 성립할 수 있다.
다만 자백의 대상은 사실이므로, 사실에 대한 법적 판단 내지 평가는 자백의 대상이
되지 않는다.198)

심결취소소송에서 심결의 위법을 주장하며 취소를 구하는 당사자인 원고는 소장
등에서 심결을 특정하여야 하고, 일반적으로 심결 특정 과정에서 심결을 한 날짜 및
심결번호뿐만 아니라 심결이 성립하게 되기까지 특허청에서의 절차, 심결에서 결론
에 이르게 된 구체적인 이유 등의 '사실'을 기재한다. 그렇게 기재한 사실은 자백 또
는 자백간주의 대상이 된다.

그러나 그러한 사실을 토대로 하여 원고가 주장하는 구체적인 심결의 위법사유
는 보통 '법적 판단 내지 평가'이므로, 피고가 이를 시인하거나 명백히 다투지 않는다
고 하더라도 그 사항에 관하여는 자백의 효력이 발생하지 않는다. 즉, 심결취소소송

---

195) 이에 대하여 행정소송은 민사소송과 달리 대부분 강행법규인 행정법규를 적용하여 국민의 권익을 보
호하고 행정의 적정을 보장함을 목적으로 하며, 행정소송법 26조에서 당사자가 주장하지 아니한 사실
에 대하여도 판단할 수 있다고 규정한 점 등을 들어 자백의 구속력이 인정되지 않는다고 보는 소수의
견해도 있다.
196) 대법원 1992. 8. 14. 선고 91누13229 판결. 대법원 2000. 12. 22. 선고 2000후1542 판결도 행정소송인 심
결취소소송에서도 원칙적으로 변론주의가 적용되고 따라서 자백 또는 자백간주도 인정된다고 판시하
였다. 대법원 2006. 8. 24. 선고 2004후905 판결, 2006. 6. 2. 선고 2005후19882 판결도 같은 취지이다.
197) 대법원 1994. 4. 26. 선고 92누17402 판결.
198) 대법원 2006. 6. 2. 선고 2005후1882 판결, 2000. 12. 22. 선고 2000후1542 판결 등.

에서 소송요건의 구비 여부(직권조사사항임), 발명(고안, 디자인, 표장) 간의 유사 여부, 발명의 진보성, 표장의 주지·저명성, 발명 등의 청구항 해석 내지 권리범위확정 등은 자백의 대상이 되지 않는다. 그것들은 사실확정을 한 다음 법적 평가에 의한 판단을 거쳐 나오는 결론이기 때문이다. 이러한 취지에서 2000후1542 판결은, 피고가 공시송달에 의하지 아니한 소환을 받고도 사실심 변론기일에 출석하지 않고 답변서 등을 제출하지 아니한 사안에서 원심이 행정소송법 8조 2항, 민사소송법의 자백간주규정199)에 따라 이 사건 등록서비스표의 구성, 그 지정서비스업 및 출원등록에 대하여 자백간주에 의한 사실인정을 한 다음, 이 사건 등록서비스표가 상표법에서 규정하는 서비스업의 품질오인을 일으키게 할 염려가 있는지 여부에 대하여는 자백간주로 처리하지 아니하고, 지정서비스업별로 품질오인의 염려가 있는지 여부를 검토하여 이에 해당하는 '음식조리대행업' 및 '음식조리지도업'에 대한 등록만이 무효라고 본 조치는 정당하고, 거기에 자백간주에 관한 법리오해 등의 위법이 없다고 판시하였다.

다. 자백간주의 제한 문제

특허에 관한 특허무효심판이나 소극적 권리범위확인심판에서 선행발명들이 제출되어 특허발명의 신규성 내지 진보성이 부정되어 특허가 무효라거나 확인대상발명이 자유실시기술이어서 특허발명의 권리범위에 속하지 않는다는 취지의 심판청구 인용심결이 있었던 후에 특허권자가 그 심결취소소송을 제기하자, 피고(심판청구인)가 이에 대해서 전혀 다투지 아니하고 아무런 증거도 제출하지 않는 사례가 종종 있다. 이러한 경우에 심결취소소송에서 특허무효사유에 대한 주장·증명책임은 피고(심판청구인)에게 있다. 따라서 주장증명책임 분배의 원칙을 철저히 관철한다면, 피고가 선행발명에 대한 주장·입증을 하지 않은 것이 되므로 결국 특허발명이 무효가 될 수 없거나 권리범위에 속하는 것으로 인정되어 심결을 취소하게 된다.200)

이러한 경우에 원고(피심판청구인)에게 심결에서 인용한 증거 등을 제출하도록 한다음 해당 권리에 대하여 심판절차에서 피고(심판청구인)가 주장한 무효사유가 있는지 판단하여 그 결과에 따라 재판하는 예가 있으나,201) 피고(심판청구인)가 소송절차에서

---

199) 민사소송법 150조 1항.
200) 앞서 본 바와 같이 특허심판원과 특허법원 사이에는 심급적 연계가 없어 심판기록이 특허법원에 송부되지 아니하므로, 당사자는 심결취소소송에서 주장과 입증을 새로이 하여야 한다.
201) 특허법원 2000. 6. 15. 선고 2000허952 판결(심리불속행 기각)

등록무효사유에 관하여 주장책임을 지게 되므로 피고의 주장·입증이 없는 이상 등록무효심판을 인용한 심결을 취소할 수밖에 없다는 이유로 심결취소판결을 선고하는 것이 현재의 주류적 실무례이다.202) 반면 무효심판청구를 기각한 심결에 대한 심결취소소송의 경우에는 피심판청구인인 피고가 다투지 아니하더라도 심판청구인인 원고에게 무효사유에 대한 주장·증명을 하도록 한 다음 무효사유의 존부를 실질적으로 판단하여 그 결과에 따르는 것이 특허법원의 주류적 실무이다.203)

상표 불사용을 등록취소사유로 하는 피고의 상표등록취소심판청구를 인용한 심결에 대한 취소소송의 경우에는 피고(심판청구인)가 소송절차에서 서면으로 다투지도 아니하고 불출석하자, 원고(등록상표권자)가 주장하는 상표사용 사실이 자백간주된 것으로 보아 심결을 취소한 사례가 있다.204) 다만 이때에도 자백간주의 대상은 원고가 주장하는 상표의 사용사실에 한정되므로 원고가 사용을 주장하는 상표와 등록상표의 동일성 여부 등은 법적 평가의 문제로서 법원이 이에 대하여 판단하여야 한다. 상표 불사용을 등록취소사유로 하는 원고의 상표등록취소심판청구를 기각한 심결에 대한 취소소송에서도 피고(피심판청구인, 등록상표권자)가 서면으로 다투지도 아니하고 불출석하자, 피고가 상표사용 사실을 주장·증명하지 아니하였으므로 원고 주장과 같은 등록취소사유가 있다고 볼 수밖에 없다는 이유로 심결을 취소한 사례도 있다.205)

라. 자백 및 자백간주에 의한 심결취소판결의 기속력

심결취소판결이 확정된 때에는 특허심판원은 다시 심리하여 심결하여야 하고, 심결취소판결에서 취소의 기본이 된 이유는 그 사건에 대하여 특허심판원을 기속한다(특허 189조 3항). 기속력의 객관적 범위인 취소의 기본이 된 이유는 판결주문 및 그 전제로 된 요건사실의 인정과 효력의 판단에만 미친다. 따라서 변론종결 이후에 발생한 새로운 사유를 내세워 다시 종전과 같은 심결을 하는 것은 가능하다.

202) 특허법원 2017. 11. 24. 선고 2017허5245 판결(확정), 2017. 10. 12. 선고 2016허8988 판결(확정), 2016. 11. 11. 선고 2016허6587 판결(확정), 2016. 7. 7. 선고 2015허5098 판결(확정), 2006. 7. 19. 선고 2005허10565 판결(확정), 2006. 5. 18. 선고 2005허4546 판결(확정) 등. 구체적인 내용은 노갑식, "심결취소소송에 있어서의 주장·증명책임(소송유형별 검토)", 특허소송연구 제4집, 특허법원(2008), 9 이하 참조.
203) 특허법원 2017. 5. 19. 선고 2017허233 판결(확정), 2016. 10. 27. 선고 2016허2881 판결(확정), 2016. 4. 8. 선고 2015허6381 판결(확정), 2015. 9. 18. 선고 2015허1010 판결(확정) 등.
204) 특허법원 2017. 6. 9. 선고 2017허1311 판결(확정), 2016. 11. 4. 선고 2016허6012 판결(확정).
205) 특허법원 2017. 10. 20. 선고 2017허5535 판결(확정), 2004. 10. 22. 2004허3522 판결(확정).

그런데 자백이나 자백간주에 의한 인정사실을 기초로 심결을 취소하는 판결이 확정되었는데 그 자백내용이 특허심판원에서 1차 심결 당시 이미 제출된 증거에 의해 인정되는 사실과 다른 경우에 이미 제출된 증거를 새로운 증거로 보아 제1차 심결과 동일한 결론을 낼 수 있는지가 문제 된다.

이에 관하여는 두 가지 견해가 있다. 먼저 제2차 심결이 이미 제1차 심결단계에서 제출되었던 증거서류들을 다시 사실인정의 근거로 삼아 제1차 심결과 동일한 결론을 내린다고 하더라도 그 증거들이 확정된 심결취소소송절차에 현출된 바 없다면 이는 특허권이 갖는 대세적 효력과 직권탐지에 의한 실체적 진실의 발견이라는 심판절차의 공익적 성격에 비추어 기속력에 위배된 것이 아니라고 보는 견해이다. 이에 따르면, 제2차 심결에 대한 심결취소소송에서 피고가 다시 불출석하는 경우에는 동일한 내용의 판결과 심결이 반복되는 문제가 발생할 수 있다. 이 견해는 심결취소소송단계에서 재판부가 심결에 제출되었던 증거를 원고로부터 다시 제출받음으로써 이러한 문제를 방지할 수 있다고 한다.

이에 대하여 제1차 심결 때 직권심리에 의하여 수집한 자료에 있는 사실 자체는 심결취소소송의 변론종결 이후에 발생한 새로운 사유로 볼 수 없고, 자백(간주)에 의해 인정된 사실이라도 그것이 심결취소소송의 판단의 전제가 된 경우에는 취소의 기본이 된 이유에 해당하므로, 특허심판원이 제1차 심결 때의 판단자료에 기하여 종전과 같은 심결을 하는 것은 기속력에 반하여 위법하다고 보는 견해가 있다. 대법원 판례는 두 번째 견해를 채택하였다.[206]

---

206) 특허법원 2000. 12. 14. 선고 2000허976 판결은, "피고가 제1차 심결에서 제출하였던 증거를 심결취소소송에서 제출하지 않은 탓에 상표의 사용사실을 인정할 만한 증거가 없다는 이유로 그 심결을 취소하는 판결이 그대로 확정된 후, 피고가 제1차 심결에서 제출되었던 증거를 특허심판원의 재심리과정에서 제출하는 것은 새로운 증거의 제출이라고 보기 어렵다. 특허심판원이 직권탐지주의를 채택하고 있다는 이유만으로 취소 전 심결에서 제출되어 재심리하는 심판기록에 그대로 편철되어 있는 증거를 다시 원용하여 취소 전 심결과 같은 결론에 이르는 것은 허용되지 않는다. 제2차 심결에서 위 증거를 기초로 심결취소판결과 다른 판단을 한 것은 확정된 심결취소판결의 기속력에 반하는 것으로서 위법하다."는 취지로 판시하였다. 위 판결에 대한 상고심인 대법원 2002. 12. 26. 선고 2001후96 판결은 "심결을 취소하는 판결이 확정된 경우, 그 취소의 기본이 된 이유는 그 사건에 대하여 특허심판원을 기속하는 것인바, 이 경우의 기속력은 취소의 이유가 된 심결의 사실상 및 법률상 판단이 정당하지 않다는 점에 있어서 발생하는 것이므로, 취소 후의 심리과정에서 새로운 증거가 제출되어 기속적 판단의 기초가 되는 증거관계에 변동이 생기는 등의 특단의 사정이 없는 한, 특허심판원은 위 확정된 취소판결에서 위법이라고 판단된 이유와 동일한 이유로 종전의 심결과 동일한 결론의 심결을 할 수 없고(대법원 2002. 6. 14. 선고 2000후3364 판결 등 참조), 여기에서 새로운 증거라 함은 적어도 취소된 심결이 행하여진 심판절차 내지는 그 심결의 취소소송에서 채택, 조사되지 않은 것으로서 심결취소판결의 결론

마. 특허법원의 판결례

(1) 발명(고안)의 신규성·진보성

특허법원 2000. 3. 31. 선고 99허6640 판결(확정)은 이 사건 특허발명이 선행발명과의 대비에 있어서 신규성 및 진보성이 있는지 여부는 법적 평가 내지 판단사항임을 전제로 자백의 대상으로 보지 않았다.[207]

(2) 청구항의 해석

특허법원 2000. 9. 21. 선고 99허5654 판결은 특허발명의 청구항 해석은 법령의 해석과 마찬가지로 재판상 자백의 대상이 되지 않는다고 하였다. 청구항의 해석은 청구항에 표현된 발명의 내용을 객관적으로 명확하게 하여 그 발명의 보호범위를 확정하는 것으로서 규범적 요소가 개재하는 법률의 문제이므로, 자백의 대상이 아니다.

(3) 발명(고안)의 공지시기

특허법원 1999. 4. 2. 선고 98허3804 판결(확정)은 등록고안의 신규성 여부 판단의 전제가 되는, 선행고안의 공지시기에 관한 구체적 사실은 자백의 대상이라고 보았다.

(4) 상표법 34조 1항 4호, 9호, 12호

등록상표가 상표법 34조 1항 4호, 9호 내지 11호에 해당하는지 여부가 쟁점이 된 등록무효사건에 관한 판결에서, 등록상표가 상표법 34조 1항 4호의 공공의 질서 또는 선량한 풍속을 문란하게 할 염려가 있는지 여부, 9호의 수요자간에 현저하게 인식되어 있는 타인의 상품이나 영업과 혼동을 일으키게 할 염려가 있는지 여부, 12호 후단의 수요자를 기만할 염려가 있는지 여부는 자백대상이 되지 아니하고 법적 판단 내지 평가사항임을 전제로 판단하였다[특허법원 1999. 10. 14. 선고 99허4989 판결(확정), 1998. 12. 18. 선고 98허6247 판결(확정), 2000. 11. 24. 선고 2000허2323 판결(확정), 1999. 9. 2. 선고 99허4446 판결(확정), 1998. 10. 16. 선고 98허6056 판결(확정), 대법원 2000. 12. 22. 선고 2000

을 번복하기에 족한 증명력을 가지는 증거라고 보아야 할 것이다."라고 하여 상고를 기각하였다.

207) 특허법원 1999. 3. 5. 선고 98허4883 판결(확정)은 등록고안과 확인대상고안의 동일·유사 여부는 자백 간주의 대상이 아닌 법적 판단사항임을 전제로 판단하였다[특허법원 1999. 2. 5. 선고 98허7622 판결(확정)도 같은 취지].

후1542 판결(11호)].[208]

(5) 상표, 디자인의 유사성 여부

특허법원 1999. 6. 11. 선고 99허2228 판결(확정)은 상표등록무효사건에서 등록상표와 선등록상표의 유사 여부를 자백간주로 처리하지 아니하고 구체적으로 대비 판단하여 양 상표가 유사하지 아니하다고 보아 원고의 청구를 기각하였다. 특허법원 2000. 5. 12. 선고 99허9540 판결(확정)은 등록상표와 확인대상표장의 유사 여부 및 대상표장이 출처표시기능을 하는지 여부는 법적 판단임을 전제로 판시하였다. 특허법원 2000. 5. 4. 선고 99허7674 판결(확정)은 등록디자인과 확인대상디자인의 유사 여부는 자백간주대상이 아닌 법적 판단 내지 평가사항으로 보았다. 특허법원 2001. 5. 18. 선고 2000허8192 판결(확정) 및 2001. 4. 13. 선고 2000허6707 판결(확정)은 등록디자인과 선출원한 선등록디자인의 유사 여부를 자백간주로 처리하지 아니하고 양 디자인을 구체적으로 대비 검토하여 판단하였다.

특허법원 1998. 12. 24. 선고 98허7998 판결(확정)은 상표등록무효사건에서, 어떤 표장이 흔히 있는 명칭인지의 여부는 사실의 문제가 아니고 평가의 문제로서 자백의 대상이 되지 아니한다 할 것이므로 당사자의 자백에 구속되지 아니한다고 판시하였다.

특허법원 2001. 5. 17. 선고 2001허898 판결(확정)은 방론에서, 상표를 분리하여 관찰하는 것이 가능한지 여부는 재판상 자백의 대상이 되는 것이 아니라고 판시하였다.

(6) 상표법 33조 1항 3호 및 2항

특허법원 2000. 8. 18. 선고 2000허532 판결(확정)은 상표법 33조 1항 3호의 성질표시표장에 해당하는지 여부 및 그 표장이 33조 2항 소정의 사용에 의한 식별력을 취득하였는지 여부 자체는 자백간주의 대상이 아닌 법적 판단 내지 평가사항임을 명백히 하였다.

---

208) 다만 특허법원 1998. 10. 22. 선고 98허6964 판결(확정)은 등록서비스표가 상표법 34조 1항 9호의 저명상표에 해당하는지 여부를 판단함에 있어 선등록서비스표가 특정 시점에 국내외에서 일반 소비대중에게 널리 알려져 있었다는 것 자체는 자백의 대상이라고 보았다. 주지상표인지는 사실문제이고 법률문제는 아니라고 보는 견해는 網野誠, 商標(第6版), 有斐閣(2002), 351 참조.

(7) 상표법 119조 1항 3호

특허법원 2000. 7. 20. 선고 99허8813 판결(확정), 1999. 2. 11. 선고 98허4838 판결(확정)은 상표등록취소사건에서 상표의 사용사실, 사용상표의 구체적인 내용은 자백간주 대상이 된다고 보았다. 위 두 사건은 모두 상표권자인 원고를 상대로 불사용 취소를 구하는 피고의 심판청구를 인용한 심결에 대한 취소소송에서, 상표의 사용사실, 사용태양 등을 자백간주에 의하여 인정하고 심결을 취소한 것이다.

불사용을 사유로 상표등록취소를 구하는 원고의 심판청구를 기각한 심결에 대한 심결취소소송에서 상표권자인 피고가 답변서도 제출하지 아니하고 변론기일에 출석하지도 아니한 사안에서, 특허법원 2004. 10. 22. 선고 2004허3522 판결(확정)은 상표권자인 피고가 상표를 정당하게 사용한 사실을 주장·입증함으로써 심결이 적법함을 밝혀야 할 것인데 이러한 주장·입증을 전혀 하지 아니하였으므로 원고 주장의 등록취소 사유가 있다고 볼 수밖에 없다는 이유로 심결을 취소하였다.

특허법원 2000. 7. 6. 선고 99허7278 판결(확정)은 상표등록취소심판을 청구할 이해관계가 있는지 여부는 자백간주의 대상이 아니라는 취지로 판시하였다.

Ⅵ. 심결취소소송의 종료

1. 심결취소소송의 종료사유와 소송종료선언

특허법원에 제기된 심결취소소송은 특수한 행정소송이기 때문에 행정소송과 동일한 사유로 종료된다. 대부분의 사건은 특허법원의 재판을 통해 종료되는 것이 보통이지만, 일부 사건은 소취하 등 당사자의 행위[209]로 종료되기도 하고, 당사자계 사건에서 당사자 일방이 사망하고 승계할 자가 없는 경우, 피고가 원고로부터 계쟁권리를 이전받아 이전등록을 마치거나 합병 등으로 당사자 지위가 혼동된 경우에도 종료된다.

심결취소소송이 종료되었는지에 관하여 다툼이 있는 경우 소송종료선언을 통해 심결취소소송이 종료되었음을 확인하게 된다.

---

209) 심결취소소송이 소취하 외에 화해나 청구의 포기·인낙에 의하여 종료될 수 있는지 논란이 있다(법원행정처, 특허소송실무(1998), 321~322 참조], 청구의 포기와 관련하여, 박창수, "심결취소소송과 청구의 포기", 특허판례연구(개정판), 박영사(2012), 871~879 참조.

2. 당사자의 행위로 인한 심결취소소송의 종료

가. 소의 취하

(1) 의의 및 효과

원고가 제기한 소를 철회하는 법원에 대한 소송행위가 소의 취하이다. 원고는 심결취소소송의 확정시까지 소를 취하할 수 있다. 원고의 소취하가 있으면 처음부터 소송계속이 없었던 것으로 되고,[210] 이로 인하여 소송이 종료된다.[211]

원고의 소취하로 심결취소소송이 종료된 경우, 원고는 다시 심결취소소송을 제기할 수 있는가 문제된다. 제소기간 내라면 가능하겠지만, 제소기간이 경과한 후에 소취하가 된 대부분의 경우에는 소취하로 심결이 확정되고, 그 이후에 다시 제기된 심결취소소송은 제소기간을 넘긴 부적법한 소로 각하될 것이다.

소송물이 복수인 경우, 일부에 대한 소취하도 가능하다. 예컨대 복수의 청구항에 대한 특허무효심판청구사건의 심결에 대한 취소소송은 일부 청구항만에 대해서도 소취하할 수 있고, 그러한 경우 취하되지 않은 청구항에 대한 심결취소소송만 남게 된다.

(2) 소취하의 시기

심결취소소송 판결의 확정시까지 소를 취하할 수 있으므로, 상고심에서도 소취하할 수 있다.

(3) 피고의 동의

피고가 응소하기 전에는 소취하에 피고의 동의가 필요 없지만, 피고가 본안에 관하여 준비서면을 제출하거나 변론준비기일에서 진술하거나 변론을 한 뒤에는 피고의 동의가 있어야 소취하의 효력이 발생한다.[212]

(4) 소취하의 방식

소취하는 서면으로 하여야 한다. 다만, 변론 또는 준비절차에서는 말로 할 수 있

---

210) 민사소송법 266조 1항, 267조 1항.
211) 소의 취하와 관련된 일부 인지액의 환급에 관하여는 민사소송등인지법 14조 참조.
212) 민사소송법 266조 2항.

다. 소취하는 법원에 대한 소송행위이기 때문에 특허심판원에 소취하서를 제출한 것만으로는 부족하고, 소취하서가 특허법원에 접수된 때에 제출된 것으로 된다.

(5) 소의 취하 간주

기일에 당사자 쌍방이 출석하지 않거나 출석한 당사자가 변론하지 아니하고 그 후의 기일에 다시 쌍방이 불출석하거나 변론이 이루어지지 않은 경우(실무상 '2회 쌍불'이라 한다), 그 변론기일로부터 1월내에 기일지정신청을 하지 않으면 소를 취하한 것으로 간주되고, 기일지정신청에 의하여 지정된 기일에서 다시 3번째 쌍방이 불출석하거나 출석한 당사자가 변론하지 아니하는 경우에도 소를 취하한 것으로 간주된다.[213] 실무상 원고가 기일에 불출석하고 피고만 출석한 경우에 번거로운 변론절차를 거치지 않고 2회 쌍불로 사건을 확정시키는 사례가 많다.

나. 상고의 취하

특허법원의 판결에 대한 상고가 제기된 후에 상고인이 상고를 취하하면 소송은 종료되고 특허법원의 판결이 확정된다. 심결을 취소하는 청구인용판결이 확정된 경우에는 확정판결의 기속력이 발생하고 청구기각판결이 확정된 경우에는 심결이 확정되어 확정심결의 일사부재리의 효력이 발생하게 된다. 소의 취하와 달리 상고의 취하에는 피상고인이 응소한 후라 하더라도 피상고인의 동의가 필요 없다.

다. 심판청구의 취하

심판청구는 심결이 확정될 때까지 취하할 수 있다. 다만 답변서의 제출이 있는 경우에는 상대방의 동의를 얻어야 하고, 취하가 있으면 심판청구는 처음부터 없었던 것으로 되는 점, 심판물이 복수인 경우 일부에 대한 심판청구 취하가 허용되는 점에서(특허 161조) 소취하와 유사한 면이 있다. 심결취소소송이 법원에 계속 중인 동안에는 심결이 확정되지 않은 상태이므로, 심판청구인[214]은 심판청구를 취하할 수 있고,

---

213) 민사소송법 268조 참조. 소취하 간주의 효력을 다투는 경우에는 민사소송규칙 67조 1항 내지 3항을 준용(같은 규칙 68조)하고 있으므로, 당사자가 이를 이유로 기일지정신청을 한 경우에는 법원은 변론을 열어 신청사유에 관하여 심리하여야 하고, 심리에 의하여 신청이 이유 없다고 인정하는 경우에는 판결로 소송종료를 선언하여야 하고, 신청이 이유 있다고 인정하는 경우에는 취하 간주 당시의 소송 정도에 따라 필요한 절차를 속행하고 본안판결에 그 판단을 표시하여야 한다.
214) 심판청구의 인용 여부에 따라 심결에서의 청구인, 피청구인과 심결취소소송에서의 원고, 피고가 일치

이 경우 심결취소소송은 소의 이익이 없음을 이유로 각하된다.

다만 소취하의 경우에는 소취하서가 법원에 제출되어야 하고 이로 인하여 심결이 확정되지만, 심판청구취하는 그 취하서가 특허심판원에 제출되어야 하고 이로 인하여 심결의 효력이 상실되며, 심판청구인이 나중에 다시 심판을 청구할 수 있다는 점에서 큰 차이가 있다. 따라서 심결취소소송이 계속 중인 경우 원고 또는 심판청구인은 소를 취하할 것인지 아니면 심판청구를 취하할 것인지, 피고 또는 피심판청구인은 소취하에 동의할 것인지 아니면 심판청구취하에 동의할 것인지 각자 입장에 맞추어 선택을 잘하여야 한다. 소취하가 먼저 효력을 발생하면 심결이 확정되어 심판청구를 취하할 수 없기 때문이다.

3. 법원의 재판으로 인한 심결취소소송의 종료

가. 소장각하명령

소장에 필요적 기재사항이 누락된 경우나 인지를 붙이지 않은 경우 또는 피고에게 소장부본을 송달할 수 없는 경우, 재판장은 원고에게 상당한 기간을 정하여 보정을 명하고, 그 기간 내에 원고의 보정이 없으면[215] 소장을 각하한다. 원고는 소장각하명령에 대하여 즉시항고할 수 있으나, 소장각하명령의 적법 여부의 기준시점은 소장각하명령시이므로, 소장각하명령 후에 보정을 하였더라도 이로 인하여 소장각하명령이 위법하게 되는 것은 아니다.

보정이 되지 않은 상고장은 원심재판장(특허법원 재판장) 또는 상고심재판장에 의한 상고장각하명령의 대상이 된다.

나. 소각하판결

제소기간의 도과,[216] 당사자적격이나 소의 이익의 흠결 등 소송요건이 결여된 경

하지 않을 수 있으므로, 심판청구인은 심결취소소송의 원고일 수도 있고, 피고일 수도 있다.

215) 대법원 2012. 2. 21.자 2012무4 결정, 2007. 3. 30.자 2007마80 결정 참조(인지 등 보정명령은 납부한 때에 인지 등 보정의 효과가 발생되는 것이고, 영수필확인서 등을 보정서 등 소송서류에 첨부하여 제출하고, 접수담당 법원사무관 등이 소장 등 소송서류에 첨부하여 소인하는 등의 행위는 소송기록상 그 납부사실을 확인케 하기 위한 절차에 불과하다고 한 사례).

216) 특허법 186조 5항에 따라 심판장은 심결취소소송을 제기할 수 있는 기간에 대하여 부가기간을 정할 수 있으나, 특허법에는 불변기간의 부가기간에 대한 별도의 규정이 없어 불변기간에 대한 민사소송법

우 본안에 대한 판단에 나갈 수 없음을 이유로 '소각하'라는 소송판결을 통해 소송절차를 종료하게 되는데, 이러한 소각하판결은 변론을 열지 않고 할 수도 있다.[217] 이는 상고각하판결의 경우에도 동일하다.

다. 청구기각판결

심결취소소송이 소송요건을 구비하였으나, 특허심판원의 심결 또는 심판청구서 각하결정을 취소할 만한 사유가 인정되지 않은 경우, 원고의 청구를 배척하는 청구기각판결을 하게 된다.

라. 청구인용판결

심결취소소송이 소송요건을 구비하고 있고, 특허심판원의 심결 또는 심판청구서 각하결정을 취소할 사유가 인정되는 경우, 즉 원고의 청구가 이유 있는 경우에는 원고의 청구를 받아들여 심결을 취소하는 취지의 청구인용판결을 한다.[218] 특허법 189조 1항에서 이를 규정하며, 사정판결에 관한 행정소송법 28조는 적용되지 않는 것으로 해석된다.

마. 특허법원 재판에 대한 불복 및 확정

특허법 186조 8항은 특허법원의 판결에 대하여 대법원에 상고할 수 있다는 규정을 두고 있을 뿐 다른 규정을 두고 있지 않으므로, 민사소송법 규정에 의하여 특허법원 판결에 대하여는 상고를, 결정·명령에 대하여는 재항고 또는 즉시항고를 할 수 있다. 상고기간은 특허법원 판결송달일로부터 2주일이고, 상고장 제출기관은 대법원이 아니라 원심인 특허법원이다. 상고장에 붙일 인지액은 특허법원에 제기한 소장에

상의 일반 법리가 적용되므로 제소기간의 연장을 위한 부가기간의 지정은 제소기간 내에 이루어져야만 효력이 있고, 단순히 부가기간지정신청이 제소기간 내에 있었다는 점만으로는 불변기간인 제소기간이 당연히 연장되는 것이라고 할 수 없다(대법원 2008. 9. 11. 선고 2007후4649 판결 참조. 제소기간을 넘긴 후에 제기된 심결취소의 소에서 원고의 특허심판원에 대한 부가기간지정신청이 제소기간 경과 전에 있었다고 하더라도 제소기간 경과 후에 이루어진 부가기간의 지정은 효력이 없어 심결취소의 소가 부적법하다는 취지로 판단한 원심판결이 정당하다고 한 사례).

217) 민사소송법 219조.
218) 특허법원은 심결을 취소할 수 있을 뿐 거절결정 자체를 취소하거나 출원을 수리하는 등의 특허결정을 할 수는 없으므로, 심결취소의 소 중 거절결정 자체의 취소를 구하는 부분은 부적법하여 각하대상이다 [특허법원 2000. 11. 3. 선고 2000허2620 판결(심리불속행 기각) 참조].

붙인 인지액의 2배이고, 상고심절차에 관한 특례법이 적용되므로 심리불속행에 의한 상고기각의 대상이 된다.

특허법 178조 내지 185조는 확정된 심결에 대한 재심에 대하여 규정한다. 특허법원의 확정판결에 대하여는 민사소송법에 따라 재심을 청구할 수 있으므로 별도의 규정을 두지 않았다. 행정소송법 31조에 의하여 행정처분을 취소한 확정판결에 대하여 제3자에 의한 재심청구가 허용되는데, 심결을 취소한 특허법원의 판결에 대하여도 위 조항이 적용될 수 있다는 견해가 있다.[219]

4. 확정된 심결 및 판결의 효력

가. 서 론

특허심판원의 심결은 법원의 판결이 아닌 행정심판 재결의 일종이므로 그에 준하는 효력을 가진다. 행정심판의 재결이 가지는 형성력, 기속력, 불가쟁력 등이 심결의 효력으로 논의될 수 있을 것이다.

법원의 판결은 민사판결, 형사판결, 행정판결 등 그 종류를 불문하고 일반적으로 논의되는 효력을 기본적으로 가지는데, 형식적 확정력, 기속력, 기판력 등이 그것이다. 그러나 행정판결은 행정판결 나름의 효력상 특성이 있고, 특허법원의 판결은 행정판결의 일종이지만 지식재산권 나름의 특성이 있으며, 이러한 특성을 가지는 효력은 해당 법규에 특별히 규정되어 있는 경우가 많다.[220]

이러한 점들은 특허심판원 심결이나 특허법원 판결의 효력에 대하여 논의할 때 고려되어야 한다. 특허심판원 심결의 효력과 관련하여서는 일사부재리의 효력이, 특허법원의 판결과 관련하여서는 기속력이 중점적으로 논의되며, 부차적으로 양자의 형식적 확정력, 판결의 형성력과 기판력이 논의된다. 이하에서 개별적으로 살핀다.

나. 형식적 확정력과 실체적 확정력

법원이 한 종국판결 또는 특허심판원이 한 심결에 대하여 당사자가 일정기간 내

---

219) 이에 대한 자세한 내용은 법원행정처, 특허소송실무(1998), 346~348 참조.

220) 위헌결정의 기속력에 관하여 규정한 헌법재판소법 47조 1항, 취소판결의 기속력에 관하여 규정한 행정소송법 30조 1항을 비롯하여 특허법원 판결이나 특허심판원의 심결이 가지는 효력으로서 일사부재리의 효력이나 기속력을 규정한 특허법 163조, 189조 3항 등이 이에 해당한다.

에 불복신청을 하지 않으면 판결 또는 심결이 확정되어 추완이나 재심절차에 의하지 않는 한 확정판결 또는 확정심결의 내용을 변경하거나 취소할 수 없게 된다. 이렇게 당사자가 통상적인 소송절차를 통해 확정판결 또는 확정심결에 대하여 다투지 못하게 하는 불가쟁적 효력을 형식적 확정력이라 한다.[221)]

한편, 확정판결의 실체적 효력으로서는 기판력, 형성력, 기속력이 논의되며, 특허법 163조는 확정심결의 효력과 관련하여 일사부재리의 효력을 규정한다.

다. 확정심결의 일사부재리의 효력

(1) 의   의

특허법 163조는 "이 법에 따른 심판의 심결이 확정되었을 때에는 그 사건에 대해서는 누구든지 동일 사실 및 동일 증거에 의하여 다시 심판을 청구할 수 없다. 다만, 확정된 심결이 각하심결인 경우에는 그러하지 아니하다."라고 규정하는데, 이를 일사부재리의 효력이라고 한다. 위 규정은 실용신안법 33조에 준용되고, 동일한 내용이 디자인보호법 151조 및 상표법 150조에도 규정되어 있다.

(2) 근   거

특허심판원의 심결에 대하여 일사부재리의 효력을 인정한 근거는, ① 서로 모순·저촉되는 심결이 발생하는 것을 방지하고 그로써 확정심결의 신뢰성과 권위를 유지하도록 하며, ② 남소를 방지하여 심판절차의 경제성을 도모함으로써 동일심판에 대하여 상대방이 다시 심판에 응하여야 하는 번거로움을 면할 수 있으며 특허심판원은 반복하여 다시 심판하여야 하는 비경제로부터 해방될 수 있다는 점 등이 거론된다.

특허사건에서 일사부재리의 효력은 '동일 사실 및 동일 증거'에 의한 경우에만 인정되는데, 이는 다음과 같은 상반되는 이익을 조화시켜 타당한 해결을 꾀하기 위한 것이다. 즉, 심결이 확정되면 당사자뿐만 아니라 당해 심판절차에 직접 관여하지 아

---

221) 일반적으로 민사판결의 효력으로는 기속력, 형식적 확정력, 기판력, 형성력, 집행력, 반사적 효력, 참가적 효력 등이 있다. 한편, 종국판결이나 심결을 한 법원이나 특허심판원은 그 확정 전이라도 이에 구속되어 함부로 이를 변경할 수 없는데 이를 자박력(自縛力) 또는 불가변력(不可變力)이라 한다. 특허법원 2005. 4. 22. 선고 2004허4693 판결(확정)은, 심결에서 복수의 당사자 중 일부의 기재를 누락한 경우 경정에 해당하는 경우를 제외하고는 특허심판원 스스로 심결을 취소, 철회 또는 변경할 수 없다고 판시하였다.

니한 일반 제3자에 대하여도 대세적으로 효력(이른바 심결의 대세적 효력)이 발생하는데, 당사자가 심판의 수행을 제대로 못하여 필요한 증거를 제출하지 못함으로써 그 특허무효심판청구가 배척된 경우에도 새로운 증거를 갖추어 무효임을 충분히 입증할 수 있는 제3자의 심판청구를 봉쇄하는 것은 제3자의 이익을 해할 뿐만 아니라, 공지공용에 속하는 발명에 대하여 특허를 부여하여서는 아니 되는 국가의 공익 내지 특허제도의 본지에도 반하게 된다. 따라서 특허법은 동일한 사실에 관한 심판청구라도 그것이 동일한 증거에 의한 것이 아닌 때에는 이를 허용함으로써, 앞서 본 바와 같이 한편으로는 모순·저촉되는 심결의 발생을 방지하고 심판절차의 경제를 꾀하면서, 다른 한편으로는 본래 특허를 받아서는 아니 될 발명이 특허를 받은 경우에는 널리 이를 무효로 할 수 있는 길을 열어주고 있는 것이다.[222]

(3) 인정 대상

일사부재리의 효력이 인정되는 것은 특허법에 의한 심판의 심결[223]이 확정[224]된 때이다(특허 163조).

특허법 163조 소정의 '심판의 심결'은 특허심판원이 하는 심판의 심결[225]을 의미하므로 심판의 심결이 아닌 참가의 허부결정(특허 156조 3항) 등은 일사부재리의 효력이 인정되지 아니한다. 특허법 163조 단서는 "다만, 확정된 심결이 각하심결인 경우에는 그러하지 아니하다."라는 규정하여 각하심결에는 일사부재리의 효력이 없음을 명백히 하였다.

222) 당사자 외에 제3자의 심판청구를 봉쇄하는 것은 위헌의 소지가 있다는 견해로는 牧野利秋(비교특허판례연구회 역), "특허법 제167조의 효력이 미치는 범위", 특허판례백선[제3판], 박영사(2005), 297~298; 中山信弘 編(주 33), 田倉整 = 仁木弘明 집필 부분 1596~1597 참조.
223) 2001. 2. 3. 법률 제6411호로 개정되기 전의 구 특허법 163조가 심결 외에 '판결이 확정된 때'에도 일사부재리의 효력이 발생하는 것으로 규정함에 따라 여기서 말하는 판결에 1998. 3. 1. 특허법원 개원 이후의 특허법원 판결이나 대법원 판결도 포함되는지를 놓고 견해의 대립이 있었다[김종석, "일사부재리원칙의 판단기준 시점", 사법 20호, 사법발전재단(2012) 참고]. 그러나 2001. 2. 3. 법률개정을 통하여 '판결이 확정된 때' 부분을 삭제하여 논란을 입법적으로 해결하였다.
224) 2001. 2. 3. 법률 제6411호로 개정되기 전의 구 특허법은 심결이 확정되어 '등록'되었을 때 일사부재리의 효력이 발생한다고 규정하였다. 그에 따라 특허법상 인정되는 각종 심판 중에서 구 특허등록령에 의하여 그 각 확정심결에 대하여 등록사항으로 되어 있는 심결만 일사부재리의 효력이 발생하는 것으로 해석하였으나, 2001. 2. 3. 개정으로 '등록'요건을 삭제하였다. 현재는 그러한 제한 없이 확정된 심결에는 모두 일사부재리의 효력이 발생한다.
225) 과거 특허청심판소나 항고심판소에서 한 심판의 심결도 포함된다.

일사부재리의 효력이 심판청구를 배척하는 심결에 대해서만 발생한다는 견해[226]도 있으나, 특허를 무효로 하는 심결이 확정된 경우에도 일사부재리의 효력이 발생하지만 이로 인하여 특허권은 처음부터 존재하지 않는 것이 되어 새로이 무효심판청구를 할 이익이 없기 때문에[227] 일사부재리의 효력이 문제되지 않을 뿐이라고 보아야 할 것이다.[228]

대법원 판례[229]에 의하면 적극적 권리범위확인심판과 소극적 권리범위확인심판 사이에도 일사부재리의 효력이 인정된다.

(4) 요 건

(가) 총 설

일사부재리의 효력은 확정심결과 '동일 사실 및 동일 증거'에 의하여 다시 심판청구를 하는 경우에 미친다. 따라서 심판의 종류나 청구취지가 다른 경우는 물론 동일 사실에 관한 심판청구라도 다른 증거에 의하여 하는 것이거나 이와 반대로 동일한 증거에 의한 것이라도 다른 사실에 관하여 새로운 심판청구를 하는 것은 일사부재리의 효력이 미치지 아니한다.[230]

여기에서 '동일 사실 및 동일 증거'라 함은 당해 등록권리와의 관계에서 확정이 요구되는 구체적인 사실 및 그 사실과 관련성을 가진 증거를 말하는데,[231] 그 구체적

---

226) 권택수, "일사부재리의 원칙", 특허소송연구 제1집, 한국사법행정학회(1999), 151 참조.
227) 특허를 무효로 한다는 심결에 대한 취소소송 계속 중 다른 사건에서 그 특허를 무효로 하는 심결이 확정된 경우, 특허를 무효로 한다는 심결이 확정된 때에는 그 특허권은 처음부터 없었던 것으로 보게 되므로 결과적으로 존재하지 아니하는 특허를 대상으로 판단한 심결은 위법하게 되지만, 특허가 무효로 확정된 이상, 원고로서는 그 심결의 취소를 구할 법률상 이익도 없어져서 심결취소의 소는 부적법하게 된다(대법원 2009. 8. 20. 선고 2007후289 판결 참조).
228) 牧野利秋(주 222), 297~298 참조.
229) 대법원 2012. 5. 24. 선고 2012후757 판결(등록디자인에 관한 권리범위확인심판에서 확정이 요구되는 구체적인 사실은 적극적 권리범위확인심판에서의 그것과 소극적 권리범위확인심판에서의 그것을 달리 볼 것이 아니므로 소극적 권리범위확인심판의 심결이 확정된 때에는 그 일사부재리의 효력이 적극적 권리범위확인심판 청구사건에도 미친다), 1976. 6. 8. 선고 75후18 판결, 2006. 5. 26. 선고 2003후427 판결(다만, 대법원 2012. 1. 19. 선고 2009후2234 전원합의체 판결은 일사부재리의 원칙의 판단기준 시점을 심판청구 시로 판시하고, 심결 시를 기준으로 한 위 2003후427 판결 등에 대하여 이와 저촉되는 범위 내에서 변경하였다).
230) 실무상 확정심결과 동일 사실 및 동일 증거에 기한 심판청구인지가 많이 문제되는데, 이를 일사부재리의 효력이 미치는 객관적 범위라 한다.
231) 대법원 2001. 6. 26. 선고 99후2402 판결, 1976. 6. 8. 선고 75후18 판결.

의미에 대하여는 넓게 해석할 것인지 좁게 해석할 것인지 견해가 나뉜다.232) 또한, '사실'과 '증거'의 관계에 대하여도, 이를 명확하게 구별하지 아니하고 양자를 일체로서 '동일 사실'로 보아야 한다는 견해와 양자는 일응 구분되는 것으로 보아야 한다는 견해가 있다.

(나) 동일 사실

여기서 '사실'이라 함은 동일 권리에 대하여 동일한 원인을 이유로 하는 특정한 사실을 가리킨다.233) 대법원도 "당해 상표권과의 관계에서 확정이 요구되는 구체적 사실이 동일함을 말하고…",234) "의장법 56조에 따라 준용되는 특허법 147조 소정의 동일 사실이라 함은 청구원인사실의 동일성을 말하며…"235)라고 판시하였다.

동일한 무효의 효과를 발생시키는 사유라도 신규성의 흠결, 진보성의 결여, 산업상 이용가능성의 결여 등은 각각 별개의 사실이 된다.236) 따라서 특허발명이 특정 간행물 기재 발명과 동일하다는 이유로 제기된 특허무효심판청구에 대하여 확정심결이 내려졌더라도 특허발명이 같은 간행물 기재 발명으로부터 용이하게 발명할 수 있다는 이유를 들어 특허무효심판청구를 하는 것은 다른 사실에 의한 심판청구로서 허용된다.237) 상표심판사건의 경우 상표법에 규정된 각 등록무효사유(상표 117조 1항 각 호

---

232) '동일 사실 및 동일 증거'를 넓게 해석하느냐, 좁게 해석하느냐에 따라 새로운 심판청구를 허용하는 범위가 결정되는데, 이를 너무 넓게 해석하면 새로운 심판청구를 사실상 봉쇄하는 결과가 되고, 반대로 이를 너무 좁게 해석하면 새로운 심판청구를 금지하는 취지가 몰각되어 버리게 된다.

233) 일부 지정상품에의 사용사실이 입증되어 상표법 73조 1항 3호에 의한 상표의 불사용취소심판이 기각되자, 사용사실이 입증되지 아니한 나머지 지정상품들만을 대상으로 하여 다시 동일한 상표의 불사용취소심판을 제기한 것이 일사부재리에 저촉되는지에 관하여, 양 심판청구사건에서 취소의 대상이 되는 지정상품의 범위(청구취지)가 다르고, 심판청구일이 달라 등록취소를 면할 수 있는 상표의 사용행위의 기준시점 또한 달라지므로 양 사건이 동일사실에 기초한 것이라고 볼 수 없다고 한 사례[특허법원 2001. 7. 27. 선고 2001허355 판결(확정)]가 있다.

234) 대법원 2001. 6. 26. 선고 99후2402 판결.

235) 대법원 1987. 7. 7. 선고 86후107 판결.

236) 특허법원 2007. 12. 5. 선고 2007허1787 판결(확정)은 '전의 확정심결에서의 진보성 결여사유와 이 사건 심판청구사건에서의 미완성발명 내지 기재불비사유는 동일사실이 아니다'라는 취지로 판시하였다.

237) 특허무효심판에서 무효의 효과를 발생시키는 사유로서 특허법 29조 소정의 '공지', '공연실시' 및 '반포간행물 기재'는 동일한 신규성의 흠결이라는 원인을 이유로 하는 것이므로 이들은 통틀어 동일사실이 된다고 보는 견해도 있다. 그러나 이 경우 무효원인은 신규성 상실로 동일하지만 그 구체적 사실은 다른 것이고, 필연적으로 그 증거도 다르게 되기 때문에 일사부재리의 객관적 범위 내라고 인정할 수 있는 경우를 상정하기 어렵다. 특허법원 2009. 5. 29. 선고 2008허9627 판결(심리불속행 기각)은 '전의 확정심결에서의 미완성발명사유('지지대'와 '실인출림'의 기술구성)와 이 사건 심판청구사건에서의 미완성발명사유(필수구성요소인 '링'의 결여)가 다르다면 이는 동일사실에 기한 심판청구가 아니어서 일사부재리에 해당하지 않는다'고 판시하였다.

참조) 또는 등록취소사유(상표 119조 1항 각 호 참조)마다 각각 별개의 원인사실이 되므로, 예컨대 등록상표가 상표법 34조 1항 7호 소정의 사유에 해당함을 이유로 한 등록무효심판청구를 기각하는 심결이 확정된 후 다시 상표법 34조 1항 4호나 10호 또는 11호 소정의 사유를 들어 위 등록상표에 대한 등록무효심판청구를 한 경우에는 동일 사실에 기한 청구라고 볼 수 없다. 권리범위확인심판사건에서는 확인대상발명과 이에 대비되는 특허발명에 의하여 동일 사실인지가 결정되므로 그중 하나라도 상이한 경우에는 동일 사실이라고 볼 수 없다.[238)]

일사부재리의 효력은 동일 증거에 의한 제한 내에서만 인정되고 동일 사실은 구체적인 특정의 증거에 의하여 특정된다는 점에서, 동일 사실에 관한 문제는 민사소송에서와는 달리 이를 논할 실익이 크지 않다.[239)]

(다) 동일 증거

일사부재리의 효력이 미치는 동일 증거의 범위, 즉 완전히 동일하지 않은 증거나 새로운 증거가 추가되면 새로운 증거라고 하여 다시 심판청구를 할 수 있는가에 관하여, 중요증거설(동일 증거의 의미를 전의 확정심결을 뒤집을 수 있을 정도의 중요한 증거가 아닌 것으로 보는 견해), 증거동일성설(공개특허공보와 이를 실시한 제품의 설명서와 같이 설사 증거의 출처가 다르더라도 증거내용이 실질적으로 동일하다면 동일 증거로 보는 견해), 형식증거설(동일 증거의 의미를 문자 그대로 동일 사실을 증명하기 위한 증거가 완전히 형식상 동일한 경우를 의미한다고 보는 견해), 쟁점증거설(동일 증거의 의미를 전심에서 이미 인정받은 쟁점에 관한 증거는 새로운 증거라도 동일 증거에 해당하는 것으로 보는 견해) 등이 있다.[240)]

일사부재리에 관한 대법원과 특허법원의 주류적 판례는 중요증거설을 취하여 '동일 증거라 함은 전에 확정된 심결의 증거와 동일한 경우뿐만 아니라 그 확정된 심결을 번복할 수 있을 정도로 유력하지 아니한 증거를 부가한 것도 포함'하는 것으로 보

---

238) 확정심결과 2차 심결의 확인대상디자인과 등록디자인이 동일한 이상 이용관계에 관한 법률적 주장만을 달리한다고 하여 동일 사실에 해당하지 않는다고 할 수는 없다는 취지의 특허법원 2007. 8. 22. 선고 2007허4472 판결(심리불속행 기각) 참조.

239) 한편, 특허법원 2007. 12. 28. 선고 2007허3530 판결(확정) 및 2006. 11. 17. 선고 2006허1513 판결(확정)은, 동일 증거에 관하여 대법원이 취하고 있는 중요증거설이 동일 사실의 판단기준으로도 타당한지와 관련하여, 전 확정심결에서 판단된 것과 동일한 청구원인 사실만 동일 사실에 포함될 뿐 동일성이 없는 청구원인 사실은 가사 그것이 전 심결을 번복할 수 있을 정도로 유력하지 아니하더라도 이에 포함된다고 할 수 없다고 판시하여 부정설의 입장을 취하였다.

240) 여러 학설에 대한 상세한 논의는 권택수(주 226), 159~162 참조.

아 동일 증거의 개념을 넓게 해석함으로써 증거가치를 중시하는 입장이다.[241]

따라서 새로운 증거를 제출하더라도 그 새로운 증거가 심결을 번복할 수 있을 정도의 중요한 증거가 아니라면 동일 증거에 해당하여 일사부재리에 저촉될 수 있지만, 확정된 심결의 결론을 번복할 만한 유력한 증거를 새로이 제출한 경우에는 일부 동일한 증거가 있더라도 일사부재리의 원칙에 저촉되지 아니한다.[242] 예컨대, 먼저 제기한 특허발명에 대한 특허무효심판청구사건에서 특허발명의 일부 구성에 대한 선행의 공지간행물을 제출하지 못하여 기각심결이 확정된 후에 다시 특허무효심판을 청구하면서 그 일부 구성에 대한 선행의 공지간행물을 새로이 증거로 제출한 경우 일사부재리에 저촉되지 않는다.[243]

이와 관련하여, 확정심결의 증거와 전혀 다른 새로운 증거만을 제출한 경우, 새로운 증거에 의하여 확정심결과 다른 결론을 낼 수 있는지 여부와 관계없이 동일증거가 아니므로 일사부재리의 원칙에 위반되지 아니한다는 특허법원의 판결례[244]가 있다. 앞의 심판에서 제출된 증거와 다른 새로운 증거를 추가하여 다시 특허무효심판청구를 한 경우 새로이 추가된 증거와 관계없이 앞의 심판에서 판단되었던 특허를 무효로 할 수 있는지 문제되는데, 이를 부정하는 것이 대법원이 취하는 중요증거설에 부합한다.[245]

---

241) 대법원 2005. 3. 11. 선고 2004후42 판결, 2004. 7. 22. 선고 20002후1157 판결, 2001. 6. 26. 선고 99후2402 판결, 2000. 10.27. 선고 2000후1412 판결 및 특허법원 2003. 6. 13. 선고 2002허3092 판결(상고기각), 2003. 3. 21. 선고 2002허2266 판결(확정), 2000. 9. 22. 선고 2000허4046 판결(상고기각, 확인대상디자인이 선행 공지디자인과 유사함을 이유로 소극적 권리범위확인심판청구를 인용한 확정심결이 있은 후 등록디자인권자가 2차로 동일한 확인대상디자인에 대하여 적극적 권리범위확인심판을 청구하면서 등록디자인이 위 선행 공지디자인에 의하여 공지된 것으로 볼 수 없다는 내용의 무효심결에 대한 판결을 제출한 것은 확정심결을 번복할 정도의 새로운 증거를 제출한 경우에 해당하지 않는다고 판단한 사안), 1999. 4. 29. 선고 98허10536 판결[1차 심결에서 등록고안의·세 가지 구성 A, B, C 중 하나에 대한 개개 선행발명들만을 제출하였으나 등록고안은 위 세 가지 구성을 일체로 연설(連設)한 데 기술적 특징이 있어 선행발명들에 의하여 공지되었거나 용이하게 도출할 수 없다고 판단하였는데, 2차 심결에서 구성 B에 대한 새로운 선행발명을 추가한 사안임] 등. 판례가 취하는 중요증거설에 대하여는, 중요증거설에 의하면 심판청구의 적법요건 판단을 위해 실체심리를 마쳐야 하는데, 이는 심판청구의 적법요건 판단과 실체판단을 혼동한 것이라는 비판이 있다.

242) 대법원 2013. 9. 13. 선고 2012후1057 판결, 2005. 3. 11. 선고 2004후42 판결, 1991. 11. 26. 선고 90후1840 판결, 1991. 1. 15. 선고 90후212 판결, 1990. 2. 9. 선고 89후186 판결, 대법원 1989. 5. 23. 선고 88후73 판결.

243) 특허법원 2004. 12. 3. 선고 2004허1809 판결 및 이에 대한 상고기각 판결인 대법원 2006. 10. 13. 선고 2005후32 판결 참조.

244) 특허법원 2006. 9. 28. 선고 2006허732 판결(심리불속행 기각).

245) 특허법원 1998. 11. 12. 선고 98허4807 판결(확정)은, 확정심결에서 선행상표 1에 의한 상표법 7조 1항

(라) 동일심판

동일 사실 및 동일 증거에 의한 '심판'은 청구취지가 동일한 심판, 즉 청구취지의 대상이 된 권리가 동일하고 종류가 동일한 심판을 말한다.

따라서 별개의 등록상표에 대한 각각의 무효심판청구에서 어느 하나의 심결이 먼저 확정된 경우에 그 확정 후에 제기된 심판청구에서 이미 확정된 심결에서와 동일한 주장이나 증거를 제출하는 것은 비록 당사자가 동일하다고 하더라도 동일한 심판이 아니어서 일사부재리의 원칙이 적용되지 않는다.246) 등록무효의 사유가 있는 상표가 거절되었다가 이에 대한 불복심판 및 항고심결을 받아 등록된 것이더라도 그 후의 무효심판청구는 동일한 심판이 아니므로 일사부재리의 원칙이 적용되지 아니한다.247)

적극적 권리범위확인사건과 소극적 권리범위확인사건이 동일심판인지에 관하여는 양 사건의 확인대상이 동일하고 증거도 동일한 경우 이를 긍정하는 것이 대법원 판례이다.248)249) 적극적 권리범위확인과 소극적 권리범위확인은 확인대상이 특허발

7호의 상표등록무효심판청구가 기각된 후, 2차 심결에서 선행상표 1과 선행상표 2에 의한 같은 호의 상표등록무효심판이 청구된 경우, 일사부재리의 원칙상 선행상표 1과의 유사 여부에 대하여는 더 이상 심리하여서는 아니 되고, 선행상표 2와의 유사 여부에 대하여만 심리하여야 한다고 판시하였다.

246) 대법원 2004. 5. 14. 선고 2002후1256 판결.

247) 대법원 1990. 9. 25. 선고 90후304 판결. 다만 이 대법원 판결은 거절결정에 대한 항고심결 자체에 일사부재리의 효력이 인정되지 않는다는 취지로 판시하였으나, 동일 심판이 아니어서 일사부재리의 효력이 문제되지 않는 것으로 보아야 할 것이다. 한편, 특허법원 2009. 4. 24. 선고 2009허1729 판결(심리불속행 기각)은, 유사디자인이 기본디자인과 비유사함에도 유사디자인으로 잘못 등록되었다고 주장하면서 등록무효심판을 청구한 사안에서, 비록 전의 확정심결인 거절결정에 대한 불복심판에서, 유사디자인이 기본디자인과 유사하므로 등록거절사유에 해당하지 아니한다는 판단이 있었더라도, 전의 확정심결과 이 사건 등록무효심판의 핵심쟁점이 동일하다는 이유로 확정심결의 일사부재리의 효력이 이 사건 등록무효심판에도 미친다고 해석한다면, 전의 확정심결과 같이 거절결정불복심판절차에서 출원인의 심판청구가 받아들여진 경우에는 당해 심결에서 판단된 내용과 관련하여서는 장차 어느 누구도 등록무효심판 자체를 청구할 수 없게 되는 부당한 결론에 이르게 된다는 이유로 일사부재리의 효력이 미치지 않는다고 판시하였다.

248) 확인대상이 동일한 경우에 적극적 권리범위확인심판의 일사부재리의 효력이 소극적 권리범위확인심판 청구에 미친다고 판시한 사례로 대법원 2006. 5. 26. 선고 2003후427 판결, 1976. 6. 8. 선고 75후18 판결 등이 있다. 특히 2003후427 판결은 확인대상상표 'safer'와 '**SAFER**' 사이에 외관의 차이가 있으나, 그 호칭 및 관념이 동일하여 전체적으로 동일성이 인정되는 표장이므로 두 표장은 동일한 확인대상표장으로서 일사부재리의 적용대상이라는 것을 긍정한 것이다. 반면 특허법원 2006. 11. 17. 선고 2006허1513 판결(확정)은, 확정된 종전 심결의 확인대상고안 1과 이 사건 심판의 확인대상고안 2의 동일 여부의 판단에 있어, 설사 확인대상고안 1, 2가 이 사건 등록고안의 필수적 구성요소를 공통으로 가지고 있어서 이 사건 등록고안의 권리범위에 속하는지의 결론에 영향을 미치지 못할 가능성이 매우 크다고 하더라도 확인대상고안 1, 2 사이에 기술구성상 차이가 있는 경우에는 구체적 사실이 달라서

명의 권리범위에 속하는지 여부의 확인을 구하는 것으로 동일한 내용의 청구취지를
심판청구인이 권리자인지 아닌지에 따라 반대로 표현한 것에 불과하므로 동일심판으
로 볼 수 있다.

(마) 심결 이유 중의 사실 및 증거

일사부재리의 객관적 범위를 판단할 때 기준이 되는 동일 사실 및 동일 증거는
확정심결의 이유에서 거론되었던 것이어야 한다. 심결 이유 중에 다루어지지 않았던
사실 및 증거와의 관계에서는 심결의 모순, 저촉이라고 하는 문제가 발생하지 않기
때문이다.

동일 사실에 의한 동일한 심판청구에 대하여 전에 확정된 심결의 증거에 대한 해
석을 다르게 하는 등으로 그 심결의 기본이 된 이유와 실질적으로 저촉되는 판단을
하는 것은 특허법 163조가 정한 일사부재리 원칙의 취지에 비추어 허용되지 아니한
다고 할 것이나, 전에 확정된 심결의 증거를 그 심결에서 판단하지 아니하였던 사항
에 관한 증거로 들어 판단하거나 그 증거의 선행기술을 확정된 심결의 결론을 번복
할 만한 유력한 증거의 선행기술에 추가적, 보충적으로 결합하여 판단하는 경우 등과
같이 후행 심판청구에 대한 판단내용이 확정된 심결의 기본이 된 이유와 실질적으로
저촉된다고 할 수 없는 경우에는, 확정된 심결과 그 결론이 결과적으로 달라졌다고
하더라도 일사부재리 원칙에 반한다고 할 수 없다.[250]

나아가 심결취소소송의 심리범위와 관련하여 대법원이 무제한설을 취하고 있는
점을 고려한다면, 심결취소소송에서 새로운 주장이나 증거가 제출되어 판결의 이유
중에 거론되었던 증거 및 주장사실도 일사부재리의 객관적 범위를 정하는 경우에 동
일 사실 및 동일 증거로 참작대상이 된다고 보아야 할 것이다.[251] 이에 따르면, 특허
무효심판청구 기각심결에 대한 심결취소소송에서 새로운 증거나 선행발명이 제출되

동일사실에 해당하지 않는다고 판시하였다.
　한편 확인대상이 동일한 경우 갑이 청구한 소극적 권리범위확인심판의 일사부재리의 효력이 권리자
가 을을 상대로 청구한 적극적 권리범위확인에 미친다고 판시한 사례로 특허법원 2003. 10. 10. 선고
2002허7421 판결(심리불속행 기각)이 있다.
249) 대법원 2012. 5. 24. 선고 2012후757 판결(심결확정된 소극적 권리범위확인심판 청구사건의 확인대상디
자인과 이 사건의 확인대상디자인이 동일한 것이 아니어서, 소극적 권리범위확인심판 청구사건에서 확
정이 요구되는 사실관계와 이 사건에서 확정이 요구되는 사실관계는 동일하지 아니하므로, 위 소극적
권리범위확인심판에서 확정된 심결의 일사부재리 효력이 이 사건에 미친다고 볼 수 없다고 한 사례).
250) 대법원 2013. 9. 13. 선고 2012후1057 판결 참조.
251) 권택수(주 226), 156 참조.

었으나 청구기각판결이 선고되어 기각심결이 최종적으로 확정된 경우, 심판절차와 심결취소소송에서 제출된 증거와 주장은 일사부재리의 효력이 미치는 객관적 범위에 포함된다. 또한, 특허무효심판청구 인용심결을 취소하는 확정판결에 따라 심판청구 기각심결이 확정된 경우, 비록 그 심결이 확정판결의 이유 중에서 거론되었던 사실과 증거를 거시하지 않았다 하더라도 그 심결은 확정판결의 이유를 그대로 원용한 것 이므로 판결 이유 중에 거시된 사실과 증거는 일사부재리의 효력이 미치는 객관적 범위에 포함되는 것으로 볼 수 있다.

다만, 무효심판청구인이 심판청구 인용심결을 받은 후 그 심결취소소송에서 무 효의 증거를 제출하지 않아 심결취소판결이 확정되고 그에 따른 무효심판청구 기각 심결이 확정된 경우,[252] 취소된 종전 심결에서 거론되었던 주장과 증거 또는 이와 동 일한 주장 및 증거로서 후속 심결에서 거론되었던 주장과 증거[253]를 일사부재리의 효력이 미치는 객관적 범위에 포함되는 것으로 볼 것인지가 문제된다. 취소확정판결 에 의하여 취소된 종전 심결은 아무런 효력도 인정되지 아니하므로, 그 심결에서 거 론되었던 사실 및 증거는 일사부재리의 효력이 미치는 객관적 범위에 포함되지 않는 것으로 보아야 할 것이고, 후속 심결은 심결취소확정판결의 기속력에 따른 것이어서 심결 이유 중에 이에 대한 판단만 기재하면 충분하고 종전 심결에서 거론되었던 사 실 및 증거를 거시할 필요는 없으며, 이를 거시하더라도 무익한 기재사항으로 볼 수 있으므로 보아 이 역시 일사부재리의 객관적 범위에서 제외된다고 봄이 타당하다. 따 라서 심사관이나 제3자[254]가 취소된 종전 심결의 이유 중에서 거론되었던 주장사실 과 증거를 들어 무효심판을 청구하더라도 일사부재리에 저촉되는 것은 아니다.

(5) 주관적 범위

심결의 일사부재리 효력은 심결이 행정처분적 성질 및 공익적 성질이 있음을 고

---

252) 이 경우 무효심판청구인이 심결취소확정판결에 따라 재개된 심판절차에서 종전 심판절차에서 제출했 던 증거를 새로이 제출하더라도 취소확정판결의 기속력에 의하여 이를 새로운 사정으로 볼 수 없고, 심판청구기각심결을 하여야 한다는 점에 관하여는 취소확정판결의 기속력 부분에 대한 설명 참조.
253) 현재 특허심판원의 실무는 심결취소확정판결에 따른 후속 심결의 경우에 기속력에 기한 판단만 하고, 종전 심결에서의 주장과 증거에 대한 판단을 하지 않는다.
254) 확정심결의 원인이 된 심판을 청구했던 당사자가 다시 동일한 주장사실 및 증거를 이유로 무효심판을 청구할 경우에 대하여 일사부재리의 문제라기보다 기속력이나 신의칙 또는 금반언에 반하는 심판청구 의 문제로 검토할 수도 있을 것이다.

려하여 특허법 163조의 법문 그대로 당사자뿐만 아니라 제3자(당해 권리의 승계인도 포함)에게도 미친다. 따라서 확정된 심결의 당사자나 그 승계인을 포함한 누구라도 일사부재리의 효력에 반하는 심판청구를 할 수 없다.[255]

(6) 판단의 기준시점[256]

(가) 심판청구가 일사부재리의 효력에 반하는지 여부를 판단하는 기준시점, 즉 특허법 163조에서 말하는 심결이 확정되었는지 여부를 심판청구 시를 기준으로 판단할 것인지 심결 시를 기준으로 하여 판단할 것인지 문제된다. 심판청구 시를 기준으로 하면 심판청구 시에 다른 심결이 확정되지 않았다면 그 심판청구 후에 동일 사실 및 동일 증거에 의한 다른 심판의 심결이 확정되더라도 일사부재리의 효력에 반하지 않는 반면, 심결 시를 기준으로 하면 심판청구 시에 다른 심결이 확정되어 있지 않았더라도 심결 시에 동일 사실 및 동일 증거에 의한 다른 심결이 확정되었다면 그 심판청구는 일사부재리의 원칙에 반하는 것으로 부적법하게 된다. 이러한 기준시점의 차이점은 동일한 특허 등에 대하여 동일 사실 및 동일 증거에 의한 복수의 심판청구가 계속 중 어느 하나의 심판에서 심판청구를 기각하는 심결이 확정되는 경우에 발생한다.[257][258]

---

255) 특허법 163조는 오스트리아의 1897년 특허법 93조를 수계한 일본의 1909년 특허법 87조(현행 특허 167조)를 다시 수계한 것인데, 오스트리아에서는 1973. 10. 17. 헌법재판소의 위헌판결로 위 규정을 승계한 1970년 특허법 146조 중 "제3자로부터 이루어진 것이라도"의 부분, 즉 일사부재리에 대세효를 인정한 부분이 폐지되었다[김종석, 위 논문, 234 참조].

256) 김종석(주 223); 오충진, "일사부재리의 판단기준", 특허판례연구(개정판), 박영사(2012); 이장호, "특허법 제163조 일사부재리원칙의 판단기준 시점", 대법원판례해설 34호(2000 상반기), 법원도서관(2000. 11) 참조.

257) 오충진(주 256), 729.

258) 일본 구 특허법(2011. 6. 8. 개정되기 전의 것) 167조는 우리의 구 특허법 163조와 거의 동일하게 "누구든지 특허무효심판 또는 연장등록무효심판의 확정심결의 등록이 있는 경우에는 동일사실 및 동일증거에 기초하여 그 심판을 청구할 수 없다."라고 규정하였다. 그 판단기준 시점에 관하여 일본은 대심원 판결[대심원 1920. 3. 19. 판결(民錄 26권, 327)]이 심결시설을 취한 이후 그 입장을 계속 유지하다가, 최고재판소 2000. 1. 27. 판결에서 '특허법 167조의 취지는 어떤 특허에 대해 무효심판청구가 성립하지 않는다고 하는 취지의 심결이 확정되고 그 취지가 등록된 경우에는 그 등록 후에 새로 위 무효심판청구에 있어서와 동일사실 및 동일증거에 기초하여 무효심판청구를 하는 것은 허용되지 않는다는 것이고, 그것을 넘어 확정된 심결의 등록에 의해 그 시점에 있어서 이미 계속하고 있는 무효심판청구가 부적법하게 된다고 해석할 수는 없다. 따라서 갑의 무효심판청구가 있은 후에 이것과 동일 사실 및 동일 증거에 기초한 을의 무효심판청구를 기각하는 취지의 확정심결이 등록되었다고 하더라도 갑의 무효심판청구가 부적법하게 되는 것은 아니라고 해석하는 것이 상당하다'라는 취지로 판시하여 심판청구시설

(나) 종전 대법원 판례259)는 "특허법 163조에 정한 일사부재리의 원칙에 해당하는지 여부는 심판의 청구 시가 아니라 그 심결 시를 기준으로 판단되어야 하는 것이므로, 일사부재리의 원칙은 어느 심결의 확정 후에 청구되는 심판에 대하여만 적용되는 것은 아니고, 심결 시를 기준으로 하여 동일사실 및 동일증거에 의한 심결이 확정된 경우에는 그 심판의 청구시기가 심결의 확정 전이었는지 여부를 묻지 않고 적용되는 것이다."라고 판시하여 심결시설의 입장을 취하였다.260)

이에 대하여 심판청구시설이 법문상의 "이 법에 의한 심판의 심결이 확정된 때에는 … 다시 심판을 청구할 수 없다."라는 표현에 부합하는 점, 심판청구에 대한 심결확정등록이라는 우연한 사정에 의해 자신의 고유한 이익을 위해 진행하던 절차를 소급적으로 부적법하게 하는 것은 헌법상 기본권인 재판받을 권리를 과도하게 침해하는 결과가 되며, 특허법원의 심결취소판결을 무의미하게 하는 불합리가 발생하는 점 등의 측면에서 재검토할 필요가 있다는 비판이 있었다.261)

(다) 그 후 대법원은 2012. 1. 19. 선고 2009후2234 전원합의체 판결262)에서 구 특

로 변경하였다. 그 후 일본은 분쟁처리의 적정화 등을 위해 2011. 6. 8. 특허법 167조를 개정하여 심결의 효력이 당사자와 참가인에게만 미치는 것으로 규정하였다.

259) 대법원 2000. 6. 23. 선고 97후3661판결, 2006. 5. 26. 선고 2003후427 판결.

260) 심결시 기준설에 의하면 심판청구 시에는 일사부재리의 원칙에 해당되지 않은 경우라도 심결 시에 이에 해당되면 일사부재리의 원칙에 위반되어 당해 심판청구는 각하되어야 할 것이고, 복수의 심판청구가 계속되어 있다가 후에 제기된 심판청구에 대한 심결이 먼저 확정된 경우에도 먼저 제기된 다른 심판청구는 각하되어야 할 것이다. 나아가 심판청구기각심결이 소송에서 취소되어 다시 심판단계에 계속 중에 다른 동일한 심판청구에 대한 심결이 기각되어 확정된 경우 확정판결에 의하여 취소확정 된 앞의 심판청구 역시 일사부재리의 원칙을 적용받아 각하되어야 한다는 견해[권택수(주 226), 163~164]도 있었다.

261) 심판청구시설에 찬성하는 견해로는 오충진(주 256), 729~731 참조.

262) 2009후2234 전원합의체 판결은 "구 특허법 163조에서 정한 일사부재리의 원칙에 해당하는지는 심판의 청구 시가 아니라 심결 시를 기준으로 판단해야 한다고 해석한 종래의 대법원 판례에 따르면, 동일 특허에 대하여 동일 사실 및 동일 증거에 의한 복수의 심판청구가 각각 있는 경우에 어느 심판의 심결(제1차 심결)에 대한 심결취소소송이 계속하는 동안 다른 심판의 심결이 확정 등록된다면, 법원이 당해 심판에 대한 심결취소의 청구가 이유 있다고 하여 제1차 심결을 취소하더라도 특허심판원이 그 심판청구에 대하여 특허법 189조 1항 및 2항에 의하여 다시 심결을 하는 때에는 일사부재리의 원칙에 의하여 그 심판청구를 각하할 수밖에 없다. 그러나 이는 관련 확정심결의 등록이라는 우연한 사정에 의하여 심판청구인이 자신의 고유한 이익을 위하여 진행하던 절차가 소급적으로 부적법하게 되는 것으로 헌법상 보장된 국민의 재판청구권을 과도하게 침해할 우려가 있고, 그 심판에 대한 특허심판원 심결을 취소한 법원판결을 무의미하게 하는 불합리가 발생하게 된다. 나아가 구 특허법 163조는 일사부재리의 효력이 미치는 인적 범위에 관하여 '누구든지'라고 정하고 있어서 확정 등록된 심결의 당사자나 그 승계인 이외의 사람이라도 동일 사실 및 동일 증거에 의하여 동일 심판을 청구할 수 없으므로, 함부로 그 적용의 범위를 넓히는 것은 위와 같이 국민의 재판청구권의 행사를 제한하는 결과가 될 것

허법(2001. 2. 3. 법률 제6411호로 개정되기 전의 것) 163조에서 정한 일사부재리의 원칙에 따라 심판청구가 부적법하게 되는지 판단하는 기준시점을 심결 시에서 심판청구 시로 변경하였다.

(7) 위반된 경우의 효력

대법원 판례에 의하면 일사부재리 효력의 판단기준 시점은 후행 심판청구 시이므로, 후행 심판청구 당시 관련 심결이 확정된 경우에 후행 심판청구는 일사부재리 원칙을 위반하여 제기된 것이어서 부적법하므로 심결로써 이를 각하하여야 한다(특허 142조).[263]

라. 확정판결의 형성력과 기판력

(1) 확정판결의 형성력

심결을 취소하는 판결이 확정되면 취소된 심결은 특허심판원의 별도의 행위를 기다릴 필요 없이 그 효력을 잃게 된다. 이처럼 심결의 효력을 상실시킨다는 점에서 확정된 심결취소판결은 형성력이 있다.

(2) 확정판결의 기판력

심결취소소송의 확정판결에도 기판력이 인정된다는 견해[264]가 있으나, 확정심

이다. 그런데 구 특허법 163조는 '그 심판을 청구할 수 없다'라고 규정하고 있어서, 위 규정의 문언에 따르면 심판의 심결이 확정 등록된 후에는 앞선 심판청구와 동일사실 및 동일증거에 기초하여 새로운 심판을 청구하는 것이 허용되지 않는다고 해석될 뿐이다. 그러함에도 이를 넘어서 심판청구를 제기하던 당시에 다른 심판의 심결이 확정 등록되지 아니하였는데 그 심판청구에 관한 심결을 할 때에 다른 심판의 심결이 확정 등록된 경우에까지 그 심판청구가 일사부재리의 원칙에 의하여 소급적으로 부적법하게 될 수 있다고 하는 것은 합리적인 해석이라고 할 수 없다. 그렇다면 일사부재리의 원칙에 따라 심판청구가 부적법하게 되는지 여부를 판단하는 기준 시점은 심판청구를 제기하던 당시로 보아야 할 것이고, 심판청구 후에 비로소 동일사실 및 동일증거에 의한 다른 심판의 심결이 확정 등록된 경우에는 당해 심판청구를 일사부재리의 원칙에 의하여 부적법하다고 할 수 없다."라고 판시하고, 심결 시를 기준으로 판단되어야 한다고 판시한 대법원 2000. 6. 23. 선고 97후3661 판결과 대법원 2006. 5. 26. 선고 2003후427 판결은 이와 저촉되는 범위 내에서 변경하였다(전원합의체 판결은 확정심결이 심판청구 당시 확정 등록되어 있지 않았다는 이유로 심판청구가 구 특허법 163조에서 정한 일사부재리의 원칙에 위배된다고 할 수 없다고 한 사례임).

263) 특허법 142조(보정불능한 심판청구의 심결각하) 부적법한 심판청구로서 그 흠결을 보정할 수 없는 때에는 피청구인에게 답변서 제출의 기회를 주지 아니하고 심결로써 이를 각하할 수 있다.

264) 이상경(주 57), 119; 법원행정처, 특허소송실무(1998), 341; 田村善之(주 124), 42 참조.

결 또는 심결취소소송의 확정판결에 대하여 기판력을 논의할 실익은 크지 않을 것이다.

확정심결은 기판력을 인정하는 법적 근거가 없고, 특허법원의 판결이 확정된 이후에 새로이 제기된 심결취소소송은 제소기간을 도과한 것으로 각하될 것이기 때문에 기판력이 문제되는 경우가 사실상 없다.

또한, 기판력의 시적 범위와 관련하여 심결취소소송의 변론종결 전에 주장할 수 있었던 심결취소사유의 주장이 그 후의 심판청구나 심결취소소송에서 차단되는지 의문이 있을 수 있다. 그러나 이에 대하여 특허법 163조 및 189조 3항에서 일사부재리 및 기속력에 관하여 규정하므로, 이에 저촉되지 않는 한 차단효는 문제되지 않는다고 할 것이다.[265] 예를 들어, 원고가 선행발명 1을 근거로 특허발명이 신규성 또는 진보성이 없음을 주장하면서 특허무효심판을 청구하였으나 기각심결을 받고, 그에 대한 심결취소소송에서도 청구기각판결이 확정되었는데, 그 후에 새로이 선행발명 2를 진보성 부정의 자료로 추가하여 특허무효심판을 청구한 경우, 기판력 이론에 의하면 새로운 선행발명 2의 주장은 확정된 청구기각판결의 변론종결 전에 가능하였던 만큼 그 후의 심결이나 그에 대한 심결취소소송에서 그 주장이 차단되는 것으로 볼 여지가 있으나,[266] 심결이나 심결에 대한 판결이 확정된 경우에는 기판력이 문제되지 않고, 새로운 주장 및 증거를 제출한 경우이어서 일사부재리에 저촉되지도 않으므로, 선행발명 2의 내용에 따라 원고는 특허심판원이나 법원으로부터 특허무효의 판단을 받을 수 있다.[267]

---

265) 당사자계 사건의 심결취소소송의 심리범위에 대하여 무제한설은, 당사자는 심결절차에서 주장하지 않았던 새로운 사유를 소송절차에서 새로이 주장·입증할 수 있고, 이에 대하여 법원은 판단하여야 한다는 것이지, 당사자에게 심결취소소송에서 변론종결 시까지 주장할 수 있는 모든 특허무효사유나 상표등록취소사유를 주장할 것을 요구하거나 주장하지 않은 사유에 대하여 차단효를 인정하자는 것이 아니다. 다만, 소송절차에서 새로이 주장된 사유에 대한 확정판결이 있을 경우 확정판결의 기속력 또는 일사부재리의 원칙과 관련하여 새로운 심판절차에서 이에 대한 주장이 제한될 수 있을 뿐이다.

266) 이 경우에도 심결취소소송의 소송물을 개개 심결로 한정하여 본다면, 전·후 심결이 다른 이상 기판력 문제는 발생하지 않는 것으로 이론구성을 할 수도 있다.

267) 피고가 선행발명 1을 근거로 특허발명이 신규성 또는 진보성이 없음을 주장하면서 특허무효심판을 청구하여 인용심결(무효심결)을 받았으나, 그에 대한 심결취소소송에서 선행발명 1만으로는 특허발명의 신규성 또는 진보성이 부정되지 않는다는 취지의 심결취소판결이 확정되었고, 그 후 2차 심결절차에서 피고가 새로이 선행발명 2를 진보성 부정의 자료로 제출한 경우에도 마찬가지이다.

마. 확정판결의 기속력

(1) 의 의

특허법은 심결취소소송을 통해 당해 심결 또는 결정을 취소하는 법원의 판결이 확정되면 심판관은 다시 심리를 하여 심결 또는 결정을 할 것과 그와 같이 취소확정 판결에 따라 다시 심결 또는 결정을 할 때는 취소판결의 기본이 된 이유에 기속된다고 규정하는데(특허 189조 2항, 3항), 이를 취소판결의 기속력이라고 한다.

특허법 189조 2항 및 3항은 일반 행정소송에서 취소판결의 기속력을 규정한 행정소송법 30조에 대한 특별규정이다.

(2) 기속력의 성질

기속력의 성질에 관하여는 기판력설[268]과 특수효력설[269]이 있다. 통설은 특수효력설로서, 행정청에 대하여 취소판결의 취지에 좇아 행동하여야 할 실체법상의 작위의무를 생기게 하는 것으로서 기판력과 다른 특수한 효력을 특별히 법정한 것으로 본다. 즉, 기판력은 확정판결이 동일한 처분에 대하여 어떤 효력을 미치는 것인가에 관한 것인데 비하여 기속력은 확정판결이 확정판결 후에 행하여지는 처분에 대하여 어떠한 효력을 미치는가에 관한 것인 점에서 차이가 있다.

종전 대법원 판례를 살펴보면 기판력과 기속력이라는 용어를 엄격하게 구분하지 않고 사용한 예도 있었으나,[270] 그렇다고 하여 대법원이 기판력설을 채택하였던 것은 아니라고 보는 견해가 일반적이다. 근래 대법원 판례는 기속력이라는 용어로 통일하여 사용하고 있다.[271]

---

268) 취소판결의 기판력이 행정청측에 미치는 것은 당연한 것이고, 다만, 기속력이 별도로 법정되어 있는 것은 행정권의 행사가 국민에 대하여 일체로서 고려되어야 하기 때문에 형식상으로는 특정의 행정관청을 당사자로 하는 판결이 있더라도 실질상으로는 판결의 직접 당사자 이외에 그 사항을 처리하는 관계행정청(처분청의 권리주체가 되는 나라 또는 공공단체의 기관)에도 판결의 효력이 미친다는 것을 명확히 하기 위한 것으로 본다(강기중, "확정된 심결취소판결의 기속력", 특허소송연구 제2집, 특허법원(2002), 48 참조.

269) 행정청측에 대하여 취소판결의 취지에 따라 행동하여야 할 실체법상 작위의무를 생기게 하는 것으로 기판력과 다른 특수한 효력을 특별히 법정한 것으로 보는 견해이고, 확정판결이 확정판결 후에 행해지는 처분에 대하여 어떤 효력을 미치는가에 관한 것인 점에서 기판력과 차이가 있다고 본다(강기중(주 268), 49 참조.

270) 대법원 1997. 2. 11. 선고 96누13057 판결.

271) 대법원 2011. 2. 24. 선고 2008후4486 판결, 2008. 6. 12. 선고 2006후3007 판결, 2002. 12. 26. 선고

(3) 기속력의 내용

(가) 반복금지효

취소소송에서 인용판결(심결을 취소하는 판결)이 확정되면 행정청(특허심판원의 심판관)은 동일 사실관계 아래에서 동일 당사자에 대하여 동일한 내용의 처분(심결)을 반복하여서는 아니 된다. 다만, 취소판결의 사유가 심판절차의 위법이나 형식상의 흠인 경우에는 그 확정판결의 기속력이 취소사유로 된 절차나 위법에만 미친다고 할 것이므로 심판관이 적법한 절차나 형식을 갖추어 다시 동일내용의 처분(심결)을 하는 것은 가능하다.

(나) 취소에 따른 재심리의무

심결 또는 결정의 취소판결이 확정된 경우에는 그 심결 또는 결정을 행한 심판관은 심판청구인의 새로운 신청을 기다리지 않고 취소판결의 취지에 따라 다시 심리하여야 한다.[272] 심결이나 결정이 절차나 형식의 위배, 권한의 남용 등을 이유로 하여 취소된 경우에는 심판관은 지적된 잘못을 피하고 적정한 방법으로 심결 또는 결정을 하여야 한다. 다시 절차를 진행한 결과 동일한 결론으로 되는 경우에 취소 전 심결 또는 결정과 동일한 내용의 심결이나 결정을 할 수 있음은 물론이고, 취소사유가 된 절차상 위법이 없는 이상 종전의 절차는 그대로 효력을 유지한다.

(4) 기속력의 주관적 범위

취소판결은 특허심판원과 심판관을 기속한다.

(5) 기속력의 객관적 범위

(가) 일반론

특허법 189조 3항은 "취소의 기본이 된 이유는 그 사건에 대하여 특허심판원을 기속한다."라고 규정하는데, 여기서 '취소의 기본이 된 이유'가 무엇을 의미하는가에

2001후96 판결, 2002. 11. 26. 선고 2000후2590 판결, 2002. 1. 11. 선고 99후2860 판결 등 참조.

272) 특허법 189조 2항, 대법원 2010. 2. 11. 선고 2009후2975 판결(특허심판원이 특허법원의 취소판결에 따라 다시 심판을 진행하면서 당사자로 하여금 취소판결의 소송절차에서 제출되었던 증거를 다시 제출하도록 통지하였으나 당사자로부터의 증거제출이 없어 이를 실제로 제출받지 아니한 채 심결을 하였더라도, 그러한 사정만으로 곧바로 당사자에게 증거조사결과에 대한 의견을 제출할 기회를 주지 않았다거나 증거의 제출로 인한 정정청구의 기회를 박탈한 위법이 있다고 할 수 없다고 한 사례), 1992. 5. 26. 선고 91누5242 판결.

따라서 취소판결의 기속력의 객관적 범위가 달라질 수 있다.

통상적으로 행정소송법상의 기속력에 관하여는 취소판결 등의 실효성을 도모하기 위하여 인정된 효력이므로, 판결주문 및 그 전제로 된 요건사실의 인정과 효력의 판단에만 미치고, 판결의 결론과 직접 관계없는 방론(obiter dictum)이나 간접사실의 판단에는 미치지 아니한다고 하며, 여기서 '판결주문 및 그 전제로 된 요건사실의 인정과 효력의 판단'을 특허법의 '취소의 기본이 된 이유'와 같은 것으로 보는 것이 일반적이다.

기속력은 심결의 위법성 일반에 대해서가 아니라 심결 또는 결정의 개개의 위법원인에 대하여 생기는 것이므로,[273] 심결취소판결의 확정에 따라 재개된 심판절차에서 특허심판원은 그 취소판결에서 표시한 위법사유와 동일한 이유로 종전의 심결과 동일한 결론의 심결 또는 결정을 할 수 없다. 다만 심결취소판결 후 심판절차에서 새로운 증거가 제출되어 기속적 판단의 기초가 된 증거관계에 변동이 생긴 경우와 같은 특별한 사유가 있는 경우에는 취소판결에 표시한 위법사유와 다른 이유에 의하여 동일한 심결 또는 결정을 하는 것은 무방하다.

대법원 판례에 의하면, 기속력은 취소의 이유가 된 심결의 사실상 및 법률상 판단이 정당하지 않다는 점에 대하여 발생하는 것이므로, 취소 후의 심리과정에서 새로운 증거가 제출되어 기속적 판단의 기초가 되는 증거관계에 변동이 생기는 등의 특단의 사정이 없는 한, 특허심판원은 위 확정된 취소판결에서 위법이라고 판단된 이유와 동일한 이유로 종전의 심결과 동일한 결론의 심결을 할 수 없으며,[274] 여기서 새로운 증거라 함은 적어도 취소된 심결이 행하여진 심판절차 내지는 그 심결의 취소소송에서 채택, 조사되지 않은 것으로서 심결취소판결의 결론을 번복하기에 족한 증명력을 가지는 증거라고 보아야 한다고 한다.[275]

(나) 절차적 위법을 이유로 한 취소판결의 경우

심결에 거절이유통지, 의견서 제출기회 부여 등에 절차적 위법이 있음을 이유로

---

273) 대법원 1997. 2. 11. 선고 96누13057 판결.

274) 대법원 2008. 6. 12. 선고 2006후3007 판결, 2002. 12. 26. 선고 2001후96 판결, 2002. 11. 26. 선고 2000 후2590 판결, 2002. 1. 11. 선고 99후2860 판결, 특허법원 2012. 5. 24. 선고 2011허6543 판결(확정), 2005. 7. 21. 선고 2005허2724 판결(확정), 2000. 10. 13. 선고 99허9366 판결(상고기각), 2000. 6. 23. 선고 99허6527 판결(상고기각) 등.

275) 대법원 2008. 6. 12. 선고 2006후3007 판결, 2002. 12. 26. 선고 2001후96 판결, 2002. 11. 26. 선고 2000 후2590 판결.

한 심결취소판결이 확정된 경우, 특허심판원은 소정의 적법한 절차를 거친 후 새로이 심결할 수 있고, 그에 따른 2차 심결의 결론이 1차 심결과 동일하더라도 기속력에 위반되는 것은 아니다.

(다) 실체적 위법을 이유로 한 취소판결의 경우[276)]

1) 취소확정판결의 기속력에 저촉되지 않은 경우

특허심판원이 취소된 종전의 심결의 기본이 된 거절·무효사유와 다른 거절·무효사유로서 심결취소판결의 사실심 변론종결 이후에 발생한 새로운 사유를 내세워 다시 종전과 같은 심결 등을 하는 것은 무방하다.[277)]

예컨대, ① 심결을 취소한 판결의 확정 후에 심리가 행하여지는 심판절차에서 1차 심결이 채용한 거절이유와 다른 거절이유에 의하여 의견제출통지절차를 거친 후 2차로 거절심결을 하는 것,[278)] ② 1차 심결이 간행물공지를 이유로 무효심결을 하였다가 그 심결이 취소된 경우에 2차 심결에서 공연실시를 이유로 무효심결을 하는 것, ③ 취소판결이 채용한 것과 별개의 선행발명과의 대비로 진보성을 부정하는 것, 진보성을 부정한 1차 심결의 판단이 잘못되었다는 이유로 심결을 취소하는 판결에서 그 기초가 된 선행발명과 다른 선행발명에 의하여 2차 심결에서 발명에 신규성이 없다고 판단하는 것은 허용되고, 기속력에 반한다고 할 수 없다. 또한 ④ 대법원 환송판결의 파기이유는 "등록된 기본디자인과 유사디자인 및 확인대상디자인을 함께 대비해 보면 전체적으로 유사함에도 환송 전 원심결이 유사디자인과 확인대상디자인은 대비하지 아니하고 기본디자인과 확인대상디자인만을 대비하여 서로 유사하지 않다고 판단한 것은 위법"이라는 것이고, 환송 후 원심결이유는 "기본디자인과 유사디자인 및 확인대상디자인을 함께 대비해 보면 전체적으로 유사하나, 확인대상디자인은

---

276) 이와 관련된 일본의 사례에 대해서는 강기중(주 268), 68~81 참조.

277) 대법원 1999. 12. 28. 선고 98두1895 판결, 1985. 4. 9. 선고 84후83 판결, 1985. 3. 12. 선고 84후61 판결, 1980. 2. 12. 선고 79후87 판결.

278) 특허법원 2007. 7. 20. 선고 2006허10548 판결(심리불속행 기각)은, 등록실용신안의 취소결정이 이루어진 기술평가결정서에 주지관용기술의 예시자료로 기재된 증거이더라도, 기술평가절차 및 그에 대한 불복심판절차에서 그에 대한 의견제출기회가 부여된 바가 없다면, 이를 취소결정에 대한 심결취소소송에서 새로운 취소이유가 되는 공지의 증거로 사용할 수 없지만, 심결취소확정판결 후에 개시될 특허심판원의 재심리절차에서는 이를 취소이유로 통지하고 그에 대한 의견서 제출기회를 부여하는 절차를 밟은 다음 종전의 심결을 유지하는 새로운 공지의 증거로 사용할 수 있다고 판시하여, 1차 심결에서 거론되었다 하더라도 그 심결취소소송에서 증거로 삼을 수 없었던 선행발명은 2차 심결에서 의견제출절차를 거친 후 선행발명으로 삼을 수 있다는 취지의 판단을 한 것으로 이해된다.

등록디자인보다 선등록된 청구인의 디자인에 유사하므로 결국 등록된 기본디자인의 권리범위는 확인대상디자인에 미칠 수 없다."라고 판단한 경우,²⁷⁹⁾ ⑤ 대법원 환송판결의 파기이유는 환송 전 원심결에 특허발명과 선행발명의 구성 및 작용효과에 대한 파악 및 대비가 잘못되어 있어 심리미진 또는 이유불비의 위법이 있다는 것인데, 환송 후 원심결은 특허발명과 선행발명의 구성과 작용효과의 파악 및 대비를 제대로 설시한 다음 선행발명으로부터 특허발명의 구성을 용이하게 치환할 수 있어 진보성이 없다고 판단한 경우²⁸⁰⁾ 등도 기속력에 반하지 않는다.

2) 취소확정판결의 기속력에 저촉되는 경우

그러나 새로운 주장과 증거가 없는 경우 또는 새로운 증거가 일부 제출되더라도 심결취소소송의 결론을 번복하기에 충분한 증명력을 가지는 못하는 경우²⁸¹⁾에 특허심판원은 취소판결과 다른 판단을 할 수 없다.

예컨대, ① 등록상표 "PLENITUDE HYDRAMATT"의 요부를 "PLENITUDE"와 "HYDRAMATT"로 인정하고 그중 "HYDRAMATT"가 선행상표 "MATT"와 동일 유사하다고 할 수 없다는 이유로 종전의 등록무효심결을 취소하는 판결이 확정된 후 다시 진행된 심판절차에서 등록상표의 요부가 "MATT"라는 주장과 그에 관한 증거를 제출한 경우,²⁸²⁾ ② 선행고안들과 동일 또는 유사하여 신규성 또는 진보성이 없음을 이유로 등록고안이 무효라고 판단한 확정판결에 대하여, 등록고안과 같은 내용의 고안이 외국에서 특허등록된 자료나 상업적 성공 또는 등록고안과 선행고안들의 차이점을 설명하는 사진과 증인진술서 등을 추가로 제출한 경우,²⁸³⁾ ③ 등록상표가 선등록상표와 동일·유사하여 무효라고 판단한 확정판결에 대하여, 등록상표가 출원 당시 널리 인식된 상표라는 점에 관한 증거를 추가로 제출한 경우²⁸⁴⁾ 등은 확정된 심결취소판결에서 인정한 사실을 번복하기에 족한 정도의 새로운 주장이나 증거제출이 있는 경우라고 할 수 없다.²⁸⁵⁾

---

279) 대법원 1991. 6. 28. 선고 90후1123 판결.
280) 대법원 1994. 3. 11. 선고 92후1141 판결.
281) 취소판결이 특허무효의 판단을 한 경우 그 판단을 번복할 정도의 새로운 증거가 제출되는 사례는 거의 없다. 한편, 증거에 대한 판단도 기속력의 대상이 된다는 것으로는 대법원 1994. 5. 24. 선고 93후381 판결 참조.
282) 대법원 2002. 11. 26. 선고 2000후2590 판결.
283) 대법원 2002. 1. 11. 선고 99후2860 판결, 특허법원 2008. 6. 19. 선고 2007허14097 판결(확정), 2006. 9. 14. 선고 2006허1223 판결(상고기각), 2000. 10. 13. 선고 99허9366 판결(상고기각) 등.
284) 특허법원 2000. 6. 23. 선고 99허6527(상고기각) 판결.
285) 그 밖에 대법원 2008. 6. 12. 선고 2006후3007 판결(원심에서 이 사건 발명이 선행발명들에 비하여 현

3) 1차 심결에서 제출하였으나 심결취소소송에서 제출하지 않은 증거를 2차 심결에서 제출한 경우

예컨대, 상표의 불사용을 이유로 한 등록취소사건에서, 1차 심결의 심리절차에서는 상표사용의 증거가 제출되었으나 그 심결취소소송에서는 동일한 증거가 제출되지 않아 심결취소판결이 확정되고, 그에 따른 2차 심결의 심리절차에서 다시 1차 심결의 심리절차에서 상표사용의 증거로 제출되었던 증거가 제출된 경우, 이는 새로운 증거의 제출이 아니므로 2차 심결은 이를 이유로 취소확정판결의 기속력에 반하는 판단을 할 수 없다는 것이 대법원 및 특허법원의 입장[286]이다. 특허발명에 대하여 특허심판원에서 선행발명에 의해 진보성이 부정됨을 이유로 한 특허무효심결이 내려진 후 권리자인 원고가 제기한 심결취소소송에서 특허무효심판청구인인 피고가 답변서나 증거를 제출하지 않는 등 응소를 하지 않은 경우에도 이와 동일한 결론에 이를 것이다.[287]

(6) 기속력에 위반된 심결의 효력

2차 심결이 판결의 기속력에 반하는 판단을 하는 경우 그 자체로 2차 심결은 위법하게 되고 취소사유가 된다.[288] 1차 심결을 취소한 판결 확정 후의 심판절차에서 새로운 주장, 입증이 없어 그대로 판결의 기속력에 좇은 판단을 한 심결은 적법하고 그에 불복하는 당사자는 원칙적으로 2차 심결취소소송에서 그 기속력에 따른 인정판단이 잘못되었다는 것을 2차 심결의 취소사유로서 주장할 수 없고, 그와 같은 주장은 그 자체로 이유가 없다.

한편, 기속력에 의거한 심결에 대한 심결취소소송에서 심결의 위법성을 뒷받침

저한 효과를 나타내고 있고 상업적으로도 성공하였으며 일본에서도 특허되었으므로 그 진보성이 부정되지 않는다고 주장하면서 그 증거로 갑 제5 내지 16호증을 제출하였으나, 위와 같은 주장 및 증거제출은 위 확정판결에서 판단된 이유와 다른 새로운 주장이나 위 확정판결의 결론을 번복하기에 족한 정도의 새로운 증거의 제출로 볼 수 없다고 본 사례) 등 참조.

286) 특허법원 2000. 12. 14. 선고 2000허976 판결 및 같은 이유로 이에 대한 상고를 기각한 대법원 2002. 12. 26. 선고 2001후96 판결.

287) 재판상 자백에 의한 심결취소판결의 경우에는 대체로 그 기속력을 인정하고 있으나, 자백간주에 의한 심결취소판결이 확정된 경우 1차 심결에서 제출된 증거 등과 관련하여 그 기속력에 대한 견해의 대립이 있다[강기중(주 268), 50, 84~85; 이명규(주 194), 112; 유영일, "심결취소판결의 특허심판원에 대한 기속력 및 심결취소 후 제출된 새로운 증거의 의미", 정보법 판례백선(I), 박영사(2006), 703~705 참조].

288) 기속력에 위배된 2차 심결에 대하여 당연무효로서 행정소송법 35조의 무효확인소송, 손해배상소송을 제기할 수 있는지에 대한 상세한 논의는 강기중(주 268), 52~54 참조.

하는, 실질적으로 새로운 증거를 제출하고 그에 기하여 심결의 위법성을 주장하는 것이 가능한지 논란이 있다. 2차 심결의 심리절차에서 취소확정판결의 기속력을 번복할 수 있는 새로운 주장 및 증거의 제출이 허용되는 한, 그 심결취소소송에서도 취소확정판결의 기속력을 번복할 수 있는 새로운 주장 및 증거의 제출이 허용될 것이다.[289) 다만, 취소된 1차 심결절차에서 주장한 사유나 제출한 증거를 심결취소소송에서 주장·제출하지 않고, 다시 2차 심결절차에서 주장·제출하는 것은 새로운 주장·증거로 볼 수 없다는 점은 앞에서 설명한 바와 같다.

---

289) 특허법원 2005. 7. 21. 선고 2005허2724 판결(확정), 2000. 10. 13. 선고 99허9366 판결(상고기각), 2000. 6. 23. 선고 99허6527 판결(상고기각) 등은 이러한 해석론에 입각하여, 예외적으로 기속력에 따른 심결이라도 그 위법을 심결취소소송에서 다툴 수 있다는 입장으로 이해된다.

제3절

지식재산권에 관한 민사소송 총론

I. 지식재산권에 관한 민사소송의 의의

1. 의   의

지식재산권에 관한 민사소송은 광의의 지식재산권에 관한 소송 중 특허권 등 침해소송이라 불리는 특허법 126조에 기한 금지청구소송, 민법 750조 또는 특허법 128조에 기한 손해배상청구소송, 특허법 131조에 기한 신용회복조치청구소송과 특허권 등의 귀속을 둘러싼 소송 등을 말한다. 다만 앞서 본 바와 같이 특허권 등의 귀속을 둘러싼 소송 중 특허법 33조 1항 본문을 위배한 모인출원을 이유로 특허법 133조 1항 2호에 따라 청구된 특허무효심판의 심결에 대한 취소소송은 심결취소소송에 해당한다.

2. 소송의 유형

가. 유형의 구분

지식재산권에 관한 민사소송은 크게 지식재산권 등록에 관한 소송과 지식재산권 침해에 관한 소송으로 나뉘며, 그 외에도 지식재산권의 귀속에 관한 확인청구소송, 출원공개 후 권리등록 시까지 권리의 실시·사용에 대한 보상금청구소송,[1] 지식재산권 양도대금 청구소송, 직무발명보상금 청구소송, 지식재산권의 실시료 내지 사용료 청

---

1) 특허법 65조 2항, 실용신안법 15조, 상표법 58조 2항, 디자인보호법 53조 2항,

구소송, 도메인이름등록이전청구권 부존재확인 청구소송, 지식재산권에 관한 부당가처분을 원인으로 한 손해배상청구소송 등도 지식재산권에 관한 민사소송에 해당한다.

한편 민사소송법 24조는 지식재산권에 관한 민사소송을 특허권, 실용신안권, 디자인권, 상표권, 품종보호권에 관한 소(특허권 등의 지식재산권에 관한 소)와 특허권 등을 제외한 지식재산권에 관한 소로 구분하여 관할을 달리 정하였다.

나. 등록에 관한 소송

지식재산권의 등록에 관한 소송 중 민사소송에 해당하는 것은 지식재산권의 이전·변경 및 전용실시권·전용사용권/통상실시권·통상사용권과 이를 목적으로 하는 질권의 설정·이전·변경·소멸·처분제한에 관한 의사의 진술을 명하는 판결을 구하는 청구, 즉 지식재산권의 이전등록절차나 이전등록말소등록절차의 이행 또는 인수, 전용실시권·전용사용권·질권의 설정·이전·변경·말소등록절차의 이행 또는 인수를 구하는 소송이다.

다. 지식재산권 침해에 관한 소송

지식재산권 침해에 관한 소송은 특허권, 실용신안권, 상표권, 디자인권, 품종보호권, 배치설계권, 저작권, 콘텐츠산업 진흥법상 콘텐츠권 등 지식재산권의 침해나 부정경쟁방지법 소정의 부정경쟁행위 내지 영업비밀 침해를 이유로 한 손해배상청구, 침해행위의 금지 또는 정지(저작권의 경우)·예방청구, 침해행위로 조성한 물건의 폐기·침해행위에 제공된 설비의 제거·기타 침해의 예방에 필요한 행위의 청구, 신용회복조치청구 또는 명예회복조치청구(저작권의 경우) 등을 말한다. 또한, 상표법이나 부정경쟁방지법에 기한 도메인이름 등록말소청구소송, 인터넷주소자원에 관한 법률에 기한 도메인이름 등록말소청구소송 및 도메인이름 등록이전청구소송도 지식재산권 침해와 관련된 민사소송이다.

캐릭터에 관한 권리, 퍼블리시티권 등과 같이 새로운 권리나 이익의 침해를 원인으로 한 손해배상청구소송이나 금지청구소송이 제기되고 있고, 지식재산권 침해를 원인으로 한 금지명령을 구하면서 예비적 또는 선택적으로 민법상 불법행위를 원인으로 한 금지명령을 구하는 경우2)도 늘어나고 있다.

---

2) 대법원 2010. 8. 25.자 2008마1541 결정.

Ⅱ. 지식재산권에 관한 민사소송의 제기

1. 총론: 소장의 제출 및 심사

민사소송사건의 제1심 절차는 소의 제기에 의하여 개시된다. 소는 원고가 피고를 상대로 법원에 특정한 청구(소송물)에 관한 판결을 구하는 소송행위로, 소는 법원에 소장을 제출함으로써 제기한다(민소 248조). 소장에는 당사자와 법정대리인, 청구의 취지와 원인을 적어야 하고(민소 249조 1항), 당사자와 법정대리인의 주소를 적어야 하며(민소 255조 1항, 민소규 2조 1항 2호), 소송대리인이 있는 때에는 그의 성명과 주소도 적어야 한다(민소 249조 2항, 274조 1항 2호). 그리고 청구원인으로 ① 청구를 뒷받침하는 구체적 사실, ② 피고가 주장할 것이 명백한 방어방법에 대한 구체적인 진술 및 ③ 입증이 필요한 사실에 대한 증거방법을 적어야 한다(민소규 62조). 소장에는 당사자 또는 대리인이 기명날인 또는 서명하여야 한다(민소 249조 2항, 274조 1항). 소장에는 소송목적의 값에 따른 인지를 붙이거나 인지 상당액을 현금 또는 신용카드 등으로 납부하고 영수필확인서를 함께 제출하여야 한다. 청구취지와 청구원인만으로 소송목적의 가액을 산출하기 어려운 사건의 경우에는 소가의 산정에 필요한 자료를 붙여야 한다(인지규 8조).

소장의 작성, 제출 및 심사에 관한 상세한 내용은 제1장 제2절 Ⅳ. 2., 4. 및 법원실무제요 민사소송[Ⅱ](2017) 제16장 참조.

2. 당 사 자

가. 일 반 론

소장에는 원고 및 피고가 누구인가를 다른 사람과 구별할 수 있을 정도로 표시하여야 한다. 어떤 당사자 사이에 판결절차가 개시되었는가를 구체적으로 특정하여 판결의 기판력이 미치는 주관적 범위(민소 218조)를 명확히 하여야 하기 때문이다.

당사자표시의 방법은 원고·피고 등 당사자의 지위를 기재한 다음, 자연인의 경우에는 성명과 주소를, 법인 또는 법인 아닌 사단·재단(민소 52조)의 경우에는 명칭(회사의 경우에는 상호)과 주된 사무소(회사의 경우에는 본점)의 소재지를 기재하는 것이 보통이다.

그 밖에 당사자의 표시에서 주의할 점과 당사자의 확정, 당사자능력과 소송능력, 당사자적격과 제3자의 소송담당, 당사자의 변경과 피고의 경정, 원고 또는 피고가 다수인 소송 등에 관한 일반적인 설명은 법원실무제요 민사소송[Ⅰ](2017), 제9장~제11장 참조.

나. 당사자적격

특허권 등 설정등록 내지 이전등록 등에 관한 소송, 특허권 등에 관한 침해금지 등 청구소송 및 손해배상청구소송, 직무발명에 대한 보상금청구소송, 특허권 등에 관한 실시료지급청구소송 등과 같은 이행의 소는 이행청구권의 확정과 피고에 대한 이행명령을 목적으로 하는 소로, 자기가 이행청구권자임을 주장하는 사람이 원고적격을 가지고, 그로부터 이행의무자로 주장된 사람이 피고적격을 가지므로, 원고의 주장 자체에 의하여 당사자적격 유무가 결정된다.

따라서 발명자가 아닌 자로서 특허를 받을 수 있는 권리의 승계인이 아닌 자가 특허권자로 등록되어 위 사람을 피고로 삼아 특허권이전등록청구소송을 제기하는 경우에 자기가 발명을 한 사람 또는 그 승계인이라고 주장하는 사람이 원고적격을 가진다(특허 99조의2 1항). 특허를 받을 수 있는 권리가 공유인 경우에 공유자 전원이 공동으로 원고가 되어 특허권이전등록청구소송을 제기하여야만 당사자적격이 인정되는지, 즉 고유필수적 공동소송인지가 문제 된다. 특허를 받을 수 있는 권리의 공동소유관계는 특허법의 다른 규정이나 특허의 본질에 반하는 등의 특별한 사정이 없는 한 공유에 관한 민법의 일반규정이 적용된다고 할 것이므로,[3] 특허를 받을 수 있는 권리가 공유인 경우에 공유자 중 1인은 단독으로 원고가 되어 자기 지분에 관하여 특허권이전등록청구소송을 제기할 수 있다고 봄이 타당하다.

특허권 등을 침해하거나 침해할 우려가 있는 자에 대하여 침해금지 등 청구소송 또는 손해배상청구소송을 제기하는 경우에는 자기가 특허권 등의 권리자 또는 전용실시권자/전용사용권자라고 주장하는 사람이 원고적격을 가진다(특허 126조 1항, 2항, 128조 1항, 실용신안 30조, 디자인보호법 113조 1항, 3항, 115조 1항, 상표법 107조 1항, 2항, 109조).

---

3) 대법원 2014. 8. 20. 선고 2013다41578 판결 참조.

통상실시권자/통상사용권자가 특허권 등 권리자를 대위하여 침해자에 대하여 침해금지 등 청구소송을 제기할 수 있는지에 대해서는, 채권자대위소송은 채무자가 무자력인 경우 또는 채권자의 특정 채권을 보전하기 위하여 채무자의 제3채무자에 대한 특정 채권을 행사하여야만 하는 견련관계가 인정되는 경우에 한하여 허용되는데, 특허발명은 물건을 사용·수익하는 경우와 달리 수인이 각자 별개로 실시할 수 있고 통상실시권자의 특허발명 실시를 위하여 제3자의 특허발명 실시가 반드시 금지되어야만 하는 것은 아니므로, 통상실시권자/사용권자가 특허권 등 권리자를 대위하여 제기한 침해금지 등 청구소송은 채권자대위의 요건을 갖추지 못하여 부적법하다는 것이 일반적인 견해이다. 다만 독점적 통상실시권자/사용권자의 경우에는 채권자대위에 의하여 침해금지 등 청구소송을 제기할 수 있다고 보는 견해가 다수설이다.

또한, 특허권 등 설정등록 내지 이전등록 말소청구소송의 경우 등록의무자(등록명의인이거나 그 포괄승계인)나 등록부상 이해관계 있는 제3자 아닌 타인을 피고로 삼은 때에는 당사자적격을 그르친 것으로서 각하되어야 한다.[4]

3. 관 할

가. 사물관할

(1) 손해배상청구소송 등 금전지급청구소송

손해배상청구소송 등 금전지급청구소송은 소가가 2억 원을 초과하는 경우에는 지방법원 및 지방법원지원의 합의부의 관할에 속하고, 소가가 2억 원 이하인 경우에는 단독판사의 관할에 속하며, 지식재산권에 관한 소송도 마찬가지이다. 다만 현재 서울중앙지방법원에서는 지식재산권에 관한 소송의 경우에 소가가 2억 원 이하인 사건이더라도 재정합의 절차를 통해 지식재산권 전담합의부에서 사건을 처리하고 있다.

(2) 침해금지청구소송, 지식재산권 이전등록·등록말소 등에 관한 소송

민사소송 등 인지법 2조 4항에서는 재산권에 관한 소로서 그 소송목적의 값을 계산할 수 없는 것과 비재산권을 목적으로 하는 소의 소가는 대법원규칙으로 정하도록

---

4) 대법원 1994. 2. 25. 선고 93다39225 판결 등.

하고 있고, 민사소송 등 인지규칙 18조에 의하면 무체재산권에 관한 소 중 금전의 지급이나 물건의 인도를 목적으로 하지 아니하는 소는 소가를 산출할 수 없는 소로 간주되며, 민사 및 가사소송의 사물관할에 관한 규칙 2조에 의하면 민사소송 등 인지법 2조 4항에 해당하는 민사사건은 지방법원 및 지방법원지원의 합의부가 심판하도록 규정하고 있으므로, 지식재산권 침해금지청구소송, 지식재산권의 이전·등록말소 등에 관한 소송은 지방법원 및 지방법원지원의 합의부의 관할에 속한다.

나. 토지관할

(1) 피고의 보통재판적

지식재산권에 관한 소송도 다른 종류의 소송과 마찬가지로 피고의 보통재판적 소재지의 법원의 관할에 속한다.

(2) 의무이행지의 특별재판적

지식재산권에 관한 소송도 재산권에 관한 소송이기 때문에 의무이행지의 특별재판적이 문제 된다(민소 8조). 지식재산권에 관한 손해배상청구소송은 지참채무의 원칙(민법 467조)에 따라 채권자인 원고의 주소 또는 영업소가 의무이행지가 되어 원고의 주소지 또는 영업소의 관할이 인정된다.

침해금지청구소송은 부작위채무의 이행을 구하는 소송으로서 부작위를 구하는 지역적 범위가 한정되어 있다면 그 지역이 의무이행지가 되므로 그 지역에 의무이행지로서의 특별재판적을 인정할 수 있다. 그러나 부작위를 구하는 지역적 범위가 한정되어 있지 않은 경우에 모든 지역을 의무이행지로 보아 모든 지역에 의무이행지로서의 특별재판적을 인정할 수는 없으므로, 채무자인 피고의 주소지를 의무이행지로 보아야 할 것인데, 그러한 경우 의무이행지는 피고의 보통재판적 소재지와 동일하므로 의무이행지의 특별재판적이 별 의미가 없다.

(3) 불법행위지의 특별재판적

지식재산권 침해를 원인으로 한 손해배상청구소송은 민사소송법 18조 소정의 불법행위에 관한 소에 해당하므로 불법행위지의 특별재판적을 인정하는 데 별문제가 없다.

그러나 지식재산권 침해금지청구소송에 관해서는 침해행위가 행하여지는 피고의 공장 등 피고의 보통재판적 소재지 이외의 장소에 불법행위지의 특별재판적을 인정할 수 있는지가 문제된다. 이에 관하여 민사소송법 18조에 '불법행위에 관한 소'라고 규정되어 있고 '불법행위로 인한 손해배상의 소'라고 규정되어 있지 아니한 점, 토지관할은 당사자의 이해의 조정을 위한 일응의 기준을 정한 것으로서 침해금지 등을 구하는 소에서 불법행위지인 피고의 침해행위 장소나 원고의 손해발생지에 대하여 특별재판적을 인정하여도 응소하는 피고에게 특별한 불이익이 없는 점 등에 비추어 적극적으로 해석하여야 한다는 견해와 특허권 등의 지식재산권 침해는 침해자의 고의·과실을 요구하지 아니하는 등 불법행위와 성격이 다르므로 소극적으로 해석하여야 한다는 견해가 있다. 실무는 대체로 소극적으로 해석하고 있다.

(4) 등기·등록지의 특별재판적

지식재산권의 등록에 관한 소송, 상호등기말소청구소송, 도메인이름 이전등록청구소송이나 도메인이름 등록말소청구소송 등은 민사소송법 21조에 따라 등기 또는 등록할 공공기관의 소재지에 특별재판적이 인정된다.

다. 전속관할

(1) 총 설

2015. 12. 1. 개정되어 2016. 1. 1.부터 시행된 민사소송법 24조 2항은 "특허권등[5]의 지식재산권에 관한 소를 제기하는 경우에는 2조 내지 23조까지의 규정에 따른 관할법원 소재지를 관할하는 고등법원이 있는 곳의 지방법원의 전속관할로 한다. 다만, 서울고등법원이 있는 곳의 지방법원은 서울중앙지방법원으로 한정한다."라고 규정하고, 같은 조 3항은 "2항에도 불구하고 당사자는 서울중앙지방법원에 특허권등의 지식재산권에 관한 소를 제기할 수 있다."라고 규정한다. 또한, 위 민사소송법과 같은 날 개정되어 같은 날 시행된 법원조직법 28조의4 2호는 "특허법원은 민사소송법 24조 2항 및 3항에 따른 사건의 항소사건을 심판한다."라고 규정한다.[6] 이러한 개정 규정의

---

5) 민사소송법 24조 1항에서 특허권, 실용신안권, 디자인권, 상표권, 품종보호권을 "특허권등"이라고 정의하였다.

6) 법원조직법 부칙(2015. 12. 1.) 2조는 "28조의4 2호의 개정규정은 이 법 시행 전에 소송 계속 중인 특허권·실용신안권·디자인권·상표권·품종보호권의 지식재산권에 관한 민사사건에 대하여 이 법 시행(2016. 1. 1.) 후에 제1심판결이 선고된 경우에 대해서도 적용한다."라고 규정한다. 대법원 2017. 12. 22. 선고 2017다259988 판결 참조.

입법목적은 기본적으로 특허권 등의 침해소송 등에 대하여 전문성, 신속성, 효율성 등을 제고하기 위함이다.

　이러한 법률 규정에 따라 특허권등의 지식재산권에 관한 민사소송 본안사건의 제1심은 5개 고등법원 소재지의 지방법원인 서울중앙지방법원, 대전지방법원, 대구지방법원, 부산지방법원, 광주지방법원에서 전속으로 관할하되, 그 지방법원이 서울중앙지방법원이 아닌 경우라도 당사자는 서울중앙지방법원에 소를 제기할 수 있으며, 항소심은 특허법원에서 전속으로 관할하게 되었다. 특허권등의 지식재산권에 관한 민사소송 본안사건의 항소심이 특허법원의 전속관할이므로, 그 소송목적의 값이 2억원 이하여서 재1심의 사물관할이 단독판사였더라도 그 항소심은 특허법원의 전속관할에 속한다.

(2) 전속관할의 범위

　민사소송법 24조 2항이 '특허권등의 지식재산권에 관한 소'라고 포괄적으로 규정하여 전속관할의 대상이 되는 '특허권등의 지식재산권에 관한 소'의 객관적인 범위를 둘러싸고 아래와 같은 견해의 대립이 있다.

(가) 협의설[7]

　민사소송법은 절차법으로서 '절차의 획일성·안정성'을 추구하여야 하고, 특별재판적은 특별한 종류·내용의 사건에 대하여 한정적으로 적용되는 재판적이며, 특히 전속관할은 재판의 적정·공평 등 고도의 공익적 견지에서 정해진 것인데, 민사소송법상 보통재판적에 대한 특별재판적으로 '재산권에 관한 특별재판적' 등을 두고 있어 지식재산권에 대한 기본적인 재판적이 형성되어 있는 상태에서 재차 지식재산권에 관해서만 특별재판적을 두는 것은 엄격한 한정해석이 필요하다는 전제에서, 당초 지식재산권에 관한 소의 관할을 특허법원 등의 전속관할로 집중하게 된 입법목적 자체가 특허권 등의 침해금지청구소송 및 이에 관한 손해배상소송에 국한된 것이므로, 국민의 재판청구권, 이른바 '지리적 사법접근권'을 제한하는 전속관할에 관한 규정은 이러한 소송 및 직무발명 보상금청구소송 등에 국한하여 한정적으로 적용되어야 한다는 견해이다.

---

7) 이규홍, "특허소송 관할집중에 있어서 '특허권 등에 관한 소'의 해석상 문제점에 관한 연구-헌법합치적 법률해석의 관점에서", 사법 38호(2016. 12.), 413~480 참조.

(나) 광의설[8]

개정 민사소송법 규정이 '특허권등의 침해에 관한 소'라고 하지 않고 '특허권등의 지식재산권에 관한 소'라고 명시하였으므로 입법경위보다는 입법자가 구체적인 문언으로 확정한 사항을 중요시하여야 하고, 민사소송법의 관할규정을 둘러싼 체계적인 맥락, 외국의 입법 및 판례·학설의 동향, 지식재산권에 대한 전문성의 외연이 확장되고 있는 사회현실 등의 관점에서, 특허권등의 지식재산권에 관한 소의 범위를 특허권 등의 침해금지청구소송 및 이에 관한 손해배상소송, 직무발명 보상금청구소송 등 2~3개의 소송유형에 국한할 것이 아니라 더 넓게 파악하여야 한다는 견해이다.

(다) 최광의설[9]

광의설에서 인정하는 소송 유형에 더하여, 보통 국민들이 분쟁해결의 목표로 삼는 내용의 핵심은 청구취지로 현출되는 것이므로 청구취지를 기준으로 삼아, 특허권의 등록이전·말소 등 소의 청구취지에 '특허등록'과 관계된 기재가 있을 경우에는 '특허권등의 지식재산권에 관한 소'에 포함시켜야 한다는 견해이다.

(3) 하급심 사례

서울고등법원 2016. 5. 24.자 2016나2016427 이송결정(확정)은 "민사소송법 24조 2항, 3항에서 '특허권등의 지식재산권에 관한 소'의 관할에 관하여 특별히 규정한 것은, 그 심리판단에 고도의 전문기술적 지식을 필요로 하는 경우가 많고, 심리의 원활한 진행을 위해서는 통상의 민사사건과는 다른 노하우나 경험의 축적도 필요로 하는 것이므로 특허권 등의 지식재산권에 관한 소송을 취급하는 전문재판부가 설치되고 전문기술적 지식을 가지는 기술조사관이 배치되어 있는 등 전문적 처리체제를 갖춘 고등법원 소재지 지방법원의 전속관할로 함으로써 이러한 소송의 심리 충실과 촉진을 도모하려는 것이다. 그런데 이와 같은 고도의 전문기술적 지식을 필요로 하는 사건의 전형적인 예는, 특허권 등의 지식재산권 침해를 이유로 하는 금지나 손해배상청구 등의 소이고, 그러한 경우에는 침해한다고 주장된 제품이나 방법이 특허발명 등의 기술적 범위 등에 속하는지 아닌지가 중요한 쟁점으로 되며, 그 심리판단을 위해서는 고

---

8) 정차호, "특허소송의 관할집중: '특허권에 관한' 사건인지 여부의 판단", 성균관법학 28권 4호(2016년 12월), 193~236 참조.
9) 김동진, "특허권 등의 지식재산권에 관한 소의 전속관할 범위", 지적재산권법연구회 2017. 2. 12.자 게시글, 7~13 참조.

도의 전문기술적 지식을 필요로 하고, 또한 원활한 심리를 위해서는 특허권 등의 지식재산권 침해소송 특유의 노하우나 경험의 축적이 있는 것이 바람직하다. 그러나 이와 같은 소에 한하지 아니하고, 특허권 등의 지식재산권 또는 그에 준하는 특허법 등의 지식재산권에 관한 법률상 권리의 존부, 귀속 등에 관한 소와 같이, 특허권 등의 지식재산권과 밀접하게 관련된 소의 경우에는 그 심리판단에 전문기술적 지식을 필요로 할 가능성이 유형적으로 존재한다. 예를 들면, 전용실시권의 설정을 받은 사람이 약정대로 실시 제품을 제조, 판매하였는지 아닌지가 쟁점으로 되는 경우에는 실제로 제조·판매된 제품이 특허발명의 실시 제품이라고 평가할 수 있는 것인지 아닌지가 중요한 사실로 되고, 그 판단을 위해서는 특허발명의 내용 외에 실제로 제조·판매된 제품의 구조나 성능 등을 이해할 수 있는 전문기술적 지식이 필요하게 될 가능성이 높다. 나아가 민사소송법 24조 2항, 3항은 '특허권등의 지식재산권 침해에 관한 소'라거나 '특허권등의 지식재산권에 기초한 소'가 아니라 '특허권등의 지식재산권에 관한 소'라고 포괄적으로 규정하고 있다. 이러한 여러 사정을 고려하면, 위 '특허권등의 지식재산권에 관한 소'에는 특허권 등의 지식재산권 침해를 이유로 한 금지·폐기·신용회복 등 청구나 손해배상청구 소송만이 아니라 특허권 등의 실시계약에 기초한 실시료 지급청구소송, 특허권 등의 이전·말소등록청구소송, 전용·통상실시권 등의 설정 유무, 귀속 등에 관한 소송, 직무발명·고안·디자인에 대한 보상금 청구소송 등도 포함된다고 해석하는 것이 타당하다."라고 판시하였다.

위 서울고등법원 2016나2016427 결정이 내려진 이후 상표등록 무효 혹은 상표권 행사가 신의칙에 반한다며 손해배상을 구한 사건,[10] 직무발명보상금을 청구함에 대하여 액수산정만이 쟁점이었던 사건,[11] 상표사용계약이 기간만료로 종료되어 피고가 계약에 따른 재고처리의무를 부담하는지 아니면 원고의 계약위반을 이유로 한 피고의 해지의사표시로 종료되어 위 의무가 부존재하는지를 다투는 사건,[12] 등록서비스표의 침해 여부와 부정경쟁방지법 위반 여부가 다투어진 사건,[13] 특허사용료 약정의 존재 여부 및 피고의 공사에 원고의 특허가 사용되었는지를 다투는 사건[14] 등이 특

---

10) 서울고등법원 2016나2012272 사건.
11) 서울고등법원 2016나2041997 사건.
12) 서울고등법원 2016나2017949 사건.
13) 서울고등법원 2016나2044828 사건.
14) 서울고등법원 2016나2027090 사건.

허법원으로 이송되었다.

특허권 등에 관한 침해금지 및 폐기청구의 소, 신용회복청구의 소 및 이에 관한 손해배상청구의 소, 직무발명보상금 청구의 소 등 외에 계약해제, 계약무효, 명의신탁해지 등을 원인으로 하여 특허권 등의 등록말소 내지 등록이전을 구하는 소의 항소사건도 특허법원의 관할이 있다고 보아 심리·판결하는 것이 특허법원의 실무이다.[15]

(4) 구체적인 검토

동일한 소송 유형에 대하여 어느 경우에는 전속관할 규정을 적용하고 어느 경우에는 적용하지 않는다면 소송당사자의 예측가능성을 크게 저해하므로, 소송당사자의 예측가능성을 위해서라도 전속관할 규정이 적용되는 소송 유형을 소송물에 따라 획일적으로 정하는 것이 바람직하다. 더욱이 전속관할 위반은 절대적 상고이유(민소 424조 1항 3호)에 해당하고 당사자의 추인으로 그 하자가 치유되지 아니하며, 상고심의 직권파기사유에 해당하는 점[16] 등에 비추어 보면 더욱 그러하다. 다만 어떠한 소송 유형이 전속관할 규정이 적용되는 '특허권등의 지식재산권에 관한 소'에 해당하는지는 관련 법규정의 입법목적, 당해 소송의 심리에서 전문기술적 지식의 활용 필요성 등을 종합적으로 고려하여 판단하여야 할 것이다. 특허권 등에 관한 침해금지 및 폐기청구의 소(특허 126조 1항 및 2항 등), 신용회복청구의 소(특허 131조 등) 및 이에 관한 손해배상청구의 소(특허 128조 등)는 특허권 등에 관한 전문기술적인 심리의 필요성이 있는 전형적인 소송 유형이므로 '특허권등의 지식재산권에 관한 소'에 해당한다는 점에 대해서 별 이론이 없다. 이하에서는 문제가 되는 소송유형에 대하여 살펴본다.

(가) 특허권 등 등록에 관한 소송

특허권 등의 이전·말소등록소송, 특허권 등에 관한 전용실시권·통상실시권의 설정·말소등록소송에 대해서는 이를 민사소송법 24조 2항 소정의 '특허권등의 지식

---

15) 특허법원 2018. 3. 29. 선고 2017나1926 판결, 2018. 1. 30. 선고 2017나1971 판결, 2018. 1. 30. 선고 2017나1124 판결, 2017. 11. 24. 선고 2017나1995 판결, 2017. 11. 10. 선고 2017나1919 판결, 2017. 8. 24. 선고 2016나1639 판결, 2017. 7. 14. 선고 2017나1261 판결, 2017. 7. 7. 선고 2016나1462 판결, 2017. 6. 22. 선고 2016나1417 판결, 2017. 5. 25. 선고 2016나32 판결, 2017. 5. 25. 선고 2016나1233 판결, 2017. 2. 10. 선고 2016나1684 판결, 2017. 2. 7. 선고 2016나1486 판결, 2017. 2. 1. 선고 2016나1110 판결, 2016. 10. 21. 선고 2016나1318 판결 등
16) 대법원 2017. 12. 22. 선고 2017다259988 판결.

재산권에 관한 소'에 해당한다고 보는 것이 다수설이자 특허법원의 실무이다.

특허권 등의 양도가 사해행위에 해당함을 청구원인으로 하는 사해행위취소 및 특허권 등의 이전등록말소청구소송의 경우에는 일반 민사소송으로 보아야 한다는 견해도 있으나, 앞서 본 바와 같이 전속관할 여부는 소송물에 따라 일률적으로 정하는 것이 바람직한데, 특허권 등 등록에 관한 소송을 민사소송법 24조 2항 소정의 '특허권 등의 지식재산권에 관한 소'에 해당한다고 보는 이상 사해행위 취소를 청구원인으로 하는 경우만 달리 보기 어려운 점, 특허권 등의 양도 대가가 적정한지를 판단하기 위하여 특허권 등의 기술적 가치를 평가하고 이를 금액으로 환산하는 등 전문기술적인 심리가 필요할 가능성이 높고, 소송의 진행단계에 따라 소송당사자들이 모인출원, 계약위반 등의 공격방법을 추가할 수도 있는 점 등에 비추어 보면 이 역시 '특허권등의 지식재산권에 관한 소'에 해당한다고 보는 견해도 있다.[17]

(나) 직무발명에 대한 보상금청구소송

발명진흥법 15조는 "종업원등(종업원, 법인의 임원 또는 공무원)은 직무발명에 대하여 특허등을 받을 수 있는 권리나 특허권등을 계약이나 근무규정에 따라 사용자등에게 승계하게 하거나 전용실시권을 설정한 경우에는 정당한 보상을 받을 권리를 가진다."라고 규정하여 직무발명에 관한 보상금청구권의 법적 근거를 마련하였다. 직무발명 보상금청구소송은 위 법률조항에서 정한 청구권에 기한 금전지급청구소송인데, 통상적으로 정당한 보상금을 산정하기 위해서는 발명자 확정, 직무발명의 특허성 여부, 전체 제품 매출액에 대한 직무발명의 기여도, 직무발명의 독점권 기여도 등 특허권 등에 관한 전문기술적인 심리가 필요하므로, 민사소송법 24조 2항 소정의 '특허권 등의 지식재산권에 관한 소'에 해당한다고 봄이 타당하다.

(다) 특허권 등에 관한 실시료청구소송

특허권 등에 관하여 전용실시계약 또는 통상실시계약을 체결하고 그에 기한 실시료의 지급을 구하는 소송은 피고가 실시한 기술이 실시계약의 범위에 포함되는 것인지가 쟁점으로 부각되는 경우가 빈번하고, 이에 따라 특허권의 효력 범위, 피고 실시기술이 특허발명의 권리범위에 포함되는지, 피고 실시기술이 자유실시기술인지 등에 관하여 전문기술적인 심리와 판단이 필요하므로, 이 역시 민사소송법 24조 2항 소정의 '특허권등의 지식재산권에 관한 소'에 해당한다고 봄이 타당하다.

---

17) 김동진(주 9), 13~15.

한편 원고와 피고 사이의 실시계약상 실시료 산정방법이 정액제로 약정된 경우에는 실시계약의 효력 유지와 기간의 흐름에 따른 역수상의 수치에 의하여 곧바로 실시료의 구체적인 액수가 산정되므로, 이러한 정액제에 기초한 실시료 지급청구소송은 통상의 민사소송에 해당한다는 견해도 있으나,[18] 실시계약의 내용에 따라 전속관할 여부를 달리하는 것은 소송당사자의 예측가능성을 크게 저해하므로, 실시계약에 기한 실시료청구소송을 '특허권등의 지식재산권에 관한 소'에 해당한다고 보는 이상, 위와 같은 사안 역시 민사소송법 24조 2항 소정의 '특허권등의 지식재산권에 관한 소'에 해당한다고 봄이 타당하다.

(라) 특허권 등의 귀속에 관한 확인소송

특허권 등의 귀속에 관한 확인소송은 위에서 언급한 각종 소송유형의 심리·판단에서 선결문제에 해당하여 모순되는 결론을 피해야 하므로, 그 관할을 위에서 언급한 각종 소송유형과 일치시키는 것이 바람직하다. 따라서 특허권 등의 귀속에 관한 확인소송 역시 민사소송법 24조 2항 소정의 '특허권등의 지식재산권에 관한 소'에 해당한다고 봄이 타당하다.

(마) 기 타

갑과 을이 특허권 등에 관한 실시계약을 체결하고 오랫동안 그에 따른 실시료를 지급하여 왔는데, 그 후 갑이 보유한 특허에 대하여 특허무효심결이 확정된 경우에 을이 기왕에 지급한 특허실시료 상당의 부당이득반환을 청구하는 소송, 갑이 을의 거래업체들에게 "을이 갑의 특허권을 침해하였으니 을과 계속하여 거래하면 법적 책임을 질 수 있다."라는 경고장을 발송하였는데, 그 후 을이 갑의 특허권을 침해하지 아니하였음이 확정된 경우에 을이 갑을 상대로 명예훼손 및 신용훼손으로 인한 손해배상을 청구하는 소송, 갑이 을을 상대로 특허권침해금지가처분을 제기하여 법원의 가처분결정이 발령된 다음, 본안소송에서 특허 무효를 이유로 한 권리남용 항변이 받아들여지거나 갑의 특허에 대한 특허무효심결의 확정으로 인하여 원고 청구를 기각한 판결이 확정된 경우에 을이 갑을 상대로 부당가처분으로 인한 손해배상을 청구하는 소송, 갑과 을이 특허권 등 양도·양수계약을 체결하고 그 계약에 기한 양도대금을 청구하는 소송 등이 있다. 이러한 소송 유형은 특허권 등의 발생·귀속·효력에 관한 분쟁이 해결된 이후에 발생하는 후속적인 금전상 분쟁에 불과하거나 특허권 등의 발

---

18) 김동진(주 9), 17~18.

생·귀속·효력과 관계없이 단순한 계약이행을 둘러싼 분쟁에 불과하므로, 전속관할의 규정이 적용되지 않는 일반 민사소송에 해당한다고 보는 견해가 있다.[19]

라. 소송의 이송

민사소송법 36조 3항에 의하면, 위 전속관할 규정에 따라 특허권등의 지식재산권에 관한 소를 관할하는 법원은 현저한 손해 또는 지연을 피하기 위하여 필요한 때에는 직권 또는 당사자의 신청에 따른 결정으로 소송의 전부 또는 일부를 민사소송법 2조 내지 23에서 규정한 보통재판적 또는 특별재판적의 관할법원으로 이송할 수 있다.

4. 청구취지 및 청구원인

가. 청구취지

(1) 일 반 론

소장에는 청구의 취지를 적어야 한다(민소 249조 1항). '청구의 취지'란 원고가 당해 소송에서 소로써 청구하는 판결의 주문 내용을 말하는 것으로서 소의 결론 부분이다.

민사소송에서 청구취지는 그 내용 및 범위를 명확히 알아볼 수 있도록 구체적으로 특정하여야 하고, 그 특정 여부는 직권조사사항이므로, 청구취지가 특정되지 아니한 경우에 법원은 피고의 이의 여부에 불구하고 직권으로 그 보정을 명하고, 이에 응하지 않을 때는 소를 각하하여야 한다.[20] 다만 청구취지가 특정되지 아니한 경우에 형식적으로는 청구취지 보정의 기회가 주어지지 아니하였어도 실질적으로는 이러한 기회가 주어졌다고 볼 수 있을 만한 특별한 사정이 있는 경우에는 보정명령 없이 소를 각하하더라도 위법하지 아니하다.[21]

(2) 손해배상청구 등 금전지급청구

지식재산권 침해를 청구원인으로 하는 손해배상청구, 부당이득금반환청구, 직무

19) 김동진(주 9), 19~21.
20) 대법원 1981. 9. 8. 선고 80다2904 판결 등.
21) 대법원 2011. 9. 8. 선고 2011다17090 판결.

발명보상금청구, 지식재산권 양도대금 청구, 지식재산권 실시료 내지 사용료 청구 등에서 청구취지는 일반적인 금전지급청구의 경우와 같으므로, 금액이 특정되는 것으로 충분하다.[22]

(3) 침해금지청구

(가) 청구취지 특정의 의미

침해금지청구소송은 피고가 현재 하고 있거나 장래 하려고 하는 물건, 방법, 표장 등의 제조·판매·사용 등의 행위가 원고의 특허권, 상표권 등을 침해하거나 침해할 가능성이 있다는 이유로 당해 특허권, 상표권 등에 기하여 피고에 대하여 물건, 방법, 표장 등의 제조·판매·사용 등의 행위를 하지 못하도록 부작위를 구하는 소송이다.

피고가 제조·판매·사용 등을 하는 물건, 방법, 표장 등과 침해 태양을 특정하는 것은 법원의 심판 대상을 명확하게 하고, 판결의 효력, 즉 기판력과 집행력이 미치는 범위를 확정하는 데 필수적이다. 따라서 피고의 어떠한 행위가 부작위의무에 위반되는지가 판결주문에 명확하게 기재되어야 할 필요가 있고, 또한 기판력과 집행력이 미치는 범위를 확정하기 위해서도 금지되는 행위가 명확하게 밝혀져야 하므로, 이에 맞추어 소장의 청구취지에 금지의 대상이 되는 행위가 다른 것과 구별될 수 있을 정도로 구체적으로 특정되어야 한다.[23] 금지명령을 구하는 청구취지는 금지를 명하는 내용과 대상을 간단·명료하게 기재하여 당사자 및 집행기관이 이를 명확하게 이해할 수 있도록 작성되어야 한다.

침해금지명령은 피고에게 구체적·개별적 사실행위의 부작위를 명하는 것[24]이지 규범적·추상적 부작위의무를 부과하거나 적극적 작위의 이행을 명하는 것이 아니므로, 특별한 사정이 없는 한 적극적 작위의 이행을 구하는 청구[25]는 인용될 수 없

---

22) 손해배상청구의 경우에도 변론주의의 원칙상 법원은 원고가 특정한 피고 제품과 다른 구성의 제품을 피고 실시제품으로 인정할 수 없고, 심리 도중 원고가 특정한 피고 제품을 변경하는 경우에 별개의 제품을 대상으로 하는 소의 변경에 해당하는지, 당초 소 제기에 의한 시효중단의 효과가 미치는지 등에 관한 검토가 필요하다.

23) 대법원 2011. 9. 8. 선고 2011다17090 판결은 특허권 침해금지청구소송에서 "특허권에 대한 침해의 금지를 청구함에 있어 청구의 대상이 되는 제품이나 방법은 사회통념상 침해의 금지를 구하는 대상으로서 다른 것과 구별될 수 있는 정도로 구체적으로 특정되어야 한다."라고 판시하였다.

24) 지식재산권 침해금지청구에서의 금지명령은 일반적으로 '피고는 별지 목록 기재 제품을 생산, 사용, 판매, 양도, 대여 또는 수입하여서는 아니 된다'라는 식의 부작위를 명하는 형태를 취하고 있다.

25) [부적법 사례]

다.

한편 법원의 침해금지명령이 집행될 수 있으려면 피고가 명령의 내용을 이행하는 것이 가능한 정도로 그 내용이 특정되어야 하고, 피고가 명령에 따르고 있는지를 명확히 판단할 수 있어야 하며, 피고에게 강제하는 것이 불가능한 내심적인 것이 아니어야 한다.

(나) 침해 태양의 특정

원고는 침해금지청구의 청구취지에서 금지나 예방을 구하는 피고의 현재 또는 임박한 실제[26] 침해행위를 구체적·개별적으로[27] 특정하여야 한다.[28] 피고가 방조행위자인 경우에도 금지를 구하는 피고의 실제 방조 태양을 구체적·개별적으로 특정하여야 한다. 침해의 태양을 특정할 때 추후 법적 판단이 필요한 법률용어나 추상적·포괄적 용어[29] 등을 사용하여 특정하기보다는 가능한 한 사실적 용어를 사용하여 구체적으로 특정하는 것이 바람직하다.

실무례는 원고 특허발명 또는 고안의 실시, 원고 디자인과 동일·유사한 디자인

---

1. 피고는 'www.ooo.co.kr' 사이트에 '△△△' 상표가 부착된 XXX 제품의 등록을 허용하기 전에, 당해 XXX 제품 판매자의 신원(성명, 주소 및 주민등록번호)을, 사업자인 경우에는 사업자등록증을 통하여, 사업자가 아닌 경우에는 신용카드 인증이나 휴대전화 인증을 통하여 확인하여야 한다.
2. 피고는 제1항에 규정된 판매자 신원 확인에 사용된 자료들을 당해 XXX 제품이 등록된 날부터 6개월간 보관하여야 한다.
   다만 이에 대하여 위와 같은 청구를 상표법 107조 1항 소정의 기타 침해의 예방에 필요한 행위의 청구로 볼 수 있다는 견해도 있다.
26) 즉, 피고가 과거부터 해 오거나 곧 실행에 옮기려는 실제 침해행위를 말한다. 특별한 사정이 없는 한 피고가 하지도 않았고 하지도 아니할 행위에 대해서까지 금지명령을 할 필요는 없다.
27) 특허법 126조 1항은 '특허권자 또는 전용실시권자는 자기의 권리를 침해한 자 또는 침해할 우려가 있는 자에 대하여 그 침해의 금지 또는 예방을 청구할 수 있다'고 규정(상표법, 실용신안법, 디자인보호법도 같은 형식을 취하고 있다)하는 등 금지청구의 대상을 '그 침해'로 규정하고 있는 점에 비추어 금지되는 것은 피고가 실제로 행하는 개별적 행위를 의미한다. 또한, 판결 주문은 명확성·일의성(一意性)을 충족하여야 하므로, 이러한 점에서도 피고의 침해행위는 명확성·일의성을 충족할 수 있을 정도로 구체적·개별적으로 특정되어야 한다. 예를 들어, 침해금지청구에 있어서 피고가 물건을 생산만 하는 것인지, 생산과 판매를 함께 하고 있는 것인지 특정하여야 한다. 이는 장래 침해행위에 대한 예방청구의 경우에도 마찬가지이다.
28) 금지명령의 내용이 지나치게 추상적일 경우 금지명령을 위반하였는지 여부를 두고 제2의 분쟁이 생길 수 있고, 너무 구체적일 경우 피고의 판결 회피로 실효성이 떨어질 수 있다.
29) 예를 들어, "피고는 원고의 제000호 특허권을 침해하여서는 아니 된다", "피고는 원고의 허락 없이 원고의 제000호 특허발명을 실시하여서는 아니 된다"라는 등으로 "침해" 또는 "실시" 등과 같은 추상적·포괄적 용어로 피고의 침해행위를 특정하는 것은 부적절하다. 또한, 위와 같은 금지청구는 금지대상인 물건, 방법 등을 구체적·개별적으로 특정하지 않은 것이기도 하여 부적절하다.

의 실시, 원고 상표와 동일·유사한 표장의 사용 등이 피고의 침해행위에 해당하므로, 피고의 침해 태양을 각 개별 법률에 규정된 '실시', '사용' 등에 관한 정의 조항[30]과 같은 정도로 특정하면 족하다고 한다. 특허, 상표, 디자인 등의 경우, 각 해당 법률에서 비교적 사실적 용어를 사용하여 '실시', '사용' 등에 해당하는 구체적 행위를 규정하고 있으므로, 그에 따라 침해행태를 특정하여도 별 문제가 없다. 예를 들어 물건의 발명에 관한 특허권에 대한 침해금지청구소송에서 특허법 2조 3호 가목을 참조하여 청구취지를 '피고는 ○○ 제품을 생산·사용·양도·대여 또는 수입하거나 ○○ 제품의 양도 또는 대여의 청약, 양도 또는 대여를 위한 전시를 하여서는 아니 된다'라는 정도로 기재하면 된다.

(다) 피고 물건·방법·표장 등 금지대상의 특정

1) 청구취지로서 특정하여야 할 금지대상

침해금지청구에서 금지대상이 되는 물건·방법·표장 등은 판결주문 내지 청구취지의 내용을 구성하기 때문에 금지되는 물건·방법·표장 등을 구체적으로 특정하는 것이 필수적이다. 종래 원고가 청구취지에서 금지대상이 되는 피고 물건을 원고 특허발명의 구성과 대비하기 위하여 피고 물건의 기술적 구성을 청구범위에 대응하는 형식의 문장으로 기재하는 방법으로 금지대상이 되는 물건을 특정하기도 하였으나,[31] 최근에는 금지대상 물건을 상품명, 형식번호 등에 의해 특정하고 구체적인 기술적 구성은 별지 목록화하여 소장의 말미에 첨부하면서 청구취지에서는 이를 인용하여 금지대상 물건을 표시하는 것이 일반적이다.[32]

침해금지청구에서 금지대상은 피고가 실제로 생산·판매하는 물건, 피고가 실제로 실시하는 방법, 피고가 실제로 사용하는 표장이지, 원고의 물건이나 실시 방법 또는 원고의 표장이 아니다. 따라서 원고가 금지대상을 피고의 실제 물건이나 방법 등과 다르게 특정하여 오는 경우 그에 대한 법원의 조치사항으로, ① 피고 물건이나 방

---

30) 특허법 2조 3호, 실용신안법 2조 3호, 디자인보호법 2조 7호, 상표법 2조 11호.

31) 이러한 방법에 의할 경우 금지대상 제품의 기술적 구성에 관하여 당사자 사이에 다툼이 없으면 금지대상 제품의 기술적 구성이 특정됨으로써 추후 침해 여부를 심리할 때 그 구성에 관하여 증명할 필요가 없어지는 장점이 있는 반면, 금지대상 제품에 대한 인식 및 자료 부족, 형상 및 구성 표현의 난해함 등으로 인하여 당사자 사이에 다툼이 있을 경우에는 원고가 금지대상 제품의 기술적 구성을 증거로써 증명하여야 하는 단점이 있다.

32) 이러한 방법으로 금지대상 제품을 특정하는 경우 그 특정이 간편하므로 신속한 심리에 도움이 되는 한편, 사실심 변론 종결 후에 피고가 상품명, 형식번호를 달리하는 제품을 생산·판매하게 된다면 원고의 금지청구가 인용된다고 하더라도 그 판결의 기판력과 집행력이 미치지 못하게 되는 문제가 있다.

법의 특정이 잘못되었다는 이유로 청구를 기각하거나, ② 제대로 특정하여 올 때까지 계속 보정을 권유 또는 석명하거나, ③ 원고가 특정한 상태대로 판단(원고가 피고 물건을 A라고 특정하였으나, 실제로는 피고 물건이 A'라고 사실인정을 하고 판단)하는 방법을 생각할 수 있다. 민사소송법의 처분권주의 및 변론주의 원칙을 고려하면, 법원으로서는 일단 원고에게 금지대상을 피고의 실제 물건이나 방법 등으로 보정할 것을 권유하거나 석명하고, 원고가 이에 응하지 아니하거나 제대로 보정하지 아니하는 경우에는 피고가 원고가 특정한 바와 같은 피고 물건을 생산·판매하거나 피고 방법을 실시하고 있음을 인정할 증거가 없다는 이유로 원고 청구를 기각함이 타당하다(다만 이는 피고 물건이 구체적으로 특정되었음을 전제로 한다).

2) 특정의 정도

침해금지청구소송에서 금지대상 물건·방법·표장 등은 사회통념상 금지대상으로서 다른 것과 구별할 수 있을 정도로 구체적으로 특정되어야 한다.[33] 금지대상으로 물건을 특정하는 경우에 민사소송 판결의 주문에서 물건을 특정하는 방법에 관한 일반론이 그대로 적용되므로, 원고는 청구취지에서 집행기관이 별도의 판단 없이 다른 것과 구별할 수 있도록 금지대상인 피고의 물건을 구체적·개별적으로 특정하는 것이 바람직하다.[34]

금지대상 물건 등을 특정할 때도 추후 법적 판단이 필요한 법률용어나 추상적·포괄적 용어 등을 사용하기보다는 가능한 한 사실적 용어를 사용하여 구체적으로 특정함이 바람직하다. 그럼에도 청구취지에 '권리범위에 속하는' 등의 법률용어나 또는 '동일', '유사', '기타', '등', '일체' 등의 추상적 용어[35]를 사용하거나 원고 권리를 중심

---

33) 대법원 2011. 9. 8. 선고 2011다17090 판결. 이 판결은 "이 사건 침해금지청구의 대상인 원심 판시 이 사건 피고 제품의 설명서에 기재된 구성 중 'HFC, CDMA, 광 등 간선망을 이용한 데이터 통신'에 관한 부분은 명시적으로 기재된 HFC, CDMA, 광 이외에 간선망을 이용한 다른 방식의 데이터 통신의 실시 형태까지도 포함하는 것이라고 볼 것이다. 그런데 간선망은 여러 계층 구조로 이루어진 전체 망에서 중 추 회선의 기능을 하는 것을 의미할 뿐 구체적인 데이터 통신 방식을 지칭하는 용어는 아니어서, '간선 망을 이용한 데이터 통신'이라는 기재 자체만으로는 데이터 통신을 위하여 어떠한 방식을 이용하는지 객관적·일의적으로 알 수 없고, 따라서 이 사건 피고 제품은 일부 구성이 불명확하여 사회통념상 다른 것과 구별될 수 있는 정도로 구체적으로 특정되었다고 할 수 없다."라고 판시하였다.

34) 만약 피고의 물건을 원고의 특허발명이나 고안과 대비될 수 있는 정도의 기술적 특징만을 가지고 특정한다면, 집행기관이 판결을 집행함에 있어서 피고의 구체적 물건이 그러한 기술적 특징을 포함하고 있는지 여부를 판단하여야 하는데, 당사자 사이에 그러한 기술적 특징의 포함 여부에 대하여 다툼이 있는 경우에는 결국 판결의 집행이 곤란해질 수 있다.

35) 예를 들어, '피고는 별지 목록 기재 표장이 표시된 간판, 현수막, 광고지 기타 홍보물을 폐기하라.'라고

으로36) 피고 물건이나 방법을 포괄하여 또는 일정한 범위의 물건이나 방법으로 특정하는 경우가 있다. 또한, 청구취지에서 원고 특허발명의 청구항을 그대로 옮겨 적은 후 그러한 기술적 특징이 포함된 피고 물건이라는 식으로 기재하거나37) 특허발명의 청구항 작성 방식38)에 따라 피고 물건의 구성요소만을 기재하는 등 금지대상을 포괄적·추상적으로 기재하는 경우도 있다. 이는 청구취지가 특정되지 아니한 것이므로 청구취지의 보정을 요구하여야 할 것이다.

3) 권리별 특정 방법39)

물건의 발명에 대한 특허권, 실용신안권, 디자인권 등에 관한 금지청구의 경우, 현재 실무는 청구취지에 '피고는 별지 목록 기재 ○○을 생산, 사용, 양도, 대여, 수입 또는 전시하여서는 아니 된다'고 기재하고, 별지 목록에 피고 물건의 구성에 관한 설명 및 도면을 기재하는 방식으로 금지대상인 피고 물건을 특정하는 것이 일반적이다.40) 금지대상인 피고 물건을 구성의 설명과 도면만으로 특정하기보다는 피고가 생산·판매하는 상품명 및 제품형식번호 등을 아울러 기재하는 방식으로 특정하는 것이 바람직하다. 피고 제품을 구성의 설명 및 도면으로 특정하더라도 집행가능성을 고려하여 간결한 설명에 도면이나 사진을 첨부하여야 하고, 지나치게 장황한 설명형 특정은 부적절하다.41)

특정함은 부적절하다.

36) 예를 들어 '피고는 원고의 제000호 특허발명과 동일 또는 유사한 제품을 생산, 판매하여서는 아니 된다', 또는 '피고는 원고의 제000호 상표와 동일 또는 유사한 표장을 사용하여서는 아니 된다'라는 식으로 금지대상을 특정함은 부적절하다.

37) 예를 들어 '피고는 별지 목록 기재 통수로암거 구조물을 시공, 생산, 사용, 양도, 대여, 수입하거나 양도 또는 대여를 위한 청약 또는 전시를 하여서는 아니 된다(별지 목록은 단순히 원고 특허발명의 청구항을 그대로 옮겨놓은 것이다)'라고 특정하는 것을 들 수 있다.

38) 특허발명의 청구항은 구체적인 물건이나 방법을 특정하기 위하여 구체적인 물건이나 방법을 묘사하는 방식으로 작성된 것이 아니라 특허발명의 권리범위를 한정하기 위하여 특허발명의 필수적 구성요소만을 기재하는 방식으로 작성된 것이어서, 특허발명의 청구항 작성방식에 의해서는 실제 피고가 생산·판매하는 구체적·개별적 물건이나 실시하는 구체적 방법을 특정할 수 없다.

39) 성창호, "지적재산권침해금지가처분", 재판실무연구(3) 보전소송, 한국사법행정학회(2008), 384~385 및 401~402 참조.

40) 별지로 특정해야 할 도면, 표장 등이 특허청에 출원되어 공고된 경우에는 한국특허정보원에서 운영하는 웹사이트(www.kipris.or.kr)에서 해당 도면, 표장의 파일 등을 다운로드 받을 수 있다. 또한, 위 사이트에서는 특허, 실용신안, 디자인, 상표, 서비스표의 출원경과, 심판경과 등을 알아볼 수 있고, 등록원부, 공보, 심결문 등도 찾아볼 수 있다.

41) 권택수, "특허권침해금지청구소송에 있어서의 실무상 제문제 : 피고제품 및 피고방법의 특정, 특허청구범위의 해석과 관련하여", 민형사실무연구 : 서울북부지방법원 승격기념논문집, 서울북부지방법원(2004.

방법의 발명 또는 물건을 생산하는 방법의 발명에 대한 특허권에 관한 금지청구의 경우, 현재 실무는 '피고는 별지 목록 기재 방법에 의하여 원유를 정제하여서는 아니 된다', '피고는 별지 목록 기재 방법에 의하여 초산비닐을 제조하여서는 아니 된다', '피고는 별지 목록 기재 방법을 사용하여 ○○(상품명)를 제조하거나, 위 방법에 의하여 제조된 ○○을 판매, 반포하거나 그 목적으로 전시하여서는 아니 된다'라고 기재하고, 별지 목록에 구체적인 제조 공정을 기재하는 방식으로 피고의 실시방법을 특정하는 것이 일반적이다.

상표나 서비스표 또는 상품표지나 영업표지와 관련한 금지청구에서는 피고가 실제로 사용하는 표장이나 표지를 구체적·개별적으로 특정한다.[42]

디자인권이나 상표권의 경우 색채도 구성요소가 될 수 있으므로 색채가 디자인이나 상표의 구성요소가 되는 경우에는 청구취지나 주문에서 색채도 특정하여야 한다.

4) 금지대상 특정을 위한 증거의 모색

원고가 금지대상 물건·방법 등을 특정하여야 함에도 특정을 위한 자료는 대체로 피고에게 편재되어 있어, 금지대상 물건·방법 등을 특정하기 곤란한 경우가 있는데, 이러한 경우 금지대상의 특정을 위한 증거방법으로서 문서제출명령을 이용하거나 전문심리위원을 참여하게 하거나,[43] 현장검증[44] 등이 거론된다.

12.), 369~370에서는 다음과 같이 제품명 및 제품형식번호와 제품의 도면 및 구성의 설명을 함께 기재하는 특정방법을 제시하고 있다.
1. 피고는 별지 목록 기재(에 의하여 특정된 구성을 가진) ○○장치(이 사건 변론종결시에 있어서, A××형, B××형의 형식번호가 붙은 제품은 그 예이다)를 제조, 사용, 양도, 대여, 수입 또는 전시하여서는 아니 된다.
2. 피고는 별지 목록 기재(에 의하여 특정된 구성을 가진) ○○장치(상품명 ABC로 판매되고 있는 제품은 이에 포함된다. 별지 도면은 상품명 ABC의 제품의 도면이다)를 제조, 사용, 양도, 대여, 수입 또는 전시하여서는 아니 된다.
3. 피고는 별지 목록 기재(에 의하여 특정된 구성을 가진) ○○장치(상품명 ABC)를 제조, 사용, 양도, 대여, 수입 또는 전시하여서는 아니 된다.
42) 일반적으로 청구취지를 '피고는 별지1 목록 기재 표장(피고가 사용하는 표장)을 별지2 목록 기재 상품(피고가 생산하는 상품) 또는 그 포장에 표시하거나, 별지1 목록 기재 표장이 표시된 별지2 목록 기재 상품 또는 그 포장을 양도 또는 인도하거나 그 목적으로 전시·수출 또는 수입하여서는 아니 된다'라고 기재하고, 별지에 피고가 사용하는 표장의 구체적 도안 및 피고가 그 표장을 사용하여 생산하는 제품을 기재한다.
43) 금지대상이 화학식, 약품, 설계도 위주의 기계·설비인 경우.
44) 금지대상이 수요가 한정된 제품인 경우에 그 설치장소를, 방법발명에 관한 특허권 침해의 경우에 피고 방법이 실시되는 피고 공장 등을 방문하여 검증한다.

그러나 문서제출명령의 경우 피고에게 문서제출의무가 인정되려면 원고가 제출을 요구하는 문서가 민사소송법 344조 1항이나 같은 조 2항 소정의 문서에 해당하여야 하는데, 원고가 피고 물건이나 방법을 특정하기 위하여 제출을 요구하는 문서는 피고의 영업비밀 즉, 민사소송법 315조 1항 2호에 속하는 문서일 경우가 많으므로 원고의 문서제출명령신청이 인용되기 어렵다. 이를 보완하기 위하여 특허법 132조 1항은 원고가 피고의 침해를 증명하기 위해 필요한 자료의 제출 명령신청을 할 수 있도록 규정하고, 같은 조 3항은 그 자료가 영업비밀에 해당하더라도 법원은 침해의 증명에 반드시 필요한 때에는 제출명령을 할 수 있도록 규정하였다.

전문심리위원은 당사자로부터 피고 물건이나 피고 방법을 특정할 만한 자료가 제출되지 아니하는 한 큰 도움이 되지 아니하고, 검증은 법관의 관찰에 의해서도 기술사상을 특정하는 것이 용이하지 아니할 뿐만 아니라 피고에게 영업비밀의 공개를 강요하는 셈이 되고 기술탐지의 수단으로 악용될 우려가 있다. 한편 원고의 합리적인 증거신청을 채택하지 않을 경우 특히, 방법발명은 원고의 권리구제가 어렵게 되므로, 금지대상의 특정을 위한 문서제출명령신청이나 검증신청의 채부는 균형감각을 유지하면서 소송제도 및 특허권 보호 제도 전반의 적정한 운영을 기할 수 있도록 신중하게 결정하여야 할 것이다.[45)

따라서 침해물건 등의 특정이 곤란한 특별한 사정이 있는 경우에는 우선 피고에게 임의의 협력을 구하여 침해물건 등의 특정을 완료하는 것이 바람직하고, 문서제출명령 및 검증 등의 강제적인 방법은 원고와 피고 측의 이해관계를 신중하게 형량하여 허용하되, 그 과정에서 피고의 영업비밀이 침해되는 일이 없도록 주의를 기울여야 한다.

한편 피고가 원고가 특정한 피고 제품이나 피고 방법이 피고가 생산·판매하는 제품이거나 실시하고 있는 방법임을 자백하더라도, 자백 사실에 의하여 피고 제품이나 피고 방법의 내용이 무엇인지 특정할 수 없는 경우에는 당사자에게 석명을 하여

---

45) 방법발명에 관한 특허권 침해의 경우, 피고 방법의 실시는 주로 피고 공장에 설치된 설비에 의하여 이루어지는데, 원고는 그러한 설비에 접근하기 어려우므로 피고가 실시하는 구체적 방법을 파악하기조차 어려운 경우가 많다. 이러한 어려움을 구제하기 위하여 물건을 생산하는 방법에 관한 발명의 경우 특허법 129조에서 생산방법의 추정에 관하여 규정한다. 그러나 위 조항의 적용을 받을 수 없는 경우에는 법원은 원고로 하여금 다른 증거방법에 의하여 피고의 실시방법을 특정하고 피고가 이를 실시하고 있음을 증명하게 한 다음, 피고가 침해행위를 하는 것으로 보이는 경우에 한하여 검증 등의 증거방법을 채택하는 것을 고려해 볼 수 있다.

피고 제품이나 피고 방법을 구체적으로 특정하도록 하고, 그에 따라 원고에게 금지대상인 피고 제품이나 피고 방법을 보정하도록 하여야 한다.

(라) 금지청구의 범위

1) 침해행위의 범위를 초과한 금지청구

피고 침해행위의 태양이나 대상을 초과하여 금지청구를 하는 경우[46]에는 청구취지를 피고 침해행위의 태양이나 대상에 맞게 보정하도록 하는 것이 바람직하다.

2) 금지기간

영업비밀 침해금지청구를 제외한 다른 지식재산권 침해금지청구의 경우에 청구취지는 물론 금지명령에도 금지기간을 특정하지 않는 것이 일반적인 실무례이다. 이에 대하여 특허권, 실용신안권, 디자인권, 품종보호권 등과 같이 권리의 존속기간이 법률로 한정되는 경우[47]에는 청구취지 및 금지명령에 금지기간을 특정하여야 한다고 판시한 하급심 판결이 있다.[48]

(마) 금지청구의 일환으로서 법인의 상호등기말소청구

부정경쟁방지법상 영업주체혼동행위를 원인으로 한 금지청구로서 법인의 상호등기말소청구도 인정된다는 것이 대법원판례이다.[49] 상표권 침해를 원인으로 한 금지청구의 경우에도 법인의 상호등기말소청구가 허용되는지에 대해서는 이를 긍정하는 견해와 부정하는 견해가 있다. 긍정하는 견해에 따를 경우에, 통상 법인등기 중 상호전체에 대한 말소등기를 구하기보다는 법인등기의 상호 부분 중 원고 표장과 유사한 부분만의 말소를 구한다.[50] 반면 부정하는 견해에서는 상표법 90조 1항 1호에서 자기

---

46) 예를 들어 물건의 발명에 관한 특허권 침해행위에서 피고가 피고 제품을 국내에서만 생산·판매하고 있음에도 피고 제품의 수입행위까지 금지를 구하는 경우 또는 피고가 피고 제품을 스스로 생산하지 않고 외국에서 수입하여 판매하고 있을 뿐인데도 피고 제품의 생산행위까지 금지를 구하는 경우 등.

47) 상표권도 상표법상 권리존속기간이 10년으로 한정되어 있기는 하나 존속기간을 계속 갱신할 수 있으므로, 사실상 권리존속기간이 한정되어 있지 아니하다.

48) 서울고등법원 2011. 4. 13. 선고 2009나60413 판결(확정).
   [주문례]
   피고는 2055. 12. 31.까지 별지 2 목록 제1항 기재 각 모듈 중 별지 4 목록 기재 소스코드 및 별지 2 목록 기재 각 파일을 복제·배포 또는 전송하여서는 아니 된다.

49) 대법원 2011. 12. 22. 선고 2011다9822 판결 등 참조.

50) [주문례]
   피고는 원고에게 수원지방법원 성남지원이 비치·관리하는 피고의 법인등기(등기번호 000000, 등록번호 13111-0000000)의 상호 '주식회사 XXXOOO' 중 'XXX' 부분의 말소등기절차를 이행하라.

의 상호를 상거래 관행에 따라 사용하는 상표의 경우에도 상표권의 효력이 미치지 않는다고 규정한 취지에 비추어 보면, 상표권에 기한 상호등기말소청구는 허용되지 아니하고, 상법 23조에 의하여 상호사용금지청구나 상호등기말소청구를 하여야 한다고 한다.

(바) 금지청구에 대한 간접강제 청구의 허부

원고가 지식재산권 침해금지를 구하면서 피고의 금지명령에 대한 간접강제를 함께 청구하는 경우가 있다.[51] 대법원은 비방광고로 인한 인격권 침해에 대한 금지명령과 관련하여 본안소송에서도 간접강제를 명할 수 있다고 판시한 바 있다.[52] 그러나 위 판결은 인격권 침해의 구제에 관한 판결로서 주로 재산권 침해에 관한 구제의 문제인 지적재산권 관련 사건에 그대로 적용된다고 보기 어렵고, 본안재판절차와 강제집행절차는 준별되는 절차로서 각각의 절차를 규율하는 법률도 별도의 단행법으로 되어 있는 우리 민사소송 체계에 비추어 본안재판절차인 금지청구소송에서 강제집행절차의 일종인 간접강제를 함께 명한다면 이는 법체계에 혼란을 일으킨다는 등의 이유로, 실무는 금지청구를 인용하여 금지명령을 하더라도 본안재판에서 간접강제를 명하지 아니하는 사례가 다수이다.[53]

(4) 폐기청구

폐기청구는 금지청구에 부대해서 청구하여야 하고(특허 126조 2항), 독립적으로 청구할 수는 없다. 폐기청구의 경우에도 폐기 대상물을 구체적·개별적으로 특정하여

피고는 원고에게 서울중앙지방법원 상업등기소 2009. 7. 13.자로 마친 상호변경등기 중 피고의 상호에서 '△△' 부분의 말소등기절차를 이행하라.

피고는 원고에게 피고의 법인등기(등기번호 제47531호) 중 서울민사지방법원 상업등기소 1990. 3. 26. 접수로 마친 피고 회사의 목적 및 상호변경등기의 상호 "주식회사 ○○○" 가운데 "○○○"부분의 말소등기절차를 이행하라.

51) 금지명령 위반행위 또는 위반일수마다 일정 금원을 지급하거나 위반행위 중지 시까지 정기적으로 일정한 금원을 지급할 것을 구한다.

52) 부작위채무를 명하는 판결의 실효성 있는 집행을 보장하기 위해서는, 부작위채무에 관한 소송절차의 변론종결 당시에서 보아 집행권원이 성립하더라도 채무자가 이를 단기간 내에 위반할 개연성이 있고, 또한 그 판결절차에서 구 민사소송법 693조(현행 민사집행법 261조)에 의하여 명할 적정한 배상액을 산정할 수 있는 경우에는, 그 부작위채무에 관한 판결절차에서도 위 법조에 의하여 장차 채무자가 그 채무를 불이행할 경우에 일정한 배상을 할 것을 명할 수 있다(대법원 1996. 4. 12. 선고 93다40614, 40621 판결). 강용현, "비방광고를 한 자에 대하여 사전에 광고금지를 명하는 판결 및 그 판결절차에서 명하는 간접강제", 대법원판례해설 제25호(1996.11.), 69~92.

53) 하급심 판례로는 서울고등법원 2011. 7. 20. 선고 2010나97688 판결(상고취하로 확정).

야 한다.[54] 폐기청구는 폐기 대상물의 소유자를 피고로 하여야 한다.[55]

종래 실무상 청구취지에서 폐기 대상물의 소재지를 지정하면서 '공장, 사무실, 영업소, 창고 … 그 밖의 장소에 보관 중인'이라는 표현을 사용하는 경우가 많은데, '그 밖의 장소'나 '기타의 장소'라는 표현은 특정되지 않은 개념이므로 그러한 표현을 사용하여 폐기 대상물을 특정하는 것은 부적절하다. 또한, 폐기 대상물에 '반제품'을 포함시키는 경우가 많은데 '반제품'이라는 용어는 포괄적·추상적 개념에 해당하므로 '반제품(완성품의 구조를 구비한 것으로 아직 완성에 이르지 아니한 물건)' 등과 같이 더 구체적으로 기재하는 것이 바람직하다.

상표권 침해사건에서 피고 표장이 표시된 간판, 광고물 외에 상품의 폐기를 청구하는 경우가 종종 있는데, 특별한 사정이 없는 한 상품의 폐기까지 청구하는 것은 과도한 청구이므로 청구취지를 상품에 표시된 피고 표장을 제거하라는 것으로 변경하도록 함이 타당하다.

(5) 신용회복에 필요한 조치의 청구

(가) 해명광고

원고가 지식재산권 침해로 인한 손해배상에 갈음하거나 손해배상과 함께 신용회복을 위하여 필요한 조치로서 신문 등 정기간행물에의 해명광고 등을 구하는 경우에는 청구취지에서 광고문의 내용, 전체적 크기와 글자 크기 등을 구체적으로 특정하여야 한다.[56]

---

54) 예를 들어 '피고는 별지 목록 기재 제품을 생산하는 데에 제공된 일체의 시설을 폐기하라'는 식의 청구취지는 부적절하다.

55) 원고로서는 소제기 당시 폐기 대상물의 소유관계를 정확하게 알 수 없으므로, 폐기청구에 대한 피고의 답변에 따라 폐기 대상물이 피고 소유가 아닌 경우에는 소를 일부 취하거나 청구취지를 적절히 변경하도록 하여야 한다. 원고가 이에 응하지 아니할 때에는 그 폐기청구는 처분권 없는 자를 상대로 한 것이므로 이를 기각하여야 한다. 원고로서는 폐기 대상물 소유자를 상대로 금지청구와 함께 폐기청구를 하여 구제받을 수 있다.

56) [주문례]
피고는 이 사건 판결 확정일부터 1개월 이내에 조선일보, 동아일보, 중앙일보, 매일경제신문, 한국경제신문의 각 경제면 광고란에 별지 기재 해명서를 가로 13㎝, 세로 18㎝의 규격으로, 제목은 32급 신명조체 활자로, 원고와 피고의 명칭은 각 20급 고딕체 활자로, 본문은 14급 신명조체 활자로 하여 각 1회씩 게재하라(별지 해명서의 내용은 대체로 피고가 원고의 지식재산권을 침해함을 이유로 법원으로부터 침해행위 금지 및 손해배상을 하라는 취지의 판결을 받은 사실이 있다거나 피고의 행위가 원고의 지식재산권 침해에 해당한다는 취지의 판결을 받은 사실이 있다는 것이다).

(나) 사죄광고

헌법재판소는 양심의 자유를 침해하는 동시에 인격권을 침해한다는 이유로 민법 764조의 '명예회복에 적당한 처분'에 사죄광고를 포함시키는 것은 헌법에 위반된다고 판시하였다.[57] 이러한 헌법재판소의 결정에 비추어 지식재산권 침해행위에 대한 사죄광고를 명하는 것은 허용되지 아니하므로, 원고가 사죄광고를 명하는 내용의 청구취지를 제출한 경우에는 그 청구취지에서 사죄를 명하는 부분을 삭제하도록 하거나, 사죄의 의미가 없도록 청구취지의 보정을 명하여야 하고, 원고가 이에 응하지 아니할 경우에는 소 중 사죄광고 청구 부분을 각하하여야 한다.

(6) 지식재산권 이전등록 등에 관한 청구

지식재산권 이전등록 등에 관한 청구는 부동산등기에 관한 의사의 진술을 구하는 소송과 유사하므로, 부동산등기에 관한 의사의 진술을 구하는 소송에 준해서 청구취지를 작성하면 된다.[58]

(7) 도메인이름 사용금지 및 등록말소에 관한 청구

피고의 도메인이름 사용이 원고의 상표권을 침해하는 경우에는 원고는 그 도메인이름의 사용금지 또는 등록말소를 청구할 수 있다. 도메인이름 등록의 말소를 구하는 소송도 부동산등기에 관한 의사의 진술을 구하는 소송과 유사하므로, 부동산등기에 관한 의사의 진술을 구하는 소송에 준해서 청구취지를 작성하면 된다. 다만 상표권에 기해서는 피고의 도메인이름을 원고에게 이전등록하여 줄 것까지 청구할 수는 없다.[59]

---

57) 헌법재판소 1991. 4. 1. 선고 89헌마160 결정.

58) [주문례]

피고는 원고에게 별지 목록 기재 특허권에 관하여 2011. 00. 00.자 양도를 원인으로 한 이전등록절차를 이행하라.

피고는 원고에게 별지 목록 기재 상표권에 관하여 특허청 1998. 5. 18. 접수 제1998-0000호로 마친 상표권이전등록의 말소등록절차를 이행하라.

피고는 원고에게 별지 목록 기재 상표권에 관하여 2011. 00. 00.자 설정계약을 원인으로 한 존속기간 2015. 00. 00.까지의 전용사용권설정등록절차를 이행하라.

59) 상표법 107조 2항의 '침해의 예방에 필요한 조치'에 상표권을 침해하는 도메인이름의 사용금지 또는 말소등록 등의 범위를 넘어서 도메인이름의 이전등록까지 포함된다고 볼 수 없다(대법원 2008. 9. 25. 선고 2006다51577 판결 참조).

나. 청구원인

(1) 일 반 론

소장에는 청구의 원인을 적어야 한다(민소 249조 1항). '청구의 원인'이란 소송상의 청구로서 원고가 주장하는 권리 또는 법률관계(소송물)의 성립원인인 사실을 말한다. 즉, 청구원인은 청구취지와 더불어 또는 이를 보충하여 청구를 특정하기에 필요한 사실관계를 뜻한다. 소장에 청구의 원인을 기재하게 하는 것은 청구의 취지와 합쳐서 심판의 대상인 청구(소송물)를 특정하기 위함이다.

특허권 등의 귀속에 관한 확인소송과 같은 확인의 소에서는 청구취지에 확인의 대상인 권리의무와 그 범위가 표시되므로, 소송물의 특정을 위하여 청구취지 외에 청구원인이 필요한 것은 아니다. 그러나 특허권 등 침해로 인한 손해배상청구소송과 같은 이행의 소에서는 이행청구권을 특정하기 위해서는 청구원인이 필요하다.

청구원인 사실은 청구를 특정 · 식별하는 표준으로서 처분권주의(민소 203조), 청구의 병합 또는 변경 유무(민소 253조, 262조), 중복제소금지(민소 259조), 기판력의 객관적 범위(민소 216조), 재소금지(민소 267조) 등을 판정하는 데 중요하다.

(2) 청구원인의 기재 정도

소장의 청구원인으로 ① 청구를 뒷받침하는 구체적 사실, ② 피고가 주장할 것이 명백한 방어방법에 대한 구체적인 진술 및 ③ 입증이 필요한 사실에 대한 증거방법을 적어야 한다(민소규 62조). 청구를 뒷받침하는 구체적 사실을 어느 정도로 기재할 것인가에 대하여는 구소송물이론과 신소송물이론 사이에 학설의 대립이 있으나, 적어도 소송상의 청구를 다른 청구와 식별 · 특정하고 혼동 · 오인을 일으키지 않는 정도로 기재하여야 한다.

특허권 등의 귀속에 관한 확인소송에서는 원칙적으로 권리의 종류와 주체를 기재하면 족하고, 특허권 등 이전등록말소청구소송에서는 권리의 종류와 주체, 이전등록 원인의 무효, 불성립 또는 부존재까지 청구원인으로 기재하여야 한다.

특허권 등 이전등록 등 청구소송, 특허권 등에 관한 침해금지청구소송 및 손해배상청구소송, 특허권 등에 관한 실시료청구소송 등의 경우에는 같은 내용의 권리가 동일 당사자 사이에서 여러 개가 성립할 수 있으므로 그 발생원인까지 밝혀야 소송물이 특정될 수 있다. 따라서 계약상 청구권이면 계약의 당사자, 종류, 내용(금액), 성립

일시·장소 등 그 발생원인인 구체적 사실을 청구의 원인사실로 기재하여야 한다.

특히 특허권 등의 침해행위를 원인으로 하여 손해배상을 청구하는 경우 그 소송물인 손해는 적극적 손해, 소극적 손해 및 정신적 손해(위자료)의 3가지로 나누어지므로(손해 3분설), 손해를 발생하게 한 침해행위의 일시·장소·내용과 함께 위 세 가지 종류의 손해에 대한 각각의 금액과 산출근거를 기재하여야 소송물이 특정된다.

5. 기타 사항

가. 소송목적의 값의 산정

(1) 손해배상청구 등 금전지급청구

지식재산권에 관한 손해배상청구소송, 부당이득금반환청구소송 및 직무발명보상금 청구소송, 지식재산권 실시료 내지 사용료 청구소송 등은 금전지급 청구소송에 해당하므로 청구금액을 소송목적의 값(이하 '소가'라 한다)으로 한다.

(2) 지식재산권의 설정등록, 이전 및 등록말소에 관한 청구

지식재산권의 설정·이전등록 및 등록말소에 관하여 의사의 진술을 명하는 판결을 구하는 소송은 실무상 무체재산권에 관한 소 중 금전의 지급이나 물건의 인도를 목적으로 하지 아니하는 소로서 소가를 산출할 수 없는 소송으로 보아 소가를 1억 원으로 한다(인지 2조 4항, 인지규 18조, 18조의2 단서).

(3) 금지청구, 폐기청구 및 도메인이름등록말소청구

지식재산권 침해행위의 금지 또는 예방을 구하는 소송은 실무상 무체재산권에 관한 소 중 금전의 지급이나 물건의 인도를 목적으로 하지 아니하는 소송으로서 소가를 산출할 수 없는 소송으로 보아 소가를 1억 원으로 한다(인지 2조 4항, 인지규 18조, 18조의2 단서).

폐기청구나 도메인이름 등록말소청구는 금지청구의 실효성을 확보하기 위한 청구로서 금지청구에 부대하여 청구할 수 있을 뿐 독립하여 청구할 수는 없다. 따라서 폐기청구나 도메인등록말소청구가 금지청구에 부대하여 제기된 경우, 소가 산정 시 폐기청구 및 도메인이름 등록말소청구는 민사소송 등 인지규칙 20조에 따라 금지청구에 흡수된 것으로 보거나 21조에 따라 소가에 산입하지 아니한다. 다만 금지청구를 구하지 아니한 채 폐기청구나 도메인이름 등록말소청구만을 독립하여 청구하는 경우에 그 청구의 당부는 별론으로 하고, 소가는 금지청구와 마찬가지로 민사소송 등 인지규칙 18조, 18조의2 단서에 따라 1억 원으로 봄이 타당하다.

(4) 신용회복조치청구

지식재산권자가 업무상 신용회복을 위하여 필요한 조치, 예를 들어 신문 등 정기간행물에 해명광고를 할 것 등을 청구하는 경우 실무상 게재비용에 관계없이 소가를 1억 원으로 보고 있다.

(5) 병합청구의 소가

(가) 금전지급청구의 병합

지식재산권에 관한 여러 개의 금전지급청구가 병합된 경우에는 금전지급청구에 관한 소가 산정의 일반원칙에 따라 소가를 산정하면 된다.[60]

(나) 지식재산권의 이전 및 등록말소에 관한 청구의 병합

이전 또는 등록말소의 목적이 되는 지식재산권의 수만큼 청구가 단순병합된 것으로 보아야 한다. 예를 들어 하나의 소송에서 2개의 상표권에 관한 이전등록절차의 이행을 구하는 경우, 그 소가는 2억 원(=1억 원×2)이 된다.

다만 하나의 지식재산권에 관하여 여러 개의 등록절차의 이행을 구하는 경우에는 민사소송 등 인지규칙 6조에서 정한 소가 산정의 원칙에 따라 청구취지로서 구하는 경제적 이익을 판단하여 동 규칙 19조를 적용하여 소가를 합산하거나 동 규칙 20조를 적용하여 중복청구로 보아 소가를 산정한다.

(다) 금지청구의 병합

이는 지식재산권 침해금지청구의 소송물을 어떻게 파악할 것이냐 하는 문제와 관련이 있다. 일반적으로 지식재산권 침해금지청구에서 청구의 근거가 되는 원고의 권리별로, 금지대상이 되는 피고의 침해행위 태양별로 별개의 소송물이라고 한다.[61]

---

60) 예를 들어, 피고의 침해제품이 N95 완성품, N95 반제품, N96 반제품 등 복수이고, 원고가 침해되었다고 주장하는 특허발명의 청구항이 복수인 경우 각 침해제품에 대한 손해배상청구가 단순병합된 것이고, 각 제품별로는 복수의 청구항에 기초한 손해배상청구가 선택적으로 병합된 것으로 본다(대법원 2015. 7. 23. 선고 2014다42110 판결).

61) 권택수(주 41), 358~360.

이러한 견해에 선다면, 여러 개의 지식재산권이 침해되었음을 이유로 침해행위의 금지를 청구하는 경우에 침해된 지식재산권의 개수와 침해행위의 개수를 기준으로 하여 그 병합형태가 단순병합에 해당하면 민사소송 등 인지규칙 19조, 22조에 따라 개별 권리의 소가 즉, 1억 원을 합산하여 소가를 산정하고[예를 들어 3개의 상표권이 침해되었음을 청구원인으로 하여 각 상표권에 대응하는 각각의 침해행위에 대하여 금지청구를 하는 경우(즉, 3개의 유사표장에 대하여 금지청구를 하는 경우)에 그 병합된 소송의 소가는 3억 원(=1억 원×3)이고, 1개의 상표권이 침해되었음을 청구원인으로 하여 2개의 침해행위(즉, 2개의 유사표장)에 대한 금지청구를 하는 경우에 그 병합청구의 소가는 2억 원(=1억 원×2)임], 복수의 지식재산권이 침해되었음을 청구원인으로 하는 금지청구라 하더라도 그 병합형태가 선택적 병합 또는 예비적 병합에 해당하여 1개의 소송으로써 주장하는 수 개의 청구의 경제적 이익이 같거나 중복되는 때에는 민사소송 등 인지규칙 20조에 따라 흡수주의 원칙에 기하여 소가를 산정하여야 한다[예를 들어 3개의 상표권이 침해되었음을 청구원인으로 하여 1개의 침해행위(1개의 유사표장)의 금지를 구하는 경우에는 그 침해행위의 금지를 구하는 경제적 이익이 같으므로 이는 선택적 병합에 해당하여 그 소가는 민사소송 등 인지규칙 20조에 따라 1억 원임].[62]

(라) 금지청구와 손해배상청구의 병합

지식재산권에 관한 소송은 금지청구와 손해배상청구를 병합하여 제기하는 경우가 많은데, 이처럼 금지청구와 손해배상청구가 병합된 소송의 경우 금지청구와 손해배상청구가 각각 독립한 경제적 이익을 갖는 청구로 보아 병합청구의 소가는 손해배상청구의 소가와 금지청구의 소가를 합산하여 산정한다.[63] 예를 들어 1개의 특허권 침해를 이유로 한 1억 원의 손해배상청구와 1개의 침해행위에 대한 금지청구를 병합하여 소를 제기한 경우 그 소가는 손해배상청구의 소가인 1억 원과 금지청구의 소가인 1억 원을 합산한 2억 원이 된다.

(마) 신용의 회복조치청구와 손해배상청구나 금지청구의 병합

금지청구는 실질이 방해제거 또는 예방이고, 손해배상청구와 신용회복조치청구는 실질이 침해행위에 대한 사후구제인데, 신용회복조치청구는 침해행위에 의하여

---

62) 인지실무연구회, 인지실무, 사법발전재단(2015), 266~267.
63) 인지실무(주 62), 270.

업무상 신용이 실추된 경우 손해배상에 갈음하여 또는 손해배상과 함께 신용 회복을 위하여 필요한 조치를 청구하는 것이어서 신용회복조치청구의 경제적 이익은 손해배상청구의 경제적 이익과 독립한 별개의 것이라는 이유로, 신용회복조치청구와 손해배상청구나 금지청구가 병합된 경우에 그 소송의 소가는 각 청구의 소가를 합산한 금액이라고 보는 것이 실무례이다.[64] 예를 들어 1개의 상표권 침해를 이유로 1억 원의 손해배상 청구와 1개의 침해행위에 대한 금지청구와 신문에 침해사실 광고를 할 것을 구하는 신용회복조치청구가 병합된 경우 그 소송의 소가는 3억 원(=손해배상청구의 소가 1억 원+금지청구의 소가 1억 원+신용회복조치청구의 소가 1억 원)이다.

나. 소송대리인

소송대리인의 권한은 서면으로 증명하여야 하므로(민소 89조 1항), 소의 제기가 대리인에 의하여 또는 대리인에 대하여 이루어진 경우 대리권을 증명하는 서면은 소장의 필수적 첨부서류가 된다. 따라서 법률상의 소송대리인의 경우 그 자격이 기재된 법인등기사항증명서 · 지배인등기사항증명서 등을, 소송위임에 의한 소송대리인의 경우 소송위임장을 각각 제출하여야 하고, 이러한 증명 서면은 소송기록에 붙여야 한다(민소 97조, 58조 2항). 대리권의 유무는 법원의 직권조사사항으로, 조사 결과 대리권에 흠이 있는 경우에는 기간을 정하여 대리권의 보정을 명하여야 하고, 그 대리인의 소송관여를 배제하여야 하지만, 만일 보정하는 것이 지연됨으로써 본인에게 손해가 생길 염려가 있을 때에는 그 대리인으로 하여금 일시적으로 소송대리를 하게 할 수 있다(민소 59조, 97조).

한편 변리사법 제8조는 "변리사는 특허, 실용신안, 디자인 또는 상표에 관한 사항의 소송대리인이 될 수 있다."라고 규정하고 있는데, 위 규정에 따라 변리사에게 허용되는 소송대리의 범위는 특허심판원의 심결에 대한 심결취소소송으로 한정되고, 특허권 등의 침해를 청구원인으로 하는 침해금지청구 또는 손해배상청구 등과 같은 민사소송에서 변리사의 소송대리는 허용되지 아니한다.[65]

---

64) 인지실무(주 62), 269~270.

65) 대법원 2012. 10. 25. 선고 2010다108104 판결.

Ⅲ. 지식재산권에 관한 민사소송의 심리

1. 지식재산권에 관한 민사소송의 변론

가. 답변서의 제출

피고가 원고의 청구를 다투는 경우에는 소장부본을 송달받은 날부터 30일 이내에 답변서를 제출하여야 한다(민소 256조 1항). 답변서는 변론기일에서의 진술을 준비하는 서면인 동시에 변론기일에서의 진술 이전에도 그 자체만으로 무변론판결을 저지하는 법적 효과가 있다.

답변서에는 준비서면에 관한 규정을 준용하므로(민소 256조 4항), 공격 또는 방어의 방법, 상대방의 청구와 공격 또는 방어의 방법에 대한 진술, 상대방의 증거방법에 대한 의견을 기재하여야 한다(민소 274조 1항, 2항). 그 밖에 답변서에는 ① 청구의 취지에 대한 답변, ② 소장에 기재된 개개 사실에 대한 인정 여부, ③ 항변과 이를 뒷받침하는 구체적 사실, ④ 위 ②, ③에 관한 증거방법을 적어야 하고(민소규 65조 1항), 위 증거방법 중 입증이 필요한 사실에 관한 중요한 서증의 사본을 첨부하여야 한다(민소규 65조 2항). 답변서는 소장에 대응하는 서면으로 다른 준비서면과는 달리 다투는 사실과 다투지 않는 사실을 구분하고, 다투는 사실에 대하여 입증계획을 밝히며, 소지하고 있는 증거방법을 첨부하는 것이 필요하다. 이처럼 답변서의 기재 내용이 충실해짐으로써 답변서 심사단계에서 이미 사건의 쟁점이 부각되고, 원고와 피고 상호간의 공방이 충분히 이루어질 수 있다. 이에 어긋나는 답변서가 제출된 때에는 재판장은 법원사무관등으로 하여금 방식에 맞는 답변서의 제출을 촉구하게 할 수 있다(민소규 65조 3항).

나. 변론절차

(1) 사건의 분류

재판장은 답변서가 제출된 사건에 대하여 당사자가 제출한 주장 서면과 증거를 토대로 절차 진행에 관한 사항의 협의나 구체적인 심리계획의 수립 등이 필요한 사건인지를 검토한다.

민사항소심의 경우에는, 항소이유가 기재된 준비서면이 제출되면, 재판장은 바로 변론기일을 지정할 사건, 절차 협의 등이 필요하거나 변론준비기일 지정이 필요한 사건, 조기 조정절차에 회부할 사건 등으로 분류한다(특허법원 민사항소심 소송절차안내(이하 '민사항소심 소송절차안내')[66] III. 1. 가.항].

재판장은 바로 변론기일을 지정할 사건, 절차 협의 등이 필요하거나 변론준비절차에 회부할 필요가 있는 사건, 조기 조정절차에 회부할 사건으로 분류함으로써 효율적인 쟁점정리와 집중증거조사를 통한 사건의 적정한 해결 또는 화해·조정을 통한 화해적 해결을 도모한다.

바로 변론기일을 지정하는 사건에 대하여, 재판장은 충실한 심리를 위하여 원고 및 피고에게 요약쟁점정리서면의 제출을 명하는 변론준비명령을 할 수 있으며, 당사자의 서면 공방 결과를 참작하여 주장 및 증거의 제출기간, 전문가증인 등 시일을 요하는 증거의 신청 기간 등을 정하기 위하여 변론준비명령을 할 수 있다(민사항소심 소송절차안내 III. 2.항).

(2) 원칙: 신속한 1회 변론기일 지정

재판장은 변론 없이 판결하는 경우 외에는 바로 변론기일을 정하여야 하므로(민소 258조 1항 본문), 피고로부터 다투는 취지의 답변서가 제출되면 그 단계에서 바로 변론기일을 지정하고 구술공방을 거쳐 쟁점을 정리한 후 증거조사를 실시하는 방식이 원칙적인 심리형태가 된다. 재판장은 답변서가 제출되면 바로 사건을 검토하여 가능한 최단기간 안의 날로 제1회 변론기일을 지정하여야 하는데(민소규 69조 1항), 답변서 접수 직후 기록검토 및 사건분류를 하는 시점에서 지체없이 사건의 분쟁성, 난이도, 조정적합성, 신속처리의 필요성 등을 가늠한 후 실질적으로 변론의 집중이 가능한 최단기간 안의 날로 제1회 변론기일을 지정하면 된다.

(3) 예외: 변론의 준비

(가) 변론준비절차

조기에 변론기일을 지정한 경우에도 사건에 따라 서면공방을 통한 쟁점정리가 필요하다고 판단되면 사건을 변론준비절차에 부칠 수 있다(민소 279조 2항). 변론준비

---

[66] 특허법원 민사항소심 소송절차안내는 2016. 3. 16. 제정된 '특허법원 침해소송 항소심 심리매뉴얼'이 2018. 9. 1. 개정되면서 명칭이 변경된 것으로, 특허법원 인터넷 홈페이지에 게시되어 있다.

절차란 변론이 효율적이고 집중적으로 실시될 수 있도록 당사자의 주장과 증거를 정리하는 절차를 말한다(민소 279조 1항). 변론준비절차 회부에 적합한 사건으로는 ① 쟁점과 주장 내용이 복잡하거나 방대한 사건, ② 전문적인 분야나 새로운 형태의 법률관계에 관한 사건, ③ 주장 자체가 불분명하거나 서로 모순되는 사건, ④ 증거가 많고 복잡하여 입증계획 등을 사전에 협의할 필요가 있는 사건을 들 수 있는데, 변론준비절차를 진행하는 재판장 등은 쟁점과 증거의 정리, 그 밖에 효율적이고 신속한 변론진행을 위한 준비가 완료되도록 노력하여야 하고, 당사자는 이에 협력하여야 한다(민소규 70조 1항). 재판장은 변론준비절차가 끝난 경우에는 바로 변론기일을 정하여야 한다(민소 258조 2항).

민사항소심의 경우에, 주장 및 증거를 정리하거나 기술설명회를 개최하기 위하여 필요한 경우 변론준비기일을 열어 당사자를 출석하게 할 수 있다. 재판장은 수명법관을 지정하여 위 절차를 담당하게 할 수 있다. 변론준비기일이 종결된 이후에 주장을 추가·변경하거나 새로운 증거를 제출하기 위해서는 고의 또는 중대한 과실로 소송완결을 지연시킨 것이 아님을 소명하여야 한다. 그러한 사유가 소명되지 아니한 경우 법원은 해당 주장·증거신청을 민사소송법 286조, 149조에 의하여 각하할 수 있다(민사항소심 소송절차안내 Ⅲ. 4.항).

(나) 사건관리 화상회의(민사항소심 소송절차안내 Ⅲ. 3.항)

재판장은 당사자의 의견을 들어 양쪽 당사자와 영상·음성의 송수신에 의하여 동시에 통화를 할 수 있는 방법(이하 '사건관리 화상회의')으로 절차 진행에 관한 사항을 협의할 수 있다. 재판장은 수명법관을 지정하여 위 절차를 담당하게 할 수 있다. 사건관리 화상회의를 개최하기로 한 사건에 대해서는 항소인과 피항소인에게 화상회의의 일정을 통지하고, 그 준비를 위하여 사건관리 화상회의 준비명령을 할 수 있다.

사건관리 화상회의에서는 ① 변론기일 횟수 및 일자, 각 기일별 진행사항 및 변론 쟁점, ② 주장 및 증거의 제출기한(종합준비서면의 제출기간, 전문가 진술서 제출기간, 준비서면의 제출횟수 및 분량 포함), ③ 검증·감정이나 전문가증인 등 시일을 요하는 증거방법의 신청 여부 및 기간, ④ 전문심리위원 지정 여부, ⑤ 당사자에 의한 기술설명회의 실시 여부, ⑥ 청구항 해석에 관한 심리를 선행하여 진행할 것인지 여부, ⑦ 침해 여부, 무효 여부, 손해배상액 산정 등 쟁점별로 진행할 것인지 여부, ⑧ 쟁점특허에 관한 정정심판 또는 정정청구가 있는 경우 진행 방안, ⑨ 무효, 권리범위확인 등 관련 사건이 계속 중인 경우 병행심리를 진행할 것인지 여부, ⑩ 조정절차 회부

여부, ⑪ 쟁점의 확인 및 정리 등을 협의할 수 있다.

법원은 협의된 내용에 대하여는 준비명령을 할 수 있고, 준비명령에서 종합준비서면의 제출을 명한 경우, 항소인은 사건관리 화상회의 후 3주 이내(또는 준비명령에서 정한 기간)에, 피항소인은 항소인의 종합준비서면이 제출된 날로부터 3주 이내(또는 준비명령에서 정한 기간)에 각 종합준비서면을 제출하여야 한다. 종합준비서면에는 모든 주장(1심에서 한 주장 중 철회하지 아니하는 주장 포함)을 기재하고, 그에 대한 주된 증거를 제출하여야 한다. 준비명령에서 특정 쟁점에 대해서 종합준비서면의 제출을 명한 경우에는 특정 쟁점에 대한 모든 주장을 기재하여야 한다. 기 제출된 준비서면과 동일한 내용에 대해서는 해당 부분을 인용할 수 있다. 준비명령에서 정한 주장·증거의 제출·신청 기간 이후 주장을 추가·변경[예를 들어, 신규성·진보성에 관한 주장의 근거가 되는 가장 가까운 선행발명(이하 '주선행발명')을 변경하거나, 선행발명이나 그 결합관계를 추가·변경하는 경우 등]하거나 새로운 증거를 신청하기 위해서는 고의 또는 중대한 과실로 소송완결을 지연시킨 것이 아님을 소명하여야 한다. 그러한 사유가 소명되지 아니한 경우 법원은 해당 주장·증거신청을 민사소송법 149조에 의하여 각하할 수 있다.

(4) 준비서면의 제출

변론의 집중을 위하여 당사자는 변론을 서면으로 준비하여야 한다(민소 272조 1항). 준비서면은 그것에 적힌 사항에 대하여 상대방이 준비하는 데 필요한 기간을 두고 제출하여야 하는데(민소 273조), 새로운 공격방어방법을 포함한 준비서면은 변론기일 또는 변론준비기일의 7일 전까지 상대방에게 송달될 수 있도록 적당한 시기에 제출하여야 한다(민소규 69조의3). 종합준비서면을 제외한 준비서면에는 소장, 답변서 또는 앞서 제출한 준비서면과 중복·유사한 내용을 불필요하게 반복 기재하여서는 아니 되고, 재판장 등과 당사자가 준비서면의 제출횟수, 분량, 제출기간 및 양식에 관한 협의를 하여 합의가 이루어진 경우 당사자는 그 합의에 따라 준비서면을 제출하여야 하며, 그러한 합의가 없는 경우 준비서면의 분량은 30쪽을 넘어서는 아니 된다(민소규 69조의4 1항, 3항, 70조 4항). 20쪽 이상의 준비서면을 제출하는 경우에는 서두에 목차를 기재하고, 기술용어에 대해서는 각주로 용어의 정의를 기재하고 그 출처를 명시하며, 주장을 뒷받침하는 증거가 제출된 경우에는 해당 부분에 증거번호를 표시한다. 종합준비서면은 서두에 당해 소송에서 주장하는 모든 공격·방어방법과 주요 증거(선행발명 포함)의 내용을 요약하여 기재한다.

민사항소심의 경우에는 항소장의 항소이유 기재가 불충분한 경우 재판장은 즉시 항소인에게 구체적 항소이유가 기재된 준비서면의 제출을 명하는 준비명령을 하고, 항소인은 이러한 준비명령을 받은 후 4주 이내에 다음 사항들에 관한 기재를 포함한 준비서면을 제출하여야 한다(민사항소심 소송절차안내 II. 1.항).

　㉠ 1심판결 중 사실인정 또는 법리적용에 잘못이 있다고 주장하는 부분

　㉡ 1심에서 한 당사자들 주장의 요지, 상대방 주장 중 다툼이 없는 부분

　㉢ 1심에서 제출한 증거의 요지와 그 증명취지

　㉣ 항소심에서의 새로운 주장 및 증거와 그 증명취지, 위 주장·증거를 1심에서 제출하지 못한 이유

　㉤ 관련 사건(동일한 특허권 등에 관한 심판·소송이 계속 중인 사건)의 표시

　㉥ 조정·화해 희망 여부

피항소인은 항소인의 항소이유를 기재한 위와 같은 준비서면을 송달받은 후 3주 이내에 다음 사항을 포함하는 반박 준비서면을 제출하여야 한다(민사항소심 소송절차안내 II. 2.항).

　ⓐ 항소인의 주장에 대한 답변, 항소인의 주장 중 다툼 없는 부분

　ⓑ 1심에서 제출한 증거의 요지와 그 증명취지

　ⓒ 항소심에서의 새로운 주장 및 증거와 그 증명취지, 위 주장·증거를 1심에서 제출하지 못한 이유

　ⓓ 상대방이 제출한 서증에 대한 인부

　ⓔ 관련 사건의 표시

　ⓕ 조정·화해 희망 여부

1심에서 하지 아니한 주장을 제출하거나 새로운 증거를 신청하기 위해서는 고의 또는 중대한 과실로 소송완결을 지연시킨 것이 아님을 소명하여야 한다. 그러한 사유가 소명되지 아니한 경우 법원은 해당 주장이나 증거신청을 민사소송법 149조에 의하여 각하할 수 있다. 특히 1심 변론준비기일의 종결 시까지 제출되지 아니한 주장을 새로이 추가·변경하거나 그에 대한 증거를 제출하기 위해서는, 정당한 사유로 기간 내에 제출하지 못하였음을 구체적으로 소명하여야 하고, 그 제출로 인하여 소송을 현저히 지연시키지 않은 경우여야 한다(민사항소심 소송절차안내 II. 3.항).

(5) 준비서면의 작성(민사항소심 소송절차안내 VII. 1.항 참조)

(가) 일반적 작성방식

글자 크기는 12PT, 줄 간격은 250%로 한다. 준비서면의 분량은 민소소송규칙에 따라 30쪽을 넘을 수 없는 것이 원칙이다. 다만 부득이하게 분량을 초과하거나 2개 이상으로 나누어 준비서면을 제출하여야 하는 경우 그 사유를 기재한 절차협의신청서를 제출하여야 하고, 이 경우 법원은 분량을 초과한 준비서면의 제출 등을 허가할 수 있다. 주장을 뒷받침하는 증거가 제출된 경우 해당 부분에 증거번호를 표시하여야 한다.

기술용어에 대해서는 필요에 따라 용어의 정의를 기재하고 그 출처를 알 수 있는 자료를 제출하여야 한다.

요약쟁점정리서면에는 항소이유의 요지, 다툼 없는 사항, 쟁점정리표, 증거설명, 추가 제출 증거, 서증에 대한 인부, 석명사항, 소송진행에 대한 의견 등을 간명하게 기재하여야 한다.

종합준비서면은 서두에 모든 공격·방어방법과 주요 증거(선행발명 포함)의 내용을 요약하여 기재하여야 한다. 종합준비서면을 제외한 나머지 준비서면에는 이미 주장한 내용을 반복하여 기재하지 않고 동일한 내용이 기재된 기 제출된 준비서면의 해당 부분을 인용하여야 한다.

(나) 진보성에 대한 주장방식

특허·실용신안의 청구범위 등 명세서의 기재 내용이 보정 또는 정정청구, 정정심결 등에 의하여 변경된 경우, 그 변경 내역을 변경전과 변경후로 구분하여 기재하고 판단 기준시점의 청구범위 등 명세서의 기재 내용을 명시하여야 한다.

선행발명의 구성요소를 구체적으로 특정하여 특허발명과 선행발명의 대응되는 구성요소를 대비한 대비표를 제출하여야 한다. 주지관용기술도 그 대비대상이 되는 부분을 특정하여야 한다.

선행발명들의 결합에 의하여 진보성이 부정된다는 주장을 하는 경우 주선행발명을 정하고 선행발명들 사이의 구체적인 결합관계와 그러한 결합이 쉬운 이유를 명시하여야 한다.

(예시) 선행발명 1 내지 3에 의하여 진보성이 부정된다.(X)

주선행발명인 선행발명 1에 선행발명 2의 ○○ 구성요소를 부가(또는 선행발명 1의 구성요소 2를 대신하여 선행발명 2의 ○○ 구성요소를 결합)하면 특허발명이 도출되고, …의 점에 비추어 보면 그와 같은 결합에 대한 교시, 시사, 동기 등이 있어 통상의 기술자가 그러한 결합을 쉽게 생각해낼 수 있으므로 특허발명의 진보성이 부정된다.(O)

청구범위의 해석에 관한 심리가 선행될 필요가 있는 경우 그 이유를 밝히고, 해석이 필요한 문언, 해당 문언에 관련된 명세서 기재 내용, 당사자가 주장하는 청구범위 문언의 해석 내용 및 구체적인 근거를 제시한다.

통상의 기술자가 법률요건 판단의 기준이 되는 경우(예: 진보성, 균등범위, 자유실시기술 등) 통상의 기술자의 기술수준(학력, 자격, 종사분야 및 기간 등)을 구체적으로 기재한다.

(다) 명세서 기재불비에 관한 주장방식

명세서 기재불비에 관한 주장은 먼저 그 주장취지에 따른 적용조항을 명시한 다음, 이에 대한 근거를 제시하는 방식으로 기재한다.

(라) 침해에 대한 주장

피고실시제품·방법은 집행기관이 별도의 판단 없이 식별할 수 있도록 구체적·개별적·사실적으로 특정한다(예시: 상품명, 제품의 형식번호를 기재하고, 도면이나 사진을 첨부함).

또한, 피고실시제품·방법은 특허발명과 구성요소별로 대비할 수 있도록 구체적으로 기재하되, 피고가 실시하는 제품·방법과 사실적 관점에서 동일하게 기재한다.

특허발명과 피고실시제품·방법의 대응되는 구성요소를 대비한 대비표를 제출한다.

(마) 손해액에 관한 주장방식

손해배상 청구인은 손해액 산정의 근거조항을 명시하고 위 조항의 각 요건별로 관련되는 증거번호를 표시하여야 한다.

상대방은 상대방 주장사실을 다투는 경우 단순 부인이 아닌 구체적인 답변을 하여야 하고, 그렇지 않은 경우 재판부는 구체적으로 부인하지 않은 사실에 관하여 다툼이 없는 것으로 볼 수 있다.

예를 들어, 원고가 특허법 128조 2항에 기해 손해액 산정을 주장하는 경우 피고가 원고 주장의 양도수량을 부인하는 때는 실제로 양도한 수량을 밝혀야 한다. 원고가 동조 4항에 기해 손해액 산정을 주장하는 경우 피고가 원고 주장의 이익액을 부인하는 때는 실제 이익액과 그 산정의 근거가 되는 매출액, 경비, 이익률 등을 밝혀야 한다.

(6) 증거설명서

각 증거와 그 증명취지를 간략히 기재한다. 특히, 선행발명에 관한 증거를 제출하는 경우, 선행발명으로 제출하는 것인지 또는 주지관용기술의 증거로 제출하는 것인지를 명확히 하여야 한다. 하나의 문헌에 수개의 발명이 포함된 경우 그중 어떤 것을 선행발명으로 주장하는 것인지를 명확하게 밝혀야 한다.

다. 변론기일의 진행

(1) 일 반 론

변론기일에는 양쪽 당사자의 주장 진술과 관련 서증 등에 대한 증거조사, 쟁점 추출과 공유, 쟁점에 관한 구술공방과 양쪽 당사자의 추가적인 증거신청 등이 이루어진다. 재판장은 제1회 변론기일에서 사건의 쟁점을 정리하는 한편, 추가적인 쟁점정리가 필요한 경우 적절한 소송지휘를 통해 증거조사 전에 쟁점정리가 완료될 수 있도록 한다. 또한, 원활한 재판진행을 위해 변론기일의 횟수 및 시간, 준비서면의 형식 및 제출기간, 증거의 신청기한 및 조사방법 등에 관한 절차협의를 할 수 있다.

변론준비절차를 거친 사건이든 거치지 아니한 사건이든 변론기일에서는 정리된 쟁점에 대한 실질적인 구술공방이 이루어져야 한다. 재판장은 정리된 쟁점을 제시하고 그에 관하여 증명책임을 부담하는 당사자부터 주장과 그 근거를 제시하게 한 후 그에 대한 반박·재반박의 기회를 부여함으로써 구술공방을 유도한다.

변론기일에는 통상 원고, 피고의 순서로(항소심의 경우 항소인, 피항소인의 순서로) 각 20분 이내의 범위에서 구술로 변론한다. 수인의 소송대리인이 선임된 경우에도 위 시간 내에 변론하여야 한다. 변론시간은 재판장이 필요하다고 판단하는 경우 변경할 수 있다. 구술변론을 위한 변론자료 등은 변론기일 2 근무일 전까지 제출하여야 한다. 당사자는 필요한 경우 사건과 직접적으로 관련된 제품(특허실시제품, 피고실시제품 등)을 지참하고 재판장의 허가에 따라 위 제품에 관한 설명 또는 시연을 할 수 있다(민사항소심 소송절차안내 IV. 1.항).

(2) 쟁점별 집중 심리(민사항소심 소송절차안내 IV. 2.항)

법원은 여러 개의 청구가 병합되어 있거나 쟁점이 여러 개여서 청구별·쟁점별로 집중심리를 할 필요가 있는 경우 당사자와 협의하여 변론기일을 쟁점별로 운영할 수 있다. 특히 당사자 사이에 청구항 등의 해석에 관하여 다툼이 있고, 그에 따라 나머지 쟁점에 대한 주장이나 증거관계가 달라질 수 있어, 청구항 등의 해석에 관한 심리가 선행되어야 하는 사건의 경우, 재판부는 당사자와 협의하여 청구항 등의 해석에 관한 변론을 다른 쟁점에 앞서 진행할 수 있다. 이때 당사자는 다툼의 대상이 되는 청구항 등에 관하여 정정심판 및 정정청구 등이 진행되고 있는 경우 그 진행상황을 재판부에 알려야 하고, 향후 정정심판 및 정정청구 등을 예정하고 있는 경우 그에 관한 계획 및 의견을 구체적으로 밝혀야 한다.

(3) 심결취소소송과의 병행심리

이에 관한 사항은 민사항소심 소송절차안내 IV. 3항 및 제1장 제2절 V. 2. 다. (4) 항 참조.

라. 국제사건의 변론 및 판결

이에 관한 사항은 제1장 제2절 V. 2. 다. (3)항 참조.

마. 증거의 조사 및 전문가의 참여

(1) 증거 신청 일반

서증을 제출하거나, 증인, 사실조회, 문서인증등본 송부촉탁, 문서제출명령, 검증 및 감정 등을 신청하는 경우에는 그 증거방법에 의하여 입증하고자 하는 내용을 구체적으로 밝혀야 한다.

항소심에서 새로운 증거를 신청하는 경우, 신청인은 1심에서 이를 제출하지 못한 이유를 구체적으로 소명하여야 한다. 법원은 재판절차의 지연으로 일방 당사자에게 손해가 생길 염려가 있는지 여부, 그밖에 신속한 절차진행이 필요한 사정의 존부를 고려하여 그 채택 여부를 결정한다. 1심에서 채택되어 조사된 증거와 증명취지가 동일·유사한 증거를 신청하는 경우, 예를 들어 1심에서 손해액을 감정한 경우 그 감정 금액을 탄핵하기 위한 별도의 감정신청 등의 경우, 신청인은 그 필요성을 구체적으로 소명하여야 한다. 1심에서 신청하였으나 채택되지 아니한 증거, 1심에서 철회한 증거를 재신청하는 경우, 신청인은 그 필요성을 구체적으로 소명하여야 한다. 증거조사절차의 협의를 위해 필요한 경우 변론준비절차에 회부할 수 있다. 재판장은 당사자의 의견을 들어 사건관리 화상회의를 통해 절차 진행에 관한 사항을 협의할 수 있고, 필요한 경우 그에 관한 준비명령을 할 수 있다(민사항소심 소송절차안내 V. 1.항 참조).

(2) 서 증

이에 관한 사항은 제1장 제2절 IV. 마. (2)항 참조.

(3) 전문가증인

이에 관한 사항은 민사항소심 소송절차안내 V. 2항 및 제1장 제2절 IV. 마. (3)항 참조.

(4) 검 증

이에 관한 사항은 제1장 제2절 IV. 마. (5)항 참조

(5) 자료제출명령

(가) 특허법의 관련 규정

2016. 3. 29. 법률 제14112호로 개정된 특허법 132조 1항은 "법원은 특허권 또는 전용실시권 침해소송에서 당사자의 신청에 의하여 상대방 당사자에게 해당 침해의 증명 또는 침해로 인한 손해액의 산정에 필요한 자료의 제출을 명할 수 있다. 다만, 그 자료의 소지자가 그 자료의 제출을 거절할 정당한 이유가 있으면 그러하지 아니하다."라고, 같은 조 3항 본문은 "제1항에 따라 제출되어야 할 자료가 영업비밀(부정경쟁방지법 2조 2호에 따른 영업비밀)에 해당하나 침해의 증명 또는 손해액의 산정에 반드시 필요한 때에는 1항 단서에 따른 정당한 이유로 보지 아니한다."라고 각각 규정하여 손해액의 산정뿐만 아니라 침해의 증명에 필요한 경우에도 자료제출을 명할 수 있도록 하여 자료제출명령 사유를 확장하는 한편, 침해의 증명 또는 손해액의 산정에 반드시 필요한 때에는 영업비밀이라도 제출을 거절할 수 없도록 하였다. 다만 3항 단서는 "이 경우 법원은 제출명령의 목적 내에서 열람할 수 있는 범위 또는 열람할 수 있는 사람을 지정하여야 한다."라고 규정하여 열람 범위 및 열람자를 제한할 수 있도록 하였다. 한편 같은 조 2항은 "법원은 자료의 소지자가 제1항에 따른 제출을 거부할 정당한 이유가 있다고 주장하는 경우에는 그 주장의 당부를 판단하기 위하여 자료의 제시를 명할 수 있다. 이 경우 법원은 그 자료를 다른 사람이 보게 하여서는 아

니 된다."라고 규정하여 이른바 'in-camera' 절차를 도입하였다.

또한, 같은 조 4항은 "당사자가 정당한 이유 없이 자료제출명령에 따르지 아니한 때에는 법원은 자료의 기재에 대한 상대방의 주장을 진실한 것으로 인정할 수 있다." 라고 규정하고, 더 나아가 같은 조 5항은 "제4항에 해당하는 경우 자료의 제출을 신청한 당사자가 자료의 기재에 관하여 구체적으로 주장하기에 현저히 곤란한 사정이 있고 자료로 증명할 사실을 다른 증거로 증명하는 것을 기대하기도 어려운 때에는 법원은 그 당사자가 자료의 기재에 의하여 증명하고자 하는 사실에 관한 주장을 진실한 것으로 인정할 수 있다."라고 규정하여 자료제출 거부에 대한 제재를 강화하였다.

(나) 자료제출명령의 대상범위

제출대상의 범위가 서류 이외에 데이터, 전자문서, 동영상, 사진, 시제품 등 침해 관련 제품까지 확대되고, 침해 관련 제품의 제조에 필요한 원료의 성분, 제조설비, 제조공정, 제품 실험결과 등에 대한 자료까지 제출대상에 포함되며, 손해액의 산정에 필요한 자료 즉, 회계장부, 매출 관련 장부, 경비 지출 관련 장부, 계약서, 세금계산서, 세금신고서, 은행거래내역 등도 모두 제출의무가 있는 자료에 해당한다. 전자문서도 포담된다(민사항소심 소송절차안내 V. 3. 가.항 참조).

(다) 자료목록 제출신청 및 의견서

당사자는 신청대상이 되는 자료의 취지나 자료로 증명할 사실을 개괄적으로 표시하여 자료의 표시와 취지를 적은 자료목록의 제출을 신청할 수 있으며, 전자문서의 경우 자료목록 제출시의 문서가 제출 후에 변조되지 않을 것을 담보하기 위해 각 전자문서의 해쉬값, 예를 들어 소정 특허 공정에 필수적으로 수반되는 특정 키워드를 포함하는 각 전자문서의 표시와 그 해쉬값을 함께 제출할 것을 신청할 수 있다. 이러한 자료제출명령신청서에는 ㉠ 제출을 구하는 자료의 표시, ㉡ 위 자료와 침해의 증명 또는 손해액의 산정과의 관련성, ㉢ 상대방이 위 자료를 소지하고 있다는 점에 대한 근거에 관한 사항을 구체적으로 기재하여야 한다(민사항소심 소송절차안내 V. 3. 나.항 및 다.항 참조).

자료제출명령신청이 있는 경우 법원은 상대방에게 의견제출요청을 하고, 상대방은 의견제출요청서를 송달받은 후 2주 이내에 ⓐ 제출을 구하는 자료의 존재, ⓑ 제출을 구하는 자료와 증명취지와의 관련성에 대한 의견, ⓒ 제출을 구하는 자료의 소지 여부(자료가 존재한 적이 있었으나 현재 소지하고 있지 않은 경우 그 시점과 경위를 구체적으로 밝힐 것), ⓓ 자료 제출을 거부할 사유가 있다면 그 구체적 내용, ⓔ 제출을 구하는 자료 중 임의제출이 가능한 부분 등에 관한 사항이 포함된 의견서를 제출하여야 한다(민사항소심 소송절차안내 V. 3. 라.항 참조).

(라) 자료제출명령신청의 심리(민사항소심 소송절차안내 V. 3. 마.항 참조)

자료의 존재 또는 소지 여부가 다투어지는 등 필요한 경우, 자료제출명령을 하기에 앞서 당사자신문 또는 증인신문을 할 수 있다.

법원이 감정인 또는 전문심리위원을 선정한 경우 법원은 자료의 소지 여부 및 제출 대상 자료와 증명취지와의 관련성을 판단할 때 감정인 또는 전문심리위원의 의견을 참고할 수 있다.

법원은 상대방 당사자가 자료 제출을 거부할 사유가 있다고 주장하는 경우 제출거부 사유가 정당한지 여부를 심리하기 위해 비공개 변론준비절차를 진행할 수 있다. 법원은 제출거부 사유 심리를 위해 당사자에게 해당 서류를 제시할 것을 명할 수 있고, 제시된 해당 서류를 다른 사람이 보지 못하도록 하여야 하며, 다만 심리에 필요한 범위 내에서 적절한 방법으로 요지를 상대방에게 고지할 수 있다.

(마) 자료제출명령(민사항소심 소송절차안내 V. 3. 바.항 참조)

법원은 자료가 제출되지 않음으로 인해 신청인이 받은 불이익과 자료의 공개로 인해 상대방 당사자가 받는 불이익을 비교 형량하여 제출 자료의 종류와 범위를 정할 수 있다. 제출 대상 자료가 민감한 개인정보를 포함하거나 침해의 증명, 손해액의 산정과 무관한 정보를 포함하는 등 정당한 이유가 있는 경우 법원은 상대방 당사자의 신청에 따라 해당 부분을 삭제한 자료의 제출을 허가할 수 있다.

(바) 열람범위 지정 및 비밀유지명령(민사항소심 소송절차안내 V. 3. 사.항 참조)

법원은 제출 대상 자료에 영업비밀이 포함된 경우 제출명령의 목적 내에서 열람할 수 있는 범위 또는 열람할 수 있는 사람(영업비밀을 열람할 수 있는 사람은 원칙적으로 소송대리인 및 법원이 선정한 전문가로 한정)을 지정하여야 한다. 이 경우 법원은 특허법 224조의3 1항 각 호의 요건,[67] 즉 당사자가 보유한 영업비밀에 대하여 이미 제출

---

67) 법원은 당사자가 이미 제출하였거나 제출하여야 할 준비서면, 이미 조사하였거나 조사하여야 할 증거 또는 자료제출명령에 따라 제출하였거나 제출하여야 할 자료에 영업비밀이 포함되어 있고, 그 영업비밀이 해당 소송 수행 외의 목적으로 사용되거나 공개되면 당사자의 영업에 지장을 줄 우려가 있어 이를 방지하기 위하여 영업비밀의 사용 또는 공개를 제한할 필요가 있음을 소명한 경우에는 그 당사자의 신청에 따라 결정으로 다른 당사자(법인인 경우에는 그 대표자), 당사자를 위하여 소송을 대리하는 자, 그 밖에 그 소송으로 인하여 영업비밀을 알게 된 자에게 그 영업비밀을 공개하지 아니할 것을 명할 수 있다.

하였거나 제출하여야 할 준비서면, 이미 조사하였거나 조사하여야 할 증거 또는 자료제출명령에 따라 제출하였거나 제출하여야 할 자료에 영업비밀이 포함되어 있고, 그 영업비밀이 해당 소송 수행 외의 목적으로 사용되거나 공개되면 당사자의 영업에 지장을 줄 우려가 있어 이를 방지하기 위하여 영업비밀의 사용 또는 공개를 제한할 필요가 있음을 소명한 경우에는 그 당사자의 신청에 따라 다른 당사자(법인인 경우에는 그 대표자), 당사자를 위하여 소송을 대리하는 자, 그 밖에 그 소송으로 인하여 영업비밀을 알게 된 자에게 그 영업비밀을 그 소송의 계속적인 수행 외의 목적으로 사용하거나 그 영업비밀에 관계된 이 항에 따른 명령을 받은 자 외의 자에게 공개하지 아니할 것을 명할 수 있다. 다만, 그 신청 시점까지 다른 당사자(법인인 경우에는 그 대표자), 당사자를 위하여 소송을 대리하는 자, 그 밖에 그 소송으로 인하여 영업비밀을 알게 된 자가 위 준비서면의 열람이나 증거조사 외의 방법으로 그 영업비밀을 이미 취득하고 있는 경우에는 그러하지 아니하다(특허 224조의3 1항 단서).

한편 민사소송법 163조 1항도 소송기록 중에 당사자가 가지는 영업비밀이 적혀 있는 것이 소명된 경우 법원은 당사자의 신청에 따라 결정으로 소송기록 중 비밀 기재 부분의 열람 등을 신청할 수 있는 자를 당사자로 한정할 수 있다고 규정한다.

(사) 민사소송법상 문서제출명령

민사소송법은 당사자와 문서 사이에 특별한 관계가 없는 경우에도 일정한 제외사유에 해당하지 않는 한 문서를 가지고 있는 사람이 문서제출의무를 부담하도록 규정하고(민소 344조 2항), 위 조항은 모든 문서에 대해서 적용되므로, 특허권 등의 침해소송에서 원고는 법원에 피고의 제품 도면 또는 제조방법이 기재된 제조공정도 등의 제출을 신청하거나 침해품의 매출액 등이 기재된 회계장부 등의 제출을 신청할 수 있다. 다만 상대방은 문서에 영업비밀과 같은 제출거부사유가 포함되어 있음을 이유로 문서의 제출을 거부하는 의견을 진술할 수 있는데, 이 경우 법원은 그 문서가 영업비밀 등이 포함되어 있는지를 판단하기 위하여 필요하다고 인정하는 때에는 문서를 제시하도록 명할 수 있고, 법원은 그 문서를 다른 사람이 보지 못하도록 하고 비공개적으로 심리하여 문서제출의무의 존부를 판단하게 된다(민소 347조 3항). 또한, 문서의 일부에 영업비밀이 포함되어 있는 경우에는 법원은 그 일부분을 제외한 나머지 부분만을 제출할 것을 명한다(민소 347조 2항).

(6) 감 정

이에 관한 일반적인 사항에 대해서는 제1장 제2절 V. 2. 마. (5)항 참조

(가) 손해배상에 관한 감정(민사항소심 소송절차안내 V. 4. 가.항 참조)

1심에서 손해액을 산정하기 위해 감정이 실시되지 아니한 경우, 통상의 실시료나 특허발명의 기여분 등을 정하기 위해 감정이 필요한 경우, 기타 필요하다고 인정되는 경우 항소심에서 이에 대한 감정을 실시할 수 있다.

또한, 일실이익이나 침해자의 이익 등을 산정하기 위해 필요한 양도수량, 단위수량당 이익액 등 관련 자료들의 효과적인 분석을 위해 회계전문가에 의한 감정을 실시할 수 있다.

감정인은 법원의 허가를 받아 현장조사를 할 수 있다.

감정인은 영업·업무현황, 경영관리조직에 관한 현황, 회계시스템의 현황, 관계회사 등의 현황, 피고 실시제품에 대한 정보, 피고 실시제품에 대한 거래흐름(공급, 제조, 보관, 판매), 피고 실시제품에 관한 업무흐름(서류작성, 승인, 회계처리, 지급·회수) 등 손해배상액의 산정에 필요한 사항에 관하여 당사자에게 질의할 수 있고, 당사자는 감정인에게 필요한 사항을 설명하여야 한다(특허 128조의2).

(나) 기술적 사항에 관한 감정(민사항소심 소송절차안내 V. 4. 나.항 참조)

당사자 사이에 기술적 사항에 관한 다툼이 있는 경우, 그에 대한 감정을 실시할 수 있다.

(7) 전문심리위원

이에 관한 일반적인 사항에 대해서는 제1장 제2절 V. 2. 마. (7)항 참조

2. 지식재산권에 관한 민사소송 심리의 특색

가. 신속한 심리의 필요성

지식재산권에 관한 민사소송은 기업 간 비즈니스와 관련된 소송인 경우가 많다. 그런데 쟁송의 대상이 되는 기술의 혁신 속도가 매우 빠르기 때문에 소송이 지연될 경우에는 보호받고자 하는 기술이 이미 진부하게 되거나 적절한 시점에 이루어져야 할 권리구제가 충분하지 못할 우려가 있으므로, 특히 특허권침해소송은 다른 민사소송보다 특별히 신속한 심리가 요구된다.

(1) 변론준비절차의 적극적 활용

법원은 쟁점이 복잡한 사건에서 절차 협의 등을 위한 변론준비절차의 적극적인 활용, 주장·항변의 제출기간 제한 등을 통하여 신속하게 심리절차를 진행할 필요가 있다.

변론준비절차는 변론이 효율적이고 집중적으로 실시될 수 있도록 당사자의 주장과 증거를 정리하는 절차인데(민소 279조 1항), 당사자가 제출하는 주장 및 증거의 내용이 방대하거나 전문적인 지식재산권에 관한 소송, 특히 쟁점이 복잡한 특허권등 침해소송사건에서는 법원이 당사자의 주장과 증거의 내용을 파악하기 어려운 경우 이를 정리하기 위해 변론준비절차가 활용되는 경우가 많다. 법원은 변론준비절차를 통하여 사건의 조기 단계부터 의문점 등을 정리하여 당사자에게 석명하고, 필요한 주장과 입증을 촉구하며, 당사자와 협의를 통하여 쟁점을 파악할 수 있고, 전문적·기술적 사항에 관해서는 도면이나 사진 등을 이용하여 설명하게 할 필요가 있다. 당사자가 제출하거나 제시하는 주장·증거 중에는 당사자의 영업상 비밀에 해당하여 공개되어서는 아니 되는 사항이 포함되어 있을 수 있는데, 이러한 경우 변론준비기일은 비공개로 진행할 수 있다.[68]

(2) 실권효의 적용

통상 법원은 변론준비기일에서 쟁점에 관한 당사자의 주장과 증거를 모두 정리하고, 필요한 범위 내에서 증인신문 및 당사자신문을 제외한 증거조사를 할 수 있다. 변론준비기일이 종결되면 법원은 첫 변론기일에서 변론준비기일의 결과를 진술하고, 변론준비절차에서 정리된 결과에 따라서 증인신문 등 증거조사를 함으로써 바로 변론을 종결할 수 있도록 하여야 한다(민소 287조 1항, 2항, 3항).

따라서 쟁점이 복잡한 특허권 등의 침해소송사건에서 법원은 심리의 충실을 도모하고 심리의 지연을 방지하기 위하여 변론준비기일을 거친 사건의 경우 민사소송법 285조 1항의 예외사유를 엄격히 적용하여 변론준비기일에 제출하지 아니한 공격방어방법은 제출하지 못하도록 할 필요가 있다.

또한, 변론준비절차에서 협의한 대로 법원이 당사자에 대하여 주장을 제출하거

---

[68] 법원조직법 57조 1항은 재판의 심리와 판결은 공개한다고 규정하고 있는데, 여기서 공개하여야 할 심리는 변론절차에 국한되고, 변론준비절차는 포함되지 않는다는 것이 일반적인 견해이다[법원실무제요 민사소송[III](2017), 1123].

나 증거를 신청할 기간을 정하였음에도 당사자가 그 기간을 준수하지 아니한 경우에
도 민사소송법 147조 2항에 따라 주장의 제출이나 증거의 신청을 할 수 없도록 하여
심리의 촉진을 도모함이 바람직하다.

(3) 특허법원 민사항소심 소송절차안내

법원은 원활한 심리 진행을 위하여 사건관계인이 사전에 변론절차의 진행방법,
증거의 신청 및 조사방법 등을 충분히 이해하고 적시에 대응할 수 있도록 하는 지침
을 마련하고 사건관계인에게 이를 준수하도록 안내할 필요가 있다. 특허법원은 2016.
3. 16. '특허법원 침해소송 항소심 심리매뉴얼'을 제정하였고, 2018. 9. 1.부터는 이를
개정한 '특허법원 민사항소심 소송절차안내'를 적용하고 있다.

나. 쟁점별 집중 변론의 필요성

지식재산권에 관한 소송, 특히 복잡한 주장과 증거가 제출되는 특허권침해소송
또는 직무발명보상금청구소송은 핵심적인 쟁점이 되는 기술내용을 정확히 파악하고,
신속하면서도 충실한 심리를 진행하기가 쉽지 않다. 따라서 기술설명회를 비롯하여
쟁점별 집중 변론을 통해 효율적으로 심리절차가 진행되도록 하여야 한다.

(1) 기술설명회의 활용

법원은 당사자에게 변론준비기일이나 변론기일에서 컴퓨터 또는 실물화상기 등
을 이용하여 기술내용에 관하여 집약적으로 설명할 기회를 주는 것이 일반적이다. 법
원은 당사자들과 협의하여 당사자마다 약 20분 내에 변론자료를 이용하여 기술내용
및 주요 주장과 증거의 요지를 구술로 설명하도록 한다. 변론자료는 기일의 며칠 전
또는 당일 법원에 제출되고 기록에 첨부됨으로써 소송자료가 된다. 재판부는 당사자
의 기술설명을 통하여 단시간 내에 기술내용 및 주요 주장과 증거의 요지를 집약적
으로 명확하게 파악할 수 있을 뿐만 아니라 필요한 경우 의문사항을 질문하여 해소
하는 기회를 가지게 되어 올바른 심증을 형성하는 데 도움이 된다. 또한, 당사자는
사건과 관련된 제품을 지참하여 이를 시연하거나 관련 기술을 이해하는 데 도움이
될 만한 동영상 자료를 재생하거나 사진 또는 도면을 제시하는 방법으로 변론할 수
도 있다. 예를 들어 제조방법에 관한 특허발명이 쟁점인 사안에서 공장을 방문하여
제조과정 등을 촬영한 동영상을 법정에서 재생하며 변론하면 효과적이다.

(2) 단계별 심리의 시도

특허발명의 청구항 해석이나 선행발명의 공지 여부 등이 선결문제가 되는 사건, 다수의 특허무효사유가 주장되고 있는 사건, 특허침해 여부와 손해액수가 각각 쟁점이 되는 사건 등 법원은 쟁점이 여러 개여서 쟁점별로 집중심리를 할 필요가 있는 사건의 경우 당사자와 협의하여 변론기일을 쟁점별로 운영할 수 있고, 그와 같이 협의된 경우 각 변론기일에서는 심리하기로 협의된 쟁점에 한하여 심리하며, 그 이후 나머지 쟁점 등에 대한 변론을 준비하도록 명할 수 있다(민소 141조 참조). 특히, 특허권 등의 침해로 인한 손해배상소송의 경우 특허권 등의 침해 여부 및 손해액의 산정 여부를 분리하여 우선 특허권 등의 침해 여부를 집중적으로 심리하고, 이에 관하여 법원이 긍정적인 심증을 얻은 경우 비로소 손해액의 산정에 관하여 심리를 개시하는 방법으로 절차를 운영할 수 있다. 이른바 단계적으로 심리를 하는 것인데, 특허권 등의 침해가 인정되지 않은 경우 손해액의 산정 여부에 관한 심리에 필요한 시간과 노력을 절약할 수 있어 심리의 집중과 신속을 도모할 수 있다. 법원이 침해 여부를 먼저 심리하여 침해라는 심증을 얻은 경우에 이 단계에서 민사소송법 201조에 따라 침해 여부에 관하여 중간판결을 할 수도 있으나, 실무상 중간판결을 하는 사례는 거의 없다. 원고가 종국판결 전에 피고의 침해행위 금지를 실현하기 위해서는 원고가 금지가처분을 신청하여 법원으로부터 가처분결정을 받아야 한다.

법원이 침해 여부를 먼저 심리하여 특허권 침해가 아니라는 심증을 얻거나 특허가 무효라는 심증을 얻은 경우에는 손해액에 관한 심리에 나아가지 않고 변론을 종결하고 판결선고기일을 지정할 수 있다. 이 단계에서 분쟁의 원만한 해결을 위하여 법원의 심증을 당사자에게 표시한 뒤 사안에 따라 화해권고를 하거나 조정을 시도하는 것이 효과적일 수도 있다.

다. 전문가 의견 청취의 필요성

지식재산권에 관한 소송, 특히 복잡한 주장과 증거가 제출되는 특허권 등의 침해소송에서 쟁점을 정확히 파악하고 적정한 결론을 도출해 내기 위해서는 소송에서 문제가 되는 전문적·기술적인 사실을 정확히 이해하는 것이 필수적이다. 지식재산권에 관한 소송을 담당하는 법관들이 모든 기술분야의 전문가라고 할 수는 없으므로, 법원은 당해 분야에서 전문적·기술적 사실을 정확히 이해할 수 있는 증거들을 최대한 확보하고, 전문지식에 기초한 의견을 청취하여 이를 적극적으로 활용하는 것이 중요하다.

(1) 기술보조인력의 활용

현재 기술심리관, 기술조사관 등 기술보조인력이 지식재산권에 관한 소송의 심리에 관여하기 위하여 서울중앙지방법원, 특허법원, 대법원에 배치되어 있다. 이들은 기술적·전문적 사항에 관하여 재판부에 대한 수시 자문 업무, 기술검토서 작성·제출 업무, 재판부를 상대로 한 내부 기술설명회 실시, 재판기일에 참석하여 변론 청취, 의견서 작성·제출 업무 등을 수행함으로써 재판부가 전문적·기술적 사실을 정확히 이해할 수 있도록 조력하고 있고, 재판부의 요청에 따라 쟁점에 관한 전문가적 의견을 제시하기도 한다.

(2) 전문가 증인의 활용

지식재산권에 관한 소송의 심리에 있어 모인출원인지 여부, 출원전 공지 또는 공연실시 여부, 선사용 여부, 실시허락계약의 내용 및 효력 등이 쟁점이 되는 사건에서 사실인정을 위한 증거가 되는 증인의 증언은 보통의 민사소송과 아무런 차이가 없다. 그런데 특허권 등의 침해소송 중 진보성 결여 등 특허발명의 무효 여부가 쟁점이 되는 사건에서 출원 당시의 통상의 기술자의 기술 수준, 선행발명의 기술내용, 침해제품의 구성, 특허의 침해 여부 등에 관하여 증인신문을 하거나 손해액의 산정에서 제품 전체 매출에 대한 특허발명의 기여도, 합리적인 예상 실시료 등에 관하여 증인신문을 하는 경우에 그러한 증인으로부터는 사실 이외에도 전문지식에 기초한 의견을 진술하도록 하여 청취할 필요가 있다.

전문가 증인은 당사자 일방에 편향되지 않게 사실과 전문지식에 근거하여 진술하되, 해당 분야의 전문가로서 객관적으로 검증되고 해당 분야에서 널리 인정되는 사실과 이론에 기초하여 진술하여야 할 의무가 있다.

따라서 법원은 당사자가 전문가 증인을 신청하는 경우 전문가 증인의 전문성과 공정성을 담보하기 위해 전문가 증인이 위와 같은 의무를 숙지하고 있음을 확인하는 전문가증인 기본진술서를 첨부하도록 하고 있다.

(3) 전문가 감정 및 전문심리위원의 활용

지식재산권에 관한 소송에서 다루어지는 기술적 쟁점들에 관하여 법원은 감정을 통해 전문가인 감정인의 의견을 청취하고 이를 심리에 적극적으로 활용한다. 실무적으로 침해제품이나 침해방법의 구성, 특허발명 또는 선행발명의 기능이나 효과 등에 관하여 당사자의 주장이 일치하지 않거나 당사자 쌍방이 각자 자신에게 유리한 실험 결과를 제출하면서 주장을 펼치는 경우에 당사자의 주장사실의 당부를 확인하기 위해 전문가에 의한 감정이 채택되는 경우가 많다. 그런데 최첨단 기술분야에 관한 소송사건의 경우 당사자 사이의 합의에 의해서는 적절한 감정인을 선정하기가 매우 곤란하여 소송지연을 초래하는 원인이 되기도 한다. 감정인 명단을 사전에 마련하거나 주요 학회나 연구단체들로부터 특정 사건에 적합한 감정인을 추천받거나 복수의 감정인을 선정하는 등의 방법으로 감정인 선정에 걸리는 시간을 단축하고 감정의 질을 담보할 필요가 있다. 한편 특허권 등의 침해로 인한 손해배상소송에서 손해액을 심리하는 경우에 당사자가 매출액, 이익률 등 손해액을 입증하기 위하여 증거자료로 제출한 회계장부를 정확히 조사하고 분석하기 위하여 전문적인 회계 지식을 갖춘 감정인을 선정하여 손해액 계산의 감정을 실시하기도 한다.

법원은 지식재산권 등 전문적인 지식이 요구되는 사건에서 법원 외부의 관련 분야 전문심리위원을 변론기일 또는 변론준비기일에 출석시켜 전문적인 지식에 의한 설명이나 의견을 진술하도록 하거나 서면으로 전문적인 지식에 기초한 설명 또는 의견을 제출하게 하는 제도를 활용할 수 있다. 지식재산권에 관한 소송은 전문심리위원이 활용되기에 가장 적합한 소송절차라고 할 것인데, 전문심리위원이 제출하거나 진술하는 설명 또는 의견이 증거로 사용될 수는 없지만, 법원 외부의 전문가들이 객관적이고 중립적인 입장에서 재판부를 보조하여 당해 사건에 관하여 전문적인 지식에 기초한 설명 또는 의견을 제출하는 것은 분쟁의 원만하고 종국적인 해결 및 당사자의 재판결과에 대한 승복에 긍정적인 영향을 줄 수 있을 것이다. 현재 특허법원은 이공계 대학교수나 공공 연구기관의 연구원 중에서 선발된 다수의 전문심리위원 명단을 보유하고 있다.

전문심리위원 참여 결정 등의 절차에 대해서는 제1장 제2절 V. 2. 마.(7)항 참조.

라. 증거의 확보와 영업비밀 보호의 조화 필요성

지식재산권에 관한 민사소송에서는 쌍방당사자가 경업관계에 있고, 그 분쟁이 기업 간 비즈니스에 관한 것일 가능성이 높다. 그런데 특허권 등의 침해소송에서 원고가 피고에 의해 자신의 제조방법 특허가 침해되었다고 주장하는 경우에 이를 입증할 수 있는 입증수단이 피고에게 편재되어 있으므로 특허권 등 보유자의 권리구제를 위하여 침해행위 및 손해의 입증을 용이하게 해 줄 필요가 있는 반면, 피고는 특허등

침해와 관련된 자신의 영업비밀이 공개된 법정에 제출되면 영업비밀로서의 가치를 상실하고 영업상 손해를 크게 입어 추후 영업활동에 큰 지장을 받게 될 우려가 있다. 따라서 지식재산권 침해소송의 심리에서는 통상의 민사소송보다 충실한 심리를 위한 증거의 확보와 영업비밀 보호가 조화롭게 이루어져야 할 필요성이 강하게 요청된다.

마. 분쟁의 국제화

오늘날 국제적인 경제교류가 활발히 이루어짐에 따라 기술교류도 자유롭게 이루어지고 있는 상황에서, 여러 나라에 걸쳐 동일한 내용의 특허, 상표, 디자인등록을 받을 수 있는 관계로 지식재산권에 관한 소송은 자연히 국제적인 분쟁의 성격을 가질 수밖에 없으므로, 지식재산권에 관한 소송 중 외국기업과의 분쟁이 차지하는 비중이 점차 커지고 있다.

일반적으로 외국 법원의 관할을 배제하고 대한민국 법원을 관할법원으로 하는 전속적인 국제관할의 합의가 유효하기 위해서는, 당해 사건이 외국 법원의 전속관할에 속하지 아니하고, 대한민국 법원이 대한민국법상 당해 사건에 대하여 관할권을 가져야 하는 외에, 당해 사건이 대한민국 법원에 대하여 합리적인 관련성을 가질 것이 요구되며, 그와 같은 전속적인 관할 합의가 현저하게 불합리하고 불공정하여 공서양속에 반하는 법률행위에 해당하지 않는 한 그 관할합의는 유효하다. 따라서 특허권 등의 양도계약을 체결하면서 관련 분쟁이 발생할 경우 관할법원을 대한민국 법원으로 하기로 약정한 경우 위 양도계약에 기하여 특허권이전등록 등을 구하는 소가 위 특허권 등의 등록국 법원의 전속관할에 속한다고 볼 수 없고, 위 전속적 국제관할합의는 유효하다.[69]

그러나 특허권, 실용신안권, 상표권, 디자인권 등은 등록국법에 의하여 발생하는 권리로서 법원은 다른 국가의 특허권 등의 부여행위와 그 행위의 유효성에 대하여 판단할 수 없으므로 등록을 요하는 특허권 등의 성립에 관한 것이거나 유무효 확인 등을 구하는 소는 일반적으로 등록국 또는 등록이 청구된 국가 법원의 전속관할에 속한다.

한편 외국법인 또는 외국인 당사자가 대한민국 법원을 관할법원으로 하는 국제관할의 합의를 유도하고 우리나라 법정에서 소송 수행의 편의를 위하여 앞서 본 바

---

69) 대법원 2011. 4. 28. 선고 2009다19093 판결.

와 같이 2017. 12. 12. 법원조직법의 개정을 통하여 우리나라 법정에서도 외국어 변론을 할 수 있는 근거 규정이 마련되었다.

외국법인 또는 외국인이 당사자인 경우 외국법인의 소재지법상 적법한 대표자에 의하여 적법한 방법으로 작성된 소송위임장 원본을 심급별로 제출하도록 하여야 한다.[70] 또한, 외국법인이나 외국인이 당사자인 경우 통상 제1심에서는 소송대리인이 선임되어 송달에 문제가 없으나, 상소하거나 소송대리인이 중도에 사임하는 경우에는 국외송달 때문에 소송절차가 지연된다. 따라서 외국법인이나 외국인이 당사자인 경우 제1심에서부터 민사소송법 184조 소정의 송달장소를 신고하도록 권유할 필요가 있다.[71]

바. 심결취소소송과의 관계

특허권 침해소송과 같은 민사소송이 법원에 제기된 경우에 그 사건의 피고는 특허심판원에 특허무효심판 또는 소극적 권리범위확인심판을 청구하는 것이 대부분이다. 피고가 특허심판원에 특허무효심판과 소극적 권리범위확인심판을 동시에 청구하기도 하는데, 이는 두 심판청구 중에서 어느 하나만이라도 인용되기만 하면 결과적으로 특허침해가 아닌 것으로 되기 때문이다.

그런데 특허권 침해소송과 같은 지식재산권에 관한 민사소송은 5개 고등법원 소재지의 지방법원인 서울중앙지방법원, 대전지방법원, 대구지방법원, 부산지방법원, 광주지방법원이 전속으로 1심을 관할하는 반면, 특허심판원의 심결에 대한 취소소송은 특허법원이 1심 관할법원이 되므로, 현재까지도 1심 재판의 관할은 이원화되어 있다(특허권등의 지식재산권에 관한 소송의 항소심은 2016. 1. 1.부터 특허법원의 전속관할로 변경되어 관할이 집중되었다).

법원은 특허권 또는 전용실시권의 침해에 관한 소가 제기된 경우에는 그 취지를 특허심판원장에게 통보하여야 하고, 그 소송절차가 끝났을 때에도 특허심판원장에게 그 취지를 통보하여야 한다(특허 164조 3항). 특허심판원장은 위 법원으로부터 통보를 받은 특허권 또는 전용실시권의 침해에 관한 소에 대응하여 그 특허권에 관한 무효심판 등이 청구된 경우에는 그 취지를 위 법원에 통보하여야 한다. 그 심판청구서의

---

70) 국내 자회사, 국내대리점 등이 자기 명의로 작성한 소송위임장은 부적법하다. 또한, 소송위임장 원본이 아닌 사본을 제출하는 것도 특별한 사정이 없는 한 부적법하다.

71) 송달영수인 신고의 효력은 당해 심급에만 미치므로, 송달영수인보다는 송달장소를 신고하도록 하는 것이 바람직하다.

각하결정, 심결 또는 청구의 취하가 있는 경우에도 마찬가지이다(특허 164조 4항). 한편 법원은 소송절차에서 필요하면 직권 또는 당사자의 신청에 따라 특허에 관한 심결이 확정될 때까지 그 소송절차를 중지할 수 있다(특허 164조 2항).

특허등 무효심판청구에 대하여 특허심판원의 무효심결이 확정되면 그 특허권등은 처음부터 없었던 것으로 보게 되고(특허 133조 3항), 이에는 대세적 효력이 있으므로, 특허권등의 지식재산권에 관한 소송을 담당하는 민사법원은 그와 모순·저촉되는 판결을 할 수 없으나, 무효심결이 아직 확정되지 않은 단계에서는 특허심판원의 무효심결은 증거자료에 불과하고 그것이 법원에 대하여 구속력을 갖지 못하므로, 민사법원으로서는 무효심결의 확정을 기다리지 말고 기술조사관이나 전문심리위원을 활용하여 침해소송 등을 적극적으로 심리하는 것이 절차 지연 방지, 관할 집중 취지 등을 고려할 때 바람직하다.

특허법원이 특허권등의 지식재산권에 관한 소송의 항소심 관할권을 갖게 된 이후 위 소송의 항소심이 특허법원에 계속 중일 때 특허심판원의 무효심결 등에 대한 심결취소소송이 제기된 경우 특허법원은 원칙적으로 양 소송을 같은 재판부에서 담당하도록 사건을 배당한다. 따라서 침해 등 민사소송의 항소심 사건과 심결취소소송의 1심 사건이 동일한 재판부에서 병행하여 심리됨으로써 동일 특허에 관한 유효성 판단의 통일을 꾀할 수 있게 되었다. 설령 양 소송이 동시에 특허법원에 계속되지 못하여 서로 다른 재판부에서 특허의 유효성에 대하여 판단하게 될 경우가 있다고 하더라도 그 판단이 엇갈리는 경우는 많지 않을 것으로 예상된다.

한편 침해 등 민사소송의 심리가 어느 정도 진전된 뒤에 피고가 특허심판원에 무효심판을 청구함과 아울러 당해 소송에서 특허 무효의 권리남용항변을 함께 주장하는 경우 이 항변을 시기에 늦은 방어방법이라는 이유로 각하할지와 관련하여 침해 등 민사소송이 1심에 계속 중일 경우에는 이를 유연하게 운용하고, 침해 등 민사소송이 항소심에 계속 중일 경우에는 보다 엄격하게 운용하는 것이 바람직하다는 견해가 있다.

사. 화해 또는 조정의 모색

지식재산권에 관한 소송은 민사소송으로서 기본적으로 화해 또는 조정에 적합한 사건유형에 속한다. 원고로서는 패소 가능성이나 권리구제의 지연이라는 위험으로부터 조기에 해방될 수 있고, 피고로부터 조기에 임의의 이행을 기대할 수 있으므로 시간과 비용을 절약할 수 있으며, 무엇보다도 특허권 등에 대한 무효심판청구 또는 당해 소송에서의 무효항변에 의하여 야기되는 권리의 불안정을 일괄하여 해소할 수 있는 이점이 있다. 피고로서도 패소 가능성뿐만 아니라 피소됨으로 인한 영업상 신용저하에 따른 불이익이라는 위험을 조기에 회피할 수 있고, 원고의 특허권 등에 대한 무효심판청구를 취하하는 조건으로 이행의무를 경감할 수 있는 이점이 있다. 또한, 쌍방 당사자는 조정이나 화해가 성립되었다는 사실 자체 및 조정조항 또는 화해조항의 내용 전부 내지 일부를 제3자에게 공개하지 않고 비밀로 유지하겠다는 조건을 삽입하거나 향후 영업활동의 범위, 태양 등에 관하여 구체적으로 약정하는 조항을 삽입하는 등 당사자의 입장을 충분히 반영하여 분쟁을 종국적으로 해결할 수 있다.

특허권 등 침해소송에서는 법원이 침해 여부에 관하여 충분히 심리하여 그에 관하여 심증을 상당한 정도로 얻은 단계가 조정이나 화해를 시도하기에 가장 적합한 시기라고 할 것이다. 이러한 단계에서 재판부가 심증을 어느 정도 개시하면서 조정이나 화해를 시도하는 경우 공정성 및 투명성을 확보하는 것이 무엇보다 중요하고, 이를 위해서는 조정이나 화해가 성립하지 않을 경우에 선고될 판결의 내용이 예측 가능하고 납득할 수 있어야 하며, 그에 기초하여 조정안이나 화해안이 마련되어야 한다. 다만 재판부가 심증을 개시하면서 조정이나 화해를 시도하였다가 불성립으로 종결되는 경우 불리한 심증을 제시받은 당사자가 추가적인 주장과 입증을 계속하여 소송이 지연될 수도 있음을 감안하여야 한다. 이러한 경우 소송지연을 방지하기 위해서는 변론종결 후 판결선고기일까지 사이에 조정이나 화해를 시도하는 것이 적절하다. 재판부가 소송재판부의 심증이 명확하게 형성되지 않더라도 조정이나 화해를 시도할 수 있으나, 이러한 경우에는 피고 제품 등이 원고의 특허권 등의 권리범위에 속한다고 판단될 가능성이 얼마나 되는지, 특허권 등이 무효로 판단될 가능성이 얼마나 되는지, 1심 법원과 항소심 법원의 판단이 달라질 수 있다는 점 등을 설명하면서 조정이나 화해를 시도하는 것이 바람직하다. 다만 경우에 따라서는 이러한 조정이나 화해가 공정거래법상 '특허권의 정당한 행사라고 인정되지 아니하는 행위'에 해당할 우려도 있으므로 조정이나 화해 시 공정거래법상의 문제를 염두에 둘 필요가 있다(대법원 2014. 2. 27. 선고 2012두24498 판결 참조).

이와 관련하여 민사항소심의 경우, 재판장은 항소사건이 접수된 직후 또는 적절한 시기에 사건의 조정 적합 여부를 판단하여 조기조정 절차에 회부할 수 있되, 조기조정 절차에 회부된 사건은 원칙적으로 조정전담판사가 담당하며, 조정담당판사는 당사자와 협의하여 법원 외의 적당한 장소에서 조정절차를 진행할 수 있다. 또한, 재판장은 1회 변론기일 이후에도 필요한 경우 사건을 조정절차에 회부하여 특허법원 조정위원회 등으로 하여금 조정을 하게 할 수 있다(민사항소심 소송절차안내 Ⅵ.항).

Ⅳ. 지식재산권에 관한 민사소송의 종료

1. 총론: 소송종료사유 및 소송종료선언

민사소송법이 규정하는 원칙적인 소송종료사유는 종국판결이지만(민소 198조), 예외적으로 재판장의 소장각하명령(민소 254조 2항)에 의하여 종료되기도 하고, 조정에 갈음하는 결정, 화해권고결정 등에 의하여 종료되기도 한다. 또한, 소의 취하 또는 취하간주, 소송상 화해, 조정, 청구의 포기 또는 인낙 등과 같이 당사자의 행위에 의하여 종료되기도 한다.

한편 지식재산권에 관한 소송이 종료되었는지에 관하여 다툼이 있는 경우 소송종료선언을 통하여 소송이 종료되었음을 확인하게 된다. 소송종료선언에 관하여 상세한 설명은 법원실무제요 민사소송[Ⅲ](2017), 1566~1577 참조.

2. 당사자의 행위로 인한 소송의 종료

가. 소의 취하

소의 취하는 원고가 소의 전부 또는 일부를 철회하는 법원에 대한 단독적 소송행위로, 원고의 소취하가 있으면 처음부터 소송계속이 없었던 것으로 되고(민소 267조 1항), 이로 인해 소송이 종료된다. 소가 주관적 또는 객관적으로 병합되어 있는 수 개의 청구 중 일부는 물론(다만 고유필수적 공동소송의 경우는 제외), 1개의 청구 중 일부도 취하할 수 있다(민소 266조 1항).

소송 외에서 원고가 피고에 대하여 소를 취하하기로 하는 약정을 소취하 계약 또는 소취하 합의라고 하는데, 이 경우 법원은 피고가 위 계약 사실을 주장·입증하면 원고는 권리보호의 이익을 잃기 때문에 소를 각하하여야 한다.[72]

---

72) 대법원 1982. 3. 9. 선고 81다1312 판결.

소의 취하는 소제기 후 종국판결이 확정될 때까지 할 수 있으므로(민소 266조 1항), 항소심·상고심에서도 소를 취하할 수 있으나, 본안에 대한 종국판결이 있은 뒤에 소를 취하하면 같은 소를 다시 제기하지 못한다(민소 267조 2항).

소의 취하는 서면으로 하여야 하므로(민소 266조 3항 본문), 원칙적으로 소송이 계속된 법원에 취하서를 제출하여야 한다. 다만 변론기일 또는 변론준비기일에서는 말로 소를 취하할 수 있다(민소 266조 3항 단서). 상대방이 본안에 관하여 응소하기 전에 소를 취하한 경우에는 소 취하서를 법원에 제출한 때 또는 말로 소를 취하한다고 한 때에 소취하의 효과가 발생한다. 그러나 상대방이 본안에 관하여 준비서면(답변서 포함)을 제출하거나 변론준비기일에서 진술하거나 변론을 한 뒤에는 상대방의 동의를 받아야 소취하의 효력이 생긴다(민소 266조 2항). 소취하에 대한 상대방의 동의도 서면 또는 말로 한다. 상대방의 동의 여부가 명확하지 아니한 경우에는 취하의 서면 등이 송달된 날로부터 2주 이내에, 말로 취하한 때에는 출석한 날로부터 2주 이내에 이의를 제기하지 않으면 소취하에 동의한 것으로 본다(민소 266조 6항). 일단 피고가 동의를 거절하면 소취하의 효력이 생기지 아니하므로, 후에 다시 동의하더라도 소취하의 효력이 생기지 않는다.[73]

항소인 또는 상고인은 항소심 또는 상고심의 종국판결이 선고되기 전까지 언제든지 항소 또는 상고의 취하를 할 수 있다(민소 393조 1항, 425조). 항소 또는 상고의 취하는 상대방의 동의 없이 일방적으로 할 수 있으므로, 취하 즉시 효력이 발생하여 항소심 또는 상고심의 소송절차가 종료하고, 항소기간 또는 상고기간 경과 후의 항소취하 또는 상고취하라면 항소기간 또는 상고기간 만료시에 소급하여 제1심 판결 또는 항소심 판결이 확정된다(민소 393조 2항, 267조 1항, 425조). 항소기간 또는 상고기간 경과 전에 항소 또는 상고를 취하하였다고 하더라도 항소기간 또는 상고기간 내라면 다시 항소 또는 상고의 제기가 가능하다.

한편 양쪽 당사자가 변론기일에 출석하지 아니하거나 출석하였다 하더라도 변론하지 아니하고 새로 정한 변론 기일 또는 그 뒤에 열린 변론기일에 양쪽 당사자가 출석하지 아니하거나 출석하였다 하더라도 변론하지 아니한 때에는 1월 이내에 기일지정신청을 하지 아니하면 소를 취하한 것으로 본다(민소 268조 1항, 2항). 또한, 1월 내에 기일지정신청을 하였다고 하더라도 기일지정신청에 따른 변론기일 또는 그 뒤의 변론

---

73) 대법원 1969. 5. 27. 선고 69다130 판결.

기일에 양쪽 당사자가 출석하지 아니하거나 출석하였다 하더라도 변론하지 아니한 때에는 소를 취하한 것으로 본다(민소 268조 3항). 상소심 소송절차에 관하여도 소의 취하 간주 규정이 적용되고, 다만 상소심에서는 상소를 취하한 것으로 본다(민소 268조 4항).

나. 소송상 화해

소송상 화해라 함은 소송의 계속 중에 수소법원·수명법관 또는 수탁판사 앞에서 당사자가 소송물인 권리 또는 법률관계에 관하여 상호 그 주장을 양보함에 의하여 다툼을 해결하는 소송상 합의를 말한다. 화해가 성립되어 당사자 쌍방의 일치된 진술을 변론조서 또는 변론준비기일조서에 적은 때에는 확정판결과 동일한 효력이 있으므로(민소 220조), 화해가 이루어진 소송물의 범위 내에서 소송은 당연히 종료된다.

소송상 화해에 대하여 상세한 설명은 법원행정처, 법원실무제요 민사소송[Ⅲ](2017), 1605~1625 참조.

다. 조　정

조정이란 민사에 관한 분쟁에 있어서 중립적인 제3자가 당사자의 동의를 얻어 당사자가 쉽게 협상할 수 있도록 도와주는 분쟁해결방법으로, 민사조정법은 당사자의 신청에 의하여 또는 소송사건의 조정회부에 의하여 조정담당판사나 수소법원 또는 법원에 설치된 조정위원회가 간이한 절차에 따라 분쟁당사자들로부터 각자의 주장을 듣고 관계자료를 검토한 후 여러 사정을 고려하여 그들에게 상호 양보하게 합의하도록 권유·주선함으로써 화해에 이르게 하는 제도를 마련하고 있다. 조정은 당사자 사이에 합의된 사항을 조서에 기재함으로써 성립하고(민조 28조), 조정은 재판상의 화해와 동일한 효력이 있다(민조 29조).

조정에 대하여 상세한 설명은 법원실무제요 민사소송[Ⅲ](2017), 제38장 참조.

라. 청구의 포기와 인낙

청구의 포기는 원고가 자기의 소송상 청구가 이유 없음을 자인하는 법원에 대한 일방적 의사표시이고, 청구의 인낙은 피고가 원고의 소송상 청구가 이유 있음을 자인하는 법원에 대한 일방적 의사표시이다. 청구의 포기 또는 인낙이 변론조서 또는 변론준비기일조서에 기재된 때에는 전자는 청구기각의 확정판결, 후자는 청구인용의 확정판결과 동일한 효력이 있게 되므로(민소 220조), 소송은 당연히 종료된다.

청구의 포기나 인낙에 대하여 상세한 설명은 법원실무제요 민사소송[Ⅲ](2017), 1625~1630 참조.

3. 법원의 재판으로 인한 소송의 종료

가. 소장각하명령

소장에 필수적 기재사항이 누락된 경우나 인지를 붙이지 않은 경우 또는 피고에게 소장의 부본을 송달할 수 없는 경우 재판장은 원고에게 상당한 기간을 정하여 보정을 명하고, 원고로부터 그 기간 내에 보정이 없을 경우 소장을 각하한다(민소 254조 2항). 원고는 소장각하명령에 대하여 즉시항고를 할 수 있다(민소 254조 3항).

항소장에 필수적 기재사항이 누락된 경우나 인지를 붙이지 않은 경우 또는 항소장 부본을 송달할 수 없는 경우 항소인에게 상당한 기간을 정하여 보정을 명하고, 그 기간 내에 보정하지 아니한 때 또는 항소기간을 넘긴 것이 분명한 때에는 항소장을 각하한다(민소 399조 1항, 2항, 402조 1항, 2항). 이는 상고심 절차에도 준용된다(민소 425조).

나. 종국판결

(1) 소송판결

소송판결은 소 또는 상소를 부적법하다고 하여 각하하는 판결로, 당사자적격이나 소의 이익의 흠결 등 소송요건 또는 상소요건의 흠이 있는 경우 하는 판결이다. 소송요건 또는 상소요건의 흠이 있을 때 법원은 그 흠이 보정될 수 있는 것이면 보정을 명하고, 당사자가 보정하지 아니하는 경우 또는 처음부터 그 흠을 보정할 수 없는 때에는 소 또는 상소가 부적법하므로 이를 각하하는 판결을 하여야 한다(민소 219조, 413조, 425조).

(2) 본안판결

법원은 소송요건이 구비된 경우에 원고의 청구를 인용하거나 기각하는 본안판결을 한다.

(가) 전부판결과 일부판결

소송의 목적으로 되어 있는 청구의 전부에 대하여 하는 판결을 전부판결이라 하고, 청구의 일부에 대하여 하는 판결을 일부판결이라 한다(민소 200조).

원고가 여러 개의 청구를 병합하여 한 개의 소를 제기한 경우(소의 객관적 병합 또는 공동소송), 피고가 반소를 제기한 경우, 법원이 변론을 병합한 경우 등 여러 개의 소 또는 청구가 동일한 소송절차 내에서 심리되어 그 전부를 판결할 정도로 심리가 진행되었을 때에는 전부판결을 하여야 한다.

한편 법원은 소송의 일부에 대하여 심리를 마친 경우 그 일부에 대한 종국판결을 할 수 있다(민소 200조 1항). 특히 변론을 병합한 여러 개의 소송 중 한 개의 심리를 마친 경우와 본소나 반소의 심리를 마친 경우에도 심리를 마친 부분에 대하여 일부판결을 할 수 있다(민소 200조 2항). 다만 일부판결을 한 뒤 나머지 부분에 대하여 후에 선고하는 잔부판결이 법률상 허용될 수 없는 경우나 일부판결과 잔부판결 사이에 내용상 모순이 생길 염려가 있는 경우에는 일부판결이 허용될 수 없다. 일부판결이 허용되지 않은 경우를 제외하고는 일부판결을 할 것인지는 법원의 재량에 맡겨져 있고, 일부판결을 적절히 활용하면 소송의 정리·집중에 도움을 줄 수 있으며, 또 당사자의 신속한 권리구제에 이바지할 수 있다. 그러나 일부판결은 독립하여 상소의 대상이 되기 때문에 사건의 일부는 상소심에, 나머지 부분은 원심에 계속되게 되어 때로는 소송불경제와 재판의 모순을 초래할 수도 있다. 일부판결은 종국판결이므로 그에 대하여 독립하여 항소할 수 있다.

(나) 중간판결

중간판결이란 종국판결 전에 독립된 공격 또는 방어의 방법, 그 밖의 중간의 다툼에 대하여 필요한 때 또는 청구의 원인과 액수에 대하여 다툼이 있는 경우에 그 원인에 대하여 할 수 있는 재판으로, 종국판결의 전제가 되는 판결이다(민소 201조). 그 밖의 중간의 다툼이라 함은 독립된 공격방어방법에 속하지 않는 소송상의 사항에 관한 다툼으로서 이를 해결하지 않으면 청구 자체에 대한 판단에 들어설 수 없는 것을 말하며, 소송상의 선결문제라고 한다. 예를 들면, 소송요건의 존부, 상소의 적법 여부, 소취하의 유·무효, 상소 추후보완의 적법 여부, 재심의 소에서 적법성 여부와 재심사유의 존부 등에 관한 다툼이다.

중간판결을 할 것인지는 원칙적으로 법원의 재량이나(민소 454조 2항의 경우에는 예외임), 일단 중간판결을 선고하면 판결을 한 법원은 이에 구속되어 스스로 취소·변경할 수 없고, 나중에 종국판결을 할 때 중간판결의 주문에 표시된 판단을 전제로 하여야 한다.74) 특허권 등의 침해로 인한 손해배상청구소송의 경우 특허권등의 침해

---

74) 다만 중간판결이 상고되었다가 대법원에서 파기환송되자, 파기환송심이 종국판결에서 파기환송판결의

여부 및 손해액의 산정 여부를 분리하여 우선 특허권등의 침해 여부를 집중적으로 심리하고, 이에 관하여 법원이 긍정적인 심증을 얻은 경우 비로소 손해액의 산정에 관하여 심리를 개시하는 방법으로 절차를 운영할 수 있으며, 이 단계에서 침해 여부에 관하여 중간판결을 할 수 있다.

중간판결은 소송물 자체에 대하여 종국적인 판결을 하는 것이 아니므로 이에 대하여는 독립한 상소가 허용되지 않고(민소 390조), 종국판결에 대한 상소가 제기된 경우에 상소심에서 함께 판단을 받을 수 있을 뿐이다(민소 392조).

(3) 상소심 판결

항소 및 부대항소에 대한 종국적 판단은 종국판결로써 하고, 종국판결에 의하여 항소심절차가 종료된다. 종국판결에는 항소사건의 일부에 대하여 하는 일부판결과 전부를 동시에 완결하는 전부판결이 있고, 제1심판결의 당부의 심판에 들어감이 없이 항소를 부적법하다고 하여 각하하는 소송판결과 제1심판결의 당부에 관하여 판단하는 본안판결이 있다. 본안판결에는 제1심판결이 정당하다고 하여 항소를 기각하는 판결과 제1심판결이 부당하다고 하여 이를 취소하고 스스로 원고의 청구에 대한 당부에 관하여 판단하든가 제1심 법원에 환송하거나 혹은 관할법원에 이송하는 등의 판결이 있다. 그 외에 항소심에서 소가 변경되거나 반소가 제기되는 등 신소가 제기된 때에는 이들 새로운 청구에 대하여 제1심판결의 당부와 관계없이 판단하여야 한다.

항소심의 종국판결에 대한 상세한 설명은 법원실무제요 민사소송[Ⅲ](2017), 1678~1682를, 상고심의 종국판결에 대한 상세한 설명은 법원실무제요 민사소송[Ⅲ](2017), 1695~1697을 각 참조.

취지에 따라 중간판결과 달리 판단한 사안에서, 대법원은 "중간판결은 그 심급에 있어서 사건의 전부 또는 일부를 완결하는 재판인 종국판결을 하기에 앞서 그 종국판결의 전제가 되는 개개의 쟁점을 미리 정리·판단하여 종국판결을 준비하는 재판으로서(대법원 1994. 12. 27. 선고 94다38366 판결 참조), 중간판결이 선고되면 판결을 한 법원은 이에 구속되므로 종국판결을 할 때에도 그 주문의 판단을 전제로 하여야 하며, 설령 중간판결의 판단이 그릇된 것이라 하더라도 이에 저촉되는 판단을 할 수 없다. 이러한 중간판결은 종국판결 이전의 재판으로서 종국판결과 함께 상소심의 판단을 받는다(민소 392조, 425조)."라고 하여 파기환송심의 종국판결이 중간판결의 기속력에 저촉되는 것으로서 위법하다고 하면서도, 파기환송심의 종국판결의 이유와 결론이 정당하므로 위와 같은 위법이 판결의 결과에 영향을 미친 것은 아니라고 판시하여, 결과적으로는 중간판결의 기속력을 부정하였다(대법원 2011. 9. 29. 선고 2010다65818 판결 참조).

제2장 / 특허 · 실용신안에 관한 소송

특허 · 실용신안의 등록요건

I. 발명 및 고안의 개념

특허법 2조 1호는 발명(發明)을 '자연법칙을 이용한 기술적 사상의 창작으로서 고도한 것'으로 정의하고,[1] 실용신안법 2조 1호는 고안(考案)을 '자연법칙을 이용한 기술적 사상의 창작'으로 정의하므로, 발명과 고안은 개념상 창작의 고도성(高度性) 유무에 의하여 구별된다. 특허법 2조 3호는 발명의 범주 내지 카테고리(category)를 물건의 발명과 방법의 발명으로 구분하나,[2] 실용신안법 4조 1항은 실용신안의 보호대상을 '물품의 형상 · 구조 또는 조합에 관한 고안'으로 규정하여 물품성을 요구하므로, 방법

---

1) 발명의 정의 규정은 발명을 보호 · 장려하고 그 이용을 도모함으로써 기술의 발전을 촉진하여 산업발전에 이바지한다고 하는 특허법의 목적에 비추어 합목적적으로 해석할 필요가 있다. 이는 선택발명, 용도발명, 유전자공학에서 염기서열의 확정 등은 그 속성상 발견일 뿐 '기술적 사상의 창작'이 아님에도 발명으로 인정하고 있는 데서 알 수 있고, 컴퓨터 프로그램 및 영업방법(Business Method, BM) 관련 발명, 식물 발명 등에서도 발명의 개념이 탄력적으로 해석된다.

2) 물건의 발명과 방법의 발명은 그에 따라 특허권자가 누릴 수 있는 독점권의 범위에 큰 차이가 있으므로 그 구분이 매우 중요하고, 일부 청구항의 경우 발명의 종류가 불명확하여 발명이 명확하고 간결하게 기재되지 않았다는 점을 이유로 거절되는 경우도 있어, 청구항에 기재된 발명이 물건의 발명과 방법의 발명 중 어디에 해당하는지가 문제가 되는 경우가 있다[정상조 · 박성수 공편, 특허법 주해 I, 박영사 (2010), 39]. 양자의 구별은 발명의 명칭이나 청구항의 표현에 따라 결정되는 것이 아니라 발명의 실체에 의하여 정해진다. 발명의 실체가 시간적 요소를 발명의 필수구성요건으로 하는 때에는 방법의 발명이고, 시간적 요소를 필요로 하지 않는 것일 때에는 물건의 발명으로 해석한다는 견해도 있다[吉藤幸朔 著, 熊谷健一 補訂, YOU ME 특허법률사무소 譯, 特許法槪說 第13版, 대광서림(2005), 90~91]. 물건은 기계, 기구, 장치, 재료, 화합물, 의약, 음식물, 조성물, 미생물, 식물, 동물, 시스템 등을 말하고, 방법은 일정한 목적을 달성하기 위하여 연결되는 단계적 수단을 의미하는데, 구체적으로는 측정방법, 수리방법, 통신방법, 물건의 사용방법, 기계의 운전방법, 물건의 제조방법, 동식물의 생산방법 등이 있다[조영선, 특허법 제5판, 박영사(2015), 13].

발명 및 물질 발명은 실용신안의 대상이 될 수 없다. 실용신안은 본래 발명의 고도성 기준에 달하지 못한 소발명(小發明)을 보호·장려하여 중소기업 간의 기술경쟁을 촉진·조정하고자 하는 취지에서 도입된 제도이다.[3] 실용신안은 권리의 조기화를 위해 1999. 7. 1.부터 2006. 9. 30.까지 무심사로 선등록되었으나, 그 기간 동안에도 기술평가 및 이의신청, 무효심판 절차 등에서는 진보성 등 실체적 요건에 대한 심리가 필요한 것은 마찬가지였다.

창작의 고도성은 위와 같이 발명과 고안을 개념상 구별하기 위한 것이고,[4] 실무상 발명의 성립요건으로 기능하지는 않는다. 고도성의 유무는 결국 발명과 고안의 진보성 판단기준에서 차이를 가져온다. 대법원 판례는 "실용신안법이 정하는 실용적 고안이라 함은 물품의 형상, 구조 또는 조합에 관한 자연법칙을 이용한 기술적 사상의 창작으로서 특허법이 정하는 자연을 정복하고 자연력을 이용하여 일정한 효과를 창출하고 이에 따라 인간의 수요를 충족하는 기술적 사상의 고도의 창작인 발명과 그 성질에서 같으나, 다만 고도의 것이 아닌 점에서 다를 뿐이므로, 실용신안법에 의하여 장려·보호·육성되는 실용신안은 물품의 특수한 형태에 그치는 것이 아니라 그 실용성, 즉 실용적 가치 나아가 그 기술적 고안이 그 대상이 되는 것이며 기술적 사상의 창작으로서 그 작용효과가 등록의 적부를 가리는 주요기준이 된다."고 한다.[5] 이와 같이 대법원 판례가 고안의 경우에는 발명과 달리 현저한 작용효과를 요구하지 않고 증대된 실용적 가치를 요구하고 있을 뿐인 점,[6] 특허법 29조 2항은 '쉽게 발명할 수 있는 것'일 때는 진보성이 부정된다고 규정하는 반면, 실용신안법 4조 2항은 '극히 쉽게 고안할 수 있는 것'일 때는 진보성이 부정된다고 규정하는 점 등을 근거로 고안의 진보성을 발명의 진보성보다 낮다고 보는 것이 일반적인 견해이다. 그러나 실용신안권 역시 10년이라는 비교적 장기의 존속기간(실용신안 22조 1항) 동안 독점배타권을 가지는 권리인 점, 변경출원(특허 53조 1항)이 가능한 점 등에 비추어 발명과 고안의 진보성 판단기준이 달라져서는 안 된다는 견해가 있고, 실제 판례에 등장하는 사안을 보면 발명과 고안의 진보성 판단기준에서 뚜렷한 차이를 발견하기가 쉽지 않

---

3) 현재 독일, 일본, 프랑스, 중국 등에서 채택하고 있으나, 미국은 이를 채택하고 있지 않다.

4) 출원인의 선택에 따라 고도성을 갖춘 발명이라도 특허가 아닌 실용신안으로 출원할 수 있다.

5) 대법원 1997. 12. 23. 선고 97후51 판결 등.

6) 대법원 1997. 7. 8. 선고 96후1637 판결은 "고안의 진보성 판단에는 공지의 기술보다 나은 증대된 실용적 가치가 있는 정도의 작용효과를 요구할 뿐이며 발명에서와 같이 고도의 기술적 사상의 창작이나 현저한 작용효과를 요하는 것이 아니다."라고 판시한 바 있다.

은 경우도 있다.

Ⅱ. 발명의 성립요건

발명의 성립요건[7]은 특허법 2조 1호가 규정하는 발명의 정의인 '자연법칙을 이용한 기술적 사상의 창작으로서 고도한 것'이라는 요건을 충족하는지의 문제인데, 발명의 성립요건을 충족하지 못할 경우에는 특허법 29조 1항의 산업상 이용할 수 있는 '발명'에 해당되지 않으므로 특허의 거절이유(특허 62조 1호) 및 무효사유(특허 133조 1항 1호)가 된다.[8]

1. 자연법칙의 이용

자연법칙은 자연계에서 경험에 의해 발견되는 법칙을 말한다. 열역학법칙, 질량불변의 법칙, 에너지보존의 법칙, 만유인력의 법칙과 같은 자연과학의 법칙뿐만 아니라 경험칙도 포함된다. 그러나 경제법칙과 같이 인간 행동양식의 분석을 통해 정립된 사회과학의 법칙이나, 순수한 수학적 공식, 논리학적 법칙, 작도법, 교수방법, 게임의 규칙, 보험제도 등 인간의 순수한 정신활동의 산물이거나 인위적인 약속에 불과한 것은 자연법칙에 해당하지 않는다.

발명은 예를 들어, 물이 높은 곳에서 낮은 곳으로 흐른다는 것을 이용하여 물레방아를 만들어내는 것처럼 자연법칙을 이용한 것이어야 하므로 자연법칙 그 자체는 발명이 되지 않는다. 또한 영구기관과 같이 자연법칙에 어긋나는 것은 발명에 해당하지 않고, 발명의 출원 당시의 기술수준으로 보아 100%까지는 아니지만 일정한 확실성을 가지고 같은 결과를 반복할 가능성이 있어야 한다(이른바 발명의 반복가능성 내지 재현가능성). 자연법칙을 이용한 것이라고 할 수 있으려면 자연법칙을 전체로서 이용하여야 하고, 발명의 구성 중 일부라도 자연법칙을 이용하지 않는 부분이 있는 경우에는 발명으로 볼 수 없다.

---

7) 강학상 '발명의 성립성' 내지 '발명성'이라고도 한다.
8) 대법원 2008. 12. 24. 선고 2007후265 판결, 1998. 9. 4. 선고 98후744 판결 등 참조.

대법원 판례에서 자연법칙을 이용한 것으로 볼 수 없다고 한 사례로는, ① "명칭을 '생활쓰레기 재활용 종합관리방법'으로 하는 출원발명은 관할 관청, 배출자, 수거자 간의 약속 등에 의하여 이루어지는 인위적 결정이거나 이에 따른 위 관할 관청 등의 정신적 판단 또는 인위적 결정에 불과하므로 자연법칙을 이용한 것이라고 할 수 없으며, 그 각 단계가 컴퓨터의 온라인(on-line)상에서 처리되는 것이 아니라 오프라인(off-line)상에서 처리되는 것이고 소프트웨어와 하드웨어가 연계되는 시스템이 구체적으로 실현되고 있는 것도 아니어서 이른바 비즈니스모델 발명의 범주에 속하지도 않으므로, 이를 특허법 29조 1항 본문의 산업상 이용할 수 있는 발명이라고 할 수 없다."고 한 것9)과 ② "정보 기술을 이용하여 영업방법을 구현하는 이른바 영업방법(business method) 발명에 해당하기 위해서는 컴퓨터상에서 소프트웨어에 의한 정보처리가 하드웨어를 이용하여 구체적으로 실현되고 있어야 하고, 한편, 출원발명이 자연법칙을 이용한 것인지 여부는 청구항 전체로서 판단하여야 하므로, 해당 발명의 일부에 자연법칙을 이용하고 있는 부분이 있더라도 청구항 전체로서 자연법칙을 이용하고 있지 않다고 판단될 때에는 특허법상의 발명에 해당하지 않는다. 청구범위의 기재만으로는 통상의 기술자가 컴퓨터상에서 소프트웨어에 의한 정보처리가 하드웨어를 이용하여 구체적으로 어떻게 실현되는지 알 수 없고, 이는 발명의 설명이나 도면 등 다른 기재를 참작하여 보더라도 마찬가지이므로, 보정 전 이 사건 제1항 발명은 전체적으로 볼 때 이를 구 특허법 29조 1항(2006. 3. 3. 법률 제7871호로 개정되기 전의 것)의 '산업상 이용할 수 있는 발명'이라고 할 수 없다."고 한 것10) 및 ③ 외국어 발음표기문자의 형성방법이 인위적인 약속에 지나지 않는다는 이유로 자연법칙을 이용한 것이 아니라고 한 것11) 등이 있다.

한편 자연법칙을 이용한 것으로 볼 수 있다고 한 사례로는 "출원발명이 기본워드에 서브워드를 부가하여 명령어를 이루는 제어입력포맷을 다양하게 하고 워드의 개수에 따라 조합되는 제어명령어의 수를 증가시켜 하드웨어인 수치제어장치를 제어하는 방법에 관한 것으로서, 결국 수치제어입력포맷을 사용하여 소프트웨어인 서브워드 부가 가공프로그램을 구동시켜 하드웨어인 수치제어장치에 의하여 기계식별·제어·작동을 하게 하는 것일 뿐만 아니라 하드웨어 외부에서의 물리적 변환을 야기시

---

9) 대법원 2003. 5. 16. 선고 2001후3149 판결.
10) 대법원 2008. 12. 24. 선고 2007후265 판결.
11) 특허법원 2002. 1. 17. 선고 2001허3453 판결(심리불속행 기각).

켜 그 물리적 변환으로 인하여 실제적 이용가능성이 명세서에 개시되어 있으므로, 그 출원발명을 자연법칙을 이용하지 않은 순수한 인간의 정신적 활동에 의한 것이라고 할 수는 없다."고 한 것12)이 있다.

2. 기술적 사상의 창작

기술의 본질은 일정한 목적을 달성하는 수단이 합리적으로 구성된 것이므로, 반복가능성과 실시가능성이라는 요소에 의하여 기술적 사상인지 여부를 판정할 수 있다.13) 특정인만이 특별한 개인적 능력에 의하여 목적을 달성할 수 있는 것은 재현성이 없으므로 발명이 될 수 없다.14) 따라서 숙련도에 따라 달성되는 악기연주법, 투구법과 같은 기능이나 기량은 발명이 될 수 없다.

또한, 발명은 기술적 사상의 '창작'이므로, 자연계에 이미 존재하는 물건이나 법칙을 단순히 찾아내는 것은 발명이 될 수 없다.15) 유럽 특허협약(European Patent Convention) 52조 역시 '발견'을 발명의 개념에서 제외한다. 미국 연방특허법 100조(a)는 "The term 'invention' means invention or discovery"라고 규정하였는데, 미국 판례상 자연법칙, 자연현상 및 추상적 아이디어는 특허대상이 되지 않는다.16)

발명은 구체적인 기술 자체가 아닌 기술적 사상이므로 추상적 · 개념적인 수단 즉, 사상으로서의 수단이면 충분하다.

---

12) 대법원 2001. 11. 30. 선고 97후2507 판결.

13) 竹田和彦, 특허의 지식(제8판, 김관식 외 4인 역), 도서출판 에이제이디자인기획(2011), 76~77.

14) 정상조 · 박성수 공편(주 2), 36.

15) 일본 동경고재 1990. 2. 13. 판결[昭和 63년(行ケ) 제133호]은, 스피룰리나 플라텐시스(Spirulina platensis)라는 특정 물질을 물고기에게 먹여 색깔이 좋아지게 하는 방법은 자연법칙 그 자체, 즉 단순한 발견에 해당하는 것으로 특허의 대상이 될 수 없으나, 그 발견을 이용하여 먹이의 공급방법을 구체적으로 제시하거나 대상을 비단잉어로 한정시킨 것은 자연법칙을 이용한 발명이라고 판시하였다. 이는 발견과 발명의 차이를 비교적 명확히 구분한 드문 사례 중의 하나로 자연법칙 그 자체는 발명이 아니라는 설명에 자주 인용된다[高林龍 "단순한 발견과 발명의 차이 — 비단잉어사육법 사건", 특허판례백선(제3판, 비교특허판례연구회 역), 박영사(2005), 25].

16) Diamond v. Diehr, 450 U.S. 175(1981).

3. 미완성 발명

가. 의미와 판단기준

발명은 사상이기는 하지만, 과제해결 수단으로서의 기술적 사상을 의미하므로 단순한 착상 내지 아이디어에 그쳐서는 안 되고 어느 정도 구체성을 가져야 한다. 구체성을 결여한 발명은 이른바 미완성(未完成) 발명으로서 특허의 거절이유 및 무효사유에 해당한다.

미완성 발명은 특허보호의 대상이 될 만한 발명에 이르지 못하였다고 평가되는 경우로서, 단순한 과제 또는 착상의 제기에 그치고 그 실현방법을 모르는 것, 발명의 목적을 달성하기 위한 수단의 일부 또는 전부가 결여되어 발명의 목적 달성이 실제로 불가능한 것, 과제의 해결수단이 막연하여 구체화할 수 없는 것 또는 그 수단만 가지고는 목적을 달성할 수 없는 것, 발명의 반복 재현이 불가능한 것 등을 말한다.[17]

미생물 관련 발명에서는 당해 기술 분야에서 통상의 지식을 가진 자가 그 미생물을 용이하게 입수할 수 없음에도 그 미생물을 지정기관에 기탁하지 않은 경우에도 미완성 발명으로 취급된다.[18] 또한, 약리효과의 기재가 요구되는 의약의 용도발명에서는 출원 전에 명세서 기재의 약리효과를 나타내는 약리기전이 명확히 밝혀진 경우와 같은 특별한 사정이 있지 않은 이상 특정 물질에 그와 같은 약리효과가 있다는 것을 약리데이터 등이 나타난 시험예로 기재하거나 또는 이를 대신할 수 있을 정도로 구체적으로 기재하여야만 비로소 발명이 완성된 것으로 본다.[19]

대법원은 특허를 받을 수 있는 완성된 발명의 의미와 그 판단기준과 관련하여, "특허를 받을 수 있는 발명은 완성된 것이어야 하고 완성된 발명이란 그 발명이 속하는 분야에서 통상의 지식을 가진 자가 반복 실시하여 목적하는 기술적 효과를 얻을 수 있을 정도까지 구체적, 객관적으로 구성되어 있는 발명으로 그 판단은 특허출원의 명세서에 기재된 발명의 목적, 구성 및 작용효과 등을 전체적으로 고려하여 출원 당시의 기술수준에 입각하여 판단하여야 할 것이다."라고 판시하였다.[20]

---

17) 특허법원 2002. 10. 10. 선고 2001허4722 판결(확정) 등 참조.
18) 대법원 2005. 9. 28. 선고 2003후2003 판결 참조.
19) 대법원 2001. 11. 30. 선고 2001후65 판결 등 참조.
20) 대법원 1994. 12. 27. 선고 93후1810 판결.

한편 미완성 고안에 해당하는지를 구체적으로 판단한 특허법원 사례로는, "CRT 에서 방사되는 다양한 주파수, 크기, 형태의 파형을 갖는 전자파와 진행방향이 동일하고 진폭의 크기가 동일하면서 경로 차 없이 위상이 정반대인 장쇄용 전자파를 얻기 위한 기술수단이나 그 이론적 근거 또는 실험 데이터에 관하여 명세서에 아무런 기재가 없고, 그와 같은 기술수단은 출원 당시의 기술수준에 비추어 보더라도 실현이 불가능한 것으로 보여 이 사건 출원고안은 미완성 고안이다."라고 한 것이 있다.21)

나. 실시가능 요건을 충족하지 못한 발명과의 대비

특허법 29조 1항 본문의 '미완성 발명'은 글자 그대로 발명이 성립에 이르지 못한 것을 의미하는 반면, 특허법 42조 3항의 '실시가능 요건'을 충족하지 못한 발명은 발명이 그 자체로는 성립하였음을 전제로, 다만 발명의 설명에 그 발명의 내용에 대한 공개가 제대로 이루어지지 않은 것을 의미한다는 점에서 개념상 구별된다. 또한, 양자는 거절이유 및 무효사유가 되는 근거 조문이 다를 뿐만 아니라, 실시가능 요건을 갖추지 못한 발명의 경우 보정(補正)을 통하여 하자를 치유할 수 있는 길이 열려 있는 반면, 미완성 발명의 경우 보정을 통하여 발명을 완성하는 것은 명세서의 요지를 변경하는 것이어서 허용되지 않는다.22)

대법원 2004. 12. 23. 선고 2003후1550 판결은 "약리효과가 있다는 것을 약리데이터 등이 나타난 시험 예로 기재하거나 또는 이에 대신할 수 있을 정도로 구체적으로 기재하여야만 비로소 발명이 완성되었다고 볼 수 있는 동시에 명세서의 기재요건을 충족하였다고 볼 수 있다."고 표현하여 양자를 구분하고 있고, 특허법원 2001. 7. 20. 선고 2000허7038 판결(확정)도 "미완성 발명과 명세서 기재불비는 법적 근거가 상이한 거절사유일 뿐 아니라, 미완성 발명에 해당되는 경우에는 보정에 의해서도 그 하자를 치유할 수 없고, 그와 같은 이유로 거절된 경우에는 선출원으로서의 지위도 인정되지 않는 것임에 반하여, 명세서 기재불비에 해당되는 경우에는 보정에 의하여 그 하자를 치유할 수 있는 경우도 있고 그 출원에 선출원으로서의 지위도 인정되는 것이어서 법률적 효과가 상이하므로, 양자의 거절사유를 혼용할 수 없다."고 판시한 바 있다.23)

---

21) 특허법원 2004. 1. 30. 선고 2002허7575 판결(확정).
22) 대법원 2001. 11. 30. 선고 2001후65 판결, 1997. 3. 25. 선고 96후658 판결 등. 다만 2001. 7. 1. 이후에 출원된 특허출원의 경우에는 신규사항 추가에 해당되어 보정이 허용되지 않을 것이다.
23) 다만 특허법원의 판결 중에는 "이 사건 출원발명은 반복재현성이 없으므로 출원 당시에 완성된 발명이

특허청의 심사실무는 명백한 경우가 아닌 한 대체로 발명의 미완성을 이유로 출원을 거절하기보다는 명세서의 기재불비를 거절이유로 삼아 출원인에게 보정의 기회를 부여하는 방법을 선호하는 것으로 보인다.

대법원 판례는 미완성 발명도 진보성 판단의 대비자료로 삼을 수 있다고 보고 있으나,[24] 미완성 발명에 대하여 선출원으로서의 지위나 확대된 선출원으로서의 지위를 인정하지는 아니한다.[25]

다. 미완성 발명에 관한 구체적 사례[26]

(1) 의약의 용도발명

대법원은 명세서상 약리효과의 기재와 관련하여, "일반적으로 기계장치 등에 관한 발명에 있어서는 특허출원의 명세서에 실시 예가 기재되지 않더라도 당해 기술분야에서 통상의 지식을 가진 자가 발명의 구성으로부터 그 작용과 효과를 명확하게 이해하고 용이하게 재현할 수 있는 경우가 많으나, 이와는 달리 이른바 실험의 과학이라고 하는 화학발명의 경우에는 당해 발명의 내용과 기술수준에 따라 차이가 있을 수는 있지만 예측가능성 내지 실현가능성이 현저히 부족하여 실험데이터가 제시된 실험 예가 기재되지 않으면 당해 기술분야에서 통상의 지식을 가진 자가 그 발명의 효과를 명확하게 이해하고 용이하게 재현할 수 있다고 보기 어려워 완성된 발명으로 보기 어려운 경우가 많고, 특히 약리효과의 기재가 요구되는 의약의 용도발명에 있어서는 그 출원 전에 명세서 기재의 약리효과를 나타내는 약리기전이 명확히 밝혀진 경우와 같은 특별한 사정이 있지 않은 이상 특정 물질에 그와 같은 약리효과가 있다는 것을 약리데이터 등이 나타난 시험 예로 기재하거나 또는 이에 대신할 수 있을 정도로 구체적으로 기재하여야만 비로소 발명이 완성되었다고 볼 수 있는 동시에 명세서의 기재요건을 충족하였다고 볼 수 있다."라고 판시하였다.[27]

아니어서 특허법 29조 1항 본문의 규정에 위배될 뿐 아니라, 그 명세서는 당해 기술분야에서 통상의 지식을 가진 자가 용이하게 실시할 수 있도록 기재되어 있지 아니하여 특허법 42조 3항에 위배되어 특허받을 수 없는 것이다."[특허법원 2002. 10. 10. 선고 2001허4722 판결(확정)]고 하여, 발명의 미완성과 명세서 기재불비를 중첩적인 등록거절사유로 판단한 예도 있다.

24) 대법원 1996. 10. 29. 선고 95후1302 판결.
25) 대법원 2002. 9. 6. 선고 2000후2248 판결, 1992. 5. 8. 선고 91후1656 판결.
26) 보다 다양한 사례는 윤주탁, "미완성 발명에 관한 사례 연구", 특허소송연구 7집, 특허법원(2017), 788~795 참조.
27) 대법원 2004. 12. 23. 선고 2003후1550 판결, 2001. 11. 30. 선고 2001후65 판결 등.

(2) 미생물 관련 발명

미생물 관련 발명에서는 당해 기술분야에서 통상의 지식을 가진 자가 그 미생물을 용이하게 입수할 수 없음에도 그 미생물을 지정기관에 기탁하지 않은 경우에도 미완성 발명으로 취급된다.[28]

(3) 유전공학 관련 발명

대법원은 "유전자의 본체는 DNA이고 그 염기서열의 특성에 따라 개개의 유전자가 규정되므로, 재조합 DNA기술과 같은 유전공학 관련 발명에 있어 외래유전자는 원칙적으로 유전암호인 염기서열로 특정되어야 하고, 염기서열로 특정할 수 없을 때에 한하여 외래유전자의 기능, 이화학적 성질, 기원, 유래, 제조법 등을 조합하여 특정할 수 있으나, 어느 경우라도 발명으로서 완성되었다고 하려면 기술기재 정도가 그 기술분야에 있어서 통상의 지식을 가진 자가 명세서에 기재된 바에 따라 반복실시하여 목적하는 기술적 효과를 얻을 수 있을 정도로 구체적, 객관적으로 개시되어 있어야 하고, 그 외래유전자의 취득이 가능하여 산업상 이용할 수 있어야 한다."라고 판시하였다.[29]

또한 대법원은 "선행기술 1은 인간 EPO 게놈 DNA 자체를 발명의 요지로 하는 것이 아니고 이를 사용하여 포유류 세포에서 EPO를 제조하는 방법을 특허청구의 범위로 하고 있는 것으로서, 단순히 EPO 게놈 DNA의 염기서열만 알고 있다는 것만으로 포유류 세포에서 EPO 단백질을 생산할 수 있는 것이 아님에도 불구하고 그 명세서에 외래유전자인 인간 EPO gDNA의 취득과정과 이를 이용한 EPO의 제조과정을 상세히 기재해 놓았을 뿐 명세서에 기재된 외래유전자인 인간 EPO gDNA의 염기서열이 명확하지 아니하고, 외래유전자인 인간 EPO gDNA가 지정기관에 기탁도 되어 있지 아니하여, 명세서에 기재된 기술구성이 당해 발명이 속하는 분야에서 통상의 지식을 가진 자가 명세서의 기재에 의하여 반복 실시하여 목적하는 기술적 효과를 얻을 수 있을 정도까지 구체적·객관적으로 개시되어 있다고 할 수 없으므로, 미완성 발명에 해당한다."라고 판시하였다.[30]

---

28) 대법원 2005. 9. 28. 선고 2003후2003 판결 등 참조.
29) 대법원 1992. 5. 8. 선고 91후1656 판결.
30) 대법원 2002. 9. 6. 선고 2000후2248 판결.

(4) 식물의 형질전환 및 변종식물의 발명

일본 판례로는 "식물의 신품종을 육종하여 증식하는 방법에 관한 발명의 육종과 정에 관하여는 그 특성에 비추어 보아 과학적으로 그 식물을 재현하는 것이 당해 기술분야에서 통상의 지식을 가진 자에게 가능하면 충분하고 그 확률이 높을 필요는 없다고 해석함이 상당하다."라고 한 것이 있다.[31]

우리 대법원은 무성적으로 생식 가능한 변종식물의 발명에 관하여, "이 사건 출원발명의 변종식물을 얻는 그 첫째 단계에서는 먼저 'Innocencia'와 'Robina'를 교배시켜 화분 교배친을 선발해야 하는데, 이들을 교배시킬 경우 암수의 유전자가 합쳐지는 과정에서 무수한 변화가 일어날 뿐 아니라, 그 명세서에는 교배된 교배친의 개체 수, 교배에 의하여 얻어진 자손의 개체 수, 반복된 세대 수, 재배조건 등 교배육종을 수행하기 위한 구체적인 사항이 기재되어 있지 아니함으로써, 그 기술분야에서 통상의 지식을 가진 사람이 이러한 명세서의 기재에 따라 반복 실시하더라도 목적하는 이 사건 변종식물을 얻을 수 있을 것이라고 볼 수 없어 반복 재현성이 인정되지 않으므로, 이 사건 출원발명은 출원 당시에 완성되었다고 볼 수 없어 특허법 29조 1항 본문의 규정에 위반될 뿐 아니라, 그 발명이 속하는 기술분야에서 통상의 지식을 가진 사람이 용이하게 실시할 수 있도록 그 명세서가 기재되어 있다고 볼 수도 없어 특허법 42조 3항에도 위반된다."라고 판시하였다.[32]

라. 기   타

우선권 주장과 관련하여 제1국 출원의 발명이 미완성인 때는 제2국 출원이 완성되었다고 하여도 우선권 주장이 인정되지 않고, 분할출원에서는 원출원이 된 발명이 미완성이라면 출원일의 소급이 인정되지 않는다.

Ⅲ. 발명[33]의 특허요건

특허법 29조는 발명의 특허요건에 관하여 규정한다. 1항은 산업상 이용가능성 및

---

31) 일본 최고재판소 2000. 2. 29. 선고 1999년(行ツ) 제19호 판결(민집 54권 2호, 709).
32) 대법원 2004. 10. 28. 선고 2002후2488 판결.
33) 제1절(특허·실용신안의 등록요건)에서는 출원발명, 특허발명을 함께 칭할 때는 '특허발명 등'이라 한다.

신규성을, 2항은 진보성을 규정하며, 3항, 4항은 이른바 확대된 선출원을 규정한다. 이하 산업성 이용가능성, 신규성, 진보성, 확대된 선출원의 순서로 살펴본다.

1. 산업상 이용가능성

가. 의   의

특허법이 발명을 보호·장려하고 그 이용을 도모함으로써 기술의 발전을 촉진하여 산업발전에 이바지함을 최종의 목적으로 하는 이상(특허 1조), 발명이 특허를 받기 위해서는 당연히 산업상 이용할 수 있는 것이어야 한다. 특허법 29조 1항 본문에 규정된 '산업'은 가장 넓은 의미의 산업으로서 유용하고 실용적인 기술에 속하는 인간의 모든 활동을 말하고, '이용'은 실시를 의미한다(통설). 발명은 현재 산업상 이용가능성이 있는 것이 대부분이기는 하나, 현재는 산업상 이용가능성이 희박하더라도 향후 기술의 발달에 따라 이용가능성이 있는 발명도 있을 수 있다는 점을 고려하면, 산업상 이용가능성은 특정한 유형들을 발명의 범주에서 배제하는 소극적 기준으로 작용하여야 한다.

나. 이용가능성 여부의 판단기준 시

대법원은 산업상 이용가능성 여부를 판단하는 기준 시점과 관련하여, "특허출원된 발명이 출원일 당시가 아니라 장래에 산업적으로 이용될 가능성이 있다 하더라도 특허법이 요구하는 산업상 이용가능성의 요건을 충족한다고 하는 법리는 해당 발명의 산업적 실시화가 장래에 있어도 좋다는 의미일 뿐 장래 관련 기술의 발전에 따라 기술적으로 보완되어 장래에 비로소 산업상 이용가능성이 생겨나는 경우까지 포함하는 것은 아니다."라고 하여 출원일 당시를 기준으로 하여야 한다는 취지로 판시하였다.[34]

다. 산업상 이용가능성이 없는 발명의 예

(1) 학술적, 실험적으로만 이용할 수 있는 발명

통설은 개인적 또는 실험이나 학술의 목적에만 이용할 수 있고, 업으로서 반복하여 실시할 가능성이 없는 발명은 산업상 이용가능성이 없다고 한다.

---

34) 대법원 2003. 3. 14. 선고 2001후2801 판결.

(2) 현실적으로 실시할 수 없는 것이 명백한 발명

이론적으로는 그 발명을 실시할 수 있을지 몰라도, 현실적으로는 실시가 불가능한 것이 명백한 발명은 산업상 이용가능성이 없는 것으로 취급된다. '오존층의 감소에 따른 자외선의 증가를 방지하기 위하여 지구 표면 전체를 자외선 흡수 플라스틱 필름으로 둘러싸는 방법' 등이 예가 될 수 있다.

(3) 안전성, 위험 방지수단이 확보되지 아니한 발명

발명의 실시와 관련하여 안정성이 특히 필요한 분야의 발명인 경우, 이를 구비한 것을 발명의 산업상 이용가능성 요건으로 파악하는 것이 일반적이나, 이를 발명의 완성 여부로 보는 견해도 있다. 일본의 판례[35] 중에는 "발명의 목적이 중성자의 충돌에 의한 천연우라늄의 원자핵 분열 현상을 안전하게 이용하기 위한 것으로서, 발명의 실시에 수반되는 위험이 일반의 동력장치에서와 같은 통상의 수단방법에 의하여 저지할 수 없는 특이한 것이고 게다가 그 장치의 작용효과를 발휘하기 위해서는 불가피한 것이기 때문에, 그 방지의 구체적 수단은 발명의 기술내용을 구성하는 것"이라고 하면서 후자의 입장을 취한 것이 있다. 위 판례에 대하여는 발명의 목적이 위험방지, 안전 확보가 아닌 것과 같은 경우에까지 안정성을 발명의 완성 요건으로 보아야 하는 것은 아니라는 견해가 있다.[36]

(4) 의료행위

종래 우리나라에서는 인체를 기본 구성요소로 포함하는 진단, 치료 또는 수술과 같은 의료행위에 관계된 발명은 특허의 보호대상에서 제외되는 것으로 취급하여 왔고, 그 근거에 관하여는 '산업상 이용할 수 있는 발명'이 아니라는 것을 드는 것이 일반적이었다.[37] 통설은 의료행위에 관하여 특허성을 인정하지 않는 근거로 인간의 존엄과 가치라고 하는 인도적 목적을 들고 있다. 최근에는 바이오테크놀로지를 이용한 유전자치료나 재생의료 등 전문분야의 기술을 의술에 이용하는 추세가 급속히 진행되고 있으므로, 기업에 지속적인 연구개발의 인센티브를 제공하기 위해서는 특허의

---

35) 일본 최고재판소 1969. 1. 28. 선고 1964년(行ッ) 제92호 판결(민집 23권 1호, 54).
36) 酒井宏明, "위험의 방지와 발명의 완성 ― 원자력에너지 발생장치 사건", 특허판례백선(제3판, 비교특허판례연구회 역), 박영사(2005), 29.
37) 김병일, "의료방법의 특허성", 창작과 권리 28호(2002년 가을호), 2 이하.

부여를 통하여 기술보호를 하여 주는 것이 불가피하다는 점 등을 들어 향후 의료행위에도 특허를 부여하는 방향으로 가야 한다는 견해도 제시되고 있다.

직접적으로 인간의 질병을 진단, 처치, 경감, 치료, 예방하는 방법이 아닌, 그것에 사용되는 기계나 장치의 발명에 관해서는 특허성이 인정되며, 혈액, 모발, 뇨 등 인체에서 분리되거나 배출된 것 등을 필수 구성요소로 하는 발명은 공서양속에 반하지 않는 한 특허의 대상이 될 수 있다. 크게 본다면 의료에 필요한 기계나 장비 역시 간접적으로 인간의 치료 등에 사용되는 것이라고 할 수 있을 것이나, 그와 같이 의료행위를 돕는 장비의 발명까지 특허를 부여하지 않게 되면 의료장비의 개발과 첨단화를 기대할 수 없어 결과적으로 의료수준의 퇴보를 낳게 되며, 기계나 장비는 일단 판매되면 권리의 소진(消盡)이 일어나 그 이후 특허침해의 우려 없이 이를 자유롭게 사용할 수 있는 경우가 대부분이기 때문에 이에 대하여는 특허를 부여하는 것이다.

대법원 판례는 사람의 질병을 진단, 치료, 경감하고 예방하거나 건강을 증진시키는 의약이나 의약의 조제방법 및 의약을 사용한 의료행위에 관한 발명은 산업에 이용할 수 있는 발명이라 할 수 없으므로 특허를 받을 수 없다고 한다.[38]

2. 신 규 성

가. 개 요

특허제도는 기술을 공개한 대가로 독점적이고 배타적인 특허권을 부여하는 것이므로,[39] 이미 공개된 발명에 대해서는 독점배타권을 인정할 수 없다. 따라서 발명이 특허를 받기 위해서는 선행기술과 대비하였을 때 신규하여야 한다. 특허법 29조 1항은 이미 공개된 발명, 즉 신규성이 없는 사유를 유형화하여 이를 열거하고, 특허법 30조는 특허법 29조 1항에 해당하더라도 신규성이 상실되지 않는 예외사유를 규정한다.

특허법은 특정한 조건을 갖춘 발명은 신규성이 있어 특허를 받을 수 있다는 방

---

38) 대법원 1991. 3. 12. 선고 90후250 판결. 다만, 위 대법원 판례는 동물용 의약이나 치료방법 등의 발명은 산업상 이용할 수 있는 발명으로서 특허의 대상이 될 수 있는바, 출원발명이 동물의 질병만이 아니라 사람의 질병에도 사용할 수 있는 의약이나 의료행위에 관한 발명에 해당하는 경우에도 그 청구범위의 기재에서 동물에만 한정하여 특허청구함을 명시하고 있다면 이는 산업상 이용할 수 있는 발명으로서 특허의 대상이 된다고 판시하였다.

39) 이 점에서 공개되는 위험을 감수하되 존속기간의 제한을 받지 않으려는 영업비밀과 구별된다. 영업비밀은 부정경쟁방지 및 영업비밀 보호에 관한 법률에 의하여 보호된다.

식으로 규정하지 않고, 진보성과 마찬가지로 특정한 요건에 해당하는 발명은 신규성이 부정되어 특허를 받을 수 없다는 방식으로 규정한다. 이처럼 신규성을 소극적 요건으로 규정함에 따라 증명책임의 분배에서 신규성은 특허장애사유에 해당하게 된다.[40] 대법원 판례도 29조 2항의 성격을 같은 취지로 이해한다.[41]

나. 특허법 29조 1항(원칙)

(1) 법률의 규정

신규성 부정 여부의 판단은 특허발명 등의 청구범위를 해석하여 발명의 내용[42]을 확정하고, 그와 대비되는 선행기술의 내용을 확정한 다음, 양 발명을 대비하여 양 발명이 서로 동일한지를 판단하는 과정을 거치게 된다. 특허법 29조 1항은 특허발명 등과 대비되는 선행기술의 시간적·장소적 기준 등을 규정하고 있다.

특허법 29조 1항 1호는 특허출원 전에 국내 또는 국외에서 공지되었거나 공연히 실시된 발명,[43] 2호는 특허출원 전에 국내 또는 국외에서 반포된 간행물에 게재되었거나 전기통신회선을 통하여 공중이 이용하게 된 발명은 신규성이 부정되어 특허를 받을 수 없다고 규정한다. 실무상 '공지(公知)', '공용(公用)' 또는 '공연실시(公然實施)', '간행물공지' 또는 '문헌공지'로 약칭하는 경우가 있고, 이들을 총칭하여 '공지'라고 부르기도 한다.

특허출원인이 명세서에 종래의 기술로 소개한 기술은 별도의 공지에 관한 증거가 없어도 공지된 기술로 볼 수 있는지에 관하여, 대법원은 "명세서의 전체적인 기재와 출원경과를 종합적으로 고려하여 출원인이 일정한 구성요소는 단순히 배경기술 또는 종래기술인 정도를 넘어서 공지기술이라는 취지로 청구범위의 전제부에 기재하였음을 인정할 수 있는 경우에만 별도의 증거 없이도 전제부 기재 구성요소를 출원 전 공지된 것이라고 사실상 추정함이 타당하다. 그러나 이러한 추정이 절대적인 것은

---

40) 정상조·박성수 공편(주 2), 302~303.

41) 대법원 2017. 1. 19. 선고 2013후37 전원합의체 판결(특허발명의 신규성 또는 진보성 판단과 관련하여 특허발명의 구성요소가 출원 전에 공지된 것인지는 사실인정의 문제이고, 공지사실에 관한 증명책임은 신규성 또는 진보성이 부정된다고 주장하는 당사자에게 있다), 대법원 2006. 10. 13. 선고 2004후776 판결(발명이 특허장애사유가 있는지를 판단함에 있어서) 등 참조.

42) 발명의 요지, 발명의 기술적 구성 등과 같은 의미이다.

43) 구 특허법(2006. 3. 3. 법률 제7871호로 개정되기 전의 것) 29조 1항 1호는 특허출원 전에 국내에서 공지되었거나 공연히 실시된 발명이라고 규정하여 국외 공지·공용을 제외하고 있었다.

아니므로 출원인이 실제로는 출원 당시 아직 공개되지 아니한 선출원발명이나 출원인의 회사 내부에만 알려져 있었던 기술을 착오로 공지된 것으로 잘못 기재하였음이 밝혀지는 경우와 같이 특별한 사정이 있는 때에는 추정이 번복될 수 있다."라고 판시하였다.[44]

(2) 시간적 기준

신규성 부정 여부 판단의 기준이 되는 시점은 발명을 한 시점이나 공개를 한 시점이 아니라 특허출원 '시(時)'이다.[45] 따라서 제3자가 발명이 기재된 논문을 오전에 발표하고 특허출원인이 그날 오후에 특허출원을 한 경우에는 신규성을 인정받지 못한다. 이는 선원과 후원(제36조), 이용저촉관계(제98조) 등을 판단하는 기준이 '일(日)'인 것과 구별된다.

(3) 장소적 기준

어디에서 공개되었을 경우 신규성이 없다고 볼 것인지의 문제이다. 2006. 3. 3. 법률 제7871호로 개정되기 전의 구 특허법은 일반 공지 · 공용의 경우에는 국내를 기준으로 하고(자국주의), 간행물공지의 경우에는 국내 또는 국외를 기준으로 하였으나(세계주의), 위 개정법은 세계주의를 전면적으로 채택하여 공지공용 및 간행물 공지 모두 국내 또는 국외를 기준으로 하도록 하였다. 따라서 위 개정법의 시행일인 2006. 10. 1. 이후 출원된 특허출원에 대해서는 국외에서 공지 · 공용된 경우에도 발명의 신규성이 부정된다.

(4) 공지·공연실시

(가) 의 의

대법원 판례에 의하면 '공지된 발명'이란 발명의 내용이 불특정 다수인이 인식할 수 있는 상태에 놓인 것을 의미하고,[46] '공연히 실시된 발명'이란 발명의 내용이 비밀유지약정 등의 제한이 없는 상태에서 양도 등의 방법으로 사용되어 불특정 다수인이

---

44) 대법원 2017. 1. 19. 선고 2013후37 전원합의체 판결.
45) 미국은 종래 발명 시를 기준으로 하는 선발명주의를 취하였으나, 2013. 3. 시행된 개정 특허법에서는 선출원주의를 채택하였다.
46) 대법원 2012. 4. 26. 선고 2011후4011 판결, 2002. 6. 14. 선고 2000후1238 판결 등.

인식할 수 있는 상태에 놓인 것을 의미한다고 한다.47)

　　다수설 역시 대법원 판례와 같이 발명의 내용이 불특정 다수인이 인식할 수 있는 상태에 놓인 것을 공지로, 발명의 내용이 불특정 다수인이 알 수 있는 상태에서 실시된 것을 공연실시로 이해한다.

　　신규성을 특허요건으로 도입한 취지에 비추어 보면, 다수설·판례와 같이 공지·공용의 의미를 이해하는 것이 타당하다. 이와 같이 이해하는 경우 '불특정 다수인'의 의미는 발명의 내용을 현실적으로 인식한 주체를 의미하는 것이 아니라, 발명의 내용을 인식할 가능성이 있는 주체로 상정한 것에 불과하다. 이는 대법원 판례가 "소수의 사람이 그 내용을 알았다고 하더라도 공지, 공용으로 보는 데 아무런 지장이 없다."48)고 판시한 점에서 알 수 있다.

　　한편 위와 같이 공지와 공용은 개념상으로는 구분된다. 그러나 공지와 공용의 개념 구별을 뚜렷이 하는 것은 쉬운 일이 아닐 뿐만 아니라 실익도 거의 없고,49) 대법원 판례도 '공지 또는 공용'이라고 묶어서 표현하거나 양자를 엄격히 구별하지 않은 경우가 많다. 다만 아래에서 살펴보는 바와 같이 공지와 달리 공용에서는 양도, 사용 등 실시 태양에 따라 발명의 내용을 쉽게 이해할 수 있다고 볼 수 있는지의 평가가 달라질 수 있다.

(나) 비밀유지의무

　　공지나 공용에서의 핵심적 판단기준은 발명이 비밀상태를 벗어나50) 불특정 다수인이 인식할 수 있는 상태에 놓여 있었는지 여부이므로, 발명의 내용이 실시 등을 통하여 비밀유지의무를 부담하는 사람에게만 알려지거나 인식된 경우에는 공연히 알려졌다거나 공연히 실시되었다고 보기 어렵다. 한편 공지나 공용은 발명이 비밀상태를 벗어난 것으로 충분할 뿐 이것을 아는 사람의 다소(多少)는 문제되지 않으므로, 한 사람이라도 그 발명을 안다면 공연히 알려졌거나 공연히 실시되었다고 볼 수 있으나, 반대로 아는 사람이 다수일지라도 그들에게 비밀유지의무가 있는 한 그와 같이 보기 어렵다.51) 따라서 비록 발명의 내용이 다수의 사람들에게 알려졌다고 하더라도, 그

47) 대법원 2012. 4. 26. 선고 2011후4011 판결, 2005. 2. 18. 선고 2003후2218 판결 등.
48) 대법원 2002. 6. 25. 선고 2000후1290 판결.
49) 조영선(주 2), 122; 정상조·박성수 공편(주 2), 317.
50) 吉藤幸朔 著, 熊谷健一 補訂(주 2), 102.
51) 정상조·박성수 공편(주 2), 317; 吉藤幸朔 著, 熊谷健一 補訂(주 2), 102.

사람들이 그 발명의 내용에 관하여 비밀유지의무를 부담하는 경우라면 그 발명이 공지되었다고 볼 수 없다.[52]

비밀유지의무는 법령, 계약, 신의칙, 상관습 등에 의하여 인정될 수 있다. 발명의 내용을 알게 된 자가 비밀유지의무를 부담하고 있다가 이후 비밀유지의무가 해제되는 경우 그때부터는 공지된 발명이 될 수 있고, 그 사람이 발명을 실시하게 되면 공연히 실시된 발명이 될 수 있다.[53]

비밀유지의무를 부담하는 사람이 그 의무를 위반하여 비밀유지의무가 없는 사람에게 발명의 내용을 공개하거나 실시하여 버리면 그 공개 · 실시 시점에 그 발명은 공지된 발명 또는 공연히 실시된 발명이 된다.[54] 다만 이러한 경우에 공개된 발명에 대하여 특허를 받을 수 있는 권리를 가진 자는 특허법 30조 소정의 예외사유에 해당하는 경우에 그에 따라 신규성 상실에 해당하지 않는다고 주장할 수 있다.

비밀유지의무의 존재 여부는 공지를 부인하는 특허권자에게 주장 · 증명책임이 있다. 특허법원 2017. 4. 28. 선고 2016허9103 판결(확정)도 비밀유지의무를 부담한다는 점에 대한 증명책임은 공지를 부인하는 실용신안권자가 부담한다고 판단하였다.

(다) 공지 · 공용의 정도

공지, 공용의 판단에서 불특정 다수인이 인식할 수 있는 상태라 함은 통상의 기술자[55]가 발명을 기술적으로 이해할 수 있는 상태를 말한다. 따라서 기계 내부에 특징이 있는 발명에 대하여 그 외형만을 타인에게 보여주었을 뿐인 경우에는 공지되었거나 공연히 실시된 경우에 해당한다고 보기 어렵다.[56] 공용(공연실시)의 태양 중 '양도'는 달리 특별한 사정이 없는 한 양수인이 제품을 자유롭게 분해 · 분석할 수 있고 이것에 의해 발명의 내용을 알기가 쉽다고 평가할 수 있는 반면, '사용' · '대여' 등은 기계 내부에 특징이 있는 발명에 대하여 그 외형만 노출된 채 사용되는 경우에는 내부를 분해하거나 분석하는 것이 제한될 수 있어 양도와 동일하게 평가할 수 없는 경우가 있다. 대법원 판례 중에는 해양경찰청 소속 함정에 설치된 절연저항 감시기는

---

52) 대법원 2005. 2. 18. 선고 2003후2218 판결 등 참조. 위 2003후2218 판결에서는 상관습에 의한 비밀유지의무를 인정하였다.

53) 吉藤幸朔 著, 熊谷健一 補訂(주 2), 103; 中山信弘, 注解 特許法 第三版 上卷, 靑林書院(2004), 230.

54) 조영선(주 2), 124; 정상조 · 박성수 공편(주 2), 319; 中山信弘(주 53), 231.

55) '불특정 다수인'이 인식할 수 있는 상태라고 표현하였으나, 실제에서는 해당 기술분야의 통상의 기술자를 기준으로 판단하여야 한다.

56) 윤선희, 특허법(제5판), 법문사(2012), 166; 吉藤幸朔 著, 熊谷健一 補訂(주 2), 103~104.

통상의 기술자가 간단한 공구를 이용하여 쉽게 분해할 수 있고, 기본적 회로분석 장비와 회로도 작성 프로그램을 이용하여 내부 부품의 결합관계를 어렵지 않게 확인할 수 있으므로, 신규성이 부정된다고 본 사례[57]가 있다.

어떤 발명이 공지되었거나 공연히 실시되었다고 보기 위해서는 통상의 기술자가 그 발명의 내용을 쉽게 알 수 있는 상태로 실시하는 것, 즉 그 기술사상을 보충 또는 부가하여 다시 발전시킴이 없이 그 공개·실시된 바에 의하여 직접 쉽게 반복하여 실시할 수 있는 것임을 요한다.[58] 다만 직접 공개·실시된 내용뿐만 아니라 통상의 기술자가 기술상식을 참작하여 파악할 수 있는 사항까지도 포함하여 기술내용을 용이하게 파악할 수 있는지를 판단한다.[59]

(라) 공지·공용에 관한 구체적 사례

1) 인정한 사례

① **도면과 샘플의 제공** 하도급계약의 전후에 걸쳐 도면과 샘플이 발명자 이외의 자에게 제공되었고, 도면과 샘플은 비밀로 유지되지 아니하여 공사 실무자들이나 관계인들이 자유롭게 열람할 수 있는 상태에 있었다는 이유로 공지, 공용을 인정한 사례(대법원 2002. 6. 25. 선고 2000후1306 판결, 2002. 6. 25. 선고 2000후1290 판결).

② **물건(장치)의 설치** 선행발명(기록물 소독장치)은 이 사건 특허발명의 출원 전에 시공사에 의하여 국가기록원 나라기록관에 설치되어 인도되었는데, 국가기록원 나라기록관의 직원들이 비밀유지의무를 부담하지 않는 이상, 선행발명이 국가기록원 나라기록관에 설치되어 인도된 것만으로도 불특정 다수인이 인식할 수 있는 상태에 놓였다고 할 것이고, 국가기록원 나라기록관이 외부인 누구나가 마음대로 들어갈 수 있는 곳이 아니라고 하더라도 이를 달리 볼 것은 아니라고 하여, 공지 또는 공용을 인정한 사례(대법원 2012. 4. 26. 선고 2011후4011 판결).

③ **물건(장치)의 설치** 선행발명(절연저항 감시기)은 함정에 탑재되어 해양경찰청에 인도되었는데, 해양경찰서 소속 경찰관들에게 본연의 업무와는 상관없는 함정에 설치된 기계장치의 내용에 대하여 비밀로 해야 할 직무나 계약 또는 상관습상의

---

57) 대법원 2015. 5. 14. 선고 2015후239 판결.
58) 실용신안에서의 공용과 관련한 대법원 1996. 1. 23. 선고 94후1688 판결 참조.
59) 발명의 신규성 또는 진보성 판단에 제공되는 대비발명은 그 기술적 구성 전체가 명확하게 표현된 것뿐만 아니라, 미완성 발명 또는 자료의 부족으로 표현이 불충분하거나 일부 내용에 오류가 있다고 하더라도 그 기술분야에서 통상의 지식을 가진 자가 발명의 출원 당시 기술상식을 참작하여 기술내용을 용이하게 파악할 수 있다면 선행기술이 될 수 있다(대법원 2008. 11. 27. 선고 2006후1957 판결 등).

의무는 없으므로, 선행발명은 함정에 설치되어 인도된 것만으로도 불특정 다수인이 인식할 수 있는 상태에 놓였다고 할 것이고, 위 함정이 외부인 누구나가 마음대로 들어갈 수 있는 곳이 아니라고 하더라도 이를 달리 볼 것은 아니라고 하여, 공연히 실시되었다고 본 사례(대법원 2015. 5. 14. 선고 2015후239 판결).

④ **실시를 위한 수입과 실험 및 판매 시도**   물건에 관한 발명의 물품이 우선권 주장일 이전에 국내에 수입되어 실험에 제공되고, 물품에 대하여 판매활동이 이루어짐으로써 공지되었다고 본 사례(대법원 2002. 6. 14. 선고 2000후1238 판결).

⑤ **수출**   원고안자가 출원 전에 국내 상사로 하여금 제품을 대량 생산하여 수출케 한 사실이 있다면, 그 생산에 참여한 인원이 특정인이라는 증거가 없는 한, 불특정 다수인에게 공연히 실시케 하여 공지된 것으로 본 사례(대법원 1986. 12. 23. 83후40 판결).

⑥ **사양서 배부·배포**   간행물로 볼 수 없는 사양서라 할지라도 여러 동종업체들에 배부 또는 반포된 경우에는 그 사양서 기재 내용과 같은 고안이 공지된 것으로 본 사례(대법원 1984. 12. 26. 선고 84후8 판결).

⑦ **시설과 공정의 참관**   출원 전에 공장 종업원과 국내 통신업자들에게 그 시설과 작업공정을 참관케 하여 왔다면, 이 사건 등록고안의 내용은 공지, 공용에 해당한다고 본 사례(대법원 1969. 3. 25. 69후2 판결).

⑧ **주요 구성요소 및 작동과정의 노출**   원고와 피고 사이에 작성된 납품계약서에 "원고는 피고의 기술특허보호를 위해 최선을 다하여야 한다."는 단서 규정이 포함되어 있기는 하나, 그 공동작업 개발 과정을 고려할 때[60] 위 기재만으로는 그 계약서 작성 이전인 이 사건 기계의 개발이나 납품 단계에서부터 원고와 피고 사이에 피고의 이 사건 특허기술에 관하여 원고가 그 비밀을 준수하여야 할 의무가 있었던 것이라고 인정하기에 부족하고, 특허발명을 구현한 이 사건 기계가 그 특허출원 전에 육안으로 주요 구성요소 및 작동과정을 용이하게 관찰할 수 있는 상태로 설치됨으로써 비밀유지의무가 없는 원고의 직원이나 방문자 등 사람의 눈에 띄어 바로 알려져 모방할 수 있는 상태에 있게 되었으므로 그 출원 전에 공지되었다고 본 사례(대법원 2004. 5. 27. 선고 2002후1911 판결).

---

60) 이 사건 특허발명의 기계는 처음부터 피고가 독자적으로 개발한 것이 아니라, 원고가 설계에 필요한 기본적인 사항과 원고의 미국 본사에서 사용하는, 유사한 기계에 관한 자료 등을 제시하고, 이에 따라 피고가 원고의 기술자들과 협의하면서 개발한 것이다.

2) 부정한 사례

① 상관습상 비밀유지의무의 존재   발명의 내용이 비밀유지의무를 부담하는 특정 업체에게 배포된 기술이전 교육용 자료에 게재되었고 위 특정 업체가 이와 관련된 제작을 하도급주었는데, 하수급업체가 하도급업체인 위 특정 업체가 비밀유지의무를 지고 있음을 잘 알고 있었다는 이유로 상관습상 비밀유지의무를 부담하고 있었다고 판단하고, 이를 기초로 위 발명이 공지된 것이 아니라고 한 사례(대법원 2005. 2. 18. 선고 2003후2218 판결).

② 비밀유지약정의 존재   제3자가 이 사건 등록의장의 물품인 기계를 공급함에 있어 위 기계가 공급받는 자를 제외한 다른 사람들에게 노출되지 않은 상태에서 사용될 것을 전제로 하고 있었고, 실제로 위 기계를 공급받은 자는 자신의 공장에서만 위 기계를 사용하여 온 것으로 보이므로, 이 사건 등록의장은 위 기계의 공급 당시 공지되지 않았다고 본 사례(대법원 2002. 9. 27. 선고 2001후3040 판결).

③ 합의서 작성·배포   간행물로 볼 수 없는 사양서라 할지라도 수 개의 동종 업체들에게 배부 또는 반포된 경우에는 그 사양서 기재내용과 같은 고안이 공지된 것이라고 볼 수 없는 것은 아니나, 서울지하철 건설에 따른 지장통신시설보호 및 복구에 있어 이 사건 등록고안과 비슷한 전선보호관을 사용하기로 체신부를 비롯한 정부기관 및 그 산하단체 실무자들 사이에 합의서를 작성한 것만으로는 이를 배부 또는 반포된 것으로 볼 수 있다거나, 그 고안의 내용이 공지된 것이라고 볼 수는 없다고 한 사례(대법원 1985. 11. 12. 선고 84후9 판결).

④ 물건(장치)의 설치   선행발명(고속도로 과속차량경보 및 단속시스템)은 이 사건 특허발명의 출원 전에 특허권자에 의하여 불특정 다수인이 인식할 수 있는 장소인 고속도로에 설치되기는 하였으나, 이 사건 특허발명은 그 구성요소들인 속도감지용 마이크로파 센서, 전광판장치, 카메라작동용 센서, LED 표시부, 고속카메라의 공간적 배치 또는 연결관계에 대한 구성을 그 특징으로 하고 있는데, 통상의 기술자가 고속도로에 설치된 그 시설물을 보고 이 사건 특허발명의 구성에 관하여 공간적·시간적인 수치한정의 기술내용을 쉽게 파악할 수 있다고 볼 만한 증거가 없다는 이유로 공지 또는 공용을 부정한 사례(대법원 2002. 9. 24. 선고 2000후3463 판결).

(5) 반포된 간행물의 기재

(가) 간행물

간행물(刊行物)이란 공개를 목적으로 인쇄 기타의 기계적, 화학적 또는 전자기적 방법으로 복제된 문서, 도화, 사진 등을 말한다.[61] 인쇄기술의 발달과 각종 매체의 출현으로 인하여 간행물의 형식적 제한은 점차 사라져 가는 추세임을 감안하면, 복사본이나 마이크로필름, 컴퓨터 디스크, CD-ROM, 자기필름 등 현재 개발되어 있거나 향후 개발될 매체들이 모두 간행물에 포함된다고 보아야 한다. 간행물의 예로는 국내외에서 발간된 특허공보가 대표적이고, 그 밖에 서적, 논문, 제품의 카탈로그 등도 실무에서 흔히 인용되는 간행물들이다.

(나) 반포의 의미

반포(頒布)라 함은 간행물이 불특정 다수의 일반 공중이 그 기재내용을 인식할 수 있는 상태에 놓여 있는 것을 말한다.[62] 불특정 다수인의 인식가능성이 있기만 하면 족하므로, 반포된 간행물의 숫자 등은 고려대상이 되지 않는다. 특허출원된 발명은 일정한 경우 공개공보에 게재되므로(특허 64조) 그 공개공보가 발행된 때에 반포된 것으로 볼 수 있다.

(다) 반포 시기

반포된 간행물과 관련하여 가장 중요한 것은 반포의 시점인데, 배포 중 가장 빠른 시점인 간행물에 기재된 발행일(發行日)을 통상 반포의 시점으로 본다. 다만 배포의 목적을 가지고 인쇄, 제본이 되었으나 아직 발행인의 수중에 있거나 배포를 위해 발송 중인 것 등은 반포되었다고 볼 수 없다. 간행물 자체에 반포 시점을 알 수 있는 기재가 없다면, 결국 여러 가지 간접사실과 경험칙에 의하여 이를 인정할 수밖에 없으며, 그 증명책임은 발명에 대하여 특허가 부여되기 이전에는 심사를 담당하는 심사관이, 발명에 대하여 특허가 부여된 이후에는 그 특허가 잘못 부여되었다고 다투는 측에서 부담하게 됨은 물론이다.

다만 대법원은 카탈로그의 반포와 관련하여, "통상적으로 카탈로그는 제작되었으면 반포되는 것이 사회통념이고, 제작한 카탈로그를 배부하지 않은 채 사장(死藏)하는 것은 경험칙에 반하는 것이어서, 비록 카탈로그의 배부 범위, 비치 장소 등에 관

---

61) 대법원 1992. 10. 27. 선고 92후377 판결 참조.
62) 대법원 1996. 6. 14. 선고 95후19 판결 등 참조.

하여 구체적인 증거가 없다고 하더라도 그 카탈로그가 반포된 것을 부인할 수는 없다."라고 판시하였다.[63]

또한, 대법원은 학위논문의 반포와 관련하여, "박사학위나 석사학위 논문은 일반적으로는 일단 논문심사에 통과된 이후에 인쇄 등의 방법으로 복제된 다음 공공도서관 또는 대학도서관 등에 입고(서가에 진열)되거나 주위의 불특정 다수인에게 배포됨으로써 비로소 일반 공중이 그 기재 내용을 인식할 수 있는 반포된 상태에 놓이게 되거나 그 내용이 공지되는 것이라고 봄이 경험칙에 비추어 상당하다."라고 판시하였다.[64]

(라) 기재된 발명

간행물에 어느 정도 기재되어 있어야 불특정 다수인이 인식할 수 있는 상태라고 볼 수 있는지는 앞서 공지, 공용에서 본 논의가 그대로 적용될 수 있다.

즉, 간행물공지에서도 불특정 다수인이 인식할 수 있는 상태라 함은 통상의 기술자가 발명을 기술적으로 이해할 수 있는 상태이어야 한다. 또한, 어떤 발명이 간행물에 게재되어 신규성을 상실하였다고 보기 위해서는 통상의 기술자가 그 기술사상을 보충 또는 부가하여 다시 발전시킴이 없이 그 게재된 바에 의하여 직접 쉽게 반복하여 실시할 수 있는 것임을 요한다. 다만 간행물에 직접 게재된 내용뿐만 아니라 통상의 기술자가 기술상식을 참작하여 파악할 수 있는 사항까지도 포함하여 기술내용을 용이하게 파악할 수 있는지를 판단한다.

간행물공지와 관련하여 "등록고안이 구 실용신안법(1990. 1. 13. 법률 제4209호로 전문 개정되기 전의 것) 5조 1항 2호 소정의 간행물에 기재된 고안인지 여부를 판단함에 있어서, 당해 간행물을 보면 선행고안을 외부에서 촬영한 사진 1장만 게재되어 있을 뿐 그 명칭이나 용도, 구조 및 작용효과에 관한 설명이 전혀 기재되어 있지 않아 등록고안과 선행고안을 그 목적, 기술적 구성, 작용효과에 있어서 대비하는 것이 불가능하므로, 등록고안은 위 법조 소정의 간행물에 기재된 고안이라고 단정할 수 없다."고 판시한 대법원 판례[65]가 있다.

---

63) 대법원 2000. 12. 8. 선고 98후270 판결.
64) 대법원 2002. 9. 6. 선고 2000후1689 판결.
65) 대법원 1997. 12. 23. 선고 97후433 판결.

(6) 인터넷 등 전기통신회선을 이용한 공개

특허법 29조 1항 2호는 특허출원 전에 전기통신회선[66]을 통하여 공중이 이용가능하게 된 발명에 신규성이 없다고 규정한다. 다만 인터넷을 통한 발명의 공지 여부는 간행물의 경우에 비하여 그 공지 시점을 객관적으로 확정하기 어렵고 실무상 종종 공개 내용의 임의 변조 주장이 제기되어 이를 확인해야 하는 문제점이 있다.

다. 특허법 30조(신규성 상실의 예외)

(1) 법률의 규정

특허법 30조 1항은 신규성 상실의 예외사유와 관련하여 "특허를 받을 수 있는 권리를 가진 자의 발명이 다음 각 호의 어느 하나에 해당하는 경우에는 그날부터 12개월 이내[67]에 특허출원을 하면 그 특허출원된 발명에 대하여 29조 1항 또는 2항의 규정을 적용함에 있어서는 그 발명은 29조 1항 각 호의 어느 하나에 해당하지 않은 것으로 본다."라고 규정하고, 1호에서는 이른바 자기 공지(自己 公知)로서 "특허를 받을 수 있는 권리를 가진 자에 의하여 그 발명이 29조 1항 각호의 어느 하나에 해당하게 된 경우. 다만, 조약 또는 법률에 따라 국내 또는 국외에서 출원공개되거나 등록공고된 경우를 제외한다."라고, 2호에서는 의사에 반한 공지로서 "특허를 받을 수 있는 권리를 가진 자의 의사에 반하여 그 발명이 29조 1항 각호의 1에 해당하게 된 경우"라고 각각 규정한다. 2항은 위 1항의 규정을 적용받기 위한 절차에 관하여 "1항 1호의 규정을 적용받고자 하는 자는 특허출원서에 그 취지를 기재하여 출원하고, 이를 증명할 수 있는 서류를 특허출원일로부터 30일 이내에 특허청장에게 제출하여야 한다."라고 규정한다.

특허법 29조 1항에 정한 신규성 상실의 원칙을 고수할 경우에는 발명의 공개를 통하여 산업발전을 도모하려는 특허제도의 취지와 불일치하게 되고, 더욱이 발명자

---

66) 구 특허법(2013. 3. 22. 법률 제11654호로 개정되기 전의 것) 제29조 제1항 제2호는 '대통령령이 정하는' 전기통신회선으로 제한하였고, 이에 특허법 시행령 1조의2는, 위 전기통신회선을, 1) 정부 · 지방자치단체, 외국의 정부 · 지방자치단체 또는 국제기구, 2) 고등교육법 3조의 규정에 의한 국 · 공립의 학교 또는 외국의 국 · 공립 대학, 3) 우리나라 또는 외국의 국 · 공립 연구기관, 4) 특허정보와 관련된 업무를 수행할 목적으로 설립된 법인으로서 특허청장이 지정하여 고시하는 법인이 운영하는 것으로 한정하였으나, 현행 특허법에서는 '대통령령이 정하는' 부분을 삭제하였다.

67) 구 특허법(2011. 12. 2. 법률 제11117호로 개정되기 전의 것) 30조 1항에서는 '6월 이내'로 정해져 있었으나, 특허법 개정을 통하여 신규성 상실 예외사유의 주장 기한을 '12월 이내'로 연장하였다.

가 공개한 자기 발명에 의하여 특허를 받지 못하는 가혹한 경우가 있으므로, 특허법 30조는 이에 대한 예외를 인정하여 출원된 발명이 특허출원 전 12개월 이내에 출원인에 의하여 자발적으로 공개되거나 출원인의 의사에 반하여 출원됨으로써 발명이 공지된 경우에 그러한 공지에 의해서는 당해 발명의 신규성이 상실되지 않는 것으로 취급하도록 한 것이다.[68]

(2) 자기 공지(1호)

2006. 3. 3. 개정된 특허법에서는 모든 형태의 자발적 공개행위에 대하여 특허를 받을 수 있도록 하였다.

다만 파리조약 등 조약 또는 법률에 따라 국내 또는 국외에서 출원공개되거나 등록공고된 경우는 이 규정에서 제외되는데(특허 30조 1항 1호 단서), 이러한 공지는 특허를 받을 수 있는 권리를 가진 자에 의한 공지로 볼 수 없기 때문이다.

이 규정은 특허법 29조 1항에 의하여 신규성이 상실될 수 있는 발명에 대하여 신규성이 상실되지 않도록 위 29조 1항을 적용하지 않는다는 것일 뿐 출원일이 공지 시점으로 소급되는 것은 아니다. 따라서 자기 공지 시점에서 출원 시까지 사이에 제3자(무권리자 제외)에 의한 출원이 있는 경우에는 선출원주의(특허 36조)에 의하여 거절이 유통지를 받게 된다.

(3) 의사에 반한 공지(2호)

권리자의 피용자·대리인의 고의·과실로 이루어진 공개, 다른 사람의 범죄행위(사기, 협박, 산업스파이 등)로 인하여 이루어진 공개, 다른 사람이 비밀유지 약정을 어기고 한 공개처럼 특허를 받을 수 있는 권리를 가진 자의 자발적 의사에 반하여 공개가 이루어진 경우에는 이 규정에 따라 공지의 예외를 인정하여 신규성이 상실되었다고 보지 않는다. 출원인의 부주의 또는 착오에 의한 공개는 의사에 반한 공개가 아니라고 보는 것이 통설이다. 따라서 특허를 받을 수 있는 권리자가 변리사에게 출원을 의뢰하여 놓고 얼마 지나서 당연히 그 출원이 되었으리라고 믿고서 스스로 발명을 공개한 경우에는 자기 공지 규정에 의한 보호는 별론으로 하고 의사에 반한 공지의 규정으로는 보호받을 수 없다.

---

68) 조문별 특허법해설, 특허청(2007), 85.

의사에 반한 공지의 경우에는 통상 특허출원인이 이러한 공지사실을 알지 못한 채 특허출원을 할 것이므로, 자기 공지와 달리 특허법 30조 2항이 정하는 절차를 취할 필요가 없다. 다만 심사관 또는 제3자에 의하여 공지사실이 지적된 경우에는 출원인 또는 특허권자는 그 공지가 의사에 반한 것이라는 점을 입증할 필요가 있다.

라. 신규성 부정 여부의 판단

(1) 발명의 동일성의 의의

특허발명 등의 신규성이 부정된다고 하기 위해서는 특허발명 등과 출원 전에 공지된 발명이 동일한 것이어야 한다. 발명의 동일성은 발명의 신규성뿐만 아니라 선출원주의(특허 36조), 확대된 선출원(특허 29조 3항), 분할출원(특허 52조)의 적법성 등 특허법 전반에 걸쳐 문제가 된다.

특허법 29조 1항의 발명의 동일성을 판단할 때는 양 발명의 기술적 구성이 동일한가 여부에 의하여 판단하되 발명의 효과도 참작하여야 하며, 기술적 구성에 차이가 있더라도 그 차이가 과제해결을 위한 구체적 수단에서 주지 · 관용기술의 부가 · 삭제 · 변경한 것에 지나지 않아 새로운 효과의 발생이 없는 정도의 미세한 차이에 불과하다면 양 발명은 동일하다고 보아야 한다.[69] 이는 확대된 선출원에서의 발명의 동일성 판단기준과 같다.

(2) 신규성 부정 여부 판단의 기본 구조 – 단일한 발명 간의 대비

신규성 부정 여부는 청구항별로 판단한다. 즉, 특허발명 등의 각 청구항을 선행발명과 1:1로 대비하여 판단한다. 이 점에서 복수의 선행기술을 인용하여 판단할 수 있는 진보성 부정 여부 판단과 구별된다.

따라서 선행발명에 의해 특허발명 등의 신규성이 부정된다고 볼 수 있으려면 특허발명 등의 모든 구성요소와 그 유기적 결합관계가 하나의 선행발명에 모두 개시되어 있어야 한다.[70] 미국에서도 특허발명 등의 신규성을 부정하기 위해서는 선행기술이 특허발명 등의 모든 구성요소를 개시하여야 한다고 보고 있다.[71]

---

69) 대법원 2001. 6. 1. 선고 98후1013 판결 등 참조.

70) 윤선희(주 56), 191; 조영선(주 2), 128; 정상조 · 박성수 공편(주 2), 304.

71) Atlas Powder Co. v. Ireco Inc. 190 F.3d 1342, 1347 (Fed. Cir. 1999): To invalidate a patent by anticipation, a prior art reference normally needs to disclose each and every limitation of the claim.

(3) 신규성 부정 여부 판단의 구체적 방법

(가) 특허발명 등의 내용 확정

발명의 신규성 부정 여부 판단을 위해서는 먼저 그 판단의 대상이 되는 특허발명 등의 청구범위를 해석하여 발명의 내용[72]을 확정하는 작업이 필요하다. 특허발명 등의 내용 확정에 관하여는 청구범위의 해석에 관한 일반론이 그대로 적용된다.

(나) 선행발명의 내용 확정[73]

선행발명의 내용을 확정할 때는 선행발명의 표현이 불충분하거나 일부 내용에 흠결이 있다고 하더라도, 통상의 기술자가 기술상식이나 경험칙에 의하여 용이하게 기술내용을 파악할 수 있다면 신규성 부정 여부 판단의 대비 자료로 인용할 수 있다.[74]

한편 대법원은 "제시된 선행문헌을 근거로 어떤 발명의 진보성이 부정되는지를 판단하기 위해서는 진보성 부정의 근거가 될 수 있는 일부 기재만이 아니라 그 선행문헌 전체에 의하여 통상의 기술자가 합리적으로 인식할 수 있는 사항을 기초로 대비 판단하여야 한다. 그리고 위 일부 기재 부분과 배치되거나 이를 불확실하게 하는 다른 선행문헌이 제시된 경우에는 그 내용까지도 종합적으로 고려하여 통상의 기술자가 특허발명 등을 용이하게 도출할 수 있는지를 판단하여야 한다. 제시된 선행발명을 근거로 특허발명 등의 신규성이 부정되는지를 판단하기 위해서는 그 선행기술 전체에 의하여 통상의 기술자가 합리적으로 인식할 수 있는 사항을 기초로 대비 판단하여야 한다."라고 판시하였는데,[75] 이러한 판시는 진보성에 관한 것이기는 하나, 신

---

72) 발명의 요지, 발명의 기술적 구성 등과 같은 의미이다. 대법원 판례는 "특허발명의 보호범위는 청구범위에 기재된 사항에 의하여 정하여지는 것이 원칙이므로, 청구범위 기재만으로 기술적 범위가 명백한 경우에는 명세서의 다른 기재에 의하여 청구범위의 기재를 제한해석할 수 없다. 다만 그 기재만으로 특허발명의 기술적 구성을 알 수 없거나 기술적 범위를 확정할 수 없는 경우에는 명세서의 다른 기재에 의해 보충할 수 있으나, 그러한 경우에도 명세서의 다른 기재에 의하여 청구범위를 확장해석하는 것은 허용되지 않는다."라고 하여(대법원 2012. 3. 29. 선고 2010후2605 판결 등), '기술적 구성의 확정' 또는 '기술적 구성 및 범위의 확정'이라는 용어를 사용하였다.

73) 특허발명 등의 내용을 확정할 때는 '청구범위(청구항)에 기재된 사항'을 대상으로 하는 반면(청구범위를 해석할 때 발명의 설명이나 도면 등을 참작하는 것은 가능하나, 발명의 설명 및 도면 등의 기재에 의하여 청구범위를 제한하거나 확장하여 해석할 수는 없다), 선행발명의 내용을 확정할 때는 선행발명의 청구범위(청구항)뿐만 아니라 발명의 설명이나 도면에 포함된 사항도 대상으로 할 수 있다는 점에서 차이가 있다.

74) 대법원 2008. 11. 27. 선고 2006후1957 판결 등 참조.

75) 대법원 2016. 1. 14. 선고 2013후2873 판결.

규성 판단에서도 참고할 수 있다.

(다) 특허발명 등과 선행발명의 대비 및 판단

특허발명 등과 선행발명을 대비하여 기술적 구성에서의 공통점과 차이점을 추출하되, 각 구성요소가 유기적으로 결합한 전체를 가지고 대비하여야 한다.

양 발명을 대비한 결과 차이점이 없으면 신규성이 부정된다고 판단될 것이고, 차이점이 있으면 원칙적으로 신규성이 부정되지 아니한다고 판단될 것이다. 다만 그 차이가 앞서 본 바와 같이 주지 · 관용기술의 부가 · 삭제 · 변경한 것에 지나지 않아 새로운 효과의 발생이 없는 정도의 미세한 차이에 불과하다면 신규성이 부정된다고 판단될 수 있다.

선행발명이 특허발명 등과 대비할 때 발명의 범주(물건의 발명, 방법의 발명)를 달리하더라도, 양 발명이 동일한 기술적 사상을 발명의 범주를 달리하여 표현한 것에 불과한 경우에는 양 발명은 동일하다고 평가하여야 한다.[76]

선행발명이 하위개념의 발명이고 특허발명 등이 상위개념의 발명인 경우에는 특허발명 등의 신규성이 부정되지만, 선행발명이 상위개념의 발명이고 특허발명 등이 하위개념의 발명인 경우에는 특허발명 등의 신규성은 선행발명이 하위개념을 구체적으로 개시하는지에 따라 결정된다.[77]

3. 진 보 성

가. 개   요

특허법 29조 2항은 "특허출원 전에 그 발명이 속하는 기술분야에서 통상의 지식을 가진 사람[78]이 1항 각호의 어느 하나에 해당하는 발명에 의하여 쉽게 발명할 수 있으면 그 발명에 대해서는 1항의 규정에도 불구하고 특허를 받을 수 없다."라고 규정한다. 위 조항에 규정된 요건, 즉 통상의 기술자가 특허를 출원할 때의 기술수준에

---

76) 대법원 2009. 9. 24. 선고 2007후2827 판결(두 발명이 서로 동일한 발명인지 여부를 판단함에 있어서는 대비되는 두 발명의 실체를 파악하여 따져보아야 할 것이지 표현 양식에 따른 차이가 있는지 여부에 따라 판단할 것은 아니므로, 대비되는 두 발명이 각각 물건의 발명과 방법의 발명으로 서로 발명의 범주가 다르다는 사정만으로 곧바로 동일한 발명이 아니라고 단정할 수 없다) 등 참조.

77) 선택발명에 관한 대법원 2009. 10. 15. 선고 2008후736, 743 판결 등 참조.

78) 실무상 '통상의 기술자'라 약칭하는데, 종래 사용되던 통상의 전문가, 당업자(當業者) 등과 동일한 의미이다.

서 쉽게 발명해 낼 수 없는 정도를 진보성이라고 부른다.[79] 통상의 기술자가 공지의 선행기술로부터 쉽게 생각해 낼 수 있는 정도의 발명은 비록 새로운 것이라고 하더라도 기술적 사상의 창작 중에서도 고도한 것을 보호하고자 하는 특허법의 목적에 비추어 이를 특허법의 보호대상에서 제외하려는 취지이다. 발명의 진보성 부정 여부는 등록거절, 정정, 등록무효 등 거의 모든 유형의 특허쟁송에서 문제가 되는 핵심적 개념이다.

특허법은 신규성과 마찬가지로 특정한 요건에 해당하는 발명은 진보성이 없어 특허를 받을 수 없다는 방식으로 규정함으로써, 진보성은 증명책임의 분배에서 특허장애사유에 해당하게 된다. 대법원 판례도 29조 2항의 성격을 같은 취지로 이해한다.[80]

나. 특허법 29조 2항

(1) 개   요

진보성 부정 여부의 판단은 특허발명 등의 청구범위를 해석하여 발명의 내용을 확정하고, 그와 대비되는 선행기술의 내용을 확정하며, 이어 특허발명 등과 선행기술과의 차이를 도출하고, 통상의 기술자의 기술수준을 확정한 다음, 그러한 기초에서 통상의 기술자가 특허출원 시에 선행기술로부터 특허발명 등을 쉽게 발명할 수 있었는지 여부를 판단하는 과정을 거치게 된다. 특허법 29조 2항은 위와 같은 진보성 판단의 기본 구조를 담고 있다.

---

79) 미국 특허법 103조(a)는 "만일 특허를 받고자 하는 발명과 선행기술과의 차이가 발명을 전체로 고려할 때 그 발명이 속하는 기술분야에서 통상의 지식을 가진 자(a person having ordinary skill in the art)에게 발명 당시 자명하다면 비록 그 발명이 특허법 102조에 규정된 것과 완전히 동일하지 않다고 하더라도 특허를 받을 수 없다(A patent may not be obtained though the invention is not identically disclosed or described as set forth in section 102 of this title, if the differences between the subject matter sought to be patented and the prior art are such that the subject matter as a whole would have been obvious at the time the invention was made to a person having ordinary skill in the art to which said subject matter pertains.)"라고 규정한다. 유럽특허조약 56조 1항 본문은 "발명은 그 기술수준과 관련하여 해당 기술분야의 기술자에게 자명하지 않으면 진보성이 있는 것으로 간주된다(An invention shall be considered as involving an inventive step if, having regard to the state of the art, it is not obvious to a person skilled in the art. If the state of the art also includes documents within the meaning of Article 54, Paragraph 3, these documents are not to be considered in deciding whether there has been an inventive step.)"라고 규정한다.

80) 대법원 2017. 1. 19. 선고 2013후37 전원합의체 판결, 2006. 10. 13. 선고 2004후776 판결 등 참조.

(2) 특허출원 전

진보성 부정 여부 판단의 시간적 기준은 신규성 판단에서와 마찬가지이다. 진보성 부정 여부는 특허출원 시점에서 특허출원한 발명이 그때까지 공지된 발명으로부터 쉽게 발명할 수 있는지에 따라 판단된다. 우선권 주장을 수반하는 경우에는 그 우선권 주장이 인정되는 최초 국가에서의 출원 시를 기준으로 한다. 특허법 29조 2항에서는 '특허출원 전에'라고 규정하였지만, 진보성 부정 여부 판단의 시간적 기준은 신규성 부정 여부 판단과 마찬가지로 특허출원 '시(時)'가 된다.

(3) 발명이 속하는 기술분야

특허법상 진보성은 "그 발명이 속하는 기술분야에서 통상의 지식을 가진 사람"을 기준으로 하므로, 대비의 대상이 되는 선행기술 역시 통상의 기술자가 접할 수 있는 것이어야 하고, 이는 결국 양 발명이 속하는 기술분야가 동일하거나 인접하여야 한다는 것을 의미한다.

발명이 속하는 기술분야는 명세서에 기재된 발명의 명칭에 구애됨이 없이 발명의 목적, 구성, 효과에 따라 객관적으로 판단하여야 한다. 대법원도 "그 발명이 속하는 기술분야란 출원발명이 이용되는 그 산업분야로서 그 범위를 정함에 있어서는 발명의 목적, 기술적 구성, 작용효과의 면을 종합하여 객관적으로 판단하여야 할 것"이라고 판시하였다.[81] 따라서 기술분야를 확정하기 위하여 국제특허분류(IPC: International Patent Classification)가 하나의 기준이 될 수는 있으나 절대적인 기준은 아니다. 대법원도 마찬가지로 "실용신안에서의 고안은 기술적 창작이라는 무형의 소산을 대상으로 하고 있기 때문에 권리범위가 대상물품과 동일 또는 유사한 것에 한정되지 않는 것이어서, 등록고안과 선행고안이 국제특허분류표상 분류번호가 다른 물건이라 하더라도 등록고안이 진보성이 없다면 그 실용신안등록은 무효라 할 것"이라고 판시하였다.[82]

양 발명의 기술분야가 동일하지 않은 경우에도 진보성 판단의 근거로 삼을 수 있

---

81) 대법원 1992. 5. 12. 선고 91후1298 판결. 이 판결에서 대법원은 "완충재는 충격을 완화하기 위한 것이고, 단열재는 열의 전도를 막는 것이라는 점에 비추어 일반적으로 기술분야를 같이한다고 할 수 없으므로, 단열재의 기술분야에서 공지의 기술이라도 완충재의 기술분야에서 공지라고 할 수 없다."라고 판시하였다.

82) 대법원 1993. 5. 11. 선고 92후1387 판결.

는지와 관련하여, 대법원 판례[83]는 "특허법 29조 2항 소정의 '그 발명이 속하는 기술분야'란 원칙적으로 당해 특허발명이 이용되는 산업분야를 말하므로, 당해 특허발명이 이용되는 산업분야가 선행발명의 그것과 다른 경우에는 선행발명을 당해 특허발명의 진보성을 부정하는 선행기술로 사용하기 어렵다 하더라도, 문제가 된 선행발명의 기술적 구성이 특정 산업분야에만 적용될 수 있는 구성이 아니고 당해 특허발명의 산업분야에서 통상의 기술을 가진 자가 특허발명의 당면한 기술적 문제를 해결하기 위하여 별다른 어려움 없이 이용[84]할 수 있는 구성이라면 이를 당해 특허발명의 진보성을 부정하는 선행기술로 삼을 수 있다."는 입장이다.

(4) 통상의 지식을 가진 사람

특허법은 발명이 속하는 기술분야에서 통상의 지식을 가진 사람, 즉 통상의 기술자가 진보성 판단의 기준이 된다는 점을 명백히 하였다.

실무상 '통상의 기술자'를 '출원 시에 있어 당해 기술분야의 기술상식을 보유하고 있고, 연구개발을 위하여 통상의 수단 및 능력을 자유롭게 구사할 수 있으며, 출원 시의 기술수준에 있는 모든 것을 입수하여 자신의 지식으로 할 수 있고, 발명의 과제와 관련되는 기술분야의 지식을 자신의 지식으로 할 수 있는 자' 정도로 보고 있다.[85]

통상의 기술자의 기술수준은 사실문제로서 증거 등에 의하여 증명되어야 한다.[86] 미국에서도 통상의 기술자의 기술수준은 객관적 증거에 의하여 인정되어야 한다고 보고 있는데, 이를 천명한 대표적인 판결이 연방순회항소법원(CAFC)의 Envtl. Designs, Ltd. v. Union Oil Co. 판결이다.[87] 이 판결에서 CAFC는 통상의 기술자의 기술수준을 심사관이나 심판관이 임의로 결정할 수 없음을 분명히 하는 한편, 통상의 기술자의 기술수준을 평가하는 기준으로 ① 발명자의 교육수준, ② 당해 기술분야에서 마주치게 되는 기술상의 문제점들, ③ 그와 같은 문제점들을 해결하기 위한 선행기술의 해결책, ④ 당해 기술분야에서 기술혁신이 이루어지고 있는 속도, ⑤ 당해 기술분야의 기술의 복잡성, ⑥ 당해 기술분야에서 활동하는 기술자가 가지는 학력의 정

---

83) 대법원 2008. 7. 10. 선고 2006후2059 판결.
84) '참고'와 같은 의미로 볼 수 있다.
85) 특허청 특허 · 실용신안 심사기준(2017. 12. 29. 특허청 예규 제101호), 3302.
86) 통상의 기술자의 기술수준에 대한 사실심리가 필요함을 강조한 대법원 2009. 11. 12. 선고 2007후3660 판결 참조.
87) 713 F.2d 693, 697, 218 USPQ 865 (Fed. Cir. 1983).

도를 각 고려하여야 한다고 판시하였고, 그 후 미국의 법원들은 특허소송에서 기술내용과 분쟁의 종류에 따라 위 6가지 요소 전부 또는 일부를 통상의 기술자의 기술수준을 평가하는 지침으로 삼고 있다.[88] 위와 같은 고려요소들은 우리 실무에도 참고할 만하다.

이외에도 주지·관용기술과 기술상식 역시 통상의 기술자의 기술수준을 결정하는 데에 참작해야 할 주요한 요소들이다.

(5) 선행기술

발명의 진보성 부정 여부 판단에서 대비 자료로 사용되는 선행기술은 특허법 29조 1항 각 호에 열거된 것이라는 점에서 신규성과 동일하다. 따라서 어떠한 선행기술이 진보성 판단의 대비 자료로 사용될 수 있는지는 선행기술이 특허법 29조 1항 각 호의 요건에 해당하는지에 의하여 결정된다.

특허출원인이 명세서에 종래의 기술로 소개한 기술은 별도의 공지에 관한 증거가 없어도 공지된 기술로 볼 수 있는지에 관하여, 대법원은 "명세서의 전체적인 기재와 출원경과를 종합적으로 고려하여 출원인이 일정한 구성요소는 단순히 배경기술 또는 종래기술인 정도를 넘어서 공지기술이라는 취지로 청구범위의 전제부에 기재하였음을 인정할 수 있는 경우에만 별도의 증거 없이도 전제부 기재 구성요소를 출원 전 공지된 것이라고 사실상 추정함이 타당하다. 그러나 이러한 추정이 절대적인 것은 아니므로 출원인이 실제로는 출원 당시 아직 공개되지 아니한 선출원발명이나 출원인의 회사 내부에만 알려져 있었던 기술을 착오로 공지된 것으로 잘못 기재하였음이 밝혀지는 경우와 같이 특별한 사정이 있는 때에는 추정이 번복될 수 있다."라고 판시하였다.[89]

(6) 쉽게 발명할 수 있을 것

발명의 진보성을 판단할 때는 출원 시를 기준으로, 즉 당해 발명이 아직 존재하지 아니함을 전제로 과연 통상의 기술자가 선행기술로부터 특허발명 등에 이르는 것이 쉬운지 여부를 판단하여야 하고, 이미 특허발명 등의 내용을 다 알고 있는 사후적

---

88) 조영선, 특허소송에 있어서 발명의 진보성 판단의 국제기준에 관한 비교분석, 고려대학교 산학협력단(2010), 38~39; 이헌, 발명의 진보성 판단에 관한 연구, 경인문화사(2017), 301~302.
89) 대법원 2017. 1. 19. 선고 2013후37 전원합의체 판결.

시각에 입각하여 발명에 이르는 것이 쉬운지를 판단하여서는 아니 된다.[90] 진보성 판단에서는 이러한 사후적 고찰의 오류를 줄이는 것이 핵심적인 당면 과제이다. 판단 방법에 관한 상세한 내용은 아래에서 살펴본다.

다. 각국의 진보성 판단기준[91]

(1) 미 국

연방대법원은 1966년 Graham 사건을 통하여 진보성 판단의 기본틀(소위 Graham framework)을 제시하였다. 즉, (i) 선행문헌의 범위 및 내용의 확정, (ii) 통상의 기술자의 기술수준의 확정, (iii) 특허 청구된 발명과 선행문헌의 차이 확정[92] 및 (iv) 진보성에 대한 객관적 근거(소위 2차적 고려사항이라고 하는 상업적 성공, 오랫동안 해결되지 못했고 특허 청구된 발명에 의하여 비로소 해결된 기술적 과제, 경쟁자들의 실패 등)의 검토에 의하여 진보성을 판단하는 것이 그것이다. (i) 선행문헌의 범위와 관련하여서는 기술분야의 관련성, 해결하고자 하는 과제의 관련성 중 하나라도 인정되는 경우에는 선행문헌으로 인정한다. (ii) 통상의 기술자의 기술수준과 관련하여서는 해결하고자 하는 과제의 유형, 상기 과제에 대한 종래기술의 해결책, 당해 분야의 기술 발전 속도, 기술의 복잡성, 당해 분야의 연구자들의 교육수준 등을 고려한다.

CAFC는 위 (iii) 특허 청구된 발명과 선행문헌의 차이와 관련하여, 2 이상의 선행문헌을 조합하여 특허 청구된 발명에 도달하게 되는 경우, 선행문헌에 그러한 조합을 교시, 시사하거나 동기를 부여하는 사항이 있어야 한다는 TSM(Teaching, Suggestion, Motivation) Test를 제시하였다.

그러나 연방대법원은 2007. 4. 30. 'KSR 판결'에서 (i) TSM Test가 유용한 통찰(helpful insight)이기는 하나, TSM Test의 엄격한 적용은 옳지 않으며, 유연한 접근법을 사용하였던 기존 연방대법원 판례와 배치된다는 점, (ii) TSM Test가 Teaching, Suggestion, Motivation의 형식적 개념 또는 문헌 증거의 명시적 내용에 대한 과도한 강조에 의하여 제한되어서는 안 된다는 점, (iii) 자명한 기술들 또는 그들의 조합에 대해서는 문헌에서 논의되는 일은 거의 없다는 점, (iv) 과학 문헌보다는 시장의 요구가 설계 경

---

90) 대법원 2007. 8. 24. 선고 2006후138 판결 참조.
91) 황영주, "특허의 진보성 판단에 관한 각국 기준의 개괄적 비교", 특허법원 개원 10주년 기념논문집 (2008), 119~146 참고.
92) 위 (i), (ii), (iii)은 사실 인정의 문제로 본다.

향을 지배하는 경우가 많다는 점 등을 이유로 TSM Test를 엄격하게 적용한 CAFC의 판결을 파기하였다.

미국 특허청은 위 KSR 판결 이후 2007. 10. 10.자 개정된 심사기준에서 진보성이 부정되는 7가지 사례를 발표하였는데, (가) 공지된 방법에 따라 선행기술의 요소들을 조합하여 예측 가능한 결과를 얻은 경우, (나) 하나의 공지된 요소를 단순히 치환하여 예측 가능한 결과를 얻은 경우, (다) 유사한 장치(방법, 제품 등)를 동일한 방식으로 개선하기 위하여 공지된 기술을 사용한 경우, (라) 공지된 기술을 개량되기 쉬운 장치(방법, 제품 등)에 적용하여 예측 가능한 효과를 얻은 경우, (마) 유한한 가짓수의 특정되고 예측 가능한 해결책으로부터 성공에 대한 합리적인 기대를 가지고 선택하는 경우(시도하여 보는 것이 자명한 경우), (바) 디자인 유인 또는 기타 시장의 압력에 의하여 특정 분야의 공지된 기술이 동일한 분야 또는 상이한 분야에서 변형되어 사용되는 경우(상기 변형이 통상의 기술자에게 예측 가능하여야 한다), (사) 선행문헌에 TSM이 있어 통상의 기술자로 하여금 선행문헌을 개량하도록 하거나 선행문헌의 개시 내용을 조합하도록 하여 특허 청구된 발명에 도달한 경우 등이다.

(2) 유   럽

유럽 특허청은 3단계의 과제해결 접근법(Problem-and-solution approach)을 채택하였다. (i) 가장 가까운 선행기술(closest prior art)의 결정 단계, (ii) 해결하고자 하는 객관적인 기술적 과제(objective technical problem)의 설정 단계, (iii) 가장 가까운 선행기술 및 해결하고자 하는 기술적 과제로부터 출발하여, 청구된 발명이 통상의 기술자에게 자명하였을지 여부를 검토하는 단계가 그것이다. 그중 (iii)은 could/would 접근법을 기준으로 한다. 이에 의하면, 진보성을 부정하기 위해서는 그 분야의 기술수준에서 공지된 수단을 종래의 장치와 결합함으로써 의도된 기술적 목표에 이르도록 하는 인식 가능한 방향제시(recognizable pointer)가 있다는 점, 즉 통상의 기술자가 그러한 결합을 했었을(would) 것이라는 점을 증명하여야 하고, 단순히 할 수 있었을(could) 것이라는 점을 증명한 것만으로는 부족하다.

(3) 일   본

우리나라의 심사기준과 대체로 유사하다.

라. 진보성 부정 여부의 판단기준 및 심리의무에 관한 대법원 판례

(1) 진보성 부정 여부 판단의 논증 과정 및 심리의무

대법원 2009. 11. 12. 선고 2007후3660 판결은 "구 특허법(2006. 3. 3. 법률 제7871호로 개정되기 전의 것) 29조 2항에 의하여 선행기술에 의하여 용이하게 발명할 수 있는 것인지에 좇아 발명의 진보성 유무를 판단함에 있어서는, 적어도 선행기술의 범위와 내용, 진보성 판단의 대상이 된 발명과 선행기술의 차이 및 통상의 기술자의 기술수준에 대하여 증거 등 기록에 나타난 자료에 기하여 파악한 다음, 이를 기초로 하여 통상의 기술자가 특허출원 당시의 기술수준에 비추어 진보성 판단의 대상이 된 발명이 선행기술과 차이가 있음에도 그러한 차이를 극복하고 선행기술로부터 그 발명을 용이하게 발명할 수 있는지를 살펴보아야 하는 것이다."라고 판시하였다.

이 판결은 발명의 진보성 부정 여부의 판단에서의 논증 과정을 구체적으로 제시하면서, 논증에 필요한 자료에 대한 심리의무를 밝혔다는 점에서 매우 의미 있는 판결이다.

(2) 사후적 고찰 금지

대법원 2007. 8. 24. 선고 2006후138 판결은 "구 특허법(2006. 3. 3. 법률 제7871호로 개정되기 전의 것) 29조 2항에 따라 어떤 발명의 진보성이 부정되는지 여부를 판단하기 위해서는 통상의 기술자를 기준으로 하여 그 발명의 출원 당시의 선행공지발명으로부터 그 발명을 용이하게 할 수 있는지를 보아야 할 것이고, 진보성이 부정되는지 여부의 판단 대상이 된 발명의 명세서에 개시되어 있는 기술을 알고 있음을 전제로 하여 사후적으로 통상의 기술자가 그 발명을 용이하게 할 수 있는지를 판단하여서는 아니 된다."라고 판시하였다.

이 판결은 통상의 기술자가 당해 발명의 명세서에 개시된 기술을 알고 있음을 전제로 하여 사후적으로 발명의 진보성이 부정되는지를 판단하는 것이 허용되지 않는다고 함으로써, 사후적 고찰이 금지됨을 명시적으로 밝힌 판결이다. 사후적 고찰 금지는 특허법이 '출원 시'를 진보성 판단의 기준시점으로 명시한 점에서 근거를 찾을 수 있다. 만일 특허발명 등에 관한 지식을 얻은 후에 사후적으로 선행기술을 바라보면 양 발명이 서로 흡사한 것처럼 보여 문제 해결 과정에서의 어려움을 쉽게 간과할 수 있고, 이로 인하여 쉽게 진보성을 부정할 우려가 있다는 점에서 당연한 원칙이라고 할 수 있으며,[93] 대법원도 그러한 원칙을 재확인한 것이다.

(3) 발명 전체로서의 진보성 부정 여부 판단

대법원 2007. 9. 6. 선고 2005후3284 판결은 "어느 특허발명의 청구범위에 기재된 청구항이 복수의 구성요소로 되어 있는 경우에는 각 구성요소가 유기적으로 결합한 전체로서의 기술사상이 진보성 판단의 대상이 되는 것이지 각 구성요소가 독립하여 진보성 판단의 대상이 되는 것은 아니므로, 그 특허발명의 진보성 여부를 판단함에 있어서는 청구항에 기재된 복수의 구성을 분해한 후 각각 분해된 개별 구성요소들이 공지된 것인지 여부만을 따져서는 안 되고, 특유의 과제해결원리에 기초하여 유기적으로 결합된 전체로서의 구성의 곤란성을 따져 보아야 할 것이며, 이때 결합된 전체 구성으로서의 발명이 갖는 특유한 효과도 함께 고려하여야 한다."라고 판시하였다.

이 판결은 청구항에 기재된 복수의 구성요소를 분해한 후 분해된 개별 구성요소들이 각각 공지된 것인지 여부만을 주로 검토하였을 뿐 이들 구성요소가 유기적으로 결합한 전체 발명으로서의 구성의 곤란성 및 특유한 효과를 검토하는 데 소홀하였다는 비판이 있었던 종래의 특허소송실무에 대한 반성적 고려에서 발명을 전체적으로 고려하여야 한다는 점을 분명히 한 것이다.

(4) 결합발명의 진보성

대법원 2007. 9. 6. 선고 2005후3284 판결은 "여러 선행기술문헌을 인용하여 특허발명의 진보성을 판단함에 있어서는 그 인용되는 기술을 조합 또는 결합하면 당해 특허발명에 이를 수 있다는 암시 · 동기 등이 선행기술문헌에 제시되어 있거나, 그렇지 않더라도 당해 특허발명의 출원 당시의 기술수준, 기술상식, 해당 기술분야의 기본적 과제, 발전경향, 해당 업계의 요구 등에 비추어 보아 그 기술분야에 통상의 지식을 가진 자가 용이하게 그와 같은 결합에 이를 수 있다고 인정할 수 있는 경우에는 당해 특허발명의 진보성은 부정된다."라고 판시하였다.

이 판결은 먼저 "인용되는 기술을 조합 또는 결합하면 당해 특허발명에 이를 수 있다는 암시 · 동기 등이 선행기술문헌에 제시되었는지"를 살펴보아야 한다고 판시하였는데, 이는 진보성 부정 여부 판단의 예측가능성을 담보하기 위한 것으로서 미국의

---

93) 정상조 · 박성수 공편(주 2), 352.

TSM Test와 유사한 기준을 제시한 것으로 보인다.

또한, 이 판결은 앞의 기준을 지나치게 획일적·기계적으로 적용할 경우에 발생할 부작용을 최소화하고 구체적 타당성을 도모하기 위하여 "당해 특허발명의 출원 당시의 기술수준, 기술상식, 해당 기술분야의 기본적 과제, 발전경향, 해당 업계의 요구 등에 비추어 보아 통상의 기술자가 용이하게 그와 같은 결합에 이를 수 있다고 인정할 수 있는 경우"라는 추가적인 기준을 제시하였다는 데도 그 의의가 있다.[94]

마. 진보성 부정 여부의 판단 방법

(1) 특허발명 등의 내용[95] 확정

발명의 진보성 부정 여부 판단을 위해서는 먼저 그 판단의 대상이 되는 특허발명 등의 청구범위를 해석하여 발명의 내용을 확정하는 작업이 필요하다. 특허발명 등의 내용 확정에 관하여는 청구범위의 해석에 관한 일반론이 그대로 적용된다.

(2) 선행발명의 내용 확정 및 주(主)선행발명의 선정

(가) 선행발명의 내용 확정[96]

선행발명의 내용을 확정할 때 선행발명이 미완성 발명 또는 표현이 불충분하거나 일부 내용에 흠결이 있다고 하더라도, 통상의 기술자가 기술상식이나 경험칙에 의하여 용이하게 기술내용을 파악할 수 있다면 진보성 부정 여부 판단의 대비 자료로 인용할 수 있다.[97]

제시된 선행문헌을 근거로 어떤 발명의 진보성이 부정되는지를 판단하기 위해서는 진보성 부정의 근거가 될 수 있는 일부 기재만이 아니라 그 선행문헌 전체에 의하여 통상의 기술자가 합리적으로 인식할 수 있는 사항을 기초로 대비 판단하여야 한

---

94) 이헌(주 88), 344.
95) 발명의 요지, 발명의 기술적 구성 등과 같은 의미이다. 앞서 본 바와 같이 대법원 판례는 '기술적 구성의 확정' 또는 '기술적 구성 및 범위의 확정'이라는 용어를 사용하였다(대법원 2012. 3. 29. 선고 2010후2605 판결 등).
96) 특허발명 등의 내용을 확정할 때는 '청구범위(청구항)에 기재된 사항'을 대상으로 하는 반면(청구범위를 해석할 때 발명의 설명이나 도면 등을 참작하는 것은 가능하나, 발명의 설명 및 도면 등의 기재에 의하여 청구범위를 제한하거나 확장하여 해석할 수는 없다), 선행발명의 내용을 확정할 때는 선행발명의 청구범위(청구항)뿐만 아니라 발명의 설명이나 도면에 포함된 사항도 대상으로 할 수 있다는 점에서 차이가 있다.
97) 대법원 2008. 11. 27. 선고 2006후1957 판결 등 참조.

다. 그리고 위 일부 기재 부분과 배치되거나 이를 불확실하게 하는 다른 선행문헌이 제시된 경우에는 그 내용까지도 종합적으로 고려하여 통상의 기술자가 특허발명 등을 용이하게 도출할 수 있는지를 판단하여야 한다.[98]

(나) 결합발명에 있어서의 변론주의에 기초한 주(主)선행발명 선정

결합발명의 진보성을 판단할 때는 유럽의 '과제해결 접근법'에서와 같이 가장 가까운 선행기술을 출발점으로 삼아, 이를 토대로 다른 선행기술과의 결합 여부를 검토하는 것이 발명에 이르는 통상적인 과정에 부합할 뿐만 아니라 유기적으로 결합된 전체로서의 발명을 대비함으로써 사후적 고찰의 위험을 줄여 준다.[99]

실무상으로는 특허발명 등의 무효를 주장하는 당사자에게 '가장 가까운 선행기술'인 주선행발명[100]을 특정하도록 하고, 이를 기초로 주선행발명과 주선행발명 이외의 다른 선행발명[부(副)선행발명]의 결합이 용이하다는 점을 구체적으로 주장 · 증명하도록 한다.[101]

(3) 특허발명 등과 주선행발명의 대비

다음으로 특허발명 등과 주선행발명을 대비하여 공통점 및 차이점을 추출한다. 이처럼 차이점을 추출하기 전에 앞서 본 바와 같이 주선행발명 전체가 제시 · 교시하는 바를 기준으로 주선행발명의 구성을 확정하거나 해석하여야 한다.

또한, 발명을 전체적으로 고려하여야 한다는 대법원 2005후3284 판결의 법리에 기초하여, 위와 같이 각 구성요소 간 대비를 통해 차이점을 추출하는 과정에서 각 구성요소 간의 유기적 결합관계 등을 함께 고려하여 발명을 전체로서 대비하도록 하여야 한다. 이를 위해서는 특허발명 등의 진보성이 부정되지 않는다고 주장하는 자가 유기적 결합관계가 있는 부분을 구체적으로 주장하고 그 효과를 밝히는 것이 필요하다.

---

98) 대법원 2016. 1. 14. 선고 2013후2873 판결 참조.

99) 김승곤, "소송단계의 진보성판단에 있어서 유럽특허청의 과제해결접근법이 던지는 몇 가지 시사점", 특허소송연구 6집, 특허법원(2013), 65; 이헌(주 88), 372.

100) 이하에서는 특허발명 등과 대비 대상이 되는 선행발명이 복수가 아닌 경우에도 그 선행발명을 편의상 '주선행발명'이라 한다.

101) 특허법원의 "심결취소소송 심리 매뉴얼", "침해소송 항소심 심리 매뉴얼"에서는 선행발명들의 결합에 의하여 진보성이 부정된다는 주장을 하는 경우에 주된 선행발명을 선정하고 선행발명들 사이의 구체적인 결합관계 및 결합이 쉬운 이유를 명시하여야 한다고 규정한다.

(4) 결합의 용이성 등에 관한 판단

(가) 판단의 중점

대법원 2007후3660 판결의 법리에 따라 통상의 기술자가 특허출원 당시의 기술수준에 비추어 특허발명 등과 주선행발명 사이의 차이점을 극복하고 선행기술로부터 특허발명 등을 쉽게 발명할 수 있다고 판단되는 경우에는 진보성이 부정된다.

차이점에 해당하는 구성이 부(副)선행발명에 개시되어 있다면, 주선행발명에 부선행발명을 결합하는 것이 통상의 기술자 입장에서 쉬운지 여부가 주된 쟁점이 될 것이다. 차이점에 해당하는 구성이 부선행발명에 개시되어 있지 않은 경우에도, 그러한 차이점이 통상의 기술자가 통상의 창작능력을 발휘[102]하여 쉽게 극복될 수 있는 것인지를 살펴보아야 한다.

(나) 논증에 필요한 요소들과 이에 대한 사실심리

진보성이 부정되는지 여부에 대해서는 진보성이 부정된다고 주장하는 자가 그 요건을 주장 · 증명할 책임이 있다. 진보성은 법적 판단 내지 평가에 관한 문제라는 점을 감안하면, 진보성이 부정된다고 주장하는 자가 선행발명들을 결합하여 특허발명 등에 이르는 과정에 대한 구체적인 논리를 주장하고 이를 증명할 필요가 있다. 결합발명의 경우에는 진보성이 부정된다고 주장하는 자가 인용되는 기술을 조합 또는 결합하면 특허발명 등에 이를 수 있다는 암시 · 동기 등이 선행발명에 제시되어 있음을 주장 · 증명하거나, 특허발명 등의 출원 당시의 기술수준, 기술상식, 해당 기술분야의 기본적 과제, 발전경향, 해당 업계의 요구 등에 비추어 보아 통상의 기술자가 쉽게 그와 같은 결합에 이를 수 있는지를 주장 · 증명함으로써 이와 같은 주장 · 증명책임을 다할 수 있다.

이러한 필요성에 대해서는 결합발명의 진보성 부정 여부 판단 기준을 정립한 대법원 2005후3284 판결과 진보성 부정 여부 판단에 필요한 자료에 대한 심리의무를 강조한 대법원 2007후3660 판결이 명시적으로 밝히고 있다. 같은 취지에서 최근 특허법원은 전문가 증인, 발명가 증인, 전문심리위원, 사실조회, 검증 · 감정 등 기존의 서증 외에 다양한 증거방법을 통해 위와 같은 논증에 필요한 요소들에 대한 사실심리를 강화하는 추세이다.

---

102) 통상의 창작능력의 발휘에 해당하는 유형으로는 균등물에 의한 치환, 기술의 구체적 적용에 따른 단순한 설계변경, 일부 구성요소의 생략, 단순한 용도의 변경 · 한정, 공지 기술의 일반적인 적용, 수치범위의 최적화 또는 호적화 등이 제시되고 있다.

(다) 주장 · 증명 및 판단의 구체적인 모습

통상 소송에서는 진보성이 부정된다고 주장하는 자가 선행발명들을 결합하여 특허발명 등에 이르는 과정에 대한 구체적인 논리를 주장하면서 특허발명 등에 이를 수 있는 동기 등 진보성이 부정되는 방향으로 작용하는 요소들을 주장 · 증명하고, 이에 대하여 상대방은 진보성이 부정되지 아니하는 방향으로 작용하는 요소들을 주장 · 증명한다.[103] 법원은 이러한 과정을 거쳐 주장 · 증명된 모든 요소들을 종합적으로 고려하여 앞서 본 진보성 부정 여부 판단기준에 따라 '진보성이 부정된다고 주장하는 자가 주장한 구체적인 논리'에 의하여 진보성이 부정되는지를 판단하게 된다.

여기서 차이점과 관련된 특허발명 등의 객관적 기술적 과제를 확인하는 것이 필요하다. 이는 '통상의 기술자가 이러한 기술적 과제를 인식할 수 있었는지', '이러한 기술적 과제를 해결하기 위하여 해당 선행발명을 검토하도록 할 만한 동기 등이 있었다고 볼 수 있는지' 등을 검토함으로써 구성의 곤란성 내지 결합의 용이성 판단의 중요한 근거로 삼기 위한 것이다. 선행발명에 특허발명 등의 기술적 과제가 명시적으로 나타나 있는 경우에는 진보성을 부정하는 유력한 근거가 될 수 있고, 명시적으로 나타나 있지 않은 경우에는 위 기술적 과제가 통상의 기술자에게 자명한 과제인지, 해당 기술분야에서 일반적 · 기본적 과제인지, 선행발명에도 내재되어 있거나 통상의 기술자가 쉽게 생각할 수 있는 과제인지 등을 따져 보아야 한다.

진보성이 부정되는 방향으로 작용하는 요소들로는 특허발명 등에 이를 수 있는 동기의 존재, 통상의 기술자의 통상의 창작능력 발휘, 선행기술들의 단순한 집합,[104] 단순한 용도의 변경 · 한정 등이 있다. 특히 기술분야의 관련성이 있는 경우, 기술적 과제가 공통되는 경우, 기능 · 작용이 공통되는 경우, 선행발명의 내용 중에 특허발명 등에 대한 시사가 있는 경우 등에는 진보성이 부정될 가능성이 크다.[105] 이들은 '특허발명 등에 이를 수 있는 동기'의 존재를 추단할 수 있는 근거가 될 수 있기 때문이다.

---

103) 엄밀하게는 상대방이 제출하는 증거는, 증명책임을 부담하는 자인 '진보성이 부정된다고 주장하는 자'의 입증활동에 기한 법관의 심증형성을 막기 위한 것이므로, 반증(反證)이 될 것이다.

104) 종래 '주합(湊合)'이라는 용어가 사용되기도 하였다. '주합'은 선행발명들의 결합에 의하여 공지된 각각의 요소로부터 예측되는 효과들의 단순한 집합을 넘는 효과가 생기지 않은 경우를 의미한다.

105) 특허발명 등과 주선행발명 사이에 기술분야의 관련성이 있는 등의 경우에는 '통상의 기술자가 주선행발명으로부터 특허발명 등을 용이하게 발명할 수 있다'는 판단의 유력한 근거가 될 수 있다. 결합발명에서도 주선행발명과 부선행발명 사이에 기술분야의 관련성이 있는 등의 경우에는 '통상의 기술자가 주선행발명에 부선행발명을 결합하여 특허발명 등을 용이하게 발명할 수 있다'는 판단의 유력한 근거가 될 수 있다.

다음으로 진보성이 부정되지 아니하는 방향으로 작용하는 요소들로는 유리한 효과,[106] 주선행발명에 결합하게 되면 주선행발명의 기술적 과제에 반하거나 기술적 의미를 잃게 하는 부선행발명, 주선행발명에 결합하게 되면 주선행발명이 제대로 기능·작동하지 않도록 하는 부선행발명, 결합의 장애·방해 요인의 존재, 특허발명 등의 상업적 성공,[107] 장기간 해결하지 못했던 과제의 해결, 기술적 편견의 극복, 다른 사람의 실패[108] 등이 있다.

결국 진보성이 부정되는 방향으로 작용하는 요소들과 진보성이 부정되지 아니하는 방향으로 작용하는 요소들에 대한 당사자들의 주장·증명의 성패에 따라 특허발명 등의 진보성이 부정되는지의 결론이 좌우된다.

(5) 진보성 판단 시 고려되는 발명의 효과

특허발명 등이 선행발명과 비교하여 성질을 달리하는 이질적인 효과를 갖거나 선행발명에 비하여 양적으로 현저하게 우수한 효과를 갖는 경우에 효과의 현저성이 있다고 보고, 그러한 정도에 이르지 못한 경우에는 선행발명 또는 선행발명들의 결합으로부터 당연히 예측되는 것으로서 효과가 현저하지 않다고 보고 있다.[109]

---

106) 발명의 실체는 객관적으로 드러나는 구성으로 표현되므로, '구성의 곤란성'을 중심으로 진보성을 판단하되, 구성의 곤란성 유무가 불분명한 경우에 '효과의 현저성' 유무를 중요하게 참작하여 진보성 부정 여부를 판단하여야 한다는 것이 일반적인 견해이다. 발명의 유리한 효과의 참작은 화학·의약·유전자 분야의 발명 등 구성에 의한 효과의 예측가능성이 낮은 분야의 발명에 대한 진보성 부정 여부 판단에 특히 유용하다. 다만 구성의 곤란성과 효과의 현저성은 모두 진보성 부정 여부 판단에서 서로 독립한 별개의 요소가 아니라 서로 상관관계가 있는 판단 요소이므로, 구성의 곤란성과 효과의 현저성은 진보성 부정 여부 판단 과정에서 종합적으로 함께 검토하여야 한다.

107) 대법원은 "특허발명의 제품이 상업적으로 성공을 하였거나 특허발명의 출원 전에 오랫동안 실시했던 사람이 없었던 점 등의 사정은 진보성을 인정하는 하나의 자료로 참고할 수 있지만, 이러한 사정만으로 진보성이 인정된다고 할 수는 없고, 특허발명의 진보성에 대한 판단은 우선적으로 명세서에 기재된 내용, 즉 발명의 목적, 구성 및 효과를 토대로 선행기술에 기하여 통상의 기술자가 이를 용이하게 발명할 수 있는지 여부에 따라 판단되어야 하는 것이므로 이러한 사정이 있다는 이유만으로 발명의 진보성을 인정할 수 없다."라고 판시하였다(대법원 2005. 11. 10. 선고 2004후3546 판결 등). 이는 상업적 성공 등 2차적 고려사항을 진보성 부정 여부 판단에서 하나의 자료로 참고할 수 있을 뿐, 2차적 고려사항만으로 진보성이 부정되지 아니한다고 볼 수는 없다는 견해를 취한 것으로 평가된다.

108) 상업적 성공, 장기간 해결하지 못했던 과제의 해결, 기술적 편견의 극복, 다른 사람의 실패 등 2차적 고려사항들은 구성의 곤란성 내지 효과의 현저성 유무가 분명하지 않은 경우 구성의 곤란성 내지 효과의 현저성을 추인하는 하나의 자료가 될 수 있고, 통상의 기술자의 기술수준 등과도 밀접하게 관련되어 있는 경우가 많은데, 미국과 유럽에서도 진보성 판단의 근거가 된다.

109) 대법원 2015. 1. 15. 선고 2014후1693 판결, 2001. 9. 7. 선고 99후734 판결 등 참조.

한편, 특허발명 등의 유리한 효과가 발명의 설명에 기재되어 있지 않더라도 통상의 기술자가 발명의 설명의 기재로부터 유리한 효과를 추론할 수 있을 때에는 진보성 판단을 함에 있어 그 효과도 참작하여야 한다.[110]

바. 진보성 부정 여부 판단의 주요 사례

진보성 부정 여부 판단과 관련된 대법원 판례 중 최근 주요 사례로는, "선행발명 1에는 '피부에 냉기 또는 온기를 인가하여 통증이나 불편한 느낌을 완화할 수 있는 디스펜서를 제공하고자 하는 기술적 과제를 해결하기 위하여 열을 저장 및 전달할 수 있는 특성을 가진 금속 또는 세라믹 재질의 열 저장 팁을 그 해결수단으로 채택'한 특허발명의 기술적 과제 및 그 해결원리에 관한 기재나 암시가 없는데, 선행발명 1의 재질을 특허발명에서 채택한 재질(금속 또는 세라믹)로 변경하는 시도는 선행발명 1의 기술적 과제에 반하는 것이거나 선행발명 1 본래의 기술적 의미를 잃게 하는 것이 되어 쉽게 생각해내기 어렵다."는 등의 이유로 진보성이 부정되지 않는다고 본 사례[111]와 "선행발명 2는 액정화면의 대형화를 기술적 과제의 한가지로 삼고 있을 뿐 위 선행발명의 기술적 과제에 대한 인식은 '디스플레이 창의 양쪽에 대칭이 되어 양손 조작이 가능하게 하도록 키버튼을 배치한다'는 특허발명의 기술사상에는 전혀 미치지 못하는데, 선행발명 2에서 액정화면이 배치된 덮개에 '특허발명에서 채택한 기능키'를 추가하는 시도는 위와 같은 선행발명 2의 기술적 과제에 반한다."라는 등의 이유로 진보성이 부정되지 않는다고 본 사례[112]가 있다. 이러한 사례들은 선행발명에 특허발명의 기술적 과제가 명시적으로 나타나 있지 않은 경우, 이러한 기술적 과제가 일반적 · 기본적 과제라는 등의 진보성이 부정되는 방향으로 작용하는 요소임을 제대로 주장 · 증명하지 못하는 한 사후적 고찰 금지의 취지에 따라 진보성이 부정되지 않는다고 보는 최근의 경향을 반영한 것으로 평가된다. 또한, 위 사례들은 '선행발명의 구성이 변경되는 경우 선행발명의 기술적 과제에 반하는 것'을 진보성이 부정되지 아니하는 방향으로 작용하는 중요한 요소로 판단한 점에 특징이 있다.

한편 종래 판결 중에는 차이점과 관련된 기술적 과제가 해당 기술분야의 일반

---

110) 대법원 2002. 8. 23. 선고 2000후3234 판결 등 참조.
111) 대법원 2016. 11. 25. 선고 2014후2184 판결.
112) 대법원 2015. 7. 23. 선고 2013후2620 판결.

적 · 기본적 과제에 해당한다고 본 사례들도 다수 있다.[113)

4. 확대된 선출원(특허 29조 3항, 4항)

가. 성질 및 선출원주의와의 비교

동일한 발명에 대하여 다른 날에 둘 이상의 특허출원이 있는 경우에는 오로지 먼저 특허출원한 자만이 그 발명에 대하여 특허를 받을 수 있다(특허 36조 1항, 선출원주의). 선출원 발명이 존재하는 한, 그 선출원 발명이 공개되었는지에 관계없이 후출원 발명은 특허가 거절되고, 선출원 발명자와 후출원 발명자가 동일한 경우라도 같은 발명에 대하여 이중특허를 부여하는 것은 옳지 않으므로 후출원 발명에 대한 특허는 거절된다.

그런데 선출원주의가 적용되기 위해서는 선출원 발명과 후출원 발명의 청구범위가 동일하여야 하므로, 선출원 발명의 명세서 중 발명의 설명이나 도면에는 기재되어 있으나 청구범위에는 포함되지 아니한 발명을 뒤에 제3자가 출원하는 경우에는 선출원주의가 적용되지 아니한다. 제3자가 위와 같이 출원하는 경우에 후출원 발명의 특허를 거절하는 근거가 되는 것이 확대된 선출원 제도이다. 즉, 청구범위에 한정하지 않고 발명의 설명 등 명세서의 다른 기재 및 도면의 기재 부분까지 선출원으로 인정하여 후출원에 대한 배제력을 부여하는 것이 확대된 선출원 제도이다.

선출원의 범위를 이와 같이 확대한 이유는 선출원이 공개되기 전에 출원한 후출원일지라도 그 내용이 선출원과 동일한 발명인 이상, 후출원은 새로운 기술을 공개하지 않은 것이어서 후출원에 대하여 독점권을 부여하는 것은 타당하지 않은 점, 보정에 의하여 청구범위를 증감 · 변경할 수 있는 범위의 최대한이 되는 최초 출원명세서 또는 도면에 기재된 범위 전부에 대하여 선출원의 지위를 인정하면 선출원의 처리를 기다리지 않고도 후출원을 처리할 수 있는 점, 출원인이 소위 방어출원을 포함하여 많은 출원을 하여야 하는 부담을 줄일 수 있는 점 등으로 설명된다.[114)

---

113) 대법원 2014. 1. 16. 선고 2013후778 판결, 2012. 2. 23. 선고 2011후2695 판결, 2010. 5. 27. 선고 2008후1203 판결, 2007. 9. 6. 선고 2005후3284 판결 등 참조.
114) 竹田和彦(주 13), 214~215.

나. 확대된 선출원의 범위

(1) 출원서에 최초로 첨부된 명세서 또는 도면에 기재된 발명

특허법에서 '명세서'라고 규정하였으므로 청구범위에 한정되지 않고 발명의 설명까지 포함된다. 출원서에 '최초로' 첨부된 명세서에 한하므로 최초로 첨부된 명세서를 차후에 보정한 내용은 포함되지 않는다.

(2) 당해 출원을 한 날 전에 출원되어 당해 출원을 한 후에 출원공개되거나 등록 공고된 타 특허출원 또는 실용신안등록출원

甲이 2017. 1. 1. 발명의 설명에 A와 B를, 청구범위에는 A만을 각각 기재한 발명에 관하여 특허출원을 하고, 乙이 2017. 6. 1. B를 청구범위로 하는 특허출원을 한 다음, 2017. 12. 1. '甲의 2017. 1. 1.자 출원발명'에 대하여 출원공개가 이루어진 경우가 대표적인 예이다. 여기서 '乙의 2017. 6. 1.자 출원'을 기준으로 '甲의 2017. 1. 1.자 출원'이 바로 '당해 출원(乙의 출원)을 한 날 전에 출원되어 당해 출원을 한 후에 공개되거나 등록공고 된 타 특허출원(甲의 출원)'에 해당한다.

(3) 동일한 발명

확대된 선출원에서 발명의 동일성은 발명의 진보성과는 구별되는 것으로서 두 발명의 기술적 구성이 동일한가 여부에 의하여 판단하되 발명의 효과도 참작하여야 하며, 기술적 구성에 차이가 있더라도 그 차이가 과제해결을 위한 구체적 수단에서 주지·관용기술의 부가·삭제·변경 등에 지나지 아니하여 새로운 효과가 발생하지 않는 정도의 미세한 차이에 불과하다면 두 발명은 서로 실질적으로 동일하다고 할 것이나, 두 발명의 기술적 구성의 차이가 위와 같은 정도를 벗어난다면 설사 그 차이가 특허발명 등이 속하는 기술분야에서 통상의 지식을 가진 사람이 쉽게 도출할 수 있는 범위 내라고 하더라도 두 발명을 동일하다고 할 수 없다.[115]

대법원 판례 중에는 위와 같은 법리에 따라 "명칭이 '염색용 보빈'인 특허발명의 '심체'와 그에 대응하는 선행발명의 '상하측 플레이트'는 기술적 구성에 차이가 있고, 그 차이가 과제해결을 위한 구체적 수단에서 주지·관용기술의 부가·삭제·변경 등

---

115) 대법원 2011. 4. 28. 선고 2010후2179 판결 참조.

에 불과하다고 할 수 없을 뿐만 아니라, 그 차이로 인하여 특허발명에는 선행발명과 달리 염색용 보빈의 견고성을 향상시키는 새로운 작용효과가 발생하므로 두 발명을 동일하다고 할 수 없다."라고 판시한 사례가 있다.116)

(4) 우선권 주장 및 국제출원의 경우

타 특허출원이 조약에 의한 우선권 주장을 수반하는 출원인 경우, 확대된 선출원을 이루는 명세서를 어느 것으로 볼 것인지에 관하여는, 우선권 주장의 근거가 되는 제1국(최초로 국제출원을 한 나라)에서의 출원명세서로 보는 견해와 우선권 주장을 하면서 우리나라(제2국)에 출원할 때 첨부한 출원명세서로 보는 견해가 대립한다.

특허법 199조 및 실용신안법 34조에 의한 국제출원의 경우에 확대된 선출원 규정을 적용함에 있어 '출원공개'는 '출원공개 또는 국제협력조약 21조에 따른 국제공개'로, '출원서에 최초로 첨부된 명세서 또는 도면에 기재된 발명·고안'은 '국제출원일까지 제출한 발명·고안의 설명, 청구범위 또는 도면에 기재된 발명·고안'으로 본다(특허 29조 5항, 6항).

다. 확대된 선출원의 적용 배제

(1) 발명자(고안자117))나 출원인이 동일한 경우(특허 29조 3항 단서 및 4항 단서)

확대된 선출원 제도의 주된 취지가 기술의 진보에 실질적으로 기여한 바가 없는 제3자가 특허를 부여받는 것을 막기 위한 것이라는 점에 비추어 보면, 실제로 그 발명을 이룬 자에게 확대된 선출원의 법리를 관철하는 것은 부당하기 때문에 선출원 발명(고안)과 후출원 발명의 발명자(고안자)나 출원인이 동일한 경우에는 확대된 선출원의 적용이 배제된다. 다만 이 경우에도 후출원은 선출원이 공개 또는 공고가 이루어지기 이전에 이루어져야 한다. 자기의 선출원이라고 하더라도 이미 그 발명의 내용이 공개되어 버린 이후에는 이미 발명자가 권리로서 주장할 수 없는 공중의 영역(Public Domain)에 들어가 신규성을 상실하기 때문이다.

---

116) 대법원 2011. 4. 28. 선고 2010후2179 판결.
117) 후출원인 특허출원의 발명자와 선출원인 실용신안등록출원의 고안자가 동일한 경우를 의미한다(특허 29조 4항 단서).

(2) 분할출원, 변경출원118)의 경우

발명의 분할출원과 변경출원이 있는 경우, 각 원출원 시에 출원한 것으로 보지만 (특허 52조 2항, 53조 2항), 확대된 선출원의 지위를 적용함에 있어서는 출원일의 소급이 인정되지 않는다(특허 52조 2항 단서 1호, 53조 2항 단서 1호). 그 이유는 출원 보정의 경우와 마찬가지로 분할출원 또는 변경출원은 원출원과 동일성이 있는 범위 내에서 이루어지며, 원출원 자체가 이미 확대된 선출원의 지위를 가지기 때문에 분할출원이나 변경출원에 대해서까지 출원일을 소급하여 확대된 선출원의 지위를 인정할 필요가 없기 때문이다. 또한, 특허 심사주체의 입장에서 보면 분할되거나 변경출원된 명세서가 원출원의 명세서와 실질적으로 동일한지를 일일이 대조할 필요 없이 원출원된 명세서 및 도면과 당해 출원의 청구범위만을 대조하면 충분하다는 점에서 심사의 원활과 편의를 도모하기 위한 것이기도 하다.

Ⅳ. 특수한 발명의 신규성, 진보성

1. 수치한정발명

가. 의의 및 판단기준

(1) 의   의

발명의 구성요건 중 온도나 배합비율과 같이 일정한 범위를 가지는 구성요소에 관하여 그 범위를 수치로 한정한 발명을 수치한정발명이라고 한다.

(2) 분   류

수치한정발명이 공지된 발명이 가지는 구성요소의 범위를 수치로서 한정하여 표현하는 방식으로는, ① 수치한정발명의 과제 및 효과가 공지된 발명의 연장선상에 있고 수치한정의 유무에서만 차이가 있는 경우(이른바 임계적 의의),119) 즉 같은 종류의 효과에서의 현저한 차이가 요구되는 경우), ② 수치한정이 공지된 발명과는 상이한 과제를

---

118) 2006. 3. 3. 법률 제7871호로 개정되기 전의 구 특허법에서 인정하였던 이중출원의 경우에도 확대된 선출원의 적용이 배제되었다.

119) 임계적 의의(臨界的 意義)는 특정 수치를 경계로 하여 특성에 급격한 변화가 많은 것을 의미한다.

달성하기 위한 수단이고 효과도 이질적인 경우(현저한 작용효과의 차이는 요구되지는 않으나, 이질적 효과가 요구되는 경우), ③ 수치한정발명이 공지된 발명에 진보성을 인정할 수 있는 새로운 구성요소를 부가한 것이어서 수치한정이 보충적인 사항에 불과한 경우(이질적이거나 현저한 작용효과의 차이가 요구되지 않은 경우) 등이 있다.

(3) 신규성 판단기준

구성요소의 범위를 수치로 한정하여 표현한 발명이 그 출원 전에 공지된 발명과 수치한정의 유무 또는 범위에서만 차이가 있는 경우에는, 그 한정된 수치범위가 공지된 발명에 구체적으로 나타나 있거나, 그렇지 않더라도 그러한 수치한정이 통상의 기술자가 적절히 선택할 수 있는 주지·관용의 수단에 불과하고 이에 따른 새로운 효과도 발생하지 않는 한, 신규성이 부정된다. 한정된 수치범위가 공지된 발명에 구체적으로 나타나 있다는 것에는, 그 수치범위 내의 수치가 공지된 발명을 기재한 선행문헌의 실시례 등에 나타나 있는 경우 등과 같이 문언적인 기재가 존재하는 경우 외에도 통상의 기술자가 선행문헌의 기재 내용과 출원 시의 기술상식에 기초하여 선행문헌으로부터 직접적으로 그 수치범위를 인식할 수 있는 경우도 포함된다.

한편 수치한정이 공지된 발명과는 다른 과제를 달성하기 위한 기술수단으로서의 의의를 가지고 그 효과도 이질적인 경우나 공지된 발명과 비교하여 한정된 수치범위 내외에서 현저한 효과의 차이가 생기는 경우 등에는, 그 수치범위가 공지된 발명에 구체적으로 나타나 있다고 할 수 없음은 물론, 그 수치한정이 통상의 기술자가 적절히 선택할 수 있는 주지·관용의 수단에 불과하다고 볼 수도 없다.[120]

(4) 진보성 판단기준

특허발명 등이 그 출원 전에 공지된 발명이 가지는 구성요소의 범위를 수치로써 한정하여 표현한 경우에, 그 특허발명의 과제 및 효과가 공지된 발명의 연장선상에 있고 수치한정의 유무에서만 차이가 있는 때는 그 한정된 수치범위 내외에서 현저한 효과의 차이가 생기지 않는다면, 그 발명은 그 기술분야에서 통상의 기술자가 통상적이고 반복적인 실험을 통하여 적절히 선택할 수 있는 정도의 단순한 수치한정에 불과하므로 진보성이 부정된다. 다만 그 특허발명 등에 진보성을 인정할 수 있는 다른

---

120) 대법원 2013. 5. 24. 선고 2011후2015 판결 등 참조.

구성요소가 부가되어 있어서 그 특허발명 등에서의 수치한정이 보충적인 사항에 불과하거나, 수치한정을 제외한 양 발명의 구성이 동일하더라도 그 수치한정이 공지된 발명과는 상이한 과제를 달성하기 위한 기술수단으로서의 의의를 가지고 그 효과도 이질적인 때는 수치한정의 임계적 의의가 없더라도 진보성이 부정되지 아니한다.[121)]

나. 신규성이 문제된 구체적 사례

① 대법원 2013. 5. 24. 선고 2011후2015 판결

명칭을 "스퍼터링 타깃 및 투명도전막"으로 하는 출원발명은 +4가 이상의 원자가를 갖는 제3원소 산화물의 함유량을 '0.01 내지 0.2원자%'의 수치범위로 한정하여 표현한 발명으로, 그 함유량을 '20원자% 이하'로 한정한 선행발명과 이러한 제3원소 산화물 함유량의 수치범위에서만 차이가 있는데, 출원발명의 위와 같은 수치한정은 선행발명에서의 수치한정과는 다른 과제를 달성하기 위한 기술수단으로서의 의의를 가지고, 그로 인한 효과도 스퍼터링 타깃의 부피저항률을 낮게 하면서도 투명도전막의 에칭 가공성 역시 우수하도록 한다는 것으로서 선행발명과는 구별되는 이질적인 것이어서, 그 수치범위가 선행발명에 구체적으로 개시되어 있다고 할 수 없을 뿐만 아니라 위 수치한정이 그 발명이 속하는 기술분야에서 통상의 지식을 가진 자가 적절히 선택할 수 있는 주지·관용의 수단에 불과하다고 볼 수도 없으므로, 출원발명이 선행발명에 의하여 신규성이 부정되지 않는다고 한 사례.

② 대법원 2000. 11. 10. 선고 2000후1283 판결

하수처리용 접촉물에 관한 특허발명이 그 출원 전에 국외 간행물에 기재된 선행기술의 일부 구성요소의 수치를 한정한 것에 불과한 것으로 그 수치한정에 구성의 곤란성이 인정되지 않고, 수치한정으로 인한 특별한 효과나 임계적(臨界的) 의의가 인정되지 않으므로, 특허발명은 선행기술과 기술적 구성이 실질적으로 동일하여 공지된 기술에 해당한다고 한 사례.

③ 대법원 1989. 10. 24. 선고 87후105 판결

이 사건 특허의 대상인 미용비누에 의하여 달성된다는 혈액순환의 촉진, 체온의 유지, 피부를 윤기있고 탄력있도록 하는 작용효과는 그 출원 전에 반포된 간행물에 기재되어 공지된 맥반석 자체가 지니는 고유의 성질을 공지의 미용비누에 단순히 혼

---

121) 대법원 2010. 8. 19. 선고 2008후4998 판결 등 참조.

합함으로써 달성할 수 있는 정도에 불과하고, 맥반석 분말의 혼합비율 역시 당해 기술분야에서 통상의 지식을 가진 자이면 반복시험으로 그 최적비를 적의 선택 실시할 수 있는 정도의 단순한 수치한정에 불과하다면 이 점에 특별한 창의성이 있다고 인정되지 않으므로, 위 특허는 공지의 기술을 내용으로 한 것으로서 무효라고 한 사례.

다. 진보성이 문제된 구체적 사례

① 대법원 2010. 8. 19. 선고 2008후4998 판결

특허발명과 선행발명들은 모두 무전극램프에 관한 것으로, 선행발명 1은 버퍼가스 압력이 1torr에서 5torr이고 방전전류가 0.25암페어에서 1.0암페어인 반면, 특허발명은 버퍼가스 압력이 0.5torr 미만이고 방전전류가 2암페어 이상인 점에서만 차이가 있다. 선행발명 2에 네온 가스 압력이 0.3torr 내지 3.0torr라는 기재가 있고, 네온 가스 압력이 0.3torr 미만인 경우 방전개시가 비교적 어렵고 3.0torr 이상인 경우 방전개시는 쉬우나 광출력이 낮아진다고 기재되어 있어, 버퍼가스 압력을 낮춤으로써 광출력을 향상시키고자 하는 점에 있어 특허발명은 선행발명 2의 연장선상에 있다 할 것인데, 특허발명의 명세서에 그 한정된 버퍼가스 압력의 수치범위 내외에서 현저한 효과의 차이가 생긴다고 볼만한 기재가 없으므로, 이는 통상의 기술자가 통상적이고 반복적인 실험을 통하여 적절히 선택할 수 있는 정도의 단순한 수치한정에 불과하다. 그러나 방전전류의 경우, 특허발명에서의 2암페어 이상의 방전전류의 범위는 폐루프형 무전극 램프의 코어 손실을 줄이고자 하는 과제를 해결하기 위하여 선택된 기술수단이라 할 것인데, 방전전류의 범위에 대하여 아무런 개시가 없는 선행발명 2는 물론, 방전전류의 범위가 0.25암페어에서 1.0암페어인 선행발명 1에도 방전전류를 높게 설정하여 코어 손실을 줄이고자 하는 점에 관한 기재나 암시가 없고, 나아가 특허발명은 그 방전전류 범위의 수치한정에 의하여 코어 손실의 감소라는 선행발명들과는 명백히 다른 효과가 있으므로, 비록 특허발명의 명세서상 그 수치한정의 임계적 의의가 명백히 드러나지는 않는다 하더라도 특허발명에서의 방전전류 범위 수치한정의 기술적 의의는 부정되지 않는다고 한 사례.

② 대법원 2007. 11. 16. 선고 2007후1299 판결

선행발명은 계대배양 횟수가 37회인 반면에, 이 사건 제3항 발명은 계대배양 횟수가 70회 이상인 점에서 차이가 있으나, 이 사건 출원발명의 명세서에는 ATCC-VR2332 바이러스를 원숭이 신장세포인 MA-104 배양물에서 계대배양하는 횟수를 70

회 이상으로 한정함에 따른 현저한 효과를 인정할 만한 아무런 기재가 없을 뿐만 아니라, 이 사건 출원발명의 청구범위 제10항 등에서는 그 계대배양 횟수를 70회 이상이 아닌 50회 이상으로 한정하고 있어, 이 사건 제3항 발명에서 한정한 계대배양 횟수 70회 이상이 그 한정한 수치범위 내외에서 현저한 효과의 차이가 생긴다고 보기 어려우므로 특허를 받을 수 없다고 한 사례.

③ 대법원 2001. 9. 7. 선고 99후734 판결

청구범위에 중탄산나트륨, 염료 및 식초가 "1wt% 이하"로 사용된다고 기재되어 있고, 1wt% 이하가 '0－1wt%'를 의미한다는 것은 명백하므로, 이 사건 특허발명의 조성물은 위 성분들이 선택적으로 1wt% 범위 내에서 포함될 수 있다고 보아야 하는바, 위 성분들은 필수적 성분에 해당하지 않으므로, 이를 근거로 진보성을 인정할 수 없다고 한 사례.

④ 대법원 2001. 7. 13. 선고 99후1522 판결

베갯속의 원료로 원적외선 발산체를 사용한다는 것이 획기적인 것으로 창작에 각별한 곤란성이 있다고 보이지 않고, 또한 원적외선 발산체 입자의 크기와 함량을 한정한 것은 당해 기술분야에서 통상의 지식을 가진 자가 반복시험으로 그 최적비를 적절히 선택하여 실시할 수 있는 정도의 수치한정에 불과하여 구성의 곤란성이나 효과의 각별한 현저성이 있다고는 보이지 않으므로, 진보성이 없다고 한 사례.

⑤ 대법원 1991. 10. 22. 선고 907후1086 판결

흡연자로 하여금 특별한 맛을 느끼게 하는 담배 필터를 생산하는 방법에 관한 출원발명이 기술구성 및 작용효과에 있어 선행발명과 동일하거나 유사하고, 당해 기술분야에서 통상의 지식을 가진 자가 반복시험으로 그 최적비를 적의 선택 실시할 수 있는 정도의 수치한정에 불과하여 그 발명의 구성의 곤란성이나 효과의 각별한 현저성이 인정되지 않으므로, 출원발명은 이 기술분야의 통상의 지식을 가진 자가 선행발명으로부터 용이하게 발명할 수 있는 정도의 것이어서 특허를 받을 수 없다고 한 사례.

2. 파라미터 발명

파라미터(parameter) 발명은, 예를 들어 "500℃에서 3시간 방치 후 굴곡강도가 80kg/cm² 이상인 지르코니아계 내열성 재료"와 같이, 새롭게 창출한 물리적, 화학적,

생물학적 특성 값(파라미터)을 이용하거나 복수의 변수 사이의 상관관계를 이용하여 발명의 구성요소를 특정한 발명을 말한다.

대법원 2002. 6. 28. 선고 2001후2658 판결은 성질 또는 특성 등에 의해 물(物)을 특정하려고 하는 기재를 포함하는 특허발명과 이와 다른 성질 또는 특성 등에 의해 물을 특정하고 있는 선행발명을 대비할 때, 특허발명의 청구범위에 기재된 성질 또는 특성이 다른 정의(定義) 또는 시험·측정방법에 의한 것으로 환산이 가능하여 환산해 본 결과 선행발명의 대응되는 것과 동일·유사하거나 또는 특허발명의 명세서에 기재된 실시형태와 선행발명의 구체적 실시형태가 동일·유사한 경우에는, 특별한 사정이 없는 한, 양 발명은 발명에 대한 기술적인 표현만 달리할 뿐 실질적으로는 동일·유사한 것으로 보아야 할 것이므로, 이러한 특허발명은 신규성 및 진보성을 인정하기 어렵다고 하였다.

성질 또는 특성 등에 의하여 물건을 특정하는 기재를 포함하는 발명의 신규성 및 진보성 판단에 관하여 대법원 2004. 4. 28. 선고 2001후2207 판결은 "성질 또는 특성 등에 의하여 물건을 특정하려고 하는 기재를 포함하는 출원발명의 신규성 및 진보성을 판단함에 있어서 그 출원발명의 청구범위에 기재된 성질 또는 특성이 발명의 내용을 한정하는 사항인 이상 이를 발명의 구성에서 제외하고 간행물에 실린 발명과 대비할 수 없으며, 다만, 간행물에 실린 발명에 그것과 기술적인 표현만 달리할 뿐 실질적으로는 동일·유사한 사항이 있는 경우 등과 같은 사정이 있을 때에 그러한 출원발명의 신규성 및 진보성을 부정할 수 있을 뿐이다."라고 판시하였다.

한편, 파라미터발명의 진보성과 관련한 특허법원 사례 중에는 " '수치한정을 포함한 파라미터'를 사용한 물건의 발명에 있어서는 '수치한정을 포함한 파라미터'가 갖는 기술적 의의를 파악하여 이를 중심으로 진보성을 판단하여야 할 것이다. 이때 '수치한정을 포함한 파라미터'가 공지된 발명과는 상이한 과제를 달성하기 위한 기술수단으로서의 의의를 갖고 이질적인 효과 등 특유한 효과를 갖는 경우에는 진보성이 부정되지 않을 수 있다. 여기서 특허발명이 상이한 과제를 달성하기 위한 기술수단으로서의 의의 및 특유한 효과를 갖는다고 보기 위해서는, '수치한정을 포함한 파라미터'가 공지된 발명과는 상이한 과제를 달성하기 위한 기술수단으로서의 의의를 갖고 '수치한정을 포함한 파라미터'와 그 특유한 효과 사이에 인과관계가 있다는 것이 명세서에 기재되어 있거나, 통상의 기술자가 명세서의 기재로부터 위와 같은 기술적 의의와 인과관계를 추론할 수 있어야 한다. 이와 달리 위와 같은 기술적 의의가 드러나지 않은 경우에는 수치한정의 법리를 유추 적용하여 그 한정된 수치범위 내외에서 현저한 효과의 차이가 생기지 않는다면 진보성이 부정되는 것으로 보아야 한다."고 판시한 것이 있다[특허법원 2017. 6. 15. 선고 2017허431 판결(심리불속행 기각)].

3. 선택발명

가. 의의 및 판단기준

(1) 의 의

선택발명이란 선행 또는 공지의 발명에 구성요건이 상위개념으로 기재되어 있고 그 상위개념에 포함되는 하위개념을 구성요건 중의 전부 또는 일부로 하는 발명을 말한다. 실무상 화학 · 의약사건에서 주로 문제가 되는데, 대표적인 예가 선행발명이 상위개념인 '산(酸)'인 경우에 하위개념인 '염산(鹽酸)'을 선택발명으로 특허출원을 하는 것이다. 선택발명은 특허법에 명시된 것이 아니라 대법원 판례에 의하여 일정한 요건 하에 인정되는 발명의 유형 중 하나이다. 선택발명은 본질적으로는 선행발명에 대한 중복발명에 해당하여 특허를 받을 수 없는 것이지만, 기초발명의 활용과 개선을 촉진하여 산업의 발달과 공익의 증진을 도모하기 위하여 상위개념인 선행발명이 특별히 인식하지 못한 우수한 효과를 가진 하위개념으로 이루어진 발명에 대하여 예외적으로 특허를 부여하는 것이다.[122]

(2) 신규성·진보성 판단기준

선택발명은, ① 선행발명이 선택발명을 구성하는 하위개념을 구체적으로 개시하지 않고 있으면서, ② 선택발명에 포함되는 하위개념들 모두가 선행발명이 갖는 효과와 질적으로 다른 효과를 갖고 있거나 질적인 차이가 없더라도 양적으로 현저한 차이가 있는 경우에 한하여 특허를 받을 수 있다. 이때 선택발명의 발명의 설명에는 선행발명에 비하여 위와 같은 효과가 있음을 명확히 기재하면 충분하고, 그 효과의 현저함을 구체적으로 확인할 수 있는 비교실험자료까지 기재하여야 하는 것은 아니며, 만일 그 효과가 의심스러울 때에는 출원일 이후에 출원인이 구체적인 비교실험자료

---

[122] 이에 대하여 선택발명은 기술적 사상이 다른 것으로 중복특허가 아니고, 다만 특허권이 미치는 영향 즉 권리범위의 일부가 중첩되는 것일 뿐이라는 견해도 있다.

를 제출하는 등의 방법에 의하여 그 효과를 구체적으로 주장·입증하면 된다.[123] ①
요건을 신규성 요건으로, ② 요건을 진보성 요건으로 이해하는 것이 대법원 판례이고
통설이다.[124]

나. 신규성 판단기준

선택발명은 선행발명이 선택발명을 구성하는 하위개념을 구체적으로 개시하고
있지 않을 때 신규한 것으로 평가된다.

신규성 요건으로서 '선행발명에 구체적으로 개시되었다'는 의미에 관하여, 대법
원은 "선행발명을 기재한 선행문헌에 선택발명에 대한 문언적인 기재가 존재하는 경
우 외에도 그 발명이 속하는 기술분야에서 통상의 지식을 가진 자가 선행문헌의 기
재 내용과 출원시의 기술 상식에 기초하여 선행문헌으로부터 직접적으로 선택발명의
존재를 인식할 수 있는 경우도 포함된다."라고 판시하였다.[125]

다. 진보성 판단기준

(1) 효과의 현저성[126]

선택발명은 그 발명에 포함되는 하위개념들 모두가 선행발명이 갖는 효과와 질
적으로 다른 효과를 갖고 있거나, 질적인 차이가 없더라도 양적으로 현저한 차이가
있어야 진보성이 부정되지 않는다.

진보성이 부정되지 않기 위하여 필요한 발명의 설명의 기재에 관하여, 대법원은
"선택발명의 진보성이 부정되지 않기 위해서는 선택발명의 발명의 설명에는 선행발
명에 비하여 위와 같은 효과가 있음을 명확히 기재하여야 하며, 위와 같은 효과가 명
확히 기재되어 있다고 하기 위해서는 선택발명의 발명의 설명에 질적인 차이를 확인
할 수 있는 구체적인 내용이나, 양적으로 현저한 차이가 있음을 확인할 수 있는 정량
적 기재가 있어야 한다."라고 판시하였다.[127]

---

123) 대법원 2003. 10. 10. 선고 2002후2846 판결, 2003. 4. 25. 선고 2001후2740 판결, 2002. 12. 26. 선고
    2001후2375 판결 등 참조.
124) 강기중, "선택발명에서의 진보성 판단 방법", 대법원판례해설 45집(2003년 상반기), 460~463; 최성준, "선
    택발명의 특허요건", LAW&TECHNOLOGY 제3권 제6호(2007. 11.), 139~143 등.
125) 대법원 2009. 10. 15. 선고 2008후736, 743 판결 등.
126) 이하 질적으로 다른 효과(이질적 효과)와 양적으로 현저한 차이를 함께 칭할 때는 '현저한 효과'라 한다.
127) 대법원 2012. 8. 23. 선고 2010후3424 판결, 2009. 10. 15. 선고 2008후736, 743 판결 등.

(2) 선택발명의 효과가 여러 개인 경우

선택발명의 효과가 여러 개인 경우에 선행발명에 비하여 이질적이거나 양적으로 현저한 효과가 있다고 하기 위해서는 선택발명의 모든 종류의 효과가 아니라 그중 일부라도 선행발명에 비하여 그러한 효과가 있다고 인정되면 충분하다.[128]

(3) 비교대상의 선정

선택발명은 상위개념인 선행발명이 특별히 인식하지 못한 우수한 효과를 가진 하위개념으로 이루어진 발명에 대하여 예외적으로 특허를 부여하는 것이므로, 선택발명의 진보성이 부정되지 않기 위해서는 선택발명에 포함되는 하위개념들 모두가 선행발명에 비하여 현저한 효과가 있어야 한다. 따라서 위와 같이 선택발명이 현저한 효과가 있는지를 판단하기 위해서는 선행발명에 개시된 실시태양 중에서 가장 우수한 효과와 선택발명에 포함되는 실시태양 중에서 가장 열등한 효과를 비교하는 것이 이론적으로 타당하다. 그러나 선택발명의 본질이나 제도의 취지를 감안하면 선행발명에 구체적으로 개시되어 있거나 통상의 기술자가 구체적인 존재를 인식할 수 있는 실시태양 중에서 가장 효과가 우수한 것을 선택발명의 실시태양 중에서 가장 효과가 열등한 것과 비교하는 것이 타당하다.[129]

(4) 이질적 효과와 동질적 효과

대법원 판례는 선택발명이 선행발명과 동질의 현저한 효과를 갖는 경우에 이를 진보성 판단에서 고려되도록 하기 위해서는 이질적인 효과를 갖는 경우와 달리 그 명세서에 그 효과에 대한 정량적 기재가 있을 것을 요구한다. 따라서 선택발명이 이질적 효과가 있는지 또는 동질적 효과가 있는지는 매우 중요한 문제이다. 그런데 실무상 양자를 구별하는 기준이 확립되어 있지 않고, 실제 사안에서 양자를 구별하는 것은 어려운 문제이다. 이에 관한 대법원 판례를 살펴보면 아래와 같다.

대법원 2007. 1. 26. 선고 2005후582 판결은 "특허발명은 재스타일링(restyling) 능력

---

128) 대법원 2012. 8. 23. 선고 2010후3424 판결 등 참조.
129) 강경태, "선택발명의 제문제", 사법논집 제46집, 법원도서관(2008), 50; 유영선, "의약발명의 유형별 특허요건의 비교 · 분석", 특허소송연구 6집, 특허법원(2013), 148~149. 대법원 2012. 8. 23. 선고 2010후3424 판결도 선택발명으로서 진보성 여부가 문제되는 올란자핀(Olanzapine)과 선행발명에 구체적으로 개시된 화합물들 중 올란자핀과 가장 유사한 화학구조를 가지는 에틸올란자핀(Ethyl Olanzapine)의 효과를 비교하였는바, 이 판결도 같은 입장을 취한 것으로 평가할 수 있다.

(헤어스타일이 외부의 요인에 의해 변형되었을 때 이를 복구하는 능력)에 대한 효과가 기재되어 있는 반면 선행발명은 이에 대한 명시적인 기재가 없으나, 선행발명은 헤어스프레이용 조성물에 관한 것으로 기본적으로 재스타일 능력이란 속성을 가지고 있다고 보아야 하고, 이러한 속성이 이 사건 출원발명의 우선일 단계에 이르러서 처음으로 해당 업계에 알려지게 된 신규한 물성이라고 볼 근거도 없으므로, 이러한 재스타일링 효과는 선행발명에 기재된 효과들과 동질의 효과로 보아야 한다."라고 판시하였다. 이 판례는 선택발명의 효과가 선행발명의 효과와 동질의 효과인지를 결정할 때 그 효과가 해당 업계에서 처음으로 알려지게 된 물성(속성)인지가 중요한 요소라고 본 것이다.

반면 대법원 2010. 8. 19. 선고 2008후4998 판결[130])에서는, 특허발명에서 2암페어 이상의 방전전류의 범위는 폐루프형 무전극 램프의 코어 손실을 줄이고자 하는 과제를 해결하기 위하여 선택된 기술수단이나, 선행발명들에는 방전전류를 높게 설정하여 코어 손실을 줄이고자 하는 점에 관한 기재나 암시가 없다는 점을 근거로 '코어 손실 감소 효과'를 이질적인 효과로 보았다. 또한, 대법원 2012. 8. 23. 선고 2010후3424 판결도 위와 같은 취지로 "선행발명에는 에틸올란자핀이 콜레스테롤 증가 부작용 감소의 효과를 갖는다는 점에 관한 기재나 암시가 없고 통상의 기술자가 에틸올란자핀이 당연히 그러한 효과를 가질 것으로 예측할 수 있는 것도 아니므로, 콜레스테롤이 증가되지 않는다는 올란자핀의 효과는 에틸올란자핀이 갖는 효과와는 다른 이질적인 것이고, 통상의 기술자가 선행발명으로부터 콜레스테롤을 증가시켜서는 안 된다는 기술적 과제를 인식할 수 있다고 하여 이와 달리 볼 수 없다."고 판시하였다.

라. 진보성에 관한 구체적 사례

① 대법원 2012. 8. 23. 선고 2010후3424 판결

"특허발명인 '올란자핀(Olanzapine)'은 선행발명의 선택발명에 해당하고 선행발명에 구체적으로 개시된 화합물들 중 올란자핀과 가장 유사한 화학구조를 가지는 '에틸올란자핀(Ethyl Olanzapine)'과 비교하여 정신병 치료 효과 면에서 올란자핀이 에틸올란자핀에 비하여 현저히 우수한 효과를 갖는다고 단정하기 어렵지만, 콜레스테롤 증가

---

130) 수치한정발명에 관한 사례이기는 하나, 선택발명과 수치한정발명은 동질적 효과인지 또는 이질적 효과인지를 판단하는 국면에서는 동일한 기준이 적용될 수 있다.

부작용 감소라는 이질적인 효과를 가진다고 인정되므로, 진보성이 부정되지 않는다."고 한 사례.

② 대법원 2003. 10. 10. 선고 2002후2846 판결

"부데소나이드를 단독으로 사용할 때보다 고용량의 부데소나이드와 포르모테롤의 복합제제를 사용할 때 효과가 크고, 부데소나이드(160μg)와 포르모테롤(4.5μg)의 복합제제가 살메테롤(50μg)과 플루티카손 프로피오네이트(250μg)의 복합제제보다 최대 호기량이 크고, 신속한 효과가 있음이 인정되기는 하지만, 간행물 1, 2에 포르모테롤을 포함하는 β2-효능제와 부데소나이드를 포함하는 소염제를 병용하는 복합제제에 관한 기술내용이 개시되어 있고, 이 사건 제8항 발명이 그 청구범위에서 포르모테롤과 부데소나이드의 배합비를 특정한 수치로 한정해 놓고 있지도 않으므로, 이 사건 제8항 발명은 그 예상 가능한 모든 배합비에서 위 간행물들에 기재된 발명보다 현저한 효과가 있음이 인정되어야만 특허를 받을 수 있음에도 불구하고, 원고가 제출한 증거만으로는 간행물 1에 기재된 발명에 비하여 이 사건 제8항 발명이 어느 정도의 현저한 효과가 있는지를 알 수 없을 뿐만 아니라, 이 사건 제8항 발명이 그 명세서에서 이 사건 출원발명의 바람직한 포르모테롤 대 부데소나이드의 배합비라고 기재한 것(1:4 내지 1:70) 이외의 다른 모든 배합비에서도 현저한 효과가 있음을 인정하거나 이를 추인할 수 있는 자료도 없으므로 진보성이 없다."고 한 사례.

③ 대법원 2003. 4. 25. 선고 2001후2740 판결

"약리작용의 면에서 볼 때 광학이성질체에 있어서는 어느 한쪽 광학이성질체의 활성이 우수하다고 하여 다른 쪽 광학이성질체의 활성도 함께 우수하다고 할 수 없고, 오히려 어느 한쪽 광학이성질체의 활성이 우수한 경우에 다른 쪽 광학이성질체는 효과가 떨어지거나 부작용을 일으키기도 하는 것이어서, 이 사건 출원발명의 화합물 중 화학식(Ⅳ)의 효과가 다른 화합물에 비하여 낮을 수 있음이 분명하므로, 화학식(Ⅲ) 화합물의 효과에 관한 대비실험자료인 갑 제6호증에 의하여 화학식(Ⅳ) 화합물의 효과까지도 추인하기는 곤란함에도 불구하고, 원심이 이 사건 출원발명의 명세서에서 효과가 뛰어나다고 기재해 놓은 화합물(Ⅲ)에 대한 대비실험자료만을 가지고 이 사건 출원발명 전체의 효과를 인정한 것은 이 사건 출원발명의 내용을 제대로 파악하지 아니하였거나 선택발명의 효과 판단에 관한 법리를 오해함으로 인하여 판결에 영향을 미친 위법을 저질렀다."고 한 사례.

④ 대법원 2002. 2. 22. 선고 2000후365 판결

"선행발명에서 이 사건 출원발명의 대상 주목과 품종만이 다른 주목을 대상 주목으로 포함하고 있는 점, 택서스(Taxus) 속(屬)의 주목의 잎에 탁솔이 많이 함유되어 있다는 것은 선행발명에 공지된 사실인 점, 선행발명 역시 주목의 재생 가능한 부위(가지치기한 부산물)를 원료로 사용하고 있는 점 등에 비추어 볼 때, 이 사건 출원발명에서 탁솔을 추출하는 대상을, '제주도 주목 또는 울릉도 주목을 한국 전역에서 재배하여 얻은 재배주목의 재생 가능한 조직(잎 또는 가지치기의 부산물)'으로 한정하는 것은, 단순히 탁솔 추출 원료만을 이 사건 출원발명 전에 공지된 선행발명에서 제시된 범위 내에서 특정한 것에 불과하고, 이로 인한 현저한 작용효과도 인정되지 않으므로, 이 사건 출원발명은 당해 기술분야에서 통상의 지식을 가진 자라면 선행발명으로부터 용이하게 발명할 수 있는 것으로 진보성이 부정된다."고 한 사례.

4. 결정형(Crystal form) 발명

일반적으로 파라미터 값의 분석치에 의하여 특정되는 화합물의 결정형을 청구범위로 하는 발명을 결정형 발명이라고 한다. 특정 물질의 원자가 공간상에 규칙적으로 반복 배열되어 나타나는 공간적 정렬상태를 특정 물질의 결정형이라고 하고, 화학적 구성은 같지만 결정의 기본 단위인 격자 내의 구조가 다른 결정들을 결정다형(polymorph)이라고 한다. 순수한 화합물이라도 결정 구조가 다르면 용해도, 융점, 흡습성 등의 물리적 성상이 달라지므로, 의약품 등 다양한 분야에서 화합물의 결정다형에 대한 연구가 이루어진다. 특히 의약품 제조 시에는 원료 의약품을 순수하게 정제하기 위하여 합성된 원료를 결정화하는 작업이 필요한데, 결정 구조가 달라지는 경우에 유효성분의 화학적 구조가 바뀌는 것은 아니어서 생체 내의 약리학적 활성은 동일하지만 물성이 달라져 생체이용률이나 안정성 등에 영향을 미치므로, 약품을 제조할 때는 목적하는 용도에 가장 적절한 물성의 결정형을 찾는 것이 중요하다. 결정다형의 물리적·화학적 특성은 다양한 측정방법을 통해 분석하여 결정격자 내 구조를 구체적으로 도시할 수도 있으나, 이전에 공지된 결정형과 구분할 수 있는 특정 파라미터(parameter) 값 분석결과만으로도 다른 결정형의 존재를 파악할 수 있다.

대법원 판례에 의하면, 동일한 화합물이 여러 결정 형태를 가질 수 있고, 그 결정 형태에 따라 용해도, 안정성 등의 약제학적 특성이 다를 수 있음은 의약화합물 기술

분야에서 널리 알려져 있어 의약화합물의 제제설계(製劑設計)를 위하여 그 결정다형 (結晶多形)의 존재를 검토하는 것은 통상 행해지는 일이므로, 의약화합물 분야에서 선행발명에 공지된 화합물과 결정 형태만을 달리하는 특정 결정형의 화합물을 청구범위로 하는 이른바 결정형 발명은, 특별한 사정이 없는 한131) 선행발명에 공지된 화합물이 갖는 효과와 질적으로 다른 효과를 갖고 있거나 질적인 차이가 없더라도 양적으로 현저한 차이가 있는 경우에 한하여 그 진보성이 부정되지 않고, 이때 결정형 발명의 설명에는 선행발명과의 비교실험자료까지는 아니라고 하더라도 위와 같은 효과가 있음이 명확히 기재되어 있어야만 진보성 판단에 고려될 수 있으며, 만일 그 효과가 의심스러울 때에는 출원일 이후에 출원인 또는 특허권자가 신뢰할 수 있는 비교실험자료를 제출하는 등의 방법에 의하여 그 효과를 구체적으로 주장 · 입증하여야 한다고 한다.132)

5. 제조방법이 기재된 물건발명

제조방법이 기재된 물건발명(Product by process, 이하 'PbP 청구항'이라 한다)133)134)은 물건의 발명임에도 그 청구범위에 그 물건의 제조방법이 기재된 경우로서, 이에 대해서는 발명의 신규성, 진보성 등은 물건 그 자체뿐만 아니라 제조방법도 함께 고려하여 판단하여야 한다는 한정설과 제조방법에 구애됨이 없이 물건 그 자체를 기준으로 하여야 한다는 동일성설이 대립한다.

---

131) 대법원이 설시한 선택발명의 법리에는 "특별한 사정이 없는 한"이라는 문구가 포함되어 있지 않다.

132) 대법원 2011. 7. 14. 선고 2010후2865 판결. 이 판결은 명칭이 "레르카니디빈 염산의 신규 결정성 다형 (多形) 및 그 제조방법"인 특허발명의 레르카니디빈 염산형 결정형(Ⅰ)은 선행발명 1, 2에 개시된 동일한 화학구조의 화합물인 레르카니피틴 염산염 결정과 결정 형태만을 달리하는 결정형 발명으로, 발명의 설명에 기재된 생체이용률, 용해도, 뱃치(batch) 간 변이감소에 관한 효과를 종합해 보면, 선행발명 1, 2의 화합물에 비하여 이질적이거나 양적으로 현저한 효과를 갖는다고 할 수 없어 진보성이 부정된다고 판시하였다.

133) 제조방법이 기재된 물건발명 청구항, 제조방법이 기재된 물건 청구항, 제조방법 기재 물건 청구항 등으로도 불리나, 대법원 판례는 '제조방법이 기재된 물건발명'이라는 용어를 사용한다.

134) 생명공학 분야나 고분자, 혼합물, 금속 등의 화학 분야 등에서는 어떠한 제조방법에 의하여 얻어진 물건을 구조나 성질 등으로 직접적으로 특정하는 것이 불가능하거나 곤란하여 제조방법에 의해서만 물건을 특정할 수밖에 없는 경우가 있을 수 있다. 이에 물건의 발명에 대해 그 물건의 제조방법에 의하여 특정되는 청구항의 기재 즉, PbP 청구항도 허용하게 되었다. 이를 이른바 진정 PbP 청구항이라고 하고, 그렇지 아니한 것을 부진정 PbP 청구항이라고 한다.

이에 대하여 대법원 2015. 1. 22. 선고 2011후927 전원합의체 판결은 "물건의 발명의 청구범위에 기재된 제조방법은 최종 생산물인 물건의 구조나 성질 등을 특정하는 하나의 수단으로서 그 의미를 가질 뿐이다. 따라서 제조방법이 기재된 물건발명의 특허요건을 판단함에 있어서 그 기술적 구성을 제조방법 자체로 한정하여 파악할 것이 아니라 제조방법의 기재를 포함하여 청구범위의 모든 기재에 의하여 특정되는 구조나 성질 등을 가지는 물건으로 파악하여 출원 전에 공지된 선행기술과 비교하여 신규성, 진보성 등이 있는지 여부를 살펴야 한다. 한편, 생명공학 분야나 고분자, 혼합물, 금속 등의 화학 분야 등에서의 물건의 발명 중에는 어떠한 제조방법에 의하여 얻어진 물건을 구조나 성질 등으로 직접적으로 특정하는 것이 불가능하거나 곤란하여 제조방법에 의해서만 물건을 특정할 수밖에 없는 사정이 있을 수 있지만, 이러한 사정에 의하여 제조방법이 기재된 물건발명이라고 하더라도 그 본질이 '물건의 발명'이라는 점과 청구범위에 기재된 제조방법이 물건의 구조나 성질 등을 특정하는 수단에 불과하다는 점은 마찬가지이므로, 이러한 발명과 그와 같은 사정은 없지만 제조방법이 기재된 물건발명을 구분하여 그 기재된 제조방법의 의미를 달리 해석할 것은 아니다."라고 판시하여, PbP 청구항이 진정한 것인지 부진정한 것인지를 구분하지 않고 '동일성설'의 입장을 취하였다. 다만 "제조방법이 기재된 물건발명의 특허요건을 판단함에 있어서 그 기술적 구성을 제조방법 자체로 한정하여 파악할 것이 아니라 제조방법의 기재를 포함하여 청구범위의 모든 기재에 의하여 특정되는 구조나 성질 등을 가지는 물건으로 파악하여 출원 전에 공지된 선행기술과 비교하여 신규성, 진보성 등이 있는지 여부를 살펴야 한다."라고 함으로써, 제조방법의 기재도 물건의 구조나 성질 등에 영향을 미치는 범위 내에서는 진보성 등을 판단할 때 고려하여야 한다고 하였다.

이러한 대법원 전원합의체 판결은, 종래 대법원 판례[135]가 "물건의 발명의 청구범위에 그 물건을 제조하는 방법이 기재되어 있다고 하더라도 그 제조방법에 의해서만 물건을 특정할 수밖에 없는 등의 특별한 사정이 없는 이상 당해 특허발명의 진보성 유무를 판단함에 있어서는 그 제조방법 자체는 이를 고려할 필요 없이 그 청구범위의 기재에 의하여 물건으로 특정되는 발명만을 그 출원 전에 공지된 발명 등과 비교하면 된다."라고 하여, 진정 PbP 청구항의 경우에는 제조방법을 고려하고(한정설),

---

135) 대법원 2006. 6. 29. 선고 2004후3416 판결 등.

부진정 PbP 청구항의 경우에는 제조방법을 고려하지 않는다(동일성설)는 견해를 취하였던 것을 변경한 것이다.

한편 위 전원합의체 판결 선고 이후 그 후속 판결로서 특허침해 단계에서의 PbP 청구항의 해석에 관한 대법원 2015. 2. 12. 선고 2013후1726 판결이 선고되었다. 2013후1726 판결은 위 전원합의체 판결의 법리를 그대로 인용한 후 "제조방법이 기재된 물건발명에 대한 위와 같은 청구범위의 해석방법은 특허침해소송이나 권리범위확인심판 등 특허침해 단계에서 그 특허발명의 권리범위에 속하는지 여부를 판단하면서도 마찬가지로 적용되어야 할 것이다. 다만 이러한 해석방법에 의하여 도출되는 특허발명의 권리범위가 명세서의 전체적인 기재에 의하여 파악되는 발명의 실체에 비추어 지나치게 넓다는 등의 명백히 불합리한 사정이 있는 경우에는 그 권리범위를 청구범위에 기재된 제조방법의 범위 내로 한정할 수 있다."라고 판시하여, 침해 판단 국면에서는 PbP 청구항의 보호범위를 청구범위에 기재된 제조방법의 범위 내로 제한할 수 있음을 긍정하였다.[136)]

6. 용도발명

가. 일 반 론

용도발명이란 물건이 갖는 어떤 특정한 용도의 새로운 발견에 관하여 특허를 부여하는 것으로서, 이에 대하여 특허를 부여하여 보호하는 것이 각국의 실무이다. 용도라는 발명의 카테고리가 독립적으로 존재하지 않으므로 청구범위는 물건, 방법, 제조방법의 형태로 표현된다. 용도발명의 경우에 명세서에 용도를 뒷받침하기 위한 기재가 없다면 당해 기술분야에서 통상의 지식을 가진 자가 용도발명이 실제로 사용 가능한 것인지를 이해할 수 없기 때문에 일반적으로 그 용도를 뒷받침하는 실시례의 기재가 필요하다.

나. 의약용도발명

실무상 용도발명으로 대표적인 것은 의약용도발명이다. 대법원은 2001. 11. 30. 선

---

136) 2013후1726 판결은 위 전원합의체 판결에 따라 청구범위를 해석한 다음, 이러한 해석을 전제로 그 보호범위를 제한할 수 있다는 취지로 이해된다.

고 2000후2958 판결 이후 일관하여 "의약의 용도발명에 있어서는 특정 물질이 가지고 있는 의약의 용도가 발명의 구성요건에 해당하므로, 발명의 청구범위에는 특정 물질의 의약용도를 대상 질병 또는 약효로 명확히 기재하여야 하고, 의약의 용도발명에 있어서는 그 출원 전에 명세서 기재의 약리효과를 나타내는 약리기전이 명확히 밝혀진 경우와 같은 특별한 사정이 있지 않은 이상 특정 물질에 그와 같은 약리효과가 있다는 것을 약리데이터 등이 나타난 시험 예로 기재하거나 또는 이에 대신할 수 있을 정도로 구체적으로 기재하여야만 비로소 발명이 완성되었다고 볼 수 있는 동시에 명세서의 기재요건을 충족하였다고 볼 수 있다."라고 판시하였다.137)

한편 의약의 용도발명에 있어서는 특정 물질이 가지고 있는 의약의 용도가 발명의 구성요건에 해당하므로, 발명의 청구범위에는 특정 물질의 의약용도를 대상 질병 또는 약효로 명확히 기재하는 것이 원칙이나, 특정 물질의 의약용도가 약리기전만으로 기재되어 있다 하더라도 발명의 설명 등 명세서의 다른 기재나 기술상식에 의하여 의약으로서의 구체적인 용도를 명확하게 파악할 수 있는 경우에는 특허법 42조 4항 2호에 정해진 청구항의 명확성 요건을 충족하는 것으로 볼 수 있다.138)

의약용도발명에서 약리효과가 출원 당시의 기술수준으로 보아 유효 활성물질의 화학구조나 조성물의 조성성분으로부터 쉽게 유추할 수 없는 정도이거나, 선행기술에 기재된 약리기전으로부터 통상의 기술자가 쉽게 추론할 수 없는 정도의 현저한 효과가 있는 경우에는 진보성이 부정되지 않는다.139)

다. 투여용법 및 투여용량을 구성요소로 하는 의약용도발명

대법원 2015. 5. 21. 선고 2014후768 전원합의체 판결은, 투여용법과 투여용량이 의약용도발명에서 구성요소가 될 수 있는지와 관련하여 종전 판례의 입장을 변경하여, "의약이 부작용을 최소화하면서 효능을 온전하게 발휘하기 위해서는 약효를 발휘할 수 있는 질병을 대상으로 하여 사용하여야 할 뿐만 아니라 투여주기·투여부위나 투여경로 등과 같은 투여용법과 환자에게 투여되는 용량을 적절하게 설정할 필요가 있는데, 이러한 투여용법과 투여용량은 의약용도가 되는 대상 질병 또는 약효와 더불어 의약이 효능을 온전하게 발휘하도록 하는 요소로서 의미를 가진다. 이러한 투여용

137) 대법원 2004. 12. 23. 선고 2003후1550 판결, 2001. 11. 30. 선고 2001후65 판결 등.
138) 대법원 2009. 1. 30. 선고 2006후3564 판결.
139) 성기문, "용도발명에 관한 소고", 특허소송연구 2집, 특허법원(2001), 377.

법과 투여용량은 의약물질이 가지는 특정의 약리효과라는 미지의 속성의 발견에 기초하여 새로운 쓰임새를 제공한다는 점에서 대상 질병 또는 약효에 관한 의약용도와 본질이 같다. 그리고 동일한 의약이라도 투여용법과 투여용량의 변경에 따라 약효의 향상이나 부작용의 감소 또는 복약 편의성의 증진 등과 같이 질병의 치료나 예방 등에 예상하지 못한 효과를 발휘할 수 있는데, 이와 같은 특정한 투여용법과 투여용량을 개발하는 데에도 의약의 대상 질병 또는 약효 자체의 개발 못지않게 상당한 비용 등이 소요된다. 따라서 이러한 투자의 결과로 완성되어 공공의 이익에 이바지할 수 있는 기술에 대하여 신규성이나 진보성 등의 심사를 거쳐 특허의 부여 여부를 결정하기에 앞서 특허로서의 보호를 원천적으로 부정하는 것은 발명을 보호 · 장려하고 그 이용을 도모함으로써 기술의 발전을 촉진하여 산업발전에 이바지한다는 특허법의 목적에 부합하지 않는다. 그렇다면 의약이라는 물건의 발명에서 대상 질병 또는 약효와 함께 투여용법과 투여용량을 부가하는 경우에 이러한 투여용법과 투여용량은 의료행위 자체가 아니라 의약이라는 물건이 효능을 온전하게 발휘하도록 하는 속성을 표현함으로써 의약이라는 물건에 새로운 의미를 부여하는 구성요소가 될 수 있고, 이와 같은 투여용법과 투여용량이라는 새로운 의약용도가 부가되어 신규성과 진보성 등의 특허요건을 갖춘 의약에 대해서는 새롭게 특허권이 부여될 수 있다."라고 판시하였다.

한편 특정한 투여용법과 투여용량에 관한 의약용도발명의 진보성이 부정되지 않기 위한 요건과 관련하여, 대법원은 "의약개발 과정에서는 약효증대 및 효율적인 투여방법 등의 기술적 과제를 해결하기 위하여 적절한 투여용법과 투여용량을 찾아내려는 노력이 통상적으로 행하여지고 있으므로 특정한 투여용법과 투여용량에 관한 용도발명의 진보성이 부정되지 않기 위해서는 출원 당시의 기술수준이나 공지기술 등에 비추어 그 발명이 속하는 기술분야에서 통상의 지식을 가진 사람이 예측할 수 없는 현저하거나 이질적인 효과가 인정되어야 한다."라고 판시하였다.[140]

7. 영업방법 발명

영업방법(BM, Business Method) 발명은 영업방법상의 특징과 컴퓨터기술 구성상의

---

140) 대법원 2017. 8. 29. 선고 2014후2702 판결.

특징이 결합된 것으로서, 소프트웨어의 특허 중 특히 소프트웨어가 영업방법과 관련 있는 것을 말한다. '영업방법'과 '컴퓨터 소프트웨어'의 결합이라는 영업방법 발명의 특성과 관련하여, ㉠ 진보성 있는 영업방법[141]을 진보성 있는 소프트웨어로 구현하는 경우에 영업방법 발명의 진보성을 인정하거나, 반대로 ㉡ 진보성 없는 영업방법을 종래의 소프트웨어로 구현하는 경우에 진보성을 부정하는 데에는 각각 아무런 문제가 없다.

그러나 ㉢ 진보성 있는 영업방법을 종래의 소프트웨어로 구현하거나, ㉣ 종래의 영업방법을 진보성 있는 소프트웨어로 구현하는 경우에는 영업방법 발명에 대한 진보성 판단이 쉽지 않다. 영업방법 발명의 본질이 어디까지나 컴퓨터 소프트웨어 발명이라는 점을 강조하면 소프트웨어 자체에 대하여 진보성이 인정되는 ㉣의 경우에 한하여 진보성을 인정하되, 다만 ㉢의 경우에도 영업방법의 독창성이 매우 강한 경우에는 이를 구현하는 소프트웨어의 진보성이 다소 떨어지더라도 전체로서의 발명의 진보성을 인정하는 것이 합리적이다.[142]

대법원은 영업방법 발명의 진보성 판단기준과 관련하여, "정보기술을 이용하여 영업방법을 구현하는 이른바 영업방법(business method) 발명에 해당하기 위해서는 컴퓨터상에서 소프트웨어에 의한 정보처리가 하드웨어를 이용하여 구체적으로 실현되고 있어야 하고(대법원 2008. 12. 24. 선고 2007후265 판결 등 참조), 이러한 영업방법 발명의 특성에 비추어 영업방법 발명의 진보성 여부 판단은 영업방법의 요소와 이를 구현하는 기술적 요소 모두를 종합적으로 고려하여야 한다."라고 판시하였다.[143]

141) '영업' 혹은 '영업방법'이라는 분야에 '당해 기술분야에서 통상의 지식을 가진 자' 혹은 '사고(기술) 수준'을 상정하거나 용이추고성 여부를 판단할 수 있는 기준을 설정한다는 것은 극히 어려운 일이므로 영업방법의 진보성을 인정하는 것이 쉬운 일은 아니나, 일응 '최소비용의 투하를 통하여 최대이윤을 산출한다'는 경제원칙이 중요한 잣대가 될 수 있을 것이다.
142) 정상조·박성수 공편(주 2), 392~393.
143) 대법원 2018. 3. 29. 선고 2017후1885 판결.

제2절

청구범위의 해석

Ⅰ. 의   의

1. 특허법의 규정

특허법은 청구범위 제도를 두었다. 특허를 받으려는 사람은 특허출원서를 특허청장에게 제출하여야 하고 특허출원서에는 발명의 설명·청구범위를 적은 명세서와 필요한 도면 및 요약서를 첨부하여야 한다(특허 42조 1, 2항).[1]

청구범위에는 보호받으려는 사항을 적은 항(이하 "청구항"이라 한다)이 하나 이상 있어야 하며, 그 청구항은 발명의 설명에 의하여 뒷받침되어야 하고, 발명이 명확하고 간결하게 기재되어야 한다(특허 42조 4항).

청구범위에는 보호받으려는 사항을 명확히 할 수 있도록 발명을 특정하는 데 필요하다고 인정되는 구조·방법·기능·물질 또는 이들의 결합관계 등을 기재하여야 한다(특허 42조 6항). 즉, 청구범위는 특허권으로 보호받으려는 사항을 명확히 하려는

---

1) 특허출원서에 첨부할 서류의 명칭이 2014. 6. 11. 법률 제12753호(시행일 2015. 1. 1.)로 개정된 특허법 제42조 제2항에 의하여 아래와 같이 변경되었다.

출원서 첨부서류	개정 전	개정 후
명세서	발명의 명칭 도면의 간단한 설명 발명의 상세한 설명	발명의 설명
	특허청구범위	청구범위
도면/요약서	변경 없음	

실용신안의 경우에도 2014. 6. 11. 법률 제12752호(시행일 2015. 1. 1.)로 개정된 실용신안법 제8조 제2항에 의하여 같은 취지로 변경되었다.

것이므로 출원인은 발명의 설명에 기재한 사항 중 특허권으로 보호받으려는 부분을 추출하여 청구범위에 청구항으로 기재하여야 한다. 청구범위의 기재방법에 관하여 필요한 사항은 대통령령으로 정한다(특허 42조 8항). 이에 따라 특허법시행령은 5조에서 청구범위의 기재방법에 관하여 상세히 규정하였다.

아울러 특허법은 "특허발명의 보호범위는 청구범위에 기재된 사항에 의하여 정하여진다(특허 97조)."라고 규정하여, 청구범위가 특허발명의 보호범위를 판단하는 기준이 됨을 선언하였다. 특허발명의 특허출원서에 첨부하는 요약서는 기술정보로서의 용도로 사용하여야 하며, 특허발명의 보호범위를 정하는 데에는 사용할 수 없다(특허 43조).

2. 청구범위 해석의 의의 및 필요성

발명의 청구범위를 정확히 확정하여야만 신규성, 진보성 유무를 올바르게 판단할 수 있고, 나아가 특허침해소송 또는 권리범위확인심판에서 침해 여부 또는 권리범위를 판단하기 위해 필요한 특허발명의 보호범위를 확정할 수 있다. 이처럼 '발명의 청구범위 및 보호범위'의 확정은 발명의 신규성 · 진보성 유무 판단이나 권리범위 · 침해여부 판단에 큰 영향을 미치는, 매우 중요하고도 어려운 문제이다.

그런데 누가 보더라도 청구범위가 명확하고 동일하게 이해되는 경우에는 아무런 문제가 없겠지만, 표현의 한계 등으로 그 의미가 명확하지 않거나 쉽게 이해되지 않은 경우가 있으므로 청구범위의 해석이 수반될 수밖에 없다.

종래 청구범위를 해석하는 데는 문언중심의 원칙(명세서의 청구범위에 기재된 문언을 중심으로 해석하여야 함), 발명의 설명 등 참작의 원칙(발명의 설명 또는 도면 등을 참작하여 해석하여야 함), 출원경과 참작의 원칙(출원으로부터 특허에 이르기까지의 과정을 통하여 출원인이 표시한 의사 또는 특허청이 표시한 견해를 참작하여 해석하여야 함), 공지기술 참작의 원칙(출원 당시의 공지기술을 참작하여 해석하여야 함)[2] 등이 제시되었다.

---

2) 공지기술 참작의 원칙은 학자에 따라 달리 설명된다. 특허청구범위가 공지기술을 포함하는 경우에 공지기술을 참작하여 그 청구항을 제한 해석하는 견해(공지기술제외설)도 있지만, 이와 달리 공지기술 참작 이론에 관하여 다음과 같이 설명하는 견해도 있다. 즉, 특허발명의 어떤 구성요건 A의 기술적 구성 A(t)의 구체적 내용에 다툼이 있다거나 그것이 불명료한 경우에 공지기술(정확하게 말하면 공지의 기술적 구성) Q와 구성요건 A의 기술적 구성 A(t)의 異同에 기초하여 구성요건 A의 기술적 구성 A(t)를 확정한다. 공지기술 Q가 구성요건 A의 기술적 구성 A(t)인 경우로 해석되는 경우도 있을 수 있고, 공지기술

Ⅱ. 발명의 청구범위 확정과 청구항 해석

1. 발명의 청구범위 확정의 원리

청구범위에는 보호받으려는 사항을 적은 항이 하나 이상 있어야 하고, 청구범위를 기재할 때에는 보호받으려는 사항을 명확히 할 수 있도록 발명을 특정하는 데 필요하다고 인정되는 구조·방법·기능·물질 또는 이들의 결합관계 등을 기재하여야 한다(특허 42조 4항, 6항 참조).

이처럼 명세서의 청구범위는 특허출원인이 보호를 받고자 하는 발명을 특정하기 위하여 필요하다고 인정하는 사항을 기재한 것이므로, 발명의 청구범위는 명세서의 청구범위에 기재된 사항에 의하여 확정하여야 한다.

그런데 명세서의 청구범위에는 발명을 응축하여 기술하는 것이 일반적이어서 그 기재만으로는 발명의 본질을 이해할 수 없는 경우가 적지 않다. 더구나 청구범위에는 다의적인 용어나 조어 또는 통상의 의미와는 다른 용어가 기재되거나 그 설명이 발명의 설명, 도면 등에서 이루어지는 경우도 있다.

그리고 발명의 설명은 청구항을 뒷받침할 수 있도록 작성되어야 하므로(특허 42조 4항 참조), 청구범위에 기재된 문언을 해석할 때는 합리적인 범위 내에서 발명의 설명이나 도면을 참작할 필요가 있다. 이때 발명의 설명은 청구범위에 기재된 사항의 기술적인 의미를 파악하기 위한 사전(辭典)으로서의 기능을 수행한다.

그러나 발명의 설명이나 도면을 참작한다고 하더라도 이는 불명확한 청구범위를 확정하기 위한 것일 뿐이므로, 그 청구범위를 제한 또는 확장하여 해석해서는 안 된다.[3] 기능적 표현을 포함하는 청구항의 경우에도 이와 마찬가지로 확정한다.[4]

Q와 다른 기술적 구성이 구성요건 A의 기술적 구성 A(t)로 해석되는 경우도 있을 수 있다. 이러한 경우가 진정한 의미의 공지기술의 참작이다(永野周志, 註解 特許權侵害判斷認定基準, ぎょうせい(2006), 73, 74, 77 참조].

[3] 대법원 2012. 12. 27. 선고 2011후3230 판결 참조.
[4] 대법원 2009. 7. 23. 선고 2007후4977 판결도 같은 취지에서, "특허청구범위는 특허출원인이 특허발명으로 보호받고자 하는 사항이 기재된 것이므로, 발명의 내용의 확정은 특별한 사정이 없는 한 특허청구범위에 기재된 사항에 의하여야 하고 발명의 상세한 설명이나 도면 등 명세서의 다른 기재에 의하여 특허청구범위를 제한하거나 확장하여 해석하는 것은 허용되지 않으며, 이러한 법리는 특허출원된 발명의 특허청구범위가 통상적인 구조, 방법, 물질 등이 아니라 기능, 효과, 성질 등의 이른바 기능적 표현으로

또한, 청구범위에 기재된 사항에 의하여 인정된 발명과 발명의 설명이나 도면에 의하여 파악된 발명이 대응되지 않은 경우에 청구범위의 기재를 무시하고 설명 또는 도면만으로 발명의 청구범위를 확정해서도 안 된다.[5] 발명의 설명 또는 도면에 나타나 있더라도 청구범위에 적혀 있지 않은 사항은 청구범위에 기재가 없는 것으로 하여 발명의 청구범위를 확정한다. 반대로 발명의 청구범위를 확정할 때 청구범위에 적힌 사항을 기재가 없는 것으로 취급해서는 안 되고 이를 반드시 고려해야 한다.

명세서의 청구범위의 전부 또는 일부가 발명의 설명에 의하여 뒷받침되지 않은 경우에도 청구범위에 기재된 사항에 의하여 발명의 청구범위를 확정하여야 한다. 명세서의 청구범위의 일부가 발명의 설명에 의하여 뒷받침되지 않은 경우라도 발명의 청구범위를 발명의 설명에 의하여 뒷받침되는 부분으로만 한정할 수 없다.

발명의 청구범위는 명세서의 청구범위에 기재된 문언의 객관적 의미를 파악하여 확정하는 것이지 특허출원인의 내심적 의사를 탐구하여 확정하는 것이 아니므로, 비록 발명자가 인식한 내용이라 하더라도 이를 명세서의 청구범위에 기재하지 않는 한 그 부분은 발명의 청구범위에 포함될 수 없다.

한편, 명세서 또는 도면, 출원시의 기술상식을 고려해도 발명이 명확하지 아니한 경우에는 발명의 청구범위를 확정할 수 없게 되는데, 이러한 경우에는 신규성·진보성을 심사할 수 없고, 심사관에 의하여 특허법 42조 4항 위반으로 거절이유의 통지가 이루어진다. 만일 심사관이 이를 간과하여, 특허등록이 되더라도 그 특허발명은 보호범위를 확정할 수 없게 된다.[6]

2. 청구항 해석의 방법

요컨대, 청구범위에 기재된 문언의 의미를 해석할 때는 청구범위에 기재된 문언을 중심으로 하되(문언중심의 원칙), 발명의 설명 및 도면, 출원시의 기술상식도 고려하여야 한다(발명의 설명 등 참작의 원칙). 즉, 청구범위에 기재된 문언의 일반적인 의

기재된 경우에도 마찬가지이다."라고 판시하였다.

5) 권택수, "특허권침해금지청구소송에 있어서의 실무상 제문제(피고제품 및 피고방법의 특정, 특허청구범위의 해석과 관련하여)", 민형사실무연구, 서울북부지방법원(2004), 382.

6) 대법원 2002. 6. 14. 선고 2000후235 판결 참조.

미를 기초로 하면서도 발명의 설명 또는 도면, 출원시의 기술상식, 기술수준 등을 참작하여 객관적, 합리적으로 해석하여야 한다.[7] 청구범위에 기능적 표현이 포함된 경우에도 마찬가지로 해석하여야 한다.[8] 청구범위 해석에 다툼이 있는 경우에는 '통상의 기술자가 출원 당시의 기술 수준에 기초하면서 발명의 설명이나 종래의 공지기술을 참작하는 경우에 명세서에 적힌 청구범위를 어떻게 이해하는가?'라는 관점에서 접근해야 한다.

청구범위에 기재된 용어의 기술적 의미가 발명의 설명 및 도면에 정의 또는 설명된 경우에는 이를 고려하여 해석한다.[9] 청구범위에 기재된 사항이 불명확하여 이해하기 곤란하나 발명의 설명에 그 의미가 명확히 기재된 경우, 청구범위에서 사용된 용어가 통상의 용법과 다른데 그 취지가 발명의 설명에 기재된 경우 등에는 이들 용어를 해석할 때 발명의 설명을 참작하여야 한다.

대법원 2005. 9. 29. 선고 2004후486 판결은 "특허의 명세서에 기재되는 용어를 특정한 의미로 사용하려고 하는 경우에는 그 의미를 정의하여 사용하는 것이 허용되는 것이므로, 용어의 의미가 발명의 상세한 설명에서 정의된 경우에는 그에 따라 해석하면 된다."고 판시하였다.[10]

---

7) 대법원 2009. 7. 23. 선고 2007후4977 판결, 2007. 10. 25. 선고 2006후3625 판결, 2007. 9. 21. 선고 2005후520 판결 등 참조. 한편 대법원 2009. 7. 9. 선고 2008후3360 판결은 "발명이 특허를 받을 수 없는 사유가 있는지 여부를 판단함에 있어서 특허청구범위의 기재만으로 권리범위가 명백하게 되는 경우에는 특허청구범위의 기재 자체만을 기초로 하여야 할 것이지 발명의 상세한 설명이나 도면 등 다른 기재에 의하여 특허청구범위를 제한 해석하는 것은 허용되지 않는다."라는 취지로 판시하였는데, 이는 발명의 설명 또는 도면 등에 의하여 제한 해석을 할 수 없다는 의미이지, 발명의 설명 등을 참작할 수 없다는 의미로까지 해석할 수 없다(대법원 2006. 12. 22. 2006후2240 판결, 2007. 9. 21. 선고 2005후520 판결 등 참조).
8) 대법원 2009. 7. 23. 선고 2007후4977 판결도 같은 취지에서 "특허출원된 발명의 청구범위에 기능 · 효과 · 성질 등에 의하여 발명을 특정하는 기재가 포함되어 있는 경우에는 특허청구범위에 기재된 사항에 의하여 그러한 기능 · 효과 · 성질 등을 가지는 모든 발명을 의미하는 것으로 해석하는 것이 원칙이나, 다만, 특허청구범위에 기재된 사항은 발명의 상세한 설명이나 도면 등을 참작하여야 그 기술적 의미를 정확하게 이해할 수 있으므로, 특허청구범위에 기재된 용어가 가지는 특별한 의미가 명세서의 발명의 상세한 설명이나 도면에 정의 또는 설명이 되어 있는 등의 다른 사정이 있는 경우에는 그 용어의 일반적인 의미를 기초로 하면서도 그 용어에 의하여 표현하고자 하는 기술적 의의를 고찰한 다음 용어의 의미를 객관적, 합리적으로 해석하여 발명의 내용을 확정하여야 한다."고 판시하였다.
9) 발명의 설명 또는 도면에 청구범위에 기재된 사항의 하위개념을 예시하는 기재가 있다 하더라도 이를 청구범위에 기재된 사항에 관한 정의 또는 설명에 해당하는 것으로 단정할 수 없다.
10) 그런데 청구범위에 기재된 사항의 의미가 그 자체로 명확한데, 오히려 발명의 설명 또는 도면에 있는 그 용어에 관한 정의 또는 설명으로 인하여 그 의미가 불명확해지는 경우가 있을 수 있다. 이와 관련하여 대법원 2006. 11. 24. 선고 2003후2072 판결은 "특허청구범위의 해석은 명세서를 참조하여 이루어지

하지만, 발명의 설명 및 도면 등을 참작하여 청구범위에 기재된 문언을 해석한다고 하여, 발명의 설명이나 도면 등에 의하여 청구범위에 기재된 사항을 제한하거나 확장하여 해석할 수 없다. 청구범위에 기재된 문언이 기능적 표현으로 되어 있는 경우에도 이와 마찬가지이다.[11] 발명의 설명 등을 참작한다는 것은 청구범위에 기재된 문언의 정확한 의미를 파악하는 데 목적이 있음을 명심하여야 한다. 청구범위에 기재된 사항과 발명의 설명 또는 도면의 내용이 서로 모순되는 경우에는 청구범위 기재 내용이 우선한다.

명세서에 기재된 용어는 특별한 사정이 없는 한 명세서 전체를 통하여 일관되게 사용된다고 볼 수 있으므로, 어느 청구항에 기재된 특정 용어는 다른 청구항에서 사용된 같은 용어의 의미를 해석하는 데 도움이 된다.[12] 청구범위에 기재된 용어로부터 기술적 구성의 구체적 내용을 인식할 수 없는 경우에 명세서의 다른 기재 및 도면을 고려하여 그 용어가 표현하고자 하는 기술적 구성을 확정한 결과, 독립항과 그 종속항의 보호범위가 동일하게 된다고 하여도 이러한 해석이 금지되는 것은 아니다.[13]

발명의 설명에 정의되어 있지 않은 문언을 해석할 때는 발명의 설명과 함께 출원 당시의 기술수준(관련 분야의 사전, 교과서, 논문, 특허공보 등에 설명되어 있는 내용)을 참작하여 통상의 기술자가 당해 문언을 어떻게 이해하는가를 고려하여 해석하여야 한다.

청구범위에 기재된 문언의 의미는 당해 기술분야에서 그 용어가 통상적으로 받아들여지는 의미 및 범위를 가지는 것으로 해석한다.[14] 명세서의 기술용어를 해석할 때 사전류 등에서 정의 또는 설명을 참고하는 것도 필요하다. 하지만 그것만으로 명세서의 기술용어를 해석하려고 하는 것은 타당하지 아니하고 먼저 당해 명세서 또는 도면에 의하여 기술용어의 의미 또는 내용을 해석하여야 한다.

청구범위에 기재된 문언을 해석할 때 발명자의 인식이 보충적인 자료로서 참작

는 것에 비추어 특허청구범위에는 발명의 상세한 설명에서 정의하고 있는 용어의 정의와 다른 의미로 용어를 사용하는 등 결과적으로 청구범위를 불명료하게 만드는 것도 허용되지 않는다."라고 판시하였다.

11) 대법원 2009. 7. 23. 선고 2007후4977 판결 참조.
12) 대법원 2007. 9. 21. 선고 2005후520 판결 참조.
13) 대법원 2008. 7. 10. 선고 2008후57 판결 참조. 이 판결의 해설에 관하여는 한동수, "등록실용신안의 보호범위의 확정 방법", 대법원판례해설 제78호, 법원도서관(2009), 432~463 참조.
14) 강경태, "특허청구범위해석의 재검토", 특허소송연구 제4집, 특허법원(2008), 161은 '문언의 해석은 일반인이 사용하는 문언이 아니라 기술용어가 기준이 되어야 한다.'라고 한다.

될 수는 있으나,[15] 그렇다고 하더라도 발명자의 인식에 의하여 청구범위에 기재된 문언을 확장하거나 제한 해석할 수는 없다.

나아가 명세서, 보정서, 의견서 등 출원경과서류에서의 출원인의 주장, 특허청이 제시한 견해 등을 참작할 수 있으나(출원경과 참작의 원칙), 이러한 경우에도 청구범위에 기재된 문언을 확장하거나 제한하여 해석할 수는 없다.

청구범위에 기재된 문언을 해석할 때 발명의 설명 및 심사경과 등의 내부증거를 우선하여야 하는지 아니면 기술전문서 내지 사전, 학술논문 및 전문가 내지 발명가 증언 등의 외부증거를 우선하여야 하는지가 문제되나, 발명의 설명 등은 발명자 내지 권리자가 자신의 발명을 설명하는 것인 점에서 발명의 설명 및 심사경과 등의 자료를 우선적으로 참작하는 것이 타당하다.[16]

3. 대법원 판례의 태도

가. 청구범위 확정의 원리 관련 판례

청구범위 확정 내지 해석에 관하여 대법원이 여러 번 판시하였는바, 이러한 대법원 판례를 종합하여 보면, "신규성이나 진보성 등 특허요건을 판단하기 위한 발명의 확정 및 특허발명의 보호범위 내지 권리범위는 모두 청구범위에 기재된 사항에 의하여 정하여지는 것이고, 청구범위에 기재된 문언의 의미내용을 해석할 때는 문언의 일반적인 의미내용을 기초로 하면서도 발명의 설명의 기재 및 도면 등을 참작하여 객관적·합리적으로 하여야 하며, 청구범위에 기재된 문언으로부터 기술적 구성의 구

---

15) 발명자의 인식은 출원 당시의 기술수준과 발명의 설명 등 명세서 기재 및 출원절차에서 작성된 서류 등을 통하여 유추할 수 있다. 또한 발명자가 발표한 학술논문 등도 발명자의 인식 정도를 파악할 수 있는 보조적인 자료가 될 수 있다. 그중에서도 발명자의 인식을 파악할 수 있는 가장 중요한 기본적 자료는 명세서에 기재된 내용이다(사법연수원, 특허법 연구(2012), 413 참조].

16) 미국 연방순회항소법원은 Vitronics 사건[Vitronics Corp. v. Conceptronics, Inc., 90 F.3d 1576, 39 U.S.P.Q. 2d 1573 (Fed. Cir. 1996)]에서는 청구범위, 명세서 및 심사경과 등의 내부증거를 기초로 해석하여야 한다고 판결하였으나, Texas Digital 사건[Texas Digital Systems, Inc. v. Telegenix, Inc., 415 F.3d 1303, 75 U.S.P.Q.2d 1321 (Fed. Cir. 2002)]에서는 사전이나 증인 등의 외부증거를 기초로 해석하여야 한다고 판결하였다. 이후 2005. 7. 12. Phillips v. AWH Corp. 사건[Phillips v. AWH Corp., 415 F.3d 1303 (Fed. Cir. 2005)]에서 En banc에 판결에 의하여, Texas Digital 사건에서와 같은 접근 방법(우선 사전을 참조하여 청구항 문언의 '통상의 의미'를 확정한 후에 '통상의 의미'와 다른 의미로 사용되고 있는지 여부를 검토하기 위하여 명세서를 참조한다는 원칙)을 부정하고, 명세서 및 출원경과의 내부증거를 중시하여 청구범위를 해석하여야 하는 것으로 결론을 내었다.

체적 내용을 알 수 없는 경우에는 명세서의 다른 기재 및 도면을 보충하여 그 문언이
표현하고자 하는 기술적 구성을 확정하여야 한다. 다만 발명의 설명이나 도면 등 다
른 기재에 의하여 청구범위를 제한하거나 확장하여 해석하는 것은 허용되지 아니한
다."라는 것으로 정리할 수 있다.17)

① 대법원 2002. 4. 12. 선고 99후2150 판결[등록무효(특)]

특허권의 권리범위 내지 실질적 보호범위는 특허출원서에 첨부한 명세서의 청구
범위에 기재된 사항에 의하여 정하여지는 것이 원칙이고, 다만 그 기재만으로 특허의
기술적 구성을 알 수 없거나 알 수 있더라도 기술적 범위를 확정할 수 없는 경우에는
명세서의 다른 기재에 의한 보충을 할 수가 있다(대법원 1993. 10. 12. 선고 91후1908 판결,
1997. 5. 28. 선고 96후1118 판결 등 참조).

② 대법원 2007. 9. 21. 선고 2005후520 판결[거절결정(특)]

특허권의 권리범위는 특허청구범위에 기재된 사항에 의하여 정하여지는 것이어
서 특허청구범위의 기재가 명확하게 이해될 수 있는 경우에 출원명세서의 발명의 상
세한 설명이나 첨부된 도면 등의 기재에 의하여 특허청구범위를 보완하거나 제한하
여 해석할 것은 아니지만, 특허청구범위에 기재된 발명은 원래 출원명세서의 발명의
상세한 설명이나 첨부된 도면을 전혀 참작하지 않는다면 그 기술적인 의미가 정확하
게 이해될 수 없는 것이므로 출원발명에 특허를 받을 수 없는 사유가 있는지 여부를
판단함에 있어서 특허청구범위의 해석은 특허청구범위에 기재된 문언의 일반적인 의
미를 기초로 하면서 동시에 출원명세서의 발명의 상세한 설명이나 첨부된 도면을 참
작하여 객관적·합리적으로 하여야 한다.

③ 대법원 2007. 10. 25. 선고 2006후3625 판결[등록무효(특)]18)

특허청구범위는 특허출원인이 특허발명으로 보호받고자 하는 사항을 기재한 것
이므로, 신규성·진보성 판단의 대상이 되는 발명의 확정은 특허청구범위에 기재된
사항에 의하여야 하고 발명의 상세한 설명이나 도면 등 다른 기재에 의하여 특허청
구범위를 제한하거나 확장하여 해석하는 것은 허용되지 않지만, 특허청구범위에 기

---

17) 즉, 대법원판례는 '청구범위의 기재만으로는 특허의 기술구성을 알 수 없거나 기술적 범위를 확정할 수
없는 경우'에만 발명의 설명 등을 참작할 수 있다는 취지가 아니라, 청구범위를 해석할 때는 언제나 발
명의 설명 등을 참작하여야 하고, 다만 발명의 설명 등을 참작한다고 하여 청구범위를 그 기재된 문언
의 객관적 내용보다 확장하거나 제한하여 해석할 수 없다는 취지이다.

18) 대법원 2009. 7. 23. 선고 2007후4977 판결, 2010. 1. 28. 선고 2008후26 판결, 2011. 5. 26. 선고 2010다
75839 판결도 같은 취지이다.

재된 사항은 그 문언의 일반적인 의미를 기초로 하면서도 발명의 상세한 설명 및 도면 등을 참작하여 그 문언에 의하여 표현하고자 하는 기술적 의의를 고찰한 다음 객관적·합리적으로 해석하여야 한다.

④ 대법원 2012. 12. 27. 선고 2011후3230 판결[거절결정(특)]

특허청구범위는 특허출원인이 특허발명으로 보호받고자 하는 사항을 기재한 것이므로, 신규성·진보성 판단의 대상이 되는 발명의 확정은 특허청구범위에 기재된 사항에 의하여야 한다. 다만 특허청구범위에 기재된 사항은 발명의 상세한 설명이나 도면 등을 참작하여야 그 기술적인 의미를 정확하게 이해할 수 있으므로, 특허청구범위에 기재된 사항은 그 문언의 일반적인 의미를 기초로 하면서도 발명의 상세한 설명 및 도면 등을 참작하여 그 문언에 의하여 표현하고자 하는 기술적 의의를 고찰한 다음 객관적·합리적으로 해석하여야 한다. 그러나 발명의 상세한 설명 및 도면 등을 참작한다고 하더라도 발명의 상세한 설명이나 도면 등 다른 기재에 의하여 특허청구범위를 제한하거나 확장하여 해석하는 것은 허용되지 아니한다.

⑤ 대법원 2014. 1. 16. 선고 2013후778 판결[등록무효(특)]

특허발명의 보호범위는 특허청구범위에 기재된 사항에 의하여 정하여지는 것이 원칙이고, 다만 그 기재만으로 특허발명의 기술적 구성을 알 수 없거나 알 수는 있더라도 기술적 범위를 확정할 수 없는 경우에는 명세서의 다른 기재에 의한 보충을 할 수는 있으나, 그 경우에도 명세서의 다른 기재에 의하여 특허청구범위의 확장 해석은 허용되지 아니함은 물론 특허청구범위의 기재만으로 기술적 범위가 명백한 경우에는 명세서의 다른 기재에 의하여 특허청구범위의 기재를 제한 해석할 수 없다.[19]

⑥ 대법원 2014. 7. 24. 선고 2012후917 판결[등록무효(특)]

특허발명의 보호범위는 특허청구범위에 기재된 사항에 의하여 정하여야 할 것이되, 거기에 기재된 문언의 의미내용을 해석함에 있어서는 문언의 일반적인 의미내용을 기초로 하면서도 발명의 상세한 설명의 기재 및 도면 등을 참작하여 객관적·합리적으로 하여야 하고, 특허청구범위에 기재된 문언으로부터 기술적 구성의 구체적 내용을 알 수 없는 경우에는 명세서의 다른 기재 및 도면을 보충하여 그 문언이 표현하

---

19) 대법원 2004. 10. 28. 선고 2003후2447 판결을 비롯하여 대법원 2011. 2. 10. 선고 2010후2377 판결, 2011. 6. 10. 선고 2010후3486 판결, 2011. 7. 14. 선고 2010후1107 판결, 2011. 8. 25. 선고 2010후3639 판결, 2012. 3. 15. 선고 2010다63133 판결, 2012. 3. 29. 선고 2010후2605 판결, 2014. 1. 16. 선고 2013후668 판결, 2016. 8. 24. 선고 2015후1188 판결 등 다수 판결에서 같은 법리를 설시하였다.

고자 하는 기술적 구성을 확정하여 특허발명의 보호범위를 정하여야 한다(대법원 2009. 10. 15. 선고 2007다45876 판결 등 참조).

나. 구체적인 문언의 해석 관련 사례

(1) 청구범위의 문언만으로 기술적 범위를 정할 수 있었던 사례

① 대법원 2009. 7. 9. 선고 2008후3360 판결[거절결정(특)]

명칭이 "네트워크상의 장비들 간의 통신제어 방법 및 이를 위한 장치"인 특허발명의 특허청구범위 제5항의 '특정 네트워크', '통신차단대상' 등의 각 기재는 그 자체로 기술적인 의미와 그것이 포섭하는 범위가 분명하므로, 이를 반드시 '통신차단이 필요하지 않은 장비가 1대 이상 존재하는 네트워크', '네트워크 내부에 통신차단이 필요하지 않은 장비가 존재함을 전제로 한 통신차단이 필요한 장비들' 등이라는 의미로 각각 제한하여 해석할 수 없다.

② 대법원 2010. 6. 24. 선고 2008후4202 판결[거절결정(특)]

이 사건 제6항 발명의 원심 판시 구성요소 1에서 '순차적으로 배열된 로크챔버들'에 관한 구성은 그 기재만으로 권리범위가 명백하고 '로크챔버들이 직렬로 연결되어 있다'거나 '로크챔버들 사이에서 압력 평형화 공정이 이루어진다'라고 기재되어 있지 않으므로, 비교대상발명에서의 다중 에어록이 병렬로 순차적으로 배열되어 있는 구성 및 에어록과 팽창탱크 사이에서 압력 평형화 공정이 이루어지는 구성을 제외한 것이라고 제한하여 해석할 수 없다.

③ 대법원 2011. 2. 10. 선고 2010후2377 판결[거절결정(특)]

이 사건 제1항 보정발명의 원심 판시 구성 5는 "제2금속층은 반사막 또는 투과막이며, 상기 제2금속층은 300 내지 3,000Å으로 이루어진 것"인데, '반사막 또는 투과막'은 금속의 광 반사율에 따라 상대적으로 결정되는 것이므로 광 반사율에 아무런 한정이 없는 구성 5에 '반사막 또는 투과막'이라고 기재되어 있다고 하여 구성 5의 기술적 범위를 확정하기 어렵다고 할 수는 없다. 따라서 구성 5는 그 기재 자체로 기술적 범위가 명백하다고 할 것이므로 구성 5의 제2금속층이 그 기재와 달리 '투과막'을 제외한 '반사막'만을 의미하는 것으로 제한되지는 않는다.

④ 대법원 2011. 2. 10. 선고 2010후2032 판결[권리범위확인(특)]

…이 사건 제1항 발명 중 원심 판시 구성 1-a의 '알루미늄거푸집에 고정되는 바닥부'는 …알루미늄거푸집에 고정되는 방식에 관하여 특허청구범위에 아무런 한정이

없고 나아가 그 고정방식을 발명의 상세한 설명 등에 기재된 실시례와 같이 못이나 피스 등 별도의 체결수단에 의하여 고정되는 것으로만 제한할 특별한 이유도 없으므로, 확인대상발명의 구성 중 '하부에 나사부가 형성된 간격유지편'은 구성 1-a의 '알루미늄거푸집에 고정되는 바닥부'에 포함된다고 할 것이다.…

⑤ 대법원 2011. 8. 25. 선고 2010후3639 판결[거절결정(특)]

이 사건 제5항 발명의 원심 판시 구성요소 3 중 '밸브 플랩이 안면 마스크의 개구를 밀폐할 때 밸브 플랩의 만곡부가 적어도 부분적으로 편평해지는'이라는 부분은, 밸브 플랩이 안착되는 밸브 시트의 형상을 평면인 것으로 한정하고 있지 아니하므로 위 구성요소 3은 밸브 플랩이 안면 마스크의 개구를 밀폐할 때 그 만곡부가 전체적으로 편평해지는 것으로만 제한되지는 않는다. 따라서 위 구성요소 3은 밸브 플랩이 안면 마스크의 개구를 밀폐할 때 그 만곡부가 부분적으로 편평해지면서도 전체적으로는 호기 방향으로 만곡된 형상을 이루는 것도 포함한다고 할 것이고(이하 생략)

⑥ 대법원 2012. 3. 15. 선고 2010다63133 판결

…이 사건 제1항 발명의 원심판시 구성 ③인 '카테터 튜브의 제2루멘 내에 빼낼 수 있게 삽입되는 탐침'은 …통상의 기술자라면 우선권 주장일 당시의 기술상식에 기초하여 특허청구범위의 기재 자체만으로 구체적인 기술구성을 명확하게 인식할 수 있으므로, 발명의 상세한 설명이나 도면 등 명세서의 다른 기재에 나타난 실시례의 구성 중 하나인 탐침의 말단이 팽창 가능한 구조의 선단부로 연장된 형태의 것이거나, 해면 모양의 뼈로부터의 저항을 극복할 수 있을 정도까지의 강성을 가진 재질의 것 또는 팽창 가능한 구조와 일체가 되어 시술부위로 진행하는 것 등에 한정된다고 볼 수는 없다.…

⑦ 대법원 2016. 4. 15. 선고 2015후2143 판결[거절결정(특)]

이 사건 제1항 발명의 청구범위는 '암호화 복호화 기법에 있어서, 암호키를 그 자체로 암호화알고리즘에 사용하지 않고 암호키를 구성하는 각각의 문자열에 대응하는 암호화 및 복호화 알고리즘을 이용하여 특정 정보를 암호화하는 방법을 사용하는 시스템'인데, 여기에서 알고리즘을 이용하는 방식에 관하여 특별한 제한을 두고 있지 않으므로 암호키 각각의 문자열에 대응하는 알고리즘이 존재한다면 이를 어떠한 방식으로든 이용하는 것은 위 청구범위에 포함된다고 보아야 한다. 이 사건 출원발명의 발명의 설명에, 암호화에 있어 특정 메시지를 첫 번째 암호키에 대응하는 알고리즘을 이용하여 암호화한 후 그 결과로 얻어진 암호문을 나머지 암호키에 대응하는 각 알

고리즘을 모두 차례로 이용하여 암호화하고 복호화는 그 반대의 논리과정을 통하여 이루어지는 구성에 관한 기재가 있다고 하더라도 위 청구범위를 발명의 설명에 기재된 것과 같은 알고리즘 이용방식에 관한 구성만으로 제한해석할 수는 없다.

(2) 발명의 설명 등을 참작하여 기술적 구성 내지 범위를 확정한 사례

① 대법원 2007. 9. 21. 선고 2005후520 판결[거절결정(특)]

원심은 … 이 사건 제8항 발명에서 사용하고 있는 '병렬'이라는 용어는 그 종속항인 이 사건 제11항 발명이나 발명의 상세한 설명 및 도면에 비추어 보면 테스트신호가 '동시에' 입력되는 경우에 한정되지 않고 단자가 공통되게 연결되는 것을 의미하는 용어로 사용되고 있어서 이 사건 제8항 발명은 하나의 모선에서 나온 1개의 테스트신호가 스위칭 회로에 의하여 시간차를 두고 개별적으로 입력되는 비교대상발명을 포함한다고 판단하였다.

기록에 비추어 살펴보면, 이 사건 제8항 발명의 "테스트 헤드의 적어도 한 개의 단자에 대해, 적어도 2개의 IC 소켓의 전자부품 측의 단자를 병렬로 분할하는 회로를 가지는 것"에서 문제되는 것은 '병렬 회로' 그 자체의 의미라기보다는 '병렬로 분할하는 회로'의 의미가 무엇인지라고 할 것인바, 설령 원고의 주장과 같이 '병렬 회로'라는 용어가 전기신호가 동시에 입력되는 것을 의미하는 것으로 사용되는 경우가 있다고 하더라도, 여기서 문제되는 것은 '병렬로 분할하는 단자의 분할방법'이고, '하나의 단자를 병렬로 분할'한다는 용어의 일반적인 의미가 분할된 단자 전부에 동시에 전기신호를 인가하는 경우만을 한정하여 의미한다고는 볼 수 없으므로 이 사건 제8항에 기재된 사항은 그 문언의 일반적인 의미로 볼 때 원심이 인정한 바를 배제하는 것이 아닐 뿐 아니라, 이 사건 출원발명의 출원명세서 중 발명의 상세한 설명에는 "본 발명에 관한 분할회로는 특별히 한정되지 않고, 상기 IC 소켓 측에 설치해도 혹은 상기 테스트 헤드 측에 설치해도 된다. 분할회로를 테스트 헤드 측에 설치할 경우에는 상기 분할회로에 전환스위치를 구비하는 것이 바람직하다."라고 기재되어 있고, 이 사건 제8항 발명의 종속항인 이 사건 제11항 발명에는 "위 분할회로에 전환스위치가 설치되어 있는 것을 특징으로 하는 전자부품 시험장치"라고 기재되어 있어 이 사건 제8항 발명의 분할회로는 전환스위치를 갖춤으로써 그 스위칭 회로에 의하여 시간차를 두고 개별적으로 입력되는 경우를 포함하고 있다고 보이므로 이 사건 출원발명의 명세서 중 발명의 상세한 설명 혹은 그 종속항의 기재를 참작하여 보아도 이 사건 제8

항 발명은 비교대상발명과 같은 구성을 권리범위에 포함하는 것이라고 해석하여야 할 것이다.

② 대법원 2013. 4. 25. 선고 2012후85 판결[권리범위확인(특)]

이 사건 제1항 발명의 구성 1에는 "그물의 상하면에는 제1, 2로프가 미싱기계에 의해 각각 박음질로 부착되되"라고 되어 있는바, 여기에서 "박음질"의 사전적 의미는 좁게는 '바느질의 하나로서 실을 곱걸어서 튼튼하게 꿰매는 것'이지만, 넓게는 '재봉틀로 박는 일'을 뜻한다. 그런데 이 사건 특허발명의 상세한 설명에는 이와 관련하여 '통상의 미싱기계는 로프가 비교적 단단하고, 로프의 두께가 있어 박음질 과정에서 파손이 초래되므로 본 발명의 그물구조를 형성하기 위해 미싱기계의 일부를 용도에 맞게 설계 변경하였다', '납로프의 부착 또한 미싱기계에 의해서 박음질하게 되는데, 이때에는 납과 미싱기계의 바늘이 서로 부딪히지 않도록 주의해서 납을 감싸는 외피 부분만을 박음질하는 것이다', '본 발명의 그물은 그물의 상하면에 제1, 2로프가 미싱기계에 의해서 튼튼하게 박음질되므로 유지보수비용이 절약된다'고 기재되어 있고, 도면 제6도, 제7도에는 미싱기계에 의해 로프와 그물이 서로 맞닿은 부분에 상하 일자 또는 지그재그로 연결된 형상으로 실이 꿰매어진 형태가 도시되어 있음을 알 수 있으므로, 이러한 여러 사정을 참작하면 이 사건 제1항 발명 구성 1에서의 '미싱기계에 의한 박음질'은 '미싱기계의 바늘이 로프와 그물을 상하로 관통하면서 꿰매는 방식'을 의미한다고 봄이 상당하다.

③ 대법원 2010. 1. 28. 선고 2008후26 판결[거절결정(특)]

이 사건 제1항 발명의 원심 판시 구성요소 1 중 '이미 스케줄되어 방송되거나' 부분은 그 문언의 기재 자체만으로는 기술적인 의미를 명확히 확정할 수 없다 할 것이어서, 원심이 이 사건 제1항 발명의 나머지 기재와 발명의 상세한 설명 등을 참작하여 이를 이미 스케줄되어 방송이 예정되어 있는 경우를 의미할 뿐 현재 방송되는 프로그램과 메타-데이터를 함께 방송하는 경우를 의미하지는 않는 것으로 해석한 것은 정당하며(이하 생략)

④ 대법원 2012. 7. 26. 선고 2012후948 판결[등록무효(특)]

기록에 비추어 살펴보면, 명칭을 "인공폭포의 시공 방법 및 인공 폭포"로 하는 이 사건 제1항 발명은 그 문언의 기재만으로는 '메시 형상의 망'이나 '중간보강재'의 설치에 앞서 'GFRC 인조암을 철구조물에 먼저 설치하는지'를 명확히 확정할 수 없으므로, 특허청구범위 전체의 기재와 발명의 상세한 설명의 "본 발명은 조경 등을 목적으로 설치되는 인공 폭포를 설치하기 위하여 일정 높이로 옹벽(20)을 설치한다.", "인공 폭포의 크기에 맞게 길이방향으로 옹벽이 설치되면, 콘크리트로 건축된 옹벽 상에 앵커볼트(22) 등과 같은 고정 수단을 설치하여 상기의 고정 수단에 앵글 형상의 철구조물(24)을 인공 폭포의 형상에 맞게 기초골조로 형성한다. 상기와 같이 철구조물이 형성되면, 철구조물에 고정되도록 메시 형상의 망(32), 중간보강재(28) 및 GFRC 인조암(26)을 인공 폭포의 형상에 맞게 형성한다." 및 "인공 폭포의 기본 골조가 세워지면, GFRC 인조암 및 메시 형상의 망 사이에 형성된 중간보강재는 메시 형상의 망 및 GFRC 인조암의 사이에 충진되는 콘크리트의 강성 및 결합성 등을 높여준다."라는 기재 및 도면에 '메시 형상의 망과 중간보강재 사이의 공간이 철구조물의 넓이보다도 좁게 도시되어 있는 점' 등을 참작하여 보면, 이 사건 제1항 발명은 '콘크리트 타설이 맨 마지막에 이루어지되 메시 형상의 망, 중간보강재, GFRC 인조암은 그 설치 순서에 특별한 정함이 없는 발명'으로 해석함이 상당하다.

⑤ 대법원 2014. 7. 24. 선고 2012후917 판결[등록무효(특)]

원심은 명칭을 '처리 카트리지, 전자사진 화상형성장치, 구동력 전달부재 및 전자사진 감광드럼'으로 하는 이 사건 특허발명(특허등록번호 생략)의 특허청구범위 제25항, 제26항(이하 청구항 별로 '이 사건 제25항 발명', '이 사건 제26항 발명'으로 부른다)을 원심판시 비교대상발명 1, 7, 9와 대비한 후 그 판시와 같은 사정을 들어 다음과 같은 취지로 판단하였다. … 이 사건 제25항 발명은 화상형성장치의 감광드럼에 관한 것으로서, 전자사진 감광드럼의 회전 정확도를 개선하고, 구동력이 전달되지 않을 때[화상 비형성 기간(non-image-formation period)] 주 조립체와 처리 카트리지 사이의 구동력 전달 기구의 축이음(coupling)이 단절되어서 처리 카트리지를 주 조립체로부터 분리시키는 작동성을 개선하는 것 등을 그 목적으로 한다. 그런데 이 사건 제25항 발명은 그 특허청구범위의 기재만으로는 '복수개의 코너부가 있는 비-원형 횡단면을 가지는 비틀린 돌출부와 구멍'이 어떻게 위와 같은 발명의 목적을 달성하는지, '위와 같은 돌출부가 구멍에 결합'된다는 것의 기술적 의미가 무엇인지 등을 제대로 알기 어려워 그 기술적 구성이 명확하다고 할 수 없다. 이에 발명의 상세한 설명의 기재와 도면을 참작하여 그 기술적 구성을 확정해 보면, 먼저 특허청구범위의 '코너부'에서 '코너'는 발명의 상세한 설명에 기재된 '모서리'와 동의어로 파악하여야 하고, '비틀린 돌출부' 및 '비틀린 구멍'에서 '비틀린'은 모서리부가 회전축을 따라 휘어진 형상을 의미한다고 보아야 한다. 또한 화상 형성 기간에는 감광드럼에 구비된 복수개의 모서리부가 있는 비-원형 횡단면을 가진 비틀린 돌출부(이 사건 특허발명의 명세서에 표시된 도면부호로는 17a이다. 이하 구성의 명칭 다음 괄호 안에 병기한 숫자는 도면부호를 의미한다)의 모서리부 정점들이 주 조립체에 구비된 복수개의 모서리부가 있는 비-원형 횡단면을 가진 비틀린 구멍(18a)의 내측 표면에 일정하게 접촉하여 결합하게 되고, 이를 통해 구멍의 내측 표면으로부터 돌출부의 모서리부로 구동력이 전달되어 돌출부와 구멍의 중심축이 일치하도록 되며, 화상 비형성 기간에는 돌출부와 구멍 사이에 갭이 생기게 되는 구성임을 알 수 있다. 그리고 이러한 구성으로 인하여 이 사건 제25항 발명은 화상 형성 기간에는 감광드럼의 축방향 위치를 정확하게 결정할 수 있게 되어 감광드럼의 회전 정확도를 개선하고, 화상 비형성 기간에는 주 조립체에 대한 감광드럼의 착탈이 용이하게 되어 처리 카트리지를 주 조립체로부터 분리시키는 작동성을 개선하는 효과를 가짐을 알 수 있다. … 한편 원심은, 이 사건 제25항 발명에서는 돌출부의 비틀린 모서리의 정점부가 구멍의 내면과 '점접촉'을 하게 되고 이에 의하여 구동력 전달이 이루어지는 데 비하여, 비교대상발명 1에서는 암나사와 수나사가 각각의 나사산 사면에 가해지는 마찰력으로 죄어짐으로써 체결되고 이러한 나사산 사면 사이의 접촉에 의하여 구동력 전달이 이루어지므로, 양 발명은 서로 다르다고 표현하고 있다. 그런데 이 사건 제25항 발명이 비틀린 돌출부의 모서리부를 뾰족하게 형성한 경우만으로 한정하고 있지는 아니하고, 완만하게 형성한 모서리부의 경우에는 구멍의 내면과 반드시 점접촉을 하게 될 것이라고 보기는 어려우므로, 위 점접촉이라는 표현 자체는 적절하지 아니하다. 그러나 모서리부를 완만하게 형성한 경우에도 '비틀린 돌출부의 모서리부를 통해서만 비틀린 구멍의 내면과 접촉이 일어나고 이에 의하여 구동력 전달이 이루어진다'는 점은 모서리부를 뾰족하게 형성한 경우에서와 동일하므로, 결국 모서리부를 뾰족하게 형성하든 완만하게 형성하든 관계없이 비교대상발명 1의 '암나사와 수나사의 나사산 사면 사이의 접촉에 의한 구동력 전달'과는 다른 구조로 된다. 따라서 비록 원심이 점접촉이라는 다소 부적절한 표현을 사용하고는 있으나 이 부분이 판결에 영향을 미치지는 아니한다고 할 것이다. … 이러한 사정과 앞서 본 법리에 비추어 원심판결 이유를 살펴보면, 원심의 위와 같은 판단은 정당하고, 거기에 상고이유의 주장과 같이 특허청구범위의 해석과 특허발명의 신규성 및 진보성 판단에 관한 법리를 오해하는 등의 사유로 판결에 영향을 미친 위법이 없다.

①, ② 판결은 문언의 일반적인 의미내용을 기초로 하여 발명의 설명 등을 참작하여 해석한 사례이고, ③, ④, ⑤ 판결은 청구항의 기재만으로는 기술적인 의미를 명

확히 확정할 수 없다는 이유로 발명의 설명 등을 참작하여 해석한 사례이다.

한편 ⑤ 판결은 발명의 설명에 의하여 청구범위의 기재를 제한 해석할 수 없음을 보여준 것이기도 하다.

Ⅲ. 특허발명의 보호범위 확정의 기본원리와 청구항 해석

1. 특허발명의 보호범위 확정의 기본원리

가. 특허법 97조의 의의

특허법 97조(특허발명의 보호범위)는 "특허발명의 보호범위는 청구범위에 적혀 있는 사항에 의하여 정하여진다."라고 규정한다. 청구범위는 특허출원인이 특허발명으로 보호받고자 하는 사항을 적은 것이므로(특허 42조 4항, 6항 참조), 특허발명의 보호범위는 청구범위에 적혀 있는 사항에 의하여 정하여야 하고 발명의 설명 또는 도면 등에 의하여 정할 수는 없다. 특허법 97조는 이를 명시적으로 선언하고 있다.

대법원도 위 규정에 근거하여 "특허발명의 보호범위는 특허청구범위에 기재된 사항에 의하여 정하여지는 것이 원칙이고, 다만 그 기재만으로 특허발명의 기술적 구성을 알 수 없거나 알 수는 있더라도 기술적 범위를 확정할 수 없는 경우에는 명세서의 다른 기재에 의한 보충을 할 수는 있으나, 그 경우에도 명세서의 다른 기재에 의하여 특허청구범위의 확장해석은 허용되지 아니함은 물론 특허청구범위의 기재만으로 기술적 범위가 명백한 경우에는 명세서의 다른 기재에 의하여 특허청구범위의 기재를 제한 해석할 수 없다."라고 판시하였다.[20]

따라서 특허발명의 보호범위는 청구범위에 기재된 사항에 의하여 확정되어야 하고, 발명의 설명 등에 의하여 제한되거나 확장될 수 없음이 원칙이다.

특허발명은 특허받은 기술의 보호범위와 그 한계가 명확히 정의되어 있어야만 특허권자가 그 권리주장을 용이하게 할 수 있고, 제3자의 입장에서도 그 보호범위를 명확하게 알 수 있게 되어 스스로 침해행위를 중지할 수 있을 뿐만 아니라 보호받는 기술에 대한 무의미한 중복 투자 또는 연구를 막을 수 있다.

---

20) 대법원 2011. 2. 10. 선고 2010후2377 판결 등.

특허공보에 의해 공시되는 청구범위에 의해 특허권의 효력이 미치는 객관적 범위를 명확히 하고 이로써 특허권에 의한 보호를 향유하는 특허권자와 특허권에 의한 제약을 받는 제3자의 이해에 조화를 꾀하려고 한 점에 특허법 97조의 입법취지가 있다. 청구범위에 의하여 특허권자가 배타적으로 실시할 수 있는 범위와 경업자 내지 일반 공중이 자유로이 이용할 수 있는 범위와의 한계가 명백해진다.

나. 특허발명의 청구범위와 보호범위의 관계

종래 대법원 판례(대표적인 판결로는 대법원 2009. 7. 9. 선고 2008후3360 판결) 중에는 "발명이 특허를 받을 수 없는 사유가 있는지 판단함에 있어서 특허청구범위의 기재만으로 권리범위가 명백하게 되는 경우에는 특허청구범위의 기재 자체만을 기초로 하여야 할 것이지 발명의 상세한 설명이나 도면 등 다른 기재에 의하여 특허청구범위를 제한 해석하는 것은 허용되지 않는다."라고 설시하여, 권리성립 단계(무효심판 또는 거절결정 불복심판)와 권리침해 단계(권리범위확인심판 또는 침해소송)에서 청구범위와 보호범위 해석기준을 다르게 적용하는 이원론적 방법21)을 따르는 것으로 비칠 수 있는 내용이 포함되어 있었다.

그러나 대법원 2011. 2. 10. 선고 2010후2377 판결에서 위 특허법 97조의 규정에 근거하여 "특허발명의 보호범위는 특허청구범위에 기재된 사항에 의하여 정하여지는 것이 원칙이고, 다만 그 기재만으로 특허발명의 기술적 구성을 알 수 없거나 알 수는 있더라도 기술적 범위를 확정할 수 없는 경우에는 명세서의 다른 기재에 의한 보충을 할 수는 있으나, 그 경우에도 명세서의 다른 기재에 의하여 특허청구범위의 확장해석은 허용되지 아니함은 물론 특허청구범위의 기재만으로 기술적 범위가 명백한 경우에는 명세서의 다른 기재에 의하여 특허청구범위의 기재를 제한 해석할 수 없다."라고 판시하여 위 법리가 특허 요건 판단의 국면에서만 적용되는 것이 아님을 밝히고 있고,22) 이후 일련의 대법원 판례23)에서 일관되게 같은 판시를 하고 있어, 청구

---

21) 이원론적 견해는 발명의 청구범위와 보호범위의 확정을 구분하는 입장으로, 특허요건 판단을 위한 청구범위 해석은 발명의 청구범위 확정으로, 침해판단을 위한 청구범위 해석은 보호범위 확정으로 구분하고, 보호범위에 공지기술배제, 출원경과금반언, 균등침해 등을 포함시켜 논하면서, 양자의 적용 국면이 다르기 때문에 청구범위 해석도 달리 할 수 있다고 보고 있다.

22) 유영선, "'어떤 구성요소들을 포함하는'이라는 형식으로 기재된 특허청구범위의 해석방법", 대법원 판례해설 제92호, 593~595.

23) 대법원 2012. 3. 29. 선고 2010후2605 판결, 2012. 3. 15. 선고 2010다63133 판결, 2011. 8. 25. 선고 2010

범위 해석의 법리를 특허요건 판단의 국면뿐만 아니라 특허침해 판단의 국면에서도 동일하게 적용하는 태도를 보이는 듯하다.

다만 특허침해(권리범위확인) 판단 사안에서 대법원은 위와 같은 청구범위 해석의 법리에 부가하여 "청구범위에 포함되는 것으로 문언적으로 해석되는 것 중 일부가 발명의 상세한 설명의 기재에 의하여 뒷받침되고 있지 않거나 출원인이 그중 일부를 특허권의 권리범위에서 의식적으로 제외하고 있다고 보이는 경우 등과 같이 청구범위를 문언 그대로 해석하는 것이 명세서의 다른 기재에 비추어 보아 명백히 불합리할 때에는, 출원된 기술사상의 내용과 명세서의 다른 기재 및 출원인의 의사와 제3자에 대한 법적 안정성을 두루 참작하여 특허권의 권리범위를 제한 해석하는 것이 가능하다."라는 취지를 밝혀왔다.[24] 이러한 침해판단에서의 부가 법리는 앞서 본 청구범위 해석의 법리를 전제로 하는 것이므로 청구범위에 기재된 문언의 해석방법에 관하여 달리 설시하였다기 보다는, 특허침해 판단의 구체적인 타당성과 적정성을 확보하기 위하여 특허발명의 보호범위를 제한하는 방법론을 전개하고 있는 것으로 이해할 수 있다.[25]

다. 특허법 97조의 구체적 의미

첫째, 청구범위에 기재되어 있는 사항을 없는 것으로 보아 특허발명의 보호범위를 정할 수는 없다. 청구범위에 기재된 사항은 필수 구성요소로 보아야 하고 어느 구성요소 하나라도 이를 함부로 무시할 수는 없다.

특허발명과 대비대상이 되는 물건 또는 방법이 청구범위에 기재된 구성요소들 중의 일부만을 갖추고 나머지 구성요소를 결여한 경우 그 대비대상 물건 등은 특허발명의 보호범위에 속하지 아니한다.[26] 예컨대, 甲의 특허발명의 청구범위가 'A+B+C'로 이루어져 있고 乙의 실시기술이 'A+B'로 이루어진 경우, 특별한 사정이 없는 한 乙의 실시기술은 甲의 특허발명의 보호범위에 속한다고 할 수 없다.

둘째, 청구범위에 기재되지 않은 사항을 기재된 것으로 보아 특허발명의 보호범

후3639 판결, 2011. 6. 10. 선고 2010후3486 판결 등.

24) 대법원 2009. 4. 23. 선고 2009후92 판결, 2008. 10. 23. 선고 2007후2186 판결, 2003. 7. 11. 선고 2001후2856 판결 등

25) 박태일, "특허청구범위의 해석방법", 대법원판례해설 제100호, 2014, 법원도서관

26) 대법원 2006. 1. 12. 선고 2004후1564 판결, 2005. 9. 30. 선고 2004후3553 판결, 2001. 6. 1. 선고 98후2856 판결, 2000. 11. 14. 선고 98후2351 판결 등도 같은 취지임.

위를 정해서는 안 된다. 설령 발명의 설명에 기재되었더라도 이를 청구범위에 기재된 것으로 볼 수는 없다.

예컨대, 청구범위는 구성요소가 'A+B+C'로만 이루어졌으나 발명의 설명에는 구성요소가 'A+B+C'뿐만 아니라 'A+B+D'로 이루어진 기술도 포함된 경우, 'A+B+D'로 이루어진 기술은 청구범위에 기재되지 않은 사항이므로 특허발명의 보호범위에 속하지 않는다. 비록 특허권자가 'A+B+D'로 이루어진 기술을 발명하고 이를 발명의 설명에 기재하였다 하더라도 이를 청구범위로 삼지 않은 이상 'A+B+D'로 이루어진 기술은 공중의 영역에 속하게 되고 그러한 기술까지 당해 특허권의 보호범위에 속한다고 할 수 없다.[27]

라. 발명자의 인식

특허발명의 보호범위는 청구범위에 기재된 문언의 객관적 의미를 파악하여 확정하는 것이지 특허출원인의 내심의 의사를 탐구하여 확정하는 것이 아니다. 따라서 비록 발명자가 인식한 내용이라 하더라도 이를 청구범위에 기재하지 않는 한 그 부분은 특허발명의 보호범위에 포함될 수 없다.

한편, 발명자가 구체적으로 인식하지 못했던 사항이 특허발명의 보호범위에서 제외되는지에 관하여는, 명세서에 개시된 것이 발명자의 주관적 인식이지만 발명의 보호범위는 그 개시된 내용을 가지고 출원 당시에 평균적 전문가가 어느 범위의 기술사상까지를 인식할 수 있을 것인가에 따라 결정되어야 한다는 균등보호론과, 발명의 보호범위는 어디까지나 발명자의 주관적 인식의 범위를 넘어설 수 없는 것이고 명세서의 기재는 발명자의 인식을 표명한 것이므로 발명의 보호범위는 발명자가 스스로 자신의 발명이라고 인식한 범위에 한정된다는 인식한도론으로 견해가 나뉜다.[28]

---

27) 대법원 1992. 6. 23. 선고 91후1809 판결도 이와 같은 취지에서, "발명의 상세한 설명 부분에는 (2)+(4)=(5), (5)+(6)=(1)의 방법이 기재되어 있기는 하지만, 특허청구범위에는 일반식 (2)의 캐톤을 환원제의 존재 하에 일반식 (3)의 디펩티드와 반응시켜서 일반식 (1)의 화합물을 제조하는 방법, 즉 (2)+(3)=(1)의 방법만이 기재되어 있는바, 이와 같은 특허청구범위의 기재형식은 화합물제조 방법에 대한 발명의 기술적 구성요소가 명확하게 특정된 것이라고 할 것이어서, 이 사건 특허청구의 권리범위를 발명의 상세한 설명에만 기재되어 있는 (5)+(6)=(1)의 방법에까지 확장할 수는 없다."는 취지로 판시하였다.
28) 사법연수원, 특허법 연구(2015), 402~403 참조.

2. 문언의 해석방법

특허발명의 보호범위를 확정하기 위하여 청구범위에 기재된 문언을 해석하는 방법은 발명의 청구범위 확정에서의 그것과 동일하다.

Ⅳ. 특허발명의 보호범위 확장 또는 제한 원리

이하에서의 논의는 엄밀히 말하면 특허청구범위에 기재된 문언의 해석문제라기보다는 특허발명의 보호범위를 확장하거나 제한하는 이론이다.[29] 이러한 논의는 발명의 청구범위 확정에는 적용되지 않는 이론이다.

1. 균 등 론

특허발명의 보호범위를 확장하는 이론으로는 대표적으로 균등론을 들 수 있는데, 이 부분은 관련 부분에서 상세히 다루므로 여기서는 생략한다.

2. 출원경과금반언

가. 의   의

특허침해소송에서 특허권자가 출원과정에서 행한 자기의 주장과 모순되는 주장

---

29) 이와 관련하여 지적재산권법연구회 토론장에 2007. 7. 6. 게시된 이기택, "발명의 요지와 보호범위"에는 다음과 같은 의견이 있다. "청구범위를 해석한 다음(발명의 요지 인정의 방식에 따른 것임) 청구범위와 침해태양의 비교에 의한 침해요건은 갖추었지만 다른 이유(이하 "제외사유")로 침해의 성립을 부정하게 되는 경우가 문제인바(즉 발명의 요지와 보호범위가 다른 경우), 이 경우 제외사유를 군이 청구범위해석론의 범위 내로 끌어들여야 할 법리적, 실무적 이유나 필요성을 발견하기 어렵다고 생각됨. 다른 민사소송에서와 마찬가지로, 권리발생의 근거(청구원인 사실)는 인정되지만 이와 양립하는 다른 사정(권리배척의 항변사유 등)에 의하여 종국적으로 그 청구권이 부인된다고 하는, 가장 평범한 절차법의 체계에 의하여 이론구성이 가능. 청구범위와 침해태양을 비교하여 침해의 성립이 인정된다면 일단 침해로 인한 청구권의 성립요건은 인정되지만, 이와 별도로 제외사유가 인정됨으로써, 결국 그 청구권이 부인된다는 구조로 이해할 수 있음. 그 제외사유의 위치가, 직권판단사항인지(기재불비 등), 특허 법리에 기한 항변사유인지(신규성 부정, 자유기술 등), 모든 민사법에 걸친 항변사유인지(금반언 등) 여부는 이러한 체계정립의 당부와 무관함."

을 허용하지 않는다는 이론이다. 출원경과금반언은 청구범위에 기재된 문언에 수정을 가하여 특허발명의 보호범위를 제한하게 된다. 이는 출원경과를 참작하여 청구범위에 기재된 문언을 해석하는 것과는 구별되어야 한다.

의식적 제외 등 출원경과에서 포기한 것은 침해소송에서 이를 주장할 수 없다. 출원과정에서 특허발명의 일부 요소들을 의식적으로 제외하고 나머지 부분에 한정하여 특허를 받았다면, 침해소송에서 위와 같이 제외된 요소들은 특허발명의 보호범위에 속하지 않는 것으로 보아야 한다.

특허발명과 대비대상이 되는 물건 등이 출원과정에서 특허발명의 청구범위로부터 의식적으로 제외된 것에 해당하는지 여부는 명세서뿐만 아니라 출원에서부터 특허될 때까지 특허청 심사관이 제시한 견해 및 특허출원인이 제출한 보정서와 의견서 등에 나타난 특허출원인의 의도 등을 참작하여 판단하여야 한다.[30]

출원경과금반언은 균등침해의 소극요건으로서의 역할도 한다. 즉, 균등침해이론이 특허발명의 보호범위를 확장하는 이론인데 반하여, 출원경과금반언은 그 보호범위를 다시 제한하는 방향으로 작용한다. 예컨대, 특허심사과정에서 청구범위가 감축되고 감축의 결과 청구범위에서 떨어져 나간 부분에 특허발명과 대비 대상이 되는 물건 등이 포함된 경우에 균등침해의 성립을 부정한다. 특허부여 후 정정청구가 이루어진 경우에도 마찬가지이다.

출원경과금반언은 당초에는 균등침해의 성립을 부정하는 역할로서 기능하여 왔다고 볼 수 있지만, 그렇다고 하여 균등침해에 한정해서 적용할 필요는 없고 문언침해의 성립 여부가 문제되는 경우에도 마찬가지로 적용될 수 있다고 보아야 한다. 즉, 특허발명과 대비대상이 되는 물건 등이 특허발명의 청구범위에 기재된 문언의 범위 내에 속한다고 하더라도 출원경과금반언을 적용하여 문언침해를 부정할 수 있다.

나. 적용범위

(1) 감축 보정

(가) 비자발적 감축 보정

출원과정에서 청구범위의 보정 등이 선행기술과의 관계에서 신규성·진보성 부정을 극복할 목적으로 이루어진 경우에 출원경과금반언의 원칙이 적용된다.

---

30) 대법원 2006. 6. 30. 선고 2004다51771 판결, 2002. 9. 6. 선고 2001후171 판결 등 참조.

(나) 자발적 감축 보정

발명의 신규성 · 진보성과는 무관한 자발적인 감축 보정의 경우에도 출원경과금반언의 원칙이 적용된다고 보아야 할 것인지 문제 된다.

어느 경우에나 감축 보정을 한 이상 출원경과금반언의 원칙이 적용되어야 한다는 긍정설도 있고, 자발적 보정은 청구범위의 기재를 정비하는 작업에 불과하고 특허청의 심사에 응답하여 이루어진 것은 아니기 때문에 심사의 잠탈이 생기지 아니하므로 출원경과금반언의 원칙이 적용되지 않는다고 하는 부정설도 있다. 또한, 발명의 특허성과 무관한 감축 보정에는 이 원칙이 적용되지 않는다고 보아야 하지만, 모든 보정은 발명의 특허성을 얻기 위하여 한 것으로 추정되고 따라서 출원인이 그 감축 보정이 발명의 특허성과 무관하다는 점을 입증하여야 한다는 견해도 있다.31)

미국 연방대법원은 Warner Jenkinson 사건에서 특허성과는 아무런 관련이 없는 것임이 밝혀진 경우에는 출원경과금반언의 원칙이 적용되지 않는다고 판시하였다.32)

---

31) 이에 관한 상세한 논의는 성기문, "특허소송에서의 심사경과금반언에 관한 고찰", 사법논집 제43집, 법원도서관, 728 이하; 사법연수원, 특허법 연구(2015), 435.

32) 이 사건의 원고인 Hilton Davis와 피고인 Warner Jenkinson은 모두 염색업에 종사하는 회사들인데, 원고는 염색시 불순물을 제거하는 '초여과법(ultrafiltration)'이라는 것을 개발하여 특허출원하였다. 원고는 심사과정에서 위 초여과법은 ph농도 6.0 내지 9.0에서 작용하는 것이라고 청구범위를 보정하였는데, 원고가 ph농도의 상한을 9.0으로 기재한 것은 종전에 다른 사람이 개발한 ph농도 11, 13에서 작용하는 초여과법이 공지기술로 존재하고 있었기 때문에 그로 인한 거절결정을 피하기 위하여 보정한 것이었지만, 그 하한을 6.0이라고 기재한 것은 발명의 효과와는 아무런 관련이 없는 무의미한 것임이 밝혀졌고 사실상 원고가 개발한 초여과법은 ph농도 6.0 이하에서도 작용 가능하였다. 그런데 피고는 독자적으로 같은 방식의 초여과법을 개발한 후 원고의 특허침해를 회피하기 위하여 ph농도 5.0에서 위 초여과법을 실시하였다. 이에 원고가 피고를 상대로 피고의 실시는 원고 특허의 균등범위 내에 있다는 이유로 특허침해소송을 제기하자, 피고는 원고가 출원단계에서 거절결정을 피하기 위하여 청구범위를 ph농도 6.0 내지 9.0에서 작용하는 것으로 스스로 보정하였으면서 이제 와서 그 보정된 범위 밖인 ph농도 5.0에서의 실시를 균등론을 원용하여 문제 삼는 것은 금반언 원칙에 위배되어 부당하다고 항변하였다. 그러나 법원은 이 사건에서 '발명의 특허성, 즉 신규성이나 진보성의 판단과 무관한 보정은 금반언 원칙의 적용대상이 아니며, 원고가 ph농도의 하한을 6.0이라고 기재한 것은 원고 발명의 특허성과는 아무런 관련이 없는 것임이 밝혀졌으므로 본 건에서는 금반언 원칙이 적용되지 않고, 따라서 피고의 실시가 원고 발명의 균등범위 내에 있는 이상 피고는 특허침해의 책임을 피할 수 없다'고 판시하였다[Warner-Jenkinson Company, Inc. v. Hilton Davis Chemical Co., 520 U.S. 17(1997), 사법연수원, 특허법 연구(2015), 435~436 참조].

(2) 명세서 기재요건에 관한 보정

출원과정에서 명세서의 기재요건의 문제를 극복하기 위한 경우 등에도 이 원칙이 적용될 수 있는지에 관하여는 논란이 있을 수 있다. 학설로는 명세서의 기재요건을 갖추기 위한 보정이 실질적인 의미의 변화 없이 불명료한 부분을 명확하게 하기 위한 것에 지나지 않는 '표면적인 것'이 아닌 한, 명세서의 기재요건을 갖추기 위한 보정이 더 나은 설명을 위한 목적이라고 하여도 청구범위를 감축 · 삭제시키는 경우에는 금반언의 원칙이 적용되어야 한다는 견해[33]가 유력하다.

미국 연방대법원은 Festo 사건의 판결[34]에서, 금반언의 원칙은 선행기술을 회피하기 위한 경우뿐만 아니라 모든 법정 특허요건을 만족시키기 위하여 행해진 청구범위의 보정, 즉 미국 특허법 112조의 명세서 기재요건과 관련한 보정이 필수적이어서 청구범위를 축소한 것이라면 가사 그것이 단지 보다 나은 설명을 위한 것이었다 하더라도 금반언의 원칙이 적용된다고 하면서도, 다만 보정에 관한 금반언 원칙의 적용은 침해인정의 절대적 장애사유(absolute bar approach)가 아니라 상대적 장애사유(flexible bar approach)라는 보다 유연한 관점에서 보아야 한다는 이유로 전자의 입장에 선 원심판결을 파기하고, 합리적으로 보아 보정이 특정한 균등물을 포기하려고 한 것이라고 볼 수 없는 경우에는 특허권자는 보정서에 그 분야에서 통상의 지식을 가진 자에게 그러한 균등물을 문언적으로 포함하여 청구범위를 작성한다는 것이 합리적으로 기대될 수 없는 것(예컨대, ① 보정 당시 해당 균등물을 예측할 수 없었던 경우, ② 보정의 이유가 균등물과 무관한 경우, ③ 해당 균등물을 포함할 수 없었던 다른 이유가 있었던 경우 등)이었음을 입증하여 금반언의 원칙이 적용되는 추정(presumption)을 번복시킬 수 있다고 하였다.

다. 대법원 판례의 태도

① 대법원 2006. 6. 30. 선고 2004다51771 판결[35]

특허출원인 내지 특허권자가 특허의 출원 · 등록과정 등에서 특허발명과 대비대상이 되는 제품을 특허발명의 특허청구범위로부터 의식적으로 제외하였다고 볼 수

---

33) 강기중, "특허발명과 확인대상발명의 균등관계 여부의 판단 등", 대법원 판례해설 제43호, 법원도서관, 498 이하; 성기문(주 31), 758~759 참조.
34) Festo Corp. v. Shoketsu Kinzoku Kogyo Kabushiki Co., 535 U.S. 722(2002)
35) 대법원 2007. 2. 23. 선고 2005도4210 판결도 같은 취지이다.

있는 경우에는, 대상제품은 특허발명의 보호범위에 속하지 않게 되는 것이고, 특허권자가 대상제품을 제조·판매하고 있는 자를 상대로 대상제품이 특허발명의 보호범위에 속하여 그 권리가 침해되고 있다고 주장하는 것은 금반언의 원칙에 위배되어 허용되지 아니한다. 그리고 대상제품이 특허발명의 출원·등록과정 등에서 특허발명의 특허청구범위로부터 의식적으로 제외된 것에 해당하는지 여부는 명세서뿐만 아니라 출원에서부터 특허될 때까지 특허청 심사관이 제시한 견해 및 특허출원인이 제출한 보정서와 의견서 등에 나타난 특허출원인의 의도 등을 참작하여 판단하여야 한다.

② 대법원 2008. 4. 10. 선고 2006다35308 판결

특허출원인이 특허청 심사관으로부터 기재불비 및 진보성 흠결을 이유로 한 거절이유통지를 받고서 거절결정을 피하기 위하여 원출원의 특허청구범위를 한정하는 보정을 하면서 원출원발명 중 일부를 별개의 발명으로 분할출원한 경우 위 분할출원된 발명은 특별한 사정이 없는 한 보정된 발명의 보호범위로부터 의식적으로 제외된 것이라고 보아야 할 것이다.

③ 대법원 2007. 2. 23. 선고 2005도4210 판결

이 사건 특허발명의 출원인은 건조실의 작용효과에 관한 거절이유를 극복하고 특허를 받기 위하여 최초 출원 당시 '접착제가 도포된 원지의 상면 및 하면이 건조실을 각 1회 통과하는 구성'을 포함하고 있던 이 사건 특허발명의 특허청구범위를 '접착제가 도포된 원지의 상면 및 하면이 건조실을 각 2회 통과하는 구성'으로 한정하고 그에 따른 작용효과로서 '접착제의 완전 건조 및 건조실 공간의 축소에 따른 경제성' 등을 발명의 상세한 설명에 추가하여 보정한 것이므로, 피고인의 앨범대지 생산기계와 같이 '접착제 내지 점착제가 도포된 원지의 상면 및 하면이 건조실을 각 1회 통과하는 구성'을 채용하고 있는 장치를 이 사건 특허발명의 특허청구범위로부터 의식적으로 제외하였다고 봄이 상당하다.

④ 대법원 2006. 12. 7. 선고 2005후3192 판결

원고가 명칭을 '자외선 경화형 도료를 이용한 마감 코팅방법'으로 하는 이 사건 특허발명을 당초 4개의 청구항으로 출원하였다가, 특허청 심사관으로부터 선행발명으로부터 용이하게 발명할 수 있다는 내용의 거절이유통지를 받게 되자, 종속항인 보정 전의 청구항 2, 3, 4에 있던 구성을 청구항 1에 포함시키고 그 종속항을 모두 삭제하였고, 그 결과 보정 전의 청구항 1에서는 이 사건 특허발명의 투명수지층에 사용하는 '투명수지의 재질'과 '자외선 경화형 도료의 도포방법'에 대하여 아무런 한정이 없

었으나, 보정 후의 청구항 1에서는 '투명수지층의 재질'이 '폴리에스테르계 또는 에폭시 폴리에스테르계'로, '자외선 경화형 도료의 도포방법'이 '커튼코팅방법'으로 각 한정되게 된 사실을 인정한 다음, 보정 후의 청구항 1에서 한정한 투명수지의 재질과 자외선 경화형 도료의 도포방법을 제외한 나머지 투명수지의 재질과 자외선 경화형 도료의 도포방법은 이 사건 특허발명의 청구범위에서 의식적으로 제외되었다고 할 것이고, 따라서 이 사건 특허발명의 구성에서 제외된 투명수지층의 재질과 자외선 경화형 도료의 도포방법을 채택하고 있는 확인대상발명은 이 사건 특허발명과 균등한 구성을 갖고 있는 것이라고 할 수 없다.

⑤ 대법원 2004. 11. 26. 선고 2003다1564 판결

채무자 실시 발명의 제1구동부의 구성이 정정된 특허발명의 제1구동부의 구성과 균등관계에 있다고 볼 수 있지만, 채권자가 특허발명에 대한 무효심판절차에서 공지기술로 제시된 간행물 게재 발명의 받침대를 회전시키는 구성과 정정 전의 특허발명의 제1구동부의 구성을 차별화하기 위하여 정정에 의하여 현재와 같은 정정된 특허발명의 구성으로 특정하였고, 채무자 실시 발명의 제1구동부의 구성이 위와 같은 정정절차에 의하여 제외된 구동장치에 속하는 것이라면, 채권자가 위 정정이 있은 후에 채무자 실시 발명의 제1구동부의 구성이 정정된 특허발명의 제1구동부의 구성과 균등관계에 있다는 이유로 채무자 실시 발명이 특허발명의 권리범위에 속하여 그 권리를 침해한다고 주장하는 것은 금반언의 법리에 의하여 허용되지 아니한다.

⑥ 대법원 2003. 12. 12. 선고 2002후2181 판결

원심은, … 피고가 이 사건 특허발명의 출원시에 단순히 '엠보싱 가공을 한 부직포'를 그 특허청구범위로 기재하였다가 특허청으로부터 '부직포의 일면 또는 양면에 엠보싱을 하는 기술'이 이미 공지되었다는 이유로 거절이유를 통지받자 '부직포에 처리되는 엠보싱을 표면과 이면의 양측 동일한 위치에 형성되게 하는 구성'만을 특허청구범위로 기재한 보정서를 제출하여 이 사건 특허를 받은 것이므로, 이 사건 특허발명의 권리범위는 위와 같이 한정된다고 할 것이어서, 출원경과 금반언의 원칙상 부직포의 일면에만 엠보싱을 형성한 확인대상발명에 대하여는 이 사건 특허발명의 권리범위를 주장할 수 없다는 취지를 판단하였다. 기록에 비추어 살펴보면, 원심의 위와 같은 판단도 정당하고,(이하 생략)

⑦ 대법원 2002. 9. 6. 선고 2001후171 판결[공2002. 11. 1.(165),2452]

이 사건 특허발명의 특허청구범위 제1항의 보정은 위 청구항이 인용발명에 비하

여 신규성과 진보성이 없다는 피고의 이의신청에 대응하여 행하여진 것으로서 원고가 그 보정과 함께 제출한 특허이의답변서에서 인용발명에는 염기서열이 전혀 기재되어 있지 않으므로 염기서열의 기재를 추가한 정정 후의 제1항은 신규성과 진보성이 있고, 삭제 전의 특허청구범위 제2항의 내용을 제1항에 결합시킴으로써 EPO를 제조하는 방법을 DNA 서열로써 더욱 특정한 것이라는 취지로 진술하고 있는 사실 및 실제로 인용발명에는 보정에 의하여 추가된 DNA 서열과 직접 연관지을 만한 내용이 나타나 있지도 않은 사실이 인정되므로 원고가 특허청구범위 제1항에 DNA 서열의 기재를 추가하여 보정을 함에 있어서 추가된 DNA 서열과 균등관계에 있는 것을 자신의 권리범위에서 제외할 의도였다고 단정하기는 어렵고 달리 이와 같이 인정할 만한 자료가 없음에도 불구하고, 원심이 정정된 특허청구범위 제1항이 삭제된 특허청구범위 제2항의 내용을 포함시킴에 있어 제2항의 기재 내용 중 "일부"를 제외하였다는 사정만을 내세워 그 판시와 같은 이유로 (가)호 발명이 이 사건 특허발명의 특허청구범위 제1항과 균등관계에 있음에도 불구하고 그 권리범위에 속하지 않는다고 판단한 것은 균등물과 출원경과금반언의 관계에 관한 법리를 오해하거나 심리를 다하지 아니하여 판결에 영향을 미친 위법이 있고, ….

⑧ 대법원 2002. 6. 14. 선고 2000후2712 판결[36]

이 사건 등록고안의 출원인은 출원시에는 등록청구범위 제1항을 "등받이시트의 젖힘동작으로 보조시트가 펼쳐져 침대로 변형되는 안락의자에 있어서, 바퀴를 구비한 한 쌍의 메인후레임 뒤측에 회동가능하게 등받이후레임을 설치하되, 상기 등받이후레임 하단에 상, 하 두 개의 힌지부를 구성한 한 쌍의 힌지브라켓트를 착설하여 상기 힌지브라켓트의 상부 힌지부에는 선단에 보조시트후레임이 절첩 가능하게 결합된 좌판후레임을 결합하며 하부 힌지부에는 보조후레임에 힌지 결합된 연결레버를 결합하여 안내부의 안내로 별도의 지지후레임 없이 등받이시트와 보조시트가 연동되도록 구성함을 특징으로 하는 안락의자"로 하고, 등록청구범위 제2항을 "제1항에 있어서, 상기 등받이후레임과 보조후레임을 연결하는 연결레버를 " ⌒ "형으로 일정 각도 절곡되어서 메인후레임 앞측에 설치된 횡봉에 착설되어 한 쌍의 롤러로 된 안내부에 의하여 지지 안내되도록 구성함을 특징으로 하는 안락의자"로 기재하였다가, 특허청

---

36) 이에 대한 평석에 관하여는 권택수, "균등론의 소극적 요건으로서의 출원경과 금반언 원칙이 적용되는 경우", 대법원판례해설 제41호, 법원도서관, 430 이하 참조.

심사관으로부터 실용신안공고 제95-4971호 고안 등에 의하여 당업자가 극히 용이하게 고안할 수 있다는 이유로 거절이유통지를 받고, 1998. 7. 22. 의견서 및 보정서를 제출하면서 인용참증에 저촉되는 부분을 공지의 기술로 하여 청구범위를 대폭 축소 한정한다고 주장함과 아울러 청구항 제1항과 제2항을 결합하여 하나의 항으로 만들되 청구항 제1항에 있던 부분을 모두 전제부로 기재하고 청구항 제2항에 있던 부분을 특징부에 기재하였는바, 그렇다면 출원인 스스로 전제부의 기재사항인 "등받이와 보조받침을 직접 연결하여 연계동작을 하는 연결레버를 안내부가 안내하도록 하는 구성"을 공지의 기술로 한정한 것이라고 하겠고, 나아가 다시 특징부에서 위 안내부를 "한 쌍의 롤러"로 한정한 것은 출원인이 이와 균등관계에 있는 구성에 대해서는 그 권리범위를 주장하지 않겠다는 취지로 볼 것이므로, 결국 출원경과금반언의 원칙상 등받이와 보조받침을 직접 연결하여 연계동작을 하는 연결레버를 안내부가 안내하도록 함에 있어서 그 안내부를 [(가)호 고안과 같은] 슬라이드관으로 구성하는 것은 이 사건 등록고안의 출원인이 의식적으로 그 보호범위로부터 제외한 것으로 봄이 상당하여, (가)호 고안의 슬라이드관은 이 사건 등록고안 제1항의 롤러의 균등물이 될 수 없다.

3. 신규성 또는 진보성이 부정되는 특허발명

가. 신규성이 부정되는 발명

(1) 보호범위의 제한

특허발명이 공지기술이거나 공지기술을 포함하고 있는 경우에 그 특허는 무효로 되어야 하는바, 이러한 경우에 제3자가 실시하는 발명이 특허발명과 동일하다고 하여 특허발명의 보호범위에 속한다고 보아 침해를 인정하는 것은 바람직하지 않다. 이와 같은 특허권에 기한 권리행사는 부정되어야 함이 상당하다. 이에 관하여는 종래부터 공지기술제외설, 무효항변설, 권리남용설 등의 이론이 제시되어 왔다.

특허발명이 공지기술 그 자체인 경우나 청구범위에 기재된 문언대로 해석하면 공지기술을 포함하는 경우에 법원은 특허무효심결의 확정을 기다리지 아니하고 이들 공지기술에 특허권의 효력이 미치지 않도록 판단하여야 한다.

법원이 위와 같이 판단하더라도 그것은 소송물인 금지청구권 또는 손해배상청구권 등 권리의 존부, 행사의 가부를 당해 소송 당사자 간에 정하는 데에 지나지 않고,

특허무효를 대세적으로 선고하는 것은 아니다.

(2) 대법원 판례의 태도

(가) 신규성이 부정되는 공지기술인 경우

대법원 1983. 7. 26. 선고 81후56 전원합의체판결에서 신규성이 부정되는 특허발명은 무효심결의 확정 여부와 관계없이 권리범위가 인정되지 아니한다는 취지로 판결한 이래 대법원 1998. 10. 27. 선고 97후2095 판결, 1998. 12. 22. 선고 97후1016, 1023, 1030 판결, 2000. 11. 10. 선고 2000후1283 판결 등에서도 계속 같은 취지로 판시하였으며, 이와 같이 판단하는 것이 현재 실무이기도 하다. 다만 이러한 대법원판결에 대해서는 우리나라 특허제도의 기본입장과 어긋날 뿐만 아니라 결과적으로 당연 무효를 시인하는 셈이 되어 무효심판절차에 의해서만 권리가 부정되어야 한다는 특허법 규정과도 모순된다는 비판도 있다.[37)

(나) 일부 공지의 경우[38)

대법원은 "실용신안권은 신규성 있는 기술적 고안에 부여되는 것이므로 그 효력이 미치는 구체적 범위를 정함에 있어서는 실용특허출원 당시의 기술수준이 필연적으로 고려되어야 할 것이고 따라서 그 출원 당시 신규성이 없는 공지공용의 부분에 대하여는 권리범위확인을 구할 수 없다."라고 판시하여 일부 공지에 대해서도 그 보호범위를 제한하였다.[39)

즉, 특허발명의 전부가 공지된 것이 아니라 일부가 공지된 경우, 예컨대 A+B+C로 이루어진 특허발명 P가 상위개념의 발명이고 그 하위개념의 발명이 발명 P1(a1+B+C)과 P2(a2+B+C)인데, P1이 공지되어 특허를 받을 수 없는 발명인 경우에는, 그 특허발명의 보호범위는 P2 부분으로 제한된다. 따라서 특허권자는 공지된 부분, 즉 P1 부분에 관하여는 제3자에 대하여 그 권리를 행사할 수 없다.

---

37) 송영식, "공지공용부분을 포함하는 특허의 권리범위의 해석", 민사판례연구 VII, 박영사(1993), 265 이하 참조.
38) 특허발명의 일부 공지는 구성요소의 일부 공지와 구별되어야 한다. 구성요소의 일부 공지라 함은 발명을 구성하는 구성요소의 일부가 공지된 선행기술에 존재하는 경우를 말한다. 예컨대 구성요소 A+B+C로 이루어진 하나의 발명에서 구성요소 A, B, C 중 어느 하나가 공지인 경우를 구성요소 공지라 한다. 이에 비하여 발명의 일부 공지는 예컨대 A+B+C로 이루어진 특허발명 P가 상위개념의 발명이고 그 하위개념의 발명이 발명 P1(a1+B+C)과 P2(a2+B+C)인데, 그중 P1이 공지된 선행기술에 존재하는 경우를 말한다.
39) 대법원 1964. 10. 22. 선고 63후45 판결 참조.

나. 진보성이 부정되는 발명

(1) 권리범위확인심판 사건의 경우

대법원 2014. 3. 20. 선고 2012후4162 전원합의체 판결은 "특허법은 특허가 일정한 사유에 해당하는 경우에 별도로 마련한 특허의 무효심판절차를 거쳐 무효로 할 수 있도록 규정하고 있으므로, 특허는 일단 등록이 되면 비록 진보성이 없어 당해 특허를 무효로 할 수 있는 사유가 있더라도 특허무효심판에 의하여 무효로 한다는 심결이 확정되지 않는 한 다른 절차에서 그 특허가 무효임을 전제로 판단할 수는 없다. 나아가 특허법이 규정하고 있는 권리범위확인심판은 심판청구인이 그 청구에서 심판의 대상으로 삼은 확인대상발명이 특허권의 효력이 미치는 객관적인 범위에 속하는지 여부를 확인하는 목적을 가진 절차이므로, 그 절차에서 특허발명의 진보성 여부까지 판단하는 것은 특허법이 권리범위확인심판 제도를 두고 있는 목적을 벗어나고 그 제도의 본질에 맞지 않다. 특허법이 심판이라는 동일한 절차 안에 권리범위확인심판과는 별도로 특허무효심판을 규정하여 특허발명의 진보성 여부가 문제 되는 경우 특허무효심판에서 이에 관하여 심리하여 진보성이 부정되면 그 특허를 무효로 하도록 하고 있음에도 진보성 여부를 권리범위확인심판에서까지 판단할 수 있게 하는 것은 본래 특허무효심판의 기능에 속하는 것을 권리범위확인심판에 부여함으로써 특허무효심판의 기능을 상당 부분 약화시킬 우려가 있다는 점에서도 바람직하지 않다. 따라서 권리범위확인심판에서는 특허발명의 진보성이 부정된다는 이유로 그 권리범위를 부정하여서는 안 된다."라고 판시하였다.[40] 종래 권리범위확인심판에서 특허발명의 진보성이 부정되는 경우에 그 권리범위를 부정할 수 있다는 판례[41]와 권리범위를 부

---

40) 이러한 다수의견에 대하여 반대의견은 "특허가 진보성이 없어 무효로 될 것임이 명백함에도 권리범위확인심판을 허용하는 것은 특허권에 관한 분쟁을 실효적으로 해결하는 데 도움이 되지 아니하고 당사자로 하여금 아무런 이익이 되지 않는 심판절차에 시간과 비용을 낭비하도록 하는 결과를 초래하며, 특허발명을 보호·장려하고 이용을 도모함으로써 기술의 발전을 촉진하고 산업발전에 이바지하고자 하는 특허법의 목적을 달성하기 위하여 권리범위확인심판 제도를 마련한 취지에 부합하지 않는다. … 권리범위확인심판이 특허가 유효함을 전제로 하여서만 의미를 가질 수 있는 절차이므로 심판절차에서는 특허의 진보성 여부 등 무효사유가 있는지를 선결문제로서 심리한 다음 무효사유가 부정되는 경우에 한하여 특허발명의 권리범위에 관하여 나아가 심리·판단하도록 심판구조를 바꿀 필요가 있다. 진보성이 없다는 이유로 특허발명에 대한 무효심결이 확정되기 전이라고 하더라도 적어도 특허가 진보성이 없어 무효로 될 것임이 명백한 경우라면, 그러한 특허권을 근거로 하여 적극적 또는 소극적 권리범위확인심판을 청구할 이익이 없다고 보아야 하고, 그러한 청구는 부적법하여 각하하여야 한다."라고 하였다.

41) 대법원 1991. 3. 12. 선고 90후823 판결, 1991. 12. 27. 선고 90후1468, 1475(병합) 판결, 1997. 7. 22. 선

정할 수 없다는 판례42)가 대립하였으나, 위 전원합의체 판결에 의하여 후자로 정리되었다.

(2) 침해소송의 경우 - 권리남용항변의 인정

대법원 2012. 1. 19. 선고 2010다95390 전원합의체 판결43)은 "특허법은 특허가 일정한 사유에 해당하는 경우에 별도로 마련한 특허의 무효심판절차를 거쳐 무효로 할 수 있도록 규정하고 있으므로, 특허는 일단 등록된 이상 비록 진보성이 없어 무효사유가 존재한다고 하더라도 이와 같은 심판에 의하여 무효로 한다는 심결이 확정되지 않는 한 대세적(對世的)으로 무효로 되는 것은 아니다. 그런데 특허법은 제1조에서 발명을 보호·장려하고 그 이용을 도모함으로써 기술의 발전을 촉진하여 산업발전에 이바지함을 목적으로 한다고 규정하여 발명자뿐만 아니라 그 이용자의 이익도 아울러 보호하여 궁극적으로 산업발전에 기여함을 입법목적으로 하고 있는 한편, 제29조 제2항에서 그 발명이 속하는 기술분야에서 통상의 지식을 가진 자가 특허출원 전에 공지된 선행기술에 의하여 용이하게 발명할 수 있는 것에 대하여는 특허를 받을 수 없다고 규정함으로써 사회의 기술발전에 기여하지 못하는 진보성 없는 발명은 누구나 자유롭게 이용할 수 있는 이른바 공공영역에 두고 있다. 따라서 진보성이 없어 본래 공중에게 개방되어야 하는 기술에 대하여 잘못하여 특허등록이 이루어져 있음에도 별다른 제한 없이 그 기술을 당해 특허권자에게 독점시킨다면 공공의 이익을 부당하게 훼손할 뿐만 아니라 위에서 본 바와 같은 특허법의 입법목적에도 정면으로 배치된다. 또한, 특허권도 사적 재산권의 하나인 이상 그 특허발명의 실질적 가치에 부응하여 정의와 공평의 이념에 맞게 행사되어야 할 것인데, 진보성이 없어 보호할 가치가 없는 발명에 대하여 형식적으로 특허등록이 되어 있음을 기화로 그 발명을 실시하는 자를 상대로 침해금지 또는 손해배상 등을 청구할 수 있도록 용인하는 것은 특허권자에게 부당한 이익을 주고 그 발명을 실시하는 자에게는 불합리한 고통이나 손해를 줄 뿐이므로 실질적 정의와 당사자들 사이의 형평에도 어긋난다. 이러한 점들에 비추어 보면, 특허발명에 대한 무효심결이 확정되기 전이라고 하더라도 특허

고 96후1699 판결, 1998. 2. 27. 선고 97후2583 판결 등 참조.
42) 대법원 1998. 10. 27. 선고 97후2095 판결, 1998. 12. 22. 선고 97후1016,1023,1030 판결 등 참조.
43) 이 판결의 해설에 관하여는 유영선, "침해소송법원에서 진보성의 심리·판단 가능 여부", 사법21호, 사법발전재단(2012), 392 이하 참조.

발명의 진보성이 부정되어 그 특허가 특허무효심판에 의하여 무효로 될 것임이 명백한 경우에는 그 특허권에 기초한 침해금지 또는 손해배상 등의 청구는 특별한 사정이 없는 한 권리남용에 해당하여 허용되지 아니한다고 보아야 하고, 특허권침해소송을 담당하는 법원으로서도 특허권자의 그러한 청구가 권리남용에 해당한다는 항변이 있는 경우 그 당부를 살피기 위한 전제로서 특허발명의 진보성 여부에 대하여 심리 · 판단할 수 있다고 할 것이다."라고 판시하여 특허발명의 진보성이 부정되는 경우에 침해소송에서 그러한 특허권에 기한 권리행사는 권리남용에 해당하여 허용되지 아니한다는 이른바 권리남용항변을 수용하였다.

이는 대법원 2004. 10. 28. 선고 2000다69194 판결에서 방론으로 "특허의 무효심결이 확정되기 이전이라고 하더라도 특허권침해소송을 심리하는 법원은 특허에 무효사유가 있는 것이 명백한지 여부에 대하여 판단할 수 있고, 심리한 결과 당해 특허에 무효사유가 있는 것이 분명한 때에는 그 특허권에 기한 금지와 손해배상 등의 청구는 특별한 사정이 없는 한 권리남용에 해당하여 허용되지 아니한다."고 설시한 것을 적극적으로 수용하여, 종래 신규성은 있으나 진보성이 없는 경우까지 법원이 특허권 또는 실용신안권 침해소송에서 당연히 권리범위를 부정할 수는 없다고 판시한 대법원 1992. 6. 2.자 91마540 결정 및 대법원 2001. 3. 23. 선고 98다7209 판결 등을 변경한 것이다.

위 전원합의체 판결은 특허발명에 대한 무효심결이 확정되기 전이라고 하더라도 특허발명의 진보성이 부정되어 그 특허가 특허무효심판에 의하여 무효로 될 것임이 명백한 경우에는 그 특허권에 기초한 침해금지 또는 손해배상 등의 청구는 특별한 사정이 없는 한 권리남용에 해당하여 허용되지 아니한다는 점을 밝히면서 특허권침해소송을 담당하는 법원에서 특허권자의 그러한 청구가 권리남용에 해당한다는 항변이 있는 경우 그 당부를 살피기 위한 전제로서 특허발명의 진보성 여부에 대하여 심리 · 판단할 수 있다는 점을 명확하게 선언하였다.

다만 여기서 특허발명의 진보성이 부정되어 그 특허가 특허무효심판에 의하여 무효로 될 것임이 명백한 경우가 무엇을 의미하는지에 관하여는 논란이 있을 수 있으나, 현재 실무는 특허무효심판 또는 그 심결취소소송의 제기나 결과에 관계없이 침해소송을 담당하는 법관의 '진보성 부정'에 대한 심증의 정도라고 보는 것이 보통이다.

위 전원합의체 판결의 법리는 진보성이 부정되는 사안에 관한 것이지만, 신규성이 부정되는 경우, 선원주의에 위반되는 경우 등에도 동일하게 적용될 수 있다.

다. 자유실시기술 이론

대법원 판례는, 앞서 본 권리범위부정 법리나 권리남용항변을 적용하는 외에도 신규성 또는 진보성 유무를 직접 심리하지 아니하고 상대방이 실시하는 기술이 이른 바 자유실시기술이라는 이유를 들어 침해를 부정하는 법리도 인정한다.

즉, 대법원 2004. 9. 23. 선고 2002다60610 판결 등은 "어느 발명이 특허발명의 권리범위에 속하는지를 판단함에 있어서 특허발명과 대비되는 발명이 공지의 기술만으로 이루어지거나 그 기술분야에서 통상의 지식을 가진 자가 공지기술로부터 용이하게 실시할 수 있는 경우에는 특허발명과 대비할 필요도 없이 특허발명의 권리범위에 속하지 않게 된다."라고 판시하였다.[44] 이는 이러한 방법으로 특허발명의 무효 여부를 직접 판단하지 않고 확인대상발명을 공지기술과 대비하여 확인대상발명이 특허발명의 권리범위에 속하는지를 결정함으로써 신속하고 합리적인 분쟁해결을 도모할 수 있기 때문이다.[45]

나아가 대법원 2017. 11. 14. 선고 2016후366 판결은 이러한 자유실시기술의 법리는 확인대상발명이 결과적으로 특허발명의 청구범위에 나타난 모든 구성요소와 그 유기적 결합관계를 그대로 가지고 있는 이른바 문언 침해(literal infringement)에 해당하는 경우에도 그대로 적용된다고 판시하였다.

자유실시기술의 법리는 독일에서 학설상 인정된 자유로운 기술수준의 항변을 채용한 것이다. 독일에서는 비록 공지기술을 포함하고 있는 발명이라 하더라도 특허가 무효로 확정되지 않은 이상 그 보호범위를 부정할 수 없다는 입장에 서 있다. 자유실시기술 법리는 그와 같은 입장에서 출발하였다.

특허권은 출원 시의 기술수준을 넘은 발명에 대하여 부여되는 것이므로 침해물로 지목된 물건이나 방법이 특허발명의 출원 시에 공지기술의 실시에 해당하는 경우에 그 공지기술에 대해서 특허권에 의한 금지 등의 권리행사를 인정하는 것은 특허법의 기본원칙에 반하고, 따라서 그 침해물로 지목된 물건이나 방법이 출원 시에 공지기술의 실시인 것이 입증되면 특허발명과의 관계를 논할 것도 없이 그에 대하여

---

44) 대법원 2001. 10. 30. 선고 99후710 판결, 2002. 12. 26. 선고 2001후2375 판결, 2006. 5. 25. 선고 2005도4341 판결 등도 같은 취지임; 이 이론은 균등침해의 소극요건의 하나로서의 역할도 하고 있다.
45) 대법원 2017. 11. 14. 선고 2016후366 판결.

특허권의 효력을 미치게 하여서는 안 된다는 특허법 고유의 이론이다.[46]

다만 자유실시기술의 대상은 특허발명에 대응하는 구성으로 한정되는 것이 아니라 침해물로 지목된 기술이나 물건 전체의 구성이므로, 자유실시기술로 인정되려면 침해물로 지목된 물건이나 방법 전체의 구성이 특허발명의 출원 시에 공지기술의 실시에 해당하여야 한다는 점에 유의하여야 한다.[47]

4. 특허법 42조 위반의 경우

가. 42조 3항 1호 위반의 경우

발명을 쉽게 실시할 수 있을 정도로 기재하지 않은 경우에는 특허법 42조 3항 1호의 위반의 문제가 발생하는데, 이와 같은 발명에 대하여 특허가 부여된 경우에 그 보호범위를 인정할 수 있는가에 관하여 논란이 있을 수 있다.

대법원 2001. 12. 27. 선고 99후1973 판결은 "실시가 불가능한 등록고안은 구 실용신안법(1998. 9. 23. 법률 제5577호로 전문 개정되기 전의 것) 제8조 제3항에 위반하여 등록된 것으로서 그 권리범위를 인정할 수 없으므로, (가)호 고안은 등록고안의 권리범위에 속할 여지가 없다."라고 판시하여 특허법 42조 3항 1호를 위반한 발명에 대해서는 권리범위를 부정한다.[48] 다만 이에 대해서는 특허법 42조 3항 1호를 위반한 발명은 통상의 기술자가 쉽게 실시할 수 있을 정도로 기재하지 않았음에 불과하다는 이유로 그 보호범위를 부정할 수 없다는 견해[49]도 있다.

발명의 일부가 용이 실시 불가능한 경우에 그 보호범위는 용이 실시 가능한 부분으로 제한되어야 한다.

---

46) 최성준, "무효사유가 명백한 특허권에 기초한 금지청구 등이 권리남용에 해당하는지 여부", 지적재산권 8호, 한국지적재산권법제연구원(2005. 7.), 63에 의하면 실질적으로 무권리(무효가 될 개연성이 무척 큰 경우)임에도 불구하고 형식적으로는 유효한 권리로 취급되는 오인특허의 권리행사를 저지하는 대항권이라는 개념으로 발전해 온 것이라고 한다.
47) 다만 이에 대해서는 자유실시기술 법리를 인정하는 취지에 비추어 침해물로 지목된 물건이나 방법의 전체 구성 중 특허발명에 대응하는 구성 부분만이 특허발명의 출원 시에 공지기술의 실시에 해당하면 족하다는 견해도 있다.
48) 대법원 1989. 3. 28. 선고 85후109 판결, 1985. 4. 9. 선고 80후39 판결, 1983. 1. 18. 선고 82후36 판결 등도 같은 취지로 판시하였다.
49) 박길채, "特許請求範圍의 해석에 관한 小考 — 保護範圍의 特定을 중심으로", 지식재산21, 2005년 9월호(통권 제92호), 특허청(2005), 152.

나. 42조 4항 1호 위반의 경우

청구범위의 전부 또는 일부가 발명의 설명에 의하여 뒷받침되지 않은 경우에는 청구범위의 기재요건 위반이므로(특허 42조 4항 1호 참조), 그 등록이 거절되고, 심사관의 간과로 특허되었다 하더라도 그 특허가 무효로 되어야 한다.

특허권은 발명의 공개에 대한 대가로 부여되는 것이고 발명의 공개는 명세서 중 발명의 설명에서 이루어지기 때문에 발명의 설명에 기재되지 않은 기술은 공개되지 않은 기술이므로,[50] 비록 청구범위에 기재된 사항이라 하더라도 그것이 발명의 설명에 의하여 뒷받침되고 있지 않다면, 그 보호범위가 제한되어야 한다.

청구범위의 일부가 발명의 설명에 의하여 뒷받침되지 않은 경우 역시 그 보호범위는 발명의 설명에 의하여 뒷받침되는 부분으로 제한되어야 한다.[51]

대법원은 '청구범위에 포함되는 것으로 문언적으로 해석되는 것 중 일부가 발명의 상세한 설명의 기재에 의하여 뒷받침되고 있지 않은 경우에는 출원된 기술사상의 내용과 명세서의 다른 기재 및 출원인의 의사와 제3자에 대한 법적 안정성을 두루 참작하여 특허권의 권리범위를 제한 해석하는 것이 가능하다.'는 취지로 판시하였다.[52]

다. 42조 4항 2호 위반의 경우

발명이 명확하게 기재되어 있지 아니한 경우에는 그 보호범위를 확정할 수 없게 된다. 이러한 발명에 대하여는 비록 그 발명이 특허를 받은 경우라 하더라도 특허권자는 제3자에 대하여 그 권리를 주장할 수 없다고 보아야 한다.[53]

발명이 명확하게 기재되어 있는지 여부는 청구범위에 기재된 문언에 의하여 판단하되, 발명의 설명 또는 도면 등을 참작하여 판단한다.[54]

발명의 설명 또는 도면 등을 참작하더라도 발명이 명확하지 아니한 경우에는 그

---

50) 오승종, "특허청구범위의 해석", 사법논집 제28집, 법원도서관(1997), 250 참조.
51) 대법원 1998. 5. 22. 선고 96후1088 판결 참조; 이러한 경우에 정정을 통하여 발명의 설명에 의하여 뒷받침되는 부분으로 청구범위를 정정할 수 있다.
52) 대법원 2003. 7. 11. 선고 2001후2856 판결 등 참조.
53) 대법원 2002. 6. 14. 선고 2000후235 판결, 1983. 1. 18. 선고 82후36 판결 등 참조.
54) 대법원 2008. 7. 10. 선고 2008후64 판결 참조; 발명의 설명 또는 도면을 참작한 결과 청구범위의 기재 내용으로부터 특허를 받고자 하는 발명이 명확하게 파악될 수 있다고 인정되면 청구범위의 기재요건 위반으로 보지 않는다. 이러한 경우 발명의 설명 또는 도면에 나타나 있는 사항에 따라 정정의 요건을 구비하여 청구범위에 기재된 사항을 정정할 수 있다.

발명의 보호범위를 확정할 수 없으므로, 특허발명과 대비대상이 되는 물건 또는 방법이 특허발명의 보호범위에 속하는지 여부를 판단할 수 없게 된다. 이와 같은 사안은 특허출원인이 보호받고자 하는 발명이 무엇인지 확정하는 것도 곤란한 경우에 해당한다고 할 수 있다.

이러한 경우에는 원래 심사단계에서 청구범위의 기재요건 위반으로 거절되어야 하고, 심사관이 이를 간과하고 등록해 준 경우에도 그 보호범위를 확정할 수 없으므로, 특허발명과 대비대상이 되는 물건 등은 특허발명의 보호범위에 속한다고 할 수 없다.55)

대법원도 같은 취지에서 "특허발명의 특허청구의 범위 기재나 발명의 상세한 설명, 기타 도면의 설명에 의하더라도 특허출원 당시 발명의 구성요건의 일부가 추상적이거나 불분명하여 그 발명 자체의 기술적 범위를 특정할 수 없을 때에는 특허권자는 그 특허발명의 권리범위를 주장할 수 없는 것"이라고 판시하였다.56)

5. 기 타

가. 미완성 발명의 경우

(1) 보호범위의 제한

미완성 발명은 특허를 받을 수 없고, 심사관의 간과로 특허를 받았다고 하더라도 특허권자는 제3자에 대하여 권리를 행사할 수 없다.

(2) 판례의 태도

(가) 미생물의 기탁에 관한 요건을 충족하지 못한 경우

대법원은 "미생물의 기탁에 관한 요건을 충족하지 못한 이 사건 특허발명은 미완성 발명에 해당하고, 미완성 발명의 경우는 특허무효심결의 확정 전이라도 그 권리범

---

55) 청구범위에 발명이 명확하게 기재될 것을 요구하는 이유는 개개 청구범위의 기재에서 특허를 받으려고 하는 발명이 명확히 파악될 수 없는 경우에는 신규성, 진보성 등의 특허요건이나 명세서 기재요건의 판단대상인 발명을 확정할 수 없고, 또 특허발명의 보호범위를 명시하는 권리서로서의 사명을 적절히 다 할 수도 없다. 이러한 경우에는 정정도 허용되지 않는다고 보아야 한다. 정정을 허용하게 되면 청구범위를 실질적으로 변경하는 결과를 초래하기 때문이다.

56) 대법원 2002. 6. 14. 선고 2000후235 판결, 1989. 3. 28. 선고 85후109 판결, 1983. 1. 18. 선고 82후36 판결 등 참조.

위를 인정할 수 없는 법리이므로, 원고의 확인대상발명이 이 사건 특허발명과 대비할 것도 없이 이 사건 특허발명의 권리범위에 속하지 않는다고 한 원심의 판단은 정당하다."라고 판시하였다.[57]

(나) 약리데이터가 없는 의약 용도발명의 경우

대법원은 "약리효과의 기재가 요구되는 의약의 용도발명에 있어서는 그 출원 전에 명세서 기재의 약리효과를 나타내는 약리기전이 명확히 밝혀진 경우와 같은 특별한 사정이 있지 않은 이상 특정 물질에 그와 같은 약리효과가 있다는 것을 약리데이터 등이 나타난 시험 예로 기재하거나 또는 이에 대신할 수 있을 정도로 구체적으로 기재하여야만 비로소 발명이 완성되었다고 볼 수 있는 동시에 명세서의 기재요건을 충족하였다고 볼 수 있다."라고 판시하였다.[58]

나. 산업상 이용할 수 없는 발명

산업상 이용할 수 없는 발명의 경우도 보호범위가 제한된다.[59]

다. 선원주의 위배의 발명

대법원 2009. 9. 24. 선고 2007후2827 판결은 신규성 결여와 선원주의 위반은 특허발명 내지 후출원발명과 선행발명 내지 선출원발명의 동일성 여부가 문제된다는 점에서 다르지 않다는 이유로, 선원주의 위반의 무효사유가 있는 발명도 그 권리범위가 부정된다고 판시하였다.

V. 청구항의 유형

1. 독립 청구항과 종속 청구항

청구범위의 청구항을 기재할 때에는 독립 청구항(이하 '독립항'이라 한다)을 기재하

---

57) 대법원 2005. 9. 28. 선고 2003후2003 판결 참조.
58) 대법원 2006. 2. 23. 선고 2004후2444 판결, 2006. 1. 27. 선고 2004후318 판결, 2004. 12. 23. 선고 2003후1550 판결, 2003. 10. 10. 선고 2002후2846 판결 등 참조.
59) 다만 이에 관하여는 권리범위가 부정되지 않는다고 본 대법원 1982. 4. 13. 선고 80후73 판결이 있다.

여야 하며, 그 독립항을 한정하거나 부가하여 구체화하는 종속 청구항(이하 '종속항'이라 한다)을 기재할 수 있고, 이 경우 필요한 때에는 그 종속항을 한정하거나 부가하여 구체화하는 다른 종속항을 기재할 수 있다(특허법시행령 5조 1항 참조).

독립항은 스스로 발명의 기술구성을 모두 가지고 있는 청구항이고, 종속항은 선행하는 어느 특정 항의 모든 구성을 포함하면서 그 항을 기술적으로 한정하거나 부가하여 구체화하는 청구항이다.[60]

독립항은 특허발명으로 보호되어야 할 범위를 넓게 포섭하기 위하여 발명의 구성을 광범위하게 기재하고, 종속항은 그 범위 내에서 그 독립항을 기술적으로 한정하고 구체화하는 사항을 기재하여야 한다.[61]

청구범위에서 다른 청구항을 인용하지 않는 청구항이 독립항이 되고 다른 독립항이나 종속항을 인용하여 이를 한정하거나 부가하여 구체화하는 청구항이 종속항이 되는 것이 원칙이지만, 독립항과 종속항의 구분은 단지 청구항의 문언이 나타내고 있는 기재형식에 의해서만 판단할 것은 아니므로, 인용하고 있는 청구항의 구성 일부를 생략하거나 다른 구성으로 바꾼 청구항은 이를 독립항으로 보아야 한다.[62]

독립항이든 이를 한정하는 종속항이든 청구항마다 독립하여 청구범위를 판단한다. 독립항과 이를 한정하는 종속항 등 여러 항으로 이루어진 청구항의 기술내용을 파악할 때는 특별한 사정이 없는 한 광범위하게 규정된 독립항의 기술내용을 독립항보다 구체적으로 한정하고 있는 종속항의 기술구성이나 발명의 설명에 나오는 특정의 실시례로 제한하여 해석할 수는 없다.[63] 다만 독립항의 문언을 해석한 결과 종속항의 청구범위와 동일하게 되는 경우가 발생할 수는 있다.[64]

2. 전제부, 특징부, 전환부, 종결부로 된 청구항

실무상 이용되는 전제부, 특징부, 전환부 및 종결부로 작성하는 청구항에 관하여 살펴보면 다음과 같다.

---

60) 윤태식, 판례중심 특허법, 진원사(2013), 425 참조.
61) 대법원 1989. 7. 11. 선고 87후135 판결 참조.
62) 대법원 2012. 7. 12. 선고 2011후934 판결, 2005. 11. 10. 선고 2004후3546 판결 등 참조.
63) 대법원 2007. 9. 6. 선고 2005후1486 판결 참조.
64) 대법원 2008. 7. 10. 선고 2008후57 판결 참조; 상세는 한동수, "등록실용실안의 보호범위의 확정 방법", 대법원판례해설 제78호, 432 참조.

가. 전 제 부

청구항에서 전제부는 발명의 내용을 요약하거나 그 발명 이전에 공지된 기술로서 그 발명이 출발로 하는 것을 밝혀두거나 특허를 청구하는 발명이 속하는 기술분야 내지 사용분야를 표시하는 문구이다. 이를 도입부라고도 부른다. 청구항의 전제부에 기재된 구성요소도 특징부에 기재된 구성요소와 똑같이 발명의 필수 구성요소이다.

특허법원 2007. 4. 26. 선고 2006허9142 판결은 "전제부 구성 중 '통학버스를 포함한 비정기적으로 운영되는 차량의 운행정보를 서비스하는 고객예약정보를 이용한 차량정보 제공서비스'는 확인대상발명에서 '정기적으로 운영되는 노선버스에 대한 서비스'와 대응되는데, 전제부의 위 구성은 비정기적으로 운영되는 차량정보 제공서비스라는 점에서 정기적으로 운영되는 노선버스에 대한 서비스인 확인대상발명의 위 대응구성과 차이가 있다. 다만, 이 사건 특허발명의 명세서 중 발명의 상세한 설명 가운데 발명의 구성 및 작용에는 '본 발명에서는 비정기적으로 운행되는 차량에 적용한 경우를 예시하였으나, 본 발명이 정기적으로 운행되는 대중교통수단에 응용될 수 있음은 주지의 사실이다'라고 기재되어 있으나, 특허청구범위는 상세한 설명에 개시된 사항 중에서 권리로 보호받고자 하는 사항이 출원인의 의사에 의해 자유로이 기재되는 것이고 그에 대한 보정이나 정정의 기회가 충분히 주어진다는 점 등을 고려할 때, 이러한 기재만으로 이 사건 제1항 발명의 권리범위에 확인대상발명과 같이 정기적으로 운영되는 노선버스도 포함되는 것으로 볼 수 없고, 이 사건 제1항 발명은 그 문언상 비정기적으로 운영되는 차량에 대한 것만을 권리범위로 청구하고 있는 것으로 해석된다."라고 판시함으로써 전제부의 구성요소가 청구범위를 한정하는 것으로 보았다.

전제부의 기재가 출원 시의 공지기술인지와 관련하여 대법원 2017. 1. 19. 선고 2013후37 전원합의체 판결은 "… 청구범위의 전제부 기재는 청구항의 문맥을 매끄럽게 하는 의미에서 발명을 요약하거나 기술분야를 기재하거나 발명이 적용되는 대상물품을 한정하는 등 목적이나 내용이 다양하므로, 어떠한 구성요소가 전제부에 기재되었다는 사정만으로 공지성을 인정할 근거는 되지 못한다. 또한 전제부 기재 구성요소가 명세서에 배경기술 또는 종래기술로 기재될 수도 있는데, 출원인이 명세서에 기재하는 배경기술 또는 종래기술은 출원발명의 기술적 의의를 이해하는 데 도움이 되고 선행기술 조사 및 심사에 유용한 기존의 기술이기는 하나 출원 전 공지되었음을 요건으로 하는 개념은 아니다. 따라서 명세서에 배경기술 또는 종래기술로 기재되어 있다고 하여 그 자체로 공지기술로 볼 수도 없다. … 그렇다면 명세서의 전체적인 기재와 출원경과를 종합적으로 고려하여 출원인이 일정한 구성요소는 단순히 배경기술 또는 종래기술인 정도를 넘어서 공지기술이라는 취지로 청구범위의 전제부에 기재하였음을 인정할 수 있는 경우에만 별도의 증거 없이도 전제부 기재 구성요소를 출원 전 공지된 것이라고 사실상 추정함이 타당하다. 그러나 이러한 추정이 절대적인 것은 아니므로 출원인이 실제로는 출원 당시 아직 공개되지 아니한 선출원발명이나 출원인의 회사 내부에만 알려져 있었던 기술을 착오로 공지된 것으로 잘못 기재하였음이 밝혀지는 경우와 같이 특별한 사정이 있는 때에는 추정이 번복될 수 있다."라고 판시하였다.

나. 특 징 부

특징부는 발명에 관하여 특허를 청구하는 구체적 기술구성을 나열하는 문구로 이루어진다. 특징부는 각 기술구성이 무엇이고 구조적으로 또는 기능적으로 어떻게 유기적으로 결합되어 있는지를 명확히 하는 부분이다.

다. 전환부(transition phrase)

전환부는 특징부와 종결부를 연결하는 문구로 이루어진다. 연결부라고도 한다.

(1) …을 포함하는 것을 특징으로 하는(comprising, including)

(가) 의의 및 보호범위

청구항에서 특징부에 기재된 구성요소와 그 외 기재되지 않은 추가 구성요소가 있음을 전제로 그 추가 구성요소도 포함함을 의미한다. 예컨대, 'A, B, C를 포함하는 것을 특징으로 하는'이라는 문구가 기재된 물건의 발명에 관한 청구항은 기재된 구성요소가 'A, B, C'뿐만 아니라 거기에 추가 구성요소(D)를 구비한 물건의 발명을 청구범위로 하는 청구항이다.

이러한 전환부 문구는 보호받고자 하는 발명의 범위를 특징부에 열거된 구성요소들만으로 제한받기를 원하지 않은 경우에 사용된다. 이런 연유로 실무에서는 개방형 청구항이라 부른다. 예컨대, 위 청구항의 A, B, C와 동일한 A, B, C로 이루어진 물건이 청구항의 청구범위에 속함은 물론, A, B, C, D로 이루어진 물건도 위 청구항의 청구범위에 속한다.

대법원은 "특허청구범위가 '어떤 구성요소들을 포함하는'이라는 형식으로 기재된 경우에는, 그 특허청구범위에 명시적으로 기재된 구성요소 전부에다가 명시적으로 기재되어 있지 아니한 다른 구성요소를 추가하더라도 그 기재된 '어떤 구성요소들을 포함하는'이라는 사정에는 변함이 없으므로, 명시적으로 기재된 구성요소 이외에 다른 구성요소를 추가하는 경우까지도 그 특허발명의 보호범위로 하는 것이다."라고 판시하였다.[65]

(나) 대법원 판결

① 대법원 2006. 11. 24. 선고 2003후2072 판결

이 사건 제1항 및 제17항 발명은 모두 '어떤 단계와 어떤 단계들을 포함하여 이루어지는 것을 특징으로 하는 한·영 자동전환 방법'과 같이 기재되어 있어, 명시적으로 기재된 구성요소 외에 다른 요소들을 추가하여 실시하는 것까지도 예정하고 있다고 할 것이고(이하 생략)

② 대법원 2012. 3. 29. 선고 2010후2605 판결

이 사건 제1항 발명은 '원심판시 화학식 1로 표시되는 다관능성 이소시아누레이트 모노머(이하 '화학식 1 모노머'라고 한다)', '리튬염' 및 '비수계 유기용매'(이하 이들 성분을 합하여 '이 사건 각 성분'이라고 한다)를 포함하는 조성물의 중합결과물을 함유하는 고분자 전해질임을 알 수 있다. 그리고 원심판시 비교대상발명에는 '트리스-[2-아크릴로일옥시]에틸 이소시아누레이트(이하 'TAEI'라고 한다)', '리튬염' 및 '액체 성분'과 함께 '폴리메틸메타아크릴레이트(이하 'PMMA'라고 한다)'가 혼합된 조성물의 중합결과물을 함유하는 고분자 전해질이 개시되어 있는데, 이 중합결과물에서는 TAEI의 중합에 의하여 얻어진 그물형 고분자와 PMMA가 상호침투구조체(Interpenetrating polymer network)를 이루고 있음을 알 수 있다.

그런데 이 사건 제1항 발명의 특허청구범위에 이 사건 각 성분을 '포함하는' 조성물의 중합결과물이라고 기재되어 있는 이상 위 조성물에 명시적으로 기재된 이 사건 각 성분 이외에 다른 성분을 추가하는 경우까지도 그 특허발명의 기술적 범위로 하는 것이고, 위 조성물의 중합결과물에는 화학식 1 모노머의 단독 중합체, 조성물에

---

65) 대법원 2012. 3. 29. 선고 2010후2605 판결, 2006. 11. 24. 선고 2003후2072 판결 등 참조.

추가되는 다른 모노머와의 공중합체, 조성물에 추가되는 PMMA 등 고분자와의 상호
침투구조체 등이 있을 수 있다는 점은 이 사건 제1항 발명의 출원 당시 그 발명이 속
한 기술분야에서 통상의 지식을 가진 자(이하 '통상의 기술자'라고 한다)가 쉽게 예상할
수 있는 것이기도 하므로, 이 사건 제1항 발명은 이 사건 각 성분 이외에 PMMA 등
고분자를 추가한 조성물을 중합한 결과 얻어지는 상호침투구조체를 함유하는 고분자
전해질 역시 그 특허발명의 기술적 범위로 하고 있음이 그 특허청구범위의 기재만으
로 명백하다. 따라서 이 사건 제1항 발명의 기술적 범위를 명세서의 다른 기재에 의
하여 보충한다는 명목으로 PMMA 등 고분자와의 상호침투구조체를 함유하는 고분자
전해질을 배제하는 것으로 그 특허청구범위를 제한하여 해석하여서는 아니된다.

(2) ⋯으로 구성된 것을 특징으로 하는(consisting of)

특징부에 기재된 구성요소들이 발명에 필요하고도 충분한 구성요소임을 의미하
기 때문에 그 이외의 다른 구성요소는 포함하지 않음을 의미한다. 예컨대, 'A, B, C로
구성된 것을 특징으로 하는'이라는 문구가 기재된 물건의 발명에 관한 청구항은 구성
요소 A, B, C에만 보호범위가 미친다.

이러한 전환부 문구를 사용하면 보호받고자 하는 발명의 범위가 청구항의 특징
부에 열거된 구성요소만으로 제한받게 된다. 이러한 연유로 이러한 문구가 사용된 청
구항을 폐쇄형 청구항이라고 부른다.

예컨대, 위 청구항에 기재된 구성요소 A, B, C와 동일한 A, B, C로 구성된 물건만
이 청구항의 보호범위에 속하고, A, B, C, D로 이루어진 물건은 위 청구항의 보호범
위에 속하지 않는다. 다만, 이용침해가 성립할 여지는 있다.

(3) 본질적(실질적)으로 ⋯로 이루어지는(consisting essentially of)

실무에서는 '본질적(실질적)으로 ⋯로 이루어지는(consisting essentially of)' 문구는
'⋯을 포함하는 것을 특징으로 하는(comprising, including)' 문구와 '⋯으로 구성된 것을
특징으로 하는(consisting of)' 문구의 중간 형태에 해당하는 것으로 보고 있다.

이러한 전환부의 문구는 청구항의 특징부에서 열거하거나 한정한 물건 또는 방
법들의 기본적이고 신규한 특성에 본질적인 영향을 미치지 않는 범위 내의 구성요소
들을 청구범위에 추가로 포함시킬 수 있다.

예컨대, 앞서 본 청구항에서 A, B, C로 이루어진 물건이 청구항의 보호범위에 속

함은 물론이나, A, B, C, D로 이루어진 물건은 그 추가요소(D)가 발명의 기본적이고 신규한 특징에 중대한 변화를 미치는 경우에는 청구항의 청구범위에 속하지 않게 되고, 중대한 변화를 미치지 않은 경우에는 청구항의 청구범위에 속하게 된다.

라. 종 결 부

종결부는 통상 발명을 규정하는 명칭을 표시한다.

3. 기능적 표현이 기재되어 있는 청구항

가. 의의 및 허용 여부

발명의 목적 또는 효과를 달성하기 위하여 필요한 구성을 구체적으로 기재하지 않고 그 구성을 기능적으로 표현한 청구범위를 이른바 기능식 청구항(functional claim)이라고 부른다. 예컨대 발명의 구성이 '…하기 위한 수단'과 같이 '기능 플러스 수단'(means plus functional claim)의 형식으로 기재된 것을 말한다.

청구범위를 기능적으로 기재하려는 시도 때문에 청구범위의 기재가 너무 추상적이어서 불명료해지는 경우가 적지 않은바, 이는 청구범위가 명확하고 간결하게 기재되어야 한다는 특허법 42조 4항 2호의 요건과 관련하여 허용될 수 있는지 여부가 과거에 문제되었다. 그러나 2007. 1. 3. 법률 제8197호로 개정되어 2007. 7. 1.부터 시행된 특허법 42조 6항이 청구항에 기능적인 표현을 사용할 수 있다는 취지로 규정하였으므로,[66] 현재는 기능식 청구항이 허용된다는 데 다툼이 없다.

대법원 판례는 '기능식 청구항'이라는 용어를 명시적으로 사용하지는 아니하나,[67] '발명의 구성이 전체로서 명료하다고 보이는 경우'에 한하여 특허법 42조 4항 2호의 요건에 저촉되지 아니함을 선언하였다.[68] 즉, 대법원은 "특허청구범위가 기능, 효과,

---

66) 기능식 청구항(functional claim)을 허용하지 않는 입장은 청구범위에 기능적 용어 대신 구성요소를 구체적으로 기재하게 함으로써 청구범위를 명확히 하고자 하는 것이나, 그렇다고 하여 발명요소의 기능적 관계나 효과를 설명하기 위하여 사용되는 기능적 용어의 사용을 전면적으로 배제할 수는 없기 때문이다.

67) 대법원 판례는 '기능식 청구항'이라는 표현 대신 '기능적 표현'(대법원 2012. 11. 15. 선고 2011후1494 판결, 2009. 7. 23. 선고 2007후4977 판결, 1998. 10. 2. 선고 97후1337 판결), '기능 또는 작용 등에 의하여 물건을 특정하려고 하는 기재'(대법원 2009. 9. 10. 선고 2007후4397 판결) 등의 표현을 사용한다.

68) 대법원 2006. 11. 24. 선고 2003후2072 판결, 2003. 11. 28. 선고 2002후130 판결, 2001. 6. 29. 선고 98후2252 판결, 1998. 10. 2. 선고 97후1337 판결 등 참조.

성질 등에 의한 물건의 특정을 포함하는 경우 그 발명이 속하는 기술분야에서 통상의 지식을 가진 자가 발명의 상세한 설명이나 도면 등의 기재와 출원 당시의 기술상식을 고려하여 특허청구범위에 기재된 사항으로부터 특허를 받고자 하는 발명을 명확하게 파악할 수 있다면 그 특허청구범위의 기재는 적법하다."라고 판시하여, 일정한 범위 내에서 기능식 청구항이 허용됨을 밝혔다.[69]

나. 바람직한 해석방법

기능식 청구항의 청구범위를 명세서 또는 도면에서 개시된 구체적 구성(실시 예)에 한정하는 것이 바람직하다는 견해[70]도 있지만, 미국[71]과 같이 기능식 청구항의 해석과 관련하여 명문의 규정을 두지 않은 우리나라에서는 기능적 표현이 기재된 청구항도 일반적인 청구항과 달리 제한 해석을 하기는 어렵다. 즉, 기능적 표현이 기재된 발명의 청구범위라도 앞에서 살펴본 바와 같이 명세서의 청구범위에 기재된 사항에 의하여 그 범위를 확정해야 하고 발명의 설명이나 도면 등에 의하여 제한되거나 확장할 수 없다.[72][73] 이는 기능적 표현이 기재된 특허발명의 보호범위를 확정하는

---

69) 대법원 2007. 9. 6. 선고 2005후1486 판결 등 참조.

70) 정차호, "기능식 청구항의 해석에 관한 소고", 특허소송연구 제2집, 특허법원(2002), 199 참조.

71) 미국 특허법 112조(명세서) 6문은 "An element in a claim for a combination may be expressed as a means or step for performing a specified function without the recital of structure, material or acts in support thereof, and such claim shall be construed to cover the corresponding structure, material or acts described in the specification and equivalents thereof(조합 청구항의 구성요소는 특정의 기능의 수행을 뒷받침하는 구조, 재료, 또는 행위에 관한 구체적인 기재 없이 그 기능을 달성하기 위한 수단이나 공정으로 표현할 수 있고, 이러한 청구항은 명세서에 기재된 대응하는 구조, 재료 또는 작용이나 그 균등물을 그 청구범위로 하는 것으로 해석하여야 한다)."라고 규정한다.

　　미국 특허청은 오랫동안 심사단계에서 신규성과 비자명성 판단 시에 기능적인 문구를 넓게 해석해 왔으나, 미국 법원이 Donaldson Company 사건을 통하여, 112조 6문은 미국 특허청의 특허요건 판단, 법원의 특허유효성 판단 및 침해 판단 모두에 적용된다고 판시한 이후, 미국에서는 특허요건 판단과 침해 판단 과정에서 모두 청구항에 기재된 기능적인 문구를 발명의 설명 등에 기재된 실시 예와 그 균등물로 한정하여 해석한다[주기동, "특별한 특허청구항의 권리범위", 법조, 통권609호, 법조협회(2007), 96~97 참조].

72) 대법원 2007. 9. 6. 선고 2005후1486 판결은, "독립항과 이를 한정하는 종속항 등 여러 항으로 이루어진 청구항의 기술내용을 파악함에 있어서 특별한 사정이 없는 한 광범위하게 규정된 독립항의 기술내용을 독립항보다 구체적으로 한정하고 있는 종속항의 기술구성이나 발명의 상세한 설명에 나오는 특정의 실시례로 제한하여 해석할 수는 없다."라고 판시하였다. 이는 특허요건 판단에서 발명의 설명 등에 의하여 함부로 제한할 수 없다는 점을 간접적으로 밝힌 것으로 볼 수 있다.

73) 일본도 특허법에 기능식 청구항에 관한 명문의 규정이 없어 일반적인 청구항과 마찬가지로 특허요건을 심사하고 있는 것으로 보이고[竹田 稔 監修, 特許審査·審判の法理と課題, 發明協會(2002), 329-330 참

경우에도 마찬가지이다.[74] 다만 특허발명의 보호범위는 등록된 특허의 보호범위를

죄, 일본 특허청의 실무 및 판례는 특허요건 판단의 경우와 침해 여부 판단의 경우를 나누어 달리 취급한다. 즉, 일본의 실무는 특허요건을 판단할 때 명세서에 기재된 실시태양의 구체적 구성만을 심사대상으로 하는 것이 아니라 그와 같은 기능을 다하는 물건 모두가 심사대상이 되기 때문에 실시 예에 기재된 구성에는 신규성이 있어도, 다른 구체적 구성이 출원 전에 공지된 경우에는 청구항이 실시 예의 구성으로 감축되지 않는 한 발명의 신규성이나 진보성이 부정된다. 이와 관련하여 일본 특허청심사기준〔日本 特許廳, 特許·實用新案審査基準(2013.7.1. 改正), 第2部 第2章 新規性·進步性, 5-6 참조]에는 다음과 같은 취지로 설명되어 있다. 청구범위에 기능·특성 등을 이용하여 물건을 특정하려고 하는 기재가 있는 경우에는 원칙적으로 그 기재는 그러한 기능·특성을 가지는 모든 물건을 의미하고 있다고 해석한다. 예를 들면 "열을 차단하는 층을 갖춘 벽재"는 "단열이라고 하는 작용 내지는 기능을 가지는 층"이라고 하는 "물건"을 갖춘 벽재로 해석한다. 그 기능·특성 등이 그 물건이 고유하게 갖고 있는 것인 경우에는 그 기재는 물건을 특정하는 데에 도움이 되지 않는 것으로, 그 물건 자체를 의미하고 있는 것이라고 해석한다. 예컨대 "항암성을 가진 화합물 X"의 경우 항암성은 특정한 화합물 X의 고유의 성질이라고 한다면 "항암성을 가진"의 기재는 물건을 특정하는 데에 도움이 되지 않는 것으로 보아, "화합물 X" 그 자체를 의미하는 것으로 해석한다. 또한, 출원시의 기술상식을 고려하면 그러한 기능·특성을 가지는 모든 물건 중에서 특정한 물건을 의미하고 있다고 해석해서는 안 되는 경우가 있다. 예를 들면 "목재의 제1부재와 합성수지재의 제2부재를 고정하는 수단"이라고 하는 특허청구범위에서 "고정하는 수단"은 모든 고정수단 중 용접 등과 같이 오로지 금속에만 사용되는 고정수단을 의미하고 있지 않은 것은 분명하다. 한편 침해소송에서 기능식 청구항의 해석에 관한 과거 일본 하급심 판결들은 청구항을 한정하여 해석하는 경향이 있다[竹田 稔 監修, 상게서, 332 참조].

일본에서는 기능적·포괄적인 표현이 있는 경우의 발명의 청구범위 확정에 관하여, 명세서의 상세한 설명 및 도면의 기재를 보았을 때 그 표현의 의미가 특정의 실시태양에 한정되는 것은 아니고, 그 표현의 의미에 해당하는 것이라면 특단의 기술적 한정이 없다고 이해할 수 있는 경우에는 그 넓은 의미대로 발명의 요지를 확정함이 타당하고, 발명의 상세한 설명을 참작한 때에 청구범위의 용어가 그와 같은 한정된 의미의 것으로 통상의 기술자에게 일의적으로 이해되는 경우에는 그와 같이 한정적으로 발명의 기술적 내용을 인정하되, 다만 청구범위의 용어가 본래의 자의(字義)를 가짐에도 명세서에는 기술적으로 한정된 개시밖에 없는 경우에는 발명의 요지를 청구범위에 기재된 용어의 본래의 의미대로 인정하여야 한다는 견해가 있다[竹田 稔 監修, 상게서, 187 참조].

74) 대법원 2002. 6. 28. 선고 2000후2583 판결. "이 사건 제1항 발명의 특허청구범위에서는 '지지부재'에 대해서 아무런 한정이 없고 또 이 사건 특허발명의 명세서에 '본 발명에 있어서는 지지부재는 다양하게 사용할 수 있다. 지지부재는 어떠한 재료로 해도 좋으나, 유기물 폴리머 또는 몇 가지 기타 절연재료로 구성하는 것이 바람직하다. … 몇 가지 경우에 사용할 수 있는 지지부재로는 종래의, 예컨대 측벽, 단부벽 및 바닥판으로 구성되는 장방형 용기를 들 수 있다. 이 용기는 … 다수의 격실로 구분해 놓을 수도 있다'고 기재되어 있음에 비추어 볼 때, 위 지지부재는 겔과 함께 접착되어 도체를 보호할 수 있는, 구조가 한정되어 있지 않은 부재(다만 바람직한 형태는 다수의 격실이 구분되어 있는 장방형 용기임)라고 하겠으므로, 확인대상발명의 접속케이스는 이 사건 제1항 발명의 지지부재에 포함된다." 같은 취지에서 특허발명의 보호범위 확정에 관하여 청구범위 기재 문언을 중시한 대법원 판례로는 대법원 2006. 12. 22. 선고 2006후2240 판결, 2007. 6. 14. 선고 2007후883 판결, 2008. 7. 10. 선고 2008후57 판결 등이 있다. 다만 2007후833 판결은 '기능적 표현으로서 그 용어 자체만으로는 기술적 구성의 구체적인 내용을 알 수 없는 특허청구범위의 완충기라는 용어를 그 발명의 상세한 설명과 도면에 나타나 있는 완충날개를 가진 구조나 그와 유사한 구조로 그 권리범위를 확정하여 그와 같은 구성을 가지고 있지 않은 확인대상발명이 특허발명의 권리범위에 속하지 않는다'고 본 원심판단을 수긍한 것으로, 청구범위에 기재된 문언을 제한하여 해석하였다고 볼 여지도 있는바, 이에 대하여 '청구범위의 기재가 명료함에도 불구하

정하는 것이므로, 청구범위에 기재된 사항이라는 사정만으로 보호할 가치가 없는 사항이나 발명하지 아니한 부분까지 그 권리를 인정하는 것은 곤란하고 특허발명의 보호범위를 정당한 범위 내로 제한함이 타당한바, 청구범위에 기재된 사항이더라도 발명의 설명의 기재에 의하여 뒷받침되지 않거나 출원인이 특허발명의 보호범위에서 의식적으로 제외한 것으로 인정되는 경우에는 특허발명의 보호범위에 속하지 않는다고 보아야 할 것이다.[75]

다. 대법원 판결의 태도[76]

(1) 유형 1: 문언중심의 원칙을 강조한 사례

① 대법원 1998. 5. 22. 선고 96후1071 판결

…이 사건 특허발명의 특허청구범위 제1항(정정 전의 제46항)과 제14항(정정 전의 제59항)은 '중합체성 물질과 복원성 섬유를 포함하며, 상기 복원성 섬유에 의하여 복원이 되는 복원성 복합구조체를 제조하는 방법으로, 상기 중합체성 물질을 교차결합된 복원성 섬유에 도포하는 단계 외에, 상기 중합체성 물질을 교차결합시키는 단계를 포함하는 복원성 복합구조체 및 그 제조방법'이라고 하고 있을 뿐이므로, 이와 같이

고 상세한 설명의 기재를 도입하여 한정 해석하는 것은 특허법 97조에도 어긋나는 것으로 보인다'고 비판하는 견해도 있다(장완호, "청구범위 해석의 이중성에 관한 고찰", 특허법원 개원 10주년 기념논문집, 특허법원(2008), 339 참조).

75) 대법원 2003. 11. 28. 선고 2002후130 판결. "특허권의 권리범위는 특허출원서에 첨부한 명세서의 특허청구범위에 기재된 사항에 의하여 정하여지고, 청구범위의 기재만으로 기술적 범위가 명백한 경우에는 원칙적으로 명세서의 다른 기재에 의하여 청구범위의 기재를 제한 해석할 수 없지만, 청구범위에 포함되는 것으로 문언적으로 해석되는 것 중 일부가 발명의 상세한 설명의 기재에 의하여 뒷받침되고 있지 않거나 출원인이 그중 일부를 특허권의 권리범위에서 의식적으로 제외하고 있다고 보이는 경우 등과 같이 청구범위를 문언 그대로 해석하는 것이 명세서의 다른 기재에 비추어 보아 명백히 불합리할 때에는, 출원된 기술사상의 내용과 명세서의 다른 기재 및 출원인의 의사와 제3자에 대한 법적 안정성을 두루 참작하여 특허권의 권리범위를 제한 해석하는 것이 가능하고 … 이 사건 특허발명의 상세한 설명에 기재된 목적, 실시례, 효과 등에 의하면, 제1항 발명의 구성요소 중 '접지선 검출수단'은 수용가로 급전되는 전원선 중에서 접지된 전원선의 유무 및 어느 전원선이 접지된 전원선인가를 '자동으로' 검출하는 구성으로, '제어수단' 역시 접지 전원선 판별결과에 대응하여 스위칭 수단으로 하여금 기기 내부의 접지선을 검출된 접지 전원선에 '자동으로' 연결해 주는 구성으로 제한하여 해석함이 상당하므로, 원심이 피고 장치의 접지선검출수단은 수동으로 접지선을 검출하는 것이어서 제1항 발명의 접지선검출수단과 동일 내지는 균등관계에 있지 아니하고, 제1항 발명의 자동 제어수단은 피고 장치에 결여되어 있다는 이유로, 피고 장치가 이 사건 특허발명의 권리범위에 속하지 않는다고 판단한 것은 정당하고…" 같은 취지에서 특허발명의 보호범위 확정에 관하여 발명의 설명을 참작한 대법원 판례로는 대법원 2003. 7. 11. 선고 2001후2856 판결이 있다.

76) 아래 소개하는 대법원 판례들은 발명의 청구범위 확정에 관한 것이다.

교차결합된 복원성 섬유에 중합체성 물질을 도포하고 교차결합시킨다고 하더라도 앞서 본 바와 같은 각종의 조건이나 환경이 부과되지 아니하고서는 이 사건 특허발명에서 목적하는 물성, 즉 70% 이상의 복원율을 가지고 고압, 저온, 고습도에 견딜 수 있는 것을 제조할 수 있다고 단정할 수는 없다고 할 것이다. 오히려 위 특허청구범위의 기재는 가교화시킴에 따라 단순히 수축률이 높아지는 공지 관용기술을 포함하고 있다고 할 것이어서, 갑 제7호증이나 갑 제12호증의 발명에서 직물을 합성수지에 함침 또는 적층한 구조체 중 열경화성 수지를 가교화가 가능한 물질로 대체하여 일반적으로 널리 사용되는 가교화 기술(이 사건 특허출원 당시의 체신부의 열수축관 규격서에 의하더라도 열수축관은 방사선 처리로서 가교화하여 가공한 것을 요한다고 명시하고 있다)을 단순히 결합하는 것까지도 포함하는 것이고, 이는 이 사건 기술분야에서 통상의 지식을 가진 자가 용이하게 도출해 낼 수 있는 정도의 것이어서 그 진보성을 인정하기 어려운 경우라고 할 것이다.

② 대법원 2004. 10. 28. 선고 2003후2447 판결

이 사건 제2항 발명의 특허청구범위는 신규성이 없다고 인정되는 제1항 발명의 '진공챔버수단'을 '위 백을 진공 봉합하는 중 액체와 입자를 모으기 위해 위 베이스상에 형성된 챔버 부분을 포함'하는 것으로 한정한 구성으로서, 후드와 베이스로 형성된 진공봉합장치의 하부구조인 베이스에 챔버를 형성하는 것으로 명확하게 해석되므로 명세서의 다른 기재에 의한 보충이 불필요하고, 그 청구범위에서 베이스에 형성되는 챔버 부분의 형상이나 구조를 제한하고 있지 않으므로, 이 사건 제2항 발명의 베이스에 해당하는 하부 죠에 오목부를 형성하고 있는 간행물 게재 발명(선행기술)에는 이 사건 제2항 발명과 동일한 구성이 그대로 나타나 있다고 봄이 상당하다. 따라서 이 사건 제2항 발명의 챔버 부분이 별도의 구성이나 진공펌프와의 작동관계에 대한 한정 없이도 당연히 액체 등의 흡입방지 기능까지도 하는 구성임을 전제로 위 간행물 게재 발명의 오목부와 다른 구성이라고 판단한 원심은 발명의 상세한 설명의 기재 내용에 의하여 특허청구범위를 지나치게 제한 해석한 잘못이 있대이 사건 제2항 발명의 특허청구범위가 위 간행물 게재 발명과 같은 형태의 챔버 부분(오목부)을 배제하는 것으로 제한 해석되지도 않음은 물론이다].

③ 대법원 2005. 4. 15. 선고 2004후1090 판결

이 사건 등록고안이나 선행 고안 모두 인체에서 배출되는 여러 종류의 배설물을 흡수하는 데 사용하는 일회용 팬츠에 있어서 그 흡수한 배설물이 그 팬츠의 외부로

새나가지 않도록 한다는 공통의 목적을 가지고 있고, 이 사건 등록고안의 구성 중 단순히 '착용자의 둔부에서 탄력성을 제공하는'이라는 작용 내지 기능에 의하여 한정되어 있는 '측면부재'는 이러한 작용 내지 기능을 하는 구성을 모두 포함하는 것으로 해석되며, 선행 고안에 이 사건 등록고안의 측면부재와 동일한 기능을 하는 측면부재가 개시되어 있다고 보기에 충분하므로, 원심이 이 사건 등록고안의 등록청구범위를 그 판시와 같이 해석한 다음 선행 고안과 대비 판단하여 그 진보성을 부인한 것은 정당하다.

④ 대법원 2005. 4. 28. 선고 2004후1533 판결

이 사건 등록고안의 '결속구' 구성은 등록청구범위에서 어떠한 한정을 한 바 없어 이 사건 등록고안의 명세서상의 도면에 나타난 구성에 한정되는 것이 아니므로 간행물 2 게재 고안의 '크립, 와셔 및 너트' 구성과 실질적으로 동일하다.

(2) 유형 2: 발명의 설명 등을 참작한 사례

① 대법원 2006. 11. 24. 선고 2003후2089 판결

이 사건 특허발명의 독립항인 제1항, 제16항, 제21항 발명은 모두 구체적인 구성만으로 기재된 것이 아니라 특정의 단계적인 기능이나 작용을 기재하는 등의 사정으로 그 권리범위를 명확하게 확정하기 어려운 면이 있으므로 이 사건 제1항, 제16항, 제21항 발명 및 위 각 발명을 인용하여 한정하고 있는 종속항들이 이 사건 특허발명에 앞서 출원된 발명과 동일한지 여부를 판단함에 있어서는 그 명세서와 도면에 기재된 실시 예를 비롯한 구체적인 구성 등을 고려하여 권리범위를 파악하여야 할 것인바, 이와 같이 볼 경우 이 사건 제4항, 제7항, 제8항, 제14항, 제15항, 제18항, 제25항 발명 등은 선원주의에 위배되어 특허된 것이라고 할 수 없다.

② 대법원 2001. 6. 29. 선고 98후2252 판결

원심은 …다음과 같은 취지로 판단하였다. …기술적 구성의 면에서, 이 사건 등록고안은 '공유하는 구동장치(1)의 동력공급부(11)에 부착하기 위한 연결부(2)'와 착유실린더(3), 착유스크류(4), 가열히터(5), 호퍼(6)로 구성되어 있고 그 연결부를 제외한 나머지 구성요소가 공지된 점은 당사자 사이에 다툼이 없으므로, 이 사건 등록고안의 요지는 연결부의 구성이라고 할 것인데, 청구범위의 기재에 의하더라도 연결부의 구성은 '구동장치를 공유하기 위한 연결부'로 한정되어 있으나 '연결부'의 기재는 여전히 기능적 표현이므로, 고안의 상세한 설명과 도면의 기재를 참고하여 실질적으로 그 의

미 내용을 확정하여 보면(피고는 이 사건 등록고안의 청구범위에는 '연결부'라고만 기재되어 있으므로 그 문언대로 해석되어야 하고, 도면이나 상세한 설명의 기재를 참고하여 해석할 수 없다는 취지로 주장하나, 이 사건 등록고안의 청구범위에 '구동장치를 공유하기 위한 연결부' 라는 의미로 기재하고 있어 막연히 연결부라고 기재한 것과는 다르고, 또 '연결부'나 '연결수단' 과 같은 기능적 표현의 경우에는 명세서 본문과 도면의 기재를 참고하여 해석할 수 있는 것이 어서 피고의 주장은 받아들이지 아니한다.), 그 상세한 설명 및 도면에 명백히 기재되어 있는 바와 같이 연결쇠(14)(18)와 연결클립(15)으로 되는 플랜지타입이나 스크류타입, 볼트조임타입 등의 제작과 조작이 쉬운 연결요소로 구성된 사실을 알 수 있다.…기록 에 비추어 살펴보면, 이러한 원심의 사실인정과 판단은 정당하고,…실용신안등록 청 구범위의 해석을 그르치거나…등의 위법이 있다고 할 수 없다.

위 대법원 판결은 청구범위가 '구동장치의 동력공급부에 부착하기 위한 연결부와 착유실린더, 착유스크류' 등으로 기재된 청구항에 관하여, 연결부와 같은 기능적 표현 을 고안의 상세한 설명과 도면을 참고하여 실질적으로 그 의미 내용을 확정한 원심 이 적법하다고 보았다.

③ 대법원 2006. 11. 24. 선고 2003후2072 판결

이 사건 제1항 발명과 이 사건 제17항 발명은 모두 구체적인 구성만으로 기재된 것이 아니라 특정의 단계적인 기능이나 작용을 기재하는 등의 사정으로 그 권리범위 를 명확하게 확정하기 어려운 면이 있으므로 명세서와 도면에 기재된 실시 예를 비 롯한 구체적인 구성 등을 고려하여 권리범위를 파악하여야 할 것이므로, 이 사건 제1 항 발명과 이 사건 제17항 발명이 원심 판시의 출원 전 공지발명들에 의하여 진보성 이 부정되지 않으며 ….

④ 대법원 2006. 10. 26. 선고 2004후2260 판결

특허출원절차에서 심사의 대상이 되는 특허발명의 기술내용의 확정은 특허출원 서에 첨부한 명세서의 특허청구범위에 기재된 사항에 의하여 정하여지는 것이 원칙 이지만, 그 기재만으로 특허를 받고자 하는 발명의 기술적 구성을 알 수 없거나 알 수 있더라도 기술적 범위를 확정할 수 없는 경우에는 발명의 상세한 설명이나 도면 등 명세서의 다른 기재부분을 보충하여 명세서 전체로서 특허발명의 기술내용을 실 질적으로 확정하여야 하며 … 이 사건 출원발명의 청구항 1 중 '화일 입출력의 감시' 라는 구성은 클라이언트 시스템의 구성요소(하드디스크, 인터넷 포트, 메모리 등) 중 어 느 부분을 경계로 정하느냐에 따라 달라질 수 있는 상대적인 개념으로서 그 자체로

는 기술적 범위를 명확히 확정할 수 없는 경우라 할 것이어서, 원심이 발명의 상세한 설명 등을 참작하여 '화일 입출력의 감시'를 '클라이언트 자체 내에서 파일이 실행되기 위하여 파일이 입출력 처리 루틴을 거치는 것을 가로채서(hooking) 해당 파일 정보를 얻는 행위'라고 해석한 것은 정당하며, ….

⑤ 대법원 2009. 7. 23. 선고 2007후4977 판결[77]

특허출원된 발명의 특허청구범위에 기능, 효과, 성질 등에 의하여 발명을 특정하는 기재가 포함되어 있는 경우에는 특허청구범위에 기재된 사항에 의하여 그러한 기능, 효과, 성질 등을 가지는 모든 발명을 의미하는 것으로 해석하는 것이 원칙이나, 다만, 특허청구범위에 기재된 사항은 발명의 상세한 설명이나 도면 등을 참작하여야 그 기술적 의미를 정확하게 이해할 수 있으므로, 특허청구범위에 기재된 용어가 가지는 특별한 의미가 명세서의 발명의 상세한 설명이나 도면에 정의 또는 설명이 되어 있는 등의 다른 사정이 있는 경우에는 그 용어의 일반적인 의미를 기초로 하면서도 그 용어에 의하여 표현하고자 하는 기술적 의의를 고찰한 다음 용어의 의미를 객관적, 합리적으로 해석하여 발명의 내용을 확정하여야 한다.

이 사건 제15항 발명에 기재된 원심 판시 구성 1인 '플레이어의 조작에 의해 캐릭터의 체형을 결정하는 결정수단'은 기능, 성질 등에 의한 용어가 포함되어 있는 구성으로서 '플레이어의 조작에 의해 캐릭터의 체형을 결정하는 작용 내지 기능을 하는 모든 구성'으로 해석함이 원칙이나, 발명의 상세한 설명이나 도면 등 명세서의 다른 기재에 의하면, 캐릭터의 체형에 대해서는 캐릭터의 신장과 체중을 의미하는 것으로 정의 또는 설명이 되어 있고 캐릭터의 체형을 결정하는 결정수단에 대해서는 '플레이어가 임의로 십자키의 조작에 의해 캐릭터를 세로 방향 및 가로 방향으로 신축시킴으로써 신장과 체중을 정하는 구성' 및 '플레이어가 캐릭터 선택 화면에서 디폴트 캐릭터의 체형을 선택하는 구성'으로 설명이 되어 있으므로, 구성 1은 위와 같이 플레이어의 조작에 의하여 캐릭터의 체형을 선택하거나 작성하여 캐릭터의 체형을 결정하는 구성을 의미하는 것으로 해석된다. 그런데 구성 1은 비교대상발명 1에 개시된 '캐릭터의 일람 화면표시에서 캐릭터를 선택하여 캐릭터의 체형을 결정하는 구성'을 포함하므로, 비교대상발명 1에 공지되어 있다.

---

77) 이 판결의 해설은 한동수, "특허청구범위가 기능적 표현으로 기재된 경우 발명의 내용을 확정하는 방법", 대법원판례해설 82호(2009 하반기), 법원도서관, 583~623 참조.

이 사건 제15항 발명의 원심 판시 구성 2인 '외부로부터 입력되는 음성 또는 사전에 준비되는 음성의 성질(성질)을 캐릭터의 체형에 관한 속성정보에 기초하여 변환하는 변환수단'에 관하여 보면, 구성 2는 이 사건 출원발명이 속하는 기술분야에서 통상의 지식을 가진 자(이하 '통상의 기술자'라고 한다)라면 우선권 주장일 당시의 기술상식에 기초하여 특허청구범위의 기재 자체만으로 음성변환수단의 구체적인 기술구성을 명확하게 인식할 수 있으므로 이른바 기능적 표현이 포함되어 있는 구성은 아니다. 그리고 이에 대응되는 비교대상발명 1, 2의 각 구성은 모두 음성변환수단을 가지고 있으면서, 다만 구성 2에서와 같이 변환파라미터가 신장, 체중 등의 체형에 관한 속성정보가 아니고 성별이나 연령에 근거하는 점만이 다를 뿐이나, 이러한 차이는 통상의 기술자가 별다른 기술적 어려움 없이 손쉽게 채택하여 변경할 수 있는 정도에 불과하므로, 구성 2는 비교대상발명 1, 2로부터 용이하게 도출될 수 있다. 그 밖에 이 사건 제15항 발명의 나머지 구성으로서 원심 판시 구성 3인 '변환된 성질의 음성을 캐릭터의 음성으로 출력하는 출력수단' 역시 비교대상발명 1, 2에 이미 공지되어 있다.

따라서 이 사건 제15항 발명은 통상의 기술자가 비교대상발명 1, 2로부터 용이하게 발명할 수 있으므로 그 진보성이 부정된다. 원심이 이 사건 제15항 발명의 특허청구범위에 기재된 구성 1을 명세서의 실시 예에 나타난 구성 중 하나인 '플레이어가 임의로 십자 키의 조작에 의해 캐릭터를 세로 방향 및 가로 방향으로 신축시킴으로써 신장과 체중을 정하는 구성'으로 제한 해석한 다음 구성 1이 주지관용기술을 게임 프로그램에 전용한 것에 불과하다고 본 점 등은 잘못이나, 이 사건 제15항 발명의 진보성이 부정된다고 판단한 결론은 정당하고 ….

4. 제조방법이 기재된 물건발명의 청구항

가. 의   의

특허법 제2조 제3호는 발명을 '물건의 발명', '방법의 발명', '물건을 생산하는 방법의 발명'으로 구분한다. 그중 물건의 발명은 보호받고자 하는 사항이 물건 그 자체임이 분명하므로, 물건의 발명의 청구항은 그 구성을 직접 특정하는 방식으로 기재하여야 한다. 그러나 물건의 발명의 청구항이면서도 그 구성을 그 물건을 제조하는 방법이나 수단을 사용하여 표현하는 경우가 있는데, 이를 "제조방법이 기재된 물건발명의 청구항(product by process claim, 이하 'PbP 청구항)"이라 한다. 예를 들면 '~방법으로 제조된 물건', '~장치로 제조된 물건'이라고 표현된다.

발명의 대상이 되는 물건의 구성을 물성 등에 의하여 직접적으로 특정하는 것이 불가능, 곤란 또는 부적절하여 그 제조방법에 의하여만 물건 자체를 특정할 수 있는 경우가 있다. 생명공학 분야나, 고분자, 혼합물, 금속 등의 화학 분야 등에서는 어떠한 제조방법에 의하여 얻어진 물건을 그 구조나 성질로 직접적으로 특정하는 것이 어려운 때가 있다. 또한, 물건의 발명도 청구범위에 물건의 구조나 특성 등을 기재하는 것보다는 제조방법을 기재하는 것이 출원자에게 더 편하면서 통상의 기술자가 더 쉽게 이해할 수 있는 경우가 있다.

현재 실무에서는 '제조방법' 없이 물건을 특정하는 것이 그리 어렵지 아니한 경우에도 물건을 특정하기 위한 방편으로 '제조방법'을 청구항에 삽입하는 경우가 종종 발견된다. 더욱이 2007. 1. 3. 개정된 특허법에서 제42조 제6항[78]을 신설하여 발명을 보다 자유롭게 특정할 수 있도록 하였으므로, 앞으로 더 많은 PbP 청구항이 출원되고 관련 침해사건도 증가할 것으로 예상된다.[79]

나. 발명의 청구범위 확정

신규성 · 진보성 판단을 위한 발명의 청구범위 확정에 관하여 학설은 동일성설과 한정설로 나뉜다. 동일성설에 의하면, PbP 청구항도 물건의 청구항인 이상, 제조방법에 구애됨이 없이 물건 그 자체를 기준으로 청구범위를 확정한다. 즉, 물건으로서 동일성이 있다면 기재된 제조방법과 다른 방법으로 생산된 물건까지 발명의 기술적 구성에 포함시키는 견해이다. 한편, 한정설은 청구범위의 기술적 구성은 청구범위의 기재에 근거하여 해석되어야 한다는 점을 들어, '기재된 제조방법에 의해 제조된' 물건으로 발명의 기술적 구성이 한정된다는 견해이다.

이와 관련하여 대법원 2015. 1. 22. 선고 2011후927 전원합의체 판결은 "특허법 2

---

78) "… 특허청구범위를 기재할 때에는 보호받고자 하는 사항을 명확히 할 수 있도록 발명을 특정하는 데 필요하다고 인정되는 구조 · 방법 · 기능 · 물질 또는 이들의 결합관계 등을 기재하여야 한다."라고 규정하였고, 2014. 6. 11. 개정된 조항에서도 "… 청구범위에는 보호받으려는 사항을 명확히 할 수 있도록 발명을 특정하는 데 필요하다고 인정되는 구조 · 방법 · 기능 · 물질 또는 이들의 결합관계 등을 적어야 한다."라고 하여 같은 취지로 규정하였다.

79) 반용병, "특별한 사정이 있는 경우 Product by Process Claim의 청구범위의 해석", 지식재산21, 특허청 (2009. 1.), 159.

조 3호는 발명을 '물건의 발명', '방법의 발명', '물건을 생산하는 방법의 발명'으로 구분하고 있는바, 특허청구범위가 전체적으로 물건으로 기재되어 있으면서 그 제조방법의 기재를 포함하고 있는 발명의 경우 제조방법이 기재되어 있다고 하더라도 발명의 대상은 그 제조방법이 아니라 최종적으로 얻어지는 물건 자체이므로 위와 같은 발명의 유형 중 '물건의 발명'에 해당한다. 물건의 발명에 관한 특허청구범위는 발명의 대상인 물건의 구성을 특정하는 방식으로 기재되어야 하는 것이므로, 물건의 발명의 특허청구범위에 기재된 제조방법은 최종 생산물인 물건의 구조나 성질 등을 특정하는 하나의 수단으로서 그 의미를 가질 뿐이다. 따라서 제조방법이 기재된 물건발명의 특허요건을 판단함에 있어서 그 기술적 구성을 제조방법 자체로 한정하여 파악할 것이 아니라 제조방법의 기재를 포함하여 특허청구범위의 모든 기재에 의하여 특정되는 구조나 성질 등을 가지는 물건으로 파악하여 출원 전에 공지된 선행기술과 비교하여 신규성, 진보성 등이 있는지 여부를 살펴야 한다. 한편 생명공학 분야나 고분자, 혼합물, 금속 등의 화학 분야 등에서의 물건의 발명 중에는 어떠한 제조방법에 의하여 얻어진 물건을 구조나 성질 등으로 직접적으로 특정하는 것이 불가능하거나 곤란하여 제조방법에 의해서만 물건을 특정할 수밖에 없는 사정이 있을 수 있지만, 이러한 사정에 의하여 제조방법이 기재된 물건발명이라고 하더라도 그 본질이 '물건의 발명'이라는 점과 특허청구범위에 기재된 제조방법이 물건의 구조나 성질 등을 특정하는 수단에 불과하다는 점은 마찬가지이므로, 이러한 발명과 그와 같은 사정은 없지만 제조방법이 기재된 물건발명을 구분하여 그 기재된 제조방법의 의미를 달리 해석할 것은 아니다."[80]라고 판시하여, 이른바 부진정 PbP 청구항에 대해서만 동일성설을 취한 것으로 이해될 여지가 있는 종래 대법원 판례[81]를 변경하였다.[82]

---

80) 위 판결은 "원심은, 이 사건 제6항 발명의 방법에 의하여 제조된 물건인 '편광필름'을 그 특허청구범위로 하여 제조방법이 기재된 물건발명에 해당하는 이 사건 제9, 10항 발명을 비교대상발명들과 대비함에 있어서, 이 사건 제6항 발명의 진보성이 부정되지 않는다고 판단한 다음 곧바로 그에 따라 이 사건 제9, 10항 발명의 진보성도 부정되지 않는다고 판단하였다. 그런데 앞서 본 법리에 비추어 볼 때, 제조방법이 기재된 물건발명에 해당하는 이 사건 제9, 10항 발명에 관하여는 그 제조방법의 기재를 포함한 특허청구범위의 모든 기재에 의하여 특정되는 구조나 성질을 가진 물건의 발명만을 비교대상발명들과 대비하여 진보성 유무를 판단하였어야 함에도, 원심은 그에 이르지 아니한 채 제조방법에 관한 발명의 진보성이 부정되지 않는다는 이유만으로 곧바로 그 제조방법이 기재된 물건의 발명인 이 사건 제9, 10항 발명의 진보성도 부정되지 않는다고 판단하였으니, 이러한 원심판결에는 제조방법이 기재된 물건발명의 진보성 판단에 관한 법리를 오해하여 판결에 영향을 미친 위법이 있다."고 판시하였다.

81) 대법원 2006. 6. 29. 선고 2004후3416 판결. "물건의 발명의 특허청구범위는 특별한 사정이 없는 한 발명의 대상인 물건의 구성을 직접 특정하는 방식으로 기재하여야 하므로, 물건의 발명의 특허청구범위에

대법원 2011후927 판결에서 설시한 PbP 청구항 해석 법리에 따르면, 우선 PbP 청구항의 청구범위는 물건 자체를 기초로 판단해야 하고, PbP 청구항에 기재된 제조방법은 '물건의 구조나 성질'에 영향을 미치는 범위 내에서 고려될 수 있으므로, 청구범위에 기재된 제조방법에 진보성이 있더라도 최종 제조된 물건이 선행발명과 동일하거나 그로부터 쉽게 발명할 수 있다면 그 신규성이나 진보성이 인정될 수 없다.[83] 예

그 물건을 제조하는 방법이 기재되어 있다고 하더라도 그 제조방법에 의해서만 물건을 특정할 수밖에 없는 등의 특별한 사정이 없는 이상 당해 특허발명의 진보성 유무를 판단함에 있어서는 그 제조방법 자체는 이를 고려할 필요 없이 그 특허청구범위의 기재에 의하여 물건으로 특정되는 발명만을 그 출원 전에 공지된 발명 등과 비교하면 된다." 나아가 위 판결은 "원심은, 명칭을 '폴리테트라플루오르에틸렌 물질의 화학적 표면개질 방법'으로 하고, 표면개질 방법에 관한 청구항인 이 사건 제1항 발명 및 그 종속항인 이 사건 제2항 발명, 그리고 이 사건 제1, 2항 발명의 방법에 의하여 제조된 물건인 폴리테트라플루오르에틸렌 물질에 관한 이 사건 제3, 4항 발명을 특허청구범위로 하는 이 사건 출원발명을 원심 판시의 비교대상발명과 비교함에 있어서, 이 사건 제1항 발명의 진보성이 부정되지 않는다고 판단한 다음 곧바로 그에 따라 이 사건 제2항 발명뿐만 아니라 이 사건 제3, 4항 발명의 진보성도 부정되지 않는다고 판단하였다. 앞서 본 법리에 비추어 볼 때, 물건의 발명을 내용으로 하는 이 사건 제3, 4항 발명에 관하여는 특별한 사정이 없는 한 각 그 특허청구범위의 기재에 의하여 물건으로 특정되는 발명만을 비교대상발명과 비교하여 그 진보성 유무를 판단하였어야 함에도, 원심은 그에 이르지 아니한 채 제조방법에 관한 발명의 진보성이 부정되지 않는다는 이유만으로 막바로 그 제조방법이 기재된 물건의 발명인 이 사건 제3, 4항 발명의 진보성도 부정되지 않는다고 판단하였다. 이러한 원심판결에는 물건 발명의 특허청구범위에 그 물건을 제조하는 방법이 기재된 경우의 진보성 판단에 관한 법리를 오해하여 판결에 영향을 미친 위법이 있다."고 판단하였다. 위 대법원 판결을 반대해석하면, 제조방법에 의해서만 물건을 특정할 수밖에 없는 특별한 사정이 있는 경우에는 제조방법을 포함하여 진보성을 판단할 수 있다는 취지로 이해될 여지가 있었다.

82) 일본 지적재산고등재판소 2012. 1. 27. 선고 평성22년(ネ) 제10043호 판결은 "구조 또는 특성에 의하여 물건을 직접적으로 특정하는 것이 출원 시에 불가능하거나 곤란한 사정이 있기 때문에 제조방법에 의해 물건을 특정한 '진정 PbP 청구항'의 경우에는 권리부여단계와 권리행사단계에서 모두 청구범위에 기재된 제조방법에 한정하지 않고, 같은 방법으로 제조된 물건과 동일한 물건으로 해석하여야 하고, 구조 또는 특성에 의하여 물건을 직접적으로 특정하는 것이 출원 시에 불가능하거나 곤란한 사정이 존재한다고 할 수 없는 '부진정 PbP 청구항'의 경우에는 청구범위에 기재된 제조방법으로 한정 해석하여야 한다."라는 취지로 판시하였다. 그러나 일본 최고재판소 2015. 6. 5. 선고 평성24년(受) 제1204호 판결은 위 지적재산고등재판소 판결을 파기하면서 "특허는 물(物)의 발명, 방법의 발명 또는 물(物)을 생산하는 방법의 발명에 대해 부여되는데, 특허가 물(物)의 발명에 대한 것인 경우에는, 그 특허권의 효력은 당해 물(物)과 구조, 특성 등이 동일한 물(物)이라면 그 제조방법에 관계없이 미친다. 따라서 물(物)의 발명에 관한 특허청구범위에 그 물(物)의 제조방법이 기재된 경우에도 그 발명의 요지는 당해 제조방법에 의하여 제조된 물(物)과 구조, 특성 등이 동일한 물(物)과 구조, 특성 등이 동일한 물(物)로서 확정된다고 해석함이 상당하다."고 판시하여 대법원 2011후927 전원합의체 판결과 같은 입장을 취하였다. 또한 같은 날 선고된 평성24년(受) 제2658호 판결도 PbP 청구항의 특허성 판단에서 발명의 요지는 당해 제조방법에 의하여 제조된 물(物)과 구조, 특성 등이 동일한 물(物)과 구조, 특성 등이 동일한 물(物)로서 확정된다는 취지로 판시하였다.

83) 유영선, "제조방법이 기재된 물건발명 청구항(Product by Process Claim)의 특허청구범위 해석", 산업재산권 제48호, 25. 또한 같은 논문 24면에서 'PbP 청구항은 본질적으로 「물건의 발명」이라는 점을 고려

컨대 "제조방법 P에 의하여 생산된 단백질"의 경우에 제조방법 Q에 의하여 제조된 특정 단백질 Z가, 제조방법 P에 의하여 생산된 단백질과 동일한 물건인 경우에 방법 P가 신규한지 여부에 관계없이 신규성이 부정된다.

다. 특허발명의 보호범위

물건의 발명의 청구범위에 제조방법에 의하여 물건을 특정하려고 하는 기재가 포함된 경우에 당해 특허발명의 침해 여부 판단에서 그 제조방법을 물건의 구성에 포함하여 해석할 것인지에 대하여는 미국이나 독일, 일본, 그리고 국내에서 많은 논란이 있어 왔다.[84][85]

할 때, 미국, 유럽, 일본 등의 판례와 실무가 취하고 있는 동일성설을 취함이 바람직하다. 물건을 명확하게 알 수 없는 경우 문제가 있다는 동일성설에 대한 비판은, 미국이나 유럽의 실무에서 보듯 출원인이나 특허권자에게 공지된 물건과의 차이를 증명하도록 함으로써 해결할 수 있다'는 의견을 제시하였다.

84) 미국 연방항소법원(CAFC)의 판결은 동일성설을 취한 판결과 한정설을 취한 판결로 나누어져 있다가 Abbott Laboratories v. Sandoz, Inc 판결[전원합의체 판결, 566 F.3d 1282(Fed. Cir. 2009)]에서 특허침해 단계에서는 특허부여 단계와는 달리 한정설을 취하였다. 독일연방대법원은 원칙적으로 PbP 청구항에 기재된 제조과정이나 공정에 의해 보호범위가 제한되지 않는다고 하여 동일성설을 취하면서, 기재된 제조방법이 최종생산물에 미치는 특별한 작용효과가 보호범위를 정함에 있어 고려되어야 한다는 입장을 취하고 있다. 일본의 경우는 앞서 본 바와 같다. 이에 관한 상세한 논의는 정상조·박성수 공편, 특허법 주해 I, 박영사(2010), 1201~1211; 박민정, "프로덕트 바이 프로세스 청구항에 관한 고찰", 특허소송연구 제6집, 22~39; 유영선(주 83), 19~21; 윤태식, "제조방법 기재 물건 청구항의 청구범위 해석과 관련된 쟁점", 특별법연구(11권), 사법발전재단(2014. 2.) 참조

85) 이와 관련하여 우리나라에서는 종래 다음과 같은 견해가 제시되었다. 즉, 제1설은 "특허성 판단의 경우와 침해 여부 판단의 경우 권리범위를 달리 해석하는 것은 일관성이 없어서 바람직하지 아니하므로 동일하게 해석함이 타당할 것이다. 그러므로 위 대법원 2004후3416 판결이 있는 이상 그에 따라 발명의 구성을 특정하거나 표현할 다른 적절한 방법이 없어서 제조방법에 의해서만 물건을 특정할 수밖에 없는 경우에는 제조방법을 포함하여 물건의 발명의 구성을 한정적으로 해석하고, 그렇지 아니한 경우에는 제조방법의 한정 없이 물건 자체를 권리범위로 인정함이 원칙일 것이다. 다만 후자의 경우에는 발명자가 선행기술로 이미 존재하는 동일한 물건에 의해 당해 특허의 등록이 거절되는 것을 피하기 위하여 특정한 방법으로 물건을 제조하는 것이 고유한 기술적 효과를 가진다는 점을 나타내기 위한 경우가 많을 것이므로, 이러한 사정을 반영하여 특허청구범위에 기재된 방법 이외의 방법으로 물건을 제조, 사용하는 행위는 침해를 구성하지 않는다고 하여야 할 것이다(출원 과정에서 출원인이 위와 같은 사유로 특허청구범위를 보정한 것이라면 출원경과금반언의 원칙에 의하여 특허발명의 권리범위가 방법의 한도로 제한될 수 있음은 물론이다)."라고 보는 견해이다[최성준, "특허청구범위의 해석에 있어서의 몇 가지 문제에 관하여", "지식재산강국을 향한 도전 30년" 특허청 개청 30주년 기념 논문집, 특허청, 40]. 제2설은 "이론적으로 보면 발명품이 물건의 구성에 신규성 및 진보성이 있다는 이유로 특허받은 이상 특허가 부여된 후에도 물건의 발명으로 보호되는 것은 당연하다고 생각된다. 특허발명의 제조방법은 물건의 구성을 특정하는 하나의 수단에 불과하다고 보아야 하므로 권리침해단계에서도 제조방법은 원칙적으로 고려할 필요가 없다. 그러나 문제가 되는 프로덕트 바이 프로세스 청구항의 출원과정에서 선행발명의 물

최근 앞서 본 대법원 2011후927 전원합의체 판결의 후속 판결로서 특허침해 단계
에서의 PbP 청구항의 해석에 관한 대법원 2015. 2. 12. 선고 2013후1726 판결이 선고되
었는데, 위 판결에서는 2011후927 판결의 법리를 그대로 인용한 후, "제조방법이 기재
된 물건발명에 대한 위와 같은 특허청구범위의 해석방법은 특허침해소송이나 권리범
위확인심판 등 특허침해 단계에서 그 특허발명의 권리범위에 속하는지 여부를 판단
하면서도 마찬가지로 적용되어야 할 것이다. 다만 이러한 해석방법에 의하여 도출되
는 특허발명의 권리범위가 명세서의 전체적인 기재에 의하여 파악되는 발명의 실체
에 비추어 지나치게 넓다는 등의 명백히 불합리한 사정이 있는 경우에는 그 권리범
위를 특허청구범위에 기재된 제조방법의 범위 내로 한정할 수 있다."고 판시하였다.

위 판결 및 관련 사건 판결[86]은 위와 같은 법리를 기초로 해당 사안에 관하여
"명칭을 '위장질환 치료제용 쑥추출물'로 하는 이 사건 제7항 발명은 '쑥잎을 메탄올
또는 에탄올로 추출하여 얻은 쑥추출물을 탈지하고 클로로포름으로 용출시켜 소분획
물을 얻은 다음 이를 다시 실리카겔 컬럼에 충전하여 용출시키는 방법에 의하여 제
조한 자세오시딘(5, 7, 4'-trihydroxy-6, 3'-dimethoxy flavone)을 유효성분으로 하여 이에 약
제학적으로 허용되는 물질이 첨가된 위장질환 치료제용 약학적 조성물'이다. 이와 같
이 이 사건 제7항 발명은 약학적 조성물의 유효성분과 관련하여 특허청구범위가 전
체적으로 '자세오시딘'이라는 물건으로 기재되어 있으면서 그 제조방법의 기재를 포
함하고 있으므로 앞서 본 '제조방법이 기재된 물건발명'에 해당한다. 그런데 그 특허
청구범위에 기재되어 있는 자세오시딘의 제조방법이 최종 생산물인 자세오시딘의 구
조나 성질에 영향을 미치는 것은 아니므로, 이 사건 제7항 발명의 권리범위를 해석함
에 있어서 그 유효성분은 '자세오시딘'이라는 단일한 물건 자체라고 해석하여야 한다.
그리고 위와 같은 자세오시딘의 제조방법에 대하여는 이 사건 제6항 발명에서 별도
로 특허청구하고 있을 뿐만 아니라 이 사건 특허발명의 명세서에는 자세오시딘 자체

건에 특허성이 있는 새로운 제조방법을 적용하였음을 주장하여 특허를 받거나 발명의 명세서에도 그러
한 제조방법에 기한 특유한 작용효과가 강조되어 있는 경우에는 금반언의 원칙이 적용되어 권리부여단
계에서와 달리 권리침해단계에서는 사안에 따라 제조방법이 고려될 여지가 있다고 할 것이다."고 보는
견해이다[정상조 · 박성수 공편(주 84), 1211. 이 견해는 나아가 청구항에서 제조방법으로 기재된 것이라
고 해석될 여지가 있는 문구가 실질적으로 구조적인 관계를 나타내는 용어로 해석될 수 있으므로, 물건
의 구성이나 특정을 명확하게 하기 위해 제조방법을 고려하는 것은 권리침해단계에 있어서도 원칙적으
로 허용된다고 보고 있다]. 제3설은 특허성 판단시와 침해 판단시에 모두 동일성설을 취하는 것이 바람
직하다는 견해이다[박민정(주 84), 35 참조].
86) 대법원 2015. 2. 12. 선고 2013후1733 판결

에 대하여 실험을 하여 대조군인 슈크랄페이트보다 약 30배의 위장질환 치료 효과를 나타낸다는 것을 밝힌 실시 예 17이 기재되어 있는 점 등에 비추어 보면, 이 사건 제7항 발명의 권리범위를 위와 같이 해석하더라도 그 발명의 실체에 비추어 지나치게 넓다는 등의 명백히 불합리한 사정이 있다고 할 수는 없다."고 판단하였다.

5. 파라미터(parameter)가 기재되어 있는 청구항

가. 의 의

파라미터 발명이란, 예컨대, "500℃에서 3시간 방치 후 굴곡강도가 80kg/㎠ 이상인 지르코니아계 내열성 재료"와 같이 일반적인 수치한정발명(발명의 구성요건 중 예컨대 온도나 배합비율과 같이 일정한 범위를 가지는 구성요소에 관하여 수치를 한정한 발명)에 비해서 새롭게 창출한 물리적, 화학적 또는 생물학적 특성 값(파라미터) 또는 새롭게 도출한 복수의 변수 사이의 상관관계를 이용하여 발명의 구성요소를 특정한 발명을 말한다.

이러한 파라미터는 재료의 구조 또는 구성을 직접적으로 규정하는 '기본 파라미터'와 재료의 구조 또는 구성을 직접적으로 규정하지 못하고 단지 이러한 구조 또는 구성에서 파생하는 특성을 표현하는 '유도파라미터'로 구분된다. 전자에 속하는 것들로는 밀도, 기공률, 표면조도, 결정입경, 분자량 등이 있고, 후자에 속하는 것들로는 점도, 융점, 비점, 굴곡강도, 탄성율, 광반사율, 열전도율 등이 있다.[87]

나. 발명의 청구범위 확정

파라미터 발명의 청구항 중 물질의 성질 또는 특성을 나타내기 위하여 파라미터를 사용하여 한정하고 있는 부분도 발명의 구성요소로 보아야 한다. 따라서 이와 같이 파라미터로 한정하고 있는 부분도 신규성 및 진보성이 있는지를 판단할 때 선행의 공지기술과 대비해야 할 구성으로 보아야 한다.

대법원 2004. 4. 28. 선고 2001후2207 판결은 "성질 또는 특성 등에 의하여 물건을 특정하려고 하는 기재를 포함하는 출원발명의 신규성 및 진보성을 판단함에 있어서

---

87) 유영선, "비교대상발명에 출원발명의 파라미터 구성요소가 명시적으로 나타나 있지 않으나 비교대상발명 역시 그러한 구성요소를 가질 것으로 추정된다는 이유로 출원발명의 신규성 및 진보성을 부정한 사례", 지적재산권 27호, 지적재산권법제연구원(2008), 60 참조.

그 출원발명의 특허청구범위에 기재된 성질 또는 특성이 발명의 내용을 한정하는 사항인 이상, 이를 발명의 구성에서 제외하고 간행물에 실린 발명과 대비할 수 없으며, 다만 간행물에 실린 발명에 그것과 기술적인 표현만 달리할 뿐 실질적으로는 동일ㆍ유사한 사항이 있는 경우 등과 같은 사정이 있을 때에 그러한 출원발명의 신규성 및 진보성을 부정할 수 있을 뿐이다."라고 판시하였다.[88]

이 대법원 판결은 출원발명의 청구범위에 기재된 성질 또는 특성이 발명의 내용을 한정하는 사항인 이상, 이를 발명의 구성에서 제외하고 간행물에 실린 발명과 대비할 수 없다고 한 점에 특징이 있다.[89]

다. 특허발명의 보호범위

파라미터 발명의 보호범위는 다른 발명과 마찬가지로 청구범위의 기재에 의하여 정해진다고 할 것이므로 특별한 사정이 없는 한 명세서에 기재된 구체적인 실시례에만 한정되는 것이 아니라, 청구범위에 기재된 파라미터를 나타내는 모든 물질 그리고 이와 같은 성질 또는 특성을 가진 모든 물질에 미친다고 봄이 타당하다.[90]

---

88) 이와 관련하여, 대법원 2002. 6. 28. 선고 2001후2658 판결은, "성질 또는 특성 등에 의해 물(物)을 특정하려고 하는 기재를 포함하는 특허발명과, 이와 다른 성질 또는 특성 등에 의해 물을 특정하고 있는 인용발명을 대비할 때, 특허발명의 특허청구범위에 기재된 성질 또는 특성이 다른 정의(定義) 또는 시험ㆍ측정방법에 의한 것으로 환산이 가능하여 환산해 본 결과 인용발명의 대응되는 것과 동일ㆍ유사하거나 또는 특허발명의 명세서의 상세한 설명에 기재된 실시형태와 인용발명의 구체적 실시형태가 동일ㆍ유사한 경우에는, 달리 특별한 사정이 없는 한, 양 발명은 발명에 대한 기술적인 표현만 달리할 뿐 실질적으로는 동일ㆍ유사한 것으로 보아야 할 것이므로, 이러한 특허발명은 신규성 및 진보성을 인정하기 어렵다."고 판시하고 있다.

89) 즉, 이 대법원 판결은 출원발명의 제1구성(거의 투명한 연속상의 산화물 피복층(피복층) 내에 본질적으로 완전히 봉입되고, 습도-가속된 감쇠에 민감한 전기발광성 인광체 입자를 포함하며)만으로는 출원발명이 목적으로 하는 물질을 얻을 수 있다고 볼 수도 없고, 더구나 출원발명의 제2구성(상기 봉입된 인광체 입자는 피복되지 않은 인광체 입자의 초기 전기발광 명도와 같거나 그 명도의 약 50% 이상인 초기 전기발광 명도를 가지며, 상대습도 95% 이상의 환경에서 100시간 작동시킨 후 보유되는 발광 명도의 백분율이, 작동온도, 전압 및 진동수가 거의 같은 상태에서 100시간 작동시킨 후 보유되는 고유한 명도의 약 70% 이상인 것을 특징으로 하는) 역시 원고가 출원발명을 출원하면서 보호를 받고자 하는 사항으로서 제1구성과 함께 그 특허청구범위에 기재한 사항임이 명백한바, 이러한 사정을 위에서 본 법리와 함께 고려하면, 제2구성은 발명의 대상인 인광체 입자의 성질 또는 특성을 표현하고 있기는 하지만 제1구성을 한정하면서 발명을 특정하고 있는 사항이라고 봄이 상당하므로, 출원발명의 진보성을 판단함에 있어서 비교대상발명과 대비하여야 할 구성에 해당한다고 판단하였다.

90) 최성준(주 85), 31.

제3절

명세서의 기재와 보정 및 정정

I. 명세서의 기재요건

1. 명세서 일반

특허를 받으려는 자는 발명의 설명·청구범위[1]를 적은 명세서와 필요한 도면 및 요약서를 첨부한 특허출원서를 특허청장에게 제출하여야 한다(특허 42조 1, 2항). 요약서는 발명의 개요를 나타내는 기술정보로서의 용도로 사용하여야 하고, 특허발명의 보호범위를 정하는 데에는 사용할 수 없다(특허 43조). 도면은 출원된 특허발명을 설명하는 데 필요한 경우 첨부하는 것이나, 실용신안등록 출원서의 경우에는 도면의 첨부가 필수적이다(실용신안 8조 2항).

특허제도는 특허성을 갖춘 발명의 내용을 공개한 사람에게 그 공개의 대가로 그 발명에 대하여 일정기간 특허권을 부여하는 것이다. 그런데 이러한 기술의 공개는 명세서에 기재된 발명의 설명에 의하여 이루어지고, 기술의 공개 대가로 부여되는 특허권의 보호범위는 명세서에 기재된 청구범위에 의하여 정해진다. 따라서 명세서는 기술문헌 및 권리서로서의 역할을 함과 동시에, 제3자의 자유로운 실시가 허용되는 범위를 일반 공중에게 명확하게 공시하는 문서이기도 하다. 특허발명의 명세서와 도면은 특허원부의 일부로 본다(특허 85조 4항).

---

1) 2014. 6. 11. 법률 제12753호로 개정된 특허법에 의하여 종전의 '특허청구범위'가 '청구범위'로, '발명의 상세한 설명'이 '발명의 설명'으로 각각 용어 변경되었다. 이하 이 절에서는 편의상 현행법의 용어를 사용한다.

가. 발명의 설명

　기술내용을 공개한 발명이 실제로 실시되거나 그보다 진보한 기술을 개발하는 토대가 되거나 그 특허권 소멸 후 사회 전체가 공유하는 유용한 지식으로 이용됨으로써 산업을 발전시킬 수 있기 위해서는 그 발명의 공개가 명확하고 충분하며 실질적으로 이루어져야 한다. 이러한 맥락에서 명세서의 발명의 설명에는 그 발명이 속하는 기술분야에서 통상의 지식을 가진 사람(이하 '통상의 기술자')이 그 발명을 쉽게 실시할 수 있도록 명확하고 상세하게 적어야 하고(특허 42조 3항 1호), 그 발명의 배경이 되는 기술2)도 적어야 한다(특허 42조 3항 2호). 구체적으로 특허법 시행규칙 21조 3항은 발명의 설명에는 기술분야, 발명의 배경이 되는 기술, 해결하려는 과제, 과제의 해결수단, 발명의 효과를 포함한 발명의 내용, 도면의 간단한 설명, 발명을 실시하기 위한 구체적인 내용, 그 밖에 통상의 기술자가 그 발명의 내용을 쉽게 이해하기 위하여 필요한 사항3)이 포함되어야 한다고 규정한다.

　그리고 특허권으로 보호해주는 것은 발명의 공개에 대한 보상이므로, 발명의 설명은 보호를 받고자 하는 사항을 기재한 청구범위를 뒷받침할 수 있도록 기재하여야 한다(특허 42조 4항 1호). 즉, 특허법 42조 3, 4항을 둔 취지는 명세서의 기재가 충실하게 이루어지도록 함으로써 특허출원된 발명의 내용을 제3자가 명세서만으로 쉽게 알 수 있도록 공개하여 특허권으로 보호받고자 하는 기술적 내용과 범위를 명확히 하고자 하는 데 있다.4)

---

2) 특허법 42조 3항 2호는 특허법이 2011. 5. 24. 법률 제10716호로 개정되면서 신설된 것인데, 그 취지에 관하여 국회 입법 검토보고서 및 심사보고서에서는 "현행의 배경기술 기재의무 사항은「특허법 시행규칙」별지 제15호 서식의 기재요령으로 위임하여 규정하고 있어 배경기술 기재가 의무사항임을 출원인이 명확히 알기 어려운 점, 발명의 배경기술은 그 발명의 기술적 특징을 쉽게 파악하는 데 도움이 되어 그 발명에 관한 특허출원의 심사에 유용할 뿐만 아니라, 특허협력조약(PCT) 규칙에서도 필수 기재사항으로 규정하고 있는 점 등을 감안하여 상위법인「특허법」에 특허를 받으려는 자가 그 발명의 배경이 되는 기술을 기재하도록 명확하게 규정하고, 배경기술을 기재하여야 하는 의무를 위반한 특허출원에 대하여는 거절결정을 하도록 하되, 배경기술을 기재하지 않았다고 하더라도 발명에 실체적 또는 본질적 하자가 있는 것은 아니므로, 특허등록 이후에는 무효가 되지 않도록 한다."라고 하였다.

3) 해당사항이 없는 경우에는 그 사항을 생략할 수 있다(특허 규칙 21조 4항).

4) 대법원 2011. 10. 13. 선고 2010후2582 판결.

(1) '통상의 기술자가 쉽게 실시할 수 있도록 기재하여야 한다'는 의미

'통상의 기술자가 그 발명을 쉽게 실시할 수 있도록 기재하여야 한다'는 것은 특허출원된 발명의 내용을 제3자가 명세서만으로 쉽게 알 수 있도록 공개하여 특허권으로 보호받고자 하는 기술적 내용과 범위를 명확하게 하기 위한 것이므로, 위 조항에서 요구하는 명세서 기재의 정도는 통상의 기술자가 출원 시의 기술수준으로 보아 과도한 실험이나 특수한 지식을 부가하지 아니하고서도 명세서의 기재에 의하여 당해 발명을 정확하게 이해하고, 동시에 재현할 수 있는 정도를 말한다.[5][6]

여기서 '재현'의 의미에 관하여는 두 가지 해석이 가능하다. 하나는 예를 들어 물건의 발명의 경우 '물건 자체의 생산, 사용 등'을 의미하는 것이라는 견해(형식적 재현설)와 '명세서에 기재된 효과를 가지는 물건의 생산, 사용 등'을 의미한다고 보는 견해(실질적 재현설)이다. 이러한 견해의 차이에 따라 발명의 설명 또는 도면으로부터 물건을 생산하고 이를 사용할 수는 있으나, 그로부터 얻어지는 효과가 구체적 실험 등으

---

5) 대법원 2012. 11. 29. 선고 2012후2586 판결.
6) 한편, 특허청 심사기준에는, 이에 관한 기본적 고려사항으로 "(1) 물건의 발명인 경우: ① 물건의 발명이 청구항에 기재된 경우 상세한 설명에는 평균적 기술자가 그 물건을 생산하는 것이 가능하도록 필요한 사항을 명확하고 상세하게 기재하여야 한다. 물건을 제조하는 것이 가능하려면 통상적으로 그 제조방법을 구체적으로 기재할 필요가 있다(제조방법에 대한 기재가 없더라도 출원 시의 기술상식에 비추어 명세서 및 도면으로부터 그 물건을 제조할 수 있는 경우는 제외한다). 또한, 그 물건이 상세한 설명의 전체 기재로부터 명확히 파악될 필요가 있으며, 이를 위해 물건을 특정하기 위한 기술 사항들이 각각 어떤 역할과 작용을 하는지 함께 기재될 필요가 있다. ② 평균적 기술자가 청구항에 기재된 물건을 사용 가능하도록 상세하게 기재하여야 한다. 물건이 사용 가능하려면 어떤 사용이 가능한가에 대하여 기술적으로 의미 있는 특정의 용도를 구체적으로 기재할 필요가 있다. 다만, 용도에 대한 기재가 없더라도 출원 시의 기술상식에 비추어 명세서 및 도면으로부터 그 물건을 사용할 수 있는 경우는 제외된다. (2) 방법의 발명인 경우: 방법의 발명이 청구항에 기재된 경우 상세한 설명에는 평균적 기술자가 그 방법을 사용하는 것이 가능하도록 필요한 사항을 명확하고 상세하게 기재하여야 한다. 방법을 사용하는 것이 가능하려면 통상적으로 그 방법이 상세한 설명의 전체 기재로부터 명확히 파악될 필요가 있으며, 이를 위해 그 방법을 구성하는 각 단계들이 각각 어떤 순서로 어떤 역할을 하는지 함께 기재될 필요가 있다. (3) 물건을 생산하는 방법의 발명인 경우: 물건을 생산하는 방법의 발명이 청구항에 기재된 경우 상세한 설명에는 평균적 기술자가 그 방법에 의해 물건을 생산하는 것이 가능하도록 필요한 사항을 명확하고 상세하게 기재하여야 한다. 물건의 생산방법에 의해 물건의 제조가 가능하려면 통상적으로 그 방법 자체가 상세한 설명의 전체 기재로부터 명확히 파악될 필요가 있으며, 이를 위해 그 제조방법을 구성하는 각 단계들이 각각 어떤 순서로 어떤 역할을 하여 물건의 제조에 기여하는지 함께 기재될 필요가 있다. 물건의 제조방법은 원재료를 다루는 복수의 세부 단계가 시계열적으로 구성되는 것이 일반적인 바, 물건의 제조를 위한 원재료, 그 복수의 세부 단계가 상세히 설명되어야 하며, 특별히 기재하지 않더라도 이로부터 제조되는 물건이 원재료나 세부 공정들로부터 쉽게 이해될 수 있는 경우를 제외하고는 생산물이 명확하게 기재되어야 한다."고 기재되어 있다[특허청, 특허·실용신안 심사기준(2017), 2,303~2,304].

로 증명이 되지 않고 통상의 기술자 입장에서 그러한 효과가 발생되리라고 충분히 예측할 수도 없는 경우에 실시가능 요건의 위배로 볼 수 있는지의 결론이 달라진다.

대법원 판례는 실질적 재현설을 취하면서, 실시가능 요건의 위반인지를 판단하기 위해서는 문제가 되는 구성요소로 인한 효과가 실제 발휘되는지를 파악하는 것으로 충분하고, 그러한 효과가 명세서에서 구체적인 실험, 실시 예 등으로 증명이 되지 않았다고 하더라도 통상의 기술자가 출원 당시 기술수준으로 보아 이를 능히 예측할 수 있다면 실시가능 요건은 만족한 것으로 보아야 한다고 하였다.[7]

그러므로 당해 발명이 이용하고 있는 어떤 기술수단이 특허출원 당시의 기술수준에 속하는 범용성(汎用性)이 있는 것으로서 그 구성을 명시하지 아니하더라도 이해할 수 있는 것일 때는 구태여 그 기술수단의 내용을 기재할 필요가 없다.[8][9]

이와 관련하여 대법원 판례는 발명의 설명에 의하여 발명이 사실상 재현하기 불가능한 경우,[10] 구성의 세부적인 사항이나 부가적인 단계들이 있어야만 발명의 실현이 가능한데도 그와 같은 사항이 기재되어 있지 않고 누락된 부분이 기술상식에 속하지도 않은 경우,[11] 전체적인 내용이 명확하지 않거나 서로 모순되는 부분이 존재하는 경우[12]에는 통상의 기술자가 쉽게 실시할 수 있도록 기재되어 있지 않다고 판단

7) 대법원 2016. 5. 26. 선고 2014후2061 판결 참조. 이 판결은 "구 특허법(2007. 1. 3. 법률 제8197호로 개정되기 전의 것) 42조 3항은 발명의 상세한 설명에는 발명이 속하는 기술분야에서 통상의 지식을 가진 자(이하 '통상의 기술자'라고 한다)가 용이하게 실시할 수 있을 정도로 발명의 목적·구성 및 효과를 기재하여야 한다고 규정하고 있는데, 이는 특허출원된 발명의 내용을 제3자가 명세서만으로 쉽게 알 수 있도록 공개하여 특허권으로 보호받고자 하는 기술적 내용과 범위를 명확하게 하기 위한 것이다. 그런데 '물건의 발명'의 경우 발명의 '실시'란 물건을 생산, 사용하는 등의 행위를 말하므로, 물건의 발명에서 통상의 기술자가 특허출원 당시의 기술수준으로 보아 과도한 실험이나 특수한 지식을 부가하지 않고서도 발명의 상세한 설명에 기재된 사항에 의하여 물건 자체를 생산하고 사용할 수 있고, 구체적인 실험 등으로 증명이 되어 있지 않더라도 특허출원 당시의 기술수준으로 보아 통상의 기술자가 발명의 효과의 발생을 충분히 예측할 수 있다면, 위 조항에서 정한 기재요건을 충족한다."라고 판시하였다.
8) 대법원 1992. 7. 28. 선고 92후49 판결.
9) 대법원 2006. 11. 24. 선고 2003후2072 판결은 "이 사건 특허발명의 명세서 중 발명의 상세한 설명 부분에서 박사학위 논문에 기재된 기술을 인용하여 설명하고 있는바, 위 박사학위 논문이 공공도서관이나 대학교 도서관 등에 입고되어 공지된 사실이 인정되는 이상, 위 박사학위 논문의 내용을 통상의 기술자가 과도한 실험이나 특별한 지식을 부가하지 아니하고는 이해할 수 없다는 특별한 사정이 보이지 아니하는 이 사건에서 단지 이 사건 특허발명의 명세서가 박사학위 논문을 인용하여 청구범위의 내용을 설명하고 있다는 사정만으로 명세서의 발명의 상세한 설명이 특허법 42조 3항을 위배하였다고 할 수 없다."고 판시하였다.
10) 대법원 2007. 6. 1. 선고 2006후2301 판결.
11) 대법원 2004. 11. 26. 선고 2003후571 판결.
12) 대법원 2009. 7. 23. 선고 2007후2308 판결.

하고 있다.

다만 발명의 설명에 일부 불명확한 표현이나 명백한 오류 또는 오기가 존재하는 경우에는 일률적으로 통상의 기술자가 쉽게 실시할 수 없다고 판단할 것이 아니라, 그러한 오류로 인하여 당해 발명의 기술구성이나 결합관계가 불명료해져서 통상의 기술자가 그 발명의 구성을 정확히 이해하고 재현할 수 없는 것인지 여부를 기준으로 판단하여야 한다.[13]

또한, 특허법 42조 3항 1호에서 실시의 대상이 되는 발명은 청구항에 기재된 발명을 가리키므로, 발명의 설명에 존재하는 오류가 청구항에 기재되지 아니한 발명에 관한 것이거나 청구항에 기재된 발명의 실시를 위하여 필요한 사항 이외의 부분에 관한 것이어서 그 오기에도 불구하고 통상의 기술자가 그 발명을 정확하게 이해하고 재현하는 것이 쉬운 경우라면 이를 들어 특허법 42조 3항 1호 위반이라고 할 수 없다.[14]

(2) 기술분야, 해결하려는 과제, 과제의 해결수단 등의 기재

명세서에는 당해 발명이 속하는 기술분야의 종래 기술의 한계·문제점을 감안하여 그 발명이 이루고자 하는 기술적 과제를 밝히고, 그 과제 해결을 위한 수단으로서 구체적인 기술적 구성을 제시하여야 하며, 그 구성에 의하여 발생하는 특유의 효과 등 통상의 기술자가 그 발명의 내용을 쉽게 이해하기 위하여 필요한 사항들을 구체적으로 기재하여야 한다.

2007. 1. 3. 법률 제8197호로 개정되기 전의 구 특허법은 '명세서의 발명의 설명에 통상의 기술자가 용이하게 실시할 수 있을 정도로 그 발명의 목적·구성 및 효과를 기재하여야 한다.'고 규정하였으나(구 특허 42조 3항), 2007년 개정법에서 "발명의 목적·구성 및 효과를 기재하여야 한다."라는 부분이 삭제되었다.[15] 따라서 발명의 설

---

13) 김용덕, "특허법 제42조 제3항(상세한 설명)의 기재요건", 특허소송연구 6집, 특허법원(2013), 282~284.
14) 대법원 2012. 11. 29. 선고 2012후2586 판결; 전지원, "'발명이 속하는 기술분야에서 통상의 지식을 가진 이가 용이하게 실시할 수 있을 정도의 판단 기준", 대법원 판례해설 제94호, 법원도서관(2013), 333~334.
15) 발명의 설명의 기재 요건에서 '목적·구성 및 효과'로 구분하여 기재하도록 한 요건을 폐지한 2007. 1. 3. 개정 특허법의 취지는 '특허출원인이 자신의 발명에 대하여 다양한 표현방법을 통하여 그 사항을 설명할 수 있게 함'으로써 특허출원인의 편의를 도모할 수 있도록 한 것이었다(국회 산업자원위원회 2006. 12. 특허법 일부개정법률안 심사보고서, 3면 참조).

명에 발명의 목적, 구성 및 효과를 반드시 기재하여야 하는 것은 아니지만, 발명의 설명은 발명이 해결하려는 과제와 관련하여 발명의 구성 및 상호관계 등을 명확히 하여 통상의 기술자가 그 발명의 내용을 쉽게 이해할 수 있도록 기재하여야 하므로, 발명의 설명 등 명세서 기재에 의하여 발명 전체의 내용을 정확하게 이해할 수 없다면, 이는 특허법 42조 3항 1호에 위배되는 것이다.

(3) 명세서의 용어

명세서에 기재되는 용어는 그것이 가진 보통의 의미로 사용하고, 동시에 명세서 전체를 통하여 통일되게 사용하여야 한다. 어떠한 용어를 특정한 의미로 사용하려고 하는 경우에는 명세서에서 그 의미를 정의하여 사용하는 것이 허용되므로, 용어의 의미가 명세서에서 정의된 경우에는 그에 따라 해석하여야 한다.[16]

즉, 명세서에 기재된 용어는 명세서에 그 용어를 특정한 의미로 정의하여 사용하고 있지 않은 이상, 통상의 기술자에게 일반적으로 인식되는 용어의 의미에 따라 명세서 전체를 통하여 통일되게 이를 해석하여야 하고, 나아가 청구범위에 기재된 용어 그대로의 해석이 명세서의 다른 기재에 비추어 보아 명백히 불합리한 경우에는 출원된 기술사상의 내용과 명세서의 다른 기재 및 출원인의 의사와 제3자에 대한 법적 안정성을 두루 참작하여 정의와 형평에 따라 합리적으로 해석하여야 한다.[17]

(4) 실시 예의 기재

발명의 설명의 기재와 관련하여 통상의 기술자가 그 발명을 재현할 수 있도록 하기 위하여 필요한 경우 그 발명의 실시형태를 구체적으로 보여 주는 실시 예를 기재할 수 있다. 그런데 당해 발명의 성격이나 기술내용에 따라서는 명세서에 실시 예가 기재되지 않더라도 통상의 기술자가 발명을 정확하게 이해하고 재현하는 것이 쉬운 경우도 있으므로, 특허법 42조 3항 1호가 정한 명세서 기재요건을 충족하기 위해서 항상 실시 예가 기재되어야만 하는 것은 아니다.[18]

다만, 생명공학이나 화학 분야의 발명은 다른 발명과 달리 직접적인 실험과 확인, 분석을 통하지 아니하고는 발명의 실체를 파악하고 그에 따른 효과를 예측하기

---

16) 대법원 2005. 9. 29. 선고 2004후486 판결.
17) 대법원 2008. 2. 28. 선고 2005다77350, 77367 판결.
18) 대법원 2011. 10. 13. 선고 2010후2582 판결, 2006. 11. 24. 선고 2003후2072 판결.

어려운 경우가 많고, 청구범위를 총괄적 개념으로 표현하는 경우가 적지 않으므로, 이러한 경우에는 명세서에 당해 발명을 실시하는 데 필요한 구체적인 반응조건과 공정 하에서 직접 실시한 결과인 실시 예를 기재하는 것이 요구된다. 따라서 발명의 설명에 그러한 실시 예의 기재가 없다면 나머지 기재만으로 통상의 기술자가 그 발명을 쉽게 실시할 수 없게 되는 경우가 많기 때문에 명세서 기재요건을 갖추지 못하게 될 가능성 또한 높다.[19]

즉, 실시가능 요건의 위배 여부는 일률적으로 따질 수 없고, 발명의 성격이나 기술내용, 발명의 설명의 기재 등 제반 사정을 참작하여, 통상의 기술자가 그 발명을 정확히 이해하고 재현하기 위하여 과도한 시행착오나 반복실험 등을 거쳐야 하는지 여부에 따라 판단하여야 한다.

(5) 발명의 효과의 발생원인

발명을 실시한 결과 일정한 효과를 달성할 수 있으면 그것으로 충분하고, 그와 같은 효과의 발생원인을 반드시 논리적으로 설명하여야만 하는 것은 아니다. 따라서 이에 대한 기재가 명세서에 없더라도 명세서 기재불비에 해당하지 아니한다.[20]

나. 청구범위

명세서의 주요 기능 중 하나는 특허권으로 보호받고자 하는 범위를 명확하게 특정하여 일반 공중에게 알리는 것이고, 특허발명의 보호범위는 보호받으려는 사항을 적은 하나 이상의 청구항으로 된 청구범위에 의하여 정하여지는 것이 원칙이다(특허 97조, 42조 4항 본문). 따라서 명세서의 청구범위는 제3자가 쉽게 당해 발명의 특허성을 판단하고 보호범위를 확인할 수 있도록, ① 발명의 설명에 의하여 뒷받침되고, ② 발명이 명확하고 간결하게 적혀 있어야 한다(특허 42조 4항 1, 2호).[21]

---

19) 대법원 2015. 9. 24. 선고 2013후525 판결, 2015. 4. 23. 선고 2015후727 판결, 2001. 11. 30. 선고 2001후 65 판결 등 참조
20) 특허법원 2000. 11. 16. 선고 99허8554, 8585 판결(상고기각).
21) 2007. 1. 3. 법률 제8197호로 개정되기 전의 구 특허법은 여기에 더하여 42조 4항 3호에서 특허청구범위 는 "발명의 구성에 없어서는 아니 되는 사항만으로 기재될 것"을 요구하였으나 개정법에서 삭제되었다.

(1) 발명의 설명에 의하여 뒷받침될 것

청구범위가 발명의 설명에 의하여 뒷받침되어야 한다는 것은 특허출원서에 첨부된 명세서 중 발명의 설명에 기재되지 아니한 사항이 청구항에 기재됨으로써 출원자가 공개하지 아니한 발명에 대하여 특허권이 부여되는 부당한 결과를 막기 위한 것이다. 따라서 청구항이 발명의 설명에 의하여 뒷받침되고 있는지는 특허출원 당시의 기술수준을 기준으로 하여 통상의 기술자의 입장에서 청구범위에 기재된 사항과 대응되는 사항이 발명의 설명에 기재되어 있는지에 의하여 판단하여야 한다.[22] 출원시의 기술상식에 비추어 보더라도 발명의 상세한 설명에 개시된 내용을 청구범위에 기재된 발명의 범위까지 확장 내지 일반화할 수 없는 경우에는 그 청구범위는 발명의 상세한 설명에 의하여 뒷받침된다고 볼 수 없다.[23]

도면은 특허출원서에 반드시 첨부되어야 하는 것이 아니고 도면만으로 발명의 설명을 대체할 수도 없는 것이지만, 실시 예 등을 구체적으로 보여줌으로써 발명의 구성을 더욱 쉽게 이해할 수 있도록 해주는 것인 이상, 도면이 첨부된 경우에는 도면 및 도면의 간단한 설명을 종합적으로 참작하여 발명의 설명이 청구항을 뒷받침하고 있는지를 판단할 수 있다.[24]

청구범위의 기재가 발명의 설명에 기재된 발명의 공헌도에 비추어 지나치게 넓거나[25] 발명의 설명의 기재 내용과 모순될 경우 그러한 기재는 부적법하다.[26] 즉, 발

---

22) 대법원 2011. 10. 13. 선고 2010후2582 판결, 2005. 11. 25. 선고 2004후3362 판결은 "특허법 42조 4항의 규정상 '특허청구범위가 상세한 설명에 의하여 뒷받침되고 있는지 여부'는 특허출원 당시의 기술 수준을 기준으로 하여 그 발명과 관련된 기술분야에서 평균적 기술 능력을 가진 사람의 입장에서 볼 때, 그 특허청구범위와 발명의 상세한 설명의 각 내용이 일치하여 그 명세서만으로 특허청구범위에 속한 기술구성이나 그 결합 및 작용효과를 일목요연하게 이해할 수 있는가에 의하여 판단하여야 할 것이다."라고 판시하였다.

23) 대법원 2016. 5. 26. 선고 2014후2061 판결, 2014. 9. 4. 선고 2012후832 판결, 2006. 5. 11. 선고 2004후1120 판결.

24) 대법원 2006. 10. 13. 선고 2004후776 판결.

25) 대법원 2004. 12. 9. 선고 2003후496 판결.

26) 특허청 심사기준은 청구범위가 발명의 설명에 의하여 뒷받침되지 않는 유형으로, ① 청구항에 기재된 사항과 대응되는 사항이 발명의 설명에 직접적으로 기재되어 있지 않고, 암시도 되어 있지 않은 경우, ② 발명의 설명과 청구항에 기재된 발명 상호간에 용어가 통일되어 있지 않아서 양자의 대응관계가 불명료한 경우, ③ 청구항에 기재된 사항이 특정 기능을 수행하기 위한 '수단(means)' 또는 '공정(step)'으로 기재되어 있으나 이들 수단 또는 공정에 대응하는 구체적인 구성이 발명의 설명에 기재되어 있지 않은 경우, ④ 출원 시 해당 기술분야의 기술상식에 비추어 보아 청구된 발명의 범위까지 발명의 설명에 기재된 내용을 확장하거나 일반화할 수 없는 경우, ⑤ 발명의 설명에는 발명의 과제를 해결하기 위하여 반드시 필요한 구성으로 설명되어 있는 사항이 청구항에는 기재되어 있지 않아서 통상의 기술자가 발

명의 설명에 의하여 충분히 뒷받침되지 아니하는 사항을 청구범위로 한다면 제대로 공개하지 아니한 발명까지 특허로 보호받겠다는 것이 된다. 이는 특허권자의 보호와 법적 안정성이라는 제3자의 이익보호의 균형을 도모하는 특허제도의 취지에 어긋나 므로 허용될 수 없다.

(2) 발명이 명확하고 간결하게 적혀 있을 것

청구범위에는 명확한 기재만이 허용되고 발명의 구성을 불명료하게 하는 용어는 원칙적으로 허용되지 않는다. 나아가 청구범위의 해석은 명세서를 참조하여 이루어 지므로, 청구범위에는 발명의 설명에서 정의하고 있는 용어의 정의와 다른 의미로 용 어를 사용하는 등 결과적으로 청구범위를 불명료하게 만드는 것도 허용되지 않는 다.[27)28)] 이는 국제특허출원을 외국어로 한 출원인이 특허법 201조에 의한 국내 진입 단계 절차를 위하여 국내에 청구범위 등에 관한 번역문을 제출할 때도 마찬가지이 다.[29)]

청구범위를 기재할 때는 보호받으려고 하는 사항을 명확히 할 수 있도록 발명을

명의 설명으로부터 인식할 수 있는 범위를 벗어난 발명을 청구하는 것으로 인정되는 경우 등을 들고 있 대특허청, 심사기준(주 6), 2,403~2,405].

27) 대법원 2014. 4. 26. 선고 2012후1613 판결, 2012. 4. 26. 선고 2011후2879 판결, 2006. 11. 24. 선고 2003 후2072 판결 등.

28) 특허청 심사기준은 발명이 명확하고 간결하게 기재되지 않은 유형으로, ① 청구항의 기재내용이 불명확 한 경우(다만, 불명확한 부분이 경미한 기재상 하자로서, 그 하자에 의해서는 통상의 기술자가 발명이 불명확하다고 이해하지 않거나, 발명의 설명이나 도면, 출원 시의 기술상식 등에 의하여 발명이 명확하 게 파악될 수 있는 경우에는 불명확한 것으로 취급하지 않는다.), ② 발명을 이루는 각 구성요소가 단순 히 나열되어 있을 뿐, 구성요소들간의 결합관계가 기재되지 않아 발명이 불명확한 경우, ③ 청구항에 기재된 발명의 카테고리가 불명확한 경우, ④ 동일한 내용이 중복으로 기재되어 있는 등 청구항의 기재 가 너무 장황하여 보호를 받고자 하는 사항이 불명확하거나 간결하지 않은 경우, ⑤ 청구항에 발명의 구성을 불명확하게 하는 표현이 포함되어 있는 경우(다만, 이러한 표현을 사용하더라도 그 의미가 발명 의 설명에 의해 명확히 뒷받침되며 발명의 특정(特定)에 문제가 없다고 인정되는 경우에는 불명확한 것 으로 취급하지 않는다.), ⑥ 지시의 대상이 불명확하여 발명의 구성이 불명확한 경우, ⑦ 청구항에 서로 다른 기능을 수행하는 복수의 동일한 표현의 기술용어가 있을 경우에 각각의 기능을 한정하여 기재하거 나 도면에 사용된 부호에 의하여 명확하게 구별되도록 기재되어 있지 않아서 보호를 받고자 하는 발명 의 구성이 불명확한 경우, ⑧ 청구항에 상업상의 이점이나 판매지역, 판매처 등 발명의 기술적 구성과 관계가 없는 사항을 기재하여 발명이 명확하고 간결하지 않은 경우, ⑨ 발명의 구성을 기재하지 않고 발명의 설명 또는 도면의 기재를 대용하고 있는 경우(다만, 발명의 설명 또는 도면의 기재를 대용하지 않으면 적절하게 기재할 수 없는 경우에는 이들의 대용에 의한 기재를 인정한다.) 등을 들고 있다[특허 청, 심사기준(주 6), 2,406~2,408].

29) 대법원 2007. 10. 11. 선고 2007후1442 판결.

특정하는 데 필요하다고 인정되는 구조 · 방법 · 기능 · 물질 또는 이들의 결합관계 등을 적어야 한다(특허 42조 6항).

　특허출원된 발명의 내용이 통상의 기술자에 의하여 쉽게 이해되고 재현될 수 있다면 부분적으로 불명확한 부분이 있다고 하더라도 적법한 청구범위의 기재로 보아야 한다.[30] 예를 들어 청구범위에 '대략', '짧게'라는 등의 불명확한 표현을 사용한 경우에도, 그 불명확한 표현의 의미가 발명의 설명에 의하여 명확히 뒷받침되고 발명의 특정에 문제가 없다면 그 청구범위가 명확히 기재되지 않았다고 할 수 없다.

　이와 관련하여 대법원 2017. 4. 7. 선고 2014후1563 판결은, 청구범위에 그 자체로 산소, 황 또는 아노미기이고 추가적인 라디칼을 갖는 'X'가 추가적인 라디칼로서 '1 내지 20개의 탄소 원자를 갖는 기, 바람직하게는 분지 또는 비분지 알킬 또는 알콕시기'를 가질 수 있다고 기재되어 있으며 발명의 설명에도 동일한 내용만이 적혀 있는 사안에서, 이 부분은 '1 내지 20개의 탄소 원자를 갖는 기'와 '분지 또는 비분지 알킬 또는 알콕시기'가 이중한정을 나타내는 용어인 '바람직하게는'으로 서로 연결되어 있는데, 이러한 기재는 'X'가 '1 내지 20개의 탄소 원자를 갖는 기' 전체를 의미하는지, 아니면 그중에서 '분지 또는 비분지 알킬 또는 알콕시기'를 의미하는지가 반드시 명확하지는 않아 청구범위를 둘러싸고 분쟁이 발생할 소지가 있고, 이처럼 청구범위의 기재 내용이 관점에 따라 다양한 방식으로 해석될 수 있는 경우에는 청구범위로서 요구되는 명확성과 간결성 요건을 충족하지 못하였다고 보아야 한다고 판시하였다.[31]

　권리범위확인 사건에서 명세서의 다른 기재에 의하여 보충을 하더라도 특허발명의 구성요건의 일부가 추상적이거나 불분명하여 그 특허발명 자체의 기술적 범위를 특정할 수 없는 때는 특허권자는 그 특허발명의 보호범위를 주장할 수 없다.[32]

---

30) 대법원 2002. 2. 5. 선고 2001후3057 판결. 대법원 2008. 7. 10. 선고 2008후64 판결은 "등록실용신안의 실용신안등록청구범위의 일부가 불명료하게 표현되어 있거나 그 기재에 오기가 있다 하더라도, 고안의 상세한 설명과 도면 등을 참작하여 볼 때 그 기술분야에서 통상의 지식을 가진 사람이 명확하게 이해할 수 있고 오기임이 명백하여 그 고안 자체의 보호범위를 특정할 수 있는 경우에는 등록실용신안의 권리범위를 부정할 수 없다."라고 판시하였다.

31) 위 사건의 원심판결인 특허법원 2014. 7. 4. 선고 2013허8932 판결은, 이 사건 출원발명을 접한 통상의 기술자라면 청구범위에 기재된 치환기 'X'의 추가적인 라디칼이 1 내지 20개의 탄소 원자를 갖는 기 또는 아릴기일 수 있고, 1 내지 20개의 탄소 원자를 갖는 기 중에서는 분지 또는 비분지된 알킬 또는 알콕시기가 더 바람직하다는 내용의 기재임을 이해하고, 이를 재현하는 데 별다른 어려움이 없을 것으로 보인다는 이유로 명확성 요건을 충족하였다고 판단하였다.

32) 대법원 2002. 6. 14. 선고 2000후235 판결.

(3) 발명의 구성에 없어서는 아니 되는 사항만으로 기재되어야 하는지 여부

청구범위는 발명의 기술적 과제를 해결하기 위하여 필요 불가결한 기술적 수단 (기술적 구성요소) 및 그 구성요소들 사이의 상관관계를 명확하게 알 수 있도록 기재되어야 한다. 이와 관련하여 2007. 1. 3. 법률 제8197호로 개정되기 전의 구 특허법 42조 4항 3호는 '청구항의 기재에 있어서 발명의 구성에 없어서는 아니 되는 사항만으로 기재될 것'을 요구하였으나, 위 개정 법률에서 위 규정이 삭제됨에 따라 더는 청구항의 기재요건이 아닌 것으로 되었다.

대법원은 위 구 특허법 규정을 근거로 출원발명에 대한 특허등록 후에 그 청구범위에 발명의 구성에 필요한 구성요소를 모두 기재하지 아니하였음을 들어 특허 당시 기재되어 있지 아니하였던 구성요소를 가지고 원래 기재되어 있던 듯이 포함하여 해석하여야 한다고 주장할 수 없음은 물론, 청구항에 기재된 구성요소는 모두 필수 구성요소로 파악되어야 하고 일부 구성요소를 그 중요성이 떨어진다는 등의 이유로 필수 구성요소가 아니라고 주장할 수 없다고 판시하여 왔고,[33] 이러한 법리는 구 특허법의 규정이 삭제에도 불구하고, 그 주된 내용이 그대로 유지되고 있는 것으로 보인다.

(4) 청구범위의 기재방법

특허법은 청구범위의 기재방법에 관하여 필요한 사항을 대통령령으로 정하도록 위임하고 있으며(특허 42조 8항), 특허법 시행령 5조에 따르면, 청구항은 발명의 성질에 따라 적정한 수로 기재하되, 청구항의 기재에 있어서는 독립청구항(독립항)을 기재하고, 그 독립항을 한정하거나 부가하여 구체화하는 종속청구항(종속항)을 기재할 수 있으며, 다른 청구항을 인용하는 청구항은 인용되는 항의 번호를 적어야 하고, 2 이상의 항을 인용하는 청구항은 인용되는 항의 번호를 택일적으로 기재한다. 그리고 2 이상의 항을 인용하는 청구항에서 그 청구항의 인용된 항은 다시 2 이상의 항을 인용하는 방식을 사용하여서는 아니 되고, 2 이상의 항을 인용한 청구항에서 그 청구항의 인용된 항이 다시 하나의 항을 인용한 후에 그 하나의 항이 결과적으로 2 이상의 항을 인용하는 방식에 대하여도 같으며, 인용되는 청구항

---

33) 대법원 2006. 11. 24. 선고 2003후2072 판결, 2005. 9. 30. 선고 2004후3553 판결, 2001. 6. 15. 선고 2000 후617 판결 등.

은 인용하는 청구항보다 먼저 기재하여야 한다.

어느 독립항이 신규성과 진보성이 있으면 이를 인용하고 있는 종속항은 신규성 과 진보성이 있고, 권리범위확인심판에서 확인대상발명이 독립항과의 구성요소 대 비 결과 그 권리범위에 속하지 아니할 경우 이를 인용하고 있는 종속항의 보호범위 에도 당연히 속하지 아니하므로, 어느 청구항이 다른 청구항을 인용하고 있는 형식 으로 기재된 경우에는 그 청구항이 실질적으로도 종속항인지를 판단하여야 한다.

원칙적으로 청구범위에서 다른 청구항을 인용하지 않는 청구항이 독립항이 되고 다른 독립항이나 종속항을 인용하여 이를 한정하거나 부가하여 구체화하는 청구항이 종속항이 되지만, 독립항과 종속항의 구분은 단지 청구항의 문언이 나타내고 있는 기 재형식에 의해서만 판단할 것은 아니므로, 인용하고 있는 청구항의 구성 일부를 생략 하거나 다른 구성으로 바꾼 청구항은 이를 독립항으로 보아야 한다.[34]

(5) 다항제를 채택한 취지와 청구항의 독립성

다항제란 1개의 특허출원에 여러 개의 청구항을 기재할 수 있도록 한 제도를 말 한다. 특허법이 이와 같은 다항제를 채택한 취지는 발명을 여러 각도에서 다면적으로 기재하여 발명을 충실히 보호할 수 있도록 하고, 특허권자가 특허권에 의하여 보호받 는 보호범위와 일반인이 자유롭게 실시할 수 있는 자유기술 영역과의 한계를 명백하 게 구별하여 특허분쟁에서 특허침해 여부를 명확하고 신속하게 판단할 수 있도록 하 기 위한 것으로서, 청구항은 독립항이든 종속항이든 상호 독립되어 있어 각 청구항마 다 특허요건을 구비하여야 하고, 심사도 청구항별로 행해진다.[35] 따라서 거절이유를 통지할 때는 거절되는 청구항을 명시하고 그 청구항에 관한 거절이유를 구체적으로 적어야 한다(특허 63조 2항). 다만, 특허출원된 여러 개의 청구항 중 어느 하나의 항이 라도 거절이유가 있는 때에는 그 출원은 전부가 거절된다.[36]

또한 특허취소신청, 특허무효심판청구, 특허권의 권리범위확인심판청구는 청구 항마다 할 수 있고(특허 132조의2 1항,[37] 133조 1항, 135조 2항), 둘 이상의 청구항에 관하

---

34) 대법원 2006. 11. 24. 선고 2003후2072 판결, 2005. 11. 10. 선고 2004후3546 판결.

35) 대법원 2001. 5. 29. 선고 98후515 판결.

36) 대법원 2003. 3. 25. 선고 2001후1044 판결.

37) 특허(실용신안)취소신청 제도는 2016. 2. 29. 법률 제14035호(특허법), 법률 제14034호(실용신안법)로 신설된 제도로서, 특허(실용신안) 설정등록 후 일정 기간(6개월)에 공중에게 그 재검토를 요구하는 기 회를 부여하고, 제3자의 신청이 있는 경우 등록특허(실용신안)를 신속하게 검토하여 신규성, 진보성, 확

여 무효심판 또는 권리범위확인심판을 청구한 때에는 청구항마다 취하할 수 있다(특허 161조 2항).

그러나 이와 달리 하나의 청구항의 일부에 특허무효사유가 있는 경우에는, 그 부분이 다른 진보성이 인정되는 부분과 유기적으로 결합된 것이라고 인정되지 아니하는 한, 그 항 전부를 무효로 하여야 하고, 그 청구항의 일부만 무효라고 할 수는 없다.[38]

특허무효사유에 해당하는 특허법 42조 3항 1호, 4항의 기재요건을 구비하였는지도 청구항별로 구분이 가능한 경우에는 청구항별로 판단하여야 하고, 복수의 청구항과 관련된 경우에는 그 해당 청구항 전부에 대하여 특허의 무효나 취소가 문제될 것이다.

다. 필요한 도면

도면은 발명의 실시 예를 구체적으로 보여주는 등 명세서에 기재된 발명의 구성을 보다 이해하기 쉽게 하기 위한 보조수단인데, 어떤 경우에 도면이 필요한지에 관하여는 특허법에 아무런 규정이 없다. 발명의 기술적 특징을 이해하기 위하여 필요한 경우에는 도면의 인용부호를 청구범위에 병기할 수 있으나,[39] 당해 청구범위의 보호범위가 부호를 사용하여 도시한 것에 한정되는 것은 아니다.

대된 선원, 선출원주의 등에 하자가 있는 특허(실용신안)를 조기에 취소, 시정함으로써 권리의 안정성을 도모하기 위한 목적으로 마련된 것이다. 각 부칙 규정에 따라 2017. 3. 1. 이후 설정등록된 특허 및 실용신안에 대하여 적용된다. 이러한 특허(실용신안)취소신청은 '누구든지' 제기할 수 있다는 점에서 이해관계인 또는 특허(실용신안)를 받을 수 있는 권리를 가진 자일 것을 요하는 특허(실용신안)무효심판 제도와 구별된다(특허 132조의2 2항, 133조, 실용신안 30조의2 1항, 31조 1항 참조).

38) 대법원 1998. 9. 18. 선고 96후2395 판결, 1994. 4. 15. 선고 90후1567 판결, 특허법원 2006. 4. 6. 선고 2005허1844 판결(심리불속행 기각), 2000. 3. 23. 선고 98허9819 판결(상고기각) 등. 예를 들어 청구범위가 "청구항 1…장치. 청구항 2 제1항에 있어서, …장치. 청구항 3 제1항 또는 제2항에 있어서, …장치"와 같이 기재된 사례에서, 청구항 제1항은 진보성이 인정되지 아니하나, 청구항 제2항은 그 특징부에 의하여 진보성이 인정되고, 청구항 제3항의 특징부에 진보성이 인정되지 아니하는 경우, 청구항 제3항 중 제1항을 인용하고 있는 부분은 진보성이 인정되지 아니하고 그 부분이 청구항 제3항 중 제2항을 인용하고 있는 부분과 유기적으로 결합되었다고 볼 수도 없으므로, 결국 청구항 제3항은 전부 무효로 된다.

39) 특허법 시행규칙 21조의 별지 15호 서식 2의 라. (8) 참조.

2. 명세서 기재요건 위배(기재불비)

가. 일 반 론

명세서의 '기재불비'는 법률용어는 아니나, 특허심사 · 심판 및 소송실무에서 특허법 42조 3, 4, 8항에 규정된 명세서 기재요건을 갖추지 못한 경우를 뜻하는 용어로 사용된다. 특허법 42조 3항 1호, 4항 위반은 특허거절사유(특허 62조 4호), 및 특허무효사유(특허 133조 1항 1호)가 된다. 다만, 특허법 42조 3항 2호, 8항 위반은 특허거절사유가 될 뿐(특허 62조 4호) 특허무효사유로 되지는 않는다. 그리고 특허발명의 청구범위 기재나 발명의 설명, 기타 도면의 설명에 의하더라도 특허출원 당시 발명의 구성요건의 일부가 추상적이거나 불분명하여 그 발명 자체의 기술적 범위를 특정할 수 없을 때에 특허권자는 그 특허발명의 보호범위를 주장할 수 없고, 특허발명의 기술적 범위를 특정할 수 있는지 여부는 당사자의 주장이 없더라도 법원이 직권으로 살펴 판단하여야 한다.[40]

나. 대법원 및 특허법원의 판단례

(1) 명세서 기재에 오류가 있는 경우

대법원 2006. 11. 24. 선고 2003후2089 판결은 "명세서 기재에 오류가 있다면, 그러한 오류가 설령 통상의 기술자가 명세서를 면밀하게 살펴보고 통상적인 시험을 거친다면 알 수 있는 것이어서 그 오류에도 불구하고, 통상의 기술자라면 그 특허발명을 정확하게 이해하고 재현할 수 있는 정도라고 하더라도 위 규정에 위배된 기재불비가 있다고 할 것이다."라고 하면서, "이 사건 제1항 발명을 인용하고 있는 이 사건 제13항 발명의 제2단계, 이 사건 제16항 발명의 제2단계 및 위 제16항 발명을 인용하고 있는 이 사건 제17항 내지 제20항 발명의 각 제2단계는 어절을 단어와 어미로 혹은 단어와 조사로 분리하는 단계로서(이 사건 특허발명의 명세서는 어미와 조사를 혼용하여 설명하고 있다) 그에 관한 명세서의 발명의 상세한 설명 부분은 도면 22를 가지고 설명하고 있으나, 위 설명 및 위 도면에는 어미나 조사가 없는 단어를 처리하기 위한 분기조건이 누락되어 있어 어미나 조사가 없는 단어를 처리하는 경우에는 프로그램이 발명의 상세한 설명 및 도면 22의 단계 264, 266 및 267만을 반복적으로 실행하여

---

40) 대법원 2002. 6. 14. 선고 2000후235 판결.

그 부분에서 벗어나지 못하는 무한루프(endless loop) 상태에 빠지게 되는 오류가 있고, 이러한 오류는 설령 이 사건 특허발명을 채택한 프로그램을 작성하는 과정에서 여러 가지 데이터를 적용하여 시험하는 통상적인 시뮬레이션 과정에서 발견되어 치유될 가능성이 높다고 하더라도, 통상의 기술자가 당해 발명을 명세서 기재에 의하여 정확하게 이해할 수 있고 재현할 수 있을 정도로 기재되었다고 할 수 없음은 물론, 특허청구범위와 발명의 상세한 설명의 각 내용이 일치하여 그 명세서만으로 특허청구범위에 속한 기술구성이나 그 결합 및 작용효과를 일목요연하게 이해할 수 있다고 할 수 없어, 이 사건 제13항 발명, 제16항 발명, 제17항 내지 제20항 발명은 특허법 42조 3항 및 4항 1호에 위반된 기재불비가 있다고 할 것이다."라고 판시하였다.[41]

한편, 대법원 2008. 7. 10. 선고 2008후64 판결은 등록실용신안의 실용신안등록청구범위의 일부가 불명료하게 표현되어 있거나 그 기재에 오기가 있다 하더라도, 고안의 상세한 설명과 도면 등을 참작하여 볼 때 그 기술분야에서 통상의 지식을 가진 사람이 명확하게 이해할 수 있고 오기임이 명백하여 그 고안 자체의 보호범위를 특정할 수 있는 경우에는 등록실용신안의 권리범위를 부정할 수 없다고 하면서, 명칭을 '절첩식 게첨대 이동수단'으로 하는 등록고안의 실용신안등록청구범위에 기재된 '동력전달수단'은 고안의 상세한 설명과 도면 등을 참작하여 볼 때 '동력이동수단'의 오기임이 명백하여 그 고안 자체의 보호범위를 특정할 수 있다고 판단하였다. 이 판결은 청구범위의 오기가 고안의 설명 및 도면에 비추어 명백한 사안이란 점에서 청구범위는 물론 상세한 설명 등에도 동일한 오류가 있는 위 2003후2089 판결과는 사안이 다

---

41) 같은 취지의 판결로는, 대법원 1996. 6. 14. 선고 95후1159 판결(이 사건 출원발명은 디코드회로에 관한 것으로, 그 출원명세서 중 상세한 설명과 특허청구범위 제4항 및 제5항에서 소오스 전극과 드레인 전극에 연결되는 제1전원 전압과 출력버퍼 증폭기가 서로 정반대로 잘못 연결되어 있어 소정의 작용효과를 얻을 수 없다는 이유로 명세서의 기재불비에 해당된다고 인정·판단한 원심의 조치는 정당하고, 거기에 명세서 기재불비에 관한 법리오해의 위법은 없으며, 위와 같은 명세서 기재의 오류는 당해 기술분야에서 통상의 지식을 가진 사람이 극히 용이하게 알 수 있는 것이어서 그 오기에도 불구하고 평균적 기술자라면 누구나 출원발명을 정정된 내용에 따라 명확하게 이해하고 재현할 수 있는 정도에 불과한 것이라고 하더라도, 이를 가리켜 명세서의 기재불비가 아니라고 할 수 없다), 대법원 1999. 12. 10. 선고 97후2675 판결(명세서에서 출원서에 첨부된 도면을 들어 당해 발명의 특정한 기술구성 등을 설명하고 있는 경우에 그 명세서에서 지적한 도면에 당해 기술구성이 전혀 표시되어 있지 않아 그 기술구성이나 결합관계를 알 수 없다면, 비록 그러한 오류가 출원서에 첨부된 여러 도면의 번호를 잘못 기재함으로 인한 것이고, 당해 기술분야에서 통상의 지식을 가진 사람이 명세서 전체를 면밀히 검토하면 출원서에 첨부된 다른 도면을 통하여 그 기술구성 등을 알 수 있다 하더라도 이를 가리켜 명세서의 기재불비가 아니라고 할 수 없다) 등이 있다.

르다.

대법원 2002. 11. 13. 선고 2001후2214 판결은 "등록고안의 등록청구범위는 '덮개를 케이스 본체와 결합한 텐션케이스'에 관한 것일 뿐 위와 같이 구성된 텐션케이스가 보빈과 어떻게 결합되는지에 관하여는 그 등록청구범위에 기재하여 놓은 바 없으므로 명세서의 기재 중 텐션케이스를 측 방향으로 설치된 보빈에 결합하는 수단인 체결구에 관한 도면 부호에 오기가 있다고 하여 등록고안의 구성이 불명료해지고 그 기술분야에서 통상의 지식을 가진 사람이 그 고안의 구성을 정확하게 이해하여 재현할 수 없는 것이 아니고, 따라서 이를 들어 명세서의 기재불비에 해당한다고 할 수는 없다."라고 판시하였다.

또한, 대법원 2012. 11. 29. 선고 2012후2586 판결은 "특허법 42조 3항에서 요구하는 명세서 기재의 정도는 통상의 기술자가 출원 시의 기술수준으로 보아 과도한 실험이나 특수한 지식을 부가하지 아니하고서도 명세서의 기재에 의하여 당해 발명을 정확하게 이해할 수 있고 동시에 재현할 수 있는 정도를 말하고, 여기에서 실시의 대상이 되는 발명은 청구항에 기재된 발명을 가리키는 것이라고 할 것이므로, 발명의 설명의 기재에 오류가 있다고 하더라도 그러한 오류가 청구항에 기재되어 있지 아니한 발명에 관한 것이거나 청구항에 기재된 발명의 실시를 위하여 필요한 사항 이외의 부분에 관한 것이어서 그 오류에도 불구하고 통상의 기술자가 청구항에 기재된 발명을 정확하게 이해하고 재현하는 것이 용이한 경우라면 이를 들어 구 특허법 42조 3항에 위배된다고 할 수 없다."라고 판시하였다.

(2) 청구범위가 발명의 설명에 의하여 뒷받침되지 않은 경우(청구범위의 기재와 발명의 설명이 서로 모순되는 경우)

대법원 2006. 5. 11. 선고 2004후1120 판결은, "특허출원서에 첨부된 명세서에 기재된 '발명의 상세한 설명'에 기재하지 아니한 사항을 특허청구범위에 기재하여 특허를 받게 되면 공개하지 아니한 발명에 대하여 특허권이 부여되는 부당한 결과가 되므로, 구 특허법(2001. 2. 3. 법률 제6411호로 개정되기 전의 것) 42조 4항 1호는 이와 같은 부당한 결과를 방지하기 위한 규정이라 할 것이다. 따라서 특허청구범위가 발명의 상세한 설명에 의하여 뒷받침되고 있는지 여부는 그 발명이 속하는 기술분야에서 통상의 지식을 가진 자의 입장에서 특허청구범위에 기재된 발명과 대응되는 사항이 발명의 상세한 설명에 기재되어 있는지 여부에 의하여 판단하여야 하는바, 출원시의 기술상식에 비추어 보더라도 발명의 상세한 설명에 개시된 내용을 특허청구범위에 기재된 발명의 범위까지 확장 내지 일반화할 수 없는 경우에는 그 특허청구범위는 발명의 상세한 설명에 의하여 뒷받침된다고 볼 수 없다."라고 판시한 다음, 이러한 법리를 기초로 "원심은 다음과 같은 사정을 들어, 명칭을 '골 관절염 및 그 밖의 매트릭스 메탈로프로테이나제(matrix metalloproteinase)-매개 장애를 치료하기 위한 매트릭스 메탈로프로테이나제-13 선택적 억제제를 포함하는 약학 조성물'로 하는 이 사건 출원발명 중 청구항 1은 발명의 설명에 의하여 뒷받침되지 않는다는 취지로 판단하였다. 즉, ① 이 사건 제1항 발명의 청구항은 그 조성물을 화학명 또는 화학식 등을 이용하여 구체적으로 특정하지 아니하고 '콜라게나제-3 선택적 억제제'라고 표현하고 있는데, 명세서에 기재된 용어의 정의를 참작하면, '콜라게나제-3 선택적 억제제'는 '콜라게나제-1 효소에 비해 콜라게나제-3 효소 활성 억제에 대해 100배 이상의 선택성을 나타내고 MMP-13/MMP-1 형광 분석법에 따른 IC50 결과로 정의된 100nM 미만의 역가를 갖는 약제'를 의미하는 것으로 이해되므로, 이는 발명의 설명에 구체적으로 열거된 16가지 화합물뿐만 아니라 위와 같은 요건을 충족하는 모든 화학물질을 지칭하는 의미로 해석된다. ② 그런데 발명의 설명에는 위 16가지 화합물 중 2가지 화합물이 콜라게나제-3에 선택적인 억제 활성을 갖고 이러한 성질에 의해 주로 연골 내의 콜라게나제 활성을 실질적으로 억제하여 골관절염 등의 치료·예방에 효과가 있다는 내용 및 위 2가지 화합물과 콜라게나제-3에 대한 선택적 억제 활성이 없는 화합물의 각 약리효과를 구체적인 수치로 대비한 실험 결과가 기재되어 있을 뿐이고, 나머지 14가지 열거된 화합물이나 그 밖에 위와 같이 정의된 '콜라게나제-3 선택적 억제제'에 속하는 화학적 구조를 특정할 수 없는 수많은 화학물질에 대하여는 그 약리효과에 관하여 아무런 기재가 없다. ③ 나머지 14가지 화합물의 화학적인 구조가 모두 위 2가지 화합물과 동일성의 범주에 속하여 그와 동등한 효과를 가질 것으로 예측된다는 특별한 사정도 찾아볼 수 없고 그 밖의 화학물질의 경우에는 화학적인 구조조차 특정할 수 없어 위 2가지 화합물과 동일성의 범주에 속하는지 여부조차 전혀 확인할 수 없으므로, 위 2가지 화합물을 제외한 나머지 모든 화학물질이 위 2가지 화합물과 동일한 정도의 임상적 상관관계를 나타낼 것이라고 예측할 수 없고, 출원 당시의 기술 수준으로 보아 동일한 임상적 상관관계를 나타낼 것으로 예측된다고 볼 만한 자료도 없다. ④ 이 사건 제1항 발명의 '콜라게나제-3 선택적 억제제'는 그 명세서에서 용어의 정의와 기준 및 확인방법이 기재되어 있으나, 이는 어떠한 화합물이 결과적으로 '콜라게나제-3 선택적 억제제'에 속하는지의 기준 및 확인방법만 제시하고 있을 뿐, 이러한 기재만으로는 사전에 그러한 화합물에 어떠한 것들이 포함되고 그에 속하는 모든 화합물들이 그와 같은 효과를 갖는지에 관하여 발명의 설명에 의하여 뒷받침된다고 볼 수 없다. 원심의 위와 같은 판단은 옳은 것으로 수긍이 가고, 거기에 상고이유에서 주장하는 바와 같은 구 특허법 42조 4항 1호에 관한 법리오해 등의 위법이 있다고 할 수 없다."라고 판시하였다.[42]

또한, 앞에서 기술한 바와 같이 청구범위의 기재와 발명의 설명이 서로 모순되는 경우도 청구범위가 발명의 설명에 의하여 뒷받침된다고 볼 수 없는데, 대법원 2001. 9. 7. 선고 99후734 판결은 "이 사건 특허발명의 청구범위에는 중탄산나트륨, 염료 및 식초가 '0~1wt%'를 의미하는 '1wt% 이하'라고만 기재되어 있음에 비하여 발명의 상세한 설명에는 '0중량%'를 제외한다는 취지로 기재되어 있어 서로 모순되는 기재로 보이는 경우 명세서 기재불비에 해당할 수 있다."고 판시하였다.

나아가 대법원 2014. 9. 4. 선고 2012후832 판결은 출원발명의 청구범위에 기재된 '전송된 펄스의 위상이 결정되도록 하는 코드'라는 구성에 대응되는 사항이 발명의 설명에 동일하게 기재되어 있는 사안에서, "특허법 42조 4항 1호는 청구범위에 보호받고자 하는 사항을 기재한 청구항이 발명의 설명에 의하여 뒷받침될 것을 규정하고 있는데, 이는 특허출원서에 첨부된 명세서의 발명의 설명에 기재되지 아니한 사항이 청구항에 기재됨으로써 출원자가 공개하지 아니한 발명에 대하여 특허권이 부여되는 부당한 결과를 막으려는 데에 그 취지가 있다. 따라서 특허법 42조 4항 1호가 정한 위와 같은 명세서 기재요건을 충족하는지 여부는, 위 규정 취지에 맞게 특허출원 당시의 기술수준을 기준으로 하여 통상의 기술자의 입장에서 청구범위에 기재된 사항과 대응되는 사항이 발명의 설명에 기재되어 있는지 여부에 의하여 판단하여야 하고, 그 규정 취지를 달리하는 특허법 42조 3항 1호가 정한 것처럼 발명의 상세한 설명에 통상의 기술자가 그 발명을 쉽게 실시할 수 있도록 명확하고 상세하게 기재되어 있는지 여부에 의하여 판단하여서는 아니 된다."라고 하면서 특허법 42조 4항 1호를 위반한 기재불비가 있다고 할 수 없다고 판단하였다.

한편, 대법원 2007. 3. 15. 선고 2006후3588 판결은 "특허발명의 발명의 설명에 청구범위 기재 구성이 가지는 발명의 작용 및 효과가 제대로 기재되어 있지 않고, 그와

---

42) 같은 취지의 판결로, 특허법원 2008. 9. 25. 선고 2008허514 판결(확정) 참조.

관련이 없는 발명의 작용 및 효과가 기재되어 있는 사정은 인정되나, 특허발명의 진보성 유무를 판단함에 있어서 그와 같은 사정을 고려하여 발명의 설명에 기재되어 있는 발명의 작용 및 효과를 특허발명의 발명의 작용 및 효과로 보지 않는 것은 별론으로 하고, 특허발명의 청구범위에 기재된 사항에 대응되는 사항이 발명의 상세한 설명에 나와 있는 이상, 그와 같은 사정이 있다는 이유로 특허발명의 청구범위가 발명의 상세한 설명에 의하여 뒷받침되지 않는 것은 아니다."라고 판시하였다.

(3) 발명이 명확하고 간결하게 적혀 있지 아니한 경우

특허발명의 청구범위에 '발명이 명확하고 간결하게 기재될 것'을 요구하는 특허법 42조 4항 2호의 취지는, 특허법 97조가 특허발명의 보호범위는 청구범위에 기재된 사항에 의하여 정하여진다고 규정하고 있음에 비추어, 청구범위에는 명확한 기재만이 허용되는 것으로서 발명의 구성을 불명료하게 표현하는 용어는 원칙적으로 허용되지 아니하며, 나아가 청구범위의 해석은 명세서를 참조하여 이루어지는 것임에 비추어 청구범위에 발명의 설명에서 정의하고 있는 용어의 정의와 다른 의미로 용어를 사용하는 등 결과적으로 청구범위를 불명료하게 만드는 것도 허용되지 않는다는 것이다.[43]

(4) 미생물을 이용한 발명에서 미생물의 용이 입수성

미생물에 관계되는 발명의 경우 관련 미생물을 통상의 기술자가 쉽게 입수할 수 없는 한 명세서의 기재만으로 그 발명을 실시할 수 없다. 따라서 미생물에 관계되는 발명의 출원에 있어서는 그 명세서에 관련 미생물을 쉽게 입수할 수 있음과 그 입수방법을 입증하거나, 특허청장이 정하는 기탁기관이나 국제기탁기관에 그 미생물을 기탁하고 그 사실을 증명하는 서류를 첨부하여야 하고, 그 취지를 명세서에 기재하여야 한다(특허법 시행령 2, 3조).

기탁사실을 증명하는 서류는 미생물의 수탁기관이 발행하는 미생물수탁번호통지서나 수탁증 등과 같이 당해 미생물의 기탁사실을 객관적으로 증명하는 서면을 말하는 것이므로, 특허발명의 출원 시에 제출된 명세서에 당해 미생물의 기탁번호 · 기탁기관의 명칭 및 기탁 연월일을 기재하였다고 하더라도, 이는 특허법 시행령 3조의 명

---

43) 대법원 2016. 11. 24. 선고 2003후2072 판결.

세서 기재요건을 충족하는 것으로 볼 수 있을 뿐, 이러한 출원서의 제출을 들어 특허법 시행령 2조 1항의 기탁사실을 증명하는 서류가 제출되었다고 할 수는 없다.[44]

미생물의 기탁은 명세서의 기재를 보완하고자 하는 것이므로 그 미생물이 공지의 균주이거나 통상의 기술자가 쉽게 얻을 수 있는 것인지 여부는 명세서 제출 당시인 출원 시를 기준으로 한다.[45]

출원인에게 이용미생물을 기탁하도록 한 취지는 극미의 세계에 존재하는 미생물의 현실적 존재가 확인되고 이를 재차 입수할 수 있다는 보장이 없는 한 그 발명을 재현하여 산업상 이용할 수 없기 때문이다. 다만, 최종 생성물이나 중간 생성물은 비록 그 자체가 기탁되어 있지 아니하더라도 이를 생성하는 과정에 필요한 출발 미생물들이 통상의 기술자가 용이하게 얻을 수 있는 것이고, 또 명세서에 이를 이용하여 중간 생성물이나 최종 생성물을 제조하는 과정이 통상의 기술자가 쉽게 재현할 수 있도록 기재되어 있는 경우라면 그 최종 생성물이나 중간 생성물 자체의 기탁을 요구할 것은 아니다.[46]

출원발명의 명세서에 모균주를 변이 처리하여 얻는다는 중간 균주의 구체적인 선발방법이 기재되어 있지 않다면 미생물의 돌연변이 생성에 있어서는 일반 화학반응과는 달리 동일한 실시방법으로 언제나 동일한 변이주를 얻을 수 있다는 보장이 없고, 설사 수많은 반복실험을 통하여 동일한 변이주를 얻을 수 있다고는 하여도 이는 실험자에게 과도한 부담을 지우게 하는 것이므로, 그와 같이 실시 가능한 확률이 대단히 적을 때에는 쉽게 실시할 수 있도록 기재되었다고 할 수 없다.[47]

(5) 식물발명에서의 기재 정도

대법원 1997. 7. 25. 선고 96후2531 판결은 "출원발명의 명세서에는 통상의 기술자가 출원발명의 결과물을 재현할 수 있도록 그 과정이 기재되어 있어야 한다. 식물발명이라 하여 (미생물발명과 같이) 그 결과물인 식물 또는 식물소재를 기탁함으로써 명세서의 기재를 보충하거나 그것에 대체할 수 없다."라고 하면서 "배 신품종에 속하는 식물에 관한 출원발명을 실시하기 위하여는 반드시 출원발명에서와 같은 특징을 가

44) 대법원 2005. 9. 28. 선고 2003후2003 판결.
45) 대법원 1997. 3. 25. 선고 96후658 판결.
46) 대법원 2002. 11. 8. 선고 2001후2238 판결.
47) 대법원 1990. 2. 27. 선고 89후1080 판결.

진 돌연변이가 일어난 배나무가 있어야 하고 그 다음 그 배나무 가지 또는 배나무의 눈을 이용하여 아접에 의하여 육종함으로써 그 목적을 달성할 수 있는데, 출원발명의 명세서에는 그 출발이 된 배나무와 같은 특징을 가지고 있는 배나무 가지를 돌연변이시키는 과정에 대한 기재가 없고, 또 자연상태에서 그러한 돌연변이가 생길 가능성이 극히 희박하다는 점이 자명하다면, 그 다음의 과정인 아접에 의한 육종과정이 용이하게 실시할 수 있다고 하더라도 출원발명 전체는 통상의 기술자가 용이하게 재현할 수 있을 정도로 기재되었다고 할 수 없어 특허법 42조 3항에 의하여 특허받을 수 없다."라고 판시하였다.

또한, 대법원 2004. 10. 28. 선고 2002후2488 판결은 "식물발명도 다른 발명과 마찬가지로 그 발명이 속하는 분야에서 통상의 지식을 가진 자가 반복 실시하여 목적하는 기술적 효과를 얻을 수 있을 정도까지 구체적, 객관적으로 구성되어 있어야 하고, 특허출원의 명세서에 발명의 내용이 그 정도까지 기재되어 있지 아니하다면 그 발명은 완성되었다고 볼 수 없을 뿐만 아니라 명세서의 기재요건을 충족하였다고 볼 수 없다."라고 하면서, "원심은, 이 사건 출원발명은 종자 교배친 'Saphir'와 화분 교배친 'Innocencia x Robina'를 수분(受粉)에 의하여 교배시켜 얻은 '하이브리드 티 장미식물 No. 965' 중에서 발견된 색상 변종식물인 새로운 '온실용 하이브리드 티 장미식물'에 관한 것이므로, 이 사건 출원발명의 변종식물을 얻는 그 첫째 단계에서는 먼저 'Innocencia'와 'Robina'를 교배시켜 화분 교배친을 선발해야 하는데, 이들을 교배시킬 경우 암수의 유전자가 합쳐지는 과정에서 무수한 변화가 일어날 뿐 아니라, 그 명세서에는 교배된 교배친의 개체 수, 교배에 의하여 얻어진 자손의 개체 수, 반복된 세대 수, 재배조건 등 교배육종을 수행하기 위한 구체적인 사항이 기재되어 있지 아니함으로써, 그 기술분야에서 통상의 지식을 가진 사람이 이러한 명세서의 기재에 따라 반복 실시하더라도 목적하는 이 사건 변종식물을 얻을 수 있을 것이라고 볼 수 없어 반복 재현성이 인정되지 아니하므로, 이 사건 출원발명은 출원 당시에 완성되었다고 볼 수 없어 특허법 29조 1항 본문의 규정에 위반될 뿐 아니라, 그 발명이 속하는 기술분야에서 통상의 지식을 가진 사람이 용이하게 실시할 수 있도록 그 명세서가 기재되어 있다고 볼 수도 없어 특허법 42조 3항에도 위반된다고 판단하였다. 이러한 원심의 판단은 정당한 것으로 수긍되고, 거기에 식물발명의 성립요건이나 그 명세서 기재요건에 관한 법리오해 등의 위법이 있다고 할 수 없다."라고 판시하였다.

(6) 의약에 관한 용도발명에서의 기재 정도

약리효과의 기재가 요구되는 의약의 용도발명에서는 발명의 설명에 그 출원 전에 명세서 기재의 약리효과를 나타내는 약리기전이 명확히 밝혀진 경우에는 약리효과를 단순히 기재하면 족하나, 그와 같은 약리기전이 밝혀지지 아니한 경우에는 특정 물질에 그와 같은 약리효과가 있다는 것을 약리데이터 등이 나타난 시험 예로 기재하거나 또는 이에 대신할 수 있을 정도로 구체적으로 기재하여야만 비로소 발명이 완성되었다고 볼 수 있는 동시에 명세서의 기재요건을 충족하였다고 볼 수 있다.[48]

예를 들어, ① "온단세트론의 제토(制吐) 특성이 증강되었다."라는 기재는 온단세트론과 덱사메타손의 제약 조성물의 약리효과로서는 매우 추상적인 기재에 불과하여 약리데이터에 대신할 수 있을 정도의 구체적인 기재라고 보기 어렵고,[49] ② "인식능력 부족을 상당히 반전시켰다."라는 기재는 일반식(I) 화합물의 구체적 약리기전이 밝혀지지 않은 상태라는 점에 비추어 단순히 출원발명 화합물이 인위적으로 유발된 인식장애를 회복시킬 수 있다는 가능성을 확인한 것에 불과하므로, 출원발명의 명세서에는 인식장애 치료제로서의 약리효과가 구체적으로 기재되었다고 볼 수 없다.[50]

또한, 의약의 용도발명에서는 특정 물질이 가지는 의약의 용도가 발명의 구성요건에 해당하므로 발명의 청구범위에는 특정 물질의 의약용도를 대상 질병 또는 약효로 명확히 기재하는 것이 원칙이다. 그러나 특정 물질의 의약용도가 약리기전만으로 기재되어 있다 하더라도 발명의 설명 등 명세서의 다른 기재나 기술상식에 의하여 의약으로서의 구체적인 용도를 명확하게 파악할 수 있는 경우에는 특허법 42조 4항 2호에 정해진 청구범위의 명확성 요건을 충족하는 것으로 볼 수 있다.[51]

---

48) 대법원 2007. 7. 26. 선고 2006후2523 판결, 2004. 12. 23. 선고 2003후1550 판결, 2001. 11. 30. 선고 2001후 65 판결 등 참조. 같은 취지의 판결로는 대법원 2015. 4. 23. 선고 2013후730, 2015후727 판결이 있는데, 이 판결에서 대법원은 "약리효과의 기재가 요구되는 의약의 용도발명에서 약리데이터 등이 나타난 시험 예 또는 이에 대신할 수 있을 정도의 구체적인 사항의 기재가 필요함에도 최초 명세서에 그 기재가 없었다면, 이를 보완하는 보정은 명세서에 기재된 사항의 범위를 벗어나는 것으로 되어 허용되지 아니하므로, 위와 같은 명세서의 기재요건 위반은 보정에 의하여 해소될 수 있는 기재불비 사유가 아니다."라고 판시하였다.

49) 대법원 2001. 11. 13. 선고 99후2396 판결.

50) 특허법원 2004. 7. 1. 선고 2003허6562 판결(상고기각).

51) 대법원 2009. 11. 12. 선고 2007후5215 판결.

대법원 2009. 1. 30. 선고 2006후3564 판결은, "출원발명의 청구범위 제2항은 '원심 판시의 디티오카르바메이트 함유 질소산화물 스캐빈저를 포함하는 원심 판시의 치료 대상 패혈증 쇼크, 사이토킨의 투여 등과 관련된 질소산화물 과생성 치료용 조성물'로 기재되어 있는데, 출원발명의 설명에는 질소산화물 과생성은 원심 판시의 패혈증 쇼크, 사이토킨의 투여 등과 같은 광범위한 질병상태 및(또는) 징후와 관련되고, 질소산화물의 과생성으로 인해 저혈압증, 다중기관부전증이 나타난다고 기재되어 있으며, 또한 생쥐를 대상으로 한 실시 예를 통하여 출원발명의 디티오카르바메이트 함유 질소산화물 스캐빈저인 [(MGD)2Fe] 착물을 피하 투여하여 LPS 처리된 생쥐의 생체 내 질소산화물 농도를 감소시킴으로써 LPS 처리에 의하여 유도된 저혈압을 정상 혈압으로 회복시키는 효과를 보여 주고 있으므로, 의약의 용도발명에 관한 청구범위 제2항은 유효성분인 디티오카르바메이트 함유 질소산화물 스캐빈저의 용도를 구체적인 질병 또는 약효로 기재하지 아니하고 질소산화물 과생성을 치료한다고 하는 약리기전으로 표현되어 있지만, 발명의 설명을 참작하여 볼 때 질소산화물의 과생성으로 인해 유도되는 저혈압증, 다중기관부전증을 치료, 예방한다고 하는 구체적인 의약용도를 명확하게 파악할 수 있다고 할 것이어서, 청구범위 제2항은 청구항의 명확성 요건을 충족한다."라고 판시하였다.

한편, 약리기전의 공지와 관련하여, 개별적인 약리기전이 공지되어 있는 화합물을 병용(竝用)하는 의약의 용도발명에서 병용되는 화합물 각각의 개별적인 약리기전이 공지되었다는 사유만으로는 병용에 따른 약리기전까지 공지되었다고 볼 수 없으므로, 병용에 따른 정량적인 약리시험데이터 등의 기재가 필요하다.[52] 나아가 이와 같은 약리시험 데이터 등의 기재가 필요함에도 불구하고 최초 명세서에 그 기재가 없던 것을 추후 보정에 의하여 보완하는 것은 명세서에 기재된 사항의 범위를 벗어나는 것으로 되어 허용되지 아니하므로, 위와 같은 명세서의 기재요건 위반은 보정에 의하여 해소될 수 있는 기재불비 사유가 아니다.[53]

---

52) 대법원 2007. 7. 26. 선고 2006후2530 판결, 2007. 7. 26. 선고 2006후2523 판결, 2007. 3. 30. 선고 2005 후1417 판결, 2001. 11. 13. 선고 99후2396 판결 등 참조. 한편, 화합물의 병용에 따른 약리기전이 공지 되었다고 본 것으로는 대법원 2003. 10. 10. 선고 2002후2846 판결 참조.

53) 대법원 2015. 4. 23. 선고 2013후730, 2015후727 판결, 2001. 11. 30. 선고 2001후65 판결.

(7) 선택발명에서의 효과 기재의 정도

선행 또는 공지의 발명에 구성요건이 상위개념으로 기재되어 있고 위 상위개념
에 포함되는 하위개념만을 구성요건 중의 전부 또는 일부로 하는 이른바 선택발명은
선행발명이 선택발명을 구성하는 하위개념을 구체적으로 제시하지 아니하고, 선택발
명에 포함되는 하위개념들 모두가 선행발명이 갖는 효과와 질적으로 다른 효과를 갖
고 있거나, 질적인 차이가 없더라도 양적으로 현저한 차이가 있는 경우에 한하여 특
허를 받을 수 있는 것이다. 그런데 선택발명의 설명에 그와 같은 효과가 있음을 구체
적으로 확인할 수 있는 비교실험 자료 또는 대비 결과까지 기재하여야 하는 것은 아
니라고 하더라도, 통상의 기술자가 선택발명으로서의 효과를 이해할 수 있을 정도로
명확하고 충분하게 기재하여야 명세서 기재요건이 구비되었다고 할 수 있으며,[54] 만
일 그 효과가 의심스러울 때에는 출원일 이후에 출원인이 구체적인 비교실험 자료를
제출하는 등의 방법에 의하여 그 효과를 구체적으로 주장, 입증하면 된다.[55]

(8) 수치한정발명에서 수치한정의 이유나 효과의 미기재와 명세서 기재불비 여부

구성요소의 범위를 수치로써 한정하여 표현한 수치한정발명에 있어서, 수치한정
자체에 기술적 특징이 있다면, 즉 그 발명의 기술적 과제의 해결에 기여하는 기술적
구성이라면(수치한정을 넓게 볼 때, 파라미터발명에서의 '파라미터'가 그 대표적인 경우이다),
그 기술적 특징이 무엇이고 그로 인하여 어떠한 효과가 있는지 명세서에 기재되어
있지 않으면 특별한 사정이 없는 한 그와 같이 한정한 수치범위 내외에서 현저한 효
과의 차이가 생긴다고 보기 어렵고, 통상의 기술자라도 이를 이해하고 재현하기는 어
려울 것이므로, 그에 관한 기재가 없는 경우 기재불비로 보아야 한다.[56][57]

---

54) 대법원 2007. 9. 6. 선고 2005후3338 판결.
55) 대법원 2003. 10. 10. 선고 2002후2846, 2003. 4. 25. 선고 2001후2740 판결.
56) 대법원 2007. 11. 16. 선고 2007후1299 판결. 한편, 대법원 2015. 9. 24. 선고 2013후525 판결은 "'물건의
발명'의 경우 그 발명의 '실시'라고 함은 그 물건을 생산, 사용하는 등의 행위를 말하므로, 그 발명의 청
구범위에 특정된 물건 전체의 생산, 사용 등에 관하여 위와 같은 정도의 명세서 기재가 없는 경우에는
위 조항에서 정한 기재요건을 충족한다고 볼 수 없다. 따라서 구성요소의 범위를 수치로써 한정하여 표
현한 물건의 발명에서도 그 청구범위에 한정된 수치범위 전체를 보여주는 실시 예까지 요구되는 것은
아니지만, 통상의 기술자가 출원 시의 기술 수준으로 보아 과도한 실험이나 특수한 지식을 부가하지 않
고서는 명세서의 기재만으로 위 수치범위 전체에 걸쳐 그 물건을 생산하거나 사용할 수 없는 경우에는,
위 조항에서 정한 기재요건을 충족하지 못한다고 보아야 한다."고 판시하였다.
57) 유영선, "수치한정발명의 기재불비 판단 기준", 대법원판례해설 90호(2011 하반기), 법원도서관,
635~636.

반대로 그러한 수치한정이 단순히 발명의 적당한 실시 범위나 형태 등을 제시하기 위한 것으로서 그 자체에 별다른 기술적 특징이 없어 통상의 기술자가 적절히 선택하여 실시할 수 있는 정도의 단순한 수치한정에 불과하다면, 그러한 수치한정에 대한 이유나 효과의 기재가 없어도 통상의 기술자로서는 과도한 실험이나 특수한 지식의 부가 없이 그 의미를 정확하게 이해하고 이를 재현할 수 있을 것이므로, 이런 경우에는 명세서에 수치한정의 이유나 효과가 기재되어 있지 않더라도 특허법 42조 3항 1호에 위배된다고 할 수 없다.[58]

한편 대법원 2015. 9. 24. 선고 2013후525 판결은 "'물건의 발명'의 경우 발명의 '실시'란 물건을 생산, 사용하는 등의 행위를 말하므로, 발명의 특허청구범위에 특정된 물건 전체의 생산, 사용 등에 관하여 구 특허법(2007. 1. 3. 법률 제8197호로 개정되기 전의 것) 42조 3항에서 요구하는 정도의 명세서 기재가 없는 경우에는 위 조항에서 정한 기재요건을 충족한다고 볼 수 없다. 따라서 구성요소의 범위를 수치로 한정하여 표현한 물건의 발명에서도 특허청구범위에 한정된 수치범위 전체를 보여주는 실시 예까지 요구되는 것은 아니지만, 발명이 속하는 기술분야에서 통상의 지식을 가진 자가 출원 시의 기술 수준으로 보아 과도한 실험이나 특수한 지식을 부가하지 않고서는 명세서의 기재만으로 수치범위 전체에 걸쳐 물건을 생산하거나 사용할 수 없는 경우에는, 위 조항에서 정한 기재요건을 충족하지 못한다."라고 판시하여 수치한정발명의 실시가능요건은 그 실시태양인 '생산(제조)'과 '사용'의 양 측면에서 모두 판단되어야 한다는 기준을 명확히 하였다.

(9) 청구범위에 발명의 설명 또는 도면의 기재를 인용할 수 있는지 여부

특허법원 2005. 7. 8. 선고 2005허2380 판결(상고기각)은 "출원발명의 청구범위는 청구항 1.이라는 항목 아래에 '독립항 1. 액체를 형태 변형하여 이용하고 에너지화한 지적 범위, 1.에 종속항 도면 1, 2에서 [그림 1, 2, 3, 4, 5(보정서 도면, 양면성), 6]의 물뽑개'라고 기재되어 있어서, 그 구체적인 구성은 차치하고 그 청구범위가 하나의 항으로 되어 있는지 두 개의 항으로 되어 있는지조차 불분명하다. 그 구체적인 구성에 있어서도 청구범위는 발명의 설명 또는 도면의 기재를 인용하지 않으면 적절하게 기재할 수 없는 경우가 아닌 한 발명의 설명 또는 도면의 기재를 인용할 수 없는데, 출

---

58) 대법원 2011. 10. 13. 선고 2010후2582 판결.

원발명은 그 청구범위에는 구성이라고 볼 수 있는 요소를 전혀 기재하지 않은 채 도면을 인용하고 있을 뿐만 아니라, 별지 기재 도면에도 출원발명의 구성이라고 볼 수 있는 요소가 도시되어 있지 않아 도면의 기재를 인용하지 않으면 적절하게 기재할 수 없는 경우에 해당하지 않아서 그 청구범위가 발명의 구성에 없어서는 아니 되는 사항만으로 기재되어 있지 않고, 위와 같이 그 청구범위의 구성을 전혀 알 수 없어 그 청구범위가 발명의 설명에 의하여 뒷받침된다고 볼 수도 없어서 출원발명은 특허법 42조 4항 1, 3호에서 요구하고 있는 청구범위 기재 요건을 갖추지 못하였다."라고 판시한 바 있다.

한편, 특허법원 2008. 4. 17. 선고 2007허7624 판결(확정)은 "문자로 34종 53개의 단위블록들의 형상을 설명할 경우 그 작성 및 이해에 과도한 노력이 필요하고 오류의 위험성도 있다고 할 것이나 그림으로 도시함으로써 간결하게 그 형상을 특정할 수 있고, (청구항에) 단위블록을 이루는 단위 정육면체의 개수와 그 연결구성에 대한 기본적인 구성이 글로 표현되어 있으면서 이에 더하여 단위블록들의 구체적인 형상을 그림으로 더욱 한정하고 있어서, 청구항에 단위블록들의 형상을 특정하기 위하여 구성의 일부로 그림을 도시하였다고 하여 고안의 구성이 불명료하게 표현되었다고 할 수 없다."라고 판시하였다.

(10) 파라미터 발명에서 측정 방법 등의 기재 정도

특허법원 2008. 4. 16. 선고 2007허7297 판결(심리불속행 기각)은 특허발명에서 '발포체'의 형태적 특성에 관한 파라미터를 새롭게 한정하였으나 발명의 상세한 설명에서 그 측정 부위와 방법에 관하여 분명하게 기재하지 않은 경우 기재불비에 해당한다고 판단한 사례로서, "특허청구범위[59]에는 '기포사이즈(A)와 기포벽면의 두께(B)의 비 B/A'에 대하여 '0.099 이상 0.5 미만' 또는 '0.099 이상 0.3 미만'으로 한정하고 있으나, 특허발명의 명세서에는 주사형 또는 투과형 전자현미경으로 관찰한다고 기재되어 있을 뿐이고, A와 B를 측정하는 부위(예를 들어 입체 상태 그대로 측정하는지 아니면 단면으로 잘라 측정하는지, 기포가 무정형이거나 오픈타입일 경우 어떤 방법으로 기포의 직경

---

59) 청구범위 제1항: 기포사이즈(A)와 기포벽면의 두께(B)의 비 B/A가 0.099 이상 0.5 미만인 미세한 기포를 내부에 가지고 있고, 또한 공간율이 50% 이상인 열가소성수지 발포체에, 기포의 형상변형을 넘는 기포경계 자체의 소성변형을 행함으로써, 기포경계를 파괴하는 것을 특징으로 하는 열가소성수지 미다공막의 제조방법.

과 벽면의 두께를 측정하는지 등) 및 방법(예를 들어 모든 기포와 벽면에 대하여 수치를 측정하는지 아니면 일부 기포와 벽면에 대하여 수치를 측정하는지, B/A의 최대치와 최소치가 위 한정된 수치범위에 포함되어야 하는지 아니면 평균치가 위 한정된 수치에 포함되어야 하는지 등)에 관하여 분명하게 기재하지 않고 있으므로, 측정 부위와 방법에 따라서는 동일한 발포체에 대한 측정 결과가 서로 다를 수도 있으며, 따라서 어떤 실시 예가 청구범위 제1, 2항의 기술적 범위에 속하는지 여부를 판단하기도 곤란하므로, 청구범위 제1, 2항은 통상의 기술자가 당해 발명을 명세서 기재에 의하여 출원시의 기술수준으로 보아 특수한 지식을 부가하지 않고서도 정확하게 이해할 수 있고 동시에 재현할 수 있는 정도로 그 발명의 목적, 구성 및 효과가 기재된 것으로 인정할 수 없다."라고 판시하였다.

(11) 조성물 발명에서의 조성비 기재

특허법원 2007. 3. 28. 선고 2006허4765 판결(확정)은 명칭을 '원적외선 훈열제 및 그 제조방법'으로 하는 특허발명의 일부 청구항과 발명의 설명에는 조성물의 조성비를 기재하였으나 그 구성 성분 중 최대성분량과 나머지 성분들의 최저성분량의 합이 100중량%를 초과하게 기재하고 있으며, 다른 청구항에는 그 조성비를 일정한 수치로 특정할 수 있음에도 불구하고 단지 "소정의 비율로 혼합한다."라고만 기재하고 있는 특허발명에 대하여 그 청구항들 모두가 명확하게 기재되어 있지 않다는 이유로 무효라고 판시하였다.

조성물 발명의 구성을 명확하게 하기 위해서는 그 구성 성분의 조성이 명확히 기재되어야 한다. 실무상 여러 구성성분의 조성비가 일정한 범위로 기재되어 있는 경우 그 성분 중 하나의 최대조성비와 나머지 성분들의 최소조성비율의 합이 100%를 초과하는 때 및 하나의 최저조성비와 나머지 성분들의 최대조성비율의 합이 100%에 미달하는 때 등이 문제로 된다.

아래의 예에서 ① 모든 성분의 최대성분량(A, B, C)의 합이 100%에 미달하는 경우, ② 모든 성분의 최저성분량(A, B, C)의 합이 100%를 초과하는 경우, ③ 하나의 최대성분량(A)과 나머지 최저성분량(B, C)의 합이 100%를 초과하는 경우(A에 의한 불명확한 발명), ④ 하나의 최저성분량(C)과 나머지 최대성분량(A, B)의 합이 100%에 미달하는 경우(C에 의한 불명확한 발명)에는 명세서의 기재가 불명확하고, 나머지의 경우에는 명확하다고 보아야 한다.

(예)   단위: 중량%

	사례 ①	사례 ②	사례 ③	사례 ④
A 성분	40~50	90~95	40~95	40~45
B 성분	10~30	10~30	10~50	20~50
C 성분	2~10	2~10	2~35	2~35

Ⅱ. 명세서 또는 도면의 보정

1. 일 반 론

특허출원의 보정에는 절차능력이나 대리권의 흠결, 수수료의 미납 및 기타 방식 위반 사항에 대한 보정인 절차의 보정(특허 46조)과 출원발명의 특허요건에 관련된 실체의 보정(특허 47조)이 있는데, 실체의 보정은 특허출원서에 첨부된 명세서 또는 도면에 대하여 이루어진다.

특허법 47조의 '명세서 또는 도면의 보정'이라 함은 명세서 또는 도면에 흠이 있거나 미비한 점이 있는 경우에 이를 명료하게 정정 · 보완하여 명세서를 명확하게 하기 위한 것을 말한다.[60] 보정의 대상이 되는 출원이 특허청에 계속 중인 특허출원 단계에서 이루어진다는 점에서 특허권의 설정등록 후 특허발명의 명세서 또는 도면을 정정 · 보완하는 '명세서 또는 도면의 정정'(특허 136조 1항 본문)과 구별된다.

명세서 또는 도면을 보정할 수 있는 자는 보정할 당시의 출원인이고, 출원인이 복수일 경우 각자 보정할 수 있다. 보정의 효과는 최초 출원시로 소급한다.

특허법은 특허출원 후에 출원인에게 명세서 또는 도면을 보정할 기회를 줌으로써 출원인의 선출원 이익을 보호하여 발명을 보호 · 장려하고 그 이용을 도모하되, 그로 인한 심사사무의 번잡과 출원 당시의 명세서를 신뢰한 일반 제3자의 이익 침해 및 선출원주의 위배 등의 부작용을 막기 위하여 명세서 등의 보정 시기와 범위에 대하여 엄격한 제한을 두었다. 이러한 제한을 위반할 경우에는 거절사유 및 특허무효사유가 된다.

---

60) 대법원 1997. 11. 14. 선고 96후2265 판결.

특허법은 대부분의 개정법 부칙에서 경과규정을 두어 특허요건 등에 관한 규정을 출원 시의 것으로 적용하는 경우가 일반적이므로, 특별한 부칙 규정의 정함이 없는 경우에 보정요건은 특허출원 시점에 따라 적용 법률이 달라질 수 있다.

예를 들어, 2001. 2. 3. 개정 특허법(법률 제6411호)은 '요지변경의 금지'를 규정한 구 특허법 48조를 삭제하는 한편 청구범위에 영향을 미치지 않는 사항이라도 이른바 '신규사항'을 추가하는 것을 금지하는 규정을 추가하였는데, 그 부칙 3항에서 개정 특허법 시행일인 2001. 7. 1. 이전에 제출된 특허출원에 대한 심사 · 특허등록 · 특허권 · 특허이의신청 · 심판 · 재심 및 소송은 종전의 규정에 의한다고 규정하였으므로, 보정의 시기가 2001. 7. 1. 이후이더라도 그 전에 제출된 특허출원에 대하여는 개정 전의 구 특허법 규정이 적용된다.

한편, 2009. 1. 30. 개정 특허법(법률 제9381호)은 특허출원 시에 청구범위를 기재하지 아니한 명세서를 제출하고, 일정 기한 안에 이를 보정하도록 하는 제도(구 특허 42조 5항)와 특허거절결정에 대한 재심사청구제도(구 특허 67조의2)를 신설하고 보정의 시기와 범위에 관한 규정 일부를 변경하였는데, 그 부칙 3조 전문에는 "47조, 51조 1항 본문 및 55조의 개정규정 중 47조 4항 삭제 관련 개정부분은 이 법 시행 후 최초로 보정하는 것부터 적용한다."라고 규정하였다. 이 부칙 조항 중 '47조, 51조 1항 본문' 부분과 관련하여, ① '47조, 51조 1항 본문'에 대하여도 '47조 4항 삭제 관련 개정부분'만 위 개정 법률의 시행일인 2009. 7. 1. 이후 최초로 보정하는 것부터 적용되고, 이를 제외한 나머지 부분은 부칙 10조의 일반원칙에 따라 2009. 7. 1. 전에 출원된 특허출원에는 적용되지 않는다는 설과, ② '47조, 51조 1항 본문'이 '47조 4항 삭제 관련 개정부분'을 한정하지 않고 '이 법 시행 후 최초로 보정하는 것부터 적용한다.'라는 문구와 바로 연결되는 것으로 해석하여, 47조, 51조 1항 본문의 개정규정 전부(다만 부칙 4조에 따라 재심사 청구 관련 개정 부분은 제외된다)가 보정하는 특허출원의 출원일과 상관없이 2009. 7. 1. 이후 최초로 보정하는 것부터 적용된다는 설[61]이 대립하나, 특허청의 실무는 ②설을 따른다.

따라서 보정의 허용범위 및 그 위반의 효과와 관련하여서는 문제된 특허출원의 출원일 당시와 실제 보정 당시의 적용법률 및 그 부칙 규정을 살펴 법률 적용의 위법

---

61) 개정법 심사보고서의 최종 수정안 부칙 3조 전문은 "47조의 개정규정 및 51조 1항 본문의 개정규정 및 55조 중 47조 4항 삭제 관련 개정부분은 이 법 시행 후 보정하는 것부터 적용한다."라고 되어 있었는데, 이후 입법과정에서 현행과 같이 변경되었다.

이 없도록 주의할 필요가 있다.

아래에서는 현행 특허법상의 명세서 또는 도면의 보정에 관하여 살펴보되, 특별히 구 특허법상의 보정요건에 대한 설명이 필요한 부분은 이를 따로 언급한다.

2. 보정의 시기

가. 거절이유통지를 받지 아니한 경우

특허출원인은 거절이유통지를 받지 아니한 동안에는 심사관이 특허결정의 등본을 송달하기 전까지 특허출원서에 첨부한 명세서 또는 도면을 보정할 수 있다(특허 47조 1항 본문). 여기에서 '심사관이 특허결정의 등본을 송달하기 전까지'는 심사관이 특허결정의 등본을 발송하기 전까지라고 해석하는 것이 특허청의 실무이다.[62]

나. 거절이유통지를 받은 경우

거절이유통지를 최초로 받거나 2호의 거절이유통지가 아닌 거절이유통지를 받은 경우(1호) 및 1호의 거절이유통지에 대한 보정에 의하여 발생한 거절이유에 대하여 거절이유통지를 받은 경우(2호)에는 각 당해 거절이유통지에 의한 의견서 제출기간 이내에만 보정할 수 있다(특허 47조 1항 단서 1, 2호). 실무상 1호의 거절이유통지를 '최초 거절이유통지', 2호의 거절이유통지를 '최후 거절이유통지'라고 하며, 의견서의 제출기간은 통상 2개월로 지정하되(특허 63조 1항, 특허 규칙 16조 1항), 출원인의 지정기간연장신청에 의하여 연장이 가능하다.

다. 특허거절결정에 대하여 재심사를 청구할 때

출원인은 특허거절결정에 대한 재심사를 청구할 때(특허거절결정등본을 송달받은 날부터 30일 이내) 명세서 및 도면의 보정을 할 수 있다(특허 47조 1항 단서 3호, 67조의2 1항).

라. 실용신안등록출원의 경우

현행 실용신안법 11조는 보정에 관한 특허법 47, 51조를 그대로 준용하므로, 실

---

62) 특허청, 심사기준(주 6) 4,104.

용신안에서의 보정도 특허의 보정과 같다.

3. 보정의 범위

가. 신규사항의 추가 금지

명세서 또는 도면의 보정은 특허출원서에 최초로 첨부한 명세서 또는 도면에 기재된 사항의 범위 안에서 하여야 한다(특허 47조 2항). '최초로 첨부한 명세서 또는 도면에 기재된 사항'이란 최초 명세서 등에 명시적으로 기재된 사항 및 명시적 기재가 없더라도 통상의 기술자라면 출원 시의 기술상식에 비추어 보정된 사항이 최초 명세서 등에 기재된 것과 마찬가지라고 이해할 수 있는 사항을 말한다. 이러한 범위를 벗어나는 사항을 실무상 '신규사항'이라고 한다.

대법원 2007. 2. 8. 선고 2005후3130 판결은, 특허발명의 특허출원서에 최초로 첨부된 명세서에는 눈감지센서와 관련하여 '텅레일과 고정레일 사이에 존재하는 눈을 감지할 수 있는 센서(또는 눈을 감지하기 위한 인디케이터)'라는 기재만이 있었다가, 최후 보정에 이르러 '눈감지센서는 리액턴스 방식으로 작동되는 센서로서 한 쌍의 금속성판 사이에 눈이 존재하면 유전율의 변화로 한 쌍의 금속성판으로 형성된 평행판 축전기의 정전용량이 변하게 되고, 이에 따른 교류회로의 전류변화 값을 측정하는 것'이라는 취지의 기재가 추가된 경우, 이는 특허출원서에 최초로 첨부된 명세서에 기재된 범위를 벗어난 것으로서 신규사항의 추가에 해당한다고 판단한 원심판결을 지지하였다.[63][64]

---

63) 대법원 2014. 4. 30. 선고 2011후767 판결도 같은 취지이다.
64) 나아가 특허청의 심사기준은 신규사항의 추가 금지 여부에 관한 구체적인 판단방법을 제시하면서, ① 미완성발명을 완성시키는 보정의 경우, ② 상위개념을 하위개념으로 보정하여 범위를 축소하였더라도, 최초 명세서 등에 그 하위개념이 제시되어 있거나, 출원 시의 기술상식을 참작하여 통상의 기술자에게 그러한 상위개념이라고 하면 보정된 하위개념으로 바로 인식될 정도가 아닌 경우, ③ 하위개념을 상위개념으로 보정하면서, 그 상위개념 중에 최초 명세서 등의 하위개념과 비교하여 발명의 과제해결 여부 또는 효과가 달라지는 부분이 존재하는 경우, ④ 수치범위를 추가하거나 변경 또는 감축하였는데, 그 새로운 수치범위가 최초 명세서 등에 기재되어 있지 않고, 최초 명세서 등의 기재로부터 자명하지 않은 경우, ⑤ 청구항에 일정한 사항을 제외하는 이른바 '제외 클레임' 보정에서 그러한 한정으로 최초 명세서 등에 기재된 것으로 볼 수 없는 새로운 기술적 사항이 도입되는 경우, ⑥ 최초 명세서 등에 독립적으로 기재된 개별 구성이나 실시 예들을 하나의 발명으로 결합하였는데, 그러한 결합이 최초 명세서 등에 언급되어 있지 않거나 통상의 기술자가 출원 시의 기술상식에 비추어 당연히 상정할 수 없는 경우, ⑦ 보정에 의해 추가된 사항이 주지관용기술이더라도 그것이 통상의 기술자가 최초 명세서 등에 기재

특허법원 2017. 9. 25. 선고 2017허3324 판결(확정)은, 발명의 명칭을 '주거단지에서 발생하는 음식물쓰레기와 분뇨의 고형물을 퇴비자원으로 재사용하도록 고형물케이크를 제조하는 오수처리설비구조'로 하는 출원발명의 최초 명세서 등에는 고형물의 첨가제와 관련하여 '발효제'라고만 기재된 부분을 '발열제로 생석회'로 고치고 그 중량을 한정하는 것으로 청구범위와 명세서의 기재를 보정한 것에 대하여, 출원 시의 기술상식에 비추어 생석회는 해당 기술분야에서 흔히 사용되는 발효제 또는 발열제로 통상의 기술자에게 잘 알려져 있다거나 기술적 노하우에 불과하다고 볼 수 없다는 이유로 신규사항의 추가에 해당하는 보정으로서 허용되지 않는다는 취지로 판시하였다.

또한, 특허법원 2009. 4. 30. 선고 2008허7676 판결(확정)도 명칭을 "분뇨, 하수, 축산 폐수 등의 전처리 방법"으로 하는 특허발명의 제2 공정인 모래 선별 분리 공정에서, 최초 명세서 등에는 흡입관을 바닥에 내리는 정도를 조절함으로써 모래에 작용하는 흡입력의 차이로 모래를 선별 분리하는 구성이 개시되었을 뿐이었으나, 보정 후의 명세서 등에는 나선운동에 의한 원심력의 차이를 이용하여 모래를 선별 분리하는 구성이 추가되었고, 그 추가된 구성으로 인하여 원심력을 변화시켜 흡입 입자 모래의 크기를 맞추는 것이 편리해지는 효과가 발생되었다면, 이는 특허출원서에 최초로 첨부된 명세서 등에 기재된 범위를 벗어난 것으로서 신규사항의 추가에 해당한다고 판시하였다.

나. 청구범위의 보정 범위

출원인이 거절이유통지를 통지를 받지 않은 가운데 하는 자진보정이나 최초 거절이유통지를 받아서 하는 보정의 경우에는 청구범위의 보정에 신규사항의 추가 금지 외에 별다른 제한이 없다.

그러나 최후 거절이유통지를 받거나 거절결정에 대한 재심사를 청구하는 경우[65]에는 신규 사항의 추가 금지 외에도, 청구항을 한정 또는 삭제하거나 청구항에 부가

되어 있는 것과 마찬가지라고 이해할 수 있는 사항이 아닌 경우 등을 신규사항 추가 금지의 예로 들고 있다[특허청, 심사기준(각주 6), 4,202~4,206].

[65] 2009. 1. 30. 법률 9381호로 개정되기 전의 구 특허법 47조 4항은 최후 거절이유통지를 받거나 거절결정에 대한 불복심판을 청구하는 경우의 보정에 대하여 ① 특허청구범위를 실질적으로 확장하거나 변경하지 아니하여야 하며, ② 보정 후 특허청구범위에 기재된 사항이 특허출원을 한 때에 특허를 받을 수 있어야 할 것이라는 제한을 부가하였으나, 법률 9381호로 개정된 특허법에서 이를 삭제하였다.

하여 청구범위를 감축하는 경우,(66) 잘못 기재된 사항을 정정하는 경우 또는 분명하지 아니하게 기재된 사항을 명확하게 하는 경우에 한하여 청구범위를 보정할 수 있다는 제한이 추가된다(특허 47조 3항 1, 2, 3호).

한편, 신규사항을 추가한 보정에 대하여 그 보정 전 청구범위로 되돌아가거나 되돌아가면서 청구범위를 위 1 내지 3호와 같이 보정하는 것은 허용된다(특허 47조 3항 4호).

4. 보정의 효과

가. 보정이 적법한 경우

명세서 또는 도면의 보정이 적법한 것이라고 인정되면 특허청은 그 발명이 출원 당초부터 보정된 내용과 같이 출원된 것으로 보아 보정 후 명세서로 다시 심사하여야 한다. 보정의 소급효에 대한 명문 규정은 없으나 통설과 실무는 이를 인정한다.

나. 보정이 위법한 경우

자진보정기간 및 최초 거절이유통지에 대한 의견서 제출기간 이내의 보정에 신규사항이 추가된 경우에는 그 보정을 각하하는 것이 아니라, 특허법 62조 5호, 63조 1항 본문의 규정에 따라 거절이유를 통지하고, 거절이유를 통지한 후 지정된 기간 이내에 거절이유를 해소하지 못한 경우에는 거절결정을 한다.

최후 거절이유통지에 대한 의견서 제출기간 이내에 행한 보정 또는 재심사를 청구를 하면서 행한 보정이 신규사항을 추가하는 것이거나, 청구범위를 보정함에 있어 청구범위의 감축·잘못 기재된 사항의 정정·분명하지 아니하게 기재된 사항을 명확하게 하는 경우에 해당하지 않거나, 그 보정에 따라 새로운 거절이유가 발생한 것으로 인정하면 결정으로 그 보정을 각하한다(특허 51조 1항). 다만, 새로운 거절이유가 직권보정이 가능한 사항이라면, 심사관은 보정을 승인하고 이후 절차를 진행할 수 있다.

여기서 '그 보정에 따라 새로운 거절이유가 발생한 것으로 인정하는 경우'란 해당

---

66) 구 특허법 47조 3항 1호는 단순히 '특허청구범위를 감축하는 경우'라고만 규정하였는데, 현행 특허법 같은 호의 '청구항을 한정 또는 삭제하거나 청구항에 부가하여 특허청구범위를 감축하는 경우'와 해석상 실질적 차이가 있을 것으로 보이지 아니한다.

보정서의 제출로 인해 전에 없던 거절이유가 발생한 경우를 의미하는 것으로서,[67] 이러한 경우에 그 보정을 각하하도록 한 취지는 이미 거절이유가 출원인에게 통지되어 그에 대한 의견제출 및 보정의 기회가 충분히 부여되었음에도 그 보정으로 인하여 거절이유가 새롭게 발생하여 그에 대한 거절이유통지와 또 다른 보정이 반복되는 것을 배제함으로써 심사절차의 신속한 진행을 도모하는 데 있다. 이에 반하여 해당 보정 전에 거절이유통지가 되었던 거절이유는 물론, 보정 이전의 명세서 등에 있었으나 통지되지 않았던 거절이유는 새로운 거절이유에 해당하지 않는다.

한편 직권보정을 하는 경우, 직권 재심사를 하는 경우 및 재심사의 청구가 있는 경우에는 그 전에 이루어진 보정이 보정각하 대상이었음에도 불구하고 심사과정에 간과하였다면 이러한 보정사항은 보정각하 여부를 판단할 때 제외하여야 한다(특허 51조 1항 단서).

또한, 보정으로 인해 새로운 거절이유가 발생하였는지를 판단할 때 '청구항을 삭제하는 보정'에 의해 새로운 거절이유가 발생된 경우는 제외된다(특허 51조 1항 본문 괄호, 47조 3항 1호 또는 4호). 이는 청구항을 삭제하는 보정의 경우 청구항을 한정 · 부가하는 보정과는 달리 그로 인하여 새로운 거절이유가 발생하더라도 위와 같은 보정의 반복에 의하여 심사관의 새로운 심사에 따른 업무량 가중 및 심사절차 지연의 문제가 생기지 아니하므로 그에 대하여 거절이유를 통지하여 보정의 기회를 다시 부여함으로써 출원인을 보호하려는 것이다.

이러한 규정의 취지에 비추어 볼 때, 단순히 청구항을 삭제하는 보정을 하면서 삭제된 청구항을 인용하던 종속항에서 인용번호를 그대로 두거나 잘못 변경하여 특허법 42조 3항 또는 4항의 기재불비가 발생한 경우에도, 마찬가지로 보정 허용에 따른 업무량 가중 및 심사절차 지연의 문제가 생길 염려가 없으므로, '청구항을 삭제하는 보정에 따라 새로운 거절이유가 발생한 경우'에 포함된다고 보아야 한다.[68]

---

67) 이와 관련하여 대법원 2014. 7. 10. 선고 2012후3121 판결은, "심사관이 '발명이 명확하고 간결하게 기재되지 아니하여 특허법 제42조 제4항 제2호의 명세서 기재요건을 구비하지 못한 기재불비가 있다'는 거절이유를 통지함에 따라 이를 해소하기 위한 보정이 이루어졌는데, 그 보정 이후 발명에 대한 심사 결과 신규성이나 진보성 부정의 거절이유가 발견된다고 하더라도, 그러한 거절이유는 보정으로 청구항이 신설되거나 실질적으로 신설에 준하는 정도로 변경됨에 따라 비로소 발생한 경우와 같은 특별한 사정이 없는 한 보정으로 인하여 새롭게 발생한 것이라고 할 수 없으므로, 심사관으로서는 그 보정에 대한 각하결정을 하여서는 아니 되고, 위와 같은 신규성이나 진보성 부정의 거절이유를 출원인에게 통지하여 의견제출 및 보정의 기회를 부여하여야 한다."라고 판시하였다.
68) 대법원 2014. 7. 10. 선고 2013후2101 판결.

　　나아가 특허법원 판결 중에는 청구항을 삭제하는 보정을 하면서 삭제된 청구항을 그대로 두지 않고 이른바 '항 정리'를 하면서 종속항에서 그 인용번호를 잘못 변경하여 기재불비가 발생한 경우에도 특허법 51조 1항 본문에서 보정각하의 예외사유로 정한 '청구항을 삭제하는 보정'에 따라 새로운 거절이유가 발생한 경우에 해당한다는 취지로 판시한 사례가 있다[특허법원 2016. 12. 30. 선고 2016허5903 판결(확정)].

　　보정각하결정은 그 이유를 붙여 서면으로 하여야 한다(특허 51조 2항). 심사관은 보정각하와 동시에 보정 전의 명세서로 심사하여 특허결정 또는 거절결정을 한다. 이 보정각하결정에 대하여는 독립하여 불복할 수 없으나, 특허거절결정에 대한 불복심판을 제기하는 경우에는 그 심판절차에서 보정의 적법 여부를 다툴 수 있다(특허 51조 3항).

　　한편 특허청 심사관이 특허출원의 보정에 대한 각하결정을 한 후 '보정 전의 특허출원'에 대하여 거절결정을 하였고, 그에 대한 불복심판 절차에서 위 보정각하결정 및 거절결정이 적법하다는 이유로 심판청구를 기각하는 특허심판원의 심결이 있었던 경우, 그 심결취소소송에서 법원은 위 보정각하결정이 위법하다면 그것만을 이유로 곧바로 심결을 취소하여야 하는 것이지, 심사관 또는 특허심판원이 하지도 아니한 '보정 이후의 특허출원'에 대한 거절결정의 위법성 여부까지 스스로 심리하여 이 역시 위법한 경우에만 심결을 취소할 것은 아니다. 이는 특허거절결정에 대한 불복심판 청구를 기각한 심결의 취소소송에서 법원은 특허거절결정을 유지한 심결의 위법성 여부를 판단하는 것일 뿐, 특허출원에 대하여 직접 특허결정 또는 특허거절결정을 하는 것은 아니기 때문이다.[69]

　　특허법원의 실무는 거절결정에 대한 심결취소소송 단계에서 보정각하결정에 붙이거나 심판절차에서 다루어지지 아니한 새로운 이유를 추가하여 보정의 부적법을 주장할 수 있다고 본다. 그 이유는, 특허청 심사관이 출원인의 명세서 등에 대한 보정을 각하하는 경우에는 거절결정의 경우와 달리 그 결정 이전에 출원인에게 그 이유를 통지하여 의견제출 및 보정의 기회를 주도록 하는 특허법 규정이 없고, 심결취소소송 단계에 이르러 특허청이 보정각하결정이나 심판절차에서 다루지 아니한 다른 사유를 내세워 보정이 부적법함을 주장하더라도 출원인으로서는 이에 대응하여 소송절차에서 그 심리의 방식에 따라 충분히 그 다른 사유와 관련하여 보정의 적법 여부

---

69) 대법원 2014. 7. 10. 선고 2012후3121 판결.

에 관하여 다툴 수 있으므로, 출원인의 방어권 또는 절차적 이익이 침해된다고 할 수 없기 때문이다.[70)]

이러한 법리는 거절결정불복심판 단계에도 적용되므로, 특허심판원이 출원인인 심판청구인에게 의견진술의 기회를 주지 아니한 채 보정각하결정에 기재되지 아니한 새로운 보정각하사유를 들어 보정각하결정이 정당한 것으로 판단하였다고 할지라도 그 심결을 취소하여야 할 위법이 있다고 할 수 없다.[71)]

명세서 또는 도면의 보정이 신규사항의 추가 금지에 해당하는데도 이를 적법하다고 보아 특허가 부여된 경우에는 특허무효사유가 된다(특허 133조 1항 6호).

그러나 최후 거절이유통지에 대한 의견서 제출기간 이내 및 거절결정에 대한 재심사 청구 시의 보정이 신규사항 추가 금지 외의 다른 제한을 벗어난 경우, 즉 특허법 47조 3항에 위반한 보정에 대하여는 보정각하의 사유로 될 뿐, 이를 이유로 특허출원의 거절 및 특허무효사유로 삼을 수는 없다.

Ⅲ. 명세서 또는 도면의 정정

1. 일 반 론

특허권자는 특허권 설정등록 후 특허발명의 명세서 또는 도면에 불완전한 것이 있을 때에는 명세서 또는 도면에 대하여 정정심판을 청구할 수 있고(특허 136조 1항 본문), 정정심결이 확정된 때에는 그 정정 후의 명세서 또는 도면에 따라 특허출원, 출원공개, 특허결정 또는 심결 및 특허권의 설정등록이 된 것으로 본다(특허 136조 10항).

정정제도는 특허발명의 청구범위가 지나치게 광범위하거나 명세서 또는 도면에 잘못된 기재 또는 불분명한 기재가 있는 등 특허의 일부에 흠이 있어 그 특허등록이 무효가 되거나 그 특허권의 행사에 제약을 받게 될 우려가 있을 때 특허권자가 아무런 조치를 할 수 없다면 발명을 보호 · 장려하고 그 이용을 도모하는 특허제도의 취지에 비추어 특허권자의 이익보호가 충분하지 아니하다는 점에 기하여 인정된 것이다.

---

70) 특허법원 2007. 9. 5. 선고 2006허10388 판결(심리불속행 기각).
71) 특허법원 2008. 11. 13. 선고 2007허13384 판결(확정).

다른 한편, 명세서 또는 도면에 잘못이 있거나 그 기재내용이 불분명하여 특허발명의 유·무효 여부가 문제되거나 그 보호범위가 애매모호한 특허발명을 그대로 두거나 무효심판제도만으로 해결하도록 하는 것은 제3자에게도 바람직하지 않다.

그러나 특허가 설정등록된 후의 명세서는 일종의 권리문서이므로 그 내용을 함부로 변경하여서는 아니 된다. 설정등록에 의하여 특허권의 내용이 확정된 후 명세서 또는 도면을 정정하여 특허권의 폭을 넓힌다거나 변경하도록 한다면 그 명세서나 도면의 기재를 신뢰한 그 기술분야의 종사자나 그 특허발명의 등록 후 출원인 등 제3자가 예측하지 못한 불이익을 입게 되어 법적 안정성을 해치기 때문이다.

이에 따라 특허권자와 제3자의 이익을 적정하게 조절하는 선에서 특허법은 명세서 또는 도면의 기재 범위 내에서 (1) 청구범위의 감축, (2) 잘못 기재된 사항의 정정, (3) 분명하지 아니하게 기재된 사항을 명확하게 하는 경우로 한정하여 정정을 허용하되, 청구범위를 실질적으로 확장·변경하는 것을 금하고 정정된 청구범위가 특허출원을 한 때에 특허요건을 구비할 것[위 (3)의 경우는 제외]을 요구하고 있다(특허 136조 1항, 4항, 5항).

특허권자는 독립한 정정심판뿐만 아니라, 특허무효심판절차 및 정정무효심판절차 내에서 정정청구의 형식으로 명세서 또는 도면을 정정할 수 있는데(특허 133조의 2, 137조), 이하 정정심판 제도를 중심으로 기술하면서 다른 절차에서의 정정청구에 관한 특이사항도 함께 살펴보기로 한다.

2. 명세서 또는 도면의 정정 요건

가. 정정이 허용되는 사유

정정심판은 (1) 청구범위를 감축하는 경우, (2) 잘못 기재된 사항을 정정하는 경우 및 (3) 분명하지 아니하게 기재된 사항을 명확하게 하는 경우에 한하여 할 수 있다(특허 136조 1항). 이 규정의 취지는 특허권의 효력이 미치는 범위를 확장하거나 변경하는 것은 허용할 수 없고, 제3자의 권리를 침해할 우려가 없는 범위 내에서 청구범위를 감축하거나 오기의 정정, 기재상의 불비 해소 등 오류를 정정하는 것을 허용하자는 데 있고, 그와 같은 오류의 정정에는 청구범위에 관한 기재 자체가 명료하지 아니한 경우 그 의미를 명확하게 하는 것, 기재상의 불비를 해소하는 것, 발명의 설명과 청구범위가 일치하지 아니하거나 모순이 있는 경우 이를 통일하여 모순이 없도록 하

는 것 등이 포함된다.[72]

정정의 내용이 위 (1), (2), (3) 중 어느 유형에 해당하는가에 따라 정정 요건에 차이가 있고 정정 허부도 달라질 수 있으므로, 먼저 정정의 내용이 어느 유형에 해당하는지를 가리는 것이 필요하다.

(1) 청구범위를 감축하는 경우

청구범위를 감축하는 경우로는, ① 택일적 구성요소의 삭제("A 또는 B"에서 A나 B 중 어느 하나의 삭제), ② 상위개념으로부터 하위개념으로의 변경[상위개념 A(산)를 하위개념 a(염산)로 변경],[73] ③ 구성요소의 직렬적 부가("A+B"에서 "A+B+C"로 추가), ④ 수치한정에 의한 범위의 감축, ⑤ 여러 개의 청구항 중 일부 청구항의 삭제, ⑥ 청구범위 기재 자체를 변경함이 없이 발명의 상세한 설명 또는 도면의 기재를 감축하여 청구범위를 실질적으로 감축하는 것 등이 있을 수 있다.

대법원 2001. 12. 11. 선고 99후2815 판결은, "정정 전의 구성 '반사기의 피벗지지운동을 위해 회전가능하게 지지된 회전부재'와 정정 후의 구성 '반사기의 일단이 피벗(pivot)가능하게 지지되어 있는 회전부재'를 대비하면, 전자는 단순히 반사기가 회전부재에 의해 지지되는 것으로 되어 있어 그 어느 부분이 지지되는지가 불분명한 데 반하여, 후자는 반사기의 일단이 지지되는 것으로 되어 있고, 또한 정정 후의 '반사기가 회전부재의 회전 시 피시술자의 머리의 정상부, 양측부 및 후부를 따라 이동하도록 상기 회전부재의 회전축을 중심으로 편심회전한다.'라는 구성과 대비하면, 전자는 반사기가 피벗지지운동을 하는 것으로만 되어 있는 데 반하여, 후자는 반사기의 운동경로를 보다 구체화하고 있어, 위 정정은 반사기의 운동방식 및 반사기가 지지되는 특정 부위를 한정하거나 구체화하는 것이므로 청구범위의 감축에 해당한다."라고 판시하였다.

그러나 ⑦ 직렬적으로 기재된 구성요소의 일부 삭제("A+B+C"에서 "A+B"로 변경), ⑧ 택일적 구성요소의 추가("A"에서 "A 또는 B"로 변경), ⑨ 청구항을 추가하는 정정 등은

---

72) 대법원 2006. 7. 28. 선고 2004후3096 판결 참조.
73) 특허법원 2005. 10. 13. 선고 2005허2441 판결(확정)은 "특허발명의 정정이 청구범위에 기재된 상위개념을 하위개념으로 감축하는 정정으로서 정정 전후의 청구범위만을 기준으로 한다면 형식적으로는 청구범위의 감축에 해당하지만, 정정 전의 상위개념 중 최초 명세서에 의해 뒷받침되지 않는 부분을 정정에 의해 추가하는 것이어서 청구범위를 실질적으로 확장하거나 변경하는 경우에 해당한다."라고 판시하였다.

청구범위의 감축에 해당하지 않는다.[74]

(2) 잘못 기재된 사항을 정정하는 경우

잘못된 기재의 정정이라 함은 명세서 또는 도면 중 일부가 명세서와 도면 전체의 기재와 당해 기술분야의 기술상식 등에 비추어 보아 명백히 잘못 기재된 것을 본래의 올바른 기재로 고치는 것을 의미한다.[75]

이와 관련하여 대법원 2006. 7. 28. 선고 2004후3096 판결은 명칭을 "가스버너"로 하는 등록고안의 정정 전 청구범위 중 '부화염구멍부'는 명세서 및 도면의 전체 기재에 비추어 '무화염구멍부'의 오기임이 명백하므로 이를 무화염구멍부로 바로잡은 것은 잘못된 기재를 정정하는 경우에 해당한다고 판시하였다. 이에 반하여 대법원 2007. 6. 1. 선고 2006후2301 판결은 명칭을 "가정용 두유, 순두부, 두부 제조장치의 거품 감지차단장치"로 하는 등록고안의 정정 전 청구범위 중 "스위칭 트랜지스터(Q4)에 연결되어 있는 히터코일(Ra)" 부분이 명세서 전체의 기재에 비추어 볼 때 "스위칭 트랜지스터(Q4)에 연결되어 있는 히터릴레이코일(Ra)" 또는 "스위칭 트랜지스터(Q4)에 연결되어 있는 코일(Ra)"의 명백한 오기로 인정할 만한 아무런 기재를 찾을 수 없는 이상, '히터코일(Ra)'을 '히터릴레이코일(Ra)' 또는 '코일(Ra)'로 정정하는 것은 잘못된 기재를 정정하는 경우에 해당한다고 보기 어렵다고 판시하였다.

한편, 잘못 기재된 사항을 정정하는 경우에도 청구범위를 실질적으로 변경하거나 확장하지 못한다.

대법원 1976. 8. 24. 선고 75후5 판결은, 청구범위에 기재된 "지경사(地經絲) 4본과 파일(PILE)경사 8본"을 "지경사 4본과 파일경사 4본"으로 대치하여 정정한다면, 양자에 있어서 지경사의 수는 동일하지만 지경사와 파일경사의 비율이 1:2에서 1:1이 되어 파일경사의 수가 반으로 줄어들게 되어 그 구조가 다르고 작용효과도 각각 달라지게 되어 결과적으로 등록고안의 청구범위를 변경하는 것이 된다는 원심결에 대하여, 등록실용신안의 명세서나 도면에 불완전한 것이 있어 정정허가심판에 해당하는 오기가 있는 경우라 하더라도 그 오기의 정정으로 인하여 청구범위가 확장되거나 변경되는 경우에는 그 정정을 허가할 수 없도록 되어 있으므로, 원심결이 이 사건의 경우 오기

---

74) 정상조·박성수 공편, 특허법 주해 II, 박영사(2010), 476.
75) 대법원 2014. 2. 13. 선고 2012후627 판결, 2005. 9. 30. 선고 2004후2451 판결.

가 있다고 본다 하더라도 그 정정으로 인하여 청구범위에 영향이 미치는 경우에 해
당한다는 판단에서 심판청구인의 오기정정허가 심판청구를 배척하였음은 적법하다
고 판시하였다.

(3) 분명하지 아니하게 기재된 사항을 명확하게 하는 경우

불분명한 기재의 정정이라 함은 명세서에 있는 기재 내용의 표현이 부정확하거
나 그 뜻이 애매한 것을 바르게 함으로써 당해 발명의 내용을 한층 더 명확히 하는
정정을 말한다. 대표적인 유형으로는 ① 그 자체 내용이 명확하지 아니한 기재를 바
르게 하는 경우, ② 그 자체 기재 내용이 다른 기재와의 관계에 있어서 부합되지 않
아 생기는 불일치를 바르게 하는 경우, ③ 발명의 목적, 구성 또는 효과가 지속적으
로 불명료하게 기재된 것을 바르게 하여 그 기재 내용을 명확하게 하는 경우 등이 있
다.[76]

불분명한 기재를 명확하게 하는 정정의 경우에도 그로 인하여 청구범위를 실질
적으로 확장·변경하는 것이 아니어야 하고, 정정으로 추가하고자 하는 사항이 특허
발명의 명세서 또는 도면에 기재된 사항의 범위 이내일 것을 요하나, 위 청구범위의
감축이나 잘못 기재된 것의 정정과 달리 정정 후의 청구범위에 기재된 사항이 특허
출원을 한 때에 특허를 받을 수 있는 것이어야 한다는 요건은 필요하지 않다.

다만, 이와 관련하여 대법원 2016. 11. 25. 선고 2014후2184 판결은, 청구범위는 발
명의 설명에 기재된 기술적 사상의 전부 또는 일부를 특허발명의 보호범위로 특정한
것이고, 발명의 설명에 기재된 모든 기술적 사상이 반드시 청구범위에 포함되어야 하
는 것은 아니므로, 특별한 사정이 없는 한 청구범위에 기재되어 있지 아니한 사항이
발명의 설명에 포함되어 있다고 하여 발명의 설명과 청구범위가 일치하지 아니하거
나 모순이 있는 경우라고 보기는 어렵다고 하면서, 청구범위에 열 저장 팁의 재질로
서 금속 또는 세라믹이 기재되어 있고, 발명의 설명에는 금속 또는 세라믹뿐만 아니
라, 고밀도 플라스틱, 복합물 등도 포함되는 것으로 기재되어 있으며, 정정청구는 이
와 같이 열 저장 팁의 재질로서 청구범위에 기재되어 있지 아니한 고밀도 플라스틱,
복합물 등을 발명의 설명에서 삭제하는 것을 내용으로 하는 사안에서, 이러한 정정청
구는 그 기재 자체가 명확하지 않은 경우 또는 발명의 설명과 청구범위가 일치하지

---

76) 특허심판원, 심판편람(제12판), 2017년, 523.

않거나 모순이 있는 경우라고 할 수 없으므로 '분명하지 아니한 기재를 명확하게 하는 경우'에 해당하지 않는다는 취지로 판시하였다.

나. 정정의 제한 I - 신규사항의 추가 금지

명세서 또는 도면의 정정은 특허발명의 명세서 또는 도면에 기재된 사항이 아닌 신규사항을 추가한 것인 경우에는 허용되지 않는다(특허 136조 3항 본문).

여기서 특허발명의 명세서 또는 도면이라 함은 정정심판청구 당시의 명세서 또는 도면을 말한다. 따라서 이미 보정이나 정정이 된 적이 있는 경우에는 보정되거나 정정된 명세서 또는 도면이 정정의 대상이 된다. 다만, 잘못된 기재를 정정하는 경우에는 정정심판청구 당시의 특허발명의 명세서 또는 도면을 기준으로 신규사항의 추가를 판단하는 것이 아니라 출원서에 최초로 첨부된 명세서 또는 도면을 기준으로 판단하여야 한다(특허 136조 3항 단서).

신규사항의 추가 금지와 관련하여 실무상 특히 문제되는 것은 명세서 또는 도면에 실제로 기재되어 있지 않지만, 명세서 또는 도면에 기재되어 있는 것으로 볼 수 있는 사항을 어느 정도까지 인정할 수 있는가 하는 것인데, 이는 앞서 II. 명세서 또는 도면의 보정 중 '3. 보정의 범위' 부분에서 살펴 본 신규사항의 추가 금지의 경우와 같다고 볼 수 있다. 즉, 명세서 또는 도면에 기재된 사항이란 명세서 등에 명시적으로 기재되어 있는 사항이거나 또는 명시적인 기재가 없더라도 통상의 기술자라면 출원 시의 기술상식에 비추어 보아 정정된 사항이 명세서 등에 기재되어 있는 것과 마찬가지라고 이해할 수 있는 사항이어야 한다.[77]

다. 정정의 제한 II - 청구범위의 실질적 확장·변경 금지

명세서 또는 도면의 정정이 청구범위를 실질적으로 확장하거나 변경하는 경우에는 그러한 정정은 허용되지 않는다(특허 136조 4항). 실질적으로는 청구범위를 확장 또는 변경하는 것을 형식적으로 청구범위의 감축 등이라고 하여 허용하게 되면, 정정 전에 적법하였던 행위가 정정 후에 위법한 행위가 되어 제3자에게 불측의 손해를 끼치게 되므로, 이러한 사태를 막아 법적 안정성을 도모하기 위하여 마련된 규정이다.

---

77) 대법원 2014. 4. 30. 선고 2011후767 판결, 2007. 2. 8. 선고 2005후3130 판결 등 참조.

여기서 청구범위를 실질적으로 확장하거나 변경하는 경우[78])에 해당하는지 여부는 청구범위 자체의 형식적인 기재뿐만 아니라 발명의 설명을 포함하여 명세서 전체의 내용과 관련하여 그 정정 전후의 청구범위 전체를 실질적으로 대비하여 판단되어야 한다. 그리고 청구범위의 정정이 청구범위의 감축에 해당되고, 그 목적이나 효과에 어떠한 변경이 있다고 할 수 없으며, 발명의 설명 및 도면에 기재되어 있는 내용을 그대로 반영한 것이어서 정정 전의 청구범위를 신뢰한 제3자에게 불측의 손해를 줄 염려가 없는 경우에는, 청구범위를 실질적으로 확장하거나 변경한 것에 해당하지 아니한다.[79])

한편 청구범위의 각 항이 상호 독립되어 있는 이상, 독립항은 그대로 두고, 그 독립항을 기술적으로 한정하고 구체화하는 종속항을 추가하는 것은 실질적으로 권리범위를 확장하거나 변경하는 것이어서 그와 같은 정정심판청구는 허용될 수 없다.[80])

(1) 실질적 확장·변경에 해당한다고 한 사례

① 대법원 2002. 10. 25. 선고 2002후543 판결(정정 전의 명세서에 기재되지 않은 새로운 구성을 추가한 경우)

정정청구에 의하여 청구범위에 "원통형 몸체의 둘레에는 다수의 절결선을 형성"한다는 구성을 추가하고, 고안의 설명에는 그 절결선으로 인하여 밀착면이 과일의 자체의 무게에 의하여 용이하게 압축되는 효과를 기대할 수 있는 이외에 포장된 과일의 통풍을 용이하게 하여 신선도를 유지할 수 있게 하며, 과일이 포장된 후에도 과일의 신선도 및 손상 여부를 눈으로 보다 용이하게 식별할 수 있도록 하는 기능을 한다고 기재하였으며, 도면에는 본체 측면을 절개한 형태의 절결선을 특정하였는데, 정정청구 전의 등록고안의 명세서에 포장 커버 본체의 측면부가 단지 밀착편과 연결되면서 과일을 감싸주는 역할을 하는 것으로 설명하고 있는 부분에 관하여 오기나 불명료한 기재가 있다고 볼 수 없고, 그 도면에도 포장 커버 본체의 측면에 가늘거나 흐릿한 점선 또는 실선이 본체 상단으로부터 각 밀착편의 시작 부분까지 나타나 있을 뿐, 그 선의 구체적인 형태, 즉 그 선이 단지 굴곡을 표현한 것이라든가 본체의 측면

---

78) 한편, 특허심판원은 일반적으로 구성요건의 삭제, 청구항의 추가, 실시 예의 추가 등을 청구범위의 '확장'으로, 카테고리의 변경, 대상의 변경, 목적의 변경, 명세서의 요지 변경을 청구범위의 '변경에 해당한다고 설명하고 있다[특허심판원, 심판편람(주 76), 525].

79) 대법원 2014. 2. 13. 선고 2012후627 판결, 2013. 2. 28. 선고 2011후3193 판결, 2010. 4. 29. 선고 2008후1081 판결.

80) 대법원 2005. 9. 30. 선고 2004후2451 판결.

을 절개한 선이라든가 하는 등의 내용이 기재되어 있지 아니하여 통상의 기술자라 하더라도 그 부분을 본체 측면을 절개한 상태를 표시하는 것으로 이해할 수 없으므로, "원통형 몸체의 둘레에 다수 형성한 절결선"에 관한 기술적 구성 및 그 작용, 효과에 관한 기재는 등록고안의 명세서나 도면에는 없는 새로운 사항으로서 이 부분을 추가하는 것으로 정정청구된 고안은 등록고안과 대비할 때 기술적 구성 및 작용, 효과에 있어서 실질적인 차이가 있는 것으로 보인다고 전제하여, 정정청구는 명세서 또는 도면에 기재된 사항의 범위를 벗어난 것이거나 청구범위를 실질적으로 변경한 것이어서 허용될 수 없다는 취지로 판시하였다.

② 대법원 2005. 4. 15. 선고 2003후2010 판결(명세서에 있는 구성을 추가한 것이라도 새로운 목적과 효과를 갖는 경우)

정정심판청구에 의하여 실용신안등록청구범위에 "끼움홈 내측단에 형성된 요홈과 위 요홈에 끼워지는 절연링"이라는 구성이 추가되었는데, 이 사건 등록고안의 명세서 또는 도면에는 불명료한 기재가 존재하지 아니하므로 이 사건 등록고안의 정정이 불명료한 기재를 석명하는 경우에 해당한다고 할 수 없고, 이 사건 등록고안의 설명 및 도면에는 정정 후의 이 사건 등록고안의 청구범위에 새로이 추가된 위와 같은 '절연링'이라는 구성과 그로 인한 작용효과에 관한 내용이 기재되어 있기는 하지만, 이 사건 등록고안의 명세서 전체 내용과 관련하여 볼 때 위 기재 내용은 원고가 이 사건 등록고안의 출원에 앞서 출원한 다른 고안의 구성 및 작용효과에 관한 설명에 불과하여 이 사건 등록고안의 구성 및 작용효과로 볼 수 없고, 이 사건 등록고안의 정정은 형식적으로는 청구범위를 감축하는 경우에 해당하지만, 다른 한편 위와 같은 구성의 추가로 이 사건 등록고안은 '전식현상방지(電蝕現象防止)'라는 전혀 새로운 목적 및 작용효과를 갖게 되었고, 이와 같은 정정은 제3자에게 예측하지 못한 손해를 입힐 가능성도 배제할 수 없으므로, 이 사건 등록고안의 정정은 청구범위의 실질적 변경에 해당하여 이를 허용할 수 없다고 판시하였다.

③ 대법원 2007. 6. 1. 선고 2006후2301 판결(명세서에 의하여 오기라고 볼 수 없는 구성을 변경하는 경우)

원심이 이 사건 등록고안의 명세서 전체의 기재를 살펴보아도 청구범위 중 "스위칭 트랜지스터(Q4)에 연결되어 있는 히터코일(Ra)" 부분이 "스위칭 트랜지스터(Q4)에 연결되어 있는 히터릴레이코일(Ra)" 또는 "스위칭 트랜지스터(Q4)에 연결되어 있는 코일(Ra)"의 명백한 오기로 인정할 만한 아무런 기재를 찾을 수 없어, '히터코일(Ra)'을

'히터릴레이코일(Ra)' 또는 '코일(Ra)'로 정정하는 것이 '잘못된 기재를 정정하는 경우' 에 해당한다고 보기 어렵고, 오히려 명세서의 전체 기재 내용을 종합하면, 위 '히터코 일(Ra)' 부분은 '전류에 의해 열을 발생시키는 고저항의 도선을 코일 형상으로 제작한 구조체'를 의미하는 것으로 볼 수밖에 없고, 따라서 위 '히터코일(Ra)' 부분을 '히터에 공급되는 전원을 단속하는 릴레이를 구동하기 위하여 저저항의 도선을 철심에 코일 형상으로 감아 제작한 구조체'를 의미하는 '히터릴레이코일(Ra)' 또는 그 상위개념에 해당하는 '코일(Ra)'로 정정하는 것은 전혀 새로운 구성 및 효과를 갖게 하는 것으로서 실용신안등록청구범위의 실질적 변경에도 해당하므로, 원고의 이 사건 정정청구는 위법하여 허용될 수 없다고 판단한 데 대하여, 이러한 원심이 옳은 것으로 수긍이 간 다고 판시하였다.

④ 대법원 2008. 4. 10. 선고 2006후572 판결(잘못된 기재를 정정하는 것에 해당하지만, 정정 전후 화합물의 구조 및 화학적 성질이 전혀 상이한 경우)

원심판결은, 특허발명의 청구범위 및 발명의 설명의 화학식 1 중 측쇄에 "히드록 시기(-OH) 또는 알킬에테르기(-O-C1~12 알킬)의 치환기를 갖는 화합물"을 "알킬에스테 르기(-OCO-C5~7 알킬)의 치환기를 갖는 화합물"로 정정한 정정사항에 관하여, 그것이 명세서의 다른 기재에 비추어 잘못된 기재를 정정하는 것이라 하더라도, 정정 전의 청구범위에 기재된 에테르 결합으로 된 화학식 1은 그 자체로 분명한 화합물로서 명 세서 중의 다른 기재를 참작하지 않으면 이해할 수 없는 성질의 것이 아니고, 정정 전의 에테르 결합으로 된 화학식 1에 포함되는 "히드록시기의 치환기를 갖는 화합물" 은 비교대상발명 1에서 보는 바와 같이 그 자체가 이미 식별제 화합물로도 사용될 수 있음이 알려져 있는 별개의 화합물이며, 정정 전의 에테르 결합의 화합물과 정정 후 의 에스테르 결합의 화합물은 그 구조 및 화학적 성질이 전혀 상이한 것이고, 정정 전의 특허발명의 명세서 일부에서 이미 히드록시기의 치환기를 갖는 화합물의 제조 방법에 관한 기재 및 히드록시기의 화합물인 오르토－크레졸프탈레인의 합성방법에 관한 참고 예 1이 제시되어 있어 제3자가 명세서 전체를 살펴보는 경우에도 정정 전 의 특허발명의 에테르 결합으로 된 화학식 1의 화합물이 에스테르 결합의 오기임을 쉽게 알아차리고 당연히 그것으로 이해한다고 볼 수는 없으므로, 위 정정은 청구범위 를 실질적으로 변경하는 경우에 해당한다고 판시하였다.[81]

---

81) 특허법원 2006. 1. 19. 선고 2004허6507 판결

이에 대하여 대법원은 청구범위 제1항의 화학식 1 중 측쇄에 히드록시기(-OH) 또는 알킬에테르기(-O-C1~12 알킬)의 치환기를 갖는 화합물을 알킬에스테르기(-OCO-C5~7 알킬)의 치환기를 갖는 화합물로 정정한 것으로 명세서의 다른 기재에 비추어 볼 때 잘못된 기재를 정정하는 경우에 해당하지만, 정정 전의 청구범위에 기재된 에테르 결합으로 된 화학식 1은 그 자체로 분명한 화합물로서 명세서의 다른 기재를 참작하지 않으면 이해할 수 없는 성질의 것이 아니고 정정 후의 에스테르 결합으로 된 화합물과는 그 구조 및 화학적 성질이 전혀 상이하므로, 위 정정은 특허청구범위를 실질적으로 변경하는 경우에 해당한다고 판단하였음은 정당하다고 판시하였다.

(2) 실질적 확장·변경에 해당하지 않는다고 한 사례

① 대법원 2001. 12. 11. 선고 99후2815 판결(청구범위의 감축에 해당되고, 새로운 구성이 추가된 것으로 볼 수 없는 경우)

모발의 건조, 염색, 퍼머넌트, 웨이브의 촉진 등과 같은 모발처리촉진과정에서 처리될 모발을 가열 및 건조시키기 위하여 인체모발을 향하여 적외선을 조사(조사)하는 적외선 형식의 모발처리촉진장치에 관한 이 사건 특허발명에서, 정정 전의 "ⓐ 상부에 반사기가 배치되어 반사기의 피벗지지 운동을 위해 회전 가능하게 지지된 회전부재 및 ⓑ 회전부재를 작동시키는 구동부재로 구성되어 있는 것을 특징으로 하는 모발처리촉진장치"의 구성이 정정 후의 "㉮ 상부에 반사기의 일단이 피벗 가능하게 지지되어 있는 회전부재 및 ㉯ 회전부재를 작동시키는 구동부재를 구비하며, ㉰ 반사기가 회전부재의 회전시 피시술자의 머리의 정상부, 양측부 및 후부를 따라 이동하도록 상기 회전부재의 회전축을 중심으로 편심회전되는 것을 특징으로 하는 모발처리촉진장치"의 구성으로 정정된 사건에서, 대법원은 "정정 전후를 보건대 ⓑ와 ㉯는 회전부재가 그 구동장치에 의해 회전되는 구성이므로 실질적인 변경이 없고, ⓐ와 ㉮를 대비하면, ⓐ는 단순히 반사기가 회전부재에 의해 지지되는 것으로 되어 있어 그 어느 부분이 지지되는지가 불분명한 데 반하여, ㉮는 반사기의 일단이 지지되는 것으로 되어 있고, ㉰와 대비하면 ⓐ는 반사기가 피벗지지 운동을 하는 것으로만 되어 있는 데 반하여, ㉰는 반사기의 운동경로를 보다 구체화하고 있어, 위 정정은 반사기의 운동방식 및 반사기가 지지되는 특정부위를 한정하거나 구체화하는 것이므로 청구범위의 감축에 해당된다. (중략) 정정 후의 구성 ㉰는 정정 전의 ⓐ 구성 또는 위 정정 후의 ㉮ 구성으로 인한 결과를 구체적으로 부연한 것에 불과하여 새로운 구성이 추가

된 것이라고 볼 수 없어 양자 사이에 실질적인 차이가 있다고 할 수는 없으므로 정정으로 인하여 반사기의 회전범위가 정정 전보다 확대된다고 할 수는 없다."고 판시하였다.

② 대법원 2010. 4. 29. 선고 2008후1081 판결(발명의 설명과 도면에 있는 기술구성을 그대로 반영한 것으로서 구성의 추가로 새로운 목적과 작용효과가 발생하였다고 할 수 없는 경우)

명칭을 "면포걸레 청소기"로 하는 이 사건 특허발명에 대한 특허무효심판절차에서, 원고는 이 사건 특허발명 중 청구항 1에 대하여 정정청구를 하였는데, 그중 제2 정정사항은 외부물림부재의 작동방향을 명확하게 하고 중간기어에 관한 구성을 부가한 것으로서, 이 사건 특허발명의 명세서 중 발명의 설명과 도면에 '뚜껑이 개폐될 때 외부물림부재가 외부 쪽으로 벌어지거나 안으로 오므라들고, 제1 수평기어 및 제2 수평기어가 서로 왕복운동을 할 수 있도록 그 사이에 중간기어가 맞물려 설치되어 있는 구성'이 자세히 기재 및 도시되어 있으므로, 정정 전 이 사건 특허발명의 명세서 중 발명의 설명과 도면에 있는 기술구성을 그대로 반영한 것일 뿐, 정정 전의 명세서에 없던 새로운 구성을 청구범위에 추가한 것이라고 할 수 없다. 또 위와 같은 구성의 추가로 새로운 목적과 작용효과가 발생하였다고 할 수 없고, 제3자에게 예상하지 못한 손해를 입힐 염려가 있다고 볼 수도 없으므로, 위 제2 정정사항은 청구범위를 실질적으로 확장하거나 변경한 경우에 해당되지 아니한다고 판시하였다.

③ 대법원 2013. 2. 28. 선고 2011후3193 판결(청구범위의 감축에 해당하고, 정정 전의 특허발명에 내재되어 있던 목적이나 효과를 위한 정정인 경우)

명칭을 "폴리비닐알코올계 필름 및 편광필름"으로 하는 이 사건 특허발명에 대한 등록무효심판 절차에서, 피고가 정정청구를 한 사안에서, 정정사항이 이 사건 특허발명의 명세서에 기재된 사항의 범위 내에서 제막 원료 또는 제막 장치를 구체적으로 한정한 것으로서 청구범위의 감축에 해당하고, 정정 전의 이 사건 특허발명에 내재되어 있던 목적이나 효과인 '폴리비닐알코올(이하 'PVA') 필름의 TD 방향(횡 방향)의 두께 균일성 유지'를 위한 정정이므로, 청구범위의 실질적인 확장 또는 변경에는 해당되지 아니한다고 판시하였다.

④ 대법원 2014. 2. 13. 선고 2012후627 판결(청구범위 및 발명의 설명의 기재가 오기임이 명백한 경우)

명칭을 "회전 대칭형의 광각 렌즈를 이용하여 전방위 영상 및 직선수차보정 영상을 얻는 방법 및 그 영상 시스템"으로 하는 이 사건 특허발명에서 정정사항은 청구범위와 명세서 중 정정 전의 'X-Y 평면 상에서'라는 기재를 정정 후의 'X-Z 평면 상에서'로 고치는 것이었는데, 전방위 투사방식과 관련하여 정정 전 이 사건 특허발명의 명세서에 'X-Y 평면'이 아니라 'X-Z 평면'이라고 기재된 부분을 찾아볼 수 없기는 하나, 명세서와 도면 전체 및 기술상식 등에 비추어 보면 정정 전의 'X-Y 평면'이 잘못된 기재라는 것뿐만 아니라 그 올바른 기재가 'X-Z 평면'이 라는 것이 명백한 이상, 위 정정사항은 그 잘못된 기재를 정정 전 명세서와 도면 전체의 기재 등으로부터 명백한 올바른 기재로 정정함으로써 정정 전후로 그 발명의 목적이나 효과가 달라지지 않고 발명의 상세한 설명 및 도면에 기재되어 있는 내용을 그대로 반영한 것에 불과하여 제3자에게 예기치 못한 손해를 줄 염려가 없으므로 특허청구범위를 실질적으로 변경하거나 확장하는 것에 해당하지 않는다고 판시하였다.

⑤ 대법원 2017. 3. 22. 선고 2016후342 판결(발명의 목적이나 효과에 어떠한 변경이 없고, 발명의 설명 및 도면에 있는 내용을 그대로 반영한 정정인 경우)

명칭을 "상승 폼웍의 분리가능한 상승 슈"로 하는 이 사건 특허발명에 대하여, 정정 전 청구범위에 기재되어 있지 않았던 추가 구성 1 '상승 레일을 이동시키기 위한 상승 실린더가 놓여지는 힌지 샤프트' 및 추가 구성 2 '슬라이딩 슈 부분이 수평 배향된 스터브 샤프트에 의하여 벽면 슈 부분과 회전가능하게 결합'의 각 구성을 추가한 원고의 정정은 모두 정정 후의 청구범위에 의하더라도 발명의 목적이나 효과에 어떠한 변경이 없고 발명의 상세한 설명 및 도면에 기재되어 있는 내용을 그대로 반영한 것이어서 정정 전의 청구범위를 신뢰한 제3자에게 예기치 못한 손해를 줄 염려가 없으므로, 청구범위를 실질적으로 확장하거나 변경하는 것에 해당하지 않는다.

라. 정정의 제한 III - 독립특허요건의 구비

청구범위를 감축하는 정정과 잘못 기재된 사항을 정정하는 정정의 경우에는 정정 후의 청구범위에 기재된 사항이 특허출원을 한 때에 특허를 받을 수 있는 것이어야 한다(특허 136조 1항 1, 2호, 5항). 이는 당초 특허결정을 받을 당시와 마찬가지로 정정 후에도 특허요건을 충족해야 한다는 것으로서, 실무상 '독립특허요건'이라고 한다.

청구범위를 감축하는 정정 중 여러 개의 청구항 가운데 일부 청구항을 전부 삭제하는 경우에도 이 특허요건의 충족이 필요한지에 대하여 논란이 있을 수 있으나, 실무상으로는 당해 청구항 자체가 삭제되어 특허요건의 충족을 판단할 수 없으므로 독

립특허요건의 충족이 필요하지 않은 것으로 처리한다.[82]

다른 절차에서의 정정청구에 대하여도 독립특허요건이 적용되는지에 관하여 특허법은 정정무효심판절차 내에서의 정정청구의 경우에는 독립특허요건을 충족할 것을 요구하고 있으나(특허 137조 4항), 특허무효심판절차에서의 정정청구에 있어서는 특허무효심판이 청구된 청구항을 정정하는 경우 따로 독립특허요건을 요구하지 않고 있다(특허 133조의2 6항). 이는 특허무효심판절차에서의 정정청구에도 독립특허요건을 요구하게 되면, 동일한 절차 내에서 정정이 인정되는지와 특허발명에 무효사유가 있는지를 두 번에 걸쳐 판단하게 되고, 정정을 인정하지 않은 경우에는 그에 대한 의견제출의 기회를 주어야 되므로(특허 136조 6항 3호), 무효심판의 결론을 미리 알려주는 결과가 되기 때문이다.

실용신안의 경우에도 실용신안정정심판 및 실용신안무효심판절차와 정정무효심판절차 내에서의 정정청구에 대하여 특허법의 해당 조문을 준용하므로, 그 절차나 요건이 특허의 경우와 동일하다(실용신안 33조, 특허 133조의2, 136조, 137조).

3. 정정심판의 청구 및 심리

가. 정정심판 청구서

(1) 심판청구서의 제출

특허권자가 정정심판을 청구하려면 당사자의 성명 및 주소(법인인 경우에는 그 명칭 및 영업소의 소재지), 대리인이 있는 경우에는 그 대리인의 성명 및 주소나 영업소의 소재지(대리인이 특허법인인 경우에는 그 명칭, 사무소의 소재지 및 지정된 변리사의 성명), 심판사건의 표시, 청구의 취지 및 그 이유를 기재한 심판청구서를 특허심판원장에게 제출하여야 한다(특허 140조 1항). 그 청구서에는 정정한 명세서 또는 도면을 첨부하여야 한다(특허 140조 5항).

특허무효심판절차나 정정무효심판절차 내에서 정정청구의 경우에는 위 정정심판청구서와 같은 내용의 정정청구서를 제출하면 된다(특허 132조의2 4항, 137조 4항).

---

82) 특허법원 2004. 10. 14. 선고 2004허1212 판결(상고기각).

(2) 심판청구서 및 첨부된 명세서 등의 보정

정정심판의 경우 일반적인 심판절차와 마찬가지로 심판청구서에 대한 보정은 그 요지를 변경할 수 없으나, 청구의 이유에 대하여는 요지의 변경이 가능하다(특허 140조 2항 2호).

정정명세서 등에 대한 보정제도는 등록된 특허발명에 대한 정정의 개념을 제대로 이해하지 못한 특허권자가 명세서나 도면의 일부분만을 잘못 정정하였음에도 불구하고 정정청구 전체가 인정되지 않게 되는 것을 방지하기 위하여 도입된 제도이나, 실질적으로 새로운 정정청구에 해당하는 정정명세서 등의 보정을 허용하게 되면 정정청구의 기간을 제한한 특허법의 취지를 몰각시키는 결과가 되고, 정정청구가 받아들여질 때까지 정정명세서 등의 보정서 제출이 무한히 반복되어 행정상의 낭비와 심판절차의 지연이 초래될 우려가 있다. 이에 따라 정정명세서 등의 보정은 당초의 정정사항을 삭제하거나 정정청구의 내용이 실질적으로 동일하게 되는 범위 내에서 경미한 하자를 고치는 정도의 경우에 한하여 정정청구의 요지를 변경하지 않는 것으로서 허용된다고 보아야 한다.[83]

정정심판절차에서 청구인은 심리종결의 통지가 있기 전(심리가 재개된 경우에는 그 후 다시 심리종결의 통지가 있기 전)에 심판청구서에 첨부된 정정한 명세서 또는 도면에 대하여 보정할 수 있다(특허 136조 11항).

나. 정정심판의 청구시기

정정심판의 청구는 특허권 설정등록 후에 가능하나, 특허취소신청이 특허심판원에 계속 중인 때부터 그 결정이 확정될 때까지의 기간(다만, 특허무효심판의 심결 또는 정정의 무효심판의 심결에 대한 소가 특허법원에 계속 중인 경우에는 특허법원에서 변론이 종결된 날 또는 변론 없이 한 판결의 경우에는 판결이 선고된 날까지 정정심판을 청구할 수 있다)과 특허무효심판 또는 정정의 무효심판이 특허심판원에 계속 중인 경우에는 할 수 없다(특허 136조 2항 1, 2호). 따라서 특허취소신청이 특허심판원이나 법원에 계속 중이지 않고, 법원에 특허무효심판에 대한 심결취소소송이 특허법원이나 대법원에 계속 중인 경우에는 제한 없이 새로이 정정심판을 청구할 수 있다.

특허무효심판이 계속되었을 때부터 특허무효심판의 심결이 확정될 때까지 정정

---

83) 대법원 2013. 2. 28. 선고 2011후3643 판결.

심판을 청구할 수 없도록 하는 입법례도 있으나(일본 특허법 126조 2항),[84] 우리나라의 경우에는 이러한 제한을 두고 있지 않다.

정정심판은 특허권이 소멸된 후에도 이를 청구할 수 있으나(특허 136조 7항 본문), 특허취소결정이 확정되거나 심결에 의하여 특허가 무효로 된 후에는 그러하지 아니하다(특허 136조 7항 단서). 이 본문 규정의 취지는 유효하게 존속하였던 특허권이 존속기간의 만료, 등록료의 불납 등의 사유로 소멸한 후에도 특허를 무효로 할 수 있도록 한 규정(특허 133조 2항)에 대응하여, 특허권자에게 정정에 의하여 특허의 무효사유를 소급적으로 해소할 수 있는 권한을 예외적으로 부여한 것이고, 위 규정의 단서 조항은 그러한 취지에서 무효심결이 확정된 경우 더 이상 정정을 할 수 없다는 취지를 명확히 한 것이다.[85]

특허취소결정이나 특허무효심결이 확정되었을 때는 특허권은 처음부터 존재하지 아니한 것으로 보므로, 무효로 된 특허의 정정을 구하는 심판은 그 정정의 대상이 없어지게 되어 그 정정을 구할 이익도 없게 되므로 부적법하다. 정정심판청구를 기각한 심결의 취소를 구하는 소송이 특허법원 또는 대법원에 계속 중에 당해 특허발명의 무효가 확정된 경우에도, 그 특허권의 소멸로 특허권의 정정에 대한 심결의 취소를 구할 법률상의 이익이 없어지므로 그 소는 부적법하여 각하되어야 한다.[86]

정정청구의 경우에 특허권자는, ① 특허취소신청절차에서는 특허의 취소이유에 대한 의견서를 제출할 수 있는 기간 이내에 정정청구를 할 수 있고(특허 132조의3 1항, 132조의13 2항), ② 특허무효심판절차나 정정무효심판절차에서는 무효심판청구에 대한 답변서를 제출할 수 있는 기간, 직권으로 심리하는 이유에 대하여 의견을 제출할 수 있는 기간 또는 심판장이 답변서 제출 기간 후에도 무효심판청구인이 증거를 제출하

---

84) 일본의 경우 1993년의 특허법 개정을 통하여 우리나라와 같이 특허무효심판이 특허청에 계속되는 경우를 제외하고 정정심판이 가능하도록 하였으나, 심결취소소송 제기 후 정정심판 청구에 의해 특허청과 재판소간의 사건 왕복(이른바 '캐치볼 현상')으로 인한 문제가 대두되었다. 이에 2003년의 특허법 개정을 통해 특허무효심판에 대한 심결취소소송이 제기되었을 경우 정정심판의 청구는 소제기 후 90일 이내로 한정하고, 특허권자에게 정정의 의사가 있을 때 재판소는 실체 판단을 하지 않고 신속하게 사건을 환송할 수 있도록 하였지만, 이 역시 비효율성 등의 문제가 계속되자 2011년의 개정 특허법 126조 2항에서 심결취소소송 후의 정정심판 청구를 아예 금지하되, 심판관 합의체의 '심결예고' 제도를 도입하여 특허무효심판에서의 유효성 및 정정허가 여부에 대한 판단을 당사자에게 표시하도록 하고 이를 근거로 정정청구를 할 수 있도록 하였다.

85) 대법원 2005. 3. 11. 선고 2003후2294 판결.

86) 대법원 2008. 10. 23. 선고 2006후2868 판결.

거나 새로운 무효사유를 주장함으로 인하여 정정청구를 허용할 필요가 있다고 인정하는 경우에는 부여한 기간 이내에 정정청구를 할 수 있다(특허 133조의2 1항, 137조 3항, 147조 1항, 159조 1항 후단).[87]

다. 의견제출기회의 부여

심판관은 정정심판청구가 특허법 136조 1항 각호의 정정심판 청구 요건 중 어느 하나에 해당하지 않거나 특허법 136조 3항의 특허발명의 명세서 또는 도면에 기재된 사항의 범위를 벗어나거나 4항 또는 5항이 정한 청구범위의 실질적인 확장·변경 또는 정정 후 청구항이 독립특허요건을 갖추지 못하는 등 정정이 제한되는 사유에 해당한다고 인정하는 경우에는 청구인에게 그 이유를 통지하고 기간을 정하여 의견서를 제출할 수 있는 기회를 주어야 한다(특허 136조 6항).

의견서 제출의 기회를 부여하게 한 위 규정은 정정심판청구에 대한 심판의 적정을 기하고 심판제도의 신용을 유지하기 위한 공익상의 요구에 기인하는 이른바 강행규정이다. 따라서 정정청구의 적법 여부를 판단하는 특허무효심판이나 그 심결취소소송에서 정정의견제출통지서를 통하여 특허권자에게 의견서 제출의 기회를 부여한바 없는 별개의 사유를 들어 정정심판청구를 받아들이지 않는 심결을 하거나 그 심결에 대한 취소청구를 기각하는 것은 위법하다.[88]

다만 이와 같은 의견서 제출 기회의 부여 여부는 실질적인 관점에서 판단되어야하므로,[89] 정정의견제출통지서에 기재된 사유와 다른 별개의 새로운 사유가 아니고 주된 취지에 있어서 정정의견제출통지서에 기재된 사유와 실질적으로 동일한 사유로 정정심판청구를 기각하는 심결을 하거나 그 심결에 대한 취소청구를 기각하는 것은 허용된다. 정정의견제출통지서에 기재된 증거가 아니라도 정정거절이유를 보충하는 것이라면 새로운 정정거절이유라고 할 수 없으므로, 법원이 그 증거를 채용하여 정정

---

87) 대법원 2010. 2. 11. 선고 2009후2975 판결은 "특허심판원이 특허법원의 취소판결에 따라 다시 심판을 진행하면서 당사자로 하여금 취소판결의 소송절차에서 제출되었던 증거를 다시 제출하도록 통지하였으나 당사자로부터의 증거제출이 없어 이를 실제로 제출받지 아니한 채 심결을 하였더라도, 그러한 사정만으로 곧바로 당사자에게 증거조사 결과에 대한 의견을 제출할 기회를 주지 않았다거나 증거의 제출로 인한 정정청구의 기회를 박탈한 위법이 있다고 할 수 없다."라고 판시하였다.
88) 대법원 2012. 7. 12. 선고 2011후934 판결, 2007. 4. 27. 선고 2006후2660 판결, 2003. 11. 13. 선고 2003후83 판결 등 참조.
89) 대법원 2007. 10. 25. 선고 2005후2526 판결.

심판청구를 기각한 심결이 정당하다는 사유의 하나로 삼았다고 하여 심리범위를 일탈하였다고 할 수 없다.[90]

또한, 특허무효심판절차에서 정정청구를 한 경우에는 특허법 136조 5항이 적용되지 않아서 정정 후 청구항이 독립특허요건을 구비하지 못하였더라도 특허심판원으로서는 이를 이유로 정정청구를 기각할 수 없다. 따라서 정정 후 청구항이 독립특허요건을 충족하는지 문제가 되는 경우라도 무효심판청구인과 그 상대방인 특허권리자의 주장과 입증에 따라 무효심판청구의 인용 여부에 대한 판단과 함께 심판대상으로 삼아 판단하면 충분하고, 그에 앞서 정정청구를 한 특허권자에게 독립특허요건에 관한 의견제출기회를 부여할 필요는 없다.[91]

라. 전용실시권자 등의 동의

특허권자는 전용실시권자 · 질권자 및 100조 4항(전용실시권자에 의한 통상실시권의 허락), 102조 1항(통상실시권의 허락) 및 발명진흥법 10조 1항(직무발명에 있어서 사용자의 통상실시권)에 따른 통상실시권자의 동의를 얻지 아니하면 정정심판을 할 수 없다(특허 136조 8항). 따라서 이들의 동의 없이 정정심판을 청구할 경우에 이는 부적법하므로 그 심판청구를 각하하여야 한다.

마. 정정(심판)청구 사항 중 일부 인정의 가부

특허심판원은 명세서 또는 도면의 여러 사항에 걸쳐 정정을 청구한 경우 그 심판청구는 하나의 기술적 사상의 창작인 발명의 표현을 명확히 하기 위한 것이어서 그것은 일체 불가분의 하나의 심판을 청구한 것으로 보아야 한다는 이유로 일부 인용 · 일부 기각을 인정하고 있지 않다.[92] 특허법원의 실무도 특허발명은 하나의 기술사상에 기초한 것인 만큼 비록 복수의 청구항에 대한 정정이 청구되었다고 하더라도 그것은 일체로서 정정을 구하는 취지라고 해석되므로, 그 일부 항에 정정 불허사유가 존재하는 한 정정심판청구는 전체로서 모두 허용할 수 없다고 보고 있다.[93]

---

90) 대법원 2007. 4. 27. 선고 2006후2660 판결.
91) 특허법원 2008. 8. 28. 선고 2007허10101 판결(심리불속행 기각).
92) 특허심판원, 심판편람(주 75), 527.
93) 특허법원 2000. 7. 21. 선고 99허2174 판결(확정). 그 외에 같은 취지로 판시한 특허법원 2006. 8. 10. 2006허3069 판결(상고기각) 등이 있다.

특허법원은 특허무효심판절차에서의 정정청구에서도 정정심판과 마찬가지로 여러 사항에 걸친 정정 중 일부만의 정정 인용을 인정하고 있지 않으며,94) 대법원도 특허무효심판절차에서의 정정청구는 특별한 사정이 없는 한 불가분의 관계에 있어 일체로서 허용 여부를 판단하여야 한다고 판시하였다.95)96)

바. 정정(심판)청구의 취하

정정심판청구는 그 심결이 확정되기 전까지 취하할 수 있고(특허 161조 1항 본문), 이는 특허무효심판절차에서의 정정청구도 마찬가지이다. 다만, 정정청구의 취하에 무효심판청구인의 동의를 필요로 하지는 않는다.

한편, 특허권자가 해당 특허무효심판절차나 정정무효심판절차 내에서 거듭 정정청구를 하는 경우에 그 정정청구 전에 한 정정청구는 취하된 것으로 본다(특허 133조의2 2항, 137조 4항). 나아가 특허법원의 실무는 특허무효심판절차에서 정정청구가 적법하다고 하여 인정한 후 그 심결에 대한 취소소송이 진행되던 중 별도의 정정심판청구 사건에서 정정심결이 확정된 경우에도 종전 정정청구는 실효되거나 특허법 133조의 2 2항의 유추 적용에 의하여 취하된 것이라고 보고, 확정된 정정심결에 의하여 정정된 청구항을 심판대상으로 하고 있다.97)

4. 정정심결의 효과

가. 정정심결의 확정

(1) 정정심판은 결정계 사건으로서 정정을 인정하는 내용의 심결은 그 등본이 심판청구인에게 송달됨으로써 확정되고, 특허발명의 명세서 또는 도면에 대하여 정정한다는 심결이 확정되면 정정심결의 효력이 출원 시까지 소급하여 그 정정 후의 명세서 또는 도면에 의하여 특허출원, 출원공개, 특허결정 또는 심결 및 특허권의 설정등록이 된 것으로 본다(특허 136조 10항).

---

94) 특허법원 2006. 12. 13. 선고 2005허10916 판결(심리불속행기각).
95) 대법원 2009. 1. 15. 선고 2007후1053 판결.
96) 자세한 논의는 정택수, "訂正請求를 수반한 特許無效審判과 그 取消訴訟의 構造", 특허소송연구 제6집 (2013), 509~521 참조.
97) 특허법원 2011. 4. 8. 선고 2008허6239 판결(파기환송되었으나, 해당 부분에 대한 판단은 없음), 2015. 11. 19. 선고 2014허7356 판결(심리불속행 기각), 2017. 11. 29. 선고 2015허4613 판결(상고)

절차적으로는 특허발명의 명세서 또는 도면에 대하여 정정을 인정한다는 심결이 있는 경우에 특허심판원장은 그 내용을 특허청장에게 알려야 하고, 특허청장은 위 통보가 있는 때에는 이를 특허공보에 게재하여야 한다(특허 136조 12, 13항).

(2) 특허취소신청절차, 특허무효심판절차 또는 정정무효심판절차에서 정정청구가 있는 경우에 정정의 인정 여부는 특허취소신청에 대한 결정절차, 특허무효 또는 정정무효심판에 대한 심결절차에서 함께 심리되는 것이므로, 독립된 정정심판청구의 경우와 달리 정정만이 따로 확정되는 것이 아니라 특허취소신청의 결정, 특허무효심판의 심결 또는 정정무효심판의 심결이 확정되는 때에 함께 확정된다.[98]

대법원 2009. 1. 15. 선고 2007후1053 판결은, 원심판결이 정정청구가 부적법한 것으로 판단한 것은 정당하다고 하면서도 원심판결의 정정 전의 청구범위의 일부 청구항에 관한 판단에 잘못이 있어 이 부분은 파기를 면할 수 없고, 특허무효심판에서 정정청구가 있는 경우 정정의 인정 여부는 특별한 사정이 없는 한 무효심판의 심결과 함께 확정되어야 하며, 정정사항이 청구범위의 전체에 걸쳐 있다는 이유로 원심판결은 정정청구 부분을 포함하여 전부가 파기되어야 한다고 판시한 바 있다.

또한, 정정청구를 인정한 특허무효심판의 심결에 대한 심결취소소송에서 심판대상 청구항 중 일부에 대한 특허의 유·무효 판단이 심결과 다른 경우에, 심결 중 판단을 달리한 부분뿐만 아니라 정정을 인정한 부분 및 특허의 유·무효 판단을 같이한 청구항 중 정정청구와 관련된 부분까지 모두 취소하는 것이 특허법원의 실무례이다.[99]

---

98) 대법원 2011. 2. 10. 선고 2010후2698 판결, 2009. 1. 15. 선고 2007후1053 판결, 2008. 6. 26. 선고 2006후2912 판결.

99) 특허법원 2017. 12. 22. 선고 2017허1175 판결(상고), 2017. 12. 22. 선고 2017허6187 판결(확정), 2017. 11. 24. 선고 2017허4365 판결(심리불속행 기각), 2017. 6. 15. 선고 2016허4122 판결(심리불속행 기각), 2016. 6. 17. 선고 2015허8226 판결(심리불속행 기각) 등 참조. 2017허6187 판결은 "특허무효심판절차에서 정정청구가 있는 경우, 정정의 인정 여부는 무효심판절차에서 함께 심리되므로, 독립된 정정심판청구의 경우와 달리 정정청구 부분은 따로 확정되지 아니하고 무효심판의 심결이 확정되는 때에 함께 확정된다(대법원 2011. 2. 10. 선고 2010후2698 판결). 위에서 본 바와 같이 원고 청구 중 이 사건 심결의 이 사건 제7, 8항 정정발명에 대한 부분의 취소를 구하는 부분은 이유 없으나, 이 사건 심결의 이 사건 제2항 정정발명에 관한 부분의 취소를 구하는 부분은 이유 있어 이를 인용하는 이상, 위 법리에 비추어 이 사건 심결 중 이와 함께 확정되어야 할 이 사건 정정청구에 관한 부분도 취소를 면할 수 없다. 한편 특허무효 여부는 청구항별로 판단하더라도, 특허무효심판절차에서의 정정청구는 특별한 사정이 없는 한 불가분의 관계에 있어 일체로서 허용 여부를 판단하여야 한다(대법원 2009. 1. 15. 선고 2007후1053

(3) 특허무효심판절차에서 정정청구가 있는 경우라도 그 무효심판사건의 심결이 확정되기 전에는 무효심판청구를 취하할 수 있으나, 상대방의 답변서 제출 후에는 상대방의 동의를 얻어야 한다(특허 161조 1항). 또한 특허무효심판청구가 취하되면 그 절차에서 행하여진 정정청구도 취하된 것으로 보는 것이 특허심판원의 실무이다.[100]

나. 정정심결의 확정이 다른 절차에 미치는 영향

(1) 특허무효심판사건 또는 당해 특허권의 침해를 원인으로 하는 손해배상청구사건이 대법원에 계속 중인 경우

특허무효심판사건의 상고심 계속 중 당해 특허의 정정심결이 확정된 경우에 그 특허발명은 특허법 136조 10항에 의하여 정정 후의 명세서대로 특허출원되어 설정등록된 것으로 보게 되므로, 정정 전의 특허발명을 대상으로 하여 무효 여부를 판단한 원심판결에는 민사소송법 451조 1항 8호[101] 소정의 재심사유가 있어 판결에 영향을 미친 법령위반이 있는 것으로 되어 파기를 면할 수 없게 된다.[102]

또한, 특허권의 침해를 원인으로 하는 손해배상청구사건에서 권리자의 특허권에 무효사유가 있다는 이유로 손해배상청구를 기각한 판결에 대한 소송이 상고심 계속 중 당해 특허의 정정심결이 확정된 경우에도 역시 원심판결의 기초가 된 행정처분이 후의 행정처분에 따라 바뀐 때에 해당하여 민사소송법 451조 1항 8호 소정의 재심사유가 있게 되므로, 이러한 원심판결은 판결 결과에 영향을 미친 법령위반이 있는 것

판결 등 참조). 그런데 이 사건 정정청구 중 이 사건 제2항 정정발명에 관한 부분은 직접적으로는 이 사건 제2항 정정발명을 대상으로 한 것이지만, 이 사건 제7, 8항 정정발명이 이 사건 제2항 정정발명을 직접 인용하는 종속항인 이상 이 사건 정정청구는 이 사건 제2, 7, 8항 정정발명에 걸쳐 있는 것이어서, 이 사건 심결 중 이 사건 제7, 8항 정정발명의 무효 여부에 관한 부분도 따로 확정되지 못한 채 이 사건 정정청구에 관한 부분과 함께 취소되어야 하므로, 결국 이 사건 심결 중 이 사건 제1항 발명에 관한 부분을 제외한 나머지 부분은 모두 취소되어야 한다(이 사건 심결 중 이 사건 제1항 발명 부분은 이 사건 정정청구와 관련이 없고, 위에서 본 바와 같이 특허권자인 피고가 그에 대하여 심결취소의 소를 제기하지 아니하여 그대로 확정되었으므로, 그 부분까지 취소할 수는 없다).”라고 판시하였다.

100) 특허심판원, 심판편람(주 76), 567.

101) 민사소송법 451조 1항은 “다음 각 호 가운데 어느 하나에 해당하면 확정된 종국판결에 대하여 재심의 소를 제기할 수 있다. 다만, 당사자가 상소에 의하여 그 사유를 주장하였거나 이를 알고도 주장하지 아니한 때에는 그러하지 아니하다.”라고 규정하고, 8호로서 “판결의 기초가 된 민사나 형사의 판결, 그 밖의 재판 또는 행정처분이 다른 재판이나 행정처분에 따라 바뀐 때”를 규정하고 있다.

102) 대법원 2009. 4. 9. 선고 2008후2169 판결, 2008. 7. 24. 선고 2007후852 판결, 2001. 10. 12. 선고 99후598 판결 등 참조.

으로 되어 파기를 면할 수 없다.[103]

이에 반하여 특허무효심판사건의 상고심 계속 중 당해 특허의 정정심결이 확정됨에 따라 특허법 136조 10항에 의하여 그 특허가 정정 후의 명세서에 의하여 출원이 되고 특허권의 설정등록이 된 것으로 보게 되더라도, '정정된 사항이 그 원심판결에서 특허무효사유의 유무를 판단하는 전제가 된 사실인정에 영향을 미치는 것이 아니라면' 그 원심판결에 민사소송법 451조 1항 8호에 정한 재심사유가 있어 판결에 영향을 미친 법령위반이 있다고 할 수 없다. 한편, 동일한 특허발명에 대하여 정정심판사건이 특허심판원에 계속 중이라는 이유로 상고심에 계속 중인 그 특허발명에 관한 특허무효심결에 대한 취소소송의 심리를 중단하여야 하는 것도 아니다.[104]

(2) 특허법원에 특허무효심판사건의 심결취소소송이 계속 중인 경우

특허무효심판사건에 대한 심결취소소송을 재판하는 특허법원은 당해 특허발명에 대한 정정심결의 확정만으로 그 특허무효심결을 취소하여야 하는지 아니면 정정된 특허발명을 기초로 특허요건의 인정 여부를 판단할 수 있는지가 문제된다.

특허를 무효로 한다는 심결에 대한 취소소송이 계속 중에 정정을 인정하는 심결이 확정되면 정정심결의 소급효에 따라 정정 후의 명세서에 의해 특허권등록이 된 것으로 보기 때문에 특허무효심판사건에서의 심결은 처음부터 없는 특허발명에 대하여 판단한 셈이 되기 때문이다.

이와 관련하여 특허법원의 실무는, ① 특허법원에서는 기술에 관하여 전문지식을 지닌 기술심리관이 소송의 심리에 참여하므로 거절결정 불복심판의 경우 외에는 국민의 신속한 재판을 받을 권리를 보장하기 위하여 심결취소소송의 심리범위에 제한을 두지 아니하고 심판절차에서 주장하지 아니한 새로운 무효사유에 대하여도 심리를 하는 것이 타당하다는 점(무제한설), ② 청구범위의 정정은 청구범위를 실질적으로 확장하거나 변경할 수 없는 것이어서 정정된 발명이 권리의 동일성은 그대로 유지하면서 그 특허권의 내용인 권리범위만을 감축시키는 것인 점(특허발명의 동일성),

---

103) 대법원 2004. 10. 28. 선고 2000다69194 판결.
104) 대법원 2007. 11. 30. 선고 2007후3394 판결. 대법원 2004. 10. 14. 선고 2002후2839 판결도 같은 취지인데, 이 판결은 정정 전의 특허발명에 구 특허법 42조 3항(실시가능 요건)과 4항 1호(뒷받침 요건)의 무효사유 외에 부가적으로 구 특허법 42조 4항 2호(명확성 요건)의 무효사유도 있다고 판단한 원심판결이 있은 후에 구 특허법 42조 4항 2호의 무효사유를 제거하는 정정심결이 확정된 사안에 관한 것이다.

③ 대법원에 특허무효심판사건이 계속 중에 정정심결이 확정된 경우 대법원 판례[105]가 원심판결을 파기하여 심결을 취소하는 자판을 하지 않고 특허법원에 환송할 뿐인 점, ④ 특허법원에서 정정된 특허발명을 기초로 그 무효 여부를 판단하더라도 무효심판청구인에게 특별히 불리한 것이 없다는 점 등을 고려하여 일반적으로 정정된 특허발명을 기초로 특허성의 유무를 판단하고 있다.

　　나아가 정정 후의 특허발명에 대하여 무효심결취소소송의 피고가 새로운 무효사유를 주장하는 경우, 특허법원의 실무는 심리 결과 그 무효주장이 이유 없으면 원고의 청구를 인용하여 심결을 취소하고 이유에 정정 후의 특허발명에 대한 무효주장이 이유 없다는 설시를 하는 반면, 그 무효주장을 받아들이는 경우에는 심결이 결과적으로 정당하다는 이유로 원고의 청구를 기각한다.

(3) 기타(특허침해소송, 재심 등)의 경우

　　특허침해소송에서 특허에 무효사유가 존재함을 이유로 권리남용의 항변이 받아들여지더라도 그것만으로 특허등록이 무효로 되는 것은 아니다. 따라서 특허권자는 권리남용의 항변이 받아들여진 판결의 확정 후에도 정정심판을 청구할 수 있다.

　　이와 같이 권리자가 침해소송의 패소 확정 후에 정정심판을 청구하여 이를 받아들이는 정정심결이 확정된 경우, ① 이를 근거로 종전 침해소송에 대하여 재심을 청구할 수 있는지 여부와 ② 다시 동일한 당사자를 상대로 침해소송을 제기할 수 있는지 여부가 문제되나, 이에 관한 판결례는 아직 없다.

　　먼저 재심 청구에 관하여는, ㉮ 정정심결의 확정이 민사소송법 451조 1항 8호의 재심사유에 해당하더라도 당사자가 상소에 의하여 그 사유를 주장하였거나 이를 알고도 주장하지 아니한 때에는 재심의 소를 제기할 수 없는데(민소 451조 1항 단서), 전소에서 주장된 무효이유를 제거하기 위한 정정심판청구를 전소의 상소와 함께 할 수 있었음에도 이를 하지 아니한 것은 '당사자가 알고도 하지 아니한 때'에 해당하므로, 재소 및 재심 모두를 부정적으로 해석함이 타당하다는 견해와, ㉯ 민사소송법 451조 1항 단서에 의하여 재심청구가 받아들여지지 않기 위해서는 같은 항 8호의 사유가 상소 제기 단계에서 이미 완성되어 있을 것을 요하는데, 단지 정정심판청구의 가능성만을 알고 있었다는 사유는 이에 해당한다고 볼 수 없으므로 권리자는 차후 정정심

판이 확정되면 재심청구를 할 수 있다고 보는 견해가 있다.

다음 기판력 저촉 여부에 관하여는, 위 ㉮의 재심을 청구할 수 없다는 견해에 따르면 전의 판결내용과 모순되는 판단을 하여서는 아니 되는 기판력 때문에 전소판결의 판단을 원용하여 청구기각의 판결을 하게 되고, 위 ㉯의 재심 청구가 가능하다는 견해에 따르면 전소의 기판력은 더는 문제되지 않는다.

(4) 정정에 의한 균등 주장과 금반언의 법리

특허침해소송에서 권리자인 원고의 침해 주장에 대하여 피고 측은 등록특허에 무효사유가 존재함을 이유로 권리남용의 항변을 하고, 이에 대하여 권리자는 정정심판을 통하여 그 무효사유를 제거함으로써 정정의 재항변을 한 후 감축된 청구범위의 해석을 토대로 특허발명과 피고 제품 사이의 균등관계를 주장하는 경우가 많다. 그러나 균등관계를 주장하기 위해서는 정정으로 인한 금반언의 법리에 위배되지 않아야 한다.

이와 관련하여 대법원 2004. 11. 26. 선고 2002후2105 판결(권리범위확인) 및 대법원 2004. 11. 26. 선고 2003다1564 판결(가처분이의)은, ① 정정 전 제1항 발명의 제1 구동부의 구성이 "절곡용 회전체를 회전 구동하기 위한 제1 구동부"이고, ② 무효심판절차에서 제시된 비교대상발명은 "상하 받침대에 각각 형성된 기어와 유압 실린더에 연결된 래크 및 유압실린더로 이루어져 기어와 래크가 서로 맞물리도록" 되어 있는 구성이며, ③ 정정 후 제1항 발명의 제1 구동부의 구성은 "절곡용 회전체를 회전 구동하기 위한 회전축과, 회전축에 고착 설치된 제1 치형부와, 제1 치형부와 치합 작동되게 결합하는 한 쌍의 절곡용 회전체의 외주연에 각각 형성되는 제2 치형부와 회전축에 동력을 제공하는 서보모터(M)로 이루어진 제1 구동부"이고, ④ 확인대상발명(채무자 실시발명)의 제1 구동부가 "회전축과, 회전축의 양단 부분에 고착 설치된 제1 치형부 사이에 결합되는 타이밍벨트와, 회전축에 동력을 제공하는 서보모터(M)"로 이루어진 사안에서, "제1항 발명의 제1 구동부는 제1 치형부와 제2 치형부가 직접 치합하는 구성인 데 비해 채무자 실시발명은 제1 치형부와 제2 치형부가 일정 거리 떨어져 타이밍벨트로 연결되는 구성인 점에 차이가 있다. 다만, 양 구성은 해결하려는 과제가 동일하고, 작용효과도 동일하며, 기어를 맞물려 동력을 전달시키는 구성이나 타이밍벨트를 이용하여 동력을 전달하는 구성은 모두 특허발명 출원 전부터 그 기술분야에서 흔히 사용되어 오던 동력전달방식으로서 상호 치환하는 것은 통상의 기술자에게

용이한 일이므로 결국 균등수단이라 할 것이다. 채무자 실시발명이 특허발명의 권리
범위에 속한다고 할 수 있기 위해서는 특허발명의 각 구성요소와 구성요소 간의 유
기적 결합관계가 채무자 실시발명에 그대로 포함되어 있어야 할 것인데, 제1항 발명
의 제1 구동부의 구성요소가 채무자 실시발명에 그대로 포함되어 있다고 보기 어렵
고, 다만 채무자 실시발명의 제1 구동부의 구성은 제1항 발명의 제1 구동부의 구성과
균등관계에 있다고 볼 수 있기는 하지만, 제1항 발명의 정정 전의 제1 구동부의 구성
은 간행물 4 게재 발명의 받침대를 회전시키는 구성, 채무자 실시발명의 제1 구동부
의 구성, 정정 후의 제1항 발명의 제1 구동부의 구성을 모두 포함하는 개념이었는데,
채권자가 특허발명에 대한 무효심판절차에서 공지기술로 제시된 간행물 4 게재 발명
의 받침대를 회전시키는 구성과 제1항 발명의 제1 구동부의 구성을 차별화하기 위하
여 제1항 발명의 구성을 정정에 의하여 위에서 본 바와 같은 구성으로 구체적으로 특
정하였고, 채무자 실시발명의 제1 구동부의 구성은 위와 같은 정정절차에 의하여 제
외된 구동장치에 속하는 것이므로, 채권자들이 위 정정이 있은 후에 채무자 실시발명
의 제1 구동부의 구성이 정정된 제1항 발명의 제1 구동부의 구성과 균등관계에 있다
는 이유로 채무자 실시발명이 제1항 발명의 권리범위에 속하여 그 권리를 침해하고
있다고 주장하는 것은 금반언의 법리에 의하여 허용되지 아니한다."라고 판시하였다.

5. 정정심판과 무효심판의 판단 순서

가. 원   칙

정정제도는 등록된 특허의 무효 주장에 대하여 특허권자가 무효사유를 제거하는
대항 수단으로 주로 활용되고, 특허무효심판이 특허심판원에 계속되고 있는 경우에
는 독립하여 정정심판을 청구할 수 없으나, 그 불복소송이 특허법원이나 대법원에 계
속 중인 경우에는 정정심판을 청구할 수 있으므로, 특허무효심판사건에 대한 소송과
당해 특허의 정정심판사건이 법원 및 특허심판원에 동시에 계속되는 경우가 있다. 특
허무효심판사건과 정정심판사건이 별도의 절차에서 각각 진행되는 경우에는 어느 사
건이 먼저 확정되느냐에 따라 다른 쪽의 절차에 절대적인 영향을 미치게 되므로 그
판단 순서가 매우 중요하다.

대법원은 동일한 특허발명에 대하여 특허무효심판과 정정심판이 특허심판원에
동시에 계속 중에 있는 경우에는 정정심판제도의 취지상 정정심판을 특허무효심판에

우선하여 심리 · 판단하는 것이 바람직하나, 그렇다고 하여 반드시 정정심판을 먼저 심리 · 판단하여야 하는 것은 아니고, 또 특허무효심판을 먼저 심리하는 경우에도 그 판단대상은 정정심판청구 전의 특허발명이며, 이러한 법리는 특허무효심판과 정정심판에 대한 취소소송이 대법원과 특허법원에 계속되어 있는 경우에도 적용된다고 판시하였다.[106)]

앞서 본 바와 같이 특허무효심판이 특허심판원에 계속 중인 경우에는 심판피청구인인 특허권자가 그 심판청구에 대한 답변서를 제출하거나 직권심리사항에 대한 의견서를 제출할 기회에 특허발명의 명세서 또는 도면에 대하여 정정을 청구할 수 있고, 특허무효심판절차에서 정정청구가 있는 경우에는 무효심판과 정정청구에 대한 당부 판단이 동일한 절차 내에서 이루어진다. 이러한 경우에는 정정청구의 당부를 먼저 판단한 후 정정청구가 적법하면 정정 후의 명세서와 도면에 의하여 특허무효 여부를 판단하게 되고, 정정청구가 부적법하면 정정청구 전의 명세서와 도면에 의하여 특허무효 여부를 판단하는 것이 특허심판원 및 특허법원의 실무인데, 정정청구를 받아들일 경우에 확정되지 아니한 정정 명세서와 도면을 대상으로 특허무효 여부를 판단한다는 점에 특색이 있다.

나. 특허무효심판사건에 대한 심결취소소송이 특허법원에 계속 중 그 특허의 정정심판 등이 제기된 경우

특허무효심판이 특허심판원에 계속 중인 경우에는 별도로 정정심판을 청구할 수 없지만, 특허무효심판이 특허심판원에 계속되지 아니한 이상, 특허무효심결에 대한 취소소송이 특허법원이나 대법원에 계속 중인 경우에도 그 특허발명의 정정심판을 별도로 청구할 수 있다. 또한, 제1차 특허무효심판사건에서 정정청구를 하였으나 정정청구가 기각되고 특허무효심결이 내려져 그 심결에 대한 불복소송이 특허법원에 계속 중인 동안에, 제3자에 의한 제2차 특허무효심판청구가 제기되어 그 절차 내에서 정정청구를 하는 경우도 있다.

특허법원의 실무는 정정심판사건 또는 제2차 특허무효심판에서 정정청구가 제기된 사건이 특허심판원에 계속 중일 때에는, 정정심판사건이나 제2차 특허무효심판사건의 심결이 확정되거나 그에 대한 심결취소소송이 특허법원에 제기될 때까지 제1차

---

106) 대법원 2005. 4. 29. 선고 2003후2652 판결, 2002. 8. 23. 선고 2001후713 판결.

특허무효심판에 대한 심결취소소송사건의 재판기일을 추정하여 두는 경우도 있고, 그 정정심판 또는 제2차 정정청구 내용을 검토하여 정정 대상이 특허발명의 요지와 무관한 것이거나 정정이 허용될 가능성이 극히 낮다고 보일 때에는 소송 지연을 피하기 위하여 제1차 특허무효심판에 대한 심결취소소송의 심리를 진행하는 경우도 있다. 정정심판청구 기각심결에 대한 불복사건과 특허무효심판사건이 특허법원에 계속 중인 때에는 두 사건을 병행심리하여 정정사건에 대한 결론이 정정 불인정인 경우에는 두 사건의 판결 선고를 같은 날 하고, 정정 인정인 경우에는 정정사건만을 먼저 선고하고 특허무효심판사건은 기일을 추후 지정하는 경우가 있다.

정정사건이 확정되기 전에 특허무효심판사건에 대한 판결을 하는 경우, 특허의 내용과는 상관없는 오자, 탈자 등 단순한 오기인 것이 객관적으로 명백하게 인정되는 경우를 제외하고는 일단 정정 전의 등록된 특허의 내용에 따라 특허무효 사유에 해당하는지를 판단할 수밖에 없다.[107]

다. 특허무효심판절차에서 정정청구가 있는 사건의 심결취소소송

특허무효심판절차에서 정정청구가 있는 사건에 대한 심결취소소송을 재판하는 특허법원의 심리 결과 정정청구에 대한 심결의 결론과 견해를 달리할 경우, 그 사유만으로 무효심판사건의 심결 전체를 취소할 수 있는지 여부가 문제된다.

(1) 심결에서는 정정청구가 적법하다고 보아 정정 후의 명세서 또는 도면을 기준으로 특허발명이 유효하다고 판단하였는데, 특허법원의 심리결과 정정청구가 부적법한 경우

정정청구가 부적법하다면 정정 전의 명세서 또는 도면을 기준으로 특허발명의 유·무효를 판단하여야 한다. 정정 전의 명세서 또는 도면을 기준으로 판단하여 특허발명이 무효라면 심결을 취소할 수 있다는 데 의문의 여지가 없다. 또한, 특허발명이 유효라고 판단되는 경우에도, 정정청구가 부적법하나 정정 전의 특허발명이 유효하다고 하여 심결을 취소하지 않는다면, 정정청구 자체가 부적법함에도 불구하고 정정이 인정되는 결과가 되어 부당하므로 결국 심결을 취소하여야 한다는 것이 특허법원의 주류적인 실무이다.

---

107) 실용신안등록무효에 관한 대법원 1991. 10. 8. 선고 90후1055 판결 참조.

(2) 심결에서 정정청구가 부적법하다고 보아 정정 전의 명세서 또는 도면을 기준
으로 특허발명을 무효라고 판단하였는데, 특허법원의 심리결과 정정청구가
적법한 경우

정정청구가 적법하다면 정정 후의 명세서 또는 도면을 기준으로 특허발명의
유 · 무효를 판단하여야 한다. 정정 후의 명세서 또는 도면을 기준으로 판단하여 특허
발명이 유효라면 심결을 취소할 수 있다는 데 의문의 여지가 없다.

그러나 정정 후의 명세서 또는 도면을 기준으로 하더라도 청구범위 중 일부 청구
항이 무효로 판단되는 경우에는 무효로 되는 청구항 및 정정청구된 명세서 또는 도
면의 관계에 따라 달라진다. 정정청구된 명세서 또는 도면이 오로지 청구범위 중 무
효로 판단되는 청구항에만 관계된 경우에는 정정을 유지할 근거가 없게 되므로 심결
을 취소할 실익도 없다. 이에 반하여 정정청구된 명세서 또는 도면이 무효로 판단되
는 청구항과는 관계가 없거나 다른 청구항과도 관계된 경우에는 그 정정을 인정하여
야 하므로 심결을 취소하여야 한다. 그렇게 하지 않으면 특허권자는 동일한 내용의
정정을 하기 위하여 별도의 정정심판을 청구하여야 하고, 그 절차에서 정정의 인정
여부가 다시 쟁점이 되어야 할 뿐 아니라, 특허법 163조의 일사부재리원칙에 의하여
정정심판청구 자체가 부적법해질 수도 있는 불합리한 점이 있기 때문이다.

한편, 특허법원이 정정청구에 대한 심결의 적법 또는 부적법 사유만으로 심결을
취소하고 정정 전 또는 정정 후의 특허발명의 유 · 무효에 대하여 판단하지 아니하면,
특허발명의 유 · 무효에 대한 결론이 심결과 같은 경우에도 특허심판원에서 다시
심결할 때 특허법원이 유 · 무효에 대한 심결의 결론과 달리 하여 심결을 취소한 것
이라고 오해할 수도 있으므로, 특허발명의 유 · 무효에 대한 판단이 필요한 경우도 있
을 것이다.

6. 정정의 무효심판

가. 당 사 자

정정의 무효심판을 청구할 수 있는 자는 이해관계인 또는 심사관이고(특허 137조
1항), 피청구인은 특허등록원부에 등재된 특허권자이다. 정정의 무효심판은 정정심판
과 달리 특허권자와 이해관계인 등이 서로 대립하는 당사자 구조를 갖는 당사자계
심판으로 분류된다.

나. 대 상

이해관계인 또는 심사관은 특허취소신청절차 및 무효심판절차에서의 정정과 정정심판 또는 정정의 무효심판에서의 정정에 대하여 일정한 사유가 있는 경우 그 정정의 무효심판을 청구할 수 있다(특허 137조 1항, 132조의3 1항, 133조의2 1항, 136조 1항, 137조 3항). 즉, 정정의 무효심판은 특허취소신청절차, 무효심판절차, 정정심판 또는 정정의 무효심판절차에서 특허발명의 명세서 또는 도면에 대하여 이루어진 정정이 그 요건을 위반하여 잘못 허용된 것이 사후에 밝혀진 경우에 그 하자 있는 부분에 대하여 무효심판을 청구함으로써 이를 시정하는 제도이다.

다만, 특허를 무효로 한다는 심결이 확정된 때는 그 특허권은 처음부터 없었던 것으로 보게 되므로, 무효로 된 특허에 대한 정정의 무효를 구하는 심판은 그 정정의 대상이 없어지게 된 결과 정정 자체의 무효를 구할 이익도 없어진다.[108]

다. 정정무효사유

명세서 또는 도면의 정정이 특허법 136조 1항 각호가 규정한 청구범위를 감축하는 경우, 잘못 기재된 사항을 정정하는 경우, 분명하지 아니하게 기재된 사항을 명확하게 하는 경우 등 정정요건의 어느 하나를 위반하거나, 특허법 136조 2항 내지 4항이 정한 신규사항의 추가, 청구범위의 실질적인 확장 내지 변경, 독립특허요건 결여 등 정정제한사유의 어느 하나를 위반한 때에는 정정무효사유가 된다(특허 137조 1항 1호, 2호).

정정한 특허발명에 정정무효사유가 있는 경우 당연히 정정무효가 되는지 여부와 관련하여, 대법원 2003. 1. 10. 선고 2002후1829 판결은 특허발명이 청구범위를 실질적으로 변경한 내용으로 정정된 것이라고 하더라도 정정무효심판에서 그 위법 여부를 다툴 수 있음은 별론으로 하고, 정정된 특허발명을 당연 무효라고 할 수는 없다고 판시하였다.

또한, 특허요건이 충족되지 아니한 경우(독립특허요건이 충족되지 않은 경우) 등과 같이 동시에 정정무효 및 특허무효사유에 해당하는 경우에는 이해관계인 또는 심사관의 선택에 따라 정정무효심판 또는 특허무효심판을 청구할 수 있다.

---

108) 대법원 2011. 6. 30. 선고 2011후620 판결.

라. 정정무효심판절차에서의 정정

정정무효심판의 피청구인은 정정무효심판 청구서의 부본을 송달받은 후 특허법 136조 1항 각호의 어느 하나에 해당하는 경우에 한하여 답변서 제출기간(특허 147조 1 항) 또는 직권심리 사항에 대한 의견서 제출기간(특허 159조 1항 후단) 이내에 특허발명 의 명세서 또는 도면의 정정을 청구할 수 있다(특허 137조 3항 전문).

또한, 정정무효심판의 심판장은 답변서 제출기간 후라도 정정무효심판의 청구인 이 증거를 제출하거나 새로운 무효사유를 주장함으로 인하여 정정의 청구를 허용할 필요가 있다고 인정하는 경우에는 기간을 정하여 정정청구를 하게 할 수 있다(특허 137조 3항 후문).

마. 정정무효의 효과

정정을 무효로 한다는 심결이 확정되면 그 특허발명의 명세서 또는 도면의 정정 은 소급하여 처음부터 없었던 것으로 본다(특허 137조 5항). 따라서 당해 특허발명은 정정 전의 명세서 또는 도면의 상태로 복귀된다. 다만, 정정 후에 특허의 일부 무효 가 확정된 경우에는 정정무효의 심결의 효력은 그 일부 무효된 부분에는 미치지 아 니한다.

제4절

권리범위확인심판의 주요 쟁점

I. 권리범위확인심판 제도 개관

1. 법적 성격과 존폐론

가. 개념 및 법적 성격

특허권은 이른바 무체재산권이기 때문에 물권·채권 등 다른 종류의 권리에 비하여 권리내용이 매우 추상적이므로, 구체적인 분쟁에서는 먼저 그 권리범위 내지 보호범위[1]를 확정지을 필요가 있고, 그 후 문제가 된 구체적인 실시형태[2]가 그 보호범위에 속하는지를 판단한다.

이처럼 어느 실시형태가 특허발명의 보호범위에 속하는지 여부에 대한 확인을 구하는 심판이 권리범위확인심판이다.[3] 대법원도, 권리범위확인심판은 단순히 특허나 실용신안 자체의 발명이나 고안의 범위라고 하는 사실구성의 상태를 확정하는 것이 아니라 그 권리의 효력이 미치는 범위를 대상물과의 관계에서 구체적으로 확정하는 것이라고 판시하였다.[4] 즉, 권리범위확인심판은 단순히 특허발명이나 실용신안의

---

1) 특허법 135조는 '권리범위 확인심판' 및 '특허발명의 보호범위'라고 규정하였다[각주 3)].
2) 일종의 실시예로서, '확인대상발명'이라고 부른다(특허 140조 2항 3호). 예전에는 일본의 영향으로 '(가)호 발명'이라고 불렀다.
3) 특허법 135조 1항은 "특허권자 또는 전용실시권자는 자신의 특허발명의 보호범위를 확인하기 위하여 특허권의 권리범위 확인심판을 청구할 수 있다."고 규정하고, 같은 조 2항은 "이해관계인은 타인의 특허발명의 보호범위를 확인하기 위하여 특허권의 권리범위확인심판을 청구할 수 있다."라고 규정하였다. 실용신안법 33조는 위 특허법의 규정을 준용하고, 상표법 121조, 디자인보호법 122조도 위와 동일한 취지의 규정을 두었다.
4) 대법원 2012. 4. 13. 선고 2011후3827 판결, 2010. 8. 19. 선고 2007후2735 판결, 1991. 3. 27. 선고 90후

기술적 범위를 확인하는 사실관계의 확정을 목적으로 하는 것이 아니라, 그 기술적 범위를 기초로 하여 문제가 된 구체적인 실시형태와의 관계에서 특허권이나 등록실용신안권의 효력이 미치는 범위를 확인함으로써 특허발명이나 실용신안의 보호범위를 확정함을 목적으로 하는 것이다. 다만 이 경우에도 위와 같이 특허권의 보호범위 확정을 넘어서 특허권의 침해 여부, 즉 침해금지청구권의 존부나 손해배상채권의 존부와 같은 권리관계까지 확인하거나 확정할 수 있는 것은 아니다.

나. 존 폐 론

(1) 특허권은 특허청의 설정등록이라는 행정행위에 의하여 발생하지만,[5] 권리 자체는 공권(公權)이 아닌 사권(私權)인 점에 특징이 있다. 이에 대한 분쟁도 특허권 자체의 성립 및 효력에 관한 분쟁(행정행위인 측면)과 특허권자와 제3자 사이의 권리행사 또는 침해에 관한 분쟁(사권인 측면)으로 대별된다. 이들 분쟁을 어느 기관(특허청, 특허법원, 일반법원 등)의 관할로 하여, 어떤 절차(특허무효심판, 권리범위확인심판, 무효확인소송, 침해소송 등)를 통하여 해결할 것인가는, 특허의 성질 중 행정행위인 측면을 중시할 것인지, 사권인 측면을 중시할 것인지의 관점의 차이나 법률문화의 차이에 기인한 것으로 입법정책에 속하는 문제이다.

그중 특허권의 보호범위를 확정하는 작용은 본질적으로 사법작용에 속한다. 그런데도 특허법은 특허심판원이 담당하는 권리범위확인심판 제도를 두었을 뿐만 아니라 다른 심판들과는 달리 권리범위확인심판의 효력 등에 관하여 135조 외에는 아무런 규정을 두고 있지 않아, 심판의 본질이나 효력의 내용 및 심리범위 등이 문제가 된다.

(2) 이 제도는 일본의 구 특허법(1911년 법) 84조 1항 2호에서 유래한 것인데, 일본은 1959년 개정법에서 이를 폐지하고, 특허청 내의 일종의 감정절차인 판정제도[6]를

---

373 판결, 1983. 4. 12. 선고 80후65 판결, 1971. 11. 23. 선고 71후18 판결, 1963. 9. 5. 선고 63후11 판결 등.

5) 특허법 87조.

6) 일본 특허법 71조 1항은 "특허 발명의 기술적 범위에 관해서는 특허청에 대하여 판정을 구할 수 있다."고 규정하고 있는데, 일본의 판정제도는 법적 효력이 없는 특허청의 공적 감정의견 내지는 공적 해석의 성질을 갖고 있을 뿐이다.

이와 대비되는 제도는 독일 특허법 23조(특허청은 소송절차에 있어서 수인의 감정인의 감정의견이 다

도입하였다. 현재 특허청에 의한 권리범위확인심판 제도를 둔 나라는 오스트리아[7] 정도에 불과한데, 오스트리아도, 심리의 중복을 피하기 위하여 일반법원에 침해소송이 먼저 제기되어 있으면 권리범위확인심판청구를 각하한다.[8]

(3) 폐지론[9]의 요지는, 권리범위확인심판은 행정부와 사법부의 권한분배의 원칙에 어긋나고, 이 제도를 도입한 입법례가 거의 없으며, 침해분쟁에서 중간확인적인 판단에 불과하여 확인의 이익이 있는지 의문스럽고, 실무상 침해소송을 담당하는 법원은 권리범위확인심판의 결과를 기다리느라 소송절차가 지연되며, 심결은 침해소송에 대한 기속력이 없고 증거방법의 하나에 불과하여 결론이 상충할 때는 무의미한 절차가 되고, 특히 장래 실시가능성을 이유로 실제 실시제품과 다른 구성의 제품을 대상으로 소극적 권리범위확인심판을 받아 수사기관 등에 제출하는 등 제도를 악용하는 사례도 있다는 점 등을 근거로, 권리범위확인심판 제도를 조속히 폐지하자는 것이다.

이에 대하여 존치론[10]의 요지는, 권리범위확인심판 제도가 종래부터 그 본질이나 효력의 문제에 대하여 논쟁이 끊임없이 계속되었으나, 적어도 이 제도가 실제로는

를 때 법원 또는 검찰관의 청구에 의하여 감정할 의무가 있다)로, 독일 특허청은 원칙적으로 감정할 수 없지만, 위와 같은 예외적인 경우에는 특허청의 기술전문적 지식에 권위성과 지도성을 인정하는 상급감정제도를 두고 있다고 한다[곽태철, "권리범위확인심판에 관한 연구", 재판자료 제56집(1992), 505].

7) 오스트리아 특허법 163조 1항은 "산업적 규모로 제품을 제조, 판매, 사용하거나 방법을 적용하는 자 또는 그렇게 하려고 계획하는 자는 누구든지 특허권자 또는 전용실시권자를 상대로 특허청에 그 제품 또는 방법이 전적으로 또는 부분적으로 특허권의 보호범위에 속하는지 여부의 확인을 구할 수 있다."라고 규정하고, 같은 조 제2항은 "특허권자 또는 전용실시권자는 산업적 규모로 어떤 제품을 제조, 판매, 사용하거나 방법을 적용하는 자 또는 그렇게 하려고 계획 하는 자를 상대로 그 제품 또는 방법이 전적으로 또는 부분적으로 특허권의 보호범위에 속하는지 여부의 확인을 구할 수 있다."고 규정하고 있다.

8) 김원오·표건호, 권리범위확인심판의 존폐문제연구, 특허심판원(2001), 12.

9) 최성준, "권리범위확인심판의 폐지의 타당성에 관하여", 법조 43권 10호(통권 457호)(1994), 47; 박정희, "권리범위확인심판제도의 폐지 필요성에 대한 고찰", 특허소송연구 제3집(2005), 440; 김철환, "심결취소 소송에서의 소의 이익", 사법논집 제39집(2004), 567; 이혜진, "권리범위확인심판 제도에 대한 검토", 특허소송제도의 과제와 혁신(2017), 156 등. 정상조·박성수 공편, 특허법 주해 II, 박영사(2010), 467에서는 이 같은 전제하에서 제도 자체를 모두 없앨 수 없다면 일정한 경우에 소극적 권리범위확인심판청구에 한하여 허용되는 것으로 법률에 의한 제한을 둘 필요가 있다는 입법론을 제시하고 있다.

10) 권택수, "권리범위확인심판과 진보성의 판단", 특별법연구 제7권, 박영사(2005), 817; 이두형, "특허권 침해 관련 법적 공격·방어수단에 관한 고찰", 사법논집 제43집(2006), 668; 이수완, "특허법원 10년간의 권리범위확인(특·실) 심판사건에 관한 판결의 통계적 분석", 특허법원 개원 10주년 기념논문집(2008), 95 등.

특허권자와 이에 대항하는 자 사이에 특허침해 여부를 다툴 때 선결문제로 심리되어 그 심결의 결론에 따라 침해금지청구나 손해배상청구에 이르지 아니하고 화해가 성립하는 등의 분쟁해결수단으로 이용되어 왔고, 실시제품 또는 회피설계한 구성이 특허권의 보호범위에 속하는지를 판단하여 제품의 생산 · 개발 여부를 결정하고 침해를 예방하는 제도적 기능을 수행하며, 권리범위확인심판사건 수 또한 다른 심판사건의 수에 비하여 결코 적지 않다는 사정 등에 비추어, 제도 자체의 폐지는 신중하게 검토하여야 한다는 것이다.

(4) 이러한 존폐론의 대립에도 불구하고 권리범위확인심판사건 수에 비추어 볼 때 실무상의 중요성은 작지 아니하므로,[11] 존재하는 동안에는 무익한 절차가 되지 않게 바람직한 실무관행을 정착시켜 나가야 할 것이다.[12]

2. 침해소송 등과의 관계

가. 일 반 론

특허권을 둘러싼 당사자 사이의 분쟁은 원래 특허권 침해를 원인으로 하는 일반 법원의 침해금지소송이나 손해배상소송 등 민사 본안소송, 침해금지가처분 등의 보전소송, 특허침해에 관한 형사소송에서 해결된다. 따라서 권리범위확인심판이나 그 심결취소소송과 이러한 침해소송 등과의 관계가 문제된다.

양자는 전혀 별개의 독립된 소송으로서, 두 소송이 동시에 계속 중이어도 중복소송에 해당하지 않고, 법률상으로는 어느 한쪽의 결론이 다른 소송에서 기속력을 가지

---

11) 특허청 발행 지식재산통계연보에 따르면, 특허심판원에 접수된 권리범위확인심판 사건의 수는 2010년 864건(특허 관련 사건 418건. 이하 본 각주 내에서 괄호안의 숫자는 특허 관련 사건 수를 의미한다), 2011년 705건(405건), 2012년 681건(354건), 2013년 667건(375건), 2014년 688건(385건)으로 감소 추세를 보이다가, 2015년 975건(691건), 2016년 929건(632건)으로 다시 증가하였다(이는 약사법 개정으로 2015. 3. 15. 시행된 의약품 허가특허 연계제도와 관련하여 제네릭 제약사의 소극적 권리범위확인심판 청구가 증가한 것과도 상당한 관련이 있을 것으로 짐작된다).
한편, 특허법원에 접수된 권리범위확인심판 심결취소소송 사건의 수는 2010년 217건(125건), 2011년 266건(133건), 2012년 215건(132건), 2013년 215건(122건), 2014년 185건(109건), 2015년 188건(100건), 2016년 178건(104건)이고, 위 2016년의 178건(104건)건은 특허법원의 전체 접수사건 986건(611건)의 약 18.1%(17.0%)를 차지하였다.
12) 위 존폐론에 관한 자세한 내용은, 김태현, "권리범위확인심판의 본질과 진보성 판단의 가부", 특허소송연구 제4집(2008), 223 이하 참조.

지도 아니한다. 대법원도 "민사재판에 있어서 이와 관련된 다른 권리범위확인심판 등의 확정심결에서 인정된 사실은 특별한 사정이 없는 한 유력한 증거자료가 되는 것이나, 당해 민사재판에서 제출된 다른 증거내용에 비추어 관련 권리범위확인심판사건 등의 확정심결에서의 사실판단을 그대로 채용하기 어렵다고 인정될 경우에는 이를 배척할 수 있는 것"이라고 판시하였다.13)

그러나 실제 소송실무에서는 특허심판원과 특허법원의 전문성이 존중되는 것으로 보인다. 당사자들은 일반법원에 특허권 침해금지가처분이나 침해로 인한 손해배상 등 침해소송을 제기함과 동시에 특허심판원에 권리범위확인심판을 청구하는 경우가 많고, 일반법원에서는 해당 기술분야의 전문가에게 감정을 명하는 방법 등에 의하여 독자적으로 절차를 진행하기도 보다는 특허심판원의 심결이나 그 심결취소소송에 대한 특허법원의 판결을 기다려 그 결과를 확인하는 경우가 많았다. 그러나 2017년 특허권 등에 관한 민사본안 소송의 제1심 관할이 사실상 서울중앙지방법원으로 집중된 이후에는 제1심 법원이 독자적으로 절차를 진행하는 것으로 경향이 바뀌고 있다.

나. 소의 이익 또는 심판청구의 이익과 관련된 문제

갑 회사가 을 회사를 상대로 특허심판원에 상표권에 관한 소극적 권리범위확인심판을 제기하였으나 특허심판원이 확인대상표장이 등록상표의 권리범위에 속한다는 이유로 청구를 기각하는 심결을 하였는데, 이후 을 회사가 위 등록상표의 상표권 침해와 관련하여 제기한 민사소송에서 갑 회사 승소판결이 선고되었고, 심결취소소송의 상고심 계속 중 위 민사판결이 그대로 확정된 사안에서, 대법원 2011. 2. 24. 선고 2008후4486 판결은 '확정된 위 민사판결은 위 심결취소소송을 담당하는 법원에 대하여 법적 기속력이 없으므로 갑 회사에 위 민사판결이 확정되었음에도 불구하고 자신에게 불리한 위 심결을 취소할 법률상 이익이 있고, 달리 위 심결 이후 위 등록상표의 상표권이 소멸되었다거나 당사자 사이의 합의로 이해관계가 소멸되었다는 등 위 심결 이후 심결을 취소할 법률상 이익이 소멸되었다는 사정도 보이지 아니하므로, 갑 회사에 위 심결의 취소를 구할 소의 이익이 있다'는 취지로 판단하여, 이와 달리 소의 이익을 부정한 원심판결14)을 파기환송하였다.

---

13) 대법원 2002. 1. 11. 선고 99다59320 판결.

14) 원심인 특허법원 2008. 10. 10. 선고 2008허6406 판결은 '상표권의 권리범위확인심판은 심판청구인이 심판의 대상으로 삼은 구체적인 확인대상표장과의 관계에서 당해 등록상표의 효력이 미치는 범위에 관하

또한, 특허권자인 원고들이 피고를 상대로 제기한 특허침해사건에 관하여 제1심 법원에서 상당기간 심리가 진행된 후 변론종결되었는데 그 후 피고가 비로소 소극적 권리범위확인심판을 청구한 사안에서, 대법원 2018. 2. 8. 선고 2016후328 판결은 "특허법 135조가 규정하고 있는 권리범위확인심판은 특허권 침해에 관한 민사소송(이하 '침해소송'이라고 한다)과 같이 침해금지청구권이나 손해배상청구권의 존부와 같은 분쟁 당사자 사이의 권리관계를 최종적으로 확정하는 절차가 아니고, 그 절차에서의 판단이 침해소송에 기속력을 미치는 것도 아니지만, 간이하고 신속하게 확인대상발명이 특허권의 객관적인 효력범위에 포함되는지를 판단함으로써 당사자 사이의 분쟁을 사전에 예방하거나 조속히 종결시키는 데에 이바지한다는 점에서 고유한 기능을 가진다. … 이와 같이 특허법이 권리범위확인심판과 소송절차를 각 절차의 개시 선후나 진행경과 등과 무관하게 별개의 독립된 절차로 인정됨을 전제로 규정하고 있는 것도 앞서 본 권리범위확인심판 제도의 기능을 존중하는 취지로 이해할 수 있다. 이와 같은 권리범위확인심판 제도의 성질과 기능, 특허법의 규정내용과 취지 등에 비추어 보면, 침해소송이 계속 중이어서 그 소송에서 특허권의 효력이 미치는 범위를 확정할 수 있다고 하더라도 이를 이유로 침해소송과 별개로 청구된 권리범위확인심판의 심판청구의 이익이 부정된다고 볼 수는 없다."고 판시하였다.[15]

3. 권리범위확인심판의 종류

권리범위확인심판은 심판청구의 주체에 따라, 권리자가 제기하는 적극적 심판과 제3자가 제기하는 소극적 심판으로 나뉜다.

적극적 권리범위확인심판은 권리자가 피심판청구인인 제3자가 실시하는 확인대상발명이 자기 특허발명의 보호범위에 속한다는 취지의 확인을 구하는 것으로서, 특허권자가 청구의 주체가 된다는 점에서 침해소송에 직접적으로 대응하는 심판이다.

여 현실적인 다툼이 계속되고 있고, 동일한 심판 대상에 대하여 가장 유효 · 적절한 분쟁해결수단인 침해금지청구나 손해배상청구와 같은 민사 본안소송의 판결이 내려지기 전에 그 권리범위의 속부를 확정할 실익이 있는 경우에 확인의 이익 내지 소의 이익이 있다'는 전제 하에 소의 이익을 부정하여 소각하 판결을 선고하였다.

15) 원심인 특허법원 2016. 1. 14. 선고 2015허6824 판결은 이러한 심판청구의 확인의 이익을 인정하기 어렵다는 이유로 그 권리범위확인심판청구를 인용한 심결을 취소하였으나, 위 대법원 2016후328 판결에 의해 파기환송되었다.

반면, 소극적 권리범위확인심판은 심판청구인인 제3자가 자기가 실시하거나 실시하려고 하는 확인대상발명이 특허발명의 보호범위에 속하지 아니한다는 취지의 확인을 구하는 것으로서, 다양한 방어의 목적으로 제기된다.

II. 권리범위확인심판의 심판요건과 관련된 문제

1. 심판청구인 적격

권리범위확인심판을 청구할 수 있는 자는 '특허권자·전용실시권자' 또는 '이해관계인'이다(특허 135조 1항, 2항). 적극적 심판은 특허권자 또는 전용실시권자16)가 특허발명을 무단 실시하거나 이용하는 자를 상대로 제기하고, 소극적 심판은 특허권자로부터 권리의 대항을 받을 염려가 있는 자인 이해관계인이 특허권자를 상대로 제기하는 것이 원칙이다.

2. 확인의 이익

가. 적극적 권리범위확인심판과 실시주장발명

(1) 적극적 권리범위확인심판에서 피심판청구인(권리자의 상대방)으로부터 확인대상발명이 아닌 실시주장발명을 실시하고 있어 확인의 이익이 없으므로 심판청구가 부적법하다는 주장이 흔하게 제기된다. 이는 소극적 권리범위확인심판의 경우에는 원칙적으로 실시자가 확인대상발명을 특정함에 반하여, 적극적 권리범위확인심판의 경우에는 실시자가 아닌 권리자가 확인대상발명을 특정하기 때문에 생기는 문제이기도 하다.

---

16) 종래 특허권자가 아닌 전용실시권자가 '이해관계인'으로서 적극적 심판을 제기할 수 있는지가 문제되었다. 대법원 판례는 명문 규정이 없는 한 전용실시권자는 심판청구의 당사자적격이 없으므로 이해관계인에 포함되지 않는다고 하였으나(대법원 2003. 5. 16. 선고 2001후3262 판결), 특허권자가 재외자(在外者)이거나 분쟁 개입에 소극적인 경우에는 전용실시권자의 권리행사가 제한되는 결과를 초래할 수 있다는 비판이 있었다. 이 문제는 2006. 3. 3. 법률 7871호로 개정된 특허법에서 권리범위확인심판을 청구할 수 있는 자에 전용실시권자를 명시적으로 포함함으로써 입법적으로 해결되었다.

(2) 확인대상발명과 실시주장발명의 동일성이 인정되지 아니하고 피심판청구인은 실시주장발명을 실시하고 있을 뿐인 경우, 그가 실시하거나 실시하려고 하지도 아니하는 확인대상발명이 특허발명의 보호범위에 속한다는 심판이 확정되더라도 그 효력은 확인대상발명에만 미치는 것이지 확인대상발명과 동일성이 없는 실시주장발명에까지 미치지는 아니하므로, 결국 확인대상발명에 대한 권리범위확인심판청구는 확인의 이익이 없어 부적법하므로 각하되어야 한다.17) 나아가 적극적 권리범위확인심판에서 피심판청구인이 실제로 실시하는 실시주장발명이 확인대상발명과 사실적 관점에서 동일성이 인정되지 않는다면, 비록 그것이 균등 관계에 있다는 평가를 받을 수 있더라도 그 심판청구는 부적법하다. 이 경우 확인대상발명과 피심판청구인이 실시하는 발명의 동일성은 피심판청구인이 확인대상발명을 실시하는지 여부라는 사실확정에 관한 것이므로 이들 발명이 사실적 관점에서 같다고 보이는 경우에 한하여 동일성이 인정된다.18)

(3) 다만 여기서 '사실적 관점에서의 동일성'이란 단순히 확인대상발명의 구성요소와 같은 형태가 실시주장발명에 물리적으로 존재하기만 하면 된다는 의미가 아니라 그러한 구성에 의하여 얻고자 하는 효과를 달성하기에 필요한 정도로 구비되어야 한다는 의미로 보아야 할 것이다. 이와 관련하여 대법원 2003. 6. 10. 선고 2002후2419 판결은, 피고가 특정한 망체와 원고가 실제 실시하는 망체는 동일성이 없어19) 피고의 적극적 권리범위확인심판청구는 확인의 이익이 없어 부적법하다고 판단한 원심판결에 대하여, "피고가 특정한 망체에서 말하는 '적층간격'과 '공간부'는 아무리 미세하더라도 물리적으로 존재하기만 하면 되는 것이 아니라, 그와 같은 구성에 의하여 얻고

---

17) 대법원 2003. 6. 10. 선고 2002후2419 판결, 1996. 9. 20. 선고 96후665 판결, 1985. 10. 22. 선고 85후48, 49 판결, 1982. 7. 27. 선고 81후69 판결 등.

18) 대법원 2012. 10. 25. 선고 2011후2626 판결, 1996. 3. 8. 선고 94후2247 판결 등.

19) 원심은 '피고가 특정한 망체는 상부망판과 하부망판 사이에 적층간격을 두고 있고 망체 프레임의 상부면 내측으로 개재된 실리콘 고무링과 은납땜부와의 사이에 공간부가 형성되어 있는 데 비하여, 원고가 실제 실시하고 있는 망체는 상부망판과 하부망판을 납땜에 의하여 접착하는 것으로서 납땜에 의한 접합에 있어서 적층간격을 둘 필요가 없는 데다가 두 망판을 밀착하여 접착함에 따라 피고가 특정한 망체와 같은 적층간격이 있다고 할 수 없고 그에 따라 효과에 있어서도 차이가 있으며, 원고가 실제 실시하는 망체는 하부망판을 프레임의 상부면에 밀착한 후 납땜으로 접착시키는 것으로서 프레임의 상부면 내측에 주입되는 실리콘은 그 재질의 특성상 상부망판과 하부망판 사이에 채워지기 때문에 피고가 특정한 망체와 같은 공간부가 형성되지도 않다'고 판단하였다.

자 하는 효과를 달성하는 데 필요한 정도는 되어야 하는 것인데, 원심이 원고가 실시
하고 있는 망체에 이러한 간격이나 공간이 있는지를 검증함에 있어 이를 전문적인
감정기관에 따로 의뢰하지 않고 육안으로 실물을 살펴보는 방법을 사용한 것이 잘못
이라고 보기 어렵고, 달리 원고가 실시하고 있는 망체에 위와 같은 의미의 간격이나
공간이 있다고 볼 만한 자료도 없으므로, 원심의 사실인정과 판단은 앞에서 본 법리
에 따른 것으로서 정당하다"고 판시한 바 있다.[20]

나. 소극적 권리범위확인심판과 확인대상발명

(1) 소극적 권리범위확인심판의 확인대상발명도 적극적 권리범위확인심판과 마
찬가지로 심판청구인(권리자 상대방)이 실시하였거나 실시하는 것이어야만 하는가? 대
법원 판례는, 산업재산권에 관한 소극적 권리범위확인심판의 분쟁예방적 성격에 착
안하여, 심판청구인으로서의 이해관계인이라 함은 특허권의 보호범위에 속하는지 여
부에 관하여 분쟁이 생길 염려가 있는 대상물을 제조·판매·사용하는 것을 업으로
하고 있는 자에 한하지 아니하고 그 업무의 성질상 장래에 그러한 물품을 업으로 제
조·판매·사용하리라고 추측이 갈 수 있는 자도 포함된다고 보기 때문에,[21] 설령 확
인대상발명이 심판청구인의 심판청구 당시 제조·판매해 온 물품이 아니어서 피심판
청구인(권리자)으로부터 경고장을 받게 된 당해 물품이 아니라 하더라도 심판청구인

---

20) 같은 취지에서 특허법원 2017. 2. 10. 선고 2016허4245 판결(심리불속행 기각)도 "확인대상발명의 경우
'LED기판과 베이스 사이에 형성된 틈'은 확산커버 내부의 공기가 본체의 내부 공간부로 유입되도록 하
고 다시 공기배출구를 통하여 외부로 배출되도록 함으로써 공기순환에 의한 자연대류에 의하여 LED모
듈을 냉각하는 효과를 달성하기 위하여 형성된 것이므로, 확인구성요소 4와 실시주장발명의 대응구성
요소가 동일하다고 하려면 실시주장발명의 LED기판과 베이스 사이에 물리적으로 어떠한 틈이 존재하
기만 하면 되는 것이 아니라 그 틈에 의하여 얻고자 하는 효과를 달성하는 데 필요한 정도는 되어야
하는 것이다(대법원 2003. 6. 10. 선고 2002후2419 판결 참조). 그렇다면 그러한 효과를 가지는 '틈'이란
베이스와 LED기판을 서로 밀착시켜 나사체결 방식으로 조립더라도 생길 수밖에 없는 극미한 간격이
나 틈을 의미하는 것이 아니라, 확인대상발명과 같이 의도적으로 그 부분으로 유입된 공기의 유동에 의
한 LED모듈의 냉각효과가 나타날 수 있도록 일정한 간격을 두고 떨어져 있게 형성함으로써 이 사건 특
허발명과 같은 효과를 나타낼 정도의 틈을 말하는 것으로 봄이 상당하고, 단지 베이스와 LED 기판을
조립하여 결합하는 과정에서의 공차 등으로 인하여 일정한 틈이나 간격이 있기만 하면 된다고 해석할
수는 없다."고 판단한 다음, 원고가 특정한 '확인구성요소 4의 LED기판과 베이스 사이에 형성된 틈'과
실시주장발명의 'LED기판과 베이스 사이에 존재하는 미세한 틈'은 동일성이 있다고 할 수 없어 심판청
구의 이익이 없다는 이유로 적극적 권리범위확인심판청구를 각하한 심결을 유지하였다.

21) 대법원 2000. 4. 11. 선고 97후3241 판결, 1990. 2. 9. 선고 89후1431 판결, 1987. 7. 7. 선고 85후46 판결,
1985. 7. 23. 선고 85후51 판결.

으로서는 장래 실시하고자 하는 확인대상발명이 이 사건 특허발명의 보호범위에 속하는지 여부의 확인심판을 청구할 이익이 있다고 한다.[22) 그러나 당사자 사이에 심판청구인이 현재 실시하고 있는 기술이 특허권의 보호범위에 속하는지에 관하여만 다툼이 있을 뿐이고, 심판청구인이 장래 실시할 예정이라고 주장하면서 심판대상으로 특정한 확인대상발명이 특허권의 보호범위에 속하지 않는다는 점에 관하여는 아무런 다툼이 없는 경우라면, 그러한 확인대상발명을 심판대상으로 하는 소극적 권리범위확인심판은 심판청구의 이익이 없어 허용되지 않는다.[23)

(2) 이와 같이 소극적 권리범위확인심판의 이해관계의 범위를 넓히고 장래의 실시가능성만 있으면 이를 확인대상발명으로 삼을 수 있도록 하는 대법원 판례의 입장에 대해서 제도의 악용을 우려하는 이견도 있다. 그러나 대법원 판례는 이 점에 관해서도, "심판청구인들이 실제 사용하고 있는 고안이 실시주장고안임에도 불구하고 이를 은폐하기 위해 확인대상고안을 조작하여 확인대상고안이 등록된 실용신안의 권리범위에 속하지 않는다는 확인을 구하는 청구를 해온 것이라도, 그 때문에 확인대상고안의 사용 가능성이 없다는 이유로 심판청구인들이 이해관계인이 아니라 하여 그 청구의 적법 여부가 문제로 될 수는 있지만, 이 경우에도 그 심판 대상은 확인대상고안이 되어야 한다."라고 판시하였다.[24)

다. 무효이거나 소멸된 권리에 관한 권리범위확인의 이익

특허법은 특허무효심판의 경우에는 특허법 133조 2항에서 명문으로 특허권의 소멸 후에도 심판청구가 가능하다고 규정하나, 권리범위확인심판에 대해서는 아무런 규정을 두지 않았다.

이에 대하여 대법원은, 특허권의 권리범위확인심판 청구는 '현존'하는 특허권의 범위를 확정하는 것을 목적으로 하므로, 일단 적법하게 발생한 특허권이라 할지라도

---

22) 대법원 2000. 4. 11. 선고 97후3241 판결.
23) 대법원 2016. 9. 30. 선고 2014후2849 판결. 이와 같은 취지에서 특허법원 2016. 11. 25. 선고 2016허5057 판결(심리불속행 기각)은, 피고가 소극적 권리범위확인심판의 대상으로 특정한 확인대상표장이 그 사용서비스업(기부금 또는 자선금 모금과 관련된 업무)과 관련하여 원고의 등록서비스표의 보호범위에 속하지 않는다는 점에 관하여 당사자 사이에 다툼이 없어 그 심판청구의 이익이 없다고 판단하였다.
24) 대법원 1985. 10. 22. 선고 85후48, 49 판결 등.

그 특허권이 소멸되었을 경우에는 확인의 이익이 없다는 태도를 취하였다.[25] 나아가 권리범위확인심판청구 사건이 상고심에 계속 중일 때, 등록 권리에 대한 무효심결이 확정되거나[26] 존속기간 만료로 등록 권리가 소멸한 경우에도[27] 같은 태도를 취하여, 심결취소청구의 소는 심결의 취소를 구할 법률상 이익이 없어 부적법하므로 각하되어야 한다고 판시하였다.[28]

이론적·실제적 필요성으로는 등록무효심판과 마찬가지로 권리의 소멸 후에도 권리범위확인심판 청구가 가능하다고 할 수 있음에도, 대법원 판례가 위와 같은 태도를 취한 것은 앞서 본 권리범위확인심판 제도의 한계 때문에 그 심판대상의 범위를 엄격하게 보려는 의미로 이해된다.

라. 합의로 인한 이해관계의 소멸

(1) 심판청구 또는 소 각하 원칙

심판 계속 중에 확인대상발명을 실시하는 사람이 특허권자와, 특허권자의 특허권을 인정하면서 손해를 배상하고 앞으로는 확인대상발명을 실시하지 않음은 물론, 해당 특허권을 침해하는 행위를 하지 않겠다는 취지의 합의를 한 경우에, 확인대상발명을 실시하던 당사자로서는 더는 이해관계가 있다고 할 수 없으므로 심판청구의 이익이 없어진다는 것이 대법원 판례의 주류적 입장이다.[29]

당사자 사이에 심판을 취하한다는 내용의 합의가 이루어졌더라도 심판청구취하서를 제출하지 아니하면 사건이 심판청구취하로 종결되지는 아니하나, 그러한 경우

---

25) 대법원 2007. 3. 29. 선고 2006후3595 판결, 2006. 2. 9. 선고 2003후2690 판결, 1996. 9. 10. 선고 94후 2223 판결 등.
26) 대법원 2003. 11. 27. 선고 2001후1563 판결, 2000. 7. 6. 선고 99후161 판결 등.
27) 대법원 2002. 2. 22. 선고 2001후2474 판결.
28) 이에 대하여, 이러한 대법원 판례는 심판의 이익과 소의 이익을 구별하지 않은 것이라면서, 권리범위확인심판에 대한 심결취소소송의 계속 중 소급효 없이 소멸한 때에는 일률적으로 소의 이익이 부정된다고 볼 것이 아니라, ① 권리범위에 속한다는 인용심결의 경우에는 위 대법원 판례와 같이 소를 각하한다면 위 인용심결이 그대로 확정되는 결과가 초래되어, 그 심결에 일사부재리의 법적 효력 및 침해사건 등에 유력한 증거로 활용되는 등 사실상의 효력을 가지게 되므로, 불리한 판단을 받은 당사자에게 위 인용심결의 취소를 구할 법률상 이익을 긍정하여야 하고, ② 권리범위에 속하지 않는다는 기각심결의 경우에는 심결이 취소되더라도 재심결 절차에서 심판청구가 각하될 뿐 권리범위에 속한다는 인용심결을 받을 가능성이 전혀 없으므로, 소의 이익을 부정하여야 한다는 견해가 있다[김철환(주 9), 574].
29) 대법원 2007. 5. 11. 선고 2005후1202 판결, 2001. 9. 28. 선고 99후2808 판결, 1997. 9. 5. 선고 96후1743 판결 등.

에 특별한 사정이 없는 한 심판이나 소송을 계속 유지할 법률상 이익은 소멸된다.[30) 따라서 이러한 합의가 심판 계속 중에 이루어졌다면 심판청구가 각하되고, 심결 이후에 이루어졌다면 심결의 취소를 구할 소의 이익이 없으므로 소가 각하된다.[31)

(2) 합의 내용에 따른 구분 필요성

다만 대법원 판례는 합의의 내용에 따라 그 효력의 범위를 엄격하게 해석하여, 합의에도 불구하고 심판청구의 이해관계를 긍정하는 경우가 있으므로 주의를 요한다. 즉, 합의 문언의 내용 해석에 따라, 특허권의 유·무효를 다투지 않겠다는 합의(주로 특허무효심판 관련), 단순히 특허권 침해를 하지 않겠다는 합의, 문제된 확인대상발명이 특허권을 침해하였음을 인정하고 이를 실시하지 않겠다는 합의(주로 권리범위확인심판 관련) 등으로 구분하여, 엄격하게 그 합의의 범위 내에서의 효력만을 인정한 사례들이 있다.

① 대법원 1996. 12. 6. 선고 95후1050 판결

피심판청구인(권리자)이 심판청구인(상대방)에 대하여 위 실용신안권을 침해하였다는 이유로 형사고소를 하였다가 쌍방이 합의에 이르러 피심판청구인이 위 고소를 취하하는 대신 심판청구인은 피심판청구인에게 일정 금원을 지급하기로 하고, 나아가 피심판청구인과의 사이에 "피심판청구인이 보유하고 있는 실용신안등록 제63061호에 대한 권리를 인정하고 그 권리에 위반되는 행위를 하지 않는다."라는 약정을 하였음을 알 수 있다. 그러나 기록상 위 형사고소와 그에 따른 합의가 심판청구인이 이 사건 확인대상고안을 실시한 것과 관련된 것이었는지, 아니면 이 사건 확인대상고안과는 다른 고안을 실시한 것 때문이었는지의 여부가 분명하지 아니할 뿐만 아니라, 가사 위 형사고소와 합의가 심판청구인이 이 사건 확인대상고안을 실시한 것 때문이었다고 하더라도 문언상으로는 위 합의의 취지를 심판청구인이 피심판청구인의 이 사건 등록고안에 대한 정당한 권리를 인정하고 그 권리에 위반되는 행위를 하지 아니하기로 한 것으로 볼 수 있을 뿐이어서, 위 합의로써 곧바로 심판청구인이 이 사건 등록고안의 권리범위에 이 사건 확인대상고안이 속함을 인정하였다거나 이 사건 등록고안의 권리범위를 확인하는 심판청구권까지를 포기하기로 한 것으로는 볼 수 없

---

30) 대법원 2007. 5. 11. 선고 2005후1202 판결, 1997. 9. 5. 선고 96후1743 판결 등.
31) 대법원 2007. 5. 11. 선고 2005후1202 판결.

고, 이를 달리 해석할 자료도 엿보이지 아니하므로, 위와 같은 합의가 있었다는 사정만으로 심판청구인의 위와 같은 이해관계가 소멸하였다고 할 수는 없다.

② 대법원 2001. 6. 29. 선고 99후1331 판결

원고(상대방)와 피고(권리자) 사이의 합의서에는 원고가 디자인등록 제품을 제작한 것에 대하여 사과하고, 추후 디자인등록 제품을 제작하지 않겠으며, 기존 디자인등록 제품을 폐기하겠다는 내용만 포함되어 있을 뿐 이 사건 무효심판청구 사건의 처리에 관하여는 아무런 기재가 없음을 알 수 있고, 여기에 위 합의의 내용과 합의에 이르기까지의 경위 등을 종합하여 보면, 위 합의는 원고가 자신이 제작하였던 물품이 피고의 이 사건 등록디자인권의 권리범위에 속한다는 사실을 인정한 것일 뿐, 이 사건 등록디자인권의 효력에 대하여도 무효심판절차를 통하여 일체 다투지 않겠다는 취지까지 포함된 것으로 보기 어렵고, 비록 피고가 위 합의 당시 이 사건 무효심판의 청구사실을 몰랐다고 하더라도 그러한 사정만으로 위 합의의 내용에 무효심판청구의 취하도 포함된 것으로 보기 부족하며, 나아가 디자인등록의 무효심판은 원래 등록되지 않았어야 할 디자인을 무효화시키기 위한 것으로서 무효로 되어야 할 등록디자인에 의하여 일반 수요자나 거래자가 부당한 피해를 보는 일이 없도록 하는 공익적 성격을 지닌 것이라는 점까지 고려하여 보면, 무효심판 계속 중에 그 심판에 관하여 다투지 않겠다는 명시적 약정도 없고, 무효심판까지 포함하여 합의하였다고 볼 만한 특별한 사정이 있다고도 보이지 않는 이 사건에 있어서, 원고와 피고 사이의 위와 같은 합의만으로는 이 사건 무효심판을 유지할 이해관계가 소멸하였다고 단정할 수 없다 할 것이다.

③ 대법원 2002. 4. 12. 선고 99후2853 판결

등록고안의 침해가 되는 물품을 생산하지 않겠다는 약속을 한 것만으로는, 등록고안이 공지공용의 고안으로서 권리범위를 인정할 수 없거나 확인대상고안이 공지공용의 고안이어서 등록고안의 침해로 되지 아니하는 경우에까지 확인대상고안을 생산하지 않겠다는 약속을 한 것으로 볼 수는 없으므로, 결국 위와 같은 사정만으로 동종의 영업에 종사하고 있는 피고(상대방)에게 이 사건 권리범위확인심판을 청구할 이해관계가 없다고 할 수는 없다.

④ 대법원 2004. 4. 16. 선고 2002후2938 판결

원고(권리자)와 피고(상대방) 사이의 '합의 및 이행각서'에는, 피고가 이 사건 등록의장을 침해한 것에 대한 손해를 배상하고, 이미 제작한 물품 및 의장지 원본을 교부

하며, 앞으로 침해행위를 하지 않겠다는 내용만이 포함되어 있을 뿐, 당시 계속중이던 권리범위확인심판 청구를 취하하겠다거나 포기한다는 기재가 없고, 오히려 그 합의의 문언과 합의에 이르기까지의 경위 등을 종합하여 볼 때, 피고는 그 합의 당시 가처분결정으로 인하여 원고와의 분쟁을 빨리 끝낼 필요가 있어 이미 실시한 의장에 대하여는 침해를 인정하되 당시 특허심판원에 계류중이던 이 사건 권리범위확인심판 청구는 계속 유지하여 피고의 실시의장이 이 사건 등록의장의 권리범위에 속하는지의 여부를 알고자 한 사실, 이에 따라 원고와 피고는 이 사건 권리범위확인심판의 결과에 따라 다시 손해배상 등의 분쟁이 발생하거나 합의가 무효로 되는 것을 방지하기 위하여 '특허심판원에 제기한 권리범위확인심판 청구의 승패에 관계없이 이에 대하여 쌍방은 그에 따른 손해배상을 상대방에게 청구하거나 이 합의서가 무효임을 전제로 하는 일체의 민 · 형사상 청구를 하지 않기로 한다'라는 내용을 포함한 '합의 및 이행각서'를 작성한 사실을 알 수 있는바, 그러한 사정 아래에서는 원고와 피고 사이의 그 합의의 취지는 피고가 가처분결정에서 판시된 침해사실은 인정하지만, 이미 진행중인 권리범위확인심판 청구는 취하하지 않고 그에 대한 판단을 받아보겠다는 뜻이라고 할 것이고, 따라서 피고가 향후 이 사건 등록의장에 대한 침해행위를 하지 않겠다고 약정한 것에는 권리범위확인심판에서 그 실시의장이 이 사건 등록의장의 권리를 침해한 것으로 인정되면 그 실시를 계속하지 않겠다는 약속을 한 것에 불과할 뿐, 계류중인 이 사건 권리범위확인심판을 포기한 것이라거나 심판의 결과 그 실시의장이 이 사건 등록의장권을 침해한 것으로 인정되지 아니하는 경우에까지 이를 실시하지 않겠다는 약속을 한 것으로 볼 수는 없다고 할 것이므로, 위와 같은 내용의 그 합의만으로 동종의 영업에 종사하고 있는 피고의 이 사건 권리범위확인심판의 이해관계가 소멸되었다고 단정할 수는 없다고 할 것이다.

(3) 소취하 합의의 해제

소취하 합의를 하였더라도 그 합의가 명시적 · 묵시적으로 해제된 사정이 보인다면, 심판의 이익이나 소의 이익은 여전히 존속한다.

대법원은 "심결취소소송을 제기한 이후에 당사자 사이에 소를 취하하기로 하는 합의가 이루어졌다면 특별한 사정이 없는 한 소송을 계속 유지할 법률상의 이익이 소멸되어 당해 소는 각하되어야 하는 것이지만, 소취하 계약도 당사자 사이의 합의에 의하여 해제할 수 있음은 물론이고 계약의 합의해제는 명시적으로 이루어진 경우뿐만 아니라 묵시적으로 이루어질 수도 있는 것으로, 계약의 성립 후에 당사자 쌍방의 계약실현의사의 결여 또는 포기로 인하여 쌍방 모두 이행의 제공이나 최고에 이름이 없이 장기간 이를 방치하였다면, 그 계약은 당사자 쌍방이 계약을 실현하지 아니할 의사가 일치됨으로써 묵시적으로 합의해제되었다고 해석함이 상당하다."라고 판시하였다.32)

3. 등록된 특허발명의 심판대상 적격성
(이른바 권리 대 권리 간의 권리범위확인심판 여부)

가. 적극적 심판의 불허, 소극적 심판의 허용 원칙

(1) 대법원은, "특허권의 권리범위확인심판은 등록된 특허권을 중심으로 어떠한 확인대상발명이 적극적으로 등록 특허발명의 권리범위에 속한다거나 소극적으로 이에 속하지 아니함을 확인하는 것인바, 선등록 특허권자가 후등록 특허권자를 상대로 제기하는 적극적 권리범위확인심판은 등록무효절차 이외에서 등록된 권리의 효력을 부인하는 결과가 되어 부적법하나, 후등록 특허권자가 선등록 특허권자를 상대로 제기하는 소극적 권리범위확인심판은 후등록 특허권자 스스로가 자신의 등록된 권리의 효력이 부인되는 위험을 감수하면서 타인의 등록된 권리의 범위에 속하는지 여부에 대한 판단을 구하는 것이어서 적법하다."라고 하여, 권리 상호 간의 권리범위확인심판에 관하여 '적극적 심판의 불허, 소극적 심판의 허용' 원칙을 확립하였다.33)

나아가 대법원은 "이와 같이 선등록 특허권자가 후등록 특허권자를 상대로 제기하는 적극적 권리범위확인심판이 허용되지 아니하는 이유에 비추어 볼 때 이러한 법리는 후등록 특허발명의 신규성 인정 여하에 따라 그 적용 여부가 달라지는 것은 아니다."라고 판시하여 이러한 입장을 더욱 확고히 하였다.34)

---

32) 대법원 2007. 5. 11. 선고 2005후1202 판결.
33) 대법원 2007. 10. 11. 선고 2007후2766 판결, 2002. 6. 28. 선고 99후2433 판결, 1996. 12. 20. 선고 95후 1920 판결, 1996. 7. 30. 선고 96후375 판결, 1985. 4. 23. 선고 84후19 판결, 1976. 11. 23. 선고 73후47 판결 등.
34) 대법원 2016. 4. 28. 선고 2013후2965 판결(원심은 '후등록 특허발명의 신규성이 부정되는 경우에는 그 보호범위를 인정할 수 없어 권리 대 권리의 적극적 권리범위확인심판에 해당한다고 볼 수 없다'는 취지로 판단하였으나, 대법원은 원심판결을 파기자판하여 특허심판원의 심결을 취소하였다).

(2) 한편, 대법원은 심판 계속 중 또는 심결취소소송 계속 중 확인대상발명이 등록된 경우에 관하여, "특허심판원의 심결취소소송에서 심결의 위법 여부는 심결 당시의 법령과 사실 상태를 기준으로 판단하여야 하고, 원칙적으로 심결이 있은 후 비로소 발생한 사실을 고려하여 판단의 근거로 삼을 수는 없으므로, 이 사건 심결 후에 원고가 실시하고 있는 디자인이 디자인등록되었다고 하여 이 사건 심판청구가 결과적으로 부적법한 것으로 되는 것은 아니다."라고 판시하였다.[35]

따라서 심결이 있기 전, 즉 심판 계속 중에 확인대상발명이 등록된 경우에는 그 적극적 권리범위확인심판이 부적법한 것으로 되지만, 심결이 있은 후 그 심결에 대한 취소소송 계속 중에 확인대상발명이 등록된 경우에는 그 심판 자체가 부적법한 것으로 되는 것은 아니다.

나. 이용발명에 관한 예외

(1) 다만 대법원은 권리 대 권리 간의 적극적 권리범위확인심판청구라고 하더라도 양 발명이 이용관계[36]에 있을 때에는 이를 허용한다.[37] 특허법 98조는 특허발명이 먼저 출원되어 등록된 타인의 특허발명 · 등록실용신안 · 등록디자인 등을 이용하거나 이에 저촉되는 경우에는 그 권리자의 허락을 얻지 아니하면 실시할 수 없다는 취지로 규정하므로, 이러한 이용관계에 있는 권리 사이의 적극적 권리범위확인에 관하여는 예외를 인정한 것이다.

(2) 한편 이러한 이용관계는 적극적 심판청구의 심판 단계에서 주장되어야 하는 것인지가 문제된다. 대법원 2002. 6. 28. 선고 99후2433 판결은 "원고는 상고이유로써, 후 출원에 의하여 등록된 고안이 선 출원에 의하여 등록된 고안을 이용한 경우 후 등록권리가 무효사유를 가지고 있는 경우도 있고, 원고가 이 사건 심판단계에서 후 등록된 확인대상고안이 무효라고 주장한 것은 단순한 주장에 불과할 뿐 그로 인하여 심판청구가 부적법하다고 할 수는 없다는 취지로 주장하나, 원고가 후 등록된 확인대

---

35) 대법원 2004. 11. 12. 선고 2003후1420 판결, 2002. 4. 12. 선고 99후2211 판결 등.
36) 대법원 2001. 8. 21. 선고 98후522 판결 등은, "이용관계는 후 발명이 선 특허발명의 기술적 구성에 새로운 기술적 요소를 부가하는 것으로서 후 발명이 선 특허발명의 요지를 전부 포함하고 이를 그대로 이용하되, 후 발명 내에 선 특허발명이 발명으로서의 일체성을 유지하는 경우에 성립하는 것이며, 이는 선 특허발명과 동일한 발명뿐만 아니라 균등한 발명을 이용하는 경우도 마찬가지이다."라고 판시하고 있다.
37) 대법원 2016. 4. 28. 선고 2015후161 판결, 2002. 6. 28. 선고 99후2433 판결 등.

상고안이 진보성이 없는 개악고안으로서 무효라는 취지로 주장하면서 적극적 권리범위확인심판을 청구한 이상, 확인의 이익이 인정될 수 없어 부적법한 청구로 귀결될 수밖에 없으므로, 같은 취지의 원심 판단은 정당하다."라고 판시하였다.[38]

이러한 대법원 판례에 따르면, 선등록권리자가 이용관계를 주장하며 권리 대 권리 간의 적극적 권리범위확인심판을 청구하는 경우에는 확인의 이익이 있어, 본안에 나아가 뒤에 출원된 특허가 먼저 출원된 특허를 이용한 관계에 있는지를 살펴볼 필요가 있지만, 뒤에 출원된 특허의 무효를 주장하며 권리범위확인심판을 청구하는 경우에는, 실제로 뒤에 출원된 특허가 먼저 출원된 특허의 이용관계에 있는지는 살펴볼 필요가 없이, 주장 자체로 선등록권리자의 심판청구를 각하하여야 할 것이다.

Ⅲ. 확인대상발명의 특정과 관련된 문제

1. 일 반 론

가. 의   의

권리범위확인심판은 권리의 효력이 미치는 범위를 대상물과의 관계에서 구체적으로 확정하는 것이므로 특허권의 권리범위확인심판 청구의 심판대상은 심판청구인이 그 청구에서 심판의 대상으로 삼은 구체적인 발명이다.[39] 그리고 소극적 권리범위확인심판에서는 심판청구인이 현실적으로 실시하는 기술이 심판의 대상으로 삼은 구체적인 발명과 다르다고 하더라도 심판의 대상은 특별한 사정이 없는 한 심판청구인이 특정한 확인대상발명이므로 이를 기준으로 특허발명과 대비하여 그 보호범위에 속하는지를 판단하여야 한다.[40]

---

38) 원심인 특허법원 1999. 9. 2. 선고 99허1720 판결은 "이와 같이 등록 권리에 대한 적극적 권리범위확인심판을 적법하게 하는 이용관계에 관한 주장은 심판단계에서 하여야 하는 것이고, 심판단계에서는 그러한 주장을 하지 아니하다가 심판청구를 각하하는 심결이 있은 후 그 심결의 취소를 구하는 소송단계에 와서 비로소 그러한 주장을 하는 것은 그 주장으로 인하여 부적법한 심판청구가 심판청구시로 소급하여 적법하게 되는 것은 아니라고 할 것이어서 허용될 수 없다."라고 판단하였다.

39) 대법원 2012. 4. 13. 선고 2011후3827 판결, 2010. 8. 19. 선고 2007후2735 판결, 1991. 3. 27. 선고 90후373 판결 등

40) 대법원 2012. 4. 13. 선고 2011후3827 판결, 2010. 8. 19. 선고 2007후2735 판결, 1990. 2. 9. 선고 89후1431 판결 등.

확인대상발명은 권리범위확인심판에서 특허발명의 보호범위에 속하는지의 판단 대상이 되는 구체적인 실시형태를 일컫는 말이다.[41] 이는 권리범위확인심판의 실질적인 심판 대상으로서, 심판청구서에 첨부된 설명서 및 도면에 기재되어 특정되고, 청구취지의 일부를 이룬다. 침해소송에서 '대상 제품(방법)', '피고 제품(방법)', '피고 실시제품(방법)' 등으로 표시되고, 침해금지 등의 대상이 되는 침해물건(방법)에 대응하는 개념이다.

비록 특허발명과 대비하여 '발명'이라는 표현을 사용하였지만, 확인대상발명은 특허발명과 같은 '기술적 사상'이 아니라 기술적 사상의 범주 내에 포함되는 여러 실시형태 내지 실시예 중의 하나이다. 따라서 확인대상발명은 추상적인 발명이 아니라 구체적인 실시형태이어야 하고,[42] 또한 실시가능성이 있어야 한다.[43]

한편 확인대상발명은 설명서 및 도면에 기재된 실시형태 그 자체로서,[44] 심판청구인이나 피심판청구인이 현실적으로 실시하거나 실시하고 있다고 주장하는 실시형태, 즉 '실시주장발명'[45]과는 구별된다.[46]

나. 확인대상발명의 파악 범위

실무상 확인대상발명을 특정하기 위한 심판청구서의 설명서 및 도면에는, 특허발명의 청구범위에 기재된 구성과 대응하는 구성 외에도, 실시 제품을 표현하기 위한 부가적인 구성들이 포함된 경우가 많다.

통상 확인대상발명은 특허발명과 대비 판단의 대상이 되는 발명이므로, 특허발명의 청구범위에 기재된 구성과 대응하는 구성만으로 파악하여 대비하더라도 그 보호범위의 속부를 판단할 수 있다.

---

41) 특허법 140조 2항 3호에서는 "특허권자 또는 전용실시권자가 청구인으로서 청구한 권리범위확인심판에서 심판청구서의 확인대상발명(청구인이 주장하는 피심판청구인의 발명을 말한다)…"이라고 규정하여 적극적 권리범위확인심판에서 확인대상발명에 관하여 설명한다.

42) 대법원 1991. 3. 27. 선고 90후373 판결 등 참조.

43) 권오희, "권리범위확인심판에서의 심판대상물에 관한 고찰", 특허법원 개원 10주년 기념논문집(2008), 434.

44) 대법원 2002. 10. 22. 선고 2001후1549 판결.

45) 종래에는 일본의 영향으로 '(나)호 발명'이라고 하였다. 실제 실시하는 제품이 확인대상발명과는 다른 것이라는 의미로 사용되는 용어이다.

46) 대법원 2010. 8. 19. 선고 2007후2735 판결, 1996. 9. 20. 선고 96후665 판결, 1992. 10. 9. 선고 92후438 판결, 1985. 10. 22. 선고 85후48, 49 판결 등.

그러나 확인대상발명이 공지의 기술만으로 이루어지거나 통상의 기술자가 공지기술로부터 용이하게 실시할 수 있으므로 특허발명의 보호범위에 속하지 않는다는, 이른바 '자유실시기술' 주장을 판단할 때에는 특허발명과 대비할 필요가 없게 되고,[47) 확인대상발명과의 대비대상은 실무상 '선행발명'이라고 부르는, 기존의 선행기술이된다. 이 경우 확인대상발명을 파악할 때는, "특허발명의 청구범위에 기재된 구성과대응되는 구성으로 한정하여 파악할 것은 아니고, 심판청구인이 특정한 확인대상발명의 구성 전체를 가지고 그 해당 여부[48)를 판단하여야 한다."라는 것이 대법원판례이다.[49)

또한, "간접침해를 전제로 한 적극적 권리범위확인심판 절차에서 심판청구의 대상이 되는 확인대상발명이 자유실시기술에 해당하는지 여부를 판단함에 있어서는, 피심판청구인이 실시하는 부분이 특허발명에 대응하는 제품의 일부 구성에 불과하여그 자체만으로는 침해가 성립되지 않은 경우에도 그 실시 부분이 그 대응제품의 생산에만 사용되는 경우에는 침해로 의제되는 간접침해의 특성상, 확인대상발명을 위실시 부분의 구성만으로 한정하여 파악할 것은 아니고, 위 실시 부분의 구성과 함께심판청구인이 그 생산에만 사용되는 것으로 특정한 대응제품의 구성 전체를 가지고그 해당 여부를 판단하여야 한다."라고 판결한 특허법원의 사례도 있다.[50)

다. 특정의 필요성

권리범위확인심판의 본질이 특허발명 자체의 기술적 범위를 명확히 하기 위한것이 아니라, 구체적인 대상인 확인대상발명과의 관계에서 확인대상발명이 특허발명의 보호범위에 속하는 것인가를 판단하는 것이라면, 확인대상발명은 단순히 특허발명의 보호범위를 확인하기 위한 잣대가 아니라, 오히려 실질적인 심판의 대상이라고할 것이다.[51)

따라서 권리범위확인심판에서 확인대상발명의 특정 문제는 심판청구의 적법요건이자 청구취지의 일부로서 심판의 대상을 명확히 하는 것이라는 점에서 매우 중요한

---

47) 대법원 2001. 10. 30. 선고 99후710 판결 등.
48) 즉 '자유실시기술에 해당하는지 여부'를 말한다.
49) 대법원 2008. 7. 10. 선고 2008후64 판결.
50) 특허법원 2009. 1. 23. 선고 2008허4523 판결(상고장 각하).
51) 최정열, "권리범위확인심판에 관한 소고", 특허소송연구 제3집(2005), 36.

것이고, 그 특정 여부에 관하여 의심이 있을 때에는 당사자의 명확한 주장이 없더라
도 특허심판원이나 법원이 이를 직권으로 조사하여야 한다.[52]

라. 불특정인 경우의 조치(보정과 한계)

(1) 심판단계에서 확인대상발명이 불명확하여 특허발명과 대비할 수 있을 정도로
구체적으로 특정되어 있지 않다면, 특허심판원으로서는 요지변경이 되지 아니하는
범위 내에서 확인대상발명의 설명서 및 도면에 대한 보정을 명하는 등의 조치를 취
하여야 할 것이다. 그런데도 권리범위확인심판에서 확인대상발명의 기술구성이 특허
발명과 대비할 수 있을 정도로 특정되지 않았다면 그 심판청구는 부적법하여 각하되
어야 하고, 그러한 조치를 취하지 아니한 채 내린 심결은 위법하다는 것이 대법원 판
례이다.[53]

(2) 한편, 특허법 140조 2항에서 요지변경이 되지 아니하는 범위 내에서 심판청구
서를 보정할 수 있다고 규정한 이유는 요지의 변경을 쉽게 인정할 경우에 심판절차
의 지연을 초래하거나 피심판청구인의 방어권 행사를 곤란하게 할 우려가 있기 때문
이므로, 보정의 정도가 확인대상발명에 관하여 심판청구서에 첨부된 도면 및 설명서
에 표현된 구조의 불명확한 부분을 구체화한 것이거나, 처음부터 당연히 있어야 할
구성부분을 부가한 것에 지나지 아니하여 심판청구의 전체적 취지에 비추어 볼 때
동일성이 유지된다고 인정되는 경우는 요지변경에 해당하지 않는다.[54]

따라서 심판청구서 보정의 한계를 정하는 기준인 '발명의 동일성' 개념은 위와 같
은 요지변경을 금지하는 제도취지에 비추어 볼 때, 특허요건인 신규성이나 확대된 선
출원에서의 '발명의 동일성'이나 명세서의 보정 또는 정정의 요건인 '신규사항'과는 구
별되어야 하고, 설령 특허요건에서의 발명의 동일성의 범위를 벗어나거나 명세서의
보정 또는 정정요건에서의 신규사항을 추가하는 것에 해당한다고 하더라도, 심판절
차의 지연을 초래하거나 피심판청구인의 방어권 행사를 곤란하게 할 염려가 없는 경

---

52) 대법원 2013. 4. 25. 선고 2012후85 판결, 2005. 4. 29. 선고 2003후656 판결 등.
53) 대법원 2013. 4. 25. 선고 2012후85 판결, 2005. 4. 29. 선고 2003후656 판결, 2001. 8. 21. 선고 99후2372
　　판결, 1994. 5. 24. 선고 93후381 판결, 1967. 3. 7. 선고 64후20 판결 등.
54) 대법원 2014. 2. 13. 선고 2012후610 판결, 2012. 5. 24. 선고 2012후344 판결, 1995. 5. 12. 선고 93후
　　1926 판결, 1990. 1. 23. 선고 89후179 판결 등

우에는 그 발명의 동일성이 유지되는 것이어서 요지변경에 해당하지 않는다고 볼 수 있을 것이다.[55]

결국, 심판청구서 보정이 요지변경에 해당하는지는, 보정 전후 확인대상발명에서 변경된 구성요소의 중요도, 보정의 경위, 보정 후 피심판청구인이 방어권을 제대로 행사하였는지 여부 등의 사정을 고려하여 규범적으로 판단하여야 한다.[56]

(3) 한편 특허법 140조 2항 3호[57]는, 적극적 권리범위확인심판에서 피심판청구인이 심판청구서의 확인대상발명은 자신이 실제로 실시하고 있는 발명과 다르다고 주장하는 경우에 청구인이 피심판청구인의 실시주장발명과 동일하게 하기 위하여 심판청구서의 확인대상발명을 보정할 때에는, 심판청구서의 보정이 요지변경에 해당하더라도 이를 허용하도록 하였다. 이는 적극적 권리범위확인심판의 경우에 청구인으로서는 피심판청구인이 실시하는 확인대상발명을 정확하게 특정하기 어려운 측면이 있고, 특정의 잘못으로 심판청구가 각하됨으로써 분쟁해결이 지연되는 경우가 많으므로, 피심판청구인이 실시하는 발명이 청구인이 특정한 발명과 동일성을 벗어날 정도로 다른 경우에도 보정이 가능하도록 하여, 정확하고 신속한 분쟁해결이 이루어지도록 하기 위한 것이다.

(4) 심결취소소송에서는 심결시를 기준으로 심결의 위법성 여부를 판단할 뿐만 아니라, 확인대상발명의 동일성이 훼손된다면 소송물의 변경으로 특허심판원의 심판절차를 경유하여야 한다는 필요적 전치주의에 반하게 되므로, 원칙적으로 소송절차에서는 확인대상발명의 보정이 허용되지 않는다.[58] 다만, 명백한 오기를 정정하거나

55) 특허법원 2008. 5. 2. 선고 2007허8252 판결(확정), 2007. 6. 1. 선고 2006허10661 판결(확정). 2007허8252 판결은, 물건의 생산방법에 관한 특허발명에 대한 적극적 권리범위확인심판에서 당초 물건만으로 특정된 확인대상발명에 그 특허발명과 동일한 생산방법을 추가 기재한 확인대상발명의 보정은 그 발명의 동일성이 유지되는 것으로 보아 요지변경에 해당되지 않는다고 판시하였다.
56) 한동수, "확인대상고안의 보정시 요지변경의 의미", 특허판례연구, 박영사(2012), 718.
57) 2007. 1. 3. 법률 8197호로 개정된 특허법에 140조 2항 2호로 신설되었으나, 2009. 1. 30. 법률 9381호로 특허법이 개정되면서 140조 2항 3호로 이동하였고, 이후 개정 과정에서 표현만 약간 달라졌을 뿐 같은 취지로 유지되고 있다.
58) 특허법원 2006. 12. 14. 선고 2006허5263 판결(확정), 1999. 3. 25. 선고 98허6162 판결(확정). 한편 대법원 2013. 4. 25. 선고 2012후85 판결, 2005. 4. 29. 선고 2003후656 판결, 2001. 8. 21. 선고 99후2372 판결 등은, 확인대상발명이 구체적으로 특정되었다고 할 수 없음에도 본안판단에 나아간 원심결을 파기하면서 "확인대상발명의 설명서 및 도면은 특허심판절차에서만 보정할 수 있을 뿐 원심에서는 보정할

불명확한 부분을 구체화하는 등 제한적인 경우에 한하여 허용될 뿐이다.

(5) 이처럼 확인대상발명의 보정을 제한하는 실무에 대해서는, 심판청구 단계에서 확인대상발명을 정확하게 특정하기가 쉽지 않고, 특정 문제로 심판청구를 각하한 다음 다시 제기하도록 하는 것이 소송경제에도 부합하지 않는다는 이유 등으로 심판청구서 보정의 허용 기준을 완화하여야 한다는 견해가 있다.[59]

2. 확인대상발명의 특정

가. 특정의 방식

권리범위확인심판을 청구할 때에는 특허발명과 대비될 수 있는 설명서 및 필요한 도면을 첨부하여야 하고(특허 140조 3항), 심판장은 이에 위반되는 경우에는 보정을 명하여야 하며(특허 141조 1항 1호, 140조 3항), 지정된 기간 내에 보정을 하지 아니한 경우에는 결정으로 심판청구서를 각하하여야 한다(특허 141조 2항).

확인대상발명은 나중에 명시적으로 설명서나 도면을 보정하는 등의 특별한 사정이 없는 한, 심판청구서에 첨부된 확인대상발명의 설명서 및 도면만을 기준으로 하므로,[60] 확인대상발명의 특정 역시 오로지 심판청구인이 구체적인 대상물을 특정하여 작성한 확인대상발명의 설명서 및 도면에 따라야 하고,[61] 심결취소소송에서의 당사자의 진술에 의하여 특정할 수는 없다.[62]

나. 청구취지에서의 확인대상발명의 특정

(1) 청구원인에서의 확인대상발명의 특정과의 구분

종래 실무에서는 심판청구인이 심판청구서 말미에 설명서 및 필요한 도면을 별지로 첨부하여, 이를 권리범위확인심판청구의 청구취지에서 인용하여 확인대상발명의 특정에 이용함과 동시에, 청구원인사실에서도 인용하여 이를 특허발명의 구성과

수 없는 것"이라는 이유로 자판하여 특허심판원의 심결을 취소하였다.

59) 오충진, "권리범위확인심판에서 확인대상발명의 특정", 특허소송연구 제4집(2008), 259; 한동수(주 56), 719.

60) 특허법원 2005. 4. 1. 선고 2004허3126 판결(확정).

61) 특허법원 2005. 5. 27. 선고 2004허3041 판결(확정).

62) 특허법원 2006. 9. 21. 선고 2005허10442 판결(확정).

대비하는 방법이 널리 채택되어 왔다. 대법원 역시 청구취지 및 청구원인사실에서의 특정을 구분하지 아니하여 왔다고 할 수 있다.[63]

그러나 권리범위확인심판에서도 심판을 구하는 청구의 내용을 명확히 한다는 의미에서의 특정, 즉 '심판대상물의 특정'(이는 일사부재리의 효력이 미치는 범위를 정한다는 점에서 의미를 가짐)과 특허발명의 보호범위에 속하는가 여부 심리의 전제로서 필요한 특정, 즉 '청구원인사실에서의 특정'이 개념적으로 명확히 구분되고, 이 두 가지의 특정의 정도(한도)는 각각의 국면에서 목적하는 바에 따라 정해지는 것으로 동일하지 않다.[64] 따라서 심판을 구하는 청구의 내용을 명확히 하고, 일사부재리의 효력이 미치는 범위를 정한다는 의미에서 심판대상물의 특정, 즉 청구취지에서의 특정을 별도로 검토할 필요가 있다.

(2) 청구취지에서 확인대상발명의 특정 정도

침해금지소송에서 청구취지로서의 피고 제품의 특정에 관하여는, 그것이 사회적으로 보아 다른 물건과 식별할 수 있는 것이라면 청구취지에서의 특정의 문제로 생각하는 한 상당하다고 볼 것[65]이라거나, 원고가 금지의 대상으로 하는 물건과 금지의 대상으로 하지 않는 물건 사이에 사회통념상 구별이 가능할 수 있도록 표현하여야 할 것[66]이라는 견해가 있다.

권리범위확인심판에서도 청구취지에서의 확인대상발명은 일사부재리의 효력이 미치는 범위를 명확히 할 수 있도록 사회통념상 다른 물건과 구별될 수 있을 정도로 구체적으로 특정되어야 한다.

대법원 2011. 9. 8. 선고 2010후3356 판결도, "특허권의 권리범위확인심판을 청구할 때 심판청구의 대상이 되는 확인대상발명은 당해 특허발명과 서로 대비할 수 있을 만큼 구체적으로 특정되어야 할 뿐만 아니라, 그에 앞서 사회통념상 특허발명의 권리범위에 속하는지를 확인하는 대상으로서 다른 것과 구별될 수 있는 정도로 구체적으로 특정되어야 한다. 만약 확인대상발명의 일부 구성이 불명확하여 다른 것과 구

---

63) 전지원, "확인대상발명의 특정", 대법원판례해설 제90호, 법원도서관(2011), 714.

64) 전지원(주 63), 715.

65) 권택수, "특허권침해금지청구소송에 있어서의 실무상 제문제(피고제품 및 피고방법의 특정, 특허청구범위의 해석과 관련하여)", 민형사실무연구(2004), 서울북부지방법원, 366.

66) 오승종, "컴퓨터 관련 발명의 보호 ─ 민사법적 구제에 있어서 심판의 대상 및 특정을 중심으로 ─", 지적재산권의 현재와 미래: 소담 김명신 선생 화갑기념논문집(2004), 한국산업재산권법학회, 771.

별될 수 있는 정도로 구체적으로 특정되어 있지 않다면, 특허심판원으로서는 요지변경이 되지 아니하는 범위 내에서 확인대상발명의 설명서 및 도면에 대한 보정을 명하는 등의 조치를 취하여야 할 것이며, 그럼에도 불구하고 그와 같은 특정에 미흡함이 있다면 심판의 심결이 확정되더라도 그 일사부재리의 효력이 미치는 범위가 명확하다고 할 수 없으므로, 나머지 구성만으로 확인대상발명이 특허발명의 권리범위에 속하는지 여부를 판단할 수 있는 경우라 하더라도 심판청구를 각하하여야 할 것이다."라고 판시하였다.

이러한 대법원 판례의 취지에 따르면, 확인대상발명이 특허발명의 구성요소 중 일부만을 갖추고 나머지 구성요소를 결여한 것이어서 특허발명의 보호범위에 속하지 않음이 명백하여 보호범위 속부를 판단할 수 있는 경우라도, 확인대상발명 자체의 일부 구성요소가 불명확하여 사회통념상 다른 것과 구별될 수 없다면 특허발명의 보호범위에 속하지 않는다는 본안판단에까지 나아갈 수 없고 심판청구를 각하할 수 있을 뿐이다.[67]

(3) 복수의 확인대상발명의 허용 여부

1건의 권리범위확인심판청구에서 복수의 확인대상발명에 대한 판단을 구할 수 있는지 여부가 문제된다.

특허심판원에서는, 권리범위확인심판청구와 관련하여 확인대상발명은 1개이어야 하고, 확인대상발명이 여러 개인 것이 명백하거나 확인대상발명이 하나인 것으로 인정하기에는 불명확한 점이나 모순이 있는 경우 그 흠결을 보정하도록 보정명령을 하며, 보정명령에 응하지 않거나 보정에 의해서도 그 흠결이 해소되지 아니한 때에는 심판청구를 각하하는 것이 실무례이다.[68]

그러나 복수의 청구항을 가진 특허발명에서 청구항마다 권리범위확인심판을 청구할 수 있도록 한 점,[69] 특허청구범위의 작성에서도 이른바 '마쿠쉬' 형식과 같은 선택적 기재를 허용하는 점,[70][71] 동일한 당사자 사이에서 상대방 실시품의 기술내용이

---

67) 전지원(주 63), 717.
68) 특허심판원, 심판편람(2017), 473. 대법원 1971. 6. 22. 선고 69후18 판결 및 특허법원 2001. 1. 5. 선고 2000허600 판결(확정)도 같은 취지이다.
69) 오충진(주 59), 266.
70) 특허법원 2007. 4. 12. 선고 2006허2486 판결(확정) 참조.
71) 전지원(주 63), 724.

실질적으로 동일하거나 유사한 경우에는 이를 하나의 확인대상고안으로 기재하여 심판청구하는 것을 허용하는 것이 당사자 사이의 유사한 법률관계를 일거에 해결할 수 있어 분쟁의 신속한 해결과 소송경제라는 측면에서 바람직하다는 점[72] 등에 비추어 보면, 복수의 확인대상발명에 대한 권리범위확인심판을 단순 병합하여 청구하는 것도 가능하다는 견해도 있다. 또한, 복수의 청구항을 가진 특허발명에 대하여 각 청구항에 대응하는 복수의 확인대상발명을 특정하여 권리범위확인심판을 청구할 필요도 있을 것이라는 견해도 있다.[73]

특허법원 사례 중에도 "권리범위확인심판에서 확인대상발명은 한 개여야 한다는 특허심판원의 심판편람 규정은 그 규정의 성질과 내용상 행정기관 내부의 사무처리 준칙을 정한 것에 불과하여 대내적으로 행정기관을 기속함은 별론으로 하고 대외적으로 법원이나 일반 국민을 기속하는 효력은 없는 점, 특허법은 특허권자·전용실시권자 또는 이해관계인은 특허발명의 보호범위를 확인하기 위하여 특허권의 보호범위 확인심판을 청구할 수 있다고 규정하고 있을 뿐(135조 1항), 특허권의 보호범위를 확인하기 위한 확인대상발명의 개수를 특별히 제한하고 있지는 않은 점, 확인대상발명을 복수로 하여 권리범위확인심판을 청구하는 것은 결국 복수의 청구를 병합하는 것인데, 특허법상의 심판절차와 성질이 유사한 일반 행정심판 절차를 규정하고 있는 행정심판법은 관련 청구의 병합을 인정하고 있는 점(행정심판 37조 참조), 관련되는 복수의 청구를 하나의 심판절차에서 해결하는 것이 분쟁의 일회적 해결이나 심판경제상 바람직한 점 등을 종합하여 보면, 특별한 사정이 없는 한 확인대상발명이 복수라는 것만으로 바로 권리범위확인심판청구가 위법하다고 볼 수는 없다."라고 판단한 예가 있다.[74] 이러한 견해에 따르면 특허심판원으로서는 단순 병합된 확인대상발명들에 대한 각각의 심판청구들에 대하여 모두 판단을 하여야 하고, 그 결과 일부 확인대상발명만이 특허발명의 보호범위에 속하는 경우에는 일부 인용, 일부 기각의 주문을 내어야 할 것이다.[75]

이와 달리, 복수의 확인대상발명을 선택적 또는 예비적 병합의 형태로 청구하면서,

72) 서영철, "구성요소가 선택적으로 기재된 확인대상고안", 특허소송연구 4집(2008), 특허법원, 570.
73) 오충진(주 59), 266.
74) 특허법원 2013. 11. 7. 선고 2013허4954 판결(확정). 특허법원 2007. 4. 12. 선고 2006허2486 판결(확정)도 이와 같은 취지이다.
75) 오충진(주 59), 266.

그 모두가 특허발명의 보호범위에 속한다는 취지가 아니라, 그중 선택된 일부만이 특허발명의 보호범위에 속한다는 취지로 청구하는 것은, 심판의 대상 자체가 불분명하고, 확인대상발명은 명확하고 간결하게 기재되어야 한다는 점에 위배되며, 사실상 상대방에게 심판의 대상을 특정할 책임을 전가하는 결과에 이르게 되므로 부적법하다.[76]

다. 청구원인에서 확인대상발명의 특정

(1) 특정의 기준

(가) 특허발명의 청구범위는 기술적 사상의 창작을 문자로 표현한 것이므로 현실적인 침해 물건이나 방법 등의 특정 실시형태 그 자체를 청구범위와 직접 대비하기는 곤란하다. 따라서 특허발명과 대비하여 보호범위 속부를 판단하기 위해서는 확인대상발명에 존재하는 기술적 사상을 정확하게 파악하고, 특허발명의 구성요소에 대응하는 부분의 구체적 구성을 설명서 및 도면에 기재하는 것이 필요하다. 대비 판단의 전제로서, 그 구체적 구성은 특허발명의 구성요소와 대비하여 그 차이점을 판단함에 필요한 정도로는 특정되어야 한다.

대법원도 '특허발명의 권리범위확인심판을 청구함에 있어 심판청구의 대상이 되는 확인대상발명은 당해 특허발명과 서로 대비할 수 있을 만큼 구체적으로 특정되어야 하는 것인바, 그 특정을 위하여 대상물의 구체적인 구성을 전부 기재할 필요는 없다고 하더라도 특허발명의 구성요건에 대응하는 부분의 구체적인 구성을 기재하여야 하며, 그 구체적인 구성의 기재는 특허발명의 구성요건에 대비하여 그 차이점을 판단함에 필요한 정도는 되어야 할 것'이라고 판시하였다.[77]

(나) 침해소송에서는 청구취지의 특정과 청구원인의 특정을 구분하여 청구취지가 불명확하게 특정된 경우에 법원은 피고의 이의 여부에 불구하고 직권으로 보정을 명하고 이에 응하지 않을 때에는 소를 각하하여야 하나,[78] 청구원인이 특허발명의 구성과 대비할 수 있도록 구체적으로 기재되어 있지 않은 경우에는 소송물의 불특정을 이유로 소를 각하할 수 없고 청구를 기각할 수 있을 뿐이다.

---

76) 특허법원 2006. 10. 20. 선고 2006허1438 판결(확정).
77) 대법원 2013. 4. 25. 선고 2012후85 판결, 2005. 9. 29. 선고 2004후486 판결, 2005. 4. 29. 선고 2003후656 판결, 1994. 5. 24. 선고 93후381 판결 등.
78) 형식적으로는 청구취지 보정의 기회가 주어지지 아니하였어도 실질적으로는 이러한 기회가 주어졌다고 볼 수 있을 만한 특별한 사정이 있는 경우에는 보정명령 없이 소를 각하하더라도 이를 위법하다 할 수 없다(대법원 2011. 9. 8. 선고 2011다17090 판결).

반면 특허법 140조 3항에서 권리범위확인심판을 청구할 때에는 특허발명과 대비될 수 있는 설명서 및 필요한 도면을 첨부하여야 한다고 규정하고, 나아가 특허법 141조 1항, 142조에서 심판장은 심판청구서가 위 140조 3항의 규정에 위반되는 경우 기간을 정하여 그 보정을 명하여야 하며, 부적법한 심판청구로서 그 흠결을 보정할 수 없을 때에는 심결로써 이를 각하할 수 있다고 명문으로 규정하였으므로,[79] 권리범위확인심판에서는 청구원인에서의 확인대상발명의 특정이 불명확한 경우에도 심판청구는 부적법하여 각하되어야 한다.

다만 확인대상발명의 설명서에 특허발명의 구성요소에 대응하는 구체적인 구성 중 일부가 기재되지 않았거나 불명확하지만, 나머지 구성만으로 확인대상발명이 특허발명의 보호범위에 속하는지를 명확하게 판단할 수 있는 경우에는 앞서 본 바와 같은 청구취지에서의 확인대상발명의 특정 요건을 충족하는 한도 내에서는 청구원인에서의 확인대상발명은 특정된 것으로 보아야 할 것이다.[80]

대법원도 명시적으로 "특허권의 권리범위확인심판을 청구함에 있어 심판청구의 대상이 되는 확인대상발명은 당해 특허발명과 서로 대비할 수 있을 만큼 구체적으로 특정되어야 하는바, 그 특정을 위해서 대상물의 구체적인 구성을 전부 기재할 필요는 없지만, 적어도 특허발명의 구성요건과 대비하여 그 차이점을 판단함에 필요할 정도로 특허발명의 구성요건에 대응하는 부분의 구체적인 구성을 기재하여야 함이 원칙이다. 다만 확인대상발명의 설명서에 특허발명의 구성요소와 대응하는 구체적인 구성이 일부 기재되어 있지 않거나 불명확한 부분이 있다고 하더라도 나머지 구성만으로 확인대상발명이 특허발명의 권리범위에 속하는지 여부를 판단할 수 있는 경우[81]에는 확인대상발명은 특정된 것으로 봄이 상당하다."라고 판시하였다.[82]

---

79) 전지원(주 63), 714~715.

80) 권오희(주 43), 443; 김종석, "권리범위확인심판 청구에서 확인대상발명의 특정 정도", 대법원판례해설 제84호(2010), 법원도서관, 617. 이 경우에도 특정되지 않은 것으로 처리하고 그 후 보정을 통하여 확인대상발명이 특정된 후 같은 판단을 하는 것은 소송경제에 반하고 당사자의 의사에도 합치된다고 할 수 없기 때문이라고 한다(김종석, 위의 글, 617).

81) 비록 확인대상발명의 설명서에 이 사건 제4항 내지 제9항 발명에 기재된 제1윙의 절단 길이에 관한 수치 한정 또는 커터 단부의 단면 형상 등에 관하여 기재되어 있지 않다고 하더라도, 확인대상발명이 이 사건 제1항 발명의 권리범위에 속하지 않는 이상, 확인대상발명은 이 사건 제1항 발명의 모든 구성을 포함하면서 그 항을 기술적으로 한정하거나 부가하여 구체화한 이 사건 제4항 내지 제9항 발명의 권리범위에도 속하지 않는다고 할 것이다.

82) 대법원 2010. 5. 27. 선고 2010후296 판결. 김종석(주 80), 615에서는 "이 사건에서와 같이 종속항이 여러 개이고 당사자가 실제로 판단을 받고자 하는 주된 항은 독립항일 경우에 확인대상발명을 특정함에

(다) 실무상 확인대상발명의 특정 여부를 판단하기 위하여 주로 사용하는 방법은, 확인대상발명의 설명서 및 도면에 '청구범위의 구성요소별로 대응하는 구성의 존재 여부'와 '양 대응 구성의 동일 또는 상이 여부'를 판단할 수 있을 정도로 확인대상발 명의 구성이 구체적으로 기재되었는지를 살피는 것이다. 이 과정에서 양 발명의 대응 구성요소를 1:1로 비교하는 대비표가 많이 작성된다. 확인대상발명의 구성이 구체적 으로 기재되었는지는 사안에 따라 다른 것으로 일률적인 기준을 제시하기는 어렵지 만, 일응 그 정도의 구성 기재에 의하여 확인대상발명이 특허발명의 보호범위에 속하 는지 여부를 가릴 수 있는지를 기준으로 결정한다.[83] 만약, 속부 여부를 판단하기 곤 란하고, 보호범위에 속하는 것으로도, 속하지 않는 것으로도 될 수 있게 애매하게 기 재되어 있다면 불특정 상태라고 보아야 할 것이다.

따라서 권리범위확인 사건의 심판청구인은 확인대상발명의 설명서와 도면을 작 성할 때 특허발명의 구성요소별로 대응하는 구성요소의 유무나 그 차이점을 구체적 으로 기재하여야 한다. 일단 심판청구서가 제출된 이후의 심판 및 소송 과정에서는 요지변경금지 등의 제한으로 보정이 쉽지 않기 때문에 확인대상발명이 특정되지 않 았다는 이유로 심판청구가 각하되거나 심결이 취소되는 경우가 많다.

(2) 특정의 실제

(가) 확인대상발명을 특정하는 방법으로는 일반적으로 특허발명의 명세서에 기재 된 실시예와 도면에 상응하는 정도로 표현하는 방법이 사용될 수 있다. 이 경우 쟁점

있어서 종속항에 대응하는 모든 구성요소들을 기재하게 함은 불합리하고 실질적인 이익도 없다(확인 대상발명이 독립항인 특허발명의 권리범위에 속하게 되면 확인대상발명에 세부 구성이 기재되어 있다 고 하더라도 상위개념으로 된 그 특허발명의 권리범위에 속하게 되고, 독립항인 특허발명의 권리범위 에 속하지 않게 되면 하위개념으로 된 종속항인 나머지 청구항의 권리범위에 속하지 않게 된다).'라고 한다. 대법원 2002. 8. 27. 선고 2000후2620 판결도 "확인대상발명이 특허발명의 필수적 구성요소를 결 여하고 있어 그 권리범위에 속하지 아니하는 이상 확인대상발명이 사용되는 철판의 재질을 스테인리 스 철판으로 한정하지 않아 특허발명과 대비될 수 있을 정도로 특정되지 않았다고 할 수 없다."라고 판시하였다.

83) 대법원 2001. 8. 21. 선고 99후2372 판결은, "확인대상발명이 형광안료를 함유하는지 및 요입부의 크기 가 40~220 메쉬의 범위 내에 들어가는지 여부를 특정할 수 없으므로(그 결과에 따라 이 사건의 결론이 달라질 수 있다), 확인대상발명은 특허발명과 서로 대비할 수 있을 만큼 구체적으로 특정되었다고 할 수 없다."라고 판시하였다. 이 판결에서는 "(그 결과에 따라 이 사건의 결론이 달라질 수 있다)"라고 괄 호 안의 부분을 부기함으로써, 특정되지 않은 구성요소의 보정 결과에 따라 심결이 달라질 수 있는 경 우에는 확인대상발명의 불특정을 이유로 심결을 취소할 수 있다는 취지를 내비치고 있다.

과 관계되는 부분은 비교적 상세하게 기재하고, 관계없는 부분은 요약해서 기재할 필요가 있고, 확인대상발명의 구성요소의 명칭은 그 실시자가 실제로 사용하는 명칭으로 특정하거나, 특허발명의 구성요소 명칭과 구별되는, 가급적 중립적인 표현으로 특정하는 것이 바람직하다.[84]

또한, 확인대상발명의 특정은 구체적인 물건이나 방법을 대상으로 하는 것이지만, 그 물건이나 방법 그 자체를 표현하는 것이 아니고 물건이나 방법에 구체화된 기술적 사상을 특허발명의 구성요건과 대비하여 그 차이점을 판단할 수 있을 정도로 기재하는 것이다. 따라서 적극적 권리범위확인심판에서 피심판청구인이 실시하는 제품의 사용설명서를 그대로 기재하거나 사진만을 첨부하는 정도만으로는 확인대상발명이 제대로 특정되었다고 보기 어려운 경우가 많다.[85]

(나) 권리자의 입장에서는, 침해소송의 경우에 금지청구 또는 폐기청구의 대상이 되는 물건 또는 방법을 너무 구체적으로 특정하면 패소판결을 받은 상대방이 그 침해행위의 태양을 약간 변경하는 것으로도 판결의 효력을 피할 수 있어 권리자의 권리보호가 소홀하게 되는 결과가 초래될 수 있다. 반면 위와 같은 행위를 방지하기 위하여 금지청구 또는 폐기청구의 대상의 특정을 구체적인 침해행위의 태양을 넘어 너무 일반적·추상적으로 하면, 인용판결의 기판력·집행력의 객관적 범위가 불분명하게 되고 강제집행절차에서 집행기관(집행법원, 집행관)이 목적물을 특정할 수 없어 집행불능이 될 우려가 있다.[86]

따라서 권리범위확인심판의 확인대상발명의 특정에서도 일사부재리의 효력이 미치는 범위 및 침해소송 등에서 실제의 침해행위에 적용될 수 있는 증거자료로 사용될 가치가 있을 것인지와 관련하여 같은 문제가 생길 수 있으므로, 구체적인 특정의 정도에 대하여 여러 가지 이익형량을 한 균형 있는 판단이 요구된다.

특허발명이 하위개념으로 기재된 경우에는 확인대상발명도 하위개념으로 기재되어야만 특허발명의 보호범위에 속하는지 여부를 판단할 수 있으므로, 확인대상발명을 상위개념으로 기재한 것은 확인대상발명을 제대로 특정한 것으로 볼 수 없다. 특허발명이 상위개념으로 기재된 경우라면 확인대상발명이 하위개념으로 기재된 경우는 물론 상위개념으로 기재된 경우에도 일정한 범위 내에서는 제대로 특정된 것을

---

84) 권택수(주 65), 372.
85) 오충진(주 59), 264.
86) 권택수(주 65), 362.

볼 수 있을 것이다.[87]

　　특허발명의 청구범위가 일정한 범위의 수치로 한정한 것을 구성요소의 하나로 하는 경우(수치한정발명)에는 그 범위 밖의 수치가 균등한 구성요소에 해당한다는 등의 특별한 사정이 없는 한 특허발명의 청구범위에서 한정한 범위 밖의 수치를 구성요소로 하는 확인대상발명은 원칙적으로 특허발명의 보호범위에 속하지 아니하므로, 확인대상발명이 특정되었다고 하기 위해서는 확인대상발명이 당해 특허발명에서 수치로 한정한 구성요소에 대응하는 요소를 포함하는지 여부 및 그 수치는 어떠한지 등이 설명서와 도면 등에 의하여 특정되어야 할 것이다.[88]

　　기능적 표현으로 기재된 확인대상발명이 적법하게 특정된 것인지와 관련하여 대법원 2012. 11. 15. 선고 2011후1494 판결은 "특허권의 권리범위확인심판을 청구함에 있어 심판청구의 대상이 되는 확인대상발명은 당해 특허발명과 서로 대비할 수 있을 만큼 구체적으로 특정되어야 한다. 그리고 그 특정을 위해서는 대상물의 구체적인 구성을 전부 기재하여야 하는 것은 아니지만, 적어도 특허발명의 구성요소와 대비하여 그 차이점을 판단하는 데 필요할 정도로는 특허발명의 구성요소에 대응하는 부분의 구체적인 구성을 기재하여야 한다. 특히 확인대상발명의 구성이 기능, 효과, 성질 등의 이른바 기능적 표현으로 기재되어 있는 경우에는, 그 발명이 속하는 기술분야에서 통상의 지식을 가진 사람이 확인대상발명의 설명서나 도면 등의 기재와 기술상식을 고려하여 그 구성의 기술적 의미를 명확하게 파악할 수 있을 정도로 기재되어 있지 않다면, 특허발명과 서로 대비할 수 있을 만큼 확인대상발명의 구성이 구체적으로 기재된 것으로 볼 수 없다."라고 판시하였다.

(3) 설명서와 도면의 관계

(가) 설명서와 도면 사이에 불일치가 없는 경우

　　앞서 본 바와 같이 권리범위확인심판을 청구할 때에는 특허발명과 대비될 수 있는 설명서 및 필요한 도면을 첨부하여야 한다(특허 140조 3항). 그런데 확인대상발명의 설명서와 도면 사이에 불일치가 없는 경우에는, 도면이 예시적인 것에 불과하다는 별도의 기재가 없는 한, 도면을 단지 참고도면 정도로만 이해하여서는 아니되고, 설명

---

87) 권오희(주 43), 443.
88) 대법원 2005. 4. 29. 선고 2003후656 판결.

서와 도면을 일체로 해석하여 확인대상발명의 기술적 구성을 확정하여야 한다는 견해[89] 및 판결례[90]와, 확인대상발명의 파악은 설명서를 기준으로 파악하여야 하고, 도면은 설명서의 부족 부분을 일부 보완할 수는 있으나, 도면만으로 설명서에 아무런 기재가 없는 부분까지 보완할 수는 없다는 판결례[91]가 있다.

한편, "확인대상발명의 구성은 특허청구범위에 구체적으로 구성을 기재한 확인대상발명의 설명 부분을 기준으로 파악하여야 하지만, 설명서 기재만으로는 기술구성을 알 수 없거나 그 기술적 범위를 확정할 수 없는 경우에는 확인대상발명의 설명서와 도면이 불일치하지 않는 이상 그 도면 부분에 의하여 위 설명 부분을 보충함으로써 확인대상발명의 구성을 실질적으로 확정하여야 할 것이다."라고 판단한 특허법원 판결례도 있다.[92]

(나) 설명서와 도면 사이에 불일치가 있는 경우

확인대상발명의 설명서와 도면이 정면으로 반대되는 경우에는 확인대상발명의 특정에 문제가 있는 것으로서 부적법하다고 보아야 할 것이다.[93][94] 나아가 확인대상발명에 대한 설명서의 기재와 도면이 일치하지 않거나,[95] 설명서의 내용이 도면에 의하여 충분히 뒷받침되지 않거나, 그 자체로 모순되어 기술구성이나 결합관계를 알 수 없다면, 비록 해당 기술분야에서 통상의 지식을 가진 자가 설명서와 도면 전체를 면밀히 검토하면 그 기술구성을 알 수 있는 경우라 하더라도 확인대상발명이 적법하게 특정되었다고 볼 수 없다.[96]

확인대상발명의 설명서와 도면이 차이가 있고, 그 차이가 나는 부분이 설명서나 도면을 선택함에 따라 보호범위에 속하는지의 여부에 영향을 미치는 경우라면 확인대상발명이 특정되지 않은 것으로 보아야 하고, 확인대상발명의 설명서와 도면에서 차이가 나는 부분이 보호범위에 속하는지의 여부와는 관련이 없다면 도면이 아니라

89) 권오희(주 43), 451.
90) 특허법원 2007. 9. 14. 선고 2007허2902 판결(상고기각), 2004. 11. 12. 선고 2004허1717 판결(상고기각), 2000. 5. 4. 선고 99허5463 판결(상고기각).
91) 특허법원 2007. 2. 28. 선고 2006허2905 판결(심리불속행 기각).
92) 특허법원 2012. 3. 16. 선고 2011허8969 판결(확정).
93) 박성수, "확인대상발명의 설명서와 도면에 다소간의 불일치가 있는 경우에 어느 것이 우선 하는지", 대법원판례해설 제59호(2006), 법원도서관, 301.
94) 특허법원 2006. 9. 21. 선고 2005허10442 판결(확정).
95) 특허법원 2006. 12. 14. 선고 2006허5263 판결(확정), 2006. 9. 21. 선고 2005허10442 판결(확정).
96) 특허법원 2005. 9. 15. 선고 2005허186 판결(확정).

설명서를 기준으로 확인대상발명을 특정하여야 한다.[97]

설명서와 도면이 경미하게 일치하지 않은 경우, 대법원은 "특허권의 권리범위는 명세서의 특허청구범위에 기재된 사항에 의하여 정하여지는 것이 원칙이고, 다만 그 기재만으로 특허의 기술적 구성을 알 수 없거나 알 수는 있더라도 권리범위를 확정할 수 없는 경우에는 발명의 상세한 설명이나 도면 등 명세서의 다른 기재에 의하여 보충하여 명세서 전체로서 권리범위를 확정하여야 하는 것이지만 그 경우에도 명세서의 다른 기재에 의하여 권리범위를 확장하여 해석하거나 제한하여 해석하는 것은 허용되지 않는 것이므로, 권리범위확인 심판청구의 대상이 되는 확인대상발명도 특허청구범위에 대응하여 구체적으로 구성을 기재한 확인대상발명의 설명 부분을 기준으로 파악하여야 하고, 확인대상발명의 설명서에 첨부된 도면에 의하여 위 설명 부분을 변경하여 파악하는 것은 허용되지 아니한다."라고 판시한 바 있다.[98]

(4) 확인대상발명에 특허발명의 대응 구성이 기재되지 않은 경우

(가) 확인대상발명은 특허발명과 대비할 수 있도록 기재되어야 하므로, 대응구성요소의 유무가 명확히 기재되어야 함이 원칙이다.

그런데 적극적 권리범위확인심판에서, 예를 들면 청구범위가 구성요소 A, B, C로 되어 있는 특허발명에 대하여 확인대상발명을 구성요소 A, B로 기재하고 C를 그 구성요소로 하는지 여부를 설명서 및 도면에 명시하지 아니한 채 "특허발명의 C는 발명의 요부가 아닌 무의미한 한정이거나, 특허발명은 확인대상발명과 전체적으로 균등관계에 있다."라는 취지의 주장을 하는 경우가 있다. 이 경우 확인대상발명이 특허발명과 대비할 수 있을 만큼 특정되었다고 볼 것인가가 문제로 된다.

(나) 구성요소 A, B로 특정된 확인대상발명은 그 문언의 해석상 A, B만으로 구성되고 C를 구성요소로 하지 않는 발명뿐만 아니라, A, B, C로 구성되는 발명 또는 A, B, D로 구성되는 발명도 모두 그 범위 내에 속할 수 있으므로, 확인대상발명을 그중 어느 것으로 다시 한정하느냐에 따라서 특허발명의 보호범위에 포함되는지의 결론이 달라진다. 또한, 권리범위확인심판의 심판대상은 심판청구의 취지에 의해 결정되고 심판청구의 이유에 기재된 사유는 공격방법에 불과하므로, 권리범위확인심판에서도

---

97) 권오희(주 43), 451.
98) 대법원 2005. 11. 25. 선고 2004후3478 판결.

청구서와 심결에 별지로 첨부되고 청구취지와 주문에 인용되는 확인대상발명의 설명서 및 도면에 기재된 확인대상발명만이 일사부재리의 효력이 미치는 범위를 결정하는 기준이 되는 것이며, 나아가 제3자의 입장에서는 심결의 주문과 확인대상발명의 설명서 및 도면의 기재만을 보고 확인대상발명에 위 C에 대응되는 구성요소가 있는지에 관계없이 확인대상발명이 특허발명의 보호범위에 속하거나 속하지 않는다고 오해할 염려도 있다.

(다) 따라서 특허심판원으로서는 위와 같은 경우 확인대상발명이 A, B만으로 구성되고 C를 구성요소로 하지 않는 발명임을 명시하도록 보정을 명하는 등의 조치를 취하는 것이 바람직하다.

만약 그러한 조치가 취해지지 않은 상태로 심결취소소송에 이르렀다면, 통상의 기술자가 확인대상발명의 설명서와 도면의 기재에서 당연히 대응 구성(C)의 존재가 전제됨을 알 수 없는 한 그 부분은 결여된 구성요소로 봄이 타당하고,[99] 그러한 판단조차 곤란하다면 불특정으로 심결을 취소할 수 있을 것이다.[100]

(5) 발명의 카테고리와 특정

(가) 발명의 카테고리(범주)와 보호범위

권리범위확인심판은 특허발명의 기술적 범위를 기초로 하여 구체적으로 문제된 실시형태에 특허권의 효력이 미치는지를 확인하는 것을 목적으로 하므로, 발명의 카테고리에 따른 효력범위를 먼저 살펴보는 것이 중요하다.

특허법이 규정하는 발명의 종류에는 '물건의 발명', '방법의 발명' 및 '물건을 생산하는 방법의 발명'이 있다(특허 2조 3호). 특허권자는 업으로서 그 특허발명을 실시할 권리를 독점하므로(특허 94조), ① 특허발명이 물건의 발명인 경우는 그 물건을 생산·사용·양도·대여·수입 또는 양도·대여를 위한 청약 및 전시할 권리를, ② 방법의 발명인 경우는 그 방법을 사용할 권리를, ③ 물건을 생산하는 방법의 발명인 경우에는 그 방법을 사용하는 행위 외에 그 방법에 의하여 생산된 물건을 사용·양도·대여·수입 또는 양도·대여를 위한 청약 및 전시할 권리를 각각 독점한다.

---

99) 특허법원 2007. 10. 31. 선고 2007허1411 판결(확정)은 "특허발명의 일부 구성요소에 대응하는 구성요소에 관하여 아무런 기재가 없는 확인대상발명은 원칙적으로 해당 구성요소가 결여된 발명으로 특정된 것으로 보아야 한다."라고 판시하였다.

100) 오충진(주 59), 268.

즉, 특허발명이 물건의 형식으로 표현되면 어떤 방법에 의하여 제조되는지에 관계없이 특허발명의 구성과 동일한 구성을 가진 물건이라면 특허권의 효력이 미치게 되고, 특허발명이 물건을 생산하는 방법(제조방법)의 형식으로 표현되면 특정의 출발물에 처리수단을 가하여 목적물을 얻는 일련의 과정을 사용하는 방법, 즉 특허발명의 제조방법에만 특허권의 효력이 미치게 된다. 다만 제조방법에 관한 발명의 경우는 위에서 본 바와 같이 그 제조방법을 사용하여 만들어진 물건에까지 보호범위가 확장되므로 특허발명과 같은 제조방법에 의하여 생산되는 물건에도 특허권의 효력이 미치나, 특허발명의 제조방법과 상관없이 특허발명의 목적물과 동일한 모든 물건에까지 특허권의 효력이 미치는 것은 아니다.

따라서 물건의 발명과 방법의 발명(물건을 생산하는 방법의 발명 포함)은 서로 대비할 수 없는 별개의 발명이라고 볼 수는 없고, 그 카테고리의 차이에 기인하여 효력범위에 차이가 있는 발명일 뿐이라고 할 수 있다. 즉, 물건의 발명의 보호범위 내에는 그 물건에 관련된 방법발명(예컨대 제조방법 발명, 사용방법 발명 등)이 포함되고, 제조방법의 발명의 보호범위는 그 제조방법에 의해 생산된 물건에까지 미치므로, 결국 양 발명은 그 효력범위에 광협(廣狹)의 차이가 있을 뿐이다.

(나) 방법의 발명에서의 확인대상발명의 특정

1) 방법의 발명은 통상적으로 시계열적인 단계를 구성요소로 하므로, 이에 대비되는 확인대상발명도 원칙적으로는 특허발명의 각 단계에 대응되는 시계열적 단계가 기재된 방법의 발명으로 기재되어야 양 발명이 대비될 수 있도록 특정되었다고 할 수 있을 것이다.

그런데 위에서 본 바와 같이 물건을 생산하는 방법의 발명인 경우에 그 방법에 의하여 생산한 물건에까지 특허권의 효력이 미치므로, 특허발명이 방법의 발명인 경우에는 확인대상발명을 방법의 발명으로 특정하지 않고 물건의 발명으로 특정하더라도 그 생산방법이 특허발명과 대비할 수 있을 정도로 기재되어 있으면 특정되었다고 할 것이다.[101]

---

101) 이 사건 특허발명은 '주름이 형성된 고신축성 의류의 제조방법'에 관한 것이고, 피고가 이 사건 심판절차에서 특정한 원고 실시발명은 그 '명칭'이 '주름이 형성된 신축성 의류'에 대한 것이기는 하지만, 원고 실시발명의 설명서에는 '신축성 의류의 외형도, 주름부분 확대도, 제조 공정 흐름도, 제조 공정 참고도'가 도시(圖示)되어 있고, '물품의 목적 및 구성'에 관하여, 합성섬유 원단에 주름을 형성하여 풍부한 신축성을 제공하면서 미려한 외관을 갖도록 할 목적으로 다음과 같은 제조 공정, 즉 합성섬유 원단으로 원하는 디자인을 하는 디자인공정, 디자인 한 다음 규칙 또는 불규칙 등배수 등으로 주름 간격과

즉, 특허발명이 '물건을 생산하는 방법의 발명'인 경우에는 확인대상발명을 '특정한 생산방법에 의하여 생산한 물건'으로 특정하여 권리범위확인심판을 청구할 수 있고, 다만 확인대상발명의 설명서에 그 '특정한 생산방법'이 방법발명과 대비할 수 있을 정도로 기재되어 있으면 특정의 문제는 해결된 것으로 보는 것이다.

2) 한편 확인대상발명의 설명서에 '특정한 제조방법'이 기재되지 아니하고 단지 물건의 구성에 대하여만 기재된 경우에도 특허법 129조의 생산방법의 추정에 관한 규정을 적용하여 확인대상발명이 특정되었다고 볼 수 있는지 문제가 될 수 있다.[102]

긍정설은, 대법원 2003후2164 판결이 특허권의 효력범위에 기초하여 대비 판단 여부를 결정한 점에 비추어 볼 때 비록 확인대상발명의 설명서에 물건에 대한 특정한 제조방법에 관한 기재가 없더라도, 그 물건이 특허발명의 목적물과 동일한 물건이고 특허출원 전에 국내에서 공지된 물건이 아님을 확인할 수 있는 기재가 있다면, 특허법 129조의 생산방법의 추정 규정에 의하여 그 효력범위가 미치는지를 판단할 수 있으므로, 확인대상발명은 적법하게 특정되어 있다고 보아야 한다고 한다.

부정설은, 위 판례의 취지는 특허발명이 물건을 생산하는 방법의 발명인 경우, 확인대상발명의 설명서 및 도면에 특허발명과 대비할 수 있을 정도로 제조방법이 특정된 경우에 한하여 확인대상발명을 물건으로 특정하여 권리범위확인심판을 청구할 수 있다고 판단한 것으로 보이고, 확인대상발명의 특정은 생산방법의 추정에 관한 특허법 129조의 적용 이전의 문제로서 심판청구의 적법요건에 해당하는 점 등을 고려하면, 확인대상발명의 설명서 및 도면에 특허발명과 그 효력범위를 대비할 수 있을 정도로 제조방법이 기재되지 아니하고 단지 물건의 구성에 대하여만 기재된 경우에는, 확인대상발명이 적법하게 특정되지 않은 것이라고 한다.

(다) 물건의 발명에서의 확인대상발명의 특정

물건의 발명인 경우 특허법 94조, 2조 3호 가목에 따라 그 물건에 관련된 제조방

패턴을 설계하는 패턴공정, 원단을 일정한 형태로 자르는 재단공정, 재단된 원단을 재봉하여 의류를 만들고 다림질하는 봉제 및 다림질공정, 원하는 입체감 등을 선택적으로 넣는 주름 모양 디자인 및 주름형성공정, 원단문양과 주름이 수축되도록 열처리하는 열처리·수축공정, 세탁 및 마무리공정으로 이루어진다고 기재하여 그 생산방법을 구체적으로 특정하고 있는 사실이 인정되므로, 원고 실시발명은 이 사건 특허발명의 구성요건과 대비하여 그 차이점을 판단할 수 있을 정도로 그 생산방법이 구체적으로 특정되었다고 봄이 상당하다(대법원 2004. 10. 14. 선고 2003후2164 판결).

102) 최정열(주 51), 38~45 참조. 이하에서의 학설의 논의는 위 논문의 필자가 각 학설의 입장에서 생각해 볼 수 있는 이론적 근거를 상정한 것이다.

법, 사용방법 등 방법의 발명에까지 특허권의 효력이 미치므로, 확인대상발명의 설명서에 특허발명의 물건이 제조되거나 사용되는지를 확인할 수 있는 기재가 있다면, 방법의 발명으로 특정된 확인대상발명이라 하더라도 특허발명과 대비될 수 있을 정도로 특정된 것으로 볼 수 있을 것이다.

특허법원 사례 중에는 "이 사건 제3항 발명은 프레스 성형장치에 관한 것인데 비하여, 확인대상발명은 세라믹필터의 제조방법에 관한 것이어서 양 발명은 대비 대상이 될 수 없는 듯 보이나, 만일 확인대상발명의 일 구성요소로서 이 사건 제3항 발명의 프레스 성형장치가 사용된다면 확인대상발명은 이 사건 제3항 발명을 이용한 발명으로서 그 권리범위에 속한다고 아니할 수 없다(따라서 장치와 방법의 발명은 대비의 대상이 될 수 없다는 피고들의 주장은 이유 없다)."라고 판단한 것이 있다.[103]

(6) 간접침해와 특정

(가) 간접침해와 권리범위확인심판

간접침해라 함은, 실제 특허발명을 실시하는 침해행위에 이르지는 않았지만, 침해행위의 전 단계에 있어 특허침해로 연결될 수 있는 예비적 행위의 실시형태에 대하여 침해행위에 준하는 것으로 취급하는 것이다.

특허법 127조는, ① 특허가 물건의 발명인 경우에는 그 물건의 생산에만 사용하는 물건을 생산 · 양도 · 대여 또는 수입하거나 그 물건의 양도 또는 대여의 청약을 하는 행위를, ② 특허가 방법의 발명인 경우에는 그 방법의 실시에만 사용하는 물건을 생산 · 양도 · 대여 또는 수입하거나 그 물건의 양도 또는 대여의 청약을 하는 행위를 각각 업으로서 하는 경우에 이를 특허침해행위로 본다고 규정한다.[104]

여기서 말하는 '생산'이란 발명의 구성요소 일부를 결여한 물건을 사용하여 발명의 모든 구성요소를 가진 물건을 새로 만들어내는 모든 행위를 의미하므로, 공업적 생산에 한하지 않고 가공, 조립 등의 행위도 포함된다. 나아가 '특허 물건의 생산에만 사용하는 물건'에 해당하기 위해서는 사회통념상 통용되고 승인 수 있는 경제적, 상

---

103) 특허법원 1998. 11. 6. 선고 98허2498 판결(상고기각).

104) 그 취지에 관하여 대법원 2009. 9. 10. 선고 2007후3356 판결은 "이는 발명의 모든 구성요소를 가진 물건을 실시한 것이 아니고 그 전 단계에 있는 행위를 하였더라도 발명의 모든 구성요소를 가진 물건을 실시하게 될 개연성이 큰 경우에는 장래의 특허권 침해에 대한 권리 구제의 실효성을 높이기 위하여 일정한 요건 아래 이를 특허권의 침해로 간주하더라도 특허권이 부당하게 확장되지 않는다고 본 것이라고 이해된다."라고 판시하였다.

업적 내지 실용적인 다른 용도가 없어야 하고, 이와 달리 단순히 특허 물건 이외의 물건에 사용될 이론적, 실험적 또는 일시적인 사용가능성이 있는 정도에 불과한 경우에는 간접침해의 성립을 부정할 만한 다른 용도가 있다고 할 수 없다.[105]

따라서 특허발명의 보호범위는 간접침해 물건 또는 그 물건을 양도하는 행위 등에 미치고, 권리범위확인심판은 특허발명의 기술적 범위를 기초로 하여 구체적으로 문제된 실시형태와의 관계에서 특허권의 효력이 미치는지를 확인하는 것이므로, 간접침해 물건에 대해서도 권리범위확인심판을 청구할 수 있다.[106]

(나) 간접침해와 특정

물건의 발명에서는 그 물건의 생산에만 사용하는 물건과 대비되는 물건을, 방법의 발명에서는 그 방법의 실시에만 사용하는 물건과 대비되는 물건을 확인대상발명으로 특정하여야 한다.

대법원도 "특허권자 또는 이해관계인은 그 방법의 실시에만 사용하는 물건과 대비되는 물건을 심판청구의 대상이 되는 발명으로 특정하여 특허권의 보호범위에 속하는지 여부의 확인을 구할 수 있다 할 것이다."라고 판시하였다.[107]

라. 특정 여부에 관한 판례

(1) 확인대상발명이 특정되었다고 본 사례

① 대법원 1994. 5. 24. 선고 93후381 판결

확인대상발명[108]의 원료와 그 구성비율은 상세하게 기재되어 있으나, 혼련시간에 관하여는 '충분히 혼련하여 니트로셀룰로오스의 함유량을 23%로 유지시킨다'라고 기재되어 있어, 구체적인 시간은 표시되어 있지 않지만 이 정도의 기재만으로도 위 구성 성분비율과 대조하면 이 분야의 전문가들 사이에서는 그 혼련에 필요한 시간을 쉽게 알 수 있어 확인대상발명이 이 사건 특허발명의 권리범위에 속하는 것인지의 여부를 판단할 수 있는 것으로 보이므로, 위 확인대상발명의 방법이 특정되었다고 못

---

105) 대법원 2009. 9. 10. 선고 2007후3356 판결.
106) 대법원 2009. 9. 10. 선고 2007후3356 판결, 2005. 7. 15. 선고 2003후1109 판결, 2001. 1. 30. 선고 98후2580 판결 등.
107) 대법원 2005. 7. 15. 선고 2003후1109 판결.
108) 메틸알콜 60%, 에틸에텔 6%, 물 11%, 장뇌 0.25%, 니트로셀룰로오스 23%를 충분히 혼련하여, 니트로셀룰로오스의 함유량을 23%로 유지하고 그 점성액의 점도는 약 15,000센티포아즈를 유지하여 수축형 봉함캡을 성형하는 제조 방법.

볼 바 아니다.

② 대법원 2000. 11. 10. 선고 2000후1276 판결

확인대상발명이 특허발명에서와 같이 접촉재의 루우프 파일을 형성하는 합성섬유의 전체 합성섬유에 대한 중량비를 한정하고 있지 아니한 것은, 그와 같은 중량비의 한정이 없는 접촉재를 심판의 대상으로 삼아 판단을 구하는 것이고, 위와 같은 중량비의 한정이 접촉재의 필수적인 구성요소라고 할 수도 없으므로, 확인대상발명에 그와 같은 중량비의 한정이 되어 있지 않다고 하여 확인대상발명이 권리범위확인에 필요한 기본적인 요건을 구비하지 못한 것이라고 할 수 없다.

③ 대법원 2006. 4. 28. 선고 2004후2826 판결

이 사건 등록고안은, … 특히 외측덮개와 내측덮개가 원만한 곡률을 이루며 맞물려 있어 수목의 성장방향에 따라 내측덮개를 끼운 그대로 개구부의 방향만을 회전시킬 수 있는 구조적 특징이 있는 반면, 확인대상고안은 … 내측부재가 말굽(∪)형으로서 그 상태대로 회동시키는 것이 불가능하나, 수목이 굵게 성장하는 등 향후의 수목상태에 따라 내측부재를 선택적으로 탈 · 부착시킴으로써 내경을 조절할 수 있는 구조적 특징이 있다. 따라서 확인대상고안은 이 사건 등록고안과 대비할 정도로 구체적으로 특정되었다 할 것이다.

④ 대법원 2007. 2. 8. 선고 2005후1240 판결

확인대상발명의 도면에는 이 사건 특허발명의 '케이블이 록킹부재(3a)에서 제1레버(4)로 직접 연결되는 구성'에 대응하는 구성으로서 '케이블이 지지간에 설치되는 롤러를 지나되 만곡되지 않고 록킹부재에서 제1레버에 연결되는 구성'이 구체적으로 도시되어 있어, 확인대상발명은 이 사건 특허발명과 대비할 수 있을 정도로 특정되어 있다고 할 것이다.

⑤ 대법원 2010. 5. 27. 선고 2010후296 판결

비록 확인대상발명의 설명서에 이 사건 제4항 내지 제9항 발명에 기재된 제1웡의 절단 길이에 관한 수치 한정 또는 커터 단부의 단면 형상 등에 관하여 기재되어 있지 않다고 하더라도, … 확인대상발명이 이 사건 제1항 발명의 권리범위에 속하지 않는 이상, 확인대상발명은 이 사건 제1항 발명의 모든 구성을 포함하면서 그 항을 기술적으로 한정하거나 부가하여 구체화한 이 사건 제4항 내지 제9항 발명의 권리범위에도 속하지 않는다고 할 것이고, 따라서 확인대상발명은 이 사건 제4항 내지 제9항 발명과 대비할 수 있을 정도로 특정되어 있다고 봄이 상당하다.

(2) 확인대상발명이 특정되지 않았다고 본 사례

① 대법원 2001. 8. 21. 선고 99후2372 판결[109]

이 사건 특허발명은 실리콘 고무에 형광안료가 소량 함유되고, 수영모자의 표리면에 형성된 요입부의 크기를 40~220메쉬의 범위로 한정하고 있으므로, 확인대상발명이 이 사건 특허발명의 권리범위에 속한다고 하기 위해서는 원칙적으로 확인대상발명에 있어서도 형광안료가 소량 함유된 실리콘 고무가 수영모자의 재질로 사용되어야 하고, 수영모자의 표리면에 형성되는 요입부의 크기가 40~220메쉬의 범위 내의 것이어야 할 것인데, 확인대상발명의 설명서에는 형광안료에 대하여 아무런 기재를 하지 아니하고, 또한 요입부의 크기에 대하여도 구체적 수치를 제시하지 아니한 채 '미세요철면'이라고만 기재하고 있어, 확인대상발명이 형광안료를 함유하는지 및 요입부의 크기가 40~220메쉬의 범위 내에 들어가는지 여부를 특정할 수 없으므로(그 결과에 따라 이 사건의 결론이 달라질 수 있다), 확인대상발명은 이 사건 특허발명과 서로 대비할 수 있을 만큼 구체적으로 특정되었다고 할 수 없다.

② 대법원 2002. 4. 23. 선고 2000후2323 판결

확인대상발명의 설명서에는 단섬유의 배열과 관련하여 '무작위로 배열되게 하여', '무작위로 배열되어 서로 얽힌', '마찰면에 대하여 방향의 구분이 없이 무작위로 배열 형성되게 한'이라고만 기재해 놓고 있는데 위 기재 내용 중 '무작위'라는 말이 '뜻에 맞게 일부러 조작하지 아니하고 우연에 맡기는' 것을 의미하고, '방향의 구분이 없다'라는 것은 어떤 형태로든지 마찰면에 대하여 방향성을 가질 수밖에 없는 단섬유 개개의 방향을 구체적으로는 특정할 수 없다는 것을 의미한다고 보여지므로 결국 확인대상발명의 단섬유의 배열은 $0°$ 내지 $180°$의 범위 내에서 어떤 방향을 갖고 있는 단섬유가 우연히 만들어 내는 어떤 것을 나타내고 있는 것으로서 이는 단섬유가 위 $0°$에서 $180°$까지의 각도 범위 중 어느 부분에 어떤 형태로 어느 정도 분포되어 있는지를 전혀 알 수 없다는 것과 마찬가지이고, 그 결과 확인대상발명이 '마찰면에 인접한 섬유 말단부의 대부분이 마찰면에 대해 약 $45°$ 내지 약 $135°$의 각도를 이루도록 섬유의 대부분이 마찰면에 대해 주로 횡축으로 배열(특허발명의 구성)'된 것을 포함하는 것인지를 알 수 없는 것이어서 확인대상발명이 이 사건 특허발명의 권리범위 내에 들어

---

109) 수치한정발명에 관한 같은 취지의 판례는, 대법원 2005. 4. 29. 선고 2003후656 판결, 2004. 10. 15. 선고 2003후1727 판결, 2002. 4. 23. 선고 2000후2323 판결 등.

가는지 여부를 판단할 수 없으므로 확인대상발명은 이 사건 특허발명과 서로 대비할
수 있을 만큼 구체적으로 특정되었다고 할 수 없다.

③ 대법원 2004. 2. 13. 선고 2002후2471 판결

생선상자에 관한 이 사건 등록고안은 어류를 담은 상자의 손잡이를 상자의 안쪽
으로 누일 경우 손잡이의 지지편(支持片)과 받침편이 이루는 요입(凹入) 홈이 상자 테
두리의 양 측면을 잡아줌으로써 상자가 내·외측으로 변형되는 것을 막아주며, 그로
인하여 여러 개의 상자를 안정한 상태로 겹쳐 쌓을 수 있도록 하는 효과를 거두는 데
한 특징이 있으므로, 소극적 권리범위확인심판의 확인대상고안은 이 사건 등록고안
의 지지편과 받침편의 구성과 대비하여 그 차이점을 판단할 수 있을 정도로 그 대응
구성이 구체적으로 특정되어 있어야 하는데, 피고가 심판청구의 대상이 되는 기술을
특정하기 위하여 작성한 '확인대상발명 설명서' 및 '확인대상발명 도면'에 의하면, 그
대응 구성에 관하여 '손잡이의 일단에 형성된 삽착부는 상자 상단 테두리 양단부의
삽착홈에 삽착되도록 하고'라고만 기재되어 있을 뿐, 이 사건 등록고안의 위 구성요
소에 대응하는 구성으로서 손잡이 부분 등에 상자의 변형을 막는 구성이 있는지 여
부에 관하여는 아무런 언급이 없고 그 도면에서도 이에 관하여 분명하게 표현되어
있지 아니하므로, 확인대상고안은 이 사건 등록고안과 대비할 수 있을 정도로 구체적
으로 특정되었다고 볼 수 없다.

④ 대법원 2004. 10. 15. 선고 2003후1727 판결

이 사건 제1항 발명110)은 인공소성토의 입자크기 및 조성비가 한정되어 있는 조
성물의 발명이므로, 이와 같은 경우에 확인대상발명111)이 이 사건 제1항 발명의 권리
범위에 속하는지 여부를 판단함에 있어서는 확인대상발명이 이 사건 제1항 발명과
대비할 수 있을 만큼 구체적으로 그 조성물의 입자크기 및 조성비가 특정되어야 할
것인데, 확인대상발명의 붉은 벽돌가루는 그 입자크기 및 함량이 기재되어 있음에 반
하여 팽창된 질석은 그 함량만 기재되어 있을 뿐 그 입자크기는 기재되어 있지 아니

---

110) 철분이 소량 함유된 황토를 600~1500℃의 온도가 유지되는 가열로에서 가열하여 얻어지는 인공소성토
를 분쇄기로 미분쇄하여, 0.005~5㎜ 크기의 인공소성토 입자를 90~98%, 0.005㎜ 이하의 인공소성토
입자를 2~10%가 되도록 조성한 인공소성토에 관한 발명으로서, 테니스장·야구장 등 경기장의 바닥재
료인 표층재에 관한 것이다.

111) 점토 대 규사가 72:28로 배합 제조된 폐 붉은 벽돌을 파·분쇄하여 40~100메쉬로 체가름한 붉은 벽돌
가루 40~50중량%, 40~100메쉬로 체가름한 황토 10~40중량%, 팽창된 질석 1~20중량%, 0.1~30중량%
의 소금으로 구성되는, 붉은 벽돌가루 황토 및 질석을 이용한 테니스코트 구축재에 관한 것이다.

하여, 확인대상발명의 구성은 이 사건 제1항 발명과 대비하여 그 권리범위에 속하는
지 여부를 판단할 수 있을 만큼 그 조성물의 입자크기 및 조성비가 특정되어 있지 않
다.

⑤ 대법원 2005. 4. 29. 선고 2003후656 판결

이 사건 특허발명(라벨이 내장된 투명 비누의 제조방법)의 구성 중 '라벨이 삽입된
한 쌍의 투명 비누편을 40~50℃의 온도로 상승시켜 차례로 몰드 체이스에 넣고 프린
팅(성형)하는 단계'와 확인대상발명의 '라벨이 삽입된 한 쌍의 투명 비누편을 겹쳐 금
형에 넣고 가압성형하는 단계'의 차이점이 있으나, … 확인대상발명의 위 구성에 관
한 설명서에는 위 가압성형 공정을 하기 전에 투명 비누편의 온도를 상승시키는 과
정이 포함되었는지 여부는 물론 위 가압성형 공정에 제공하는 투명 비누편의 온도에
대하여 아무런 기재를 하지 아니하고 있으므로, 확인대상발명은 위와 같이 성형에 제
공하는 투명 비누편의 온도상승 범위를 수치한정하고 있는 이 사건 특허발명과 대비
하여 그 권리범위에 속하는지 여부를 판단할 수 있을 만큼 구체적으로 특정되었다고
할 수 없다.

⑥ 대법원 2005. 9. 29. 선고 2004후486 판결

피고가 소극적 권리범위확인심판을 청구하면서 제출한 확인대상발명의 설명서에
는 피고가 실시한다는 조성물, 조성물의 성상, 사용방법, 제조방법이 모두 기재되어
있기는 하지만, 이 사건 특허발명은 물건의 발명인 조성물과 그 물건의 사용방법, 제
조방법이 각각 별개의 청구항으로 이루어져 있고, 피고는 원심에 이르기까지 확인대
상발명이 이 사건 특허발명의 조성물과 그 구성 및 효과에서 차이가 있다고 일관하
여 주장해 온 점에 비추어 보면, 확인대상발명은 물건의 발명으로 특정된 것이라고
봄이 상당하고, 확인대상발명의 설명서에 기재된 사용방법이나 제조방법까지도 확인
대상발명의 일부를 구성하는 것이라고 할 수 없으므로, 결국 확인대상발명은 이 사건
제19항 발명의 구성요소인 사용방법에 대응하는 구체적인 구성의 기재가 없는 경우
에 해당한다.

⑦ 대법원 2006. 11. 23. 선고 2005후25 판결

휴대용 통신장비의 안테나장치에 관한 이 사건 특허발명은 '실질적으로 반파장
안테나의 특성을 가지는 나선형 안테나'와 '실질적으로 반파장 안테나의 특성을 가지
는 안테나 로드'를 구성요소로 삼고 있는바, 이 사건 확인대상발명은 그 설명서에서
'방사부는 로드안테나의 금속로드 상부 단부와 임피던스 변환기의 단자부 사이의 모

든 전도성 부분이 방사부를 구성하므로 로드안테나가 신장된 상태에서 실제 방사부는 로드안테나의 금속로드 자체의 길이보다도 더 길게 되는 점'을 설명한 후 '확인대상발명의 헬리컬 안테나 및 로드 안테나의 방사부의 물리적인 길이'만을 기재하였을 뿐 금속로드와 단말기를 연결하는 전도성 부분의 길이는 이를 특정한 바 없어, 전도성 부분의 길이에 따라 실질적으로 반파장 안테나의 특성을 가질 수도 있고 가지지 않을 수도 있으므로, 이 사건 확인대상발명은 이 사건 특허발명과 대비하여 그 권리범위에 속하는지 여부를 판단할 수 있을 만큼 구체적으로 특정되었다고 할 수 없다.

⑧ 대법원 2011. 9. 8. 선고 2010후3356 판결

원심 판시 확인대상발명의 설명서에 기재된 구성 중 'HFC, CDMA, 광 등 간선망을 이용한 데이터 통신'에 관한 부분은 명시적으로 기재된 HFC, CDMA, 광 이외에 간선망을 이용한 다른 방식의 데이터 통신의 실시형태까지도 포함하는 것이라고 볼 것이다. 그런데 간선망은 여러 계층 구조로 이루어진 전체 망에서 중추 회선의 기능을 하는 것을 의미할 뿐 구체적인 데이터 통신 방식을 지칭하는 용어는 아니어서, '간선망을 이용한 데이터 통신'이라는 기재 자체만으로는 데이터 통신을 위하여 어떠한 방식을 이용하는지 객관적 · 일의적으로 알 수 없고, 따라서 확인대상발명은 일부 구성이 불명확하여 사회통념상 다른 것과 구별될 수 있는 정도로 구체적으로 특정되었다고 할 수 없다.

⑨ 대법원 2013. 4. 25. 선고 2012후85 판결

여러 사정을 참작하면 이 사건 제1항 발명 구성 1에서의 '미싱기계에 의한 박음질'은 '미싱기계의 바늘이 로프와 그물을 상하로 관통하면서 꿰매는 방식'을 의미한다고 봄이 상당하다. 이는 확인대상발명 구성 ⓐ, ⓑ의 '미싱기계에 의해 오버로크 봉제'되는 구성과 대응되는바, … 만약 확인대상발명에서의 오버로크 방식이 실이 그물과 로프를 함께 완전히 감싸는 형태로 결합되는 경우를 지칭하는 것이라면, 이 사건 제1항 발명 구성 1의 '미싱기계에 의한 박음질' 방식과는 결합 형태는 물론 결합력과 바늘 파손의 염려 등 그 작용효과에도 차이가 있어 서로 동일하거나 균등한 구성이라고 할 수 없는 반면에, 그 나머지의 경우들을 지칭하는 것이라면 구성 1과 동일하거나 균등한 구성이라고 볼 여지가 있으므로, 결국 확인대상발명은 이 사건 제1항 발명과 대비하여 그 권리범위에 속하는지 여부를 판단할 수 있을 만큼 구체적으로 특정되었다고 할 수는 없다.

Ⅳ. 권리범위확인심판 사건의 실체적 판단

1. 판단의 구조 및 순서

가. 자유실시기술 항변의 문제

이상에서는 권리범위확인심판의 개념, 심판요건 및 확인대상발명의 특정 문제 등에 관하여 살펴보았다. 이와 같이 모든 심판요건이 갖추어지고 확인대상발명도 적법하게 특정되었다면, 다음 단계에서는 확인대상발명이 특허발명의 보호범위에 속하는지 여부에 관한 실체적 판단을 하여야 하는데, 이는 확인대상발명이 '자유실시기술'이므로 특허발명과 대비할 필요도 없이 그 보호범위에 속하지 않는지를 판단하는 작업과 특허발명과 확인대상발명을 대비하여 그 보호범위에 속하는지를 판단하는 작업으로 이루어진다.

우선, 확인대상발명이 '자유실시기술'이라는 주장이 제기되면 특허발명과 대비하기 전에 그 해당 여부를 판단하는데,[112] 이 경우에는 확인대상발명과 선행기술인 선행발명을 대비 판단하게 된다. '자유실시기술' 항변은 특허발명의 무효 여부를 직접 판단하지 않고 확인대상발명을 공지기술과 대비하는 방법으로 확인대상발명이 특허발명의 보호범위에 속하는지를 결정함으로써 신속하고 합리적인 분쟁해결을 도모할 수 있다.

자유실시기술의 법리는 확인대상발명이 특허발명의 보호범위를 문언 침해하는 경우에는 적용되지 않는다는 견해가 있으나, 대법원 2017. 11. 14. 선고 2016후366 판결은 "자유실시기술 법리의 본질, 기능, 대비하는 대상 등에 비추어 볼 때, 위 법리는 특허권 침해 여부를 판단할 때 일반적으로 적용되는 것으로, 확인대상발명이 결과적으로 특허발명의 청구범위에 나타난 모든 구성요소와 그 유기적 결합관계를 그대로 가지고 있는 이른바 문언 침해(literal infringement)에 해당하는 경우에도 그대로 적용된다."라고 판시하여 문언침해의 경우에도 자유실시기술항변이 허용됨을 명시적으로

---

112) 대법원 2011. 1. 27. 선고 2009후832 판결, 2001. 10. 30. 선고 99후710 판결 등은 "특허발명과 대비되는 발명이 공지의 기술만으로 이루어지거나 그 기술분야에서 통상의 지식을 가진 자가 공지기술로부터 용이하게 실시할 수 있는 경우에는 특허발명과 대비할 필요 없이 특허발명의 권리범위에 속하지 않게 된다."라고 하여, 이른바 '자유실시기술'의 항변을 인정하였다.

밝혔다.

나. 특허발명의 기술적 범위 내지 보호범위의 확정

　다음으로, 특허발명과의 대비를 위해서 먼저 청구범위의 해석을 통하여 특허발명의 기술적 범위 내지 보호범위를 확정하는 작업이 필요하다. 아울러 특허의 전부 또는 일부가 출원당시 공지공용의 것인 경우 등 신규성이 인정되지 않은 경우에는 특허무효의 심결 유무에 관계없이 보호범위를 부정할 수 있으므로, 이러한 주장이 제기되면 이에 관하여 판단할 필요가 있다.

　다만 특허발명이 신규성이 부정되지 않더라도 진보성이 부정되는 경우 그 보호범위를 부정할 수 있는지가 문제될 수 있으나, 대법원 2014. 3. 20. 선고 2012후4162 전원합의체 판결은 "특허법은 특허가 일정한 사유에 해당하는 경우에 별도로 마련한 특허의 무효심판절차를 거쳐 무효로 할 수 있도록 규정하고 있으므로, 특허는 일단 등록이 되면 비록 진보성이 없어 당해 특허를 무효로 할 수 있는 사유가 있더라도 특허무효심판에 의하여 무효로 한다는 심결이 확정되지 않는 한 다른 절차에서 그 특허가 무효임을 전제로 판단할 수는 없다. 나아가 특허법이 규정하고 있는 권리범위확인심판은 심판청구인이 그 청구에서 심판의 대상으로 삼은 확인대상발명이 특허권의 효력이 미치는 객관적인 범위에 속하는지 여부를 확인하는 목적을 가진 절차이므로, 그 절차에서 특허발명의 진보성 여부까지 판단하는 것은 특허법이 권리범위확인심판 제도를 두고 있는 목적을 벗어나고 그 제도의 본질에 맞지 않다. 특허법이 심판이라는 동일한 절차 안에 권리범위확인심판과는 별도로 특허무효심판을 규정하여 특허발명의 진보성 여부가 문제 되는 경우 특허무효심판에서 이에 관하여 심리하여 진보성이 부정되면 그 특허를 무효로 하도록 하고 있음에도 진보성 여부를 권리범위확인심판에서까지 판단할 수 있게 하는 것은 본래 특허무효심판의 기능에 속하는 것을 권리범위확인심판에 부여함으로써 특허무효심판의 기능을 상당 부분 약화시킬 우려가 있다는 점에서도 바람직하지 않다. 따라서 권리범위확인심판에서는 특허발명의 진보성이 부정된다는 이유로 그 권리범위를 부정하여서는 안 된다."라고 판시하여 종전에 적극설을 채택한 일부 판례들[113]을 변경하고 소극설을 채택하였다.[114]

---

113) 대법원 1998. 2. 27. 선고 97후2583 판결, 1997. 7. 22. 선고 96후1699 판결, 1991. 12. 27. 선고 90후 1468, 1475 판결, 1991. 3. 12. 선고 90후823 판결 등.
114) 다만 특허침해소송의 경우의 대법원 판례는 이와 달리, 특허발명에 대한 무효심결이 확정되기 전이라

다. 문언침해 및 균등침해 여부 판단

이어서 그 특허의 기술적 범위 내지 보호범위를 확인대상발명과 비교하여 문언 침해에 해당하는지를 판단하며, 나아가 문언침해가 아니라면 균등침해 또는 기타의 이론115)에 근거하여 침해를 인정할 수 있는지를 판단한다. 이와 같은 판단과정을 순서에 따라 나열하면 다음과 같다.

１ 대비 선행단계: 확인대상발명이 자유실시기술인지 판단

  (확인대상발명과 선행발명의 비교)

２ 대비 1단계: 특허발명의 기술적 범위 내지 보호범위 확정

  ① 문언해석

  ② 상세한 설명의 참작

  ③ 공지기술의 참작

  ④ 출원경과 등의 참작

  (이하, 특허발명과 확인대상발명의 비교)

３ 대비 2단계: 문언침해 여부의 판단

４ 대비 3단계: 균등침해 여부의 판단

５ 대비 4단계: 기타 침해이론의 적용 가능성 판단

위와 같은 실체적 판단, 즉 자유실시기술 해당 여부, 청구범위의 해석과 보호범위의 확정 및 침해의 인정 여부 등은 권리범위확인심판의 핵심적인 쟁점들로서, 그 자세한 내용은 이 장 제2절, 제5절을 참고하기 바란다.

2. 권리행사 제한사유를 주장할 수 있는지 여부

가. 적극적 권리범위확인심판에서 피심판청구인(권리자 상대방)이 자신에게는 특허법 소정의 선사용권(103조)116) 또는 중용권(中用權, 104조)117)이 있으므로 확인대상발

고 하더라도 그 특허발명의 진보성이 없어 특허가 특허무효심판에 의하여 무효로 될 것임이 명백한 경우에는 그 특허권에 기초한 침해금지 또는 손해배상 등의 청구가 권리남용에 해당하여 허용되지 아니한다는 입장을 취하였다(대법원 2012. 1. 19. 선고 2010다95390 전원합의체 판결 등 참조).

115) 이용발명, 생략발명, 불완전이용발명, 선택발명, 우회발명 등이 그 대상이 될 수 있다.

116) 특허출원 시에 그 특허출원된 발명의 내용을 알지 못하고 그 발명을 하거나, 그 발명을 한 사람으로부터 알게 되어 국내에서 그 발명의 실시사업을 하거나, 이를 준비하고 있는 자는 그 실시 또는 준비를

명이 보호범위에 속하지 않는다거나, 또는 특허권자 또는 전용사용권자로부터 묵시적인 사용승낙을 받았다거나, 특허권자의 판매 등으로 권리가 소진된 물건을 수입한 것이므로 보호범위에 속하지 않는다거나, 또는 특허권자가 피심판청구인에게 특허권을 행사하는 것이 특허권자와 피심판청구인 사이의 신뢰관계를 배신한 권리남용에 해당한다는 주장이 허용될 수 있을 것인지가 문제된다.

나. 이는 권리범위확인심판의 성질을 어떻게 볼 것인가에 따라 입장이 달라질 수 있는 문제로서, 권리범위확인심판이 특허권자와 상대방의 법률관계로서의 침해 여부 그 자체를 확정하는 절차라고 해석한다면 그러한 항변이 허용될 수 있을 것이지만, 권리범위확인심판은 단순히 상대방이 실시하고 있는 구체적인 발명과의 관계에서 특허발명의 권리가 미치는 범위를 객관적으로 확정하는 것이라고 보는 대법원 판례[118]의 취지에 따른다면 그러한 항변은 허용되지 않을 것이다.

다. 즉, 대법원은 "특허권의 적극적 권리범위확인심판은 특허발명의 보호범위를 기초로 하여 심판청구인이 그 청구에서 심판의 대상으로 삼은 발명(확인대상발명)에 대하여 특허권의 효력이 미치는가를 확인하는 권리확정을 목적으로 한 것이므로, 설령 확인대상발명의 실시와 관련된 특정한 물건과의 관계에서 특허권이 소진되었다 하더라도 그와 같은 사정은 특허권 침해소송에서 항변으로 주장함은 별론으로 하고 확인대상발명이 특허권의 권리범위에 속한다는 확인을 구하는 것과는 아무런 관련이 없다."라고 판시하였다.[119] 또한, 상표권에 관한 권리범위확인심판 사건에서 "상표권의 적극적 권리범위확인심판은 심판청구인이 그 청구에서 심판의 대상으로 삼은 확

하고 있는 발명 및 사업목적의 범위에서 그 특허출원된 발명의 특허권에 대하여 통상실시권을 가진다. 이는 선의의 최선발명자와 선출원자 간의 공평을 유지하고, 선출원주의의 폐단을 보완하기 위하여 마련된 제도이다.

117) 특허 또는 등록실용신안에 대한 무효심판청구의 등록 전에 자기의 특허발명 또는 등록실용신안이 무효사유에 해당되는 것을 알지 못하고 국내에서 그 발명 또는 고안의 실시사업을 하거나 이를 준비하고 있는 경우에는 그 실시하거나 준비하고 있는 발명 또는 고안 및 사업목적의 범위에서 그 특허권에 대하여 통상실시권을 가지거나 특허나 실용신안등록이 무효로 된 당시에 존재하는 특허권의 전용실시권에 대하여 통상실시권을 가지는데, 이를 강학상 '중용권(中用權)'이라 한다. 이는 특허청의 행정처분을 선의로 신뢰한 자를 보호하며, 기존의 산업설비를 보호하기 위한 것이다.

118) 대법원 1991. 3. 27. 선고 90후373 판결, 1983. 4. 12. 선고 80후65 판결, 1971. 11. 23. 선고 71후18 판결, 1963. 9. 5. 선고 63후11 판결 등.

119) 대법원 2010. 12. 9. 선고 2010후289 판결.

인대상표장에 대하여 상표권의 효력이 미치는가 여부를 확인하는 권리확정을 목적으로 한 것으로 그 심결이 확정된 경우 심판의 당사자뿐만 아니라 제3자에게도 일사부재리의 효력이 미친다. 그런데 적극적 권리범위확인심판청구의 상대방이 확인대상표장에 관하여 상표법 제57조의3의 '선사용에 따른 상표를 계속 사용할 권리'(선사용권)를 가지고 있다는 것은 대인적인 상표권 행사의 제한사유일 뿐이어서 상표권의 효력이 미치는 범위에 관한 권리확정과는 무관하므로, 상표권 침해소송이 아닌 적극적 권리범위확인심판에서 선사용권의 존부에 대해서까지 심리·판단하는 것은 허용되지 아니한다."라고 판시하였다.[120]

라. 한편, 대법원 1982. 10. 26. 선고 82후24 판결은 상표권에 관한 권리범위확인심판사건에서 "상표법 43조 1항 3호에 규정된 상표권의 권리범위확인청구는 단순히 그 상표 자체의 권리범위를 확인하는 사실확정을 목적으로 한 것이 아니라, 그 권리범위를 기초로 하여 구체적으로 문제가 된 상대방의 사용상표와의 관계에 있어서 그 상표에 대하여 등록상표권의 효력이 미치는 여부를 확인하는 권리확정을 목적으로 한 것이다. 그러므로 상대방의 사용상표가 상표법 26조 각호[121]에 규정된 자기의 성명·명칭·상호 등 상표권의 효력이 미치지 아니하는 상표에 해당하는 경우에는 이는 등록상표의 권리범위에 속하지 아니한다고 볼 수밖에 없으며, 상표권의 효력은 미치나 별도로 설정된 사용권에 의하여 상표권자에게 그 상표의 사용을 주장할 수 있는 경우와 같이 볼 수는 없는 것이다. 그렇다면, 원심으로서는 피심판청구인의 위와 같은 주장이 있는 이상, 이 사건 확인대상표장이 과연 위 상표법 26조 1호 소정의 상표에 해당하는지의 여부를 증거에 의하여 심리 판단하여야 할 것이다."라고 판시하였다.[122]

위 판결의 취지는, 피심판청구인의 주장이 대인적 권리행사 제한사유에 관한 주장이라면 그 당부에 나아가 판단할 필요가 없음을 전제로, 상표법 90조의 각호에 해당한다는 주장은 권리행사 제한사유에 관한 주장이 아니라 보호범위를 부인하는 항변으로 보고, 이에 대하여는 심리 판단하여야 한다는 것으로 이해된다.

---

120) 대법원 2013. 2. 14. 선고 2012후1101 판결, 2012. 3. 15. 선고 2011후3872 판결 등.
121) 현행 상표법 90조 각호.
122) 대법원 1995. 4. 14. 선고 94후227 판결, 1987. 8. 25. 선고 84후49 판결 등도 같은 취지이다.

3. 특허발명이 복수의 청구항을 가진 경우의 문제점

가. 문제의 소재

특허법 135조 3항은 "1항의 규정에 의한 특허권의 권리범위확인심판을 청구하는 경우에 특허청구범위의 청구항이 2 이상인 때에는 청구항마다 청구할 수 있다."라고 규정한다. 이처럼 복수의 청구항을 가진 특허발명에 대하여 일부의 청구항만을 특정하지 아니하고 그 권리범위확인심판을 청구한 경우에 판단의 대상은 무엇인가, 그리고 확인대상발명과의 관계에서 본 청구항별 보호범위가 상이하다면 심결 주문에 청구항별로 개별적인 판단을 하여야 하는가 등의 문제가 있다.

특허법이 다항제를 수용한 이래 단일 청구항으로 구성된 발명보다는 복수의 청구항으로 구성된 발명이 더 많이 등록되고 있으나, 심판청구인이 위 특허법 135조 3항을 활용하여 청구항마다 권리범위확인심판을 청구하는 경우보다는 특허발명을 전체로서 특정하여 권리범위확인심판을 구하는 경우가 훨씬 많기 때문에 이는 실무상 빈번하게 발생하는 문제이다.

나. 검   토

(1) 검토의 관점

이 문제는 아래의 두 가지 관점에서 검토되어야 한다. 첫째, 복수의 청구항을 가진 특허발명에 대하여 일부의 청구항만을 특정하지 아니하고 그 권리범위확인심판을 청구한 경우에 모든 청구항에 대한 판단이 필수적인가, 아니면 특정의 청구항에 대하여 선택적으로 판단을 할 수 있는가, 둘째, 확인대상발명이 일부 청구항의 보호범위에만 속하는 경우에 그 청구항을 특정하여 주문에 표기하여야 하는가 하는 점이다.

(2) 소극적 권리범위확인심판의 경우

심판청구인이 개별 청구항을 특정하지 아니하고 특허발명을 전체로서 지칭하여 확인대상발명이 그 보호범위에 속하는지 여부의 판단을 구한 경우에 심판청구인은 어떠한 판단을 구하는 것으로 해석할 것인가?

소극적 권리범위확인심판의 경우에 심판청구인은 확인대상발명이 여러 개의 청구항 중 어느 하나의 보호범위에도 속하지 않는다는 확인을 구하는 것으로 볼 수밖에 없다. 병합된 수 개의 청구 모두가 인용되어야 확인대상발명이 상대방의 특허발명을 침해하는 관계에 있지 않다는 사실이 확인되어 소송의 목적을 달성할 수 있기 때문이다. 따라서 이러한 심판청구는 청구의 단순병합의 성격을 가지므로, 특허심판원은 모든 청구에 대하여 판단을 하여야 하며, 만일 심결에서 일부 청구항에 대한 판단 자체를 누락하였다면 잘못이다.

그리고 모든 청구항에 대한 판단을 한 결과 확인대상발명이 일부 청구항에만 속하는 경우에는, 모든 청구항이 병렬적으로 별도의 판단의 대상이 된 이상 주문에 이를 반영하는 것이 타당하고, 권리관계의 정확한 공시를 위해서도 청구항별 판단의 결과를 주문에 밝히는 것이 필요하다는 점을 감안할 때, 일부 인용, 일부 기각의 주문을 내야 할 것이다. 같은 취지에서, 특허법원 2001. 8. 17. 선고 2000허7700 판결(확정)도 소극적 권리범위확인심판 사건에 관하여, 특허청구범위의 청구항이 2 이상인 특허권에 대하여 권리범위확인심판을 청구하는 경우에는, 심판청구인이 명시적으로 청구항을 특정하여 보호범위의 확인을 청구하고 있지 않은 한, 청구항마다 보호범위를 특정하고, 보호범위의 확인의 대상이 되는 확인대상발명이 청구항마다 특허권의 보호범위에 속하는지 여부를 판단하여야 할 것이라는 전제하에서, 확인대상발명이 일부 청구항의 보호범위에 속한다면 이 부분에 관하여는 심결의 주문에 일부 청구기각의 취지를 표시하여야 한다고 판시하였다.[123]

(3) 적극적 권리범위확인심판의 경우

적극적 권리범위확인심판의 경우, 이를 단순병합으로 보느냐 선택적 병합으로 보느냐에 따라 그 처리가 달라질 수 있다. 특허법은 청구항마다 권리범위확인심판을 별도로 제기할 수 있다고 규정하고 있는 점, 장차 일부 청구항이 무효로 될 수도 있으므로 이런 경우에 대비하여 모든 청구항에 대하여 청구항별로 보호범위 속부 여부를 판단받고자 함이 권리자의 일반적인 의사로 보이는 점, 청구인이 어느 하나의 청구항에 속한다는 인용 심결을 받았으나 다른 청구항에 속한다는 확인을 받기 위한 필요가 있는 경우[124] 인용 심결에 대한 불복소송을 제기할 수 없어 다시 적극적 권리

---

123) 특허법원 2004. 7. 2. 선고 2003허6043 판결(상고취하), 2004. 3. 5. 선고 2003허1284 판결(확정)도 마찬가지이다.

124) 침해법원에서 해당 청구항에 대하여는 침해로 인정되지 아니하여 다른 청구항의 침해 여부가 문제로 되는 경우 또는 침해자와 사이에 실시허락계약을 체결함에 있어 구체적으로 청구항별로 실시계약을 체결하는 경우 등을 들 수 있다.

범위확인심판을 제기하여야 하는 불합리가 있다는 점 등을 고려할 때, 청구인이 병합된 여러 개의 청구 가운데 어느 하나만 인용되어도 좋다는 등 선택적 병합[125]의 의사를 명백히 밝히지 않은 이상, 이를 단순병합으로 보아 심결에서 청구항별로 판단하고, 주문에도 청구항을 특정하여 확인대상발명이 그 보호범위에 속한다는 내용을 표시하며, 속하지 않는 청구항에 대하여는 '일부 기각'의 표시를 함이 바람직하다. 이와 같이 처리하는 것이 현재 특허법원의 실무이기도 하다.

---

125) 선택적 병합인 경우에는, 심결에서 청구항 중 일부를 선택하여 확인대상발명이 그 보호범위에 속한다는 결론을 내렸다면 나머지 청구에 대한 판단 자체를 하지 아니하여도 무방하다. 물론 확인대상발명이 어느 항의 보호범위에도 속하지 않는다면 모든 청구항에 대한 판단을 해야 한다. 선택적인 판단의 결과로서 확인대상발명이 일부 청구항만의 보호범위에 속한다는 결론을 얻었다면 그 청구항을 특정하여 확인대상발명이 그 보호범위에 속한다는 내용을 주문에 표시하여야 하는데, 이 경우 선택적 병합의 성질상 '일부 기각'이라는 주문을 표시하여서는 안 된다.

제5절

특허침해

Ⅰ. 서 설

1. 특허침해 관련 규정

특허법 94조는 특허권의 효력에 관하여 "특허권자는 업으로서 특허발명을 실시할 권한을 독점한다. 다만, 그 특허권에 관하여 전용실시권을 설정하였을 때에는 … 전용실시권자가 그 특허발명을 실시할 권리를 독점하는 범위 안에서는 그러하지 아니하다."라고 규정하므로, 특허권자나 전용실시권자 아닌 자가 그들의 허락 없이 업(業)으로서 특허발명을 실시하는 경우에는('실시'의 태양은 특허 2조 3호 참조) 특허침해를 구성한다. 또한, 특허법 127조는 특허발명의 실시에 관여하는 일정한 행위를 특허침해로 간주한다.

특허침해가 성립하면, 특허권자 또는 전용실시권자는 침해자에 대하여 손해배상청구(민법 750조, 특허 128조 1항)나 부당이득반환청구(민법 741조)를 할 수 있을 뿐 아니라, 침해금지 또는 예방을 청구할 수 있고(특허 126조), 일정한 경우 신용회복청구를 할 수 있다(특허 131조). 또한, 형사상으로 특허침해죄가 성립할 수 있다(특허 225조).

2. 특허침해의 유형

특허침해는 특허권의 직접침해와 간접침해로 구분된다.

직접침해는 다시 문언침해(또는 동일침해)와 균등침해로 구분된다. 문언침해와 균등침해는 특허침해의 원칙적인 형태로서 대부분의 침해가 여기에 속한다. 이용침해는 기본발명의 구성요소와 그 유기적 결합관계를 모두 그대로 가지면서 새로운 구성요소를 부가한 경우인데, 새로운 구성요소를 부가하였다는 점을 제외하고는 침해의 성립요건 및 판단방법에서 문언침해 및 균등침해와 별다른 차이가 없다. 이외에 독립된 침해 유형으로 볼 것인지가 문제가 되는 것으로 우회침해, 생략침해, 불완전이용침해, 선택침해 등이 있다.

간접침해는 침해되는 특허발명의 내용에 따라서 물건발명에 대한 간접침해와 방법발명(물건을 생산하는 방법에 관한 발명을 포함)에 대한 간접침해로 구분할 수 있다.

유 형	특허발명	확인대상발명	판례 태도
문언침해	A + B + C	A + B + C	○ (침해로 인정)
균등침해	A + B + C	A + B + c	○ (침해로 인정)
이용침해	A + B + C	A + B + C + D	○ (침해로 인정)
	A + B + C	A + B + c + D	○ (침해로 인정)
생략침해	A + B + C	A + B	× (침해 부정적)
불완전이용침해	A + B + C	A + B + D	× (침해 부정적)
선택침해	A + B + C	ⓐ + B + C	× (침해 부정적)
우회침해	A + B + C	A + ⓑ + B + C	○ (침해로 인정)

Ⅱ. 특허침해의 유형별 검토

1. 문언침해(동일침해)

문언침해는 청구범위의 문언해석에 의하여 특정된 해당 특허발명의 구성요건을 모두 그대로 사용하는 경우에 성립하는 것으로서, 원칙적인 침해형태이다. 즉, 확인대상발명이나 침해제품 또는 침해방법[1](이하 통칭하여 '침해제품')이 특허발명의 청구범위에 나타난 모든 구성요소와 그 유기적 결합관계를 그대로 가지고 있으면 문언침해에 해당한다. 대법원은 특허발명의 청구항이 복수의 구성요소로 되어 있는 경우에는 그 각 구성요소가 유기적으로 결합된 전체로서의 기술사상이 보호되는 것이지, 각 구

---

1) 특허권 침해소송에서 피고(피신청인)가 제조 등을 하는 제품 또는 사용하는 방법을 말한다.

성요소가 독립하여 보호되는 것은 아니므로, 특허발명과 대비되는 침해제품이 특허발명의 청구항에 기재된 필수적 구성요소들 중 일부만을 갖추고 있고 나머지 구성요소가 결여된 경우에는 원칙적으로 그 침해제품은 특허발명의 권리범위에 속하지 아니한다고 판시하였다.[2]

문언침해의 성립요건을 이렇게 엄격하게 보는 것은 특허법상 특허발명의 보호범위는 청구범위에 기재된 사항에 의하여 정하여지는 것이고, 청구범위는 특허로 보호받고자 하는 사항을 명확하고 간결하게 기재하여야 하기 때문에, 청구범위에 기재된 모든 구성요소는 중요하고 필수적인 요소로 간주되어야 한다는 점에 그 근거가 있다. 만약 청구범위에 무용하고 불필요한 구성요소가 포함되어 있다면, 이는 원칙적으로 출원인의 책임으로 돌려야 할 문제이지 특허등록된 후에 청구범위를 임의로 해석하여 구성요소 간의 경중을 구별하는 것은 위와 같은 특허법의 해석과도 상충한다고 보아야 할 것이다.[3]

문언침해를 엄격하게 적용하기 위해서는 청구범위가 이른바 주변한정주의[4]적 방식에 따라 기재될 것이 전제되는데, 우리나라는 해방 이후 일본식 단항제를 취하여 오다가 1981년경 처음으로 다항제를 받아들이는 등 다항제의 역사가 길지 않고, 중심한정주의적 방식으로 청구범위가 작성된 특허도 적지 않은 실정이다. 이와 관련하여 침해제품이 특허발명의 청구범위에 기재된 구성요소 중 일부를 결여한 경우에도 일정한 요건 하에 이를 침해로 볼 필요성이 있다는 주장이 생략침해 및 불완전이용침해를 중심으로 제기되고 있다.

---

2) 대법원 2006. 1. 12. 선고 2004후1564 판결, 2001. 12. 24. 선고 99다31513 판결, 2001. 9. 7. 선고 99후1584 판결, 2001. 8. 21. 선고 99후2372 판결, 2001. 7. 27. 선고 98후2658 판결, 2001. 6. 15. 선고 2000후617 판결, 2001. 6. 1. 선고 98후2856 판결, 2000. 11. 14. 선고 98후2351 판결 등.

3) 판례에 의해 구성요소 완비의 원칙(All Elements Rule)이 확립된 미국에서도 청구범위의 모든 한정사항 내지 구성요소(every limitation or element)는 중요하고 필수적(material and essential)이라는 전제하에 청구범위 해석이 이루어진다고 한다. C. Bruce Hamburg 著 · 이선희 譯, 미국에 있어서의 균등론, 대한변리사회(1998), 7 참조.

4) 청구범위는 특허발명의 중심적인 것 내지 핵심적인 것만 기재한 것으로 보아 특허발명의 보호범위를 다소 탄력적으로 확장하여 보호하려는 입장을 중심한정주의라고 하고, 청구범위는 특허권자 스스로 주변 울타리를 치듯이 보호받고자 하는 사항을 다면적으로 기재한 것이라고 보아 그 범위 내에서만 특허보호를 부여하고 그 경계 밖의 것은 경쟁자의 자유이용을 보장하여야 한다는 입장을 주변한정주의라고 한다.

2. 균등침해

가. 의의 및 근거

균등침해는 침해제품이 특허발명의 구성요소 중 일부를 등가관계에 있는 다른 구성요소로 변경한 것인 경우에 성립하는 침해형태이다. 침해제품의 구성요소 중 일부가 그에 대응하는 특허발명의 구성요소와 문언상으로는 동일하지 않더라도 서로 등가관계에 있다면 침해제품이 특허발명의 침해에 해당한다고 보는 것이다.

그 근거는 발명이라는 기술적 사상을 빠뜨리지 않고 청구범위에 문언의 형식으로 기재하는 것은 출원인에게 매우 어려운 일이고, 침해자는 청구범위의 구성요건을 그대로 모방하여 침해하는 경우 외에, 많은 경우 발명의 구성요소 중 비교적 경미한 부분에 변환을 가하여 그 기술적 범위로부터 일탈을 시도하는데, 출원인이 이와 같이 변환을 가하는 모든 경우를 예측하여 이를 포괄할 수 있도록 청구범위의 문언을 기재하는 것은 사실상 어렵거나 불가능한 일이라고 할 수 있다. 따라서 균등침해는 제3자에게 불의의 불이익을 주지 않는 범위 내에서 특허의 실질적 가치를 보호하기 위하여 특허의 보호범위를 그 문언 이외의 사항에까지 넓힌 것이다. 균등침해는 나라마다 요건과 범위 등에 약간의 차이는 있지만 널리 인정되는 법리이다.

나. 비교법적 고찰5)

(1) 미　국

균등 여부 판단 기준에 관하여 1950년 Graver Tank 사건의 판결은 침해제품의 구성요소가 특허발명의 대응되는 구성요소와 실질적으로 동일한 기능(function)을 실질적으로 동일한 방식(way)으로 수행하여 실질적으로 동일한 결과(result)를 가져오는 경우 양 구성요소는 균등하다고 보는, 즉 기능 · 방법 · 결과의 '3요소 동일성 테스트(triple identity test6))'를 제시하였다. 그 후 미국 연방항소법원(CAFC)은 Hilton Davis 사건에서 '비실질적 차이(insubstantial differences)'라는 새로운 기준을 정립하였는데, 이는 대비대상이 되는 두 구성요소의 차이점이 객관적인 기준에 따라 평가하였을 때 실질적

---

5) 미국, 일본, 독일, 영국, 중국에서의 균등론 전개 및 적용요건에 대한 자세한 내용은, 김동준, 특허균등침해론, 법문사(2012), 57~225 참조.

6) 'Tri-partite' Test 또는 'FWR' Test라고도 불린다.

인가의 여부에 의하여 균등을 판단하는 것이다.7) 그러나 차이점이 실질적인가의 여부를 판단하기 위한 구체적 기준은 제시하지 못하였다고 한다.8) 한편 위 사건의 상고심9)에서 미국 연방대법원은 균등 여부를 판단함에 있어 "3요소 동일성 테스트(triple identity test)"와 "비실질적 차이(insubstantial differences)" 접근법 중 어느 것이 적합한 수단인지에 대하여 구체적 사실관계에 따라서 사안별로 다른 언어적 분석틀(linguistic framework)이 적합할 수 있다고 판시하면서, 구체적인 분석틀의 정립은 미국 연방항소법원(CAFC)에 맡겼다.10) 또한, 미국 연방대법원은 위 사건에서 균등론은 발명 전체가 아니라 청구항의 개별 구성요소에 대해 적용되어야 한다고 판시하여 구성요소별 균등판단의 원칙을 분명히 하였다.11)12)

(2) 일 본

일본에서는 최고재판소 1998. 2. 24. 선고 平6才1083 판결(볼스플라인 사건)13)에서 최초로 균등론의 성립요건이 명확하게 제시되었다. 이에 의하면, 청구범위에 기재된 구성 중 침해제품과 다른 부분이 있는 경우에도, ① 그 다른 부분이 특허발명의 본질적 부분이 아니고, ② 그 부분을 침해제품의 것으로 치환하더라도 특허발명의 목적을 달성할 수 있고 동일한 작용효과를 가지며, ③ 위와 같이 치환하는 것이 통상의 기술자가 침해제품 등의 제조시점에서 용이하게 생각할 수 있는 것이고, ④ 침해제품이 특허발명 출원 시의 공지기술과 동일하거나 통상의 기술자가 그로부터 출원 시에 용이하게 발명할 수 있는 것이 아니며, ⑤ 침해제품이 특허발명의 특허출원절차에서 청구범위로부터 의식적으로 제외되는 것에 해당한다는 등의 특별한 사정이 없을 때는 침해제품은 청구범위에 기재된 구성과 균등한 것이라고 한다. 위 판결은 균등 여부의

---

7) Hilton Davis Chemical Co. v. Warner-Jenkinson Co., Inc., 62 F.3d 1512 (Fed. Cir. 1995)(en banc)
8) C. Bruce Hamburg(주 3), 19 참조.
9) Warner-Jenkinson Co., Inc., v. Hilton Davis Chemical Co. 520 U.S. 17.
10) Id. at 39~40[김동준(주 5) 74~75에서 재인용].
11) Id. at 29[김동준(주 5) 72에서 재인용].
12) 이러한 접근방식을 구성요소별 접근법(limitation by limitation approach)이라고 하는데, 특허침해가 성립하기 위해서는 특허발명의 구성요소 또는 이와 균등물이 피고 제품에 모두 존재해야 하고 균등론에서 말하는 균등물은 특허발명의 균등물이 아니라 구성요소의 균등물을 의미한다는 입장이다. 이와 대비되는 발명 전체 접근법(invention as a whole approach)은 청구범위에 기재된 발명과 피고의 장치를 전체로서 대비하여 균등판단을 하여야 한다는 입장이다. 자세한 것은 김동준(주 5) 95~100 참조.
13) 民事判例集 52권 1호, 113; 判例時報, 1630호, 32; 判例타임즈 969호, 105.

판단시점이 특허발명의 출원 시가 아니고 침해 시임을 명백히 밝혔다는 점에서도 주목을 받았다.

　한편 위 ① 요건의 의의에 대해 청구범위의 각 구성요소를 본질적 부분과 비본질적 부분으로 나누고 그중 비본질적 부분을 치환함에 그치는 것을 요구하는 것이라고 해석하는 견해가 있었고, 이에 대해 위 요건을 이처럼 파악할 경우 청구범위 구성요소 중 본질적 부분으로 되는 요소에 관한 변경은 아무리 사소한 것이더라도 균등이 성립하지 않는 것으로 되기 쉽다는 비판이 있었는데, 대부분의 하급심은 '발명의 과제해결을 위한 수단의 기초가 되는 기술적 사상의 중핵을 이루는 특징적 부분'을 본질적 부분으로 이해하여, 발명의 일부 구성요소가 변경되더라도 그로 인해 발명의 기술적 사상이 변경되지 아니하였다면 본질적 부분이 변경되었다고 볼 수 없다고 하였다.[14]

다. 균등의 성립요건[15]

(1) 개　　관

　대법원 판례[16]는 균등이 인정되는 요건을 명확하게 제시하고 있다. 즉, 침해제품에 특허발명의 청구범위에 기재된 구성요소 중 변경된 부분이 있는 경우에도, ① 특허발명과 과제의 해결원리가 동일하고, ② 그러한 변경에 의하더라도 특허발명에서와 실질적으로 동일한 작용효과를 나타내며, ③ 그와 같이 변경하는 것이 그 발명이 속하는 기술분야에서 통상의 지식을 가진 사람이라면 누구나 쉽게 생각해 낼 수 있는 정도라면, ④ 침해제품이 특허발명의 출원시에 이미 공지된 기술 내지 공지기술로부터 해당 기술분야에서 통상의 지식을 가진 자가 용이하게 발명할 수 있었던 기술에 해당하거나, ⑤ 특허발명의 출원절차를 통하여 침해제품의 변경된 구성요소가 청구범위로부터 의식적으로 제외된 것에 해당하는 등의 특별한 사정이 없는 한, 침해제

---

14) 김동준(주 5) 337~338.

15) 자세한 것은 유영일, "특허소송에서의 균등론의 체계적 발전방향", 특허소송연구 제2집, 특허법원(2001), 273~317 참조.

16) 대법원 2014. 7. 24. 선고 2013다14361 판결, 2011. 9. 29. 선고 2010다65818 판결, 2009. 6. 25. 선고 2007후3806 판결, 2005. 2. 25. 선고 2004다29194 판결, 2003. 10. 24. 선고 2002후1102 판결, 2002. 9. 6. 선고 2001후171 판결, 2002. 8. 23. 선고 2000후3517 판결, 2001. 9. 28. 선고 99후2204 판결, 2001. 9. 7. 선고 2001후393 판결, 2001. 8. 21. 선고 98후522 판결, 2001. 6. 15. 선고 98후836 판결, 2001. 6. 12. 선고 98후2016 판결 등

품에서 변경된 구성요소는 그에 대응하는 특허발명의 청구범위에 기재된 구성요소와 균등한 것이므로 침해제품은 여전히 특허발명의 보호범위에 속한다고 보아야 한다.

①, ②, ③은 균등 인정의 적극적 요건, ④는 공지기술배제의 원칙, ⑤는 출원경 과금반언(file wrapper estoppel, prosecution history estoppel) 원칙이라고 일컬어지는 균등 인정의 소극적 요건이다. 균등침해가 성립하기 위해서는 ①, ②, ③의 적극적 요건 모두가 충족되어야 함과 동시에 소극적 요건 중 어느 하나에도 해당하지 아니하여 한 다. 균등침해 인정의 적극적 요건은 균등관계임을 주장하는 자가, 소극적 요건은 확 인대상발명이나 침해대상제품 등을 실시하는 자가 주장·증명하여야 한다.[17]

우리나라에서 균등의 성립요건을 최초로 판시한 것은 대법원 2000. 7. 28. 선고 97 후2200 판결[18]인데, 위 판결은 균등 성립의 적극적 요건인 ①, ②, ③과 약간 다른 표 현을 사용하였으나, 이후 대법원 판례의 주류적 입장에 영향을 미치고 있다.

(2) 적극적 요건 ①: 과제해결원리의 동일성

균등 성립의 첫 번째 적극적 요건은 양 발명의 기술적 사상 내지 과제의 해결원 리가 동일하여야 한다는 것이다. 과제의 해결원리는 발명의 기술적 과제 내지 목적과 는 구별되는 개념으로서 발명의 특징적 구성[19] 내지 기술사상의 핵심[20]을 의미한다.

대법원은 종래 "과제의 해결 원리"의 의미와 판단 방법에 관하여, "확인대상발명 이 특허발명의 권리범위에 속한다고 보기 위한 요건으로서 양 발명에서 과제의 해결 원리가 동일하다는 것은 확인대상발명에서 변경된 구성이 특허발명의 비본질적인 부

---

17) 대법원 2007. 2. 28. 선고 2005후1240 판결
18) 이 판결은 확인대상발명이 "특허발명과, 출발물질 및 목적물질은 동일하고 다만 반응물질에 있어 특허 발명의 구성요소를 다른 요소로 치환한 경우라고 하더라도, 양 발명의 기술적 사상 내지 과제의 해결원 리가 공통하거나 동일하고, 치환된 구성요소가 특허발명의 구성요소와 실질적으로 동일한 작용효과를 나타내며, 또 그와 같이 치환하는 것 자체가 그 발명이 속하는 기술분야에서 통상의 지식을 가진 자이 면 당연히 용이하게 도출해 낼 수 있는 정도로 자명한 경우에는, 특허발명의 출원 시에 이미 공지된 기 술이거나 그로부터 당업자가 용이하게 도출해 낼 수 있는 것이 아니고, 나아가 당해 특허발명의 출원절 차를 통하여 치환된 구성요소가 특허청구의 범위로부터 의식적으로 제외되는 등의 특단의 사정이 없는 한, 치환된 구성요소는 특허발명의 그것과 균등물이라고 보아야 할 것"이라고 판시하였다.
19) 대법원 2011. 7. 28. 선고 2010후67 판결, 2009. 6. 25. 선고 2007후3806 판결 등; 한편, 과제해결원리의 동일성을 판단함에 있어 '특징적 구성'의 개념을 사용하는 것에 대해 청구범위에 기재된 구성에 지나치 게 집착하여 균등침해의 범위를 좁힐 우려가 있다는 견해로는, 정택수, "균등침해의 적극요건", 사법 30 호(2014), 376.
20) 대법원 2014. 7. 24. 선고 2012후1132 판결.

분이어서 확인대상발명이 특허발명의 특징적 구성을 가지는 것을 의미하고, 특허발
명의 특징적 구성을 파악함에 있어서는 청구범위에 기재된 구성의 일부를 형식적으
로 추출할 것이 아니라 명세서의 발명의 상세한 설명의 기재와 출원 당시의 공지기
술 등을 참작하여 선행기술과 대비하여 볼 때 특허발명에 특유한 해결수단이 기초하
고 있는 과제의 해결원리가 무엇인가를 실질적으로 탐구하여 판단하여야 한다."라고
판시하였다(대법원 2009. 6. 25. 선고 2007후3806 판결).[21]

　　2007후3806 판결 이후 법원은 균등 여부가 문제된 사안에서 명세서 전체의 기재
와 출원 당시의 공지기술 등을 참작하여 선행기술과 대비함으로써 특허발명이 해결
하려는 과제와 그 해결을 위하여 채용한 수단을 특징적 구성으로 추출한 다음 침해
제품이 그 특징적 구성을 그대로 가지고 있지 않은 경우 과제해결원리가 동일하지
않다고 보아 균등관계를 부정하였다.[22][23] 침해제품이 특허발명의 특징적 구성을 가
지고 있지 아니한 경우 특허발명과 침해제품의 양 대응구성요소가 서로 변경이 가능
한지 혹은 변경이 용이한지 여부에 관하여 나아가 판단할 것도 없이 균등관계에 있
다고 볼 수 없다고 판시한 사례도 있다.[24][25]

　　그런데 최근 선고된 대법원 2014. 7. 24. 선고 2012후1132 판결[26]에서는 "양 발명
에서 과제의 해결원리가 동일한지 여부를 가릴 때에는 청구범위에 기재된 구성의 일
부를 형식적으로 추출할 것이 아니라, 명세서의 발명의 상세한 설명의 기재와 출원
당시의 공지기술 등을 참작하여 선행기술과 대비하여 볼 때 특허발명에 특유한 해결
수단이 기초하고 있는 기술사상의 핵심이 무엇인가를 실질적으로 탐구하여 판단하여

---

21) 이후 같은 취지로 판시한 판결로는 대법원 2012. 6. 28. 선고 2012도3583 판결, 2011. 9. 29. 선고 2010
　　다65818 판결, 2011. 7. 28. 선고 2010후67 판결, 2011. 5. 26. 선고 2010다75839 판결, 2010. 5. 27. 선고
　　2010후296 판결, 2009. 12. 24. 선고 2007다66422 판결, 2009. 10. 15. 선고 2009다46712 판결 등이 있
　　다.

22) 대법원 2013. 1. 24. 선고 2012다80118 판결, 2011. 9. 29. 선고 2010다65818 판결, 2011. 7. 28. 선고
　　2010후67 판결, 2011. 5. 26. 선고 2010다75839 판결, 2009. 12. 24. 선고 2007다66422 판결,
　　2009. 10. 15. 선고 2009다46712 판결 등.

23) 한편 확인대상발명이 특허발명의 특징적 구성을 그대로 가지고 있어 과제의 해결원리가 동일하고, 균등
　　침해의 다른 적극적 요건도 충족하므로 특허발명의 권리범위에 속한다고 한 사례로는 대법원 2012. 6.
　　14. 선고 2012후443 판결(약쑥탄 사건).

24) 대법원 2011. 7. 28. 선고 2010후67 판결, 2009. 12. 24. 선고 2007다66422 판결.

25) 이에 대해서는 본질적 부분이 변경되었다고 하여도 그것과 균등수단이 있을 수도 있다는 견해 등의 비
　　판도 있다.

26) 동일 사안에 대한 민사사건으로, 대법원 2014. 7. 24. 선고 2013다14361 판결.

야 한다"고 판시하면서, 특징적 구성을 대비하는 대신 침해제품이 구성의 변경에도 불구하고 해결수단이 기초하고 있는 기술사상의 핵심에서 특허발명과 차이가 없으면 과제의 해결원리가 동일하다고 보았다.[27] 이후 선고된 대법원 판결에서도 본질적 부분이나 특징적 구성이라는 표현 대신 '발명에 특유한 해결수단이 기초하고 있는 기술사상의 핵심'이라는 표현이 사용되고 있다.[28]

위 대법원 2012후1132 판결의 사례를 구체적으로 살펴보면, 명칭을 "구이김 자동 절단 및 수납장치"로 하는 특허발명에 관한 사안에서, 확인대상발명의 '절단용 실린더의 상하 이동에 연동하고 각 가압절판에 인접하여 수직으로 형성된 격자형의 절단날과 가이드케이스의 하부에 고정 배치되고 아래로 갈수록 그 두께가 선형적으로 넓어지는 경사면을 구비한 격자형 박스'의 구성이 특허발명의 '가이드케이스의 하부에 고정 배치되고 아래로 갈수록 그 두께가 선형적으로 넓어지는 격자형의 절단날'의 구성과 균등관계에 있는지 여부가 쟁점이 되었다. 원심법원에서는 특허발명은 구이김의 절단과 수납 공정의 자동화라는 과제를 해결하기 위해 구이김을 취식하기에 적당한 크기로 절단함과 동시에 그 각각의 절단김을 포장용기 내에 자동수납하는 원리를 적용하고 있고, 이러한 과제해결원리를 달성하기 위한 수단으로 '아래로 갈수록 두께가 선형적으로 넓어지는 격자형의 절단날'의 구성을 채택하고 있는 반면에 확인대상발명은 절단과 수납을 동시에 자동으로 수행하는 과제해결원리를 적용하고 있지 않고, '절단날'과 '격자형 박스'를 분리하여 형성하고 있어 특허발명의 특징적 구성인 '격자형 절단날'을 결여하고 있으므로, 양 발명에서 과제해결원리가 다르다고 보았다. 반면에 대법원은 특허발명의 명세서에 "종래에는 포장용기들의 각 수납공간 사이의 간격만큼 절단된 각각의 적층김들의 사이를 벌려 놓는 구조를 제시하지 못했지만, 위 적층김들을 누르는 가압절판들이 격자형 절단날의 외측 경사면을 따라 서로 사이가 벌어지도록 유도함으로써 수납공정까지 자동화할 수 있다"는 기재가 있고, 여기에 출

---

27) 이 판결에 대하여, 특징적 구성과 기술사상의 핵심은 각각 표현만 달리하였을 뿐 동일한 의미를 가지는 것으로 볼 것이지만, 기술사상의 핵심이라는 기준이 소송실무상 균등의 폭을 넓게 가져가는 방향으로 받아들여질 가능성이 있다는 견해[한동수, "균등침해에서 과제해결원리의 의미", 법률신문 4266호(2014. 10.)], 이 판결의 취지는 타당하지만, 다만 과제해결원리를 청구범위에서 추출한 물리적 구성이 아니라 이를 상위 개념화한 기술사상으로 파악할 때 지나치게 추상화하는 것을 유의할 필요가 있다는 견해[김동규, "균등침해에서 과제해결원리의 동일성", 대법원 특별소송실무연구회(2017. 6. 5.)]가 있다.
28) 이후 선고된 대법원 2015. 8. 27. 선고 2014다7964 판결, 2015. 6. 11. 선고 2015다204588 판결, 2015. 5. 14. 선고 2014후2788 판결, 2014. 9. 25. 선고 2012후2814 판결도 같은 취지로 판시하였다.

원 당시 공지기술 등을 종합하여 보면 특허발명에 특유한 해결수단이 기초하고 있는 기술사상의 핵심은 '절단된 각각의 적층김들이 하강하면서 가이드케이스의 하부에 고정 배치되는 격자형 부재의 외측 경사면을 따라 서로 사이가 벌어지도록 유도'하는 데에 있고, 확인대상발명의 경사면을 구비한 '격자형 박스' 구성도 이러한 점에서 차이가 없어 양 발명의 과제의 해결원리가 동일하다고 보았다.

한편 특허발명에는 하나 이상의 과제해결원리가 적용된 경우도 자주 있고, 실무상 균등 여부가 문제 되는 변경된 구성과의 관계에서 과제해결원리가 쟁점이 되므로, 동일한 특허발명에 대한 것이더라도 사건마다 문제 되는 구성이 달라지면 심리 대상이 되는 과제해결원리도 달라질 수 있다.[29]

(3) 적극적 요건 ②: 변경가능성

균등 성립의 두 번째 적극적 요건은 ② 그러한 변경에 의하더라도 특허발명에서와 같은 목적을 달성할 수 있고 실질적으로 동일한 작용효과를 나타내야 한다는 것이다.[30] 완전하게 동일한 작용효과를 나타낼 것까지 요하는 것은 아니며 특허발명의 기술사상의 핵심을 구현할 수 있는 정도의 작용효과를 나타내면 족하다.[31] 구성의 변경에 의하더라도 과제 해결을 위한 본질적인 작용효과의 면에서 특허발명과 질적으로 다르거나 양적으로 현저한 차이가 없다면 실질적으로 동일한 작용효과를 나타낸다고 보아야 한다.[32] 작용효과의 차이가 기술사상의 핵심과 관련 없는 관용적 기술수단을 채택함에 따른 부수적인 효과에 불과한 경우에도 실질적으로 작용효과에 차이가 있다고 볼 수 없다.[33]

---

29) 서울고등법원 2016. 3. 21.자 2015라20318 결정(확정).

30) 일반적으로 과제해결원리의 동일성 뒤에 검토되나 검토 순서에 논리적 필연성이 있는 것은 아니고, 과제해결원리의 동일성의 판단에 앞서 작용효과의 동일성(변경가능성)을 판단하는 것이 자연스럽다는 견해가 있다(한동수, "균등침해에 해당하기 위한 요건", 지적재산권 제32호(2009. 7.), 지적재산권법제연구원, 54; 정택수, "균등침해의 적극적 요건과 이용침해의 성립 요건", 대법원판례해설 제104호(2015년 상), 348).

31) 서울고등법원 2016. 3. 21.자 2015라20318 결정(확정).

32) 대법원 2009. 6. 25. 선고 2007후3806 판결, 서울고등법원 2016. 3. 21.자 2015라20318 결정(확정).

33) 대법원 2017. 12. 22. 선고 2017후479 판결, 2014. 7. 24. 선고 2013다14361 판결; 특허법원 2016. 6. 30. 선고 2015허4804 판결(심리불속행기각)('안전장치가 구비된 내솥 뚜껑 분리형 전기압력조리기'에 대한 특허발명에 관한 사안에서, 변경된 구성요소와 관련하여 특허발명에 특유한 해결수단이 기초하고 있는 기술사상의 핵심은 본체 뚜껑으로부터 분리 가능하게 결합되는 내솥 뚜껑이 본체 뚜껑으로부터 분리되었을 때 잠금테와 내솥이 잠금결합되는 '잠금위치'로 잠금테의 회전을 저지하여 압력조리기 작동이 이루

목적·효과 외에 구성에 관하여 언급이 없으나, 화학발명에서의 균등침해에 관한 대법원 판결(대법원 2000. 7. 28. 선고 97후2200 판결)에서 반응기전의 동일성을 고려 요소에 포함시킨 점에 비추어 볼 때, ②의 요건은 목적이나 효과의 동일성만을 의미하는 것이 아니라, 침해제품이 실질적으로 동일한 기능을, 실질적으로 동일한 방법으로 수행하여, 동일한 결과를 얻게 된다는 기능·방법·결과의 3요소 테스트의 내용을 포함하고 있는 것으로 보는 것이 합목적적이라 할 것이다.[34)35)]

(4) 적극적 요건 ③: 변경용이성

균등 성립의 세 번째 적극적 요건은 ③ 그와 같이 변경하는 것을 통상의 기술자라면 누구나 생각해 낼 수 있을 정도여야 한다는 것이다. 통상의 기술자에게 변경된 구성이 특허발명의 청구범위에 기재되어 있는 것과 마찬가지로 인식될 수 있거나 통상의 기술자가 별다른 기술적인 노력 없이 그러한 구성의 변경을 채택할 수 있는 정도라면 위 요건을 충족한다.[36)] 이는 미국의 판례법이 Graver Tank나 Hilton Davis 사건에서 일관하여 판시한 "해당 기술분야에서 통상의 지식을 가진 자의 입장에서 본 변경자명성(the known interchangeability to the persons reasonably skilled in the art)"과 같은 것이다.[37)]

균등론에서의 변경용이성은 진보성에서 말하는 용이추고성과 동일한 것인가, 즉 어느 특허권과의 관계에서 진보성이 부정되는 경우에는 언제나 그 특허권에 대한 균

어지지 않게 하는데 있고, 확인대상발명은 내솥 뚜껑이 본체 뚜껑으로부터 분리되었을 때에는 '잠금위치'로 잠금테의 회전이 저지되어 조리기의 작동이 이루어지지 않게 하는 차이가 있으나, 이는 위 기술사상의 핵심과 무관한 것으로, 구성의 변경에도 불구하고 과제의 해결수단이 기초하고 있는 기술사상의 핵심이 동일하므로 균등관계에 있다고 본 사례); 서울고등법원 2016. 3. 21.자 2015라20318 결정(확정)(비록 피고 실시제품에서 '격자형 절단날'이 상하로 이동하기 위해 구조가 다소 복잡해지고 '가압절관'과의 관계에서 구체적인 절단방식이 달라지는 등의 차이가 생긴다고 하더라도, 이는 특허발명의 기술사상의 핵심과 관련 없는 관용적 기술수단을 채택함에 따른 부수적인 것에 불과하다고 보이므로, 실질적인 작용효과에 차이가 없다고 본 사례).

34) 유영일(주 15), 299; 오승종, "청구범위의 해석", 사법논집 제28집, 법원도서관(1997), 284.

35) 같은 취지로, 특허법원 2015. 5. 1. 선고 2014허7509 판결(심리불속행기각)(확인대상발명의 상승된 뒤 하부틀 측면으로 이동된 맨드릴로부터 곡관을 제2구동모터, 회동부재 등으로 이루어진 탈거유닛에 의해 탈거하는 구성요소와 특허발명의 상승된 맨드릴로부터 곡관을 실린더, 피스톤부재 등으로 이루어진 탈거부에 의해 탈거하는 구성요소가 구성 및 작동원리가 서로 달라 과제해결원리가 동일하지 않다고 본 사례).

36) 서울고등법원 2016. 3. 21.자 2015라20318 결정(확정).

37) 유영일(주 15), 299.

등이 인정되는가 하는 점에 관하여 견해의 대립이 있다. 이는 균등이 성립하는 양적 범위에 관한 것으로서 실무상 중요한 문제이다. 진보성은 없으나 특허권의 보호범위에 속하지 아니하는 회색 영역을 인정하면 대부분 침해제품이 여기에 속하게 되는데, 이는 특허법이 제대로 기능하지 않는 회색 영역(gray area)을 인정하는 것이라거나, 균등론에서 말하는 변경용이성과 진보성에서 말하는 발명의 용이추고성을 같은 정도의 것으로 보아야 청구범위의 한정사항의 의미가 특허심사와 특허침해소송을 통하여 보다 일관성을 갖게 되며 법적 안정성에도 기여하게 된다는 주장이 있는 반면, 연구개발 부분에 중점을 두는 특허의 요건으로서의 진보성이 제조 · 판매 부분에 중점을 두는 균등론의 요건인 변경용이성보다 통상의 기술자나 추고용이성의 면에서 수준이 높고, 균등 성립의 인정범위가 과도하게 확장되는 것은 바람직하지 않다는 점을 이유로 들어 변경용이성은 특허의 요건인 진보성보다 좁게 파악하는 것이 타당하다는 주장도 있다.[38] 그 외에도, 균등론에서의 변경용이성은 특허된 발명의 보호범위를 정하기 위한 기준이고, 진보성 판단에서의 용이추고성은 새로운 특허를 주기 위한 잣대이므로, 양자는 그 출발과 목표가 다른 것으로서, 별개의 청구범위 해석절차에 따라 별도로 결정되어야 하므로, 굳이 그 관계를 동일하다거나 어느 쪽이 더 크다고 일률적으로 정할 필요 없이 구체적 사안에 따라 달라질 수 있다고 보는 견해도 있다.[39] 특허법원의 실무는 변경용이성과 용이추고성을 별개로 판단하고 있을 뿐 그 관계를 일률적으로 동일하거나 다르다고 하는 것 같지는 않다.

변경용이성 판단의 기준시점에 대하여는 출원시설과 침해시설이 있을 수 있는데, 침해시설에 따르면 기술적 진보로 인하여 출원시설에 따르는 경우보다 변경자명성이 인정되는 범위가 더 넓게 될 것이다. 대법원은 아직 이에 대하여 판시한 바 없으나,[40] 일본 최고재판소는 볼 스플라인 사건 판결에서 침해시설을 채택하였다.

(5) 소극적 요건 ①: 공지기술배제의 원칙

대법원 판결은 균등 성립의 소극적 요건의 하나로 침해제품이 특허발명의 출원시에 이미 공지된 기술 내지 공지기술로부터 통상의 기술자가 용이하게 발명할 수

---

38) 자세한 것은 유영일(주 15), 299 이하, 김동준(주 5) 360 이하 참조.

39) 박성수, "특허 청구범위의 해석에 관한 소고", 사법논집 제39집, 법원도서관(2004), 641 이하 참조.

40) 서울고등법원 2016. 3. 21.자 2015라20318 결정(확정)에서는, "상대방 제품 등의 제조 · 사용 등이 있었던 시점을 기준"으로 하여 침해시로 보았다.

있었던 기술에 해당하는 경우를 명시하였다. 이러한 공지기술배제의 원칙은 종래부터 인정되어 온 자유기술의 항변의 연장선에 있다고 할 수 있다.

종전부터 대법원 판례는 특허발명과 대비되는 침해제품이 공지의 기술만으로 이루어진 경우에는 특허발명과의 동일·유사 여부를 판단할 대상조차 가지지 않게 되어 그 침해제품은 특허발명의 권리범위 유무 및 특허발명과의 유사 여부와 관계없이 특허발명의 보호범위에 속하지 않는다고 하였고(대법원 1997. 11. 11. 선고 96후1750 판결), 이러한 태도는 균등 성립요건에 관한 대법원 판결에도 그대로 유지되어 침해제품이 공지의 기술만으로 이루어지거나 공지기술로부터 진보성이 없는 경우에도 역시 특허발명의 보호범위에 속하지 아니한다고 판시하고 있으며(대법원 2006. 5. 25. 선고 2005도4341 판결, 2004. 9. 23. 선고 2002다60610 판결, 2001. 10. 30. 선고 99후710 판결), 특허법원의 판결 역시 확인대상발명이 공지기술과 대비하여 신규성이 없는 경우 및 진보성이 없는 경우에는 등록된 특허발명과 대비할 필요도 없이 그 권리범위에 속하지 않는다고 결론을 내리고 있다[특허법원 2000. 2. 10. 선고 99허5289 판결(확정), 1998. 11. 6. 선고 98허2726 판결(확정)].

(6) 소극적 요건 ②: 출원경과금반언의 원칙

(가) 의 의

대법원 판례는 균등 성립의 소극적 요건의 하나로 특허발명의 출원절차를 통하여 침해제품의 변경된 구성요소가 청구범위로부터 의식적으로 제외된 것에 해당하는 경우를 명시하였다. 즉, 대법원 판례는, 특허출원인 내지 특허권자가 특허의 출원·등록과정 등에서 특허발명과 대비대상이 되는 발명이나 제품을 특허발명의 청구범위로부터 의식적으로 제외하였다고 볼 수 있는 경우에 대상발명이나 대상제품은 특허발명의 보호범위에 속하지 않으므로, 특허권자가 대상발명을 실시하거나 대상제품을 제조·판매하는 자를 상대로 대상발명이나 대상제품의 특정 구성요소가 특허발명의 구성요소와 균등관계에 있다는 이유로 대상발명이나 대상제품이 특허발명의 보호범위에 속하여 특허권을 침해한다고 주장하는 것은 금반언의 원칙에 위배되어 허용되지 아니한다고 판시하여(대법원 2004. 11. 26. 선고 2003다1564 판결, 2006. 6. 30. 선고 2004다51771 판결), 출원경과금반언의 원칙을 명시적으로 선언하였다. 출원경과금반언의 원칙은 공지기술에 의한 특허거절을 피하기 위한 목적 등으로 청구범위를 감축하거나 또는 좁게 해석하여야 한다고 주장함으로써 특허를 받은 경우, 나중에 출원 중에 포기한 보호범위를 균등론에 의하여 회복하는 것은 허용되지 않는다는 원칙으로서, 미국 보통법상의 금반언의 원칙을 특허심사절차에 적용한 것이다.[41]

여기서 말하는 청구범위로부터의 '의식적 제외'는 출원인의 인식을 기초로 한 의도적 행위가 있는 경우뿐만 아니라, 외형적으로 그와 같이 해석되는 행동을 한 경우도 포함하므로, 궁극적으로 출원인의 행동의 객관적 의미 해석에 기초하여 결정된다고 보아야 한다.[42]

대법원은 '의식적 제외'에 관하여, "대상제품이 특허발명의 출원·등록과정 등에서 특허발명의 청구범위로부터 의식적으로 제외된 것에 해당하는지 여부는 명세서뿐만 아니라 출원에서부터 특허될 때까지 특허청 심사관이 제시한 견해 및 특허출원인이 제출한 보정서와 의견서 등에 나타난 특허출원인의 의도 등을 참작하여 판단하여야 한다."라는 판단기준을 제시하였다(위 대법원 2004다51771 판결). 청구범위가 수 개의 항으로 이루어진 발명에서는 특별한 사정이 없는 한 각 청구항의 출원경과를 개별적으로 살펴서 어떤 구성이 각 청구항의 권리범위에서 의식적으로 제외된 것인지를 확정하여야 한다(대법원 2002. 9. 6. 선고 2001후171 판결).

(나) 금반언의 적용 유형

1) 선행기술에 대하여 특허성을 확보하기 위한 보정, 정정, 의견서 제출

출원 및 등록과정과 무효심판절차에서 선행기술과의 관계에서 신규성이나 진보성을 상실하는 것을 회피하기 위하여 청구범위를 제한적으로 보정 또는 정정하거나, 출원 및 등록과정에서 그러한 해석에 관한 주장을 한 경우 금반언의 원칙이 적용된다.[43]

---

41) 미국에서의 출원경과금반언의 법리에 대한 자세한 설명은 김동준(주 5) 107 이하 참조; 일본 최고재판소의 볼 스플라인 사건 판결에서도 "특허출원절차에서 출원인이 청구범위로부터 의식적으로 제외하는 등 특허권자 측에서 일단 특허발명의 기술적 범위에 속하지 아니한다는 것을 승인하였거나 또는 외형적으로 그와 같이 해석되는 행동을 한 것에 대하여, 특허권자가 이후에 그것과 반대되는 주장을 하는 것은 금반언의 법리에 비추어 허용될 수 없는 것이다."라고 판시하였다.

42) 유영일(주 15), 308.

43) [보정에 관하여 금반언 원칙의 적용을 긍정한 사례]
대법원 2007. 2. 23. 선고 2005도4210 판결, 2007. 2. 8. 선고 2005후1011 판결, 2006. 6. 30. 선고 2004다51771 판결, 2003. 12. 12. 선고 2002후2181 판결, 2003. 11. 13. 선고 2002후2259 판결, 2002. 6. 14. 선고 2000후2712 판결(금반언 원칙을 최초로 적용한 사례).
[보정에 관하여 금반언 원칙의 적용을 부정한 사례]
대법원 2002. 9. 6. 선고 2001후171 판결.
[정정에 관하여 금반언 원칙의 적용을 긍정한 사례]

2) 기재불비 등의 문제를 해결하기 위한 보정 등

출원 과정에서의 청구범위의 보정 등이 선행기술과의 관계에서 신규성 등을 부정당하지 않기 위한 목적으로 이루어진 것이 아니라, 기재불비 등 특허법이 정하는 다른 거절이유를 회피하기 위한 목적으로 이루어진 경우에도 금반언의 원칙이 적용될 수 있는지에 관하여, 대법원 판례[44]는 "특허출원인이 특허청 심사관으로부터 기재불비 및 진보성 흠결을 이유로 한 거절이유통지를 받고서 거절결정을 피하기 위하여 원출원의 청구범위를 한정하는 보정을 하면서 원출원발명 중 일부를 별개의 발명으로 분할출원한 경우, 이 분할출원된 발명은 특별한 사정이 없는 한 보정된 발명의 보호범위로부터 의식적으로 제외한 것이라고 보아야 한다."라고 하여 이를 긍정하였다.

명세서를 보정하는 목적 내지 동기가 그 발명의 신규성, 진보성의 결여를 치유하기 위한 경우이든 기재불비 등의 거절이유를 극복하기 위한 경우이든 양자 모두 출원된 발명의 특허를 받기 위한 것이라는 점에서는 차이가 없으며, 나아가 기재불비 등의 거절이유를 극복하기 위해 청구범위를 삭제 내지는 감축하였더라도 제외된 부분에 대해서 출원인은 특허받을 의사를 포기한 것이 명백하며, 이와 같은 출원경과를 본 제3자는 출원인에 의해 의식적으로 제외된 부분에 대해서 제3자가 자유롭게 사용할 수 있는 공중의 자산으로 인식할 것이므로, 비록 명세서 기재불비의 이유에 대한 보정이 더 나은 설명을 위한 목적이더라도 청구범위를 감축·삭제시키는 경우에는 금반언 원칙이 적용된다고 할 것이다.[45]

(다) 금반언에 의한 균등배제 범위

금반언 원칙이 적용되는 경우 그 효과로 어느 범위까지 균등론의 적용이 배제되는지가 실무상 자주 문제된다. 그간 선고된 대법원 판례를 유형별로 분류하여 보정을 통해 감축된 구성요소에 대해 원칙적으로 금반언을 적용하는 엄격한 접근법을 취한

대법원 2004. 11. 26. 선고 2002후2105 판결, 특허법원 2007. 4. 12. 선고 2007허1862 판결(확정).
[보정 없이 의견서만 제출한 경우에 금반언 원칙의 적용을 긍정한 사례]
대법원 2017. 4. 26. 선고 2014후638 판결, 특허법원 2008. 12. 17. 선고 2008허2930 판결(확정), 2002. 7. 26. 선고 2002허635 판결(확정).

44) 대법원 2008. 4. 10. 선고 2006다35308 판결.
45) 강기중, "가. 특허발명과 확인대상발명의 균등관계 여부의 판단 기준, 나. 특허발명의 출원과정에서 특정 구성이 청구범위로부터 의식적으로 제외된 것인지 여부의 판단 방법, 다. 출원인이 특허발명의 청구범위 제1항에 DNA 서열의 기재를 추가하여 보정을 함에 있어서 추가된 DNA 서열과 균등관계에 있는 것을 자신의 권리범위에서 제외할 의도였다고 단정하기 어렵다고 본 사례", 대법원판례해설 43호, 법원도서관(2002), 498 이하.

사례[46]와 보정을 통해 감축된 구성요소이더라도 제반 사정을 감안하여 금반언의 적용을 부정하는 유연한 접근법[47]을 취한 사례로 나누는 견해가 있다.[48]

대법원 2017. 4. 26. 선고 2014후638 판결[49]은 "출원과정에서 청구범위의 감축이 이루어졌다는 사정만으로 감축 전의 구성과 감축 후의 구성을 비교하여 그 사이에 존재하는 모든 구성이 청구범위에서 의식적으로 제외되었다고 단정할 것은 아니고, 거절이유통지에 제시된 선행기술을 회피하려는 의도로 그 선행기술에 나타난 구성을 배제하는 감축을 한 경우 등과 같이 보정이유를 포함하여 출원과정에 드러난 여러 사정을 종합하여 볼 때 출원인이 어떤 구성을 권리범위에서 제외하려는 의사가 존재한다고 볼 수 있을 때에 이를 인정할 수 있다."라고 판시하였는데, 이는 유연한 접근법을 명확히 한 취지로 해석된다.[50]

라. 균등침해 여부가 문제 되는 유형

(1) 수치를 한정한 청구항과 균등침해

수치를 한정하는 구성요소를 포함하는 청구항은, ① 수치한정이 보충적인 사항

---

46) 대법원 2006. 12. 7. 선고 2005후3192 판결, 2004. 11. 26. 선고 2003다1564 판결, 2004. 11. 26. 선고 2002후2105 판결, 2002. 6. 14. 선고 2000후2712 판결.

47) 대법원 2002. 9. 6. 선고 2001후171 판결.

48) 김동준, "균등론과 출원경과금반언", 특별법연구 10권, 사법발전재단(2012); 이에 대해 구민승, "출원경과 금반언에 의한 균등의 배제 범위", 사법 41호, 사법발전재단(2017)은 위 논문에서 엄격한 접근법을 취한 것으로 해석되는 판례들은 제반 경위를 참작하여 출원인이 의식적으로 제외한 범위를 해석한 것 등일 뿐 엄격한 접근법을 취한 것으로 보기는 어렵다고 한다.

49) 최초 출원 당시 청구범위에 하부 받침대의 단면모양이 '속이 빈 사다리꼴'로 기재되었는데, 출원인이 선행발명에 위와 같은 단면모양이 개시되어 있다는 취지의 거절이유통지에 대응하여 청구범위의 하부받침대와 상부받침대의 단면 모양을 '하부면이 상부면보다 넓은 속이 빈 사다리꼴의 단면모양'으로 한정하여 보정함과 아울러, "선행발명의 설치프레임(상부받침대)은 홈부가 형성된 부분이 아래로 향하면서 베이스 프레임(하부받침대)과 결합되어 있는 반면에 특허발명의 상부받침대는 홈부가 형성된 부분이 상부에 형성되어 있어 하부받침대에 용접될 때 그 접촉면을 넓혀 결합력을 강화시킴으로써 구조적인 안정감을 향상시키고 있다."라는 취지의 의견서를 제출한 사안이다. 법원은, 특허발명의 명세서 중 '하부면이 상부면보다 넓은 사다리꼴의 단면모양'은 하부받침대의 지면과의 지지면적을 넓게 하여 구조적인 안정성을 얻을 수 있다고 기재되어 있어 애초에 '하부면이 상부면보다 넓은 사다리꼴의 단면모양'을 전제로 하고 있었던 점, 이 사건 보정은 청구범위를 이러한 발명의 설명에 부합하도록 한정한 것인 점 등을 종합하면, 출원인에게 이 사건 보정에 의하여 확인대상발명과 같은 '상부면이 하부면보다 넓은 사다리꼴' 단면모양의 구성을 특허발명의 권리범위에서 제외하려는 의사가 존재한다고 볼 수 있고, 확인대상발명과 같은 '홈이 하부에 형성되어 있는' 상부받침대 구성 역시 특허발명의 권리범위에서 제외하였다고 평가할 수 있으므로, 확인대상발명은 특허발명의 권리범위에 속하지 않는다고 판시하였다.

50) 대법원 2017. 4. 26. 선고 2014후638 판결, 이 판결에 대한 판례평석으로는 구민승(주 48).

에 불과한 경우, ② 수치한정이 공지된 발명과 상이한 과제를 달성하기 위한 기술수단으로서 이질적 효과를 가지는 경우, ③ 발명의 과제 및 효과가 공지된 발명의 연장선에 있고 특정된 수치범위 내외에서 임계적 의의를 가지는 경우 등이 있을 수 있다.[51] 이러한 유형 중 ③의 경우에는 수치한정 구성이 특허발명의 특징적 구성 또는 특유의 해결수단으로서 기술사상의 핵심에 해당하는 경우가 많을 것이어서 특정된 수치범위를 벗어난 발명은 균등침해가 성립하지 않을 것이다. 반면에 ①, ②의 경우에는 수치한정 구성이 보충적이거나 예시적인 것에 불과하여 한정된 수치범위를 벗어난다는 점만으로 균등침해를 부정하기 어려운 경우가 많을 것이다.[52]

(2) 구성요소의 생략과 균등침해

특허발명의 일부 구성요소가 생략된 경우, 그럼에도 불구하고 발명의 과제해결원리가 동일하게 유지되고, 실질적으로 동일한 작용효과를 나타내며, 통상의 기술자가 구성의 생략을 쉽게 생각해낼 수 있다면 균등침해가 될 것인지에 대해 논란이 있을 수 있다.

이에 대해서는, 특허권을 침해하는지를 판단하기 위해 특허발명과 대비·판단의 대상이 되는 구성을 구분할 때는 이를 형식적으로 분리할 것이 아니라 특허발명이나 대비되는 대상 제품이나 대상 방법의 전체적인 맥락에서 각각의 구성이 가지는 기술적 의미나 작용효과를 실질적으로 탐구하여야 하므로,[53] 특허발명에서 일부 구성요소가 생략된 경우 원칙적으로 구성요소 완비의 원칙에 의해 균등침해도 성립하지 않을 것이나, 외견상 생략된 것처럼 보이는 구성요소의 기능, 방식 및 효과를 다른 구성요소에서 실질적으로 수행하는 경우에는 구성요소의 치환 또는 변경으로 볼 수 있어 균등침해에 해당할 수 있다는 견해가 있다.[54]

---

51) 김동준, 특허권의 균등침해에 관한 연구, 성균관대학교 박사학위논문(2012), 388.

52) 특허발명과 수치범위에서 차이가 있는 발명에 대해 균등관계를 부정한 사례로는 특허법원 2013. 6. 21. 선고 2012허10419 판결(정정을 이유로 파기환송되었고, 환송심에서 취하간주됨), 2007. 3. 28. 선고 2006허6204 판결(심리불속행 기각) 등이 있고, 균등관계를 긍정한 사례로는 대법원 2009. 12. 18. 선고 2008허13299 판결(상고기각), 특허법원 2015. 6. 26. 선고 2014허8441 판결(심리불속행 기각), 2014. 5. 2. 선고 2013허9379판결(확정) 등이 있다.

53) 서울고등법원 2016. 3. 21.자 2015라20318 결정(확정). 위 결정에서는 균등한지 문제되는 구성요소가 특허발명의 과제 해결에 아무런 역할을 하지 않은 경우 그 구성요소를 생략한 생략발명은 특허발명의 균등침해에 해당할 수 있다는 취지로 설시하였다.

54) 조현래, "생략발명과 특허침해", 창작과 권리 69호(2012년 겨울호), 세창출판사(2012); 김철환, "일부 구

3. 이용침해

가. 의   의

이용발명은 이용대상이 되는 특허발명의 구성요소를 모두 그대로 가지면서 여기에 새로운 구성요소를 부가한 경우를 말한다.[55] 이용발명의 실시는 이용대상이 되는 특허발명에 대하여 특허침해가 성립한다. 만일 부가된 구성요소가 단순한 주지관용기술에 해당하여 기본발명과 상이한 발명이라고 볼 수 없는 경우에는 이용발명이 아닌 동일발명으로서 특허침해가 될 것이다(대법원 2000. 7. 4. 선고 97후2194 판결).

특허권은 실시권 외에 배타권의 성격을 가지고 있으므로, 이용발명이 별개의 특허로서 독립적으로 특허성을 가진다고 하더라도 이를 이용의 대상이 된 특허권의 침해로 보는 것이 모순되는 것은 아니다. 왜냐하면, 이용발명의 법리는 선행발명과 후원발명 간의 합리적 이해관계 조정을 위한 도구이기 때문이다.

나. 이용침해의 성립요건

대법원은 '선행발명과 후발명이 이용관계에 있는 경우에는 후발명은 선행발명특허의 권리범위에 속하게 되고, 이러한 이용관계는 후발명이 선행발명의 특허요지에 새로운 기술적 요소를 가하는 것으로서 후발명이 선행발명의 요지를 전부 포함하고 이를 그대로 이용하게 되면 성립된다.'고 판시함으로써, 통설인 요지공통설(모사설, 그대로설)에 따라 이용발명은 기본발명의 요지를 전부 포함하고 이를 그대로 이용하는 경우에 성립한다고 한다(대법원 1995. 12. 5. 선고 92후1660 판결).[56]

성요소의 생략과 특허침해", 개정판 특허판례연구, 박영사(2012), 547.

55) 이용발명의 본질에 관한 통설·판례인 요지공통설에 따라 파악한 것이다. 한편 선행 특허발명의 구성요소 전부를 그대로 가지고 있는 경우에 한정하지 않고 후행 발명의 실시과정에서 불가피하게 선행 특허발명을 침해하는 경우도 '이용침해'로 보아야 한다는 견해가 있다[조영선, 특허법(제5판), 박영사(2015), 418].

56) 92후1660 판결은, 이 사건 특허발명의 기술요지는 에틸렌비닐아세테이트(EVA) 폼의 낚시찌에 방수처리를 함에 있어서 특정 재료를 선택하였음에 있고 이 사건 특허발명은 방수피막층을 이루는 재료가 단순 중합체인 연질 폴리비닐클로라이드(PVC)임에 비하여 확인대상발명은 에틸렌초산비닐 공중합체 및 열가소성 고무로서 그 재질이 상이한 것이므로 확인대상발명이 이 사건 특허발명의 요지를 전부 포함하고 이를 그대로 이용하는 관계에 있다고 볼 수 없다고 판시하였다. 같은 취지의 판결로 대법원 2016. 4. 28. 선고 2015후161 판결(이 사건 특허발명은 구이의 눌어붙음 방지, 열원 노출면적 확대 등의 효과를 위하여 선재를 한 방향으로만 형성한 것으로, 하나의 석쇠틀에서 가로·세로 방향으로 선재가 교차되는 확인대상발명의 양방향 구성은 위와 같은 한 방향 구성의 작용효과를 나타낼 수 없어 이 사건 특허발명

기본발명은 유기적 일체성을 잃지 않고 이용발명에 존재하여야 한다.[57] 따라서 부가된 구성요소에 의하여 기본발명이 목적으로 하는 작용효과가 상실되고 다른 것으로 전환되는 경우에는 유기적 일체성이 유지된다고 볼 수 없으므로 이용관계가 부정된다.[58]

다. 촉매사용과 이용발명

화학발명에서 촉매를 사용한 것이 기본발명을 그대로 이용한 것인지에 관해서는 대법원 2001. 8. 21. 선고 98후522 판결은 "선 특허발명과 후 발명이 구 특허법(1990. 1. 13. 법률 제4207호로 전문 개정되기 전의 것) 45조 3항에서 규정하는 이용관계에 있는 경우에는 … 선 특허발명과 동일한 발명뿐만 아니라 균등한 발명을 이용하는 경우도 마찬가지이다. 화학반응에서 촉매라 함은 반응에 관여하여 반응속도 내지 수율 등에 영향을 줄 뿐 반응 후에는 그대로 남아 있고 목적물질의 화학적 구조에는 기여를 하지 아니하는 것임을 고려하면, 화학물질 제조방법의 발명에서 촉매를 부가함에 의하여 그 제조방법 발명의 기술적 구성의 일체성, 즉 출발물질에 반응물질을 가하여 특정한 목적물질을 생성하는 일련의 유기적 결합관계의 일체성이 상실된다고 볼 수는 없으므로, 촉매의 부가로 인하여 그 수율에 현저한 상승을 가져오는 경우라 하더라도, 달리 특별한 사정이 없는 한 선행 특허발명의 기술적 요지를 그대로 포함하는 이용발명에 해당한다고 봄이 상당하다."라고 판시하였다. 이 판결은 화학발명에서 촉매사용과 이용발명의 관계를 새로 정립한 판결로 여겨진다.[59]

과 상이한 구성이라고 할 것이므로, 두 발명이 이용관계에 있다고 볼 수 없다).

57) 대법원 2017. 12. 22. 선고 2015다57935 판결, 2016. 4. 28. 선고 2015후161 판결, 2007. 2. 8. 선고 2005후1011 판결, 2001. 8. 21. 선고 98후522 판결 등.

58) 대법원 2011. 12. 8. 선고 2011다69206 판결(오리나무 추출물과 마가목 추출물을 혼합하는 것을 기술구성으로 하는 '숙취해소용 천연차 및 그 제조방법'에 관한 발명의 일체성이 오리나무 추출물과 마가목 추출물을 포함한 34가지 물질을 혼합하여 제조된 숙취 해소용 액상추출차인 침해제품에서 동일하게 유지된다고 볼 수 없다고 본 사례). 이 판결에 대하여, '조성물 발명'의 이용침해 판단에서 발명의 일체성 여부를 '기계, 장치 및 기타 물건발명'의 이용침해 판단에 비하여 신중하게 하여야 함을 강조한 판결로 본 견해로는, 윤태식, 특허법-특허 소송 실무와 이론(제2판), 진원사(2017), 612.

59) 초기 대법원 판결(대법원 1992. 10. 27. 선고 92다8330 판결, 1991. 11. 26. 선고 90후1499 판결, 1991. 11. 12. 선고 90후1451 판결, 1985. 4. 9. 선고 83후85 판결)은 화학물질의 제조과정(수단)에 촉매를 사용하는 것과 사용하지 않는 것은 기술사상을 현저히 달리하는 것으로서 촉매를 사용하는 발명이 촉매에 관하여 언급이 없었던 기본발명의 이용침해가 되지 않는다고 보았다. 이에 대하여는 학계와 실무계로부터 많은 비판이 있었고, 이에 대법원이 98후522 판결을 통해 판례를 사실상 변경한 것으로 이해된다.

라. 균등물을 기초로 한 이용발명

이용발명에서의 이용은 문언 그대로 이용된 경우에 한하는가, 아니면 균등물을 이용한 경우도 포함하는가에 관하여 대법원 판결은 일관하여 "특허발명과 후 발명이 이용관계에 있는 경우에는 후 발명은 선 특허발명의 권리범위에 속하게 되고, 이는 선 특허발명과 동일한 발명뿐만 아니라 균등한 발명을 이용하는 경우도 마찬가지이다." 라고 판시하여 균등물을 이용한 경우에도 이용침해를 인정한다.[60] 또한, 이용발명이 특허발명에 비해 새롭거나 상승된 효과가 있더라도 그러한 효과가 추가된 구성요소에 의한 것으로 통상의 기술자가 쉽게 생각해낼 수 있는 정도에 불과하다면, 특허발명과 균등한 발명을 이용한 관계에 있는 것으로 특허발명의 권리범위에 속한다.[61]

4. 우회침해

가. 의   의

우회발명은 침해제품이 특허발명과 본래 기술사상을 같이 하면서도 그 보호범위를 벗어나기 위하여 무용의 물질이나 공정을 부가하여 일부러 우회의 길을 선택하고 있을 뿐, 결국 발명으로서는 동일한 결과를 얻는 관계에 있는 것을 말한다. 우회발명은 화학발명에서 주로 문제가 된다.[62]

나. 판   례

대법원 1997. 11. 14. 선고 96후2135 판결은, '확인대상발명은 활성 마그네슘 수화물의 제조방법에 관한 등록발명의 핵심적인 기술을 전부 사용하여 달성되거나 또는 등록발명과 본질적으로 일치하는 수단이고 그 작용효과가 실질적으로 동일한 것인데

---

60) 대법원 2005. 7. 14. 선고 2003후1451 판결, 2003. 2. 11. 선고 2002후1027 판결, 2001. 9. 7. 선고 2001후393 판결, 2001. 8. 21. 선고 98후522 판결.
61) 대법원 2015. 6. 11. 선고 2015다204588 판결, 특허법원 2017. 6. 16. 선고 2016허9295 판결(심리불속행기각), 2006. 10. 20. 선고 2005허10589 판결(확정) 등
62) 우회 여부는 출발물질과 목적물질과의 관계에서 판단되어야 하고, A→B의 특허공정을 ① A→A'→B(A→A'는 부가공정이고, A'→B는 유사공정이다), ② A→B'→B(A→B'는 유사공정이고, B'→B는 부가공정이다)로 하거나, ③ A→A'→B'→B(A→A'는 부가공정이고, A'→B'는 유사공정이며, B'→B는 부가공정이다)로 하는 경우에 국한되어야 한다고 보는 견해도 있다. 竹田和彦, 특허의 지식(제8판), 김관식 외 4인 공역, 에이제이디자인기획(2011), 549~550 참조.

도 무용한 공정을 추가함으로써 등록발명의 권리를 회피하기 위한 것이라고 볼 여지가 충분히 있어, 확인대상발명이 등록발명의 권리범위에 속하는지 여부의 판단을 하기 위해서는 심판청구인이 확인대상발명의 방법을 사용하는 데 대한 합리적인 이유와 작용효과상의 진보가 있는지를 살펴보아, 등록발명과 실질적으로 동일하면서도 그 권리를 회피하기 위한 수단은 아닌지 등을 자세히 심리해 보아야 한다'고 판시하였다. 대법원 2000. 7. 4. 선고 97후2194 판결도, "확인대상발명은 그 출발물질, 반응물질(피페라진) 및 목적물질이 이 사건 특허발명과 동일하고 그 제조방법도 반응물질인 피페라진을 출발물질의 C-7 위치에 결합시켜 목적물질을 만드는 이 사건 특허발명의 주반응의 반응기전(Reaction Mechanism)을 그대로 이용한다는 점에서 그 기술적 사상과 핵심적인 구성이 동일하며, 다만 확인대상발명이 출발물질에 알루미늄클로라이드를 반응시켜 중간체를 거치는 구성을 부가한 차이가 있기는 하지만, 이 부가공정은 이 사건 양 발명이 속하는 기술분야에서 통상의 지식을 가진 자라면 주지된 관용기술(보호기의 사용)에 의하여 용이하게 부가시킬 수 있는 공정에 불과하다고 보여지고, 그 작용효과 역시 주지된 관용기술을 부가함으로 인한 효과 이상으로 우월하거나 현저하게 향상되었다고 보기 어려우므로, 확인대상발명은 이 사건 특허발명과 상이한 발명이라고 볼 수 없어 이 사건 특허발명의 권리범위에 속한다고 보아야 한다."라고 판시하였다. 이러한 대법원 판례는 우회발명을 특허침해의 한 유형으로서 파악하는 것으로 이해된다.

균등론의 요건을 최초로 판시한 대법원 2000. 7. 28. 선고 97후2200 판결도 확인대상발명은 이 사건 특허발명과, 출발물질 및 목적물질이 동일하고 그 반응물질도 균등물이라고 할 수 있으며, 또 확인대상발명에서 반응중간체를 가수분해하여 목적물질을 얻는 공정도 단순한 관용수단의 부가에 불과하므로, 양 발명은 상이한 발명이라고 볼 수 없어 확인대상발명은 이 사건 특허발명의 권리범위에 속한다고 보아야 할 것이라고 판시하고 있다. 한편, 대법원 2001. 6. 15. 선고 98후836 판결은 그 이유에서 우회발명이라는 용어를 직접 사용하고 있으나, 출발물질이 상이하여 우회발명에 해당하지 않는다고만 하고 있을 뿐 나머지 성립요건에 관하여는 아무런 언급이 없다.

다. 실무상 운영방향

우회발명이라는 개념 자체가 원래 특허침해를 인정하기 위하여 도출된 개념이므로 우회발명이 특허침해로 인정되는 것은 당연하다. 다만 우회발명을 독립된 특허침해의 한 유형으로 파악할 것인지, 또는 균등침해의 한 유형으로 파악할 것인지가 문제이다. 장차 특허침해로 인정되는 우회발명의 개념 및 성립요건을 정립할 필요가 있으나, 우회발명을 독립한 특허침해의 유형으로 파악하기보다는 이미 대법원 판례에 의해 확립된 균등침해의 특수한 유형으로 포섭하여 구성요소의 변경에 해당하는지에 대하여 충분한 논의가 이루어져야 할 것이다.

5. 생략침해와 불완전이용침해

가. 의   의

생략발명은 침해제품이 특허발명의 구성요소 중 비교적 중요성이 낮은 구성요소를 생략하여 특허발명의 작용효과보다 열악하거나 동일한 효과를 가져오는 것을 말한다. 불완전이용발명은 이러한 생략발명에 일정한 구성요소를 부가한 경우이다. 생략발명이나 불완전이용발명이 특허침해를 구성하는지는 실무상 자주 문제 된다.

문언침해는 침해제품이 특허발명의 구성요소를 모두 포함할 것을 요구하므로 구성요소의 일부를 결여한 생략발명이나 불완전이용발명은 문언침해에는 해당하지 않는다. 또한, 생략된 요소의 기능, 방식 및 효과를 다른 요소에서 실질적으로 수행하고 있다고 인정되는 경우라면 구성요소의 치환 내지 변경으로 보아 균등침해가 성립될 수 있으나 구성요소가 결여된 경우에는 균등침해에도 해당하지 않는다.

그럼에도 불구하고 생략발명이나 불완전이용발명이 특허침해의 근거로서 실무상 종종 주장되는 이유는 많은 경우에 특허발명의 모방을 시도하는 자는 특허발명을 그대로 실시하거나 일부 구성요소의 단순치환을 시도하는 것보다는 구성요소의 일부를 생략하는 방법으로 특허침해를 회피하려는 경향이 강하기 때문이다.

나. 학   설

(1) 긍 정 설

이 견해는 본질적으로 중요하지 않은 요소만 생략한 채 그 특허발명의 기술적 사상을 그대로 이용하는 경우에 특허침해가 되지 않는다면 특허권자의 보호에 소홀하고 침해자는 부당한 이득을 얻게 되므로 특허침해를 긍정하여야 한다는 견해이다.[63]

---

63) 吉藤幸朔, 특허법개설(제13판), YOU ME 특허법률사무소 역, 대광서림(2005), 605.

(2) 부 정 설

이 견해는 청구범위에 기재된 구성요소는 모두 필수적 구성요소로 보아야 하는데, 이들 구성요소를 다시 중요한 요소와 중요하지 않은 요소로 나누어 특허침해를 판단하는 것은 청구범위 기준의 원칙에 맞지 아니하고 법적 안정성을 저해하는 결과가 된다는 이유로 특허침해를 부정하는 견해이다.[64]

다. 판례의 입장

(1) 대법원 판결

생략발명 및 불완전이용발명의 법리를 명시적으로 인정하였다고 볼 만한 대법원 판결은 찾기 어렵다.[65]

일련의 대법원 판례는 '특허발명의 청구항이 복수의 구성요소로 되어 있는 경우에는 그 각 구성요소가 유기적으로 결합된 전체로서의 기술사상이 보호되는 것이지, 각 구성요소가 독립하여 보호되는 것은 아니므로, 특허발명과 대비되는 발명이 특허발명의 청구항에 기재된 필수적 구성요소들 중의 일부만을 갖추고 있고 나머지 구성요소가 결여된 경우에는 원칙적으로 그 발명은 특허발명의 권리범위에 속하지 아니하고,[66] 청구항에 기재된 구성요소는 모두 발명의 구성에 없어서는 아니 되는 필수적 구성요소이고, 구성요소 중 일부를 권리행사의 단계에서 비교적 중요하지 않은 사항이라고 하여 무시하는 것은 사실상 등록청구범위의 확장적 변경을 사후에 인정하는 것이 되어 허용될 수 없다'고 하여 왔다.[67][68]

---

64) 오승종(주 34), 270; 홍광식, "특허권등 침해의 제유형", 지적소유권에 관한 제문제(상), 재판자료 제56집, 297 등.

65) 다만 일부 대법원 판결에서, 해당 기술분야에서 통상의 지식을 가진 자가 용이하게 구성요소를 생략할 수 있는 것이고, 그러한 생략에도 불구하고 작용효과에 별다른 차이가 없다는 이유로, 양 발명을 동일성이 있는 발명으로 보아 특허침해가 된다고 판시하거나(대법원 1998. 1. 23. 선고 97후2330 판결, 1997. 4. 11. 선고 96후146 판결), 필수적 구성요소가 아니어서 그 유무가 특허발명과 선행발명과의 본질적 차이가 될 수 없다는 점을 진보성 부인 사유 중의 하나로 든 경우가 있다(대법원 2002. 9. 6. 선고 2000후1689 판결).

66) 대법원 2001. 9. 7. 선고 99후1584 판결, 2001. 8. 21. 선고 99후2372 판결, 2001. 6. 15. 선고 2000후617 판결, 2001. 6. 1. 선고 98후2856 판결, 2000. 11. 14. 선고 98후2351 판결.

67) 대법원 2006. 1. 12. 선고 2004후1564 판결, 2005. 9. 30. 선고 2004후3553 판결.

68) 대법원 판례는 권리범위 속부를 판단하면서 '필수적 구성요소'라는 용어를 사용하나, 이는 청구항의 구성요소를 필수적인 것과 부가적인 것으로 나누어 구분한다는 의미는 아니고, 청구항에 기재된 것은 모두 필수적 구성요소라는 취지를 표현한 것이다.

이러한 일련의 대법원 판례는 특허발명의 모든 구성요소는 필수적인 것이며, 따라서 침해가 성립하려면 특허발명의 모든 구성요소가 갖추어져야 한다는 이른바 구성요소 완비의 원칙(all elements rule)과 동일한 것으로서, 이에 따르면 생략발명이나 불완전이용발명은 특허침해로 인정되기 어려운 것으로 보인다.

(2) 특허법원 판결

생략발명 및 불완전이용의 법리에 대한 특허법원의 태도는 대체로 두 가지로 나누어져 있다. 첫 번째는, 특허침해의 한 가지 유형으로서의 생략발명 및 불완전이용의 법리 자체를 인정하지 않는 입장이고, 두 번째는, 생략발명 및 불완전이용발명이라도 일정한 요건 하에 특허침해로 인정할 수 있다는 입장이다. 그러나 후자의 입장을 취한 특허법원 판결들도 그러한 법리만 인정하였을 뿐 실제로 청구항에 기재된 구성요소가 필수적 구성요소가 아니라고 보아 특허침해가 성립한다고 결론을 내린 사례는 하나도 없음에 주목하여야 한다.

생략발명 및 불완전이용의 법리 자체를 인정할 수 없다고 한 사례로는 특허법원 2014. 2. 26. 선고 2013허5483 판결(확정), 2007. 10. 16. 선고 2007허4007 판결(확정), 2000. 9. 1. 선고 2000허860 판결(확정), 1999. 12. 16. 선고 98허3019 판결(확정), 1999. 6. 3. 선고 98허8632 판결(확정)이 있다. 그중 2000허860 판결은, 확인대상고안이 등록고안과의 저촉관계를 회피하기 위하여 등록고안의 구성요소 중 비교적 중요하지 않은 구성을 생략한 경우에 성립하는 불완전이용에 해당하여 이 사건 등록고안의 권리범위에 속하는지 여부에 관하여 보건대, 실용신안법은 실용신안 등록청구범위의 청구항은 고안의 구성에 없어서는 아니 되는 사항만으로 기재하도록 규정하고 있고(실용신안 8조 4항 3호), 고안의 구성에 없어서는 아니 되는 사항으로서 어떠한 사항을 등록청구범위에 기재할 것인지는 출원인의 자유에 맡겨져 있으며, 출원인은 출원 후에도 출원공고결정등본의 송달 전에는 출원서에 최초로 첨부한 명세서 또는 도면에 기재된 사항의 범위 내에서 등록청구범위를 증가 감소 또는 변경하는 보정을 할 수 있으나, 출원공고결정등본 송달 후에는 등록청구범위의 확장적 변경이 허용되지 않는 점[구 실용신안법(1997. 4. 10. 법률 제5330호로 개정되기 이전의 것) 11조에 의하여 준용되는 구 특허법(1997. 4. 10. 법률 제5329호로 개정되기 이전의 것) 47조 내지 50조], 등록고안의 기술적 범위는 그러한 등록청구범위에 기재된 사항에 의하여 정해지는 점(실용신안 29조, 특허 97조) 등에 비추어 볼 때, 고안의 구성에 없어서는 아니 되는 사항의 하나로 등록청구범위에 기재하였음에도 권리행사의 단계에서 그 사항은 해당 고안의 구성요소 중 비교적 중요하지 않은 사항이라고 하여 이를 무시하는 것은 사실상 등록청구범위의 확장적 변경을 사후에 인정하는 것이 되어 허용될 수 없다 할 것이고, 따라서 생략된 구성요소가 그 등록고안에 있어서 중요한지 여부, 이를 생략하는 것이 용이한지 여부 등 이른바 불완전이용관계의 성립 여부를 살필 필요 없이 이 사건 등록고안의 등록청구범위에 기재된 구성요소의 일부를 생략한 확인대상고안은 그 등록고안의 권리범위에 속한다고 할 수 없다고 판시하였다.

이와 달리 생략발명이나 불완전이용의 법리만 인정한 후 확인대상발명이 그에 해당하지 않는다고 한 사례로는 특허법원 2013. 5. 15. 선고 2013허402 판결(확정), 2004. 9. 23. 선고 2004허1236 판결(상고각하), 1999. 12. 23. 선고 98허8014 판결(확정), 1999. 8. 26. 선고 99허2389 판결(확정), 1998. 12. 18. 선고 98허5312 판결(확정), 1998. 11. 26. 선고 98허1747 판결(확정)이 있다. 그중 2004허1236 판결은, "하나의 청구항에 복수의 구성요소를 기재하고 있는 경우 그중 하나라도 결여하면 원칙적으로 그 청구항의 권리범위에 속하지 않게 되고 복수의 구성요소 각각에 독립된 보호범위를 주장하는 것은 허용되지 아니하며, 어느 발명이 특허발명의 권리범위를 벗어나기 위하여 특허발명의 구성요소 중 일부를 의도적으로 생략한 것에 불과하기 때문에 그 특허발명의 권리범위에 속하는 것으로 보는 이른바 생략발명이나 불완전이용발명에 해당한다고 하려면, 특허발명과 동일한 기술사상을 가지고 있으면서 등록청구범위 중 비교적 중요하지 아니한 구성요소를 생략하고 그와 같은 생략에 의하여서도 해당 특허발명이 목적으로 하는 특별한 작용효과를 발휘할 수 있는 경우이어야 하며, 특허발명의 필수적 구성요소를 결여함으로써 특허발명이 목적으로 하는 주된 작용효과를 발휘할 수 없는 경우에는 이에 해당한다고 할 수 없다."라고 판시하였다.

라. 실무상 운영 방향

생략발명이나 불완전이용발명의 법리를 특허침해의 한 유형으로서 인정하는지에 관하여 대법원의 입장은 분명하지 않고, 특허법원의 입장도 통일되어 있지 않다. 장차 대법원판결을 통하여 입장이 정리될 필요가 있다고 할 것이다.

생략발명이나 불완전이용발명이 특허침해의 한 유형으로 종종 거론되는 것은, 구체적 타당성의 관점에서 특허권의 보호범위를 청구범위의 기재보다 넓게 설정할 필요가 있다는 인식을 기초로 한다. 우리나라의 현재 특허출원실무에서 청구범위 기재의 수준이 그리 높지 않고 또 다항제의 운영 자체가 아직까지 국제적인 수준으로 확립되지 못하다는 현실적인 사정을 고려한 것으로 보인다. 그러나 대법원판례는 청구범위에 기재된 모든 구성요소가 필수적 구성요소인 것을 전제로 청구범위를 해석한다는 사실에 주목할 필요가 있다.

생략발명이나 불완전이용발명은 구성요소가 생략된 경우에 대한 것이고, 균등침해는 구성요소가 치환 내지 변경된 경우에 대한 것이므로, 일응 구성요소의 치환 내지 변경에는 구성요소의 생략이 포함되지 않는 것으로 보인다. 따라서 실무에서는 구성요소의 '치환'이냐 '생략'이냐를 가리는 것이 중요한 문제로 대두되는데, 구성요소를 어느 정도 단위로 파악하느냐에 따라 동일한 사안에 대하여 '치환'으로 볼 수도 있고 '생략'으로 볼 수도 있게 된다.[69] 실무에서는 각 청구항의 문언을 기준으로 한 단위씩 끊어 각 단위마다 하나의 구성요소로 보고 확인대상발명에서 이에 대응하는 구성이 있는지를 찾아 대비하는 것이 보통이나, 청구항은 각 발명마다 각기 다양한 형태를 가지고 있기 때문에 청구항을 기준으로 구성요소를 분리하는 것은 매우 어려운 작업이고 또 그 과정에서 구성요소 간의 유기적인 결합관계가 손상될 위험성도 적지 않다.

발명의 구성요소는 원칙적으로 청구범위에 기재된 문언을 기준으로 하되, 각 구성요소의 단위는 최소한 발명 전체의 작용효과에 직접 기여하기 위하여 독자적으로 수행하는 어떤 기능 또는 작용을 보유할 정도는 되어야 할 것이고, 그와 같이 독자적인 기능을 수행하는지 여부는 청구범위의 해석에 관한 일반 원칙(발명의 상세한 설명의 참작, 공지기술의 참작, 출원경과 등의 참작)에 따라 합리적으로 판단할 수밖에 없을 것이다.

6. 선택침해

가. 선택발명의 의의

선택발명은 화학분야에서 선행발명을 상위개념으로 할 때 하위개념의 관계에 있고, 선행발명의 명세서에 구체적으로 개시되어 있지 않아 선행발명이 인식하지 못하였으며, 선행발명이 지적한 효과에 비하여 우수한 작용효과를 가져오는 발명을 말한

---

69) 김철환, "생략발명과 불완전이용론에 관한 소고", 특허소송연구 제3집, 특허법원(2005), 93.

다. 예컨대 선행발명 A의 명세서 본문에는 a1, a2에 대해서만 개시되었는데, 후에 A의 개념에 포함되는 a3를 선택하여 a1이나 a2에 비하여 뛰어난 작용효과를 달성하였을 때 a3의 발명을 선택발명이라고 한다.

일반적으로 선택발명은 선행발명에 대한 관계에서 신규성 및 진보성이 부정되는지를 포함한 특허의 성립성에 초점을 맞추어 주로 논의되었을 뿐이고(대법원 2003. 4. 25. 선고 2001후2740 판결), 선택발명이 선행발명에 대한 침해가 되는지에 관하여는 논의가 많지 않다.

나. 선택침해에 관한 판례

선택발명이 선행발명에 대한 침해가 되는지에 관하여 부정적으로 판시한 대법원 판례가 하나 있다. 대법원 1991. 11. 12. 선고 90후960 판결은, "확인대상발명에서 출발물질에 작용하는 1-하이드록시 벤조트리아졸을 갖는 1-[a-syn-메톡시이미노-a-(2-아미노-티아졸-4-일)-아세틸-벤조트리아졸-3 옥사이드의 DMF용매화합물[위 확인대상발명 아실화제]이 이 사건 청구범위에 기재된 2-(2-아미노(또는 보호된 아미노)-티아졸-4-일)-2-syn-메톡시이미노초산의 반응성유도체의 하나로서 확인대상발명이 이 사건 청구범위에 기재된 상위개념에 포함되는 것이라 하더라도 원심결 이유 및 기록에 의하면 이 사건 특허의 명세서에는 위 확인대상발명의 아실화제를 사용하는 것에 관한 기술이 전혀 없는 반면에 확인대상발명에서는 그 명세서에 위 확인대상발명의 아실화제를 특정하여 이를 제조 사용함으로써 이 사건 특허에서 예상되지 아니한 것으로 보이는 원심인정과 같은 작용효과를 나타내고 있다고 명기되어 있음을 알 수 있는바, 확인대상발명에 있어서 이 사건 특허에 비하여 원심인정과 같이 제조공정, 반응온도, 아실화수율 등에 차이가 있다면 이는 확인대상발명이 이 사건 특허에 존재하지 않는 현저히 향상된 작용효과를 들어내고 있다고 할 것이므로 화학물질의 제조방법에 관한 발명에 해당하는 이 사건의 경우에 원심이 확인대상발명과 이 사건 특허가 서로 다른 발명이라고 판단한 것은 이를 수긍할 수 있다."고 판시하였다.

다. 선택침해의 인정 여부에 관한 학설

부정설은, 특허발명은 넓은 개념으로 확보된 셈이었지만 그 실체는 작은 것이어서 선택발명이 신규한 발명으로서 인정된 이상 거기까지는 권리가 미치지 않는다는 견해이다. 선행발명의 권리범위에 빈 곳이 있다고 해석한다는 이유로 이 견해를 '구

멍뚫린설'이라고 부르기도 한다.[70]

긍정설에는, ① 선택발명은 특허발명의 구성요소를 모두 가지고 있기 때문에 문언침해를 구성하는 동시에 요소를 한정하여 선택함으로써 특허성을 취득하게 되는 경우이므로 이용침해에 해당하고, 다만, 선행 특허발명은 상위개념의 화학물질의 제조방법이지만 목적물의 진통제 효과가 인정되어 특허된 것인 데 비하여, 하위개념에 상당하는 후행 확인대상발명은 목적물에 진통제 효과가 아닌 염색성이 있다고 하여 특허된 것인 경우처럼,[71] 형식적으로는 구성요소가 중복되는 것처럼 보이지만 기본발명과는 실질적으로 전혀 다른 방식으로 과제를 해결하거나 전혀 이질적인 결과를 초래하여 기본발명의 기술적 사상을 이용하고 있는 것으로 볼 수 없을 때에는 특허침해를 부정할 수도 있다는 견해,[72] ② 선택발명은 기본발명의 요소 전부를 포함하고 여기에 선택적 요소를 부가한 것이므로 이용발명의 일 태양이 될 수는 있으나, 모든 선택발명이 이용관계를 가지는 것은 아니고 선출원의 특허발명의 출원당시의 기술수준 등을 참작하여 선출원의 기술적 범위와 그 기술 개시 내용에 따라 이용관계 여부가 판단되어야 하므로, 선출원발명자가 출원 당시에 인식하지 못했던 구성요소의 선택과 그에 의하여 선출원발명이 예측하지 못하던 새로운 또는 놀랄만한 작용효과를 발휘하는 기술사상에 대해서까지 특허발명의 권리범위가 확장될 수 없음은 명백하므로 이러한 경우에는 양자는 원칙적으로 별개의 것이고 이용관계도 존재하지 않는다고 하여야 한다는 견해[73] 등이 있다.

이러한 긍정설은 모두 선택발명에 대하여 원칙적으로 이용관계를 인정한다. 그러나 ①의 견해는 앞서 본 90후960 판결의 사안에서 이용관계의 성립을 긍정하여야 하는 사안이라고 주장하는 반면, ②의 견해는 위 대법원 판결의 사안은 선출원발명자가 출원 당시에 인식하지 못했던 구성요소의 선택과 그에 의하여 선출원발명이 예측하지 못하던 새로운 또는 놀랄만한 작용효과를 발휘하는 기술에 관한 것이므로 이용관계의 성립을 부정하여야 한다고 하는 점에서 양자는 차이가 있다.

---

70) 강경태, "선택발명의 제문제", 사법논집 제46집, 55~56.

71) 吉藤幸朔(주 63), 514.

72) 이수완, "청구범위의 해석", 특허소송연구 제2집, 특허법원(2001), 175.

73) 강동세, "이용발명에 관한 연구", 특허소송연구 제1집, 특허법원(1999), 59.

라. 향후 논의의 필요성

선택발명이 기본발명에 대하여 특허침해가 되느냐 여부의 문제는 기본발명의 특허권의 배타적 효력이 미치는 범위에 관한 문제로서, 선택발명이 기본발명의 기술사상을 그대로 이용한 것으로 평가할 수 있는지에 따라 판단하여야 할 것이고, 선택발명이 기본발명에 대한 관계에서 특허성을 취득하였는지의 문제와는 구별할 필요가 있을 것이다. 앞으로 선택발명이 기본발명에 대하여 침해를 구성하는지 여부 및 침해가 된다면 그 요건에 관하여 다양한 사례의 판결이 축적되고 또 충분한 논의가 이루어질 필요가 있다.

7. 간접침해

가. 간접침해에 관한 규정의 성격

특허법 127조는 '침해로 보는 행위'라는 제목 하에, ① 특허가 물건의 발명인 경우에 그 물건의 생산에만 사용하는 물건을 생산·양도·대여 또는 수입하거나 그 물건의 양도 또는 대여의 청약을 하는 행위(1호), 또는 ② 특허가 방법의 발명인 경우에 그 방법의 실시에만 사용하는 물건을 생산·양도 대여 또는 수입하거나 그 물건의 양도 또는 대여의 청약을 하는 행위(2호)를 업으로서 하는 경우에는 그 특허권 또는 전용실시권을 침해한 것으로 본다고 규정한다. 이는 비록 발명의 모든 구성요소를 가진 물건을 직접 실시한 것이 아니고 그 전 단계에 있는 행위를 하였더라도 발명의 모든 구성요소를 가진 물건을 실시하게 될 개연성이 큰 경우에는, 특허권이 부당하게 확장되지 않는 범위 내에서 장래의 특허권 침해에 대한 권리 구제의 실효성을 높이기 위하여, 일정한 요건 아래 특허권의 침해로 간주한다는 취지이다.[74]

특허법상 간접침해 규정의 특징은 주관적 요건을 배제한 채 객관적으로 직접침해의 전단계에서 특허발명의 기술사상과 일정한 관련이 있는 물건을 매개로 하는 일정한 행위, 즉 공용(供用)물적 간접침해만을, 그중에서도 전용(專用)물적 간접침해만을 일률적으로 특허권 침해로 본다는 데 있다.

특허법상의 간접침해 규정은 일본과 마찬가지로 미국이나 독일 등에서 판례와

---

74) 대법원 2015. 7. 23. 선고 2014다42110 판결, 2009. 9. 10. 선고 2007후3356 판결.

입법으로 형성된 간접침해론을 제한적으로 입법화한 것으로서 연혁적으로는 특허권의 교사 또는 방조이론에서 유래한 것으로 볼 수 있다. 따라서 간접침해는 특허권의 효력 자체에서 필연적으로 도출되는 것이 아니라, 불법행위론 내지 특허권 보호의 필요성이라는 별도의 법리에 의하여 인정되는 것이다.

나. 간접침해의 성립 요건

특허법상 간접침해의 성립 요건은, 물건발명의 경우에는 '특허발명 물건의 생산에만 사용하는 물건을 생산·양도·대여 또는 수입하거나 그 물건의 양도·대여의 청약을 하는 행위를 업으로서 하는 것'이고, 방법발명의 경우에는 '특허발명 방법의 실시에만 사용하는 물건을 생산·양도·대여 또는 수입하거나 그 물건의 양도·대여의 청약을 하는 행위를 업으로서 하는 것'이다.

(1) 간접침해제품이 특허발명의 실시에 사용될 것

(가) 간접침해에서 '특허발명의 실시'의 의미

일반적으로 특허발명의 실시는 물건의 발명인 경우에는 '그 물건을 생산·사용·양도·대여 또는 수입하거나 그 물건의 양도 또는 대여의 청약(양도 또는 대여를 위한 전시를 포함한다)을 하는 행위'를 말하나, 방법의 발명인 경우에는 '그 방법을 사용하는 행위'를 의미하고, 방법의 발명 가운데 물건을 생산하는 방법의 발명인 경우에는 '그 방법을 사용하는 행위' 외에 '그 방법에 의하여 생산한 물건을 사용·양도·대여 또는 수입하거나 그 물건의 양도 또는 대여의 청약을 하는 행위'를 포함한다(특허 2조 3호).

반면 간접침해에서 문제되는 특허발명의 실시는 물건의 발명인 경우에는 '물건의 생산'으로만 한정되는데, 이와 관련하여 대법원은 2009. 9. 10. 선고 2007후3356 판결에서, "「생산」이란 발명의 구성요소 일부를 결여한 물건을 사용하여 발명의 모든 구성요소를 가진 물건을 새로 만들어내는 모든 행위를 의미하므로, 공업적 생산에 한하지 않고 가공·조립 등의 행위도 포함된다."라고 판시하였다. 또한, 특허권의 속지주의 원칙상 '생산'은 국내에서의 생산을 의미하고, 생산이 국외에서 일어나는 경우에는 그 전 단계의 행위가 국내에서 이루어지더라도 간접침해에 해당하지 않는다.[75]

---

75) 대법원 2015. 7. 23. 선고 2014다42110 판결(특허발명의 실시에 전용되는 반제품을 국내에서 생산하여 해외에 수출하였고, 해외에서 최종 조립이 이루어진 사안).

방법의 발명인 경우에 그 방법의 '사용'은 발명의 목적을 달성할 수 있도록 그 방법을 이용하는 것을 가리킨다. 특허법 129조에 의하면 물건을 생산하는 방법에 관한 특허발명에서 그 물건과 동일한 물건은 그것이 공지 또는 공연 실시된 것이 아닌 한 원칙적으로 그 특허발명에 의하여 생산된 것으로 추정되므로, 그러한 물건이 존재하면 특허발명의 방법이 실시된 것으로 추정된다.

(나) 생산과 단순한 수리의 한계

생산의 개념과 관련하여 종종 문제되는 것이 단순한 수리와의 한계를 어디에 둘 것인가이다. 물건 발명의 경우에 특허실시물건이 양도된 경우 이에 의하여 특허권은 목적이 달성되어 소진(消盡, exhaustion)되므로 그 이후의 특허실시물건의 양도나 사용은 더 이상 특허권 침해가 되지 않는다는 것이 일반적 견해인바(권리의 소진 이론),[76] 특허실시물건을 단순히 수리하는 것이라면 이는 특허권이 소진된 특허실시물건을 사용하는 것에 불과하므로 특허침해로 되지 않는다. 그러나 단순한 수리를 넘어 새로운 생산에 해당되는 경우라면 특허권 침해로 될 수 있고, 따라서 단순한 수리를 넘은 새로운 생산을 위하여 특허발명에 관계된 부품을 공급하는 경우에는 간접침해가 성립할 수 있다. 그러므로 단순한 수리와 생산의 경계를 어디로 둘 것인지가 중요한 문제로 된다.

대법원 판례 중에는 이른바 리사이클링 제품인 특허실시물건에 관한 소모품을 교체한 경우의 사례에서 이를 생산에 해당한다고 보아 간접침해를 인정한 것들이 있다. 이들 판결에서는 생산과 단순한 수리의 경계에 관한 분명한 설시를 한 것은 아니나, 그 소모품이 "특허발명의 본질적인 구성요소에 해당하고 다른 용도로는 사용되지 아니하며 일반적으로 널리 쉽게 구할 수 없는 물품으로서 해당 발명에 관한 물건의 구입 시에 이미 그러한 교체가 예정되어 있었고 특허권자 측에서 그러한 부품을 따로 제조 · 판매하고 있다면", 그러한 소모품은 간접침해에서 말하는 '특허실시물건의 생산에만 사용하는 물건'에 해당한다고 하였다.[77]

---

76) 특허법원 2017. 11. 10. 선고 2017나1001 판결(상고), 2017. 11. 10. 선고 2017나1018 판결(상고)은 방법발명에 대해서도 방법발명의 실시에만 사용되는 물건의 양도에 의한 특허권 소진을 인정하였다.

77) 대법원 2001. 1. 30. 선고 98후2580 판결, 1996. 11. 27. 자 96마365 결정. 두 사안 모두 특허발명은 레이저 프린터에 관한 것인데, 문제되는 소모품이 앞의 판결에서는 감광드럼 카트리지였고, 뒤의 결정에서는 토너 카트리지였다.

(다) 특허발명 실시의 태양

제3자가 특허발명을 실시하였는지를 판단하려면 제3자가 실시하는 발명과 특허발명을 대비하여야 한다. 특허발명이 물건인 경우를 보면, 이는 간접침해대상자가 간접침해대상 물건, 즉 부품을 공급하고 제3자가 이를 이용하여 특허실시물건에 대응되는 물건(이하 최종물)을 생산한 경우에, 최종물의 생산이 특허실시물건의 생산에 해당되는 것이어야 함을 의미하므로,[78] 최종물과 특허발명을 대비하는 것이 필요하다.

최종물과 특허발명의 관계에서 최종물은 특허발명과 문언적으로 일치할 수도 있고 그러한 경우 특허발명의 실시에 해당함은 분명하나, 그렇지 않은 경우 즉, 실질적 동일 내지 균등물인 경우 및 이용발명에 해당하는 물건인 경우에 제3자가 특허발명을 실시하였다고 볼 수 있을지가 문제될 수 있다. 간접침해에서 특허발명의 실시를 직접침해의 경우의 그것과 특별히 달리 볼 이유가 없으므로 모두 긍정하는 것이 타당하다.[79] 특허법원 사례 또한 간접침해가 성립하기 위해서는 최종물이 특허발명의 모든 구성요소와 동일하거나 균등한 구성요소를 포함하고 있거나 이용하고 있어야 한다고 하여 이를 전제로 판시하였다.[80]

(라) 간접침해제품의 특허발명 실시에 대한 공용(供用)

간접침해가 성립하기 위해서는 간접침해제품이 제3자에 의한 특허발명의 실시에 사용되는 것이어야 한다. 여기에서 '사용'이란 간접침해제품이 제3자의 최종물에 하나의 부품 혹은 생산요소로 이용되는 것을 의미한다. 따라서 제3자가 간접침해제품 자체를 이용하여 최종물을 생산한 것이 아니라면, 설사 그것과 균등한 요소를 이용하였더라도, 간접침해제품의 최종물 생산에 대한 공용성은 부정된다.

간접침해제품의 공용성 여부는 간접침해제품을 최종물(방법발명인 때에는 그 방법)

---

78) 특허발명이 방법의 발명인 경우에는 최종물이라는 것이 반드시 존재하지 않을 수 있으나, 결론은 다르지 않다.

79) 정상조 · 박성수 공편, 특허법 주해 II, 박영사(2010), 98~100 참조.

80) 특허법원 2017. 5. 25 선고 2016허7305 판결(확정), 2014. 7. 24 선고 2014허1600 판결(확정), 2013. 1. 17 선고 2012허7420 판결(상고기각), 2007. 7. 13. 선고 2006허3496 판결(상고기각, 간접침해제품이 특허발명의 구성요소 중 일부를 가지고 있고 나아가 특허발명에 없는 새로운 구성요소도 가지고 있었는데 제3자가 여기에 특허발명의 나머지 구성요소를 결합하여 최종물을 생산한 사안에서, "확인대상발명이 특허발명에 없는 구성요소를 가지고 있고 그 구성요소가 작용효과를 가지고 있다고 하더라도, 확인대상발명 물건의 사용으로 특허발명의 구성요건을 모두 충족하게 되는 이상 이용관계의 성립이 인정되고 그 간접침해의 성립을 부정할 수 없다."라고 판시하여, 간접침해에 있어서 이용관계에 의한 특허발명의 실시를 인정함).

과 대비하여 이용 여부를 판단하는 것으로 충분하므로, 간접침해제품을 특허발명 자체 또는 그 구성요소와 대비할 필요는 없다는 견해가 있다.[81]

(마) 직접침해 성립의 요부(要否)

특허법은 간접침해의 성립에 특허발명의 실시를 요구할 뿐 특허발명의 실시로 직접침해가 성립할 것을 명시적으로 규정하지 않았다. 그런데 특허발명의 실시가 반드시 특허침해로 되는 것은 아니므로, 간접침해가 성립하는 데 반드시 특허침해의 성립이 전제되어야 하는지가 문제된다.[82] 예를 들어, 직접 실시자가 업으로 사용한 것이 아닌 개인적 사용인 경우, 연구 또는 시험을 위한 실시여서 특허법 96조 1항 1호에 따라 특허권의 효력이 미치지 않은 경우, 직접 실시자가 권리자로부터 실시허락을 받은 경우,[83] 직접 실시가 국외에서 일어나는 경우 등에서 문제될 수 있다.

학설상으로 최종 행위자에게 직접침해가 성립하는지와 무관하게 간접침해 요건을 충족하면 침해가 성립한다고 보는 독립설과 직접침해가 성립되어야 간접침해도 인정된다고 보는 종속설의 대립이 있다.[84] 전자는 특허법이 간접침해의 성립에 특허발명의 실시로 직접침해가 성립할 것을 명시적으로 요구하지 않고, 특허권을 보호하고자 하는 입법 취지를 고려하여야 한다는 입장인 반면, 후자는 청구범위를 초월하여 특허권의 효력이 부당하게 확장되는 것을 제한할 필요가 있다는 입장이다. 최근에는 어느 설을 취하더라도 불합리한 측면이 있으므로 구체적인 사안에 따라 직접침해와 동일한 이익상황이 발생하는지 여부 또는 특허권자와 간접침해자의 이익을 비교 형량하여 간접침해 인정 여부를 검토해야 한다는 취지의 견해들도 보인다.[85]

이 점에 관하여 명확한 입장을 밝힌 대법원의 판례는 아직 없다. 다만, 대법원

---

81) 정상조·박성수 공편(주 79), 103.
82) 다만, 이러한 논의와 별개로 특허법이 간접침해의 성립요건으로 특허발명의 실시에 사용될 것을 요구하므로, 제3자가 간접침해제품을 사용하면 그것이 특허발명의 실시에 해당하는 관계에 있어야 하고, 제3자에 의한 특허발명의 실시가 현재 존재하거나 적어도 가까운 장래에 현실화될 고도의 개연성이 있어야 한다[정상조·박성수 공편(주 79), 96].
83) 일본에서는 이러한 경우 간접침해가 성립하지 않는다고 보는 것이 다수설이다[조영선(주 55), 450 참조]. 한편, 최근 선고된 특허법원 2017. 11. 16. 선고 2016나1455 판결(상고중)에서는 "방법발명에 관한 통상실시권가 스스로 방법발명의 실시에만 사용하는 전용품(專用品)을 제작하여 방법을 실시하는 행위를 간접침해로 보기는 어렵고, 통상실시권자가 제3자를 통하여 전용품을 공급받아 방법발명을 실시하는 경우에도, 3자의 제작·납품행위가 간접침해에 해당한다고 볼 수 없다"는 취지로 판시하였다.
84) 자세한 것은 정상조·박성수 공편(주 79), 104~106 및 박태일, "반제품을 생산하여 수출한 행위가 특허권 간접침해행위에 해당하는지", 대법원판례해설 제106호(2015년 하), 법원도서관, 524~526 참조.
85) 윤태식(주 58), 623; 조영선(주 55), 448~450; 박태일(주 84), 532

1996. 11. 27.자 96마365 결정(직접 실시자가 일반 소비자인 사안)은 토너 카트리지를 생산·판매하는 행위에 대하여 그것이 장착되는 레이저 프린터에 관한 특허권에 대한 간접침해의 성립을 인정하였는바, 레이저 프린터에 소모품인 카트리지를 장착하는 것이 특허발명 제품의 재생산에 해당한다고 보더라도 이는 개인적·가정적 생산에 해당하여 특허권에 대한 직접침해로 되지 않는다고 볼 여지가 있다. 따라서 위 대법원 결정은 독립설을 전제로 한 것으로 볼 여지가 있다.[86] 한편, 최근 선고된 대법원 2015. 7. 23. 선고 2014다42110 판결에서는 특허발명의 실시에 전용되는 반제품을 외국에 수출한 사안에서 발명의 모든 구성요소를 가진 물건의 생산이 국외에서 일어나는 경우에는 특허권의 속지주의 원칙상 그 전 단계의 행위가 국내에서 이루어지더라도 간접침해가 성립할 수 없다고 판시하였다. 이런 점에 비추어보면 판례가 명확하게 어느 입장에 서 있다고 보기는 어려워 보인다.

(2) 간접침해제품이 특허발명의 실시에 전용(專用)될 것

(가) 비침해적 용도의 인정 기준

간접침해가 성립할 수 있는 대상물은 특허발명에 관계된 물건의 생산 또는 방법의 사용에만 사용되는 것이어야 한다. 따라서 간접침해제품은 특허발명의 실시 이외의 용도를 가져서는 안 된다. 특허발명의 실시에만 사용되는 것이면 충분하므로, 반드시 특허발명의 본질적 또는 신규의 구성요소를 포함할 필요는 없다. 다만, 공지의 구성요소만으로 된 경우에는 다용도품으로서 전용성을 결여한 것으로 볼 가능성이 많다고 할 수 있다.

그런데 물건이란 본시 사회통념에 따른 일반적 용도도 있을 수 있으나 사용자의 의사나 객관적 상황에 따라 무한한 용도를 갖는다고 할 수도 있기 때문에, 대상물의 용도를 폭넓게 인정하는 경우 해당 특허발명의 실시 이외의 용도를 쉽게 인정할 수 있게 되고, 이와 같이 보면 간접침해에 포섭되는 경우가 매우 적게 되어 특허권자의 보호에 충실하지 못하게 되므로 입법의 목적을 달성할 수 없게 된다. 반면 부품의 용도를 지나치게 좁게 인정하게 되면 간접침해의 인정 범위가 과도하게 넓게 되어 거래의 안정을 위협하게 된다. 따라서 간접침해제품의 용도를 적정한 범위로 제한하는 기준을 설정할 필요가 있다.

---

86) 대법원 2001. 1. 30. 선고 98후2580 판결(감광드럼 카트리지 사건)도 마찬가지이다.

간접침해제품의 비침해적 용도 즉 '다른 용도'의 인정 기준에 대하여 대법원 2009. 9. 10. 선고 2007후3356 판결은, "특허 물건의 생산「에만」 사용하는 물건에 해당되기 위해서는 사회통념상 통용되고 승인될 수 있는 경제적, 상업적 내지 실용적인 다른 용도가 없어야 할 것이고, 이와 달리 단순히 특허 물건 이외의 물건에 사용될 이론적, 실험적 또는 일시적인 사용가능성이 있는 정도에 불과한 경우에는 간접침해의 성립을 부정할 만한 다른 용도가 있다고 할 수 없다."라고 판시하였다.

(나) 전용성의 증명책임 및 판단기준시

간접침해에 관한 규정은 특허실시제품에 대한 부품 등의 공급행위를 특허침해로 보는 것으로서 금지청구권 등의 권리발생요건에 관한 것이므로, 그에 대한 증명책임은 위 규정의 적용을 구하는 특허권자에게 있고(대법원 2002. 11. 8. 선고 2000다27602 판결), 따라서 전용성의 증명책임도 원칙적으로 특허권자에게 있다. 그러나 실제 소송에서는 침해제품이 그 자체로 범용성이 있는 물건임이 명백하지 않는 한, 특허권자의 간접침해 주장에 대하여 침해자가 자신이 공급한 간접침해제품이 객관적으로 특허발명의 실시 이외에 사용될 수 있는 가능성에 관하여 일응의 합리적인 주장을 하는 경우에, 특허권자가 그 사용이 경제적 · 상업적 내지 실용적인 것이 아니라는 것을 증명하는 방식으로 하는 것이 합리적일 것이다.[87]

전용성의 판단은 손해배상청구에서는 간접침해행위시를, 금지청구에서는 사실심 구두변론 종결시를 기준으로 한다. 손해배상청구에서는 사실심 변론종결 전까지 발생한 과거의 침해를 전제로 그때까지 발생한 손해에 대하여 손해액을 산정하면 되지만, 금지청구에서는 사실심 변론종결시까지 침해가 계속되거나 침해의 우려가 있어야 하기 때문이다. 따라서 예를 들어 간접침해제품의 생산 당시에는 그 객관적 · 기술적인 용도가 해당 특허발명의 생산이나 사용에만 국한되어 있었더라도 그 후 사실심 변론종결시까지 별개의 용도가 새로 개발된 때에는, 금지청구에서는 설령 간접침해제품의 생산이 계속되었더라도 전용성의 요건은 충족되지 않은 것으로 된다.

그러나 권리범위확인심판에서는 금지청구와 손해배상청구로 나누어지지 않으므로 심결시를 기준으로 하여야 하고, 그 심결의 취소소송에서도 소송물이 심결의 적법성인 이상 심결시를 기준으로 하여야 한다(대법원 2009. 9. 10. 선고 2007후3356 판결 참조).

---

87) 최정열, "간접침해의 성립 여부에 관한 판단기준 및 입증책임", 정보법 판례백선(2006), 17; 정상조 · 박성수 공편(주 79), 110~111.; 특허법원 2017. 5. 25. 선고 2016허7305 판결(확정).

(3) 간접침해제품을 업으로서 생산·양도·대여·수입·청약할 것

간접침해행위는 간접침해제품을 '생산·양도·대여 또는 수입하거나 그 물건의 양도 또는 대여의 청약을 하는 행위'이다. '양도 또는 대여의 청약'에는 '양도 또는 대여를 위한 전시'를 포함한다. 즉, 간접침해행위의 모습은 '물건의 사용' 행위가 제외되는 점 외에는 물건에 관한 특허발명의 일반적인 실시 태양과 동일하다(특허 2조 3호 가목 참조).

직접침해와 마찬가지로 간접침해는 그 침해행위가 업(業)으로서 행해져야 성립하는데, 이는 사업으로 하는 것을 의미하고 반드시 영리를 목적으로 할 것을 요하지 않으나, 개인적·가정적으로 하는 것은 제외된다. 반복계속적일 것을 필요로 하지 않으므로, 1회의 것이라도 업으로서 하는 것에 해당할 수 있다.

다. 권리범위확인심판에서 간접침해 주장

(1) 간접침해를 원인으로 한 권리범위확인심판청구의 적법 여부

권리범위확인심판에서 간접침해제품으로 구현되는 기술사상을 확인대상발명으로 하여 그것이 특허발명의 권리범위에 속하는지 여부의 확인을 구할 수 있는가에 대하여 대법원 판례는 긍정설의 입장에 있다.

즉, 대법원 2005. 7. 15. 선고 2003후1109 판결은 "특허법 135조는 특허권자 또는 이해관계인은 특허발명의 보호범위를 확인하기 위하여 특허권의 권리범위확인심판을 청구할 수 있다고 규정하고 있고, 특허법 127조 2호는 특허가 방법의 발명인 때에는 그 방법의 실시에만 사용하는 물건을 생산·양도·대여 또는 수입하거나 그 물건의 양도 또는 대여의 청약을 하는 행위를 업으로서 하는 경우에 특허권 또는 전용실시권을 침해한 것으로 본다는 취지로 규정하고 있으므로, 특허권자 또는 이해관계인은 그 방법의 실시에만 사용하는 물건과 대비되는 물건을 심판청구의 대상이 되는 발명으로 특정하여 특허권의 보호범위에 속하는지 여부의 확인을 구할 수 있다."라고 판시하였다.

(2) 간접침해와 자유실시기술의 항변

간접침해와 관련된 침해소송 또는 권리범위확인심판에서 자유실시기술의 주장이 제기될 수 있는바, 이는 제3자가 실시하는 발명이 자유실시기술이라고 주장하는 경우와 자신이 공급한 부품 즉 간접침해제품이 공지기술 내지 자유실시기술에 의한 것이라고 주장하는 경우로 나누어 볼 수 있다.

공지기술 또는 그로부터 용이하게 도출할 수 있는 기술 즉 자유실시기술에 대한 특허권의 행사는 허용되지 않으므로 그러한 기술을 제3자가 실시하더라도 특허권의 직접침해로 되지 않는다. 따라서 그러한 제3자에게 어떤 부품을 공급한 경우에, 간접침해의 성립에 반드시 직접침해의 성립이 전제된다는 입장(종속설)에 의할 경우에는 당연히 간접침해가 되지 않지만, 간접침행의 성립에 직접침해의 성립이 전제되지 않는다는 입장(독립설)에서는 이때에도 간접침해가 성립할 수 있다는 견해와 간접침해가 성립하지 아니한다는 견해가 있다.

한편, 간접침해제품 자체의 공지 내지 자유실시기술 여부는 간접침해 성립 여부에 하등 영향을 미치지 않고, 단지 그것이 공지의 부품이라면 전용성을 부정할 여지가 커지게 될 뿐이다. 따라서 간접침해대상자가 자신의 공급품이 공지기술에 의한 것이라는 주장을 하는 경우에는, 먼저 그 취지가 간접침해제품이 공지여서 전용성이 없다는 것인지 아니면 제3자의 실시발명이 자유실시기술이어서 침해가 성립하지 않는다는 것인지를 명확히 하여, 만약 전자의 의미라면 간접침해제품의 전용성 여부에 관하여 판단하는 것으로 충분할 것이다.

침해금지청구·가처분 및 신용회복청구

I. 침해금지청구

1. 의   의

특허권자, 실용신안권자는 업으로서 특허발명 또는 등록실용신안을 실시할 권리를 독점한다(특허 94조, 실용 23조).[1] 이러한 특허권의 독점적·배타적 성격으로 인해 특허권자 및 그로부터 전용실시권을 설정받은 전용실시권자는 특허발명을 실시할 권리를 침해한 자 또는 침해할 우려가 있는 자에 대하여 그 침해의 금지 또는 예방을 청구할 수 있다(특허 126조 1항). 침해금지 또는 예방 청구는 본안 소송 또는 가처분으로 구할 수 있고, 재판 외에서 경고장을 보내는 방법 등으로 행사할 수도 있다. 침해금지 또는 예방 청구에 부수하여 조성물의 폐기, 설비의 제거(특허 126조 2항), 신용회복조치(특허 131조) 등을 청구할 수 있다.

특허침해 금지 또는 예방을 구하는 원고는, ① 원고가 금지청구를 할 수 있는 권리자인 사실, ② 피고가 업으로서 대상 물건 또는 방법을 실시하는 사실, ③ 피고의 실시행위가 원고의 특허권 또는 전용실시권(이하 '특허권 등'이라 한다)을 침해하는 사실, ④ 침해 또는 침해의 우려가 있는 점을 주장·증명하여야 한다. 위 요건에 해당하면 상대방에게 고의나 과실이 없더라도 금지청구를 할 수 있다.

이에 대해 피고는 특허권의 효력 제한 사유, 권리의 소진, 권리의 남용, 소멸시효

---

1) 특허권의 침해금지청구에 대한 내용은 실용신안권에 대해서도 동일하게 적용된다. 이하, 본 절에서는 편의상 실용신안권에 대해 달리 적용되는 등의 특별한 사정이 없는 한 특허권에 대해서만 설명하기로 한다.

등 특허권의 행사를 제한하는 사정이나 실시권의 존재, 자유실시기술 등 실시행위를 적법하게 하는 사유를 들어 항변할 수 있다.

특허권 침해소송의 경우 증거의 구조적 편재로 인해 침해 및 손해의 증명이 어려운데, 이를 완화하기 위해 특허법은 생산방법의 추정(특허 129조) 등 증명책임을 전환하는 규정과 자료제출신청(특허 129조), 감정사항 설명의무(특허 128조의2) 등 증거신청에 관한 특별규정을 두고 있다.

2. 원고의 주장·증명사항

가. 금지청구권자

(1) 특허권자 또는 전용실시권자

(가) 특허권 또는 전용실시권 등록을 마친 자

특허권자 또는 전용실시권자는 금지청구를 할 수 있다(특허 126조 1항). 사실심 변론종결시를 기준으로 특허등록원부에 특허권자 또는 전용실시권자로 등록되어 있어야 하므로, 소 계속 중에 특허권 등을 이전하거나 상실한 경우에는 금지청구를 할 수 없고,[2] 특허권자 또는 전용실시권자에 대하여 이전등록 또는 전용실시권 설정등록을 구할 권리가 있더라도 이전등록 또는 설정등록을 마치기 전에는 금지청구를 할 수 없다(특허 101조 1항). 일단 유효하게 특허권자 또는 전용실시권자로 등록된 이상 모인출원 또는 등록의 원인이 되는 의사표시에 하자가 있다는 사정은 항변사유에 해당할 뿐이다.

전용실시권자는 특허권자의 권리를 대위하지 않고 직접 전용실시권 설정행위로 정한 범위에서 금지청구를 할 수 있다(특허 100조 2항).

(나) 전용실시권 설정 시 특허권자의 금지청구

특허권의 전 범위에 대해 전용실시권이 설정된 경우 전용실시권자와 별개로 특허권자도 금지청구를 할 수 있는지에 대하여, 통설은 특허권자가 전용실시권을 설정한 범위 내에서 스스로 특허발명을 실시할 수는 없지만(특허 94조, 100조 2항) 금지청구권은 행사할 수 있다고 본다.[3] 특허권자에게 특허권 침해를 제거해야 할 현실적 이

---

2) 대법원 2009. 10. 15. 선고 2007다45876 판결(사실심 변론종결일 전에 존속기간이 경과하여 소멸한 특허발명에 터잡아 특허법 126조에 따른 특허침해금지 및 특허침해제품의 폐기를 주장할 수는 없다).

3) 정상조·박성수 공편, 특허법 주해 II, 박영사(2010), 4; 송영식·이상정·황종환·이대희·김병일·박

익이 있을 수 있고, 전용실시권이 소멸한 이후에 특허권자 스스로 특허발명을 실시할 때의 불이익을 피하기 위해 미리 특허권 침해를 제거할 필요가 있으며, 법 문언상 특허권자의 금지청구권 행사까지 제한된다고 볼 근거도 없기 때문이다.

(2) 통상실시권자

통상실시권자는 특허권을 실시할 권리를 독점하지 않으므로, 제3자의 실시행위로 인하여 그 권리가 침해되지 않고, 침해행위의 금지를 구할 수도 없다.

특허권자가 통상실시권자에게만 실시권을 부여하고, 다른 사람에게는 실시권을 설정하지 않기로 약정한 이른바 독점적 통상실시권자의 경우에 직접 금지청구를 할 수 있는지에 대하여, 다수설은 특허법이 특허권자 또는 전용실시권자로 금지청구를 할 수 있는 자를 명시하였고, 통상실시권자는 특허권자에게 독점적 실시허락을 구할 채권적 권리를 가질 뿐이라는 점을 들어 이를 부정한다.[4][5]

독점적 통상실시권자가 특허권자를 대위하여 금지청구를 할 수 있는지[6]에 대해서는 견해가 대립한다. 독점적 실시허락의 특약이 있더라도 통상실시권자는 여전히 특허권자에 대한 채권적 권리만을 가지고 있을 뿐이고, 제3자의 실시에 의하여 통상실시권자의 실시 자체가 방해받는 것은 아니라는 점을 들어 금지청구는 할 수 없다고 보는 견해(부정설)[7]와 특허권자로서는 침해행위에 대해 직접적인 이해관계가 없어 금지청구권의 행사를 꺼릴 수 있고, 특허권자에게 침해배제를 청구한 뒤 불이행시 채무불이행책임을 묻는 것보다 법률관계를 훨씬 간명하게 처리할 수 있으므로, 특허권

영규·신재호 공저, 송영식 지적소유권법(상)(제2판), 육법사(2012), 653; 中山信弘, 小泉直樹 편저, 신·주해 특허법(하권), 청림서원(2011), 1425.

4) 정상조·박성수 공편(주 3), 5; 조영선, 특허법(제5판), 박영사(2015), 506, 507; 사법연수원, 특허법 연구(2015), 161.

5) 대법원은 저작권에 대한 사안에서 독점적 이용허락을 받은 이용권자의 금지청구권을 부정한 바 있다(대법원 2007. 1. 25. 선고 2005다11626 판결).

6) 특정채권을 피보전권리로 하는 채권자대위권이 인정되는지에 대하여, 대법원은 "채권자가 보전하려는 권리와 대위하여 행사하려는 채무자의 권리가 밀접하게 관련되어 있고 채권자가 채무자의 권리를 대위하여 행사하지 않으면 자기 채권의 완전한 만족을 얻을 수 없게 될 위험이 있어 채무자의 권리를 대위하여 행사하는 것이 자기 채권의 현실적 이행을 유효·적절하게 확보하기 위하여 필요한 경우에는 채권자대위권의 행사가 채무자의 자유로운 재산관리행위에 대한 부당한 간섭이 된다는 등의 특별한 사정이 없는 한 채권자는 채무자의 권리를 대위하여 행사할 수 있다."라고 판시하였다(대법원 2007. 5. 10. 선고 2006다82700, 82717 판결).

7) 윤선희, 특허법(제5판), 법문사(2012), 687; 김기영·김병국 공저, 특허와 침해, 육법사(2012), 98~99.

자에 대한 침해행위 배제청구권 또는 독점적 실시를 확보하여 줄 계약상 권리를 피보전권리로 하여 특허권자의 침해행위자에 대한 금지청구권을 대위 행사할 수 있다는 견해(긍정설)[8]가 있다.[9]

(3) 특허권을 공유하는 경우

수인이 특허권을 공유하는 경우 각 공유자는 다른 공유자 모두의 동의를 받아야만 지분을 양도하거나 전용실시권을 설정 또는 통상실시권을 허락하는 등의 처분행위를 할 수 있다(특허 99조 2, 4항). 그러나 금지청구권의 행사는 보존행위에 해당하기 때문에 각 공유자가 다른 공유자의 동의 없이 단독으로 할 수 있다.[10][11]

나. 금지청구의 요건

(1) 금지청구의 상대방

(가) 침해행위의 실시자

정당한 권한 없이 특허발명을 실시하여 특허권을 침해하거나 침해할 우려가 있는 상대방에 대해 금지청구를 할 수 있다. 금지청구에 부수하여 특허법 126조 2항의 청구를 하는 경우에는 폐기 · 제거를 구하는 조성물 또는 설비에 대한 소유권자나 처

---

8) 송영식 외 6인(주 3), 480(다만 특허권자가 독점계약에 위반하여 상대방에게 실시권을 거듭 설정해준 경우에는 대위할 권리가 없어 상대방에 대해 금지청구를 할 수 없고, 특허권자에게 채무불이행책임을 물을 수 있을 뿐이라고 한다); 조영선(주 4), 508; 사법연수원(주 4), 161.

9) 대법원 2007. 1. 25. 선고 2005다11626 판결(음반제작자로부터 음반 판매 및 배포권을 허락받은 독점적 이용권자가 음반제작자를 대위하여 복제권 침해정지를 구한 사안에서, 침해정지청구권의 대위 행사를 인정하면서 "저작권법은 특허법이 전용실시권제도를 둔 것과는 달리 침해정지청구권을 행사할 수 있는 이용권을 부여하는 제도를 마련하고 있지 아니하여, … 그 권리자가 스스로 침해정지청구권을 행사하지 아니하는 때에는 독점적인 이용권자로서는 이를 대위하여 행사하지 아니하면 달리 자신의 권리를 보전할 방법이 없을 뿐 아니라, 저작권법이 보호하는 이용허락의 대상이 되는 권리들은 일신전속적인 권리도 아니어서 독점적인 이용권자는 자신의 권리를 보전하기 위하여 필요한 범위 내에서 권리자를 대위하여 저작권법 제91조에 기한 침해정지청구권을 행사할 수 있다"고 판시)에 관하여, 이 판결이 특허권에 대해서는 전용실시권제도가 있으므로 독점적 통상실시권자의 직접 또는 특허권자를 대위한 금지청구는 허용되지 않음을 간접적으로 밝힌 것이라고 보는 견해[정상조 · 박성수 공편(주 3), 5]와 이 판결에서 독점적 이용권자에게 대위 청구를 허용한 논리가 특허권의 독점적 통상실시권자에게도 동일하게 적용될 수 있다고 보는 견해[조영선(주 4), 508~509]가 있다.

10) 정상조 · 박성수 공편(주 3), 4; 윤선희(주 7), 799.

11) 서울중앙지방법원 2016. 7. 14. 선고 2015가합563787 판결(확정); 저작권에 대한 판례로는 대법원 1999. 5. 25. 선고 98다41216 판결(공동저작물에 대한 권리가 침해된 경우에 각 저작자 또는 각 저작재산권자는 다른 저작자 또는 다른 저작재산권자의 동의 없이 저작권 등의 침해금지청구를 할 수 있다).

분 권한이 있는 자를 상대방으로 하여야 한다.[12]

여러 사람의 행위가 각각 별개의 실시행위로서 특허권 침해에 해당하는 경우(예: 침해제품의 생산자, 판매자, 사용자 등) 그 각각의 실시행위가 모두 금지의 대상이 되므로 각각의 행위자에 대하여 금지청구를 할 수 있다.

법인이 특허권을 침해하거나 침해할 우려가 있는 경우에는 법인이 금지 또는 예방청구의 상대방이 되고, 법인의 기관인 대표자나 임직원은 상대방이 되지 않는다. 다만 대표자 등의 행위가 법인의 행위와 별개의 독자적인 침해행위로 볼 수 있는 경우에는 이들에 대해서도 금지 또는 예방청구를 할 수 있다.

(나) 수인이 하나의 실시행위에 관여한 경우

하나의 실시행위에 여러 사람이 관여하는 경우, 원칙적으로 특허발명의 구성요소 전부를 실시하는 사람만이 금지청구의 상대방이 된다. 물건의 발명에서 각 구성 부품을 다른 사람이 생산하더라도 그 구성 부품을 조립하여 특허발명의 구성요소 모두를 충족하는 물건으로 생산하는 사람만이 직접 침해자가 되고, 부품을 생산한 사람은 간접침해에 해당하지 않는 한 그에 대하여 금지청구를 할 수 없다.

한편 하나의 실시행위를 여러 사람이 나누어 실시하는 경우, 예를 들어 서버, 데이터베이스, 클라이언트 단말기 등으로 구성된 네트워크 시스템에 관한 특허발명에서 서버, 데이터베이스, 클라이언트 단말기가 각각 다른 사람에 의해 운용되는 경우 또는 여러 개의 단계로 구성된 방법의 발명이나 여러 공정으로 이루어지는 물건을 생산하는 방법의 발명에서 각 단계나 공정이 서로 다른 사람에 의해 수행되는 경우, 전체로서 침해행위로 보아 금지청구를 할 수 있는지가 문제 된다. 먼저, 다른 관여자의 실시를 포함하여 실시행위 전체를 지배·관리하고, 그로 인한 영업상의 이익을 얻는 사람이 있다면, 그를 실질적인 실시행위자로 보아 금지청구를 할 수 있을 것이다.[13][14] 나아가 서로 타인의 행위를 이용하여 공동으로 특허발명을 실시할 의사를

---

12) 대법원 1996. 12. 23. 선고 96다16605 판결.

13) 대법원 2014. 9. 4. 선고 2012다113414 판결(피고가 제3자에게 특정 기계를 제작하게 하는 방법으로 이를 생산함으로써 원고의 특허권을 침해하였다고 보아 제3자로부터 기계를 양수하였을 뿐 이를 '생산'한 바 없다는 피고의 주장을 배척하였다); 대법원 2006. 4. 27. 선고 2003다15006 판결(이 사건 특허발명은 CD를 제작하기 위해 반드시 실시해야 하는 필수적인 공정에 관한 것으로 CD 제작을 위한 스탬퍼를 제작함에 있어서 특허발명을 실시하지 않을 수 없는 점을 고려할 때, 피고가 특정 CD 제작을 위해 제3자에게 스탬퍼를 제작하게 하고, 그에 따라 제3자가 스탬퍼를 제작하기 위해 특허발명을 실시한 것은 결국 피고가 실시하는 것으로 평가하여야 하고, 그렇지 않더라도 피고는 스탬퍼 제작행위를 교사한 자로서 공동불법행위 책임을 진다고 보았다); 서울중앙지방법원 2015. 2. 17. 선고 2013가합546931 판결(항

가지고 일부 구성요소씩 나누어 실시한 경우에도 공동으로 특허침해를 한 것이므로, 이들 모두를 상대방으로 하여 금지청구를 할 수 있다.[15]

　간접침해에 해당하지 않는 관여자에 대해 침해행위의 교사·방조자로서 공동불법행위책임을 지울 수 있는지에 대하여, 간접침해에 해당하지 않은 경우에는 침해 주체가 되지 않는 것이 원칙이고 특히 범용품을 생산·판매한 경우 특허권 침해를 구성하지 않는다는 견해,[16] 구성요소를 모두 수행해야 침해가 성립하고 구성요소 일부의 실시는 전용품에 한하여 예외적인 경우 간접침해에 해당하는 점을 고려할 때, 제3자의 분담행위가 곧 침해자의 행위와 동일하게 볼 수 있을 정도의 위법성을 띄어야 공동의 침해책임을 인정할 수 있다는 견해,[17] 민법상 불법행위에 해당할 수 있으나 금지청구는 할 수 없다는 견해[18] 등이 있다.[19]

(2) 상대방의 실시행위

(가) 업으로 발명을 실시

　상대방의 행위가 특허발명의 실시에 해당하여야 한다. 물건의 발명인 경우 그 물건을 생산·사용·양도·대여 또는 수입하거나 그 물건의 양도 또는 대여의 청약, 그를 위한 전시를 하는 행위, 방법의 발명인 경우 그 방법을 사용하는 행위, 그 외에 물건을 생산하는 방법의 발명인 경우에는 그 방법에 의하여 생산한 물건을 사용·양

소심에서 소취하)(피고가 스마트폰용 앱의 제작·배포를 통해 원고의 '이동통신 단말을 이용한 주소록 재편성 방법'에 관한 발명을 침해하였는지가 문제된 사안에서, 스마트폰 사용자들은 단계를 수행할지 여부를 승인할 뿐이고, 승인 이후의 각 단계는 피고에 의해 실시되고 있으므로, 피고가 특허발명의 방법을 사용하는 실질적인 주체라고 보았다).

14) 조영선(주 4), 542; 권택수, "복수 주체에 의한 실시와 특허권 침해", 이인복 대법관 퇴임기념 논문집 제6권(2016. 4.), 134~136. 일본에서는 도구이론, 지배·관리론으로 불린다. 일본의 학설, 판례에 대해서는, 권택수, 위의 글, 91~99 참조.

15) 조영선(주 4), 546; 권택수(주 14), 136~139; 김관식, "복수주체에 의한 특허발명의 실시와 특허권 침해", 사법 32호(2015), 194~195.

16) 中山信弘, 특허법 제3판, 홍문당(2015), 359 이하.

17) 조영선(주 4), 545~555(객관적 행위공동 외에 적어도 좁은 의미의 주관적 공동이 필요하며, 단순히 자신의 행위가 제3자의 행위와 결합해 어떠한 결과를 낳는다고 인식하는 정도로는 부족하고, 권리자로부터 침해의 경고를 받아 특허권침해의 가능성을 알고도 이를 무시한 채 미필적 고의로 가공행위를 계속하는 정도에 이르러야 한다고 본다).

18) 권택수(주 14), 143 이하; 김관식(주 15), 194 이하.

19) 간접침해 규정이 없는 저작권, 상표권 침해행위에 대한 사안에서 대법원 판례는 방조행위자도 일정한 경우 공동불법행위책임을 질 수 있다고 보았다(대법원 2012. 12. 4.자 2010마817 결정, 2010. 3. 11. 선고 2009다4343 판결, 2009. 4. 16. 선고 2008다53812 전원합의체 판결).

도 · 대여 또는 수입하거나 그 물건의 양도 또는 대여의 청약을 하는 행위가 발명의 실시행위에 해당한다(특허 2조 3호).

간접침해행위도 포함되므로, 특허가 물건의 발명인 경우 그 물건의 생산에만 사용하는 물건을 생산 · 양도 · 대여 또는 수입하거나 그 물건의 양도 또는 대여의 청약을 하는 행위, 특허가 방법의 발명인 경우 그 방법의 실시에만 사용하는 물건을 생산 · 양도 · 대여 또는 수입하거나 그 물건의 양도 또는 대여의 청약을 하는 행위도 금지청구의 대상이 된다(특허 127조).

'업(業)으로서' 특허발명을 실시해야 하므로, 단순히 개인적 · 가정적 범주에서 실시하는 것은 이에 해당되지 않는다.[20] 그러나 업으로서 실시한 것이라면 실시의 횟수나 규모, 그로부터 이익을 얻었는지를 불문하며, 비영리사업도 포함된다.[21]

(나) 실시행위의 특정 및 증명

금지청구를 구하는 원고는 금지의 대상이 되는 제품 · 방법과 금지를 구하는 침해행위의 태양을 구체적으로 특정하여야 한다(구체적인 특정 방법에 대해서는 제1장 제3절 II. 4. 가. (3)의 '침해금지청구' 부분 참조).

생산방법의 추정 규정(특허 129조)이 적용되는 물건을 생산하는 방법의 발명의 경우에 금지의 대상을 '방법'으로 특정할 것인지, '물건'으로 특정할 것인지가 문제 될 수 있다. 금지청구의 대상이 특정 '방법'인지 또는 '방법의 실시에만 사용하는 물건'인지에 따라 달라질 것이나, 생산방법의 추정의 요건으로 물건의 동일성, 전용성 등이 필요하므로, 적어도 청구원인에서는 피고가 실시하는 물건이 무엇인지 특정되어야 할 것이다.

또한, 금지의 대상인 물건의 구성, 사용하는 방법과 실시 태양에 대하여 다툼이 있는 경우, 금지청구를 구하는 원고가 상대방 제품의 구체적인 구성이나 제조 방법 또는 사용 방법에 대하여 증명책임을 진다. 청구취지를 특정할 때는 제품의 모델명 등으로 특정하면 충분하지만, 청구원인으로는 특허발명의 구성요소와 대비할 수 있을 정도로 구체적으로 주장 · 증명하여야 한다. 나아가 상대방의 실시행위가 특허권

---

20) 김기영 · 김병국 공저(주 7), 100.

21) 서울중앙지방법원 2017. 6. 16. 선고 2016가합554810 판결(피고가 지하철 승강장 안전문 제어장치를 제작하여 이를 납품하기 위해 시운전하였는데, 그 과정에서 'RFID를 이용한 승강장 스크린도어 연동시스템의 제어방법'에 관한 원고의 특허발명을 사용한 사안에서, 이러한 시운전이 '업으로서' 한 실시행위에 해당한다고 본 사례).

의 직접침해 또는 간접침해에 해당하는 점도 증명하여야 한다(특허침해의 요건에 대해서는 제2장 제5절 참조).

(다) 생산방법의 추정

1) 의 의

생산방법에 대한 발명의 침해행위는 주로 침해자의 공장 내에서 일어나는 경우가 많아 침해사실을 탐지하거나 증명하기 곤란하기 때문에 일정한 경우 증명책임을 완화하고 있다.

특허법 129조는 물건을 생산하는 방법의 발명에 관하여 특허가 된 경우에 그 물건과 동일한 물건은 그 특허된 방법에 의하여 생산된 것으로 추정하되, 다만 그 물건이 특허출원 전에 국내에서 공지되었거나 공연히 실시된 물건, 국내 또는 국외에서 반포된 간행물에 게재되었거나 전기통신회선을 통하여 공중이 이용할 수 있는 물건인 경우에는 그러하지 아니하다고 규정한다. 이는 새로운 물건의 생산 방법에 대한 발명이 있는 경우 통상 그 방법만이 일반에 알려져 있다고 할 수 있어 그와 동일한 물건을 생산한 자는 특허된 방법과 동일한 방법을 사용하였을 개연성이 높다는 점에 근거한다.[22]

2) 요건 및 효과

특허된 방법에 의해 생산된 물건과 동일한 물건이어야 한다. 동일한 물건인지는 거래통념상 실질적으로 동일한지를 기준으로 하며, 그 물건이 본질상 갖추어야 할 중요한 구성을 갖추고 있고 그로 인한 효과도 동일하다면 동일한 물건으로 볼 수 있다.[23]

동일한 물건이 생산방법의 추정을 받으려면 특허출원 전에 공개되지 아니한 새로운 물건일 것을 요한다.[24] 특허출원 전에 이미 공지되거나 공연히 실시된 물건인 경우에는 이를 제조하는 새로운 효율적인 방법에 대한 특허발명이 있더라도 추정 규정이 적용되지 않는다.

이러한 요건을 갖춘 경우 특허된 방법과 동일한 방법에 의해 생산된 것으로 추정되고, 이에 대하여 상대방은 자신이 특허된 방법과 다른 방법에 의하여 물건을 생산한다는 점을 주장·증명하여 추정을 복멸할 수 있다.[25]

---

22) 정상조·박성수 공편(주 3), 297; 윤선희(주 7), 748.
23) 정상조·박성수 공편(주 3), 299; 송영식 외 6인(주 3), 650.
24) 대법원 2005. 10. 27. 선고 2003다37792 판결.
25) 서울고등법원 2007. 1. 17. 선고 2005나107130 판결(확정)(특허법 129조의 생산방법 추정을 번복하기 위

(3) 침해 또는 침해의 우려

상대방이 현재 침해행위를 하고 있거나 현재 침해행위를 하고 있지 않더라도 장래에 침해행위를 할 우려가 있으면 예방청구로서 실시행위의 금지를 구할 수 있다.[26]

어느 경우에 '침해할 우려'가 있다고 볼 것인가에 관하여, 다수설은 상대방이 주관적으로 침해제품을 제조·판매할 의도가 있는지를 불문하고, 발명의 실시행위를 위한 준비행위가 완성되는 등 객관적으로 보아 침해가 발생할 개연성이 있다고 인정되는 사실이 존재하는 경우 침해할 우려가 있다고 본다.[27][28] 침해가 발생할 개연성이 있는지는 피고가 과거에 침해행위를 한 적이 있는지, 소송에서 침해 여부를 다투는지, 분쟁에 이르게 된 경위,[29] 피고에게 침해행위를 재개할 의사가 있는지, 침해제품의 제조·판매 능력이 있는지 등의 제반 사정을 고려하여 판단한다.[30]

구체적으로, 침해품의 제조를 준비 중인 경우, 현재는 제조·판매를 하고 있지 않으나 제조·판매를 위한 시설 등을 모두 갖추고 있어 장래에 언제든지 제조·판매를 재개할 수 있는 경우,[31] 판매 목적으로 침해제품을 소지·보관하고 있는 경우 등에는 침해의 우려가 있다고 볼 것이나, 침해제품의 제조를 중지하고 침해가 되지 않도록 설계를 변경한 경우,[32] 단순히 침해제품을 소지하거나 특허권을 침해하는 기계의 설계도면을 작성한 정도만으로는 침해할 우려가 인정되지 않는다.[33]

해서는 특허된 생산방법의 권리범위에 속하지 아니하는 다른 생산방법을 제시하여야 할 뿐만 아니라, 그 생산방법이 특허권 침해가 문제되는 물건을 생산하는 데에 현실적으로 사용되고 있다는 점까지 입증되어야 한다).

26) 서울중앙지방법원 2013. 6. 7. 선고 2012가합68823, 2013가합6457 판결(항소심에서 화해권고결정 확정) (피고가 현재는 실시제품을 생산하고 있지 않더라도 변론종결일에서 현저히 멀지 않은 시점에 실시제품을 생산하고 있었고, 여전히 동종의 영업을 영위하고 있다면, 변론종결일에도 여전히 실시제품을 생산하고 있다고 추인되고, 피고로서는 반증을 들어 위 추인을 복멸해야 한다).

27) 정상조·박성수 공편(주 3), 7; 임석재·한규현 공저, 특허법, 박영사(2017), 632.

28) 서울고등법원 2015. 4. 2. 선고 2013나2005341 판결(확정)(피고가 제1심 판결 이후까지 침해제품의 수입·판매를 계속하였고, 국내에 영업소를 두고 있는 점 등을 들어 더 이상 국내에서 피고 제품을 판매할 의사가 없다는 피고의 주장에도 불구하고 침해의 우려가 있다고 본 사례).

29) 서울중앙지방법원 2016. 7. 14. 선고 2015가합563787 판결(확정).

30) 中山信弘, 小泉直樹 편저(주 3), 1432.

31) 서울중앙지방법원 2017. 4. 7. 선고 2016가합525072 판결(특허권의 유효성을 다투고 있고, 소제기 이후에도 피고 제품을 생산·판매한 점, 현재도 화장품 제조·판매업을 영위하고 있는 점 등을 고려하여 변론종결일 현재 피고 제품의 생산·판매를 중지하였더라도 특허침해의 우려가 있다고 본 사례).

32) 서울중앙지방법원 2012. 10. 26. 선고 2011가합89748 판결(항소기각)(피고가 침해를 중지하고, 자신이 별도로 특허출원한 제품을 사용하고 있는 경우 장래에 특허발명을 침해할 우려가 없다고 본 사례).

33) 정상조·박성수 공편(주 3), 7.

다. 금지청구의 내용

(1) 침해의 금지·예방 청구

피고의 실시행위가 특허침해에 해당하는 경우에는 원칙적으로 금지명령을 한다.[34] 통상 특허침해에 해당하는 실시행위의 금지를 명하게 된다.

특허발명이 피고가 실시하는 물건의 일부 또는 그 부품에 대한 것인 경우(예: 피고 제품은 '회전의자'이고, 특허발명은 회전의자의 부품인 '가스 실린더'에 대한 것인 경우) 어느 범위까지 금지명령을 할 것인지, 나아가 금지청구에 부수하여 물건 전체의 폐기를 구할 수 있는지가 문제될 수 있다. 하급심 판결 중에는 침해 부분이 다른 부분과 분리 가능하고 별개로 거래될 수 있다는 사정을 들어 침해 부분에 대해서만 금지 및 제조·설비의 폐기를 명한 사례가 있다.[35][36]

용도발명을 침해하는 제품이 특허발명의 용도 이외의 용도로 사용할 수 있는 경우에 금지청구 및 폐기청구를 할 수 있는지에 관하여, 이를 인정할 경우 특허발명의 권리범위에 속하지 않는 용도까지 금지하는 결과가 되어 부당하다는 견해와 침해되는 용도와 그렇지 않은 용도의 사용을 구분할 수 없기 때문에 전체적으로 금지 및 폐기를 명할 수밖에 없다는 견해가 있을 수 있다. 하급심 판례 중에는 후자의 견해를 따르는 것으로 보이는 사례가 있다.[37]

---

34) 금지명령에 있어서 형평법적 요소의 고려 가능성에 대해서는, 정상조·박성수 공편(주 3), 10이하 참조.

35) 특허법원 2017. 4. 21. 선고 2016나1745 판결(확정)(피고가 감속기 본체, 모터, 모터 체결기구 등으로 구성된 감속기 인덱스 제품을 제조·판매하고 있고, 그중 모터 체결기구가 원고의 특허권을 침해한 사안에서, 특허발명이 모터 체결기구에 대한 것이고, 모터 체결기구를 제외한 부분은 침해행위를 조성한 물건으로 볼 수 없으며, 각 구성이 불가분적으로 결합되어 있다고 볼 수 없다는 점을 들어 모터 체결기구에 대해서만 생산 등 금지 및 폐기를 인정한 사례); 서울중앙지방법원 2015. 9. 18. 선고 2014가합571828 판결(원고의 특허발명은 '데크 플레이트' 중 '스페이서'에 한정한 발명이고, 스페이서는 데크 플레이트에서 트러스거더, 강판과 각 분리 가능하고 별개로 거래될 수 있는 제품이므로, 침해금지 및 폐기의 대상은 피고 제품 전체가 아니라 거기에 사용된 스페이서로 한정함이 타당하다고 본 사례).

36) 일본 판례 중에는 문자프레임 고정장치에 대한 특허발명에 있어서 원고가 이를 탑재한 사진식자기계 전체의 제조·판매금지 및 폐기를 청구한 사안에서 금지청구는 인용하면서 폐기는 문자프레임 고정장치에 대해서만 인정한 사례가 있다(東京地判 昭63·12·9判時1295号121頁)[中山信弘, 小泉直樹 편저(주 3), 1437에서 재인용].

37) ① 서울중앙지방법원 2016. 4. 15. 선고 2013가합560128 판결[피고 제품이 위장관 기질 종양(GIST)의 치료에 관한 약제학적 조성물 특허를 침해한 사안에서, 피고 제품이 GIST 외에 만성 골수성 백혈병 치료 용도로도 품목허가를 받았으나, 피고 제품이 GIST 치료 용도로 사용되는 것을 막을 수 없고, 피고로서는 품목허가변경절차를 취할 수 있다는 이유를 들어, 존속기간 만료시까지 피고 제품의, GIST 치료 효능을 위한 의약품으로 생산·판매 등 금지하는 것에 더해 GIST 치료 효능을 제외하는 품목허가변경을

(2) 조성물의 폐기 등 청구

(가) 의 의

침해금지 또는 예방청구를 하는 경우, 이와 함께 침해행위를 조성한 물건(물건을 생산하는 방법의 발명인 경우에는 침해행위로 생긴 물건을 포함한다)의 폐기, 침해행위에 제공된 설비의 제거, 그 밖에 침해의 예방에 필요한 행위를 청구할 수 있다(특허 126조 2항). 금지 또는 예방청구에 부수하여서만 청구할 수 있고 독립적으로 조성물의 폐기 등만 청구할 수는 없다.[38]

침해행위에 제공된 물건이나 설비를 소지 · 보관하는 것 자체는 특허권 침해행위가 해당하지 않으나 이러한 물건이나 설비는 언제든지 동일한 침해행위에 제공될 소지가 있으므로, 침해금지 또는 예방청구권의 실효성을 확보하기 위해 그 폐기 · 제거를 청구할 수 있도록 한 것이다.[39]

(나) 요건 및 범위

'침해행위를 조성한 물건'은 침해행위의 필연적 내용을 이루는 물건을 말한다.[40] 피고 또는 제3자가 소지 · 보관하고 있는 침해 완제품 또는 그 반제품(제품으로 완성되지는 않거나 판매하기 적당하지 않은 제품으로, 완제품의 구성을 갖추었거나 갖출 것으로 예정되어 있는 제품) 등이 해당된다.

'침해행위에 제공된 설비'는 침해행위를 실시하기 위해 편의적으로 제공된 물건을 말한다.[41] 물건의 발명 또는 물건을 생산하는 방법의 발명에서 물건의 생산을 위

받기 전까지 '어떠한 용도 목적으로도' 양도 · 대여 금지, 존속기간만료일 또는 품목허가변경일까지 집행관 보관을 명하였다].

② 일본 판례 중에는, 특허발명이 종래 항히스타민 작용을 하는 것으로 알려진 푸마르산 케토티펜의 알레르기성 천식의 예방 용도에 관한 용도발명의 특허권자인 원고가 푸마르산 케토티펜을 포함하는 제제를 판매하는 피고에게 금지청구를 한 사안에서, 알레르기성 천식 예방 용도 외의 용도에 대해서는 특허발명의 권리범위가 미치지 않는다는 이유로 푸마르산 케토티펜을 유효 성분으로 하고, 효능 · 효과로서 알레르기성 천식 예방을 포함하는 상품명 ○○인 제품에 한정하여 금지청구를 인용하면서, 피고가 알레르기성 천식 예방 외의 용도로의 사용까지 금지하게 되어 부당하다고 주장한 것에 대해서는, 제제를 판매하는 업체가 용도를 구별하여 판매할 수 있고, 만약 구별이 명확하게 이루어지지 않은 경우에는 양 용도가 불가분의 일체가 된 경우여서 그러한 다른 용도가 금지된다고 하더라도 이를 감수할 수밖에 없다고 하여 받아들이지 아니한 사례가 있다(東京地判 平4 · 10 · 23判時1469号139頁)[中山信弘, 小泉直樹 편저(주 3), 1430에서 재인용].

38) 송영식 외 6인(주 3), 657; 윤선희(주 7), 803.
39) 정상조 · 박성수 공편(주 3), 8; 송영식 외 6인(주 3), 657.
40) 정상조 · 박성수 공편(주 3), 9.
41) 정상조 · 박성수 공편(주 3), 9.

해 사용되는 금형, 촉매, 제조설비 등이 이에 해당된다.

간접침해의 경우 그 물건의 생산 또는 그 방법의 실시에만 사용하는 물건으로 한 정하는 반면에 침해를 조성한 물건이나 침해행위에 제공된 설비에 대해서는 이러한 제한을 두지 않았으나, 본 규정의 취지상 적어도 그 자체로 침해품의 생산·제조에 사용되는 경우여야 하고, 특허권 침해 이외의 용도로 사용될 수 있는 범용품은 이에 해당하지 않는다고 보아야 한다.[42]

(다) 그 밖에 침해의 예방에 필요한 행위

특허법은 '그 밖에 침해의 예방에 필요한 행위'를 청구할 수 있도록 하고 있는데, 예방에 필요한 행위를 무한정 확장하여 해석할 경우 특허권의 보호범위를 넘어 상대 방에게 과도한 피해를 입힐 수 있으므로, 청구를 인용할 경우 상대방이 입는 불이익 과 예방 조치를 취하지 아니할 경우 특허권자가 입는 불이익을 비교 형량하여 필요 성을 판단해야 할 것이다.[43]

구체적으로 무엇이 침해의 예방에 필요한 행위인지는, 특허발명의 내용, 실제로 발생했거나 장차 발생할 수 있는 침해행위의 태양, 특허권자의 금지청구의 내용 등의 제반 사정을 고려하여, 금지청구권의 실효적인 행사를 위해 필요한 범위 내의 행위인 지에 따라 결정한다.[44] 침해행위를 하지 않을 것을 보증하기 위한 담보 제공이나 공 탁도 이에 해당할 수 있다.[45]

3. 상대방의 방어수단(부인 및 항변)

가. 서 론

특허권자 등 권리자가 침해소송에서 침해금지청구권 등의 권리발생근거규정상의 요건사실을 모두 주장·증명하면, 상대방은 위 청구권의 행사를 저지할 수 있는 반대 사실을 주장·증명하여야 한다. 특허권자 등 권리자의 공격수단에 대응하는 상대방

---

42) 송영식 외 6인(주 3), 657; 中山信弘, 小泉直樹 편저(주 3), 1440.

43) 정상조·박성수 공편(주 3), 9; 中山信弘, 小泉直樹 편저(주 3), 1438; 특허법원 2017. 4. 21. 선고 2016 나1745 판결(확정).

44) 中山信弘, 小泉直樹 편저(주 3), 1439(침해제품인 제초제의 제조·수입을 목적으로 소외 협회에 시험 의 뢰, 농약 등록 신청을 금지하는 것도 침해 예방에 필요한 행위라고 본 일본 판례로, 東京地判 昭 62·7·10無體集19卷2号231頁).

45) 정상조·박성수 공편(주 3), 10.

의 방어수단은 부인과 항변으로 크게 나눌 수 있다.

원고의 특허권이 존재하지 아니하거나 피고의 실시행위가 원고의 특허권의 권리범위에 속하지 아니한다는 피고의 주장은 부인이다. 따라서 특허권의 보호범위를 기초 지우는 사실에 관한 주장·증명책임은 원고에게 있고, 피고에게는 이에 관한 주장·증명책임이 없다.[46] 피고의 침해행위가 동일영역이 아닌 균등영역에서 일어난 경우, 균등론을 적용하는 것은 금지청구권 등 발생요건사실의 하나인 원고 특허권의 보호범위에 관한 것이므로 균등하다는 주장·증명책임은 원고에게 있으며, 균등하지 아니하다는 피고의 주장은 부인에 해당한다.[47]

아래에서는 실무상 자주 주장되는 순서에 따라 침해소송에서 피고가 행사할 수 있는 ① 권리남용항변, ② 자유실시기술항변, ③ 공지기술항변, ④ 권리소진항변에 대하여 살펴본다.

나. 권리남용항변

대법원 1983. 7. 26. 선고 81후56 전원합의체 판결은 "등록된 특허의 일부에 그 발명의 기술적 효과발생에 유기적으로 결합된 것이 아닌 공지사유가 포함되어 있는 경우 그 공지부분에까지 권리범위가 확장되는 것이 아닌 이상 그 등록된 특허발명의 전부가 출원 당시 공지공용의 것인 경우에도 특허무효의 심결의 유무에 관계없이 그 권리범위를 인정할 수 없다."라고 판시하고, 나아가 "특허권은 신규의 발명에 대하여 부여되는 것으로 특허권권리범위확인 청구사건에 있어서 그 권리범위를 정함에 있어서는 출원당시의 기술수준이 무효심판의 유무에 관계없이 고려되어야 한다."라고 판시하였다. 이 전원합의체 판결에 따라 권리범위확인 사건은 물론 침해소송에서도 아래에서 보는 바와 같은 공지기술항변에 의하여 특허발명의 신규성 부정 여부를 심리·판단하여 왔다.

또한, 기재불비와 관련하여 대법원 2002. 6. 14. 선고 2000후235 판결은 "특허발명의 특허청구의 범위 기재나 발명의 상세한 설명 기타 도면의 설명에 의하더라도 특

---

46) 원고의 특허발명 전부가 공지공용이라는 피고의 주장은 권리의 보호범위의 면에서 보면 부인이 되나, 특허권은 무효심판절차에 의하지 아니하는 한 그 효력을 부인할 수 없다는 면에서는 그 권리의 존재를 전제로 한 효력발생장애사유로서 권리남용 또는 자유실시기술항변으로 보면 항변이 된다. 후자가 통설이다.

47) 이상경, 지적재산권소송법, 육법사(1998), 239 참조.

허출원 당시 발명의 구성요건의 일부가 추상적이거나 불분명하여 그 발명 자체의 기술적 범위를 특정할 수 없을 때에는 특허권자는 그 특허발명의 권리범위를 주장할 수 없는 것[48]이고, 특허발명의 기술적 범위를 특정할 수 있는지 여부는 당사자의 주장이 없더라도 법원이 직권으로 살펴 판단하여야 하는 것"이라고 판시하였다. 또한, 대법원 2001. 12. 27. 선고 99후1973 판결은 "실시가 불가능한 등록고안은 구 실용신안법(1998. 9. 23. 법률 제5577호로 전문 개정되기 전의 것) 8조 3항에 위반하여 등록된 것으로서 그 권리범위를 인정할 수 없다."라고 판시하였다. 다만 특허발명의 청구범위 중 일부가 불명료하게 표현되었거나 그 기재에 오기가 있더라도, 발명의 설명과 도면 등을 참작하여 볼 때 통상의 기술자가 명확하게 이해할 수 있고 오기임이 명백하여 그 특허발명 자체의 보호범위를 특정할 수 있는 경우에는 특허발명의 권리범위를 부정할 수 없다(대법원 2008. 7. 10. 선고 2008후64 판결 등 참조). 이러한 대법원 판례의 취지에 따라 권리범위확인심판사건은 물론 침해소송에서도 특허발명의 기재불비 여부를 심리·판단하여 왔다.

한편 침해소송에서도 특허발명의 진보성 여부를 심리·판단할 수 있는지가 문제되었으나, 대법원 2012. 1. 19. 선고 2010다95390 전원합의체 판결은 "특허발명에 대한 무효심결이 확정되기 전이라고 하더라도 특허발명의 진보성이 부정되어 특허가 특허무효심판에 의하여 무효로 될 것임이 명백한 경우에는 특허권에 기초한 침해금지 또는 손해배상 등의 청구는 특별한 사정이 없는 한 권리남용에 해당하여 허용되지 아니한다고 보아야 하고, 특허권침해소송을 담당하는 법원으로서도 특허권자의 그러한 청구가 권리남용에 해당한다는 항변이 있는 경우 당부를 살피기 위한 전제로서 특허발명의 진보성 여부에 대하여 심리·판단할 수 있다."라고 판시하여, 특허발명의 진보성이 부정되는 경우에 침해소송에서 그러한 특허권에 기한 권리행사는 권리남용에 해당하여 허용되지 아니한다는 이른바 권리남용항변을 명시적으로 수용하였다[이 판결에 관한 자세한 내용은 제2장 제2절 Ⅳ. 3. 나. (2) 참조].

다만 여기서 특허발명의 진보성이 부정되어 그 특허가 특허무효심판에 의하여 무효로 될 것이 '명백한 경우'가 무엇을 의미하는지에 관하여는 논란이 있을 수 있으나, 명백성과 관련하여 현재 실무는 특허무효심판 또는 그 심결취소소송의 제기 또는 그 결과와 관계없이 침해소송을 담당하는 법관의 '진보성 부정'에 대한 심증의 정도

48) 대법원 1989. 3. 28. 선고 85후109 판결, 1985. 3. 6. 선고 83후106 판결, 1983. 1. 18. 선고 82후36 판결.

라고 보는 것이 보통이며, 이에 대해서 별도로 심리하지 아니한다.

위 전원합의체 판결에 의하여 침해소송 법원은 침해소송에서 신규성은 물론 진보성에 대해서도 특허 유효성을 판단할 수 있게 되었으므로, 침해소송의 피고는 특허권에 명백한 무효사유가 존재한다는 것을 주장 · 증명하는 방법으로 방어할 수 있게 되었다. 다만 침해소송 법원이 당해 특허가 무효임이 명백하다고 판결하여도 그 자체로 특허가 무효로 되는 것은 아니고, 권리남용의 법리에 따라 권리행사가 제한될 뿐이다. 그 특허를 무효로 하기 위해서는 특허무효심판을 청구하여 무효심결을 받아야 한다.

위 전원합의체 판결의 법리는 진보성이 부정되는 사안에 관한 것이지만, 이러한 권리남용 항변은 앞서 본 바와 같이 신규성이 부정되거나 특허무효사유에 해당하는 기재불비가 인정되는 경우, 선원주의에 위반되는 경우 등에도 동일하게 적용될 수 있을 것이다.

다. 자유실시기술항변

공지기술항변은 신규성 여부 판단에만 한정되지만, 자유실시기술항변(free- to-work technology, free state of the art)은 신규성 여부는 물론 진보성 여부에 대한 판단까지 포함한다.[49] 이러한 점에서 자유실시기술은 '공지기술과 동일하거나, 실질적으로 동일하거나, 또는 그 공지기술로부터 통상의 기술자가 용이하게 도출할 수 있는 기술'이라고 정의할 수 있다.

대법원은 "어느 발명이 특허발명의 권리범위에 속하는지를 판단함에 있어서 특허발명과 대비되는 발명(피고 제품)이 공지의 기술만으로 이루어지거나 그 기술분야에서 통상의 지식을 가진 자가 공지기술로부터 용이하게 실시할 수 있는 경우에는 특허발명과 대비할 필요도 없이 특허발명의 권리범위에 속하지 않게 된다."라고 판시하여,[50] 자유실시기술항변을 인정한다.[51] 이는 이러한 방법으로 특허발명의 무효 여

---

49) 공지기술은 누구든지 자유롭게 실시할 수 있어야 한다는 논거에 의하면 자유실시기술은 공지기술과 동일한 의미가 되고, 실무에서도 '자유실시기술항변'을 '공지기술항변'과 같은 의미로 사용하는 경우가 있다.

50) 대법원 2004. 9. 23. 선고 2002다60610 판결.

51) 자유실시기술항변은 침해소송에서 특허무효 여부를 판단할 수 없다는 점을 회피해서 구체적 타당성을 위하여 독일에서 탄생한 법리이고, 우회적으로 신규성, 진보성 여부를 판단하기 위하여 나온 것인데, 침해소송에서 신규성, 진보성을 판단할 수 있는 현행 법리상 더 이상 자유실시기술항변을 인정할 필요가 있는지 의문을 제기하는 견해도 있다. 현재 독일, 일본, 중국 등에서 동 법리를 적용하는 사례는 거의

부를 직접 판단하지 않고 확인대상발명을 공지기술과 대비하여 확인대상발명이 특허발명의 권리범위에 속하는지를 결정함으로써 신속하고 합리적인 분쟁해결을 도모할 수 있기 때문이다.[52] 나아가 대법원 2017. 11. 14. 선고 2016후366 판결은, 이러한 자유실시기술의 법리는 확인대상발명이 결과적으로 특허발명의 청구범위에 나타난 모든 구성요소와 그 유기적 결합관계를 그대로 가진 이른바 문언 침해(literal infringement)에 해당하는 경우에도 그대로 적용된다고 판시하였다(자유실시기술항변에 관한 자세한 내용은 제2장 제2절 Ⅳ. 3. 다.항 참조).

자유실시기술항변에 대한 판단 방법은 피고의 주장에 따라 달라진다. 피고가 피고 제품이 ① 출원 시의 공지기술과 동일하다고 주장하는 경우에는 피고 제품과 공지기술의 구성을 일대일로 대비하여 동일 여부를 판단하고(이는 침해 여부의 판단 시에 피고 제품과 특허발명을 대비하는 방법, 즉 신규성 판단의 방법과 같다), ② 공지기술로부터 통상의 기술자가 용이하게 실시할 수 있는 것이라고 주장하는 경우에는 피고 제품과 공지기술을 구성 및 효과 면에서 대비하여 통상의 기술자가 공지기술로부터 피고 제품을 용이하게 도출할 수 있는지를 판단한다. 이때 피고 제품은 특허발명의 청구범위에 기재된 구성에 대응하는 구성으로 한정하여 파악하는 것이 아니라 원고가 특정한 피고 제품의 구성 전체를 공지기술과 대비하여 동일 여부 또는 용이실시 여부를 판단하여야 한다.[53]

라. 공지기술항변

특허법 29조 1항 1, 2호에서는 신규성이나 진보성 부정의 근거가 될 수 있는 이른바 선행기술(prior art)로서 공지기술, 공용기술, 간행물 게재기술, 전기통신회선 통하여 공중이 이용할 수 있는 기술을 규정한다.

앞서 본 바와 같이 출원 시의 공지·공용기술만으로 이루어진 특허발명은 무효

없고, 우리나라에서만 많이 활용되고 있다.
52) 대법원 2017. 11. 14. 선고 2016후366 판결.
53) 대법원 2008. 7. 10. 선고 2008후64 판결. 이 판결은 확인대상고안의 '가위식 링크구조'는 등록고안과는 무관한 구성이므로 이를 제외하고 자유실시기술 여부를 판단하여야 한다는 상고인의 주장에 대하여, '링크수단'에 관한 구성을 포함하는 것으로 특정된 확인대상고안을 원심 판시의 비교대상고안 1, 2, 3 등의 공지기술과 대비한 다음, 이러한 공지기술에는 확인대상고안의 '링크수단'에 관한 구성이 나타나 있지 아니하여 확인대상고안은 공지기술로부터 극히 용이하게 실시할 수 있는 고안에 해당하지 않는다고 판단하였다.

심결 여부와 관계없이 권리범위를 인정할 수 없다는 것이 대법원 판례이다.

특허발명이 공지기술에 해당한다는 점은 피고가 주장·증명책임을 부담한다. 이러한 공지기술항변은 앞서 설명한 권리남용항변이나 자유실시기술항변과 중첩적으로 주장될 수 있으며, 실무상 주장되는 빈도가 권리남용항변이나 자유실시기술항변보다 점차 낮아지는 추세이다.

특허발명 전부가 공지·공용이라는 것은, 그 특허발명 전체가 출원 전에 공지 또는 공연히 실시되었거나, 출원 전에 반포된 간행물 등에 게재되거나 전기통신회선을 통하여 공중이 이용가능하게 된 발명과 동일하여 신규성이 부정된다는 것을 의미한다(특허법 29조 1항 1호·2호).

한편 특허발명의 일부가 공지된 경우, 예컨대 A+B+C로 이루어진 특허발명 P가 상위개념의 발명이고 그 하위개념의 발명이 발명 P1(a1+B+C)과 P2(a2+B+C)인데, P1이 공지되어 특허를 받을 수 없는 발명인 경우에는, 그 특허발명의 보호범위는 P2 부분으로 제한된다. 따라서 특허권자는 공지된 부분, 즉 P1 부분에 관하여는 제3자에 대하여 그 권리를 행사할 수 없다. 대법원도 "실용신안권은 신규성 있는 기술적 고안에 부여되는 것이므로 그 효력이 미치는 구체적 범위를 정함에 있어서는 실용특허출원 당시의 기술수준이 필연적으로 고려되어야 할 것이고 따라서 그 출원 당시 신규성이 없는 공지공용의 부분에 대하여는 권리범위확인을 구할 수 없다."라고 판시하여 일부 공지에 대해서 보호범위를 제한하였다.[54]

'공지'란 비밀이 아닌 상태에서 일반 제3자에게 발명이 공개된 것을 말하므로, 현실적으로 불특정 다수인이 인식하지 않았다고 하더라도, 객관적으로 불특정 다수인이 인식할 수 있는 상태에 놓여 있다면 공지되었다고 보아야 한다. '비밀이 아닌 상태'일 것을 요구하므로 다수의 사람이 알고 있더라도 그들에 대하여 비밀유지의무가 부여된 상태, 예컨대 회사의 발명 연구 관여자들에게만 알려진 경우에는 공지라고 할 수 없다. '공개'의 정도는 통상의 기술자가 별도의 노력 없이 해당 발명을 실시할 수 있을 정도에 이르러야 한다.

'공연 실시(공용)'란 일반 공중이 알 수 있는 상태에서 발명이 실시된 것을 말한다. 발명자가 일반공중이 보는 가운데 발명품을 시운전하였다고 하더라도 일반공중이 발명의 기술적 사상을 알 수 없는 경우라면 공연히 실시된 것이라고 할 수 없다.

---

54) 대법원 1964. 10. 22. 선고 63후45 판결 참조.

그러나 특허발명과 동일한 물건이 매매, 도급 등을 원인으로 양도된 경우에는 양수인에게 비밀유지의무가 부과되었다는 등의 특별한 사정이 없는 한 외관을 통해서는 발명의 기술적 구성을 용이하게 알 수 없더라도 통상의 기술자가 그 물건을 분해하거나 분석하여 발명의 기술적 구성을 용이하게 알 수 있다면 그 물건이 양도됨으로써 양수인을 비롯한 불특정 다수인이 발명의 기술적 구성을 인식할 수 있는 상태에 놓인 것이므로 발명이 공연히 실시된 것으로 볼 수 있다.[55]

마. 권리소진항변

(1) 의   의

특허법에 명시적 규정은 없으나[56] 특허권자, 전용실시권자, 통상실시권자로부터 일단 적법하게 당해 특허발명 실시제품을 양도받은 후 이를 다시 양도하거나 사용하는 행위는 특허권 침해를 구성하지 않는다는 것은 이의 없이 받아들여지는데, 이를 권리소진의 원칙(Exhaustion Doctrine, First Sale Doctrine)이라 한다. 이에 의하면 특허권 자체는 여전히 유효하게 존속하지만, 적법하게 양도된 특허발명 실시제품에 대해서는 침해의 주장을 할 수 없다는 것이다. 피고는 특허권 침해소송에서 이를 항변으로서 주장할 수 있다. 다만 특허권 소진은 인적항변의 일종이므로 권리범위확인심판 사건에서는 항변으로 원용할 수 없다.[57]

---

55) 특허법원 2017. 6. 16. 선고 2016허7947 판결(확정): 이 사건 특허발명의 특허권자인 원고는 하도급계약에 따라 이 사건 특허발명과 동일한 창틀프레임을 이 사건 특허발명의 출원일 이전에 A 음식점에 설치한 사안에서, A 음식점 점주는 위 창틀 프레임을 인도받음으로써 창틀 프레임에 대한 소유권을 취득하였고 나아가 A 음식점 점주를 비롯한 직원들이 비밀유지의무를 부담한다고 볼 특별한 사정이 없다. 위 창틀 프레임은 좌, 우, 상, 하 프레임의 내부 구조와 이 프레임들의 결합수단인 상, 하부 브라켓의 공간적 배치 및 세부 체결구성을 특징으로 하고 있는데 외관을 통해 내부 구성을 용이하게 파악하기는 어려우나 통상의 기술자가 간단한 공구를 사용하여 창틀 프레임을 쉽게 분해하여 내부의 부품과 부품들 상호간의 결합관계를 어렵지 않게 파악할 수 있다. 따라서 이 사건 특허발명과 동일한 창틀프레임이 비밀유지의무 약정 등의 제한이 없는 상태에서 A 음식점에 양도됨으로써 늦어도 A 음식점의 개점일 무렵에 불특정 다수인이 기술적 구성을 인식할 수 있는 상태에 놓였으므로 이 사건 특허발명은 그 출원일 이전에 공연히 실시되었다.

56) 저작권법 등에는 소진의 법리를 명문화한 규정이 있다. 저작권법 20조 단서, 반도체집적회로의 배치설계에 관한 법률 9조 2항, 3항, 식물신품종보호법 58조 참조.

57) 적극적 권리범위확인 사건에서의 소진 주장과 관련하여 대법원 2010. 12. 9. 선고 2010후289 판결은 "특허권의 적극적 권리범위 확인심판은 특허발명의 보호범위를 기초로 하여 심판청구인이 그 청구에서 심판의 보호대상으로 삼은 발명(확인대상발명)에 대하여 특허권의 효력이 미치는가를 확인하는 권리확정을 목적으로 한 것이므로, 설령 확인대상발명의 실시와 관련된 특정한 물건과의 관계에서 특허권이 소진되었다 하더라도 그와 같은 사정은 특허권 침해소송에서 항변으로 주장함은 별론으로 하고 확인대상

대법원도 물건의 발명에 관해서는 "물건의 발명에 대한 특허권자 또는 특허권자로부터 허락을 받은 실시권자가 우리나라에서 그 특허발명이 구현된 물건을 적법하게 양도한 경우에 양도된 당해 물건에 대해서는 특허권이 이미 목적을 달성하여 소진되었으므로 양수인이나 전득자가 그 물건을 사용, 양도 또는 대여하는 등의 행위 등에 대하여 특허권의 효력이 미치지 아니한다."라고 하여 특허권 소진을 인정하였다(대법원 2003. 4. 11. 선고 2002도3445 판결 등 참조).

소진과 관련하여 현재 우리나라에 판결례가 많이 축적되어 있지는 않으나, 국제교역이 활발해지면서 그에 대한 논의가 활발하고, 최근 다른 국가에서 주목할 판결이 나오고 있다.

(2) 국제적 소진의 인정 여부

특허권자가 다른 국가에서 생산하여 판매한 특허제품을 국내 수입업자가 국내로 수입하는 행위가 국내에 등록된 특허권을 침해하는지가 문제된다.

① 서울지방법원 동부지원 1981. 7. 30. 선고 81가합466 판결

"각국에서의 특허권은 서로 독립적이고, 또 개개의 특허 실시행위는 서로 독립된 것이라 할지라도, 원고의 이 사건 특허권은 원고가 위 약품을 독점적으로 제조하여 적법하게 스위스에 수출함으로써 이미 행사되어 소진된 것이고, 그 후에 위 약품이 어떻게 유통 · 소비되는가 하는 점은 원고의 제조, 판매행위에 기초를 두고 그 제품이 실수요자에게 분배되는 과정에 불과하여 원고가 관여할 사정이 아니며, 피고(병행수입업자)가 위 약품을 적법하게 수입한 제3국에서 다시 수입하는 경우에까지 추급권을 행사하여 특허권자로서의 권리를 주장할 수는 없다."라고 판시하였다. 이 판결은 특허권의 소진범위를 국내뿐만 아니라 국제적 범위까지 인정하는 입장이다(이른바 국제적 소진론).

② 일본 **最高裁** 平成 9년(1997.) 7. 1. 선고 平成 7 (オ) 1988호 판결

피고 회사가 원고가 독일 및 일본에서 특허권을 가지고 독일에서 생산하여 판매한 자동차용 알루미늄 휠을 수입하는 행위가 일본에서의 원고의 특허권 침해를 구성하는지가 문제된 사안이다(이른바 'BBS 사건'). 1심은 국제적 소진론을 부정하며 '국내'

발명이 특허권의 권리범위에 속한다는 확인을 구하는 것과는 아무런 관련이 없다."라고 판시하여, 권리범위확인심판 사건에서는 소진 항변을 할 수 없음을 분명히 하였다.

에서의 특허권의 소진이론은 현재 특허법의 입법 당시부터 국내에서의 사회적 공통이해로서 특허법이 전제로 하고 있던 것인 반면, 특허권의 '국제'적 소진은 현재의 특허법이 전제로 하고 있던 것이라고는 인정할 수 없다는 이유로 병행수입, 병행수입품의 판매 등은 국내 특허권의 침해에 해당한다고 판단하였다. 그러나 2심은 "원고는 이 사건 특허발명과 동일한 발명에 대하여, 독일 특허권을 가지고, 독일에서 본건 각 제품을 적법하게 확보하고 있어 발명 공개의 대가를 확보할 기회를 이미 1회 보장받고 있으므로, 이 사건 특허권은 본건 각 제품에 관하여 소진한 것으로 해석한다."라고 하여 침해를 부정하였다. 이에 대해 최고재판소는 1심과 같이 국제적 소진론을 배척하면서도, "오늘날 국제거래에 있어서 광범위하고 진전된 상품의 유통과 특허권자의 권리와의 조정을 고려할 때, 국내의 특허권자 또는 이와 같다고 인정되는 자가 국외에서 특허제품을 양도하는 경우에 있어서도 특허권자는 양수인에 대하여 당해 제품의 판매처 또는 사용지역으로부터 국내(일본)를 제외한다는 뜻이 양수인과의 사이에 합의되었을 경우 또는 양수인으로부터 특허제품을 양수한 제3자 또는 그 후의 전득자에 대하여는 양도인과 양수인 사이에 위와 같은 뜻의 합의가 있었다는 사실이 특허제품에 명기된 경우를 제외하고는 특허권을 행사할 수 없는데, 이 사건에서는 위와 같은 합의가 있거나 명기되었음이 주장·증명되어 있지 않다."라는 이유로 침해를 부정하였다.[58]

(3) 수리: 재생산[59]

특허발명 실시제품을 수리하거나 부품을 교환하는 행위가 특허권 침해에 해당하는지, 소진으로 허용되는지도 문제된다.

이에 관하여 대법원 2003. 4. 11. 선고 2002도3445 판결은 상표권자 등이 국내에서 등록상표가 표시된 상품을 양도한 경우에는 당해 상품에 대한 상표권은 그 목적을 달성한 것으로서 소진되고, 그로써 상표권의 효력은 당해 상품을 사용, 양도 또는 대여한 행위 등에는 미치지 않는다고 할 것이나, 원래의 상품과의 동일성을 해할 정도의 가공이나 수선을 하는 경우에는 실질적으로 생산행위를 하는 것과 마찬가지이므로 이러한 경우에는 상표권자의 권리를 침해하는 것으로 보아야 한다고 하여 상표권

---

58) 김기영·김병국 공저(주 7), 179~180.
59) 김기영·김병국 공저(주 7), 180~182 참조.

침해를 인정하였다.[60]

(4) 방법 발명 특허의 소진 여부[61]

방법 발명의 경우에도 특허권 소진이 성립할 수 있는지도 문제된다. 특허권이 소진한다는 것은 적법하게 양도된 특정한 물건에 대해서 특허권이 소진한다는 의미이므로, 물건의 발명에 관한 특허에 대해서 특허권이 소진할 수 있음은 의문이 없으나 방법의 발명에 관한 특허에 대해서도 특허권이 소진할 수 있는지는 논의의 여지가 있다.[62]

미국 연방대법원은 Quanta v. LGE 사건의 판결에서 방법의 발명에 관한 특허에 대해서도 특허권 소진이론이 적용된다고 판시하였다.[63]

우리나라의 하급심 판결 중에는 "소진이론이란 '물건의 특허' 또는 '제조방법의 특허'에 있어서 특허대상이 된 물건 또는 특허방법에 따라 생산된 물건이 '특허권자'에 의하여 적법하게 판매·배포되었을 경우 그 권리가 소진 또는 소모되어 당해 물건에 특허권의 효력이 미치지 않는다는 이론으로서, '단순 방법의 특허'(고농도 유기오수의 퇴비화 방법)에는 적용될 여지가 없다."라고 하여 소진을 부정한 사례,[64] "방법 발명의 경우에는 물건의 발명과 달리 일반적으로 그 발명의 특허권은 소진되지 않지만, 특허권자가 방법의 특허권과 동시에 그 방법을 실시하기 위한 장치에 관해서도 특허권을 가지고 그 방법은 다른 장치에 의해서도 사용할 수 있는 경우에는 특허권자가 그 특허장치를 양도한 이상 그 방법의 특허권도 소진한다."라고 하여 제한적으로 소

---

60) 특허법원 2017. 11. 10. 선고 2017나1001 판결(상고)은 "방법발명 제품을 적법하게 양수한 양수인 등이 이를 수리하거나 소모품 내지 부품을 교체하는 경우에 그로 인하여 원래 제품과의 동일성을 해할 정도에 이르는 때에는 실질적으로 생산행위를 하는 것과 마찬가지이므로 특허권을 침해하는 것으로 보아야 할 것이나, 그러한 수리 또는 소모품 내지 부품이 제품의 일부에 관한 것이어서 수리 또는 소모품 내지 부품의 교체 이후에도 원래 제품과의 동일성이 유지되고, 그 소모품 내지 부품 자체가 별도의 특허 대상이 아닌 한, 그러한 수리행위나 부품 교체행위는 방법발명 제품 사용의 일환으로 허용되는 수리에 해당하므로, 제3자가 업으로서 그러한 소모품 내지 부품을 생산·양도·대여 또는 수입하는 등의 경우에 특허법 127조 2항 소정의 간접침해가 성립하는지는 별론으로 하고, 특별한 사정이 없는 한 양수인 등의 그러한 수리행위나 부품 교체행위가 방법발명의 특허권을 직접 또는 간접적으로 침해한다고 볼 수는 없다."고 판시하였다.
61) 김기영·김병국 공저(주 7), 182~184.
62) 그 외 유전자조작발명과 소진과의 관계에 대해서는 김동준, "GM종자와 관련한 특허권 소진의 문제", Law & Technology 제7권 제2호, 서울대학교 기술과법센터(2011), 70~89 참조.
63) Quanta Computer, Inc., et al. v. LG Electronics, Inc., 553 U.S. 617(2008).
64) 서울고등법원 2000. 5. 2. 선고 99나59391 판결.

진을 인정한 사례[65]도 있으나, 최근에는 "물건의 양도에 의한 특허권 소진의 인정 여부는 그 물건이 특허발명을 실질적으로 구현한 것인지 및 양도가 특허권자 등 권한 있는 사람에 의하여 적법하게 이루어졌는지에 따라 좌우되는 것이고 특허발명이 물건발명인지 방법발명인지와는 무관하므로, 특별한 사정이 없는 한 방법발명 제품의 경우에도 특허권자 등에 의하여 적법하게 양도되는 때에는 특허권이 소진되어 이후 그 제품의 사용에 대해서는 특허권의 효력이 미치지 아니한다고 봄이 타당하다. 이때 방법발명 제품이 방법발명을 실질적으로 구현한 것인지는 사회통념상 인정되는 그 제품의 본래 용도가 그 방법발명의 실시뿐이고 다른 용도가 없는지 여부, 그 제품에 그 방법발명의 특유한 해결수단이 기초한 기술사상의 핵심에 해당하는 구성요소가 모두 포함되었는지 여부, 그 제품을 통해서 이루어지는 공정이 방법발명의 전체 공정에서 실질적으로 차지하는 비중 등을 종합적으로 고려하여 판단하여야 한다."라고 하여 소진을 인정한 사례도 있다.[66]

바. 기타 주요항변들

특허권의 효력이 제한된다거나(특허 96조, 181조), 피고가 특허권자의 허락에 의한 전용실시권 또는 통상실시권을 가진다거나, 특허법 39조, 103조, 104조, 105조, 122조, 182조, 183조에 의한 법정실시권을 가진다거나, 특허법 98조, 106조, 107조, 138조에 의한 강제실시권을 가진다는 항변이 가능하다.

4. 증거의 신청·제출

가. 자료제출명령

(1) 의의 및 연혁

특허침해소송의 경우, 침해의 증명 또는 손해액의 산정에 필요한 증거가 상대방

---

65) 서울중앙지방법원 2008. 1. 31. 선고 2006가합58313 판결; 특허법원 2009. 12. 18. 선고 2008허13299 판결("방법의 발명에 대한 특허권자가 우리나라에서 그 방법의 실시에만 사용하는 물건을 양도한 경우에 양수인 또는 전득자가 그 물건을 이용하여 해당 방법발명을 실시하는 것과 관련하여서는 특허권이 소진된다고 해야 할 것이지만, 방법의 발명에 대한 특허권이 공유인 경우에 있어서는 다른 공유자가 그 물건의 양도에 대해서 동의를 한 바가 없다면, 양수인 또는 전득자가 그 물건을 이용하여 해당 방법발명을 실시하는 것과 관련하여서 특허권이 소진되지 않는다고 해야 할 것"이라고 판시하였다).
66) 특허법원 2017. 11. 10. 선고 2017나1001 판결(상고).

에게 편재되어 있고, 민사소송법의 문서제출명령으로는 제출의무를 부담시킬 수 없는 경우가 있어 이를 보완하기 위해 2016. 3. 29. 개정 특허법(시행일 2016. 6. 30.)에서 자료제출명령을 도입하면서,[67] 제출명령의 대상을 서류에서 자료로 넓히고, 제출을 거절할 정당한 이유를 제한하며, 제출명령의 범위, 제출명령 위반의 법적 효과를 규정하여 제도의 실효성을 한층 높이고 실체적 진실 발견에 기여할 수 있도록 하였다.

(2) 요건 및 대상

특허권자가 신청할 수 있음은 물론이고 상대방도 특허권자의 손해가 특허법 128조의 추정액보다 적다는 것을 증명하기 위해 신청할 수 있다.[68]

'상대방 당사자'에 대해서만 신청할 수 있다. 제3자가 소지한 문서에 대해서는 민사소송법상의 문서제출명령을 신청하여야 한다. 또한, 대상 자료에 대해 상대방 당사자가 이를 소지하고 있거나 언제라도 자신의 지배에 옮길 수 있는 권한을 가지고 있어야 한다.[69]

제출명령의 대상인 '자료'에는 서류뿐만 아니라 전자문서, 동영상, 사진, 도면 등도 포함되며, 나아가 녹음테이프, 비디오테이프 등의 저장매체, 시제품 등의 물건도 포함될 수 있다.[70]

'침해의 증명 또는 손해액의 산정'에 필요한 자료가 대상이 된다. 종래 손해액의 산정에 필요한 것으로 한정되었던 것을 침해의 증명을 위해 필요한 경우까지로 범위를 넓혔다. 다만 모색적인 증거신청을 방지하기 위해 침해의 증명을 위해 필요한 자료의 제출명령을 신청하는 경우에는 침해행위가 있었음을 합리적으로 의심할만한 사정을 소명하여야 한다.[71]

(3) 절 차

자료제출명령을 신청하는 당사자는 신청하는 자료의 표시와 신청 취지, 증명할 사실 등을 밝혀 서면으로 신청한다(민소 345조, 민소규 110조 1항). 자료제출명령 신청이

---

67) 정상조·박성수 공편(주 3), 327.
68) 정상조·박성수 공편(주 3), 337; 中山信弘(주 16), 399.
69) 정상조·박성수 공편(주 3), 338.
70) 이미옥, "개정 특허법 하에서 자료제출명령제도에 대한 소고", 지식재산연구 제11권 제3호(2016. 9.), 12.
71) 中山信弘, 小泉直樹 편저(주 3), 1851.

있는 경우 법원은 상대방에게 그에 관한 의견을 진술할 기회를 부여한다.[72] 상대방은 서면으로 의견을 제출할 수 있다(민소규 110조 2항).

자료의 소지자가 제출을 거부할 정당한 이유가 있다고 주장하는 경우, 법원은 그 주장의 당부를 판단하기 위해 비밀심리절차를 통해 자료의 제시를 명할 수 있으나, 그 자료를 다른 사람이 보게 하여서는 안 된다(특허 132조 2항).[73]

자료제출명령 신청이 이유 있는 경우, 법원은 결정으로 자료를 소지한 당사자에게 그 제출을 명할 수 있다. 법원은 자료가 제출되지 않음으로 인해 신청인이 받을 불이익과 자료의 공개로 인해 상대방 당사자가 받을 불이익을 비교 형량하여 제출자료의 종류와 범위를 정한다.[74] 제출을 명하는 자료가 부정경쟁방지 및 영업비밀보호에 관한 법률 2조 2호 소정의 영업비밀에 해당하는 경우, 법원은 제출명령의 목적 내에서 열람할 수 있는 범위 또는 열람할 수 있는 사람을 지정하여야 한다(특허 132조 3항 단서).

(4) 제출 거부의 정당한 이유

자료의 소지자가 자료의 제출을 거절할 정당한 이유가 있는 경우 자료를 제출하지 아니할 수 있다.

제출 거절에 정당한 이유가 있는지는 서류의 개시로 인해 서류 소지자가 받는 영업비밀 유출 등의 불이익과 서류가 제출되지 않을 경우 신청인이 받는 불이익 즉, 소송에서의 필요성을 비교 형량하여 판단한다.[75] 구체적으로 원·피고가 시장에서 경쟁관계에 있는지 여부, 원고의 특허발명 실시 여부, 특허의 객관적 가치, 신청 자료가 쟁점 사실의 증명에 어느 정도 필요한지, 다른 증거에 의해 자료를 얻는 것이 가능한지 여부 등을 고려하여 자료 제출이 필요한지 및 자료제출의 거부에 정당한 사유가 있는지를 정한다.[76]

실무상 정당한 이유로 '자료를 소지하고 있지 않다'거나 '대상 자료가 영업비밀이

---

72) 대법원 2009. 4. 28.자 2009무12 결정(문서제출신청에 대해 상대방에게 의견을 진술할 기회를 부여하지 않고 문서제출명령의 요건에 관하여 별다른 심리도 없이 바로 문서제출명령을 한 것이 위법하다고 본 사례).

73) 가처분 사건에도 적용된다고 본 일본 판례가 있다(最決 平21·1·27民集63卷1号271頁).

74) 특허법원 민사항소심 소송절차안내 V. 3.(2018. 9. 1. 개정).

75) 中山信弘, 小泉直樹 편저(주 3), 1852.

76) 조영선, "특허법상 자료제출명령에 대한 검토", 법제연구 통권 제51호, 한국법제연구원(2016), 162~169.

다'라는 등의 사정이 주로 주장된다. 그러나 대상 자료가 영업비밀에 해당하더라도 침해의 증명 또는 손해액의 산정에 반드시 필요한 경우에는 정당한 이유로 보지 않는다(특허 132조 3항). 통상 특허침해소송에서 제출 대상이 되는 자료에 영업비밀이 포함된 경우가 많으므로 이를 정당한 이유로 인정할 경우 자료제출명령의 실익이 없게 되고, 특허법이 비밀심리절차, 비밀유지명령 등 증거절차에서 영업비밀을 보호하기 위한 제도를 두었기 때문이다.[77]

(5) 자료제출명령 위반의 효과

자료제출명령을 송달받은 당사자가 정당한 이유 없이 자료를 제출하지 않은 경우, 법원은 자료의 기재에 대한 신청인의 주장을 진실한 것으로 인정할 수 있다(특허 132조 4항). 나아가 신청인이 자료의 기재에 관하여 구체적으로 주장하기에 현저히 곤란한 사정[78]이 있고 자료로 증명할 사실을 다른 증거로 증명하는 것도 기대하기 어려운 경우, 법원은 그 당사자가 자료의 기재에 의해 증명하고자 하는 사실에 관한 주장을 진실한 것으로 인정할 수 있다.

나. 기   타

그 밖에 침해의 증명 또는 손해액 산정을 위해 검증, 감정, 전문가 증인 등을 신청할 수 있고, 전문심리위원이 참여하도록 신청할 수 있다. 또한, 특허권 침해소송에서 법원이 침해로 인한 손해액의 산정을 위하여 감정을 명한 때 당사자는 감정인에게 감정에 필요한 사항을 설명하여야 한다(특허 128조의2).[79] 손해배상액의 산정을 위한 감정대상 자료의 경우 당사자 외에 알기 어려운 특별한 사정이 있을 수 있으며, 이 경우 감정인만의 노력으로는 상당한 시간이 소요되어 소송이 장기화될 우려가 있으므로, 당사자로 하여금 감정인에게 필요한 사항을 설명하도록 하여 감정의 충실도를 높이고자 한 취지이다.

---

77) 정상조 · 박성수 공편(주 3), 349.
78) 知財高判 平成21 · 1 · 28平成(ネ)第10054,10071号(서류제출명령 신청 대상 문서인 수주관리표, 매출대장 등은 피고의 일상 업무 과정에서 작성된 것으로, 그 기재에 관하여 원고가 구체적으로 주장 · 증명하는 것이 현저히 곤란하다).
79) 계산감정제도의 근거가 되는 일본 특허법 105조의2와 유사하다.

Ⅱ. 침해금지가처분[80]

1. 의 의

특허권 침해금지가처분이란 특허권에 기한 금지청구권을 피보전권리로 하여 채무자[81]의 침해행위의 금지를 구하는 가처분이다. 특허권 침해금지가처분은 특허권을 침해하거나 침해할 우려가 있는 자에게 금지청구권에 기한 본안판결에서 명하게 될 침해금지의 부작위의무를 미리 부과하는 점에서 임시의 지위를 정하기 위한 가처분에 속하고, 가처분에서 명하는 부작위의무가 본안소송에서 명할 부작위의무와 내용상 일치하는 이른바 만족적 가처분에 속한다.

특허권 침해금지가처분이 인용되면 채무자는 계쟁 물품에 대한 경제활동이 전면적으로 금지되어 치명적인 손해를 입을 우려가 있으므로 특허권을 침해하는 행위만을 엄격히 특정한 후 신중하게 발령하여야 한다. 따라서 서면심리만으로 가처분을 발령하는 경우는 없다. 그러나 보전의 필요성을 지나치게 엄격히 심사하여 권리자의 보호를 소홀히 할 경우 특허법이 보장한 제한된 기간 내의 독점적 실시권이 유명무실하게 될 우려도 있으므로, 쌍방의 이해관계를 균형 있게 고려하는 심리와 판단이 필요하다.

보전소송의 본안화 현상은 특허권 침해금지가처분에서 더욱 뚜렷한 경향을 보인다. 특허권 침해금지가처분에서 내려진 결론이 그 분쟁의 종국적 결론이 되는 경우도 많다. 그렇다고 하여 본안소송과 같은 정도와 시간을 들여 과도한 심리를 해서는 안 될 것이다.

---

80) 특허권 침해금지가처분 부분에서 지적재산권침해금지가처분에 공통되는 사항을 서술하기로 하되 일반 가처분에 대한 부분은 생략한다. 김기영·김병국 공저(주 7), 141~154. 지적재산권재판실무편람(2012), 99~110, 법원실무제요 민사집행 Ⅳ(2014), 380 이하 참조.

81) 민사집행법에서 '채권자', '채무자'라는 용어를 사용하므로 이 글은 이에 따르나, 실무상으로는 '신청인', '피신청인'이라는 용어도 사용된다.

2. 관　할

특허권 침해금지가처분의 본안소송인 특허권 침해금지청구소송은 소송목적의 값을 산정할 수 없는 재산권상의 소에 해당하므로, 사물관할은 합의관할이다.

토지관할은 본안의 관할법원 또는 다툼의 대상이 있는 곳을 관할하는 지방법원이다(민집 30조). 민사소송법 24조 2항 및 3항은 특허권, 실용신안권, 디자인권, 상표권, 품종보호권에 관한 소는 민사소송법 2조 내지 23조의 규정에 따른 관할법원 소재지를 관할하는 고등법원 소재지의 지방법원(서울고등법원 소재지는 서울중앙지방법원)의 전속관할로 하되, 서울중앙지방법원의 중복관할을 인정하므로, 특허권 침해금지가처분의 토지관할도 원칙적으로 각 고등법원 소재지의 지방법원(서울고등법원 소재지는 서울중앙지방법원)의 전속관할로 하되, 서울중앙지방법원의 중복관할이 인정될 것이다.

민사소송법 2조 내지 23조의 규정에 따른 관할법원과 관련하여, 침해행위가 실제로 행하여지는 공장 등의 소재지, 침해물건의 판매지 등에 불법행위지의 특별재판적을 인정할 수 있는지가 다투어지는데, 긍정설은 불법행위지의 특별재판적 규정상 '불법행위에 관한 소'의 의미를 넓게 해석하여 불법행위지의 특별재판적 규정을 적용할 수 있다고 하고, 부정설은 특허권 침해금지청구권은 침해자의 고의 · 과실을 요하지 않는 등 불법행위와 그 성질을 달리하는 점, 전국적으로 침해물품이 판매, 홍보되는 경우에는 채권자로 하여금 관할법원을 선택할 수 있게 하여 민사집행법상의 전속관할 규정을 잠탈하는 결과를 초래할 수 있는 점 등을 이유로 불법행위지의 특별재판적 규정을 적용할 수 없다고 한다. 불법행위를 원인으로 한 손해배상청구의 소는 특허권 침해금지가처분의 본안소송에 해당하지 않는다고 보는 것이 일반적이므로 이를 전제로 불법행위지의 특별재판적에 따른 관할법원 소재지를 관할하는 고등법원 소재지의 지방법원에 특허권 침해금지 본안소송의 관할이 인정된다는 긍정설의 논거는 받아들이기 어렵다고 보는 것이 다수의 실무이다.

특허권 침해금지청구권에 따른 부작위의무는 의무의 이행이 특정 장소와 결부될 성질이 아닌 일반적인 부작위의무이므로, 예를 들면 침해품의 판매 금지를 청구하는 경우에 판매가 이루어지는 모든 장소의 법원에 의무이행지의 관할권을 인정할 수는 없고, 채무자의 주소나 거소 등 보통재판적을 의무이행지로 보아야 한다.

또한, 가처분의 피보전권리와 본안소송의 소송물은 청구의 기초에 동일성이 있어야 하고, 본안소송이 계속되어 현실적으로 관련재판적이 생기기 전에 장차 본안소송에서 객관적 병합에 의한 관할이 인정될 여지가 있다는 불확실한 사정만으로는 가처분에 관련재판적을 인정할 수 없으므로, 특허권침해를 원인으로 하는 손해배상청구의 소가 제기되어 있는 경우에도 침해금지의 본안소송이 제기되어 있지 아니한 이상 본안 계속에 의한 가처분의 관할을 인정하지 않는 것이 다수의 실무이다.

3. 당 사 자

특허권 침해금지가처분 사건에서는 특허권에 기한 금지청구권을 가진다고 주장하는 사람에게 채권자적격이 있고, 특허권을 침해하거나 침해할 우려가 있다고 주장되는 사람에게 채무자적격이 있다.

가. 가처분채권자

특허법 126조 1항은 특허권자 및 전용실시권자에 대하여 침해금지 및 예방청구권을 인정한다.

(1) 특허권자

특허권은 특허등록원부상의 설정등록에 의하여 비로소 발생하므로 실질적인 특허권자라 하더라도 등록명의인이 아닌 이상 침해금지가처분 신청을 제기할 수 없다. 특허출원인은 출원공고를 하였다 하더라도 침해금지청구권을 갖지 못한다.

특허권이 공유인 경우 본안이 항상 필수적 공동소송인 것은 아닐 뿐 아니라(대법원 2004. 12. 9. 선고 2002후567 판결), 본안이 필수적 공동소송인 경우에도 침해금지가처분은 특허권의 현상을 유지하고 그 훼손을 방지하는 보존행위에 해당하므로 공유자 중 1인이 이를 단독으로 신청할 수 있다.

특허권의 양수인, 전용실시권자, 통상실시권자 등은 침해금지가처분 사건에 보조참가할 수 있다.

특허권자가 특허발명의 전부에 관한 전용실시권을 설정한 경우에도 앞서 특허권침해금지소송에서 본 바와 같은 이유로 특허권자는 침해금지가처분을 신청할 수 있다.

(2) 전용실시권자

전용실시권은 특허발명을 독점적 · 배타적으로 실시하는 물권 유사의 권리이므로 그 보유자는 침해금지청구권을 가진다(특허 126조 1항). 전용실시권은 특허등록원부상의 설정등록에 의하여 비로소 발생하므로(특허 101조 1항 2호) 등록명의인이 아닌 자는 침해금지청구권을 행사할 수 없다.

(3) 통상실시권자

앞서 특허권 침해금지소송에서 본 바와 같이 통상실시권자는 직접 침해금지청구를 할 수 없다. 독점적 통상실시권자는 채권자대위권을 행사하여 침해금지청구를 할 수 있는지에 대해서도 이를 긍정하는 견해와 부정하는 견해가 있다.

나. 가처분채무자

침해금지가처분의 상대방은 특허권을 침해한 자 또는 침해할 우려가 있는 자이다(특허 126조 1항). 따라서 정당한 권원 없이 업으로서 타인의 특허권에 속하는 물건 또는 방법의 발명을 실시하거나 실시할 염려가 있는 사람이 채무자로 될 것이다.

특허발명 실시제품의 생산자, 판매자 및 사용자가 서로 다른 경우에는 각각 별개의 특허권 침해를 구성한다.

침해설비의 소유자도 채무자적격이 있는가. 침해금지청구권에는 침해설비 등 제거청구권이 포함되므로(특허 126조 2항), 채권자가 침해금지가처분을 신청할 때에는 침해설비 등에 대한 집행관 보관형 가처분도 아울러 구할 수 있다. 이때 침해설비 등의 소유권이 침해자가 아닌 제3자에게 있는 경우에는 이 부분 가처분신청은 처분권이 없는 자를 상대로 한 것이 되지만, 동산을 목적으로 하는 강제집행절차에서 동산은 점유를 기초로 개시하게 되므로, 채무자가 점유하고 있고 채무자 아닌 제3자의 소유임이 소명되지 아니한 이상 가처분을 발령할 수 있을 것이며, 다만 제3자는 경우에 따라 제3자이의의 소로 다툴 수 있을 뿐이다. 특히 침해설비 등에 대하여 오로지 소극적으로 사용금지 및 점유이전금지만을 명할 경우에는 제3자의 소유임이 소명되더라도 그러한 가처분을 발령할 수 있을 것이다(대법원 2002. 3. 29. 선고 2000다33010 판결 참조).

다. 소송대리인

대법원 판례는 "변리사는 특허, 실용신안, 디자인 또는 상표에 관한 사항의 소송대리인이 될 수 있다."고 정하는 변리사법 8조에 의하여 변리사에게 허용되는 소송대리의 범위 역시 특허심판원의 심결에 대한 심결취소소송으로 한정되고, 현행법상 특허 등의 침해를 청구원인으로 하는 침해금지청구 또는 손해배상청구 등과 같은 민사사건에서 변리사의 소송대리는 허용되지 아니한다고 하였으므로(대법원 2012. 10. 25. 선고 2010다108104 판결), 특허권침해금지가처분에서도 변리사의 소송대리권은 인정되지 아니한다.

국내에 주소 또는 영업소를 갖지 아니한 재외자의 특허관리인도 침해금지가처분의 소송대리인이 될 수는 없다.

4. 피보전권리 및 보전의 필요성

만족적 가처분의 특성과 제한적 심리로 인해 본안소송에서 금지청구나 손해배상청구가 인용될 수 있는 사안임에도 피보전권리나 보전의 필요성에 관한 소명이 부족하다는 이유로 가처분신청이 기각되는 경우가 있다.

특허권 침해로 인하여 채권자가 입는 손해에는 단순한 영업이익의 감소뿐만 아니라 시장점유율의 감소, 채권자 제품 매출의 감소, 판매가격의 저하, 판매경비의 증가에 따른 재산적 손해와 침해행위로 인한 명예, 신용의 훼손 등 정신적 손해가 모두 포함되므로, 특허권 침해로 인한 손해는 금전적인 전보가 가능하다는 단순한 전제에서서 피보전권리와 보전의 필요성 유무를 다뤄서는 안 된다.

가. 피보전권리

특허권침해금지가처분의 피보전권리는 채권자의 특허권에 기한 금지청구권 및 채무자의 침해금지 부작위의무라는 권리의무 관계의 존재이고, 이와 같은 피보전권리의 존부는 결국 채무자의 행위가 특허권 침해행위를 구성하느냐에 달려 있다.

채권자가 침해예방청구권을 피보전권리로 하여 침해금지가처분을 신청한 경우 채무자에게 특허권 침해의 우려가 있다는 점이 소명되어야 한다. 즉, 현재 제조 준비 중에 있다거나 계절상품이기 때문에 현재는 생산하지 않지만 계절이 되면 생산을 재개할 것이 확실한 경우, 침해 물건을 판매하기 위하여 소지하고 있다거나 판매 준비를 위하여 카탈로그를 반포한 경우, 과거에 특허권 침해의 경력이 있는 자로서 현재 침해를 위한 준비행위를 하는 경우 등이 소명되면 특허권 침해의 우려가 있다고 봄이 상당하다.

나. 보전의 필요성

특허권의 침해는 채권자, 채무자가 아무런 거래관계가 없는 경우가 대부분이므로 별도로 보전의 필요성을 심리하여야 한다.

특허권침해금지가처분은 임시의 지위를 정하기 위한 가처분 일반과 마찬가지로 계속하는 권리관계에 끼칠 현저한 손해를 피하거나 급박한 위험을 막기 위하여 또는 그 밖의 필요한 이유가 있을 경우에 허용되나(민집 300조 2항), 그중에서도 특히 만족적 가처분에 속하기 때문에 보전의 필요성에 관하여 보다 고도의 소명이 필요하다는 것이 일반적인 견해이다. 고도의 소명이란 채무자에게 반증을 허용하더라도 심증이 번복될 가능성이 극히 적은 경우를 말한다.

특허권침해금지가처분 사건에서의 보전의 필요성은 가처분의 인용 여부에 따른 당사자들의 이해득실관계, 본안소송에서의 승패의 예상, 공공복리에 미칠 영향 등을 고려하여 결정하여야 한다는 것이 대법원 판례이다.[82]

(1) 당사자의 이해득실관계

(가) 채권자 측의 사정

가처분신청이 받아들여지지 않을 경우 본안판결의 확정시까지 채권자가 입게 될 손해를 고려하여야 한다. 여기의 손해에는 시장점유율의 감소, 채권자 제품 매출의 감소, 판매가격의 저하, 판매경비의 증가에 따른 재산적 손해와 침해행위로 인한 명예, 신용의 훼손 등 정신적 손해가 모두 포함된다.

채무자가 금전적인 손해배상을 할 자력이 없다는 사정은 채권자가 특허권침해로 현저한 손해를 입게 될 개연성을 인정할 주요 근거가 될 수 있다. 그러나 장차 금전적인 손해배상이 가능하다는 이유만으로 침해금지가처분 신청을 배척하는 것은 독점적 실시권을 보장하고 타인의 침해행위를 배제하고자 하는 특허권 제도의 본질에 반하여 타당하지 아니하다.

채권자가 특허발명을 위하여 투여한 연구개발비의 규모가 크고, 당해 특허발명이 속한 기술 분야의 경쟁이 치열하며, 기술변화의 속도가 빠를수록 침해금지가처분의 보전의 필요성이 인정될 가능성이 크다. 그리고 채권자가 입을 손해가 시장점유율

---

82) 대법원 1993. 2. 12. 선고 92다40563 판결.

의 감소, 신용 저하 등과 같이 금전적 배상만으로는 충분하지 못하거나 단시간 내에 회복하기가 어려운 손해일 경우에도 보전의 필요성이 더 커진다고 할 것이다.

한편 채권자가 침해사실을 알고도 상당한 기간이 경과하도록 권리구제를 위한 조치를 게을리하였다는 사정은 보전의 필요성을 인정함에 있어 소극적 요소로 작용할 수 있다(대법원 2005. 8. 19.자 2003마482 결정).

채권자가 특허발명을 실시하지도 아니하고 침해제품의 대체제품을 생산하지도 아니하는 경우에는 일반적으로 보전의 필요성을 인정하기 어려우나, 미실시를 정당화할 만한 특별한 사정이 있는 경우에는 보전의 필요성을 인정할 수 있다(상표권 사안에 관한 대법원 1980. 12. 9. 선고 80다829 판결 참조). 여기서 채권자가 특허발명을 실시하였는지는 오로지 특허권자 본인이 직접 실시한 것만을 의미하는 것은 아니므로 타인에게 실시권을 설정하여 주고 그 비용을 받는 등의 경우도 실시라고 할 수 있을 것이나, 다만 타인에게 실시권을 설정해주기는 하였으나 별도로 비용을 받지 않고 있고 특허권자 본인이나 실시권자 모두 특허권을 실시하지 않고 있는 경우는 실시라고 할 수 없으며, 별도로 비용을 받더라도 그것이 실질적인 특허실시의 대가라고 볼 수 없고 오로지 특허실시의 외관을 작출하기 위한 경우에도 마찬가지이다.

채권자가 특허발명을 실시하거나 침해제품의 대체제품을 생산·판매하는 경우에는 채무자 측의 이해관계와 비교형량하기 위하여 그 실시상황을 구체적으로 파악할 필요가 있다. 즉, 채권자 측의 영업품목에서 특허발명의 실시제품이나 침해제품의 대체제품이 차지하는 비중, 생산설비, 생산량, 영업실적, 시장점유율 등을 종합적으로 파악하여 그것이 상당한 정도에 이른다고 평가되는 경우에는 대체로 보전의 필요성을 인정할 수 있고, 반면 채권자 측의 실시상황이 채무자 측의 실시상황에 비교해 볼 때 극히 미미한 경우에는 다른 제반 사정과 더불어 보전의 필요성을 배척해야 할 사유가 될 수 있다.

(나) 채무자 측의 사정

가처분 신청이 받아들여질 경우 본안판결의 확정 시까지 채무자가 입을 손해를 고려하여야 한다. 채권자 측의 실시상황이 극히 미미한 반면 채무자의 영업규모가 큰 경우에는 보전의 필요성을 배척해야 할 사유가 될 수 있을 것이나, 채무자가 사업의 초기 단계에 있다거나, 당해 제품의 사업상 비중이 낮은 경우에는 채무자가 입게 될 타격이 적으므로 보전의 필요성이 보다 쉽게 인정될 수 있다.

특허권 침해금지청구권의 성립 요건으로는 침해자의 고의·과실 등 주관적 요소가 필요하지 않으나, 보전의 필요성을 판단할 때는 가처분으로 인하여 채무자가 입을 손해가 채무자의 고의적인 특허권 침해행위로 인하여 그 스스로 초래한 것인지도 고려하여야 한다.

(2) 본안소송에서의 장래 승패의 예상

침해금지가처분의 피보전권리가 일단 소명된 경우라 하더라도 본안소송에서의 종국적인 승소가능성은 상이할 수도 있으므로, 본안소송에서의 승패의 예상 역시 보전의 필요성 유무를 판단하는 하나의 요소가 된다.

채권자가 본안소송에서의 승소가능성을 명백히 소명한 경우에는 본안판결 시까지 정당한 권리자인 채권자가 입게 될 손해는 분명한 반면, 채무자가 가처분으로 인하여 부당하게 손해를 입게 될 가능성은 희박하므로 보전의 필요성은 보다 쉽게 인정될 수 있다. 그러나 본안에서의 승소가능성이 낮은 경우에는 가처분이 배척됨으로써 채권자가 입게 될 손해보다 가처분으로 인하여 채무자가 부당하게 손해를 입을 가능성이 더 높아지므로 가처분을 인용할 만한 보전의 필요성이 적다고 할 것이다.

대법원 판례는, 가처분채무자에 대하여 본안판결에서 명하는 것과 같은 내용의 특허권 침해의 금지라는 부작위의무를 부담시키는 이른바 만족적 가처분일 경우에는 그 보전의 필요성 유무를 보다 더 신중하게 판단하여야 할 것으로서, 가처분 신청 당시 채무자가 특허청에 별도로 제기한 심판절차에 의하여 그 특허권이 무효라고 하는 취지의 심결이 있은 경우나, 무효심판이 청구되고 그 청구의 이유나 증거관계로부터 장래 그 특허가 무효로 될 개연성이 높다고 인정되는 등의 특별한 사정이 있는 경우에는 당사자 간의 형평을 고려하여 그 보전의 필요성이 없는 것으로 보는 것이 합리적이라고 한다.[83]

특허발명이 신규성은 부정되지 아니하나 진보성이 부정되는 경우에는 보전의 필요성을 결한 것으로 볼 수 있겠지만, 대법원 2012. 1. 19. 선고 2010다95390 전원합의체 판결의 취지에 따라 특허권자의 침해금지청구가 권리남용이라고 보아 피보전권리 자체를 부정하는 것도 가능할 것이다.

---

83) 대법원 2007. 6. 4.자 2006마907 결정, 1993. 2. 12. 선고 92다40563 판결 등.

(3) 공공복리

특허법은 독점적인 특허권의 보호로 인하여 단기적으로는 자유경쟁을 저해하는 불이익이 있다 하더라도 특허권 보호의 인센티브를 통하여 발명을 장려하고 기술발전을 촉진하는 것이 장기적으로는 공익에 보다 부합한다는 공공정책적 결단에 기초하므로, 일반적으로는 유효한 특허권에 대한 침해가 인정될 경우에 그 특허권을 보호하는 것이 공익에 부합한다. 그러나 침해금지가처분의 인정으로 오히려 공공복리에 심각한 위해가 발생할 우려가 있을 경우, 가령 채권자가 특허발명을 실시하지 않거나 극히 미미한 정도로 실시하고 있는 반면에 채무자는 상당한 규모로 특허발명을 실시하여 의약품이나 생활필수품으로서 달리 대체품도 없는 제품을 대량생산하는 경우 등에는 보전의 필요성을 배척해야 할 사유가 될 수 있다. 예컨대, 이동통신서비스의 전면적인 중단을 요구하거나, 교통카드·휴대폰을 이용한 결제시스템서비스, 하수처리시설의 운영중지, 완성단계에 있는 교량건설의 중지 등을 구하는 경우는 특단의 사정이 없는 한 보전의 필요성을 인정하기 어려울 것이다. 대법원 판례 중에는 보전의 필요성을 배척하는 사유 중 하나로 국가의 수출전략을 들고 있는 것도 있다(대법원 1994. 11. 10.자 93마2022 결정).

채무자가 국방상 필요한 물품을 생산하는 경우에도 보전의 필요성을 배척할 수 있을 것이다. 특허법은 정부가 국방상 필요한 경우에는 외국에의 특허출원을 금지하거나 발명자·출원인 및 대리인에게 그 발명을 비밀로 취급하도록 명할 수 있는 등(특허 41조 등), 국방상 필요한 물품을 생산하는 경우에는 특별한 규정을 두고 있는데, 특히 국제특허의 경우 국내기업이 그 특허를 침해하여 국방상 상시사용에 필요한 물품을 생산하고 있고, 이를 중지시키면 급히 대체생산을 통한 공급 곤란의 문제를 해결할 수 없는 등의 사정이 있는 경우에는 보전의 필요성을 배척할 수 있을 것이다.

(4) 채무자의 태도

채무자가 본안판결 확정시까지는 제조·판매하지 않겠다는 취지의 주장을 하는 경우 단순히 위와 같은 약속만으로 보전의 필요성을 부인하기는 어려우나, 예컨대 채무자가 이미 상당한 비용을 들여 동일한 용도의 특허를 침해하지 않는 다른 금형을 제작한 것이 소명되는 경우 등은 다른 여러 사정까지 감안하여 보전의 필요성을 인정하지 아니할 수도 있다.

또한, 채무자가 실제 더 이상 생산하지 않음이 명백한 경우(아예 생산한 적이 없다고 다투다가 그 주장이 허위로 밝혀진 경우는 다르다), 기념품 등으로 한정수량만 생산한 경우, 전시회에 전시하였으나 실제로 제품을 제조하지는 아니한 경우, 카탈로그만 작성한 경우 등은 보전의 필요성을 인정하기 어렵다.

채권자와 채무자가 전혀 모르는 사이가 아니라 원래 계약에 의하여 사용권을 부여하였다가 로열티 미지급 등을 이유로 계약을 해지한 경우는 상반되는 두 가지 상황이 있을 수 있다. 그 하나는 계약해지의 사유 등을 다투면서 계약에 기하여 이미 완성되거나 인도된 물품만을 판매하는 경우에는 쉽게 가처분을 발령하기 어려울 것이나, 반면 채권자의 대리점 또는 하수급인이었다가 계약에 위반하여 특허권 침해로까지 나아간 경우에는 오히려 통상의 경우보다 보전의 필요성을 인정하기 쉬울 것이다.

(5) 채무자의 지위

채무자가 채권자와의 관계에서 어떠한 지위에 있는지, 특허침해를 주도하는지에 따라서 보전의 필요성이 인정되기 어려운 경우가 있다.

침해제품을 생산하는 제조회사가 따로 있음에도 제조회사를 제쳐 두고 판매회사나 시공회사만을 상대로 하는 가처분신청은, 판매회사나 시공회사가 주도적으로 제조회사에 도급하여 침해제품을 생산하게 하였다든가, 판매회사나 시공회사의 판매 또는 시공분량이 제조회사 생산물량의 대부분을 차지한다는 등의 사정이 없는 이상, 보전의 필요성을 인정하기 어렵다.

채권자가 침해자를 상대로 한 특허권 침해분쟁에서 승소한 직후 특허권 분쟁에서 패소한 침해자로부터 실시권을 부여받아 사용하는 자를 상대로 침해금지가처분을 제기한 경우, 그러한 채무자에게는 특허권자와 합의하거나 다른 대체품을 찾을 기회를 부여하여야 하기 때문에 상당한 기간이 경과하기까지는 보전의 필요성을 인정하기 어렵다. 그 침해제품이 사업운영을 위한 기본적인 컴퓨터프로그램 등 채무자의 사업에 불가결한 경우에는 더욱 그러하다.

채권자는 자동차 부품을 제조하는 외국법인이고 채무자는 자동차를 조립 · 생산하는 내국법인인데, 채권자는 채무자가 자동차 일부 부품에서 채권자의 특허를 침해하였다고 주장하고, 채무자는 채권자가 아닌 다른 외국법인으로부터 기술을 도입하였다고 주장하는 상황에서, 실제로 두 외국법인 사이에 특허권에 관한 분쟁이 계속되는 사정이 소명된 경우, 외국법인 간의 특허권리관계에 대한 분쟁이 종결되지도 아니한 상태에서 단순 부품사용업체인 내국법인을 상대로 하는 가처분은 보전의 필요성을 인정하기 어렵다.

5. 심리 및 재판

가. 원칙적 심문

특허권의 침해금지가처분은 성질상 임시의 지위를 정하기 위한 가처분에 해당하므로 기일을 열어 심리하면 가처분의 목적을 달성할 수 없는 사정이 있는 때를 제외하고는 원칙적으로 변론기일 또는 채무자가 참석할 수 있는 심문기일을 열어야 한다 (민집 304조 본문).

신청이 받아들여지면 채무자는 본안판결을 받기도 전에 물건의 생산, 사용, 양도 등 경제활동을 전면적으로 금지당하는 결과가 되어 치명적인 손해를 입게 되는 반면, 신청이 배척되면 많은 연구개발비를 투입하여 특허발명을 한 채권자의 독점적 실시권이 특허기간 중에도 보장받지 못하여 특허보호제도를 유명무실하게 할 우려가 있는 등 특허권침해금지가처분사건은 당사자의 이해관계에 미치는 영향이 지대하므로, 실무상으로도 통상 심문이나 변론 등 신중한 심리절차를 거쳐 결정하고 있다.

특히 심리할 때 법원은 신청목적을 이루는 데 필요한 처분을 직권으로 정할 수 있으므로(민집 305조 1항), 오로지 피보전권리와 보전의 필요성 유무만을 심리할 것이 아니라, 가처분명령을 발령하더라도 본안에서 채무자가 승소할 경우에 대비하여 가처분 목적도 어느 정도 달성하면서, 한편으로는 채무자의 피해를 최소화할 수 있는 적당한 처분이 무엇인지까지 미리 염두에 두고 이 부분도 심리하면 최종 결정 시에 도움이 된다.

나. 소명방법

원래 심문절차에서는 즉시 조사할 수 있는 증거를 소명방법으로 하여야 하므로 증인신문이나 검증·감정 등의 증거조사절차를 거치지 않음이 원칙이지만, 실무상으로는 기술사항이 복잡하고 쌍방이 제출한 감정서의 의견이 엇갈려 심증 형성에 어려움이 있을 때에는 심문절차에서도 위와 같은 증거조사 신청을 받아들이는 경우도 있다.

또한, 위와 같은 정식의 증거조사절차를 거치지 않더라도 필요한 경우 증인신문에 갈음하여 참고인으로 신문하거나, 검증에 갈음하여 임의제출의 형식으로 발명실시품을 제출받아 법관이 직접 살펴보기도 한다.

기술적인 사항에 관하여 전문가의 설명이 필요한 경우에는 통상 별도의 기술설명회를 여는 것이 실무이다. 기술설명회란 특허발명과 채무자가 실시하는 물건 또는 방법의 기술내용의 이해를 위하여 당사자로부터 제출받은 기술설명서 또는 프레젠테이션 등에 의하여 기술 설명을 행하는 것을 말하는데, 실제로 심증 형성에 많은 도움이 되고 있다. 이러한 기술설명회가 대리인 또는 본인 외에 전문심리위원에 의하여 이루어지는 경우는 물론이고, 당사자의 담당직원 등 제3자가 설명하는 경우에도 정식의 증거조사 및 구술에 의한 변론 또는 심문절차의 일부가 되는 것이므로, 민사소송법상의 해당 요건(전문심리위원의 선정 또는 변론의 경우 증인의 선서, 심문의 경우 참고인으로 채택 등)을 갖추어야 한다. 기술설명회는 쟁점 기술이 특정되고 침해 여부에 대한 공방이 어느 정도 이루어진 후에 하는 것이 효율적이다.

다. 담　보

법원은 침해금지가처분에 대하여 담보의 제공을 명할 수 있으며(민집 301조, 280조 3항), 실무상으로도 담보제공을 명하는 것이 일반적이다.

특허권침해금지 가처분에서는 당사자는 물론 관련 업계에서도 가처분재판의 결과에 촉각을 곤두세우는 경우가 적지 않은데, 담보제공명령으로 인하여 심문을 거쳐서 신중하게 형성된 재판부의 심증이 미리 노출되는 것은 바람직하지 않으므로, 가처분결정에 앞서 담보제공명령을 별도로 발하기보다는 담보제공을 조건으로 하여 가처분결정을 내리는 경우가 대부분이다.

담보제공명령을 별도로 발하지 아니하고, 담보제공을 조건으로 하여 가처분 결정을 내리는 경우 채권자에게 담보제공명령의 고지일로부터 상당한 기간(보통 5일 또는 7일) 내에 보증금, 유가증권 또는 지급보증위탁계약 체결문서를 제출하는 방법에 의하여 담보를 제공할 것을 명하는 사례도 있으나, 가처분에 대한 재판의 집행은 채권자에게 재판을 고지하거나 송달한 날부터 2주를 넘긴 때에는 하지 못하는 것이므로(민집 301조, 292조 2항), 침해제품의 집행관 보관을 함께 구하는 침해금지가처분의 경우 굳이 상당한 기간을 정할 필요는 없다고 본다. 기간을 정하여 담보제공명령을 별도로 발하는 경우 채권자가 소정의 기간 내에 담보를 제공하지 아니하면 법원은 가처분신청을 각하하게 된다(민소 124조).

담보의 액수는 법원이 제반사정을 참작하여 재량으로 정한다. 특허권침해금지가
처분의 성질상 청구금액이나 목적물의 가액에 따른 담보의 기준이 있을 수 없다. 담
보하는 대상이 가처분이 발령되는 경우에 본안판결의 확정 시까지 채무자가 입을 손
해이므로, 실무상으로는 가처분 발령 후 본안판결 시까지 채무자가 당해 실시품의 생
산 중단 등으로 인하여 입을 예상 손해액을 기준액으로 하되, 여기에 채권자의 자력
과 소명의 정도, 본안에서의 승소가능성 등을 종합적으로 고려하여 구체적인 사안에
따라 적절하게 증감한 금액을 보증금으로 정할 수밖에 없을 것이다.

라. 재   판

재판은 변론여부와 무관하게 결정으로 한다(민집 301조, 281조 1항). 원래 결정은
이유의 기재를 생략한 채 상당한 방법으로 고지하면 되지만(민소 221조 1항, 224조 1항),
당사자와 항고심 법원 등으로 하여금 쟁점 및 판단의 근거를 파악할 수 있도록 이유
를 기재하는 것이 바람직하다.

(1) 신청을 배척하는 재판

가처분신청이 소송요건(당사자능력, 소송능력, 당사자적격, 법정대리권 등)을 흠결하
였거나 법원이 명한 담보를 제공하지 아니한 때에는 신청을 각하하고, 피보전권리 또
는 보전의 필요성이 없는 때에는 신청을 기각한다.

(2) 가처분을 명하는 재판

가처분 신청원인이 인정되는 경우에 법원은 신청목적을 이루는 데 필요한 처분
을 직권으로 정한다(민집 305조 1항). 이에 따라 일부 기각의 주문은 내지 않아도 된다
는 견해가 있으나, 인용의 범위가 양적, 질적으로 다른 경우에는 당사자의 신청취지
와 법원의 인용의 범위를 명백하게 구분하기 위해서 일부 기각의 주문을 내는 것이
바람직하다. 주문은 간결·명료하게 기재하여 당사자 및 집행관으로 하여금 명확하
게 이해할 수 있도록 하여야 하고, 금지대상을 특정하여야 한다.

특허권 침해금지가처분신청과 함께 채무자의 부작위의무 위반에 대비한 간접강
제신청을 함께 하는 경우가 있으나, 간접강제는 가처분의 집행 단계에서 집행법원이
하는 것이므로 간접강제를 가처분 신청과 함께 신청하는 것은 부적절할 뿐만 아니라
실무상으로도 인용되는 경우가 많지 않다.

(가) 대상의 특정

채무자가 채권자의 권리를 침해하여 실제로 실시하는(또는 실제로 실시할 급박한 우려가 있는) 물건이나 방법을 명확하게 특정하여야 한다. 단순히 "특허등록번호 제○호의 어떤 권리범위에 속하는 것과 동일 또는 유사한 물건의 제조·판매"라고 표시하여서는 아니 된다. 가처분을 집행하는 집행관이 다시 동일·유사한가, 권리범위에 속하는가를 심리하여 판단할 수 없기 때문이다.

특허권을 침해하는 물건의 완성품 외에 그 반제품에 대하여도 집행관의 보관을 명할 필요가 있으나 단순히 '반제품'이라고 표시하게 되면 권리범위와는 관련 없는 부분의 부품까지를 포함하는 용어가 되므로 '반제품(위의 완성품의 구조를 구비한 것으로 아직 완성에 이르지 않은 물건)'이라고 표시함이 타당하다.

(나) 필요한 범위의 한정

특허권 침해금지가처분은 상대방에게 주는 피해가 크므로 특허권을 침해하는 행위만을 국한하여 신청의 범위 내에서 신중하게 발령하여야 한다.

가처분의 내용은 필요 최소한에 그쳐야 하므로 점유 해제 및 집행관 보관형 가처분이 가능한 경우에 폐기형 가처분을 하는 것은 허용되지 아니하고, 집행관 보관형 가처분을 하는 경우에도 그 대상물건을 채무자 실시기술의 완제품, 반제품(위의 완성품의 구조를 구비한 것으로 아직 완성에 이르지 않은 물건) 등으로 제한하여야 하며, 더 나아가 채무자의 실시와 무관한 물건에까지 확장하여서는 아니 된다. 생산설비, 금형의 집행관 보관을 구하는 경우도 제품의 생산·판매금지만을 명하여서는 가처분의 실효성이 없을 것으로 예상되는 특별한 사정이 없는 이상 쉽게 인정하기 어려울 것이다.

침해제품의 생산 및 영업 관련 서류 등의 집행관 보관을 구하는 경우도 있으나 채무자의 영업비밀이 포함되었을 우려가 있고, 특정되었다고 보기도 곤란하므로 실무상 이러한 신청은 받아들이지 아니한다.

(다) 주문례

침해금지를 명하는 주문은 본안판결의 침해금지를 명하는 주문과 크게 다르지 않다.

가처분의 경우에는 "채무자는 … 제품과 그 반제품(위의 완성품의 구조를 구비한 것으로 아직 완성에 이르지 않은 물건)에 대한 점유를 풀고 이를 채권자가 위임하는 집행관에게 인도하여야 한다. 집행관은 위 보관의 취지를 적당한 방법으로 공시하여야 한다."와 같이 물건에 대한 점유해제를 명할 수 있다. 이 명령은 본안판결의 물건의 폐기, 침해행위에 제공된 설비의 제거 기타 침해예방에 필요한 명령(특허 126조 2항)의 집행을 위하여 하는 것이다. 따라서 이러한 명령은 가처분에서만 가능하므로 금지청구 본안소송에서 물건에 대한 점유해제 및 집행관 인도명령을 구하는 것은 부적법하다.

신청취지에서 점유해제 대상물의 소재지를 지정하면서 '본점, 지점, 사무소, 공장 … 그 밖의 장소에 보관 중인'이라는 표현을 사용하는 경우가 종종 있는데, '그 밖의 장소' 또는 '기타의 장소'라는 표현은 특정되지 않은 개념이므로 그러한 표현을 사용하여 점유해제 대상물의 소재지를 특정하는 것은 부적법하므로, 실무상으로는 채권자에게 신청취지 중 위와 같은 기재 부분을 취하하도록 하고, 그런데도 이를 취하하지 아니할 경우에는 그 부분을 각하하는 경우가 많다.

제조설비에 대해서 점유해제 및 집행관 보관명령을 구하는 경우가 있다. 이는 특허법 127조의 '그 물건의 생산에만 사용하는 물건을 업으로서 생산·양도·대여 또는 수입하거나 그 물건의 양도 또는 대여의 청약을 하는 행위'를 특허권에 대한 침해로 보고, 126조 2항에서 '특허권자 등은 침해행위에 제공된 설비의 제거 그 밖의 침해의 예방에 필요한 행위를 청구할 수 있다'고 규정한 데서 비롯한 것이므로, 그 제조설비가 특허권의 침해행위에만 사용되지 않고, 다른 제품을 생산하는 데도 사용되는 경우에는 점유해제를 명하지 아니한다.[84]

특허권 침해금지가처분 사건에서 침해물품에 대한 점유해제 및 집행관보관명령에 그치지 아니하고 곧바로 침해물품의 폐기를 구하는 경우가 있으나, 침해제품에 대한 폐기명령은 특허법 126조 2항에 따라 본안판결에서 구하여야 할 성격의 명령이므로 이를 가처분 단계에서 구하는 것은 적절하지 아니하며, 실무상으로도 가처분 단계에서는 폐기를 명하는 주문을 발령하지 아니한다. 제조, 판매 등을 금지하는 이상 즉시 폐기하지 않고 본안소송이 종결된 후에 폐기하더라도 가처분의 목적을 달성하는 데 별다른 지장이 없고, 채무자의 손해와 채권자가 본안에서 패소할 경우 채무자에게 배상할 손해를 고려하더라도 즉시 폐기는 적당한 처분의 내용이라고 보지 않는 것이 실무의 대세이다.

실무상 채권자가 실시금지명령과 점유해제 및 집행관보관명령에 대하여 집행관 공시를 구하는 경우가 종종 있으나, 실시금지명령의 경우에는 집행관이 그 금지명령

---

84) 법원실무제요, 민사집행 IV(2014), 401.

을 공시할 적절한 방법이 없는 경우가 대부분일 뿐 아니라 특단의 사정이 없는 한 이를 공시하는 것이 그 실효성을 확보하기 위하여 필요하지 않으므로 집행관 공시 신청을 받아들이지 않는 것이 실무의 경향이고, 점유해제 및 집행관보관명령의 경우도 집행관이 별도의 장소에서 목적물을 직접 보관하는 때에는 그 보관의 취지를 공시하는 것이 가처분결정의 실효성을 확보하기 위하여 필요하다고 보기 어려우므로, 집행관이 보관장소, 비용 등의 관계로 목적물을 사실상 채무자에게 보관케 하는 경우를 제외하고는 섣불리 집행관 공시명령을 발하지 않는 것이 바람직하다.

권리를 침해하는 부분이 전체 물건의 일부에 불과할 때에는 채무자에게 나머지 부분을 분리 · 수거하여 사용할 수 있도록 "집행관은 채무자의 신청이 있으면, 위 물건 중 별지 목록 기재 및 표시 ○○ 부분 이외의 부분품을 분리하는 것을 허용하고, 그 분리된 부분품에 대한 점유를 풀어야 한다."라는 문구를 덧붙일 수 있다.

6. 집   행

특허권 침해금지가처분 중 집행관 보관형 가처분명령은 집행관에게 집행기간 내에 집행을 위임하여 행한다. 집행관은 동산의 점유이전금지가처분(집행관 보관형)의 집행방법에 준하여 집행한다. 채무자에게 부작위의무를 부과하는 가처분에서 채무자가 부작위의무를 위반하여 계속 침해행위를 하면 대체집행의 방법으로 가처분에 위반한 실시품 등을 제거할 수 있고, 간접강제의 방법을 취할 수도 있다.

가. 집행관 보관형 명령의 집행

가처분에 대한 재판의 집행은 채권자에게 재판을 고지하거나 송달한 날부터 2주 내에 하여야 한다(민집 301조, 292조 2항). 채권자는 위 기간 이내에 집행대상물 소재지의 지방법원 소속 집행관에게 가처분 결정정본을 제시하여 집행관 보관형 가처분을 집행할 수 있다. 채무자는 집행기간을 도과한 가처분 집행에 대하여 집행에 관한 이의신청으로 구제받을 수 있다(민집 16조). 집행관은 가처분 결정정본을 근거로 집행대상물에 대한 채무자의 점유를 배제하고, 자신이 이를 점유한 다음, 적당한 방법으로 그 취지를 공시한다.

나. 실시금지명령의 집행

실시금지명령은 집행을 따로 요하지 않는 부작위를 명하는 가처분이므로 원칙적으로 집행기간의 문제가 생기지 않는다. 그러나 실시금지명령의 집행이 완료된 후 채무자가 침해제품을 다시 생산하는 경우에는 법원의 실시금지명령을 구체적으로 위반한 것이므로 채권자는 그 제거 또는 방지를 구할 수 있다(민집 260조, 민법 389조 3항). 즉, 채권자는 민사집행법상 대체집행의 방법에 의하여 채무자의 비용으로 집행대상물을 제거할 수 있고(민집 260조), 채무자가 침해제품을 계속하여 실시하는 것에 대응하여 그 중단 시까지 금전의 지급을 명하는 간접강제의 방법을 취할 수 있다(민집 261조). 이 경우에 명령위반 행위 시로부터 그 제거나 방지를 위한 신청의 집행기간이 개시된다.[85] 채무자에 대하여 단순한 부작위를 명하는 가처분은 그 가처분 재판이 채무자에게 고지됨으로써 효력이 발생하는 것이지만, 채무자가 그 명령 위반의 행위를 한 때에 비로소 간접강제의 방법에 의하여 부작위 상태를 실현시킬 필요가 생기는 것이므로 그때부터 2주 이내에 간접강제를 신청하여야 함이 원칙이고, 다만 채무자가 가처분 재판이 고지되기 전부터 가처분 재판에서 명한 부작위에 위반되는 행위를 계속하고 있는 경우라면, 그 가처분결정이 채권자에게 고지된 날부터 2주 이내에 간접강제를 신청하여야 하고, 그 집행기간이 지난 후의 간접강제 신청은 부적법하다(대법원 2010. 12. 30.자 2010마985 결정).

다. 집행정지

민사집행법 309조는 "소송물인 권리 또는 법률관계가 이행되는 것과 같은 내용의 가처분을 명한 재판에 대하여 이의신청이 있는 경우에, 이의신청의 이유로 주장한 사유가 법률상 정당한 이유가 있다고 인정되고 주장사실에 대한 소명이 있으며, 그 집행에 의하여 회복할 수 없는 손해가 생길 위험이 있다는 사정에 대한 소명이 있는 때에는, 법원은 당사자의 신청에 따라 담보를 제공하게 하거나 담보를 제공하게 하지 아니하고 가처분의 집행을 정지하도록 명할 수 있고, 담보를 제공하게 하고 집행한 처분을 취소하도록 명할 수 있다."라고 규정한다. 이 규정에 따라 특허권 침해금지가처분에 대해서도 집행정지가 가능한지에 대해서는 견해가

---

85) 법원실무제요, 민사집행 IV(2014), 221.

대립한다.[86]

라. 부당가처분으로 인한 손해배상책임

가처분결정이 내려진 이후에 특허무효심판에 의하여 특허가 무효로 확정되거나 본안소송에서 침해가 아니라고 확정되는 경우에, 당해 가처분신청은 소급적으로 피보전권리가 없었던 것으로 되어 취소될 수 있다. 이와 같이 가처분결정이 취소되는 경우에 채권자는 그 가처분의 집행으로 인하여 채무자가 입은 손해[87]를 배상할 책임을 부담할 수 있다.

부당가처분으로 인한 손해배상책임의 성질에 관하여 견해가 대립하나, 일반 불법행위책임(과실추정설)으로 보는 것이 다수설과 대법원 판례의 입장이므로, 채권자는 자신에게 과실이 없음을 적극적으로 주장·증명하여 과실추정을 번복하여야 하는데, 이를 번복하는 경우는 드물다. 대법원 판례에 의하면, 피보전권리의 존부에 관한 사실을 오인하였고, 그 사실이 비교적 단순하고 명확한 경우에는 과실추정의 번복을 쉽게 허용하지 아니하고, 법률적인 평가에 관한 착오라고 하여 항상 과실추정의 번복을 허용하지 아니하며, 과실의 인정은 채권자의 주관적 사정을 고려하지 아니하고 일반인을 기준으로 판단하여야 한다고 한다.[88]

손해배상의 범위는 채무자가 입은 손해 중 상당인과관계가 인정되는 통상손해(영

---

86) 부정설은 실무상 특허권 침해금지가처분 신청에 대하여는 피보전권리와 보전의 필요성을 매우 엄격하게 심사하여 발령하고 있어서 이에 대한 집행정지를 인정한다면 침해금지가처분제도의 존재 의의 자체를 멸각시킬 우려가 있고, 위 민사집행법 규정의 입법취지가 특허권 침해금지가처분을 염두에 둔 것이 아니라는 입장이고, 긍정설은 특허권 침해금지가처분도 민사집행법 309조 소정의 '소송물인 권리 또는 법률관계가 이행되는 것과 같은 내용의 가처분'(이행적 가처분)에 해당하고, 특허권 침해금지가처분의 경우 채무자는 모든 영업활동이 중지되고 기업이 존폐의 위기에 처하게 되는 점에서 집행정지의 필요성도 있으므로 집행정지가 인정되어야 한다는 것이다. 참고로 민사집행법 개정 전의 대법원 2002. 5. 8.자 2002그31 결정은 특허권 침해금지가처분에 대하여 집행정지를 부정하였는데, 이는 이른바 만족적 가처분 중에서 이행적 가처분, 즉 실제로 이행이 이루어지는 가처분에 대해서만 집행정지를 인정하고 부작위를 명하는 형성적 가처분에 대해서는 집행정지를 인정하지 않는 입장을 취한 것으로 이해된다. 부정설은 민사집행법의 위 규정이 위 대법원 판결의 취지를 그대로 입법한 것이라고 주장한다.

87) 침해물건의 봉인·집행관 보관 등 가처분집행으로 인하여 채무자는 매출감소, 이익획득기회상실 등의 손해를 입게 된다.

88) 피고가 자신의 전용실시권에 기하여 제품을 생산, 판매한 기간이 오래 되었다는 점 및 피고가 변리사로부터 침해 여부에 대한 감정을 받았다는 사정만으로는 과실 추정을 번복하기 부족하다고 한다(대법원 2002. 9. 24. 선고 2000다46184 판결).

업상 손해 등) 및 채권자가 예견 가능한 특별손해이다.

Ⅲ. 신용, 명예회복에 필요한 조치 청구

1. 해명광고

특허침해소송의 원고, 즉 특허권자나 전용실시권자가 특허법 131조에 따라 특허권 등 지적재산권 침해로 인한 손해배상에 갈음하거나 손해배상과 함께 신용회복을 위하여 필요한 조치로서 신문 등 정기간행물에의 해명광고 등을 구하는 경우에는 청구취지에서 광고문의 내용, 전체적 크기와 글자 크기 등을 구체적으로 특정하여야 한다.

주문례는 "피고는 이 판결 확정일로부터 1개월 이내에 ○○일보, XX일보, ◇◇일보, ◆◆경제신문, ㅁㅁ경제신문의 각 경제면 광고란에 별지 기재 해명서를 가로 13㎝, 세로 18㎝의 규격으로, 제목은 32급 신명조체 활자로, 원고와 피고의 명칭은 각 20급 고딕체 활자로, 본문은 14급 신명조체 활자로 하여 각 1회씩 게재하라."와 같다.

별지 해명서의 내용은 대체로 피고가 원고의 지적재산권을 침해함을 이유로 법원으로부터 침해행위 금지 및 손해배상을 하라는 취지의 판결을 받은 사실이 있다거나 피고의 행위가 원고의 지적재산권 침해에 해당한다는 취지의 판결을 받은 사실이 있다는 것이다.

2. 사죄광고

민법 제764조의 '명예회복에 적당한 처분'에 사죄광고를 포함시키는 것은 양심의 자유를 침해하는 동시에 인격권을 침해하므로 헌법에 위반된다는 헌법재판소 결정의 취지[89]에 비추어, 지적재산권 침해행위에 대한 사죄광고를 명하는 것 역시 헌법에 위반되어 허용되지 아니하므로, 원고가 사죄광고를 명하는 내용의 청구취지를 제출한

---

89) 헌법재판소 1991. 4. 1. 선고 89헌마160 결정.

경우에는 그 청구취지에서 사죄를 명하는 부분을 삭제하도록 하거나, 사죄의 의미가 없도록 청구취지의 보정을 명하여야 하고, 원고가 이에 응하지 아니할 경우에는 소 중 사죄광고 청구 부분을 각하하여야 한다.

제7절

손해배상청구

I. 서   론

특허법 128조 1항[1]은 "특허권자 또는 전용실시권자(이하 통칭하여 '특허권자 등')는 고의 또는 과실로 자기의 특허권 또는 전용실시권(이하 통칭하여 '특허권')을 침해한 자에 대하여 침해로 인하여 입은 손해의 배상을 청구할 수 있다."라고 하여 특허권 침해에 대한 특허권자 등의 손해배상청구권을 독자적으로 규정하나, 그러한 규정에도 불구하고 특허권 침해는 민법상 불법행위의 일종이다. 따라서 특허권 침해에 대한 손해배상청구의 소에서 원고가 주장·증명하여야 할 요건사실은 민법상 불법행위의 경우와 마찬가지로 ① 원고가 특허권자 등일 것, ② 침해자가 고의 또는 과실로 특허권자 등의 특허권을 침해할 것, ③ 침해자의 특허권 침해가 위법할 것, ④ 침해자가 특허권 침해 당시 책임능력이 있을 것, ⑤ 특허권자 등에게 손해가 발생할 것,[2] ⑥ 특허권 침해와 특허권자 등의 손해 사이에 상당인과관계가 있을 것 등이다.

그런데 실무상 특허권 침해자의 책임능력이 문제가 되는 경우는 거의 없으며, 특허권 침해는 타인의 배타적 권리를 침해하는 것이므로 특별한 사정이 없는 한 위법성이 인정된다. 또한, 특허법 130조에서 "타인의 특허권 또는 전용실시권을 침해한 자는 그 침해행위에 대하여 과실이 있는 것으로 추정한다."라고 규정하여 침해자의 과실을 추정하므로, 오히려 침해자가 이러한 추정을 복멸할 사정, 즉 특허권의 존재를 알지 못하였다는 점이나 자신이 실시하는 기술이 특허발명의 보호범위에 속하지

---

[1] 2016. 3. 29. 법률 제14112호로 개정된 특허법에서 신설된 조항이다.
[2] 대법원 2004. 7. 22. 선고 2003다62910 판결.

않는다고 믿은 점을 정당화할 수 있는 사정을 주장·증명하여야 한다.[3]

한편 특허법 128조 2항 내지 6항은 특허권 침해로 인한 특허권자 등의 손해액을 추정하고, 같은 조 7항은 특허권자 등이 손해액을 증명하지 못하더라도 손해의 발생이 인정되는 경우에는 법원이 재량으로 상당한 손해액을 인정할 수 있도록 규정하며, 위 각 항은 특허권 침해와 손해의 발생 사이에 상당인과관계가 있다는 점도 추정한다. 또한, 위 각 항이 특허권 침해로 인한 손해의 발생까지 추정하는 것은 아니지만, 아래에서 보는 바와 같이 대법원판례[4]에 의하면 사실상 손해의 발생을 추정하는 것과 마찬가지이다.

따라서 특허권 침해를 청구원인으로 하는 손해배상청구의 소에서 실무상 주로 문제 되는 것은 특허권 침해의 성립 여부와 손해액의 산정 또는 손해배상의 범위이다. 특허권 침해의 성립 여부는 앞서 특허권 침해에서 검토하였으므로, 이하에서는 주로 손해배상청구 소송의 절차적 문제와 손해액의 산정 또는 손해배상의 범위 등에 대하여 살펴본다.

Ⅱ. 당 사 자

1. 원   고

특허권 침해로 손해를 입은 사람이 원고가 되며, 보통은 특허권자 등일 것이다.

가. 특허권이 공유인 경우

특허권이 공유인 경우[5]에 각 공유자는 금지청구와 달리 각자 일정 비율에 대해

---

3) 대법원 2006. 4. 27. 선고 2003다15006 판결.
4) 대법원 1997. 9. 12. 선고 96다43119 판결, 2006. 10. 12. 선고 2006다1831 판결, 2013. 7. 25. 선고 2013다21666 판결 등.
5) 특허권이 공유인 경우에 성질에 반하지 아니하는 범위에서는 민법의 공유에 관한 규정이 준용된다. 따라서 특허를 받을 수 있는 권리의 공유자 사이에 지분에 대한 별도의 약정이 있으면 그에 따르되, 약정이 없는 경우에는 민법 제262조 제2항에 의하여 지분의 비율은 균등한 것으로 추정된다(대법원 2014. 11. 13. 선고 2011다77313, 77320 판결).

서만 손해배상을 구할 수 있다는 견해(1설),[6] 공유자 각자가 자기 손해에 대하여 일반적 기준에 따라 손해배상을 구할 수 있다는 견해(2설), 손해배상청구는 일종의 관리처분행위이므로 공유자 1인이 단독으로 할 수는 없고 공유자 전원이 공동으로 청구하여야 한다는 견해(3설)[7] 등이 있다. 1설은 또한 그 일정 비율을 결정하는 방법에 대해서 각 공유자 제품의 매출액 비율에 의한다는 견해, 각 공유자 제품의 판매량 비율에 의한다는 견해, 각 공유지분의 비율에 의한다는 견해, 각 공유자의 이익액 비율에 의한다는 견해 등으로 나뉜다. 하급심 사례 중에는 특허권 침해로 피고가 얻은 이익 중 원고의 공유지분 비율 상당액을 원고의 손해액으로 인정한 것이 있다.[8]

나. 전용실시권이 설정된 경우

전용실시권이 설정된 경우에 전용실시권자 외에 특허권자가 별도로 손해배상을 청구할 수 있는지가 문제 된다. 전용실시권자는 설정행위로 정한 범위에서 특허발명을 업으로서 실시할 권리를 독점하므로, 실시료를 전용실시권자 제품의 판매량 내지 판매액과 관계없이 일정액으로 정한 때에는 전용실시권자만 손해배상을 구할 수 있다.[9] 상표권의 전용사용권에 관한 것이기는 하나, 대법원은 등록상표의 상표권자가 전용사용권자에게 등록상표의 사용료를 매월 일정액으로 정하여 전용사용권을 설정하여 주었음에도, 상표권 침해자에게 그 침해에 대한 손해배상을 구한 사안에서 "전용사용권자인 ○○○에게 영업상의 손해가 발생하였는지 여부는 별론으로 하고, 상표권자인 원고에게 손해가 발생하였다고는 볼 수 없다"고 판시하였는데,[10] 이러한 법리는 특허권의 전용실시권에도 적용될 수 있을 것이다.

---

6) 권택수, "특허권 침해로 인한 손해배상 - 특히 일실이익의 산정과 관련하여", 민사재판의 제문제 11권(변재승 선생, 권광중 선생 화갑기념), 민사실무연구회(2002), 578; 김철환, "특허권 침해로 인한 손해배상액의 산정방법", 창작과 권리 40호(2005년 가을호), 세창출판사, 19.

7) 윤선희, 특허법(제3판), 박영사(2007), 649.

8) 인천지방법원 부천지원 2017. 2. 8. 선고 2015가합104250 판결(항소), 서울중앙지방법원 2017. 11. 3. 선고 2016가합525478 판결(항소). 특히 서울중앙지방법원 2016가합525478 판결에서는 128조 4항에 소정의 특허권 침해로 인하여 침해자인 피고가 얻은 이익을 산정한 다음, 이를 원고의 특허권 지분비율(원고가 특허권 공유자의 지분 약정에 관하여 주장·증명하지 아니하였다는 이유로 민법 262조 2항을 적용하여 공유자의 각 지분이 균등한 것으로 추정함)로 나눈 금액을 원고의 손해액으로 인정하였다.

9) 김철환(주 6), 20; 조영선, "특허실시권자의 손해배상 및 금지청구권", 저스티스 통권 제110호, 한국법학원(2009. 4.), 108~109. 같은 취지로 판결한 하급심 사례로는 서울중앙지방법원 2009. 10. 7 선고 2007가합33960 판결(항소심에서 조정성립).

10) 대법원 2002. 10. 11. 선고 2002다33175 판결.

반면 실시료를 전용실시권자 제품의 판매량 내지 매출액에 대한 일정 비율로 정한 경우, 즉 이른바 런닝 로열티로 정한 경우에 대해서는 특허권자도 그 비율에 대하여 손해배상을 청구할 수 있다는 견해,[11] 특허권 침해로 전용실시권자가 판매한 수량이 감소하였음이 증명된다면 특허권자도 침해로 인한 손해배상을 구할 수 있으나, 이는 특별손해의 성격을 가지므로, 특허권자로서는 침해자가 이러한 사정을 알았거나 알 수 있었음을 증명하여야 한다는 견해[12] 등이 있다.

전용실시권을 설정하면서 특허권자에게 실시권을 유보한 경우에는 특허법 101조 1항 2호에 따라 이를 등록한 때에는 특허권자도 특허가 공유인 경우에 준하여 침해자를 상대로 손해배상을 구할 수 있다는 견해[13]가 있다.

다. 통상실시권이 설정된 경우

통상실시권은 배타적 효력이 없으므로 특허권 침해로 통상실시권자에게 손해가 발생하였다고 볼 수 없다.[14]

다만 독점적 통상실시권자의 경우에는 채권 침해로 인한 불법행위가 성립할 여지가 있다.[15] 독점적 통상실시권자에 불법행위 성립을 긍정하는 경우에도 손해액의 산정 시 특허법 128조 2항 내지 7항을 유추적용할 수 있다는 견해[16]와 이를 부정하는 견해[17]가 있다. 하급심판결 중에는 "특허권자는 업으로서 특허발명을 실시할 권리를 독점하고(특허 94조), 그 특허권에 대하여 타인에게 전용실시권을 설정할 수 있으며, 전용실시권의 설정은 등록하여야만 효력이 발생하고, 전용실시권자는 그 설정행위로

---

11) 김철환(주 6), 20; 조영선(주 9), 109~111; 정상조 · 박성수 공편, 특허법 주해 II, 박영사(2010), 266~267. 다만 조영선(주 9)에서는 특허법 128조의 적용과 관련하여 원칙적으로는 "전용실시권자의 '이익액'에서 약정실시료가 차지하는 비율[=(매상고 × 약정실시료율)/이익액]을 확정한 뒤 이를 침해자의 이익액에 곱하여 얻어지는 금액을 특허권자가 상실한 러닝로열티"로 보되, 그에 대한 입증이 어려운 경우에는 특허권자가 침해자에 대하여 청구할 수 있는 손해액은 "침해자의 이익액에 특허권자와 전용실시권자와의 약정실시료율을 곱한 금액이며, 그 나머지 금액이 전용실시권자의 손해"라고 한다. 한편 정상조 · 박성수 공편은 이러한 경우 특허권자는 128조 5항이 적용되고, 128조 2항 또는 4항이 적용되는 경우는 거의 없을 것이라고 한다.

12) 김기영 · 김병국 공저, 특허와 침해, 육법사(2012), 97.

13) 권택수(주 6), 111~112; 김철환(주 6), 20.

14) 김철환(주 6), 20; 김기영 · 김병국 공저(주 12), 99.

15) 대법원 2003. 3. 14. 선고 2000다32437 판결, 2011. 6. 9. 선고 2009다52304, 52311 판결 등. 김기영 · 김병국 공저(주 12), 99~100.

16) 안원모, 특허권의 침해와 손해배상, 세창출판사(2005), 158~159.

17) 김기영 · 김병국 공저(주 12), 99~100; 정상조 · 박성수 공편(주 11), 268~272.

정한 범위에서 그 특허발명을 실시할 권리를 독점한다(특허 100조 1, 2항, 101조 1항 2호). 특허권자로부터 독점적으로 특허발명을 실시할 권리를 부여받은 독점적 통상실시권자는 독점적 권리인 점을 등록할 수 없고 그로 인해 특허권자로부터 실시허락을 받은 제3자에 대항할 수 없는 점에서는 전용실시권자와 차이가 있으나, 계약에서 정한 바에 따라 특허발명을 독점적으로 실시할 권리를 가지고 그로 인한 경제적 이익을 향유하는 점에서는 전용실시권자와 다르지 않다. 독점적 통상실시권자가 특허권자로부터 부여받은 권리에 의해 누리는 이러한 경제적 이익은 결국 특허법에 의해 보호되는 특허권자의 독점적·배타적 실시권에 기인하는 것으로서 법적으로 보호할 가치가 있는 이익에 해당하고, 제3자가 독점적 통상실시권자를 해한다는 사정을 알면서 법규를 위반하거나 선량한 풍속 또는 사회질서를 위반하는 등 위법한 행위를 함으로써 이러한 이익을 침해하였다면 이로써 불법행위가 성립한다."라는 법리 하에, 당해 사안에 대한 판단에서 "요양급여 대상 의약품 시장의 특징, 독점적 통상실시권자로서 원고가 가지는 이익, 피고 제품의 판매와 약가등재 신청행위의 관련성, 제네릭 의약품에 대한 약가등재 신청 시 오리지널 의약품의 약가를 인하하도록 하는 보건복지부 고시의 규정 취지 등을 종합하여 보건대, 피고는 원고 제품의 제네릭 의약품인 피고 제품에 대해 약가등재 절차를 거쳐 이를 판매하게 될 경우 원고 제품의 약가가 인하되어 원고가 손해를 입으리라는 사정을 잘 알면서, 먼저 제네릭 의약품 시장에 진입하여 이를 선점하는 이익을 얻기 위해 이 사건 특허발명의 존속기간 만료 전에 약가등재 절차를 거쳐 피고 제품을 판매하였고, 그로 인해 원고 제품의 약가가 인하되어 이 사건 특허발명에 대한 독점적 통상실시권에 기해 원고가 가지는 법률상 보호가치 있는 이익이 침해되었는바, 이는 거래의 공정성과 건전성을 해하며 선량한 풍속 또는 사회질서에 위반되는 위법한 행위에 해당한다."라고 하여 독점적 통상실시권 침해의 불법행위 성립을 긍정하고, 약가 인하로 인한 원고 제품의 매출 감소액을 독점적 통상실시권 침해로 인한 손해액으로 인정하되, 피고의 손해배상책임을 제한한 사례[18]와 완전독점적 통상실시권의 침해는 제3자의 채권 침해에 해당하고 이러한

---

[18] 특허법원 2018. 2. 8. 선고 2017나2332 판결(상고). 이 판결에서 설시한 손해배상책임 제한 사유에 대해서는 아래 제2장 제7절 Ⅴ. 1. 참조. 그 1심판결인 서울중앙지방법원 2017. 9. 15. 선고 2014가합556560 판결(독점적 통상실시권자인 원고 ◇◇◇의 청구 부분에 대해서만 원고 ◇◇◇와 피고가 항소함에 따라 위 판결 중 특허권자인 원고 ○○○의 청구 부분은 그대로 확정되었다)은 독점적 통상실시권 침해에 대해서도 적극적 채권 침해로 인한 불법행위의 성립을 인정하고, 그 손해액은 민사소송법 202조의2에 따라 변론 전체의 취지와 증거조사의 결과에 의하여 인정되는 모든 사정을 종합하여 상당하다고 인정되

경우 특허법 128조가 유추적용된다고 판시한 사례[19]가 있다. 반면 독점적 통상실시권은 디자인권자와 독점적 통상실시권자 사이의 채권 관계에 불과하고, 침해자들이 독점적 통상실시권자를 해한다는 사정을 알면서도 위법한 행위를 하였음을 인정할 증거가 없다는 이유로 적극적 채권 침해를 부정한 사례도 있다.[20]

2. 피   고

가. 원   칙

특허권 침해로 인한 손해배상청구의 소에서 피고는 원칙적으로 특허권 침해자이다. 특허법 178조 소정의 간접침해가 성립하는 경우에는 간접침해자도 손해배상책임을 부담한다. 또한, 특허권 침해를 교사 또는 방조한 경우에도 민법상 불법행위와 마찬가지로 교사자나 방조자도 특허권 침해자와 연대하여 손해배상책임을 부담한다.

나. 법인 또는 회사의 경우

법인의 대표자나 이사 또는 회사를 대표하는 사원, 업무집행자, 대표이사 등이 그 직무수행이나 업무집행으로서 고의 또는 과실로 타인의 특허권을 침해한 경우에, 법인 또는 회사는 민법 35조 또는 상법 210조[21] 또는 287조의20[22])에 따라 특허권 침

는 금액(매출액 감소분에 원고 ◇◇◇의 표준소득률을 곱하여 산출한 금액)으로 산정하였다. 반면 관련 사건인 서울고등법원 2016. 10. 6. 선고 2015나204038 판결(상고)은 ㉠ 원고 ◇◇◇가 독점적 통상실시권을 부여받았음을 인정하기 어렵고, ㉡ 약제 상한금액 산정과 관련된 규정에서 최초등재제품의 특허권 관련 분쟁에서 무효 여부에 대한 판단이 확정되기 전이라도 제네릭 의약품에 대하여 적법하게 약제 요양급여 결정신청 또는 변경신청이 가능한 것으로 규정하고 있는데, 피고는 당해 특허발명에 관하여 무효심판청구 기각심결을 취소하는 취지의 특허법원 판결이 선고되자 특허분쟁에서의 승소가능성을 이유로 하여 판매예정시기를 '등재 후 즉시'로 변경하는 신청을 하였으므로 이는 특허발명 관련 소송에서 승소할 가능성이 있다는 판단에 의한 것으로서 적법한 변경신청에 해당하므로 위법하다고 보기도 어려울 뿐만 아니라, ㉢ 피고의 행위와 원고 ◇◇◇의 손실 사이에 상당인과관계가 존재한다고 단정하기 어렵다는 이유로 피고의 손해배상책임을 부정하였다.

19) 서울중앙지방법원 2004. 2. 13. 선고 2002가합30683 판결(항소취하). 이 판결은 128조 4항에 따라 독점적 통상실시권의 침해로 인한 손해액을 산정하였다.
20) 서울중앙지방법원 2013. 11. 22. 선고 2013가합23049 판결(확정).
21) 상법 210조는 합명회사에 관한 조항이나, 합자회사(상법 269조), 주식회사(상법 389조 3항), 유한회사(상법 567조)에서도 이를 준용한다.
22) 유한책임회사에 관한 조항이다.

해에 대한 손해배상책임을 부담하고,[23] 대표자나 이사 또는 회사를 대표하는 사원, 업무집행자, 대표이사 등도 민법 750조 및 35조 1항 단서, 상법 210조 또는 287조의 20에 따라 법인 또는 회사와 연대하여 손해배상책임을 부담한다.[24] 피용자가 그 사무집행으로서 고의 또는 과실로 타인의 특허권을 침해한 경우에도 피용자 본인은 민법 750조에 따라, 사용자나 감독자는 민법 756조에 따라 서로 연대하여 특허권 침해에 대한 손해배상책임을 부담한다.[25] 이로 인한 손해배상채무는 부진정 연대채무이다.

다. 특허권 공동침해의 경우

특허권 침해가 성립하려면 구성요소 완비의 원칙을 충족하여야 하므로, 어느 한 사람의 행위가 청구범위의 구성요소를 모두 실시하는 것에 해당하지 아니하는 경우에 그 행위는 특허법 127조 소정의 간접침해에 해당하지 아니하는 한 원칙적으로 특허권 침해에 해당하지 아니한다.[26]

이와 관련하여 복수주체의 각자 행위만으로는 청구범위의 구성요소를 모두 실시하는 것에 해당하지 아니하지만 각자 행위들이 모여 전체적으로는 청구범위의 구성요소를 모두 실시하는 것에 해당하면 특허권 침해를 인정할 것인지가 문제가 된다. 민법 760조 소정의 공동불법행위의 경우에는 그 성립요건으로 행위자들 상호 간의 공모나 공동의 인식은 필요하지 아니하고, 객관적으로 각자의 행위가 관련 공동하고 있으면 족하며, 그 관련공동성 있는 행위로 손해가 발생하면 된다는 견해(객관적 공동설), 행위자들 사이에 공모나 공동의 인식, 즉 주관적 의사의 공동이 있어야 한다는 견해(주관적 공동설) 및 객관적 공동설을 따르되 주관적 공동관계와 같은 정도의 밀접

---

23) 이에 대해서는 법인이 특허권을 침해한 경우 그 대표자나 임원 등은 특별한 사정이 없는 한 법인의 기관으로서 행동하는 것이어서 독립하여 실시자가 된다고 할 수 없으므로 이들을 독립하여 피고로 삼을 수 없다는 견해도 있다. 김기영·김병국 공저(주 12), 101.

24) 대법원 2003. 3. 11. 선고 2000다48272 판결, 2007. 5. 31. 선고 2005다55473 판결, 2013. 4. 11. 선고 2012다116307 판결 등 참조. 한편 하급심 사례 중에는 피고 B 회사의 대표자인 피고 A가 피고 B 회사의 특허권 침해행위에 관여한 경위 등을 종합하여 보면 피고 A가 피고 B 회사의 특허권 침해행위에 적극적으로 가담하였거나, 적어도 이를 방조하였음이 인정된다는 이유로 피고 A는 피고 B와 공동불법행위자로서 특허권 침해로 인하여 특허권자들이 입은 손해를 배상할 책임이 있다고 판시한 것도 있다[특허법원 2017. 11. 24. 선고 2017나1346(본소), 2017나1353(반소) 판결(상고)].

25) 다만 사용자가 피용자의 선임 및 그 사무 감독에 상당한 주의를 한 때 또는 상당한 주의를 하여도 손해가 있을 경우에는 면책된다(민법 756조 1항 단서).

26) 조영선, "복수주체에 의한 특허침해의 법률문제", 법조 제57권 제10호, 법조협회(2008. 10.), 211~212.

한 객관적 공동이 있어야 한다는 견해(절충설) 등이 있으며,[27] 객관적 공동설이 다수설이자 대법원판례[28]이지만, 특허권 공동침해의 경우에는 주관적 공동설[29]이 유력하다. 하급심 사례 중에도 주관적 공동설을 취한 것으로 보이는 것이 있다.[30]

수인이 특허권 침해제품의 생산 · 판매 등에 관여하여 특허권 공동침해가 성립한 경우에 공동침해자들 사이에는 부진정연대채무 관계가 성립한다.[31] 그런데 부진정연대채무의 관계에 있는 복수의 책임 주체 사이에서는 형평의 원칙상 일정한 부담 부분이 있을 수 있으며, 그 부담 부분은 각자의 고의와 과실의 정도에 따라 정하여지므로, 부진정연대채무자 중 1인이 자기의 부담 부분 이상을 변제하여 공동의 면책을 얻을 때에는 다른 부진정연대채무자에게 그 부담 부분의 비율에 따라 구상권을 행사할 수 있다(대법원 2016. 5. 27. 선고 2015다256589 판결 등 참조). 따라서 특허권 공동침해자 중 1인이 특허권자 등에게 손해배상금을 지급하여 공동의 면책을 얻은 때에는 다른 공동침해자들을 상대로 그 부담 부분의 비율에 따라 구상권을 행사할 수 있다.[32]

---

27) 주석 민법 채권각칙(8) 제4판, 한국사법행정학회(2016), 597~598 참조.

28) 수인이 공동하여 타인에게 손해를 가하는 민법 760조의 공동불법행위에 있어서 행위자 상호 간의 공모는 물론 공동의 인식을 필요로 하지 아니하고, 다만 객관적으로 그 공동행위가 관련 공동되어 있으면 족하고 그 관련 공동성 있는 행위에 의하여 손해가 발생함으로써 그에 대한 배상책임을 지는 공동불법행위가 성립한다(대법원 1982. 6. 8. 선고 81다카1130 판결; 2009. 4. 23. 선고 2009다1313 판결 등 참조). 다만 '민법 760조 1항의 이른바 협의의 공동불법행위의 구성범위를 한계 지우기 위하여 객관적 관련공동성의 유무를 판단함에 있어서는 그 2항의 독립행위의 경합의 경우와 그 3항의 교사방조행위를 공동불법행위의 범주에 넣어 같은 법률효과를 부여하는 것을 감안하여 그 점과의 균형이 맞도록 해석'하여야 한다(대법원 1998. 9. 25. 선고 98다9205 판결 참조).

29) 조영선(주 26), 227~231; 문선영, "특허권 공동침해에 관한 소고", 강원법학 제35권, 강원대학교 비교법학연구소(2012. 2.), 646~647. 권택수, "복수주체에 의한 실시와 특허권 침해", 이인복 대법관 퇴임기념 논문집, 사법발전재단(2016), 136~137에서도 갑과 을이 공동으로 특허권을 침해하는 것으로 평가되려면 주관적 요건이 필요하다고 한다.

30) 서울고등법원 2017. 1. 24.자 2016라20312 결정(재항고취하)은 '복수주체가 단일한 특허발명의 일부 구성요소를 분담하여 실시더라도, ① 복수주체 중 어느 한 단일 주체가 다른 주체의 실시를 지배 · 관리하고 그 다른 주체의 실시로 인하여 영업상의 이익을 얻는 경우에는 다른 주체의 실시를 지배 · 관리하면서 영업상의 이익을 얻는 어느 한 단일 주체가 특허권을 침해한 것으로 보아야 하고, ② 복수주체가 각각 다른 주체의 실시행위를 인식하고 이를 이용할 의사, 즉 서로 다른 주체의 실시행위를 이용하여 공동으로 특허발명을 실시할 의사를 가지고, 서로 나누어서 특허발명의 전체 구성요소를 실시하는 경우에는 이들 복수주체가 공동으로 특허권을 침해한 것으로 보아야 한다'는 취지로 판시하였다.

31) 대법원 2017. 12. 28. 선고 2017다37096 판결 참조.

32) 대법원 2017. 12. 28. 선고 2017다37096 판결 참조.

라. 특허권 침해의 종적 연결

동일한 침해제품을 생산, 수입, 전시, 양도, 대여 및 사용하는 일련의 행위가 각각 다른 행위 주체에 의하여 이루어지는 경우(이하 '특허권 침해의 종적 연결')에 그 각각의 행위는 별개의 특허권 침해에 해당하므로 각 행위 주체에 대하여 각각 손해배상청구가 가능하다는 점에는 별다른 이견이 없다. 다만 각 행위 주체 사이의 공동불법행위 성립 여부 및 손해배상채무의 관계나 범위 등이 문제가 된다. 먼저 각 행위 주체 사이의 공동불법행위 성립 여부에 대해서는 객관적 관련공동성이 인정되지 아니한다는 이유로 이를 부정하는 견해,[33] 행위 주체들 각자의 행위 사이에 주관적 관련공동성이 있거나 자본적·인적으로 밀접한 객관적 관련공동성이 있어야 공동불법행위가 성립한다는 견해,[34] 침해의 고의가 일시에 또는 순차적으로 연결된 '주관적 공동'이 존재하는 때에 한하여 공동불법행위가 성립한다는 견해[35] 등이 있다. 부정설을 따르더라도 각 행위 주체의 손해배상채무는 서로 중첩하는 범위에서는 부진정연대채무 관계가 되므로,[36] 공동불법행위의 성립 여부를 따지는 실익은 각 행위 주체에 대해서 각자의 관여 정도와 관계없이 공동불법행위자로서 특허권자 등이 입은 손해 전부를 배상하게 할 수 있는지에 있다.[37]

특허권 침해의 종적 연결의 경우에 각 행위 주체 사이의 손해배상 범위는 특허법 128조 2항, 4항, 5항 중 어느 항을 적용하느냐에 따라 달라진다.[38] 하급심 사례 중에는 침해제품의 매수인이 업으로서 이를 사용함으로써 원고들의 특허권을 침해한 사안에서, '변론에 나타난 제반 사정을 종합하면, 침해제품 매수인(피고 B)의 특허권 침

---

33) 정희장, "특허권등 침해로 인한 손해배상청구권, 부당이득반환청구권", 재판자료 56집, 법원도서관 (1992), 436~437.
34) 안원모(주 16), 318~320.
35) 조영선(주 26), 239.
36) 대법원 2017. 12. 28. 선고 2017다37096 판결 참조
37) 공동불법행위 책임은 가해자 각 개인의 행위에 대하여 개별적으로 그로 인한 손해를 구하는 것이 아니라 그 가해자들이 공동으로 가한 불법행위에 대하여 그 책임을 추궁하는 것이므로, 공동불법행위로 인한 손해배상책임의 범위는 피해자에 대한 관계에서 가해자들 전원의 행위를 전체적으로 함께 평가하여 정하여야 하고, 그 손해배상액에 대하여는 가해자 각자가 그 금액의 전부에 대한 책임을 부담하는 것이며, 가해자 1인이 다른 가해자에 비하여 불법행위에 가공한 정도가 경미하다고 하더라도 피해자에 대한 관계에서 그 가해자의 책임 범위를 위와 같이 정하여진 손해배상액의 일부로 제한하여 인정할 수는 없다(대법원 2000. 9. 29. 선고 2000다13900 판결, 2005. 11. 10. 선고 2003다66066 판결 등 참조).
38) 이에 관한 자세한 사항은 조영선(주 26), 241~247; 안원모(주 16), 323~329 참조.

해로 인한 원고들의 손해액은 그 침해제품의 생산·판매자(피고 A1)가 이를 피고 B에게 판매함으로써 얻은 영업이익에 상응하는 금액이라고 인정하는 한편, 이러한 손해는 피고 A1이 제조·판매함으로써 원고들에게 손해를 가한 것과 동일한 침해제품의 사용으로 인한 것이므로 양자는 그 중복된 범위에서 부진정연대채무의 관계에 있다'는 취지로 판시한 것이 있다.[39]

Ⅲ. 청구원인

특허권자 등은 청구원인에 침해 대상이 되는 특허권, 침해 대상이 되는 특허권의 청구항이 복수인 경우에 침해되었다고 주장하는 청구항, 침해자의 침해제품, 청구취지로서 구하는 손해배상액의 산정 기간, 즉 침해 기간 및 그 침해 기간에 발생한 손해액에 대한 전부 청구인지 일부 청구인지 등을 구체적으로 특정하여야 한다.

또한, 침해 대상이 되는 특허권이 복수[40]이거나 청구항이 복수인 경우에 청구취지로서 구하는 손해액이 단순병합에 의한 것인지, 선택적 병합이나 예비적 병합에 의한 것인지도 명시하여야 한다.[41][42] 단순병합이라고 하는 경우에는 각 특허권 또는

---

39) 특허법원 2017. 11. 24. 선고 2017나1346 판결(상고).

40) 이는 특허권과 상표권 등 다른 지식재산권이 모두 침해되었다고 주장하는 경우에도 마찬가지이다.

41) 논리적으로 전혀 관계가 없어 순수하게 단순병합으로 구하여야 할 수 개의 청구를 선택적 또는 예비적 청구로 병합하여 청구하는 것은 부적법하여 허용되지 않는다 할 것이고, 따라서 원고가 그와 같은 형태로 소를 제기한 경우 제1심법원이 본안에 관하여 심리·판단하기 위해서는 소송지휘권을 적절히 행사하여 이를 단순병합 청구로 보정하게 하는 등의 조치를 취하여야 할 것인바, 법원이 이러한 조치를 취함이 없이 본안판결을 하면서 그중 하나의 청구에 대하여만 심리·판단하여 이를 인용하고 나머지 청구에 대한 심리·판단을 모두 생략하는 내용의 판결을 하였다 하더라도 그로 인하여 청구의 병합 형태가 적법한 선택적 또는 예비적 병합 관계로 바뀔 수는 없다 할 것이므로, 이러한 판결에 대하여 피고만이 항소한 경우 제1심법원이 심리·판단하여 인용한 청구만이 항소심으로 이심될 뿐, 나머지 심리·판단하지 않은 청구는 여전히 제1심에 남아 있게 된다(대법원 2008. 12. 11. 선고 2005다51495 판결, 2009. 5. 28. 선고 2007다354 판결 등 참조). 다만, 이심의 범위와 관련하여 "피고만이 인용된 청구 부분에 대하여 상고를 제기한 때에는 일단 단순병합관계에 있는 모든 청구가 전체적으로 상고심으로 이심되기는 하나 상고심의 심판 범위는 이심된 청구 중 피고가 불복한 청구에 한정된다."라고 판시한 대법원판결도 있다(대법원 2015. 12. 10. 선고 2015다207679, 207686, 207693 판결).

예비적 청구는 주위적 청구와 서로 양립할 수 없는 관계에 있어야 하므로, 주위적 청구와 동일한 목적물에 관하여 동일한 청구원인을 내용으로 하면서 주위적 청구를 양적이나 질적으로 일부 감축하여 하는 청구는 주위적 청구에 흡수되는 것일 뿐 소송상의 예비적 청구라 할 수 없다(대법원 2017. 2. 21. 선고 2016다225353 판결).

각 청구항의 침해로 인한 각각의 손해액도 모두 구체적으로 특정하여야 한다. 예를 들어 침해제품이 N95 완성품, N95 반제품, N96 반제품 등 복수 개이고 침해되었다고 주장하는 특허발명의 청구항도 복수 개인 경우에는 일반적으로 각 제품에 대한 손해배상청구는 단순병합된 것이고, 제품별로는 각 청구항의 특허권에 기초한 손해배상청구가 선택적으로 병합된 것으로 보아야 할 것이다.[43] 또한, 침해자의 침해제품이 특허권자의 복수 특허권을 침해하는 경우에도 그 기술 내용과 적용 영역이 다른 때에는 각 특허권 침해로 인한 손해도 별개로 발생하고 그 각 손해에 대한 배상을 구하는 청구는 상호 논리적 관련성이 없는 단순병합 관계에 해당하므로 그에 관한 손해배상책임의 존부와 범위는 별도로 판단하여야 할 것이다.[44]

민법상 불법행위로 인한 손해배상채권은 손해 발생과 동시에 이행기에 이르게 되므로, 그에 대한 지연손해금 역시 손해 발생일부터 기산하는 것이 원칙이다.[45] 다만 불법행위와 동시에 손해도 발생하는 것이 보통이므로 일반적으로는 불법행위시부터 지연손해금을 기산한다. 그런데 특허권 침해는 침해행위가 1회로 그치는 것이 아니라 지속해서 반복하여 이루어지는 것이 보통이어서 위와 같은 일반 원칙에 따라 지연손해금의 기산일을 정하는 것이 매우 어렵다. 따라서 실무상으로는 특허권 침해

한편 성질상 선택적 관계에 있는 양 청구를 당사자가 주위적, 예비적 청구 병합의 형태로 제소함에 의하여 그 소송심판의 순위와 범위를 한정하여 청구하는 이른바, 부진정 예비적 병합 청구의 소도 허용된다(대법원 2002. 9. 4. 선고 98다17145 판결). 그러나 병합의 형태가 선택적 병합인지 예비적 병합인지 여부는 당사자의 의사가 아닌 병합청구의 성질을 기준으로 판단하여야 하고, 항소심에서의 심판 범위도 그러한 병합청구의 성질을 기준으로 결정하여야 한다. 따라서 실질적으로 선택적 병합 관계에 있는 두 청구에 관하여 당사자가 주위적·예비적으로 순위를 붙여 청구하였고, 그에 대하여 제1심법원이 주위적 청구를 기각하고 예비적 청구만을 인용하는 판결을 선고하여 피고만이 항소를 제기한 경우에도, 항소심으로서는 두 청구 모두를 심판의 대상으로 삼아 판단하여야 한다(대법원 2014. 5. 29. 선고 2013다96868 판결).

42) 이에 관한 하급심 사례로는, '원고가 주위적으로는 128조 4항에 의한 손해액을, 예비적으로는 128조 2항에 의한 손해액을 주장한 사안'에서, 피고의 침해제품 매출액에 해당 업종의 표준소득률을 곱하여 산정한 금액, 즉 특허권 침해로 인하여 피고가 얻은 이익을 128조 4항에 의한 원고의 손해액으로 산정하고, 원고 특허제품의 재무제표에 의하여 인정되는 매출총이익률[=(총매출액-총생산원가)/총매출액×100]에 침해제품의 판매수량을 곱한 금액을 128조 2항에 의한 원고의 손해액으로 산정한 다음, 원고의 주장에 따라 전자를 원고의 손해액으로 인정한 것이 있다[서울중앙지방법원 2016. 7. 15. 선고 2015가단5341954 판결(확정)]. 관련 사건인 서울중앙지방법원 2016. 7. 15. 선고 2015가단5293581 판결(확정)에서는 위 두 가지 방법으로 원고의 손해액을 산정한 다음, 원고가 구하는 바에 따라 128조 4항에 의한 손해액을 원고의 손해액으로 인정하였다.

43) 대법원 2015. 7. 23. 선고 2014다42110 판결 참조.

44) 대법원 2013. 7. 26. 선고 2012다13392 판결 참조.

45) 대법원 1997. 10. 28. 선고 97다26043 판결, 2007. 9. 6. 선고 2007다30263 판결 등 참조.

의 시기와 종기를 특정하여 손해액을 산정하고 그에 대하여 그 종기일부터 지연손해금을 기산하되, 변론종결일까지도 특허권 침해가 계속되는 경우에는 변론종결일까지의 손해액을 산정하고 그에 대하여 변론종결일부터 지연손해금을 기산하는 방식에 의하는 경우가 많다.[46]

Ⅳ. 특허권 침해에 대한 손해배상의 범위

민법상 불법행위에서는 '손해란 법익의 침해로 피해자가 입은 불이익을 말한다'는 자연적 손해개념을 전제로 하여 차액설에 따라 손해를 파악하는 것이 통설이자 대법원판례[47]이다.[48] 차액설에 의하면 불법행위가 없었더라면 피해자가 현재 가지고 있었을 이익상태와 불법행위로 인하여 피해자가 현재 가지고 있는 이익상태 사이의 차이를 손해라고 한다. 이때 중요한 것은 침해된 개별 법익의 객관적 또는 주관적 가치가 아니라 그것이 피해자의 총재산상태에 미치는 영향이다. 따라서 차액설에서의 손해는 사고 전후의 재산상태를 비교하여 나타나는 총재산의 감소를 의미하게 된다.[49] 이러한 손해의 개념은 특허권 침해로 인한 손해에도 마찬가지로 적용된다. 즉, 특허권 침해로 인한 손해는 특허권 침해행위가 없었더라면 특허권자 등이 현재 가지고 있었을 재산상태와 특허권 침해행위로 인하여 특허권자 등이 현재 가지고 있는 재산상태의 차이를 말한다.[50]

---

46) 김기영 · 김병국 공저(주 12), 128.

47) 불법행위로 인한 재산상 손해는 위법한 가해행위로 인하여 발생한 재산상 불이익, 즉 그 위법행위가 없었더라면 존재하였을 재산상태와 그 위법행위가 가해진 현재의 재산상태의 차이를 말하는 것이고, 그것은 기존의 이익이 상실되는 적극적 손해의 형태와 장차 얻을 수 있을 이익을 얻지 못하는 소극적 손해의 형태로 구분되므로(대법원 1992. 6. 23. 선고 91다33070 전원합의체 판결), 손해액을 산정함에 있어서는 먼저 위법행위가 없었더라면 존재하였을 재산상태를 상정하여야 할 것인데, 위법행위가 없었을 경우의 재산상태를 상정함에 있어 고려할 사정들은 위법행위 전후의 여러 정황을 종합한 합리적인 추론에 의하여 인정될 수 있어야 하고, 당사자가 주장하는 사정이 그러한 추론에 의하여 인정되지 않은 경우라면 이를 위법행위가 없었을 경우의 재산상태를 상정하는 데에 참작할 수 없다 할 것이다(대법원 2009. 9. 10. 선고 2008다37414 판결).

48) 차액설 외에도 구체적 손해설, 규범적 손해개념 등이 주장된다. 이에 대한 상세한 내용은 주석 민법 채권각칙(6) 제4판, 한국사법행정학회(2016), 235~239 참조.

49) 주석 민법(주 48), 236~237.

50) 다만 이러한 차액설에 대해서는 시장기회상실설, 규범적 요소 보충설, 기술독점훼손설 등이 제기되고 있다. 이에 대한 상세한 내용은 박성수, "특허침해와 손해의 개념", 민사재판의 제문제 17권, 한국사법

특허권 침해도 민법상 불법행위의 일종이므로 그로 인한 손해배상의 범위는 민법 763조에 의하여 준용되는 민법 393조에 따라 정해진다. 따라서 특허권 침해에 대한 손해배상은 특허권 침해로 발생하는 통상의 손해, 즉 침해행위와 상당인과관계가 인정되는 손해에 대한 전보적 배상을 원칙으로 하고, 특별한 사정으로 인하여 특허권자 등이 입은 손해, 이른바 특별손해에 대해서는 침해자가 그 사정을 알았거나 알 수 있었을 때만 배상책임이 인정된다. 이러한 손해배상은 민법 394조에 따라 금전배상이 원칙이다.

특허권 침해로 인한 통상의 손해는 민법상 불법행위와 마찬가지로 손해 3분설에 따라 소극적 손해(일실이익), 적극적 손해, 비재산적 손해(위자료)로 구분될 수 있으나, 실무상으로는 소극적 손해(일실이익), 즉 침해행위가 없었더라면 특허권자 등이 얻었을 이익이 주로 문제가 된다. 이와 관련하여 특허법은 특허권자 등의 소극적 손해액에 관한 증명책임을 완화하기 위하여 128조에서 손해액에 관한 몇 가지 추정규정을 두었다.

1. 소극적 손해

특허권 침해가 없었더라면 특허권자 등이 얻었을 이익, 즉 일실이익을 의미한다. 이러한 소극적 손해에는 특허권 침해로 인한 특허권자 등의 제품(이하 '특허권자 제품')의 판매량 일실, 특허권자 제품의 판매가격 인하, 관련 매출의 일실, 장래 매출의 일실, 약정실시료 수입의 일실 등으로 인한 일실이익이 있다.[51]

가. 판매량 일실로 인한 일실이익

특허권 침해로 특허권자 제품을 판매할 수 없어서 특허권자 등이 입은 손해를 의미한다. 특허권자 등이 이에 대한 손해배상을 청구하기 위해서는 ① 특허권 침해가 없었다면 판매할 수 있었으나 특허권 침해로 인하여 판매하지 못한 특허권자 제품의 수량, 즉 특허권 침해와 상당인과관계가 인정되는 특허권자 제품의 일실 판매량(=침해행위가 없었더라면 판매할 수 있었던 수량-실제 판매량)과 ② 특허권자 제품의 단위수량

행정학회(2008. 12.) 참조.

51) 전효숙, "특허권 침해로 인한 손해배상", 저스티스 제30권 제1호(1997. 3.), 21~22; 김기영 · 김병국 공저 (주 12), 123~124.

당 이익액을 주장·증명하여야 한다. 이러한 일실이익은 통상 '특허권자 제품의 일실 판매량×특허권자 제품의 단위수량당 이익액' 또는 '특허권자 등의 매출감소액(=특허권자 제품의 일실 판매량×특허권자 제품의 가격)×특허권자 등의 이익률'에 의하여 산정한다. 여기서 '단위수량당 이익액'은 특허권자 제품의 단위당 판매가액에서 그 증가되는 제품의 판매를 위하여 추가로 지출하였을 것으로 보이는 특허권자 제품 단위당 비용을 공제한 금액, 즉 '한계이익'이라는 것이 대법원판례이다.[52]

이와 관련하여 특허권자 제품이 침해 대상이 되는 특허발명을 실시한 제품(이하 '특허실시제품')이어야 하는가가 문제 된다. 이에 대해서는 특허실시제품이어야 한다는 견해(제1설),[53] '특허실시제품에 한정되지는 아니하나 침해제품과 대체가능성이 있는 제품으로서 특허권자 등이 판매하고 있거나 판매할 용의 또는 예정이 있는 것이어야 한다'는 견해(제2설),[54] '특허실시제품에 한정되지 아니하며, 침해제품과 대체가능성이 있을 필요도 없다'는 견해(제3설)[55] 등이 있다. 다만 제3설도 특허권자 제품이 침해제품과 아무런 경쟁관계가 없다면 특허법 128조 3항 단서의 '침해행위 외의 사유로 판매할 수 없었던 사정'에 해당하여 손해배상책임이 부정된다는 것이므로 결론에서는 제2설과 같다.[56] 이 쟁점은 특허법 128조 각항의 적용요건으로서 특허권자 등의 특허발명 실시가 요구되는지의 문제와도 관련이 있다.[57]

다음, 특허권 침해와 특허권자 제품의 판매량 일실 간의 상당인과관계가 인정되

---

52) 대법원 2006. 10. 13. 선고 2005다36830 판결.

53) 전효숙(주 51), 17~18; 권택수(주 6), 550~551도 이 점에 대하여 명시적으로 밝히고 있지 아니하나, '권리자 자신이 스스로 특허권을 실시하고 있을 것'을 요건의 하나로 내세운 것은 특허권자 제품이 특허실시제품으로 한정된다는 것을 전제한 것으로 보인다.

54) 다만 '대체할 가능성'이란 완전히 대체한다는 의미가 아니라 제품 종류상 침해제품의 수요가 조금이라도 특허권자 제품으로 이동할 수 있는 성질'의 것이면 족하다고 한다. 양창수, '특허권 침해로 인한 손해배상 시론-특허법 제128조 제1항의 입법취지와 해석론', 민법연구 제9권, 박영사(2009), 245~246; 안원모(주 16), 165~168.

55) 정상조·박성수 공편(주 11), 189~190; 안원모(주 16), 167.

56) 이에 대하여 제3설은, 제3설에 따르면 '특허권자 제품이 침해제품과 아무런 경쟁관계가 없다'는 점에 대한 증명책임을 침해자가 부담하나, 제2설에 따르면 특허권자 등이 부담하므로 양자에 차이가 있다고 한다. 정상조·박성수 공편(주 11), 189~190; 안원모(주 16), 167~168. 그러나 특허권자 제품이 침해제품과 아무런 경쟁관계가 없다면 특허권 침해행위와 특허권자 제품의 일실 판매량 사이에 상당인과관계가 인정되기 어렵고, 이러한 상당인과관계는 특허권자 등이 증명책임을 부담한다는 점을 고려하면, 위와 같은 사정을 특허법 128조 2항 단서의 '침해행위 외의 사유로 판매할 수 없었던 사정'으로 보아 침해자가 증명책임을 부담하는 것으로 볼 수 있을지 의문이라는 견해도 있다.

57) 정상조·박성수 공편(주 11), 167~180 참조.

어야 한다.[58] 특허권 침해로 판매하지 못한 특허권자 제품의 수량을 구체적으로 특정하여 증명한다는 것은 매우 어려우므로, 실질적으로 이 문제는 침해제품의 양도수량을 특허권자 제품의 일실 판매량으로 볼 수 있는지의 문제로 귀결된다.[59][60] 이러한 상당인과관계를 추인할 수 있는 간접사실로 특허권자의 제품과 침해자의 제품이 기능, 작용효과 등이 동일·유사하여 경쟁관계에 있을 것, 다른 비침해제품으로 대체할 수 없다는 사정이 존재할 것, 특허권자와 침해자의 거래대상, 수요자, 판매지역이 공통할 것, 특허권자 등에게 수요를 충족시킬만한 생산, 판매능력이 있을 것 등을 드는 것[61]도 같은 이유로 보인다. 그런데 특허법 128조 2항에서는 침해제품의 양도수량을 특허권자 제품의 일실 판매량으로 추정하므로, 실무상 특허권자 등은 특허권자 제품의 일실 판매량을 구체적으로 주장·증명할 필요 없이 침해제품의 양도수량을 주장·증명하면 족하고, 오히려 침해자가 그러한 추정을 복멸할 수 있는 사정, 즉 위와 같은 상당인과관계의 인정에 불리한 사정을 주장·증명하여야 한다.[62] 또한, 특허발명의 실시 부분이 침해제품의 일부에만 해당하거나 침해제품의 판매에 특허발명의 실시 외에 침해자의 자본, 신용, 영업능력, 선전광고, 브랜드, 지명도 등 다른 요인들도 기여한 경우에는 침해자가 그 특허발명의 기여도를 주장·증명하여야 한다.[63] 이에 대해서는 아래 특허법 128조 2항의 적용에서 살펴본다.

　　여기서 특허권자 제품의 일실 판매량은 기왕의 일실 판매량을 의미한다. 장래 매

---

58) 이는 특허권 침해와 특허권자 등의 손해 발생 자체 사이의 상당인과관계와는 별개이다.

59) 일반적으로 침해제품의 양도수량 전부를, 침해가 없었다면 특허권자가 판매할 수 있었을 수량이라고 할 수는 없다. 같은 특허발명을 실시한 제품이라고 하더라도 상품 자체에 품질 등 차이가 있을 수 있고, 가격, 선전광고, 서비스, 판매자의 영업노력, 다른 경쟁제품과의 관계 등 특허권 이외의 요소가 판매에 영향을 미칠 수 있기 때문이다. 김기영·김병국 공저(주 12), 124.

60) 따라서 논자에 따라서는 아예 침해제품 양도수량이 특허권자 제품의 일실 판매량과 같다고 인정하기 위한 사정을 검토하기도 한다. 전효숙(주 51), 19~20; 권택수(주 6), 550~551 참조.

61) 김기영·김병국 공저(주 12), 124.

62) 대법원 2006. 10. 13. 선고 2005다36830 판결 등 참조. 디자인권 등의 침해로 인한 손해액의 추정에 관한 구 의장법(2004. 12. 31. 법률 제7289호 디자인보호법으로 개정되기 전의 것) 제64조 제1항 단서의 사유는 침해자의 시장개발 노력·판매망, 침해자의 상표, 광고·선전, 침해제품의 품질의 우수성 등으로 인하여 디자인권의 침해와 무관한 판매수량이 있는 경우를 말하는 것으로서, 디자인권을 침해하지 않으면서 디자인권자의 제품과 시장에서 경쟁하는 경합제품이 있다는 사정이나 침해제품에 실용신안권이 실시되고 있다는 사정 등이 포함될 수 있으나, 위 단서를 적용하여 손해배상액의 감액을 주장하는 침해자는 그러한 사정으로 인하여 디자인권자가 판매할 수 없었던 수량에 의한 금액에 관해서까지 주장과 입증을 하여야 한다.

63) 김기영·김병국 공저(주 12), 137.

출의 감소는 별도로 검토한다.

나. 판매가격 하락으로 인한 일실이익

특허권 침해가 없었더라면 특허권자 등이 받을 수 있었던 판매가격보다 낮게 판매가격을 책정함에 따라 입은 손해, 즉 특허권 침해로 인하여 특허권자 등이 특허권자 제품의 판매가격을 인하하거나 인상하지 못하여 입은 손해를 말하며, 특허권자 제품의 판매량 일실로 인한 손해와는 구분된다. 판매가격 하락으로 인한 손해액에 대해서는 인과관계가 증명될 것을 전제로 '특허권자 등의 총판매량×가격 인하분' 또는 '특허권자 등의 총판매량×가격 미인상분'에 의하여 산정한다는 견해[64]와 가격인하분을 특허권자 등의 손해액 전액으로 인정하는 것은 특허법 128조 2항이 규정하는 바가 아니므로 민법 일반원칙에 따라 특허권자 등이 손해액 및 상당인과관계를 증명하여야 한다는 견해[65]가 있다.

판매가격 하락으로 인한 손해가 인정되려면 특허권자 등이 특허권 침해와 판매가격 인하 또는 판매가격 미인상과의 상당인과관계를 주장 · 증명하여야 한다.[66] 또한, 판매가격 하락으로 인한 손해는 수요의 가격탄력성과 밀접한 관련이 있다. 특허권 침해 때문에 특허권자 등이 특허권자 제품의 판매가격을 인하하였을 경우, 수요탄력성이 높은 제품이라면 판매가격 인하보다 수요가 큰 폭으로 증가하여 판매가격 인하로 인한 손실을 상쇄할 수도 있다.[67] 따라서 판매가격 하락으로 인한 일실이익을 주장할 때는 이러한 부분까지 고려하여 일실이익을 산정하거나 가격을 인상하더라도 수요가 감소하지 않았을 것을 증명하여야 한다.

판매가격 인하로 인한 일실이익은 통상 침해제품이 시장에서 실제로 판매되는

---

(64) 김기영 · 김병국 공저(주 12), 125~126; 송영식 · 이상정 · 황종환 · 이대희 · 김병일 · 박영규 · 신재호 공저, 송영식 지적소유권법(상)(제2판), 육법사(2012), 665.

(65) 정상조 · 박성수 공편(주 11), 193~194.

(66) 판매가격 하락으로 인한 손해는 특별손해의 성질을 가지므로, 특허권자 등으로서는 침해자가 그러한 사정을 알았거나 알 수 있었을 경우에 한하여 그에 대한 배상을 청구할 수 있다는 견해[전효숙(주 51), 22~23; 권택수(주 6), 553~554; 김기영 · 김병국 공저(주 12), 126; 안원모(주 16), 143~144]도 있으나, 침해제품이 시장에 공급되면 그로 인하여 그와 경쟁관계에 있는 특허권자 제품은 판매량이 감소하거나 판매가격이 인하되는 것은 수요공급 법칙에 비추어 일반적으로 예측 가능하므로 판매가격의 인하로 인한 손해는 통상의 손해에 해당한다고 보는 견해도 있다.

(67) 다만 이러한 경우에도 특허권자 등이 판매가격 인하로 인한 손해를 입지 않았다고 단정할 수는 없다. 판매가격 인하로 인하여 특허권자 등에게 추가로 발생한 생산 · 판매비용이 수익 증가분을 상쇄할 수도 있기 때문이다.

경우에 인정될 것이나, 그러한 손해를 배상받기 위하여 침해제품이 반드시 실제로 판매되었어야 할 필요는 없다. 특허권자 제품과 경쟁관계에 있는 침해제품이 아직 판매되기 이전이라도 침해자가 침해제품 판매를 홍보함에 따라 특허권자 등이 특허권자 제품의 판매가격을 인하하여야 한 경우 등에도 판매가격 인하로 인한 일실이익이 인정될 수 있다.

이와 관련한 하급심 사례로는, 피고가 원고의 특허권을 침해하는 복제의약품에 대하여 품목허가 및 약가등재절차를 완료한 다음 특허법원에서 원고의 특허권이 무효라는 판결이 선고되자 그 판매예정 시기를 '등재 후 즉시'로 변경함에 따라 보건복지부장관이 오리지널 의약품인 원고 제품의 약제급여 상한금액을 종전 금액의 80%로 인하한 사안에서, 원고 제품의 약제급여 상한금액의 인하로 인하여 원고가 입은 손실과 피고의 행위 사이에 상당인과관계가 인정되지 아니하므로 피고의 손해배상책임이 인정되지 아니한다고 판단한 사례[68]와 상당인과관계가 인정되므로 피고의 손해배상책임이 인정된다고 판단한 사례[69]가 있다.

다. 관련 매출의 일실로 인한 일실이익

관련 매출이란 특허권자 제품(보통은 특허실시제품)의 판매와 관련하여 발생하는 특허권자 등의 매출을 말하며, 이는 전체 시장가치의 원칙(entire market value rule)의

---

[68] 최초 제네릭 제품이 등재되는 경우 오리지널 제품의 상한금액을 '1회에 한하여 80%로 조정한다'는 보건복지부 장관의 처분은 재량행위에 해당하고, 피고의 판매예정시기 변경신청행위가 있은 후에도 건강보험정책심의위원회의 심의와 평가를 통하여 원고 ◇◇◇ 제품의 상한금액 인하의 적정성 및 인하 시기 등을 심사한 후 보건복지부장관의 판단에 따라 원고 ◇◇◇ 제품의 상한금액이 인하된 것으로 보이며, 원고 ◇◇◇도 보건복지부장관의 이러한 처분에 대하여 행정심판 및 행정소송 등으로 불복한 바 없었는 바, 이러한 경위에 비추어 보면 원고 ◇◇◇ 제품의 약제 상한금액이 인하됨에 있어, 보건복지부장관이 법령상 절차를 거쳐 재량권을 행사함으로써 상한금액의 인하 여부 및 인하 시기 등을 판단하고 결정한 것으로 볼 수 있으므로, 피고의 신청이 최초의 원인이 되어 결과적으로 약가가 인하되기에 이르렀다고 하여, 피고의 행위와 원고 ◇◇◇의 손실 사이에 상당인과관계가 존재한다고 단정하기 어렵다[서울고등법원 2016. 10. 6. 선고 2015나2040348 판결(상고)].

[69] 서울중앙지방법원 2017. 9. 15. 선고 2014가합556560 판결(독점적 통상실시권자인 원고 ◇◇◇의 청구 부분에 대해서만 원고 ◇◇◇와 피고가 항소함에 따라 위 판결 중 특허권자인 원고 ○○○의 청구 부분은 그대로 확정되었다). 그 항소심 판결인 특허법원 2018. 2. 8. 선고 2017나2332 판결(상고)도 "피고가 판매예정시기를 '등재 후 즉시'로 변경하여 약가등재 신청을 한 것은 피고 제품을 요양급여 대상 약제로 판매로 판매하기 위해 반드시 수반되는 행위로서 피고 제품의 판매와 별개의 구분지어 볼 수 없고, 약가등재 신청을 포함하는 일련의 피고 제품의 판매행위로 인해 특허권자로부터 부여받은 원고의 독점적 통상실시권에 기한 이익이 침해되었다."라고 하여 상당인과관계를 인정하였다.

문제와도 관련이 있다. 일반적으로 동반 판매(convoyed sale)와 파생적 판매(derivative sale)로 구분한다.

동반 판매는 특허권자 제품과 별개인 특허권자 등의 비특허제품이 특허권자 제품과 함께 하나의 기능 단위를 구성하거나, 전체 장비 또는 단일 조립부품의 일부를 이루거나, 하나의 기능 단위와 유사한 관계를 구성함으로 인하여 특허권자 제품과 함께 판매되는 것을 말한다.

파생적 판매는 특허권자 제품이 판매된 후에 그 제품의 사용과 관련하여 후속적으로 발생하는 특허권자 등의 매출로서 일반적으로는 특허권자 제품의 부속품 매출 등이 문제가 된다.

비특허제품이 특허권자 제품과 기능적 관련성이 있고, 전체 제품에 대한 수요가 특허권자 제품의 특징에 기인하여 발생하는 것임을 특허권자 등이 주장·증명한 경우에는 관련 매출의 일실로 인한 일실이익이 특허권 침해로 인한 소극적 손해로 인정될 수 있으나, 단순히 비특허제품이 특허권자 제품과 연계되어 함께 판매된다는 사정만으로는 특허권 침해로 인한 소극적 손해로 인정되기 어렵다. 또한, 이러한 손해는 특별손해에 해당하므로 침해자가 이러한 사정을 알았거나 알 수 있었어야 한다는 점 또한 특허권자 등이 주장·증명하여야 한다. 관련 매출의 일실로 인한 일실이익에 대해서는 특허법 128조 2항 또는 4항의 추정이 적용되지 아니한다.[70]

라. 장래의 일실이익

장래의 일실이익은 특허권 침해로 특허권자 등이 장래에 입을 것으로 예상되는 손해를 말한다. 예를 들어 침해제품의 시장 진입으로 특허권자 제품이 시장에서 철수하거나 특허권자 등의 성장률이 하락함에 따라 금지명령 등으로 특허권 침해가 중단되더라도 특허권자 등이 종래의 매출이나 성장률을 회복할 때까지 매출의 일실이 발

---

70) 대법원 2006. 10. 13. 선고 2005다36830 판결 등 참조. 2005다36830 판결은 디자인권자가 등록디자인의 대상물품인 천정흡음판을 제조·판매하면서 구매자로부터 천정흡음판의 설치공사까지도 수급받는 것이 일반적이었기 때문에 침해자의 디자인권 침해행위가 없었더라면 천정흡음판을 더 판매할 수 있었고 그에 따라 천정흡음판의 설치공사까지 더 수급하였을 것으로 보인다고 하더라도, 천정흡음판의 설치공사 대금을 천정흡음판의 판매가액이라고는 할 수 없으므로, 천정흡음판에 관한 디자인권의 침해로 인한 손해액을 구 의장법(2004. 12. 31. 법률 제7289호 디자인보호법으로 개정되기 전의 것) 제64조 제1항에 의하여 추정함에 있어서 같은 항 본문의 '단위수량당 이익액'에 천정흡음판의 설치공사에 따른 노무이익을 포함하여 손해액을 산정할 수 없다고 본 사례이다.

생할 수 있으며, 이러한 손해도 특허권 침해로 인한 소극적 손해에 해당한다.

또한, 침해제품의 시장 진입으로 특허권자 제품의 가격이 하락한 경우에 특허권 침해의 중단 이후 원래의 가격으로 회복할 때까지의 기간에 발생한 가격하락으로 인한 손해도 장래의 일실이익에 해당한다.

이러한 장래의 일실이익이 인정되려면 특허권자 등이 특허권자 제품의 시장 철수, 특허권자 등의 성장률 하락, 가격 인하 등이 발생한 사실, 이러한 사실과 특허권 침해 사이에 상당인과관계가 존재한다는 점, 구체적인 손해액 등을 주장·증명하여야 할 것이다. 또한, 이러한 손해는 일반적으로는 특별손해에 해당할 것이므로 침해자가 이러한 사정을 알았거나 알 수 있었어야 한다는 점 또한 특허권자 등이 주장·증명하여야 한다.

마. 일실 약정실시료 상당의 일실이익

이는 특허권자 등이 타인에게 특허발명의 실시권을 설정하여 주면서 실시료를 제품의 판매량이나 매출액에 대한 일정 비율로 정한 경우에는 특허권 침해로 실시권자의 매출이 일실함에 따라 특허권자 등도 그 일실 판매량이나 매출액에 대한 약정 실시료의 일실이라는 손해를 입게 되는데, 이 역시 특허권 침해로 인한 소극적 손해에 해당한다.

이러한 일실 약정실시료 상당의 일실이익이 인정되려면 특허권자 등은 특허권 침해와 실시권자의 판매량이나 매출액의 일실 사이에 상당인과관계가 있다는 점과 그 일실 판매량이나 매출액을 주장·증명하여야 한다.

일실 약정실시료 상당의 일실이익은 보통 '침해품의 판매수량×실시권자의 판매가격×약정 실시료율'의 산식에 의하여 산정한다.[71]

---

71) 전효숙(주 51), 23; 권택수(주 6), 554; 김기영·김병국 공저(주 12), 126~127; 안원모(주 16), 144 참조. 다만 이러한 산식은 침해품의 판매수량이 곧 실시권자의 일실 판매량이라는 것을 전제로 한 것인데, 이에 대해서 특허법 128조 2항의 추정이 적용된다고 본다면 특허권자 등으로서는 침해품의 판매수량이 실시권자의 일실 판매량에 해당한다는 점에 대하여 별다른 증명을 할 필요는 없을 것이나, 위 조항이 적용되지 아니한다고 본다면 특허권자 등으로서는 침해품의 판매수량이 실시권자의 일실 판매량에 해당한다는 점을 증명하여야 할 것이다.

2. 적극적 손해

특허권 침해로 인하여 피해자인 특허권자 등의 기존 재산이 감소한 것을 말한다. 이러한 적극적 손해에는 침해의 제거나 방지,[72] 침해품의 조사 등을 위하여 지출된 비용 등으로서 특허권 침해와 상당인과관계가 인정되는 것이 있다.[73] 이러한 적극적 손해는 특별손해에 해당하는 경우가 많다.

변호사비용은 민사소송법 109조 1항 및 '변호사보수의소송비용산입에관한규칙'에서 정하는 바에 따라 소송비용에 산입되므로 특허권자 등이 적극적 손해로서 별도로 청구할 수 없는 것이 원칙이다.[74] 그러나 침해자의 응소나 항소가 오로지 특허권자 등에게 소송상 장애를 주어 손해를 입히고자 하는 등의 고의가 있거나 그러한 사정을 알 수 있었던 과실이 있어 그 자체가 불법행위에 해당하는 경우에는 예외적으로 변호사비용에 대해서도 손해배상책임이 인정될 수 있다.[75][76] 특허침해소송을 위하여

---

[72] 예를 들어 침해제품임을 알리기 위한 거래처에의 통지나 선전광고 등에 소요된 비용을 들 수 있다. 안원모(주 16), 145.

[73] 전효숙(주 51), 23; 김기영 · 김병국 공저(주 12), 127; 안원모(주 16), 145 참조.

[74] 변호사강제주의를 택하지 않고 있는 우리나라 법제 아래에서는 손해배상청구의 원인이 된 불법행위 자체와 변호사비용 사이에 상당인과관계가 있음을 인정할 수 없으므로 변호사비용을 그 불법행위 자체로 인한 손해배상채권에 포함시킬 수는 없다(대법원 2010. 6. 10. 선고 2010다15363, 15370 판결 등).

[75] 대법원 1973. 2. 28. 선고 72다1888 판결, 1973. 11. 13. 선고 73다807 판결, 1973. 12. 11. 선고 73다630 판결 등 참조. 이와 관련하여 수차에 걸쳐 상표권 침해 등의 행위를 하지 않겠다는 각서나 사과문을 작성 · 교부한 이후에도 계속되는 침해행위에 대하여 제기한 상표권침해금지가처분 신청사건에 관하여 지출한 변호사비용은 위 침해행위로 인한 피해의 확대를 방지하기 위하여 부득이하게 지출한 비용으로서, 그 지출 경위 및 지급내역, 소송물의 가액 및 위임업무의 성격과 그 난이도 등을 고려하여 위 비용 중 일부를 위 상표권 침해 및 부정경쟁행위와 상당인과관계에 있는 손해라고 인정한 원심의 판단이 정당하다고 한 사례가 있다(대법원 2005. 5. 27. 선고 2004다60584 판결).

한편 원고가 '기업이미지 통합 컨설팅 용역계약'에 따라 피고로부터 제공받은 CI를 사용하다가 제3자로부터 서비스표권 침해소송을 제기당하여 변호사비용 및 손해배상금 등을 지출한 다음 피고를 상대로 채무불이행을 이유로 위와 같은 지출한 금원에 대한 손해배상을 구하는 사안에서, 대법원은 "변호사강제주의를 택하지 않고 있는 우리나라에서는 원칙적으로 불법행위나 채무불이행 자체와 변호사비용 사이에 상당인과관계가 있음을 인정할 수 없지만(대법원 1978. 8. 22. 선고 78다672 판결 등 참조), 변호사비용의 지출 경위와 내역, 소송물의 가액, 위임업무의 성격과 난이도 등에 비추어 보아 변호사 없이는 소송수행이 불가능하다고 보이는 등의 특별한 사정이 있는 경우에는 피해자나 채권자가 지출한 변호사보수는 상당인과관계가 있는 손해로 볼 수 있다(대법원 2012. 1. 27. 선고 2010다81315 판결 등 참조)."라고 판시하였다(대법원 2014. 12. 24. 선고 2012다9621 판결).

[76] 변호사 보수가 특허권 침해와 상당인과관계가 인정되는 적극적 손해액으로 인정되는 경우에도 원고가 변호사 보수와 관련하여 부담한 부가가치세액에 대해서는 원고가 이를 매출세액에서 공제하거나 환급받을 수 있는지를 살펴보아 특허권 침해와 상당인과관계가 있는 손해에 해당하는지를 판단하여야 한다

지출한 변리사 자문 비용 역시 특별한 사정이 없는 한 특허권 침해와 상당인과관계가 인정되기 어려우므로,[77] 원칙적으로는 특허권 침해로 인한 적극적 손해로서 인정되기 어렵다.

3. 정신적 손해(위자료)

일반적으로 타인의 불법행위에 의하여 재산권이 침해된 경우에는 그 재산적 손해의 배상에 의하여 정신적 고통도 회복된다고 보아야 하므로 재산적 손해의 배상에 의하여 회복할 수 없는 정신적 손해가 발생하였다면 이는 특별한 사정으로 인한 손해로서 가해자가 그러한 사정을 알았거나 알 수 있었을 경우에 한하여 그 손해에 대한 위자료를 인정할 수 있다(대법원 1996. 11. 26. 선고 96다31574 판결, 1989. 8. 8. 선고 88다카27249 판결 등 참조). 이는 특허권 침해의 경우에도 마찬가지이다.[78]

(대법원 2014. 12. 24. 선고 2012다9621 판결 참조).

77) 실무상 당사자들이 특허침해소송을 위하여 변리사에게 기술적 · 법적 검토를 의뢰하는 경우가 종종 있으나, 이러한 업무는 본래 소송대리인인 변호사가 수행하여야 할 것이므로 실질적으로는 다수의 소송대리인을 선임한 경우와 마찬가지라 할 것이다. 그런데 민사소송법 109조 2항은 변호사비용의 소송비용 산입과 관련하여 여러 변호사가 소송을 대리하더라도 한 명의 변호사가 소송을 대리한 것으로 본다고 규정하였으므로, 이러한 점에서도 위와 같은 변리사 자문 비용이 변호사비용과 별도의 적극적 손해에 해당한다고 보기 어렵다.
   특허권 침해소송에서 특허심판절차에서 소요된 변리사 비용에 대한 손해배상을 구하는 청구를 기각한 하급심 사례로는 부산지방법원 2017. 8. 8. 선고 2015가단238723 판결(확정).
78) 특허권 침해에 대한 위자료 청구를 기각한 하급심 사례로는 부산지방법원 2017. 8. 8. 선고 2015가단238723 판결(확정), 서울중앙지방법원 2017. 8. 18. 선고 2016가합547034 판결(확정). 반대로 위자료 청구를 인용한 하급심 사례로는 "원고는 2007. 10.경 피고의 'OOO'라는 글자가 인쇄된 입체인쇄시트 제작행위로 인하여 이 사건 등록고안을 침해받은 사실, 피고의 이 사건 등록고안 침해행위로 인하여 원고는 그동안 피고와 사이에 특허소송, 가처분신청 소송, 이 사건 침해금지 및 손해배상소송, 형사소송 등 수많은 소송을 진행해 왔고, 그러던 중 이 사건 등록고안의 존속기간이 만료된 사실 등을 알 수 있는바, 이에 의하면 그와 같은 과정에서 원고가 정신적 고통을 받았을 것이라고 봄이 상당하며 이러한 정신적 고통은 위에서 인정한 재산적 손해의 배상만으로는 회복되지 않을 것으로 보인다. 그러므로 원고의 위와 같은 정신적 고통에 대하여 피고는 금전적으로 배상할 필요가 있다고 할 것인바, 원 · 피고 사이의 소송 빈도 및 그 경과, 피고의 침해 정도 및 그 태도, 기타 변론에 나타난 제반 사정 등을 종합하면 위자료를 20,000,000원으로 정함이 상당하다."라고 판시한 의정부지방법원 고양지원 2014. 8. 14. 선고 2011가합12071 판결(항소심에서 화해권고결정 확정)이 있다.

4. 특허법 128조에 의한 손해액의 산정

가. 총   설

특허법 128조 1항은 특허권 침해에 대한 특허권자 등의 손해배상청구권을 규정한 것이다.

특허법 128조 2항 및 3항은 침해제품의 양도수량을 특허제품의 일실 판매량으로 추정하여 특허권자 등의 일실이익을 산정하는 것(일실이익법)인 반면, 같은 조 4항은 침해자가 특허권 침해로 얻은 이익 자체를 특허권자 등의 일실이익으로 추정한 것(침해자이익법)이다. 양자의 손해액 산출방식을 정리하면 아래 표와 같다.

구분	침해제품의 양도수량	단위수량당 이익액(D) = 판매가액(B) - 변동비(C)	조정요소		손해액(S)
			침해 외의 사유로 판매할 수 없었던 특허권자 제품의 수량	기여율	
2, 3항 [일실이익법]	A1 = Min[침해제품의 양도수량, (특허권자 제품의 생산가능수량 - 특허권자 제품의 판매량)]	특허권자 제품의 단위수량당 이익액(D1) = 특허권자 제품의 판매가액(B1) - 특허권자 제품의 변동비(C1)	F1	G1	S1 = (A1-F1)×D1 ×G1
4항 [침해자이익법]	A2 = 침해제품의 양도수량	침해제품의 단위수량당 이익액(D2) = 침해제품의 판매가액(B2) - 침해제품의 변동비(C2)	-	G2	S2 = A2×D2×G2

같은 조 5항은 특허권자 등이 특허발명의 실시에 대하여 통상적으로 받을 수 있는 금액, 즉 통상실시료에 의하여 특허권자 등의 손해액을 산정하는 것(통상실시료법)으로서 보통은 '침해제품의 양도수량×단위당 상당 실시료' 또는 '침해자의 총매출액×통상 받을 수 있는 실시료율'의 산식에 의한다.

같은 조 7항은 민사소송법 202조의2와 같은 취지의 조항으로서, 특허권 침해로 인한 손해가 발생한 것 자체는 인정되지만 같은 조 2항 내지 6항의 방법을 적용하기 위한 요건사실이 증거에 의하여 구체적으로 증명되지 아니하여 그러한 방법들에 의하여 손해액을 산정하기 어려운 경우에 법원이 변론 전체의 취지와 증거조사 결과에 의하여 인정되는 모든 사정을 종합하여 적정한 손해액을 정할 수 있도록 한 것이다.

나. 추정의 범위 - 손해액 및 침해와 손해 발생 간의 상당인과관계

특허법 128조 2항 내지 6항은 특허권 침해로 인한 특허권자 등의 손해액을 추정하고, 같은 조 7항은 법원이 재량으로 손해액을 산정할 수 있도록 규정하며, 위 각 항은 특허권 침해와 손해의 발생 사이에 상당인과관계가 있다는 점도 추정한다.[79] 그러나 위 각 항이 특허권 침해로 인한 손해의 발생까지 추정하는 것은 아니므로[80] 특허권자 등으로서는 특허권 침해로 인하여 손해가 발생한 사실 그 자체는 증명하여야 한다. 다만 특허권 침해로 인한 손해 발생에 관한 주장·증명의 정도는 경업관계 등으로 인하여 손해 발생의 염려나 개연성이 있음을 주장·증명하면 충분하다는 것이 대법원판례[81]이므로 특허권자 등과 침해자와 경업관계에 있는 경우에는 사실상 손해의 발생을 추정하는 것과 마찬가지이다.

한편 실제 사용에 의하여 신용이 축적되어야 재산권으로서 실질적 가치가 인정되는 상표권과 달리 특허권은 그 자체로 재산권으로서 실질적 가치가 인정되므로, 설령 특허권자 등이 특허발명을 실시하지 아니할 뿐만 아니라 침해자와 경업관계에 있지 아니하더라도, 침해자의 특허권 침해가 있다면 특별한 사정이 없는 한 특허권자 등에게 적어도 실시료 상당의 손해가 발생하였다고 보아야 할 것이다.[82]

---

79) 구 상표법 제37조 제2항에 의하면 상표권자가 상표권 침해자에 대하여 손해배상을 청구하는 경우 그 자가 침해행위에 의하여 이익을 받았을 때에는 그 이익의 액은 상표권자가 받은 손해액으로 추정되므로 상표권자는 상표권을 침해한 자가 취득한 이익을 입증하면 되고 그 밖에 침해행위와 손해의 발생 간의 인과관계에 대하여는 이를 입증할 필요 없이 손해배상을 청구할 수 있다(대법원 1992. 2. 25. 선고 91다23776 판결).

80) 대법원 1997. 9. 12. 선고 96다43119 판결, 2002. 10. 11. 선고 2002다33175 판결, 2004. 7. 22. 선고 2003다62910 판결, 2006. 10. 12. 선고 2006다1831 판결, 2008. 3. 27. 선고 2005다75002 판결, 2013. 7. 25. 선고 2013다21666 판결, 2015. 10. 29. 선고 2013다45037 판결 등.

81) 대법원 1997. 9. 12. 선고 96다43119 판결, 2006. 10. 12. 선고 2006다1831 판결, 2013. 7. 25. 선고 2013다21666 판결 등. 이러한 판례들 중 2006다1831 판결만 특허권 침해에 관한 것이고 나머지는 모두 상표권 침해에 관한 것이다.

82) 대법원 2016. 9. 30. 선고 2014다59712 판결에서 "상표권은 특허권 등과 달리 등록되어 있는 상표를 타인이 사용하였다는 것만으로 당연히 통상 받을 수 있는 상표권 사용료 상당액이 손해로 인정되는 것은

다. 128조 각항의 적용 순위 및 그에 대한 변론주의의 적용 여부

특허권자 등은 128조 2항, 4항, 5항에 기하여 선택적 또는 중첩적으로 청구할 수 있다.[83] 특허법 128조 2항, 4항, 5항을 적용할 때 법원이 당사자의 주장에 구속되는지에 대하여 이를 긍정하는 견해[84]와 부정하는 견해[85]가 있다. 위 각 항은 구체적 요건사실이 다르고 원고인 특허권자 등이 이를 증명하여야 하므로 변론주의 원칙상 법원은 원고인 특허권자 등이 주장한 조항을 적용하여야 하고, 특허권자 등이 주장하지 아니한 조항을 직권으로 적용할 수는 없다. 따라서 원고인 특허권자 등이 위 각 조항의 적용 순위를 정하여 주장하는 경우에 법원은 그 주장에 구속되어 그 적용 순위에 따라 각 조항에 따른 손해액 산정 여부를 심리하여야 한

아니고, 상표권자가 상표를 영업 등에 실제 사용하고 있었음에도 상표권 침해행위가 있었다는 등 구체적 피해 발생이 전제되어야 인정될 수 있다."라고 판시한 것도 이러한 인식을 전제로 한 것으로 보인다. 따라서 주 81)의 대법원판결들의 법리는 특허권 침해에 대해서는 특허법 128조 2항 또는 4항에 의한 손해액 산정의 경우에만 적용된다[주 81)의 2006다1831 판결도 특허법 128조 4항에 의하여 손해액을 산정하여야 한다고 주장한 사안이다].

83) 구 저작권법(2006. 12. 28. 법률 제8101호로 전부 개정되기 전의 것) 93조 2항에서는 저작재산권을 침해한 자가 침해행위에 의하여 이익을 받았을 때에는 그 이익의 액을 저작재산권자 등이 입은 손해액으로 추정한다고 규정하고 있고, 그 3항에서는 저작재산권자 등은 제2항의 규정에 의한 손해액 외에 그 권리의 행사로 통상 얻을 수 있는 금액에 상당하는 액을 손해액으로 하여 그 배상을 청구할 수 있다고 규정하고 있는바, 이는 피해 저작재산권자의 손해액에 대한 입증의 편의를 도모하기 위한 규정으로서 최소한 3항의 규정에 의한 금액은 보장해 주려는 것이므로, 결국 2항에 의한 금액과 3항에 의한 금액 중 더 많은 금액을 한도로 하여 선택적으로 또는 중첩적으로 손해배상을 청구할 수 있다(대법원 1996. 6. 11. 선고 95다49639 판결).

84) 양창수(주 54), 254~255; 정상조·박성수 공편(주 11), 292~293; 김기영·김병국 공저(주 12), 134~135; 윤선희, "특허권침해에 있어 손해배상액의 산정-특허법 제128조 제1항의 이해", 저스티스 제80호, 한국법학원(2004. 8.), 112 참조.

85) 윤선희(주 84), 113~114. 권택수(주 6), 576에서는 특허법 128조 2항, 4항, 5항은 손해의 산정방법에 차이가 있을 뿐, 이러한 경우에 손해배상책임이 인정되는 한 손해액에 관하여는 법원이 적극적으로 석명권을 행사하고 입증을 촉구하여야 하며 경우에 따라서는 직권으로 손해액을 심리·판단할 필요가 있으므로, 법원은 당사자의 주장이 없더라도 직권으로 다른 유형의 계산방법에 따라 손해액을 산정할 수 있다고 한다. 한편 특허법 128조는 민법 750조의 특칙으로서 각 항은 모두 손해산정방법의 차이이고, 소송물로서는 그것이 같은 소극적 손해를 청구하는 한, 소송물이 달라지는 것은 아니므로, 만약 2항 또는 4항의 주장이 이유 없다고 하여 청구 자체가 기각되는 경우에는, 권리자로서는 최소한도의 배상액을 법정한 5항에 의하여 다시 청구할 여지도 없게 된다. 2항 또는 4항에 기하여 불법행위로 손해배상청구를 하고 있는 이상, 5항이 최소한도의 배상액을 법적으로 규정한 것이라고 한다면, 2항 또는 4항만이 주장되고 있는 경우라고 하더라도, 청구 자체를 기각하는 것은 상당하지 않다고 할 것이고, 5항을 명시하여 주장하지 않아도 최소한도의 5항에 의한 청구액은 인용되어야 할 것이라는 견해도 있다[안원모(주 16), 243~244, 원문의 해당 조항은 현행 특허법 조항으로 수정함].

다.[86][87] 대법원도 '원고가 특허법 128조 4항에 의하여 피고가 받은 이익의 액을 기준으로 손해액을 산정하여야 한다고 주장하다가 청구취지 및 청구원인을 변경하여 128조 2항에 의하여 손해액을 산정하여야 한다고 주장하였음에도, 원심이 128조 4항에 의하여 손해액을 산정하기 어렵다고 판단한 다음 바로 같은 조 7항에 의하여 손해액을 산정한 사안'에서, "원심으로서는 먼저 원고의 주장에 따라 특허법 128조 2항에 기하여 손해액을 인정하는 것이 가능한지부터 심리하였어야 할 것이고, 특허법 128조 7항에 기하여 손해액을 인정하고자 하는 경우에도 먼저 특허법 128조 2항에 기한 손해액에 관한 심리를 거쳐 그 손해액의 입증이 극히 곤란하다는 점이 인정되었어야 할 것이다. 그럼에도 원심은 특허법 128조 2항에 관한 원고의 주장에 대하여 심리·판단하지 아니한 채 실용신안법 30조, 특허법 128조 4항에 기한 손해액 인정이 가능한지 여부만을 심리한 후 이에 기한 손해배상액 산정이 곤란하다는 이유로 특허법 128조 7항에 기하여 손해배상액을 산정하고 말았다. 이러한 원심판결에는 실용신안권 침해로 인한 손해배상의 범위에 관한 법리를 오해하고 필요한 심리를 다하지 아니하여 판결 결과에 영향을 미친 위법이 있다."라고 판시하였다(대법원 2014. 5. 29. 선고 2013다208098 판결).

반면 피고, 즉 침해자는 특허권자 등이 주장한 조항에 의하여 산정된 손해액이 다른 조항에 의하여 산정된 손해액보다 과다하다는 점을 들어 손해액을 다른 조항에 의하여 산정된 손해액 상당으로 감액하여야 한다는 주장을 할 수 없다.[88]

---

86) 청구의 예비적 병합은 논리적으로 양립할 수 없는 수 개의 청구에 관하여 주위적 청구의 인용을 해제조건으로 예비적 청구에 대하여 심판을 구하는 형태의 병합이라 할 것이지만, 논리적으로 양립할 수 있는 수 개의 청구라 하더라도 당사자가 심판의 순위를 붙여 청구를 할 합리적 필요성이 있는 경우에는 당사자가 붙인 순위에 따라서 당사자가 먼저 구하는 청구를 심리하여 이유가 없으면, 다음 청구를 심리하여야 한다(대법원 2002. 2. 8. 선고 2001다17633 판결).

87) 양창수(주 54), 254. 반면 정상조·박성수 공편(주 11), 294~295에서는 원고의 판단 순서 주장에 얽매일 필요 없이 법원은 어느 조항이든 자유로이 적용하여 원고의 청구를 인용하면 된다고 한다.

88) 구 부정경쟁방지 및 영업비밀보호에 관한 법률(2007. 12. 21. 법률 제8767호로 개정되기 전의 것) 14조의2 1항은 영업상의 이익을 침해당한 자(이하 '피침해자'라 한다)가 부정경쟁행위 또는 영업비밀 침해행위가 없었다면 판매할 수 있었던 물건의 수량을 영업상의 이익을 침해한 자(이하 '침해자'라 한다)가 부정경쟁행위 또는 영업비밀 침해행위로 양도한 물건의 양도수량에 의해 추정하는 규정으로, 피침해자에 대하여는 자신이 생산할 수 있었던 물건의 수량에서 침해행위가 있었음에도 실제 판매한 물건의 수량을 뺀 수량에 단위수량당 이익액을 곱한 금액을 한도로 하여 부정경쟁행위 또는 영업비밀 침해행위가 없었다면 판매할 수 있었던 물건의 수량 대신에 침해자가 양도한 물건의 양도수량을 입증하여 손해액을 청구할 수 있도록 하는 한편 침해자에 대하여는 피침해자가 부정경쟁행위 또는 영업비밀 침해행위 외의 사유로 판매할 수 없었던 사정이 있는 경우 당해 부정경쟁행위 또는 영업비밀 침해행위 외의 사유

128조 7항은 민사소송법 202조의2와 같은 취지의 조항으로서 당사자의 주장이 없더라도 법원이 직권으로 심리·적용할 수 있으나,[89] 그 성격상 특허권자 등이 적용을 주장한 조항의 요건을 먼저 심리·판단한 결과 그 요건사실이 증명되지 아니하여 그 조항에 의하여 손해액을 산정할 수 없는 경우에 보충적으로 적용할 수 있다.[90]

128조 2항이 적용된 사례들에서 인정된 손해배상액의 평균값이나 중윗값이 같은 조 4항, 5항 또는 7항이 적용된 사례들의 경우보다 높다는 점[91]과 128조 2항에 의하여 산정된 손해액이 특허침해로 인한 일실이익에 가장 가까울 것으로 보이는 점 등을 고려하면, 가능한 한 128조 2항을 적용하여 손해액을 산정하는 것이 바람직하다.

라. 특허법 128조 2항 및 3항에 의한 손해액의 산정: 침해제품의 판매수량을 특허권자 제품의 일실 판매량으로 추정

(1) 규정의 취지

특허법 128조 2항 및 3항은 '특허권 침해자가 침해행위를 하게 한 물건, 즉 침해제품을 양도하였을 때에는 침해제품의 양도수량에 침해행위가 없었다면 특허권자 등이 판매할 수 있었던 물건, 즉 특허권자 제품의 단위수량당 이익액을 곱한 금액을 특

로 판매할 수 없었던 수량에 따른 금액을 빼야 한다는 항변을 제출할 수 있도록 한 것이다. 따라서 피침해자가 같은 항에 의하여 손해액을 청구하여 그에 따라 손해액을 산정하는 경우에 침해자로서는 같은 항 단서에 따른 손해액의 감액을 주장할 수 있으나, 같은 항에 의하여 산정된 손해액이 같은 조 2항이나 3항에 의하여 산정된 손해액보다 과다하다는 사정을 들어 같은 조 2항이나 3항에 의하여 산정된 손해액으로 감액할 것을 주장하여 다투는 것은 허용되지 아니한다(대법원 2009. 8. 20. 선고 2007다12975 판결). 정상조·박성수 공편(주 11), 237~238. 다만 이에 대해서는 특허법 128조 2항에 의한 손해액이 보다 실체적 진실에 가까우므로 128조 2항에 의한 손해액과 4항에 의한 손해액이 다를 경우에는 2항이 적용되고 4항에 의한 추정은 복멸된다는 견해도 있다[안원모(주 16), 197~199; 조영선, 특허법(제5판), 박영사(2015), 519 참조]. 이 견해는 2항에 의한 손해액이 4항에 의한 손해액보다 적은 경우에 특허권자 등이 4항의 적용을 주장하더라도 침해자는 2항에 의하여 손해액을 산정할 것을 주장할 수 있다는 취지로 이해된다. 다만 이 견해에 따르면서도 128조 4항과 5항의 관계에 대해서는 위 대법원판결과 마찬가지로 4항에 의한 손해액이 5항에 의한 손해액보다 큰 경우에 특허권자 등이 4항에 의하여 손해액을 산정할 것을 주장하면, 침해자는 5항에 의한 손해액 상당으로 감액할 것을 주장할 수 없다는 견해도 있다[안원모(주 16), 201 참조].

89) 김기영·김병국 공저(주 12), 135.

90) 대법원 2014. 5. 29. 선고 2013다208098 판결 참조.

91) 설민수, "특허침해 소송에서 손해배상 산정의 현실과 그 구조적 원인, 그 개선모델", 사법논집 제58집, 법원도서관(2014), 442~443. 이에 의하면 우리나라 특허침해소송에서 주도적인 손해액 산정방식은 특허법 128조 4항 소정의 침해자의 이익 산정방식이라고 한다.

허권자 등이 입은 손해액으로 하되, 그 손해액은 특허권자 등이 생산할 수 있었던 물건의 수량에서 실제 판매한 물건의 수량을 뺀 수량에 단위수량당 이익액을 곱한 금액을 한도로 하고, 다만 특허권자 등이 침해행위 외의 사유로 판매할 수 없었던 사정이 있으면 그 침해행위 외의 사유로 판매할 수 없었던 수량에 따른 금액을 빼야 한다'고 규정한다.

128조 2항의 문언해석상 이를 간주규정으로 보는 견해도 있으나 이를 추정규정으로 보는 것이 다수설이다.[92] 즉, 본 조항은 '침해자의 침해제품 양도수량을 침해행위로 특허권자 등이 판매하지 못한 특허권자 제품의 수량'으로 추정함으로써 특허권 침해로 인한 특허권자 제품의 판매량 감소에 따른 특허권자 등의 일실수익을 용이하게 증명할 수 있도록 한 것이다.

그런데도 실무상 128조 2항이 제대로 활용되지 못한 것은 침해제품의 양도수량을 구체적으로 특정하는 것이 용이하지 않은 경우가 많기 때문만이 아니라 원고인 특허권자 등이 특허권자 제품의 단위수량당 이익액을 산정할 자료를 제대로 제출하지 아니함에 따라 이를 산정할 수 없는 경우도 많기 때문이다. 따라서 적절한 석명권의 행사 등을 통하여 특허권자 등에게 특허권자 제품의 단위수량당 이익액을 산정할 자료를 제출하도록 할 필요가 있다.

(2) 적극적 요건 – 특허권자 등의 주장·증명사항

(가) 침해행위를 하게 한 물건의 양도수량

'침해행위를 하게 한 물건', 즉 침해제품은 특허법 126조의 '침해행위를 조성하는 물건'과 같은 의미로 해석되므로, 특허발명이 물건발명인 경우에는 그 물건, 특허발명이 물건을 생산하는 방법의 발명인 경우에는 그 방법으로 생산한 물건을 의미하며, 특허발명이 순수한 방법발명인 경우에는 128조 2항이 적용되지 아니한다.[93] 침해제품이 특허발명의 보호범위에 속한다는 점은 특허권자 등이 주장·증명하여야 한다.

---

92) 정상조·박성수 공편(주 11), 182~183, 213~215.
93) 양창수(주 54), 245; 정상조·박성수 공편(주 11), 183~185; 안원모(주 16), 164. 다만 본항에서 말하는 물건인지 여부는 그 특허발명이 물건발명으로 특허되어 있는지 여부에 중점을 둘 것이 아니라 그 침해의 태양에 있어서 물건과 동일하게 취급하는 것이 타당한지 여부에 중점을 두고 해석하여야 한다고 하면서 소프트웨어 발명 내지 영업방법발명의 경우에는 본항이 적용된다고 하는 견해도 있다[정상조·박성수 공편(주 11), 185~186].

양도의 범주에 '대여'도 포함되는가에 대해서 긍정설[94]과 부정설,[95] 절충설[96]이 있으나, 규정의 문언해석상 부정설이 타당하다. '양도'가 반드시 유상으로 판매하는 것만을 의미하는 것은 아니므로, 침해자가 견본 등을 무상으로 배포하였더라도 그로 인하여 특허권자 제품의 판매수량이 감소하여 특허권자 등이 손해를 입었다면 그러한 무상배포 수량도 양도수량에 포함되어야 한다.[97]

128조 2항이 적용되려면 먼저 침해제품의 양도수량이 주장 · 증명되어야 한다. 몇 건 되지 않지만 128조 2항을 적용한 하급심 사례들은 대부분 양도수량을 용이하게 확정할 수 있는 사안이었다.[98] 하급심 사례 중 원고의 판매량 감소분이 침해제품의 양도수량이라는 원고 주장을 배척한 사례가 있다.[99]

양도수량과 관련하여 실무상 주로 문제 되는 것은 침해자의 영업자료 등만으로는 침해자의 전체 매출수량만 확인할 수 있을 뿐 침해제품의 매출수량과 다른 물건의 매출수량을 구분할 수 없는 경우이다. 이러한 경우에 종래 실무는 128조 2항을 적용하지 않고 다른 항, 특히 7항을 적용하여 손해액을 산정하는 경우가 많았다. 이에 대해서는 침해제품이 침해자 수입의 상당한 부분이라는 정황이 간접증거 등에 의하여 증명되는 경우에는 특허권자 등이 특허권 침해 이외의 사유로 판매할 수 없었던 수량에 대해서 침해자에게 증명책임을 지우는 128조 3항 단서의 취지에 따라 침해자의 수입 중 침해제품에 의한 것과 다른 제품에 의한 것을 구분할 자료를 가진 침해자에게 별도 수입의 공제에 대한 증명을 명하고 그에 따라 인정되는 부분을 공제하는 방식을 취해야 한다는 견해도 있다.[100] 그러나 침해제품의 양도수량이 128조 2항의 적용을 위한 적극적 요건임을 고려하면 그 증명책임이 피고인 침해자에게 전환된다고 보기는 어렵다. 그러한 경우 석명이나 추가적인 자료제출명령 또는 침해자의 영업자료에 기초한 손해액 계산감정을 통하여 침해제품의 양도수량이나 매출액을 특정하

---

94) 일본의 다수설이다.

95) 양창수(주 54), 245; 정상조 · 박성수 공편(주 11), 188.

96) 안원모(주 16), 164. 다만 이 견해는 침해품의 시장에서의 거래형태가 권리자 제품의 거래형태가 다른 경우(예컨대, 침해품이 대여되고 있는 것에 대하여, 권리자 제품은 양도되고 있는 때)에는 본 조항의 적용이 곤란하지만, 양자의 거래형태가 동일한 경우(예컨대, 양자 모두 대여되고 있는 경우)에는 양도 이외의 태양에 있어서도 본 조항을 유추적용하는 것이 가능하다고 한다.

97) 안원모(주 16), 164~165.

98) 설민수(주 91), 444~445.

99) 대전지방법원 2017. 11. 16. 선고 2017가합101151 판결(확정).

100) 설민수(주 91), 479.

도록 하여야 하고, 그렇게 하였음에도 침해제품의 양도수량이나 매출액을 특정할 수 없는 경우에는 128조 2항을 적용하기 어렵다고 할 것이다.

한편 위와 같이 영업자료에 대하여 감정할 때에는 침해제품의 명칭과 손해액 산정기간, 즉 침해기간을 명시하여야 해당 침해제품의 양도수량과 그 기간 귀속의 정확성을 확보할 수 있다. 대여물품, 무상제공물품, 선매출보유물품, 선출고미매출품 등 특수한 거래조건, 거래형태 및 회계처리가 이루어지고 있는 경우, 감정인이 그 내용을 조사하여 감정서에 이를 적절히 반영하도록 할 필요가 있다.

(나) 침해행위가 없었다면 특허권자 등이 판매할 수 있었던 물건의 단위수량당 이익액

1) 특허권자 등이 판매할 수 있었던 물건

'특허권자 등이 판매할 수 있었던 물건'이 특허실시제품에 한정되는지에 대해서는 앞서 본 바와 같이 특허실시제품이어야 한다는 견해(제1설),[101] 특허실시제품에 한정되지는 아니하나 침해제품과 대체가능성이 있는 제품(이하 '대체제품')으로서 특허권자 등이 판매하고 있거나 판매할 용의 또는 예정이 있는 것이어야 한다는 견해(제2설),[102] 특허실시제품에 한정되지 아니하며, 침해제품과 대체가능성이 있을 필요도 없다는 견해(제3설)[103] 등이 있다.[104] 128조 3항에서 2항에 의한 손해액의 한도를 '(특허권자 등이 생산할 수 있었던 물건의 수량-실제 판매한 물건의 수량)×단위수량당 이익액'으로 정하였으므로 특허권자 등이 생산할 수 있었던 물건이 없는 경우에는 손해액의 한도가 0원이 된다는 점, 특허권의 금지적 효력 때문에 침해자가 침해제품을 생산·판매하지 못함에 따라 특허권자 등이 대체제품을 판매하여 이익을 얻을 수도 있는 점, 특허권자 등이 특허제품이나 대체제품을 생산·판매할 능력을 갖추지 못한 경우에 '단위수량당 이익액'을 산정할 수 없는 점 등을 고려하면, 특허권자 등이 특허발명을 실시할 것까지 요구되지는 아니하나 대체제품을 실제로 생산·판매하거나 적어도 생산·판매할 능력이 있을 것은 요구된다고 할 것이다.[105] 여기서 '대체할 가능

---

101) 전효숙(주 51), 17~18; 권택수(주 6), 550~551; 윤선희(주 84), 117.

102) 다만 '대체할 가능성'이란 완전히 대체한다는 의미가 아니라 제품 종류상 침해제품의 수요가 조금이라도 특허권자 제품으로 이동할 수 있는 성질'의 것이면 족하다고 한다. 양창수(주 54), 245~246; 안원모 (주 16) 165~168.

103) 정상조·박성수 공편(주 11), 189~190.

104) 이에 관한 자세한 내용은 정상조·박성수 공편(주 11), 167~182 참조.

105) 양창수(주 54), 245~246; 반면 특허권자 제품이 침해제품과 경쟁관계나 대체관계를 가져야만 하는 것은 아니라는 견해도 있다. 이 견해에서는 특허권자 제품이 침해제품과 아무런 경쟁관계를 가지지 않는다면 '침해행위 외의 사유로 판매할 수 없었던 사정'이 인정되어 손해배상이 부정될 뿐이라고 한다[정

성'이란 완전히 대체한다는 의미가 아니라 제품 종류상 침해제품의 수요가 조금이라
도 특허권자 제품으로 이동할 수 있는 성질'의 것이면 족하다.[106] 따라서 '특허권자
등이 판매할 수 있었던 물건'이란 특허실시제품에 한정되는 것이 아니라 대체제품으
로서 특허권자 등이 판매하거나 판매할 예정인 것을 의미한다고 보아야 한다.[107]

한편 특허권자 등이 특허실시제품이나 그 대체제품을 직접 생산 · 판매하지는 않
고 통상실시권자가 특허실시제품을 생산 · 판매하는 경우에 통상실시권자가 생산할
수 있었던 특허실시제품도 '특허권자 등이 판매할 수 있었던 물건'이나 '특허권자 등
이 생산할 수 있었던 물건'에 포함되는지 문제 된다. 이에 대해서는 통상실시권자는
특허권자 등과는 독립된 법적, 경제적 주체이므로 통상실시권자의 생산능력을 특허
권자 등의 생산능력에 포함시키는 것은 본항의 취지에 맞지 않는다는 견해가 있
다.[108] 통상실시료가 정액 방식이 아닌 종량 방식으로 지급되는 경우, 즉 통상실시권
자의 특허실시제품 판매량에 비례하여 통상실시료가 지급되는 경우에는 침해행위로
통상실시권자의 판매량이 감소함에 따라 특허권자 등의 수입도 감소하므로 통상실시
권자가 판매할 수 있었던 특허실시제품도 '특허권자 등이 판매할 수 있었던 물건'에
포함된다고 볼 여지도 있다. 그러나 그러한 경우에 특허권자 등의 일실수입은 통상실
시료 상당액이므로 128조 2항이 아니라 4항 또는 5항이 적용된다고 할 것이다.

시장에 대체제품의 공급자가 다수인 경우에도 128조 2항이 적용될 수 있는지에
대해서 이를 부정하는 견해[109]와 이를 긍정하는 견해[110]가 있다. 이러한 경우에도
128조 2항의 적용 자체는 긍정하되, 침해자가 '침해행위 외의 사유로 판매할 수 없었
던 사정'으로 침해제품 수요의 전부 또는 일부가 특허권자 등의 제품이 아닌 제3자의
대체제품으로 이동할 것이라는 점을 주장 · 증명하도록 함이 타당하다.[111]

2) 특허권자 제품의 단위수량당 이익액
가) 의 의

'단위수량당 이익액'은 침해행위가 없었다면 특허권자 등이 추가로 생산하여 판

상조 · 박성수 공편(주 11), 190].
106) 양창수(주 54), 245~246.
107) 정상조 · 박성수 공편(주 11), 189~190.
108) 정상조 · 박성수 공편(주 11), 203.
109) 송영식 외 6인(주 64), 666 각주 1246.
110) 양창수(주 54), 246~247; 정상조 · 박성수 공편(주 11), 191.
111) 양창수(주 54), 246~247; 정상조 · 박성수 공편(주 11), 207~209; 안원모(주 16), 160~161.

매할 수 있었을 것으로 보이는 특허권자 제품의 단위당 판매가액에서 그 제품의 생산·판매를 위하여 추가로 지출하였을 것으로 보이는 제품의 단위당 비용(변동비)을 공제한 금액, 즉 한계이익을 말한다.112)113) 그러나 추가로 제조·판매되는 제품마다 한계이익을 산정하기는 어려우므로, 실무적으로는 규모의 경제를 고려하여 '침해기간 중 단위수량당 한계이익의 평균액'을 적용하는 것이 보통이다.114) 침해기간이 불연속적이고 장기간인 경우에 관하여는 '피고가 2013년경 피고 제품 3대와 2015년경 피고 제품 10대를 제조·판매하여 원고의 특허권을 침해한 사안'에서 128조 2항에 의하여 손해액을 산정하면서 2013년도와 2015년도의 원고 제품 한계이익을 따로 산정한 다음 이를 해당 연도 피고 제품의 판매 대수에 곱하여 손해액을 산정한 하급심 사례가 있다.115)

128조 2항에 의한 특허권자 등의 일실이익은 침해기간에 발생한 특허권자 등의 실제 이익을 기초로 산정하는 것은 아니므로, 침해제품이 시장에 유입되어 정상적인 가격을 유지할 수 없거나 판매가격을 내리지 않을 수 없는 경우에는 가격인하 전의 판매가격을 특허권자 제품의 단위당 판매가액의 산정에 적용할 수 있다.116) 따라서 특허권자 제품의 단위당 판매가액을 산정할 경우에는 침해기간 전의 판매가격, 단가의 추이와 시장에서 침해제품의 유입과의 관계 등을 종합적으로 고려하여야 한다.117)

'변동비'는 조업도(생산량, 가공량, 판매량 또는 매출액)의 증감에 따라 변동하는 원가요소이며, 침해제품의 양도와 직접적으로 인과관계가 있는 원가이기도 하다. 변동비는 매입, 제조, 외주가공, 포장, 보관, 운송, 판매 등의 비용 중 침해제품의 제조·판매만을 위하여 직접 필요한 것으로서 일반적으로 변동제조원가와 변동판매관리비로 구성된다. 생산량이나 판매량에 따라 변동하는 부분과 변동하지 않는 부분이 혼재

---

112) 대법원 2006. 10. 13. 선고 2005다36830 판결 참조.
113) 양창수(주 54), 248; 정상조·박성수 공편(주 11), 194~200; 김기영·김병국 공저(주 12), 129; 안원모 (주 16), 169.
114) 정상조·박성수 공편(주 11), 199.
115) 특허법원 2017. 4. 28. 선고 2016나1424 판결(상고).
116) 안원모(주 16), 171 참조.
117) 피고들이 원고가 원고 제품을 할인 판매하기도 했기 때문에 원고가 구하는 손해가 모두 발생하지 않았다고 다투는 사안에서, "디자인보호법 115조 1항 적용을 위한 단위수량당 이익은 정상 가격에 의해 산출한 가액을 말하고, 일부 할인 판매한 정황이 있다고 해도 그 가액을 정상 가격으로 볼 수 없다."라는 이유로 피고들의 주장을 배척한 사례도 있다. 서울중앙지방법원 2017. 10. 13. 선고 2017가합 510213 판결(확정).

되어 있을 경우에는 이를 일정한 기준에 따라 배분하여 변동비용을 산정할 수도 있다. 고정비와 변동비의 구분에 관하여 "변동비와 고정비의 구분은 해당 기업, 업종, 제품에 따라 달라질 수 있어 해당 기업의 과거 수년간의 광고선전비, 인건비 등의 지출형태를 파악한 뒤 판단하여야 한다."라고 설시한 하급심 사례도 있다.[118]

'단위수량당 이익액'에 특허실시제품 또는 대체제품과 패키지로 함께 판매되는 제품의 한계이익도 포함되는지도 문제 될 수 있으나, 그러한 제품의 한계이익까지 '단위수량당 이익액'에 포함된다고 볼 수는 없다.[119][120] 다만 이러한 제품에 관한 손해를 민법 397조 2항 소정의 특별손해로 보아 침해자의 예견가능성이 인정되는 경우에 그에 대한 손해배상책임을 인정할 수는 있을 것이다.[121]

128조 4항에 의한 특허권자 등의 손해액을 산정함에 있어서 비용산출의 계산방식이 자백의 대상이 아니라고 한 대법원판례[122]의 취지에 비추어 보면, 특허권자 제품의 단위수량당 이익액의 산정을 위한 계산방식 역시 자백의 대상이 되지 아니한다.

나) '단위수량당 이익액'의 산정에 관한 하급심 사례[123]

ⓐ 침해기간 중 원고(특허권자)의 누적공사수익금과 누적원가에 기초하여 [원고의 이익률{=(누적공사수익금−누적원가)/누적공사수익금×100}×원고 제품의 판매 단가]의 산식으로 산정한 사례.[124]

---

118) 서울중앙지방법원 2009. 10. 14. 선고 2007가합63206 판결(항소취하). 위 판결은 위와 같은 법리를 설시한 다음 "원고의 경우, 광고선전비는 조업도를 유지하는 것과는 관계없이 경영진의 전략적 의사결정에 따라 1년에 한 번 사업계획의 수립 시 결정된 예산의 범위 내에서 집행되고 있을 뿐 조업도나 매출의 증감에 따라 연동되지 아니하는 점, 감정인의 감정 결과에 의하더라도 원고의 매출원가에 포함된 인건비 중 조업도에 따라 변동이 가능한 아웃소싱비용은 모두 변동비로 처리된 점, 원고의 경우 직원에게 지급되는 인센티브나 상여는 광고선전비와 마찬가지로 사업계획의 수립시 정량금액을 확정한 뒤 각 조직별로 배분하고 나서 개인에게 지급되는 것이지 매출에 연동하여 추가로 지급되는 것이 아닌 점 등에 비추어 보면, 광고선전비 및 대부분의 인건비를 고정비로 분류한 것은 타당하다고 인정되므로 광고선전비 및 인건비를 변동비로 보아야 한다는 피고의 주장은 받아들이지 아니한다."라고 판단하였다.

119) 대법원 2006. 10. 13. 선고 2005다36830 판결.

120) 설민수(주 91), 479~480.

121) 설민수(주 91) 433; 박성수, "의장권 침해로 인한 손해액 산정을 위한 구 의장법 제64조 제1항의 해석", 대법원판례해설 65호, 법원도서관(2007), 563~564.

122) 대법원 2006. 10. 12. 선고 2006다1831 판결.

123) 이하에서는 단위수량당 이익액의 산정에 관한 하급심 사례들을 단순히 소개하는 것에 불과하고, 소개된 하급심 사례에서 단위수량당 이익액의 산정을 위하여 채용한 방법들이 모두 적법 · 타당하다는 취지는 아니다.

124) 서울중앙지방법원 2011. 5. 13. 선고 2010가합79935 판결(1심에서는 원고 청구가 일부 인용되었으나, 항소심에서 피고 제품의 특허권 침해가 부정되어 원고 청구가 기각되고, 그에 대한 상고가 심리불속행

ⓑ 침해기간 중 원고 제품의 총판매액, 총변동비용, 총판매량에 근거하여 [(총판매액−총변동비용)/총판매량]으로 산정한 사례.[125)

ⓒ [납품가액−생산원가],[126) [원고 제품의 판매단가−원고 제품의 수입원가],[127) [원고 제품의 판매단가 중 최저액−원고 제품 납품단가],[128) [평균 판매가격−생산원가][129), [원고 제품 판매가격−제작단가],[130) [원고의 특허제품 판매단가−원고의 제조원가(원재료가격 및 인건비 포함)][131) 등 원고 제품의 판매가격에서 제조원가를 공제하여 산정한 사례.

반면 원고가 원고 제품의 소비자 판매가격에서 원고 제품의 납품단가를 공제한 금액을 원고 제품의 단위수량당 이익액으로 산정하여야 한다고 주장하였으나, 원고 제품의 단위수량당 '한계이익'을 산출하기 위한 변동비용을 산정하기 위하여서도 단위당 운반비, 판매수수료, 포장비(만약 소외 업체로부터 납품받은 제품이 포장되지 아니한 상태인 경우) 등이 공제되어야 하는데, 이를 인정할 증거가 없다는 이유로 원고 주장을 배척한 사례[132)도 있다.

ⓓ 침해기간 중 원고 제품의 판매단가, 평균생산원가, 평균판매비용에 근거하여 [판매단가−평균생산원가−평균판매비용]으로 산정한 사례.[133)

ⓔ 침해기간 중 '원고의 평균 매출총이익률[=(총매출액−총생산원가)/총매출액×100]×원고 제품의 판매단가'의 산식에 의하여 산정한 사례.[134)

으로 기각됨으로써 결국 위 사건은 원고 패소로 확정되었음).

125) 서울동부지방법원 2009. 2. 18. 선고 2008가합11663 판결(1심에서는 원고 청구가 일부 인용되었으나, 항소심에서 피고 제품의 특허권 침해가 부정되어 원고 청구가 기각되고, 그에 대한 상고가 기각됨으로써 결국 위 사건은 원고 패소로 확정되었음).

126) 수원지방법원 성남지원 2010. 8. 12. 선고 2009가합7324 판결(확정).

127) 부산고등법원 2007. 1. 12. 선고 2006나1831 판결(상고기각).

128) 서울중앙지방법원 2017. 10. 13. 선고 2017가합510213 판결(확정).

129) 의정부지방법원 고양지원 2017. 8. 25. 선고 2015가합72781 판결(확정). 다만 이 사건은 128조 4항을 적용하기 위하여 침해제품의 단위수량당 이익액을 산정한 것이다.

130) 서울중앙지방법원 2017. 10. 26. 선고 2015가합517234 판결(확정).

131) 인천지방법원 부천지원 2017. 2. 8. 선고 2015가합104250 판결(항소).

132) 서울중앙지방법원 2017. 10. 27. 선고 2016가합553435 판결(확정).

133) 서울고등법원 2011. 9. 8. 선고 2010나31466 판결(확정). 반면 이 사건의 1심(수원지방법원 2010. 2. 4. 선고 2009가합8799 판결)은 원고의 단위수량당 이익액을 인정할 증거가 없다는 이유로 특허법 128조 4항에 따라 '피고가 판매한 수박 모종수×피고가 자인한 이익률의 평균'의 산식으로 산정한 침해자의 이익액을 품종보호권 침해로 인하여 원고가 입은 손해액으로 인정하였다.

134) 서울중앙지방법원 2016. 7. 15. 선고 2015가단5293581 판결(확정).

　　반면 원고 제품의 판매단가에 매출총이익률을 곱하여 단위수량당 이익액을 산정하여야 한다는 원고 주장에 대하여, "'매출총이익률'은 매출액 대비 총이익을 의미하는 것인데, 이에 따라 이익을 산정하게 되면 판매량 증가에 따라 당연히 증가하였을 재료비, 운송비, 보관비 등의 변동경비가 공제되지 않아 부당하다."라는 이유로 원고의 주장을 배척하고 원고 제품의 판매단가에 원고의 당기 영업이익률을 곱하여 단위수량당 이익액을 산정한 사례135) 및 침해제품의 판매단가에 피고의 매출총이익률을 곱하여 침해제품의 단위수량당 이익액을 산정하여야 한다는 원고 주장에 대하여 매출총이익률은 피고 회사의 전체 매출에 대한 총이익의 비율에 불과하다는 이유로 원고 주장을 배척한 사례136)도 있다.

　　ⓕ 실용신안제품 1개 생산하는 데 소요되는 원자재비와 월 전기요금을 근거로 [실용신안제품 최소 판매단가-(원자재비+전기요금)]으로 산정한 사례.137)

　　ⓖ 실용신안제품 1개 생산하는 데 소요되는 원자재비와 인건비 외에 판매단가에 소득세법상 기준경비율을 곱하여 산정한 금액도 기타 경비로 인정하여 [실용신안제품 판매단가-(원자재비+인건비)-(판매단가×기준경비율)]로 산정한 사례.138)139)

　　ⓗ 원고 제품의 대당 매출액, 매출원가, 판매관리비, 영업 외 비용에 근거하여 [대당 매출액-(대당 매출원가+대당 판매관리비+대당 영업외비용)]으로 산정한 사례140) 및 원고의 광고비, 급여, 사무실 운영비, 배송비 등 운영비 총액을 원고 제품 판매수량으로 나누어 원고 제품의 단위당 비용을 산정하고 이를 원고 제품의 판매가격에서 공제하여 원고 제품의 단위수량당 이익액을 산정한 사례.141)

---

135) 특허법원 2017. 10. 27. 선고 2016나2014 판결(심리불속행).

136) 서울중앙지방법원 2017. 8. 18. 선고 2016가합568208 판결(확정). 이 판결은 특허법 128조 4항을 적용하기 위하여 침해제품의 단위수량당 이익액을 산정한 사례이다.

137) 서울중앙지방법원 2016. 5. 26. 선고 2014가합591167 판결[항소심판결(특허법원 2017. 2. 17. 선고 2016나1271 판결(확정)]에 의하여 일부 취소되었음].

138) 특허법원 2017. 2. 17. 선고 2016나1271 판결(확정). 이 판결은 위 서울중앙지방법원 2014가합591167 판결의 항소심 판결로서 위와 같이 단위수량당 이익액을 산정하고도 침해제품의 판매량을 인정할 증거가 없다는 이유로 재량에 의한 손해액 산정 조항에 따라 손해액을 산정하였다.

139) 소득세법시행령 145조에 의하면 국세청장은 매년 기준경비율과 단순경비율을 고시하여야 한다. 소득세법 80조 3항, 소득세법시행령 143조 3항 1호에서는 기준소득금액을 추계 결정할 때 '수입금액-(매입비용+사업용 고정자산에 대한 임차료+급여+사업수입금액에 기준경비율을 곱하여 계산한 금액)'의 산식에 의하도록 하는데, 이때 전기요금 등 기타경비는 기준경비율에 의하여 산정한다. 법인세법 66조 3항, 법인세법시행령 104조 2항 1호에서도 과세표준을 추계 결정할 때는 같은 방법으로 하도록 규정한다.

140) 서울중앙지방법원 2015. 2. 13. 선고 2014가합525092 판결(항소).

141) 서울중앙지방법원 2017. 8. 18. 선고 2016가합558010 판결(항소).

ⓘ 피고 제품의 판매단가를 원고 제품의 판매단가로 인정하여 원고 제품의 판매단가를 산정하고, 이러한 판매단가에 국세청장이 고시한 침해기간의 해당 업종 단순경비율을 곱하여 산정한 단위당 비용을 근거로 단위수량당 이익액[원고 제품의 판매단가−단위당 비용]을 산정한 사례[142] 및 피고 제품의 판매수량에 판매단가를 곱하여 산정한 피고 제품의 판매액에 침해기간 중 국내 중소기업 제조사의 매출액 대비 평균 이익률을 곱하여 원고의 손해액을 산정한 사례.[143]

ⓙ 원고 제품의 총매출액에서 매출원가, 온라인 쇼핑몰 수수료, 배송원가 등의 비용을 공제하여 산정한 영업이익을 원고 제품의 판매개수로 나누어 단위수량당 이익액을 산정한 사례.[144]

ⓚ 원고가 실제로 판매한 실용신안 실시제품의 가격이 물가자료표 기준 설계 단가의 70%를 상회하고 있음이 인정되므로, 물가자료표 기재 단가의 70%를 원고 제품의 매출단가로 보고, 이를 기준으로 원고의 단위수량당 이익액을 계산한 사례.[145]

ⓛ 한계이익률을 산정할 때 공제되는 변동비는 매출 증감에 따라 변동하는 상관계수가 0.1 이상인 비용에 한해 인정하고, 그에 따라 '연도별 손익계산'의 '판매비와 관리비' 항목 중 접대비, 경상연구개발비, 운반비, 도서인쇄비, 사무용품비, 변상비, 잡비를 변동비로 보아 원고의 한계이익률을 계산한 사례.[146] 이 사례에서는 '급여 및 퇴직급여' 항목은 2011년부터 2015년까지의 매출액과의 상관계수가 −0.75로서 원고의 매출액이 감소하여도 감소하고 있지 않다는 이유로 이를 변동비에서 제외하였다.

ⓜ '제품 단위당 비용'에는 단위당 운반비, 판매수수료, 포장비, 관리비, 부가가치세 등이 포함된다고 할 것인데 원고가 주장하는 디자인권 실시제품의 원가는 재료비, 가공비로만 구성되어 있을 뿐 위와 같은 비용이 포함되지 않은 것이므로, 판매가액에

---

142) 부산지방법원 2017. 12. 13. 선고 2016가합50668 판결(항소). 이 판결은 디자인권 침해에 관한 사건으로 원고가 주장하는 원고 제품의 판매단가를 사실인 것으로 인정할 증거가 없으나, 원고 제품과 피고 제품이 실질적으로 동일하다는 점을 고려하여 피고가 자인하는 피고 제품의 판매단가를 원고 제품의 판매단가로 인정하고, 원고가 제출한 증거만으로는 단위수량당 비용을 인정할 수 없다는 이유로 국세청장이 고시한 침해기간의 단순경비율을 적용하여 단위수량당 비용을 산정하였다.

143) 의정부지방법원 고양지원 2017. 1. 26. 선고 2015가합74497 판결(확정). 다만 이 판결은 부정경쟁방지법 14조의2 1항(특허 128조 2항에 해당)에 의하여 손해액을 산정한 것인지, 14조의2 2항에 의하여 손해액을 산정한 것인지 분명하지 아니하다.

144) 서울서부지방법원 2017. 8. 31. 선고 2015가합31841 판결(항소).

145) 수원지방법원 안양지원 2011. 1. 13. 선고 2010가합4252 판결[항소기각(서울고등법원 2012. 7. 12. 선고 2011나95139 판결) 및 상고기각].

146) 대구고등법원 2017. 5. 11. 2016나1602 판결(심리불속행).

서 위 원가를 공제한 나머지 금액이 단위수량당 이익액이라고 인정할 수 없고, 달리 이를 인정할 증거가 없다는 이유로, 디자인보호법 115조 1항에 의하여 손해액을 산정하여야 한다는 원고 주장을 배척한 사례.[147]

ⓝ 피고 제품의 판매단가에 원고 제품의 영업이익률을 곱하여 원고 제품의 단위수량당 이익액을 산정하여야 한다는 원고 주장을 배척한 사례.[148]

ⓞ 피고의 매출액 중 침해 관련 제품의 매출액 비율이 70%이고 그중 침해제품의 비중이 45%이므로 이를 근거로 침해제품의 매출액을 산정하고, 여기에 원고의 특허제품 이익률을 곱하여 특허법 128조 2항에 따른 손해액을 산정하여야 한다는 원고의 주장에 대하여, 피고의 매출액 중 침해제품 매출액의 비중을 인정할 자료가 없다는 이유로 이를 배척한 사례.[149]

ⓟ 원고 주장의 이익액은 원고가 증가되는 원고 제품의 판매를 위하여 추가로 지출하였을 것으로 보이는 제품 단위당 비용인 판매비, 관리비, 부가가치세 등이 공제되지 않은 것이므로 이를 단위수량당 이익액이라고 인정할 수 없다고 본 사례.[150]

ⓠ 회계감정 및 회계법인에 대한 사실조회결과 등을 근거로 침해제품의 판매수량, 원고 제품의 단위당 한계이익액을 인정한 사례.[151] 이 사건에서는 광고선전비 및 인건비를 변동비로 보아야 한다는 피고 주장에 대하여, 회계법인에 대한 사실조회결과 등을 근거로 광고선전비 및 대부분의 인건비를 고정비로 분류한 것은 타당하다며 피고의 위 주장을 배척하였다.[152]

---

147) 광주지방법원 2017. 12. 21. 선고 2015가합4896 판결(항소).
148) 서울중앙지방법원 2017. 12. 15. 선고 2014가합568969 판결(항소).
149) 서울중앙지방법원 2017. 8. 31. 선고 2015가합530534 판결(항소).
150) 서울중앙지방법원 2017. 9. 1. 선고 2017가합510206 판결(항소).
151) 서울중앙지방법원 2009. 10. 14. 선고 2007가합63206 판결(항소취하). 엘지전자와 대우일렉트로닉스 간의 세탁기에 관한 특허침해소송이다.
152) "변동비와 고정비의 구분은 해당 기업, 업종, 제품에 따라 달라질 수 있어 해당 기업의 과거 수년간의 광고선전비, 인건비 등의 지출형태를 파악한 뒤 판단하여야 하는데, 원고의 경우, 광고선전비는 조업도를 유지하는 것과는 관계없이 경영진의 전략적 의사결정에 따라 1년에 한 번 사업계획의 수립 시 결정된 예산의 범위 내에서 집행되고 있을 뿐 조업도나 매출의 증감에 따라 연동되지 아니하는 점, 감정인 ○○○의 감정결과에 의하더라도 원고의 매출원가에 포함된 인건비 중 조업도에 따라 변동이 가능한 아웃소싱비용은 모두 변동비로 처리된 점, 원고의 경우 직원에게 지급되는 인센티브나 상여는 광고선전비와 마찬가지로 사업계획의 수립 시 정량금액을 확정한 뒤 각 조직별로 배분하고 나서 개인에게 지급되는 것이지 매출에 연동하여 추가로 지급되는 것이 아닌 점 등에 비추어 보면, 광고선전비 및 대부분의 인건비를 고정비로 분류한 것은 타당하다고 인정되므로 광고선전비 및 인건비를 변동비로 보아야 한다는 피고의 주장은 받아들이지 아니한다."

(다) 손해액의 상한 – 특허법 128조 3항 본문

특허법 128조 3항은 2항에 의하여 산정된 손해액의 상한을 '(특허권자 등이 생산할 수 있었던 물건의 수량–실제 판매한 물건의 수량을 뺀 수량)×단위수량당 이익액'으로 한정한다. 이 역시 128조 2항에 의한 손해액 산정의 적극적 요건으로서 그에 대한 증명책임은 특허권자 등에게 있다.[153)

'특허권자 등이 생산할 수 있었던 물건'이 침해제품의 생산·판매 당시 현존하는 특허권자 등의 구체적 생산능력에 의하여 생산할 수 있었던 물건으로 한정되는지에 대하여 견해의 대립이 있으나, 특허권자 등이 침해기간 중 생산설비를 확장할 수 있는 능력이 있다고 인정되는 경우 그러한 잠재적 생산능력에 의하여 생산할 수 있었던 물건도 포함된다고 보는 것이 다수설이다.[154)

'특허권자 등이 생산할 수 있었던 물건의 수량'과 관련하여 통상실시권자의 생산능력은 앞서 본 바와 같이 특허권자 등의 생산능력에 포함되지 아니한다.[155) 한편 '특허권자 등이 생산할 수 있었던 물건의 수량'에 하청이나 수입 등이 포함되는지도 문제 된다. 이에 대해서는 하청업체를 통한 생산은 추가 생산의 가능성이나 추상적 계획을 넘어 구체적 가능성이 인정되는 경우에 특허권자 등의 생산능력으로 인정되지만, 외국으로부터 수입할 수 있었던 물건의 수량은 제외된다는 견해[156)가 있다. 그러나 특허권자 제품의 생산이 반드시 국내에서 이루어질 필요는 없으므로 특허권자 등이 특허권 침해 무렵 이미 외국으로부터 특허권자 제품을 수입하여 판매했음이 인정되거나 그러한 구체적 가능성이 인정되는 경우에는 외국으로부터 수입하여 판매할 수 있었던 물건의 수량을 특허권자 등의 생산능력에 포함하는 것이 타당하다는 견해[157)도 있으며, 하급심 사례 중에도 외국으로부터 수입하여 판매할 수 있었던 물건

---

153) 양창수(주 54), 252; 정상조·박성수 공편(주 11), 200; 안원모(주 16), 174.

154) 양창수(주 54), 251; 정상조·박성수 공편(주 11), 201~202.

155) 정상조·박성수 공편(주 11), 203~204; 안원모(주 16), 177~178; 윤선희(주 84), 123~124.

156) 윤선희(주 84), 124~125; 정상조·박성수 공편(주 11), 203.

157) "하청생산이나 외국으로부터의 수입이라도 특허권자가 특허제품을 실시함에 있어서 특허법에 의한 어떠한 제한을 받는 것은 아니고, 특허권자가 특허권을 실시함에 있어서 직접 생산이나 하청생산, 혹은 외국으로부터의 수입이라는 여러 방법 중 하나 혹은 적절한 비율로 이를 선택하는 것은 경제적, 법률적 환경을 고려하여 최적의 실시방법을 선택하는 것이므로, 특허침해소송 과정 중에 그 선택을 변경하여 새로운 생산이나 수입 방법을 주장하는 경우에는 특허권자의 생산능력으로 인정하기에 곤란할 것으로 보인다."라는 견해도 같은 취지로 보인다. 우라옥, "특허침해소송 실무에 관한 제 문제", 최근 판례동향 및 소송실무: 특허침해소송 실무, 특허심판원(2008), 77~78.

의 수량도 특허권자 등의 생산능력에 포함시킨 것이 있다.[158] 권리자인 개인이 자기가 대표자로 있는 회사에 특허권을 실시하게 하거나 권리자인 모회사가 계열사에 특허권을 실시하게 하는 경우에는 회사 또는 자회사의 생산능력도 특허권자 등의 생산능력에 포함된다는 견해도 있다.[159]

손해액 상한의 산정에 관하여 하급심 사례 중에는 관련 제품 시장의 점유율 1위인 원고의 침해기간 이전 최고매출액을 원고의 생산능력으로 보고, 그 최고매출액에서 침해기간의 연도별 매출액을 공제한 액수에 원고의 한계이익률을 곱하여 산정한 금액을 '생산할 수 있었던 물건의 수량에서 실제 판매한 물건의 수량을 뺀 수량에 단위수량당 이익액을 곱한 금액'으로 평가하고, 이를 원고의 손해배상액 한도로 본 것이 있다.[160]

(3) 소극적 요건 – 침해자의 주장·증명사항

(가) 침해행위 외의 사유로 판매할 수 없었던 수량

특허권자 등이 침해행위 외의 사유로 판매할 수 없었던 사정이란 침해자의 영업노력, 시장에서 대체제품의 존재 등과 같은 사정을 말한다. 즉, 침해자의 시장개발 노력·판매망, 침해자의 상표, 광고·선전, 침해제품 품질의 우수성 등으로 인하여 특허권 침해와 무관한 판매량이 있는 경우를 말하는 것으로서, 특허권자 제품과 시장에서 경쟁하는 비침해 대체제품이 있다는 사정이나 침해제품에 다른 산업재산권이 실시되었다는 사정 등이 그러한 사유에 포함될 수 있다. 다만 128조 3항 단서를 적용하여 손해액의 감액을 주장하기 위해서는 침해자가 그러한 사정으로 인하여 특허권자 등이 판매할 수 없었던 수량에 의한 '금액'에 대해서까지 주장·증명을 하여야 한다.[161] 침해제품이 저렴하다는 사실, 침해자의 매출액 중에는 특허발명의 실시에 기인한다고 하기보다는 침해제품의 다른 특징으로 인한 부분이나 침해자의 광고 등의 판매노력 기타 마케팅능력에 의존하는 부분이 있다는 사실, 그 외에도 경합제품이 있어서

---

158) 서울남부지방법원 2003. 2. 13. 선고 96가합6616 판결, 2003. 2. 14. 선고 2001가합8692, 2001가합11162(병합) 판결[96가합6616판결은 항소심에서 원고 패소로 취소되었다가 상고심에서 소취하되어 판결이 실효되었고, 2001가합8692, 2001가합11162(병합) 판결은 항소심에서 원고 패소로 취소되고 그에 대한 원고들의 상고가 기각되어 결국 원고 패소로 확정되었다].
159) 윤선희(주 84), 123~124.
160) 대구고등법원 2017. 5. 11. 2016나1602 판결(심리불속행).
161) 대법원 2006. 10. 13. 선고 2005다36830 판결 참조.

침해자의 매출액 전부가 특허권자 제품으로 향하지는 아니하였을 것이라는 사실 등도 그러한 사정에 포함된다.[162]

　　앞서 본 바와 같이 시장에 대체제품이 다수 존재하는 경우에도 침해자는 '침해행위 외의 사유로 판매할 수 없었던 사정'으로 침해제품 수요의 전부 또는 일부가 특허권자 등의 제품이 아닌 제3자의 대체제품으로 이동할 것이라는 점과 그 수량을 주장·증명하여야 한다.[163] 다만 이러한 경우에, 예를 들어 원고인 특허권자 제품이 시장점유율이 50%, 피고 침해제품의 시장점유율이 20%, 제3자 대체제품의 시장점유율이 30%이고, 침해제품의 판매수량이 10,000개임이 증명된 때에는 침해제품의 판매수량 중 3,750개[=10,000개×{30%/(50%+30%)}]는 침해행위 외의 사유로 판매할 수 없었던 수량으로 볼 수 있을 것이다.

　　특허권자 등이 특허실시제품이나 대체제품을 직접 생산·판매하면서도 특허권에 대한 통상실시권을 설정하여 준 경우에 침해행위로 인한 통상실시권자의 판매량 감소에 의한 특허권자 등의 일실수입은 통상실시료 상당액이라는 점을 고려하면, 침해행위가 없었더라면 통상실시권자가 생산·판매할 수 있었을 것으로 보이는 특허실시제품이나 대체제품의 수량 역시 침해행위 외의 사유로 판매할 수 없었던 수량에 해당한다고 보아야 할 것이다.

　　침해자가 침해행위 외의 사유로 판매할 수 없었던 사정을 주장·증명하더라도 128조 2항의 추정 전체가 복멸되는 것은 아니고 판매할 수 없었던 수량에 대해서만 추정이 복멸된다.[164] 이처럼 추정이 번복된 수량에 대해서 128조 5항에 따른 실시료 상당의 손해배상을 구할 수 있는지가 문제가 되나, 이를 인정하는 견해가 다수설이다.[165]

(나) 기여율

1) 의 의

　　해당 특허발명의 실시부분이 침해제품 일부에만 해당하거나 침해제품의 판매나 가치에 해당 특허발명 외에 다른 요인(예를 들어 침해자의 특허권 등 지식재산권, 자본, 신

---

162) 양창수(주 54), 252.
163) 양창수(주 54), 246~247; 정상조·박성수 공편(주 11), 207~209.
164) 양창수(주 54), 252~253; 정상조·박성수 공편(주 11), 215; 김기영·김병국 공저(주 12), 136; 안원모 (주 16), 186.
165) 정상조·박성수 공편(주 11), 216; 안원모(주 16), 187; 정차호·장태미, "특허권 침해 손해배상액의 선택산정 및 혼합산정 법리", 법학연구 제55권 제2호, 부산대학교 법학연구소(2014. 5.), 169.

용, 영업능력, 선전광고, 브랜드, 지명도)들도 기여한 경우에 특허법 128조 2항을 그대로 적용할 것인지 문제가 된다. 이를 긍정하는 견해[166]도 있으나, 실무적으로는 이러한 경우 특허발명의 기여율을 고려하는 것이 일반적이다. '기여율'이란 특허발명이 제품의 가치 또는 판매에 기여한 비율을 말한다. 이에 대한 주장 · 증명책임은 침해자가 부담한다.[167]

기여율을 고려하더라도 기여율을 어떻게 산정할 것인지에 대해서는 여러 견해가 있다.[168] 대법원은 음반의 제작 · 판매로 인한 저작재산권 침해사건에서 "물건의 일부가 저작재산권의 침해에 관계된 경우에 있어서는 침해자가 그 물건을 제작 · 판매함으로써 얻은 이익 전체를 침해행위에 의한 이익이라고 할 수는 없고, 침해자가 그 물건을 제작 · 판매함으로써 얻은 전체 이익에 대한 당해 저작재산권의 침해행위에 관계된 부분의 기여율을 산정하여 그에 따라 침해행위에 의한 이익액을 산출하여야 할 것이고, 그러한 기여율은 침해자가 얻은 전체 이익에 대한 저작재산권의 침해에 관계된 부분의 불가결성, 중요성, 가격비율, 양적 비율 등을 참작하여 종합적으로 평가할 수밖에 없다."라고 판시하였다.[169] 이러한 대법원판례에 따르면 특허권 침해의 경우에도 기여율은 구체적인 직접증거와 일정한 계산식에 의하여 구해지는 것이 아니라, 다양한 간접증거를 통해 종합적으로 판단할 수밖에 없다. 이러한 대법원판례의 기준이 미흡하다고 하면서 가격 비율이나 기술 개수 등을 포함한 양적 측면과 고객흡인력, 기술의 가치(일체성 여부 포함)라는 질적 측면에서의 비중 평가가 필요하다는 견해도 있다.[170] 이 견해에 의하면 기술요소의 개수나 가격 등은 객관적 자료에 의해 비율의 산정이 가능하며, 후자의 기술 가치는 기술평가지침, 기술평가전문기관의 감정가액 등을 참고하여야 하고, 해당 분야 전문가의 의견 청취도 필요하며, 고객흡인력은 시장조사, 광고, 유사계약 사례 등을 조사하여 결정하여야 한다고 한다.[171] 이처럼

---

166) 양창수(주 54), 247.

167) 박성수(주 121), 571~572.

168) 정상조 · 박성수 공편(주 11), 281~282 참조.

169) 대법원 2004. 6. 11. 선고 2002다18244 판결.

170) 백강진, 특허침해손해배상과 기여도의 고려, 한국특허법학회 2015. 4. 18. 발표자료(미간행), 7.

171) 백강진(주 170), 7. "침해물건의 상품으로서의 가치에 대한 당해 발명의 기여도 내지는 공헌도, 즉 당해 발명과 구매력과의 인과관계의 정도 여하의 배려(질적 배려) 및 이를 보충하는 것으로서 발명 부분이 용적적 내지는 용량적으로 어느 정도 비율을 점하고 있는가라는 배려(양적 배려)에 의하여 공헌비율을 산정하여야 한다."라는 견해도 같은 취지로 이해된다. 김재국 · 김장생, "특허권침해에 대한 손해배상 - 특허법 제128조 제1항, 제2항", 기업법연구 제20권 제4호(통권 제27호), 한국기업법학회(2006.

기여율은 여러 요소를 종합적으로 고려하여 결정하는 것으로서 그 산정은 단순한 사실인정에 그치는 것이 아니라 규범적 평가까지 반영되는 것이기는 하지만, 침해제품이 많은 부품으로 구성되거나 복수의 지식재산권이 실시되는 경우 등에는 기여율이 손해액의 산정에 큰 영향을 미치므로, 법원이 재량으로 기여율을 정하더라도 그에 대한 감정을 거치는 것이 바람직하다. 실무적으로는 기여율 산정과 관련하여 특허발명이 침해제품에 기여하는 바를 기술적 측면, 마케팅적 측면, 비용적 측면172) 등에서 감정하여 관점별 기여율을 산정한 다음 이를 가중 평균하여 기여율을 산정하는 방법도 고려할 수 있다.

대법원판례나 소송실무는 기여율을 고려하여 손해액을 산정할 때 '전체 제품의 이익'에 기여율을 곱하는 방법에 의한다.173)

2) 기여율에 관한 하급심 사례174)

ⓐ "드럼세탁기는 … 약 10개 정도의 부분으로 구성되어 있는 점, 별지 1 목록 기재 각 제품에는 침해된 각 특허 외에도 피고가 권리를 가지고 있는 39개의 특허 및 실용신안 기술이 결합되어 있는 점, 침해된 각 특허는 위 구성부분 중 ③ 드럼세탁기의 구동부에 관한 특허로서, 위 각 특허는 개척발명이 아니라 개량발명인 점, 피고가 드럼세탁기를 판매함에 있어서는 침해된 특허기술뿐 아니라, 피고의 브랜드 인지도, 유통망, 외관의 디자인, 마케팅 등의 자본적, 경영적, 기업외적 요소도 기여한 점, 침해된 각 특허가 구현된 피고의 제품이 원고의 제품에 비해 상대적으로 저가(低價)라는 이유 역시 피고의 제품의 구입을 유인하는 동기로 작용할 수 있는 점, 피고의 침해 당시 드럼세탁기 시장에는 원고와 피고 외에도 ○○전자 등의 유력한 경쟁업자들이 존재하고 있었으며, 2004. 경부터 2007. 경까지 원·피고를 제외한 다른 경쟁업자들의 시장점유율을 합산하면 약 40% 이상이 되는 점, 원고는 침해된 각 특허가 구현된 제품의 성능을 광고함에 있어, 직접적으로 침해된 각 특허와 관련된 광고를 한 사실

12.), 478; 정희장(주 33), 435~436.

172) 특허발명의 실시 부분이 전체 제품의 비용 또는 판매단가에 차지하는 비중을 말한다.

173) 이에 대해서는 기여율 고려 시 '전체 제품의 이익'이 아니라 '전체 제품의 매출액'을 기준으로 손해배상액을 산정하여야 한다는 견해도 있다. 정차호·장태미, "특허권침해 손해배상액 산정의 기초(base): 전체시장가치원칙, 최소판매가능부품원칙 및 기여도배분원칙의 상황별 적용", 법학연구 제22권 제2호, 경상대법학연구소(2014. 4.), 259~260.

174) 이하에서는 기여율에 관한 하급심 사례를 단순히 소개하는 것에 불과하고, 각 사례에서 채용한 기여율 산정방법이 모두 적법·타당하다는 취지는 아니다.

은 없는 점, 원고는 변론종결일 현재 침해된 각 특허가 구현된 제품을 판매하고 있지 아니하는 점 등을 종합하면, 비록 침해된 각 특허가 피고 제품의 주요부분에 관한 기술이라고 보더라도, 피고가 판매한 별지 1 목록 기재 침해제품의 판매에 관한 침해된 각 특허의 기여율은 20% 정도라고 인정함이 상당하다."라고 한 사례.[175)]

ⓑ "피고 제품들은 ① 온로더 장치, ② 임시탑재장치, ③ 이송장치, ④ 절단장치, ⑤ 세정장치, ⑥ 건조 · 반전 장치, ⑦ 적재장치, ⑧ 검사장치, ⑨ 피크 앤 플레이스(Pick & Place) 장치, ⑩ 오프로더 장치 등 약 10개 부분으로 나뉘고, 피고는 임시탑재장치, 이송장치, 절단장치, 건조 · 반전장치 등에 관한 약 15건의 특허를 보유하고 있는 점, 이 사건 제1, 2특허는 이송장치에 해당하고, 이 사건 제4특허는 건조 · 반전장치에 해당하는 점, 원고의 해외시장 점유율은 2007년부터 2010년까지 약 24 내지 33% 정도였던 점, 피고는 주식회사 ○○전자의 자회사로서 2006년부터 2011년까지 사이에 피고가 생산한 제품들 중 약 27%가 주식회사 ○○전자에 판매된 점 등의 사정을 고려할 때, 원고의 위 손해배상액에 대한 이 사건 제1, 2, 4 특허발명의 기여율을 10%로 한정함이 상당하다."라고 한 사례.[176)]

ⓒ "… 침해자가 침해한 특허기술이 침해자의 판매이익의 발생 및 증가에 일부만 기여한 한편, 침해자의 자본, 영업능력, 상표, 기업 신용 등의 요소가 이에 기여하였다는 등 특별한 사정이 인정되는 경우, 손해배상액을 침해된 특허기술의 기여율 한도로 제한할 여지가 있을 수 있으나, 한편 위와 같은 인정사실 및 이 사건 변론에 나타난 다음과 같은 사정 즉, '감광드럼의 일단부에 마련된 비틀린 돌출부가 주조립체 기어의 비틀린 구멍과 맞물려 회전함으로써 감광드럼의 축 방향 위치의 고정을 통한 회전속도의 정확성 · 균일성이 개선되고, 구동력이 확실하게 전달되며, 카트리지의 위치 정렬 및 인쇄화질이 개선된다'는 이 사건 제25, 26항 특허의 핵심적인 기술이 피고의 실시제품에 그대로 구현되어 있는 점, 피고가 생산 · 판매한 감광드럼은 기어를 부착하지 않은 상태로는 프린터의 부품으로 기능할 수 없고, 기어가 부착되지 않는 상태의 감광드럼 자체만으로는 아무런 효용가치가 없는 것으로 보이는 점, 피고의 자본, 영업능력 등의 요소가 이 사건 실시제품의 판매이익 발생 및 증가에 기여하였다는 사정을 인정할 만한 별다른 자료가 없는 점 등을 종합하여 보면, 피고의 주장과

---

175) 서울중앙지방법원 2009. 10. 14. 선고 2007가합63206 판결(항소취하).
176) 서울중앙지방법원 2012. 8. 31. 선고 2011가합13369 판결(상고심에서 소취하).

같이 이 사건 특허권 침해행위로 인한 피고의 이익액을 기어 부분의 가격이 감광드럼 전체의 가격에서 차지하는 비율에 따라 제한한 범위로 원고의 손해액이 한정된다고 보기는 어려우므로, 피고의 위 주장 역시 이유 없다."라고 하여 기여율을 100%로 인정한 사례.177)

ⓓ 침해제품이 5가지 기능으로 구성되었으나 각 기능이 침해제품 전체에서 차지하는 비중을 정확하게 알 수 없는 사안에서, 각 기능의 비중이 균등한 것으로 추정하고, 그에 따라 특허발명(5가지 기능 중 하나의 기능에만 관련됨)의 기여도를 침해제품의 공급가액 중 1/5로 인정하여 침해제품의 전체 매출액 중 특허권 침해로 인한 부분을 산정하고, 여기에 국세청의 '2015년 귀속 경비율 고시'에서 정한 침해제품 업종의 경비율을 적용하여 특허권 침해로 특허권자 등이 입은 손해액을 산정한 사례.178)

ⓔ 기여율을 고려하여 손해배상액을 감액하여야 한다는 피고 주장에 대하여 "침해 부분이 제품 일부라고 하더라도 그것이 침해자 제품의 고객흡인력이나 구입 동기의 주된 원인이 되거나 제품의 개발·생산·판매 등에 있어 핵심적인 기능을 발휘하는 것이라면 그 제품 전체에 관한 이익을 그대로 산정하여야 하고, 제품을 구성하는 양적 비율, 가격 비율 등을 근거로 바로 기계적 수치를 도출하여 기여율을 고려하여서는 안 될 것이다."라고 하여 이를 배척한 사례.179)

ⓕ 피고 제품들 중 피고 실시제품인 모터 체결 기구만이 원고의 특허권을 침해하는 물건에 해당하는 사안에서, "피고 제품들 전체에서 피고 실시제품인 모터 체결기구가 차지하는 불가결성이나 중요도, 제품 전체의 구조 또는 기능에 따른 모터 체결기구와 다른 부분의 상대적인 가치 평가, 제품 전체에서 침해자의 독자적 기술 유무 등에 비추어 보면, 피고 제품들 전체에서 RC 가속기가 갖는 특징적인 기술요소가 있다고 보기 어렵고, 피고 실시제품 부분에 그 기술적 특징이 있다고 보이는 점, 피고 제품들 전체의 생산비용 측면에서는 피고 실시제품인 모터 체결기구의 생산비용이 차지하는

---

177) 수원지방법원 2012. 5. 24. 선고 2010가합17614 판결(항소기각 및 상고기각). 관련 사건인 서울고등법원 2004. 6. 22. 선고 2003나12511판결(상고기각) 및 서울고등법원 2005. 12. 7. 선고 2003나38858 판결(상고기각)에서도 기여율에 의하여 손해액을 감액하여야 한다는 피고 주장에 대하여 위 2010가합17614 판결과 거의 비슷한 이유로 이를 배척하였다.

178) 서울중앙지방법원 2016. 12. 9. 선고 2015가합577366 판결[항소심에서는 특허가 무효라는 피고의 권리남용항변이 받아들여져 원고 청구가 기각되었음(특허법원 2018. 8. 16. 선고 2017나1025 판결(확정)].

179) 서울고등법원 2012. 8. 3. 선고 2011나78967 판결(상고기각). 이 판결은 영업비밀 침해에 대한 손해배상청구사건이다.

비중이 상대적으로 낮다고 할 수 있지만, 위와 같은 기술적 특징으로 인하여 피고 제품들 전체에 대한 수요자의 선택 동기 및 고객 흡인력 등 전체 매출성과에 있어서 피고 실시제품이 피고 제품들 전체의 매출에 영향을 미치는 중요도가 훨씬 높다고 할 것인 점, 기타 제반 사정 등을 종합하면, 피고가 피고 제품들을 판매하여 얻은 이익에 대한 피고 실시제품의 기여도는 70%로 봄이 상당하다."라고 인정한 사례.[180]

ⓖ 특허법 128조 7항에 따라 손해액을 산정하면서도 "이 사건 제품 전체에서 이 사건 특허발명이 차지하는 불가결성이나 중요도, 양적 비율, 이 사건 제품과 비슷한 다른 '롤 피아노' 제품과의 차별성, 이 사건 제품은 이 사건 각 항 발명과 명칭만 다를 뿐 대응 구성은 실질적으로 동일한 점, 이 사건 제품만의 독자적 기술이 존재한다고 보기 어려운 점, 다만 다른 '롤 피아노' 제품도 기본적으로 이 사건 제품과 유사한 형태를 지니는 점, 피고가 이 사건 제품에서 이 사건 제8항 발명의 '이탈방지턱'과 대응되는 부분을 제외한 뒤 새로 만든 롤 피아노 제품(모델명: 000)에 대하여는 이 사건 특허발명을 침해하지 않는다는 심결이 내려진 점 등을 종합하면, 피고가 이 사건 제품을 판매하여 얻은 이익에 대한 이 사건 특허발명의 기여도는 70%로 봄이 상당하다."라고 하여 특허발명의 기여율을 손해액 산정에 반영한 사례.[181]

ⓗ 부정경쟁방지법 14조의2 2항에 따라 부정경쟁행위로 인한 손해액을 산정할 때 "원고의 손해액은 피고가 동력세트 1개를 판매했을 경우의 이득액 558원(2,450원-968원-812원-112원) 중 전원 단자의 원가(968원)가 총원가 합계 1,892원(968원+812원+112원)에서 차지하는 비율에 해당하는 돈을 기준으로 산정할 수밖에 없다. 따라서 원고의 손해액은 36,541,084원(558원×968원/1,892원×127,995개)으로 추정된다."라고 하여 침해 부품이 제품 전체 원가에서 차지하는 비율에 따라 기여율을 산정하고, 이를 손해액 산정에 반영한 사례.[182]

ⓘ 부정경쟁방지법 14조의2 5항에 따라 영업비밀 침해로 인한 손해액을 산정하면서도, "피고들의 영업비밀 침해행위가 이 사건 피고 장비의 제작 · 판매에 의하여 얻은 이익에 기여한 비율(기여율)은 3%(=이 사건 피고 장비에서의 소프트웨어 제조원가 비율 1/10×이 사건 피고 장비의 전체 소프트웨어에서 레이저 제어 프로그램이 차지하는 실질적 비율 7/10×이 사건 기술파일 중 실제 사용한 파일의 비율 134/401×(1+

---

180) 특허법원 2017. 4. 21. 선고 2016나1745 판결(확정).
181) 서울동부지방법원 2017. 6. 14. 선고 2014가합1834 판결(항소취하).
182) 수원지방법원 2017. 10. 10. 선고 2016나65008 판결(확정).

이 사건 기술파일 중 실제 사용한 파일을 제외한 나머지 파일이 기여 비율 3/10)] 정도로 봄이 타당하다."라고 하여 기여율을 손해액 산정에 반영한 사례.[183]

ⓙ 구 상표법(2016. 2. 29. 법률 제14033호로 전부 개정되기 전의 것) 67조 5항에 의하여 손해액을 산정하면서도, "① 원고가 모든 제품에 예외 없이 표시하여 판매한 '정관장(政官庄)' 자체가 국내에서 널리 알려진 브랜드로서 그 자체의 고객흡인력이 상당하여 원고 제품의 매출에 결정적인 역할을 하고 있는 것으로 보이는 점과 피고는 제1, 2 침해표장을 사용한 침해제품에 이들과 함께 '송학인' 등 다른 표장을 사용하거나 자신의 브랜드나 상호 등을 명기함으로써 원고의 제품과 차별화를 시도하였으며, 제품 가격의 차이 등으로 말미암아 상당수 소비자들은 제1, 2 침해표장의 사용에도 불구하고 그 상품 출처를 오인·혼동하지 않았을 것으로 보이는 점 등은 피고의 한계이익액 중 제1, 2 침해표장이 차지하는 기여도를 평가함에 있어 반드시 고려되어야 할 것이다. ② 여기에다가 피고가 제1, 2 침해표장의 사용으로 인하여 원고의 이 사건 등록상표들에 대한 상표권 침해에 이르게 된 경위, 이 사건 등록상표들과 제1, 2 침해표장의 유사 정도와 제1, 2 침해표장에 의한 상표권 침해행위의 태양, 원고와 피고 제품의 품질 및 가격 등 실제 거래실정에서 중요하게 감안되는 요소 등 제반 사정을 참작하여 보면, 피고의 한계이익액 중 정작 제1, 2 침해표장이 차지하는 기여율은 20~30% 정도에 그친다는 보는 것이 옳다."라고 하여 기여율을 손해액 산정에 반영한 사례.[184]

ⓚ 부정경쟁방지법 14조의2 5항에 따라 영업비밀 침해로 인한 손해액을 산정하면서도, 이 사건 기술정보의 기술 중요도, 제품 전체에서 차지하는 단가비율, 원가비율 기여도, 역설계의 용이성, 피고 제품 개발 시작 시 이 사건 기술정보의 무단유출이 차지한 비중 등 여러 사정을 고려하여 기여율을 산정한 다음, 이를 손해액 산정에 반영한 사례.[185]

ⓛ 손해액 산정에서 특허발명의 기여도를 고려하여야 한다는 피고(침해자)의 주장에 대하여, 특허제품 중 '전극롤' 부분의 원자재가격은 1,475,800원인 사실이 인정되나, 기여율이란 전체제품의 가격과 그중에서 특허발명을 실시하는 부품이 가지는 가격의 단순한 비율만이 아니라 특허발명과 관계된 부분의 불가결성, 중요성, 제품 전

---

183) 서울고등법원 2017. 6. 1. 선고 2014나4592 판결(상고기각).
184) 특허법원 2017. 7. 7. 선고 2016나1202 판결(심리불속행).
185) 서울고등법원 2017. 7. 6. 선고 2015나9945 판결(상고).

체에 있어서 다른 부분의 가치와 해당 특허권 부분의 가치와의 상대적 평가, 제품 전체에 있어서 침해자가 가지는 독자적 기술의 유무 등을 종합적으로 고려하여야 하는 점, 기여도에 관한 주장·증명책임은 침해자인 피고에게 있는 점, 피고가 원고의 특허제품을 부품으로 사용한 플렉시블 플랫케이블 도금 기계 2라인을 자체 생산하기 전 피고 공장에는 원고로부터 공급받은 기계 외에도 다른 기계가 있었는데, 피고는 도금 기계 2라인을 자체 생산하면서 원고의 특허제품을 부품으로 사용한 점 등을 종합하여 보면, 앞에서 인정한 사실만 가지고는 이 사건 특허발명의 기여도에 관한 피고의 주장을 증명하기에 부족하고, 달리 이를 인정할 증거가 없다고 하여, 피고의 기여도 항변을 배척한 사례.[186]

마. 특허법 128조 4항에 의한 손해액의 산정: 침해자의 이익을 특허권자 등의 손해액으로 추정

(1) 규정의 취지

특허법 128조 4항[187]은 침해자가 특허권 침해로 인하여 얻은 이익액을 특허권자 등의 일실이익으로 추정하는 것이다. 그 추정의 범위는 앞서 본 바와 같기는 하나, 손해의 발생 그 자체까지 추정하는 것은 아니다. 다만 앞서 본 바와 같이 특허권 침해로 인한 손해 발생에 관한 주장·증명의 정도는 경업관계 등으로 인하여 손해 발생의 염려나 개연성이 있음을 주장·증명하면 충분하다는 것이 대법원판례[188]이다.

128조 4항의 추정이 '법률상 추정'이라는 점에는 이견이 없으나, 법률상 추정 중 어느 것에 해당하는지에 대해서는 '법률상 사실추정설',[189] '잠정적 진실설',[190] '손해

---

186) 인천지방법원 부천지원 2017. 2. 8. 선고 2015가합104250 판결(항소).

187) 특허법 128조 4항의 취지에 대해서는 이익반환설, 입증편의설, 손해평가설, 예시적 손해개념 규정설 등이 있다. 이에 관한 자세한 내용은 정상조·박성수 공편(주 11), 164~167; 김재국·김장생(주 171), 470~473 등 참조.

188) 대법원 2006. 10. 12. 선고 2006다1831 판결 등 참조.

189) 전효숙(주 51), 27~28; 권택수(주 6), 565; 안원모(주 16), 221~222. 이 견해는 128조 4항의 취지는 '침해행위와 인과관계 있는 손해의 액'을 증명함에 대신하여 이보다 증명이 용이한 별개의 사실인 '침해행위에 의하여 침해자가 얻은 이익의 액'을 증명함에 의하여 '침해행위와 인과관계 있는 손해의 액'이 증명된 것으로 인정한다는 것으로, 동 조항의 적용을 위해서는 특허권자 등이 특허실시제품 내지 침해제품과 대체가능성이 있는 제품을 생산·판매하여야 하는 것이 요구된다고 한다. 또한, 이 견해는 ㉠ '반증'에 의하여 '침해행위에 의한 이익의 액'을 진위 불명의 상태로 몰고 가면 동 조항의 적용을 '배제'할 수 있고, ㉡ 특허권자 등이 '침해행위에 의한 이익의 액'을 증명하더라도 침해자가 '본증'에 의하여 '침해행위와 인과관계 있는 손해의 액'의 부존재 또는 '침해행위에 의한 이익의 액'이 특허권자 등의 실제

액 평가설'[191] 등이 주장된다. 이러한 논의는 동 조항의 추정에 대한 일부 복멸을 인정할 것인지와 관련이 있는바,[192] 동 조항의 추정에 대한 일부 복멸을 인정하는 것이 다수설이다.[193]

(2) 적용요건 – 특허권자 제품의 제조·판매

128조 4항이 적용되려면 특허권자 등이 특허권자 제품을 제조·판매할 것을 필요로 한다는 것이 다수설[194]과 대법원판례[195]이며, 그에 대한 주장·증명책임은 특허권자 등이 부담한다.[196] 또한, 특허권자 제품이 특허실시제품이어야 하는지에 대해서는 이를 긍정하는 견해[197]도 있으나, 침해제품과 경쟁하거나 이를 대체하는 제품이면 족하다.[198][199]

손해액을 초과하는 것을 증명하면 동 조항의 추정이 복멸 또는 일부 복멸된다고 한다. 전효숙(주 51), 27~28; 권택수(주 6), 565~566; 정상조·박성수 공편(주 11), 218 참조.

190) 128조 4항은 128조 5항의 손해액을 추정하는 규정이라고 보는 견해이다. 전효숙(주 51), 27~28; 정상조·박성수 공편(주 11), 218~219 참조.

191) 동 조항은 특허권자 등의 손해를 금전적으로 평가하는 차원에서 적용되는 평가규범이라는 견해이다. 정상조·박성수 공편(주 11), 219.

192) 법률상 사실추정설을 따르는 견해 중에는 동 조항에 의한 추정의 일부 복멸을 인정하지 아니하는 견해 [전효숙(주 51), 28]도 있으나, 잠정적 진실설, 손해액 평가설은 법률상 사실추정설과 달리 동 조항에 의한 추정의 일부 복멸을 인정한다. 또한, 법률상 사실추정설을 따르는 견해에서도 침해자가 '침해행위에 의한 이익의 액'이 특허권자 등의 실제 손해액을 초과하는 것을 증명한 경우에는 그 초과하는 액수의 한도 내에서 동 조항에 의한 추정이 복멸된다고 한다. 권택수(주 6), 565~566; 정상조·박성수 공편(주 11), 219; 안원모(주 16), 221~224 참조.

193) 권택수(주 6), 565~566; 정상조·박성수 공편(주 11), 236; 안원모(주 16), 223~224.

194) 전효숙(주 51), 26~27; 권택수(주 6), 557~558; 조영선(주 88) 519~520; 송영식 외 6인(주 64), 667; 안원모(주 16), 203; 김재국·김장생(주 171), 474. 이에 대하여는 128조 4항의 적용요건으로 특허권자 등이 특허권자 제품을 제조·판매할 것을 필요로 하지는 아니하며, 그러한 사유는 추정복멸사유로 봄이 타당하다는 견해가 있다. 정상조·박성수 공편(주 11), 222~224.

195) 대법원 1997. 9. 12. 선고 96다43119 판결, 2006. 10. 12. 선고 2006다1831 판결, 2013. 7. 25. 선고 2013다21666 판결 등.

196) 권택수(주 6), 557~558; 안원모(주 16), 252; 김재국·김장생(주 171), 474.

197) 전효숙(주 51), 26~27l; 권택수(주 6), 557~558.

198) 안원모(주 16), 207~208.

199) 이에 관한 대법원판례는 아직 없으나, 하급심판결 중에는 특허권자 등의 특허발명 실시가 특허법 128조 4항을 적용하기 위한 적극적 요건은 아니라고 판시한 사례가 있다[서울고등법원 2009. 2. 3. 선고 2008나17757 판결(상고기각)]. 다만 위 판결과 그 상고심 판결인 대법원 2009. 10. 15. 선고 2009다19925 판결 모두 '특허권자인 원고의 특허제품이 제3자를 통해 국내에서 유통·판매되었다'는 점을 근거로 경업관계에 있는 피고가 침해제품을 제조·판매함으로 인하여 원고가 손해를 입을 염려 내지 개연성이 있다고 추단된다고 판단한 것이므로, 대법원이 위 서울고등법원 판결의 법리를 그대로 수긍하

한편 특허권 침해로 인한 시장침탈 때문에 특허권자 등이 특허권자 제품의 생산 · 판매를 중단한 경우에도 본 조항을 적용할 수 있는지에 대해서는 이를 부정하고 128조 5항을 적용하여야 한다는 견해[200]가 있다.

(3) 침해자가 침해행위로 인하여 얻은 이익액

(가) 이익의 의미

특허법 128조 4항에서 말하는 '이익'은 침해자가 특허권을 침해하여 얻은 모든 이익을 의미한다.[201] 대법원도 "특허법 128조 4항은 특허권자가 고의 또는 과실로 자기의 특허권을 침해한 자에 대하여 그 침해에 의한 손해배상을 청구하는 경우에, 권리를 침해한 자가 침해행위에 의하여 이익을 받은 때에는 그 이익의 액을 특허권자의 손해액으로 추정한다고 규정하고 있고, 여기서 말하는 이익이란 침해자가 침해행위에 따라 얻게 된 것으로서 그 내용에 특별한 제한은 없다."라고 판시하였다.[202]

여기서 말하는 이익의 범위에 대해서는 침해자의 매출액에서 제조원가 또는 매입원가만을 비용으로 공제한 것이라는 조이익설(粗利益說),[203] 침해자의 매출액에서 매출을 얻기 위하여 필요로 한 비용 전부, 즉 제조원가 · 판매원가뿐만 아니라 판매비, 일반관리비, 제세공과금, 광고선전비 등을 모두 공제한 것이라는 순이익설(純利益說),[204] 침해자의 매출액에서 제조원가 · 판매원가와 그 외에 침해제품을 제조 · 판매하는 데 직접 소요된 제경비[205]를 공제한 것이라는 총이익설(總利益說),[206] 침해자의 매출액에서 생산증가에 따른 변동비(예를 들어 원료비, 제품의 제조 · 판매를 위해 직접 추

였다고 단정하기는 어렵다.

200) 안원모(주 16), 208.

201) 이와 관련하여 "침해자가 특허발명을 실시하여 제품을 만들었다면, 이미 침해행위는 완성된 것이므로 그것을 어디에 누구에게 팔아서 이익을 실현하였는지는 문제가 되지 않는다."라는 견해[정상조 · 박성수 공편(주 11), 225]가 있으나, 이에 대해서는 침해자가 특허발명을 무단 실시하여 제품을 만들었다고 하더라도 이를 다른 사람에게 양도하지 아니한 경우에는 특별한 사정이 없는 이상 그러한 특허권 침해로 인하여 특허권자 등에게 현실적인 손해가 발생하였다고 보기 어렵다는 견해도 있다.

202) 대법원 2006. 10. 12. 선고 2006다1831 판결.

203) 부산지방법원 동부지원 2004. 4. 29. 선고 2002가합1917 판결(확정)은 상표권 침해사건에서 '(타이어의 판매단가-타이어의 수입원가)×판매한 타이어의 개수'의 산식으로 침해자의 이익을 산정하였다.

204) 순이익설에 의하면 '이익=매출액-(고정비+변동비)'가 된다.

205) 일반관리비는 공제대상이 아니다.

206) 이와 달리 총이익을 총매출액에서 총비용을 공제한 액수로 이해하는 견해도 있다. 김재국 · 김장생(주 171), 474~475.

가적 지출을 요하는 인건비, 기타경비의 증가분)를 공제한 것이라는 한계이익설(限界利益 說)[207] 등이 주장된다.[208] 예전 대법원판결 중에는 순이익설을 따랐다고 볼 여지가 있는 것[209]도 있으나, 근래 대법원은 한계이익설을 취한 것으로 보이는 판시를 하였 다.[210]

(나) 침해자의 이익액에 대한 증명책임

침해자의 이익액은 128조 4항을 적용하기 위한 요건사실이므로 특허권자 등이 그에 대한 주장·증명책임을 부담한다.

한편 128조 4항에 따라 특허권 침해로 인한 수입액에서 그에 상응하는 비용을 공 제하는 방법으로 특허권자 등의 손해액을 산정할 때, 그 비용 산출의 계산방식은 128 조 4항의 적용을 위한 주요사실이 아니어서 자백의 대상이 되지 아니하므로[211] 법원 으로서는 당사자의 주장에 구속되지 않고 적정한 비용 산출의 계산방식을 채용할 수 있으나, 다만 그 계산방식이 합리적이어야 한다.

(다) 기여율

특허법 128조 4항의 적용 시에 특허발명의 기여율을 고려하여야 한다는 것이 대 법원판례[212]이고, 통설[213]이다. 기여율 산정에 관한 구체적 내용은 앞서 128조 2항에

---

207) 한계이익설에 따르면 고정비는 공제대상이 아니다.

208) 이에 관한 자세한 내용은 정상조·박성수 공편(주 11), 227~231; 안원모(주 16), 209~213 참조

209) 대법원 1997. 9. 12. 선고 96다43119 판결 : 상표권자가 구 상표법 67조 1항에 의하여 상표권을 침해한 자에 대하여 손해배상을 청구하는 경우에, 침해자가 받은 이익의 액은 침해제품의 총판매액에 그 순이 익률을 곱하거나 또는 그 제조판매수량에 그 제품 1개당 순이익액을 곱하는 등의 방법으로 산출함이 원칙이지만, … 침해자의 판매액에 상표권자의 위 순이익률을 곱하는 방법으로도 침해자가 받은 이익 의 액을 산출할 수 있고, 위와 같이 산출된 이익의 액은 침해자의 순이익액으로서, 그중 상품의 품질, 기술, 의장, 상표 이외의 신용, 판매정책, 선전 등으로 인하여 상표의 사용과 무관하게 얻은 이익이 있 다는 특별한 사정이 없는 이상 그것이 상표권자가 상표권 침해로 인하여 입은 손해액으로 추정된다고 보아야 한다.

210) 대법원 2008. 3. 27. 선고 2005다75002 판결 : 구 상표법 67조 2항은 권리를 침해한 자가 그 침해행위 에 의하여 이익을 받은 때에는 그 이익의 액을 권리자가 받은 손해의 액으로 추정한다고 규정하고 … 있으므로, 상표권자 혹은 전용사용권자로서는 침해자가 상표권 침해행위로 인하여 얻은 수익에서 상 표권 침해로 인하여 추가로 들어간 비용을 공제한 금액, 즉 침해자의 이익액을 손해액으로 삼아 손해 배상을 청구하거나 혹은 상표권자가 다른 사람에게 침해기간, 침해수량 등에 상응하는 상표의 사용을 허락하는 데 대한 통상적인 대가를 손해배상액으로 청구할 수 있다.

211) 대법원 2006. 10. 12. 선고 2006다1831 판결.

212) 대법원 2004. 6. 11. 선고 2002다18244 판결.

213) 권택수(주 6), 565~566; 정상조·박성수 공편(주 11), 234~236; 송영식 외 6인(주 64), 672; 안원모(주 16), 226~228; 김재국·김장생(주 171), 478.

서 살펴본 바와 같다.

　하나의 침해제품이 복수의 특허권을 침해하는 경우에 그중 하나의 특허권을 침해하여 얻은 침해자의 이익액도 기여율에 의하여 산정하여야 할 것이다.[214]

(라) '침해자가 침해행위로 얻은 이익액'의 산정에 관한 하급심 사례[215]

1) 매출액에서 비용을 공제하는 방식

　ⓐ 피고의 총매출액에서 당해 특허를 이용한 제품이나 그 관련 제품의 매출액이 차지하는 비율에 따른 매출총이익액에서 같은 비율에 따른 판매 및 일반관리비(당해 특허를 이용한 매출과 관계없이 고정적으로 지출되리라고 보이는 임원급여와 감가상각비는 제외)를 공제하는 방식[매출총이익액×침해제품 관련 매출액/매출총액-(판매 및 일반관리비-고정비용)×침해제품 관련 매출액/매출총액]으로 산정한 사례.[216]

　ⓑ [평균 판매가격-생산원가]로 산정한 사례.[217]

　ⓒ 침해제품의 세트당 평균 판매가격에서 세트당 생산비용[=(금형비+생산비)/세트 개수]을 공제한 금액에 침해제품 세트의 양도 수량을 곱하여 산출한 금액을 침해자가 침해제품을 판매하여 얻은 이익액으로 인정하고, 이를 특허권자의 손해액으로 인정한 사례.[218]

2) 매출액에 이익률을 곱하여 산정하는 방식

　ⓐ 의약에 관한 제법특허 및 물질특허를 침해한 사안에서, 한국제약협회장에 대한 사실조회결과를 근거로 피고의 침해제품 매출액을 인정하고, 여기에 피고의 해당 침해기간별 영업이익률을 곱하여 피고가 침해행위로 얻은 영업이익액을 산정하고, 이를 원고의 손해액으로 인정한 사례.[219]

　ⓑ 침해제품의 매출액에 침해제품의 원가계산서에 의하여 인정되는 피고의 기업이윤률 25%를 곱하여 피고가 특허권 침해로 얻은 이익을 산정하고, 이를 원고의 손

---

214) 김재국 · 김장생(주 171), 478~479.

215) 이하에서는 침해자 이익액의 산정에 관한 하급심 사례를 단순히 소개하는 것에 불과하고, 소개된 하급심 사례에서 채택한 방법들이 모두 적법 · 타당하다는 취지는 아니다.

216) 서울중앙지방법원 2004. 2. 13. 선고 2002가합30683 판결(항소취하).

217) 의정부지방법원 고양지원 2017. 8. 25. 선고 2015가합72781 판결(확정). 다만 이 사건은 128조 4항을 적용하기 위하여 침해제품의 단위수량당 이익액을 산정한 것이다.

218) 서울중앙지방법원 2016. 8. 11. 선고 2015가합521097 판결[항소심인 특허법원 2017. 2. 24. 선고 2016나1608 판결(확정)에서 세트당 이익액이 증액되고 침해제품의 양도수량도 더 인정되어 손해배상액이 증액됨].

219) 서울중앙지방법원 2009. 10. 7 선고 2007가합33960 판결(항소심에서 조정성립).

해액으로 인정한 사례.[220]

ⓒ 침해기간 중 당사자 사이에 다툼이 없거나 증거에 의하여 인정되는 일부 기간의 침해제품 매출액을 기초로 침해기간의 침해제품 평균 월매출액[=침해제품 매출액/일부기간(월)]을 산정하고, 이에 기하여 전체 침해기간의 침해제품 총매출액을 산정하며, 침해기간 중 일부 기간의 매출이익을 그 기간의 침해제품 매출액에 대한 제조원가(=재료비+노무비+경비)를 공제한 금액으로 산정하고 이를 기초로 침해제품의 영업이익률(=매출이익/총매출액)을 산정한 다음, 위 침해제품 총매출액에 위 침해제품의 영업이익률을 곱하여 침해자가 특허권 침해로 얻은 이익을 산정한 사례.[221]

3) 소득세법상 수입금액추계 방법 중 단순경비율을 적용하는 방식

ⓐ 피고의 매출액에 해당 업종의 표준소득률[=100%-단순경비율(%)]을 곱하여 피고가 피고 제품들을 판매하여 얻은 순이익을 산정하고, 여기에 피고의 순이익에 대한 피고 실시제품이 특허발명의 기여도 70%를 곱하여 피고가 특허권 침해로 얻은 이익액을 산정한 사례.[222]

ⓑ 원고가 128조 4항에 의한 손해액을 주위적으로, 128조 2항에 의한 손해액을 예비적으로 각각 주장한 사안에서, 피고의 침해제품 매출액에 해당 업종의 표준소득률을 곱하여 산정한 금액, 즉 특허권 침해로 인하여 피고가 얻은 이익을 128조 4항에 따라 원고가 입은 손해액으로 산정하는 한편, 원고 특허제품의 재무제표에 의하여 인정되는 매출총이익률[=(총매출액-총생산원가)/총매출액×100]에 침해제품의 판매수량을 곱한 금액을 128조 2항에 따라 원고가 입은 손해액으로 산정한 다음, 원고의 주장에 따라 전자를 원고의 손해액으로 인정한 사례.[223]

ⓒ 침해제품 총매출액에 단순경비율에 의하여 산정한 이익률[= 100%-단순경비율(%)]을 곱하여 산정한 금액을 침해자가 특허권 침해로 인하여 얻은 이익액으로 인정하고, 특허법 128조 4항에 따라 이를 특허권자인 원고의 손해액으로 인정한 사례.[224]

---

220) 서울중앙지방법원 2017. 11. 3. 선고 2016가합525478 판결(항소).

221) 대구지방법원 2017. 1. 19. 선고 2014가합205595 판결(항소심에서 변경).

222) 특허법원 2017. 4. 24. 선고 2016나1745 판결(확정). 다만 '표준소득률'이라는 용어는 현행 소득세법 등에서 사용하는 용어가 아님을 유의할 필요가 있다.

223) 서울중앙지방법원 2016. 7. 15. 선고 2015가단5341954 판결(확정). 서울중앙지방법원 2016. 7. 15. 선고 2015가단5293581 판결(확정)도 같은 방식으로 손해액을 산정하였다.

224) 서울중앙지방법원 2016. 8. 19. 선고 2015가합500724 판결[항소심에서 피고 각 제품 중 특허권 침해 부분의 기여도가 반영되는 등의 사유로 변경됨(특허법원 2017. 4. 24. 선고 2016나1745 판결(확정)].

4) 소득세법상 수입금액추계 방법 중 기준경비율을 적용하는 방식

ⓐ 소득세법상 수입금액 추계 방법을 유추하여 '침해행위로 인한 이익의 액=침해제품 매출액−침해제품에 관련된 주요경비(=매입비용+임차료+인건비)−(침해제품 매출액×기준경비율)'의 산식으로 피고의 이익액을 산정한 사례.[225]

ⓑ 피고들의 침해제품 공급가액에서 자재비 원가 및 국세청이 고시한 해당 업종의 기준경비율에 의한 기타 비용을 공제한 금액을 침해자가 특허권 침해로 인하여 얻은 이익액으로 인정하고, 특허법 128조 4항에 따라 이를 특허권자인 원고의 손해액으로 인정한 사례.[226]

5) 특허권자 등의 소득률을 침해자의 소득률로 추정하는 방식[227]

ⓐ 상표권자가 구 상표법 67조 1항에 의하여 상표권을 침해한 자에 대하여 손해배상을 청구하는 경우에, … 통상 상표권의 침해에 있어서 침해자는 상표권자와 동종의 영업을 영위하면서 한편으로 그 상표에 화체된 상표권자의 신용에 무상으로 편승하는 입장이어서, 위와 같은 신용을 획득하기 위하여 상표권자가 투여한 자본과 노력 등을 고려할 때, 특별한 사정이 없는 한 침해자의 위 순이익률은 상표권자의 해당 상표품 판매에 있어서의 순이익률보다는 작지 않다고 추인할 수 있으므로, 침해자의 판매액에 상표권자의 위 순이익률을 곱하는 방법으로도 침해자가 받은 이익의 액을 산출할 수 있다고 한 사례.[228]

ⓑ 합성수지 원단 임가공업의 표준소득률 산정이 어려운 사안에서, 동종 업계에 속한 피고의 소득률이 원고의 소득률과 같은 것으로 추정하고, 위와 같은 전제로 산출한 피고의 소득에 전체 임가공 공정에서 권취공정의 기여율을 적용함으로써 원단 임가공을 통하여 피고가 얻은 이익을 산정한 사례.[229]

---

225) 수원지방법원 2010. 4. 22 선고 2008가합23845 판결(항소심에서 조정성립).

226) 광주지방법원 2016. 7. 21. 선고 2014가합1616 판결(확정).

227) 이러한 방식에 대해서는 특허법 128조 2항이 도입된 이상 더는 허용되지 아니한다는 견해도 있다. 정상조 · 박성수 공편(주 11), 224~225.

228) 대법원 1997. 9. 12. 선고 96다43119 판결.

229) 의정부지방법원 고양지원 2012. 9. 14 선고 2011가합11443 판결(항소심에서는 128조 4항에 의하여 손해액을 산정하기 곤란하다는 이유로 128조 7항에 의하여 손해액을 산정하였으나, 대법원은 원고가 128조 2항에 의한 손해액 산정도 주장하였음에도 이에 대하여 심리 · 판단하지 아니하였다는 이유로 항소심 판결을 파기하였고, 환송후 항소심에서는 원고가 다시 청구원인을 128조 2항에서 4항으로 변경함에 따라 128조 7항에 의하여 환송전 항소심과 같은 손해액을 인정하였다).

6) 침해자가 실시료로 받은 금액을 침해자의 이익으로 본 사례

특허권 양도인이 특허권 양도 이후 제3자에게 특허발명을 실시하게 하고 자기의 동거녀인 피고를 통하여 특허실시료를 받은 사안에서, 피고를 특허권 양도인의 특허권 침해에 가담한 공동불법행위자로 인정하는 한편 그 특허실시료 상당액을 특허권 양도인이 특허권 침해로 받은 이익액으로 인정하고, 피고에 대하여 원고인 특허권 양수인에게 이를 배상할 것을 명한 사례.[230)]

7) 침해자가 침해제품 판매와 관련하여 세무서에 신고한 소득금액을 침해자의 이익
   액으로 인정한 사례

침해자가 세무서에 신고한 침해제품의 판매액과 그로 인한 소득금액을 기초로 그중 '+'로 신고된 소득금액을 모두 특허권 침해로 침해자가 얻은 이익액으로 인정한 사례.[231)]

(4) 추정의 복멸

128조 4항의 적용 시에 특허발명의 기여율을 고려할 수 있는지의 문제는 128조 4항의 적용 시 추정의 일부 복멸을 인정할 것이냐는 문제와 관련이 있으나, 이에 대해서는 위에서 본 바와 같이 기여율을 고려하여야 한다는 것이 대법원판례이고, 통설이다.

128조 4항의 적용 시에 128조 3항 본문과 같은 사유로 손해액의 상한이 인정될 수 있는지가 문제 된다. 또한, 128조 3항 단서와 같은 사유가 128조 4항의 적용 시에도 추정복멸사유가 될 수 있는지도 문제 된다. 이에 대해서는 그러한 사유만으로 바로 128조 4항의 추정이 복멸되는 것은 아니지만 그러한 사유로 인하여 '특허권자 등의 실제 손해액'이 128조 4항에 의한 추정 손해액보다 적다는 것이 증명된 경우에는 추정 손해액이 실제 손해액을 초과한 액수의 한도에서 128조 4항의 추정이 복멸된다는 견해가 다수설이다.[232)] 대법원도 "구 상표법 67조 2항은 침해행위에 의하여 침해자가 받은 이익의 액으로 권리자가 받은 손해액을 추정하는 것으로서, 침해자의 상품 또는 서비스의 품질, 기술, 의장 상표 또는 서비스표 이외의 신용, 판매정책, 선전 등으로 인하여 침해된 상표 또는 서비스표의 사용과 무관하게 얻은 이익이 있다는 특

230) 서울중앙지방법원 2012. 1. 20. 선고 2011나45179 판결(확정).
231) 서울고등법원 2009. 2. 3. 선고 2008나17757 판결(상고기각).
232) 전효숙(주 51), 28; 권택수(주 6), 565~566; 정상조·박성수 공편(주 11), 234~235; 안원모(주 16), 224.

별한 사정이 있는 경우에는 위 추정과 달리 인정될 수가 있고, 이러한 특별한 사정에 침해자가 침해한 상표 또는 서비스표 이외의 다른 상표 또는 서비스표를 사용하여 이익을 얻었다는 점이 포함될 수 있으나, 그에 관한 입증책임은 침해자에게 있다."라고 판시하였다.[233]

한편 특허권자 등이 특허권자 제품을 제조 · 판매할 것을 필요로 하는지에 대해서는 앞서 본 바와 같이 128조 4항의 적용요건이라고 보는 것이 다수설이자 대법원판례이나, 이를 추정복멸사유라고 보는 견해[234]도 있다.

그 밖에 특허권자 제품, 침해제품 외에 제3자의 경합제품이 존재한다는 사정, 피고의 침해제품 외에 제3자의 침해제품이 다수 존재한다는 사정, 영업활동 지역 및 거래처가 다르다는 등의 이유로 특허권자 제품과 침해제품이 경합관계에 있지 않다는 사정 등이 추정복멸사유에 해당하는지에 대해서도 논의가 있다.[235][236]

위와 같은 추정복멸사유에 대한 주장증명책임은 침해자에게 있다.[237]

바. 특허법 128조 5항에 의한 손해액의 산정: 실시료 상당액을 특허권자 등의 손해액으로 추정

(1) 규정의 취지

특허법 128조 5항의 법적 성질에 대해서는 손해의 발생을 전제로 하여 실시료 상당액을 최저한도의 손해액으로 법정한 것이라는 견해(손해액계산규정설 또는 추정규정설)[238]와 손해액과 함께 손해의 발생도 의제한 것이라는 견해(손해발생의제설 또는 간주규정설)[239]가 있다. 간주규정설에 따르면 침해자로서는 손해가 발생하지 아니하였음을 항변으로 주장할 수 없는 반면, 추정규정설에 따르면 침해자는 손해가 발생하지

233) 대법원 2008. 3. 27. 선고 2005다75002 판결.
234) 정상조 · 박성수 공편(주 11), 222~224.
235) 안원모(주 16), 224~225 참조.
236) 이에 관하여, 손해액 산정 시 원고 제품의 점유율이 42%에 불과하므로 이를 손해액 감액요소로 고려하여야 한다는 피고 주장에 대하여 특허법 128조 7항에 따라 손해액을 산정하므로 피고가 주장하는 사정은 손해액 사정에 소극적 요소로 고려할 수 없다며 이를 배척한 하급심 사례도 있다[서울중앙지방법원 2017. 6. 30. 선고 2016가합517163 판결(항소취하)].
237) 대법원 2006. 10. 13. 선고 2005다36830 판결 등 참조.
238) 전효숙(주 51), 30~31; 정상조 · 박성수 공편(주 11), 340~241; 김기영 · 김병국 공저(주 12), 131; 송영식 외 6인(주 64), 668~669; 안원모(주 16), 236.
239) 정희장(주 33), 428; 김재국 · 김장생, "특허권침해에 대한 손해배상 - 특허법 제128조 제3항, 제4항, 제5항", 기업법연구 제21권 제1호(통권 제28호), 한국기업법학회(2007. 3.), 398.

아니하였음을 항변으로 주장할 수 있다는 점에서 양설은 차이가 있다.[240] 그러나 추
정규정설에 따르더라도, ㉠ 손해액 자체가 법정된 것이어서 특허권자 등으로서는 손
해의 발생을 요건사실로 주장할 필요가 없이 특허권 침해 및 실시료 상당액만 주장·
입증하면 족하고,[241] ㉡ 상표권과 달리 특허권은 그 자체가 재산권으로서 보호받아야
할 실질적 가치가 인정되므로, 특허권자 등으로서는 특허권자 제품을 생산·판매하
지 아니하더라도 특별한 사정이 없는 한 적어도 실시료 상당의 손해를 입었음이 인
정될 것이어서,[242] 특허권자 등에게 손해가 발생하지 아니하였다는 침해자의 항변이
인용될 가능성이 별로 없으므로,[243][244] 실무적으로는 양설에 따른 차이가 없다.[245]
결국, 어느 설을 따르든지 128조 5항은 그 적용요건으로서 2항 및 4항의 경우와 달리
특허권자 등이 특허권자 제품을 생산·판매할 것을 필요로 하지 아니한다고 할 것이
다. 대법원은 상표권에 관한 사례에서 추정규정설을 따른 바 있으나,[246] 특허권의 경

---

240) 권택수(주 6), 567~568 참조.
241) 구 상표법(2014. 6. 11. 법률 제12751호로 개정되기 전의 것) 67조에 의하면, 상표권자는 자기의 상표
권을 고의 또는 과실로 침해한 자에 대하여 통상 받을 수 있는 상표권 사용료 상당액을 손해액으로
주장하여 배상을 청구할 수 있다. 이 규정은 손해에 관한 피해자의 주장·증명책임을 경감해 주고자
하는 것이므로, 상표권자는 권리침해 사실과 통상 받을 수 있는 사용료를 주장·증명하면 되고 손해의
발생 사실을 구체적으로 주장·증명할 필요는 없다(대법원 2016. 9. 30. 선고 2014다59712 판결).
242) 상표권은 특허권 등과 달리 등록되어 있는 상표를 타인이 사용하였다는 것만으로 당연히 통상 받을
수 있는 상표권 사용료 상당액이 손해로 인정되는 것은 아니고, 상표권자가 상표를 영업 등에 실제 사
용하고 있었음에도 상표권 침해행위가 있었다는 등 구체적 피해 발생이 전제되어야 인정될 수 있다
(대법원 2016. 9. 30. 선고 2014다59712 판결).
243) 저작권의 경우에는 저작권법 125조 2항을 간주규정으로 보는 것이 다수설이라고 한다. 정상조·박성
수 공편(주 11), 241.
244) 다만 예를 들어 특허권자가 원고인 사건에서 실시료를 월 일정액으로 정한 전용실시권이 제3자에게
설정되어 있고, 원고 스스로는 특허권자 제품을 생산·판매하지 아니하는 경우나 특허발명의 실시가
침해제품의 판매에 전혀 기여한 바 없음이 인정되는 경우 등과 같은 예외적인 경우에는 특별한 사정
이 없는 한 특허권자인 원고에게 특허권 침해로 인하여 손해가 발생하였다고 보기 어렵다. 침해자인
피고로서는 이러한 사정을 항변으로 주장하여 128조 5항의 추정을 복멸할 수 있을 것이다. 이에 관한
자세한 내용은 안원모(주 16), 240~242 참조.
245) 권택수(주 6), 567~568.
246) 구 상표법(2001. 2. 3. 법률 제6414호로 개정되기 전의 것) 67조 2항은 같은 조 1항과 마찬가지로 불법
행위에 기한 손해배상청구에 있어서 손해에 관한 피해자의 주장·입증책임을 경감하는 취지의 규정이
고 손해의 발생이 없는 것이 분명한 경우까지 침해자에게 손해배상의무를 인정하는 취지는 아니라 할
것이므로, 같은 법 67조 2항의 규정에 의하여 상표권자 등이 상표권 등을 침해한 자에 대하여 침해에
의하여 받은 손해의 배상을 청구하는 경우에 상표권자 등은 손해의 발생 사실에 관하여 구체적으로
주장·입증할 필요는 없고, 권리침해의 사실과 통상 받을 수 있는 금액을 주장·입증하면 족하다고 할
것이지만, 침해자도 손해의 발생이 있을 수 없다는 것을 주장·입증하여 손해배상책임을 면할 수 있는
것이라고 해석하는 것이 상당하다(대법원 2002. 10. 11. 선고 2002다33175 판결).

우에는 명시적으로 판시한 바가 없다.

(2) 특허발명의 실시에 의하여 통상 받을 수 있는 금액

(가) 의 의

128조 5항 소정의 '특허발명의 실시에 의하여 통상 받을 수 있는 금액'의 의미에 대해서 그 특허발명의 통상실시권에 대한 실시료로서 객관적으로 타당한 금액, 즉 합리적인 특허권자와 실시권자가 그 특허발명에 대한 통상실시계약을 체결하였을 경우에 일반적으로 받을 수 있는 실시료 상당액을 의미한다는 것이 다수설[247]이자, 대법원판례[248]이다. 이에 대해서는 개별 구체적인 모든 요소를 충분히 고려하여 객관적으로 상당하다고 인정하는 실시료율을 기초로 하여 실시료 상당액을 산정하는 것이 타당하다는 견해,[249] 이를 통상실시료를 기준으로 산정하는 경우에 침해자로서는 특허권자 등과 교섭 등을 통하여 실시권 설정계약을 체결하기보다는 일단 무단 침해를 통하여 발명을 실시하고, 사후에 침해로 인정되면 비로소 통상실시료 상당액을 손해배상으로 지급하면 된다는 부당한 결론에 이르므로, 이를 통상실시료의 의미로 해석할 것이 아니라 당사자 간이 개별 구체적 사정을 모두 고려하여 침해자가 정상적인

구 상표법(2014. 6. 11. 법률 제12751호로 개정되기 전의 것) 67조에 의하면, … 그러나 위 규정이 상표권의 침해 사실만으로 손해의 발생에 대한 법률상의 추정을 하거나 손해의 발생이 없는 것이 분명한 경우까지 손해배상의무를 인정하려는 취지는 아니므로, 침해자는 상표권자에게 손해의 발생이 있을 수 없다는 점을 주장·증명하여 손해배상책임을 면할 수 있다. 한편 상표권은 특허권 등과 달리 등록되어 있는 상표를 타인이 사용하였다는 것만으로 당연히 통상 받을 수 있는 상표권 사용료 상당액이 손해로 인정되는 것은 아니고, 상표권자가 상표를 영업 등에 실제 사용하고 있었음에도 상표권 침해행위가 있었다는 등 구체적 피해 발생이 전제되어야 인정될 수 있다. 따라서 상표권자가 상표를 등록만 해 두고 실제 사용하지는 않았다는 등 손해 발생을 부정할 수 있는 사정을 침해자가 증명한 경우에는 손해배상책임을 인정할 수 없고, 이러한 법리는 서비스표의 경우에도 동일하게 적용된다(대법원 2016. 9. 30. 선고 2014다59712, 59729 판결).

247) 전효숙(주 51), 32; 권택수(주 6), 569; 정상조·박성수 공편(주 11), 245; 김기영·김병국 공저(주 12), 131; 송영식 외 6인(주 64), 669; 김재국·김장생(주 239), 399.

248) 대법원 2010. 3. 11. 선고 2007다76733 판결: 구 저작권법(2006. 12. 28. 법률 제8101호로 전부 개정되기 전의 것) 93조 2항에 따라 손해액을 산정함에 있어 '그 권리의 행사로 통상 받을 수 있는 금액에 상당하는 액'이라 함은 침해자가 저작물의 이용허락을 받았더라면 그 대가로서 지급하였을 객관적으로 상당한 금액을 말하는 것으로서,… 대법원 2001. 6. 26. 선고 99다50552 판결, 2001. 11. 30. 선고 99다69631 판결도 같은 취지이다.

249) 안원모(주 16), 237~239. 이 견해는 "법원은 당사자가 주장하는 실시료 상당액에 구속되지 아니하고 구두변론 종결 시에 변론에 나타난 모든 증거 및 법원에 현저한 사실에 의하여 당해 특허발명의 실시에 대하여 통상 받을 수 있는 금액을 결정하여야 한다."라고 한다.

실시권 설정계약자와 비교하여 같거나 유리한 지위에 놓이지 않도록 통상실시료보다 무거운 '상당한' 금액의 배상을 명하는 방향으로 해석되어야 한다는 견해250) 등도 있다.

실시료 상당액 산정의 기준 시에 대해서는 사실심 변론종결 시를 기준으로 그때까지 나타난 제반 사정을 종합적으로 고려하여 사후적으로 판단하여야 한다는 것이 다수설251)이고, 대법원판례252)이다.

(나) 산정방법

'특허발명의 실시에 의하여 통상 받을 수 있는 금액'의 산정방법 내지 산정 시 고려사항에 대해서 대법원은 "특허법 128조 5항에 의하여 특허발명의 실시에 대하여 통상 받을 수 있는 금액에 상당하는 액을 결정함에 있어서는, 특허발명의 객관적인 기술적 가치, 당해 특허발명에 대한 제3자와의 실시계약 내용, 당해 침해자와의 과거의 실시계약 내용, 당해 기술분야에서 같은 종류의 특허발명이 얻을 수 있는 실시료, 특허발명의 잔여 보호기간, 특허권자의 특허발명 이용 형태, 특허발명과 유사한 대체기술의 존재 여부, 침해자가 특허침해로 얻은 이익 등 변론종결시까지 변론과정에서 나타난 여러 가지 사정을 모두 고려하여 객관적, 합리적인 금액으로 결정하여야 하고, 특히 당해 특허발명에 대하여 특허권자가 제3자와 사이에 특허권 실시계약을 맺고 실시료를 받은 바 있다면 그 계약 내용을 침해자에게도 유추적용하는 것이 현저하게 불합리하다는 특별한 사정253)이 없는 한 그 실시계약에서 정한 실시료를 참작하여 위 금액을 산정하여야 하며, 그 유추적용이 현저하게 불합리하다는 사정에 대한 입증책임은 그러한 사정을 주장하는 자에게 있다."라고 판시하였다(대법원 2006. 4. 27. 선고 2003다15006 판결).254) 이 대법원판결에서 설시한 사항 외에도 특허발명의 기여율, 특

---

250) 조영선(주 88) 521~523. 심미랑, "특허침해에 대한 손해배상액으로서 실시료 상당액", 안암법학 통권 37호, 안암법학회(2012), 660도 같은 취지이다.

251) 정상조 · 박성수 공편(주 11), 248.

252) 대법원 2006. 4. 27. 선고 2003다15006 판결 : 특허법 128조 5항에 의하여 특허발명의 실시에 대하여 통상 받을 수 있는 금액에 상당하는 액을 결정함에 있어서는, … 변론종결시까지 변론과정에서 나타난 여러 가지 사정을 모두 고려하여 객관적, 합리적인 금액으로 결정하여야 하고, ….

253) 예를 들어 그 실시료가 특별히 예외적인 사정이 있어 이례적으로 높게 책정된 것이라거나 특허권 침해로 인한 손해배상청구 소송에 영향을 미치기 위하여 상대방과 통모하여 비정상적으로 고액으로 정한 것이라는 등의 사정을 말한다. 대법원 2001. 11. 30. 선고 99다69631 판결(저작권 침해에 관한 사안) 참조.

254) 대법원은 저작권과 관련된 사안에서 "저작권자가 당해 저작물에 관하여 사용계약을 체결하거나 사용료를 받은 적이 전혀 없는 경우라면 일응 그 업계에서 일반화되어 있는 사용료를 저작권 침해로 인한

허권자 등이 스스로 특허발명을 실시하고 있었는지 여부, 특허권자 등이 시장을 독점하고 있었는지 여부와 이러한 독점 상태 유지에 대한 특허권자 등의 객관적 · 합리적 의사, 특허권자 등이 시장개발 내지 시장개척을 위하여 노력하여 온 사정, 특허권자 등의 시장개발 노력으로 침해자가 시장에서 제품 출시에 따른 위험부담이 없어진 점 등을 고려할 수 있을 것이다. 이와 관련하여 미국 법원에서 통용되는 이른바 'Georgia-Pacific Test'[255]나 특허발명의 객관적 가치와 해당 사건의 주관적 · 개별적 사정 등을 종합적으로 고려하는 독일 법원의 합리적 실시료 산정방법[256] 등을 참고할 수도 있다.

위와 같은 대법원판례의 취지에 의하면, 당해 특허발명에 대하여 특허권자가 제3자와 특허권 실시계약을 맺고 실시료를 받은 경우에는 그 실시료가 특별히 예외적인 사정이 있어 이례적으로 높게 책정된 것이라거나 특허권 침해로 인한 손해배상청구 소송에 영향을 미치기 위하여 상대방과 통모하여 비정상적으로 고액으로 정한 것이라는 등의 특별한 사정이 없는 한 이를 기준으로 손해액을 산정할 수 있고,[257] 만약 그러한 실시료를 받은 바가 전혀 없는 경우라면 일단 그 업계에서 일반화되어 있는 실시료를 손해액 산정의 기준으로 삼을 수 있으나, 그에 의해서라도 당해 특허발명에

손해액 산정에 있어서 한 기준으로 삼을 수 있겠지만, 저작권자가 침해행위와 유사한 형태의 저작물 사용과 관련하여 저작물사용계약을 맺고 사용료를 받은 사례가 있는 경우라면, 그 사용료가 특별히 예외적인 사정이 있어 이례적으로 높게 책정된 것이라거나 저작권 침해로 인한 손해배상청구 소송에 영향을 미치기 위하여 상대방과 통모하여 비정상적으로 고액으로 정한 것이라는 등의 특별한 사정이 없는 한, 그 사용계약에서 정해진 사용료를 저작권자가 그 권리의 행사로 통상 얻을 수 있는 금액으로 보아 이를 기준으로 손해액을 산정함이 상당하다."라고 하거나(대법원 2001. 11. 30. 선고 99다69631 판결), "저작권자가 침해행위와 유사한 형태의 저작물 이용과 관련하여 저작물이용계약을 맺고 이용료를 받은 사례가 있는 경우라면, 특별한 사정이 없는 한 그 이용계약에서 정해진 이용료를 저작권자가 그 권리의 행사로 통상 받을 수 있는 금액으로 보아 이를 기준으로 손해액을 산정할 수 있고, 저작권자가 그와 같은 저작물 이용계약을 체결하거나 이용료를 받은 적이 전혀 없는 경우라면 일단 그 업계에서 일반화되어 있는 이용료를 손해액 산정의 기준으로 삼을 수 있다."라고 하였다(대법원 2010. 3. 11. 선고 2007다76733 판결).

255) 당해 특허발명에 대한 확립된 실시료, 침해자가 지불한 유사특허발명의 실시료, 실시권의 성격과 범위, 특허권자의 실시권 정책, 양 당사자의 거래상 관계, 비특허제품의 매출에 대한 영향, 특허권의 존속기간 및 실시권의 내용, 특허제품의 수익성, 특허발명의 이점, 특허발명의 성질, 침해자의 특허에 대한 이용범위 및 이용가치를 증명할 수 있는 증거, 동종 업계의 통상적인 발명의 이익률, 발명의 기여분, 자격 있는 전문가 증인의 증언, 가상협상에서의 실시료 등을 고려하여 특허발명의 합리적 실시료를 산정한다. 이에 관한 자세한 내용은 특허법원 국제지식재산권법연구센터, 각국의 특허침해소송에서의 손해액 산정방법에 관한 연구, 특허법원(2017), 75 이하 참조.

256) 특허법원 국제지식재산권법연구센터(주 255), 202 이하 참조.

257) 대법원 2001. 11. 30. 선고 99다69631 판결(저작권 침해에 관한 사안) 참조.

대한 실시료율을 산정하기 어려울 때는 결국 128조 7항에 따라 손해액을 산정할 수밖에 없을 것이다.[258]

일반적으로는 위와 같은 요소들을 고려하여 인정된 실시료율을 침해제품의 매출액 또는 매출수량에 곱하여 128조 5항 소정의 '특허발명의 실시에 의하여 통상 받을 수 있는 금액'을 산정한다.[259]

다만 기술이전 시장 등이 제대로 활성화되지 못한 국내 여건 때문에 특허권자가 제3자와 특허권 실시계약을 맺고 받은 실시료를 참작하여 실시료율을 인정할 수 있는 경우가 많지 않다. 이는 실무에서 128조 5항에 의하여 손해액을 산정한 사례의 수가 적은 이유이기도 하다. 최근에는 기술 분야, 해외출원 범위, 선행인용 건수, 후행인용 건수, 기술분류, 독립항 개수, 청구항 개수, 국제출원 여부, 발명자 수, 발명의 카테고리 등을 고려하여 수학적으로 합리적 실시료율을 산정하는 방법도 주장되고 있다.[260]

(다) 기여율의 문제

특허법 128조 5항에 의하여 손해액을 산정할 때에 기여율을 어떻게 적용하여야 하는가에 대해서, 제품 전체의 판매가격에 특허실시부분이 제품 전체에서 차지하는 비율, 즉 기여율을 곱하여 특허실시부분의 가격을 산정한 다음 여기에 특허발명의 적정한 실시료율을 곱하는 방법에 의하여야 한다는 견해도 있으나, 특허발명의 기여율

---

258) 대법원 2010. 3. 11. 선고 2007다76733 판결 : 구 저작권법(2006. 12. 28. 법률 제8101호로 전부 개정되기 전의 것) 93조 2항에 따라 손해액을 산정함에 있어 … 저작권자가 침해행위와 유사한 형태의 저작물 이용과 관련하여 저작물이용계약을 맺고 이용료를 받은 사례가 있는 경우라면, 특별한 사정이 없는 한 그 이용계약에서 정해진 이용료를 저작권자가 그 권리의 행사로 통상 받을 수 있는 금액으로 보아 이를 기준으로 손해액을 산정할 수 있고, 저작권자가 그와 같은 저작물 이용계약을 체결하거나 이용료를 받은 적이 전혀 없는 경우라면 일단 그 업계에서 일반화되어 있는 이용료를 손해액 산정의 기준으로 삼을 수 있다. 그런데 그 업계에서 일반화되어 있는 이용료를 기준으로 구 저작권법 제93조 제2항의 규정에 의한 손해액을 산정하기도 어려울 때에는, 법원이 구 저작권법 제94조에 따라 변론의 취지 및 증거조사의 결과를 참작하여 상당한 손해액을 정할 수 있다. 대법원 2010. 3. 11. 선고 2009다80637 판결, 2012. 2. 23. 선고 2010다66637 판결 등도 같은 취지이다.

259) 대법원 2001. 6. 26. 선고 99다50552 판결 : 구 컴퓨터프로그램보호법(1995. 12. 6. 법률 제4996호로 개정되기 전의 것) 27조 … 4항은 프로그램저작권자는 3항에 의한 손해액 외에 그 권리의 행사로 통상 얻을 수 있는 금액에 상당하는 액을 손해액으로 하여 그 배상을 청구할 수 있다고 규정하고 있는바, … 위 금액을 산정함에 있어서는 단위당 프로그램저작물의 통상적인 사용대가에 침해자의 복제품의 판매수량을 곱하여 계산하여야 할 것이다.

260) 이에 관한 자세한 내용은 양동홍, 김성철, 강근석, "특허가치평가를 위한 합리적 로열티율 산정방안 - 손해액산정모형을 중심으로", 기술혁신학회지 제15권 제3호, 한국기술혁신학회(2012. 9.) 참조.

을 실시료율과 달리 산정하기보다는 특허발명의 기여율을 고려하여 실시료율을 산정하는 방법이 바람직하다.261)

(3) 128조 6항

(가) 128조 6항 본문 – 손해액 중 5항에 의한 금액을 초과하는 부분의 추가 청구

128조 6항 본문에서는 "5항에도 불구하고 손해액이 같은 항에 따른 금액을 초과하는 경우에는 그 초과액에 대해서도 손해배상을 청구할 수 있다."라고 규정하는바, 5항이 손해액의 상한을 규정한 것이 아니므로, 이는 당연한 법리를 규정한 주의적 규정이라고 보는 것이 통설이다.262)

(나) 128조 6항 단서 – 손해액 산정 시 감액 고려요소로서의 경과실

128조 6항 단서에서는 "이 경우 특허권 또는 전용실시권을 침해한 자에게 고의 또는 중대한 과실이 없을 때에는 법원은 손해배상액을 산정할 때 그 사실을 고려할 수 있다."라고 규정함으로써 경과실로 특허권 등을 침해한 경우에는 법원이 손해배상액을 감경할 수 있도록 하고 있다.

동 단서의 적용범위에 대해서 민법 750조에 기한 손해배상청구의 경우에만 적용된다는 견해263)도 있으나, 128조 6항 본문의 '5항에 의한 금액을 초과하는 액수'에는 128조 2항 또는 4항에 의한 손해액도 포함되므로 128조 2항 또는 4항에 의하여 손해액을 산정할 때도 적용된다는 견해264)가 다수설이다.

한편 동 단서를 적용하여 손해액을 감경하더라도 128조 5항에 의한 손해액보다 적은 금액을 손해액으로 정할 수는 없다.265)

(4) 실시료 상당액 산정에 관한 하급심 사례266)

ⓐ 특허권자가 국내외에서 다수의 실시권설정계약을 체결하고 실시료를 받아 온

---

261) 이에 관한 자세한 내용은 안원모(주 16), 266~268 참조.
262) 전효숙(주 51), 37~38; 권택수(주 6), 573; 정상조·박성수 공편(주 11), 225; 조영선(주 88) 524; 송영식 외 6인(주 64), 671; 안원모(주 16), 269; 김재국·김장생(주 239), 407.
263) 전효숙(주 51), 39.
264) 권택수(주 6), 5774~575; 정상조·박성수 공편(주 11), 257; 조영선(주 88) 525; 안원모(주 16), 272.
265) 권택수(주 6), 575; 정상조·박성수 공편(주 11), 257; 조영선(주 88) 525; 안원모(주 16), 273.
266) 이하에서는 '특허발명의 실시에 의하여 통상 받을 수 있는 금액'의 산정에 관한 하급심 사례를 단순히 소개하는 것에 불과하고, 각 하급심 사례에서 채택한 산정방법이 모두 적법·타당하다는 취지는 아니다.

사안에서, 128조 5항에 따라 특허권자의 손해액을 특허권자가 받아 온 통상실시료 상당액으로 인정한 사례.[267]

　ⓑ 간접침해에 대해서도 128조 5항에 따른 손해액을 인정한 사례.[268]

　ⓒ 산업통상자원부가 2014. 12.경 발행한 기술가치평가 실무가이드에 포함된 '업종별 거래사례 로열티 통계'에 나타난 해당 업종의 로열티(평균값은 매출액의 3.21% 내지 3.41%에 이르고 최대값은 매출액의 65% 또는 10%), 피고가 관련 심판 및 그에 관한 판결에서 패소한 이후로도 침해제품을 계속 납품, 생산하였고, 피고의 특허침해가 문제되자 피고 대표가 다른 회사를 설립하고 피고의 자산을 인수하여 기존 침해행위를 지속하려고 시도하고 있는 것으로 보이는바, 이는 피고가 이 사건 특허발명의 침해품인 피고 실시제품의 납품으로 적지 않은 이익을 얻기 때문이고, 그렇다면 원고가 지급받을 실시료도 위 실무가이드에 포함된 로열티의 평균값 이상으로 볼 가능성이 높은 점 등을 종합하면, 원고와 피고가 이 사건 특허발명에 관하여 실시권 설정계약을 체결하였다면 원고가 지급받았을 실시료는 매출액의 5% 이상에 해당한다고 보고, '원고 제품의 개당 납품단가×위 실시료율 5%×침해제품 개수'의 산식에 의하여 원고의 손해액을 산정한 사례.[269]

　ⓓ 원고로부터 통상실시권을 허락받아 피고 제품을 생산·판매하여 오던 피고가 원고와의 통상실시권 설정계약이 해지된 이후에도 피고 제품을 계속 생산·판매함으로써 원고의 특허권을 침해한 사안에서, 위 통상실시권 설정계약에서 정한 실시료를 특허법 128조 5항 소정의 '특허발명의 실시에 대하여 통상적으로 받을 수 있는 금액'으로 인정하여 그에 따라 원고의 손해액을 산정한 사례.[270]

　ⓔ 2011년경 피고 제품이 일반수요자들에게 50,000~70,000원에 판매된 점, 통상실시권의 실시료율이 일반적으로 2%~5% 정도로 정해지는 점 등 변론에 나타난 제반 사정을 모두 종합하여 특허발명에 대한 통상실시권의 실시료 상당액을 제품 1개당 1,500원(=50,000원×3%)으로 정하고, 이를 침해제품 판매수량에 곱하여 원고의 손해액을 산정한 사례.[271]

---

267) 서울중앙지방법원 2016. 9. 8. 2015가합573203 판결(항소). 서울중앙지방법원 2015. 6. 5. 선고 2013가합13240 판결(확정)도 유사한 사안이다.
268) 서울중앙지방법원 2016. 6. 16. 선고 2015가합578109 판결(항소심에서 간접침해가 부정되어 원고청구 기각됨, 상고).
269) 서울중앙지방법원 2016. 2. 5. 선고 2015가합534581 판결(항소심에서 조정성립).
270) 서울중앙지방법원 2015. 8. 13. 선고 2014가합541599 판결(항소).
271) 서울중앙지방법원 2013. 12. 20. 선고 2012가합68717 판결(항소취하).

ⓕ "드럼 세탁기는 ① 세탁수를 수용하는 수조(터브), ② 수조의 내부에서 세탁물과 함께 회전하는 드럼, ③ 드럼을 회전시키기 위한 구동력을 발생시키는 구동부, ④ 세탁기의 최외곽을 형성하는 캐비닛, ⑤ 위 수조를 캐비닛 내에 진동을 억제하도록 지지하기 위한 스프링, 댐퍼 등의 지지구조, ⑥ 캐비닛 전방에서 사용자가 세탁물을 넣고 빼기 위한 도어부, ⑦ 캐비닛 전방 상단에서 사용자가 조작하는 다수의 버튼 등을 구비한 조작 패널부, ⑧ 조작 패널부를 통한 사용자의 버튼 입력, 세탁물·세탁수의 양의 감지신호 등을 기초로 급수의 개시·정지, 배수의 개시·정지, 드럼의 회전·정지 등을 제어하는 마이크로컴퓨터, ⑨ 급수 및 배수와 관련된 배관, 밸브 개폐 등의 구조, ⑩ 세제, 섬유유연제 등의 투입 구조 등 약 10개 부분으로 구성되어 있고, 피고 제품에는 이 사건 특허발명 외에도 피고가 권리를 가지고 있는 39개의 특허 및 실용신안 기술이 결합되어 있으며, 이 사건 특허발명은 위 구성 부분 중 ② 드럼 내부의 리프트에 관한 특허로서 이는 개척발명이 아니라 개량발명인 점, 피고가 피고 제품을 생산·판매하여 위 매출소득을 얻은 것은 이 사건 특허발명뿐 아니라 피고의 브랜드 인지도, 유통망, 외관의 디자인, 마케팅 등의 자본적, 경영적 요소가 기여하였다고 인정되는 점, 피고 제품의 세탁기 전체 판매가는 평균 약 45만 원인데 비해 드럼 내부에 설치된 리프트의 제조원가는 900원 내지 2000원에 불과한 점, 이 사건 변론종결 당시 전기·전자제품에 관한 판매금액 대비 국내 실시료율은 평균 4.2% 정도인 점 등을 종합하면, 피고의 별지 '피고 제품' 목록 기재 드럼 세탁기 제품의 판매액에 대한 이 사건 특허발명의 실시료율은 0.5%라고 인정함이 상당하다."라고 하고, 이처럼 인정된 실시료율을 피고의 침해제품 매출액에 곱하여 원고의 손해액을 산정한 사례.[272)]

ⓖ 특허권자인 원고가 제3자와 체결한 특허발명의 통상실시권 부여계약에서 실시료를 가스레인지 1대당 1,000원으로 정하고, 이를 그 제3자로부터 계속 받아왔음이 인정되는 사안에서, 위 실시료를 원고 특허발명의 통상실시료로 인정하고, 이를 피고 침해제품의 양도수량에 곱하여 원고의 손해액을 산정한 사례.[273)]

ⓗ 원고가 제3자와 체결한 실용신안권의 실시권설정계약 중 실시료 약정은 존재하나 실제로 실시료가 지급된 바 없는 실용신안권 사용위탁약정과 약정된 실시료가

---

272) 서울중앙지방법원 2012. 9. 14. 선고 2008가합107370 판결(항소취하).
273) 서울중앙지방법원 2010. 11. 19. 선고 2009가합146440 판결(항소심에서 화해권고결정 확정).

실제로 일정 기간 지급되었음이 인정되는 실용신안권 위탁계약이 모두 존재하는 사안에서, 실제로 지급된 실시료를 기준으로 원고의 손해액을 산정한 사례.[274]

ⓘ 원고가 제3자와 체결한 통상실시권 설정계약에서 정한 '제품당 실시료'를 기준으로 원고의 손해액을 산정한 사례.[275]

ⓙ 별다른 근거나 설시 없이 원고 실용신안권 내지 특허권의 실시료율을 3%로 인정하고 이를 기준으로 원고의 손해액을 산정한 사례.[276]

ⓚ '이 사건 제1항 발명의 내용, 피고의 확인대상 수류탄 제조방법의 효율성, 피고와 이 사건 특허발명의 최초권리자인 ○○○ 사이에 체결된 특허실시권 및 기술이전 계약상의 양도 대가(6억 원), 수류탄의 제조·판매에 있어서의 특수성(구 방위산업에 관한 특별조치법 4조 등에 따라 정부로부터 방위산업체로 지정을 받아야만 수류탄 등 방산물자를 생산할 수 있는데, 원고는 방위산업체로 지정된 바 없어, 수류탄을 생산할 수 없다), 위 수류탄의 제조·판매로 인한 피고의 이익률 정도(매출액의 9%), 특히 수류탄의 제조·판매로 인한 이익률에서 제조회사의 자본이나 영업능력을 제외한 특허권이 차지하는 비율은 1/3 정도라고 봄이 상당하고, 또한 이 사건 제1항 발명은 피고의 확인대상 수류탄 제조방법과 결합되어야만 비로소 그 가치가 인정된다고 할 것이므로, 피고가 확인대상 수류탄 제조방법에 따라 제조한 수류탄에서 이 사건 제1항 발명이 차지하는 기여도는 그 1/3 정도라고 봄이 상당한 점 등을 종합하여 보면, 이 사건 제1항 발명의 통상실시료는 이를 사용하여 수류탄을 제조·판매하였을 경우 얻을 수 있는 매출총액의 1%(=매출총액 중 이익률 9%×이익률 중 특허권이 차지하는 비율 1/3×수류탄에서 이 사건 제1항 발명이 차지하는 기여도 1/3)에 해당하는 금액'이라고 보고, 이를 피고의 확인대상 수류탄의 매출총액에 곱하여 원고의 손해액을 산정한 사례.[277]

사. 특허법 128조 7항에 의한 손해액의 산정: 법원의 재량산정

(1) 규정의 취지

특허법 128조 7항은 특허권 침해로 손해가 발생한 것은 인정되나 그 손해액을 증명하기 위하여 필요한 사실을 증명하는 것이 그 사실의 성질상 극히 곤란한 경우에

---

274) 서울중앙지방법원 2009. 6. 4. 선고 2008가합9315 판결(확정).
275) 광주지방법원 2008. 9. 4. 선고 2007가합10766 판결(항소취하).
276) 광주지방법원 2008. 2. 1. 선고 2005가합10236 판결(항소심에서 소취하).
277) 서울고등법원 2006. 6. 14. 선고 2005나66659 판결(확정).

는 법원이 변론 전체의 취지와 증거조사의 결과에 기초하여 상당한 손해액을 인정할 수 있다고 규정한다. 이는 자유심증주의하에서 손해가 발생된 것은 인정되나 손해액을 입증하기 위하여 필요한 사실을 입증하는 것이 해당 사실의 성질상 극히 곤란한 경우에는 증명도 · 심증도를 경감함으로써 손해의 공평 · 타당한 분담을 지도원리로 하는 손해배상제도의 이상과 기능을 실현하고자 하는 데 취지가 있는 것이지, 법관에게 손해액 산정에 관한 자유재량을 부여한 것은 아니다.[278] 민사소송법 202조의2도 "손해가 발생한 사실은 인정되나 구체적인 손해의 액수를 증명하는 것이 사안의 성질상 매우 어려운 경우에 법원은 변론 전체의 취지와 증거조사의 결과에 의하여 인정되는 모든 사정을 종합하여 상당하다고 인정되는 금액을 손해배상 액수로 정할 수 있다."라고 하여 같은 취지로 규정한다.

특허권 침해로 인한 손해액 산정 시 128조 2항, 4항 또는 5항의 요건사실을 증명하기가 쉽지 아니하므로, 7항은 우리나라 실무에서 특허권 등 침해로 인한 손해액 산정 시 128조의 각항 중 가장 많이 적용되는 조항이다. 그러나 앞서 본 바와 같이 128조 7항은 같은 조 2항, 4항 또는 5항에 의한 손해액을 증명하기 극히 곤란한 경우에 보충적으로 적용되는 것이므로, 적절한 석명권 행사나 자료제출명령 등을 통해서 가능한 한 128조의 2항 내지 6항에 의하여 손해액을 산정하고, 7항은 다른 조항의 요건사실을 증명하는 것이 용이하지 아니한 경우에만 예외적으로 적용하는 것이 바람직하다.

(2) 128조 7항의 적용을 위한 요건사실

128조 7항은 앞서 본 바와 같이 당사자의 주장이 없더라도 법원이 직권으로 적용할 수 있으므로, 반드시 특허권자 등이 7항의 적용을 주장하여야 하는 것은 아니다.

그러나 128조 7항에 의하여 손해액을 산정하기 위해서는 적어도 특허권자 등이 ① 손해가 발생하였다는 점 및 ② 손해액을 증명하기 위하여 필요한 사실을 증명하는 것이 그 사실의 성질상 극히 곤란하다는 점을 증명하여야 한다.

---

278) 대법원 2011. 5. 13. 선고 2010다58728 판결. 법원의 재량권 행사를 통한 손해배상액 산정의 법적 성격에 관하여 이를 사실인정에 있어 증명도를 경감하려는 취지로 이해하는 견해(증명도 경감설)와 이를 사실인정의 문제가 아니라 법원 평가의 문제로 보고 그 평가방법이 확립되어있지 않은 경우 법원이 재량권을 행사할 수 있는 것으로 이해하는 견해(재량평가설)가 있는바, 우리나라의 통설과 판례는 증명도 경감설을 따른다. 최지선, "법원의 재량에 기한 특허침해 손해배상액 산정 판결례 고찰과 쟁점 연구", 저스티스 통권 제156호, 한국법학원(2016. 10.), 123.

손해액을 증명하기 위하여 필요한 사실은 특허권 침해로 인한 손해액 계산의 요건사실(예를 들어 128조 4항의 경우에는 침해자의 이익액)과 그러한 요건사실을 인정하기 위한 간접사실(예를 들어 128조 4항의 경우에는 침해자의 이익액을 산정하기 위한 침해자의 매출액과 경비 등)을 의미한다.[279]

(3) 128조 7항에 의한 손해액의 산정방법

대법원은 128조 7항에 의한 손해액의 산정에 관하여 "이는 자유심증주의하에서 손해가 발생된 것은 인정되나 손해액을 입증하기 위하여 필요한 사실을 입증하는 것이 해당 사실의 성질상 극히 곤란한 경우에는 증명도·심증도를 경감함으로써 손해의 공평·타당한 분담을 지도원리로 하는 손해배상제도의 이상과 기능을 실현하고자 하는 데 취지가 있는 것이지, 법관에게 손해액 산정에 관한 자유재량을 부여한 것은 아니므로, 법원이 위와 같은 방법으로 구체적 손해액을 판단할 때에는 손해액 산정 근거가 되는 간접사실들의 탐색에 최선의 노력을 다해야 하고, 그와 같이 탐색해 낸 간접사실들을 합리적으로 평가하여 객관적으로 수긍할 수 있는 손해액을 산정해야 한다."라고 판시하였다.[280]

실무적으로는 128조 2항, 4항, 5항의 각 요건사실(특히 단위수량당 이익액 내지 한계이익 또는 이익률)이 증거로 명확하게 인정되지 아니하는 경우에 128조 7항에 의하여 손해액을 산정하면서도, 실질적으로는 128조 2항, 4항 또는 5항에 의한 방법, 특히 4항에 의한 방법을 원용하여 산정하는 경우가 많다.

특허권 침해로 손해가 발생한 것은 인정되나 특허권 침해의 규모를 알 수 있는 자료가 모두 폐기되어 그 손해액을 입증하기 위하여 필요한 사실을 입증하는 것이 어렵게 된 경우에는 특허법 128조 7항을 적용하여 상당한 손해액을 결정할 수 있고, 이 경우에는 그 기간 침해자의 자본, 설비 등을 고려하여 평균적인 제조 수량이나 판매수량을 가늠하여 이를 기초로 삼을 수 있으며, 특허권 침해 기간의 일부에 대해서만 손해액을 입증하기 어려운 경우에 반드시 손해액을 입증할 수 있는 기간에 대하여 채택된 손해액 산정방법이나 그와 유사한 방법으로만 상당한 손해액을 산정하여야만 하는 것은 아니고, 자유로이 합리적인 방법을 채택하여 변론 전체의 취지와 증

---

279) 안원모(주 16), 276
280) 대법원 2011. 5. 13. 선고 2010다58728 판결.

거조사의 결과에 기초하여 상당한 손해액을 산정할 수 있다(대법원 2006. 4. 27. 선고 2003다15006 판결 등 참조). 특히 2003다15006 판결은, 甲 회사가 특허기술이 적용된 공사를 직접 수주하여 시공함으로써 이익을 얻고자 특허권자인 乙 회사로부터 전용실시권을 취득하였는데, 乙 회사가 그 전용실시권을 침해하여 제3자에게 통상실시권을 부여하고 그로 하여금 공사를 수주하도록 한 후 이를 자기가 하수급하여 시공함에 따라, 甲 회사가 위 공사를 수주하여 시공할 수 없게 된 사안에서, 乙 회사가 위 전용실시권 침해행위로 얻은 공사이윤액을 인정할 만한 증거가 부족하고 달리 그 손해액을 추정할 수 있는 주장 · 입증이 없다는 이유로 특허법 128조 7항을 적용하여 乙 회사가 제3자로부터 받은 통상실시료 상당액을 甲 회사의 손해액으로 인정한 원심판결에 대하여, 乙 회사의 전용실시권 침해로 甲 회사가 입은 손해는 甲 회사가 위 공사를 수주 · 시공하지 못하여 얻지 못한 이익을 기준으로 산정하는 것이 합리적이라는 이유로 이를 파기한 것이다.

(4) 128조 7항에 의한 손해액의 산정에 관한 하급심 사례[281][282]

(가) 128조 2항의 손해액 산정방법을 원용
ⓐ 피고들 제품의 판매수량×원고 제품의 단위수량당 이익 추정액[283]
ⓑ 피고 제품의 양도수량×원고 제품 단가×원고 제품의 표준소득률[284]
ⓒ 피고들 제품의 추정 판매수량×원고 제품의 단위수량당 이익액[285]

---

281) 이하에서는 128조 7항의 적용에 관한 하급심 사례를 단순히 소개하는 것에 불과하고, 각 사례에서 채택한 산정방법이 모두 적법 · 타당하다는 취지는 아니다.
282) 기존 하급심 사례에 관한 비판적 분석은 최지선(주 278) 참조.
283) 서울중앙지방법원 2017. 5. 26. 선고 2015가합556970 판결(확정). 원고 제품의 단위수량당 이익액을 구체적으로 특정하기 어려운 사안에서, 제반 사정을 참작하여 원고 제품의 단위수량당 이익액의 최고액과 최저액을 추정하고, 이를 기초로 원고의 손해액을 산정한 사례.
284) 서울중앙지방법원 2015. 12. 23. 선고 2014가합593842 판결(항소심에서 원고청구가 기각됨). 서울중앙지방법원 2017. 8. 25. 선고 2017가합531319 판결(항소기각)도 상표권 침해사건에서 '피고 제품의 양도수량×원고 제품의 개당 평균 판매가격×원고의 표준소득률'에 의하여 산정된 금액에 기하여 원고의 손해액을 인정하였다. 다만 2017가합531319 판결의 항소심[특허법원 2018. 1. 26. 선고 2017나2172 판결(확정)]에서는 '피고 제품의 양도수량×원고 제품의 개당 평균 판매가격×원고의 순이익률'에 의하여 산정된 금액에 기하여 원고의 손해액을 인정하였고, 그에 따라 그 손해액이 증가하였으나, 피고들만이 항소하였으므로 불이익변경금지 원칙에 따라 피고들의 항소를 기각하였다.
285) 서울중앙지방법원 2016. 5. 26. 선고 2014가합591167 판결(항소심에서 변경). 피고들 제품의 판매수량이 구체적으로 특정하기 어려운 사안에서, 제반 사정을 참작하여 피고들 제품의 판매수량을 추정하고, 그에 기초하여 원고의 손해액을 산정한 사례.

ⓓ '피고 제품의 매출액×원고의 영업이익률'에 의하여 산정된 금액을 고려하여 원고의 손해액을 인정한 사례.[286]

(나) 128조 4항의 손해액 산정방법을 원용

1) 매출액에서 비용을 공제하는 방식

ⓐ 피고 제품의 매출단가에서 피고 제품의 자재원가 및 인건비 등을 고려하여 피고 제품당 원고의 일실손해액을 산정한 사례.[287]

ⓑ 피고가 피고 실시제품 5,000세트의 제작을 위하여 지출한 금형비와 제품 생산비 합계액을 5,000세트로 나누어 피고 실시제품의 세트당 생산비용을 산정하고, 피고 실시제품의 세트당 평균가격에서 위 세트당 생산비용을 공제한 금액에 판매관리비를 고려하여 피고 실시제품의 세트당 판매이익액을 산정한 다음, 이를 피고 실시제품의 양도수량에 곱하여 원고의 손해액을 산정한 사례.[288]

2) 매출액에 이익률을 곱하여 이익에서 비용을 공제하는 방식

ⓐ 피고의 침해제품 매출액 합계는 특정되나 피고가 침해제품의 제조·판매를 위하여 지출한 비용을 산정할 수 없는 사안에서, 일응 원고가 구하는 바에 따라 특허법 128조 4항에 의하여 원고의 손해액으로 추정되는 피고의 이익액을 산정하되, 보충적으로 같은 조 7항을 함께 적용하여 판단한다고 하면서, 2011년도 피고의 전체 매출액, 매출총이익, 매출총이익에서 판매비와 일반관리비를 뺀 영업이익을 각각 특정 금액으로 인정하고, 그에 따라 피고의 2011년도 전체 매출액 대비 영업이익률을 산정한 다음, 2008, 2009, 2010, 2012년도 전체 매출액 대비 영업이익률도 이러한 2011년도 전체 매출액 대비 영업이익률과 같을 것으로 추인하고, 이를 근거로 침해제품 매출액 합계에 2011년도 전체 매출액 대비 영업이익률을 곱하여 원고의 손해액을 산정한 사례.[289]

ⓑ 피고의 침해제품 매출액 및 침해제품의 판매로 인한 영업이익률이 피고의 전체 영업이익률보다 상당히 높을 것이라는 점 등을 고려하여 원고의 손해액을 산정한 사례.[290]

---

286) 서울중앙지방법원 2017. 8. 18. 선고 2016가합568208 판결(확정).
287) 서울중앙지방법원 2018. 1. 25. 선고 2016가합568147 판결(항소).
288) 특허법원 2017. 2. 24. 선고 2016나1608 판결(확정).
289) 서울중앙지방법원 2012. 9. 11. 선고 2010가합131161 판결(항소취하).
290) 서울중앙지방법원 2017. 9. 22. 선고 2016가합543605 판결(항소심에서 강제조정 확정).

ⓒ 의약품 용도발명의 침해 사안에서, 침해기간 동안 피고 약품의 통증 코드 및 통증·간질 코드 처방 금액을 피고들 약품의 매출액으로 보고, 여기에 피고의 재무제표에 대한 감사보고서 등에 의하여 인정되는 피고의 영업이익률을 곱한 금액을 원고의 손해액으로 인정한 사례.[291] 유사한 사안에서, 침해기간 동안 피고들 약품의 통증 코드 및 통증·간질 코드 처방 금액을 피고들 약품의 매출액으로 보고, 한국보건산업 진흥원이 발간한 '2015년 국내 제약기업 경영성과 분석 및 2016년 산업 전망'에 기재된 상장제약사의 매출액 대비 영업이익률을 고려하여 피고들의 영업이익률을 그보다 높게 정하고, 위와 같은 피고들 약품의 매출액에 피고들의 영업이익률을 곱하여 산출한 금액을 원고의 손해액으로 인정한 사례.[292][293]

3) 소득세법상 수입금액 추계방법을 원용하는 방식[294]

ⓐ 국세청이 고시하는 2007년부터 2010년까지 '컴퓨터 및 그 주변기기'에 대한 국세청 고시 단순경비율은 90%이고, 따라서 표준소득률은 10%(=100%-단순경비율 90%)가 되므로, 피고가 배상하여야 할 특허권 침해로 인한 원고의 손해액을 실시제품의 해외수출분 판매가격 합계액에 위 표준소득률을 곱하여 산정하고, 그중 법인세율에 해당하는 부분을 감액하여야 한다는 피고의 주장을 배척한 사례.[295]

---

291) 서울중앙지방법원 2017. 6. 30. 선고 2016가합517156 판결(항소기각).

292) 서울중앙지방법원 2017. 6. 30. 선고 2016가합521919 판결(항소취하), 2017. 6. 30. 선고 2016가합 521926 판결(항소취하).

293) 서울중앙지방법원 2017. 6. 30. 선고 2016가합517163 판결(항소취하)도 같은 취지이다. 이 판결에서는 한국보건산업진흥원이 발간한 '보건산업브리프' 보고서에 나타난 대한민국 상장 제약사의 매출액 대비 영업이익률을 고려하되 피고의 영업이익률은 그보다 높을 것으로 보았다.

294) 이에 관한 사례는 대부분 특허권자 등이 128조 4항의 적용을 주장하였으나, 4항을 적용하기 위한 요건 사실, 특히 침해자의 영업이익 내지 이익률을 특정할 자료가 없다는 이유로 법원이 7항을 적용하면서 침해자의 매출액에 표준소득률을 곱하여 침해자의 이익액을 산정하고 이를 특허권자 등의 손해로 인정한 것이다.

295) 수원지방법원 2012. 5. 24. 선고 2010가합17614 판결(항소기각 및 상고기각). 다만 이 판결은 128조 4항에 의하여 특허권자인 원고의 손해액을 산정한다고 하면서도, 피고가 제출한 손익계산서는 특허권 침해로 인한 피고의 이익액을 산정하는 기준으로 삼기에 적당하지 아니하고, 달리 침해행위로 인한 이익액을 산정할 구체적이고 뚜렷한 방법이 없고, 피고의 제품판매에 따른 피고의 영업이익률에 관한 자료는 모두 피고가 보유하고 있어 현실적으로 원고가 이를 취득하기 곤란하므로, 특허법 128조 4항에 따른 손해액 입증이 사안의 성질상 극히 곤란한 경우에 해당하여, 특허법 128조 7항에 따라 변론 전체의 취지와 증거조사의 결과에 기초하여 상당한 손해액을 인정할 수 있다고 하면서, 제반 사정에 비추어 보면 피고의 침해제품의 판매에 따른 피고의 영업이익률이 표준소득률과 별 차이가 없을 것으로 보이므로, 원고의 주장대로 소득세법상 소득금액 추계방식에 따라 피고의 이익액을 산정한다고 하였다.

ⓑ 국세청이 고시하는 '컴퓨터 및 그 주변 기기' 제조업의 단순경비율은 모두 90%이고, 피고의 표준손익계산서에 의하면 2004년 피고의 영업이익과 순이익은 모두 적자이며, 2005년 피고의 영업이익은 적자, 매출액 대비 순이익률은 약 1.6%, 2006년 피고의 매출액 대비 영업이익률은 약 9.1%, 순이익률은 약 7.0%, 2007년 피고의 매출액 대비 영업이익률은 약 6.3%, 순이익률은 약 4.1%, 2008년 피고의 매출액 대비 영업이익률은 약 8.5%, 순이익률은 약 6.4%인 사안에서, 위 단순경비율은 국세청이 해당 업종의 매출액 또는 수입액에서 신고자의 편의 또는 소득세 부과의 편의를 위하여 통계자료를 바탕으로 규범적 판단을 거쳐 결정하는 것으로, 위 단순경비율을 제외한 나머지 10%를 피고 제품에 대한 이익률이라고 단정할 수 없고, 피고의 손익계산서는 피고의 각 연도별 '매출총이익'에서 '판매비와 관리비'를 공제하는 방식으로 영업이익을 산출하였는데, 여기서 공제되는 '판매비와 관리비'에는 감가상각비, 무형자산상각비, 대손상각비 등이 포함되어 있으므로 영업이익이 적정하게 산출되었다고 보기 어려우며, 순이익의 산출 과정 역시 피고 제품의 생산·판매와 무관한 이자비용, 외환차손 등과 같은 손해를 공제하는 방식으로 되어 있어 마찬가지로 피고 제품에 대한 적정한 이익률로 삼기는 어렵다는 이유로, 손해가 발생한 사실은 인정되나 손해액 산정을 위한 기초자료가 침해자인 피고에게 편중되어 있고, 피고가 제출한 손익계산서만으로는 적정한 손해액 산정의 자료가 되기 어려워 원고가 그 손해액을 입증하기 위하여 필요한 사실을 입증하는 것이 성질상 극히 곤란한 경우에 해당하므로, 특허법 128조 7항에 따라 법원이 변론 전체의 취지와 증거조사의 결과에 기초하여 상당한 손해액을 인정할 수 있다고 하면서, 피고 제품의 매출액, 피고 제품이 속하는 '컴퓨터 및 그 주변기기' 제조업의 표준소득률[=100%-단순경비율(%)] 및 피고가 제출한 손익계산서의 각 항목의 내용, 기타 변론과정에 나타난 여러 사정을 고려하면, 피고가 피고 제품을 생산·판매함으로 인하여 원고가 입은 손해의 액은 피고 제품의 매출액에 적정 영업이익률 8%를 곱하여 산정한 금액이라고 판단한 사례.296)

ⓒ 피고가 원고의 문서제출명령 신청에 따라 피고의 침해이익 산정에 필요한 서류를 제출하겠다고 약속하고도 이를 제출하지 아니한 사안에서, 원고의 독점판매대리점(업종코드 : 도매 및 상품중개업)의 국세청 고시 단순경비율 67.8%에 기하여 표준소득률을 산정하고, 이를 피고 제품의 매출액에 곱하여 산출한 금액을 원고의 손해액으

---

296) 서울중앙지방법원 2013. 8. 16. 선고 2012가합68830 판결(항소심에서 원고 손해액이 일부 증액됨).

로 인정한 사례.[297)]

ⓓ 고기 구이판에 관한 특허발명을 침해한 사안에서, 침해제품의 판매수량에 대해서는 당사자 사이에 다툼이 없으나 개당 판매가격 및 생산 · 판매에 지출된 비용의 증명이 없는 사안에서, 세금계산서와 증인의 증언 등에 의하여 평균판매가격(40,097원)을 확정하고, 원자재구입대금(10,000원~12,000원), 코팅비용(3,500원), 그 외 포장비 등 개당 추가비용(2,980원)을 인정하고, 침해자들이 조정기일에서 개당 영업이익이 10,000원 정도라고 인정한 점을 고려하여, 침해제품의 개당 생산 · 판매 이익을 10,000원으로 하여 손해배상액을 산정하면서, 특허법 128조 4항에 의하여 손해액을 산정하되, 같은 조 7항을 보충적으로 적용한다고 설시한 사례.[298)]

ⓔ 의약품에 관한 특허발명을 침해한 사안에서 건강보험심사평가원에서 집계한 침해제품 약제비 청구액을 기준으로 매출액을 정하고(특허권자인 원고는 약제비 청구액에는 건강보험 비급여 약제비가 포함되지 아니하여 정확하지 아니하므로, 표본조사에 의하여 작성된 매출액 자료를 기준으로 피고 제품의 매출액을 산정하여야 한다고 주장하였으나, 표본조사에 의한 매출액 산정의 정확성이 떨어진다는 이유로 그 주장이 배척됨), 그 매출액에 국세청 통계에 따른 의약품 제조 업종 표준소득률(14.2%=100%-단순경비율 85.8%) 범위 내에서 원고가 주장하는 피고의 이익률 14%를 곱하여 산출한 금액을 원고의 손해액으로 인정한 사례.[299)]

ⓕ 피고들이 과세관청에 신고한 매출액과 매입액이 증거로 인정되는 사안에서, 위 매입액이 주요경비의 대부분을 차지할 것으로 보고, 이를 전제로 매출액에서 주요경비(매입액)와 기준경비율에 의한 기준경비를 공제하여 피고들의 소득금액을 산정하고, 이를 고려하여 원고의 손해액을 산정한 사례.[300)]

ⓖ 침해제품이 5가지 기능으로 구성되었으나 각 기능이 침해제품 전체에서 차지하는 비중을 정확하게 알 수 없는 사안에서, 각 기능의 비중이 균등한 것으로 추정하

297) 인천지방법원 2013. 11. 1. 선고 2010가합3113 판결(항소심에서 침해가 부정되어 원고청구가 모두 기각됨).

298) 서울중앙지방법원 2013. 8. 23 선고 2012가합76619 판결(항소심에서 조정성립).

299) 서울중앙지방법원 2010. 11. 12 선고 2010가합34123 판결(항소기각). 이 판결은 피고 제품 판매로 인한 피고의 영업이익률에 관한 자료가 나타나 있지 아니하다는 이유로 128조 7항을 적용한 사안이다. 한국제약협회장에 대한 사실조회결과를 근거로 의약품 매출액을 인정한 사례로는 서울중앙지방법원 2009. 10. 7 선고 2007가합33960 판결(다만 128조 4항에 의하여 손해액을 산정한 사안임).

300) 서울중앙지방법원 2017. 5. 12. 선고 2016가합506286 판결(항소).

고, 그에 따라 특허발명(5가지 기능 중 하나의 기능에만 관련됨)의 기여도를 침해제품의 공급가액 중 1/5로 인정하여 침해제품의 총매출액 중 특허권 침해로 인한 부분을 산정하고, 여기에 국세청의 '2015년 귀속 경비율 고시'에서 정한 침해제품 업종의 경비율에 의한 이익률을 곱하여 특허권 침해로 특허권자가 입은 손해액을 산정한 사례.[301]

ⓗ "피고의 영업 또는 한계이익률을 정확하게 파악할 수 있는 자료가 없고, 위 표준소득률을 피고의 영업 또는 한계이익률로 의제할 수 없는 점, 과세관청으로서는 피고의 소득금액을 추계 결정함에 있어서 단순경비율이 아닌 기준경비율을 적용하여 '피고 수입금액-주요경비(매입비용+임차료+인건비)-기타경비(수입금액×기준경비율)'을 피고 소득금액으로 산정할 가능성도 있는데…, 피고의 수입금액에서 공제할 주요경비 등을 알 수 있는 자료가 없는 점, 피고 제품들 매출에 소요된 변동비용(재료비, 운반비, 판매수수료 등)에 대한 아무런 자료가 제출되지 아니하여 피고 제품들 매출로 발생한 피고의 한계이익을 파악할 수도 없는 점 등을 고려하면," 침해행위로 피고가 얻은 이익액을 정확하게 산정하기 어려운 반면, "피고가 피고 제품들에 관한 제품별 제조원가, 판매경비 및 영업이익률 등을 알 수 있는 자료를 전혀 제출하지 아니하고 있고, 그 밖에 이 사건 변론과정을 종합적으로 감안할 때 현실적으로 원고 ○○○(특허권자)가 피고의 영업이익률을 산정할 수 있는 객관적인 자료를 취득하여 구체적인 손해액을 입증하는 것은 극히 곤란한 것으로 보이므로, 이러한 경우에 피고의 영업이익률과 위 표준소득률 사이에 큰 차이가 있음을 인정할 증거가 없는 이상, 앞서 본 국세청 고시 2011년 귀속 단순경비율에 따라 계산한 '완제 의약품 제조업'의 표준소득률 14.2%를 적용하여 원고 ○○○의 손해를 산정할 수 있다."라는 이유로 피고 제품들 매출액에 피고의 표준소득률을 곱하여 산출한 금액을 원고 ○○○의 손해액으로 인정하는 한편, 약가 인하에 따른 매출액 감소로 인한 원고 ◇◇◇(독점적 통상실시권자)의 손해배상청구에 대해서도 원고 ◇◇◇가 주장하는 매출액 감소분에 위 표준소득률을 곱하여 산출한 금액을 원고 ◇◇◇의 손해액으로 인정한 사례.[302]

---

301) 서울중앙지방법원 2016. 12. 9. 선고 2015가합577366 판결(항소심에서 원고 청구 기각).
302) 서울중앙지방법원 2017. 9. 15. 선고 2014가합556560 판결(독점적 통상실시권자인 원고 ◇◇◇의 청구 부분에 대해서만 원고 ◇◇◇와 피고가 항소함에 따라 위 판결 중 특허권자인 원고 ○○○의 청구 부분은 그대로 확정되었다). 그러나 그 항소심 판결인 특허법원 2018. 2. 8. 선고 2017나2332 판결은(상고) 약가인하로 인한 원고 ◇◇◇ 제품의 매출 감소액을 독점적 통상실시권 침해로 인한 원고 ◇◇◇의 손해액으로 인정하되, 피고의 손해배상책임을 70%로 제한하였다(제2장 제7절 II. 1. 다. 참조). 관련

① 서울중앙지방법원 2017. 10. 27. 선고 2016가합512885 판결(확정), 2017. 8. 18. 선고 2016가합547034 판결(확정), 특허법원 2017. 11. 24. 선고 2017나1346 판결(상고),[303] 서울동부지방법원 2017. 6. 14. 선고 2014가합1834 판결(항소취하) 등.

아. 선택산정 및 혼합산정의 문제

128조 2항, 4항 또는 5항에 의한 손해액 산정 시 그중 어느 하나의 항에 의해서만 손해액을 산정하여야 하는지(이른바 선택산정), 아니면 특허권자 등의 생산·판매능력 등의 제한사유로 침해제품의 판매수량 또는 매출액 일부가 128조 2항 또는 4항에 의한 손해액 산정에서 배제되는 경우에 그 배제된 침해제품의 판매수량 또는 매출액에 대해서는 5항에 의하여 손해액을 추가로 인정할 수 있는지(이른바 혼합산정, 병용산정, 분할산정)가 문제가 된다.

혼합산정의 허용 여부에 대해서는 국가별로 다르다.[304] 우리나라의 경우에는 혼합산정을 긍정하는 견해가 다수설로 보이며,[305] 하급심 사례 중에도 이를 긍정한 것이 있다.[306]

한편 128조 2항, 4항, 5항과 7항의 관계에서도 혼합산정이 가능한지가 문제가 될 수 있는데, 이와 관련하여 대법원은 앞서 본 바와 같이 "특허침해로 손해가 발생된 것은 인정되나 특허침해의 규모를 알 수 있는 자료가 모두 폐기되어 그 손해액을 입증하기 위하여 필요한 사실을 입증하는 것이 어렵게 된 경우에는 특허법 128조 7항을 적용하여 상당한 손해액을 결정할 수 있고, 이 경우에는 그 기간 침해자의 자본, 설비 등을 고려하여 평균적인 제조수량이나 판매수량을 가늠하여 이를 기초로 삼을 수

사건인 서울중앙지방법원 2015. 6. 19. 선고 2014가합526972 판결(원고 ○○○의 청구 부분은 확정, 원고 ◇◇◇ 부분은 항소기각 및 상고)도 2014가합556560 판결과 같은 방식으로 손해액을 산정하였다 (다만 원고 ◇◇◇의 손해배상청구에 대해서는 독점적 통상실시권을 가지는 것으로 보기 어렵다는 이유로 이를 기각하였다).

303) 이 사건의 1심은 [[침해자의 매출액-침해자의 제조원가(재료비+노무비+경비)]/ 침해자의 매출액]으로 침해자의 영업이익률을 산정한 다음, 이를 침해자의 매출액에 곱하여 특허권 침해로 침해자가 얻은 이익을 산정하고, 이를 특허권자 등의 손해액으로 인정하였다(대구지방법원 2017. 1. 19 선고 2014가합 205595 판결).

304) 미국은 일반적으로 일실이익과 합리적 실시료의 혼합산정을 인정하고, 일본은 혼합산정에 대하여 이를 긍정하는 것이 다수설이나 부정설과 절충설도 있다. 반면 독일, 프랑스 및 유럽연합은 혼합산정을 부정하며, 중국도 혼합산정을 부정한다. 이에 관한 자세한 내용은 정차호·장태미(주 165), 4 이하 참조.

305) 정상조·박성수 공편(주 11), 216; 안원모(주 16), 178, 186~187; 정차호·장태미(주 165), 21.

306) 서울남부지방법원 2003. 2. 13. 선고 96가합6616 판결(주 158).

있다고 할 것이며, 특허침해가 이루어진 기간 일부에 대해서만 손해액을 입증하기 어려운 경우 반드시 손해액을 입증할 수 있는 기간에 대하여 채택된 손해액 산정방법이나 그와 유사한 방법으로만 상당한 손해액을 산정하여야만 하는 것은 아니고, 자유로이 합리적인 방법을 채택하여 변론 전체의 취지와 증거조사의 결과에 기초하여 상당한 손해액을 산정할 수 있다."라고 판시[307]하여 이를 긍정하였다.

자. 특허법 128조 각항에 의한 손해액 산정의 심리방법

128조 2항 또는 4항에 의하여 특허권자 등의 손해액을 산정하는 경우에 침해제품의 양도수량이나 매출액 및 침해자의 이익률 내지 특허권자 제품의 단위수량당 이익액은 통상 특허법상 자료제출명령이나 민사소송법상 과세정보제출명령 내지 사실조회 등을 통하여 확보한 침해자의 세무·회계자료 내지 매출·매입 관련 자료 등에 의하여 주장·증명이 이루어진다. 침해제품의 양도수량이나 매출액 및 침해자의 이익률에 대하여 당사자 사이에 다툼이 있고 제출된 침해자의 자료 등에 의하여 이를 특정하는 것이 용이하지 아니한 경우에는 손해액 계산 감정인[308]에게 이를 감정하도록 하는 것이 바람직하다.[309]

침해자가 회계자료 등을 영업비밀이라고 주장하며 제출을 거부하는 경우에는 먼저 특허법 132조 2항에 따라 그러한 자료의 제출을 명하고 in-camera 절차를 통해 법원이 그 주장의 당부를 판단하여야 한다. 영업비밀에 해당하나 특허법 132조 3항에 따라 그 제출을 명하는 경우에는 동항 단서에 따라 상대방이 열람할 수 있는 범위 또는 열람할 수 있는 사람을 지정하여야 하며, 당사자의 신청에 따라 민사소송법 163조 소정의 소송기록 열람 등의 제한 명령을 하여야 한다. 또한, 침해자가 영업자료를 제출하더라도 특허권자 등이 그 영업자료가 사후 조작되었다고 주장하는 등 진정성을 다투는 경우가 종종 있으므로, 자료제출명령으로 침해자의 회계·재무 관련 장부 등 영업자료를 제출하도록 할 때 그 문서가 원본 또는 원본과 동일한 사본으로 수정·삭제·누락되지 아니한 것임을 확인하는 작성주체의 확인서를 첨부하도록 함으로써 침

---

307) 대법원 2006. 4. 27. 선고 2003다15006 판결.

308) 법원의 특수감정인 분야 중 지적재산권(손해배상액) 분야가 2017년에 신설되어, 이십여 명의 공인회계사가 지적재산권(손해배상액) 감정인으로 법원에 등록하였다.

309) 2017. 5. 29.자 '특허법원-서울중앙지방법원 합동세미나'의 한국공인회계사회 발표자료에 의하면 '침해자 측의 회계장부와 증빙서류를 통해 침해제품의 정확한 양도수량을 파악할 수 있다'고 한다.

해자가 제출한 자료의 진정성이 담보되도록 할 필요가 있다. 필요한 경우에는 손해액 계산 감정인이 침해자가 제출한 회계자료의 진정성을 감정하게 할 수도 있다.

한편 특허권자 제품의 '단위수량당 이익액' 내지 특허권자 등의 이익률은 특허권 자 등으로부터 회계자료를 비롯한 제품의 생산ㆍ판매 관련 자료를 제출받아 이에 근 거하여 산정하는 것이 일반적인데, 특허권자 등은 영업비밀일 수도 있는 자기의 회계 자료 등을 공개하여야 하는 것 때문에 128조 2항의 적용을 꺼릴 수도 있다.[310] 따라 서 이러한 증거자료들에 대해서도 특허법 132조 3항 단서를 유추적용[311]하여 상대방 이 열람할 수 있는 범위 또는 열람할 수 있는 사람을 지정하거나 당사자의 신청에 따 라 민사소송법 163조 소정의 소송기록 열람 등의 제한 명령을 함으로써 특허권자 등 이 영업비밀 공개에 대한 부담 없이 이를 제출하게 할 필요가 있다. '단위수량당 이익 액' 내지 특허권자 등의 이익률 역시 손해액 계산 감정인이 특허권자 등이 제출한 자 료를 근거로 하여 계산하도록 하는 것이 바람직하다. 또한, 피고, 즉 침해자가 특허권 자 등이 제출한 회계자료 등의 진정성을 다투는 경우에는 손해액 계산 감정인이 이러 한 점도 함께 감정하게 할 수 있다.

침해자인 피고가 1심에서 특허법 132조 2항에 기한 1심 법원의 자료제출명령에 불응하거나 제대로 이행하지 아니함에 따라 1심 법원이 같은 조 4항에 따라 특허권 자 등의 주장을 진실한 것으로 인정하여 손해액을 산정하자, 피고가 1심판결에 대하 여 항소하고 항소심에서 비로소 1심 법원이 제출을 명하였던 자료를 증거로 제출하 는 경우가 종종 있다. 그러한 경우에 피고의 위와 같은 증거제출을 허용할 것인지에 대해서는 민사소송법 149조 1항을 적용하여 '실기한 공격ㆍ방어방법'으로서 그 증거 신청을 각하하여야 한다는 견해가 유력하다.

---

310) 실제로 서울중앙지방법원 2010. 11. 12. 선고 2010가합17333 판결(확정)에서는 침해제품의 양도수량과 판매단가는 증거에 의하여 확정되었음에도 특허권자 등의 단위수량당 이익액을 확정할 자료가 없어 결국 128조 7항에 따라 침해제품의 총판매액에 업계 통상 이익률 등을 참작하여 산정한 원고의 이익 률을 곱하여 손해액을 산정하였다.

311) 특허법 132조 3항 단서는 132조 1항 소정의 자료제출명령에 따라 제출된 자료에 적용되는 것이므로, 원고 측 회계장부 등 원고가 스스로 제출하는 증거자료에까지 132조 3항 단서가 직접 적용된다고 볼 수는 없다.

V. 피고(침해자)의 항변사항

1. 과실상계

민법 396조[312]의 과실상계도 특허권 침해에 대한 손해배상에 준용되므로, 특허권 침해로 인한 손해의 발생 또는 확대에 특허권자 등의 과실이 기여한 때에는 법원은 직권으로 또는 당사자의 주장·증명에 따라 손해배상의 책임 및 그 금액을 정할 때 이를 참작하여야 한다.[313] 대법원은 저작권 침해 및 상표권 침해 사안에서 "불법행위로 인한 손해의 발생 또는 확대에 관하여 피해자에게도 과실이 있는 때에는 가해자의 손해배상 범위를 정함에 있어 당연히 이를 참작하여야 하고, 양자의 과실비율을 교량함에 있어서는 손해의 공평부담이라는 제도의 취지에 비추어 불법행위에 관련된 제반 상황을 충분히 고려하여야 하며, 과실상계사유에 관한 사실인정이나 그 비율을 정하는 것이 사실심의 전권사항이라고 하더라도 그것이 형평의 원칙에 비추어 현저히 불합리하여서는 아니 된다."라고 판시한 바 있다.[314]

이와 관련하여 하급심판결 중에는 특허권 침해로 인한 약가 인하에 따른 매출액 감소에 대한 손해배상청구를 구하는 사안에서, "보건복지부장관이 피고 제품이 시장에 판매된다는 사정만으로 판매량, 판매기간 등과 무관하게 일률적으로 원고 제품의 상한가격을 20% 인하한 점, 피고 제품의 판매기간이 비교적 짧고 매출액도 크지 않은 점, 피고 제품 판매 이후에 다른 제네릭 의약품도 시판된 점, 피고로서는 환송 전 특허법원의 판결을 신뢰하여 침해행위에 나아간 것으로 보이는 점, 약가 인하로 인한

---

312) 민법 제396조(과실상계) 채무불이행에 관하여 채권자에게 과실이 있는 때에는 법원은 손해배상의 책임 및 그 금액을 정함에 이를 참작하여야 한다.

313) 대법원 2003. 3. 11. 선고 2000다48272 판결 : 등록고안이 등록된 지 6년가량 지나서야 실용신안권을 행사하였다 하여 권리자가 고의로 그 권리행사를 게을리 하였다고 단정하기도 어렵거니와, 가사 권리자가 권리행사를 게을리 함으로써 실용신안권의 침해행위가 그 기간만큼 가능하게 되었다고 하더라도, 위 침해행위가 권리자가 권리행사를 게을리 한 것에 의하여 유발된 것이 아니어서 그 권리행사를 게을리 한 것이 침해행위로 인한 손해의 발생 또는 그 확대의 한 원인이 되었다고 볼 수는 없을 것이고, 권리자가 권리행사를 게을리 하였다는 사유를 들어 침해행위로 인한 손해배상책임을 제한하는 것이 공평 또는 신의칙의 견지에서 타당하다고 할 것도 아니다.

314) 대법원 2010. 3. 11. 선고 2007다76733 판결(저작재산권 침해), 2013. 7. 25. 선고 2013다21666 판결(상표권 침해).

이득의 상당 부분은 피고가 아닌 보험자인 국민건강보험공단과 보험급여의 수급자들에게 귀속된 점, 우리나라는 국민건강보험제도를 채택하면서 보험의 재정 건정성과 국민 보건의 향상 및 사회보장 증진 등의 공익적 목적을 고려하여 보건복지부장관이 약제의 상한가격을 조정할 수 있도록 하고 있는바, 원고가 자신의 의사로 원고 제품에 대해 요양급여대상으로 등재하여 국민건강보험제도에 편입시킨 이상 원고로서도 보건복지부장관의 약가 조정에 따라 발생하는 부담을 어느 정도 수인하여야 할 것으로 보이는 점 등 제반 사정을 참작하고, 손해분담의 공평이라는 손해배상제도의 이념에 비추어 피고의 책임을 70%로 제한한다."라고 하여 피고의 손해배상책임을 제한한 사례315)도 있다.

2. 소멸시효

특허권 침해도 민법상 불법행위의 일종이므로 특허권 침해에 대한 손해배상청구권에도 민법 766조의 소멸시효가 적용된다.

불법행위에 대한 손해배상청구권의 단기소멸시효의 기산점이 되는 민법 766조 1항의 '손해 및 가해자를 안 날'은 손해의 발생, 위법한 가해행위의 존재, 가해행위와 손해의 발생과의 사이에 상당인과관계가 있다는 사실 등 불법행위의 요건사실에 관하여 현실적이고도 구체적으로 인식하였을 때를 의미하고, 피해자 등이 언제 불법행위의 요건사실을 현실적이고도 구체적으로 인식한 것으로 볼 것인지는 개별 사건의 여러 객관적 사정을 참작하고 손해배상청구가 사실상 가능하게 된 상황을 고려하여 합리적으로 인정하여야 한다(대법원 2008. 1. 18. 선고 2005다65579 판결 참조). 따라서 민법 766조 1항 소정의 '손해 및 가해자'를 알았다고 하기 위해서는 손해의 액수나 정도를 구체적으로 알아야 할 필요까지는 없다고 하더라도 손해를 현실적이고 구체적으로 인식하여야 하고 단순한 손해 발생의 추정이나 의문만으로는 충분하지 아니하다(대법원 1999. 11. 23. 선고 98다11529판결 등 참조). 또한, 위 조항에서 말하는 '손해를 안 날'이란 불법행위의 요건 사실에 대한 인식으로서 위법한 가해행위의 존재, 가해행위와 손해의 발생 사이에 상당인과관계 등이 있다는 사실까지 피해자가 알았을 때를 의미한다(대법원 1997. 12. 26. 선고 97다28780 판결 참조).

---

315) 특허법원 2018. 2. 8. 선고 2017나2332 판결(상고)

대법원판례 중에는 "원심이, 피고들 주장과 같이 원고가 경고장을 발송하고 가처분신청을 한 사실이 인정되더라도, 위 가처분신청에 대하여 피고들이 이 사건 실시고안은 피고 1의 실용신안권에 기하여 실시한 것이라고 주장하여 위 가처분신청이 기각되고, 원고가 피고 1의 실용신안권에 대한 무효심판 및 심결취소소송을 제기하여 그 실용신안등록은 무효라는 내용의 특허법원 판결이 확정된 2005. 1. 28.에 이르러서야 원고가 피고들의 침해행위가 불법행위로서 손해배상을 청구할 수 있다는 것을 알았다고 판단한 다음 피고들의 소멸시효 항변을 배척한 것은 정당하다."라고 판시한 것이 있다(대법원 2009. 1. 30. 선고 2007다65245 판결).

하급심 사례 중에는 "피고가 이 사건 제품들을 1995. 1. 1.부터 1997. 10. 31.까지 제작, 판매한 사실은 앞서 살펴본 바와 같고, 원고들이 1995. 3. 3. 'A1'과 'A2' 제품이 이 사건 특허발명 및 등록고안을 침해한다는 이유로 그 제품들의 생산중지를 구하는 가처분을 서울지방법원 동부지원에 신청하였고, 위 법원에서 1995. 8. 31. 원고 ○○○의 신청을 인용하는 결정을 내린 사실은 당사자들 사이에 다툼이 없으나, 한편, 피고가 위 가처분결정에 대하여 위 법원에 이의를 신청하여 1996. 2. 26. 위 법원이 이 사건 특허등록에 대하여 무효심결이 내려져 보전의 필요성이 없다는 이유로 위 가처분결정을 취소하는 판결을 선고하여 그 판결이 그때쯤 확정된 사실은 당사자들 사이에 다툼이 없고, 특허청 심판소 및 항고심판소에서 연이어 이 사건 특허가 무효라는 취지의 심결을 내렸다가 1998. 9. 18.에 이르러서야 이 사건 특허 중 일부의 청구항만이 유효하다는 취지의 대법원판결이 선고되었고, 이 사건 등록고안에 관하여도 최초에 특허청 심판소에서 이를 무효로 한다는 심결을 하였으나, 2001. 2. 2.경 이 사건 등록고안이 유효하다는 취지의 특허법원 판결이 선고된 사실은 앞서 살펴본 바와 같은바, 위와 같은 사정에 비추어 보면, 원고들로서는 단순히 위 1995. 8. 31.자 가처분결정에 의하여 피고에 의한 이 사건 특허 등에 대한 침해 사실과 그로 인한 손해 및 가해자를 현실적, 구체적으로 알았다고 보기는 어렵고, 이 사건 특허발명에 대하여 대법원에서 진보성이 있다고 판시한 1998. 9. 18.경 이후에야 그 침해 사실 등을 현실적, 구체적으로 알았다고 보아야 할 것이므로, 피고의 위 항변은 받아들일 수 없다."라고 판결한 것이 있다.316)

---

316) 서울남부지방법원 2003. 2. 13. 선고 96가합6616 판결(주 158).

3. 손해배상액의 경감청구

민법 765조[317])에 따라, 특허권자 등의 손해가 침해자의 고의 또는 중대한 과실에 의한 것이 아니고 배상으로 인하여 침해자의 생계에 중대한 영향을 미치게 될 경우에는 침해자는 법원에 배상액의 경감을 청구할 수 있으며, 법원은 그러한 청구가 있는 때에는 특허권자 등과 침해자의 경제상태와 손해의 원인 등을 참작하여 배상액을 경감할 수 있다. 한편 앞서 본 바와 같이 특허법 128조 6항은 손해액이 같은 조 5항 소정의 실시료 상당액을 초과하는 경우에 실시료 상당액 외에 그 초과액에 대해서도 손해배상을 청구할 수 있도록 하면서도, 그러한 경우 특허권 또는 전용실시권을 침해한 자에게 고의 또는 중대한 과실이 없을 때는 법원은 손해배상액을 산정할 때 그 사실을 고려할 수 있도록 규정한다.

Ⅵ. 손해배상청구와 관련된 기타 쟁점

1. 부당이득반환청구권과의 관계

특허법에 명시적 규정은 없으나, 특허권 침해가 민법 741조 부당이득반환청구권의 성립요건, 즉 ① 타인의 특허권 실시로 이익을 얻을 것, ② 특허권자 등에게 손실이 발생하였을 것, ③ 이익과 손실 사이에 상당인과관계가 있을 것, ④ 이익의 보유를 정당화하는 법률상 원인이 없을 것 등의 요건을 충족하는 경우에 침해자가 특허권 실시로 얻은 이익은 부당이득에 해당하므로 특허권자 등은 침해자에 대하여 그 반환을 청구할 수 있다.

특허권 침해에 대해서 손해배상청구권 외에 부당이득반환청구권을 인정할 실익은 부당이득반환청구는 불법행위로 인한 손해배상청구권과 달리 침해자의 고의·과

---

317) 민법 제765조(배상액의 경감청구)
① 본장의 규정에 의한 배상의무자는 그 손해가 고의 또는 중대한 과실에 의한 것이 아니고 그 배상으로 인하여 배상자의 생계에 중대한 영향을 미치게 될 경우에는 법원에 그 배상액의 경감을 청구할 수 있다.
② 법원은 전항의 청구가 있는 때에는 채권자 및 채무자의 경제상태와 손해의 원인 등을 참작하여 배상액을 경감할 수 있다.

실이 요구되지 아니하며, 단기소멸시효가 적용되지 아니한다는 데 있다.

부당이득이 성립하는 경우에 침해자, 즉 수익자는 받은 이익 그 자체를 그대로 반환하는 것이 원칙이며, 수익자가 받은 목적물을 반환할 수 없을 때에는 그 가액을 반환하여야 한다(민법 747조 1항). 다만 선의의 수익자는 그 받은 이익이 현존한 한도에서 반환책임을 부담하는데(민법 748조 1항), '현존 이익'의 증명책임에 대해서는 반환청구권자 입증설과 수익자 입증설이 주장되며, 대법원판례도 "선의의 수익자에 대한 부당이득 반환청구에 있어 그 이익이 현존하고 있는 사실에 관하여는 그 반환청구자에게 입증책임이 있다고 보는 것이 상당하다."라고 하여 반환청구자 입증설을 취한 것[318]이 있으나, 현존 이익이 금전상 이득이거나 성질상 계속적으로 반복하여 거래되는 물품으로서 곧바로 판매되어 환가될 수 있는 금전과 유사한 대체물인 경우에는 "이를 취득한 자가 소비하였는가의 여부를 불문하고 현존하는 것으로 추정된다."라는 것이 일관된 대법원판례의 태도이다.[319]

한편 악의의 수익자인 경우에는 민법 748조 2항에 따라 그 받은 이익에 이자를 붙여 반환하고 손해가 있으면 이를 배상하여야 한다. 침해자가 악의의 수익자라는 점은 이를 주장하는 측에서 증명책임을 진다. 여기서 '악의'는, 민법 749조 2항에서 악의로 의제하는 경우 등은 별론으로 하고, 자신의 이익 보유가 법률상 원인 없는 것임을 인식하는 것을 말하고, 그 이익의 보유를 법률상 원인이 없는 것이 되도록 하는 사정, 즉 부당이득반환의무의 발생요건에 해당하는 사실이 있음을 인식하는 것만으로는 부족하다(대법원 2017. 6. 15. 선고 2013다8960 판결 참조).

특허권 침해에 대한 부당이득반환청구와 관련하여 실무상 문제가 되는 것은 부당이득반환청구의 경우에도 특허법 128조 2항 내지 7항을 적용 또는 유추적용할 수 있는가이다. 이에 대해서는 이를 부정하는 견해와 이를 긍정하는 견해가 있으나, 128조 2항 내지 7항은 고의나 과실을 요건으로 하는 불법행위에 대한 손해배상청구에 관한 것이라는 점을 고려하면 부정설이 타당하다.[320]

---

318) 대법원 1970. 2. 10. 선고 69다2171 판결.

319) 대법원 2009. 5. 28. 선고 2007다20440, 20457 판결, 2009. 1. 15. 선고 2008다58367 판결, 2008. 6. 26. 선고 2008다19966 판결, 1996. 12. 10. 선고 96다32881 판결, 1987. 8. 18. 선고 87다카768 판결 등 참조.

320) 정상조·박성수 공편(주 11), 277; 안원모(주 16), 336~337. 다만 안원모(주 16), 342~343는 악의의 수익자에 대해서는 128조 2항이 적용될 수 있다고 한다.

2. FRAND[321] 선언을 한 표준특허 침해의 문제

FRAND 선언을 한 표준특허(standard essential patent, SEP)를 침해한 경우에 특허권자 등이 침해자에 대하여 실시료 상당의 손해배상을 구할 수 있다는 데에는 별다른 이견이 없다. 표준특허 침해에 대한 실시료 상당의 손해액 산정 시 고려하여야 할 사항은 표준특허 자체의 기술적 가치로 인한 이익과 기술적 표준으로 선정됨에 따라 부여된 가치로 인한 이익을 구별하여 후자를 배제하여야 한다는 점,[322] 특허권자가 실시료를 임의로 책정함에 따라 관련 업계의 비용부담이 증가하는 이른바 특허위협(patent hold-up)의 문제와 반대로 FRAND 조건으로 인한 침해자의 역위협(reverse hold-up)[323]의 문제 등이다. 또한, '당해 특허발명에 대한 제3자와의 실시계약 내용'과 '당해 침해자와의 과거의 실시계약 내용'은 특허권자가 FRAND 선언에 따른 실시의무를 부담하고 있음을 전제로 하는 협상에 의해 체결된 실시계약 내용을 의미하며, '당해 기술분야에서 같은 종류의 특허발명이 얻을 수 있는 실시료'를 고려할 때에도 FRAND 선언을 하지 아니한 특허권에 관한 실시허락계약상의 실시료를 비교 대상으로 삼아서는 아니 된다.[324]

문제는 FRAND 선언을 한 표준특허의 침해에 대해서도 특허법 128조 2항 또는 4항을 적용할 수 있는가이다. 하급심 사례 중에는 표준특허의 침해에 대하여 특허법 128조 4항의 적용을 주장하는 특허권자의 주장을 받아들여 손해액을 산정한 것으로 보이는 것[325]도 있으나, 이를 부정하고 실시료 상당의 손해액만 인정된다는 견해가 유력하다.

---

321) 'Fair, Reasonable And Non-Discriminatory'의 약자로서 RAND('Reasonable And Non-Discriminatory') 라고도 한다.

322) 송재섭, "표준특허에 근거한 권리행사의 한계-침해금지청구권과 손해배상청구권을 중심으로", 저스티스 통권 제140호, 한국법학원(2014. 2.), 239~241 참조.

323) 특허권자의 FRAND 확약을 악용하여 특허권자의 실시권계약에 대한 청약내용이 불공정하거나 비합리적이었음을 주장하며 실시료계약 체결을 거부하고, 대가 지불 없이 표준필수특허를 실시함으로써 특허권자가 소를 제기하지 않고서는 특허권을 보호할 수 없게 하는 것을 말한다.

324) 송재섭(주 322), 241 참조.

325) 서울중앙지방법원 2012. 8. 24. 선고 2011가합39552 판결(항소심에서 소취하). 다만 위 판결의 설시내용, 특허 침해자와의 협상 과정에서 제시한 실시료 등을 고려한 점, 해당 특허발명의 기여도를 구체적으로 산정하지 아니한 점 등에 비추어 보면, 위 판결은 침해자가 표준특허 침해로 얻은 이익이 기여도를 고려하더라도 적어도 특허권자가 손해배상의 일부 청구로서 구하는 4,000만 원을 넘는 것이 분명하므로 이에 대해서는 더 나아가 심리하지 아니하고 특허권자의 주장을 그대로 인용한 것으로 볼 여지도 있다.

직무발명보상금 청구소송

I. 의 의

'직무발명'이란 종업원, 법인의 임원 또는 공무원(이하 '종업원 등')이 그 직무에 관하여 발명한 것이 성질상 사용자·법인 또는 국가나 지방자치단체(이하 '사용자 등')의 업무 범위에 속하고 그 발명을 하게 된 행위가 종업원 등의 현재 또는 과거의 직무에 속하는 발명을 말한다(발명진흥법 2조 2호).

직무발명과 대비되는 개념으로 종업원 등의 직무범위에는 속하지 않으나 사용자 등의 업무범위에는 속하는 업무발명과 사용자 등의 업무범위에도 속하지 않는 자유발명[1]이 있다.

직무발명에 대하여 종업원 등이 특허, 실용신안등록, 디자인등록(이하 '특허 등')을 받았거나 특허 등을 받을 수 있는 권리를 승계한 자가 특허 등을 받으면 사용자 등은 그 특허권, 실용신안권, 디자인권(이하 '특허권 등')에 대하여 원칙적으로 통상실시권을 가진다(발명진흥법 10조 1항 본문).

발명진흥법은 종업원 등은 직무발명에 대하여 특허 등을 받을 수 있는 권리나 특허권 등을 계약이나 근무규정에 따라 사용자 등에게 승계하게 하거나 전용실시권을 설정한 경우에는 정당한 보상을 받을 권리를 가진다고 규정한다(발명진흥법 15조 1항). 또한, 사용자 등은 종업원 등과 협의하여 보상규정을 작성하고, 이를 문서로 알려야 하며, 보상의 구체적 사항도 문서로 알리도록 규정한다(발명진흥법 15조 2항, 3항, 4항). 아울러 사용자 등이 이러한 규정에 따라 종업원 등에게 보상한 경우 정당한 보상을

---

[1] 한편 발명진흥법 2조 3호는 '개인발명가'란 직무발명 외의 발명을 한 자를 말한다고 규정하여 직무발명과 대비되는 개념으로 개인발명이라는 용어를 사용하였다.

한 것으로 보되, 그 보상액이 직무발명에 의하여 사용자 등이 얻을 이익과 그 발명의 완성에 사용자 등과 종업원 등이 공헌한 정도를 고려하지 아니한 경우에는 그러하지 않다고 규정한다(발명진흥법 15조 6항).

구 특허법(2006. 3. 3. 법률 제7869호로 개정되기 전의 것)은 39조에서 사용자 등의 통상실시권을 규정하고, 40조에서 '종업원 등은 직무발명에 대하여 특허를 받을 수 있는 권리 또는 직무발명에 대한 특허권을 계약 또는 근무규정에 의하여 사용자 등으로 하여금 승계하게 하거나 전용실시권을 설정한 경우에는 정당한 보상을 받을 권리를 가지고(1항), 보상의 액을 결정함에 있어서는 그 발명에 의하여 사용자 등이 얻을 이익의 액과 그 발명의 완성에 사용자 등 및 종업원 등이 공헌한 정도를 고려하여야 한다(2항)'고 규정하였다. 2006. 3. 3. 법률 제7869호 발명진흥법 일부개정법률에 의하여 구 특허법에서 이러한 직무발명 관련 규정이 삭제되고 대신 발명진흥법에 직무발명에 대한 내용이 규정되었는데, 위 일부개정법률 부칙 4조는 위 법률 시행(2006. 9. 4.) 당시 종전의 규정에 의하여 이루어진 특허 등을 받을 수 있는 권리 또는 특허권 등의 승계나 전용실시권의 설정에 따른 보상은 종전의 특허법의 규정에 의한다고 규정하였다.

Ⅱ. 직무발명의 성립요건

1. 종업원 등이 그 직무에 관하여 한 발명일 것

가. 종업원 등

(1) 의   미

직무발명의 주체는 종업원, 법인의 임원 또는 공무원으로 발명진흥법에서는 '종업원 등'으로 부른다(발명진흥법 2조 2호).

종업원이란 사용자와 고용계약 기타의 관계에서 타인의 사무에 종사하는 자를 말하고, 민법상의 고용계약에 의한 종업원뿐만 아니라 사실상의 노무를 제공하는 관계인 경우까지 포함하며, 고용관계가 계속적, 계획적일 것을 요구하지 않는다.[2][3][4]

---

2) 특허법원 2013. 5. 10. 선고 2012허10334 판결(확정) : 우선 이 사건 특허발명이 직무발명에 해당하는지

고용관계의 존재는 발명의 완성 당시를 기준으로 한다.5)

여부에 관하여 보건대, 위 인정사실을 통해 알 수 있는 다음과 같은 사정들 즉, ① 피고는 기계 제조업 등을 영위할 목적으로 설립된 회사로서 이 사건 장치의 개발도 그 업무 범위에 속한다고 할 수 있는 점, ② 비록 원고는 피고 회사에 근무할 동안 근로조건 등을 구체적으로 기재한 근로계약서 등을 작성한 바 없고, 정기적인 급여도 수령하지 않았으나, 피고 회사로부터 연구개발에 필요한 집기, 숙식, 비용 등을 제공받았을 뿐만 아니라, 이 사건 장치의 개발과 관련하여 그 진행 과정을 피고 회사의 실질적인 운영자인 A에게 수시로 보고하고, 그의 지시에 따라 위 개발 업무를 진행하였던 점, ③ 비록 원고가 처음부터 이 사건 장치의 개발을 위해 피고 회사에 근무하게 된 것은 아니나, 피고 회사에서 '개발팀장'이라는 직책을 가지고 이 사건 장치의 개발 등을 주도적으로 진행해 왔을 뿐만 아니라, 앞서 본 이 사건 장치의 개발 경위나 과정 등에 비추어 볼 때 원고가 이 사건 특허발명의 완성과 관련하여 수행한 일련의 활동은 모두 피고 회사의 업무의 일환으로서 수행한 것으로 보일 뿐, 피고 회사의 업무와 무관한 개인적인 활동에 불과한 것으로는 보이지 않는 점 등을 종합하여 보면, 이 사건 특허발명은 피고 회사의 직원인 원고가 피고 회사에 근무할 당시 발명한 것으로서 원고의 직무내용과 책임범위로 보아 이 사건 특허발명을 하게 된 행위가 원고의 직무에 속하고, 피고 회사의 업무 범위에도 속한다고 할 것이므로, 이 사건 특허발명은 직무발명에 해당한다고 봄이 상당하다.

3) 서울남부지방법원 2014. 6. 13. 선고 2013가합7678 판결(항소심에서 조정성립) : 다음과 같은 사정, 즉 ① … 피고가 경쟁관계에 있는 회사에서 번갈아 가면서 일을 해 온 점이나 그 업무내용 등에 비추어 볼 때 피고는 회사에 고용되어 그 지휘감독 하에 업무를 수행해 왔다기보다는 어느 정도 자유로운 지위에서 독립적으로 일을 해 왔던 것으로 보이는 점, ② 원고 회사는 2009. 11.경 피고가 원고 회사의 일을 다시 시작할 때 피고가 주식회사 ○○에 부담하는 채무 상당액을 지원해 주고, 매월 일정한 급여 형태의 돈 이외에도 무상으로 주거를 지원해 주기도 하는 등 일반적으로 근로자에게 지급하는 것과는 다른 형태의 급부를 제공한 점, … 등을 종합하면, 원고 회사가 피고에게 매월 급여 형태의 돈을 지급하고 이 사건 장치의 발명에 관여하면서 개발비용을 부담하였다는 등의 사정이나, 앞서 든 증거들 및 갑 제 19, 26호증의 각 기재만으로 피고가 원고 회사의 종업원의 지위에서 그 직무수행과 관련하여 이 사건 발명을 하였다고 볼 수 없다.

4) 서울중앙지방법원 2009. 11. 11. 선고 2009가합72372 판결(항소심에서 일부 변경) : 직무발명에서의 '종업원 등'이라 함은 사용자(국가, 법인, 사장 등)에 대한 노무제공의 사실관계만 있으면 되므로, 고용관계가 계속적이지 않은 임시 고용직이나 수습공을 포함하고, 상근·비상근, 보수지급 유무에 관계없이 사용자와 고용관계에 있으면 종업원으로 보게 된다. 그런데 A사의 종업원이 타 회사(B)에 출장 가서 직무발명을 한 경우 그 발명이 어느 회사의 직무발명이 되는지 문제되는바, 이때 출장기간 중 B사의 사원이 되어 B사에서 급여를 받고 B사의 지휘 내지 명령까지 받았다면 B사의, 그 반대라면 A사의 직무발명이 된다고 할 것이고, 이와 같은 법리는 종업원이 사내창업을 위한 휴직을 하여 창업된 회사에서 근무하는 경우에도 마찬가지라고 할 것이다. 이 사건에 대하여 보면, 앞서 본 바와 같이 피고 C는 2005. 11. 30. 부터 2008. 12. 26.까지 사내창업 휴직을 하면서 그 기간 동안 원고로부터 급여를 받지 않았고, 위 휴직 기간은 재직년수에도 산입되지 아니하며, 원고는 위 기간 동안 피고 C에게 실질적인 지휘 내지 명령권도 없었던 반면, 위 기간 동안 피고 C는 피고 회사의 임원으로서 피고 회사로부터 급여를 받고 피고 회사의 실질적 지배하에 있었던 점을 감안할 때, 이 사건 특허가 피고의 사내창업 휴직기간 중인 2006. 3. 22.에 출원된 이상 이 사건 발명은 원고의 직무발명으로 보기 어렵다고 할 것이다.

5) 서울고등법원 2007. 8. 21. 선고 2006나89086 판결(확정) : 직무발명의 요건인 '고용관계의 존재'는 발명의 완성 당시를 기준으로 하므로 어떤 종업원이 과거의 재직 회사에서 발명의 기본적인 골격을 구성하였다가 새롭게 이직한 회사에서 발명의 구체적인 내용을 완성한 경우에는 그 발명은 나중 회사의 직무발명이 된다.

종업원 등의 직무발명이 제삼자와 공동으로 행하여진 경우 계약이나 근무규정에 따라 사용자 등이 그 발명에 대한 권리를 승계하면 사용자 등은 그 발명에 대하여 종업원 등이 가지는 권리의 지분을 갖는다(발명진흥법 14조).

(2) 법인의 임원

발명진흥법에 규정된 종업원 등에는 법인의 임원도 포함된다. 여기서 법인은 공법인, 사법인, 비영리법인 등을 불문한다. 임원은 일반적으로 '이사' 이상의 직급을 가진 사람을 말하고, 대표이사 등도 포함된다.[6]

(3) 공 무 원

공무원은 국가 및 지방자치단체의 공무에 종사하는 자로서 넓은 의미의 공무원을 의미한다.

공무원의 직무발명에 대한 권리는 국가나 지방자치단체가 승계하며, 국가나 지방자치단체가 승계한 공무원의 직무발명에 대한 특허권 등은 국유나 공유로 한다. 다만, 고등교육법 3조에 따른 국·공립학교 교직원의 직무발명에 대한 권리는 기술의 이전 및 사업화 촉진에 관한 법률 11조 1항 후단에 따른 전담조직이 승계하며, 전담조직이 승계한 국·공립학교 교직원의 직무발명에 대한 특허권 등은 그 전담조직의 소유로 한다(발명진흥법 10조 2항).

국가공무원의 직무발명 보상에 관하여는 대통령령인 공무원 직무발명의 처분·관리 및 보상 등에 관한 규정에 정해져 있다.

(4) 대학교수

대학교수의 발명이 직무발명에 해당하는지에 대하여는 자유발명으로 보는 견해와 직무발명으로 보는 견해의 대립이 있다.[7]

통상적인 연구활동의 경우 자유발명으로, 대학으로부터 특정연구위탁을 받은 경

---

6) 대법원 2014. 11. 13. 선고 2011다77313 판결(이사로서 회사를 경영하는 지위에 있었던 경우), 2010. 11. 11. 선고 2010다26769 판결(상무이사), 수원지방법원 2014. 8. 26. 선고 2013가합9003 판결(항소심에서 조정성립)(대표이사)

7) 자세한 것은 한국특허법학회 편, 직무발명제도 해설, 박영사(2015), 306~318; 정상조·박성수 공편, 특허법 주해 I, 박영사(2010), 459~461.

우에는 직무발명으로, 외부기업체로부터 연구과제와 연구비를 받는 경우 자유발명으로, 외부기업체의 기술고문으로 재직 중 그 기술분야의 발명을 완성할 경우 해당 외부업체의 직무발명에 해당할 여지가 많다.

나. 종업원 등의 발명일 것

특허법은 '발명'에 대해서는 '자연법칙을 이용한 기술적 사상의 창작으로서 고도한 것'이라고 정의하였으나(특허 2조 1호), 발명자에 대해서는 별도로 규정하지 않았다.

대법원 2011. 9. 29. 선고 2009후2463 판결은 특허법 33조 1항의 모인출원과 관련하여, "특허법 2조 1호는 '발명'이란 자연법칙을 이용하여 기술적 사상을 고도로 창작한 것을 말한다고 규정하고 있으므로, 특허법 33조 1항에서 정하고 있는 '발명을 한 자'는 바로 이러한 발명행위를 한 사람을 가리킨다고 할 것이다. 따라서 발명자가 아닌 사람으로서 특허를 받을 수 있는 권리의 승계인이 아닌 사람(이하 '무권리자'라 한다)이 발명자가 한 발명의 구성을 일부 변경함으로써 그 기술적 구성이 발명자가 한 발명과 상이하게 되었다 하더라도, 그 변경이 그 기술분야에서 통상의 지식을 가진 사람(이하 '통상의 기술자'라고 한다)이 보통으로 채용하는 정도의 기술적 구성의 부가 · 삭제 · 변경에 지나지 아니하고 그로 인하여 발명의 작용효과에 특별한 차이를 일으키지 아니하는 등 기술적 사상의 창작에 실질적으로 기여하지 않은 경우에는 그 특허발명은 무권리자의 특허출원에 해당하여 그 등록이 무효"라고 판시하였다.

한편 대법원 2011. 7. 28. 선고 2009다75178 판결은 공동발명자의 판단기준과 관련하여, "공동발명자가 되기 위해서는 발명의 완성을 위하여 실질적으로 상호 협력하는 관계가 있어야 하므로, 단순히 발명에 대한 기본적인 과제와 아이디어만을 제공하였거나, 연구자를 일반적으로 관리하였거나, 연구자의 지시로 데이터의 정리와 실험만을 하였거나, 자금 · 설비 등을 제공하여 발명의 완성을 후원 · 위탁하였을 뿐인 정도 등에 그치지 않고, 발명의 기술적 과제를 해결하기 위한 구체적인 착상을 새롭게 제시 · 부가 · 보완하거나, 실험 등을 통하여 새로운 착상을 구체화하거나, 발명의 목적 및 효과를 달성하기 위한 구체적인 수단과 방법의 제공 또는 구체적인 조언 · 지도를 통하여 발명을 가능하게 한 경우 등과 같이 기술적 사상의 창작행위에 실질적으로 기여하기에 이르러야 공동발명자에 해당한다. 한편 이른바 실험의 과학이라고 하는 화학발명의 경우에는 당해 발명 내용과 기술수준에 따라 차이가 있을 수는 있지만 예측가능성 내지 실현가능성이 현저히 부족하여 실험데이터가 제시된 실험예가 없으면 완성된 발명으로 보기 어려운 경우가 많이 있는데, 그와 같은 경우에는 실제 실험을 통하여 발명을 구체화하고 완성하는 데 실질적으로 기여하였는지의 관점에서 공동발명자인지를 결정해야 한다."라고 판시하였다.[8]

　발명자에 해당하는지 여부는 특허출원서 발명자란 기재 여부와 관계없이 실질적으로 정해진다.[9]

---

8) 대법원 2014. 11. 13. 선고 2011다77313, 77320 판결 : 원심판결 이유 및 기록에 의하면, ① 피고 2, 3이 2007년 6월경 기존 상용합금인 AC8A 합금과 ZA27 합금이 혼합되어 가벼우면서도 강도가 높은 새로운 합금이 만들어질 수 있다는 사실을 발견한 이후, 피고 2가 AC8A 합금과 ZA27 합금을 각 6:4, 7:3 및 8:2의 비율로 혼합한 Q30 합금을 구상하고, 피고 1에게 Q30 합금의 물성분석 및 최적화작업을 수행하도록 의뢰한 사실, ② 2008년 8월경 Q30 합금이 강도는 월등하나 깨짐성이 있음을 알게 되어 특허출원 진행 및 상용화를 포기한 바 있고, 그 후 피고 2가 2008. 12. 10.경 주식회사 A로부터 기존의 상용합금보다 강도가 더 강한 합금을 이용하여 휴대전화기 경첩을 주조하여 달라는 요청을 받고 과거 Q30 합금 개발 경험을 바탕으로 새로운 합금을 개발하고자 'Z시리즈' 등을 착상하여 추진한 사실, ③ 또한 이와 비슷한 시기에 피고 1은 자신의 연구실에서 Q22 합금이 포함되어 있는 새로운 'Q시리즈' 합금의 개발을 위한 실험을 수행하면서 각 실험 전후로 피고 2에게 그 내용 및 다음 실험의 일정 등을 구체적으로 보고한 사실, ④ 피고 2, 1 사이에 오간 이메일의 내용에 비추어 피고 1이 수행하는 실험의 구체적인 내용에 관하여 피고 2, 1 사이에 사전 및 사후로 의사교환과 협의가 있었던 것으로 보이는 사실, ⑤ 그러던 중 피고들이 함께 2009. 2. 16.경 원고 회사의 공장에서 새로운 Q시리즈 합금들의 시제품(휴대전화기용 외장 부품)을 주조하였고, 피고 1이 그 주조제품에 대한 물성분석을 마친 결과, Q22 합금의 개발이 완료된 사실 등을 인정할 수 있다. 이러한 사정들을 앞서 본 법리에 비추어 종합적으로 고려하면, Q22 합금은 피고 2, 1이 그 발명의 기술적 과제를 해결하기 위한 구체적인 착상을 함께 구상하고, 발명의 전 과정에 걸쳐 실질적으로 상호 협력한다는 공통의 인식 아래 합금 발명의 완성에 유익한 공헌을 함으로써 완성하였다고 봄이 상당하다. 그러므로 Q22 합금의 발명자는 피고 2, 1이라고 보아야 한다. ⇒ 위 판결에 대하여 착상을 강조하고 실험을 포함한 나머지 구체화 과정은 재현의 부차적 과정으로 보는 미국보다는 실험이나 재현을 위한 구체화 과정을 중시한 것으로 평가한 견해로는 설민수, "직무발명보상금 소송심리의 실제 - 산정방식과 그 구체적 산정요소를 중심으로", 사법논집 제60집, 법원도서관 (2015), 221.

9) 대법원 2011. 12. 13. 선고 2011도10525 판결 : 갑 주식회사 직원인 피고인이 대표이사 을 등이 직무에 관하여 발명한 '재활용 통합 분리수거 시스템'의 특허출원을 하면서 임의로 특허출원서 발명자란에 을 외에 피고인의 성명을 추가로 기재하여 공동발명자로 등재되게 한 사안에서, 발명자에 해당하는지는 특허출원서 발명자란 기재 여부와 관계없이 실질적으로 정해지므로 피고인의 행위만으로 곧바로 갑 회사의 특허권 자체나 그와 관련된 권리관계에 어떠한 영향을 미친다고 볼 수 없어, 결국 그로 인하여 갑 회사에 재산상 손해가 발생하였다거나 재산상 손해발생의 위험이 초래되었다고 볼 수 없고, 달리 공소사실을 인정할 증거가 없으므로 업무상배임죄가 성립하지 않는다고 본 원심판단을 수긍한 사례.

2. 성질상 사용자 등의 업무범위에 속할 것

가. 사용자 등

발명진흥법 2조 2호에서 말하는 "사용자 등" 중 '사용자'란 민법 756조에서의 사용자와 같은 의미로, 타인을 선임하여 어느 사무에 종사하게 하고 그 지휘·감독을 하는 자로서 직무발명과 관련한 권리승계 또는 보상에 있어서 승계의 주체 내지 보상의무의 주체가 되는 자를 말한다.10)

직무발명에 관한 통상실시권을 취득하게 되는 사용자는 그 종업원이 직무발명을 완성할 당시의 사용자이고, 그에 따른 특허권의 등록이 그 이후에 이루어졌다고 하여 등록 당시의 사용자가 그 통상실시권을 취득하는 것은 아니다.11)

나. 업무범위에 속할 것

사용자의 업무범위는 민법 756조의 '사무집행에 관하여' 또는 민법 35조의 '직무에 관하여'와 같은 의미를 가지는 것으로 해석되어야 할 것이다.12)

3. 발명을 하게 된 행위가 종업원 등의 현재 또는 과거의 직무에 속할 것

가. 발명을 하게 된 행위

'발명을 하게 된 행위'라 함은 발명을 착상하고 구체화하여 완성을 하기까지의 행위 일체로서, 정신적 활동뿐만 아니라 여기에 부수되는 구체적 모든 행위를 말한다.13)

법문에서 '발명을 한 행위'라고 하지 않고 '발명을 하게 된 행위'라고 규정하고 있는 것은 발명을 의도하였는지 아닌지에 관계없이 직무수행의 결과 생기는 모든 발명

---

10) 한국특허법학회 편(주 7), 119~120.
11) 대법원 1997. 6. 27. 선고 97도516 판결.
12) 한국특허법학회 편(주 7), 122.
　　대법원 2014. 4. 10. 선고 2012다61377 판결 : 민법 756조에 규정된 사용자책임의 요건인 '사무집행에 관하여'라는 뜻은 피용자의 불법행위가 외형상 객관적으로 사용자의 사업활동 내지 사무집행행위 또는 그와 관련된 것이라고 보여질 때에는 행위자의 주관적 사정을 고려함이 없이 이를 사무집행에 관하여 한 행위로 본다는 것이고, 외형상 객관적으로 사용자의 사무집행에 관련된 것인지의 여부는 피용자의 본래 직무와 불법행위의 관련 정도 및 사용자에게 손해 발생에 대한 위험창출과 방지조치 결여의 책임이 어느 정도 있는지를 고려하여 판단하여야 한다.
13) 정상조·박성수 공편(주 7), 462.

행위를 포함하기 위해서이다.[14]

나. 종업원 등의 현재 또는 과거의 직무에 속할 것

(1) 의   미

발명을 하게 된 행위가 종업원 등의 직무에 속한다는 것은 담당하는 직무내용과 책임범위로 보아 발명을 꾀하고 이를 수행하는 것이 당연히 예정되거나 기대되는 경우를 뜻한다.[15]

하급심 판결 중에는 영구배수공법 전문업체에서 설계, 감리 등 업무를 담당하다가 지하수가 배수로를 통해 집수정으로 배출되도록 하는 시공방법을 발명한 경우,[16] 유선서비스 관련부서에서 근무하던 종업원이 무선서비스에도 적용될 수 있고 음성인식을 이용한 전화연결 서비스와 관련된 발명을 한 경우[17]에 직무에 해당한다고 본 사례가 있다.

반면 한국전력공사의 직원으로 근무하면서 송변전 설비계획 수립을 주된 업무내용으로 하는 계통계획실에 근무하던 종업원이 변압기 냉각장치를 발명한 경우,[18] 주로 현장소장으로서 시공 등 업무에 종사하던 종업원이 커튼월(curtain wall, 건물의 하중을 부담하지 않는 벽체를 말하는 것으로 그 일부요소로 복층유리가 사용된다)의 결로, 단열현상과 관련된 복층유리의 구조물에 관한 발명을 한 경우[19]에는 직무에 속하지 않는다고 판시한 하급심 판결도 있다.

현재 또는 과거의 직무에 속하면 되므로, 동일 기업 내에서 부서를 바꾼 경우에

---

14) 한국특허법학회 편(주 7), 141.
15) 대법원 1991. 12. 27. 선고 91후1113 판결 : 직무발명에 관한 규정인 구 특허법 17조 1항의 "그 발명을 하게 된 행위가 피용자 등의 현재 또는 과거의 업무에 속하는 것"이라 함은 피용자가 담당하는 직무내용과 책임 범위로 보아 발명을 꾀하고 이를 수행하는 것이 당연히 예정되거나 또는 기대되는 경우를 뜻한다. … 피심판청구인인 회사를 퇴직할 때까지 동 회사 공작과 내 여러 부서에 숙련공으로 근무하면서 금형제작, 센터핀압입기제작, 치공구개발 등의 업무에 종사한 사실을 인정할 수 있고, 본건 고안은 피아노 부품의 하나인 플랜지의 구멍에 붓싱을 효과적으로 감입하는 장치이므로 심판청구인이 위 근무기간 중 본건 고안과 같은 고안을 시도하여 완성하려고 노력하는 것이 일반적으로 기대된다 아니할 수 없으므로 구 실용신안법 29조에 의하여 구 특허법 17조의 규정을 실용신안에 준용하는 이 건에 있어 본건 고안이 직무발명에 해당한다고 판단한 원심의 조치는 적법하다.
16) 서울고등법원 2007. 8. 24. 선고 2007나70062 판결(확정).
17) 특허법원 2017. 1. 12. 선고 2016허2119 판결(확정).
18) 서울고등법원 2010. 10. 15. 선고 2009나121677 판결(상고기각).
19) 서울중앙지방법원 2010. 7. 7. 선고 2010가합69624 판결(확정).

도 전 부서에서 한 발명은 직무발명에 해당할 수 있다.

(2) 퇴직 후의 발명

직무발명의 요건으로서의 '과거의 직무'는 동일 기업 내의 '과거의 직무'를 말하고, 퇴직 후에 종전 기업에서 담당하던 직무에 관하여 한 발명은 직무발명에 해당하지 않는다.

한편, 직무발명에 해당하는지 여부는 직무발명을 완성할 당시를 기준으로 하므로,[20] 발명의 완성 후에 퇴직한 경우에는 직무발명에 해당할 수 있다.

발명의 완성이 퇴직 전인지 후인지에 관하여 다툼이 있을 때에는, 연구일지 작성 등을 통하여 사용자가 연구관리를 할 수 있다는 점 등을 고려하면 사용자가 그 증명책임을 부담한다고 보아야 할 것이다.

발명의 완성 시점에 관한 다툼에 대비하여 퇴직 후 일정기간 안에 이루어진 발명은 전 사용자가 승계한다는 조항, 즉 추적조항(trailing clause)은 그 유효성에 대하여 다툼이 있으나,[21] 사용자가 지위를 남용하여 이를 부당하게 강요하는 등 민법의 일반원칙(공서양속)에 반하지 않는 한 유효라고 보는 견해가 다수이다.

(3) 입사 전에 착수한 발명

종업원 등이 입사 전에 발명을 착상하였으나 입사 후에 발명을 완성한 경우에는 그 발명이 입사 후의 종업원 등의 직무에 속하면 직무발명이 될 것이다.

Ⅲ. 직무발명의 권리 귀속 및 승계

1. 권리의 귀속과 무상의 통상실시권

가. 일반원칙

직무발명에 대하여 종업원 등이 특허를 받을 수 있는 권리를 가지는 것이 원칙이

---

20) 대법원 1997. 6. 27. 선고 97도516 판결.
21) 한국특허법학회 편(주 7), 154.

다(발명진흥법 10조 1항). 다만, 공무원의 직무발명에 대한 권리는 국가나 지방자치단체가 승계하며, 국가나 지방자치단체가 승계한 공무원의 직무발명에 대한 특허권 등은 국유나 공유로 하고, 국·공립학교 교직원의 직무발명에 대한 권리는 전담조직이 승계하며, 전담조직이 승계한 국·공립학교 교직원의 직무발명에 대한 특허권 등은 그 전담조직의 소유로 한다(발명진흥법 10조 2항).

나. 사용자 등의 통상실시권 취득

직무발명에 대하여 종업원 등이 특허 등을 받았거나 특허 등을 받을 수 있는 권리를 승계한 자가 특허 등을 받으면 사용자 등은 그 특허권 등에 대하여 통상실시권을 가진다(발명진흥법 10조 1항 본문). 이 통상실시권은 사용자 등이 종업원 등에게 실시료를 지불할 필요가 없는 무상이고, 법정요건을 갖추면 당연히 생기는 법정실시권이다. 또한 등록이 없어도 효력이 발생한다(특허 118조 2항).

다만 중소기업기본법에 따른 중소기업이 아닌 사용자 등이 종업원 등과 협의를 거쳐 승계계약이나 전용실시권 설정계약 등을 체결하지 않은 경우 등에는 그러하지 아니하다(발명진흥법 10조 1항 단서).

2. 직무발명의 예약승계

가. 발명진흥법의 내용

(1) 의   의

사용자 등은 직무발명에 대하여 종업원 등과 협의를 거쳐 미리 특허 등을 받을 수 있는 권리나 특허권 등을 승계시키거나 전용실시권을 설정하도록 하는 계약 또는 근무규정을 체결 또는 작성할 수 있다(발명진흥법 10조 1항 참조). 이와 같이 발명의 완성 전에 계약 또는 근무규정[22]에 따라 종업원 등의 직무발명에 관한 권리를 사용자 등에게 승계하는 것을 사전예약승계 또는 예약승계라 한다.

---

22) 특허법원 2017. 6. 1. 선고 2016허6562 판결(확정)에서는 이러한 계약이나 근무규정을 '사전승계예약규정'으로 부르고 있다.

(2) 방 법

직무발명의 예약승계는 계약 또는 근무규정에 의한다. 근무규정은 취업규칙, 직무발명제안지침, 복무규정 등 그 명칭에 구애되지 않고 발명이 완성되면 그 발명에 관한 권리가 사용자에게 귀속된다는 내용이 담겨 있으면 충분하다.

(3) 대상이 되는 발명

발명진흥법 10조 3항은 직무발명 외의 발명에 대한 예약승계 조항은 무효로 한다고 규정하고 있다. 다만, 전체가 무효로 되는 것이 아니라 직무발명에 관한 부분은 유효하다고 보아야 한다.[23]

(4) 절 차

(가) 직무발명 완성사실의 통지(발명진흥법 12조)

종업원 등이 직무발명을 완성한 경우에는 지체 없이 그 사실을 사용자 등에게 문서로 알려야 한다. 2명 이상의 종업원 등이 공동으로 직무발명을 완성한 경우에는 공동으로 알려야 한다.

(나) 승계 여부의 통지(발명진흥법 13조)

통지를 받은 사용자 등(국가나 지방자치단체는 제외한다)은 대통령령으로 정하는 기간에 그 발명에 대한 권리의 승계 여부를 종업원 등에게 문서로 알려야 한다(1항 본문). 다만, 미리 사용자 등에게 특허 등을 받을 수 있는 권리나 특허권 등을 승계시키거나 사용자 등을 위하여 전용실시권을 설정하도록 하는 계약이나 근무규정이 없는 경우에는 사용자 등이 종업원 등의 의사와 다르게 그 발명에 대한 권리의 승계를 주

---

23) 대법원 2012. 11. 15. 선고 2012도6676 판결 : 발명진흥법 10조 3항에서 "직무발명 외의 종업원 등의 발명에 대하여 미리 사용자 등에게 특허 등을 받을 수 있는 권리나 특허권 등을 승계시키거나 사용자 등을 위하여 전용실시권을 설정하도록 하는 계약이나 근무규정의 조항은 무효로 한다."고 규정하고 있고, 위 조항은 직무발명을 제외하고 그 외의 종업원 등의 발명에 대하여는 발명전에 미리 특허를 받을 수 있는 권리나 장차 취득할 특허권 등을 사용자 등에게 승계(양도)시키는 계약 또는 근무규정을 체결하여 두더라도 위 계약이나 근무규정은 무효라고 함으로써 사용자 등에 대하여 약한 입장에 있는 종업원 등의 이익을 보호하는 동시에 발명을 장려하고자 하는 점에 입법 취지가 있다. 위와 같은 입법 취지에 비추어 보면, 계약이나 근무규정이 종업원 등의 직무발명 이외의 발명에 대해서까지 사용자 등에게 양도하거나 전용실시권의 설정을 한다는 취지의 조항을 포함하고 있는 경우에 그 계약이나 근무규정 전체가 무효가 되는 것은 아니고, 직무발명에 관한 부분은 유효하다고 해석하여야 한다.

장할 수 없다(1항 단서). 사용자 등이 1항에 따른 기간에 승계 여부를 알리지 아니한 경우에는 사용자 등은 그 발명에 대한 권리의 승계를 포기한 것으로 본다. 이 경우 사용자 등은 10조 1항에도 불구하고 그 발명을 한 종업원 등의 동의를 받지 아니하고는 통상실시권을 가질 수 없다(3항).

(다) 절차에 관한 규정을 위반한 경우

발명진흥법 12조, 13조의 규정을 위반하더라도 그 후에 종업원 등과 사용자 등 사이에 다시 권리승계에 관한 합의가 이루어지기만 하면 특허를 받을 권리가 이전되는 데 아무런 장애가 없다.[24]

---

24) 특허법원 2017. 6. 1. 선고 2016허6562 판결(확정) : 1) 원고의 주장 - 원고가 발명진흥법 12조 1항에 따라 이 사건 특허발명의 완성 사실을 피고 회사에 서면으로 통지하였음에도, 피고 회사가 발명진흥법 13조에 따른 권리승계 여부를 원고에게 통지하지 아니하였으므로, 피고 회사는 이 사건 특허발명에 대한 권리승계를 포기한 것으로 보아야 한다. 따라서 이 사건 특허발명의 출원은 발명자나 그 승계인에 의하여 이루어진 것이 아니므로, 그 등록이 무효로 되어야 한다. 2) 판단 - 미리 사용자 등에게 특허 등을 받을 수 있는 권리나 특허권 등을 승계시키는 계약이나 근무규정(이하 '사전승계예약규정'이라 한다)의 유무에 상관없이, 사용자 등은 발명진흥법 10조 1항에 의하여 직무발명에 대하여 종업원 등이 특허를 받으면 그 특허권에 대하여 통상실시권을 가지게 된다. 발명진흥법 12조에서는 사용자 등의 위와 같은 권리행사를 쉽게 하고 기술유출의 위험을 막기 위하여 종업원 등에게 직무발명의 완성 사실을 사용자 등에게 통지하도록 규정하고 있다. 이에 대응하여, 발명진흥법 13조 1항에서는 종업원 등이 입을 수 있는 권리관계의 확정 지연에 따른 불측의 손해를 방지하고 사용자 등과 종업원 등 사이에 직무발명에 대한 안정적인 권리관계가 형성되도록 유도하려는 취지에서, 사용자 등의 승계 여부 통지의무를 규정하고, 발명진흥법 13조 3항 및 같은 법 시행령 7조에서는 사용자 등이 통지를 받은 날로부터 4개월 이내에 권리승계 여부를 알리지 아니한 경우에는 사용자 등은 권리승계를 포기한 것으로 본다고 정하여, 양자의 이해관계를 조정하고 있다. 그런데 발명진흥법 13조 1항 단서에서 사전승계예약규정이 없는 경우 사용자 등이 종업원 등의 의사와 다르게 권리승계를 주장할 수 없다고 규정하고 있는 점에 비추어, 사용자 등에게 권리승계 여부를 결정할 권한이 있음을 전제로 하는 발명진흥법 13조 3항 및 같은 법 시행령 7조의 권리승계 포기 간주 규정 또한 사전승계예약규정이 존재하는 경우에만 적용되고, 사전승계예약규정이 없는 경우 권리승계의 포기 여부를 논할 여지가 없게 된다. 다만 발명진흥법 12조에서 사전승계예약규정의 유무에 상관없이 종업원 등이 직무발명의 완성 사실을 사용자 등에게 통지하도록 규정하고 있는 점을 고려하면, 발명진흥법 13조 1항의 승계 여부 통지 규정은 사전승계예약규정이 없는 경우에도 안정적인 권리관계가 조속히 형성될 수 있도록 사용자 등에게 권리승계에 관한 협의 등을 할 의사가 있는지 여부의 통지 의무를 부과하는 것으로 해석될 수 있다. 그러나 결국 사용자 등이 사전승계예약규정이 존재함에도 권리승계 여부를 종업원 등에게 정해진 기간 내에 통지하지 아니하여 권리승계를 포기하였든지, 또는 사전승계예약규정이 존재하지 아니한 상태에서 권리승계에 관한 협의 등을 할 의사가 있는지 여부를 통지하지 않았든지, 어느 경우이든지 모두 그 후 발명자인 종업원 등이 사용자 등과 사이에 다시 권리승계에 관한 합의가 이루어지기만 하면 특허를 받을 권리가 이전되는 데에 아무런 장애가 없다 할 것이다. 따라서 앞서 본 바와 같이 원고와 피고 회사 사이에 이 사건 특허발명의 출원 무렵 이 사건 특허발명에 관한 권리승계 합의가 이루어진 이상, 그 승계인인 피고 회사에 의한 이 사건 특허발명의 출원은 적법하므로, 원고의 위 주장은 이 사건 특허발명에 관한 사전승계예약규정이 존재하였는지 여부 또는 권리승계를 포기한 것으로 볼 수 있는지 여부에 관하여 나아가 살펴 볼 필요 없이

나. 공동발명에 대한 승계

종업원 등의 직무발명이 제삼자와 공동으로 행하여진 경우 계약이나 근무규정에 따라 사용자 등이 그 발명에 대한 권리를 승계하면 사용자 등은 그 발명에 대하여 종업원 등이 가지는 권리의 지분을 갖는다(발명진흥법 14조). 이는 특허를 받을 수 있는 권리가 공유인 경우에는 각 공유자는 다른 공유자 모두의 동의를 받아야만 그 지분을 양도할 수 있다는 특허법 37조 3항의 예외 규정이다.

다. 승계의 효력발생 시기

발명진흥법 13조 2항에 의하면 사용자 등이 1항에 따른 기간에 그 발명에 대한 권리의 승계 의사를 알린 때에는 그때부터 그 발명에 대한 권리는 사용자 등에게 승계된 것으로 본다.

다만, 특허출원 후 등록 전에는 명의변경신고를 하여야 효력이 있고(특허 38조 4항), 특허등록 후에는 특허권의 이전은 등록하여야 효력이 발생하므로(특허 101조 1항 1호), 종업원 등이 이를 거부하면 사용자 등은 판결을 받아 단독으로 이전등록을 할 수 있다.[25]

라. 승계 계약 등을 위반한 경우

종업원 등이 승계 계약 등에 따른 임무를 위반하여 제3자에게 그 발명에 대한 특허를 받을 수 있는 권리를 이중양도하고 그로 하여금 특허등록을 받게 하는 행위는 배임죄를 구성하게 된다.[26]

이를 받아들일 수 없다.

25) 한국특허법학회 편(주 7), 164~165.

26) 대법원 2012. 11. 15. 선고 2012도6676 판결 : 직무발명에 대한 특허를 받을 수 있는 권리 등을 사용자 등에게 승계한다는 취지를 정한 약정 또는 근무규정의 적용을 받는 종업원 등은 사용자 등이 이를 승계하지 아니하기로 확정되기 전까지는 임의로 위와 같은 승계 약정 또는 근무규정의 구속에서 벗어날 수 없는 상태에 있는 것이어서, 종업원 등이 그 발명의 내용에 관한 비밀을 유지한 채 사용자 등의 특허권 등 권리의 취득에 협력하여야 할 의무는 자기 사무의 처리라는 측면과 아울러 상대방의 재산보전에 협력하는 타인 사무의 처리라는 성격을 동시에 가지게 되므로, 이러한 경우 종업원 등은 배임죄의 주체인 '타인의 사무를 처리하는 자'의 지위에 있다고 할 것이다. 따라서 위와 같은 지위에 있는 종업원 등이 임무를 위반하여 직무발명을 완성하고도 그 사실을 사용자 등에게 알리지 않은 채 그 발명에 대한 특허를 받을 수 있는 권리를 제3자에게 이중으로 양도하여 제3자가 특허권 등록까지 마치도록 하는 등으로 그 발명의 내용이 공개되도록 하였다면, 이는 사용자 등에게 손해를 가하는 행위로서 배임죄를 구성한다.

　　반면, 종업원 등이 승계 계약 등의 임무에 위반하여 자신의 명의로 특허출원을 한 경우에는 이중양도의 경우와는 달리 무권리자에 의한 특허출원으로 취급하여야 한다.[27)]

3. 직무발명의 묵시적 승계

　　특허권이나 특허를 받을 권리의 양도계약은 민법상 계약에 관한 일반원칙에 따라 명시적으로나 묵시적으로도 가능하다.[28)]

　　대법원은 사전 승계,[29)] 사후 승계[30)]를 구분하지 아니하고 묵시적 승계를 인정하는 것으로 보인다.

　　묵시적 승계 여부는 특허출원에 이르기까지의 당사자의 역할, 당사자들 사이의

　　발명자주의에 따라 직무발명을 한 종업원에게 원시적으로 발명에 대한 권리가 귀속되는 이상 위 권리가 아직 사용자 등에게 승계되기 전 상태에서는 유기적으로 결합된 전체로서의 발명의 내용 그 자체가 사용자 등의 영업비밀로 된다고 볼 수는 없으므로, 직무발명에 대한 권리를 사용자 등에게 승계한다는 취지를 정한 약정 또는 근무규정의 적용을 받는 종업원 등이 비밀유지 및 이전절차협력의 의무를 이행하지 아니한 채 직무발명의 내용이 공개되도록 하는 행위를 발명진흥법 58조 1항, 19조에 위배되는 행위로 의율하거나, 또는 직무발명의 내용 공개에 의하여 그에 내재되어 있었던 사용자 등의 개개의 기술상의 정보 등이 공개되었음을 문제 삼아 누설된 사용자 등의 기술상의 정보 등을 개별적으로 특정하여 부정경쟁방지 및 영업비밀보호에 관한 법률(이하 '부정경쟁방지법'이라 한다)상 영업비밀 누설행위로 의율할 수 있음은 별론으로 하고, 특별한 사정이 없는 한 그와 같은 직무발명의 내용 공개가 곧바로 부정경쟁방지법 18조 2항에서 정한 영업비밀 누설에도 해당한다고 볼 수는 없다.

27) 한국특허법학회 편(주 7), 166.

28) 대법원 2010. 11. 11. 선고 2010다26769 판결 : 원심판결 이유에 의하면, 원고는 A 주식회사의 상무이사로 근무하던 1995년경 이 사건 발명을 완성한 후, 이 사건 발명의 특허출원일인 1995. 6. 2.경 이 사건 발명에 관하여 특허를 받을 수 있는 권리를, A가 별도로 설립한 B에게 묵시적으로 양도하였음을 알 수 있다.

29) 대법원 2011. 7. 28. 선고 2010도12834 판결 : 피고인들이 이 사건 3D 입체게임 전용 컨트롤러에 관한 발명을 완성한 당시 피해자 회사에는 직무발명에 관한 명문의 계약이나 근무규정은 없었고, 또한 공소외 2가 당초 이 사건 3D 입체게임 전용 컨트롤러를 개발 중이던 피고인들의 제의로 피고인 1로부터 피해자 회사의 지분 51%를 양수하여 대표이사로 취임하고 피해자 회사의 목적사업에 '3D 입체기기 연구 및 제조·판매업'을 추가하였다 하여, 피해자 회사가 추후 그 특허권에 대하여 통상실시권을 가지는 것을 넘어 피고인들과 사이에 미리 위 발명에 대하여 특허를 받을 수 있는 권리를 승계하기로 하는 묵시적 합의가 있었다고 단정하기 어렵다.

30) 대법원 2012. 12. 27. 선고 2011다67705, 67712 판결 : 특허를 받을 수 있는 권리는 발명의 완성과 동시에 발명자에게 원시적으로 귀속되지만, 이는 재산권으로 양도성을 가지므로 계약 또는 상속 등을 통하여 전부 또는 일부 지분을 이전할 수 있고(특허 37조 1항), 그 권리를 이전하기로 하는 계약은 명시적으로는 물론 묵시적으로도 이루어질 수 있고, 그러한 계약에 따라 특허등록을 공동출원한 경우에는 출원인이 발명자가 아니라도 등록된 특허권의 공유지분을 가진다.

관계, 특허출원의 경위 등을 참작하여 판단하여야 한다.[31]

다만 발명진흥법의 직무발명에 관한 제반 규정들의 취지에 비추어 보면, 종업원 등의 의사가 명시적으로 표시되거나 혹은 묵시적 의사를 추인할 수 있는 명백한 사정이 인정되는 경우 이외에는 직무발명에 대하여 특허 등을 받을 수 있는 권리나 특허권 등을 사용자 등에게 승계시키는 합의가 성립하였다고 쉽게 인정할 수 없다.[32]

Ⅳ. 직무발명에 대한 보상

1. 발명진흥법의 규정

발명진흥법은 종업원 등이 직무발명에 대하여 특허 등을 받을 수 있는 권리나 특

---

31) 직무발명에 관한 사안은 아니나 묵시적 양도에 관한 대법원 2015. 7. 23. 선고 2013다77591, 77607 판결 : 원심판결 이유 및 기록에 의하면, 비록 원고가 이 사건 특허발명의 기술적 사상의 창작행위에 실질적으로 기여하였다고 볼 수 없어 이를 발명한 사람에는 해당하지 않는다 하더라도, 원고는 당초 소외인에게 이 사건 특허발명에 관한 기본적인 과제와 아이디어를 제공하였고, 그 후 2001. 2. 25. A사와 피고 회사 사이의 '비소화합물을 이용한 항암제 개발에 관한 약정'(이하 '이 사건 개발약정'이라 한다) 체결을 주선함으로써 이 사건 특허권 등 이 사건 개발약정에 따른 연구개발 과정에서 발생하는 모든 연구성과 및 특허 가능한 발명 일체를 피고 회사의 자산으로 귀속시키는 데 상당한 기여를 하였을 뿐만 아니라, 이 사건 개발약정이 체결된 후에는 연구감시자 및 피고 회사의 책임자로서 소외인의 연구개발 과정을 전반적으로 관리하면서 그 실험연구를 보조하였음을 알 수 있다.

이와 같은 사실관계에서 알 수 있는 이 사건 특허출원에 이르기까지의 원고의 역할과 기여도 및 원고와 피고들 사이의 관계, 이 사건 특허출원의 경위 등과 함께 다음과 같은 사정, 즉 ① 기술개발에 관여한 사람들 가운데 누구를 발명자로 볼 것인지는 규범적으로 판단할 사항이지 당사자들이 경험에 의하여 알고 있는 사실관계의 문제가 아닌 점, ② 따라서 이 사건 특허발명의 기술개발에 관여한 원고가 스스로를 발명자라고 주장하는 내면의 의사에는, 자신이 규범적으로 평가되는 발명자에 해당하여 특허법상 인정되는 권리를 당연히 가지고 있다는 취지만이 아니라 자신의 사실상의 역할과 기여도를 고려할 때 적어도 그 특허권을 공유할 만한 자격이 있다는 취지도 포함되어 있다고 봄이 합리적인 점, ③ 이러한 주장을 받아들여 원고를 이 사건 특허발명의 출원인에 포함시킨 피고 회사 내면의 의사에도 마찬가지로 원고가 규범적으로 평가되는 발명자에 해당하는지 여부와는 무관하게 원고의 사실상의 역할과 기여도를 고려하면 특허권 공유자로 받아들일 만하다는 의사가 포함되어 있다고 봄이 상당한 점 등을 앞서 본 법리에 비추어 보면, 이 사건 특허발명의 발명자인 소외인으로부터 특허를 받을 수 있는 권리를 승계한 피고 회사가 그 출원인에 원고를 포함시킴으로써 원고에게 특허를 받을 수 있는 권리의 일부 지분을 양도하여 장차 취득할 특허권을 공유하기로 하는 묵시적 합의가 출원 당시 있었다고 보는 것이 경험칙에 맞는다고 할 것이고, 원고가 자신은 이 사건 특허발명의 발명자에 해당한다고 주장해 온 사정이 있다고 하여 이와 달리 볼 수는 없다.

32) 대법원 2011. 7. 28. 선고 2010도12834 판결.

허권 등을 사용자 등에게 승계하게 하거나 전용실시권을 설정한 경우 정당한 보상을 받을 권리를 가지고(15조 1항), 2항, 3항 및 4항의 규정에 따라 보상한 경우 정당한 보상을 한 것으로 보되, 그 보상액이 직무발명에 의하여 사용자 등이 얻을 이익과 그 발명의 완성에 사용자 등과 종업원 등이 공헌한 정도를 고려하지 아니한 경우에는 그러하지 아니하다고 규정하고 있다(15조 6항).

직무발명보상금 청구권은 법정채권으로서 이에 관한 발명진흥법 규정은 강행규정으로 보아야 한다.[33]

2. 사용자가 얻을 이익

가. 사용자가 얻을 이익의 성질 - 초과이익

사용자는 직무발명을 승계하지 않더라도 특허권에 대하여 무상의 통상실시권을 가지므로, '사용자가 얻을 이익'은 통상실시권을 넘어 직무발명을 배타적·독점적으로 실시할 수 있는 지위를 취득함으로써 얻을 이익을 의미한다. 여기서 사용자가 얻을 이익은 직무발명 자체에 의하여 얻을 이익을 의미하는 것이지 수익·비용의 정산 이후에 남는 영업이익 등 회계상 이익을 의미하는 것은 아니므로, 수익·비용의 정산 결과와 관계없이 직무발명 자체에 의한 이익이 있다면 사용자가 얻을 이익이 있는 것이고, 또한 사용자가 제조·판매하는 제품이 직무발명의 권리범위에 포함되지 않더라도 그것이 직무발명 실시제품의 수요를 대체할 수 있는 제품으로서 사용자가 직

---

33) 서울고등법원 2009. 8. 20. 선고 2008나119134 판결(상고기각) : 피고 회사는, 제1, 2특허발명의 제품화 등 업무를 수행하게 하기 위하여 원고를 영입하여 상당한 금액의 연봉을 지급하고 복리상 혜택을 부여하는 등 이미 원고가 수행한 직무에 상응하는 대가를 지급하였는바, 설사 원고에게 지급해야 할 보상금이 인정된다고 하더라도 위와 같이 이미 지급된 금원 등에 의해 직무발명보상금은 이미 지급된 것으로 보아야 한다는 취지로 주장하나, 특허법에 의해 인정되는 직무발명보상금 청구권은 통상적으로 사업자에 비해 열악한 지위에 있는 종업원의 권익을 보호하고 발명을 진흥하기 위해 인정되는 것으로서 직무발명보상금에 관한 구 특허법의 규정은 강행규정이므로, 직무발명보상금 청구권의 발생, 행사 및 보상금의 정당한 액수에 어떠한 제한을 가하는 계약 또는 근무규정은 무효이며, 나아가 직무발명보상금은 특허를 받을 권리를 양도한 대가로서 인정되는 법정채권으로서 노동의 대가인 임금과는 그 성격상 명확히 구분되므로, 당사자 사이에 명시적인 약정이 없는 한 일반적인 임금, 성과급 등의 지급으로써 특정한 직무발명에 대한 보상금의 지급에 갈음하였다고 보아서는 안 되는바, 이러한 법리에 비추어 보면 피고 회사가 원고에게 직무발명실시보상비 명목으로 금원을 지급하였음을 인정할만한 증거가 없는 이상 피고가 주장하는 위와 같은 사정만으로 원고에게 제1, 2특허발명에 대한 직무발명 보상비가 지급되었다고 볼 수 없어, 피고 회사의 위 주장은 이유 없다.

무발명에 대한 특허권에 기해 경쟁회사로 하여금 직무발명을 실시할 수 없게 함으로써 매출이 증가하였다면, 그로 인한 이익을 직무발명에 의한 사용자의 이익으로 평가할 수 있다.[34]

사용자가 초과이익을 얻었거나 얻을 것이라는 점 및 그 액수 등에 관한 증명책임은 종업원에게 있다.[35]

나. 상당인과관계 있는 이익

'사용자가 얻을 이익'은 사용자와 종업원 간의 분배의 대상이 되는 이익을 말하는 것으로, 당해 특허에 의하여 발생한 이익으로서 당해 특허와 상당인과관계가 있는 범위 내의 이익으로 제한된다.[36]

따라서 직무발명이 완성품의 일부에 관련되는 경우에는 매출액에서 직무발명이 기여한 정도를 당연히 참작하여야 할 것이며, 매출액 중에는 직무발명과는 무관하게 사용자의 인지도, 시장에서의 지위, 명성, 직무발명 외의 품질이나 기능 등에 의해 발생한 부분도 포함되어 있으므로 이러한 부분 역시 제외하여야 할 것이다.[37]

다. 특허등록 여부와 초과이익

직무발명으로 사용자가 얻을 이익은 그 발명이 특허 등록됨으로써 특허권에 기하여 법률상 발명의 실시를 배타적으로 독점함으로 인해 얻는 이익에만 한정되지 않는다. 그에 더하여 특허를 받을 수 있는 권리의 승계와 상당인과관계가 있는 이익 즉, 특허 출원 여부를 선택할 수 있는 기회를 부여받은 것에 따른 이익, 특허 출원할 경우 얻게 되는 선출원의 지위로서의 이익, 당해 발명을 실시한 경우 시장선행의 이익, 당해 발명을 영업비밀로 이용한 경우 경업자에 대한 우위 등 모든 이익이 포함된다.[38]

---

34) 대법원 2011. 7. 28. 선고 2009다75178 판결.

35) 서울고등법원 2007. 8. 21. 선고 2006나89086 판결(확정) : 피고 회사가 이 사건 특허발명에 기초하여 000원 가량의 납품계약을 체결한 사실은 앞서 인정한 바와 같으나, 위와 같은 납품계약의 총액이 이 사건 특허권의 독점적·배타적 효력에 기인한 것인지, 아니면 통상실시권의 효력에 기인한 것인지, 또한 양자가 병존해 있다면 그 각 가치가 얼마인지 여부에 관하여 원고의 추가적인 입증이 없는 이 사건에 있어서 위 인정사실만으로 사용자가 얻을 이익액을 산정하기는 어렵다고 할 것이다.

36) 특허법원 2017. 2. 17. 선고 2016나1554 판결(확정).

37) 특허법원 2017. 2. 17. 선고 2016나1554 판결(확정).

38) 윤선희, "발명진흥법 제15조 제3항에 있어서의 직무발명보상금 산정 요소에 대한 연구", 저스티스 통권

특허권이 소멸한 경우, 출원공개 이후 특허출원신청을 취하하는 등의 사유로 특허등록이 불가능해진 경우에도 여전히 사용자에게 직무발명 특허권 또는 특허받을 권리를 승계함으로 얻을 이익이 있는지 여부가 문제될 수 있다.

하급심 판결 중에는, 직무발명에 관하여 사용자에게 종업원에 대한 보상금채무가 발생하였다고 하기 위해서는 실제로 사용자의 이름으로 실용신안등록을 함으로써 그 기술적 고안을 독점할 수 있는 지위에 서야 하는 것이지, 단순히 실용신안 등록의 기회를 가졌다거나 사용자가 스스로 그 기회를 포기하였다는 등의 사유만으로는 보상금채무가 발생하는 것이 아니라고 한 사례[39]도 있으나, 다수의 판결례[40]는, 직무발명에 대해 특허가 실제로 출원 · 등록되었는지 여부, 또는 그 특허의 등록이 무효 또는 소멸되었는지 여부 등의 후발적 사정은 직무발명보상금 청구권의 발생에 장애가 되지 아니하고, 다만 보상금의 액수 산정에 위와 같은 사정이 고려될 수 있다고 판시하고 있다.

사용자가 특허를 출원 · 등록하지 않은 경우에는 직무발명을 영업비밀 등으로 이용하고 있다거나 향후 특허등록으로 직무발명에 관하여 시장에서 독점적 지위를 얻을 개연성이 있다는 점이 인정되어야 하고, 특허권을 포기 또는 상실한 경우에는 그 후에도 사용자가 직무발명으로 인하여 여전히 독점적, 배타적 수익을 얻고 있거나 장래 얻을 것이 예상된다는 점을 원고(종업원)가 주장 · 증명하여야 한다.[41]

대법원도 국내에서 특허가 등록되지 않고, 외국에서도 특허가 거절되었으며, 진보성이 부정되는 사안에서 발명을 배타적 · 독점적으로 실시할 수 있는 지위를 취득하였거나 장차 그러한 지위를 취득함으로써 얻을 수 있는 이익이 있다고 보기 어려워 직무발명보상금을 지급할 의무가 없다고 판시하였다.[42]

제129호(2012. 4.), 130. 한국특허법학회 편(주 7), 239.

39) 서울고등법원 2007. 4. 17. 선고 2006나57782 판결(확정)

40) 서울고등법원 2013. 1. 10. 선고 2011나100994 판결(확정), 서울중앙지방법원 2009. 1. 23. 선고 2007가합101887 판결(항소심에서 일부 변경) 등.
   서울고등법원 2013. 1. 10. 선고 2011나100994 판결(확정) : 등록료 미납으로 실용신안권이 소멸한 고안이 적용된 제품의 매출액은 보상금 산정에서 제외하여야 한다는 피고(사용자)의 주장에 대하여 등록료를 미납하여 실용신안권이 소멸하였다고 하더라도, 그 후 여전히 해당 고안을 적용한 제품을 판매하여 이익을 얻고 있다면 이는 직무발명보상금 산정의 기초가 되는 '사용자가 얻을 이익'에 포함된다.

41) 한국특허법학회 편(주 7), 239~240.

42) 대법원 2014. 11. 27. 선고 2011다43051 판결 : 원심판결 이유와 원심이 채택한 증거에 의하면 이 사건 발명은 국내에서 원심 변론종결일까지 특허등록은 물론 특허결정도 받지 못하였고, 유럽과 미국에서도 신규성이나 진보성이 부정된다는 이유로 특허가 거절되었음을 알 수 있다. 또한, 관련 법리와 기록에

라. 이익의 판단 시점 : 권리 승계 시 또는 보상금 청구 시

발명진흥법 15조 6항 단서는 직무발명보상금 산정 시 사용자 등이 '얻은 이익'이 아니라 '얻을 이익'을 고려하여야 한다고 규정하였다.

실시보상금을 산정할 때 그 직무발명에 의해 사용자가 장래 '얻을' 이익이 산정의 기초가 되는바, 위 규정에 의할 때 이익액의 산정 시점은 원칙적으로는 특허를 받을 수 있는 권리 내지 특허권을 승계한 시점이라고 해석되므로, 승계 시점을 기준으로 하여 장래 사용자가 직무발명에 의해 얻을 것으로 합리적으로 예견되는 이익을 보상금 산정의 기초로 삼아야 하지만, 권리 승계 시 장래의 이익을 예상하여 실시보상금을 미리 산정함에는 많은 어려움이 있으므로, 실제 실시계약의 체결 실적, 자사 제품에의 실시 여부 및 매출액 등 권리 승계 후 보상금 청구 시까지 발생한 구체적인 사정을 '승계 당시 장래 얻을 수 있었던 이익'의 산정에 참작할 수 있고, 나아가 사용자가 직무발명의 실시로 인하여 실제로 이익을 얻은 경우, 특별한 사정이 없는 한 최소한 그 실현된 이익만큼은 '승계 당시 장래 얻을 수 있었던 이익'으로 봄이 상당하다.[43][44] 한편, 실제 실현된 이익 외에 더 많은 이익을 얻을 수 있었다는 점은 보상금을 청구하는 측에서 추가로 주장·증명해야 한다.[45]

마. 장래 발생할 이익의 고려

사용자가 얻을 이익은 직무발명의 승계 시점 당시를 기준으로 하여 사용자가 직무발명의 승계로 인하여 얻을 것이 합리적으로 예견되는 이익을 의미하며, 보상금 청구 시점에 사용자에게 현실로 발생한 이익에 한정되지 아니하므로, 사용자가 얻을 이익을 산정할 때는 직무발명 승계 시점부터 보상금 청구 이후 특허권의 존속기간 만

비추어 살펴보면, 이 사건 발명은 다음과 같은 이유에서 그 진보성도 부정된다고 할 것이다. … 이러한 사정을 앞서 본 법리에 비추어 보면, 원심 변론종결 당시 피고가 이 사건 발명을 배타적·독점적으로 실시할 수 있는 지위를 취득하였거나 장차 그러한 지위를 취득함으로써 얻을 수 있는 이익이 있다고 보기 어려우므로, 피고는 원고에게 직무발명인 이 사건 발명에 관하여 이른바 실시보상금을 지급할 의무가 있다고 할 수 없다.

43) 서울고등법원 2009. 8. 20. 선고 2008나119134 판결(상고기각).

44) 이러한 법원의 실무례에 대하여 발명가치의 미확정성 리스크에 따른 부담을 사용자만 부담하고, 직무발명보상 제도를 정비하여 기업에 법적 안정을 보장한다는 법의 취지를 몰각시킬 수 있다는 점 등의 이유로 비판적으로 보는 견해로는 윤선희(주 38), 127~128.

45) 서울중앙지방법원 2009. 1. 23. 선고 2007가합101887 판결(항소심에서 일부 변경).

료 시까지 얻을 것으로 예상되는 이익 전부를 포함하여야 한다.[46]

하급심 판결 중에는, 특허권 존속기간 동안 매년 변론종결시에 가까운 사용자의 연매출액 상당의 매출을 올릴 것이라고 가정하여 이를 변론종결시[47] 또는 원고가 구하는 바에 따라 소장부본 송달일[48]의 현가로 평가하여 합산한 사례, 과거 생산량/매출액 증가율 평균값을 적용하여 특허권 존속기간 만료일까지의 연도별 추정 매출액을 계산한 뒤 이를 합산한 사례,[49] 제품의 특성, 시장의 상황 등을 고려하여 향후 매출이 발생할 예상 기간을 특정하고, 기발생 매출액 기준으로 위 기간 동안 발생할 매출액을 추정하여 합산한 사례,[50] 매출 감소 추세 등에 비추어 실시료 수입이 매년 5%씩 감소할 것이라고 보아 특허권 존속기간 동안 매년 감소율을 적용하여 산정한 실시료 수입을 합산한 사례,[51] 시장의 향후 발전 상황, 빠른 기술변화가 불가피한 점 등의 사정을 실시료율 산정에서 고려한 사례[52] 등이 있다.

바. 무효사유가 있는 직무발명과 사용자의 이익

종업원 등이 직무발명 보상금을 청구하는 경우 그 특허발명에 신규성, 진보성 부정 등의 무효사유가 있을 때에는 사용자 등의 보상금 지급의무가 면제되는지가 문제되는데, 이는 이러한 경우 사용자 등에게 승계로 인한 독점적·배타적 이익이 있다고 할 수 있는지와 관련된다.

이에 대하여 대법원은 "사용자가 종업원으로부터 승계하여 특허등록을 한 직무

---

46) 한국특허법학회 편(주 7), 243~244.

47) 서울고등법원 2014. 4. 24. 선고 2012나53644 판결(확정), 서울중앙지방법원 2012. 9. 28. 선고 2011가합 37396 판결(항소심에서 강제조정 확정), 수원지방법원 2010. 11. 4. 선고 2009가합2746 판결(확정, 제품 매출액이 신제품 개발 등으로 감소될 수도 있으나, 시장규모 확대 등으로 증가할 가능성도 배제할 수 없는 점을 이유로 들었다). 위 각 사안에서, 실시료율과 독점권기여율은 매년 동일한 것으로 보았다.

48) 특허법원 2017. 2. 17. 선고 2016나1554 판결(확정).

49) 서울고등법원 2014. 7. 17. 선고 2013나2016228 판결(상고기각), 서울중앙지방법원 2013. 5. 2. 선고 2011가합58614 판결(확정)

50) 서울고등법원 2013. 1. 10. 선고 2011나100994 판결(확정, 감광드럼에 관한 직무발명에 대해 위 감광드럼이 적용된 프린터의 수명이 5년인 점을 고려하여, 위 프린터 제품의 단종 이후 5년간의 매출액을 기준으로 한 사례), 서울서부지방법원 2007. 8. 22. 선고 2005가합12452 판결(항소심에서 화해권고결정 확정, 기술집약적 제품으로 재질, 기술 등이 지속적으로 개선, 변경되는 제품이어서 직무발명이 피고 제품 생산에 이용 또는 응용되는 기간을 향후 10년이라고 봄)

51) 서울남부지방법원 2006. 10. 20. 선고 2004가합3995 판결(항소심에서 조정성립)

52) 서울고등법원 2011. 8. 31. 선고 2010나72955 판결(확정), 서울서부지방법원 2007. 8. 22. 선고 2005가합 12452 판결

발명이 이미 공지된 기술이거나 공지된 기술로부터 통상의 기술자가 쉽게 발명할 수 있는 등의 특허무효사유가 있고 경쟁관계에 있는 제3자도 그와 같은 사정을 용이하게 알 수 있어서 사용자가 현실적으로 특허권으로 인한 독점적·배타적 이익을 전혀 얻지 못하고 있다고 볼 수 있는 경우가 아닌 한 단지 직무발명에 대한 특허에 무효사유가 있다는 사정만으로는 특허권에 따른 독점적·배타적 이익을 일률적으로 부정하여 직무발명보상금의 지급을 면할 수는 없고, 이러한 무효사유는 특허권으로 인한 독점적·배타적 이익을 산정할 때 참작요소로 고려할 수 있을 뿐"이라고 판시하였다.[53)

사. 직무발명의 실시 여부와 사용자의 이익

사용자 등이 직무발명을 승계한 후 직무발명을 스스로 실시하지도 않고 타인에게 실시허락도 하지 않은 경우에도 사용자 등에게 승계로 인한 독점적·배타적 이익이 있다고 할 수 있는지가 문제된다.

이와 관련하여 대법원은 "사용자가 제조·판매하고 있는 제품이 직무발명의 권리범위에 포함되지 않더라도 그것이 직무발명 실시제품의 수요를 대체할 수 있는 제품으로서 사용자가 직무발명에 대한 특허권에 기해 경쟁 회사로 하여금 직무발명을 실시할 수 없게 함으로써 매출이 증가하였다면, 그로 인한 이익을 직무발명에 의한 사용자의 이익으로 평가할 수 있다."라고 판시하였다.[54)

사용자 등이 직무발명을 실시하지 않았음에도 사용자 등에게 독점적·배타적 이익이 있다는 점에 대한 주장·증명책임은 원칙적으로 종업원 등에게 있다.[55)

53) 대법원 2017. 1. 25. 선고 2014다220347 판결.
　　이에 반하여 대법원 2011. 9. 8. 선고 2009다91507 판결은 갑이 자신의 직무발명에 대한 권리를 승계한 을 주식회사를 상대로 직무발명보상금 지급을 구한 사안에서, 을 회사가 실시한 발명이 직무발명 출원 당시 이미 공지된 것이어서 이를 자유롭게 실시할 수 있었고 경쟁관계에 있는 제3자도 그와 같은 사정을 용이하게 알 수 있었던 것으로 보이므로, 을 회사가 갑에게 직무발명과 관련하여 실시보상금을 지급할 의무가 없다고 판시하였다.
　　또한, 대법원 2014. 11. 27. 선고 2011다43051 판결도 진보성이 부정되고, 피고가 발명을 배타적·독점적으로 실시할 수 있는 지위를 취득하였거나 장차 그러한 지위를 취득함으로써 얻을 수 있는 이익이 있다고 보기 어려우므로, 피고는 원고에게 직무발명인 이 사건 발명에 관하여 이른바 실시보상금을 지급할 의무가 있다고 할 수 없다고 판시하였다.
54) 대법원 2017. 1. 25. 선고 2014다220347 판결, 2011. 7. 28. 선고 2009다75178 판결.
55) 서울고등법원 2013. 1. 10. 선고 2011나100994 판결(심리불속행 기각) : 그밖에 피고가 제2고안을 어떠한 형태로든 실시할 수 있다거나 그 실시 여부와 무관하게 그 보유에 따른 이익을 얻을 수 있다는 사정을 인정할만한 자료도 없으므로, 제2고안에 의하여 피고가 얻을 이익에 대한 원고의 충분한 입증이 없다. 따라서 제2고안에 관한 직무발명보상금을 구하는 원고의 주장은 더 나아가 살펴볼 필요 없이 이유

3. 사용자와 종업원의 공헌도

발명진흥법 15조 6항에 의하면 직무발명의 보상액은 사용자 등이 얻을 이익과 '그 발명의 완성에 사용자 등과 종업원 등이 공헌한 정도'를 고려하여야 한다.

이러한 종업원(발명자들)의 공헌도[56]는 당해 발명을 완성하는 데 발명자가 창조적으로 기여한 정도를 의미하는 것으로, 이를 산정함에는 사용자의 공헌요소와 종업원의 공헌요소를 모두 종합하여 판단하여야 할 것인바, 구체적으로 ① 종업원의 직무내용, ② 사용자의 사업화 경위, ③ 직무발명이 이루어진 경위, ④ 직무발명이 차지하는 의의, ⑤ 직무발명의 권리화 경위, ⑥ 직무발명이 사업화된 경위, ⑦ 직무발명의 완성 이후 종업원에 대한 처우 등의 제반 사정을 종합적으로 판단하여 정하여야 할 것이다.[57][58]

또한, 직무발명이 공동발명인 경우 발명자 기여율도 반영한다. 발명자 기여율은 발명연구집단 중 그 발명자가 기여한 정도를 나타내는 비율로, 연구팀의 구성, 직책, 연구기간, 노력 정도 등을 고려하되, 대체로 직무발명에 관여한 사람들의 수와 이들의 양적 및 질적 관여정도에 의하여 결정하게 된다.[59]

우리나라 재판례에서 발명자 공헌도는 3~50%로 다양하게 나타나는데, 대부분 10~30%의 범위에 분포되어 있고, 평균적으로 17% 정도이다.[60]

없다.

56) '발명자 보상률'이란 용어가 사용되기도 한다.

57) 특허법원 2017. 2. 17. 선고 2016나1554 판결(확정). 위 판결은 '사용자 공헌도'는 사용자가 발명을 완성하는 데 제공한 연구개발비, 연구설비, 자재비, 급여 등이 발명의 완성에 공헌한 정도를 의미한다고 설시하였다.

58) 한국특허법학회 편(주 7), 260~268은 사용자 공헌도의 요소로서 발명 완성과정에서의 공헌, 제품개발 리스크, 발명 완성 후의 사정(권리화, 사업화, 종업원 처우) 등으로, 종업원 공헌도의 요소로서 발명 완성과정에서의 공헌(직무내용, 발명의 계기, 발명이 이루어진 과정), 발명 완성 후의 사정(권리화, 사업화) 등으로 나누어 설명하고 있다.

59) 특허법원 2017. 2. 17. 선고 2016나1554 판결(확정).

60) 자세한 내용은 한국특허법학회 편(주 7), 270~271.

4. 구체적 산정방법

가. 사용자만 직무발명을 실시하는 경우

(1) 산정 방식

직무발명을 사용자만 실시하고 제3자에게 실시를 허락하지 않은 경우에 '사용자가 얻을 이익'을 산정하는 방식으로는, (i) 사용자가 제3자에게 직무발명에 대한 사용을 허락하였다고 가정할 때 얻을 수 있는 실시료 상당액을 기준으로 산정하는 방식과, (ii) 사용자가 제3자에게 실시허락을 하였을 때 예상되는 감소된 매출액과 비교하여 그것을 상회하는 매출액(초과 매출액)을 기준으로 산정하는 방식 등이 있을 수 있다.

법원의 실무는 원고가 구하는 바에 따라[61] 아래 계산식과 같이 사용자의 매출액에 직무발명이 기여한 정도와 가상의 실시료율을 곱한 값에서 무상의 통상실시권으로 발생한 부분을 제외하는 방식, 즉 독점권 기여율을 곱하는 방식으로 산정하는 것으로 보인다. 다만 위의 여러 인자를 엄격한 증명에 의하여 인정하는 것은 성질상 매우 어려우므로, 변론 전체의 취지와 증거조사의 결과에 기초하여 상당한 값을 정한다.[62]

보상금 = ① 직무발명으로 인한 사용자의 독점적 · 배타적 이익

　　　　 (= 제품매출액 × 직무발명의 기여도 × 가상 실시료율 × 독점권 기여율)

　　　 × ② 종업원(발명자들)의 공헌도(= 1- 사용자 공헌도)

　　　 × ③ 발명자들 사이에서 해당 발명자(원고)의 기여율

---

61) 한국특허법학회 편(주 7), 251은 초과 매출액 산정방식을 따르되, 종업원으로서는 사용자의 이익률에 대한 증명이 어려우므로, 사용자의 이익률을 하회할 것으로 생각되는 통상실시료율의 범위 내에서 청구하는 것을 법원이 주장 · 증명책임에 따라 인정한 것으로 보고 있다.

62) 특허법원 2017. 2. 17. 선고 2016나1554 판결(확정). 이 판결은 "발명이 완전히 실시되지 아니한 경우에도 사용자는 발명의 독점에 의한 이익을 얻을 수 있는 것이므로, 이 사건 발명이 실시되지 아니한 기간 동안의 사용자가 얻을 이익도 원고의 직무발명보상금 산정의 기초로 삼아야 할 것이다. 나아가 사용자가 직무발명을 직접 실시하거나 제3자에게 실시허락을 하지도 아니한 경우 '사용자가 얻을 이익'은 그 직무발명을 경쟁 회사가 실시하였더라면 사용자가 상실하였을 이익 상당액이라 할 것"이라고 설시하고, 실시기간 이득액의 10%를 인정하였다.

(2) 직무발명의 기여도

직무발명이 제품 중 일부에만 적용되거나 피고의 매출액에 관한 자료들이 실시제품과 비실시제품이 혼합된 형태로만 제출될 경우에 이를 가상 실시료율과 독점권 기여율에서 감안하는 방법과 별도의 직무발명의 기여도를 산정하는 방법이 있는데, 후자의 방법이 다수를 차지한다.[63]

특히 수많은 첨단 기술이 고도로 집약된 제품에 직무발명이 완성품의 일부에만 관련된 경우에는 제품 전체의 매출액에서 그 일부에만 관련된 직무발명이 기여한 정도를 참작한 후 여기에 가상의 실시료율을 곱한 값에서 독점권 기여율을 곱하는 방식으로 산정하게 된다.[64]

(3) 가상 실시료율

가상의 실시료율은 직무발명이 가져온 기술혁신의 정도, 개선된 작용효과 및 객관적인 기술적 가치, 실시의 용이성과 수익성, 시장점유율, 관련 분야 등록특허의 수, 직무발명이 실시제품 중 일부에 적용되거나 다수의 기술이 적용되어야 하는지 여부, 유사한 대체기술의 존재 여부 등 제반 사정을 참작하여 산정한다.[65]

재판 실무례에서 실시료율은 0.5~6%까지의 차이를 보이는데, 농약업계의 경우 3%를 적용한 사례,[66] 제약업계의 경우 5%를 적용한 사례,[67] 건설신기술을 적용한 건설분야에서 2%를 적용한 사례,[68] 식품업계 평균 실시료율이 3%이나 오리 생육 중 일부에만 사용되고 유사한 대체기술이 등록되었으며 유사한 방법이 사용되는 점을 고려하여 1%를 적용한 사례,[69] LCD 패널의 기판 전극배열 구조에 관하여 2%,[70] 합금분

---

63) 설민수(주 8), 244.

64) 특허법원 2017. 2. 17. 선고 2016나1554 판결(확정).

65) 특허법원 2017. 2. 17. 선고 2016나1554 판결(확정), 특허법원 2017. 11. 30. 선고 2016나1899 판결(확정) 등 참조.

66) 대법원 2011. 7. 27. 선고 2009다75178 판결.

67) 대법원 2011. 9. 8. 선고 2009다91507 판결.

68) 서울중앙지방법원 2012. 9. 28. 선고 2011가합37396 판결(항소심에서 강제조정 확정) : 건설기술관리법 18조 3항에 의해 발주자가 기술개발자에게 지급할 기술사용료의 기준을 정하고 있는 국토해양부의 2009. 8. 25.자 훈령 제446호 '건설신기술 기술사용료 적용기준'에 의하면, 건설기술 사용요율을 기술공사비가 10억 원 상당인 경우 5%, 1,000억 원 상당인 경우 2%로 정하고 그 사이에서 증감하도록 규정하고 있는 점 등을 고려하여 2%로 정하였다.

69) 수원지방법원 2014. 10. 28. 선고 2013가합12788 판결(확정).

70) 특허법원 2017. 2. 17. 선고 2016나1554 판결(확정).

야에서 2%를 적용한 사례[71])가 있다.

가상의 실시료율과 관련하여 독일의 '민간 기업에서의 종업원 발명의 보상에 관한 가이드라인'에서는 전자 산업에서 1/2~5%, 기계 장치 산업에서 1/3~10%, 화학 산업에서 2~5%, 제약 산업에서 2~10%를 제시하였으나, 독일 법원은 실제로는 이보다 낮은 실시료율을 인정한다고 한다.[72])

(4) 독점권 기여율[73])

재판 실무례에서 독점권 기여율은 0.2~6%로 큰 차이를 보이고 있다.[74])

자기실시에 따른 직무발명보상금 산정에서 독점권 기여율은 ① 경합품의 존재 여부, ② 라이선스 허락 유무, ③ 시장점유율,[75]) ④ 특허품의 판매 상황, ⑤ 경합품의 시장 점유율, ⑤ 특허품의 시장도입 전후의 특허품과 경합품의 시장점유율 변동, ⑥ 전체 시장의 규모와 동향, ⑦ 선행기술의 내용과 대체기술의 존부 등을 고려하여 산정하여야 할 것이다.

특허법원 2017. 11. 30. 선고 2016나1899 판결(확정)은 직무발명이 기술혁신의 정도가 상당히 큰 점, 직무발명의 실시로 매출이 증가된 점을 독점권 기여율을 높게 평가할 수 있도록 해주는 요소로 보았다. 반면에, 다른 경쟁업체들이 직무발명과 유사한 제품을 제조·판매하는 점, 경쟁력 있는 제품을 생산하기 위해서는 세부 공정의 최적화 및 노하우가 필요한데 피고가 그동안의 노하우를 활용함과 동시에 오랜 기간 동안의 세부 공정 최적화, 제조설비 확충 등을 통해 수율, 품질 등에 있어 경쟁력을 확보한 것으로 보이는 점, 피고가 수차례 제조공정을 변경하면서 직무발명과 공정의 순서를 달리하거나 청구범위에 포함되어 있지 않은 공정을 포함하기도 한 점, 매출 신장에 피고 등의 시장에서의 지위, 명성, 영업망, 브랜드의 인지도 및 고객흡인력, 홍보 및 마케팅 활동 등이 기여한 부분도 상당하다고 평가되고 피고가 관련 시장에서 독점적인 지위를 갖고 있는 점을 독점권 기여율을 높게 평가함에 한계로 작용하는

---

71) 특허법원 2017. 11. 30. 선고 2016나1899 판결(확정).

72) 윤선희(주 38), 135, 136.

73) '초과매상의 비율', '독점률' 등의 용어가 사용되기도 하고, 일부 판결에서는 '직무발명의 기여도'를 포함하는 의미로 사용되기도 한다.

74) 자세한 내용 및 직무발명의 기여도에 관한 사례는 설민수(주 8), 244~248.

75) 윤선희(주 38), 132~133에 의하면 일본의 재판례에서는 시장점유율에 근거하여 독점권 기여율을 산정하는 사례가 있다고 한다.

요소로 보았다.

나. 직무발명을 양도한 경우

　사용자가 직무발명을 제3자에게 양도한 이후에는 더 이상 그 발명으로 인하여 얻을 이익이 없을 뿐만 아니라, 직무발명의 양수인이 직무발명을 실시함으로써 얻은 이익은 양수인이 처한 우연한 상황에 따라 좌우되는 것이어서 이러한 양수인의 이익액까지 사용자가 지급해야 할 직무발명보상금의 산정에 참작하는 것은 불합리하므로, 사용자가 직무발명을 양도한 경우에는 특별한 사정이 없는 한 그 양도대금을 포함하여 양도시까지 사용자가 얻은 이익액만을 참작하여 양도인인 사용자가 종업원에게 지급해야 할 직무발명보상금을 산정해야 한다.[76][77]

　사용자 등이 지급받은 금액 중 해당 직무발명으로 인한 금액을 어떻게 특정할지가 문제된다. 이는 영업양도의 경우와 같이 직무발명뿐만 아니라 관련 물적 시설 및 고용의 승계 등을 포함하여 전체 금액이 정해지기 때문이다. 이 경우에도 양도 경위, 관련 분야 시장의 현황, 사업화 경위 등을 참작하여 직무발명의 기여도를 결정하여야 한다.[78]

　직무발명을 양도한 경우 그 양도대금에 직무발명의 독점권 기여율을 반영할 것

---

76) 대법원 2010. 11. 11. 선고 2010다26769 판결.

77) 한편, 서울고등법원 2008. 4. 10. 선고 2007나15716 판결(심리불속행 기각)은 무선단말기사업부분의 자산 일체를 포괄적으로 양수하는 계약에서 직무발명보상금 채무가 면책적으로 인수되었다고 보고, 원고의 청구에 따라 양도대금이 아닌 양수인이 얻은 실시료 수입을 기준으로 보상금을 산정하였다.

78) 대법원 2013. 5. 24. 선고 2011다57548 판결(특허를 받을 수 있는 권리의 양도에 관한 사안) : 원심 판결 이유에 의하면 원심은, B가 이 사건 영업양도 계약에 따라 피고에게 양도한 이 사건 발명에 관한 특허권의 양도대가도 직무발명보상금에 준하는 이 사건 양도대금 산정의 기초가 되는 C 등이 얻은 이익액에 포함된다고 한 다음, 위 영업양도 대금이 B의 순자산가액 86,188,194,000원과 영업권 가액 20,438,474,000원을 합한 106,626,668,000원으로 결정된 점, 폴리테트라메틸렌 에테르글리콜(Polytetramethylene Etherglycol, 이하 'PTMEG'라고 한다) 생산기술을 보유한 업체가 전 세계적으로 몇 개 회사에 불과한 이유는 이 사건 발명과 같은 중합촉매의 개발이 어렵기 때문으로 보이는 점, A가 1993년경 독일의 D사에 독일국화 200만 마르크(원화로 환산하면 9억 3,152만 원)를 지급하고 파일럿실험도 거치지 아니한 중합촉매 기술을 포함하여 PTMEG 생산기술을 이전받았으나 중합촉매 기술에 문제가 있어서 PTMEG의 상업적 생산에 실패하였던 점, B 등은 1992년경에도 일본국화 10억 엔을 지급하고 일본의 E사로부터 PTMEG 생산기술을 도입하려고 하였으나 실패하였던 점, 이 사건 발명은 B 등의 PTMEG 생산공정에 적용되는 유일한 특허발명인 점 등에 비추어 이 사건 발명에 관한 특허권의 양도대가를 50억 원으로 보아, 피고가 원고에게 지급해야 할 이 사건 양도대금의 액수를 산정하였다. 기록에 비추어 살펴보면, 원심의 위와 같은 사실인정과 판단은 정당하고, 거기에 이유모순이나 논리와 경험의 법칙에 반하여 자유심증주의의 한계를 벗어나는 등의 위법이 없다.

인지가 문제된다. 대법원 2013. 5. 24. 선고 2011다57548 판결은 특허를 받을 수 있는 권리를 양도한 데 따른 양도대금 산정에 관한 사례에서 직무발명보상금에 준하여 산정하면서 독점권 기여율을 반영한 원심의 판단이 정당하다고 판시하였다. 반면 서울고등법원 2015. 10. 1. 선고 2014나2051082 판결(확정)은 특별한 사정이 없는 한 양도대금을 직무발명에 의하여 사용자가 얻을 이익으로 보고, 독점권 기여율을 반영하지 아니하였다.

다. 사용자는 직무발명을 실시하지 않고, 제3자에게 실시허락만 한 경우

사용자가 직무발명에 대하여 제3자에게 실시허락을 하고 실시료 수입을 얻는다면 그것이 직무발명에 의한 독점적 이익이 된다.[79]

상호실시허락계약(cross-license), 포괄적 실시허락(package license), 특허풀(patent pool)의 경우에 실시료 수입에서 당해 직무발명이 차지하는 기여도를 반영하여야 한다.[80]

라. 사용자가 직무발명을 실시하고, 제3자에게 실시허락도 한 경우

이 경우에 사용자가 실시료 수입 외에 추가로 자기실시로 인하여 얻어지는 초과이익을 보상금 산정대상 이익에 포함시킬 수 있는지가 문제되는데, 개방적 라이선스 정책을 채용하고 있다면 초과이익이 있다고 보기 어렵고, 제한적 라이선스 정책을 채용하고 있다면 초과이익이 있다고 볼 여지가 많을 것이다.

마. 사용자는 직무발명을 실시하지 않고, 제3자에게 실시허락도 하지 아니한 경우

사용자가 제조·판매하는 제품이 직무발명의 권리범위에 포함되지 않더라도 그것이 직무발명 실시제품의 수요를 대체할 수 있는 제품으로서 사용자가 직무발명에 대한 특허권에 기해 경쟁 회사로 하여금 직무발명을 실시할 수 없게 함으로써 매출이 증가하였다면, 그로 인한 이익을 직무발명에 의한 사용자의 이익으로 평가할 수 있다.[81] 다만, 직무발명에 대한 특허권에 기하여 경쟁 회사로 하여금 직무발명을 실

---

[79] 윤선희(주 38), 137. 정상조·박성수 공편(주 7), 472. 이에 반하여 사용자가 무상의 통상실시권을 포기한 부분은 제외되어야 한다는 견해로는 설민수(주 63), 243.

[80] 자세한 논의는 윤선희(주 38), 138~141.

[81] 대법원 2017. 1. 25. 선고 2014다220347 판결, 2011. 7. 28. 선고 2009다75178 판결. 특허법원 2017. 2. 17. 선고 2016나1554 판결(확정)은 실시기간 이득액의 10%를 미실시기간에 적용하여 계산한 금액으로 인정하였다.

시할 수 없게 함으로써 매출이 증가하였음을 입증하지 못하면 초과이익이 있다고 보기 어렵다.[82]

V. 관련 문제

1. 선지급 보상금의 공제

요즘 기업들이 직무발명에 대하여 출원보상, 등록보상, 실시보상, 실적보상 등의 명칭으로 보상금을 지급하는 경우가 있다. 재판 실무례는 이러한 경우에 사용자 등이 지급한 보상금을 직무발명보상금에서 공제한다.[83]

정기적인 임금이 아닌 성과급으로 지급한 돈을 보상금으로 볼 수 있는지가 문제되는데, 일상적인 성과급은 임금과 달리 볼 것은 아니고,[84] 이례적인 거액의 1회성 지급은 보상금의 성격으로 볼 수 있으나, 이에 대한 증명책임은 사용자에게 있다.[85]

2. 소멸시효

직무발명보상금 청구권은 일반채권과 마찬가지로 10년간 행사하지 않으면 소멸시효가 완성하고 그 기산점은 일반적으로 사용자가 직무발명에 대한 특허를 받을 권리를 종업원으로부터 승계한 시점으로 봐야 할 것이다. 다만 회사의 근무규칙 등에 직무발명보상금의 지급시기를 정한 경우에는 그 시기가 도래할 때까지 보상금 청구권의 행사에 법률상의 장애가 있으므로 근무규칙 등에 정하여진 지급시기가 소멸시효의 기산점이 된다.[86] 회사의 근무규칙 등에 직무발명보상금 지급시기를 정하고 있

---

82) 특허법원 2017. 12. 21. 선고 2017나1865 판결(심리불속행 기각)
83) 서울중앙지방법원 2012. 11. 23. 선고 2010가합41527 판결(항소심에서 강제조정 확정)에서는 그 공제액이 2억 2,000만 원이었다.
84) 서울남부지방법원 2009. 9. 11. 선고 2008가합4316 판결(항소심에서 강제조정 확정)은 성과급이 직무발명의 보상금으로 지급된 것으로 볼 수 없다고 판시한 바 있다.
85) 서울고등법원 2010. 8. 31. 선고 2010나72955 판결(확정)은 1회에 지급된 5,000만 원이 매출증대에 따라 지급한 성과급으로 보일뿐 직무발명보상금으로 볼 수는 없고 달리 이를 인정할 만한 증거도 없다고 판시한 바 있다.
86) 대법원 2011. 7. 28. 선고 2009다75178 판결 : 피고 회사의 직무발명보상 관련 규정들에 따라 소멸시효

다고 볼 수 없는 경우 특허출원시가 기산점이 될 수 있다.[87]

직무발명보상금 청구권의 소멸시효도 민법 168조에 따라 청구, 압류 또는 가압류, 가처분, 승인으로 중단될 수 있다.[88] 또한, 소멸시효 완성 후에 채무승인으로 시효이익을 포기할 수도 있다.[89]

3. 일부청구와 잔부청구 사이의 기판력과 신의칙

직무발명보상금에 관한 선행소송에서 명시적 일부청구를 하였으나 원고의 일부청구액에도 미치지 못하는 액수만이 인정되어 원고가 일부패소 또는 전부패소 하였는데, 이러한 경우 잔부청구의 후소에 선행판결의 기판력이 미치지 않는다. 이와 관련하여 후소의 제기가 신의칙에 반하는 것인지가 문제되는데, 특허법원 2017. 6. 23. 2017나1438 판결(심리불속행 기각)은 잔부청구를 신의칙 위반으로 보는 것은 ① 판결의 이유 부분에도 기판력을 인정하는 결과가 되고 채권자에게 일방적으로 불리한 것이므로, 채권자가 별다른 이유 없이 하나의 가분채권을 수 개로 쪼개어 여러 법원에 제소하거나 여러 차례 나누어 제소하는 등 채무자에게 응소의 고통을 줄 목적으로 일부청구를 하는 것으로 볼 수 있는 특별한 사정이 있는 경우에만 잔부청구에 관한 후소의 제기가 권리남용 내지 신의칙에 의하여 제한될 수 있다고 봄이 타당한 점, ② 처분권주의에 반하고, 채권자의 신뢰이익을 해치는 점, ③ 채무자의 신뢰이익이 존재하지 않고 채무자도 반소로서 채무부존재확인의 소를 구할 수 있었던 점, ④ 일부청구의 인용 여부와 범위에 따라 잔부청구의 허용 여부가 달라지는 점, ⑤ 선행소송 당시 해외 매출액 등 장래이익을 알 수 없어 일부청구를 한 점 등에 비추어 부당하므로 잔부청구가 신의칙에 반하지 않는다고 판시하였다.

의 기산점은 아무리 빨라도 피리벤족심이 제품화된 다음 회계 연도인 1998년 이후라고 본 원심을 정당하다고 본 사례.

대법원 2017. 1. 25. 선고 2014다220347 판결 : 피고의 직무발명보상지침이 적용됨을 전제로 하여 원고의 소 제기 당시에 보상금청구권의 소멸시효가 완성되지 않았다고 판단한 원심을 정당하다고 본 사례.

87) 특허법원 2017. 12. 21. 선고 2017나1865 판결(심리불속행 기각)

88) 서울중앙지방법원 2012. 11. 23. 선고 2010가합41527 판결(항소심에서 강제조정 확정)에서는 보상금의 일부 지급으로 소멸시효가 중단되었다고 보았다.

89) 특허법원 2017. 11. 30. 선고 2016나1899 판결(확정)에서 인용한 제1심인 대전지방법원 2016. 7. 6. 선고 2012가합37415 판결.

4. 직무발명에 관한 섭외적 법률관계

직무발명에서 특허를 받을 권리의 귀속과 승계, 사용자의 통상실시권의 취득 및 종업원의 보상금청구권에 관한 사항은 사용자와 종업원 사이의 고용관계를 기초로 한 권리의무 관계에 해당한다. 따라서 직무발명에 의하여 발생되는 권리의무는 비록 섭외적 법률관계에 관한 것이라도 성질상 등록이 필요한 특허권의 성립이나 유·무효 또는 취소 등에 관한 것이 아니어서, 속지주의의 원칙이나 이에 기초하여 지식재산권의 보호에 관하여 규정하는 국제사법 24조의 적용대상이라 할 수 없다. 직무발명에 대하여 각국에서 특허를 받을 권리는 하나의 고용관계에 기초하여 실질적으로 하나의 사회적 사실로 평가되는 동일한 발명으로부터 발생한 것이며, 당사자들의 이익보호 및 법적 안정성을 위하여 직무발명으로부터 비롯되는 법률관계에 대하여 고용관계 준거법 국가의 법률에 의한 통일적인 해석이 필요하다. 이러한 사정들을 종합하여 보면, 직무발명에 관한 섭외적 법률관계에 적용될 준거법은 발생의 기초가 된 근로계약에 관한 준거법으로서 국제사법 28조 1항, 2항 등에 따라 정하여지는 법률이라고 봄이 타당하다. 그리고 이러한 법리는 실용신안에 관하여도 마찬가지로 적용된다.[90][91]

---

90) 대법원 2015. 1. 15. 선고 2012다4763 판결.
91) 학설로는 보호국법설, 등록국법설, 고용관계의 준거법설(일반 계약의 준거법설, 근로계약의 준거법설) 등이 제시되고 있다. 자세한 내용은 한국특허법학회 편(주 7), 333~337.

품종보호권 관련 소송

I. 의   의

'품종보호권'이란 식물신품종 보호법[1)에 따라 품종보호를 받을 수 있는 권리를 가진 자에게 주는 권리를 말한다(식물신품종 보호법 2조 4호). 품종보호권은 특허권과 유사한 권리이고, 품종보호권 제도도 특허제도와 유사하다.

품종보호권은 새로운 품종의 개발, 농림식품부장관에 대한 품종보호 출원, 출원공개, 심사관의 심사, 등록의 절차를 걸쳐 발생하는데, 특허와 달리 출원공개일로부터 업으로서 그 출원품종을 실시할 권리를 독점한다(식물신품종 보호법 38조 1항).

이하에서는 특허제도와의 차이점 위주로 품종보호권제도에 관하여 설명하기로 한다.

II. 등록요건

1. 신 규 성

출원일 이전에 품종보호 출원된 품종이 공지되지 않았을 것을 의미한다. 품종보호 출원일 이전에 국내에서는 1년 이상, 그 밖의 국가에서는 4년[과수 및 임목인 경우에는 6년] 이상 해당 종자나 그 수확물이 이용을 목적으로 양도되지 아니한 경우에는

---

1) 2012. 6. 1. 법률 제11457호로 종자산업법 중 식물신품종에 관한 출원, 심사, 등록 등에 관한 규정이 분리되어 제정된 법률로, 2013. 6. 2.부터 시행되었다.

그 품종은 신규성을 갖춘 것으로 본다(식물신품종 보호법 17조 1항).

　식물신품종 보호법 17조 1항이 규정하는 '이용을 목적으로 양도된 경우'라 함은 당해 보호품종의 종자나 수확물이 재화로서 갖는 교환가치나 사용가치를 이용할 목적으로 그 종자나 수확물을 거래에 제공하여 그 거래의 상대방에게 양도하는 경우를 말하고, 여기서 '양도'는 그 종자나 수확물의 소유권을 타인에게 유상 또는 무상으로 이전하는 법률행위를 의미하므로, '이용을 목적으로 양도된 경우'에 해당하기 위해서는 반드시 영리의 목적을 가지고 있을 필요는 없다. 식물신품종 보호법 17조 2항 각 호는 위와 같은 1항의 규정취지를 고려하여 '이용을 목적으로 양도된 경우'에 해당하지 아니하는 경우를 주의적으로 규정하거나 혹은 그에 해당하더라도 일정한 요건을 부가하여 신규성이 상실되지 않도록 한 것이라고 이해된다. 따라서 품종평가를 위한 포장시험, 품질검사 또는 소규모 가공시험을 하기 위하여 보호품종의 종자나 그 수확물을 양도한 경우에는 그 종자나 수확물이 재화로서 갖는 교환가치나 사용가치를 이용할 목적으로 거래에 제공된 것이라고 볼 수 없어 같은 조 1항의 '이용을 목적으로 양도된 경우'에 해당한다고 보기 어려울 뿐만 아니라, 같은 조 2항 4호에 의하여 같은 조 1항에도 불구하고 신규성을 갖춘 것으로 보게 된다.[2]

　식물신품종 보호법은 구 종자산업법과 달리 '알려진 품종'에 대한 품종보호권을 인정하지 않는다. 구 종자산업법 13조의2에 따라 알려진 품종에 관하여 신규성의 예외로서 인정된 품종보호권에 대해서는 제3자에게 구 종자산업법 13조의2 4항에 따른 통상실시권이 인정될 수 있다.[3]

---

2) 특허법원 2017. 1. 13. 선고 2016허1956 판결(확정).
3) 광주고등법원 2016. 3. 23. 선고 2015나12351 판결(심리불속행 기각) : 블루베리 신품종의 품종보호권자인 미국 소재 갑 재단법인이, 자신이 재배한 블루베리 묘목을 위 품종이라고 광고하면서 판매하고 있는 을을 상대로 품종보호권 침해금지 등을 구하였는데, 을이 위 품종은 알려진 품종으로서 신규성을 갖추지 못하여 구 종자산업법 13조의2에 따라 신규성의 예외로서 품종보호권이 인정되는 경우에 해당하므로 을이 통상실시권을 가진다고 주장한 사안에서, 구 종자산업법 13조 2항 각 호에서 신규성을 저해하지 않는 양도행위를 규정하고 있는 점, 미국에서의 위 품종의 상업적 최초 유통일뿐만 아니라 최초 전용실시권 계약일을 기준으로 하더라도 국내 출원일로부터 역산하여 6년을 경과하지 않은 점 등에 비추어, 품종보호권이 신규성을 갖추지 못하여 무효심판에 의하여 무효로 될 것이 명백하다고 볼 수 없고, 위 품종의 신규성이 인정되어 품종보호권이 설정된 것으로 판단되는 이상 을의 통상실시권을 인정할 수 없다고 한 사례.

2. 구 별 성

품종보호 출원일 이전까지 일반인에게 알려져 있는 품종과 명확하게 구별되는 품종은 구별성을 갖춘 것으로 본다(식물신품종 보호법 18조 1항).

구별성 유무를 판단하는 방법으로 재배시험결과가 사용되고, 유선자분석결과는 재배시험결과에 대한 보충적 자료로 사용된다.[4]

3. 균 일 성

품종의 본질적 특성이 그 품종의 번식방법상 예상되는 변이를 고려한 상태에서 충분히 균일한 경우에는 균일성을 갖춘 것으로 본다(식물신품종 보호법 19조). 즉, 균일성은 '품종의 본질적 특성'이 충분히 균일한 것을 의미하며, 그 균일의 정도는 '그 품종의 번식방법상 예상되는 변이'를 고려한 상태에서 판단하여야 한다. 이처럼 균일성을 요구하는 취지는, 출원품종의 구별성이나 안정성 요건의 평가를 위해서는 출원품종에 속하는 모든 개체가 유전적으로 발현되는 특성이 충분히 균일할 필요가 있음에 부응하고, 신품종을 재배하는 경우 재배한 식물체 사이에서 소정의 특성이 나타나는 확률이 낮을 때에는 상품가치가 없거나 낮아져 이를 상업적으로 이용하는 것이 곤란

---

4) 대법원 2013. 11. 28. 선고 2012다6486 판결 : 원심은, 이 사건 제1심에서 이루어진 국립종자원 및 원광대학교의 각 재배시험결과 어느 것으로도 원심 판시 이 사건 보호품종과 피고들 실시 품종 사이에 구별성이 없다는 점이 충분히 증명되지 아니하였고, 원고가 제출한 이 사건 보호품종 종자원종의 진정성이 뒷받침되지 아니하는 이상 이로부터 생성된 정역교배종과 피고들 실시 품종 사이에 구별성이 없다는 재배시험결과가 나왔더라도 그것만으로는 피고들 실시 품종이 이 사건 보호품종의 정역교배종임이 증명되었다고 볼 수 없다고 판단하였다. 나아가 원심은, 이 사건 제1심에서 이루어진 국립종자원 유전자분석결과에 의하면 이른바 'SSR(Simple Sequence Repeats) 마커'를 이용하여 37개 참외 종자시료에 대한 유전자 분석을 수행한 결과 국립종자원이 보관하고 있는 이 사건 보호품종과 피고들 실시 품종은 100%의 유전적 유사도를 나타낸 사실(이하 '이 사건 유전자분석결과'라 한다)을 인정할 수 있으나, 관련 전문가 집단 내에서 DNA 마커가 품종의 구별성 판단을 위한 도구로 적절한지에 대하여 적지 않은 이견이 존재하고 있는 이상 적어도 품종의 구별성 유무를 결정하기 위한 유전자분석결과는 아직 그 과학적 신뢰성을 충분히 인정할 수 없다고 할 것인 점 등에 비추어 보면, 유전자분석방법을 재배시험과 병행하여 실시함으로써 그 재배시험의 결과를 보강하는 참고자료로 삼는 것은 몰라도 유전자분석결과만을 토대로 품종의 구별성 유무를 결정할 수는 없다고 보아야 할 것이므로, 이 사건 제1심에서 이루어진 위 각 재배시험결과와 일부 어긋나는 취지의 이 사건 유전자분석결과를 참작하더라도 피고들 실시 품종의 실시가 이 사건 보호품종에 대한 원고의 품종보호권을 침해하는 것이라고 인정하기에는 부족하다고 판단하였다. 관련 법리와 기록에 비추어 살펴보면 원심의 위와 같은 사실인정과 판단은 정당하다.

할 뿐만 아니라, 소정의 특성이 유지되는 것을 기대하고 종자를 양수받아 재배, 판매하는 제3자에게 불측의 손해를 줄 우려가 있으므로, 이를 방지하고자 하는 것이다.

　이러한 품종등록제도의 목적이나 균일성이 요구되는 취지에 비추어, 균일성이 요구되는 '품종의 본질적 특성'은 동일한 번식단계에 있는 식물 개체의 '중요한 형질'에 관하여 유전적으로 발현되는 특성(유전자 구조에서 유래하는 특성으로 기후나 재배조건의 차이에서 유래하는 특성은 무시된다)을 의미한다고 할 것인바, 그 중요한 형질의 종류와 수에 따라 기존 품종과 신품종의 권리범위가 달라지기 때문에 이를 함부로 늘리거나 줄일 수는 없고, 식물체의 용도 및 식물학적인 견지에서 당해 품종이 갖추고 있어야 할 기본적인 형질을 중심으로 일정 범위 내에서 제한될 수밖에 없으며, 일단 중요한 형질에 관한 특성에 해당되면 그 특성 전부에 대하여 충분히 유사해야 하는데, 비록 영양번식품종, 자가수분품종, 타가수분품종 및 1대 잡종이나 그 자식 계통의 품종 등 번식방법에 따른 변이를 고려하여 균일의 절대적 수준을 달리 본다고 하더라도, 그 고려의 결과 허용되는 불균일의 정도는 균일성 요건이 규정된 취지를 훼손하지 아니하는 범위 내에서만 인정된다고 할 것이다.[5] 품질의 균일성 판단 기준은 '유전자' 자체가 아니라 '유전적으로 나타나는 특성'을 기준으로 해야 한다.[6]

---

5) 특허법원 2008. 6. 27. 선고 2007허8870 판결(확정).

6) 특허법원 2018. 4. 19. 선고 2017허4556 판결(확정) : 품종보호 요건으로서 균일성을 요구하는 취지는, 출원품종의 구별성이나 안정성 요건을 평가하기 위해서는 출원품종에 속하는 모든 개체가 유전적으로 발현되는 특성이 충분히 균일할 필요가 있음에 부응하고, 신품종을 재배하는 경우 재배한 식물체 사이에서 소정의 특성이 나타나는 확률이 낮을 때에는 상품가치가 없거나 낮아져 이를 상업적으로 이용하는 것이 곤란할 뿐만 아니라, 소정의 특성이 유지되는 것을 기대하고 종자를 양수하여 재배, 판매하는 제3자에게 불측의 손해가 발생할 수 있으므로 이를 방지하기 위함에 있다.

　균일성 판단과 관련하여, ① 신품종보호법 제40조 제3항의 위임에 따른 같은 법 시행규칙 제47조는 '출원품종의 심사는 서류심사 및 재배심사의 방법으로 할 것'을 명시하고 있고, ② 품종보호 출원품종 심사요령(이하 '심사요령'이라 한다)은 '서류심사와 재배심사를 원칙으로 하되, 예외적으로 서류심사만으로 심사를 종료할 수 있다'고 규정하고 있으며, ③ 심사요령에서 참고하도록 규정된 식물신품종보호 국제협약(이하 'UPOV 협약'이라 한다)에서도 '이형주는 육안으로 조사한다'고 하고 있다.

　나아가 신품종보호법 제2조 제2호에 의하면, '품종'은 "유전적으로 나타나는 특성 중 한 가지 이상의 특성"이 다른 식물군과 구별되고 변함없이 증식될 수 있는 최저분류단위의 식물군을 의미하는바, 특정 식물을 구성하는 유전자 전부가 아닌 그 중 일부 정보만이 특정 형질 발현에 관여하는 것으로 보이는 점, 품종보호 요건인 균일성은 재배 시 나타나는 식물의 형질이 일정한 것을 의미하고, 이에 따라 심사요령은 '작물별 특성조사요령에서 정하고 있는 품종의 조사특성들이 당대에 충분히 균일하게 발현하는 경우에 균일성이 있다고 판정한다'고 규정하고 있는 점 등에 비추어 보면, 유전자 자체가 아닌 유전자로부터 "나타나는" 특성이 품종을 구분하는 기준이 된다. 아울러 위 규정은 '나타나는 특성'의 원인을 환경 등 외부적 요인이 아니라 "유전적"인 것으로만 한정하고 있으므로, 결국 품종은 '내재적 유전 정보에 따라 발현되는 특정 표현형'을 기준으로 하여 구분된다. 원고가 근거로 들고 있는 여러 법령 속의 '유전적'

4. 안 정 성

품종의 본질적인 특성이 반복적으로 증식된 후(1대 잡종 등과 같이 특정한 증식주기를 가지고 있는 경우에는 매 증식주기 종료 후)에도 그 품종의 본질적인 특성이 변하지 아니하는 경우에는 그 품종은 안정성을 갖춘 것으로 본다(식물신품종 보호법 20조).

5. 품종보호를 받을 수 있는 정당한 권리자

식물신품종 보호법에 의하면, 육성자나 그 승계인은 품종보호를 받을 수 있는 권리를 가지는데(21조), 육성자란 품종을 육성한 자나 이를 발견하여 개발한 자를 말하고(2조 3호), 육성자나 그 승계인이 아닌 무권리자에 대하여 품종보호를 한 경우 품종보호에 관한 이해관계인은 무효심판을 청구할 수 있다(92조 1항 2호). 품종보호 출원이 자신이 육성하거나 육성자로부터 권리승계를 받지 않은 품종을 품종보호 출원하여 등록을 받았는지 여부가 쟁점이 되는 경우, 무효심판청구인은 보호품종과 모인(冒認) 대상품종이 동일한 품종인 점을 증명하여야 하고, 이에 대해 품종보호권자는 자신이 보호품종의 육성자인 점 또는 육성자로부터 품종보호 출원을 할 권리를 이전받은 정당한 권리자임을 증명하여야 한다.7)

Ⅲ. 품종보호권

1. 보호범위

품종보호권자는 업으로서 그 보호품종을 실시할 권리 및 보호품종의 종자의 수확물이나 그 수확물로부터 직접 제조된 산물에 대하여도 실시할 권리를 독점한다. 다만, 그 수확물에 관하여 정당한 권원이 없음을 알지 못하는 자가 직접 제조한 산물에

이라는 용어 또한 식물의 발현이 외부적인 요인이 아닌 유전적 정보에 기인함을 의미하는 것으로 보이고, '유전자에서 발현되는 형질'이 아닌 '유전자 정보 자체'를 기준으로 균일성을 판단하여야 한다고 볼 만한 근거가 부족하다.

7) 특허법원 2015. 12. 15. 선고 2015허6497 판결(심리불속행 기각).

대하여는 그러하지 아니하다(식물신품종 보호법 56조 1, 2항).

품종보호권의 효력은, 보호품종(기본적으로 다른 품종에서 유래된 품종이 아닌 보호품종만 해당한다)으로부터 기본적으로 유래된 품종, 보호품종과 명확하게 구별되지 아니하는 품종, 보호품종을 반복하여 사용하여야 종자생산이 가능한 품종에도 미친다. 한편, 원품종 또는 기존의 유래품종에서 유래되고, 원품종의 유전자형 또는 유전자 조합에 의하여 나타나는 주요 특성을 가진 품종으로서 원품종과 명확하게 구별은 되나 특정한 육종방법으로 인한 특성만의 차이를 제외하고는 주요 특성이 원품종과 같은 품종은 유래된 품종으로 본다(식물신품종 보호법 56조 3, 4항).

품종보호권자나 전용실시권자의 허락 없이 타인의 보호품종을 업으로서 실시하는 행위(식물신품종 보호법 84조 1호)와 타인의 보호품종의 품종명칭과 같거나 유사한 품종명칭을 해당 보호품종이 속하는 식물의 속 또는 종의 품종에 사용하는 행위(식물신품종 보호법 84조 2호)를 품종보호권의 침해로 본다(식물신품종 보호법 84조). 따라서 자신이 재배한 종자가 타인의 보호품종과 동일하지만 자신이 통상실시권을 보유하여 문제되지 않는다고 광고하고 판매한 경우, 동일한 품종이라면 84조 1호의 침해행위에, 동일한 품종이 아니라면 84조 2호의 침해행위에 각 해당하므로 침해여부 판단을 위해 감정 등을 할 필요가 없다.[8]

2. 품종보호권의 효력이 미치지 아니하는 범위

품종보호권은 비영리 목적 자가소비, 실험이나 연구, 다른 품종의 육성을 위한 실시에는 효력이 미치지 아니하고, 품종보호권자 등에 의하여 국내에서 판매되거나 유통된 종자, 그 수확물 및 그 수확물로부터 직접 제조된 산물에 대하여는 증식, 수출 외에는 효력이 미치지 아니한다(식물신품종 보호법 57조, 58조).

한편, 구 종자산업법 13조 3항에 의하여 알려진 품종의 품종보호 출원일 전에 당해 품종의 종자를 육성하여 품종보호 출원일 후에 그 수확물을 수확·출하하는 행위 등에는 알려진 품종의 품종보호권의 효력이 미치지 않는다.[9]

---

8) 광주고등법원 2016. 3. 23. 선고 2015나12351 판결(심리불속행 기각).

9) 대법원 2008. 10. 9. 선고 2006다52709 판결 : 구 종자산업법(2003. 12. 11. 법률 제6999호로 개정되기 전의 것, 이하 '법'이라 한다)은 2조 9호에서 "실시"라 함은 보호품종의 종자를 증식·생산·조제·양도·대여·수출 또는 수입하거나 양도 또는 대여의 청약(양도 또는 대여를 위한 전시를 포함한다. 이하

3. 선사용에 의한 통상실시권

품종보호 출원 시에 그 품종보호 출원된 보호품종의 내용을 알지 못하고 그 보호품종을 육성하거나 육성한 자로부터 알게 되어 국내에서 그 보호품종의 실시사업을 하거나 그 사업을 준비하고 있는 자는 그 실시 또는 준비를 하고 있는 사업의 목적 범위에서 그 품종보호 출원된 품종보호권에 대하여 통상실시권을 가진다(식물신품종 보호법 64조).

식물신품종 보호법 64조는 같은 품종에 대하여 먼저 품종보호 출원을 한 자만이 품종보호를 받을 수 있는 선출원제도 아래에서 품종보호 출원 시에 대상인 보호품종의 실시사업을 하거나 사업을 준비하고 있는 선사용자와 품종보호권자 사이의 공평의 관점에 따른 이해관계 조정 등을 위한 것이다. 이와 같은 규정 취지와 문언의 내용 등에 비추어 볼 때, 특별한 사정이 없는 한 위 규정에 따라 선사용에 의한 통상실시권을 취득할 수 있는 선사용자는 품종보호 출원된 보호품종의 육성자와는 기원을 달리하는 별개의 육성자이거나 이러한 별개의 육성자로부터 보호품종을 알게 된 자를 의미한다.[10]

'증식 등'이라 한다)을 하는 행위를 말한다고 정의하고, 57조 1항 본문에서 "품종보호권자는 업으로서 그 보호품종을 실시할 권리를 독점한다"고, 2항 본문에서는 "품종보호권자는 1항에 규정된 권리 외에 업으로서 그 보호품종의 종자의 수확물 및 그 수확물로부터 직접 제조된 산물에 대하여도 실시할 권리를 독점한다"고 각 규정하는 한편, 13조의2 1항에서 "11조의 규정에 의하여 농림부령으로 품종보호를 받을 수 있는 작물의 속 또는 종을 정할 당시에 이미 알려진 품종으로서 다음 각 호의 1에 해당하는 것에 대하여는 그 품종보호를 받을 수 있는 작물의 속 또는 종으로 정하여진 날부터 1년 이내에 품종보호 출원을 한 경우 13조 1항의 규정에 불구하고 신규성이 있는 것으로 보아 이 법에 의한 품종보호를 받을 수 있다"고, 3항에서 "1항 각 호의 1에 해당하는 품종으로서 55조 1항의 규정에 의하여 설정등록된 품종보호권은 당해 품종보호 출원일 전에 행하여진 실시에 대하여는 그 효력이 미치지 아니한다"고 각 규정하고 있다. 이와 같이 법 57조 2항이 품종보호권의 효력이 미치는 범위를 '보호품종의 종자의 수확물 및 그 수확물로부터 직접 제조된 산물의 실시'에까지 확대하고 있으나 원래 보호품종의 실시라 함은 보호품종의 종자의 증식 등을 하는 행위를 의미하는 점, 법 13조의2가 알려진 품종에 대해서 신규성의 요건에도 불구하고 일정한 요건을 갖춘 경우 품종보호를 받을 수 있도록 허용하면서도 품종보호 출원일 전에 그 알려진 품종을 이미 실시하고 있는 자를 보호하기 위하여 알려진 품종의 품종보호권의 효력을 제한하고 있는 점 등을 종합하여 보면, 알려진 품종의 품종보호 출원일 전에 당해 품종의 종자를 육성하여 품종보호 출원일 후에 그 수확물을 수확·출하하는 행위 등에는 알려진 품종의 품종보호권의 효력이 미치지 않는다고 보아야 할 것이다.

10) 대법원 2015. 6. 11. 선고 2014다79488 판결.

Ⅳ. 품종보호심판위원회의 심판과 심결 등 취소소송

품종보호에 관하여도 품종보호심판위원회에 거절결정 또는 취소결정에 대한 심판(식물신품종 보호법 91조), 품종보호의 무효심판(식물신품종 보호법 92조) 등을 제기할 수 있고, 심결 등에 대하여는 특허법원에 그 취소소송을 제기할 수 있다(식물신품종 보호법 103조).

품종보호에 관한 거절결정 등 이른바 결정계 심판의 심결과 심판청구서 또는 재심청구서의 보정각하결정에 대한 취소를 구하는 심결취소의 소의 피고는 농림축산식품부장관 또는 해양수상부장관이 된다(식물신품종 보호법 105조 3항, 특허 187조 본문).

식물신품종 보호법 4조, 5조, 변리사법 2조, 8조에 의하면, 변리사는 품종보호관리인의 위임을 받아 식물신품종 보호법 91조의 거절결정 등에 대한 심판을 제기할 수 있으나, 92조의 무효심판 또는 103조의 심결 등 취소소송의 소송대리인이 될 수 없다. 다만 무효심판에서 변리사가 소송대리를 하였다고 하더라도 심결취소소송에서 적법한 소송대리인이 추인하면 민사소송법 97조, 60조를 유추적용하여 하자가 치유된다고 할 것이다.[11]

품종보호 거절결정에 대한 심판의 경우에도 특허심판청구의 경우와 마찬가지로 심판청구방식 위반이 아닌 경우에는 청구의 이유가 적절하지 아니하다고 하더라도 보정명령의 대상이 아니라, 심결로 심판청구를 기각하여야 한다.[12]

---

11) 특허법원 2017. 1. 13. 선고 2016허1956 판결(확정)은 판결이유에서 명시하지 않았으나, 변리사가 무효심판에서 대리한 행위의 하자가 치유되었다고 보고, 본안에 대하여 판단하였다.

12) 특허법원 2017. 3. 17. 선고 2017허66 판결(확정) : 구 특허법 141조 1항의 보정명령이 심판관 합의체가 아닌 심판장의 권한으로 규정한 점에 비추어 구 특허법 141조 1항 1호에 의하여 심판장의 보정명령 대상이 되는 것은 심판청구서가 특허법에서 정한 심판청구방식에 위반된 경우, 즉 심판청구서에 필요적 기재사항의 기재가 흠결된 경우이다. 따라서 심판청구서에 일응 심판청구의 특정이 가능한 정도로 청구의 취지 및 이유가 기재되어 있다면 비록 청구의 이유가 적절하지 아니하다고 하더라도 이는 구 특허법 141조 1항의 보정명령의 대상에 해당하지 아니하고, 심결로 심판청구를 기각할 수 있을 뿐이다(대법원 2004. 11. 24.자 2004무54 결정 참조). 이러한 법리는 식물신품종 보호법 98조에 의하여 구 특허법 141조가 준용되는 품종보호거절결정에 대한 심판의 경우에도 마찬가지이다.

V. 품종보호권 침해소송

대부분의 침해소송에서는 감정방법으로서 국립종자원에 의뢰하여 재배시험을 실시하는 것이 보통이다. 품종별로 생육조건, 나타나는 구별성의 정도 등이 다르므로 후일 다툼의 여지를 줄이기 위하여 감정의뢰 시부터 다른 조건에서의 복수의 기관에 의한 재배시험을 의뢰해 보는 것도 도움이 될 것이다. 최근에는 유전자 검사에 의한 구별성 시험이 이루어지기도 하고 국립종자원에서도 이를 시행하고 있으나, 그 정확성에 대해서 의문을 제기하는 견해도 있으므로 보조적인 수단으로 사용되는 것이 통상적이다.[13)]

---

13) 대법원 2013. 11. 28. 선고 2012다6486 판결 : 이 사건 제1심에서 이루어진 위 각 재배시험결과와 일부 어긋나는 취지의 이 사건 유전자분석결과를 참작하더라도 피고들 실시 품종의 실시가 이 사건 보호품종에 대한 원고의 품종보호권을 침해하는 것이라고 인정하기에는 부족하다고 판단한 원심을 수긍한 사례.

제3장

디자인에 관한 소송

제1절

디자인권 일반론

Ⅰ. 디자인의 성립요건

1. 의   의

디자인보호법상 디자인은 물품(물품의 부분 및 글자체 포함)의 형상·모양·색채 또는 이들을 결합한 것으로서 시각을 통하여 미감을 일으키게 하는 것을 말한다(디자인 2조 1호).

디자인보호법에 의하여 디자인으로 등록받기 위해서는 ① 물품에 표현되어야 하고(물품성), ② 물품의 형상·모양·색채 또는 이들의 결합으로서(형태성), ③ 시각을 통하여(시각성), ④ 미감을 일으키게 하는 것(심미성 또는 미감성)이어야 한다. 디자인보호법에 의한 보호대상이 되는 디자인은 형상·모양·색채 또는 이들을 결합한 것이 '물품'에 표현되어 있어야 하므로, 이러한 점에서 디자인은 물품의 외관 형태를 구성하며 물품을 떠나서는 존재할 수 없다.

2. 물 품 성

일반적으로 '물품'이란 독립성이 있는 유체동산(원칙적으로 전기, 열, 빛 등과 같은 무체물이나 건축물 등의 부동산은 포함되지 않는다)을 의미하는 것으로서, 이러한 물품이 디자인등록의 대상이 되기 위해서는 통상의 상태에서 독립된 거래의 대상이 되어야 하는 것으로 이해되고 있다.

한편, 2001년 법 개정에 의해 '부분디자인제도'가 도입됨으로써, 물품의 부분에 대한 독창적인 디자인도 부분디자인으로 보호되고 있다.

또한, 2004. 12. 31. 법률 제7289호로 개정되어 2005. 7. 1.부터 시행된 구 디자인보호법[1])에서는 글자체를 물품으로 의제하여 디자인보호법상 보호대상이 될 수 있도록 하였으므로, 글자체도 형태성, 시각성 및 심미성의 요건을 충족하면 디자인보호법상의 디자인이 될 수 있다.

가. 독 립 성

(1) 물품의 부분

종래 물품의 부분에 관한 디자인은 디자인의 성립요건 중 물품성이 없다고 보아 보호하지 않았으나, 부분디자인[2])에 대한 창작적 가치를 보호할 필요성이 있을 뿐만 아니라, 디자인의 한 부분을 모방하는 것을 방지하기 위하여 2001년 개정법은 물품의 부분에 대한 디자인도 등록받을 수 있도록 하였다(디자인 2조 1호).

(2) 완성품과 부품

부품은 물품 전체의 일부이기는 하지만, 그 부분만을 따로 분리하여 교체할 수 있고(호환가능성), 또 분리된 부분만으로 독립된 거래의 대상(독립거래가능성)이 되므로, 물품에 해당한다. 이와 같이 부품에 해당하기 위해서는 호환가능성, 독립거래가능성이 인정되어야 하는데, 반드시 실제 거래사회에서 현실적으로 거래되고 다른 물품과 호환될 것을 요하는 것은 아니고, 그러한 독립된 거래의 대상 및 호환의 가능성만 있으면 물품의 요건을 충족하는 것으로 본다.[3])

(3) 한 벌의 물품

골프클럽세트, 숟가락과 젓가락 등 한 벌의 물품의 디자인이 한 벌 전체로서 통일성이 있는 때에는 1디자인으로 등록받을 수 있다(디자인 42조 1항, 규칙 38조 4항 [별

---

1) 이 개정에 의하여 법률의 명칭도 의장법에서 디자인보호법으로 변경되었다. 이하, 위 법 시행 이전에 '의장'이라고 표현된 부분도 '디자인'으로 고쳐 표기한다. 또한 이하에서는 2018. 4. 17. 법률 제15579호로 개정된 디자인보호법을 기준으로 기술한다. 한편 이하 이장에서 특별한 언급이 없이 '구 디자인보호법'이라고 하면 구 디자인보호법(2013. 5. 28. 법률 제11848호로 전부개정되기 전의 것)을 말한다.

2) 부분디자인의 예로는 커피잔의 손잡이, 병의 주둥이 등을 들 수 있다.

3) 대법원 2004. 7. 9. 선고 2003후274 판결, 2001. 4. 27. 선고 98후2900 판결, 특허법원 2000. 11. 10. 선고 99허9779 판결(확정) 등.

표 5]).[4]

나. 유 체 성

디자인보호법에서 디자인은 물품의 형상·모양·색채에 관한 것이고, '형상'이란 물품이 일정한 공간을 차지하는 윤곽을 의미하므로, 디자인보호법에서의 물품은 일정한 공간을 차지하는 형상(윤곽)이 있는 것이어야 한다. 이러한 점에서 액체, 기체, 가루 등은 물리적으로 유체물로 이해되기는 하지만 디자인보호법상의 물품에는 해당하지 않는다.

다. 동 산 성

토지, 건물과 같은 부동산은 디자인보호법상 디자인의 대상이 아니다. 동산인지, 부동산인지의 구별은 일응 민법상 개념에 따르지만, 디자인보호법의 취지에 맞게 해석되어야 한다. 즉, 디자인보호법상으로는 적어도 거래시점에서 동산으로 분류될 수 있는 것은 물품에 해당하는 것으로 봄이 타당하다. 디자인보호법 시행규칙 38조 1항 및 3항 관련 [별표 4]의 물품구분표 제25류 03에는, '가옥, 차고 및 그 밖의 건축물'이 디자인보호법상 물품의 범위에 속하는 것으로 규정되어 있는데, 위 물품들 중에는 토지에 정착됨으로써 민법상 부동산으로 평가될 여지가 있는 것도 포함될 수 있다. 디자인보호법은 이러한 물품들까지 디자인의 대상이 되는 물품으로 파악하고 있는데, 이는 비록 토지에 정착된 후에는 부동산으로 평가된다고 할지라도, 동일한 형태로 양산(量産)이 가능한 것들이고, 조립·설치되기 전까지는 동산과 마찬가지로 독립한 거래의 객체가 될 뿐만 아니라 운반 및 이동이 가능한 점을 주목한 것으로 이해된다.

한편, 특허법원 2007. 10. 4. 선고 2007허5260 판결(심리불속행기각)은 등록디자인의

---

4) '1디자인'인지와 관련하여 대법원 2013. 2. 15. 선고 2012후3343 판결은, 휴대폰케이스를 대상물품으로 하여 █과 같은 사시도에서 회색으로 표현된 케이스 본체 부분을 제외한 대상물품 상부의 'V' 부분과 하단 뒷면에 돌출된 '●'부분만을 보호받고자 부분디자인으로 출원된 갑의 출원디자인에 대하여 디자인보호법 40조 1항 규정에 위배된다는 이유로 등록거절결정을 한 사안에서, "하나의 물품 중 물리적으로 떨어져 있는 둘 이상의 부분에 관한 디자인이더라도 그들 사이에 형태적으로나 기능적으로 일체성이 있어서 보는 사람으로 하여금 그 전체가 일체로서 시각을 통한 미감을 일으키게 한다면, 그 디자인은 디자인보호법 11조 1항에서 규정한 '1디자인'에 해당하므로, 1디자인1등록출원으로 디자인등록을 받을 수 있다."라고 설시하고, 나아가 여러 사정에 비추어 위 출원디자인은 디자인보호법 40조 1항에서 규정한 '1디자인'에 해당한다고 판단하였다.

대상 물품인 '한증막'의 형상과 모양을 결합한 것은 현장시공을 통해 건축되는 부동산에 해당하는 것으로서, 공업적인 생산방법에 의하여 동일한 형태로 양산되고 운반될 수 있는 유체동산에 해당한다고 할 수 없다고 판단하였다.

3. 형 태 성

형태란 형상·모양·색채 또는 이들의 결합을 말한다. 여기서 형상(form, shape)이라 함은 물품이 공간을 차지하는 윤곽을 말하고(모든 디자인은 형상을 수반한다), 모양(pattern, ornament)이라 함은 물품을 평면적으로 파악하여 점, 선 등의 회화적 요소의 집합으로서 그 외관에 나타나는 도안, 선도, 색구분, 색흐림 등과 같은 무늬(문양)를 의미한다.5) 색채(color)라 함은 시각을 통하여 식별할 수 있도록 물품에 채색된 빛깔을 말한다.

4. 시각성·심미성

디자인보호법상 디자인은 시각을 통하여 미감을 일으키게 하는 것을 말하므로, 디자인은 시각, 즉 육안으로 디자인을 파악·식별할 수 있어야 함은 물론 외부로부터 보이는 것이어야 하고,6)7) 물건이 완성된 경우 시각에서 사라져 수요자나 거래자에게 미감을 자아낼 수 없는 부분, 즉 물품을 분해하거나 파괴하여야만 볼 수 있는 것은 디자인등록대상에서 제외된다.8)

예를 들면, 등록디자인물품인 '조명기구용 틀'은 거래시나 운반시 또는 설치시에

---

5) 대법원 1989. 9. 26. 선고 88후134 판결.

6) 다만, 미감뿐만 아니라 촉각 등에 의해서도 미감을 파악할 수 있으므로, 시각성을 디자인의 성립요건으로 할 수 없다는 견해도 있다[안원모, "디자인보호법상의 디자인의 성립성—시각성 요건을 중심으로", 연세대학교 법학연구 18권 2호(2008)].

7) '육안'에 의해 식별됨이 원칙일 것이나 보석의 세공과 같이 그 산업분야의 거래관습상 정교한 분석이 필요한 때에는 예외를 인정하여 현미경이나 확대경에 의한 식별도 인정할 수 있다고 한다[송영식·이상정·황종환·이대희·김병일·박영규·신재호 공저, 송영식 지적소유권법(상)(제2판), 육법사(2013), 952].

8) 그러나 '부품'의 경우에는 독립된 거래의 대상이 되고 호환 가능성이 인정되어 부품으로서 물품성이 인정되는 이상, 부품이 조립된 이후에 완성품의 내부에 들어가 시각에서 사라진다고 할지라도 물품성을 상실하지는 않는다.

도 등록된 형상과 모양이 외부에 나타난다고 보기 어렵고, 기구를 설치한 후에도 외피(外皮) 안에 공기가 정상적으로 채워져 있는 한 외피의 형상과 모양만을 외부에서 볼 수 있을 뿐 그 틀은 외부에서 볼 수 없으며, 단지 외피 속에 채워진 공기가 약간 빠져나간 비정상적인 경우에만 틀의 윤곽, 즉 틀의 형상을 어느 정도 짐작하게 할 정도로 나타날 뿐이며, 나아가 광고내용 등을 바꾸기 위하여 외피를 교체하는 경우를 상정해 보아도 외피를 제거하면 일시적으로 디자인의 형상과 모양이 드러날 것이나, 곧 디자인물품인 틀 자체를 분해하고 새로운 외피를 설치한 후 그 새로운 외피 안에 들어가 다시 틀을 재조립하게 될 것이므로, 등록디자인물품인 틀은 그 자체의 완성된 형상과 모양이 거래자나 일반 수요자에게 노출되어 심미감을 자아낼 수 있는 경우란 거의 없다고 볼 수 있고, 완성품인 기구의 외피를 제거 내지 훼손하지 않는 한 그 형상과 모양을 외부에서 쉽사리 파악·식별할 수 없는 경우에는 디자인등록의 대상이 되지 않는다.9)

디자인보호법에서의 심미성이란 물품을 보는 자로 하여금 지금까지 볼 수 없었던 특수한 취미감, 유행감, 안전감 혹은 편리감 등을 줄 수 있으면 족하며, 반드시 미학적으로 높은 수준의 우아하고 고상한 것을 요구하는 것은 아니다.10)

Ⅱ. 디자인의 등록요건

1. 디자인보호법의 규정

디자인보호법 33조는 디자인등록을 위한 적극적 요건으로 ① 공업상 이용가능성(본문), ② 신규성11)(객관적 창작성, 1항 1호 내지 3호), ③ 창작비용이성(2항)을 요구하는 한편, 디자인보호법 34조는 디자인등록의 소극적 요건으로 ① 국기·국장 등과 동일 또는 유사한 디자인(1호), ② 디자인이 주는 의미나 내용 등이 일반인의 통상적인 도

---

9) 대법원 1999. 7. 23. 선고 98후2689 판결.

10) 송영식 외 6인(주 7), 954.

11) 현행법상 '신규성'이라는 표현은 없으나, 관용적으로 사용되는 용어이다. 한편, 대법원은 디자인보호법 33조 1항(구 디자인 5조 1항)의 사안에서 '객관적 창작성'이란 용어도 사용하였는데(대법원 2006. 7. 28. 선고 2005후2922 판결), 이에 관해서는 다시 언급한다.

덕관념이나 선량한 풍속에 어긋나거나 공공질서를 해칠 우려가 있는 디자인(2호), ③ 타인의 업무와 관련된 물품과 혼동을 가져올 우려가 있는 디자인(3호), ④ 물품의 기능을 확보하는 데에 불가결한 형상만으로 된 디자인(4호)을 규정한다. 여기서는 디자인의 적극적 등록요건인 공업상 이용가능성, 신규성, 창작비용이성에 대해서만 살펴본다.

2. 공업상 이용가능성

공업상 이용가능성이란 공업적 방법에 의하여 양산될 수 있는 것을 의미하고, 공업적 방법이란 원자재에 물리적, 화학적 변화를 가하여 유용한 물품을 제조하는 것을 말하며, 양산이라 함은 동일한 형태의 물품을 반복적으로 계속해서 생산함을 뜻한다.[12]

특허법원 판결은, 냉동갈비원육을 수작업으로 절단하여 '꽃게다리 형상'으로 생산한 후 냉동하여 유통하는 경우, 비록 완전히 동일한 형태의 꽃게다리 형상의 갈비살을 생산할 수는 없다고 하더라도 통상의 지식을 가진 자가 출원디자인에서 보호범위로 청구하고 있는 꽃게다리 형상과 동일성이 있다고 인정할 수 있는 형태로는 반복생산할 수 있고 냉동된 상태에서 유통함으로써 그 형상을 판매단계까지 유지할 수 있으므로 공업상 이용가능성이 있다고 볼 수 있다고 한 사례가 있다.[13]

공업상 이용가능하기 위해서는 디자인등록출원서의 기재에 의해 디자인의 요지가 명확히 파악되어야 한다. 디자인등록출원서의 기재 정도와 관련하여, 첨부된 도면에 서로 불일치하는 부분이 있더라도 통상의 지식을 가진 자가 경험칙에 의하여 디자인의 요지를 충분히 특정할 수 있는 경우에는 공업상 이용가능성이 있다고 할 것이나,[14] 도면, 사진 등의 불일치로 디자인의 보호범위를 정확하게 파악할 수 없는 경우에는 그 디자인은 반복생산의 가능성이 없으므로 공업상 이용가능성이 없다.[15]

---

12) 대법원 1994. 9. 9. 선고 93후1247 판결.
13) 특허법원 2013. 7. 11. 선고 2013허242 판결(확정).
14) 대법원 2005. 9. 15. 선고 2004후2123 판결.
15) 특허법원 2008. 10. 8. 선고 2008허8419 판결(확정), 2003. 12. 29. 선고 2003허3938 판결(상고취하).

3. 신 규 성

가. 의　　의

디자인보호법상 신규성이 없는 디자인에는, ① 디자인등록출원 전에 국내 또는 국외에서 공지되었거나 공연히 실시된 디자인(디자인 33조 1항 1호), ② 디자인등록출원 전에 국내 또는 국외에서 반포된 간행물에 게재되었거나 전기통신회선을 통하여 공중이 이용할 수 있게 된 디자인(디자인 33조 1항 2호), ③ 1호 또는 2호에 해당하는 디자인과 유사한 디자인(디자인 33조 1항 3호)이 있다. 유의할 점은 특허·실용신안의 경우와 달리 신규성이 없는 디자인에 공지디자인과 동일한 디자인뿐만 아니라 그와 유사한 디자인도 포함된다는 것인데, 디자인의 동일·유사에 관해서는 뒤에서 절을 바꾸어 상세히 살펴본다.

나. 신규성 상실사유

(1) 공지된 디자인, 공연히 실시된 디자인

'공지된 디자인'이라 함은 반드시 불특정 다수인에게 인식되었을 필요는 없더라도 적어도 불특정 다수인이 인식할 수 있는 상태에 놓여 있는 디자인을 말하고, '공연히 실시된 디자인'이라 함은 디자인의 내용이 공연히 알려진 또는 불특정 다수인이 알 수 있는 상태에서 실시된 디자인을 말한다.[16]

디자인은 그 등록일 이후에는 불특정 다수인이 당해 디자인의 내용을 인식할 수 있는 상태에 놓이게 되어 공지되었다고 봄이 상당하고, 디자인공보가 발행되어야만 비로소 그 디자인이 공지되었다고 볼 수는 없다.[17] 선행디자인이 게재된 카탈로그의 진정성립을 인정할 아무런 자료가 없는 경우에는 선행디자인은 등록디자인의 출원 전 공지되었다고 볼 수 없다.[18]

---

16) 대법원 2000. 12. 22. 선고 2000후3012 판결 등.

17) 대법원 2001. 7. 27. 선고 99후2020 판결. 이 사건은 구 의장법 5조 1항 1호의 '공지'에 해당하는지가 쟁점이 된 것이다. 디자인공보가 발행된 경우에는 '공지'와 별도로 '간행물 공지'에도 해당하게 될 것이다.

18) 대법원 2009. 5. 14. 선고 2008후5083 판결. 이 사건 카탈로그의 표지 뒷면 아래쪽에 중국 ○○인쇄창이 2001. 7.경에 인쇄한 것으로 기재되어 있었고, 이에 대하여 원고는 기차표 등의 각종 문서가 중국에서 위조되고 있다는 신문기사자료를 제출하면서 이 사건 카탈로그의 발행일자가 임의로 변경되었을 가능성이 있다고 일관되게 주장하였고, 이 사건 카탈로그의 진정성립 여부에 대하여 '부지'라고 진술하여 이를 다툰 사안이다. 대법원은 이 사건 카탈로그에 기재된 위 발행일자 부분과 그 외의 다른 기재 부분이 글씨모양, 글자색 등에서 서로 확연히 달라 이 사건 카탈로그가 그와 같이 기재된 발행일자에 실제로

한편, 철도용 거리표지판인 등록디자인이 그 출원 전에 철도청에 의하여 철로 주변에 시험설치된 것이면 국내에서 공지되었거나 공연히 실시된 디자인에 해당한다.[19]

다만, 디자인등록을 받을 수 있는 권리를 가진 자가 구 디자인보호법 8조 1항의 6개월의 기간 이내에 여러 번의 공개행위를 하고 그중 가장 먼저 공지된 디자인에 대해서만 절차에 따라 신규성 상실의 예외 주장을 하였으나 공지된 나머지 디자인들이 가장 먼저 공지된 디자인과 동일성이 인정되는 범위 내에 있는 경우, 공지된 나머지 디자인들에까지 신규성 상실 예외의 효과가 미친다. 여기서 동일성이 인정되는 범위 내에 있는 디자인이란 형상, 모양, 색채 또는 이들의 결합이 동일하거나 극히 미세한 차이만 있어 전체적 심미감이 동일한 디자인을 말하고, 전체적 심미감이 유사한 정도에 불과한 경우는 여기에 포함되지 아니한다.[20]

(2) 비밀유지의무

비밀유지의무는 디자인이 공지·공연실시(공용)되었는지 여부를 판단하는 중요한 잣대가 되는 것으로, 디자인을 타인에게 알려주었더라도 그 타인이 비밀을 지킬 의무를 부담하고 있다면 그 자체만으로 '공지'가 되는 것은 아니다. 공연히 실시되었는지 여부의 판단에서도 마찬가지이다. 비밀유지의무와 관련된 판단사례는 다음과 같다.

(가) 비밀유지의무가 인정되지 아니하여 공지·공연실시(공용)된 것으로 본 사례

① 원고(디자인권자)가 등록디자인 물품을 그 디자인등록출원 전에 동종업자인 소외회사에 납품하였고 원고와 소외회사는 그 등록디자인의 내용을 비밀로 유지하기 위한 약정이나 조치를 취하지 아니하여 그 디자인물품이 전기로에 설치, 가동됨으로써 관련 직원이나 방문객 등 비밀로 유지할 의무 없는 사람이 볼 수 있는 상태에 놓

제작된 것인지에 대하여 석연치 않은 사정을 들면서 원심판결을 파기환송하였다.

19) 대법원 2004. 12. 23. 선고 2002후2969 판결.

20) 대법원 2017. 1. 12. 선고 2014후1341 판결. 원심인 특허법원 2014. 6. 20. 선고 2014허2184 판결은 ① 피고가 이 사건 등록디자인을 출원하면서 출원서의 '신규성 상실의 예외 주장'란에 선행디자인 10에 관한 사항만을 기재하고, 관련 자료를 제출한 사실을 인정한 다음, ② 선행디자인 1과 선행디자인 10은 외관 또는 심미감에 영향을 주는 요인인 정면 상단부의 개폐손잡이의 유무에 차이가 있어서 전체적으로 그 형상, 모양, 색채 또는 이들의 결합이 시각을 통하여 동일한 미감을 일으키는 동일한 디자인으로 볼 수 없으므로, 선행디자인 1에 대해서는 신규성 상실의 예외 규정이 적용될 수 없고, ③ 이 사건 등록디자인은 그 출원 전에 공지된 선행디자인 1과 동일·유사하므로, 구 디자인보호법 5조 1항 1호에 해당한다고 판단하였다.

이게 된 경우, 등록디자인은 그 출원 전에 공지·공용된 것이다.[21)]

　② 물품의 납품계약이 구체적으로 성립된 이후로는, 실제로 납품받기 전이라고 하더라도 납품받을 제품의 판촉활동을 할 필요성이 현저한 점에 비추어 보면 물품의 납품권자가 어느 시기까지 시제품의 디자인을 비밀로 해 줄 것을 요청하는 등의 특별한 사정이 없는 한 당연히 시제품의 디자인을 비밀로 유지하여야 할 상관습상 의무가 있다고 보기 어려운바, 원고가 소외회사에 대하여 이 사건 등록디자인에 대한 비밀을 유지해 달라는 요청을 하였다거나 그러한 내용의 합의가 있었다는 점을 인정할 만한 증거가 없고, 달리 이 사건에서 물품공급계약 이후로도 소외회사에 대해 상관습상 비밀유지의무가 묵시적으로 요구될 만한 사정이 엿보이지 아니하므로, 등록디자인은 그 출원 전에 공지·공용된 것이다.[22)]

(나) 비밀유지의무가 인정되어 공지되지 아니한 것으로 본 사례

　원고(디자인권자)에게 등록디자인의 창작을 의뢰한 피고 회사 및 그 직원인 을은 신의칙상 등록디자인이 표현된 카세트테이프 수납케이스 완제품 샘플에 관하여 비밀로 할 의무가 있고, 갑 회사(피고 회사의 계열사이자 평소 피고 회사에 카세트테이프 수납케이스를 공급하였으며 신제품 개발에서 원고 회사와 경쟁관계에 있던 회사)는 종래 피고 회사가 제조·판매하는 교육용 영어 카세트테이프 수납케이스를 제작·공급하여 온 피고 회사의 계열사이므로 을이 갑 회사의 실무담당직원들에게 위 카세트테이프 수납케이스 완제품 샘플을 제시한 것은 제품의 판매를 위한 것이 아니라 제품의 개발단계에서 위 완제품의 시장성과 상품성 등을 판단하기 위한 것으로 보이며, 그 외 피고 회사와 갑 회사가 등록디자인의 출원 전까지 여러 차례 회의를 거쳐 최종적으로 위 완제품 샘플을 채택하기로 결정한 사정 등을 종합하여 보면, 갑 회사나 그 관계 직원들은 신의칙상 또는 사회통념상 피고 회사를 위하여 위 완제품 샘플의 디자인을 비밀로 하여야 할 관계에 있고, 이는 당시 원고 회사와 갑 회사가 카세트테이프 수납케이스 제품의 개발에 관하여 경쟁관계에 있었다고 하더라도 달리 볼 것은 아니라고 하여, 갑 회사의 직원들에게 샘플 디자인이 제시되었다고 해서 등록디자인이 그 출원 전에 공지되었다고 할 수 없다고 판단한 사례가 있다.[23)]

---

21) 대법원 2000. 12. 22. 선고 2000후3012 판결.
22) 특허법원 2005. 3. 11. 선고 2004허6637 판결(확정).
23) 대법원 2001. 2. 23. 선고 99후1768 판결.

(3) 간행물 게재디자인, 전기통신회선을 통하여 공중이 이용할 수 있게 된 디자인

간행물 게재디자인에서 '간행물'은 인쇄, 기타의 기계적, 화학적 방법에 의하여 공개목적으로 복제된 문서, 도화, 사진 등을 말하고, '간행물의 반포'는 간행물을 불특정 다수인이 볼 수 있는 상태에 두는 것을 말한다.[24]

카탈로그는 제작되었으면 배부·반포되는 것이 사회통념이고, 제작한 카탈로그를 배부·반포하지 아니하고 사장하고 있다는 것은 경험칙상 수긍할 수 없는 것이므로 카탈로그의 배부범위, 비치장소 등에 관하여 구체적인 증거가 없다고 하더라도 그 카탈로그가 구 디자인보호법 5조 1항 2호와 관련하여 배부·반포되었음을 부인할 수 없다.[25] 그러나 부품제조자가 자동차회사로부터 형식승인을 받기 위하여 위 회사에 디자인에 관한 제작도면을 첨부하여 제출한 형식승인의뢰서는 공개의 목적으로 만들어진 간행물이라고 볼 수 없으므로 이로써 반포된 것이라고 볼 수 없다.[26]

(4) 선행디자인의 게재 정도

디자인의 신규성 판단에서 형태 전체를 모두 명확히 한 디자인뿐만 아니라 자료의 표현이 부족하더라도 이를 경험칙에 의하여 보충하여 그 디자인의 전체적인 심미감에 영향을 미치는 부분의 파악이 가능한 디자인도 선행디자인으로 삼아 출원디자인 또는 등록디자인과 동일·유사 여부를 판단할 수 있으나, 게재된 정도만으로는 디자인의 전체적 심미감에 영향을 미치는 부분의 파악이 불가능한 경우에는 동일·유사 여부를 판단할 수 없다.[27] '간행물에 게재된 디자인'의 경우에도 그 디자인이 속한 분야에서 통상의 지식을 가진 자가 그것을 보고 용이하게 디자인을 창작할 수 있을 정도로 표현되어 있으면 충분하고, 반드시 육면도나 참고사시도 등으로 그 형상과 모양의 모든 것이 기재되어 있어야 하는 것은 아니며, 자료의 표현이 부족하더라도 이를 경험칙에 의하여 보충하여 그 디자인의 요지파악이 가능하다면 그 대비판단의 대상이 될 수 있다.[28]

---

24) 대법원 1992. 10. 27. 선고 92후377 판결.
25) 대법원 1985. 12. 24. 선고 85후47 판결 등.
26) 대법원 1992. 10. 27. 선고 92후377 판결.
27) 대법원 2008. 7. 24. 선고 2007후425 판결.
28) 대법원 2006. 7. 28. 선고 2003후1956 판결.

4. 창작비용이성

디자인보호법 33조 2항의 창작비용이성은 디자인등록요건으로서 "디자인등록출원 전에 그 디자인이 속하는 분야에서 통상의 지식을 가진 사람이 1항 1호·2호에 해당하는 디자인 또는 이들의 결합이나 국내 또는 국외에서 널리 알려진 형상·모양·색채 또는 이들의 결합에 따라 쉽게 창작할 수 있는 디자인(1항 각 호의 어느 하나에 해당하는 디자인을 제외한다)"에 해당하지 않아야 한다는 것을 말한다. 여기서 국내·외에서 널리 알려진 형상·모양·색채 또는 이들의 결합,[29] 즉 주지의 형태라 함은, 삼각형, 별 모양, 원기둥, 원통, 사각뿔, 구 등 잘 알려진 형상, 바둑판무늬, 물방울무늬 등 흔한 모양, 자연물이나 전형적인 인공물 등을 말한다(특허청 디자인심사기준 참조).

33조 2항의 취지는 공지디자인 또는 이들의 결합(이하 '공지형태')이나 주지디자인 또는 이들의 결합(이하 '주지형태')을 ① 거의 그대로 모방 또는 전용하였거나, ② 이를 부분적으로 변형하였다고 하더라도 그것이 전체적으로 볼 때 다른 미감적 가치가 인정되지 않는 상업적·기능적 변형에 불과하거나, 또는 ③ 그 디자인 분야에서 흔한 창작수법이나 표현방법에 의해 이를 변경·조합하거나 전용하였음에 불과한 디자인 등과 같이 창작수준이 낮은 디자인은 그 디자인이 속하는 분야에서 통상의 지식을 가진 자, 즉 통상의 디자이너가 용이하게 창작할 수 있으므로 디자인등록을 받을 수 없다는 데 있다.[30] 또한, 공지형태나 주지형태를 서로 결합하거나 결합된 형태를 변형·변경 또는 전용한 경우에도 창작수준이 낮은 디자인에 해당할 수 있는데, 창작수준을 판단할 때는 공지디자인의 대상 물품이나 주지형태의 알려진 분야, 공지디자인이나 주지형태의 외관적 특징들의 관련성, 해당 디자인 분야의 일반적 경향 등에 비추어 통상의 디자이너가 용이하게 그와 같은 결합에 이를 수 있는지를 함께 살펴보아야 한다.[31]

디자인의 창작비용이성은 실무에서 매우 중요한 논점이므로, 그 판단기준과 구체적인 판단사례에 대해서는 뒤에서 절을 바꾸어 상세히 살펴본다.

---

29) 구 디자인보호법 5조 2항은 주지디자인의 범위를 "국내에서 널리 알려진 형상·모양·색채"로 한정하였으나, 2013. 5. 28. 법률 제11848호에 의하여 "국내 또는 국외에서 널리 알려진 형상·모양·색채"로 주지디자인의 범위가 확대되었다.

30) 대법원 2016. 6. 9. 선고 2014후614 판결, 2016. 3. 10. 선고 2013후2613 판결, 2010. 5. 13. 선고 2008후2800 판결 등.

31) 대법원 2016. 3. 10. 선고 2013후2613 판결.

Ⅲ. 디자인권의 효력

디자인이 설정등록되면 디자인권이 발생하며(디자인 90조), 그 존속기간은 원칙적으로 디자인등록출원일 후 20년이 되는 날까지이다(디자인 91조 본문).[32]

반면 구 디자인보호법상 디자인권의 존속기간은 디자인권의 설정등록이 있는 날로부터 15년이었다(구 디자인 40조).

디자인권자는 등록디자인의 독점적 실시권을 가지므로, 업으로서 등록디자인 또는 이와 유사한 디자인을 실시할 권리를 독점한다(디자인 92조).

디자인보호법은 디자인권에 대한 침해금지청구권(디자인 113조)을 인정하는 한편 디자인권 침해에 따른 손해배상청구소송에서 손해액 산정에 관한 추정규정(디자인 115조 참조)을 두는 등 디자인권자를 보호하기 위한 법적 장치를 마련하였다. 한편 디자인에 특유한 제도로서 관련디자인(디자인 35조)[33]이 있다.

1. 독점적 실시권

가. 의   의

디자인권자는 업으로서 등록디자인 또는 이와 유사한 디자인을 실시할 권리를 독점한다(디자인 92조 본문). 다만, 그 디자인권에 관하여 전용실시권을 설정하였을 때는 그 설정범위 내에서는 전용실시권자가 실시할 권리를 독점한다(디자인 92조 단서). 구체적인 등록디자인의 보호범위는 디자인등록출원서의 기재사항 및 그 출원서에 첨부된 도면·사진 또는 견본과 도면에 적힌 디자인의 설명에 따라 표현된 디자인에 의하여 정하여진다(디자인 93조).

이렇게 디자인권의 독점적 실시권을 '유사'한 디자인에까지 미치도록 한 것은 디자인의 본질적 가치가 공통되는 범위, 즉 '유사' 범위까지 보호대상으로 함으로써 디

---

32) 디자인보호법 91조(디자인권의 존속기간) ① 디자인권은 제90조제1항에 따라 설정등록한 날부터 발생하여 디자인등록출원일 후 20년이 되는 날까지 존속한다. 다만, 제35조에 따라 관련디자인으로 등록된 디자인권의 존속기간 만료일은 그 기본디자인의 디자인권 존속기간 만료일로 한다.
33) 구 디자인보호법 7조 소정의 '유사디자인'과 비슷한 제도이다.

자인보호법의 목적을 달성하기 위한 것이다.[34][35] 공지된 부분이 포함된 디자인의 경우를 제외하고는 디자인의 효력이 미치는 범위를 디자인의 등록요건으로서의 동일·유사범위와 같은 기준으로 판단하는 것이 판례의 입장이다.

나. 디자인권의 효력의 제한

디자인권의 효력은 연구 또는 시험을 하기 위한 등록디자인을 실시하는 경우 등에는 미치지 않는다(디자인 94조). 또한, 선사용권에 의한 통상실시권(디자인 100조), 선출원에 따른 통상실시권(디자인 101조)에 의하여도 디자인권은 효력의 제한을 받는다.

2. 권리범위확인심판 및 그 심결취소소송의 쟁점

디자인보호법 122조는 디자인권자·전용실시권자 또는 이해관계인은 등록디자인의 보호범위를 확인하기 위하여 디자인권의 권리범위확인심판을 청구할 수 있다고 규정하고, 166조 1항은 그 심결에 대한 취소소송을 특허법원의 전속관할로 규정한다.

디자인권에 관한 권리범위확인심판도 심판의 종류(적극적 혹은 소극적 권리범위확인심판), 이해관계인의 범위, 확인대상디자인의 특정과 보정, 확인대상디자인이 등록디자인인 경우의 문제 및 이용관계 등에서는 특허권이나 실용신안권에 관한 경우와 별 차이 없으므로 생략하고, 디자인권에 관한 독특한 쟁점인 공지된 부분을 포함한 디자인과 창작이 용이한 디자인을 둘러싼 권리관계에 대해서만 살펴본다.

가. 공지된 부분을 포함한 등록디자인의 권리범위

등록디자인이 그 출원 전에 국내 또는 국외에서 공지되었거나 공연히 실시된 디자인이나 그 출원 전에 국내 또는 국외에서 반포된 간행물에 게재된 디자인과 동일 또는 유사한 경우에는 그에 대한 등록무효의 심결이 없어도 그 권리범위를 인정할수 없다.[36] 또한, 확인대상디자인이 위와 같은 선행디자인과 동일·유사한 경우에는

---

34) 齊藤暸二 著, 정태련 譯, 의장법, 세창출판사(1997), 347~348.
35) 상표권의 독점적 실시권은 상표와 동일성 범위에 한하고, 금지권은 유사상표까지 미치는 데 비해, 디자인권은 실시권이나 금지권 모두 유사디자인까지 미치는 점에서 차이가 있다.
36) 대법원 2008. 9. 25. 선고 2008도3797 판결 등.

등록디자인과 대비할 것도 없이 등록디자인의 권리범위에 속하지 않는다.37)

한편, 디자인의 일부분에 공지의 형상과 모양이 포함된 경우, 대법원은 "디자인권은 물품의 신규성이 있는 형상, 모양, 색채의 결합에 부여되는 것으로서 공지의 형상과 모양을 포함한 출원에 의하여 디자인등록이 되었다 하더라도 공지부분에까지 독점적이고 배타적인 권리를 인정할 수는 없으므로 디자인권의 권리범위를 정함에 있어 공지부분의 중요도를 낮게 평가하여야 하고, 따라서 등록디자인과 그에 대비되는 디자인이 서로 공지부분에서 동일·유사하다고 하더라도 등록디자인에서 공지부분을 제외한 나머지 특징적인 부분과 이에 대비되는 디자인의 해당 부분이 서로 유사하지 않다면 대비되는 디자인은 등록디자인의 권리범위에 속한다고 할 수 없다."라고 판시하였다.38) 이에 관해서는 디자인의 동일·유사성에 관한 절에서 다시 언급한다.

나. 창작이 용이한 등록디자인의 권리범위

대법원은, 등록된 디자인이 디자인등록출원 전에 그 디자인이 속하는 분야에서 통상의 지식을 가진 자가 국내에서 널리 알려진 형상·모양·색채 또는 이들의 결합에 의하여 용이하게 창작할 수 있는 디자인에 해당하는 경우에 그 등록이 무효로 되기 전에는 등록디자인의 권리범위를 부인할 수 없다고 판시하여39) 등록디자인의 창작용이성이 부정되는 경우에도 등록무효심판을 거치지 않은 채 바로 그 효력을 부인할 수 없다는 점을 분명히 하였다. 이는 특허나 실용신안에 관한 권리범위확인사건에서 진보성이 부정된다고 하여 그 권리범위를 바로 부정할 수 없다는 대법원 판례40)들과 궤를 같이하는 것이다.41) 다만 확인대상디자인이 등록디자인 출원 전에 그 디자인이 속하는 분야에서 통상의 지식을 가진 사람이 공지디자인 또는 이들의 결합이나 주지디자인 또는 이들의 결합에 따라 쉽게 실시할 수 있는 이른바 자유실시디자인에 해당하는 경우에는 등록디자인과 대비할 것도 없이 그 권리범위에 속하지 않는

---

37) 대법원 1994. 9. 27. 선고 93후1995 판결.
38) 대법원 2012. 4. 13. 선고 2011후3568 판결 등.
39) 대법원 2004. 4. 27. 선고 2002후2037 판결.
40) 대법원 2014. 3. 20. 선고 2012후4162 전원합의체 판결 등 참조.
41) 강기중, "가. 등록의장이 공지된 의장이나 그 출원 전에 반포된 간행물에 기재된 의장과 동일·유사한 경우, 등록무효심판이 없어도 그 권리범위를 부정할 수 있는지 여부(적극)" 등, 대법원판례해설 50호 (2004).

다.[42]

반면 디자인권침해소송에서는 등록디자인에 대한 등록무효심결이 확정되기 전이라고 하더라도 등록디자인이 공지디자인 등에 의하여 용이하게 창작될 수 있어 그 디자인등록이 무효심판에 의하여 무효로 될 것임이 명백한 경우에는, 디자인권에 기초한 침해금지 또는 손해배상 등의 청구는 특별한 사정이 없는 한 권리남용에 해당하여 허용되지 아니하고, 디자인권침해소송을 담당하는 법원으로서도 디자인권자의 그러한 청구가 권리남용에 해당한다는 항변이 있는 경우 그 당부를 살피기 위한 전제로서 등록디자인의 용이 창작 여부에 대하여 심리·판단할 수 있다.[43]

다만 2004. 12. 31. 법률 제7289호로 개정된 구 디자인보호법의 시행일(2005. 7. 1.) 이전에 출원된 등록디자인에 관한 권리범위확인사건에서 자유실시디자인은 국내 주지 디자인 또는 이들의 결합에 의하여 용이하게 창작할 수 있는 것으로 한정되고, 국외 주지디자인 또는 공지디자인에 의하여 용이하게 창작할 수 있는 경우까지 포함하지는 아니한다.[44]

3. 관련디자인 제도 및 구법상 유사디자인 제도[45]

가. 관련디자인 제도

(1) 의 의

관련디자인은 자기의 등록디자인이나 출원디자인(동일자 출원을 포함, 이하 '기본디자인')과만 유사하고 그 출원일보다 선행하는 타인의 디자인(출원디자인, 등록디자인, 공지디자인)과는 유사하지 않은 디자인을 말한다. 디자인권자 또는 디자인등록출원인은

---

42) 대법원 2017. 11. 14. 선고 2016후366 판결(특허에 관한 사안), 2016. 8. 29. 선고 2016후878 판결, 2004. 4. 27. 선고 2002후2037 판결 등 참조.

43) 대법원 2018. 9. 28. 선고 2016다219150 판결.

44) 특허법원 2008. 10. 8. 선고 2008허6338 판결(심리불속행기각). 구 디자인보호법(2004. 12. 31. 법률 제7289호로 개정되기 전의 것) 5조 2항은 창작용이성에 관한 디자인등록의 소극적요건으로 '국내 주지디자인 또는 이들의 결합에 의하여 용이하게 창작할 수 있는 디자인'만을 규정하였기 때문이다.

45) 등록디자인의 보호범위를 명확하게 하고 그 모방을 방지하기 위하여 구 디자인보호법은 '유사디자인' 제도를 두었으나, 2013. 5. 28. 법률 제11848호로 전부개정된 디자인보호법(2014. 7. 1. 시행)은 유사디자인 대신 '관련디자인' 제도를 도입하였다. 위 개정법은 개정법 시행 후 출원한 디자인등록출원부터 적용하되(부칙 2조), 35조 1항의 개정규정은 개정법 시행 전의 등록디자인 또는 디자인등록출원과 유사한 디자인으로서 개정법 시행 후 1년 이내에 관련디자인으로 디자인등록출원된 것에 대하여도 적용한다(부칙 4조 1항).

자기의 기본디자인과만 유사한 디자인에 대하여는 그 기본디자인의 디자인등록출원
일부터 1년 이내에 디자인등록출원된 경우에 한하여 33조 1항 각 호 및 46조 1항·2
항에도 불구하고 관련디자인으로 디자인등록을 받을 수 있다(디자인 35조).

(2) 요　건

(가) 주체의 동일성

디자인권자 또는 디자인등록출원인은 자기의 기본디자인과만 유사한 디자인에
대하여 관련디자인으로 등록받을 수 있으므로 관련디자인의 디자인등록출원인은 기
본디자인의 디자인권자 또는 디자인등록출원인과 동일한 사람이어야 한다(디자인 35
조 1항).

(나) 자기의 기본디자인의 존재

관련디자인은 그 출원인 자기의 기본디자인과만 유사한 디자인이어야 하므로,
그 전제로서 관련디자인의 출원 당시 그 출원인 자기의 기본디자인이 유효하게 존재
하여야 한다.

(다) 자기의 기본디자인과만 유사한 디자인일 것

관련디자인 제도는 자기의 기본디자인에 대한 관계에서만 신규성 및 선출원주의
의 예외를 인정하는 제도이므로, 자기의 기본디자인과 유사하더라도 그 출원일에 선
행하는 타인의 디자인(선출원디자인, 등록디자인, 공지디자인)과 유사하면 디자인등록을
받을 수 없다. 그러나 관련디자인이 기본디자인 이외에 기본디자인의 디자인등록출
원일 이후의 기본디자인과 동일 또는 유사한 자기의 선행하는 공지디자인과 유사한
경우에는 신규성 부정을 이유로 디자인등록이 거절되지 않는다.[46)]

자기의 기본디자인으로 될 디자인이 복수로 존재하는 경우에 관련디자인 등록출
원인은 그 출원시에 그중 하나를 자기의 기본디자인으로 선택하여야 한다.

관련디자인은 기본디자인과 유사한 디자인이어야 하므로, 기본디자인과 동일한
디자인은 관련디자인으로 등록받을 수 없다.

(라) 관련디자인과만 유사한 디자인이 아닐 것

관련디자인은 자기의 기본디자인과만 유사한 것이어야 하고, 디자인등록을 받거
나 디자인등록출원된 관련디자인과만 유사한 디자인은 관련디자인으로 디자인등록

---

46) 디자인심사기준(2017. 12. 19. 특허청 예규 제99호로 개정된 것, 이하 같다) 4부 8장 1. 2)항 참조

을 받을 수 없다(디자인 35조 2항).

'디자인등록을 받거나 디자인등록출원된 관련디자인과만 유사한 디자인'은 자기의 디자인등록을 받거나 디자인등록출원된 관련디자인과만 유사하고 그 관련디자인의 기본디자인과는 유사하지 않은 디자인을 말한다. 따라서 기본디자인 A에 대하여 디자인 B를 그 관련디자인으로 등록받았거나 등록출원한 경우에, A와 유사하지 아니한 디자인 C에 대해서는 디자인 B를 기본디자인으로 하는 관련디자인의 등록출원을 할 수 없다. 이는 유사의 무한 연쇄의 폐해를 방지하기 위한 것이다.

(마) 기본디자인의 출원일로부터 1년이 경과되지 않았을 것

구법의 유사디자인과 달리 관련디자인은 독자적인 권리범위와 존속기간을 가지고 있어, 출원 가능시기가 길어질수록 존속기간의 연장 및 제3자의 자유실시제한의 문제 등이 발생하므로 권리자와 실시자 사이의 이익의 균형을 맞출 필요가 있어 위와 같이 출원시기를 제한하였다.

(바) 기본디자인권에 전용실시권이 설정되어 있지 않을 것

기본디자인의 디자인권에 전용실시권이 설정되어 있는 경우에는 그 기본디자인에 관한 관련디자인에 대하여는 디자인등록을 받을 수 없다(디자인 35조 3항). 기본디자인의 디자인권에 관한 전용실시권과 관련디자인의 디자인권이 서로 다른 사람에게 귀속됨으로써 권리관계가 복잡하게 얽히는 것을 방지하기 위함이다.

(사) 물품의 동일 또는 유사

관련디자인등록을 받을 수 있는 물품의 범위는 기본디자인과 동일하거나 유사한 물품이다. 이 경우 유사물품이란 용도가 동일하고 기능이 다른 물품을 말한다.[47]

(아) 기타 일반적 등록요건을 갖출 것

관련디자인은 자기의 기본디자인의 출원일로부터 1년 이내에 자기의 기본디자인과의 관계에서만 신규성 및 선출원주의의 예외를 인정하는 것이므로, 기타 디자인 등록요건, 즉 공업상 이용가능성, 타인의 선행디자인과의 관계에서 신규성, 창작비용이성, 확대된 선출원 및 선출원 요건, 디자인보호법 34조 소정의 디자인등록의 소극적요건, 1디자인1등록출원, 복수디자인등록출원 등의 요건을 모두 갖추어야 한다.

이와 관련하여 하나의 기본디자인에 2 이상의 관련디자인이 출원되고, 그 관련디자인들이 서로 유사한 경우에 그들 사이에서도 선출원 규정이 적용되는지 문제가 된

---

47) 디자인심사기준 4부 8장 1. 4)항 참조

다. 이에 대해서는 이러한 관련디자인들의 출원 간에도 선출원 규정이 적용된다고 한다면 하나의 기본디자인에 대해서는 사실상 하나의 관련디자인만 등록받을 수 있는 결과가 되는데, 이는 기본디자인의 변형디자인을 다면적으로 보호하려는 관련디자인 제도의 취지에 반하므로 이러한 경우에는 선출원 규정이 적용되지 않는다고 보는 견해도 있다.[48]

(3) 법적 취급

관련디자인 등록출원이 관련디자인의 등록요건을 충족하여 디자인권이 설정등록되면 관련디자인의 디자인권이 발생한다(디자인 90조). 반면 관련디자인의 등록요건을 충족하지 못하는 경우에는 거절이유가 되고, 잘못하여 등록된 경우에는 디자인보호법 35조 2항 및 3항 위반의 경우에 한하여 등록무효사유가 된다(디자인 121조 1항 2호).

(4) 권리범위 및 효력 등

관련디자인은 기본디자인의 권리범위와 별개로 독자적인 권리범위를 갖는다(구법 42조[49]에 대응하는 규정이 없다). 관련디자인은 독자적으로 무효심판의 대상이 되고, 포기할 수 있으며, 권리범위확인심판의 청구도 가능하다. 관련디자인이 등록된 이후에 기본디자인이 등록무효심판에 의하여 사후적으로 등록무효가 확정된 경우 구법상으로는 그와 유사한 디자인도 소멸되는 것으로 해석될 것이나, 현행법상 관련디자인은 기본디자인과는 독립적인 권리이고, 디자인보호법 96조 6항은 기본디자인이 무효심결 등으로 소멸한 경우에 관련디자인이 소멸하지 않는 것을 전제로 관련디자인의 이전에 관하여 규정하는 점 등에 비추어 관련디자인은 기본디자인의 소멸에 영향을 받지 않는다고 볼 것이다.

다만 예외적으로 존속기간, 권리의 이전, 전용실시권과 같이 권리의 소멸이나 귀속에 관련된 중요한 사항에 대해서는 기본디자인과 일치시킬 필요가 있으므로 디자인보호법에 이에 관한 특별규정을 두었다. 즉 관련디자인으로 등록된 디자인권의 존속기간 만료일은 기본디자인권의 디자인권 존속기간 만료일로 하고(디자인 91조 1항 단서), 기본디자인권과 관련디자인의 권리자가 달라지는 것을 방지하기 위해 기본디

---

48) 일본 의장법 10조 4항은 기본디자인에 관한 2 이상의 관련디자인의 디자인등록출원이 있는 때에는 이를 관련디자인에 대해서는 선출원 규정을 적용하지 않는다는 취지를 명시적으로 규정하였다.
49) "7조 1항의 규정에 의한 유사디자인의 디자인권은 그 기본디자인의 디자인권과 합체한다."

자인의 디자인권과 관련디자인의 디자인권은 같은 자에게 함께 이전하여야 하며(디자인 96조 1항), 기본디자인의 디자인권이 취소, 포기 또는 무효심결 등으로 소멸한 경우 그 기본디자인에 관한 2 이상의 관련디자인의 디자인권을 이전하려면 같은 자에게 함께 이전하여야 한다(디자인 96조 6항). 또한, 기본디자인의 디자인권과 관련디자인의 디자인권에 대한 전용실시권은 같은 자에게 동시에 설정하여야 한다(디자인 97조 1항 단서).

나. 구 디자인보호법상 유사디자인 제도

(1) 의   의

구 디자인보호법상 유사디자인 제도라 함은 디자인권자 또는 디자인등록출원인이 자기의 등록디자인 또는 디자인등록출원한 디자인(기본디자인)에만 유사한 디자인에 대하여는 유사디자인만으로 디자인등록을 받을 수 있도록 한 제도를 말한다(구 디자인 7조 1항).[50] 구 디자인보호법에서 유사디자인 제도를 둔 것은 디자인의 유사범위는 추상적이고 불명확하므로 기본디자인의 효력이 미치는 범위를 사전에 명확하게 하여 기본디자인의 침해를 예방하고 디자인권이 침해되면 그 구제를 용이하게 하기 위한 것이다.[51] 유사디자인은 기본디자인의 효력이 미치는 범위를 명확하게 하는 기능을 하는 것이므로, 기본디자인의 권리범위에 속한다고 할 정도로 유사해야 한다.

(2) 유사디자인과 기본디자인의 관계 및 유사디자인의 효력

구 디자인보호법은 유사디자인의 디자인권은 기본디자인의 디자인권과 합체한다(구 디자인 42조)고 규정하였다. 여기서 '합체'는 유사디자인의 디자인권은 기본디자인의 디자인권과 일체가 되어 그 운명을 함께 한다는 의미이다. 따라서 기본디자인권이 등록무효(구 디자인 68조 4항), 존속기간 만료(구 디자인 40조 1항 단서) 등으로 소멸하면 그 유사디자인도 소멸한다. 반면 유사디자인의 디자인등록을 무효로 한다는 심결이 확정된 때에는 그 유사디자인의 디자인권만이 처음부터 없었던 것으로 간주된다(구 디

---

50) 기본디자인에만 유사한 디자인이어야 하므로, 다른 디자인에도 유사하면 등록될 수 없다. 다만, 어떤 유사디자인이 기본디자인에도 유사하고 다른 디자인에도 유사하다면, 유사디자인이 위치하는 영역에서 기본디자인과 다른 디자인의 독점권이 겹치는 영역이 존재한다는 것인데, 그러한 경우에는 기본디자인과 다른 디자인의 출원 선후에 따라 하나의 디자인권은 무효로 되거나 그 권리범위가 제한될 여지도 있다.
51) 같은 취지의 판례로는 대법원 1989. 8. 8. 선고 89후25 판결.

자인 (68조 5항). 또한, 유사디자인의 디자인권자와 기본디자인의 디자인권자는 동일인임을 요하므로(구 디자인 7조 1항) 유사디자인권은 그것만 단독으로 이전될 수도 없다(구 디자인 46조 1항).

(3) 유사디자인의 효력

등록된 유사디자인권은 그 자체가 독립한 디자인권으로 인정된다. 따라서 그 유사디자인권에 기한 권리범위확인심판(적극) 또는 그 유사디자인권에 대한 권리범위확인심판(소극)을 제기할 수 있다. 대법원도 같은 취지에서 유사디자인권이 독자적인 권리범위확인심판의 대상이 됨을 전제로 판단하였다.[52]

그러나 그 권리범위는 기본디자인의 권리범위 내에서만 인정된다.[53] 그림에서 기본디자인(O)의 유사범위는 X와 Y 영역이고, 유사디자인(O')의 유사범위는 Y와 Z 영역인데, Z 영역은 형식적으로는 유사디자인(O')의 유사범위에 속하기는 하나, 기본디자인(O)의 유사범위에 속하지 않으므로, 결국 법리적으로는 기본디자인(O)뿐만 아니라 유사디자인(O')의 '권리범위'에도 속하지 않게 된다.

대법원도, 유사디자인의 권리범위는 기본디자인의 권리범위를 초과하지 못한다고 일관하여 판시하였는바,[54] 확인대상디자인과 유사디자인만을 대비하여 서로 유사하다는 사정만으로는 곧바로 확인대상디자인이 기본디자인의 권리범위에 속한다고 할 수 없고,[55] 확인대상디자인이 등록된 유사디자인과 유사하더라도 기본디자인과 유사하지 않은 이상 기본디자인은 물론 유사디자인의 권리범위에도 속하지 않게 된다.[56] 같은 취지에서, 유사디자인이 등록되면 그 유사디자인의 디자인권은 최초의 등록을 받은 기본디자인권과 합체하고 그 결과 적어도 기본디자인의 관념적인 유사범위를 구체적으로 명백히 하여 그 권리범위를 확보한 것으로 보아야 하므로, 등록디자인과 확인대상디자인 사이의 유사 여부를 판단할 때 등록디자인을 기본디자인으로 하여 유사디자인등록이 되어 있다면, 등록디자인과 그 유사디자인 및 확인대상디자

---

52) 대법원 2008. 12. 24. 선고 2006후1643 판결, 2008. 8. 21. 선고 2008후1838 판결 등.
53) 유사디자인의 법적 성질에 관한 학설 중 유사디자인은 기본디자인의 권리범위를 명확히 하는 데 의의가 있다는 취지의 '확인설'에 해당한다.
54) 대법원 1993. 9. 28. 선고 93후213 판결 등.
55) 대법원 2012. 4. 12. 선고 2011후2350 판결, 1995. 6. 30. 선고 94후1749 판결.
56) 대법원 2009. 1. 30. 선고 2007후4847 판결, 2008. 12. 24. 선고 2006후1643 판결.

인을 종합적으로 대비하여야 한다.[57)]

(4) 종래 유사디자인 관련 논란 및 문제점

대법원이 취한 이른바 '확인설'에 대하여, 유사디자인권의 권리침해 판단시 침해 디자인이 유사디자인과 유사한지는 불문하고 기본디자인과의 유사 여부만으로 침해 여부를 판단하게 되어, 등록된 유사디자인에 유사한 디자인을 무단으로 실시하는 경우에도 침해방지가 어렵고, 유사디자인에 대한 권리범위확인심판 및 등록무효심판의 청구이익도 사실상 없게 되며, 기본디자인과는 별도로 출원료와 등록료를 납부하여 획득한 유사디자인권의 권리행사에 대한 출원인의 불만 등 문제점이 제기되었다.

이러한 문제점을 극복하고자 기본디자인에는 유사하지 않으나 유사디자인에만 유사한 모방디자인의 실시를 방지하기 위하여, 개정 디자인보호법은 유사디자인제도를 폐지하고 독자적인 권리범위를 인정하는 관련디자인제도로 변경하였다.

Ⅳ. 디자인권의 소멸

디자인권은 일정한 소멸원인, 즉 존속기간 만료(디자인 91조), 등록료의 불납(디자인 82조 3항), 디자인권의 포기(디자인 105조), 디자인권의 등록무효(디자인 121조), 디자인권의 등록취소(디자인 68조, 73조) 등에 의하여 소멸할 수 있다. 디자인권의 등록무효라 함은 일단 유효하게 발생한 디자인권이 법정 무효사유에 해당하는 경우 이해관계인 또는 심사관의 등록무효심판청구에 의한 특허심판원의 심판에 의하여 소급적으로 소멸하는 것을 말한다. 디자인권의 등록취소라 함은 등록디자인에 대한 디자인일부심사등록의 이의신청이 이유가 있어 심사관합의체의 취소결정에 의하여 디자인권이 소급적으로 소멸하는 것을 말한다. 디자인은 심사관이 33조 내지 35조 등의 요건을 심사하여 등록이 되는 것(디자인 62조 1항)과 위 요건 중 일부를 심사하지 않고 일부심사에 의하여 등록이 되는 것(디자인 62조 2항)[58)]이 있다. 이의신청제도는 일부심사에 의하여 등록된 디자인에 대하여 누구든지 설정등록일로부터 등록공고일 후 3개월

---

57) 대법원 1995. 6. 30. 선고 94후1749 판결, 1989. 8. 8. 선고 89후25 판결.
58) 구 디자인보호법에서는 '디자인일부심사' 제도 대신 '디자인무심사'라는 제도를 채택하였다(구 디자인 26조 2항, 29조의2, 29조의7, 29조의8 등).

이 되는 날까지 특허청장에게 등록되어서는 아니 된다는 취지의 신청을 할 수 있는
제도를 말한다.

디자인의 동일 · 유사

디자인보호법 33조 1항 3호는 공지디자인 등과 유사한 디자인을 신규성 없는 디자인으로 규정하고, 92조는 "디자인권자는 업으로서 등록디자인 또는 이와 유사한 디자인을 실시할 권리를 독점한다."라고 규정하여 디자인권의 효력이 등록디자인뿐만 아니라 그와 유사한 디자인에도 미친다고 규정한다.[1]

그런데 디자인의 유사 여부 판단은 사실인정의 문제라기보다는, 무엇을 유사하다고 하는 것이 "디자인의 보호 및 이용을 도모함으로써 디자인의 창작을 장려하여 산업발전에 이바지한다."라는 디자인보호법의 목적(디자인 1조)에 맞는 것인가를 고려한 법률적 평가의 문제이다.

디자인의 동일 · 유사성이 인정되기 위해서는 물품의 동일 · 유사성과 형태의 동일 · 유사성이 함께 인정되어야 한다.

I. 물품의 동일 · 유사

1. 판단기준

디자인이 동일 · 유사하다고 하려면 우선 디자인이 표현된 물품이 동일 · 유사해야 한다. 물품의 동일 · 유사성 여부는 물품의 용도, 기능 등에 비추어 거래통념상 동

---

1) 디자인보호법은 출원의 보정에서의 요지변경(디자인 48조) 문제 등에서 '동일'의 개념을 따로 사용하기는 하나, 등록요건, 선출원규정, 효력범위 등에서는 디자인의 동일개념과 유사개념을 함께 사용하므로(디자인 33조, 46조, 92조 등), 디자인의 동일과 유사를 구별할 실익은 적다.

일·유사한 물품으로 인정할 수 있는지에 따라 결정하여야 하고, 디자인보호법 시행 규칙 38조 1항 소정의 물품류 구분표는 디자인등록사무의 편의를 위한 것으로서 동종의 물품을 법정(法定)한 것은 아니므로 물품류 구분표상 같은 유별에 속하는 물품이라도 동일종류로 볼 수 없는 물품이 있을 수 있고 서로 다른 유별에 속하는 물품이라도 동일종류로 인정되는 경우가 있으며, 용도와 기능이 상이하더라도 양 물품의 형상, 모양, 색채 또는 그 결합이 유사하고 서로 섞어서 사용할 수 있는 것은 유사 물품으로 보아야 한다.[2]

2. 판단사례

가. 물품의 동일·유사성을 인정한 사례

① [건물벽 조립용 패널 과 건축물 외장재] 등록디자인은 그 자체로 벽체를 구성할 수 있는데 비하여, 건축물의 외장재인 선행디자인의 물품은 별도로 존재하는 벽에 부착, 사용한 것인 점에서 차이가 있기는 하지만, 등록디자인의 설명 및 도면에서 그 두께를 따로 한정하고 있지 아니하므로 등록디자인의 물품 또한 그것만으로 벽체를 구성하는 대신 그 물품의 두께를 얇게 형성한 다음 별도로 형성되는 벽체의 외벽에 덧붙여서 사용하는 것이 얼마든지 가능하다고 보이므로, 두 디자인의 물품은 거래통념상 적어도 유사한 물품에 해당한다.[3]

② [거품넘침방지구 와 순환통] 빨래를 삶는 용도로 쓰이는 '거품넘침방지구'와 밥을 짓는 용도로 쓰이는 '순환통'의 각 단면도가 서로 유사하고, 그 내부에 채워진 빨래나 쌀 등을 일정한 온도로 삶거나 익히고 그 내부에서 생기는 세제 거품이나 밥물이 밖으로 넘침을 방지함과 아울러 열손실을 방지하는 효과가 있는 점에서 그 기능이 실질적으로 동일할 뿐만 아니라 상호전용이 가능하다고 보이므로 양 디자인의 물품은 서로 동일 또는 유사하다.[4]

③ [음식찌꺼기 발효통과 쓰레기통] 두 물품의 뚜껑과 몸체의 크기 및 결합이 유사하고, 용도상 서로 혼용될 수 있는 점이 있어서 서로 유사한 물품에 해당한다.[5]

---

2) 대법원 2004. 11. 12. 선고 2003후1901 판결 등.
3) 대법원 2004. 11. 12. 선고 2003후1901 판결.
4) 대법원 2004. 6. 10. 선고 2002후2570 판결.
5) 대법원 2001. 6. 29. 선고 2000후3388 판결.

④ [전자렌지용 일체형 조명등(완성품)과 전구, 전구용 소켓(부품)]　　　완성품과 부품은 원칙적으로 비유사한 물품이므로 신규성 판단의 대상이 되지 않으나, 완성품이 공지 등이 된 경우에는 그 부품에 대한 출원은 신규성이 상실될 수 있다. 또한, 부품의 구성이 완성품에 가까운 경우에도 상호유사물품으로 보아 디자인의 유사 여부를 판단할 수 있는 것인바, 등록디자인인 전자렌지용 일체형 조명등은 선행디자인인 전구, 전구용 소켓과 서로 유사한 물품에 해당한다.[6]

나. 물품의 동일·유사성을 부정한 사례

① [접시덮개와 접시]　　　접시덮개와 접시는 모두 식품용기류에 속하기는 하나, '접시'는 식품을 담아 받쳐주는 용도와 기능을 가진 반면, '접시덮개'는 접시 위에 덮어 식품에 이물의 부착을 막고 식품의 보온, 보습 및 방취를 하는 용도와 기능을 가진 것이므로 거래통념상 동일종류의 물품이라고 볼 수 없다.[7]

② [전사지 　와 공기 　]　　　전사지(안료와 합성수지필름으로 된 재질로서 도자기류의 음식용기와 음식용구 및 조리용구의 손잡이류 표면에 전사시켜 모양을 내는 것)와 선행디자인인 공기(주로 위가 넓게 벌어지고 밑이 좁은 작은 그릇으로 밥을 담아 먹는 데 쓰는 용도와 기능을 가짐)는 그 용도와 기능이 동일·유사하다고 할 수 없을 뿐만 아니라, 형상, 모양, 색채 또는 그 결합이 유사하고 서로 섞어서 사용할 수 있는 물품이라고도 할 수 없으므로, 양 디자인의 물품은 동일·유사하지 않다.[8]

Ⅱ. 디자인(형태)의 동일·유사

디자인(형태)의 동일·유사라 함은 2개의 디자인을 비교할 때, 그 디자인을 구성하는 물품의 형상·모양·색채 또는 이들의 결합, 즉 형태가 외관상 서로 동일·유사한 미감을 일으키게 하는 것을 말한다. 디자인이 선행디자인과 동일하거나(디자인 33조 1항 1호, 2호) 유사하면(디자인 33조 1항 3호), 그 디자인은 신규성이 없는 디자인에

---

6) 대법원 1991. 11. 26. 선고 91도612 판결.
7) 대법원 1985. 5. 14. 선고 84후110 판결.
8) 특허법원 2007. 6. 1. 선고 2007허67 판결(심리불속행기각).

해당한다.⁹⁾ 한편 확인대상디자인 내지 침해제품의 디자인(형태)이 등록디자인과 동일 또는 유사하고, 물품도 동일·유사하면 확인대상디자인 내지 침해제품은 등록디자인 의 보호범위에 속한다.

1. 판단기준

가. 학 설10)

(1) 창 작 설

창작설은, 디자인보호법의 기본적 목적이 신규의 '창작'을 보호하고 장려하는 데 있으므로, 창작의 요부가 일치하고, 물품의 외관으로부터 생기는 미적 사상이 공통의 범위 내에 있다고 인정되면 유사한 디자인이라는 견해이다. 이에 의하면 그 디자인 분야의 평균적 디자이너를 기준으로 디자인 유사 여부를 판단하게 된다.

그러나 디자인보호법에서 보호하는 창작성은 어디까지나 그 산업적·경제적 이 용을 염두에 둔 개념이므로, 순수한 창작을 보호하는 저작권법적 사고에서 접근하는 것은 타당하지 않다는 비판이 있다.

(2) 심미감설

심미감설은, 비교의 대상이 되는 양 디자인이 관찰자에게 주는 미적 인상 또는 심미감이 유사하다면 양 디자인은 유사하다고 보는 견해로서, 주의환기설이라고도 한다. 이 견해는, 디자인의 개념이 물품의 형상·모양·색채 또는 이들을 결합한 것 으로서 시각을 통하여 미감을 일으키게 하는 것으로 정의되어 있다는 점을 근거로

---

9) 디자인보호법이 '신규성'이라는 용어를 사용하지는 않았으나, 1961년 제정된 의장법 4조에서 위 용어를 사용한 적이 있었고, 이후 판례와 학설이 위 용어를 관행적으로 사용하는 것으로 보인다. 한편 대법원 은 '객관적 창작성'이라는 용어를 처음에는 창작용이성에 관한 사안에서 사용하였으나(대법원 1976. 6. 22. 선고 75후27 판결), 이후 신규성에 관한 사안에서도 사용하였다가(대법원 1995. 11. 21. 선고 94후 920 판결, 1994. 10. 14. 선고 94후609 판결), 최근에는 다시 신규성에 관한 사안에서만 사용하는 경향이 있다(대법원 2006. 7. 28. 선고 2005후2922 판결). 이에 관한 자세한 내용은 한규현, "의장의 유사 여부 판단방법", 대법원판례해설 65호(2006 하반기) 참조. 다만, '창작성'이란 용어는 대법원이 오랜 기간 동 안 33조 2항의 '용이창작' 여부 판단과 관련하여 사용한 용어이므로, 혼란을 방지하기 위해서는 신규성 의 판단과 관련하여서도 사용을 지양할 필요가 있다는 지적이 있다(유영선, "디자인보호법 제5조 제2항 이 규정한 '용이하게 창작할 수 있는 디자인'의 의미", 대법원판례해설 84호(2010 상반기)].
10) 구체적인 학설의 내용과 비판에 관해서는, 권영준, "의장권침해소송에 관한 고찰", 21세기 한국민사법학 의 과제와 전망: 심당 송상현교수 화갑기념논문집, 박영사(2002) 참조.

든다. 심미감설에서의 판단기준은 디자인을 보는 사람이 된다.

그러나 디자인이라 함은 물품의 형상·모양·색채 또는 이들의 결합으로서 시각을 통하여 미감을 일으키는 것이므로, 그 미감이 공통되면 디자인이 유사하다고 하는 심미감설은 동의어를 반복하는 것일 뿐 구체적인 판단기준을 제시하지 못한 것으로서 공허한 기준에 불과하다는 비판이 있다.[11]

(3) 혼 동 설

디자인제도는 공업신제품에 대한 모방행위를 금지함으로써 산업발전에 기여하게 하려는 제도이므로,[12] 그 제품의 구매자 입장에서 관찰하여 혼동을 야기할 우려가 있는 디자인은 유사한 디자인으로 보는 견해이다. 디자인제도는 디자인의 창작을 보호하는 측면과 부정경쟁의 방지라는 측면을 모두 가지고 있는데, 이 견해는 그중 후자, 즉 디자인의 경제적 가치의 보호에 주목한 것이다. 이에 대해서는 디자인이 유사하여 거래자들이 혼동하는 것이지, 혼동하기 때문에 디자인이 유사하다고 보는 것은 아니므로, 논리적 역전(逆轉)에 빠진 이론이라는 비판이 있다.

나. 판   례

대법원 판례 중 "양 디자인을 대비하더라도 거기에는 서로 상품의 오인, 혼동을 일으킬 정도의 유사성은 없다 할 것이며, 각각 별개의 미감을 느끼게 하는 것으로 보인다."라는 특허청의 심결을 그대로 수용하여 '혼동설'을 취한 듯한 것도 있다.[13] 그러나 대법원 판례의 일관된 입장은 "디자인의 유사 여부는 이를 구성하는 각 요소를 분리하여 개별적으로 대비할 것이 아니라 그 외관을 전체적으로 대비 관찰하여 보는 사람으로 하여금 상이한 심미감을 느끼게 하는지의 여부에 따라 판단하여야 하므로 그 지배적인 특징이 유사하다면 세부적인 점에 다소 차이가 있을지라도 유사하다고 보아야 하고, 보는 방향에 따라 느껴지는 미감이 같기도 하고 다르기도 할 경우에는 그 미감이 같게 느껴지는 방향으로 두고 이를 대비하여 유사 여부를 판단하여야 할

---

11) 일본 판례에서도 "보는 사람에게 상이한 미감 내지 미적 인상을 주는 것이 아니므로, 양 의장은 유사하다."라고 표현하는 경우가 많은데, 그러한 표현을 근거로는 일본 판례가 심미감설을 채택한 것으로 볼 수 없고, 오히려 혼동 여부를 기준으로 판단한 것으로 보아야 한다는 주장도 있다[竹田稔 著, 知的財産權訴訟要論(第6版), 發明振興協會(2012), 573].

12) 디자인보호법 33조 1항은 디자인의 등록요건으로서 '공업상 이용할 수 있는 디자인'을 전제로 하고 있다.

13) 대법원 1984. 9. 11. 선고 83후56 판결.

것이다."라고 하여,[14] '심미감설'을 취한 것으로 평가된다.

한편 대법원은 창작용이성에 관하여 '상업적 변형'이라는 용어를 사용한 이래,[15] 창작용이성뿐만 아니라 신규성 여부에 관한 판단, 즉 디자인의 유사 여부 판단에서도 요부에서 제외되는 작은 변형을 '상업적 · 기능적 변형'이라고 판시하였다.[16] 그러나 최근 대법원 판례들은 디자인 유사 여부 판단에서 상업적 · 기능적 변형이라는 표현을 사용하지 아니한다.[17] 이는 상업적 · 기능적 변형 여부는 창작용이성 여부에 관한 문제이므로 디자인 유사 여부 판단에서는 이를 고려하지 않도록 할 필요가 있기 때문이라고 한다.[18] 그러나 하급심에서는 여전히 양 디자인의 차이가 상업적 · 기능적 변형에 불과한지를 디자인 유사 여부 판단의 요소 중 하나로 검토하는 경향이 있다.[19]

2. 구체적 기준

가. 전체 관찰의 원칙

디자인의 본질은 보는 사람의 마음에 어떤 미감이 느껴지느냐에 있는 것이므로,

---

14) 대법원 2010. 5. 27. 선고 2010후722 판결 등.

15) 대법원 1984. 4. 10. 선고 83후8 판결.

16) 디자인보호법이 요구하는 객관적 창작성이란 과거 또는 현존의 모든 것과 유사하지 아니한 독특함만을 말하는 것은 아니므로 과거 및 현존의 것을 기초로 하여 거기에 새로운 미감을 주는 미적 창작이 결합되어 그 전체에서 종전의 디자인과는 다른 미감적 가치가 인정되는 정도면 디자인등록을 받을 수 있으나, 부분적으로는 창작성이 인정된다고 하여도 전체적으로 보아서 종전의 디자인과 다른 미감적 가치가 인정되지 않는다면 디자인등록을 받을 수 없다(대법원 2006. 7. 28. 선고 2005후2915 판결, 2001. 6. 29. 선고 2000후3388 판결 등).

17) 공지디자인의 형상 · 모양 · 색채 또는 이들의 결합(이하 '공지형태'라고 한다)이나 국내에서 널리 알려진 형상 · 모양 · 색채 또는 이들의 결합(이하 '주지형태'라고 한다)을 거의 그대로 모방 또는 전용하였거나, 이를 부분적으로 변형하였다고 하더라도 전체적으로 볼 때 다른 미감적 가치가 인정되지 않는 상업적 · 기능적 변형에 불과하거나, 또는 그 디자인 분야에서 흔한 창작수법이나 표현방법으로 변경 · 조합하거나 전용하였음에 불과한 디자인 등과 같이 창작수준이 낮은 디자인은 통상의 디자이너가 용이하게 창작할 수 있는 것이어서 디자인등록을 받을 수 없다는 데 있다(대법원 2016. 3. 10. 선고 2013후2613 판결, 2014. 4. 10. 선고 2012후1798 판결, 2011. 9. 29. 선고 2011후873 판결, 2010. 5. 13. 선고 2008후2800 판결 등).

18) 한규현(주 9), 602; 정상조 · 설범식 · 김기영 · 백강진 공편, 디자인보호법 주해, 박영사(2015), 298.

19) 특허법원 2017. 7. 6. 선고 2017허2246 판결(확정), 2017. 6. 23. 선고 2017허73 판결(확정), 2016. 11. 4. 선고 2016허5248 판결(상고), 2016. 8. 31. 선고 2016허2621 판결(심리불속행기각), 2016. 7. 15. 선고 2106허2010 판결(상고) 등.

디자인의 유사 여부는 이를 구성하는 각 요소를 분리하여 개별적으로 대비할 것이 아니라 그 외관을 전체적으로 대비 관찰하여 보는 사람으로 하여금 상이한 심미감을 느끼게 하는지 여부에 따라 판단한다. 따라서 전체적으로 관찰하여 그 지배적 특징이 유사하다면 세부적인 점에 다소 차이가 있을지라도 유사하다고 볼 수 있으며,[20] 그 구성요소 중 공지의 형상 부분이 있다고 하여도 그것이 특별한 심미감을 불러일으키는 요소가 되지 못하는 것이 아닌 한 이것까지 포함하여 전체로서 관찰하여 느껴지는 심미감에 따라 판단하여야 한다.[21]

이러한 법리는 글자체에 대한 디자인의 경우에도 마찬가지로 적용되나, 다만 글자체 디자인은 물품성을 요하지 않으며, 인류가 문자생활을 영위한 이래 다수의 글자체가 다양하게 개발되어 왔고 문자의 기본형태와 가독성을 필수적인 요소로 고려하여 디자인하여야 하는 관계상 구조적으로 그 디자인을 크게 변화시키기 어려운 특성이 있으므로, 이러한 글자체 디자인의 고유한 특성을 충분히 참작하여 그 유사 여부를 판단하여야 한다.[22]

그리고 대비되는 디자인의 대상물품이 그 기능 내지 속성상 사용에 의하여 당연히 형태의 변화가 일어나는 경우에는, 그와 같은 형태의 변화도 참작하여 유사 여부를 전체적으로 판단하여야 한다.[23] 예를 들어, 등록디자인은 힌지 부분이 접힌 상태의 형상과 모양을, 확인대상디자인은 힌지 부분이 펴진 상태에서의 형상과 모양을 각 기준으로 대비 판단하여 양 디자인이 유사하지 않다고 판단하여서는 안 된다.[24]

한편 디자인의 유사 여부는 그 디자인이 표현된 물품을 사용할 때뿐만 아니라 거래할 때의 외관에 의한 심미감도 함께 고려하여 판단하여야 한다.[25] 예를 들어, '의복걸이 대용 포스트 지지구'의 형상과 모양의 결합인 등록디자인 과 '옷걸이대'에 관한 형상과 모양의 결합인 선행디자인 의 고정지주 지지구에 해당하는 부분의 유사 여부를 판단할 때는, 디자인의 대상이 된 물품의 거래시뿐만 아니라 사용시의 외관도 고려하여야 한다.[26]

---

20) 대법원 2012. 6. 14. 선고 2012후597 판결, 2007. 1. 25. 선고 2005후1097 판결 등.
21) 대법원 2006. 7. 28. 선고 2005후2915 판결.
22) 대법원 2012. 6. 14. 선고 2012후597 판결.
23) 대법원 2010. 9. 30. 선고 2010다23739 판결, 2010. 8. 26. 선고 2009후4148 판결.
24) 대법원 1999. 10. 8. 선고 97후3586 판결.
25) 대법원 2003. 12. 26. 선고 2002후1218 판결, 2001. 5. 15. 선고 2000후129 판결.
26) 대법원 2010. 5. 13. 선고 2010후265 판결, 2003. 12. 26. 선고 2002후1218 판결 등.

나. 요부(要部)관찰의 보완적 기능

(1) 요부관찰의 의의

대법원 판례는, 디자인의 유사 여부는 이를 구성하는 각 요소를 부분적으로 분리하여 대비할 것이 아니라 전체와 전체를 대비 관찰하여 보는 사람의 마음에 환기될 미감과 인상이 유사한지 여부에 따라 판단하여야 하지만, 이 경우 디자인을 보는 사람의 주의를 가장 끌기 쉬운 부분을 요부(要部)로서 파악하고 이것을 관찰하여 일반 수요자의 심미감에 차이가 생기게 하는지의 관점에서 유사 여부를 결정하여야 하고, 그 지배적인 특징이 유사하다면 세부적인 점에 다소 차이가 있더라도 유사하다고 보아야 한다고 하여,27) 전체 관찰을 원칙으로 하면서도 요부관찰의 보완적 기능을 중시한다.

디자인의 유사 여부 판단에서 '요부'란 대비되는 두 디자인이 표현된 물품에 흔히 있는 형상이 아니어서 보는 사람의 주의를 가장 끌기 쉬운 부분, 또는 물품의 사용상태와 용도를 고려할 때 수요자에게 잘 보이는 부분 내지 디자인의 구조적 특징을 가장 잘 나타내는 부분을 말한다.

대법원 판례에서 해당 디자인의 요부로 인정된 것으로는 양말에서 '5개의 발가락 삽입부',28) 유아용 운동화에서 '신발 앞부분의 토끼의 특징적인 얼굴모습인 눈, 코, 입 및 긴 수염과 길다란 귀의 모습',29) 창틀용 골재의 '측면도에 나타난 전체적인 형상과 모양',30) 의복걸이대용 선반의 '선반가이드',31) 건물벽 조립용 패널의 '표면에 나타난 무늬',32) 건축 배관용 슬리브관의 '오뚜기 형상',33) 젓가락의 '캡부분의 형상',34) 밸브용 캡 중 '절개부 및 내부원통의 형상'35) 등이 있다. 반면 판례가 디자인의 요부에서 제외되어 전체적인 심미감에 영향을 주지 않는다고 본 것으로는 음료수 캔 형태의

27) 대법원 2005. 5. 13. 선고 2004후301 판결 등.
28) 대법원 1977. 5. 10. 선고 77후9 판결.
29) 대법원 1996. 1. 26. 선고 95후1135 판결.
30) 대법원 2001. 5. 15. 선고 2000후129 판결.
31) 대법원 2004. 1. 16. 선고 2002후1461 판결.
32) 대법원 2006. 1. 27. 선고 2005다31910 판결.
33) 대법원 2006. 9. 8. 선고 2005후2274 판결.
34) 대법원 2010. 7. 22. 선고 2010후913 판결.
35) 대법원 2011. 2. 10. 선고 2010후1923 판결.

광고 등에서 '표면의 선 모양이나 끈을 매기 위한 고리 또는 내부에 설치된 송풍기나 전등',[36] 수족관에서 '여과조의 위치, 급수관의 설치형태',[37] 건축 배관용 슬리브관에서 '몸체부의 외주면과 상면 폐쇄면의 형상 및 모양, 플랜지부의 높이, 고정보스의 형상, 모양, 개수 및 설치 위치'[38] 등이 있다.

(2) 물품의 기능에 관련된 형태의 취급

(가) 일반적으로 물품의 기능에 관련된 형태라도 그것이 수요자에게 심미감을 줄 수 있는 부분이라면 유사 여부 판단에서 요부가 될 수 없는 것은 아니다. 그러나 수요자에게 별다른 심미감을 주지 못해 다른 디자인과 구별되는 특징을 이루는 요부가 될 수 없는 경우가 있는데, 대법원 판례가 판시하는 것으로는 먼저 '물품의 기본적 또는 기능적 형태'가 있다. 물품의 '기본적 형태'라 함은 디자인의 골격이 되는 기본형태로서 그 형태를 갖춤으로써 그 물품이라고 인식되고 명명될 수 있는 것을 말하고, '기능적 형태'라 함은 물품의 목적·기능을 달성하는 데 최대의 기술적 효과를 빚어내는 형태를 말한다. 이들 물품의 기본적 또는 기능적 형태는 사람들의 끊임없는 노동의 중첩, 경험 집적의 결과로서 현실적으로 존재하는 것이므로 디자인이 이들 형태적 범주에 그치는 한 거기에 독점적 권리가 부여될 수 없음은 자명하다.[39] 디자인보호법 34조 4호의 '물품의 기능을 확보하는 데에 불가결한 형상'도 '물품의 기본적 또는 기능적 형태' 중 하나라고 할 수 있다. 여기서 '불가결한 형상'이라 함은 물품의 기능을 확보하기 위해 필연적으로 결정되어 버린 형상으로서 대체가능성이 없는 것뿐만 아니라 물리적으로 대체가능성이 있더라도 그 분야에서 그러한 형상의 변화를 추구하는 것이 예외적인 경우를 말한다.[40] '물품의 기본적 또는 기능적 형태'는 수요자에게

36) 대법원 1998. 12. 22. 선고 97후2828 판결.
37) 대법원 1999. 11. 26. 선고 98후706 판결.
38) 대법원 2006. 9. 8. 선고 2005후2274 판결.
39) 대법원 2010. 7. 22. 선고 2010후913 판결. 미국법에서도, 장식예술(decorative arts)을 장려하고자 하는 디자인특허법의 목적과 디자인특허의 기능적 형태를 보호하는 것은 기술특허(utility patent)의 요건을 충족하지 못하는 경우를 보호하는 결과가 된다는 점을 근거로 하여, '주로 기능적인 요소'(primarily functional)로 구성된 경우에는 디자인특허로도 보호되지 못한다고 한다[Robert P. Merges, Peter S. Menell, Mark A. Lemley 공저, Intellectual property in the New Technological Age(4th Edition), AspenPub(2007), 374].
40) 오영준, "물품의 기능을 확보하는 데 불가결한 형상의 의의 및 디자인의 유사 여부 판단", 대법원판례해설 65호(2006 하반기).

그 물품에서 당연히 있어야 할 부분으로 여겨질 수 있으므로 다른 디자인과 대비시 중요한 부분으로 인식되지는 않을 것이다.[41)]

물품의 기본적 또는 기능적 형태는 ① 물품의 기능상 필연적으로 그런 형태를 띨 수밖에 없는 경우와 ② 종래부터 흔히 사용되어 온 경우로 구분될 수 있는데, 전자의 경우에 '물품의 기능에 관련된 형태'라고 하더라도 그 기능을 확보할 수 있는, 선택가능한 대체적 형상이 존재한다면 '물품의 기본적 또는 기능적 형태'에 해당한다고 할 수 없다.[42)] 따라서 '물품의 기본적 또는 기능적 형태' 내지 '물품의 기능을 확보하는 데에 불가결한 형상'과 단순히 '물품의 기능에 관련된 형태'는 구별되어야 한다.

(나) 디자인 전부가 '기본적 또는 기능적 형태'에 해당하거나 추가된 부분이 아주 미세하여 심미감에 영향을 미칠 정도가 되지 못한다면 그 디자인은 전부가 '기본적 또는 기능적 형태'로 이루어진 경우에 해당하므로 디자인등록이 무효로서 어떠한 법적 효력도 가진다고 할 수 없다. 디자인보호법 34조 4호도, "물품의 기능을 확보하는 데에 불가결한 형상만으로 된 디자인"을 디자인 부등록사유의 하나로 규정하였고,[43)] 이에 관하여 대법원은 자동차 앞 유리창인 '윈드 쉴드 글래스'가 물품의 기능을 확보하는 데 불가결한 형상만으로 된 디자인이라고 판시한 바 있다.[44)]

(다) 디자인 일부가 '물품의 기본적 또는 기능적 형태'에 해당하는 경우에 그 부분의 중요도 평가에 대하여 대법원 판례는 디자인등록 요건으로 판단할 때와 등록디자인의 권리범위를 판단할 때를 구별한다.

즉, 대법원은 등록요건 판단 시에 관한 사례에서는 "디자인등록의 요건으로서 디자인의 동일 또는 유사 여부를 판단할 때 디자인의 구성요소 중 물품의 기능을 확보하는 데 필요한 형상 또는 공지의 형상 부분이 있다고 하여도 그것이 특별한 심미감을 불러일으키는 요소가 되지 못하는 것이 아닌 한 그것까지 포함하여 전체로서 관

---

41) 디자인은 전체로서의 심미감에 의하여 유사 여부 판단이 이루어짐이 원칙이므로, '물품의 기본적·기능적 형태' 내지 '물품의 기능을 확보하는 데 불가결한 형상'의 범위는, 수요자들이 그 물품을 볼 때 당연히 있어야 할 부분으로 여김으로써 별다른 심미감을 느끼지 못하는 정도까지 포함되어야 한다고 보는 견해도 있을 수 있다.
42) 유영선, 기능성원리 연구, 경인문화사(2012), 34~35.
43) 2001. 2. 3. 법률 제6413호로 개정되면서 신설된 조항이다. 개정법의 검토 및 심사보고서에 의하면, 물품의 기능을 확보하는 데 불가결한 형상은 물품의 외관에 관한 미적 창작만을 보호대상으로 하는 의장법의 보호대상이 아니므로, 특허법 또는 실용신안법에 의하여 보호받도록 하는 것이 바람직하고, 국제적 추세도 같다는 것이다. 이 조항은 형상만을 규정하므로 모양이나 색채는 고려하지 않는다.
44) 대법원 2006. 1. 13. 선고 2005후841 판결[등록무효(의)].

찰하여 느껴지는 장식적 심미감에 따라 판단해야 한다."라고 판시하였다.[45] 이러한 판례의 취지는 등록요건 판단시 '물품의 기능을 확보하는 데 필요한 형상'을 '공지의 형상'과 마찬가지로 요부에서 배제할 수 없다는 것으로 이해된다.[46] 다만 대법원 판례가 "양 디자인의 공통되는 부분이 그 물품으로서 당연히 있어야 할 부분 내지 디자인의 기본적 또는 기능적 형태인 경우에는 그 중요도를 낮게 평가하여야 하므로, 이러한 부분들이 동일·유사하다는 사정만으로는 곧바로 양 디자인이 서로 동일·유사하다고 할 수는 없다."라고 판시한 점,[47] 앞서 본 대법원 판례의 취지는 등록요건 판단시 출원디자인 내지 등록디자인과 선행디자인에 공통되는 '물품의 기능을 확보하는 데 필요한 형상 부분'의 중요도를 낮게 보아 이를 요부에서 제외하면 선행디자인의 권리범위가 좁아져 '물품의 기능을 확보하는 데 필요한 형상 부분'을 포함하는 출원디자인 내지 등록디자인이 오히려 신규성을 쉽게 인정받아 등록되는 문제가 발생하므로 이러한 문제를 막기 위하여 디자인의 유사 여부는 '물품의 기능을 확보하는 데 필요한 형상 부분'까지 포함하여 전체로서 판단하여야 한다는 것인 점[48]을 고려하면 등록요건 판단시 '물품의 기본적 또는 기능적 형태 부분'이 공통된다는 점만으로 쉽게 유사한 디자인이라고 단정하여서는 안될 것이다. 한편 위와 같은 대법원 판례 중 '기능을 확보하는 데 필요한 형상'의 의미는 '물품의 기본적 또는 기능적 형태' 내지 '물품의 기능을 확보하는 데 불가결한 형상'이 아니라 단순히 '물품의 기능에 관련된 형태'를 말한다는 견해도 있다.[49]

---

45) 대법원 2010. 11. 11. 선고 2010후2209 판결, 2009. 3. 12. 선고 2008후5090 판결, 2009. 1. 30. 선고 2007후4830 판결 등. 이는 디자인의 구성요소 중 공지의 형상 부분의 경우에도 마찬가지이다.

46) 한동수, "디자인의 등록요건판단시 물품의 기능을 확보하는 데 필요한 형상부분이 있는 디자인의 유사 여부 판단방법", 대법원판례해설 80호(2009 상반기). 같은 취지로 박태일, "디자인등록의 요건 판단시 물품의 기능을 확보하는 데 필요한 형상 또는 공지의 형상부분이 포함된 디자인의 유사 여부 판단", 대법원판례해설 92호(2012 상반기). 한편, '물품의 기능을 확보하는 데 필요한 형상'이라고 인정되는 경우라면 '공지의 형상'으로 인정될 수 있는 증거도 제시되었을 가능성이 높다.

47) 대법원 2005. 10. 14. 선고 2003후1666 판결. 미국법에서도 디자인의 기능적 측면이 다른 디자인 기법으로 달성할 수 있는 것이라면 더는 '주로 기능적인 요소'(primarily functional)로 된 디자인으로 보지 않는다고 한다[Robert P. Merges 공저(주 39), 374].

48) 박태일(주 46), 341~342 참조.

49) 대법원 2010. 11. 11. 선고 2010후2209 판결, 2009. 1. 30. 선고 2007후4830 판결 등에서 "동일한 기능을 수행하면서도 전체적인 미감을 고려하여 … 형상을 얼마든지 다르게 구성할 수 있으므로 …"라고 판시한 점을 근거로 한다. 이 견해는 '물품의 기능을 확보하는 데 필요한 형상'이라는 말에는 '물품의 기본적 또는 기능적 형태' 내지 '물품의 기능을 확보하는 데 불가결한 형상'도 포함된다고 볼 여지도 있으므로, 양자를 구별하여 명확히 표현하는 것이 바람직하다고 한다.

　　반면 대법원은 등록디자인의 권리범위 속부 판단에 관한 사례에서는 "디자인권은 물품의 신규성이 있는 형상, 모양, 색채의 결합에 부여되는 것으로서 공지의 형상과 모양을 포함한 출원에 의하여 의장등록이 되었다 하더라도 공지 부분에까지 독점적이고 배타적인 권리를 인정할 수는 없으므로 디자인권의 권리범위를 정함에 있어 공지 부분의 중요도를 낮게 평가하여야 하고, 따라서 등록디자인과 그에 대비되는 디자인이 서로 공지 부분에서 동일·유사하다고 하더라도 등록디자인에서 공지 부분을 제외한 나머지 특징적인 부분과 이에 대비되는 디자인의 해당 부분이 서로 유사하지 않다면 대비되는 디자인은 등록디자인의 권리범위에 속한다고 할 수 없다."라고 판시하였다. 이는 등록디자인의 구성요소 중 "공지의 형상 부분"에 관하여 설시된 것이기는 하지만 그 취지가 디자인권의 권리범위는 당해 등록디자인에 독점적 배타권을 부여하는 근거가 되는 창작적 부분으로 제한된다는 것임을 고려하면, 이러한 법리는 '물품의 기능을 확보하는 데 필요한 형상 부분'에 대해서도 마찬가지로 적용될 수 있다. 이하 구체적인 판단사례를 살펴본다.

① '트럭용 적재함 지지구'를 대상으로 하는 등록디자인 중 축고정부 내부의 형상이 원형인 것은 물품의 기능을 확보하는 데에 불가결한 형상이나 그 밖의 부분은 자유롭게 디자인할 수 있는 부분이므로, 등록디자인은 물품의 기능을 확보하는 데에 불가결한 형상만으로 된 디자인이라 할 수 없다.[50]

② 음식물 저장용 밀폐용기 중 '용기 본체가 직육면체의 형상이고 용기 뚜껑의 4변에 잠금날개가 각각 형성되어 있으며 각각의 잠금날개에는 용기 본체에 형성되어 있는 잠금돌기와 결합되는 가로막대형 잠금구멍이 2개씩 형성되어 있는 점'은 오랫동안 널리 사용되어 온 '음식물 저장용 밀폐용기'의 기본적·기능적 형태에 해당하므로, 이러한 공통점만으로 양 디자인이 유사하다고 할 수 없다.[51]

③ 서랍장에서 '전체적으로 직사각형 형상이고, 여러 단의 서랍으로 이루어지되 그중 상단 부분은 2개의 작은 서랍으로 나누어졌으며, 나뭇잎 모양의 손잡이를

---

50) 대법원 2006. 7. 28. 선고 2005후2922 판결[권리범위확인(의)]. 따라서 자유롭게 디자인할 수 있는 형태들이 선행디자인들과 달라 심미감에 차이가 있으므로 유사하지 않다.

51) 대법원 2005. 10. 14. 선고 2003후1666 판결[등록무효(의)].

사용한 점' 및 어린이용 침대에서 '추락방지용 손잡이가 부착된 점' 등은 기본적·기능적 형태에 불과한 것으로서 디자인에서 차지하는 중요도를 낮게 평가해야 한다.[52]

④ 선풍기 좌대에서 '원형의 받침판 형태나 원형 받침판 위에 수직으로 세워져 있는 기둥과 2개의 회전노브 및 4개의 누름버튼으로 구성된 형태'는 종래부터 흔히 사용되어 오던 것들로서 당연히 있어야 할 부분 내지 기본적·기능적 형태에 불과한 것이므로, 전체 디자인에서 차지하는 중요도를 낮게 평가해야 한다.[53]

(라) 그러나 '물품의 기능에 관련된 부분'이 다른 형상으로 대체될 수 있는 것이라면 '물품의 기본적·기능적 형태'에 해당한다고 할 수 없으므로, 유사 여부 판단에서 그 부분의 중요도를 낮게 볼 수 없다.

대법원도, 디자인의 구성 중 물품의 기능에 관련된 부분에 대하여 그 기능을 확보할 수 있는, 선택가능한 대체적인 형상이 그 외에 존재하는 경우에는 그 부분의 형상은 물품의 기능을 확보하는 데 불가결한 형상이라고 할 수 없으므로, 그 부분이 공지의 형상에 해당된다는 등의 특별한 사정이 없는 한 디자인의 유사 여부 판단에서 그 중요도를 낮게 평가하여야 한다고 단정할 수 없다고 하였다.[54] 구체적인 사례를 살펴본다.

---

52) 대법원 2012. 2. 9. 선고 2010도8383 판결.

53) 특허법원 2008. 9. 18. 선고 2008허7355 판결[등록무효(디)](심리불속행기각).

54) 대법원 2011. 2. 24. 선고 2010후3240 판결, 2006. 9. 8. 선고 2005후2274 판결. 다만 대법원 2007. 1. 25. 선고 2005후1097 판결은, 양 디자인의 톱날형상 중 톱날의 각도에 차이가 있음을 인정하면서도(등록디자인 ◥, 선행디자인 〰〰〰), '암홀 바이어스 테이프'에서 '폭이 넓은 천의 톱날형상부분'은 암홀 등 곡선부분을 따라 용이하게 테이프를 굴착·접합시키기 위하여 그 테이프의 한쪽 면에 연속적인 홈을 낸 결과로서 기능적 형상에 불과하므로 요부에 해당되지 않는다고 판시하였다. 이에 대해서는 양 디자인에서 '기능을 확보하는 데 불가결한 형상'은 '톱날의 각도 등 톱날의 형상'이 아니라 '톱날 자체의 존재 유무'이므로 '톱날의 각도' 부분의 중요도를 낮게 평가해서는 안 된다는 비판이 있을 수 있다.

①	등록디자인		확인대상디자인	

'받침대가 구비된 오일쿨러용 케이스'에 관한 등록디자인과 확인대상디자인을 대비하여 보면, 양 디자인은 몸체부의 전체 외곽 형상이 정사각형에 가까운 사각형이고, 송풍 팬의 장착부분이 원형의 홀로 형성되어 있는 점, 몸체부의 상판(덮개부분)이 직사각형의 수평판으로 되어 있고, 중앙의 직하부에 수평의 받침대가 직사각형의 형태로 형성되어 있는 점, 양측 세로판은 상판 및 수평의 받침대와 수직으로 결합되어 있으며, 수평의 받침대가 결합된 부분이 상판과 결합된 부분보다 폭이 넓은 점 등에서 서로 유사하다. 그런데 양 디자인의 위와 같은 유사점 중 사각형태의 몸체부 외곽 형상이나 원형의 홀 등은 오일쿨러용 케이스의 기본적 형태이거나 위 물품의 기능을 확보하는 데에 불가결한 형상이라 하더라도, 받침대가 양측 세로판 사이에 결합된 형상의 경우 송풍 모터를 지지하기 위한 받침대를 고정시키기 위하여 오일쿨러용 케이스가 반드시 이러한 형상을 갖고 있어야 한다고는 볼 수 없고, 동일한 기능을 수행하면서도 전체적인 미감을 고려하여 그 받침대와 양측 세로판의 형상이 얼마든지 다르게 구성될 수 있으므로, 위와 같은 형상이 등록디자인의 출원 전에 공지된 부분이라고 볼만한 아무런 증거가 없는 이 사건에 있어서, 이 부분은 위 물품을 대하는 일반 수요자가 느끼는 전체적인 심미감에 영향을 미치는 요소임이 분명하다.[55]

② 건축 배관용 슬리브관에 관한 등록디자인과 확인대상디자인은 건축물의 층을 구획하는 콘크리트 구조물 제작용 거푸집 안에 일정한 공간을 점유한 상태로 장착되어 그 거푸집 내부가 콘크리트로 메워지더라도 2개의 배수관이 지나갈 수 있는 관통공간을 몸체부 내부에 확보해 둠으로써, 콘크리트의 타설 완료 후 위쪽에서 내려오는 2개의 배수관이 상면 폐쇄면이 제거된 몸체부의 내부공간을 통과하여 아래쪽의 '배수배관용 집수조

---

55) 대법원 2011. 2. 24. 선고 2010후3240 판결.

인트'의 2개의 이경관에 연결될 수 있도록 하면 그 기능을 다하는 것이므로, 양 디자인의 물품인 '건축 배관용 슬리브'가 이러한 기능을 다하기 위해서 그 평면부가 반드시 오뚜기 형상을 갖고 있어야 한다고는 볼 수 없고, 동일한 기능을 수행하면서도 전체적인 미감을 고려하여 그 평면부의 형상이 얼마든지 다르게 구성될 수 있다고 할 것이다. 나아가 위와 같은 오뚜기 형상이 공지된 부분이라고 볼 만한 아무런 증거가 없는 이상, 오뚜기 형상은 보는 사람의 주목을 가장 잘 끄는 지배적인 특징이라고 할 수 있으므로, 양 디자인은 전체적으로 심미감에 있어서 차이가 없는 유사한 디자인이라고 할 것이다.[56]

(3) 공지된 부분의 고려 정도

디자인의 구성요소에 공지된 부분이 포함된 경우에 관해서는 대법원 판례는 일관된 태도를 취하여 왔으므로, 결론만 간략히 살펴본다.

(가) 디자인의 구성요소 전부가 공지된 경우

신규성 여부를 판단할 때 그 디자인이 하나의 공지디자인에 의하여 전부 공지된 경우에는 디자인보호법 33조 1항 1호, 2호에 의하여 신규성이 부정되고, 권리범위도 부정된다(일반론 중 디자인권의 효력 부분 참조).

그러나 디자인을 구성하는 각각의 요소들이 모두 개별적으로 공지된 경우에는 신규성이 당연히 부정되는 것이 아니라 그 디자인을 전체적으로 관찰하여 각각의 구성요소의 배치 및 결합형태 등 그 지배적인 특징에 의하여 신규성이 부정되는지를 살펴보아야 한다. 대법원도 "비록 개개의 모양이 공지에 속한다 하더라도 이를 결합함으로써 새로운 장식적 효과를 나타내고 그 결합이 상당한 지능적 고안에 속한다고 볼 수 있을 때에는 이를 신규의 고안이라 하여 보호하여야 할 것이다."라고 판시한 바 있다.[57]

(나) 디자인의 일부 구성요소가 공지된 경우

대법원은 종래부터 디자인의 일부 구성요소가 공지된 경우 공지된 부분의 중요도를 낮게 볼 것인지에 관하여 일관되게 디자인권의 등록요건과 보호범위를 구분하여 판단기준을 설시하였다.

---

56) 대법원 2006. 9. 8. 선고 2005후2274 판결.
57) 대법원 1982. 5. 25. 선고 80후112 판결 등.

먼저, 디자인권의 등록요건 판단시, 즉 거절결정과 등록무효 사건에서는, "디자인의 등록요건 판단에 있어 그 유사 여부는 이를 구성하는 각 요소를 분리하여 개별적으로 대비할 것이 아니라 그 외관을 전체적으로 대비 관찰하여 보는 사람으로 하여금 상이한 심미감을 느끼게 하는지의 여부에 따라 판단하여야 하므로 그 지배적인 특징이 유사하다면 세부적인 점에 다소 차이가 있을지라도 유사하다고 보아야 하고, 그 구성요소 중 공지의 형상 부분이 있다고 하여도 그것이 특별한 심미감을 불러일으키는 요소가 되지 못하는 것이 아닌 한 그것까지 포함하여 전체로서 관찰하여 느껴지는 장식적 심미감에 따라 판단해야 할 것이다."라고 판시하여[58] 공지 부분도 유사 여부를 판단할 때 그 중요도를 낮게 봐서는 안 된다는 태도를 보였다.

반면에, 디자인권의 보호범위에 관한 사건, 즉 권리범위확인 사건이나 침해사건에서는, "디자인권은 물품의 신규성이 있는 형상, 모양, 색채의 결합에 부여되는 것으로서 공지의 형상과 모양을 포함한 출원에 의하여 디자인등록이 되었다 하더라도 공지 부분에까지 독점적이고 배타적인 권리를 인정할 수는 없으므로 디자인권의 권리범위를 정함에 있어 공지 부분의 중요도를 낮게 평가하여야 하고, 따라서 등록디자인과 그에 대비되는 디자인이 서로 공지 부분에서 동일·유사하다고 하더라도 등록디자인에서 공지 부분을 제외한 나머지 특징적인 부분과 이에 대비되는 디자인의 해당 부분이 서로 유사하지 않다면 대비되는 디자인은 등록디자인의 권리범위에 속한다고 할 수 없다."라고 하여[59] 등록요건 판단의 경우와는 달리 공지 부분의 중요도를 낮게 평가하여야 한다고 하였다. 이는 디자인권의 형식적 유효성을 전제로 하면서 제3자의 이익과의 형평을 확보함으로써 법적 정의를 실현하고자 하는 디자인보호법의 특

---

58) 대법원 2012. 4. 26. 선고 2011후2787 판결, 2009. 3. 12. 선고 2008후5090 판결, 2009. 1. 30. 선고 2007후4830 판결, 대법원 2005. 6. 10. 선고 2004후2987 판결 등. 2004후2987 판결의 구체적인 설시내용을 살펴보면, "매트의 직사각형 형상과 매트용 부재의 육각형 형상 및 육각형이 상하좌우로 결합된 형상이 주지형상이라고 하더라도, 그 부분이 특별한 심미감을 불러일으키는 요소가 되지 못하는 것이라고 볼 수 없는 이상 이러한 부분까지도 포함하여 전체로서 관찰하여 느껴지는 장식적 심미감에 따라 양 디자인의 유사 여부를 판단하여야 할 것인바, 양 디자인에서 일반 수요자의 주의를 가장 끌기 쉬운 주요 부분이라 할 수 있는 매트의 평면에 나타난 형상과 모양을 중심으로 살펴보면, 양 디자인은 매트의 평면에 수많은 육각형 모양의 매트용 부재가 상하좌우 연속으로 배치되어 있는 점에서 서로 유사하며…"라고 판시하여, '공지형상'뿐만 아니라 '주지형상'도 중요도를 낮게 보지 않았다. 일본 판례도 디자인의 어떤 부분이 주지 또는 공지된 부분이라는 이유만으로 그 부분이 당연히 요부에서 제외되는 것은 아니라고 판시하였다고 한다[竹田稔 著(주 11), 588~590].

59) 대법원 2013. 12. 26. 선고 2013다202939 판결, 2012. 4. 13. 선고 2011후3568 판결, 2004. 8. 30. 선고 2003후762 판결 등.

수한 해석이라고 할 수 있다.[60]

(4) 색채, 투명도의 처리

디자인을 이루는 구성요소에는 형상과 모양뿐만 아니라 색채도 포함되지만, 대비되는 두 디자인이 형상과 모양에서 동일하고 색채의 구성에서도 바탕색으로 된 부분과 채색된 부분의 위치와 면적 등 기본적인 채색구도가 동일하다면, 그 두 디자인의 채색된 부분의 구체적인 색채가 다른 색으로 선택되었다는 점만으로는 특별한 사정이 없는 한, 보는 사람이 느끼는 심미감에 차이가 생긴다고 볼 수 없을 것이다.[61]

한편, 디자인의 대상이 되는 물품의 투명·불투명은 엄밀히 말하면 물품의 형상·모양·색채는 아니지만, 디자인의 유사 여부를 판단하는 요소가 될 수 있다.[62] 물품의 전부 또는 일부가 투명하여 설명이 필요하다고 인정될 경우에는 디자인보호법 시행규칙 35조 4항 및 별표2의 5호에 의하여 디자인의 설명란에 그에 관한 설명을 기재한다.[63]

다. 유사의 폭

디자인의 유사 여부를 판단할 때 유사의 폭을 어느 정도로 보아야 할 것인가도 참작하여야 할 사항이다.

(1) 참신한 디자인이거나 등록디자인에 의하여 비로소 창작되거나 채택된 모티브인 경우 유사의 폭을 비교적 넓게 보아야 한다.

① 등록디자인에 의하여 비로소 창작되거나 채택된 모티브인 경우 모티브의 동일성만으로도 동일한 심미감을 형성할 것이므로 양 디자인의 유사의 폭은 넓게 보아야 할 것인바, 등록디자인 ▮의 출원 이전에 나무결 사이에 꽃이나 풀잎이 자라난 형

---

60) 齊藤瞭二 著, 정태련 譯, "의장법", 세창출판사(1997), 240. 공지부분이라고 하더라도 기본적·기능적 형태에까지 이르지 않았다면 수요자에게 중요한 부분으로 인식될 수 있으므로, 심미감설에 의하면 원칙적으로 공지부분도 디자인의 요부에 해당될 수 있으나, 위와 같은 법목적적 차원에서 창작성이 없는 공지부분을 요부에서 제외하여 중요도를 낮게 보려는 취지로 이해할 수 있다.

61) 대법원 2007. 10. 25. 선고 2005후3307 판결.

62) 특허법원 2012. 8. 16. 선고 2012허3916 판결(상고기각), 2006. 9. 21. 선고 2006허4475 판결(심리불속행기각), 2005. 12. 22. 선고 2005허6061 판결(확정).

63) 예컨대, "이 디자인은 용기 내부의 상태를 파악할 수 있도록 윗면의 덮개부분이 투명재질로 구성되어 있음" 등과 같이 기재할 수 있다.

상의 디자인이 합성수지재의 바닥재의 디자인으로 널리 사용되어 왔다는 점을 인정할 아무런 자료가 없는 이 사건에 있어서, 확인대상디자인 ■은 등록디자인과 나무결 무늬 사이에 꽃이나 풀잎 문양을 배치한 구성이 동일하여 전체적으로 심미감에 있어서 차이가 없다.[64]

② 선행디자인 ■에서 채용한 나뭇잎 형상의 커버를 방사상으로 배열한 부분은 '샹들리에'에 관한 선행디자인에서는 찾아볼 수 없는 참신한 디자인이므로 디자인의 유사성을 판단함에 있어서 그 유사의 폭을 비교적 넓게 보아야 하는바, 출원디자인 ■이 선행디자인의 지배적인 특징인 커버와 커버받침, 고정구를 주요 구성요소로 하면서 타원형의 나뭇잎 형상으로 된 커버가 서로 겹치지 않도록 두 겹으로 하여 방사상으로 배열하고, 그와 같이 방사상으로 배열된 커버의 밑부분을 원형의 커버받침으로 덮어서 결합시키고 있는 점이 동일하여 두 디자인은 유사하다.[65]

③ 기존에는 없었던 참신하고 독창적인 디자인의 경우에는 디자인의 유사 범위를 비교적 넓게 보아야 한다. 따라서 참신하고 독창적인 디자인과 그 지배적인 특징이 유사한 다른 디자인이 이러한 유사 범위 안에 들어오지 않기 위해서는 참신하고 독창적인 디자인의 지배적인 특징을 압도할 수 있는 다른 창작적 특징이 있어야 하고, 그렇지 아니하면 유사 범위 안에서 벗어나기 어렵다. … 모빌 거치대를 대상으로 하는 디자인의 발전 흐름에 비추어 보면, 모빌 결합부에 3개의 원형홀이 있고, 모빌 결합부와 기둥부 사이에 단턱 내지 단곡부 없이 모빌 결합부, 기둥부 및 바닥 받침부 전체가 조화로운 비율로 산뜻하고 깔끔하게 일체로 연결된 형상과 모양은 선행디자인(■)에 이르러 최초로 나타난 독창적인 것이다. … 이 사건 등록디자인(■)과 선행디자인은 그 지배적인 특징 즉, 모빌 결합부가 3개의 원형홀을 갖고 있고, 모빌 결합부와 기둥부 사이에 단턱 내지 단곡부 없이 모빌 결합부, 기둥부 및 바닥 받침부가 산뜻하고 깔끔하게 일체로 연결되어 있으며 그 각 길이, 높이, 폭, 크기 등의 구성 비율도 서로 비슷하면서 세련된 조화미를 자아낸다는 점에서 매우 유사하므로, 디자인을 보는 사람으로 하여금 전체적으로 유사한 심미감을 느끼도록 한다.[66]

(2) 반면에, 출현한 지가 오래되어 다양한 종류로 여러 가지 디자인이 나와 있고,

---

64) 특허법원 2008. 9. 11. 선고 2007허8559 판결(확정).
65) 특허법원 2007. 5. 18. 선고 2006허10319 판결(심리불속행기각).
66) 특허법원 2017. 7. 21. 선고 2017허2437 판결(심리불속행기각).

구조적으로도 그 디자인을 크게 변화시킬 수 없으며, 취미나 유행의 변화에 한도가 있는 경우에는 유사의 폭을 좁게 보게 된다.[67] 판례가 유사의 폭을 좁게 본 사례로는, 손목시계,[68] 용기 뚜껑,[69] 창문틀,[70] 지휘봉,[71] 리벳 볼트,[72] 메추리알 포장용기[73] 등이 있고, 한편 '회로기판용 핀 단자'와 같이 기능상 필수적인 구성부분을 제외하면 심미감에 변화를 줄 수 있는 범위가 넓지 않은 경우도 유사의 폭을 좁게 볼 수 있을 것이다.[74]

67) 대법원 1995. 12. 22. 선고 95후873 판결 등. 유사의 폭을 좁히려는 판례들에는 디자인의 기본적 또는 기능적 형태에 해당하는 부분은 디자인의 특징을 이루는 요부가 될 수 없다는 생각이 그 밑바탕에 깔려 있다고 한다(유영선(주 42), 34].

68) 대법원 1995. 12. 22. 선고 95후873 판결.

69) 대법원 1996. 6. 28. 선고 95후1449 판결.

70) 대법원 1996. 1. 26. 선고 95후750 판결.

71) 대법원 2001. 2. 23. 선고 99후406 판결.

72) 대법원 2011. 3. 24. 선고 2010도12633 판결.

73) 대법원 2013. 4. 11. 선고 2012후3794 판결.

74) 특허법원 2001. 1. 5. 선고 2000허4541 판결(확정).

디자인의 창작비용이성

Ⅰ. 의   의

디자인보호법 33조 2항은 '디자인등록 출원 전에 그 디자인이 속하는 분야에서 통상의 지식을 가진 사람이 다음 각호(1. 1항 1호·2호에 해당하는 디자인 또는 이들의 결합, 2. 국내 또는 국외에서 널리 알려진 형상·모양·색채 또는 이들의 결합)의 어느 하나에 따라 쉽게 창작할 수 있는 디자인(1항 각 호의 어느 하나에 해당하는 디자인은 제외한다)은 1항에도 불구하고 디자인등록을 받을 수 없다.'고 규정한다.[1] 이는 디자인보호법 33조 1항의 요건을 갖추어 신규성이 있는 디자인이라고 하더라도 그 디자인이 속하는 분야의 통상의 지식수준에서 쉽게 창작할 수 있는 것이라면 보호할 가치가 없으므로, 등록을 배제하여 효력을 부인하겠다는 취지이다.[2] 판단기준시는 신규성 판단

---

[1] 현행 디자인보호법(2013. 5. 28. 법률 제11848호로 전부개정되어 2014. 7. 1. 시행된 것) 33조 2항은 구디자인보호법 5조 2항에 대응되는데, 이와 비교하여 2호에서 '국외에서' 부분이 추가된 점을 제외하고는 그 내용이 대체로 비슷하다.

[2] 디자인 유사 여부의 판단기준에 관한 학설 중 심미감설이나 혼동설의 입장에서는, 신규성은 거래자나 수요자를 기준으로 디자인을 보고 느끼는 미감이 같은지 여부를 판단하는 것이고, 창작비용이성은 통상의 디자이너를 기준으로 창작성 여부를 판단하는 것이므로 서로 구분되는 별개의 개념이고, 상호 중첩 부분이 생길 수 있다고 한다[竹田稔 著, 知的財産權訴訟要論(第6版), 發明振興協會(2012), 574~575, 581~583]. 반면에 창작설의 입장에서는, 디자인등록요건으로서 신규성과 창작비용이성 모두 통상의 디자이너를 기준으로 창작성 여부를 판단하는 것이므로, 결국 창작비용이성은 신규성의 범위를 더 확대한 것에 불과한 것으로 보고 있는 듯하다[牛木理一 著, 意匠法の研究(4訂版), 發明協會(1994), 190~191]. 한편 미국법에서는, 신규성(Novelty)은 통상의 관찰자(ordinary observer)를 기준으로 판단하는 반면, 비자명성(Nonobviousness)은 통상의 디자이너(ordinary designer)를 기준으로 판단한다고 한다[Robert P. Merges, Peter S. Menell, Mark A. Lemley 공저, Intellectual property in the New Technological Age(4th Edition), AspenPub(2007), 372].

과 마찬가지로 출원시이다.

창작용이성에 관한 33조 2항의 규정에는 "1항 각 호의 어느 하나에 해당하는 디자인은 제외한다."는 내용이 있으므로, 33조 1항과 2항이 중복적용될 수 있는 경우에는 1항이 우선적으로 적용된다.[3] 그러나 신규성과 창작비용이성은 모두 별개의 등록요건이므로 실무에서는 신규성 결여보다 창작용이성을 먼저 선택하여 판단하는 경우도 자주 있다.[4]

Ⅱ. 관련 규정 및 판단기준

현행 디자인보호법 33조 2항에 대응되는 구 디자인보호법(2004. 12. 31. 법률 제7289호로 개정된 것) 5조 2항은, 구 의장법(1990. 1. 13. 법률 제4208호로 전부 개정된 것) 5조 2항[5]과 비교하여 공지디자인이나 주지디자인에 의하여 용이하게 창작할 수 있는 디자인의 등록을 배제함으로써, 디자인의 등록요건을 한층 강화한 것이다.[6]

---

3) 디자인심사기준 4부 6장 용이창작 부분에도 같은 취지로 기재되어 있다.

4) 김용덕, "디자인의 창작용이성", 특허소송연구 제5집, 특허법원(2010. 12.).

5) 구 의장법 5조 2항은, "의장등록 출원 전에 그 의장이 속하는 분야에서 통상의 지식을 가진 자가 1항 각 호의 의장에 해당하는 경우를 제외하고는 <u>국내에서 널리 알려진 형상·모양·색채 또는 이들의 결합에 의하여</u> 용이하게 창작할 수 있는 의장은 1항의 규정에 불구하고 의장등록을 받을 수 없다."라고 하여, 주지디자인에 의하여 용이하게 창작할 수 있는 디자인만 창작비용이성을 부정하였다. 당시 그 판단기준을 제시한 판례로는 대법원 2001. 4. 10. 선고 98후591 판결, 2016. 6. 9. 선고 2014후614 판결 등을 들 수 있다.

반면 그 이전의 구 의장법(1980. 12. 31. 법률 제3327호로 개정된 것) 5조 2항은 "의장등록 출원 전에 그 의장이 속하는 분야에서 통상의 지식을 가진 자가 <u>1항 1호 및 2호에 게기한 의장에 의하여 또는 국내에서 널리 알려진 형상·모양·색채 또는 이들의 결합에 의하여</u> 용이하게 의장을 창작할 수 있는 것일 때에는 그 의장은 1항의 규정에 불구하고 의장등록을 받을 수 없다."라고 규정하여, 공지디자인이나 주지디자인에 의하여 용이하게 창작할 수 있는 디자인은 등록을 배제하여 효력을 부인하였다. 당시 그 판단기준을 제시한 판례로는, '공지디자인'에 의한 경우 대법원 1991. 11. 8. 선고 91후288 판결 등과, '주지디자인'에 의한 경우 대법원 1991. 9. 24. 선고 91후28 판결 등을 들 수 있다.

6) 구 디자인보호법(2004. 12. 31. 법률 제7289호로 개정된 것)의 개정취지에 관하여 국회의 심사보고서 및 검토보고서에는, "종전의 규정이 요구하는 디자인의 창작성의 수준이 낮기 때문에 이미 공지된 디자인의 특정 구성요소의 단순한 치환, 복수 공지디자인의 조합, 공지된 디자인의 구성요소들의 배치를 변경하는 등의 방법으로 창작성 낮은 디자인이 다수 출원·등록되어 디자인권 분쟁 발생 등과 같은 폐해가 있고 그만큼 권리의 실효성도 저하되었기 때문에, 창작성의 요건을 강화함으로써 창작성이 부족한 디자인의 등록을 사전에 차단함으로써 창작성이 높은 디자인만을 적절하게 보호하고, 보다 높은 수준의 디자인창작에 힘을 기울이게 하는 새로운 경쟁환경을 조성하여 제품경쟁력의 우위를 확보하는 데 기여하

대법원은 디자인보호법 33조 2항의 판단기준에 관하여, "디자인보호법 33조 2항은 그 디자인이 속하는 분야에서 통상의 지식을 가진 자가 1항 1호 또는 2호에 해당하는 디자인의 결합에 의하여 용이하게 창작할 수 있는 것은 디자인등록을 받을 수 없도록 규정하고 있는데, 여기에는 위 각호에 해당하는 디자인의 결합뿐만 아니라 위 디자인 각각에 의하여 용이하게 창작할 수 있는 디자인도 포함된다고 봄이 타당하고, 그 규정의 취지는 위 각호에 해당하는 디자인의 형상·모양·색채 또는 이들의 결합을 거의 그대로 모방 또는 전용하였거나, 이를 부분적으로 변형하였다고 하더라도 그것이 전체적으로 볼 때 다른 미감적 가치가 인정되지 않는 상업적·기능적 변형7)에 불과하거나, 또는 그 디자인 분야에서 흔한 창작수법이나 표현방법에 의해 이를 변경·조합하거나 전용8)하였음에 불과한 디자인 등과 같이 창작수준이 낮은 디자인은 그 디자인이 속하는 분야에서 통상의 지식을 가진 자가 용이하게 창작할 수 있는 것이어서 디자인등록을 받을 수 없다는 데 있다."라고 판시하였으며,9) 나아가 "공지디자인 또는 이들의 결합이나 국내 또는 국외에서 널리 알려진 형상·모양·색채 또는 이들의 결합(주지디자인)을 서로 결합하거나 결합된 형태를 변형·변경 또는 전용한 경우에도 창작수준이 낮은 디자인에 해당할 수 있는데, 창작수준을 판단할 때는 공지디자인의 대상 물품이나 주지디자인의 알려진 분야, 공지디자인이나 주지디자인의 외관적 특징들의 관련성, 해당 디자인 분야의 일반적 경향 등에 비추어 통상의 디자이너가 용이하게 그와 같은 결합에 이를 수 있는지를 함께 살펴보아야 한다."라고 판시하였다.10)

이러한 대법원 판례에 나타난 판단기준을 구체적으로 살펴보면,11) ① "여기에는 위 각호에 해당하는 디자인의 결합뿐만 아니라 위 디자인 각각에 의하여 용이하게 창작할 수 있는 디자인도 포함된다고 봄이 타당하고"라는 부분은 디자인보호법 33조

기 위한 것"이라고 밝히고 있다. 따라서 디자인보호법 33조 2항을 구체적인 사안에 적용할 때도 디자인의 창작성 요건을 강화하고자 하는 위 개정 취지를 염두에 둘 필요가 있다.

7) 특허청 디자인심사기준은, '상업적·기능적 변형'이란 '당 업계에서 통상의 지식을 가진 자라면 누구나 해당 디자인이 그 물품 또는 기능에 맞도록 하기 위하여 가할 수 있을 것이라고 생각되는 정도의 변화'라고 정의한다(디자인심사기준 4부 6장 용이창작 부분 참조).

8) 디자인보호법 33조 2항은 물품이 다른 경우에도 적용되므로 '전용'을 포함시킨 것으로 이해할 수 있다.

9) 대법원 2011. 9. 29. 선고 2011후873 판결, 2010. 5. 13. 선고 2008후2800 판결 등.

10) 대법원 2016. 3. 10. 선고 2013후2613 판결 참조.

11) 이 부분에 관하여는, 유영선, "디자인보호법 제5조 제2항이 규정한 '용이하게 창작할 수 있는 디자인'의 의미", 대법원판례해설 84호(2010 상반기) 논문을 참조하였다.

1항 1호 또는 2호의 디자인의 결합뿐만 아니라 각각의 디자인에 의하여 용이하게 창작할 수 있는 디자인을 포함한다는 것이고, ② "위 각호에 해당하는 디자인의 형상·모양·색채 또는 이들의 결합을 거의 그대로 모방 또는 전용하였거나" 부분은 종래 '주지디자인'에 의하여 용이하게 창작할 수 있는 경우에 관한 대법원의 설시[12]를 그대로 흡수한 것으로서(다만 '이용'이란 용어는 디자인의 이용관계와 혼란을 줄 수 있어 '모방'으로 변경하였다), '공지디자인'이나 '주지디자인'을 거의 그대로 모방 또는 전용한 경우에 적용될 수 있는 기준이며, ③ "이를 부분적으로 변형하였다고 하더라도 그것이 전체적으로 볼 때 다른 미감적 가치가 인정되지 않는 상업적·기능적 변형에 불과하거나" 부분은 종래 공지디자인에 의한 용이창작에 관한 대법원의 설시를 참고한 것으로서,[13] 공지디자인이나 주지디자인을 부분적으로 변형한 경우에는 그 변형된 부분의 창작수준에 따라 창작이 용이한 경우도 있고 그렇지 않은 경우도 있는데, 이에 관한 구체적인 판단기준을 제시한 부분이라고 할 수 있고,[14] ④ "그 디자인 분야에서 흔한 창작수법이나 표현방법에 의해 이를 변경·조합하거나 전용하였음에 불과한 디자인 등" 부분은 특허청의 디자인심사기준에서 '치환디자인, 조합디자인, 배치변경디자인 등'을 용이하게 창작할 수 있는 디자인의 예로 들었으므로 이를 흡수한 것으로서, 공지디자인이나 주지디자인을 변형한 정도에 관한 위 ②, ③ 부분과는 달리 그 창작수법이나 표현방법이 독특한 정도의 관점에서 용이창작 여부의 판단기준을 설시한 것이므로,[15] 치환디자인, 조합디자인, 배치변경디자인 등 뿐만 아니라 그 외 창작이 용이하다고 볼 수 있는 디자인들에도 적용될 수 있을 것이며, ⑤ "창작수준이 낮은 디자인" 부분은 구 디자인보호법 5조 2항의 개정 취지가 창작수준이 낮은 디자인의 등록을 배제하여 높은 수준의 디자인창작을 유도하고자 하는 데 있다는 입법 의도를

---

12) 대법원 2001. 4. 10. 선고 98후591 판결, 1991. 9. 24. 선고 91후28 판결 등 참조.

13) 대법원 1991. 11. 8. 선고 91후288 판결 등의 판시내용 참조.

14) 유영선(주 11)에 의하면, '미감적 가치'를 판단기준에 포함시키는 것이 자칫 디자인의 유사성에 관한 판단기준과 혼란을 일으킨다는 비판이 있을 수 있으나, 디자인의 유사 여부 판단에서는 일반 수요자나 거래자에게 심미감이 유사한지 여부의 관점에서 '미감'을 고려하는 것이고, 용이창작 여부 판단에서는 '미감'의 유사 또는 차이로 미루어 볼 때 과연 그 디자인이 속하는 통상의 지식을 가진 사람이 이를 용이하게 창작할 수 있다고 볼 수 있는지의 관점에서 '미감'을 고려하는 것이므로, 판단하는 관점이 서로 다르다고 한다.

15) 치환디자인, 조합디자인, 배치변경디자인의 경우 그 변형의 정도는 항상 부분적인 변형에 그치는 것이 아니므로 이러한 디자인들을 포섭하기 위하여 창작수법과 표현방법의 관점에서 접근할 필요가 있는 것이다.

판결내용에 반영한 것이다.16)

또한, ⑥ "공지디자인이나 주지디자인을 서로 결합하거나 결합된 형태를 변형·변경 또는 전용한 경우에도 창작수준이 낮은 디자인에 해당할 수 있다"라는 부분은 복수의 공지디자인을 결합하는 경우뿐만 아니라 공지디자인이나 주지디자인을 서로 결합하거나 그 결합된 형태를 위와 같이 변형·변경 또는 전용한 경우에도 창작비용이성 요건이 결여될 수 있음을 명확히 한 것이고, ⑦ "그 창작수준을 판단할 때는 그 공지디자인의 대상물품이나 주지디자인의 알려진 분야, 그 공지디자인이나 주지디자인의 외관적 특징들의 관련성, 해당 디자인 분야의 일반 경향 등에 비추어 통상의 디자이너가 용이하게 그와 같은 결합에 이를 수 있는지를 함께 살펴보아야 한다."라는 부분은 창작수준에 관한 구체적 판단기준을 제시한 것이다.17)

---

16) 이러한 판례의 판단 기준에 대해서는, "가) 용이창작디자인인지 여부는 물품마다 제각각이어서 이를 일반화할 수 없는데, 용이창작디자인은 어떤 디자인이라고 일반화하고 있다. 나) 수개의 공지디자인들의 결합을 거의 그대로 모방 또는 전용하였다고 하여 언제나 용이창작디자인이 되는 것은 아니다. 그 '결합' 자체가 통상의 디자이너에게 어려운 경우에는 용이창작디자인이라고 볼 수 없다. 그러한 '결합'을 일부 변형하여 그 결합과 비교하여 미감의 차이가 없는 경우에도 이는 용이창작디자인이라고 할 수 없다. 다) 하나의 공지디자인을 부분적으로 변형하였더라도 전체적으로 볼 때 다른 미감적 가치가 인정되지 않는 경우라면 이는 창작설의 관점에서 본 유사디자인에 해당하고, 이러한 경우에는 '유사디자인' 규정을 '용이창작디자인'에 우선하여 적용하여야 하므로, 이 부분은 창작비용이성 판단 기준에서 제외되어야 한다. '창작설'의 관점에서 본 유사디자인에 관한 대법원의 판시와 거의 같다. 유사디자인에 관한 대법원 2000후3388 판결(부분적으로 창작성이 인정된다고 하여도 전체적으로 보아서 과거 및 현재의 의장들과 다른 미감적 가치가 인정되지 아니한다면 그것은 단지 공지된 고안의 상업적, 기능적 변형에 불과하여 창작성을 인정할 수 없다), 대법원 2005후2915 판결(부분적으로 창작성이 인정된다고 하여도 전체적으로 보아서 종전의 의장과 다른 미감적 가치가 인정되지 않는다면 의장등록을 받을 수 없다)의 '미감적 가치가 인정되지 않는다', '상업적, 기능적 변형에 불과'를 그 판단의 핵심기준으로 하고 있다. 라) 흔한 창작수법이나 표현방법을 사용하였다고 하여 언제나 용이창작디자인이 되는 것은 아니다. 용이창작의 예로 들어지는 치환, 조합, 구성배치변경 등의 공지디자인의 결합방식은 실제 디자인창작기법과 다르지 않기 때문이다. 흔한 창작수법을 사용한 경우라도 완전히 새로운 미감이 생긴다면 이는 용이창작디자인이 아니라고 보아야 한다. 마) 대법원 2008후2800 판결은 '공지디자인에 의한 용이창작디자인'에 관하여만 설시하고 있어서, '공지디자인 + 주지의 형상'에 의한 디자인, '주지의 형상 + 주지의 형상'에 의한 디자인에 대하여는 위 법리를 그대로 쓸 수 없다."라는 문제점이 있다는 견해가 있다[김병식, "디자인의 창작비용이성 판단 기준", 특별법연구 13권, 사법발전재단(2016), 396~398].

17) 이헌, "공지형태와 주지형태의 결합에 의한 디자인의 용이 창작", Law & technology 12권 3호(2016. 5.), 서울대학교 기술과법센터, 86~87.

Ⅲ. 구체적 판단사례[18]

1. 창작비용이성 부정사례

① 대상물품이 전력계 박스인 등록디자인 ' '과 선행디자인 ' '은 세로로 긴 직사각형의 몸통에서 모서리와 윗부분을 원형의 곡선으로 부드럽게 처리한 점, 두 개의 다소 돌출된 정사각형 투시창을 상부 쪽에 치우친 곳에 나란히 형성한 점, 투시창 위에 돌출된 빗물 또는 햇빛 가리개를 두고 있는 점, 전력계함을 상부와 하부의 개폐 창으로 분리하고 있고 그 구분선이 하부 쪽에 치우치게 위치하고 있는 점 등에서 동일하고, 다만 빗물 또는 햇빛 가리개가 투시창별로 눈썹과 같이 2개로 형성되었는지 아니면 모자의 챙처럼 1개로 형성되었는지 여부, 투시창의 외곽선 모양, 몸통부분의 장식형태, 상단부분에 가느다란 3개의 선을 두고 있는지 여부 등에서 차이가 있다. 양 디자인이 속하는 전력계함의 전체적인 구조와 용도 및 사용상태를 고려하고 위와 같은 동일·유사한 점과 차이점 및 전체적인 심미감을 고려하면, 등록디자인은 그 디자인이 속하는 분야에서 통상의 지식을 가진 자가 선행디자인의 빗물 또는 햇빛 가리개를 투시창별로 분리하고 기타 장식의 모양을 바꾸는 등의 방법을 통하여 용이하게 변경하여 창작할 수 있는 디자인에 해당한다.[19]

② 대상물품을 '하수관용 악취방지구'로 하는 등록디자인 , 과 선행디자인 1 , 을 대비하여 보면, 양 디자인은 모두 몸체 하부에 안쪽으로 움푹 파인 방사형 절개부가 다수 형성되어 있고, 몸체 바닥부분에는 다수 개의 사각막대 형상의 탄성개폐부가 형성되어 있다는 점에서 공통되므로, 양 디자인은 그 주된 창작적 모티

---

18) 이와 관련하여 구 의장법(2004. 12. 31. 법률 제7289호로 개정되기 전의 것) 5조 2항이 주지의 형상·모양 등에 의한 창작용이성에 대해서만 규정하고 '공지디자인'에 의한 창작용이성은 규정하지 않았음은 앞서 본 바와 같다. 구체적인 판단사례로는, 출원디자인이 구 의장법 5조 2항에서 정한 주지의장에 의하여 용이하게 창작할 수 있는 의장에 해당하지 않는다고 한 사례(대법원 2001. 4. 10. 선고 98후591 판결), 명칭을 "건축용 거푸집 받침대"로 하는 등록디자인과 대비되는 디자인이 그 디자인이 속하는 분야에서 통상의 지식을 가진 자가 주지의 형상과 모양의 결합에 의하여 용이하게 창작할 수 있는 것이어서 등록디자인과 대비할 것도 없이 등록디자인의 권리범위에 속하지 않는다고 한 사례(대법원 2004. 4. 27. 선고 2002후2037 판결) 등을 들 수 있다.

19) 대법원 2010. 5. 13. 선고 2008후2800 판결에 의하여 지지된 특허법원 2008. 7. 9. 선고 2008허2664 판결의 내용이다.

브를 같이 한다고 할 것이다. 다만 등록디자인에 나타난 5개의 방사형 절개부는 아치형 형상인 반면, 선행디자인 1에 나타난 4개의 방사형 절개부는 삼각형 형상이고, 등록디자인의 위 탄성개폐부의 형상은 별 모양인 반면 선행디자인 1은 십자 모양이며, 등록디자인은 몸체 상부에 U자형 돌출부가 형성되어 있는 반면, 선행디자인 1에는 외주면 둘레를 따라 띠 모양의 돌출테가 형성되어 있다는 점에서 양 디자인에는 다소 차이가 있다. 그러나 위와 같은 방사형 절개부의 개수 및 형상의 차이는 전체적으로 볼 때 다른 미감적 가치가 인정되지 않는 상업적·기능적 변형에 불과하고, 위와 같은 탄성개폐부의 형상 차이 또한 방사형 절개부의 개수변화에 따라 부수적으로 수반되는 것에 불과하며, 위 U자형 돌출부는 평면도에서 보는 바와 같이 그 돌출정도가 경미하여 특별히 보는 사람의 주의를 끌 수 있는 부분은 아닌 것으로 보이므로 위 U자형 돌출부 역시 전체적으로 볼 때 다른 미감적 가치가 인정되지 않는 상업적·기능적 변형에 불과하다. 그 밖에 양 디자인은 몸체의 가로·세로 비율에서도 차이가 있으나, 그 비율을 적절히 조절하는 것은 그 디자인 분야에서 흔한 창작수법이나 표현방법에 불과하다. 따라서 등록디자인은 그 디자인이 속하는 분야에서 통상의 지식을 가진 자가 선행디자인 1에 의하여 용이하게 창작할 수 있는 디자인이라고 보는 것이 타당하다.[20]

③ 대상 물품을 '메추리알 포장용기'로 하는 이 사건 등록디자인 "▨, ▬▬▬▬▬, ◣"과 원심판시 선행디자인 2 "▤, ⴹⴹⴹⴹ ⴹⴹⴹⴹ, θθθθ"를 대비하여 보면, 다음과 같은 차이가 있다. 즉 ㉠ 난좌 몸체의 형상에서 이 사건 등록디자인은 주름이 없이 매끈한 형상임에 비하여, 선행디자인 2는 난좌 입구부터 난좌의 하부까지 깊게 팬 두 줄의 주름이 둘레를 돌아가면서 네 군데 형성되어 있다. ㉡ 난좌 바깥면 형상에서 이 사건 등록디자인은 덮개부의 난좌와 받침부의 난좌가 모두 반구형으로 같은 형상임에 비하여, 선행디자인 2는 덮개부의 난좌와 받침부의 난좌가 원뿔대와 화분 형상으로 서로 대칭하지 않는 다른 형상이다. ㉢ 손잡이부 형상에서 이 사건 등록디자인은 상단 끝이 약간 구부러진 형상임에 비하여, 선행디자인 2는 'ㄱ'자로 구부러진 형상이다. 그런데 위와 같은 차이점 ㉠과 차이점 ㉡는 선행디자인 2의 덮개부 난좌와 받침부 난좌를 널리 알려진 입체적 형상으로서 주

---

20) 대법원 2011. 9. 29. 선고 2011후873 판결. 반면 원심인 특허법원 2011. 4. 21. 선고 2011허781 판결은 창작이 용이하지 않다는 취지로 판결하였다.

지형태에 해당하는 반구 형상으로 각 치환하여 결합함으로써 극복될 수 있고, 차이점 ⓒ은 위와 같은 공지형태와 주지형태가 결합된 형태를 부분적으로 변형한 것으로서 전체적으로 볼 때 다른 미감적 가치가 인정되지 않는 상업적·기능적 변형에 불과하다. 또한, 선행디자인 2의 대상 물품은 메추리알 포장용기이고 반구 형상은 그와 같은 포장용기 분야에도 주지된 일반적인 형상인 점과 선행디자인 2는 덮개부의 난좌와 받침부의 난좌가 비대칭의 형상이고 난좌의 몸체에 주름이 형성되는 등의 차이가 있기는 하나, 전체적으로 보면 곡면의 내부 공간을 형성하는 것으로서 반구 형상과 공통되는 외관적 특징을 가진다는 점 등을 함께 고려하면, 통상의 디자이너가 그와 같은 결합에 이르는 데에 특별한 창작적 노력이 필요하다고 보이지 아니한다. 따라서 이 사건 등록디자인은 통상의 디자이너가 선행디자인 2의 공지형태와 반구 형상의 주지형태를 결합하여 용이하게 창작할 수 있는 디자인에 해당한다.[21]

④ 대상 물품을 '문구제도용 합성수지발포판재'로 하는 이 사건 등록디자인( )의 정면도에서 보이는 모양이 부정형의 검은색 반점들이 흰색 바탕에 불규칙하게 분포된 것으로서 자연 상태의 화강암 무늬와 극히 유사하고, 직육면체의 판재 형상은 국내에서 널리 알려진 형상에 불과하므로, 이 사건 등록디자인은 통상의 디자이너가 주지형태인 자연물로서의 화강암 무늬 등에 의하여 용이하게 창작할 수 있는 디자인에 해당한다.[22]

⑤ 대상 물품의 사시도를 중심으로 확인대상디자인과 선행디자인을 대비하여 보면, 양 디자인은 모두 본체(,), 배출구(,), 조임볼트(,), 공급관(,)의 연결구조가 전체적으로 ' '와 같은 형상과 모양을 이루는 점, 본체가 원통형의 관체 형상을 이루는 점, 조임볼트가 본체의 한쪽 끝부분에 링모양으로 있고 그 표면이 일정한 간격으로 평평하게 깎여 6개의 조임면이 형성되어 있는 점 등에서 공통되어 그 주된 창작적 모티브를 같이 함을 알 수 있다. 다만, 본체의 외주면이 선행디자인에서는 만곡진 형상인 반면 확인대상디자인에서는 일직선으로 되어 있고, 그로 인하여 조임볼트와 본체 사이 단턱 형성의 정도, 본체와 배출구 연결 부분의 각도 등에서 다소 차이가 나타나지만, 이러한 차이는 전체적으로 볼 때 다른 미감적 가치가 인정되지 않는 상업적·기능적 변형에 불과하다

---

21) 대법원 2016. 3. 10. 선고 2013후2613 판결.
22) 대법원 2016. 6. 9. 선고 2014후614 판결.

고 볼 것이다. 따라서 확인대상디자인은 통상의 디자이너가 선행디자인에 의하여 쉽게 실시할 수 있는 디자인이라고 보는 것이 타당하다.[23]

⑥ 등록디자인 [img]과 선행디자인 4 [img]를 대비하여 보면, 세로로 긴 필기구의 상부에 원통형의 장식캡이 부설되어 있는 점, 장식캡의 상면에 다양한 장식부재를 연결할 수 있는 걸고리부가 돌출형성되어 있는 점 등에서 동일하다. 다만, 등록디자인의 걸고리부는 장식캡의 상면을 평행하게 절단하여 상부로 돌출시킨 형상으로서 삼각형인 데 비하여, 선행디자인 4의 걸고리부는 반원형으로 되어 있는 점 등에서는 차이가 있다. 그러나 '걸고리부가 평행되게 절단되어 외부로 돌출된 형상'은 선행디자인 1 [img], 선행디자인 2 [img], 선행디자인 3 [img]에서 보는 바와 같이, 등록디자인이 속하는 분야에서 공지된 형상이고, 반원형과 삼각형은 모두 주지의 형상에 불과하다고 할 것이다. 따라서 등록디자인은 선행디자인 4에 선행디자인 1, 2, 3으로 공지된 형상을 결합하고, 주지된 반원형을 또 다른 주지의 형상인 삼각형으로 변경한 정도이어서, 전체적으로 볼 때 선행디자인들과 다른 미감적 가치가 인정되지 않는 상업적·기능적 변형에 불과하거나, 또는 등록디자인이 속하는 분야에서 흔한 창작수법이나 표현방법에 의해 이를 변경·조합하거나 전용하였음에 불과한 디자인이라고 할 것이므로, 선행디자인들에 의하여 용이하게 창작할 수 있는 디자인에 해당한다.[24]

⑦ 등록디자인 [img]과 선행디자인 [img]은 신발류에 관한 것으로서, 일반적인 거래자나 수요자가 뒷부분의 디자인보다는 착용할 때 시선을 끌게 되는 전면부와 측면부의 디자인에 더 주목하게 될 것이므로, 전면부와 측면부를 중심으로 전체적인 심미감을 비교해야 하는바, 양 디자인의 전면부는 'W'자 모양의 박음질, 그 중간에 새겨진 9개의 구멍들, 3개의 연결끈 체결홈, 탈착밴드(또는 매직테이프 연결끈), 앞굽과 빗살무늬 등이 형성되어 있는 점에서 동일하고, 그 측면부 또한 말을 타고 있는 사람의 형상, 비슷한 두께의 밑창과 앞굽, 밑창 가운데로 길게 그어진 줄 등에 있어서 차이가 없어, 그 지배적인 특징이 매우 유사하다. 비록, 등록디자인은 측면부와 뒤축부분의 박음질 처리, 발목 윗부분의 길이와 털의 유무 등에 있어서 선행디자인과 다소의 차이가 있으나, 박음질 처리를 달리한 것은 신발류의 디자인 분야에서 흔하게 사용되는 제조기법이나 표현방법에 의해 쉽게 변경할 수 있는 것에 지나지 않고, 발목 윗부분

---

23) 대법원 2016. 8. 29. 선고 2016후878 판결. 확인대상디자인이 선행디자인으로부터 용이하게 창작할 수 있으므로 자유실시디자인에 해당한다고 판단한 사안이다.

24) 특허법원 2010. 7. 9. 선고 2010허2841 판결(확정).

의 길이나 테두리 및 털을 생략한 것 역시 운동화의 특성상 자연스럽게 수반되는 상
업적, 기능적 변형에 불과하다고 할 것이다.[25]

⑧

| 등록디자인 | 선행디자인 1 | 선행디자인 2 | 선행디자인 3 |

등록디자인은 수납바구니의 일측에 세워진 철봉 형상의 행거부분과 4개의 지지
봉에 의하여 3단으로 결합된 3개의 직사각형의 수납바구니 부분으로 이루어진 디자
인인바, 등록디자인의 행거부분과 선행디자인 2 및 선행디자인 3의 수납장이나 망체
선반 위에 설치되어 있는 행거부분은 철봉 형상으로 형성되어 있다는 점에서 공통점
이 있고, 등록디자인의 수납바구니 부분과 선행디자인 1의 수납바구니는 4개의 지지
봉에 의하여 3단으로 결합된 3개의 직사각형의 수납바구니로 구성되어 있는 점, 하단
의 바구니의 네 모퉁이에는 바퀴가 설치되어 있는 점, 상단의 바구니에는 'U'자형의
손잡이가 부착되어 있는 점, 바구니의 바닥에는 공기가 통할 수 있도록 일정한 간격
과 규칙적인 모양으로 구멍이 형성되어 있는 점 등에서 공통점이 있다. 한편, 등록디
자인의 행거부분은 가로봉이 세로봉의 밖으로 일정 정도 돌출되어 있는 점에서 선행
디자인 2와 다소 다르고, 선행디자인 3과는 그 돌출된 부분의 형상이 서로 다르다.
그리고 등록디자인은 수납바구니의 표면이 민무늬로 되어 있는 반면 선행디자인 1의
수납바구니는 왕골을 엮은 듯한 무늬인 점, 선행디자인 1은 바구니의 전면에 직사각
형의 흰색 면이 형성되어 있고(수납되는 물건의 명칭 등을 적어 넣는 태그로 보임), 손잡
이에는 두 곳에 세로 방향의 줄무늬가 형성되어 있는 반면, 등록디자인에는 그와 같
은 디자인이 없는 점 등에서 등록디자인의 수납바구니 부분과 선행디자인 1은 다소
다르다. 위에서 본 등록디자인과 선행디자인 1 내지 3 사이의 공통점과 차이점을 종
합하여 살펴보면, 등록디자인의 수납바구니 부분은 선행디자인 1의 수납바구니와는
단지 그 문양 등에 있어서 다소의 차이점만 있을 뿐 전체적인 형상과 구성 등에 있어

25) 특허법원 2010. 8. 13. 선고 2010허3363 판결(확정).

서 극히 유사하므로 통상의 디자이너가 선행디자인 1의 수납바구니로부터 그 표면의
왕골 문양을 제거함으로써 등록디자인의 수납바구니를 용이하게 디자인할 수 있을
뿐만 아니라, 등록디자인의 행거부분도 선행디자인 2, 3과는 세로봉과 가로봉 사이의
연결부위에 위에서 본 바와 같은 다소의 차이가 있으나 기본적으로는 세로봉과 가로
봉으로 형성된 철봉 형상으로서 특별한 장식적 요소가 없어 통상의 디자이너가 선행
디자인 2, 3의 행거부분을 다소 변형하여 용이하게 디자인할 수 있다고 할 것이다.
또한 이미 선행디자인 2, 3과 같이 등록디자인의 출원 전에 수납장과 행거를 결합한
물품에 대한 디자인이 공지되어 있었으므로, 등록디자인은 통상의 디자이너가 선행
디자인 1로부터 등록디자인의 수납바구니 디자인을, 선행디자인 2, 3으로부터 등록디
자인의 행거부분 디자인을 도출하여 이를 결합함으로써 용이하게 창작할 수 있는 디
자인이라고 할 것이다.[26]

⑨

등록디자인	선행디자인 2	선행디자인 6	선행디자인 7

등록디자인과 선행디자인 2는 육면체의 원목에 구멍을 뚫어서 그 구멍에 투명한
시험관을 꽂아놓은 점에서 서로 일치하고, 다만 등록디자인은 시험관이 육면체의 구
멍을 관통해서 육면체 밖으로 상부와 하부가 삐져나와 있고, 시험관의 상단에 설치된
고무링은 육면체의 안쪽으로 파고들어가 있어서 시야에 들어오지 않으나, 하단에 설
치된 고무링은 육면체 밖으로 나와 있어서 시야에 들어오고, 육면체의 한쪽 면에는
자석이 부착되어 있음에 비해서, 선행디자인 2의 꽃병은 시험관이 육면체를 상하로
관통하지 못하고 그냥 육면체의 상부에 꽂혀 있을 뿐이고, 고무링이 설치되어 있지
않다는 점에서 그 형상이나 모양에 차이가 있다. 그러나 선행디자인 6에는 시험관이
육면체를 관통하여 그 하부가 육면체의 하단 아래로 길게 튀어나와 있는 형상과 모
양이 개시되어 있고, 특히 위 시험관의 상부에는 고무링이 끼워져 있으며, 선행디자
인 7은 선행디자인 6의 시험관 꽃병과 모양이 거의 동일하면서도 그 육면체의 한쪽

---

26) 특허법원 2010. 10. 29. 선고 2010허3738 판결(심리불속행기각).

면에 자석이 부착되어 있다. 따라서 등록디자인은 선행디자인 2의 시험관이 꽂혀 있는 육면체 원목과 선행디자인 6, 7의 시험관이 육면체의 원목을 관통하면서 고무링이 끼워져 있고 육면체의 한쪽 면에 자석이 부착되어 있는 디자인을 단순히 결합한 디자인에 불과하므로, 그 디자인 속하는 분야에서 통상의 지식을 가진 자가 흔한 창작수법이나 표현방법에 의해서 선행디자인 2, 6, 7의 일부 형상과 모양을 단순히 결합하거나 부분적으로 변형시켜 결합한 것에 불과하여 새로운 창작적인 미감이 인정되지 아니한다. 그러므로 등록디자인은 통상의 지식을 가진 자가 용이하게 창작할 수 있는 디자인에 해당한다.[27)]

⑩ 등록디자인 🔑과 같이 선행디자인 🔑의 양쪽 끝단부의 구두장식구를 접합부와 함께 상하로 약간 줄여 원형에 가깝게 한다거나, 접합부에 인접한 중앙연결부 부분의 구멍을 없애고 2개의 줄이 교차하여 감싸고 있는 볼록한 형상부분을 별다른 모양 없이 단순하게 볼록한 형상으로 변형하는 정도는 전체적으로 볼 때 별다른 미감적 가치가 인정되지 않는 단순한 상업적·기능적 변형에 불과하다 할 것이므로, 등록디자인은 결국 통상의 기술자가 선행디자인으로부터 용이하게 창작할 수 있다고 봄이 타당하다.[28)]

⑪

등록디자인	선행디자인 3	선행디자인 8	간행물 게재디자인

등록디자인의 헤드보드 부분과 선행디자인 8의 헤드보드 부분은, 다수의 마름모꼴과 삼각형 모양의 무늬로 형성된 점, 상부 외곽선은 완만하게 볼록한 곡선이고 좌우 외곽선은 완만하게 오목한 곡선인 점, 헤드보드의 측면이 경사진 2층 구조인 점 등에서 극히 유사하고, 등록디자인의 프레임과 매트리스 부분은 선행디자인 3의 프레임과 매트리스 부분과 극히 유사하거나 일치한다. 다만, 등록디자인은 전체가 열십자형태의 봉제 모양에 의해 4등분으로 구획되는 반면, 선행디자인 8은 이에 대응되는

---

27) 특허법원 2011. 6. 8. 선고 2011허1975 판결(심리불속행기각).
28) 특허법원 2012. 11. 29. 선고 2012허2227 판결(상고기각).

열십자형태의 봉제 모양이 나타나 있지 않는 점에서 다소 차이가 있으나, 그와 같은 형상은 등록디자인의 출원 전에 반포된 간행물에 게재된 침대디자인에도 나타난 바와 같이 이미 등록디자인이 속하는 분야에서는 널리 알려진 형상이거나, 공지된 선행디자인 8의 헤드보드 형상의 단순한 상업적·기능적 변형에 불과하고, 설령 그렇지 않다고 하더라도 등록디자인이 속하는 분야에서 흔한 창작수법이나 표현방법에 의해 이를 변경·조합하거나 전용한 것에 지나지 않는다고 봄이 상당하다. 결국 등록디자인은 이 디자인이 속하는 분야에서 통상의 지식을 가진 사람이 선행디자인 3, 8의 결합에 의하여 용이하게 창작할 수 있다고 보아야 한다.[29)]

⑫ 등록디자인 과 선행디자인 2 는 모두 두 개의 단추구멍을 가진 둥근 모양의 일반적인 단추의 형상 이외에도, 각 단추구멍의 주위에 얇은 테('아이렛')가 둘러져 있어서 단추구멍 부분이 돌출되어 있는 점, 둥근 가장자리를 따라 사각형의 홈('스티치')이 동일한 간격으로 배치되어 있는 점, 두 개의 아이렛 주위를 두껍지 않으면서 동일한 두께로 감싸고 있는 안경테와 유사한 모양('안경테 모양')이 표현되어 있는 점에서 유사하다. 다만 등록디자인은 전체적으로 안쪽이 움푹한 밥뚜껑형태를 하고 있음에 비하여, 선행디자인 2는 안쪽이 움푹한 형태인지 여부를 확인하기 어려운 점, 등록디자인에는 스티치 안쪽(단추의 중심부 쪽) 둘레로는 별다른 모양이 없음에 비하여, 선행디자인 2에는 스티치 안쪽 주위를 아이렛 주위와 유사하게 두껍지 않으면서 동일한 두께로 감싸고 있는 모양이 있는 점, 등록디자인의 스티치는 '▽'와 같은 마름모꼴 형상임에 비하여, 선행디자인 2의 스티치는 마름모꼴인지 여부를 확인하기 어려운 점에서 다소 차이가 있으나, 단추에 있어서 안쪽이 움푹한 이른바 솥뚜껑 형태는 경험칙상 등록디자인의 출원일 이전부터 매우 흔히 볼 수 있던 형상 및 모양이라 할 것이고, 또한 선행디자인 2로부터 스티치 안쪽 주위를 동일한 두께로 감싸고 있는 모양을 없애고, 스티치의 형상을 마름모꼴로 변형하는 정도는 전체적으로 볼 때 별다른 미감적 가치가 인정되지 않는 단순한 상업적·기능적 변형에 불과하다 할 것이므로, 등록디자인은 결국 통상의 기술자가 선행디자인 2로부터 용이하게 창작할 수 있다고 봄이 타당하다.[30)]

---

29) 특허법원 2011. 12. 1. 선고 2011허8761 판결(상고기각).
30) 특허법원 2013. 1. 17. 선고 2012허9303 판결(상고기각).

2. 창작비용이성 긍정사례

① 이 사건 등록디자인()은 모서리가 곡면 처리된 납작한 정삼각형 모양을 하고 있는 반면, 선행디자인 1()은 귀 형상과 같이 비대칭의 삼각형을 취하고 있고, 선행디자인 2()는 두툼한 삼각형 형상을 취하고 있다. 또한 이 사건 등록디자인은 손잡이 중앙에 단순한 원형의 통공이 형성되어 있는데 비하여, 선행디자인 1은 통공이 형성되어 있지 않고, 선행디자인 2는 손잡이 외측에서 내측으로 입체적으로 깎여 들어가는 방식으로 삼각형의 통공이 형성되어 있다. 그 밖에도 이 사건 등록디자인의 손잡이 부분에는 클램프 몸체와의 결합부위 양 측면에 삼각기둥 형상의 지지돌기가 형성되어 있는데, 이는 선행디자인들에서는 전혀 볼 수 없는 것이다. 위와 같이 이 사건 등록디자인과 선행디자인 1, 2는 클램프 손잡이 부분의 전체적인 형상, 통공 유무 및 그 모양, 몸체와의 결합부위 양 측면에 형성된 삼각기둥 형상의 지지돌기 유무 등에서 비교적 큰 차이가 있고, 이로 인하여 양측 디자인은 전체적으로 볼 때 그 미감적 가치가 상이하여 위와 같은 차이가 상업적·기능적 변형에 불과하다고 볼 수 없을 뿐만 아니라, 이를 이 사건 디자인 분야에서 흔한 창작수법이나 표현방법이라고 볼만한 자료도 없으므로, 결국 이 사건 등록디자인은 그 디자인이 속하는 분야에서 통상의 지식을 가진 자가 선행디자인들의 결합에 의하여 용이하게 창작할 수 있는 것이라고 보기 어렵다.[31]

② '병마개'에 관한 이 사건 등록디자인(,)과 선행디자인 2()를 대비하면, 양 디자인은 상하부 연결부 형상, 상부 원통과 하부 원통의 길이 및 직경의 비율에서 차이가 있을 뿐만 아니라, 특히 이 사건 등록디자인은 상하단으로 이루어진 뚜껑 전부가 투명한 합성수지 또는 유리로 형성되어 있고 하단 바깥 부분만 불투명하게 처리하여 투명한 부분을 통해서 수용부뿐만 아니라 뚜껑 상하부의 결합상태, 상하부 원주의 크기 또는 두께, 실제로 결합될 수 있는 병 본체의 상부 등을 시각적으로 느낄 수 있는 반면에, 선행디자인 2는 금속재질로 된 뚜껑 윗면에 수용부만을 투명하게 돌출·부착하여 상부 원통부분의 내용물은 볼 수 있을지언정 뚜껑 상하부 전체의 구조나 결합된 병 본체를 눈으로 볼 수 없는 점에서도 차이가 있고, 이로 인하여 원심 판시와 같은 공통점에도 불구하고 전체적으로 볼 때 선행디자인 2와는 다른 미감적 가치를 인정할 수 있으므로, 선행디자인 2에 유사한 디자인에 해당하지 않는다고 판단

---

31) 대법원 2011. 4. 14. 선고 2010후2889 판결.

하였다. 또한 원심은 투명도에 관한 이 사건 등록디자인의 위와 같은 특징은 선행디자인 2나 불투명한 재질로 형성된 원심 판시 나머지 선행디자인들의 단순한 상업적·기능적 변형에 해당한다거나 이 디자인 분야에서 흔한 창작수법 또는 표현방법에 의한 변경·조합이나 전용에 불과하다고 할 수 없으므로, 이 사건 등록디자인은 위 선행디자인들의 결합에 의하여 용이하게 창작할 수 있는 디자인에 해당하지도 않는다.[32]

③ 대상 물품을 '창틀용 프레임'으로 하는 이 사건 등록디자인과 원심 판시 선행디자인 1을 대비하여 보면, 직육면체 형태의 상부 사각통과 그 밑면에 같은 방향으로 연접한 정육면체 형태의 하부 사각통으로 되어 있고, 상부 사각통의 윗면 가운데 부분에 오목부가 형성되어 있는 점에서 공통된다. 그러나 이 사건 등록디자인은 상·하부 사각통의 중앙에 같은 폭과 깊이의 요홈이 하나씩 형성되어 있음에 비하여 선행디자인 1에는 그러한 요홈이 없는 점, 이 사건 등록디자인의 경우 선행디자인 1에 비하여 하부 사각통이 상부 사각통의 왼쪽 부분으로 더 치우쳐 형성되어 있는 점, 이 사건 등록디자인은 상부 사각통의 오른쪽 중앙에 수평의 빗물 차단판이 형성되어 있음에 비하여 선행디자인 1에는 그러한 빗물 차단판이 없는 점에서 차이가 있다. 위와 같이 이 사건 등록디자인과 선행디자인 1은 요홈과 빗물 차단판의 유무, 상·하부 사각통의 위치 관계에서 서로 차이가 있는데, 이는 전체적으로 볼 때 이들 디자인 사이에 서로 다른 미감적 가치를 가져올 정도이므로, 선행디자인 1을 이 사건 등록디자인과 같이 변

형하는 것을 두고 다른 미감적 가치가 인정되지 않는 상업적·기능적 변형에 불과하다고 볼 수 없다. 한편, 대상 물품을 '창호 프레임'으로 하는 원심 판시 선행디자인 2, 5에는 요홈이, 원심 판시 선행디자인 6, 7에는 빗물 차단판이 각 형성되어 있기는 하다. 그러나 이들 디자인의 요홈이나 빗물 차단판은 그 형성 위치나 전체 디자인에 결합되어 있는 구체적인 형상·모양 등에서 이 사건 등록디자인과는 차이가 있으므로, 이들 디자인을 선행디자인 1과 단순히 조합하는 창작수법이나 표현방법만으로는 이 사건 등록디자인을 창작해 낼 수가 없고, 그 밖에 이 사건 등록디자인에서와 같은 형

상과 모양으로 요홈이나 빗물 차단판을 형성하는 것이 그 디자인 분야에서 흔한 창작수법이나 표현방법이라고 볼 만한 자료도 없다. 따라서 이 사건 등록디자인은 그 디자인이 속하는 분야에서 통상의 지식을 가진 자가 앞서 본 선행디자인들의 결합에 의하여 용이하게 창작할 수 있는 것이라고 보기 어렵다.[33]

④ 등록디자인 ' '의 지배적인 특징은, 원형 회전관체인 본체와 손잡이부가 'ㄱ'자형 연결부로 결합되어 있고 본체측에는 원형관 형상으로 중간에 오목한 골이 형성되어 있으며, 연이어 동일한 크기로 링 형상의 요철테두리부 3개가 순차적으로 배열되어 있는 점, 'ㄱ'자형 연결부와 손잡이부가 연결되는 부분에 동일한 크기로 링 형상의 요철테두리부 4개가 순차적으로 배열되어 있는 점, 손잡이부는 후방으로 갈수록 점점 직경이 확대되는 원뿔대 형상으로서, 그 외주면에는 8개의 'U'자형 골이 동일한 간격으로 형성되어 있고, 골과 골 사이는 손잡이부 전체에 걸쳐 일정한 폭을 유지하고 있는 점, 손잡이부의 끝단은 완만한 곡선을 이루면서 돌출되어 있고, 그 중앙에는 표면에 방사형 골이 형성되어 있는 반구형상의 체결구가 손잡이부의 직경보다 훨씬 작게 형성되어 있는 점 등인 바, 이러한 등록디자인의 지배적인 특징은 선행디자인들의 형상 및 모양인 , , , 과 뚜렷한 차이가 있고, 그로 인하여 보는 사람으로 하여금 상이한 심미감을 느끼게 하므로, 등록디자인이 속하는 분야에서 통상의 지식을 가진 사람이라고 하더라도 선행디자인들을 결합하여 용이하게 창작할 수 있는 디자인이라고 보기 어렵다.[34]

⑤ 대상 물품이 '조립식 계단용 디딤단'인 이 사건 등록디자인()이 주지의 형상·모양의 결합에 의하여 창작된 디자인이기는 하나, 주지의 형상·모양은 그 표현방법이 일률적이지 않고, 그 자연물(기린, 거북등, 그물 등)의 무늬를 직감적으로 관념되는 형태로 특정하는 단계, 그 특정 부분을 취합·선별하는 단계 및 이를 결합하는 단계 등을 거쳐 새로운 미감을 주는 미적 창작에 이르게 된 점, 종래에 계단, 디딤단, 경계블록 등 디자인 분야에서 동·식물의 형상이나 모양을 채용하여 디자인한 선례가 별로 발견되지 않는 점 등에 비추어 보면 용이하게 창작할 수 있는 디자인에 해당하지 아니한다.[35]

⑥ 도비직기에 의하여 생성된 도비(dobby)패턴이라고 하더라도, 디자이너의 창작성 여하에 따라 위사와 경사 위치에 대한 다양한 변형 및 조합을 이용하여 서로 다른

---

33) 대법원 2014. 4. 10. 선고 2012후1798 판결.
34) 특허법원 2010. 10. 21. 선고 2010허4229 판결(심리불속행기각).
35) 특허법원 2016. 3. 31. 선고 2015허8370 판결(확정)

심미감을 지닌 다양한 무늬가 만들어질 수 있는 이상, 도비패턴이라고 해서 곧바로 통상의 디자이너가 쉽게 창작할 수 있는 디자인이라고 단정할 수는 없다. 또한, 이 사건 등록디자인(▇)은 구슬 모양의 점들이 사선으로 매우 선명하게 배열되어 있고, 그 사이로 보다 작은 점들이 지그재그로 배치되어 있는 데 반하여, 위 디자인 심사기준에 예시된 주지의 도비패턴(▇▇)은 단순히 크기가 다른 점들이 단순히 가로, 세로로 나열되어 있을 뿐이다. 따라서 양 디자인은 그 심미감에 있어서도 현저한 차이가 있으므로, 위 디자인 심사기준에 나타난 주지의 도비패턴만으로는 이 사건 등록디자인이 그 출원 전에 국내에서 널리 알려진 도비패턴에 불과하다거나 통상의 기술자가 그로부터 쉽게 창작할 수 있는 디자인에 해당한다고 보기는 어렵다.[36]

⑦ 디자인의 대상이 되는 물품의 투명도는 물품의 형상 · 모양 · 색채는 아니지만, 디자인의 유사 여부를 판단하는 한 요소가 될 수 있다. 그런데 이 사건 등록디자인의 대상이 되는 물품이 도자 세라믹으로 되어 있어 불투명하다는 데에서 기인하는 현저한 차이점들로 인하여 이 사건 등록디자인은 선행디자인들과 전체적인 심미감에서 상당한 차이를 보이고 있어 선행디자인들과 유사하지 않다.

또한 젖병 용기는 그 표면이 투명해야 내부에 들어 있는 내용물의 양을 측정하기가 쉽기 때문에 통상의 디자이너가 젖병 용기에 도자 세라믹 재질을 사용함으로써 불투명하게 하려 할 창작 동기를 찾기 어렵다는 점 등에서 이 사건 등록디자인이 선행디자인들의 단순한 상업적 · 기능적 변형에 해당한다거나 그 디자인이 속하는 분야에서 흔한 창작수법 또는 표현방법에 의한 변경 · 조합에 불과하다고 하기는 어려우므로, 이 사건 등록디자인은 통상의 디자이너가 선행디자인들로부터 쉽게 창작할 수 있는 디자인도 아니다.[37]

이 사건 등록디자인	선행디자인 2	선행디자인 3

---

36) 특허법원 2016. 12. 9. 선고 2016허6890 판결(심리불속행기각).
37) 특허법원 2017. 9. 15. 선고 2017허3379 판결(확정).

디자인권 관련 소송의 특수한 쟁점들

Ⅰ. 기술의 범위

디자인권 관련 심결취소소송 및 침해소송 등은, 특허권, 실용신안권, 상표권 등에 관한 심결취소소송, 침해소송 등의 기술내용과 상당 부분에 걸쳐 중복되는 측면이 있으므로, 이하에서는 디자인권 관련 소송에서의 특수한 쟁점들을 위주로 기술한다.

디자인권에 기한 침해행위 금지 등 청구소송에서도 법원은 원고의 주장·증명에 따라 침해행위의 금지 등 청구권자,[1] 피고의 침해행위, 피고의 행위가 원고의 디자인권에 저촉하는지 여부를 심리하여야 하고, 피고의 항변에 대하여도 심리하여야 한다.

Ⅱ. 디자인권의 성립 및 보호범위, 디자인의 특정, 요지변경 등

1. 디자인권의 성립 및 보호범위, 디자인의 특정

디자인권은 설정등록에 의하여 발생하는 권리로서(디자인 90조), 등록디자인의 보호범위는 디자인등록출원서의 기재사항 및 그 출원서에 첨부된 도면·사진 또는 견본과 도면에 적힌 디자인의 설명에 따라 표현된 디자인에 의하여 정하여진다(디자인

---

1) 디자인권자 또는 전용실시권자는 자기의 권리를 침해한 자 또는 침해할 우려가 있는 자에 대하여 그 침해의 금지 또는 예방을 청구할 수 있고(디자인 113조), 고의나 과실로 인하여 자기의 디자인권 또는 전용실시권을 침해한 자에 대하여 그 침해에 의하여 자기가 입은 손해의 배상을 청구할 수 있다(디자인 115조 참조).

93조).[2] 따라서 반드시 디자인등록원부와 등록디자인공부를 제출받아 등록권리자, 디자인권의 존속기간, 디자인의 대상이 되는 물품 등을 확인하여야 한다.

특히 침해소송에서 피고의 행위가 원고의 디자인권에 저촉하는지를 심리하기 위해서는 우선 등록디자인의 보호범위를 확정하여야 한다. 디자인보호법 93조에 따라 디자인등록출원서의 기재사항 및 그 출원서에 첨부한 도면·사진 또는 견본과 도면에 적힌 디자인의 설명 모두를 기초로 하여 등록디자인의 구체적 형태를 확정하여야 한다.

또한, 침해소송에서 원고는 청구취지 및 청구원인에서 피고의 침해행위를 구체적으로 특정하여야 하고, 피고 제품의 특정을 위하여 사진(특히 컬러사진)이나 간행물 등을 제출하여야 한다. 디자인은 시각을 통하여 미감을 일으키게 하는 것이므로, 변론기일, 검증기일 등에서 피고 제품을 직접 보는 것이 피고 제품의 특정 여부와 양 디자인의 유사 여부 판단에 유용한 경우가 많다.

2. 확인대상디자인의 특정 및 불특정시의 조치(보정과 한계)

권리범위확인심판(디자인 122조)에서 확인대상디자인의 특정은 심판청구의 적법요건이자 청구취지의 일부로서 심판대상을 명확히 하는 것이라는 점에서 매우 중요하므로, 그 특정 여부에 관하여 의심이 있을 때에는 당사자의 명확한 주장이 없더라도 특허심판원이나 법원은 이를 직권으로 조사하여야 한다.[3]

확인대상디자인의 특정 정도는 특허권의 권리범위확인심판에서 확인대상발명의 특정에 관한 법리가 원용될 수 있다.

---

2) 이와 관련하여 "디자인보호법 및 동법 시행규칙의 관련 규정 들을 종합하여 보면, '디자인의 설명'에서 참고도에 도시된 디자인의 형태가 출원대상 디자인의 형태라고 명시되어 있는 등의 특별한 사정이 없는 한, '참고도'에 도시된 도면은 원칙적으로 기본도면 등에 도시된 디자인의 형태를 보충하는 것으로 볼 것이지, 그 자체로 출원대상 디자인의 형태를 도시한 것으로 볼 수 없다. … 이 사건 등록디자인은 '디자인의 설명'란 어디에도 [참고도 1]~[참고도 3]에 대한 언급이 없는 점, 개폐문의 열린 상태(내부 구조)에 대해서도 보호범위가 인정되려면 열린 상태(내부 구조)의 도면이 적어도 전개도 등 부가도면으로 표시되어야 할 것인데, 이를 단순히 참고도로 기재하고 있는 점 등을 고려해 볼 때, 결국 이 사건 등록디자인의 보호범위는 개폐문이 닫힌 상태의 도면인 사시도, 육면도 및 디자인의 설명에 표현된 디자인에 의하여 정해지고, '참고도'는 위 사시도와 육면도 및 디자인의 설명에 표현된 디자인에 의하여 이 사건 등록디자인의 보호범위를 정함에 있어서 참작할 수 있을 뿐이다."라고 하여, '참고도'에 의하여 등록디자인의 보호범위를 정할 수 없다는 취지로 판결한 특허법원 사례가 있다[특허법원 2014. 11. 21. 선고 2014허6063 판결(확정)].

3) 대법원 2005. 4. 29. 선고 2003후656 판결. 특허발명의 권리범위 확인심판청구에 관련된 것이나, 디자인의 권리범위 확인심판청구 사안에서도 같은 취지로 적용될 수 있다.

즉, 권리범위확인심판사건의 심판청구원인에서, 등록디자인과 대비하여 권리범위 속부를 판단하기 위해서는 등록디자인의 구성요건에 대응하는 부분의 구체적인 구성을 확인대상디자인의 도면에 기재하는 것이 필요하다. 대비 판단의 전제로서, 그 구체적인 구성은 등록디자인의 구성요건과 대비하여 그 차이점을 판단함에 필요한 정도로는 특정하여야 한다.[4] 다만 확인대상디자인이 등록디자인의 구성요소들의 일부만을 갖추고 있고 나머지 구성요소가 결여되어 있어 등록디자인의 권리범위에 속하지 않음이 명백한 경우라도, 확인대상디자인 자체의 일부 구성요소가 불명확하여 사회통념상 다른 것과 구별될 수 없다면 등록디자인의 권리범위에 속하지 않는다는 본안판단에까지 나아갈 수 없고 심판청구를 각하할 수 있을 뿐이다.[5]

심판단계에서 확인대상디자인이 불명확하여 등록디자인과 대비할 수 있을 정도로 구체적으로 특정되어 있지 않다면, 특허심판원은 요지변경이 되지 아니하는 범위 내에서 확인대상디자인의 설명서 및 도면에 대한 보정을 명하는 등의 조치를 취하여야 한다. 그럼에도 불구하고 권리범위확인심판에서 그와 같은 특정에 미흡함이 있다면 그 심판청구를 각하하여야 할 것이다.[6]

한편 디자인보호법 126조 2항에서 "심판청구서를 보정하는 경우에는 그 요지를 변경할 수 없다."라고 규정한 취지는, 요지변경을 쉽게 허용할 경우 심판절차의 지연을 초래하거나 심판피청구인의 방어권 행사를 곤란하게 할 우려가 있다는 데 있으므로, 그 보정의 정도가 확인대상디자인에 관하여 심판청구서에 첨부된 설명 및 도면에 표현된 구조의 불명확한 부분을 구체화한 것이거나 처음부터 당연히 있어야 할 구성부분을 부가한 것에 지나지 아니하여 심판청구의 전체 취지에 비추어 볼 때 디자인의 동일성이 유지된다고 인정되는 경우에는 요지변경에 해당하지 아니한다.[7][8]

4) 정상조·설범식·김기영·백강진 공편, 디자인보호법 주해, 박영사(2015), 895. 특허법원도 '일반적으로 디자인의 권리범위 확인심판을 청구함에 있어서 심판청구의 대상이 되는 확인대상디자인은 당해 등록디자인과 서로 대비할 수 있을 만큼 구체적으로 특정되어야 하는 것인바, 그 특정을 위해서는 대상물의 구체적인 구성을 전부 기재할 필요는 없고 등록디자인의 구성요건에 대응하는 부분의 구체적인 구성을 기재하여 등록디자인의 구성요건과 대비하여 그 차이점을 판단함에 필요한 정도여야 할 것이다'고 판단하고 있다(특허법원 2005. 12. 22. 선고 2005허6061 판결 참조).
5) 대법원 2011. 9. 8. 선고 2010후3356 판결; 전지원, "확인대상발명의 특정", 대법원판례해설 90호(2011), 717 참조.
6) 대법원 2005. 4. 29. 선고 2003후656 판결. 특허발명의 권리범위 확인심판청구에 관련된 것이나, 디자인의 권리범위확인심판청구 사안에서도 같은 취지로 적용될 수 있다. 그리고 특허법원 2005. 12. 22. 선고 2005허6061 판결 등 참조.
7) 특허·실용신안에 관한, 대법원 2014. 2. 13. 선고 2012후610 판결, 2012. 5. 24. 선고 2012후344 판결 등

한편 출원의 보정과 요지변경에 관하여는 디자인보호법 48조에서 '디자인등록출원인은 최초의 디자인등록출원의 요지를 변경하지 아니하는 범위에서 디자인등록출원서의 기재사항, 디자인등록출원서에 첨부한 도면, 도면의 기재사항이나 사진 또는 견본을 보정할 수 있다(1항). 위 1항 등에 따른 보정이 최초의 디자인등록출원의 요지를 변경하는 것으로 디자인권의 설정등록 후에 인정된 경우에는 그 디자인등록출원은 그 보정서를 제출한 때에 디자인등록출원을 한 것으로 본다(5항).'고 규정한다.

Ⅲ. 디자인의 동일 · 유사 여부 관련

피고의 실시디자인 혹은 피고 제품이 원고의 디자인권의 보호범위에 속하는지 여부를 확정하여야 하는데, 이를 위해서는 원고의 등록디자인과 피고의 실시디자인이 동일 · 유사하여야 하고, 원고가 등록디자인을 실시하는 물품과 피고가 디자인을 실시하는 물품이 동일 · 유사하여야 한다.

양 디자인의 동일 · 유사 여부, 양 디자인이 표현된 물품의 동일 · 유사 여부 등에 관한 판단기준 및 판단사례는 앞서 본 바와 같다.

Ⅳ. 디자인권 관련 소송의 기타 쟁점

1. 침해행위의 과실 추정

디자인보호법 116조 1항 본문은 "타인의 디자인권 또는 전용실시권을 침해한 자는 그 침해행위에 대하여 과실이 있는 것으로 추정한다."라고 규정한다. 이는 특허권 등의 경우와 마찬가지로 권리자가 침해자의 과실을 증명할 것을 요구한다면 권리자

참조.

8) 한편, 디자인보호법 126조 2항 3호는, 적극적 권리범위확인심판에서 피청구인이 심판청구서의 확인대상디자인(청구인이 주장하는 피청구인의 디자인을 말한다)의 도면에 대하여 자신이 실제로 실시하고 있는 디자인과 비교하여 다르다고 주장하는 경우에 청구인이 피청구인의 실시 디자인과 같게 하기 위하여 심판청구서의 확인대상디자인의 도면을 보정하는 경우에는 심판청구서의 보정이 요지변경에 해당하더라도 이를 허용한다.

가 이를 증명하기 어려운 경우에 권리자 보호에 미흡할 우려가 있기 때문에 권리자 보호를 위하여 침해자의 과실을 추정하도록 한 것이다.[9] 또한, 같은 조 2항은 '디자인일부심사등록디자인의 디자인권자·전용실시권자 또는 통상실시권자가 그 등록디자인 또는 이와 유사한 디자인과 관련하여 타인의 디자인권 또는 전용실시권을 침해한 경우'에도 그 침해행위에 대하여 과실이 있는 것으로 추정한다고 규정한다. 금지청구의 경우에는 침해자의 고의·과실을 요건으로 하지 아니하므로, 이러한 과실 추정 규정은 손해배상청구소송에서 의미가 있다. 침해자의 과실을 추정하므로, 오히려 침해자가 이러한 추정을 복멸할 사정, 즉 디자인권의 존재를 알지 못하였다는 점이나 자신이 실시하는 기술이 등록디자인의 보호범위에 속하지 않는다고 믿은 점을 정당화할 수 있는 사정을 주장·증명하여야 한다.[10]

한편 디자인보호법 43조 1항의 규정에 따라 비밀디자인으로 설정등록된 디자인권 또는 전용실시권의 침해에 대하여는 위와 같은 과실 추정이 적용되지 아니한다(디자인 116조 단서). 비밀디자인의 경우에 디자인권자는 자신이 비밀디자인권자인 사실 및 특허청장으로부터 비밀디자인에 관한 증명을 받은 서면을 피고에게 제시하여 경고한 사실 등을 주장·증명하여 침해자의 과실을 입증하여야 한다.

2. 침해소송에서의 항변 등

이하에서 검토하는 각 항변은 특허침해소송 중 관련된 항변에 관한 법리가 그대로 원용될 수 있으므로, 특허침해소송의 해당 부분을 참조하기 바란다.

가. 공지디자인의 항변

등록디자인에 신규성 있는 창작이 가미되어 있지 아니하여 공지된 디자인이나 그 출원 전에 반포된 간행물에 기재된 디자인과 동일·유사한 경우에는 그 등록무효심판의 유무와 관계없이 그 권리범위를 인정할 수 없다는 것이 대법원 판례이다.[11]

---

9) 디자인보호법 주해(주 4), 829.
10) 대법원 2006. 4. 27. 선고 2003다15006 판결.
11) 대법원 2008. 9. 25. 선고 2008도3797 판결, 2004. 4. 27. 선고 2002후2037 판결.

나. 무효사유에 기한 권리남용항변

등록디자인이 디자인등록출원 전에 그 디자인이 속하는 분야에서 통상의 지식을 가진 자가 국내에서 널리 알려진 형상·모양·색채 또는 이들의 결합에 의하여 용이하게 창작할 수 있는 디자인에 해당하여 무효로 될 것임이 명백한 경우에는 그 디자인권에 기초한 침해금지 또는 손해배상 등의 청구는 특별한 사정이 없는 한 권리남용에 해당하여 허용되지 않을 것이다.[12]

다. 자유실시디자인의 항변

등록디자인과 대비되는 디자인이 등록디자인의 디자인등록출원 전에 그 디자인이 속하는 분야에서 통상의 지식을 가진 자가 공지디자인 또는 이들의 결합이나 주지디자인 또는 이들의 결합에 의하여 용이하게 창작할 수 있는 것인 때는 등록디자인과 대비할 것도 없이 그 권리범위에 속하지 아니한다.[13]

라. 통상실시권 등 정당한 사용권한의 항변

피고는 디자인권자 내지 전용실시권자로부터 사용허락을 받았다는 사실, 즉 통상실시권(디자인 99조)이 있음을 주장·증명할 수 있다. 통상실시권을 등록한 때에는 그 등록 후에 디자인권 또는 전용실시권을 취득한 자에 대하여도 그 효력이 발생한다(디자인 104조 1항).

그 밖에 법정실시권,[14] 강제실시권[15] 등도 정당한 사용권한으로 주장될 수 있다.

---

12) 대법원 2018. 9. 28. 선고 2016다219150 판결. 디자인권침해소송에서는 등록디자인에 대한 등록무효심결이 확정되기 전이라고 하더라도 등록디자인이 공지디자인 등에 의하여 용이하게 창작될 수 있어 그 디자인등록이 무효심판에 의하여 무효로 될 것임이 명백한 경우에는, 디자인권에 기초한 침해금지 또는 손해배상 등의 청구는 특별한 사정이 없는 한 권리남용에 해당하여 허용되지 아니하고, 디자인권침해소송을 담당하는 법원으로서도 디자인권자의 그러한 청구가 권리남용에 해당한다는 항변이 있는 경우 그 당부를 살피기 위한 전제로서 등록디자인의 용이 창작 여부에 대하여 심리·판단할 수 있다.

13) 대법원 2016. 8. 29. 선고 2016후878 판결, 2004. 4. 27. 선고 2002후2037 판결 등.

14) 법정실시권 : 등록료추납(디자인 84조 5항), 선사용(디자인 100조), 선출원(디자인 101조), 무효심판청구 등록전의 실시(디자인 102조), 존속기간 만료(디자인 103조), 질권 행사(디자인 110조), 재심에 의하여 회복한 디자인권에 대한 선사용(디자인 162조), 재심에 의하여 통상실시권을 상실한 원권리자(디자인 163조), 직무디자인(발명진흥법 10조 1항)은 법정실시권을 가지고, 이러한 통상실시권은 등록이 없더라도 그 발생 후에 디자인권 또는 전용실시권을 취득한 자에 대하여도 효력이 발생한다(디자인 104조 2항).

15) 강제실시권 : 등록디자인 등과 디자인보호법 95조 1항, 2항의 이용·저촉 관계에 있는 디자인권자 등이 통상실시권 허여의 심판(디자인 123조)에 의하여 통상실시권을 허여 받은 경우에는 그 대가를 지급하거나 공탁하고 등록디자인이나 이와 유사한 디자인을 실시할 수 있다.

제4장

상표에 관한 소송

상표제도 서설

I. 상표법 일반

1. 상표법의 목적

모든 법률은 일정한 목적을 위하여 제정되고, 그 목적은 당해 법률을 해석하는데 일정한 기준을 제공하므로, 상표법을 바르게 해석·적용하기 위해서는 먼저 상표법의 목적을 이해할 필요가 있다.

상표법 1조는 "이 법은 상표를 보호함으로써 상표 사용자의 업무상 신용 유지를 도모하여 산업발전에 이바지하고 수요자의 이익을 보호함을 목적으로 한다."라고 규정한다. 이에 의하면 상표법의 목적은 상표(Trademark)에 대한 보호를 통하여, ① 상표 사용자의 업무상 신용을 유지하고(상표권자 보호), ② 국가산업발전에 이바지하며(국가산업발전 기여), ③ 수요자의 이익을 보호하는 것(수요자 보호)이라 할 것이다.

이러한 상표법의 목적 가운데 '상표권자 보호'는 사익적 목적에, '국가산업발전 기여' 및 '수요자 보호'는 공익적 목적에 해당하는바, 구체적인 사건과 관련하여 상표법을 해석·적용할 때 이러한 목적들 사이의 균형과 조화를 염두에 두어야 한다.[1]

---

[1] 상표법 규정은 상표권자 보호에 보다 중점을 둔 사익적 규정과 국가산업발전과 수요자의 보호에 보다 중점을 둔 공익적 규정으로 나누어 볼 수 있다. 상표등록요건에 관한 상표법 33조 1항 각 호와 상표법 34조 1항 각 호 중 1 내지 5, 11, 12, 15호는 공익적 규정에, 6 내지 9, 16호는 사익적 규정에 해당한다는 것이 통설이다. 상표법 34조 1항 13호는 공익적 규정이라는 견해와 사익적 규정이라는 견해로 나뉜 대송영식·이상정·황종환·이대희·김병일·박영규·신재호 공저, 송영식 지적소유권법(하)(제2판), 육법사(2013), 137~138; 문삼섭, 상표법(제2판), 세창출판사(2004), 317 등 참조].

2. 상표법의 지위

상표법은 특허법 · 실용신안법 · 디자인보호법 · 저작권법 등과 함께 지식재산권법의 일부를 이룬다.

상표법은 상표를, 특허법, 실용신안법, 디자인보호법, 저작권법은 각각 발명 · 고안 · 디자인 · 저작물을 보호대상으로 하는데, 상표법이 '상표를 보호대상으로 한다'는 의미는 상표 그 자체를 보호대상으로 한다는 의미가 아니라 상표가 지니는 출처표시, 품질보증, 광고선전 등의 '기능'을 보호대상으로 한다는 의미라는 점에서[2] 발명, 고안, 디자인, 저작물 그 자체를 보호대상으로 하는 특허법, 실용신안법, 디자인보호법, 저작권법과는 다르다.

또한, 상표법은 영업상 사용되는 표지를 보호하는 법률 중 하나로서 상법, 부정경쟁방지법, 독점규제 및 공정거래에 관한 법률, 농수산물 품질관리법 등과 함께 경쟁법의 일부를 구성한다.

영업상 표지[3] 중 '상표', '단체표장', '증명표장', '업무표장'은 상표법에 의하여, '상호(商號)'는 상법에 의하여, '지리적 표시'는 농수산물 품질관리법에 의하여 보호되고, '주지성 등을 갖춘 영업상 표지'는 부정경쟁방지법에 의해서도 보호되는바, 경쟁법 전체의 조화로운 해석을 위해서는 특히 상표법과 부정경쟁방지법의 관계를 정확히 이해할 필요가 있다.

상표법과 부정경쟁방지법은 모두 경쟁법의 성격을 가지는 것으로 영업상 혼동초래행위를 저지하고 공정한 경쟁을 유도하는 기능을 수행한다는 점에서 공통된다. 그러나 부정경쟁방지법은 유통시장에서 널리 알려진 상표 · 상호 등의 영업표지와 혼동이 생길 염려가 있는 행위를 개별 · 구체적 사안에 따라 금지하여 공정한 경업질서를 유지하고자 하는 행위규제형 입법인데 비하여, 상표법은 상품 및 서비스에 관한 상표의 등록이라는 절차적 수단을 통해 독점적인 사권(私權)을 창설함으로써 1차적으로

---

2) 다만 상표법은 상표의 기능을 보호함으로써 간접적으로 상표 그 자체도 보호하게 된다.

3) '표지'라 함은 대상물을 구분하기 위한 표시로서 시각, 후각, 청각, 미각 등 널리 감각적으로 파악될 수 있는 수단 모두를 포함하는 개념이다. 상표법은 영업에 사용되는 표지 중 기호, 문자, 도형, 소리, 냄새, 입체적 형상, 홀로그램 · 동작 또는 색채 등으로서 그 구성이나 표현방식에 상관없이 상품의 출처를 나타내기 위하여 사용하는 모든 표시를 '표장'으로 규정하며(상표 2조 1항 2호), 그러한 표장 중 상표, 단체표장, 증명표장, 업무표장을 보호대상으로 한다(상표 2조 1항 1, 3, 7, 9호). 영업상 표지 및 상표의 인접개념에 관하여 보다 상세한 내용은 송영식 외 6인(주 1), 66~77; 문삼섭(주 1), 65~90 등 참조.

등록상표권자의 사익을 보호하는 권리부여형 입법이라는 점에서 차이가 있으며, 이로 인하여 두 법의 보호대상 및 방법에서도 차이가 있다.[4]

상표법상 보호받지 못하는 상표라 하더라도 일정한 요건을 갖춘 것이면 부정경쟁방지법에 의하여 보호될 수 있다.[5]

상표법과 부정경쟁방지법이 상호 저촉하는 경우에는 부정경쟁방지법 15조 1항의 규정에 의하여 원칙적으로 상표법이 적용되고 부정경쟁방지법이 적용되지 아니하나,[6] 상표권의 등록이 자기의 상품을 타인의 상품과 식별시킬 목적으로 한 것이 아니고 국내에서 널리 인식되어 사용되고 있는 타인의 상표와 동일 또는 유사한 상표를 사용하여 일반 수요자로 하여금 타인의 상품과 혼동을 일으키게 하여 이익을 얻을 목적으로 형식상 상표권을 취득하는 것이라면 그 상표의 등록출원 자체가 부정경쟁행위를 목적으로 하는 것으로서, 가사 권리행사의 외형을 갖추었다 하더라도 이는 상표법을 악용하거나 남용한 것이 되어 상표법에 의한 적법한 권리의 행사라고 인정할 수 없으므로 이러한 경우에는 부정경쟁방지법 15조의 적용이 배제되고, 그러한 권리행사는 부정경쟁행위로 의율된다.[7]

---

4) 헌법재판소 2001. 9. 27. 선고 99헌바77 전원재판부 결정, 송영식 외 6인(주 1), 46, 문삼섭(주 1), 13, 윤선희, 지적재산권법, 세창출판사(2012), 274. 한편 "부정경쟁방지법의 상표보호의 기능이 연혁적으로 상표법의 그것과 다를 바 없고 현실적으로도 부정경쟁방지법에 상표희석화금지에 관한 규정이 새로이 도입됨으로써 소비자의 출처혼동방지 이상으로 상표의 명성과 신용을 사적 재산으로 보호한다고 하는 측면이 중시되게 되었다. 부정경쟁방지법하에서는 구제수단을 원용할 수 있는 청구권자도 '영업상의 이익이 침해될 우려가 있다고 인정하는 자'에 한정되어 있고 소비자 또는 소비자단체는 배제되어 있기 때문에 부정경쟁방지법이 상표보유자의 보호를 주된 목적으로 삼고 있다는 점에서 상표법과 다를 바 없다. 따라서 부정경쟁방지법과 상표법의 관계에 대해서 이제 더 이상 기능상의 차이를 강조하는 것보다 일반법과 특별법의 관계로 또는 등록 여부와 관계없이 상표의 명성과 신용의 보호 및 출처혼동방지라고 하는 법목적을 실현하고자 하는 특수불법행위법과 상표등록의 절차를 통해서 일정한 범위의 권리를 부여하는 산업재산권법의 방법상의 차이가 있을 뿐이라고 보아야 한다."라는 견해도 있다[정상조·박준석, 지식재산권법, 홍문사(2013), 562~564].

5) 대법원 1999. 4. 23. 선고 97도322 판결.

6) 또한, 상표법에 의한 권리의 행사라고 인정되는 행위에 대하여는 원칙적으로 독점규제 및 공정거래에 관한 법률도 적용되지 아니한다(독점규제 및 공정거래에 관한 법률 59조).

7) 대법원 2012. 5. 9. 선고 2010도6187 판결, 2008. 9. 11.자 2007마1569 결정(상표), 2007. 4. 12. 선고 2006다10439 판결(성명을 기초로 한 상표), 2007. 6. 15. 선고 2005다48246 판결(서비스표), 2001. 4. 10. 선고 2000다4487 판결(상표), 1995. 11. 7. 선고 94도3287 판결, 1993. 1. 19. 선고 92도2054 판결 등.

3. 상표법의 기본원칙

상표법은 사용 여부와 관계없이 등록에 의하여 상표권 취득을 인정하는 '등록주의'(상표 36조),[8] 동일·유사한 상표가 중복출원된 경우 우선 출원된 상표에 등록을 허용하는 '선출원주의'(상표 35조), 상표를 사용하려고 하는 사람은 누구든지 국가에 등록을 요구할 수 있고 그 상표가 법정요건을 갖추고 있는 한 국가는 상표등록을 거절할 수 없도록 하는 '권리주의'(상표 3조, 54조, 68조, 116조), 국가가 출원상표의 등록요건을 심사한 후 등록 여부를 결정하는 '심사주의'(상표 50조) 등을 기본원칙으로 한다.

특히 '등록주의'는 우리나라 상표제도의 근간을 이루는 원칙으로, 앞서 본 '선출원주의'와 결합하여 상표권에 관한 권리관계를 명확하게 하고, 상표 제도를 간명하게 운용할 수 있게 하는 장점이 있다. 그러나 등록주의는 선의의 미등록 상표사용자의 권리를 해하고, 상표권 선점을 위하여 수많은 상표의 등록을 조장하여 상표로 사용될 수 있는 좋은 표장들을 고갈시키며, 외국에서 사회경제적 가치를 갖는 상표가 우리나라에 등록되어 있지 아니함을 기화로 이와 동일·유사한 상표를 국내에서 등록받는 행위를 막지 못하는 등의 문제를 초래한다.[9]

우리나라 상표법은 이러한 등록주의의 문제점을 보완하기 위하여 등록주의를 원칙으로 하면서도 사용주의적 요소를 가미하였다. 상표법 중 사용주의적 성격의 규정으로는 3조 1항, 33조 2항, 34조 1항 9호, 11호, 58조, 117조 1항 6호, 119조 1항 3호 등을 들 수 있다.[10]

4. 상표보호의 국제화

상품과 서비스 거래의 국제화가 진전됨에 따라 상표보호제도의 실체법적·절차법적 통일화를 위한 노력이 진행되고 있는데, 세계무역기구(WTO)의 무역관련 지적재산권에 관한 협정(TRIPs)의 상표에 관한 규정(Article 15 내지 24)이 실체법적 측면에서

---

8) 상표권의 취득에 관하여는 비교법적으로 볼 때, 우리나라와 일본이 채택한 '등록주의' 법제와 미국이 채택한, 사용에 의하여 상표권 취득을 인정하는 '사용주의' 법제가 있다. 그러나 사용주의 국가는 등록주의를, 등록주의 국가는 사용주의를 가미함으로써 상호조화되어 가는 추세에 있다[자세한 내용은 송영식 외 6인(주 1), 41~43 참조].

9) 송영식 외 6인(주 1), 43.

10) 문삼섭(주 1), 40.

최소한의 통일화 노력을 반영한 것이라면, 세계지적소유권기구(WIPO)의 상표법조약(Trademark Law Treaty)은 절차법적 측면에서의 통일화 노력을 반영한 것이다.

또한, 표장의 국제등록에 관한 마드리드 협정에 대한 의정서(Madrid Protocol relating to the Madrid Agreement Concerning the International Registration of Marks)에 의하여 상표의 국제출원등록제도가 마련되었다.

그 밖에 국제적으로 상표보호의 대상이 색채상표, 입체상표, 비시각적인 상표 등에까지 확대되는 경향이 있고, 우리나라도 1995년 개정을 통해 색채상표[11]가, 1997년 개정을 통해 입체상표[12]가, 2011년 개정을 통해 소리·냄새상표[13]가 도입되었으며, 대법원 2012. 12. 20. 선고 2010후2339 전원합의체 판결에 의하여 '위치상표'도 인정되었다. 이러한 일련의 국제적 노력과 국제등록에 의한 상표권의 보호지역 확대 경향은 우리나라 상표법의 개정과 해석에 영향을 주고 있다.[14]

5. 상표법의 개정 경과

상표법은 1949. 11. 28. 법률 제71호로 제정된 이래 1973. 2. 8. 법률 제2506호로, 1990. 1. 13. 법률 제4210호로 각각 전부 개정된 이후 2016년 1월경까지는 일부 개정만 이루어지다가, 2016. 2. 29. 법률 제14033호로 전부 개정되었다. 법률 제14033호 상표법 전부개정법률(이하 '현행 상표법')은 공포 후 6개월이 경과한 날인 2016. 9. 1.부터 시행되었다(부칙 1조). 현행 상표법은 원칙적으로 이 법 시행 이후 출원한 상표등록출원부터 적용되며(부칙 2조 1항), 다만 심판청구에 관한 개정규정은 이 법 시행 이후 심판청구한 경우부터 적용한다(부칙 2조 2항). 따라서 현행 상표법 시행일 이전에 출원한 상표에 대하여 그 시행일 이후에 상표등록거절결정불복심판, 상표등록무효심판 또는 상표등록취소심판 등이 제기된 경우에 그 심판의 절차에 대해서는 현행 상표법이 적용되지만, 상표등록요건, 상표등록무효사유, 상표등록취소사유 등에 대해서는 해당 상표의 출원 당시 시행되던 상표법이 적용된다.[15] 다만 상표등록을 받을 수 없는 상

---

11) TRIPs협정 15조 반영.
12) 유럽연합(EU)의 공동체상표규정(Council Regulation of the Community Trade Mark) 4조 반영.
13) 2012. 3. 15. 발효된 한미 FTA 합의사항 반영.
14) 송영식 외 6인(주 1), 39~41.
15) 상표등록요건에 관한 상표법의 규정이 개정되면서 그 부칙에서 개정 규정과 관련하여 별도의 경과규정을 두지 아니하는 경우에는 특별한 사정이 없는 한 그 개정 전에 출원하여 등록된 상표에 대한 심판

표에 관한 현행 상표법 34조 1항(같은 항 21호는 제외)은 현행 상표법 시행 전에 출원되었으나 현행 상표법 시행 이후 상표등록결정을 하는 경우에도 적용된다(부칙 4조).

II. 상 표

1. 서 설

상표는 거래사회에서 자타상품의 식별표지로 사용되는, 문자·도형·기호 등 감각적으로 파악할 수 있는 수단으로서, 상품의 출처표시·품질보증·광고선전 등의 기능을 수행하며, 경제사회의 발전과 정치체제의 변화, 과학기술의 발전에 따라 그 기능과 관념이 동태적으로 변천하는 역사적·사회적 사실이며, 상대적 개념이다.[16]

다만 거래사회에서 자타상품의 식별표지로 사용되는 모든 유형의 감각적 표현수단을 법적 보호대상으로 삼는 것은 현실적으로 매우 어려우므로, 우리나라를 비롯한 각국의 상표법은 일정한 유형의 표현수단만을 상표로서 정의하고, 그러한 요건을 갖춘 상표만을 보호하는 형식을 취한다.

2. 상표의 개념

가. 상표법의 정의

상표법 2조 1항 1호는 '상표'를 "자기의 상품(지리적 표시가 사용되는 상품의 경우를 제외하고는 서비스 또는 서비스의 제공에 관련된 물건을 포함한다)과 타인의 상품을 식별하기 위하여 사용하는 표장"으로 규정한다. 구 상표법(2016. 2. 29. 법률 14033호로 전부개정되기 전의 것)은 상표는 "상품을 생산·가공 또는 판매하는 것을 업으로 영위하는 자가 자기의 업무에 관련된 상품을 타인의 상품과 식별되도록 하기 위하여 사용하는 표장"이라

및 소송에 대하여는 종전의 규정에 의하여 형성된 상표법 질서의 안정을 손상시키지 않도록 하기 위하여 원칙적으로 종전의 규정이 적용되어야 하므로(대법원 2010. 7. 22. 선고 2010후456 판결), 현행 상표법 부칙에 별도의 경과규정을 두지 아니한 경우에도 상표등록요건이나 상표권의 보호범위에 대해서는 종전 규정이 적용된다.

16) 송영식 외 6인(주 1), 45.

하고(구 상표법 2조 1항 1호), 서비스표는 "서비스업을 영위하는 자가 자기의 서비스업을 타인의 서비스업과 식별되도록 하기 위하여 사용하는 표장"이라 하여(구 상표법 2조 1항 2호) 양자를 구분하였으나, 현행 상표법은 상표를 위에서 본 바와 같이 정의하고 서비스표에 대한 정의규정을 삭제하여 상표로 일원화하였다.

아래에서는 상표법이 정의하는 상표의 개념요소들에 관하여 나누어 설명한다.

나. 상표의 개념요소

(1) 표　　장

상표는 자타상품의 식별표지로 사용되는 '표장(標章)'이다. 여기서 '표장'이란 기호, 문자, 도형, 소리, 냄새, 입체적 형상, 홀로그램·동작 또는 색채 등으로서 그 구성이나 표현방식에 상관없이 상품의 출처를 나타내기 위하여 사용하는 모든 표시를 말한다(상표 2조 1항 2호). 즉, 기호, 문자, 도형, 입체적 형상, 홀로그램·동작 또는 색채 등 시각적으로 인식할 수 있는 것뿐만 아니라, 소리, 냄새 등 시각적으로 인식할 수 없는 것도 상표법상 상표가 될 수 있다.

상표법상 보호대상이 되는 표장의 범위를 어디까지로 할 것인가는 입법정책의 문제에 속하는바, 경제사회의 변화와 과학기술의 발전에 따라 상표법상 보호대상이 되는 표장의 범위는 점차 확대되는 추세에 있다.[17] 현행 상표법도 이러한 추세를 반영하여 구 상표법[18]과 달리 '그 구성이나 표현방식에 상관없이 상품의 출처를 나타내기 위하여 사용하는 모든 표시'를 표장으로 정의하고 표장의 유형을 예시적으로 열거하는 입법형식을 취함으로써 어떠한 형식의 표장이라도 '상품의 출처를 나타내기 위하여 사용되는 표시'이기만 하면 상표법상 표장에 포섭될 수 있도록 하였다.

상표는 이를 구성하는 표장의 유형에 따라 기호상표, 문자상표, 도형상표, 입체상표, 색채상표, 홀로그램상표, 위치상표, 결합상표, 비시각적 상표(소리·냄새상표) 등으로 분류된다.

---

17) 송영식 외 6인(주 1), 53.
18) 구 상표법 2조 1항 1호는 '표장'을 '기호·문자·도형, 입체적 형상 또는 이들을 결합하거나 이들에 색채를 결합한 것, 다른 것과 결합하지 아니한 색채 또는 색채의 조합, 홀로그램, 동작 또는 그 밖에 시각적으로 인식할 수 있는 것, 소리·냄새 등 시각적으로 인식할 수 없는 것 중 기호·문자·도형 또는 그 밖의 시각적인 방법으로 사실적으로 표현한 것'으로 한정하였다.

(2) 주 체

상표는 '상품을 생산, 가공, 증명, 판매하는 것을 업으로 영위하는 자'가 사용하는 표장이다.

여기서 상품의 생산, 가공, 증명, 판매를 '업으로 영위'한다는 것은 상품을 생산, 가공, 증명, 판매하는 사업을 계속적 반복적 의사로 행하는 것을 말한다. 영리목적은 요건이 아니므로, 비영리법인이나 자선단체의 운영자 등도 상표의 주체가 될 수 있다.

상표는 이를 사용하는 주체가 영위하는 업무의 구체적인 유형에 따라 제조표, 판매표, 증명표 등으로 구분된다.

(3) 상 품

상표는 '상품'에 사용되는 표장이다. 그러나 상표법은 상품의 개념에 대하여 적극적으로 규정하지 아니하고, 다만 상표법은 2조 1항 1호에서 '상품'의 범위에 관하여 "지리적 표시가 사용되는 상품의 경우를 제외하고는 서비스 또는 서비스의 제공에 관련된 물건을 포함한다."라고 규정하므로, 구 상표법(2016. 12. 29. 법률 제14033호로 전부 개정되기 전의 것)과 달리 현행 상표법의 상품에는 서비스 또는 서비스의 제공에 관련된 물건도 포함된다.[19] 상품에 해당하는지는 상표법의 목적과 거래사회의 통념을 고려하여 결정하여야 할 것이다.

일반적으로 상품은 '반복하여 거래의 대상이 되는 유체물로서 운반가능한 것',[20] '반복하여 거래의 대상이 되는 유체물[21] 또는 '그 자체가 교환가치를 가지고 독립된 상거래의 목적물이 되는 물품[22] 등으로 정의된다.

따라서 전기, 열, 빛, 향기 및 권리와 같은 무체물,[23] 운반가능성이 없는 부동산, 법적으로 거래가 금지되는 마약, 개인이 소장하고 있는 희귀한 골동품처럼 반복하여

---

19) 또한, 현행 상표법은 구 상표법(2조 1항 2호에서 '서비스표'에 대하여 "서비스업을 영위하는 자가 자기의 서비스업을 타인의 서비스업과 식별되도록 하기 위하여 사용하는 표장"으로 정의하였다)과 달리 별도로 서비스표에 대한 정의규정을 두지 아니하였다. 따라서 현행 상표법에서는 용어상 '상품'과 '서비스업', '상표'와 '서비스표'을 구분하지 아니하나, 그 특성에 따른 구분은 여전히 의미가 있으므로, 이하 필요한 부분에서는 이를 구분하여 기술한다.
20) 문삼섭(주 1), 49; 송영식 외 6인(주 1), 54.
21) 정상조 편집대표, 상표법주해 I, 박영사(2018), 139.
22) 대법원 1999. 6. 25. 선고 98후58 판결.
23) 무체물이라도 용기에 담겨 상거래의 목적물이 되는 경우에는 상표법상의 상품으로 취급된다.

거래의 대상이 될 수 없는 것, 광고매체가 되는 물품[24]이나 상품을 구성하는 일부 성분의 견본[25] 등과 같이 독립하여 거래의 대상이 될 수 없는 물품은 상품이라고 할 수 없다.

(4) 사　용

상표는 상품에 '사용'되거나 '사용'될 것이어야 한다.

상표법 2조 1항 11호는 "상품 또는 상품의 포장에 상표를 표시하는 행위, 상품 또는 상품의 포장에 상표를 표시한 것을 양도 또는 인도하거나 그 목적으로 전시·수출 또는 수입하는 행위, 상품에 관한 광고·정가표·거래서류, 그 밖의 수단에 상표를 표시하고 전시하거나 널리 알리는 행위"를 '상표의 사용'으로 규정하고 있다.

상표법 3조 1항 본문은 "국내에서 상표를 사용하는 자 또는 사용하려는 자는 자기의 상표를 등록받을 수 있다."고 규정하고 있고, 2011. 12. 2. 법률 제11113호로 개정된 이래 상표법은 상표법 3조 1항 본문을 상표등록거절이유(상표 54조 3호) 및 무효심판청구이유(상표 117조 1항 1호)에 포함하여, 상표등록출원인이 상표사용의사가 없는 경우 거절이유 또는 무효사유에 해당함을 명확히 하고 있다.[26] 특허청 심사실무는 심사관은 출원인이 상표를 사용한 사실이나, 사용할 의사가 없거나 법령 등에 의하여 객관적으로 사용할 수 없다고 합리적인 의심이 드는 경우[27] 상표법 3조 위반을 이유로 거절이유통지를 하여 이를 확인한다.[28]

---

24) 대법원 1999. 6. 25. 선고 98후58 판결.

25) 대법원 2004. 5. 28. 선고 2002후123 판결. 유리병에 담아둔 곡물들은 대리점에서 판매되는 즉석 건조 건강식품의 원재료가 무엇인지 일반 수요자들에게 보여 주기 위한 견본(見本)에 불과하여 상표법상 상품에 해당하지 않는다고 한 사례.

26) 위 상표법 개정 이전에도 상표·서비스표에 대한 사용의사 유무는 상표·서비스표 출원인의 주관적, 내면적인 의지에 의하여만 결정할 것이 아니라 외형적으로 드러나는 사정에 의하여 객관적으로 결정하여야 할 것이고, 사용의사가 없는 등록상표는 상표법 23조 1항 4호의 무효사유에 해당한다고 판시한 바 있다(특허법원 2003. 12. 12. 선고 2003허4221 판결, 상고기각).

27) 가맹사업거래의 공정화에 관한 법률에 따른 가맹본부로서 이·미용업을 개설하려는 가맹사업자에게 사용을 허락하는 등으로 등록서비스표를 사용할 수 있을 것으로 보이는 점 등에 비추어, 등록서비스권자가 법인이라서 공중위생관리법 8조에 따른 이·미용업을 개설할 수 없다는 사정만으로는 서비스표를 사용하려는 객관적·외형적 의사가 부정된다고 보기 어렵다('LUNA HAIR' 사건, 특허법원 2017. 2. 7. 선고 2016허2423 판결, 확정).

28) 상표심사기준(2017. 12. 19. 특허청 예규 100호로 개정된 것, 이하 '상표심사기준') 2부 2장 2.2. 여기서 합리적인 의심이 드는 경우란 다음과 같다(상표심사기준 2부 2장 2.3). ① 개인이 대규모 자본 및 시설 등이 필요한 상품을 지정한 경우, ② 견련관계가 없는 비유사 상품의 종류를 다수 지정한 경우, ③ 개인

또한, 일정 기간 사용되지 않은 등록상표는 상표법 119조 1항 3호에 따라 상표등록이 취소될 수 있으므로, 실무상 '상표의 사용'에 해당하는지에 대한 판단은 중요한 의미가 있다.

3. 상표의 종류

상표는 ① 이를 구성하는 표장의 유형에 따라 기호상표, 문자상표, 도형상표, 입체상표, 색채상표, 홀로그램상표, 동작상표, 위치상표, 결합상표 및 비시각적 상표(소리·냄새상표)로, ② 식별력의 정도에 따라 일반명칭 상표(generic mark), 기술적 상표(descriptive mark), 암시적 상표(suggestive mark), 임의적 상표(arbitrary mark), 조어상표 또는 창작상표(coined mark or fanciful mark)로, ③ 사용주체가 영위하는 업무의 구체적인 유형에 따라 제조표, 판매표, 증명표 등으로 구분할 수 있다.

아래에서는 실무상 자주 논의되는 문자상표, 입체상표, 색채상표, 홀로그램상표, 동작상표, 위치상표, 결합상표 및 비시각적 상표에 관하여 살펴본다.

가. 문자상표

문자상표는 한글·한자·로마자·외국어·숫자 등의 문자로 구성된 상표를 말한다.

문자는 성질상 구체적인 의미 내용을 포함할 수 있으므로, 문자상표의 경우에는 식별력이 없거나 미약하여 등록을 받을 수 없는 보통명칭, 관용표장, 기술적 상표에 해당하는지, 식별력이 있어 등록을 받을 수 있는 암시적 상표(suggestive mark)에 해당하는지가 실무상 다투어지는 경우가 많다.

또한, 공익상 어느 한 사람에게 독점시키는 것은 적절하지 않은 구호적 문구로 이루어진 문자상표의 경우에는 상표법 33조 1항 7호의 식별력 없는 상표에 해당하여 상표등록이 거절되는 경우가 많다.

이 법령상 일정자격 등이 필요한 상품과 관련하여 견련관계가 없는 상품을 2개 이상 지정한 경우, ④ 기타 출원인이 상표를 사용할 의사 없이 상표 선점이나 타인의 상표등록을 배제할 목적으로 출원하는 것이라고 의심이 드는 경우.

나. 입체상표

입체상표는 3차원의 입체적 형상으로 구성된 상표를 말하는 것으로서 상품의 총체적 외관을 뜻하는 트레이드 드레스(Trade Dress)에 대응하는 개념이다.[29] 입체상표의 등록을 허용하는 국제적 추세에 부응하기 위하여 상표법도 1997. 8. 22. 입체상표를 도입하였다.

실무상 주로 문제가 되는 입체상표는 '지정상품 또는 그 포장 자체의 입체적 형상'을 도안화한 상표이다. 대법원은 입체적 형상이 해당 지정상품이 거래되는 시장에서 그 상품 등의 통상적 · 기본적인 형태에 해당하거나, 거래사회에서 채용할 수 있는 범위 내에서 이를 변형한 형태에 불과하거나, 또는 당해 상품 유형에 일반적으로 잘 알려진 장식적 형태를 단순히 도입하여 이루어진 형상으로서 그 상품의 장식 또는 외장으로만 인식되는 데에 그칠 뿐 이례적이거나 독특한 형태상의 특징을 가지고 있는 등으로 수요자가 상품의 출처 표시로 인식할 수 있는 정도의 것이 아니라면, 상표법 33조 1항 3호에서 말하는 '상품 등의 형상을 보통으로 사용하는 방법으로 표시한 표장만으로 된 상표'에 해당한다고 본다.[30]

입체상표 중 흔히 있는 공, 정육면체, 직육면체, 원기둥, 삼각기둥 등만으로 이루어진 것은 상표법 33조 1항 6호 소정의 '간단하고 흔히 있는 표장만으로 된 상표'에 해당하여 등록을 받을 수 없다.[31]

또한, 지정상품 또는 그 포장의 기능을 확보하는 데 꼭 필요한 입체적 형상만으로 된 상표는 비록 상표법 33조 1항 각호에 해당하지 않더라도 상표법 34조 1항 15호 (구 상표 7조 1항 13호)에 의하여 상표등록을 받을 수 없다.[32] 특허청 심사실무는, 입체적

---

29) 대표적인 예로 코카콜라병, KFC 할아버지 인형 등을 들 수 있다(상표심사기준 8부 1장 1.1, 1.2).

30) 대법원 2014. 10. 15. 선고 2013후1146 판결.

31) 상표심사기준 8부 1장 3.4.

32) 지정상품 또는 그 포장(이하 '상품 등'이라고 한다)의 기술적 기능은 원칙적으로 특허법이 정하는 특허요건 또는 실용신안법이 정하는 실용신안등록 요건을 구비한 때에 한하여 존속기간의 범위 내에서만 특허권 또는 실용신안권으로 보호받을 수 있는데, 그러한 기능을 확보하는 데 불가결한 입체적 형상에 대하여 식별력을 구비하였다는 이유로 상표권으로 보호하게 된다면, 상표권의 존속기간갱신등록을 통하여 입체적 형상에 불가결하게 구현되어 있는 기술적 기능에 대해서까지 영구적인 독점권을 허용하는 결과가 되어 특허제도 또는 실용신안제도(이하 '특허제도 등'이라고 한다)와 충돌하게 될 뿐만 아니라, 해당 상품 등이 가지는 특정한 기능, 효용 등을 발휘하기 위하여 경쟁자가 그러한 입체적 형상을 사용해야만 할 경쟁상의 필요가 있음에도 사용을 금지시킴으로써 자유로운 경쟁을 저해하는 부당한 결과를 초래하게 된다. 이에 1997. 8. 22. 법률 제5355호로 개정된 상표법은 상표의 한 가지로 입체적 형상으로

형상만으로 된 상표가 기능적인지는 ㉠ 상품 또는 그 상품의 포장의 형상 등으로부터 발휘되는 기능적(실용적) 특성이 상품 자체의 본래 기능을 넘어서 월등한 경쟁상의 우위를 가지거나 그러한 상품 또는 그 상품의 포장의 형상 등의 독점으로 인하여 거래업계의 경쟁을 부당하게 저해하는지, ㉡ 광고 등에 의하여 해당 상품 또는 포장의 실용적 이점이 선전되고 있는지, ㉢ 그 기능을 확보할 수 있는 대체적인 형상이 따로 존재하는지, ㉣ 상품 또는 포장의 형상을 대체적인 입체적 형상으로 한 경우 동등한 또는 그 이하의 비용으로 생산할 수 있는지 등을 고려하여 판단한다.[33]

상품 등의 입체적 형상으로 된 상표가 사용에 의하여 식별력을 취득하였다고 인정하기 위하여는 그 형상의 특징, 사용시기와 기간, 판매수량과 시장점유율, 광고·선전이 이루어진 기간과 규모, 해당 형상과 유사한 다른 상품 등의 경합적 사용의 정도나 태양, 상표사용자의 명성과 신용 등을 종합적으로 고려하여 그 형상이 수요자에게 누구의 상품을 표시하는 상표라고 현저하게 인식되어 있는지를 엄격하게 해석·적용하여 판단하여야 한다.[34] 한편 상품 등에는 기호·문자·도형 등으로 된 표장이 함께 부착되는 경우가 흔히 있는데, 그러한 사정만으로 곧바로 상품 등의 입체적 형상 자체에 관하여 사용에 의한 식별력 취득을 부정할 수는 없고, 부착된 표장의 외관·크기·부착 위치·인지도 등을 고려할 때 그 표장과 별도로 상품 등의 입체적 형상이 그 상품의 출처를 표시하는 기능을 독립적으로 수행하기에 이르렀다면 사용에 의한 식별력 취득을 긍정할 수 있다.[35]

된 상표를 도입하면서, 특허제도 등과의 조화를 도모하고 경쟁자들의 자유롭고 효율적인 경쟁을 보장하기 위한 취지에서 7조 1항 13호를 신설하여 상표등록을 받으려는 상품 등의 기능을 확보하는 데 불가결한 입체적 형상만으로 된 상표 등은 6조의 식별력 요건을 충족하더라도 상표등록을 받을 수 없도록 하였다. 이러한 입법 취지에 비추어 보면, 상품 등의 입체적 형상으로 된 상표가 위 규정에 해당하는지는 그 상품 등이 거래되는 시장에서 유통되고 있거나 이용 가능한 대체적인 형상이 존재하는지, 대체적인 형상으로 상품을 생산하더라도 동등한 정도 또는 그 이하의 비용이 소요되는지, 입체적 형상으로부터 상품 등의 본래적인 기능을 넘어서는 기술적 우위가 발휘되지는 아니하는 것인지 등을 종합적으로 고려하여 판단하여야 한다(대법원 2015. 10. 15. 선고 2013다84568 판결). 이하 본장에 인용된 판례에서 구 상표법 조항들은 특별히 수정의 필요가 있는 경우 외에는 판례에 적시된 그대로 두는 것을 원칙으로 한다.

33) 상표심사기준 5부 15장 4.1.
34) 대법원 2008. 9. 25. 선고 2006후2288 판결.
35) 대법원 2014. 10. 15. 선고 2013후1146 판결.

다. 색채상표

색채상표는 색채를 구성요소로 포함하는 상표로서, 넓은 의미로는 색채가 결합된 모든 상표를 말하나, 좁은 의미로는 다른 표장과 결합하지 않은 색채 또는 색채의 조합만으로 된 상표를 말한다.

상표법은 종래 기호·문자·도형·입체적 형상 등에 색채가 결합된 색채상표만을 등록대상으로 인정하였으나, 2007. 1. 3. 법 개정을 통하여 '색채 또는 색채의 조합만으로 이루어진 상표'에 대해서도 상표등록을 인정하였다.

다만 상품에 사용된 색은 수요자에게 출처표시보다는 디자인적 요소로 인식될 개연성이 크므로, 색채 또는 색채의 조합만으로 된 상표의 경우 그 색채 또는 색채의 조합을 특정 상품에 계속 사용함으로써 수요자가 그 색채 또는 색채의 조합을 보고 특정인의 상품의 출처표시로 인식하게 된 경우, 즉 상표법 33조 2항 소정의 '사용에 의한 식별력'을 취득한 경우에 상표등록을 받을 수 있다.[36] 색채 또는 색채의 조합만으로 된 상표에 대하여 사용에 의한 식별력을 취득하였음을 증명하지 못한 경우에 단일색채로 이루어진 상표는 간단하고 흔한 표장으로 보아 상표법 33조 1항 6호를 적용하고, 색채의 조합만으로 이루어진 상표는 상표법 33조 1항 6호 또는 7호를 적용하여 거절결정하는 것이 특허청의 심사실무이다.[37]

한편 색채만으로 된 상표가 지정상품의 품질이나 효능, 용도 등의 성질을 직접적으로 나타내는 경우에는 상표법 33조 1항 3호에 해당하여 상표등록을 받을 수 없다.

색채 또는 색채의 조합만으로 된 상표는 그 특성상 칭호보다는 외관과 관념이 유사한지를 중점적으로 비교하여 판단하여야 할 것이다.[38]

지정상품 또는 그 포장의 기능을 확보하는 데 꼭 필요한 색채 또는 색채의 조합만으로 된 상표는 비록 상표법 33조 1항 각호에 해당하지 않더라도 상표법 34조 1항 15호에 의하여 상표등록을 받을 수 없다. 특허청 심사실무는, 색채 또는 색채의 조합만으로 된 상표가 기능적인지는 ㉠ 출원된 상표의 색채 또는 색채의 조합이 지정상품의 사용에 꼭 필요하거나 일반적으로 사용되는지 것인지, ㉡ 지정상품의 특성으로 작용하는 특정 색채가 그 상품의 이용과 목적에 꼭 필요하거나 상품의 가격이나 품

---

36) 상표심사기준 8부 2장 1.4, 3.1, 3.2 참조.
37) 상표심사기준 8부 2장 3.2
38) 상표심사기준 8부 2장 4.1.

질에 영향을 주는 것인지를 고려하여 판단한다.[39)]

상표법 225조는 일정한 등록상표와 색채만 다르고 나머지 구성요소가 동일한 상표를 등록상표와 같은 상표로 취급하도록 규정한다.[40)]

라. 홀로그램상표와 동작상표

홀로그램상표(Hologram mark)는 '두 개의 레이저광이 서로 만나 일으키는 빛의 간섭효과를 이용하여 사진용 필름과 유사한 표면에 3차원적 이미지를 기록한 것으로 된 상표'를 말하고,[41)] 동작상표는 '일정한 시간의 흐름에 따라 변화하는 일련의 그림이나 동적 이미지 등을 기록한 것으로 된 상표'를 말한다.[42)] 홀로그램상표와 동작상표는 대표적인 비전형상표로서 2007. 1. 3. 상표법 개정을 통해 상표등록이 허용되었다.

홀로그램상표 또는 동작상표가 상표등록을 받기 위해서는 그것들이 나타내는 홀로그램 또는 동작이 명확하게 특정되어야 한다.

홀로그램상표 또는 동작상표에 대하여 상표등록을 받으려는 자는 산업통상자원부령이 정하는 바에 따라 그 표장에 관한 설명을 출원서에 적어야 하고(상표 36조 2항),[43)] 상표의 특징을 충분히 나타내는 도면 또는 사진으로 작성된 상표견본과 상표설명서를 제출하여야 하며(상표법 시행규칙 28조 2항 1, 2호),[44)] 필요한 경우 견본의 특징을 나타내는 영상을 수록한 비디오테이프 또는 CD-ROM·광디스크 등 전자적 기록매체를 제출할 수 있다(상표법 시행규칙 28조 5항 4호).[45)] 상표견본이 2장 이상의 도면

---

39) 상표심사기준 5부 15장 4.2.

40) 상표권자는, ① 등록상표와 색채를 제외한 나머지 구성요소는 동일하고 색채만을 달리하는 상표를 그 지정상품에 대하여 별도의 등록 없이 독점적으로 사용할 수 있고(상표 225조, 89조), ② 등록상표와 색채를 제외한 나머지 구성요소는 동일하고 색채만을 달리하는 상표를 사용하더라도 불사용 취소를 면할 수 있다(상표 225조, 119조 1항 3호).

41) 상표법주해 I(주 21), 116; 상표심사기준 8부 3장 1.1.

42) 상표법주해 I(주 21), 116. 콜롬비아영화사의 타오르는 햇불을 들고 있는 여인의 동작을 표현한 상표, MGM영화사의 울부짖는 사자의 동작을 표현한 상표 등이 이에 해당한다.

43) 특허청 심사실무는, 홀로그램상표나 동작상표의 상표등록출원서에 상표의 설명이 없는 경우에는 상표법 2조 1항의 상표의 정의규정에 합치하지 않는 것으로 보아 거절이유를 통지한다(상표심사기준 8부 3장 2.5, 4장 2.4).

44) 특허청 심사실무는, 상표등록출원서에 홀로그램상표나 동작상표를 등록받고자 하는 취지가 기재된 경우라도 상표견본이 홀로그램상표나 동작상표로서의 구성 및 태양을 갖춘 것으로 인정되지 아니할 때에는 상표법 2조 1항의 정의규정을 위반한 것으로 보아 거절이유를 통지한다(상표심사기준 8부 3장 2.4, 4장 2.5).

45) 특허청 심사실무상, 특허청 심사관은 제출된 상표견본을 통하여 홀로그램상표를 정확하게 파악할 수 없

이나 사진으로 구성된 경우 전체적으로 하나의 홀로그램상표로 인식되지 아니할 때
는 1상표 1출원 원칙(상표 38조 1항)에 위반되는 것이어서 상표등록이 거절된다.[46] 홀
로그램상표나 동작상표의 경우 제출된 도면 또는 사진과 상표의 설명을 통하여 특정
되는 전체적인 외관(이미지)나 동작 전체가 지정상품의 품질, 원재료, 용도 등의 성질
을 직접적으로 나타낸다고 인정되거나 식별력이 없다고 인정되는 경우에는 상표법
33조 1항 3호 또는 7호에 해당한다.[47] 또한, 홀로그램의 외관(이미지)이나 동작상표의
동작 전체가 간단하고 흔히 있는 표시라고 인정되는 경우에는 상표법 33조 1항 6호에
해당한다.[48]

홀로그램상표는 보는 방향에 따라 인식되는 외관(이미지)이 다르므로, 홀로그램상
표의 어느 특정한 방향에서 인식되는 외관 또는 특정 부분의 외관이 평면표장 또는
다른 입체적 형상의 그것과 유사한 경우에는 양 표장은 유사한 것으로 보아야 할 것
이다.[49]

동작상표의 경우에는 동작의 이미지가 변화하는 특수성이 있으므로 실무상으
로는 동작상표 상호 간에는 동작의 내용 및 동작 중의 기본적인 주체(요부)를 이루
는 자태를, 동작상표와 다른 유형의 상표 간에는 동작 중의 기본적인 주체(요부)를
이루는 자태를 각각 중점적으로 고려하여 유사여부를 판단한다.[50] 한편 동작상표의
경우에, 대비되는 두 상표의 동작의 주체가 다르더라도 그 동작의 주체가 나타내는
자태의 특이성이 동일 또는 극히 유사하다면 두 상표는 유사한 것으로 볼 수 있
다.[51]

마. 위치상표

'위치상표'란 기호·문자·도형 각각 또는 그 결합이 일정한 형상이나 모양을 이
루고 이러한 일정한 형상이나 모양이 지정상품의 특정 위치에 부착되는 것에 의하여

거나 동작상표의 동작을 정확하게 파악할 수 없는 경우에는 해당 홀로그램상표의 특징 또는 동작상표의
동작을 잘 나타내는 영상을 수록한 비디오테이프 또는 CD-ROM·광디스크, USB 메모리, 메모리카드
등 전자적 기록매체의 제출을 요구한다(상표심사기준 8부 3장 2.7, 4장 2.8).

46) 상표심사기준 8부 3장 2.6, 4장 2.6.
47) 상표심사기준 8부 3장 3.1, 4장 3.1.
48) 상표심사기준 8부 3장 3.2, 4장 3.2.
49) 상표심사기준 8부 3장 4.1, 4.2.
50) 상표심사기준 8부 4장 4.1, 4.2.
51) 상표심사기준 8부 4장 4.3.

자타상품을 식별하게 된 표장을 말한다.52)

현행 상표법에서는 표장을 "구성이나 표현방식에 상관없이 상품의 출처를 나타내기 위하여 사용하는 모든 표시"로 정의하여 상표로 포섭하므로(상표 2조 1항 1, 2호), 이러한 위치상표가 상표로 인정되는 데 별다른 문제가 없다.

구 상표법 하에서 위치상표가 허용되는지 논란이 있었으나, 대법원은 "상표법상 상표의 정의 규정은 1949. 11. 28. 법률 71호로 제정된 상표법 1조 1항에서부터 이 사건 출원상표에 대하여 적용되는 구 상표법(2011. 12. 2. 법률 제11113호로 개정되기 전의 것) 2조 1항 1호에 이르기까지 여러 차례 개정되어 왔으나, '자기의 상품을 타인의 상품과 식별되도록 하기 위하여 사용하는 기호·문자·도형 또는 그 결합'을 상표로 보는 취지는 공통적으로 포함되어 있다. 이러한 상표의 정의 규정은 기호·문자·도형 또는 그 결합을 사용하여 시각적으로 인식할 수 있도록 구성하는 모든 형태의 표장을 상표의 범위로 포섭하고 있다고 할 것이다. 따라서 이러한 규정에 따르면, '기호·문자·도형 각각 또는 그 결합이 일정한 형상이나 모양을 이루고, 이러한 일정한 형상이나 모양이 지정상품의 특정 위치에 부착되는 것에 의하여 자타상품을 식별하게 되는 표장'도 상표의 한 가지로서 인정될 수 있다(이러한 표장을 이하 '위치상표'라고 한다). 위치상표에서는 지정상품에 일정한 형상이나 모양 등이 부착되는 특정 위치를 설명하기 위하여 지정상품의 형상을 표시하는 부분을 필요로 하게 된다. 이때 표장의 전체적인 구성, 표장의 각 부분에 사용된 선의 종류, 지정상품의 종류 및 그 특성 등에 비추어 출원인의 의사가 지정상품의 형상을 표시하는 부분에 대하여는 위와 같은 설명의 의미를 부여한 것뿐임을 쉽사리 알 수 있는 한 이 부분은 위치상표의 표장 자체의 외형을 이루는 도형이 아니라고 파악하여야 한다. … 현재 우리나라에서 상표의 출원 및 그 심사의 과정에서 출원인이 위치상표라는 취지를 별도로 밝히는 상표설명서를 제출하는 절차 또는 위 지정상품의 형상 표시는 상표권이 행사되지 아니하는 부분임을 미리 밝히는 권리불요구절차 등에 관한 규정이 마련되어 있지 아니하다는 사유는 위와 같은 위치상표의 인정에 방해가 되지 아니한다고 할 것이다."라고 판시하여(대법원 2012. 12. 20. 선고 2010후2339 전원합의체 판결) 위치상표가 구 상표법상으로도 상

---

52) 위치상표로 인정된 외국의 사례(상표심사기준 8부 5장 1.2)

표등록을 받을 수 있음을 분명히 하였다.[53)

위치상표에 대하여 상표등록을 받으려는 자는 산업통상자원부령이 정하는 바에 따라 그 표장에 관한 설명을 출원서에 적어야 하고(상표 36조 2항),[54) 위치상표의 특징을 충분히 나타내는 도면 또는 사진으로 작성된 상표견본과 상표설명서를 제출하여야 하며(상표법 시행규칙 28조 2항 1, 2호),[55) 필요한 경우 위치상표의 특징을 나타내는 영상을 수록한 비디오테이프 또는 CD-ROM·광디스크 등 전자적 기록매체를 제출할 수 있다(상표법 시행규칙 28조 5항 4호).[56) 실무상으로는 상표견본과 설명서, 전자적 기록매체를 보고도 위치상표로 인정할 수 없을 때에는 상표법 2조 1항의 정의규정 위반을 이유로 거절결정을 한다.[57)

실무상으로는 점선으로 상품 전체의 형상을 나타낸 뒤 특정위치의 형상이나 모양만 실선 등으로 표시하여 출원된 상표의 경우 지정된 상표 유형(출원의 취지), 상표의 설명 등을 고려하여 일반상표(도형)인지, 위치상표인지 여부를 파악한다. 즉, 상표견본에서 점선으로 상품 전체의 형상을 나타낸 뒤 특정위치의 형상이나 모양만 실선 등으로 표시되어 있고, 상표 유형이 그 밖에 시각적으로 인식할 수 있는 상표로 되어 있으며, 상표 설명란에 위치상표에 대한 설명이 기재되어 있는 경우 위치상표로 출원한 것으로 본다. 그러나 상표 견본에서 점선으로 상품 전체의 형상을 나타낸 뒤 특정위치의 형상이나 모양만 실선 등으로 표시되어 있더라도, 상표 유형이 일반상

---

53) 갑 외국회사가 출원상표 "①"를 출원하자 특허청 심사관이 출원상표가 상표법 6조 1항 3호, 7호에 해당한다는 이유로 거절결정을 한 사안에서, 위 표장의 전체적인 구성 및 표장의 각 부분에 사용된 선의 종류, 지정상품의 종류 및 특성 등에 비추어 보면, 위 출원상표를 출원한 갑 회사의 의사는 지정상품의 형상을 표시하는 부분에 대하여는 세 개의 굵은 선이 부착되는 위치를 나타내기 위한 설명의 의미를 부여한 것뿐임을 쉽사리 알 수 있으므로, 위 출원상표는 세 개의 굵은 선이 지정상품의 옆구리에서 허리까지의 위치에 부착되는 것에 의하여 자타상품을 식별하게 되는 위치상표이고, 위 일점쇄선 부분은 출원상표의 표장 자체의 외형을 이루는 도형이 아니라고 봄이 상당한데도, 이와 달리 본 원심판결에 법리오해의 위법이 있다고 한 사례이다.

54) 특허청 심사실무는, 위치상표의 상표등록출원서에 상표의 설명이 없는 경우에는 상표법 2조 1항의 상표의 정의규정에 합치하지 않는 것으로 보아 거절이유를 통지한다(상표심사기준 8부 5장 2.4).

55) 특허청 심사실무는, 상표등록출원서에 위치상표를 등록받고자 하는 취지가 기재된 경우라도 상표견본이 위치상표로서의 구성 및 태양을 갖춘 것으로 인정되지 아니할 때에는 상표법 2조 1항의 정의규정을 위반한 것으로 보아 거절이유를 통지한다(상표심사기준 8부 5장 2.8).

56) 특허청 심사실무상, 특허청 심사관은 제출된 상표견본을 통하여 위치상표를 정확하게 파악할 수 없는 경우에는 해당 위치상표의 특징을 잘 나타내는 영상을 수록한 비디오테이프 또는 CD-ROM·광디스크 등 전자적 기록매체의 제출을 요구한다(상표심사기준 8부 5장 2.10).

57) 상표법 시행규칙 29조 3항 1호, 2호); 상표심사기준 8부 5장 2.10.

표로 되어 있으며, 상표 설명란에 상표의 설명이 없는 경우 일반상표로 출원한 것으로 본다.[58]

특허청 심사실무는, 특정위치에 부착된 표장은 수요자의 입장에선 상표가 아니라 디자인적 요소로 보는 것이 일반적이라는 이유로 위치상표로 등록을 받기 위해서는 그 표장이 수요자들에게 상품의 출처표시로 인식된다는 것, 즉 상표법 33조 2항 소정의 '사용에 의한 식별력'을 취득하였음을 출원인이 증명할 것을 요구한다. 또한, 특정한 위치에 사용된 표장이 기능적인 경우에는 상표법 33조 2항 소정의 '사용에 의한 식별력'을 취득하였더라도 상표법 34조 1항 15호를 적용하여 거절결정을 한다.[59]

위치상표의 유사 여부는 전체적인 형상이 아닌 상표로서 등록받고자 하는 표장을 표시한 위치, 표장의 모양, 각도의 유사성 등을 고려하여 출처의 오인 · 혼동이 있는지를 기준으로 판단하여야 할 것이다.[60]

바. 결합상표

결합상표는 기호 · 문자 · 도형 · 입체적 형상 · 색채 · 홀로그램 · 동작 중 두 가지 이상의 구성요소가 결합한 상표를 말한다.

상표의 기능을 높이거나 상표등록을 용이하게 받고자 하는 등의 이유로 결합상표를 출원하는 경우가 늘어나면서, 결합상표의 유사 여부 판단이 실무상 중요한 문제로 대두하였다.[61]

---

58) 상표심사기준 8부 5장 2.5, 2.6, 2.7.

[위치상표 출원으로 볼 수 있는 경우 예시]

59) 상표심사기준 8부 5장 3.1, 3.2, 3.3.
60) 상표심사기준 8부 5장 4.2.
61) 상표의 유사 여부는 '전체관찰'의 방법에 따라 판단하는 것이 원칙임에도 불구하고, 실무상 결합상표의 유사 여부를 판단할 때 결합상표의 구성부분 중 일부만을 따로 떼어내어 비교하는 '분리관찰'의 방법이 매우 폭넓게 적용되어 왔다. 이러한 분리관찰의 지나친 확대 적용은 상표의 유사 여부에 관하여 거래실태와 동떨어진 자의적 판단을 초래할 우려가 있을 뿐만 아니라, 상표의 구성부분으로 사용할 수 있는 자원을 제한하여 상표등록출원인의 상표선택의 폭을 지나치게 제한하는 등의 문제를 초래할 수 있다는 점에서 비판을 받고 있다[박원규, "결합상표의 유사 여부 판단과 다수 등록에 의한 식별력 부인", 특허소송연구(제4집), 특허법원(2008. 12.), 458~459 참조].

두 개 이상의 구성 부분이 결합하여 이루어진 이른바 결합상표는 원칙적으로 그 상표를 구성하는 전체에 의하여 식별력이 있는지를 판단하여야 한다.[62]

한편 상표법 33조 1항 3호(구 상표 6조 1항 3호)는 상품의 형상을 보통으로 사용하는 방법으로 표시한 표장만으로 된 상표는 상표등록을 받을 수 없도록 규정하고 있을 뿐, 입체적 형상에 다른 식별력이 있는 기호·문자·도형 등이 결합되어 있는 상표에 대하여는 상표등록을 받을 수 없다고 규정하고 있지 아니하고, 달리 상표에 입체적 형상 부분이 포함되어 있다는 이유로 이와 결합된 기호·문자·도형 등을 무시하고 입체적 형상만을 기준으로 식별력을 판단하여야 한다는 상표법 규정도 없다. 또한 식별력이 없는 입체적 형상 부분을 포함하고 있는 상표가 전체적으로는 식별력이 인정되어 상표등록이 되더라도 식별력이 없는 입체적 형상 부분에는 그 상표권의 효력이 미치지 아니하므로[상표 90조 1항(구 상표 51조 1항)], 그러한 상표의 등록을 허용한다고 하여 식별력이 없는 입체적 형상 부분에까지 상표권의 효력이 확장되어 다른 사람의 사용을 제한하는 부당한 결과가 발생할 우려는 없다. 이러한 점들을 고려하면, 입체적 형상과 기호·문자·도형 등이 결합된 상표라고 하여 그 식별력의 판단에 있어서 다른 일반적인 결합상표와 달리 보아서는 아니 되므로, 입체적 형상 자체에는 식별력이 없더라도 식별력이 있는 기호·문자·도형 등과 결합하여 전체적으로 식별력이 있는 상표에 대하여 상표법 33조 1항 3호(구 상표 6조 1항 3호) 등에 해당한다는 이유로 상표등록을 거절하여서는 아니 된다.[63]

사. 비시각적 상표(소리상표·냄새상표)

비시각적 상표는 시각이 아닌 청각, 후각, 미각, 촉각 등을 통하여 지각할 수 있는 모든 감각적 상표를 말한다.[64] 우리나라는 2012. 3. 15. 발효된 한미 FTA 합의사항의 이행을 위해 2011. 12. 2. 상표법 개정을 통하여 '소리·냄새 등 시각적으로 인식할 수 없는 것 중 기호·문자·도형 또는 그 밖의 시각적인 방법으로 사실적(寫實的)으로 표현한 것'[65]에 대하여 상표등록을 허용하였다.

---

62) 대법원 1994. 10. 28. 선고 94후616 판결, 1992. 2. 11. 선고 91후1427 판결.

63) 대법원 2015. 2. 26. 선고 2014후2306 판결.

64) 비시각상표의 소리상표의 예로는 MGM사의 '사자울음소리'(미국상표등록 제1395550호), 냄새상표의 예로는 자수실의 '플루메리아 꽃냄새'(미국상표등록 제1639128호), 레이저프린터 토너의 '레몬향'(미국상표등록 제75120036호) 등이 있다.

65) [예1] 이 소리상표는 첨부된 파일과 같이 숫사자 울음소리로 구성되는데 숫사자가 크게 울부짖는 큰 울

소리 · 냄새 등 시각적으로 인식할 수 없는 표장(상표법 시행령 2조 3호)을 포함한 상표의 출원에서 시각적 표현을 적지 아니한 경우에는 출원서를 반려한다(상표법 시행규칙 25조 1항 10호).[66] 상표의 시각적 표현이란 해당 표장을 기호 · 문자 · 도형이나 그 밖의 시각적인 방법으로 사실적이고, 가능한 구체적으로 표현하여 일반 소비자가 해당 상표를 인식할 수 있어야 하며, 소리 · 냄새 등에 대한 구체적인 서술로 작성되어야 하는 것을 의미한다(상표법 시행규칙 별표 서식 3호 상표등록출원서 기재요령). 특허청 심사실무는, 소리 · 냄새가 문자 · 숫자 · 기호 · 도형 또는 그 밖의 방법을 통하여 시각적으로 인식하고 특정할 수 있도록 구체적으로 표현되지 않은 경우 및 출원서에 기재된 시각적 표현과 그 출원서에 첨부된 소리파일이나 냄새견본이 서로 합치하지 않은 경우, 상표법 2조 1항의 상표의 정의규정에 합치하지 않는 것으로 보아 거절이유를 통지한다.[67] 또한, 소리상표나 냄새상표를 출원하는 경우 시각적 표현에 합치하는 소리파일이나 냄새견본을 제출하여야 하므로(상표법 시행규칙 28조 2항), 소리파일이나 냄새견본이 제출되지 않은 경우에도 상표법 2조 1항의 상표의 정의규정에 합치하지 않는 것으로 보아 거절이유를 통지한다.[68]

한편 특허청 심사실무는, 소리상표 · 냄새상표는 수요자들에게 상품의 출처를 표시하는 상표로 인식되기보다는 소리 또는 냄새로 자체로 인식되는 것이 일반적이어서 상표법 33조 1항 7호 소정의 '수요자가 누구의 업무에 관련된 상품을 표시하는 것인가를 식별할 수 없는 표장'에 해당한다는 이유로, 상표법 33조 2항 소정의 '사용에 의한 식별력'을 취득한 경우에만 상표등록을 허용한다.[69] 소리 · 냄새 또는 그 시각적 표현이 지정상품의 품질 · 효능 · 용도 등의 성질을 직접적으로 나타내고 있다고 인정

음소리가 2초간 들린 후 잠시 후 다시 작은 울음소리가 들리는 소리로 구성된다. [예2] 이 냄새상표는 첨부된 샘플과 같이 갓 깎은 풀냄새로 구성되는데, 여기서 말하는 풀은 골프장에서 주로 사용되는 크리핑 벤트그래스 잔디를 말하며, 갓 깎은 풀냄새란 잔디를 잔디깎기 기계 또는 낫으로 깎자마자 발산되는 냄새로 깎은 지 1시간이 지나지 않은 냄새를 말한다(상표법 시행규칙 별표 서식 3호 상표등록출원서 기재요령).

66) 현행 상표법은 2조 1항 2호에서 '표장'을 '표현방식에 상관없이' 상품의 출처를 나타내기 위하여 사용하는 모든 표시로 정의하고, 현행 상표법 91조 1항에서 구 상표법 52조 1항 중 괄호 부분(소리 · 냄새상표의 경우 등록상표의 보호범위가 그 시각적 표현에 따라 정해지도록 한 부분)이 삭제되었으므로, 현행 상표법에서 소리 · 냄새상표가 반드시 시각적 표현의 방식을 취하여야 하는지 논란의 여지는 있다. 다만 어떤 방식으로든 자타 식별력을 가질 수 있도록 특정하는 구체적인 표현은 필요할 것이다.

67) 상표심사기준 8부 6장 3.3, 3.5, 7장 3.2, 3.4.

68) 상표심사기준 8부 6장 2.3, 7장 2.3.

69) 상표심사기준 8부 6장 4.1, 7장 4.1.

되는 경우에는 상표법 33조 1항 3호에 해당하는 것으로 본다.[70]

소리상표 중 소리가 1음(音) 또는 2음(音)으로 구성된 것은 상표법 33조 1항 6호에 규정된 간단하고 흔히 있는 표장만으로 된 상표에 해당하여 등록을 받을 수 없다.[71]

또한, 사용에 의한 식별력을 취득하였다고 하더라도 지정상품 또는 그 포장의 기능을 확보하는 데 불가결한 소리 또는 냄새만으로 된 상표는 상표법 34조 1항 15호에 의하여 상표등록을 받을 수 없다.[72]

4. 상표의 기능

가. 서 설

상표의 기능이라 함은 상표가 그 상품과의 관계에서 일반 수요자나 거래자에게 어떻게 인식되고 작용하는가의 문제이다.

상표의 기능은 일반적으로 출처표시기능, 품질보증기능, 광고선전기능으로 나누어 볼 수 있다.[73] 역사적으로 볼 때 처음에는 출처표시기능만이 상표의 기능으로 생각되었으나, 상품경제의 발달에 따라 품질보증기능이 점차 중시되었고, 최근에는 광고선전기능의 비중이 높아지는 추세이다. 다만 이러한 구분은 상표의 기능을 관념적으로 구별한 것일 뿐 실제 거래사회에서는 상표의 기능이 유기적인 일체로서 발휘된다.

---

70) 상표심사기준 8부 6장 4.2, 7장 4.2.

[품질·효능·용도 등을 직접적으로 나타내는 경우의 예시]

지정상품	소리	지정상품	냄새
생수	맑은물소리	타이어	고무향
방한복	바람소리	목재가공업	나무냄새
벌목서비스업	체인톱소리	커피전문점업	커피향

71) 상표심사기준 8부 6장 4.3.

72) 특허청 심사실무는 출원된 소리·냄새 등이 기능적인지를 판단할 때, ① 상품의 특성으로부터 발생하는 특정한 소리 또는 냄새인지 여부(예: 맥주병의 병뚜껑 따는 소리, 타이어의 고무향), ② 상품의 사용에 꼭 필요하거나 그 상품에 일반적으로 사용되는 소리 또는 냄새인지 여부(예: 오토바이의 엔진소리, 향수의 향기, 음식의 냄새 등), ③ 상품의 판매증가와 밀접한 원인이 되는 소리 또는 냄새인지 여부(예: 차임벨의 소리, 방향제 등에 사용되는 냄새)를 고려한다(상표심사기준 5부 15장 4.3 참조).

73) 송영식 외 6인(주 1), 58~62; 小野昌延·三山峻司 編, 新·註解 商標法(上卷), 靑林書院(2016), 22 등. 상표의 기능으로서 자타상품식별기능과 출처표시기능을 구분하여 설명하는 견해도 있으나, 자타상품식별기능과 출처표시기능은 모두 상표의 식별력에 기초하는 점에서 차이가 없고, 실무상 이를 엄밀하게 구분할 실익도 없다. 한편 재산적 기능, 보호적 기능, 경쟁적 기능을 상표의 파생적 기능으로 파악하는 견해도 있다[문삼섭(주 1), 146~148].

나. 출처표시기능

출처표시기능은 동일한 상표가 사용된 상품은 동일한 출처(source)에서 생산되어 동일한 판로(channel)를 거쳐 판매된다는 것을 수요자에게 나타내는 기능을 가리킨다.

출처표시기능은 상표의 본질적 기능으로서 상표가 갖는 자타상품 식별력에 기초하므로, 식별력이 없는 상표는 상표등록을 받을 수 없다(상표 33조 1항 각호).

출처표시기능이 과거에는 일반 수요자에 대한 관계에서 상품의 품질을 보증하는 공익적 성격을 가졌으나, 상품의 품질이 점점 균등해지는 현대에서는 그와 같은 공익적 성격은 약화되고 상표권자가 시장에서 자기 신용을 형성·유지하는 것을 보장하는 사익적 성격으로 변화하고 있다.[74]

상표법상 출처표시기능과 관련된 규정으로는 상표법 34조 1항 7 내지 11호, 35조, 108조, 224조 등이 있다.

다. 품질보증기능

품질보증기능은 수요자로 하여금 동일한 상표가 부착된 상품은 동일한 성능과 품질을 가지고 있다고 기대할 수 있도록 하는 기능을 말한다.

일반 수요자에게는 어느 상품이 어떠한 품질을 가지는지를 확인하는 것이 매우 중요하므로, 품질보증기능은 일반 수요자를 위한 공익적 성격도 있지만, 상표사용자의 업무상 신용을 보호하는 사익적 성격도 있다.

상표법상 품질보증기능과 관련된 규정으로는 상표법 34조 1항 9호, 95조, 97조, 119조 1항 1호 등이 있다.

라. 광고선전기능

상표는 이미 상품을 구입한 사람에게는 상표를 통하여 상품의 우수성과 상표사용자의 신용을 기억하여 그 상품을 다시 구매하도록 하고, 아직 상품을 구입하지 아니한 사람에게는 광고를 통하여 당해 상표가 사용된 상품에 대한 강한 인상을 주어 구매동기를 유발한다. 이와 같이 상표가 거래사회에서 당해 상품에 대한 구매의욕을

---

74) 송영식 외 6인(주 1), 59.

불러일으키는 기능을 광고선전기능이라 한다.[75]

오늘날 각종 언론방송매체와 인터넷이 비약적으로 발달하고 상품의 품질이 균등화됨에 따라 상품의 매출액은 상품의 출처나 품질보다는 오히려 광고선전에 좌우되는 실정이므로 상표의 광고선전기능은 더욱 중요해지고 있다. 특히 서비스의 경우에는 그 성질상 서비스 자체에 표장을 부착할 수 없고 유통과정이 있을 수 없으므로 광고선전기능이 가장 중요하다. 그러므로 상표의 광고선전기능을 침해하는 행위는 상표사용자에게 중대한 영업상 손실을 끼치게 된다.

상표의 광고선전기능은 상표사용자가 타인이 유사상표를 사용하는 것을 부주의하게 묵인하는 것, 타인이 유사상표를 사용함으로써 상표사용자 내지는 영업주체의 오인혼동이 발생하게 하는 것(passing-off), 타인이 동일·유사한 상표를 그 상표의 지정상품과 다른 종류의 상품에 사용함으로써(free-ride) 상표의 이미지나 고객흡인력을 희석화(dilution)하는 것 등에 의하여 침해된다.

사회경제적으로 높은 가치를 갖는 저명상표의 희석화를 방지하기 위하여, 미국은 1995년 연방희석화방지법을 제정하였고, 일본은 상표법상 방호표장(防護標章)제도를 운용하는 한편 부정경쟁방지법으로도 규제한다.

우리나라는 2014. 6. 11. 법률 12571호로 상표법을 개정하여 '수요자 간에 현저하게 인식되어 있는 타인의 상품이나 영업의 식별력 또는 명성을 손상시킬 염려가 있는 상표'를 부등록사유 중 하나로 명시하였으며(구 상표법 7조 1항 10호, 현행 상표법 34조 1항 11호),[76] 부정경쟁방지법 2조 1호 다목은 국내에 주지저명한 상표의 식별력이나 명성을 손상시키는 행위를 부정경쟁행위로 규정한다.

---

75) 상표법 2조 1항 11호 다목은 상표를 사용한 상품광고행위를 상표의 사용의 한 형태로 규정한다.
76) 한편 구 상표법 7조 1항 10, 11, 12호에 대해서도 이를 확대 적용하여 희석화의 염려가 있는 상표의 등록을 저지할 수 있다는 견해와 상표법상으로 위와 같은 확대 적용은 인정될 수 없다는 견해가 대립하였다[문삼섭(주 1), 417~418].

Ⅲ. 서비스표 · 단체표장 · 증명표장 · 업무표장

1. 서비스표

구 상표법은 '서비스표'(Service mark)를 "서비스업[77]을 영위하는 자가 자기의[78] 서비스업을 타인의 서비스업과 식별되도록 하기 위하여 사용하는 표장"으로 정의하고 (구 상표 2조 1항 2호), 서비스표에 관하여 상표법에서 특별히 규정한 것을 제외하고는 상표법 중 상표에 관한 규정을 적용하도록 하여(구 상표 2조 3항), 구 상표법 6조, 7조 의 상표의 등록요건 및 부등록사유를 비롯한 구 상표법의 대부분 규정이 서비스표에 도 준용되는 것으로 규정하였다.

반면 현행 상표법에서는 '서비스(업)'가 '상품' 개념에 포함되고(상표 2조 1항 1호) '서비스표'의 정의 규정(구 상표 2조 1항 2호) 및 그 준용규정(구 상표 2조 3항 중 해당 부분)이 삭제됨으로써 '상품'과 '서비스(업)', '상표'와 '서비스표'가 상표법의 용어상으로는 더 이상 구분되지 않게 되었다. 그러나 이는 '상품'과 '상표'가 '서비스(업)'과 '서비스표'를 각각 포섭하는 것으로 각 개념의 외연이 확장된 것일 뿐이고, 구 상표법 하에서도 준용규정에 의하여 상표에 관한 규정이 대부분 서비스표에도 적용되었으므로, 위와 같은 개정에 따른 실질적 차이는 크지 않다. 따라서 구 상표법상의 '상품'과 '서비스(업)', '상표'와 '서비스표'를 각각 그 본래의 특성(유형물인 상품과 무형의 서비스의 본질적 차이 등)에 따라 구분하는 것은 여전히 의미가 있다.

상표는 지정상품의 출처를, 서비스표는 서비스의 출처를 식별하기 위한 표장으로서 각자 수행하는 기능이 다르므로, 상품과 서비스업 사이의 동종 · 유사성을 지나

[77) '서비스업'을 영위한다고 함은 독립하여 상거래의 대상이 되는 서비스를 타인의 이익을 위하여 제공하는 것을 업으로 영위한다는 의미이므로, 아무런 대가를 받지 아니하는 자원봉사나 단순한 호의에 의한 노무 또는 편익의 제공 등과 같이 상거래의 대상이 되지 아니하는 용역을 일정한 목적 아래 계속적 · 반복적으로 제공하였다고 하더라도 상표법상의 서비스업을 영위하였다고 할 수 없다(대법원 2013. 7. 12. 선고 2012후3077 판결). '서비스업'의 개념을 최초로 정립한 판결로서 이에 따른 참고판결로 특허법원 2015. 6. 25. 선고 2014허9475 판결(확정)이 있다.
78) 서비스표의 불사용을 이유로 한 서비스표등록취소심판에서 서비스표의 사용이 인정되려면 서비스표권자 또는 그 사용권자가 서비스표를 자기 서비스업의 출처를 표시하기 위하여 사용하여야 하고, 타인의 상품 또는 서비스업의 출처를 표시하기 위하여 사용한 경우는 불사용을 이유로 한 서비스표 등록의 취소를 면하기 위한 서비스표의 사용에 해당한다고 할 수 없다(대법원 2013. 11. 28. 선고 2012후1071 판결).]

치게 광범위하게 인정하여서는 아니 된다.[79)]

구 상표법은 상표의 사용태양만을 규정하고(구 상표 2조 1항 7호), 서비스표의 사용태양은 별도로 규정하지 않은 채 상표에 관한 규정을 준용하도록 하였다(구 상표 2조 3항). 그런데 구 상표법상 상표의 사용태양에 관한 규정 중 '광고행위'에 관한 조항(구 상표 2조 1항 7호 다목)이 서비스표에 적용될 수 있음은 의문이 없으나, '서비스'는 상품과는 달리 무형의 존재로서 서비스 자체에 표장을 표시한다거나 그와 같이 표시한 것을 유통시킬 수 없다는 점에서 상표의 사용태양 중 '표시행위' 및 '유통행위'에 관한 조항(구 상표 2조 1항 7호 가목 및 나목)이 서비스표의 사용에 그대로 적용될 수 있는지 논란이 있었다.[80)]

이에 관하여 대법원은 "서비스표는 통상 유형물인 상품과는 달리 수요자에게 제공되는 무형의 서비스를 표장의 대상으로 하는 것이므로 그 서비스 자체에 서비스표를 직접 사용할 수는 없다. 이러한 상품과 서비스의 차이를 고려할 때, 서비스표의 사용에는 서비스업에 관한 광고 · 정가표 · 거래서류 · 간판 또는 표찰에 서비스표를 표시하고 이를 전시 또는 반포하는 행위는 물론, 서비스의 제공시 수요자의 이용에 공여되는 물건 또는 당해 서비스의 제공에 관한 수요자의 물건에 서비스표를 표시하는 행위, 서비스의 제공시 수요자의 이용에 공여되는 물건에 서비스표를 표시한 것을 이용하여 서비스를 제공하는 행위 또는 서비스의 제공에 이용하는 물건에 서비스표를 표시한 것을 서비스의 제공을 위하여 전시하는 행위 등이 포함된다."라고 판시하였다.[81)]

2. 단체표장

단체표장(Collective mark)이란 상품을 생산 · 제조 · 가공 · 판매하거나 서비스를 제

---

79) 대법원 1999. 2. 23. 선고 98후1587 판결.
80) 그러나 현행 상표법은 "상품에 관한 광고 · 정가표(정가표) · 거래서류, <u>그 밖의 수단</u>에 상표를 표시하고 전시하거나 널리 알리는 행위"를 상표사용 태양의 하나로 규정함에 따라(상표 2조 1항 11호 다목), 구 상표법과 달리 서비스표의 사용태양도 포섭할 여지가 있게 되었다.
81) 대법원 2011. 7. 28. 선고 2010후3080 판결. 즉석에서 구운 빵을 담는 나무상자는 제과점업이라는 서비스의 제공시 수요자의 이용에 공여되는 물건에 해당하므로, 위 나무상자에 서비스표를 표시하여 서비스를 제공한 행위 등은 상표법상 서비스표의 사용행위에 해당한다고 판단한 사례이다. 이 대법원판결 이전의 참고판결로 특허법원 2006. 4. 6. 선고 2005허9053 판결('본죽' 사건, 상고기각) 등이 있다.

공하는 자가 공동으로 설립한 법인이 직접 사용하거나 그 소속 단체원에게 사용하게 하기 위한 표장을 말한다(상표 2조 1항 3호).

단체표장에 관하여는 상표법에서 특별히 규정한 것을 제외하고는 상표에 관한 규정을 적용한다(상표 2조 3항). 단체표장등록출원 및 단체표장권은 이전할 수 없고, 다만 법인 합병의 경우에는 특허청장의 허가를 받아 이전할 수 있다(상표 48조 7항, 93조 6항). 또한, 상표법 93조 6항의 규정에 위반하여 이전된 단체표장은 등록이 취소될 수 있다(상표 119조 1항 4호).

단체표장의 대표적인 예로 '지리적 표시 단체표장'이 있다. 이는 WTO/TRIPs 협정의 '지리적 표시 보호의무'를 이행하기 위하여 2004. 12. 31. 도입된 것이다. 따라서 산지를 보통으로 사용하는 방법으로 표시한 것만으로 된 표장(상표 33조 1항 3호) 및 현저한 지리적 명칭(상표 33조 1항 4호)에 해당하는 표장이라도 그것이 특정 상품에 대한 지리적 표시인 경우에는 그 지리적 표시를 사용한 상품을 지정상품으로 하여 '지리적 표시 단체표장'을 등록받을 수 있다(상표 33조 3항).

3. 증명표장

증명표장(Certification Mark)이란 상품의 품질, 원산지, 생산방법 또는 그 밖의 특성을 증명하고 관리하는 것을 업으로 하는 자가 '타인'의 상품에 대하여 그 상품이 품질, 원산지, 생산방법 또는 그 밖의 특성을 충족한다는 것을 증명하는 데 사용하는 표장을 말한다(상표 2조 1항 7호).[82] 증명표장제도는 한미 FTA 합의사항을 반영하기 위해 2011. 12. 2. 도입되었다.

증명표장은 타인의 상품·서비스의 품질이나 특성을 증명·보증하는 기능을 한다는 점에서 자기 상품·서비스의 출처표시기능을 하는 상표 및 표장사용자가 그 단체 소속 구성원이라는 출처표시기능을 하는 단체표장과는 차이가 있다.[83] 증명표장의 이러한 기능상 특징 때문에 상표법은 증명표장권자가 이를 자기의 영업에 관

---

[82] 지리적 출처를 증명하기 위한 증명표장으로는 아이다호주에서 생산되는 감자에 사용되는 '▨', 품질, 원재료, 제조방법을 증명하기 위한 증명표장으로는 전자제품의 안전기준에 관한 '⑪', 양모제품의 품질을 보증하는 '◉' 등이 있다.

[83] 증명표장과 상표·서비스표, 단체표장의 비교에 관하여는 손호진, 한·미 FTA 등에 따라 새로 도입된 상표제도, 과학기술과 법 제3권 제1호(2012. 6.), 151~154 참조.

한 상품에 사용하려는 경우에는 증명표장등록을 받을 수 없다고 규정하는 한편(상표 3조 3항 단서), 이러한 사유를 증명표장의 등록거절사유 및 등록무효사유는 물론 등록 취소사유로도 규정하였다(상표 54조 4호, 117조 1항 1호, 119조 1항 9호 나목).

'지리적 표시 증명표장'이란 지리적 표시를 증명하는 것을 업으로 하는 자가 타인의 상품에 대하여 그 상품이 정해진 지리적 특성을 충족한다는 것을 증명하는 데 사용하는 표장을 말한다(상표 2조 1항 8호). 지리적 표시 증명표장에 관하여는 상표법에서 특별히 규정한 것을 제외하고는 지리적 표시 단체표장에 관한 규정을 적용한다(상표 2조 4항).

4. 업무표장

업무표장(Business emblem)이란 영리를 목적으로 하지 아니하는 업무를 하는 자[84]가 그 업무를 나타내기 위하여 사용하는 표장을 말한다(상표 2조 1항 9호). 여기서 '업무'라 함은 비영리 분야에서 출원인의 특정한 목적을 달성하기 위한 활동이나 관련 시설의 유지·관리를 위한 활동 등을 말한다.

업무표장은 국내에서 영리를 목적으로 하지 아니하는 업무를 '하(고 있)는' 자만이 등록을 받을 수 있으므로(상표 3조 6항), 외국에서만 비영리업무를 하는 자, 영리업무를 주목적으로 하는 자(예를 들어 상법상 회사)는 업무표장의 등록을 받을 수 없다. 또한, 비영리업무를 장래 영위 '하고자 하는' 자도 등록을 받을 수 없다. 따라서 업무표장등록을 받고자 하는 자는 그 업무의 경영사실을 증명하는 서류를 업무표장등록출원서에 첨부하여야 한다(상표 36조 6항). 다만 업무표장의 주체를 법인이나 단체로 한정하지 아니하였으므로, 법인뿐만 아니라 자연인(개인)은 물론 국가나 공공기관도 업무표장권자가 될 수 있다.[85]

업무표장도 단체표장의 경우와 마찬가지로 상표법에서 특별히 규정한 것을 제외하고는 상표에 관한 규정을 적용한다(상표 2조 3항). 업무표장등록출원 및 업무표장권은 그 업무를 양도하는 경우에만 함께 양도할 수 있다(상표 48조 6항 1호, 93조 4항). 또한, 상표법 93조 4항의 규정에 위반하여 양도된 업무표장은 등록이 취소될 수 있다

---

84) 예를 들어 한국소비자원, 대한변호사협회, YMCA, 보이스카웃 등(상표심사기준 7부 1장 1.1)
85) 업무표장의 예시(상표심사기준 7부 1장 1.1)

(상표 119조 1항 4호).

　특허청 심사실무상, 업무표장의 지정업무에 대해서는 상품과 달리 구분표가 마련되어 있지 않으므로, 출원인은 업무의 경영사실을 증명하는 서류에 지정업무를 개별적이고 구체적으로 지정하여 출원하면 된다. 지정업무의 범위에는 그 부대업무로서 수익사업의 일환인 상품의 제공은 포함되지 않는 것으로 본다.[86]

대한민국(특허청장)

대한민국(고용노동부장관)

서울특별시

한국장애인고용공단

사단법인 국제태권도연맹

국민연금공단

86) 상표심사기준 7부 1장 3.1.4. 부대업무에 관해서는 별도로 상표등록을 출원하여야 한다(상표심사기준 7부 1장 3.3.3).

상표등록을 받을 수 있는 상표

Ⅰ. 상표의 식별력

1. 의   의

상표는 자기의 업무와 관련된 상품을 타인의 상품과 식별되도록 하기 위하여 사용하는 표장이므로, 상표는 자기의 상품과 타인의 상품을 구별할 수 있게 해 주는 힘, 즉 식별력(識別力, Distinctiveness)이 있어야 한다. 상표법 33조 1항은 그 각호 소정의 식별력 없는 상표에 해당하지 않으면 상표등록을 받을 수 있다고 하여 식별력을 상표등록의 적극적 요건으로 규정한다. 실무상으로는 상표법 33조 1항의 요건을 '상표의 등록적격'이라고도 부른다.

2. 상표의 등록적격에 관한 학설 및 판례

어느 상표가 상표법 33조 소정의 등록적격을 갖추었다고 볼 수 있는지에 대해서 학설은 외관구성설(外觀構成說, 식별력은 상표의 외관구성의 명료성을 의미한다는 학설), 자타상품식별력설(自他商品識別力說, 식별력은 자타상품을 구별하게 하는 힘이라는 학설), 독점적응성설(獨占適應性說, 어떤 상표에 관하여 특정인에게 독점적 사용권을 부여하는 것이 공익상 부당하면 등록적격이 없다는 학설) 등으로 나뉘어 있다.[1]

---

1) 문삼섭, 상표법(제2판), 세창출판사(2004), 185~186; 정상조 편집대표, 상표법주해 Ⅰ, 박영사(2018), 57; 송영식·이상정·황종환·이대희·김병일·박영규·신재호 공저, 송영식 지적소유권법(하)(제2판), 육법사(2013), 103~105.

대법원 판례는, ① 상표법 33조 1항 1호의 보통명칭은 특정 종류의 상품의 명칭
으로서 일반적으로 사용되는 것이므로 본질적으로 자타상품의 식별력이 없어 특정인
에게 이를 독점사용하게 하는 것은 부적당하고 누구라도 자유롭게 사용하게 할 필요
가 있고,2) ② 같은 항 3호의 기술적 표장은 통상 상품의 유통과정에서 필요한 표시여
서 누구라도 이를 사용할 필요가 있고 그 사용을 원하기 때문에 이를 특정인에게 독
점배타적으로 사용하게 할 수 없다는 공익상의 요청과 그 상표를 허용할 경우에는
타인의 동종 상품과의 관계에서 식별이 어렵기 때문에 등록을 받을 수 없으며,3) ③
같은 항 4호가 현저한 지리적 명칭만으로 된 상표를 상표등록의 소극적 요건으로 규
정한 취지는 이와 같은 상표는 그 현저성과 주지성 때문에 특별현저성을 인정할 수
없어 누구에게나 자유로운 사용을 허용하고 어느 특정인에게 독점사용권을 부여하지
않으려는 데 있고,4) ④ 출원상표가 같은 항 6호의 '간단하고 흔히 있는 표장만으로
된 상표'에 해당하여 등록을 받을 수 없는지 여부는 자타상품에 대한 식별력 이외에
거래의 실정, 그 표장에 대한 독점적인 사용이 허용되어도 좋은가 등의 사정을 참작
하여 구체적으로 판단하여야 한다고 판시하였으며,5) ⑤ 어떤 상표가 같은 항 7호의
'수요자가 누구의 업무에 관련된 상품을 표시하는 것인가를 식별할 수 없는 상표'에
해당하는지는 그 상표가 지니고 있는 관념, 지정상품과의 관계 및 거래사회의 실정
등을 감안하여 객관적으로 결정하여야 하는데, 사회통념상 자타상품의 식별력을 인
정하기 곤란하거나 공익상 특정인에게 그 상표를 독점시키는 것이 적당하지 않다고
인정되는 경우에 그 상표는 식별력이 없다고 판시하였다.6) 이러한 판시에 비추어 보
면, 대법원판례는 상표법 33조 1항 소정의 등록적격 유무를 자타상품식별력설과 독점
적응성설7)을 종합적으로 고려하여 판단하는 것으로 보인다.

---

2) 대법원 2005. 10. 14. 선고 2005도5358 판결.
3) 대법원 2014. 10. 15. 선고 2012후3800 판결, 2006. 4. 14. 선고 2004후2246 판결, 2004. 8. 16. 선고 2002
  후1140 판결 등.
4) 대법원 2018. 2. 13. 선고 2017후1342 판결, 2015. 1. 29. 선고 2014후2283 판결, 2012. 12. 13. 선고 2011
  후958 판결, 1997. 8. 22. 선고 96후1682 판결 등.
5) 대법원 2004. 11. 26. 선고 2003후2942 판결.
6) 대법원 2012. 12. 27. 선고 2012후2951 판결, 2010. 7. 29. 선고 2008후4721 판결, 1991. 12. 24. 선고 91
  후455 판결 등.
7) 대법원 판례는 독점적응성 유무를 판단할 때 당해 상표의 구성 자체뿐만 아니라 관계 법령의 규정도
  중요한 판단자료로 삼는다(대법원 2006. 5. 12. 선고 2005후339 판결).

3. 식별력의 유무와 강약

식별력의 유무와 강약은 상표의 구성 자체의 외관·호칭·관념뿐만 아니라 지정상품과의 관계, 거래사회의 실정, 일반 수요자나 거래자의 인식 정도 등에 의하여 결정되어야 한다.[8]

식별력의 유무와 강약은 상표가 가지는 관념, 상품과의 관계, 당해 상품이 거래되는 시장의 성질, 거래 실태 및 거래 방법, 상품의 속성, 수요자의 구성, 상표 사용의 정도 등에 따라 달라질 수 있는 상대적·유동적인 것이므로,[9] 식별력이 강한 상표라도 일반 수요자나 거래자의 자유로운 사용에 의하여 식별력을 상실할 수도 있고(예를 들어 아스피린), 반면 식별력이 없거나 미약한 상표였더라도 사용에 의하여 식별력을 취득할 수도 있다.

4. 식별력의 취득과 상실

가. 식별력 유무의 판단시점

상표법 33조 1항은 그 각호의 식별력이 없는 상표를 제외하고는 상표등록을 받을 수 있다고 규정하나, 식별력 유무의 판단시점에 대해서는 별도로 규정하지 않았다. 대법원은 상표등록요건으로서의 식별력 유무 및 상표법 33조 1항 소정의 등록요건 충족 여부의 판단기준시점을 상표에 대한 등록 여부 결정시(즉, 등록결정시, 거절결정시 또는 거절결정 불복에 대한 심결시)로 본다.[10]

이와 관련하여 어떤 결합상표가 상표법 34조 1항 7호의 선출원등록상표와 동일·유사한 상표에 해당하는지를 판단하기 위한 전제로서 그 결합상표의 일부 구성요소가 상표법 33조 1항 각호의 식별력 없는 표장에 해당하는지가 다투어지는 경우 그 판단기준시점을 언제로 볼 것인지가 문제된다. 이에 대해서 대법원은, 구 상표법

---

8) 대법원 1991. 12. 24. 선고 91후455 판결.
9) 대법원 2014. 3. 20. 선고 2011후3698 전원합의체 판결.
10) 출원 상표나 서비스표가 구 상표법 6조 1항 각 호의 식별력 요건을 갖추고 있는지 여부에 관한 판단의 기준 시점은 원칙적으로 상표나 서비스표에 대하여 등록 여부를 결정하는 결정시이고 거절결정에 대한 불복 심판에 의하여 등록 허부가 결정되는 경우에는 그 심결시라고 할 것이다(대법원 2012. 4. 13. 선고 2011후1142 판결 등 참조). 한편, 대법원 판례는, 상표법 33조 2항 소정의 '사용에 의한 식별력' 취득 여부 또한 등록 여부 결정시를 기준으로 판단한다(2절 Ⅲ. 3.항 참조).

에서 상표가 구 상표법 7조 1항 7호에 해당하는지의 판단기준시점을 그 상표의 등록
출원시로 규정하였음을 이유로 결합상표 중 일부 구성요소의 식별력 유무에 대한 판
단기준시점 역시 그 결합상표의 등록출원시로 보아야 한다고 판시하였다.[11] 그런데
현행 상표법은 구 상표법과 달리 상표가 상표법 34조 1항 7호에 해당하는지의 판단기
준시점을 '등록 여부 결정시'로 규정하였으므로(상표 34조 2항 본문), 위 대법원판례의
취지에 비추어 현행 상표법이 적용되는 상표가 상표법 34조 1항 7호에 해당하는지를
판단할 때 그 상표 또는 그 상표 중 일부 구성요소의 식별력 유무의 판단기준시점은
'등록 여부 결정시'(등록결정시, 거절결정시 또는 거절결정 불복에 대한 심결시)로 하여야 할 것
이다.

한편 등록상표에 관한 권리범위확인사건이나 침해소송에서 등록상표와 확인대상
표장 내지 침해표장의 유사 여부 판단을 위한 전제로서 등록상표 또는 그 일부 구성
요소의 식별력 유무의 판단 기준시가 문제가 된다. 이에 관하여 대법원 2014. 3. 20.
선고 2011후3698 전원합의체 판결은 '상표의 식별력은 상대적·유동적인 것이므로 이
는 상표 유사 여부와 동일한 시점을 기준으로 그 유무와 강약을 판단하여야 하며, 따
라서 권리범위확인심판 사건에서 상표 유사 여부 판단의 요소가 되는 등록상표의 식
별력은 상표 유사 여부 판단의 기준시인 심결시를 기준으로 판단하여야 한다'는 취지
로 판시하고, 나아가 "등록상표의 전부 또는 일부 구성이 등록결정 당시에는 식별력
이 없거나 미약하였다고 하더라도 등록상표를 전체로서 또는 일부 구성 부분을 분리
하여 사용함으로써 권리범위확인심판의 심결 시점에 이르러서는 수요자 사이에 누구
의 상품을 표시하는 것인지 현저하게 인식될 정도가 되어 중심적 식별력을 가지게
된 경우에는, 이를 기초로 상표의 유사 여부를 판단하여야 한다."라고 판시하여, 이와
배치되는 종래 판례[12]를 변경하였다. 이러한 대법원 전원합의체 판결의 취지에 비추
어 보면, 등록상표에 관한 침해소송에서 등록상표와 침해표장의 유사 여부 판단을 위
한 전제로서 등록상표 또는 그 일부 구성요소의 식별력 유무와 정도 또한 침해 여부
판단 기준시(손해배상청구)나 변론종결시(금지청구)를 기준으로 판단하여야 한다.

---

11) 대법원 2006. 12. 8. 선고 2005후674 판결
12) 대법원 2007. 12. 13. 선고 2005후728 판결(A6 사건). 반면 대법원 1996. 5. 13.자 96마217 결정(재능교
육 사건)은 위 전원합의체 판결과 같은 취지로 이해될 여지가 많다. 위 전원합의체 판결은 종래 배치되
는 대법원 판례들을 정리한 것이다.

나. 식별력이 없는 상표가 등록된 경우의 처리

상표법 33조 1항의 규정에 위반하여 등록된 상표는 상표법 117조 1항 1호에 의하여 상표등록이 무효로 된다. 이는 식별력이 없는 상표가 상표등록 후 사용에 의한 식별력을 취득한 경우에도 마찬가지이며, 상표권자는 다시 상표등록출원을 하여 상표법 33조 2항에 의하여 상표등록을 받아야 한다.[13] 입법론으로는 영국 상표법 47조 1항의 규정과 같이 하자가 치유되었다고 보고 무효심판청구를 기각하도록 함이 타당하다는 견해도 있다.

다. 상표등록이 된 후 식별력을 상실한 경우의 처리

식별력 있는 등록상표라 하더라도 상표등록 후 상표법 33조 1항 각호에 해당하게 되면(33조 2항에 해당하게 된 경우[14] 제외) 상표법 117조 1항 6호에 의하여 상표등록이 무효로 된다.

상표법 117조 3항 단서, 4항은 '식별력 있는 등록상표가 상표등록 후 33조 1항 각호에 해당하게 되었음을 이유로 상표등록을 무효로 하는 심결이 확정된 경우에는 그 등록상표가 상표법 33조 1항 각호에 해당하게 된 때부터 당해 상표권이 없었던 것으로 보고, 그때를 특정할 수 없는 경우에는 무효심판이 청구되어 그 청구내용이 등록원부에 공시된 때부터 당해 상표권은 없었던 것으로 본다'고 규정하였다.[15]

---

13) 송영식 외 6인(주 1), 107; 상표법주해 I(주 1), 547.

14) 상표법 33조 1항 각호에 위반되어 등록된 상표는 그 후 사용에 의한 식별력을 취득하여 같은 법 33조 2항에 해당하게 되었더라도 상표법 117조 1항 1호의 등록무효사유에 해당하므로, 상표법 117조 1항 6호의 "33조 2항에 해당하게 된 경우"라 함은 상표등록 당시 식별력이 있었던 상표가 상표등록 후 식별력을 상실하였다가 다시 사용에 의한 식별력을 취득한 경우를 가리키는 것으로 해석하여야 한다. 정상조 편집대표, 상표법주해 II, 박영사(2018), 334 참조.

15) 상표법 117조 3항 본문은 "상표등록을 무효로 한다는 심결이 확정된 경우에는 그 상표권은 처음부터 없었던 것으로 본다."라고 규정하므로, 상표법 117조 3항 단서 및 4항은 위 규정에 대한 예외규정에 해당한다.

Ⅱ. 식별력이 없는 상표

1. 서 설

상표법 33조 1항은 보통명칭(1호), 관용표장(2호), 기술적 표장(3호), 현저한 지리적 명칭(4호), 흔히 있는 성 또는 명칭(5호), 간단하고 흔한 표장(6호), 기타 식별력 없는 상표(7호)에 해당하는 상표, 즉 식별력이 없는 상표를 등록적격이 없는 상표로 규정한다.16)

통상 상표법 33조는 식별력이 있는 상표는 상표등록을 받을 수 있다는 의미에서 상표등록의 적극적 요건을 규정하고, 상표법 34조는 상표등록의 소극적 요건을 규정한 것으로 이해되나, 상표법 33조 1항 각호 또는 34조 1항 각호 중 어느 하나의 규정에 해당하기만 하면 상표등록을 받을 수 없으므로, 상표법 34조의 등록요건 판단에 앞서 반드시 상표법 33조의 등록요건을 판단하여야 하는 것은 아니다.17)

2. 보통명칭과 관용표장

가. 의 의

상표법 33조 1항 1호는 그 상품의 보통명칭을 보통으로 사용하는 방법으로 표시한 표장만으로 된 상표를, 같은 항 2호는 그 상품에 대하여 관용하는 상표를 각각 등록을 받을 수 없는 상표로 규정한다.

여기서 상품의 '보통명칭'이라 함은 그 지정상품을 취급하는 거래계에서 동종업자 및 일반 수요자 사이에 그 상품을 지칭하는 것으로 실제로 사용되고 인식되어 있는 일반적인 명칭, 약칭, 속칭 등으로서 특정인의 업무에 관련된 상품이라고 인식되지 아니하는 것을 말한다.18) 따라서 보통명칭은 그 동업자들만이 아니라 실제 거래상 일반 소비자들까지도 지정상품의 보통명칭으로서 그와 같은 명칭을 보통으로 사

---

16) 상표법 33조 1항 각호는 본래 상표 자체의 등록적격에 관하여 규정한 것이지만, 결합상표의 일부 구성 요소의 식별력 유무를 판단하기 위한 근거가 되기도 한다.
17) 특허법원 2000. 9. 8. 선고 2000허3265 판결(상고기각).
18) 대법원 2003. 8. 19. 선고 2002후321 판결.

용하고 있는 것이어야 한다.[19]

상품에 대하여 관용하는 상표, 즉 '관용표장'이라 함은 특정 종류의 상품을 취급하는 거래계에서 동종업자들 사이에 그 상품을 가리키는 것으로 자유롭고 관용적으로 사용하게 된 상표를 가리킨다.[20]

보통명칭 · 관용표장은 처음부터 보통명칭 · 관용표장으로 사용된 것은 물론이고, 처음에는 특정인의 등록상표이었던 것이 상표권자가 상표관리를 허술히 함으로써 보통명칭 · 관용표장으로 된 것을 포함한다.[21]

상표법 33조 1항 1, 2호가 보통명칭 및 관용표장을 등록받을 수 없는 상표로 규정한 것은, 이러한 상표들은 불특정 다수인이 특정상품에 대하여 자유롭게 사용하는 것이어서 본질적으로 자타상품의 식별력이 없을 뿐만 아니라, 특정인에게 이를 독점하게 하는 것은 부당하기 때문이다.[22]

보통명칭은 '명칭(名稱)'이므로 문자로 표현되는 데 비하여, 관용표장은 '상표(商標)'이므로 문자 이외의 기호, 도형, 입체적 형상 등 다른 형태로도 표현될 수 있고, 또한 보통명칭은 상품의 거래시장에서 동종업자 및 일반 수요자 사이에 특정 상품의 일반적인 명칭으로 인식되고 사용될 것을 요하지만, 관용표장은 동종업자 사이에서만 인식되고 사용되면 충분하므로, 보통명칭과 관용표장은 이러한 점에서 차이가 있다.

그러나 보통명칭과 관용표장은 상표법상 모두 식별력 없는 상표로서 등록을 받을 수 없고, 이들 상표를 명확하게 구별하는 것도 용이하지 않으므로, 실무상 양자에 대한 규정이 중복하여 적용되는 경우가 많다.[23]

---

19) 대법원 2014. 9. 25. 선고 2013후3289 판결, 2006. 4. 14. 선고 2004후2246 판결.

20) 대법원 2006. 4. 14. 선고 2004후2246 판결, 2003. 12. 26. 선고 2003후243 판결.

21) 대법원 1992. 1. 21. 선고 91후882 판결, 2002. 12. 26. 선고 2002후2143 판결 등.

22) 대법원 2003. 1. 24. 선고 2002다6876 판결, 2003. 8. 19. 선고 2002후321 판결, 2005. 10. 14. 선고 2005도5358 판결.

23) 어떤 상표가 보통명칭에 해당하는 경우에는 특별한 사정이 없는 한 일반 수요자로 하여금 출처의 오인 · 혼동을 일으켜 수요자를 기만할 염려가 없으므로 구 상표법 7조 1항 11호의 상표에는 해당하지 아니한다. 따라서 구 상표법 6조 1항 1호와 같은 법 7조 1항 11호는 중복하여 적용될 수 없다. ‒ '카페라테'와 'Caffe Latte'라는 표장들은 이탈리아식 에스프레소 커피에 우유를 넣은 커피를 가리키는 보통명칭의 식별력이 없는 표장으로서 '수요자를 기만할 염려가 있는 상표'에 해당하지 않는다고 한 사례(대법원 2003. 8. 19. 선고 2002후321 판결).

나. 판단기준

어떤 상표가 보통명칭 또는 관용표장에 해당하는지는 그 상표의 등록 여부 결정 시 또는 거절결정불복심판의 심결시를 기준으로 판단한다.[24]

보통명칭은 그 지정상품을 취급하는 '동종업자 및 일반 수요자'를 기준으로, 관용 표장은 그 지정상품을 취급하는 '동종업자'를 기준으로 당해 상표가 국내 거래계에서 사용되는 실태[25]를 고려하여 판단한다.[26] 반드시 전국적 범위가 아니더라도 상당한 범위의 지역에서 사용된 표장이면 보통명칭이나 관용표장이 될 수 있다.[27]

보통명칭 또는 관용표장에 해당하는지는 상표 전체를 대상으로 판단하여야 하며, 일부 구성요소가 보통명칭이나 관용표장이라고 하여 곧바로 상표 전체가 보통명칭이나 관용표장에 해당한다고 볼 수는 없다.

다. 요 건

(1) 보통명칭

보통명칭으로 된 상표 중 등록받지 못하는 것은 그것이 그 명칭에 해당하는 상품에 '보통으로 사용하는 방법으로 표시'된 경우에 한한다.

여기에서 '보통으로 사용하는 방법으로 표시'된다는 것은 상표의 외관·호칭·관념을 통하여 그 상품의 보통명칭을 직감하게 하는 것을 말한다.

일반적으로 일반 수요자의 주의를 끌 만한 서체나 도안으로 표시되어 있지 않고 단지 자기 명칭 등을 기재하는 방법으로 표시된 경우가 이에 해당한다.[28] 외관이 특수한 태양으로 표시되어 있더라도 상표의 보통명칭으로 호칭·관념되어 상품의 보통명칭을 직감하게 하는 경우 역시 이에 해당한다.[29] 그러나 어떤 상표가 그 지정상품과 관련하여 그 상품의 보통명칭을 직감시키지 않고 단순히 암시 또는 강조하는 데지나지 않은 경우에는 보통명칭에 해당하지 아니한다.

---

24) 대법원 2003. 12. 26. 선고 2003후243 판결, 2002. 11. 26. 선고 2001후2283 판결 등.
25) 당해 상표가 외국에서 등록된 사실은 고려하지 아니한다(대법원 1996. 5. 14. 선고 95후1463 판결).
26) 대법원 2006. 4. 14. 선고 2004후2246 판결.
27) 문삼섭(주 1), 190; 도두형, "상품의 보통명칭의 의미 및 그 판단기준 시점", 정보법판례백선(1), 박영사 (2006), 248; 특허법원 2008. 9. 25. 선고 2008허6642 판결.
28) 대법원 1984. 1. 24. 선고 83후69 판결.
29) 송영식 외 6인(주 1), 110.

또한, 상표법 33조 1항 1호는 그 상품의 보통명칭을 보통으로 사용하는 방법으로 표시한 표장'만'으로 된 상표에 적용된다. 따라서 그 상품의 보통명칭을 보통으로 사용하는 방법으로 표시된 부분에 식별력 있는 문자, 기호, 도형 등이 결합한 상표는 원칙적으로 이에 해당하지 아니하나, 그러한 문자, 기호, 도형 등이 부수적 또는 보조적인 것에 불과하거나 전체적으로 보아 그 상품의 보통명칭으로 직감될 수 있다면 이에 해당한다고 보아야 할 것이다.[30)]

(2) 관용표장

상표법 33조 1항 2호는 '그 상품에 대하여 관용하는 상표'라고만 규정하였을 뿐 보통명칭의 경우와 달리 '보통으로 사용하는 방법으로 표시한 표장'이라는 요건이 부가되어 있지 않다. 이는 '관용'이란 말 자체가 상품에 관하여 보통의 방법으로 사용된다는 의미를 포함하므로 굳이 표시방법을 한정할 필요가 없기 때문이다. 따라서 관용표장의 경우에도 등록되지 못하는 것은 그것이 그 명칭에 해당하는 상품에 '보통으로 사용하는 방법으로 표시'된 경우에 한한다.[31)]

라. 판단사례

(1) 보통명칭 또는 관용표장으로 인정한 사례

(가) 대법원 판례

대법원 판례가 상표법 33조 1항 1호의 보통명칭으로 인정한 상표[32)]로는, 아스피린(지정상품: 의약용 재제, 대법원 1977. 5. 10. 선고 76다1721 판결), Truck-Lite(지정상품: 자동차용 차폭등, 대법원 1997. 2. 28. 선고 96후986 판결), 호오마이카(지정상품: 건축용 절연재 비금속 적층물, 대법원 1963. 9. 5. 선고 63후13 판결),[33)] 호마이카(지정상품: 가구, 대법원 1987. 7. 7. 선고, 86후93 판결), 인단(지정상품: 구향제, 대법원 1990. 1. 23. 선고 88후493 판결), 호두과자(지정상품: 과자, 대법원 1969. 3. 4. 선고 68후31 판결), JEEP(지정상품: 자동차, 대법원 1992. 11. 10. 선고 92후414 판결), VASELINE(지정상품: 콜드크림, 대법원 1996. 5. 14. 선고 95후

---

30) 대법원 1997. 2. 28. 선고 96후986 판결, 1993. 4. 23. 선고 92후1943 판결 등.
31) 송영식 외 6인(주 1), 110.
32) 본절의 판단사례에서 '상표'는 전체로서의 상표·서비스표뿐만 아니라 상표·서비스표를 이루는 구성요소 중 일부를 포함하는 의미로 사용되었다.
33) 판결요지: 어느 시기에 등록적격이 있었던 고유명사라도 그것이 보통명사가 된 때에는 상품식별의 표준으로서의 특별현저성이 없어진 것이라 할 것이므로 상표등록을 받을 수 없다.

1463 판결), 正露丸(지정상품: 위장약, 대법원 1977. 5. 10. 선고 76후32 판결), 하이런닝(지정
상품: 런닝셔츠, 대법원 1983. 3. 8. 선고 81후28 판결), OFFSET(지정상품: 인쇄기, 대법원 1987.
4. 28. 선고 86후63 판결), 콘칩, 콘치프(지정상품: 스낵, 대법원 1989. 4. 25. 선고 88후455, 462
판결), Yogurt(지정상품: 냉동요구르트, 대법원 1993. 4. 23. 선고 92후1943 판결), 수지침(지정
서비스업: 한방수지침술 강좌업, 대법원 1996. 5. 31. 선고 95후1968 판결), HIGHER VACUUM
INDUSTRY CO, LTD(지정상품: 유해전자파차단 진공증착기계, 대법원 1996. 7. 12. 선고 95후
1937 판결), Caffe Latté(지정상품: 커피시럽, 대법원 2003. 8. 19. 선고 2002후321 판결) 등이 있
다.

또한, 종래 대법원 판례는 종자산업법에 의하여 품종의 명칭으로 등록된 표장은
등록이 됨과 동시에 그 품종을 대상으로 하는 상품에 대하여 구 상표법 6조 1항 1호
의 보통명칭으로 되는 것으로 보았다.[34] 그러나 2010년 상표법을 개정하면서 7조 1항
15호(현행 상표 34조 1항 17호에 대응)를 신설하여 종자산업법(2012년 개정된 상표법에서는
'식물신품종보호법')에 따라 등록된 품종명칭과 동일 또는 유사한 상표에 대하여 등록
을 거절할 수 있는 별도의 규정을 마련하였으므로, 종자산업법 또는 식물신품종보호
법에 따라 등록된 품종명칭과 동일 또는 유사한 표장에 대하여는 위 규정이 적용되
어야 할 것이다.

대법원 판례가 상표법 33조 1항 2호의 관용표장으로 인정한 것으로는, Butter
Ball(지정상품: 과자, 대법원 1963. 12. 12. 선고 63후33 판결), 포도 도형(지정상품: 포도주, 대
법원 1968. 8. 23. 선고 68후14 판결), HARTMAN(지정상품: 의약품, 대법원 1972. 5. 9. 선고 72
후5 판결), 깡(지정상품: 과자, 대법원 1975. 1. 14. 선고 73후43 판결), LAN 또는 LON(지정상
품: 섬유류, 대법원 1976. 6. 8. 선고 75후30 판결), NAPOLEON(지정상품: 꼬냑, 대법원 1985. 1.
22. 선고 83후14 판결), MIN(지정상품: 의약품, 대법원 1986. 3. 11. 선고 85후134 판결),

---

[34] 종자산업법 소정의 품종보호의 대상이 된 품종을 상품으로서 거래하는 경우에 거래계에서는 그 상품에
관하여 등록된 품종명칭 외의 다른 명칭으로 그 상품을 지칭할 수는 없고, 품종명칭으로 등록된 표장을
그 품종의 보통명칭으로 보지 않는다면, 누구든지 그 표장을 그 품종의 상표로 별도로 등록할 수 있게
되어, 등록상표와 품종명칭의 오인·혼동을 방지하려는 종자산업법 108조 1항 9호의 취지에 위배되는
결과를 가져오게 되어 부당하므로, 같은 법에 의하여 품종의 명칭으로 등록된 표장은 등록이 됨과 동시
에 그 품종을 대상으로 하는 상품에 대하여 상표법 6조 1항 1호의 보통명칭으로 되었다고 봄이 상당하
다(대법원 2004. 9. 24. 선고 2003후1314 판결). 대법원 판례가 종자산업법에 의하여 품종의 명칭으로
등록된 표장으로서 보통명칭에 해당하는 것으로 인정한 사례로는, Kardinal(품종: 장미, 대법원 2002.
11. 26. 선고 2001후2290 판결), Red Sandra(품종: 장미, 대법원 2002. 11. 26. 선고 2001후2283 판결),
화랑(품종: 사과, 대법원 2004. 9. 24. 선고 2003후1314 판결) 등이 있다.

MICOM(지정상품: 컴퓨터, 대법원 1986. 6. 24. 선고 85후36 판결), 메리(지정상품: 메리야스, 대법원 1987. 2. 10. 선고 83후100 판결), 새우깡(지정상품: 과자류, 대법원 1990. 12. 21. 선고 90후38 판결), 가든(지정서비스업: 음식점업, 대법원 1994. 9. 27. 선고 94다2213 판결), DECOSHEET (지정상품: 미장재와 관련되는 비닐시트, 대법원 1999. 2. 11. 선고 99후24 판결), 오복채(지정상품: 장아찌, 대법원 2003. 12. 26. 선고 2003후243 판결) 등이 있다.

(나) 특허법원 사례

특허법원 판결이 상표법 33조 1항 1호의 보통명칭으로 인정한 것으로는, 초코파이(지정상품: 초코렛이 함유된 건과자, 특허법원 1999. 7. 8. 선고 99허208 판결, 상고기각),[35] 카우치(지정상품: 의자, 특허법원 2004. 5. 7. 선고 2003허4634 판결, 확정), 은단(지정상품: 구강청량제, 특허법원 2000. 6. 22. 선고 99허5760 판결, 선고 후 소취하), 방울솜(지정상품: 버섯배지용솜, 특허법원 2006. 8. 25. 선고 2006허3007 판결, 확정), SOLDIER(지정상품: 건축용 금속제 골조, 특허법원 2007. 5. 23. 선고 2007허760 판결, 확정), 불닭(지정상품/서비스업: 닭고기, 치킨체인점관리업, 특허법원 2008. 4. 24. 선고 2007허8047 판결, 상고취하)[36] 등이 있다.

특허법원 판결이 상표법 33조 1항 2호의 관용표장으로 인정한 것으로는 조방낙지(지정서비스업: 음식점업, 특허법원 2005. 5. 19. 선고 2004허8541 판결, 상고이유서부제출기각), 버버리찰떡(지정상품: 떡, 특허법원 2008. 9. 25. 선고 2008허6710 판결, 심리불속행기각) 등이 있다.

---

35) 판결요지: 원고가 그 표장을 처음으로 사용하기 시작한 1974년부터 항상 오리온을 상표로 내세워 오리온 초코파이로만 사용하였을 뿐 초코파이를 독자적인 상표로 사용하였다고 볼 만한 자료가 없고, 피고 등 경쟁업체가 1979년경부터 초코파이의 표장을 상품명으로 광범위하게 사용하는 것을 보고도 한 번도 사용중지를 요구하지 않는 등 20여 년에 걸쳐 초코파이를 상표로서 보호하기 위하여 필요한 조치를 취한 바 없으며, 이에 따라 피고 등도 초코파이 표장을 자유롭게 사용하여 왔고 각종 언론매체에서도 마치 초코파이가 상품의 종류를 나타내는 보통명칭인 것처럼 사용하여 온 결과 "초코파이" 표장 자체는 원형의 작은 빵과자에 마시멜로우를 넣고 초코렛을 바른 제품을 의미하는 것으로 일반 수요자에게 인식이 되며, 여러 제조회사의 초코파이 제품은 그 앞에 붙은 "오리온", "롯데", "크라운", "해태" 등에 의하여 제품의 출처가 식별되게 되었다고 보여지므로, 결국 초코파이는 이 사건 등록상표의 출원 당시에 상품의 보통명칭 내지는 관용하는 상표로 되어 자타상품의 식별력을 상실하였다.
36) 이 판결은 권리범위확인심판사건으로, 어느 상표가 구 상표법 51조 1항 2호 소정의 보통명칭에 해당하는지는 권리범위확인심판의 심결시를 기준으로 판단하여야 한다고 전제한 다음, 심결시인 2007. 7. 27. 현재 일반 소비자들의 인식 등의 사정에 비추어 볼 때 "불닭" 부분이 보통명칭화되었다고 판단한 것이다.
   한편 대법원 2006. 12. 8. 선고 2005후674 판결은 등록무효사건에서 "불닭" 부분의 식별력을 인정하였는데, 이는 당해 등록상표의 출원일인 2001. 12. 20.을 기준으로 판단한 것이다.

(2) 보통명칭 또는 관용표장으로 인정하지 아니한 사례

(가) 대법원 판례

대법원 판례가 상표법 33조 1항 1, 2호의 보통명칭 또는 관용표장으로 인정하지 아니한 것으로는, RELAY(지정서비스업: 통신업, 대법원 1987. 2. 24. 선고 86후42 판결), 歷代王妃列傳(지정상품: 서적, 대법원 1986. 10. 28. 선고 85후75 판결), PUBLICA(지정상품: 자동차, 대법원 1987. 12. 22. 선고 85후130 판결), 코롱(지정상품: 향수, 대법원 1990. 2. 23. 선고 89후193 판결), 모시메리(지정상품: 내의, 대법원 1992. 1. 21. 선고 91후882 판결), 주간만화(지정상품: 만화잡지, 대법원 1992. 11. 27. 선고 92후681 판결), UBR(지정상품: 조립식 욕조, 대법원 1997. 8. 29. 선고 96후2104 판결), 3-NITRO(지정상품: 동물용 약제 등, 대법원 1997. 2. 28. 선고 96후979 판결),[37] 폴로(지정상품: 반소매 셔츠, 대법원 1997. 10. 10. 선고 97후594 판결),[38] SHIPPING GAZETTE(지정상품: 해운 관련 정기간행물, 대법원 2001. 3. 9. 선고 2000후2484 판결), 척주동해비(지정상품: 도자기, 대법원 2005. 10. 7. 선고 2004후1441 판결), SANDUNIT(지정상품: 광석처리기계기구, 대법원 2006. 4. 14. 선고 2004후2246 판결), Art Valley(지정서비스업: 연예물공연업, 대법원 2009. 10. 15. 선고 2009후2326 판결) 등이 있다.

(나) 특허법원 사례

특허법원 판결이 상표법 33조 1항 1호, 2호의 보통명칭 또는 관용표장으로 인정하지 아니한 것으로는, DVC(지정상품: 디지털비디오카메라, 특허법원 1998. 8. 20. 선고 98허4999 판결, 확정), 하이팩(지정상품: 적층강화목, 특허법원 1999. 7. 2. 선고 99허1546 판결, 확정),[39] KLARICID(지정상품: 항생물질제제, 특허법원 2001. 4. 20. 선고 2000허4077 판결, 확정),

---

37) 판결요지: 출원상표 "3-NITRO"는 화학물질의 명칭이기는 하나, 당해 업자 또는 일반 수요자 사이에 그 지정상품인 가축 등의 성장자극제, 알카리류, 인공감미료, 접착제, 사향, 동물용 약제에 대한 보통명칭으로 인식되거나 사용되고 있다고 볼 여지는 없고, 그와 같은 실정 등을 고려하여 그 구성을 전체적, 객관적으로 관찰하면 출원상표는 일반 거래자들에게 그 상표에 의하여 그 지정상품의 출처를 인식할 수 있는 식별력도 있다.

38) 판결요지: "폴로"가 사전에 말을 타고 하는 경기의 일종으로 소개되어 있고, 구 상표법 시행규칙상의 상품류구분 45류의 3군에 상품세목으로 폴로셔츠가 명기되어 있으며, 사전에 폴로셔츠는 폴로 경기를 할 때 입었던 데서 유래한 반소매 셔츠라고 기재되어 있는 사정은 인정되나, 그러한 사정만으로는 "폴로"가 의류를 취급하는 거래계에서 동종업자 또는 일반 수요자 사이에 일반적으로 반소매 셔츠를 지칭하는 것으로 실제로 사용되고 인식되어져 있는 명칭이라고 볼 수는 없으므로, 상표 "폴로"는 구 상표법 6조 1항 1호 소정의 상품의 보통명칭이라고 할 수 없다.

39) 판결요지: "하이팩"이란 패기드사의 상호로부터 따온 "PAG"이라는 용어와 "High Technology"를 결합하여 만든 조어상표로서 실제 이는 의자에만 사용되어 온 것이 아니라, 책상, 식탁, 소파 등 적층강화목을 사용하여 만들 수 있는 다양한 종류의 가구에 적용되어 왔으며 적층강화목 자체는 이를 넘어 건축내장재 등 광범위한 범위에서 적용되어 왔음을 알 수 있으므로 "HIPAG"이나 "하이팩"이라는 것 자체가 적

딱풀(지정상품: 사무용 고체풀, 특허법원 2001. 3. 8. 선고 99허7568 판결, 확정), 백세주(지정상품: 백세주, 특허법원 2003. 10. 17. 선고 2003허1260 판결, 심리불속행기각),[40] OLAY(지정상품: 화장품, 특허법원 2007. 5. 4. 선고 2006허11671 판결, 심리불속행기각) 등이 있다.

3. 기술적(記述的) 표장

가. 의   의

상표법 33조 1항 3호는 상품의 산지·품질·원재료·효능·용도·수량·형상(포장의 형상을 포함한다)·가격·생산방법·가공방법·사용방법 또는 시기를 보통으로 사용하는 방법으로 표시한 표장만으로 된 상표는 등록을 받을 수 없다고 규정하였는데, 이러한 상표를 기술적 표장으로 된 상표라 한다.

상표법 33조 1항 3호가 기술적 표장을 등록받을 수 없도록 한 이유는 기술적 표장은 그 지정상품이 속한 거래계에서 지정상품의 유통에 필요한 표시이므로 누구라도 이를 사용할 필요가 있고 그 사용을 원하기 때문에 이를 특정인에게 독점배타적으로 사용하게 할 수 없다는 공익상의 요청과 이와 같은 상표를 허용할 경우에는 타인의 동종 상품과의 관계에서 출처의 식별이 어렵다는 점 때문이다.[41]

상표법 33조 1항 3호에 열거된 상품의 성질은 예시적인 것이므로, 상품의 등급, 품위, 색채 및 그 밖의 광고설명적 어구 등도 상품의 성질을 표시하는 것이면 이에 포함되는 것으로 보아야 한다.[42]

적층강화목을 의미한다거나 "하이팩"이 이를 사용하여 만든 일정한 형태의 의자를 지칭한다고 할 수 없고, 다만 일시적으로 일부 가구업자들이 피고 또는 하이팩퍼니처의 일시적인 상표관리의 소홀을 틈타 적층강화목으로 된 의자의 물품명으로 "하이팩의자"라 표시하거나, 의장 및 실용신안을 등록출원하면서 그와 같이 표시한 사실은 있으나, 그와 같은 사실만으로 "하이팩"이 적층강화목으로 된 의자를 지칭하는 보통명칭이라거나 관용표장으로 된 것은 아니다.

40) 위 사건에서 원고는, '백세주'는 국어사전에 '쪄낸 쌀가루와 보리에 누룩을 넣어 곤 소주'를 의미하는 '백세소주(百洗燒酒)'의 약칭이고, 술에 관한 각종 서적들에 '백세주'가 우리나라의 전통적인 토속주의 하나로 소개되어 있으며, 이 사건 등록상표 및 인용상표의 각 지정상품이 '백세주'로 되어 있는 점에 비추어 보더라도, '백세주' 부분은 상품의 보통명칭으로서 식별력이 없다고 주장하였으나, 특허법원은 '백세주'가 거래계의 동종업자 또는 일반 수요자 사이에 일반적으로 백세소주 또는 우리나라의 전통적인 토속주를 지칭하는 것으로 실제로 사용되고 인식되어져 있는 명칭이라는 점이 인정되지 아니한다는 이유로 위 주장을 배척하였다.

41) 대법원 1992. 6. 23. 선고 92후124 판결.

42) 송영식 외 6인(주 1), 111.

나. 판단기준

어떤 상표가 상표법 33조 1항 3호의 기술적 표장에 해당하는지는 그 상표가 지니는 의미나 내용뿐만 아니라, 당해 지정상품과의 관계 및 거래사회의 실정 등을 감안하여 객관적으로 판단하여야 한다.[43]

어떤 상표가 기술적 표장에 해당하는지는, 그 지정상품이 전문가들에 의하여 수요되고 거래되는 특수한 상품이 아닌 한, 일반 수요자나 거래자를 기준으로 판단하여야 하므로, 그 상표의 의미나 내용도 일반 수요자나 거래자가 그 상표를 보고 직관적으로 깨달을 수 있는 것이어야 하고, 사전을 찾아보거나 심사숙고하여야 비로소 그 뜻을 알 수 있는 것은 원칙적으로 기술적 표장에 해당하지 아니한다.[44]

다만 상표를 구성하는 단어(특히, 외국어로 된 단어)의 객관적 의미가 지정상품의 산지나 원재료를 나타내는 경우에는 독점적응성의 측면을 강하게 고려하여 그 단어 자체가 일반 수요자나 거래자에게 널리 알려졌다고 보기 어려운 경우에도 기술적 표장에 해당한다고 보아야 할 경우가 있다.[45] 또한, 상표를 구성하는 단어가 일반 수요자나 거래자가 알기 어려운 전문적 기술용어로 되어 있어 일반 수요자나 거래자가 그 구체적인 의미를 직감하지는 못하더라도 상표의 구성이나 표현형식에 비추어 그 것이 지정상품의 성질을 가리키는 것으로 사용되었음을 직감할 수 있다면 기술적 표장에 해당한다고 볼 수 있는 경우도 있다.[46] 그러므로 상표가 일반 수요자나 거래자

---

43) 대법원 2004. 8. 16. 선고 2002후1140 판결.

44) 대법원 2007. 4. 27. 선고 2005후3031 판결, 2000. 3. 23. 선고 97후2323 판결.

45) 대법원 2006. 4. 27. 선고 2004후3454 판결['FERRO SANOL DUODENAL'로 구성된 선등록상표의 구성 중 철분을 의미하는 'FERRO' 부분은 그 지정상품 중 '철분결핍치료용약제, 혈액용제, 비타민제, 임신기 용약제, 수유기용약제' 등과의 관계에 있어 원재료 표시에 해당하여 요부가 될 수 없고, 따라서 이 부분에 의하여 분리 약칭된다고 보기 어렵다고 한 사례], 1985. 7. 9. 선고 83후3 판결[프랑스의 '바까라' 지방은 수정유리제품의 오래된 산지로 알려진 곳이어서 비록 '바까라'라는 지리적 명칭이 우리나라에서 현저하게 알려진 것이라고는 볼 수 없을지라도 세계적인 고급 수정유리제품이라면 프랑스 '바까라' 산의 수정유리제품으로 쉽게 인식 못할 바 아니어서 상표 'BACCARAT'가 수정유리제품을 그 지정상품으로 하는 경우 이는 지정상품의 산지를 보통으로 사용하는 방법으로 표시한 표장만으로 된 상표로서 그 등록을 받을 수 없다], 1984. 5. 9. 선고 83후22 판결 등.

46) 대법원 2008. 4. 24. 선고 2006후1131 판결: ▨와 같이 이루어져 있는 확인대상상표의 'INTARSIA' 부분을 보고 수요자가 양말에 나타나 있는 기하학적 무늬, 패턴 및 문양 등의 의미를 직감한다고 보기는 어려우나, 확인대상상표의 전체적인 구성을 보면 맨 아래쪽에 굵은 글씨로 뚜렷하게 기재된 'BASIC ELLE' 부분이 표장으로 인식되고, 'INTARSIA' 부분은 위 'BASIC ELLE' 부분과 구분되어 양말의 수요자를 나타내는 '신사', 양말이 발목 부분 아래까지만 편성되었음을 나타내는 'SNEAKERS', 양말의 원자재를

에게 널리 알려졌다고 보기 어려운 단어로 되어 있다는 사정만으로 그 상표가 기술
적 표장에 해당하지 않는다고 쉽게 단정할 것은 아니다.

어떤 상표가 기술적 표장에 해당하기 위해서는 일반 수요자나 거래자가 당해 상
표를 그 지정상품의 품질, 효능, 형상 등의 성질을 표시하고 있는 것으로 직감할 수
있어야 한다.[47]

기술적 표장에 해당하기 위해서는 일반 수요자나 거래자가 그 상표가 지정상품
의 성질을 표시하는 것으로 직감할 수 있으면 족하므로, 상표가 지정상품의 품질 등
을 표시하는 표장으로 실제로 쓰이고 있거나 장래 필연적으로 사용될 개연성이 있다
는 점은 고려의 대상이 되지 아니한다.[48] 또한, 어떤 상표가 표시하는 성질이 반드시
당해 지정상품 전부에 공통되는 성질이어야 할 필요는 없으며 당해 지정상품 중 특
정한 유형으로 된 것의 성질을 표시하는 경우에도 기술적 표장에 해당한다.[49]

반면, 어떤 상표가 지정상품의 품질·효능·형상 등을 암시하는 것에 불과하고,
전체적인 상표의 구성으로 볼 때 일반 수요자가 지정상품의 단순한 품질·효능·형
상 등을 표시하는 것으로 인식할 수 없는 것은 기술적 표장에 해당하지 않는다.[50]

그러나 구체적인 사건에 있어서 어떤 상표가 상품의 특성을 직접적으로 표시하
는 것인지 아니면 상품의 특성을 간접적, 암시적으로 표시하는 것인지를 명확히 판단
하는 것은 쉽지 않다. 상표에 사용된 단어의 사전상·실제상 의미와 일반 수요자의
현실적인 인식이 일치하지 않은 경우, 전문적인 용어나 외국어가 포함된 표장인 경우
에는 더욱 그러하다.

따라서 어떤 상표가 상표법 33조 1항 3호의 기술적 표장에 해당하는지는 지정상

나타내는 '이태리 고급기종사용' 등의 양말의 품질 등을 나타내는 문구와 함께 사용되어 있어서 수요자
가 'INTARSIA' 부분의 구체적인 의미를 직감하지는 못한다고 하더라도 그 사용태양에 비추어 이 부분이
양말의 품질 등을 가리키는 것으로 사용되었음을 직감할 수는 있으므로, 확인대상상표의 'INTARSIA' 부
분은 양말의 품질 등을 가리키는 기술적 표장이다.

47) 대법원 2007. 6. 1. 선고 2007후555 판결.
48) 대법원 1994. 10. 14. 선고 94후1138 판결.
49) 대법원 2007. 6. 1. 선고 2007후555 판결: 등록상표인 "**COLOR CON**"(지정상품: 콘크리트타일 등)이 기
술적 표장에 해당하는지 여부가 쟁점이 된 사건에서, 일반적으로 종전의 콘크리트타일 등은 무채색이
주류를 이루고 있어 칼라가 그 지정상품의 공통되는 성질을 직접적으로 표시한다고 할 수 없다고 본 원
심판결(특허법원 2006. 12. 21. 선고 2006허7078 판결)의 판단을 배척하고, 등록상표가 지정상품 중 '유
채색'으로 된 콘크리트타일 등에 대하여 사용될 경우 상품의 성질을 나타낸 것으로 구 상표법 6조 1항
3호의 기술적 표장에 해당한다고 판단하였다.
50) 대법원 1995. 2. 10. 선고 94후1770 판결.

품의 속성과 주된 수요자 계층, 용어의 사용실태, 상표 전체 내지 구성부분의 등록·
사용례 등에 관한 객관적인 자료를 충분히 검토하고, 종래의 판례를 통하여 축적된
유사사례를 참조하며, 공익상의 요청 등을 종합적으로 고려하여 합리적으로 판단하
여야 한다.

출원상표가 상표법 33조 1항 각호의 식별력 요건을 갖추었는지에 대한 판단의
기준시점은 원칙적으로 상표에 대하여 등록 여부를 결정하는 결정시이고, 거절결정
에 대한 불복심판에 의하여 등록허부가 결정되는 경우에는 그 심결시이다.[51] 한편
어떤 상표가 상표법 33조 1항 3호의 기술적 표장에 해당하는지는 법적 판단에 관한
사항이므로 자백의 대상이 아니다.[52]

다. 요   건

상표법 33조 1항 3호는 상품의 품질·효능·용도 등을 '보통으로 사용하는 방법
으로 표시'한 상표에 적용된다.

여기서 '보통으로 사용하는 방법으로 표시'한 상표라 함은 상표의 외관상의 구성
및 사용방법이 보통의 주의력을 갖는 일반인의 특별한 주의를 끌 정도에 이르지 않
은 것을 가리킨다. 그러므로 문자상표가 도형화되어 있고 그 도형화된 정도가 일반인
의 특별한 주의를 끌 정도에 이르러 문자의 기술적 또는 설명적인 의미를 직감할 수
없을 만큼 문자의 인식력을 압도하거나,[53] 복수의 기술적 용어가 일체 불가분적으로
결합되어 새로운 조어를 형성하여 식별력을 갖는 경우[54]에는 보통으로 사용하는 방
법으로 표시한 표장에 해당한다고 볼 수 없다.

상표법 33조 1항 3호는 상품의 품질·효능·용도 등을 보통으로 사용하는 방법
'만'으로 된 상표에 적용된다.

---

51) 대법원 2012. 4. 13. 선고 2011후1142 판결, 2002. 2. 8. 선고 99후2785 판결.
52) 대법원 2006. 6. 2. 선고 2005후1882 판결.
53) 대법원 2000. 2. 25. 선고 98후1679 판결.
54) 대법원 1992. 5. 26. 선고 91후1861 판결: 출원상표인 "CARDIOTEC"라는 용어는 심장의 뜻을 가진
    "CARDIO"와 기술 또는 기술적이라는 뜻을 가진 "Technology" 또는 "Technical"의 약어인 "TEC"를 결
    합시킨 단어로서 영어사전이나 과학기술용어집에도 없는 새로운 조어인바, 결합된 단어의 의미로 보아
    그 지정상품인 심장영상제의 성질 내지 용도를 암시하는 상표라고 볼 여지가 없지는 않으나,
    "CARDIOTEC"라는 용어 자체는 일체불가분적으로 결합된 새로운 조어로서 심장영상제의 성질 내지 용
    도를 보통으로 사용하는 방법으로 표시한 것이거나 또는 그러한 성질 내지 용도의 보통의 표시방법으
    로서 관용화되거나 일반화된 것이라고 보기 어렵다.

따라서 상품의 품질·효능·용도 등을 보통으로 사용하는 방법으로 표시된 부분 이외에 다른 식별력 있는 문자, 기호, 도형 등이 결합된 상표는 원칙적으로 기술적 표장이 될 수 없다. 그러나 그와 같은 문자, 기호, 도형 부분이 부수적 또는 보조적인 것에 불과하거나 전체적으로 볼 때 성질 등을 표시한 상표로 인식된다면 이는 상표법 33조 1항 3호의 기술적 표장에 해당한다.[55]

라. 유 형

(1) 산지의 표시

상표법 33조 1항 3호의 '산지'라 함은 지정상품이 생산되는 지역의 지리적 명칭[56]을 말하고 일반 수요자나 거래자에게 널리 알려진 상품의 주산지만을 말하는 것은 아니다.[57]

상표법 33조 1항 3호의 '산지'에 해당하는지는 지정상품과의 관계에서 일반 수요자가 상표에 사용된 지리적 명칭을 그 지정상품의 산지를 표시하는 것으로 직감할 수 있는지에 따라 판단하여야 하므로, 지정상품이 실제로 생산되고 있거나 생산되었던 곳이라도 일반 수요자가 이를 지정상품의 생산지로 직감하지 못하면 '산지'에 해당하지 않는다는 견해도 있다. 다만 대법원 판례 중에는 우리나라에 잘 알려지지 아니한 외국의 지명도 산지표시에 해당한다고 판시한 사례[58]가 있는바, 이러한 대법원 판례의 취지에 비추어 보면 해당 상품의 산지를 보통으로 사용하는 방법으로 표시한 표장의 경우에는 독점적응성 측면을 고려하여 비록 수요자나 거래자가 이를 산지를 표시한 것으로 직감하지 못한다고 하더라도 기술적 표장에 해당하는 것으로 볼 여지도 있다.

상품의 산지 이외에 판매지, 수출항, 원재료의 생산·판매지, 중간제품가공지 등이 상표법 33조 1항 3호에 포함되는지에 대해서는 이를 긍정하는 견해[59]와 부정하는 견해[60]가 있다. 그러나 상표법이 33조 1항 3호에서 '산지' 이외에 '판매지' 등에 대하

---

55) 대법원 1994. 6. 24. 선고 93후1698 판결.

56) 지정서비스업의 경우에는 당해 서비스의 제공장소가 산지로 된다(대법원 2004. 4. 28. 선고 2004후240 판결).

57) 대법원 1989. 9. 26. 선고 88후1137 판결.

58) 대법원 1985. 7. 9. 선고 83후3 판결, 1984. 5. 9. 선고 83후22 판결 등.

59) 송영식 외 6인(주 1), 113.

60) 문삼섭(주 1), 224.

여 규정하지 아니하였고, 같은 항 4호에 현저한 지리적 명칭만으로 된 상표에 관해서
따로 규정하고 있으며,(61) 같은 항 1 내지 6호 이외에 식별력이 인정되지 아니한 경우
에 대한 보충적 규정으로서 같은 항 7호를 두고 있는 점에 비추어 보면, 상품의 산지
이외에 판매지, 수출항, 원재료의 생산·판매지, 중간제품가공지 등의 경우에는 상표
법 33조 1항 4호 또는 7호를 적용하는 것이 타당할 것이다.

　　포도주 및 증류주의 산지표시에 대해서는 상표법 33조 1항 3호가 적용되지 아니
하고 WTO/TRIPs 협정을 이행하기 위하여 별도로 둔 규정인 상표법 34조 1항 16호가
적용된다.

　　한편 어떤 상표가 상표법 33조 1항 3호의 산지표시에 해당함과 동시에 상품의 품
질을 오인하게 할 염려가 있는 경우에는 본호 이외에 상표법 34조 1항 12호도 적용된
다.(62) 따라서 산지표시 표장이 당해 산지에서 생산된 상품에 사용되는 경우에는 상
표법 33조 1항 3호의 식별력 없는 표장에 해당하고, 당해 산지 이외의 지역에서 생산
된 상품에 사용되는 경우에는 상표법 34조 1항 12호의 품질오인상표에 해당한다. 이
와 같은 법리는 산지표시 표장뿐만 아니라 원재료, 효능, 용도 등을 표시한 표장의
경우에도 동일하게 적용된다.

　　대법원 판례가 상표법 33조 1항 3호의 산지표시에 해당하는 것으로 인정한 상표
로는, BACCARAT(지정상품: 수정유리제품, 대법원 1985. 7. 9. 선고 83후3 판결), 구포국수(지
정상품: 국수, 대법원 1989. 9. 26. 선고, 88후1137 판결), COLOMBIAN(지정상품: 커피, 대법원
1993. 12. 21. 선고 93후1056 판결), SARVAR(63)(지정상품: 온천염, 대법원 1997. 2. 14. 선고 96도
2483 판결), 일동(지정상품: 약주, 대법원 2003. 7. 11. 선고 2002후2464 판결), 普洱, 보이(지정
상품: 녹차 등, 대법원 2004. 8. 16. 선고 2002후1140 판결), 담양시목단감(지정상품: 감, 대법원
2006. 7. 28. 선고 2004도4420 판결) 등이 있다. 특허법원 판례가 산지표시에 해당하는
것으로 인정한 상표로는, 초당(지정상품: 두부, 특허법원 1999. 8. 12. 선고 99허3603 판결,
확정), 광천(지정상품: 새우젓, 특허법원 2000. 6. 23. 선고 2000허2033 판결, 확정), 안흥(지정

---

61) 일본의 경우에는, 상표법 3조 1항 3호(우리나라 상표 33조 1항 3호에 대응)는 상품의 산지와 함께 판매
　　지를 명시적으로 열거하고 있고, 현저한 지리적 명칭을 독립된 항으로 규정하고 있지 아니하므로, 상품
　　의 산지 이외에 판매지·수출항, 상품의 원재료의 생산지·판매지 및 상품의 중간제품의 가공지 등은
　　물론 국가명, 국내외 저명한 지리적 명칭과 번화가 등도 상표법 3조 1항 3호의 기술적 상표에 해당하는
　　것으로 본다[小野昌延 編, 註解 商標法(上卷), 靑林書院(2005), 185].
62) 대법원 2003. 7. 11. 선고 2002후2464 판결.
63) 헝가리의 도시명.

상품: 찐빵, 특허법원 2000. 10. 5. 선고 2000허4701 판결, 확정) 등이 있다.

반면, 대법원 판례가 상표법 33조 1항 3호의 산지표시로 인정하지 아니한 것으로는, 비제바노(지정상품: 구두, 대법원 2000. 5. 12. 선고 98다49142 판결), 화정(지정서비스업: 간이식당업 등, 대법원 2004. 4. 28. 선고 2004후240 판결) 등이 있고, 특허법원 판례가 산지표시로 인정하지 아니한 것으로는 Glashütte(지정상품: 시계, 특허법원 2003. 11. 7. 선고 2003허2454 판결, 심리불속행기각)가 있다.

(2) 상품 특성의 표시

(가) 품질·효능의 표시

품질표시는 당해 지정상품의 품질의 상태 또는 우수성을 '직접적'으로 표시한 것을 가리킨다. 상품의 등급 또는 품위(상, 중, 하, 우수, 특급, 특선, 일품, SUPER, ULTRA, BEST), 보증(品質保證, guarantee), 미감(elegant, esthetic) 등을 표시한 것이 이에 해당한다.

효능표시는 당해 지정상품의 성능 또는 효과를 '직접적'으로 표시하는 것을 가리킨다. 효능표시에는 상품의 객관적인 효능은 물론 수요자의 주관적인 효용을 표시한 것도 포함된다.

대법원 판례가 품질·효능표시로 인정한 것으로는, FINE ART(지정서비스업: 항공운송업, 대법원 1991. 1. 25. 선고 90후465 판결), ASSURE(지정상품: 생리대, 대법원 1993. 11. 9. 선고 93후794 판결), SHEER ELEGANCE(지정상품: 스타킹, 대법원 1994. 9. 27. 선고 94후50 판결), ULTRAPROOF(지정상품: 면직물, 대법원 1997. 1. 21. 선고 96후818 판결), AUTOMELT(지정상품: 전기아크용접기, 대법원 1996. 12. 23. 선고 96후771 판결), RESOLVE(지정상품: 세제류, 대법원 1998. 8. 21. 선고 98후1235 판결), SPEEDY(지정서비스업: 자동차수선업, 대법원 1999. 5. 28. 선고 99후444 판결), ANTIBIO(지정상품: 소화기관용 약제, 대법원 1994. 9. 9. 선고 94후1008 판결), PNEUMO SHIELD(지정상품: 백신, 대법원 2000. 12. 8. 선고 2000후2170 판결), ACE, 에이스(지정상품: 트럼프, 대법원 1997. 3. 28. 선고 96후1460 판결), PRECISION OSTEOLOCK(지정상품: 둔부보철기, 대법원 1997. 5. 16. 선고 96후1248 판결), Decoration Eyes(지정상품: 아이라이너, 대법원 2002. 12. 11. 선고 2002후2235 판결), Color Wearing(지정상품: 립스틱, 대법원 2003. 1. 13. 선고 2002후2402 판결), Efficient Network(지정상품: 원거리 통신용 컴퓨터 하드웨어, 대법원 2003. 3. 17. 선고 2003후151 판결), Soft Brown(지정상품: 마스카라, 립스틱 등, 대법원 2003. 4. 22. 선고 2003후304 판결), GLASS DECO(지정상품: 그림물감, 대법원 2003. 12. 12. 선고 2003후2133 판결), 맥세계양념통닭(지정서비스업: 스낵바업, 대

법원 2006. 3. 10. 선고 2004후2109 판결), NO FIRE(지정서비스업: 수성도료판매대행업, 대법원 2007. 3. 15. 선고 2005후452 판결), COLOR CON(지정상품: 콘크리트타일, 대법원 2007. 6. 1. 선고 2007후555 판결), SPRINTER(지정상품: 자동차, 대법원 2011. 4. 28. 선고 2011후33 판결) 등이 있다.

특허법원 판례가 품질·효능표시로 인정한 것으로는 Luxury 秀(지정서비스업: 노래방, 특허법원 2006. 12. 28. 선고 2006허8323 판결, 심리불속행기각), **노컷뉴스**(지정서비스업: 라디오방송업, 특허법원 2007. 1. 24. 선고 2006허9784 판결, 확정), **웹스쿨**(지정서비스업: 영어학원경영업, 특허법원 2007. 7. 13. 선고 2007허821, 2007허845 판결, 확정), **SafetyNET p**(지정상품: 원격장소 사이의 데이터 송신용 원격송신제어기, 특허법원 2008. 6. 12. 선고 2008허2091 판결, 확정), **PRIORITY LIFT**(지정서비스업: 항공운송업, 특허법원 2008. 9. 4. 선고 2008허5670 판결, 확정), **FAStplant**(지정상품: 그라운드 컨베이어, 특허법원 2008. 5. 1. 선고 2007허10699 판결, 확정), **INTELLIGENT MAIL**(지정서비스업: 세계 전역으로 우송될 소포, 서류, 편지 및 광고물의 집배, 수송 및 배달 관련 정보의 수집, 관리 및 제공업, 특허법원 2008. 10. 23. 선고 2008허9085 판결, 확정), **♫**(지정상품: 오디오데이터용 컴퓨터 소프트웨어, 특허법원 2008. 10. 2. 선고 2008허6567 판결, 확정), **DAY-DATE**(지정상품: 시계, 특허법원 2008. 1. 23. 선고 2007허9408 판결, 심리불속행기각), BLACKCARD(지정서비스업: 신용카드서비스업 등, 특허법원 2012. 4. 13. 선고 2011허10986 판결, 심리불속행기각), **airfryer**(지정상품: 가정용 전기식 튀김기, 특허법원 2015. 4. 10. 선고 2014허4876 판결, 상고 후 상표등록 출원 취하), **360do BRUSH**(지정상품: 칫솔, 특허법원 2016. 5. 4. 선고 2015허5043 판결, 확정) 등이 있다.

(나) 원재료표시

원재료표시라 함은 지정상품의 원재료 또는 부품을 '직접적'으로 표시한 것을 말한다. 주원료나 주요 부품이 아닌 보조원료나 보조부품이라 하더라도 상품의 품질, 효능 등에 중요한 영향을 줄 수 있는 것이면 이에 해당한다.

어떤 상표가 상품의 원재료를 표시하는 것인지는 그 상표의 관념, 지정상품과의 관계, 현실 거래사회의 실정 등에 비추어 객관적으로 판단하여야 할 것이므로, 그 상표가 상품의 원재료를 표시하는 것이라고 하기 위해서는 당해 상표가 뜻하는 물품이 지정상품의 원재료로서 현실로 사용되고 있는 경우라든가, 또는 그 상품의 원재료로 사용되는 것으로 일반 수요자나 거래자가 인식하고 있는 경우이어야 할 것이다.[64]

---

64) 대법원 2006. 4. 27. 선고 2004후3454 판결.

대법원 판례가 원재료표시로 인정한 것으로는, CARROT(지정상품: 향수, 대법원 1998. 8. 21. 선고 98후928 판결), KERATIN(지정상품: 샴푸, 대법원 2003. 5. 13. 선고 2002후192 판결) 등이 있고, 특허법원 판례가 원재료표시로 인정한 것으로는, 카스타드 또는 CUSTARD(지정상품: 카스타드가 함유된 건과자, 특허법원 2003. 3. 21. 선고 2002허7186 판결, 상고기각), COLLAGENIC(지정상품: 화장품, 특허법원 2005. 4. 28. 선고 2005허896 판결, 확정), 오뎅사께(지정서비스업: 일본음식점경영업, 특허법원 2007. 3. 28. 선고 2006허10012 판결, 확정), **바이오타이트**(지정상품: 배합사료, 특허법원 2008. 3. 13. 선고 2007허8429 판결, 확정), GINSENG BERRY 진생베리 (지정상품: 음료 등, 특허법원 2016. 9. 1. 선고 2015허8615, 2015허8622, 2016허52 판결, 각 확정) 등이 있다.

(다) 용도표시

용도표시라 함은 당해 지정상품의 용도를 '직접적'으로 표시한 것을 말한다. 지정상품의 사용목적, 사용처, 수요계층 또는 수요자 등에 관한 일체의 기술적, 설명적인 표시가 여기에 해당한다.

대법원 판례가 용도표시로 인정한 것으로는, FAMILY CARD(지정상품: 크레디트카드, 대법원 1996. 9. 24. 선고 96후78 판결), 합격(지정상품: 엿, 대법원 1999. 5. 28. 선고 98후683 판결), 데코시트(지정상품: 장식재, 대법원 1999. 11. 12. 선고 99후154 판결), Body Makeup(지정상품: 바디크림, 대법원 2002. 7. 9. 선고 2001후775 판결), WATERLINE(지정상품: 가정용 물분배기, 대법원 2007. 11. 29. 선고 2007후3042 판결), 파출박사(지정서비스업: 가사서비스업, 대법원 2007. 9. 20. 선고 2007후1824 판결) 등이 있고, 특허법원 판례가 용도표시로 인정한 것으로는, **DERMAPET**(지정상품: 가축용 치료제, 특허법원 2007. 6. 27. 선고 2007허2896 판결, 심리불속행기각), **眞毛나**(지정상품: 발모제, 2007. 7. 5. 선고 2007허1237 판결, 심리불속행기각), **CryoEase**(지정상품: 특수한 목적으로 제작된 극저온 유조차, 2008. 8. 8. 선고 2008허4547 판결, 확정), **BARLOAD**(지정상품: 금속가공기계기구용 바피더, 2008. 11. 6. 선고 2008허8976 판결, 확정), EMERGENT BIOSOLUTION(지정상품: 전염병 치료 및 예방목적의 백신, 2008. 4. 3. 선고 2007허9378 판결, 확정) 등이 있다.

(라) 수량표시

수량표시라 함은 당해 지정상품과의 관계에서 거래사회에서 사용되고 있는 수량과 수량표시로 인식되고 있는 수량의 단위 및 그 단위의 기호 등을 표시한 것을 가리킨다. 예컨대, MILLION, 밀리온, SEVENTEEN, 100그램, 10個入 등이 이에 해당한다.

(마) 형상표시

형상표시라 함은 당해 지정상품과의 관계에서 그 상품의 외형, 모양, 규격 등을 '직접적'으로 표시하는 것을 말한다. 입체상표의 경우에는 그 상품 또는 포장의 외형으로서 당해 물건의 일반적 형태를 나타내는 것이라고 인식될 때에는 이에 해당한다.

대법원 판례가 형상표시로 인정한 것으로는 █七子餠茶(지정상품: 사무용 고체풀, 대법원 2004. 6. 25. 선고 2002후710 판결), 칠자병차(지정상품: 녹차, 대법원 2004. 8. 16. 선고 2002후1140 판결), L-830(지정상품: 비디오테이프, 대법원 1982. 12. 28. 선고 81후55 판결), ▱(지정상품: 블록쌓기(장난감) 및 완구용 블록 등, 대법원 2014. 10. 15. 선고 2013후1146 판결) 등이 있다.

(바) 가격표시

가격표시라 함은 거래사회에서 현실적으로 유통되고 있는 가격 또는 가격표시로 인식되고 있는 단위 및 그 단위의 기호 등을 표시한 것을 가리킨다. 예컨대, 100원, ₩1000, 50$, 화폐 형태의 도형 등이 이에 해당한다.

(사) 생산방법 · 가공방법 · 사용방법의 표시

생산방법 · 가공방법 · 사용방법의 표시라 함은 당해 지정상품의 생산방법, 가공방법, 사용방법을 직접적으로 표시하는 것을 말한다.

대법원 판례가 생산방법 · 가공방법 · 사용방법의 표시로 인정한 것으로는 GOLD BLEND(지정상품: 커피류, 대법원 1997. 5. 30. 선고 96다56382 판결), HIGHER VACUUM INDUSTRY CO., LTD.(지정상품: 유해전자파차단 진공증착기계, 대법원 1996. 7. 12. 선고 95후1937 판결) 등이 있다.

(아) 시기표시

시기표시라 함은 당해 지정상품과의 관계에서 그 상품의 판매 또는 사용의 계절, 시기, 시간 등을 직접적으로 표시하는 것을 말한다.

예컨대, 전천후, Four Season(지정상품: 타이어), Summer Shirts(지정상품: 의류) 등이 이에 해당한다. 특허법원 판례가 시기표시로 인정한 것으로는 **AUGUST**(지정상품: 잡지, 특허법원 2008. 9. 4. 선고 2008허6475 판결, 확정)가 있다.

마. 판단사례⁶⁵⁾

(1) 기술적 표장으로 인정한 사례

(가) 대법원 판례

① 출원상표인 "WATERLINE"(지정상품: 가정용 물분배기 등)은 'WATER'와 'LINE'이 결합된 문자상표인바, 'WATER'는 물을 뜻하는 단어이고 'LINE'은 선, 줄, 길, 도관 등을 뜻하는 단어로서 우리나라의 영어보급수준 등을 고려하면 일반 수요자나 거래자들이 그 지정상품인 '가정, 사무실용 물분배기 등'과 관련하여 위 두 단어를 결합한 "WATERLINE"을 볼 때 원심판시의 여러 사전적 의미 중 '물이 흐르는 통로 또는 도관(송수관)'의 의미로 인식할 것이어서, 그 지정상품의 주요 부품을 나타내거나 그 주된 기능의 하나인 도관을 따라 필요한 곳으로 물을 흐르게 하는 기능을 나타내고 있으므로, 이 사건 출원상표는 원재료, 효능, 용도 등의 성질을 보통으로 사용하는 방법으로 표시한 표장만으로 구성된 기술적 표장에 해당한다고 봄이 상당하다(대법원 2007. 11. 29. 선고 2007후3042 판결).⁶⁶⁾

② 등록서비스표인 "파출박사"(지정서비스업: 가사서비스업 등)는 '파출'과 '박사'의 두 단어가 결합된 문자서비스표인바, 파출이란 어떤 일을 위하여 사람을 보냄을 뜻하고, 거래사회에서 박사라는 용어는 어떤 일에 능통한 사람을 비유적으로 일컫는 말로 흔히 사용되고 있으며, 개인가정에 고용된 각종 가사담당자의 산업활동을 의미하는 가사서비스업 분야에서 '보수를 받고 출·퇴근을 하며 집안일을 하여 주는 여자'라는 의미를 담고 있는 '파출부'라는 단어가 널리 사용되고 있음을 고려하여 볼 때, 등록서비스표는 그 지정서비스업에 사용될 경우에 '사람(특히 파출부)을 보내어 집안일을 하는 데에 능통함'이라는 의미로 인식되어 가사서비스업의 품질·용도·효능 등을 보통으로 사용하는 방법으로 표시한 표장만으로 구성된 기술적 표장에 해당한다고 봄이

---

65) 대법원과 특허법원이 상표법 33조 1항 3호의 기술적 표장에 해당하는지에 관하여 판단한 사례는 대단히 많은바, 본 항에서는 몇 개의 대표적인 판단사례만을 소개한다. 대법원이 원심과 판단을 달리한 사례의 경우에는 각주에 원심판결의 요지를 언급하였다.

66) 원심판결의 요지: 출원상표의 표장의 뜻인 '송수관'은 영한사전에 세 번째로 등재되어 있고, 영영사전에는 그러한 의미로 등재되어 있지 아니하므로, 일반 수요자들이 사전을 찾아보지 아니하고도 출원상표를 '송수관(물이 흐르는 통로나 배관)'을 의미하는 것으로 바로 직감한다고 보기 어렵고, 오히려 출원상표는 비교적 쉬운 단어인 'water'와 'line'으로 이루어져 있으므로 그 각각의 의미인 '물'과 '선'을 결합하여 '물과 관련이 있는 선' 정도로 인식한다고 보는 것이 상당하다(특허법원 2007. 6. 28. 선고 2007허2391 판결).

상당하다(대법원 2007. 9. 20. 선고 2007후1824 판결).[67]

③ 등록상표인 "**COLOR CON**"(지정상품: 콘크리트타일 등)의 등록결정일인 1996. 6. 10.경에는 콘크리트업계 또는 건축 관련 업계에서 레미콘(Ready Mixed Concrete의 약칭), 아스콘(Asphalt Concrete의 약칭), 투수콘(투수 Concrete의 약칭)이라는 용어가 광범위하게 사용되고 있어 '콘'이라 함은 콘크리트의 약칭으로 인식되고 있었던 점, 늦어도 1991년경부터 기존의 흑색, 회색 등 무채색 계열의 콘크리트와 색채에 있어 크게 다른 녹색, 적색 등을 포함한 유채색 계열의 콘크리트·아스팔트 콘크리트가 생산되기 시작하여 콘크리트업계 또는 건축 관련 업계에서는 이를 기존의 무채색 계열의 콘크리트·아스팔트 콘크리트에 대칭되는 개념으로 각각 칼라 콘크리트 및 칼라 아스콘이라고 부르고 있었던 점을 알 수 있는바, 이러한 사정에 비추어 볼 때, 콘크리트 제품의 수요자들은 등록상표인 "COLOR CON"을 기존의 무채색 콘크리트에 대칭되는 개념으로서 '유채색의 콘크리트'를 의미하는 것으로 직감할 것으로 보이므로, 이 사건 등록상표가 지정상품 중 '유채색'의 콘크리트타일 등에 대하여 사용될 경우에는 상품의 성질을 나타낸 것으로 식별력이 없다(대법원 2007. 6. 1. 선고 2007후555 판결).[68]

④ 보이차란 중국 운남성 보이현에서 생산·가공된 차를 말하는데, 보이차는 그 가공방법에 따라 병차, 산차, 타차 등으로 구분되고, 그중 병차(떡 모양으로 빚어서 말린 차)를 7개 단위로 포장한 것을 "칠자병차"라고 부르며, 1980년대 중반경부터 우리나라에 보이차와 병차 및 칠자병차 등 중국차가 차의 한 종류로서 여러 문헌에 다수 소개되어 왔고, 그 무렵부터 국내에 수입되어 차를 즐기는 단체나 일반 수요자들에게 계속 판매되어 왔음을 알 수 있는바, 위와 같은 중국차 제품의 소개와 그 수입 및 판매현황, 판매기간, 그 수요자 및 거래자의 범위 등 거래의 실정과 우리나라의 일상

---

67) 원심판결의 요지: 등록서비스표 중 '파출'은 '어떤 일을 위하여 사람을 보냄'을 뜻하나 일반 수요자나 거래자들이 '파출'이란 말의 위와 같은 의미를 곧바로 이해하고 있다고 보기 어렵고, 그 의미를 곰곰이 생각한 후에 파출부나 파출소에서 '부'자나 '소'자를 생략한 것이 아닌가 하고 이해할 것으로 보이므로, 등록서비스표가 그 지정서비스업인 가사서비스업을 직접 가리키는 용어라고 할 수 없다. 가사서비스업을 직접 가리키는 용어라고 할 수 있기 위해서는 '가사박사', '가정박사' 또는 '파출부박사'라는 용어를 사용한 경우일 것이다(특허법원 2007. 4. 19. 선고 2006허10593 판결).

68) 원심판결의 요지: 종전의 콘크리트가 검은색, 회색 등의 무채색이 그 주류를 이루고 있었다는 점을 고려할 때, 'COLOR' 부분은 지정상품의 품질, 원재료, 효능 및 용도 등을 암시한다고 생각할 수 있을 뿐, 그 공통되는 성질을 직접적으로 표시한다고 할 수 없으며, 더우이 앞서 본 바와 같이 'CON'의 의미가 콘크리트(concrete)의 약칭 외에도 다양한 의미가 있음을 참작한다면, 이 사건 등록상표는 전체적으로 그 지정상품의 품질, 원재료, 효능 및 용도 등을 보통으로 사용하는 방법으로 표시한 표장만으로 된 상표라고 할 수 없다(특허법원 2006. 12. 21. 선고 2006허7078 판결).

언어가 한자문화권에 있음을 감안하면, 등록상표인 ^{"七子餠茶"}_{칠자병차}(지정상품: 녹차, 오룡차 등)의 등록사정일인 1996. 10. 22.경에는 일반 수요자나 거래자들이 등록상표를 보고 그 지정상품인 '녹차, 오룡차' 등이 '떡 모양'의 형태로 7개 단위로 포장된 것임을 쉽게 인식할 수 있다고 할 것이므로, 등록상표는 전체적으로 그 지정상품의 형상을 보통으로 나타내는 기술적 표장에 해당한다(대법원 2004. 8. 16. 선고 2002후1140 판결).[69]

⑤ 등록상표인 "큰글성경"(지정상품: 서적 등) 중 '큰글'은 국어사전에 풀이가 나와 있지 아니한 조어이지만, '크다'는 낱말은 '어떤 표준에 비하여 길이나 부피가 많은 공간을 차지하다. 중대하다. 위대하다.'로 풀이되어 있고, '글'이라는 낱말은 '여러 말이 모여 하나의 완전한 감상·경험 및 여러 현상을 나타낸 것의 총칭. 문장. 말을 글자로 나타낸 적발(적어 놓은 글)'로 풀이하면서 사용예로 '글 잘 쓰는 사람은 필묵을 탓안 한다.'를 들고 있음을 알 수 있는바, 이와 같이 '크다'와 '글'이 지닌 관념을 이 사건 등록상표의 지정상품들의 내용 및 거래실정 등과 함께 고려하여 보면, 일반 수요자나 거래자들은 '큰 글'을 '외형적 크기(길이, 넓이, 높이)가 큰 글자' 또는 '훌륭한 글'이라는 뜻으로 인식하여 이 사건 등록상표의 의미를 '큰 글씨로 쓴 성경' 또는 '훌륭한 글인 성경' 등으로 직감할 것이라고 봄이 상당하다. 그렇다면 이 사건 등록상표는 '서적, 잡지, 팸플릿' 등과 같은 지정상품에 사용될 경우 알아보기 쉽도록 큰 글씨로 쓰인 성경에 관한 서적 등으로 인식될 뿐만 아니라, 그 나머지 지정상품에 사용될 경우에도 '(훌륭한 글인) 성경'에 관한 내용을 다룬 것으로 인식됨으로써 결국 이 사건 등록상표는 그 지정상품 전부에 관하여 품질이나 용도 등을 보통으로 사용하는 방법으로 표시한 표장만으로 구성된 상표에 해당한다. 그리고 만일 이 사건 등록상표의 지정상품들이 성경과 무관한 내용의 것인 경우에는 일반 수요자나 거래자들로 하여금 성경에 관한 내용을 담은 것으로 그 지정상품들의 품질을 오인하게 할 염려가 있는 상표에 해당할 수 있다(대법원 2004. 5. 13. 선고 2002후2006 판결).

⑥ 출원상표인 "KERATIN"(지정상품: 샴푸 등)은 국제 화장품 원료집에 모발 및 피부 조절기능이 있는 화장품 원료(Hair Conditioning Agent, Skin Conditioning Agent) 중 하나로 기재되어 있고, 식품의약품안전청도 이를 화장품 원료로 사용가능한 물질

---

[69] 원심판결의 요지: '七子' 및 '칠자'가 우리나라의 일반 수요자들에게 등록상표의 지정상품이 일곱 개의 단위로 포장되었다는 의미로 인식된다고 볼 수는 없으므로, 등록상표는 그 전체적인 의미내용만으로 우리나라의 일반 수요자들이 직관적으로 그 지정상품의 형상 또는 수량 등의 성질을 표시하는 것으로 인식할 수 없는 상표이다(특허법원 2002. 5. 31. 선고 2001허5893 판결).

로 인정하고 있으며, '천연케라틴'을 성분으로 하는 샴푸제품이 광고되고 있음에 비
추어 보면, "KERATIN"은 출원상표의 지정상품인 '스킨크림, 샴푸, 헤어컨디셔너' 등의
원료로 현실적으로 사용되고 있음을 엿볼 수 있을 뿐 아니라, "KERATIN"이 백과사전,
국어대사전, 영한사전에는 '각질(角質)이라고 하며 뿔, 머리털, 손톱, 깃털, 피부 등 상
피구조의 기본을 형성하는 황갈색의 단백질' 등으로 정의되어 있고, "KERATIN(케라
틴)"을 제품명의 일부로 하는 마스카라나 헤어팩 제품이 판매되고 있으며, 헤어팩 제
품에 관한 텔레비전 광고에 '모발의 주성분인 케라틴이 부족하면 머릿결이 상한다'라
는 광고문구가 사용되고, 고등학교 생물교과서에는 "KERATIN"이 단백질의 한 종류로
소개되고 있음을 종합하여 보면, 위 지정상품의 거래자들이 "KERATIN"을 위 지정상
품들의 원재료로 인식하고 있다고 보기 충분하므로 출원상표는 상표등록을 받을 수
없다(대법원 2003. 5. 13. 선고 2002후192 판결).[70]

⑦ 출원상표인 "관족법"(지정상품: 서적 등)은 한글로만 구성되어 있고, 사전에도
등재되어 있지 않은 조어상표이기는 하나, 한자문화권인 우리의 언어습관상 민간요
법 등에 관심이 많은 일반 수요자들 사이에서나 적어도 발건강관리업, 한방의료분야
등의 관련 거래업계에서는 이를 기초적인 한자인 '볼 관(觀)', '발 족(足)', '법 법(法)'으
로 구성된 한자어 '觀足法'의 한글표기로 연상하는데 그다지 큰 어려움이 있을 것으
로 보이지는 않으며, 또한 이와 같이 관족법을 '觀足法'의 한글표기로 연상하면 거래
자나 일반 수요자들로서는 '관족법'을 '발을 보는 법'이나 '발을 관찰하는 법'으로서
'건강관리를 위해 발을 보는 원리 또는 법칙'이나 '발 건강 관리에 관한 원리나 법칙'
등의 의미로 이해할 수 있어서, 출원상표 "관족법"이 그 지정상품 중 '서적' 등에 사
용될 경우에는 상품의 출처를 표시하고 자타상품의 식별표지로 인식되기보다는 그
서적 등이 관족법에 관한 내용을 함축적으로 표현한 것임을 직감하게 되어 그 지정
상품의 효능, 용도 등을 표시한 것이라고 보아야 한다(대법원 2001. 4. 24. 선고 2000후
2149 판결).[71]

---

70) 원심판결의 요지: 외국어로만 표기된 생화학분야의 전문용어인 'KERATIN'이 그 지정상품에 관하여 국
내 거래계에서 흔히 사용하는 어휘라고 보기 어려우므로 그 지정상품이 속하는 업계의 일반 거래자나
수요자가 이 사건 출원상표를 보고 바로 지정상품의 원재료를 표시하는 것으로 쉽게 인식하리라고 볼
수 없다(특허법원 2001. 12. 28. 선고 2001허5039 판결).
71) 원심판결의 요지: 출원상표는 사전에 등재되어 있지 않은 조어상표로서 우리의 언어습관상 친숙하지 아
니한 단어이고, 이를 한자어 '觀足法'의 한글표기로 연상하더라도 '발을 보는 법' 또는 '발을 관찰하는 법'
으로 인식될 수 있어 '발을 관찰하여 건강상태를 확인하는 방법' 또는 '발의 모양을 관찰하여 사람의 운

⑧ 출원서비스표인 "PC DIRECT"(지정서비스업: 컴퓨터 하드웨어 수리업 등) 중 'PC'는 'Personal Computer'의 약어로서 일반적으로 사용되는 용어이고, 'DIRECT'는 '지도하다' 또는 '직접의' 등과 같은 사전적인 의미를 가지는 단어이나, 실제 거래사회에서 일반인들은 위 'DIRECT'를 '신속한, 빠른' 등의 의미로도 받아들이고 있어, 출원서비스표 "PC DIRECT"를 그 지정서비스업에 사용할 경우, 일반 수요자들은 위 출원서비스표로부터 '컴퓨터 주변기기를 신속하게 판매 대행한다'(지정서비스업 중 컴퓨터 주변기기 판매대행업의 경우), '컴퓨터 및 컴퓨터 주변기기를 빠르게 중개한다'(지정서비스업 중 컴퓨터 및 컴퓨터 주변기기 중개업의 경우) 또는 '컴퓨터 하드웨어를 직접 수리한다, 똑바르게 수리한다, 신속하게 수리한다'(지정서비스업 중 컴퓨터 하드웨어 수리업의 경우) 등의 의미로 직감할 것이므로, 이는 지정서비스업의 성질(품질이나 효능 등)을 직접적으로 표시한 기술적 표장에 해당한다 할 것이다(대법원 2001. 3. 23. 선고 2000후1436 판결).[72]

⑨ 등록상표 "GOLD BLEND"(지정상품: 커피류) 중 'GOLD'는 '금, 황금, 돈, 금처럼 귀중한' 등의 사전적 의미가 있으나 실제 거래사회에서 일반인들은 '훌륭한, 뛰어난, 최고급의' 등의 의미로 받아들이고, 'BLEND'는 '혼합하다, 섞다, 혼합'의 의미로 일반인들이 인식하게 되어, 결국 등록상표는 그 지정상품인 커피류와 관련하여 일반 수요자들이 직감적으로 '맛과 향기가 뛰어나도록 배합한 최고급 커피'로 인식하게 되므로 이는 지정상품의 품질, 가공방법 등을 직접적으로 표시한 기술적 표장에 해당한다(대법원 1997. 5. 30. 선고 96다56382 판결).

⑩ 본원상표인 "L-830"(지정상품: 비디오테이프)은 거래자나 수요자간에 지정상품인 비디오테이프의 길이(長: Length)가 어느 정도(830피트)라고 직감케 할 개연성이 농후하다 할 것이어서 지정상품의 형상을 보통으로 표시한 표장만으로 된 상표에 해당한다(대법원 1982. 12. 28. 선고 81후55 판결).

⑪ 출원서비스표인 "옛세꼬양념통닭"(지정서비스업: 스낵바업 등)은 일반 수요자

세를 알아내는 방법' 등으로 연상될 뿐이므로, 그 지정상품인 서적 등의 효능, 용도 등을 어느 정도 암시하고 있는 것으로 볼 수 있으나, 이를 직접적으로 표시한 것이라거나 수요자가 이러한 뜻으로 직관적으로 인식할 수 있는 것으로는 보이지 않는다(특허법원 2000. 7. 21. 선고 2000허1368 판결).

72) 원심판결의 요지: 출원서비스표는 전체적으로 'PC를 통하여 지도(관리, 통제, 명령)하다' 등으로 인식되거나, 'PC를 직접적으로(똑바르게) 다룬다' 등으로 인식될 수 있고, 따라서 이 사건 출원서비스표는 그 지정서비스업인 '컴퓨터 하드웨어 수리업' 등과의 관계에서 그 지정서비스업의 효능, 용도 등을 어느 정도 암시하고 있는 것으로 보여지기는 하나, 이를 직접적으로 표시한 것이라거나 일반 수요자나 거래자가 이러한 것으로 직관적으로 인식할 수 있는 것으로는 보이지 않는다(특허법원 2000. 6. 9. 선고 2000허846 판결).

들에게 그 지정서비스업에서 제공되는 '양념통닭'이 '멕시코(식)의 양념을 가미한 닭을 통째로 익힌 요리'임을 직감하게 하는 것이다(대법원 2006. 3. 10. 선고 2004후2109 판결).

⑫ "나홀로"로 구성된 등록서비스표(지정서비스업: 변호사업, 법무사업 등)는 그 지정서비스업과 관련하여 전문직 종사자에게 업무를 위임하지 아니하고도 스스로 행할 수 있도록 도와주는 방식, 즉 지정서비스업의 서비스 제공의 하나의 방식을 보통으로 표시하는 표장만으로 된 서비스표로서 상표법 6조 1항 3호의 등록무효사유가 있다(대법원 2005. 10. 28. 선고 2004후271 판결).

⑬ 상품 등의 입체적 형상으로 된 이른바 입체상표의 경우, 그 입체적 형상이 해당 지정상품이 거래되는 시장에서 그 상품 등의 통상적·기본적인 형태에 해당하거나, 거래사회에서 채용할 수 있는 범위 내에서 이를 변형한 형태에 불과하거나, 또는 당해 상품 유형에 일반적으로 잘 알려진 장식적 형태를 단순히 도입하여 이루어진 형상으로서 그 상품의 장식 또는 외장으로만 인식되는 데에 그칠 뿐 이례적이거나 독특한 형태상의 특징을 가지고 있는 등으로 수요자가 상품의 출처 표시로 인식할 수 있는 정도의 것이 아니라면, 위 규정에서 말하는 '상품 등의 형상을 보통으로 사용하는 방법으로 표시한 표장만으로 된 상표'에 해당한다고 보아야 한다. "⬚"와 같이 구성된 입체상표인 출원상표[지정상품: 블록쌓기(장난감) 및 완구용 블록 등]는 이 사건 심결일 당시에 수요자에게 톱니 모양의 홈과 돌기를 이용하여 다른 것과 끼워 맞춤으로써 원하는 사물의 형태를 만들 수 있는 블록의 형상으로 인식될 것이므로, 블록쌓기(장난감) 및 완구용 블록이라는 지정상품과 관련하여 그 상품의 형상을 보통으로 사용하는 방법으로 표시한 표장만으로 된 상표로서 상표법 6조 1항 3호에 해당한다(대법원 2014. 10. 15. 선고 2013후1146 판결).

(나) 특허법원 판례

① 출원상표인 "**AUGUST**"(지정상품: 잡지 등)는 '8월'이란 뜻을 나타내는 영어단어인데, 그 지정상품인 잡지는 '특정 제목 아래 각종 원고를 수집하여 일정한 간격을 두고 정기적으로 편집·간행되는 정기간행물'로서, 정기적인 편집 및 간행을 그 특징으로 하므로 이러한 편집 및 간행의 시기가 상품의 중요한 특성 중 하나일 뿐만 아니라, 일반적으로 동일한 제목의 잡지라고 하더라도 그 편집 및 간행시기에 따라 내용 및 구성이 달라져 이러한 시기 역시 제목과 함께 특정의 잡지를 지칭하고 구별하는 기준이 되고, 이에 따라 실제 거래계에서도 잡지의 간행 연도 및 월 등을 잡지의 표

지에 표시하여 수요자들에게 제공하고 있어, 잡지에 시기를 나타내는 표시가 있다면 일반 수요자들은 이를 자타상품을 식별하기 위한 표장으로 보기보다는 우선 그 잡지의 간행 시기 등과 같은 잡지의 특성을 나타내는 의미로 직감하게 된다고 할 것이다. 따라서 출원상표가 그 지정상품인 잡지, 특히 매년 8월에만 발행되는 연간 잡지에 사용될 경우 일반 수요자들은 위 표장을 잡지의 간행시기와 같은 상품의 성질을 기술하는 것으로 이해하여 '8월에만 나오는 잡지' 또는 '8월호 잡지'로 직감하게 될 것이므로, 지정상품인 잡지의 성질을 보통의 방법으로 표시한 표장만으로 된 상표에 해당한다(특허법원 2008. 9. 4. 선고 2008허6475 판결, 확정).

② 외국어로 된 표장이 성질표시 표장에 해당하기 위해서는 원칙적으로 일반 수요자나 거래자가 직관적으로 그 의미를 인식할 수 있는 경우이어야 하나, 그 단어가 갖고 있는 객관적인 의미가 상품의 품질·효능·용도 등을 나타내는 것이고 실제 그와 같은 의미대로 상품의 품질·효능·용도 등으로 사용되고 있다면, 비록 그 단어 자체는 일반 수요자들이 쉽게 접할 수 없어 사전 등을 찾아보고서야 알 수 있는 것으로 보이더라도 이러한 표장은 성질표시 표장에 해당한다고 보아야 할 것이다. 출원상표인 "CryoEase"(지정상품: 특수한 목적으로 제작된 극저온 유조차) 중 "Cryo"는 '저온, 추위, 한랭, 냉동'의 의미를 가진 결합사로서 지정상품과 관련하여 본래의 의미대로 '저온, 냉각' 관련 용어로 사용되고 있으므로, '쉬움, 편함, 용이'의 의미를 가지고 있는 "Ease"와 함께 그 지정상품에 사용되는 경우 일반 수요자나 거래자에 의하여 '저온(냉동)을 하기 쉬운 극저온 유조차'라는 지정상품의 품질·효능·용도 등을 표시하는 것으로 직감될 수 있다(특허법원 2008. 8. 8. 선고 2008허4547 판결, 확정).

③ 등록상표인 "DAY-DATE"(지정상품: 전자시계 등)는 '요일이나 날짜를 표시하는 것' 등의 의미로 직감될 수 있어, 지정상품 중 요일이나 날짜를 표시하는 기능을 갖춘 시계류 제품에 사용되는 경우에는 지정상품의 품질, 효능 등을 보통으로 사용하는 방법으로 표시한 표장에 해당하고, 그러한 기능을 갖추지 아니한 시계류 제품에 사용되는 경우에는 수요자들로 하여금 그러한 기능을 갖춘 제품으로 상품의 품질을 오인하게 할 우려가 있는 표장에 해당한다(특허법원 2008. 1. 23. 선고 2007허9408 판결, 심리불속행기각).

④ 출원상표인 "眞毛나"(지정상품: 발모제)는 이를 구성하는 한자 "眞"과 "毛"가 모두 중학교 수준의 기초한자로서 "眞"은 '참'을, "毛"는 '터럭, 털'을 각각 의미하고, 한글 "나"는 '어떤 물건이나 일이 생긴다'는 의미를 갖는 '나다'의 축약형인 사실을 각 인정

할 수 있는바, 이에 의하면 일반 수요자나 거래자는 출원상표의 의미를 '참으로 털을 생기게 하는 것'이라는 의미로 쉽게 직감할 수 있다. 따라서 출원상표는 상품의 효능, 용도 등을 보통으로 사용하는 방법으로 표시한 표장만으로 된 상표에 해당한다(특허법원 2007. 7. 5. 선고 2007허1237 판결, 심리불속행기각).

⑤ 출원서비스표인 "FUNPLEX"(지정서비스업: 어린이놀이터경영업 등)는 놀이, 재미 등의 뜻을 가진 'FUN'이라는 영단어와 복합체 등의 뜻을 가진 'COMPLEX'라는 영단어에서 따온 'PLEX'를 결합한 것으로 일반 수요자들이 그다지 어렵지 않게 '오락지구' 내지 '복합놀이공간'의 의미로 인식할 수 있으므로, 그 지정서비스업의 용도를 보통으로 사용하는 방법으로 표시한 표장만으로 된 서비스표라고 할 것이고, 출원서비스표가 일부 지정서비스업의 용도를 표시하는 말로서 현실적으로 그와 같은 의미로 쓰이고 있는 이상, 설사 일반 수요자들이 영어사전을 찾아보고서야 그 의미를 알 수 있다고 하여 기술적 표장에 해당하지 아니한다고 할 수도 없다(특허법원 2007. 5. 23. 선고 2007허2063 판결, 확정).

⑥ 등록표장인 "**예술의전당**"(지정서비스업: 국악공연업, 극장운영업 등; 지정업무: 예술분야의 진흥을 위한 각종 공연업무 등)은 '예술'과 '전당'을 조사 '의'를 사용하여 결합한 것인데, '예술'의 사전적 의미는 기예와 학술, 특별한 재료, 기교, 양식 따위로 감상의 대상이 되는 아름다움을 표현하려는 인간의 활동 및 그 작품, 의식적으로 아름다움을 창조해 내는 활동, 인간의 정신적, 육체적 활동을 빛깔, 모양, 소리, 글 등에 의하여 아름답게 표현하는 일 등이고, '전당'의 사전적 의미는 높고 크게 지은 화려한 집, 학문, 예술, 과학, 기술, 교육 따위의 분야에서 가장 권위 있는 연구기관을 비유적으로 이르는 말, 신불(神佛)을 모셔 놓은 집 등이다. 그러므로 "예술의전당"이란 예술분야의 가장 권위 있는 기관이나 예술분야의 중심이 되는 건물 또는 예술에 관련된 활동이나 업무를 담당하는 기관 내지 시설 등을 의미하게 되고, 일반 수요자들이 이 사건 등록표장들을 보고 위와 같은 의미를 직감할 수 있다고 할 것이어서, 이 사건 등록표장들은 그 지정서비스업 및 업무의 품질, 용도 등을 보통으로 사용하는 방법으로 표시한 표장만으로 된 기술적 표장에 해당한다(특허법원 2006. 10. 11. 선고 2006허1841, 2006허1797(병합), 2006허1810(병합), 2006허1865(병합) 판결, 상고기각).

⑦ 출원서비스표 "미니홈피"(지정서비스업: 웹사이트의 제작 및 유지대행업 등)는 작다는 의미의 영어단어 'mini'와 홈페이지(homepage)의 줄임말인 '홈피'의 합성어로서, 인터넷상에서 사용자가 직접 게시판, 방명록, 자신의 사진첩과 일기장 등을 꾸며 자신

의 정체성을 표현하고, 커뮤니케이션기능 등을 통해 타인과 인터넷상에서 네트워크를 형성하게 해 주는 기능을 하는 개인화된 홈페이지 및 일반 홈페이지에 비해 그 저장용량이 비교적 작은 홈페이지를 총칭하는 용어로 네티즌들 사이에 일반적으로 사용되고 있어, 이러한 의미를 가지는 출원서비스표를 지정서비스업 중 '웹사이트의 제작 및 유지대행업, 웹사이트호스트업, 자료 및 문서의 디지털처리업' 등에 사용할 경우 서비스의 제공수단, 방법, 용도 등을 직접적으로 표시하는 성질표시 표장에 해당한다(특허법원 2005. 9. 9. 선고 2005허4119 판결, 심리불속행기각).

⑧ 출원상표인 "BRONCHI-SHIELD"는 그 지정상품 중 '개과 동물용 백신, 동물용 약재'에 사용될 경우 동물의 병을 진단하고 치료하거나 약을 조제하고 처방하는 수의사나 약사 등 동물 의약품 관련 업계 종사자가 일반 수요자가 된다 할 것인바, 이러한 수의사나 약사 등은 일반적으로 '기관지'를 의미하는 영어단어인 'BRONCHI'를 알고 있어, 이 사건 출원상표 "BRONCHI-SHIELD"를 보고 직관적으로 '개과 동물의 기관지를 보호하는 백신, 동물 기관지 보호용 약재'라고 인식할 것이므로 출원상표는 기술적 표장에 해당한다(특허법원 2005. 3. 24. 선고 2004허7265 판결, 확정).

⑨ 출원서비스표인 **nofire**(지정서비스업: 수성도료판매대행업, 페인트판매대행업)는 비록 영문자 'o' 부분이 일부 도형화되기는 하였으나, 그 도형화의 정도가 영문자 'o' 안에 불 표시와 빗금이 쳐져 있는 정도에 불과하여 문자의 설명적 의미를 직감하는 데 전혀 지장이 없으므로 출원서비스표는 일반 수요자에게 '화재방지, 화재예방'의 뜻으로 쉽게 인식될 수 있다. 또한 출원서비스표의 지정서비스업의 대상물품인 '수성도료, 페인트'는 방습, 방부, 광택 및 오염방지 등의 목적으로 사용되기는 하나 휘발성이 강한 성질을 가지고 있는 사실 등을 인정할 수 있어서, 출원서비스표가 그 지정서비스업인 '수성도료판매대행업, 페인트판매대행업'에 사용되는 경우에는 '화재방지, 화재예방 등의 성질, 효능이 있는 수성도료, 페인트의 판매대행'을 업으로 함을 직감시킨다. 따라서 출원서비스표는 지정서비스업의 성질, 효능을 보통으로 사용하는 방법으로 표시하는 표장만으로 된 서비스표라고 할 것이다(특허법원 2005. 1. 21. 선고 2004허7227 판결, 상고기각).

⑩ 출원상표인 (지정상품: 사무용 고체풀 등) 중 원통형 용기의 입체적 형상은 '사무용 고체풀' 등의 용기로서 기능을 수행하는 데 필요한 실용적 기능의 일반적인 형상으로서 이 사건 출원상표의 지정상품의 포장용기의 형상을 표시하는 것이어서 식별력이 없고, 출원상표 중 색채와 몸통 부분에 표시된 격자무늬 도형은 그것이 특

별한 관념을 낳거나 '사무용 고체풀' 등의 용기의 입체적 형상이라는 관념을 상쇄시킬 정도로 구성된 것이 아니라 용기의 입체적 형상에 흡수되는 것이므로 위 입체적 형상의 부수적 또는 보조적인 것에 불과하여 위 색채와 격자무늬 도형 부분에 의하여 새로운 식별력이 생긴다고 할 수 없다. 따라서 출원상표는 전체적으로 '사무용 고체풀' 등의 포장용기의 입체적 형상으로 인식되어 그 지정상품의 형상을 보통의 방법으로 표시한 표장이므로 상표법 6조 1항 3호 소정의 기술적 표장에 해당한다(특허법원 2002. 3. 29. 선고 2001허5183 판결, 상고기각).

⑪ 출원상표인 "**airfryer**"(지정상품: 가정용 전기식 튀김기)는 '공기, 대기' 등의 뜻을 가지는 영문자 'air'와 '튀김기, 튀김냄비, 프라이팬' 등의 뜻을 가지는 'fryer'가 결합하여 이루어진 문자상표이다. 출원상표의 지정상품인 '가정용 전기식 튀김기'는, 원고가 국내에 제품을 출시하기 전까지는 전기로 기름을 가열해 재료를 튀기는 조리기구를 의미하였으나, 원고가 제품을 출시하고 후속 업체들이 잇달아 유사 제품을 개발하여 판매·광고한 결과 이 사건 심결일 무렵에는 기름을 사용하지 않고 뜨거운 공기를 빠르게 순환시켜 조리하는 방식의 이 사건 튀김기가 가정용 전기식 튀김기의 일종으로 하나의 제품군으로 자리하였다. 따라서 출원상표가 그 지정상품의 성질을 표시한 것인지 여부를 검토함에 있어서는 기존에 있었던 가정용 전기식 튀김기뿐만 아니라 새로 추가된 이 사건 튀김기를 포함하여 판단하여야 하며, '기름 없이' 또는 '기름을 적게 사용하여' 튀김요리를 하는 것뿐만 아니라 '공기를 이용하여' 튀김요리를 하는 것도 위 지정상품인 가정용 전기식 튀김기의 특성으로 일반적으로 생각될 수 있는 성질에 해당한다. 이 사건 심결일 현재 다수의 업체들이 전기식 튀김기를 제조·판매하면서 출원상표의 한글음역인 '에어프라이어'를 사용하고 있고, 신문기사, 인터넷 쇼핑몰, 인터넷 가격비교 사이트 등에서도 전기식 튀김기의 보통명칭으로 '에어프라이어'를 사용하고 있다. 감정결과(소비자 상표 인지도 조사결과)에 의하면, 조사대상자들의 52.5%가 '에어프라이어(airfryer)'를 인지하고 있었고, 59.7%가 제품의 보통명칭으로 인식하였으며, '에어프라이어(airfryer)'가 조리기구임을 알고 있는 응답자 중 상당수(85명 중 43명)가 '에어프라이어(airfryer)'를 '공기로 튀겨주는 제품', '공기를 이용한 요리기구', '기름없이 음식을 튀기는 제품' 등으로 인식하여 제품의 성질을 비교적 정확하게 파악하고 있었고, 조사대상자들은 이 사건 튀김기의 보통명칭으로 출원상표를 한글로 직역한 '공기튀김기', 한글음역인 '에어프라이어'를 가장 선호하였다. 이러한 제반 사정을 고려하면, 출원상표를 그 지정상품인 '가정용 전기식 튀김기(electric fryer for household purposes)'와 관련하여 사용할 경우 지정상품의 성질 중 하나인 '공기를 이용하여 튀김요리를 하는 조리기구'라는 점을 직감할 수 있다고 보인다. 따라서 출원상표는 그 지정상품의 품질, 효능, 사용방법 등의 성질을 보통으로 사용하는 방법으로 표시한 표장만으로 된 상표로서 상표법 6조 1항 3호에 해당한다(특허법원 2015. 4. 10. 선고 2014허4876 판결, 상고 후 상표등록 출원 취하).

⑫ 출원상표인 "**360do BRUSH**"(지정상품: 칫솔)는 '360do'와 'BRUSH'로 분리관찰이 가능하고, '360do'부분은 '360도'로 발음되는 바에 따라 지정상품인 칫솔과 연관된 의미로 숫자 '360'에 각도를 의미하는 '도(°)'를 영문음역으로 쓴 'do'를 붙여 쓴 '360도'로 인식하는 데 어려움이 없으며, 'BRUSH' 부분의 의미가 '칫솔'이라고 인식하는 데에도 별다른 어려움이 없다. 한편, 거절결정이 내려지기 이전에 국내에서는 '360도 칫솔'이라는 명칭을 가진 칫솔 제품들이 다수 판매되고 있었고, 이에 따라 당시 우리나라 일반 수요자나 거래자들 사이에서 '360도 칫솔'이라는 용어는 '칫솔모가 360도로 식모되어 있는 칫솔' 또는 '솔 부분을 360도로 회전시켜 양치질을 할 수 있는 칫솔'이라는 의미로 통상 받아들여지고 있었다. 따라서 출원상표가 지정상품인 '칫솔'에 사용될 경우 일반 거래자나 수요자에게 '칫솔모가 360도로 식모되어 있는 칫솔' 또는 '솔 부분을 360도로 회전시켜 양치할 수 있는 칫솔'이라는 의미로 직감될 것이므로, 출원상표는 그 지정상품의 품질, 효능 등을 보통으로 사용하는 방법으로 표시한 표장만으로 구성된 상표로서 상표법 6조 1항 3호의 기술적 표장에 해당한다(특허법원 2016. 5. 4. 선고 2015허5043 판결, 확정).

(2) 기술적 표장으로 인정하지 아니한 사례

(가) 대법원 판례

① 등록상표인 "STAR JEWELRY"(지정상품: 다이아몬드 등) 중 'STAR' 부분은 '별'이라는 본래의 의미와 나아가 이로부터 파생된 '인기연예인'이라는 의미이고, 'JEWELRY' 부분은 보석이라는 의미로서, 우리나라의 영어보급수준에 비추어 일반 수요자나 거래자들이 그 의미를 쉽게 알 수 있는 영어단어들인바, 이 사건 등록상표 중 'JEWELRY' 부분은 위 지정상품들의 보통명칭에 지나지 않아 식별력이 없지만, 'STAR' 부분은 그 의미가 곧 위 지정상품들과 직접적으로 연관된 것이라기보다는 간접적으로 연상되는 정도라고 보이고, 거래사회에서의 사용실태도 그와 다르지 아니하여 위 지정상품들의 품질이나 성질을 암시한다고 할 수 있을지언정 이를 직감하도록 한다

고는 할 수 없을 것이다(대법원 2006. 7. 28. 선고 2005후2786 판결).73) ·

② 등록상표 "SANDUNIT"(지정상품: 광석처리기계기구 등)은 '모래'의 의미인 'SAND' 와 '단위' 혹은 '장치'의 의미인 'UNIT'가 결합된 상표로서 일반 수요자나 거래계 사람은 결합된 각 문자의 의미상 등록상표에서 '모래단위', '모래단일체', '모래장치' 정도의 인식은 가능할지라도, 이를 넘어서서 새로운 의미인 광석처리를 위한 기계로 직감하기는 어려우므로 성질표시 표장이 되지 아니한다(대법원 2006. 4. 14. 선고 2004후2246 판결).

③ 선출원등록상표인 "MIPS" 중 'MIPS'는 컴퓨터의 연산처리속도를 나타내는 단위의 의미를 지닌 단어이나, 컴퓨터 전문가나 컴퓨터 전문거래자가 아닌 출원상표의 각 지정상품에 관한 일반 수요자의 주의력을 기준으로 볼 때 출원상표는 사전을 찾아보거나 심사숙고하지 않는 한 직관적으로 어떤 관념을 형성한다고 할 수 없고, 또한 출원상표의 지정상품인 '컴퓨터 디스켓 · 컴퓨터 자기테이프 · 컴퓨터 자기디스크 · 컴퓨터용 레이저디스크'는 모두 컴퓨터와 관련된 상품이긴 하나 'MIPS'로 표시되는 컴퓨터 시스템의 연산처리속도나 그 단위와는 직접적으로 관련된 상품이라고는 할 수 없으므로, 출원상표가 그 지정상품의 성질이나 품질 또는 용도 등을 보통으로 사용하는 방법으로 표시한 기술적 표장에 해당한다고 볼 수는 없다(대법원 2000. 3. 23. 선고 97후2323 판결).

④ 이 사건 등록서비스표인 "쪼끼쪼끼"(지정서비스업: 호프집경영업, 일반유흥주점경영업)는 한글 4글자로 구성된 문자서비스표인바, 그 지정서비스업인 "호프집경영업, 일반유흥주점경영업" 등이 외국어의 전문가들에 의하여 수요되거나 거래되는 특수한 서비스가 아님은 경험칙상 분명하고, 우리나라의 일본어 등 외국어보급수준을 고려하면 일반 수요자들이 사전을 찾아보거나 심사숙고하지 않고도 이 사건 등록서비스표의 "쪼끼" 부분이 "조끼"라는 단어의 경음화된 발음이고, 또한 "조끼"라는 단어가 영어 'jug'의 일본어식 표현인 'ジョッキー'에서 전래된 외래어로서 '맥주를 담아 마시는 손잡이가 달린 술잔'이라는 의미를 가지므로 "쪼끼" 역시 '맥주잔'을 의미하는 것으로

---

73) 원심판결의 요지: 이 사건 등록상표는 그 지정상품 중 '다이아몬드 원석, 다이아몬드, 에메랄드, 루비, 진주, 인조보석, 금, 금합금, 은, 은합금, 백금, 백금합금'에 관하여 볼 때, 'JEWELRY' 부분은 위 지정상품들의 보통명칭으로서 식별력이 없고, 'STAR' 부분은 일반 수요자나 거래자 사이에서 위 지정상품들의 성질을 암시하거나 강조하는 정도를 넘어 '별처럼 반짝이거나 귀한 보석', '별과 같이 남들이 부러워하거나 우러르는 보석'의 의미를 직감하게 하므로, 결국 이 사건 등록상표는 위 지정상품들에 관하여 식별력이 없어 무효로 되어야 한다(특허법원 2005. 9. 1. 선고 2005허3765 판결).

서 이 사건 등록서비스표의 지정서비스업에 필수적으로 사용하는 도구라고 직관하여 깨달을 수 있다고는 보이지 아니하므로, 이 사건 등록서비스표는 직접적으로 그 지정서비스업에서 사용되는 도구인 맥주잔의 관념을 나타내는 표장으로는 보이지 아니하여 상표법 6조 1항 3호가 정하는 기술적 표장에 해당한다고 할 수 없다(대법원 2005. 5. 13. 선고 2003후281 판결).

⑤ 입체적 형상과 기호·문자·도형 등이 결합된 상표라고 하여 그 식별력의 판단에 있어서 다른 일반적인 결합상표와 달리 보아서는 아니 되므로, 입체적 형상 자체에는 식별력이 없더라도 식별력이 있는 기호·문자·도형 등과 결합하여 전체적으로 식별력이 있는 상표에 대하여 상표법 6조 1항 3호 등에 해당한다는 이유로 상표등록을 거절하여서는 아니 된다. "　　"와 같이 구성된 입체상표인 출원상표[지정상품: hip joint balls(인공 고관절용 볼)]에서 둥근 홈이 형성된 반구형상으로 구성되어 있는 입체적 형상 부분은 지정상품의 형상을 보통으로 사용하는 방법으로 표시한 표장이므로 식별력이 없고, 핑크색 부분은 일반적으로 흔히 볼 수 있는 색상으로서 역시 식별력이 없으나, 이와 결합된 영문자 '**BIOLOX** delta' 부분은 지정상품과의 관계에서 성질 등을 나타내는 기술적 의미를 가지고 있지 않는 조어 상표로서 식별력이 있으므로, 위 출원상표는 전체적으로 식별력이 있어서 상표법 6조 1항 3호에 해당하지 않는다(대법원 2015. 2. 26. 선고 2014후2306 판결).

⑥ 출원서비스표 "알바천국"(지정서비스업: 직업소개업, 직업알선업, 취업정보제공업)은 '알바'와 '천국'이라는 두 개의 단어가 결합하여 '근무 여건이나 환경이 이상세계처럼 편하여 아르바이트를 하기에 좋은 곳'이라는 관념을 지니는 것으로서, 그 지정서비스업과 관련하여 볼 때 위와 같이 '아르바이트를 하기에 좋은 곳'을 소개·알선하거나 이와 관련된 정보를 제공한다는 암시를 줄 수 있기는 하나, 이를 넘어서 일반 수요자에게 '아르바이트를 소개·알선하거나 이와 관련이 있는 정보를 제공하는 장소' 등과 같이 그 지정서비스업의 성질을 직접적으로 표시하는 것으로 인식된다고 할 수 없다. 또한 거래사회의 실정 등을 감안하더라도, '천국'이라는 단어가 포함된 출원서비스표를 특정인에게 독점배타적으로 사용하게 하는 것이 공익상 부당하다는 등 위와 달리 볼 만한 사정이 발견되지 않는다. 따라서 출원서비스표는 상표법 6조 1항 3호가 정한 기술적 표장에 해당하지 않는다(대법원 2016. 1. 14. 선고 2015후1911 판결).

(나) 특허법원 판례

① 출원상표인 "ScienceDirect"(지정상품: 내려받기 가능한 전자저널 등) 중 도형 부분

인 "❉❉"는 그것이 전체 표장에서 차지하고 있는 위치, 크기, 색상(연한 녹색), 형태 등에 비추어 단순히 문자 부분의 부수적 보조적인 것이거나 간단하고 흔히 있는 표장에 불과한 것이 아니어서 어느 정도의 식별력을 갖추고 있고, 문자 부분인 "ScienceDirect" 또한 지정상품인 '내려받기 가능한 전자저널'의 품질, 효능, 용도, 사용방법 등을 암시 또는 강조하는 것으로 보일 뿐, 직접적으로 표시하는 것으로 볼 수 없으므로, 출원상표는 전체적으로 볼 때 지정상품의 성질을 보통으로 사용하는 방법으로 표시한 표장에 해당하지 않는다(특허법원 2008. 11. 7. 선고 2008허10351 판결, 심리불속행기각).

② 출원상표인 "❏less❏design"(지정상품: 디지털 카메라 등)은 수학적 기호와 영문자를 결합한 독창적인 형태로 구성되어 있어 그 지정상품의 품질 · 효능 · 용도 등을 보통으로 사용하는 방법으로 표시되어 있다고 보기 어렵고, 호칭이나 관념에 있어서도 '+'와 'less'의 결합에 있어 여러 가지 다양한 호칭이나 관념을 가지고 있어 하나의 통일된 호칭이나 관념을 도출하는 것이 자명하다고 하기 어려운데, 일반 수요자나 거래자들이 이와 같은 여러 가지 형태의 상표의 구성 중 유독 'less'만을 추출하여, 여러 가지 의미 중 특별히 '크기, 무게, 가치 따위에 있어 한층 작은, 보다 작은' 의미만으로 인식하고, 이를 그 지정상품인 '디지털 카메라, 레이저 프린터' 등의 상품과 관련하여 '다른 상품보다 보다 작게 디자인된 디지털 카메라, 보다 작게 디자인된 레이저 프린터'라는 의미로만 직감적으로 인식한다고 볼 만한 특별한 사정이나 이를 뒷받침할 만한 자료도 없는 상태에서 일반 수요자나 거래자들의 인식을 그와 같이 단정할 수 없다. 따라서 이 사건 출원상표는 지정상품의 성질(형상)을 보통으로 사용하는 방법으로 표시하는 표장만으로 된 기술적 표장에 해당한다고 할 수 없다(특허법원 2008. 9. 25. 선고 2008허5878 판결, 상고기각).

③ 출원상표/서비스표인 "❉❉❉"(지정상품: 매운떡이 가미된 호떡 등/ 지정서비스업: 매운떡이 가미된 호떡요리전문점업 등)은 전체적으로 보아 그 도안화된 정도가 일반인의 특별한 주의를 끌 정도에 이르러 문자의 기술적 또는 설명적인 의미를 직감할 수 없을 만큼 문자인식력을 압도할 경우에 해당되어 식별력을 가진 것으로 보아야 하므로, 지정상품의 성질을 보통으로 사용하는 방법으로 표시한 표장만으로 된 상표에 해당하지 않는다(특허법원 2008. 6. 19. 선고 2008허2749 판결, 심리불속행기각).

④ 출원서비스표인 "G✉ail"(지정서비스업: 전자우편업)은 영문자 'G'와 'M'을 편지봉투 모양으로 도형화한 "✉" 및 영문자 'ail'이 띄어쓰기 없이 일체로 결합된 표장으로

서, 위 도형에서 영문자 'M' 부분이 굵게 처리되고 편지봉투 모양이 전자우편인 'e-mail' 서비스에서 흔히 사용되는 도형이어서 "✉ail"이 'mail'로 직감된다는 점 등에 비추어 볼 때, 'Gmail'로 호칭, 관념되는 표장이라 할 것이다. 그런데 위 'Gmail'로부터 는 'G의 메일' 또는 'G와 관련된 메일' 등의 관념이 직관적으로 도출될 뿐이므로, 출원 서비스표의 전체적인 구성에 비추어 볼 때 일반 수요자나 거래자가 이를 그 지정서 비스업인 전자우편업 등의 단순한 목적, 수단 등 성질을 표시하는 것으로 인식한다고 보기 어렵다. 또한 출원서비스표의 지정서비스업인 전자우편업 등이 비교적 소수의 인터넷 검색엔진 업체들에 의하여 주로 제공되고 있고, 특히 원고가 세계 최대의 인 터넷 검색엔진인 'Google'을 통하여 인터넷 검색서비스와 광고 등 사업을 하고 있는 점 등에 비추어 볼 때, 일반 수요자나 거래자는 'Gmail'을 (특정 서비스주체인) 'Google 의 메일 서비스'로 인식할 가능성도 적지 아니하다. 따라서 출원서비스표는 지정서비 스업인 전자우편업 등에 관한 성질을 보통으로 사용하는 방법으로 표시한 표장에 해 당한다고 볼 수 없다(특허법원 2008. 5. 28. 선고 2008허2060 판결, 심리불속행기각).

⑤ 등록상표인 "마사이워킹"(지정상품: 신발 등)은 아프리카 동부 케냐와 탄자니아 경계의 초원에 사는 주민을 의미하는 마사이족을 뜻하는 'Masai'의 한글발음인 '마사 이'와 '걷기, 산책, 보행'의 의미를 갖는 영어단어 'walking'의 한글발음인 '워킹'이 결합 된 상표이고, '워킹'이라는 단어가 갖는 의미로 인하여 지정상품 중 신발 및 보행과 관련된 상품을 직감할 수 있지만, '마사이'가 가지는 기본적인 의미가 아프리카 주민 을 의미하고 있어서 등록상표인 "마사이워킹" 전체의 의미가 신발 및 보행과 관련하 여 어느 정도 암시하거나 강조하는 정도를 넘어서 지정상품의 보통명칭을 나타낸다 거나 지정상품의 효능·용도 등을 직감토록 하지 않아서 기술적 표장에 해당하지 않 는다(특허법원 2007. 9. 6. 선고 2007허3844 판결, 심리불속행기각).

⑥ 출원상표인 "*ExcelStor*"(지정상품: 컴퓨터 하드디스크 등) 중 'STOR'에 대하여 보면, 국내의 영어사전에 'stor.'는 '저장, 보관' 등의 의미를 가진 'storage'의 약자로 등 재되어 있기는 하나, 우리나라의 영어보급수준에 비추어 볼 때 'stor.'는 일반 수요자 들이 누구나 쉽게 알 수 있는 정도의 단어라고 보기 어려워, 일반 수요자들이 출원상 표의 구성부분 중 'STOR'를 보고 'storage'의 약자로 직감하고 나아가 '저장, 보관' 등의 의미를 직감할 수 있다고 보기는 어렵다. 따라서 출원상표는 그 지정상품이 갖는 품 질·효능 등을 보통으로 사용하는 방법으로 표시한 표장만으로 된 상표라고 할 수 없 다(특허법원 2005. 10. 7. 선고 2005허3642 판결, 상고기각).

⑦ 출원서비스표인 "**50**"(지정서비스업: 공연제공업 등)은 비록 흔히 접할 수 있는 정사각형의 도형 안에 숫자인 '50'과 화폐단위인 'CENT'를 배치하여 구성된 표장이긴 하지만, 숫자 '50'의 굵기와 정사각형 안에서 차지하는 면적, 영문자인 'CENT'의 크기와 위치, 정사각형 도형 안의 여백에서 비롯되는 흑백의 대비 등에 비추어 도형표장으로서의 식별력이 전혀 없다 할 수 없고, 이 사건 출원서비스표를 그 지정서비스업과의 관계에서 그 관념을 살펴보면, 이 사건 출원서비스표의 지정서비스업은 방송, 연예관련업으로서 현대사회에서 고부가가치를 창출하는 대표적인 사업인데, 이 사건 출원서비스표의 '50CENT'는 1달러의 반액으로 우리나라 돈으로 500원 남짓의 매우 적은 금액이어서 이 사건 출원서비스표가 지정서비스업의 가격을 표시하는 표장이라고 할 수 없으며, 원고는 "50CENT"라는 이름으로 활동해온 미국의 유명한 랩퍼(rapper)로서 그가 활동해오면서 이 사건 출원서비스표에 쌓아온 무형의 재산적 가치를 법적으로 보호해줄 필요가 있는 점 등에 비추어 보면, 출원서비스표는 상표법 6조 1항 3호 소정의 서비스의 제공에 대한 대가(가격)를 보통으로 사용하는 방법으로 표시한 표장에 해당한다고 할 수 없다(특허법원 2005. 9. 22. 선고 2005허5471 판결, 확정).

⑧ 한자 "樂樂"의 일본어 표기는 'らくらく'이고, 발음은 'rakuraku'이며, 그 의미는 '① 편(안)한 모양, 편안히 ② 쉬운 모양, (손)쉽게, 가볍게'인 사실을 인정할 수 있기는 하나, 한편 상표의 의미내용은 일반 수요자가 그 상표를 보고 직관적으로 깨달을 수 있는 것이어야 하고 심사숙고하거나 사전을 찾아보고서 비로소 그 뜻을 알 수 있는 것은 고려의 대상이 되지 않는다 할 것인바, 우리나라의 일본어 보급 및 교육수준 등에 비추어 볼 때 이 사건 등록상표의 지정상품인 침대의 일반 수요자나 거래자들이 이 사건 등록상표 "라꾸라꾸"를 보고 직관적으로 일본어 "락락" 내지 "らくらく"의 한글표기로서 '편안한, 안락한' 등의 뜻을 가지고 있는 것임을 인식할 수 있다고 보기 어려우므로, 이 사건 등록상표가 그 지정상품의 성질을 보통으로 사용하는 방법으로 표시한 표장만으로 된 상표라고 볼 수 없다(특허법원 2005. 6. 17. 선고 2005허1691 판결, 상고기각).

⑨ 출원상표인 "▬▬▬▬◢"(지정상품: 톱날)은 긴 막대 끝에 갈고리가 있는 듯한 형상 정도로 인식될 것이어서 지정상품인 톱날의 형상을 어느 정도 내포하고 있다 하더라도 그 성질을 직감하게 하는 것이 아니라, 그 형상을 매우 단순하고 간결하게 도안화하여 암시적으로 드러낸 것으로서 상품의 형상을 보통의 방법으로 표시한 표장에 해당하지 않는다(특허법원 2005. 1. 13. 선고 2004허6019 판결, 확정).

⑩ 이 사건 등록상표 "***Mini Bank***"(지정상품: 현금입출금기, 개인휴대단말기, 컴퓨터, 컴퓨터 기억장치)는 '작은, 소형의'라는 뜻을 가지는 'Mini'와 '은행, 저장소'라는 뜻을 가지는 'Bank'가 결합된 문자상표로서, 우리나라의 영어보급수준에 비추어 일반 수요자나 거래자들이 이 사건 등록상표의 지정상품 중 '현금입출금기(ATM)'와 관련하여서는 '소형 은행', 나머지 지정상품과 관련하여서는 '정보나 프로그램 등을 저장하는 소형 저장소'로 인식할 것인바, 이러한 '소형 은행', '정보나 프로그램 등을 저장하는 소형 저장소'라는 의미는 이 사건 등록상표의 지정상품들의 성질을 암시 또는 강조하는 것으로 보일 뿐 일반 수요자나 거래자들이 그 지정상품을 생각할 때 누구나 '현금을 자동으로 입출금할 때 사용하는 기계(automatic teller machine)'라거나 '컴퓨터 관련 저장장치 또는 소프트웨어' 등과 같이 그 지정상품의 효능이나 용도, 형상 등을 직접적으로 표시하는 것으로 인식한다고 할 수 없다(특허법원 2009. 4. 16. 선고 2008허13336 판결, 상고기각).

⑪ 출원상표 "***PRIMEWELL***" 중 'PRIME'은 '(품질 등이) 최고의, 뛰어난'이라는 의미 외에도 '주된, 주요한, 기본적인, 전형적인, 가장 선택될 가능성이 큰, 가장 적합한, 한창때, 전성기, (사용·작동할 수 있게) 준비시키다' 등의 다양한 뜻을 가진 영어단어이고, 'WELL'은 '잘, 좋게, 좋은'이라는 의미 외에도 '제대로, 철저히, 완전히, 아주, 상당히, 쉽게, 아마, 당연히, 건강한, 우물' 등의 다양한 뜻을 가진 영어단어로서, 두 단어 모두 출원상표의 지정상품 및 지정서비스업과 관련하여 식별력이 없다. 따라서 출원상표는 'PRIME'과 'WELL' 중 어느 한 부분이 출원상표의 요부가 된다거나 출원상표가 두 부분 중 어느 한 부분만으로 호칭·관념된다고 보기 어렵고, 'PRIMEWELL' 전체로서만 호칭·관념된다고 봄이 타당하다. 나아가 'PRIMEWELL'은 영어사전에 등재되지 아니한 조어로서, 'PRIME'이나 'WELL'은 물론 그들의 단순한 결합을 넘어서는 특이성이 인정되며, 출원상표가 지정상품이나 지정서비스업과 관련하여 일반 수요자에게 어떤 구체적 관념, 특히 피고 주장과 같이 '매우 좋은', '품질이 뛰어난'이라는 의미로 직감된다고 보기 어렵다. 설령 일반 수요자가 이 사건 출원상표를 통해 '매우 좋은', '품질이 뛰어난'이라는 의미를 인식할 수 있다고 보더라도, 이는 지정상품이나 지정서비스업의 품질, 효능 등을 간접적으로 암시하거나 강조하는 것으로 봄이 타당하다. 따라서 출원상표는 전체로서 식별력이 있을 뿐만 아니라 특정인이 독점적·배타적으로 사용하는 것을 금지할 필요성도 없다. 결국 출원상표는 구 상표법 6조 1항 3호, 7호에 해당하지 않는다(특허법원 2017. 5. 19. 선고 2017허1564 판결, 확정).

⑫ 출원상표인 "**MARDLOCK**"(지정상품: 금속제 볼트, 너트 등) 중 '**MARD**' 부분과 '**LOCK**' 부분의 의미와 볼트와 너트의 결합에 관한 영어와 국어의 용례를 고려하면, 출원상표가 일반 수요자나 거래자들에게 지정상품과 관련하여 '단단하게 결합하다', '단단히 조이다'라는 의미로 직감된다고 보기는 어렵다. 설령 일반 수요자나 거래자들이 출원상표를 통해 위와 같은 의미를 인식할 수 있더라도, 이는 '**MARD**' 부분의 '딱딱하다'는 의미의 '단단한'으로부터 '헐겁거나 느슨하지 않다'는 의미의 '단단히, 단단하게'를, '**LOCK**' 부분의 '잠그다'라는 의미로부터 '조이다, 결합하다'라는 의미를 각각 추론하는 과정을 거쳐 감지한 것이므로, 이는 지정상품의 품질, 효능, 용도 등을 간접적으로 암시하거나 강조한 것이라고 봄이 타당하다. 게다가 출원상표는 '하드락' 또는 '하드록' 정도로 호칭될 것인데, 호칭이 3음절로 매우 짧은 점, 'HARD'와 'LOCK'은 모두 흔히 쓰이는 영어단어로서 단독으로는 식별력이 미약한 점 등을 고려하면 출원상표는 전체로서만 호칭, 관념될 것으로 보인다. 따라서 출원상표는 전체로서만 호칭 · 관념되는 것으로서 지정상품의 품질, 효능, 용도 등을 직접 표시한 것이 아니라 암시한 것에 불과하고, 지정상품과 관련하여 특정인의 독점 · 배타적 사용을 금지할 필요성도 없어, 지정상품과의 관계에서 식별력이 있으므로, 구 상표법 6조 1항 3호, 7호에 해당하지 않는다(특허법원 2017. 6. 9. 선고 2017허2093 판결, 확정).

바. 기타 특수한 문제

(1) 서적 등의 제호

서적 및 정기간행물의 제호(Title)가 직접적으로 그 지정상품인 서적이나 정기간행물의 내용을 나타내는 것이라고 인정되는 경우에는 상표법 33조 1항 3호에 정해진 기술적 표장에 해당하고, 녹음된 자기테이프, 녹음된 자기디스크, 녹음된 콤팩트디스크(CD), 영상이 기록된 필름 등의 이름에 대해서도 이에 준하여 판단하여야 할 것이다.[74]

신문, 잡지, 연보, 연감 등 동일한 제호로 연 1회 이상 계속적으로 발행되는 정기

---

74) 송영식 외 6인(주 1), 120; 문삼섭(주 1), 231; 상표심사기준 4부 3장 4.5.2.
　　대법원 2002. 12. 10. 선고 2000후3418 판결: 서적 등과 같이 창작물이 수록되는 상품을 지정상품으로 하는 상표는 그 상표가 지정상품에 수록된 내용을 단순히 암시하거나 강조하는 정도를 넘어 일반 수요자로 하여금 그 상표가 지정상품에 수록된 내용을 보통으로 사용하는 방법으로 표시한 것으로 인식하게 할 정도에 이르러야만 상표법 6조 1항 3호의 지정상품의 품질 · 용도 등을 보통으로 사용하는 방법으로 표시한 표장만으로 된 상표에 해당한다.

간행물의 제호는 출판사나 편집자의 상품임을 표시하는 기능을 가질 뿐만 아니라 거기에는 편집의 노력 등에 의해 축적된 신용이 화체되고 품질보호기능을 갖는 경우가 많으므로 단행본인 서적의 제호와 달리 원칙적으로 기술적 표장에 해당하지 아니한다는 견해가 있으나,[75] 대법원과 특허법원의 판례는 기술적 표장 여부를 판단함에 있어서 정기간행물의 제호와 단행본인 서적의 제호를 달리 취급하지 아니한다.[76]

대법원 판례와 특허법원 판례가 서적 등의 제호를 기술적 표장으로 인정한 것으로는, 큰글성경(지정상품: 서적, 대법원 2004. 5. 13. 선고 2002후2006 판결), 관족법(觀足法)(지정상품: 서적, 대법원 2001. 4. 24. 선고 2000후2149 판결), 주간만화(지정상품: 잡지, 대법원 1992. 11 .27. 선고 92후384 판결),[77] 상가록(지정상품: 서적, 대법원 1991. 10. 11. 선고 91후707 판결), 영어실력기초(지정상품: 영어참고서, 대법원 1990. 11. 27. 선고 90후410 판결), 역대왕비열전(지정상품: 서적, 대법원 1986. 10. 28. 선고 85후75 판결), 환 경 일 보(지정상품: 신문, 특허법원 2005. 10. 13. 선고 2005허5631 판결, 상고기각)[78] 등이 있다.

대법원 판례와 특허법원 판례가 서적 등의 제호를 기술적 표장으로 인정하지 아니한 것으로는, Linux(지정상품: 서적, 대법원 2002. 12. 10. 선고 2000후3418 판결),[79][80] 아카

---

75) 송영식 외 6인(주 1), 120.
76) 대법원 1992. 11. 27. 선고 92후384 판결, 특허법원 2005. 10. 13. 선고 2005허5631 판결 등.
77) 판결요지: 등록상표인 "주간만화"는 지정상품인 잡지가 만화작품을 게재하거나 기타 만화에 관련한 내용을 담는 것임을 인식시키고, 또 잡지가 주간을 단위로 하여 생산, 판매된다는 것을 인식시키는 점에서 지정상품인 잡지의 내용, 품질, 용도나 생산판매시기 등 상품의 성질을 보통으로 사용하는 기술적 상표에 해당한다.
78) 판결요지: 등록상표인 환 경 일 보는 정기간행물의 제호에 해당하나, 정기간행물의 제호라 하여 반드시 신용화체나 품질보호기능에서 다른 상표보다 우월하다고 단정할 수 없고, 정기간행물의 제호가 신용화체 및 품질보호기능을 갖는 것은 제호의 본질적 기능에서 파생된 것이라고 볼 수 없고 일반적인 기술적 상표와 마찬가지로 그 제호의 사용 등으로 인한 결과라고 할 것이며, 정기간행물의 제호에 대하여 예외를 인정한다면 정기간행물의 등록에 관한 법률에 따라 등록되어 독점권을 취득한 정기간행물의 제호와 동일한 상표가 선등록되는 경우 혼란이 초래될 우려가 있으므로, 정기간행물의 제호도 기술적 표장이 될 수 있다.
79) 판결요지: 컴퓨터 운영체제 프로그램의 보통명칭 내지 관용표장으로 널리 알려진 등록상표 "Linux"가 그 지정상품 중 '서적, 팸플릿, 학습지, 녹화된 테이프(음악이 아닌 것), 녹화된 콤팩트디스크(음악이 아닌 시디(CD))'에 사용될 경우 그 상품의 내용이 그 프로그램에 관련된 것임을 암시할 가능성이 없는 것은 아니지만, 위 지정상품의 일반 수요자가 상표보다는 그 상품에 수록된 창작물의 내용이나 그 내용을 나타내는 제목에 중점을 두고 상품을 거래하는 점 등에 비추어 볼 때, 위 컴퓨터 운영체제 프로그램에 관한 내용이 위 지정상품에 수록될 수 있다는 사정만으로 일반 수요자가 등록상표를 보고 위 지정상품에 수록된 내용을 보통으로 사용하는 방법으로 표시한 것으로 인식한다고 보기 어려워, 등록상표가 상표법 6조 1항 3호의 상표에 해당한다고 볼 수 없다.
80) 다만 등록상표 "Linux"가 '컴퓨터 프로그램이 수록된 테이프, 컴퓨터 프로그램이 수록된 디스크'에 대

데미(지정상품: 어학학습교재, 대법원 1991. 4. 23. 선고 90후1321 판결), 영어공부 절대로 하지마라(특허법원 2006. 5. 24. 선고 2005허8197 판결, 심리불속행기각) 등이 있다.

(2) 슬 로 건

일반적으로 쓰이는 구호나 슬로건적 문구로 이루어진 상표 · 서비스표 중 상품이나 서비스업의 품질 · 효능 · 용도 등의 성질을 직접적으로 표시하는 것은 상표법 33조 1항 3호의 기술적 표장에 해당한다.[81]

또한, 일반적으로 쓰이는 구호나 슬로건적 문구는 모든 사람에게 그 사용이 개방되어야 하는 표현이어서 공익상 어느 한 사람에게 독점시키는 것은 적절하지 않은 경우가 많으므로, 그와 같은 문구로 이루어진 상표 · 서비스표는 설령 상표법 33조 1항 3호의 기술적 표장에 해당하지 않더라도, 상표법 33조 1항 7호의 기타 식별력 없는 표장에 해당하여 등록을 받을 수 없는 경우가 많다.[82]

(3) 외 국 어

지정상품의 산지 · 품질 · 효능 등을 나타내는 외국어를 구성요소로 포함한 상표의 경우 과연 어느 정도까지 기술적 표장에 해당하는 것으로 보아야 할 것인지가 실무상 종종 문제된다.

이러한 경우에는 해당 외국어의 국내 보급 정도, 상표에 사용된 외국어의 수준,

하여 사용된 경우에는 상표법 6조 1항 3호에 해당한다(대법원 2002. 12. 10. 선고 2000후3401 판결).

81) 대법원 1994. 9. 27. 선고 94후906 판결: 출원상표 "잇스매직"은 영문 "IT'S MAGIC"과 이를 발음대로 표기한 국문 "잇스매직"을 2단으로 병기하여 이루어진 표장인바, 그 문구는 모든 사람에게 그 사용이 개방되어야 하는 표현이므로 공익상 어느 한 사람에게 독점시키는 것은 적절하지 않다 할 것이고, 또한 지정상품인 가스레인지, 가스오븐레인지, 가스그릴 등과의 관계에서 볼 때도 위 문구는 상품의 품질, 효능 등의 특성을 과시하는 의미가 있음을 부인하기 어려워 본원상표는 이 점에서 지정상품의 선전문으로서의 기술에 불과하다고 할 것이어서 전체적으로 보아 자타상품의 식별력이 인정된다고 보기 어렵다.

82) 대법원 1987. 1. 20. 선고 86후85판결: "인류를 아름답게, 사회를 아름답게"라고 한 출원상표는 자기의 상표와 타인의 상표를 식별할 수 없는 상표에 해당하여 상표등록의 요건을 구비하였다고 할 수 없다.
대법원 1994. 12. 22. 선고 94후555 판결: 출원상표 "Drink in the Sun"은 그 지정상품인 과일주스 등과 관련하여 볼 때 "태양 아래에서 마셔라"라는 뜻의 단순한 권유문으로 직감될 것이어서 일반 수요자들로서는 이를 흔히 쓰일 수 있는 구호나 광고문안 정도로 인식할 수 있어 상표만에 의하여 그 상품의 출처를 인식하기 어렵다.
대법원 1998. 2. 27. 선고 97후945 판결: 이 사건 출원상표 "이게웬떡이냐"는 예상하지 않았던 일에 불로소득 등의 이익이 있을 경우에 표현되는 구어체 서술형의 짧은 문장으로서 그 지정상품인 건과자, 비스킷, 호떡 등과의 관계에서 자기의 상표와 타인의 상표를 식별할 수 없는 표장에 해당한다.

지정상품의 주된 수요자층, 공익상의 요청 등을 종합적으로 고려하여 상표에 사용된 외국어가 그 지정상품의 일반 수요자나 거래자에게 해당 지정상품의 산지·품질·효능 등을 표시하는 것으로 직감될 수 있는가에 따라 결정할 수밖에 없을 것이다.[83]

영어는 다른 외국어에 비하여 상대적으로 널리 보급되었으므로 영어로 된 기술적 용어는 다른 외국어로 된 기술적 용어보다 기술적 표장이 될 가능성이 높다. 또한, 상표를 구성하는 외국어의 객관적 의미가 지정상품의 산지나 원재료, 효능을 나타내는 경우에는 비록 그 외국어의 객관적 의미가 일반 수요자나 거래자에게 널리 알려졌다고 보기 어려운 경우에도 기술적 표장에 해당할 수 있다.[84]

4. 현저한 지리적 명칭 등

가. 의   의

상표법 33조 1항 4호는 현저한 지리적 명칭이나 그 약어 또는 지도만으로 된 상표를 상표등록을 받을 수 없는 상표로 규정한다.

이러한 상표법 규정의 취지는 현저한 지리적 명칭이나 그 약어 또는 지도만으로 된 상표는 그 현저성과 주지성 때문에 식별력을 인정할 수 없어 누구에게나 자유로운 사용을 허용하고 어느 특정인에게 독점사용권을 부여하지 않으려는 데 있다.[85] 이러한 취지에 비추어 위 규정은 현저한 지리적 명칭 등이 다른 식별력 없는 표장과 결합된 상표에도 적용될 수 있다. 그러나 그러한 결합으로 본래의 현저한 지리적 명칭 등을 떠나 새로운 관념을 낳거나 새로운 식별력을 형성하는 경우에는 상표로 등

---

83) 특허법원 판례 중에 한자로 구성된 표장의 성질표시표장 여부에 관하여, "이 사건 등록상표 '韓國護肝寶 HD-1GOLD'는 그 구성 중 '護肝寶' 부분이 '간을 보호하는 귀한 물건'이라는 의미를 명시적·직접적으로 표시하는 것이어서 일반 수요자나 거래관계자들에게 이 사건 제1 쟁점 상품 및 이 사건 제2 쟁점 상품과 관련하여 효능이나 용도 등을 표시하는 것으로 직감될 것으로 보이고, … 이 사건 등록상표는 이 사건 제1 쟁점 상품(헛개나무 추출물을 주재료로 한 건강보조식품) 및 이 사건 제2 쟁점 상품(진주초 추출물을 주재료로 한 건강보조식품)과 관련하여 구 상표법 제6조 제1항 제3호 소정의 성질표시표장에 해당한다고 봄이 타당하다."라고 판시한 것이 있다(특허법원 2016. 11. 4. 선고 2016허3303 판결, 심리불속행기각).
84) 관련 문헌으로는, 최성준, "외국어로 된 상표의 기술적 표장 해당 여부", Law& technology 제3권 제2호 (2007년 3월), 서울대학교 기술과법센터, 87~99 참조.
85) 대법원 2018. 6. 21. 선고 2015후1454 전원합의체 판결, 2015. 1. 29. 선고 2014후2283 판결, 2012. 12. 13. 선고 2011후958 판결, 1997. 8. 22. 선고 96후1682 판결.

록할 수 있다.[86) 현저한 지리적 명칭과 표장이 결합한 상표에 새로운 관념이나 새로운 식별력이 생기는 경우는 다종다양하므로, 구체적인 사안에서 개별적으로 새로운 관념이나 식별력이 생겼는지를 판단하여야 한다.[87)

상표법 33조 1항 4호의 '현저한 지리적 명칭·그 약어'라 함은 일반 수요자나 거래자에게 널리 알려진 우리나라와 외국의 지리적 명칭과 그 약칭을 말한다. 법령으로 정하여진 행정구역의 명칭 또는 약어만으로 된 상표가 아니더라도 현저하게 알려진 관용적인 지명 또는 그 약어만으로 된 상표도 현저한 지리적 명칭만으로 된 상표에 해당되어 등록될 수 없다.[88)

특허청 심사실무는, 국가명, 우리나라의 특별시·광역시·도 및 그에 속한 시·군·구의 명칭, 저명한 외국의 수도, 대도시명, 주 또는 이에 상당하는 행정구역의 명칭 그리고 현저하게 알려진 국내외의 고적지, 관광지, 번화가, 산, 강, 섬, 호수 등의 명칭과 그 약칭은 이에 해당하는 것으로 보되, 다만 특별시·광역시·도의 시, 군, 구의 명칭이 다의적인 의미를 지니고 있는 경우 사용실태 등을 감안하여 현저한 지리적 명칭으로 보지 아니할 수도 있다고 한다.[89)

역사적 문화재의 경우 그 문화재의 명칭이 널리 알려졌다고 하더라도 그와 같은 사정만으로 그 문화재가 소재하는 지역을 이르는 지리적 명칭으로까지 널리 저명하게 되었다고 단정할 수는 없다.[90)

---

86) 대법원 2018. 6. 21. 선고 2015후1454 전원합의체 판결, 2015. 1. 29. 선고 2014후2283 판결, 2012. 12. 13. 선고 2011후958 판결 등. 다만 이 점에 대해서 2015후1454 전원합의체 판결의 별개의견은, "구 상표법 제6조 제1항 제4호의 적용이 배제되는 판단기준으로서의 식별력은, 현저한 지리적 명칭에 식별력 없는 다른 표장이 결합되어 표장의 구성 자체에 의하여 새로운 식별력이 형성되었느냐 하는 점을 의미하는 것"이라고 하면서, 같은 조 제2항이 규정하는 '사용에 의한 식별력'과 명확히 구분된다고 한다.
87) 대법원 2018. 6. 21. 선고 2015후1454 전원합의체 판결.
88) 대법원 1986. 7. 22. 선고 85후103 판결.
89) 상표심사기준 4부 4장 1.1.1.
90) 특허법원 2003. 5. 1. 선고 2003허274 판결(대법원 2003. 8. 25. 선고 2003후1260 판결로 상고기각)
판결요지: 역사적 문화재의 경우에도 그 문화재가 저명한 결과 그 명칭이 단순히 문화재의 호칭으로써 뿐만 아니라 그 문화재가 소재하는 지역을 이르는 지리적인 명칭으로서도 현저하게 되었다면(예컨대 남대문이나 동대문 등) 그와 같은 명칭은 본호에 해당하여 등록될 수 없다고 할 것이나, 그와 같은 정도에 이르렀다고 볼만한 자료가 없는 경우에는 단순히 저명한 문화재의 명칭이라는 이유만으로 본호에 해당하는 현저한 지리적 명칭이라고 할 수는 없다. 일반적으로 "첨성대"라고 하면 경주의 첨성대를 의미하는 것으로 알려져 있음은 이를 인정할 수 있으나, "첨성대"가 저명한 문화재인 "경주의 첨성대"를 의미하는 명칭으로 널리 알려져 있다고 하더라도 그와 같은 사정만으로는 "첨성대"가 나아가 그 문화재가 소재하는 지역을 이르는 지리적 명칭으로까지 저명하게 되었다고 단정할 수는 없다.

'지도'라 함은 세계지도 또는 국내외 국가 등의 지도를 의미한다. 세계 또는 국가의 일부만을 표시한 지도도 이에 포함되고, 정확한 지도는 물론 사회통념상 이러한 지도로 인식될 수 있는 정도의 것도 이에 포함된다.[91]

상표법 33조 1항 4호는 현저한 지리적 명칭이나 그 약어 또는 지도'만'으로 된 상표에 적용되므로, 현저한 지리적 명칭·그 약어 또는 지도 이외에 다른 식별력 있는 문자, 기호, 도형 등이 결합된 상표는 원칙적으로 본호에 해당하지 않는다 할 것이나, 그와 같은 문자, 기호, 도형 부분이 부수적 또는 보조적인 것에 불과하다거나 전체적으로 볼 때 현저한 지리적 명칭·그 약어 또는 지도로 인식되는 경우에는 상표법 33조 1항 4호에 해당한다.[92]

나. 판단기준

상표법 33조 1항 4호의 현저한 지리적 명칭 등만으로 된 상표에 해당하는지는 일반 수요자나 거래자의 인식을 기준으로 판단하여야 한다. 관점에 따라 지리적 명칭 등에 해당하는 것처럼 보일 수 있을지라도 일반 수요자나 거래자에게 즉각적인 지리적 감각을 전달할 수 있는 표장이 아닌 경우에는 이에 해당하지 않는다.[93]

상표법 33조 1항 4호에서 말하는 현저한 지리적 명칭이란 단순히 지리적, 지역적 명칭을 말하는 것일 뿐 특정 상품과 지리적 명칭을 연관하여 그 지방 특산물의 산지 표시로서의 지리적 명칭임을 요하는 것은 아니다. 따라서 그 지리적 명칭 등이 국내의 일반 수요자나 거래자에게 현저한 것이기만 하면 이에 해당하고, 지정상품과 특수한 관계가 있는 것으로 인식되는 것일 필요는 없다.[94]

---

91) 상표심사기준 4부 4장 1.1.1.

92) 반면, 다른 문자나 기호 또는 도형 부분이 현저한 지리적 명칭 부분에 부가적인 것이 아니라 새로운 관념을 낳는다거나 전혀 새로운 조어가 되는 등 독자적으로 식별력을 가지고 있어서 현저한 지리적 명칭 부분에도 불구하고 전체적으로 상표로서의 식별력을 인정할 수 있는 경우 본호가 적용되지 아니한다(대법원 2002. 4. 26. 선고 2000후181 판결 참조).

93) 대법원 1997. 8. 22. 선고 96후1682 판결.
   판결요지: 출원상표인 "PIZZA TO GO" 중 'TO GO'는 외관상 분리되어 있고, 칭호상으로도 우리 나라 일반 수요자의 외국어이해수준에 비추어 보면 '투 고'로 호칭될 가능성이 높으며, 관념상으로도 'TO'는 영어의 전치사로 'GO'는 '가다'라는 의미로 이해할 것이므로 그 지정상품인 피자와 관련하여 일반 수요자에게 출원상표가 즉각적으로 서부 아프리카에 있는 '토고'공화국이라는 지리적 감각을 전달할 수 있는 표장이라고 보기는 어렵다 할 것이어서, 결국 출원상표는 현저한 지리적 명칭만으로 구성된 상표로 볼 수 없다.

94) 대법원 2000. 6. 13. 선고 98후1273 판결, 2012. 12. 13. 선고 2011후958 판결.

다. 판단사례

(1) 현저한 지리적 명칭 등으로 인정한 사례

대법원 판례가 현저한 지리적 명칭 등으로 인정한 것으로는, 사리원면옥(대법원 2018. 2. 13. 선고 2017후1342 판결),[95] CAMBRIDGE(대법원 2006. 1. 26. 선고 2004후1175 판결), 일동(대법원 2003. 7. 11. 선고 2002후2464 판결),[96] 종로학원(대법원 2001. 2. 9. 선고 98후379 판결),[97] JAVA(대법원 2000. 6. 13. 선고 98후1273 판결), BAL A VERSAILLES(대법원 1983. 7. 12. 선고 82후42 판결), LONDON TOWNE(대법원 1988. 10. 25. 선고 86후104 판결), GEORGIA 및 죠지아(대법원 1986. 2. 25. 선고 85후105 판결), manhattan(대법원 1986. 6. 24. 선고 85후62 판결), FINLANDIA 및 핀란디아(대법원 1996. 8. 23. 선고 96후54, 61 판결), NIPPON EXPRESS (대법원 1996. 2. 13. 선고 95후1296 판결), BRITISH-AMERICAN(대법원 1997. 10. 4. 선고 96후 2456 판결), INNSBRUCK(대법원 2001. 7. 27. 선고 99후2723 판결), 천마산(대법원 1998. 2. 10. 선고 97후600 판결), 백암온천(대법원 1986. 7. 22. 선고 85후103 판결), GEORGIA(대법원 2012. 12. 13. 선고 2011후958 판결) 등이 있다.

또한, 특허법원 판례가 이에 해당한다고 본 것으로는, 신천할매떡볶이(특허법원 2016. 6. 16. 선고 2015허8110 판결, 확정),[98] ✔PRAHA(특허법원 2008. 8. 14. 선고 2008허5397 판결,

---

95) 판결요지: 이 사건 등록서비스표("**사리원면옥**")를 구성하는 중요한 부분인 '사리원'이 조선 시대부터 유서 깊은 곳으로 널리 알려져 있었을 뿐만 아니라, 일제 강점기를 거쳐 그 후에도 여전히 북한의 대표적인 도시 중 하나로 알려져 있는 사정에 비추어 보면, 이 사건 등록서비스표 중 '사리원' 부분은 이 사건 등록서비스표의 등록결정일인 1996. 6. 26. 당시를 기준으로 일반 수요자에게 널리 알려져 있는 현저한 지리적 명칭이라고 볼 여지가 있다(2016년에 실시된 수요자 인식 조사 결과를 주된 근거로 하여 달리 판단한 원심을 파기한 사안임).

96) 판결요지: "일동"은 '막걸리'의 산지로서 일반 수요자 및 거래자에게 널리 알려져 있고, 청계산, 백운산 등 주변의 명산과 계곡, 온천 등이 있는 관광지인 경기 포천군 일동면으로 널리 알려져 있으므로 등록상표는 상표법 6조 1항 4호가 규정하는 현저한 지리적 명칭만으로 된 표장에 해당될 뿐 아니라, 이를 지정상품 중 약주에 대하여는 상표법 6조 1항 3호의 산지를 보통으로 사용하는 표장에 해당되며, 이 사건 등록상표를 경기 포천군 일동면 이외의 지역에서 생산되는 약주에 사용하는 경우 일반 수요자 또는 거래자는 일동면에서 생산되는 약주로 그 품질을 오인할 가능성이 커 상표법 7조 1항 11호의 규정에도 해당된다.

97) 판결요지: 등록서비스표인 "종로학원"의 구성 중 '종로'는 서울특별시 종로구의 명칭 또는 종로구 소속 행정구역의 일종으로서의 거리의 이름을 나타내는 현저한 지리적 명칭임이 명백하고, '학원'은 그 지정서비스업인 학원경영업과 관련하여 볼 때 지정서비스업의 내용 또는 보통명칭을 나타낸다고 볼 수 있어 식별력이 없으므로, 등록서비스표는 전체적으로 살펴볼 때 구 상표법 8조 1항 4호에서 정하는 현저한 지리적 명칭 등으로 된 표장에 해당한다.

98) 판결요지: 특정지역에서 다수가 사용하는 지리적 명칭인 경우 반드시 전국적으로 현저하게 알려진 경우

심리불속행기각),[99] **EMIRATES**(특허법원 2007. 10. 11. 선고 2007허5529 판결, 상고기각),

AVIGNON(특허법원 2005. 4. 28. 선고 2004허8442 판결, 심리불속행기각), 龍晶(특허법원 2005.

4. 1. 선고 2004허8244 판결, 확정),[100] **VENEZIA 베네치아**(특허법원 2003. 4. 11. 선고 2003허175 판결, 심리

불속행기각), *Halla* 할라(특허법원 2000. 12. 14. 선고 2000허5711 판결, 확정), HOUSE OF INDOCAFE

(특허법원 2000. 5. 19. 선고 99허9946 판결, 확정), 한진로지스(특허법원 1999. 8. 26. 선고 99허4132 판

결, 확정), ANTARCTICA(특허법원 1998. 11. 12. 선고 98허7196 판결, 확정) 등이 있다.

(2) 현저한 지리적 명칭 등만으로 된 상표가 아니라고 한 사례

대법원 판례가 현저한 지리적 명칭 등으로 인정하지 아니한 것으로는, AMERICAN

UNIVERSITY(대법원 2018. 6. 21. 선고 2015후1454 전원합의체 판결),[101] 서울대학교(대법원

2015. 1. 29. 선고 2014후2283 판결),[102] PIZZA TO GO(대법원 1997. 8. 22. 선고 96후1683 판

가 아니더라도 현저한 지리적 명칭으로 볼 수 있는바(상표심사기준 4부 4장 2.1 참조), 등록서비스표(신천할매떡볶이)와 확인대상표장(신천황제떡볶이)의 '신천'은 하천, 행정구역, 시장, 도로, 역, 식당 등의 명칭으로 광범위하게 사용되고, 매운 떡볶이로도 널리 알려져 있으므로, 적어도 대구 지역에서는 현저한 지리적 명칭에 해당한다.

99) 판결요지: 등록상표 중 "PRAHA"는 체코의 수도로서 현저한 지리적 명칭에 해당하고, "Y"은 위 문자 부분의 부수적이거나 보조적인 부분에 불과하므로 등록상표는 전체적으로 볼 때 상표법 6조 1항 4호에 규정된 현저한 지리적 명칭만으로 된 상표에 해당한다.

100) 판결요지: 출원상표/서비스표의 전체 구성 중 도형 부분은 삼각형 도형과 동그라미를 변형시킴으로써 다소 독특한 모양을 하고 있지만, 지정상품/서비스업과 관련이 있는 음식점의 기와지붕 또는 한옥의 지붕모양으로 인식되므로 그 자체로서 식별력이 없거나 약한 부분이고, 또한 표장의 표시방법, 구도 등을 전체적으로 관찰하여 볼 때 위 도형 부분은 부수적이거나 보조적인 부분에 불과하다고 보여지므로 출원상표/서비스표의 요부는 문자 부분인 '종로김밥'이라 할 것이다. 나아가, 위 문자 부분 중 '김밥'은 이 사건 출원상표·서비스표의 지정상품인 김밥 그 자체의 보통명칭이므로 식별력이 없다고 보아야 할 것이어서, 그 요부는 '종로'라 할 것이다. 그런데 '종로'는 일반인들에게 널리 알려진 서울특별시 광화문 네거리에서 동대문에 이르는 큰 거리를 뜻하는 명칭이거나 서울특별시 종로구를 표시하는 구의 명칭이므로 현저한 지리적 명칭에 해당하므로, 결국 이 사건 출원상표/서비스표는 전체적으로 볼 때 상표법 6조 1항 4호에서 말하는 현저한 지리적 명칭만으로 된 상표/서비스표에 해당한다.

101) 판결요지: 이 사건 대학교(AMERICAN UNIVERSITY)의 연혁, 학생 수, 대학시설, 국내외에서 알려진 정도, 포털사이트에서 검색되는 'AMERICAN UNIVERSITY'의 실제 사용내역 등에 비추어 볼 때, 이 사건 출원서비스표는 지정서비스업인 대학교육업 등과 관련하여 미국 유학준비생 등 수요자에게 원고가 운영하는 이 사건 대학교의 명칭으로서 상당한 정도로 알려져 있다고 볼 수 있다. 따라서 이 사건 출원서비스표는 현저한 지리적 명칭인 'AMERICAN'과 기술적 표장인 'UNIVERSITY'가 결합하여 전체로서 새로운 관념을 형성하고 있고 나아가 지정서비스업인 대학교육업 등과 관련하여 새로운 식별력을 형성하고 있으므로, 구 상표법 제6조 제1항 제4호, 제7호에 해당하지 않는다.

102) 판결요지: 출원상표인 "서울대학교"는 현저한 지리적 명칭인 '서울'과 흔히 있는 명칭인 '대학교'가 불가분적으로 결합됨에 따라, 단순히 '서울에 있는 대학교'라는 의미가 아니라 '서울특별시 관악구 등에 소재하고 있는 국립종합대학교'라는 새로운 관념이 일반 수요자나 거래자 사이에 형성되어 충분한 식별

결), 강남약국(대법원 1990. 1. 23. 선고 88후1397 판결)[103] 등이 있다.

특허법원 판례가 현저한 지리적 명칭 등으로 인정하지 아니한 것으로는, 용평(특허법원 2004. 11. 12. 선고 2004허3164 판결, 확정),[104] 첨성대(특허법원 2003. 5. 1. 선고 2003허274 판결, 심리불속행기각),[105] 藝泉(특허법원 2000. 12. 8. 선고 2000허624 판결, 확정),[106] 중동(中東)(특허법원 2000. 4. 27. 선고 99허9076 판결, 확정), 구미 컴퓨터 아트스쿨(특허법원 1999. 12. 27. 선고 99허6381 판결, 확정)[107] 등이 있다.

5. 흔히 있는 성 또는 명칭

가. 의   의

상표법 33조 1항 5호는 흔히 있는 성 또는 명칭을 보통으로 사용하는 방법으로 표시한 표장만으로 된 상표는 상표등록을 받을 수 없는 것으로 규정하고 있다.

상표법이 흔히 있는 성 또는 명칭을 보통으로 사용하는 방법으로 표시한 표장만

력을 가지므로 상표법 6조 1항 4호, 7호에 모두 해당하지 않는다.

103) 판결요지: 본원상표 중 '강남'이 1975. 10. 1. 서울특별시 성동구로부터 분리된 강남구의 명칭과 동일하기는 하나, '강남'은 강의 남부지역, 강의 남쪽 또는 중국에서 양자강 이남의 제비가 날아간다는 지방을 이르던 말로 남쪽의 먼 곳이라는 뜻으로 사용되고 있음을 알 수 있으므로 현저한 지리적 명칭으로 된 상표로 볼 수 없다.

104) 판결요지: 지리적 명칭이 그 자체로 또는 그 지역에 소재한 지형이나 시설 등이 널리 알려졌다는 이유로 현저하게 알려진 것이 아니라, 우연히 다른 지역에 소재한 시설의 이름으로 사용되고 그 시설의 이름이 현저하게 알려진 결과 그 반사적인 효과로 현저하게 알려진 경우에는 위 규정 소정의 현저한 지리적 명칭이라고 볼 수 없고, 따라서 출원상표인 "용평"은 강원도 평창군 도암면에 소재한 용평스키장이 현저하게 알려진 결과 반사적인 효과로 현저하게 알려진 경우로서 상표법 6조 1항 4호에서 정한 '현저한 지리적 명칭'이라고 볼 수 없다.

105) 판결요지: "첨성대"가 저명한 문화재인 '경주의 첨성대'를 의미하는 명칭으로 널리 알려져 있다고 하더라도 그와 같은 사정만으로는 "첨성대"가 나아가 그 문화재가 소재하는 지역을 이르는 지리적 명칭으로까지 저명하게 되었다고 단정할 수 없다.

106) 판결요지: 등록서비스표인 "藝泉"은 경상북도에 소재하는 군(郡)의 명칭인 예천(醴泉)과 한글발음이 동일하기는 하나, 예천(醴泉)이 국내의 행정구역상 군(郡)에 해당되고 그곳에 비행장이 소재하고 있다고 하더라도 이것만으로 국내의 일반 수요자들이나 거래자들에 널리 알려져 있다고 보기 어렵고 달리 이를 인정할 아무런 증거가 없을 뿐만 아니라, 등록서비스표는 한자 "藝泉"이 병기되어 있어 새로운 관념을 형성하고 있으므로, 등록서비스표는 현저한 지리적 명칭으로만 된 서비스표라고 할 수 없다.

107) 판결요지: 출원서비스표의 요부라고 할 수 있는 '구미'라는 낱말이 지니고 있는 의미의 다양성, 출원서비스표와 지정서비스업의 상관관계 및 거래사회의 실정, 구미시(龜尾市)의 위치 및 규모 등에 비추어 볼 때, 출원서비스표가 대한민국 전역에 있는 일반 수요자들이나 거래자들에게 직감적으로 '구미(龜尾)'라는 지리적 명칭을 표시하는 것으로 인식되는 표장이라고는 볼 수 없다.

으로 된 상표의 상표등록을 허용하지 아니하는 것은, 이러한 상표는 많은 사람이 사용하고 있어 자타상품의 식별력이 없을 뿐만 아니라 특정인에게 독점권을 부여할 경우 이를 자유롭게 사용하는 많은 경쟁업자에게 예측하지 못한 손해를 끼칠 염려가 있기 때문이다.

'흔히 있는 성 또는 명칭'이라 함은 현실적으로 다수가 존재하거나 관념상으로 다수가 존재하는 것으로 인지되고 있는 자연인의 성(姓) 또는 법인, 단체, 상호임을 표시하는 명칭(名稱) 등을 말한다.[108] 흔히 있는 성과 명칭(예컨대, 상사, 상점, 상회, 공업사, 사, 회, 당, 양행, 조합, 협회, 연구소, 회장, 사장, 이사장, 총장 등)이 결합된 때에도 본호에 해당하는 것으로 본다.[109]

또한, 본호에서 규정하는 '보통으로 사용하는 방법으로 표시한 표장'이라 함은 상표의 외관상 구성 및 사용방법이 보통의 주의력을 갖는 일반인의 특별한 주의를 끌 정도에 이르지 않은 것을 가리킨다. 예컨대, 흔히 있는 성 또는 명칭을 한글, 한자 또는 로마자로 표시하거나 이들 문자를 병기하여 표시한 것이 이에 해당한다.[110]

상표법 33조 1항 5호는 흔히 있는 성 또는 명칭을 보통으로 사용하는 방법으로 표시한 표장'만'으로 된 상표에 적용되므로, 흔히 있는 성 또는 명칭 이외에 다른 식별력 있는 문자, 기호, 도형 등이 결합하여 상표 전체로서 식별력을 갖는 상표는 본호에 해당하지 않는다.

상표법 33조 1항 1, 4호에 규정된 상품의 보통명칭과 현저한 지리적 명칭 등에 대하여는 본호가 적용되지 아니한다.[111]

나. 판단기준

상표법 33조 1항 5호의 흔히 있는 성 또는 명칭에 해당하는지는 일반 수요자나 거래자의 인식을 기준으로 판단하여야 한다. 그러므로 외국인의 성은 해당 국가에서 흔히 있는 성이라 하더라도 국내에서 흔히 있는 성으로 인식되는 것이 아닌 이상 본호에 해당하지 않는다.[112]

---

108) 상표심사기준 4부 5장 1.1.1.
109) 상표심사기준 4부 5장 1.3.2.
110) 상표심사기준 4부 5장 1.2.
111) 송영식 외 6인(주 1), 122.
112) 문삼섭(주 1), 276; 송영식 외 6인(주 1), 122.

상표법 33조 1항 5호의 흔히 있는 성 또는 명칭에 해당하는지를 판단할 때 당해 상표와 지정상품의 관계는 고려하지 않는다(대법원 1990. 7. 10. 선고 87후54 판결).

다. 판단사례

대법원과 특허법원의 판례가 상표법 33조 1항 5호의 흔히 있는 성 또는 명칭에 해당한다고 본 것으로는, COMPANY(대법원 1992. 5. 22. 선고 91후1885 판결), PLAZA(대법원 1987. 2. 24. 선고 86후128 판결), PRESIDENT(대법원 1985. 9. 24. 선고 85후57 판결), 리(대법원 1989. 12. 22. 선고 89후582 판결),[113] 윤씨농방(특허법원 2000. 11. 23. 선고 2000허2392 판결, 확정)[114] 등이 있다.

한편, 대법원과 특허법원의 판례가 이에 해당하지 않는다고 본 것으로는, Johnson(대법원 1997. 11. 14. 선고 97후1238 판결, 1994. 7. 29. 선고 94후333 판결), NATIONAL(대법원 1983. 3. 8. 선고 82후2 판결), Valentine(특허법원 2004. 4. 20. 선고 2003허4849 판결, 심리불속행기각), 無量淸淨方心(특허법원 2001. 5. 11. 선고 2000허7670 판결, 확정) 등이 있다.

6. 간단하고 흔히 있는 표장

가. 의   의

상표법 33조 1항 6호는 간단하고 흔히 있는 표장만으로 된 상표를 등록을 받을 수 없는 상표로 규정한다. 간단하고 흔히 있는 표장만으로 된 상표는 식별력이 없는 경우가 많고 식별력이 있더라도 한 사람에게 독점시키는 것이 부당하기 때문에 등록을 받을 수 없도록 한 것이다.

여기서 '간단하고 흔히 있는 표장'이라고 함은 '간단함'과 '흔히 있음' 두 가지 요건을 모두 갖추어야 하므로 간단한 표장만으로 이루어지거나, 흔히 있는 표장만으로 이루어진 표장은 이에 해당하지 아니한다.[115]

---

113) 판결요지: 본원상표 "리"는 우리나라의 흔한 성씨 "李"의 한글표기로 직감되고, 한글 1자로 구성되어 있어 구 상표법 8조 1항 5, 6호에 해당한다.

114) 판결요지: 이 사건 등록상표의 구성 중 "윤씨"는 우리나라에 흔히 있는 성이고, "농방"은 지정상품 중 하나인 "장"을 의미하는 "농"을 파는 가게를 뜻하는 것으로서 결합에 의하여 새로운 식별력이 생기는 것이 아니므로 식별력이 없다.

115) 대법원 1985. 1. 29. 선고 84후93 판결.

나. 판단기준

어떤 상표가 상표법 33조 1항 6호의 간단하고 흔히 있는 표장만으로 된 상표에 해당하는지는 국내의 일반 수요자의 인식을 기준으로,[116] 거래의 실정, 그 표장에 대한 독점적인 사용이 허용되어도 좋은가 등의 사정을 참작하여 구체적으로 판단하되,[117] 지정상품과의 관계는 고려하지 아니한다.[118]

특허청 심사실무는, 문자상표인 경우에는 1자의 한글 또는 한자로 구성된 표장과 2자 이내의 기타 외국문자(이들 문자를 다른 외국어로 표시한 경우를 포함한다)로 구성된 표장, 숫자상표인 경우에는 두 자리 이하의 숫자로 표시된 표장(그것을 한글, 한자 또는 외국어로 표시한 것을 포함한다), 도형상표인 경우에는 흔히 사용되는 원형, 삼각형, 사각형, 마름모형이나 기호 또는 卍, 삼태극 등의 표장, 입체상표인 경우에는 흔히 있는 공, 정육면체, 직육면체, 원기둥, 삼각기둥 등의 표장 등은 원칙적으로 간단하고 흔히 있는 표장에 해당하는 것으로 본다.[119]

상표법 33조 1항 6호는 간단하고 흔히 있는 표장'만'으로 된 상표에 적용되므로, 간단하고 흔한 표장이 다른 식별력이 있는 표장과 결합한 경우, 간단하고 흔히 있는 표장이 도안화되었거나 색채와 결합하여 새로운 식별력을 갖는다고 인정되는 경우에는 간단하고 흔히 있는 표장으로 볼 수 없다.

다만 간단하고 흔한 표장이 포함된 상표로서 간단하고 흔히 있는 표장 이외의 부분이 결합되어 있더라도, 그 부분이 부기적인 부분이거나 간단하고 흔한 표장에 흡수되어 불가분의 일체를 구성하고 있는 경우에는 여전히 간단하고 흔한 표장에 해당하는 것으로 본다.[120]

또한, 간단하고 흔히 있는 표장을 도안화하였더라도, 그 도안화의 정도가 일반 수요자에게 그 표장이 본래 가지고 있는 의미 이상으로 인식되거나 특별한 주의를 끌 정도에 이르지 아니하였다면 상표법 33조 1항 6호의 간단하고 흔히 있는 표장에 해당하는 것으로 보아야 한다.[121]

---

116) 문삼섭(주 1), 280.
117) 대법원 2004. 11. 26. 선고 2003후2942 판결.
118) 문삼섭(주 1), 281.
119) 상표심사기준 4부 6장 1.1.1, 1.1.4, 1.1.5, 8부 1장 3.3.
120) 상표심사기준 4부 6장 2.4 단서.
121) 대법원 2007. 3. 16. 선고 2006후3632 판결.

다. 판단사례

(1) 간단하고 흔히 있는 표장으로 인정한 사례

(가) 대법원 판례

대법원 판례가 상표법 33조 1항 6호의 간단하고 흔히 있는 표장으로 인정한 것으로는, ◈ (대법원 2007. 3. 16. 선고 2006후3632 판결),[122] V2(대법원 2001. 7. 24. 선고 2000후3906 판결), K-Y 및 케이-와이(대법원 1999. 8. 24. 선고 99후1461 판결), E PRINT(대법원 1997. 6. 24. 선고 96후1866 판결), ㊂(대법원 1997. 2. 25. 선고 96후1187 판결),[123] **HD**(대법원 1994. 6. 28. 선고 94후449 판결), 3M(대법원 1987. 2. 10. 선고 86후54 판결) 등이 있다.

(나) 특허법원 판례

특허법원 판례가 상표법 33조 1항 6호의 간단하고 흔히 있는 표장에 해당한다고 본 것으로는, GU(특허법원 2015. 9. 18. 선고 2015허2228 판결, 확정),[124] H(특허법원 2007. 9. 6. 선고 2007허4656 판결, 확정), A (특허법원 2007. 5. 23. 선고 2006허11541 판결, 확정), C3(특

---

122) 판결요지: 흔히 사용하는 도형을 도안화한 표장의 경우에는 그 도안화의 정도가 일반 수요자나 거래자에게 그 도형이 본래 가지고 있는 의미 이상으로 인식되거나 특별한 주의를 끌 정도에 이르러야 간단하고 흔히 있는 표장에 해당하지 아니한다고 할 것인바, 출원상표의 표장은 흔히 볼 수 있는 마름모 내지 다이아몬드 도형과 비교하여 볼 때 다소 옆으로 누운 모양이기는 하나, 마름모 내지 다이아몬드 도형의 기본 형태를 유지하고 있고, 그 띠의 폭 또한 넓기는 하지만 같은 폭의 띠를 일정한 형태로 연결한 흔히 볼 수 있는 것이어서, 이러한 도안화의 정도만으로는 출원상표의 표장이 일반 수요자나 거래자에게 마름모 내지 다이아몬드 도형이 가지는 의미 이상으로 인식되거나 특별한 주의를 끌 정도에 이르렀다고 보기 어려우며, 이는 마름모 내지 다이아몬드 도형을 그 크기를 달리하여 이중으로 배치하였다 하여 달리 볼 수 있는 것도 아니다.

123) 판결요지: 출원상표는 간단하고 흔히 있는 원형의 도형 안에 한자 "三"자를 단순히 결합한 것으로서 그 전체의 구성을 볼 때 일반 수요자가 흔히 접할 수 있는 도형과 문자의 표시에 지나지 아니하여 간단하고 흔히 있는 표장만으로 된 상표에 해당한다.

124) 판결요지: 출원상표·서비스표는 그 문자 부분이 단 2글자의 영문 알파벳 대문자가 글자의 크기를 동일하게 하고 글자 사이에는 일정한 간격을 두는 일반적인 표현방식으로 이루어져 있어 그 자체만으로는 특별한 의미나 관념을 부여하기 힘든 가운데, 이를 흔히 사용되는 파란색의 정사각형 도형 내에 배치한 것이다. 그런데 위 "GU" 부분이 특별히 눈에 띄게 도안화되어 있다고 볼 수 없는데다가, 이를 둘러싼 정사각형 도형 역시 평이한 형태이고, 문자 부분의 노란색이나 정사각형 도형의 파란색 색채는 물론, 보색 대비 역시 거래계에서는 흔한 것이다. 즉, 출원상표·서비스표는 흔히 사용되는 문자나 도형이 일반 수요자나 거래자에게 그 문자나 도형이 본래 가지고 있는 의미 이상으로 인식되거나 특별한 주의를 끌 정도로 도안화된 것이라고 보기 어렵고, 출원상표·서비스표가 등록되는 경우에는 제한된 숫자의 영문 알파벳 두 글자의 단순 조합 중의 하나에 대한 독점권을 부여하는 결과가 되어, 이는 일반 거래계에서 자유로운 사용을 원하는 글자의 조합의 사용을 금하는 셈이 되어 공익에도 반한다. 따라서 출원상표·서비스표는 상표법 6조 1항 6호의 간단하고도 흔히 있는 표장에 해당한다.

허법원 2007. 5. 23. 선고 2007허906 판결, 확정), SIGMA(특허법원 2005. 4. 15. 선고 2004허7562 판결, 확정), **aʳ**(특허법원 2004. 10. 7. 선고 2004허3973 판결, 확정), ▃▃▃(특허법원 2000. 9. 1. 선고 99허9243 판결, 확정)¹²⁵⁾ 등이 있다.

(2) 간단하고 흔한 표장으로 인정하지 아니한 사례

(가) 대법원 판례

대법원 판례가 상표법 33조 1항 6호의 간단하고 흔히 있는 표장으로 인정하지 아니한 것으로는, **R-M**(대법원 2004. 11. 26. 선고 2003후2942 판결),¹²⁶⁾ **CP**(대법원 2003. 5. 27. 선고 2002후291 판결),¹²⁷⁾ **G**(대법원 1994. 2. 8. 선고 93후1308 판결), **t**(대법원 1993. 7. 27. 선고 92후2267 판결), **bh**(대법원 1990. 12. 26. 선고 90후793 판결) 등이 있다.

(나) 특허법원 판례

특허법원 판례가 상표법 33조 1항 6호의 간단하고 흔히 있는 표장에 해당하지 않는다고 본 것으로는, **CP**(특허법원 2008. 7. 24. 선고 2008허2824 판결, 심리불속행기각),¹²⁸⁾

---

125) 판결요지: 출원상표는 약간 길쭉한 정삼각기둥의 형상을 기본적 형태로 하여, 비스듬히 놓여 있는 위 기둥 좌측의 정삼각형 부분은 어둡고, 전면의 길쭉한 직사각형 부분은 좌상단은 밝으나 그로부터 우하단으로 갈수록 점점 어두워지는 명암이 표현되어 있는 입체상표인바, 출원상표의 기본적 소재인 정삼각기둥은 공, 직육면체, 원기둥 등과 마찬가지로 매우 간단한 기하학적 입체도형으로서 명패 등 생활주변의 물건에서 그 형상을 쉽게 찾을 수 있는 것이므로, 간단하고 흔히 있는 표장만으로 된 상표이다.

126) 판결요지: 출원상표의 각 구성 부분인 정육각형의 도형이나 그 안의 영문자 'R', 'M' 및 이들 영문자를 연결하고 있는 '하이픈(-)'은, 그 자체로서는 모두 간단하고 흔하여 식별력이 있다고 보기 어려우나, 이 사건 출원상표는 정육각형의 도형 안에 'R'과 'M'을 하이픈(-)으로 연결한 'R-M'을 위치시켜 새로운 이미지를 느낄 수 있도록 구성된 것으로서, 이로써 수요자가 누구의 업무에 관련된 상품을 표시하는 것인가를 식별하기에 충분하므로, 이 사건 출원상표는 전체로서 관찰할 때 간단하고 흔히 있는 표장만으로 된 상표라고 보기 어렵다. 한편, 위 대법원 판례를 주류적인 판례에서 벗어난 예외적인 판례로 보는 견해가 있다[박정희, '상표법 제6조 제1항 제6호 소정의 간단하고 흔히 있는 표장 여부 판단', 대법원판례해설(69호), 법원도서관(2008. 1.), 527 참조].

127) 판결요지: 출원상표는 그 표장이 'C'와 'P'를 가로로 붙여 놓은 것으로 인식될 수도 있기는 하지만, 위 표장은 글자의 크기를 동일하게 하고 글자 사이에는 일정한 간격을 두는 알파벳의 일반적인 표기방법과 달리, 왼쪽의 곡선을 강조하기 위하여 'C'자의 폭을 'P'자보다 훨씬 넓게 표현하고 있으며, 오른쪽의 'P'는 세로선과 곡선부의 끝이 떨어지도록 하고 그 부위에 따라 선의 굵기를 달리하는 등으로 구성되어 있기 때문에 그 표장의 외관상 크기가 서로 다른 반원을 세로로 된 직선에 의하여 연결한 추상적인 도안으로 여겨질 정도이므로 위 표장은 그 구성 자체가 거래상 자타상품의 식별력이 있는 것이라고 할 것이다.

128) 판결요지: 출원상표/서비스표는 사각형의 검은색 바탕에 흰색 원을 2중으로 표시한 도형 "◉"과 검은색 바탕에 영문 대문자 'C'와 'P'를 흰색으로 표시한 문자 "CP"의 결합표장으로서, 위 도형 "◉"의 중앙 부분에 문자 "CP"를 위치시켜 결합함으로써 각각의 도형 및 문자가 갖는 이미지와 다른 새로운 이미지를 느낄 수 있도록 구성되어 있어, 상표법 6조 1항 6호에 규정된 간단하고 흔히 있는 표장만으로

SCplus(특허법원 2006. 12. 7. 선고 2006허5461 판결, 확정) 등이 있다.

7. 기타 식별력이 없는 표장

가. 의　　의

상표법 33조 1항 7호는 1호 내지 6호 외에 수요자가 누구의 업무에 관련된 상품
인가를 식별할 수 없는 상표를 상표등록을 받을 수 없는 상표로 규정한다. 동 규정은
상표법 33조 1항 1 내지 6호에 해당하지 아니하거나 그 어느 것에 해당한다고 딱 짚
어 말할 수는 없지만, 전체적으로 보아서 자타상품의 식별력이 없거나 공익상 특정인
에게 독점시키는 것이 적당하지 아니한 상표에 대하여 상표등록을 거절할 수 있도록
하기 위해 마련된 보충적 규정이다.[129]

나. 판단기준

어떤 상표가 상표법 33조 1항 7호에 해당하는지는 일반 수요자의 인식을 기준으
로,[130] 그 상표가 지니고 있는 관념, 지정상품과의 관계 및 거래사회의 실정 등을 감
안하여 객관적으로 판단하여야 한다.[131]

특허청 심사실무는, ① 일반적인 구호(슬로건), 광고문안, 표어, 인사말이나 인칭대
명사 또는 유행어로 표시한 표장, ② 널리 알려져 유행어처럼 사용되는 방송프로그램
명칭이나 영화, 노래의 제목 등, ③ 단기 또는 서기로 연도를 나타내거나(이를 문자로
표시한 것을 포함한다) 연도표시로 인식될 수 있는 표장, ④ 사람, 동식물, 자연물 또는
문화재를 사진, 인쇄 또는 복사하는 등의 형태로 구성된 표장, ⑤ 상품의 집합·판
매·제조장소나 서비스 제공장소의 의미로 흔히 사용되는 표장(LAND, MART, PLAZA,
WORLD, OUTLET, DEPOT, BANK, VILLAGE, HOUSE, CITY, TOWN, PARK, 마을, 마당, 촌, 나라
등), ⑥ 표장이 지정상품의 외부 표면이나 원재료에 흔히 사용되는 장식적 무늬나 디
자인적 요소로 인식되는 경우, ⑦ 외관상·사회통념상으로 또는 다수인의 현실적 사
용으로 식별력을 인정하기 곤란한 경우, ⑧ 상표법 33조 1항 1호 내지 6호 중 어느 하

된 상표/서비스표에 해당하지 않는다.
129) 대법원 1993. 12. 28. 선고 93후992 판결.
130) 대법원 2005. 6. 23. 선고 2004후2871 판결.
131) 대법원 2004. 7. 8. 선고 2003후1987 판결.

나의 항목에 해당함이 분명하지 아니한 표장으로서 상표법 33조의 식별력에 관한 취지로 보아 등록을 거부하는 것이 합리적이라고 판단되는 경우 원칙적으로 본호에 해당하는 것으로 본다.[132]

다만, 위 ①과 관련하여 출원상표가 여러 개의 단어로 이루어진 문구 혹은 문장으로 구성되었다는 이유만으로 식별력이 없게 되어 상표법 33조 1항 7호에 해당한다고 할 수는 없고, 나아가 지정상품이나 지정서비스업과 관련하여 볼 때 그 출처를 표시한다기보다는 거래사회에서 흔히 사용되는 구호나 광고문안으로 인식되는 등의 사정이 있어 이를 특정인이 독점적으로 사용하도록 하는 것이 부적절한 경우라야 하며,[133] 위 ④와 관련하여 등록상표의 도형 부분이 자연물의 사진이거나 사진과 동일할 정도로 사실적으로 묘사되어 있다고 하여 그 지정상품과 관계없이 자타상품의 출처표시기능이 없다고 단정할 수는 없다.[134]

다. 판단사례

(1) 기타 식별력 없는 표장으로 인정한 사례

(가) 대법원 판례

대법원 판례가 상표법 33조 1항 7호의 기타 식별력 없는 표장에 해당한다고 본것으로는, HAIR SPA(지정상품: 메이크업 화장품, 모발염색제, 바디로션, 미용비누 등, 대법원 2014. 9. 4. 선고 2014후1020 판결), evezary 이보자리(지정서비스업: 침구류 판매대행업 등, 대법원 2014. 2. 27. 선고 2013후2330 판결), 몬테소리(지정서비스업: 유아학원경영업 등, 대법원 2012. 12. 27. 선고 2012후2951 판결), SUPER 8(지정서비스업: 호텔업 등, 대법원 2011. 3. 10. 선고 2010후3226 판결),[135] 우리은행(지정서비스업: 은행업, 대법원 2009. 5. 28. 선고 2007후

---

132) 상표심사기준 4부 7장 1.1.
133) 대법원 2007. 11. 29. 선고 2005후2793 판결.
134) 대법원 2005. 11. 25. 선고 2005후810 판결.
135) 판결요지: "호텔업(Hotels), 모텔업(Motels), 레스토랑업(Restaurants), 관광숙박업(Tourist homes)" 등을 지정서비스업으로 한 이 사건 출원서비스표는 영문자 'SUPER'와 아라비아 숫자 '8'이 한 칸 띄어 결합한 형태로 구성되어 있는데, 그중 'SUPER' 부분은 '최고급의, 특등품의' 등의 뜻을 가진 영어 단어로서 지정서비스업과의 관계에서 그 우수성을 나타내는 것으로 직감되므로 지정서비스업의 품질 등을 보통으로 사용하는 방법으로 표시한 기술적 표장에 해당하여 식별력이 없고, '8' 부분은 아라비아 숫자 한 글자에 불과하여 간단하고 흔히 있는 표장으로서 식별력이 없으며, 또한 이들 각 부분의 결합에 의하여 새로운 관념을 도출하거나 새로운 식별력을 형성하는 것도 아니다. 그렇다면 이 사건 출원서비스표는 전체적으로 지정서비스업과의 관계에서 상표법 6조 1항 7호의 수요자가 누구의 업무에 관련된 서비스업을 표시하는 것인가를 식별할 수 없는 서비스표에 해당한다.

3301 판결),136) 전 소중하니까요(지정상품: 향수, 대법원 2006. 5. 25. 선고 2004후912 판

결),137) <img src="(지정서비스업: 전자응용기계기구수리업, 대법원 2005. 6. 23. 선고 2004후2871 판

결),138) 너트랜드(지정상품: 땅콩, 대법원 2000. 12. 12. 선고 2000후1696 판결), CO-LAN(지정

서비스업: 전화통신업, 대법원 1999. 4. 13. 선고 97후3616 판결), PLASMAVISION(지정상품: 프

라즈마 방식에 의한 전자표시장치, 대법원 1998. 2. 27. 선고 97후310 판결), 이게웬떡이냐(지

정상품: 건과자, 대법원 1998. 2. 27. 선고 97후945 판결), 해동검도(지정서비스업: 체육도장경

영업, 대법원 1997. 7. 8. 선고 97후75 판결), SURESTORE(지정상품: 자기디스크드라이브, 대법

원 1997. 6. 27. 선고 96후2241 판결), Mr. 토스트(지정상품: 토스트용 식빵, 대법원 1997. 5. 30.

선고 96후1477 판결), Drink in the Sun(지정상품: 과일주스, 대법원 1994. 12. 22. 선고 94후

555 판결), BELIEVE IT OR NOT(지정서비스업: 박물관경영업, 대법원 1994. 11. 18. 선고 94후

173 판결), (지정상품: 바지, 대법원 1994. 10. 14. 선고 94후722 판결),139) It's MAGIC 잇스매직(지정상품: 가

---

136) 판결요지: 등록서비스표는 한글 '우리'와 '은행'이 결합된 서비스표인바, '우리'는 '말하는 이가 자기와
   듣는 이, 또는 자기와 듣는 이를 포함한 여러 사람을 가리키는 일인칭대명사', '말하는 이가 자기보다
   높지 아니한 사람을 상대하여 자기를 포함한 여러 사람을 가리키는 일인칭대명사', '말하는 이가 자기
   보다 높지 아니한 사람을 상대하여 어떤 대상이 자기와 친밀한 관계임을 나타낼 때 쓰는 말' 등으로
   누구나 흔히 사용하는 말이어서 표장으로서의 식별력을 인정하기 어렵고, '은행'은 그 지정서비스업의
   표시이어서 식별력이 없으며, 그 결합에 의하여 '우리'와 '은행'이 결합한 것 이상의 새로운 관념을 도
   출하거나 새로운 식별력을 형성하는 것도 아니므로, 이 사건 등록서비스표는 상표법 6조 1항 7호의 수
   요자가 누구의 업무에 관련된 서비스업을 표시하는 것인가를 식별할 수 없는 서비스표에 해당한다.
137) 판결요지: 비교대상상표 "로레알, 전 소중하니까요" 중 '전 소중하니까요' 부분은 주어와 술어로 구성된
   짧은 문장의 형식으로서 그 문장 끝에 존대의 뜻을 가진 보조사 '요'가 붙어 있는바, 그 구성의 형식과
   의미내용을 고려할 때 일반 수요자나 거래자로서는 이를 거래사회에서 흔히 쓰일 수 있는 광고문안 또
   는 구호 정도로 인식하기 쉽다 할 것이므로, 위 부분들은 상품의 출처를 표시하고 있다기보다는 상품
   구매를 권유하는 압축된 설명문으로 인식될 가능성이 높아 식별력이 없거나 미약하다.
138) 판결요지: 출원서비스표 중 문자 부분의 'YES'는 우리나라의 영어보급수준에 비추어 볼 때 '예'를 뜻하
   는 쉬운 영어단어로서 일상생활에서 'NO'의 반대어로서 흔히 사용되는 용어이고, 'Service'는 '서비스,
   용역' 등의 서비스업 그 자체를 나타내는 것이므로, 'YES' 또는 'YES Service'가 그 지정서비스업인 전
   자응용기계기구수리업 등에 사용될 경우 일반 수요자들은 그것이 어느 특정인의 업무를 나타내는 표
   장 내지 자타서비스업의 출처표시로서 쓰였다고 인식하기보다는, 그 본래의 의미대로 그 서비스업의
   요청이나 제공을 승낙 또는 동의한다는 뜻 정도로 받아들일 가능성이 많다 할 것이다. 또한 출원서비
   스표의 도형 부분은 개방된 형태의 타원형으로서 문자 부분을 감싸고 있는 듯한 각도와 선의 굵기가
   일정하지 아니한 점에서 흔히 있는 도형은 아니지만, 그 자체가 간단한 도형으로서 특별한 관념이 없
   고, 그 색채의 결합 또는 위 문자 부분과 합쳐진 어떤 새로운 관념을 낳는 것도 아니므로, 위 도형 부
   분도 단순히 부수적 또는 보조적인 것에 불과하여 특별현저성을 가진다고 할 수 없다. 따라서 이 사건
   출원서비스표는 전체적으로 볼 때 수요자가 누구의 업무에 관련된 서비스업을 표시하는 것인가를 식
   별할 수 없는 표장에 해당하여 상표법 6조 1항 7호에 의하여 등록받을 수 없다.
139) 판결요지: 출원상표는 각 1개의 실선과 점선을 평행되게 수직으로 긋고 그 좌상부에 직사각형 모양을
   실선과 결합한 것으로서 두 개의 선과 직사각형을 그 구성요소로 하고 있어 매우 간단할 뿐만 아니라

스레인지, 대법원 1994. 9. 27. 선고 94후906 판결), 인류를 아름답게, 사회를 아름답게(지정 상품: 치마, 대법원 1987. 1. 20. 선고 86후85 판결) 등이 있다.

(나) 특허법원 판례

특허법원 판례가 상표법 33조 1항 7호의 기타 식별력 없는 표장에 해당한다고 본 것으로는, *Priority Pass*(지정상품/서비스업: 개별 멤버십카드 발행을 통한 국내 및 국제 공항에 위치한 공항라운지 접근 제공업 등, 특허법원 2012. 2. 23. 선고 2011허10153 판결, 심리 불속행기각), **park inn**(지정서비스업: 호텔업 등, 특허법원 2011. 2. 11. 선고 2010허8771 판 결, 심리불속행기각), ■(지정상품: 서적, 특허법원 2008. 12. 5. 선고 2008허11125 판결, 확정), ▨▨(지정상품: 종이제 카세트테이프용 포장용기, 특허법원 2008. 11. 13. 선고 2008허10511 판 결, 확정),[140] *Boston*(지정상품: 배터리팩, 특허법원 2008. 11. 6. 선고 2008허9610 판결, 확정),[141] 4월 31일(지정상품: 과자용 향미료, 특허법원 2008. 9. 5. 선고 2008허6666 판결, 확정),[142] essence(지정상품/서비스업: 양초용 향수오일/화장품, 화장용구 및 향료제품의 소매점 서비스 업, 특허법원 2008. 8. 21. 선고 2008허5717 판결, 확정), ▦(지정상품: 바지, 특허법원 2000. 12. 8. 선고 2000허2378 판결, 확정),[143] YOUR MONEY. WHEREVER YOU ARE(지정서비스업: 신용카드업, 특허법원 2000. 8. 18. 선고 2000허723 판결, 확정),[144] AMERICA ONE(지정서비스

그 지정상품인 바지·재킷 등과 관련하여 볼 때 일반 수요자로 하여금 그 재봉선이나 장식적 의미의 도형으로 인식할 수 있다고 보여지므로 자타상품의 식별력이 없는 표장에 해당한다.

140) 판결요지: 출원상표는 식별력이 없는 문자 부분과 도형 부분이 별다른 특징 없이 단순히 나열되어 있 는 표장에 불과하고, 이들의 결합으로 인하여 새로운 식별력이 생긴다고 볼 수도 없어 상표법 6조 1항 7호에 규정된 식별력 없는 상표에 해당한다.

141) 출원상표 중 중 "*Boston*"은 미국의 도시이름을 나타내는 영어단어로서 현저한 지리적 명칭에 해당하여 식별력이 미약하고, "**POWER**"는 이 사건 출원상표의 지정상품인 배터리팩 등의 성질을 표시하는 것으로 직감될 수 있어 식별력이 미약하며, 도형 부분인 "↖ ↗" 또한 위 문자 부분들과 독립하여 식별력을 갖는 부분으로 인식되기보다는 위 문자 부분을 강조하기 위한 보조적, 부수적 부분으로 인식 될 것이어서 그 식별력이 미약하므로, 전체적으로 볼 때 식별력이 없는 표장에 해당한다.

142) 판결요지: 출원상표는 양력이나 음력에서 모두 실제 존재하지 않는 날짜이기는 하나, 일반 수요자나 거래자는 이를 4월의 말일로 오인하거나, 4월의 말일인 "4월 30일"을 잘못 기재한 것으로 인식할 가능 성이 커서, 일반 수요자나 거래자들에 의하여 지정상품의 제조일자, 유통기한 등을 표시하는 것으로 인식될 가능성이 높으므로, 상표법 6조 1항 7호에 규정된 식별력 없는 상표에 해당한다.

143) 판결요지: 이 사건 출원상표는 노란색의 사선이 바탕을 이룬 가운데 검은색의 3개의 선과 진한 갈색의 1개의 선이 수직으로, 파란색의 3개의 선과 빨간색의 1개의 선이 수평으로 교차하는 반복 무늬의 도형 과 색채가 결합된 상표임을 알 수 있는바, 이러한 도형과 색채의 결합으로 이루어진 표장은 그 지정상 품인 바지, 신사복, 숙녀복, 외투, 잠바 등에 사용될 경우 그 원재료인 직물에 흔히 사용되는 체크 무 늬의 형상을 연상시키므로, 상표법 6조 1항 7호 소정의 수요자가 누구의 업무에 관련된 상품을 표시하 는 것인가를 식별할 수 없는 상표에 해당한다.

144) 판결요지: 출원서비스표는 각 구성 부분이 비교적 쉬운 단어들로 구성되어 있어서 우리나라 중·고등

업: 전화통신업, 특허법원 2000. 7. 14. 선고 2000허2811 판결, 2000허2828 판결, 각 확정),
T-Online(지정서비스업: 전기통신업, 특허법원 1998. 12. 10. 선고 98허7226 판결, 확정), Z-TECH
(지정상품: 육상경기용화, 특허법원 1998. 12. 3. 선고 98허8526 판결, 확정), T-Net(지정서비스
업: 우편업, 특허법원 1998. 11. 20. 선고 98허7233 판결, 확정), 🛑(지정상품: 모토오일, 특허법
원 1998. 11. 12. 선고 98허7820 판결, 확정) 등이 있다.

(2) 기타 식별력 없는 표장으로 인정하지 아니한 사례

(가) 대법원 판례

대법원 판례가 상표법 33조 1항 7호의 기타 식별력 없는 표장에 해당하지 않는다
고 본 것으로는, 기호 · 문자 · 도형 각각 또는 그 결합이 일정한 형상이나 모양을 이
루고, 이러한 일정한 형상이나 모양이 지정상품의 특정 위치에 부착되는 것에 의하여
자타상품을 식별하게 되는 표장(위치상표, 대법원 2012. 12. 20. 선고 2010후2339 전원합의체
판결),[145] engineering your competitive edge(지정상품: 금속절단공구, 대법원 2007. 11. 29.
선고 2005후2793 판결),[146] 큰 활자의 한글 '타임'과 작은 활자의 영어 'TIME'이 상하로

학교 교육을 받은 수준의 사람이면 누구나 '당신의 돈은 당신이 어디에 있던 간에 마음대로 이용할 수
있다', '당신의 돈은 당신이 어디에 있던 간에 찾거나 송금할 수 있다', '당신의 돈은 당신이 어디에 있
던 간에 안전하다', '당신이 어디에 있던 간에 (은행의 돈은) 당신의 돈이다' 등의 뜻으로 직감할 수 있
고, 그 지정서비스업과 관련하여 볼 때 일반 수요자들로서는 이를 흔히 쓰일 수 있는 구호 또는 표어
나 광고문안 정도로 인식할 수 있어 이러한 문구는 모든 사람에게 그 사용이 개방되어야 하는 표현이
므로, 서비스표의 광고선전기능을 고려하더라도, 공익상 어느 한 사람에게 독점시키는 것은 적절하지
아니할 뿐만 아니라 전체적으로 보아 자타서비스업의 식별력이 인정된다고 보기 어렵다.

145) 출원상표 "(1)"에 대하여 출원상표가 상표법 6조 1항 3호, 7호에 해당한다는 이유로 거절결정을 한 사
안임.
   판결요지: 위 표장의 전체적인 구성 및 표장의 각 부분에 사용된 선의 종류, 지정상품의 종류 및 특성
등에 비추어 보면, 위 출원상표 출원인의 의사는 지정상품의 형상을 표시하는 부분에 대하여는 세 개
의 굵은 선이 부착되는 위치를 나타내기 위한 설명의 의미를 부여한 것뿐임을 쉽사리 알 수 있으므로,
위 출원상표는 세 개의 굵은 선이 지정상품의 옆구리에서 허리까지의 위치에 부착되는 것에 의하여 자
타상품을 식별하게 되는 위치상표이고, 위 일점쇄선 부분은 출원상표의 표장 자체의 외형을 이루는 도
형이 아니라고 봄이 상당하다.
   위치상표는 비록 일정한 형상이나 모양 등이 그 자체로는 식별력을 가지지 아니하더라도 지정상품의
특정 위치에 부착되어 사용됨으로써 당해 상품에 대한 거래자 및 수요자 대다수에게 특정인의 상품을
표시하는 것으로 인식되기에 이르렀다면, 사용에 의한 식별력을 취득한 것으로 인정받아 상표로서 등
록될 수 있다.
146) 판결요지: 출원상표는 다수의 단어로 이루어진 문구 혹은 문장으로 되어 있는 상표이기는 하나, 일반
수요자나 거래자가 그 의미를 직감하기 어렵고 거래계에서 흔히 쓰일 수 있는 구호나 광고문안 정도
로 인식될 것이라고 단정하기 어려워 상표법 6조 1항 7호에 해당하지 않는다.

병기된 표장(지정상품: 녹차, 대법원 1993. 8. 24. 선고 92후1585 판결), 일번지(지정서비스업:
레스토랑업, 대법원 1987. 9. 22. 선고 86후137 판결) 등이 있다.

(나) 특허법원 판례

특허법원 판례가 기타 식별력 없는 표장에 해당하지 않는다고 본 것으로는,
(지정상품: 반도체, 특허법원 2008. 10. 10. 선고 2008허7577 판결, 심리불속행기각),[147]
Wireless(지정상품: 무선용 컴퓨터 주변기기, 특허법원 2008. 9. 25. 선고 2008허7539 판결, 확
정),[148] (지정서비스업: 데이터통신업, 특허법원 2008. 4. 3. 선고 2007허9286 판결, 심리불속
행기각), Σ F 1(지정상품: 디지털 계량기, 특허법원 2007. 5. 23. 선고 2007허135 판결, 심리불속
행기각), **Phone&Fun**(지정상품: 휴대폰 등, 특허법원 2006. 11. 15. 선고 2006허6419 판결, 확
정)[149] 등이 있다.

Ⅲ. 사용에 의한 식별력

1. 의   의

어떤 상표가 등록되기 위해서는 상표법 33조 1항 각호 소정의 식별력 없거나 미

---

147) 판결요지: 출원상표의 구성 중 문자부분은 RoHS의 지침에 의하여 친환경적으로 만든 반도체를 의미하
   는 것으로 직감될 수 있어 지정상품의 품질, 효능, 생산방법 등을 보통으로 사용하는 방법으로 표시한
   기술적 표장에 해당하고, 도형 부분도 초록색의 "🍃" 부분을 제외하면 통상적인 직사각형을 분할한 것
   에 불과하고, 색채만으로 식별력을 인정하기도 어렵다고 할 것이나, 출원상표를 전체적으로 관찰하여
   보면, 다수의 문자, 도형, 색채의 조화로운 구성으로 통상적으로 찾아볼 수 없는 현저한 외관을 나타내
   고 있으므로, 타인의 동종상품과의 관계에서 지정상품의 출처표시기능을 할 수 없을 정도로 식별력이
   미약하다고 할 수 없다.
148) 판결요지: 출원상표 중 "wireless" 부분은 지정상품의 용도와 기능을 보통으로 사용하는 방법으로 표시
   한 것이어서 식별력이 없으나, "🔵" 부분이 거래상 자타상품의 식별력이 있어, 출원상표는 전체적으로
   볼 때 상표법 6조 1항 7호에 규정된 식별력 없는 표장에 해당하지 않는다.
149) 판결요지: 출원상표의 구성 중 "Phone"은 지정상품인 전화기, 휴대폰의 보통명칭에 해당하여 식별력이
   없고, "&"는 영어단어와 단어를 연결하는 부호로 흔히 사용되는 것으로 특별한 식별력이 없으며, "Fun"
   은 "즐거움, 재미, 놀이" 등의 뜻을 지닌 영어단어로서 흔히 사용되는 것이므로 그 식별력이 미약하나,
   출원상표는 "Phone"과 "Fun"의 사이에 "&"가 띄움 없이 연결되어 있어 일반 수요자나 거래자들이 이
   를 각 구성 부분으로 분리하여 인식하기보다는 상표 전부를 일체로 인식할 것으로 보이고, 이에 더하
   여 이 사건 출원상표가 지니고 있는 관념, 지정상품과의 관계, 거래사회의 실정 등을 감안하면, 일반
   수요자나 거래자들이 이 사건 출원상표를 보고 그 지정상품의 출처를 충분히 식별할 수 있을 것으로
   보이므로, 이 사건 출원상표는 자타상품의 출처에 관한 식별력을 갖추고 있다.

약한 상표에 해당하지 아니하여야 함은 앞서 본 바와 같다.

그러나 식별력이 없거나 미약한 상표였더라도 특정인이 상당한 기간에 걸쳐 독점적, 계속적으로 그 상표를 사용한 결과 일반 수요자나 거래자에게 그 상표가 누구의 업무에 관련된 상품을 표시하는가가 충분히 인식되어 식별력을 취득하였다면, 그러한 정도에 이른 상표는 상표로서 기능을 수행할 수 있을 뿐만 아니라 누구나 자유롭게 사용할 수 있도록 하여야 할 공익상의 필요성도 상실되었거나 극히 적어졌다고 할 것이고, 오히려 그러한 상표에 대한 등록을 허용하는 것이 상표사용자와 일반 수요자의 이익보호라는 상표법의 목적에 부합한다.

이와 같은 이유로 상표법 33조 2항은 사용주의적 요소를 받아들여 상표법 33조 1항 3호부터 6호에 해당하는 상표라도 상표등록출원 전부터 그 상표를 사용한 결과 수요자 간에 특정인의 상품에 관한 출처를 표시하는 것으로 식별할 수 있게 된 경우에는 그 상표를 사용한 상품에 한정하여 상표등록을 받을 수 있다고 규정한다. 이와 달리 구 상표법(2014. 6. 11. 법률 제12751호로 개정되기 전의 것, 이하 Ⅲ.항 내에서는 '구 상표법') 6조 2항은, 구 상표법 6조 1항 3호 내지 6호에 해당하는 상표라도 9조의 규정에 의한 상표등록출원 전에 상표를 사용한 결과 수요자 간에 그 상표가 누구의 업무에 관련된 상품을 표시하는 것인가 '현저하게' 인식되어 있는 것은 그 상표를 사용한 상품을 지정상품으로 하여 상표등록을 받을 수 있다고 규정하였으며, 이때 '현저하게' 인식되어 있다는 것은 주지상표보다 높은 인식도를 요구하는 것을 이해되었다. 이러한 구 상표법 6조 2항에 대해서는 외국의 입법례보다 요건이 너무 엄격하여 제3자가 부정경쟁 목적으로 동일·유사한 상표를 사용하는 것을 방치함으로써 진정한 상표사용자의 이익을 침해함은 물론 상품의 품질이나 출처에 관한 수요자의 오인·혼동을 초래하여 상거래 질서를 어지럽히는 폐해가 크다는 지적이 있자, 2014. 6. 11. 상표법 개정을 통해 '특정인의 상품에 관한 출처를 표시하는 것으로 식별할 수 있게 된 경우'로 인식도 요건을 완화하였으며, 그 취지는 현행 상표법에도 그대로 이어졌다. 다만 그럼에도 상표법 33조 2항은 구 상표법 6조 2항과 마찬가지로 원래 식별력이 없어 상표등록을 받을 수 없는 표장에 대하여 예외적으로 대세적 권리를 부여하는 것이므로 엄격하게 해석·적용하여야 한다.

한편 상표법 33조 1항 1호, 2호, 7호 소정의 보통명칭, 관용표장, 기타 식별력이 없는 표장이 사용에 의하여 식별력을 취득하게 되면 그때부터는 보통명칭, 관용표장, 기타 식별력이 없는 표장에 해당하지 않아 상표등록을 받을 수 있으므로, 상표법 33

조 2항은 같은 조 1항 1호, 2호, 7호의 상표에 대하여는 별도로 사용에 의한 식별력 취득을 허용하는 규정을 두지 아니하였다.[150)]

2. 요 건

가. 사용에 의한 식별력 취득을 인정하기 위해서는 특정인이 당해 상표를 일정 기간[151)] 독점적, 계속적으로 자신의 업무에 관련된 상품을 표시하는 상표로 사용한 결과 '수요자 간에 특정인의 상품에 관한 출처를 표시하는 것으로 식별할 수 있게 될 것'(구 상표법은 '수요자 간에 그 상표가 누구의 업무에 관련된 상품을 표시하는가 현저하게 인식되어 있을 것')을 요한다.[152)] 따라서 그러한 상표가 해당 지정상품에 관하여 등록 결정 또는 지정상품추가등록결정 당시 사용에 의한 식별력을 구비하였는지는 원칙적 으로 출원인의 상표사용실적을 기준으로 판단하여야 할 것이나, 다만 경우에 따라서 는 출원인이 출원 전에 실제 사용자로부터 그 상표에 관한 권리를 양수할 수도 있는 데, 그러한 경우에는 출원인 이외에 실제 사용자의 상표사용실적도 고려하여 출원상 표가 사용에 의한 식별력을 구비하였는지를 판단할 수 있다.[153)]

상표법 33조 2항의 '식별할 수 있게 된 경우'가 어느 정도의 인식도를 의미하는 지에 관해서 대법원 판례는 아직 없으나, 특허청 심사실무는 상표법 34조 1항 13호의 특정인의 상품을 표시하는 것이라고 인식되어 있는 상표의 인식도보다는 높되, 34조

150) 대법원 2003. 7. 11. 선고 2001후2863 판결.
　　판결요지: 어떤 표장이 그 사용상태를 고려하지 않고 그 자체의 관념이나 지정상품과의 관계 등만을 객관적으로 살펴볼 때에는 특별현저성이 없는 것으로 보이더라도, 출원인이 그 표장을 사용한 결과 수요자나 거래자 사이에 그 표장이 누구의 업무에 관련된 상품을 표시하는 것으로 현저하게 인식되기 에 이른 경우에는 특별한 사정이 없는 한 그 표장은 상표법 6조 1항 7호의 특별현저성이 없는 상표에 해당하지 않게 되고, 그 결과 상표등록을 받는 데 아무런 지장이 없으며, 상표법 6조 2항에 상표법 6 조 1항 7호가 포함되어 있지 않다는 사정만으로 이를 달리 볼 것은 아니다.
151) 우리나라 상표법은 식별력 취득을 위한 사용기간에 대하여 특별히 정하고 있지 않다. 미국 상표법은 출원 전 5년간의 독점적, 계속적인 사용을 제2차적인 출처표시능력의 취득을 위한 일응(prima facie) 의 증거로 삼고 있으나, 오늘날에는 인터넷 등 광고선전매체의 발달로 단기간 내에 전국적인 주지성을 취득할 수 있으므로 그 사용기간은 크게 단축되는 경향이 있다.
152) 현행 상표법 33조 2항이 구 상표법 6조 2항보다 사용에 의한 식별력 취득을 인정하기 위한 인식도 요 건을 완화한 것이나, 이에 관한 대법원판례나 특허법원 판례가 축적되지 아니하였으므로, 이하에서는 구 상표법에 관한 대법원 판례를 위주로 기술하되 필요한 경우에는 현행 상표법의 대응 요건을 괄호 안에 병기한다.
153) 대법원 2012. 12. 27. 선고 2012후2951 판결.

1항 9호의 타인의 상품을 표시하는 것이라고 수요자들에게 현저하게 인식되어 있는 상표 즉, 주지상표의 인식도보다는 낮은 단계를 의미한다고 본다.[154]

한편 여기서 '수요자'라 함은 당해 상품의 유통망, 즉 거래계에 속하는 일반 수요자, 거래자 등 거의 모든 구성원을 의미하는 것으로 해석된다. '특정인의 상품에 관한 출처'(구 상표법상 '누구의 업무')는 구체적인 출처의 개념이 아니라 익명의 존재로서의 추상적인 출처로서 족한 개념이므로, 수요자가 당해 상표를 특정인의 상품표지로 승인하고 있으면 족하고, 더 나아가 구체적으로 특정인의 성명이나 명칭까지 인식할 것을 요구하는 것은 아니다.[155]

등록상표의 효력은 우리나라 전역에 미치므로, 사용에 의한 식별력 취득이 인정되려면 원칙적으로 우리나라 전역에서 '수요자 간에 특정인의 상품에 관한 출처를 표시하는 것으로 식별할 수 있을 정도'로 알려져야 한다.[156] 특허청 심사실무는, 전국적으로 알려진 경우를 원칙으로 하되, 일정 지역에서만 알려진 경우에도 지정상품의 특성을 고려하여 사용에 의한 식별력 취득을 인정할 수 있는 것으로 본다.[157]

나. 사용에 의하여 식별력을 취득한 것은 실제로 사용된 상표 그 자체이며 그와 유사한 상표까지 식별력을 취득한 것은 아니다.[158] 그러나 그와 동일성이 인정되는 상표의 장기간 사용은 위 식별력 취득에 도움이 되는 요소이다.[159] 등록상표의 구성 중 오랜 기간 사용된 결과 상표의 등록 전부터 식별력을 취득한 부분을 그대로 포함함으로써 그 이외의 구성 부분과의 결합으로 인하여 이미 취득한 식별력이 감쇄되지 않은 경우에는 그 등록상표는 전체적으로 볼 때도 자타상품의 식별력을 가진다.[160]

---

154) 상표심사기준 4부 9장 2.2.2.
155) 대법원 1990. 11. 27. 선고 90후410 판결.
156) 대법원 1994. 5. 24. 선고 92후2274 판결.
    판결요지: 특정 지역에서 장기간에 걸쳐 영업활동을 해 왔고 그 지역방송 또는 신문 등에 선전광고를 해 왔다거나 그 상표와 유사한 다른 상표에 대한 장기간의 선전광고가 있었다는 것만으로는, 그 상표가 상표법 6조 2항에 해당하는 상표라고 볼 수 없다.
157) 상표심사기준 4부 9장 3.3.
158) 대법원 2006. 11. 23. 선고 2005후1356 판결.
159) 대법원 2008. 9. 25. 선고 2006후2288 판결.
160) 대법원 2012. 11. 15. 선고 2011후1982 판결.

또한, 상표 전체에 대하여 사용에 의한 식별력이 인정되더라도 상표를 이루는 각 구성요소에 대해서까지 사용에 의한 식별력이 인정되는 것은 아니다.[161]

사용에 의하여 식별력을 취득하는 것은 당해 상표가 사용된 상품과 실질적으로 동일한 상품에 한하므로 동일상품류 구분 내의 다른 상품 또는 유사상품에 대해서는 상표등록을 받을 수 없고, 당해 상표가 사용된 상품과 실질적으로 동일한 상품에 대해서만 상표권의 효력이 미친다.[162]

3. 판단기준

사용에 의한 식별력 취득을 이유로 상표등록을 허용하는 것은 원래 식별력이 없거나 미약하여 특정인에게 독점시킬 수 없는 상표에 대하여 대세적인 권리를 부여하는 것이므로 그 요건 충족 여부의 판단기준은 엄격하게 해석·적용하여야 한다.[163] 따라서 상표법 33조 2항에 규정된 '상표등록출원 전부터 상표를 사용한 결과 그 상표가 수요자 간에 특정인의 상품에 관한 출처를 표시하는 것으로 식별할 수 있게 되었다는 사실'(구 상표법 6조 2항에서는 '상표등록출원 전에 상표를 사용한 결과 그 상표가 누구의 업무에 관련된 상품을 표시하는 것인지 현저하게 인식되어 있다는 사실')은 상표가 수요자 간에 특정인의 상품에 관한 출처를 표시하는 것으로 식별할 수 있게 되었다고 인정하기 위해서는, 구체적으로 그 상표 자체가 수요자 간에 특정인의 상품에 관한 출처를 표시하는 것으로 식별할 수 있게 되었다는 것이 증거에 의하여 명확

---

161) 대법원 2006. 5. 12. 선고 2005후339 판결.
　　판결요지: 등록서비스표 "SPEED 011"이 그 지정서비스업 중 '전화통신업, 무선통신업'과의 관계에서 사용에 의한 식별력 취득이 인정된다고 하더라도, 'SPEED' 부분과 '011' 부분이 결합된 상태의 등록서비스표 전체에 관하여 일체로서 식별력 취득이 인정된다는 것일 뿐, 그 구성요소인 'SPEED' 부분과 '011' 부분이 독립하여 사용에 의한 식별력 취득이 인정된다는 것은 아니므로, 통신망 식별번호인 '011' 부분에 대해서까지 등록서비스표권자에게 독점적인 권리를 인정하고 타인의 자유로운 사용을 금지하는 결과를 낳게 되는 것이라고 볼 수 없다.
162) 대법원 2008. 5. 15. 선고 2005후2977 판결.
　　판결요지: 상표의 구성 중 식별력이 없거나 미약한 부분과 동일한 표장이 거래사회에서 오랜 기간 사용된 결과 상표의 등록 또는 지정상품 추가등록 전부터 수요자 간에 누구의 업무에 관련된 상품을 표시하는 것인가 현저하게 인식되어 있는 경우에는 그 부분은 사용된 상품에 관하여 식별력 있는 요부로 보아 상표의 유사 여부를 판단할 수 있으나, 그렇다고 하더라도 그 부분이 사용되지 아니한 상품에 대해서까지 당연히 식별력 있는 요부가 됨을 전제로 하여 상표의 유사 여부를 판단할 수 없다.
163) 대법원 2003. 5. 16. 선고 2002후1768 판결, 1999. 9. 17. 선고 99후1645 판결, 1994. 5. 24. 선고 92후2274 판결 등.

하게 인정되어야 한다.[164] 즉, 상표가 품질·효능 등을 직접적으로 표시하는 강도, 상표의 사용기간, 사용횟수 및 사용의 계속성, 그 상표가 부착된 상품의 생산·판매량 및 시장점유율, 광고·선전의 방법, 횟수, 내용, 기간 및 그 액수, 상품품질의 우수성, 상표사용자의 명성과 신용, 상표의 경합적 사용의 정도 및 태양 등을 종합적으로 고려할 때, 당해 상표가 사용된 상품에 대한 거래자 및 수요자에게 특정인의 상품을 표시하는 것으로 인식되기에 이르렀다는 점이 증거에 의하여 명확히 인정되어야 한다.[165]

어떤 상표가 사용에 의한 식별력을 취득하였는지에 대한 증명책임은 이를 주장하는 자에게 있으므로, 어떤 상표가 사용에 의한 식별력을 취득하였음을 주장하는 자는 그가 사용한 상표를 특정하고, 위와 같은 사정에 관한 구체적이고 객관적인 증거를 제출하여야 한다.

특허청 심사실무는, 상표가 사용에 의하여 식별력이 있다고 주장하는 자에 대하여 그 입증자료(예시)로 ① 사용한 상표, ② 사용한 상품, ③ 상당기간 계속 사용한 사실, ④ 전국 또는 일정지역에서 사용한 사실, ⑤ 해당 상품의 생산·제조·가공·증명·판매량, 매출액, 시장점유율, ⑥ 사용의 방법·횟수 및 내용, ⑦ 광고선전의 방법·횟수·내용·기간, ⑧ 객관적인 소비자 인지도 조사, ⑨ 상품품질이나 명성을 입증할 수 있는 자료, ⑩ 사용상표를 독점배타적으로 사용하고 있다는 자료 등을 제출하도록 한다.[166]

사용에 의한 식별력의 구비 여부에 대한 판단 기준시점에 관하여 학설은 출원시설[167]과 등록결정시설[168]이 대립한다.[169] 대법원 판례는 사용에 의한 식별력 구비 여

---

164) 대법원 2006. 5. 12. 선고 2005후346 판결, 1994. 8. 26. 선고 93후1100 판결 등.

165) 특허법원 2016. 8. 19. 선고 2016허2508 판결(심리불속행기각).

166) 상표심사기준 4부 9장 2.4.2.

167) 출원시설은 ① 1980. 12. 31. 법률 제3326호로 개정되기 전의 구 상표법 8조 2항에서 "사용한 결과 수요자간에 그 상표가 누구의 상표인가를 현저하게 인식되어 있는 것"이라고 규정하였다가, 1980. 12. 31. 상표법이 개정되면서 "출원 전에 사용한 결과 …"로 되어 '출원 전에' 라는 문구가 추가되었으므로 문리해석상 출원시를 기준으로 함이 타당하고, ② 등록결정시를 기준으로 하면 출원인이 일단 출원부터 한 후 등록결정시까지 심사가 장기간 지연되도록 시간을 끌면서 그동안 광고선전을 집중하여 식별력을 취득하는 방법을 악용할 수 있어 불합리하며, ③ 구 상표법 7조 2항이 7조 1항 6호, 9호, 10호에서의 주지·저명성 판단의 기준시를 상표등록출원시로 규정한 것과의 조화가 필요하다는 점 등을 논거로 든다(문삼섭(주 1), 307~308; 송영식 외 6인(주 1), 130~132 등 참조].

168) 등록결정시설은, 문리해석상으로는 출원시를 기준으로 하여 판단하는 것이 타당한 면이 있다는 점을 인정하면서도, ① 실제 출원과정을 보면 출원시와 등록결정시 사이의 시간적 간격이 그다지 크지 않으

부를 등록결정시 또는 거절결정시를 기준으로 판단하여야 한다고 한다.[170]

4. 사용에 의한 식별력을 취득하여 등록된 상표의 효력

상표법 33조 2항에 의하여 등록된 상표는 통상의 등록상표와 마찬가지로 적법·유효한 상표권이 발생하므로 상표권자는 등록상표를 그 지정상품에 사용할 권리를 독점한다.

사용에 의한 식별력을 취득하여 등록된 상표, 예를 들어 상표법 33조 1항 3호 등에 해당하는 상표가 사용에 의한 식별력을 취득하여 상표법 33조 2항에 의하여 등록된 경우에 상표법 90조의 효력제한을 받는지에 관하여, ① 상표법 90조에 의하여 상표권의 효력이 제한을 받게 되면 상표등록의 실익이 없어지게 되므로 식별력을 취득한 이상 상표권의 효력이 제한되지 않는다고 보는 적용배제설(부정설)[171]과 ② 상표법 90조에서 상표법 33조 2항에 의하여 등록받은 상표는 예외로 한다는 단서 규정이 없는 점 등을 이유로 제3자의 상표가 상표법 90조 각호에 해당하면 사용에 의한 식별력을 취득하여 등록된 상표의 금지적 효력이 미치지 않는다고 보는 적용설(긍정설),

---

므로 어느 설을 취하더라도 실제상 큰 차이가 없고, ② 출원시에는 아직 사용에 의한 식별력을 취득하지 못하였으나 출원 후 선전·광고 등을 하여 등록결정시에는 사용에 의한 식별력을 취득한 경우가 있다고 하더라도 그 경우 출원시설을 취하여 그 등록을 거절하여 본들 그 출원인이 다시 출원을 하면 등록을 거절할 수 없게 되므로, 출원시설에 따르게 되면 출원인에게 재출원하도록 하는 노력과 번잡스러움을 강요할 뿐이고 결과에서는 등록시설과 아무런 차이가 없으며, ③ 출원시설에 의할 경우 어떤 출원상표가 기술적 표장에 해당하는지는 등록결정시를 기준으로 판단하고 사용에 의한 식별력을 취득하였는지는 출원시를 기준으로 판단하게 되는데, 이처럼 동일한 출원상표에 대하여 식별력을 갖추었는지를 판단하는 기준시점이 달라지는 것은 불합리하다는 점 등을 논거로 든대이동흡, "상표의 특별현저성", 재판자료 제57집, 79; 이상경, 지적재산권소송법(1998), 381; 박정화, "NET2PHONE으로 구성된 출원상표·서비스표가 기술적 표장인지의 여부 및 사용에 의한 식별력을 취득하였는지의 여부", 대법원판례해설 2003년 상반기 통권 제45호, 555 등 참조l.

169) 그 밖의 학설로서, 거절결정불복심판에 대한 심결취소소송의 경우에는 상표법 33조의 식별력 구비 여부를 특허법원의 변론종결시를 기준으로 판단하여야 한다는 견해도 있다대송영식 외 6인(주 1), 133l.

170) 대법원 2003. 5. 16. 선고 2002후1768 판결. 나아가 거절결정에 대한 불복심판에 의하여 등록 허부가 결정되는 경우에는 그 심결시를 기준으로 판단하여야 한다(대법원 2014. 10. 15. 선고 2013후1146 판결). 같은 논리로 추가등록된 지정상품에 대한 상표가 사용에 의한 식별력을 취득하였는지도 지정상품의 추가등록결정일 또는 추가등록거절결정일을 기준으로 판단하여야 한다(대법원 2012. 11. 29. 선고 2012후2074 판결).

171) 문삼섭(주 1), 310; 최성준, 사용에 의한 식별력 취득에 관하여, LAW & TECHNOLOGY 제2권 제6호(2006. 11), 서울대학교 기술과 법 센터, 139~140.

③ 기본적으로는 긍정설의 입장에 있으면서 특정 상표가 사용에 의한 식별력을 취득하기 이전에 부정경쟁의 의사 없이 선의로 식별력 없는 표장을 상표로 사용하는 경우에는 그보다 뒤에 그와 동일·유사한 상표를 사용하여 사용에 의한 식별력을 취득하였다고 하더라도 상표법 33조 2항에 의하여 등록된 상표의 효력이 선의의 제3자 등에게는 미치지 않는 것으로 제한하고, 이와 달리 사용에 의한 식별력을 취득한 이후에 비로소 그와 동일한 상표를 사용하는 것에 대해서는 기본적으로 식별력을 취득한 타인의 상표에 무임승차하는 것을 방지하여야 하므로 구 상표법 51조 1항 1호 단서[172](2013. 4. 5. 법률 제11747호 개정으로 삭제)의 규정을 확대하여 상표권의 효력이 미치도록 하여야 한다는 절충설,[173] ④ 기본적으로 긍정설을 취하면서도 대개의 경우 33조 2항에 의하여 등록된 상표와 동일한 상표를 사용하는 경우에는 그 사용태양이 '보통으로 사용하는 방법'이라고 보기 어려워 90조 1항 2호에 해당하지 않게 될 것이라는 절충설[174] 등이 있다. 대법원 판례의 주류는 "상표법 33조 2항에 의하여 식별력을 취득한 상표는 90조 1항 2호에 의한 상표권의 효력제한을 받지 않는다."는 적용배제설을 취한다.[175]

5. 판단사례

가. 사용에 의한 식별력 취득을 인정한 사례

① 사용에 의한 식별력을 취득하는 상표는 실제로 사용한 상표 그 자체에 한하고 그와 유사한 상표에 대하여까지 식별력 취득을 인정할 수는 없지만, 그와 동일성이 인정되는 상표의 장기간의 사용은 위 식별력 취득에 도움이 되는 요소라고 할 것이다. "K2, **K2**, K2" 등 '**K2**' 상표와 동일성 범위 내에 있는 상표들을 20여 년 동안 등산화 등의 상품과 그에 대한 광고에 사용하여 왔고, 그 후 '**K2**' 상표를 계속적, 중점적으로 사용한 경우 '**K2**' 상표가 사용에 의한 식별력을 취득하였다고 할 것이다(대

---

172) "다만, 상표권의 설정등록이 있은 후에 부정경쟁의 목적으로 그 상표를 사용하는 경우에는 그러하지 아니하다."

173) 강동세, 사용에 의한 식별력을 취득한 상표의 효력, 특별법연구 제9권, 사법발전재단(2011), 757~759.

174) 이해완, "사용에 의하여 식별력을 취득한 상표에 관한 주요 쟁점 연구", 성균관법학 23권 1호(2011. 4.), 성균관대학교 비교법연구소, 608~609 참조.

175) 대법원 2012. 11. 29. 선고 2011후774 판결, 1997. 5. 30. 선고 96다56382 판결, 1996. 5. 13.자 96마217 결정, 1992. 5. 12. 선고 88후974, 981, 998 판결.

법원 2008. 9. 25. 선고 2006후2288 판결).

② '**경남대학교**'라는 표장이 오랜 기간 지정서비스업에 사용된 결과 수요자 사이에 특정인의 업무에 관련된 서비스업을 표시하는 것으로 현저하게 인식되기에 이르러 식별력을 가지게 되었고, '**경남대학교**' 부분을 그대로 포함한 등록서비스표 "**경남대학교**" 역시 영문자 부분인 'KYUNGNAM UNIVERSITY' 및 한자 부분인 '**慶南大學校**'와의 결합으로 인하여 '**경남대학교**' 부분이 이미 취득한 식별력이 감쇄된다고 볼 수 없으므로 전체적으로 볼 때에도 식별력이 있다(대법원 2012. 11. 15. 선고 2011후1982 판결).

③ "▬●▮"와 같이 마름모 도형의 입체적 형상과 푸른색 계열의 색채를 결합하여 구성된 등록상표(비아그라에 관한 입체상표, 지정상품: 심장혈관용 약제, 성기능장애 치료용 약제)는 먼저 그 형상이 지정상품인 약제에 속하는 알약의 일반적인 형태라고 할 수 있고, 이에 결합된 색채를 고려하더라도 수요자에게 거래분야에서 알약의 형태로 채용할 수 있는 범위를 벗어나지 아니한 것으로 인식될 수 있다고 보인다. 따라서 등록상표는 상표법 6조 1항 3호에서 정하는 지정상품의 형상을 보통으로 사용하는 방법으로 표시한 것에 불과하여 (본래적) 식별력이 없다.

그러나 등록상표와 같은 마름모 도형의 입체적 형상과 푸른색 계열 색채의 결합으로 이루어진 원고들의 '비아그라' 제품들(이하 '원고 제품들'이라 한다)의 판매기간과 판매량, 원고들의 'Viagra' 및 '비아그라' 문자 상품표지와 별도로 'Blue diamond is forever' 문구 · 푸른색 다이아몬드 사진 · 손바닥 위의 푸른색 마름모 도형 그림 등을 활용하여 이루어진 등록상표에 대한 지속적인 광고 활동, 등록상표가 '푸른색 다이아몬드 모양' · '마름모꼴의 푸른색 알약' · '블루 다이아몬드' 등으로 지칭되면서 언론 보도 등을 통하여 노출된 빈도, 수요자 인식에 관한 설문조사 결과와 원고들의 'Viagra' 및 '비아그라' 문자 상품표지의 압도적인 주지저명성이 그 상품의 형태인 등록상표에도 상당 부분 전이된 것으로 보이는 점 등을 종합하면, 등록상표는 그 상표출원 전에 오랜 기간 특정상품에 사용된 결과 수요자 간에 그 상표가 원고들의 업무에 관련된 상품을 표시한 것으로 현저하게 인식되어 사용에 의한 식별력을 취득하였다고 볼 여지가 충분하고, 문자표장이 부기되어 있다는 사정이 이와 같이 보는 데 방해가 되지 아니하므로, 등록상표가 식별력이 없다는 사유로 그 상표등록이 무효로 될 것임이 명백하다고 할 수 없다(대법원 2015. 10. 15. 선고 2013다84568 판결).

④ 원고의 선출원등록상표 중 "GREEN" 또는 "그린" 부분이 지정상품인 소주에 관하여 사용에 의한 식별력을 취득하였는지가 쟁점이 된 사건에서, "GREEN" 또는 "그

린" 부분은 지정상품의 품질이나 원재료 등을 나타내는 성질표시적인 문구로서 식별
력이 없었으나, 원고가 선출원등록상표의 등록출원 전인 1995. 5.경까지 약 65억 원
(광고횟수 462회)의 광고비를 지출하였고, 전국에 약 3억 7천 5백만 병의 그린소주를
판매하여 소주시장점유율이 약 5.3%(1993년)에서 11%(1994년 10월)로 확대된 이래 계속
증가세를 보였으며, 여러 언론기관에 의하여 히트상품으로 선정되고 그린소주 광고
가 여러 신문사가 주관하는 광고대상에서 은상 등을 수상하였던 사실에 의하면, 선출
원등록상표 중 "GREEN" 또는 "그린" 부분은 사용에 의한 식별력을 취득하였으므로 상
표의 유사 여부를 대비함에 있어서 요부가 될 수 있다(특허법원 1999. 6. 24. 선고 98허
9536 판결, 확정).

나. 사용에 의한 식별력 취득을 부정한 사례

① "^{グルテン}_{구루텐}" 상표가 사용에 의한 식별력을 취득하게 되었다고 하더라도 그와 유사
한 이 사건 등록상표 "^{GLUTEN}_{글루텐}"까지 식별력을 취득하게 되는 것은 아니다(대법원 2006.
11. 23. 선고 2005후1356 판결).

② 등록서비스표인 "**예술의전당**"(지정서비스업: 국악공연업, 극장운영업 등)이 등록
결정일인 1998. 12. 21. 당시 일반 수요자들에게 누구의 업무에 관련된 서비스업을 표
시하는 것인지 현저하게 인식되었다고 보기 어려워 사용에 의한 식별력을 취득하지
못하였다고 본 원심판결[176]은 정당하다(대법원 2008. 11. 13. 2006후3397 판결).

③ 원고가 "⬛"와 같이 구성된 입체상표인 출원상표[지정상품: 블록쌓기(장난감) 및
완구용 블록 등]와 거의 동일한 형상의 실제 블록 부품인 이 사건 블록 및 이것과 끼워
질 수 있는 대응 블록을 비롯하여 톱니 모양의 홈과 돌기를 가진 부분 및 그것이 끼

---

176) 원심판결은, 예술의 전당의 설립이 1982. 1. 7.경부터 준비되어 왔고, 그 설립과정이 대중매체를 통하
여 보도되기도 하였으며, 그 시설 중 일부인 음악당과 서예관이 개관된 때인 1988. 1. 16.경부터 이 사
건 등록서비스표의 등록결정일인 1988. 12. 21.까지 약 11개월간 약 50여 종의 각종 공연과 전시회가
개최되었고, 약 50여 차례에 걸쳐 그 공연 및 전시회 소식 등이 각종 일간신문 등에 의하여 보도되었
으며, 1988년 한 해 동안 위 공연과 전시회를 관람한 인원이 약 29만 명에 이른다는 점은 위에서 본
바와 같으나, 원고가 제출한 자료들만으로는 예술의 전당의 설립과정에 관한 보도의 횟수 및 정도를
알 수 없고, 이 사건 등록표장들의 등록결정일 이전에 이루어진 각종 공연이나 전시회 등의 규모, 횟
수, 기간, 관람객의 수, 관련보도의 횟수 등에 비추어 보면, 위에서 인정된 사정만으로는 이 사건 등록
표장들이 사용된 결과 그 각 등록결정일 당시 수요자간에 이들 표장이 누구의 업무에 관련된 서비스
업이나 업무를 표시하는 것인지 현저하게 인식되어 있었다고 볼 수 없다고 판단하였다[특허법원 2006.
10. 11. 선고 2006허1841, 2006허1797(병합), 2006허1810(병합), 2006허1865(병합) 판결].

위질 수 있는 부분을 가진 블록 부품으로 구성된 블록 장난감 제품을 'ㅇㅇ'이라는 상표를 사용하여 장기간 판매해오면서 그 블록 장난감 제품에 관한 광고를 하였고, 그러한 블록 장난감 제품과 그것을 교구로 사용하는 프로그램 등에 관하여 신문기사 등을 통한 보도가 있었던 사정은 알 수 있으나, 이 사건 블록이 원고가 판매하는 블록 장난감 제품에서 차지하는 비중, 그 블록 장난감 제품에 관한 광고나 보도의 내용 등에 비추어 볼 때 이 사건 블록이 원고가 판매하는 블록 장난감 제품에 독특한 개성을 부여하는 수단으로 사용되었다고 보기 어려울 뿐만 아니라, 원고가 운영하는 ㅇㅇ코리아 외에 다수의 업체들도 이 사건 블록의 형상을 가지는 블록 부품을 포함한 블록 장난감 제품을 판매하여 온 사정을 고려할 때, 출원상표가 수요자 대다수에게 특정인의 상품을 표시하는 것으로 인식되기에 이르렀다고 보기에 부족하므로, 출원상표는 구 상표법 6조 2항에 따른 사용에 의한 식별력을 취득하지 못하였다(대법원 2014. 10. 15. 선고 2013후1146 판결).

④ 강릉시 초당동 거주 주민 57명이 1983년 초당협동두부라는 제조 · 가공업체를 설립한 이래 1989년 강릉초당식품으로, 1993년 강릉초당두부로 각 상호를 변경하면서 계속 등록상표인 "초당두부", "초당" 및 "草堂"을 사용하여 두부를 제조 · 판매하여 왔고, 1996년과 1997년에 강원도민일보에 초당두부에 관한 기사가 게재된 사실만으로는 원고의 등록상표가 지정상품인 두부에 관하여 사용에 의한 식별력을 취득하였다고 볼 수 없다(특허법원 1999. 8. 12. 선고 99허3603 판결, 확정).

상표등록의 소극적 요건

I. 서   론

상표법은 33조에서 상표등록을 받기 위한 적극적 요건으로서 식별력에 관한 규정을 두는 한편 34조에서는 '상표등록을 받을 수 없는 상표'라는 제목 하에 식별력이 있는 상표라고 하더라도 상표등록을 받을 수 없는 사유를 열거하며, 35조에서는 이른바 선출원주의에 관하여 규정한다.

이하에서는 상표법 34조 1항 각호 소정의 상표 부등록사유와 상표법 35조의 선출원주의와 관련된 쟁점 중 뒤에서 별도로 살펴보는 상표와 상품의 유사 여부를 제외한 쟁점에 관해서 판례를 중심으로 살펴보기로 한다.

II. 상표 부등록사유(상표 34조)

1. 개   설

상표법 34조는 객관적인 구성만으로는 법률로 보호할 가치가 있는 기능을 가진 상표라고 하더라도 공익상의 필요와 사익과의 조정 등의 견지에서 입법정책상 독점배타적 권리를 허용할 수 없어 상표등록을 받을 수 없는 것에 대한 구체적인 기준을 정한 규정이다.

상표등록출원이 상표법 34조 1항 각호에 해당할 때는 심사관은 그 출원에 대하여 거절결정을 하여야 하고, 심사의 잘못으로 상표등록이 되었더라도 등록무효심판청구의 사유가 된다.

2. 부등록사유의 판단 기준시기

가. 의   의

상표등록이 출원된 경우 또는 상표법 34조 1항 각호에 해당함을 이유로 상표등록무효심판이 제기된 경우에 당해 상표에 부등록사유가 존재하는지를 판단하는 기준시점에 관해서는 출원시주의와 등록결정시 또는 심결시주의가 있다.

상표와 상품의 유사범위는 고정된 것이 아니라 시시각각 변하는 것이며 오늘날과 같이 상품이나 서비스의 생산 및 판매가 전국에 걸쳐 이루어지고 다양한 광고선전매체가 활용되는 시대에는 단기간 내에 주지·저명성을 획득하는 것도 가능하므로, 어느 시점을 기준으로 부등록사유에 해당하는지를 판단하는 것은 매우 중요하다.

나. 등록결정시 원칙

상표법은 상표제도에 관하여 엄격한 등록주의를 취하므로 원칙적으로 판단의 최종시인 등록결정 또는 거절결정에 대한 불복심결시를 기준으로 등록요건의 유무를 결정함이 타당하다.

상표법 34조 2항도 이러한 취지에 따라 원칙적으로 34조 1항 각호에 해당하는지와 당해 상표의 등록출원인이 타인에 해당하는지는 등록 여부 결정시를 기준으로 결정하되, 등록결정시 원칙을 관철하면 불합리할 수 있는 상표법 34조 1항 11호·13호·14호·20호·21호는 예외적으로 출원시를 기준으로 그 해당 여부를 결정한다고 규정한다.

이와 달리 구 상표법(2016. 2. 29. 법률 제14033호로 전부개정되기 전의 것, 이하 별도의 언급이 없으면 같다) 7조 2항, 3항은, 구 상표법 7조 1항 6호·7호·7호의2·8호 및 8호의2·9호·9호의2·10호(7조 1항 6호·7호·7호의2·9호·9호의2·10호[1])는 각각 현행 상표 34조 1항 6호·7호·8호·9호·10호·11호 전단에 해당함)의 해당 여부는 출원시를 기준으로 결정하되, 당해 상표의 등록출원인이 타인에 해당하는지는 등록 여부 결정시를 기준으로 결정한다고 규정하였다. 구 상표법 7조 1항 12호(현행 상표 34조 1항 13호)에 대해서 구 상표법에 명시적 규정은 없었지만, 대법원 판례는 출원시를 기준으로 판단하여야 한다

---

1) 아래 표에서 음영 표시 부분.

고 하였다.[2] 반면 구 상표법 7조 1항 11호 소정의 수요자를 기만할 염려가 있는 상표에 해당하는지의 판단기준시에 대해서 대법원 판례는 등록결정시설을 취하였다.[3]

다. 상표법 34조 1항 각호의 판단기준시 및 제척기간

상표법 34조 1항 각호	주요 내용	제척기간 5년 (122조①)	판단기준시 (등록결정시 원칙)	
			출원시	등록 여부 결정시
1호 가.~마.	국기 등과 동일·유사			○
2호	국가 등과의 관계 허위 표시·비방·모욕·평판 훼손 우려			○
3호	국가 등의 저명한 비영리업무 등 표장과 동일·유사			○
4호	공서양속 위반			○
5호	정부 개최 박람회 등의 상패 등과 동일·유사			○
6호	저명한 타인의 성명·명칭 등을 포함하는 상표	○		○
7호 8호	선출원에 의한 타인의 등록상표/지리적 표시와 상표·상품의 동일·유사	○		○
9호 10호	주지상표/지리적 표시(등록 여부 불문)와 상표·상품의 동일·유사	○		○
11호	저명상표(등록 여부 불문)와 혼동/희석화		○	
12호	품질오인, 수요자 기만 상표			○
13호 14호	부정한 목적 상표		○	
15호	상품·포장의 입체적 형상 등만으로 된 상표			○
16호	포도주 등 산지의 지리적 표시	○		○
17호	식물신품종보호법에 따라 등록된 품종명칭			○
18호	농산물품질관리법에 따라 등록된 타인의 지리적 표시			○
19호	자유무역협정에 따라 보호하는 타인의 지리적 표시와 동일·유사			○
20호 (신설)	신의칙에 반하는 상표출원		○	
21호 (신설)	외국 상표권자의 대리인 등에 의한 상표 출원		○	

2) 대법원 2017. 9. 7. 선고 2017후998 판결, 2004. 5. 14. 선고 2002후1362 판결 등.
3) 대법원 2003. 4. 8. 선고 2001후1884, 1891 판결.

3. 상표법 34조 1항 각호의 부등록사유

가. 제1호

국가의 국기 및 국제기구의 기장 등으로서 다음 각 목의 어느 하나에 해당하는 상표
가. 대한민국의 국기, 국장, 군기, 훈장, 포장, 기장, 대한민국이나 공공기관의 감독용 또는 증명용
  인장 · 기호와 동일 · 유사한 상표
나. 「공업소유권의 보호를 위한 파리 협약」(이하 "파리협약"이라 한다) 동맹국, 세계무역기구 회원국
  또는 「상표법조약」 체약국(이하 이 항에서 "동맹국등"이라 한다)의 국기와 동일 · 유사한 상표
다. 국제적십자, 국제올림픽위원회 또는 저명한 국제기관의 명칭, 약칭, 표장과 동일 · 유사한 상표.
  다만, 그 기관이 자기의 명칭, 약칭 또는 표장을 상표등록출원한 경우에는 상표등록을 받을 수
  있다.
라. 파리협약 제6조의3에 따라 세계지식재산기구로부터 통지받아 특허청장이 지정한 동맹국등의
  문장, 기, 훈장, 포장 또는 기장이나 동맹국등이 가입한 정부 간 국제기구의 명칭, 약칭, 문장,
  기, 훈장, 포장 또는 기장과 동일 · 유사한 상표. 다만, 그 동맹국등이 가입한 정부 간 국제기구
  가 자기의 명칭 · 약칭, 표장을 상표등록출원한 경우에는 상표등록을 받을 수 있다.
마. 파리협약 제6조의3에 따라 세계지식재산기구로부터 통지받아 특허청장이 지정한 동맹국등이
  나 그 공공기관의 감독용 또는 증명용 인장 · 기호와 동일 · 유사한 상표로서 그 인장 또는 기
  호가 사용되고 있는 상품과 동일 · 유사한 상품에 대하여 사용하는 상표

(1) 의   의

1호의 가.목 내지 마.목은 국기, 훈 · 포장 등이 상징하는 권위와 존엄을 유지하
고, 국제적 신용을 보호하며, 상표의 사용자가 그 기관과 특수한 관계에 있는 것처럼
오인 · 혼동될 염려가 있어 이를 방지하고, 감독 또는 증명용 인장 등의 권위를 유지
하기 위하여 개인의 상표등록을 허용하지 않는 것이다.

다만 다.목 및 라.목은 단서에서 '국제적십자, 국제올림픽위원회 또는 저명한 국
제기관이 자기의 명칭, 약칭 또는 표장을 상표등록출원한 때 및 동맹국 등 또는 동맹
국 등이 가입한 정부간 국제기구가 자기의 명칭 · 약칭, 표장을 상표등록출원한 때'를
상표부등록사유의 예외로 규정함으로써 상표등록출원인이 누구인지에 따라 상표등
록 여부를 달리한다.[4]

---

4) 2010. 1. 27. 법률 제9987호로 개정되기 전의 구 상표법하에서 대법원은 1997. 6. 13. 선고 96후1774 판
  결에서 "구 상표법 7조 1항 1호에서 규정하는 표장들은 공익적 측면에서 존엄성의 정도가 높아, 그 권
  위 훼손 여부를 기준으로 하는 구 상표법 7조 1항 3호의 규정과는 달리, 상표등록출원의 주체가 누구인

(2) 국제기관의 보호요건(다.목)

1호의 다.목이 저명한 국제기관의 명칭이나 표장과 동일 또는 유사한 상표를 등록받을 수 없는 상표의 하나로 규정한 취지는, 그 명칭이나 표장과 동일·유사한 상표의 등록을 인정하게 되면 마치 그 지정상품이 이들 기관과 특수한 관계에 있는 것처럼 오인·혼동을 일으킬 염려가 있어 그 권위를 해치게 되므로, 공익적인 견지에서 국제기관의 존엄을 유지하고 국제적인 신의를 지키려는 데 있다. 따라서 위 법조에서 규정한 국제기관에는 제국(諸國)이 공통적인 목적을 위하여 국가 간의 조약으로 설치하는 이른바 국가(정부) 간의 국제기관뿐만 아니라 정부 간의 합의에 의하지 않고 창설된 이른바 비정부단체(Non-governmental Organization)나 국제적 민간단체(International Non-governmental Organization) 등도 포함될 수 있으나,5) 저명한 국제기관은 원칙적으로 상표등록결정 당시 존재하는 기관으로서 그 조직이나 활동상황 등에 의해 국제적으로 널리 알려질 것을 요하고, 이미 오래전에 폐지되어 위 결정 당시에 활동하지 않은 경우에는 이에 해당하지 아니한다.6)

저명한 국제기관은 그 표장과 유사한 상표를 등록한 자를 상대로 본호에 의한 상표등록무효심판을 청구할 이해관계인이 될 수 있다.7)

(3) 파리협약 동맹국 기장 등의 보호요건(라.목 및 마.목)

2010. 1. 27. 법률 제9987호로 개정되기 전의 구 상표법하에서 대법원 판례는 파리협약 동맹국의 기장 등이 본호에 의하여 보호를 받기 위한 요건에 관하여 "공업소유권의 보호를 위한 파리조약 6조의3은 파리조약가맹국의 국가기장(記章), 감독용 또는 증명용의 공공의 기호 및 인장 또는 정부 간 국제기구의 기장 등의 보호에 관한 규정

가를 가리지 아니하고 이에 해당할 경우에는 상표로서 등록받을 수 없는 것으로 규정한 것이다. 출원서비스표 'OLYMPIC'은 구 상표법 7조 1항 1호에서 규정하고 있는 올림픽대회, 올림픽경기, 국제올림픽경기대회를 의미하는 '올림픽(OLYMPIC)'과 동일하므로, 그 출원인이 비록 국제올림픽경기대회를 운영·주관하는 국제올림픽조직위원회(IOC)라 하더라도 등록을 받을 수 없다."라고 판시하였으나, 2010. 1. 27. 법률 제9987호로 개정된 상표법부터는 현행 상표법 34조 1항 1호 다.목 및 라.목과 같은 단서를 두었다.

5) 대법원 1987. 4. 28. 선고 85후11 판결.
6) 대법원 1998. 6. 26. 선고 97후1443 판결. 이 사건에서 문제가 된 상표는 'E.E.C. IN'TL KOREA'이고 대비되는 국제기관의 명칭은 '유럽경제공동체(EEC)'였다.
7) 대법원 1987. 4. 28. 선고 85후11 판결. 이 사건에서는 'World Wildlife Fund'가 저명한 국제기관으로 인정되었고 직접 당사자로서 심판을 청구하였다.

이고, 실제에 있어 위 국가기장, 감독용 또는 증명용의 공공의 기호, 인장 등은 다른 가맹국이 반드시 알 수 있다고 볼 수 없으므로, 같은 조 3항 (a)는 파리조약가맹국이 다른 가맹국에 대하여 자신의 국가기장(記章, 다만 국가의 旗章은 제외한다) 등을 보호받고자 할 경우에는 국제사무국을 통하여 그 해당 가맹국에 의무적으로 통지하도록 규정하고 있는바, 구 상표법 7조 1항 1호는 대부분 위와 같은 파리조약 6조의3에 규정된 사항을 입법한 것으로서, 위 상표법 규정 소정의 '공업소유권 보호를 위한 파리조약동맹국의 훈장·포장·기장'이 보호받기 위하여는 파리조약 6조의3 3항 (a)의 규정에 따라 그 보호대상인 기장 등이 국제사무국을 통하여 우리나라에 통지되어야 한다."라고 하였고(대법원 1999. 12. 7. 선고 97후3289 판결), 현행 상표법은 이를 반영하여 1호의 라.목 및 마.목과 같이 규정하였다.

(4) 판단사례

(가) 인정사례

① 출원상표인 '**KS-CLF**'(지정상품: 전기케이블, 전선 등)는 'KS' 또는 'CLF'만으로 호칭·관념될 수 있고, 출원상표가 'KS'만으로 약칭될 경우에는 한국산업규격표시인 'KS'와 호칭 및 관념이 동일하여 서로 유사한 표장이라 할 것이며, 한국산업규격에서 전기부문은 'KS' 다음에 'C'를 붙여 사용하고 있고, 출원상표의 지정상품이 전기케이블, 전선 등 전기제품인 점을 고려하면, 출원상표는 'KS인증을 획득한 전기제품'의 일종으로 인식될 가능성이 높아, 구 상표법 7조 1항 1호에 규정된 대한민국의 공공기관이 사용하는 감독용이나 증명용 인장 또는 기호와 동일 또는 유사한 상표에 해당한다[특허법원 2008. 6. 12. 선고 2008허1661 판결(심리불속행기각)].

② 이 사건 출원상표 ''는 위로부터 적색, 백색, 청색의 3색으로 된 직사각형 좌상부에 열기구를 결합하여 구성된 도형상표이다. 이 사건 출원상표는 네덜란드 국기()처럼 색채의 배열이 적색, 백색, 청색으로 되어 있고, 다만 작게 표시된 열기구가 있다는 점에서 차이가 있다. 그러나 이 사건 출원상표는 네덜란드 국기처럼 적색, 백색, 청색으로 된 직사각형으로 이루어진 점, 전체 외곽의 가로와 세로의 비율이 4:3 정도인 점 등에서 공통되고, 이러한 공통점과 이 사건 출원상표에서 열기구 모양의 면적이 전체에서 차지하는 비율이 낮고, 열기구의 색채 배열도 적색, 백색, 청색으로 되어 있는 점에 비추어 보면, 이 사건 출원상표는 전체적으로 보아 네덜란드 국기와 유사하다[특허법원 2016. 6. 16. 선고 2016허1574 판결(확정)].

(나) 부정사례

구 상표법(1990. 1. 13. 법률 제4210호로 전문 개정되기 전의 것) 9조 1항은 등록을 받을 수 없는 상표를 규정하면서 그 1호 전단에서 '국기·국장·군기·훈장·포장·기장·외국의 국기 및 국장과 동일 또는 유사한 상표'를 들고 있는바, 본호에 규정된 '기장'이란 공적을 기념하거나 신분, 직위 등을 표상하는 휘장 또는 표장을 의미하고, 이는 뒷부분에 '외국의 국기 및 국장'을 열거하고 있는 점에 비추어 대한민국의 기장을 말하는 것으로 해석함이 상당하다. 이 사건 해군사관학교 사관생도의 견장(⚓, 이하 '이 사건 견장'이라 한다)은 해군사관학교 사관생도로서의 신분과 그 학년을 표상하므로 그 전체가 대한민국의 기장에 해당한다고 할 것이고, 한편 이 사건 등록상표(등록번호 제113827호, ⚓)와 이 사건 견장은 다 같이 도형만으로 구성되어 있어서 모두 그 자체로부터 특정한 관념이나 호칭이 쉽게 떠오르지 아니하므로 외관을 기준으로 그 유사 여부를 대비하여야 할 것인데, 이 사건 등록상표는 닻줄을 휘감은 검은색의 닻 모양의 도형만으로 구성되어 있는 반면 이 사건 견장은 오각형 도형의 중앙 바로 윗부분에 닻줄이 없는 닻 모양의 도형과 오각형 도형의 아랫부분에 학년을 표시하는 띠 형상의 선 등을 포함하고 있는 차이가 있어서, 전체적으로 관찰하여 볼 때 이 사건 등록상표와 이 사건 견장은 그 외관이 유사하지 아니하다. 따라서 이 사건 등록상표는 대한민국의 기장인 이 사건 견장과 유사하지 아니하므로 구 상표법 9조 1항 1호에 해당한다고 볼 수 없다(대법원 2010. 7. 29. 선고 2008후4721 판결).

나. 제2호

> 국가·인종·민족·공공단체·종교 또는 저명한 고인과의 관계를 거짓으로 표시하거나 이들을 비방 또는 모욕하거나 이들에 대한 평판을 나쁘게 할 우려가 있는 상표

(1) 의   의

2호는 1호와 달리 국가, 인종, 민족, 공공단체, 종교 또는 저명한 고인을 표시하는 상표에 대하여는 그 관계를 허위로 표시하거나 이를 비방 또는 모욕하거나 악평을 받게 할 염려가 있는 것에 한하여 등록을 불허한다. 이는 국가, 인종 등의 권위와 존엄성을 인정하고, 저명한 고인의 명예를 보호하기 위한 규정이다.

2호 소정의 염려가 있는지는 당해 표장 자체가 가지는 외관, 호칭, 관념과 지정상품 및 일반거래의 실정 등을 종합적으로 관찰하여 객관적으로 판단하여야 하며, 지

정상품과의 관계에서 볼 때 지정상품의 품질에 하자가 있다든지 상품의 맛이 없거나 내구연한이 다하여 쓰레기통 등에 버려지는 경우에는 표장에 나타난 국가, 민족의 이름을 중히 여긴다고 생각되지 아니하며 결과적으로는 비방, 모욕 또는 악평할 우려가 생기게 된다는 사정 등을 이유로 2호에 해당한다고는 할 수 없다.[8]

또한, 단순히 고인의 성명 그 자체를 상표로 사용한 것에 지나지 아니할 뿐 고인과의 관련성에 관한 어떤 표시가 없는 경우에는 본호 소정의 고인과의 관계를 허위로 표시한 상표에 해당한다고 할 수 없다.[9]

(2) 판단사례

(가) 인정사례

'DARKIE'가 흑인을 경멸하는 구어로서 'DARKY' 또는 'DARKEY'와 동일한 발음 및 의미로 사용되는 것으로서 흑인종족을 비방, 모욕, 악평을 받게 할 염려가 있다(대법원 1987. 3. 24. 선고 86후163 판결).

(나) 부정사례

① 출원상표 'JAMES DEAN'은 단순히 고인의 성명 그 자체를 상표로 사용한 것에 지나지 아니할 뿐 동인과의 관련성에 관한 아무런 표시가 없어 이를 가리켜 상표법 7조 1항 2호 소정의 고인과의 관계를 허위로 표시한 상표에 해당하지 않는다(대법원 1997. 7. 11. 선고 96후2173 판결).

② 종교 등을 표시하는 상표가 이를 비방 또는 모욕하거나 악평을 받게 할 염려가 있는지의 여부는 그 상표의 구성을 전체적으로 고찰하여 판단하여야 할 것이며 그 상표를 구성하는 일부분만을 따로 떼어내어 그 부분이 특정 종교에서 숭앙받는 사람을 표시한 것에 해당된다 하여 등록결격사유로 삼을 것은 아니라 할 것인바, 신사복 등 의류를 지정상품으로 하는 출원상표 중 영문자 부분인 'CARDINAL'은 형용사적 의미로, '주요한, 심홍색의' 뜻이 있고, 명사적 의미로 '추기경, 후드 달린 짧은 외투, 심홍색, 데운 붉은 포도주' 등 여러 가지 뜻을 가지고 있어 영어권이 아닌 우리나라에서 카톨릭의 추기경을 의미하는 것으로 일반인에게 인식된다 할 수 없고, 또 이

---

8) 대법원 1989. 7. 11. 선고 89후346 판결('인디안'이라는 상표의 등록 여부에 관한 사례).

9) 대법원 1997. 7. 11. 선고 96후2173 판결 및 1997. 7. 11. 선고 97후259 판결(JAMES DEAN), 1997. 7. 11. 선고 97후82, 99 판결 및 1997. 7. 11. 선고 97후20 판결(JAMES DEAN PRESIDENT), 1998. 2. 13. 선고 97후938 판결(MOZART).

사건 출원상표가 부착된 지정상품이 그 용도를 다하고 걸레로 사용되거나 쓰레기통에 들어가는 일이 있다 해서 카톨릭 종교를 모욕하거나 악평을 받게 하는 것이라고 단정할 수 없을 뿐만 아니라 출원상표가 그 문자부분과 카톨릭 종교와 아무런 관계가 없는 도형으로 구성된 결합상표인 점을 감안하고 그것이 가지고 있는 외관, 호칭, 관념과 지정상품 및 거래실정 등에 비추어 종합적으로 볼 때 카톨릭 종교를 비방 또는 모욕하거나 악평을 받게 할 염려가 있는 상표라 할 수 없다(대법원 1990. 9. 28. 선고 89후711 판결).

다. 제3호

> 국가 · 공공단체 또는 이들의 기관과 공익법인의 비영리 업무나 공익사업을 표시하는 표장으로서 저명한 것과 동일 · 유사한 상표. 다만, 그 국가 등이 자기의 표장을 상표등록출원한 경우에는 상표등록을 받을 수 있다.

(1) 의   의

3호의 입법취지는 저명한 업무표장을 가진 공익단체의 업무상 신용과 권위를 보호함과 동시에 그것이 상품에 사용되면 일반 수요자나 거래자에게 상품의 출처에 관한 혼동을 일으키게 할 염려가 있으므로 이와 같은 오인 · 혼동으로부터 일반 공중을 보호하는 데 있다.[10]

(2) 판단기준

3호에 해당한다고 하기 위해서는 공익단체 자신이 아닌 공익단체의 업무표장 자체가 저명한 것이어야 하므로 이에 관한 심리가 이루어져야 한다.[11]

등록상표나 출원상표의 지정상품과 선행 업무표장에 의하여 표시되는 업무가 유사하지 아니하거나 견련관계가 없다고 하더라도 그러한 사정만으로는 위 규정의 적용이 배제된다고 할 수는 없으므로, 상표의 지정상품과 업무표장에 의하여 표시되는 업무 상호 간의 유사 여부 내지 견련관계 여부에 대하여 별도로 심리 판단할 필요는 없다.[12]

---

10) 대법원 1998. 4. 24. 선고 97후1320 판결.
11) 대법원 1990. 5. 11. 선고 89후483 판결.
12) 대법원 1998. 4. 24. 선고 97후1320 판결.

본호에 해당하는 상표라고 하더라도 그 업무표장을 사용하는 공익단체 자신이 상표로서 출원등록할 수는 있으나(본호 단서) 그 경우에도 업무표장이 상표등록을 위한 다른 요건, 즉 식별력 등을 갖추고 있어야 함은 당연하다.[13]

(3) 판단사례

(가) 인정사례

대법원 판례 중 타인의 저명한 업무표장으로 인정된 사례는 ① 축산업협동조합중앙회의 업무표장인 '🛕'와 같이 구성된 표장(대법원 1998. 4. 24. 선고 97후1320 판결), ② 한국전기통신공사의 업무표장인 '한국통신'(대법원 1996. 3. 22. 선고 95후1104 판결)등이 있다.

특허법원 판결 중에는 ① 이화여자대학교를 관리하는 공익법인인 학교법인 이화학당이 대학관리업무에 사용하는 '이화' 또는 'EWHA'라는 표장(특허법원 2005. 3. 17. 선고 2004허7425 판결, 상고취하, 특허법원 2007. 10. 11. 선고 2007허1954 판결, 확정), ② 캘리포니아대학의 'Berkeley'라는 표장(특허법원 2000. 5. 18. 선고 99허7452 판결, 확정), ③ 사립대학인 하버드(HARVARD) 대학의 'HARVARD'라는 표장(특허법원 2001. 4. 27. 선고 2001허225 판결, 확정) 등이 있다.

(나) 부정사례

국제복싱연맹(International Boxing Federation)의 약자인 'ＩＢＦ'는 구 상표법 7조 1항 3호에 규정된 공익법인의 저명한 표장에 해당하지 않는다(특허법원 2008. 10. 9. 선고 2008허6741 판결, 확정).

라. 제4호

> 상표 그 자체 또는 상표가 상품에 사용되는 경우 수요자에게 주는 의미와 내용 등이 일반인의 통상적인 도덕관념인 선량한 풍속에 어긋나는 등 공공의 질서를 해칠 우려가 있는 상표

(1) 의   의

4호 소정의 '상표 그 자체 또는 상표가 상품에 사용되는 경우 수요자에게 주는 의미와 내용 등이 일반인의 통상적인 도덕관념인 선량한 풍속에 어긋나거나 공공의

---

13) 대법원 2000. 2. 11. 선고 97후3296 판결.

질서를 해칠 우려가 있는 상표'라 함은 법문 그대로 상표의 구성 자체 또는 그 상표가 그 지정상품에 사용되는 경우에 일반 수요자에게 주는 의미나 내용이 사회공공의 질서에 위반되거나, 사회 일반인의 통상적인 도덕관념인 선량한 풍속에 반하는 경우를 말한다.14) 상표의 출원·등록이 본호에 해당하기 위해서는 상표의 출원·등록과정에 사회적 타당성이 현저히 결여되어 그 등록을 인정하는 것이 상표법의 질서에 반하는 것으로서 도저히 용인할 수 없는 경우에 한하므로, 타인의 상표·서비스표나 상호 등의 신용이나 명성에 편승하기 위하여 무단으로 타인의 표장을 모방한 상표를 출원하여 등록받았다거나, 또는 상표를 등록하여 사용하는 행위가 특정 당사자 사이에 이루어진 계약을 위반하거나 특정인에 대한 관계에서 신의성실의 원칙에 위배된다는 등의 사정만으로는 본호에 해당한다고 할 수 없다.15)

한편 상표법 33조 1항 4호와 6호는 보호하려는 이익 내지 법익 및 요건이 다르고 상표법에 33조 1항 각호의 적용순위에 관하여 특별한 규정을 두지도 아니한 이상, 저명한 타인의 성명을 모방하여 무단으로 출원·등록한 상표가 그 상표의 구성 자체 또는 그 상표가 지정상품에 사용되는 경우 일반 수요자에게 주는 의미나 내용이 사회공공의 질서나 선량한 풍속에 반하거나, 그 상표를 등록하여 사용하는 행위가 일반적으로 공정한 상품유통질서나 국제적 신의와 상도덕 등 선량한 풍속에 위배되거나, 그 상표의 출원·등록과정에 사회적 타당성이 결여되어 그 등록을 인정하는 것이 상표법의 질서에 반하는 것으로서 용인할 수 없는 경우와 같이 상표법 33조 1항 4호의 요건을 충족하는 때에는 그 상표에 대하여 같은 항 6호 외에 4호도 중첩적으로 적용될 수 있다.16)

4호는 종래 '공공의 질서 또는 선량한 풍속을 문란하게 할 염려가 있는 상표'라고 규정하였던 것을 2007. 1. 3. 법률 제8190호로 상표법을 개정하면서 지금과 같은 내용으로 변경한 것이다(이하 이와 같이 개정되기 전의 4호를 '개정 전 4호'). 그런데 위와 개정

---

14) 대법원 2004. 5. 14. 선고 2002후1362 판결.

15) 대법원 2012. 6. 28. 선고 2011후1722 판결. 위 규정이 본래 상표를 구성하는 표장 그 자체가 선량한 풍속 또는 공공의 질서에 반하는 경우 그와 같은 상표에 대하여 등록상표로서의 권리를 부여하지 않을 것을 목적으로 마련된 규정인 점, 상표를 등록하여 사용하는 행위가 상표사용자의 업무상 신용유지와 수요자의 이익보호라는 상표제도의 목적이나 기능을 일탈하여 공정한 상품유통질서나 국제적 신의와 상도덕 등 선량한 풍속에 위배되는 경우에 대하여는 상표법 제7조 제1항의 다른 호에 개별적으로 부등록 사유가 규정되어 있는 점, 상표법이 상표선택의 자유를 전제로 하여 선출원인에게 등록을 인정하는 선출원주의의 원칙을 채택하고 있는 점 등을 근거로 한다.

16) 대법원 2012. 10. 25. 선고 2012후2104 판결.

된 상표법 부칙에서 위 개정규정에 대하여 별도의 경과규정을 두지 아니하였으나, 위와 같이 개정한 취지가 규정의 내용과 적용범위를 개정 전의 규정보다 구체적이고 명확하게 한정하려는 것이므로 위 개정규정이 시행되기 전의 출원에 의하여 등록된 상표에 대해서는 그 상표에 관하여 개정 전의 규정에 기초하여 형성된 상표법 질서의 안정을 유지하기 위하여 개정 전의 규정이 적용되어야 한다.[17]

(2) 판단기준 및 기준시점

4호가 적용되는 원칙적인 경우는 예컨대 음란하거나 인종차별적인 내용, 폭력을 조장하는 내용, 특정의 나라나 국민을 모욕하는 내용 등을 담은 상표와 같이 표장 자체의 내용이나 구성 등으로부터 일반 수요자들에게 인식되는 의미나 내용이 사회 공공의 질서에 위반하거나, 사회 일반인의 통상적인 도덕관념인 선량한 풍속에 반하는 경우라 할 것인데, 구체적으로 어떤 표장이 이에 해당하는지 여부는 사회의 거래실정 및 도덕관념의 변화에 따라 상대적으로 결정되어야 할 것이다. 4호에 해당하는지는 등록 여부 결정시를 기준으로 판단한다.[18]

(3) 종래 실무상 개정 전 4호가 적용되던 범위

대법원은 개정 전 4호의 규정을 다음과 같이 두 가지의 측면으로 파악하여 적용하였다. 즉, ① '공공의 질서 또는 선량한 풍속을 문란하게 할 염려가 있는 상표'라고 함은 상표의 구성 자체 또는 그 상표가 지정상품에 사용되는 경우 일반 수요자에게 주는 의미나 내용이 사회 공공의 질서에 위반하거나 사회 일반인의 통상적인 도덕관념인 선량한 풍속에 반하는 경우뿐만 아니라, 그 상표를 등록하여 사용하는 행위가 공정한 상품유통질서나 국제적 신의와 상도덕 등 선량한 풍속에 위배되는 경우도 포함되며, 또한 그 상표의 사용이 사회 공공의 이익을 침해하는 것이라면 이는 공공의 질서에 위반되는 것으로서 허용될 수 없다고 보아야 한다고 파악한 측면[19]과, ② '공공의 질서 또는 선량한 풍속을 문란하게 할 염려가 있는' 상표라 함은 고의로 저명한 타인의 상표 또는 서비스표나 상호 등의 명성에 편승하기 위하여 무단으로 타인의 표장을 모방한 상표를 등록 사용하는 것처럼 그 상표를 등록하여 사용하는 행위가

---

17) 대법원 2012. 10. 25. 선고 2012후2104 판결 참조.
18) 대법원 2004. 5. 14. 선고 2002후1362 판결.
19) 대법원 2009. 5. 28. 선고 2007후3301 판결.

일반적으로 공정한 상품유통질서나 국제적 신의와 상도덕 등 선량한 풍속에 위배되는 경우를 말한다고 파악한 측면[20]이 그것이다.

이처럼 대법원은 위 ①의 경우와 같이 개정 전 4호를 본래적 의미로 파악하여 적용하는 것 외에도, 위 ②의 경우와 같이 모방상표가 등록된 경우에도 개정 전 4호를 확대 적용하였던 것인데, 그중에서 위 ②의 경우와 같이 모방상표에 대해서까지 개정 전 4호를 적용하는 것에 대해서는 개정 전 4호를 지나치게 확대 적용하는 것이 아닌지 의문이 제기되기도 하였다. 본호의 규정이 2007. 1. 3. 현재와 같이 개정된 취지도 4호의 적용범위를 위 ①과 같이 본래적인 의미로 명확히 한정하려는 것으로 이해된다.

(4) 판단사례

(가) 인정사례

① 피고는 1999. 4.경 대구지역에서 '백남준 미술관'을 건립한다는 명분으로 '백남준 미술관 건립 추진위원회'를 조직하여 1999. 9.경부터 그 기금을 마련하기 위한 전시회를 준비하는 과정에서, 백남준의 처인 구보타 시게코가 피고가 자금을 모집하여 '백남준 미술관'을 건립하는 것을 반대하고 현대갤러리 등도 피고와 별도로 '백남준 미술관'의 건립을 고려하자, 백남준 성명의 명성에 편승하여 자신만이 백남준 성명이 포함된 상표나 서비스표를 독점적으로 사용할 의도로, 1999. 12. 10. 지정상품·서비스업을 '미술관경영업' 등으로 하는 이 사건 등록상표서비스표인 '백남준 미술관'을 무단으로 출원하여 등록받았음을 알 수 있고, 한편 이 사건 등록상표서비스표의 등록결정일인 2000. 11. 29. 당시 백남준은 우리나라 일반 수요자들에게 저명한 비디오 아트 예술가의 성명으로 알려져 있었다. 이러한 이 사건 등록상표서비스표의 출원 경위 및 백남준 성명의 저명성 등에 비추어 보면, 피고가 고의로 저명한 백남준 성명의 명성에 편승하기 위하여 무단으로 이 사건 등록상표서비스표를 출원·등록하여 사용하는 행위는 저명한 비디오 아트 예술가로서의 백남준의 명성을 떨어뜨려 그의 명예를 훼손시

---

20) 대법원 2006. 7. 13. 선고 2005후70 판결, 2006. 2. 24. 선고 2004후1267 판결. 이 판결들은, 위와 같이 일반 법리를 설시한 다음, 저명하지 않은 상표를 모방하여 등록·사용하는 행위가 특정한 당사자 사이에 이루어진 계약을 위반하거나 특정인에 대한 관계에서 신의성실의 원칙에 위배된 것으로 보인다고 하더라도 그러한 사정만을 들어 구 상표법 7조 1항 4호에서 규정한 '공공의 질서 또는 선량한 풍속을 문란하게 할 염려가 있는' 상표에 해당한다고 할 수 없다고 판시하였다.

킬 우려가 있어 사회 일반인의 도덕관념인 선량한 풍속에 반할 뿐만 아니라, 저명한 백남준 성명의 명성에 편승하여 수요자의 구매를 불공정하게 흡인하고자 하는 것으로서 공정한 상품유통질서나 상도덕 등 선량한 풍속을 문란하게 할 염려가 있으므로, 이 사건 등록상표서비스표는 구 상표법 7조 1항 4호에 해당하여 그 등록이 무효라고 봄이 상당하다(대법원 2010. 7. 22. 선고 2010후456 판결).

② 등록서비스표 '우리은행'의 등록을 허용한다면 '우리'라는 단어에 대한 일반인의 자유로운 사용을 방해함으로써 사회 일반의 공익을 해하여 공공의 질서를 위반하고, '우리'라는 용어에 대한 이익을 그 등록권자에게 독점시키거나 특별한 혜택을 줌으로써 공정한 서비스업의 유통질서에도 반하므로, 위 등록서비스표는 구 상표법 (2007. 1. 3. 법률 제8190호로 개정되기 전의 것) 7조 1항 4호에서 정한 '공공의 질서 또는 선량한 풍속을 문란하게 할 염려가 있는 상표'에 해당하여 등록을 받을 수 없는 서비스표에 해당한다(대법원 2009. 5. 28. 선고 2007후3301 판결).

③ 화가가 그의 미술저작물에 표시한 서명은 그 저작물이 자신의 작품임을 표시하는 수단에 불과하여 특별한 사정이 없는 한 그 자체가 예술적 감정이나 사상의 표현을 위한 것이라고는 할 수 없어 저작권법상의 독립된 저작물이라고 보기 어려우나, 이러한 서명은 저작자인 화가가 저작권법 12조 1항에 의한 성명표시권에 의하여 자기저작물의 내용에 대한 책임의 귀속을 명백히 함과 동시에 저작물에 대하여 주어지는 사회적 평가를 저작자 자신에게 귀속시키려는 의도로 표시하는 것이므로, 그 서명이 세계적으로 주지·저명한 화가의 것으로서 그의 미술저작물에 주로 사용해 왔던 관계로 널리 알려진 경우라면, 그 서명과 동일·유사한 상표를 무단으로 출원등록하여 사용하는 행위는 저명한 화가로서의 명성을 떨어뜨려 그 화가의 저작물들에 대한 평가는 물론 그 화가의 명예를 훼손하는 것으로서, 그 유족의 고인에 대한 추모경애의 마음을 손상하는 행위에 해당하여 사회 일반의 도덕관념인 선량한 풍속에 반할 뿐만 아니라, 이러한 상표는 저명한 고인의 명성에 편승하여 수요자의 구매를 불공정하게 흡인하고자 하는 것으로서 공정하고 신용 있는 상품의 유통질서를 침해할 염려가 있다 할 것이므로 이러한 상표는 구 상표법 7조 1항 4호에 해당한다(대법원 2000. 4. 21. 선고 97후860, 877, 884 판결).

④ 한문자(漢文字)와 도형으로 이루어진 결합상표이거나 도형상표로서 그 표장의 구성이 일견하여 부적을 표시한 표장임이 분명한 출원상표는 부적 그 자체가 공공의 질서 또는 선량한 풍속에 반한다고 할 수는 없을 것이나, 부적이 국민들의 의, 식, 주

생활의 일부를 이루는 지정상품인 신사복, 아동복, 속내의, 양말, 모자, 혁대, 버클, 수건 등의 상표로 사용되어 판매되는 경우 그 부적의 소지만으로 악귀나 잡신을 물리치고 재앙을 막을 수 있다는 비과학적이고 비합리적인 사고를 장려하거나 조장하는 행위가 될 것이니 과학적이고 합리적인 사고의 추구 및 근면성실이라는 사회윤리를 저해하게 되어 공공의 질서 또는 선량한 풍속에 반한다(대법원 1992. 4. 24. 선고 91후 1878 판결).

⑤ 등록상표는 지정상품을 '외과수술용 이식물'로 한 선행상표 'Hylaform'과 동일한 표장을 사용한 것인데, 선행상표는 미국의 식품의약청의 승인을 받은 안면주름살 제거제에 사용할 뿐만 아니라, 피부조직 활성화용 하이란 겔 제품과 외과수술시 사용되는 주사가능한 하이란 겔 관련제품을 지정상품으로 하여 미국에서 등록된 상표인 경우, 우리나라 약사법상 외국의 상표를 사용하고자 하는 경우 상표권자의 상표사용허가에 관한 증빙서류를 첨부하지 아니한 경우에는 제품명칭으로는 품목허가를 받지 못하도록 규정하고 있는데, 선행상표의 상표권자가 등록상표에 대하여 등록무효를 구하고 있는 점에서 볼 때, 등록상표는 상표권자의 사용허가를 받을 가능성이 없어 그 지정상품은 국내에서는 약사법상 품목허가를 받을 가능성이 없다고 할 것인바, 등록상표를 지정상품에 사용하도록 할 경우 미국의 식품의약청의 승인을 받은 상표와 동일한 상표인 관계로 일반 수요자들이 국내법에 의하여 품목허가를 받은 의약품으로 오인할 가능성이 농후하여 그 등록을 허용할 경우 일반 공중의 건강에 영향을 미칠 우려가 있어, 구 상표법 7조 1항 4호에 해당한다(특허법원 2007. 4. 19. 선고 2006허11138 판결, 확정).

(나) 부정사례

① 자연인이 출원·등록한 서비스표에 회사를 표시하는 문자가 포함되었다는 사정만으로는 이를 상법 20조에 위반한 것으로서 구 상표법 7조 1항 4호의 등록무효사유에 해당한다고 할 수 없다(대법원 2006. 9. 14. 선고 2003후137 판결).

② 서비스의 제공에 특정한 자격을 필요로 하는 서비스업에 대하여 그러한 자격을 갖추지 못한 자가 서비스표를 출원, 등록하는 것이 구 상표법 7조 1항 4호에서 규정하는 공공의 질서 또는 선량한 풍속을 문란하게 할 염려가 있는 경우에 해당하지 않는다(대법원 2005. 10. 28. 선고 2004후271 판결).

③ '척주동해비'라는 문화재의 명칭을 특정인이 상표로 등록하는 것이 공서양속에 반한다고 할 수 없다(대법원 2005. 10. 7. 선고 2004후1441 판결).

④ TV뉴스쇼제작업, 댄스쇼제작업, 라이브공연업 등의 서비스업과, 넥타이, 모자, 방한용 장갑, 샌달, 수영복 등의 상품을 지정상품서비스업으로 하는 출원상표서비스표 '**PIMP MY RIDE**'가 공서양속에 반하는 상표에 해당하는지 문제가 된 사안에서, 'PIMP'는 '매춘중개인', '뚜쟁이', '매춘을 중개하다', '뚜쟁이질을 하다'라는 의미 이외에 '한껏 모양을 내다', '…에게 멋있는 차림을 하게 하다'라는 별도의 의미가 있고, 'MY'는 1인칭 대명사 'I'의 소유격이며, 'RIDE'는 원래 '(말 따위를) 타다', '걸터앉다', '(탈것에) 타고 가다' 등을 나타내는 동사 혹은 명사로 쓰이는데, 위 단어의 '(교미하려고 암컷에) 올라타다'는 의미에서 파생되어 속어로는 '…와 성교하다' 혹은 '성교'라는 의미도 지니고 있다. 그런데 방송 프로그램의 명칭인 'Pimp My Ride'는 그 프로그램 내용에 비추어 볼 때 '나의 차를 멋있게 개조하기'라는 의미로 인식될 뿐 뚜쟁이나 매춘중개와는 별다른 관련이 없다고 할 것이고, 위 프로그램이 미국뿐만 아니라 우리나라를 포함하여 전세계적으로 방영되고 있는 점, 출원상표서비스표는 위 프로그램의 명칭과 그대로 일치하는 점, 특히 'pimp'가 'pimp my ~'나 'pimp your ~'의 형태로 사용되는 경우에는 '나의 (또는 당신의) ~을 멋있게 모양을 낸다'는 의미로만 인식되고 있는 점 등에 비추어 볼 때, 출원상표서비스표를 인식함에 있어서도 일반 수요자들은 '매춘을 중개한다'는 의미가 아니라 '나의 차를 멋있게 개조하기'라는 의미로 인식할 것으로 판단된다. 한편, 지정상품서비스업과 관련하여 보더라도 출원상표서비스표는 원고가 소유한 방송사의 방송 프로그램 명칭을 주로 방송, 통신업과 관련된 서비스업이나 이를 캐릭터 상품화할 수 있는 상품들을 지정상품서비스업으로 하여 등록출원을 한 것이어서 위 프로그램의 원래적인 의미인 '나의 차를 멋있게 개조하기'의 의미로 해석될 뿐 '매춘을 중개한다'는 성적인 의미로 인식되지는 않는다. 따라서 출원상표서비스표는 구 상표법 7조 1항 4호에 해당하지 아니한다(특허법원 2007. 6. 14. 선고 2007허2384 판결, 심리불속행기각).

마. 제5호

정부가 개최하거나 정부의 승인을 받아 개최하는 박람회 또는 외국정부가 개최하거나 외국정부의 승인을 받아 개최하는 박람회의 상패·상장 또는 포장과 동일·유사한 표장이 있는 상표. 다만, 그 박람회에서 수상한 자가 그 수상한 상품에 관하여 상표의 일부로서 그 표장을 사용하는 경우에는 상표등록을 받을 수 있다.

본호는 박람회에서 시상한 상의 권위를 존중하는 한편 상품의 출처나 품질의 오인·혼동을 방지하기 위한 규정이다.

어떤 상표가 5호의 규정에 해당한다고 하기 위하여서는 과연 선행표장을 사용한 박람회가 정부의 승인을 받은 것인지, 그 박람회에서 시상으로 상패, 상장 또는 포장을 수여한 바가 있고 또 그것들이 선행표장과 같은 것인지 여부 등이 증거를 통하여 밝혀져야 한다(대법원 1991. 4. 23. 선고 89후261 판결).

한편 5호 단서는 그 상패·상장 또는 포장을 받은 자가 당해 박람회에서 수상한 상품에 관하여 상표의 일부로서 그 표장을 사용할 때에는 적용되지 아니한다고 규정한다. 박람회에서 수상한 상품에 한정되므로 박람회에서 수상한 상품과 유사한 상품에 대해서는 적용되지 아니한다. 상표의 일부로서 사용되어야 하므로 상표의 한 요부 또는 부기적으로 사용되어야 하며, 상표의 전부 또는 지배적인 표장으로 사용되는 경우에는 적용되지 아니한다.

바. 제6호

> 저명한 타인의 성명·명칭 또는 상호·초상·서명·인장·아호·예명·필명 또는 이들의 약칭을 포함하는 상표. 다만, 그 타인의 승낙을 받은 경우에는 상표등록을 받을 수 있다.

(1) 의 의

본호에 해당하기 위해서는 타인의 성명·약칭 등이 그 자체로서 저명한 것이어야 한다. 저명한 타인의 성명, 상호, 약칭 등이 상표로 사용되어 상표로서도 저명하게 되었다면 본호 외에 11호에도 해당하게 된다. 타인의 상호가 6호에 해당하는 저명한 성명이나 상호인지는 그 상호의 사용기간, 방법, 태양, 사용량, 거래범위 등과 상품거래의 실정 및 사회통념상 객관적으로 널리 알려졌는지에 따라야 판단한다.[21] 본호의 판단기준시는 등록 여부 결정시이다.[22]

---

21) 대법원 2005. 8. 25. 선고 2003후2096 판결.
22) 반면 현행 상표법 34조 1항 6호에 해당하는 구 상표법 7조 1항 6호는 판단기준시가 출원시이며, 그중 타인성 여부의 판단기준시는 등록 여부 결정시 또는 심결시이다(구 상표 7조 2항).

(2) 적용요건

(가) 오인·혼동의 염려가 요구되는지 여부

본호의 적용요건과 관련하여 해당 상표의 사용으로 인한 상품출처의 오인이나 혼동의 염려가 있어야 하는가가 문제 된다. 이는 본호의 입법취지와 직결된 문제이다. 본호의 본문에 해당하더라도 타인의 승낙이 있으면 출처의 오인이나 혼동의 염려 여부와 관계없이 등록이 가능한 점(상표 34조 1항 6호 단서), 본호에 기한 등록무효심판 청구에는 제척기간 규정이 적용되는 점(상표 122조 1항), 상표법 34조 1항 6호가 출처의 오인·혼동을 방지하기 위한 규정이라면 상표법 34조 1항 11호 이외에 상표법 34조 1항 6호를 규정한 취지가 분명하지 아니한 점 등을 고려하면, 상표법 34조 1항 6호의 입법취지는 상품이나 서비스의 출처의 오인·혼동을 방지하기 위한 것이 아니라 타인의 인격권을 보호하기 위한 것으로 봄이 타당하다. 따라서 당해 상표의 지정상품과, 선행 상호나 성명의 권리자인 타인이 취급하는 상품이나 업종이 전혀 달라서, 당해 상표가 그 지정상품에 사용되더라도 일반 거래자나 수요자로 하여금 그 상품이 선행 상호나 성명의 권리자나 그와 일정한 관계에 있는 자에 의하여 제공되는 것이라는 출처의 오인·혼동을 일으킬 염려가 없는 경우에도 본호에 해당할 수 있다.[23]

(나) 저명성

본호에서 규정하는 '저명'은 사회통념상 또는 지정상품과 관련한 거래사회에서 널리 인식될 수 있는 정도를 의미하는 것으로, 그 주지도가 9, 10호 소정의 주지성보다 훨씬 높을 뿐 아니라 나아가 오랜 전통 내지 명성을 지닌 경우를 가리킨다.[24] 본호는 타인의 성명, 상호, 약칭 등이 그 자체로서 저명하면 되고, 반드시 상표로서 사용되어 저명하여야 하는 것은 아니다.

(다) 타인의 의미

본호 단서에서 타인의 승낙을 얻은 경우를 부등록사유에서 제외한 취지에 비추어 보면, 본호에서의 '타인'이란 생존자를 의미하고,[25] 사망한 사람이나 그 상속인은 포함되지 아니하며, '타인'에는 자연인은 물론 법인(법인격 없는 단체를 포함한다)도 포함되고, 자국인은 물론 외국인도 포함된다.

23) 특허법원 2016. 5. 19. 선고 2015허7292(확정), 2000. 2. 10. 선고 99허7667 판결(확정).
24) 대법원 1984. 1. 24. 선고 83후34 판결.
25) 대법원 1998. 2. 13. 선고 97후938 판결.

한편 타인의 저명한 명칭을 상표로 등록출원하기 위하여 그 타인의 승낙을 얻었다 하더라도, 상품출처에 관한 혼동의 우려가 있거나 품질오인의 우려가 있는 경우에는 일반 수요자를 보호할 필요가 있으므로 상표법 34조 1항 11호, 12호에 의하여 등록되지 아니한다.

(3) 판단사례

(가) 인정사례

① 쌍용그룹 소속회사들의 상호에 대부분 '쌍용'이라는 명칭이 사용되어 오고 있고, '쌍용'이라는 호칭이 포함된 그룹 공통의 심벌마크가 제작되어 각 기업의 홍보에 사용되어 왔으며, 그 그룹이 상표의 출원 당시에 이미 우리나라의 이른바 10대 재벌에 속하는 기업집단이라면, 우리의 사회통념에 비추어 그 그룹 내지 그 그룹 소속회사들의 상호의 약칭에 해당하는 '쌍용'은 저명성이 있다고 봄이 상당하다고 하여 이와 유사한 '도형＋쌍용표'라고 구성된 상표는 본호에 해당한다(대법원 1996. 9. 24. 선고 95후2046 판결).

② '2NE1'은 음반업계에서 유명한 연예기획사인 피고 보조참가인 소속 여성 아이돌 그룹 가수의 명칭으로, 그 출원일 무렵에 저명한 타인의 명칭에 해당한다(대법원 2013. 10. 31. 선고 2012후1033 판결).

③ '거산(巨山)'은 김영삼 전 대통령의 아호로서 저명하다(특허법원 1999. 12. 9. 선고 99허7148 판결, 확정).

④ 출원상표 'SHARP 샤프'는 '샤프 가부시키가이샤'의 상호의 약칭으로서 저명하다(특허법원 1999. 12. 10. 선고 99허4682 판결, 확정).

⑤ 'HARVARD'는 3호에 해당하는 동시에 6호에도 해당한다(특허법원 2001. 4. 27. 선고 2001허225 판결, 확정).

⑥ '주식회사 케이티' 또는 그 약칭으로 사용되는 '**KT**'는 2005. 7. 6. 당시 수요자 간에 현저하게 인식될 수 있을 정도로 알려진 저명한 상호 또는 그 약칭에 해당한다(특허법원 2009. 8. 21. 선고 2009허1682 판결, 심리불속행기각).

(나) 부정사례

① 미국의 보석류 판매업체인 'TIFFANY & CO'의 약칭인 'TIFFANY'는 등록상표의 출원 당시인 1989. 10. 30. 국내에서 저명한 상호의 약칭이라고 할 수 없다(대법원 2000. 6. 9. 선고 98후1198 판결).

② 이 사건 출원상표 **TIARA**'는 저명한 걸그룹 '티아라(T-ara)'의 명칭을 포함하지 않아 상표법 제7조 제1항 제6호에 해당하지 않는다(특허법원 2016. 5. 19. 선고 2015허7292 판결, 확정).

사. 제7호

> 선출원에 의한 타인의 등록상표(등록된 지리적 표시 단체표장은 제외한다)와 동일·유사한 상표로서 그 지정상품과 동일·유사한 상품에 사용하는 상표

(1) 의   의

7호는 등록주의 아래에서 선출원에 의하여 등록된 타인의 상표와 동일 또는 유사한 상표를 그 타인의 등록상표의 지정상품과 동일 또는 유사한 상품에 사용하는 경우에 그 상표의 상표등록을 허용하면 상품의 출처에 관하여 오인·혼동이 일어나 상표로서 기능을 다할 수 없으므로, 이를 미연에 방지하기 위하여 그 상표등록을 허용하지 않는 것이다.

7호의 성격에 대해서는 사익적 규정이라는 견해와 공익적 규정이라는 견해가 대립한다. 7호에 5년의 제척기간이 적용됨(상표 122조 1항)을 근거로 이를 사익적 규정으로 보는 견해도 있다. 그러나 제척기간의 적용 여부를 절대적 기준으로 보기 어렵고, 선출원 등록상표권자의 동의가 있는 경우에도 출처혼동의 방지를 위해 중복등록을 허용하지 아니하는 점에 비추어 보면, 7호는 동일·유사한 상표가 동일·유사한 상품을 지정상품으로 하여 공존하므로 말미암은 소비자의 오인·혼동을 방지하기 위한 공익적 규정이라고 봄이 타당하다.

대법원 판례도, 선행상표의 상표권자의 동의가 있더라도 이는 7호 해당 여부의 판단에는 영향을 미칠 수 없으며, 이의신청인이 7호에 위배된 출원상표의 등록에 아무런 이의가 없음을 표시하였다 하더라도 7호에 해당함을 이유로 거절결정을 할 수 있다고 판시함으로써 본호를 공익적 규정으로 해석하였다.[26]

(2) 적용요건 및 기준시점

본호는 출원상표가 타인의 선출원 등록상표와 동일 또는 유사하고 그 선출원 등

---

26) 대법원 1995. 12. 22. 선고 95후1272 판결.

록상표의 지정상품과 동일 또는 유사한 상품을 지정상품으로 하는 것을 적용요건으로 하는데, 상표의 동일·유사 및 상품의 동일·유사에 대해서는 후술하므로, 여기서는 이를 제외한 다른 요건들에 대해서만 살펴보기로 한다.

(가) 선출원에 의한 등록

7호는 '선출원에 의한 타인의 등록상표'라고 규정하므로 선등록된 상표라도 그것이 출원상표보다 후출원된 것으로 선출원주의에 위배되어 등록된 것인 경우에는 본호가 적용되지 않는다.

다만 선출원 등록상표일지라도 출원상표의 등록 여부 결정시에 그 상표등록이 무효로 확정된 경우에는 선출원 등록상표로서의 지위를 상실한다.[27]

(나) 기준시점

본호의 판단기준시는 등록 여부 결정시이다(상표 34조 2항).[28] 선출원 등록상표권자가 타인인지의 판단기준시도 마찬가지이다(상표 34조 2항).

(다) 본호와 35조 1항의 관계[29]

실무상 ① 본호가 적용되어야 할 사안에서 의견제출통지시에는 본호에 위반된 것이라고 제대로 통지하였으나 거절결정시에는 35조 1항으로 잘못 적용하는 경우 또는 ② 35조 1항이 적용되어야 할 사안에서 의견제출통지시에는 35조 1항에 위반된 것이라고 제대로 통지하였으나 거절결정시에는 본호로 잘못 적용하는 경우가 있는데, 이러한 경우에 심결에서 다시 제대로 본호 또는 35조 1항을 적용하여 심결을 하였다면 거절결정의 하자는 치유된 것으로 볼 것인가? 의견제출통지가 제대로 이루어짐으로써 출원인에게 실질적인 의견제출기회가 부여되었고, 그와 동일한 사유로 심결이 이루어졌으므로, 심결에 적용된 사유를 새로운 거절이유라고 할 수는 없다는 점에서 거절결정의 위와 같은 하자는 치유되었다고 보는 것이 타당하다.

반대로 ③ 본호가 적용되어야 할 사안에서 의견제출통지시에는 35조 1항에 위반

---

27) 구 상표법(2010. 1. 27. 법률 제9987호로 개정되기 전의 것) 7조 3항은 '타인의 등록상표가 71조 3항의 규정에 의하여 무효로 된 경우에도 이에 해당하는 것으로 본다'고 하여 선출원 등록상표가 등록무효로 확정된 경우에도 7호 소정의 선출원 등록상표로서의 지위를 유지한다는 취지로 규정하였으나, 이에 대해서 7조 3항의 위와 같은 규정을 7호에 적용하는 것에 대해서는 헌법재판소의 위헌결정[헌법재판소 2009. 4. 30. 선고 2006헌바113·114(병합) 결정]이 있었으므로, 7조 3항은 7조 1항 7호에 적용되지 아니하게 되었다.

28) 반면 현행 상표법 34조 1항 7호에 해당하는 구 상표법 7조 1항 7호는 판단기준시가 출원시이며, 다만 타인성 여부의 판단기준시는 등록 여부 결정시 또는 심결시이다(구 상표 7조 2항).

29) 상세는 후술하는 '선출원에 의한 등록거절(35조 1항)'의 해당 부분 참조.

된 것이라고 근거조문을 잘못 적용하여 통지하였는데 거절결정시에는 제대로 본호를 적용하는 경우 또는 ④ 35조 1항이 적용되어야 할 사안에서 의견제출통지시에는 본호에 위반된 것이라고 근거조문을 잘못 적용하여 통지하였는데 거절결정시에는 제대로 35조 1항을 적용하는 경우는 어떻게 볼 것인가? 본호와 35조 1항은 주된 쟁점(표장 및 지정상품의 동일, 유사)이 공통되기는 하지만, 아래와 같은 사정에 비추어 볼 때, 출원인에게 올바른 적용법조에 기한 실질적인 의견제출 기회가 부여되었다고 볼 수 없으므로, 거절결정의 하자는 치유되지 않는다고 보는 것이 타당하다.

즉, 상표법 34조 1항 7호와 상표법 35조 1항은 상표의 동일 · 유사, 지정상품의 동일 · 유사를 판단하는 점에서 실무상 주된 쟁점이 일치한다. 그러나 상표법 35조 1항이 적용되는 선출원상표는 출원심사과정에서 거절되는 경우도 많은데, 그러한 경우 선출원상표로서의 지위를 상실하는 점, 그 외 선출원상표가 등록되었더라도 그 상표권의 포기 등의 사유로 소멸되어 등록 여부 결정시에는 이미 존재하지 않은 경우에도 선출원상표로서의 지위가 상실되는 점 등 양 규정은 구체적인 적용에서 차이가 있다.[30]

(3) 제척기간

상표법 122조 1항에서 상표법 34조 1항 7호에 기한 등록무효심판에도 5년의 제척기간이 적용된다고 규정한 취지는 제척기간을 설정하여 등록상표권을 둘러싼 법률관계를 조속히 확정시킴으로써 안정을 도모하기 위한 것이다. 이러한 취지에 비추어 보면 제척기간 경과 전에 특정한 선출원 등록상표 또는 등록서비스표에 근거하여 등록무효심판을 청구한 경우라도 제척기간 경과 후에 그 심판 및 심결취소소송 절차에서 새로운 선출원 등록상표에 근거하여 등록무효를 주장하는 것은, 비록 새로운 선출원 등록상표가 새로운 무효사유가 아닌 동일한 무효사유에 대한 새로운 증거에 해당한다고 하더라도 실질적으로는 제척기간 경과 후에 새로운 등록무효심판청구를 하는 것과 마찬가지이므로 허용되지 아니한다.[31]

---

30) 대법원 2004. 11. 12. 선고 2004후2666 판결, 2000. 5. 16. 선고 98후2023 판결 등 참조. 대법원은 구 상표법 8조 1항(현행 상표법 35조 1항)이 적용되어야 하는 사안에 구 상표법 7조 1항 7호(현행 상표법 34조 1항 7호)를 적용한 특허법원 판결을 파기환송하였다.

31) 대법원 2012. 2. 23. 선고 2011후2275 판결.

아. 제8호

> 선출원에 의한 타인의 등록된 지리적 표시 단체표장과 동일·유사한 상표로서 그 지정상품과 동
> 일하다고 인식되어 있는 상품에 사용하는 상표

8호는 지리적 표시 단체표장제도가 신설됨에 따라 지리적 표시 단체표장이 선출원되어 등록된 경우에는 그 등록된 단체표장과 동일·유사한 상표를 등록받을 수 없도록 한 것이다.

본호는 제3자의 후출원 상표가 선출원에 의한 타인의 등록된 지리적 표시 단체표장과 동일·유사하고 그 사용상품이 그 단체표장의 지정상품과 '동일'한 상품인 경우에만 상표등록을 받을 수 없도록 하는데, 이는 지리적 표시는 그 특성상 '특정 상품의 지리적 표시'로 수요자들에게 인식되어 있으므로, 선출원에 의한 등록된 지리적 표시 단체표장과 동일·유사한 상표를 제3자가 후출원하라도 그 상품이 동일하지 아니한 경우에는 다른 거절사유가 없는 한 등록을 막을 필요가 있기 때문이다.

한편, 동음이의어 지리적 표시 단체표장 상호 간에는 '동일한 상품'이더라도 모두 등록받을 수 있으나(상표 34조 4항), 지리적 출처에 대한 소비자의 혼동을 방지하기 위한 표시를 함께 사용하여야 하고(상표 223조), 이를 어긴 경우 등록취소사유에 해당한다(상표 119조 1항 8호 나.목).

본호의 판단기준시는 등록 여부 결정시이다.[32]

자. 제9호

> 타인의 상품을 표시하는 것이라고 수요자들에게 널리 인식되어 있는 상표(지리적 표시는 제외한
> 다)와 동일·유사한 상표로서 그 타인의 상품과 동일·유사한 상품에 사용하는 상표

(1) 의 의

9호는 타인의 상품을 표시하는 것이라고 수요자들에게 널리 인식되어 있는 상표, 즉 주지상표를 상표등록 여부와 관계없이 선출원 등록상표와 동일하게 취급하여 그

---

[32] 반면 현행 상표법 34조 1항 8호에 해당하는 구 상표법 7조 1항 7의2호는 판단기준시가 출원시이며, 그 중 타인성 여부의 판단기준시는 등록 여부 결정시 또는 심결시이다(구 상표 7조 2항).

와 동일·유사한 상표를 그 타인의 상품과 동일·유사한 상품에 사용하는 상표의 등
록을 금지하는 것이다. 구 상표법 7조 1항 9호는 "타인의 상품을 표시하는 것이라고
수요자간에 '현저하게' 인식되어 있는 상표"로 규정하였으나, 이 역시 주지상표를 의
미한다고 해석되므로 현행 상표법 34조 1항 9호와 사실상 동일하다.

등록상표가 주지상표인 경우에 9호가 적용될 수도 있지만 이때는 통상 7호가 적
용될 것이므로 9호의 실질적인 입법취지는 미등록 주지상표의 보호이다.

상표에 관하여 선출원 선등록주의를 취하는 상표법 체계 하에서 9호를 둔 입법
취지에 대해서는 ① 주지상표는 비록 등록되지 아니하였더라도 일반 소비자에게 특
정의 상품에 관한 상표로서 강력한 이미지를 획득한 것이어서 그와 저촉하는 상표가
등록되면 상품의 출처에 관한 혼동이 생기고 거래질서를 혼란케 하므로 이를 방지하
기 위하여 등록을 허용하지 아니한다는 견해(공익적 규정설)와 ② 상표의 사용자가 상
품에 관한 출처 및 품질을 나타내기 위한 상표를 거래계에 주지케 한 경우 거기에 축
적된 사실상 이익을 법적으로 보호할 필요가 있으므로 본호는 사용에 의한 사실
적 상태를 보호하기 위한 규정이라는 견해(사익적 규정설) 및 ③ 양자를 절충한 견
해가 있다.

본호의 판단기준 시기는 등록 여부 결정시이며,[33] 본호에도 상표법 122조 1항 소
정의 5년간의 제척기간이 적용된다.

(2) 적용요건

출원상표가 본호에 해당한다고 하기 위해서는 출원상표가 주지상표와 동일·유
사하여야 하고, 그 지정상품 또한 주지상표가 사용된 상품과 동일·유사한 것이어야
함은 법문상 명백하다.

또한, 출원상표 자체가 수요자들에게 널리 인식된 상표라고 하더라도 출원상표
와 유사하고 또한 수요자들에게 널리 인식된 타인의 상표가 있는 경우에는 출원상표
자체의 주지성으로 인하여 본호의 적용이 면제되거나 배제되는 것은 아니므로 역시
9호에 의하여 등록이 거절되어야 한다. 이러한 경우에는 그 타인의 상표가 등록상표
로서 그 출원 당시에 출원상표가 수요자에게 널리 인식되지 않은 경우를 제외하고는

---

33) 반면 현행 상표법 34조 1항 9호에 해당하는 구 상표법 7조 1항 9호는 판단기준시가 출원시이며, 그중
타인성 여부의 판단기준시는 등록 여부 결정시 또는 심결시이다(구 상표 7조 2항).

그 타인의 상표와 출원상표 모두 본호에 의하여 상표등록을 받을 수 없다.[34]

(3) 주지성의 판단기준

9호의 주지상표로서 타인의 상표등록을 배제하려면 그 상표가 특정인의 상품에 사용되는 것임이 수요자 또는 거래자들에게 널리 인식되었을 것이 필요하다. 어떤 상표가 주지상표인지를 판단할 때 그 사용, 공급, 영업활동의 기간, 방법, 태양, 사용량, 거래범위 등과 거래실정이나 사회통념상 객관적으로 널리 알려졌는지가 우선의 기준이 된다.[35]

본호의 판단기준시는 등록 여부 결정시이므로 주지성의 판단기준시 또한 등록 여부 결정시이다.

(4) 주지성 판단의 주체로서의 수요자

주지인지의 판단주체인 수요자란 당해 상품의 소비자나 거래자 등 거래관계자를 의미한다. 따라서 예컨대 선행상표가 사용된 의약품이 약국 등에서 일반소비자가 구입할 수 있는 등 쉽게 상표와 접할 수 있는 형태로 생산, 판매되고 있다면 일반소비자도 직접적인 수요자로 될 수 있으므로 위 수요자를 일률적으로 당해업계의 거래자로 한정하여 선행상표가 의사나 약사 등 의약업계의 실거래자에게만 널리 알려져 있으면 주지상표로 인정할 수 있다고 할 것은 아니다(대법원 1994. 1. 25. 선고 93후268 판결).

(5) 주지성의 지역적 범위

본호의 주지성의 지역적 범위에 대하여는 원칙적으로 전국적 범위에서 널리 알려졌을 것을 요한다는 견해[36]도 있으나, 전국적으로 인식된 경우는 물론 일정 지역에서만 주지이어도 족하다는 견해가 다수설[37]이다.

한편 본호의 주지성은 국내 수요자들을 대상으로 한 것이므로, 선행상표가 다른

---

34) 대법원 1985. 2. 26. 선고 84후15 판결.
35) 대법원 2011. 7. 14. 선고 2010후2322 판결, 1994. 1. 25. 선고 93후268 판결.
36) 송영식·이상정·황종환·이대희·김병일·박영규·신재호 공저, 송영식 지적소유권법(하)(제2판), 육법사(2013), 158.
37) 정상조 편집대표, 상표법주해 I, 박영사(2018), 693~695.

나라에 등록되어 있고 거기에서 그 상표 및 상품이 널리 선전되어 있다거나 상품 판매실적이 상당하다고 하여 반드시 우리나라의 일반 수요자들 사이에서도 널리 인식되었다고 단정할 수는 없으므로, 외국에서 널리 알려졌다는 사정만으로는 본호의 주지상표라고 할 수는 없다.[38]

(6) 주지성의 정도

본호에서 요구하는 주지성의 정도에 관하여 종래 통설[39]과 대법원판례[40]는 당해 상표가 사용되는 상품의 수요자 및 거래자 등 거래관계자 중 압도적 다수에게 당해 상표의 존재가 인식되는 정도에까지 이를 것을 요한다고 한다.

(7) 판단사례

특허법원 판결 중에 등록업무표장 '大韓佛教元曉宗'이 구 상표법 7조 1항 9호에 대한불교원효종 해당한다고 판단한 사례가 있다[특허법원 2006. 11. 3. 선고 2006허6815호 판결(확정)].[41]

(8) 캐릭터 상표와 주지성

상표가 캐릭터(character)를 주제로 한 것인 경우, 이는 캐릭터가 가지는 고객흡인력(顧客吸引力)을 상품에 이용하는 이른바 상품화(캐릭터 머천다이징: character merchandising)에 해당하는 것으로, 상표처럼 상품 출처를 표시하는 것을 본질적 기능으로 하는 것은 아니므로, 그 캐릭터 자체가 널리 알려져 있다 하더라도 그러한 사정

---

38) 대법원 1992. 11. 10. 선고 92후414 판결.

39) 강동세, "상표 및 상품표지의 주지성 판단에 대한 실증성 제고를 위한 제언", 민사재판의 제문제 19권 (2010. 12.) 한국사법행정학회, 712~713; 문삼섭, 상표법(제2판), 세창출판사(2004), 468; 송영식 외 6인 (주 36), 158, 상표법주해 I(주 37), 699 등 참조.

40) 구 상표법 7조 1항 9호 소정의 주지상표로서 타인의 상표등록을 배제하려면 그 상표가 특정인의 상표에 사용되는 것임이 수요자 또는 거래자 간에 널리 인식되어 있을 것이 필요하고…(대법원 2011. 7. 14. 선고 2010후2322 판결).

41) 판결요지: 대한불교원효종이란 불교종단이 종정측과 총무원장측으로 분파된 후 그중 총무원장측이 일방적으로 '대한불교원효종'이란 명칭의 재단법인을 설립한 후 위 재단법인인 원고가 위 종단의 명칭과 동일한 명칭의 업무표장을 등록받았으나 위 재단법인은 대한불교원효종 종단의 적법한 절차에 따라 설립된 것이 아니어서 위 종단의 소속단체 관리업무와 소유재산 관리업무 등 위 종단의 업무를 담당할 권한이 있다고 볼 수 없고, 원고 재단과 대한불교원효종은 그 실체가 서로 다르며 그 업무 역시 서로 명확히 구분되고, 한편 불교단체의 업무에 관계하는 자들 사이에서 '대한불교원효종' 또는 '大韓佛教元曉宗'이라는 표장은 대한불교원효종이라는 불교종단의 업무를 표시하는 것으로서 현저하게 인식되어 있는 점에 비추어 보면 등록업무표장은 상표법 34조 1항 9호에 해당한다.

만으로는 곧바로 선행상표가 일반 수요자나 거래자들에게 특정인의 상표로서 널리 인식되어 있다고 보기 어렵다(대법원 2000. 5. 30. 선고 98후843 판결). 그렇다고 할지라도 캐릭터의 주지성으로 인하여 일반 수요자들이 인식하게 되는 상표에 대한 인식도는 통상의 상표에 비하여 쉽게 상승하게 될 것이다. 또한, 캐릭터가 상품화 사업을 통하여 상품식별표지로서 널리 인식된 경우에는 본호가 적용될 수 있다.[42]

차. 제10호

> 특정 지역의 상품을 표시하는 것이라고 수요자들에게 널리 인식되어 있는 타인의 지리적 표시와 동일·유사한 상표로서 그 지리적 표시를 사용하는 상품과 동일하다고 인정되어 있는 상품에 사용하는 상표

10호는 국내 수요자들에게 널리 알려진 타인의 지리적 표시와 동일·유사한 상표를 등록받을 수 없도록 한 것이다. 이는 9호와 마찬가지로 주지된 지리적 표시의 모방상표로 인한 일반 수요자들의 출처의 오인·혼동을 방지하기 위한 규정이다. 다만 본호는 제3자의 후출원 상표가 타인의 주지된 지리적 표시와 동일·유사하고 그 사용상품이 그 지리적 표시의 사용상품과 '동일'한 상품인 경우에만 상표등록을 받을 수 없도록 한다.

한편 동음이의어 지리적 표시 단체표장 상호 간에는 10호에도 불구하고 '동일한 상품'이더라도 모두 등록받을 수 있으나(상표 34조 4항), 지리적 출처에 대한 소비자의 혼동을 방지하기 위한 표시를 함께 사용하여야 하고, 이를 어긴 경우에는 등록취소사유에 해당한다.

본호의 판단기준시는 등록 여부 결정시이다(상표 34조 2항).[43]

카. 제11호

> 수요자들에게 현저하게 인식되어 있는 타인의 상품이나 영업과 혼동을 일으키게 하거나 그 식별력 또는 명성을 손상시킬 염려가 있는 상표

---

42) 상표심사기준(2017. 12. 19. 특허청 예규 100호로 개정된 것, 이하 '상표심사기준') 5부 9장 1.2.5.
43) 반면 현행 상표법 34조 1항 10호에 해당하는 구 상표법 7조 1항 9의2호는 판단기준시가 출원시이며, 다만 타인성 여부의 판단기준시는 등록 여부 결정시 또는 심결시이다(구 상표 7조 2항).

(1) 의   의

11호의 '수요자들에게 현저하게 인식되어 있는 타인의 상품이나 영업'이라 함은 이른바 저명상표 또는 저명영업을 의미한다.[44] 일반적으로 저명상표는 그 상표가 사용상품의 수요자나 거래자는 물론 일반 대중에게까지 널리 알려져 있을 뿐 아니라 그 상표의 사용상품이 갖는 품질의 우수성 때문에 상표의 수요자뿐만 아니라 일반 대중에게까지 양질감을 획득하여 상품의 출처뿐만 아니라 그 영업주체를 표시하는 힘까지 갖게 된 상표를 의미한다.

저명상표는 사용상품의 수요자나 거래자 등 거래관계자들뿐만 아니라 일반 대중에게까지 널리 알려지고 또한 양질감으로 인한 우월적 지위를 갖는다는 점에서 단순히 해당 상품의 수요자나 거래자들에게 널리 알려진 주지상표와는 다르다. 11호에서 저명상표 역시 상표등록 여부를 묻지 아니하므로 이 또한 선등록주의에 대한 예외라고 할 수 있다.

11호는 규정형식에 비추어 저명상표의 영업주를 보호함을 직접적인 목적으로 하는 것이 아니고 저명한 상품 또는 영업과 오인·혼동으로 인한 부정경쟁의 방지를 직접적인 목적으로 하는 공익적 규정이라는 것이 통설·대법원판례이다.[45]

본호의 판단기준시는 출원시이지만(상표 34조 2항 단서), 저명상표의 타인성 여부

---

[44] 2016년 전부개정되기 전의 구 상표법에서는 주지상표에 관한 7조 1항 9호와 저명상표에 관한 7조 1항 10호 모두 '수요자 간에 현저하게 인식되어 있는 상표'라고 규정하여 법문상 차이가 없었으나, 대법원 판례는 일관하여 구 상표법 7조 1항 10호의 선행표지는 저명상표로, 7조 1항 9호의 선행표지는 주지상표로 해석하였다. 이는 구 상표법 7조 1항 10호의 선행표지를 7조 1항 9호의 선행표지와 같이 주지상표로 보게 된다면, 10호는, 선행표지의 측면에서는 9호와 같으면서도 그에 의하여 등록무효 내지 거절되는 표장이나 상품의 폭이 9호보다 넓게 되어(10호는 상표와 상품의 동일, 유사를 규정하고 있지 않다) 상표법이 10호 외에 9호를 따로 둘 이유를 찾기 어렵게 되는 점, 10호를 저명상표에 관한 규정으로 해석하는 것이 10호의 적용범위를 9호와 달리 선행표지와 표장이나 상품이 비유사한 경우로까지 확대하는 해석과도 부합하는 점을 고려한 해석이다[박정희, "상표법 7조 1항 10호 소정의 저명상표의 판단기준", 대법원판례해설 69호(2008 상반기), 552]. 2016년 상표법 개정시 주지상표에 관한 34조 1항 9호를 '수요자들에게 널리 인식된 상표'로 규정하여 저명상표에 관한 34조 1항 11호와 법문상으로도 그 차이를 분명히 하였다.

[45] 상표법주해 I(주 37), 707 참조. 그러나 이러한 학설은 상표법 34조 1항 11호 전단에 대응하는 구 상표법 7조 1항 10호에 관한 것이다. 반면 상표법 34조 1항 11호 후단은 저명상표에 대한 이른바 '희석화'를 규제하는 규정이다. 그런데 희석화 이론은 상표의 식별력을 보호하는 것이 아니라 상표 그 자체에 화체된 재산적 가치를 보호하기 위한 이론으로 상표권자의 재산적 권리를 보호하는 것을 주된 목적으로 하므로[송재섭, "상표 희석화 이론의 적용 요건에 관한 검토", 창작과 권리 47호(2007년 여름호), 세창출판사, 56~57], 상표법 34조 1항 11호 후단을 상표법 34조 1항 11호 전단과 같이 공익적 규정으로 볼 수 있을지는 의문이다.

의 판단기준시는 등록 여부 결정시이다(상표 34조 2항 본문).[46]

(2) 적용요건

(가) 저명성의 판단기준

저명상표에 해당하는지를 판단할 때, 그 상표의 사용, 공급, 영업활동의 기간, 방법, 태양 및 거래범위 등과 그 거래실정 또는 사회통념상 객관적으로 널리 알려졌느냐의 여부 등이 기준이 된다.[47]

(나) 타인의 상품이나 영업과 혼동을 일으킬 염려(11호 전단)

1) 타인의 상품이나 영업

특허청 심사실무는, 본호의 타인에는 상표나 서비스표의 주체뿐만 아니라 업무표장의 주체도 포함되며, 주된 업무뿐만 아니라 부수적인 업무로서 상품이나 서비스를 생산 또는 제공하는 경우도 포함되는 것으로 본다.[48] 또한, 저명한 상품이나 영업의 주체인 '타인'이 이러한 상품이나 서비스를 실제로 생산 또는 제공하지 않더라도 사회통념상 생산 또는 제공할 것으로 기대된다면 본호에 해당하는 것으로 본다.[49]

한편 선행상표인 저명상표의 권리자는 개인이나 개별 기업뿐만 아니라 그들의 집합체인 사회적 실체도 될 수 있다. 그리고 경제적·조직적으로 밀접한 관계가 있는 계열사들로 이루어진 기업그룹이 분리된 경우에는, 기업그룹의 선행상표를 채택하여 등록·사용하는데 중심적인 역할을 담당함으로써 일반 수요자들 사이에 선행상표에 화체된 신용의 주체로 인식됨과 아울러 선행상표를 승계하였다고 인정되는 계열사들을 선행상표의 권리자로 보아야 한다.[50]

2) 혼동의 염려

여기서 혼동은 이른바 광의의 혼동, 즉 상품의 출처가 저명상표권자의 기업과 업무상, 계약상, 조직상 또는 그밖에 특수한 관계에 있는 것으로 오인되는 경우(기업의

---

46) 구 상표법 7조 1항 10호에 의하여 상표등록을 받을 수 없는지 여부를 판단하는 기준시는 상표의 등록출원 시이고, 위 규정의 타인에 해당하는지 여부는 등록 결정 시를 기준으로 판단하여야 한다(대법원 2015. 1. 29. 선고 2012후3657 판결). 상표법주해 I(주 37), 709; 상표심사기준 5부 11장 4.2. 참조

47) 대법원 1999. 2. 26. 선고 97후3975, 3982 판결.

48) 상표심사기준 5부 11장 2.4.

49) 상표심사기준 5부 11장 1.1.4.

50) 대법원 2015. 1. 29. 선고 2012후3657 판결.

혼동 내지 후원관계의 혼동)를 포함한다.[51]

11호 전단은 '수요자들에게 현저하게 인식되어 있는 타인의 상품이나 영업과 혼동을 일으킬 염려가 있는 상표'라고만 규정하였을 뿐 상표나 상품의 유사 여부를 직접적인 요건으로 하지 아니한다. 이는 오늘날 기업이 단순히 상표법상 유사상품군으로 분류되는 정형적 상품만을 생산·판매하지 아니하고 경영 다각화를 하는 것이 일반적이어서 저명상표권자가 관련 업계 및 기타 업계에 광범위하게 진출하는 경향이 두드러지고, 저명상표 또는 저명영업 등을 사용하여 생산·판매되는 상품은 그것이 비유사상품이더라도 저명상표권자 또는 계열기업에서 나온 우수한 품질의 제품으로 오인·혼동될 가능성이 크므로 저명상표 또는 저명영업과 혼동이 생길 염려가 있기 때문이다. 이러한 점에서 11호 전단의 적용요건으로 출원상표가 저명상표와 표장 내지 지정상품이 동일·유사할 것을 필요로 하지는 아니한다.

따라서 저명상표와 출원상표가 유사하지는 않다고 하더라도 구성이나 관념, 모티브 등에서 어느 정도의 연관성이 인정되어 그 출원상표에서 타인의 저명상표 또는 그 상표가 사용된 상품 등이 용이하게 연상되거나 타인의 상표 또는 상품과 밀접한 관련성이 있는 것으로 인정되어 상품의 출처에 오인·혼동을 일으킬 염려가 있는 경우에는 본호에 해당한다.[52] 또한, 저명상표 등을 주지시킨 상품 또는 그와 유사한 상품뿐만 아니라 이와 다른 종류의 상품이라고 할지라도 그 상품의 용도 및 판매거래의 상황 등에 따라 저명상표권자나 그와 특수한 관계에 있는 자에 의하여 생산 또는 판매되는 것으로 인식될 수 있는 경우도 수요자로 하여금 상품의 출처를 오인·혼동케 할 염려가 인정되므로 본호에 해당한다. 대법원 판례도 같은 취지이다.[53]

즉, 상표법 34조 1항 7호는 상표 자체의 구성으로부터 파악하여 동일·유사한 경우 상품의 출처의 오인·혼동을 일으킬 염려가 있다고 판단하는 것임에 비하여, 상표법 34조 1항 11호 전단은 상표의 저명성이라는 구체적 거래실정을 고려하여 그러한

---

51) 상표법주해 I(주 37), 710.

52) 대법원 2005. 3. 11. 선고 2004후1151 판결, 2004. 4. 27. 선고 2002후1850 판결, 2002. 5. 28. 선고 2001후2870 판결, 1996. 2. 13. 선고 95후1173 판결.

53) 구 상표법 7조 1항 10호에 따른 부등록사유란, 타인의 선행상표 또는 선행서비스표의 저명 정도, 당해 상표와 타인의 선행상표 또는 선행서비스표의 각 구성, 상품 혹은 영업의 유사 내지 밀접성 정도, 선행 상표 또는 선행서비스표 권리자의 사업다각화 정도, 이들 수요자 층의 중복 정도 등을 비교·종합한 결과, 당해 상표의 수요자가 그 상표로부터 타인의 저명한 상표 또는 서비스표나 그 상품 또는 영업 등을 쉽게 연상하여 출처에 혼동을 일으키게 할 염려가 있는 경우를 의미한다(대법원 2010. 5. 27. 선고 2008후2510 판결).

구체적 거래실정으로부터 상품의 출처에 관한 오인·혼동이 발생할 수 있는지를 판단하는 것이어서 오인·혼동의 범위가 더 넓게 인정된다.

다만 비유사한 상품이나 영업 사이에 혼동이 발생한다고 하기 위해서는 저명한 타인의 영업상 신용에 편승하여 고객을 부당하게 유인할 정도의 경업관계 내지 양 상품 사이에 저명한 상품·서비스에 화체된 신용이 이전될 수 있을 정도의 경제적 견련관계는 있어야 한다.54) 대법원도 '한 기업이 여러 산업 분야에 걸쳐 이종상품을 생산 판매하는 것이 일반화된 현대의 산업구조하에서는 저명상표와 유사한 상표를 저명상표의 지정상품이 아닌 다른 상품에 사용하더라도 수요자들로서는 저명상표권자나 그와 특수관계에 있는 자에 의하여 그 상품이 생산·판매되는 것으로 인식하여 상품의 출처나 영업에 관한 오인, 혼동을 일으킬 우려가 있으므로 지정상품이 다르다는 이유만으로 유사상표의 등록, 사용을 허용할 것은 아니나, 상품의 성질, 영업의 형태 기타 거래사정 등에 비추어 유사상표를 사용하는 상품 또는 영업이 저명상표의 저명도와 그 지정상품 또는 영업이 갖는 명성에 편승하여 수요자를 유인할 수 있을 정도로 서로 경업관계 내지 경제적 견련관계가 있다고 보기 어려운 경우에는 상품출처나 영업의 오인, 혼동을 일으킬 우려가 없으므로 유사상표의 등록, 사용을 금지할 것이 아니다'라고 판시하였다.55) 이러한 대법원 판례는 지정상품의 유사가 본호 전단의 적용요건은 아니지만, 지정상품이 적어도 상품출처나 영업의 오인, 혼동을 일으키는 정도에 이르렀는지, 제휴 또는 원조 관계가 있거나 상표사용을 허락하였다고 오인할 가능성이 인정되는지 등을 종합적으로 검토하여 판단하여야 한다는 것으로 이해된다.

한편 34조 1항 11호 전단과 34조 1항 12호와의 관계에 대해서, 대법원 판례는 "선행상가 그 지정상품에 대한 관계거래자 이외에 일반 공중의 대부분에까지 널리 알려지게 됨으로써 저명성을 획득하게 되면 그 상표를 주지시킨 상품 또는 그와 유사한 상품뿐만 아니라 이와 다른 종류의 상품이라고 할지라도 그 상품의 용도 및 판매거래의 상황 등에 따라 저명상표권자나 그와 특수한 관계가 있는 자에 의하여 생산 또는 판매되는 것으로 인식될 수 있고 이러한 경우에는 수요자로 하여금 상품의 출처를 오인·혼동케 하거나 수요자를 기만할 염려가 있으며, 이 경우에는 구 상표법 9

---

54) 문삼섭(주 39), 437.
55) 대법원 1991. 2. 12. 선고 90후1376 판결.

조 1항 10호(현행 상표법 34조 1항 11호 전단) 및 11호(현행 상표법 34조 1항 12호) 모두에 해당한다."라고 판시하여,[56] 양 규정이 중첩적으로 적용될 수 있음을 인정하였다.

(다) 식별력 또는 명성을 손상시킬 염려가 있는 상표(11호 후단)

1) 의 의

11호 후단은 저명상표에 대한 희석화(dilution) 방지조항으로, 2014. 6. 11. 법률 제 12751호로 개정된 구 상표법에서 처음 도입되어 현행 상표법으로 이어진 것이다. 저명상표에 대한 희석화 행위는 종래 부정경쟁방지법 2조 1호 다목에 의하여 부정경쟁행위 중 하나로 규제되어 왔으나, 상표법 34조 1항 11호 후단에 의하여 상표부등록사유 중 하나로 추가되었다.[57]

저명상표에 대한 희석화는 저명상표와 동일·유사한 상표[58]를 비경쟁적 상품 또는 서비스에 사용함으로써 저명상표의 고객흡인력 내지 판매력을 훼손하는 행위를 말한다. 즉, 희석화 이론은 소비자의 혼동을 야기하지 않는 상표의 사용이라고 하더라도 그로 인하여 저명상표의 판매력이나 출처표시기능 등이 감소되는 경우에는 상표권자로 하여금 그러한 사용을 금지할 수 있는 권능을 부여함으로써 상표권자가 저명상표에 투자한 재산적 가치를 보호하고자 하는 것이다.[59]

이처럼 11호 후단은 상품출처의 혼동을 요건으로 하지 아니하므로 11호 전단과 달리 출원상표의 지정상품이 선행 저명상표의 사용상품과 경업관계 내지 경제적 견련관계에 있을 필요가 없다.[60]

---

56) 대법원 1995. 6. 13. 선고 94후2186 판결.

57) 구 상표법 7조 1항 12호(현행 상표 34조 1항 13호)도 저명상표 희석화에 대한 규제조항이라고 보는 견해도 있다.

58) 이에 대해서는 부정경쟁방지법 2조 1호 다목의 해석과 관련하여, "유명상표 희석행위의 본질은 일반 소비자로 하여금 단일한 출처를 표시하는 유명상표를 복수의 출처와 연관시켜 인식하게 함으로써 상표의 재산적 가치를 침해하는 데에 있으므로, 위 규정에서의 '동일하거나 유사한 상표'란 각각의 상표가 객관적인 의미에서 완전히 동일할 필요까지는 없다고 하더라도 최소한 일반 소비자의 관점에서 볼 때 양자가 사실상 동일하다는 인상을 가질 수 있을 정도로 유사한 상표를 의미한다고 보아야 한다."라는 견해가 있다(송재섭(주 45), 61~62]. 반면 특허청 심사실무는, 상표가 동일 또는 유사한 경우에만 적용 가능한 상표법 34조 1항 13호와 달리 34조 1항 11호 후단은 "상표가 유사하지 않더라도 그 구성의 모티브, 아이디어 등을 비교하여 그 상표에서 타인의 저명상표 또는 그 상표가 사용된 상품 등이 용이하게 연상되면 적용 가능하다"고 본다(상표심사기준 5부 11장 3.2 참조).

59) 송재섭(주 45), 56.

60) 상표법주해 I(주 37), 713.

2) 식별력 또는 명성의 손상

희석화는 일반적으로 상표 약화(blurring)와 상표 손상(tarnishment)의 두 가지 유형으로 설명된다. 상표 약화는 타인이 상표권자의 상표를 무단으로 사용함으로써 그 상표의 단일성, 즉 일반 수요자 사이에서 인식되는 상표와 상품 간의 연관관계의 단일성[61]을 약화시키는 것이고, 상표 손상은 상표권자의 상표를 열등한 제품이나 불건전하거나 유쾌하지 못한 제품에 사용함으로써 원래 그 상표에 체화된 명성이나 신용 등을 훼손하는 것을 의미한다.

상표법 34조 1항 11호 후단은 '손상'이라는 표현을 사용하였지만, 여기에는 상표 손상의 경우뿐만 아니라 상표 약화의 경우도 포함된다.[62]

(3) 판단사례

(가) 11호 전단 인정사례

① 원고 갑 주식회사 등은 구 현대그룹의 대규모 계열 분리 이후 '범 현대그룹'에 속하는 회사인 반면, '컴퓨터주변기기' 등을 지정상품으로 하고 "현   대"와 같이 구성된 이 사건 등록상표의 등록권리자인 피고 을 주식회사는 현대그룹 계열사의 자회사였으나 제1, 2차 추가등록 지정상품(가이거계산기, 감열식 프린터 등)의 등록출원 당시에는 범 현대그룹을 이루는 개별그룹들과는 경제적·조직적으로 아무런 관계도 맺고 있지 아니하였던 사안에서, 원고들의 선행표장 '현대'는 1998년부터 2002년까지 대규모로 계열분리가 이루어지기 이전에는 국내의 대표적인 기업그룹이었던 구(舊) 현대그룹 및 그 계열사들이 상표 또는 서비스표 등으로 사용해 온 저명한 표장이었음을 인정하고, 나아가 지정상품 추가등록 출원 당시 갑 회사 등이 자신들의 계열사와 함께 형성한 개별그룹들은 상표등록을 받을 수 없는 상표와 대비되는 저명한 상표 또는 서비스표(이하 '선행표장')의 채택과 등록 및 사용에 중심적인 역할을 담당함으로써 일반 수요자들 사이에 선행표장에 화체된 신용의 주체로 인식됨과 아울러 선행표장을 승계하였다고 인정되므로 선행표장의 권리자라고 할 것이나, 을 회사는 일반 수요자들 사이에 선행표장에 화체된 신용의 주체로 인식된다거나 선행표장을 승계하였다고 인정된다고 볼 수 없어 선행표장의 권리자가 될 수 없고, 위 지정상품 추가등록은

---

61) 즉, 일반 수요자가 어떤 상표를 반드시 특정 출처와 연관하여 인식하는 것을 말한다. 송재섭(주 45), 57 참조.
62) 상표법주해 I(주 37), 714; 상표심사기준 5부 11장 1.3.2.

일반 수요자로 하여금 추가 지정상품의 출처에 혼동을 일으키게 할 염려가 있으므로, 등록이 무효로 되어야 한다고 한 사례(대법원 2015. 1. 29. 선고 2012후3657 판결).

② 선사용상표 "TOEFL"은 이 사건 등록상표의 출원일인 2005. 4. 13. 당시 '영어를 모국어로 하지 않는 사람들을 상대로 학문적인 영어구사능력을 평가하는 영어시험 (Test of English as a Foreign Language)'을 주관하고 관리하는 영업이나 이와 관련된 영어 시험 문제지 등 원고 회사의 영업이나 상품을 나타내는 저명한 표장이었음이 인정하고, 나아가 등록상표 "**토플러스**"는 선사용상표 "TOEFL"에 '~하는 사람'을 의미하는 영어 접미사 'er'과 소유격 또는 복수형 어미 "s'나 's'를 부가한 "TOEFLer's" 또는 "TOEFLers"의 한글발음이거나 영어단어 'plus(+)'를 결합한 "TOEFLplus(+)"의 한글발음 에서 겹치는 '플' 발음을 생략한 것 등으로 일반 수요자들이 쉽게 인식할 수 있을 것 으로 보이고, 그 호칭도 선사용상표의 한글발음인 '토플'의 뒤에 상대적으로 약한 발음인 '러스'를 부가한 정도라는 점에서, 선사용상표와 유사한 면이 있고 위 등록상표 의 지정상품들은 선사용상표의 상품인 '영어시험 문제지'와 마찬가지로 출판물의 일 종으로서 서로 유사할 뿐만 아니라 선사용상표의 영업과도 밀접한 경제적 견련성이 있어 위 등록상표와 선사용상표의 수요자들도 영어시험을 준비하거나 영어를 공부하 는 사람들로 상당 부분 중복된다는 점에서, 등록상표 "**토플러스**"는 그 수요자들이 선 사용상표인 "TOEFL"이나 그 영업 또는 상품 등을 쉽게 연상하여 출처에 혼동을 일으 키게 할 염려가 있으므로, 상표법 제7조 제1항 제10호에 해당하여 등록을 무효로 한 다고 한 사례(대법원 2010. 5. 27. 선고 2008후2510 판결).

③ 지정서비스업을 성형외과업, 미용성형외과업, 피부과업, 의료업으로 하고, 로 구성된 원고의 출원서비스표는 그 중심적 식별력을 가지는 '샤넬, Channel' 부분의 호칭이 화장품 등에 사용되는 원심 판시의 저명상표 'CHANEL'과 동일하여 전체적으 로 위 저명상표와 유사할 뿐만 아니라, 위 저명상표는 화장품류와 관련하여 널리 알 려진 상표인 점, 그 저명상표권자는 화장품류 외 여성의류, 잡화 등 관련 사업을 점 차 확장해 온 세계적인 기업인 점, 이 사건 출원서비스표의 지정서비스업은 미용에 관심이 많은 여성이 주된 수요자층으로서 위 저명상표의 사용상품의 수요자층과 상 당 부분 중복되는 점, 이 사건 출원서비스표의 출원 당시에는 미용목적의 진료가 주 로 행해지는 일부 피부과 의원 등에서 그 진료에 부수하여 치료용 화장품의 제조·판 매업을 겸하기도 하였던 점 등에 비추어 보면, 이 사건 출원서비스표는 그 지정서비 스업의 수요자로 하여금 위 저명상표를 쉽게 연상하게 하여 타인의 영업과 혼동을

불러일으킨 경우에 해당한다고 할 것이므로, 여기에는 구 상표법 제7조 제1항 제10호
의 부등록사유가 존재한다고 한 사례(대법원 2007. 12. 27. 선고 2006후664 판결).

④ '안경수선업'을 지정서비스업으로 하는 등록서비스표 '월마트'가 저명할인점
'월마트'에 대한 관계에서 구 상표법 7조 1항 10호의 등록무효사유에 해당하는지가 쟁
점인 사안에서, 이 사건 등록서비스표('월마트안경')와 피고 사용의 선행서비스표 1,
2(Wal-Mart 및 월마트)는 전체적으로 동일·유사한 표장이고, 이 사건 등록서비스표의
출원 당시 선행서비스표들은 국·내외의 거래자 또는 수요자 사이에서 피고의 서비
스표로서 현저하게 인식될 수 있을 정도로 알려져 있었을 뿐만 아니라 피고의 지속
적인 선전, 광고 및 사용을 통하여 영업상 신용이나 고객흡인력 등의 무형적 가치가
축적된 주지·저명한 서비스표로 인정되고, 이 사건 등록서비스표의 지정서비스업인
'안경수선업'과 선사용서비스표들의 서비스업인 '할인점업(Discount Store)'은 비록 유사
하다고 할 수는 없으나, '할인점업'은 신종 유통업태 가운데 가장 일반적인 형태로 할
인점 내에는 다양한 상품을 대량 판매함으로써 시중가보다 저렴하게 상품을 판매하
는 형태의 서비스업이 행해지고 있고 할인점 개설자가 직영하는 점포뿐만 아니라 제
3자가 임차하여 운영하는 점포도 혼재되어 있는 것이 일반적인 점 등 그 서비스업의
속성 및 거래실정에 비추어 보면, 일반 수요자들로서는 이 사건 등록서비스표를 보고
원고와 피고 사이에 어떠한 제휴 또는 원조 관계가 있거나 최소한 피고가 원고에게
자신의 서비스표의 사용을 허락하였다고 오인할 가능성이 충분히 있다 할 것이므로,
양 서비스업은 경제적 견련성이 있다고 할 것이어서, 이 사건 등록상표는 구 상표법
7조 1항 10호에 의하여 그 등록이 무효로 되어야 한다고 한 사례(대법원 2005. 3. 11. 선
고 2004후1151 판결).

⑤ 선행상표 "미니 마우스(Minnie Mouse)"는 미키 마우스(Mickey Mouse)와 함께 소
외인의 만화영화 속의 주인공 이름으로서 우리나라를 비롯하여 전세계적으로 주지
저명한 캐릭터(Character)가 된 사실, 피고는 미키 마우스에 관하여는 1934년 미국에서
상표등록을 한 것을 비롯하여 현재까지 전세계 대부분의 나라에 상표등록을 하고 있
고, 선행상표인 미니 마우스에 관하여는 1932년에 영국에서 상표등록을 한 것을 비롯
하여 이 사건 등록상표 "Miss Minnie"의 등록출원 이전에 전 세계에 걸쳐 143건의 상
표등록을 한 사실, 피고는 1933년경부터 본격적인 라이센스 사업을 시작하여 현재 전
세계에 걸쳐 약 3,000개가 넘는 라이센시에 의하여 상품화 사업이 진행되고 있는 사
실, 피고는 우리나라에서도 1979년부터 의류, 학용품, 장난감 등 여러 상품에 관하여

라이센시를 통하여 활발히 상품화 사업을 전개함으로써 미키 마우스와 함께 선행상표가 상품의 표지로서 널리 사용된 사실, 그 상품화 사업의 결과 국내의 일반수요자들에게는 선행상표가 이 사건 등록상표의 출원일 전에 이미 피고 또는 동일 상품화 사업을 영위하는 그룹의 상품의 표지로 현저하게 인식된 사실을 인정한 후, 이 사건 등록상표 "Miss Minnie"는 그 요부인 Minnie로 약칭될 수 있어 선행상표와 호칭 및 관념이 유사하므로 이 사건 등록상표를 그 지정상품에 사용하는 경우 선행상표가 부착된 상품과 상품 출처의 혼동을 일으킬 염려가 있어 그 등록이 무효로 되어야 한다는 취지로 판단한 사례(대법원 2001. 11. 30. 선고 99후918 판결).

⑥ 선행표장인 '**@allup**', 'GALLUP KOREA' 및 '한국갤럽'이 2004. 12. 31.경 국내의 일반 수요자 사이에 주식회사 한국갤럽조사연구소의 여론조사업을 표시하는 것으로 현저하게 인식되어 있는 저명한 서비스표에 해당한다(특허법원 2008. 9. 25. 선고 2008허 4905 판결, 심리불속행기각).

⑦ 선행서비스표인 '**KT**'가 2003. 11. 21.경 국내의 일반 수요자 사이에 주식회사 케이티의 전기기기의 간섭(유해전파)차단업, 전기설비설치공사업, 전기통신기계기구 수리업, 전선케이블수리업, 전자응용기계기구수리업, 전화기가설업, 전화기수리업, 통신공사업을 표시하는 것으로 현저하게 인식되어 있는 저명한 서비스표에 해당한다 (특허법원 2008. 9. 25. 선고 2008허5212 판결, 심리불속행기각).

⑧ 등록상표인 '**∞**'가 영문자 'G'를 도안하여 상하의 위치를 바꾸어 서로 마주보고 맞닿게 한 외형을 가지고 있는 점 등에서 저명상표인 '**G**', '**①**', '**G**'와 구성이나 모티브에 있어서 연관성이 인정되므로 구 상표법 제7조 제1항 제10호에 규정된 타인의 영업과 혼동을 일으키게 할 염려가 있는 서비스표에 해당한다(특허법원 2008. 4. 10. 선고 2007허11265 판결, 확정).

⑨ 등록상표 '주식회사 엘지에스'는 저명상표인 LG의 표장 또는 상품이 용이하게 연상되거나 그와 밀접한 관련성이 있는 것으로 인정되어 상품의 출처에 오인·혼동을 일으키는 경우에 해당한다(특허법원 2007. 8. 17. 선고 2007허388 판결, 심리불속행기각).[63]

---

[63] 등록상표는 피고의 상호인 '엘지에스물산'과 '주식회사 엘지에스'를 표시한 것인데, (1) 기업브랜드로서 'LG' 표장이 고안된 직후 LG그룹에 의하여 주요 일간지 등을 통하여 'LG' 표장에 대한 선전광고가 집중적으로 벌어지고 있던 시점인 1995. 3. 3.에 '엘지에스물산'이라는 상호가 선정된 점, (2) 'LG' 표장이 저명성을 취득해가는 과정에 있던 1999. 2. 13.(위에서 'LG' 표장이 2000. 5. 19. 저명성을 취득한 것으로 인정함에 따라 저명성을 취득해가는 과정으로 표현한 것일 뿐이고, 다른 증거자료에 의한 사실관계에 따라서는 'LG' 표장이 1999. 2. 13. 이미 저명성을 취득하였을 수도 있다)에 '주식회사 엘지에스'라는 상

(나) 11호 전단 부정사례

1) 저명성을 부정한 사례

① 선등록상표 1 "_寿" 등의 광고를 위해 지출한 비용이 2001년에 3,500만 원, 2002년에 4,200만 원에 불과하고 2003년에 비교적 많은 19억 3,500만 원을 지출하기는 하였으나, 이 사건 등록상표의 출원일인 2003. 5. 12. 이전에 얼마를 지출하였는지를 알 수 없어서 상표의 저명성 판단에 큰 영향을 미치는 광고실적이 높다고 할 수 없고, 선등록상표 1 등을 사용한 기간 또한 저명성을 인정하기에는 비교적 짧은 기간이어서 다른 특별한 사정을 발견할 수 없는 상황에서 선등록상표 1 등의 저명성을 선뜻 인정하기 어려울 뿐만 아니라, 선등록상표 1 등을 부착한 상품이 이 사건 등록상표의 출원일 이전까지 전체 화장품 시장에서 차지한 비중, 선등록상표 1 등을 부착한 상품의 종류와 생산량 등의 구체적인 사용실태 등을 알 수 있는 자료도 나와 있지 않다는 이유로, 선등록상표 1 등의 저명성을 인정한 원심판결을 파기한 사례(대법원 2007. 2. 8. 선고 2006후3526 판결).

② 원고의 선등록상표("●") 및 선등록서비스표("●")나 그 정상품(커피) 및 지정서비스업(카페업 등)과 이에 색채를 입힌 상표 등(이하 '선사용상표'라고 한다)이 부착된 상품판매(영업활동)의 기간 및 방법, 매출액, 광고의 방법 및 횟수 등에 비추어 보면, 이 사건 등록상표("●")의 출원시까지 선사용상표가 국내에서 저명한 상태였다고 단정할 수 없다고 한 사례(대법원 2007. 1. 11. 선고 2005후926 판결).

③ '오토바이, 승용차' 등을 지정상품으로 하고 "JUDD"로 구성된 이 사건 등록상표와 대비되는 '스쿠터'를 사용상품으로 하고 "<i>Judd</i>", "쥬드", "Judd"로 구성된 선행상표들이 이 사건 등록상표의 출원 또는 등록결정 당시에 국내외의 수요자들 사이에 특정인의 상품을 표시하는 표지로서 현저하게 인식되어 있다거나 국내의 수요자들 사이에 특정인의 상품을 표시하는 표지로서 알려져 있다고 보기 어렵다고 판단한 사례(대법원 2008. 5. 29. 선고 2006후3649 판결).

④ '벤츠'라는 호칭이 상호 내지는 상표로서 국내에서도 일반 수요자들에게 현저

호가 선정된 점(을 5호증의 1 내지 6, 을 6호증), (3) 피고는 위 '엘지에스물산' 상호를 선정한 직후인 1995. 3. 17.경 피고의 거래처로부터 피고의 위 상호가 LG그룹과 관련이 있는지의 여부를 확인하는 내용의 질의를 받았던 점(을 3호증의 9), (4) 등록상표 중 '엘지에스'부분은 피고의 대표이사인 나우주의 성(姓)에 대한 영문 표기인 'LAH'와 물산(物産)을 지칭하는 'GOOD & SERVICE'에서 각 단어의 첫 글자를 조합한 'LGS'를 한글로 음역한 것이라는 피고의 주장은 동종업계의 통상적인 상표사용실태와 부합되지 아니하여 작위적인 요소가 있는 점 등을 구체적인 논거로 삼았다.

하게 인식된 사실은 인정이 되나, 심판청구인이 제출한 증거들만으로는 도형만으로 된 선행표장들("△△△") 자체가 '벤츠' 자동차와 관련하여 국내에서 널리 알려진 저명표장이라고 단정하기 어렵다(대법원 1998. 11. 13. 선고 97후1986 판결).

2) 혼동의 염려를 부정한 사례

① 등록상표("𝓑𝓾𝓭𝓮𝓳𝓸𝓿𝓲𝓬𝓴𝔂")가 선행상표들[BUDWEISER 등]과 유사하지 않고, 양 상표의 구성이나 관념의 차이에 비추어 볼 때 이 사건 등록상표로부터 선행상표들이 용이하게 연상되지 아니하여 상품 출처의 오인·혼동을 일으킬 가능성이 없으므로 구 상표법 7조 1항 10호 등에 해당하지 않는다고 한 원심판단에 대하여, 이 사건 등록상표가 그 철자 중에 'Bud'를 포함하고 있다고 하여 인용상표들을 용이하게 연상하거나 인용상표들의 상품과 밀접한 관련성이 있는 것으로 인정된다고 보기 어렵다면서 이를 수긍한 사례(대법원 2002. 5. 28. 선고 2001후2870 판결).

② 이 사건 등록상표("GUEPARD")의 하단에 있는 도형 부분이 영문자 "G"를 좌우 거꾸로 배치하여 구성된 것으로서 말발굽 도형을 좌우 거꾸로 배치하여 구성된 선행상표("Ⓒ")와 상표구성의 아이디어에서는 공통된 점이 있으나 등록상표의 도형은 가는 이중 실선으로 이루어졌고, "G" 도형이 서로 맞물고 있는 형태이나 선행상표의 경우에는 도형이 굵은 실선으로 이루어졌고 두 말발굽 도형이 상당 부분 겹쳐지게 구성된 형태이어서 등록상표의 위 도형 부분으로부터 저명상표인 선행상표가 용이하게 연상된다거나 선행상표 또는 그 상품 등과 밀접한 관련성이 있는 것으로 인정되지 아니한다고 한 사례(대법원 1996. 2. 13. 선고 95후1173 판결).[64]

③ '요식업' 등을 지정서비스업으로 한 등록서비스표("맥코리아")가 '식당업' 등을 사용서비스업으로 하는 저명한 선행서비스표("McDONALDS" 및 "맥도날드")와의 관계에서 일반 소비자들로 하여금 '맥도날드 코리아'의 합성축어(合成縮語)로서 오인, 혼동할 우려가 있거나 선행서비스표 사용업체의 한국영업소 등으로 선행서비스표 사용업체와 어떤 연관이 있는 것으로 오인을 일으킬 염려가 있다고 할 수 없다고 한 사례(대법원 1995. 9. 15. 선고 95후811 판결).

(다) 11호 후단에 관한 사례

원고의 영업표지("OUTBACK" 등)가 사용기간, 사용태양, 광고액, 원고의 매출액 등에

---

64) 이 판결은 원심이 이 사건 등록상표와 선행상표 자체만을 대조하여 양 상표가 유사하지 아니하다는 점만으로 이 사건 등록상표가 위 법조에 해당하지 아니한다고 판단한 것은 잘못이라고 하여 유사 여부뿐 아니라 등록상표가 선행상표를 연상하게 하는지도 판단했어야 한다고 판시하였다.

비추어 부정경쟁방지법 2조 1호 다목 소정의 국내에서 저명한 영업표지에 해당한다
고 인정하고, 나아가 ① 원고는 그 영업표지를 독자적으로 창안하여 전국 매장에서
지속적으로 사용하면서 광고 등을 통하여 전국적인 식별력을 얻은 점, ② 또한, 원고
는 매장 인테리어, 홈페이지, 유명 연예인들을 모델로 한 광고, 사회 공헌 활동 등을
통하여, 가족 중심적이고 자연 친화적인 패밀리 레스토랑으로서의 명성과 신용을 유
지하고 있었던 점, ③ 그런데 피고들은 러브호텔로 이용되고 있다는 부정적인 이미지
를 갖고 있는 무인 숙박업소를 운영하면서 이 사건 각 영업표지("**OUTBACK** 등)를 사용
하였는데, 특히 원고의 대표적인 브랜드인 영업표지("**OUTBACK**")와 매우 유사한 표장을
사용하면서 그 상단의 산 모양의 도형을 나체 여성이 누워있는 듯한 선정적인 형상
으로 변형하여 사용한 점 등을 종합하면, 피고들은 저명한 원고의 영업표지를 부정적
인 이미지를 갖는 서비스업에 사용함으로써 그 표지가 갖는 좋은 이미지 및 가치를
손상시켰다고 할 것이고, 더불어 저명한 이 사건 각 영업표지가 갖는 출처표시 기능
도 손상시켰다고 할 것이라고 인정한 사례(특허법원 2017. 6. 29. 선고 2016나1691 판결, 심
리불속행기각).[65]

타. 제12호

> 상품의 품질을 오인하게 하거나 수요자를 기만할 염려가 있는 상표

(1) 의   의

12호의 입법취지에 관하여 대법원 판례는 일관하여 "특정인의 상표라고 인식된
상표를 사용하는 상품의 품질, 출처 등에 관한 일반 수요자의 오인·혼동을 방지하여
이에 대한 신뢰를 보호하고자 함에 있다."라고 판시하였다.[66]

본호에 해당하는 상표인지의 판단기준시는 등록 여부 결정시이다(상표 34조 2항).
구 상표법 하에서도 대법원 판례는 등록결정시 또는 심결시를 기준으로 하여야 한다
고 판시하였다.[67]

---

65) 부정경쟁방지법 2조 1호 다목에 관한 사안이다.
66) 대법원 2007. 6. 28. 선고 2006후3113 판결, 2004. 3. 11. 선고 2001후3187 판결, 1997. 6. 27. 선고 96후
1712 판결, 1987. 3. 24. 선고 85후127 판결 등.
67) 대법원 2003. 4. 8. 선고 2001후1884, 1891 판결, 2001. 9. 28. 선고 99후2655 판결.

(2) 전단과 후단의 의미 및 판단기준

'상품의 품질을 오인하게 하거나 수요자를 기만할 염려가 있는 상표'에서 전단은 상품의 품질을 오인하게 하거나 기만할 염려가 있는 상표를 포함하는 반면, 후단은 상품의 품질과 관계없이 상품 출처의 오인을 초래함으로써 수요자를 기만할 염려가 있는 경우도 포함하는 것으로서 전단과는 별개의 요건이라는 것이 확립된 대법원 판례이다.[68] 다만 아래에서 보는 바와 같이 상표법 34조 1항 13호에 의하여 모방상표의 등록을 규제할 수 있으므로, 모방상표의 등록을 방지하기 위하여 상표법 34조 1항 12호 후단을 적용할 필요성은 많이 감소되었다.[69]

본호의 판단기준시는 등록 여부 결정시이다(상표 34조 2항).[70]

(가) 품질오인

1) 품질오인의 의미

12호에서 말하는 '상품의 품질을 오인하게 할 염려가 있는 상표'라 함은 그 상표의 구성 자체가 그 지정상품이 본래의 성질과 다른 성질을 가지는 것으로 수요자를 오인하게 할 염려가 있는 상표를 말한다.

2) 판단기준

특정의 상표가 상품의 품질을 오인하게 할 염려가 있다고 보기 위해서는, 당해 상표에 의하여 일반인이 인식하는 상품과 현실로 그 상표가 사용되는 상품과의 사이에 일정한 경제적 견련관계, 예컨대 양자가 동일계통에 속하는 상품이거나 재료, 용도, 외관, 제법, 판매 등의 점에서 계통을 공통으로 함으로써 그 상품의 특성에 관하여 거래상 오인을 일으킬 정도의 관계가 인정되어야 하고, 그 상품과 아무런 관계가 없는 의미의 상표로서 상품 자체의 오인·혼동을 일으킬 염려가 있다는 사유만을 가지고는 일반적으로 품질오인의 우려가 있다고는 할 수 없는 것이며, 그 염려가 있는

---

68) 대법원 1989. 11. 10. 선고 89후353 판결 등. 이러한 판례의 입장에 대하여, 11호가 규정하는 수요자기만상표는 공익적 부등록사유로서 전단의 품질오인 표시와 같은 차원의 원산지 등 지리적 명칭의 부실표시·기타 상품이나 서비스의 품질에 관하여 공중을 기만하는 성질의 상표로 해석하여야 한다는 반대설이 있고, 그 근거로 ① 일반적 출처의 오인·혼동에 관한 규제를 위해 7호, 9호, 11호 등의 규정이 있으므로, 11호는 공익적 이유에서 부등록사유로 특별히 규정한 만큼 그 독자적인 의의를 공익성에서 찾아야 한다는 점, ② 대법원 판례와 같은 입장을 취하는 외국의 입법·판례·학설이 없다는 점 등을 들고 있다(송영식 외 6인(주 36) 172~173 참조].

69) 상표법주해 I(주 37), 725.

70) 구 상표법 7조 1항 11호도 판단기준시는 등록 여부 결정시라는 것이 통설이고, 대법원판례도 같은 취지인 것으로 해석된다. 상표법주해 I(주 37), 726 참조.

지는 일반 수요자를 표준으로 하여 거래통념에 따라 판단하여야 할 것이다.[71] 따라서 지정상품과 아무런 관계가 없는 의미를 나타내는 상표는 그것이 특정 상품의 상품명 자체이거나 특정 상품의 품질을 표시하는 문자를 포함한 것이라고 하더라도 지정상품의 품질을 오인하게 할 염려가 있는 것이라고 할 수 없다.[72] '등록상표가 지정상품의 성질을 보통으로 사용하는 방법으로 표시한 표장만으로 된 상표에 해당하지 아니하는 이상, 그 등록상표의 사용으로 수요자들이 상품의 품질을 오인할 염려가 있다고 볼 수 없어 상표법 34조 1항 12호의 상품의 품질을 오인하게 하거나 수요자를 기만할 염려가 있는 상표에 해당한다고 볼 수도 없다'고 판시한 대법원판례도 이와 같은 취지이다.[73]

또한, 어떤 상표가 품질오인의 우려가 있는지를 판단할 때 그 지정상품과 관련지어 생각하여야 한다는 것은 그 상표에 의하여 일반인이 인식하는 상품과 현실로 그 상표가 사용되는 상품과의 사이에 일정한 경제적 관련이 있어야 함을 의미하는 것이지 상품의 구성 그 자체뿐 아니라 상품에 부착되거나 포장용기에 부착된 상품의 설명서 등까지 고려하여 오인 여부를 판단하라는 것은 아니다.[74]

등록상표가 '상품의 품질을 오인하게 할 염려가 있는 상표'에 해당하는지를 판단할 때, 그 지정상품이 존재할 수 없는 경우를 제외하고는, 상표 자체의 구성과 그 지정상품과의 관계를 기준으로 판단하여야 하고 상표 이외의 거래 사정이나 상표권자의 주관적 의도를 감안하여서는 아니 된다.[75]

어떤 상표가 산지표시 등 기술적 표장에 해당함과 동시에 상품의 품질을 오인하게 할 염려가 있는 경우에는 상표법 33조 1항 3호와 상표법 34조 1항 12호가 중첩적으로 적용된다.[76]

---

71) 대법원 2000. 10. 13. 선고 99후628 판결, 1994. 12. 9. 선고 94후623 판결(과즙음료 등의 의미를 갖는 Nectar를 화장품류에 사용할 경우에는 계통을 달리하는 상품으로서 품질오인의 염려가 없다고 한 사례).
72) 상표법주해 I(주 37), 727.
73) 대법원 2002. 12. 10. 선고 2000후3418 판결.
74) 대법원 2000. 10. 13. 선고 99후628 판결, 1994. 12. 9. 선고 94후623 판결.
75) 특허법원 2006. 4. 12. 선고 2006허589 판결(상고기각). 등록상표의 지정상품인 '인삼성분이 함유된 돼지고기'는 현실적으로 존재하는 점이 인정되므로, 등록상표 '⬛' 자체의 구성과 그 지정상품을 비교하면 품질오인의 우려가 없다고 한 사례이다.
76) 대법원 2007. 6. 1. 선고 2007후555 판결, 2003. 7. 11. 선고 2002후2464 판결.

(나) 수요자 기만

1) 수요자 기만의 의미

대법원 판례는 '수요자를 기만할 염려가 있는 상표'란 지정상품과의 관계에서 타인의 상표를 모방하여 자기상표로 등록출원 또는 등록한 것 같이 하거나 국내상품을 외국상품으로 혼동하게 하는 등 수요자를 속이는 것을 말하고, 이에는 품질과 관계없이 상품 출처의 오인을 초래함으로써 수요자를 기만하는 것도 포함된다고 본다.[77] 즉, 대법원 판례는 12호 후단의 입법취지에 관하여 '이미 특정인의 상표라고 인식된 상표를 사용하는 상품의 품질, 출처 등에 관한 일반 수요자의 오인 혼동을 방지하여 이에 대한 신뢰를 보호하고자 함에 그 목적이 있다'고 하여 특정인의 상표라고 인식된 상표와 동일·유사한 상표를 그 사용상품과 동일·유사한 지정상품에 대하여 사용하는 경우에도 12호가 적용된다고 본다.[78][79]

2) 판단기준

대법원 판례에 따른 12호 후단의 적용요건으로서 '특정인의 상표라고 인식된 상표'라 함은, 그 등록상표나 지정상품과 대비되는 다른 상표나 그 사용상품이 반드시 주지·저명하여야 하는 것은 아니지만 적어도 국내의 일반거래에 있어서 수요자나 거래자에게 그 상표나 상품이라고 하면 곧 특정인의 상표나 상품이라고 인식될 수 있을 정도로는 알려져 있는 것을 말한다. 여기서 특정인의 상표나 상품이라고 인식된 다고 하는 것은 선행상표에 관한 권리자의 명칭이 구체적으로 알려져야 하는 것은 아니며, 누구인지 알 수 없다고 하더라도 동일하고 일관된 출처로 인식될 수 있으면 충분하다.[80] 즉, 수요자 및 거래자가 실질적으로 상표의 이익을 누리는 일정한 권리 주체가 존재하는 것을 추상적, 개괄적으로 파악하여 동일하고 일관된 출처를 인식할 수 있을 정도이면 족한 것이지, 그 특정인이 반드시 상표권자이어야 한다거나 또는 그의 성명이나 상호가 수요자들에게 구체적으로 정확하게 알려져 있어야 하는 것은

77) 대법원 1999. 9. 3. 선고 98후2870 판결, 1991. 1. 11. 선고 90후311 판결 등.
78) 대법원 2003. 4. 8. 선고 2001후1884, 1891 판결, 1991. 1. 11. 선고 90후311 판결 등.
79) 대법원 판례가 구체적 타당성을 위하여 12호 후단을 이처럼 확대적용하는 취지는 이해가 되나, 비교대상이 되는 선사용상표의 범위를 '주지상표'에도 미치지 못하는 '특정인의 상표라고 인식된 상표'에까지 넓히고, 상품의 범위도 저명상표에 관한 11호 전단과 같이 이종(異種)의 상품에까지 확장한 것은 상표법의 전체적인 체계상 문제가 있다. 아래에서 보는 바와 같이 모방상표의 등록은 34조 1항 13호에 의하여 규제할 수 있으므로, 모방상표의 규제를 위하여 12호 후단을 적용하는 것은 다소 신중할 필요가 있다.
80) 대법원 2007. 6. 28. 선고 2006후3113 판결, 2004. 3. 11. 선고 2001후3187 판결, 2003. 4. 8. 선고 2001후1884, 1891 판결 등.

아니다.

'특정인의 상표로 인식되었다'고 함은 당해 상표와 상품의 관계거래권 안에 있는 구성원의 상당 부분에 당해 상표가 특정 출처의 상품 표지인 것으로 인식되었음을 의미하는 것으로 주지성 취득 단계보다는 그 인식의 정도가 낮다고 봄이 실무이다.[81)

선사용상표가 주지·저명한 경우에도 본호가 적용될 수 있음은 물론이다.

기존의 상표나 그 사용상품이 국내의 일반거래에서 수요자나 거래자에게 어느 정도로 알려져 있는지에 관한 사항은 일반 수요자를 표준으로 하여 거래의 실정에 따라 인정하여야 하는 객관적인 상태를 말하는 것이고,[82) 선사용상표가 사용된 상품이 등록상표의 지정상품 중 특정의 재료 또는 용도 등의 것에 한정되는 경우라면 그와 같은 한정이 없는 지정상품과의 관계를 충분히 고려하여 선사용상표가 그러한 한정이 없는 지정상품 전체의 상표등록을 배제할 수 있을 정도로 수요자나 거래자에게 특정인의 상표나 상품으로 인식되어 있는지 판단하여야 한다.[83)

대기업이 사용하는 표장이라고 하여 바로 널리 알려진 표장이라고 할 수는 없으므로, 출원된 상표나 서비스표가 대기업이 사용하는 표장과 동일, 유사하다는 사유만으로 출원된 상표나 서비스표가 그 지정상품이나 서비스에 사용될 경우 일반 수요자가 그 상품이나 서비스가 그 대기업 또는 그와 특수한 관계가 있는 자에 의하여 영위되는 것처럼 그 상품이나 서비스의 출처에 관하여 오인·혼동을 일으킬 염려가 있다고 단정할 수 없으므로 출원된 상표나 서비스표가 그 대기업의 도형표장과 유사하다는 이유로 본호를 적용하기 위해서는 그 대기업이 사용하는 도형표장이 구체적으로

---

81) 상표법주해 I(주 37), 737.
82) 대법원 2007. 6. 28. 선고 2006후3113 판결.
83) 대법원은, 선사용상표 '**송석**'의 사용자 甲 주식회사가 등록상표 '**송석**'의 등록권리자 乙 주식회사를 상대로 등록상표가 구 상표법 7조 1항 11호 등에 해당한다는 이유로 등록무효심판을 청구한 사안에서, "등록상표의 지정상품인 '건축용 비금속제 타일, 벽돌(시멘트제는 제외), 비금속제 타일, 콘크리트타일' 등은 일반적으로 널리 쓰이는 건축자재들이므로, 이와 대비되는 선사용상표나 사용상품이 등록상표의 등록결정 당시 특정인의 상표나 상품으로 인식될 수 있을 정도로 알려져 있었는지를 판단하기 위해 선사용상표의 사용상품이 전체 시장에서 차지하는 비중을 참작할 때에는 등록상표의 지정상품 또는 그와 유사한 상품의 거래시장을 기준으로 할 것이지, 그중 '화산석 송이로 제조되는 벽돌이나 타일'과 같이 좁게 한정된 특정 재료의 상품만의 거래시장을 기준으로 할 것은 아니라는 전제에서, 선사용상표를 사용한 상품의 판매기간 및 방법, 매출액, 선사용상표의 사용상품이 전체 지정상품 등의 시장에서 차지하는 비중, 광고의 방법 및 횟수 등에 비추어 보면, 甲 회사의 선사용상표가 등록상표의 등록결정 당시 국내 수요자나 거래자에게 특정인의 상표나 상품으로 인식될 수 있는 정도로 알려져 있었다고 단정할 수 없으므로, 등록상표는 구 상표법 7조 1항 11호의 수요자를 기만할 염려가 있는 상표에 해당하지 않는다."라고 판단하였다(대법원 2012. 6. 28. 선고 2011후1722 판결).

어떤 것이고 그 표장이 적어도 일반 거래자나 수요자에게 그 표장이라고 하면 특정인의 상표나 상품 또는 서비스표나 서비스업이라고 인식될 수 있을 정도로 알려져 있는지, 나아가 그 대기업이 그 표장을 출원된 상표나 서비스표와 동일·유사한 지정상품이나 지정서비스업 등에 사용한 것인지 등이 구체적으로 심리되어야 한다.[84]

선사용상표의 사용자가, 그 선사용상표와 표장 및 상품이 동일·유사한 선등록상표(甲)의 존재를 알면서도 선사용상표를 사용함으로써 선사용상표가 특정인의 상표로 알려지게 된 경우, 그 후 등록된 후등록상표(乙)에 대하여 12호 후단(구 상표 7조 1항 11호)이 적용되는지에 대하여, 대법원은 "12호 규정의 취지는 기존의 상표를 보호하기 위한 것이 아니라 이미 특정인의 상표라고 인식된 상표를 사용하는 상품의 출처 등에 관한 일반 수요자의 오인·혼동을 방지하여 이에 대한 신뢰를 보호하고자 하는 데 있고, 기존의 상표나 그 사용상품이 국내의 일반거래에서 수요자 등에게 어느 정도로 알려져 있는지에 관한 사항은 일반 수요자를 표준으로 하여 거래의 실정에 따라 인정하여야 하는 객관적인 상태를 말하는 것이며, 위 규정을 적용한 결과 기존의 상표가 사실상 보호받는 것처럼 보인다고 할지라도 그것은 일반 수요자의 이익을 보호함에 따른 간접적, 반사적 효과에 지나지 아니하므로, 기존의 상표의 사용자가 그 상표와 동일 또는 유사한 제3의 상표가 이미 등록되어 있는 사실을 알면서 기존의 상표를 사용하였다고 하더라도 그 사정을 들어 위 규정의 적용을 배제할 수는 없다."라고 판시하여 이른바 악의에 의하여 사용된 상표와의 관계에서도 12호가 적용됨을 명확히 하였다.[85]

다만 대법원은, "어떤 상표가 정당하게 출원·등록된 이후에 등록상표와 동일·유사한 상표를 그 지정상품과 동일·유사한 상품에 정당한 이유 없이 사용한 결과 그 사용상표가 국내의 일반 수요자들에게 알려지게 되었다고 하더라도, 사용상표와 관련하여 얻은 신용과 고객흡인력은 등록상표의 상표권을 침해하는 행위에 의한 것으로서 보호받을 만한 가치가 없고 그러한 상표의 사용을 용인한다면 우리 상표법이 취하고 있는 등록주의 원칙의 근간을 훼손하게 되므로, 위와 같은 상표 사용으로 시장에서 형성된 일반 수요자들의 인식만을 근거로 하여 상표 사용자를 상대로 한 등록상표의 상표권에 기초한 침해금지 또는 손해배상 등의 청구가 권리남용에 해당

84) 대법원 1998. 7. 28. 선고 97후2637 판결.
85) 대법원 2004. 3. 11. 선고 2001후3187 판결. 다만 기존의 상표의 사용행위가 등록상표권을 침해하는 것인지는 별개로 판단될 문제이다.

다고 볼 수는 없다. 한편 선행 등록상표의 등록 이후에 등록결정이 된 후행 등록상표가 선행 등록상표와 표장 및 지정상품이 동일·유사하고, 또한 후행 등록상표의 등록결정 당시 특정인의 상표라고 인식된 타인의 상표가 선행 등록상표의 등록 이후부터 사용되어 온 것이라고 하더라도, 이러한 타인의 사용상표(이하 '후발 선사용상표'라고 한다)와의 관계에서 후행 등록상표가 구 상표법 7조 1항 11호 후단에서 규정하고 있는 '수요자를 기만할 염려가 있는 상표'에 해당하여 등록이 무효로 될 수 있고, 그 결과 후발 선사용상표가 사실상 보호받는 것처럼 보일 수는 있다. 그러나 위 규정의 취지가 후발 선사용상표를 보호하려는 데 있는 것이 아니라 이미 특정인의 상표라고 인식된 상표를 사용하는 상품의 출처 등에 관한 일반 수요자들의 오인·혼동을 방지하여 이에 대한 신뢰를 보호하려는 데 있음을 고려할 때, 그러한 결과는 일반 수요자들의 이익을 보호함에 따른 간접적·반사적인 효과에 지나지 아니하므로, 그러한 사정을 들어 후발 선사용상표의 사용이 선행 등록상표에 대한 관계에서 정당하게 된다거나 선행 등록상표의 상표권에 대한 침해를 면하게 된다고 볼 수는 없다."라고 판시하여,[86] 악의에 의한 사용에 의하여 특정인의 상표로 인식된 상표는 그 사용보다 앞서 출원·등록된 등록상표에 대해서는 상표권 침해가 성립한다는 점을 분명히 하였다.[87]

한편 선사용상표의 권리자가 누구인지는 선사용상표의 선택과 사용을 둘러싼 관련 당사자 사이의 구체적인 내부관계 등을 종합적으로 살펴 판단하여야 하고, 선사용상표의 사용자 외에 사용허락계약 등을 통하여 선사용상표 사용자의 상표사용을 통제하거나 선사용상표를 사용하는 상품의 성질이나 품질을 관리하여 온 자가 따로 있는 경우에는 그를 선사용상표의 권리자로 보아야 하며 선사용상표 사용자를 권리자로 볼 것은 아니다.[88]

12호 후단의 판단기준시는 등록 여부 결정시이므로, 선사용상표가 거래사회에서 오랜 기간 사용된 결과 등록상표의 등록결정시에 선사용상표의 구성 중 애초에는 식별력이 없었거나 미약하였던 부분이 수요자들에게 누구의 업무에 관련된 상품을 표시하는 것인가 현저하게 인식되어 있는 경우에는 선사용상표가 사용된 상품에 관하여 그 부분을 식별력 있는 요부로 보아 등록상표와 선사용상표 간의 상표 유사 여부

86) 대법원 2014. 8. 20. 선고 2012다6059 판결.
87) 악의의 선사용상표에 관한 상세한 검토는 상표법주해 I(주 37), 732~736 참조.
88) 대법원 2013. 3. 14. 선고 2011후1159 판결.

를 살피고 등록상표가 수요자를 기만할 염려가 있는 상표에 해당하는지를 판단할 수 있다.[89]

3) 지정상품의 동일·유사 여부

12호 후단의 적용요건과 관련하여서는 12조 후단이 선사용상표의 사용상품과 출원상표의 지정상품이 동일·유사하지 아니한 경우에도 적용될 수 있는지가 문제된다.

이에 대하여 대법원은 "선사용상표가 그 사용상품에 대한 관계거래자 이외에 일반 공중의 대부분에까지 널리 알려지게 됨으로써 저명성을 획득하게 되면 그 상표를 주지시킨 상품 또는 그와 유사한 상품뿐만 아니라 이와 다른 종류의 상품이라고 할지라도 그 상품의 용도 및 판매거래의 상황 등에 따라 저명상표권자나 그와 특수한 관계에 있는 자에 의하여 생산 또는 판매되는 것으로 인식될 수 있고 그 경우에는 어떤 상표가 선사용상표의 사용상품과 다른 상품에 사용되더라도 수요자로 하여금 상품의 출처를 오인·혼동케 하여 수요자를 기만할 염려가 있다고 보게 되는 것이며, 특정인의 상표라고 인식된 상표를 사용하는 상품의 출처 등에 관한 일반 수요자의 오인·혼동을 방지하여 이에 대한 신뢰를 보호하고자 하는 구 상표법 7조 1항 11호 규정의 목적에 비추어 보면, 선사용상표가 저명성을 획득할 정도로 일반 수요자 사이에 널리 알려지지 못하고 수요자나 거래자에게 특정인의 상표로 인식될 수 있을 정도로만 알려져 있는 경우라도, 만일 어떤 상표가 선사용상표와 동일 또는 유사하고, 선사용상표의 구체적인 사용실태나 양 상표가 사용되는 상품 사이의 경제적인 견련의 정도 기타 일반적인 거래의 실정 등에 비추어 그 상표가 선사용상표의 사용상품과 동일 또는 유사한 지정상품에 사용된 경우에 못지않을 정도로 선사용상표의 권리자에 의하여 사용되는 것이라고 오인될 만한 특별한 사정이 있다고 보이는 경우라면 비록 그것이 선사용상표의 사용상품과 동일 또는 유사한 지정상품에 사용된 경우가 아니라고 할지라도 일반 수요자로 하여금 출처의 오인·혼동을 일으켜 수요자를 기만할 염려가 있다고 보아야 한다."고 판시하였다.[90]

---

89) 대법원 2013. 3. 28. 선고 2011후835 판결. 이 판결에서 대법원은, 원심이 선사용서비스표들을 살피지 않았고, 선사용상표들('🏵', '🏵 *The Coffee Bean.*')만을 살펴볼 때도 선사용상표들의 각 구성 중 'Coffee Bean' 부분이 등록상표 'coffee bean cantabile'의 등록결정시가 아니라 선사용상표들의 등록결정시 무렵에 식별력이 있던 부분이 아니어서 상표의 유사 판단에 있어 요부로 될 수 없다는 이유로 등록상표가 '수요자를 기만할 염려가 있는 상표'에 해당하지 않는다고 판단한 것은 잘못이라고 지적하였다.

90) 대법원 2015. 10. 15. 선고 2013후1207 판결, 1997. 3. 14. 선고 96후412 판결 등.

이러한 대법원 판례의 취지에 따르면 12호 후단 소정의 수요자 기만의 염려가 있다고 하기 위해서는 원칙적으로 선사용상표의 사용상품이 출원상표의 지정상품과 동일·유사하여야 하지만 선사용상표가 주지·저명성을 획득할 정도로 수요자에게 널리 알려져 있다거나, 또는 선사용상표가 특정인의 상표라고 알려져 있는 정도라고 하더라도 선사용상표의 구체적인 사용실태와 상품 사이의 경제적인 견련관계 등을 종합하여 볼 때 출처의 오인이나 혼동이 발생할 염려가 있다면, 선사용상표의 사용 상품과 출원상표의 지정상품이 동일·유사하지 않다고 하더라도 12호가 적용될 수 있다.

(3) 판단사례

(가) 12호 전단

1) 인정 사례

① 'OXYFUME'은 '산소를 함유하는' 또는 '예리한, 뾰쪽한' 등의 뜻을 가진 영문자 'OXY'와 '증기, 가스, 향기' 등의 뜻을 가진 영문자 'FUME'과의 결합상표로서 산소성분을 가지고 있지 아니한 지정상품에 사용할 경우에는 일반 수요자로 하여금 그러한 품질을 가진 상품인 것으로 품질을 오인·혼동하게 할 우려가 있다(대법원 1998. 1. 23. 선고 97후457 판결).

② 이 사건 출원상표는 'CLINICALLY'와 'PROVEN'이 상하로 원형을 이루며 구성되어 있고 중앙의 리본형태의 검은색 바탕 내의 음각으로 'MILDNESS'라고 표기되어 있는바, 이 사건 출원상표 중 'MILDNESS'는 일반적으로 '부드러움, 가벼움, 온화함' 등의 뜻이 있어 건강 또는 어린이 등의 측면에서 볼 때 '병 등의 상태가 호전될 경우' 또는 '아동의 성격 등이 부드러워질 경우' 등에 사용되는 용어로 인식될 수 있고, 'CLINICALLY PROVEN'은 '임상적으로(객관적으로) 입증된(검증된)'의 뜻이 있어, 이 사건 출원상표의 전체적인 의미는 '임상적으로(객관적으로) 입증된(검증된) 부드러움'의 의미로 인식되므로, 이 사건 출원상표는 그 지정상품인 건강 및 육아에 관한 서적류 등과 관련해 볼 때 품질 및 효능표시 상표라고 볼 수 있고, 따라서 이 사건 출원상표를 임상적으로 연구검증된 사실만을 바탕으로 구성되지 않은 서적류 등에 사용할 경우 일반 수요자로 하여금 상품의 품질을 오인하게 할 염려가 있다(대법원 1998. 4. 24. 선고 97후1795 판결).

③ 이 사건 출원상표 'CARROT'은 '당근'이라는 의미로서 이 사건 출원상표를 그

지정상품인 '향수, 헤어무스, 방향제, 공기청향제' 등에 사용할 경우에는 일반 수요자들이 당근성분이 함유된 상품을 표시한 것이라고 직감할 수 있으므로 이 사건 출원상표는 지정상품의 성질을 보통으로 사용하는 방법으로 표시한 표장만으로 된 상표이며, 나아가 출원상표를 당근성분이 함유되지 아니한 지정상품에 사용할 경우에는 일반 수요자나 거래자로 하여금 그 지정상품이 당근성분이 함유된 상품인 것으로 그 지정상품의 품질을 오인하게 할 염려가 있는 상표에도 해당한다(대법원 1998. 8. 21. 선고 98후928 판결).

④ '진(Jeans)'이 아닌 다른 섬유로 만든 의류에 '진(Jeans)'이라는 출원상표를 사용할 경우, 통신판매에서 그 카탈로그에 의류가 어떤 소재의 섬유로 만들어졌는지가 반드시 표기되어 있다고 하더라도 거래통념상 일반 수요자들은 '진(Jeans)'으로 만든 의류로 그 품질을 오인할 가능성이 있다(대법원 2000. 10. 13. 선고 99후628 판결[91]).

⑤ '삼보곰탕'이라는 서비스표는 그 지정서비스업 중 '음식조리대행업', '음식조리지도업'과 관련하여 볼 때 '곰탕'이라는 부분에 의하여 그 지정서비스업이 '곰탕'만을 전문으로 하는 '조리대행업' 또는 '조리지도업'인 것으로 일반 수요자들에게 직감될 수 있다고 할 것이므로, 이 사건 서비스표를 '곰탕'이 아닌 다른 음식에 관하여 조리를 대행해 주거나 조리를 지도해 주는 서비스업에 사용할 경우에는 일반 수요자들은 '곰탕'과 관련이 있는 것으로 오인할 우려가 있다(대법원 2000. 12. 22. 선고 2000후1542 판결).

⑥ 등록상표 '일동'은 '막걸리'의 산지로서 일반 수요자 및 거래자에게 널리 알려져 있고, 청계산, 백운산 등 주변의 명산과 계곡, 온천 등이 있는 관광지인 경기 포천군 일동면으로 널리 알려져 있으므로, 위 등록상표를 경기 포천군 일동면 이외의 지역에서 생산되는 약주에 사용하는 경우 일반 수요자 또는 거래자는 일동면에서 생산되는 약주로 그 품질을 오인할 염려가 있는 상표에 해당한다(대법원 2003. 7. 11. 선고 2002후2464 판결).

⑦ 등록상표 '큰글성경'이 성경과 관련 있는 지정상품에 대하여는 품질이나 용도 등을 보통으로 사용하는 방법으로 표시한 표장만으로 된 상표에 해당하고, 성경과 관련 없는 지정상품에 대하여는 품질을 오인하게 할 염려가 있는 상표에 해당한다(대법

---

91) 대법원 1994. 3. 11. 선고 93후527 판결도 지정상품을 면을 원료로 하는 '의마사로 제조된 상품' 등으로 한정하고 라벨에 면 100%라고 표시하였다고 하더라도 '모시메리'라는 상표가 품질오인 상표인가의 판단에 영향을 미칠 수 없다고 하였다.

원 2004. 5. 13. 선고 2002후2006 판결).

⑧ 등록상표 "COLOR CON"은 지정상품 중 '유채색'의 콘크리트타일, 투수콘크리트, 투수콘크리트타일에 사용될 경우에는 상표법 6조 1항 3호의 기술적(記述的) 상표에 해당하고, 지정상품 중 '무채색'의 콘크리트타일, 투수콘크리트, 투수콘크리트타일 및 모르타르, 아스팔트, 아스팔트펠트, 아스팔트타일에 사용될 경우에는 상표법 7조 1항 11호의 품질오인 상표에 해당한다(대법원 2007. 6. 1. 선고 2007후555 판결).

⑨ "HIWOOD", "하이우드", "HIWOOD"와 같이 구성된 등록상표 또는 등록서비스표의 상표권자인 甲 주식회사가 乙 주식회사를 상대로 상표권 등 침해금지 및 손해배상 등을 구한 사안에서, 위 상표 또는 서비스표가 일반 수요자나 거래자들에게 '고급 목재, 좋은 목재' 등의 의미로 직감되므로, 그 지정상품 또는 지정서비스업 중 '목재'로 되어 있는 상품 또는 이러한 상품의 판매대행업, 판매알선업에 사용될 경우에는 지정상품 또는 지정서비스업의 품질·효능·용도 등을 보통으로 사용하는 방법으로 표시한 표장만으로 된 상표법 6조 1항 3호의 기술적 표장에 해당하고, '목재'로 되어 있지 아니한 상품 또는 이러한 상품의 판매대행업, 판매알선업에 사용될 경우에는 지정상품이 '목재'로 되어 있거나 지정서비스업이 그러한 상품의 판매대행업, 판매알선업인 것으로 수요자를 오인하게 할 염려가 있는 상표법 7조 1항 11호 전단의 품질오인표장에 해당한다(대법원 2012. 10. 18. 선고 2010다103000 전원합의체 판결).

⑩ 서적출판업, 온라인 전자서적 및 잡지출판업, 온라인 전자출판물제공업(읽기전용)을 지정서비스업으로 하는 출원서비스표 **헤밍웨이**는 일반 수요자들이 소설가 헤밍웨이와 관련된 문학작품을 출판하는 서적출판업 등으로 오인·혼동할 우려가 있어, 출원서비스표는 지정서비스업의 품질을 오인하게 할 염려가 있는 상표에 해당한다(특허법원 2007. 6. 7. 선고 2007허579 판결, 확정).

⑪ 출원상표 '**Musketeer**'가 지정상품 중 호밀에 관하여 사용되는 경우 구 상표법 7조 1항 11호의 품질오인 상표에 해당하는지 문제된 사안에서, 아직 국내에서 종자산업법상 정식으로 등록되지 아니한 품종명칭이지만, 국내 거래계에서 어느 정도 알려진 외국의 등록된 품종명칭으로서, 조만간 국내에서 널리 보급되어 판매될 가능성이 있고, 외국의 등록권자가 아닌 국내의 제3자에게 위 품종명칭과 동일 또는 유사한 상표의 등록을 허용하게 되면 일반 수요자나 거래자로 하여금 그 등록상표가 사용된 상품의 품질에 관하여 외국의 등록된 품종으로 오인할 수 있는 경우에는 비록 상표가 선출원된 경우라도 그 등록을 허용하지 아니함이 종자산업법상의 품종명칭의 본

래적 성질 및 보호에 합당하다고 할 것이다.[92] 출원상표의 지정상품 중 '호밀'은 그 품종이 제한되어 있지 아니하므로, 1980. 12. 4. 캐나다에 개발·등록된 호밀의 품종명 인 'Musketeer'와 동일한 출원상표가 캐나다에서 개발된 것이 아닌 일반호밀에 사용될 경우 일반 수요자나 거래자로 하여금 일반호밀을 캐나다에서 개발된 'Musketeer' 호밀 로 그 품질을 오인하게 할 염려가 있다(특허법원 2008. 9. 4. 선고 2008허2329 판결, 심리불 속행기각).

⑫ 출원서비스표인 ''(지정서비스업: 부동산정보제공업, 부동산감정평가업 등)는 일반 수요자에 의하여 한글 '한국부동산정보원'으로 분리하여 호칭, 관념될 수 있다 할 것인바, '한국…원'이라는 명칭은 '한국개발연구원', '한국과학기술연구원', '한국교 육과정평가원' 등과 같이 설립이나 업무에 있어서 정부와 직, 간접적으로 관련을 맺 고 있는 법인이나 공익적 성격의 연구기관의 명칭으로 사용되는 경우가 흔하고, 특히 출원서비스표의 출원 당시 그 지정서비스업인 부동산감정평가업과 부동산정보제공 업과 관련해서는 정부출자기관인 '한국감정원'과 국토해양부의 업무위탁기관인 한국 감정평가협회와 협력관계에 있는 공익적 성격의 연구기관인 '한국부동산연구원'이 활 동하고 있었으므로, 이 사건 출원서비스표는 그 지정서비스업 중 부동산감정평가업 과 부동산정보제공업에 사용되는 경우 일반 수요자로 하여금 그 지정서비스가 개인 에 의하여 제공되는 서비스가 아니라, 정부관련 법인이나 공익적 성격의 연구기관 에 의하여 제공되는 공신력이 있는 서비스로 오인하게 할 염려가 있다(특허법원 2008. 8. 14. 선고 2008허3445 판결, 확정).

2) 부정 사례

① 탈취제란 단어의 사전적 의미나 실제 거래계에서도 녹차와 숯의 탈취 혹은 방 습 기능이 어느 정도 인식되어 있어 보이는 사정에다가 앞서 본 이 사건 출원경과 등 에 비추어 본다면, 이 사건 출원상표()의 지정상품은 최종 보정에 의한 '녹차와 숯을 원재료로 한 냉장고용 탈취제'라고 확정하여야 할 것이므로, 이와 같은 지정상

---

92) 참고로, 종자산업법 소정의 품종보호의 대상이 된 품종을 상품으로서 거래하는 경우에 거래계에서는 그 상품에 관하여 등록된 품종명칭 외의 다른 명칭으로 그 상품을 지칭할 수 없고, 품종명칭으로 등록된 표장을 그 품종의 보통명칭으로 보지 않는다면, 누구든지 그 표장을 그 품종의 상표로 등록할 수 있게 되어, 등록상표와 품종명칭의 오인·혼동을 방지하려는 종자산업법 109조 9호의 취지에 위배되는 결과 를 가져오게 되므로, 종자산업법에 의하여 품종의 명칭으로 등록된 표장은 그 품종을 대상으로 하는 상 품에 대하여 상표법 6조 1항 1호의 보통명칭에 해당한다고 보는 것이 대법원 판례의 태도이다(대법원 2004. 9. 24. 선고 2003후1314 판결 참조).

품에 관하여 이 사건 출원상표를 사용한다한들 그것이 어떤 품질오인의 염려를 주는 것이라고는 할 수 없을 것이다(대법원 2007. 11. 16. 선고 2005후2267 판결).

② '陟州東海碑'라는 한자 5자를 고전자체(古篆字體)로 표기한 문자상표인 등록상표에 있어서, '척주동해비'란 표장이 문화재로 지정된 비석의 이름으로 널리 알려져 있다고 하더라도 위 표장이 도자기와 관련하여 품질을 표시하는 것이 아니므로 이 사건 등록상표의 사용으로 인하여 수요자들로 하여금 상품의 품질을 오인하게 할 염려가 있다고 할 수도 없다(대법원 2005. 10. 7. 선고 2004후1441 판결).

③ 컴퓨터 운영체제 프로그램의 보통명칭 내지 관용표장으로 널리 알려진 등록상표 "Linux"가 그 지정상품 중 '서적, 팸플릿, 학습지, 녹화된 테이프(음악이 아닌 것), 녹화된 콤팩트디스크(음악이 아닌 시디(CD)]'에 사용될 경우 그 상품의 내용이 그 프로그램에 관련된 것임을 암시할 가능성이 없는 것은 아니지만, 위 지정상품의 일반 수요자가 상표보다는 그 상품에 수록된 창작물의 내용이나 그 내용을 나타내는 제목에 중점을 두고 상품을 거래하는 점 등에 비추어 볼 때, 위 컴퓨터 운영체제 프로그램에 관한 내용이 위 지정상품에 수록될 수 있다는 사정만으로 일반 수요자가 등록상표를 보고 위 지정상품에 수록된 내용을 보통으로 사용하는 방법으로 표시한 것으로 인식한다고 보기 어려워, 등록상표가 상표법 6조 1항 3호의 상표에 해당한다고 볼 수 없고, 또 등록상표가 위 지정상품의 용도나 효용 등을 보통으로 사용하는 방법으로 표시한 표장만으로 된 상표에 해당하지 아니하는 이상, 등록상표의 사용으로 수요자들이 상품의 품질을 오인할 염려가 있다고 볼 수도 없어 등록상표가 상표법 7조 1항 11호의 상품의 품질을 오인하게 하거나 수요자를 기만할 염려가 있는 상표에 해당한다고 볼 수도 없다(대법원 2002. 12. 10. 선고 2000후3418 판결).

④ 등록상표 '𝑇𝑈𝑇𝑈'가 그 지정상품인 '된장, 간장' 등에 사용되었다고 하더라도, 일반 수요자가 지정상품들을 우유가 첨가된 제품으로 그 품질을 오인할 염려가 있다고 하기 어렵다(특허법원 2007. 9. 20. 선고 2007허5994 판결, 확정).

(나) 12호 후단

1) 인정사례

① 이 사건 등록상표들("UNION BAY" 또는 "유니온베이")에 대한 등록사정 당시 선사용상표("UNION BAY" 또는 "유니온베이" 구성된 상표)는 일반 수요자나 거래자간에 심판청구인의 상표로 널리 알려져 있다고 볼 수는 없더라도 적어도 그것이 사용된 의류 등에 관하여는 국내의 일반거래에 있어서 수요자나 거래자에게 심판청구인의

상표라고 인식될 수 있을 정도로는 알려져 있었다고 봄이 상당하다 할 것이고, 또한 이 사건 등록상표들은 선사용상표와 외관·호칭 및 관념에 있어서 동일 또는 유사하여 전체적으로 유사한 상표라고 할 것인데, 이 사건 등록상표들의 지정상품인 핸드백 등 가방류와 선사용상표들의 사용상품인 의류 등은 상품류 구분이 다르기는 하나 수요자가 공통된다고 보일 뿐만 아니라, 원심이 인정한 바와 같이 이 사건 등록상표들의 등록사정 당시 이미 거래사회에서는 의류, 가방, 신발 등을 한 기업에서 생산하거나 이들 제품을 한 점포에서 다같이 진열하여 판매하는 이른바 토탈패션화의 경향이 일반화한 상황이어서, 비록 선사용상표가 심판청구인의 상표라고 인식되게 된 상품인 의류 등과 이 사건 등록상표들의 지정상품인 가방류가 유사한 상품이라고 할 수는 없다고 하더라도 이 사건 등록상표들이 그 지정상품에 사용된다면 의류 등과 유사한 상품에 사용된 경우에 못지 않을 정도로 그것이 선사용상표권자에 의하여 사용되는 것이라고 오인될 소지가 있다고 보여지는 특별한 사정이 있는 경우라 할 것이므로, 이 사건 등록상표들은 선사용상표와 출처의 오인·혼동을 일으켜 수요자를 기만할 염려가 있다고 보아야 할 것이다(대법원 1999. 2. 26. 선고 97후3975, 3982 판결).[93]

② 선사용상표 "□ 마담뿌라"가 비록 저명성을 획득할 정도로 일반 수요자 사이에 널리 알려지지 못하였다고 할지라도 등록상표 "마담뿌라"의 등록결정 당시에 적어도 일반 수요자나 거래자에게 특정인의 상표로 인식될 수 있을 정도로는 알려졌다고 할 것이며, 한편 선사용상표를 사용한 상품은 '투피스, 원피스, 잠바, 조끼예복, 블라우스, 이브닝드레스, 레인코트, 반코트, 오버코트, 스커트, 슈우트, 앙상불(재킷 달린 원피스)' 등이고, 이 사건 등록상표의 지정상품은 '핸드백, 지갑, 패스포트케이스, 명합갑, 기저귀가방, 보스턴백, 포리백, 배낭, 오페라백'으로서 경제적으로 밀접한 견련관계를 가진 것이므로, 등록상표는 일반 수요자로 하여금 출처의 오인·혼동을 일으켜 수요자를 기만할 염려가 있는 상표로서 상표법 7조 1항 11호에 의하여 그 등록이 무효로 되어야 한다(대법원 2005. 8. 25. 선고 2003후2096 판결).

③ 등록상표 "KEVLAR"의 지정상품들은 대부분 보호용 특수장갑인 반면에

93) 대법원 1997. 3. 14. 선고 96후412 판결도 '여성용 의류'와 '핸드백'이 유사한 상품이라고 단정할 수는 없다고 하더라도 같은 상표를 사용하는 경우에는 유사한 상품에 사용된 경우에 못지않을 정도로 출처오인의 염려가 있어 본호에 해당한다고 하였다. 그 밖에 본호에 해당한다고 판단한 사례로 '의류'와 '단화'에 관한 대법원 1997. 8. 29. 선고 97후334 판결(CHASECULT), '여성용 의류'와 '이불, 요, 베게, 방석, 모포' 등에 관한 대법원 1997. 12. 12. 선고 97후1153 판결(JOINUS) 등이 있다.

선사용상표 "KEVLAR"의 사용상품은 그 원재료에 해당하는 아라미드섬유로서 양 상품이 동일하지는 않지만, 경제적 견련의 정도가 상당하므로, 등록상표가 그 지정상품에 사용되는 경우, 선사용상표의 사용상품과 동일·유사한 상품에 사용된 경우에 못지 아니할 정도로 그 출처의 오인·혼동을 초래할 염려가 있어, 상표법 제7조 제1항 제11호에 정한 수요자를 기만할 염려가 있는 상표에 해당한다(대법원 2006. 6. 9. 선고 2004후3348 판결).

④ 선사용상표 "A | S | K", "**ask**", "**ASK JEANS**"는 등록상표 "A S K"의 등록결정일 무렵 국내의 수요자나 거래자에게 최소한 특정인의 상표로 인식될 수 있을 정도로 알려져 있었다고 봄이 상당하고, 등록상표와 선사용상표들의 표장은 그 외관·호칭 및 관념이 동일 또는 유사하여 전체적으로 유사한 상표이며, 등록상표의 지정상품 중 '선글라스, 스포츠용 고글'은 선사용상표들의 사용상품인 의류와 상품류 구분이 다르기는 하나 등록상표가 위 지정상품들에 사용된다면 의류와 유사한 상품에 사용된 경우에 못지않을 정도로 그것이 선사용상표권자에 의하여 사용되는 것이라고 오인될 소지가 있으므로, 등록상표는 선사용상표들과 출처의 오인·혼동을 불러 일으켜 수요자를 기만할 염려가 있다고 보아야 한다(대법원 2010. 1. 28. 선고 2009후3268 판결).

⑤ 등록상표(' coffee bean cantabile ')가 상표법 7조 1항 11호의 '수요자를 기만할 염려가 있는 상표'에 해당하는지를 판단할 때에는 선사용서비스표 1 "🌀"과 선사용서비스표 2 "🌀 *The Coffee Bean,*"의 구성 중 등록상표의 등록결정시에 식별력을 취득한 'coffee bean' 부분을 그 사용서비스업인 '커피전문점경영업, 커피전문점체인업'에 관하여 요부로 보아 상표의 유사 여부를 살피고 등록상표가 수요자를 기만할 염려가 있는 상표에 해당하는지를 판단할 수 있음에도, 선사용서비스표들을 따로 살피지 아니하였고 선사용상표들의 구성 중 'Coffee Bean' 부분이 등록상표의 등록결정시가 아니라 선사용상표들의 등록결정시에 식별력이 있던 부분이 아니어서 상표의 유사 판단에서 요부로 될 수 없다는 이유로 등록상표가 위 규정의 '수요자를 기만할 염려가 있는 상표'에 해당하지 않는다고 본 원심판결에 심리미진 또는 법리오해의 위법이 있다(대법원 2013. 3. 28. 선고 2011후835 판결).

⑥ 이 사건 그룹가수의 명칭과 같은 구성의 선사용상표 1('소녀시대') 및 선사용서비스표('소녀시대')는 피고의 '음반, 음원' 등의 사용상품 및 '가수공연업, 음악공연업, 방송출연업, 광고모델업' 등의 사용서비스업에 대하여 관계거래자 이외에 일반공중의 대부분에까지 널리 알려지게 됨으로써 저명성을 획득하였다고 보아야 하고, 사정이

이러한 이상 그와 유사한 이 사건 등록상표서비스표가 위 사용상품·서비스업과 다른 '면제 코트' 등의 지정상품이나 '화장서비스업' 등의 지정서비스업에 사용되더라도 그러한 상품이나 서비스업이 피고나 그와 특수한 관계에 있는 자에 의하여 생산·판매되거나 제공되는 것으로 인식됨으로써 그 상품·서비스업의 출처를 오인·혼동하게 하여 수요자를 기만할 염려가 있다고 할 것이다(대법원 2015. 10. 15. 선고 2013후1207 판결).[94]

⑦ 출원상표인 '**마데카솔비누**'는 특정인의 상표라고 인식될 수 있을 정도로 알려진 선사용상표 '**마데카솔**'과 표장이 유사하고, 그 지정상품인 약용비누, 미용비누와 선사용상표의 사용상품인 상처치료용 연고제가 경제적으로 밀접한 견련성이 있어서 구 상표법 7조 1항 11호의 수요자를 기만할 염려가 있는 상표에 해당한다(특허법원 2008. 10. 30. 선고 2008허11002 판결, 확정).

⑧ '아이스크림'은 '우유'와 경제적인 견련의 정도가 매우 밀접하다(특허법원 2006. 5. 4. 선고 2005허9947 판결, 상고기각).[95]

⑨ '액자' 등과 '미술관경영업' 등 간에는 경제적인 견련의 정도가 매우 밀접하다(특허법원 2006. 12. 21. 선고 2006허1599 판결, 심리불속행기각).[96]

⑩ 영문자 'Choco Pie'와 도형으로 구성된 상표 중 'Choco Pie' 부분은 '초콜릿이 함유된 파이'의 보통명칭에 해당되므로, 이 사건 상표를 초코파이가 아닌 '건과자, 비스킷, 비의료용 추잉껌, 캔디, 아이스크림, 식빵' 등의 지정상품에 사용할 경우에는 '초코파이' 또는 이와 관련 있는 제품으로 상품의 품질을 오인하게 하거나 수요자를 기만할 염려가 있다(특허법원 2000. 10. 27. 선고 2000허5131 판결, 확정).

---

94) 이종(異種)의 상품에도 상표법 34조 1항 12호가 적용됨을 인정한 사례이다.

95) 판결요지: 등록상표의 지정상품인 '아이스크림'은 상품류 구분 제30류에 속하고 선사용상표의 사용상품인 '우유'는 상품류 구분 제29류에 속하여 상품류 구분이 서로 다른 상품이기는 하나, 아이스크림은 그 제법이 우유 또는 유제품에 당류, 향료 및 그 밖의 부재료를 혼합하여 균질화, 살균, 냉각, 숙성하고 휘저어서 얼린 빙과로서 주요 원재료가 우유이어서 일반 수요자로서는 우유를 생산하는 업자가 아이스크림도 생산할 수 있다고 생각하기 쉽고 실제로도 그런 경우가 있는 점, 우유나 아이스크림은 수요자의 상당 부분이 일치하고, 슈퍼마켓이나 잡화소매점 등 같은 점포에서 진열되어 판매되는 등 수요자와 판매점포가 공통되는 점 등을 고려할 때, 양 상품간에는 경제적인 견련의 정도가 매우 밀접하다.

96) 판결요지: 출원상표의 지정상품 중 '액자' 등과 선사용서비스표의 사용서비스업 중 '미술관경영업' 등 간에는 경제적인 견련의 정도가 매우 밀접하므로, 이 사건 출원상표가 '액자' 등에 사용된다면 그것이 선사용서비스표권자에 의하여 사용되는 것이라고 오인될 소지가 충분히 있다고 보이는 특별한 사정이 있는 경우에 해당한다.

2) 부정사례

① 지정상품을 자켓, 코트 등으로 하고 "**BCBGENERATION**"과 같이 구성된 이 사건 등록상표는 일반수요자나 거래자에게 쉽게 이해되는 'GENERATION'이 'BCB'와 띄어쓰기 없이 결합되어 있는 조어로서 그중 'BCBG' 부분이 특별한 관념을 형성하거나 다른 부분에 비해 그 구성이 특이한 것도 아니어서, 이 사건 등록상표의 구성이나 발음이 길고, 또 사용상품을 여성의류로 하며 "BCBG"와 같이 구성된 선사용상표가 특정인의 상표라고 인식될 수 있을 정도로 알려져 있다는 사정만으로 이 사건 등록상표가 양 상표에 공통된 'BCBG' 부분만으로 분리 인식된다고 단정할 수 없고, 따라서 일반 수요자나 거래자가 이 사건 등록상표를 'BCBG' 부분만으로 간략하게 호칭하거나 관념하지는 아니한다고 봄이 상당하다. 그렇다면 이 사건 등록상표는 전체로서 '비씨비제너레이션'과 같이 호칭된다고 할 것이므로 '비씨비지'로 호칭될 선사용상표와 호칭이 다르고, 외관에서도 현저하게 상이하며, 관념에 있어서는 양 상표 모두 조어이어서 서로 대비할 수 없어, 전체적으로 볼 때 일반 수요자나 거래자로 하여금 상품 출처의 오인·혼동을 일으킬 염려가 있다고 보기 어렵다. … 앞서 본 바와 같이 이 사건 등록상표와 선사용상표가 유사하지 아니하고, 또한 이 사건 등록상표가 선사용상표의 권리자에 의하여 사용되고 있다고 오인될 만한 특별한 사정이 있다고 보이지도 않으므로, 이 사건 등록상표는 선사용상표와 상품 출처의 오인·혼동을 일으켜 수요자를 기만할 염려가 있는 상표에 해당한다고 할 수 없다(대법원 2011. 7. 14. 선고 2010후2322 판결).

② 출원서비스표 ''의 한글 부분의 요부는 '서울시립국악관현악단'이 아니라 '세종문화회관 서울시국악관현악단'이어서 단어의 뜻만으로 곧 서울특별시에서 설립·운영하는 국악관현악단이라고 인식된다고 단정하기 어렵고 오히려 '세종문화회관에서 운영하는 서울에 있는 국악관현악단'이라고 인식될 수 있는 한편, 재단법인 세종문화회관이 서울특별시와 매우 밀접한 관련을 가지고 있어 위 출원서비스표를 등록하여 사용함에 따라 일반 수요자들이 세종문화회관이 운영하는 관현악단이나 국악관현악단이 서울특별시와 밀접한 관련이 있다거나 혹은 서울특별시에서 운영에 어느 정도 관여하는 것으로 이해한다고 하더라도 이를 가리켜 수요자를 기만하는 것이라고 할 수 없다(대법원 2005. 5. 12. 선고 2003후1192 판결).

③ 명칭을 '눈높이'로 하는 등록상표의 지정상품인 '칠판, 자기칠판, 필판' 등은 그 속에 특정한 내용이 들어 있는 것이 아니라 교육장소에서 그림을 그리거나 글씨를

쓸 수 있도록 만든 교구재임에 반하여, '눈높이'를 주요 부분으로 하는 비교대상상표
들의 사용상품인 '학습지'는 그 속에 이미 특정한 내용이 들어 있어서 그 자체로서 학
습 또는 교육의 목적으로 사용되는 물건이므로 그 용도에 있어서도 상이하며, 또한
등록상표의 지정상품은 교구제조업체가 생산하여 문구점에서 진열·판매하거나 학
교, 학원 등에 직접 공급하는 반면, 학습지는 학습지 제조업체가 생산하여 서점에서
진열·판매하거나 가정으로 배달하는 것이므로 그 생산·판매 부문도 상이하며, 등록
상표의 수요자는 학교, 학원, 사무실 등 교육기관인 데 비하여, 학습지의 수요자는 주
로 유아나 초·중등생으로서 수요자가 다르고, 유아나 초·중등생의 학습을 위하여
학습지와 더불어 칠판, 분필, 칠판지우개 등 등록상표의 지정상품들도 함께 사용될
수 있으나, 이는 학습의 필요에 의한 것일 뿐 상품 그 자체의 특성과는 관련이 적고,
나아가 학습지를 판매하는 업체에서 등록상표의 지정상품들을 함께 제조하여 판매하
고 있는 사실을 인정할 만한 증거도 없으므로(즉 경제적 견련관계가 없으므로), 등록상
표를 그 지정상품에 대하여 사용하더라도 비교대상상표들과 관련하여 상품출처의 오
인·혼동을 일으켜 수요자를 기만할 염려가 없다(대법원 2004. 7. 9. 선고 2002후2563 판
결).

④ 이 사건 선사용상표들 'Butterfly', 'Butterfly', 'Butterfly'의 주된 사용상품인 탁
구용품은 이 사건 등록상표 '🦋'의 지정상품인 가방류나 지갑류와 경제적 견련관계
조차 미약하고, 스포츠용 가방과 관련하여서는 이 사건 선사용상표들이 국내 수요자
에게 그다지 알려져 있었다고 보기 어려우며, 이 사건 등록상표와 이 사건 선사용상
표들이 유사한 정도 또한 높다고 할 수 없는 사정에 비추어 보면, 비록 이 사건 등록
상표의 등록결정일 무렵 스포츠용품업체가 스포츠용구뿐만 아니라 스포츠용 가방 등
을 함께 생산·판매하는 등 사업을 다각화하는 추세에 있었고, 이 사건 등록상표가
그 문자 부분 중 'Butterfly' 부분만으로 약칭되거나 관념될 가능성이 있는 점을 고려하
더라도, 이 사건 등록상표가 그 지정상품인 가방류나 지갑류에 사용될 경우 탁구용품
과 동일·유사한 상품에 사용된 경우에 못지않을 정도로 이 사건 선사용상표들의 권
리자에 의하여 사용되고 있다고 오인될 만한 특별한 사정이 있다고 하기는 어려우므
로, 이 사건 등록상표는 이 사건 선사용상표들과의 관계에서 구 상표법 7조 1항 11호
의 수요자 기만 상표에 해당한다고 할 수 없다(대법원 2017. 1. 12. 선고 2014후1921 판결).

⑤ 등록상표 'EXR'과 선사용상표 '이엑스알', 'E·X·R', 'ΞXR' 등은 표장이 유
사한 상표이고, 한편 그 지정상품 중 '스포츠용 고글, 선글라스'는 '스포츠용 의류, 신

발(스키화)' 등과 경제적인 견련의 정도가 밀접하여 구 상표법 7조 1항 11호에 해당하고, '보통안경, 안경테' 등은 '의류, 장갑, 가방, 신발' 등과는 그 원료, 용도, 생산자 및 판매자, 수요자 등을 달리하므로 서로 경제적인 견련관계가 있다고 할 수 없어 구 상표법 7조 1항 11호에 해당하지 아니한다(특허법원 2007. 7. 5. 선고 2006허5027 판결, 상고취하).

⑥ '화장품류'와 '시계류, 귀금속제 보석류 및 장신구류' 사이에는 수요자 기만상표에 해당할 정도의 경제적 견련관계가 없다(특허법원 2006. 3. 29. 선고 2005허9145 판결, 확정).[97]

파. 제13호

> 국내 또는 외국의 수요자들에게 특정인의 상품을 표시하는 것이라고 인식되어 있는 상표(지리적 표시는 제외한다)와 동일·유사한 상표로서 부당한 이익을 얻으려 하거나 그 특정인에게 손해를 입히려고 하는 등 부정한 목적으로 사용하는 상표

(1) 의   의

13호는 상품교역의 국제화 추세에 따라 국내외 주지·저명상표의 부정이용을 금지하려는 국제적인 움직임에 맞추어 1997. 8. 22. 법률 제5355호로 개정된 상표법[98]에서 신설되어 현행 상표법으로 이어진 것이다. 당초 본호는 국내 또는 외국의 수요자 간에 특정인의 상표라고 '현저하게' 인식되어 있는 이른바 주지상표가 국내에서 등록되어 있지 않음을 기화로 제3자가 이를 모방한 상표를 등록하여 사용함으로써 주지상표에 화체된 영업상의 신용이나 고객흡인력 등의 무형의 가치에 손상을 입히거나 주지상표 권리자의 국내 영업을 방해하는 등의 방법으로 주지상표 권리자에게 손해를 가하거나 이러한 모방상표를 이용하여 부당한 이익을 얻을 목적으로 사용하는 상표의 등록을 허용하지 아니한다[99]는 취지로 입법되었다.

---

97) 판결요지: 오늘날 코디네이션 개념의 확산이나 토탈 패션화 경향을 감안하더라도, '화장품류'와 '시계류, 귀금속제 보석류 및 장신구류'는 서로 원료·품질·형상, 용도, 생산·판매경로 및 수요자의 범위가 상당 부분 서로 달라 전체적으로 경제적 견련관계가 있다고 볼 수 없으므로, 시계류 등을 지정상품으로 한 이 사건 등록상표는 구 상표법 7조 1항 11호 소정의 수요자기만상표에 해당하지 아니한다.

98) 개정 상표법 부칙 1조, 3조에 의해 그 시행일(1998. 3. 1.부터 시행) 전에 출원된 상표에 대하여는 13호가 적용되지 아니한다.

99) 대법원 2014. 1. 23. 선고 2013후1986 판결, 2011. 7. 14. 선고 2010후2322 판결, 2010. 7. 15. 선고 2010

그런데 2007. 1. 3. 법률 제8190호로 개정된 상표법(시행일 2007. 7. 1.)은 본호의 규정 중 '현저하게 인식되어'라는 부분을 단순히 '인식되어'로 변경하여,[100] 모방의 대상이 되는 상표(이하 '모방대상상표')의 인식도의 정도를 과거 '주지상표'에서 상당 부분 완화하였는데, 이는 모방상표의 등록을 보다 폭 넓게 배제하고자 하는 데 그 취지가 있다.

13호에 해당하는 상표인지의 판단기준시는 출원시이며(상표 34조 2항 단서), 모방대상상표의 타인성 여부의 판단기준시는 등록 여부 결정시이다(상표 34조 2항 본문).

(2) 적용범위

13호는 국내는 물론 국외에서만 특정인의 상품을 표시하는 것이라고 인식되어 있는 상표도 그 대상으로 하므로 외국의 특정 국가에서만 특정인의 상품을 표시하는 것이라고 인식되어 있는 상표도 보호 대상이 될 수 있으며,[101] 부정한 목적이 있기만 하면 되고, 출처 오인·혼동의 염려는 적용요건이 아니므로 출처 오인·혼동의 염려가 있는 경우는 물론이고 단순한 무임승차(Free ride)의 경우도 이에 해당한다. 희석화의 경우도 13호에 해당한다고 보는 견해도 있으나, 13호의 '부정한 목적' 여부에 대하여 대법원 판례의 판단기준이 정립되어 있고, '희석화'는 저명상표임을 전제로 하는 것으로 그에 대해서는 11호에서 별도의 기준에 따라 규율하므로, 13호가 '희석화'까지 규율하는 규정이라고 보기는 어렵다.[102]

(3) 적용요건

(가) 모방대상상표가 특정인의 상표로 알려져 있을 것
모방대상상표가 수요자들에게 특정인의 상품을 표시하는 것이라고 인식되어 있

후807 판결, 2005. 4. 14. 선고 2004후3379 판결 등.

100) 부칙 11조는, 2007. 7. 1. 전에 한 상표등록출원 또는 지정상품 추가등록출원에 대한 심사 및 거절결정에 대한 심판·재심 및 소송과, 2007. 7. 1. 전에 한 출원에 따라 등록되었거나 등록되는 상표의 심판·재심 및 소송에 대하여는 7조 1항 12호 및 12의2호의 개정규정을 적용하지 아니한다고 규정하였는데, 이는 출원 당시의 법 규정이 적용된다는 당연한 내용을 규정한 것에 불과하다. 실무상으로는 무효 여부가 문제되는 등록상표의 출원일을 확인하여 적용되는 규정의 내용을 명확히 할 필요가 있다.

101) 다만 본호에서 국외에 특정인의 상품을 표시하는 것이라고 인식되어 있는 상표란 '특정 국가에서만 특정인의 상품을 표시하는 것이라고 인식되어 있는 상표가 아니라 세계 여러 나라에서 특정인의 상품을 표시하는 것이라고 인식되어 있는 상표를 말한다'고 보는 견해도 있으나, 그렇게 해석할 근거는 없다.

102) 상표법주해 I(주 37), 357.

어야 하는데, 이는 인식도가 주지성보다 낮은 정도의 것으로 보아야 할 것이다.

모방대상상표가 특정인의 상표로 알려졌는지는 그 상표의 사용기간, 방법, 태양 및 이용범위 등과 거래실정 또는 사회통념상 객관적으로 상당한 정도로 알려졌는지 등을 기준으로 판단하여야 하며,103) 그 판단기준시는 출원상표 또는 등록상표의 출원시이다.

다만 대법원은 특정인의 상품을 표시하는 것으로 인식되었는지의 판단기준에 대해서 34조 1항 12호 후단의 경우와 같은 법리를 설시하면서도 실제 판단에서는 12호 후단보다 다소 완화된 기준을 적용하는 경향이 있다. 즉, 대법원은 본호에서 '특정인의 상품을 표시하는 것이라고 인식'되어 있는지는 그 자체의 인식도뿐만 아니라 출원인이 타인의 상표라는 것을 인식하고 있었는지와 타인의 상표의 신용에 편승하려고 하는 부정한 기대이익(부정한 목적)이 있었는지도 고려하여 판단하는 것으로 볼 여지가 있다.104)

(나) 동일 또는 유사한 상표

13호와 관련하여 모방대상상표와 등록상표 사이의 상표의 동일·유사는 적용요건인 반면, 상품의 동일·유사는 적용요건이 아니다. 즉, 13호는 상품출처의 오인이나 혼동을 적용요건으로 하지 않으므로 특정인의 상표, 즉 모방대상상표의 지정상품 또는 사용상품과 출원상표 또는 등록상표의 지정상품의 동일·유사성은 13호에 해당하기 위한 요건이라고 할 수는 없으나, 상품이나 서비스가 서로 동일·유사하거나 밀접한 경제적 견련관계에 있어 출처의 오인이나 혼동의 염려가 높은 경우에는 13호에 해당하기 위한 중요한 요건인 '부정한 목적의 존재'를 추정하는 데 유력한 자료가 될 수 있다. 따라서 출원상표 또는 등록상표의 지정상품이 모방대상상표의 사용상품과 유사하지 않고 경제적 견련관계가 없더라도 본호에 해당할 수 있다. 한편 출원상표 또는 등록상표의 지정상품을 모방대상상표의 사용상품과 경제적 견련관계가 있는 것과 그렇지 않은 것으로 나눈 다음, 이들 사이에 '부정한 목적' 여부에 대한 판단을 다르게 한 나머지 본호 해당 여부에 대한 결론을 다르게 도출해서는 안 될 것이다.105)

---

103) 대법원 2014. 2. 13. 선고 2013후2460 판결, 2013. 5. 9. 선고 2011후3896 판결, 2012. 6. 28. 선고 2012후672 판결, 2005. 4. 14. 선고 2004후3379 판결 등.

104) 정태호, "상표법 제7조 제1항 제12호에서의 '외국'에서 특정인의 상품출처로서 인식될 정도의 판단에 관한 고찰 - 대법원 판례의 해석을 중심으로", 법학논총 22집 2호, 조선대학교 법학연구소(2015), 130~131 참조.

105) 상표법주해 I(주 37), 755. 대법원 2014. 1. 23. 선고 2013후1986 판결.

특허법원 실무도 등록상표의 지정상품과 선사용상표의 사용상품의 동일·유사 내지 경제적 견련관계 유무는 선사용상표의 알려진 정도, 등록상표와 선사용상표의 동일성의 정도, 선사용상표의 창작성 및 등록상표의 사용 여부 등과 함께 상표법 34조 1항 13호의 '부정한 목적'의 존재를 인정하기 위한 하나의 자료에 불과한 것으로 취급한다.

(다) 부정한 목적

본호에 해당하기 위해서는 "부당한 이익을 얻으려 하거나 그 특정인에게 손해를 입히려고 하는 등 부정한 목적으로 사용하는 상표"일 것을 요한다. 부정한 목적이 있는지는 "특정인의 상표의 인식도 또는 창작성의 정도, 특정인의 상표와 출원인의 상표의 동일·유사성의 정도, 출원인과 특정인 사이에 상표를 둘러싼 교섭의 유무, 교섭의 내용, 기타 양 당사자의 관계, 출원인이 출원상표를 이용한 사업을 구체적으로 준비하였는지 여부, 출원상표와 특정인의 상표의 지정상품의 동일·유사성 내지는 경제적 견련관계 유무, 거래실정 등을 종합적으로 고려하여 판단하여야 한다.[106] 부정한 목적 존부의 판단기준시 역시 출원시이다.[107]

13호의 '부정한 목적'에 관한 전형적 사례로는 외국에서 어느 정도 알려진 타인의 상표가 국내에서는 잘 알려져 있지 아니하고 우리나라에 아직 등록되어 있지 아니함을 기화로 이를 선등록한 후 고액으로 되팔기 위하여 출원하는 경우, 국내대리점계약을 강제할 목적으로 또는 외국권리자의 국내시장진입을 저지하기 위하여 등록하여 두려는 경우, 거래상 신의칙에 반하는 목적으로 출원하는 경우 등이다.

(라) 출원인이 변경된 경우

상표의 출원인의 지위를 양도함으로써 출원인이 변경된 경우 부정한 목적을 양도인을 기준으로 판단해야 하는지 양수인을 기준으로 판단해야 하는지가 문제가 된다. 이에 관하여 특허법원은 최초 출원인이 부정한 목적이 있었다고 보는 이상 이 사건 등록상표에 대한 출원인의 지위를 양수한 자에게도 그 하자가 승계되어 이 사건 등록상표의 출원 당시 부정한 목적이 있었다고 보아야 한다고 판시한 사례가 있다(특허법원 2017. 6. 2. 선고 2016허5385 판결, 심리불속행기각).[108]

---

106) 대법원 2013. 5. 9. 선고 2011후3896 판결, 2012. 6. 28. 선고 2012후672 판결, 2011. 7. 14. 선고 2010후2322 판결, 2010. 7. 15. 선고 2010후807 판결 등.
107) 대법원 2013. 5. 9. 선고 2011후3896 판결, 2012. 6. 28. 선고 2012후672 판결.
108) 한편, 부정한 목적에 관하여 양수인을 기준으로 판단하면서도, 출원인과 양수인 사이의 관계 및 지위

(마) 모방대상상표의 실제 사용 등이 필수요건에 해당하는지 여부

등록상표의 출원일 당시에 모방대상상표가 실제 상표로 사용되고 있지 아니하거나 모방대상상표의 권리자가 이를 상표로 계속 사용하려고 하는 의사가 명백하지 아니하다고 하여 곧바로 상표법 34조 1항 13호의 적용이 배제되는 것은 아니다. 즉, 등록상표의 출원일 당시에 모방대상상표가 실제 상표로 사용되고 있지 아니하거나 모방대상상표의 권리자가 이를 상표로 계속 사용하려고 하는 의사가 명백하지 아니한 경우에도, 모방대상상표가 과거의 사용실적 등으로 인하여 여전히 국내 또는 외국의 수요자 사이에 특정인의 상표로 인식되어 있고, 등록상표의 출원인이 모방대상상표에 체화된 영업상 신용 등에 편승하여 부당한 이익을 얻으려 하거나, 모방대상상표의 가치에 손상을 주거나 모방대상상표의 권리자가 이후 다시 위 상표를 사용하려고 하는 것을 방해하는 등의 방법으로 모방대상상표의 권리자에게 손해를 끼치려는 목적을 가지고 모방대상상표와 동일·유사한 상표를 사용하는 경우에는 위 규정에 해당한다고 할 수 있고, 모방대상상표가 상표로 사용되고 있는지 여부, 모방대상상표의 권리자가 이를 상표로 계속 사용하려고 하는 의사가 있는지 여부는 모방대상상표가 특정인의 상표로 인식되어 있는지 여부와 등록상표출원인의 부정한 목적 여부 등 위 규정에서 정한 요건의 충족 여부를 판단하기 위한 고려요소 중 하나가 되는 것에 불과하다.[109)]

(4) 판단사례

(가) 2007년 개정 전 구 상표법 7조 1항 12호의 '현저하게 인식되어 있는 상표'에 관한 판단사례

1) 긍정사례

① 피고보조참가인은 1989. 7.경 영국에서 다이옥신이 없는 여성용 위생용품과 환경친화적인 아기용품을 개발·생산하기 위하여 설립되고, 이 사건 선사용상표('natracare')는 그 무렵부터 생리대 등 여성용 위생용품에 사용되어 위 위생용품이 이 사건 출원상표('natracaro')의 출원 당시인 2004.에는 한국을 비롯한 36개국에서 판매되고 있는 점, 이 사건 선사용상표가 부착된 여성용 위생용품은 2001년부터 2003년까

등 구체적인 사실관계를 고려하여 승계를 인정한 사례도 있다(특허법원 2017. 3. 24. 선고 2015허5845 판결, 특허법원 2016. 5. 27. 선고 2015허7506 판결, 각 심리불속행기각).
109) 대법원 2013. 5. 9. 선고 2011후3896 판결.

지 영국에서 총 1,057,754팩이 판매되고, 북미(캐나다, 미국)에서 총 4,640,632팩이 판매되었으며 아이슬란드에서는 총 194,024팩이 판매되고, 2002년 발행된 '자연식품 머천다이저'라는 잡지에는 미국에서 가장 잘 팔리는 상위 40개 상품 중 하나로 선정되기도 한 점, 미국에서 이 사건 선사용상표가 부착된 제품이 전체 위생제품 시장의 1%를 차지하고 있고 아이슬란드에서는 이 사건 선사용상표가 부착된 제품이 세 번째로 인기있는 위생용품이며 이 사건 선사용상표가 부착된 여성용 위생용품은 슈퍼마켓에서 판매되고 있기는 하지만 주로 친환경제품전문점에서 판매되고 있다는 내용이 신문기사에 게재되어 있는 점을 알 수 있는바, 피고보조참가인이 전 세계에 걸친 판매망을 15년간에 걸쳐 유지하고 확대하면서 이 사건 선사용상표를 사용한 상품을 대량으로 판매하여 온 실정에 비추어 보면, 이 사건 선사용상표가 부착된 여성용 위생용품의 생산량과 매출액 등의 사용실적이 구체적으로 특정되지 않았다고 하더라도 이 사건 선사용상표가 외국의 수요자 간에 널리 인식시킬 수 있을 정도의 생산량과 매출액임을 추정하기에 어렵지 않다. 그리고 원심에서 이 사건 선사용상표가 부착된 위생용품의 판매국가, 판매량이 상당하다는 취지의 자료가 이미 제출되어 있는 이상, 이 사건 출원상표의 출원일 당시의 이 사건 선사용상표를 사용한 여성용 위생용품에 관한 광고의 정도와 광고비 지출액에 대한 구체적인 내용을 확인할 자료가 없다고 하여 가볍게 배척할 것이 아니다. 결국, 원심이 이 사건 선사용상표가 이 사건 출원상표의 출원 당시 외국의 수요자 간에 특정인의 상표로 현저하게 인식되어 있지 않다고 판단한 것에는 구 상표법 7조 1항 12호 소정의 '특정인의 상표라고 현저하게 인식되어 있는 상표'의 판단에 관한 법리오해 및 심리미진으로 판결에 영향을 미친 위법이 있다(대법원 2008. 9. 25. 선고 2008후1586 판결).

② 이 사건 선사용서비스표('BELLAGIO')를 미국 네바다주 라스베가스의 중심가인 스트립가에 "BELLAGIO" 호텔을 설립할 때인 1998년경부터 사용한 점, 위 라스베가스는 연간 관광객 4,000만 명이 다녀가는 카지노의 도시로 알려져 있는데 이 사건 선사용서비스표를 사용하는 위 호텔은 이 사건 등록서비스표('**BELLAGIO**')의 출원일(2005. 3. 14.) 당시 512개의 스위트를 포함하여 3,933개의 객실을 구비한 최고급 카지노 및 휴양호텔이며 미국자동차협회(AAA)가 부여하는 "AAA Five Diamond Award"를 라스베가스에서 최초로 획득한 점, 이 사건 선사용서비스표는 2000. 10. 4.과 2004. 1. 28. 미국의 네바다주 연방지방법원으로부터 '유명한 서비스표(famous mark)'로 인정받고 그와 같은 상태가 이 사건 등록서비스표의 출원일 전·후까지 계속 유지되고 있었

던 점 등을 알 수 있다. 이 사건은 이 사건 선사용서비스표가 이 사건 등록서비스표의 출원일 당시 미국의 일반 수요자 또는 거래자들 사이에 특정인의 서비스업을 표시하는 것이라고 현저하게 인식되어 있었는지 여부가 쟁점인데, 미국 법원은 이 사건 선사용서비스표가 적어도 2000년부터는 유명한 표장이라고 인정하고 있고 이는 미국의 일반 수요자나 거래자들의 인식을 가장 객관적으로 반영하고 있다고 판단되며 이 사건에서 미국 법원의 위와 같은 판단과 반대되거나 그와 같은 판단을 그대로 채용하기 어렵다고 인정할 증거가 제출되어 있는 것도 아니므로 이 사건 선사용서비스표가 사용된 서비스업의 매출액, 광고비 지출액 등의 사용실적에 대한 구체적인 내용을 확인할 자료가 부족하다고 하여 미국 법원의 위와 같은 판단을 가볍게 배척할 것이 아니다. 결국, 원심이 이 사건 선사용서비스표가 이 사건 등록서비스표의 출원 당시 미국의 수요자간에 특정인의 상표로 현저하게 인식되어 있지 않다고 판단한 데에는 구 상표법 7조 1항 12호 소정의 '특정인의 상표라고 현저하게 인식되어 있는 상표'의 판단에 관한 법리오해 및 심리미진으로 판결에 영향을 미친 위법이 있다(대법원 2008. 11. 27. 선고 2008후3124 판결).[110]

③ 피고는 1977년경 이탈리아 디자이너 Anna Molinari 등에 의하여 설립되어 그 때부터 'BLUMARINE'이라는 상표로 이탈리아 및 세계 여러 나라에 여성 의류 등을 제조·판매하여 왔고, 1995년경에는 위 'BLUMARINE' 제품의 성공에 힘입어 20대 여성을 주된 소비층으로 삼아 위 'BLUMARINE' 제품의 가격대를 낮춘 이른바 세컨드 브랜드 (second brand)인 이 사건 선사용상표들 **"BLUGIRL"**, " " 제품을 출시하기 시작하였으며, 그때부터 현재에 이르기까지 이탈리아를 비롯한 세계 여러 나라의 매장 및 인터넷 쇼핑몰 등을 통하여 'BLUMARINE', 'Anna Molinari' 및 이 사건 선사용상표들을 사용하여 의류, 신발, 가방 등의 패션제품을 제조·판매하여 오고 있는 사실, 2003년경 이탈리아에서 이 사건 선사용상표들 제품 및 위 'BLUMARINE' 제품 등을 함께 판매하는 매장은 약 286개에 이르고, 이 사건 선사용상표들 제품의 이탈리아 내 연간 매출액은 도매가로 2002년에는 14,309,811유로(약 169억 원)인 것을 비롯하여 1997년부터 2003년까지 7년간 합계 41,751,733유로(약 570억 원)에 이르는 사실, 이 사건 선사용상표들 제품은 1999년부터 2002년까지 패션잡지인 Vogue, Bazaar, Elle, Allure, Glamour, Marie

---

110) 선사용서비스표 'MIRAGE'와 등록상표 '미라지'에 관한 대법원 2009. 2. 12. 선고 2008후4448 판결도 같은 취지이다.

Claire, Grazia 등의 이탈리아판에 지속적으로 광고되었고, 2002. 9. 경에는 이탈리아 밀라노 패션쇼에 초대받은 사실, 이 사건 선사용상표들 중 '**BLUGIRL**'은 1995년경부터 세계 50여 개 국가에 상표등록된 사실 등을 알 수 있다. 위와 같은 사정에 비추어 보면, 이 사건 선사용상표들은 이탈리아 내에서 7년 이상 피고의 주된 브랜드인 'BLUMARINE' 제품과 관련되어 함께 판매되는 등 위 'BLUMARINE' 제품의 주지성에 힘입어 보다 용이하게 이탈리아의 수요자에게 인식될 수 있었던 것으로 보이고, 여기에 이 사건 선사용상표들 제품을 판매하는 이탈리아 내 매장 수, 그 이탈리아 내의 도매가 매출액, 광고 정도 및 방법 등을 더하여 보면, 이 사건 선사용상표들은 이 사건 등록상표 "BLUGIRL"의 출원 시인 2003. 3. 19. 경 이탈리아의 수요자 간에 특정인의 상품을 표시하는 것이라고 현저하게 인식되어 있었다고 볼 여지가 충분하다(대법원 2011. 8. 18. 선고 2011후743 판결).

④ 선사용상표('**Kitson**')는 2000년경부터 미국의 대표적인 쇼핑 중심지인 캘리포니아 로스앤젤레스의 로버트슨 거리(Robertson Boulevard)에 본점을 둔 피고의 패션 소매업체의 상호로서, 또한 의류, 신발, 가방, 모자 등의 상품에 부착된 상표로서 사용되어왔고, 위 상표가 부착된 상품은 캘리포니아에 있는 분점들과 인터넷 쇼핑몰(www.shopkitson.com)을 통해서도 판매되어 왔으며, 미국 내에서 선사용상표와 관련한 매출액도 2000년에는 1,399,231달러, 2001년에는 2,266,815달러, 2002년에는 2,599,581달러, 2003년에는 4,945,051달러, 2004년에는 9,714,799달러, 2005년에는 20,040,248달러, 2006년에는 20,117,165달러의 매출을 각 달성한 점, 뿐만 아니라 2005년, 2006년경에 미국의 주요 일간지, 주간지 또는 방송사인 '월스트리트저널(The Wall Street Journal)', '유에스에이투데이(USA Today)', 'WWD(Women's Wear Daily)'(패션 업계 신문), '뉴욕타임즈(The New York Times)', '로스앤젤레스타임즈(Los Angeles Times)', '피플닷컴(People.com)', '이채널(E! channel)' 등을 통하여 선사용상표가 헐리우드 스타들이 애용하는 상표이고, 유명인사들에 의해 널리 알려져 그 팬들에게도 매우 인기 있는 상표라는 취지 등으로 보도가 이루어진 바 있고, 2000. 10. 23.자 WWD에 "Kitson이 트렌드 세터 액세서리 소매업체 중에 3위를 차지했다."는 기사가 실리기도 한 점 등을 알 수 있다. 사정이 이러하다면, 비록 선사용상표가 사용된 상품의 매출액이 미국의 동종 상품 시장의 전체 매출액에서 차지하는 비중을 알 수 있는 구체적 자료가 없고, 선사용상표에 관한 광고실적이나 광고규모 등을 알 수 있는 자료가 없다는 등의 원심판시와 같은 이유에도 불구하고, 선사용상표를 사용한 상품의 매출액, 언론보도 내역, 판매기간 등을

종합적으로 고려해 볼 때, 이 사건 등록상표 출원 당시 선사용상표는 의류, 가방, 모자 등과 관련하여 미국의 수요자 간에 특정인의 상표라고 현저하게 인식되어 있었다고 봄이 상당하다(대법원 2012. 9. 13. 선고 2012후1941 판결).

⑤ 선사용상표('*Folli Folli*')는 원고 회사의 전신인 폴리 폴리에 에스.에이.(Folli Follie S.A.)의 설립자인 그리스 국적의 디미트리 쿠쵸유초스(Dimitrios Koutsolioutsos)가 1985년경 창작한 것으로서, 1990년대부터 그리스에서 '보석, 시계, 가방' 등의 상품에 사용되어 온 점, 선사용상표와 관련한 전 세계 매출액이 2002년 131,594,344유로, 2003년 160,583,929유로, 2004년 194,661,729유로, 2005년 222,796,934유로, 2006년 484,399,340유로에 이르고, 특히 그리스에서의 매출액은 2002년 미화 13,625,273달러, 2003년 미화 13,260,096달러, 2004년 미화 15,188,441달러, 2005년 미화 17,039,881달러, 2006년 1분기 미화 3,273,202달러에 이르는 점, 그리스에서 그 광고비로 2002년 미화 544,868달러, 2003년 미화 532,789달러, 2004년 미화 363,999달러, 2005년 미화 898,497달러, 2006년 1분기 미화 251,567달러가 지출되었고, 위 기간 사이에 '엘르(ELLE)', '라이프 스타일(LIFE STYLE)', '마담(Madame)', '마리끌레르(Marie Claire)' '보그(VOGUE)' 등의 유명 패션 잡지에 그 광고가 여러 차례 게재된 점을 알 수 있다. 위와 같은 선사용상표와 관련된 상품의 판매기간, 매출액, 광고내역 등을 종합적으로 고려할 때, 그 지정상품을 '방진안경, 보안용 챙, 수중안경' 등으로 하여 오른쪽 위와 같이 구성한 이 사건 등록상표('*Folli Folli*')의 출원일인 2006. 4. 10. 무렵 선사용상표는 '보석, 시계, 가방' 등의 상품에 관하여 적어도 그리스의 수요자 간에 특정인의 상품을 표시하는 것이라고 현저하게 인식되어 있었다고 봄이 상당하다(대법원 2014. 5. 29. 선고 2014후119 판결).

2) 부정사례

① 원심이, 이 사건 등록상표(' PAGE UP ')의 출원시인 1999. 2. 22.경을 기준으로 볼 때, 모방대상상표(' PAGE UP ')는 1995. 12. 프랑스에서 등록된 이래 1997.경까지 미국, 일본 등 15여 개 국가에서 등록되고, 모방대상상표가 부착된 제품은 1997. 2.경부터 판매되어 대상상표의 사용기간이 3, 4년 정도로 그 선전광고 기간도 2년 남짓이며, 1998.경의 유럽, 아시아 등에 수출한 규모 및 수출액은 1,818,000개, 1,905,612유로(EUROS)에 불과하고, 우리나라에는 이 사건 등록상표의 출원 후인 1999. 9.경에야 수입되어 판매된 사실을 인정한 다음, 이러한 정도의 사용기간, 선전광고, 매출규모만으로는 대상상표가 이 사건 등록상표의 출원 당시 국내 또는 외국의 일반 수요자간에 특정인의 상표로 현저하게 인식되었다고 할 수 없어, 이 사건 등록상표는 구 상표

법 7조 1항 12호에 해당하지 아니한다고 판단한 것을 수긍한 사례(대법원 2004. 5. 14. 선고 2002후1362 판결).

  ② 피고보조참가인의 설립자인 마이클 차우(Michael Chow)가 피고보조참가인의 서비스표를 1968. 런던에 개장한 레스토랑에 사용한 이래, 1974. 미국 로스앤젤레스에 개장한 레스토랑 및 1978. 뉴욕에 개장한 레스토랑에 사용하여 온 사실, 1992. 6. 발간 된 "여성중앙" 및 2001. 6. 13.자 중앙일보에 "MR. CHOW" 레스토랑 관련 기사가 게재 되어 있고, 1998. 8. 10. 발간된 "자신만만 세계여행" 미국편에는 비벌리힐스를 소개하 는 지도에 "MR. CHOW"라는 표시가 기재되어 있는 사실, 피고보조참가인의 서비스표 는 1981.부터 1995.까지 미국, 프랑스, 영국, 독일에 각 등록된 사실, 1981. 11. 메트로 폴리탄 홈(METROPOLITAN HOME)이라는 잡지에 뉴욕에 있는 MR. CHOW 레스토랑에 대한 기사가 실린 것을 비롯하여 2001. 6.경까지 약 55회에 걸쳐 미국, 영국, 캐나다, 프랑스, 일본의 신문 · 잡지에 마이클 차우 및 MR. CHOW 레스토랑에 관한 기사가 게 재되어 있는 사실, 1998.에 행하여진 MR. CHOW 레스토랑 30주년 기념행사에는 할리 우드 영화배우 등이 참석하여 축하해 준 사실 등을 인정할 수 있으나, MR. CHOW 레 스토랑은 전국적인 또는 세계적인 조직망을 갖춘 체인점이 아니라 런던, 로스앤젤레 스, 뉴욕 등 단지 3개의 점포만이 있고, 세계 여러 나라의 신문 · 잡지 등에 실린 기사 도 유명 연예계 사람들이 단골로 찾아가는 고급 중국식당이라는 것이 대부분으로서 주된 이용자가 한정된 부류의 사람들이고, 그 외 외국에서의 실제 인지도, 피고보조 참가인의 서비스표에 대한 선전광고비 내역이나 MR. CHOW 레스토랑의 매출규모를 알 수 있는 자료가 없는바, 위 인정사실만으로는 이 사건 출원서비스표('Mr. CHOW')의 출원 당시를 기준으로 하여 볼 때 피고보조참가인의 서비스표('Mr. CHOW')가 국내 또 는 외국의 수요자 간에 현저하게 인식된 서비스표라고 할 수 없다고 판단한 원심판 결을 수긍한 사례(대법원 2005. 4. 14. 선고 2004후3379 판결).

  ③ 모방대상상표('Xstatic')의 제품인 '은'을 사용한 원사는 헬멧, 양말, 옷 등 다양 한 분야에 사용되는 획기적인 합성섬유사로서 이를 원료로 하는 양말 등의 완제품과 함께 선사용상표가 광고된 결과 세계 여러 나라 특히 미국의 일반수요자들 사이에 어느 정도 알려진 상표라는 점은 인정되나, 이와 같이 알려진 정도를 넘어 모방대상 상표가 외국의 수요들 사이에 특정인의 상품을 표시하는 것이라고 현저하게 인식되 어 있다고 보기는 어렵다고 판단한 원심판결을 수긍한 사례(대법원 2006. 7. 13. 선고 2005후70 판결).

(나) 2007년 개정된 구 상표법 7조 1항 12호 소정의 '특정인의 상품출처로 인식되어 있는 상표'에 관한 판단사례

① 영문자 'LOUIS CASTEL'이나 도형 '⌇⌇'로 이루어진 원심판시 선사용상표들이 사용된 '골프의류, 가방 및 액세서리' 등 제품(이하 '선사용상표 제품'이라고 한다)은 2007. 9. 시장에 출시되었는데, 그 이전부터 선사용상표들을 선전·광고하는 기사가 국내 패션잡지 또는 온라인 패션정보지인 '패션채널', '패션비즈', '어패럴뉴스' 등에 실리고, 그 출시 후에도 선전·광고 기사가 계속된 점, 선사용상표 제품은 명품 이미지와 합리적인 가격대를 지향하는 제품으로서 2007. 9.부터 2008. 1.까지 KBS, MBC, SBS 등 방송 3사가 아침, 저녁의 황금시간 대에 방영한 드라마나 시사교양프로 등에 소품으로 협찬된 점, 선사용상표 제품의 2007. 9.부터 2007. 12.까지의 매출액은 약 63억 원으로서 우리나라 골프의류 시장의 규모나 다른 골프의류 업체의 매출액을 고려하여 볼 때 상당한 정도에 이르는 금액인 점, 2007년 말을 기준으로 선사용상표 제품의 대리점 수가 20여 개에 이르고 서울 양재동 하이브리드의 직영매장을 비롯하여 대부분이 100㎡ 이상의 규모로서 전국의 주요 상권에 개설된 점 등을 알 수 있다. 이러한 점들을 앞서 본 법리에 비추어 살펴보면, 선사용상표들은 그 지정상품을 '안경, 안경알, 콘택트렌즈' 등으로 하는 이 사건 등록상표 'LOUIS CASTEL'의 출원일인 2008. 1. 22. 무렵에는 골프의류 등과 관련하여 국내의 수요자 사이에 특정인의 상표로 인식되어 있었다고 할 것이다(대법원 2014. 3. 13. 선고 2013후2859 판결).

② 선사용상표들('JUNKERS, ▽')은 1930~1950년대 독일뿐만 아니라 세계적으로 유명하였던 항공엔지니어 후고 융커스(Hugo Junkers)의 이름을 딴 상표로서 1997년경부터 역사적인 항공기 관련 디자인과 최첨단의 작동장치(movements)를 결합한 원고의 고품질 손목시계에 사용되기 시작하였고, 그 시계제품은 2002년부터 독일 내에서 항공기의 전통과 역사 및 고품질의 정확성을 선호하는 사람들로부터 큰 인기를 얻은 점, 이러한 성공에 힘입어 선사용상표들이 사용된 제품은 2004년부터 2010년까지 독일 항공사 루프트한자(Lufthansa)의 기내면세점 'WorldShop'에서 면세품으로 판매되게 되었고, 원고는 독일 국군(Bundeswehr)의 손목시계 공급자로 지정되기도 한 점, 또한 선사용상표들을 사용한 제품들은 일본 잡지 '시계 Begin'의 2006년 여름호와 대만 잡지 '세계완표연감'의 2005/2006년호에서 '걸작기의 명성을 잇는 파일럿의 시계'로서 최강 독일 시계 중 하나라거나 손목시계에 관한 세계 100대 유명상표(지명품패) 중 하나로 소개되기도 한 점, 선사용상표들을 사용한 새 제품에 대한 테스트결과가 독일의

시계전문잡지인 'UHREN'에 실리기도 하였고, 독일 내에서 선사용상표들을 사용한 제품의 매장 수는 738개에 이르며, 원고의 연간 매출액은 2007년 3,093,391유로, 2008년 3,329,346유로, 2009년 3,897,987유로에 달하는 점을 알 수 있다. 따라서 비록 원고의 2007년부터 2009년까지 연간매출액 중 선사용상표들이 사용된 제품의 매출액이 정확히 얼마인지 특정되지 않았고 독일에서 선사용상표들이 사용된 시계 제품의 시장점유율이나 광고비 등을 정확히 확인할 수 있는 자료가 없다고 하더라도, 위와 같은 선사용상표들의 사용 경위와 기간, 선사용상표들과 그 상표를 사용한 제품의 연관관계, 선사용상표들을 사용한 제품의 판매·공급처 및 주위의 평가 등을 종합하여 볼 때, 선사용상표들은 그 지정상품을 '팔목시계, 전자시계, 크로노미터' 등으로 한 이 사건 등록상표 'JUNKERS'의 출원일인 2010. 4. 25. 무렵에는 적어도 독일 내의 수요자 사이에 특정인의 상표로 인식되어 있었다고 할 것이다(대법원 2014. 2. 13. 선고 2013후2460 판결).

③ 선사용상표('🐦')는 2002년경부터 이 사건 출원상표의 출원일 무렵까지 피고 보조참가인에 의하여 약 7년 동안이나 미국에서 의류, 신발류 등에 상업적으로 사용되었던 점, 2003년경부터 유명 패션잡지나 신문에 선사용상표가 소개되거나 선사용상표가 부착된 의류(티셔츠) 광고가 게재되어 미국의 일반 수요자에게 알려졌고, 특히 데이비드 베컴, 마돈나, 브래드 피트 등 미국의 유명인사들이 피고 보조참가인의 단골고객이 되었다는 기사나 그들이 선사용상표가 부착된 의류를 입고 있는 사진이 위 패션잡지나 신문에 게재되기도 한 점, 비록 선사용상표뿐만 아니라 피고 보조참가인의 '🐦' 등 다른 상표가 부착된 것도 함께 포함되어 있기는 하나 의류, 신발류 등에 대한 피고 보조참가인의 미국에서의 매출액이 2006년경부터 이 사건 출원상표('🐦')의 출원일 무렵까지 불과 3년 동안에 약 367억 원에 이르렀고 매년 꾸준한 상승세를 보여 온 점 등 선사용상표의 사용기간, 신문·잡지 등의 언론매체에 소개되거나 게재된 정도, 광고나 홍보 실적, 관련 매출액 등을 두루 종합하여 보면, 선사용상표는 이 사건 출원상표의 출원일 당시 적어도 미국의 수요자 사이에서는 피고 보조참가인의 의류 제품 등을 표시하는 것이라고 인식되는 정도에는 이르렀다고 봄이 상당하다(특허법원 2011. 7. 14. 선고 2011허3407 판결, 심리불속행기각).

④ 키드로봇사는 타임 메거진이나 뉴욕타임스지에 소개될 정도로 미국 내에서 '고급 어른 장난감 전문점'으로 잘 알려진 회사이고, 선사용상표와 'KIDROBOT'은 모두 키드로봇사의 회사명을 표장의 기본으로 하고 있으며, 키드로봇사는 2002. 1. 1.부터 Kidrobot과 같이 선사용상표와 동일성의 범위 내에 있는 표장을 매장 간판에 표시하는

방법 등으로 선사용상표와 'KIDROBOT'을 사용하여 왔고, 2005. 2. 15.에는 'KIDROBOT' 을, 2007. 1. 9.에는 선사용상표를 미국특허상표청에 각 등록하였으므로, 키드로봇사가 선사용상표를 상표가 아닌 서비스표로 등록받았다 하더라도, 선사용상표는 이 사건 출원상표('kid robot')가 출원된 2007. 9. 21.경 미국 내에서 수요자 사이에 키드로봇사가 판매하는 '의류나 장난감'을 표시하는 것이라고 인식되어 있는 상표에 해당한다(특허법원 2011. 5. 13. 선고 2010허9385 판결, 심리불속행기각).

⑤ 선사용상표('Ж')가 표시된 피고의 제품은 2001년경부터 국내에 수입되어 판매되기 시작하였고, 이 사건 등록상표('Ж')가 등록결정된 2009. 6. 23.까지 약 8년에 걸쳐 판매되어 온 점, 선사용상표가 표시된 피고의 제품은 전국 20여 개 매장에서 판매되고 있고, 그 매출액 합계(소매가 기준)도 2005년 631,863,333원, 2006년 1,221,828,360원, 2007년 782,045,020원, 2008년 2,226,589,670원, 2009년 2,697,903,078원으로 지속적으로 증가해 왔으며, 위 매출액의 대부분은 선사용상표가 표시된 제품의 판매로 인한 것으로 보이는 점, 비록 위 국내 매출액 자체는 전체 시장 규모에 비추어 그다지 많다고 할 수는 없으나, 제품의 단가가 높지 않음을 감안할 때 그 판매량은 결코 적다고 할 수 없는 점, 피고는 유명 연예인들에게 선사용상표가 표시된 의류, 모자 등을 협찬하는 방법을 통해 선사용상표의 인지도를 높여 나갔고, 선사용상표가 표시된 의류, 모자 등을 착용하고 있는 위 연예인들의 모습이 인기 방송 프로그램을 통해 여러 차례에 걸쳐 방영되었던 점, 선사용상표가 표시된 제품의 주된 수요자층은 유행에 민감한 젊은 층으로서 이들을 주된 독자층으로 하는 잡지 등에 선사용상표가 표시된 제품의 광고가 지속적으로 게재되었던 점 등을 종합하여 보면, 선사용상표는 이 사건 등록상표의 등록결정일인 2009. 6. 23.경에는 적어도 특정인의 상표라고 인식될 정도로는 알려져 있었다고 할 것이다(특허법원 2012. 10. 12. 선고 2012허1750 판결, 심리불속행기각).

(다) '부정한 목적'의 존부에 관한 판단사례

1) 인정사례

① 이 사건 등록서비스표('미라지')는 출원일(2002. 12. 9.) 당시 미국의 일반 수요자나 거래자들에게 특정인의 서비스업을 표시하는 것이라고 현저하게 인식되어 있는 이 사건 선사용서비스표('MIRAGE')와 표장 및 지정(사용)서비스업이 서로 동일하거나 유사하므로, 피고에게는 이 사건 선사용서비스표가 가지는 양질의 이미지나 고객흡인력에 편승하여 부당한 이익을 얻거나 위 표장의 가치를 희석화하여 원고에게 손해

를 입히려고 하는 등의 부정한 목적이 있었다고 보는 것이 옳다(대법원 2009. 2. 12. 선고 2008후4448 판결).

② 선사용상표들 '![Butterfly]', '![Butterfly]'의 주지 정도, 등록상표 '![BUTTERFLY 버터플라이]'(출원일: 2005. 8. 4.)와 선사용상표들의 유사 정도, 등록상표의 지정상품들과 선사용상표들의 사용상품들 사이의 경제적 견련관계, 원·피고 사이의 상표분쟁의 경과 등을 종합적으로 고려하여 보면, 원고는 일본 내의 주지상표인 선사용상표들을 모방하여 선사용상표들에 축적된 양질의 이미지나 선사용상표들이 갖는 고객흡인력에 편승하여 부당한 이익을 얻으려 하거나 선사용상표들의 사용자인 피고에게 손해를 가하려고 하는 등 부정한 목적을 가지고 사용하기 위하여 등록상표를 출원하였다고 할 것이다(대법원 2010. 7. 15. 선고 2010후807 판결).

③ 등록상표 '![kawasaki かわさき]'의 출원일(2007. 2. 26.) 당시 선사용상표 '***kawasaki***'가 일본의 일반 수요자 사이에 원고의 상품을 표시하는 것이라고 현저하게 인식되어 있었던 점, 등록상표는 선사용상표와 영문자 'kawasaki'를 공유하면서 일부 철자의 대소문자 형태만 달리하고 영문자 아래에 일본어 히라가나를 병기한 것에 불과하여 외관에서 전체적으로 유사할 뿐만 아니라 호칭이 서로 동일한 점 등의 사정을 고려하면, 피고는 일본 내의 주지상표인 선사용상표를 모방하여 선사용상표에 축적된 양질의 이미지나 선사용상표가 갖는 고객흡인력에 편승하여 부당한 이익을 얻으려 하거나 선사용상표의 사용자인 원고에게 손해를 가하려고 하는 등 부정한 목적을 가지고 등록상표를 출원하였다고 봄이 상당하다(대법원 2011. 7. 14. 선고 2009후2449 판결).

④ 모방대상상표 'STARCRAFT'는 등록상표[111]의 출원 당시인 1999. 2. 25.경 이미 컴퓨터게임 소프트웨어의 거래자나 일반 소비자들 사이에서 현저하게 알려진 저명상표라고 봄이 상당하고, 등록상표와 모방대상상표는 전체적, 객관적, 이격적으로 관찰할 때 서로 유사한 상표에 해당하며, 한편 보방대상상표의 각 구성요소인 'STAR'와 'CRAFT'는 사전상의 단어로서 빈번하게 쓰이는 용어이기는 하나 그 조합으로서의 'STARCRAFT'는 하나의 조어로서 거래계에서 그 사용예를 쉽게 찾아볼 수 없으므로, 등록상표의 표장은 모방대상상표를 모방한 것으로 추정되며, 모방대상상표와 유사한 등록상표를 지정상품 중 어느 것에 사용하더라도 이는 저명상표로서의 모방대상상표

---

111) '오리온 스타크래프트'와 'ORION STARCRAFT'가 2단으로 병기된 상표로서, 그 지정상품은 '건과자, 비스킷, 비의료용 추잉껌, 캔디, 아이스크림, 초콜릿, 식빵, 떡, 곡물소시지, 과자용 향미료'이다.

가 가지는 양질감 등의 가치를 희석화하는 것이므로, 결국 저명상표인 모방대상상표를 모방하여 모방대상상표가 가지는 양질의 이미지나 고객흡인력에 편승하여 부당한 이익을 얻거나 가치를 희석화하여 모방대상상표권자에게 손해를 가할 목적으로 등록상표를 출원·등록하여 사용하는 것이라고 보아야 할 것이어서, 이 사건 등록상표는 구 상표법 7조 1항 12호에 해당한다(대법원 2005. 6. 9. 선고 2003후649 판결).

⑤ 피고 회사를 설립한 디자이너의 이름인 '루이비통(Louis Vuitton)'의 영문 앞글자인 'L'과 'V'가 서로 겹쳐진 형상으로 도안화하여 창작해 낸 선사용표장('Ⅴ')은 이 사건 등록상표('Ⅴ')의 출원 당시 '핸드백 등 가방류'에 관하여 국내와 외국의 수요자들 사이에 주지·저명한 상표가 된 점, 앞서 본 바와 같이 이 사건 등록상표는 선사용표장과 구성의 모티브(motive)와 형태 및 표현방법 등이 매우 유사하여 그 외관이 주는 지배적 인상이 유사한 점, 선사용표장의 사용상품인 '핸드백 등 가방류'와 동일·유사하거나 경제적 견련관계가 있는 상품들이 이 사건 등록상표의 지정상품들에 다수 포함되어 있는 점, 원고는 이 사건 등록상표의 출원 전에 여러 차례에 걸쳐 오른쪽과 같은 상표들을 출원하였으나 선사용표장 등 피고의 상표와 상품 출처에 관하여 오인·혼동을 일으키게 할 염려가 있다는 이유 등으로 그 등록이 모두 거절된 전력이 있는 점을 알 수 있다. 이러한 점들을 앞서 본 법리에 비추어 살펴보면, 원고는 선사용표장을 모방하여 선사용표장에 축적된 양질의 이미지나 선사용표장이 갖는 고객흡인력에 편승하여 부당한 이익을 얻으려 하거나 선사용표장의 사용자인 피고에게 손해를 가하려고 하는 등 부정한 목적을 가지고 사용하기 위하여 이 사건 지정상품들을 그 지정상품들 중 일부로 포함하여 이 사건 등록상표를 출원하였다고 할 것이다(대법원 2014. 2. 27. 선고 2013후2484 판결).

⑥ '호텔업, 카지노시설제공업, 골프리조트업'에 사용되어 온 선사용표장('WYNN')은 피고가 속한 윈 그룹(Wynn Group)을 설립한 스티브 윈(Steve Wynn)의 성을 따서 창작해 낸 것으로서, '피부관리업, 미용상담업, 미용업, 의료업' 등 23종의 서비스업을 지정서비스업으로 하는 이 사건 등록서비스표('WYNN')의 출원 당시 미국의 수요자들에게 널리 인식된 서비스표가 된 점, 이 사건 등록서비스표는 원고들이 미국 방문 중 선사용표장을 목격하고 이를 그대로 모방하여 출원한 것으로서 선사용표장과 동일한 점, 이 사건 등록서비스표의 지정서비스업 중에는 위에서 적시한 지정서비스업과 같이 호텔이나 리조트 내에서 제공되고 있는 서비스업들이 포함되어 있는 점 등을 알 수 있다. 이러한 점들을 앞서 본 법리에 비추어 살펴보면, 원고들은 선사용표

장을 모방하여 선사용표장에 축적된 양질의 이미지나 선사용표장이 갖는 고객흡인력에 편승하여 부당한 이익을 얻으려 하거나 선사용표장의 권리자인 피고에게 손해를 가하려고 하는 등 부정한 목적을 가지고 사용하기 위하여 이 사건 등록서비스표를 출원하였다고 할 것이다(대법원 2014. 8. 20. 선고 2013후1108 판결).

⑦ '카페업, 카페테리아업, 스낵바업, 패스트푸드식당업, 레스토랑업' 등을 지정서비스업으로 하는 이 사건 등록서비스표('Chocolate Museum 초콜릿 박물관')의 출원일인 2011. 7. 19.경, '초콜릿, 초콜릿 관련 종합 전시업'을 사용상품·서비스업으로 하는 선사용상표·서비스표('**초콜릿박물관**', '**CHOCOLATE MUSEUM**', 'CHOCOLATE MUSEUM'),는 국내의 수요자 사이에 원고의 '초콜릿, 초콜릿 관련 종합 전시업'을 표시하는 것이라고 인식되는 정도에 이르렀음을 인정하고, 이를 전제로 이 사건 등록서비스표는 선사용상표·서비스표와 서로 유사하고, 한편 선사용상표·서비스표가 국내의 수요자에게 알려진 정도, 선사용상표·서비스표와 이 사건 등록서비스표의 유사성의 정도, 선사용상표·서비스표를 사용하여 운영되고 있는 원고 영업소와 이 사건 등록서비스표를 사용하여 운영되고 있는 피고 영업소가 매우 유사한 형태로 운영되고 있으며 근거리에 위치하고 있어 실제 관광객들에게 오인·혼동을 일으키고 있고, 이 사건 등록서비스표의 지정서비스업에는 선사용상표·서비스표의 사용상품·서비스업과 경제적 견련관계가 있는 업종도 다수 포함되어 있는 점 등을 종합적으로 고려하여 보면, 피고가 선사용상표·서비스표를 모방하여 부정한 목적으로 이 사건 등록서비스표를 출원·등록하여 사용하는 것이라고 보아야 할 것이어서, 이 사건 등록서비스표에 상표법 7조 1항 12호가 정한 등록무효사유가 있다고 판단한 원심판결을 수긍한 사례(대법원 2014. 9. 4. 선고 2014후1051 판결).

⑧ '화장품, 미용비누, 샴푸, 손세정제, 물비누, 화장용 마스크' 등을 지정상품으로 하는 이 사건 등록상표('I'm Real')의 출원일인 2012. 5. 31.경 '주스, 요거트, 에이드, 스무디' 등을 사용상품으로 하고, 선사용상표들('I'm Real, 아임리얼')은 국내의 수요자 사이에서 피고의 냉장주스 제품을 표시하는 표장으로 널리 인식되어 있음을 인정하고, 나아가 선사용상표들의 인지도 또는 창작의 정도, 이 사건 등록상표와 선사용상표들의 동일·유사 정도, 이 사건 등록상표의 선정 경위 등을 종합적으로 고려하여 보면, 원고가 선사용상표들에 축적된 고객흡인력에 편승하여 부당한 이익을 얻으려는 부정한 목적으로 이 사건 등록상표를 출원한 것이므로, 이 사건 등록상표에 구 상표법 7조 1항 12호가 정한 등록무효사유가 있다고 판단한 원심판결을 수긍한 사례(대법원 2017. 9. 7. 선고 2017후1007 판결).

⑨ '가정용 고무풀' 등 263개의 상품을 지정상품으로 하여 출원·등록된 등록상표 'VOGUE'는 등록상표의 출원시인 2003. 9. 26. 무렵 '잡지' 등에 관하여 주지저명한 상표인 선등록상표 '**VOGUE**'의 명성에 편승할 목적으로 출원등록된 것이어서, 부정한 목적을 가지고 사용하는 상표에 해당한다(특허법원 2007. 3. 28. 선고 2006허11220 판결, 확정).[112]

⑩ 등록서비스표인 '**Whotel**'(지정서비스업: 잡지 출판업 등)은 미국 내에서 호텔업에 관한 주지서비스표인 선사용서비스표 '**W Hotel**', ''에 축적된 양질의 이미지나 고객흡인력에 편승하여 부당한 이익을 얻거나 그 가치를 희석화하여 원고에게 손해를 가할 목적으로 출원된 것이어서, 구 상표법 7조 1항 12호에 규정된 등록을 받을 수 없는 서비스표에 해당한다(특허법원 2008. 5. 30. 선고 2007허12213 판결, 확정).

⑪ 등록상표인 ''(지정상품: 개목걸이, 이불, 등) 및 ''(지정상품: 애완동물용 의류, 유리컵, 스푼, 포크 등)는 일본을 비롯한 외국에서 문구류, 침구류, 주방용품 등에 관한 주지상표인 선사용상표 '' 및 ''에 축척된 양질의 이미지와 고객흡인력에 무상으로 편승하여 부당한 이익을 얻으려 하거나 선사용상표들의 사용자인 피고에게 손해를 가할 목적으로 출원·등록된 것이어서, 구 상표법 7조 1항 12호에 규정된 등록을 받을 수 없는 상표에 해당한다(특허법원 2008. 8. 14. 선고 2007허10231, 10248(병합), 10286(병합), 10309(병합), 10316(병합), 10323(병합), 10354(병합) 판결, 확정].

⑫ 등록상표인 '**ALPINESTAR**'(지정상품: 사이클선수 운동복, 운동용 유니폼, 운동화 등)는 이탈리아 내에서 모터사이클용 부츠에 관한 주지상표인 선사용상표 'ALPINESTARS' 및 ''에 축적된 양질의 이미지나 선사용상표들이 갖는 고객흡인력에 편승하여 부당한 이익을 얻으려는 부정한 목적으로 사용하기 위하여 출원·등록되어 사용되는 것이어서 구 상표법 7조 1항 12호에 규정된 등록을 받을 수 없는 상표에 해당한다(특허법원 2008. 8. 28. 선고 2008허1838 판결, 심리불속행기각).

---

112) 위 판결이 지정상품의 견련관계에 관하여 판시한 사항은 다음과 같다. 선등록상표가 주로 사용된 상품인 잡지와 등록상표의 지정상품인 가정용 고무풀 등 문구류 사이에 경제적인 견련관계가 있다고 보기는 어려우나, 잡지와 문구류의 수요자층이 다르다고 할 수 없고, 또한 잡지를 판매하는 서점에서 문구류를 판매하기도 하고 문구점에서 잡지를 판매하기도 하는 등의 거래실정을 고려하여 보면, 등록상표를 그 지정상품에 사용하는 경우 국내·외에서 현저하게 인식된 선등록상표가 가지는 양질감 등의 가치를 희석하는 것이 되므로, 피고는 선등록상표를 모방함으로써 선등록상표가 가지는 양질의 이미지나 고객흡인력에 편승하여 부당한 이득을 얻거나 선등록상표의 가치를 희석하여 그 상표권자에게 손해를 가할 목적으로 등록상표를 출원·등록한 것이라고 보아야 할 것이다.

⑬ 이 사건 출원상표('🕊')와 선사용상표('🕊')는 모두 날고 있는 비둘기 형상으로 구성되어 있어 그 창작성이 비교적 높은 도형상표인 점, 이 사건 출원상표는 그 출원 당시 적어도 미국의 수요자 사이에서 피고 보조참가인의 의류, 신발류 제품을 표시하는 것이라고 인식되어 있는 선사용상표와 표장이 동일한 점, 이 사건 출원상표의 지정상품과 선사용상표의 지정상품은 모두 의류, 신발류로서 서로 동일 또는 유사하여 상품출처의 오인·혼동을 일으킬 염려가 있는 점, 이 사건 출원상표는 선사용상표가 국내에서 출원된 2008. 12. 11.부터 불과 2주 전에 출원되었던 점 등에 비추어 보면, 원고는 선사용상표를 모방하여 그것이 가지는 양질의 이미지나 고객흡인력에 편승하여 부당한 이익을 얻거나 피고 보조참가인의 국내시장 진입을 방해하여 피고 보조참가인에게 손해를 가하려고 하는 등의 부정한 목적을 가지고 이 사건 출원상표를 출원한 것이라고 봄이 상당하다(특허법원 2011. 7. 14. 선고 2011허3407 판결, 심리불속행기각).

⑭ 선사용상표('KIDROBOT')가 미국에서 특정인의 상품을 표시하는 것이라고 인식된 상표이고, 이 사건 출원상표('kid🤖robot')가 선사용상표와 같으며, 그 지정상품 또한 '의류' 등으로 유사함은 앞서 본 바와 같고, 달리 원고가 이 사건 출원상표를 이용한 사업을 구체적으로 준비하였다는 점을 인정할 아무런 증거가 없다. 따라서 원고는 선사용상표를 모방하여 키드로봇사의 선사용상표가 가지는 양질의 이미지나 고객흡인력에 편승하여 부당한 이익을 얻거나 키드로봇사의 선사용상표의 가치를 희석화하여 그 상표권자인 키드로봇사에게 손해를 가할 목적으로 이 사건 출원상표를 출원한 것으로 추인된다(특허법원 2011. 5. 13. 선고 2010허9385 판결, 심리불속행기각).

⑮ 실제 이 사건 등록서비스표('**THEZARA**')가 사용되고 있는 숙박시설 외부 간판이나 인터넷 홍보 사이트에 'THE ZARA'와 같이 'THE'와 'ZARA' 사이에 빈 공간이 있는 형태로 표기되어 있는 사실, 유명 패션 브랜드를 지닌 업체들이 그동안 소비자들로부터 확보한 신뢰감 및 양질감 등을 활용하여 호텔 레저업 등으로 사업 다각화를 추구해 오고 있는 사실, 원고 회사는 사업을 확장하여 2003년경부터 'ZARA HOME'이라는 브랜드명을 사용하여 호텔이나 모텔 등에서 사용할 수 있는 침구와 실내용품 등의 제조·판매업을 시작하였고, 2008년경 국내에도 'ZARA HOME' 매장을 개설한 사실, 특히 이 사건 등록서비스표가 실제 사용되고 있는 숙박업소의 침구에 'THE ZARA'라는 표기가 되어 있기도 한 사실을 인정할 수 있다. 위 인정사실에, 앞서 본 바와 같이 이 사건 등록서비스표와 선사용상표·서비스표('**ZARA**') 자체의 표장이 매우 유

사한데다가, 이 사건 등록서비스표의 지정서비스업인 호텔업, 모텔업 등의 숙박업과 선사용상표·서비스표의 사용상품/서비스업인 의류/의류판매업의 주 수요층이 서로 중복되는 점, 이 사건 등록서비스표가 숙박업소의 외부 간판이나 침구 및 실내용품 등에 사용되는 경우, 일반 수요자들이 서비스업의 출처를 오인할 수 있을 것으로 보이는 점 등을 함께 고려해 보면, 이 사건 등록서비스표는 국내외 수요자들에게 원고 회사의 상품(서비스업)을 표시하는 것이라 인식되어 있는 선사용상표·서비스표에 체화된 영업상 신용 등에 편승하여 부당한 이익을 얻으려는 부정한 목적으로 출원된 것이라 봄이 상당하다(특허법원 2017. 9. 21. 선고 2017허2109 판결, 심리불속행기각).

2) 부정사례

① 원고 회사의 대표이사인 앤소니 진(Anthony Jin)은 1987. 뉴욕에서 이탈리아 레스토랑을 동업으로 운영하다가 국내에 들어와 1996. 11.경 집단급식소 위탁경영업 등을 목적으로 하는 원고 회사를 설립하였고, 원고 회사는 주로 학교 및 백화점에서 식당을 운영해 오던 중, 홍콩요리전문점을 개설하기로 하고 2001. 6. 19. 이 사건 출원서비스표('Mr. CHOW')를 출원하고, 같은 해 10.경 서울 송파구 방이동에 홍콩식 고기구이전문점 1호점을 개설하여 이 사건 출원서비스표를 상호로 사용하고, 2002. 5. 26.에 서울 중구 태평로 1가 코리아나호텔에 2호점을 개설하고, 위 2호점 개설에 즈음하여 개업식의 개최, 기자단 초청, 일간지 및 주간지에의 기사 게재 등의 홍보를 한 사실, 한편 피고보조참가인은 국내 오리온그룹과 합작으로 중국음식점을 개설하기로 하고 2002. 1. 17. 레스토랑업을 지정서비스업으로 하는 서비스표 "MR. CHOW"를 우리나라 특허청에 출원한 사실, 원고와 피고보조참가인 사이에는 'MR. CHOW' 레스토랑의 국내점 개설과 관련하여 아무런 협약이 없었던 사실을 인정할 수 있는바, 위 인정사실에 의하면, 이 사건 출원서비스표는 피고보조참가인의 서비스표('Mr. CHOW')와 거의 같다고 할 것이나, 원고 회사는 국내에서 집단급식소를 위탁운영하다가 중국음식점을 개설하기로 하고 중국인에게 흔한 성씨인 주(周)씨의 중국식 발음에 불과한 'CHOW' 앞에 Mr.를 붙여서 이 사건 출원서비스표로 출원하고 실제 홍콩요리전문점을 개설하여 그 식당의 상호로 사용하고 있고, 원고 회사가 이 사건 출원서비스표를 출원할 당시에는 피고보조참가인의 서비스표가 국내에는 거의 알려지지 않았고 외국에서도 주지·저명한 서비스표라고 보기 어려운 점에 비추어 보면, 원고가 피고보조참가인의 국내시장 진입을 저지하거나 대리점 계약체결을 강제할 목적 또는 피고보조참가인의 서비스표의 명성에 편승할 목적으로 출원한 것이라고 단정할 수 없다(대

법원 2005. 4. 14. 선고 2004후3379 판결).

② 원고는 2001. 9. 5. "" 표장 및 "" 표장에 관하여 지정서비스업을 서비스업류 구분 제42류의 '간이식당업' 등으로 하는 서비스표 등록을 출원하여 … 등록을 받았는데…, 원고는 적법·유효하게 선등록서비스표들에 관한 서비스표권을 취득한 것으로 봄이 상당하다…. 또한, 원고는 2003년 말경부터 국내에서 선등록서비스표들 또는 그와 동일성 내지 유사성이 인정되는 "WARAWARA", "", "", "", "" 등의 실사용 표장을 지속적으로 사용하면서 일본풍 주점을 운영하거나 일본풍 주점의 프랜차이즈업을 영위함으로써, … 이 사건 등록상표 "WARAWARA"의 출원 당시에는 이미 선등록서비스표들 내지 실사용 표장에 관하여 국내에서 독자적으로 상당한 인지도와 영업상 신용을 획득하였다. 그리고 이 사건 등록상표는 선등록서비스표들 내지 실사용 표장 중 영문자로 구성된 표장과 동일성이 인정되며, 그 지정상품 역시 선등록서비스표들의 지정서비스업과 경제적 견련성이 있다. 반면 이 사건 등록상표의 출원 당시까지도 피고의 선사용서비스표들("", "", "", "**WARA WARA**")은 국내에 거의 알려지지 않았고, 피고 역시 피고의 선사용서비스표들을 이용하여 국내시장에 진출하려는 구체적 계획을 세운 바 없었으며, 원고도 선등록서비스표들의 출원·등록 이후는 물론 이 사건 등록상표의 출원·등록 이후에도 피고와 접촉하여 선등록서비스표권이나 이 사건 등록상표권을 거래하려 한 적이 없었다. 위와 같은 사정을 앞서 본 법리에 비추어 보면, 이 사건 등록상표는 원고가 선등록서비스표들 및 실사용 표장에 축적된 자신의 독자적인 영업상 신용 및 인지도에 기초하여 그 사업영역을 확장하기 위해 출원한 것으로 볼 수 있을지언정 피고의 국내시장 진입을 저지하거나 대리점계약의 체결을 강제할 목적 또는 피고의 선사용서비스표들의 명성에 편승하여 부당한 이익을 얻을 목적 등 부정한 목적을 가지고 출원한 것이라고 단정할 수는 없다(대법원 2012. 6. 28. 선고 2012후672 판결).

하. 제14호

> 국내 또는 외국의 수요자들에게 특정 지역의 상품을 표시하는 것이라고 인식되어 있는 지리적 표시와 동일·유사한 상표로서 부당한 이익을 얻으려 하거나 그 지리적 표시의 정당한 사용자에게 손해를 입히려고 하는 등 부정한 목적으로 사용하는 상표

14호는 당초 지리적 표시 단체표장제도가 신설됨에 따라 국내 또는 국외에서 수요자들에게 현저하게 알려진 타인의 지리적 표시와 동일·유사한 상표를 등록받을 수 없도록 신설된 조문이다(2004. 12. 31. 법률 제7290호로 개정되어 2005. 7. 1.부터 시행). 부정한 목적이 있기만 하면 출처의 오인이나 혼동의 염려는 그 요건으로 하고 있지 아니하므로 출처의 오인이나 혼동의 염려가 있는 경우에는 물론이고 단순한 무임승차(Free ride)의 경우에도 본호에 해당한다.

그런데 상표법이 2007. 1. 3. 법률 제8190호로 개정(시행일 2007. 7. 1.)되면서 본호의 규정 중 '현저하게 인식되어' 부분이 '인식되어'로 개정되었다. 즉, 모방의 대상이 되는 상표의 인식도의 정도를 완화한 것인데, 이는 모방상표의 등록을 보다 폭넓게 배제하고자 하는 데 그 개정취지가 있다 할 것이다.

그리고 본호에 해당하는 상표인지의 판단기준시는 출원시이며(상표 34조 2항 단서), 모방대상 지리적 표시의 타인성 여부의 판단기준시는 등록 여부 결정시이다(상표 34조 2항 본문).

지정상품의 동일·유사 여부는 본호의 해당 요건이라고 할 수 없을 것이나 부정한 목적의 존재를 추정하는데 유력한 자료가 될 수 있을 것이다.

본호는 동음이의어 지리적 표시 단체표장 상호 간에도 적용됨을 주의하여야 한다(상표 34조 4항 참조).

거. 제15호

> 상표등록을 받으려는 상품 또는 그 상품의 포장의 기능을 확보하는 데 꼭 필요한(서비스의 경우에는 그 이용과 목적에 꼭 필요한 경우를 말한다) 입체적 형상, 색채, 색채의 조합, 소리 또는 냄새만으로 된 상표

(1) 의 의

1997. 8. 22. 법률 제5355호 개정된 구 상표법이 입체상표의 등록을 허용하면서 상품 자체나 상품 포장의 기능을 확보하는 데 불가결한 입체적 형상으로만 된 상표를 부등록사유로 규정한 이후, 2007. 1. 3. 법률 제8190호 개정된 구 상표법은 '색채상표'의 등록을 허용하면서 기능적 '색채 또는 색채의 조합'만으로 된 상표를 부등록사유로 추가하였으며, 2011. 12. 2. 법률 제11113호로 개정된 구 상표법은 소리상표와 냄새상표의 등록을 허용하면서 기능적 '소리 또는 냄새'만으로 된 상표를 부등록사유로

추가하였고, 이것이 현행 상표법까지 이어졌다.

본호는 상품 자체나 상품 포장의 기능을 확보하는 데 불가결한 입체적 형상, 색채, 색채의 조합, 소리 또는 냄새는 누구나 사용할 필요가 있으므로 이를 특정인이 독점하도록 허용해서는 안 되기 때문에 특별히 둔 규정으로, 이른바 '기능성 원리'를 반영한 것으로 해석된다.[113] 대법원판례도 같은 취지이다.[114]

(2) 상표법 33조 2항 적용 여부

지정상품의 특징적인 형상이 오랫동안 당해 업자가 독점적, 계속적으로 제조·판매한 결과 특정업자의 상품이라는 출처를 표시할 수 있게 되어 상표법 33조 2항에 의하여 등록을 받을 수 있게 되었다고 하더라도 그 형상이 당해 상품의 기술적 성과를 얻는데 불가결한 것이라면 이는 누구든지 자유 사용해야 하는 공유(public domain)에 속하는 영역이므로 15호에 의하여 등록이 거절되어야 한다.

다만 식별력을 취득한 입체형상이 기능적인 것과 비기능적인 것을 포함하는 경우에는 전체적으로 식별력 취득을 인정하여 등록될 수는 있을 것이나 그 기능적 특징 부분은 상표법 90조 1항 5호에 의하여 상표권의 보호범위에 속하지 아니하고 비기능적인 특징에만 권리범위가 제한되게 된다.

색채상표는 사용에 의한 식별력을 취득하였다고 할지라도 기능적인 색채는 상표등록을 받을 수 없다. 즉, 상품을 생산하는 과정에서 자연스럽게 일정한 색채가 형성되는 경우, 그러한 색채를 한 사람이 독점하도록 허용하는 것은 부당하기 때문이다.

---

113) 기능성원리에 관한 자세한 내용은 상표법주해 I(주 37), 765~798 참조.

114) 대법원 2015. 10. 15. 선고 2013다84568 판결["지정상품 또는 그 포장(이하 '상품 등'이라고 한다)의 기술적(技術的) 기능은 원칙적으로 특허법이 정하는 특허요건 또는 실용신안법이 정하는 실용신안등록요건을 구비한 때에 한하여 존속기간의 범위 내에서만 특허권 또는 실용신안권으로 보호받을 수 있는데, 그러한 기능을 확보하는 데 불가결한 입체적 형상에 대하여 식별력을 구비하였다는 이유로 상표권으로 보호하게 된다면, 상표권의 존속기간갱신등록을 통하여 입체적 형상에 불가결하게 구현되어 있는 기술적 기능에 대해서까지 영구적인 독점권을 허용하는 결과가 되어 특허제도 또는 실용신안제도(이하 '특허제도 등'이라고 한다)와 충돌하게 될 뿐만 아니라, 해당 상품 등이 가지는 특정한 기능, 효용 등을 발휘하기 위하여 경쟁자가 그러한 입체적 형상을 사용해야만 할 경쟁상의 필요가 있음에도 사용을 금지시킴으로써 자유로운 경쟁을 저해하는 부당한 결과를 초래하게 된다. 이에 1997. 8. 22. 법률 제5355호로 개정된 상표법은 상표의 한 가지로 입체적 형상으로 된 상표를 도입하면서, 특허제도 등과의 조화를 도모하고 경쟁자들의 자유롭고 효율적인 경쟁을 보장하기 위한 취지에서 7조 1항 13호를 신설하여 상표등록을 받으려는 상품 등의 기능을 확보하는 데 불가결한 입체적 형상만으로 된 상표 등은 제6조의 식별력 요건을 충족하더라도 상표등록을 받을 수 없도록 하였다].

(3) 판단기준

상품 등의 입체적 형상으로 된 상표가 본호에 해당하는지는 그 상품 등이 거래되는 시장에서 유통되고 있거나 이용 가능한 대체적인 형상이 존재하는지, 대체적인 형상으로 상품을 생산하더라도 동등한 정도 또는 그 이하의 비용이 소요되는지, 입체적 형상으로부터 상품 등의 본래적인 기능을 넘어서는 기술적 우위가 발휘되지는 아니하는 것인지 등을 종합적으로 고려하여 판단하여야 한다.[115]

(4) 판단사례

① 내복용 알약에는 다양한 크기, 형상, 색깔이 존재할 수 있어 이용 가능한 대체적 형상이 다수 존재하고, 이 사건 등록상표('●')의 지정상품인 심장혈관용 약제, 성기능장애 치료용 약제가 실제로 이 사건 등록상표와 같은 마름모 도형의 입체적 형상과 푸른색 계열의 색채가 아닌 다른 색채와 형상으로도 여러 업체에서 생산되어 판매되고 있는 점, 또한 위 형상과 색채의 결합이 알약의 본래적인 기능을 넘어서는 기술적 요소가 발휘된 것이라고 보기는 어려운 점 등을 알 수 있다. 이러한 사정에 비추어 보면, 이 사건 등록상표는 상표등록을 받고자 하는 상품의 기능을 확보하는 데 불가결한 입체적 형상만으로 된 상표에 해당한다는 사유로 그 상표등록이 무효로 될 것임이 명백하다고 할 수는 없다(대법원 2015. 10. 15. 선고 2013다84568 판결).

② 이 사건 팽이가 탑블레이드 팽이와 그 형태에 있어서 다소 유사한 것은 사실이나, 그 대부분은 팽이라는 상품 본래의 기능을 확보하기 위한 기술적 요청에서 유래한 결과로서 그와 같은 상품의 형태 자체에 대하여 피해회사가 특허권을 취득하였다는 등의 특별한 사정이 없는 한 피해회사에게 그 사용에 대한 독점권이 부여되어 있다고 할 수 없고, 날개부분의 형상도 그와 같은 상품의 형태 자체가 곧바로 특정한 출처의 상품임을 연상시킬 정도로 개별화되어 타인의 상품임을 표시한 표지로서 작용하기에 이르렀다고 보기도 어려워(더구나 이 사건 팽이는 날개의 모양이나 개수에 있어서 탑블레이드 팽이와 차이점이 있다), 이 사건 팽이의 형태가 탑블레이드 팽이와 다소 유사하다는 것만으로 곧 피고인이 이 사건 팽이를 국내에 수입한 행위를 부정경쟁행위에 해당한다고 할 수 없다고 판단한 원심판결을 수긍한 사례(대법원 2005. 2. 17. 선고

---

115) 대법원 2015. 10. 15. 선고 2013다84568 판결.

2004도7967 판결).[116]

③ 호흡기계 질환 의약품의 '흡입기'에는 다양한 크기, 형상, 색채가 존재할 수 있어 이용 가능한 대체적 형태가 다수 존재하고, 실제로 원고 흡입기와 같은 형태나 색채가 아니라 다른 형태나 색채로도 여러 업체에서 흡입기가 생산·판매되고 있으며, 또한 원고 흡입기 형태나 색채로부터 그 흡입기의 본래적인 기능을 넘어서는 기술적 우위가 발 휘된다고 보기는 어렵다. … 결국, 원고 흡입기 형태 중 '보

라색'이 '기능적(functional)'인 성격을 가진다고 볼 수는 없다(서울고등법원 2016. 3. 31. 선고 2015나2049390 판결, 심리불속행기각).[117]

너. 제16호

> 세계무역기구 회원국 내의 포도주 또는 증류주의 산지에 관한 지리적 표시로서 구성되거나 그 지리적 표시를 포함하는 상표로서 포도주 또는 증류주에 사용하려는 상표. 다만, 지리적 표시의 정당한 사용자가 해당 상품을 지정상품으로 하여 제36조제5항에 따른 지리적 표시 단체표장등록출원을 한 경우에는 상표등록을 받을 수 있다.

WTO/TRIPs 협정 23조는 원산지를 달리하는 포도주(Wine)와 증류주(spirit)에 대하여 오인·혼동의 여부와 관계없이 보호를 거절하여야 하고, 착오로 등록될 경우에도 그 등록을 무효로 하도록 규정하였기 때문에, 협정 준수를 위하여 이를 부등록사유로 규정한 것이다.

본호는 포도주 및 증류주의 산지에 관한 지리적 표시에 대해서만 적용되며, 당해 산지를 그 지역의 문자로 표시한 것뿐만 아니라 그에 대한 번역 및 음역을 모두 포함하며, 수요자의 오인·혼동을 요건으로 하지 아니한다.[118]

WTO 가맹국 내의 포도주와 증류주의 원산지 명칭으로 널리 알려진 것으로는 '보르도(Bordeaux)', '샴페인(Champagne)', '코냑(Cognac)' 등이 있다.

본호의 해당 여부 판단기준시는 등록 여부 결정시이며(상표 34조 2항), 본호에 기

---

116) 부정경쟁방지법 2조 1호 가목 상품주체혼동행위에 관한 사안이다.
117) 부정경쟁방지법 2조 1호 가목 상품주체 혼동행위에 관한 사안이다.
118) 상표법주해 I(주 37), 801; 상표심사기준 5부 16장 1.1.1.

한 등록무효심판은 5년의 제척기간이 적용된다(상표 122조 1항).

더. 제17호

> 「식물신품종 보호법」 제109조에 따라 등록된 품종명칭과 동일·유사한 상표로서 그 품종명칭과 동일·유사한 상품에 대하여 사용하는 상표

　　등록상표와 품종명칭의 오인·혼동을 방지하고, 상표법과 식물신품종 보호법과의 저촉을 피하고자 부등록사유로 신설한 것이다.

　　본호는 식물신품종 보호법 109조(구 종자산업법 111조)에 따라 등록된 품종명칭과 동일·유사한 상표에 대해서만 적용되므로, 등록되지 않은 종자나 품종명칭, 외국에 등록된 종자나 품종명칭의 경우에는 거래업계에서 특정 종자나 품종명칭으로 널리 알려진 경우, 그 종자나 품종명칭과 동일한 상표를 그 종자나 묘목 또는 이와 관련된 상품에 출원한 경우에는 상표법 33조 1항 1호가 적용되며, 상품 자체를 오인하게 할 우려가 있는 경우에는 33조 1항 1호와 34조 1항 12호가 함께 적용된다.[119]

　　본호는 상표출원 주체에 관하여 별도의 예외를 두지 아니하였으므로, 식물신품종 보호법에 따라 등록된 품종명칭의 품종보호권자가 자기의 품종명칭을 출원한 경우에도 적용된다고 봄이 타당하다.

러. 제18호

> 「농수산물 품질관리법」 제32조에 따라 등록된 타인의 지리적 표시와 동일·유사한 상표로서 그 지리적 표시를 사용하는 상품과 동일하다고 인정되는 상품에 사용하는 상표

　　농수산물품질관리법[120]과의 관계를 분명히 하여 상표법과 위 법률과의 저촉을 피하고자 부등록사유로 신설한 것이다. 본호는 '타인'의 지리적 표시와 동일하거나 유사한 상표에 한하여 적용되므로 농수산물품질관리법에 의하여 등록된 지리적 표시권자가 해당 표장을 직접 상표법상의 상표 또는 지리적 표시 단체표장으로 출원한 경

---

119) 상표법주해 I(주 37), 811; 상표심사기준 4부 1장 3.2.

120) 2013. 4. 5. 법률 제11747호로 개정되기 전의 구 상표법에서는 "농산물품질관리법 8조 또는 수산물품질관리법 9조"라고 규정하였으나, 양 법이 농수산물품질관리법으로 통합됨에 따라 개정 상표법에서 '농수산물품질관리법 32조'로 수정되었다.

우에는 적용되지 않는다. 또한, 본호는 지리적 표시를 사용하는 상품과 '동일하거나 동일하다고 인식되어 있는 상품'에 사용하는 상표에 적용되므로 '유사상품'에 대해서는 적용되지 않는다.

머. 제19호

> 대한민국이 외국과 양자간 또는 다자간으로 체결하여 발효된 자유무역협정에 따라 보호하는 타인의 지리적 표시와 동일·유사한 상표 또는 그 지리적 표시로 구성되거나 그 지리적 표시를 포함하는 상표로서 지리적 표시를 사용하는 상품과 동일하다고 인정되는 상품에 사용하는 상표

한국과 유럽연합은 한·EU FTA에 의하여 지리적 표시의 상호 보호대상 리스트(부속서)를 교환함으로써 자국의 지리적 표시를 상대국에서 일괄적으로 보호하고 있는바, 19호는 한·EU FTA에서 보호의무가 발생한 지리적 표시를 보호하고자 2011. 6. 30. 법률 제10811호 상표법 개정법률에 의하여 신설된 것으로서, 나아가 향후 발효될 자유무역협정에 의하여 보호의무가 부여될 수 있는 지리적 표시에도 탄력적으로 적용할 수 있도록 한 것이다.

본호는 18호와 달리 지리적 표시와 동일하거나 유사한 상표뿐만 아니라 그 지리적 표시로 구성되거나 이를 포함하는 상표에 대해서도 적용된다.

버. 제20호

> 동업·고용 등 계약관계나 업무상 거래관계 또는 그 밖의 관계를 통하여 타인이 사용하거나 사용을 준비 중인 상표임을 알면서 그 상표와 동일·유사한 상표를 동일·유사한 상품에 등록출원한 상표

(1) 의　　의

본호는 타인과의 계약이나 거래관계 등 특정한 관계에 있던 자가 이를 통해 알게 된, 타인이 미등록인 채로 사용하거나 사용준비 중인 상표를 가로채어 자기가 출원하는 등 신의성실 원칙에 위반되는 상표의 등록을 막기 위한 규정으로, 공서양속에 위반되는 상표등록출원에 대한 거절조문인 상표법 34조 1항 4호가 '상표 그 자체 또는 상표가 상품에 사용되는 경우'로 한정하고 있어 신의칙(信義則)에 어긋나는 상표출원

자체를 거절할 마땅한 조문이 없다는 점을 보완하기 위해[121) 2014. 6. 11. 법률 제 12751호로 개정된 상표법에서 7조 1항 18호로 신설되어 현행 상표법으로 이어진 것이다.

동업자가 다른 동업자의 사용을 배제하기 위하여 단독으로 출원하는 경우, 종업원이 회사의 제품출시계획을 알고 해당 상표를 미리 출원하여 선점하고자 하는 경우, 대리점 등 업무상 거래관계에 있는 자가 거래대상이 되는 제품의 상표를 선점할 목적으로 출원하는 경우, 지역 브랜드공모전의 당선작을 공모전 심사위원이었던 자가 무단으로 출원하는 경우 등을 대표적인 예로 들 수 있다.[122)

한편 상표법은 방송프로그램 등 타인이 상당한 투자나 노력을 기울여 만든 성과를 무단으로 출원하여 상표등록을 받은 경우에 대해서 이를 상표부등록사유로 규제하는 대신 정당한 권리자의 동의를 받지 아니하고는 그 등록상표를 사용할 수 없도록 상표의 사용을 제한하는 방식을 취하였다(상표 92조 2항).

본호의 해당 여부는 거래관계 등에서 준수하여야 할 신의성실의 원칙을 위반한 것인지에 중점을 두어 판단하되, 선출원주의를 근간으로 하는 상표법 전반의 질서에 비추어 지나치게 확대해석되지 않도록 주의할 필요가 있다.[123)

본호의 판단기준시는 출원시이나(상표 34조 2항 단서), 타인성 여부는 등록 여부 결정시를 기준으로 판단한다(상표 34조 2항 본문). 본호에 기한 등록무효심판청구에는 제척기간이 적용되지 않는다(상표 122조 1항).

(2) 적용요건

(가) 동업·고용 등 계약관계나 업무상 거래관계 또는 그 밖의 관계

'동업·고용 등 계약관계나 업무상 거래관계'에는 문서를 통해 정식으로 동업·고용·거래관계가 이루어진 경우뿐만 아니라, 기타 계약관계나 거래관계가 증명되는 경우도 포함된다. '그 밖의 관계'라 함은 동업·고용 등 계약관계나 업무상 거래관계에 준하는 일정한 신의성실관계를 의미한다. 따라서 관련 없는 제3자의 영업활동이나 대중매체 등을 통하여 인지한 상표를 출원하는 경우에는 이에 해당하지 않는다.[124)

---

121) 상표심사기준 5부 20장 [제도의 취지]; 윤선희, 상표법, 법문사(2015), 278~279.
122) 상표심사기준 5부 20장 1.1.
123) 박종태, INSIGHT+상표법, 한빛지적소유권센터(2016), 411.
124) 상표심사기준 5부 20장 1.1.

(나) 타인이 사용하거나 사용 준비 중인 상표임을 알고 있을 것

'타인'이라 함은 출원인과의 관계에서 특정한 신의관계가 형성되어 있는 자로 국내외 자연인, 법인은 물론 법인격 없는 단체나 외국인도 포함한다.[125]

'사용하거나 사용 준비 중인 상표'라 함은 속지주의 원칙상 국내에서 사용 또는 사용 준비 중인 상표를 말한다. 따라서 상표로 기능하지 않는 드라마 제명이나 저작물에는 본호가 적용되지 않는다.[126]

본호는 타인이 사용하거나 사용을 준비 중인 상표임을 알면서 출원한 경우에 적용되나, 계약관계나 업무상 거래관계 또는 그 밖의 관계가 있었다면 대부분 그러한 인식이 가능하므로, 계약관계 등이 입증되면 사용하거나 사용 준비 중인 사실을 알고 있는 것으로 사실상 추정된다.[127]

(다) 그 상표와 동일·유사한 상표를 동일·유사한 상품에 출원

본호는 타인이 사용하거나 사용을 준비 중인 상표와 동일·유사한 상표를 동일·유사한 상품에 출원한 경우에만 적용된다.

(라) 부정한 목적의 존부

본호는 타인에게 손해를 끼칠 부정한 목적이나 타인의 신용에 편승하여 이익을 얻을 목적이 없는 경우에도 적용될 수 있다.[128]

(3) 4호 및 13호와의 관계

(가) 본호와 4호의 관계[129]

상표법 34조 1항 4호는 원칙적으로 상표 그 자체 또는 상표가 상품에 사용되는 경우 공서양속에 위반되는지를 기준으로 그 해당 여부를 판단하는 반면, 본호는 그 상표를 출원하기까지의 과정이 신의칙 위반에 해당하는지를 기준으로 판단한다는 점에서 차이가 있다. 한편 상표의 출원·등록 과정과 관련하여 4호가 적용되는 것은 상표의 출원·등록과정에서 사회적 타당성이 현저히 결여되어 그 등록을 인정하는 것이 상표법의 질서에 반하는 것으로 도저히 용인할 수 없다고 보이는 경우 등이므로,

---

125) 상표심사기준 5부 20장 1.2.1.
126) 상표심사기준 5부 20장 1.2.2.
127) 상표심사기준 5부 20장 1.2.3 참조.
128) 상표심사기준 5부 20장 2.1.
129) 상표심사기준 5부 20장 3.1 참조.

단순히 당사자 사이에 신의칙 위반이 있는 경우에는 본호가 적용된다.

출원상표가 본호뿐만 아니라 4호에도 해당하는 경우에는 양 조문이 중첩적으로 적용될 수 있다.

(나) 본호와 13호의 관계[130]

상표법 34조 1항 13호는 모방대상상표가 특정인의 상품을 표시하는 것이라고 인식되어 있는 상표이어야 하나, 본호는 그러한 인식을 요하지 않는다. 반면 13호는 모방대상상표 사용자와 출원인 사이에 특별한 신의관계를 요하지 않으나, 본호는 신의관계가 필요하다. 또한, 13호는 부정한 목적이 있어야 하나, 본호는 타인의 사용 사실이나 사용 준비 중인 사실을 알고 있으면 족하다. 본호는 동일·유사한 상품에 한하여 적용되나, 13호는 그러한 제한이 없다.

출원상표가 본호뿐만 아니라 13호에도 해당하는 경우에는 양 조문이 중첩적으로 적용될 수 있다.

서. 제21호

> 조약당사국에 등록된 상표와 동일·유사한 상표로서 그 등록된 상표에 관한 권리를 가진 자와의 동업·고용 등 계약관계나 업무상 거래관계 또는 그 밖의 관계에 있거나 있었던 자가 그 상표에 관한 권리를 가진 자의 동의를 받지 아니하고 그 상표의 지정상품과 동일·유사한 상품을 지정상품으로 하여 등록출원한 상표

(1) 의 의

본호는 조약 당사국에 등록된 상표에 관한 권리를 가진 자와 계약이나 거래관계 등 특정한 관계에 있거나 있었던 자가 상표에 관한 권리를 가진 자의 동의를 받지 않고 동일·유사한 상표를 출원하는 경우에 등록을 불허하기 위한 규정이다. 이는 공업소유권보호를 위한 파리협약 6조의7을 반영하여 구 상표법 23조 3호로 규정하였던 상표등록거절사유를 상표부등록사유로 이전하고 취소심판사유에서 무효심판사유로 변경한 것이다.[131]

---

130) 상표심사기준 5부 20장 3.2 참조.

131) 그 외에도 구 상표법 23조 1항 3호의 적용에 관한 다른 제한요건을 수정하여 적용범위를 확대하였다. 즉 출원인이 '출원일 전 1년 이내에 대리인 등'에 해당할 것으로 요구했던 것에서 '1년'이라는 기간을 삭제하고, 본호의 적용을 '조약당사국의 상표권자 등으로부터 이의신청이나 정보제공이 있는 경우'로 제한한 단서를 삭제하여 적용범위를 확대하였다.

본호는 13호와 달리 타인에게 손해를 끼칠 부정한 목적이나 타인의 신용에 편승하여 이익을 얻을 목적이 없어도 적용이 가능하다. 본호의 판단기준시는 출원시이며(상표 34조 2항 단서), 타인성 여부의 판단시준시는 등록 여부 결정시이다(상표 34조 2항 본문). 한편 특허청 심사실무는, 상표에 관한 권리를 가진 자의 동의를 받았는지는 등록 여부 결정시를 기준으로 판단한다고 하나,[132] 현행 상표법 해석상 타당한지는 의문이다.[133]

본호에 기한 등록무효심판청구에는 제척기간이 적용되지 않는다(상표 122조).

(2) 적용요건

(가) 조약당사국에 등록된 상표와 동일·유사한 상표

조약당사국에 등록된 상표와 동일·유사한 상표를 동일·유사한 상품을 지정상품으로 하여 출원한 경우를 의미한다.

'조약당사국'에서 '조약'이란 파리협약 6조의7에 규정된 바와 같은 상표권자의 권리를 서로 동등하게 인정해 주는 조약을 의미하므로, 이러한 조약당사국에는 파리협약 당사국뿐만 아니라 WTO 회원국, 상표법조약 체약국이 포함되며, 그 밖에 다자간 또는 양자 조약의 당사국도 포함된다.

'조약당사국에 등록된 상표에 관한 권리를 가진 자'의 범위에 등록주의를 채택한 국가에서 등록에 의하여 상표에 관한 배타적 권리를 취득한 자뿐만 아니라 사용주의를 채택한 국가에서 사용에 의하여 배타적 권리를 취득한 자도 포함된다는 취지의 특허법원 판결례가 있다.[134]

(나) 상표에 관한 권리를 가진 자와 동업·고용 등 계약관계나 업무상 거래관계 또는 그 밖의 관계에 있거나 있었던 자

'동업·고용 등 계약관계나 업무상 거래관계'는 문서를 통해 정식으로 동업·고용·거래관계가 이루어진 경우뿐만 아니라, 기타 계약관계나 거래관계가 증명되는 경우도 포함된다. '그 밖의 관계'라 함은 동업·고용 등 계약관계나 업무상 거래관계

---

132) 상표심사기준 5부 21장 4.2.
133) 이러한 심사실무는 '권리자의 사후적 동의도 포함된다'는 파리협약 6조의7의 일반적인 해석과 균형을 맞춘 것으로 보이나, 본호 해당 여부를 출원시를 기준으로 판단하도록 한 현행 상표법과는 조화되기는 어려울 것으로 보인다. 이에 관한 상세한 내용은 상표법주해(주 37) I, 879~881 참조.
134) 특허법원 2015. 4. 24. 선고 2014허6681 판결(상고이유서부제출 기각).

에 준하는 일정한 신의성실 관계를 의미한다. 따라서 관련 없는 제3자의 영업활동이
나 대중매체 등을 통하여 인지한 상표를 출원하는 경우에는 이에 해당하지 않는다.

구 상표법 23조 1항 3호에서 '그 상표에 관한 권리를 가진 자의 대리인이나 대표
자 또는 상표등록출원일전 1년 이내에 대리인이나 대표자이었던 자'로 한정하였던 것
을 현행 상표법에서 위와 같이 확대한 것이다.135) 여기서 '대리인이나 대표자'라 함은
대리점, 특약점, 위탁판매업자, 총대리점 등 널리 해외에 있는 수입선인 상표소유권
자의 상품을 수입하여 판매, 광고하는 자를 가리킨다.136) 그리고 계약에 의하여 대리
점 등으로 된 자와 상표등록을 한 자가 서로 다른 경우에도 양자의 관계 및 영업형
태, 대리점 등 계약의 체결 경위 및 이후의 경과, 등록상표의 등록경위 등 제반 사정
에 비추어 상표등록 명의자를 대리점 등 계약의 명의자와 달리한 것이 위 상표법 규
정의 적용을 회피하기 위한 편의적, 형식적인 것에 불과하다고 인정되는 때에는 위
규정을 적용함에 있어 양자는 실질적으로 동일인으로 보아야 하므로, 그 상표등록 명
의자 역시 위 규정에서 말하는 '대리인이나 대표자'에 해당한다.137)

'관계가 있거나 있었던 자'이면 되므로, 본호의 판단기준시인 출원시를 기준으로
계약관계 등이 반드시 유지되고 있을 필요는 없고, 과거에 계약관계 등이 있었던 자
에 대해서도 본호가 적용될 수 있다. 한편 본호의 '계약관계'는 '계속적 계약관계'를
의미함을 전제로, 조약당사국의 상표권자와 국내 법인 사이에 '거래행위를 위한 교섭
단계'에 있었던 것에 불과하고 '계속적 계약관계'가 없었던 경우에 구 상표법 23조 1
항 3호의 적용을 부정한 특허법원 사례가 있다.138)

(다) 상표에 관한 권리를 가진 자의 동의를 받지 않았을 것

본호는 그 상표에 관한 권리를 가진 자의 동의를 받은 경우에는 적용되지 않는
다. 동의를 받았음은 해당 상표를 출원한 자 또는 상표 출원에 관한 권리를 이전받은
자가 입증하여야 한다.

구 상표법 23조 1항 3호는 '상표에 관한 권리를 가진 자의 동의를 받지 아니하는
등 정당한 이유가 없을 것'을 요건으로 하였으나, 현행 상표법은 이러한 정당한 이유

---

135) 상표법주해 I(주 37), 866~867.
136) 대법원 2003. 4. 8. 선고 2001후2146 판결.
137) 대법원 2013. 2. 28. 선고 2011후1289 판결.
138) 특허법원 2009. 8. 28. 선고 2009허3756 판결(심리불속행기각), 2003. 4. 4. 선고 2002허7667 판결(확
    정). 상표법주해 I(주 37), 867~868 참조.

를 권리자의 동의로 제한하였다. 이러한 '정당한 이유'의 의미와 관련하여 대법원은, "조약당사국에서 상표에 관한 권리를 가진 자의 보호를 강화함으로써 공정한 국제거래질서를 확립하고자 하는 위 규정의 입법 취지에 비추어 볼 때, 여기서 '정당한 이유'가 있는 경우란 반드시 상표에 관한 권리를 가진 자가 대리인 등의 상표출원에 명시적으로 동의한 경우에 한정되지 아니하고, 묵시적으로 동의한 경우는 물론 상표에 관한 권리를 가진 자가 우리나라에서 상표를 포기하였거나 권리를 취득할 의사가 없는 것으로 믿게 한 경우와 같이 대리인 등이 당해 상표 또는 이와 유사한 상표를 출원하여도 공정한 국제거래질서를 해치지 아니하는 것으로 볼 수 있는 경우를 포함한다."라고 판시하여,[139] '동의'를 '정당한 이유'의 하나의 예시로 해석하였다.

4. 상표법 34조 3항의 부등록사유

> 상표권자 또는 그 상표권자의 상표를 사용하는 자는 119조 1항 1호부터 3호까지 및 5호부터 9호까지의 규정에 해당한다는 이유로 상표등록의 취소심판이 청구되고 그 청구일 이후에 다음 각 호의 어느 하나에 해당하게 된 경우 그 상표와 동일·유사한 상표[동일·유사한 상품(지리적 표시 단체표장의 경우에는 동일하다고 인정되는 상품을 말한다)을 지정상품으로 하여 다시 등록받으려는 경우로 한정한다]에 대해서는 그 해당하게 된 날부터 3년이 지난 후에 출원해야만 상표등록을 받을 수 있다.
>
> 1. 존속기간이 만료되어 상표권이 소멸한 경우
> 2. 상표권자가 상표권 또는 지정상품의 일부를 포기한 경우
> 3. 상표등록 취소의 심결이 확정된 경우

상표법 34조 3항은 상표등록이 취소된 상표에 대하여 일정한 경우에 종전 상표권자에 의한 재등록을 제한하는 것이다.

본항은 상표등록취소심결이 확정된 경우에는 취소심결의 확정 이전에 상표권자에 의하여 등록출원된 상표라고 하더라도 그 출원이 심판청구일 이후에 이루어졌을 때는 그 상표의 등록을 허용하지 않음으로써 등록취소심판제도의 실효성을 확보하고자 하는 규정이므로, 등록취소심판청구일 이전에 상표권자가 등록출원한 상표에 대

하여는 원칙적으로 본항이 적용되지 아니한다.[140] ① 상표의 등록심사업무가 신속히 이루어져 취소심판 청구일 전 또는 취소심결이 확정되기 전에 등록결정을 한 경우에는 적법하게 등록될 것이지만, 상표의 등록심사업무가 늦어져 등록심사의 과정 중에 그 심결이 확정된 경우에는 등록이 거절되어야 한다면 상표등록의 심사행정 여하에 따라 그 결론이 좌우되는 불합리한 면이 있게 되어 선의의 출원인에게 불측의 손해를 입히게 될 것이고, ② 본항이 '청구일 이후에 다음 각 호의 어느 하나에 해당하게 된 경우'라고 규정하여 그 문언상 취소심판 청구일 이후에 취소심결이 확정된 경우에는 무조건 그 확정일로부터 3년 이내에는 동일 또는 유사상표를 등록할 수 없다는 취지로 해석될 소지가 있으나, 취소심결의 확정은 당연히 취소심판청구를 전제로 하는 것이어서 위와 같은 문구만을 이유로 그와 같이 해석할 수는 없으므로, 등록거절결정 당시 등록취소심결이 확정되었고 그 확정 전에 출원되었다고 하여 일률적으로 위 규정을 적용하여 상표등록 출원을 거절할 것은 아니므로, 위와 같은 해석은 선의의 상표출원인을 보호하기 위한 적절한 것이라고 할 것이다.[141]

상표권자가 등록상표에 대한 취소심판을 예상하고 본항의 적용을 회피할 목적으로 취소심판청구 전에 출원한 경우에는 예외적으로 상표법 34조 3항이 적용되는지가 문제된다. 이에 대해서는 상표법 34조 3항의 입법취지 및 상표불사용취소심판에 의한 등록취소를 면하기 위해서는 문제가 된 등록상표를 사용하면 될 것임에도 그와 유사한 상표를 출원함으로써 제3자로 하여금 불사용취소된 상표의 사용을 금지하려고 한 상표권자를 보호할 필요가 없다는 전제에서 34조 3항의 적용을 긍정하는 견해와 상표의 등록출원시에는 불사용취소심판청구가 실제 있지도 않았고, 언제 청구될지 알 수도 없으며, 등록상표의 상표권자는 그와 유사한 상표를 출원할 권리가 있고, 굳이 등록된 기존 상표를 사용하지 않고 그와 유사한 상표만을 사용하겠다는 의사로 새로이 상표등록출원을 하는 것이 위법하다고 할 수는 없으며, 예외적으로 상표법 34조 3항을 적용한다면 출원인의 주관적 의사를 기준으로 상표의 등록 적격을 따져야 하는 불합리한 점이 생기므로 법적 안정성을 해칠 우려가 있다는 이유로 34조 3항의 적용을 부정하는 견해가 있는데, 부정설이 타당하다.[142]

한편 별도의 원인으로 등록상표 자체가 소멸하여 상표등록취소심결에 관한 심결

---

140) 대법원 2002. 10. 22. 선고 2000후3647 판결.
141) 특허법원 2000. 11. 17. 선고 2000허6127 판결(상고기각). 2000후3647 판결의 원심판결이다.
142) 상표법주해 I(주 37), 893~894 참조.

취소소송이 각하됨으로써 상표등록취소심결이 형식적으로 확정된 경우에도 그러한 심결확정을 근거로 본항이 적용될 수 있는지가 문제되나, 119조 1항 3호 사유를 원인으로 한 상표등록취소심결이 확정된 경우 3년간 그와 동일·유사한 상표의 등록을 금지하는 34조 3항은 119조 1항 3호 사유에 의한 상표등록취소심결의 확정에 따라 그 상표권이 소멸하는 경우에만 적용되는 것이고, 별도의 원인으로 등록취소를 구하는 등록상표 자체가 소멸하고 이에 따라 119조 1항 3호 사유를 원인으로 상표등록취소심결의 효력을 다툴 이익이 없어져 소가 각하됨으로써 상표등록취소심결이 형식적으로 확정된 데 불과한 경우에는 그와 같은 심결 확정을 근거로 34조 3항이 적용될 수 없다.[143]

Ⅲ. 선출원에 의한 등록거절(상표 35조)

1. 개   설

일반적으로 동일한 내용의 상표등록출원이 둘 이상 경합하는 경우에 어느 출원에 대하여 상표등록을 할 것인가에 대해서는 선출원주의와 선사용주의로 나누어져 있다. 그런데 상표법 35조 1항은 "동일·유사한 상품에 사용할 동일·유사한 상표에 대하여 다른 날에 둘 이상의 상표등록출원이 있는 경우에는 먼저 출원한 자만이 그 상표를 등록받을 수 있다."라고 규정[144]하여 선출원주의를 취하였다. 즉, 상표법은 등록주의와 함께 선출원주의를 취한 것이다.

선출원주의는 상표법 34조 1항 7호의 부등록사유와 마찬가지로 상품이나 서비스 출처의 오인이나 혼동을 방지하기 위한 공익적 규정이므로, 상표 간, 서비스표 간은 물론 상표와 서비스표 간에도 상표의 지정상품과 서비스표의 지정서비스업이 동일·유사한 경우에 문제될 수 있다.[145]

---

143) 대법원 2008. 9. 25. 선고 2008후750 판결, 2004. 2. 26. 선고 2001후2689 판결.
144) 본 규정의 개정연혁에 대해서는 상표법주해 I(주 37), 901~909 참조.
145) 대법원 2001. 7. 13. 선고 2000후2071 판결 참조.

2. 선·후출원의 판단기준

가. 기본원칙

상표법은 '다른 날에 둘 이상의 상표등록출원이 있는 경우에는 먼저 출원한 자만이 그 상표를 등록받을 수 있다'고 규정하므로, 동일·유사한 상표 상호 간에 어느 상표가 선출원인가를 판단하는 기준은 '시각'이 아니라 '날짜'이다. 따라서 같은 날 출원한 경우에는 출원 시간과 관계없이 동일(同日) 출원으로 간주한다.

나. 경합된 동일(同日) 출원의 취급

이에 관하여 상표법 35조 2항은 "동일·유사한 상품에 사용할 동일·유사한 상표에 관하여 같은 날에 둘 이상의 상표등록출원이 있는 경우에는 출원인의 협의에 의하여 정하여진 하나의 출원인만이 그 상표에 관하여 상표등록을 받을 수 있다. 협의가 성립하지 아니하거나 협의를 할 수 없는 때에는 특허청장이 행하는 추첨에 의하여 결정된 하나의 출원인만이 상표등록을 받을 수 있다."라고 규정하며, 35조 4항은 "특허청장은 2항의 경우에는 출원인에게 기간을 정하여 협의의 결과를 신고할 것을 명하고 그 기간 내에 신고가 없는 때에는 2항의 규정에 의한 협의는 성립되지 아니한 것으로 본다."라고 규정한다. 다만 지리적 표시 단체표장등록출원에 대해서는 35조 2항이 적용되지 아니한다(상표 35조 4항).

동일자 출원에 대한 이런 취급은 상표 간 또는 서비스표 간은 물론 상표와 서비스표 간에도 적용된다. 한편 35조 2항은 타인 간의 둘 이상의 출원에 관한 규정이므로 동일인의 둘 이상의 출원에 대해서는 적용되지 않으며, 그 판단기준시는 등록 여부 결정시이다.[146)]

3. 선출원의 요건

가. 상표와 지정상품의 동일·유사

어떤 상표가 선출원의 지위에 있다고 하기 위해서는 선출원상표와 후출원상표가 표장은 물론 지정상품도 동일·유사하여야 함은 상표법 규정상 명백하므로 그 요건

---

146) 대법원 2002. 10. 25. 선고 2001후2825 판결 참조.

중 대부분은 상표법 34조 1항 7호의 부등록사유와 동일하다. 상표법 35조 1항의 판단 기준시는 등록 여부 결정시이므로 유사 여부도 등록 여부 결정시를 기준으로 판단한다.

한편 지리적 표시 단체표장등록출원 상호 간 또는 지리적 표시 단체표장등록출원과 상표등록출원 상호 간에는 '동일한 상품'인 경우에 한하여 선출원의 지위가 인정된다(상표 35조 5항 1호). 동음이의어 지리적 표시 단체표장등록출원 상호 간에는 선출원의 지위가 인정되지 아니하여 '동일한 상품'이더라도 모두 등록받을 수 있으나(상표 35조 5항 2호), 다만 지리적 출처에 대한 수요자의 혼동을 방지하기 위한 표시를 함께 사용하여야 한다(상표 223조).

나. 유효한 출원의 계속

선출원의 지위는 선출원이 후출원상표의 등록 여부 결정시에 상표출원으로 유효하게 존속하는 경우에 한하므로, 예컨대 선출원상표가 등록되었다가 무효로 된 경우(대법원 2002. 1. 8. 선고 99후925 판결[147]), 선출원상표가 상표권 포기로 등록말소가 되어 후출원상표의 등록거절결정시에는 이미 존재하지 않은 경우(대법원 2000. 5. 16. 선고 98후2023 판결)등에는 결국 선출원의 지위가 상실되어 선출원에 의한 등록거절사유가 해소되었다고 보아야 할 것이다. 또한, 선행상표의 선출원을 이유로 후출원 등록상표가 상표법 35조 1항에 해당하여 그 등록이 무효라는 내용의 심결이 확정된 후 선행상표에 대한 등록무효심결이 확정되어 소급적으로 무효로 된 경우에는 후출원 등록상표에 대한 등록무효심결은 재심사유에 해당한다(대법원 1997. 9. 12. 선고 97재후58 판결).

선출원인 선행상표에 대한 무효심판이 계속 중인 경우에 선출원상표의 존재를 이유로 한 거절결정에 대한 불복심판절차(또는 등록무효심판)에서 선행상표의 선출원 지위를 부인할 수 있는가 또는 상표법 151조 1항[148]에 따라 선행상표에 대한 등록무효심판절차가 확정될 때까지 후출원 상표에 대한 거절결정불복심판절차를 정지하여야 하는가의 문제가 있다. 이에 관하여 특허법원 판결은 모두 소극적으로 판단하였다.[149]

---

147) 이 판결은 선출원인 선행상표가 후출원 상표에 대한 거절결정불복심판의 심결 이후에 무효로 확정된 사안에 관한 것으로, "선출원의 선행상표가 후출원에 대한 거절결정불복심판의 심결시에 무효로 확정되지 않았다고 하더라도 그 후 무효로 확정되면 그 등록은 처음부터 없었던 것으로 보는 것이므로, 결국 선행상표의 등록은 후출원에 대한 거절결정불복심판의 심결시에 없었던 것이 된다."라고 판시하였다.
148) 구 상표법 77조의27 1항.
149) 특허법원 2000. 12. 9. 선고 2000허327 판결(확정).

다. 상표법 34조 1항 7호와의 관계

상표법 34조 1항 7호와 상표법 35조 1항은 상표와 지정상품의 동일·유사 여부를 판단한다는 점에서 실무상 주된 쟁점이 일치한다. 다만 34조 1항은 선행상표가 선출원이자 등록상표이어야 하므로, 선출원 상표가 후출원상표의 등록 여부 결정시에 상표등록이 되었으면 34조 1항 7호를 적용하고, 출원 중이기는 하나 미등록 상태인 경우에는 35조 1항을 적용하면 된다.

반면 구 상표법 7조 1항 7호는 현행 상표법 34조 1항 7호와 달리 판단기준시가 등록출원시로 구 상표법 8조 1항(현행 상표 35조 1항)의 판단기준시(등록 여부 결정시)와 차이가 있고, 이로 인하여 선출원상표가 후출원상표의 출원 당시에는 아직 출원 중이었으나 후출원상표의 등록 여부 결정 당시에는 등록된 경우에 후출원상표가 선출원상표와 동일·유사하다는 이유로 거절결정을 할 때는 구 상표법 7조 1항 7호가 아닌 8조 1항이 적용된다. 대법원도 이러한 경우에 구 상표법 7조 1항 7호를 적용한 특허법원 판결을 적용법조의 잘못을 이유로 파기환송하였다(대법원 2004. 11. 12. 선고 2004후2666판결, 2000. 5. 16. 선고 98후2023 판결 등 참조).

4. 선출원주의 위반의 효과

후출원은 그 등록이 거절되어야 하며(상표 54조 1항 3호), 잘못되어 후출원이 등록되더라도 등록무효사유에 해당한다(상표 117조 1항).

한편 동일자 출원에 관한 35조 2항에 위반되어 등록된 상표도 그 등록이 무효로

[판결 이유의 요지]
출원상표가 상표법 35조 1항 소정의 선출원상표와 유사한 상표에 해당하는지를 판단할 때 그 선출원상표에 대한 등록무효심판이 확정되지 않은 이상 그 선출원상표의 등록무효를 주장하거나 선출원상표의 지위를 부인하여 그와 유사한 상표의 등록을 허용할 수는 없다(대법원 2000. 3. 23. 선고 97후2323 판결 참조).

상표등록무효심판에 준용되는 특허법 164조 1항은 심판 또는 소송절차의 중지에 관하여 "심판에 있어서 필요한 때에는 당해 심판사건과 관련되는 특허이의신청에 대한 결정 또는 다른 심판의 심결이 확정되거나 소송절차가 완결될 때까지 그 절차를 중지할 수 있다."라고 규정하므로 이 사건에서와 같이 선출원상표에 대한 등록무효심판이 별도로 특허심판원에 계속 중인 경우에 그 심판의 심결이 확정될 때까지 심판절차를 중지할 것인지는 심판관의 재량에 속하는 사항으로서 그 심결의 확정 전에 내려진 이 사건 심결이 위법하다고 할 수는 없다.

한편 특허법원 2005. 8. 12. 선고 2004허6545 판결도 같은 취지로 판단하였다.

된다(상표 117조 1항).

5. 선출원주의의 예외

상표법에는 형식적으로 후출원에 해당하는 상표등록출원이라 하더라도 선출원의 출원일에 우선하여 취급하는 예외적인 경우가 있다. 예컨대 조약에 의한 우선권주장의 경우(상표 46조), 박람회에 출품한 상품에 사용한 상표를 출원하는 경우(상표 47조), 출원 변경이나 출원 분할의 경우(상표 44, 45조), 출원 보정의 경우(상표 39 내지 41조) 등이 선출원주의의 예외라고 할 수 있다.

제4절

상표와 상품의 동일·유사

Ⅰ. 서 론

상표법은 상표와 상품의 동일·유사 여부에 따라 상표등록의 가부(상표 34조 1항 1호, 3호, 5호, 7호 내지 10호, 13호, 14호, 17호 내지 21호, 34조 3항), 선출원의 지위(상표 35조), 상표등록무효 또는 상표등록취소 사유의 해당 여부(상표 117조, 119조)가 결정되도록 규정하고, 상표권의 효력에 관하여 독점적 사용권(적극적 효력)은 상표 및 상품의 동일범위에만 미치지만(상표 89조), 금지권(소극적 효력)은 유사범위까지 미친다(상표 108조)고 규정한다.

이처럼 상표·상품의 동일·유사 개념은 상표권의 발생, 효력범위, 소멸, 침해 등 상표법 전반에 걸쳐 영향을 미침에도 상표법은 상표와 상품의 동일·유사 개념에 관하여 아무런 규정을 두지 아니하였으므로, 구체적인 상표와 상품의 유사범위는 학설과 판례에 맡겨 있고 그 해결은 결국 개별사건에서 법원의 판단이 축적된 결과에 따를 수밖에 없다.

과거 상표법은 상표는 상품에 관하여 사용되는 표장으로, 서비스표는 서비스업에 관하여 사용되는 표장으로 구별하였으나, 2016. 2. 29. 법률 제14033호로 전부 개정된 상표법은 상표와 서비스표를 구분하지 않고 이들을 모두 상표로 통칭하고 과거서비스표와 관련된 '서비스 또는 서비스의 제공에 관련된 물건'을 모두 '상품'으로 포섭하여 규정하였다(상표 2조 1항 1호).

이하에서는 그동안 축적된 판례를 중심으로 상표와 상품의 동일·유사 여부를 판단하는 기준을 살펴보되, 앞서 본 바와 같은 상표법의 개정에도 불구하고 필요한 경우에는 상표와 서비스표를 구분하여 표기한다.

Ⅱ. 상표의 동일·유사

1. 상표의 동일

가. 상표법상 상표의 동일과 유사를 구별할 실익

상표부등록사유를 규정한 상표법 34조 1항, 선출원의 지위에 관한 상표법 35조, 상표사용권자의 부정사용행위로 인한 상표등록취소를 규정한 상표법 119조 1항 2호[1] 등에서는 대상상표와 동일한 상표 및 유사한 상표를 달리 취급하지 않으므로, 위 규정들을 적용하는 경우에는 상표의 동일과 유사를 구별할 실익이 없다. 그러나 출원전 사용에 의한 식별력 취득(상표 33조 2항), 상표의 사용권에 관한 규정(상표 89조, 95조 3항, 97조 2항)과 상표권자의 부정사용이나 불사용에 의한 상표등록취소심판에 관한 규정(상표 119조 1항 1호 및 3호)에서는 등록상표와 동일한 상표를 유사한 상표와 구분하여 달리 취급하므로, 이러한 규정의 해석과 관련하여서는 동일상표와 유사상표를 구별할 실익이 있고, 실무상으로도 동일상표에 해당하는지가 자주 문제된다.

나. 상표 동일의 의의

'상표의 동일'이라는 개념은 학설마다 정의가 다르지만,[2] 이를 통일적으로 정의하기보다는 상표법의 각 조문의 입법 취지에 맞추어 유연하게 해석할 필요가 있다.

예를 들어 상표법 119조 1항 3호의 불사용취소심판과 관련하여, 대법원은 "불사용으로 인한 상표등록취소 제도의 취지에 비추어 볼 때, 여기서 '등록상표를 사용'한다고 함은 등록상표와 동일한 상표를 사용한 경우를 말하고 유사상표를 사용한 경우는 포함되지 아니하나, '동일한 상표'에는 등록상표 그 자체뿐만 아니라 거래통념상등록상표와 동일하게 볼 수 있는 형태의 상표도 포함된다."라고 판시하거나,[3] "위 사

---

1) 상표법 119조 1항 2호는 같은 항 1호와는 달리 전용사용권자 또는 통상사용권자가 지정상품 또는 이와 유사한 상품에 '등록상표 또는 이와 유사한 상표'를 사용한 경우에 적용된다고 규정하므로, 등록상표와 동일한 상표를 사용한 경우에도 위 규정이 적용될 수 있다[특허법원 2006. 6. 29. 선고 2006허3113 판결 (확정) 참조].

2) 그 구체적인 내용에 관하여는, 전효숙, "상표와 상품의 동일·유사", 특허소송연구 제1집, 특허법원 (1999), 289 참조.

3) 대법원 2013. 9. 26. 선고 2012후2463 전원합의체 판결, 2009. 5. 14. 선고 2009후665 판결, 1995. 4. 25.

용에는 등록된 상표와 동일한 상표를 사용하는 경우는 물론 거래통념상 식별표지로서 상표의 동일성을 해치지 않을 정도로 변형하여 사용하는 경우도 포함한다."라고 판시하는[4] 등 '동일한 상표'의 범위에 등록상표와 '물리적'으로 동일한 것뿐만 아니라 '거래통념상 동일성'이 인정되는 것까지 포함됨을 분명히 하였다.[5] 나아가 대법원은 "등록상표에 다른 문자나 도형 부분 등을 결합하여 상표로 사용한 경우라도 등록상표가 상표로서의 '동일성'과 '독립성'을 유지하고 있는 한 이를 들어 등록상표의 사용이 아니라고 할 수 없다."라고 하고,[6] "영문자와 이를 단순히 음역한 한글이 결합된 등록상표에서 그 영문 단어 자체의 의미로부터 인식되는 관념 외에 그 결합으로 인하여 새로운 관념이 생겨나지 않고, 영문자 부분과 한글 음역 부분 중 어느 한 부분이 생략된 채 사용된다고 하더라도 일반 수요자나 거래자에게 통상적으로 등록상표 그 자체와 동일하게 호칭될 것으로 보이는 한, 그 등록상표 중에서 영문자 부분 또는 한글 음역 부분만으로 구성된 상표를 사용하는 것은 거래통념상 등록상표와 동일하게 볼 수 있는 형태의 상표를 사용하는 것에 해당한다."라고 한다.[7] 이러한 판례들은 불사용취소심판의 경우에 동일상표의 범위를 지나치게 좁게 해석하면 상표 사용자의 업무상 신용을 보호하지 못하게 되어 상표법 본래의 목적에 어긋나게 되는 점을 고려한 결과로 볼 수 있다. 다만 판례 중에는 표장을 구성하는 부분을 그대로 사용하였다고 하더라도 글자 부분을 배경이 되는 옷감의 색깔과 동일하게 하여 잘 안 보이게 한 경우에는 동일상표의 사용으로 볼 수 없다고 판시한 예도 있다.[8]

선고 93후1834 전원합의체 판결 등.

4) 대법원 2008. 5. 29. 선고 2008후408 판결, 2005. 9. 29. 선고 2004후622 판결 등 다수.

5) 대법원은 구 상표법 7조 4항 1호가 규정한 등록상표의 사용에 관해서도 같은 취지로 판시하였다(대법원 1995. 4. 25. 선고 93후1834 판결 참조). 다만 위 조항은 상표법이 2016. 2. 29. 법률 제14033호로 개정되면서 삭제되었다.

6) 대법원 2012. 12. 26. 선고 2012후2685 판결, 2012. 11. 15. 선고 2012후2036 판결(등록상표 " 리엔"과 실사용표장 1 "▨"을 대비하여 보면, 실사용표장 1의 전체적인 구성, 형태 등에 비추어 실사용표장 1 중 "**리엔**" 부분이 다른 문자 및 도형 부분과는 구별되어 그 동일성과 독립성을 유지한 채 그대로 사용되고 있다고 할 수 없지만, 실사용표장 2 " **오리엔탈 헤어사이언스 리엔**"은 "**리엔**" 부분 앞에 '오리엔탈 헤어사이언스'라는 단어를 부가한 것이기는 하지만, 이들 문자 부분은 일체불가분적으로 결합되어 있지 아니하고 사용상품인 '모발두피팩'에 대한 관계에서 식별력이 미약한 '오리엔탈 헤어사이언스' 부분의 결합으로 인하여 새로운 관념 등을 형성하는 것도 아니므로, 일반 수요자나 거래자에게 등록상표와 구별되는 별개의 독립된 표장으로 인식된다고 볼 수 없다고 한 사례) 등.

7) 대법원 2013. 9. 26. 선고 2012후2463 전원합의체 판결.

8) 대법원 2011. 5. 26 선고 2010후3462 판결(이 사건 등록상표 ""의 통상사용권자들이 사용한 실사용상표는 악어 도형 부분이 옷감의 색상과 구분되는 연두색이나 초록색 등으로 되어 있고, 문자 부분

반면 대법원은 사용에 의한 식별력 취득(상표 33조 2항)의 경우에는 수요자들이 그 식별력을 현저히 인식하게 되었는지의 관점에서 동일상표의 범위를 더 엄격하게 보는 경향이 있다.9) 다만 대법원 판례 중에는 "사용에 의한 식별력을 취득하는 상표는 실제로 사용한 상표 그 자체에 한하고 그와 유사한 상표에 대하여까지 식별력 취득을 인정할 수는 없지만, 그와 동일성이 인정되는 상표의 장기간 사용은 위 식별력 취득에 도움이 되는 요소이다."라고 하거나,10) 등록상표가 실제로 사용한 표장을 그대로 포함하고 있고 여기에 위 표장의 영문 및 한자표기가 병기된 정도라면 동일성을 인정할 수 있음을 전제로 이 경우 식별력을 취득한 표장 부분을 그대로 포함한 등록상표는 영문자 및 한자 부분과의 결합으로 이미 취득한 식별력이 감쇄된다고 볼 수 없어 전체적으로도 식별력이 있다고 판시하는11) 등 근래 들어 다소 완화된 경향을 보인 것도 있다.

상표권자의 부정사용으로 인한 상표등록의 취소(상표 119조 1항 2호)의 경우에 그 규정의 적용이 배제되는 동일상표의 범위는 수요자가 상품 출처를 오인·혼동할 우려가 증대되었는지의 관점에서 살펴야 하므로, 상표법 119조 1항 3호의 불사용취소심판에서의 동일상표의 범위와 같게 보아야 하는 것은 아니다.12)

색채상표와 관련하여 상표법 225조 1, 2항은 '등록상표와 유사한 상표로서 색채를 등록상표와 동일하게 하면 등록상표와 동일한 상표로 인정되는 상표'는 동일상표에 포함된다는 취지로 규정한다. 이 조항은 주로 상표의 사용권에 관한 규정(상표 89조, 95조 3항, 97조 2항 등)과 불사용에 의한 상표등록취소심판에 관한 규정(상표 119조 1항 3호 및 같은 조 3항), 부정사용에 의한 상표등록취소심판에 관한 규정(상표 119조 1항 1호) 등에 적용되며, 그 이외의 경우에 색채만 다른 상표가 동일상표로 인정될 여

이 옷감의 색상과 동일하거나 매우 유사한 색으로 자수(刺繡)가 되어 있는 등 그 색채에서 이 사건 등록상표와 차이가 있고, 그로 인하여 이 사건 실사용상표는 이 사건 등록상표와는 달리 전체적으로 악어 도형 부분만이 선명하게 보이도록 한 것이다).

9) 대법원 2009. 5. 28. 선고 2007후3318 판결(실사용서비스표인 "우리은행", "Woori Bank", "우리은행"과 등록서비스표 'Woori Bank'의 동일성을 부정한 사례), 2008. 9. 25. 선고 2006후2288 판결(실사용상표 "K2, K2, K2" 등과 등록상표 'K2'의 동일성을 인정한 사례), 2006. 11. 23. 선고 2005후1356 판결(실사용상표 '구루텐'과 등록상표 'GLUTEN 글루텐'의 동일성을 부정한 사례) 등.
10) 대법원 2008. 9. 25. 선고 2006후2288 판결.
11) 대법원 2012. 11. 15. 선고 2011후1982 판결('경남대학교' 부분이 사용에 의한 식별력을 취득하였음을 이유로 등록서비스표 'EYONGNAM UNIVERSITY 慶南大學校'도 식별력이 있다고 본 사례).
12) 대법원 2015. 5. 28. 선고 2013후1924 판결, 2013. 12. 26. 선고 2012후1521 판결 등.

지는 별로 없을 것이다.

2. 상표의 유사

가. 유사의 의의

(1) 판단기준: 상품 출처의 혼동 여부

상품의 식별표지로서의 상표가 유사하다 함은 대비되는 두 개의 상표가 동일하지는 않으나 외관·호칭·관념의 면에서 근사(近似)하여 이를 동일·유사 상품에 사용할 경우 거래통념상 상품 출처의 혼동을 일으킬 염려가 있는 것을 의미한다.

상표법이 상표의 저촉 여부에 관한 기준으로 설정한 상표 유사의 개념은 원래 상표의 구성상 근사성만을 의미하는 것으로 해석되었다.[13] 그러나 상품출처의 혼동을 방지하고자 하는 상표법의 목적에 비추어 볼 때, 상표의 유사 여부는 '상품 출처의 혼동 여부'를 기준으로 판단해야 한다는 데 별다른 이설이 없으며,[14] 대법원의 확립된 판례다.[15]

따라서 상표의 유사 여부 판단은 단순히 두 상표가 비슷한지를 판단하는 사실판단이 아니라, 상표의 등록 허부나 침해 여부를 결정하기 위한 상표법적 목적으로 행하여지는 규범적 판단이고, 상표의 본질적 기능인 '출처의 혼동'을 고려한 법률적 평가이다. 이러한 점을 고려하면, 양 상표를 외관·호칭·관념 면에서만 대비할 뿐 더 나아가 그로 인하여 '상품 출처에 대한 혼동이 있는지'는 판단하지 아니한 채 바로 그 대비결과만으로 상표의 유사 여부에 대한 결론을 내리는 것은 바람직하지 않다.

(2) 혼동의 범위: 협의의 혼동과 광의의 혼동

혼동에는 상품 출처가 동일하다고 생각하는 혼동인 '협의의 혼동'과 그 출처가 동일하다고는 생각되지 않으나 양자 사이에 어떤 견련관계가 있을 것으로 생각하는 '광의의 혼동' 또는 '후원관계의 혼동' 내지 '견련관계의 혼동'이 있다. 원래 상품 출처의

---

13) 전효숙(주 2), 291.
14) 송영식·이상정·황종환·이대희·김병일·박영규·신재호 공저, 송영식 지적소유권법(하)(제2판), 육법사(2013), 241. 전효숙(주 2), 291.
15) 대법원 2013. 1. 16. 선고 2011후3322 판결, 2008. 9. 25. 선고 2008후2213 판결, 2006. 8. 25. 선고 2005후2908 판결, 2004. 10. 15. 선고 2003후1871 판결, 2002. 11. 26. 선고 2001후3415 판결 등 다수 판례가 있다.

혼동은 '협의의 혼동'의 경우에만 인정되었으나, 최근에는 혼동의 개념에 광의의 혼동까지 포함된다고 보는 것이 세계적 추세이다.

그러나 우리나라 상표법이 '상표의 유사'와 '지정상품의 유사'를 함께 상표권 권리 보호 또는 부등록 사유 등으로 규정하는 점에 비추어 볼 때 '상표법상 상표 유사 여부 판단기준'으로서 상품 출처의 혼동에는 광의의 혼동이 포함되지 아니하는 것으로 해석되며, 실무도 마찬가지이다.16)

(3) 혼동의 종류: 일반적 출처 혼동과 구체적 출처 혼동

상품 출처의 혼동에는, 대비되는 두 개의 상표가 붙은 상품이 시장에 유통된다고 가정할 때 거래계의 일반적인 경험칙에 비추어 이들 상품의 수요자 및 거래자가 두 상품이 동일한 생산자 또는 판매자에 의하여 생산 또는 판매되는 것으로 인식할 것이라고 인정되는 경우를 말하는 '일반적 출처 혼동'(또는 추상적 출처 혼동)과 대비되는 두 개의 상표가 붙은 상품이 현실로 시장에서 유통되고 있고 이들 상품의 구체적 거래실정에 비추어 양 상품이 모두 그중 특히 널리 알려진 상표권자에 의하여 생산 또는 판매되는 것으로 인식될 염려가 있는 경우를 말하는 '구체적 출처 혼동'이 있다.17) 일반적 출처의 혼동 여부는 상표 그 자체의 유사성, 상품의 동종성의 정도, 당해 상품의 거래실정 등에 비추어 추상적, 형식적 자료에 의하여 획일적으로 판단되고, 구체적 출처의 혼동 여부는 상표의 식별력의 크기, 저명, 주지성의 정도 등 구체적인 거래실정까지 고려하여 결정된다.

그런데 특히 주지·저명 상표와 같이 당해 상표가 지정상품에 사용된 실적이 있는 경우에는 그러한 구체적 사실에 기하여 구체적 출처의 혼동이 있는지를 살펴, 이를 일반적인 출처의 혼동 여부보다 우선하여 적용해야 한다는 것이 최근 우리나라의 학설 및 판례의 경향이다.18) 한편 상표소송실무를 보면, 특히 상표법 34조 1항 7호

---

16) 다만 상표법 34조 1항 11호의 경우에는 '광의의 혼동'도 포함된다는 것이 학설 및 대법원 판례의 태도이다 대송영식 외 6인(주 14), 242. 전효숙(주 2), 292]. 상표법 34조 1항 12호 후단의 '수요자를 기만할 염려가 있는 상표'와 관련하여서도 대법원 판례는 '모방대상상표의 알려진 정도와 구체적인 사용실태, 상품 사이의 경제적 견련관계' 등 제반요소를 종합적으로 고려하여 출처의 오인이나 혼동이 발생할 염려가 있는 경우 이에 해당한다고 판시하였는데(대법원 2000. 2. 8. 선고 99후2594 판결 등), 이러한 판시에 비추어 보면 '광의의 혼동'도 포함된다고 해석하는 것으로 보인다.

17) 전효숙(주 2), 291~292. 網野誠, 商標(第6版), 有斐閣(2002), 374~375.

18) 전효숙(주 2), 292. 網野誠(주 17), 364~365. 단, 이처럼 상표의 유사 개념의 판단기준을 구체적인 출처 혼동 여부라고 하는 경우, '상표의 유사' 개념과 부정경쟁방지 및 영업비밀보호에 관한 법률이 규정하는

또는 35조 1항 등에 의한 거절결정 또는 등록무효 사건에서 당사자들이 상표의 사용 등 구체적 거래실정에 대한 아무런 자료를 제출하지 않은 경우가 대부분인데,[19] 이러한 경우에는 부득이하게 양 상표의 외관·호칭·관념을 대비하여 이들 사이에 상품 출처의 혼동이 있는지를 추상적으로 판단하여 상표의 유사 여부를 판단한다.

나. 상표의 유사 여부 판단방법 및 판단기준

"상표의 유사 여부는 두 개의 상표를 놓고 그 외관, 호칭, 관념 등을 객관적, 전체적, 이격적으로 관찰하여 거래상 일반 수요자나 거래자가 상표에 대하여 느끼는 직관적 인식을 기준으로 하여 그 상품의 출처에 대한 오인·혼동의 우려가 있는지에 의하여 판별되어야 한다."라는 것이 확립된 대법원 판례이다.[20] 즉, 대법원 판례에 의하면, 상표 유사 여부 판단에서 ① 관찰대상은 외관·호칭·관념이고, ② 관찰방법은 객관적, 전체적, 이격적 관찰이며, ③ 판단기준은 거래상 일반 수요자나 거래자가 상표에 대하여 느끼는 직관적 인식이다.[21] 외관·호칭·관념 중에서 어느 하나가 유사하더라도 전체로서의 상표가 일반 수요자가 상표에 대하여 느끼는 직관적 인식을 기준으로 하여 명확히 출처의 오인·혼동을 피할 수 있는 경우에는 유사하다고 할 수 없으나, 반대로 서로 다른 부분이 있어도 호칭이나 관념이 유사하여 일반 수요자나 거래자가 오인·혼동하기 쉬운 경우에는 유사상표라고 보아야 한다.[22]

판단 주체인 일반 수요자나 거래자는 평균적 존재로서의 수요자 일반을 의미하

'혼동' 개념의 관계를 어떻게 파악해야 하는지가 문제되는데, 이에 대해서는 좀 더 연구가 필요하다. 대법원 2000. 1. 21. 선고 99후2532 판결(Holiday in Seoul 판결), 1996. 9. 24. 선고 96후153 판결(POLO 판결), 1996. 7. 30. 선고 95후1821 판결(Rolex 판결) 등. 이에 관한 자세한 내용은 뒤의 제2의 마.항 부분에서 본다.

19) 우리나라가 등록주의 법제를 취한 결과 실제로 사용된 사실이 전혀 없는 출원상표나 등록상표가 많다는 점도 그 원인 중 하나일 것이다.

20) 대법원 2013. 1. 16. 선고 2011후3322 판결, 2011. 12. 27. 선고 2010다20778 판결, 2009. 4. 9. 선고 2008후4783 판결, 2006. 8. 25. 선고 2005후2908 판결, 2004. 10. 15. 선고 2003후1871 판결, 2002. 11. 26. 선고 2001후3415 판결, 1997. 6. 24. 선고 96후2258 판결 등.

21) 이와 같은 판단 방법은 일본에서의 상표 유사 여부 판단 방법과 동일하다(小野昌廷 編, 註解 商標法 上卷(新版), 青林書院(2005), 273, 277~278, 網野誠(주 17), 431~449 참조). 독일 판례의 경우도 이와 유사하게 상표의 유사 여부 판단에서 전체적 관찰을 원칙적 관찰방법으로 하고, 요부관찰 및 분리관찰을 예외적 관찰방법으로 사용한다고 한다(송영식 외 6인(주 14), 256(주 320) 참조).

22) 대법원 2016. 7. 22. 선고 2015후178 판결, 2009. 9. 24. 선고 2009도4614 판결, 2009. 4. 9. 선고 2008후4783 판결, 2008. 9. 25. 선고 2008후2213 판결, 2006. 10. 27. 선고 2005후1875 판결, 2006. 8. 25. 선고 2005후2908 판결, 2002. 11. 26. 선고 2001후3415 판결 등 참조.

고, 출처를 오인·혼동할 염려가 있는지는 당해 상품의 추상적·평균적 수요자가 거래 과정에서 통상 기울이는 정도의 주의력을 기준으로 하여 판단한다. 다만 수요자의 주의력은 모든 상품에 관하여 동일한 것이 아니라 상품의 종류, 성질, 가격의 고저 등에 따라 차이가 날 수 있다.23) 사건에 따라서는 실제 수요자의 인식을 조사한 설문조사 결과가 증거로 제출되거나, 법원에 소비자 인지도에 대한 감정을 신청하여 그에 따라 설문조사가 시행되는 경우도 있는데, 추상적·평균적 수요자의 인식기준을 정립하는 것이 어려운 경우에는 이러한 증거방법도 유용하게 활용될 수 있을 것이다.24)

아래에서는 항을 바꾸어 관찰방법, 관찰대상 및 구체적 거래실정의 고려 여부에 대해서 살펴본다.

다. 관찰방법

(1) 전체관찰

(가) 전체관찰의 원칙과 보충적인 요부관찰 및 분리관찰

상표는 상품의 식별표지이고, 1개의 상표가 문자, 도형, 기호, 색채 등이 결합되어 이루어진 경우에도 전체로서는 하나의 식별표지로서 일체화된 것이므로, 상표의 유사 여부는 원칙적으로 이들 부분을 총괄한 전체로서의 표지가 거래자, 일반 수요자의 심리에 어떻게 반영되고 이해되느냐 하는 입장에서 판단되어야 한다. 이런 의미에서 상표 유사 여부의 판단은 대상을 전체적으로 관찰한 다음에 이루어져야 하며, 이를 전제로 하지 않고 그 구성요소 중 일부분만을 따로 추출하여 비교하는 것은 원칙적으로 허용되지 않는다. 이처럼 상표의 구성 전체에 대해서 느끼는 일반 수요자의 심리를 기준으로 하여 상표의 유사 여부를 판단하는 것을 전체관찰이라고 하며 상표 유사 여부 판단에서 원칙적인 관찰방법이다. 대법원도 "문자와 문자 또는 문자와 도형 등이 결합된 상표는 상표를 구성하는 전체에 의하여 생기는 외관, 호칭, 관념을 기준으로 하여 상표의 유사 여부를 판단하는 것이 원칙"이라고 줄곧 판시하였다.25)

---

23) 송영식 외 6인(주 14), 243.

24) 대법원 2014. 6. 26. 선고 2012다12849 판결에서는 등록상표(리엔, ⟨리엔⟩)와 피고 표장(리엔케이, Re:NK)의 혼동 여부에 관한 소비자조사결과가 증거로 제출되어 상표 유사 여부 판단의 주요 증거로 사용되었다.

25) 대법원 2018. 3. 29. 선고 2017후2697 판결, 2017. 7. 11. 선고 2014후2535 판결, 2017. 2. 9. 선고 2015후1690 판결, 2014. 6. 26. 선고 2012다12849 판결, 2011. 1. 27. 선고 2010후1763 판결, 2008. 11. 27. 선고 2008후101 판결, 2008. 5. 15. 선고 2005후2977 판결, 2008. 3. 27. 선고 2006후3335 판결, 2008. 2. 28. 선고 2006후4086 판결, 2007. 3. 29. 선고 2006후3502 판결 등 참조.

따라서 대비되는 상표 사이에 유사한 부분이 있다고 하더라도 그 부분만으로 분리인
식 될 가능성이 희박하거나 전체적으로 관찰할 때 명확히 출처의 혼동을 피할 수 있
는 경우에는 유사상표라고 할 수 없다.[26]

전체관찰의 방법은 대비대상이 되는 양 표장의 전체적인 외관이 어느 정도로 비
슷한지(예를 들어, 전체 표장에서 동일한 부분의 비중이 어느 정도 되는지 등), 전체적인 호
칭이나 관념이 어느 정도로 비슷한지(예를 들어, 동일한 호칭이나 관념을 만드는 부분이
표장의 앞부분에 배치되거나, 강하게 발음되는 부분이 있어서 일반적인 수요자의 직관적 인식
에 더 강한 영향을 주는지 여부 등)의 요소를 종합하여 판단하게 된다.

한편 상표 유사 여부 판단에서 거래 현실과 수요자의 인식에 기초한 적절한 결론
을 도출하기 위해, 실무상 전체관찰과 함께 그 보충적 수단으로 요부관찰과 분리관찰
이 병행되는 경우도 있다. 다만 요부관찰이나 분리관찰을 하는 것이 적절하지 않은
경우에는 다시 원칙인 전체관찰에 의하여 유사 여부를 판단하여야 한다.[27] 이하에서
는 요부관찰과 분리관찰 방법을 차례로 살펴본다.

(나) 요부관찰

1) 의 의

상표의 상품식별력이라는 기능적 측면에서 본다면 하나의 상표를 전체적으로 관
찰할 경우에도 그중에서 일정한 부분이 특히 수요자의 주의를 끌기 쉬우며, 그러한
부분이 존재함으로써 비로소 그 상표의 식별력이 인정되는 경우가 많은데, 그러한 경
우에는 전체관찰과 병행하여 그 상표 중 중심적인 식별력을 가진 부분, 즉 요부를 추
출하여 2개의 상표를 대비함으로써 유사 여부를 판단하는 것이 전체관찰의 적절한
결론을 유도하기 위하여 필요하다. 이처럼 상표의 전체 구성 중에서 중심적인 식별력
을 가진 부분을 추출하여 그 부분을 중심으로 유사 여부를 판단하는 방법을 요부관
찰이라고 한다.

대법원도 "둘 이상의 문자 또는 도형의 조합으로 이루어진 결합상표는 그 구성
부분 전체의 외관, 호칭, 관념을 기준으로 상표의 유사 여부를 판단하는 것이 원칙
이나, 상표 중에서 일반 수요자에게 그 상표에 관한 인상을 심어주거나 기억·연상

---

26) 대법원 2016. 7. 22. 선고 2015후178 판결, 2009. 9. 24. 선고 2009도4614 판결, 2009. 4. 9. 선고 2008후
4783 판결, 2008. 9. 25. 선고 2008후2213 판결, 2006. 10. 27. 선고 2005후1875 판결, 2006. 8. 25. 선고
2005후2908 판결, 2002. 11. 26. 선고 2001후3415 판결 등 참조.
27) 대법원 2009. 4. 23. 선고 2008후5151 판결 등.

을 하게 함으로써 그 부분만으로 독립하여 상품의 출처표시기능을 수행하는 부분, 즉 요부가 있는 경우 적절한 전체관찰의 결론을 유도하기 위해서는 그 요부를 가지고 상표의 유사 여부를 대비·판단하는 것이 필요하다."라고 판시하여,[28] 요부관찰의 필요성을 인정하는 한편 요부관찰이 전체관찰을 보완하는 관계에 있음을 분명히 하였다.

2) 요부 결정의 기준

가) 일반적 기준

앞서 본 바와 같이 대법원 판례는 상표의 구성 부분 중 "특히 수요자의 주의를 끌고 그런 부분이 존재함으로써 비로소 그 상표의 식별기능이 인정되는 부분" 또는 "그 상표에 관한 인상을 심어주거나 기억·연상을 하게 하는 등 독립하여 자타 상품의 출처표시기능을 수행하는 부분" 등과 같이 '독립하여 자타 상품을 식별할 수 있는 구성 부분'을 요부라고 하면서, "상표의 구성 부분 중 식별력이 없거나 미약한 부분은 그 부분만으로 요부가 된다고 할 수는 없으므로 일반 수요자나 거래자들이 대상상표를 그 식별력이 없거나 미약한 부분만으로 간략하게 호칭하거나 관념하지는 아니한다고 봄이 상당하고, 이는 일체 불가분으로 결합된 것이 아닌 한 그 부분이 다른 문자 등과 결합되어 있는 경우라도 마찬가지이다."라고 하여,[29] 식별력이 없거나 미약한 부분은 다른 문자 등과 결합되어 있다고 하더라도 일체 불가분적인 결합이 아닌 이상 그 부분만을 요부로 볼 수 없다고 한다.

대법원 판례에 의하면, 상표의 구성 중 일부 구성 부분이 식별력이 있는지, 아니면 식별력이 없거나 미약한지는 그 부분이 지니는 관념, 지정상품과의 관계 및 거래 사회의 실정 등을 감안하여 객관적으로 결정하여야 하며,[30] 사회통념상 자타상품의 식별력을 인정하기 곤란하거나 공익상으로 보아 특정인에게 독점시키는 것이 적당하

---

28) 대법원 2018. 3. 29. 선고 2017후2697 판결, 2017. 7. 11. 선고 2014후2535 판결, 2017. 2. 9. 선고 2015후1690 판결, 2014. 6. 26. 선고 2012다12849 판결, 2011. 1. 27. 선고 2010도7352 판결, 2006. 11. 9. 선고 2006후1964 판결, 2006. 1. 26. 선고 2003도3906 판결 등.

29) 대법원 2006. 1. 26. 선고 2004후1175 판결, 2001. 12. 14. 선고 2001후1808 판결.

30) 대법원 2008. 5. 15. 선고 2005후2977 판결, 2008. 3. 27. 선고 2006후3335 판결, 2007. 3. 29. 선고 2006후3502 판결, 2006. 11. 9. 선고 2005후1134 판결, 2006. 5. 25. 선고 2004후912 판결 등. 이러한 판단기준은 상표법 33조 1항 3호, 7호 등에 관한 대법원 판례들에서 판시한 기준과 같은 내용이다(대법원 2011. 3. 10. 선고 2010후3226 판결, 2006. 4. 14. 선고 2004후2246 판결 등 참조). 상표법 33조 1항 각 호는 본래 상표 자체의 등록 적격에 관한 규정이지만, 상표의 구성 중 일부 구성 부분의 식별력 유무를 판단하기 위한 근거가 될 수 있다.

지 않다고 인정되는 경우에는 '식별력 있는 요부'에 해당하지 않는다고 한다.[31]

상표의 일부 구성 부분이 요부인지는 그 부분이 주지·저명하거나 일반 수요자에게 강한 인상을 주는 부분인지, 전체 상표에서 높은 비중을 차지하는 부분인지 등의 요소를 따져 보되, 여기에 다른 구성 부분과 비교한 상대적인 식별력 수준이나 그와의 결합상태와 정도, 지정상품과의 관계, 거래실정 등까지 종합적으로 고려하여 판단하여야 한다.[32] 또한, 결합상표 중 일부 구성 부분이 요부로 기능할 수 있는 식별력이 있는지를 판단할 때는 해당 구성 부분을 포함하는 상표가 그 지정상품과 동일·유사한 상품에 관하여 다수 등록되어 있거나 출원공고되어 있는 사정도 고려할 수 있으므로,[33] 등록 또는 출원공고된 상표의 수나 출원인 또는 상표권자의 수, 해당 구성 부분의 본질적인 식별력의 정도 및 지정상품과의 관계, 공익상 특정인에게 독점시키는 것이 적당하지 않다고 보이는 사정의 유무 등을 종합적으로 고려하여 판단하여야 한다.[34]

결합상표의 각각의 구성 부분이 식별력이 있는 경우에는 각 부분 모두를 요부로 볼 수 있다.[35]

복수 개의 구성이 결합하여 이루어진 결합상표에서 특정 부분을 요부라고 인정할 수 있으려면 그 부분이 다른 구성 부분으로부터 분리 내지 추출되어 그 부분에 의한 호칭·관념이 존재할 수 있어야 하는지에 대해, 최근 대법원은 "상표에서 요부는 다른 구성 부분과 상관없이 그 부분만으로 일반 수요자에게 두드러지게 인식되는 독자적인 식별력 때문에 다른 상표와 유사 여부를 판단할 때 대비의 대상이 되는 것이므로, 상표에서 요부가 존재하는 경우에는 그 부분이 분리관찰이 되는지를 따질 필요 없이 요부만으로 대비함으로써 상표의 유사 여부를 판단할 수 있다고 보아야 한다."라고 판시하였다.[36]

---

31) 대법원 2006. 9. 14. 선고 2003후137 판결, 2006. 5. 25. 선고 2004후912 판결.

32) 대법원 2017. 2. 9. 선고 2015후1690 판결.

33) 대법원 2018. 3. 29. 선고 2017후2697 판결, 2017. 3. 15. 선고 2016후2447 판결, 2017. 3. 9. 선고 2015후932 판결, 2009. 4. 23. 선고 2008후5151 판결, 1996. 3. 22. 선고 95후1494 판결 등.

34) 대법원 2018. 3. 29. 선고 2017후2697 판결, 2017. 3. 15. 선고 2016후2447 판결, 2017. 3. 9. 선고 2015후932 판결 등.

35) 대법원 2008. 3. 27. 선고 2006후3335 판결. 이 판결은 "ROSEFANFAN"이라는 출원상표는 'ROSE' 부분과 'FANFAN' 부분이 모두 요부가 될 수 있으므로, "🐾윌" 및 "PANPAN"이라는 선등록상표들 각각과 모두 유사한 상표라고 판시하였다.

36) 대법원 2017. 2. 9. 선고 2015후1690 판결. 다만 종래 대법원 판례는 "문자와 문자 등이 결합된 결합상

　　한편 상표의 구성 부분 전부가 식별력이 없는 경우에는, 그 유사 여부를 판단할 때 식별력이 없는 부분을 제외하고 대비한다면 대비할 대상이 아무것도 남지 않는 결과가 되는데, 이러한 경우 대법원은 상표의 유사 여부는 전체 상표를 대비하여 판단하는 것이 원칙이고 요부관찰이나 분리관찰은 전체관찰을 위한 하나의 보조 수단에 불과하다는 전제에서 원칙으로 돌아가 분리되지 않은 상표 전체를 기준으로 유사 여부를 판단하여야 한다고 한다.[37]

　　나) 사용에 의한 식별력을 취득한 상표의 요부 판단

　　상표의 구성 부분 중 식별력이 없거나 미약한 부분이 사용에 의한 식별력을 취득한 경우 지정상품과의 관계에서 그 상표의 요부 판단을 어떻게 해야 하는지가 실무상 문제된다. 이에 대하여 대법원은 "상표의 구성 중 식별력이 없거나 미약한 부분과 동일한 표장이 거래사회에서 오랜 기간 사용된 결과 상표의 등록 또는 지정상품 추가등록 전부터 수요자 간에 누구의 업무에 관련된 상품을 표시하는 것인가 현저하게 인식되어 있는 경우에는 그 부분은 사용된 상품에 관하여 식별력 있는 요부로 보아 상표의 유사 여부를 판단할 수 있으나, 그렇다고 하더라도 그 부분이 사용되지 아니한 상품에 대해서까지 당연히 식별력 있는 요부가 됨을 전제로 하여 상표의 유사 여부를 판단할 수 없다."라고 하여, 사용에 의한 식별력을 취득한 상표의 구성 부분이

　　표는 반드시 그 구성 부분 전체의 명칭이나 모양에 의하여 호칭·관념되는 것은 아니므로, 각 구성 부분을 분리하여 관찰하면 자연스럽지 못할 정도로 불가분적으로 결합되어 있지 않으면, 그 구성 부분 중 일부만에 의하여 간략하게 호칭·관념될 수 있어 그 요부와 대비되는 상표를 비교하여 유사 여부를 판단하여야 하나, 반대로 각 구성 부분을 분리하여 관찰하는 것이 자연스럽지 못하거나 문자와 문자의 결합으로 독자적인 의미를 가지는 등의 경우에는 원칙으로 돌아가 전체로서 관찰하여 그 유사 여부를 판단하여야 한다."라고 하여(대법원 1997. 9. 26. 선고 96후2517 판결 등) 요부관찰은 요부가 분리관찰될 수 있음을 전제로 하는 것이라고 이해될 여지도 있었으나, 위 2015후1690 판결은 '요부가 파악되면 상표의 분리가능성 여부에 상관없이 그에 의하여 유사 여부를 대비 판단할 수 있다'고 함으로써 요부관찰은 요부가 분리관찰될 수 있어야 함을 전제로 한 것이 아님을 분명히 하였다. 2015후1690 판결의 취지에 관한 상세한 내용은 김창권, "상표의 전체관찰과 요부관찰 및 분리관찰의 관계", 대법원판례해설 112호(2017년 상) 참조.

37) 대법원 2017. 3. 15. 선고 2016후2447 판결, 2001. 6. 29. 선고 99후1843 판결, 2001. 4. 27. 선고 2000후2453 판결 등. 99후1843 판결은, "Magic Jar"는 전기보온밥통, 전기밥솥 등의 지정상품들과 관련하여 식별력이 없는 부분으로만 구성되어 있으므로 전체관찰을 해야 하므로 "Magic 매직"과는 유사하지 아니하다고 하였고, 2000후2453 판결은, "AceLink"는 "Ace"와 "Link" 모두 지정상품과 관련하여 식별력이 약한 표장이므로 전체관찰을 할 때 "Link"와는 유사하지 아니하다고 하였다. 특허법원 2002. 3. 8. 선고 2001허6339 판결(확정) 및 2001허6346 판결(확정)도 이와 같은 입장에서 출원상표 "글라스 데코", "GLASS DECO"와 비교대상상표 "데코" 중 '글라스(GLASS)', '데코(DECO)'는 각각 식별력이 없는 부분이므로 양 상표를 전체적으로 관찰하여 서로 유사하지 아니하다고 판단하였다.

실제로 사용된 상품과 거래사회의 통념상 동일하게 볼 수 있는 상품과 관련해서만 식별력 있는 요부로 파악될 수 있다고 판시하였다.[38)39)] 이처럼 사용에 의한 식별력을 취득하는 상표는 실제로 사용한 상표 그 자체에 한하고 그와 유사한 상표에 대하여까지 식별력 취득을 인정할 수는 없지만, 그와 동일성이 인정되는 상표의 장기간 사용은 위 식별력 취득에 도움이 되는 요소이다.[40)]

---

38) 대법원 2008. 5. 15. 선고 2005후2977 판결. 이 판결은, 대상상품을 "그림물감, 수채물감, 유화물감, 아크릴물감, 포스터칼라, 염색물감, 그림물감통, 목탄연필, 미술용 수채화 접시, 칼라점토, 색종이, 색연필, 만년필, 볼펜, 사인펜" 등으로 하고 "[로고]"로 구성된 확인대상상표가 지정상품을 "그림물감" 등으로 하고 "[로고]"로 구성된 등록상표의 권리범위에 속하는지를 판단한 것인데, "@", "ALPHA" 또는 "알파"는 간단하고 흔히 있는 표장이나 "그림물감"에 관하여 오랜 기간 사용된 결과 이 사건 등록상표의 지정상품으로 그림물감 등이 추가로 등록되기 이전에 이미 식별력을 취득하였으므로, 위 각 부분은 '그림물감'과 이와 거래사회의 통념상 동일하게 볼 수 있는 '수채물감, 유화물감, 아크릴물감, 포스터칼라, 염색물감'에 관하여는 식별력을 취득하였으나, 이들 상품을 제외한 다른 상품에 대해서까지 곧바로 식별력을 취득한 부분에 해당한다거나 확인대상상표에 "ALPHA" 또는 "알파" 부분이 포함되어 있다고 하여 곧바로 양 상표가 유사하다고 단정하기는 어렵다는 이유로, 확인대상상표는 그 사용상품 중 "그림물감, 수채물감, 유화물감, 아크릴물감, 포스터칼라, 염색물감"에 관해서만 등록상표와 표장 및 상품이 동일·유사하여 등록상표의 권리범위에 속한다면서, 그 이외의 다른 상품들에 관해서도 등록상표의 권리범위에 속한다고 판단한 원심 부분을 파기하였다.

39) 한편 사용상품을 "등산화, 등산복"으로 하여 사용에 의한 식별력을 취득한 선사용상표인 "**K2**"에 대한 관계에서, 지정상품을 "등산화, 안전화, 낚시용화, 자켓, 등산바지, 조끼, 양말, 모자, 혁대, 청바지"로 한 등록상표 "[로고]"가 모든 지정상품에 있어서 상표법 7조 1항 11호에 규정된 수요자를 기만할 염려가 있는 상표에 해당한다고 하면서 등록상표의 등록을 모두 무효로 판단한 특허법원 2008. 12. 11. 선고 2008허11798 판결(확정)이 있다. 이 판결은 등록상표의 지정상품 중 '등산화, 등산바지(등산복과 거래사회의 통념상 동일하게 볼 수 있을 것이다)'를 제외한 나머지 지정상품들과의 관계에서는 위 2005후2977 판결의 취지와 다소 배치되는 것으로 보이는 면이 있다. 그러나 위 특허법원 판결은 그에 앞서 대법원 2008. 9. 25. 선고 2006후2288 판결이 "선사용상표인 '**K2**'가 '등산화, 안전화 및 기타 등산용품'에 관하여 사용에 의한 식별력을 취득하였다."라고 판시하면서 파기 환송한 이후의 파기환송심 판결이라는 점과 더 구체적으로는 상표법 7조 1항 11호에 규정된 수요자기만 상표에 해당하는지가 다투어진 사안에서 경제적 견련관계가 있음을 이유로 등록상표의 모든 지정상품이 같은 호에 해당한다고 판단한 점에 유의할 필요가 있다.

40) 대법원 2008. 9. 25. 선고 2006후2288 판결['**K2**' 상표와 동일성이 인정되는 "K₂, **K₂**, K2" 등의 상표들을 장기간 사용하고 그 후 '**K2**' 상표를 계속적·중점적으로 사용한 경우, '**K2**' 상표가 사용에 의한 식별력을 취득하였다고 한 사례]. 대법원 2012. 11. 29. 선고 2011후774 판결도 "원고가 SUPERIOR 결합상표('[로고] SUPERIOR', '[로고] SUPERIOR 슈페리어', '[로고] SUPERIOR'와 같이 월계관 도형과 'SUPERIOR' 문자가 결합한 결합상표)뿐만 아니라 SUPERIOR 문자상표도 장기간 사용하여 왔던 점과 SUPERIOR 결합상표는 이 사건 등록상표('[로고]')의 구성 중 '**SUPERIOR**' 문자부분과 동일성이 인정되는 'SUPERIOR' 문자부분을 포함하고 있을 뿐만 아니라 그러한 문자부분에 의해 호칭되어 왔으므로 SUPERIOR 결합상표 및 이 사건 등록상표의 사용은 이 사건 등록상표의 구성 중 '**SUPERIOR**' 문자부분이 사용에 의한 식별력을 취득하는 데 도움이 되었을 것으로 보인다."라고 판시하였다.

한편 대법원 2014. 3. 20. 선고 2011후3698 전원합의체 판결[41]은 "상표권의 권리범위확인심판 및 그 심결취소청구 사건에서 등록상표와 확인대상표장의 유사 여부를 판단하기 위한 요소가 되는 등록상표의 식별력은 상표의 유사 여부를 판단하는 기준시인 심결 시를 기준으로 판단하여야 한다. 그러므로 등록상표의 전부 또는 일부 구성이 등록결정 당시에는 식별력이 없거나 미약하였다고 하더라도 그 등록상표를 전체로서 또는 일부 구성 부분을 분리하여 사용함으로써 권리범위확인심판의 심결 시점에 이르러서는 수요자 사이에 누구의 상품을 표시하는 것인지 현저하게 인식될 정도가 되어 중심적 식별력을 가지게 된 경우에는, 이를 기초로 상표의 유사 여부를 판단하여야 한다."라고 판시하여, 등록상표의 구성 중 등록결정 이후에 사용에 의한 식별력을 취득한 부분도 상표 유사 여부 판단에서 등록상표의 요부가 될 수 있음을 분명히 하였다.[42]

사용에 의한 식별력을 취득한 부분이 다른 부분과 결합한 표장의 경우에는 사용한 표장과 동일성 여부에 따라 결합표장의 식별력도 인정되는지가 정해질 것인데, 결합상표가 식별력을 취득한 부분을 그대로 포함함으로써 그 이외의 구성 부분과의 결

---

41) 심결시를 기준으로 하여 이 사건 등록상표 ' ' 중 "N" 부분이 사용에 의한 식별력을 취득하여 그 부분에 중점적 식별력이 인정되므로 확인대상표장 ' '이 이와 유사하다고 판단한 사안이다.

42) 대법원 1996. 5. 13.자 96마217 결정(재능교육 사건)은 "기술적 표장이 구 상표법 6조 2항에 의하여 등록이 되었다면 그러한 등록상표는 같은 항에 의하여 특별현저성을 갖추게 된 것이어서 상표권자는 그 등록상표를 배타적으로 사용할 수 있는 권리를 가지게 되었다고 볼 것이며, 그러한 등록상표에 관한 한 그 상표권은 구 상표법 51조 2호 소정의 상표에도 그 효력을 미칠 수 있다고 보아야 하므로, 그 상표권자는 구 상표법 51조 2호의 규정에 불구하고 타인이 그 등록상표와 동일 또는 유사한 상표를 그 지정상품과 동일 또는 유사한 상품에 상표로서 사용하는 것을 금지시킬 수 있고, 이는 기술적 상표가 등록된 이후에 사용에 의하여 구 상표법 6조 2항에서 규정한 특별현저성을 취득한 경우에도 마찬가지라고 봄이 상당하다."라고 판시한 반면, 대법원 2007. 12. 13. 선고 2005후728 판결(A6 사건)은 "구 상표법 41조 1항에서는 '상표권은 설정등록에 의하여 발생한다.'라고 규정하여 일정한 요건과 절차를 거쳐서 특허청에 등록된 상표만을 보호하고 있고, 구 상표법 52조 1항에서는 '등록상표의 보호범위는 상표등록출원서에 기재된 상표에 의하여 정하여진다.'라고 규정하여 등록상표의 보호범위를 정함에 있어서 상표가 실제로 사용되고 있는 태양은 고려하지 않고 있으므로, 등록상표의 구성 중 일부분이 등록결정 당시 식별력이 없었다면 그 부분은 상표법이 정한 일정한 요건과 절차를 거쳐 등록된 것이 아니어서 그 부분만을 분리하여 보호할 수 없고, 그 등록상표의 등록결정 이후 그 부분만을 분리하여 사용한 실태를 고려할 수 있는 것도 아니어서, 그 부분이 등록상표의 등록결정 이후에 사용에 의한 식별력을 취득한 경우 그 부분을 부정경쟁방지 및 영업비밀보호에 관한 법률 소정의 주지표지로 보호하는 것은 별론으로 하고 식별력이 없던 부분이 등록상표에서 중심적 식별력을 가지는 부분으로 될 수 있는 것은 아니다."라고 판시함으로써 두 판례가 실질적으로 배치되는 면이 있었으나, 2011후3698 전원합의체 판결에 의하여 2005후728 판결이 폐기되었다. 2011후3698 전원합의체 판결의 취지에 관한 자세한 내용은 김동규, "등록상표의 구성 중 등록 이후 사용에 의한 식별력을 취득한 부분의 효력", 사법 29호, 사법발전재단(2014), 405~472 참조.

합으로 인하여 이미 취득한 식별력이 감쇄되지 않은 경우에는 그 등록상표는 전체적으로 볼 때도 그 사용된 상품에 관하여 자타상품의 식별력이 없다고 할 수 없다.[43]

다) 요부관찰의 사례

요부관찰과 관련하여서는 상표의 구성 부분 중 어느 부분이 요부가 될 수 있는지가 주된 다툼의 대상이 된다. 요부가 될 수 있는지와 관련하여 실무상 '결합상표 중 특정 부분만으로 분리인식될 수 있는지'의 관점에서 판단하고 이를 위하여 해당 부분이 식별력이 있는지를 주요한 요소로 고려함에 따라 요부관찰과 분리관찰이 밀접한 관련이 있게 되었다. 뿐만 아니라 실무상 도형과 문자가 결합된 상표의 경우에 문자 부분을 도형 부분과는 분리관찰을 통해 분리하고, 문자 부분 중 요부를 추출하여 대비하는 경우도 종종 있다.[44] 그러나 위 2015후1690 판결에서 본 바와 같이 요부관찰은 요부가 분리관찰될 수 있음을 전제로 하지는 않는다는 것이 대법원 판례이므로, 상표의 구성 부분 중 어느 부분이 분리관찰될 수 없다고 하여 요부가 될 수 없는 것은 아니다.

일반적으로 상표의 구성 부분 중 요부가 될 수 없다고 판단되는 것은, 회사명에 일반적으로 붙는 단어인 "주식회사, Corporation" 등과 같은 관용적인 단어[45]나, "뉴, New, Great, Power" 등과 같이 지정상품의 성질을 나타내는 단어, "Triple Crown"의 'Triple', "No More Tangles"의 'No More', "WALL'S BLUE RIBBON"의 'WALL'S BLUE' 등과 같이 요부를 단순히 수식하는 정도에 불과한 단어,[46] 모든 사람에게 그 사용이 개방되어야 하는 표현으로서 공익상 어느 한 사람에게 독점시키는 것이 적절치 않은 단어, 간단하고 흔히 있는 표장 등이다. 또한, 의약품에 관한 "MICRO"(대법원 1996. 3. 22. 선고 95후1500 판결), 전기, 전자제품에 관한 "Plus"(대법원 1996. 10. 25. 선고 96후511 판결)와 "LAND"(대법원 1998. 7. 14. 선고 97후2866 판결), 의류 부분에 관한 "CITY"(대법원 1997. 3. 14. 선고 96후1057 판결), 한식점 경영업이나 요식업 등을 지정서비스업으로 하는 상

---

43) 대법원 2012. 11. 15. 선고 2011후1982 판결(지정서비스업에 관하여 사용에 의한 식별력을 취득한 '경남대학교' 부분을 그대로 포함한 이 사건 등록서비스표 '慶南大學校'는 영문자 부분인 'KYUNGNAM UNIVERSITY' 및 한자 부분인 '慶南大學校'와의 결합으로 인하여 이미 취득한 식별력이 감쇄된다고 볼 수 없으므로, 전체적으로 볼 때도 그 지정서비스업에 대해서 자타서비스업의 식별력이 없다고 할 수 없다).

44) 특허법원 2015. 10. 30. 선고 2015허314 판결(상고기각), 2015. 5. 21. 선고 2014허8762 판결(상고기각) 등이 이러한 예이다.

45) 대법원 2001. 12. 28. 선고 2001후2467 판결.

46) 대법원 2001. 11. 13. 선고 2001후2443 등.

표 중 "어머니"(대법원 2001. 6. 26. 선고 99후1485 판결), 전기보온밥솥이나 전기밥통과 같은 상품류에 관한 "Magic"(대법원 2001. 6. 29. 선고 99후1843 판결), 과자와 빵, 당류, 떡 등을 지정상품으로 하는 상표에 있어서 "HOME"(대법원 1999. 4. 23. 선고 98후874 판결[47]) 등과 같이 일반적으로 널리 사용되는 용어로 구성된 상표가 같은 상품류에 이미 많이 등록된 경우에는 그 구성 부분은 식별력이 없거나 미약해져 요부 판단에서 제외되어야 한다.[48]

도형과 문자가 결합한 상표의 경우에, 원칙적으로 도형과 문자 사이에 비중의 차이가 없으므로 양자가 모두 요부가 될 수 있다. 그러나 도형이 단순한 세모, 네모, 동그라미 등과 같이 특징적인 것이 못 되는 경우에는 식별력이 없으므로 문자 부분이 요부가 된다고 할 것이고,[49] 반대로 도형의 특이성이 인정되는 반면 문자 부분의 식별력이 인정되지 않은 경우에는 도형 부분이 요부가 될 수 있다.[50]

아래에서는 요부관찰과 관련하여 참고할 만한 주요 판단사례들을 소개한다. 다만 여기서 소개하는 판례 중에는 관점에 따라서는 분리관찰의 예로 분류될 수 있는 것도 있으며, 요부관찰과 분리관찰이 모두 적용된 사례도 함께 소개한다.

① [등록상표 '단티싸게' : 선등록서비스표 '단티'] '의류, 스포츠의류, 셔츠' 등을 지정상품으로 하는 이 사건 등록상표와 '의류도·소매업' 등을 지정서비스업으로 하는 선등록서비스표가 공통으로 가지고 있는 '단티' 부분은 이 사건 등록상표의 출원시를 기준으로 '단체 티셔츠'의 약칭으로 사용되는 경우도 있으나, '단티'는 사전에 등재되어 있지 아니한 단어로서, '단체 티셔츠'의 의미로 '단티'가 사용되는 인터넷 사용례가 연평균 10건에도 미치지 않는 등의 사정에 비추어 보면 이 사건 등록상표의 출원시를 기준으로 '단티'가 '단체 티셔츠'를 대체할 정도로 사용되었다거나 일반 수요자가 '단티'를 '단체 티셔츠'의 의미로 직감할 수 있다고 보기는 어려우므로, '단티'가 지정상품이나 지정서비스업과의 관계에서 본질적인 식별력이 없거나 미약한 정도에 이르

---

47) "HOMEPLUS"와 "HOME"이 유사하지 아니하다고 하였다.
48) 이러한 판례의 태도에 대하여는, 상표 유사 여부 판단의 범위를 완화하여 상표 선택의 폭을 넓히고, 동일한 용어로 구성되어 등록된 상표 중 먼저 등록된 상표 외에는 모두 무효로 되어야 하는 혼란을 막는다는 점에서는 긍정적이나, 어떠한 용어나 단어가 일반적으로 흔히 사용되는 것인지, 몇 개의 상표가 등록되어야 식별력이 없어지는지 그 기준을 정하기가 어렵고, 최초 등록상표권자의 권리를 부당하게 제한하는 문제점이 있다는 비판이 있다[전효숙(주 2), 307].
49) 대법원 2000. 4. 21. 선고 99후1621 판결.
50) 대법원 2000. 1. 28. 선고 97후3272 판결. Mr. PIZZA나 mister PIZZA는 지정상품과 관련하여 식별력이 없다는 이유로 도형만으로 유사 여부를 판단한 사안이다.

렀다고 볼 수 없다. 또한, 이 사건 등록상표의 '싸게' 부분은 '값이 싸다'는 의미로서 지정상품과 관계에서 식별력이 없어 '단티' 부분과 비교하여 볼 때 상대적인 식별력의 차이가 크다. 나아가 '단티싸게'가 각 부분을 결합한 것 이상의 새로운 의미가 형성되는 것도 아니므로 결합한 일체로서만 식별표지 기능을 발휘한다고 보기도 어렵다. 이러한 사정 등을 종합하면 이 사건 등록상표에서 '단티'는 독립적인 식별표지 기능을 발휘하는 요부에 해당한다(대법원 2017. 12. 28. 선고 2017후1984 판결).

② [등록상표 "**SUN SCIENCE**" : 선출원상표 "SENSCIENCE STYLING"] 선출원상표 중 'STYLING' 부분은 그 지정상품인 '화장품, 화장품 키트(화장품 셋트)' 등과의 관계에서 용도나 효능 등을 나타내어 식별력이 미약하나 'SENSCIENCE' 부분은 조어(造語)로서 식별력이 있으므로, 선출원상표는 'SENSCIENCE' 부분이 요부이다(대법원 2017. 7. 11. 선고 2014후2535 판결).

③ [등록서비스표 "**망고몬스터**" : 선등록(사용)상표 " MONSTER ENERGY ", "**M**ⁿᵃᵍ"] 이 사건 등록서비스표와 선등록(사용)상표들은 모두 '몬스터' 또는 '몬스터'로 음역되는 'MONSTER'를 포함하고 있다는 공통점이 있기는 하다. 그런데 이 사건 등록서비스표의 출원일 이전에 그 지정서비스업과 동일·유사한 서비스업에 관하여 '몬스터'나 'MONSTER' 또는 'monster'를 포함하는 다수의 서비스표들이 서비스표권자나 출원인을 달리하여 등록 또는 출원공고되어 있고, 선등록(사용)상표들의 출원일 혹은 원고가 주장하는 선등록(사용)상표들의 사용개시일 이전에도 이미 선등록(사용)상표들의 지정상품이나 사용상품과 동일·유사하고, 이 사건 등록서비스표의 지정서비스업과도 유사하다고 볼 수 있는 음료수류 등에 관하여 '몬스터'나 'MONSTER'를 포함하는 다수의 상표들이 상표권자나 출원인을 달리하여 등록 또는 출원공고되어 있음을 알 수 있다. 이와 같은 사정 등을 종합하여 보면, 이 사건 등록서비스표와 선등록(사용)상표들에서 공통되는 '몬스터' 또는 'MONSTER' 부분은 그 지정서비스업이나 지정상품 또는 사용상품과의 관계에서 식별력이 미약하다고 보일 뿐만 아니라 이를 특정인에게 독점시키는 것이 적당하지도 않다. 따라서 이 사건 등록서비스표와 선등록(사용)상표들에서 '몬스터' 또는 'MONSTER' 부분을 독자적인 식별력을 발휘하는 요부로 볼 수는 없다(대법원 2017. 3. 15. 선고 2016후2447 판결).

④ [등록서비스표 "**자생초**" : 선등록서비스표 "자생", "자생한의원", "자생한방병원"] 문자로 이루어진 이 사건 선등록서비스표들과 선사용서비스표인 '자생', '자생한의원', '자생한방병원'이 공통으로 가지고 있는 '자생' 부분은 '자기 자신의 힘으로 살

아감', '저절로 나서 자람' 등의 의미를 가진 단어로서 한의원 등의 지정서비스업이나 사용서비스업과의 관계에서 본질적인 식별력이 있는 반면, '한의원'이나 '한방병원' 부분은 그 지정서비스업이나 사용서비스업을 나타내는 부분으로서 식별력이 없다. 나아가 '자생한의원'이나 '자생한방병원'이라는 서비스표가 '한방의료업' 등에 사용된 기간, 언론에 소개된 횟수와 내용, 그 홍보의 정도 등에 비추어 볼 때 위 서비스표들에서 식별력이 있는 '자생' 부분은 이 사건 등록서비스표의 지정서비스업과 동일·유사하거나 최소한 경제적 견련성이 있는 '한방의료업' 등과 관련하여 일반 수요자들에게 널리 인식되어 그 식별력이 더욱 강해졌다고 할 수 있으므로 이 사건 선등록서비스표 등에서 '자생'은 독립적인 식별표지 기능을 발휘하는 요부에 해당한다. 한편 이 사건 등록서비스표 '자생초'의 문자 부분 중 '자생' 부분은 이 사건 선등록서비스표 등의 요부와 동일하여 마찬가지로 강한 식별력을 가지는 반면에 '초' 부분은 약초(藥草)나 건초(乾草) 등과 같이 '풀'을 의미하는 한자어로 많이 사용되어 그 지정서비스업과 관련하여 약의 재료나 원료 등을 연상시킨다는 점에서 식별력이 높지 않다고 보일 뿐만 아니라, 강한 식별력을 가지는 '자생' 부분과 비교하여 볼 때 상대적인 식별력도 미약하다. 나아가 '자생초'가 '스스로 자라나는 풀' 등의 의미를 가진다고 하더라도 이는 사전에 등재되어 있지 아니한 단어로서 '자생'과 '초' 각각의 의미를 결합한 것 이상의 새로운 의미가 형성되는 것도 아니라는 점 등까지 보태어 보면, 이 사건 등록서비스표의 문자 부분 중 '자생'이 '초'와 결합한 일체로서만 식별표지 기능을 발휘한다고 보기는 어렵다. 이 사건 등록서비스표에서는 '자생' 부분이 독립적인 식별표지 기능을 발휘하는 요부라고 할 수 있다(대법원 2017. 2. 9. 선고 2015후1690 판결).

　⑤ [등록상표 "배리엔젤(valleyangel)": 선등록상표 "ᴬᴺᴳᴱᴸ엘젤", "엔젤"] 이 사건 등록상표는 하단에 영문자 'valleyangel'이 필기체로 표기되어 있고, 상단에 한글발음으로 보이는 '배리엔젤'이 표기된 형태로 구성되어 있다. 그런데 영문자 부분의 경우, 우리나라의 영어보급수준과 함께 'valley'의 'v'와 'angel'의 'a'가 상대적으로 큰 글씨체로 시작되어 외관상 서로 구분되어 있는 점을 고려할 때, 일반 수요자나 거래자들은 '계곡' 등의 의미를 가지는 영어단어 'valley'와 '천사' 등의 의미를 가지는 영어단어 'angel'이 결합되어 구성된 것임을 쉽게 직감할 수 있을 것으로 보이고, 이들 단어의 결합으로 인하여 각 단어가 가지는 의미를 단순히 결합한 것 이상의 새로운 의미가 형성되는 것도 아니다. 나아가, 선등록상표인 '엔젤' 또는 'angel'이라는 표장은 이 사건 등록상표의 출원일 또는 등록결정일 무렵부터 현재까지 이 사건 등록상표의 지정상품과 동일 또는

유사한 '피리, 멜로디언' 등의 상품에 관하여 일반 수요자나 거래자들에게 널리 인식되어 있음을 알 수 있으므로, 일반 수요자나 거래자들은 이 사건 등록상표 중 위와 같이 널리 인식되어 식별력이 강한 '엔젤' 또는 'angel' 부분을 분리하여 인식할 가능성이 클 것으로 보인다. 위와 같은 점들을 종합하여 보면, 이 사건 등록상표는 그 전체에 의해서만이 아니라 '독립하여 자타 상품을 식별할 수 있는 구성 부분'인 '엔젤' 또는 'angel' 부분만으로도 거래될 수 있다(대법원 2014. 5. 16. 선고 2012후2869 판결).[51]

⑥ [출원상표 "**AJI·NO·MOTO**": 선등록상표 "**우마미**"] 이 사건 출원상표 중 'Umami'와 'UMAMI' 부분은 '감칠맛'을 의미하는 일본어의 영어식 발음으로서 영한사전에도 등재된 단어인 점 등을 고려하면 지정상품들과의 관계에서 그 효능이나 용도 등을 표시하는 것으로서 사회 통념상 자타상품의 식별력을 인정하기 곤란하거나 공익상 특정인에게 독점시키는 것이 적당하지 아니하므로 '식별력 있는 요부'에 해당한다고 볼 수 없다. 반면 이 사건 출원상표의 '**AJI·NO·MOTO**' 부분은 식별력이 있어서 요부를 이룬다(대법원 2013. 3. 14. 선고 2012후3589 판결).

⑦ [등록서비스표 "고봉가마솥"] : 선출원서비스표 "**古棒**"] 이 사건 등록서비스표 중 '고봉'은 다양한 의미가 있는 단어이고, 그 지정서비스업에서 제공되는 음식의 수량이나 형상, 그 서비스의 제공방법 등을 암시 또는 강조하는 것으로 보일 뿐 이를 직접적으로 표시한다고 보기는 어려워 식별력이 없다고 할 수 없으므로, 이 사건 등록서비스표는 그 식별력 있는 '고봉'으로도 간략하게 호칭·관념될 수 있다(대법원 2013. 2. 28. 선고 2012후3527 판결).

⑧ [등록상표 "**Audi A6**": 선등록상표 "**A6**", "A6", "**A6**", "**A6 CITY SPIRIT**", "**A6**", "A6 JEANS", "**A6JEANS!**"] 지정상품을 머니벨트(의류) 등으로 하는 이 사건 등록상표의 출원시인 2007년 4월경은 물론 등록결정시인 2008년 6월경에는 이미 'Audi'라는 상표가 피고가 생산·판매하는 자동차의 출처표시로서 국내에서 저명성을 획득하고 있었음을 알 수 있으므로, 이 사건 등록상표를 의류에 사용한다고 하더라도 일반 수요자들로서는 'Audi'에 부가된 'A6'라는 부분은 Audi 차량의 모델명을 의미하는 것으로 인식하는 자동차업계의 거래관행에 따라 이 사건 등록상표를 전체로서 호칭하거나 이 사건 등록상표 중 중점적 식별력을 가지는 "**Audi**"로 호칭할 것으로 보이고, 이

---

51) 이 사건은 '엔젤' 또는 'angel' 부분이 수요자들 사이에 특정인의 표장으로 널리 인식되어 있는 점이 요부 추출에서 참작된 것으로 보인다.

를 "**A6**"로 호칭할 것으로 보이지는 아니한다(대법원 2012. 8. 30. 선고 2010후1947 판결).

⑨ [등록상표 "" : 선등록상표 "**장원급제**"] 선등록상표는 4음절에 불과하고 '장원급제' 전체가 일반 수요자에게 흔히 사용되는 단어이며 '장원급제'의 '장원'이 '급제'에 비하여 식별력이 강해 '장원'만이 요부로 된다고 보기도 어려운 점 등에 비추어 '장원급제' 전체로 호칭될 것이다(대법원 2012. 2. 23. 선고 2011후2275 판결).

⑩ [등록상표 "**댕기한방**" : 선출원상표 "", "", "", "", ""] 이 사건 등록상표의 구성 중 '댕기' 부분은 '길게 땋은 머리끝에 드리는 헝겊이나 끈'을 지칭하는 단어로서, 이 사건 등록상표의 등록결정시 일상생활에서 거의 사용되고 있지 않고 그 지정상품과 관련하여 거래계에서 일반적으로 사용되거나 상품의 품질, 용도 등을 연상시키지도 아니할 뿐 아니라 어두 부분에 위치하여 지배적인 인상을 주어 식별력이 있는 반면, '한방' 부분은 '예로부터 우리나라에서 발달한 의술의 방법(韓方)' 등의 의미를 가지고 있어 그 지정상품과 관련하여 상품의 생산방법이나 가공방법 등으로 인식되어 식별력이 없거나 미약하므로 이 사건 등록상표의 요부는 '댕기'라고 할 것이고, 선출원상표들 역시 '댕기머리' 중 '댕기' 부분은 앞서 본 바와 같은 이유로 식별력이 있는 반면, '머리' 부분은 그 지정상품인 샴푸 등이 사용되는 인체 부위를 연상시켜 상품의 용도와 직접 관련되어 있어 식별력이 없거나 약하며, 선출원상표들의 나머지 구성부분인 '생모크리닉', 'GOLD', 'Cymbidium Essence', '샴푸', '포/르/테' 등은 모두 '댕기머리'의 하단에 작은 문자로 구성되어 있을 뿐 아니라 지정상품의 품질이나 용도를 연상시키는 등 별다른 주의를 끌지 못하여 식별력이 없거나 약하므로 그 요부는 '댕기'라고 할 것이다(대법원 2011. 5. 26. 선고 2010후2964 판결).

⑪ [출원상표/서비스표 "WILLIAMS-SONOMA" : 선등록상표 "WILLIAMS"] 이 사건 출원상표/서비스표는 'WILLIAMS'와 'SONOMA'의 두 개의 영어단어가 하이픈(-)을 사이에 두고 나뉘어 있는 한편 그 결합으로 두 단어가 가지는 각각의 의미를 단순히 합친 것 이상의 새로운 관념이 형성되는 것도 아니고, 전체상표가 비교적 긴 음절로 이루어져 있어 전체로 호칭하기에 불편하며, 우리나라에서는 'WILLIAMS'가 흔히 있는 성이 아니어서 그 지정상품 또는 지정서비스업과 관련하여 식별력이 없거나 미약하다고 할 수 없고 독자적으로 그 출처를 표시하는 표지로서의 기능을 하기에 충분한 점 등을 고려하면, 'WILLIAMS' 부분만으로도 거래에 놓일 수 있다(대법원 2011. 1. 27. 선고 2010후1763 판결).

⑫ [출원상표 "Dr. you project" : 선등록상표 "PROJECT"] 이 사건 출원상표
는 … 'project'라는 단어는 우리나라의 언어관습과 영어교육수준을 고려할 때 일반 수
요자나 거래자에게 통상 그 앞에 나오는 단어나 어구와 결합하여 '○○계획', '○○과
제'라는 일체화되고 한정적인 의미가 있는 하나의 단어로 인식될 것이고, 지정상품과
의 관계에서 'project' 부분이 'Dr. you' 부분에 비하여 특별히 식별력이 강한 것도 아
니므로, 이 사건 출원상표는 그 뒷부분에 있는 'project'만에 의하여 호칭·관념된다기
보다는 'Dr. you project'와 같이 전체적으로 호칭·관념된다고 봄이 자연스럽다(대법원
2010. 12. 9 선고 2009후3596 판결).

⑬ [출원상표 "🅱" : 선등록상표 "🅱"] 이 사건 출원상표와 선등록상표들은 모두
영문자 'B' 부분을 가지고 있는 점에서 유사한 면이 있으나, 이 사건 출원상표의 구성
중 상단의 영문자 'B' 부분은 그 도안화의 정도만으로는 일반인의 특별한 주의를 끌
정도에 이르렀다고 보기 어려워 간단하고 흔히 있는 표장에 지나지 않으므로 이 사
건 출원상표에서 중심적 식별력을 가지는 부분으로 될 수 없고, 따라서 이 사건 출원
상표는 위 'B' 부분만으로 분리인식될 가능성이 희박하다고 할 것이다(대법원 2010. 4.
29. 선고 2008후2947 판결).

⑭ [등록상표 "ℯ이브자리"] 이 사건 등록상표는 "ℯ"와 같은 도형과 한글 "이브자리"의
결합으로 이루어져 있는바, 이 중 한글 "이브자리"는 그 지정상품인 "이불, 요" 등과
관련하여 잠잘 때 몸을 덮어서 보온하는 이불 즉, 이불과 요를 가리키는 '이부자리'로
인식되므로 식별력이 미약하나, 그 도형 부분은 영문자 'e'로 직감된다거나, 간단하고
흔히 있는 표장이라고 보기 어려워서 식별력을 부정할 수 없으므로, 이 사건 등록상
표의 요부는 도형 부분이라고 할 것이다(대법원 2010. 1. 14 선고 2009후3770 판결).

⑮ [출원상표 "ROSEFANFAN" : 선등록상표 1 "PANPAN", 2. "ROSE밀", 3
"ROSE"] 이 사건 출원상표는 'ROSE' 부분과 반복하여 형성된 'FAN' 부분이 결합되어
구성된 문자상표('R' 다음의 장미를 도형화한 부분은 영문자 'O'자로 쉽게 인식된다)로서, 전
반부의 'ROSE'는 '장미, 장밋빛' 등을 뜻하는 단어이고, 후반부의 'FANFAN'은 '선풍기,
영화·스포츠 등의 애호가' 등을 뜻하는 단어인 'FAN'을 반복하여 구성한 것으로 어떤
관념을 갖지 않는 조어로서 비교적 쉬운 단어들로 이루어져 있는바, 이 사건 출원상
표 중 'ROSE' 부분은 그 지정상품 중 '향수, 화장비누, 샴푸, 헤어린스' 등에 있어서는
원재료, 효능 등을 나타내어 다소 식별력이 약하다고 할 수 있으나, 나머지 지정상품
인 '열쇠고리, 서류가방, 와이셔츠' 등에 있어서는 성질표시 표장에 해당하지 아니하

여 그 식별력이 없거나 약하다고 할 수 없고(이 사건 출원상표의 지정상품이 속해 있는 상품류에 관하여 'ROSE'를 포함하는 상표들이 몇 개 공존하고 있다는 사정만으로 달리 볼 수 없다), 이 사건 출원상표 중 'FANFAN' 부분 역시 'FAN'을 겹쳐 놓아 만든 조어로서 파열음을 가진 강음이므로 그 식별력이 없거나 약하다고 할 수 없다. 따라서 이 사건 출원상표의 'ROSE' 부분과 'FANFAN' 부분은 모두 요부가 될 수 있다. 따라서 이 사건 출원상표가 하나의 요부인 'ROSE' 부분으로 호칭·관념될 경우에는, 원심 판시 선등록상표 3 'ROSE'와 대비할 때 호칭이 '로즈'로 같고 관념도 '장미'로 동일할 뿐 아니라 각 지정상품도 열쇠고리 등으로 동일·유사하고, 선등록상표 2 와 대비할 때에도 호칭(로즈)과 관념(장미)이 동일할 뿐 아니라 각 지정상품도 서류가방 등으로 동일·유사하며, 이 사건 출원상표가 또 다른 요부인 'FANFAN'으로 호칭될 경우에는, 원심 판시 선등록상표 1 **'PANPAN'**과 대비하여 볼 때 호칭이 '팬팬' 또는 '판판'으로 유사하고 각 지정상품도 와이셔츠 등으로 동일·유사하므로, 결국 이 사건 출원상표는 위 선등록상표들과 호칭·관념이 동일·유사하여 동일·유사한 지정상품에 사용될 경우 일반 수요자로 하여금 상품 출처에 대한 오인·혼동을 일으키게 할 염려가 있다고 할 것이다(대법원 2008. 3. 27. 선고 2006후3335 판결).

⑯ [출원상표 "CIRCLE SURROUND **AUTOMOTIVE**" : 선출원 등록상표 "**Circle**"] 지정상품을 '카오디오 시스템 등'으로 하는 이 사건 출원상표 중 '**SURROUND**' 부분은 그 지정상품과 관련하여 볼 때 일반 거래자 및 수요자들이 입체적인 음향이나 음악을 뜻하는 용어인 'SURROUND SOUND'나 이를 구현하는 방식인 'SURROUND SYSTEM'의 약어 또는 이와 관련이 있는 표시라고 쉽게 인식할 것이고, '**AUTOMOTIVE**' 부분 역시 '자동차의'라는 뜻을 가지는 일상적인 단어로서 지정상품의 용도를 직접적으로 표시하고 있어서, 위 각 부분은 그 자체로는 모두 식별력이 없거나 미약하고 독립하여 자타상품의 식별기능을 하는 구성부분인 요부가 될 수 없는 반면, '**CIRCLE**' 부분은 '원, 원주, 집단, 순환선' 등의 다양한 어의를 가지면서 지정상품과 관련하여 보더라도 암시적 표장에 해당하여 전체 구성 중에서 식별력이 강한 요부이다(대법원 2008. 10. 9. 선고 2008후1470 판결).

⑰ [등록서비스표 "**LCI** Language Clubs Int'l Ltd.," The kids club : 선출원서비스표 "●"] 등록서비스표와 선출원서비스표의 구성 중 'kids club' 또는 'KIDS CLUB'은 '어린이들을 모아서 특정한 활동을 하게 하는 곳'이라는 의미로 흔히 사용되는 단어로서 어린이들을 대상으로 하는 서비스업에 있어서 일반적으로 자타 서비스업의 출처표시기능이 없고, 모든 사람에

게 그 사용이 개방되어야 하는 표현으로서 공익상 어느 한 사람에게 독점시키는 것이 적절치 않은 점 등에 비추어 식별력이 없거나 미약하여 요부에 해당한다고 볼 수 없다(대법원 2006. 9. 14. 선고 2003후137 판결).

⑱ [등록상표 "칼라2중주, 우린소중하잖아요" : 선사용상표 "로레알, 전 소중하니까요."] 이 사건 등록상표의 구성 중 '우린소중하잖아요' 부분과 선사용상표의 구성 중 '전 소중하니까요' 부분은 모두 주어와 술어로 구성된 짧은 문장의 형식으로서 그 문장 끝에 존대의 뜻을 가진 보조사 '요'가 붙어 있는바, 그 구성의 형식과 의미내용을 고려할 때 상품의 출처를 표시하고 있다기보다는 상품구매를 권유하는 압축된 설명문으로 인식될 가능성이 높고, 공익상 어느 한 사람에게 독점시키는 것 또한 적절하지 아니하므로 식별력이 없거나 미약하여 요부에 해당한다고 볼 수 없다(대법원 2006. 5. 25. 선고 2004후912 판결).

⑲ [등록상표 "**펠로**
Fello" : 선등록상표 2 "FERRO SANOL DUODENAL"] 'FERRO'는 철(철)을 나타내는 화학기호인 Fe의 형용사로서 '철의, 철을 함유한'이란 뜻을 갖는 것으로 영어 사전에 정의되어 있고, 철분은 인간의 생체에 꼭 필요한 영양소로서 이것이 부족한 경우 철분결핍성 질환이 발생하는데 이를 예방 또는 치료하기 위하여 철분이 함유된 철분보충제가 비타민제 등과 더불어 제조, 판매되어 오고 있으며, 'FERRO' 또는 그 한글음역인 '페로', '훼로'를 포함하는 다수의 결합상표가 "FERRO SANOL DUODENAL"로 구성된 선등록상표 2의 출원일 훨씬 이전부터 그 지정상품과 같은 상품류 구분에 속하는 약품을 지정상품으로 하여 특허청에 출원, 등록되어 있었던 사실을 알 수 있는바, 이러한 사실에 비추어 철분은 선등록상표 2의 지정상품 중 '철분결핍치료용약제, 혈액용제, 비타민제, 임신기용약제, 수유기용약제' 등의 원재료로서 현실적으로 사용되고 있거나, 위 지정상품의 일반 수요자나 거래자들 역시 철분을 위 지정상품의 원재료로 인식하고 있다고 보아야 할 것이므로, 선등록상표 2의 구성 중 'FERRO' 부분은 그 지정상품과의 관계에 있어 원재료 표시에 해당하여 식별력이 없거나 매우 약하여 요부가 될 수 없고 따라서 이 부분에 의하여 선등록상표 2가 분리 약칭된다고 보기 어렵다(대법원 2006. 4. 27. 선고 2004후3454 판결).

⑳ [등록상표 "Cap's" : 선출원상표 "엑스 캡
X-CAP"] 선출원상표의 구성 문자 중 '엑스, X' 부분은 간단하고 흔한 영문 알파벳 한 자로서 새로운 관념이나 식별력을 가질 정도로 특별하게 구성되어 있지 아니하고 '캡, CAP' 부분과 외관상 분리되어 있을 뿐만 아니라, '캡, CAP'과 결합하여 새로운 관념을 도출한다고 볼 수도 없어 부수적 또는

보조적인 표현에 불과하다고 보이며 한편, '캡, CAP' 부분은 '모자, 뚜껑'을 의미하는 비교적 흔한 단어이기는 하나 선출원상표의 지정상품인 주스, 광천수 등의 음료와 관련하여 상품표지로서의 식별력이 부족하다고 볼 만한 사정이 없어 선출원상표에서 중심적 식별력이 있는 부분에 해당하므로, 선출원상표는 거래계에서 '캡, CAP'만으로 간략하게 인식될 수 있다(대법원 2004. 11. 12. 선고 2002후1164 판결).

㉑ [등록상표 "POWERPB": 선등록상표 "PB-1"] 이 사건 등록상표 중 'POWER' 부분은 그 지정상품과 관련하여 일반소비자들이 '세정력이 강한'이라는 의미를 직감할 수 있으므로 그 지정상품의 품질이나 효능 등을 나타내는 것이어서 식별력이 없고, 나머지 'PB' 부분은 흔히 쓰는 영문 알파벳 2개의 문자를 나란히 병기한 것으로서 새로운 관념이나 식별력을 가질 정도로 특별히 도형화되었다는 등의 사정도 없어, 간단하고 흔히 있는 표장에 해당하여 이 역시 식별력이 없거나 부족하다고 보여지므로 위 각 부분이 요부가 되어 호칭 및 관념된다거나 다른 상표와의 유사 여부 판단에 있어 이 부분만을 대비대상으로 삼을 수는 없다(대법원 2001. 12. 14. 선고 2001후1808 판결).

㉒ [출원상표 " 숲속의 콘체르토 " : 선등록상표 " 콘체르토 CONCERTO "] 이 사건 출원상표는 그 지정상품인 가정용 방향제 등과 관련하여 식별력이 약한 '숲속의' 부분과 식별력이 강한 '콘체르토' 부분이 결합되어 있고, 전단의 '숲속의'는 후단의 '콘체르토'를 수식하는 형용사에 불과하다. 또한 이 사건 출원상표는 두 단어의 결합으로 인해 두 단어가 가지고 있는 의미를 단순히 합친 것 이상의 독자적인 의미를 갖거나 새로운 관념을 형성하지 않고, '숲속의'와 '콘체르토'가 띄어쓰기로 분리되어 있어 일반 수요자는 식별력이 강한 '콘체르토' 부분만으로 호칭할 것으로 보이는 바, 이러한 사정 등을 종합하면 이 사건 출원상표의 요부는 '콘체르토'로 봄이 상당하다[특허법원 2017. 3. 17. 선고 2016허8261 판결(확정)].

㉓ [등록상표 "rookie holic" : 선등록상표 " ROOKIS "] 이 사건 등록상표는 "rookie" 또는 "holic" 부분만으로도 분리 관찰될 수 있는데, 그중 "rookie" 부분은 독립하여 자타 상품을 식별할 수 있는 요부에 해당한다, 선등록상표의 도형부분과 문자부분은 일체 불가분적으로 결합하여 있다고 볼 수도 없으므로, 위 도형 부분 또는 문자 부분만으로도 분리 관찰될 수 있는데, 문자 "**ROOKIS**" 부분은 독립하여 자타 상품을 식별할 수 있는 요부에 해당한다[특허법원 2015. 10. 30. 선고 2015허314 판결(상고기각)].

㉔ [등록상표 "한솔": 선등록상표 " "] 선등록상표는 그 지정상품인 '전열식 카펫'과 관련하여 '참숯', '찜질방', '카펫'은 지정상품의 재료, 업종명칭 등을 나타내

는 보통명칭 또는 기술적 표장으로서 이러한 부분은 자타 상품의 식별력이 없어서 상표의 요부가 된다고 볼 수 없으므로 이를 제외한 '한솔'이 요부를 이룬다. 따라서 양 상표는 모두 '한솔'로 호칭되고 관념되어 유사하다[특허법원 2015. 10. 29. 선고 2015허 4392 판결(상고기각)].

㉕ [등록상표 "**루카**" : 선등록서비스표 "🔳"] 선등록서비스표는 도형 '🔳'과 문자 부분 '**ᴸᵁᶜᴬ**'로 분리관찰될 수 있고, 문자 부분에서 요부는 '**ᴸᵁᶜᴬ**' 부분이다[특허법원 2015. 5. 21. 선고 2014허8762 판결(상고기각)].

㉖ [등록상표 "**M·U·S&C**" : 선등록상표 "**M·U·S**"] 이 사건 등록상표 중 "**M·U·S**" 부분은 앞부분에 위치하여 "**&**"를 기준으로 "**C**"와 분리되어 있고, 국내 수요자 사이 에 골프용품과 관련하여 특정인의 표지로 인식되어 있는 선등록상표와 같이 영어 대 문자 M, U, S로 구성되어 있는 점을 고려하면, "**M·U·S**" 부분은 그 지정상품과 관련 하여 식별력이 있는 요부에 해당한다[특허법원 2014. 11. 21. 선고 2014허4517 판결(상고기 각)].

㉗ [등록상표 "Romantic Night in Seattle" : 선등록상표 "**ROMANTIC**"] 이 사건 등록상표 중 'Romantic' 부분은 식별력이 미약하므로, 위 부분만으로 분리인식될 가능성이 희박하 다[특허법원 2014. 10. 2. 선고 2014허4340 판결(상고기각)].

㉘ [출원상표 "**ORAL-B 3D WHITE**" : 선출원상표 "**PERIOE 3D White**"] 이 사건 출원상표의 '**3D WHITE**' 부분과 선출원상표의 '**3D White**' 부분은 그 지정상품의 효 능 등을 직감하게 하므로 독립하여 자타 상품의 식별력을 가진 부분으로 볼 수 없다 [특허법원 2014. 8. 29. 선고 2014허2542 판결(상고기각)].

㉙ [등록서비스표 "**Cherry Spoon**" : 선등록서비스표/상표 "**SPOON**"] 이 사건 등 록서비스표의 '**Spoon**'은 '**Cherry**'에 비해 눈에 띄거나 식별력이 강하지도 않고 그 구성 부분 중 뒷부분에 위치하고 있어 특별히 일반 수요자나 거래자들의 주의를 끌 거나 인상에 남지도 않으며, '**Cherry**'와 '**Spoon**'이라는 영어단어의 의미와 상관관계 에 비추어 보면 그 결합에 의해 홀로 쓰이는 '**Spoon**'과 의미 연결이 단절된다. 또 한 이 사건 등록서비스표가 비교적 발음하기 쉽고 비교적 짧은 4음절의 '체리스푼'으 로 호칭된다는 이유만으로 더 짧게 약칭되지 않으리라고 할 수는 없으나, 일반 수요 자나 거래자들이 그 호칭의 길이나 발음의 어려움 때문에 약칭의 필요성을 느낄 것 으로 보이지도 않는다. 따라서 '**Spoon**'이 중심적인 식별력을 가져 일반 수요자나 거래자들이 이 사건 등록서비스표를 '**Spoon**'만으로 약칭 · 관념하리라고 보기 어렵

대특허법원 2014. 7. 24. 선고 2014허2412 판결(상고기각)].[52]

㉚ [등록상표 "**FOX RACING**" : 선등록상표 "**FOX**", "**FOX**", "**FOX**", "**FOX LADY**", "**REDFOX**"] 이 사건 등록상표는 'FOX'와 'RACING'이라는 영문자로 구성된 문자상표로서, 비록 'FOX'와 'RACING'이 띄어져 있어 불가분적으로 결합되어 있지는 아니하나, 두 단어 모두 우리나라의 영어 보급수준에 비추어 볼 때 일반 수요자들이 직관적으로 'FOX'는 '여우'로, 'RACING'은 '경주, 경마'로 인식할 수 있을 정도로 쉬운 단어들인 점, 전체로 호칭되더라도 5음절에 불과한 점, 이 사건 등록상표의 출원 전에 '의류, 장갑 등'을 지정상품으로 한 'FOX'가 결합된 표장이 선등록상표들을 제외하고도 다수 등록되어 있는 점 등에 비추어 보면, 일반 수요자나 거래자들이 'FOX' 부분을 이 사건 등록상표의 요부로 인식하여 이 사건 등록상표를 'FOX' 부분만으로 호칭하고 관념한다고 보기 어려우므로, 이 사건 등록상표는 일반 수요자들로부터 표장 전체로 인식되어 호칭·관념된다고 봄이 상당하다. 따라서 이 사건 등록상표의 표장이 선등록상표들의 표장과 유사하지 않대특허법원 2009. 7. 9. 선고 2009허825 판결(상고기각)].

(다) 분리관찰

1) 의 의

문자와 문자 또는 문자와 도형의 각 구성 부분이 결합한 결합상표라고 하더라도 상표는 원칙적으로 그 구성 전체를 유사 여부 판단의 대상으로 삼아야 하지만, 그렇다고 하여 상표가 언제나 그 구성 전체에 의하여 호칭·관념되는 것은 아니고, 그 구성 중 어느 한 부분만으로 간략하게 호칭·관념되거나 하나의 상표에 두 개 이상의 호칭이나 관념이 있을 수 있으며, 이러한 경우에 각각의 구성 부분 중 하나의 호칭이나 관념이 타인의 상표와 동일 또는 유사하다고 인정되는 때에는 전체적으로 보아 두 상표는 혼동의 염려가 있는 유사한 상표라고 보아야 할 경우도 있다. 이처럼 특히 결합상표의 경우에 전체관찰에 대한 수정으로서 각 구성 부분을 분리하여 상표의 유사 여부를 판단하는 것을 분리관찰이라고 한다.

대법원도 "문자와 문자 또는 문자와 도형의 각 구성 부분이 결합한 결합상표는

---

52) 서비스표의 유사를 주장하는 피고는 상고이유에서 ⑤의 '배리엔젤' 사건(대법원 2014. 5. 16. 선고 2012후2869 판결)의 결론을 참조하여야 한다고 주장하였으나, 대법원은 사안이 다르다는 이유로 원용하기에 적절하지 않다고 판단하였다(대법원 2014. 12. 11. 선고 2014후1587 판결). '배리엔젤' 사건에서는 '엔젤' 부분이 수요자들에게 현저하게 인식되어 있는 반면, 이 사건에서 'SPOON' 부분이 수요자에게 인식되어 있다는 사정이 없는 점에서 판단의 차이를 가져온 것으로 보인다.

반드시 그 구성 부분 전체에 의하여 호칭·관념되는 것이 아니라 각 구성 부분을 분리하여 관찰하면 거래상 자연스럽지 못하다고 여겨질 정도로 불가분적으로 결합한 것이 아닌 한53) 그 구성 부분 중 일부만에 의하여 간략하게 호칭·관념될 수도 있고, 또한 하나의 상표에서 두 개 이상의 호칭이나 관념을 생각할 수 있는 경우에 그중 하나의 호칭·관념이 타인의 상표와 동일 또는 유사하다고 인정될 때에는 두 상표는 유사하다."라고 판시하여,54) 전체관찰의 보조 수단으로서 분리관찰이 필요한 경우가 있음을 분명히 하였다.

이러한 분리관찰은 문자와 문자의 결합상표에 있어서 결합이 부자연스럽고 사회통념상 불가분적으로 결합되어 있지 아니한 경우, 문자와 도형의 결합상표에 있어서는 그들 사이에 경중의 차이가 없는 경우에 특히 필요한 관찰방법이다.

2) 분리관찰의 기준

분리관찰이 될 수 있는지는 원칙적으로 보통의 주의력을 가진 국내의 일반 수요자나 거래자들이 거래상황에서 상표를 보고 받는 직관적인 인식을 기준으로 판단하여야 한다.55) 상표의 유사 여부는 전체 상표를 대비하여 판단하는 것이 원칙이고 요부관찰이나 분리관찰은 전체관찰을 위한 하나의 보조 수단에 불과한 것이므로, 일련적으로 구성된 조어,56) 결합의 결과 독자적인 의미를 갖는 단어, 결합의 결과 새로운

---

53) 불가분적 결합 여부는, 전체적인 구성 및 형태, 각 구성 부분의 개별적인 구성, 형태, 크기 및 전체 구성에서 차지하는 비중, 다른 구성 부분과 결합되어 있는 정도 및 위치, 그 지정상품(지정서비스업)의 종류 및 내용 등을 종합하여 판단한다(대법원 2006. 11. 9. 선고 2006후1964 판결).

54) 대법원 2010. 12. 9. 선고 2010후2773 판결, 2007. 7. 13. 선고 2007후951 판결, 2006. 11. 9. 선고 2005후1134 판결, 2006. 11. 9. 선고 2005후1134 판결, 2004. 7. 22. 선고 2004후929 판결, 2000. 4. 11. 선고 98후2627 판결 등. 한편 2개 이상의 도형으로 이루어진 결합상표에 관하여 대법원 2013. 3. 28. 선고 2010다58261 판결은, "2개 이상의 도형으로 이루어진 결합상표는 각 구성 부분이 분리관찰 되면 거래상 자연스럽지 못하다고 여겨질 정도로 불가분적으로 결합되어 있는 것이 아닌 한 그 구성 부분 중 하나의 도형이 가지는 외관·호칭 및 관념에 의하여 상표의 유사 여부를 판단할 수 있다."라고 판시하였다.

55) 대법원 2004. 7. 22. 선고 2004후929 판결, 2003. 1. 10. 선고 2001후2986 판결, 2000. 4. 11. 선고 98후2627 판결, 1991. 12. 27. 선고 91후1045 판결 등.

56) 대법원 2001. 11. 13. 선고 2001후1198 판결. 등록상표 "**NUTRACEUTICALS**"는 조어로서 불가분적으로 결합되어 있고, 그중 'NUTRA'는 '중립의', '공평한' 등의 의미를 가지는 'NEUTRAL'과 알파벳 5자가 공통하고 발음도 유사하게 청감되는 면이 없지 아니하나 알파벳 'E' 및 'L'의 있고 없음의 차이가 있고 그 의미에 있어서도 별다른 뜻이 없는 'NUTRA'와 'NEUTRAL'은 전혀 상이하여, 우리나라의 영어보급수준에 비추어 볼 때, 생소한 조어인 'NUTRA'가 알기 쉬운 'NEUTRAL'이라는 단어에서 단지 알파벳 일부가 생략된 것으로 보아 등록상표의 나머지 구성 부분인 'CEUTICALS'보다 친숙하게 인식될 수 있을 것으로 보기는 어렵다고 하겠으므로, 등록상표가 'NUTRA' 부분과 'CEUTICALS' 부분으로 분리되어 인식될 가능성은 거의 없고 전체적으로 인식되고 호칭된다고 할 것이라고 판시하였다.

관념을 낳는 경우,[57] 분리가 가능하다고 할지라도 각각 분리된 부분이 모두 지정상품과의 관계에서 식별력이 없는 경우 등에서는 분리관찰은 적당하지 아니하므로 원칙으로 돌아가 분리되지 않은 상표 전체를 기준으로 유사 여부를 판단하여야 한다.[58] 다만 문자와 문자의 결합상표의 경우에 결합의 결과 새로운 관념이 형성되는 경우에는 일반적으로 분리관찰에 적합하지 않을 것이지만, 문자와 문자의 결합 결과 새로운 관념을 낳는다고 하더라도 그것이 각각의 문자의 의미를 합한 것 이상의 의미가 아니라면 분리관찰이 가능하다고 할 것이다.[59] 또한, 당해 상표를 둘러싼 일반적인 거래실정, 즉 시장의 성질, 고객층의 재력이나 지식 정도, 연령, 성별, 당해 상품의 속성과 거래방법, 거래장소, 상표의 현존 및 사용 상황, 상표의 주지 정도 및 당해 상품과의 관계 등에 비추어 볼 때 상표가 실제 거래사회에서 전체로서만 사용되고 인식되어 있어 일부분만으로 상표의 동일성을 인식하기 어려운 경우에는 분리관찰이 적당하지 않다.[60]

3) 과도한 분리관찰에 대한 비판 및 판례의 추세

분리관찰은 실무상 확립된 상표의 유사 여부 판단의 관찰방법 중 하나이긴 하나, 과도한 분리관찰에 대해서는 항상 경계나 비판의 목소리가 있었다. 즉, 분리관찰을 할 때 개개의 구성 부분별로 식별력의 정도 등을 고려하지 않은 채 기계적으로 구성 부분별로 분리하여 이들을 대비하는 경우에는 실제 거래 현실과 동떨어진 결과로 이어질 수 있는 위험성이 있고, 또한 판례에 나타난 분리관찰의 예 중에는 전체관찰의 원칙을 제대로 지키지 않고 보충적인 방법에 불과한 분리관찰 방법을 오히려 원칙적인 방법으로 사용하는 경우가 있다는 것이다.[61]

비판내용을 구체적으로 보면, 여러 개의 문자가 결합한 상표가 등록된 후에는 분리관찰로 인하여 그 보호범위가 분리된 개개의 구성 부분 모두에 미치기 때문에

---

57) 대법원 1999. 11. 23. 선고 99후2044 판결. 등록상표 **"플라토닉딥시 PLATONIC DEEP-SEA"** 중 "DEEP-SEA"라는 구성 부분은 영문자 'DEEP'과 'SEA'가 하이픈으로 연결됨으로써 "심해의, 원양의" 등의 뜻을 갖는 새로운 관념을 형성하는 단어로 되어 'DEEP'과 'SEA'로 분리관찰하기에 자연스럽지 못하다고 판시하였다.

58) 대법원 2001. 6. 29. 선고 99후1843 판결, 2001. 4. 27. 선고 2000후2453 판결.

59) 대법원 2001. 9. 28. 선고 2001후2139 판결.

60) 대법원 2004. 7. 22. 선고 2004후929 판결 등.

61) 최성준, "결합상표의 유사 여부 판단: 특허법원 2005. 10. 27. 선고 2005허3413 판결", LAW & TECHNOLOGY 제2권 제1호, 서울대학교 기술과법센터(2006), 138. 이러한 비판의 대상이 되는 대법원 판례로 '**marie france** : **MARIE-CLAIRE** 마 리 끌레르'에 관한 대법원 2000. 4. 21. 선고 99후2907 판결과 '**BOSS** AUDIO SYSTEMS : **HUGO** HUGO BOSS'에 관한 대법원 2000. 11. 28. 선고 2000후1658 판결을 들고 있다.

등록상표의 유사범위가 지나치게 넓어져 과도하게 등록상표를 보호하는 결과가 되고, 나아가 각각의 구성 부분과 비슷한 상표는 모두 상표등록이 거절됨으로써 새로이 상표등록을 할 수 있는 소재가 점차 고갈되어 상표 선택의 폭이 줄어드는 불합리한 결과를 초래하며,[62] 분리관찰에 의하여 대상상표를 너무 분석적으로 파악함으로써 실제 거래 현실을 제대로 반영하지 않은 채 간략하게 호칭·관념된다는 형식적인 설시만으로 일반 수요자나 거래자의 인식과는 괴리된 결론에 도달한 측면이 없지 않다거나, 대비되는 상표의 유사 여부 자체가 규범적 판단이기는 하지만 그 판단의 전제로서 어떤 결합상표가 그 일부에 의하여서만 분리되어 호칭·관념될 것인지는 어디까지나 사실인정 문제이므로 반드시 증거에 의하여 인정되어야 함에도 재판 현실에서는 증거보다는 법관의 개인적 경험에 의존하여 이를 인정하는 문제가 있다는 것이다.[63]

대법원 판례에 들고 있는 분리관찰의 근거는 '결합상표가 반드시 그 구성 부분 전체에 의하여 호칭·관념되는 것이 아니라 각 구성 부분을 분리하여 관찰하면 거래상 자연스럽지 못하다고 여겨질 정도로 불가분적으로 결합한 것이 아닌 한 그 구성 부분 중 일부만에 의하여 간략하게 호칭·관념될 수도 있다'는 것이므로, 분리관찰을 할 때는 과연 거래 현실에서 수요자들이 '결합 상표의 구성 부분 중 일부만에 의하여 간략하게 호칭·관념할 것인지'를 자세히 따져 봐야 할 것이다. 그리하여 거래 현실과 동떨어진 과도한 분리관찰로 인해 상표 유사의 폭을 지나치게 넓게 판단하지 않도록 주의해야 한다.

다만 뒤에서 보는 바와 같이 최근 판례의 흐름을 보면, 결합상표에서 각 구성 부분을 기계적으로 분리하여 그 각 구성 부분과 대비하는 방식으로 과도한 분리관찰을 시도한 예는 찾아보기 힘들고, 분리가 가능하다고 할지라도 각각 분리된 부분이 모두 지정상품과의 관계에서 식별력이 없는 경우 등에는 분리관찰이 적당하지 아니하므로 원칙으로 돌아가 분리되지 않은 상표 전체를 기준으로 유사 여부를 판단하여야 한다는 것이 확립된 판단 방법으로 보인다. 즉, 최근의 추세는 거래 현실과 동떨어진 과도한 분리관찰을 방지하기 위하여 개개의 구성 부분들의 식별력, 결합된 정도, 지정

---

62) 최성준(주 61), 138; 강동세, "상표의 유사 여부 판단에 있어서의 '분리관찰'의 문제점", 법조 55권 10호(통권 601호), 법조협회(2006. 10.), 119~120; 유영선, "상표의 유사 여부 판단 실무에 대한 비판적 고찰", 특허소송연구 5집, 특허법원(2010. 12.), 325.
63) 최성준(주 61), 138; 강동세(주 62), 100; 유영선(주 62), 325~326.

상품과 구성 부분과의 관계 등 제반 사정을 종합하여 수요자나 거래자에게 해당 상표가 '특정 구성 부분만으로 분리하여 인식될 수 있을 것인지'의 관점에서 분리관찰을 하는 것이다.

4) 요부관찰과 분리관찰의 관계

전체관찰을 보충하는 요부관찰과 분리관찰은 각자 서로 다른 관점에서의 관찰방법이기 때문에 논리적으로 필연관계가 있는 것은 아니며, 분리관찰이 요부관찰을 하기 위해서 수반되는 경우가 많지만, 요부관찰에 있어서 반드시 분리관찰 가능성이 전제되어야 하는 것은 아니다.[64] 분리관찰이 안 되는 경우에도 전체를 구성하는 일부분이 식별력이 없는 경우에는 식별력이 없는 부분을 제외한 나머지 부분만을 요부로 파악해야 한다는 대법원 판례[65]도 이러한 관점에서 이해될 수 있다. 나아가 대법원은 최근 '요부가 존재하는 경우에는 그 부분이 분리관찰이 되는지 여부를 따질 필요 없이 요부만으로 대비함으로써 상표의 유사 여부를 판단할 수 있다'고 판시하였으므로,[66] 적어도 이 점에서 분리관찰과 요부관찰은 구별된다.

그러나 분리관찰을 '특정 구성 부분이 식별력을 가지는 것을 전제로 하여 그 구성 부분만으로 분리인식될 수 있는지'의 관점에서 판단하는 것이 최근의 추세인데, 이에 따라 상표의 구성 중 특정 구성 부분이 식별력을 가지는지를 주요한 요소로 고려하여, 그 부분이 식별력이 없으면 그 부분만으로는 분리인식되지 않을 가능성이 크다고 보며, 요부관찰의 경우에도 요부를 추출할 때 각 구성 부분의 결합 정도를 검토하는 경우가 많으므로, 요부관찰과 분리관찰은 서로 긴밀한 관련이 있다. 이는 최근 다수의 판례에서 설시되는 '상표 중 특정 부분이 중점적 식별력이 가지는 부분이 될 수 없고, 따라서 그 부분만으로 분리인식될 가능성이 희박하다'는 표현으로부터도 알 수 있다.

---

64) 박정희, "결합상표의 유사 여부 판단에 관한 대법원 판례 분석", 특별법연구 9권, 사법발전재단(2011. 7.), 738; 한동수, "상표법 제7조 제1항 제7호의 해석론", 특허소송연구 5집, 특허법원(2010. 12.), 357~358; 網野誠(주 17), 447.

65) 대법원 2000. 4. 11. 선고 99후2013 판결. 출원상표 "**POSFIBER**"는 영어 알파벳 8자가 일련불가분적으로 결합되어 있고 또 그로부터 새로운 관념이 도출되는 것도 아니어서 분리관찰 하는 것이 자연스럽지 못하다고 할 것이나, 출원상표의 지정상품인 '콘크리트 보강용 스틸화이버(Steel Fiber)'와 관련하여 볼 때 '섬유, 섬유질'의 의미가 있는 위 'FIBER' 부분은 일반 수요자나 거래자에게 위 지정상품의 원재료나 성질 등을 표시하는 것으로 쉽게 직감할 수 있다고 보이므로 식별력이 없어 요부가 될 수 없고 앞부분의 'POS'만이 요부가 된다고 판시하였다.

66) 대법원 2017. 2. 9. 선고 2015후1690 판결.

5) 구체적 사례

위에서 본 바와 같이 분리관찰과 요부관찰과 분리관찰은 밀접한 관련이 있을 뿐만 아니라 도형과 문자가 결합한 상표 등의 경우 실무에서는 문자 부분을 도형 부분과는 분리관찰을 통해 분리하고, 문자 부분 중 요부를 추출하여 대비하는 경우도 종종 있고,[67] 출원상표에서는 요부관찰을 통해 요부를 추출하고, 이와 대비하는 선등록상표에 대하여는 분리관찰을 통해 특정 구성 부분을 분리한 후 양자를 대비하는 경우도 있다. 따라서 여기서 소개하는 판례는 관점에 따라서는 요부관찰의 예로 분류될 수도 있으며, 분리관찰과 요부관찰이 동시에 적용된 사례에 해당하는 것도 있다.

가) 외국인의 성명상표에 관한 사례

성명상표, 특히 외국인의 성명상표의 경우에도 성과 명칭이 결합하여 일체로 사용되는지 여부가 분리관찰을 할 수 있는지를 정하는 기준이 된다.[68] 성명상표에 대해서는 일반 결합상표와 달리 취급할 이유가 없다는 견해[69]와 일반 결합상표와 판단기준을 달리하여야 한다는 견해[70]가 있다.

대법원은 "상표의 유사 여부 판단의 한 방법으로서 분리관찰이 될 수 있는지 여부는 보통의 주의력을 가진 국내의 일반 수요자나 거래자들이 거래상황에서 상표를 보고 받는 직관적인 인식을 기준으로 판단하여야 하는 것이지, 상표가 외국에서 유명한 사람의 성명에서 유래된 것이라거나, 외국에서 그 사람의 성과 이름을 합쳐서 구성한 표장으로 상표등록이 되었다거나, 외국에서 상품에 대한 광고 시에 성과 이름을 포함하는 전체 표장으로만 사용되고 외국의 신문, 잡지 등의 기사에서도 상품이나 그 브랜드를 지칭할 때에 성과 이름이 포함된 전체 명칭만을 사용하며 성이나 이름을 분리하여 사용된 일이 없다는 사정만을 가지고 바로 국내에 출원된 상표도 성과 이름 부분이 분리관찰 될 수 없다고 단정할 수는 없다."라고 판시하여,[71] 외국인의 성과 이름으로 구성된 성명상표라고 할지라도 통상의 결합상표와 마찬가지로 분리관찰

---

67) 대법원 2016. 1. 28. 선고 2015후2044 판결, 2015. 10. 29. 선고 2015후1065 판결이 이러한 예이다.

68) 대법원 1997. 3. 25. 선고 96후313, 320 판결.

69) 남호현, "성명상표의 유사 판단에 관한 소고", 상표학회지 제2집, 한국상표학회(2000) 105~107.

70) 정태호, "성명상표에 관한 상표법상 제문제의 연구", 知的財産權의 現在와 未來; 素潭 金明信 華甲記念論文集, 법문사(2004), 272~273.

71) 대법원 2000. 4. 11. 선고 98후2627 판결. 이 판결은 'BOBBI'와 'BROWN'이 두 줄로 병기되어 있고 그 아래 작은 글자로 'essentials'라고 쓰여 구성된 ' BOBBI BROWN ' 상표에 관한 것인데, 대법원은 원심을 파기하면서 '본원상표에 대한 국내의 사용실태와 본원상표에 대한 국내의 일반 수요자나 거래자들의 인식'에 관하여 심리·판단되지 아니하였음을 지적하였다.

될 수 있는지는 국내의 일반 수요자들의 직관적인 인식을 기준으로 판단하여야 하고, 구체적으로는 그 성명상표에 대한 국내에서의 사용실태와 국내의 일반 수요자나 거래자들의 인식 정도 등의 사정을 고려하여야 함을 분명히 하였다. 다만 최근에는 ① 일반 수요자나 거래자가 성명상표임을 쉽게 알 수 있고, 전체 호칭의 음절수가 비교적 짧으며, 당해 지정상품의 거래계에서 전체로서 호칭·관념됨으로써, 수요자 사이에 상표 전체로서 상품의 출처를 인식하는 거래실정이 존재하거나, ② 성명상표의 일부 구성이 특이하거나 강한 식별력을 갖지 않은 경우 등에는 이름과 성이 결합한 상표 전체로서 유사 여부를 판단하는 경향이 있다.[72]

　　대법원 판례 중 외국인 성명과 관련하여 분리관찰이 불가능하다고 판단한 사례들은 다음과 같다. 즉, (i) "HANSGROHE" 상표에 관하여 "HANS"와 "GROHE" 부분으로 분리관찰 될 수 없다는 원심의 판단을 수긍하면서, 독일인의 성명이나 알파벳문자로 구성된 단어에 익숙하지 아니한 우리의 언어문화에 비추어 볼 때 성과 이름을 합하여 구성한 것이라고 인식되기 어렵다는 점을 지적하였고,[73] (ii) "LAURA ASHLEY" 상표는 세계 여러 나라에서 전체 이름으로만 상표등록되고 각종 광고 선전물이나 상품의 포장에도 전체 이름으로만 사용되고 있고 그중 "LAURA" 혹은 "ASHLEY"로 분리되어 사용된 자료는 찾아볼 수 없으므로, 사회통념상 그 지정상품의 거래계에서 "LAURA ASHLEY"라는 문자상표 전체로서 특정 디자이너의 제품임을 표상한다는 독자적인 의미를 가지게 되어 성(姓)인 "ASHLEY"나 이름인 "LAURA"로 분리관찰 하는 것이 자연스럽지 못할 정도로 불가분적으로 결합되어 있어 그 수요자 간에 성명 전체로서만 인식되고 호칭된다고 판시하였다.[74] 또한, (iii) "SAINT-SAENS"이라는 문자 부분이 포함된 상표 "　🖋　" 중 위 문자 부분이 세계적으로 유명한 근대 프랑스의 작곡가인 '생상스(Charles Camille Saint-Saëns)'의 성(姓)에 해당하는 표장이므로 프랑스어에 소양이 있는 수요자라면 그것이 '생상스'의 프랑스어 표기임을 쉽사리 알 수 있어 이를 일체적으로 호칭·관념하게 될 것이고, 앞서 문자 부분이 '생상스'를 지칭하는 것인지를 모르는 수요자라고 하더라도 앞서 문자 부분의 구성상 이를 특별한 의미가 없는 후반부의 'SAENS'만에 의하여 호칭·관념하리라고 단정하기는 어렵다고 판시하였

---

72) 대법원 2013. 5. 9. 선고 2013후327 판결 등.

73) 대법원 1990. 12. 11. 선고 90후1147 판결.

74) 대법원 1995. 1. 12. 선고 94후647 판결. 위 판결은 국외의 사정까지 고려한 점에서 다소 이례적이라 할 수 있다.

고,75) (iv) 미국 출신 의류 디자이너의 성명으로 된 "**NICOLE MILLER**"라는 상표는 전체 호칭이 '니콜 밀러'로 네 음절에 불과하여 비교적 짧은 편이고, 우리나라의 영어 보급 수준이나 국제교류의 정도 및 인터넷 사용이 보편화된 현실 등에 비추어, 국내 일반 수요자나 거래자는 위 표장이 서양인의 성명임을 쉽게 알 수 있다 할 것인데, 지정상 품인 의류제품 등에 있어서 그 출원일 당시에 이미 디자이너의 성명 전체로 된 상표 의 사용이 일반화되는 추세에 있어 일반 수요자나 거래자 간에도 성과 이름이 포함 된 상표 전체로서 상품의 출처를 인식하는 경향이 있었을 뿐만 아니라, 'NICOLE' 또 는 'MILLER'가 특별히 식별력이 강한 부분도 아니어서, 일반 수요자나 거래자가 각 부 분만을 따로 떼어 내어 호칭·관념할 가능성은 희박하다고 판시하였으며,76) (v) "NINA RICCI"와 "RobertoRicci"가 유사한지에 관하여 "NINA RICCI"는 'NINA'와 'RICCI' 부분이 일련불가분적으로 결합되어 있는 것은 아니지만 이 사건 등록상표 및 인용상 표의 지정상품과 관련하여 국내 수요자 간에 널리 인식되어 있는 상표로서 실제 거 래사회에서 항상 전체로서만 사용되고 인식되어져 왔을 뿐 'RICCI'만으로 분리 약칭되 어 사용된 예를 찾아보기 어렵고, 'RICCI'가 특별히 식별력이 강한 부분도 아니어서 보통의 주의력을 가진 국내의 일반 수요자나 거래자들이 거래상황에서 상표를 보고 받는 직관적 인식을 기준으로 인용상표를 'RICCI'만으로 약칭하여 호칭한다고 보는 것은 매우 부자연스럽다 할 것이므로 결국 이러한 구체적 거래실정을 감안하면 인 용상표는 'RICCI'만으로 약칭된다고 보기 어렵다고 판시하였고,77) (vi) 출원상표 *Camille Fournet*의 구성 중 '*Camille Fournet*' 부분은 프랑스 태생 가죽세공기술의 장인 까미 유 포르넷(Camille Fournet)의 성명과 같고, 선등록상표의 구성 중 '*Camille Claudel*' 부 분은 프랑스의 여류 조각가 '까미유 끌로델'의 성명과 같은데, 우리나라의 국제교류 정도 및 인터넷 사용의 보편화 등에 비추어 국내 수요자나 거래자로서는 이들 상표 가 서양인의 이름과 성으로 구성된 것임을 쉽게 알 수 있을 것으로 보이는 점, 특히 이들 상표의 지정상품인 핸드백 등에는 디자이너의 성명 전체로 된 상표의 사용이 일반화되는 추세여서 일반 수요자나 거래자들도 성과 이름이 포함된 상표 전체로서 상품의 출처를 인식하는 경향이 있는 점, 이들 상표가 전체로서 호칭하기에 불편할 정도로 음절수가 많은 것은 아닌 점, 이들 상표가 국내·외에서 이름 부분과 성 부분

---

75) 대법원 1998. 4. 24. 선고 97후1146 판결.
76) 대법원 2009. 4. 9. 선고 2008후4783 판결. 대법원 2009. 11. 26. 선고 2008후3964 판결도 같은 취지이다.
77) 대법원 2003. 1. 10. 선고 2001후2986 판결.

이 분리되어 따로 사용되었음을 인정할 근거가 없는 점 등을 근거로 양 상표가 모두 표장 전체로서 호칭·관념된다고 본 원심의 판단을 수긍하였다.[78]

반면 대법원 판례 중 외국인 성명과 관련하여 분리관찰이 가능하다고 판단한 사례들은 다음과 같다. 즉, (i) "**Christian Nicole**"로 구성된 상표는 'Christian' 또는 'Nicole'만으로, "**Nicole StGilles**"로 구성된 상표는 'Nicole' 또는 'StGilles'만으로 분리하여 호칭·관념될 수 있다고 판시하였고,[79] (ii) "ALFREDO VERSACE" 상표와 "GIANNI VERSACE" 또는 "VERSUS Gianni Versace" 상표는 모두 'Versace' 부분만으로 호칭·관념될 수 있다고 판시하였으며,[80] (iii) 복잡하게 도안된 도형과 그 도형의 중앙과 하단부에 'PAOLO', 'DESIGNED BY' 및 'PAOLO GUCCI'의 문자가 표기되어 구성된 결합상표 중 위 'PAOLO GUCCI' 부분은 두 단어가 합쳐져 이를 분리하여 관찰하면 부자연스러울 정도로 불가분적으로 결합되어 있다고 볼 수는 없으므로 'PAOLO'와 'GUCCI' 부분으로 분리하여 관찰할 수 있다고 판시하였고,[81] (iv) "**GEORGES MARCIANO**" 상표는 디자이너 성명으로 구성된 결합상표로서 그 성에 해당하는 '마르시아노'로 약칭될 수 있다고 판시하였으며,[82] (v) "**ANDRE 상·앙드레**"로 구성된 상표와 "**André Kim 앙드레 호**"로 구성된 상표는 모두 '앙드레'만으로 호칭·관념될 수 있다고 판시하였고,[83] (vi) "**GEORGES MARCIANO**" 상표와 "**GUESS**"는 모두 'MARCIANO' 부분만으로 분리인식될 수 있다고 판단하였고,[84] (vii) **ROBERTA DI CAMERINO** 는 'ROBERTA' 부분만으로 분리인식될 수 있다고 판단하였다.[85] 최근 특허법원 사례 중에는 'CLAUDIA SCHIFFER' 등으로 구성된 선등록상표들에 대하여 비록 "Claudia Schiffer"가 외국의 유명 패션 모델인 것은 사실이나, 그러한 이름과 성의 결합, 그 전체까지 국내에 널리 알려진 것이라고 단정할 수 없고, 선등록상표들은 한꺼번에 발음하기가 쉽지 않은 일곱 개의 긴 음절로 구성되어 있으며, 그 구성 형태도 "Claudia" 부분과 "Schiffer" 부분이 서로 분리되어 있어 간략한 호칭이나 관념에 의하여 상표를 기억하려는 일반 수요자나 거래자의 경

78) 대법원 2013. 5. 9. 선고 2013후327 판결.

79) 대법원 2002. 7. 26. 선고 2001후3118 판결.

80) 대법원 2002. 4. 26. 선고 2001다4057, 4064 판결.

81) 대법원 1997. 3. 25. 선고 96후313, 320 판결.

82) 대법원 1992. 8. 14. 선고 92후193 판결.

83) 대법원 1990. 2. 13. 선고 89후1745 판결.

84) 대법원 2008. 11. 27. 선고 2008후101 판결.

85) 대법원 2004. 7. 22. 선고 2004후325 판결.

향에 따라 그 구성 부분 중 "Claudia"나 "Schiffer"만으로 분리되어 인식될 수 있다고 판단한 것이 있다.[86]

또한, 대법원은 [*Marie france*: MARIE–CLAIRE 마 리 끌레르] 사건에서도 양 상표는 모두 'MARIE' 부분만으로 호칭·관념될 수 있다고 보았고,[87] [BOSS: HUGO] 사건에서도 양 표장은 'BOSS' 부분만으로 인식될 수 있다고 보았는데,[88] 이러한 판결에 대해서는 과도한 분리관찰을 하였다는 비판이 있음은 앞서 본 바와 같다.[89]

위의 사례들(Nicole, VERSACE, GUCCI, NINA RICCI, 앙드레 등)을 종합하여 보면, 표장 중 특정부분만으로 분리인식될 수 있는지 여부를 판단함에 있어서, 그 특정 부분이 주지성을 가지거나, 실제 거래현실에서 그 지정상품이나 지정서비스와 관련하여 수요자나 거래자들 사이에서 특정부분만으로 인식되고 있지 여부가 판단에 있어서 주요한 고려요소로 작용하는 것으로 보인다.

나) 숫자를 포함하는 사례들

① [출원 서비스표 **25時** : 선등록서비스표 **LG 25時**] 지정서비스업을 '부동산임대업' 등으로 하는 선등록서비스표는 'LG' 부분과 '25시' 부분으로 분리하여 관찰하면 거래상 자연스럽지 못하다고 여겨질 정도로 불가분하게 결합되어 있다고 할 수 없고, 그중 '25시' 부분은 '게오르규의 문학작품의 제호'를 의미하거나 또는 '하루 종일 고객에게 최선을 다해 열심히 서비스를 제공함' 등의 의미·내용을 함축하고 있을 뿐이므로 '부동산임대업' 등에 관하여 식별력이 없거나 미약하다고 할 수 없고 독립하여 자타 서비스를 식별하는 기능을 충분히 할 수 있다. '25시' 부분이 우리나라의 저명한 대기업의 상호의 약칭으로서 식별력이 강한 'LG' 부분과 결합되어 있기는 하나, '25시' 부분의 의미·내용, 'LG' 부분과 '25시' 부분의 결합관계 등을 고려하여 볼 때, 위와 같은 사정만으로 곧바로 '25시' 부분이 'LG' 부분에 압도되어 그 식별력이 무시되어도 좋을 정도로 미약하다거나 수요자에게 주의를 끄는 부분이 아니라고 할 수 없고, … 그렇다면 선등록서비스표는 독립하여 자타 서비스의 식별기능을 가지는 '25시' 부분만으로 간략하게 호칭·관념될 수 있다(대법원 2006. 11. 9. 선고 2005후1134 판결).

② [출원상표 **LOCSTAR401** : 선등록상표 **401**] 출원상표는 별 모양을 음영처리

---

86) 특허법원 2017. 4. 28. 선고 2016허8605 판결(확정).

87) 대법원 2000. 4. 21. 선고 99후2907 판결.

88) 대법원 2000. 11. 28. 선고 2000후1658 판결.

89) 각주 61) 본문 참조.

하여 부가한 영문자 'LOCSTAR'와 아라비아숫자 '401'이 순차로 결합하여 구성된 상표
인데, 위 각 구성부분을 분리 관찰하면 거래상 자연스럽지 못하다고 여겨질 정도로
불가분적으로 결합되어 있다고 볼 만한 아무런 사정이 없고, 또한 그러한 결합으로
인하여 특별한 관념을 형성하는 것도 아니므로 아라비아숫자 '401' 부분만으로 분리
하여 호칭·인식될 수 있어 선등록상표와 유사하다(대법원 2004. 4. 27. 선고 2002후1645
판결).

③ [GOLDEN TEX V.I.P 2000 : 2000] 일반적으로 동일한 생산업자가 동종의 상품
에 대하여 그 품질상의 차이나 생산순서 등을 구별하기 위하여 동일한 상표에 일련
의 숫자를 부과하는 경우는 흔히 있는 일로서 이때에는 그 숫자가 일련의 상품에 일
관되는 상표 전체 또는 그 약칭과 함께 인식되는 것이 보통이므로 "GOLDEN TEX
V.I.P 2000"이란 상표 중 아라비아 숫자 '2000'만을 떼어서 관찰한다고 함은 부자연스
러워 "2000"으로 구성된 상표와 유사하지 않다(대법원 1990. 9. 14. 선고 90후632 판결).

④ [출원서비스표 : 선출원서비스표] 양 서비스표는 각각 숫자 '700'
과 나머지 부분이 시각적으로 분리되어 있어 이들의 결합으로 새로운 관념을 형성한
다고 할 수 없으므로 '700' 부분만으로 분리관찰 될 수 있어 서로 유사하다(특허법원
2008. 8. 14. 선고 2008허3766 판결, 확정).

①, ③의 경우는 숫자 부분이 나머지 부분과 불가분적으로 결합되어 있는지 여부
외에 숫자 부분이 식별력을 가지는지 여부, 거래 실정 등의 제반 사정을 종합하여 숫
자 부분만에 의하여 인식될 수 있거나 인식될 수 없다고 판단한 반면, ②, ④의 경우
는 이러한 과정을 거치지 않고 오직 숫자 부분이 나머지 부분과 불가분적으로 결합
되어 있지 않다는 점만으로 숫자 부분만에 의하여 인식될 수 있다고 판단하였다. 앞
서 본 과도한 분리관찰에 대한 비판을 수용한다면 표장 중에 숫자 부분이 포함된 경
우, 단순히 그 숫자 부분이 다른 부분과 분리가능하게 결합되어 있는지 여부에 그칠
것이 아니라, 해당 부분이 가진 식별력의 정도, 표장에서 차지하는 비중, 배치된 위
치, 상표를 인식하는 거래계의 관습 등 제반 사정을 종합하여 수요자나 거래자들이
그 숫자 부분만으로 상표를 인식할 수 있을지 여부의 관점에서 판단하여야 할 것으
로 보인다.

다) 분리관찰이 가능하여 서로 유사한 표장이라고 한 사례

① [출원상표 "StudyWill" : 선등록서비스표] 선등록서비스표는 'N' 부
분과 'STUDY WELL'부분이 하이픈(-)으로 연결되어 있어 외관상 서로 분리되어 있

고, 'N'은 간단하고 흔한 영문자 한 글자에 불과하여 이들의 결합으로 인하여 새로운 관념을 낳는 것도 아니며, 이를 분리하여 관찰하면 거래상 자연스럽지 못하다고 여겨질 정도로 불가분하게 결합되어 있지도 아니하다. 또한, 그중 'STUDY WELL' 부분이 '정보의 데이터베이스 가공편집업' 등에 관하여 식별력이 없거나 미약하다고 할 수 없으므로, 비록 그 영문자 아래에 한글로 연속하여 '엔 스터디 웰'이라고 표기되어 있다고 하더라도, 일반 수요자들에게 'STUDY WELL' 부분만으로 분리 관찰되어 '스터디 웰'로 호칭될 수 있다. 이것을 '스터디윌'로 호칭되는 이 사건 출원상표 "Study Will"과 대비하여 보면, 호칭되는 음절수가 4음절로 서로 같고, 모두 처음 3음절이 '스터디'로 동일하며, 마지막 음절의 모음만이 'ᅰ'와 'ᅱ'로 다를 뿐이어서 전체적인 청감이 비슷하고, 그 외관과 관념을 고려하더라도 출처의 혼동을 명확히 피할 수 있다고 보이지 아니하므로, 결국 양 표장은 서로 유사하다(대법원 2011. 12. 22. 선고 2011후1784 판결).

② [출원상표 "◉SEWON CELLONTECH세원셀론텍" : 선등록상표 "SPL"] 양 상표는 둘 다 각 문자 부분 중 **SEWON** 및 **Sewon**으로 호칭·관념될 수 있다(대법원 2008. 10. 9. 선고 2008후1395 판결).

③ [출원상표 "DRAGON QUEST" : 선등록상표 "QUEST"] 출원상표는 'DRAGON'과 'QUEST' 부분이 서로 간격을 두고 떨어져 있고 호칭도 짧지 않아 이를 분리하여 관찰함에 특별한 어려움이 없다(대법원 2008. 2. 28. 선고 2006후4086 판결).[90]

④ [출원상표 "MANSION CASINO" : 선등록상표 "LUIGI'S MANSION"] 출원상표의 'CASINO' 부분은 그 지정상품인 오락용구류와의 관계에서 사용장소 등의 품질을 표시하여 식별력이 미약하므로, 그 요부는 'MANSION' 부분이라 할 것이고, 선등록상표 LUIGI'S MANSION"는 'LUIGI'S'와 'MANSION' 부분으로 분리하여 관찰함에 특별한 어려움이 없다(대법원 2007. 10. 11. 선고 2007후2612 판결).

⑤ [출원상표 "Lemon" : 선등록상표 "LemonBall"] 선등록상표는 비록 3음절의 짧은 단어이고 글자간 간격이 없이 나란히 구성되어 있지만, 외관상 'Lemon'의 'L'과 'Ball'의 'B'가 각 대문자로 시작되어 양 단어를 구분하고 있는 점, 우리나라의 영어 교육 수준과 일상생활에서 각 단어가 사용되는 빈도를 생각해 보았을 때 'Lemon'이나

---

90) 이 사건의 원심(특허법원 2006. 11. 15. 선고 2006허6792 판결)에서는 DRAGON QUEST라는 이 사건 출원상표가 컴퓨터게임 분야에서는 현저히 알려져 있음을 근거로 그 전체로서만 인식될 수 있다고 판단하였지만, 대법원은 이 사건 출원상표의 지정상품들 중에는 컴퓨터게임과 관련 없는 상품들이 다수 포함되어 있어서 그러한 지정상품과의 관계에서도 이 사건 출원상표가 전체로서만 인식될 것이라고 볼 수는 없다는 점을 지적하였다.

'Ball' 모두 쉬운 단어들로서 수요자들은 직감적으로 이를 'Lemon'과 'Ball'의 결합으로 이루어진 것으로 인식할 수 있다고 보아야 하고, 양 단어의 결합으로 각각의 단어의 의미를 합한 것 이상의 의미가 생기는 경우도 아니며, 거래실정상 위 상표가 항상 전체 문자로서만 인식되고 통용되어졌다고 인정할 아무런 자료가 없는 점 등에 비추어 보면, 그 문자 전체에 의해서만 아니라 'Lemon' 부분만으로도 호칭·관념될 수 있다(대법원 2007. 7. 13. 선고 2007후951 판결).

⑥ [출원상표 "**GREATSPIDER**": 선등록상표 "**Spikes-Spider**"] '스노우체인, 자동차 타이어용 미끄럼방지장치, 타이어'를 지정상품으로 하는 출원상표는 영문자 11자가 띄어쓰기 없이 하나의 단어로 구성된 형태이나, 우리나라 영어보급수준에 비추어 보면 일반 수요자들은 'GREAT'와 'SPIDER'가 결합된 것임을 쉽게 알 수 있고, 'GREAT'는 '큰, 중대한, 두드러진, 위대한, 탁월한' 등의 뜻을 갖는 영어단어로서 지정상품과 관련하여 품질의 우수성을 나타내는 표시이므로 '독립하여 자타 상품의 식별력을 가진 부분' 즉 요부는 'SPIDER' 부분이다. 또한, 선등록상표 역시 그 구성 중 'Spikes' 부분은 그 지정상품이 '스파이크를 박은 미끄럼방지장치' 등으로 한정되어 있어 지정상품과 관련하여 원재료(부품)를 표시하는 것으로 식별력이 없어 그 요부는 'Spider'라고 할 것이다. … 그리고 양 상표에서 'SPIDER' 또는 'Spider'의 요부를 분리 내지 추출하여 관찰하는 것이 거래상 자연스럽지 못하다고 여겨질 정도로 양 상표의 문자들이 불가분하게 결합되어 있다거나 양 상표가 항상 전체 문자로서만 거래사회에서 인식되고 통용되었다고 볼 아무런 자료가 없으므로 양 상표는 그 전체로서는 물론 각 요부만으로서도 거래에 놓일 수 있다고 봄이 상당하다(대법원 2007. 3. 29. 선고 2006후3502 판결).

⑦ [출원상표/서비스표 " ㅂ_{l상} ": 선출원서비스표 " 비상中國語"] 양 상표/서비스표는 모두 '비상'으로 간략하게 호칭·관념될 수 있다(대법원 2006. 11. 9. 선고 2006후1964 판결).

⑧ [출원상표 "FEL-O-VAX Lv-K Ⅳ": 선출원상표 "펠로Fello"] 이 사건 출원상표는 앞부분의 "FEL-O-VAX"와 뒷부분의 "Lv-K Ⅳ"이 외관상 일정 간격을 두고 구분되어 있고, 그 결합으로 인하여 전체적으로 새로운 의미를 갖는다고 보기 어려우며 이를 분리하여 관찰하면 자연스럽지 못할 정도로 일체 불가분적으로 결합되어 있다고 볼 수 없으므로 그중 어느 한 부분만에 의하여 간략하게 호칭될 수 있다고 할 것인데, 만일 이 사건 출원상표가 앞부분의 "FEL-O-VAX"만으로 분리되어 호칭될 경우, 그중 "VAX"

부분은 그 한글음역인 "박스"와 더불어 의약업계 분야에서 백신제품 이름의 말미에 덧붙여져 백신을 나타내는 뜻으로 널리 사용되는 관용어라고 볼 소지가 충분히 있고, 그 지정상품과 관련하여 보더라도 일반 수요자 및 거래자들이 백신(vaccine)을 나타내는 약어 내지는 이와 관련 있는 표시라고 쉽게 인식할 수 있다고 보이므로, 위 "VAX" 부분은 식별력이 없거나 미약하여 요부가 될 수 없고 "FEL-O-" 부분만이 요부가 되므로 이 부분에 의해서도 간략하게 호칭될 수 있다고 할 것인바, 그렇다면 이 사건 출원상표는 선출원상표와 그 호칭이 유사하다(대법원 2006. 6. 27. 선고 2004후2901 판결).

⑨ [등록상표 "SPORTSCOACH" 스포츠코치 : 선등록상표 "**COACH** LEATHERWARE"] 이 사건 등록상표는 그 구성의 'SPORTSCOACH'나 '스포츠코치'가 각각 외관상 분리되어 있지는 아니하나, 'SPORTS(스포츠)'는 '운동(경기)'이라는 뜻을 가지는 단어이고, 'COACH(코치)'는 '지도하여 가르침' 또는 '운동경기의 기술 따위를 선수들에게 지도하고 훈련시키는 사람' 등의 뜻을 가지는 단어로 쉽게 이해될 것이므로, 일반 수요자들은 'SPORTS(스포츠)'와 'COACH(코치)'를 분리하여 인식할 가능성이 크다고 보인다. 한편, 'SPORTS(스포츠)'는 뒷부분의 'COACH(코치)'를 수식하는 이상의 의미를 가지는 것으로 보기 어려워 'SPORTSCOACH (스포츠코치)'에서의 중점은 수식을 받는 'COACH(코치)'에 있으므로, 그 주된 요부인 'COACH(코치)' 부분에 의하여 약칭되고 인식될 가능성이 크다(대법원 2002. 10. 25. 선고 2001후1556 판결).[91]

⑩ [출원상표 "**Evening Flower**" : 선등록상표 "**이브닝**"] 이 사건 출원상표를 보고 일반 수요자나 거래자가 '저녁에 피는 꽃'이라는 뜻으로도 인식할 수는 있으나, 단순한 조어에 불과하여 일반 소비자 등이 항상 그와 같이만 관념한다고 볼 수도 없을 뿐만 아니라, 그러한 의미는 영문자 'Evening'과 'Flower' 두 단어가 가지는 각각의 의미를 단순히 합친 것에 불과한 것으로서 그 이상의 새로운 관념이 형성되었다고 할 수도 없으므로, 'Evening'만으로 분리관찰 될 수 있다(대법원 2001. 9. 28. 선고 2001후2139 판결).

⑪ [등록상표 "**ThinkMap**" : 선출원서비스표 "마인드 맵 **MIND MAP**"] 이 사건 등록상표는 비록 띄어쓰기가 되어 있지 않고 그 음절수도 3음절로 짧으나, 'Think'의 'T'와 'Map'의 'M'이 다른 문자들과 달리 대문자로 표기되어 있고 또 극히 쉬운 단어들이어서 일반 수요자들이 직감적으로 'Think'와 'Map'의 2개의 문자부분으로 구성된 것임을 쉽게 알 수

---

91) 이 사건에서는 선등록상표가 상당히 알려진 사정이 고려된 것으로 보인다.

있을 것이고, 나아가 'Think'와 'Map'이 결합하더라도 '생각(의) 지도' 내지 '생각하는 지도' 또는 '생각하라, 지도를' 등으로 관념될 것이고 본래의 의미를 떠나 새로운 관념을 낳는다거나 전혀 새로운 조어가 된다고 볼 수도 없으므로, 'Think'와 'Map'의 두 부분으로 분리관찰 하는 것이 부자연스러울 정도로 불가분적으로 결합되어 있다고 보기 어렵다. 선출원서비스표는 'MIND(마인드)'와 'MAP(맵)'이 결합된 표장으로서, 위 두 개의 문자 부분이 분리되어 표기되어 있고 그 결합으로 인하여 새로운 관념이 형성되는 것도 아니어서 이 역시 'MIND(마인드)'와 'MAP(맵)'의 두 부분으로 분리관찰하는 것이 거래상 부자연스럽다고 보여지지는 아니한다(대법원 2001. 7. 13. 선고 2000후2071 판결).

⑫ [등록상표 "🐗" : 선등록상표 1 "**코뿔소**", 2 "🐗", 3 "🐗"], 이 사건 등록상표는 도형 부분 및 문자 부분의 결합으로 인하여 어떤 특별한 관념을 낳는 것도 아니고 이를 분리하여 관찰하면 자연스럽지 못할 정도로 불가분적으로 결합되어 있다고 보기도 어려워 이 사건 등록상표는 도형 부분 및 문자 부분으로 분리하여 관찰할 수 있고 각각 요부로 인식되므로, 이 사건 등록상표가 그 요부의 하나인 도형 부분에 의하여 '코뿔소'로 불려지고 인식되는 경우 선등록상표들과는 호칭 및 관념이 동일하여, 양 상표가 동종 또는 유사한 상품에 사용될 경우 일반 수요자나 거래자는 그 상품 출처를 오인·혼동할 염려가 있고, 따라서 이 사건 등록상표는 선등록상표들과 유사한 상표이다(대법원 2001. 7. 13. 선고 99후1119 판결).

⑬ [출원상표 "*LOSTLEGEND*" : 선출원등록상표 '**LEGEND**'와 '**레전드**'가 이단배치됨] 이 사건 출원상표는 그 구성이 비록 외관상 구분되어 있지 아니하고 결합되어 있지만 우리 나라 영어보급 수준을 고려해 볼 때 'LOST'와 'LEGEND'가 결합되어 구성된 상표임을 쉽게 직감할 수 있고, 또 그 결합으로 인하여 새로운 관념을 가지는 것이 아닐 뿐만 아니라 분리하여 관찰하는 것이 부자연스러울 정도로 불가분적으로 결합된 것이라고 볼 수 없으므로, 간이신속을 요하는 상거래업계의 관행에 비추어 볼 때 'LOST' 또는 'LEGEND'만으로 간략하게 약칭될 수 있고, 그러한 경우에는 'LEGEND'와 '레전드'를 2단으로 횡서 표기한 선출원등록상표와 호칭 및 관념이 동일하게 되므로 양 상표가 동일 유사한 지정상품에 다 같이 사용될 경우 거래자나 일반 수요자로 하여금 상품의 출처에 관하여 오인·혼동을 일으키게 할 우려가 있다(대법원 2000. 4. 11. 선고 98후652 판결).

⑭ [출원상표 "BANANA REPUBLIC" : 선출원상표 "BANANA BOAT"] 양 상표는 상

표를 약칭하여 간이·신속하게 호칭하려고 하고, 특히 앞부분을 강조하여 호칭하려고 하는 일반 거래계의 습성상 모두 '바나나'로 약칭될 수 있다(대법원 1997. 12. 26. 선고 97후1269 판결).

　라) 분리관찰이 불가능하여 서로 유사하지 않은 표장이라고 한 사례

　① [등록상표 "*NON-NO*" : 확인대상표장 "Autobahn®(주)논노패션"] '논노' 부분이 확인대상표장 전체에서 차지하는 비중이 그다지 크지 아니한 점과 '(주)논노패션'이라는 문자 위에 'Autobahn®'을 더 크게 구성하여 배치한 확인대상표장의 전체적인 구성 등에 비추어 보면, 확인대상표장이 '논노'만으로 분리되어 호칭·관념된다고 보기 어렵다(대법원 2013. 2. 15. 선고 2011후1005 판결).

　② [출원상표 "누 들 로 드" : 선등록상표 "**피자 로드**"] 이 사건 출원상표는 한글 네 글자로 구성된 비교적 짧은 문자상표이고, 그 구성 중 '로드'는 그 앞에 나오는 단어와 결합해서 '…가' 또는 '…거리'라는 일체화되고 한정적인 의미가 있는 단어이며, 전체로는 '실크로드'와 같은 형태로 '누들(국수)이 전파된 경로' 등의 새로운 관념을 떠올리게 하는 점 등을 고려하여 보면, '로드'만으로는 분리인식될 가능성이 희박하고 전체로서 '누들로드'로 호칭, 관념되므로, 그 외관, 호칭 및 관념이 선등록상표와는 다르다(대법원 2012. 4. 12 선고 2012후351 판결).

　③ [등록상표 "**BCBGENERATION**" : 선사용상표 "BCBG"] 지정상품을 자켓, 코트 등으로 하는 이 사건 등록상표는 일반수요자나 거래자에게 쉽게 이해되는 'GENERATION'이 'BCB'와 띄어쓰기 없이 결합되어 있는 조어로서 그중 'BCBG' 부분이 특별한 관념을 형성하거나 다른 부분에 비해 그 구성이 특이한 것도 아니어서, 이 사건 등록상표의 구성이나 발음이 길고, 또 사용상품을 여성의류로 하며 "BCBG"와 같이 구성된 선사용상표가 특정인의 상표라고 인식될 수 있을 정도로 알려져 있다는 사정만으로 이 사건 등록상표가 양 상표에 공통된 'BCBG' 부분만으로 분리 인식된다고 단정할 수 없고, 따라서 일반 수요자나 거래자가 이 사건 등록상표를 'BCBG' 부분만으로 간략하게 호칭하거나 관념하지는 아니한다고 봄이 상당하다. 그렇다면 이 사건 등록상표는 전체로서 '비씨비제너레이션'과 같이 호칭된다고 할 것이므로 '비씨비지'로 호칭될 선사용상표와 호칭이 다르고, 외관에서도 현저하게 상이하며, 관념에 있어서는 양 상표 모두 조어이어서 서로 대비할 수 없어, 전체적으로 볼 때 일반 수요자나 거래자로 하여금 상품 출처의 오인·혼동을 일으킬 염려가 있다고 보기 어렵다(대법원 2011. 7. 14 선고 2010후2322 판결).

④ [출원상표 " " : 선등록상표 " STAT"] 출원상표는 도형 부분 자체에서 어떤 호칭이나 관념이 도출되지 아니하므로 문자 부분인 'good skin'과 'GOOD START'에 의하여 호칭·관념될 것인데, 그 문자 부분은 good과 s가 반복되고 영어 음절수가 2음절로 같은 두 문구가 대구를 이루는 구조로 되어 있어서, 일체로써 '굿 스킨, 굿 스타트'로 호칭되고 '좋은 피부, 좋은 시작' 등으로 관념될 수 있을 뿐, START 부분만으로는 분리인식 될 가능성이 희박하다(대법원 2008. 10. 9. 선고 2006후3090 판결).

⑤ [출원상표 " " : 선등록상표 "**AVENUE**"] 출원상표는 일반 수요자나 거래자에게 쉽게 이해되는 'POPS', '팝스'와 'AVENUE', '애비뉴'의 단어가 각각 간격 없이 연속되어 있고 우리나라 영어교육수준과 언어적인 특성을 고려할 때, 'AVENUE'라는 단어는 일반 수요자나 거래자에게 통상 그 앞에 나오는 단어와 결합하여 '○가', '○거리'라는 일체화되고 한정적인 의미가 있는 하나의 단어로 인식될 것이므로, 'POPS', '팝스' 및 'AVENUE', '애비뉴'로 각각 분리되어 그것들에 의하여 호칭되거나 관념되지 않고 'POPSAVENUE', '팝스애비뉴' 전체로 호칭·관념된다고 할 것이다(대법원 2008. 9. 11. 선고 2008후1739 판결).

⑥ [이 사건 등록상표 "**BANNSCLUB**" : 선등록상표 " "] 이 사건 등록상표는 결혼예고의 뜻을 가진 'BANNS'와 단체의 뜻을 가진 'CLUB'을 띄어쓰기 없이 결합시킨 조어이고 4음절의 비교적 짧은 음절로 이루어져 있어서 'BANNS'와 'CLUB'으로 가분되어 호칭되거나 관념된다고 할 수 없고 전체적으로 호칭된다고 할 것이다(대법원 2008. 4. 24. 선고 2007후4816 판결).

⑦ [도메인 이름 "www.acmbnb.com": 선등록상표 "ACM π WATER", " ", "에이씨엠파이워터"] 선등록상표 구성 중 "π WATER" 또는 "파이워터"는 "인간뿐만 아니라 모든 생물들에게 존재하고 있는 생체수로서 건강을 유지할 수 있도록 도와주는 신비한 물" 등의 의미로 일반 수요자에게 인식될 것이므로 지정상품인 가정용 정수기 등과 관련하여 식별력이 미약해 각 그 요부는 'ACM' 또는 '에이씨엠'이라 할 것이고, 도메인이름의 요부인 'acmbnb'는 일련불가분적으로 연결되어 있고 'acm'이 특별한 관념을 형성하거나 주지·저명한 표장이라고 보기도 어려워 'acm'과 'bnb'로 분리 관찰된다고 보기 어렵다(대법원 2007. 2. 22. 선고 2005다39099 판결).

⑧ [출원상표 "JIMMY CHOO" : 선등록상표 " "] 양 상표는 객관적, 전체적, 이격적으로 관찰할 경우 그 외관, 호칭 및 관념에 있어서 서로 확연히 구분되므로 서로 유사하지 않고, 비록 이들 상표 중 'JIMMY' 부분이 서로 동일하다고 하더라도, 'JIMMY'

부분이 이들 상표에서 차지하는 비중과 다른 구성요소와 결합되어 있는 정도와 위치 및 이들 상표의 전체적인 구성, 형태 및 관념 등에 비추어 볼 때, 그 지정상품인 '트렁크, 핸드백, 지갑, 우산' 등의 거래에서 일반 수요자나 거래자가 이들 상표를 모두 'JIMMY' 부분만으로 호칭·관념함으로써 그 지정상품의 출처에 관하여 오인·혼동을 일으킬 염려가 있다고 보기 어렵다(대법원 2006. 8. 25. 선고 2005후2908 판결).

⑨ [등록상표 "**BEEN KID's**" : 선등록상표 "**BEAN POLE**"] 선등록상표는 'BEAN'과 'POLE' 부분이 외관상 구분되어 있고 일련불가분적으로 결합되어 있는 것은 아니지만, 그 전체적인 호칭이 "빈폴"로서 비교적 짧고, 이 사건 등록상표의 출원시인 2001. 2.경을 기준으로 선등록상표가 사용된 기간 및 사용현황, 그 지정상품의 속성과 거래방법, 거래장소, 그 주지 정도 및 당해 상품과의 관계 등 기록에 나타난 거래실정에 비추어 볼 때, 선등록상표는 그 지정상품과 관련하여 일반 수요자나 거래자 사이에서 널리 알려진 상표로서 '빈'이나 '폴'로 분리 인식되지 아니하고 그 전체인 "빈폴"로 사용되고 인식되는 구체적인 거래실정 등을 감안하여 보면, 이 사건 등록상표인 "BEEN KID's"의 출원시에는 실제 거래사회에서 일반 수요자나 거래자들이 선등록상표를 "빈폴"로 호칭하지 아니하고 '빈'이나 '폴'만으로 분리하여 호칭하는 것은 매우 부자연스럽다고 할 것이므로, 이들 상표는 그 외관·호칭·관념이 달라 전체적으로 유사하지 않다(대법원 2004. 7. 22. 선고 2004후929 판결).

⑩ [출원서비스표 "**어머니가 차려주는 식탁**" : 선등록서비스표 "**어머니 도시락**"] 이 사건 출원서비스표는 하나의 문장 형태로 구성되어 있어 원칙적으로 각 구성 부분이 분리 관찰되면 거래상 자연스럽지 못하고, 두 서비스표에 있어서 공통되는 부분인 '어머니'는 그 지정서비스업인 한식점경영업 등과 관련하여 일반 수요자로 하여금 '정성과 사랑이 담긴 음식을 제공한다'는 관념을 떠올리게 하여 지정서비스업의 품질이나 효능을 암시하고, '어머니'라는 단어가 가지는 보편성 내지 친근감으로 인하여 다수의 거래자들이 한식점경영업 등의 서비스표로 사용하기를 의욕할 것으로 보여지며, 이 사건 출원서비스표의 지정서비스업과 동일·유사한 서비스업과 관련하여 이 사건 출원서비스표의 출원 전에 "어머니도시락", "엄마사랑", "엄마정성", "엄마손", "엄마랑 아빠랑", "MOTHER CARE" 등의 서비스표가 서로 다른 권리자에 의하여 등록되어 있음을 알 수 있으므로, 적어도 한식점경영업이나 요식업 등을 지정서비스업으로 하는 서비스표에 관한 한 '어머니'라는 단어는 서비스업 표지로서의 식별력이 부족하게 되었고, 결국 두 서비스표의 외관, 호칭 및 관념을 종합적으로 관찰하면 두 서비

스표를 동일 또는 유사한 지정서비스업에 다 함께 사용하더라도 일반 수요자나 거래자들로 하여금 서비스업의 출처에 관하여 오인·혼동을 일으키게 할 염려가 없다(대법원 2001. 6. 26. 선고 99후1485 판결).

⑪ [등록상표 "**PLATONIC DEEP-SEA**" : 선등록상표 "**DEEP**"] 이 사건 등록상표는 '플라톤의, 플라톤 철학의, 플라톤 학파의' 등을 뜻하는 '플라토닉/PLATONIC', 일반적으로 '깊은' 등을 뜻하는 '딥/DEEP', '바다'를 뜻하는 '시/SEA'로 구성되어 있으나, 영문자 'DEEP'과 'SEA'가 하이픈으로 연결됨으로써 '심해의, 원양의' 등의 뜻을 가진 새로운 관념을 형성하는 단어로 되어 이를 '딥/DEEP'과 '시/SEA'로 분리하여 관찰하기에 자연스럽지 못하므로, 결국 이 사건 등록상표는 '플라토닉/PLATONIC'과 '딥시/DEEP-SEA'로 분리하여 관찰될 수 있지만, 이 사건 등록상표가 '딥시/DEEP-SEA'로 약칭된다고 하여도 선등록상표 '딥/DEEP'과는 호칭 및 관념이 상이하다(대법원 1999. 11. 23. 선고 99후2044 판결).

⑫ [등록상표 "QUEEN HELENE" : 선등록상표 "Amore QUEEN"] 이 사건 등록상표는 'QUEEN'과 'HELENE'의 2개의 영문자가 결합되어 구성된 문자상표로서, 전반부의 'QUEEN'은 '여왕', '왕비'의 뜻을 가지고 있는 단어이며, 후반부의 'HELENE'은 미국식 여자의 이름으로 사용되는 단어이고, '퀸헬렌'으로 발음되면 3음절의 비교적 짧은 음절수로 호칭될 수 있으며, 전체적으로 '헬렌 여왕', '헬렌 왕비' 등의 의미를 나타내고 있으므로, 이 사건 등록상표는 기본적으로 '퀸헬렌'으로 호칭되고, '헬렌 여왕' 또는 '헬렌 왕비'로 관념될 수 있다. 또한, 위 2개의 영문자의 결합에 의하여 특별히 새로운 관념을 낳는 것도 아니고, 외관상 위 2개의 영문자는 분리되어 있어 이를 분리 관찰하면 자연스럽지 못할 정도로 일련 불가분적으로 결합되어 있는 것도 아니라고 할 것이므로, 간이신속을 관례로 하는 상거래관습상 이 사건 등록상표는 '퀸' 또는 '헬렌'의 두 부분으로 나누어 볼 수도 있으나, '퀸'이라는 단어는 '여왕 또는 왕비'라는 일반적인 명칭으로 '헬렌'이라는 여자의 이름을 나타내는 단어를 수식하는 의미로 쓰이고 있고, 위 2개의 단어 중 '헬렌' 부분이 특히 눈에 띄므로 '헬렌'으로 간이하게 호칭될 수는 있다고 할 것이나, '퀸'이라고 호칭될 가능성은 없다 할 것이므로, 결국 이 사건 등록상표는 '퀸헬렌' 또는 '헬렌'으로 호칭되고, '헬렌 여왕' 또는 '헬렌 왕비'로 관념될 것이다. 선등록상표 또한 전반부의 'Amore'와 후반부의 'QUEEN'의 2개의 영문자가 결합되어 있고 그 상단에 한글로 '아모레 퀸'이라고 표시된 한글과 영문자가 결합된 문자상표로서, 하단의 전반부의 'Amore'는 이태리어로 '사랑'의 뜻을 가지고 있고, 후반

부의 'QUEEN'은 위에서 본 바와 같이 '여왕', '왕비'의 뜻을 가지고 있는 단어이고, 발음도 '아모레퀸'으로 4음절로 되어 있어 길다고 할 수 없으므로, 선등록상표는 일응 '아모레퀸'으로 호칭되고, '사랑의 여왕', '사랑의 왕비'로 관념될 수 있다. 또한, 위 2개의 단어들은 외관상 서로 분리되어 있을 뿐만 아니라, 일반적인 명칭인 '사랑'과 '여왕, 왕비'의 뜻을 가진 이들의 결합으로 인하여 새로운 관념을 낳는 것도 아니며 이를 분리하여 관찰하면 자연스럽지 못할 정도로 일체불가분적으로 결합되어 있다고 보기도 어려우므로, 간이신속을 관례로 하는 상거래관습상 선등록상표는 '아모레' 또는 '퀸'으로 부분으로 나누어 호칭, 관념될 수도 있다고 할 것이어서, 결국 '아모레퀸', '아모레' 또는 '퀸'으로 호칭, 관념된다고 할 것이다. 결국 이 사건 등록상표는 '퀸헬렌' 또는 '헬렌'이라고 호칭되고, 선등록상표는 '아모레퀸', '아모레' 또는 '퀸'이라고 호칭될 것이므로, 양 상표는 그 호칭 및 관념이 상이하여 다 같이 동일·유사한 지정상품에 사용될 경우에도 일반 수요자나 거래자로 하여금 상품의 출처에 대한 오인·혼동을 일으키게 할 염려가 없다고 보아야 할 것이다(대법원 1999. 11. 12. 선고 99후2167 판결).

⑬ [등록상표 "**ELIZABETH ARDEN VISIBLE DIFFERENCE**" : 선등록상표 "비 져 블 VISIBLE"] 이 사건 등록상표가 'ELIZABETH ARDEN'과 'VISIBLE DIFFERENCE'로 분리되어 뒷부분인 'VISIBLE DIFFERENCE'만으로 호칭·관념될 수 있다 하더라도, 'VISIBLE'은 형용사로서 명사인 'DIFFERENCE'를 수식하여 'VISIBLE DIFFERENCE'는 전체적으로 '눈에 띄는 차이' 등의 관념을 형성하고 있다고 보이므로 중점은 수식을 받는 중심어인 'DIFFERENCE'에 있을 뿐만 아니라, 지정상품인 화장비누와 관련하여 '눈에 띄게 아름답게 보이는' 등의 의미로 인식되는 'VISIBLE'은 식별력이 약하여, 'VISIBLE' 부분만에 의하여 호칭·관념된다고 할 수 없고, 나아가 이 사건 등록상표는 비교적 긴 4개의 영문자로 구성되어 있어 일반 수요자나 거래자가 그 구성 부분 중 세 번째에 있는 'VISIBLE'을 직감적으로 인식하고, 그 부분만에 의하여 분리하여 호칭·관념하리라고 보이지 않는다(대법원 1999. 7. 23. 선고 98후2382 판결).

⑭ [출원상표 "XPOWER(XPOWER)" : 선등록상표 "◌"] 이 사건 출원상표는 'X'라는 영문자와 'POWER'라는 단어가 결합되어 외관상 일체적으로 구성된 조어이고, 전체적으로 '엑스파워'라고 불릴 수 있고 그 호칭도 4음절로 비교적 짧아서 'X' 부분과 'POWER' 부분을 분리관찰하는 것이 부자연스럽고, 출원상표의 지정상품이 속한 상품류 구분 제43류의 상품들에 관하여는 "SUPER POWERS", "POWER BILT", "Eagle power", "SUNPOWER", "POWERLOOP", "POWER TIP", "WORD POWER", "GREENPOWER", "Power

Force", "POWER WHEELS", "Sincropower", "PROPOWER", "POWER WIND", "POWERPIN", "MIX POWER" 등 'POWER'라는 단어를 포함하는 많은 상표들이 등록되거나 출원공고된 바가 있음을 알 수 있으므로, 적어도 위 상품류 구분의 상품을 지정상품으로 하는 상표에 관한 한 'POWER'라는 용어는 상품표지로서의 식별력이 부족하게 되었다고 볼수 있을 것이어서, 출원상표나 선등록상표에 있어서 'POWER' 부분이 요부가 된다고 보기는 어렵고, 따라서 일반 수요자나 거래자들이 출원상표나 인용상표를 'POWER' 부분만으로 간략하게 호칭하거나 관념하지는 아니한다(대법원 1998. 10. 13. 선고 97후2804 판결).

⑮ [출원상표 "**JINCHANELPLUS**" : 선등록상표 "CHANEL"] 출원상표는 알파벳 영문자 13개가 특별한 의미 없이 연속적으로 배열된 문자상표로서 그중 'CHANEL' 부분이다른 부분에 비해 그 구성이 특이한 것도 아니고 띄어쓰기가 되어 있는 것도 아니어서, 일반 수요자들이 본원상표를 'JIN', 'CHANEL', 'PLUS'의 3개 부분으로 분리 인식한다고 보기 어렵고, 오히려 'JINCHANEL'과 간단하고 흔한 표장인 '+'를 표기한 'PLUS'의 2개 부분으로 분리 인식할 수 있다 할 것이며, 그중 'JINCHANEL' 부분은 'JIN'과인용상표와 동일한 'CHANEL'의 2개 부분으로 구성되어 있기는 하나 'JIN' 부분은 아무런 의미가 없고 칭호가 1음절에 불과하여 'JIN'과 'CHANEL'의 2개 부분으로 분리 인식된다기보다는 불가분적으로 결합된 부분이라고 할 것이므로, 'CHANEL' 부분만으로호칭·관념될 수 없다(대법원 1997. 9. 26. 선고 96후2517 판결).

⑯ [출원서비스표 "SEVENSUMMITS" : 선등록서비스표 "◀Summit"] 이 사건 출원서비스표는 전체적으로 '일곱 개의 정상들'이라는 관념을 가지고 있고, 이에 대하여 선등록서비스표는 도형 부분이나 "서미" 부분에 의하여는 특별한 관념을 쉽게 생각하기어렵지만, "Summit" 부분에 의하여 '정상'이라는 관념을 가질 수 있다고 보이므로 양서비스표는 관념상 일부 유사한 면이 있다고 할 것이나, 외관상으로는 출원서비스표는 영문자로만 구성되어 있는 데 대하여, 선등록서비스표는 도형과 영문자 및 한자부분들이 결합되어 현저하게 다르고, 칭호에 있어서도 출원서비스표는 영문자 "SEVEN"과 "SUMMITS"가 일련적으로 구성되어 있는데다가 위 두 단어가 자연스럽게어울려 위와 같이 '일곱 개의 정상들'이라는 의미를 가지는 것이므로 그 일부분인 "SUMMITS"만에 의하여 호칭된다기보다는 전체의 호칭인 '세븐서미츠' 등으로 호칭된다고 보아야 할 것인데 반하여, 선등록서비스표는 도형 부분에서는 특별한 호칭을 생각하기 어렵고 "Summit" 부분에 의하여 '서밋'으로 호칭되거나 "서미" 부분에 의하여

'서미'로 호칭될 것이므로 호칭상으로도 서로 다르다고 할 것이어서 양 서비스표를 객관적, 전체적, 이격적으로 관찰할 때 양 서비스표는 명백히 다르다고 할 것이다(대법원 1997. 3. 28. 선고 96후1125 판결).

⑰ [출원상표 "MOP & GLO" : 선등록상표 "STEEL GLO"] 출원상표는 그 호칭이 "몹엔 그로"로서 그다지 길지 아니하고 '그로' 부분에 더 비중을 둘 만한 사정도 없으므로 이를 분리하여 그중 뒷부분인 '그로'만으로 인식하고 약칭하기는 다소 어색하고, "STEEL GLO"도 그중 'STEEL' 부분이 비교적 쉬운 단어여서 이를 제외하고서 굳이 낯선 조어인 'GLO' 부분만으로 인식하거나 약칭할 가능성은 희박하다(대법원 1995. 3. 10. 선고 94후1831 판결).

⑱ [등록상표 "LOCK&LOCK" : 확인대상상표 "GlassLock"] 양 상표는 영문자인 'lock'을 공통으로 갖고 있지만, 전체에 의하여 호칭하여도 "락앤락" 또는 "락앤드락"과 "글라스락"으로 3음절 내지 4음절로 비교적 발음하기 쉬운 영어단어로 되어 있으며, 등록상표는 "락앤락" 또는 "락앤드락"으로 호칭할 경우에 새로운 이미지와 청감을 형성하고 있는 점, 통상 1자의 한글로 구성된 표장은 간단하고 흔히 있는 표장으로 식별력이 없는데, 'lock'의 한글 발음은 '락'으로 1음절에 불과하여 발음상으로 식별력이 약하여 일반 거래자나 수요자들이 1음절만으로 상품을 호칭하지 않을 것이라는 점, 주방용 용기 분야의 일반 거래자나 수요자들이 "김치통, 반찬용 식품저장용기" 등과 같이 뚜껑이 있는 주방용기를 그 기능과 모양에 따라 '락'을 붙여 호칭하고 있고, 주방용 용기 분야의 경쟁업자들도 "지퍼락", "스텐락", "실버락" 등으로 자신들의 상품을 표시하는 데 사용하고 있는 점 등에 비추어 볼 때, 'lock' 부분만으로 분리하여 관찰되거나 이를 요부로 하여 간략하게 호칭·관념될 수 없다(특허법원 2008. 2. 14. 선고 2007허9682 판결(심리불속행기각)].

⑲ [출원상표 "LOGITECH" : 선등록상표 "로지"] 출원상표는 영어 알파벳 대문자 8 자가 가로로 띄어쓰기 없이 결합되어 있고, 그 음절수도 일반 수요자의 영문자 발음 경향에 따라 영어식으로 발음하는 경우 3 내지 4음절에 불과하므로, 일반 수요자들로서는 출원상표를 전체로서 '로지텍' 혹은 '로지테크'로 호칭하는 편이 쉽고 자연스러우며, 굳이 '텍' 혹은 '테크'로 발음되는 부분을 제거한 후 '로지'로만 호칭하기에는 오히려 거북하므로 'LOGI' 부분만으로 호칭 유사 여부를 비교하는 것은 '전체관찰' 원칙에 위반되어 허용될 수 없다(특허법원 2006. 4. 6. 선고 2005허9756 판결(심리불속행기각)].

(2) 객관적 관찰

상표의 유사 여부 판단은 그 상품에 직접 접촉하는 일반인들 즉 당해 상품의 일반적인 수요자나 거래자가 그런 종류의 물품을 구입하거나 거래할 경우에 기울이는 통상의 주의력을 기준으로 하여야 한다. 또한, 일반 수요자의 직관적인 인식을 기준으로 하여야 하므로, 심사숙고하거나 사전을 찾아보아야 비로소 그 뜻을 알 수 있는 것은 상표의 유사 판단에서 고려 대상이 되지 않는다.[92]

대법원 판례도 "보통의 주의력을 가진 국내의 일반 수요자나 거래자들이 거래상황에서 상표를 보고 받는 직관적 인식을 기준으로 판단하여야 한다."라고 하였다.[93] 다만 상표법 34조 1항 13호 및 14호가 '국내 또는 외국의 수요자들에게 특정인의 상품을 표시하는 것이라고 인식되어 있는 상표나 특정 지역의 상품을 표시하는 것이라고 인식되어 있는 지리적 표시와 동일 또는 유사한 상표로서 부당한 이익을 얻으려 하거나 그 특정인에게 손해를 가하려고 하는 등 부정한 목적을 가지고 사용하는 상표'를 부등록사유로 규정하므로, 위 조항을 적용할 때에는 외국의 수요자를 기준으로 판단하여야 할 경우도 있다.

상품의 주된 수요자나 거래자가 달라지거나, 시대의 사회경제적 상황의 변동, 상품의 종류, 성질, 특수한 용도, 가격의 고저 등에 따라 일반 수요자들의 범위 및 그 수요자들이 기울이는 주의력의 정도 등에 차이가 있으므로,[94] 구체적인 경우마다 그 판단기준은 변동될 수 있다.

(3) 이격적 관찰(시차적 관찰)

두 상표의 유사 여부를 판단하는 방법으로는 우선 두 상표를 나란히 놓고 외관·호칭·관념을 비교 관찰하는 대비적 관찰방법을 생각할 수 있다. 그러나 상품을 구입할 경우에는 1개의 상품에 붙여진 상표와 다른 상품에 붙여진 상표를 서로 비교해 보고 나서 구입 여부를 결정하는 것이 아니라 지난날 다른 장소에서 구입하였거나 혹은 광고 등을 통한 시각적 및 청각적 기억과 이미지를 근거로 거래를 하는 것이 보통

---

92) 대법원 2000. 11. 10. 선고 99후666 판결, 1998. 7. 24. 선고 97후1702, 1719 판결, 1993. 9. 24. 선고 93후336 판결 등.

93) 대법원 2013. 1. 24. 선고 2011다76778 판결, 2011. 12. 27. 선고 2010다20778 판결, 2009. 4. 9. 선고 2008후4783 판결, 2006. 8. 25. 선고 2005후2908 판결, 2003. 1. 10. 선고 2001후2986 판결, 2000. 4. 11. 선고 98후2627 판결 등.

94) 대법원 2011. 12. 27. 선고 2010다20778 판결 참조

이다. 따라서 상표의 유사 여부를 판단할 때도 이러한 거래의 경험칙에 따라 수요자나 거래자가 때와 장소를 달리하여 상표를 접하는 것을 전제로 상표를 착각하는지를 관찰하여야 한다. 이러한 관찰방법을 이격적(離隔的) 관찰이라고 한다.

이격적 관찰은 외관의 유사 여부를 판단할 때 특히 중요하고, 호칭이나 관념의 유사 여부를 판단할 때도 이러한 전제에서 판단할 필요가 있다. 따라서 대비적 관찰을 할 때에는 개개의 점에 있어서 다르다고 할지라도, 때와 장소를 달리하는 이격적 관찰을 하는 경우에 혼동이 일어날 수 있다고 판단되면 유사상표라고 하여야 할 것이다. 대법원도 "상표의 유사 여부의 판단은 두 개의 상표 자체를 나란히 놓고 대비하는 것이 아니라, 때와 장소를 달리하여 두 개의 상표를 대하는 일반 수요자에게 상품 출처에 관하여 오인·혼동을 일으킬 우려가 있는지의 관점에서 이루어져야 한다."라고 판시하여,[95] 이격적 관찰을 하여야 함을 분명히 하였다.

라. 관찰대상

(1) 일반적 기준

상표는 그 구성의 여하에 관계없이 그 외관이나 호칭, 관념 등을 통하여 수요자들에게 인식되는 것이므로, 상표의 유사 여부에 대한 판단은 결국 상표가 위 세 가지 속성에 근사(近似)한 점이 있어 출처혼동의 염려가 있는지 여부에 대한 판단으로 귀결된다. 우리나라 대법원 판례와 통설은 비교 대상이 되는 상표들의 위 세 가지 속성 중 어느 하나에서라도 유사하여 거래상 상품 출처의 오인이나 혼동의 염려가 있는 경우에 원칙적으로 유사상표라고 보아야 한다고 하면서도,[96] 다른 한편으로는 상표의 유사 여부는 상표의 외관·호칭·관념을 일반 수요자나 거래자의 입장에서 전체적, 객관적, 이격적으로 관찰하여 상품 출처에 관하여 오인·혼동을 일으킬 염려가 있는지 여부에 따라 판단하여야 하므로, 외관·호칭·관념 중에서 어느 하나가 유사하다 하더라도 전체로서의 상표가 일반 수요자나 거래자가 상표에 대하여 느끼는 직관적 인식을 기준으로 하여 명확히 출처의 오인·혼동을 피할 수 있는 경우에는 유사하다고 할 수 없으며, 반대로 서로 다른 부분이 있어도 호칭이나 관념이 유사하여 일반 수요자나 거래자가 오인·혼동하기 쉬운 경우에는 유사상표라고 보아야 한다고

---

95) 대법원 2016. 7. 14. 선고 2015후1348 판결, 2015. 10. 15. 선고 2013다84568 판결, 2015. 10. 15. 선고 2014다216522 판결, 2013. 3. 14. 선고 2010도15512 판결, 대법원 2007. 2. 26.자 2006마805 결정.
96) 대법원 1995. 9. 15. 선고 95후811 판결 등 다수.

한다.97) 즉, 대비되는 두 개의 상표가 외관·호칭·관념 중 어느 하나라도 유사하면 원칙적으로 유사상표로 보되, 다른 요소가 현저하게 다르거나, 전체적으로 출처의 혼동을 피할 수 있는 경우에는 유사하지 아니한 상표라고 보고, 반대로 대비되는 상표 사이에 서로 다른 부분이 있더라도98) 호칭이나 관념이 유사하여 출처의 오인이나 혼동이 있는 경우에는 유사한 상표로 보아야 한다는 것이다. 이러한 대법원 판례와 통설에 의하면 결국 대비되는 상표들 사이의 외관·호칭·관념 면에서의 근사(近似) 정도는 두 상표 사이에 출처 혼동의 염려가 존재하는지 여부를 판단하기 위한 판단자료일 뿐이다.

(2) 외관 유사

(가) 의 의

외관 유사란 대비되는 두 개의 상표에 표시된 문자·도형·기호·입체적 형상·색채 등 상표의 외관상 형상을 시각에 호소하여 관찰하였을 경우 그들이 상품의 식별표지로서 서로 혼동되기 쉬운 것을 말한다. 즉, 시각을 통한 기억에 남아 있는 상표와 눈앞에 있는 상표와의 유사 여부에 관한 것이다. 외관 유사를 판단할 때에는 특히 이격적·직관적 관찰이 필요하다.99)

(나) 판단기준

외관 유사를 판단할 때는 통상 상표의 구성 전체의 외관을 기준으로 판단하여야 하지만, 시각상 특히 식별표지로서 강하게 사람들의 인상에 남는 부분에 대해서는 이를 추출하여 요부관찰에 따라 외관 유사를 판단하는 경우도 있다.

도형상표100)나 입체적 형상으로 구성된 상표의 경우에는 그 외관이 지배적 인

---

97) 대법원 2013. 1. 16. 선고 2011후3322 판결, 2002. 11. 26. 선고 2001후3415 판결, 2000. 4. 25. 선고 99후1096 판결 등.

98) 외관이 일치한다면 대개의 경우 호칭이나 관념도 동일·유사할 것이다. 또한, 호칭이 일치한다면 대개의 경우 관념도 동일·유사할 것이다. 그러나 호칭이 일치한다고 하여 반드시 외관이 동일 또는 유사한 것은 아니고(예를 들어 문자로만 된 상표와 그 문자가 도형과 결합한 결합상표), 관념이 일치한다고 하여 반드시 외관이나 호칭이 동일 또는 유사한 것은 아니다(예를 들어 한글 단어로 된 상표와 그 뜻의 영어단어로 된 상표).

99) 대법원 1994. 9. 14. 선고 92후544 판결.

100) 도형상표의 유사 여부 판단 방법에 대한 자세한 내용은 김병식, "도형상표의 유사(대법원 2013. 7. 25. 선고 2011후1548)", 대법원판례해설 98호(2013), 246 이하; 박태일 "도형으로 된 서비스표의 유사 판단", 대법원판례해설 100호(2014), 165 이하; 김정아, "도형상표의 유사 판단 기준", 대법원판례해설 110호(2016년 하), 541 이하 등 참조.

상을 남기므로 외관의 유사 여부에 따라 상표의 유사 여부가 결정되는 경우가 많다. 수많은 종류의 유사 또는 상이한 형상을 통칭(通稱)하는 용어에 의하여 호칭되고 관념되는 도형상표의 경우에 외관의 유사에 관계없이 호칭이나 관념이 유사하다는 이유만으로 대비되는 두 상표를 전체적으로 유사한 상표라고 본다면 상표의 유사 범위가 지나치게 확대되어 제3자의 상표선택의 자유를 부당하게 제한하는 불합리한 결과를 초래할 수 있으므로, 도형상표를 대비할 때는 추상적, 통칭적인 호칭 및 관념의 유사보다 외관의 유사 여부에 더 중점을 두어 판단하는 것이 일반적이다.[101] 대법원도 "도형상표들에 있어서는 그 외관이 주는 지배적 인상이 동일·유사하여 두 상표를 동일·유사한 상품에 다 같이 사용하는 경우 일반 수요자에게 상품의 출처에 관하여 오인·혼동을 일으킬 염려가 있다면 두 상표는 유사하다고 보아야 한다."거나,[102] "입체적 형상으로 된 상표들에서는 외관이 주는 지배적 인상이 동일·유사하여 두 상표를 동일·유사한 상품에 다 같이 사용하는 경우 수요자에게 상품의 출처에 관하여 오인·혼동을 일으킬 우려가 있다면 두 상표는 유사하다고 보아야 하나, 그러한 우려가 인정되지 않은 경우에는 유사하다고 볼 수 없다."라고[103] 판시하였다.

　　문자와 도형의 결합상표, 캐릭터 상표에 있어서는 도형이나 캐릭터의 구성 형태에 따라 일반 소비자들에게 그 외관이 강하게 인식될 경우가 있고, 또한 인터넷의 발달로 인한 배너광고 등 시각에 호소하는 광고방법의 증가, 전화 주문 못지않게 빈번하게 이루어지는 인터넷을 통한 물품 구매 등 구매형태의 변화 등의 사정에 비추어 보면, 도형이나 캐릭터가 포함된 상표, 도안화된 문자상표의 유사 여부를 판단함에 있어서 그 외관의 유사 여부에 대한 비중을 더 높게 평가해야 할 것이다. 따라서 도형과 문자의 결합상표 중에서 도형 부분이 현저하게 구성된 상표의 경우에는 외관의 유사 여부에 따라 상표의 유사 여부가 결정되는 경우가 많다.[104]

　　문자상표의 경우에는 주로 호칭, 관념에 의하여 유사 여부가 결정될 것이지만, 외관이 전혀 유사 여부 판단의 기준이 되지 않는 것은 아니며 외관이 유사하다는 이

---

101) 대법원 2002. 4. 12. 선고 2001후683 판결.
102) 대법원 2016. 7. 14. 선고 2015후1348 판결, 2013. 7. 25. 선고 2011후1548 판결, 2013. 3. 14. 선고 2010
　　도15512 판결, 2000. 12. 26. 선고 98도2743 판결 등.
103) 대법원 2015. 10. 15. 선고 2013다84568 판결.
104) 대법원 2010. 1. 14. 선고 2009후3770 판결, 2002. 4. 12. 선고 2001후683 판결, 2001. 12. 27. 선고 99후
　　765 판결, 1999. 10. 8. 선고 98후638 판결, 1990. 3. 9. 선고 89후1776 판결 등.

유만으로 유사상표라고 판단된 예도 있다.[105]

색채도 상표의 구성 부분이므로 외관의 유사 여부를 판단할 때 당연히 색채도 고려하여야 한다. 상표법 225조는 일정한 경우에 등록상표와 다른 구성 부분이 같고 색채만 다른 상표를 등록상표와 동일한 상표로 인정하며, 이러한 규정이 없는 경우에도 일반적으로 색채만 다른 상표는 유사상표로 볼 수 있을 것이나, 다른 구성 부분에 별다른 특징이 없고 주로 색채에 의하여 식별력이 인정되는 상표[106]는 그와 색채가 다르면 유사상표도 아니라고 보아야 할 경우가 있다.

(다) 유사로 판단한 사례

① [출원상표 "🏠" : 선등록상표 "🅱"] 두 표장은 모두 검은색 도형 내부에 옆으로 누운 아치형의 도형 2개가 상하로 배치되어 있는 점, 검은색 도형의 왼쪽 부분이 오른쪽 부분보다 2배 정도 두꺼운 점 등에서 공통되고, 알파벳 'B'를 이용하여 도안화한 것으로 보이는 점에서 모티브가 동일하여 전체적인 구성과 거기에서 주는 지배적 인상이 유사하다. 다만 이 사건 출원상표는 검은색 도형이 오각형이어서 상부가 뾰족한 형상을 이루는 반면 선등록상표는 검은색 도형이 사각형이어서 상부가 평평한 형상인 점, 이 사건 출원상표는 검은색 도형 내부에 있는 2개의 아치형 도형의 크기 차이가 있음이 비교적 분명히 드러나는 반면 선등록상표는 2개의 아치형 도형의 크기가 거의 같은 점 등에서 차이가 있으나, 이는 이격적 관찰로는 쉽게 파악하기 어려운 정도의 차이에 불과하다고 보인다. 이와 같이 두 표장은 그 외관이 주는 지배적인 인상이 유사하여 동일·유사한 상품에 다 같이 사용하는 경우 일반 수요자에게 그 출처에 관하여 오인·혼동을 일으킬 염려가 있으므로 서로 유사하다고 할 것이다(대법원 2016. 7. 14. 선고 2015후1348 판결).

② [등록상표 "𝒴": 선사용표장 "𝒴"] 양 상표는 그 구성의 모티브(motive)와 형태 및 표현방법 등이 매우 유사하여 그 외관이 주는 지배적 인상이 서로 유사하고, 이에

---

105) 대법원 2012. 10. 25. 선고 2012후2425 판결[등록상표 "**LSQUARED**"와 선등록상표 "**ᗡSᑫᑌᗩᖇEᗡ²**"는 외관이 유사하므로 두 상표가 유사하다고 인정한 사례], 2012. 2. 23. 선고 2011후1357 판결[등록상표 "**ALPENSTER**"와 선사용상표 "**ALPINESTARS**"가 외관 등이 유사하므로 두 상표가 유사하다고 인정한 사례], 1990. 2. 13. 선고 89후308 판결[등록상표 '**Lee**'와 주지상표인 '**Lee**'를 비교해 보면 유사상표라고 하기 어려우나, 상표권자가 등록상표의 한글 표기를 없애고 변형하여 지정상품에 사용한 실사용상표 '**Lee**'와 주지상표 '**Lee**'를 비교해 보면 외관상 극히 유사하여 호칭과 관념의 차이에도 불구하고 거래상 상품 출처 및 품질의 혼동, 오인을 가져올 우려가 있다고 본 사례].

106) 예컨대 녹십자 마크나 단순한 삼각형의 도형에 특이한 색채를 더하여 등록이 된 상표 등.

따라 이들 표장은 상품의 출처에 관하여 오인·혼동을 일으키게 할 염려가 있으므로 서로 유사하다(대법원 2014. 2. 27. 선고 2013후2484 판결).

③ [출원서비스표 "🌸" : 선등록서비스표 "🌸"] 두 표장은 모두 6개의 도형들이 방사상으로 배치되어 있고, 위 각 도형은 방사상의 가운데 쪽으로 비교적 좁거나 뾰족한 부분과 방사상의 가장자리 쪽으로 비교적 넓거나 완만한 곡선 부분을 가진 형상이며, 위와 같은 6개 도형의 형상 및 배치에 따라 전체적으로 시선을 가운데 쪽으로 집중시키거나 가장자리 쪽으로 확산시키는 것과 같은 인상을 준다는 점 등에서 공통되어 전체적인 구성과 거기에서 주는 지배적 인상이 유사하다. 반면 양 도형 간의 차이점은 이격적 관찰로는 쉽게 파악하기 어려울 정도의 세부적인 것들이거나 일반 수요자나 거래자의 인상에 남기 어려운 것들이다(대법원 2014. 1. 23. 선고 2013후1900 판결).

④ [등록상표 "LSQUARED" : 선등록상표 "DSQUARED²"] 이 사건 등록상표와 선등록상표는 첫 번째 글자가 'L'과 'D'로 다르고, 선등록상표 끝에 '²'가 부가되어 있을 뿐 나머지 7개 글자 및 그 배열순서가 그대로 일치하고, 그 도안화된 글자체에도 별다른 차이가 없어 외관이 서로 유사하다(대법원 2012. 10. 25. 선고 2012후2425 판결).

⑤ [등록상표 "ALPENSTER" : 선사용상표 "ALPINESTARS"] 양 상표는 처음 3글자의 알파벳이 'ALP'로 같으며 중간 이후에 알파벳 'N', 'ST'와 'R'을 포함하고 있는 등 동일하게 배열되어 있는 알파벳이 상당한 정도에 이르므로 그 외관이 유사하고, '알프스에 관련된 어떤 것'을 떠올리게 하는 점에서 그 관념도 유사하다(대법원 2012. 2. 23. 선고 2011후1357 판결).

⑥ [등록서비스표 "BaNC" : 선등록상표 "BONC"] BaNC와 BONC는 두 번째 글자만 알파벳 소문자 "a"와 대문자 "O"로 다를 뿐 나머지 3개 글자 및 그 배열순서가 그대로 일치하고, 그 도안화된 글자체에도 별다른 차이가 없어 외관이 서로 유사하다. 또한 호칭에 있어서도, 우리나라의 일반 수요자나 거래자의 자연스러운 발음에 따라 이 사건 등록서비스표는 '뱅크' 또는 '방크'로, 선등록상표는 '봉크'로 각 호칭된다고 할 것인데, 위 서비스표와 상표는 첫음절의 모음만이 'ㅐ' 또는 'ㅏ'와 'ㅗ'로 다를 뿐 첫음절의 초성 및 종성과 끝음절이 동일하여 전체적으로 유사하게 청감되므로 서로 유사하다(대법원 2010. 12. 23 선고 2010후2933 판결).[107]

---

107) 같은 취지에서 BONC는 BONC 와 유사하다고 판단되었다(대법원 2010. 12. 23. 선고 2010후2940 판결).

⑦ [등록상표 "": 선등록상표 ""] 등록상표의 요부()와 선등록상표의 외관을 비교하여 보면, 모두 이불을 갠 형상을 모티브로 하고 있는 점, 전체적으로 선을 구부려 포갠 형상을 하고 있으면서 가운데 영문자 'C'자 형상의 흰 부분의 위 끝은 선으로 막혀있고, 아래 끝은 열려 있는 점, 윗부분과 밑부분이 직선 또는 직선에 가깝게 이루어져 있는 점 등의 전체적인 구성과 거기에서 주는 인상이 유사하여 이를 이격적으로 관찰하는 경우 일부 차이점에도 불구하고 그 외관이 유사하다(대법원 2010. 1. 14. 선고 2009후3770 판결).

⑧ [등록상표 "": 확인대상상표 ""] 양 상표는 호칭 및 관념에 있어서는 유사하지 아니하나, 양 상표 모두 같은 방패 모양의 테두리 선을 가지고 있고, 그 테두리 선 상단의 중앙이 비어있는 대신 그 곳에 같은 크기의 도형이 있으며, 테두리 선 내에 등록상표는 "HITE"가 그보다 작은 글씨의 한글 "하이트"와 함께 병기되어 있는데 비하여 확인대상상표는 등록상표의 "HITE"에서 끝의 E 자만 탈락되어 "HIT"가 "HITE"와 같은 크기와 같은 글씨체로 기재되어 있어 전체적으로 양 상표는 상표의 외관이 상당히 유사하여 호칭과 관념이 상이함에도 불구하고 양 상표가 동일, 유사한 상품에 공존하는 경우에는 상품 출처의 오인이나 혼동을 일으킬 염려가 있을 정도로 유사하다(대법원 2001. 12. 27. 선고 2001후577 판결).

⑨ [출원상표 "크로노스": 선등록상표 "크로노도－스"] 양 상표는 모두 한글로 일련하여 구성되어 있고, 선등록상표의 중간에 '도-'가 삽입되어 있는 외에는 앞부분의 3글자와 마지막 글자가 서로 같으므로 그 외관이 유사하다(대법원 2000. 4. 25. 선고 99후1096 판결).

⑩ [등록상표 "간 택": 선등록상표 "잔 택"] 양 상표는 서체가 모두 명조체로 되어 있을 뿐 아니라, 등록상표 "간택"의 "간"에 한 획만을 덧붙이고 "택"의 한 획을 옮기기만 하면 선등록상표인 "잔택"으로 되므로 문자의 전체적인 구성을 이격적으로 관찰하면 유사하게 보이고, 또 두 상표에 표시된 문자의 전체적인 윤곽을 직관적으로 관찰할 때에도 유사한 것으로 보이므로, 두 상표의 외관은 유사하다(대법원 1994. 9. 14. 선고 92후544 판결).

⑪ [등록상표 "": 선등록상표 ""] 양 상표는 모두 전체적으로 소녀형상 부분에 의하여 인식되고 관찰될 수 있을 것인데, 위 소녀형상은 등록상표가 ''와 같이 나는 형상을 하고 있으면서 머리를 빨간색으로 하였음에 반해, 선등록상표는 ''와 같이 서 있는 형상을 하고 있으면서 특별히 색깔을 입히지 않은 차이가 있으나,

등록상표의 소녀 형상은 일반 수요자들에게 잘 알려진 딸기 소녀 캐릭터와 같이 몸집에 비하여 상대적으로 큰 얼굴을 가지고 있고, 머리 윗부분에 세 가닥의 머리카락이 돌출되어 있으며, 머리 측면 부분에 딸기씨 3개 및 머리핀을 붙이고 있는 주요 특징을 그대로 가지고 있어 선등록상표의 소녀형상과 매우 유사하므로, 양 상표는 유사한 딸기 소녀형상으로 인하여 직관적으로 관찰할 경우에 전체적인 외관이 유사하다[특허법원 2008. 10. 2. 선고 2008허8433 판결(확정)].

⑫ [등록상표 "**Htio**": 선등록상표 "**Hite**"] 양 상표는 호칭이 다르고 관념은 서로 대비할 수 없으나, 요부인 영문자 부분을 대비하여 보면, 영문자 알파벳의 배열 위치와 글자 구성에서 다른 점이 있지만, 모두 첫글자 'H'를 대문자로 하고 나머지 세 글자를 소문자로 하여 전체적으로 네 글자의 영어 알파벳으로 구성되어 있는 점, 전체적인 알파벳의 구성에서도 'H', 'i', 't'를 가지고 있으면서 끝 글자의 'e'와 'o'도 시각적으로 유사한 것으로 보일 수 있는 점, '**H**', '**i**' 등과 같이 각 글자에 외곽선을 두어 입체적으로 표현함으로써 시각적으로 거의 동일하게 보이도록 하고 있는 점 등에 비추어, 시각적으로 매우 유사하게 인식된다고 할 것이므로, 전체적으로 외관이 매우 유사하다[특허법원 2008. 9. 11. 선고 2008허2312 판결(확정)].

(라) 비유사로 판단한 사례

① [등록서비스표 "PINK": 선등록상표 "DAWN FIELD"] 이 사건 등록서비스표의 표장과 … 선등록상표는 모두 '왼쪽을 바라보고 있는 서 있는 개의 옆모습 형상'의 도형 부분을 포함하고 있다. 그러나 이 사건 등록서비스표의 출원일인 2012. 9. 7. 이전에 그 지정서비스업과 동일·유사한 서비스업들에 관하여, 이 사건 등록서비스표의 도형 부분과 유사한 형상의 도형을 포함하는 다수의 서비스표가 서비스표권자를 달리하여 등록되어 있는 사정 등을 고려하면 위 도형 부분의 식별력을 인정하기 곤란하거나 이를 공익상 특정인에게 독점시키는 것이 적당하지 않다. 따라서 이 사건 등록서비스표에서 개의 옆모습 형상의 도형 부분(🐕)은 독자적인 식별력을 발휘하는 요부로 볼 수는 없다. 그럼에도 원심은 이 사건 등록서비스표의 요부를 개의 옆모습 형상의 도형 부분(🐕)으로 보아 선등록상표의 표장과 유사하다고 판단하였으니, 이러한 원심판결에는 서비스표의 유사에 관한 법리를 오해하여 필요한 심리를 다하지 아니하는 등으로 판결에 영향을 미친 잘못이 있다(대법원 2018. 3. 29. 선고 2017후2697 판결).

② [등록상표 "⚓": 선사용 견장 "⚓"] 양 표장은 다 같이 도형만으로 구성되어 있어서 모두 그 자체로부터 특정한 관념이나 호칭이 쉽게 떠오르지 아니하므로 외관을

기준으로 그 유사 여부를 대비하여야 할 것인데, 이 사건 등록상표는 닻줄을 휘감은 검은색의 닻 모양의 도형만으로 구성되어 있는 반면 이 사건 견장은 오각형 도형의 중앙 바로 윗부분에 닻줄이 없는 닻 모양의 도형과 오각형 도형의 아랫부분에 학년을 표시하는 띠 형상의 선 등을 포함하고 있는 차이가 있어서, 전체적으로 관찰하여 볼 때 이 사건 등록상표와 이 사건 견장은 그 외관이 유사하지 아니하다(대법원 2010. 7. 29 선고 2008후4721).

③ [출원상표 " Labrador Retriever " : 선등록상표 " DAWN FIELD "] 양 표장은 앞다리와 뒷다리를 세운 채로 꼬리를 들고 왼쪽 부분이 보이게 서 있는 개 형상의 도형 부분을 모두 가지고 있는 점에서 유사한 점이 있으나, 양 상표의 지정상품과 같거나 유사한 지정상품에 개를 도형화한 상표가 다수 등록되어 있어서 양 상표가 그 도형 부분만으로 분리되어 인식된다고 단정하기 어려운 반면에, 그 문자 부분에서 'Labrador Retriever'와 'DAWN FIELD'로 뚜렷하게 구분되고, 그 문자 부분의 도형 부분과의 배치 위치에서도 차이가 있어서 전체적으로 보았을 때 명확히 출처의 혼동을 피할 수 있다고 보인다(대법원 2007. 5. 11. 선고 2006후3557 판결).

④ [출원상표 " " : 선등록상표 " ASICS "] 선등록상표는 도형 부분과 문자 부분의 결합상표로서 도형만으로 구성된 이 사건 출원상표와는 외관상 서로 구별된다(대법원 1996. 7. 12. 선고 95후1623 판결).

⑤ [등록상표 " GUEPARD ": 선등록상표 " ⓒⓒ "] 이 사건 등록상표 중 하단의 도형 부분이 선등록상표와 유사한 점이 없지 아니하나, 그 도형 부분이 상표 전체에서 차지하는 비중이나 그 관념이 특징지워지지 아니하는 점 등으로 보아 전체적 구성에 있어서 일반 수요자의 주의를 끄는 부분이 아니고 중앙의 문자 부분이 두드러지게 구성되어 이 부분이 요부라 할 것이므로 전체적으로 볼 때 양 상표가 그 도형 부분에 의하여 오인, 혼동을 일으킬 염려가 있다고 할 수 없어 양 상표는 유사하다고 보기 어렵다(대법원 1996. 2. 13. 선고 95후1173 판결).

⑥ [등록상표 "**EaSS**": 선등록상표 "**Gass**", "**Cass**"] 이 사건 등록상표는 선등록상표들과 외관, 호칭, 관념이 다르다[특허법원 2007. 3. 14. 선고 2006허7924 판결(확정)].

(3) 호칭 유사

(가) 의 의

상표의 호칭은 문자, 도형, 기호, 색채 등의 구성으로 보아 그 상표를 접하는 수요자나 거래자가 어떻게 부르는지에 따라 결정된다. 호칭의 유사란 이처럼 수요자나 거래자가 대비되는 두 상표를 부르는 호칭이 동일·유사하게 들림으로써 상표를 오인·혼동하는 것인데 그로 인하여 당해 상품의 출처에 대하여 혼동을 일으킬 염려가 있는 경우 상표 유사로 판단될 수 있다. 즉, 상표의 청각적 요인에 의하여 판단되는 것이 상표의 호칭 유사이다.108)

대법원은 "오늘날 방송 등 광고선전 매체나 전화 등의 광범위한 보급에 따라 상표를 음성 매체 등으로 광고하거나 전화로 상품을 주문하는 일 등이 빈번한 점 등을 고려할 때 문자상표의 유사 여부의 판단에 있어서는 그 호칭의 유사 여부가 가장 중요한 요소라고 할 것이다."라고 판시한 바가 있으나,109) 이에 대해서는 시각적 광고가 주류를 이루는 현재 상황과는 맞지 않는다는 비판이 있다.

하나의 상표에서 2개 이상의 호칭이 생기는 경우에 그중 하나의 호칭이 타인의 상표와 동일 또는 유사한 때에는 양 상표는 유사하다고 할 수 있다.110)

(나) 호칭을 결정하는 기준

상표의 호칭은 거래 실제에서 경험칙 및 일반 수요자의 언어습관 등에 따라 구체적·개별적으로 결정되는 것이지, 어떠한 추상적 원칙을 기계적으로 적용하여 결정되는 것이 아니다. 다만 그동안의 대법원 판례의 구체적 사례를 유형화하여 분석하면 각 유형에 따른 호칭을 결정하는 최소한의 기준은 발견할 수 있을 것이다.

1) 도형상표

도형만으로 구성된 상표의 경우에 그 도형에 대하여 보통으로 불리는 자연적 호칭이 있는 때에는 그 호칭에 따르며, 실존하는 인물이 아닌 캐릭터의 도형을 상표로 하는 경우에도 그 캐릭터가 수요자들에게 널리 알려진 고유한 이름이 있는 경우에는 그 이름이 당해 상표의 호칭이 될 것이다. 따라서 예컨대 나비 도형은 "나비표"로,111) 말 전체 도형은 "말표"로,112) 토끼 머리 도형은 "토끼머리표"로,113) 귀신 또는 도깨비

---

108) 과거에는 일본 판결이나 일본 문헌과 같이 '칭호 유사'라는 표현을 사용하였으나 최근 대법원 판결 및 특허법원 판결은 '호칭 유사'라는 표현을 사용한다. 이 글에서는 과거 판례를 인용할 때도 가급적 '호칭 유사'로 표현을 통일하였다.
109) 대법원 2000. 2. 25. 선고 97후3050 판결.
110) 대법원 2011. 12. 22. 선고 2011후1784 판결.
111) 대법원 1990. 10. 16. 선고 90후687 판결.
112) 대법원 1990. 12. 11. 선고 90후1000 판결.
113) 대법원 1988. 3. 8. 선고 87후24 판결.

등의 모양을 형상화하여 전래되어 오는 귀면(鬼面) 문양은 "귀면, 귀신" 또는 "도깨비"
로114) 호칭될 것이다. 이러한 경우 통칭적인 호칭 및 관념이 유사하다는 점만으로 상
표가 유사하다고 단정할 수는 없다.115)

반면 특별한 호칭을 불러일으키지 않는 도형만으로 구성된 상표에 있어서는 별
다른 호칭이 없어 호칭은 대비대상이 된다고 할 수 없으므로 외관이나 관념에 의하
여 그 유사 여부를 판단할 수밖에 없을 것이다.116)

2) 문자상표

가) 원칙

문자상표는 그 글자를 읽을 때 소리 나는 대로 호칭이 결정된다.117) 따라서 한글
의 경우에는 두음법칙이나 자음접변 현상도 고려해야 한다. 예컨대 "한라"는 "할라"로
발음되므로 "HELLA 헬라"와 호칭이 유사하다.118)

나) 외국어로 표기된 상표의 호칭

외국어로 된 상표의 호칭은 우리나라의 수요자나 거래자의 대부분이 그 외국어
를 보고 특별한 어려움 없이 자연스럽게 하는 발음에 의하여 정하여짐이 원칙이며,
알파벳으로 구성된 상표는 특별한 사정이 없는 한 영어식으로 발음되는 것을 호칭으
로 보아야 할 것이다.119) 또한, 영어식으로 발음하는 경우에 사전상 발음이 원칙일
것이나 실제 거래계에서 소비자들이 반드시 사전상 발음대로 호칭하는 것은 아니므
로 사전상 정확한 발음만을 호칭으로 하여서는 아니 되며, 수요자나 거래자가 일반적
으로 어떻게 발음할 것인가에 의하여 호칭이 결정된다고 할 것이다. 예컨대 'BIOGEN'으

---

114) 대법원 2002. 4. 12. 선고 2001후683 판결.

115) 대법원 2002. 4. 12. 선고 2001후683 판결(수많은 종류의 유사 또는 상이한 형상을 통칭(通稱)하는 용
어에 의하여 호칭되고 관념되는 도형상표의 경우에 그 외관의 유사에 관계없이 호칭과 관념이 유사하
다는 이유만으로 대비되는 양 상표가 전체적으로 유사한 상표라고 한다면 상표의 유사 범위가 지나치
게 확대되어 제3자의 상표선택의 자유를 부당하게 제한하는 불합리한 결과를 가져오는 점에 비추어
볼 때, 비록 다 같이 귀면 또는 귀신, 도깨비로 호칭되거나 관념될 수도 있다고 하더라도, 귀신, 도깨
비라는 것은 원래 상상 속에서 유래된 많은 종류의 형상과 모양을 통칭하는 말이므로 그와 같이 추상
적, 통칭적인 호칭 및 관념이 유사하다는 점만으로 양 상표가 유사하다고 단정할 수는 없다).

116) 대법원 2001. 11. 27. 선고 2000후1481 판결(창과 방패를 든 채 말을 타고 있는 기사 모양의 도형과 말
을 탄 폴로경기 선수 모양의 도형은 모두 특별한 호칭이 없어 외관과 관념에 의하여 유사 여부를 판단
하여야 한다고 판시하였다).

117) 대법원 2013. 2. 28. 선고 2012후3527 판결, 2006. 9. 8. 선고 2006후954 판결 등.

118) 대법원 1984. 9. 11. 82후62 판결.

119) 대법원 2005. 11. 10. 선고 2004후2093 판결, 1995. 5. 26. 선고 95후64 판결, 1986. 2. 11. 선고 85후76
판결 등.

로 구성된 상표는 사전상으로는 '바이오젠'이 정확한 발음이나 실제 거래계에서 소비자들이 반드시 사전상 발음대로 호칭하는 것은 아니어서 '비오젠' 혹은 '비오겐' 등으로도 호칭할 개연성도 충분하다.[120]

우리나라 수요자나 거래자의 대부분이 실제로 어떤 외국어 상표를 특정한 발음으로 널리 호칭·인식하고 있다는 등의 구체적·개별적 사정이 있는 경우에는 이를 고려하여 그 외국어 상표의 호칭을 정할 수 있을 것이나,[121] 그와 같은 구체적·개별적 사정은 증거에 의하여 인정되어야 한다. 따라서 우리나라의 수요자나 거래자가 해당 외국어 상표를 특정한 한국어로 표기하는 등의 구체적 사용실태가 인정되는 경우에는 그와 같은 구체적 사용실태를 고려하여 외국어 상표의 호칭을 정하여야 하고,[122] 약품류의 독일어식 발음, 화장품류의 프랑스식 발음과 같이 상품에 따라 영어 이외의 발음이 관용되는 경우[123] 등에는 예외로 보아야 하며, 영어 이외의 발음이 관용되는가의 여부는 수요자, 거래자가 어떻게 부르는가에 따르며 상표권자의 국적에 의하여 결정되는 것은 아니다.[124] 대법원 판례 중에는 프랑스제 화장품을 지정상품으로 하는 상표에 대하여 영어식 발음과 프랑스어식 발음을 모두 대비하여 유사 여부를 판단한 사례도 있다.[125] 더 나아가 독일어식 발음을 먼저 고려하거나,[126] 프랑스어식

---

120) 대법원 1995. 10. 12. 선고 95후941 판결.

121) 대법원 2005. 11. 10. 선고 2004후2093 판결 참조.

122) 대법원 2005. 11. 10. 선고 2004후2093 판결. 이 판결은 선등록상표들의 문자 부분 'ZEISS'가 독일 광학기술자 Carl Zeiss의 이름에서 유래하여 영한사전에도 등재된 단어로서 영한사전의 발음기호에 따르면 '차이스' 내지 '자이스'로 발음이 되고, 'ZEISS'라는 상표가 부착된 광학 정밀기기제품을 국내에서 판매하는 회사의 이름은 '칼자이스 주식회사'로서 그 홈페이지 및 카탈로그에도 'ZEISS'의 호칭을 '자이스'로 표기하고 있어 카메라 등의 광학기기를 사용하는 수요자나 거래자가 위 상표를 '짜이스' 또는 '자이스'라고 부르고 있는 등의 사용실태를 고려하지 아니한 채, 일부 영어단어의 발음 사례만을 기초로 하여 '제이스'로 호칭된다고 판단한 원심판결을 파기하였다.

123) 대법원 1998. 5. 29. 선고 97후1917 판결.

124) 대법원 1986. 2. 11. 선고 85후76 판결(선등록상표 "**BETADINE**"의 상표권자가 스위스인이라고 하더라도 일반인이 이를 식별하여 독일어를 사용하는 스위스인임을 판별할 자료가 없다면 일반적으로 영문으로 표기된 상표의 호칭은 달리 호칭할 특별한 사정이 없는 한 영문자 발음표기에 따라 호칭됨이 거래사회의 경험칙이라 할 것이어서 독일어식 발음인 '베타디네'로 호칭됨을 대비 관찰할 필요가 없다고 한 사례).

125) 대법원 1995. 5. 26. 선고 95후64 판결(출원상표 "HYDRANCE"와 선등록상표 "**HYDRATANCE**"는 모두 프랑스제 화장품을 그 지정상품으로 한 것들이어서, 불어식 발음방식에 따르자면 출원상표는 '이드랑쓰'로 호칭되고 선등록상표는 '이드라땅쓰'로 호칭되는데 청음의 경우 비중이 큰 앞부분 3음절의 이드랑과 이드라가 서로 유사하고, 끝부분이 '쓰'와 '땅쓰'로 비슷하게 청음되어 서로 유사하다 하겠으며, 더욱이 화장품의 일반 수요자인 우리나라 보통의 여성이라면 주로 영어식 발음방법에 의하여 각각 '하이드란스 또는 히드란스'와 '하이드라탄스 또는 히드라탄스'로 발음할 것인데, 이러한 경우에는 청음상 더

으로 발음된다고 한 것도 있다.[127)]

상표가 영문과 그 우리말 독음 표기로 보이는 한글이 병기된 경우에는 한글에 의하여 영문자의 호칭이 특정되는 것이 일반적이다. 그러나 한글 부분이 영문 부분을 발음 나는 대로 표기한 것이 아니고, 또 영문자가 한글 못지않게 쉽게 식별되며 그 문자의 구성이나 발음이 비교적 단순한 경우에는 영문 표기에 의하여 호칭될 수도 있으며,[128)] 한글 표기 부분과 영문 표기 부분에 의하여 각각 호칭된다고 한 사례[129)]도 있다.

3) 결합상표

도형과 문자 또는 문자와 문자가 결합하여 구성된 상표의 경우에는 그 전체로부터 호칭이 발생하는 경우도 있지만,[130)] 그중 특히 수요자의 눈길을 끄는 식별력 있는 요부로부터 호칭이 발생하는 것이 원칙이다. 하나의 상표에서 두 개 이상의 호칭이 발생하는 경우에는 각각의 호칭을 대비하여야 한다.

욱 유사하다고 보여진다).

126) 대법원 1998. 5. 29. 선고 97후1917 판결. 오른쪽과 같은 표장의 출원상표 중 'Kinder'는 비교적 쉬운 독일어 단어로서 '어린이'라는 뜻인바 출원상표의 도형 역시 어린이의 형상이므로, 출원상표를 그 지정상품인 포도당, 과당, 유당, 맥아당과 관련하여 보면, 출원상표의 도형 및 'Kinder' 부분은 지정상품의 용도 표시로서 식별력이 없어 출원상표의 요부가 될 수 없고, 결국 출원상표의 요부는 'eukal' 부분인바, … 출원상표와 또 다른 비교대상상표 '유카'를 대비해 보면, 출원상표의 요부인 'eukal' 부분은 독일어식으로 '오이칼'로 호칭되어 앞서 비교대상상표와 호칭이나 관념에서 상이하고, 설령 'eukal' 부분이 '오이칼'로 호칭되지 아니하고 영어식으로 '유칼'로 호칭된다 하더라도, 양 상표는 도형의 유무 및 알파벳과 한글의 차이로 인하여 외관에서 현저하게 상이하여 전체적으로 출처의 오인 · 혼동을 피할 수 있으므로 서로 유사한 상표라고 보기는 어렵다. 비교적 쉬운 독일어 단어인 'Kinder'라는 단어가 있어 수요자들이 상표 전체가 독일어라는 점을 쉽게 인식할 수 있을 것이라는 취지로 보인다.

127) 대법원 1989. 3. 14. 선고 88후59 판결[CARON은 불란서계의 회사가 사용하는 것인 만큼 그 발음을 불란서어로 '까롱'이라고 해야 할 것이어서 상표 'Cannon(캐논)'의 호칭과 현저한 차이가 있다]. 다만 88후59 판결(CARON과 CANNON)에 따른 재심결에 대한 재상고심 판결인 대법원 1990. 5. 22. 선고 89후1301 판결에서는 영문자 'CARON'은 '캐론', '카론' 또는 발음의 편의상 '카롱'으로 호칭될 것이라고 하여 영어식 발음도 같이 참작하였다.

128) 대법원 1999. 7. 27. 선고 98후2238 판결. "POPEYE"로 구성된 상표에 있어서, 영문자 부분에 의하여 "팝아이" 또는 "폽아이"의 호칭을 인정한 사례이다.

129) 대법원 1995. 10. 13. 선고 95후1043 판결. 출원상표 "EFEXOR"와 선등록상표 "에 펙 살 EFFECTSAL"의 유사 여부가 쟁점이 된 사안에서, 선등록상표의 호칭이 한글 표기 부분과 같이 "에펙살" 또는 영문 표기 부분에 의하여 "이펙살" 등으로 호칭된다고 하였다.

130) 오래된 일본의 판례 중에는 결합상표의 경우에도 상표의 호칭은 상표전체를 포괄적으로 관찰해서 결정해야 하며 특별한 사유가 없는 한 요부인 문자 부분을 도형에서 분리하여 호칭해서는 안 된다고 한 것도 있으나 오늘날 그와 같은 입장에 있는 판례는 찾아볼 수 없다.

문자와 도형이 결합한 상표는 도형 부분이 독특하고 그 자체로 어떤 호칭이나 관념을 도출할 수 있는 경우가 아닌 한 일반적으로 문자 부분으로 호칭·관념된다고 본다.[131] 다만 도형 부분에 자연적 호칭이 있는 경우에는 그 호칭도 대비하여야 할 것이나, 도형에 자연적 호칭이 아닌 문자가 결합한 경우에는 문자 부분에 의하여만 호칭되는 경우도 있다.[132]

문자와 문자 또는 문자와 도형의 각 구성 부분이 결합한 결합상표에서는 각 구성 부분이 불가분적으로 결합한 것이 아닌 한 그 구성 부분 중 일부만에 의하여 간략하게 호칭될 수 있고, 하나의 상표에서 두 개 이상의 식별력 있는 부분이 있는 경우에는 두 개 이상의 호칭을 생각할 수 있으므로 그중 하나의 호칭이 타인의 상표와 동일·유사한 경우에는 두 상표는 유사하다고 할 수 있다.[133]

(다) 유사로 판단한 사례[134]

① [등록상표 "**SUN SCIENCE**": 선출원상표 "SENSCIENCE STYLING"] 이 사건 등록상표는 '썬싸이언스'로, 선출원상표의 요부인 'SENSCIENCE'는 '쎈싸이언스'로 호칭될 수 있는데, 이 경우 양 상표는 첫음절의 모음에서 다소 차이가 있을 뿐 전체적으로 비슷하게 들리므로 호칭이 유사하다고 할 것이다(대법원 2017. 7. 11. 선고 2014후2535 판결).

② [등록상표 "rookie holic": 선등록상표 " "] 이 사건 등록상표의 요부 "rookie" 부분은 선등록상표의 요부 "" 부분과 호칭이 유사하고, 관념이 명확히 구별된다고 할 수 없다(대법원 2016. 1. 28. 선고 2015후2044 판결).

③ [등록상표 "": 선등록상표 "", "**엔젤**"] 이 사건 등록상표는 '독립하여 자타 상품을 식별할 수 있는 구성 부분'인 '엔젤' 또는 'angel' 부분만으로도 거래될 수 있고, 그 경우 양 상표의 호칭, 관념이 유사하다(대법원 2014. 5. 16. 선고 2012후2869 판결).

④ [등록상표 "**미 정**": 확인대상상표 ""] 양 상표는 외관은 유사하지 아니하

---

131) 대법원 2000. 2. 22. 선고 99후1850 판결, 1996. 7. 12. 선고 95후1623 판결, 1995. 6. 30. 선고 95후57 판결, 1995. 2. 10. 선고 94후1800 판결.

132) 대법원 1985. 12. 10. 85후69 판결. 말머리 도형 아래 "JORDACHE"라는 영문자를 횡서 표기한 결합상표()에서 문자 부분에 의해 호칭된다고 한 사례이다.

133) 대법원 2004. 10. 15. 선고 2003후1871 판결.

134) 호칭 유사 여부에 관한 사례를 음절수 등을 기준으로 구체적으로 분석한 것으로는, 전효숙(주 2), 297~299 참조.

나, 호칭과 관념이 동일하여 전체적으로 보아 그 표장이 유사하다(대법원 2014. 2. 13. 선고 2013후2576 판결).

⑤ [등록상표 "**나비따**": 선등록상표 "**LAVITA**"] 이 사건 등록상표가 선등록상표와 외관이 다르고 관념도 대비할 수 없으나 호칭이 유사하여 두 상표가 동일 또는 유사한 상품에 함께 사용될 경우 일반 수요자나 거래자가 상품 출처를 오인·혼동할 우려가 있으므로 두 상표는 서로 유사하다(대법원 2013. 9. 12. 선고 2013후808 판결).

⑥ [등록서비스표 "　가봉": 선출원서비스표 "가봉"] 이 사건 등록서비스표 중 요부는 '고봉'이므로 이에 의해 호칭될 수 있고, 이는 선출원서비스표와 호칭이 동일하다(대법원 2013. 2. 28. 선고 2012후3527 판결).

⑦ [등록상표 "LSQUARED" : 선등록상표 "DSQUARED²"] 양 상표는 호칭에 있어서도 우리나라의 일반 수요자나 거래자의 자연스러운 발음에 따라 이 사건 등록상표는 '엘스퀘어드'로, 선등록상표는 '디스퀘어드'로 호칭될 것인바, 두 상표는 호칭되는 음절수가 5음절로 서로 같고, 5음절 중 4음절이 '스퀘어드'로 같으며, 첫 음절만이 '디'와 '엘'로 다를 뿐이어서 전체적인 청감에 있어서 서로 유사하다(대법원 2012. 10. 25 선고 2012후2425 판결).

⑧ [등록상표 "**ALPENSTER**" : 선사용상표 "**ALPINESTARS**"] 이 사건 등록상표는 '알펜스터' 등으로, 선사용상표는 '알핀스타스' 또는 '알파인스타스' 등으로 각 호칭된다고 할 것인데, 양 상표는 첫음절과 둘째 음절의 초성이 '알'과 'ㅍ'로 같고, 가운데 음절과 그 이후의 초성이 'ㅅ'와 'ㅌ'으로 같으며 선사용상표의 마지막 음절인 '스'는 약하게 발음되어 전체적으로 유사하게 청감되므로 그 호칭도 서로 유사하다(대법원 2012. 2. 23. 선고 2011후1357).

⑨ [등록상표 "세티즌": 비교대상상표 "CITIZEN"] 호칭되는 음절 수가 3음절로 서로 같고, 세 음절 중 첫음절의 초성과 둘째 음절 및 마지막 음절의 전부가 'ㅅ'과 '티즌'으로 같으며, 첫음절의 모음만이 'ㅔ'와 'ㅣ'로 다를 뿐이어서 전체적인 청감에 있어 극히 유사하다고 할 것이므로, 그 관념과 외관을 고려하더라도 호칭이 유사하여 출처의 오인·혼동을 일으킬 염려가 있다(대법원 2008. 4. 24. 선고 2007후180 판결).

⑩ [등록상표 "**마르샤**": 비교대상상표 "**마르셀**"] 모두 세 음절로 이루어진 문자상표로서 그 첫째 음절과 둘째 음절의 전부 및 마지막 음절의 초성이 '마르'와 'ㅅ'으로 같고, 양 상표의 마지막 음절의 일부 차이가 전체적인 청감에 큰 영향을 미친다고 보기도 어려워서 그 호칭이 유사하며, 그 관념과 외관을 고려하더라도 명확히 출처의

혼동을 피할 수 있다고 보이지 않으므로, 양 상표는 전체적으로 유사하다(대법원 2008. 2. 28. 선고 2007후4601 판결).

⑪ [등록상표 "카바마크(COVERMARK)" : 피고 사용상표 "카바메이트(COVERMATE)" 및 "카바맥스(COVERMAX)"] 피고가 사용하는 상표들은 등록상표와 전체 음절 수가 같거나 불과 한 음절 차이에 불과하며, 모두 처음 두 음절이 '카바'로 동일한데다가, 뒤이어 시작되는 음절에서도 '메', '맥'과 '마' 등 같은 'ㅁ'이 초성으로 사용되고, 마지막 음절의 모음이 모두 '으' 발음으로 끝나는 까닭에, '메이트', '맥스'와 '마크' 부분에 존재하는 일부 관념상의 차이에도 불구하고, 전체적으로 볼 때 그 인상과 청감이 비슷하므로, 호칭이 유사하다(대법원 2005. 5. 27. 선고 2004다60584 판결).

⑫ [등록상표 "YAP": 선출원등록상표 "yepp"] 등록상표는 '얍' 또는 '얩'으로 발음된다 할 것이고, 선출원등록상표는 '옙'으로 발음될 것인데, '얍(얩)'과 '옙'은 비록 중성이 'ㅑ(ㅒ)'와 'ㅖ'로 다르기는 하나, 모두 혀의 위치가 'ㅣ'에서 시작되는 이중모음이라는 공통점이 있고, 초성인 'ㅇ'과 종성인 'ㅂ'이 같으며, 특히 종성이 '닫히는 입술소리'에 해당, 음절을 짧게 끊는 효과가 있어 기합, 구호, 외마디 소리 등을 연상시킨다는 점에서 청감이 유사하므로 두 상표는 호칭이 유사하다(대법원 2004. 7. 22. 선고 2003후144 판결).

⑬ [등록상표 "ThinkMap": 선출원서비스표 "마인드 맵"] 이들은 모두 각 구성 문자 부분으로 분리관찰 가능한데, 이 사건 등록상표는 '씽크맵' 또는 약칭으로 '씽크' 혹은 '맵'이라고 불릴 것이고 선출원서비스표는 '마인드 맵' 또는 약칭으로 '마인드' 혹은 '맵'이라고 불릴 것이므로, 양 표장 모두 '맵'으로만 약칭되고 인식될 경우에는 그 호칭 및 관념이 동일하다고 할 것인바, 이와 같이 양 표장은 호칭 및 관념이 동일하므로, 비록 외관이 상이하다고 하더라도, 전체적, 객관적, 이격적으로 관찰할 때 동일 유사한 지정상품이나 지정서비스업에 같이 사용할 경우 일반 수요자로 하여금 그 상품이나 서비스업의 출처에 관하여 오인·혼동을 일으키게 할 염려가 있어 이 사건 등록상표는 선출원서비스표와 유사하다(대법원 2001. 7. 13. 선고 2000후2071 판결).

⑭ [출원상표 "BOBOLI": 선출원등록상표 "BOB LEE"] 양 상표는 외관과 관념이 구별되나, 호칭의 점에 관하여 보면, 출원상표는 "보보리", "바바리" 등으로, 비교대상상표는 "밥리", "봅리", "바브리", "보브리" 등으로 각 호칭될 것이므로, 출원상표가 "보보리" 또는 "바바리"로, 비교대상상표가 "보브리" 또는 "바브리"로 각각 호칭될 경우, 양 상표는 둘째 음절의 모음이 'ㅗ'와 'ㅡ' 또는 'ㅏ'와 'ㅡ'인 차이가 있으나, 첫째,

셋째 음절이 동일하고 둘째 음절도 초성이 'ㅂ'으로 동일하여 양 상표는 전체적으로 그 청감이 극히 유사하다고 할 것이므로, 유사한 상표다(대법원 2000. 11. 24. 선고 2000후822 판결).

⑮ [출원상표 "KRONOS", "크로노스" : 선등록상표 "CHRONODOSE", "크로노도-스"] 양 상표는 호칭에 있어서 앞부분 3음절과 마지막 음절이 동일하며 단지 후자의 경우 '도-'라는 음절이 추가되어 있는 정도의 차이밖에 없어 호칭이 유사하다(대법원 2000. 4. 25. 선고 99후1096 판결).

⑯ [출원상표 "MIPOS" : 선출원등록상표 "MIPS"] 출원상표는 "미포스" 또는 "마이포스"로 호칭될 것으로서 출원상표가 "미포스"로 호칭될 경우 "밒스"로 호칭되는 선출원등록상표와는 마지막 음절이 "스"로 동일하고 다르게 발음되는 "밒"과 "미포"도 선출원등록상표의 종성 "ㅍ"이 출원상표 둘째 음절 초성과 일치하여 전체적으로 양 상표는 유사하게 청감되므로, 호칭이 유사하다(대법원 2000. 3. 23. 선고 97후2323 판결).

⑰ [등록상표 "M & S" : 선출원등록상표 "M & M's"] 호칭에 있어서 등록상표는 '엠앤드에스' 또는 '엠앤에스'로 호칭될 것이고, 선출원등록상표는 '엠앤드엠스' 또는 '엠앤엠스'로, 또는 '엠앤드엠즈' 또는 '엠앤엠즈'로 호칭될 가능성이 있는바, 선출원등록상표가 '엠앤드엠스' 또는 '엠앤엠스'로 호칭될 경우에는 양 상표는 끝에서 두 번째 음절인 '에'와 '엠'에 있어서의 'ㅁ' 받침의 유무 정도의 차이 밖에 없어 양자는 그 호칭이 매우 유사하게 청감된다 할 것이고, 우리나라 사람들의 영어 발음 습관에 비추어 영어에서의 소유격을 나타내는 선출원등록상표의 's' 부분이 반드시 약하게 발음된다고 단정할 수 없을 뿐만 아니라, 등록상표에 있어서의 끝 부분 '스' 발음과 선출원등록상표의 끝의 '스' 발음에 있어서 그 강세가 차이가 있으리라고도 여겨지지 않으므로, 양 상표는 호칭이 유사하다(대법원 2000. 2. 25. 선고 97후3050 판결).

⑱ [출원상표 "ARIANA": 선등록상표 "ARIA 아리아"] 출원상표는 '아리아나' 또는 '아라이아나' 등으로 호칭될 것이고, 선등록상표는 '아리아'로 호칭될 것인바, 출원상표가 '아리아나'로 호칭될 경우에 양 상표는 가장 강하게 인식되는 처음 3음절이 동일하고, 출원상표의 넷째 음절은 약하게 발음된다 할 것이므로 양 상표는 전체적인 호칭이 유사하다(대법원 2000. 2. 11. 선고 97후3333 판결).

⑲ [출원상표 "SERON": 선출원등록상표 "SETON"] 출원상표는 "세론" 또는 "쎄론"으로, 선출원등록상표는 "세톤" 또는 "쎄톤"으로 호칭될 것인데, 양 상표는 첫째

음이 동일하고, 끝음절은 초성이 'ㄹ'과 'ㅌ'이라는 차이가 있을 뿐이므로 전체적으로 양 상표는 유사하게 청감된다(대법원 2000. 1. 18. 선고 97후3074 판결).

⑳ [출원상표 "ZEONEX": 선등록상표 "TEONEX"] 호칭에 있어서 출원상표는 "제(지)오넥스"로, 선등록상표는 "테(티)오넥스"로 각 호칭될 것이므로, 첫 음이 '제(지)'와 '테(티)'로 발음되는 정도의 차이가 있을 뿐이어서 전체적, 이격적으로 관찰할 때 극히 유사하게 청감된다(대법원 1998. 2. 27. 선고 97후1139 판결).

(라) 비유사로 판단한 사례

① [등록상표 "**SUNCON**" : 선등록상표 "**SUNON**"] 양 상표는 외관, 호칭이 상이하고 관념을 대비할 수 없어서 유사하지 않다(대법원 2016. 7. 22. 선고 2015후178 판결).

② [등록상표 "Romantic Night in Seattle" : 선등록상표 "**ROMANTIC**"] 이 사건 등록상표는 식별력이 미약한 'Romantic'만으로 분리 인식되지 않고 자연스럽고 친숙한 'Romantic Night'로 인식되는바, 양 상표는 외관, 호칭 및 관념이 서로 다르다(대법원 2015. 1. 29. 선고 2014후2399 판결).

③ [등록서비스표 "**Cherry Spoon**": 선등록서비스표/상표 "**SPOON**"] 이 사건 등록서비스표는 '**Spoon**'만으로 약칭·관념하리라고 보기 어려우므로 양 표장의 호칭, 관념이 상이하다(대법원 2014. 12. 11. 선고 2014후1587 판결).

④ [등록상표 "**BCBGENERATION**": 선사용상표 "**BCBG**"] 일반 수요자나 거래자가 이 사건 등록상표를 'BCBG' 부분만으로 간략하게 호칭하거나 관념하지는 아니하므로, '비씨비제너레이션'과 같이 호칭된다고 할 것이므로 '비씨비지'로 호칭될 선사용상표와 호칭이 다르고, 외관에서도 현저하게 상이하며, 관념에 있어서는 양 상표 모두 조어이어서 서로 대비할 수 없어, 전체적으로 볼 때 일반 수요자나 거래자로 하여금 상품 출처의 오인·혼동을 일으킬 염려가 있다고 보기 어렵다(대법원 2011. 7. 14 선고 2010후2322 판결).

⑤ [출원상표 " " : 선등록상표 " "] 양 표장은 앞다리와 뒷다리를 세운 채로 꼬리를 들고 왼쪽 부분이 보이게 서 있는 개 형상의 도형 부분을 모두 가지고 있는 점에서 유사한 점이 있으나, 양 상표의 지정상품과 같거나 유사한 지정상품에 개를 도형화한 상표가 다수 등록되어 있어서 양 상표가 그 도형 부분만으로 분리되어 인식된다고 단정하기 어려운 반면에, 그 문자 부분에서 'Labrador Retriever'와 'DAWN FIELD'로 뚜렷하게 구분되고, 그 문자 부분의 도형 부분과의 배치 위치에서도 차이가 있어서 전체적으로 보았을 때 명확히 출처의 혼동을 피할 수 있다고 보인다

(대법원 2007. 5. 11. 선고 2006후3557 판결).[135]

⑥ [도메인 이름 "www.acmbnb.com": 선등록상표 "**ACM π WATER**", "〔π〕", "에이씨엠파이워터"] 선등록상표의 각 요부는 'ACM' 또는 '에이씨엠'이라 할 것이고, 도메인이름의 요부는 'acmbnb'로서 'acm'과 'bnb'로 분리 관찰된다고 보기 어려우므로, 양 표장은 외관, 호칭이 서로 다르고 관념에 있어 서로 대비되지 아니하므로 전체적으로 유사하다고 보기 어렵다(대법원 2007. 2. 22. 선고 2005다39099 판결).

⑦ [등록상표 "**A/X**" : 선출원등록상표 "☒"] 등록상표는 슬래쉬(/)에 의하여 명백히 두 글자가 구분되므로 일반 수요자나 거래자들은 "에이 앤드 액스" 또는 "에이 엑스"로 호칭할 뿐 "액스"라고 호칭하지 않을 것이고, 선출원등록상표는 도형부분과 문자 부분에서 모두 호칭이 발생한다 할 것인데, 먼저 도형 부분에 의하여는 "쌍 도끼" 또는 "도끼"로 호칭될 수 있고, 다음 문자 부분에 의하여는 "AX"가 고등학교 교양 수준의 단어이고, "A"와 "X" 사이에 대시(-)가 아니라 "A"자의 가로획이 약간 삐져나온 듯한 모습을 하고 있으며, 문자 부분이 선출원등록상표에서 압도적인 비중을 차지하는 도끼 도형 중간에 배치되어 있어, 이러한 사실 및 우리나라의 영어보급수준에 비추어 볼 때 일반 수요자나 거래자들은 문자 부분 "AX"를 그 도형과 연관시켜 도끼를 뜻하는 영어단어로 쉽게 인식하고 이를 "액스"라고만 호칭할 뿐, 그 두 문자를 별도로 구분하여 "에이 엑스"라고 호칭하지는 않을 것이므로, 서로 유사하지 않다(대법원 2006. 6. 27. 선고 2004후2789 판결).

⑧ [등록상표 "**LOTS**" : 선등록상표 "**LOTUS**"] 양 상표는 그 외관이 유사하기는 하지만, 원심에 나타난 증거만으로는 우리나라의 거래자나 수요자가 일반적으로 "LOTS"를 '로트스'로 호칭한다고 인정하기 부족하고, 오히려 문교부 고시 외래어 표기법에 "어말 또는 자음 앞의 [ts]는 '츠'로 적는다."고 되어 있는 점 등에 비추어 보면 우리나라 거래자나 수요자의 대부분이 "LOTS"를 '롯츠'나 '랏츠'로 호칭할 개연성이 높다고 할 것이며, 이 경우 양 상표는 호칭에서의 현저한 차이로 인하여 전체로 유사한 상표에 해당한다고 할 수 없다(대법원 2005. 9. 30. 선고 2004후2628 판결).[136]

---

135) 결국, 도형이 아닌 문자 부분을 상표의 호칭으로 본 것으로 이해된다.

136) 외관의 유사를 인정하면서도 호칭의 차이를 이유로 상표의 유사성을 부인한 다소 이례적인 판결로서, 외관이 유사하므로 호칭이 달라도 상표가 유사하다고 판단한 대법원 1990. 2. 13. 선고 89후308 판결과 배치되는 면이 있다. 원심은 양 상표는 알파벳 'U'의 유무로 인하여 외관상 다소 차이가 있으나 나머지 알파벳 4글자 및 그 배열순서가 그대로 일치하고 있어 전체적인 외관이 유사하고, "LOTS"는 '로트'에 '스'를 단순히 덧붙인 '로트스'로 발음되는 경우도 적지 않을 것이라면서, 양 상표를 유사하다고 하였다.

⑨ [등록서비스표 "世羅 SERA" : 선등록서비스표 "세라젬"] 등록서비스표의 호칭이 선등록서비스표의 첫 2음절의 호칭과 동일하기는 하지만, 선등록서비스표는 여기에 '젬'이라는 음절이 부가되어 전체적으로 3음절이고 부가된 마지막 음절에 종성(받침)이 구비되어 있어 비교적 명확하게 발음될 것이므로 양 서비스표는 그 발음에 명확한 차이가 있어 호칭이 동일·유사하다고 할 수는 없다(대법원 2004. 9. 13. 선고 2003후892 판결).

⑩ [등록상표 "BEEN KID's" : 선등록상표 "BEAN POLE"] 선등록상표는 그 구체적인 거래 실정 등을 감안하여 보면, 이 사건 등록상표인 "BEEN KID's"의 출원시에는 실제 거래사회에서 일반 수요자나 거래자들이 선등록상표를 "빈폴"로 호칭하지 아니하고 '빈'이나 '폴'만으로 분리하여 호칭하는 것은 매우 부자연스럽다고 할 것이므로, 이들 상표는 그 외관·호칭·관념이 달라 전체적으로 유사하지 않다(대법원 2004. 7. 22. 선고 2004후929 판결).

⑪ [등록상표 "Christian Daniel" : 선등록상표 "Christian Dior"] 양 상표 중 앞부분의 '크리스찬(Christian)'이 국내의 일반 수요자나 거래자에게 기독교도를 지칭하는 용어로서 흔히 사용되어 상품 출처를 식별시키는 표지로서의 식별력이 부족하고, 뒷부분의 호칭은 '다니엘'과 '디오르'로 현저히 상이하다(대법원 2003. 2. 14. 선고 2002후352 판결).

⑫ [출원상표·서비스표 "SPRITZER" : 선등록상표 "ESPRIT"] 출원상표·서비스표는 '스프리쩌'로 호칭되고, 선등록상표는 '스프리트' 또는 '스프릿'으로 호칭되어('E'를 '≡'로 표기하거나 도형화하는 경우는 거의 없으므로 '≡'를 'E'로 이해하기는 어렵다 할 것이다) 첫 3음절의 발음이 동일하여 호칭에 있어서 일부 유사한 점이 있으나, 첫 3음절인 '스프리'는 강한 음이라고 할 수 없는 반면 출원상표·서비스표의 마지막 음절 '쩌'는 된소리로서 매우 강한 음이고, 선등록상표의 마지막 음절 '트'는 '쩌'와는 계열을 달리하는 거센소리인 차이가 있어('트'가 어미에 오는 경우 '스프릿'과 같이 약하게 발음되는 경우도 많을 것이다) 호칭이 상이하다(대법원 2002. 11. 26. 선고 2001후3415 판결).

⑬ [등록상표 "셀렉틴" : 선출원상표 "셀렉톨"] 양 상표는 글자 수가 세 글자로서 길지 않으므로 모두 전체로써 호칭될 것인데, 이 경우 앞 두 음절 및 세 번째 음절의 초성이 동일하나, 양 상표의 호칭 시 세 번째 음절인 '틴'과 '톨'이 앞의 음절 '셀렉'과의 관계에서 비교적 명확하게 발음될 뿐 아니라 '틴'과 '톨'의 청감이 매우 다르므로, 양 상표의 호칭은 전체적으로 상이하다(특허법원 2007. 8. 17. 선고 2007허4809 판결(심리불속행기각)].

(마) 음절 수에 따른 호칭의 유사 여부

판례에 나타난 구체적 사례를 분석하면 호칭의 음절 수를 기준으로 한 호칭 유사 여부는 대체로 다음과 같다.

1) 2음절 이하의 짧은 호칭

첫 음이 다르더라도 약음이거나, 첫 음이 같고 끝 음이 다른 경우에는 유사로 판단되는 경우가 많다.

요돌 ≒ 오들(대법원 1985. 1. 29. 선고 84후104 판결)

SINGER ≒ SINCO(대법원 1970. 12. 22. 선고 70후9 판결)

MELPOL ≒ MARPOL(대법원 1985. 12. 10. 선고 85후88 판결)

TUFPET ≒ TUFFAK(대법원 1989. 7. 11. 선고 87후46 판결)

MEXX ≒ MAX(대법원 1990. 12. 11. 선고 90후878 판결)

강하게 발음되는 첫 음의 자음이 다르고, 나머지 음이 같은 경우에는 비유사로 판단되는 경우가 많다.

쉘라 ≠ 웨라(대법원 1986. 10. 28. 선고 85후40 판결)

장구(장구) ≠ 짱구(대법원 1988. 1. 19. 선고 87후73 판결)

조니(ZONY) ≠ SONY, 소니, 쏘니(대법원 1988. 2. 23. 선고 87후134 판결)

JOMA ≠ SOMA(대법원 2006.10.27. 선고 2005후1875 판결)

1음절인 상표의 경우, 초성과 종성이 같고, 중성이 비슷한 때에는 유사로 판단되는 수가 많다.

YAP ≒ yepp(대법원 2004. 7. 22. 선고 2003후144 판결)

2) 3음절 이상의 긴 호칭

2음절 이상의 음이 같고 나머지 음도 비슷한 경우에는 유사로 판단되는 경우가 많다.

트라붸늘 ≒ 트라데날(대법원 1972. 5. 23. 선고 72후14 판결)

소프라마이신 ≒ 스피라마이신(대법원 1972. 5. 31. 선고 71후45 판결)

신세기(新世紀) ≒ 신세계(新世界)(대법원 1975. 12. 9. 선고 74후70 판결)

ARBID ≒ AROVIT(대법원 1977. 3. 22. 선고 75후10 판결)

STABLON ≒ STAFLENE(대법원 1982. 5. 11. 선고 81후73 판결)

REVILLON ≒ REVLON(대법원 1983. 3. 22. 선고 81후73 판결)

HARRIS ≒ HARIG(대법원 1984. 9. 11. 선고 84후4 판결)

DURICEF ≒ 트리세프(대법원 1985. 9. 24. 선고 84후98 판결)

INTERCEPTOR ≒ 인터셉트(대법원 1987. 2. 24. 선고 86후132 판결)

SNOOP ≒ 스누피(대법원 1987. 5. 26. 선고 87후22 판결)

Eminence ≒ EMINENT(대법원 1988. 12. 27. 선고 87후72 판결)

ACTIVASE ≒ ACTIPAS(대법원 1989. 2. 28. 선고 87후125 판결)

에카룩스 ≒ 에코릭스(대법원 1989. 3. 28. 선고 88후80 판결)

크리마셀, CLIMACEL ≒ 크리마더엄, CLIMATHERM(대법원 1990. 2. 23. 선고 89후1813 판결)

ABX ≒ （대법원 1992. 9. 25. 선고 92후1035 판결)

GLOBE(글로브) ≒ GLOBAL(글로발)(대법원 1994. 4. 15. 선고 93후1797 판결)

누바솔 ≒ NUVAS(누바스)(대법원 1994. 6. 14. 선고 94후289 판결)

S.B.S ≒ 'S.B.C.(대법원 1994. 9. 9. 선고 94후470 판결)

EFEXOR ≒ EFFECTSAL 에 펙 살 (대법원 1995. 10. 13. 선고 95후1043 판결)

AZTEC(아즈텍) ≒ AZT(아즈트)(대법원 1996. 6. 11. 선고 95후1616 판결)

SPARK ≒ 스파콜(대법원 1997. 9. 5. 선고 96후2470 판결)

ZEONEX ≒ TEONEX(대법원 1998. 2. 27. 선고 97후1139 판결)

QUICKLET ≒ QUIKSET(대법원 1998. 5. 26. 선고 97후2262 판결)

PROXEL ≒ PROXEN 푸 룩 셀 (대법원 1999. 8. 24. 선고 99후963 판결)

ETHOCYN(에소신) ≒ ETHOCEL(에소셀)(대법원 1999. 8. 24. 선고 99후963 판결)

M&S(엠엔에스) ≒ M&M's(엠엔엠즈)(대법원 2000. 2. 25. 선고 97후3050 판결)

MIPOS(미포스) ≒ MIPS(미프스)(대법원 2000. 3. 23. 선고 97후2323 판결)

크로노스, KRONOS ≒ 크로노도-스, CHRONODOSE(대법원 2000. 4. 25. 선고 99후1096 판결)

BOBOLI ≒ BOB LEE(대법원 2000. 11. 24. 선고 2000후822 판결)

ZUTANO(주타노) ≒ GITANO(기타노 또는 지타노)(대법원 2001. 4. 25. 선고 2001후737 판결)

COVERMAX(카바맥스) ≒ COVERMARK(카바마크), 카바메이트(COVERMATE)(대법원 2005. 5. 27. 선고 2004다60584 판결)

ELOCOM(엘로콤) ≒ 엘레콤(대법원 2006. 9. 8. 선고 2006후954 판결)

마르샤 ≒ 마르셀(대법원 2008. 2. 28. 선고 2007후4601 판결)

세티즌 ≒ CITIZEN(대법원 2008. 4. 24. 선고 2007후180 판결)

StudyWill ≒ **N-STUDY WELL 엔 스터디 웰**(대법원 2011. 12. 22. 선고 2011후1777 판결)

ALPENSTER ≒ **ALPINESTARS**(대법원 2012. 2. 23. 선고 2011후1357 판결)

SP-Ⅱ≒**SK-Ⅱ**(대법원 2012. 7. 26. 선고 2012후1262 판결)

≒ , [대법원 2013. 1. 24.자 2012후3268 판결(심리불속행 기각 판결)]

에제토린 Ezetorin ≒ EZETROL, 에제트롤(대법원 2013. 3. 14. 선고 2012후3534 판결)

PHOEBOS ≒ [대법원 2013. 3. 14.자 2012후3534 판결(심리불속행 기각 판결)][137]

≒ 0072닷컴 [대법원 2013. 5. 24.자 2013후501 판결(심리불속행 기각 판결)][138]

1음이 같고 나머지 음의 자음 또는 모음이 비슷한 경우에는 유사로 판단되는 경우가 많다.

CONVERSE ≒ CANVEES(대법원 1975. 7. 22. 선고 75후1 판결)

TEVIRON ≒ TAPILON(대법원 1979. 9. 11. 선고 79후19 판결)

메락스 ≒ MAALOX(대법원 1981. 9. 22. 선고 80후18 판결)

Selfeeder ≒ SHEFFIELD(대법원 1982. 5. 11. 선고 80후117 판결)

Minoxyl ≒ MINOCIN(대법원 1989. 12. 22. 선고 89후1066 판결)

SERON ≒ SETON(대법원 2000. 1. 18. 선고 97후3074 판결)

대비되는 두 상표 중 한쪽의 호칭에 1음이 추가되었을 경우 추가된 1음이 약음이어서 이전 호칭을 쉽게 인식할 수 있으면 유사로 판단되는 경우가 많다.

비락(VILAC) ≒ 베비락(BEBELAC)(대법원 1961. 12. 28. 4294특상1 판결)

POKARI ≒ POKKA(대법원 1982. 2. 9. 선고 81후66 판결)

---

137) 이 사건 출원상표 "PHOEBOS"는 '포이보스, 포에보스' 또는 '피보스'로 호칭되고, 선등록상표는 그 요부인 'PHOEBUS' 부분에 의하여 '포이버스, 포에버스' 또는 '피버스'로 호칭되는데, 이들 상표는 4음절 중 3음절 또는 3음절 중 2음절이 동일하고, 세 번째 음절이 '보'와 '버'로 약간 다르기는 하나, 그 초성이 다같이 'ㅂ'으로 동일하고, 종성인 'ㅗ'와 'ㅓ'는 모두 후설모음으로 서로 유사하여, 전체적인 호칭이 서로 유사하다고 판단한 원심을 수긍한 사례.

138) 이 사건 등록서비스표가 '영칠이' 또는 '공칠이'로, 선등록서비스표들이 '영영칠이' 또는 '공공칠이'로 각 호칭되는 경우, 양 서비스표는 '영칠이' 또는 '공칠이'가 청감된다는 점에서 공통되므로 전체적인 호칭이 서로 유사하다고 판단한 원심을 수긍한 사례.

GINKOR ≒ GINKORMIN(대법원 1986. 3. 11. 선고 85후134 판결)

우짜짜 ≒ 짜짜(대법원 1989. 2. 28. 선고 87후112 판결)

PERFORM(퍼폼) ≒ PERPOMA(퍼포마)(대법원 1990. 9. 28. 선고 90후366 판결)

SENSE, 쎈스 ≒ 센스미(대법원 1991. 9. 24. 선고 91후608 판결)

ALTO, 알토 ≒ 알토인, ALTOINE(대법원 1991. 9. 24. 선고 91후295 판결)

위너스 ≒ WINNER, 위 너(대법원 1991. 10. 11. 선고 91후233 판결)

타가겔 ≒ TARGA, 타가(대법원 1993. 5. 25. 선고 93후619 판결)

ARIANA(아리아나) ≒ ARIA(아리아)(대법원 2000. 2. 11. 선고 97후3333 판결)

ESLY ≒ 에슬리슈 **S.LESS**(대법원 2003. 10. 10. 선고 2003후816 판결)

APLYXAR ≒ PRIXAR(대법원 2006. 6. 2. 선고 2004후936 판결)

FEL-O-VAX ≒ 펠 로 **Fello**(대법원 2006. 6. 27. 선고 2004후2895 판결)

복초당 ≒ **PYRO-** (대법원 2006. 10. 26. 선고 2005후1769 판결)

대비되는 두 상표 중 한쪽의 호칭에 1음이 추가되었을 경우 추가된 1음이 강음이
거나 추가된 1음으로 다른 관념이 생김으로써 이전 호칭을 인식하기 어렵다면 비유
사로 판단되는 경우가 많다.

CELERON ≠ **CERON**(대법원 2002. 10. 22. 선고 2001후1341 판결)

世羅 SERA ≠ 세라젬(대법원 2004. 9. 13. 선고 2003후892 판결)[139]

Arima ≠ ALIMAMA.COM(대법원 2005. 4. 15. 선고 2003후755 판결)

韓雪花 ≠ **雪花**(대법원 2013. 1. 16. 선고 2011후3322 판결)[140]

2음절의 음이 같아도 나머지 음절의 수에 차이가 있거나 특히 강하게 식별되는
음이 붙은 경우에는 비유사로 판단되는 경우가 많다.

부스펜 ≠ BUSCOPAN, 부스코판(대법원 1977. 9. 28. 선고 76후26 판결)

---

139) 이 사건 등록서비스표의 호칭이 선등록서비스표의 첫 2음절의 호칭과 동일하기는 하지만, 후자는 여기
에 '젬'이라는 음절이 부가되어 전체적으로 3음절이고 부가된 마지막 음절에 종성(받침)이 구비되어 있
어 비교적 명확하게 발음될 것이므로 양 서비스표는 그 발음에 명확한 차이가 있어 호칭이 동일 · 유사
하다고 할 수는 없다.

140) 이 사건 등록상표는 '설화' 앞에 띄어쓰기 없이 '한'이라는 한자가 추가되어 있고, '설화' 부분의 글자체
에도 다소 차이가 있어 전체적인 외관은 서로 다르다. 또한, 이 사건 등록상표는 '한설화'로 호칭될 것
인 반면에 선등록상표는 '설화'로 호칭될 것이므로 호칭에 있어서도 차이가 있다.

Ceenu(씨-누) ≠ SINUSOL(시누솔)(대법원 1989. 10. 27. 선고 80후78 판결)

피아스(PLAS) ≠ PEERES(피어리스)(대법원 1981. 4. 14. 선고 80후101 판결)

히스톱 HYSTOP ≠ **HISTOBULIN**(대법원 1991. 4. 23. 선고 90후861 판결)

레자미 ≠ 레쟈망(1992. 7. 14. 선고 92후186 판결)

Budějovický ≠ BUDWEISER, BUD, BUD LIGHT(대법원 2002. 5. 28. 선고 2001후2870 판결)

SPRITZER ≠ **ESPRIT** (대법원 2002. 11. 26. 선고 2001후3415 판결)

LOTS ≠ LOTUS(대법원 2005. 9. 30. 선고 2004후2628 판결)

ZEISS(짜이스) ≠ ZEUS(제우스)(대법원 2005. 11. 10. 선고 2004후2093 판결)

셀렉틴 ≠ 셀렉톨, SELECTOL[대법원 2007. 11. 15자 2007후3684 판결(심리불속행기각 판결)]

(4) 관념 유사

(가) 의 의

상표의 관념이 유사하다는 것은 대비되는 두 개 상표의 의미가 같거나 비슷하여 수요자나 거래자가 이들 상표를 붙인 상품을 동일한 제조업자나 판매업자에 의하여 제조·판매되는 상품으로 직감하게 될 염려가 있는 경우를 말한다. 즉 상품 출처의 혼동을 일으키는 상표의 지각적(知覺的) 요인이 관념 유사이다.

(나) 관념 유사의 판단기준

상표의 관념도 호칭의 경우와 마찬가지로 상표 전체에서 일어날 수도 있고, 식별력이 없는 부분이 있는 경우에는 이를 제외한 요부에 의하여 관념이 일어나며,[141] 분리가 가능한 경우에는 분리된 부분 중 식별력이 있는 부분에 의하여 복수의 관념이 발생할 수 있고 그중 하나의 관념이 다른 상표와 동일하거나 유사하면 전체적으로 보아 유사한 상표라고 할 것이다.

아무런 뜻이 없는 조어로 된 상표는 관념이 있다고 할 수 없으므로 관념이 대비 대상이 되지 아니하거나 유사하다고 할 수 없으며 다른 요소에 의하여 유사 여부를 판단하여야 한다.[142]

도형상표의 경우에는 도형이 일반 수요자들에게 이해되는 바에 따라 관념이 정해진다. 예컨대 백색의 다이아몬드 3개가 그려진 도형상표로부터는 3개의 다이아몬

---

141) 대법원 2001. 12. 28. 선고 2001후2467 판결 참조.
142) 대법원 2001. 11. 13. 선고 2001후1198 판결 참조.

드라는 관념이 나오므로 'Three Diamonds'라는 상표와는 관념이 유사하다.[143] 오른쪽과 같이 '창과 방패를 든 채 말을 타고 있는 기사'의 관념으로 인식되는 도형과 'Legacess' 문자가 합쳐진 상표는 '말을 탄 사람' 또는 '말을 탄 폴로경기의 선수'로 인식되는 도형상표와 관념뿐 아니라 외관, 호칭도 달라서 유사하지 않다.[144] 동물의 이름이나 도형으로 구성된 상표의 경우에 같은 종류의 동물이면 호칭과 외관이 약간 다르더라도 관념이 같은 경우가 보통이다.[145] 그러나 동물의 종류가 다르거나 도형의 외관이 현저하게 다른 경우에는 관념이 다르다.[146]

상표의 관념은 일반 수요자가 직관적으로 즉시 그 의미를 이해할 수 있는 것이어야 하며 잠시 생각해 보지 않으면 관계를 알 수 없는 말이라든지, 사전을 찾아보고서야 비로소 같은 의미임을 알게 되는 말은 일견하여 대비되는 상표와 동일하거나 유사한 의미를 가진 것임을 이해할 수 있다고 할 수는 없으므로, 관념 유사라고는 할 수 없다. 따라서 상표 중 외국어로 표기된 부분이 우리나라 일반 소비자가 보편적으로 사용하거나 인식할 수 있는 단어가 아닌 경우에 그 상표와 그 외국어의 뜻에 해당하는 한글로 된 상표는 서로 관념이 다르다고 판단될 수도 있다. 대법원 판례 중에도 상표 'CAMELLIA'와 '동백표'는 관념이 달라 유사하지 않다고 판단한 사례,[147] "'AXE'는 사전상 도끼라는 의미를 가지고 있으나 일반 수요자가 느끼는 상표의 의미 내용은 그 상표를 보고 직관적으로 깨달을 수 있는 것이어야 하고 심사숙고하거나 사전을 찾아보고서 비로소 그 뜻을 알 수 있는 것은 고려 대상이 되지 아니한다 할 것인데, 영문자인 'AXE'라는 말의 의미는 일반 대중이 쉽게 알 수 있는 것이 아니고 흔히 사용하는 것도 아니어서 우리나라의 일반 소비자가 선등록상표를 보고 지정상품과 관련하여 직관적으로 '도끼'라는 뜻으로 인식할 수 있다고 보이지는 아니한다."라고 판

---

143) 대법원 1979. 11. 27. 선고 79후52 판결.
144) 대법원 2001. 11. 27. 선고 2000후1481 판결.
145) 불곰 : 곰표(대법원 1989. 6. 27. 선고 88후332 판결).
146) 앉은 매도형(매표) : 나는 독수리 도형(대법원 1972. 2. 29. 선고 71후46 판결); .
147) 대법원 1992. 10. 23. 선고 92후896 판결. 반면 출원상표 "OCEAN PEARL"과 선등록상표 "진주"는 비록 관념상으로는 일부 동일 또는 유사한 점이 있다고 하더라도 외관과 호칭이 너무 달라 양 상표는 서로 유사하지 않다고 한 예도 있다(대법원 1997. 2. 28. 선고 96후931 판결). 또한, "SUBWAY"로 구성된 서비스표와 '지하철'로 구성된 서비스표는 관념이 일응 동일하나, 외관과 호칭이 다르고, 전자의 서비스표가 주지서비스표에 해당하여, 출처혼동의 우려가 없다는 이유로 이들 서비스표가 유사하지 않다고 한 특허법원 판례가 있다[특허법원 2008. 5. 29. 선고 2007허11623 판결(심리불속행 기각)].

단한 사례가 있다.[148)

또한, 상표권자가 주관적으로 부여한 의미도 고려되지 아니한다. 따라서 상표권자가 '명신왕'이라는 가공의 왕을 염두에 두고 "圖圖圖"라는 상표를 만들었다고 하더라도 객관적으로 "명신"은 상표권자의 상호를 표기한 것으로서 단순히 출처를 표시한 것처럼 보이고 "왕" 부분이 자타상품의 구별을 위한 중심 부분인 것으로 인식되며,[149) 'TO-A'라는 영문 표기만을 보고 이를 '東亞'의 일본어 표기라고 알아차려 '東亞'를 연상함은 우리나라에서 일반적으로 기대하기 어렵다.[150)

(다) 관념 유사 여부를 상표 유사 판단의 결정적 요소로 삼은 사례

현재까지의 실무상 관념의 유사 또는 비유사를 이유로 상표의 유사성을 인정하거나 인정하지 않은 사례가 외관과 호칭에 비하여 흔하지 않은 점에 비추어, 상표의 유사 여부 판단에서 관념의 유사가 차지하는 비중은 비교적 낮다.[151) 그러나 2개의 상표가 외관 및 호칭이 다르더라도 관념의 유사로 인하여 거래상 혼동이 일어날 염려가 있어 상표가 유사하다고 할 경우가 있고, 그 반대의 경우도 생각해 볼 수 있다. 같은 취지에서, 대법원 판례 중에도 관념 유사 여부를 상표의 유사 여부 판단에 결정적인 고려요소로 삼은 것이 있다.

① "韓雪花"는 한자문화권인 우리의 언어습관상 '한국의 설화' 또는 글자 그대로 '한국의 눈꽃' 등의 의미를 연상시킬 가능성이 크다고 할 것이어서 '雪花'라는 한자어를 공통으로 갖는 "雪花"의 관념과 유사하고, 양자는 외관 및 호칭에 차이가 있기는 하지만 관념의 유사를 압도할 정도에까지 이르렀다고 할 수 없으므로 서로 유사하다고 판단한 사례,[152) ② "UNSTRESS"로 구성된 상표는 '스트레스를 방지하거나 받지 않게 하다' 또는 '스트레스를 없애다' 등의 의미로 인식될 수 있고, "STRESS-OUT"

---

148) 대법원 1993. 9. 24. 선고 93후336 판결. 다만 이 판결 시점과 현재의 영어보급 수준에는 상당한 격차가 있으므로 이 판결 결론이 그대로 유지될 수 있을지에 대해서는 반론이 있을 수 있고, 또한 위 사건에서 출원상표는 손으로 도끼를 들고 있는 우측 도형이었는데, 이에 대해 이 판결은 외관상 및 관념상으로 볼 때 도끼 또는 도끼를 쥐고 있는 손을 분리, 관찰하더라도 부자연스러운 것은 아니라고 하였으나, 출원상표로부터 '도끼'라는 관념이 직감된다고 보기 어렵다고 볼 여지도 있다.

149) 대법원 1990. 9. 28. 선고 89후1325 판결. 다만 이 판결의 결론과 달리 위 상표에서 수요자들에게 상품의 출처로 인식되는 부분은 '명신'이라는 부분이고, '왕' 부분 및 '오징어' 부분은 상품(오징어)과 관련된 기술적 표장에 해당하여 식별력이 없다고 볼 여지도 있다.

150) 대법원 1990. 8. 28. 선고 90후595 판결.

151) 실무상 관념 유사는 외관이나 호칭 유사에 종속되거나 보충적인 판단 요소로 설시되는 경우가 많다.

152) 대법원 2013. 1. 16. 선고 2011후3322 판결.

으로 구성된 상표는 '스트레스에서 벗어나게 하다' 또는 '스트레스가 없어지다' 등의 의미로 인식될 수 있으므로, 만일 그 지정상품의 일반 수요자나 거래자들이 양 상표를 보고서 위와 같은 의미내용을 직감한다면 양 상표는 전체적으로 관찰할 때 그 외관 및 호칭에 있어 다소 차이가 있기는 하지만 관념의 유사로 인하여 거래상 상품의 출처에 관하여 오인 · 혼동이 초래될 우려가 있는 유사상표에 해당한다고 판단한 사례,153) ③ 오른쪽과 같이 도형과 'SWISS MILITARY'라는 문자의 결합상표는 "SWISS ARMY"와 같이 구성된 선등록상표와 대비하여 볼 때, 'Swiss', 'military', 'army'는 비교적 쉬운 단어인 까닭에 우리나라 일반 수요자나 거래자들은 이들 상표를 그 의미대로 '스위스 군대', '스위스 육군(의)' 등으로 인식할 수 있어, 양 상표의 관념은 동일하거나 극히 유사하므로, 이들 상표의 외관이나 호칭의 유사 여부를 가릴 것 없이 동일 · 유사한 상품에 사용하는 경우 상품 출처의 오인 · 혼동을 일으킬 염려가 있을 정도로 서로 유사한 상표에 해당한다고 판단한 사례,154) ④ "●21世紀컨설팅株式會社"는 식별력이 없거나 약한 부분('주식회사', '컨설팅')을 제외하고 '21세기'로 호칭, 관념되므로 "CENTURY 21"과 외관, 호칭이 다르지만 관념이 극히 유사하여 유사한 상표라고 판단한 사례155) 등은 외관이나 호칭이 다름에도 관념의 유사를 이유로 상표가 유사하다고 판단한 사례이다.

　　반면 관념이 확연히 달라 호칭의 유사에도 불구하고 유사하지 않은 상표라고 한 사례도 있다. 대법원은 "FC숮돌이"와 "숯도리 SHOOTDORI" 상표는 그 호칭에 있어서 유사한 점이 있으나, 외관이 다르고, 전자의 상표는 'Football Club'의 약칭인 'FC'와 '공차는 사내아이'라는 의미인 '숯돌이'가 결합하여 '공차는 사내아이 또는 공차는 사내아이들의 모임'이라는 관념이 떠오르는 반면, 후자의 상표는 한글 '숯도리'에 그 영문 음역을 나타내는 'SHOOTDORI'가 결합하여 '숯과 관련한 어떤 것'이라는 관념이 떠오르므로, 그 관념에 있어서 확연히 달라 양 상표를 전체적으로 볼 때 일반 수요자에게 출처의 오인 · 혼동을 일으킬 우려가 있다고 할 수 없다고 하였다.156)

---

153) 대법원 2005. 4. 29. 선고 2003후1680 판결.
154) 대법원 2005. 8. 19. 선고 2003후410 판결.
155) 대법원 2001. 12. 28. 선고 2001후2467 판결.
156) 대법원 2008. 9. 25. 선고 2008후2213 판결.

마. 구체적 거래실정 등의 고려 여부

(1) 학설과 대법원 판례의 경향

등록주의를 취한 현행 법제 아래에서 상표의 유사 여부는 추상적 · 기술적 기준에 따라 일반적 · 추상적 · 정형적으로 판단하여야 한다는 견해가 종래 주장되었다. 이 견해는 대비대상이 되는 상표가 그 사건에서의 특수한 사정에 따라 일반적인 유사판단의 방법과 기준으로는 생각할 수 없는 호칭 · 관념이 생기며, 또 그 상표가 저명하다는 사정 등에 의하여 외관 · 호칭 · 관념 등에서 보통은 유사하지 않다고 판단되는 상표와 혼동하기 쉽다고 하여야 할 사정이 있다고 하더라도, 원칙적으로 이러한 사정을 고려할 필요가 없고 상표 자체의 구성을 기준으로 한 획일적인 판단 방법 및 기준에 따라 외관 · 호칭 · 관념이 유사하지 않은 경우에는 비유사로 취급하여야 한다는 것이다. 대법원 판례 중에도 상표거절결정 사건에서 "서비스표의 오인 · 혼동의 염려는 지정서비스업과 관련하여 일반적, 추상적으로 서비스의 품질이나 출처의 호인 · 혼동 가능성이 존재하는지 여부에 의하여 판단되어야 하고, 구체적인 오인 · 혼동의 발생 유무나 대비되는 각 표장을 사용하는 자 사이의 분쟁 유무 등은 고려할 바가 아니다."라고 하여 이러한 견해를 취한 것으로 보이는 것도 있다.[157] 그리고 "상표의 유사 여부는 일반적 · 추상적 · 정형적으로 판단하는 것이 원칙이고, 예외적으로 구체적인 거래실정을 고려하는 것이다."라고 하여, 구체적인 거래실정을 고려할 수는 있으나 이것은 어디까지나 예외적인 것이라고 판시한 판례도 있다.[158]

이에 대하여 상표 유사 여부 판단은 항상 상표 자체의 문자, 도형, 기호, 형상만에 의할 것이 아니며 구체적인 거래실정, 실제로 상표가 부착되는 위치나 크기 등도 고려하여 거래상 혼동의 염려가 있는지 여부를 판단하여야 한다는 반대론도 강력하게 주장되었고, 특히 상표의 출원, 등록절차는 통상 형식적 · 획일적으로 이루어지나, 주지상표와의 유사 여부가 문제되는 경우 등 구체적인 거래실정이 주장되는 경우에는 이를 참작하여야 한다는 취지의 견해도 주장된다.[159] 이 입장의 논거는 (i) 출처

157) 대법원 1999. 10. 8. 선고 97후3111 판결.
158) 대법원 2008. 2. 28. 선고 2007후4601 판결.
159) 전효숙(주 2), 309~310; 한동수, "상표법 제7조 제1항 제7호의 해석론", 특허소송연구(5), 특허법원 (2010), 349~350; 윤태식, "상표법상 상표의 유사 여부 판단에 관한 연구", 사법논집 59집(2015), 182~191; 정태호 "상표권 침해 및 부정경쟁행위에 관한 상표의 유사 판단의 비판적 검토 - 대법원 2014. 6. 26. 선고 2012다12849 판결을 중심으로", 법학논집 20권 1호, 이화여자대학교 법학연구소

혼동의 유무는 거래사회에서 기등록상표 및 주지상표 등이 현실적으로 어떻게 호칭·관념되며, 거래자와 수요자에게 어떻게 인식되고 있는지 여부도 판단의 자료로 삼을 필요가 있고, (ii) 수요자가 상품을 선별함에 기울이는 주의력은 상품의 종류, 성질, 가격의 고저 등에 따라 차이가 있음을 부인할 수 없고, 이러한 사정을 상표의 유사 여부 판단에 고려하여야 하며, (iii) 대비되는 상표 중에 실제로 사용되는 것이 있고, 이러한 특수한 사정이 존재하는 경우에는 이러한 구체적 사정을 고려하여 상표의 유사 여부를 판단하는 것이 상표법이 등록주의 원칙을 취하고 있다고 하더라도 구체적 타당성에 부합한다는 것이다.

대법원 판례도 "비록 2개의 상표가 상표 자체의 외관·호칭·관념에서 서로 유사하여 일반적·추상적·정형적으로는 양 상표가 서로 유사해 보인다 하더라도 당해 상품을 둘러싼 일반적인 거래실정, 즉, 시장의 성질, 고객층의 재력이나 지식 정도, 전문가인지 여부, 연령, 성별, 당해 상품의 속성과 거래방법, 거래장소, 고장수리 등 사후관리 여부, 상표의 현존 및 사용상황, 상표의 주지 정도 및 당해 상품과의 관계, 수요자의 일상 언어생활 등을 종합적·전체적으로 고려하여, 거래사회에서 수요자들이 구체적·개별적으로는 상품의 품질이나 출처에 관하여 오인·혼동할 염려가 없을 경우에는 양 상표가 공존하더라도 당해 상표권자나 수요자 및 거래자들의 보호에 아무런 지장이 없으므로, 그러한 상표의 등록을 금지하거나 등록된 상표를 무효라고 할 수 없다."라고 하고,[160) 서비스표에 대하여도 같은 취지로 판시하였다.[161) 또한, 대비

(2015. 9.), 394~395.

160) 대법원 1996. 7. 30. 선고 95후1821 판결[등록상표 "**Rolens**"와 선출원된 비교대상상표 "<img_ref>ROLEX</img_ref>"를 비교하면, 등록상표는 그 출원 당시에는 시계류의 국내 일반 거래계에서 수요자 간에 널리 알려져 있었고, 다른 한편 등록상표의 상품들은 중저가의 상품이어서 거래자 및 일반 수요자는 일반적인 보통 수준의 사람들인데 반하여, 비교대상상표의 상품들은 세계적으로 유명한 고가, 고품질의 시계로서 그 주요 거래자는 재력이 있는 소수의 수요자에 불과하며, 양 상표의 지정상품들은 외형과 품위에 있어서 현저한 차이가 있고, 기록상 국내에 비교대상상표의 지정상품들을 판매하는 대리점이 있다는 자료도 없거니와 이들 상품을 정식으로 수입하여 판매된 자료도 나타나 있지 아니하는 등 비교대상상표의 지정상품은 국내에서는 공항 등의 보세구역 면세점에서 극히 소량 거래되고 있을 뿐이고 외국 여행객을 통하여 극소수 반입되는 정도에 불과한바, 위와 같은 사정과 거래실정에 비추어 보면, 양 상표가 동일한 지정상품에 다 같이 사용될 경우라도 거래자나 일반 수요자에게 상품의 품질이나 출처에 대하여 오인·혼동을 일으키게 할 염려는 없고, 이와 같이 등록상표가 상품의 품질이나 출처에 대하여 오인·혼동을 일으킬 염려가 없는 상표에 해당한다면 구 상표법 7조 1항 7호, 9호, 10호, 11호가 적용될 여지가 없다고 보았다. 1996. 9. 24. 선고 96후153, 96후191 판결[출원상표 "말 도형" 및 "POLO"는 오래전부터 국내에서 상당한 정도로 광고선전을 해 오면서 그 지정상품들을 판매해 왔으며, 특허청 발행의 외국유명 상표집에 등재되어 있고, 특허청에서 주로 많이 도용되는 외국상표로 분류하고 있는 점 등을 종합하면

되는 상표가 거래상 실제로 사용되고 있는 실정이나 지정상품의 주된 수요자의 인식 등을 고려하면 상표의 외관·호칭·관념의 추상적·일반적인 유사 또는 비유사에도 불구하고 구체적인 오인·혼동의 염려가 있거나 없는 경우에는 구체적인 오인·혼동의 염려를 기준으로 상표의 유사 여부를 판단하여야 한다고 판단한 예를 다수 찾아볼 수 있다.[162) 즉, 구체적 거래실정이 증명되는 경우 상표의 유사 여부 판단에서 이를 고려하는 것이 현재 대법원 판례의 경향으로 보인다. 우리 상표법이 등록주의를 취하여 등록 여부 결정시에 원칙적으로 해당 상표의 사용 여부나 구체적 사용실태 등을 고려하지 않는다고 할지라도, 상표는 본질적으로 사용을 전제로 하는 것이고 상표 제도에 의하여 보호하려는 것은 사용으로 인하여 해당 상표에 축적된 '권리자의 영업상 신용'이므로, 상표에 관한 구체적 거래실정이 존재하는 경우에 상표의 유사 여부 판단에서 이를 고려하는 것이 상표법의 목적에 부합하는 것일 뿐만 아니라 합리적 결론을 도출하는 데도 도움이 된다.

(2) 구체적 거래실정 등의 고려가 상표 유사 여부 판단에 미치는 영향

상표의 유사 여부 판단에서 구체적 거래실정을 고려하는 것은 상표의 유사 범위를 좁히는 요인으로 작용할 수도 있고, 반대로 넓히는 요인으로 작용할 수도 있다. 상표의 주지·저명성이라는 거래실정의 경우를 보면, 어떤 상표가 주지·저명한 상표를 침해했는지 여부를 판단할 때 침해된 상표가 주지 또는 저명하다는 구체적 거래

국내의 수요자 간에 현저하게 인식되어 있는 저명한 상표라 할 것이고, 반면 이보다 선출원되어 등록된 "**POLA**"가 수요자 간에 널리 인식되었다는 자료는 없는바, 위와 같은 사정과 거래실정에 비추어 보면 양 상표가 동일한 지정상품에 다 같이 사용될 경우라도 거래자나 일반 수요자에게 상품의 품질이나 출처에 대하여 오인·혼동을 일으키게 할 염려는 없다고 하였다.

161) 대법원 2000. 1. 21. 선고 99후2532 판결. 다만 이 판례는 등록서비스표(*Holiday in Seoul*)가 선출원등록 서비스표(*Holiday Inn Garden Court*)와 유사성에도 불구하고 그 등록 당시에 거래사회에서 수요자들이 명백히 서비스 출처에 오인·혼동의 염려가 없을 정도로 일반 수요자들에게 주지되었다는 점에 관하여 원고가 제출한 증거만으로 이를 인정하기 부족하다고 한 원심판결을 지지함으로써 이들 상표가 유사하다고 보았다.

162) 대법원 2011. 12. 27. 선고 2010다20778 판결은, "대비되는 상표 사이에 유사한 부분이 있다고 하더라도 당해 상품을 둘러싼 일반적인 거래실정, 즉, 시장의 성질, 수요자의 재력이나 지식, 주의의 정도, 전문가인지 여부, 연령, 성별, 당해 상품의 속성과 거래방법, 거래장소, 사후관리 여부, 상표의 현존 및 사용상황, 상표의 주지 정도 및 당해 상품과의 관계, 수요자의 일상 언어생활 등을 종합적·전체적으로 고려하여 그 부분만으로 분리인식될 가능성이 희박하거나 전체적으로 관찰할 때 명확히 출처의 혼동을 피할 수 있는 경우에는 유사상표라고 할 수 없다."라고 판시하였다. 대법원 2010. 12. 9. 선고 2009후4193 판결, 2011. 7. 14. 선고 2010후2322 판결, 2008. 10. 9. 선고 2006후3090 판결 등도 같은 취지이다.

실정은 일반적으로 상표 유사의 폭을 넓게 보는 요인으로 작용한다. 반면 주지·저명한 상표가 등록상표를 침해하는지가 문제되는 사안[163]이나, 주지·저명한 상표가 선출원등록상표와의 관계에서 상표법 34조 1항 7호에 해당하여 상표등록이 거절되어야 하는지가 문제되는 사안 등에서는 주지·저명성이 그 주지·저명한 상표에 불리하게 작용할 여지가 있다. 그러나 이러한 경우에 대법원은 주지·저명상표가 선출원등록상표와 유사하더라도 그 주지·저명성으로 인하여 출처의 혼동을 일으킬 염려가 없다는 이유로 오히려 주지·저명성을 상표의 유사 범위를 좁히는 요인으로 고려한 바 있다.[164] 다만 주지 또는 저명한 상표의 경우 그보다 앞서 등록한 상표를 상표법 34조 1항 9호 내지 13호 등에 의해 무효로 하고 등록받을 수 있고, 이와 같은 규정에 의하여도 보호받을 수 없다면, 그것은 상표법이 먼저 등록한 상표를 보호하는 등록주의를 원칙으로 하는 이상 불가피한 것이라는 점, 주지 또는 저명한 상표는 굳이 상표등

---

163) 대법원 2004. 7. 22. 선고 2004후929 판결. 이 판결은 "이 사건 등록상표(**BEEN KID's**)의 출원시를 기준으로 '**BEAN POLE**'이라는 선등록상표가 사용된 기간 및 사용현황, 그 지정상품의 속성과 거래방법, 거래장소, 그 주지 정도 및 당해 상품과의 관계 등 기록에 나타난 거래 실정에 비추어 볼 때, 선등록상표는 그 지정상품과 관련하여 일반 수요자나 거래자 사이에서 널리 알려진 상표로서 '빈'이나 '폴'로 분리 인식되지 아니하고 그 전체인 '빈폴'로 사용되고 인식되었는바, 이러한 구체적인 거래 실정 등을 감안하여 보면, 이 사건 등록상표의 출원시에는 실제 거래사회에서 일반 수요자나 거래자들이 선등록상표를 '빈폴'로 호칭하지 아니하고 '빈'이나 '폴'만으로 분리하여 호칭하는 것은 매우 부자연스럽다고 할 것이므로, 결국 'BEEN KID's'로 구성된 이 사건 등록상표는 선등록상표와 그 외관·호칭·관념이 달라 전체적으로 유사하지 아니한 상표라고 봄이 상당하다."라고 판결하였다. 그러나 이 판결은 전체관찰이 원칙이며 분리관찰은 예외임을 강조한 판결로서 분리관찰이 되지 않는 이유 중 하나로 구체적 거래실정을 고려한 것으로 이해할 수도 있으며, 이렇게 본다면 구체적 거래실정의 고려로 상표 유사의 폭이 좁게 된 사례로 보기는 어렵다.

164) 앞서 본 대법원 1996. 7. 30. 선고 95후1821 판결, 1996. 9. 24. 선고 96후153, 96후191 판결 등. 한편 후발 상표가 주지·저명하게 된 경우와 관련되는 문제 중 하나로 '역혼동(reverse confusion)'의 문제가 있다. 선사용자의 상표는 무명의 존재인데, 후발 사용자의 상표가 주지 또는 저명하게 됨에 따라 선사용자의 상표가 오히려 후발사용자의 상표인 것으로 혼동되는 경우가 있는데, 이를 '역혼동'이라고 한다. 사용주의를 채택한 미국은 이 경우에 원칙적으로 선사용자의 상표가 보호된다는 것이 주류적 학설 및 판례이다. 우리나라는 등록주의 원칙상 먼저 출원·등록한 자가 우선하므로, 등록하지 않은 상표가 주지·저명하게 됨에 따라 선출원등록상표와 혼동이 생기는 경우에 원칙적으로 선출원등록상표가 보호되며 주지·저명하게 된 미등록상표가 보호되는 것은 아니다(송영식 외 6인(주 14), 402). 이 경우 등록상표의 권리행사가 부당하다면 권리남용이 문제가 될 여지는 있다. 이와 관련하여 대법원 2014. 8. 20. 선고 2012다6059 판결은 지정상품을 '골프클럽' 등으로 하는 원고의 등록상표 "⚓" 가 적법하게 출원·등록된 이후에 피고가 '**KATANA GOLF**'라는 상표를 '골프채' 등에 사용한 결과 그 사용상표가 국내 일반 수요자 사이에서 특정인의 상표나 주지상표로 인식되기에 이르렀다고 하더라도 그러한 사정을 들어 피고에 대한 원고의 상표권 행사가 권리남용에 해당한다고 보기는 어렵다고 판시하였다.

록이 되지 않는다고 하더라도 부정경쟁방지 및 영업비밀 보호에 관한 법률에 의하여 충분히 보호받을 수 있다는 점, 그리고 상표법이 가지는 표지법으로서의 기본적 성격을 유지하고 아울러 상표 제도의 운용에 필요한 법적 안정을 도모할 필요가 있다는 점 등을 고려하면, 선출원등록상표와의 관계에서 주지·저명한 출원상표의 등록을 허용하기 위하여 출원상표의 주지·저명성을 상표의 유사 범위를 좁히는 구체적인 거래실정으로 해석하는 것은 구체적 사실관계에서 수요자와 거래자가 출원상표의 주지저명성으로 인하여 선등록상표와 출처를 혼동할 염려가 없다는 명확한 근거가 있고, 수요자 및 거래자들의 보호에 아무런 지장이 없다고 보이는 경우에 한하여 제한적으로 허용된다고 보아야 할 것이다.

(3) 대법원 판례

대법원 판례 중 상표의 유사 여부 판단에서 요부 추출시에 구체적 거래실정을 참고하거나, 실제 사용례를 고려하여 분리관찰을 한 사례들을 찾아볼 수 있는데, 아래에서는 이 점에서 참고할 만한 사례들을 소개한다(여기에 소개된 사례들은 대부분 앞의 요부관찰, 분리관찰 부분에서 설명된 사례들이므로 해당 부분만 간략히 언급한다).

① 이 사건 등록서비스표 '**망고몬**스터'의 출원일 이전에 그 지정서비스업과 동일·유사한 서비스업에 관하여 '몬스터'나 'MONSTER' 또는 'monster'를 포함하는 다수의 서비스표들이 서비스표권자나 출원인을 달리하여 등록 또는 출원공고되어 있고, '몬스터'나 'MONSTER'를 포함하는 다수의 상표들이 상표권자나 출원인을 달리하여 등록 또는 출원공고되어 있음을 알 수 있으므로, '몬스터' 또는 'MONSTER' 부분은 그 지정서비스업이나 지정상품 또는 사용상품과의 관계에서 식별력이 미약하다고 보일 뿐만 아니라 이를 특정인에게 독점시키는 것이 적당하지도 않다(대법원 2017. 3. 15. 선고 2016후2447 판결).

② [등록상표 "**베리엔젤**": 선등록상표 "^엔 _젤", "**엔젤**"] 선등록상표인 '엔젤' 또는 'angel'이라는 표장은 이 사건 등록상표의 출원일 또는 등록결정일 무렵부터 현재까지 이 사건 등록상표의 지정상품과 동일 또는 유사한 '피리, 멜로디언' 등의 상품에 관하여 일반 수요자나 거래자들에게 널리 인식되어 있음을 알 수 있으므로, 일반 수요자나 거래자들은 이 사건 등록상표 중 위와 같이 널리 인식되어 식별력이 강한 '엔젤' 또는 'angel' 부분을 분리하여 인식할 가능성이 클 것으로 보인다(대법원 2014. 5. 16. 선고 2012후2869 판결).

③ 지정상품을 머니벨트(의류) 등으로 하는 이 사건 등록상표 **"Audi A6"**의 등록 출원시인 2007년 4월경은 물론 등록결정시인 2008년 6월경에는 이미 'Audi' 라는 상표가 피고가 생산·판매하는 자동차의 출처표시로서 국내에서 저명성을 획득하고 있었음을 알 수 있으므로, 이 사건 등록상표 **"Audi A6"**를 의류에 사용한다고 하더라도 일반 수요자들로서는 'Audi'에 부가된 'A6'라는 부분은 Audi 차량의 모델명을 의미하는 것으로 인식하는 자동차업계의 거래관행에 따라 이 사건 등록상표를 전체로서 호칭하거나 이 사건 등록상표 중 중점적 식별력을 가지는 **"Audi"**로 호칭할 것으로 보이고, 이를 **"A6"**로 호칭할 것으로 보이지는 아니한다(대법원 2012. 8. 30. 선고 2010후1947 판결).

④ [등록상표 **"BCBGENERATION"**: 선사용상표 **"BCBG"**] **"BCBG"**와 같이 구성된 선사용상표가 특정인의 상표라고 인식될 수 있을 정도로 알려져 있다는 사정만으로 이 사건 등록상표가 양 상표에 공통된 'BCBG' 부분만으로 분리 인식된다고 단정할 수 없고, 따라서 일반 수요자나 거래자가 이 사건 등록상표를 'BCBG' 부분만으로 간략하게 호칭하거나 관념하지는 아니한다고 봄이 상당하다(대법원 2011. 7. 14 선고 2010후2322 판결).

⑤ 미국 출신 의류 디자이너의 성명으로 된 **"NICOLE MILLER"**라는 상표는 전체호칭이 '니콜 밀러'로 네 음절에 불과하여 비교적 짧은 편이고, 우리나라의 영어 보급수준이나 국제교류의 정도 및 인터넷 사용이 보편화된 현실 등에 비추어, 국내 일반 수요자나 거래자는 위 표장이 서양인의 성명임을 쉽게 알 수 있다 할 것인데, 지정상품인 의류제품 등에 있어서 그 출원일 당시에 이미 디자이너의 성명 전체로 된 상표의 사용이 일반화되는 추세에 있어 일반 수요자나 거래자 간에도 성과 이름이 포함된 상표 전체로서 상품의 출처를 인식하는 경향이 있었을 뿐만 아니라, 'NICOLE' 또는 'MILLER'가 특별히 식별력이 강한 부분도 아니어서, 일반 수요자나 거래자가 각 부분만을 따로 떼어 내어 호칭·관념할 가능성은 희박하다(대법원 2009. 4. 9. 선고 2008후4783 판결).165)

⑥ [출원상표 " Lemon ": 선등록상표 **"LemonBall"**] **"LemonBall"**이라는 상표는 비록 3음절의 짧은 단어이고 글자간 간격이 없이 나란히 구성되어 있지만, 외관상 'Lemon'의 'L'과 'Ball'의 'B'가 각 대문자로 시작되어 양 단어를 구분하고 있는 점, 우리나라의

---

165) 대법원 2009. 11. 26. 선고 2008후3964 판결도 같은 취지이다.

영어 교육 수준과 일상생활에서 각 단어가 사용되는 빈도를 생각해 보았을 때 'Lemon'이나 'Ball' 모두 쉬운 단어들로서 수요자들은 직감적으로 이를 'Lemon'과 'Ball' 의 결합으로 이루어진 것으로 인식할 수 있다고 보아야 하고, 양 단어의 결합으로 각각의 단어의 의미를 합한 것 이상의 의미가 생기는 경우도 아니며, 거래실정상 위 상표가 항상 전체 문자로서만 인식되고 통용되어졌다고 인정할 아무런 자료가 없는 점 등에 비추어 보면, 그 문자 전체에 의해서만 아니라 'Lemon' 부분만으로도 호칭·관념될 수 있다(대법원 2007. 7. 13. 선고 2007후951 판결).

⑦ [등록상표 "**BEEN KID's**" : 선등록상표 "**BEAN POLE**"] 선등록상표는 그 지정상품과 관련하여 일반 수요자나 거래자 사이에서 널리 알려진 상표로서 '빈'이나 '폴'로 분리 인식되지 아니하고 그 전체인 "빈폴"로 사용되고 인식되는 구체적인 거래 실정 등을 감안하여 보면, 이 사건 등록상표인 "BEEN KID's"의 출원시에는 실제 거래사회에서 일반 수요자나 거래자들이 선등록상표를 "빈폴"로 호칭하지 아니하고 '빈'이나 '폴'만으로 분리하여 호칭하는 것은 매우 부자연스럽다고 할 것이므로, 이들 상표는 그 외관·호칭·관념이 달라 전체적으로 유사하지 않다(대법원 2004. 7. 22. 선고 2004후929 판결).

⑧ [등록상표 "**ROBERTA DI CAMERINO**" : 선등록상표 "**ROBERTA**"] 이 사건 등록상표는 그 출원일 무렵에 그 지정상품과 관련하여 국내에서 널리 알려졌다거나 그 구체적인 사용실태에서 언제나 전체로만 사용·인식되어 왔다고 보기 어렵고, 긴 영문으로 되어 있어서 간략하게 호칭될 가능성이 크며, 각 문자 부분이 떨어져 있어서, 'ROBERTA' 부분만으로 분리관찰 될 수 있다(대법원 2004. 7. 22. 선고 2004후325 판결).

⑨ [등록상표 "RobertoRicci" : 선등록상표 "**NINA RICCI**"] "**NINA RICCI**" 상표는 'NINA' 와 'RICCI' 부분이 일련 불가분적으로 결합되어 있는 것은 아니지만 국내 수요자 간에 널리 인식되어 있는 상표로서 실제 거래사회에서 항상 전체로서만 사용되고 인식되어져 왔고, 'RICCI'가 특별히 식별력이 강한 부분도 아니어서 'RICCI'만으로 약칭된다고 보는 것은 매우 부자연스러워, 'RICCI' 부분으로 분리되지 않는다(대법원 2003. 1. 10. 선고 2001후2986 판결).

⑩ [출원서비스표 "**어머니가 차려주는 식탁**" : 선등록서비스표 "**어머니 도시락**"] 이 사건 출원서비스표의 출원 전에 "어머니도시락", "엄마사랑", "엄마정성", "엄마손", "엄마랑 아빠랑", "MOTHER CARE" 등의 서비스표가 서로 다른 권리자에 의하여 등록되어

있음을 알 수 있으므로, 적어도 한식점경영업이나 요식업 등을 지정서비스업으로 하는 서비스표에 관한 한 '어머니'라는 단어는 서비스업 표지로서의 식별력이 부족하게 되었다(대법원 2001. 6. 26. 선고 99후1485 판결).

Ⅲ. 상품의 동일·유사

1. 개   설

가. 상표의 동일·유사와의 관계

과거 상표법은 상표와 서비스표를 준별하여 상표는 상품에 관하여 사용되는 표장, 서비스표는 서비스업에 관하여 사용되는 표장으로 구별하였으나, 2016. 2. 29. 법률 제14033호로 전부 개정된 상표법에서는 상표와 서비스표를 구분하지 않고 이들을 모두 상표로 통칭하면서 과거 서비스표와 관련된 '서비스 또는 서비스의 제공에 관련된 물건'을 모두 '상품'으로 포섭하여 규정하였다(상표 2조 1항 1호). 이러한 법 개정에도 불구하고 상품을 전제로 한 상표와 서비스업을 전제로 한 상표는 구분되므로, 이하에서는 상품과 서비스업을 구분하였던 기존 논의에 따라 설명한다.

상표는 상품을 식별하기 위하여 사용하는 표지이므로 앞서 본 상표의 동일·유사의 문제는 언제나 상품의 동일·유사라는 문제와 결부되어 논의된다. 즉, 등록상표 또는 선출원의 상표와 동일·유사한 상표라고 하더라도 그 지정상품이 동일·유사하지 아니한 이상은 등록이 거절되지 아니하고, 상표권의 금지적 효력은 동일·유사한 상표를 그 지정상품과 동일·유사한 상품에 사용하는 경우에 한하여 미치는 것일 뿐만 아니라, 상표의 동일·유사는 대비되는 상표를 동일하거나 유사한 상품에 사용하는 경우에 수요자에게 출처의 오인이나 혼동을 야기할 염려가 있는가를 기준으로 판단하는 것이므로, 결국 상표의 동일·유사와 상품의 동일·유사는 동전의 양면과도 같이 언제나 연계되어 논의되어야 한다.

나. 논의의 범위

상표법 34조 1항 11호의 저명상표의 경우에는 이종 상품에 그와 유사한 상표를 사용하는 경우에도 넓은 의미의 혼동을 일으킬 수 있는 것이나 그 경우에도 대비되는 상품이나 영업 사이에 경제적인 견련관계는 존재하여야 하고,166) 주지·저명상표가 아닌 경우 상표법 34조 1항 12호의 수요자를 기만할 염려가 있는 상표인지의 여부를 가리기 위해서도 대비되는 선사용상표의 구체적인 사용실태나 양 상표가 사용되는 상품 사이의 경제적인 견련의 정도 등이 참작되므로,167) 위 각 조항에 해당하는지여부의 판단에서도 상품의 유사 여부가 관련이 없다고 할 수는 없다.

또한, 어느 상품에 사용되는 표장과 동일 또는 유사한 표장을 그 상품과 밀접한관련이 있는 서비스에 사용할 경우 일반 수요자가 그 서비스의 제공자를 상품의 제조·판매자와 동일인인 것처럼 서비스의 출처에 관하여 혼동을 일으킬 염려가 있어그 서비스표의 등록은 거절되어야 하므로,168) 상품과 서비스의 유사성도 상품의 유사판단에서 고찰하여야 할 문제다.

다. 상품의 유사 여부와 상품류 구분

상표법 38조 1항은 "상표등록출원을 하려는 자는 상품류의 구분에 따라 1류 이상의 상품을 지정하여 1상표마다 1출원을 하여야 한다."라고 규정하면서도, 같은 조 3항에서는 "1항의 규정에 따른 상품류의 구분은 상품의 유사범위를 정하는 것은 아니다."라고 규정하여, 상품류 구분은 등록사무의 편의를 위한 하나의 기준에 불과하고상품의 동일·유사 여부를 판정하는 절대적 기준이 아니라는 점을 분명히 하였다.169)

2. 상품의 동일

가. 개   념

상품이 동일하다는 것은 두 개의 상품을 대비하였을 경우 상품의 내용이 서로 일치하는 것을 말하나, 크기, 무게, 형태, 색채까지 완전히 동일하다는 것을 의미하지는않는다. 예를 들면 텔레비전과 텔레비전, 볼펜과 볼펜, 연필과 연필은 크기, 무게 등에 차이가 있더라도 동일상품이다. 그러나 연필과 만년필, 연필과 볼펜, 텔레비전과라디오는 유사상품일 뿐 동일상품은 아니다.

---

166) 대법원 2010. 5. 27. 선고 2008후2510 판결, 1991. 2. 12. 선고 90후1376 판결 등.
167) 대법원 2010. 1. 28. 선고 2009후3268 판결, 2005. 8. 25. 선고 2003후2096 판결 등.
168) 대법원 1999. 7. 9. 선고 98후2887 판결.
169) 대법원 2010. 12. 9. 선고 2010후2773 판결, 1994. 12. 2. 선고 93후1285 판결 등 참조.

　　사회통념상 상품이 본질적인 동일성을 잃지 아니하면 그 내용이 반드시 일치하지는 않더라도 동일성이 있다고 할 것이다. 예컨대, 컬러텔레비전과 흑백텔레비전, 손목시계와 탁상시계는 완전히 동일하지는 아니하나 동일성이 있는 상품이라고 할 수 있다. 동일성 있는 상품을 동일상품의 범주에 포함시킬 것인지, 유사상품의 범주에 포함시킬 것인지는 상표의 경우와 마찬가지로 상표법 각 규정의 취지에 비추어 합목적적으로 판단하여야 한다. 따라서 상표 불사용취소심판의 경우에는 상표의 경우와 마찬가지로 동일성 있는 상품도 동일상품에 포함시켜 탄력적으로 해석할 필요가 있다.

나. 불사용취소심판에서 상품의 동일

　　대법원은 불사용취소심판 사건에서, "등록상표를 그 지정상품에 사용하고 있지 아니한 경우라 함은 등록상표를 지정상품 그 자체 또는 거래사회의 통념상 이와 동일하게 볼 수 있는 상품에 현실로 사용하지 아니한 때를 말한다."라고 하면서, 거래사회의 통념상 동일성 있는 상품이란 "양 상품의 품질·용도·형상·사용방법·유통경로 및 공급자와 수요자 등 상품의 속성과 거래의 실정을 종합적으로 고려하여 객관적으로 판단하여야 한다."라고 판시하였다.[170] 대법원은 같은 유형의 사건에서, 등록상표의 지정상품인 '치약(죽염성분이 함유된 것)'과 등록상표가 사용된 상품인 '염화나트륨이 주성분으로 표시된 치약'이 동일성 있는 상품인가에 관하여, '염화나트륨'의 국어사전상의 의미는 '소금, 식염'으로 되어 있고, '죽염'은 식품의약품안전청장이 고시한 식품공전 상의 '태움·용융소금' 또는 '가공소금'의 일종으로 볼 수 있는 점, 거래실정상으로도 일반 수요자나 거래자로서는 죽염을 식염의 한 종류로 인식할 가능성이 높은 것으로 보이는 점 등에 비추어 볼 때, 등록상표의 지정상품인 '죽염성분이 함유된 치약'과 사용상품인 '염화나트륨이 주성분으로 표시된 치약'은 그 품질에서 다소차이가 있을 수 있다고 하더라도 양 상품의 용도·형상·사용방법·유통경로 및 공급자와 수요자가 다르다고 할 수 없고, 위와 같은 양 상품의 속성과 거래 실정을 고려하면, '염화나트륨이 주성분으로 표시된 치약'에 등록상표를 사용한 것은 거래사회의 통념상 등록상표의 지정상품인 '죽염성분이 함유된 치약'과 동일성 있는 상품에

---

170) 대법원 2011. 7. 28. 선고 2010후3622 판결, 2009. 7. 23. 선고 2007후4434 판결, 2001. 1. 19. 선고 2000후3166 판결 등.

등록상표를 사용한 것이라고 할 수 있다고 판시하였다.[171] 다만 대법원은 등록상표의 지정상품인 '쌀, 보리, 수수, 현미, 녹두, 옥수수, 콩가루, 감자가루, 현미가루, 보리가루'와 등록상표가 사용된 상품인 '여러 가지 곡물 또는 야채 등의 분말을 일정한 비율로 혼합한 이른바 즉석건조건강식품'이 동일성이 있는 상품인가에 관하여는, "등록상표가 사용된 상품의 특성상 성분의 구성 및 비율에 그 특징이 있다는 점에 비추어 볼 때, 이 사건 등록상표의 지정상품 중 일부가 그 식품의 성분의 일부로 포함되어 있다고 하더라도, 거래사회의 통념상 개개의 곡물 내지 곡물가루에 불과한 이 사건 등록상표의 지정상품과 동일성의 범위 내에 있다고 보기는 어렵다."라고 하였다.[172] 이러한 판례들을 통해 대법원이 동일성 있는 상품에 해당하는지에 관한 판단을 신중하게 하고 있음을 엿볼 수 있다.

3. 상품의 유사

가. 일반적 기준

(1) 학설 및 판례

상품의 유사 여부를 판단할 때 상표의 사용을 상정하고 상품 출처 혼동의 염려가 있는지 여부를 기준으로 판단할 것인지, 아니면 상품 자체의 어떤 속성을 기준으로 판단할 것인지를 둘러싸고 종래 다양한 학설이 제기되었다.[173]

이를 구체적으로 보면,[174] 상품의 유사 여부의 범위는 당해 구체적 상표와의 관계에서 출처 혼동의 우려가 있느냐 여부를 기준으로 하여 상대적으로 결정하여야 한다는 '상대적 판단설'과 상품의 유사 여부는 문제가 된 구체적인 당해 상표와의 관계에서 상대적으로 결정할 것이 아니라 상품 상호 간에서 추상적 · 절대적으로 결정하여야 한다는 '절대적 판단설'로 나누어진다. '상대적 판단설'은 상표의 구성 상호 간에 근사성이 높으면 높을수록 상품이 다소 상이하더라도 혼동의 위험이 생기기 쉽고, 반대로 상표의 근사성 정도가 낮을 때에는 상품 사이의 관계가 보다 밀접하지 않으면 혼동이 생기기 어려우며, 또한 상표가 주지, 저명하게 되어 고객에게 강력한 이미지

---

171) 대법원 2011. 7. 28. 선고 2010후3622 판결.
172) 대법원 2001. 1. 19. 선고 2000후3166 판결.
173) 일본에서의 학설, 판례에 대해서는, 전효숙(주 2), 313~314 참조.
174) 아래 열거된 학설의 구체적인 내용에 대해서는 송영식 외 6인(주 14), 258~261을 참조하였다.

를 획득하면 상품 상호 간에 다소의 차이가 있더라도 출처의 공통성 내지 결합관계가 쉽사리 연상되므로 혼동의 위험성이 커진다는 점을 근거로 한다.[175] '절대적 판단설'은 다시 상품의 유사 여부는 대비된 상품의 객관적인 속성, 즉 상품의 용도, 원재료, 제조방법의 공통성, 제조장소나 판매점 등이 현실로 공통하는가의 여부 등에 따라 결정해야 한다는 '객관주의'[176]와 상품의 유사 여부는 일반적 출처의 혼동 우려가 있는지 여부에 따라 판정하여야 하며, 따라서 상품을 접한 수요자 일반의 주관에 있어서 혼동의 위험성이 있는지 여부를 추상적으로 고찰하여야 한다는 '주관주의'로 나누어진다. 주관주의에서는 대비된 상품에 동일상표를 붙인 상태를 상정하여 유사성 여부를 판정하는데, 여기서 동일상표라 함은 구체적 상표가 아니라 추상적 상표라는 점에서 상대적 판단설과 구별된다.

　　대법원은 지정상품의 유사 여부 판단기준과 관련하여 일관되게, "지정상품의 유사 여부는 대비되는 상품에 동일 또는 유사한 상표를 사용할 경우 동일 업체에 의하여 제조 또는 판매되는 상품으로 오인될 우려가 있는가 여부를 기준으로 하여 판단하되, 상품 자체의 속성인 품질, 형상, 용도와 생산 부문, 판매 부문, 수요자의 범위 등 거래의 실정 등을 종합적으로 고려하여 일반 거래의 통념에 따라 판단하여야 한다."라고 하여,[177] 양 상품에 동일·유사한 상표를 사용하는 경우에 출처의 오인·혼동이 발생하는지 여부를 기준으로 거래사회의 통념에 따라 판단하되 판단의 자료로 상품의 속성, 거래의 실정 등을 고려하여야 한다고 하였다. 위 판시에서 '동일 또는 유사한 상표를 사용할 경우'라고 표현한 점에 비추어 상품의 유사 여부를 판단할 때 부착되는 상표는 추상적·관념적 상표를 의미하는 것으로 해석되는 점에서 보면 대법원 판례가 절대적 판단설 중 주관주의를 취한 것으로 볼 여지도 있으나, 상품 자체

---

175) 이러한 판정방식은 원래 부정경쟁방지법에서 적용될 수 있는 이론으로서 당해 상표의 유사 여부나 저명성에 의해 상품의 유사 여부가 달라져 상표권의 권리범위를 객관적으로 확정할 수 없다며 반대하는 견해도 유력하다고 한다[전효숙(주 2), 314]. 그런데 일본의 최근 유력설과 판례는 두 상품에 동일 또는 유사한 상표를 붙인 경우 거래자, 수요자에게 동일 출처에서 제조 판매하는 것으로 오인될 염려가 있는 경우 두 상품 간에 유사관계가 인정된다고 하고, 지정상품의 유사 여부는 상표 유사 여부 결정의 한 요소라고 하며, 상품의 품질, 형상, 용도가 다르더라도 거래실정에 비추어 출처의 오인혼동을 초래하면 유사관계를 인정하여야 한다고 하는 등 상대적 판정설에 따르고 있는 것으로 보인다고 한다[송영식 외 6인(주 14), 259(주 326)].

176) 우리나라 특허청의 실무례이고 외국에서도 신속하고 획일적인 사무처리가 요구되는 특허청의 심사실무에서 널리 채택되는 견해라고 한다[송영식 외 6인(주 14), 259].

177) 대법원 2010. 12. 9. 선고 2010후2773 판결, 2008. 10. 9. 선고 2008후1470 판결, 2006. 6. 16. 선고 2004후3225 판결, 2005. 8. 19. 선고 2003후1086 판결 등.

의 속성인 원료·품질·형상, 용도 등의 일치 여부, 거래실정인 생산자, 거래경로, 판매점, 수요자층 등의 일치 여부 등을 종합적으로 고려하여야 한다고 한 점에서 보면 절대적 판단설 중 객관주의를 취한 것으로 볼 여지도 있으므로, 결국 대법원 판례는 일종의 절충적 견해를 취한 것으로 이해된다.[178]

한편 대법원은 지정서비스업의 유사 여부 판단기준에 관하여, "지정서비스업의 유사 여부는 제공되는 서비스의 성질이나 내용, 제공 수단, 제공 장소, 서비스업의 제공자 및 수요자의 범위 등 거래의 실정 등을 고려하여 일반 거래의 통념에 따라 판단하여야 한다."고 일관되게 판시하였다.[179]

(2) 판례의 최근 경향

상품 유사 여부 판단에서 우리나라의 주류적 판례는 앞서 본 대법원 판례의 기준에 따라 원칙적으로 상품 상호 간에 객관적인 속성의 공통성이 있는지를 살펴 상품 출처의 오인·혼동 우려가 있다고 하면 상품의 유사성을 인정하는 입장을 취하였고, 상표의 부착 등 상품 이외의 사정을 특히 고려한 경우는 드물다. 그런데 상품 속성의 공통이 상품 유사 여부 판단의 주요자료임은 부인할 수 없으나, 경영의 다각화가 일반적인 오늘날에 그것에만 지나친 비중을 두는 것보다는 그 밖의 거래실정도 종합적으로 고려하여 수요자가 일반적인 상품 출처의 오인·혼동을 일으킬 염려가 있는지에 따라 판단하는 것이 바람직하다.[180] 상품의 유사 여부는 경제사정이나 사회통념의 변화에 따라 변천하므로 때와 장소에 따라 상품의 유사 범위도 다를 수 있음도 유의하여야 한다.[181]

---

178) 그러나 송영식 외 6인(주 14), 259는 대법원이 객관주의를 따른 것으로 보인다고 한다.

179) 대법원 2005. 5. 12. 선고 2003후1192 판결, 2002. 7. 26. 선고 2002후673 판결 등. 또한, 대법원은 업무표장의 지정업무와 서비스표의 지정서비스업의 유사 여부 판단기준에 관해서도 같은 취지로, "지정업무와 지정서비스업의 유사 여부는 제공되는 업무와 서비스의 성질이나 내용, 제공 수단, 제공 장소, 그 제공자 및 상대방의 범위 등 제반 사정을 종합적으로 고려하여 당해 업무와 서비스업에 동일 또는 유사한 표장을 사용할 경우 그 업무와 서비스가 동일인에 의하여 제공되는 것처럼 출처에 관하여 오인·혼동을 일으킬 우려가 있는지 여부를 기준으로 판단하여야 한다."라고 판시하였다(대법원 2011. 3. 24. 선고 2010후3578 판결 참조).

180) 전효숙(주 2), 316.

181) 網野誠(주 17), 603.

(3) 경제적으로 밀접한 견련관계가 있는 상품과의 구분

대법원 판례에 의하면, '경제적으로 밀접한 견련관계가 있는 상품'이라 함은 양 상표를 사용하는 상품 사이의 경제적 견련 정도 및 기타 일반 거래 실정 등에 비추어 그 상표가 선등록상표의 사용상품과 동일 또는 유사한 지정상품에 사용한 경우에 못 지않을 정도로 선등록상표권자가 사용하는 것으로 오인될 만한 특별한 사정이 있다 고 인정되는 상품을 의미한다.[182]

이러한 대법원 판례에 따르면, '유사상품'이란 두 상품에 추상적인 동일·유사 상 표를 사용한다고 가정할 경우에 출처를 오인·혼동할 염려가 있는 상품을 의미하고, '유사하지는 아니하나 경제적으로 밀접한 견련성이 있는 상품'이란 두 상품에 추상적 동일·유사 상표를 사용한다고 가정할 경우에는 출처를 오인·혼동할 염려가 없다고 보이나 거래계에 어느 정도 알려진 구체적 상표와 동일·유사한 상표를 사용한다고 가정할 경우에는 출처를 오인·혼동할 염려가 있다고 인정되는 상품을 의미한다고 볼 수 있다. 즉, 유사상품이란 동일·유사한 상표를 사용하였을 경우 상품 간의 관계 로 인하여 상품 출처의 오인·혼동 우려가 있는 상품을 말하는 반면, '유사하지는 아 니하나 경제적으로 밀접한 견련성이 있는 상품'이란 동일·유사 상표를 사용하였을 경우 상품 간의 비유사성에도 불구하고 상표의 표지력으로 인하여 상품 출처의 오 인·혼동이 발생할 우려가 있는 상품을 말하는 것이다. 이때 '유사 상품'은 통상 추상 적 출처의 혼동만으로도 인정될 것이나, '유사하지는 아니하나 경제적으로 밀접한 견 련성이 있는 상품'은 통상 구체적 출처 혼동의 염려가 있어야 인정될 것이다.[183]

---

182) 대법원 2005. 8. 25. 선고 2003후2096 판결. "구 상표법 7조 1항 11호는 수요자를 기만할 염려가 있는 상표 역시 등록을 받을 수 없다고 규정하고 있고, 이 규정의 입법 취지에 비추어 보면, 어떤 선사용상 표가 저명성을 획득할 정도로 일반 수요자 사이에 널리 알려지지 못하고 수요자나 거래자에게 특정인 의 상표로 인식될 수 있을 정도로만 알려져 있는 경우라도, 그 후 등록된 상표가 그 선사용상표와 동 일 또는 유사하고, 그 선사용상표에 관한 구체적인 사용실태나 양 상표가 사용되는 상품 사이의 경제 적인 견련의 정도 기타 일반적인 거래의 실정 등에 비추어 그 등록상표가 선사용상표의 사용상품과 동일 또는 유사한 지정상품에 사용된 경우에 못지않을 정도로 선사용상표권자에 의하여 사용되는 것 이라고 오인될 만한 특별한 사정이 있다고 보이는 경우라면 비록 그것이 선사용상표의 사용상품과 동 일 또는 유사한 지정상품에 사용된 경우가 아니라고 할지라도 일반 수요자로 하여금 출처의 오인·혼 동을 일으켜 수요자를 기만할 염려가 있다고 보아야 할 것인바(대법원 1998. 2. 13. 선고 97후1252 판 결, 2000. 2. 8. 선고 99후2594 판결 참조)"
183) 다만 '유사상품'에 구체적 출처 혼동의 염려가 있는 경우도 포함된다고 보는 견해에 선다면 '유사상품' 과 '유사하지는 아니하나 경제적으로 밀접한 견련성이 있는 상품'의 구별은 더욱 어려워질 것이다.

나. 유사판단의 자료

위에서 본 대법원 판례의 기준에 의하면, 상품의 유사 여부를 판단하기 위해서는 각 지정상품의 품질, 형상, 용도가 일치하는가 여부, 주요 생산자, 판매자 및 수요자와 같은 거래자의 일치 여부, 판매점포의 일치 여부 및 기타 거래 사정 등을 종합적으로 심리하여야 한다. 이러한 여러 가지 자료를 심리한 결과 일치하는 부분이 많으면 많을수록 유사 상품으로 판단될 가능성이 커진다고 할 수 있으나 상당한 부분이 일치하더라도 전체적인 거래실정 등을 감안할 때 동일·유사한 상표를 부착하더라도 수요자가 상품 출처의 오인이나 혼동을 일으킬 염려가 없다면 동일·유사한 상품이라고 할 수 없다. 또한, 상품의 종류에 따라서는 그 유사 여부 판단에 있어서 위와 같은 여러 가지 판단 자료 중 특히 상품의 속성이나 거래자의 일치 여부가 중요시되거나, 당해 상품이나 서비스의 거래 실정이 특히 중요한 요소로 판단되는 경우도 있다.

다. 상품과 서비스의 유사 여부

(1) 상품과 서비스의 유사성

상품과 서비스업 사이에서도 동일·유사 여부가 문제가 될 수 있는가에 관해서 대법원은 "서비스 중에서 상품과 관계있는 서비스에 대해서는 어느 상품에 사용되는 표장과 동일 또는 유사한 표장을 그 상품과 밀접한 관련이 있는 서비스업에 사용할 경우 일반 수요자가 그 서비스의 제공자를 상품의 제조·판매자와 동일인인 것처럼 서비스의 출처에 대하여 혼동을 일으킬 우려가 있다 할 것이고, 특히 거래사회의 실정으로 보아 서비스의 제공과 상품의 제조·판매가 동일한 업자에 의하여 이루어지는 때가 많고 일반인들 또한 그렇게 생각하는 경향이 있는 경우에는 그와 같은 혼동의 우려는 더욱 많아진다 할 것이므로, 그 서비스표의 등록은 구 상표법 7조 1항 7호의 취지에 따라 거절되어야 하고, 일단 등록이 되었다 하더라도 무효로 된다."라고 하여,[184] 상품과 서비스업 사이에서도 동일·유사 여부가 문제될 수 있음을 명확히 하였다.

---

[184] 대법원 1999. 7. 9. 선고 98후2887 판결('고시학원경영업, 학원정보업'과 '서적, 학습지, 녹음된 테이프, 녹화된 테이프'가 유사하다고 본 사례), 1999. 2. 23. 선고 98후1587 판결('물리치료업 및 건강진단업'과 '의료기기'가 비유사하다고 본 사례).

(2) 판단기준

상품과 서비스업의 동일·유사 여부를 판단하는 기준에 관해서는 "상표는 상품 그 자체를, 서비스표는 서비스의 출처를 식별시키기 위한 표장으로서 각자 수행하는 기능이 다르므로 상품과 서비스업 사이의 동종·유사성을 지나치게 광범위하게 인정 하여서는 아니 된다 할 것이고, 따라서 상품과 서비스 사이의 동종·유사성은 서비스 와 상품간의 밀접한 관계 유무, 상품의 제조·판매와 서비스의 제공이 동일 사업자에 의하여 이루어지는 것이 일반적인가, 그리고 일반인이 그와 같이 생각하는 것이 당연 하다고 인정되는가, 상품과 서비스의 용도가 일치하는가, 상품의 판매장소와 서비스 의 제공장소가 일치하는가, 수요자의 범위가 일치하는가, 유사한 표장을 사용할 경우 출처의 혼동을 초래할 우려가 있는가 하는 점 등을 따져 보아 거래사회의 통념에 따 라 이를 인정하여야 한다."고 판시하였다.185)

즉, 대법원 판례에 의하면 상품과 서비스의 유사 여부 판단은 상품이나 서비스 자체의 속성보다는 상품과 서비스의 상호관계 및 거래 실정 특히 상품과 서비스가 동일한 사업자에 의하여 제공된다고 생각하는 것이 일반적인 것인가 등을 중점적으 로 고려하여야 한다.

라. 유사로 판단한 사례

(1) 상품 상호 간 유사

① 척추임플란트 : 안과 수술시 안내 렌즈 삽입용 수술기구(대법원 2005. 8. 19. 선고 2003후1086 판결)

② 콩, 화분, 옥수수 : 곡물혼합가루(대법원 2002. 10. 11. 선고 2000후2804 판결)

③ 휴대전화 충전기 : 전기, 전자제품(대법원 2004. 7. 22. 선고 2003후144 판결)

④ 가금산란용조합제, 단미사료, 동물용비육제, 배합사료, 보조사료, 사료용단백 질, 사료용어분, 사료향미제, 애완동물용사료, 양어사료 : 동물용먹이첨가약제 (대법원 2004. 6. 10. 선고 2002후2655 판결)

⑤ 녹차, 과실액, 커피, 코코아, 사과주스, 오렌지주스 : 두유(대법원 2004. 5. 14. 선 고 2002후1256 판결)

⑥ 제도용 수지발포판, 제도용 스티카판 : 플라스틱판(대법원 2002. 10. 25. 선고 2001

---

185) 대법원 1999. 2. 23. 선고 98후1587 판결, 2006. 7. 28. 선고 2004후1304 판결 등.

후-1037 판결)

⑦ 전화기, 팩시밀리 : 무선통신기계기구시험기, 데이터통신기계기구시험기, 데이터송신기, 데이터수신기(대법원 2000. 10. 27. 선고 2000후815판결)

⑧ 서적, 신문, 잡지 : 녹음 또는 녹화된 테이프(음악이 아닌 것)(대법원 2000. 4. 11. 선고 99후2747 판결)

⑨ 피부보호용약제, 피부기색향상용 약제, 피부주름방지용 약제 : 방취제, 조제용제(대법원 1999. 8. 24. 선고 99후963 판결)[186]

⑩ 화장비누, 약용비누, 세액, 샴푸, 클렌저, 헤어린스, 크림비누, 종이비누, 목욕비누, 미용비누 : 신체 이외에 사용하는 비누 및 청정제, 드라이크리닝제, 타일 및 변기세정제, 유리용세정제, 왁스제거제, 클렌저, 마분(대법원 1998. 9. 11. 선고 97후3180, 3197 판결)

⑪ 미기록 또는 컴퓨터프로그램이나 게임프로그램이 수록된 광디스크드라이브, 광디스크, 광디스크카트리지 : 집적회로(IC)소켓, 캐리어어셈블, 피씨비커넥터, 핀헤더, 캐피시터소켓, 핀콘센트 및 터미널 등 집적회로의 접속연결기구(대법원 1999. 11. 23. 선고 97후2842 판결)

⑫ 핸드백, 지갑 : 머니벨트[특허법원 2008. 10. 22. 선고 2008허9207 판결(확정)]

⑬ 반도체웨이퍼 제조장치 : 반도체집적회로[특허법원 2008. 8. 14. 선고 2008허4776 판결(확정)]

⑭ 목걸이 : 휴대폰줄[특허법원 2008. 4. 17. 선고 2007허9613 판결(심리불속행 기각)]

⑮ 물비누, 세액 : 배스오일, 배스파우더, 베이비오일, 베이비파우더, 크린싱크림[특허법원 2006. 8. 24. 선고 2005허9312 판결(심리불속행 기각)]

⑯ 인체용 방취제, 인체용 발한방지제 : 스킨로션, 스킨후레쉬너[특허법원 2006. 8. 24. 선고 2006허3182 판결(확정)]

⑰ 감각기관용 약제, 대사성 약제 등 완제의약품 : 원료의약품 등 의약품 원재료(대법원 2011. 7. 28 선고 2011후538 판결)

---

186) 대법원 판례는 구체적 용도와 관계없이 상품류 구분상의 약제에 속하는 것 상호 간은 그 품질이나 형상을 일반 수요자가 쉽게 구별할 수 없다는 등의 이유로 유사한 상품으로 보는 경향이 있다. 예컨대 "중추신경계용약제, 감각기관용약제, 순환기관용약제, 혈액용제, 세포부활용약제"와 "알레르기용약제, 호흡기관용약제"(대법원 2000. 4. 25. 선고 99후1096 판결), "정신병치료약제"와 "방부제"(대법원 1998. 6. 23. 선고 97후2392 판결), "살충제, 유충박멸제, 살균제" 등과 "항바이러스제, 중추신경계용 약제, 순환기관용 약제" 등(대법원 1996. 6. 11. 선고 95후1616 판결)을 유사 상품으로 보았다.

⑱ 머니벨트(의류) : 혁대(대법원 2016. 1. 28. 선고 2015후2044 판결)

(2) 서비스업 상호 간 유사

① 컴퓨터소프트웨어디자인업·그 유지관리업, 컴퓨터프로그래밍업, 인터넷홈페이지제작업·그 유지관리업, 웹호스팅업, 인터넷쇼핑몰시스템구축업·그 운영업 : 정보의 데이터베이스 가공편집업(대법원 2007. 6. 14. 선고 2006후3298 판결)

② 골프시설 제공업, 수영장 경영업, 스키장 운영업, 스포츠장비 대여업(수송기계기구는 제외) : 유원지 경영업(대법원 2002. 7. 12. 선고 2000후2156 판결)

③ 건물분양업, 공인중개사업, 백화점관리업, 부동산감정업, 부동산관리업, 부동산임대업, 사무실임대업, 수퍼마켓관리업, 시장관리업, 아파트관리업, 아파트임대업, 주택관리업, 주택알선업, 주택중개업 : 부동산중개업(대법원 2001. 12. 28. 선고 2001후2467 판결)

④ 부동산임대업, 부동산분양업 : 리조트업(대법원 1998. 10. 20. 선고 97후2835 판결)

⑤ 커피전문점경영업, 커피전문점체인업 : 피자전문점업, 피자전문점체인업[특허법원 2008. 10. 2. 선고 2008허7317 판결(상고취하)]

⑥ 호프전문점 경영업, 호프전문점 체인업 : 닭요리전문점 경영업, 닭요리전문점체인업[특허법원 2007. 6. 27. 선고 2007허3301 판결(확정)]

⑦ 전도사업(포교, 구두전도, 문서전도), 종교교육사업(교역자 양성 보조) : '그리스도교 신앙 및 사상의 전도업(서적, 소책자, 강연, 영화필름, 슬라이드필름, 오디오 및/또는 비디오카세트, 테이프와 기타 등 류를 통한), 비종파적인 그리스도교에 관한 교육업(강습, 강연, 개인교수 및 카운슬링과 후원 포함), 고아, 기타 아동 및 기타 원하는 사람을 위한 비종파적 그리스도교에 관한 교육업(대법원 2011. 3. 24. 선고 2010후3578 판결)

⑧ 산후조리업 : 산모도우미 파견업, 산모도우미 소개업, 산모도우미 알선업(대법원 2014. 5. 16. 선고 2014후232 판결)

⑨ 국내외 골프대회 개최 및 참가업 : 프로배구흥행업, 프로농구흥행업, 프로축구흥행업, 프로야구흥행업[특허법원 2015. 4. 23. 선고 2015허949 판결(확정)]

(3) 상품과 서비스업의 유사

① 트위스트머신, 러닝머신, 바벨 : 운동구 수선업

플라스틱제완구 : 완구인형수선업(대법원 2005. 4. 28. 선고 2003후1048판결)

② 서적 : 서적출판업(대법원 2001. 12. 28. 선고 2001후2467 판결)

③ 서적, 학습지, 녹음된 테이프, 녹화된 테이프 : 고시학원경영업, 학원정보업(대법원 1999. 7. 9. 선고 98후2887 판결)

④ 냅킨용지, 골판지상자, 치킨전용 종이상자박스, 치킨전용 종이포장백, 치킨전용 비닐포장백, 종이상자, 닭고기 : 치킨전문 식당체인업[특허법원 2007. 6. 21. 선고 2007허1626 판결(상고이유서 부제출 기각)]

⑤ 죽용기 포장용 쇼핑백, 죽용기, 젓가락, 냅킨 : 한식점경영업, 식당체인업[특허법원 2006. 4. 6. 선고 2005허9053 판결(상고기각)]

⑥ 농업용 비료 판매대행업 : 액상복합비료, 기타 비료(대법원 2016. 7. 27. 선고 2016후717 판결)

마. 비유사로 판단한 사례

(1) 상품 상호 간 비유사

① 향수 : 자동차용 방향제(대법원 2006. 6. 16. 선고 2004후3225 판결)

② 두유 : 광천수, 얼음(대법원 2004. 5. 14. 선고 2002후1256 판결)

③ 선향, 훈향, 라벤더유, 용연향, 조합향료 : 향, 향로, 향료(대법원 2004. 1. 27. 선고 2002후1560 판결)

④ 컴퓨터이용 설계·제조·엔지니어링 소프트웨어 : 집적회로, 반도체칩(대법원 2003. 10. 10. 선고 2001후1495 판결)

⑤ 개 사육용 사료, 라면, 국수 : 곡물혼합가루(대법원 2002. 10. 11. 선고 2000후2804 판결)

⑥ 신문용지, 인쇄용지, 휴지, 냅킨용지, 화장지, 종이컵, 종이물수건 : 편지지, 노트북, 메모지, 만년필(대법원 2000. 7. 6. 선고 98후1303 판결)[187]

⑦ 자동차용 가스켓, 자동차 실린더 헤드 가스켓, 자동차용 엔진 가스켓 : 전차, 헬리콥터, 내연기관차, 객선, 에스컬레이터(대법원 1998. 7. 28. 선고 97후1658 판결)

---

187) 다만 위 판결은 필기도화용지, 포장용지, 표지와 만년필은 유사하지 아니하나 같은 상표를 사용할 경우 수요자 기만의 염려가 있는 견련관계에 있는 상품이라고 하였다.

⑧ 산업용 또는 건축용 접착제 : 치과용 접착제(대법원 1998. 5. 15. 선고 97후1382 판결)

⑨ 일반의료기계기구, 의료보조기구 : 치과용 의료기계기구(대법원 1994. 12. 2. 선고 93후1285 판결)

⑩ 등산캠프용 텐트 : 정구라켓, 정구공, 골프채, 골프용공(대법원 1994. 2. 22. 선고 93후1506 판결)

⑪ 스텐트, 스텐트 운반시스템(stent and stent delivery systems) : 피하주사바늘, 주사기[특허법원 2008. 9. 25. 선고 2008허6789 판결(심리불속행 기각)]

⑫ 신사복, 양복바지, 잠바 : 혁대[특허법원 2008. 7. 25. 선고 2008허4165 판결(심리불속행 기각)]

⑬ 부직포(不織布) : 종이물수건[특허법원 2007. 8. 30. 선고 2007허3714 판결(확정)]

⑭ 반도체에 기초한 빛 방사기, 발광다이오드, 발광다이오드 디스플레이, 발광다이오드 램프, 이질접합 양극 트랜지스터 웨이퍼, 반도체 발광다이오드 칩, 영상 및 디스플레이 하부조직, 전자 액정디스플레이 : 콤팩트디스크 플레이어, 음향 녹음장치, 콤팩트디스크 컴퓨터 소프트웨어, 기록된 컴퓨터 프로그램, 녹음 또는 녹화된 테이프, 음악이 녹음된 콤팩트디스크, 광디스크[특허법원 2006. 8. 17. 선고 2006허1766 판결(확정)]

⑮ 혈당측정기 : 외과적 임플란트 수술에 사용되는 플레이트, 스크루우, 로드, 후크, 볼트, 이들의 부품, 임플란트 시술기구[특허법원 2006. 7. 14. 선고 2006허3571 판결(확정)]

⑯ 간장, 고추장, 된장 : 고추, 사과, 배추[특허법원 2006. 4. 26. 선고 2005허9664 판결(심리불속행 기각)][188]

⑰ 꽃꽂이의 지지물로 사용되는 스펀지체(floral foam for wet and dry floral arrangements) : 폴리에치렌수지, 셀룰로이드, 플라스틱판, 리놀륨시이트, 비닐시이트, 고무판, 플라스틱시이트, 화학펄프, 뿔, 실리콘고무[특허법원 2006. 3. 24. 선고 2005허8043 판결(상고기각)]

(2) 서비스업 상호간 비유사

① 관현악단운영업, 관현악단공연업, 국악관현악단운영업, 국악관현악단공연

---

188) 위 판결은 고춧가루와 고추는 유사한 상품이라고 하였다.

업 : 영화제작업, 영화필름임대업, 쇼제작업, 무대장치임대업, 쇼장치임대업
(대법원 2005. 5. 12. 선고 2003후1192 판결)

② 인터넷 사이버 쇼핑몰 관리 및 임대업 등 이른바 전자상거래를 주된 서비스로
하는 서비스업 : 컴퓨터를 이용한 인터넷 통신업(대법원 2002. 7. 26. 선고 2002후
673 판결)

③ 극장 운영업, 디스코텍업, 미술관 경영업 : 유원지 경영업(대법원 2002. 7. 12. 선
고 2000후2156 판결)

④ 이비인후과업 : 치과업[특허법원 2000. 9. 28. 선고 2000허655 판결(확정)]

(3) 상품과 서비스업의 비유사

① 인조 석재, 비금속제 마루판자, 비금속제 창문틀, 비금속제 도어, 비금속제 바
닥재, 플라스틱 타일 등의 건축자재 : 콘도미니엄건축업, 오피스텔건축업, 사
무용 건물 건축업, 상업용 건물 건축업, 주택건축업, 연립주택건축업, 아파트
건축업 등의 건축업(대법원 2006. 7. 28. 선고 2004후1304 판결)

② 식물생육인공토양, 혼합유기질비료 등 : 공원조성공사업(대법원 2000. 11. 10. 선
고 99후1867 판결)

③ 내시경, 뇌파계, 체온계, 심전계, 흡인기 : 물리치료업, 건강진단업(대법원 1999.
2. 23. 선고 98후1587 판결)

④ 김치, 장아찌, 단무지 : 닭튀김업, 닭튀김체인업, 양식업, 한식업, 일반유
흥음식점업, 전기구이업, 숯불구이업, 양념판매알선업[특허법원 2000. 3. 31. 선고
99허8394 판결(확정)]

제5절

상표권의 효력 및 제한

I. 서 론

상표법은 자타상품의 식별력이 있는 상표로서 부등록사유가 없는 상표에 대해서 상표등록을 할 수 있도록 하고, 등록된 상표에 대해서만 상표권을 인정한다. 상표는 설정등록됨으로써 상표권을 인정받게 되고, 그 상표권은 등록일로부터 10년간 존속하나 갱신등록에 의하여 존속기간을 10년씩 연장할 수 있기 때문에 실질적으로는 존속기간이 반영구적이라 할 수 있다(상표 82조 1항, 83조).

상표법은 상표권자의 업무상 신용을 주관적 권리로서 보호할 뿐만 아니라 영업활동에서 경쟁질서를 확립하고 나아가 일반 수요자의 이익도 보호함을 목적으로 하므로 상표권도 이러한 상표법의 목적에 부합하여야 한다. 이에 따라 상표권은 상표법이 부여하는 일정한 효력을 가지는 한편, 그와 동시에 그 효력에 일정한 제한을 받는다.

이하에서는 이러한 상표권의 효력 및 그 효력의 제한과 관련된 쟁점에 관하여 판례를 중심으로 살펴본다.

II. 상표권의 효력

상표법은 '상표권의 효력'이라는 제목의 89조 본문에서 "상표권자는 지정상품에 관하여 그 등록상표를 사용할 권리를 독점한다."라고 규정하여 상표권은 기본적으로 상표권자가 등록상표를 독점적으로 사용하는 권리임을 밝히고 있다. 이와 같이 상표권의 본래적 효력은 등록상표를 그 지정상품에 사용하는 것이지만, 상표법은 상표권의 본래적 효력을 보다 실효성 있게 하기 위하여 107조 1항에서 "상표권자는 자기의 권리를 침해한 자 또는 침해할 우려가 있는 자에 대하여 그 침해의 금지 또는 예방을 청구할 수 있다."라고 규정하여 상표 침해에 대한 금지권을 상표권자에게 부여하였다. 일반적으로 상표권의 본래적 효력인 상표에 대한 독점사용권(전용권)을 적극적 효력이라고 하고, 상표 침해에 대한 금지권을 소극적 효력이라고 한다.

상표에 대한 독점사용권은 그 등록상표를 그 지정상품에 사용할 권리이므로(상표 89조 본문) 유사상표나 유사상품에 대하여는 독점사용권이 미치지 않는다. 여기서 '등록상표'라 함은 상표등록을 받아 상표등록원부에 등재된 상표를 말하고, '지정상품'이라 함은 상표권자가 출원서에 상표법시행규칙이 정하는 상품류 구분 내의 상품 중 자기가 사용할 상품으로 지정한 상품을 말하는데, 그 범위는 상표등록출원서에 기재된 상표 및 상품에 의하여 정해진다(상표 91조). 이처럼 독점사용권은 유사 범위에의 사용에는 미치지 아니하므로, 상표권자가 등록상표와 유사한 상표를 사용하거나 지정상품과 유사한 상품에 등록상표를 사용하는 것은 상표의 사용이라고 볼 수 없게 되어 불사용취소사유가 된다(상표 119조 1항 3호). 뿐만 아니라 유사 범위에서 사용하여 혼동을 생기게 하면 상표의 부정사용으로 인한 취소사유가 된다(상표 119조 1항 1호).

상표권은 독점사용권이라는 점에서 물권에 준하는 절대권이다. 따라서 제3자가 정당한 이유 없이 등록상표와 동일한 상표를 지정상품과 동일한 상품에 사용하는 것은 상표권의 침해에 해당하므로 상표권자는 이에 대하여 금지청구권, 손해배상청구권 등을 행사할 수 있다. 그러나 이것만으로는 상표권의 사회경제적 기능을 보호하기에 충분하지 아니하므로, 상표법은 등록상표와 동일한 상표를 그 지정상품과 유사한 상품에 사용하거나 등록상표와 유사한 상표를 그 지정상품과 동일 또는 유사한 상품에 사용하는 행위를 침해행위로 규정하여 금지권의 범위를 유사범위에까지 확장함과 동시에 침해의 예비적인 행위도 침해행위로 간주한다(상표 108조). 상표권자는 타인의 고의, 과실 여부를 불문하고 타인의 침해행위에 대하여 금지청구를 할 수 있다. 타인의 고의, 과실이 인정되면 손해배상청구도 할 수 있다.

독점사용권과 금지권은 같은 권리를 상표권자의 사용이라는 관점과 제3자에 의한 상표권 침해의 금지라는 서로 다른 관점에서 본 면이 있기는 하나, 상표권자의 독점사용과 제3자에 대한 상표권 침해의 금지라는 측면에서 권리행사의 기본적 형태가 다르다. 또한, 상표에 대한 독점사용권은 유사한 상표나 상품에 대하여는 미치지 않는 반면, 상표 침해에 대한 금지권은 독점사용권이 미치는 범위 이외에 등록상표와 유사한 상표를 등록상표의 지정상품과 유사한 상품에 사용하는 것까지 금지할 수 있도록 그 효력이 확장되어 있으며, 다음에서 보는 바와 같이 상표권의 효력이 미치는 범위를 제한하는 상표법 90조의 규정은 독점사용권이 아닌 금지권만을 제한할 뿐이다. 따라서 독점사용권과 금지권은 이를 구분할 필요가 있다.

Ⅲ. 상표권의 효력 제한

상표권의 효력은 당사자 사이의 계약 또는 다른 법률 등에 의하여 제한될 수도 있으나, 주로 상표법 90조(상표권의 한계로서 법정된 제한), 92조(타인의 디자인권 등과의 저촉관계에 따른 제한), 160조(재심에 의하여 회복한 상표권의 효력의 제한) 등의 상표법의 규정에 의하여 제한된다. 아래에서는 상표법 90조에 의한 상표권의 효력 제한을 중심으로 상표권의 효력이 제한되는 경우를 살펴본다.

1. 계약에 의한 제한

전용사용권·통상사용권 등이 설정된 경우에는 상표권의 효력은 제한을 받는다.[1] 통상사용권이 설정된 경우에는 상표권자의 상표에 대한 사용권은 제한되지 않지만, 금지권은 통상사용권자에게 미치지 않는다. 전용사용권이 설정된 경우에는 전용사용권자가 그 등록상표를 사용하는 권리를 전유하는 범위 내에서 상표권자는 상표에 대한 사용권을 상실한다(상표 95조 3항). 그러나 전용사용권이 설정된 경우에 상표권자가 상표권을 침해하는 제3자에게 금지권을 행사할 수 있는가에 관하여는 학설이 나뉜다. 대법원 판례는 상표권자는 사용권이 없어 원칙적으로 제3자에 대한 손해배상청구를 할 수 없다 하더라도 금지청구는 할 수 있다는 입장이다.[2]

---

1) 이에 대해서는 상표권자의 의사에 기한 것으로 자기 상표권의 이용형태에 지나지 아니하므로 엄밀한 의미에서 상표권 효력의 제한은 아니라는 견해도 있다[송영식·이상정·황종환·이대희·김병일·박영규·신재호 공저, 송영식 지적소유권법(하)(제2판), 육법사(2013), 262].
2) 대법원 2006. 9. 8. 선고 2006도1580 판결. 상표권이나 서비스표권에 관하여 전용사용권이 설정된 경우

2. 상표권의 한계로서 법정된 제한

가. 상표법 90조의 취지

상표법 90조 1항은 ① 자기의 성명·상호 등을 상거래 관행에 따라 사용하는 상표,3) ② 상품의 보통명칭, 산지 등을 보통으로 사용하는 방법으로 표시하는 상표, ③ 식별력 없는 입체적 형상과 동일·유사한 형상으로 된 상표, ④ 관용상표 및 현저한 지리적 명칭 등으로 된 상표, ⑤ 상품과 포장의 기능을 확보하는 데 불가결한 형상 등으로 된 상표에는 상표권의 효력이 미치지 아니한다고 규정하고, 같은 조 2항은 지리적 표시 단체표장권의 효력을 일정한 경우에 제한하고 있다. 같은 조 3항은 상표권의 설정등록이 있은 후에 부정경쟁의 목적으로 자기의 성명·상호 등을 사용하는 경우에는 1항 1호를 적용하지 아니한다고 규정한다.4) 즉, 상표법 90조는 상표권자 또는 지리적 표시 단체표장권자 이외의 자가 상표법 90조 1, 2항 각 호에 해당하는 상표를 사용하는 경우에 그 상표가 등록상표 또는 지리적 표시 단체표장권과 동일·유사하고, 그 사용상품이 등록상표의 지정상품과 동일·유사하거나 또는 지리적 표시 단체표장권의 지정상품과 동일한 경우에도 그 상표권 또는 지리적 표시 단체표장권의 효력이 미치지 않는다고 규정한 것으로 앞서 본 상표권의 효력 중 금지권을 확인대상 상표 내지 침해상표의 입장에서 제한한 것이다.

상표법 90조 1항 1호의 상표권 효력제한사유는 상표법 34조 1항 6호의 부등록사유와, 상표법 90조 1항 2, 3, 4호의 각 상표권 효력제한사유는 상표법 33조 1항 1호 내지 4호의 각 부등록사유와, 상표법 90조 1항 5호의 상표권 효력제한사유는 상표법 34조 1항 15호의 부등록사유와 각각 유사하다. 상표법 90조 2항 각 호는 지리적 표지 단체표장 제도의 취지에 따라 지리적 표시 단체표장권의 효력을 제한하는 규정이다.

이로 인하여 상표권자나 서비스표권자의 상표 또는 서비스표의 사용권이 제한받게 되지만, 제3자가 그 상표 또는 서비스표를 정당한 법적 권한 없이 사용하는 경우에는 그 상표권자나 서비스표권자가 그 상표권이나 서비스표권에 기하여 제3자의 상표 또는 서비스표의 사용에 대한 금지를 청구할 수 있는 권리까지 상실하는 것은 아니고, 이러한 경우에 그 상표나 서비스표에 대한 전용사용권을 침해하는 상표법 위반죄가 성립함은 물론 상표권자나 서비스표권자의 상표권 또는 서비스표권을 침해하는 상표법 위반죄도 함께 성립한다고 판시하였다.

3) 2016. 2. 29. 법률 제14033호로 전부 개정되기 전의 구 상표법 51조 1항 1호는 자기의 성명·상호 등을 '보통으로 사용하는 방법으로 표시하는 상표'로 규정하였으나, 전부 개정된 현행 상표법 90조 1항 1호는 위와 같이 자기의 성명·상호 등을 '상거래 관행에 따라 사용하는 상표'로 규정하였다.
4) 2013. 4. 5. 법률 제11747호로 개정된 상표법에서 신설되어 현행 상표법에 그대로 승계된 조항이다.

이처럼 상표법 90조 1항, 2항에서 그 각 호에 해당하는 확인대상상표 내지 침해상표에 대하여 등록상표권 내지 지리적 표시 단체표장권의 효력이 미치지 않도록 한 것은 그 각 호에 해당하는 경우를 상표의 부등록사유로 정한 취지를 고려하여 등록상표를 무효화시키지 아니하고도 이러한 확인대상상표 내지 침해상표를 사용하는 사람을 보호하기 위한 것이다. 또한, 위 규정은 위에서 본 바와 같이 상표권의 입장이 아닌 확인대상상표 내지 침해상표의 입장에서 상표권의 효력을 제한하는 것이므로, 상표권의 등록 당시나 현재의 사정 및 확인대상상표 내지 침해상표가 실제로 상표권을 침해하는지 등을 살펴볼 필요 없이 먼저 확인대상상표 내지 침해상표가 위 각 호에 해당하는지만을 살펴 상표권의 효력을 제한할 수 있다는 점에서 의의가 있다.[5]

나. 상표권의 효력 제한의 일반적 범위

(1) 상표법 90조 1, 2항 각 호의 상표 그 자체

상표법 90조에 의하여 상표권의 효력이 제한되는 것은 상표법 90조 1항, 2항 각 호에서 열거하는 상표와 동일한 확인대상상표 내지 침해상표에 한하고 이와 유사한 확인대상상표 내지 침해상표에까지 미치는 것은 아니지만, 상표법 90조 1항, 2항 각 호에 열거하는 상표와 동일한 표장이라고 하여 물리적으로 같은 표장만을 의미하는 것은 아니다. 다만 위 조항이 상표권이 본래 가지는 금지효를 제한하는 규정인 점을 감안하여 동일한 표장의 범위를 너무 넓게 보아서는 안 된다.

(2) 결합상표 중 일부 부분에 관하여 상표권의 효력이 제한될 수 있는지 여부

상표법 90조에서는 결합상표로 이루어진 확인대상상표 내지 침해상표의 일부가 상표법 90조 1항, 2항 각 호에 해당하는 경우에 그 일부에 대하여 상표권의 효력이 미치는지에 대해서 명시적으로 규정하지 아니하였으나,[6] 결합상표로 이루어진 확인대상상표 내지 침해상표 전체가 상표법 90조 1항, 2항 각 호에 해당하는 경우뿐만 아니라 그중 일부만이 위 각 호에 해당하는 경우에도 상표권의 효력이 미치지 않는다

---

5) 대법원 1999. 11. 26. 선고 98후1518 판결 참조.
6) 일본 상표법 26조 본문은 "상표권의 효력은 다음과 같은 상표(다른 상표의 일부가 되어 있는 것을 포함한다)에는 미치지 아니한다."라고 규정하여, 결합상표인 확인대상상표의 일부에 대해서도 상표권의 효력이 제한될 수 있음을 명시하였다.

고 보아야 한다(대법원 2016. 9. 30. 선고 2014다59712, 59729 판결,[7] 2008. 4. 24. 선고 2006후
1131 판결,[8] 2003. 5. 30. 선고 2003다16269 판결, 1999. 11. 12. 선고 99후24 판결, 1997. 5. 30. 선
고 96다56382 판결[9] 등). 또한, 결합상표 중의 일부가 상표법 90조 1항, 2항 각 호에 해
당하고, 나머지 부분이 식별력이 없어서 그 결합에 의하여 새로운 식별력이 부여된다
고 볼 수 없는 경우에도 상표법 90조 1항, 2항 각 호의 규정이 적용된다(대법원 2001.
12. 27. 선고 2001후1716 판결,[10] 1999. 11. 26. 선고 98후1518 판결, 1996. 3. 12. 선고 95후1180
판결, 특허법원 2017. 3. 31. 선고 2016나1257 판결(심리불속행 기각)[11] 등).

---

7) 원심은, 피고 사용표장 "△ MS Gene"은 도형 부분과 문자가 결합된 표장으로서 이 사건 서비스표
(크라운진)와 외관이나 호칭 면에서 동일, 유사한 '크라운진' 부분을 포함하고 있기는 하지만 이 부
분은 독특한 글씨체나 색채, 도안화된 문자 등 특수한 태양으로 표시되지 않아 문자로서의 식별력 외에
특별한 식별력을 갖고 있지 않은 점, 주식회사를 의미하는 '(주)'와 '크라운진'이 결합하여 일반 수요자
는 이를 크라운진의 상호를 의미하는 것으로 인식할 것으로 보이는 점, '(주)크라운진' 부분은 영문자
'MS Gene' 부분 밑에 상대적으로 매우 작은 글씨로 표시되어 있는 점 등을 종합하여 피고 사용표장 중
㈜크라운진 부분은 피고의 상호를 보통으로 사용하는 방법으로 표시한 것으로 이 사건 서비스표권의
효력이 미치지 않는다고 판단하였는데, 대법원은 원심의 이러한 판단이 정당하다고 보았다.

8) '▨'와 같이 이루어져 있는 확인대상상표의 'INTARSIA' 부분을 보고 수요자가 양말에 나타나 있는 기
하학적 무늬, 패턴 및 문양 등의 의미를 직감한다고 보기는 어려우나, 확인대상상표의 전체적인 구성을
보면 맨 아래쪽에 굵은 글씨로 뚜렷하게 기재된 'BASIC ELLE' 부분이 표장으로 인식되고, 'INTARSIA'
부분은 위 'BASIC ELLE' 부분과 구분되어 양말의 수요자를 나타내는 '신사', 양말이 발목 부분 아래까지
만 편성되었음을 나타내는 'SNEAKERS', 양말의 원자재를 나타내는 '이태리 고급기종사용' 등의 양말의
품질 등을 나타내는 문구와 함께 사용되어 있어서 수요자가 'INTARSIA' 부분의 구체적인 의미를 직감하
지는 못한다고 하더라도 그 사용 태양에 비추어 이 부분이 양말의 품질 등을 가리키는 것으로 사용되었
음을 직감할 수는 있으므로, 확인대상상표의 'INTARSIA' 부분은 양말의 품질 등을 가리키는 기술적 표
장이어서, 확인대상상표가 이 사건 등록상표와 동일한 'INTARSIA' 부분을 가지고 있다고 하더라도 이
사건 등록상표의 권리범위에 속하지 않는다고 판시하였다.

9) 커피제품에 'Maxwell'이라고 횡서한 아래에 이중의 흑회색 타원을 두고 그 타원의 중앙 부분에
'Kilimanjaro'를 비스듬하게 횡서하고 타원형 둘레의 윗부분에 'Roasted Bean Coffee'를, 아랫부분에
'GOLD BLEND'를 각 배열한 문자 및 도형의 결합상표를 사용한 경우, 그 상표 중 'GOLD BLEND' 부
분은 커피의 품질 또는 가공방법을 보통으로 사용하는 방법으로 표시한 것에 해당하므로, 구 상표법
51조 1항 2호에 의하여 등록상표인 'GOLD BLEND'의 효력이 미치지 아니한다는 취지로 판시하였다.

10) 확인대상상표 'CAR＝TEN, 카르텐'은 자동차, 건물 등의 얼룩을 제거하는 세정제에 사용되는 표장으로
서 CAR 부분은 사용상품의 용도를 표시하는 식별력 없는 표장이고, 그것에 제품의 일련번호 등을 나타
내는 간단한 숫자인 10의 영어 표기 TEN을 '＝'로 연결한 것만으로는 새로운 식별력이 생긴다고 할 수
없으므로 'CAR＝TEN'은 자동차용 세정제와 관련하여 식별력이 없다 할 것이고, 그것에 병기된 '카르텐'
은 'CAR＝TEN'을 단순히 한글로 음역한 것에 불과하다고 보아야 할 것이어서 결국 확인대상상표는 전
체로서도 식별력이 없으므로, 등록상표인 'CARR —10'의 효력이 미치지 아니한다고 판시하였다.

11) '▨ 제세한의원'은 피고의 상호를 나타내는 '의료법인 제세의료재단' 부분과 '제세한의원' 부분이 그 글자크
기를 달리하여 상하로 배치되어 있기는 하나, 이는 모두 동일한 글자체로 특별한 도안이나 색채의 추가
없이 단지 흰색으로 표기되어 있어 그 자체가 특별한 식별력을 갖도록 표시되었다고 보기는 어렵다. 또
한, 위 문자부분이 위와 같이 좌측에 결합된 도형 ▨ 및 배경 역할을 하는 갈색의 직사각형 형태의

(3) 판단기준 시점

확인대상상표 내지 침해상표가 상표법 90조 1항, 2항 각 호에 해당하는지는 심결
취소소송에서는 권리범위확인심판의 심결시를 기준으로,[12] 상표권침해소송에서는 사
실심 변론종결시를 기준으로[13] 각각 판단한다.

다. 상표권의 효력 제한의 구체적 범위

(1) 자기의 성명·명칭 또는 상호·초상·서명·인장 또는 저명한 아호·예명·필명과 이들의 저명한 약칭을 상거래 관행에 따라 사용하는 상표(상표 90조 1항 1호)

(가) 의의와 법 개정에 따른 변경내용

구 상표법 51조 1항 1호에 의하여 상표권의 효력이 제한되는 것은 자기의 성명,
상호 등을 '보통으로 사용하는 방법으로 표시'하는 상표였으나, 상표법이 2016. 2. 29.
법률 제14033호로 전부 개정되면서 구 상표법 51조 1항 1호에 대응하는 상표법 90조
1항 1호에 의하여 상표권의 효력이 제한되는 것은 자기의 성명, 상호 등을 '상거래 관
행에 따라 사용'하는 상표로 변경되었다.[14]

구 상표법 51조 1항 1호의 적용과 관련하여 대법원은, 구 상표법상 상호 등을 '보
통으로 사용하는 방법으로 표시한다'는 것은 상호 등을 독특한 글씨체나 색채, 도안

도형과 결합되어 있기는 하나, 그 결합으로 인해 분리하는 것이 부자연스러울 정도로 불가분적이라거나
새로운 식별력이 만들어지는 정도라고 보기도 어렵다. 나아가 위 표장은 주로 피고의 인터넷 홈페이지
나 블로그 화면의 상단이나 하단에 피고의 동일성을 나타내기 위하여 사용된 것인 점을 더하여 보면,
피고가 위 표장을 사용한 것은 거래통념상 자신의 상호를 보통으로 사용하는 방법으로 표시한 경우에
해당한다.

12) 대법원 1999. 11. 12. 선고 99후24 판결.
13) 대법원 2003. 1. 24. 선고 2002다6876 판결.
14) 특허청 상표심사정책과, 상표법 전부 개정 법률안 설명자료(2016. 2.). 이에 의하면, 구 상표법 51조는
상표의 사용태양(1호)과 구성태양(2~4호)에 따른 상표권 제한사유를 구분하지 아니하고 모두 '보통으로
사용하는 방법으로 표시한 상표'로 표현하였으나, 자기의 성명, 상호 등을 간판에 사용하는 경우(1호)에
그 구성태양과 관계없이 상표권의 효력이 미치지 않도록 '상거래 관행에 따라 사용하는 상표'로 표현을
변경한 것이라고 한다. 나아가 상거래 관행상 상호를 그대로 사용하기보다는 도안화하거나 도형 등과
결합하여 사용하는 경우가 많으므로 대법원 판례도 이러한 거래사회의 통념을 고려하여 판시하였고, 현
행 상표법은 이를 반영하여 상호 등의 사용이 거래사회의 통념상 필요한 범위 내의 사용인지에 따라 상
표권의 효력이 미치는지를 판단할 수 있도록 한 것이라고 한다. 그러나 기존 대법원 판례는 '보통으로
사용하는 방법으로 표시한 상표'를 판단할 때 거래통념을 고려한 것이지, '자기의 성명, 상호 등을 보통
으로 사용하는 방법으로 표시한 상표'의 범위를 확대하려는 취지에서 판시한 것은 아니어서 위와 같은
해석은 타당하지 않다는 비판이 있고, 어떠한 상표가 '상거래 관행에 따라 사용하는 상표'에 해당하는지
경계가 모호하다는 비판이 있다. 구체적인 판단기준은 추후 판례의 집적을 기다려야 할 것으로 보인다.

화된 문자 등 특수한 태양으로 표시하는 등으로 특별한 식별력을 갖도록 함이 없이
표시하는 것을 의미할 뿐만 아니라, 일반 수요자가 표장을 보고 상호 등임을 인식할
수 있도록 표시하는 것을 전제로 하므로, 표장 자체가 특별한 식별력을 갖도록 표시
되었는지 이외에도 사용된 표장의 위치, 배열, 크기, 다른 문구와의 연결관계, 도형과
결합되어 사용되었는지 등 실제 사용 태양을 종합하여 거래통념상 자기의 상호 등을
보통으로 사용하는 방법으로 표시한 경우에 해당하는지를 판단하였다(대법원 2012. 5.
10. 선고 2010후3387 판결,[15] 2011. 1. 27. 선고 2010도7352 판결,[16] 2008. 9. 25. 선고 2006다
51577 판결, 2002. 11. 13. 선고 2000후3807 판결[17]).

(나) 상호와 그 약칭의 구별

상표법 90조 1항 1호 본문에 의하여 상표권의 금지효가 미치지 않는 것은, ① 자
기의 성명·명칭, ② 자기의 상호·초상·서명·인장, ③ 자기의 저명한 아호·예명·
필명, ④ 위 ①, ②, ③의 저명한 약칭이다.

그런데 우리 실생활에서 성명·예명 등이 상품의 출처표시로 사용되는 경우는
구미·일본 등과 달리 흔한 일이 아니기 때문에 실제로 문제가 되는 것은 명칭과 상
호의 경우이고, 특히 실무에서는 상호와 상호의 약칭의 구분이 자주 문제가 된다. 이
는 상호의 약칭으로 보는 경우에는 상호와 달리 저명성이 요구되기 때문인데, 실생활
에서 사용하는 개인이나 법인의 표시가 상호인지, 상호의 약칭인지 명확하게 구분되

---

15) 확인대상상표 "▨"은 피고의 상호인 '유화정철학원'을 세로로 표기한 문자표장으로서 다른 문구나 도형과의 결합 없이 오직 위 상호만을 평이한 서체로 표시하고 있어 인터넷 포털사이트 내 개별 정보사이트에서의 사용태양을 감안하더라도 일반 수요자가 이를 보고 상호임을 인식할 수 있을 것으로 보이므로, 확인대상상표는 거래통념상 자기의 상호를 보통으로 사용하는 방법으로 표시하는 서비스표에 해당한다고 판시하였다.
16) 피고인의 사용표장 "▨Noblesse"에는 피고인의 상호인 "노블레스"가 한글이 아닌 영문자의 평이하지 않은 서체로 표기되어 있고, 그 왼쪽 옆에는 신전 기둥 모양의 도형이 그려져 있어 일반인의 주의를 끌기에 충분하도록 표시되어 있는 점, 위 영문자 끝부분에는 등록상표임을 표시하는 '®'을 함께 병기하고 있는 점, 그 밖에 피고인의 사용표장의 위치와 크기 등을 고려할 때, 일반 수요자가 피고인의 사용표장을 상호로 인식하지는 않을 것으로 보이고, 따라서 피고인의 사용표장이 거래통념상 자기의 상호를 보통으로 사용하는 방법으로 표시한 상표에 해당한다고 할 수 없다고 판시하였다.
17) '▨㈜평양옥류관'과 같이 구성된 원고의 확인대상상표의 문자부분은 그 글자체가 일반인의 주의를 끌만큼 특이하게 도안화된 것은 아니지만, 원고의 등기된 상호를 문자부분으로 하여 사용된 확인대상상표는 붓글씨체의 문자부분 중 '(주)평양'과 '옥류관'의 글자 크기를 다르게 함으로써 '옥류관'이 돋보이는 형태로 되어 있어서 자기의 상호를 보통으로 사용하는 방법으로 표시한 경우에 해당하지 않는다고 판시하였다.

는 것이 아니어서 양자의 구별이 쉽지만은 않다. 실무상 법인의 상호가 자주 문제된다.

대법원 판례는 구 상표법상 '상호를 보통으로 사용하는 방법으로 표시한다'고 함은 상호를 독특한 글씨체나 색채, 도안화된 문자 등 특수한 태양으로 표시하는 등으로 특별한 식별력을 갖도록 함이 없이 표시하는 것을 의미할 뿐만 아니라, 그 표장을 보고 일반 수요자가 상호임을 인식할 수 있도록 표시하는 것을 전제로 한다 할 것이므로, 법인인 회사가 그 상호를 표시하면서 회사의 종류를 표시하는 부분을 생략한 경우에는 그것이 널리 알려져 있지 않은 이상 일반 수요자가 반드시 상호로 인식한다고 할 수 없다고 한다. 그리하여 이를 회사의 상호를 보통으로 사용하는 방법으로 표시한 것으로 볼 수 없고, 단지 상호의 약칭에 불과하다고 하면서, 이러한 약칭의 표시는 그것이 저명하지 않는 한 특수한 태양으로 표시되어 있지 않다고 하더라도 상표권의 효력이 미친다고 한다(대법원 2013. 3. 28. 선고 2012도14129 판결,[18] 2005. 10. 14. 선고 2005도5358 판결[19]).

(다) 상호 등의 상표적 사용

상표법 90조 1항 1호의 '상호 등을 상거래 관행에 따라 사용'에서 말하는 '사용'이 순수한 상호로서의 사용만을 의미하며 상표적 사용은 포함되지 않는다는 견해가 있다. 그러나 상표법 90조는 상표법 107조, 108조에 의해 상표권이 가지는 금지효를 제한하기 위한 규정으로 법조문에서 '상호 등을 상거래 관행에 따라 사용하는 「상표」'임을 분명히 하였다. 또한, 상호 등을 출처표시로 사용하지 않고 순수하게 상호로만 사용한다면 상표권을 침해하는 것이 아니어서 상표법 90조에 해당하는지 여부 자체를 논의할 실익이 적다. 이러한 점에 비추어 보면, 상표법 90조 1항 1호의 '상호 등을 상거래 관행에 따라 사용'에서 말하는 '사용'에는 순수하게 상호로서 사용하는 경우만

---

18) 피고인은 피고인이 대표자인 이사로 있는 회사의 상호인 '주식회사 옴네스'에서 회사의 종류 표시인 '주식회사' 부분을 생략하고 "옴네스", "옴네스", "옴네스"를 사용하였는데, 피고인 사용표장들은 피고인 회사 상호의 약칭을 표시하는 것에 불과할 뿐 그 상호 자체를 표시하는 것으로 볼 수 없으므로, 그 상호의 약칭이 저명하지 않는 한 보통으로 사용하는 방법으로 표시되어 있다고 하더라도 이 사건 서비스표권의 효력이 미친다.

19) "태남스포렉스", "TAENAM SPORTSLEX"는 법인인 회사의 상호 "태남스포렉스 주식회사" 중 회사의 형태(종류) 표시인 "주식회사" 부분을 생략한 것으로서 '상호의 약칭'일 뿐 '상호' 그 자체를 표시하는 상표에 해당한다고 볼 수 없고, 또 "태남스포렉스", "TAENAM SPORTSLEX"가 국내의 일반 수요자나 거래자들에게 널리 알려져 있다고 볼 수 없어 '상호의 저명한 약칭'에 해당되지도 아니하므로 구 상표법 51조 1호 본문이 적용될 수 없다.

이 아니라 상표적으로 사용하는 경우도 포함된다. 대법원 판례 중에는 '사용'이 순수하게 상호로서 사용하는 경우를 의미한다고 해석한 것으로 보이는 것이 있으나,[20] 주류적 판례의 태도는 상표적 사용도 포함되는 것으로 본다.[21]

어떠한 형태의 상호의 사용이 상표적 사용에 해당하는지는 구체적 사건에서 상호의 사용 형태 등을 고려하여 상호가 출처표시로서의 기능을 하는지에 따라 판단하여야 한다.

(라) 부정경쟁의 목적

1) 의 의

상표법 90조 3항은 "1항 1호는 상표권의 설정등록이 있은 후에 부정경쟁의 목적으로 자기의 성명·명칭 또는 상호·초상·서명·인장 또는 저명한 아호·예명·필명과 이들의 저명한 약칭을 사용하는 경우에는 적용하지 아니한다."라고 규정하므로, 이 경우에는 상표권의 효력이 제한되지 아니한다. 이 규정은 어떤 명칭이나 상호 등의 신용 내지 명성에 편승하려는 목적으로 이를 모방한 명칭이나 상호 등을 표장으로 사용하는 것을 금지하는 데 그 의의가 있다. 다만 상표법은 등록주의를 취하므로 등록된 상표권만이 위 규정에 의하여 그러한 표장의 사용을 금지시킬 수 있다.[22] 한편 대법원 판례는 상표권의 설정등록이 있은 후에 부정경쟁의 목적으로 그와 동일·유사한 '명칭·상호 등 표시 표장'을 사용하기 시작한 경우는 물론 상표권의 설정등록이 있기 전부터 부정경쟁의 목적으로 그와 동일·유사한 '명칭·상호 등 표시 표장'을

---

20) 대법원 2002. 11. 13. 선고 2000후3807 판결. 자기의 상호 등은 자기의 인격과 동일성을 표시하기 위한 수단이기 때문에 상호 등이 상품에 관하여 사용되는 방법이 거래사회의 통념상 자기의 상호 등을 나타내기 위하여 필요한 범위 내에 있는 한 그 상호 등과 동일·유사한 타인의 등록상표권의 효력이 위와 같이 사용된 상호 등에 미치지 않고, 이와 달리 상호 등의 표시방법으로 보아 타인의 상품과 식별되도록 하기 위한 표장으로 사용되었다고 볼 수밖에 없는 경우에는 그 표장에 타인의 등록상표권의 효력이 미친다는 취지로 판시하였다.

21) 대법원 1999. 12. 7. 선고 99도3997 판결, 1998. 5. 22. 선고 98도401 판결, 1995. 9. 29. 선고 94다31365 판결, 1995. 5. 12. 선고 94후1930 판결, 1987. 2. 24. 선고 86후111 판결 등. 대법원 판례는 상호를 순수하게 상호로 사용하는 경우에도 상표법 51조 1항 1호에 해당하는 것으로 보고 있으나, 위 규정이 상표권의 금지효를 제한하기 위한 규정이고, 명문으로 '상표'라고 되어 있는 이상, 상표권의 침해 여부가 처음부터 문제가 되지 않는 순수한 상호로서의 사용은 제외하여야 한다는 견해도 있다. 한편 대법원 2005. 10. 7. 선고 2004후1458 판결, 2002. 12. 10. 선고 2000후3395 판결은 상품의 출처를 표시하기 위한 것이 아니라 순전히 책의 내용을 표시하거나 디자인적으로만 사용되는 표장에 대하여는 상표권의 효력이 미치지 아니한다는 취지로 판시하였는바, 이 판결들은 상표적 사용이 아닌 경우에는 상표법 51조의 규정을 적용할 필요도 없이 등록상표의 효력이 미치지 않는다는 태도를 취한 것으로 보인다.

22) 대법원 2000. 4. 11. 선고 98후2221 판결.

사용하여 등록 후 이를 계속하여 사용하는 경우도 위 단서 규정이 적용된다고 본다(대법원 2000. 4. 11. 선고 98후2221 판결).

2) 부정경쟁의 목적의 판단기준

상표법 90조 3항에서 말하는 '부정경쟁의 목적'이란 등록된 상표권자의 신용을 이용하여 부당한 이익을 얻을 목적을 말하는데, 단지 등록된 상표라는 것을 알고 있었다는 사정만으로 그와 같은 목적이 있다고 보기에는 부족하며, 상표권 침해자 측의 상표 등 선정의 동기, 피침해상표를 알고 있었는지 여부 등 주관적 사정과 상표의 유사성, 피침해상표의 신용상태, 영업목적의 유사성 및 영업활동의 지역적 인접성, 상표권 침해자 측의 현실 사용상태 등 객관적 사정을 고려하여 판단하여야 한다(대법원 2012. 5. 10. 선고 2010후3387 판결,23) 2011. 7. 28. 선고 2011후538 판결, 1999. 12. 7. 선고 99도3997 판결 등).

이와 관련하여 대법원은 상호 등을 사용하기 시작할 당시에 이미 피침해상표가 수요자 간에 널리 인식되어 상표권설정의 등록이 마쳐져 있었다면 등록된 상표와 유사한 상호 등의 사용에 부정경쟁의 목적이 있는 것으로 추정된다고 판시하여(대법원 1990. 9. 25. 89후2274 판결) 일정한 경우 부정경쟁의 목적을 추정하며, 상호 등이 피침해상표의 설정등록 전부터 사용되었는지를 부정경쟁의 목적 유무를 판단하는 데 중요한 기준 중 하나로 본다(대법원 1996. 3. 12. 선고 95후1180 판결, 1995. 11. 21. 선고 95후804 판결, 1993. 4. 23. 선고 93도371 판결, 1990. 9. 25. 선고 89후2274 판결 등).24) 한편 위 예외 규정은 어떤 명칭이나 상호 등의 신용 내지 명성에 편승하려는 등의 목적으로 이를 모방한 명칭이나 상호 등을 표장으로 사용하는 것을 금지시키는 데 그 취지가 있으므로, 등록된 상표가 신용을 얻게 된 경위는 문제가 되지 않으며 그 지정상품에 대하여 주지성을 얻어야만 부정경쟁의 목적이 인정되는 것도 아니다(대법원 2011. 7. 28. 선고 2011후538 판결,25) 2000. 4. 11. 선고 98후2221 판결, 1993. 12. 21. 선고 92후1844 판결 등).

---

23) 피고가 자기의 상호를 사용하기 시작할 당시 또는 등록서비스표의 설정등록이 있은 후 등록서비스표권자인 원고의 아명·상호 또는 등록서비스표인 '유화정'이 일반 수요자들이나 관련업계에 널리 인식되어 있었다고 보기 어려우며, 피고의 영업소가 위치한 서울 영등포구와 갑의 영업소가 위치한 안양시가 지역적으로 인접하여 있지도 않은 이상, 피고가 등록서비스표의 신용을 이용하여 부당한 이익을 얻을 목적으로 확인대상표장을 사용한 것이 아니라고 한 사례.
24) 상호 등이 피침해상표의 설정등록 전부터 사용되었다면 부정경쟁의 목적이 없다고 판단될 가능성이 높을 것이다.
25) 등록상표의 표장인 "**메디팜**"은 피고가 확인대상표장인 "**미래메디팜 주식회사**"로 상호를 변경할 당시 그 지정상품에 대하여는 주지성을 얻을 정도에 이르지 못하였다고 하더라도 국내 의약품 관련 업계에서

(2) 등록상표의 지정상품과 동일·유사한 상품의 보통명칭·산지·품질·원재료·효능·
    용도·수량·형상·가격 또는 생산방법·가공방법·사용방법 및 시기를 보통으로
    사용하는 방법으로 표시하는 상표(상표 90조 1항 2호)

  (가) 의 의

  상표법 90조 1항 2호에서 규정하는 '보통명칭이나 상품의 산지·품질 등을 표시
하는 기술적 표장'의 의미와 이러한 확인대상상표 내지 침해상표에 대하여 상표권의
효력이 미치지 않도록 한 취지는 상표법 33조 1항 1호, 3호의 부등록사유에서 본 바
와 같고,[26] 다만 이에 해당하는지를 판단하는 대상이 출원상표가 아니라 확인대상상
표 내지 침해상표라는 점에서만 차이가 있다. 한편 '보통명칭 등을 보통으로 사용하
는 방법'에서 말하는 '사용'이 순수한 보통명칭 등으로서의 사용만이 아니라 상표적
사용도 포함함은 90조 1항 1호의 경우와 같고, 상표법 90조 1항 2호의 기술적 표장에
해당하기 위하여 그러한 기술적 표장이 반드시 거래사회에서 현실적으로 사용되어야
만 하는 것은 아니다.[27] 또한, 등록상표가 처음부터 보통명칭이나 기술적 표장에 해
당된 경우뿐만 아니라 그 관리태만 등으로 보통명칭이나 기술적 표장으로 된 경우에
도 상표권의 효력은 이 규정에 의하여 제한된다.[28]

  (나) 판단사례

  어떠한 확인대상상표 내지 침해상표가 보통명칭이나 상품의 산지·품질 등을 표
시하는 기술적 표장에 해당하는지는 상표법 33조 1항 1호, 3호와 같은 기준으로
판단하여야 한다. 확인대상상표 내지 침해상표가 상표법 90조 1항 2호에 해당하는지

원고의 상호 또는 서비스표로서는 이미 널리 알려져 있었고, 피고도 의약품의 제조·판매업을 하는 자
로서 이를 잘 알고 있었던 것으로 보이는 점, 그럼에도 피고는 이 사건 등록상표의 등록 이후에 원래
사용하던 '동호약품 주식회사'에서 이 사건 등록상표의 표장이 포함된 '미래메디팜 주식회사'로 상호를
변경한 점, 이 사건 등록상표와 확인대상상표장은 조어로서 식별력이 있는 '메디팜' 부분만으로 호칭될 수
있어서 전체적으로 서로 유사한 점, 원고와 피고는 의약품의 제조·판매업을 하는 자로서 그 영업에 상
당한 관련성이 있는 점 등을 종합할 때, 피고는 등록상표의 설정등록이 있은 후에 그 상표권자인 원고
의 신용 내지 명성을 이용하여 부당한 이익을 얻을 부정경쟁의 목적으로 확인대상표장을 사용하고 있
다고 한 사례.
26) 구 상표법 51조 1항 2호의 '상품의 산지·품질·원재료·효능·용도·수량·형상(포장의 형상을 포함한
  다)·가격 또는 생산방법·가공방법·사용방법 및 시기를 보통으로 사용하는 방법으로 표시하는 상표'에
  해당하는지 여부는 그 상표가 지니고 있는 관념, 사용상품과의 관계 및 거래사회의 실정 등을 감안하여
  객관적으로 판단하여야 하는바, 수요자가 그 사용상품을 고려하였을 때 품질, 효능, 형상 등의 성질을
  표시하고 있는 것으로 직감할 수 있으면 이에 해당한다(대법원 2010. 5. 13. 선고 2008후4585 판결).
27) 대법원 2001. 4. 24. 선고 2000후3425 판결.
28) 대법원 2003. 1. 24. 선고 2002다6876 판결.

와 관련된 대법원 판례로, ① 확인대상상표는 ""인데, '홍삼정'은 사용상품의 보통명칭에 해당하고, '프리미엄'은 '아주 높은, 고급의' 등의 뜻을 가지는 영어 단어의 한글음역으로서 일반 수요자가 사용상품의 품질·효능·용도 등을 표시하고 있다고 직감할 수 있는 기술적 표장에 해당하며, 여기에 알파벳 한 글자에 불과한 간단하고 흔한 표장으로서 별다른 식별력이 없는 'G'와 그 한글음역으로 인식되는 '[지]'를 부가한 것만으로는 새로운 식별력이 생기지 아니하고, 나아가 확인대상표장의 전체적인 구성이나 문자의 서체 등도 일반인의 특별한 주의를 끌어 문자 부분의 관념을 상쇄, 흡수하는 등으로 새로운 식별력을 가질 정도로 도안화되었다고 할 수가 없다는 이유로 확인대상상표는 구 상표법 51조 1항 2호 소정의 상표에 해당한다고 본 사례(대법원 2014. 9. 25. 선고 2013후3289 판결), ② 갑 등이 등록상표 ""의 상표권자 을 주식회사를 상대로 '골프화'를 사용상품의 하나로 한 확인대상표장 "SUPERIOR"가 등록상표의 권리범위에 속하지 않는다는 이유로 소극적 권리범위확인심판청구를 한 사안에서, 등록상표의 구성 중 "**SUPERIOR**" 문자부분이 골프화에 관하여 사용에 의한 식별력을 취득한 이상 그 이후에 지정상품으로 추가등록된 "골프화"와 관련하여서는 앞서 문자부분이 구 상표법 51조 1항 2호에 의한 상표권 효력의 제한을 받지 아니하므로, "골프화"와 동일·유사한 상품에 "**SUPERIOR**" 문자부분과 동일·유사한 표장을 사용하는 것은 이 사건 등록상표의 권리범위에 속한다고 한 사례(대법원 2012. 11. 29. 선고 2011후774 판결), ③ 확인대상표장 ""은 우리나라의 국어교육 수준을 참작할 때 '춤'은 '참'의 고어로 일반인들에게 어렵지 않게 인식될 것으로 보이고, 전체적으로 볼 때 위와 같은 도안화의 정도만으로는 일반인의 특별한 주의를 끌어 문자의 기술적 또는 설명적인 의미를 직감할 수 없는 등 새로운 식별력을 가질 정도에 이르렀다고 할 수는 없으므로 일반 수요자나 거래자들에게 '참 맑은'이라는 문자로서 인식된다고 할 것이고, '참 맑은'은 확인대상표장의 사용상품인 "녹차(캔음료), 우롱차(캔음료), 둥글레차(캔음료), 홍차(캔음료), 옥수수수염차(캔음료), 배 및 복숭아 과실음료(캔음료), 식혜(캔음료)" 등에 사용될 경우에 일반 수요자나 거래자들에게 '매우 깨끗한, 잡스럽거나 더러운 것이 전혀 섞이지 않은'과 같이 사용상품의 품질 등을 나타내는 의미로 직감될 것으로 보이므로, 확인대상표장은 사용상품의 품질 등을 보통으로 사용하는 방법으로 표시하는 구 상표법 51조 1항 2호 소정의 상표에 해당하여 지정상품을 "과일주스, 비알콜성 음료, 유장(乳漿)음료" 등으로 하는 등록상표 ""와의 동일·유사 여부를 대비할 필요도 없이 그 권리범위에 속하지 아니한다고 한 사례(대법원 2011. 5. 26. 선고 2009

후3572 판결), ④ 확인대상상표 "핫골드윙"은 영어단어 'hot', 'gold', 'wing'의 한글 음역으로 이루어져 있는데, 수요자에게 확인대상상표의 'hot'은 맵다는 뜻으로, 'wing'은 '닭 날개'의 뜻으로 각 직감될 것이고, 'gold'는 그 사용상품의 우수한 성질을 나타내는 것으로 인식되는 단어이어서, 확인대상상표를 그 사용상품인 '매운맛 소스가 가미된 닭 날개 튀김'에 사용하는 경우 수요자에게 '우수한 품질의 매운 닭 날개 튀김'으로 직감될 것이며, 또한 확인대상상표는 같은 크기의 한글을 나란히 배열하고 있어서 그 사용상품의 품질, 원재료 등을 보통으로 사용하는 방법으로 표시하고 있으므로, 확인대상상표는 구 상표법 51조 1항 2호의 상품의 품질, 원재료 등을 보통으로 사용하는 방법으로 표시하는 상표에 해당하여, 등록상표 " "의 효력이 미치지 않는다고 한 사례(대법원 2010. 5. 13. 선고 2008후4585 판결), ⑤ '족쌈'은 '족발'의 '족' 부분과 '보쌈'의 '쌈' 부분을 결합하여 만든 것으로서 사전에 등재되어 있지 아니한 조어이기는 하지만, 그 사용상품과 관련하여 볼 때 수요자에게 '족발을 김치와 함께 쌈으로 싸서 먹는 음식' 또는 '족발을 보쌈김치와 함께 먹는 음식' 등의 뜻으로 직감될 수 있다고 봄이 상당하고, 따라서 피고인이 사용한 '족쌈'은 비록 보통명칭화한 것이라고는 할 수 없다 하더라도 그 실제의 사용태양 등에 비추어 사용상품의 품질·원재료 등을 보통으로 사용하는 방법으로 표시하는 표장에 해당하여 갑 회사의 상표권의 효력이 미치지 아니한다고 한 사례(대법원 2010. 6. 10. 선고 2010도2536 판결), ⑥ 결합상표의 일부로 사용된 'INTARSIA' 부분이 표장 전체의 구성으로 볼 때 그 사용상품인 양말의 품질 등을 가리키는 것으로 사용되었음을 직감할 수 있어 기술적 표장이라고 본 사례(대법원 2008. 4. 24. 선고 2006후1131 판결), ⑦ 결합상표의 일부로 사용된 'GOLD BLEND' 부분이 그 사용상품인 커피제품과 관련하여 볼 때 '좋은 배합'의 의미로 인식되어 그 품질 또는 가공방법의 표시로서 사용되었다고 본 사례(대법원 2000. 2. 11. 선고 97후3135 판결, 1997. 5. 30. 선고 96다56382 판결), ⑧ 파일 공유 웹사이트의 한글표장 중 '짱공유'는 제공되는 서비스업(웹사이트 운영업무)과 관련하여 볼 때 '최고의 파일공유'의 의미로 인식되어 그 품질·효능 등을 표시하는 표장에 불과하다고 본 사례(대법원 2007. 10. 11. 선고 2007다11958 판결), ⑨ 온천염에 사용된 'SARVAR' 또는 'THERMAL CRYSTAL OF SARVAR'가 온천염의 산지표시로 사용되었다고 본 사례(대법원 1997. 2. 14. 선고 96도2483 판결), ⑩ 장식용 시트에 사용된 '데코' 및 'DECOSHEET'가 그 사용상품의 용도와 형상의 표시라고 본 사례(대법원 1999. 11. 12. 선고 99후24 판결), ⑪ 자동차, 건물 등의 얼룩을 제거하는 세정제에 사용되는 'CAR＝TEN, 카-르텐' 중 'CAR'부분은 사용상품의 용도

표시로 사용되었고, 'TEN'은 제품의 일련번호에 지나지 않아 식별력이 없어 구 상표법 51조 1항 2호에 해당한다고 본 사례(대법원 2001. 12. 17. 선고 2001후1716 판결) 등이 있다.

확인대상상표가 상표법 90조 1항 2호에 해당하는지 여부와 관련한 특허법원 판례로는, ① 확인대상상표 '█████'의 구성요소 중 '護肝寶' 부분은 그 자체가 '간을 보호하는 귀한 물건'이라는 의미를 명시적·직접적으로 표시하는 것이어서 일반 수요자나 거래관계자들에게 사용상품(비타민 C와 헛개나무 열매 추출분말을 함유하는 정제 형태의 제품)의 효능이나 용도 등을 표시하는 것으로 직감될 것으로 보이므로, 구 상표법 51조 1항 2호 소정의 성질표시표장에 해당한다고 본 사례[특허법원 2016. 6. 24. 선고 2016허915 판결(상고기각)], ② 확인대상상표 '█████' 중 '광천' 부분은 확인대상상표의 사용상품(조미된 가공김)에 사용될 경우 일반 수요자나 거래자들 사이에 사용상품인 조미된 가공김이 제조된 곳을 나타내는 것으로 직감된다고 할 것이므로, 사용상품의 산지를 보통으로 표시하는 기술적 표장에 해당한다고 본 사례[특허법원 2009. 6. 5. 선고 2009허2111 판결(상고기각)] 등이 있다.

한편 서적에 사용되는 표장과 관련하여 대법원 판례는 ① 서적류의 제호는 저작물의 명칭 내지는 그 내용을 함축적으로 나타내는 것으로 품질을 나타내는 보통명칭 또는 관용상표와 같은 성격을 가진다고 본 것(대법원 2005. 8. 25. 선고 2005다22770 판결, 1995. 9. 26. 선고 95다3381 판결), ② 보통명사나 관용상표라고까지는 할 수 없어도 그와 같은 책의 내용을 함축성 있게 보통으로 기재한 것에 불과한 이른바 기술적 상표에 해당한다고 본 것(대법원 1986. 10. 28. 선고 85후75 판결), ③ 책의 제목은 그 책의 내용을 표시할 뿐 출판사 등 그 출처를 표시하는 것이 아니어서 원칙적으로 그 상품을 다른 사람의 상품과 식별되도록 하기 위하여 사용하는 표장이 아니라고 본 것(대법원 2002. 12. 10. 선고 2000후3395 판결)으로 나뉘어져 있으나, 이들 모두 서적에 사용되는 표장에는 원칙적으로 등록상표의 효력이 미치지 않는다고 판시한 점에서는 동일하다.[29]

---

29) 대법원 2005. 8. 25. 선고 2005다22770 판결은 "서적류의 제호에는 상표권의 효력이 미치지 않는 것이 원칙이나, 타인의 등록상표를 정기간행물이나 시리즈물의 제호로 사용하는 등 특별한 경우에는 사용태양, 사용자의 의도, 사용경위 등 구체적인 사정에 따라 실제 거래계에서 제호의 사용이 서적의 출처를 표시하는 식별표시로서 인식될 수도 있으므로, 그러한 경우에까지 상표권의 효력이 미치지 않는 것으로 볼 수 없다."라고 판시하여 예외적으로 등록상표의 효력이 미칠 수 있음을 밝혔다.

(3) 식별력 없는 입체적 형상과 동일·유사한 형상으로 된 상표(상표 90조 1항 3호)[30]

입체적 형상으로 된 등록상표에서 그 입체적 형상이 누구의 업무에 관련된 상품을 표시하는 것인지 식별할 수 없는 경우에 등록상표의 지정상품과 동일하거나 유사한 상품에 사용하는 등록상표의 입체적 형상과 동일하거나 유사한 형상으로 된 상표에는 상표권의 효력이 미치지 아니한다.

특허청 심사실무는 '식별력 없는 입체적 형상과 식별력 있는 문자 또는 도형'이 결합한 입체상표의 경우에 통상 전체적으로 식별력을 인정하여 입체상표로 등록을 허용한다.[31] 그런데 입체적 형상 자체에 식별력이 없는데도 단지 결합된 문자나 도형이 식별력을 구비하였음을 이유로 입체상표로 등록할 경우에 등록받은 출원인은 물론 일반 수요자들도 상표등록원부에 '입체상표'라고 표시된 사실만 믿고 마치 그 입체적 형상에 대하여도 독점배타적 효력이 있는 것처럼 오인할 우려가 크다. 따라서 상표법은 상표권 효력제한 사유로 입체상표로서 입체적 형상 자체가 식별력이 없는 경우에 상표권의 효력이 그와 동일하거나 유사한 입체적 형상을 사용하는 타인의 상표에 대하여 미치지 않음을 명시적으로 규정함으로써 입체상표의 보호범위에 관한 일반수요자 등의 오해를 해소하였다.[32]

(4) 등록상표의 지정상품과 동일 또는 유사한 상품에 대하여 관용하는 상표와 현저한 지리적 명칭 및 그 약어 또는 지도로 된 상표(상표 90조 1항 4호)

(가) 의 의

상표법 90조 1항 4호에서 규정하는 '관용표장'이나 '현저한 지리적 명칭'의 의미와 이러한 확인대상상표 내지 침해상표에 대하여 상표권의 효력이 미치지 않도록 한 취

---

30) 송영식 외 6인(주 1), 269. 이 규정은 상표법이 2007. 1. 3. 법률 제8190호로 개정되면서 신설되었다.

31) 상표심사기준(2017. 12. 19. 특허청 예규 100호로 개정된 것) 8부 1장 3.1 참조.

32) 상표권의 효력 제한에 관한 사안은 아니지만 권리범위확인 사건에서 입체적 표장의 유사 여부에 대하여 하급심에서 다루어진 사례가 있다[특허법원 2015. 7. 24. 선고 2015허1386 판결(확정)]. 이 사건 등록서비스표( )와 확인대상표장( ) 사이에 공통되는 청색의 가방 형상은 그 지정서비스업(사용서비스업)인 항공운송업, 해상운송업 등과 관련된 거래사회에서 일반적으로 사용되고 있던 가방의 형상 및 색채를 그대로 표현한 것에 불과하므로, 양 표장의 도형 부분은 식별력 있는 요부에 해당한다고 보기 어렵다. 반면에 양 표장의 문자 부분은 충분히 자타 서비스를 식별하는 기능을 할 수 있으므로 양 표장은 외관, 호칭, 관념에서 명확히 구분되고, 공통되는 도형 부분은 식별력이 없거나 미약하여 그 부분만으로 분리인식될 가능성이 적어, 전체적으로 볼 때 명확히 출처의 혼동을 피할 수 있다고 보아 유사하지 않다고 판단하였다.

지는 상표법 33조 1항 2호, 4호의 부등록사유에서 본 바와 같고, 다만 이에 해당하는 지를 판단하는 대상이 출원상표가 아니라 확인대상상표 내지 침해상표라는 점에서만 차이가 있음은 상표권 효력의 다른 제한사유와 마찬가지이다.

(나) 판단사례

어떠한 확인대상상표 내지 침해상표가 관용표장이나 현저한 지리적 명칭에 해당 하는지는 상표법 33조 1항 2호, 4호와 같은 기준으로 판단한다.

확인대상상표가 상표법 90조 1항 4호에 해당하는지에 관한 대법원 판례로, ① 확인대상상표 '매직블럭 매직블럭' 중 '매직블럭' 부분은 이 사건 심결 당시 그 사용상품인 '세척용 스펀지'에 관하여 구 상표법 51조 1항 3호에 규정된 관용표장에 해당하게 되었다고 할 것이므로, 이 부분에는 '기름때를 제거하는 연마스펀지' 등을 지정상품으로 하고 '매직블럭'으로 구성된 이 사건 등록상표에 관한 상표권의 효력이 미치지 않는다고 본 사례(대법원 2013. 12. 12. 선고 2013후2446 판결), ② 확인대상상표 '⬛️ㄹ등아트'이 그 표장 의 사용으로 인하여 거래계에서 그 사용서비스업인 연예물 공연업, 극장운영업 자체 를 가리키는 표장으로 인식되고 있다고 할 수 없어 구 상표법 51조 1항 3호에 해당하 지 않으므로 '**Art Valley**'로 구성된 이 사건 등록상표서비스표에 관한 상표권의 효 력이 미친다고 본 사례(대법원 2009. 10. 15. 선고 2009후2302 판결), ③ 확인대상상표인 '코리 아리서치센터 Korea Research Center Ltd. +KRC'는 전체적·객관적·종합적으로 보아 외관에 있어 현저한 지리적 명칭인 '코리아' 내지 'KOREA'와 등록서비스표의 지 정서비스업과 동일·유사한 서비스업에 대하여 관용하는 표장인 '리서치' 내지 'Research'가 결합된 서비스표에 불과하다 할 것이고, 그 결합에 의하여 '코리아 (KOREA)' 및 '리서치(Research)'란 단어가 본래의 의미를 떠나 새로운 관념을 낳는다거 나 전혀 새로운 조어가 된 경우라고 할 수 없으므로, 등록서비스표인 '(주)코리아리서 치 KOREA RESEARCH CO., LTD'의 상표권의 효력이 미치지 않는다고 본 사례(대법원 1999. 11. 26. 선고 98후1518 판결), ④ 확인대상상표인 'manhattan'이 현저한 지리적 명칭 에 해당하므로, 등록상표인 'Lady Manhattan'의 상표권의 효력이 미치지 않는다고 본 사례(대법원 1989. 2. 14. 선고 86후26 판결)가 있다.

한편 상표법 90조 1항 4호에서는 같은 항 1호, 2호와 달리 관용표장이나 현저한 지리적 명칭 등을 상거래의 관행에 따라 사용하거나 보통으로 사용하는 방법으로 표 시하는 표장으로 한정하지 아니하므로, 등록상표와 유사한 상표가 현저한 지리적 명 칭과 관용표장을 상거래의 관행과 달리 도안하거나 다른 문자 또는 도형과 결합한 것이라고 하더라도, 그 도안된 부분이나 추가적으로 결합된 문자나 도형 부분이 특히 일반의 주의를 끌 만한 것이 아니어서 전체적 · 객관적 · 종합적으로 보아 지리적 명칭이나 관용표장 또는 그 결합표장에 흡수되어 불가분의 일체를 구성하고 있다면, 그 유사 상표는 상표법 90조 1항 4호에서 정한 상표에 해당한다.[33]

(5) 등록상표의 지정상품 또는 그 지정상품의 포장의 기능을 확보하는데 불가결한 형상, 색채, 색채의 조합, 소리 또는 냄새로 된 상표(상표 90조 1항 5호)

상품의 기술적 · 기능적 효과는 상표법의 보호대상이 될 수 없고, 특허권 · 실용신안권에 의하여 보호될 뿐이다. 기술적 · 기능적 특징을 포함하는 입체적 형상이 다른 문자 · 도형 등과 결합하여 식별력이 인정되었거나 또는 사용에 의한 식별력의 취득으로 상표등록이 되었다 하더라도 그 상표권의 보호는 입체적 형상의 비기술적 · 비기능적 특징에 한정된다. 본호는 상표법 34조 1항 15호에 대응하여 기능성이 있는 형상이나 색채 또는 색채의 조합으로 된 부분에 대해서는 자유로운 사용을 개방하여 효과적인 경쟁을 보호하기 위한 것이다.[34]

(6) 지리적 표시 단체표장권의 효력이 제한되는 경우(상표 90조 2항)

상표법이 2004. 12. 31. 법률 제7290호로 개정되어 지리적 표시 단체표장제도가 신설되면서 그에 맞추어 지리적 표시 단체표장권의 효력을 제한하기 위하여 구 상표법 51조 2항(상표 90조 2항)이 함께 신설되었다.

상표법 90조 2항 1호에서는 1항 1호 · 2호(산지에 해당하는 경우를 제외한다) 또는 5호에 해당하는 상표에 대하여, 2호에서는 지리적 표시 등록단체표장의 지정상품과 동일하다고 인정되어 있는 상품에 대하여 관용하는 상표에 대하여, 3호에서는 지리적 표시 등록단체표장의 지정상품과 동일하다고 인정되어 있는 상품에 사용하는 지리적 표시로서 해당 지역에서 그 상품을 생산 · 제조 또는 가공하는 것을 업으로 영위하는 자가 사용하는 지리적 표시 또는 동음이의어 지리적 표시에 대하여, 4호에서는 선출원에 의한 등록상표가 지리적 표시 등록단체표장과 동일 또는 유사한 지리적 표시를 포함하고 있는 경우에 상표권자 · 전용사용권자 또는 통상사용권자가 지정상품

---

33) 대법원 1999. 11. 26. 선고 98후1518 판결.
34) 송영식 외 6인(주 1), 270.

에 사용하는 등록상표에 대하여 각각 지리적 표시 단체표장권의 효력이 미치지 않도록 하였다.

라. 상표법 90조와 33조 2항의 관계

(1) 문제의 소재

상표법 33조 1항 3호 내지 6호에 해당하는 표장이 사용에 의한 식별력을 취득함으로써 같은 조 2항 소정의 상표에 해당하여 등록된 경우 그 등록상표의 금지적 효력이 상표법 90조에 의하여 제한되는지 여부가 해석상 문제로 되고 있다.

(2) 판 례

대법원 판례는 처음에는 금지적 효력의 제한을 긍정하는 입장을 취하였다.[35] 그러나 그 후 대법원 1992. 5. 12. 선고 88후974, 981, 988(병합) 판결,[36] 1992. 5. 12. 선고 91후97, 91후103 판결[37] 등은 금지적 효력의 제한을 부정하였다. 특히 대법원 1996. 5. 13.자 96마217 결정은 "기술적 표장이 구 상표법 6조 2항(상표 33조 2항)에 의하여 등록이 되었다면 그러한 등록상표는 같은 항에 의하여 특별현저성을 갖추게 된 것이어서 상표권자는 그 등록상표를 배타적으로 사용할 수 있는 권리를 가지게 되었다고 볼 것이며, 그러한 등록상표에 관한 한 그 상표권은 구 상표법 51조 2호(상표 90조 1항 2호)

---

35) 비록 그 상표가 주지·저명한 상표로서 상표등록이 가능하더라도 부정경쟁의 목적으로 사용하는 여부와 관계없이 구 상표법 26조 2호(구 상표 51조 1항 2호)에 의하여 상표권의 효력이 미치지 아니한다(대법원 1987. 6. 23. 선고 86후4 판결). 이 판결은, 이 사건 등록상표 '물파스'는 수제로 된 파스 또는 물을 혼합한 파스로 인식되어 그 지정상품의 형상 또는 원재료 등 그 성질을 표시하는 '물'이라는 부분과 그 지정상품의 보통명칭인 '파스'만으로 구성된 상표라 아니할 수 없으므로 단순한 조어상표라 할 수 없고, 또한 확인대상상표의 요부인 '물파스'라는 부분도 그 지정상품의 보통명칭과 그 상품의 형상 또는 원재료를 표시하는 것으로 보통으로 사용하는 방법으로 표시한 표장에 불과하다 하여 이는 구 상표법 26조 2호의 규정에 해당되어 상표권의 효력이 미치지 아니하는 것이라고 인정하고, 가사 이 사건 등록상표가 주지·저명 상표라 하더라도 이와 같은 사유가 있을 경우에는 동 규정이 배제된다는 명문의 규정이 없는 한 확인대상상표는 이 사건 등록상표의 권리범위에 속하지 아니한다고 판단한 원심을 지지하였다.

36) 기술적 표장에 해당하는 '새우깡'이 사용에 의하여 식별력을 취득함으로써 등록된 이상, '새우깡'을 기본상표로 한 연합상표로서 새우도형 부분이 포함된 등록상표는 그 문자부분인 '새우깡'도 특별현저성을 갖추게 되었다 할 것이고, 따라서 확인대상상표인 '삼양새우깡' 중의 '새우깡' 부분에도 그 효력이 미친다고 할 것이므로 확인대상상표가 '새우깡' 부분 이외에 상품출처표시인 '삼양'이 결합되어 있다 하더라도 특별현저성이 있는 '새우깡' 부분이 동일하여 양 상표는 서로 유사한 상표이고 확인대상상표는 등록상표의 권리범위에 속한다고 판시하였다.

37) 기술적 표장이나 사용에 의하여 식별력을 취득함으로써 등록된 상표 '맛나'는 독점배타적 권리를 가지므로, 이를 선출원등록상표로 하여 이와 유사한 이 사건 등록상표 '맛나샘'의 등록을 무효로 한 사례.

소정의 상표에도 그 효력을 미칠 수 있다고 보아야 하므로, 그 상표권자는 구 상표법 51조 2호의 규정에도 불구하고 타인이 그 등록상표와 동일 또는 유사한 상표를 그 지정상품과 동일 또는 유사한 상품에 상표로서 사용하는 것을 금지시킬 수 있고, 이는 기술적 상표가 등록된 이후에 사용에 의하여 구 상표법 6조 2항에서 규정한 특별현저성을 취득한 경우에도 마찬가지라고 봄이 상당하다."라고 판시하여 금지적 효력의 제한을 부정하는 입장을 명확히 하였다. 그 후 대법원 1997. 5. 30. 선고 96다56382 판결, 2012. 11. 29. 선고 2011후774판결[38])에서도 이러한 입장을 다시 확인하였다.[39])

3. 저촉관계에 따른 제한[40])

상표법 92조 1항은 "등록상표의 사용시 그 사용상태에 따라 그 상표등록출원 전에 출원된 타인의 특허권·실용신안권·디자인권 또는 그 상표등록출원 전에 발생한 타인의 저작권과 저촉되는 경우에는 지정상품 중 저촉되는 지정상품에 대한 상표의 사용은 이들 선행권리자들의 동의를 얻지 아니하고는 그 등록상표를 사용할 수 없

---

38) 이 사건 등록상표 "🏆"의 구성 중 "**SUPERIOR**" 문자부분은 "골프화"가 이 사건 등록상표의 지정상품으로 추가등록결정된 2010. 10. 27.경 이미 골프의류, 골프가방뿐만 아니라 골프화에 관해서도 국내 수요자나 거래자에게 이미 누구의 업무에 관련된 상품을 표시하는 것으로 '현저하게' 인식되어 있었다고 보아야 할 것이다. 따라서 이 사건 등록상표의 구성 중 "**SUPERIOR**" 문자부분은 지정상품으로 추가등록된 "골프화"에 관해서는 '독립하여 자타 상품의 식별기능을 하는 부분', 즉 요부가 될 수 있다. 이 사건 등록상표의 구성 중 "**SUPERIOR**" 문자부분이 골프화에 관하여 사용에 의한 식별력을 취득한 이상 그 이후에 지정상품으로 추가등록된 "골프화"와 관련하여서는 위 문자부분이 구 상표법 51조 1항 2호(상표 90조 1항 2호)에 의한 상표권 효력의 제한을 받지 아니하므로, "골프화"와 동일·유사한 상품에 "**SUPERIOR**" 문자부분과 동일·유사한 표장을 사용하는 것은 이 사건 등록상표의 권리범위에 속한다고 할 것이다.
39) 이에 대해서는 구 상표법 6조 2항(상표 33조 2항)이 원래 식별력이 없어 등록될 수 없는 상표를 사용에 의한 식별력 취득이라는 등록결정 당시의 상태를 고려하여 예외적으로 등록을 인정하기 위한 규정인 점, 구 상표법 51조(상표 90조)에서 구 상표법 6조 2항(상표 33조 2항)에 해당하는 상표를 제외하고 있지 않은 점, 처음부터 식별력이 있어서 등록된 상표와 원래는 식별력이 없었으나 사용에 의하여 식별력을 취득하여 등록된 상표를 달리 취급하여야 할 아무런 근거가 없는 점, 구 상표법 51조(상표 90조)에 해당하는지 여부는 등록상표가 아닌 확인대상상표의 입장에서 판단하는 점, 등록결정 당시 사용에 의한 식별력을 취득한 표장이라도 이후 그 사용상태 등에 의해 식별력에 변동이 올 수 있는 점 등에 비추어 보면, 사용에 의한 식별력을 취득한 상표를 침해하는 확인대상상표가 피침해상표의 현재의 사용상태 등에 의해 형성된 거래실정에 의하여 사실상 구 상표법 51조(상표 90조)에 해당하기 어려운 것은 별론으로 하고, 구 상표법 6조 2항(상표 33조 2항)에 해당하여 등록된 상표라는 이유만으로 구 상표법 51조(상표 90조)의 적용을 배제하는 것은 타당하지 않다는 견해도 있다.
40) 이두형, "상표권의 효력과 그 제한", 지적재산권의 현재와 미래, 법문사(2004), 219~220.

다."라고 규정하고, 2항은 "상표권자·전용사용권자 또는 통상사용권자는 그 등록상표의 사용이 「부정경쟁방지 및 영업비밀보호에 관한 법률」 2조 1호 차목에 따른 부정경쟁행위에 해당하는 경우에는 같은 목에 따른 타인의 동의를 받지 아니하고는 그 등록상표를 사용할 수 없다."고 규정한다. 이 규정의 의미에 관하여 대법원 2006. 9. 11.자 2006마232 결정은 "구 상표법 53조(상표 92조)에서 등록상표가 그 등록출원 전에 발생한 저작권과 저촉되는 경우에 저작권자의 동의 없이 그 등록상표를 사용할 수 없다고 한 것은 저작권자에 대한 관계에서 등록상표의 사용이 제한됨을 의미하는 것이고, 저작권자와 관계없는 제3자가 등록된 상표를 무단으로 사용하는 경우에 그 금지를 구할 수 없다는 의미는 아니라 할 것이다."라고 판시하여, 선행권리자와의 관계에서 상표권의 효력이 제한될 뿐 선행권리자와 관계없는 제3자에 대하여는 상표권의 효력이 제한되지 않는다는 상대설의 입장을 취하였다.

가. 특허권·실용신안권과의 저촉

상표는 원래 상품의 식별표지이므로 기술적 사상의 창작을 보호하는 특허권·실용신안권과의 직접적인 저촉관계가 있을 수 없다. 이러한 점을 고려하여 구 상표법(1990. 1. 13. 법률 제4210호로 개정되어 1990. 9. 1. 시행된 것) 53조에서는 저촉관계의 대상으로 특허권·실용신안권을 포함하지 아니하였다. 그런데 1997. 8. 22. 법률 제5355호로 상표법이 개정되면서 입체상표제도가 도입되고, 이에 따라 구 상표법 53조(상표 92조)에 특허권·실용신안권이 추가되었다. 이는 실제 입체상표를 사용할 때 상표가 특허권·실용신안권을 구체화한 제품과 동일·유사하여 저촉관계가 발생하는 경우도 있을 수 있으므로 이를 조정하기 위한 것이다.

나. 디자인권과의 저촉

최근 들어 상표의 표현 태양이 디자인화하는 경향이 있어 상표권과 디자인권의 저촉이 문제되는 경우가 있다. 예를 들어 상표를 상품 자체에 디자인적으로 사용함에 따라 선행 디자인권의 침해가 문제 되는 경우가 있다. 이러한 경우 권리조정규정으로 먼저 권리를 취득하는 자가 우선하도록 함으로써 선출원 디자인권이 존재하는 경우에 상표권자는 디자인권자의 동의를 얻도록 한 것이다.[41] 디자인권과 상표권의 선후

---

41) 디자인보호법 95조도 후출원 디자인권의 실시가 선출원 상표권과 이용·저촉관계에 있을 때는 그 디자

관계는 디자인등록출원시와 상표등록출원시를 비교하여 결정한다.[42]

다. 저작권과의 저촉

저작권자는 그가 창작한 글이나 도형·사진 등에 대하여 그것을 복제할 독점배타적 권리가 있다(저작권 16조). 따라서 타인이 저작권자의 저작물을 상표로 사용하는 경우 복제권을 침해하는 것이 되어 선행의 저작권자의 동의를 받지 아니하면 저작권을 침해하는 것이 된다. 저작권과 상표권의 선후관계는 상표등록출원시와 저작권의 발생시(발행 또는 창작시)를 비교하여 결정한다(저작권 10조 2항).[43]

4. 회복된 상표권의 효력 제한

상표권에 대한 무효심결 또는 취소심결이 확정되거나 등록료 미납으로 상표등록출원이나 지정상품의 추가등록출원 또는 상표권의 존속기간갱신등록출원이 포기 간주된 후 재심 또는 등록료 보전(補塡) 등의 절차에 의해 상표권이 다시 회복되는 경우 그 사이에 상표권이 소멸되었다고 믿고 선의로 그 상표를 사용한 자가 생길 수 있다. 이러한 경우까지 상표권의 효력이 미쳐 등록상표를 침해한 것으로 본다면 제3자에게 불측의 손해를 주는 등 공평의 원칙에 반하므로, 상표법은 이러한 경우 상표권의 효력을 제한함으로써 상표권자와 공중의 이해관계를 조정한다.

인을 실시하기 위해서는 선출원 상표권자의 동의를 얻어야 한다고 규정한다.

42) 대법원 2013. 3. 14. 선고 2010도15512 판결. 피고인이, 피해자 갑이 등록출원한 도형상표 "▨"와 유사한 "◆" 문양의 피고인 사용표장이 부착된 가방과 지갑을 판매하거나 판매 목적으로 전시함으로써 갑의 상표권을 침해하였다는 내용으로 기소된 사안에서, 갑 등록상표의 고객흡인력 등에 편승하기 위한 의도로 사용된 피고인 사용표장은 실제 거래계에서 자타상품의 출처를 표시하기 위하여 상표로서 사용되었고, 피고인 사용표장의 사용에 관하여 그 상표권자인 갑의 허락이 있었다거나 디자인보호법 70조의 통상실시권 허여의 심판이 있었다는 사정이 없는 이상, 피고인의 처가 피고인 사용표장인 문양에 대해 디자인등록을 받아 피고인이 위 디자인권의 실시허락을 받고서 피고인 사용표장을 사용하였다고 볼 여지가 있다는 점은 피고인의 처의 디자인등록출원일 전에 출원된 갑 등록상표와의 관계에서 피고인 사용표장의 사용이 상표로서의 사용에 해당하여 상표권침해로 되는 데 장애가 되지 못한다.

43) 서울고등법원 2012. 7. 25. 선고 2011나70802 판결(상고기각). 여우 머리 또는 영문 'FOX'를 형상화한 도안을 창작·공표하여 자전거용 의류 등 제품에 표시하여 생산·판매하여 온 갑 외국회사가 위 도안과 동일·유사한 표장들에 관하여 국내 상표권자로서 등록을 마친 상표 등을 스포츠 의류 등 제품에 표시하여 생산·판매하는 을 주식회사 등을 상대로 저작권침해금지를 구한 사안에서, 법원은 위 도안에 관한 저작권이 국내법적 보호를 받기 시작한 1996. 7. 1. 이전에 상표등록출원을 마친 상표에 대해서는 갑 회사가 저작권 침해를 주장할 수 없다고 판단하였다.

가. 등록료 보전 등에 의하여 회복한 상표권의 효력 제한

상표법 77조 3항은 등록료를 미납함으로써 상표등록출원이나 지정상품의 추가등록출원 또는 상표권의 존속기간갱신등록출원이 포기 간주되었으나, 등록료 납부 또는 보전에 의해 상표등록출원·지정상품의 추가등록출원 또는 상표권이 회복된 경우 소정의 납부기간이 경과한 후 상표권이 회복되기 전에 그 상표와 동일·유사한 상표를 그 지정상품과 동일·유사한 상품에 사용한 행위에는 상표권의 효력이 미치지 아니한다고 규정한다. 이러한 상표권 효력의 제한에서 위 기간 동안 상표를 사용한 제3자의 선의·악의는 문제되지 않지만, 위 규정은 제3자에게 상표를 사용할 권리를 인정하는 것은 아니므로, 제3자는 상표권이 회복된 이후에는 상표를 계속 사용할 수 없다.

나. 재심에 의하여 회복한 상표권의 효력 제한

상표법 160조는 ① 상표등록 또는 상표권의 존속기간갱신등록이 무효로 된 후 재심에 의하여 그 효력이 회복된 경우, ② 상표등록이 취소된 후 재심에 의하여 그 효력이 회복된 경우, ③ 상표권의 권리범위에 속하지 아니한다는 심결이 확정된 후 재심에 의하여 이와 상반되는 심결이 확정된 경우에는 당해 심결이 확정된 후 그 회복된 상표권의 등록 전에[44] 선의로 당해 등록상표와 동일·유사한[45] 상표를 그 지정상품과 동일·유사한 상품에 사용한 행위 및 침해의 예비적 행위(상표 108조 1항 및 2항 각 2호, 3호, 4호)에는 상표권의 효력이 미치지 아니한다고 규정하여, 재심에 의해 회복한 상표권의 효력을 제한한다. 이 규정에 의하면, 재심에 의해 상표권이 회복될 것임을 알면서 상표를 사용한 악의의 사용자에게는 상표권의 효력이 제한되지 않는 반면, 선의의 사용자의 경우 침해행위뿐만 아니라 침해의 예비적 행위에 대해서도 상

---

44) 반면 구 상표법 85조는 "당해 심결이 확정된 후 재심청구의 등록 전에"의 사용에 대해서 상표권 효력을 제한하였다.

45) 상표법 160조 1항은 구 상표법 85조 1항과 달리 "해당 등록상표와 같은 상표를 그 지정상품과 같은 상품에 사용한 행위, 108조 1항 각 호의 어느 하나 또는 같은 조 2항 각 호의 어느 하나에 해당하는 행위에는 미치지 아니한다."라고 규정하나, 108조 1항 1호가 "타인의 등록상표와 동일한 상표를 그 지정상품과 유사한 상품에 사용하거나 타인의 등록상표와 유사한 상표를 그 지정상품과 동일·유사한 상품에 사용하는 행위"이므로, 결국 구 상표법 85조 1항과 마찬가지로 "당해 등록상표와 동일한 상표를 그 지정상품과 동일한 상품에 사용한 행위"에 상표권의 효력이 미치지 아니한다고 규정한 결과가 된다.

표권의 효력이 제한된다. 이러한 점에서 상표법 77조 3항과는 제한의 범위가 다르다.

5. 법정사용권에 의한 제한[46)

가. 특허권 등의 존속기간 만료 후에 상표를 사용하는 권리

(1) 상표등록출원일 전 또는 상표등록출원일과 동일한 날에 출원되어 등록된 특허권·실용신안권·디자인권이 그 상표권과 저촉되는 경우 그 특허권·실용신안권·디자인권의 존속기간이 만료되는 때에는 원 특허권자·실용신안권자·디자인권자는 원 권리의 범위 안에서 그 등록상표와 동일·유사한 상표를 동일·유사한 상품에 사용할 권리를 가진다. 다만 부정경쟁의 목적으로 그 상표를 사용하는 경우에는 그러하지 아니하다(상표 98조 1항, 6항).

(2) 위 특허권 등 존속기간 만료 시에 원 특허권·실용신안권·디자인권의 전용실시권자 또는 통상실시권자로서 등록하여 대항력을 갖춘 자도 부정경쟁의 목적이 아닌 한 원 권리의 범위 안에서 그 등록상표의 지정상품과 동일·유사한 상품에 대하여 그 등록상표와 동일·유사한 상표를 사용할 권리를 가지고, 다만 이 경우에는 상표권자 또는 전용사용권자에게 상당한 대가를 지급하여야 한다(상표 98조 2항, 3항). 유상의 법정사용권이다.

(3) 특허권자 등이 법정사용권에 의해 상표를 사용하는 경우 상표권자 또는 전용사용권자는 혼동방지표시청구권을 가지며(상표 98조 4항) 법정사용권을 이전(상속 기타 일반승계는 제외)하고자 할 때에는 상표권자 또는 전용사용권자의 동의를 얻어야 한다(상표 98조 5항).

나. 선사용에 따른 상표를 계속 사용할 권리

(1) 99조 1항의 선사용권

(가) 의 의
부정경쟁의 목적이 없이 타인의 상표등록출원 전부터 국내에서 계속하여 상표를

---

46) 송영식 외 6인(주 1), 273~278.

사용하고 있고, 그 결과 타인의 상표등록출원 시에 국내의 수요자 간에 그 상표가 특정인의 상품을 표시하는 것이라고 인식되어 있는 경우라면 비록 타인의 등록상표와 동일하거나 유사한 상표를 그 지정상품과 동일하거나 유사한 상품에 사용하는 자(그 지위를 승계한 자를 포함)라도 해당 상표를 그 사용하는 상품에 대하여 계속하여 사용할 권리, 즉 선사용권을 갖는다(상표 99조 1항). 이는 등록주의원칙에 사용주의적 요소를 가미하여 부정경쟁의 목적이 없음을 조건으로 상표의 선사용자에게 그 상표를 계속하여 사용할 권리를 인정함으로써 진정한 상표사용자의 이익을 보호하고 모방상표의 등록으로 인한 폐해를 방지하기 위한 것이다.

(나) 성립요건

1) 부정경쟁의 목적이 없이 타인의 상표등록출원 전부터 국내에서 계속하여 해당 상표를 사용할 것(99조 1항 1호)

부정경쟁의 목적이란 타인의 신용을 이용하여 부당한 이익을 얻을 목적을 말한다. 상표의 사용을 개시한 때부터 타인의 상표등록출원 시까지 부정경쟁의 목적이 없었을 것이 요구된다. 국내에서의 사용이 요건이므로 외국에서 널리 알려진 상표라도 국내에서의 사용실적이 없으면 선사용권이 인정되지 않는다. 다만 사용이란 상표법 2조 1항 11호 각 목의 행위를 말하므로 광고적 사용만으로도 충분하다. 또한, 타인의 상표등록출원 전부터 계속하여 상표를 사용하였어야 하므로, 타인의 상표등록출원 전에 상표를 사용하여 주지성을 획득하였더라도 그 후 사용을 중단하였다면 선사용권은 인정되지 않는다.

선사용권은 타인의 상표등록출원 시에 발생한 것이므로, 상표 사용의 계속성은 선사용권의 성립요건이 아니라 존속요건이다. 따라서 타인의 출원시부터 선사용권을 주장하는 시점까지 상표를 계속하여 사용하여야 한다. 다만 일체의 중단 없이 상표를 사용하여야 하는 것을 의미하는 것은 아니므로, 계속성 여부는 중지이유, 중지기간, 주지성의 수준 등의 제반사정을 종합적으로 참작하여 판단하여야 한다.

2) 1호에 따라 상표를 사용한 결과 타인의 상표등록출원 시에 국내 수요자 간에 그 상표가 특정인의 상품을 표시하는 것이라고 인식되어 있을 것(99조 1항 2호)

타인의 상표등록출원 시란 엄밀하게는 '출원일'로 인정되는 날을 말한다.[47] 국

---

47) 상표등록출원에 대한 보완명령이 있는 경우 이에 따라 절차보완서가 특허청에 도달된 날(상표 37조 4항), 출원공고결정등본의 송달 전에 한 보정이 요지변경에 해당하는 경우 보정서 제출일(상표 40조 3항), 조약에 의한 우선권을 주장하는 경우에는 그 당사국에 출원한 날(상표 46조 1항), 국제상표등록출

내의 수요자 간에 인식되었어야 하므로 외국의 수요자 간에만 인식된 경우에는 선사용권이 인정되지 않는다. 다만 상표법 34조 1항 9호 내지 12호의 부등록사유에 비하여 상대적으로 협소한 지역에서 수요자 간에 인식된 경우라도 선사용권이 인정된다.

3) 타인의 등록상표와 동일하거나 유사한 상표를 그 지정상품과 동일하거나 유사한 상품에 사용할 것

상표법 99조 1항의 선사용권은 타인의 등록상표와 동일·유사한 상표를 그 지정상품과 동일·유사한 상품에 사용하는 자이면 족하고, 2항과 달리 반드시 자기의 성명·상호 등을 사용하고 있을 필요는 없다.

(다) 효 과

위 (나)항의 요건을 충족하는 자와 그 지위를 승계한 자는 타인의 등록상표의 금지권 범위 내라도 '해당 상표'를 '그 사용하는 상품'에 대하여 계속하여 사용할 수 있는 무상의 선사용권을 가진다. 따라서 유사범위에 속하는 상표를 사용하는 것은 허용되지 않고, 독점적 사용권은 아니므로 선사용권에 의하여 다른 사람의 사용을 금지하지는 못한다.

한편 상표권자나 전용사용권자는 선사용자에게 자기의 상품과 선사용자의 상품 간의 출처의 오인이나 혼동을 방지할 수 있는 적당한 표시를 할 것을 청구할 수 있는 혼동방지표시청구권을 가진다(상표 99조 3항).

(2) 99조 2항의 선사용권

(가) 의 의

자기의 성명·상호 등 인격의 동일성을 표시하는 수단을 상거래 관행에 따라 상표로 사용하는 자로서 부정경쟁의 목적이 없이 타인의 상표등록출원 전부터 국내에서 계속하여 해당 상표를 사용한 경우에는 해당 상표를 그 사용하는 상품에 대하여 계속 사용할 권리를 가진다(상표 99조 2항). 이는 2013. 4. 5. 법률 제11747호로 개정된 상표법에서 처음 규정한 것으로, 자기의 성명·상호 등 인격의 동일성을 표시하는 수단을 상표로 사용하는 자가 부정경쟁의 목적 없이 타인의 상표등록출원 전부터 국내

원은 국제등록일(상표 180조), 분할출원이나 변경출원은 원출원일(상표 44조, 45조)을 기준으로 판단하여야 한다.

에서 해당 상표를 사용하여 온 경우, 상표법 99조 1항과 달리 국내 수요자에게 특정인의 상품을 표시하는 것으로 인식되지 않아도 그 상표를 계속 사용할 수 있도록 함으로써 인식도를 갖추기 어려운 영세상인과 같은 선의의 상표 사용자의 보호를 위하여 그 요건을 완화한 것이다.

(나) 성립요건

1) 부정경쟁의 목적이 없이, 타인의 상표등록출원 전부터 국내에서 계속하여 해당 상표를 사용할 것

이는 99조 1항의 선사용권에서 요구되는 내용과 동일하다.

2) 자기의 성명·상호 등 인격의 동일성을 표시하는 수단을 상거래 관행에 따라 상표로 사용할 것

자기의 성명·상호는 예시이므로, 성명, 상호뿐만 아니라 자기의 명칭, 초상, 서명, 인장 등 인격의 동일성을 표시하는 수단이면 어느 것이나 포함될 수 있다. 자기의 성명, 상호 등을 '상거래 관행'에 따라 상표로 사용하면 되는데, 이는 상표법 90조 1항 1호의 '상거래 관행에 따라 사용하는 상표'와 동일하다.

3) 인식도의 불필요

99조 2항의 선사용권은 1항과 달리 특정인의 상품을 표시하는 것이라고 인식되어 있을 필요가 없다.

(다) 효 과

위 (나)항의 요건을 충족하는 자는 타인의 등록상표의 금지권 범위 내라도 '해당 상표'를 '그 사용하는 상품'에 대하여 계속하여 사용할 수 있는 무상의 선사용권을 가지고, 조문 상 99조 1항과는 달리 그 지위를 승계한 자는 포함되지 않는다. 한편 99조 2항의 선사용권은, 영세상인과 같은 선의의 상표 사용자의 보호를 위하여 그 요건을 완화한 것이라는 점에서 상표권자의 혼동방지표시청구권을 인정하면 선의의 상표 사용자에게 부담이 될 수 있고, 상표권자가 이를 악용할 소지도 있으므로, 99조 3항의 혼동방지표시청구권 행사의 대상이 되지 않는다.

(3) 선사용권과 권리범위확인심판과의 관계

상표권의 적극적 권리범위확인심판은 심판청구인이 그 청구에서 심판의 대상으로 삼은 확인대상표장에 대하여 상표권의 효력이 미치는지를 확인하는 권리확정을 목적으로 한 것으로 심결이 확정된 경우 심판의 당사자뿐만 아니라 제3자에게도 일

사부재리의 효력이 미친다. 그런데 적극적 권리범위확인 심판청구의 상대방이 확인대상표장에 관하여 상표법 99조의 '선사용에 따른 상표를 계속 사용할 권리'를 가지고 있다는 것은 대인적(對人的)인 상표권 행사의 제한사유일 뿐이어서 상표권의 효력이 미치는 범위에 관한 권리확정과는 무관하므로, 상표권 침해소송이 아닌 적극적 권리범위확인심판에서 선사용권의 존부에 대해서까지 심리·판단하는 것은 허용되지 않는다.[48] 나아가 소극적 권리범위확인심판의 청구인이 확인대상상표와 피심판청구인의 등록상표가 표장 및 사용(지정)상품이 동일하거나 유사하다는 점은 다투지 않은 채 다만 자신은 상표법 99조의 '선사용에 따른 상표를 계속 사용할 권리'를 가지고 있다거나, 피심판청구인의 상표등록출원 행위가 심판청구인에 대한 관계에서 사회질서에 위반된 것이라는 등의 대인적인 상표권 행사의 제한사유를 주장하면서 확인대상상표가 등록상표의 권리범위에 속하지 않는다는 확인을 구하는 것은 상표권의 효력이 미치는 범위에 관한 권리확정과는 무관하므로 확인의 이익이 없어 부적법하다.[49]

6. 상표권의 소진과 진정상품의 병행수입에 의한 상표권의 효력 제한

가. 상표권의 소진

특별한 사정이 없는 한 상표권자 등이 국내에서 등록상표가 표시된 상품을 양도한 경우에는 당해 상품에 대한 상표권은 그 목적을 달성한 것으로서 소진되고, 그로써 상표권의 효력은 당해 상품을 사용, 양도 또는 대여한 행위 등에는 미치지 않는다. 그러나 원래의 상품과의 동일성을 해할 정도의 가공이나 수선을 하는 경우에는 실질적으로 생산행위를 하는 것과 마찬가지이므로 이러한 경우에는 상표권의 권리를 침해하는 것으로 보아야 한다. 그리고 동일성을 해할 정도의 가공이나 수선으로서 생산행위에 해당하는가의 여부는 당해 상품의 객관적인 성질, 이용형태 및 상표법의 규정취지와 상표의 기능 등을 종합하여 판단한다.[50]

---

48) 대법원 2012. 3. 15. 선고 2011후3872 판결.
49) 대법원 2013. 2. 14. 선고 2012후1101 판결.
50) 대법원 2009. 10. 15. 선고 2009도3929 판결(피고인들은 타인의 등록상표가 인쇄된 트럼프 카드의 뒷면에 특수염료로 무늬와 숫자를 인쇄하여 이 사건 카드를 제조·판매하였는데, 대법원은 피고인들이 카드의 뒷면에 특수염료로 무늬와 숫자를 인쇄하였다 하더라도 육안으로는 그 무늬와 숫자를 식별하기 불가능하여 이를 특수한 목적을 가진 사람이 특수한 방법으로 사용하지 않는 이상 여전히 그 본래의

나. 진정상품의 병행수입

진정상품의 병행수입은 국내외에 동일한 상표권을 소유하는 상표권자에 의해 적법하게 제조되어 유통된 진정상품을 제3자가 국내의 상표권자 등 독점사용권자의 허락 없이 그들에 의한 정상적인 유통경로를 통한 수입 외에 다른 유통경로를 통하여 수입하는 것을 말한다. 이러한 경우 독점사용권자가 자신의 국내 상표권에 기하여 그 수입을 저지할 수 있는지가 문제될 수 있다.

진정상품의 병행수입은 위법성이 없는 정당한 행위로서 상표권 침해 등을 구성하지 아니하므로, 병행수입업자가 상표권자의 상표가 부착된 상태에서 상품을 판매하는 행위는 당연히 허용된다.[51] 또한, 상표제도는 상표를 보호함으로써 상표사용자의 업무상 신용 유지를 도모하여 산업발전에 이바지함과 아울러 수요자의 이익을 보호함을 목적으로 하고, 상표는 기본적으로 당해 상표가 부착된 상품의 출처가 특정한 영업주체임을 나타내는 상품출처표시기능과 이에 수반되는 품질보증기능이 주된 기능이라는 점 등에 비추어 볼 때, 병행수입업자가 위와 같이 소극적으로 상표를 사용하는 것에 그치지 아니하고 나아가 적극적으로 상표권자의 상표를 사용하여 광고·선전행위를 하더라도 그로 인하여 위와 같은 상표의 기능을 훼손할 우려가 없고 국내 일반 수요자들에게 상품의 출처나 품질에 관하여 오인·혼동을 불러일으킬 가능성도 없다면, 이러한 행위는 실질적으로 상표권침해의 위법성이 있다고 볼 수

용도대로 사용될 수 있고, 이 사건 카드를 다시 사용·양도 또는 판매하는 경우에도 이를 알고서 취득하는 수요자로서는 그 원래 상품의 출처를 혼동할 염려가 없으며 이를 모르고 취득하는 수요자들로서도 상표권자가 제조한 그대로의 상품을 취득한 것으로 인식하여 그 본래의 기능에 따라 사용하게 될 것이므로, 피고인들의 이 사건 카드 제조·판매행위를 원래의 상품과의 동일성을 해할 정도의 가공·수선이라고 하거나 상표의 출처표시 기능이나 품질보증 기능을 침해하였다고 하기 어렵다고 판시하였다), 2003. 4. 11. 선고 2002도3445 판결(피고인이 후지필름의 등록상표가 각인된 1회용 카메라의 빈 용기를 수집하여 다시 필름을 장전하고 일부 포장을 새롭게 하여 제조·판매한 행위는 단순한 가공이나 수리의 범위를 넘어 상품의 동일성을 해할 정도로 본래의 품질이나 형상에 변경을 가한 경우에 해당되고 이는 실질적으로 새로운 생산행위에 해당하므로 후지필름의 등록상표를 침해한 것이라고 판시하였다).

51) 그 이론적 근거에 대해서는, 상표를 일단 적법하게 사용하여 상품을 유통케 하였을 때에는 국내외를 막론하여 상표권은 이미 소진되어 버렸으므로 진정상품의 병행수입은 상표권 침해를 구성하지 아니한다는 소진설과 상표권은 원래 그 기능보호를 통하여 상표권자의 신용과 경업질서를 보호하려는 제도이지 상표권자에게 국제적 시장의 자의적 분할지배를 인정하려는 제도는 아니므로 진정상품의 병행수입과 같이 상표의 출처표시기능을 해하지 아니하고 공중에게 오인·혼동을 생기게 할 위험성이 없을 때에는 이를 금지할 이유가 없다는 상표기능론 또는 공중오인설이 있다.

없다.52)

그러나 진정상품의 병행수입에 해당한다고 하더라도 국내의 상표권자가 해외에서 상품을 제조·판매하는 자와 법적 또는 경제적으로 아무런 관계가 없어 그 제조·판매의 출처가 전혀 다른 경우에는 국내 상표권을 침해하는 것으로서 허용되지 않는다.53)

따라서 진정상품의 병행수입이 상표권 침해가 되지 않기 위해서는, 외국의 상표권자 내지 정당한 사용권자가 그 수입상품에 상표를 부착하였어야 하고, 그 외국 상표권자와 우리나라의 등록상표권자가 법적 또는 경제적으로 밀접한 관계에 있거나 그 밖의 사정에 의하여 수입상품에 부착된 상표가 우리나라의 등록상표와 동일한 출처를 표시하는 것으로 볼 수 있는 경우이어야 한다. 아울러 그 수입상품과 우리나라의 상표권자가 등록상표를 부착한 상품 사이에 품질에서 실질적인 차이가 없어야 하며, 여기에서 품질의 차이란 제품 자체의 성능, 내구성 등의 차이를 의미하는 것이지 그에 부수되는 서비스로서의 고객지원, 무상수리, 부품교체 등의 유무에 따른 차이를

---

52) 대법원 2002. 9. 24. 선고 99다42322 판결. 이 판결은 상표기능론 또는 공중오인설에 근거하여 병행수입을 허용한 것으로 보인다. 아울러 이 판결은 "병행수입업자가 적극적으로 상표권자의 상표를 사용하여 광고·선전행위를 한 것이 실질적으로 상표권침해의 위법성이 있다고 볼 수 없어 상표권침해가 성립하지 아니한다고 하더라도, 그 사용 태양 등에 비추어 영업표지로서의 기능을 갖는 경우에는 일반 수요자들로 하여금 병행수입업자가 외국 본사의 국내 공인 대리점 등으로 오인하게 할 우려가 있으므로, 이러한 사용행위는 부정경쟁방지 및 영업비밀보호에 관한 법률 2조 1호 나목 소정의 영업주체혼동행위에 해당되어 허용될 수 없다."라고 판시하여 병행수입에 대하여는 상표권의 효력이 미치지 아니할 뿐 부정경쟁방지법 등 다른 법률에 의한 규제로부터도 자유로운 것은 아니라는 취지를 명확히 하였다.

53) 대법원 2014. 8. 20. 선고 2012다6035, 2012다6059판결(이 사건 등록상표의 상표권자인 원고와 일본 카타나 골프채에 피고 사용상표들을 부착한 일본 카타나사 또는 일본 카타나 상표의 상표권자인 우메다 쇼카이가 법적 또는 경제적으로 밀접한 관계에 있다거나, 그 밖의 사정에 의하여 일본 카타나 골프채에 부착된 피고 사용상표들이 이 사건 등록상표와 동일한 출처를 표시하는 것으로 볼 수는 없으므로, 피고 사용상표들이 부착된 일본 카타나 골프채를 피고가 수입판매하면서 그 광고에 피고 사용상표들을 사용하는 행위는 원고의 이 사건 상표권을 침해하는 행위에 해당한다), 2008. 11. 27. 선고 2006도2650 판결(피고인의 이 사건 상품에 부착된 표장과 동일한 "ROBERTA DI CAMERINO" 표장에 관하여 일본국에서의 생산·판매에 대한 독점적 실시권을 가진 미쓰비시는 엘마크와 사이에 엘마크가 위 표장을 부착한 상품을 생산, 판매할 수 있도록 허락하는 약정을 하였고, 에스테도는 엘마크가 생산한 카매트, 차량용 시트커버 및 방석 등 상품을 매입하였으며, 피고인은 에스테도로부터 위 상품을 한국으로 수입하였다. 그러나 미쓰비시와 "**ROBERTA**" 상표의 상표권자인 고소인은 법적 또는 경제적으로 아무런 관계가 없어 그 제조·판매의 출처가 전혀 다르므로, 이러한 경우에는 피고인의 이 사건 상품 수입행위가 이른바 진정상품의 병행수입에 해당한다고 하더라도 국내 상표권을 침해하는 것으로서 허용되지 않는다).

말하는 것이 아니다.[54)]

---

54) 대법원 2006. 10. 13. 선고 2006다40423 판결. 이 사건 수입제품은 이 사건 "STARCRAFT" 상표의 미국
내 상표권자인 블리자드 사가 적법하게 상표를 부착하여 미국에서 판매한 진정상품으로서, 미국 상표권
자와 국내의 등록상표권자가 위 블리자드 사로 동일하고, 이 사건 "STARCRAFT" 상표와 관련하여 그
전용사용권자인 원고가 국내에서 독자적인 영업상 신용을 쌓아옴으로써 국내의 일반 수요자들 사이에
국내 등록상표의 출처를 이 사건 상표권자인 블리자드사가 아닌 원고로 인식하기에 이르렀다고 볼 수
없으므로, 이 사건 수입제품에 부착된 상표가 국내의 등록상표와 동일한 출처를 표시하는 것으로 볼 수
있다. 네트워크를 통한 오락용 컴퓨터 소프트웨어 씨디(CD)인 이 사건 수입제품은 디지털화된 정보를
담고 있는 매개체로서 생산자나 판매국에 따라 부수적인 정보에 있어서 다소간의 차이가 있을지언정
그 주된 내용인 게임의 실행과정에 있어서는 동일한 내용을 담고 있을 수밖에 없다는 특성에 비추어 볼
때 국내 등록상표품인 원고의 제품과 이 사건 수입제품 사이에 품질에 있어 차이가 있다고 할 수 없고,
이는 국내 상표품이 이 사건 수입제품에 비해 씨디 키(CD key)의 사후적 관리가 이루어지는 등 그 부
수적 서비스에 차이가 있다고 하더라도 달라지지 않는다.

상표에 관한 쟁송

I. 서   론

상표에 관한 쟁송은 상표에 관한 특허심판원의 심판절차와 법원의 소송절차를 포함하는 개념인데, 그중 법원의 소송절차는 크게 특허심판원의 심결에 대한 취소소송과 상표권의 침해 내지 귀속을 둘러싼 민사소송으로서의 상표 관련 소송으로 나눌 수 있다.

상표법은 7장에서 ① 거절결정에 대한 심판(상표 116조), ② 보정각하결정에 대한 심판(상표 115조), ③ 상표등록의 무효심판(상표 117조), ④ 상표권의 존속기간갱신등록의 무효심판(상표 118조), ⑤ 상표등록의 취소심판(상표 119조), ⑥ 전용사용권 또는 통상사용권 등록의 취소심판(상표 120조), ⑦ 상표권의 권리범위확인심판(상표 121조)을 규정하고, 10장에서 상품분류전환등록의 무효심판(상표 214조)을 규정하며, 8장에서는 특허심판원의 심결에 대한 소와 심판절차에서의 보정각하결정 및 심판청구서나 재심청구서의 각하결정에 대한 소는 특허법원의 전속관할로 한다고 규정한다(상표 162조 1항).

한편 민사소송으로서의 상표 관련 소송은 ① 상표법 107조에 근거한 금지청구소송, ② 민법 750조, 상표법 109조에 근거한 손해배상청구소송, ③ 상표법 113조에 근거한 신용회복조치청구소송, ④ 상표권의 귀속을 둘러싼 소송(상표권 이전·말소등록소송, 상표권에 관한 전용사용권과 통상사용권의 설정·말소등록소송, 상표권의 귀속에 관한 확인소송) 등이 있는데, 이러한 유형의 소는 민사소송법 24조 2항의 '특허권등의 지식재산권에 관한 소'에 해당하므로 전속관할 규정이 적용된다.[1]

---

1) 전속관할에 대한 자세한 논의는 제1장 제3절 II. 3. 다.항 부분 참조.

이하에서는 상표에 관한 쟁송에서 실무상 발생하는 문제점을 쟁점 위주로 살펴보되, 심결취소소송의 일반에 관하여는 앞서 총론 부분에서 자세히 다루었으므로, 실무상 주로 문제가 되는 거절결정에 대한 심판, 상표등록의 무효심판, 상표등록의 취소심판, 상표권의 권리범위확인심판 등을 소송이 아닌 심판절차를 중심으로 살펴본다.

II. 거절결정에 대한 심판

1. 의 의

상표등록거절결정, 지정상품의 추가등록거절결정 및 상품분류전환등록거절결정 중 어느 하나에 해당하는 결정을 받은 자가 불복이 있는 때에는 거절결정등본을 송달받은 날부터 30일 이내에 심판을 청구할 수 있다(상표 116조). 이는 심사관으로부터 불리한 처분을 받은 당사자의 권리를 구제하고, 심사관의 처분의 적정성을 확보하기 위한 제도로서, 양 당사자 간의 분쟁인 다른 심판절차와 달리 특허청을 일방 당사자로 하는 분쟁이라는 점에서 결정계 심판이라 부른다.

2. 절차 및 요건

거절결정에 대한 불복심판은 거절결정을 받은 상표등록출원인만이 청구할 수 있다. 공동출원인의 경우에는 공동출원인 전원이 청구인이 되어야 하므로(상표 124조 3항), 공동출원인의 일부만이 불복심판을 청구한 경우에는 심판청구를 각하하여야 한다.[2] 반면 심결취소소송의 경우 공동출원인 전원이 심결취소소송을 제기하여야 하는지에 대해서는 명시적 규정을 두지 아니하여 해석에 맡겨져 있다.[3]

---

2) 특허법원 2007. 7. 11. 선고 2007허852 판결(확정).

3) 대법원 2009. 5. 28. 선고 2007후1510 판결 참조. 당사자계 사건뿐만 아니라 결정계 사건의 경우에도 공유자 중의 1인에 의한 심결취소소송의 제기가 가능하다는 견해에 대하여는, 박정화, "특허권의 공유자 1인의 심결취소소송에서의 원고적격", 특허소송연구 3집, 특허법원(2005), 198 참조. 특허권에 관한 사안이기는 하나 특허법원 2017. 1. 26. 선고 2016허4160 판결(확정)은 "특허발명의 공동 출원인이 특허거절결정에 대한 취소심판청구에서 패소한 경우 제기하는 심결취소소송은 심판청구인인 공동 출원인 전

거절결정에 대한 불복심판을 청구하는 자는 소정의 사항을 기재한 심판청구서를 특허심판원장에게 제출하여야 한다(상표 126조 1항). 심판장은 심판청구서가 방식에 위배된 경우에는 기간을 정하여 보정을 명하여야 하고, 지정된 기간 내에 청구인이 흠결을 보정하지 않으면 결정으로 심판청구서를 각하한다(상표 127조).

3. 심리 및 심결

가. 심리방식

특허심판원에서의 거절결정에 대한 심판은 심판관 합의체가 담당한다(상표 132조). 심리는 구술심리 또는 서면심리로 한다. 다만, 당사자가 구술심리를 신청한 때에는 서면심리만으로 결정할 수 있다고 인정되는 경우 외에는 구술심리를 하여야 한다. 구술심리는 이를 공개하여야 한다. 다만, 공공의 질서 또는 선량한 풍속을 문란하게 할 염려가 있는 때에는 그러하지 아니하다. 심판장은 구술심리에 의한 심판을 할 경우에는 그 기일 및 장소를 정하고 그 취지를 기재한 서면을 당사자 및 참가인에게 송달하여야 한다. 다만, 당해 사건에 출석한 당사자 및 참가인에게 알린 때에는 그러하지 아니하다. 심판장은 구술심리에 의한 심판을 할 경우에는 특허심판원장이 지정한 직원에게 기일마다 심리의 요지 기타 필요한 사항을 기재한 조서를 작성하게 하여야 한다(상표 141조). 심리에 있어서는 직권심리주의가 적용되고, 직권심리의 경우 그 이유에 대하여 당사자 등에게 의견진술의 기회를 주어야 한다(상표 146조).

나. 심리범위 및 대상

(1) 특허심판원의 심리범위는 거절결정에서의 거절이유에 한정되지 않으나 거절결정에서의 거절이유와 다른 이유를 들어 심판청구를 기각하고자 할 때 즉, 새로운 거절이유를 발견한 때는 그 새로운 이유를 심판청구인에게 통지하고 의견서 제출의 기회를 주어야 한다(상표 123조 3항, 55조 1항).

어디까지가 새로운 거절이유에 해당하는가가 문제된다. 출원상표와 대비되는 선등록상표 등이 다르거나,[4] 상표법 34조 1항 9호로 거절한 것에 대하여 같은 항 11호

원이 공동으로 제기하여야 하는 고유필수적 공동소송이라고 할 수 없으므로, 특허거절결정에 대한 심판에서 패소한 원고는 단독으로 심결의 취소를 구하는 소송을 제기할 수 있다."라고 판시하였다.
4) 특허법원 2010. 3. 26. 선고 2009허9686 판결(확정).

를 이유로 거절결정을 유지하는 경우와 같이 서로 다른 법조문을 적용하는 경우에
는 원칙적으로 새로운 거절이유에 해당한다고 할 것이지만, 실질적으로 의견제출기
회가 부여되었다고 볼 만큼 주지에서 부합하는 거절사유라면 새로운 거절사유로 보
기는 어려울 것이다.

특허법원은, 특허청 심사관이 구 상표법 7조 1항 7호에 해당한다는 거절이유를
통지한 후 출원인으로부터 의견서를 제출받고 상표출원공고결정을 하였고, 이후 최
종적으로 구 상표법 6조 1항 3호에 해당한다는 거절이유를 통지하였다면, 최초 거절
이유로 통지된 구 상표법 7조 1항 7호의 거절이유는 철회된 것으로 봄이 상당하므로,
심판절차에서 구 상표법 7조 1항 7호에 해당한다는 사유로 거절결정을 유지할 수 없
다고 판시하였다.5) 반면 '등록주의 국가의 상표권'에 기해 구 상표법 23조 1항 3호에
해당함을 이유로 거절결정을 하였으나 심결취소소송 단계에서 위 '상표에 관한 권리
를 가진 자'의 근거가 되는 상표권을 '사용주의 국가의 상표권'으로 변경하여 주장하
는 것은 새로운 거절사유에 관한 주장이 아니라고 판시하였다.6)

(2) 거절결정 불복심판 청구를 기각하는 심결에 대한 심결취소소송에서 특허청장
은 거절결정의 이유와 다른 새로운 거절이유에 해당하지 않는 한 심결에서 판단되지
않은 것이라고 하더라도 심결의 결론을 정당하게 하는 사유를 주장·증명할 수 있다.
따라서 특허심판원에서 심사단계에서 든 세 가지의 거절이유 중 하나만을 판단하여
거절결정을 유지하였더라도 심결취소소송에서는 특허청장이 나머지 거절이유를 주
장한다면 그 거절이유에 대하여도 심리·판단할 수 있다.7) 나아가 특허청장은 거절
결정의 이유 외에도 심사나 심판 단계에서 의견서 제출의 기회를 부여한 사유 및 이
와 주요한 취지가 부합하는 사유를 해당 심결의 결론을 정당하게 하는 사유로 주장
할 수 있고, 심결취소소송의 법원은 이를 심리·판단하여 심결의 당부를 판단하는 근
거로 삼을 수 있다. 그리고 상표법 60조, 66조에 따라 상표등록이의신청서에 기재되
어 출원인에게 송달됨으로써 답변서 제출의 기회가 주어진 사유는 의견서 제출의 기
회가 부여된 사유로 볼 수 있다.8)

5) 특허법원 2008. 10. 23. 선고 2008허7997 판결(심리불속행 기각).
6) 특허법원 2008. 11. 19. 선고 2008허7027 판결(확정).
7) 대법원 2004. 7. 22. 선고 2004후356, 363 판결.
8) 대법원 2016. 3. 24. 선고 2015후1997 판결.

(3) 거절결정 불복심판 절차의 계속 중에 선출원상표에 대한 등록무효심판이 청구되었다 하더라도 이러한 사정은 상표법 22조에 정한 심판절차의 중단 사유에 해당하지 아니하고, 심판절차의 중지 여부는 심판관이 자유재량으로 정할 수 있으므로, 등록무효심판의 심결이 확정될 때까지 심판절차를 중지하지 않고 심결을 하였다고 하여 이를 위법하다고 할 수 없다.[9]

다. 보정과 심사전치

출원인은 거절결정에 대한 불복심판을 청구하는 경우 그 청구일부터 30일 이내에 상표등록출원의 요지를 변경하지 아니하는 범위 이내에서 지정상품 및 표장을 보정할 수 있다(상표 40조, 41조). 상표법은 특허법이나 디자인보호법 등과 달리 심사전치제도를 두고 있지 않으므로 보정서가 접수되더라도 특허심판원은 이를 심사국으로 이송하지 않고 그 보정이 요지변경에 해당하는지를 판단하여 요지변경에 해당하면 결정으로 보정을 각하하고 그렇지 않으면 보정 후의 내용으로 심판한다(상표 123조 1항, 42조 1항).[10]

특허심판원이 보정을 간과하고 보정 전의 지정상품을 대상으로 판단을 하는 경우가 실무상 종종 있는데, 그 이유가 보정을 간과하였기 때문이라면 심판대상을 잘못 정한 위법이 있는 것이고, 보정각하결정을 누락한 것이라면 그 보정각하결정의 위법 여부에 대한 심판을 청구할 기회도 없이 출원인의 심판청구가 기각됨으로써 심판청구인이 법에 의하여 부여받은 절차상의 권리가 침해된 위법 상태가 발생하였고 그러한 위법은 심판의 결론에 영향을 미칠 수 있는 정도의 것이므로, 보정 전의 지정상품을 대상으로 판단한 심결은 그 자체로 취소사유를 가지게 된다.[11]

4. 거절결정의 불가분성

지정상품이 2 이상인 출원상표가 일부 지정상품에 관하여는 상표등록요건을 갖

---

9) 특허법원 2008. 11. 19. 선고 2008허7423 판결(확정).

10) 상표법 40조의 출원공고결정 전의 보정에 대한 보정각하결정에 대하여는 상표법 115조 규정에 의하여 불복할 수 있고, 그 불복심판의 심결이 확정될 때까지 심판절차를 중지하여야 하나(상표 42조 3항), 상표법 41조의 출원공고결정 후의 보정에 대한 보정각하결정에 대하여는 원칙적으로 불복할 수 없고, 다만 거절결정에 대한 불복심판을 청구하는 경우에는 그러하지 아니하다(상표 42조 5항).

11) 특허법원 2004. 12. 3. 선고 2004허5801 판결(확정).

춘 것으로 인정되고, 나머지 지정상품에 관하여는 상표등록요건을 갖추지 못한 것으로 인정되는 경우에, 상표법상 상표등록요건을 갖춘 지정상품에 대하여는 등록결정을 하고, 상표등록요건을 갖추지 못한 지정상품에 대하여는 거절결정을 함과 같이 분리하여 결정하여야 할 근거가 없다. 따라서 하나의 출원은 지정상품이 여럿이라 하더라도 일체불가분으로 취급할 수밖에 없어 일부 지정상품에 관하여 상표등록요건이 갖추어지지 아니한 경우 그것이 보정절차를 통하여 지정상품에서 철회되지 아니하는 한, 전체 지정상품에 대한 출원에 대하여 하나의 거절결정을 할 수밖에 없다.12)

Ⅲ. 상표등록무효심판

1. 의   의

이해관계인 또는 심사관은 상표등록 또는 지정상품의 추가등록이 상표법 117조 1항 각 호의 어느 하나에 해당하는 경우에는 무효심판을 청구할 수 있다. 이 경우 등록상표의 지정상품이 둘 이상인 경우에는 지정상품마다 청구할 수 있다(상표 117조 1항).

상표등록무효심판제도는 상표등록 또는 지정상품의 추가등록이 상표법에 규정된 무효사유에 해당함을 이유로 일단 유효하게 성립한 상표권을 처음부터 또는 그 사유 발생 시부터 소급하여 소멸시키기 위한 제도이다. 이는 아래에서 보는 권리범위확인 심판, 상표등록취소심판 등과 함께 특허청이 아닌 양 당사자 간의 분쟁이라는 점에서 결정계 심판과 구별하여 당사자계 심판이라고 부른다.

상표가 법정된 등록요건에 위반되어 등록되었다면, 본래 등록이 거절되어야 할 것이 잘못되어 등록된 경우이므로 그 등록은 처음부터 존재하지 않았던 것으로 하는 것이 상표법의 취지에 부합한다. 그리하여 상표법은 일정한 사유를 규정하고 이들 사유에 해당하는 경우에는 이해관계인 또는 심사관으로 하여금 특허심판원에 등록무효를 청구할 수 있도록 규정한다.

---

12) 대법원 1993. 12. 21. 선고 93후1360 판결.

상표등록무효는 특허청의 심판절차에 의해서만 할 수 있다.[13]

2. 상표등록무효사유

가. 무효사유

상표법 117조 1항에서 규정하는 상표등록무효사유는 다음과 같다.

(1) 1호

① 상표법 3조에서 규정한 상표등록을 받을 수 있는 자의 요건을 갖추지 못한 상
 표가 등록된 경우
② 재외자 중 외국인은 일정한 경우를 제외하고는 상표를 등록받을 수 없는데(상
 표 27조), 이에 위반된 경우
③ 상표법 33조에서 규정한 상표등록의 요건을 갖추지 못한 상표, 상표법 34조에
 서 규정한 상표등록을 받을 수 없는 상표, 상표법 35조에서 규정한 선출원에
 위반된 상표가 등록된 경우
④ 상표등록출원은 그 지정상품마다 분할하여 이전할 때 유사한 지정상품을 함
 께 이전하여야 하는데(상표 48조 2항 후단), 이에 위반된 경우
⑤ 상표등록출원이 공유인 경우에는 각 공유자는 다른 공유자 전원의 동의를 얻
 지 아니하면 그 지분을 양도할 수 없는데(상표 48조 4항), 이에 위반된 경우
⑥ 상표법 48조 6항부터 8항에 위반된 경우
⑦ 상표법 54조 1호·2호 및 4호부터 7호에 위반된 경우

(2) 2호

 상표등록 또는 지정상품의 추가등록이 그 상표등록출원에 의하여 발생한 권리를
승계하지 아니한 자가 한 것인 경우

---

13) 다만 대법원 2012. 10. 18. 선고 2010후103000 전원합의체 판결은, 등록상표에 대한 등록무효심결이 확
 정되기 전이라고 하더라도 상표등록이 무효심판에 의하여 무효로 될 것임이 명백한 경우에는 상표권에
 기초한 침해금지 또는 손해배상 등의 청구는 특별한 사정이 없는 한 권리남용에 해당하여 허용되지 아
 니한다고 보아야 하고, 상표권침해소송을 담당하는 법원으로서도 상표권자의 그러한 청구가 권리남용
 에 해당한다는 항변이 있는 경우 그 당부를 살피기 위한 전제로서 상표등록의 무효 여부에 대하여 심
 리·판단할 수 있다고 판시하였다.

(3) 3호

지정상품의 추가등록이 상표법 87조 1항 3호[14]에 위반된 경우

(4) 4호

상표등록 또는 지정상품의 추가등록이 조약에 위반된 경우

(5) 5호

상표등록된 후 그 상표권자가 상표법 27조에 따라 상표권을 누릴 수 없는 자로 되거나 그 등록상표가 조약에 위반된 경우

(6) 6호

상표등록된 후 그 등록상표가 상표법 33조 1항 각 호의 어느 하나에 해당하게 된 경우(같은 조 2항에 해당하게 된 경우를 제외한다)

(7) 7호

상표법 82조에 따라 지리적 표시 단체표장등록이 된 후 그 등록단체표장을 구성하는 지리적 표시가 원산지 국가에서 보호가 중단되거나 사용되지 아니하게 된 경우

나. 거절사유와의 차이

무효사유와 거절사유는 대체로 일치한다. 그러나 거절사유 가운데 상표법 38조 1항(1상표 1출원)의 규정에 따라 상표등록을 할 수 없는 경우(상표 54조 3호)는 거절사유에는 해당하지만 무효사유에는 해당하지 아니한다. 한편, 무효사유 가운데 상표등록 또는 지정상품의 추가등록이 그 상표등록출원에 의하여 발생한 권리를 승계하지 아니한 자가 한 것인 경우(상표 117조 1항 2호), 상표등록된 후 그 등록상표가 상표법 33조 1항 각 호의 어느 하나에 해당하게 된 경우(상표 117조 1항 6호) 등은 거절사유에는 해당하지 않지만 무효사유에는 해당한다.

---

14) 상표법 87조 1항은 "심사관은 지정상품추가등록출원이 다음 각 호의 어느 하나에 해당하는 경우에는 그 지정상품의 추가등록거절결정을 하여야 한다."라고 규정하고, 그 3호는 등록상표의 상표권이 소멸하거나 상표등록출원이 포기·취하 또는 무효로 되거나 상표등록출원에 대한 54조에 따른 상표등록거절결정이 확정된 경우를 규정한다.

3. 절차 및 요건

상표등록의 무효심판을 청구할 수 있는 사람은 이해관계인 또는 심사관이다(상표 117조 1항). 여기서 '이해관계인'이라 함은 그 등록상표와 동일 또는 유사한 상표를 동일 또는 유사한 지정상품에 사용한 적이 있거나 현재 사용하고 있는 자 또는 등록상표의 지정상품과 동종의 상품을 제조, 판매함으로써 등록상표의 소멸에 직접적인 이해관계가 있는 자를 말한다. 이해관계인에 해당하는지는 심결시를 기준으로 판단하여야 하는데,15) 실무상 아래에서 보는 상표등록의 취소심판을 청구할 수 있는 이해관계인에 비하여 그 범위를 비교적 넓게 인정한다.16)

한편 심사관도 상표등록 무효심판을 청구할 수 있다. 심사관으로 하여금 등록의 무효심판을 청구할 수 있도록 규정한 것은 심사관 개인을 이해관계인으로 보아서가 아니라 상표제도의 원활한 목적 달성을 위한 공익적 견지에서 나온 것이므로, 그 심사관은 심판청구 당시 상표등록출원에 대한 심사를 담당하는 자이면 되고 반드시 당해 상표등록을 심사하여 등록결정한 심사관에 한하거나 심결 당시에 그 심사관의 지위에 있어야만 하는 것은 아니다.17)

상표등록 무효심판의 상대방은 심판청구 당시 상표등록원부에 상표권자로 등록된 자이다. 상표권이 공유인 경우에는 공유자 전원을 피청구인으로 하여야 한다(상표 124조 2항).

이와 관련하여 상표권이 공유인 경우 심판청구인이 패소한 경우에 그 심결취소소송은 공유자 전원을 피고로 하여 제기하여야 하는지,18) 반대로 상표권 공유자인 피심판청구인들이 패소한 경우 공유자 전원이 원고가 되어 심결취소소송을 제기하여야만 하는지에 대해서는 논란이 있다. 대법원은 권리범위확인사건에서 상표권의 공유자가 그 상표권의 효력에 관한 심판에서 패소한 경우에 제기할 심결취소소송은 공유자 전원이 공동으로 제기하여야만 하는 고유필수적 공동소송이라고 할 수 없고, 공유자의 1인이라도 당해 상표등록을 무효로 하거나 권리행사를 제한·방해하는 심결이 있는 때에는 그 권리의 소멸을 방지하거나 그 권리행사방해배제를 위하여 단독으로 그 심결의 취소를 구할 수 있다고 판시함으로써 공유자 1인에 의한 소제기도 허용됨을 명백히 하였다.[19] 이는 상표등록무효심판이나 취소심판에도 그대로 적용된다고 할 것이다.

이해관계인 또는 심사관은 등록상표의 지정상품이 둘 이상인 경우 지정상품 전부에 대하여 무효심판을 청구할 수 있고, 지정상품 중 일부에 대하여만 무효심판을 청구할 수도 있다(상표 117조 1항 후단).

상표권이 소멸하였더라도 손해배상 등의 분쟁이 발생할 수 있으므로 상표등록의 무효심판은 그 상표권이 소멸된 후에도 이를 청구할 수 있다(상표 117조 2항).

4. 제척기간

상표등록 무효사유 중 ① 저명한 타인의 성명·명칭 또는 상호·초상·서명·인장·아호·예명·필명 또는 이들의 약칭을 포함하는 상표(상표 34조 1항 6호), ② 선출원에 의한 타인의 등록상표(등록된 지리적 표시 단체표장은 제외한다)와 동일·유사한 상표로서 그 지정상품과 동일·유사한 상품에 사용하는 상표(상표 34조 1항 7호), ③ 선출원에 의한 타인의 등록된 지리적 표시 단체표장과 동일·유사한 상표로서 그 지정상품과 동일하다고 인식되어 있는 상품에 사용하는 상표(상표 34조 1항 8호), ④ 타인의 상품을 표시하는 것이라고 수요자들에게 널리 인식되어 있는 상표(지리적 표시는 제외한다)와 동일·유사한 상표로서 그 타인의 상품과 동일·유사한 상품에 사용하는 상표(상표 34조 1항 9호), ⑤ 특정 지역의 상품을 표시하는 것이라고 수요자들에게 널리 인식되어 있는 타인의 지리적 표시와 동일·유사한 상표로서 그 지리적 표시를 사용하는 상품과 동일하다고 인정되어 있는 상품에 사용하는 상표(상표 34조 1항 10호), ⑥ 세계무역기구 회원국 내의 포도주 또는 증류주의 산지에 관한 지리적 표시로서 구성되거나 그 지리적 표시를 포함하는 상표로서 포도주 또는 증류주에 사용하려는 상표(상표 34조 1항 16호), ⑦ 선출원주의에 위반된 상표(상표 35조), ⑧ 상표권 존속기간갱신등록이 상표법 118조 1항 1호에 위반되는 경우, ⑨ 상품분류전환등록이 상표법 214조

---

19) 대법원 2004. 12. 9. 선고 2002후567 판결.

1항 3호에 위반되는 경우에 해당하는 것을 사유로 하는 상표등록의 무효심판, 존속기간갱신등록의 무효심판 또는 상품분류전환등록의 무효심판은 상표등록일, 상표권의 존속기간갱신등록일 또는 상품분류전환등록일부터 5년이 지난 후에는 이를 청구할 수 없다(상표 122조 1항).

한편 대법원은, "구 상표법 76조 1항(상표 122조 1항)에서 제척기간을 설정한 취지는 등록상표권을 둘러싼 법률관계를 조속히 확정시킴으로써 안정을 도모하기 위한 것으로서, 제척기간이 경과한 후에는 무효심판을 청구할 수 없음은 물론 제척기간의 적용을 받지 않는 무효사유에 의하여 무효심판을 청구한 후 그 심판 및 심결취소소송 절차에서 제척기간의 적용을 받는 무효사유를 새로 주장하는 것은 허용되지 않는다."라고 판시하였다.[20] 또한, "제척기간 경과 전에 특정한 선등록상표에 근거하여 등록무효심판을 청구한 경우라도 제척기간 경과 후에 그 심판 및 심결취소소송 절차에서 새로운 선등록상표에 근거하여 등록무효 주장을 하는 것은, 비록 새로운 선등록상표가 새로운 무효사유가 아닌 동일한 무효사유에 대한 새로운 증거에 해당한다고 하더라도 실질적으로는 제척기간 경과 후에 새로운 등록무효심판청구를 하는 것과 마찬가지이므로 허용되지 않는다."라고 판시하였다.[21][22]

5. 무효심결의 효과

가. 소 급 효

상표등록을 무효로 한다는 심결이 확정된 경우에는 그 상표권은 처음부터 없었던 것으로 본다(상표 117조 3항 본문). 즉, 무효심결의 효력은 당해 상표등록일에 소급하여 발생한다. 따라서 상표등록취소심판청구 계속 중 그 대상인 등록상표에 관하여 등록무효의 심결이 확정되었다면 그 등록상표의 상표권은 처음부터 없었던 것으로

---

20) 대법원 2009. 5. 28. 선고 2008후4691 판결.
21) 대법원 2012. 2. 23. 선고 2011후2275 판결.
22) 반면 특허법원 2014. 4. 4. 선고 2013허7922 판결(심리불속행 기각)은 "심판청구인이 등록상표가 구 상표법 7조 1항 7호(상표 34조 1항 7호)에 해당한다는 이유로 구 상표법 76조 1항의 제척기간 내에 등록무효심판청구를 하면서 심판청구서에 구체적인 선등록상표를 기재하지 않았다면 후에 보정의 방법으로 선등록상표를 제출할 수 있고, 그 제출시기가 제척기간 경과 후라고 하여 달리 볼 것은 아니다. 또한 이러한 보정을 통해 선등록상표를 제출한 것이 심판청구의 요지변경이나 새로운 등록무효심판청구에 해당한다고 볼 수도 없다."라고 판시하였다.

보아야 하므로, 그 상표등록취소심판청구는 효력이 없는 상표등록의 취소를 구하는 것이어서 그 취소를 구할 법률상 이익이 없어 부적법 각하되어야 한다.[23]

그러나 ① 상표등록된 후 그 상표권자가 상표법 27조에 따라 상표권을 누릴 수 없는 자로 되거나 그 등록상표가 조약에 위반된 경우(상표 117조 1항 5호), ② 상표등록된 후 그 등록상표가 상표법 33조 1항 각 호의 어느 하나에 해당하게 된 경우(같은 조 2항에 해당하게 된 경우를 제외한다)(상표 117조 1항 6호), ③ 상표법 82조에 따라 지리적 표시 단체표장등록이 된 후 그 등록단체표장을 구성하는 지리적 표시가 원산지 국가에서 보호가 중단되거나 사용되지 아니하게 된 경우(상표 117조 1항 7호) 등 후발적 무효사유의 경우에는 당해 무효사유에 해당하게 된 때부터 상표권이 소멸한다(상표 117조 3항 단서). 상표법 117조 3항 단서를 적용할 때 등록상표가 1항 5호부터 7호까지의 규정에 해당하게 된 때를 특정할 수 없는 경우에는 해당 상표권은 1항에 따른 무효심판이 청구되어 그 청구내용이 등록원부에 공시된 때부터 없었던 것으로 본다(상표 117조 4항).

나. 재출원의 제한

구 상표법 7조 1항 8호는 '상표권이 소멸한 날(상표등록을 무효로 한다는 심결이 있은 경우에는 심결확정일을 말한다)부터 1년을 경과하지 아니한 타인의 등록상표와 동일 또는 유사한 상표로서 그 지정상품과 동일 또는 유사한 상품에 사용하는 상표는 등록받을 수 없다'고 규정하였고, 구 상표법 7조 1항 8호의2는 지리적 표시 단체표장에 대해서 같은 취지로 규정하였다. 또한, 구 상표법 7조 4항에서는 이에 대한 예외를 규정하였다.

그런데 구 상표법 7조에 대응하는 현행 상표법 34조에서는 위 각 규정을 모두 삭제하여 상표권 소멸 후 1년이 경과하지 아니하더라도 상표 등록을 할 수 있도록 하였다. 따라서 상표등록을 무효로 한다는 심결이 확정된 경우에도 1년을 기다릴 필요 없이 상표등록을 받을 수 있다. 한편 현행 상표법 34조 1항은 법률 제14033호 개정 상표법 부칙 4조에 의하여 개정 상표법 시행 전에 출원된 상표등록출원으로서 개정 상표법 시행 이후(2016. 9. 1.) 상표등록결정을 하는 경우에도 적용한다.

---

23) 대법원 2016. 9. 8. 선고 2016후823 판결, 1996. 12. 10. 선고 95후1906 판결 등.

다. 일부 무효의 경우

등록상표의 지정상품이 2 이상인 경우 위에서 본 바와 같이 지정상품마다 무효심판을 청구할 수 있으므로, 심판청구인은 복수의 지정상품에 대하여 무효심판청구를 하였다가 일부 지정상품에 대하여 심판청구를 취하할 수 있고,[24] 특허심판원은 심판청구인이 지정상품이 2 이상 있는 등록상표의 전부에 대하여 무효심판을 청구하였더라도 지정상품 중 일부에만 무효사유가 있고 다른 지정상품에는 무효사유가 없는 때에는 거절결정의 경우와는 달리 지정상품별로 등록의 유무효를 판단하여야 한다.[25] 이는 특허법원의 심결취소소송에서도 마찬가지이다.

Ⅳ. 권리범위확인심판

1. 의   의

상표권자·전용사용권자 또는 이해관계인은 등록상표의 권리범위를 확인하기 위하여 상표권의 권리범위확인심판을 청구할 수 있다(상표 121조). 권리범위확인심판은 등록된 상표권을 중심으로 어느 특정의 확인대상상표가 등록상표의 권리범위에 속하는지를 확인하는 심판이다.

권리범위확인심판은 상표권 침해에 관한 민사소송과 같이 침해금지청구권이나 손해배상청구권의 존부와 같은 분쟁 당사자 사이의 권리관계를 최종적으로 확정하는 절차가 아니고, 그 절차에서의 판단이 침해소송에 기속력을 미치는 것도 아니지만,[26] 간이하고 신속하게 확인대상상표가 상표권의 객관적인 보호범위에 포함되는지를 판단함으로써 당사자 사이의 분쟁을 사전에 예방하거나 조속히 종결시키는 데에 이바지한다는 점에서 고유한 기능을 가진다. 이러한 권리범위확인심판 제도의 성질과 기능, 권리범위확인심판과 소송절차가 각 절차의 개시 선후나 진행경과 등과 무관하게

---

24) 지정상품의 추가는 심판청구서의 요지를 변경하는 것이어서 허용되지 않는다.
25) 대법원 2000. 2. 22. 선고 97후3784 판결, 1994. 5. 24. 선고 92후2274 전원합의체 판결.
26) 대법원 2014. 3. 20. 선고 2012후4162 전원합의체 판결의 다수의견에 대한 보충의견, 2002. 1. 11. 선고 99다59320 판결.

별개의 독립된 절차로 인정됨을 전제로 하는 상표법 151조 1항 내지 4항의 각 규정내용 및 취지 등에 비추어 보면, 침해소송이 계속 중이어서 그 소송에서 상표권의 효력이 미치는 범위를 확정할 수 있다고 하더라도 이를 이유로 침해소송과 별개로 청구된 권리범위확인심판의 심판청구의 이익이 부정된다고 볼 수는 없다.[27]

2. 종 류

권리범위확인심판에는 두 가지 유형이 있다. 하나는 상표권자 등이 청구의 주체가 되어 타인이 사용하는 확인대상상표가 자신의 등록상표의 권리범위에 속한다는 취지의 확인을 구하는 적극적 권리범위확인심판이다. 다른 하나는 그와 반대로 제3자가 청구의 주체가 되어 자신이 사용하거나 사용하려고 하는 확인대상상표가 어느 등록상표의 권리범위에 속하지 아니한다는 취지의 확인을 구하는 소극적 권리범위확인심판이다.

3. 절차 및 요건

권리범위확인심판은 상표권자, 전용사용권자 또는 이해관계인이 청구할 수 있다.[28] 권리범위확인심판은 무효심판에서와 같이 제척기간이 존재하지 않으며 확인의 이익이 있는 한 언제든지 청구할 수 있다.

다만 상표권의 권리범위확인에 관한 청구는 현존하는 상표권의 범위를 확정하려는 데 목적이 있으므로 상표등록이 무효로 되었다면 그에 대한 권리범위확인심판을 청구할 이익은 물론 그 심결의 취소를 구할 소의 이익도 소멸된다.[29] 이는 소급효 없이 권리가 소멸된 경우에도 마찬가지이다.[30]

---

27) 대법원 2018. 2. 8. 선고 2016후328 판결 참조.
28) 구 상표법(2007. 1. 3. 법률 제8190호로 개정되기 전의 것) 75조는 '상표권자 또는 이해관계인'만이 권리범위확인심판을 청구할 수 있도록 규정하였다.
29) 대법원 2010. 7. 22. 선고 2010후982 판결 등.
30) 대법원 2002. 2. 22. 선고 2001후2474 판결, 2000. 9. 29. 선고 2000후75 판결 등.

4. 심리와 판단대상

등록상표권의 보호범위는 상표등록출원서에 기재된 표장과 지정상품에 의해 결정되고, 권리범위확인심판은 어느 특정 등록상표의 상표권의 효력이 미치는 객관적 범위를 확정짓는 것이므로, 법률상 분쟁을 즉시 확정할 만한 구체적인 이익이 필요하다. 따라서 확인대상상표는 실제 사용하는 표장 또는 사용하고자 하는 표장과 동일한 것이어야 하고, 유사한 표장인 경우에는 확인의 이익이 없으므로 심판청구를 각하하여야 한다.[31]

권리범위확인심판이 위에서 본 바와 같이 구체적으로 문제가 된 확인대상상표와의 관계에서 등록상표권의 효력이 미치는지를 확인하는 권리확정을 목적으로 하는 것인 이상, 권리범위확인심판에서는 확인대상상표가 상표법 90조 1항, 2항 각 호의 상표권 효력 제한사유에 해당하는지도 아울러 심리·판단하여야 한다.[32] 반면 상표권의 적극적 권리범위확인심판청구의 상대방이 확인대상표장에 관하여 상표법 99조의 '선사용에 따른 상표를 계속 사용할 권리'를 가지고 있다는 것은 대인적인 상표권행사의 제한사유일 뿐이어서 상표권의 효력이 미치는 범위에 관한 권리확정과는 무관하므로, 상표권 침해소송이 아닌 적극적 권리범위확인심판에서 선사용권의 존부에 대해서까지 심리·판단하는 것은 허용되지 않는다.[33]

상표권의 권리범위확인심판은 등록된 상표를 중심으로 어떠한 미등록상표가 적극적으로 등록상표의 권리범위에 속한다거나 소극적으로 이에 속하지 아니함을 확인하는 것이다. 따라서 상대방의 상표가 등록상표인 경우에는 설사 그것이 청구인의 선등록상표와 동일 또는 유사하더라도 상대방 등록상표가 자기 등록상표의 권리범위에 속한다는 확인을 구하는 것은, 상표법 소정의 절차에 따라 상대방 등록상표에 대한 등록무효 심결이 확정되기까지는 그 무효를 주장할 수 없는데도, 그에 의하지 아니하

---

31) 다만 대법원 2001. 12. 27. 선고 2001후577 판결은 확인대상상표에 비하여 실사용상표에는 영어 문자들이 추가로 있으나 이는 상표 유사 판단에 영향을 미칠 수 없는 부기적 부분에 불과하므로 이러한 부기적 부분을 생략한 채 간략하게 표시한 확인대상상표는 실사용상표와 동일성의 범위 내에 있는 상표로서 확인의 이익이 있다고 판시하였다.

32) 대법원 1982. 10. 26. 선고 82후24 판결. 다만 이에 대해서는 90조 1항 1호는 실질적으로 인적 항변에 해당하는 사유이므로 권리범위확인심판에서 이를 판단할 수 없다는 견해도 있다.

33) 대법원 2012. 3. 15. 선고 2011후3872 판결. 한편 대법원 2013. 2. 14. 선고 2012후1101 판결은 소극적 권리범위확인심판의 경우에도 같은 취지로 판시하였다.

고 곧 상대방 등록상표의 효력을 부인하는 결과가 되므로, 상대방 등록상표가 자기 등록상표의 권리범위에 속한다는 확인을 구하는 적극적 권리범위확인심판청구는 부적법하다.[34]

실무상 간혹 심판청구인이 확인대상상표가 등록상표와 동일함을 인정하면서도 확인대상상표가 자타상품의 식별표지로 사용되지 않고 예를 들면 단순히 디자인적으로 사용되었다고 주장하며 소극적 권리범위확인심판을 청구하는 경우가 있다. 이에 대해서 확인대상상표가 실제 거래계에서 어떻게 사용되었는지에 대한 증거를 통하여 순수하게 디자인으로 사용되는지 아니면 디자인 기능 이외에 출처표시기능도 함께 하는지를 심리한 다음 출처표시기능이 있는지에 따라 권리범위 속부를 판단한 사례가 있다.[35]

이와 관련하여, 확인대상상표가 빛을 비춘 상태에서 사용되는 상품인 '반사원단 제품'을 일정한 각도로 기울여 살펴볼 때 식별할 수 있는 것으로 특정된 경우에, 그 사용상품은 빛이 반사되는 성질을 가지고 있어서 안전표지판이나 안전복 등 각종 안전용품의 원재료로 사용되는 것이므로, 이러한 사용상품의 특성상 상표를 그 상품 자체에 표시할 경우에 상품의 반사기능을 해치지 않으면서 완제품의 외관에는 나타나지 않도록 상표를 표시한 것으로 보이므로, 확인대상상표는 자타상품의 출처표시로 사용된 것이라고 판시한 사례가 있다.[36]

5. 심결의 효력

권리범위확인심판의 심결이 확정되면 확인대상상표가 등록상표의 권리범위에 속하는지가 확인된다. 동일한 확인대상상표에 대하여 일사부재리의 효과가 발생한다.

그러나 확정된 심결이 일반 법원 등에 기속력을 가진다고 볼 만한 근거 규정이 없으므로, 권리범위확인심판의 심결이 확정되더라도 일반 법원(민사·형사 사건)은 그 심결에 기속되지 않는다.[37]

---

34) 대법원 2014. 3. 27. 선고 2013후2316 판결, 1992. 10. 27. 선고 92후605 판결.
35) 대법원 2013. 2. 28. 선고 2012후3206 판결(적극적 권리범위확인심판의 경우), 2000. 12. 22. 선고 2000 후68 판결.
36) 대법원 2008. 7. 10. 선고 2006후2295 판결.
37) 대법원 2011. 2. 24. 선고 2008후4486 판결.

Ⅴ. 상표등록취소심판

1. 의   의

상표등록취소심판제도란 일단 유효하게 상표등록이 된 후에 법정(法定)된 취소사유에 해당함을 이유로 그 등록의 효력을 장래에 향하여 소멸시키는 제도이며, 상표법 119조 1항은 상표등록취소사유를 규정한다.

상표등록취소제도는 유효하게 등록된 상표의 효력을 등록이 취소된 시점부터 장래에 향하여 소멸시킬 뿐 소급효가 인정되지 않는다는 점에서 소급효가 인정되는 상표등록무효제도와 차이가 있다.

상표법 119조 1항에서 규정하는 상표등록취소사유는 ① 상표권자나 사용권자가 등록상표를 변형하여 사용하거나 지정상품이 아닌 상품에 사용하여 수요자에게 상품 품질의 오인 또는 타인의 상품과의 혼동을 일으킨 때 그 제재로서 상표등록을 취소시키는 경우(1호, 2호), ② 상표권자나 사용권자 등이 일정기간 동안 등록상표를 사용하지 않을 때 그 제재로서 상표등록을 취소시키는 경우(3호), ③ 기타 사유(4호 내지 9호)로 나누어 볼 수 있다. 실무상 3호를 이유로 하는 취소심판이 가장 많고, 1호, 2호를 이유로 하는 심판이 그 다음으로 많이 제기된다.

2. 상표등록취소심판에 있어서의 이해관계인

가. 이해관계인의 의의

상표법 119조 5항은 "1항에 따른 취소심판은 누구든지 청구할 수 있다. 다만, 1항 4호 및 6호에 해당하는 것을 사유로 하는 심판은 이해관계인만이 청구할 수 있다"고 규정하여, 원칙적으로 누구든지 취소심판을 청구할 수 있도록 하되 예외적으로 4호(상표권의 이전에 관한 요건을 위반한 경우의 등록취소), 6호(부정경쟁행위로 인한 등록취소)의 취소심판에 한하여 이해관계인만 청구할 수 있도록 규정한다.

이는 구 상표법 73조 6항이 "1항에 따른 취소심판은 이해관계인만 청구할 수 있고, 다만 1항 2호, 5호, 6호 또는 8호부터 13호까지의 규정에 해당하는 것을 사유로 하는 심판은 누구든지 청구할 수 있다"고 규정하여 취소심판은 원칙적으로 이해관계인만 청구할 수 있고 예외적으로 일부 취소심판의 경우에만 누구든지 심판을 청구할 수 있도록 하였던 것을 2016. 2. 29. 법률 제14033호에 의하여 위와 같이 개정한 것이다.

상표법 119조 5항은 법률 제14033호 개정 상표법 부칙 2조 2항 본문[38])에 의하여 개정 법 시행 이후(2016. 9. 1.) 심판청구한 경우부터 적용된다.

상표법 119조 5항 단서에서 말하는 '이해관계인'이라 함은 취소되어야 할 등록상표의 존속으로 인하여 상표권자로부터 상표권의 대항을 받아 그 등록상표와 동일 또는 유사한 상표를 사용할 수 없게 됨으로써 피해를 받을 염려가 있거나 법률상 자신의 지위에 영향을 받을 것이 객관적으로 명백하여 그 등록상표의 소멸에 직접적이고도 현실적인 이해관계가 있는 사람을 말한다.[39])

상표법 119조 5항 단서에서 일정한 등록취소심판의 경우에 이해관계인에 한하여 이를 청구할 수 있도록 청구권자를 제한하나, 청구권자를 이해관계인으로 제한한 취지에 반하지 않는 한 상표권자 등에 의한 상표의 올바른 사용을 담보하기 위해서라도 이해관계인의 범위를 지나치게 좁게 해석할 필요는 없다.

나. 판단사례

(1) 긍정한 사례

(가) 등록상표의 지정상품과 동종의 상품을 제조 또는 판매하는 영업에 종사하는 경우

대법원은, 등록취소심판의 대상이 되는 등록상표의 지정상품과 동종의 상품을 제조 또는 판매하는 영업에 종사하는 자는 등록상표의 등록취소심판을 청구할 수 있는 이해관계인에 해당한다고 판시하여, 동일·유사한 상표의 사용 여부에 관계없이 동종의 상품을 제조 또는 판매하는 영업에 종사한다는 사유만으로 이해관계를 인정한다.[40])

특허법원은, 등록상표의 지정상품이 강장제, 감각기관용 약제 등 의약품인 경우 상표등록취소심판 청구인이 약사법의 규정에 따라 의약품의 제조, 판매 또는 수입을

---

38) 제2조(일반적 적용례) ② 이 법 중 심판청구에 관한 개정규정은 이 법 시행 이후 심판청구한 경우부터 적용한다. 다만, 79조 1항 및 2항의 개정규정은 법률 제13848호 상표법 일부개정법률의 시행일인 2016년 4월 28일 이후에 보정각하결정 또는 거절결정이 취소되거나 취하된 심판청구, 각하결정이 확정된 심판청구, 참가신청이 취하되거나 거부된 심판청구에 대해서도 적용한다.
39) 대법원 2006. 9. 14. 선고 2005후3291 판결, 2001. 4. 24. 선고 2001후188 판결.
40) 대법원 2009. 7. 23. 선고 2007후4427 판결, 2000. 10. 27. 선고 98후2825 판결.

위한 허가를 받거나 신고한 사실이 없더라도, 의약품을 제조, 판매하기 위한 준비를 하면서 약사법의 규정에 따라 제조, 판매 허가를 받은 제약회사를 통하여 등록상표의 지정상품과 동일 또는 유사한 상품을 위탁생산한 후 이를 판매하고 있는 경우 동종 영업을 하는 자에 해당한다고 판시하였다.41)

한편 이해관계를 인정한 사례로 들고 있는 '등록상표와 동일·유사한 상표를 사용하는 경우'는 모두 심판청구인이 등록상표의 지정상품과 동종(유사 포함)의 상품을 제조 또는 판매하는 영업에 종사하는 경우이다.42) 등록상표와 동일·유사한 상표를 사용하더라도 이를 그 지정상품과 유사하지 않고 경제적 견련성도 없는 상품에 사용하는 경우에는 상표권자로부터 상표권의 대항을 받을 염려가 없으므로 이해관계가 인정되기 어려울 것이다.

(나) 등록상표와 동일·유사한 상표를 등록상표의 지정상품과 동일·유사한 상품에 사용하리라고 추측되는 경우

대법원은, 등록상표와 동일·유사한 상표를 등록상표의 지정상품에 사용할 것으로 추측되는 자는 구 상표법 73조 6항(상표 119조 5항 단서) 소정의 이해관계인에 해당한다고 판시하였다.43) 여기서 어떠한 경우에 등록상표와 동일·유사한 상표를 등록상표의 지정상품과 동일·유사한 상품에 사용하리라고 추측할 수 있느냐가 문제로된다. 국내에서 등록상표와 유사한 상표를 등록상표의 지정상품에 사용하기 위하여 대리점을 모집하는 광고를 하였다면 이에 해당한다고 할 것이다.44) 그러나 상표권의 효력은 국내에서만 미치는 것이어서 상표를 사용할 의사의 객관적 추측은 국내에서의 상표 사용에 한정되므로, 외국 회사가 국내 진출을 위한 구체적인 준비 없이 외국에서 등록상표와 유사한 상표를 각종 잡지와 카탈로그를 통하여 광고·선전한 사실만으로는 국내에서 상표를 사용할 의사가 있다고 보기 어렵다.

(다) 상표권자로부터 상표권의 대항을 받는 경우

상표권자로부터 등록상표와 유사한 상표를 사용하고 있음을 이유로 상표 침해에 대한 금지청구, 손해배상청구 또는 형사고소 등을 당한 경우나 이러한 경우에 해당함을 이유로 상표사용의 중지를 요청하는 내용증명 등을 받은 경우 등과 같이

---

41) 특허법원 2007. 12. 20. 선고 2007허7419 판결(상고기각).
42) 대법원 1991. 5. 14. 선고 90후2287 판결, 1990. 1. 25. 선고 88후1328 판결.
43) 대법원 1987. 4. 28. 선고 84후21 판결.
44) 대법원 2004. 9. 13. 선고 2003후1123 판결.

상표권의 대항을 받는 자는 상표법 119조 5항 단서 소정의 이해관계인에 해당한다.

등록상표권의 침해자라 하더라도 등록상표의 등록을 취소시키고 또 그로 인하여 등록상표와 유사한 상표를 사용하고자 하는 것이 부당한 이익을 얻기 위한 것이라고 할 수는 없으므로, 이러한 침해자의 등록취소심판청구도 심판청구권의 남용에 해당하지 않는다.[45)]

(라) 등록상표와 유사한 상표를 출원하였다가 등록상표와 유사하다는 이유로 거절된 경우

대법원은, 심판청구인이 등록상표 내지 그 연합상표와 동일·유사한 상표를 동종 지정상품에 관하여 국내에 출원하여 등록상표의 연합상표와 동일·유사하다는 이유로 거절결정을 받았다면 상표등록취소심판을 청구할 수 있는 이해관계인에 해당한다고 판시하였다.[46)] 심판청구인이 등록상표와 유사한 상표를 출원하였다가 등록상표와 유사하다는 이유로 거절결정을 받은 이상, 출원상표를 사용할 의사를 포기하였다고 볼 특별한 사정이 없는 한 거절결정에 대한 불복심판이나 소송을 제기하지 않거나,[47)] 그 후 등록상표와 유사한 상표를 다른 지정상품에 관하여 등록을 받더라도[48)] 이해관계가 소멸된다고 볼 수 없다.[49)]

(2) 부정한 사례

대법원은, ① 심판청구인이 취소심판청구일 직전에 상표등록출원을 하였다가 등록상표와 유사하다는 이유로 거절결정을 받은 경우,[50)] ② 심판청구인의 법인등기부에만 등록상표의 지정상품과 동종 상품의 판매업이 설립목적으로 기재되어 있을 뿐 실제로는 그 영업에 종사하고 있지 않은 경우,[51)] ③ 심판청구인의 사용상품이 등록상

---

45) 대법원 2001. 4. 24. 선고 2001후188 판결.
46) 대법원 1999. 12. 28. 선고 97후2750, 2767, 2774 판결, 1998. 12. 22. 선고 97후3319, 3326 판결, 1994. 2. 25. 선고 92후2380, 2397, 2403 판결.
47) 특허법원 1998. 6. 5. 선고 98허232 판결(확정).
48) 대법원 1999. 12. 28. 선고 97후2750, 2767, 2774 판결.
49) 특허법원 2009. 8. 13. 선고 2009허2531 판결(심리불속행 기각)은, 등록상표와 동일·유사한 상표를 그 지정상품과 동일·유사한 상품을 지정상품으로 하여 출원한 자 등과 같이 등록상표와 동일 또는 유사한 상표를 그 지정상품과 동일 또는 유사한 상품에 사용하는 것이 객관적으로 추측될 수 있는 자라면, 그 심판청구가 부당한 이익을 얻기 위한 것으로서 심판청구권의 남용에 해당하는 등의 특별한 사정이 없는 한, 이해관계인에 해당한다고 판단하였다.
50) 대법원 1974. 3. 26. 선고 73후16 판결.
51) 대법원 1993. 9. 14. 선고 91후1779 판결.

표의 지정상품과 경제적 견련관계가 없는 경우,[52] ④ 심판청구인이 심판피청구인과 사이에 등록상표의 지정상품과 동일·유사한 상품을 제조·판매하기 위하여 기술제휴계약을 체결하기는 하였으나 그 계약이 중도 해제되었고, 심판청구인과 관련 있는 청구외 회사가 유사한 상품을 제조할 것을 설립목적으로 하고 있으나 그것이 심판청구인과 동일 법인이라 할 수 없으며 그 상품을 현재 생산하지 아니하는 경우,[53] ⑤ 심판청구인이 경제기획원장관의 시정명령에 따라 신문에 해명광고를 게재하면서 등록상표를 사용하지 않겠다는 의사표시를 한 경우,[54] ⑥ 심판청구인이 당국의 경고지시에 따라 심판피청구인의 등록상표를 사용하지 아니할 것과 새로운 상표를 대체 사용하겠다고 광고를 하여 등록상표를 사용하지 아니할 것을 적극적으로 표시하고 실천하는 경우,[55] ⑦ 다른 사정은 없고 단지 심판청구인의 상호만이 심판피청구인의 등록상표와 유사한 경우,[56] ⑧ 등록취소심판의 대상이 되는 등록상표와 유사한 상표를 등록받았던 심판청구인이 자신의 등록상표를 무효로 하는 심결에 대한 취소소송을 제기하였다가 그 소를 취하하여 등록무효심결이 확정되었고, 그동안 자신의 등록상표를 그 지정상품에 사용하여 동종 영업을 영위하여 왔다거나 또는 위 등록무효심결 확정 후 소멸된 등록상표를 다시 출원하는 등 소멸된 등록상표를 사용할 의사가 있음을 추측할 만한 특별한 사정이 없는 경우,[57] ⑨ 저명상표의 상표권자로부터 그 저명상표의 지정상품과 동일·유사하지 아니한 상품에 사용되는 상표에 대한 사용금지의 경고나 등록무효 또는 등록취소심판의 청구를 당한 경우[58] 등에서는 상표등록취

---

52) 대법원 1998. 10. 13. 선고 97후1931 판결.

53) 대법원 1979. 8. 14. 선고 79후46 판결.

54) 대법원 1980. 7. 8. 선고 79후38 판결.

55) 대법원 1980. 9. 9. 선고 80후12 판결, 1981. 7. 7. 선고 80후10 판결.

56) 대법원 1983. 12. 27. 선고 80후9 판결.

57) 대법원 2000. 5. 30. 선고 98후2955 판결.

58) 대법원 2001. 3. 23. 선고 98후1914 판결은 "상표등록취소심판을 청구할 수 있는 이해관계인이라 함은 취소되어야 할 상표등록의 존속으로 인하여 상표권자로부터 상표권의 대항을 받아 그 등록상표와 동일 또는 유사한 상표를 사용할 수 없게 됨으로써 피해를 받을 염려가 있어 그 소멸에 직접적이고도 현실적인 이해관계가 있는 사람을 의미하는 것으로서, 상표법에 의하여 등록상표권에 주어지는 효력인 등록상표와 저촉되는 타인의 상표사용을 금지시킬 수 있는 효력(금지권)은 등록상표의 지정상품과 동일·유사한 상품에 사용되는 상표에 대하여만 인정되는 것이고 이종상품에 사용되는 상표에 대하여까지 그러한 효력이 미치는 것은 아니라고 할 것이며(구 상표 66조), 이는 저명상표의 경우에도 마찬가지이되, 다만 저명상표의 경우에는 구 상표법 7조 1항 10호(상표 34조 1항 11호)의 규정에 의하여 상품출처의 혼동이 생기는 경우 그 지정상품과 동일·유사하지 아니한 상품에 사용되는 동일·유사한 상표의 등록이 허용되지 아니할 뿐일 이치여서 저명상표의 상표권자로부터 그 저명상표의 지정상품과 동일·유사하지

소심판을 청구할 이해관계가 없거나 소멸되었다고 보아 이해관계를 인정하지 않았다.

대법원 판례는 대체로 등록상표와 동일·유사한 상표를 등록상표의 지정상품과 동일·유사한 상품에 사용할 의사가 있는 것으로 볼 수 없는 경우에 이해관계인에 해당하지 않는다고 보는 경향이 있다.

다. 입증 및 판단기준시점

이해관계인에 해당하는지는 당사자적격의 문제로서 직권조사사항이다.[59] 그러나 이해관계가 다투어지는 경우 심판청구인은 자신이 이해관계인에 해당함을 입증할 수 있는 증거를 제출할 책임이 있고, 심결취소소송에서 심결의 위법 여부를 판단하는 기준시점은 심결시이므로, 이해관계의 존부도 심결시를 기준으로 판단하여야 한다.[60] 심리결과 이해관계가 인정되지 않은 경우 심판청구도 청구인적격이 없음을 이유로 부적법 각하된다.

라. 지정상품 중 일부에 대해서만 이해관계인에 해당하는 경우

종전에 구 상표법 73조 1항 3호의 불사용을 이유로 한 등록상표의 취소심판청구는 이해관계인에 한하여 제기할 수 있었으므로, 실무상 이와 관련하여 여러 개의 지정상품을 대상으로 불사용을 이유로 등록상표의 취소심판을 청구하는 경우에 모든 지정상품에 대해서 이해관계가 있어야 하는지 여부가 문제되었다. 대법원[61]과 특허법원 실무[62]는 지정상품 중 하나에 대해서만 이해관계가 있어도 가능하다는 입장이었다.

그러나 앞서 본 바와 같이, 현행 상표법은 지정상품과의 이해관계를 따질 필요도 없이 누구든지 불사용을 이유로 한 등록상표의 취소심판을 청구할 수 있도록 개정되었으므로, 이러한 문제가 발생하지 아니한다.

아니한 상품에 사용되는 상표에 대한 사용금지의 경고나 등록무효 또는 등록취소의 심판을 청구당한 사실이 있다고 하여, 그 피심판청구인에게도 자신의 상표와 지정상품이 다른 저명상표의 등록취소심판을 청구할 수 있는 이해관계가 있다고 할 수 없다."라고 판시하였다.

59) 대법원 1994. 2. 25. 선고 92후2380, 2397, 2403 판결, 1992. 7. 28. 선고 92후162, 179 판결.
60) 대법원 2006. 9. 14. 선고 2005후3291 판결.
61) 대법원 2013. 2. 28. 선고 2012후3442 판결.
62) 특허법원 2016. 4. 1. 선고 2015허7018 판결(확정), 2008. 12. 19. 선고 2008허11361 판결(확정).

3. 상표등록취소심판에서 상표 사용의 개념

상표의 사용은 상표권 침해에서 가장 많이 문제가 되나, 상표등록취소심판에서도 중요한 쟁점이 된다. 그런데 상표권 침해에서 문제 되는 상표의 사용과 상표등록취소심판에서 문제 되는 상표의 사용은 구분할 필요가 있다. 이와 관련하여 대법원은, 불사용으로 인한 상표등록취소심판제도는 등록상표의 사용을 촉진하는 한편 그 불사용에 대한 제재를 가하려는 데에 목적이 있으므로, 구 상표법 73조 1항 3호, 4항에서 규정하는 '등록상표의 사용' 여부 판단에서는 상표권자 또는 사용권자가 자타상품의 식별표지로서 사용하려는 의사에 터 잡아 등록상표를 사용한 것으로 볼 수 있는지가 문제될 뿐 일반 수요자나 거래자가 이를 상품의 출처표시로서 인식할 수 있는지는 등록상표의 사용 여부 판단을 좌우할 사유가 되지 못하는 반면에 상표권의 권리범위확인심판에서는 확인대상표장에 대하여 그 표장과 동일 또는 유사한 등록상표의 상표권의 효력이 미치는가를 거래상 상품 출처의 오인·혼동의 염려가 있는지에 의하여 확정하는 것이므로, 애당초 일반 수요자나 거래자가 확인대상표장을 장식용 디자인으로 인식할 뿐 상품의 출처표시로서 인식하기 어렵다면 확인대상표장이 상표로서 사용된 것이라고 볼 수 없다고 판시한 바 있다.[63]

상표의 '사용'은 상표법 2조 1항 11호에서 규정하는 ㉮ 상품 또는 상품의 포장에 상표를 표시하는 행위, ㉯ 상품 또는 상품의 포장에 상표를 표시한 것을 양도 또는 인도하거나 양도 또는 인도할 목적으로 전시·수출 또는 수입하는 행위, ㉰ 상품에 관한 광고·정가표·거래서류, 그 밖의 수단에 상표를 표시하고 전시하거나 널리 알리는 행위 중 어느 하나에 해당하기만 하면 되고, 원칙적으로 이러한 상표의 사용은 서비스표의 사용을 포함하는 개념이다.

그런데 상표가 사용되었다고 하기 위해서는 지정상품과의 구체적 관계에서 그 출처표시로서 자기의 상품을 다른 업자의 상품과 식별시키기 위하여 특정하는 방법으로 사용되어야 한다.[64][65] 따라서 상품과의 구체적 관계없이 상표권의 유지만을 목

---

63) 대법원 2013. 2. 28. 선고 2012후3206 판결.

64) 대법원 1999. 2. 23. 선고 98후1594 판결.

65) 특허법원 2015. 9. 10. 선고 2014허8861 판결(확정)은, 주먹밥 등을 지정상품으로 하는 등록상표 **"폭탄밥"**의 통상사용권자가 운영하는 음식점에서 '폭탄밥'이라는 메뉴를 제공한 사안에서, 상표법에서의 상품은 상거래의 목적물로서 유통과정에 놓이는 교환가치를 가지는 유체물을 말하고, 유통성과 양산성을 전제로 하는데, 위 음식점에서 제공한 '폭탄밥'이라는 음식물은 유통과정에 놓이는 것이 아니어서

적으로 이용된 경우, 소송 등을 통하여 상표권을 행사한 경우,⁶⁶⁾ 등록상표의 제작에 필요한 인쇄를 의뢰하고 용기제작에 필요한 금형의 제작을 의뢰하여 납품받은 경우⁶⁷⁾ 등은 상표의 사용으로 볼 수 없다.

이하에서는 구체적으로 어떠한 경우를 상표의 사용으로 볼 것인가를 ① 상표를 표시하는 대상물, ② 상표사용행위의 유형, ③ 서비스표의 특수한 경우, ④ 상표의 사용이 특히 문제되는 경우로 나누어서 살펴본다.

가. 상표를 표시하는 대상물에 따른 상표의 사용 유형

(1) 상품 자체에 표시하는 경우

이는 상표가 표시된 라벨을 상품 자체에 직접 붙이거나, 꿰매거나, 상표에 해당하는 문자, 도형 등을 상품 자체에 새기거나, 달구어 붙이거나, 입체적인 상품의 각 면에 평면적으로 표시하는 것 등을 말한다. 거래 관행상 상표를 표시한 라벨(label)을 상품에 끈으로 묶어둔 경우 및 상품 진열장의 가로 또는 전면에 상표를 표시하는 것도 포함된다. 다만 공산품인 상품의 내부 부품에만 표시된 표장으로서 그 상품을 분해하여야만 수요자가 인식할 수 있는 표장은 그 상품의 상표라고 할 수 없다.⁶⁸⁾

(2) 상품의 포장, 포장용기 등에 표시하는 경우

상품의 포장 또는 포장용기 등에 상표가 표시된 라벨을 붙이거나, 꿰매거나, 상표에 해당하는 문자, 도형 등을 포장 또는 용기에 새기거나, 달구어 붙이거나, 입체적인 상품의 포장의 각 면에 평면적으로 표시하는 것 등을 말한다.

그러나 상품의 포장, 포장용기 등은 실제로 상품이 들어있는 용기·포장상자·포장지 등이어야 하고, 상품이 들어있지 않은 상태의 포장에 표시된 표장은 그 상품에 대한 상표의 사용으로 보기 어려우므로, 상표를 표시한 포장에 그 상품을 넣을 때에 비로소 그 상품에 대한 상표의 사용행위가 존재한다고 보아야 한다.

상표법에서의 상품에 해당하지 않으므로, 메뉴판에 '폭탄밥'이라는 표장을 사용하는 것이 음식점에서 제공하는 서비스업에 사용된 것으로 볼 수는 있어도 상표적 사용으로 볼 수 없어, 등록상표는 구 상표법 제73조 제1항 제3호, 제4항에 따라 등록이 취소되어야 한다고 보았다.

66) 대법원 2001. 4. 24. 선고 2001후188 판결.
67) 대법원 1982. 2. 23. 선고 80후70 판결.
68) 대법원 2005. 6. 10. 선고 2005도1637 판결.

(3) 상품에 관한 광고·정가표·거래서류, 그 밖의 수단에 표시하고 전시하거나 널리 알리는 경우

광고란 손님을 끌어서 구매력을 발휘하기 위하여 상품에 관한 정보를 시청각 등의 감각을 통하여 소비자에게 널리 알려 구매자나 찬동자를 얻으려고 하는 의도적 활동 또는 그 내용으로서, 신문, 잡지, 팸플릿, 카탈로그, 광고지, 캘린더, 간판, 가두, 네온사인, TV, 전자메일 등에 의한 광고가 포함된다.

거래서류에는 물품주문서, 납품서, 수출입송장, 물품출하 안내서, 물품대금 영수증, 세금계산서, 견적서, 거래제안서, 카탈로그 등이 포함되고, 서비스의 경우에는 예금통장, 증권서류, 운송승차권, 오락서비스의 입장권 등이 포함된다. 그러나 사업자등록증은 거기에 기재된 상호로 사업자등록이 마쳐졌음을 표시할 뿐이므로 거래서류에 해당하지 아니한다.

(4) 그 외 상표를 표시하는 행위에 포함되는 경우

1997. 8. 22. 상표법 개정을 통해 입체상표제도가 도입되고, 2011. 12. 2. 상표법 개정을 통해 소리·냄새상표제도가 도입됨에 따라, 상표법은 이를 반영하여 상표를 표시하는 행위에 표장의 형상이나 소리 또는 냄새로 상표를 표시하는 행위도 포함되는 것으로 규정하였다(상표 2조 2항 1호). 또한, 2016. 2. 29. 전부 개정된 상표법은 전기통신회선을 통하여 제공되는 정보에 전자적 방법으로 상표를 표시하는 행위 역시 상표를 표시하는 행위의 하나로 규정한다(상표 2조 2항 2호).

나. 상표사용행위의 유형에 따른 상표의 사용의 유형

(1) 표시행위

상표를 표시하는 행위를 말하는 것으로, 상품 자체 또는 실제로 상품이 수용되어 있는 포장이나 용기 등에 상표를 표시하는 경우에는 이와 같이 표시하는 것만으로도 상표를 사용한 것으로 되고, 상품 또는 상품의 포장에 상표를 표시한 후 단순히 보관하고 있더라도 상표의 사용행위는 있었던 것이 된다.

그러나 상품 또는 상품의 포장에 상표를 표시했을 때 상표의 사용행위가 발생함과 동시에 종료되는 것이지, 그 후에 상표가 표시된 상품을 판매 목적 등으로 보관하고 있다고 하여 표시행위가 지속되거나 새로운 표시행위가 이루어진 것이라고 볼 수 없으므로, 상표권자가 상표가 표시된 상품을 창고에 보관한 행위는 상품 또는 상품의

포장에 상표를 표시하는 행위에 해당하지 아니한다.[69]

한편 상표를 광고, 정가표, 거래서류에 붙이는 것만으로는 상표를 사용한 것으로 되지 않고, 이들을 전시하거나 널리 알려야만 비로소 상표의 사용으로 인정된다.

(2) 유통행위

상표를 표시한 상품의 양도·인도 또는 양도나 인도 목적의 전시·수출 또는 수입하는 행위를 말하는 것으로 상품 자체 또는 상품의 포장에 상표를 표시한 것의 유통과정에서 일어나는 각종 행위는 '상표의 사용'으로 인정된다.

상품의 '양도'란 상품에 대한 소유권을 이전하는 행위로서 유·무상 여부에 관계없다. '인도'란 물건에 대한 현실적인 지배권을 이전하는 것을 말하고, '전시'란 다중이 열람할 수 있는 상태에 놓이는 것을 말한다. 전시·수출·수입행위는 그 전단계로서 상품 또는 상품의 포장에 상표를 표시한 상품을 양도 또는 인도할 목적이 있어야 하고, 이러한 주관적인 의사 없는 전시·수출·수입행위는 이에 해당하지 아니한다.

(3) 광고행위

상품에 관한 광고, 정가표, 거래서류, 그 밖의 수단에 상표를 표시하여 이를 전시하거나 널리 알리는 행위를 말하는 것이다. '전시'란 이러한 광고, 정가표 등을 늘어놓고 일반인들에게 보이는 것을 말하는 것으로 누군가가 이들 광고, 정가표 등을 보았다는 사실을 필요로 하지 않는다. 상품에 관한 광고·정가표·거래서류 등에 상표를 표시한 것만으로는 상표의 사용이라 할 수 없고, 이를 전시하거나 널리 알리는 행위를 하여야만 비로소 상표의 사용에 해당한다.

상표법 2조 1항 11호 다목에서 말하는 '광고'에는 신문잡지, 팸플릿, 카탈로그, 전단지, 달력, 간판, 가두네온사인, TV 등에 의한 시각으로 인식할 수 있는 것이 포함되며, 그 '광고'의 내용 및 형식에 관하여 상표법이 특별히 규정하는 바가 없으므로, 상품에 관한 정보를 일반 소비자에게 시각적으로 알리는 정도의 그림이나 글이면 위 '광고'로서의 요건을 충족하고, 반드시 상품명이나 제조원이 표시되어야만 하는 것이라고는 할 수 없다.[70]

---

69) 특허법원 2014. 1. 28. 선고 2013허5629 판결(상고이유서부제출기각)
70) 대법원 2007. 1. 26. 선고 2005후179 판결.

또한 '광고'에 등록상표가 표시되어 있다고 하더라도, 그 등록상표가 거래사회의 통념상 지정상품과 관련하여 표시된 것이라고 볼 수 없는 경우에는 위 다목에서 말하는 상표사용행위가 있다고 할 수 없다.[71]

다. 서비스표의 특수한 경우

서비스표는 통상 유형물인 상품과는 달리 수요자에게 제공되는 무형의 서비스를 표장의 대상으로 하는 것이므로 그 서비스 자체에 서비스표를 직접 사용할 수는 없다. 상품과 구분되는 서비스의 이러한 특성을 고려하면, ㉠ 서비스의 제공시 수요자의 이용에 공여되는 물건 또는 당해 서비스표의 제공에 관한 수요자의 물건에 서비스표를 표시하는 행위, ㉡ 서비스의 제공시 수요자의 이용에 공여되는 물건에 서비스표를 표시한 것을 이용하여 서비스를 제공하는 행위 또는 서비스의 제공에 이용하는 물건에 서비스표를 표시한 것을 서비스의 제공을 위하여 전시하는 행위 등도 서비스표의 사용에 포함될 수 있다.[72][73]

라. 상표의 사용이 문제되는 경우의 유형

(1) 상품의 출처표시로 사용되었는지가 문제되는 경우

(가) 선전광고 및 판매촉진을 위한 무상 양도품(광고매체)에 대한 사용

상품의 선전광고나 판매촉진 또는 고객에 대한 서비스 제공 등의 목적으로 그 상품과 함께 또는 이와 별도로 고객에게 무상으로 배부되어 거래시장에 유통될 가능성이 없는 이른바 "광고매체가 되는 물품"은 비록 그 물품에 상표가 표시되어 있다고 하더라도, 물품에 표시된 상표 이외의 다른 문자나 도형 등에 의하여 광고하고자 하는 상품의 출처표시로 사용된 것으로 인식할 수 있는 등의 특별한 사정이 없는 한, 그 자체가 교환가치를 가지고 독립된 상거래의 목적물이 되는 물품이라고 볼 수 없

---

71) 대법원 2013. 4. 25. 선고 2012후3718 판결.
72) 대법원 2011. 7. 28. 선고 2010후3080 판결.
73) 한편 서비스업 영위의 의미와 관련하여 대법원 2013. 7. 12. 선고 2012후3077 판결은, 상표법상 '서비스표'라 함은 서비스업을 영위하는 자가 자기의 서비스업을 타인의 서비스업과 식별되도록 하기 위하여 사용하는 표장을 말하는데, 여기서 '서비스업'을 영위한다고 함은 독립하여 상거래의 대상이 되는 서비스를 타인의 이익을 위하여 제공하는 것을 업으로 영위한다는 의미이므로, 아무런 대가를 받지 아니하는 자원봉사나 단순한 호의에 의한 노무 또는 편익의 제공 등과 같이 상거래의 대상이 되지 아니하는 용역을 일정한 목적 아래 계속적·반복적으로 제공하였다고 하더라도 상표법상의 서비스업을 영위하였다고 할 수 없다고 판시하였다.

고, 따라서 이러한 물품에 상표를 표시한 것을 상표의 사용이라고 볼 수 없다.74)

(나) 점포 내에서 소비되는 물품에 대한 사용

상표법상 상품이라 함은 상거래의 목적물로서 유통과정에 놓이는 교환가치를 가지는 유체물을 말하고 유통성과 양산성(量産性)을 전제로 한다고 보는 것이 통설이다. 이러한 관점에서 보면, 판매용 주택, 골동품, 일품(一品)제작의 미술품이나 일품제작의 주문양복 등은 상품이 아니고, 또한 음식점에서 제공되는 음식물, 다방에서 제공되는 홍차 등은 유통과정에 놓이는 것이 아니어서 상표법상의 상품에 해당하지 아니하므로 그러한 음식물에 상표가 사용되더라도 그것은 상표적 사용이 아니다.75)

(다) 자기 상품의 출처표시로 사용되지 않은 경우

상표법상 상표란 자기의 상품과 타인의 상품을 식별하기 위하여 사용하는 표장을 말하므로(상표 2조 1항 1호), 상표의 불사용을 이유로 한 상표등록취소심판에서 상표의 사용이 인정되려면 상표권자 또는 그 사용권자가 상표를 자기 상품의 출처를 표시하기 위하여 사용하여야 하고, 타인 상품의 출처를 표시하기 위하여 사용한 경우는 불사용을 이유로 하는 상표등록의 취소를 면하기 위한 상표의 사용에 해당한다고 할 수 없다.76)

(라) 포장용기·간판에 대한 사용

상품이 들어있는 포장용기의 잘 보이는 곳에 상표가 표시된 경우 그 상표는 포장용기에 들어 있는 내용물인 상품의 상표로서 사용된 것으로 인정될 뿐이고 포장용기 자체의 상표로 인정되지 않는다. 또한, 간판에 상표가 표시되는 경우에도 그 상표는

---

74) 대법원 1999. 6. 25. 선고 98후58 판결.

75) 그러나 이러한 표장의 사용은 식당업, 다방업 등의 서비스업에 사용된 것으로는 볼 수 있으므로 서비스표적 사용에는 해당한다고 할 수 있다.

76) 대법원 2013. 11. 28. 선고 2012후1071 판결 참조. 이 판결은 등록서비스표 'ESSIE'가 지정서비스업에 대하여 정당한 이유 없이 취소심판청구일 전 계속하여 3년 이상 국내에서 사용되지 않았다는 이유로 등록서비스표에 대한 취소심판이 청구된 사안에서, "등록서비스표 통상사용권자의 네일숍 매장 입구에 'C Nail'이라는 '미용업' 등의 출처표시가 별도로 되어 있고, 'essie' 표장은 매장 내부의 네일 폴리쉬 제품이 진열된 진열대 위에 표시되어 있으며, 'essie' 표장이 네일 폴리쉬 제품의 상표로서 국내에서도 어느 정도 알려진 점, 등록서비스표는 알파벳 대문자로만 구성된 'ESSIE'라는 표장인데 반하여 'essie' 표장은 알파벳 소문자로만 구성된 표장으로서 'essie' 네일케어 제품에 사용된 표장과 동일한 점 등을 고려하면, 위 네일숍 매장 내부에 표시된 'essie' 표장은 일반 거래통념상 통상사용권자가 등록서비스표권자 등이 수입·판매하는 'essie' 제품을 광고하거나 위 네일숍에서 'essie' 제품을 사용 또는 판매한다는 점을 알리기 위하여 사용한 것으로 보일 뿐 자기 서비스업의 출처를 표시하기 위하여 사용한 것이라고 보기는 어렵다"고 판단하였다.

대부분 그 간판이 광고하고자 하는 상품 또는 서비스업의 상표 또는 서비스표로서 사용되는 것이고 간판 자체의 상표사용으로 보기는 어렵다.

거래의 경험칙상 포장용기 자체의 상표는 용기의 측면이나 저면에 작게 표시하고, 간판 자체의 상표는 간판의 하단이나 이면에 작게 표시할 것이다. 그러므로 포장용기 자체 또는 간판 자체에 대한 상표의 사용과 그 포장용기의 내용물 또는 그 간판의 광고목적물에 대한 상표의 사용은 그 구체적인 상표사용의 태양에 의하여 구별하여야 할 것이다.

(마) 원재료나 부품의 상표의 사용

원재료나 일차 제품 또는 부품의 상표가 완성품에 표시된 경우에 완성품에 대하여 그 상표를 사용한 것으로 볼 수 없다.[77]

(바) 도메인 이름

도메인 이름의 경우에는 도메인 이름의 사용태양 및 그 도메인 이름으로 연결되는 웹사이트 화면의 표시 내용 등을 전체적으로 고려하여 거래통념상 상품의 출처를 표시하고 자기의 업무에 관계된 상품과 타인의 업무에 관계된 상품을 구별하는 식별표지로 기능하고 있을 때는 상표의 사용으로 볼 수 있다.[78]

(사) 인터넷 키워드 검색광고

인터넷 포털사이트 운영자로부터 특정 단어나 문구(이하 '키워드'라 한다)의 이용권을 구입하여 일반 인터넷 사용자가 그 단어나 문구를 검색창에 입력하면 검색결과 화면에 키워드 구입자의 홈페이지로 이동할 수 있는 스폰서링크나 홈페이지 주소 등이 나타나는 경우에, 검색결과 화면에 나타난 표장이 자타상품의 출처표시를 위하여 사용된 것으로 볼 수 있다면 이는 '상표로서의 사용'에 해당한다. 그리고 상표로서의

---

77) 완성품에 대한 상표의 사용과 부품에 대한 상표의 사용은 명확히 구별되어야 한다. 특허법원 1998. 9. 18. 선고 98허1501 판결(확정)도 이와 같은 입장에서 판단한 것으로 보인다.

78) 대법원 2008. 9. 25. 선고 2006다51577 판결. 이 사안에서 대법원은 피고가 한글인터넷주소 서비스를 제공하는 ㈜ 넷피아닷컴에 "장수온돌"이라는 한글인터넷주소를 등록하고, 인터넷 사용자가 웹브라우저의 주소창에 위 한글인터넷주소를 입력하여 연결되는 피고 개설의 웹사이트(www.jangsuondol.com)에서 전기침대 등 상품에 관한 정보를 제공하고 판매하는 쇼핑몰을 운영하는 행위는 상표적 사용에 해당한다고 보았다. 반면 대법원 2007. 10. 12. 선고 2007다31174 판결은, 피고가 ㈜ 넷피아닷컴에 "파출박사"라는 한글인터넷도메인이름을 등록하고 이를 피고 개설의 웹사이트(www.pachulpaksa.com)에 연결되도록 하여 그 웹사이트에서 직업정보 제공 등의 서비스를 제공한 사안에서, 피고가 개설한 웹사이트의 좌측 윗부분에는   로 된 표장이 별도로 표시되어 피고가 제공하는 직업정보 제공 등 서비스의 출처표시기능을 하고 있는 점 등 여러 사정을 고려하면 위 한글인터넷도메인이름을 서비스의 출처표시로 볼 수 없다는 이유로 상표적 사용이 아니라고 보았다.

사용의 일종인 상품의 '광고'에는 신문, 잡지, 카탈로그, 간판, TV 뿐 아니라 인터넷 검색결과 화면을 통하여 일반소비자에게 상품에 관한 정보를 시각적으로 알리는 것도 포함된다.[79]

또한, 상표권자 또는 서비스표권자나 그 사용권자(이하 '상표권자 등')가 인터넷 검색사이트 운영자와 계약을 통해 상표권자 등이 지정한 특정 단어나 문구(이하 '키워드')를 일반 인터넷 사용자가 해당 검색사이트의 검색창에 입력하면 그 검색결과 화면에 상표권자 등의 홈페이지나 인터넷 사이트로 이동할 수 있는 홈페이지 주소 등이 나타나도록 하는 광고의 경우, 그 키워드가 등록상표 등과 동일성이 인정되고 키워드의 검색결과 화면에 나타나는 홈페이지 주소 등에 의하여 연결되는 상표권자 등의 홈페이지나 인터넷 사이트가 지정상품 또는 지정서비스업을 판매 또는 제공하거나 이를 광고하기 위한 것이라면, 상표권자 등의 이러한 검색광고 행위는 상표권자 등이 등록상표 등을 지정상품 등의 광고에 사용한 것으로 볼 수 있으므로, 특별한 사정이 없는 한 불사용취소심판과 관련하여 등록상표 등의 사용에 해당한다.[80]

(2) 상표적으로 사용되었는지가 문제 되는 경우

(가) 디자인적 사용

타인의 등록상표와 유사한 표장을 이용한 경우라 하더라도 그것이 상표의 본질적인 기능이라고 할 수 있는 출처표시를 위한 것이 아니라 순전히 디자인으로만 사용된 경우에는 상표의 사용에 해당되지 아니한다.[81]

그런데 어떤 경우에 순전히 디자인으로만 사용된 것으로 볼 것인지 그 한계가 애매한 경우가 많고, 특히 요즈음은 문자 상표나 도형 상표를 각종 옷이나 타월 등에 크게 표시하여 사용하는 경우가 많아 상표로서의 기능과 디자인 기능을 동시에 가지는 경우도 적지 아니하므로, 상표가 크게 표시되었다고 하여 반드시 상표적 사용이

---

79) 대법원 2012. 5. 24. 선고 2010후3073 판결.
80) 특허법원 2016. 11. 18. 선고 2016허5439 판결(확정). 의료업 등을 지정서비스업으로 하고 "**필톡스**Filltox"로 구성된 등록서비스표의 서비스표권자가 인터넷 포털사이트를 통하여 자신이 운영하는 의원의 인터넷 사이트에 대하여 '필톡스'를 검색어로 하는 검색광고를 하고 메인화면 상단에 "🔲**필톡스**🔲"를 표시한 인터넷 카페를 개설·운영하여 온 한 사안에서, 서비스표권자가 '필톡스'라는 표장을 검색어로 지정하여 의원의 인터넷 사이트에 대한 검색광고를 한 것과 의원의 광고를 위한 인터넷 카페의 메인화면 상단에 '**필톡스**'라는 문자 표장을 표시한 것은 서비스표권자가 등록서비스표와 동일성이 인정되는 표장을 지정서비스업 중 의료업 등에 해당하는 의원의 광고에 사용한 것이라 보았다.
81) 대법원 2005. 10. 7. 선고 2004후1458 판결.

아니라고 단정할 수 없다. 결국 구체적인 사건에서 사용된 표장의 사용형태 등을 고려하여 출처표시로서의 기능을 하는지에 따라 판단할 수밖에 없다.[82]

한편 디자인과 상표는 배타적·선택적 관계에 있는 것이 아니므로 디자인이 될 수 있는 형상이나 모양이라고 하더라도 그것이 상표의 본질적 기능이라고 할 수 있는 자타상품의 출처표시를 위하여 사용되는 것으로 볼 수 있는 경우에 이러한 사용은 상표로서의 사용이라고 보아야 할 것이고, 그것이 상표로서 사용되고 있는지는 상품과의 관계, 당해 표장의 사용 태양(즉 상품 등에 표시된 위치, 크기 등), 등록상표의 주지저명성 그리고 사용자의 의도와 사용 경위 등을 종합하여 실제 거래계에서 표시된 표장이 상품의 식별표지로서 사용되는지에 의하여 판단하여야 한다.[83]

(나) 책, 음반, 연극저작물의 제목

책의 제목은 그 책의 내용을 표시할 뿐 출판사 등 그 출처를 표시하는 것은 아니어서 원칙적으로 그 상품을 다른 사람의 상품과 식별되도록 하기 위하여 사용하는 표장이 아니므로 상표의 사용에 해당하지 아니한다.[84]

그러나 대법원은, "음반의 제명(題名)은 특별한 사정이 없는 한 그 음반에 수록된 해당 저작물의 창작물로서의 명칭 내지는 그 내용을 함축적으로 나타내는 것이어서 상품의 출처를 표시하는 기능을 하기 어려운 경우가 대부분이나, 음반은 일반 유체물과 마찬가지로 독립된 거래의 대상이 되는 '상품'이므로, 음반의 종류 및 성격, 음반의

---

82) 대법원 2005. 11. 25. 선고 2005후810 판결은 접시 전면에 장미꽃 모양을 사실적으로 그려 넣은 확인대상상표에 대하여, 대법원 2005. 10. 7. 선고 2004후1458 판결은 '척주동해비' 비석의 4면에 새겨진 전체 비문을 그대로 모아 도자기에 새겨 놓은 확인대상상표에 대하여, 대법원 2004. 10. 28. 선고 2003후2027 판결은 침대의 머리판 장식으로 사용된 쌍학문양의 확인대상상표에 대하여, 각각 디자인적 사용으로 보아 상표적 사용이 아니라고 판시하였다. 대법원 2003. 2. 14. 선고 2002후1324 판결도 같은 취지로 판시하였다.

83) 대법원 2013. 3. 28. 선고 2010다58261 판결, 2013. 2. 14. 선고 2011도13441 판결, 2012. 1. 27. 선고 2011후3025 판결. 이와 관련하여 대법원 2012. 5. 9. 선고 2011후4004 판결은 '🌸'로 구성된 이 사건 등록상표(지정상품: 법랑냄비, 비전기식 가열냄비 등)의 상표권자가 수입하여 판매한 법랑냄비 등에 '🍲'와 같이 이 사건 등록상표와 동일한 양과 무늬가 사용된 것은 순전히 디자인으로 사용된 것이 아니라 상품의 식별표지인 상표로서 사용된 것으로서 불사용취소심판에서 상표의 사용에 해당한다고 본 원심의 판단을 정당하다고 수긍한 바 있다(다만 이 판결에 대해서는 상표의 사용이 인정되려면 그 상표의 표시가 상표권자 또는 사용권자의 의사에 기한 것이어야 하는데, 위 사안에서는 법랑냄비 등에 이 사건 등록상표가 표시된 것이 상표권자 또는 사용권자의 의사에 기한 것이 아니므로 상표권자에 의한 상표의 사용으로 볼 수 없다는 비판이 있다). 한편 이와 구분해야 할 것으로서 권리범위확인심판에서의 상표의 사용과 관련하여서는 대법원 2013. 2. 28. 선고 2012후3206 판결 참조.

84) 대법원 2002. 12. 10. 선고 2000후3395 판결.

제명이 저작물의 내용 등을 직접적으로 표시하는지 여부 및 실제 사용 태양, 동일 제명이 사용된 후속 시리즈 음반의 출시 여부, 광고·판매 실적 및 기간 등 구체적·개별적 사정 여하에 따라 음반의 제명이 일반 수요자에게 상품의 출처를 표시하고 자기의 업무에 관계된 상품과 타인의 업무에 관계된 상품을 구별하는 표지로서 인식되는 때에는, 그 음반의 제명은 단순히 창작물의 내용을 표시하는 명칭에 머무르지 않고 자타상품의 식별표지로서 기능한다."라고 판시한 바 있고,[85] 서적류의 제호[86]와 연극 및 무용·무언극 등 연극저작물의 제목[87]에 대해서도 같은 취지로 판시하였다.

---

85) 대법원 2007. 1. 25. 선고 2005다67223 판결. 이 판결은, 시리즈 편집음반의 "BLACK COFFEE 진한커피"라는 제명이 자타 상품의 식별표지로서 기능하고 있음에도 불구하고 위 제명의 선사용자인 음반제작·판매자의 동의나 허락 없이 "BLACK COFFEE 진한커피"와 같이 구성된 등록상표를 출원·등록한 다음 그 상표권에 기하여 위 음반제작·판매자가 '진한커피' 제명을 사용하여 출시한 음반의 제작·판매 금지 등을 구하는 것은 등록상표에 관한 권리를 남용하는 것으로서 허용될 수 없다는 이유로 원심판결을 파기하였다.

86) 대법원 2005. 8. 25. 선고 2005다22770 판결. 이 판결은 피신청인이 서적에 '영절하'란 제호를 사용한 사안에서, 위 제호의 사용 태양, 사용 의도, 사용 경위 등에 비추어 피신청인은 신청인의 등록상표를 시리즈물인 서적의 제호의 일부로 사용함으로써 시리즈물인 서적의 출처를 표시하고 있는 것으로 볼 여지가 있으므로, 원심으로서는 피신청인의 위와 같은 제호의 사용이 서적의 출처를 표시하는 식별표지로서 인식될 수 있는 사용인지 여부에 대하여 나아가 심리한 후 그와 같은 사용으로 인정할 수 있는 경우에는 신청인의 상표권을 침해하는 상표적 사용으로 보아 신청인의 상표권의 효력이 이에 미치는 것으로 보아야 할 것이라는 이유로 원심판결을 파기하였다.

87) 대법원 2011. 4. 28. 선고 2010도4473 판결. 이 사안에서 피고인은 무언극을 '비보이를 사랑하는 발레리나S', '비보이를 사랑한 발레리나 시즌1'과 같이 등록서비스표 '비보이를 사랑한 발레리나'(지정서비스업: 무용공연업, 연극공연업, 연극제작업 등)와 유사한 표장을 제목으로 하는 시리즈물의 형식으로 공연하여 왔는데, 대법원은 피고인의 무언극 제목의 사용 태양, 의도, 경위 등에 비추어 위와 같은 무언극 제목의 사용이 단순히 창작물인 무언극의 내용을 표시하는 명칭에 머무르지 않고 그 제작·공연업 등 자타 서비스업의 출처를 표시하는 식별표지로서 인식될 수 있어, 여기에 위 등록서비스표권의 효력이 미친다고 판시하였다. 한편 대법원 2015. 1. 29. 선고 2012다13507 판결은 뮤지컬 제목도 일정한 요건 아래 타인의 영업임을 표시한 표지에 해당할 수 있다고 판시한 바 있다. 즉, 뮤지컬은 각본·악곡·가사·안무·무대미술 등이 결합되어 음악과 춤이 극의 구성·전개에 긴밀하게 짜 맞추어진 연극저작물의 일종으로서, 제목은 특별한 사정이 없는 한 해당 뮤지컬의 창작물로서의 명칭 또는 내용을 함축적으로 나타내는 것에 그치고 그 자체가 바로 상품이나 영업의 출처를 표시하는 기능을 가진다고 보기는 어렵지만, 뮤지컬은 제작·공연 등의 영업에 이용되는 저작물이므로, 동일한 제목으로 동일한 각본·악곡·가사·안무·무대미술 등이 이용된 뮤지컬 공연이 회를 거듭하여 계속적으로 이루어지거나 동일한 제목이 이용된 후속 시리즈 뮤지컬이 제작·공연된 경우에는, 공연 기간과 횟수, 관람객의 규모, 광고·홍보의 정도 등 구체적·개별적 사정에 비추어 뮤지컬의 제목이 거래자 또는 수요자에게 해당 뮤지컬의 공연이 갖는 차별적 특징을 표상함으로써 구체적으로 누구인지는 알 수 없다고 하더라도 특정인의 뮤지컬 제작·공연 등의 영업임을 연상시킬 정도로 현저하게 개별화되기에 이르렀다고 보인다면, 뮤지컬의 제목은 단순히 창작물의 내용을 표시하는 명칭에 머무르지 않고 부정경쟁방지 및 영업비밀보호에 관한 법률 2조 1호 (나)목에서 정하는 '타인의 영업임을 표시한 표지'에 해당한다는 것이다(이 사안에서 대법원은 'CATS'의 영문 또는 그 한글 음역으로 된 이 사건 표지는 적어도 이 사건 원심 변론종결일 무렵에는 단순히 그 뮤지컬의 내용을 표시하는 명칭에 머무르지 않고, 거래자 또는 수요자에게 뮤지컬 CATS의

즉, 책, 음반, 연극저작물의 제목에 관하여 일정한 요건 아래 출처표시 기능을 인정한 것이다. 특허법원 사례 중에도 '올챙이 그림책' 전집 60권의 그림책 표지 상단 우측에 표시된 '올챙이 그림책'이라는 기재는 그 그림책에 별도로 각각의 제호가 있는 이상 단순히 제호로서가 아니라 그림책의 출처를 표시하는 식별표지인 상표로서 사용된 것이라고 판시한 것이 있다.[88]

(다) 기술적(記述的) 사용

상품을 식별시킬 목적이 없이 설명문 중에서 표시하는 것과 같이 기술적(記述的)으로 사용하는 경우에는 상표의 사용이라고 할 수 없다.

(라) 상호로서의 사용

순수하게 상호로서만 사용된 경우는 상표의 사용이 아니지만, 상호가 상호로서 사용됨과 동시에 상표로서 사용되는 경우에는 상표의 사용에 해당한다. 이에 관한 자세한 내용은 제5절 III. 2. 다. 상표권의 효력 제한의 구체적 범위 부분 참조.

4. 상표등록의 취소사유

가. 상표법 119조 1항 1호(상표권자의 부정사용으로 인한 등록취소)[89]

(1) 의 의

상표법 119조 1항 1호는 상표권자가 고의로 지정상품에 등록상표와 유사한 상표를 사용하거나 지정상품과 유사한 상품에 등록상표 또는 이와 유사한 상표를 사용함으로써 수요자로 하여금 상품의 품질의 오인 또는 타인의 업무에 관련된 상품과의 혼동을 생기게 한 경우를 상표등록취소사유의 하나로 규정하였다.

공연이 갖는 차별적 특징을 표상함으로써 특정인의 뮤지컬 제작·공연임을 연상시킬 정도로 현저하게 개별화되기에 이르렀다는 이유로 '타인의 영업임을 표시한 표지'에 해당한다고 보았다).

88) 특허법원 2006. 5. 24. 선고 2005허8197 판결(심리불속행 기각).

89) 1997. 8. 22. 법률 제5355호로 개정되기 전의 구 상표법 73조 1항 1호는 상표권자가 전용사용권 또는 통상사용권의 설정등록을 하지 아니하고 타인에게 자기의 등록상표와 동일 또는 유사한 상표를 그 지정상품과 동일 또는 유사한 상품에 6월 이상 사용하게 한 경우를 상표등록취소사유의 하나로 들었으나, 위 개정으로 위 조항이 삭제되고, 2001. 2. 3. 개정 상표법(법률 제6414호)에 의하여 2001. 7. 1. 이후에는 위 조항 삭제 이전에 출원되어 등록된 상표에 대해서도 위 구 상표법의 규정을 적용할 수 없게 되었으므로 더는 심판 및 소송에서 위 규정이 문제가 될 가능성은 없게 되었다. 대법원도 2001. 9. 25. 선고 99후3009 판결에서, 앞으로는 구 상표법 73조 1항 1호의 취소사유 해당 사실의 발생 시점 여하를 막론하고 이를 상표등록취소의 사유로 삼을 수 없다고 해석하여야 하고, 이는 2001. 7. 1. 이전에 상고되어 대법원에 계속 중인 사건에 대하여도 마찬가지라고 판시하였다.

상표권자는 지정상품에 대하여 그 등록상표를 사용할 권리를 독점하지만(상표 89조), 그 독점권은 등록상표와의 동일성 범위 내에서만 인정되는 것이고, 그 등록상표를 동일성을 잃지 않는 범위 내에서 성실히 사용할 의무도 있다. 따라서 상표권자라 할지라도 등록상표와 유사한 상표를 사용하여 수요자로 하여금 상품의 품질을 오인하거나 타인의 업무에 관련된 상품과 혼동하게 한 경우에는 '상표의 부정사용'으로 보아 부정사용된 등록상표의 등록을 취소할 수 있도록 한 것이 상표법 119조 1항 1호의 규정이다.

이 규정은 상표권자가 자기 상표가 등록되어 있음을 기화로 상표제도의 본래의 목적에 반하여 자기 등록상표를 그 사용권의 범위를 넘어 부정하게 사용하지 못하도록 규제함으로써 상품 거래의 안전을 도모하고, 타인의 상표의 신용이나 명성에 편승하려는 행위를 방지하여 거래자와 수요자의 이익보호는 물론 다른 상표를 사용하는 사람의 영업상 신용과 권익도 아울러 보호하려는 데 그 취지가 있다.[90]

(2) 요 건

(가) 상표권자의 사용일 것

상표권자에 의한 상표의 부정사용행위이어야 한다. 전용사용권자나 통상사용권자에 의한 상표의 부정사용행위에 대해서는 상표법 119조 1항 2호에서 따로 규정한다.

(나) 상표의 부정사용행위일 것

1) 부정사용의 유형

상표권자가 ① 지정상품에 등록상표와 유사한 상표를 사용하거나 ② 지정상품과 유사한 상품에 등록상표를 사용하거나 ③ 지정상품과 유사한 상품에 등록상표와 유사한 상표를 사용하여야 한다. 즉, 상표권의 금지권의 범위 내이고 전용권의 범위 밖에서의 상표사용이어야 한다. 따라서 지정상품에 등록상표를 그대로 사용하거나(전용권의 범위 내의 사용) 등록상표와 유사한 범위를 벗어난 상표를 사용하여(금지권의 범위 밖의 사용) 품질의 오인 또는 타인의 상품과의 혼동을 일으키더라도 본 호에는 해당하지 않는다. 그러나 등록상표를 그대로 사용하더라도 지정상품에 사용하지 않고 유사한 상품에 사용하면 본 호에 해당한다. 이를 표로 정리해 보면 다음과 같다.

---

90) 대법원 2016. 8. 18. 선고 2016후663 판결, 2005. 6. 16. 선고 2002후1225 전원합의체 판결,

상품＼상표	동일상표	유사상표	비유사상표
동일상품	정당한 사용	부정사용	본 호와 무관
유사상품			
비유사상품			

2) 표장 및 지정상품의 유사성

지정상품에 등록상표와 유사한 상표를 사용하거나, 지정상품과 유사한 상품에 등록상표 또는 이와 유사한 상표를 사용하여야 한다.[91] 실사용상표가 등록상표를 대상상표와 동일 또는 유사하게 보이도록 변형한 것이어서 그 사용으로 인하여 대상상표와의 관계에서 등록상표를 그대로 사용한 경우보다 수요자가 상품 출처를 오인·혼동할 우려가 더 커지게 되었다면 상표법 119조 1항 1호에서 정한 부정사용을 이유로 한 상표등록취소심판에서는 그 실사용상표의 사용을 등록상표와 유사한 상표의 사용으로 볼 수 있다.[92]

여기서 실제로 사용된 상표의 표장이 등록상표의 그것과 동일하다는 의미는 완전히 동일한 경우뿐만 아니라 사회통념상 등록상표의 통상의 사용범위 내로 볼 수 있는 경우를 포함한다. 따라서 등록상표에 어느 정도 부기나 변경이 있더라도 동일성이 있는 범위 내의 상표사용으로 인정되는 경우 1호나 2호 소정의 유사한 상표의 사용에 해당하지 않는다.

이러한 점에서 1호나 2호에서 상표의 동일·유사 판단기준은 3호에서의 동일·유사 판단기준과 밀접한 관계가 있다. 즉, 3호에서 동일한 상표의 사용으로 인정되는 경우라면 1호나 2호에서는 전용권 범위 밖의 부정사용으로 인정되는 경우가 별로 없을 것이고, 3호에서 동일한 상표의 사용이 아니라고 인정되는 경우라면 1호나 2호에서도 전용권 범위 밖의 부정사용으로 인정될 가능성이 클 것이다.

---

91) 대법원 2016. 8. 18. 선고 2016후663 판결은 "복수의 유사 상표를 사용하다가 그중 일부만 등록한 상표권자가 미등록의 사용상표를 계속 사용하는 경우에도, 그로 인하여 타인의 상표와의 관계에서 등록상표만 사용한 경우에 비하여 수요자가 상품 출처를 오인·혼동할 우려가 더 커지게 되었다면, 이러한 사용도 위 조항에 규정된 등록상표와 유사한 상표의 사용으로 볼 수 있다."라고 판시하였다.

92) 대법원 2015. 5. 28. 선고 2013후1924 판결, 2013. 12. 26. 선고 2012후1521 판결. 특허법원 2017. 4. 28. 선고 2016허17763 판결(확정)은 실사용상표 "   "는 등록상표"   "를 대상상표"   "와 실질적으로 동일하게 보이도록 변형하였으므로, 실사용상표는 등록상표의 동일성 범위를 벗어난 것으로서 등록상표의 유사상표에 해당한다고 보았다.

3) 불사용취소사건(3호)에서의 상표의 동일성과 부정사용취소사건(1호, 2호)에서의
   상표의 동일성과의 관계

위에서 본 바와 같이 1호나 2호에서 상표의 동일·유사 판단기준은 3호에서의 동
일·유사 판단기준과 밀접한 관계가 있으나, 부정사용을 이유로 한 취소에서는 품질
오인 또는 상품혼동우려가 또 하나의 중요한 요건이므로, 등록상표와 실사용상표의
동일성 여부도 품질오인 또는 상품혼동우려라는 관점에서 검토할 필요가 있다. 특히
등록상표와 유사한 상표를 사용한 것인지를 판단함에 있어 단순히 등록상표와 실사
용상표의 구성만을 대비하는 것은 적절치 않고, 혼동의 대상이 되는 대상상표의 구성
도 함께 고려하여 유사상표의 사용인지 여부를 판단해야 할 필요가 있는 것이다.

이러한 점에서 부정사용취소사건에서의 상표의 동일성과 불사용취소사건에서의
상표의 동일성이 동일한 의미인지, 아니면 구체적인 사안에 따라 달라질 수도 있는
것인지에 대하여 살펴볼 필요가 있다.

이에 관하여는, 부정사용취소사건에서의 상표의 동일성과 불사용취소사건에서의
상표의 동일성의 개념을 통일적으로 파악하는 견해와 양자의 개념을 각각의 입법 취
지에 비추어 독립적으로 파악하는 견해가 있다.

양자의 개념을 통일적으로 파악하는 견해에 의하면, 불사용취소사건에서의 상표
의 동일과 부정사용취소사건에서의 상표의 유사는 동전의 양면처럼 반대 개념을 그
규범형식에 따라 달리 표현한 것으로 보아 3호의 동일성 범위 내의 사용은 당연히 2
호 또는 8호의 적용대상에서 제외되게 된다. 이러한 견해는 불사용취소사건에서 등
록상표 및 지정상품과 동일성 범위 내로 판단된 상표의 사용은 전용권 범위 내의 사
용으로서 이에 대하여 부정사용취소의 제재를 가하는 것은 적절치 않음을 그 근거로
한다.

양자의 개념을 독립적으로 파악하는 견해에 의하면, 불사용취소의 제재를 면하
는 동일성 범위 내의 상표의 사용은 상표법 89조의 전용권의 범위 내의 사용만을 의
미하는 것은 아니고 이보다 다소 넓은 범위의 동일성을 의미하므로, 그 사용 중 전용
권의 범위를 벗어나는 사용은 부정사용취소의 제재를 받을 수 있게 된다. 이러한 견
해는 경제사정의 변화나 시장의 요구에 맞추어 등록상표를 어느 정도 변형하여 사용
하는 것은 불가피하므로 3호의 적용에 있어서는 동일성의 범위를 사회통념상 동일성
이 인정되는 범위까지 확장하는 것이 타당하나, 그렇다고 하여 이러한 불사용취소의
제재를 면하는 실사용상표의 사용으로 인해 다른 대상상표와 혼동을 초래하는 경우

에는 이를 제한할 필요가 있으므로, 양자의 동일성의 범위는 달라질 수 있음을 근거로 한다.93)

　이와 관련하여 대법원은, 구 상표법 73조 1항 2호(상표 119조 1항 1호)는 상표권자가 상표제도의 본래 목적에 반하여 자신의 등록상표를 그 사용권 범위를 넘어 부정하게 사용하지 못하도록 규제함으로써 상품 거래의 안전을 도모하고, 타인의 상표의 신용이나 명성에 편승하려는 행위를 방지하여 거래자와 수요자의 이익보호는 물론 다른 상표를 사용하는 사람의 영업상 신용과 권익도 아울러 보호하려는 데에 그 취지가 있는 반면, 구 상표법 73조 1항 3호(상표 119조 1항 3호)는 등록상표의 사용을 촉진함과 동시에 그 불사용에 대한 제재를 가하려는 데에 그 취지가 있으므로, 구 상표법 73조 1항 2호(상표 119조 1항 1호)에서 정한 부정사용을 이유로 하는 상표등록취소심판에서 상표권자가 등록상표를 사용한 것인지 아니면 그와 유사한 상표를 사용한 것인지는 구 상표법 73조 1항 3호(상표119조 1항 3호)에서 정한 불사용을 이유로 하는 상표등록취소심판에서의 상표 동일성 판단기준과 관계없이 구 상표법 73조 1항 2호(상표 119조 1항 1호)의 위와 같은 입법 취지에 따라 독자적으로 판단하여야 한다고 판시하였다.94)

(다) 수요자로 하여금 상품의 품질의 오인 또는 타인의 업무에 관련된 상품과의 혼동을 생기게 하였을 것

1) 상품의 품질의 오인

상품의 품질의 오인을 생기게 한 경우라 함은 실제로 사용하는 상표로 인하여 혼동의 대상이 되는 상표를 부착한 타인의 상품의 품질과 오인을 생기게 하는 경우 외에도 그 실사용상표의 구성 등으로부터 그 지정상품이 본래적으로 가지는 성질과 다른 성질을 갖는 것으로 수요자를 오인하게 할 염려가 있는 경우도 포함하며, 여기에는 상품의 품질, 원재료, 효능, 용도 등의 오인뿐만 아니라 상품의 산지의 오인도 포함된다.95)

　이와 관련하여 상표권자 또는 사용권자가 상표권자나 다른 사용권자가 제조·판매하는 상품보다 저급의 상품에 등록상표 또는 등록상표와 유사한 상표를 사용한 경

---

93) 자세한 논의는 원유석, "등록상표의 불사용취소와 부정사용취소의 실무적 재검토", 사법논집 49집, 법원도서관(2009), 50~55 참조.

94) 대법원 2015. 5. 28. 선고 2013후1924 판결, 2013. 12. 26. 선고 2012후1521 판결.

95) 대법원 2003. 7. 11. 선고 2002후2457 판결.

우 1호 및 2호의 품질오인에 해당할 것인지가 문제된다. 이에 대하여 ① 품질이 더 열악한 상품을 제공하여 수요자의 기대를 배반한 것인 이상 2호의 경우는 물론 1호의 경우도 이를 품질오인을 일으킨 경우에서 제외할 합리적 근거가 없음을 이유로 이를 긍정하는 견해, ② 1호의 상표권자에 의한 사용의 경우에는 지정상품이 동일한 범위 내의 사용인 한 저급의 상품에 등록상표와 유사한 상표를 사용하더라도 1호가 적용되지 않지만, 2호의 경우에는 사용권자가 상표권자 또는 다른 사용권자가 생산·판매한 제품보다 저급의 상품에 사용하면 부정사용에 해당한다는 견해, ③ 1호는 물론 2호의 경우에도 품질오인에 해당하지 않는다는 견해가 대립한다.[96]

2) 타인의 업무에 관련된 상품과의 혼동

타인의 업무에 관련된 상품과의 혼동이란 상품의 출처가 동일한 것으로 오인하게 하는 혼동(이른바 '협의의 혼동')뿐만 아니라 양자 사이에 인적 또는 자본적인 어떤 관계가 있는 것처럼 수요자나 거래자로 하여금 오인하게 하는 혼동(이른바 '광의의 혼동')도 포함한다.

상표권자가 실제로 사용하는 상표(실사용상표)와 혼동의 대상이 되는 타인의 상표(대상상표) 사이의 혼동 유무를 판단할 때는, 각 상표의 외관, 호칭, 관념 등을 객관적·전체적으로 관찰하되, 궁극적 판단 기준은 결국 당해 실사용상표의 사용으로 대상상표의 상품과의 사이에 상품출처의 오인·혼동이 야기될 우려가 객관적으로 존재하는가의 여부에 두어야 한다.[97] 구체적으로는 등록상표의 변형 정도,[98] 실사용상표와 대상상표 사이의 근사성의 정도, 실사용상표와 대상상표가 상품에 사용되는 형태, 등록상표와 실사용상표 및 대상상표의 사용기간과 그 실적, 수요자 사이에 알려진 정도, 실제 수요자 사이에 출처의 혼동이 발생하였는지의 여부 등을 종합적으로 고려하여 구체적으로 출처의 혼동 염려가 객관적으로 존재하는지의 여부를 판단하여야 할 것이다.

위와 같이 실사용상표와 대상상표 사이의 혼동의 유무는 상품 출처의 오인·혼동을 생기게 할 우려가 객관적으로 존재하는가의 여부에 따라 결정하면 충분하다. 따

---

96) 자세한 논의는 원유석(주 93), 21~22 참조.
97) 대법원 2015. 10. 15. 선고 2013후1214 판결, 2015. 7. 23. 선고 2013후2521 판결, 2012. 10. 11. 선고 2012후2227 판결, 2001. 4. 24. 선고 98후959 판결.
98) 대상상표가 용이하게 연상되도록 등록상표를 변형하여 실사용상표를 작출한 경우에는 혼동 염려가 있다고 평가함에 있어서 적극적인 (+) 요소가 될 것이다.

라서 그 타인의 상표가 당해 등록상표의 권리범위에 속하거나 상표법상의 등록상표가 아니라고 하더라도 즉, 대상상표가 미등록이거나 등록상표보다 후에 등록된 경우에도 혼동의 대상이 되는 상표로 삼을 수 있고,[99] 타인의 상품과의 혼동은 비유사 상품 간에도 생길 수 있으며, 오인·혼동의 대상이 되는 상표는 반드시 주지·저명한 상표임을 요하지 아니한다.[100] 다만 대상상표가 되기 위해서는 등록상표의 실사용상표와 사이에 추상적 혼동의 우려가 있는 것만으로는 부족하고 구체적인 혼동의 우려가 있어야 하기 때문에 그 전제로서 대상상표는 실제로 사용되어 수요자에게 어느 정도 알려져는 있어야 할 것이다.[101]

대법원은, 상표권자가 등록상표의 유사범위에 속하는 실사용상표를 사용함으로써 대상상표의 표장상품과 사이에 상품의 출처의 혼동이나 품질의 오인을 일으키게 할 염려가 있다고 하려면, 그 대상상표가 적어도 상표로서의 특별현저성, 즉 자타의 상품을 일반수요자나 소비자로 하여금 식별하게 할 수 있는 상표로서의 기능을 갖추어야 하므로, 대상상표가 기술적 표장에 불과한 경우에는 실사용상표와 대상상표가 유사하다고 하더라도 구 상표법 73조 1항 2호 소정의 상표등록취소 사유에 해당하지 않는다고 판시하였다.[102]

조문상 상표법 119조 1항 1호는 품질오인 또는 출처혼동을 생기게 한 경우라고 규정하나, 그 의미에 대하여 대법원은 품질오인 또는 출처혼동이 현실적으로 발생한 경우뿐만 아니라 등록상표의 부정사용으로 인해 오인 또는 혼동을 일으킬 염려가 객관적으로 인정되면 현실적으로 오인 또는 혼동이 없어도 무방하다고 판시하였다.[103]

(라) 주관적 요건으로서 고의가 있을 것

상표권자가 고의로 상표를 부정사용하여야 한다. 여기서 말하는 고의가 있다고 하기 위해서 상표권자에게 타인의 이익을 침해할 의사나 부정경쟁의 목적 등이 있어야만 하는 것은 아니다. 상표권자가 오인·혼동을 일으킬 만한 대상상표의 존재를 알면서 그 대상상표와 동일·유사한 실사용상표를 사용하면 상표 부정사용의 고의가 있다 할 것이고, 특히 그 대상상표가 주지·저명 상표인 경우에는 그 대상상표나 그

---

99) 대법원 2005. 6. 16. 선고 2002후1225 전원합의체 판결.
100) 대법원 1990. 9. 11. 선고 89후2304 판결 등.
101) 대법원 2005. 11. 10. 선고 2004후813 판결.
102) 대법원 1990. 1. 25. 선고 88후1328 판결.
103) 대법원 2000. 4. 25. 선고 98후1877 판결, 1999. 9. 17. 선고 98후423 판결 등.

표장상품의 존재를 인식하지 못하였다는 등의 특별한 사정이 없는 한 고의의 존재를
추정할 수 있다.[104]

(3) 판단사례

(가) 인정한 사례

대상상표 "ROOTS"와 관련하여 등록상표 ""를 ""와 같이 사용한 경우,[105] 대상상표 "고려당"과 관련하여 등록상표 ""를 도형과 정자표를 생략하고 "고려당"만으로 사용한 경우,[106] 대상상표 "Lee"와 관련하여 등록상표 ""를 "LGE" 만으로 사용한 경우,[107] 대상상표 ""와 관련하여 등록상표 ""를 ""만으로 사용한 경우,[108] 대상상표 "TOMMY HILFIGER"와 관련하여 등록상표 ""를 "" 또는 ""와 같이 사용한 경우,[109] 대상상표 ""와 관련하여 등록상표 ""를 ""와 같이 사용한 경우,[110] 대상상표 "", ""와 관련하여 등록상표 "sisley"를 "", "", ""와 같이 사용한 경우,[111] 대상상표 "(제품 포장에 사용된 모습 "")과 관련하여 등록상표 "꾸이랑"을 ""과 같이 변형하여 제품 포장에 ""과 같이 사용한 경우,[112] 대상상표 ""과 관련하여 등록상표 "소녀시대"를 ""과 같이 사용한 경우,[113] 대상상표 "", "", ""와 관련하여 등록상표 ""와 함께 "", "", "" 와 같은 상표를 사용한 경우,[114] 대상상표 ""와 관련하여 등록상표 ""에서 하단의 'LX collection'을 생략하고 ""와 같이 사용한 경우,[115] 대상상표 ""와 관련하여 등록상표 ""를 ""와 같이 사용한 경우[116]에 1호에 해당한다고 보았다.

---

104) 대법원 2012. 10. 11. 선고 2012후2227 판결, 2004. 11. 12. 선고 2003다54315 판결.
105) 대법원 2005. 6. 16. 선고 2002후1225 전원합의체 판결.
106) 대법원 1984. 11. 13. 선고 83후70 판결.
107) 대법원 1990. 2. 13. 선고 89후308 판결.
108) 대법원 2005. 8. 19. 선고 2003후2713 판결.
109) 대법원 2005. 8. 25. 선고 2003후2263 판결.
110) 대법원 2000. 4. 25. 선고 98후1877 판결.
111) 대법원 2012. 10. 11. 선고 2012후2227 판결.
112) 대법원 2015. 5. 28. 선고 2013후1924 판결.
113) 대법원 2015. 10. 15. 선고 2013후1214 판결.
114) 대법원 2016. 8. 18. 선고 2016후663 판결.
115) 특허법원 1998. 12. 18. 선고 98허7318 판결(확정).
116) 특허법원 2006. 6. 16. 선고 2006허1667 판결(확정).

(나) 부정한 사례

① 대상상표 "GAP"과 관련하여 등록상표 "CAPS"를 "CAPS"와 같이 사용한 경우 비록 등록상표와 실사용상표는 유사하나 실사용상표와 대상상표는 외관, 호칭, 관념이 유사하지 않아 혼동의 염려가 없으므로 1호에 해당하지 않는다고 보았다.[117]

② 대상상표 "고려당"과 관련하여 등록상표 "주식회사 고려당"을 "고려당"이라고만 사용한 경우는 실사용상표는 등록상표와 동일성의 범주 내의 사용으로서 유사한 상표의 사용이 아니므로 1호에 해당하지 않는다고 보았다.[118]

③ 등록상표는 영문자 "SCABAL TEX"로 이루어진 상표인데, 피고가 등록상표 중 관용명칭에 해당하는 "TEX"부분을 제외한 "SCABAL" 부분만을 그 지정상품 중 하나인 소모직물에 해당하는 양복지에 사용하였음을 알 수 있는바, 피고가 사용한 것이 등록상표의 일부인 "SCABAL"이지만, 나머지 부분인 "TEX"는 양복지 등의 직물류에 사용되는 관용명칭이어서, 위 "SCABAL"은 거래사회의 통념상 등록상표와 동일하게 볼 수 있는 형태의 사용이라 할 것이므로, 그러한 사정만으로 곧 피고가 고의로 지정상품에 등록상표와 유사한 상표를 사용함으로써 수요자로 하여금 상품의 품질의 오인 또는 타인의 업무에 관련된 상품과의 혼동을 생기게 하였다고 할 수는 없다고 판단하였다.[119]

④ 대상상표가 한글 '노이에루'와 영문자 'NEUR'이 상하로 결합된 상표에 있어서, 등록상표 "노엘"을 "Neuer(노엘)" 또는 "노엘 NEUER"과 같이 사용한 경우, 실사용상표들은 그 지정상품인 소화성 궤양치료제에 사용할 경우 일반 수요자나 소비자에게 '더욱 새로워진 소화제' 등의 뜻으로 인식될 것이므로, 이는 지정상품의 품질이나 효능을 보통으로 사용하는 방법으로 표시한 이른바 기술적 표장에 불과할 뿐 상표로서의 특별현저성을 갖춘 것이라고 보기 어려우므로, 실사용상표와 대상상표가 유사하다고 하더라도 상품의 출처의 혼동이나 품질의 오인을 일으킬 염려가 있다고는 할 수 없다고 판단하였다.[120]

---

117) 대법원 2001. 3. 23. 선고 98후560 판결.
118) 대법원 1986. 3. 25. 선고 84후10 판결.
119) 대법원 2000. 10. 27. 선고 99후352 판결.
120) 대법원 1990. 1. 25. 선고 88후1328 판결.

나. 상표법 119조 1항 2호(사용권자의 오인·혼동행위로 인한 등록취소)

(1) 의   의

상표법 119조 1항 2호는 전용사용권자 또는 통상사용권자가 지정상품 또는 이와 유사한 상품에 등록상표 또는 이와 유사한 상표를 사용함으로써 수요자에게 상품의 품질을 오인하게 하거나 타인의 업무와 관련된 상품과의 혼동을 불러일으키게 한 경우를 상표등록 취소사유의 하나로 규정하면서, 다만 상표권자가 상당한 주의를 한 경우는 제외한다고 규정하였다.

상표권자가 전용사용권이나 통상사용권을 설정하게 되면 그 사용권자는 설정행위로 정한 범위 내에서 지정상품에 대하여 등록상표를 사용할 권리를 가지게 되고, 한편으로는 상품에 자기의 성명 등을 표시할 의무도 부담하게 된다. 이러한 사용권자가 등록상표를 부정하게 사용하여 수요자에게 상품의 품질을 오인하게 하거나 타인의 업무와 관련된 상품과 혼동을 일으키게 한 경우에도 상품 거래의 안전, 거래자와 수요자의 이익보호 및 다른 상표를 사용하는 사람의 영업상의 신용과 권익을 보호하기 위하여 상표권자의 부정사용과 마찬가지로 제재를 가할 필요가 있다. 대법원도 "본호의 취지는 상표권자에게 사용권을 자유롭게 설정할 수 있도록 하는 대신에 사용권자에 대한 감독의무를 부과하여 사용권자에 의한 등록상표의 부정사용행위에 대해서도 그 등록상표를 취소할 수 있도록 함으로써 소비자의 이익을 보호함은 물론 다른 상표를 사용하는 사람의 영업상의 신용과 권익도 보호하려는 데 있다."라고 판시하였다.[121]

이에 따라 상표법은 사용권자가 등록상표를 부정하게 사용한 경우 그 제재로써 등록상표 자체를 취소할 수 있도록 하는 한편, 사용권자의 전용사용권이나 통상사용권도 취소할 수 있도록 하고(상표 120조), 다만 상표권자가 사용권자의 부정사용에 대하여 감독의무를 다한 경우에는 등록상표 자체의 취소는 면할 수 있도록 하였다.

(2) 요   건

(가) 상표법 119조 1항 1호와의 차이점

상표법 119조 1항 1호는 상표권자의 정당사용의무에 관한 규정이고, 상표법 119

---

121) 대법원 2010. 4. 15. 선고 2009후3329 판결.

조 1항 2호 본문은 사용권자의 정당사용의무에 관한 규정이며, 상표법 119조 1항 2호 단서는 사용권자의 정당사용의무 준수에 대한 상표권자의 감독의무에 관한 규정이다. 상표법 119조 1항 1호와 2호는 다른 요건은 동일하나, 2호는 ① 부정한 상표의 사용주체가 전용사용권자 또는 통상사용권자라는 점, ② 부정사용에 대한 사용권자의 고의를 요하지 않는다는 점, ③ 사용권자가 등록상표를 지정상품에 사용하는 경우에도 적용된다는 점, ④ 상표권자가 상당한 주의를 한 경우에는 그 적용이 배제된다는 점에서 1호의 취소사유와 차이가 있다. 이하에서는 2호의 요건 중 1호와 차이가 나는 ③, ④ 부분을 위주로 살핀다.

(나) 사용권자가 등록상표를 지정상품에 사용하는 경우

상표법 119조 1항 2호는 '지정상품 또는 이와 유사한 상품에 등록상표 또는 이와 유사한 상표를 사용'이라고 규정함으로써 1호와 달리 '사용권자가 등록상표를 지정상품에 사용하는 경우'에도 그 결과 '수요자에게 상품의 품질을 오인하게 하거나 타인의 업무와 관련된 상품과의 혼동을 불러일으키게 한 경우'에는 부정사용으로 보아 등록상표를 취소할 수 있도록 한다.

2호에서 부정사용의 유형으로 들고 있는 '등록상표를 지정상품에 사용하는 경우'의 의미 및 '상품의 품질의 오인 또는 타인의 업무와 관련된 상품과의 혼동'과의 관계를 어떻게 해석할 것인가에 대하여, ① 문언에 가장 충실한 해석으로서, 상표법 119조 1항 1호에 의한 상표권자에 의한 경우와 달리 2호는 사용권자가 지정상품과 동일한 상품에 등록상표와 동일한 표장을 사용하여 품질 오인이 생기게 한 경우는 물론 타인의 상품 또는 영업과 출처오인이 생기게 한 경우에도 적용되고, 여기의 타인에는 상표권자 또는 다른 사용권자도 포함된다고 해석하는 견해(문언해석설),[122] ② 사용권자가 지정상품과 동일한 상품에 등록상표와 동일한 표장을 사용한 경우 이로 인해 타인의 상품 또는 영업과 출처오인이 발생하더라도 2호가 적용되지 않고, 상표권자 또는 다른 사용권자와 사이에 품질오인 또는 품질오인이 수반된 출처오인이 생긴 경우에만 적용된다고 해석하는 견해(적용제한설),[123] ③ 2호를 가장 좁게 해석하여 상표권자에 의한 사용의 경우와 마찬가지로 사용권자가 등록상표와 동일한 표장을 지정상품과 동일한 상품에 사용한 경우 이는 전용권 범위 내의 사용으로서 상표법 119조

---

122) 小野昌延, 註解 商標法 新版 (下卷), 靑林書院 (2005), 1172 참조.
123) 한동수, "상표법 제73조 제1항 제8호에서 대상상표가 일반 수요자에게 알려진 정도와 그 판단의 기준 시점", 지적재산권 24호, 지적재산권법제연구원(2008), 75 참조.

1항 2호의 적용대상이 아니라고 해석하는 견해(적용부인설)[124]가 있다.

문언해석설은 법문에 가장 충실한 해석이기는 하지만, 상표권자가 지정상품에 등록상표를 사용하고 이러한 상표의 사용으로 타인의 업무와 관련된 상품과 혼동을 생기게 한 경우에는 등록상표취소라는 불이익을 받지 않음에도, 사용권자가 동일하게 지정상품에 등록상표를 사용한 경우에는 등록상표가 취소된다는 결론에 이르게 되어 형평에 맞지 않는 측면이 있다.

적용제한설은 2호를 문언 그대로 해석할 경우 형평성에 문제가 있는 점을 감안하여, 사용권자가 지정상품에 등록상표를 사용하여 타인의 상품 또는 영업과 출처오인이 발생하더라도 상표권자에게 책임을 물을 수는 없겠지만, 상표권자 자신이 직접 상표를 사용한 경우와 달리 사용권자에게 상표사용을 허락한 경우 그 품질의 차이에 대하여 상표권자에게도 감독책임이 있으므로, 사용권자가 지정상품에 등록상표를 사용하였더라도 그 상품의 품질이 상표권자나 다른 사용권자의 상품보다 떨어지는 경우 또는 상표권자나 다른 사용권자와 사이에 품질오인이 수반된 출처오인이 생긴 경우에는 그에 대한 제재로 상표등록을 취소할 수 있다고 보는 것이 타당하다는 점을 논거로 내세운다. 이 견해에 의할 경우, 2호 중 '등록상표를 지정상품에 사용하는 경우'는 사용권자가 상표권자나 다른 사용권자의 상품보다 품질이 열악한 상품에 등록상표를 사용한 경우 또는 이러한 사용으로 인해 상표권자나 다른 사용권자와 사이에 품질오인이 수반된 출처오인이 생긴 경우만을 말하고, 이러한 상표사용으로 인해 그 외의 타인의 상품 또는 영업과 혼동을 초래하였더라도 2호의 취소대상은 아니라고 해석하게 된다. 그러나 적용제한설이 지적하는 문언해석설의 문제점은 2호 단서 규정(다만, 상표권자가 상당한 주의를 한 경우는 제외한다)을 통해 충분히 해결될 수 있는 문제점에 불과하므로, 2호 본문을 문언 그대로 해석하더라도 충분하고, 2호 본문을 제한 해석할 필요성이 크지 않다는 비판도 가능하다.

적용부인설은 전용권 범위 내의 사용으로 품질오인 또는 출처오인이 생기더라도 이는 상표법 34조 1항 12호의 무효사유에 해당할 뿐 취소대상은 아니고, 사용권자가 공급하는 상품의 질은 사용권자가 자유로이 또는 상표권자와 사용권자의 계약에 의하여 정할 수 있는 것으로 양자 간의 합의에 의하여 상표권자는 고급품을 공급하고 사용권자는 저급품에 동일한 상표를 사용할 수 있는데, 상표권자 자신이 상품의 질을

---

124) 平尾正樹, 商標法(1次改訂版), 學陽書房(2006), 495~496 참조.

떨어뜨린 경우에는 취소의 대상이 아닌 반면 사용권자가 질을 떨어뜨린 경우에는 취소의 대상으로 하는 것은 균형이 맞지 않고, 특히 사용권자가 사용허락을 받지 않은 지정상품에 등록상표를 사용한 경우 상표권자는 사용권자의 불법행위의 피해자인데 상표등록 취소의 제재를 가하는 것은 지나치게 무겁다는 것을 논거로 내세운다. 그러나 이 견해는 2호가 1호와 달리 명문으로 사용권자의 행위유형 중 '지정상품 동일 및 등록상표 동일'의 경우를 취소사유를 추가하였음에도 이를 무의미한 규정으로 해석하는 것이어서 문리해석상 받아들이기 어려운 점이 있다.

(다) 상표권자가 상당한 주의를 한 경우

이는 상표권자의 감독의무를 간접적으로 규정한 것이다. 상당한 주의라 함은 오인·혼동행위를 하지 말라는 주의나 경고만으로는 부족하고, 정기적으로 상표 사용 실태에 대하여 보고를 받거나 상품의 품질을 검사하는 등 실질적으로 사용권자를 그 지배하에 두고 있는 것과 같은 관계의 유지를 의미한다.[125]

따라서 상표권자가 통상사용권자들에게 브랜드 매뉴얼을 교부하고 그 준수 여부를 검사하여 시정을 요청하였다는 사정만으로는 상표사용에 관하여 그들을 실질적으로 지배하에 두고 감독하고 있었다고 보기 어렵다.[126]

상당한 주의를 다하였다는 점은 상표권자가 주장·입증하여야 한다.

(3) 판단사례

대상상표 "POLO BY RALPH LAUREN"과 관련하여 등록상표 " _{KANESHIN} "를 "POLO CLUB" 또는 "KANESHIN과 POLO CLUB"의 2단으로 병기하여 사용하거나 말 탄 사람 도형과 "POLO CLUB"을 겹치게 사용한 경우,[127] 대상상표 "A6"와 관련하여 등록상표 " A6 CITY SPIRIT "를 "A6"와 같이 사용한 경우,[128] 대상상표 "🛞SUPERIOR", " SUPERIOR "와 관련하여 등록상표 "🌀─"를 " SUPERIOR ", " 🛞SUPERIOR "와 같이 사용한 경우,[129] 대상상표 " Jacob "와 관

---

125) 대법원 2011. 5. 26. 선고 2010후3462 판결.
126) 대법원 2010. 4. 15. 선고 2009후3329 판결.
127) 특허법원 1998. 10. 23. 선고 98허5749 판결(확정).
128) 특허법원 2006. 6. 29. 선고 2006허3113 판결(확정). 이 판결은 실사용상표가 "**A6** CITY SPIRIT"인 경우 이는 등록 상표와 동일성이 인정되는 상표이나, 2호는 지정상품에 등록상표와 동일한 상표를 사용하는 경우에도 적용된다는 전제하에 실사용상표와 대상상표인 "A6"와 사이에 출처혼동이 생길 염려가 있다는 이유로 2호에 해당한다고 판시하였다.
129) 특허법원 2008. 7. 24. 선고 2008허7003 판결(심리불속행 기각).

련하여 등록상표 "JUDD"를 "　　"와 같이 사용한 경우,130) 대상상표 "장　수" 등과 관련하여 등록상표 "**장수왕**"을 "　장수　흙침대", "　장수　옥돌침대" 등과 같이 사용한 경우,131) 대상상표 "*eSpoir*"와 관련하여 등록상표 "ESPOIR"를 "　　"와 같이 사용한 경우,132) 대상상표 "　　"와 관련하여 등록상표 "*Crocmile*"를 "　", "　" 와 같이 사용한 경우133) 등은 2호에 해당한다고 보았다.

다. 상표법 119조 1항 3호(불사용으로 인한 등록취소)

(1) 의　　의

상표법 119조 1항 3호는 상표권자 · 전용사용권자 또는 통상사용권자 중 어느 누구도 정당한 이유 없이 등록상표를 그 지정상품에 대하여 취소심판청구일 전 계속하여 3년 이상 국내에서 사용하지 아니한 경우를 상표등록 취소사유의 하나로 규정한다.

상표법은 상표사용자의 업무상 신용을 보호함을 목적으로 하고, 이러한 업무상 신용은 상표의 현실적 사용에 의하여 생기는 것이지만, 우리나라 상표법은 등록주의를 채택하여 일정한 요건만 구비하면 사용 여부와 관계없이 상표를 등록할 수 있도록 하므로, 경우에 따라서는 업무상 신용이 없으면서도 상표가 등록되었다는 이유만으로 독점권을 가지고 타인의 상표 선택의 자유를 침해하는 경우가 발생하게 된다. 이러한 등록주의의 폐해를 시정하고 타인의 상표 선택의 기회를 확대하기 위하여 상표법 119조 1항 3호는 상표권자 또는 사용권자에게 등록상표를 지정상품에 사용할

---

130) 특허법원 2007. 10. 25. 선고 2007허5901 판결(상고기각).

131) 특허법원 2017. 1. 13. 선고 2016허7312 판결(심리불속행 기각), 2017. 4. 7. 선고 2016허9301 판결(확정)

132) 특허법원 2017. 7. 14. 선고 2017허219 판결(확정). 이 판결은 상품 출처의 혼동 염려가 객관적으로 존재하는지는 구체적으로 등록상표의 변형 정도, 실사용상표와 대상상표 사이의 근사성의 정도, 실사용상표와 대상상표가 상품에 사용되는 형태, 등록상표와 실사용상표 및 대상상표의 사용기간과 그 실적, 수요자 사이에 알려진 정도, 실사용상표의 사용상품과 대상상표의 사용상품 사이의 경제적인 견련의 정도, 실제 수요자 사이에 출처의 혼동이 발생하였는지 여부 등을 종합적으로 고려하여 판단하여야 한다고 판시하였다.

133) 대법원 2011. 5. 26. 선고 2010후3462 판결. 이 판결은 실사용상표와 대상상표는 그 외관에서 일부 차이가 있으나 호칭 및 관념이 동일한 점, 실사용상표와 대상상표는 사용된 상품과 그 부착위치가 티셔츠의 왼쪽 가슴으로 동일한 점, 대상상표는 실사용상표를 사용할 당시 적어도 국내의 일반 수요자에게 특정인의 상표라고 인식될 정도로 알려져 있었던 점, 실제 거래계에서 일부 수요자들이 실사용상표와 대상상표를 혼동하고 있는 점 등을 종합하여 볼 때 실사용상표가 사용됨으로써 수요자로 하여금 대상상표의 사용상품과의 사이에 상품 출처의 혼동을 일으키게 할 우려가 객관적으로 존재한다고 판시하였다.

의무를 부과하고 일정 기간 상표를 사용하지 아니한 경우 그에 대한 제재로 누구든지 상표등록취소심판을 청구할 수 있도록 하였다.[134)135)]

(2) 요 건

(가) 상표권자, 전용사용권자, 통상사용권자 중 누구도 등록상표를 국내에서 정당하게 사용하지 않았을 것

1) 상표 사용의 주체

상표권자, 전용사용권자, 통상사용권자 중 누구도 등록상표를 사용하지 아니하여야 한다. 따라서 상표권자, 전용사용권자, 통상사용권자 중 누구라도 등록상표를 사용하면 불사용으로 인한 등록취소를 면할 수 있으나, 그 외의 사람이 등록상표를 사용한 경우에는 등록취소를 면할 수 없다.[136)]

전용사용권과 통상사용권은 설정등록을 하지 않더라도 당사자 간의 합의만 있으면 성립하고, 그러한 합의는 묵시적으로도 가능하며, 설정등록은 제3자에 대한 대항요건에 불과하므로(상표 100조 1항),[137)] 상표권자와 전용사용계약을 체결하고 설정등록을 하지 않은 사람도 전용사용권자에 해당한다.

---

134) 대법원 2001. 4. 27. 선고 98후751 판결.

135) 구 상표법은 불사용취소심판은 이해관계인만 청구할 수 있도록 하였으나, 2016. 2. 29. 법률 제14033호로 전부 개정된 상표법은 누구든지 불사용취소심판을 청구할 수 있도록 하였다.

136) 특허법원 2014. 1. 28. 선고 2013허5629 판결(상고이유서 부제출 기각)은 "통상사용권자는 상표권자로부터 등록상표를 사용할 권리를 부여받은 자를 의미한다고 할 것인데, 상표권자로부터 이미 상표가 표시된 물품을 공급받아 다시 판매하는 '도매상'은 등록상표를 독자적으로 자신의 상품에 사용할 권리를 부여받은 '통상사용권자'라고 볼 수 없으므로, 도매상의 판매행위는 이 사건 등록상표의 통상사용권자에 의한 상표 사용이라고 할 수 없다."고 판시하였다.

137) 2011. 12. 2. 법률 제11113호로 개정되기 전의 구 상표법 56조 1항은 전용사용권의 설정등록을 효력발생요건으로 규정하였으나, 2011. 12. 2. 법률 제11113호로 상표법이 개정되면서 전용사용권의 설정등록이 제3자에 대한 대항요건으로 변경되었다(구 상표 58조). 전용사용권의 설정등록이 효력발생요건이었을 당시 대법원은, 상표권자와 전용사용권 설정계약을 체결하고 나아가 상표권자로부터 통상사용권 설정에 관한 사전 동의를 얻은 자라고 하더라도 전용사용권 설정등록을 마치지 아니하였다면 등록상표의 전용사용권자로서 다른 사람에게 통상사용권을 설정하여 줄 수 없고, 따라서 상표권자와 통상사용권 설정 권한을 갖는 마스터 라이선스 계약만 체결하고 전용사용권 설정등록을 마치지 않은 자로부터 상표사용 허락을 얻은 자가 상표를 사용하였다 하여 이를 통상사용권자에 의한 상표의 사용이라고 볼 수 없다고 판시하였다(대법원 2006. 5. 12. 선고 2004후2529 판결). 또한, 특허법원 판결 중에도 불사용취소심판사건에서 상표권자와 전용사용계약을 체결하고 설정등록을 하지 않은 사람은 통상사용권자로서 상표사용권자에 포함되는 것으로 해석된다고 판시한 것이 있다[특허법원 2007. 7. 12. 선고 2007허1169 판결(확정)]. 그러나 상표법 개정으로 전용사용권의 설정등록이 제3자에 대한 대항요건으로 변경된 이상, 위 대법원 판례나 특허법원 판결과 같이 보기는 어렵다.

자연인이 상표권자이고 그 자연인이 대표이사로 있는 법인이 상표를 사용하는 경우에 3호와의 관계에서는 사안에 따라 그 법인을 상표권자로부터 묵시적 사용허락을 받은 통상사용권자로 볼 여지가 많을 것이다.[138]

전용사용권자나 통상사용권자에 의한 사용은 그 사용시점에 상표사용권이 있어야 하고,[139] 사용 당시에는 사용권이 없었고, 나중에 상표권자와의 약정에 의하여 그 상표 사용시점으로 사용권자로서의 지위를 소급적으로 인정받은 경우에는 사용권자에 의한 사용으로 인정받을 수 없다.[140]

2) 상표의 사용

가) 상표 사용의 개념

상표의 '사용'의 개념에 관하여는 전술한 '3. 상표등록취소심판에서 상표 사용의 개념' 부분 참조.

나) 국내에서의 사용 여부

상표는 국내에서 사용되어야 하고 외국에서만 사용되어서는 안 된다. 다만 국내에서의 사용 개념은 너무 좁게 해석할 필요는 없다. 대법원은, ① 비록 외국에서 등록상표가 부착된 등록상표권자의 제품이라 하더라도 국내의 수입판매대리점 또는 판매총판 등이 그 제품을 그대로 판매하거나 광고, 선전하는 경우에는 구 상표법 73조 1항 3호(상표 119조 1항 3호)와의 관계에서 등록상표권자 자신이 국내에서 등록상표를 사용한 것으로 보았고,[141] ② 상표권자가 외국에서 자신의 등록상표를 상품에 표시하

---

138) 종래 자연인이 상표권자인 경우에 그 자연인과 그가 대표이사로 있는 법인 및 법인이 상표권자인 경우 법인과 그 대표이사인 자연인은 서로 타인에 해당한다는 것이 대법원 판례였으나(대법원 1998. 5. 15. 선고 97후2002 판결, 1995. 9. 5. 선고 94후1602 판결, 1995. 2. 14. 선고 93후1865 판결 등), 이는 구 상표법 73조 1항 1호(상표법이 1997. 8. 22. 법률 제5355호로 개정되면서 삭제됨)에 관한 것이어서 119 조 1항 3호의 사안에 그대로 원용하기는 적절하지 아니하다.

139) 특허법원 2015. 6. 26. 선고 2015허1560 판결(확정)은 "상표권이전계약에 의해 상표권자로서 이전등록을 마친 양수인에 의해 상표가 사용된 경우에는 사용 당시 등록된 상표권자에 의해 상표가 사용되었고, 이후 상표권이전계약의 무효, 취소 등의 사유로 인해 그 이전등록이 말소되더라도 상표권자에 의한 상표 사용 사실 자체가 달라지는 것은 아니며, 이러한 양수인의 상표 사용을 적법한 상표권자에 의한 사용이 아니라는 이유로 상표의 등록을 취소하는 것은 상표권자로 하여금 등록상표를 사용하도록 촉진하고 그 불사용에 대해 제재를 가하려는 구 상표법 73조 1항 3호(상표 119조 1항 3호) 규정의 취지에도 부합하지 않는다. 따라서 구 상표법 73조 1항 3호(상표 119조 1항 3호) 해당 여부를 판단함에 있어서 상표 사용 시를 기준으로 상표등록원부에 등록된 상표권자, 전용사용권자 또는 그로부터 통상 사용을 허락받은 자가 사용한 경우에는 상표의 사용이 있다고 보아야 한다."라고 판시하였다.

140) 특허법원 2008. 6. 11. 선고 2008허1081 판결(심리불속행 기각).

141) 대법원 2001. 4. 27. 선고 98후751 판결.

였을 뿐 우리나라에서 직접 또는 대리인을 통하여 등록상표를 표시한 상품을 양도하거나 상품에 관한 광고에 상표를 표시하는 등의 행위를 한 바 없다고 하더라도, 그 상품이 제3자에 의하여 우리나라로 수입되어 상표권자가 등록상표를 표시한 그대로 국내의 정상적인 거래에서 양도, 전시되는 등의 방법으로 유통됨에 따라 사회통념상 국내 거래자나 수요자에게 그 상표가 그 상표를 표시한 상표권자의 업무에 관련된 상품을 표시하는 것으로 인식되는 경우에는 특단의 사정이 없는 한 그 상표를 표시한 상표권자가 국내에서 상표를 사용한 것으로 보았으며,[142] ③ 간행물을 통한 선전 광고의 방법의 경우에는 반드시 우리나라에서 발행된 간행물에 한정되는 것이 아니라 외국에서 발행된 간행물이라도 우리나라에서 수입, 반포되고 있다면 상표의 사용에 포함되는 것으로 보았으나,[143] ④ 등록상표를 부착한 상품을 치외법권지역인 주한 외국대사관, 영사관에 공급하였다 하여 이를 가지고 국내에서 상표가 사용된 것이라고 볼 수는 없다고 하였다.[144]

한편 상표권자가 국내에서 제조한 상품이 전전 유통되어 소매상 등 제3자에 의하여 전시·판매되는 경우, 상표법 119조 1항 3호의 상표의 최종사용시점과 관련하여 소매상 등 제3자에 의한 상품의 판매·전시행위를 상표권자에 의한 상표의 사용으로 볼 수 있는지가 문제된다. 즉, 소매상은 상표권자가 아니므로 상표권자의 제조·판매 시를 상표의 최종 사용시점으로 볼 것인지,[145] 아니면 정상적으로 유통되고 있는 이상 계속 사용되는 것으로 보아 소매상에 의한 판매·전시 시를 상표의 최종 사용시점으로 볼 것인지[146] 견해가 대립한다.

다) 주문자상표 부착방식(OEM)에 의한 수출과 상표사용여부

대법원은, 구 상표법 2조 1항 6호(상표 2조 1항 11호)에서 상품 또는 상품의 포장에 상표를 붙이는 행위의 목적을 국내에서의 사용을 위한 것으로 제한하고 있지 않으므로, 주문자상표 부착방식(이른바 OEM 방식)에 의한 상표의 사용도 구 상표법 2조 1항 6호(상표 2조 1항 11호) 소정의 '상품 또는 상품의 포장에 상표를 붙이는 행위'에 해당

---

142) 대법원 2003. 12. 26. 선고 2002후2020 판결. 한편 이러한 법리는 외국에서 상표사용권자가 등록상표를 상품에 표시하고 그 상품이 우리나라로 수입되어 유통되는 경우에도 마찬가지로 적용된다(대법원 2012. 4. 12. 선고 2012후177 판결).
143) 대법원 1991. 12. 13. 선고 91후356 판결.
144) 대법원 1991. 12. 27. 선고 91후684 판결.
145) 도두형, "상표의 사용의 개념", 특허소송연구 1집, 특허법원(1999), 285 참조.
146) 網野誠, 商標(第6版), 有斐閣(2002), 904~905 참조.

하고, 수출자유지역 내에서 수출 목적으로만 등록상표가 부착된 상품을 제조한 것이라 하더라도 국내에서의 상표사용행위에 해당한다고 판시하였다.147)

한편 대법원은, 자신의 상표가 아니라 주문자가 요구하는 상표로 상품을 생산하여 주는 주문자상표 부착방식(이른바 OEM 방식)에 의한 수출의 경우 상품제조에 대한 품질관리 등 실질적인 통제가 주문자에 의하여 유지되고 있고 수출업자의 생산은 오직 주문자의 주문에만 의존하며 생산된 제품 전량이 주문자에게 인도되는 것이 보통이므로, 구 상표법 73조 1항 3호(상표 119조 1항 3호)에 의한 상표등록취소심판에서 누가 상표를 사용한 것인지를 판단할 때에는 특별한 사정이 없는 한 주문자인 상표권자나 사용권자가 상표를 사용한 것으로 보아야 한다고 판시하였다.148)

라) 상품유통의 예정·준비 중의 선전·광고 행위

상표의 사용은 상품 또는 상품의 포장에 상표를 붙이는 행위 등 지정상품에 직접적으로 사용하는 경우뿐만 아니라 상품에 관한 광고에 상표를 붙이고 전시 또는 반포하는 행위 즉, 상표에 관한 선전, 광고행위를 포함하는바, 상표에 대한 선전, 광고행위는 지정상품과 관련하여 행하여져야 하는 것일 뿐만 아니라 그 지정상품이 국내에서 현실적으로 유통되고 있거나 적어도 유통을 예정, 준비하고 있는 상태에서 행하여진 것이어야 상표의 사용이 있었던 것으로 볼 수 있다.149) 따라서 단순히 상표가 부착된 상품을 반품받는 행위나 등록상표의 사용을 위한 준비행위만을 가지고는 상표사용행위라고 볼 수 없다.150)

3) 정당한 사용

이러한 국내에서의 상표의 사용은 정당한 사용이어야 하고,151) 실질적으로 상표를 사용할 의사 없이 단지 등록취소를 모면하기 위한 명목적 사용의 경우에는 상표 사용으로 볼 수 없다.152)

---

147) 대법원 2002. 5. 10. 선고 2000후143 판결.
148) 대법원 2012. 7. 12. 선고 2012후740 판결.
149) 대법원 1992. 8. 18. 선고 92후209 판결, 1990. 7. 10. 선고 89후1240, 1257 판결.
150) 특허법원 2008. 6. 19. 선고 2008허1494 판결(확정).
151) 대법원 1975. 7. 8. 선고 74후14 판결, 1975. 1. 28. 선고 74후16 판결.
152) 대법원 2011. 6. 30. 선고 2011후354 판결, 2001. 4. 24. 선고 2001후188 판결. 대법원 2017. 6. 29. 선고 2015후2006 판결은 등록상표의 상표권자가 취소심판청구일 전 단발적으로 생활정보지 광고란에 등록상표를 지정상품에 관하여 광고를 하였으나, 당시 지정상품이 국내에서 정상적으로 유통되고 있거나 유통될 것이 예정되지 않았고, 상표권자의 광고행위는 단순히 등록상표 불사용취소를 면하기 위하여 명목상으로 이루어진 것에 불과한 사안에서 등록상표를 정당하게 사용하였다고 볼 수 없다고 보았다.

여기서 등록상표가 지정상품에 사용되었다고 하려면 그 지정상품이 국내에서 일반적, 정상적으로 유통되거나 유통될 것을 예정하여야 할 것이되, 관련 행정법규가 그 지정상품의 제조·판매 등의 허가 또는 안전검사·품질검사 등을 받지 아니하거나 일정한 기준이나 규격에 미달하는 등의 경우에 그 제조·판매 등을 금지하는 때에는, 상표를 보호함으로써 상표사용자의 업무상의 신용유지를 도모하고 수요자의 이익을 보호하고자 하는 상표법의 목적과 제품 등의 품질, 유효성 및 안전성을 확보하고 적절한 규제를 통하여 행정목적을 실현하고자 하는 행정법규의 목적이 반드시 서로 일치하는 것은 아니므로, 상표권자 등이 위와 같은 행정법규에 위반하여 특정 상품을 제조·판매하였거나 그러한 행정법규상 의무를 이행하지 않은 상태에서 상품에 관한 광고, 선전행위를 하였다고 하더라도 그러한 사정만으로 그 상품이 국내에서 정상적으로 유통되지 아니하거나 유통될 것을 예정하지 않은 경우에 해당한다고 일률적으로 말할 수는 없고, 그 상품의 제조·판매를 규율하는 행정법규의 목적, 특성, 그 상품의 용도, 성질 및 판매형태, 거래실정상 거래자나 수요자가 그 상품에 대하여 느끼는 인식 등 여러 사정을 참작하여, 상표제도의 목적에 비추어 그 해당 여부를 개별적으로 판단하여야 한다.153)

이러한 관점에서 대법원은, ① 타인의 저작권을 침해하는 등록상표의 사용이 민사상 손해배상책임을 부담하게 되는 것은 별론으로 하고 불사용취소의 요건과 관련하여서는 상표의 정당한 사용이라고 하였고,154) ② 산업자원부령에 의한 안전검사를 받지 않고 제조한 완구 또는 보온냉수통에 등록상표를 사용한 것은 정당한 사용이라고 하였으나,155) ③ 약사법에 의한 보건사회부장관의 제조 및 품목의 허가를 받지 아니한 화장품이나 의약품에 등록상표를 사용한 경우에는 '정당한 사용'이 아니라고 판시하였다.156)

4) 각 지정상품에의 사용

상표법 119조 2항은 '불사용으로 인한 등록취소심판을 청구하는 경우 등록상표의 지정상품이 둘 이상 있는 경우에는 일부 지정상품에 관하여 취소심판을 청구할 수 있다'고 규정하므로, 상표권자는 지정상품 하나하나에 대하여 사용의무가 있다. 따라

---

153) 대법원 2007. 1. 26. 선고 2005후179 판결, 2006. 9. 22. 선고 2005후3406 판결.
154) 대법원 2001. 11. 27. 선고 98후2962 판결.
155) 대법원 2007. 1. 26. 선고 2005후179 판결, 2006. 9. 22. 선고 2005후3406 판결.
156) 대법원 1990. 7. 10. 선고 89후1240, 1257 판결.

서 등록상표를 복수의 지정상품 중 일부에만 사용하였다면 사용하지 않은 나머지 지정상품에 대해서는 등록취소를 면할 수 없다.

그러나 이는 심판청구인이 복수의 지정상품 중 사용하지 않는 지정상품에 대해서만 등록취소심판을 청구한 경우에 그렇다는 것이다. 상표권자는 상표법 119조 3항에 따라 등록취소심판이 청구된 복수의 지정상품 중 하나에 대해서만 사용을 입증하면 되고, 복수의 지정상품 중 하나에 대하여 사용이 입증되면 그 심판청구가 전체로서 인용될 수 없으므로, 결과적으로 사용하지 않은 지정상품도 등록취소를 면하게 된다.[157]

(나) 등록상표의 지정상품과 동일한 상품에 등록상표와 동일한 상표를 사용할 것

1) 동일 상품에의 사용 여부

등록상표는 그 지정상품이나 그와 동일하게 볼 수 있는 형태의 상품에 사용되어야 한다. 지정상품이 아닌 유사 상품이나 다른 상품에만 등록상표를 사용한 경우에는 등록취소를 면할 수 없다. 여기서 동일하게 볼 수 있는 형태의 상품이란 지정상품 그 자체 또는 거래사회의 통념상 이와 동일하게 볼 수 있는 상품을 의미한다. 구체적으로는 양 상품의 품질·용도·형상·사용방법·유통경로 및 공급자와 수요자 등 상품의 속성과 거래의 실정을 종합적으로 고려하여 객관적으로 판단하여야 한다.[158]

포장용지를 지정상품으로 하는 등록상표를 방청지에 사용한 경우,[159] '죽염성분이 함유된 치약'을 지정상품으로 하는 등록상표를 '염화나트륨이 주성분으로 표시된 치약'에 사용한 경우[160] 등은 동일하게 볼 수 있는 형태의 상품에 사용한 것으로 인정되었다. 반면에 진주, 산호를 지정상품으로 하는 등록상표를 진주 반지, 산호 반지에 사용한 경우,[161] 즉석 건조건강식품을 지정상품으로 하는 등록상표를 보리, 수수,

---

157) 대법원 1993. 12. 28. 선고 93후718, 725, 732, 749 판결.

158) 대법원 2008. 5. 29. 선고 2006후2967 판결.

159) 특허법원 2008. 8. 28. 선고 2008허3360 판결(상고 기각).

160) 대법원 2011. 7. 28. 선고 2010후3622 판결.

161) 대법원 2008. 5. 29. 선고 2006후2967 판결. 이 사건 등록상표의 지정상품의 하나인 '진주, 산호'는 보석의 원석에 해당하는 원재료이거나 또는 이를 가공 처리한 것을 말하므로 그 공급자는 '진주, 산호'의 채집자 또는 보석가공업자이고 그 수요자는 보석가공업자 또는 귀금속판매상인 반면, 실사용상표가 사용된 '진주 반지, 산호 반지'는 위와 같이 가공 처리한 '진주, 산호'를 디자인된 반지 틀과 결합하여 심미감을 갖는 보석 장신구로 만든 것으로서 그 공급자는 귀금속판매상이고 그 수요자는 일반소비자이다. 그렇다면 '진주, 산호'와 '진주 반지, 산호 반지'는 양 상품의 품질·용도·형상 및 사용방법이 다르고, 그 공급자 및 수요자가 다르다고 할 것이고, 위와 같은 양 상품의 속성과 거래의 실정을 고려하면, 피고가 보석 장신구인 '진주 반지, 산호 반지'에 이 사건 등록상표를 사용한 것은 거래사회의 통념

옥수수 등에 사용한 경우,[162] 와이셔츠를 지정상품으로 하는 등록상표를 와이셔츠의 원단에 표시한 경우,[163] 식용어유, 홍합을 지정상품으로 하는 등록상표를 '초록잎홍합추출오일복합물을 함유한 기능성 식품'에 사용한 경우,[164] '알로에 즙이 포함된 야채주스' 등을 지정상품으로 하는 등록상표를 알로에 성분이 함유된 건강기능식품(알로엑스골드)에 사용한 경우[165] 등은 지정상품과 동일하게 볼 수 있는 형태의 상품으로 인정되지 아니하였다.

한편 여기서 말하는 '상품'은 그 자체가 교환가치를 가지고 독립된 상거래의 목적물이 되는 물품을 의미하므로,[166] 상품의 선전광고나 판매촉진 또는 고객에 대한 서비스 제공 등의 목적으로 그 상품과 함께 또는 이와 별도로 고객에게 무상으로 배부되어 거래시장에서 유통될 가능성이 없는 이른바 '광고매체가 되는 물품'에 상표를 표시한 경우에는 그 물품에 표시된 상표 이외의 다른 문자나 도형 등에 의하여 광고하고자 하는 상품의 출처표시로 사용된 것으로 인식할 수 있는 등의 특별한 사정이 없는 한 그 자체가 교환가치를 가지고 독립된 상거래의 목적물이 되는 물품이라고 볼 수 없고, 따라서 이러한 물품에 상표를 표시한 것은 상표의 사용이라고 할 수 없다.[167]

2) 동일 상표의 사용 여부

가) 판단기준

상표법 119조 1항 3호에서 '등록상표를 그 지정상품에 사용하는 경우'라 함은 등록상표와 동일한 상표를 사용한 경우를 말하고, 유사상표를 사용한 경우는 포함되지 않는다.[168]

또한, 상표법 119조 1항 3호에서 말하는 '등록상표의 사용'에는 등록된 상표와 동일한 상표를 사용하는 경우는 물론 거래사회 통념상 식별표지로서 상표의 동일성을 해치지 않을 정도로 변형하여 사용하는 경우도 포함되고, 이 경우 등록상표가 반드시

상 이 사건 등록상표의 지정상품인 '진주, 산호'와 동일성 있는 물품에 대하여 등록상표를 사용한 것이라고 할 수 없다.

162) 대법원 2004. 5. 28. 선고 2002후123 판결.
163) 특허법원 1998. 9. 18. 선고 98허1501 판결(확정).
164) 특허법원 2008. 3. 24. 선고 2007허9835 판결(확정).
165) 대법원 2009. 7. 23. 선고 2007후4427 판결.
166) 대법원 2004. 5. 28. 선고 2002후123 판결.
167) 대법원 1999. 6. 25. 선고 98후58 판결.
168) 대법원 2005. 9. 29. 선고 2004후622 판결.

독자적으로만 사용되어야 할 이유는 없으므로 상표권자 등이 등록상표에 다른 문자나 도형 부분 등을 결합하여 상표로 사용한 경우라 하더라도 등록상표가 상표로서의 동일성과 독립성을 유지하고 있는 한 등록상표의 사용이 아니라고 할 수 없다.[169)

어떠한 경우에 등록상표와 동일하게 볼 수 있는 형태의 사용이냐는 구체적인 사건에서 개별적으로 판단하여야 할 문제이다. 일반적으로는 등록상표에 문자나 도형 등을 부가한 경우에 부가된 문자나 도형이 지정상품에 흔히 쓰이는 표지 등이어서 상표의 한 구성으로 인식되지 못하거나 등록상표가 부가된 문자나 도형과 별개로 인식될 수 있으면 동일성이 인정될 것이나, 문자나 도형의 부가로 새로운 외관, 호칭, 관념이 생기는 경우에는 동일성이 부정된다고 할 것이다. 또한, 등록상표의 일부 구성을 변경 또는 삭제하는 경우에는 상표의 한 구성 부분을 변경하는 것이므로 그 변경이나 삭제가 등록상표의 전체 구성에 거의 영향을 미치지 않은 경우가 아닌 이상 동일성이 부정된다고 할 것이다.

상표법 225조 1항은 "119조 1항 3호에 규정된 '등록상표'에는 그 등록상표와 유사한 상표로서 색채를 등록상표와 동일하게 하면 등록상표와 같은 상표라고 인정되는 상표가 포함되는 것으로 한다."라고 규정하여 등록상표와 색채만 다른 상표는 등록상표와 동일한 것으로 본다.

나) 구체적인 사례

① 등록상표의 구성 중 일부가 누락·삭제된 경우

㉮ 원칙적으로 동일성이 부정된다.

등록상표는 영문자의 인쇄체와 필기체, 일본글자 및 한글이 4줄로 병기되어 이루어진 결합상표인데 영문자 필기체로 된 부분만을 사용한 경우,[170) 영문자 'EUNMACHA'로만 구성된 등록상표를 은마차 도형과 한글 은마차를 결합한 2단 상표로 사용한 경우,[171) 등록상표 'GUESS BY MAURICE MARCIANO'에 대하여 'MAURICE'가 생략된 'GUESS BY MARCIANO'만을 사용한 경우,[172) 등록상표 "K2"에 대하여 액자도형을 생략한 "K2", "K2"를 사용한 경우,[173) 한글로만 이루어진 등록상표 '허벌 에센스'에 대

---

169) 대법원 2012. 12. 26. 선고 2012후2685 판결, 1996. 7. 26. 선고 95후2077 판결.
170) 대법원 1996. 4. 26. 선고 95-1555 판결.
171) 대법원 1998. 12. 22. 선고 97후3319, 3326 판결.
172) 대법원 2005. 7. 15. 선고 2004후1588 판결.
173) 대법원 2000. 5. 30. 선고 98후2955 판결.

하여 그 음역에 해당하는 영문 'Herbal Essences'를 사용한 경우,[174] 등록서비스표 '기천(氣天)'에 대하여 한글로 된 '기천'만을 사용한 경우,[175] 등록상표 "LOTTO SOCIETA' PER AZIONI"에 대하여 "SOCIETA'PER AZIONI"가 생략된 "*lotto*"만을 사용한 경우,[176] 등록서비스표 "장수돌침대★★★★"에 대하여 'e- 뜨거운 침대' 부분을 생략한 "장수돌침대★★★★★"만을 사용한 경우,[177] "UniSQL"에 대하여 '도형을 생략한 "UniSQL"만을 사용한 경우[178] 등은 동일성이 부정되었다.

㉯ 그러나 등록상표의 구성 중 일부가 누락·삭제된 경우라도 그 부분이 기술적 표장이거나 관용표장에 해당하는 부분과 같이 식별력이 없는 부분을 생략한 경우에는 예외적으로 동일성이 인정된다.

등록상표 "JAGUAR FOCUS 쟈가포카스"에서 하단 좌측 하단부 '도형을 삭제하고, 영문자와 한글문자의 위치를 달리하여 "쟈가포카스"와 같이 사용한 경우,[179] 등록상표 "SCABAL TEX"에 대하여 "MADE BY J. MOBANG SCABAL"와 같이 사용한 경우,[180] 등록상표 "ROOT"에 대하여 "ROOT"와 같이 사용한 경우[181] 등은 동일성이 인정되었다.

또한, 대법원은 "영문자와 이를 단순히 음역한 한글이 결합된 등록상표에서, 그 영문 단어 자체의 의미로부터 인식되는 관념 외에 그 결합으로 말미암아 새로운 관념이 생겨나지 않고, 영문자 부분과 한글 음역 부분 중 어느 한 부분이 생략된 채 사용된다고 하더라도 일반 수요자나 거래자에게 통상적으로 등록상표 그 자체와 동일하게 호칭될 것으로 보이는 한, 그 등록상표 중에서 영문자 부분 또는 한글 음역 부분만으로 구성된 상표를 사용하는 것은 거래통념상 등록상표와 동일하게 볼 수 있는 형태의 상표를 사용하는 것에 해당하며, 이를 두고 등록상표 취소사유인 등록상표를

174) 특허법원 2005. 5. 27. 선고 2005허1967 판결(심리불속행 기각).
175) 특허법원 2005. 6. 10. 선고 2005허1011 판결(심리불속행 기각).
176) 특허법원 2003. 5. 30. 선고 2003허281 판결(심리불속행 기각).
177) 특허법원 2007. 9. 13. 선고 2007허3509 판결(심리불속행 기각).
178) 특허법원 2005. 9. 16. 선고 2005허4089 판결(상고 기각).
179) 대법원 1994. 11. 8. 선고 93후2059 판결. 실사용상표는 한글 '쟈가포카스' 하단에 영문자 'JAGUAR FOCUS'가 작은 글자로 기재되어 있고 그 밑에 "QUARTZ"라는 문자가 부기되어 있는 것인바, 위 판결은 'QUARTZ' 부분이 지정상품인 전자시계와 관련하여 기술적 표장이므로 이를 부가하더라도 동일성 범위 내라고 보았다.
180) 대법원 2000. 10. 24. 선고 99후345 판결. 이 판결은 등록상표의 TEX가 양복지에 사용되는 관용명칭임을 이유로 이를 생략하였더라도 동일성 범위 내라고 보았다.
181) 특허법원 1998. 10. 29. 선고 98허2078 판결(확정).

사용하지 않은 것이라고 볼 수 없다."라고 판시하였다.[182]

② 등록상표에서 글자나 도형의 배치, 크기, 글자체의 변형, 색상의 차이가 있는 경우

㉮ 등록상표의 동일성을 해하지 아니하는 범위 내에서 그 글자체나 색상을 변경하거나 상표의 요부가 아닌 부분을 변경하여 사용하는 경우 원칙적으로 동일성이 인정된다.

등록상표 " "에 대하여 " SUPERIOR"를 사용한 경우,[183] 등록상표 " "에 대하여 " "을 사용한 경우,[184] 등록서비스표 " CARLIFE"에 대하여 직사각형 상자의 옆 부분에는 한글로 된 '자동차생활'을, 상자의 윗면에는 영어로 된 'Car Life'가 포함된 것을 각 기재한 경우,[185] 등록서비스표 " 새 나 라 SAE NA RA "에 대하여 상품의 포장상자의 윗면에 " "을, 옆면에 " "을 사용한 경우,[186] 등록상표 "CHAMPION"에 대하여 " "을 사용한 경우,[187] 등록상표 "훌라보노(FLAVONO)"에 대하여 'FLAVONO'와 '후라보노'를 포장지의 윗면과 옆면에 가까이 표시한 경우,[188] 등록상표 " THE REDFACE "에 대하여 "THE REDFACE"를 사용한 경우,[189] 등록상표 " PRECISION CHANEL"에 대하여 " PRECISION CHANEL"을 사용한 경우,[190] 등록상표 " AIRWALK"를 소문자로 변경하거나 하단에 밑줄을 그은 " " 또는 "airwalk"를 사용한 경우,[191] 등록상표 "NSV"에 대하여

182) 대법원 2013. 9. 26. 선고 2012후2463 전원합의체 판결. 영문자 'CONTINENTAL'과 이를 단순히 음역한 한글 '콘티넨탈'이 이단으로 병기되어 있는 형태로 이루어진 등록상표에 대하여 실사용상표는 한글 부분이 생략되고 상단의 영문자 부분만이 표시된 형태로 되어 있던 사안에서, 실사용상표의 사용은 등록 상표의 동일성 범위 내의 사용으로 보았다. 특허법원 2017. 3. 24. 선고 2016허2379 판결(확정)은 영문자 'SABRINA'와 이를 단순히 음역한 한글 '사브리나'가 이단으로 병기되어 있는 형태로 이루어진 등록상표에 대하여 실사용상표는 'sabirina'와 같이 한글 부분이 생략되고 등록상표 중 영문자 부분을 소문자로 표시한 형태로 되어 있던 사안에서, 동일성 범위 내의 사용으로 보았다.

183) 대법원 2008. 5. 29. 선고 2008후408 판결. 이 판결은 실사용상표를 등록상표와 대비하면, 도형부분이 작아지면서 삼등분된 원 내의 셋째 단이 검은색이 되고, 영문자부분이 커지면서 글자체가 달라지며, 일곱 번째 문자 "O"의 폭이 다른 영문자보다 넓어지는 등 다소의 차이가 있으나, 위와 같은 도형과 문자의 상대적 크기, 글자체, 글자크기 등의 변형으로 인하여 실사용상표가 거래통념상 등록상표와 동일성을 상실하기에 이르렀다고 할 수는 없다고 보았다.

184) 대법원 2008. 5. 29. 선고 2006후2967 판결.

185) 대법원 2007. 6. 14. 선고 2005후1905 판결.

186) 대법원 2005. 9. 29. 선고 2004후622 판결.

187) 대법원 2001. 4. 24. 선고 98후959 판결.

188) 대법원 1995. 4. 25. 선고 93후1834 전원합의체 판결.

189) 특허법원 2015. 5. 28. 선고 2014허9406 판결(확정).

190) 특허법원 2008. 7. 3. 선고 2008허1845 판결(심리불속행 기각).

191) 특허법원 2007. 7. 12. 선고 2007허1169 판결(확정).

"NSV"를 사용한 경우192) 등은 동일성이 인정되었다.

㉯ 등록상표에서 글자나 도형의 배치, 크기, 글자체의 변형, 색상의 차이가 있고 그로 인하여 기본적인 형태가 변경된 경우 등은 동일성이 부정된다.

'↶'와 같은 모양이 원형으로 연속된 등록상표에 대하여 '↶'와 같은 모양이 원형으로 연속된 실사용상표를 사용한 경우,193) 등록상표 "🦘"에 대하여 그 지정상품인 핸드백의 외부표면에 캥가루 도형만을 표시하고, 문자부분은 핸드백의 내부에 분리 표시하여 전체적으로 등록상표의 구성을 인식할 수 없는 경우194) 등은 동일성이 부정되었다.

③ 등록상표에 없는 새로운 구성을 실사용상표에 추가한 경우

㉮ 새로운 구성이 병렬적으로 추가된 경우나 추가된 구성이 식별력이 없는 구성인 경우 등은 동일성이 인정된다.

등록상표 "큐티"에 대하여 상표권자의 다른 등록상표인 "🔵" 도형과 '리도'를 부가한 "🔵리도큐티"를 사용한 경우,195) 지정서비스업이 닭요리전문점경영업, 닭요리전문체인점경영업인 등록상표 "새나라"를 "새나라치킨"과 같이 사용한 경우,196) 등록상표 "경남모직공업주식회사＋慶南毛織工業株式會社"에 대하여 그 앞에 출원인의 별도 상표인 '◈' 도형을 부기한 경우,197) 등록상표 "♥"에 대하여 "UNi SPORTS"라는 영문자를 부기한 경우,198) 등록상표가 개구리를 주제로 한 도형만으로 이루어진 상표인데 등록상표와 동일한 도형과 함께 "AVVENTO"라는 문자 상표를 그 우측 하단에 상대적으로 아주 작게 표시한 경우,199) 등록상표 "ACM π WATER"에 대하여 "🔵π🔵"와 같이 사용한 경우,200) 영문으로 된 등록상표 "Apralan"에 대하여 좌측 하단에 아주 작게

---

192) 특허법원 2007. 4. 20. 선고 2006허11589 판결(심리불속행 기각).

193) 대법원 2009. 5. 14. 선고 2009후665 판결.

194) 대법원 1999. 10. 12. 선고 97후2521 판결.

195) 대법원 1996. 7. 26. 선고 95후2077 판결. 이 판결은 등록상표가 반드시 독자적으로만 사용되어야 할 이유는 없으므로 지정상품의 표장에 상표권자의 다른 등록상표와 함께 이 사건 등록상표가 표시되었다고 하더라도 이 사건 등록상표가 상표로서의 동일성과 독립성을 지니고 있어 그 식별력이 있는 한 그 사용이 아니라고 할 수는 없다고 보았다.

196) 대법원 2005. 9. 29. 선고 2004후622 판결. 이 판결은 '치킨' 부분이 사용서비스업과 관련하여 식별력이 없는 구성임을 이유로 동일성 범위 내의 사용으로 보았다.

197) 대법원 1989. 12. 12. 선고 89후759 판결.

198) 대법원 1996. 10. 11. 선고 96후92 판결.

199) 대법원 1998. 6. 9. 선고 97후2118 판결.

200) 대법원 2004. 5. 28. 선고 2002후970 판결.

한글 아프라란을 병기한 "![APralan]"을 사용한 경우,[201] 등록상표 "경남모직공업주식회사 ＋慶南毛織工業株式會社"에 대하여 그 밑에 작게 영문자 "KYUNGNAM WOOL TEXTILE IND. CO.,LTD."를 병기한 경우,[202] 등록상표 "鬼ころし"에 대하여 "![鬼ころし]"와 같이 사용한 경우,[203] 등록상표 "**AIRWALK**"의 앞부분에 도형 '▲'을 부가한 "▲airwalk"를 사용한 경우,[204] 등록상표 "ESTOL"에 대하여 "ESTOL 3609"를 사용한 경우,[205] 지정 상품이 의약품인 등록상표 "CLAMOXYL"에 대하여 약효가 오래 지속된다는 의미인 long acting의 약어인 'LA'를 추가한 "Clamoxyl LA"를 사용한 경우,[206] 지정상품이 신사복인 등록상표 "ELCANTO 엘칸토"에 대하여 회원의 의미로 식별력이 약한 'MEMBERS'를 추가한 "![ELCANTO MEMBERS 엘칸토]"를 사용한 경우,[207] 등록상표 "**몬테소리**"에 대하여 '몬테소리'의 좌측이 나 상단에 '베이비' 부분이 결합된 "![베이비 몬테소리]", "![베이비 몬테소리]"를 사용한 경우,[208] 등록상표 "**TONIX**"에 대하여 도형 부분이 좌측에 결합된 "![T TONIX]"를 사용한 경우[209] 등 은 동일성이 인정되었다.

㉯ 그러나 새로운 구성의 추가로 인해 거래통념상 별개의 표장으로 인식되는 경 우, 등록상표가 식별력이 약한 부분만으로 이루어져 있는데, 현저한 식별력이 있는 새로운 표장이 추가된 경우에는 동일성이 부정된다.

등록서비스표 "**교 연**"에 대하여 "![교연]"을 사용한 경우,[210] 등록상표 "POCA"에 대하여 "POCACHIP"을 사용한 경우,[211] 등록상표 "STORM"에 대하여 "292513STORM"을

---

201) 대법원 1990. 1. 23. 선고 89후1738 판결.

202) 대법원 1989. 12. 12. 선고 89후759 판결.

203) 특허법원 2009. 3. 27. 선고 2008허12661 판결(심리불속행 기각).

204) 특허법원 2007. 7. 12. 선고 2007허1169 판결(확정).

205) 특허법원 2005. 6. 17. 선고 2004허7395 판결(확정).

206) 특허법원 2006. 11. 16. 선고 2006허4178 판결(확정).

207) 특허법원 1998. 10. 22. 선고 98허4470 판결(상고 기각).

208) 대법원 2012. 12. 26. 선고 2012후2685 판결. 이 판결은 '베이비' 부분은 지정상품인 세트완구에 흔히 쓰이는 표지일 뿐만 아니라 '몬테소리' 부분과는 바탕색을 달리 하는 사각형 내에 배치되어 있어, '몬테 소리' 부분은 위 '베이비' 부분과 일체불가분적으로 결합되어 있다고 할 수 없고 그 결합으로 인하여 새로운 관념을 형성하는 것도 아니어서 그 부분만으로 분리인식될 수 있다고 판시하였다.

209) 대법원 2013. 2. 14. 선고 2012후3053 판결.

210) 대법원 2008. 9. 25. 선고 2008후507 판결.

211) 대법원 2006. 10. 26. 선고 2005후2939 판결. 이 판결은 "CHIP" 부분의 식별력이 미약하기는 하나, 실 사용상표는 포카칩 전체로 호칭·관념되고, 실사용상표가 한글음역에 해당하는 "포카칩"을 등록상표 와는 별개의 독립된 상표로 등록하여 사용하여 오고 있는 점 등을 종합하여 볼 때, 실사용상표들은 "CHIP" 부분의 결합으로 인하여 거래사회의 통념상 등록상표와 동일하다고 볼 수 없는 외관·호칭·

사용한 경우,[212] 등록서비스표 "시골마을"에 대하여 "🌐시골☆슐타지☆슐타슐"를 사용한 경우,[213] 등록서비스표 "仁山"에 대하여 "仁山家"를 사용한 경우,[214] 등록상표 "명가"에 대하여 "🎏명가호프"를 사용한 경우,[215] 등록상표 "MG-F"에 대하여 "MG-F BASE"를 사용한 경우,[216] 등록상표 "**MARIOUOMO**"에 대하여 "MARIO UOMO"를 사용한 경우,[217] 등록상표 "*리엔*"에 대하여 "🖤"를 사용한 경우[218] 등은 동일성이 부정되었다.

(다) 취소심판청구일 전 계속하여 3년 이상 사용하지 아니하였을 것

1) 취소심판청구 당시 3년간 계속적 불사용

'취소심판청구일 전 계속하여 3년 이상' 사용하지 않아야 한다. 불사용의 상태는 취소심판청구시를 기준으로 판단하므로, 심판청구 이후의 사용이나, 취소심판청구일로부터 3년 이내 이외의 불사용 사실은 취소사유에 영향을 미치지 않는다.

따라서 심판청구시에는 3년의 불사용기간이 완성되지 아니하였으나 심판청구사건의 심리 중에 불사용기간이 완성된 경우 또는 심판청구시에는 등록상표를 사용하였으나 심판청구 후에 사용하지 아니하여 심리종결 전에 불사용기간이 완성된 경우에 그 등록상표는 상표법 119조 1항 3호에 의하여 등록을 취소할 수 없다.[219] 그러나 3년 동안 불사용하여 심판청구 당시까지 사용한 적이 없다면 심판청구 후에 사용하더라도 취소사유에 영향을 미치지 않는다.[220]

관념을 형성한다고 보았다.

212) 대법원 2006. 6. 15. 선고 2004후2703 판결.
213) 특허법원 2006. 6. 8. 선고 2006허558 판결(확정).
214) 특허법원 2004. 11. 4. 선고 2004허4334 판결(확정).
215) 대법원 1993. 5. 25. 선고 92후1950 판결.
216) 대법원 1993. 11. 12. 선고 92후2083 판결.
217) 특허법원 2006. 12. 19. 선고 2006허7214 판결(심리불속행 기각).
218) 대법원 2012. 11. 15. 선고 2012후2036 판결. 실사용상표 중 *리엔* 부분 상단에 배치된 영문자 'ORIENTAL', 하단에 배치된 영문자 'HAIR SCIENCE'와 이들 문자 주변을 둘러싸고 있는 도형 "◌" 및 "○" 부분은 그 자체만을 놓고 볼 때 사용상품인 '모발두피팩'에 대한 관계에서 일반 수요자나 거래자의 주의를 끌기 어려운 면이 있으나, 실사용상표의 전체적인 구성, 형태 등에 비추어 이들은 *리엔* 부분과 일체 불가분적으로 결합되어 새로운 외관을 형성하므로, *리엔* 부분이 다른 문자 및 도형 부분과는 구별되어 그 동일성과 독립성을 유지한 채 그대로 사용되고 있다고 할 수 없어 동일성 범위 내의 상표 사용으로 볼 수 없다고 판시하였다.
219) 대법원 1999. 9. 3. 선고 98후881, 898, 904, 911 판결, 1995. 12. 26. 선고 95후651 판결.
220) 대법원 1983. 4. 12. 선고 80후20 판결.

2) 불사용기간의 통산

상표권이 이전된 경우에 전 권리자의 불사용기간을 통산할 것인가가 문제된다. 전 권리자의 불사용기간을 통산하지 않는다면 3년 미만의 기간마다 상표권자가 타인에게 차례로 상표등록명의를 변경하는 방법 등으로 본호의 적용을 배제할 수 있는 부당한 결과가 발생하므로 통산하는 것이 타당하다.221)

(라) 정당한 이유가 없을 것

상표권자 등이 정당한 이유 없이 상표를 사용하지 않은 경우에만 상표등록을 취소할 수 있다. 여기서 말하는 '정당한 이유'에는 질병 기타 천재지변 등의 불가항력에 의하여 영업을 할 수 없는 경우뿐만 아니라, 법률에 의한 규제, 판매금지, 또는 국가의 수입제한조치 등에 의하여 부득이 등록상표의 지정상품이 국내에서 일반적 · 정상적으로 거래될 수 없는 경우와 같이 상표권자의 귀책사유에 의하지 아니한 상표 불사용의 경우도 포함된다.222)

대법원은, P.X 등 제한된 특수지역에서만 판매될 수 있고 국내 일반시장에서는 당시 시행되던 특정외래품판매금지법, 무역거래법 등에 의하여 금지 또는 제한되어 정상적으로 상품이 거래될 수 없었던 경우에는 정당한 이유가 있다고 보았으나,223) 관공서의 품목별 허가를 받아야 하는 화장품, 의약품 등에 관하여 허가를 받지 못하여 제조, 판매하지 못한 경우,224) 외국으로 이주한 상표권자로부터 상표권을 양도받아 그 명의변경절차를 밟는 과정에서 많은 시일이 소요된 경우,225) 종전의 영업소가 행정당국의 미관지구지정에 의하여 영업을 못하게 되었고 행정당국으로부터 이전영업예정지에서의 건물신축을 허가받지 못하여 영업을 못하게 되어 등록서비스표를 사용하지 못한 경우226) 등에는 정당한 이유가 없다고 보았다.

등록상표나 등록서비스표의 이전이 있는 경우, 그 상표나 서비스표의 양수인은 그 양수 당시 당해 상표나 서비스표의 사용상황 등을 조사하여 예컨대, 불사용의 상태가 상당기간 계속된 경우에는 그 등록이 장차 취소될 가능성이 있다는 점을 예상하고 양수하는 것으로 볼 것이고, 따라서 이러한 경우에 그 불사용에 대한 '정당한 이

---

221) 대법원 2000. 4. 25. 선고 97후3920 판결, 1982. 2. 23. 선고 80후118 판결.
222) 대법원 2001. 4. 24. 선고 2001후188 판결.
223) 대법원 1987. 7. 7. 선고 86후14 판결, 1977. 12. 27. 선고 77후4 판결.
224) 대법원 1982. 2. 23. 선고 80후70 판결, 1975. 7. 8. 선고 74후14 판결, 1975. 1. 28. 선고 74후16 판결.
225) 대법원 1985. 4. 9. 선고 85후1 판결.
226) 대법원 1990. 6. 26. 선고 89후1684 판결.

유'를 판단함에 있어서는 단지 당해 상표나 서비스표의 이전등록 이후의 사정만 참작
할 것이 아니고 그 이전등록 이전의 계속된 불사용의 사정도 함께 고려하여야 한
다.227)

　　사용권자가 있는 때에는 사용권자뿐만 아니라 상표권자에게도 정당한 이유가 있
어야 한다. 하지만 전용사용권으로 인하여 상표권자라도 상표사용을 할 수 없게 된
경우에는 상표사용의 독점적인 권한이 전용사용권자에게만 있으므로 전용사용권자
를 기준으로 정당한 이유가 있는지 여부를 판단하여야 한다. 그렇지 않다면 전용사용
권자에게 정당한 이유가 있다고 하더라도 항상 상표등록이 취소되는 결과가 되기 때
문이다.228)

(3) 입증책임의 전환

　　상표법 119조 3항에서는 3년 이상 불사용하였음을 이유로 상표등록취소심판이
청구된 경우에 피청구인인 상표권자로 하여금 당해 등록상표를 취소심판청구에 관계
되는 지정상품 중 하나 이상에 대하여 그 심판청구일 전 3년 이내에 국내에서 정당하
게 사용하였거나 사용하지 아니한 데 대한 정당한 이유가 있음을 증명하도록 하여
입증책임을 전환하였다. 따라서 피청구인은 '상표의 정당한 사용'이나 '불사용의 경우
의 정당한 이유'를 증명할 책임이 있다.

　　이와 같이 입증책임을 전환한 이유는 심판청구인이 취소대상인 등록상표가 국내
어디에서도 사용되고 있지 아니하다는 소극적 사실을 입증한다는 것은 사실상 불가
능한 반면에 상표권자인 피청구인은 등록상표가 사용된 사실 즉, 적극적 사실을 입증
하기가 용이하기 때문이다.

(4) 관련문제

(가) 지정상품별 일부 취하, 일부 기각 여부

　　2007. 1. 3. 법률 제8190호로 개정되기 전의 구 상표법에서는 3호의 불사용을 이유
로 등록취소심판이 청구된 경우 지정상품 중 일부에 대한 취하가 허용되는지와 관련
하여 이를 부정하는 견해와 이를 긍정하는 견해가 대립하였고 실무는 이를 부정하는

227) 대법원 2000. 4. 25. 선고 97후3920 판결.
228) 이관희, "상표불사용 취소심판에 관한 소고: 불사용에 대한 정당한 이유를 중심으로", 창작과 권리 27
　　호, 세창출판사(2002), 31~36 참조.

입장이었다. 위 상표법 개정시 일부취하를 허용하는 특허법 161조 2항의 준용대상을 상표등록무효심판으로 한정하고, 상표등록취소심판은 이를 제외함으로써 3호의 불사용취소심판의 경우 지정상품에 대한 일부취하가 허용되지 아니함을 명백히 하였다.

또한, 심결시 지정상품별로 일부 인용, 일부 기각을 할 수 있는지도 문제되는데, 대법원은 불사용취소심판의 경우에는 무효심판과 달리 심판청구의 대상인 지정상품을 일체 불가분으로 취급하여 전체를 하나의 청구로 간주하여 일부 인용, 일부 기각의 법리를 적용할 수 없다고 판시하였다.[229]

한편 대법원은, 동시에 수 개의 지정상품에 대하여 상표등록취소심판청구를 한 경우에는 심판청구의 대상인 지정상품을 불가분 일체로 취급하여 전체를 하나의 청구로 간주하여 지정상품 중의 하나에 대하여 사용이 증명되면 그 심판청구는 전체로서 인용될 수 없을 뿐 사용이 증명된 지정상품에 대한 심판청구만 기각하고 나머지에 관한 청구를 인용할 것은 아니며, 사용이 증명된 지정상품만에 대한 심판청구의 일부 취하가 허용되는 것도 아니어서, 먼저 청구한 상표등록취소심판이 계속 중이라 하더라도 심판청구인으로서는 등록취소 요건의 일부를 이루는 상표 불사용 기간의 역산 기산점이 되는 심판청구일이나 등록취소를 구하는 지정상품의 범위를 달리하여 다시 상표등록취소심판을 청구할 이익이 있으므로, 이 경우 공통으로 포함된 일부 지정상품에 관하여는 상표권자에게 중복하여 그 사용사실에 대한 증명책임을 부담시키는 것이 된다고 하더라도 상표권자 역시 후에 청구된 등록취소심판에서도 지정상품 중의 하나에 대하여 사용을 증명하면 그 심판청구의 대상인 지정상품 전체에 관하여 상표등록의 취소를 면할 수 있는 이상, 그러한 정도의 증명책임 부담만으로 후에 청구된 취소심판이 구 상표법 73조 4항(상표 119조 3항)의 입법 취지에 반하는 것으로서 부적법하다고 할 수 없다고 판시하였다.[230]

(나) 공격방어방법의 추가적 변경 여부

심판절차에서 처음에는 지정상품 전부에 대하여 상표등록취소사유로 상표법 119조 1항 3호만을 주장하였다가 나중에 또는 그 후의 심결취소소송에서 1호 또는 2호를 상표등록취소사유로 추가하는 것은 청구의 이유의 변경 또는 공격방어방법의 추가, 변경으로서 허용된다.[231]

---

229) 대법원 1993. 12. 28. 선고 93후718, 729, 732, 749 판결.
230) 대법원 2013. 2. 15. 선고 2012후3220 판결.
231) 특허법원 2006. 4. 7. 선고 2005허5907 판결(심리불속행 기각).

그러나 처음 지정상품 중 일부에 대하여 3호를 이유로 등록취소심판을 청구하였다가 나중에 또는 그 후의 심결취소소송에서 1호 또는 2호를 상표등록취소사유로 추가하는 것은 허용될 수 없다고 할 것이다. 왜냐하면 1호 또는 2호를 이유로 한 상표등록취소심판은 등록상표 전체에 대해서만 가능하고 지정상품 중 일부에 대한 청구는 허용되지 않기 때문이다. 대법원도 구 상표법 73조 1항 2호(상표 119조 1항 1호)의 상표등록취소 심판청구는 등록상표의 지정상품 전체에 대해서만 할 수 있고 그 일부에 대한 청구는 허용되지 않으므로, 심판절차에서 등록상표 중 일부 지정상품에 대하여 구 상표법 73조 1항 3호(상표 119조 1항 3호)의 상표등록 취소사유를 주장하였다가 그 후의 심결취소소송 절차에서 구 상표법 73조 1항 2호의 상표등록취소사유를 추가로 주장할 수는 없다고 판시하였다.[232]

한편 심판절차에서는 등록취소사유로 1호 또는 2호만을 주장하다가 심결취소소송 단계에서 3호의 등록취소사유를 추가로 주장할 수 있는지와 관련하여, 특허법원의 심리범위에 대하여 실무가 무제한설을 취하고 있고 소송경제상 이를 허용함이 타당하다는 견해[233]와 이를 허용할 경우 등록취소심판청구일을 확정할 수 없다는 점에서 이를 부정하는 것이 타당하다는 견해[234]가 대립한다.

라. 상표법 119조 1항 4호(상표권의 이전에 관한 요건을 위반한 경우의 등록취소)

상표권을 분할하여 이전할 때 유사한 지정상품을 함께 이전하지 아니한 경우(상표 93조 1항 후단), 공유인 상표권의 지분을 다른 공유자 전원의 동의 없이 양도하거나 질권을 설정한 경우(상표 93조 2항), 업무와 분리하여 업무표장권을 양도한 경우(상표 93조 4항), 국가, 공공단체 등이 등록받은 상표권을 업무와 분리하여 양도한 경우(상표 93조 5항), 단체표장권을 법인의 합병과 특허청장의 허가라는 요건을 갖추지 않고 이전한 경우(상표 93조 6항), 증명표장권을 업무의 이전과 특허청장의 허가라는 요건을 갖추지 않고 이전한 경우(상표 93조 7항)는 등록취소의 대상이 된다.

---

232) 대법원 2010. 9. 9. 선고 2010후1213 판결.
233) 강동세, "상표등록취소심판제도의 제문제", 특허소송연구 2집, 특허법원(2001), 554~555 참조.
234) 원유석(주 93), 73 참조.

마. 상표법 119조 1항 5호(유사 상표 이전의 결과 오인·혼동을 생기게 한 경우의 등록취소)

상표법 119조 1항 5호는 상표권의 이전으로 유사한 등록상표가 각각 다른 상표권자에게 속하게 되고 그중 1인이 자기의 등록상표의 지정상품과 동일·유사한 상품에 부정경쟁을 목적으로 자기의 등록상표를 사용함으로써 수요자에게 상품의 품질을 오인하게 하거나 타인의 업무와 관련된 상품과 혼동을 불러일으키게 한 경우를 취소사유의 하나로 규정한다.

1997. 8. 22. 개정된 상표법에 의하여 연합상표제도가 폐지됨에 따라 연합상표 간의 분리이전을 금지하는 규정이 삭제되어 동일·유사한 상품을 지정상품으로 하는 유사한 등록상표들 간의 분리이전이 자유롭게 인정되었는데, 유사한 상표가 이전되어 권리자가 다르게 되면 양도인·양수인이 혼동이 초래되지 않도록 사용하는 것이 바람직하지만, 어느 한 쪽이 부정경쟁목적으로 혼동적으로 사용하는 경우 수요자가 오인·혼동으로 손해를 볼 염려가 있으므로, 이러한 경우 공익적 차원에서 상표등록을 취소할 수 있도록 한 것이다.

바. 상표법 119조 1항 6호(부정경쟁행위로 인한 등록취소)[235]

(1) 의   의

상표법 119조 1항 6호는 92조 2항에 해당하는 상표가 등록된 경우에 그 상표에 관한 권리를 가진 자가 해당 상표등록일부터 5년 이내에 취소심판을 청구한 경우를 상표등록취소사유의 하나로 규정한다. 이는 아래에서 보는 바와 같이 상표법이 2014. 6. 11. 법률 제12751호로 개정되면서 구 상표법 52조 2항의 도입과 함께 이 규정의 실효성을 확보하기 위하여 추가된 등록취소사유이다.

상표법 92조 2항은 상표권자·전용사용권자 또는 통상사용권자는 그 등록상표의 사용이 부정경쟁방지법 2조 1호 차목 소정의 부정경쟁행위(그 밖에 타인의 상당한 투자나 노력으로 만들어진 성과 등을 공정한 상거래 관행이나 경쟁질서에 반하는 방법으로 자신의 영업을 위하여 무단으로 사용함으로써 타인의 경제적 이익을 침해하는 행위)[236]에 해당

---

235) 윤선희, 상표법(제4판). 법문사(2016), 661~662; 원대규, 상표법(제2판), 한빛지적소유권센터(2017), 604~605 참조.
236) 부정경쟁방지법이 2018. 4. 17. 법률 제15580호로 개정되면서 기존의 2조 1호 차목이 2조 1호 카목으

하는 경우에는 같은 목에 따른 타인의 동의를 받지 아니하고는 그 등록상표를 사용할 수 없다고 규정하는데, 이는 타인의 상당한 투자나 노력으로 만들어진 성과 등을 무단으로 사용하기 위해 상표등록을 한 경우 타인의 동의 없이는 이를 사용할 수 없도록 함으로써 상표법이 부정경쟁방지법과 조화를 이룰 수 있도록 하기 위해서 2014. 6. 11. 법률 제12751호로 개정된 상표법에 신설된 것이다(구 상표 53조 2항).

(2) 요   건

(가) 92조 2항에 해당하는 등록상표

이는 본호에 의한 상표등록취소의 대상이 되는 상표에 관한 요건으로서, 그 등록상표를 사용하는 것이 부정경쟁방지법 2조 1호 차목에 규정된 부정경쟁행위인 '타인의 상당한 투자나 노력으로 만들어진 성과 등을 공정한 상거래 관행이나 경쟁질서에 반하는 방법으로 자신의 영업을 위하여 무단으로 사용함으로써 타인의 경제적 이익을 침해하는 행위'에 해당한다면 그 등록상표는 본호에 의한 상표등록취소의 대상이 된다는 의미이다.

(나) 그 상표에 관한 권리를 가진 자

이는 본호에 의한 취소심판을 청구할 수 있는 청구인 적격에 관한 요건으로서, '그 상표에 관한 권리를 가진 자'란 부정경쟁방지법 2조 1호 차목에 규정된 타인, 즉 상당한 투자나 노력으로 만들어진 성과 등에 따른 경제적 이익의 귀속 주체를 의미한다.

(다) 해당 상표 등록일부터 5년 이내에 취소심판을 청구하는 경우

이는 본호에 의한 상표등록취소심판 청구의 제척기간을 상표등록일부터 5년으로 규정한 것이다. 상표등록 후 5년이 도과한 경우에는 그로 인해 형성된 사실상태 및 이를 신뢰한 수요자를 보호할 필요성이 생기므로, 본호에 의한 취소심판을 청구할 수 없도록 한 것이다.

사. 상표법 119조 1항 7호(단체표장의 등록취소)

단체표장은 상품을 생산·제조·가공·판매하거나 서비스를 제공하는 자가 공동

로 변경되었으나, 위 개정법 부칙에서 상표법의 관련 규정을 고치는 규정을 두지 않음에 따라 상표법 92조 2항은 여전히 부정경쟁방지법 2조 1호 차목으로 남아 있다.

으로 설립한 법인이 직접 사용하거나 그 소속단체원에게 사용하게 하기 위한 표장으로(상표 2조 1항 3호), 이 단체표장의 등록을 받기 위해서는 대통령령으로 정하는 단체표장의 사용에 관한 사항을 정한 정관을 단체표장등록출원서에 첨부하여야 하는데(상표 36조 3항), 소속단체원이 그 단체의 정관을 위반하여 단체표장을 타인에게 사용하게 하거나, 소속단체원이 그 단체의 정관을 위반하여 단체표장을 사용함으로써 수요자에게 상품의 품질 또는 지리적 출처를 오인하게 하거나 타인의 업무와 관련된 상품과 혼동을 불러일으키게 한 경우(상표 119조 1항 7호 가목),[237] 단체표장의 설정등록을 한 후 정관을 변경함으로써 수요자에게 상품의 품질을 오인하게 하거나 타인의 업무와 관련된 상품과 혼동을 불러일으키게 할 염려가 있는 경우(상표 119조 1항 7호 나목)에 그 단체표장은 등록취소의 대상이 된다.

또한, 제3자가 단체표장을 사용하여 수요자에게 상품의 품질이나 지리적 출처를 오인하게 하거나 타인의 업무와 관련된 상품과 혼동을 불러일으키게 하였음에도 단체표장권자가 고의로 적절한 조치를 하지 아니한 경우(상표 119조 1항 7호 다목)에도 등록취소의 대상이 된다.

아. 상표법 119조 1항 8호(지리적 표시 단체표장의 등록취소)

상표법 119조 1항 8호 가목은 지리적 표시 단체표장등록출원의 경우에 단체표장권자가 지리적 표시를 사용할 수 있는 지정상품을 생산·제조 또는 가공하는 자에 대하여 정관에 의하여 단체의 가입을 금지하거나 정관에 충족하기 어려운 가입조건을 규정하는 등 단체의 가입을 실질적으로 허용하지 아니한 경우 또는 그 지리적 표시를 사용할 수 없는 자에게 단체의 가입을 허용한 경우를, 같은 호 나목은 지리적 표시 단체표장권자나 그 소속단체원이 223조(동음이의어 지리적 표시 등록단체표장의 표시)를 위반하여 단체표장을 사용함으로써 수요자에게 상품의 품질을 오인하게 하거나 지리적 출처에 대한 혼동을 불러일으키게 한 경우를 각각 취소 사유의 하나로 규정한다.

이러한 취소사유는 2004. 12. 31. 법률 제7290호로 일부 개정된 상표법에서 지리적 표시 단체표장제도를 신설하면서 그에 맞추어 일정한 경우에는 그 지리적 표시 단체

---

237) 다만, 단체표장권자가 소속단체원의 감독에 상당한 주의를 한 경우는 제외한다(상표 119조 1항 7호 가목 단서).

표장의 등록을 취소할 수 있도록 하기 위한 것이다.

자. 상표법 119조 1항 9호(증명표장의 등록취소)

증명표장이란 상품의 품질, 원산지, 생산방법 또는 그 밖의 특성을 증명하고 관리하는 것을 업으로 하는 자가 타인의 상품에 대하여 그 상품이 품질, 원산지, 생산방법 또는 그 밖의 특성을 충족한다는 것을 증명하는 데 사용하는 표장을 말한다(상표법 2조 1항 4호 7호).

증명표장과 관련하여 상표법 119조 1항 9호는 증명표장권자가 정관 또는 규약을 위반하여 증명표장의 사용을 허락한 경우(가목), 증명표장권자가 증명표장을 자기의 상품에 대하여 사용하는 경우(나목), 증명표장의 사용허락을 받은 자가 정관 또는 규약을 위반하여 타인에게 사용하게 한 경우 또는 사용을 허락받은 자가 정관 또는 규약을 위반하여 증명표장을 사용함으로써 수요자에게 상품의 품질, 원산지, 생산방법이나 그 밖의 특성에 관하여 혼동을 불러일으키게 한 경우(다만, 증명표장권자가 사용을 허락받은 자에 대한 감독에 상당한 주의를 한 경우는 제외한다)(다목), 증명표장권자가 증명표장의 사용허락을 받지 아니한 제3자가 증명표장을 사용하여 수요자에게 상품의 품질, 원산지, 생산방법이나 그 밖의 상품의 특성에 관한 혼동을 불러일으키게 하였음을 알면서도 적절한 조치를 취하지 아니한 경우(라목), 증명표장권자가 그 증명표장을 사용할 수 있는 자에 대하여 정당한 사유 없이 정관 또는 규약으로 사용을 허락하지 아니하거나 정관 또는 규약에 충족하기 어려운 사용조건을 규정하는 등 실질적으로 사용을 허락하지 아니한 경우(마목)를 상표등록 취소사유로 규정한다.

위의 각 취소사유는 2011. 12. 2. 법률 제11113호로 일부 개정된 상표법에서 증명표장제도를 도입하면서 그에 맞추어 일정한 경우에는 그 증명표장의 등록을 취소할 수 있도록 규정한 것이다.

5. 효   과

상표등록을 취소한다는 심결이 확정되었을 경우에는 그 상표권은 그때부터 소멸된다. 다만 등록상표의 불사용을 이유로 하는 취소심판이 확정된 경우에는 상표권은 그 심판청구일에 소멸하는 것으로 본다(상표 119조 6항). 종전에는 상표등록을 취소한다는 심결이 확정된 때에는 등록취소사유에 따른 구분 없이 그 상표권은 그때부터 소멸된다고 규정하였으나(구 상표 73조 7항), 2016. 2. 29. 상표법이 전부 개정되면서 취소사유에 따라 소멸시점을 달리 규정하였다.

상표권자 또는 그 상표권자의 상표를 사용하는 자는 상표법 119조 1항 1호 내지 3호, 5호 내지 9호 규정에 해당한다는 이유로 상표등록의 취소심판이 청구되고 그 청구일 이후에 ① 존속기간이 만료되어 상표권이 소멸한 경우, ② 상표권자가 상표권 또는 지정상품의 일부를 포기한 경우, ③ 상표등록 취소의 심결이 확정된 경우 중 어느 하나에 해당하게 된 경우에는 소멸된 등록상표와 동일 또는 유사한 상표를 그 지정상품과 동일 또는 유사한 상품(지리적 표시 단체표장의 경우에는 동일하다고 인정되는 상품을 말한다)에 대하여 그 해당하게 된 날부터 3년이 지난 후에 출원해야만 상표등록을 받을 수 있다(상표 34조 3항).

이 규정은 취소심결이 확정되고 난 후에 새로이 출원한 경우뿐만 아니라 위 취소심결이 확정되기 전에 이미 출원되어 있던 경우에도 적용되므로, 출원상표가 출원 당시에는 위 규정에 해당하지 않았다고 하더라도 등록 당시(거절결정 당시)에 위 규정에 해당하게 되면 등록을 받을 수 없다.[238] 다만, 위 규정은 상표등록취소심결이 확정된 경우에는 취소심결의 확정 이전에 상표권자에 의하여 등록출원된 상표라고 하더라도 그 출원이 심판청구일 이후에 이루어졌을 때에는 그 상표의 등록을 허용하지 않음으로써 등록취소심판제도의 실효성을 확보하고자 하는 규정이므로, 등록취소심판청구일 이전에 상표권자가 등록출원한 상표에 대하여는 원칙적으로 위 규정이 적용되지 아니한다.[239] 한편 별도의 원인으로 등록상표 자체가 소멸함에 따라 상표법 119조 1항 3호에 해당함을 이유로 하는 상표등록취소심결의 효력을 다툴 이익이 없어져 소가 각하됨으로써 상표등록취소심결이 형식적으로 확정된 데 불과한 경우에는 그와 같은 심결 확정을 근거로 상표법 34조 3항이 적용될 수는 없다.[240]

---

238) 대법원 1990. 7. 10. 선고 89후2267 판결.
239) 대법원 2002. 10. 22. 선고 2000후3647 판결.
240) 대법원 2004. 2. 25. 선고 2001후2689 판결.

I. 서 설

1. 의 의

상표권[1]은 설정등록에 의하여 발생하는 권리로서, 상표권자는 적극적으로는 지정상품에 관하여 그 등록상표를 사용할 권리를 독점하며(상표 89조), 소극적으로는 지정상품과 동일 내지 유사한 상품에 관하여 동일 내지 유사한 표장을 사용하는 행위를 금지할 수 있다(상표 108조 1항 1호).

상표법은 상표 외에 단체표장, 증명표장, 업무표장 등도 규율하나, 상표법 2조 3항에서 "단체표장, 증명표장 및 업무표장에 관하여는 이 법에서 특별히 규정한 것을 제외하고는 상표에 관한 규정을 적용한다."라고 규정하여 단체표장 등에 관하여는 원칙적으로 상표권의 법리가 그대로 적용되므로, 아래에서는 상표, 단체표장, 증명표장, 업무표장 등을 구분하지 않고, 그에 관한 등록된 권리를 상표권으로 통칭한다.

상표권 침해행위에 대하여 가능한 민사상 구제수단은 크게 침해금지청구와 손해배상청구이고, 침해금지청구에 침해행위를 조성한 물건, 침해행위에 제공된 설비의 제거 등을 구하는 폐기청구가 부가되어 청구될 수 있다(상표 107조 2항).

---

1) 과거 상표법은 상표와 서비스표를 준별하여 상표는 상품에 관하여 사용되는 표장, 서비스표는 서비스에 관하여 사용되는 표장으로 구별하는 입장을 취하였으나, 2016. 2. 29. 법률 제14033호로 전부 개정된 상표법에서는 상표와 서비스표를 구분하지 않고 이들을 모두 상표로 통칭하면서 종래 서비스표와 관련된 '서비스 또는 서비스의 제공에 관련된 물건'을 모두 '상품'으로 포섭하여 규정하였다(상표 2조 1항 1호).

침해금지청구의 요건사실은 ① 원고가 상표권 등의 권리자일 것, ② 피고의 사용행위가 있을 것, ③ 피고의 사용행위가 상표권의 배타적 효력범위에 속할 것(즉 피고가 동일·유사한 표장을 동일·유사한 상품에 사용할 것) 등이고, 손해배상청구와 달리 침해자의 고의나 과실이 요구되지는 않는다.

손해배상청구의 요건사실은 이에 더하여, ④ 침해자의 고의나 과실, ⑤ 인과관계와 손해발생 및 ⑥ 발생한 손해액이다.

그중 동일·유사 판단부분은 앞에서 자세히 다루었으므로 여기서는 생략하고, 상표권 침해소송의 위와 같은 요건사실들은 특허침해소송과 공통되는 면이 많으므로 여기에서는 상표침해소송 특유의 내용만을 설명하기로 한다(따로 설명되지 않은 사항은 특허권침해소송에 관한 제2장 제6절 및 제7절 부분 참조).

2. 관련 제도와의 구별

상표의 보호에 관한 입법례는 크게 등록주의와 사용주의로 나눠지는데, 우리 법체계 하에서 등록된 상표는 상표법에 의하여 보호되고, '미등록'의 주지·저명상표나 그 밖의 상품의 식별표지, 영업비밀, 상품형태 등은 부정경쟁방지법에 의하여 보호된다. 미등록 표장에 대한 보호는 등록상표와 달리 주지성이라는 요건을 특별히 부가하고 있다. 부정경쟁방지법상의 부정경쟁행위에 대하여 권리자는 금지청구, 손해배상, 신용회복 등을 청구할 수 있다(부정경쟁방지 4조 내지 6조).

상인이 영업에 관하여 자기를 표시하는 명칭으로 사용하는 인적표지를 '상호'라 한다. 상인은 상대방이 부정한 목적으로 자기의 영업과 오인할 수 있는 상호를 사용할 경우 상호사용금지, 손해배상청구 등을 구할 수 있다(상법 23조). 상호의 보호에는 그 등기가 불필요하나 등기된 상호를 사용하는 자는 부정한 목적으로 사용하는 것으로 추정되는 효력이 있다(상법 23조 4항). 상호가 주지되는 등의 요건을 갖추게 된 경우에는 부정경쟁방지법에 의한 보호 역시 중첩적으로 이루어진다.

Ⅱ. 주요 내용

1. 상표권의 존속

침해소송에서 권리구제를 받기 위해서는 권리자의 상표권이 존속하여야 하는데, 그 증명은 일반적으로 상표등록원부를 제출함으로써 이루어진다. 침해소송 계속 중 상표권의 존속기간이 만료되는 경우가 있을 수 있는데, 변론종결시를 기준으로 이미 상표권의 존속기간이 만료한 경우에는 침해금지청구는 인용할 수 없으나, 존속기간 만료 이전의 침해행위로 인한 손해에 대한 손해배상청구는 인용할 수 있다. 다만, 상표등록의 무효심결이 확정되는 경우(상표 117조 3항)에는 상표권이 소급하여 소멸하므로 그에 기한 손해배상청구는 기각되어야 한다. 그러나 취소심결이 확정되는 경우에는 불사용으로 취소되는 경우를 제외하고(이 경우는 심판청구일로 소급하여 소멸한다), 상표권은 소급적으로 소멸하지 않고 그때부터 소멸되므로(상표 119조 6항), 기왕의 침해에 대해서는 손해배상청구가 인용될 수 있다.

2. 원고가 상표권자 또는 전용사용권자일 것

2011. 12. 2. 법률 제11113호로 개정되기 전의 구 상표법은 전용사용권은 설정등록을 하여야만 효력이 발생하는 것으로 규정하였으나, 거래현실에 부합하지 않는다는 지적이 있어 2011. 12. 2. 법률 제11113호로 개정된 상표법에서는 위 규정을 삭제하고 설정등록을 제3자에 대한 대항요건으로 규정함으로써 전용사용권의 설정 요건을 완화하였음을 주의하여야 한다.

3. 상대방의 업으로서의 사용행위

상대방이 업으로서 타인의 등록상표와 동일·유사한 상표를 상표적으로 사용하여야 한다.

특허법의 경우에는 "특허권자는 업으로서 특허발명을 실시할 권리를 독점한다."라고 규정하였으므로(특허 94조), 특허권 침해가 성립하기 위해서는 '업으로서'라는 요건이 충족되어야 하나, 이와 달리 상표법에는 상표권의 효력 규정, 침해로 인한 구제 수단에 관한 규정 등에 위 요건이 명시되어 있지 않다. 그런데 특허의 침해의 요건인 '업으로서'는 개인적 · 가정적 실시를 제외하는 것으로 파악하는 견해, 반복적 · 계속적인 실시를 의미한다고 보는 견해, 경제활동의 일환으로서 이루어지는 것을 의미한다고 보는 견해 등이 주장되는데,[2] 상표가 그 본질이 상품의 출처표시를 위하여 사용되는 표지라는 점에 비추어 보면, 위와 같은 견해 중 어느 것에 의하더라도 '업으로서'라는 요건은 충족될 것으로 보인다(상표법 53조 2항 1호는 상표등록출원 후 출원인이 아닌 자가 상표등록출원된 상표와 동일 · 유사한 상표를 동일 · 유사한 지정상품에 정당한 사유 없이 '업으로서' 사용하고 있다고 인정되는 경우를 우선심사의 사유 중 하나로 규정한다). 이러한 점에 비추어 보면, 상표권 침해가 성립하기 위해서는 상대방이 '업으로서' 상표를 사용하여야 한다고 보아야 할 것이다.

'사용'에 관하여는 상표법에서 정의규정을 두었다. 즉, 사용이란 '상품 또는 상품의 포장에 상표를 표시하는 행위', '상품 또는 상품의 포장에 상표를 표시한 것을 양도 또는 인도하거나 양도 또는 인도할 목적으로 전시 · 수출 또는 수입하는 행위' 또는 '상품에 관한 광고 · 정가표 · 거래서류, 그 밖의 수단에 상표를 표시하고 전시하거나 널리 알리는 행위' 중 어느 하나에 해당하는 것을 의미한다(상표 2조 1항 11호).[3] 이와 같이 상표를 '표시'하는 행위에는 '표장의 형상이나 소리 또는 냄새로 상표를 표시하는 행위' 또는 '전기통신회선을 통하여 제공되는 정보에 전자적 방법으로 표시하는 행위'가 포함된다(상표 2조 2항).

사용행위별로 별도의 상표권 침해가 성립하므로, 가령 상품에 표시한 사람과 그러한 상품을 유통시키거나 광고한 자가 모두 다른 경우에는 이들의 각 행위 모두에 대하여 상표권 침해가 성립한다.

침해소송에서 피고가 방어방법으로서 자신이 표장을 사용한 것은 '상표로서의 사

---

2) 정상조 · 박성수 공편, 특허법 주해 I , 박영사(2010), 1056.
3) 구 상표법상 서비스표의 사용에 관하여 대법원은, "서비스표는 통상 유형물인 상품과는 달리 수요자에게 제공되는 무형의 서비스를 표장의 대상으로 하는 것이므로 그 서비스 자체에 서비스표를 직접 사용할 수는 없다. 이러한 상품과 서비스의 차이를 고려할 때, 서비스표의 사용에는 서비스에 관한 광고 · 정가표 · 거래서류 · 간판 또는 표찰에 서비스표를 표시하고 이를 전시 또는 반포하는 행위(광고행위)는 물론, 서비스의 제공시 수요자의 이용에 공여되는 물건 또는 당해 서비스의 제공에 관한 수요자의 물건에 서비스표를 표시하는 행위(표시행위), 서비스의 제공시 수요자의 이용에 공여되는 물건에 서비스표를 표시한 것을 이용하여 서비스를 제공하는 행위 또는 서비스의 제공에 이용하는 물건에 서비스표를 표시한 것을 서비스의 제공을 위하여 전시하는 행위(유통행위, 전시행위) 등이 포함된다."라고 판시하였다(대법원 2011. 7. 28. 선고 2010후3080 판결).

용'이 아니라고 주장하는 경우가 종종 있다. 법원으로서는 해당 표장에 관한 피고의 사용행위가 '상표로서의 사용'이 아니라는 점이 명백한 경우라면 피고의 주장이 없이도 이에 관하여 판단할 수 있을 것이지만, 보통은 피고가 상표적 사용에 해당하지 않는다고 주장하는 경우에 이를 심리하는 것이 일반적이다.

상표로서의 사용 여부를 판단할 때 가장 중요한 요소는 해당 표장이 '출처표시'로서 사용되었는지 여부이다. 보다 자세히 보면, 도메인이름의 경우 도메인이름의 사용 태양 및 그 도메인이름으로 연결되는 웹사이트 화면의 표시 내용 등을 전체적으로 고려하여 거래통념상 상품의 출처를 표시하고 자기의 업무에 관계된 상품과 타인의 업무에 관계된 상품을 구별하는 식별표지로 기능하고 있을 때에는 상표의 사용으로 볼 수 있다(대법원 2008. 9. 25. 선고 2006다51577 판결). 디자인과 상표는 배타적·선택적 관계에 있는 것이 아니므로 디자인이 될 수 있는 형상이나 모양이라고 하더라도 그 것이 상표의 본질적인 기능이라고 할 수 있는 자타상품의 출처표시를 위하여 사용되는 것으로 볼 수 있는 경우에는 위 사용은 상표로서의 사용이라고 보아야 하지만(대법원 2000. 12. 26. 선고 98도2743 판결), 다만 그것이 상표의 본질적인 기능이라고 할 수 있는 출처표시를 위한 것이 아니라 순전히 디자인적으로만 사용되는 등으로 상표의 사용으로 인식될 수 없는 경우에는 등록상표의 상표권을 침해한 행위로 볼 수 없고(대법원 2004. 10. 15. 선고 2004도5034 판결 등 참조), 그것이 상표로서 사용되고 있는지를 판단하기 위해서는, 상품과의 관계, 당해 표장의 사용 태양(즉, 상품 등에 표시된 위치, 크기 등), 등록상표의 주지저명성, 그리고 사용자의 의도와 사용경위 등을 종합하여 실제 거래계에서 그 표시된 표장이 상품의 식별표지로서 사용되고 있는지 여부를 종합하여 판단하여야 한다(대법원 2003. 4. 11. 선고 2002도3445 판결). 이하 이 쟁점이 다루어진 주요 사례를 소개한다.

가. 긍정 사례

① 대법원 2008. 9. 25. 선고 2006다51577 판결

피고가 한글인터넷주소 서비스를 제공하는 ㈜ 넷피아닷컴에 이 사건 한글인터넷주소를 등록하고, 인터넷 사용자가 웹브라우저의 주소창에 이 사건 한글인터넷주소를 입력하여 연결되는 피고 개설의 웹사이트(www.jangsuondol.com)에서 전기침대[4] 등

---

4) 원고가 사용한 상품은 돌침대이다.

상품에 관한 정보를 제공하고 판매하는 쇼핑몰을 운영하는 행위는 상표의 사용에 해당한다.

② 대법원 2012. 5. 24. 선고 2010후3073 판결

인터넷 포털사이트 운영자로부터 특정 키워드의 이용권을 구입하여 일반 인터넷 사용자가 그 단어나 문구를 검색창에 입력하면 검색결과 화면에 그 키워드 구입자의 홈페이지로 이동할 수 있는 스폰서링크나 홈페이지 주소 등이 나타나는 경우에, 그 검색결과 화면에 나타난 표장이 자타상품의 출처표시를 위하여 사용된 것으로 볼 수 있다면, 이는 상표권의 권리범위확인심판의 전제가 되는 '상표로서의 사용'에 해당한다 할 것이다. 그리고 상표로서의 사용의 일종인 상품의 '광고'에는 신문, 잡지, 카탈로그, 간판, TV 등 뿐 아니라 인터넷 검색결과 화면을 통하여 일반소비자에게 상품에 관한 정보를 시각적으로 알리는 것도 포함된다.

③ 대법원 2013. 3. 14. 선고 2010도15512 판결

(i) 일반적으로 가방이나 지갑 제조업체는 일반 수요자가 외관상 눈에 잘 띄는 부분을 보고 그 상품의 출처를 식별하는 관행을 감안하여 상표가 제품의 외관과 조화를 이루면서 융화될 수 있도록 그 표시 위치와 크기를 결정하여 제품에 상표를 표시한다고 할 것인데, 피고인은 이 사건 등록상표의 개별 구성요소를 조금씩 변형한 도형들을 이 사건 등록상표의 전체적 구성, 배열 형태, 표현방법과 같은 방식으로 조합한 피고인 사용표장의 형태로 피고인 사용표장을 사용하는 가방이나 지갑 제품 외부의 대부분에 표시하고 있는 점, (ii) 피고인과 그의 처 공소외 1은 이 사건 이전에도 이 사건 등록상표와 유사한 다른 표장을 가방 등의 제품 외부의 대부분에 표시하는 방법으로 사용하였다는 이유로 상표권침해금지판결을 받아 확정된 바 있는데, 위 침해금지판결을 받은 이후인 2008. 11. 10. 공소외 1이 피고인 사용표장인 문양에 대해 '가방지'를 대상물품으로 디자인무심사등록출원을 하여 디자인등록을 받은 다음, 피고인이 2009. 5. 초순경부터 같은 해 10. 23.경까지 피고인 사용표장을 사용한 것인 점, (iii) 이 사건 등록상표는 이미 공소외 1이 피고인 사용표장에 대하여 디자인무심사등록출원을 하기 전부터 국내에서 피해자의 상품 출처를 표시하는 표지로 널리 인식되어 있는 주지저명상표인 점 등의 사실로부터, 피고인은 이 사건 등록상표의 고객흡인력 등에 편승하기 위한 의도로 피고인 사용표장을 사용한 것으로 보이고, 피고인이 그와 같이 사용한 위 표장은 실제 거래계에서 자타상품의 출처를 표시하기 위하여 사용되었다고 할 것이므로, 피고인 사용표장은 상표로서 사용되었

다.5)

④ 대법원 2013. 3. 28. 선고 2010다58261 판결

도자기그릇에 표현된 디자인은 단순히 디자인으로서만 사용되는 것은 아니고 다른 상품과 구별하는 식별표지로서도 사용되는 것으로 보이고, 원고 등록상표 5와 같은 나뭇잎 띠 문양이나 원고 등록상표 4와 같이 테두리에 나뭇잎 띠 문양을 두르고 가운데에 꽃과 나비 등의 문양을 배치한 문양은 피고 표장 1~4가 사용된 2006년경에는 그 거래자와 수요자에게 현저하게 인식되었다고 할 것이며, 피고 표장 1~4는 원고 등록상표 4 또는 5와 같은 문양이 사용된 원고의 보타닉가든 제품과 거의 동일한 크기와 위치로 제품에 표현되어 있고, 피고 표장 1~4 제품들은 '포트메리온 st 접시' 또는 '명품' 등으로 광고되어 원고의 포트메리온 제품인 것처럼 판매되어 왔으므로, 피고 표장 1~4는 순전히 디자인이나 장식용으로 사용된 것이 아니라 상품의 출처표시를 위하여 사용된 것으로서 상표로서 사용되었다고 할 것이다.6)

나. 부정 사례

① 대법원 2002. 11. 13.자 2000마4424 결정

피신청인 A가 에머랄드를 판매하면서 자신의 명함 이면에 "바이런 에머랄드"라고 수기로 써서 구매자에게 교부한 경우 명함의 이면은 판매된 물품을 확인해주는 거래서류에 해당한다 할 것이므로 피신청인이 명함의 이면에 상표를 표시하고 이를 거래상대방에게 교부한 행위는 상표의 사용행위에 해당한다 할 것이다. 그러나 피신청인 B는 태국회사로부터 물품을 수입하면서 세관에 제출한 수입신고서의 상품란에 "CUT BIRON SYNTHETIC"이라고 기재하였다는 것인데, 세관에 제출하는 수입신고서는 거래당사자 간에 교부되는 거래서류라고 보기 어려우므로 수입신고서에 "BIRON" 상표를 표시하였다고 하여 상표법상 상표의 사용행위라고 할 수는 없다.

② 대법원 2004. 10. 15. 선고 2004도5034 판결

원심은 그 채택 증거를 종합하여, 이 사건 금반지는 대량생산제품이 아닌 1회적 가공품으로서 보석류의 장신구라는 그 특성상 개인의 취향을 보다 많이 반영하여 제작되며 수요자들 또한 다른 무엇보다 반지에 사용된 디자인을 주로 고려하여 그 구

---

5) 루이비통 사건이다.
6) 포트메리온 식기 사건이다.

매여부를 결정할 것이라는 점, 이 사건 금반지에 표시된 퓨마 문양은 금반지의 중앙 부분에 양각으로 새겨져 있고 그 모습은 등록상표의 그것과는 달리 천천히 걸어가는 모습이며 그 크기 또한 "Puma" 문자 보다 상대적으로 크게 조각되어 있는 반면 "Puma" 문자는 반지의 하단 부분에 음각으로 새겨져 있고 역시 등록상표와는 달리 "P"자를 제외하고는 모두 소문자로 새겨져 있어, 일견하여 볼 때 이 사건 금반지는 퓨마라는 동물의 문양을 디자인하여 이를 강조함으로써 그 시각적, 심미적 효과를 통해 소비자의 구매 욕구를 자극하고 있음을 알 수 있는 점, "PUMA" 상표는 주로 스포츠웨어 및 그 유사상품에 사용되고 있는 상표이고 또 그러한 상표로서 널리 인식되어져 있으며 실제 거래계에서도 위 상표가 반지의 출처식별표지로서 사용되고 있지는 않는 점, 이 사건 등록상표를 출처식별표지로서 사용하였는가의 여부가 문제되는 반지는 이 사건 금반지 한 개 외에는 없는 점 등을 모두 고려하여 보면, 이 사건 금반지에 새겨진 문자 및 문양은 의장적인 측면에서 개인의 취향을 발현하기 위하여 사용된 것으로서 상품의 출처를 표시하기 위하여 사용된 것이라고 볼 수 없고, 나아가 피고인에게 상표권 침해의 고의도 인정하기 어렵다는 이유로 피고인에게 무죄를 선고한 제1심판결을 유지하였다. 위에서 본 법리와 기록에 비추어 살펴보면, 원심의 위와 같은 사실인정과 판단은 정당한 것으로 수긍이 가고, 거기에 주장과 같이 상표권에 관한 법리를 오해한 위법이 있다고 할 수 없다.

③ 대법원 2007. 10. 12. 선고 2007다31174 판결

원심은 피고가 2003. 6. 10. 주식회사 넷피아닷컴에 "파출박사"라는 한글인터넷도메인이름을 등록하고 2006. 4. 6. 이를 피고 개설의 웹사이트(www.pachulpaksa.com)에 연결되도록 하여 그 웹사이트에서 직업정보 제공 등의 서비스를 제공한 사실을 인정한 다음, 피고가 이 사건 한글인터넷도메인이름을 서비스표적으로 사용하고 있다는 취지로 판단하였다. 그러나 도메인이름의 사용이 사용태양 등 구체적 사정에 따라 서비스의 출처를 표시하는 서비스표의 사용에 해당하는 때가 있음을 부정할 수 없다 하더라도, 도메인이름은 원래 인터넷상에 서로 연결되어 존재하는 컴퓨터 및 통신장비가 인식하도록 만들어진 인터넷 프로토콜 주소(IP)를 사람들이 인식하기 쉽도록 숫자·문자·기호 또는 이들을 결합하여 만들어진 것으로서 상품이나 서비스의 출처표시로 사용할 목적으로 만들어진 것은 아닌 점, 이 사건 한글인터넷도메인이름은 최상위도메인이름 등을 입력할 필요 없이 단순히 한글 등의 키워드를 인터넷주소창에 입력하여 원하는 웹사이트에 접속할 수 있도록 만든 인터넷주소로서, 인터넷주소창에

도메인이름을 입력하여 실행하면 그 웹사이트의 주소창에 도메인이름이 표시되는 일반적인 도메인이름과 달리 접속단계에서 피고 개설의 웹사이트에 연결하기 위하여 사용되고 있을 뿐이고 이 사건 한글인터넷도메인이름을 인터넷주소창에 입력하고 실행하여 연결되는 피고 개설의 웹사이트 화면에는 이 사건 한글인터넷도메인이름이 표시되지 아니하는 점, 피고가 개설한 웹사이트의 화면 좌측 윗부분에는 피고의 표장이 별도로 표시되어 피고가 제공하는 직업정보 제공 등 서비스의 출처표시기능을 하고 있는 점 등 기록에 나타난 여러 사정을 고려하여 볼 때, 원심이 인정한 위와 같은 사실만으로는 이 사건 한글인터넷도메인이름이 서비스의 출처표시로 기능하고 있다고 보기 어렵다.[7]

④ 대법원 2013. 1. 24. 선고 2011다18802 판결

피고 제품과 같은 목걸이용 펜던트(pendant)에 있어 그 펜던트의 형상은 주로 시각적, 심미적 효과를 통해 소비자의 구매 욕구를 자극하는 요소이고, 펜던트의 형상 자체가 당해 상품의 출처를 표시하기 위한 목적으로 사용되는 것이 일반적이라고 보기 어려운 점, 피고 제품은 피고가 판매하는 미니 펜던트 시리즈 제품군 중 한 종류로서, 피고는 원고 등록상표의 출원 이전부터 강아지를 비롯한 다양한 동물을 형상화한 크리스털 재질의 펜던트 등을 제조·판매하여 왔으며, 피고 이외의 장신구업체들도 강아지 형상을 이용한 목걸이 펜던트 등을 널리 제조·판매하여 오고 있는 점, 원고의 등록상표가 국내 일반 수요자들에게 어느 정도 알려진 것으로 보이기는 하나, 피고의 등록상표 역시 국내 일반 수요자들에게 상당히 알려진 것으로 보이는데, 피고 제품의 이면은 물론 피고 제품의 포장 및 보증서에 피고의 등록상표가 표시되어 있고, 피고의 주요매장은 모두 피고의 상품들만을 판매하는 점포로서 그 간판 등에 피고의 등록상표를 표시하고 있으며, 인터넷 사이트에서도 피고 제품을 비롯한 피고의 상품 판매시 피고의 등록상표를 표시하고 있는 점 등을 알 수 있다. 앞서 본 법리에 따라 위와 같은 사실관계에 나타난 목걸이용 펜던트의 특성 및 위 상품을 둘러싼 거래실정, 원고 등록상표와 피고 등록상표의 주지저명의 정도, 피고의 의도와 피고 제품의 제조·판매 형태 및 경위 등을 종합하여 살펴보면, 피고 제품의 형상은 디자인으로만 사용된 것일 뿐 상품의 식별표지로 사용된 것이라고는 볼 수 없다 할 것이다.

---

[7] 같은 취지의 판례로는 대법원 2015. 8. 19. 선고 2014후409 판결, 2004. 2. 13. 선고 2001다57709 판결, 2004. 5. 14. 선고 2002다13782 판결 등이 있다.

4. 도메인이름에 대한 말소등록청구 및 이전등록청구의 가부

도메인이름의 사용이 상표권 침해로 인정되는 경우 침해금지 또는 예방청구로서 도메인이름의 사용금지청구, 말소등록청구나 이전등록청구를 하는 경우가 있다. 상표법상 금지청구권 또는 예방청구권에 기하여 이러한 청구가 인용될 수 있는지가 문제되는데, 대법원은 "구 상표법 65조 2항(상표 107조 2항)의 침해의 예방에 필요한 조치에는 도메인이름의 사용금지 또는 말소등록 등의 범위를 넘어서 도메인이름의 이전등록까지 당연히 포함된다고 볼 수 없다."라고 하여 사용금지 및 말소등록까지는 가능하나, 이전등록까지 구할 수는 없다고 판시하였다(대법원 2008. 9. 25. 선고 2006다51577 판결).

다만 인터넷주소자원에 관한 법률에는 부정한 목적의 도메인이름에 대한 등록말소 외에 등록이전까지를 구할 수 있다는 취지의 규정을 두었으므로(인터넷주소자원에 관한 법률 12조), 원고의 청구원인에 위 법률에 근거한 주장이 포함되어 있는지를 살필 필요가 있고, 필요한 경우 석명권을 적절히 행사할 필요도 있다.

5. 손해배상청구

가. 과실의 추정 여부

상대방의 침해행위에 과실이 추정되는지에 관하여 논란이 있었는데, 이는 상표법에는 특허법, 실용신안법, 디자인보호법과 달리 침해자의 과실에 대한 추정규정을 두지 않았기 때문이다.[8] 대법원은 '상표권의 존재 및 그 내용은 상표공보 또는 상표등록원부 등에 의하여 공시되어 일반 공중도 통상의 주의를 기울이면 이를 알 수 있고, 업으로서 상표를 사용하는 사업자에게 해당 사업 분야에서 상표권의 침해에 대한 주의의무를 부과하는 것이 부당하다고 할 수 없으며, 또한 타인의 특허권, 실용신안권, 디자인권을 침해한 자는 그 침해행위에 대하여 과실이 있는 것으로 추정되는데도

---

8) 특허법은 130조에서 "타인의 특허권 또는 전용실시권을 침해한 자는 그 침해행위에 대하여 과실이 있는 것으로 추정한다."라고 규정하여 침해자의 과실을 추정하는 데 반하여, 상표법은 112조에서 "222조에 따라 등록상표임을 표시한 타인의 상표권 또는 전용사용권을 침해한 자는 그 침해행위에 대하여 그 상표가 이미 등록된 사실을 알았던 것으로 추정한다."라고 규정하여 일정 요건 하에서 침해자의 고의를 추정할 뿐이다.

상표권을 침해한 자에 대하여만 이와 달리 보아야 할 합리적인 이유가 없으므로, 타인의 상표권을 침해한 자는 그 침해행위에 대하여 과실이 있는 것으로 추정되고, 그럼에도 타인의 상표권을 침해한 자에게 과실이 없다고 하기 위해서는 상표권의 존재를 알지 못하였다는 점을 정당화할 수 있는 사정이 있다거나 자신이 사용하는 상표가 등록상표의 권리범위에 속하지 아니한다고 믿은 점을 정당화할 수 있는 사정이 있다는 것을 주장·증명하여야 한다.'고 판시하여[9] 기존 논란을 정리하였다.

나. 법정손해배상의 청구

상표법의 손해액 산정에 관한 특별규정은 특허법의 내용과 큰 차이가 없다(자세한 내용은 특허권 침해에 관한 제2장 제7절 참조).

다만 상표법은 특허법, 실용신안법, 디자인보호법 등과 달리 법정손해배상에 관한 특칙(상표 111조)을 두었다. 이 특칙에 의하면, ① 상표권자 또는 전용사용권자는 자기가 사용하고 있는 '등록상표와 같거나 동일성이 있는 상표'를 그 '지정상품과 같거나 동일성이 있는 상품'에 사용하여 자기의 상표권 또는 전용사용권을 고의나 과실로 침해한 자에 대하여 109조에 따른 손해배상을 청구하는 대신 5천만 원 이하의 범위에서 상당한 금액을 손해액으로 하여 배상을 청구할 수 있다. 이 경우 법원은 변론 전체의 취지와 증거조사의 결과를 고려하여 상당한 손해액을 인정할 수 있다. 또한 ② 1항 전단에 해당하는 침해행위에 대하여 109조에 따라 손해배상을 청구한 상표권자 또는 전용사용권자는 법원이 변론을 종결할 때까지 그 청구를 1항에 따른 청구로 변경할 수 있다. 이러한 특칙은 등록상표와 동일하거나 동일성이 있는 위조상표에 의해 상표권이 침해되는 경우에 권리자를 구제하기 위한 취지로 도입되었다.

이 특칙과 관련하여 대법원은 "위조상표의 사용 등으로 인한 상표권 침해행위가 있을 경우에 손해 액수의 증명이 곤란하더라도 일정한 한도의 법정금액을 배상받을 수 있도록 함으로써 피해자가 쉽게 권리구제를 받을 수 있도록 하는 예외적 규정이므로, 그 적용요건은 법문에 규정된 대로 엄격하게 해석하여야 한다. 따라서 상표권자가 이 규정에 따른 손해배상을 청구하려면, 상표권 침해 당시 등록상표를 상표권자가 실제 사용하고 있었어야 하고, 침해자가 사용한 상표가 상표권자의 등록상표와 같거나 동일성이 있어야 하며, 동일성 요건을 갖추지 못한 경우에는 통상의 방법으로

---

9) 대법원 2013. 7. 25. 선고 2013다21666 판결.

손해를 증명하여 배상을 청구하여야지 위 규정에서 정한 법정손해배상을 청구할 수는 없다"고 판시하였다(대법원 2016. 9. 30. 선고 2014다59712, 59729 판결).

다. 권리자가 입은 손해에 대한 증명 요부

상표권자 등이 입은 손해에 대한 증명이 필요한지 및 그 증명의 정도에 관하여 대법원은 "상표법 110조 4항은 상표권자 등이 상표권 등의 침해로 인하여 입은 손해의 배상을 청구하는 경우에 손해에 관한 상표권자 등의 주장·증명책임을 경감하는 취지의 규정이고, 손해의 발생이 없는 것이 분명한 경우까지 침해자에게 손해배상의무를 인정하는 취지는 아니라고 할 것이나, 그 규정 취지에 비추어 보면, 손해의 발생에 관한 주장·증명의 정도는 손해 발생의 염려 내지 개연성의 존재를 주장·증명하는 것으로 족하다고 보아야 하고, 따라서 상표권자가 침해자와 동종의 영업을 하고 있는 것을 증명한 경우라면 특별한 사정이 없는 한 상표권 침해에 의하여 영업상의 손해를 입었음이 사실상 추정된다."라고 판시하였다(대법원 2013. 7. 25. 선고 2013다21666 판결).

한편 대법원은 "상표권은 특허권 등과 달리 등록되어 있는 상표를 타인이 사용하였다는 것만으로 당연히 통상 받을 수 있는 상표권 사용료 상당액이 손해로 인정되는 것은 아니고, 상표권자가 상표를 영업 등에 실제 사용하고 있었음에도 상표권 침해행위가 있었다는 등 구체적 피해 발생이 전제되어야 인정될 수 있다."라고 하여(대법원 2016. 9. 30. 선고 2014다59712 판결), 상표의 경우에는 특허권 등과 달리 실제로 영업 등에 사용되고 있어야 손해의 발생이 인정될 수 있다는 취지로 판시하였다.

6. 상대방의 항변

권리자의 침해주장에 대하여 상대방은 항변으로서 해당 표장 또는 상품·서비스가 동일·유사하지 아니하다고 주장하거나, 자신이 표장을 사용하는 것이 상표로서의 사용이 아니라고 주장하거나, 권리자의 권리행사는 권리남용이거나 권리자의 상표권에 등록무효사유가 있어서 그에 기한 권리행사는 허용되어서는 안 된다고 주장하거나, 상표법 90조에 따라 자신의 행위에는 상표권의 효력이 미치지 않는다고 주장하거나, 자신이 선사용에 따른 통상사용권(상표 99조) 등과 같이 해당 등록상표를 사용할 정당한 권원을 가진다고 주장하거나, 자신의 행위는 진정상품의 병행수입행위이므로 상표권 침해가 되지 않는다고 주장하는 것이 일반적이다. 이하 주요 내용을 살펴보기로 한다.

가. 비상표적 사용

앞의 Ⅱ. 3.항 설명 부분 참조.

나. 권리남용

권리자가 상표권을 취득하거나 그 권리를 행사하는 구체적 사정이 신의칙에 반하거나, 해당 상표권에 등록무효사유 또는 취소사유가 있으므로 그에 기한 권리행사이므로 허용되지 않는다는 취지의 권리남용항변이 주장되는 경우가 종종 있다. 이러한 항변이 허용되는지, 그러한 항변이 쟁점으로 된 구체적 사례에 관하여 살펴보기로 한다.

(1) 권리의 취득 또는 행사가 부당한 경우

상표권은 기본적으로는 사적 재산권의 성질을 가지지만 그 보호범위는 필연적으로 사회적 제약을 받는다. 상표의 등록이 자기의 상품을 다른 업자의 상품과 식별시킬 목적으로 한 것이 아니고 수요자로 하여금 타인의 상품과 혼동을 일으키게 하거나 타인의 영업상 시설이나 활동과 혼동을 일으키게 하여 이익을 얻을 목적으로 형식상 상표권을 취득하는 경우에는 상표의 등록출원 자체가 부정경쟁행위를 목적으로 하는 것이 되고, 비록 권리행사의 외형을 갖추었다 하더라도 이는 상표법을 악용하거나 남용한 것이 되어 상표법에 의한 적법한 권리의 행사라고 인정할 수 없다.[10]

상표권 행사가 권리남용에 해당되기 위해서 주관적 요건이 요구되는지에 관하여 대법원은 "상표권자가 당해 상표를 출원·등록하게 된 목적과 경위, 상표권을 행사하기에 이른 구체적·개별적 사정 등에 비추어, 상대방에 대한 상표권의 행사가 상표사용자의 업무상의 신용유지와 수요자의 이익보호를 목적으로 하는 상표제도의 목적이나 기능을 일탈하여 공정한 경쟁질서와 상거래질서를 어지럽히고 수요자 사이에 혼동을 초래하거나 상대방에 대한 관계에서 신의성실의 원칙에 위배되는 등 법적으로

---

10) 대법원 1999. 11. 26. 선고 98다19950 판결, 1995. 11. 7. 선고 94도3287 판결, 1993. 1. 19. 선고 92도2054 판결 등.

보호받을 만한 가치가 없다고 인정되는 때에는, 그 상표권의 행사는 비록 권리행사의 외형을 갖추었다 하더라도 등록상표에 관한 권리를 남용하는 것으로서 허용될 수 없고, 이 경우 상표권의 행사를 제한하는 위와 같은 근거에 비추어 볼 때 상표권 행사의 목적이 오직 상대방에게 고통을 주고 손해를 입히려는 데 있을 뿐 이를 행사하는 사람에게는 아무런 이익이 없어야 한다는 주관적 요건을 반드시 필요로 하는 것은 아니다"라고 판시하여,[11] 적어도 '전통적 의미'에서의 권리남용에 관한 주관적 요건은 요구하지 않는 입장에 서 있다.

다만 이러한 입장을 취하더라도, 상표권 행사의 목적이 오직 상대방에게 고통을 주고 손해를 입히려는 데 있을 뿐 이를 행사하는 사람에게는 아무런 이익이 없는 경우에는 상표제도의 목적이나 기능을 일탈하는 권리남용에 해당할 여지가 높다고 할 것이다.

상표권의 행사가 등록상표에 관한 권리를 남용하는 것으로서 허용될 수 없다고 하기 위해서는, 상표권자가 당해 상표를 출원·등록하게 된 목적과 경위, 상표권을 행사하기에 이른 구체적·개별적 사정 등에 비추어, 상대방에 대한 상표권의 행사가 상표사용자의 업무상의 신용유지와 수요자의 이익보호를 목적으로 하는 상표제도의 목적이나 기능을 일탈하여 공정한 경쟁질서와 상거래 질서를 어지럽히고 수요자 사이에 혼동을 초래하거나 상대방에 대한 관계에서 신의성실의 원칙에 위배되는 등 법적으로 보호받을 만한 가치가 없다고 인정되어야 한다. 이 쟁점이 판단된 주요 사례를 소개한다.

① 대법원 2007. 1. 25. 선고 2005다67223 판결

시리즈 편집음반의 "진한커피"라는 제명이 자타상품의 식별표지로서 기능하고 있음에도 불구하고 위 제명의 선사용자인 음반제작·판매자의 동의나 허락없이 "진한커피"와 같이 구성된 등록상표를 출원·등록한 다음 그 상표권에 기하여 위 음반제작·판매자가 '진한커피' 제명을 사용하여 출시한 음반의 제작·판매 금지 등을 구하는 것은 신청인이 위 음반제작·판매자의 자본과 노력 등에 의하여 획득되어 '진한커피' 제명에 화체된 신용 등에 편승하여 이익을 얻을 목적으로 위 등록상표를 출원·등록한 것을 기화로 오히려 그 신용 등의 정당한 귀속 주체인 위 음반제작·판매자로부터 그 신용 등을 빼앗아 자신의 독점 하에 두려는 행위이므로, 이러한 상표권

---

11) 대법원 2008. 7. 24. 선고 2006다40461, 40478 판결, 2007. 2. 22. 선고 2005다39099 판결, 2007. 1. 25. 선고 2005다67223 판결 등.

행사는 상표제도의 목적이나 기능을 일탈하고 법적으로 보호받을 만한 가치가 없고, 비록 상표권의 행사라는 외형을 갖추었다 하더라도 등록상표에 관한 권리를 남용하는 것으로서 허용될 수 없다.

② 대법원 2007. 2. 22. 선고 2005다39099 판결

원고는 위 ACM사의 국내 총판대리점 관계에 있던 회사로서 위 ACM사가 국내에 상표등록을 하고 있지 않음을 기화로 이 사건 등록상표들을 출원·등록해 놓았다가, 위 ACM사와의 총판대리점관계가 종료된 후, **ACM π WATER**를 비롯한 이 사건 등록상표들을 실제 상품에 사용하지도 아니하면서 위 ACM사의 국내 출자 법인인 피고를 상대로 이 사건 등록상표권을 행사하여 그동안 피고가 정당하게 사용해 오던 'ACM'이나 이를 포함한 표장을 피고의 인터넷 도메인 이름 또는 전자우편주소로 사용하거나 피고의 인터넷 홈페이지에서 사용하는 것을 금지해달라고 청구하는 것임을 알 수 있는바, 이는 상표사용자의 업무상의 신용유지와 수요자의 이익보호를 목적으로 하는 상표제도의 목적이나 기능을 일탈하여 공정한 경쟁질서와 상거래 질서를 어지럽히고 상대방에 대한 관계에서 신의성실의 원칙에 위배되는 행위이어서 법적으로 보호받을 만한 가치가 없다고 인정되므로, 비록 원고의 이 사건 상표권행사가 권리행사라는 외형을 갖추었다 하더라도 이 사건 등록상표권을 남용하는 것으로서 허용될 수 없다.

③ 대법원 2008. 7. 24. 선고 2006다40461, 40478 판결

피고는, "STARSUITE"라는 이 사건 상표를 사용한 영업을 전혀 한 바 없는 점, 기업체의 직원으로 근무하면서 일반인으로서는 제조할 수 없는 상품이나 영위할 수 없는 서비스 등을 지정상품·서비스로 한 다수의 상표에 관하여 지속적으로 등록출원을 한 점, 원고들이 위 상표 출원 당시부터 이 사건 상표와 동일한 명칭을 사용하여 오피스 소프트웨어에 관한 활발한 영업활동을 하였음에도 불구하고 상표출원일로부터는 약 3년 3개월, 상표등록일로부터 2년 가까운 시간이 지난 후에야 원고들에게 상표권 침해 중지 등을 요구하고 상당한 금액의 양도대가를 요구한 점 등과 앞서 본 법리에 비추어 보면, 피고는 자기의 상품을 다른 업자의 상품과 식별시킬 목적은 전혀 없이, 형식상 이 사건 상표에 관한 상표권을 취득하여 원고들이 이와 동일·유사한 표장을 사용하여 영업을 하는 것을 방해하거나 상표권의 양도 대가로 부당한 이익을 취할 목적으로 이 사건 상표에 관한 등록출원을 하여 상표권을 취득하였다고 봄이 상당하므로, 피고의 이 사건 상표에 관한 권리 행사는 상표법을 악용·남용한 것에 해당하여 적법한 권리의 행사라고 인정할 수 없다고 할 것이다.

④ 대법원 2014. 8. 20. 선고 2012다6059 판결

어떤 상표가 정당하게 출원·등록된 이후에 등록상표와 동일·유사한 상표를 그 지정상품과 동일·유사한 상품에 정당한 이유 없이 사용한 결과 그 사용상표가 국내의 일반 수요자들에게 알려지게 되었다고 하더라도, 사용상표와 관련하여 얻은 신용과 고객흡인력은 등록상표의 상표권을 침해하는 행위에 의한 것으로서 보호받을 만한 가치가 없고 그러한 상표의 사용을 용인한다면 우리 상표법이 취하고 있는 등록주의 원칙의 근간을 훼손하게 되므로, 위와 같은 상표 사용으로 시장에서 형성된 일반 수요자들의 인식만을 근거로 하여 상표 사용자를 상대로 한 등록상표의 상표권에 기초한 침해금지 또는 손해배상 등의 청구가 권리남용에 해당한다고 볼 수는 없다.

(2) 등록무효사유가 있는 상표권에 기한 권리행사

무효사유가 존재하는 상표권의 행사가 권리남용에 해당하여 허용되지 않는지 여부에 관하여 종래 견해가 대립하였으나, 대법원 2012. 10. 18. 선고 2010다103000 전원합의체 판결은 "등록상표에 대한 등록무효심결이 확정되기 전이라고 하더라도 상표등록이 무효심판에 의하여 무효로 될 것임이 명백한 경우에는 상표권에 기초한 침해금지 또는 손해배상 등의 청구는 특별한 사정이 없는 한 권리남용에 해당하여 허용되지 아니한다고 보아야 하고, 상표권침해소송을 담당하는 법원으로서도 상표권자의 그러한 청구가 권리남용에 해당한다는 항변이 있는 경우 그 당부를 살피기 위한 전제로서 상표등록의 무효 여부에 대하여 심리·판단할 수 있다."라고 판시하면서 기존 판례12)를 변경하여 권리남용 항변을 전면적으로 인정하였다.

한편 이와 관련하여 무효심판의 제척기간이 경과한 등록상표에 대해서도 권리남용 항변을 인정할 것인지는 논란이 있다.

(3) 취소사유가 있는 상표권에 기한 권리행사

불사용이나 부정사용 등으로 취소심판에 의한 취소사유가 존재함이 명백한 등록

---

12) 과거 대법원은 "상표권이 상표등록무효사유에 해당하여 무효라는 항변의 경우에는 상표등록무효심결이 확정되기 전에는 상표권에 대한 침해행위 금지 등 청구소송절차에서 상표등록사유의 하자 등을 이유로 상표권이 무효라는 판단을 할 수 없으므로, 피고의 위와 같은 주장에 대하여는 상표등록무효심결이 확정되기 전까지는 주장 자체가 이유 없다는 이유로 배척되어야 할 것이다."라고 판시하여 부정설을 취한 바 있다(대법원 2005. 10. 14. 선고 2005도5358 판결, 1996. 9. 10. 선고 96후283 판결, 1995. 5. 9. 선고 94도3052 판결, 1989. 3. 28. 선고 87후139 판결 등).

상표에 기한 권리 행사 역시 권리남용에 해당하는지가 문제된다.

일단 등록된 상표인 이상 등록취소 사유가 있다 하더라도 취소심판에 의하여 취소심결이 확정되기까지는 상표권자는 등록상표로서의 권리를 보유하는 것이고, 취소사유는 무효사유와는 달리 등록상표가 가진 원시적 흠결이 아닌 등록 이후에 후발적으로 발생한 흠결에 기한 것인 점, 등록무효심결이 확정된 때와는 달리 등록취소심결이 확정된 때에는 그 상표권은 확정된 때로부터 장래를 향해서만 소멸하는 점 등에 비추어 취소사유가 있으므로 권리남용이라는 취지의 항변은 받아들이기 힘들 것이라는 견해가 있다.13) 반면 현행 상표법상 불사용을 사유로 한 등록취소심판의 경우에는 등록취소심결이 확정되면 심판청구일에 소급하여 상표권이 소멸하므로, 이러한 경우에는 등록무효사유를 이유로 하는 권리남용항변과 마찬가지로 볼 수 있다는 견해도 있다.

한편 가처분 신청사건의 경우 등록상표에 대한 취소심판이 제기되었다면 보전의 필요성이 인정되지 않을 여지가 있으므로, 상표등록의 취소사유에 관한 심리가 필요하다고 할 수 있다.

다. 상표법 90조에 의한 효력제한

앞의 제5절 부분 참조.

라. 정당한 사용권원

앞의 제5절 부분 참조.

마. 진정상품의 병행수입

앞의 제5절 부분 참조.

---

13) 이 쟁점에 관하여 "적법하게 출원·등록된 상표인 이상 비록 등록취소사유가 있다 하더라도 그 등록취소심결 등에 의하여 그 취소가 확정될 때까지는 여전히 유효한 권리로서 보호받을 수 있는 것이고, 권리 행사가 권리남용에 해당하려면 주관적으로 그 권리 행사의 목적이 오직 상대방에게 고통을 주고 손해를 입히려는 데에 있을 뿐 그 권리를 행사하는 사람에게 아무런 이익이 없으며, 또한 객관적으로 그 권리가 인정되는 사회적 목적에 위반된다고 볼 수 있어야 하는데, 그에 관한 아무런 증거가 없다."라는 취지로 피고의 권리남용 항변을 배척한 원심을 수긍한 대법원 판례(대법원 1998. 5. 22. 선고 97다36262 판결)가 있다. 대법원이 법리를 설시한 것이 아니고, 권리남용항변에 관하여 주관적 요건을 요구한 점에서 현재의 주류적 판례의 입장과 부합되지 않는 면은 있으나 참고할 가치는 있다.

찾아보기

제4판
지적재산소송실무

초판발행   2006년 6월 23일
전면개정판발행   2010년 1월 28일
제3 판발행   2014년 2월 7일
제4 판발행   2019년 1월 14일
중판발행   2024년 8월 20일

지은이   특허법원 지적재산소송실무연구회
펴낸이   안종만·안상준

편 집   김효선
기획/마케팅   조성호
표지디자인   조아라
제 작   고철민·김원표

펴낸곳   (주) 박영사
                 서울특별시 금천구 가산디지털2로 53, 210호(가산동, 한라시
                 등록 1959. 3. 11. 제300-1959-1호(倫)

전 화   02)733-6771
f a x   02)736-4818
e-mail   pys@pybook.co.kr
homepage   www.pybook.co.kr
ISBN   979-11-303-3218-5 93360

정 가   75,000원